# FLÁVIO TARTUCE

- Pós-Doutor, Doutor em Direito Civil e Graduado pela Faculdade de Direito da USP.
- Mestre em Direito Civil Comparado e Especialista em Direito Contratual pela PUCSP.
- Relator-Geral da Comissão de Juristas nomeada para a Reforma do Código Civil, pelo Senado Federal.
- Coordenador-Geral e Professor Titular permanente do Programa de Mestrado da Escola Paulista de Direito (EPD).
- Foi Diretor-Geral da Escola Superior da Advocacia da Ordem dos Advogados do Brasil em São Paulo, entre os anos de 2022 e 2024.
- Conselheiro Federal da OAB, eleito pela OABSP, para os anos de 2025 a 2027.
- Coordenador e Professor dos cursos de pós-graduação *lato sensu* em Direito Civil e Processual Civil, Direito Contratual, Direito Notarial e Registral, Direito Privado e Empresarial, Direito de Família e das Sucessões da Escola Paulista de Direito (EPD).
- Patrono regente e Professor do curso de pós-graduação *lato sensu online* em Advocacia do Direito Negocial e Imobiliário da Escola Brasileira de Direito (EBRADI).
- Professor convidado em outros cursos de pós-graduação *lato sensu* pelo País, em Escolas da Magistratura, na ESA da OABSP, na ESA Nacional e na Associação dos Advogados de São Paulo (AASP).
- Fundador e Primeiro Presidente do Instituto Brasileiro de Direito Contratual (IBDCONT).
- Presidente do Instituto Brasileiro de Direito Contratual em São Paulo (IBDCONTSP).
- Diretor Nacional do Instituto Brasileiro de Direito de Família (IBDFAM), sendo Presidente da Comissão de Direito das Sucessões.
- Colunista do *Portal Migalhas*.
- Palestrante em cursos, congressos e seminários jurídicos no Brasil e no exterior.
- Atua como advogado, parecerista, consultor jurídico e árbitro nas principais Câmaras Arbitrais do Brasil.

***Site***
www.flaviotartuce.adv.br

***Blogs***
http://flaviotartuce.jusbrasil.com.br

***Instagram***
@flavio.tartuce

***Currículo lattes***
http://lattes.cnpq.br/7182705988837779

# MANUAL DE DIREITO CIVIL

O GEN | Grupo Editorial Nacional – maior plataforma editorial brasileira no segmento científico, técnico e profissional – publica conteúdos nas áreas de concursos, ciências jurídicas, humanas, exatas, da saúde e sociais aplicadas, além de prover serviços direcionados à educação continuada.

As editoras que integram o GEN, das mais respeitadas no mercado editorial, construíram catálogos inigualáveis, com obras decisivas para a formação acadêmica e o aperfeiçoamento de várias gerações de profissionais e estudantes, tendo se tornado sinônimo de qualidade e seriedade.

A missão do GEN e dos núcleos de conteúdo que o compõem é prover a melhor informação científica e distribuí-la de maneira flexível e conveniente, a preços justos, gerando benefícios e servindo a autores, docentes, livreiros, funcionários, colaboradores e acionistas.

Nosso comportamento ético incondicional e nossa responsabilidade social e ambiental são reforçados pela natureza educacional de nossa atividade e dão sustentabilidade ao crescimento contínuo e à rentabilidade do grupo.

# FLÁVIO TARTUCE

# MANUAL DE DIREITO CIVIL

— VOLUME ÚNICO —

15ª edição revista, atualizada e ampliada

- O autor deste livro e a editora empenharam seus melhores esforços para assegurar que as informações e os procedimentos apresentados no texto estejam em acordo com os padrões aceitos à época da publicação, e todos os dados foram atualizados pelo autor até a data de fechamento do livro. Entretanto, tendo em conta a evolução das ciências, as atualizações legislativas, as mudanças regulamentares governamentais e o constante fluxo de novas informações sobre os temas que constam do livro, recomendamos enfaticamente que os leitores consultem sempre outras fontes fidedignas, de modo a se certificarem de que as informações contidas no texto estão corretas e de que não houve alterações nas recomendações ou na legislação regulamentadora.

- Fechamento desta edição: *31.12.2024*

- O autor e a editora se empenharam para citar adequadamente e dar o devido crédito a todos os detentores de direitos autorais de qualquer material utilizado neste livro, dispondo-se a possíveis acertos posteriores caso, inadvertida e involuntariamente, a identificação de algum deles tenha sido omitida.

- Atendimento ao cliente: (11) 5080-0751 | faleconosco@grupogen.com.br

- Direitos exclusivos para a língua portuguesa
  *Copyright* © 2025 *by* **Editora Forense Ltda.**
  Publicada pelo selo **Método**
  *Uma editora integrante do GEN | Grupo Editorial Nacional*
  Travessa do Ouvidor, 11
  Rio de Janeiro – RJ – 20040-040
  www.grupogen.com.br

- Reservados todos os direitos. É proibida a duplicação ou reprodução deste volume, no todo ou em parte, em quaisquer formas ou por quaisquer meios (eletrônico, mecânico, gravação, fotocópia, distribuição pela Internet ou outros), sem permissão, por escrito, da Editora Forense Ltda.

- Capa: Fabricio Vale

- CIP-BRASIL. CATALOGAÇÃO NA PUBLICAÇÃO
  SINDICATO NACIONAL DOS EDITORES DE LIVROS, RJ

T198m
15. ed.

    Tartuce, Flávio
        Manual de direito civil : volume único / Flávio Tartuce. - 15. ed., rev., atual. e ampl. - [3. Reimp.] - Rio de Janeiro : Método, 2025.
        1.744 p. ; 24 cm.

    Inclui bibliografia
    ISBN 978-85-3099-594-2

    1. Direito civil - Brasil. I. Título.

24-95575                  CDU: 347(81)

Meri Gleice Rodrigues de Souza - Bibliotecária - CRB-7/6439

*Dedico esta obra aos juristas que, de forma direta ou indireta, influenciaram a minha formação acadêmica, como verdadeiros **gurus intelectuais**: Giselda Maria Fernandes Novaes Hironaka, Maria Helena Diniz, Álvaro Villaça Azevedo, José Fernando Simão, Gustavo Tepedino, Luiz Edson Fachin, Claudia Lima Marques, Paulo Lôbo, José de Oliveira Ascensão, Rubens Limongi França, Silvio Rodrigues, Zeno Veloso, Nelson Nery Jr., Nestor Duarte, Marco Aurélio Bezerra de Melo, Mário Luiz Delgado, Anderson Schreiber, Pablo Stolze Gagliano e Rodolfo Pamplona Filho.*

# NOTA DO AUTOR À 15.ª EDIÇÃO

A edição 2025 deste meu *Manual de Direito Civil – Volume Único* chega ao meio editorial brasileiro totalmente atualizada com o Projeto de Reforma do Código Civil, tendo sido muito intenso e desafiador o trabalho de atualização neste último ano.

Em 24 de agosto de 2023, o Presidente do Senado Federal, Rodrigo Pacheco, nomeou e formou uma Comissão de Juristas para empreender os trabalhos de reforma e de atualização do Código Civil de 2002. Como se sabe, o projeto que gerou a atual codificação privada é da década de 1970, estando desatualizada em vários aspectos, sobretudo em questões relativas ao Direito de Empresa, ao Direito de Família, ao Direito das Sucessões e diante das novas tecnologias.

Voltou-se a afirmar, com muita força, que o atual Código Civil "já nasceu velho". Trata-se de um texto com mais de cinquenta anos de elaboração e que, por óbvio, encontra-se muito desatualizado, como se pode perceber da leitura desta coleção.

A Comissão de Juristas teve a Presidência do Ministro Luis Felipe Salomão e a Vice-Presidência do Ministro Marco Aurélio Bellizze, ambos do Superior Tribunal de Justiça. Tive a honra de atuar como Relator-Geral da Comissão, ao lado da Professora Rosa Maria Andrade Nery.

O prazo para o desenvolvimento dos trabalhos foi de cento e oitenta dias, com a possibilidade de eventual prorrogação. De todo modo, os trabalhos da Comissão de Juristas foram entregues no prazo, cumprindo-se a sua missão institucional, com a entrega formal ao Congresso Nacional em 17 de abril de 2024.

Foram formados nove grupos de trabalho, de acordo com os livros respectivos do Código Civil e também com a necessidade de inclusão de um capítulo específico sobre o *Direito Civil Digital*, o que nos foi pedido no âmbito do Congresso Nacional.

As composições das subcomissões, com os respectivos sub-relatores, foram as seguintes, conjugando Ministros, Desembargadores, Juízes, Advogados, Professores e os principais doutrinadores do Direito Privado Brasileiro.

Na Parte Geral, Professor Rodrigo Mudrovitsch (relator), Ministro João Otávio de Noronha, Professora Estela Aranha e Juiz Rogério Marrone de Castro Sampaio.

Em Direito das Obrigações, Professor José Fernando Simão (relator) e Professor Edvaldo Brito.

Em Responsabilidade Civil, Professor Nelson Rosenvald (relator), Ministra Maria Isabel Gallotti e Juíza Patrícia Carrijo.

Quanto ao Direito dos Contratos, Professor Carlos Eduardo Elias de Oliveira (relator), Professora Angelica Carlini, Professora Claudia Lima Marques e Professor Carlos Eduardo Pianovski.

Em Direito das Coisas, Desembargador Marco Aurélio Bezerra de Melo (relator), Professor Carlos Vieira Fernandes, Professora Maria Cristina Santiago e Desembargador Marcelo Milagres.

Em Direito de Família, Juiz Pablo Stolze Gagliano (relator), Ministro Marco Buzzi, Desembargadora Maria Berenice Dias e Professor Rolf Madaleno.

No Direito das Sucessões, Professor Mario Luiz Delgado (relator), Ministro Cesar Asfor Rocha, Professora Giselda Maria Fernandes Novaes Hironaka e Professor Gustavo Tepedino.

Para o novo livro especial do *Direito Civil Digital*, Professora Laura Porto (relatora), Professor Dierle Nunes e Professor Ricardo Campos.

Por fim, para o Direito de Empresa, Professora Paula Andrea Forgioni (relatora), Professor Marcus Vinicius Furtado Coêlho, Professor Flavio Galdino, Desembargador Moacyr Lobato e Juiz Daniel Carnio.

Também foram nomeados como membros consultores da Comissão de Juristas os Professores de Direito Ana Cláudia Scalquette, Layla Abdo Ribeiro de Andrada e Maurício Bunazar, a Defensora Pública Fernanda Fernandes da Silva Rodrigues, o Professor de Língua Portuguesa Jorge Miguel e o Juiz Federal e também Professor Vicente de Paula Ataide Jr., especialista na causa animal.

No ano de 2023, foram realizadas três audiências públicas, em São Paulo (OABSP, em 23 de outubro), Porto Alegre (Tribunal de Justiça do Rio Grande do Sul, em 20 de novembro) e Salvador (Tribunal de Justiça da Bahia, em 7 de dezembro). Além da exposição de especialistas e debates ocorridos nesses eventos, muitos outros seminários jurídicos foram realizados em reuniões de cada subcomissão.

Foram também abertos canais para envio de sugestões pelo Senado Federal e oficiados mais de quatrocentos institutos e instituições jurídicas. Mais de duzentos deles mandaram propostas para a Comissão de Juristas, em um sistema democrático de participação não visto em processos anteriores, de elaboração e alteração da Lei Geral Privada Brasileira, inclusive com ampla participação feminina.

Após um intenso trabalho no âmbito de cada grupo temático, em dezembro de 2023 foram consolidados os textos dos dispositivos sugeridos, enviados para revisão dos Relatores-Gerais.

Em 2024, foi realizada mais uma audiência pública, em Brasília, com a presença do Ministro da Suprema Corte Argentina Ricardo Lorenzetti e da Professora Aída Kemelmajer. Na oportunidade, os juristas argentinos compartilharam conosco um pouco da sua experiência com a elaboração do Novo Código Civil daquele País, de 2014.

Ocorreram, sucessivamente, os debates entre todos os membros da Comissão de Juristas, a elaboração de "emendas de consenso", a votação dos textos, em abril de 2024, e a sua elaboração final, com a posterior entrega.

Nesse momento, nos dias iniciais de abril de 2024, tivemos o *ponto alto* das nossas discussões, estando os vídeos desses encontros disponíveis para acesso nos canais do Senado Federal, com muito conteúdo técnico, cultura jurídica e interessantes embates.

Sendo assim, apresentado o Anteprojeto, a partir da edição de 2025 deste *Manual*, trago para estudo as normas projetadas, com comentários pontuais e exposição dos debates que travamos, sendo imperiosa, sem dúvida, uma reforma e uma atualização do Código

Civil de 2002 diante dos novos desafios contemporâneos e por tudo o que está exposto neste livro. Esperamos, assim, que o Projeto seja debatido no Parlamento Brasileiro ano que vem, e aprovado logo em seguida.

Como o leitor poderá perceber desta obra, é evidente a afirmação de não se tratar de uma projeção de um "Novo Código Civil", mas apenas de uma ampla reforma, com atualizações fundamentais e necessárias, para que o Direito Civil Brasileiro esteja pronto para enfrentar os desafios do século XXI.

Na grande maioria das vezes, como ficará evidente pelos estudos deste livro, as propostas apenas confirmam o entendimento majoritário da doutrina e da jurisprudência brasileira.

Foram mantidos a organização, a estrutura e os princípios da atual Lei Geral Privada, assim como dispositivos fundamentais, que não sofreram qualquer alteração. Em muitos deles, houve apenas a correção do texto – como naqueles relativos do Direito de Família, em que se incluiu o convivente ao lado do cônjuge – e a atualização frente a leis recentes, de decisões dos Tribunais Superiores e dos enunciados aprovados nas *Jornadas de Direito Civil*; além da retomada do Código Civil como *protagonista legislativo* em matéria de Direito Privado, o que foi esvaziado nos últimos anos.

Muitos dos temas e institutos tratados há tempos neste *Manual* possivelmente serão incorporados pela Reforma, havendo consenso quanto a vários deles. Por certo, essa deve ser a tônica do debate e do estudo do Direito Privado Brasileiro nos próximos anos, até a aprovação do Projeto.

Compreender as proposições representa entender também o sistema vigente, em uma metodologia muito útil para os estudantes e para os profissionais do Direito.

Além de um amplo estudo do texto da Reforma do Código Civil, com análise detalhada e até mesmo crítica em alguns aspectos, procurei, como sempre, atualizar este *Manual* com as leis recentes que surgiram no último ano, com destaque para a Lei 14.905/2024 – que trata dos juros e da correção monetária –, com as principais decisões da jurisprudência nacional e novas reflexões doutrinárias.

Espero, assim, que este *Manual*, o mais vendido e acessado em matéria de Direito Privado há anos no Brasil, continue o seu papel de efetivação do Direito Civil.

Como tenho afirmado sempre, se a minha história como jurista se confunde com a própria História do Código Civil de 2002, o mesmo deve ocorrer com as transformações que virão, pela minha participação neste grupo de Reforma e Atualização da codificação privada, que marcou a minha vida para sempre.

Bons estudos a todos, uma excelente leitura e que os livros mudem a vida de vocês, como mudou a minha.

São Paulo, dezembro de 2024.

**O autor**

# SUMÁRIO

**1 ESTUDO DA LEI DE INTRODUÇÃO** ........................................................... 1

   1.1 Primeiras palavras sobre a Lei de Introdução ........................................ 1

   1.2 A Lei de Introdução e a Lei como fonte primária do Direito Brasileiro. A vigência das normas jurídicas (arts. 1.º e 2.º da Lei de Introdução) .................... 2

   1.3 Características da norma jurídica e sua aplicação. Análise do art. 3.º da Lei de Introdução ........................................................................................ 7

   1.4 As formas de integração da norma jurídica. Art. 4.º da Lei de Introdução ...... 8

      1.4.1 A analogia ........................................................................... 11

      1.4.2 Os costumes ......................................................................... 12

      1.4.3 Os princípios gerais de Direito .............................................. 14

      1.4.4 A equidade ........................................................................... 17

   1.5 Aplicação da norma jurídica no tempo. O art. 6.º da Lei de Introdução ........... 19

   1.6 Aplicação da norma jurídica no espaço. Os arts. 7.º a 19 da Lei de Introdução e o Direito Internacional Público e Privado ............................................. 23

   1.7 Estudo das antinomias jurídicas .......................................................... 31

   1.8 Breve análise das inclusões feitas na Lei de Introdução pela Lei 13.655/2018. Repercussões para o Direito Público ..................................................... 34

**2 PARTE GERAL DO CÓDIGO CIVIL DE 2002** ............................................. 41

   2.1 Introdução. Visão filosófica do Código Civil de 2002. As principais teses do Direito Civil contemporâneo ................................................................ 41

      2.1.1 Direito Civil Constitucional ................................................... 49

      2.1.2 A eficácia horizontal dos direitos fundamentais ..................... 52

      2.1.3 O diálogo das fontes ........................................................... 55

      2.1.4 A interação entre as teses expostas e a visão unitária do ordenamento jurídico ............................................................................. 60

      2.1.5 A Reforma do Código Civil de 2002. A Comissão de Juristas nomeada no âmbito do Senado Federal, em 2023 ................................ 60

   2.2 Parte geral do Código Civil de 2002. Da pessoa natural ........................... 62

      2.2.1 Conceitos iniciais. A capacidade e conceitos correlatos ............. 62

      2.2.2 O início da personalidade civil. A situação jurídica do nascituro ........... 63

| | | | |
|---|---|---|---|
| 2.2.3 | Os incapazes no Código Civil de 2002 | | 70 |
| | 2.2.3.1 | Dos absolutamente incapazes | 74 |
| | 2.2.3.2 | Dos relativamente incapazes | 78 |
| 2.2.4 | A emancipação | | 82 |
| 2.2.5 | Os direitos da personalidade em uma análise civil-constitucional. A ponderação de direitos e o seu tratamento no Código de Processo Civil de 2015 | | 84 |
| 2.2.6 | O domicílio da pessoa natural | | 139 |
| 2.2.7 | A morte da pessoa natural. Modalidades e efeitos jurídicos | | 140 |
| | 2.2.7.1 | Morte real | 140 |
| | 2.2.7.2 | Morte presumida sem declaração de ausência. A justificação | 142 |
| | 2.2.7.3 | Morte presumida com declaração de ausência | 143 |
| | 2.2.7.4 | A comoriência | 148 |
| 2.2.8 | O estado civil da pessoa natural. Visão crítica | | 149 |
| 2.3 | Parte geral do Código Civil de 2002. Da pessoa jurídica | | 157 |
| 2.3.1 | Conceito de pessoa jurídica e suas classificações | | 157 |
| 2.3.2 | Da pessoa jurídica de Direito Privado. Regras gerais e conceitos básicos. Análise do art. 44 do CC | | 160 |
| 2.3.3 | Modalidades de pessoa jurídica de Direito Privado e análise de suas regras específicas | | 168 |
| | 2.3.3.1 | Das associações | 168 |
| | 2.3.3.2 | Das fundações particulares | 176 |
| | 2.3.3.3 | Das sociedades | 179 |
| | 2.3.3.4 | Das corporações especiais. Partidos políticos e organizações religiosas | 181 |
| | 2.3.3.5 | Dos empreendimentos de economia solidária | 182 |
| 2.3.4 | Do domicílio da pessoa jurídica de Direito Privado | | 185 |
| 2.3.5 | Da extinção da pessoa jurídica de Direito Privado | | 185 |
| 2.3.6 | Da desconsideração da personalidade jurídica | | 187 |
| 2.4 | Parte geral do Código Civil de 2002. Dos bens. Objeto do direito | | 206 |
| 2.4.1 | Primeiras palavras. Diferenças entre bens e coisas. A teoria do patrimônio mínimo | | 206 |
| 2.4.2 | Principais classificações dos bens | | 212 |
| | 2.4.2.1 | Classificação quanto à tangibilidade | 212 |
| | 2.4.2.2 | Classificação quanto à mobilidade | 213 |
| | 2.4.2.3 | Classificação quanto à fungibilidade | 215 |
| | 2.4.2.4 | Classificação quanto à consuntibilidade | 215 |
| | 2.4.2.5 | Classificação quanto à divisibilidade | 216 |
| | 2.4.2.6 | Classificação quanto à individualidade | 217 |
| | 2.4.2.7 | Classificação quanto à dependência em relação a outro bem (bens reciprocamente considerados) | 219 |
| | 2.4.2.8 | Classificação em relação ao titular do domínio | 223 |
| 2.4.3 | Do bem de família. O tratamento dualista do sistema jurídico | | 224 |

| | | | |
|---|---|---|---|
| | 2.4.3.1 | Bem de família voluntário ou convencional | 225 |
| | 2.4.3.2 | Bem de família legal | 227 |
| 2.5 | Parte geral do Código Civil de 2002. Teoria geral do negócio jurídico | | 238 |
| | 2.5.1 | Conceitos básicos. Fato, ato e negócio jurídico | 238 |
| | 2.5.2 | Classificações do negócio jurídico | 243 |
| | 2.5.3 | Elementos estruturais do negócio jurídico. A *Escada Ponteana* | 245 |
| | | 2.5.3.1 Plano da existência | 247 |
| | | 2.5.3.2 Plano da validade | 248 |
| | | 2.5.3.3 Plano da eficácia | 259 |
| | | 2.5.3.4 A *Escada Ponteana* e o direito intertemporal. Análise do art. 2.035, *caput*, do CC. Exemplos práticos | 259 |
| | 2.5.4 | Estudo dos elementos acidentais do negócio jurídico. Condição, termo e encargo | 262 |
| | 2.5.5 | Vícios ou defeitos do negócio jurídico | 268 |
| | | 2.5.5.1 Do erro e da ignorância | 269 |
| | | 2.5.5.2 Do dolo | 272 |
| | | 2.5.5.3 Da coação | 275 |
| | | 2.5.5.4 Do estado de perigo | 277 |
| | | 2.5.5.5 Da lesão | 280 |
| | | 2.5.5.6 Da simulação. O enquadramento da reserva mental | 283 |
| | | 2.5.5.7 Da fraude contra credores | 289 |
| | 2.5.6 | Teoria das nulidades do negócio jurídico | 300 |
| | | 2.5.6.1 Da inexistência do negócio jurídico | 300 |
| | | 2.5.6.2 Da nulidade absoluta – negócio jurídico nulo | 301 |
| | | 2.5.6.3 Da nulidade relativa ou anulabilidade. Negócio jurídico anulável | 309 |
| | | 2.5.6.4 Quadro comparativo. Negócio jurídico nulo (nulidade absoluta) × negócio jurídico anulável (nulidade relativa ou anulabilidade) | 315 |
| 2.6 | Prescrição e decadência | | 316 |
| | 2.6.1 | Introdução. Fórmula para diferenciar a prescrição da decadência | 316 |
| | 2.6.2 | Regras quanto à prescrição | 318 |
| | 2.6.3 | Regras quanto à decadência | 345 |
| | 2.6.4 | Quadro comparativo. Diferenças entre a prescrição e a decadência | 348 |

## 3 TEORIA GERAL DAS OBRIGAÇÕES ... 351

| | | | |
|---|---|---|---|
| 3.1 | O conceito de obrigação e seus elementos constitutivos | | 351 |
| | 3.1.1 | Elementos subjetivos da obrigação | 353 |
| | 3.1.2 | Elemento objetivo ou material da obrigação | 354 |
| | 3.1.3 | Elemento imaterial, virtual ou espiritual da obrigação | 355 |
| 3.2 | Diferenças conceituais entre obrigação, dever, ônus e direito potestativo | | 358 |
| 3.3 | As fontes obrigacionais no Direito Civil brasileiro | | 360 |
| 3.4 | Breve estudo dos atos unilaterais como fontes do direito obrigacional | | 361 |
| | 3.4.1 | Da promessa de recompensa | 362 |

XIV | MANUAL DE DIREITO CIVIL • VOLUME ÚNICO – *Flávio Tartuce*

3.4.2 Da gestão de negócios ................................................................ 363

3.4.3 Do pagamento indevido ............................................................ 364

3.4.4 Do enriquecimento sem causa .................................................. 366

3.5 Principais classificações das obrigações. Modalidades previstas no Código
Civil de 2002 .......................................................................................... 371

3.5.1 Classificação da obrigação quanto ao seu conteúdo ou prestação ...... 371

3.5.1.1 Obrigação positiva de dar ........................................... 372

3.5.1.2 Obrigação positiva de fazer ........................................ 378

3.5.1.3 Obrigação negativa de não fazer ............................... 379

3.5.2 Classificação da obrigação quanto à complexidade do seu objeto ...... 380

3.5.2.1 Obrigação simples ....................................................... 380

3.5.2.2 Obrigação composta .................................................... 380

3.5.3 Classificação das obrigações quanto ao número de pessoas envolvidas.
Estudo das obrigações solidárias .............................................. 383

3.5.3.1 Conceitos básicos e regras gerais (arts. 264 a 266 do CC) ....... 383

3.5.3.2 Da solidariedade ativa (arts. 267 a 274 do CC) .......... 385

3.5.3.3 Da obrigação solidária passiva (arts. 275 a 285 do CC) ...... 390

3.5.4 Classificação das obrigações quanto à divisibilidade (ou indivisibilidade)
do objeto obrigacional ................................................................ 397

3.6 O adimplemento das obrigações (teoria do pagamento) ...................... 402

3.6.1 Primeiras palavras ...................................................................... 402

3.6.2 Do pagamento direto .................................................................. 403

3.6.2.1 Elementos subjetivos do pagamento direto. O *solvens* e o
*accipiens*. Quem paga e quem recebe ........................ 403

3.6.2.2 Do objeto e da prova do pagamento direto (elementos objetivos
do pagamento direto). O que se paga e como se paga ...... 408

3.6.2.3 Do lugar do pagamento direto. Onde se paga ........... 415

3.6.2.4 Do tempo do pagamento. Quando se paga ................ 417

3.6.3 Das regras especiais de pagamento e das formas de pagamento
indireto ....................................................................................... 418

3.6.3.1 Do pagamento em consignação (ou da consignação em pagamento) ...................................................................... 418

3.6.3.2 Da imputação do pagamento ...................................... 424

3.6.3.3 Do pagamento com sub-rogação ................................ 425

3.6.3.4 Da dação em pagamento ............................................ 428

3.6.3.5 Da novação .................................................................. 430

3.6.3.6 Da compensação ......................................................... 434

3.6.3.7 Da confusão ................................................................. 438

3.6.3.8 Da remissão de dívidas ............................................... 439

3.7 Da transmissão das obrigações ............................................................ 440

3.7.1 Introdução .................................................................................. 440

3.7.2 Da cessão de crédito .................................................................. 440

3.7.3 Da cessão de débito ou assunção de dívida ............................... 447

3.7.4 Da cessão de contrato ................................................................ 449

| | | | |
|---|---|---|---|
| 3.8 | Do inadimplemento obrigacional. Da responsabilidade civil contratual | | 452 |
| | 3.8.1 | Modalidades de inadimplemento | 452 |
| | 3.8.2 | Regras quanto ao inadimplemento relativo ou mora | 454 |
| | 3.8.3 | Regras quanto ao inadimplemento absoluto da obrigação | 461 |
| | 3.8.4 | Dos juros no Código Civil de 2002 | 468 |
| | 3.8.5 | Da cláusula penal | 477 |
| | 3.8.6 | Das arras ou sinal | 491 |

## 4 RESPONSABILIDADE CIVIL ..... 495

| | | | |
|---|---|---|---|
| 4.1 | Conceitos básicos da responsabilidade civil. Classificação quanto à origem (responsabilidade contratual × extracontratual). Ato ilícito e abuso de direito | | 495 |
| 4.2 | Elementos da responsabilidade civil ou pressupostos do dever de indenizar ... | | 510 |
| | 4.2.1 | Primeiras palavras conceituais | 510 |
| | 4.2.2 | Conduta humana | 511 |
| | 4.2.3 | A culpa genérica ou *lato sensu* | 512 |
| | | 4.2.3.1 O dolo | 512 |
| | | 4.2.3.2 Da culpa estrita ou *stricto sensu* | 512 |
| | 4.2.4 | O nexo de causalidade | 518 |
| | 4.2.5 | Dano ou prejuízo | 527 |
| | | 4.2.5.1 Danos patrimoniais ou materiais | 528 |
| | | 4.2.5.2 Danos morais | 533 |
| | | 4.2.5.3 Danos estéticos | 557 |
| | | 4.2.5.4 Danos morais coletivos | 559 |
| | | 4.2.5.5 Danos sociais | 560 |
| | | 4.2.5.6 Danos por perda de uma chance | 566 |
| | | 4.2.5.7 Outras regras importantes quanto à fixação da indenização previstas no Código Civil de 2002 | 571 |
| 4.3 | A classificação da responsabilidade civil quanto à culpa. Responsabilidade subjetiva e objetiva | | 576 |
| | 4.3.1 | Responsabilidade civil subjetiva | 576 |
| | 4.3.2 | A responsabilidade civil objetiva. A cláusula geral do art. 927, parágrafo único, do CC. Aplicações práticas do dispositivo | 577 |
| | 4.3.3 | A responsabilidade objetiva no Código Civil de 2002. Principais regras específicas | 586 |
| | | 4.3.3.1 A responsabilidade civil objetiva por atos de terceiros ou responsabilidade civil indireta | 586 |
| | | 4.3.3.2 A responsabilidade civil objetiva por danos causados por animal | 597 |
| | | 4.3.3.3 A responsabilidade civil objetiva por danos causados por ruína de prédio ou construção | 599 |
| | | 4.3.3.4 A responsabilidade civil objetiva por danos oriundos de coisas lançadas dos prédios (defenestramento) | 601 |
| | | 4.3.3.5 A responsabilidade civil objetiva no contrato de transporte ... | 602 |
| 4.4 | Das excludentes do dever de indenizar | | 607 |

## MANUAL DE DIREITO CIVIL • VOLUME ÚNICO – *Flávio Tartuce*

| | | |
|---|---|---|
| 4.4.1 | Da legítima defesa | 607 |
| 4.4.2 | Do estado de necessidade ou remoção de perigo iminente | 608 |
| 4.4.3 | Do exercício regular de direito ou das próprias funções | 610 |
| 4.4.4 | Das excludentes de nexo de causalidade | 610 |
| 4.4.5 | Da cláusula de não indenizar | 611 |

## 5 TEORIA GERAL DOS CONTRATOS ..... 615

| | | |
|---|---|---|
| 5.1 | Conceito de contrato. Do clássico ao contemporâneo. Do moderno ao pós--moderno | 615 |
| 5.2 | Principais classificações contratuais | 618 |
| | 5.2.1 Quanto aos direitos e deveres das partes envolvidas | 618 |
| | 5.2.2 Quanto ao sacrifício patrimonial das partes | 618 |
| | 5.2.3 Quanto ao momento do aperfeiçoamento do contrato | 619 |
| | 5.2.4 Quanto aos riscos que envolvem a prestação | 619 |
| | 5.2.5 Quanto à previsão legal | 620 |
| | 5.2.6 Quanto à negociação do conteúdo pelas partes. Contrato de adesão × contrato de consumo | 622 |
| | 5.2.7 Quanto à presença de formalidades ou solenidades | 625 |
| | 5.2.8 Quanto à independência contratual. Os contratos coligados ou conexos | 626 |
| | 5.2.9 Quanto ao momento do cumprimento | 629 |
| | 5.2.10 Quanto à pessoalidade | 629 |
| | 5.2.11 Quanto à definitividade do negócio | 630 |
| 5.3 | Princípios contratuais no Código Civil de 2002 | 630 |
| | 5.3.1 Primeiras palavras | 630 |
| | 5.3.2 Princípio da autonomia privada | 634 |
| | 5.3.3 Princípio da função social dos contratos | 640 |
| | 5.3.4 Princípio da força obrigatória do contrato (*pacta sunt servanda*) | 652 |
| | 5.3.5 Princípio da boa-fé objetiva | 655 |
| | 5.3.6 Princípio da relatividade dos efeitos contratuais | 674 |
| 5.4 | A formação do contrato pelo Código Civil | 677 |
| | 5.4.1 Fase de negociações preliminares ou de puntuação | 678 |
| | 5.4.2 Fase de proposta, policitação ou oblação | 680 |
| | 5.4.3 Fase de contrato preliminar | 686 |
| | 5.4.4 Fase de contrato definitivo | 696 |
| 5.5 | A revisão judicial dos contratos por fato superveniente no Código Civil e no Código de Defesa do Consumidor | 696 |
| | 5.5.1 Primeiras palavras | 696 |
| | 5.5.2 A revisão contratual por fato superveniente no Código Civil de 2002 | 697 |
| | 5.5.3 A revisão contratual por fato superveniente no Código de Defesa do Consumidor | 708 |
| 5.6 | Os vícios redibitórios no Código Civil | 711 |
| 5.7 | A evicção | 719 |
| 5.8 | Extinção dos contratos | 729 |

| | | | |
|---|---|---|---|
| | 5.8.1 | Extinção normal dos contratos | 730 |
| | 5.8.2 | Extinção por fatos anteriores à celebração | 730 |
| | 5.8.3 | Extinção por fatos posteriores à celebração | 732 |
| | 5.8.4 | Extinção por morte de um dos contratantes | 750 |

## 6 CONTRATOS EM ESPÉCIE (CONTRATOS TÍPICOS DO CC/2002) ... 751

| | | | | |
|---|---|---|---|---|
| 6.1 | Da compra e venda (arts. 481 a 532 do CC) | | | 751 |
| | 6.1.1 | Conceito e natureza jurídica | | 751 |
| | 6.1.2 | Elementos constitutivos da compra e venda | | 754 |
| | 6.1.3 | A estrutura sinalagmática e os efeitos da compra e venda. A questão dos riscos e das despesas advindas do contrato | | 759 |
| | 6.1.4 | Restrições à autonomia privada na compra e venda | | 762 |
| | | 6.1.4.1 | Da venda de ascendente a descendente (art. 496 do CC) | 762 |
| | | 6.1.4.2 | Da venda entre cônjuges (art. 499 do CC) | 767 |
| | | 6.1.4.3 | Da venda de bens sob administração (art. 497 do CC) | 767 |
| | | 6.1.4.4 | Da venda de bens em condomínio ou venda de coisa comum (art. 504 do CC) | 769 |
| | 6.1.5 | Regras especiais da compra e venda | | 773 |
| | | 6.1.5.1 | Venda por amostra, por protótipos ou por modelos (art. 484 do CC) | 773 |
| | | 6.1.5.2 | Venda a contento e sujeita à prova (arts. 509 a 512 do CC) | 774 |
| | | 6.1.5.3 | Venda por medida, por extensão ou *ad mensuram* (art. 500 do CC) | 774 |
| | | 6.1.5.4 | Venda de coisas conjuntas (art. 503 do CC) | 777 |
| | 6.1.6 | Das cláusulas especiais da compra e venda | | 778 |
| | | 6.1.6.1 | Cláusula de retrovenda | 778 |
| | | 6.1.6.2 | Cláusula de preempção, preferência ou prelação convencional | 780 |
| | | 6.1.6.3 | Cláusula de venda sobre documentos | 784 |
| | | 6.1.6.4 | Cláusula de venda com reserva de domínio | 785 |
| 6.2 | Da troca ou permuta (art. 533 do CC) | | | 790 |
| | 6.2.1 | Conceito e natureza jurídica | | 790 |
| | 6.2.2 | Objeto do contrato e relação com a compra e venda | | 791 |
| | 6.2.3 | Troca entre ascendentes e descendentes | | 791 |
| 6.3 | Do contrato estimatório ou venda em consignação (arts. 534 a 537 do CC) ... | | | 792 |
| | 6.3.1 | Conceito e natureza jurídica | | 792 |
| | 6.3.2 | Efeitos e regras do contrato estimatório | | 793 |
| 6.4 | Da doação (arts. 538 a 564 do CC) | | | 795 |
| | 6.4.1 | Conceito e natureza jurídica | | 795 |
| | 6.4.2 | Efeitos e regras da doação sob o enfoque das suas modalidades ou espécies | | 798 |
| | | 6.4.2.1 | Doação remuneratória | 798 |
| | | 6.4.2.2 | Doação contemplativa ou meritória | 799 |
| | | 6.4.2.3 | Doação a nascituro | 799 |

| | | | |
|---|---|---|---|
| | 6.4.2.4 | Doação sob forma de subvenção periódica | 800 |
| | 6.4.2.5 | Doação em contemplação de casamento futuro | 801 |
| | 6.4.2.6 | Doação de ascendentes a descendentes e doação entre cônjuges | 801 |
| | 6.4.2.7 | Doação com cláusula de reversão | 804 |
| | 6.4.2.8 | Doação conjuntiva | 805 |
| | 6.4.2.9 | Doação manual | 806 |
| | 6.4.2.10 | Doação inoficiosa | 806 |
| | 6.4.2.11 | Doação universal | 810 |
| | 6.4.2.12 | Doação do cônjuge adúltero ao seu cúmplice | 812 |
| | 6.4.2.13 | Doação a entidade futura | 813 |
| | 6.4.2.14 | Doação famélica | 813 |
| | 6.4.3 | Da promessa de doação | 815 |
| | 6.4.4 | Da revogação da doação | 816 |
| 6.5 | Da locação de coisas no CC/2002 (arts. 565 a 578 do CC) | | 820 |
| | 6.5.1 | Conceito, natureza jurídica e âmbito de aplicação | 820 |
| | 6.5.2 | Efeitos da locação regida pelo Código Civil | 821 |
| 6.6 | Do empréstimo. Comodato e mútuo | | 823 |
| | 6.6.1 | Introdução. Conceitos básicos | 823 |
| | 6.6.2 | Do comodato (arts. 579 a 585 do CC) | 824 |
| | 6.6.3 | Do mútuo (arts. 586 a 592 do CC) | 831 |
| 6.7 | Da prestação de serviço (arts. 593 a 609 do CC) | | 837 |
| | 6.7.1 | Conceito e natureza jurídica | 837 |
| | 6.7.2 | Regras da prestação de serviços no CC/2002 | 838 |
| 6.8 | Da empreitada (arts. 610 a 626 do CC) | | 848 |
| | 6.8.1 | Conceito e natureza jurídica | 848 |
| | 6.8.2 | Regras da empreitada no CC/2002 | 849 |
| 6.9 | Do depósito (arts. 627 a 652 do CC) | | 855 |
| | 6.9.1 | Conceito e natureza jurídica | 855 |
| | 6.9.2 | Regras quanto ao depósito voluntário ou convencional | 856 |
| | 6.9.3 | Do depósito necessário | 859 |
| | 6.9.4 | Da prisão do depositário infiel | 860 |
| 6.10 | Do mandato (arts. 653 a 692 do CC) | | 861 |
| | 6.10.1 | Conceito e natureza jurídica | 861 |
| | 6.10.2 | Principais classificações do mandato | 865 |
| | 6.10.3 | Principais regras do mandato no CC/2002 | 867 |
| 6.11 | Da comissão (arts. 693 a 709 do CC) | | 876 |
| 6.12 | Da agência e distribuição (arts. 710 a 721 do CC) | | 882 |
| 6.13 | Da corretagem (arts. 722 a 729 do CC) | | 887 |
| 6.14 | Do transporte (arts. 730 a 756 do CC) | | 896 |
| | 6.14.1 | Conceito e natureza jurídica | 896 |
| | 6.14.2 | Regras gerais do transporte no CC/2002 | 897 |

| | | |
|---|---|---|
| | 6.14.3 Do transporte de pessoas | 901 |
| | 6.14.4 Do transporte de coisas | 908 |
| 6.15 | Do seguro (arts. 757 a 802 do CC) | 913 |
| | 6.15.1 Conceito e natureza jurídica | 913 |
| | 6.15.2 Regras gerais do seguro no CC/2002 | 916 |
| | 6.15.3 Do seguro de dano | 929 |
| | 6.15.4 Do seguro de pessoa | 935 |
| 6.16 | Da constituição de renda (arts. 803 a 813 do CC) | 941 |
| 6.17 | Do jogo e da aposta (arts. 814 a 817 do CC) | 943 |
| 6.18 | Da fiança (arts. 818 a 839 do CC) | 947 |
| | 6.18.1 Conceito e natureza jurídica | 947 |
| | 6.18.2 Efeitos e regras da fiança no CC/2002 | 951 |
| 6.19 | Da transação (arts. 840 a 850 do CC) | 958 |
| 6.20 | Do compromisso (arts. 851 a 853 do CC) | 962 |
| 6.21 | Do contrato de administração fiduciária de garantias (art. 853-A do CC) | 967 |

## 7 DIREITO DAS COISAS ......971

| | | |
|---|---|---|
| 7.1 | Introdução. Conceitos de direito das coisas e de direitos reais. Diferenças entre os institutos e suas características gerais | 971 |
| 7.2 | Principais diferenças entre os direitos reais e os direitos pessoais patrimoniais. Revisão do quadro comparativo | 982 |
| 7.3 | Da posse (arts. 1.196 a 1.224 do CC) | 986 |
| | 7.3.1 Conceito de posse e teorias justificadoras. A teoria da função social da posse | 986 |
| | 7.3.2 Diferenças entre a posse e a detenção. Conversão dos institutos | 991 |
| | 7.3.3 Principais classificações da posse | 994 |
| | 7.3.4 Efeitos materiais e processuais da posse | 1000 |
| | 7.3.4.1 Efeitos da posse quanto aos frutos | 1000 |
| | 7.3.4.2 Efeitos da posse em relação às benfeitorias | 1001 |
| | 7.3.4.3 Posse e responsabilidades | 1004 |
| | 7.3.4.4 Posse e usucapião. Primeira abordagem | 1005 |
| | 7.3.4.5 Posse e processo civil. A faculdade de invocar os interditos possessórios | 1006 |
| | 7.3.4.6 A legítima defesa da posse e o desforço imediato | 1016 |
| | 7.3.5 Formas de aquisição, transmissão e perda da posse | 1017 |
| | 7.3.6 Composse ou compossessão | 1020 |
| 7.4 | Da propriedade | 1022 |
| | 7.4.1 Conceitos fundamentais relativos à propriedade e seus atributos | 1022 |
| | 7.4.2 Principais características do direito de propriedade | 1026 |
| | 7.4.3 Disposições preliminares relativas à propriedade. A função social e socioambiental da propriedade | 1027 |
| | 7.4.4 A desapropriação judicial privada por posse-trabalho (art. 1.228, §§ 4.º e 5.º, do CC/2002) | 1037 |
| | 7.4.5 Da propriedade resolúvel e da propriedade fiduciária | 1045 |

| | | | |
|---|---|---|---|
| 7.4.6 | Formas de aquisição da propriedade imóvel | | 1046 |
| | 7.4.6.1 | Das acessões naturais e artificiais | 1047 |
| | 7.4.6.2 | Da usucapião de bens imóveis | 1055 |
| | | 7.4.6.2.1 Generalidades | 1055 |
| | | 7.4.6.2.2 Modalidades de usucapião de bens imóveis | 1060 |
| | | 7.4.6.2.3 Usucapião imobiliária e direito intertemporal no Código Civil | 1076 |
| | | 7.4.6.2.4 A questão da usucapião de bens públicos | 1079 |
| | | 7.4.6.2.5 Da usucapião administrativa ou extrajudicial incluída pelo Código de Processo Civil de 2015. Análise com base nas alterações instituídas pela Lei 13.465/2017 e pela Lei 14.382/2022 | 1080 |
| | 7.4.6.3 | Do registro do título | 1085 |
| | 7.4.6.4 | Da sucessão hereditária de bens imóveis | 1089 |
| 7.4.7 | Formas de aquisição da propriedade móvel | | 1089 |
| | 7.4.7.1 | Da ocupação e do achado do tesouro. O estudo da descoberta | 1089 |
| | 7.4.7.2 | Da usucapião de bens móveis | 1092 |
| | 7.4.7.3 | Da especificação | 1094 |
| | 7.4.7.4 | Da confusão, da comistão e da adjunção | 1095 |
| | 7.4.7.5 | Da tradição | 1096 |
| | 7.4.7.6 | Da sucessão hereditária de bens móveis | 1099 |
| 7.4.8 | Da perda da propriedade imóvel e móvel | | 1099 |
| 7.4.9 | Breve análise da Lei 13.465/2017 e suas principais repercussões para o direito de propriedade. A legitimação fundiária | | 1104 |
| 7.5 | Dos fundos de investimento e a inclusão do seu tratamento no Código Civil pela Lei 13.874/2019 | | 1110 |
| 7.6 | Direito de vizinhança (arts. 1.277 a 1.313 do CC) | | 1116 |
| | 7.6.1 | Conceitos básicos | 1116 |
| | 7.6.2 | Do uso anormal da propriedade | 1118 |
| | 7.6.3 | Das árvores limítrofes | 1121 |
| | 7.6.4 | Da passagem forçada e da passagem de cabos e tubulações | 1122 |
| | 7.6.5 | Das águas | 1126 |
| | 7.6.6 | Do direito de tapagem e dos limites entre prédios | 1131 |
| | 7.6.7 | Do direito de construir | 1132 |
| 7.7 | Do condomínio | | 1136 |
| | 7.7.1 | Conceito, estrutura jurídica e modalidades | 1136 |
| | 7.7.2 | Do condomínio voluntário ou convencional | 1138 |
| | 7.7.3 | Do condomínio necessário | 1142 |
| | 7.7.4 | Do condomínio edilício | 1142 |
| | 7.7.4.1 | Regras gerais básicas. Instituição e constituição. A questão da natureza jurídica do condomínio edilício | 1142 |
| | 7.7.4.2 | Direitos e deveres dos condôminos. Estudo das penalidades no condomínio edilício | 1157 |
| | 7.7.4.3 | Da administração do condomínio edilício | 1174 |

| | | | |
|---|---|---|---|
| | | 7.7.4.4 | Da extinção do condomínio edilício | 1182 |
| | | 7.7.4.5 | Novas modalidades de condomínios instituídas pela Lei 13.465/2017. Condomínio de lotes e condomínio urbano simples | 1183 |
| | | 7.7.4.6 | A multipropriedade ou *time sharing*. Estudo da Lei 13.777/2018 | 1189 |

7.8 Do direito real de aquisição do promitente comprador (compromisso de compra e venda de imóvel registrado na matrícula) ..... 1206

7.9 Dos direitos reais de gozo ou fruição ..... 1216

    7.9.1 Generalidades ..... 1216

    7.9.2 Da superfície ..... 1217

    7.9.3 Das servidões ..... 1224

    7.9.4 Do usufruto ..... 1230

    7.9.5 Do uso ..... 1238

    7.9.6 Da habitação ..... 1240

    7.9.7 Das concessões especiais para uso e moradia. Direitos reais de gozo ou fruição criados pela Lei 11.481/2007 ..... 1241

    7.9.8 Do direito real de laje ..... 1242

7.10 Dos direitos reais de garantia ..... 1252

    7.10.1 Princípios e regras gerais quanto aos direitos reais de garantia tratados pelo CC/2002 ..... 1252

    7.10.2 Do penhor ..... 1259

    7.10.3 Da hipoteca ..... 1268

    7.10.4 Da anticrese ..... 1286

    7.10.5 Da alienação fiduciária em garantia ..... 1287

# 8 DIREITO DE FAMÍLIA ..... 1333

8.1 Conceito de Direito de Família e seus princípios fundamentais ..... 1333

    8.1.1 Princípio de proteção da dignidade da pessoa humana (art. 1.º, III, da CF/1988) ..... 1334

    8.1.2 Princípio da solidariedade familiar (art. 3.º, I, da CF/1988) ..... 1339

    8.1.3 Princípio da igualdade entre filhos (art. 227, § 6.º, da CF/1988 e art. 1.596 do CC) ..... 1340

    8.1.4 Princípio da igualdade entre cônjuges e companheiros (art. 226, § 5.º, da CF/1988 e art. 1.511 do CC) ..... 1340

    8.1.5 Princípio da não intervenção ou da liberdade (art. 1.513 do CC) ..... 1341

    8.1.6 Princípio do maior interesse da criança e do adolescente (art. 227, *caput*, da CF/1988 e arts. 1.583 e 1.584 do CC) ..... 1342

    8.1.7 Princípio da afetividade ..... 1343

    8.1.8 Princípio da função social da família (art. 226, *caput*, da CF/1988) ..... 1346

    8.1.9 Princípio da boa-fé objetiva ..... 1346

8.2 Concepção constitucional de família e a Reforma do Código Civil ..... 1352

8.3 Do casamento (arts. 1.511 a 1.590 do CC) ..... 1357

    8.3.1 Conceito, natureza jurídica e princípios ..... 1357

## MANUAL DE DIREITO CIVIL • VOLUME ÚNICO – *Flávio Tartuce*

8.3.2 Capacidade para o casamento, impedimentos matrimoniais e causas suspensivas do casamento ........................................................... 1359

8.3.3 Do processo de habilitação e da celebração do casamento. Alterações promovidas pela Lei do SERP (Lei 14.382/2022). Modalidades especiais de casamento quanto à sua celebração .......................................... 1371

    8.3.3.1 Casamento em caso de moléstia grave (art. 1.539 do CC)........ 1382

    8.3.3.2 Casamento nuncupativo (em viva voz) ou *in extremis vitae momentis*, ou *in articulo mortis* (art. 1.540 do CC)..................... 1383

    8.3.3.3 Casamento por procuração (art. 1.542 do CC)........................... 1385

    8.3.3.4 Casamento religioso com efeitos civis (arts. 1.515 e 1.516 do CC)..................................................................................................... 1386

8.3.4 Da invalidade do casamento.............................................................. 1388

    8.3.4.1 Esclarecimentos necessários...................................................... 1388

    8.3.4.2 Do casamento inexistente........................................................... 1388

    8.3.4.3 Do casamento nulo...................................................................... 1392

    8.3.4.4 Do casamento anulável................................................................ 1396

    8.3.4.5 Do casamento putativo................................................................ 1404

8.3.5 Provas do casamento........................................................................... 1405

8.3.6 Efeitos pessoais do casamento e seus deveres ................................ 1406

8.3.7 Efeitos patrimoniais do casamento. Regime de bens........................ 1411

    8.3.7.1 Conceito de regime de bens e seus princípios. Da ação de alteração do regime de bens........................................................ 1411

    8.3.7.2 Regras gerais quanto ao regime de bens .................................. 1419

    8.3.7.3 Regras quanto ao pacto antenupcial.......................................... 1433

    8.3.7.4 Regime de bens. Regras especiais.............................................. 1439

8.3.8 Dissolução da sociedade conjugal e do casamento. Separação e divórcio .................................................................................................. 1458

    8.3.8.1 Conceitos iniciais. O sistema introduzido pelo Código Civil de 2002 e as alterações fundamentais instituídas pela Emenda do Divórcio (EC 66/2010). Estudo atualizado diante do Código de Processo Civil de 2015 e do julgamento do Tema 1.053 do STF, com repercussão geral ..................................................... 1458

    8.3.8.2 Questões pontuais relativas ao tema da dissolução da sociedade conjugal e do casamento após a Emenda Constitucional 66/2010 ............................................................................................ 1480

        8.3.8.2.1 O fim da separação de direito em todas as suas modalidades e a manutenção da separação de fato ......................................................................... 1480

        8.3.8.2.2 Manutenção do conceito de sociedade conjugal. A situação das pessoas separadas juridicamente antes da EC 66/2010........................................... 1483

        8.3.8.2.3 A existência de modalidade única de divórcio. Fim do divórcio indireto.................................................. 1486

        8.3.8.2.4 Da possibilidade de se discutir culpa para o divórcio do casal................................................................... 1492

        8.3.8.2.5 A questão do uso do nome pelo cônjuge após a EC 66/2010............................................................... 1496

SUMÁRIO | **XXIII**

|  |  | 8.3.8.2.6 | O problema da guarda na dissolução do casamento. Análise atualizada com a EC 66/2010 e com a Lei da Guarda Compartilhada Obrigatória (Lei 13.058/2014) | 1499 |

8.3.8.2.7 Alimentos na dissolução do casamento e a Emenda do Divórcio ... 1523

8.4 Da união estável ... 1524

8.4.1 Conceito de união estável e seus requisitos fundamentais. Diferenças entre união estável e concubinato ... 1524

8.4.2 Efeitos pessoais e patrimoniais da união estável ... 1539

8.4.3 A união homoafetiva e o seu enquadramento como união estável ... 1557

8.5 Relações de parentesco ... 1563

8.5.1 Conceito, modalidades e disposições gerais (arts. 1.591 a 1.595 do CC) ... 1563

8.5.2 Filiação (arts. 1.596 a 1.606 do CC) ... 1567

8.5.3 Reconhecimento de filhos (arts. 1.607 a 1.617 do CC) ... 1593

8.5.3.1 Primeiras palavras. Modalidades de reconhecimento de filhos ... 1593

8.5.3.2 Reconhecimento voluntário ou perfilhação ... 1594

8.5.3.3 Reconhecimento judicial. Aspectos principais da ação investigatória ... 1599

8.5.4 Da adoção ... 1606

8.5.5 Do poder familiar (arts. 1.630 a 1.638 do CC). O problema da alienação parental ... 1617

8.6 Dos alimentos no Código Civil de 2002 ... 1631

8.6.1 Conceito e pressupostos da obrigação alimentar ... 1631

8.6.2 Características da obrigação de alimentos ... 1636

8.6.3 Principais classificações dos alimentos ... 1650

8.6.4 Extinção da obrigação de alimentos ... 1659

8.7 Da tutela e da curatela ... 1662

8.7.1 Primeiras palavras ... 1662

8.7.2 Da tutela ... 1666

8.7.3 Da curatela ... 1683

## 9 DIREITO DAS SUCESSÕES ... 1709

9.1 Conceitos fundamentais do Direito das Sucessões ... 1709

9.2 Da herança e de sua administração ... 1716

9.3 Da herança jacente e da herança vacante ... 1721

9.4 Da vocação hereditária e os legitimados a suceder ... 1726

9.5 Da aceitação e renúncia da herança ... 1732

9.6 Dos excluídos da sucessão. Indignidade sucessória e deserdação. Semelhanças e diferenças ... 1740

9.7 Da ação de petição de herança ... 1746

9.8 Da sucessão legítima ... 1751

**9.8.1** Panorama geral das inovações introduzidas pelo CC/2002. Anotações sobre a decisão do STF a respeito da inconstitucionalidade do art. 1.790 do Código Civil ........................... 1751

**9.8.2** Da sucessão dos descendentes e a concorrência do cônjuge. Análise crítica, com a inclusão do companheiro na norma, diante da decisão do STF, de maio de 2017 (*Informativo* n. *864* da Corte) ........................... 1757

**9.8.3** Da sucessão dos ascendentes e a concorrência do cônjuge ou companheiro ........................... 1774

**9.8.4** Da sucessão do cônjuge ou companheiro, isoladamente ........................... 1777

**9.8.5** Da sucessão dos colaterais ........................... 1785

**9.8.6** Da sucessão do companheiro. O polêmico art. 1.790 do CC e suas controvérsias principais até a declaração de inconstitucionalidade pelo Supremo Tribunal Federal. As primeiras decisões do Superior Tribunal de Justiça sobre o tema. Análise do direito real de habitação do companheiro ........................... 1788

**9.8.7** Do direito de representação ........................... 1804

**9.9** Da sucessão testamentária ........................... 1806

**9.9.1** Conceito de testamento e suas características. Regras fundamentais sobre o instituto ........................... 1806

**9.9.2** Das modalidades ordinárias de testamento ........................... 1816

    **9.9.2.1** Do testamento público ........................... 1819

    **9.9.2.2** Do testamento cerrado ........................... 1824

    **9.9.2.3** Do testamento particular ........................... 1827

**9.9.3** Das modalidades especiais de testamento ........................... 1834

    **9.9.3.1** Do testamento marítimo e do testamento aeronáutico ........................... 1835

    **9.9.3.2** Do testamento militar ........................... 1835

**9.9.4** Do codicilo ........................... 1836

**9.9.5** Das disposições testamentárias ........................... 1838

**9.9.6** Dos legados ........................... 1846

    **9.9.6.1** Conceito e espécies ........................... 1846

    **9.9.6.2** Dos efeitos do legado e do seu pagamento ........................... 1848

    **9.9.6.3** Da caducidade dos legados ........................... 1850

**9.9.7** Do direito de acrescer entre herdeiros e legatários ........................... 1851

**9.9.8** Das substituições testamentárias ........................... 1853

**9.9.9** Da redução das disposições testamentárias ........................... 1858

**9.9.10** Da revogação do testamento. Diferenças fundamentais em relação à invalidade ........................... 1859

**9.9.11** Do rompimento do testamento ........................... 1861

**9.9.12** Do testamenteiro ........................... 1864

**9.10** Do inventário e da partilha ........................... 1867

**9.10.1** Do inventário. Conceito, modalidades e procedimentos ........................... 1867

    **9.10.1.1** Do inventário judicial ........................... 1870

        **9.10.1.1.1** Inventário judicial pelo rito ou procedimento tradicional (inventário comum) ........................... 1871

        **9.10.1.1.2** Inventário judicial pelo rito sumário ........................... 1897

9.10.1.1.3 Inventário judicial pelo rito do arrolamento comum.................................................................................................. 1901

9.10.1.2 Do inventário extrajudicial, pela via administrativa ou por escritura pública................................................................ 1904

9.10.2 Da pena de sonegados...................................................................... 1916

9.10.3 Do pagamento das dívidas............................................................... 1918

9.10.4 Da colação ou conferência............................................................... 1921

9.10.5 Da redução das doações inoficiosas................................................ 1928

9.10.6 Da partilha......................................................................................... 1930

    9.10.6.1 Da partilha amigável ou extrajudicial................................. 1930

    9.10.6.2 Da partilha judicial................................................................ 1932

    9.10.6.3 Da partilha em vida.............................................................. 1939

9.10.7 Da garantia dos quinhões hereditários. A responsabilidade pela evicção................................................................................................. 1941

9.10.8 Da anulação, da rescisão e da nulidade da partilha........................ 1941

## REFERÊNCIAS BIBLIOGRÁFICAS........................................................... 1947

# 1

# ESTUDO DA LEI DE INTRODUÇÃO

**Sumário:** 1.1 Primeiras palavras sobre a Lei de Introdução – 1.2 A Lei de Introdução e a Lei como fonte primária do Direito Brasileiro. A vigência das normas jurídicas (arts. 1.º e 2.º da Lei de Introdução) – 1.3 Características da norma jurídica e sua aplicação. Análise do art. 3.º da Lei de Introdução – 1.4 As formas de integração da norma jurídica. Art. 4.º da Lei de Introdução: 1.4.1 A analogia; 1.4.2 Os costumes; 1.4.3 Os princípios gerais de Direito; 1.4.4 A equidade – 1.5 Aplicação da norma jurídica no tempo. O art. 6.º da Lei de Introdução – 1.6 Aplicação da norma jurídica no espaço. Os arts. 7.º a 19 da Lei de Introdução e o Direito Internacional Público e Privado – 1.7 Estudo das antinomias jurídicas – 1.8 Breve análise das inclusões feitas na Lei de Introdução pela Lei 13.655/2018. Repercussões para o Direito Público.

## 1.1 PRIMEIRAS PALAVRAS SOBRE A LEI DE INTRODUÇÃO

A antiga Lei de Introdução ao Código Civil é o Decreto-lei 4.657, de 1942, conhecida anteriormente nos meios jurídicos pelas iniciais LICC. Trata-se de uma *norma de sobre-direito*, ou seja, de uma norma jurídica que visa regulamentar outras normas (leis sobre leis ou *lex legum*). O seu estudo sempre foi comum na disciplina de Direito Civil ou de Introdução ao Direito Privado, pela sua posição topográfica preliminar frente ao Código Civil de 1916. A tradição inicialmente foi mantida com o Código Civil de 2002, podendo a citada norma ser encontrada, de forma inaugural, nos comentários à atual codificação privada.[1] Por isso, questões relativas à matéria sempre foram e continuavam sendo solicitadas nas provas de Direito Civil.

Porém, apesar desse seu posicionamento metodológico, a verdade é que a antiga LICC não constituía uma norma exclusiva do Direito Privado. Por isso, e por bem, a Lei 12.376, de 30 de dezembro de 2010, alterou o seu nome de Lei de Introdução ao Código Civil para Lei de Introdução às Normas do Direito Brasileiro. Isso porque, atualmente, o diploma mais se aplica aos outros ramos do Direito do que ao próprio Direito Civil.

Em outras palavras, o seu conteúdo interessa mais à Teoria Geral do Direito do que ao Direito Civil propriamente dito. Corroborando essa afirmação, a recente Lei

---

[1] Ver, por exemplo: FIUZA, Ricardo; TAVARES DA SILVA, Regina Beatriz. *Código Civil comentado*. 6. ed. São Paulo: Saraiva, 2008. p. XXXIII-LVIII. Os comentários feitos à Lei de Introdução nesta obra são de Zeno Veloso e Maria Helena Diniz.

13.655/2018 traz novas regras concernentes à atuação dos agentes públicos, tendo relação substancial com o Direito Administrativo. Pode-se dizer que essa norma emergente consolida um *distanciamento* do diploma em estudo perante o Direito Privado. Por questões didáticas, a norma será denominada tão simplesmente de Lei de Introdução, expressão que tenho utilizado.

A Lei de Introdução possuía originalmente artigos que trazem em seu conteúdo regras quanto à vigência das leis (arts. 1.º e 2.º), a respeito da aplicação da norma jurídica no tempo (arts. 3.º a 6.º), bem como no que concerne à sua subsistência no espaço, em especial nas questões de Direito Internacional (arts. 7.º a 19). Sucessivamente, foram incluídos os arts. 20 a 30 pela citada Lei 13.655/2018, que tratam da atuação dos gestores e agentes públicos.

Como é notório, atribui-se à Lei de Introdução o papel de apontar as fontes do Direito Privado em complemento à própria lei. Não se pode esquecer que o art. 4.º da Lei de Introdução enuncia as *fontes formais secundárias do Direito*, aplicadas inicialmente na falta da lei: a analogia, os costumes e os princípios gerais do Direito.

Anote-se que a Lei de Introdução não faz parte do Código Civil de 2002, como também não era componente do Código Civil de 1916. Como se extrai, entre os clássicos, da obra de Serpa Lopes, ela é uma espécie de *lei anexa,* publicada originalmente em conjunto com o Código Civil para facilitar a sua aplicação.[2]

Feita essa análise preliminar, parte-se ao estudo do conteúdo da Lei de Introdução, aprofundando-se as questões que mais interessam ao estudioso do Direito Privado.

## 1.2 A LEI DE INTRODUÇÃO E A LEI COMO FONTE PRIMÁRIA DO DIREITO BRASILEIRO. A VIGÊNCIA DAS NORMAS JURÍDICAS (ARTS. 1.º E 2.º DA LEI DE INTRODUÇÃO)

O Direito Brasileiro sempre foi filiado à escola da *Civil Law,* de origem romano- -germânica, pela qual a lei é *fonte primária* do sistema jurídico. Assim ainda o é, apesar de todo o movimento de valorização do costume jurisprudencial, notadamente pela emergência da súmula vinculante como fonte do direito, diante da Emenda Constitucional 45/2004. Como é notório, a alteração constitucional incluiu o art. 103-A no Texto Maior com a seguinte redação:

> "Art. 103-A. O Supremo Tribunal Federal poderá, de ofício ou por provocação, mediante decisão de dois terços dos seus membros, após reiteradas decisões sobre matéria constitucional, aprovar súmula que, a partir de sua publicação na imprensa oficial, terá efeito vinculante em relação aos demais órgãos do Poder Judiciário e à administração pública direta e indireta, nas esferas federal, estadual e municipal, bem como proceder à sua revisão ou cancelamento, na forma estabelecida em lei".

Desse modo, haveria uma tendência de se caminhar para um sistema próximo à *Common Law,* em que os precedentes jurisprudenciais constituem a principal fonte do direito. Porém, conforme destaca Walber de Moura Agra, *as súmulas vinculantes não são leis, não tendo a mesma força dessas.*[3] A conclusão, portanto, é pela permanência, pelo menos por enquanto, de um sistema essencialmente legal. Como é notório, o princípio da legalidade

---

[2] LOPES, Miguel Maria de Serpa. *Lei de Introdução ao Código Civil.* Rio de Janeiro: Freitas Bastos, 1959. v. 1, p. 8.

[3] AGRA, Walber de Moura. *Curso de direito constitucional.* 4. ed. Rio de Janeiro: Forense, 2008. p. 500.

está expresso no art. 5.º, inc. II, da Constituição Federal de 1988, pelo qual ninguém será obrigado a fazer ou a deixar de fazer algo senão em virtude da lei.

Pontue-se que essa tendência de *caminhar* para o sistema da *Common Law* foi incrementada pelo Código de Processo Civil de 2015, em virtude da valorização dada, nessa lei instrumental emergente, aos precedentes judiciais. Entre outros comandos, o CPC/2015 determina, em seu art. 926, que os Tribunais devem uniformizar sua jurisprudência e mantê-la estável, íntegra e coerente. Conforme o § 1.º do dispositivo instrumental, na forma estabelecida e segundo os pressupostos fixados no regimento interno, os Tribunais editarão enunciados de súmula correspondentes a sua jurisprudência dominante. Ademais, está previsto que, ao editar os enunciados das súmulas, os Tribunais devem ater-se às circunstâncias fáticas dos precedentes que motivaram sua criação (art. 926, § 2.º, do CPC/2015).

Em complemento, o art. 927 da mesma norma enuncia a necessidade de os Tribunais e juízes de primeiro grau seguirem as orientações da jurisprudência superior, em especial do Supremo Tribunal Federal e do Superior Tribunal de Justiça. Como está nesse comando, os juízes e os tribunais de todas as instâncias observarão: *a)* as decisões do Supremo Tribunal Federal em controle concentrado de constitucionalidade; *b)* os enunciados de súmula vinculante; *c)* os acórdãos em incidente de assunção de competência ou de resolução de demandas repetitivas e em julgamento de recursos extraordinário e especial repetitivos; *d)* os enunciados das súmulas do Supremo Tribunal Federal em matéria constitucional e do Superior Tribunal de Justiça em matéria infraconstitucional; e *e)* a orientação do plenário ou do órgão especial aos quais estiverem vinculados.

Entendo que o tempo e a prática já demonstram que esse caminho para um sistema jurídico costumeiro, baseado também em decisões judiciais, está sendo bem concretizado, quebrando-se com a nossa secular tradição fundada somente na lei.

Conceito interessante de lei é aquele concebido por Goffredo Telles Jr., seguido por mim, no sentido de ser a norma jurídica *um imperativo autorizante*.[4] Trata-se de um imperativo, pois emanada de autoridade competente, sendo dirigida a todos (*generalidade*). Constitui um *autorizamento*, pois autoriza ou não autoriza determinadas condutas. Tal preciosa construção pode ser seguida por todos os estudiosos do Direito, desde o estudante de graduação que se inicia, até o mais experiente jurista ou professor do Direito.

Apesar de a lei ser a fonte primária do Direito, não se pode conceber um *Estado Legal puro*, em que a norma jurídica acaba sendo o fim ou o teto para as soluções jurídicas. Na verdade, a norma jurídica é apenas o começo, o ponto de partida, ou seja, o piso mínimo para os debates jurídicos e para a solução dos casos concretos. Vige o *Estado de Direito*, em que outros parâmetros devem ser levados em conta pelo intérprete do Direito. Em outras palavras, não se pode conceber que a aplicação da lei descabe para o mais exagerado *legalismo*, conforme se extrai das palavras de Sérgio Resende de Barros a seguir destacadas:

> "Desse modo, com inspiração em Carré de Malberg, pode-se e deve-se distinguir o Estado de direito do Estado de legalidade. O que ele chamou de Estado 'legal' hoje se pode chamar de Estado de legalidade: degeneração do Estado de direito, que põe em risco a justa atuação da lei na enunciação e concreção dos valores sociais como direitos individuais, coletivos, difusos. No mero Estado de Legalidade, a lei é editada e aplicada sem levar em conta o resultado, ou seja, sem considerar se daí resulta uma injusta opressão dos direitos. Impera o legalismo, que é a forma mais sutil de autoritarismo, na qual o espírito autoritário se aninha e se disfarça na própria

---

4   TELLES JR., Goffredo. *Direito quântico*. 7. ed. São Paulo: Juarez de Oliveira, p. 263-297.

lei. O processo legislativo atende à conveniência política do poderoso do momento, quando não é este *in persona* quem edita a norma 'provisoriamente."[5]

Pois bem, sendo concebida a lei como fonte do direito – mas não como a única e exclusiva –, a Lei de Introdução consagra no seu início regras relativas à sua vigência.

De início, o art. 1.º, *caput,* da Lei de Introdução, enuncia que "salvo disposição contrária, a lei começa a vigorar em todo o País quarenta e cinco dias depois de oficialmente publicada". Nos termos do art. 8.º, § 1.º, da Lei Complementar 95/1998, a contagem do prazo para entrada em vigor das leis que estabelecem período de vacância far-se-á com a inclusão da data da publicação e do último dia do prazo, entrando em vigor no dia subsequente à sua consumação integral. Como aponta a doutrina, não interessa se a data final seja um feriado ou final de semana, entrando em vigor a norma mesmo assim, ou seja, a data não é prorrogada para o dia seguinte.[6]

Esclarecendo, a lei passa por três fases fundamentais para que tenha validade e eficácia as de *elaboração, promulgação* e *publicação.* Depois vem o prazo de vacância, geralmente previsto na própria norma. Isso ocorreu com o Código Civil de 2002, com a previsão do prazo de um ano a partir da publicação (art. 2.044 do CC/2002). De acordo com o entendimento majoritário, inclusive da jurisprudência nacional, a atual codificação privada entrou em vigor no dia 11 de janeiro de 2003, levando-se em conta a contagem dia a dia (nesse sentido, ver: STJ, AgInt no AREsp 1.417.538/BA, 4.ª Turma, Rel. Min. Luis Felipe Salomão, j. 24.09.2019, *DJe* 30.09.2019; AgRg no REsp 1.052.779/SC, 1.ª Turma, Rel. Min. Hamilton Carvalhido, j. 27.10.2009, *DJe* 19.11.2009; REsp 1.032.952/SP, 3.ª Turma, Rel. Min. Nancy Andrighi, j. 17.03.2009, *DJe* 26.03.2009 e EDcl no AgRg no REsp 1.010.158/PR, 2.ª Turma, Rel. Min. Humberto Martins, j. 23.09.2008, *DJe* 06.11.2008).

Em continuidade de estudo, consoante o art. 1.º, § 1.º, da Lei de Introdução, a obrigatoriedade da norma brasileira passa a vigorar, nos Estados estrangeiros, três meses após a publicação oficial em nosso País, previsão esta de maior interesse ao Direito Internacional Público.

Ainda quanto à vigência das leis, destaque-se que o art. 1.º, § 2.º, da Lei de Introdução foi revogado pela Lei 12.036/2009. Previa o comando, na sua redação anterior, que "a vigência das leis, que os Governos Estaduais elaborem por autorização do Governo Federal, depende da aprovação deste e começa no prazo que a legislação estadual fixar". Segundo aponta Gustavo Monaco, Professor Titular da Universidade de São Paulo, o dispositivo foi revogado, pondo fim à dúvida doutrinária sobre a sua recepção pela Constituição Federal de 1988, diante de suposto desrespeito à tripartição dos poderes.[7]

Em havendo *norma corretiva,* mediante nova publicação do texto legal, os prazos mencionados devem correr a partir da nova publicação (art. 1.º, § 3.º, da Lei de Introdução). A *norma corretiva* é aquela que existe para afastar equívocos importantes cometidos pelo texto legal, sendo certo que as correções do texto de lei já em vigor devem ser consideradas como lei nova.

O art. 2.º da Lei de Introdução consagra o *princípio da continuidade da lei,* pelo qual a norma, a partir da sua entrada em vigor, tem eficácia contínua, até que outra a modifique

---

[5] BARROS, Sérgio Resende de. *Contribuição dialética para o constitucionalismo.* Campinas: Millennium, 2008. p. 140.
[6] VELOSO, Zeno. *Comentários à Lei de Introdução ao Código Civil.* 2. ed. Belém: Unama, 2006. p. 21.
[7] MONACO, Gustavo Ferraz de Campos. *Código Civil interpretado.* Coord. Silmara Juny Chinellato. 3. ed. São Paulo: Manole, 2010. p. 3.

ou revogue. Dessa forma, tem-se a regra do fim da obrigatoriedade da lei, além do caso de ter a mesma vigência temporária.

Contudo, não se fixando este prazo, prolongam-se a obrigatoriedade e o princípio da continuidade até que a lei seja modificada ou revogada por outra (art. 2.º, *caput*, da Lei de Introdução). A lei posterior revoga a anterior quando expressamente o declare, quando seja com ela incompatível ou quando regule inteiramente a matéria de que tratava a lei anterior (art. 2.º, § 1.º). Entretanto, a lei nova, que estabeleça disposições gerais ou especiais a par das já existentes, não revoga nem modifica a lei anterior (art. 2.º, § 2.º). Vejamos dois exemplos concretos.

Inicialmente, imagine-se o caso do Código Civil de 2002, que dispôs expressamente e de forma completa sobre o condomínio edilício, entre os seus arts. 1.331 a 1.358. Por tal tratamento, deve ser tida como revogada tacitamente a Lei 4.591/1964, naquilo que regulava o assunto (arts. 1.º a 27). Trata-se de aplicação da segunda parte do art. 2.º, § 1.º, da Lei de Introdução, o que vem sendo confirmado pela jurisprudência nacional (STJ, REsp 746.589/RS, 4.ª Turma, Rel. Min. Aldir Guimarães Passarinho Junior, j. 15.08.2006, *DJU* 18.09.2006, p. 327).

Como segundo exemplo temos a incidência do art. 2.º, § 2.º, da Lei de Introdução na seguinte conclusão: o Código Civil dispôs de forma especial sobre a locação (arts. 565 a 578), não prejudicando a lei especial anterior que dispunha sobre a locação imobiliária, permanecendo esta incólume (Lei 8.245/1991). Tanto isso é verdade que foi introduzida na codificação material uma norma de direito intertemporal, prevendo que a locação de prédio urbano que esteja sujeita à lei especial, por esta continua a ser regida (art. 2.036 do CC/2002).

Pois bem, pelo que consta do art. 2.º da Lei de Introdução, o meio mais comum para se retirar a vigência de uma norma jurídica é a sua revogação, o que pode ocorrer sob duas formas, classificadas quanto à sua extensão:

a) *Revogação total* ou *ab-rogação* – ocorre quando se torna sem efeito uma norma de forma integral, com a supressão total do seu texto por uma norma emergente. Exemplo ocorreu com o Código Civil de 1916, pelo que consta do art. 2.045, primeira parte, do CC/2002.

b) *Revogação parcial* ou *derrogação* – uma lei nova torna sem efeito parte de uma lei anterior, como se deu em face da parte primeira do Código Comercial de 1850, conforme está previsto no mesmo art. 2.045, segunda parte, do CC.

No que concerne ao modo, as duas modalidades de revogação analisadas podem ser assim classificadas:

a) *Revogação expressa (ou por via direta)* – situação em que a lei nova taxativamente declara revogada a lei anterior ou aponta os dispositivos que pretende retirar. Conforme previsão do art. 9.º da Lei Complementar 95/1998, "a cláusula de revogação deverá enumerar expressamente a lei ou disposições revogadas". O respeito, em parte, em relação a tal dispositivo especial pode ser percebido pela leitura do citado art. 2.045 do Código Civil, pelo qual "revogam-se a Lei 3.071, de 1.º de janeiro de 1916 – Código Civil e a Primeira Parte do Código Comercial, Lei 556, de 25 de junho de 1850". Entretanto, o atual Código Civil permaneceu silente a respeito da revogação ou não de algumas leis especiais como a Lei do Divórcio (Lei 6.515/1977), a Lei de Registros Públicos (Lei 6.015/1973), a Lei de Condomínio e Incorporação (Lei 4.591/1967), entre outras. Nesse último ponto residem críticas ao Código Civil de 2002, por ter desobedecido à orientação anterior. A questão da revogação das leis especiais anteriores deve ser analisada caso a caso.

b) *Revogação tácita (ou por via oblíqua)* – situação em que a lei posterior é incompatível com a anterior, não havendo previsão expressa no texto a respeito da sua revogação. O Código Civil de 2002 não trata da revogação de leis especiais, devendo ser aplicada a revogação parcial tácita que parece constar do seu art. 2.043 do CC: "Até que por outra forma se disciplinem, continuam em vigor as disposições de natureza processual, administrativa ou penal, constantes de leis cujos preceitos de natureza civil hajam sido incorporados a este Código". Assim, vários preceitos materiais de leis especiais, como a Lei do Divórcio (Lei 6.515/1977), foram incorporados pelo atual Código Civil, permanecendo em vigor os seus preceitos processuais, trazendo a conclusão da sua revogação parcial, por via oblíqua.

Muito importante lembrar que o art. 2.º, § 3.º, da Lei de Introdução afasta a possibilidade da lei revogada anteriormente *repristinar*, salvo disposição expressa em lei em sentido contrário. O *efeito repristinatório* é aquele pelo qual *uma norma revogada volta a valer no caso de revogação da sua revogadora*. Esclarecendo:

> 1) Norma A – válida.
> 2) Norma B revoga a norma A.
> 3) Norma C revoga a norma B.
> 4) A Norma A (revogada) volta a valer com a revogação (por C) da sua revogadora (B)?
> 5) Resposta: Não. Porque não se admite o efeito repristinatório automático.

Contudo, excepcionalmente, a lei revogada volta a viger quando a lei revogadora for declarada inconstitucional ou quando for concedida a suspensão cautelar da eficácia da norma impugnada – art. 11, § 2.º, da Lei 9.868/1999. Também voltará a viger quando, não sendo situação de inconstitucionalidade, o legislador assim o determinar expressamente.

Em suma, são possíveis duas situações. A primeira delas é aquela em que o efeito repristinatório decorre da declaração de inconstitucionalidade da lei. A segunda é o efeito *repristinatório previsto pela própria norma jurídica*. Como exemplo da primeira hipótese, pode ser transcrito o seguinte julgado do Superior Tribunal de Justiça:

"Contribuição previdenciária patronal. Empresa agroindustrial. Inconstitucionalidade. Efeito repristinatório. Lei de Introdução ao Código Civil. 1. A declaração de inconstitucionalidade em tese, ao excluir do ordenamento positivo a manifestação estatal inválida, conduz à restauração de eficácia das leis e das normas afetadas pelo ato declarado inconstitucional. 2. Sendo nula e, portanto, desprovida de eficácia jurídica a lei inconstitucional, decorre daí que a decisão declaratória da inconstitucionalidade produz efeitos repristinatórios. 3. O chamado efeito repristinatório da declaração de inconstitucionalidade não se confunde com a repristinação prevista no artigo 2.º, § 3.º, da LICC, sobretudo porque, no primeiro caso, sequer há revogação no plano jurídico. 4. Recurso especial a que se nega provimento" (STJ, REsp 517.789/AL, 2.ª Turma, Rel. Min. João Otávio de Noronha, j. 08.06.2004, *DJ* 13.06.2005, p. 236).

A encerrar o estudo da matéria de vigência das normas jurídicas, vejamos as suas principais características e a sua aplicação concreta.

## 1.3 CARACTERÍSTICAS DA NORMA JURÍDICA E SUA APLICAÇÃO. ANÁLISE DO ART. 3.º DA LEI DE INTRODUÇÃO

A lei, como fonte primária do Direito Brasileiro, tem as seguintes características básicas:

a) *Generalidade* – a norma jurídica dirige-se a todos os cidadãos, sem qualquer distinção, tendo eficácia *erga omnes*.

b) *Imperatividade* – a norma jurídica é um imperativo, impondo deveres e condutas para os membros da coletividade.

c) *Permanência* – a lei perdura até que seja revogada por outra ou perca a eficácia.

d) *Competência* – a norma, para valer contra todos, deve emanar de autoridade competente, com o respeito ao processo de elaboração.

e) *Autorizante* – o conceito contemporâneo de norma jurídica traz a ideia de um *autorizamento* (a norma autoriza ou não autoriza determinada conduta), estando superada a tese de que não há norma sem sanção (Hans Kelsen).

Como outra característica básica, está consagrado no art. 3.º da Lei de Introdução *o princípio da obrigatoriedade da norma*, pelo qual ninguém pode deixar de cumprir a lei alegando não a conhecer. Três são as correntes doutrinárias que procuram justificar o conteúdo da norma:

a) *Teoria da ficção legal*, eis que a obrigatoriedade foi instituída pelo ordenamento para a segurança jurídica.[8]

b) *Teoria da presunção absoluta*, pela qual haveria uma dedução *iure et de iure* de que todos conhecem as leis.[9]

c) *Teoria da necessidade social*, amparada, segundo Maria Helena Diniz, na premissa "de que as normas devem ser conhecidas para que melhor sejam observadas", a gerar o *princípio da vigência sincrônica da lei*.[10]

A última das teorias parece-me a mais correta. De fato, não merece alento a tese da *ficção legal*, pela qual a obrigatoriedade é um comando criado pela lei e dirigida a todos; muito menos a teoria pela qual há uma *presunção absoluta* (*iure et iure*) de que todos conhecem o teor da norma, a partir da sua publicação. Sobre a tese da presunção, comenta o saudoso Zeno Veloso, com razão e filiado à *teoria da necessidade social*:

"Não se deve concluir que o aludido art. 3.º da LICC está expressando uma presunção de que todos conhecem as leis. Quem acha isto está conferindo a pecha de inepto ou insensato ao legislador. E ele não é estúpido. Num País em que há um excesso legislativo, uma superprodução de leis, que a todos atormenta, assombra e confunde – sem contar o número enormíssimo de medidas provisórias –, presumir que todas as leis são conhecidas por todo mundo agrediria a realidade".[11]

---

[8] Assim se posiciona: MONACO, Gustavo Ferraz de Campos. *Código Civil interpretado*. Coord. Silmara Juny Chinellato. 3. ed. São Paulo: Manole, 2010. p. 6.

[9] Pela *teoria da presunção*: RODRIGUES, Silvio. *Direito civil*. 24. ed. São Paulo: Saraiva, 1994. v. 1, p. 21.

[10] DINIZ, Maria Helena. *Lei de Introdução ao Código Civil interpretada*. 8. ed. São Paulo: Saraiva, 2001. p. 87. Na doutrina clássica, a teoria da necessidade social já era seguida por Miguel Maria de Serpa Lopes (*Comentários à Lei de Introdução ao Código Civil*. Rio de Janeiro: Freitas Bastos, 1959. v. 1, p. 80).

[11] VELOSO, Zeno. *Comentários à Lei de Introdução ao Código Civil*. 2. ed. Belém: Unama, 2006. p. 69.

# MANUAL DE DIREITO CIVIL • VOLUME ÚNICO – *Flávio Tartuce*

Em reforço, constata-se que *o princípio da obrigatoriedade das leis* não pode ser visto como um preceito absoluto, havendo claro abrandamento no Código Civil de 2002. Isso porque o art. 139, inc. III, da codificação material em vigor admite a existência de erro substancial quando a falsa noção estiver relacionada com um erro de direito (*error iuris*), desde que este seja única causa para a celebração de um negócio jurídico e que não haja desobediência à lei. Alerte-se, em complemento, que a Lei de Contravenções Penais já previa o erro de direito como justificativa para o descumprimento da norma (art. 8.º).

Não há qualquer conflito entre o art. 3.º da Lei de Introdução e o citado art. 139, inc. III, do CC, que possibilita a anulabilidade do negócio jurídico pela presença do erro de direito, conforme previsão do seu art. 171. A primeira norma – Lei de Introdução – é geral, apesar da discussão da sua eficácia, enquanto a segunda – Código Civil – é especial, devendo prevalecer. Concluindo, havendo erro de direito a acometer um determinado negócio ou ato jurídico, proposta a ação específica no prazo decadencial de quatro anos contados da sua celebração (art. 178, inc. II, do CC), haverá o reconhecimento da sua anulabilidade.

Ilustrando, trazendo interessante conclusão de aplicação do erro de direito, da jurisprudência trabalhista:

> "Anulação – Erro de direito (art. 139, III, CC) – A concessão de benefício (assistência médica suplementar) previsto em acordo coletivo de trabalho calcada em regulamento já revogado traduz negócio jurídico eivado por erro substancial a autorizar sua supressão quando detectado o equívoco" (TRT 2.ª Região, Recurso Ordinário 2.032, Acórdão 20070028367, 7.ª Turma, Rel. Juíza Cátia Lungov, j. 1.º.02.2007, *DOESP* 09.02.2007).

Em complemento, a concretizar o erro de direito, cite-se julgado do Tribunal de Justiça de São Paulo que anulou acordo celebrado na extinta separação judicial diante de engano cometido pelo marido, "que destina à esposa, no acordo de separação, bens incomunicáveis seus" (TJSP, Apelação Cível 192.355-4/1-00, 4.ª Câmara de Direito Privado, Rio Claro, Rel. Des. Ênio Santarelli Zuliani, j. 02.02.2006).

O erro de direito ainda será retomado no próximo capítulo deste livro, quando do estudo dos vícios do negócio jurídico.

## 1.4 AS FORMAS DE INTEGRAÇÃO DA NORMA JURÍDICA. ART. 4.º DA LEI DE INTRODUÇÃO

*"O Direito não é lacunoso, mas há lacunas."*[12]

A frase acima pode parecer um paradoxo sem sentido, mas não o é. A construção reproduzida é perfeita. O sistema jurídico constitui um sistema aberto, no qual há lacunas, conforme elucida Maria Helena Diniz em sua clássica obra *As lacunas no direito*.[13] Entretanto, de acordo com as suas lições, as lacunas não são do direito, mas da lei, omissa em alguns casos.

Como é cediço, há um dever do aplicador do direito de corrigir as lacunas (vedação do *não julgamento ou do non liquet*), que era extraído do art. 126 do Código de Processo

---

[12] Expressão transmitida pela Professora Maria Helena Diniz, na disciplina *Teoria Geral do Direito*, cursada no programa de mestrado na PUCSP no ano de 2003.

[13] DINIZ, Maria Helena. *As lacunas no direito*. 7. ed. São Paulo: Saraiva, 2002. p. 1-5.

Civil de 1973, pelo qual o juiz não se exime de sentenciar ou despachar alegando lacuna ou obscuridade da lei. No julgamento da lide caber-lhe-á aplicar as normas legais; não as havendo, recorrerá à analogia, aos costumes e aos princípios gerais de direito".[14] Vale dizer, o dispositivo foi repetido em parte pelo art. 140 do Código de Processo Civil de 2015, com a seguinte expressão: "o juiz não se exime de decidir sob a alegação de lacuna ou obscuridade do ordenamento jurídico. Parágrafo único. O juiz só decidirá por equidade nos casos previstos em lei".

Como se nota, o novo preceito não faz mais menção à analogia, aos costumes e aos princípios gerais de direito, remetendo a sua incidência ao art. 4.º da Lei de Introdução, com os aprofundamentos que ainda serão aqui analisados.

A propósito da classificação das lacunas, é perfeita a construção criada por Maria Helena Diniz, a saber:

- *Lacuna normativa*: ausência total de norma prevista para um determinado caso concreto.

- *Lacuna ontológica*: presença de norma para o caso concreto, mas que não tenha eficácia social.

- *Lacuna axiológica*: presença de norma para o caso concreto, mas cuja aplicação seja insatisfatória ou injusta.

- *Lacuna de conflito ou antinomia*: choque de duas ou mais normas válidas, pendente de solução no caso concreto. As antinomias serão estudadas oportunamente, em seção própria.[15]

Presentes as lacunas, como sempre se extraiu da doutrina e da jurisprudência, deverão ser utilizadas as formas de integração da norma jurídica, tidas como ferramentas de correção do sistema, constantes dos arts. 4.º e 5.º *da* Lei de Introdução. Anote-se que a integração não se confunde com a subsunção, sendo a última a aplicação direta da norma jurídica a um determinado *tipo* ou *fattispecie*. O art. 4.º da Lei de Introdução enuncia que quando a lei for omissa, o juiz decidirá o caso de acordo com a analogia, os costumes e os princípios gerais de direito, tratando da integração.

A primeira dúvida concreta que surge em relação ao comando legal é se a ordem nele prevista deve ou não ser rigorosamente obedecida. Em uma visão clássica, a resposta é positiva. Filiado a essa corrente, pode ser citado, entre tantos outros, Silvio Rodrigues, para quem "no silêncio da lei, portanto, deve o julgador, na ordem mencionada, lançar mão desses recursos, para não deixar insolvida a demanda".[16] No mesmo sentido, posiciona-se Rubens Limongi França.[17]

Todavia, até pode-se afirmar que essa continua sendo a regra, mas nem sempre o respeito a essa ordem deverá ocorrer, diante da força normativa e coercitiva dos princípios, notadamente daqueles de índole constitucional. Como é notório, a Constituição Federal de 1988 prevê no seu art. 5.º, § 1.º, que as normas que definem direitos fundamentais – muitas geradoras de princípios estruturantes do sistema jurídico –, têm aplicação imediata.

---

[14] Cf. ASCENSÃO, José de Oliveira. *Introdução à ciência do Direito*. 3. ed. Rio de Janeiro: Renovar, 2005. p. 415-416.

[15] DINIZ, Maria Helena. *As lacunas no direito*. 7. ed. São Paulo: Saraiva, 2002. p. 95.

[16] RODRIGUES, Silvio. *Direito Civil*. 24. ed. São Paulo: Saraiva, 1994. v. 1, p. 23.

[17] FRANÇA, Rubens Limongi. *Instituições de direito civil*. 4. ed. São Paulo: Saraiva, 1996. p. 35-40.

# 10 | MANUAL DE DIREITO CIVIL • VOLUME ÚNICO – *Flávio Tartuce*

Trata-se da *eficácia horizontal dos direitos fundamentais,* mecanismo festejado por muitos constitucionalistas, caso de Daniel Sarmento que assim leciona:

> "Fala-se em eficácia horizontal dos direitos fundamentais, para sublinhar o fato de que tais direitos não regulam apenas as relações verticais de poder que se estabelecem entre Estado e cidadão, mas incidem também sobre relações mantidas entre pessoas e entidades não estatais, que se encontram em posição de igualdade formal".[18]

A exemplificar, em casos que envolvem a proteção da dignidade humana (art. 1.º, inc. III, da CF/1988), não se pode dizer que esse princípio será aplicado somente após o emprego da analogia e dos costumes e, ainda, se não houver norma prevista para o caso concreto. Em suma, os princípios constitucionais não podem mais ser vistos somente como último recurso de integração da norma jurídica, como acreditavam os juristas clássicos.

Essa ideia foi adotada pelo art. 8.º do Código de Processo Civil de 2015, norma de caráter revolucionário inegável, ao estabelecer que, ao aplicar o ordenamento jurídico, o juiz atenderá aos fins sociais e às exigências do bem comum, resguardando e promovendo a dignidade da pessoa humana e observando a proporcionalidade, a razoabilidade, a legalidade, a publicidade e a eficiência.

Consigne-se, como reforço a tais premissas, o trabalho de Paulo Bonavides, que apontou a constitucionalização dos princípios gerais do direito, bem como o fato de que os princípios fundamentam o sistema jurídico, sendo também normas primárias.[19] Em suma, deve-se reconhecer eficácia normativa imediata aos princípios, em alguns casos, particularmente naqueles que envolvem os direitos fundamentais da pessoa, ou de personalidade. Isso porque com o Estado Democrático de Direito houve a *transposição dos princípios gerais de direito para princípios constitucionais fundamentais.*

Entre os próprios civilistas se contesta o teor do art. 4.º da Lei de Introdução e até mesmo a sua aplicação. Gustavo Tepedino, por exemplo, ensina o seguinte:

> "A civilística brasileira mostra-se resistente às mudanças históricas que carrearam a aproximação entre o direito constitucional e as relações jurídicas privadas. Para o direito civil, os princípios constitucionais equivaleriam a normas políticas, destinadas ao legislador e, apenas excepcionalmente, ao intérprete, que delas poderia timidamente se utilizar, nos termos do art. 4.º da Lei de Introdução ao Código Civil brasileiro, como meio de confirmação ou de legitimação de um princípio geral de direito. Mostra-se de evidência intuitiva o equívoco de tal concepção, ainda hoje difusamente adotada no Brasil, que acaba por relegar a norma constitucional, situada no vértice do sistema, a elemento de integração subsidiário, aplicável apenas na ausência de norma ordinária específica e após terem sido frustradas as tentativas, pelo intérprete, de fazer uso da analogia e de regra consuetudinária. Trata-se, em uma palavra, de verdadeira subversão hermenêutica. O entendimento mostra-se, no entanto, bastante coerente com a lógica do individualismo oitocentista, sendo indiscutível o papel predominante que o Código Civil desempenhava com referência normativa exclusiva no âmbito das relações de direito privado".[20]

Em síntese, compreendo que aqueles que seguem a escola do *Direito Civil Constitucional,* procurando analisar o Direito Civil a partir dos parâmetros constitucionais, realidade

---

[18] SARMENTO, Daniel. *Direitos fundamentais e relações privadas.* Rio de Janeiro: Lumen Juris, 2004. p. 5.

[19] BONAVIDES, Paulo. *Curso de direito constitucional.* 17. ed. São Paulo: Malheiros, 2005. p. 275.

[20] TEPEDINO, Gustavo. Normas constitucionais e relações de direito civil na experiência brasileira. *Temas de direito civil.* Rio de Janeiro: Renovar, 2005. t. II, p. 24.

CAP. 1 • ESTUDO DA LEI DE INTRODUÇÃO | 11

atual do Direito Privado brasileiro, não podem ser favoráveis à aplicação obrigatória da ordem constante do art. 4.º da Lei de Introdução de forma rígida e incontestável. Esse último entendimento é o que deve prevalecer na visão contemporânea do Direito Civil Brasileiro, em especial tendo em vista a emergência o art. 8.º do CPC/2015, comando que valoriza a dignidade humana como norte do aplicador da lei.

Superado esse esclarecimento inicial, parte-se ao estudo específico das formas de integração da norma jurídica, ferramentas de correção do sistema.

## 1.4.1  A analogia

A analogia é a aplicação de uma norma próxima ou de um conjunto de normas próximas, não havendo uma norma prevista para um determinado caso concreto. Dessa forma, sendo omissa uma norma jurídica para um dado caso concreto, deve o aplicador do direito procurar alento no próprio ordenamento jurídico, permitida a aplicação de uma norma além do seu campo inicial de atuação.

Como exemplo de aplicação da analogia, prevê o art. 499 do CC/2002 que é lícita a venda de bens entre cônjuges quanto aos bens excluídos da comunhão. Como a norma não é, pelo menos diretamente, restritiva da liberdade contratual, não há qualquer óbice de se afirmar que é lícita a compra e venda entre *companheiros* quanto aos bens excluídos da comunhão. Destaque-se que, em regra, o regime de bens do casamento é o mesmo da união estável, qual seja, o da comunhão parcial de bens (arts. 1.640 e 1.725 do CC/2002).

Outro exemplo de aplicação da analogia era a incidência do Decreto-lei 2.681/1912, antes do Código Civil de 2002. Previa esse decreto a responsabilidade civil objetiva das empresas de estradas de ferro. Por ausência de lei específica, esse dispositivo legal passou a ser aplicado a todos os tipos de contrato de transporte terrestre. Por uma questão lógica, e pela presença de lacuna normativa, tal comando legal passou a incidir em ocorrências envolvendo bondes, ônibus, caminhões, automóveis, motos e outros meios de transporte terrestre. Frise-se, porém, que não há mais a necessidade de socorro à analogia para tais casos, eis que o Código Civil atual traz o transporte como contrato típico. Observe-se que continua consagrada a responsabilidade objetiva do transportador, pelo que consta dos arts. 734 (transporte de pessoas) e 750 (transporte de coisas) da atual codificação material.

A analogia pode ser assim classificada, na esteira da melhor doutrina:

a)  *Analogia legal ou legis* – é a aplicação de somente uma norma próxima, como ocorre nos exemplos citados.

b)  *Analogia jurídica ou iuris* – é a aplicação de um conjunto de normas próximas, extraindo elementos que possibilitem a analogia. Exemplo: aplicação por analogia das regras da ação reivindicatória para a ação de imissão de posse (TJMG, Agravo Interno 1.0027.09.183171-2/0011, 16.ª Câmara Cível, Betim, Rel. Des. Wagner Wilson, j. 12.08.2009, *DJEMG* 28.08.2009).

Não se pode confundir a aplicação da analogia com a interpretação extensiva. No primeiro caso, rompe-se com os limites do que está previsto na norma, havendo *integração* da norma jurídica. Na interpretação extensiva, apenas amplia-se o seu sentido, havendo *subsunção*. Ilustre-se com um exemplo prático envolvendo o Código Civil em vigor.

O art. 157 do CC consagra como vício ou defeito do negócio jurídico a *lesão*, presente quando a pessoa, por premente necessidade ou inexperiência, submete-se a uma situação desproporcional por meio de um negócio jurídico. O art. 171, inc. II, da atual codificação material, prevê que tal negócio é anulável, desde que proposta a ação anulatória no prazo decadencial de quatro anos contados da sua celebração (art. 178, inc. II).

Entretanto, conforme o § 2.º do art. 157, pode-se percorrer o caminho da revisão do negócio, se a parte beneficiada com a desproporção oferecer suplemento suficiente para equilibrar o negócio. Recomenda-se sempre a revisão do contrato em casos tais, prestigiando-se a conservação do negócio jurídico e a função social dos contratos.

Pois bem, sobre o instituto em estudo vejamos duas hipóteses:

- *Hipótese 1.* Aplicação do art. 157, § 2.º, do CC, para a *lesão usurária*, prevista no Decreto-lei 22.626/1933 (Lei de Usura). Nessa hipótese haverá *interpretação extensiva*, pois o dispositivo somente será aplicado a outro caso de lesão. Amplia-se o sentido da norma, não rompendo os seus limites (*subsunção*).

- *Hipótese 2.* Aplicação do art. 157, § 2.º, do CC, para o *estado de perigo* (art. 156 do CC). Nesse caso, haverá aplicação da *analogia*, pois o comando legal em questão está sendo aplicado a outro instituto jurídico (*integração*). Nesse sentido, prevê o Enunciado n. 148 do CJF/STJ, da *III Jornada de Direito Civil*, que "ao 'estado de perigo' (art. 156) aplica-se, por analogia, o disposto no § 2.º do art. 157".

Muitas vezes, porém, podem existir confusões, não havendo *fórmula mágica* para apontar se uma determinada situação envolve a aplicação da analogia ou da interpretação extensiva, devendo as situações concretas ser analisadas caso a caso.

Regra importante que deve ser captada é que as normas de exceção ou *normas excepcionais* não admitem analogia ou interpretação extensiva.[21] Entre essas podem ser citadas as normas que restringem a autonomia privada que, do mesmo modo não admitem socorro a tais artifícios, salvo para proteger vulnerável ou um valor fundamental.

A exemplificar, imagine-se que um pai quer hipotecar um imóvel em favor de um de seus filhos. Para tanto, haverá necessidade de autorização dos demais filhos? A resposta é negativa, pela ausência de tal requisito previsto em lei. Na verdade, há regra que exige a autorização para a *venda* entre pais e filhos (ascendentes e descendentes), sob pena de anulabilidade (art. 496 do CC). A norma não pode ser aplicada por analogia para a hipoteca, salvo para proteger um filho incapaz, por exemplo.

## 1.4.2 Os costumes

Desde os primórdios do direito, os costumes desfrutam de larga projeção jurídica. No passado havia certa escassez de leis escritas, realidade ainda hoje presente nos países baseados no sistema da *Common Law*, caso da Inglaterra. Em alguns ramos jurídicos, o costume assume papel vital, como ocorre no Direito Internacional Privado (*Lex Mercatoria*).

Os costumes podem ser conceituados como as práticas e usos reiterados com conteúdo lícito e relevância jurídica. Os costumes, assim, são formados, além da reiteração, por um conteúdo lícito, conceito adaptado ao que consta no Código Civil de 2002. Isso porque em vários dos dispositivos da vigente codificação é encontrada referência aos *bons costumes*, constituindo seu desrespeito abuso de direito, uma espécie de ilícito, pela previsão do seu art. 187. Também há menção aos bons costumes no art. 13 do CC, regra relacionada com os direitos da personalidade, pela qual "salvo por exigência médica, é defeso ato

---

[21] ASCENSÃO, José de Oliveira. *Introdução à ciência do Direito.* 3. ed. Rio de Janeiro: Renovar, 2005. p. 432.

de disposição do próprio corpo, quando importar diminuição permanente da integridade física, ou contrariar os bons costumes".

Os costumes podem ser assim classificados:

a) *Costumes segundo a lei (secundum legem)* – incidem quando há referência expressa aos costumes no texto legal, como ocorre nos artigos da codificação antes citados (arts. 13 e 187 do CC/2002). Na aplicação dos costumes *secundum legem,* não há *integração,* mas *subsunção,* eis que a própria norma jurídica é que é aplicada.

b) *Costumes na falta da lei (praeter legem)* – aplicados quando a lei for omissa, sendo denominado *costume integrativo,* eis que ocorre a utilização propriamente dita dessa ferramenta de correção do sistema. Exemplo de aplicação do costume *praeter legem* é o reconhecimento da validade do cheque *pós-datado* ou *pré-datado.* Como não há lei proibindo a emissão de cheque com data para depósito e tendo em vista as práticas comerciais, reconheceu-se a possibilidade de quebrar com a regra pela qual esse título de crédito é ordem de pagamento à vista. Tanto isso é verdade que a jurisprudência reconhece o dever de indenizar quando o cheque é depositado antes do prazo assinalado. Nesse sentido, a Súmula 370 do STJ prescreve: "caracteriza dano moral a apresentação antecipada do cheque pré-datado".

c) *Costumes contra a lei (contra legem)* – incidem quando a aplicação dos costumes contraria o que dispõe a lei. Entendo que, pelo que consta no Código Civil em vigor, especificamente pela proibição do abuso de direito (art. 187 do CC), não se pode admitir, em regra, a aplicação dos costumes *contra legem.* Eventualmente, havendo desuso da lei poderá o costume ser aplicado, o que não é pacífico. Também aqui, por regra, não há que se falar em integração.

Na visão clássica do Direito Civil, os costumes teriam requisitos para aplicação como fonte do direito. Rubens Limongi França apresenta cinco, a saber: *a) continuidade; b) uniformidade; c) diuturnidade; d) moralidade; e) obrigatoriedade.*[22] Resumindo, afirma o jurista que "é necessário que o costume esteja arraigado na consciência popular após a sua prática durante um tempo considerável, e, além disso, goze da reputação de imprescindível norma costumeira".[23]

Por fim, destaque-se que a jurisprudência consolidada pode constituir elemento integrador do costume (*costume judiciário* ou *jurisprudencial*). Como exemplo, podem ser citados os entendimentos constantes em súmulas dos Tribunais Superiores (*v.g.,* STF, STJ e TST). A decisão a seguir, proferida de forma pioneira no âmbito do Superior Tribunal de Justiça, traz interessante exemplo de extensão do costume judiciário em questão envolvendo o Direito Processual Civil:

> "Embargos de declaração. Agravo regimental contra decisão que negou seguimento a agravo de instrumento por ausência de certidão de intimação do acórdão recorrido. Súmula n.º 223 desta corte superior. Artigo 544, § 1.º, do Código de Processo Civil. Artigo 5.º, Inciso II, da Constituição Federal. Omissão e obscuridade inexistentes. Não há choque entre a Súmula n.º 223 do Superior Tribunal de Justiça e o princípio insculpido no artigo 5.º, inciso II, da Constituição Federal. A repetição constante de certos julgados, de forma pacífica, surgida com a necessidade de regular uma situação não prevista de forma expressa na legislação, encerra um elemento de generalidade,

---

22 FRANÇA, Rubens Limongi. *Instituições de direito civil.* 4. ed. São Paulo: Saraiva, 1996. p. 14.
23 FRANÇA, Rubens Limongi. *Instituições de direito civil.* 4. ed. São Paulo: Saraiva, 1996. p. 14.

pois cria o que se pode chamar de costume judiciário, que, muitas vezes, dá ensejo à edição, pelos Tribunais, dos Enunciados de Súmula, os quais, embora não tenham caráter obrigatório, são acatados em razão dos princípios da segurança jurídica e economia processual. Se de modo uniforme o órgão colegiado tem entendido ser necessária a certidão de intimação do acórdão recorrido (Súmula n.º 223/Superior Tribunal de Justiça), assim o faz levando em conta os pressupostos recursais, no que se refere às peças essenciais, uma vez que, como se sabe, o questionado artigo do Código de Processo Civil não apresenta hipóteses *numerus clausus,* mas é apenas exemplificativo. A decisão judicial volta-se para a composição de litígios. Não é peça teórica ou acadêmica. Contenta-se o sistema com o desate da lide segundo a *res iudicium deducta,* o que se deu, no caso ora em exame. 'É incabível, nos declaratórios, rever a decisão anterior, reexaminando ponto sobre o qual já houve pronunciamento, com inversão, em consequência, do resultado final. Nesse caso, há alteração substancial do julgado, o que foge ao disposto no art. 535 e incisos do CPC' *(RSTJ* 30/412). Embargos de declaração rejeitados. Decisão unânime" (STJ, Embargos de Declaração no Agravo Regimental 280.797/SP, 2.ª Turma, Rel. Min. Domingos Franciulli Netto, j. 16.11.2000, *DJU* 05.03.2001, p. 147).

A propósito, vale repisar que o Código de Processo Civil em vigor valorizou de maneira considerável os precedentes judiciais. Além do outrora citado art. 926 do CPC/2015, o Estatuto Processual emergente determina que as decisões judiciais devem ser devidamente fundamentadas, sob pena de nulidade (art. 11). Em complemento, preceitua-se que não se considera fundamentada qualquer decisão judicial que se limita a invocar precedente ou enunciado de súmula, sem identificar seus fundamentos determinantes nem demonstrar que o caso sob julgamento se ajusta àqueles fundamentos (art. 489, § 1.º, inc. V, do CPC/2015).

Também merece ser citado o art. 332 do *Codex* pelo qual caberá o julgamento liminar do pedido, nas causas que dispensem a fase instrutória, quando o juiz, independentemente da citação do réu, perceber que o pleito contrarie: *a)* enunciado de súmula do Supremo Tribunal Federal ou do Superior Tribunal de Justiça; *b)* acórdão proferido pelo Supremo Tribunal Federal ou pelo Superior Tribunal de Justiça em julgamento de recursos repetitivos; *c)* entendimento firmado em incidente de resolução de demandas repetitivas ou de assunção de competência; e *d)* enunciado de súmula de tribunal de justiça sobre direito local.

Reafirmo que o tempo e a prática já evidenciam a efetiva aplicação dessas regras, tendo os precedentes judiciais encontrado ampla aplicação no âmbito do Direito Privado Brasileiro nos últimos anos. Em certa medida, vivencia-se na nossa realidade uma quebra da plena adesão do sistema jurídico brasileiro à *Civil Law,* aproximando-o ao *Common Law.*

Sendo analisados os costumes, parte-se para o estudo dos princípios gerais do Direito, uma das mais importantes fontes do Direito na atualidade.

### 1.4.3 Os princípios gerais de Direito

O conceito de princípio constitui construção básica muitas vezes não conhecida pelos aplicadores do direito. Vejamos algumas construções doutrinárias que podem ser úteis ao estudioso no seu *dia a dia jurídico.*

– Conceito da *Enciclopédia Saraiva de Direito,* obra clássica do século XX, em verbete elaborado pelo jurista alagoano Sílvio de Macedo: "a palavra princípio vem de *principium,* que significa início, começo, ponto de partida, origem. Em linguagem científica princípio quer dizer fundamento, causa, estrutura. O termo foi introduzido

CAP. 1 • ESTUDO DA LEI DE INTRODUÇÃO | 15

na filosofia por Anaximandro de Mileto, filósofo pré-socrático, que viveu entre 610 a 547 a.C.".[24]

– Miguel Reale: "Os princípios são 'verdades fundantes' de um sistema de conhecimento, como tais admitidas, por serem evidentes ou por terem sido comprovadas, mas também por motivos de ordem prática de caráter operacional, isto é, como pressupostos exigidos pelas necessidades da pesquisa e da *praxis*".[25]

– José de Oliveira Ascensão: "Os princípios são as grandes orientações formais da ordem jurídica brasileira, que fundam e unificam normas e soluções singulares".[26]

– Francisco Amaral: "Os princípios jurídicos são pensamentos diretores de uma regulamentação jurídica. São critérios para a ação e para a constituição de normas e modelos jurídicos. Como diretrizes gerais e básicas, fundamentam e dão unidade a um sistema ou a uma instituição. O direito, como sistema, seria assim um conjunto ordenado segundo princípios".[27]

– Maria Helena Diniz: os princípios são "cânones que não foram ditados, explicitamente, pelo elaborador da norma, mas que estão contidos de forma imanente no ordenamento jurídico. Observa Jeanneau que os princípios não têm existência própria, estão ínsitos no sistema, mas é o juiz que, ao descobri-los, lhes dá força e vida. Esses princípios que servem de base para preencher lacunas não podem opor-se às disposições do ordenamento jurídico, pois devem fundar-se na natureza do sistema jurídico, que deve apresentar-se como um 'organismo' lógico, capaz de conter uma solução segura para o caso duvidoso".[28]

– Nelson Nery Jr. e Rosa Nery: "Princípios gerais de direito. São regras de conduta que norteiam o juiz na interpretação da norma, do ato ou negócio jurídico. Os princípios gerais de direito não se encontram positivados no sistema normativo. São regras estáticas que carecem de concreção. Têm como função principal auxiliar o juiz no preenchimento das lacunas".[29]

Vislumbradas tais definições, constata-se que confrontados com as normas jurídicas, os princípios são mais amplos, abstratos, muitas vezes com posição definida na Constituição Federal. São esses os pontos que os diferenciam das normas, dotadas de concretismo – denota-se um *alto grau de concretude* –, de uma posição de firmeza, em oposição ao nexo deôntico relativo que acompanha os princípios.

Ambos os conceitos – de princípios e normas – apontam as decisões particulares a serem tomadas no caso prático pelo aplicador do direito, existindo diferença somente em relação ao caráter da informação que fornecem. As normas deverão ser sempre aplicadas, sob pena de suportar consequências jurídicas determinadas previamente.

Pois bem, o próprio art. 5.º da Lei de Introdução traz em seu bojo um princípio: o do fim social da norma. O magistrado, na aplicação da lei, deve ser guiado pela sua função ou fim social e pelo objetivo de alcançar o bem comum (a pacificação social). O comando legal é fundamental, ainda, por ser critério hermenêutico, a apontar a correta conclusão a respeito uma determinada lei que surge para a sociedade, o que foi repetido pelo art. 8.º do CPC/2015, ainda com maior profundidade e extensão, pela menção aos princípios da

---

[24] FRANÇA, Rubens Limongi. *Enciclopédia Saraiva de Direito*. São Paulo: Saraiva, 1977. v. 60, p. 505.

[25] REALE, Miguel. *Lições preliminares de direito*. 21. ed. São Paulo: Saraiva, 1994. p. 299.

[26] ASCENSÃO, José de Oliveira. *Introdução à ciência do direito*. 3. ed. Rio de Janeiro: Renovar, 2005. p. 445.

[27] AMARAL, Francisco. *Direito civil*. Introdução. 5. ed. Rio de Janeiro: Renovar, 2003. p. 92.

[28] DINIZ, Maria Helena. *Lei de Introdução ao Código Civil interpretada*. 8. ed. São Paulo: Saraiva, 2001. p. 123.

[29] NERY JR., Nelson; NERY, Rosa Maria de Andrade. *Código Civil anotado*. 2. ed. São Paulo: RT, 2003. p. 141.

# 16 | MANUAL DE DIREITO CIVIL • VOLUME ÚNICO – *Flávio Tartuce*

dignidade da pessoa humana, da proporcionalidade, da razoabilidade, da legalidade, da publicidade e da eficiência.

Ilustrando, entrou em vigor no Brasil, no ano de 2007, a lei que possibilita o divórcio e o inventário extrajudiciais (Lei 11.441/2007, que introduziu o art. 1.124-A no então CPC/1973). Como finalidades da nova norma, a guiar o intérprete, podem ser apontadas a *desjudicialização ou extrajudicialização dos conflitos*, a redução de formalidades e de burocracia, a simplicidade, a facilitação de extinção dos vínculos familiares, entre outras. Esses fins sociais também guiam o Código de Processo Civil de 2015, que igualmente tratou do divórcio e do inventário extrajudiciais, nos seus arts. 733 e 610, além de outros mecanismos de *fuga do Judiciário*.

Historicamente, não se pode esquecer que os princípios já estavam previstos como forma de integração da norma no direito romano, de acordo com as regras criadas pelo imperador, as *leges*, entre 284 a 568 d.C. Nesse sentido, não se pode perder de vista dos princípios jurídicos consagrados pelo direito romano ou *mandamentos* do Direito Romano: *honeste vivere, alterum non laedere, suum cuique tribuere* (*viver honestamente, não lesar a ninguém, dar a cada um o que é seu,* respectivamente).

Tais regramentos continuam sendo invocados, tanto pela doutrina quanto pela jurisprudência, sendo artifícios de argumentação dos mais interessantes. Aplicando um desses mandamentos, transcreve-se, do Tribunal de Justiça de Minas Gerais:

> "Ação de cobrança. Pagamento indevido. Enriquecimento ilícito. Restituição. Recurso a que se nega provimento. O enriquecimento sem causa tem como pressuposto um acréscimo patrimonial injustificado e a finalidade de restituição ao patrimônio de quem empobreceu. Ele encontra seu fundamento no velho princípio de justiça *suum cuique tribuere*, dar a cada um o que é seu. Nessa toada, em que pesem a alardeada boa-fé e a situação econômica precária, com base simplesmente na concepção pura do enriquecimento sem causa, constata-se a necessidade de o Apelante restituir os valores recebidos indevidamente ao Apelado" (TJMG, Acórdão 1.0024.06.025798-7/001, 13.ª Câmara Cível, Belo Horizonte, Rel. Des. Cláudia Maia, j. 10.05.2007, *DJMG* 25.05.2007).

Como destacam Nelson Nery Jr. e Rosa Maria de Andrade Nery, os princípios jurídicos não precisam estar expressos na norma.[30] A conclusão é perfeita, devendo ser tida como majoritária. Exemplifique-se que o princípio da função social do contrato é expresso no Código Civil de 2002 (arts. 421 e 2.035, parágrafo único), mas implícito ao Código de Defesa do Consumidor e mesmo à CLT, que trazem uma lógica de proteção do vulnerável, do consumidor e do trabalhador, consagrando o regramento em questão, diante do seu sentido coletivo, de diminuição da injustiça social.

A propósito, o princípio da função social dos contratos deve ser analisado perante os fundamentos retirados da Lei 13.874/2019, conhecida como *Lei da Liberdade Econômica* e originária da Medida Provisória 881, que traz uma profunda valorização da liberdade individual, remontando à antiga ideia de autonomia da vontade. Conforme seu art. 2.º, são princípios que norteiam o disposto nesta norma: *a)* a liberdade como uma garantia no exercício de atividades econômicas; *b)* a boa-fé do particular perante o poder público; *c)* a intervenção subsidiária e excepcional do Estado sobre o exercício de atividades econômicas; e *d)* o reconhecimento da vulnerabilidade do particular perante o Estado. No decorrer deste livro, especialmente no Capítulo 5, veremos como se dá essa confrontação e como essa lei especial tem sido aplicada, sobretudo em virtude da crise gerada pela pandemia.

---

[30] NERY JR., Nelson; NERY, Rosa Maria de Andrade. *Código Civil anotado.* 2. ed. São Paulo: RT, 2003. p. 141.

Com a entrada em vigor do Código Civil de 2002, ganhou força a corrente doutrinária clássica nacional que apontou para o fato de não se poder desassociar dos princípios o seu valor coercitivo, tese defendida por Rubens Limongi França em sua festejada e clássica obra sobre o tema.[31] Os princípios gerais devem assim trilhar o aplicador do direito na busca da justiça, estando sempre baseados na estrutura da sociedade.

A partir de todos esses ensinamentos transcritos, é possível conceituar os princípios como fontes do direito, conforme previsão do art. 4.º da Lei de Introdução, o que denota o seu caráter normativo. Analisando os seus fins, os princípios gerais são regramentos básicos aplicáveis a determinado instituto ou ramo jurídico, para auxiliar o aplicador do direito na busca da justiça e da pacificação social. Sob o prisma da sua origem, os princípios são abstraídos das normas jurídicas, dos costumes, da doutrina, da jurisprudência e de aspectos políticos, econômicos e sociais.

O Código Civil de 2002 consagra *três princípios fundamentais,* como se extrai da sua exposição de motivos, elaborada por Miguel Reale, a saber:

a) *Princípio da Eticidade* – Trata-se da valorização da ética e da boa-fé, principalmente daquela que existe no *plano da conduta de lealdade das partes* (boa-fé objetiva). Pelo Código Civil de 2002, a boa-fé objetiva tem função de *interpretação* dos negócios jurídicos em geral (art. 113 do CC). Serve ainda como *controle* das condutas humanas, eis que a sua violação pode gerar o abuso de direito, nova modalidade de ilícito (art. 187). Por fim, a boa-fé objetiva tem a função de *integrar* todas as fases pelas quais passa o contrato (art. 422 do CC). Acrescente-se que a eticidade também parece ser regramento adotado pelo Código de Processo Civil de 2015, pela constante valorização da boa-fé processual, notadamente pelos seus arts. 5.º e 6.º.

b) *Princípio da Socialidade* – Segundo apontava o próprio Miguel Reale, um dos escopos da nova codificação foi o de superar o caráter individualista e egoísta da codificação anterior. Assim, a palavra "eu" é substituída por "nós". Todas as categorias civis têm função social: o contrato, a empresa, a propriedade, a posse, a família, a responsabilidade civil.

c) *Princípio da Operabilidade* – Esse princípio tem dois sentidos. Primeiro, o de *simplicidade* ou facilitação das categorias privadas, o que pode ser percebido, por exemplo, pelo tratamento diferenciado da prescrição e da decadência. Segundo, há o sentido de *efetividade* ou *concretude,* o que foi buscado pelo sistema aberto de *cláusulas gerais* adotado pela atual codificação material. Na minha opinião doutrinária, o sistema de cláusulas gerais também foi adotado pelo CPC/2015, pela adoção de um modelo aberto, baseado em princípios como a dignidade da pessoa humana e a boa-fé objetiva.

A análise mais profunda de tais princípios e das cláusulas gerais consta da primeira parte do próximo capítulo desta obra, em que se busca explicar a *filosofia* da atual codificação privada.

### 1.4.4 A equidade

Na visão clássica do Direito Civil, a equidade era tratada não como um meio de suprir a lacuna da lei, mas sim como um mero meio de auxiliar nessa missão.[32]

---

[31] FRANÇA, Rubens Limongi. *Princípios gerais do direito.* 2. ed. São Paulo: RT, 1971.

[32] Ver, por todos: MONTEIRO, Washington de Barros; FRANÇA PINTO, Ana Cristina de Barros Monteiro. *Curso de direito civil.* Parte geral. 42. ed. São Paulo: Saraiva, 2009. v. 1, p. 47-48.

Todavia, no sistema contemporâneo privado, a equidade deve ser considerada fonte informal ou indireta do direito. Aliás, após a leitura do próximo capítulo desta obra, não restará qualquer dúvida de que a equidade também pode ser tida como fonte do *Direito Civil Contemporâneo*, principalmente diante dos regramentos orientadores adotados pela nova codificação.

A equidade pode ser conceituada como o uso do bom senso, a justiça do caso particular, mediante a adaptação razoável da lei ao caso concreto. Na concepção aristotélica é definida como a *justiça do caso concreto*, o julgamento com a convicção do que é justo. Na doutrina contemporânea, ensinam Pablo Stolze Gagliano e Rodolfo Pamplona Filho que "o julgamento por equidade (e não com equidade) é tido, em casos excepcionais, como fonte do direito, quando a própria lei atribui ao juiz a possibilidade de julgar conforme os seus ditames".[33] Ora, como pelo Código Civil de 2002 é comum essa ingerência, não há como declinar a condição da equidade como fonte jurídica, não formal, indireta e mediata.

Ato contínuo de estudo, a equidade, de acordo com a doutrina, pode ser classificada da seguinte forma:

a) *Equidade legal* – aquela cuja aplicação está prevista no próprio texto legal. Exemplo pode ser retirado do art. 413 do CC/2002, que estabelece a redução equitativa da multa ou cláusula penal como um dever do magistrado ("A penalidade deve ser reduzida equitativamente pelo juiz se a obrigação principal tiver sido cumprida em parte, ou se o montante da penalidade for manifestamente excessivo, tendo-se em vista a natureza e a finalidade do negócio").

b) *Equidade judicial* – presente quando a lei determina que o magistrado deve decidir por equidade o caso concreto. Isso pode ser notado pelo art. 127 do CPC/1973, pelo qual "o juiz só decidirá por equidade nos casos previstos em lei". Como visto, a norma foi repetida pelo art. 140, parágrafo único, do CPC/2015.

Os conceitos expostos são muito parecidos e até se confundem. De fato, no segundo caso há uma ordem ao juiz, de forma expressa, o que não ocorre dessa forma na equidade legal, mas apenas implicitamente. Até pela confusão conceitual, a classificação acima perde um pouco a relevância prática.

No que tange ao art. 127 do CPC/1973 e ao art. 140, parágrafo único, do CPC/2015, os dispositivos são criticáveis, uma vez que, nas suas literalidades, somente autorizam a aplicação da equidade aos casos previstos em lei.

Na verdade, nos planos teóricos e práticos, é feita uma diferenciação entre os termos *julgar por equidade* e *julgar com equidade*.

Julgar *por equidade* significaria desconsiderar as regras e normas jurídicas, decidindo-se com outras regras. A título de exemplo, o julgador decide com base em máximas econômicas, como a *teoria dos jogos*.

Por seu turno, julgar *com equidade* tem o sentido de decidir-se de acordo com a justiça do caso concreto. Como as expressões são muito próximas, sempre causaram confusão entre os aplicadores do Direito, o que muitas vezes afasta a aplicação da equidade como se espera.

---

[33] GAGLIANO, Pablo Stolze; PAMPLONA FILHO, Rodolfo. *Novo curso de direito civil*. Parte geral. 4. ed. São Paulo: Saraiva, 2003. v. I, p. 25.

CAP. 1 • ESTUDO DA LEI DE INTRODUÇÃO | 19

Ora, a justiça do caso concreto é a prioridade do Direito, não havendo necessidade de autorização expressa pela norma jurídica. Ademais, pode-se dizer que a equidade é implícita à própria lei. O dispositivo anterior, aliás, era duramente criticado, entre tantos, por Miguel Reale, que o considerava como exageradamente rigoroso e causador de dúvidas e confusões.[34] Por isso, penso que o seu sentido não deveria ter sido repetido pelo CPC/2015, tema que foi profundamente debatido na sua tramitação, vencida a tese de permanência da regra.

Por fim, interessa apontar que em outros ramos jurídicos a equidade é considerada nominalmente como verdadeira fonte do Direito, como acontece no Direito do Trabalho, pela previsão expressa do art. 8.º da CLT, nos seguintes termos: "as autoridades administrativas e a Justiça do Trabalho, na falta de disposições legais ou contratuais, decidirão, conforme o caso, pela jurisprudência, por analogia, *por equidade* e outros princípios e normas gerais de direito, principalmente do direito de trabalho, e, ainda, de acordo com os usos e costumes, o direito comparado, mas sempre de maneira que nenhum interesse de classe ou particular prevaleça sobre o interesse público" (texto destacado).

O mesmo ocorre com o Direito do Consumidor, pela menção expressa à equidade como última palavra do art. 7.º, *caput*, da Lei 8.078/1990, *in verbis*: "os direitos previstos neste código não excluem outros decorrentes de tratados ou convenções internacionais de que o Brasil seja signatário, da legislação interna ordinária, de regulamentos expedidos pelas autoridades administrativas competentes, bem como dos que derivem dos princípios gerais do direito, analogia, costumes e equidade". Esse tratamento amplo da equidade, sem qualquer ressalva ou limitação, parece ser o mais correto na minha opinião doutrinária.

## 1.5 APLICAÇÃO DA NORMA JURÍDICA NO TEMPO. O ART. 6.º DA LEI DE INTRODUÇÃO

A norma jurídica é criada para valer ao futuro, não ao passado. Entretanto, eventualmente, pode uma determinada norma atingir também os fatos pretéritos, desde que sejam respeitados os parâmetros que constam da Lei de Introdução e da Constituição Federal. Em síntese, ordinariamente, a *irretroatividade é a regra, e a retroatividade, a exceção*. Para que a retroatividade seja possível, como primeiro requisito, deve estar prevista em lei.

Valendo para o futuro ou para o passado, tendo em vista a certeza e a segurança jurídica, determina o art. 5.º, inc. XXXVI, da CF/1988 que: "a lei não prejudicará o direito adquirido, o ato jurídico perfeito e a coisa julgada". A norma constitui outro requisito para a retroatividade.

O art. 6.º da Lei de Introdução, além de trazer regra semelhante pela qual "a lei nova terá efeito imediato e geral respeitados o ato jurídico perfeito, o direito adquirido e a coisa julgada", procura conceituar as categorias acima, da seguinte forma:

a) *Direito adquirido*: é o direito material ou imaterial incorporado no patrimônio de uma pessoa natural, jurídica ou ente despersonalizado. Pela previsão do § 2.º do art. 6.º da Lei de Introdução, "consideram-se adquiridos assim os direitos que o seu titular, ou alguém por ela, possa exercer, como aqueles cujo começo do exercício tenha tempo prefixo, ou condição preestabelecida inalterável, a arbítrio de outrem". Como exemplo pode ser citado um benefício previdenciário desfrutado por alguém.

---

[34] REALE, Miguel. *Lições preliminares de direito*. 21. ed. São Paulo: Saraiva, 1994. p. 295.

b) *Ato jurídico perfeito*: é a manifestação de vontade lícita, emanada por quem esteja em livre disposição, e aperfeiçoada. De acordo com o que consta do texto legal (art. 6.º, § 1.º, Lei de Introdução), o ato jurídico perfeito é aquele consumado de acordo com lei vigente ao tempo em que se efetuou. Exemplo: um contrato anterior já celebrado e que esteja gerando efeitos.

c) *Coisa julgada*: é a decisão judicial prolatada, da qual não cabe mais recurso (art. 6.º, § 3.º, Lei de Introdução).

A partir desses conceitos, pode-se afirmar que o direito adquirido é o mais amplo de todos, englobando os demais, uma vez que tanto no ato jurídico perfeito quanto na coisa julgada existiriam direitos dessa natureza, já consolidados. Em complemento, a coisa julgada também deve ser considerada um ato jurídico perfeito, sendo o conceito mais restrito. Tal convicção pode ser concebida pelo desenho a seguir:

Questão contemporânea das mais relevantes é saber se a proteção de tais categorias é absoluta. A resposta é negativa, diante da forte tendência de relativizar princípios e regras em sede de Direito. Em reforço, vivificamos a *era da ponderação dos princípios e de valores*, sobretudo os de índole constitucional, tema muito bem desenvolvido por Robert Alexy.[35] Tanto isso é verdade que o Código de Processo Civil de 2015 adotou expressamente a ponderação no seu art. 489, § 2.º, *in verbis*: "no caso de colisão entre normas, o juiz deve justificar o objeto e os critérios gerais da ponderação efetuada, enunciando as razões que autorizam a interferência na norma afastada e as premissas fáticas que fundamentam a conclusão".

Ilustrando, inicialmente, há forte tendência material e processual em apontar a *relativização da coisa julgada*, particularmente nos casos envolvendo ações de investigação de paternidade julgadas improcedentes por ausência de provas em momento em que não existia o exame de DNA. Nesse sentido, doutrinariamente, dispõe o Enunciado n. 109 do Conselho da Justiça Federal, da *I Jornada de Direito Civil*, que "a restrição da coisa julgada oriunda de demandas reputadas improcedentes por insuficiência de prova não deve prevalecer para inibir a busca da identidade genética pelo investigando".

Na mesma linha o Superior Tribunal de Justiça tem decisões no sentido da possibilidade de relativização da coisa julgada material em situações tais. Nesse sentido, cumpre transcrever o mais famoso dos precedentes judiciais a respeito do tema:

"Processo civil. Investigação de paternidade. Repetição de ação anteriormente ajuizada, que teve seu pedido julgado improcedente por falta de provas. Coisa julgada.

---

[35] ALEXY, Robert. *Teoria dos direitos fundamentais*. Trad. Virgílio Afonso da Silva. São Paulo: Malheiros, 2008.

CAP. 1 • ESTUDO DA LEI DE INTRODUÇÃO | 21

Mitigação. Doutrina. Precedentes. Direito de família. Evolução. Recurso acolhido. I – Não excluída expressamente a paternidade do investigado na primitiva ação de investigação de paternidade, diante da precariedade da prova e da ausência de indícios suficientes a caracterizar tanto a paternidade como a sua negativa, e considerando que, quando do ajuizamento da primeira ação, o exame pelo DNA ainda não era disponível e nem havia notoriedade a seu respeito, admite-se o ajuizamento de ação investigatória, ainda que tenha sido aforada uma anterior com sentença julgando improcedente o pedido. II – Nos termos da orientação da Turma, 'sempre recomendável a realização de perícia para investigação genética (HLA e DNA), porque permite ao julgador um juízo de fortíssima probabilidade, senão de certeza' na composição do conflito. Ademais, o progresso da ciência jurídica, em matéria de prova, está na substituição da verdade ficta pela verdade real. III – A coisa julgada, em se tratando de ações de estado, como no caso de investigação de paternidade, deve ser interpretada *modus in rebus*. Nas palavras de respeitável e avançada doutrina, quando estudiosos hoje se aprofundam no reestudo do instituto, na busca, sobretudo, da realização do processo justo, 'a coisa julgada existe como criação necessária à segurança prática das relações jurídicas e as dificuldades que se opõem à sua ruptura se explicam pela mesmíssima razão. Não se pode olvidar, todavia, que numa sociedade de homens livres, a Justiça tem de estar acima da segurança, porque sem Justiça não há liberdade'. IV – Este Tribunal tem buscado, em sua jurisprudência, firmar posições que atendam aos fins sociais do processo e às exigências do bem comum" (STJ, REsp 226.436/PR (199900714989), 414113, Data da decisão: 28.06.2001, 4.ª Turma, Rel. Min. Sálvio de Figueiredo Teixeira, *DJ* 04.02.2002, p. 370, *RBDF* 11/73, *RDR* 23/354, *RSTJ* 154/403).

Pelo que consta da ementa do julgado, é possível uma nova ação para a prova da paternidade, se a ação anterior foi julgada improcedente em momento em que não existia o exame de DNA. Frise-se que a questão pode perfeitamente ser solucionada a partir da *técnica de ponderação*, desenvolvida, entre outros, por Robert Alexy e adotada expressamente pelo art. 489, § 2.º, do CPC/2015.[36]

No caso em questão, estão em conflito a *proteção da coisa julgada* (art. 5.º, inc. XXXVI, da CF/1988) e a dignidade do suposto filho de saber quem é o seu pai, o que traduz o *direito à verdade biológica* (art. 1.º, inc. III, da CF/1988). Nessa colisão entre direitos fundamentais, o Superior Tribunal de Justiça posicionou-se favoravelmente ao segundo. Outros julgados do mesmo Tribunal Superior têm seguido a mesma linha de raciocínio (nesse sentido, ver decisão publicada no *Informativo* n. *354* do STJ, de abril de 2008 – REsp 826.698/MS, Rel. Min. Nancy Andrighi, j. 06.05.2008).

Cumpre destacar que o Supremo Tribunal Federal, em decisão ainda mais atual, publicada no seu *Informativo* n. *622* (abril de 2011), confirmou a tendência de mitigação da coisa julgada. Conforme o relator do julgado, Ministro Dias Toffoli, há "um caráter personalíssimo, indisponível e imprescritível do reconhecimento do estado de filiação, considerada a preeminência do direito geral da personalidade"; devendo este direito superar a máxima da coisa julgada. Em seguida, ratificou a premissa de que o "princípio da segurança jurídica não seria, portanto, absoluto, e que não poderia prevalecer em detrimento da dignidade da pessoa humana, sob o prisma do acesso à informação genética e da personalidade do indivíduo" (STF, RE 363.889/DF, Rel. Min. Dias Toffoli, 07.04.2011).

Ato contínuo de estudo, quanto à relativização de proteção do direito adquirido e do ato jurídico perfeito, o Código Civil em vigor, contrariando a regra de proteção apontada,

---

[36] ALEXY, Robert. *Teoria dos direitos fundamentais*. Trad. Virgílio Afonso da Silva. São Paulo: Malheiros, 2008.

# 22 | MANUAL DE DIREITO CIVIL • VOLUME ÚNICO – *Flávio Tartuce*

traz, nas suas disposições finais transitórias, dispositivo polêmico, pelo qual os preceitos relacionados com a função social dos contratos e da propriedade podem ser aplicados às convenções e negócios celebrados na vigência do Código Civil anterior, mas cujos efeitos têm incidência na vigência da nova codificação material. Enuncia o parágrafo único do art. 2.035 do Código em vigor, norma de direito intertemporal:

> "Art. 2.035. (...). Parágrafo único. Nenhuma convenção prevalecerá se contrariar os preceitos de ordem pública, tais como os estabelecidos por este Código para assegurar a função social da propriedade e dos contratos".

O dispositivo consagra o *princípio da retroatividade motivada ou justificada*, pelo qual as normas de ordem pública relativas à função social da propriedade e dos contratos podem retroagir. Não há qualquer inconstitucionalidade na norma, eis que amparada na função social da propriedade, prevista no art. 5.º, incs. XXII e XXIII, da Constituição Federal. Quando se lê no dispositivo civil transcrito a expressão "convenção", pode-se ali enquadrar qualquer ato jurídico celebrado, inclusive os negócios jurídicos celebrados antes da entrada em vigor da nova lei geral privada e cujos efeitos ainda estão sendo sentidos atualmente, na vigência da codificação de 2002.

A norma vem recebendo a correta aplicação pela jurisprudência nacional. Fazendo incidir o art. 2.035, parágrafo único, do CC, à importante questão da multa contratual, do Tribunal de Justiça de Sergipe:

> "Civil. Ações declaratórias de inexigibilidade de títulos e cautelares de sustação de protestos. Intempestividade. Não configurada. Litispendência. Extinção do feito. Rescisão contratual. Atraso. Cláusula penal. Alegação de prejuízo. Desnecessidade. Redução da multa convencional. Cabimento. Incidência sobre o montante não executado do pacto. Compensação de dívidas. Liquidez. Simples cálculos aritméticos. Exigibilidade das duplicatas. Inocorrência. Contrato realizado na vigência do CC/1916. Regra de transição. Art. 2.035 do NCC. Matéria de ordem pública. Retroatividade da norma. Protestos indevidos. Distribuição do ônus sucumbencial. Procedência das ações cautelares. (...). VIII. Tendo o contrato sido celebrado na vigência do Código Civil/1916, aplicam-se, em princípio, as regras deste. Todavia, em se tratando de normas de ordem pública, é perfeitamente possível a retroatividade da Lei nova, consoante regra de transição disposta no art. 2.035, parágrafo único, do CC/2002. IX. Em se tratando a redução de cláusula penal de matéria de ordem pública, impondo a nova Lei, através do art. 413 do CC, uma obrigação ao magistrado em reduzir o montante da multa cominatória sempre que verificar excesso na sua fixação, a fim de que seja resguardada a função social dos contratos, impõe-se a manutenção do *decisum* que apenas fez incidir a norma cogente ao caso em apreço; (...)" (TJSE, Apelação Cível 2006212091, Acórdão 10.214/2008, 2.ª Câmara Cível, Rel. Des. Marilza Maynard Salgado de Carvalho, *DJSE* 13.01.2009, p. 16).

Na mesma linha, colaciona-se decisão do Tribunal Paulista, que conclui pela retroatividade da boa-fé objetiva, fazendo interessante *diálogo* com o Código de Defesa do Consumidor:

> "Seguro-saúde. Não renovação automática do plano pela seguradora. alegação de aumento da sinistralidade. Justificativa não comprovada nos autos. Impossibilidade de denúncia vazia pela parte mais forte da relação. Malferimento do princípio da boa-fé objetiva. Desinteresse justamente no momento em que o beneficiário mais precisa do serviço contratado situação em que o cancelamento ou a não renovação automática podem frustrar o próprio escopo da contratação vantagem exagerada

em desfavor do consumidor. Sentença de procedência recurso improvido. Boa-fé objetiva. Principiou de interpretação que se aplica à espécie. Arts. 4.º, III, e 51, IV, todos do CDC, bem como art. 422, aplicável aos contratos anteriores a 2003, por força do art. 2.035, segunda parte, e parágrafo único, do mesmo CODEX. Sentença de procedência. Recurso improvido" (TJSP, Apelação com Revisão 424.075.4/8, Acórdão 3236639, 5.ª Câmara de Direito Privado, São Paulo, Rel. Des. Oscarlino Moeller, j. 10.09.2008, *DJESP* 03.11.2008).

A proteção do direito adquirido, um dos baluartes da segurança jurídica, quando levada ao extremo engessa o sistema jurídico, não possibilitando a evolução da ciência e da sociedade. Por isso é que deve ser feita a correta ponderação de valores, especialmente quando entram em cena valores de ordem pública com amparo constitucional. O *Direito seguro* cede espaço para o *Direito justo,* conforme se extrai das palavras do constitucionalista Daniel Sarmento:

"A segurança jurídica – ideia que nutre, informa e justifica a proteção constitucional do direito adquirido – é, como já se destacou, um valor de grande relevância no Estado Democrático do Direito. Mas não é o único valor, e talvez não seja nem mesmo o mais importante dentre aqueles em que se esteia a ordem constitucional brasileira. Justiça e igualdade material, só para ficar com dois exemplos, são valores também caríssimos à nossa Constituição, e que, não raro, conflitam com a proteção da segurança jurídica. Se a segurança jurídica for protegida ao máximo, provavelmente o preço que se terá de pagar será um comprometimento na tutela da justiça e da igualdade substancial, e vice-versa. O correto equacionamento da questão hermenêutica ora enfrentada não pode, na nossa opinião, desprezar esta dimensão do problema, refugiando-se na assepsia de uma interpretação jurídica fechada para o universo dos valores. Ademais, no Estado Democrático de Direito, o próprio valor da segurança jurídica ganha um novo colorido, aproximando-se da ideia de Justiça. Ele passa a incorporar uma dimensão social importantíssima. A segurança jurídica, mais identificada no Estado Liberal com a proteção da propriedade e dos direitos patrimoniais em face do arbítrio estatal, caminha para a segurança contra os infortúnios e incertezas da vida; para a segurança como garantia de direitos sociais básicos para os excluídos; e até para a segurança em face das novas tecnologias e riscos ecológicos na chamada 'sociedade de riscos'".[37]

Concluindo, constata-se que a tendência doutrinária e jurisprudencial é justamente relativizar a proteção do direito adquirido, o que torna o sistema jurídico de maior mobilidade, de melhor possibilidade de adaptação às mudanças sociais.

## 1.6 APLICAÇÃO DA NORMA JURÍDICA NO ESPAÇO. OS ARTS. 7.º A 19 DA LEI DE INTRODUÇÃO E O DIREITO INTERNACIONAL PÚBLICO E PRIVADO

Conforme antes mencionado, a Lei de Introdução traz também regras de Direito Internacional Público e Privado (arts. 7.º a 19), matéria que mais interessa a esses ramos jurídicos.

Diante da proposta desta obra, as normas serão apenas expostas com comentários pontuais que interessam ao Direito Privado. Vejamos.

---

[37] SARMENTO, Daniel. *Direito adquirido, emenda constitucional, democracia e justiça social. Livres e iguais.* Rio de Janeiro: Lumen Juris, 2006. p. 18.

a) O art. 7.º da Lei de Introdução consagra a regra *lex domicilii*, pela qual devem ser aplicadas, no que concerne ao *começo e fim da personalidade*, as normas do país em que for domiciliada a pessoa, inclusive quanto ao nome, à capacidade e aos direitos de família. Em complemento, consigne-se que o CPC/2015 traz regras importantes a respeito dos limites da jurisdição nacional e a cooperação internacional. Como decorrência natural da *lex domicilli*, enuncia o Estatuto Processual emergente que compete à autoridade judiciária brasileira processar e julgar as ações em que o réu, qualquer que seja a sua nacionalidade, estiver domiciliado no Brasil (art. 21, inc. I, do CPC/2015).

b) Com relação ao *casamento*, o mesmo comando enuncia regras específicas que devem ser estudadas à parte. De início, celebrado o casamento no Brasil, devem ser aplicadas as regras quanto aos impedimentos matrimoniais que constam do art. 1.521 do CC (art. 7.º, § 1.º, da Lei de Introdução). O casamento entre estrangeiros poderá ser celebrado no Brasil, perante autoridades diplomáticas ou consulares do país de ambos os nubentes (art. 7.º, § 2.º, da Lei de Introdução). Caso os nubentes tenham domicílios diversos, deverão ser aplicadas as regras, quanto à invalidade do casamento, do primeiro domicílio conjugal (art. 7.º, § 3.º, da Lei de Introdução).

c) Ainda com relação ao casamento, quanto às regras patrimoniais, ao regime de bens, seja ele de origem legal ou convencional, deverá ser aplicada a lei do local em que os cônjuges tenham domicílio. Havendo divergência quanto aos domicílios, prevalecerá o primeiro domicílio conjugal (art. 7.º, § 4.º, da Lei de Introdução). Para o estrangeiro casado que se naturalizar como brasileiro é deferido, no momento da sua naturalização e mediante autorização expressa do cônjuge, que requeira ao Poder Judiciário a adoção do regime da comunhão parcial de bens, *regime legal ou supletório* em nosso sistema legal, desde que respeitados os direitos de terceiros anteriores à alteração, e mediante registro no cartório das pessoas naturais (art. 7.º, § 5.º, da Lei de Introdução). A norma está a possibilitar a alteração de regime de bens.

d) Quanto ao divórcio realizado no estrangeiro em que um ou ambos os cônjuges forem brasileiros, haverá reconhecimento no Brasil depois de um ano da data da sentença, salvo se houver sido antecedida de separação judicial por igual prazo, caso em que a homologação produzirá efeito imediato, obedecidas as condições estabelecidas para a eficácia das sentenças estrangeiras no País. O Superior Tribunal de Justiça, na forma de seu regimento interno, poderá reexaminar, a requerimento do interessado, decisões já proferidas em pedidos de homologação de sentenças estrangeiras de divórcio de brasileiros, a fim de que passem a produzir todos os efeitos legais (art. 7.º, § 6.º, da Lei de Introdução). O dispositivo foi alterado pela Lei 12.036/2009, fazendo menção ao STJ e não mais ao STF. Anote-se que, na minha opinião doutrinária e conforme julgado pelo STF no seu Tema n. 1.053 de repercussão geral (2023), a separação judicial e os prazos mínimos para o divórcio foram banidos do sistema jurídico nacional desde a entrada em vigor da Emenda do Divórcio, em julho de 2010 (EC 66/2010), devendo o dispositivo ser lido com ressalvas. Isso mesmo tendo o Código de Processo Civil de 2015 reafirmado a separação judicial, conforme será ainda desenvolvido neste livro. Tal premissa foi parcialmente reconhecida pelo Superior Tribunal de Justiça, que afastou os lapsos temporais constantes do preceito da Lei de Introdução, em ementa assim publicada: "Homologação de sentença estrangeira. Dissolução de casamento. EC 66, de 2010. Disposições acerca da guarda, visitação e alimentos devidos aos filhos. partilha de bens. Imóvel situado no Brasil. Decisão prolatada por autoridade judiciária brasileira. Ofensa à Soberania Nacional. 1. A sentença estrangeira encontra-se apta à homologação, quando atendidos os requisitos dos arts. 5.º e 6.º da Resolução STJ n.º 9/2005: (i) a sua prolação por autoridade competente; (ii) a devida ciência do réu nos autos da decisão homologanda; (iii) o seu trânsito em julgado; (iv) a chancela consular brasileira acompanhada de tradução por tradutor oficial ou juramentado; (v) a ausência de ofensa à soberania ou à ordem pública. 2. A nova redação dada pela EC 66, de 2010, ao § 6.º do art. 226 da CF/1988 tornou prescindível a comprovação do preenchimento do requisito temporal outrora previsto para fins de obtenção do divórcio. 3. Afronta a homologabilidade da sentença estrangeira de dissolução de casamento a ofensa à soberania nacional, nos termos do art. 6.º da Resolução n.º 9, de 2005, ante a existência de decisão prolatada por autoridade judiciária brasileira a respeito das mesmas questões tratadas na sentença homologanda. 4. A exclusividade de jurisdição relativamente a imóveis situados no Brasil, prevista no art. 89, I, do CPC, afasta a homologação de sentença estrangeira na parte em que incluiu bem dessa natureza como ativo conjugal sujeito à partilha. 5. Pedido de homologação de sentença estrangeira parcialmente deferido, tão somente para os efeitos de dissolução do casamento e da partilha de bens do casal, com exclusão do imóvel situado no Brasil" (STJ, SEC 5.302/EX, Corte Especial, Rel. Min. Nancy Andrighi, j. 12.05.2011, *DJe* 07.06.2011). Por fim, cumpre também destacar que o art. 961, § 5.º, do CPC/2015 passou a prever que a sentença estrangeira de divórcio consensual produz efeitos no Brasil, independentemente de homologação pelo Superior Tribunal de Justiça. Diante desta última dispensa, o Provimento do CNJ n. 53, de 16 de maio de 2016, tratou da averbação direta, por Oficial de Registro Civil das Pessoas Naturais, da sentença estrangeira de divórcio consensual simples ou puro, no assento de casamento, sem a necessidade de homologação judicial. Em 2023, o Conselho Nacional de Justiça incorporou os seus provimentos ao Código Nacional de Normas (CNN) e essa matéria está tratada entre os seus arts. 463 e 467.

e) Enuncia o § 7.º, do art. 7.º, da Lei de Introdução que, "salvo o caso de abandono, o domicílio do chefe da família estende-se ao outro cônjuge e aos filhos não emancipados, e o do tutor ou curador aos incapazes sob sua guarda". Diante da nova visualização da família, à luz da Constituição Federal e do Código Civil de 2002, deve-se entender que esse parágrafo merece nova leitura, eis que pelo art. 1.567 da codificação de 2002 a direção da sociedade conjugal será exercida, em colaboração, pelo marido e pela mulher.

f) Determina o § 8.º, do art. 7.º, da Lei de Introdução que o domicílio da pessoa que não tiver residência fixa será o local em que a mesma for encontrada (moradia habitual), norma que vale também para as questões de Direito Internacional.

g) No que se refere aos bens, prevê a Lei de Introdução que deve ser aplicada a norma do local em que esses se situam (*lex rei sitiae* – art. 8.º). Tratando-se de bens móveis transportados, incide a norma do domicílio do seu proprietário (§ 1.º). Quanto ao penhor, direito real de garantia que recai sobre bens móveis, por regra, deve ser aplicada a norma do domicílio que tiver a pessoa em cuja posse se encontre a coisa empenhada, outra aplicação do princípio *lex domicilii* (§ 2.º).

h) Ao tratar das obrigações, na Lei de Introdução há consagração da regra *locus regit actum*, aplicando-se as leis do local em que foram constituídas (art. 9.º). Dessa forma, exemplificando, para incidir a lei brasileira a um determinado negócio obrigacional, basta a sua celebração no território nacional. Os seus parágrafos trazem duas exceções. Inicialmente, tendo sido o contrato celebrado no exterior e destinando-se a produzir efeitos em nosso País, dependente de forma essencial prevista em lei nacional, deverá esta ser observada, admitidas as peculiaridades da lei estrangeira quanto aos fatores externos, requisitos extrínsecos, do ato (§ 1.º). Como segunda exceção, de acordo com o art. 9.º, § 2.º, da Lei de Introdução, "A obrigação resultante do contrato reputa-se constituída no lugar em que residir o proponente". O dispositivo está em conflito parcial com o art. 435 do CC/2002, pelo qual se reputa celebrado o contrato no lugar em que foi proposto. Ora, o local da proposta não necessariamente é o da residência daquele que a formulou. Para resolver a suposta antinomia, aplicando-se a *especialidade*, deve-se entender que a regra do art. 435 do CC serve para os contratos nacionais; enquanto o dispositivo da Lei de Introdução é aplicado aos contratos internacionais.

i) O art. 10 da Lei de Introdução enuncia que a sucessão por morte ou por ausência obedece a norma do país do último domicílio do *de cujus* (*lex domicilii*), conforme faz a codificação privada brasileira no seu art. 1.785 ("A sucessão abre-se no último domicílio do falecido"). Em julgado de 2015, publicado no seu *Informativo* n. *563*, o Superior Tribunal de Justiça mitigou o conteúdo do art. 10 da LINDB. Conforme parte da publicação, "ainda que o domicílio do autor da herança seja o Brasil, aplica-se a lei estrangeira da situação da coisa – e não a lei brasileira – na sucessão de bem imóvel situado no exterior. A LINDB, inegavelmente, elegeu o domicílio como relevante regra de conexão para solver conflitos decorrentes de situações jurídicas relacionadas a mais de um sistema legal (conflitos de leis interespaciais), porquanto consistente na própria sede jurídica do indivíduo. Assim, a lei do país em que for domiciliada a pessoa determina as regras sobre o começo e o fim da personalidade, o direito ao nome, a capacidade jurídica e dos direitos de família (art. 7.º). Por sua vez, a lei do domicílio do autor da herança regulará a correlata sucessão, nos termos do art. 10 da lei sob comento. Em que pese a prevalência da lei do domicílio do indivíduo para regular as suas relações jurídicas pessoais, conforme preceitua a LINDB, esta regra de conexão não é absoluta. Como bem pondera a doutrina, outros elementos de conectividade podem, a depender da situação sob análise, revelar-se preponderantes e, por conseguinte, excepcionar a aludida regra, tais como a situação da coisa, a faculdade concedida à vontade individual na escolha da lei aplicável, quando isto for possível, ou por imposições de ordem pública" (STJ, REsp 1.362.400/SP, Rel. Min. Marco Aurélio Bellizze, j. 28.04.2015, *DJe* 05.06.2015). Em suma, o entendimento constante do aresto, que afasta o caráter absoluto do preceito, deve ser considerado como majoritário na atualidade, para os devidos fins práticos.

j) As regras de vocação hereditária para suceder bens de estrangeiro situados no nosso País serão as nacionais, desde que não sejam mais favoráveis ao cônjuge e aos filhos do casal as normas do último domicílio (art. 10, § 1.º, da Lei de Introdução). De acordo com o § 2.º desse comando legal, *a lex domicilii* do herdeiro ou legatário regulamentará a capacidade para suceder.

k) Quanto às sociedades e fundações deve ser aplicada a norma do local de sua constituição (art. 11 da Lei de Introdução). Os três parágrafos desse artigo trazem regras específicas que devem ser atentadas quanto à pessoa jurídica, pela ordem. Primeiro, para atuarem no Brasil, as sociedades e fundações necessitam de autorização pelo governo federal, ficando sujeitas às leis brasileiras (arts. 11, § 1.º, da Lei de Introdução e 1.134 do CC). Segundo, os governos estrangeiros e entidades constituídas para atenderem aos anseios de Estados estrangeiros não

CAP. 1 • ESTUDO DA LEI DE INTRODUÇÃO | 27

poderão adquirir no Brasil bens imóveis ou suscetíveis de desapropriação (art. 11, § 2.º, da Lei de Introdução). Terceiro, os governos estrangeiros e afins podem adquirir a propriedade de prédios necessários à sede dos representantes diplomáticos e agentes consulares, única autorização específica que deve ser respeitada (art. 11, § 3.º, da Lei de Introdução).

l) Em relação à competência da autoridade judiciária brasileira, determina o art. 12 da Lei de Introdução que há necessidade de atuação quando o réu for domiciliado em nosso País ou aqui tiver que ser cumprida a obrigação, como no caso de um contrato. Quanto aos imóveis situados no País, haverá competência exclusiva da autoridade nacional (art. 12, § 1.º); bem quanto ao *exequatur*, o "cumpra-se" relacionado com uma sentença estrangeira homologada perante o Superior Tribunal de Justiça, conforme nova redação dada ao art. 105 da CF/1988, pela Reforma do Judiciário (EC 45/2004).

m) De acordo com o art. 13 da Lei de Introdução, quanto aos fatos ocorridos no exterior e ao ônus probatório, devem ser aplicadas as normas do direito alienígena relacionadas com as ocorrências, não sendo admitidas no Brasil provas que a lei nacional não conheça. Em complemento, de acordo com o art. 14 da Lei de Introdução, não conhecendo o juiz nacional a lei estrangeira, poderá exigir de quem a invoca a prova do texto e da sua vigência. Nos termos do art. 15 da Lei de Introdução, será executada no Brasil a sentença proferida no estrangeiro, que reúna os seguintes requisitos: haver sido proferida por juiz competente; terem sido as partes citadas ou haver-se legalmente verificado à revelia; ter passado em julgado e estar revestida das formalidades necessárias para a execução no lugar em que foi proferida; estar traduzida por intérprete autorizado; ter sido homologada pelo Superior Tribunal de Justiça (nos termos da Emenda Constitucional 45/2004). O Código de Processo Civil de 2015 passou a tratar não só da homologação de sentença estrangeira, mas de qualquer outra decisão judicial proferida no estrangeiro, conforme regulamentação constante a partir do seu art. 960. Nos termos do art. 963 do CPC/2015, constituem requisitos indispensáveis à homologação de qualquer decisão proferida no estrangeiro: *a)* ser proferida por autoridade competente; *b)* ser precedida de citação regular, ainda que verificada a revelia; *c)* ser eficaz no país em que foi proferida; *d)* não ofender a coisa julgada brasileira; *e)* estar acompanhada de tradução oficial, salvo disposição que a dispense prevista em tratado; *f)* não conter manifesta ofensa à ordem pública. Como a norma instrumental não traz exatamente o mesmo teor do art. 15 da Lei de Introdução, entendo que não houve revogação do último dispositivo, devendo ambos os preceitos conviver no sistema jurídico, em diálogo entre as fontes. De toda forma, há interpretação no sentido de ter sido o art. 15 da LINDB revogado tacitamente pelo último comando do Estatuto Processual emergente citado. Assim, não haveria mais a necessidade do trânsito em julgado da sentença no país de origem, exigindo-se apenas a sua eficácia naquela localidade. Seguindo essa interpretação – que tende a ser a majoritária –, concluiu o Superior Tribunal de Justiça em 2018, em ação relativa à homologação de sentença proferida pelo Poder Judiciário da Bulgária a respeito da guarda e visitação de menores: "com a entrada em vigor do CPC/15, os requisitos indispensáveis à homologação da sentença estrangeira passaram a contar com disciplina legal, de modo que o Regimento Interno desta Corte deverá ser aplicado em caráter supletivo e naquilo que for compatível com a disciplina contida na legislação federal. O art. 963, III, do CPC/15, não mais exige que a decisão judicial que se pretende homologar tenha transitado em julgado, mas, ao revés, que somente seja ela eficaz em seu país de origem, tendo sido tacitamente revogado o art. 216-D, III, do RISTJ. Aplica-se o CPC/15, especialmente no que tange aos requisitos materiais de homologação da sentença estrangeira, às ações ainda pendentes ao tempo de sua entrada em vigor, mesmo que tenham sido elas ajuizadas na vigência da legislação revogada" (STJ, SEC 14.812/EX, Corte Especial, Rel. Min. Nancy Andrighi, j. 16.05.2018, *DJe* 23.05.2018). Em casos tais, se houver de aplicar a lei estrangeira, ter-se-á em vista a disposição desta, sem considerar-se qualquer remissão por ela feita a outra lei (art. 16 da Lei de Introdução). Cabe pontuar que o Código de Processo Civil de 2015 passou a tratar da cooperação internacional para o cumprimento de decisões estrangeiras. Desse modo, conforme o seu art. 26, a cooperação jurídica internacional será regida por tratado de que o Brasil faz parte e observará: o respeito às garantias do devido processo legal no Estado requerente; a igualdade de tratamento entre nacionais e estrangeiros, residentes ou não no Brasil, em relação ao acesso à justiça e à tramitação dos processos, assegurando-se assistência judiciária aos necessitados; a publicidade processual, exceto nas hipóteses de sigilo previstas na legislação brasileira ou na do Estado requerente; a existência de autoridade central para recepção e transmissão dos pedidos de cooperação; e a espontaneidade na transmissão de informações a autoridades estrangeiras. Ademais, a cooperação jurídica internacional terá por objeto a citação, a intimação e a notificação judicial e extrajudicial; colheita de provas e a obtenção de informações; a homologação e o cumprimento de decisão; a concessão de medida judicial de urgência; a assistência jurídica internacional; e qualquer outra medida judicial ou extrajudicial não proibida pela lei brasileira.

n) Com grande repercussão prática em relação ao Direito Privado, estabelece o art. 17 da Lei de Introdução que "as leis, atos e sentenças de outro país, bem como quaisquer declarações de vontade, não terão eficácia no Brasil, quando ofenderem a soberania nacional, a ordem pública e os bons costumes". Exemplificando a aplicação desse comando, sempre se apontou questão envolvendo a anterior Convenção de Varsóvia e a atual Convenção de Montreal, tratados internacionais dos quais nosso País é signatário e que consagram limitações de indenização em casos de atraso de voo, perda de voo e extravio de bagagem, no caso de viagens internacionais. As normas internacionais entram em claro conflito com o Código de Defesa do Consumidor que, em seu art. 6.º, VI e VIII, consagra o *princípio da reparação integral de danos*, pelo qual tem direito o consumidor ao ressarcimento integral pelos prejuízos materiais e morais causados pelo fornecimento de produtos, prestação de serviços ou má informação a eles relacionados, devendo ser facilitada a tutela dos seus direitos. Tal princípio veda qualquer tipo de tarifação, sendo a Lei 8.078/1990 norma de ordem pública e interesse social, como consta do seu art. 1.º. Por isso, o referido tratado não poderia prevalecer, conforme conclusão anterior do Supremo Tribunal Federal e do Superior Tribunal de Justiça (ver: STF, RE 351.750-3/RJ, 1.ª Turma, Rel. Min. Carlos Britto, j. 17.03.2009, *DJe* 25.09.2009, p. 69; STJ, Agravo Regimental no Agravo 1.343.941/ RJ, 3.ª Turma, Rel. Des. Conv. Vasco Della Giustina, j. 18.11.2010, *DJe* 25.11.2010; e STJ, Agravo Regimental 252.632/SP, 4.ª Turma, Rel. Min. Aldir Passarinho Junior, j. 07.08.2001, *DJ* 04.02.2002, p. 373). De toda sorte, cabe ressaltar que a questão a respeito das Convenções de Varsóvia e de Montreal alterou-se no âmbito da jurisprudência nacional, uma vez que, em maio de 2017, o Pleno do Supremo Tribunal Federal acabou por concluir pelas suas prevalências sobre o

CDC (Recurso Extraordinário 636.331 e Recurso Extraordinário no Agravo 766.618). De acordo com a publicação constante do *Informativo* n. *866* da Corte, referente a tal mudança de posição, "nos termos do art. 178 da Constituição da República, as normas e os tratados internacionais limitadores da responsabilidade das transportadoras aéreas de passageiros, especialmente as Convenções de Varsóvia e Montreal, têm prevalência em relação ao Código de Defesa do Consumidor. (...). No RE 636.331/RJ, o Colegiado assentou a prevalência da Convenção de Varsóvia e dos demais acordos internacionais subscritos pelo Brasil em detrimento do CDC, não apenas na hipótese de extravio de bagagem. Em consequência, deu provimento ao recurso extraordinário para limitar o valor da condenação por danos materiais ao patamar estabelecido na Convenção de Varsóvia, com as modificações efetuadas pelos acordos internacionais posteriores. Afirmou que a antinomia ocorre, a princípio, entre o art. 14 do CDC, que impõe ao fornecedor do serviço o dever de reparar os danos causados, e o art. 22 da Convenção de Varsóvia, que fixa limite máximo para o valor devido pelo transportador, a título de reparação. Afastou, de início, a alegação de que o princípio constitucional que impõe a defesa do consumidor [Constituição Federal (CF), arts. 5.º, inc. XXXII, e 170, inc. V] impediria a derrogação do CDC por norma mais restritiva, ainda que por lei especial. Salientou que a proteção ao consumidor não é a única diretriz a orientar a ordem econômica. Consignou que o próprio texto constitucional determina, no art. 178, a observância dos acordos internacionais, quanto à ordenação do transporte aéreo internacional. Realçou que, no tocante à aparente antinomia entre o disposto no CDC e na Convenção de Varsóvia – e demais normas internacionais sobre transporte aéreo –, não há diferença de hierarquia entre os diplomas normativos. Todos têm estatura de lei ordinária e, por isso, a solução do conflito envolve a análise dos critérios cronológico e da especialidade". A solução pelos critérios da especialidade e cronológico é que conduziu à prevalência das duas Convenções sobre o CDC, infelizmente. Foram vencidos apenas os Ministros Marco Aurélio e Celso de Mello, que entenderam de forma contrária, pois a Lei 8.078/1990 teria posição hierárquica superior. Assim, todos os demais julgadores votaram seguindo os Relatores das duas ações, Ministros Gilmar Mendes e Roberto Barroso. Atualizando a obra, sucessivamente, surgiu decisão do Superior Tribunal de Justiça aplicando essa solução da Corte Constitucional Brasileira, com destaque para o seguinte trecho de sua ementa: "no julgamento do RE n. 636.331/RJ, o Supremo Tribunal Federal, reconhecendo a repercussão geral da matéria (Tema 210/STF), firmou a tese de que, 'nos termos do art. 178 da Constituição da República, as normas e os tratados internacionais limitadores da responsabilidade das transportadoras aéreas de passageiros, especialmente as Convenções de Varsóvia e Montreal, têm prevalência em relação ao Código de Defesa do Consumidor'" (STJ, REsp 673.048/RS, 3.ª Turma, Rel. Min. Marco Aurélio Bellizze, j. 08.05.2018, *DJe* 18.05.2018). Trata-se de um enorme retrocesso quanto à tutela dos consumidores, pelos argumentos outrora expostos, especialmente com base no art. 17 da Lei de Introdução. Em complemento, como desenvolvemos no Capítulo 1 do nosso *Manual de Direito do Consumidor*, escrito em coautoria com Daniel Amorim Assumpção Neves, o CDC é norma principiológica, tendo posição hierárquica superior perante as demais leis ordinárias, caso das duas Convenções Internacionais citadas. Porém, infelizmente, tal entendimento, muito comum entre os consumeristas, não foi adotado pela maioria dos julgadores.

Esclareça-se, por fim, que o *decisum* superior apenas disse respeito à indenização tabelada de danos patrimoniais, não atingindo danos morais e outros prejuízos extrapatrimoniais. De todo modo, em decisão monocrática prolatada em abril de 2018, no âmbito do Recurso Extraordinário 351.750, o Ministro Roberto Barroso determinou que um processo que envolvia pedido de indenização por danos morais em razão de atraso em voo internacional fosse novamente apreciado pela instância de origem, levando-se em consideração a citada decisão do Tribunal Pleno. Se tal posição prevalecesse, com o devido respeito, o retrocesso seria ainda maior, pois as Cortes Superiores Brasileiras não admitem o tabelamento do dano moral, por entenderem que isso contraria o princípio da isonomia constitucional (art. 5.º, *caput*, da CF/1998), especialmente no sentido de tratar de maneira desigual os desiguais. Felizmente, de forma correta, em 2020, surgiu aresto no âmbito do Superior Tribunal de Justiça limitando a conclusão a respeito da tarifação apenas aos danos materiais, não incidindo para os danos morais: "O STF, no julgamento do RE nº 636.331/RJ, com repercussão geral reconhecida, fixou a seguinte tese jurídica: 'Nos termos do artigo 178 da Constituição da República, as normas e os tratados internacionais limitadores da responsabilidade das transportadoras aéreas de passageiros, especialmente as Convenções de Varsóvia e Montreal, têm prevalência em relação ao Código de Defesa do Consumidor'. Referido entendimento tem aplicação apenas aos pedidos de reparação por danos materiais. As indenizações por danos morais decorrentes de extravio de bagagem e de atraso de voo não estão submetidas à tarifação prevista na Convenção de Montreal, devendo-se observar, nesses casos, a efetiva reparação do consumidor preceituada pelo CDC" (STJ, REsp 1.842.066/RS, 3.ª Turma, Rel. Min. Moura Ribeiro, j. 09.06.2020, *DJe* 15.06.2020). Por fim, encerrando esse debate, em 2023, o Tribunal Pleno do STF, novamente em repercussão geral, concluiu que o seu entendimento anterior não e aplica aos danos morais, o que inclui o prazo de prescrição, devendo incidir os cinco anos previstos no art. 27 do CDC em situações tais. Foi assim reformulada tese do seu Tema 210 de repercussão geral, passando a ter a seguinte afirmação: "nos termos do art. 178 da Constituição Federal, as normas e os tratados internacionais limitadores da responsabilidade das transportadoras aéreas de passageiros, especialmente as Convenções de Varsóvia e Montreal, têm prevalência em relação ao Código de Defesa do Consumidor, o presente entendimento não se aplica aos danos extrapatrimoniais" (STF, ARE 766.618, Tribunal Pleno, Rel. Min. Roberto Barroso, j. 30.11.2023, com unanimidade). Esse é o entendimento a ser considerado para os devidos fins práticos, encerrando a polêmica quanto a essa temática.

o) Tratando-se de brasileiros, são competentes as autoridades consulares brasileiras para lhes celebrar o casamento e os mais atos de Registro Civil e de tabelionato, inclusive o registro de nascimento e de óbito dos filhos de brasileiro ou brasileira nascidos no país da sede do Consulado (art. 18 da Lei de Introdução). O dispositivo recebeu dois novos parágrafos por força da Lei 12.874, de outubro de 2013. O primeiro parágrafo preceitua que as autoridades consulares brasileiras também poderão celebrar a separação consensual e o divórcio consensual de brasileiros, não havendo filhos menores ou incapazes do casal e observados os requisitos legais quanto aos prazos, devendo constar da respectiva escritura pública as disposições relativas à descrição e à partilha dos bens comuns e à pensão alimentícia e, ainda, ao acordo quanto à retomada pelo cônjuge de seu nome de solteiro ou à manutenção do nome adotado quando se deu o casamento. Como se nota, passa a existir a possibilidade da separação e do divórcio extrajudiciais, efetivados pelas autoridades consulares. A norma nasceu desatualizada, na minha opinião doutrinária. De início, porque segundo parte considerável da doutrina, não há que se falar mais em separação extrajudicial consensual, tema aprofundado no Capítulo 8 deste livro, o que foi confirmado pelo STF e pelo CNJ. Ademais, diante da Emenda Constitucional 66/2010 não existem mais prazos mínimos para o divórcio. Em complemento, o § 2.º do art. 18 expressa que "é indispensável a assistência de advogado, devidamente constituído, que se dará mediante a subscrição de petição, juntamente com ambas as partes, ou com apenas uma delas, caso a outra constitua advogado próprio, não se fazendo necessário que a assinatura do advogado conste da escritura pública". Este último comando segue a linha do que constava do art. 1.124-A do CPC/1973 e do atual art. 733 do CPC/2015 quanto à exigência da presença de advogados nas escrituras de separação e divórcio lavradas perante os Tabelionatos de Notas.

p) Reputam-se válidos todos os atos indicados no artigo anterior e celebrados pelos cônsules brasileiros na vigência da Lei de Introdução, desde que satisfaçam todos os requisitos legais (art. 19 da Lei de Introdução).

Superada a simples exposição das normas de Direito Internacional constante da Lei de Introdução, parte-se ao estudo das antinomias jurídicas, tema dos mais relevantes para todo o Direito.

## 1.7 ESTUDO DAS ANTINOMIAS JURÍDICAS

Com o surgimento de qualquer lei nova, ganha relevância o estudo das *antinomias*, também denominadas lacunas de conflito. A antinomia é a presença de duas normas conflitantes, válidas e emanadas de autoridade competente, sem que se possa dizer qual delas merecerá aplicação em determinado caso concreto (lacunas de colisão).

Em suma, este estudo não está relacionado com a revogação das normas jurídicas, mas com os eventuais conflitos que podem existir entre elas. Esse esclarecimento é básico e fundamental.

Pois bem, aqui serão utilizadas as regras de teoria geral de direito muito bem expostas na obra *Conflito de normas*, da Professora Maria Helena Diniz, sendo certo que por diversas vezes esse trabalho será utilizado para a compreensão dos novos conceitos privados, que emergiram com a nova codificação.[38] Assim, serão aqui estudados os conceitos básicos de solução desses conflitos, os *metacritérios clássicos* construídos por Norberto Bobbio, em sua *Teoria do ordenamento jurídico*, para a solução dos choques entre as normas jurídicas,[39] a saber:

a) *critério cronológico*: norma posterior prevalece sobre norma anterior;

b) *critério da especialidade*: norma especial prevalece sobre norma geral;

c) *critério hierárquico*: norma superior prevalece sobre norma inferior.

Dos três critérios acima, o cronológico, constante do art. 2.º da Lei de Introdução, é o mais fraco de todos, sucumbindo diante dos demais. O critério da especialidade é o

---

[38] DINIZ, Maria Helena. *Conflito de normas*. São Paulo: Saraiva, 2003.
[39] BOBBIO, Norberto. *Teoria do ordenamento jurídico*. Trad. Maria Celeste Cordeiro Leite dos Santos. 7. ed. Brasília: UNB, 1996.

MANUAL DE DIREITO CIVIL • VOLUME ÚNICO – *Flávio Tartuce*

intermediário e o da hierarquia o mais forte de todos, tendo em vista a importância do Texto Constitucional.

De qualquer modo, lembre-se de que a especialidade também consta do Texto Maior, inserida que está na isonomia constitucional (art. 5.º, *caput*, da CF/1988), em sua segunda parte, eis que *a lei deve tratar de maneira desigual os desiguais*.

Ultrapassada essa análise, parte-se para a classificação das antinomias, quanto aos metacritérios envolvidos, conforme esquema a seguir:

– *Antinomia de 1.º grau*: conflito de normas que envolve apenas um dos critérios anteriormente expostos.

– *Antinomia de 2.º grau*: choque de normas válidas que envolve dois dos critérios analisados.

Havendo a possibilidade ou não de solução, conforme os metacritérios de solução de conflito, é pertinente a seguinte visualização:

– *Antinomia aparente*: situação que pode ser resolvida de acordo com os metacritérios antes expostos.

– *Antinomia real*: situação que *não* pode ser resolvida de acordo com os metacritérios antes expostos.

De acordo com essas classificações, devem ser analisados os casos práticos em que estão presentes os conflitos:

• No caso de conflito entre norma posterior e norma anterior, valerá a primeira, pelo critério cronológico, caso de *antinomia de primeiro grau aparente*.

• Norma especial deverá prevalecer sobre norma geral, emergencial, que é o critério da especialidade, outra situação de *antinomia de primeiro grau aparente*.

• Havendo conflito entre norma superior e norma inferior, prevalecerá a primeira, pelo critério hierárquico, também situação de *antinomia de primeiro grau aparente*.

Esses são os casos de *antinomia de primeiro grau*, todos de antinomia *aparente*, eis que presente a solução de acordo com os metacritérios antes analisados. Passa-se então ao estudo das antinomias de segundo grau:

• Em um primeiro caso de antinomia de segundo grau aparente, quando se tem um conflito de uma norma especial anterior e outra geral posterior, prevalecerá o critério da especialidade, prevalecendo a primeira norma.

• Havendo conflito entre norma superior anterior e outra inferior posterior, prevalece também a primeira (critério hierárquico), outro caso de antinomia de segundo grau aparente.

• Finalizando, quando se tem conflito entre uma norma geral superior e outra norma, especial e inferior, qual deve prevalecer?

Na última hipótese, como bem expõe Maria Helena Diniz não há uma metarregra geral de solução do conflito surgindo a denominada *antinomia real*. São suas palavras:

"No conflito entre o critério hierárquico e o de especialidade, havendo uma norma superior-geral e outra norma inferior especial, não será possível estabelecer uma metarregra geral, preferindo o critério hierárquico ao da especialidade ou vice-versa,

CAP. 1 • ESTUDO DA LEI DE INTRODUÇÃO | **33**

sem contrariar a adaptabilidade do direito. Poder-se-á, então, preferir qualquer um dos critérios, não existindo, portanto, qualquer prevalência. Todavia, segundo Bobbio, dever-se-á optar, teoricamente, pelo hierárquico; uma lei constitucional geral deverá prevalecer sobre uma lei ordinária especial, pois se se admitisse o princípio de que uma lei ordinária especial pudesse derrogar normas constitucionais, os princípios fundamentais do ordenamento jurídico estariam destinados a esvaziar-se, rapidamente, de seu conteúdo. Mas, na prática, a exigência de se adotarem as normas gerais de uma Constituição a situações novas levaria, às vezes, à aplicação de uma lei especial, ainda que ordinária, sobre a Constituição. A supremacia do critério da especialidade só se justificaria, nessa hipótese, a partir do mais alto princípio da justiça: *suum cuique tribuere*, baseado na interpretação de que 'o que é igual deve ser tratado como igual e o que é diferente, de maneira diferente'. Esse princípio serviria numa certa medida para solucionar antinomia, tratando igualmente o que é igual e desigualmente o que é desigual, fazendo as diferenciações exigidas fática e valorativamente".[40]

Na realidade, como ficou claro, o critério da especialidade também é de suma importância, constando a sua previsão na Constituição Federal de 1988. Repita-se que o art. 5.º do Texto Maior consagra o princípio da isonomia ou igualdade *lato sensu*, pelo qual *a lei deve tratar de maneira igual os iguais*. Na parte destacada está o princípio da especialidade. E é por isso que ele até pode fazer frente ao critério hierárquico.

Desse modo, havendo choque entre os critérios hierárquico e da especialidade, dois caminhos de solução podem ser dados no caso de antinomia real, um pelo Poder Legislativo e outro pelo Poder Judiciário. Vejamos:

- Solução do Poder Legislativo – cabe a edição de uma terceira norma, dizendo qual das duas normas em conflito deve ser aplicada.
- Solução do Poder Judiciário – o caminho é a adoção do *princípio máximo de justiça*, podendo o magistrado, o juiz da causa, de acordo com a sua convicção e aplicando os arts. 4.º e 5.º da Lei de Introdução, adotar uma das duas normas, para solucionar o problema. Também pode ser utilizado o art. 8.º do CPC/2015, segundo o qual, "ao aplicar o ordenamento jurídico, o juiz atenderá aos fins sociais e às exigências do bem comum, resguardando e promovendo a dignidade da pessoa humana e observando a proporcionalidade, a razoabilidade, a legalidade, a publicidade e a eficiência".

Mais uma vez entram em cena esses importantes preceitos da Lei de Introdução. Pelo art. 4.º, pode o magistrado aplicar a analogia, os costumes e os princípios gerais do direito, sem que essa ordem seja obrigatoriamente respeitada. Seguindo o que preceitua o seu art. 5.º, deve o juiz buscar a função social da norma e as exigências do bem comum, ou seja, a pacificação social. Não se pode esquecer, outrossim, da aplicação imediata dos princípios fundamentais que protegem a pessoa humana, nos termos do art. 5.º, § 1.º, da CF/1988 (*eficácia horizontal dos direitos fundamentais*). Essa última afirmação pode ser confirmada pela dicção do art. 8.º do CPC/2015, pelo qual, ao aplicar o ordenamento jurídico, o julgador deve resguardar princípio de proteção da dignidade da pessoa humana.

Alerte-se que o estudo das antinomias jurídicas, após a entrada em vigor do Código Civil de 2002, tornou-se obrigatório para aqueles que desejam obter um bom desempenho em provas futuras, seja na graduação, na pós-graduação ou nos concursos públicos.

---

[40] DINIZ, Maria Helena. *Conflito de normas*. São Paulo: Saraiva, 2003. p. 50.

# 34 | MANUAL DE DIREITO CIVIL • VOLUME ÚNICO – *Flávio Tartuce*

Na presente obra será demonstrado como tal estudo pode ser útil para a argumentação jurídica. Será exposta, por exemplo e a partir da teoria das antinomias jurídicas, a viabilidade jurídica de aplicação do art. 927, parágrafo único, do Código Civil – que consagra a *cláusula geral de responsabilidade objetiva* –, para a responsabilidade do empregador, mitigando a regra superior do art. 7.º, inc. XXVIII, da Constituição Federal. O tema está abordado no Capítulo 4 deste livro (item 4.3.2), inclusive com a análise da posição firmada pelo STF em 2019, com repercussão geral.

Com a emergência do CPC/2015, essa relevância da matéria fica ainda mais aguda, pois, sem dúvida, grandes serão os desafios no futuro para adequar a nova legislação processual ao ordenamento jurídico até então vigente.

## 1.8 BREVE ANÁLISE DAS INCLUSÕES FEITAS NA LEI DE INTRODUÇÃO PELA LEI 13.655/2018. REPERCUSSÕES PARA O DIREITO PÚBLICO

Para encerrar o presente capítulo, interessante tecer alguns breves comentários sobre as modificações introduzidas na Lei de Introdução pela antes mencionada Lei 13.655, de 25 de abril de 2018, com a inclusão dos seus arts. 20 a 30. Os preceitos vigem no nosso sistema jurídico desde a sua publicação, com exceção do novo art. 29 da LINDB, que entrou em vigor cento e oitenta dias após a publicação oficial do diploma emergente. Anote-se que o então proposto art. 25 foi vetado pela Presidência da República.

Na verdade, as novas previsões não dizem respeito diretamente ao Direito Privado, mas ao Direito Público, fugindo do objeto da presente obra. A Lei de Introdução às Normas do Direito Brasileiro, assim, distancia-se mais ainda do Direito Civil, o que agora justifica plenamente a sua mudança de nome, como antes aqui foi destacado. Quanto às provas, desde a graduação até os concursos públicos, acredito que este conteúdo deva ser cobrado dentro da disciplina de Direito Administrativo, e não no âmbito do Direito Civil.

Como bem pondera Carlos Eduardo Elias de Oliveira, professor de Direito Civil e assessor jurídico do Senado Federal, que tem participado ativamente da elaboração de várias normas recentes, o diploma que surge poderia ser batizado de *Lei da Segurança Hermenêutica na Administração Pública*, "pois o seu objetivo foi, em síntese, implantar um ambiente de menor instabilidade interpretativa para os agentes públicos e para os atos administrativos, os quais sambam nas asas vacilantes das surpresas provocadas pela superveniência de interpretações jurídicas advindas especialmente de órgãos de controle".[41]

O autor divide a norma em três grupos temáticos, o que serve muito bem para resumir o seu conteúdo. O primeiro diz respeito à clareza normativa (arts. 29 e 30). O segundo à responsabilização do agente por infração hermenêutica (arts. 22 e 28). O terceiro grupo está relacionado à invalidade de ato administrativo, o que ele fraciona em quatro subgrupos: *a)* princípio da motivação concreta (arts. 20 e 21, *caput*); *b)* regime de transição (art. 23), princípio da menor onerosidade da regularização (art. 21, parágrafo único) e irregularidade sem pronúncia de nulidade (art. 21, parágrafo único, e art. 22, *caput* e § 1.º); *c)* convalidação por compromisso com ou sem compensações (arts. 26 e 27); e *d)* invalidade referencial (art. 24 da LINDB).

Quanto à busca da *segurança hermenêutica*, isso já fica claro pelo teor do novo art. 20 da Lei de Introdução, que consagra o *dever de motivação concreta* e a *responsabilida-*

---

[41] OLIVEIRA, Carlos Eduardo Elias de. A segurança hermenêutica nos vários ramos do Direito e nos cartórios extrajudiciais: repercussões da LINDB após a Lei n. 13.655/2018. Disponível em: <www.flaviotatuce.adv.br>. Acesso em: 30 ago. 2018.

*de decisória* dos gestores dos interesses públicos ao julgarem sobre questões que lhe são levadas a análise. Conforme o preceito, nas esferas administrativa, controladora e judicial não se decidirá com base em valores jurídicos abstratos sem que sejam consideradas as consequências práticas da decisão. Sendo assim, havendo decisão administrativa baseada em conceitos legais indeterminados ou cláusulas gerais – construções que ainda serão abordadas nesta obra –, é necessária a verificação das suas consequências não só para o caso concreto, como também para a sociedade.

O mesmo art. 20 da Lei de Introdução estabelece, em seu parágrafo único, que a motivação demonstrará a necessidade e a adequação da medida imposta ou da invalidação de ato, contrato, ajuste, processo ou norma administrativa, inclusive em face das possíveis alternativas. Vale lembrar que o *dever de motivação das decisões* também consta do art. 93, inc. IX, da Constituição Federal de 1988 e do Código de Processo Civil de 2015, sobretudo no seu art. 489, sendo clara a influência do Estatuto Processual emergente para o diploma em estudo. Além da motivação, ampara-se a necessidade de análise do *consequencialismo da decisão administrativa*, o que foi influenciado por juristas que atuaram na elaboração da lei, especialmente da Faculdade de Direito da USP e da Escola de Direito da Fundação Getulio Vargas (FGV).

No mesmo sentido de valorizar o *consequencialismo*, o art. 21 da LINDB estabelece que a decisão que, nas esferas administrativa, controladora ou judicial, decretar a invalidação de ato, contrato, ajuste, processo ou norma administrativa deverá indicar de modo expresso suas consequências jurídicas e administrativas. Também está previsto no preceito que essa decisão deverá, quando for o caso, apontar as condições para que a regularização ocorra de modo proporcional e equânime e sem prejuízo aos interesses gerais. A decisão igualmente não poderá impor aos sujeitos atingidos ônus ou perdas que, em função das peculiaridades do caso, sejam anormais ou excessivos (*princípio da menor onerosidade da regularização*).

A afirmação do *consequencialismo,* como não poderia ser diferente, é passível de críticas, uma vez que se ratifica a premissa segundo a qual os *fins justificam os meios* e o *utilitarismo decisório*. Levadas às últimas consequências, tais afirmações podem representar o sacrifício de direitos fundamentais e de personalidade, bem como da tutela da pessoa humana.

O art. 22 da LINDB traz regra de hermenêutica ou interpretação relativa às normas sobre gestão pública, devendo ser considerados os obstáculos e as dificuldades reais do gestor e as exigências das políticas públicas a seu cargo, sem prejuízo dos direitos dos administrados. Valoriza-se a *primazia da realidade,* em especial as dificuldades que podem ser enfrentadas pelos agentes públicos em suas decisões interpretativas. Nos termos do seu § 1.º, em decisão sobre regularidade de conduta ou validade de ato, contrato, ajuste, processo ou norma administrativa, serão consideradas as circunstâncias práticas que houverem imposto, limitado ou condicionado a ação do agente. Há, assim, a possibilidade de reconhecimento da irregularidade do ato público sem a decretação de nulidade, o que também é retirado do parágrafo único do novo art. 21 da LINDB, como bem explica Carlos Eduardo Elias de Oliveira, com interessante exemplo para ilustrar:

> "Ainda à luz desse princípio, será permitido até mesmo que o ato irregular seja preservado, diante da elevada gravidade concreta das consequências práticas da sua invalidação. Isso está implícito no parágrafo único do art. 21 da LINDB, que proíbe que a regularização decorrente da invalidação de um ato cause ônus ou perdas anormais ou excessivas aos sujeitos atingidos (tanto a Administração Pública quanto os particulares envolvidos). Se a invalidade de um ato irregular gerar prejuízos excessivos, o ato irregular deverá ser preservado. Nesse caso, será admitido o que batizamos de declaração de irregularidade sem pronúncia de invalidade.

Em verdade, 'nada há de novo debaixo do sol'. Essa situação de conservação de atos irregulares já é conhecida, por exemplo, no Direito Constitucional, no seio do qual é admitida a declaração de inconstitucionalidade de uma lei sem pronúncia de nulidade, e no Direito Civil, em que o princípio da conservação do negócio jurídico e outros conceitos – como o de propriedade aparente e o de usucapião – preservam as situações fático-jurídicas criadas por atos jurídicos irregulares.

A título ilustrativo, se um contrato administrativo destinado à construção de um prédio de seis andares vem a ser considerado irregular pelo Tribunal de Contas em razão da falta de licitação prévia, é dever da Corte de Contas avaliar as consequências concretas de eventual pronúncia de invalidade do ato e caminhar para adotar a solução menos onerosa para a Administração Pública e também para a empresa contratada, que, no exemplo – suponha-se –, está de boa-fé. O órgão de controle poderá, por exemplo, deixar de pronunciar a nulidade se constatar que os prejuízos financeiros serão demasiadamente elevados e que as obras já estão perto de findar-se (declaração de irregularidade sem pronúncia de nulidade). Poderá também pronunciar a invalidade, mas estabelecendo um 'regime de transição' em razão do qual uma nova empresa, escolhida após uma licitação, assumiria a continuidade das obras. Nesse caso, a empresa originariamente contratada continuaria com a construção até ser substituída pela nova empresa, pois isso evitaria desperdício de materiais de construção já comprados, deterioração do esqueleto da construção por conta do abandono da obra e gastos com multas em razão do rompimento de contratos (regime de transição). Seja como for, o Tribunal de Contas deverá, nesse caso, buscar a solução menos onerosa (princípio da menor onerosidade da regularização)".[42]

Além disso, na aplicação de sanções, serão considerados a natureza e a gravidade da infração cometida, os danos que dela provierem para a administração pública, as circunstâncias agravantes ou atenuantes e os antecedentes do agente (§ 2.º do art. 22 da LINDB). Por fim, a norma determina que as sanções aplicadas ao agente público serão levadas em conta na dosimetria das demais sanções de mesma natureza e relativas ao mesmo fato (§ 3.º).

Sobre o *regime de transição*, o novo art. 23 da Lei de Introdução dispõe que a decisão administrativa, controladora ou judicial que estabelecer interpretação ou orientação nova sobre norma de conteúdo indeterminado, impondo novo dever ou novo condicionamento de direito, deverá prever regime de transição quando indispensável para que o novo dever ou condicionamento de direito seja cumprido de modo proporcional, equânime e eficiente e sem prejuízo aos interesses gerais. O objetivo é de não surpreender o agente público, o que representa aplicação da boa-fé objetiva no plano dos atos administrativos. Há aqui outra influência do CPC/2015, em especial do seu art. 927, § 3.º, *in verbis*: "na hipótese de alteração de jurisprudência dominante do Supremo Tribunal Federal e dos tribunais superiores ou daquela oriunda de julgamento de casos repetitivos, pode haver modulação dos efeitos da alteração no interesse social e no da segurança jurídica".

A *invalidade referencial* está prevista no art. 24 da LINDB, uma vez que a revisão, nas esferas administrativa, controladora ou judicial, quanto à validade de ato, contrato, ajuste, processo ou norma administrativa cuja produção já se houver completado, levará em conta as orientações gerais da época, sendo vedado que, com base em mudança posterior de orientação geral, se declarem inválidas situações plenamente constituídas.

---

[42] OLIVEIRA, Carlos Eduardo Elias de. A segurança hermenêutica nos vários ramos do Direito e nos cartórios extrajudiciais: repercussões da LINDB após a Lei n. 13.655/2018. Disponível em: <www.flaviotatuce.adv.br>. Acesso em: 30 ago. 2018.

CAP. 1 • ESTUDO DA LEI DE INTRODUÇÃO | **37**

A expressão *referencial,* portanto, é utilizada pela necessidade de verificar as normas vigentes à época do reconhecimento da invalidade, na contramão do que está previsto no art. 2.035, *caput,* do Código Civil de 2002: "a validade dos negócios e demais atos jurídicos, constituídos antes da entrada em vigor deste Código, obedece ao disposto nas leis anteriores, referidas no art. 2.045, mas os seus efeitos, produzidos após a vigência deste Código, aos preceitos dele se subordinam, salvo se houver sido prevista pelas partes determinada forma de execução". Como se pode notar, o diploma civil transcrito consagra a observação, quanto à validade dos atos e negócios jurídicos, das normas do momento da celebração do ato, e não do momento da decisão de invalidação.

No tocante às orientações gerais da época que devem ser consideradas, o parágrafo único do mesmo art. 24 da Lei de Introdução enuncia que essas são as interpretações e especificações contidas em atos públicos de caráter geral ou em jurisprudência judicial ou administrativa majoritária, e ainda as adotadas por prática administrativa reiterada e de amplo conhecimento público.

O art. 26 da LINDB institui a *convalidação do ato administrativo por compromisso sem compensações.* Conforme a sua dicção, "para eliminar irregularidade, incerteza jurídica ou situação contenciosa na aplicação do direito público, inclusive no caso de expedição de licença, a autoridade administrativa poderá, após oitiva do órgão jurídico e, quando for o caso, após realização de consulta pública, e presentes razões de relevante interesse geral, celebrar compromisso com os interessados, observada a legislação aplicável, o qual só produzirá efeitos a partir de sua publicação oficial". A menção à consulta pública é louvável dentro do regime democrático, com a participação de especialistas escolhidos dentre os membros da sociedade brasileira.

Como *compromisso* entenda-se um acordo em que as partes assumem deveres perante o Poder Público e que devem ser cumpridos posteriormente. Não há, assim, um contrato de compromisso, que conduz à arbitragem, como consta dos arts. 851 a 853 do Código Civil e da Lei 9.307/1996. A norma emergente também estabelece que esse compromisso: *a)* buscará solução jurídica proporcional, equânime, eficiente e compatível com os interesses gerais; *b)* não poderá conferir desoneração permanente de dever ou condicionamento de direito reconhecidos por orientação geral; e *c)* deverá prever com clareza as obrigações das partes, o prazo para seu cumprimento e as sanções aplicáveis em caso de descumprimento.

Na sequência, consagra-se a *convalidação do ato administrativo por compromisso e com compensações,* eis que "a decisão do processo, nas esferas administrativa, controladora ou judicial, poderá impor compensação por benefícios indevidos ou prejuízos anormais ou injustos resultantes do processo ou da conduta dos envolvidos" (art. 27 da LINDB). Aqui, tem-se, sim, o instituto privado previsto entre os arts. 368 a 380 do Código Civil, ou seja, a compensação, forma de extinção das obrigações que gera a extinção de dívidas mútuas ou recíprocas até o ponto que se encontrarem.

Sem prejuízo da observância dos rígidos requisitos da compensação legal, estudados no Capítulo 3 deste livro, a LINDB passou a estabelecer que decisão sobre a compensação será motivada, ouvidas previamente as partes sobre seu cabimento, sua forma e, se for o caso, seu valor (art. 27, § 1.º). Além disso, para prevenir ou regular a compensação, poderá ser celebrado compromisso processual entre os envolvidos (art. 27, § 2.º). Esse compromisso processual parece ter a natureza de um negócio jurídico processual (arts. 190 e 191 do CPC/2015), o que até pode incluir a arbitragem, nos termos das alterações da Lei 9.307/1996 engendradas pela Lei 13.129/2015.

Quanto à efetividade dessa convalidação com compensações, tem razão o nosso coautor, em outra obra, Carlos Eduardo Elias de Oliveira, quando afirma o seguinte:

"A compensação é instituto fadado ao ostracismo, pois a falta de parâmetros detalhados de como as negociações podem ser implementadas causará receio fundado nos agentes públicos de futuramente serem responsabilizados por mal-entendidos com órgãos de controle. Dificilmente algum advogado público dará parecer favorável a qualquer espécie de acordo, pois, como o regime atual acaba deixando a certeza hermenêutica nas mãos futuras dos órgãos de controle externo – que ainda prosseguem a responsabilizar advogados públicos –, o receio de futura divergência de entendimento inibirá os advogados públicos. O TCU, por exemplo, já responsabilizou advogado público por ter dado parecer favorável a acordo extrajudicial que foi tido como desvantajoso para a União, conforme este julgado, resumido no seguinte enunciado: 'Advogado público é responsabilizado quando emite parecer favorável à homologação judicial em acordo extrajudicial, em condições excessivamente onerosas à União e em detrimento de sentença mais vantajosa aos cofres públicos'".[43]

A propósito da responsabilização do agente público por infração às normas de interpretação (*infração hermenêutica*), inclusive quanto ao seu eventual dever de indenizar, o art. 28 da LINDB traz um regime excessivamente protetivo, ao preceituar que esse responderá pessoalmente por suas decisões ou opiniões técnicas em caso de dolo ou *erro grosseiro*. O último conceito deve ser entendido como *culpa grave*, havendo na norma a confirmação da antiga máxima segundo a qual essa se equipara ao dolo (*culpa lata dolus aequiparatur*).

O dispositivo também parece trazer a regra a ser aplicada para a responsabilidade regressiva do agente público, caso acionado pelo Estado, que responde objetivamente ou sem culpa perante o particular, nos termos do art. 37, § 6.º, da Constituição Federal de 1988. Nota-se mais uma vez um claro objetivo de dar segurança à atuação dos agentes públicos, em detrimento dos interesses das vítimas e dos prejudicados pelos seus atos. A norma merece maiores reflexões, que serão expostas nas edições sucessivas deste livro.

Como penúltimo comando a ser comentado, o art. 29 da LINDB prevê que, em qualquer órgão ou poder, a edição de atos normativos por autoridade administrativa, salvo os de mera organização interna, poderá ser precedida de consulta pública para manifestação de interessados, preferencialmente por meio eletrônico, a qual será considerada na decisão. Louvam-se novamente a possibilidade de consulta pública e a valorização da transparência e da *clareza normativa*.

O mesmo se diga quanto ao último preceito da LINDB, ao estabelecer que as autoridades públicas devem atuar para aumentar a segurança jurídica na aplicação das normas, inclusive por meio de regulamentos, súmulas administrativas e respostas a consultas (art. 30). Esses instrumentos terão caráter vinculante em relação ao órgão ou entidade a que se destinam, até ulterior revisão, sendo perceptível novamente a influência do CPC/2015, agora quanto ao caráter vinculativo das decisões.

Como se pode perceber, de fato, as novas regras têm como escopo o Direito Público e a atuação de seus agentes. Entretanto, sem prejuízo do que consta do Código de Processo Civil de 2015 – que consagra muitas dessas ideias, sobretudo a necessidade de fundamentação das decisões –, tais preceitos podem eventualmente influenciar as tomadas de decisões no âmbito do Direito Privado.

---

[43] OLIVEIRA, Carlos Eduardo Elias de. A segurança hermenêutica nos vários ramos do Direito e nos cartórios extrajudiciais: repercussões da LINDB após a Lei n. 13.655/2018. Disponível em: <www.flaviotatuce.adv.br>. Acesso em: 30 ago. 2018.

Em seu texto aqui tão citado, o coautor de outra obra Carlos Eduardo Elias de Oliveira segue essa linha e aponta algumas possibilidades de a norma emergente influenciar as decisões dos notários e registradores, e a sua eventual responsabilização civil, como no caso da cobrança de emolumentos. Fica a sugestão de leitura do artigo citado, disponível no meu *site*, para as devidas reflexões.[44]

---

[44] OLIVEIRA, Carlos Eduardo Elias de. A segurança hermenêutica nos vários ramos do Direito e nos cartórios extrajudiciais: repercussões da LINDB após a Lei n. 13.655/2018. Disponível em: <www.flaviotatuce.adv.br>. Acesso em: 30 ago. 2018.

# 2

# PARTE GERAL DO CÓDIGO CIVIL DE 2002

**Sumário:** 2.1 Introdução. Visão filosófica do Código Civil de 2002. As principais teses do Direito Civil contemporâneo: 2.1.1 Direito Civil Constitucional; 2.1.2 A eficácia horizontal dos direitos fundamentais; 2.1.3 O diálogo das fontes; 2.1.4 A interação entre as teses expostas e a visão unitária do ordenamento jurídico; 2.1.5. A Reforma do Código Civil de 2002. A Comissão de Juristas nomeada no âmbito do Senado Federal, em 2023 – 2.2 Parte geral do Código Civil de 2002. Da pessoa natural: 2.2.1 Conceitos iniciais. A capacidade e conceitos correlatos; 2.2.2 O início da personalidade civil. A situação jurídica do nascituro; 2.2.3 Os incapazes no Código Civil de 2002; 2.2.4 A emancipação; 2.2.5 Os direitos da personalidade em uma análise civil-constitucional. A ponderação de direitos e o seu tratamento no Código de Processo Civil; 2.2.6 O domicílio da pessoa natural; 2.2.7 A morte da pessoa natural. Modalidades e efeitos jurídicos; 2.2.8 O estado civil da pessoa natural. Visão crítica – 2.3 Parte geral do Código Civil de 2002. Da pessoa jurídica: 2.3.1 Conceito de pessoa jurídica e suas classificações; 2.3.2 Da pessoa jurídica de Direito Privado. Regras gerais e conceitos básicos. Análise do art. 44 do CC; 2.3.3 Modalidades de pessoa jurídica de Direito Privado e análise de suas regras específicas; 2.3.4 Do domicílio da pessoa jurídica de Direito Privado; 2.3.5 Da extinção da pessoa jurídica de Direito Privado; 2.3.6 Da desconsideração da personalidade jurídica – 2.4 Parte geral do Código Civil de 2002. Dos bens. Objeto do direito: 2.4.1 Primeiras palavras. Diferenças entre bens e coisas. A teoria do patrimônio mínimo; 2.4.2 Principais classificações dos bens; 2.4.3 Do bem de família. O tratamento dualista do sistema jurídico – 2.5 Parte geral do Código Civil de 2002. Teoria geral do negócio jurídico: 2.5.1 Conceitos básicos. Fato, ato e negócio jurídico; 2.5.2 Classificações do negócio jurídico; 2.5.3 Elementos estruturais do negócio jurídico. A Escada Ponteana; 2.5.4 Estudo dos elementos acidentais do negócio jurídico. Condição, termo e encargo; 2.5.5 Vícios ou defeitos do negócio jurídico; 2.5.6 Teoria das nulidades do negócio jurídico – 2.6 Prescrição e decadência: 2.6.1 Introdução. Fórmula para diferenciar a prescrição da decadência; 2.6.2 Regras quanto à prescrição; 2.6.3 Regras quanto à decadência; 2.6.4 Quadro comparativo. Diferenças entre a prescrição e a decadência.

## 2.1 INTRODUÇÃO. VISÃO FILOSÓFICA DO CÓDIGO CIVIL DE 2002. AS PRINCIPAIS TESES DO DIREITO CIVIL CONTEMPORÂNEO

A compreensão de uma nova norma jurídica é tarefa centrada não apenas na análise comparada da letra fria da lei. Em outras palavras, para que o estudioso entenda efetivamente a codificação privada de 2002, é preciso conhecer a linha filosófica adotada pela norma emergente. A comparação das duas leis por meio de *Códigos confrontados*, comum após o surgimento do Código Civil de 2002, é apenas o ponto de partida para o intérprete. A premissa afirmada também vale com a emergência do Código de Processo Civil de 2015, sendo a confrontação com o CPC/1973 apenas o início do estudo.

Diante disso, antes de adentrar no estudo da Parte Geral do Código Civil de 2002, será demonstrada a linha filosófica da atual codificação material, bem como as grandes teses do Direito Civil contemporâneo. Segue-se, assim, o modelo adotado em outra obra.[1]

Trata-se de ponto fundamental para os estudiosos do Direito Civil, até porque as matérias de filosofia e sociologia passaram a ser solicitadas não só nos cursos de graduação, mas também em provas existentes após o bacharelado (*v.g.*, exame de admissão na Ordem dos Advogados do Brasil e concursos públicos). Recentemente, a análise dessa estrutura tornou-se ainda mais fundamental com o surgimento de leis que se distanciam dos seus fundamentos, caso da *Lei da Liberdade Econômica* (Lei 13.874/2019).

O atual Código Civil Brasileiro foi instituído pela Lei 10.406, de 10 de janeiro de 2002, entrando em vigor após um ano de *vacatio legis,* para a maioria da doutrina, em 11 de janeiro de 2003. A atual codificação civil teve uma longa tramitação no Congresso Nacional, com seu embrião, no ano de 1975, ocasião em que o então Presidente da República, Ernesto Geisel, submeteu à apreciação da Câmara dos Deputados o Projeto de Lei 634-D, com base em trabalho elaborado por uma Comissão de sete membros, coordenada por Miguel Reale. Como se nota, portanto, o projeto legislativo surgiu no "ápice" da ditadura militar que imperava no Brasil.

A estrutura básica do projeto que gerou a nova codificação foi concebida com uma Parte Geral e cinco livros na Parte Especial, tendo sido convidado para cada uma delas um jurista de renome e notório saber, todos com as mesmas ideias gerais sobre as diretrizes a serem seguidas. Convocados foram para a empreitada:

- José Carlos Moreira Alves (SP) – relator da Parte Geral;
- Agostinho Alvim (SP) – relator do livro que trata do Direito das Obrigações;
- Silvio Marcondes (SP) – relator do livro de Direito de Empresa;
- Erbert Chamoun (RJ) – responsável pelo Direito das Coisas;
- Clóvis do Couto e Silva (RS) – responsável pelo livro de Direito de Família;
- Torquato Castro (PE) – relator do livro do Direito das Sucessões.

Conforme lembra Gerson Luiz Carlos Branco, a escolha foi abrangente, uma vez que "foram contemplados juristas do Sul, do Nordeste, do centro do País, do Rio de Janeiro e São Paulo, congregando professores, advogados e juízes. A Comissão escolhida teve um perfil adequado às considerações políticas em relação à postura dos membros da Comissão. Além disso, segundo o próprio Miguel Reale, havia uma afinidade de ideias e de pensamento entre todos os juristas que integravam a Comissão".[2] Em suma, os trabalhos foram guiados pela mesma linha de pensamento.

Na exposição de motivos da atual codificação privada, Miguel Reale demonstra quais foram as diretrizes básicas seguidas pela Comissão revisora do Código Civil de 2002, a saber:[3]

---

[1] TARTUCE, Flávio. *Direito civil*. Lei de introdução e parte geral. 17. ed. Rio de Janeiro: Forense, 2024. v. 1. O Capítulo 2 da obra é intitulado *Entendendo o Código Civil de 2002*.

[2] BRANCO, Gerson Luiz Carlos. O culturalismo de Miguel Reale e sua expressão no novo Código Civil. In: BRANCO, Gerson Luiz Carlos e MARTINS-COSTA, Judith. *Diretrizes teóricas do novo Código Civil brasileiro*. São Paulo: Saraiva, 2002. p. 43.

[3] REALE, Miguel. Exposição de motivos do anteprojeto do Código Civil. In: NERY JR., Nelson; NERY, Rosa Maria de Andrade. *Código Civil anotado*. 2. ed. São Paulo: RT, 2003. p. 1.118-1.119.

CAP. 2 • PARTE GERAL DO CÓDIGO CIVIL DE 2002 | **43**

a) Preservação do Código Civil anterior sempre que fosse possível, pela excelência técnica do seu texto e diante da existência de um posicionamento doutrinário e jurisprudencial já consubstanciado sobre os temas nele constantes.

b) Alteração principiológica do Direito Privado, em relação aos ditames básicos que constavam na codificação anterior, buscando a nova codificação valorizar a *eticidade,* a *socialidade* e a *operabilidade,* que serão abordadas oportunamente.

c) Aproveitamento dos estudos anteriores em que houve tentativas de reforma da lei civil, trabalhos esses que foram elaborados primeiro por Hahneman Guimarães, Orozimbo Nonato e Philadelpho de Azevedo, com o anteprojeto do Código das Obrigações; e, depois, por Orlando Gomes e Caio Mário da Silva Pereira, com a proposta de elaboração separada de um Código Civil e de um Código das Obrigações, contando com a colaboração, neste caso, de Silvio Marcondes, Theóphilo de Azevedo Santos e Nehemias Gueiros.

d) Firmar a orientação de somente inserir no Código Civil matéria já consolidada ou com relevante grau de experiência crítica, transferindo-se para a legislação especial questões ainda em processo de estudo, ou que, por sua natureza complexa, envolvem problemas e soluções que extrapolam a codificação privada, caso da bioética, do biodireito e do direito eletrônico ou digital. Aliás, quanto à bioética e ao biodireito, prevê o Enunciado n. 2 do Conselho da Justiça Federal, aprovado na *I Jornada de Direito Civil* que "sem prejuízo dos direitos da personalidade nele assegurados, o art. 2.º do Código Civil não é sede adequada para questões emergentes da reprogenética humana, que deve ser objeto de um estatuto próprio". Nesse sentido, entrou em vigor em nosso País, em março de 2005, a Lei de Biossegurança (Lei 11.105/2005), um dos *satélites* na órbita do *planeta Código Civil.* O STF discutiu a constitucionalidade do seu art. 5.º, que prevê a possibilidade de utilização de células embrionárias para fins terapêuticos (ADIn 3.510/DF). Acabou concluindo por sua constitucionalidade, felizmente.

e) Dar nova estrutura ao Código Civil, mantendo-se a Parte Geral – conquista preciosa do direito brasileiro, desde Teixeira de Freitas –, mas com nova organização da matéria, a exemplo das recentes codificações existentes à época.

f) Não realizar, propriamente, a unificação de todo o Direito Privado, mas sim do Direito das Obrigações – de resto já é uma realidade em nosso País – em virtude do obsoletismo do Código Comercial de 1850 – com a consequente inclusão de mais um livro na Parte Especial, que se denominou *Direito de Empresa.* Nesse ponto, o Código Civil Brasileiro de 2002 seguiu o modelo do Código Italiano de 1942.

g) Valorizar um sistema baseado em cláusulas gerais, que dão certa margem de interpretação ao julgador. Essa pode ser tida como a principal diferença de filosofia entre o Código Civil de 2002 e seu antecessor.

Ponto de destaque se refere aos princípios do Código Civil de 2002 outrora expostos, e que merecem no presente momento um estudo mais aprofundado. O próprio Miguel Reale não se cansava em apontar os regramentos básicos que sustentam a atual codificação privada: *eticidade, socialidade* e *operabilidade.* Repise-se que o estudo de tais princípios é fundamental para que se possam entender os novos institutos que surgiram com a nova lei privada.

De início, a respeito do *princípio da eticidade,* o Código Civil de 2002 se distancia do tecnicismo institucional advindo da experiência do Direito Romano, procurando, em vez de valorizar formalidades, reconhecer a participação dos valores éticos em todo o Direito Privado. Cumpre transcrever as palavras do Ministro José Delgado, do Superior Tribunal de Justiça, no sentido de que "o tipo de Ética buscado pelo novo Código Civil é o defendido pela corrente kantiana: é o comportamento que confia no homem como um ser composto por valores que o elevam ao patamar de respeito pelo semelhante e de reflexo de um estado de confiança nas relações desenvolvidas, quer negociais, quer não negociais. É, na expressão kantiana, a certeza do dever cumprido, a tranquilidade da boa consciência".[4]

O *princípio da eticidade* pode ser percebido pela leitura de vários dispositivos da atual codificação privada. Inicialmente, nota-se a valorização de condutas éticas, de *boa-fé objetiva* – aquela relacionada com a conduta de lealdade das partes negociais –, pelo conteúdo da norma do art. 113, *caput*, segundo o qual "os negócios jurídicos devem ser interpretados conforme a boa-fé e os usos do lugar de sua celebração" (*função interpretativa da boa-fé objetiva*). Ademais, o art. 187 do CC/2002 determina qual a sanção para a pessoa que contraria a boa-fé no exercício de um direito: cometerá abuso de direito, assemelhado a ilícito (*função de controle da boa-fé objetiva*). Ato contínuo, o art. 422 da Lei Geral Privada valoriza a eticidade, prevendo que a boa-fé deve integrar a conclusão e a execução do contrato (*função de integração da boa-fé objetiva*). Sobre o art. 113 da codificação privada, recebeu ele dois novos parágrafos pela *Lei da Liberdade Econômica* (Lei 13.874/2019), o que será analisado ainda no presente capítulo, quando do estudo da teoria geral do negócio jurídico.

Aqui cabe fazer mais uma nota sobre o Código de Processo de 2015, que procurou valorizar a boa-fé, especialmente a de natureza objetiva, em vários de seus comandos. De início, o art. 5.º do Estatuto Processual emergente prescreve que aquele que de qualquer forma participa do processo deve comportar-se de acordo com a boa-fé.

Em complemento, há a previsão expressa a respeito do *dever de cooperação processual*, corolário da boa-fé objetiva, enunciando o art. 6.º do CPC/2015 que "todos os sujeitos do processo devem cooperar entre si para que se obtenha, em tempo razoável, decisão de mérito justa e efetiva". Essa colaboração também é imposta aos julgadores, vedando-se as *decisões surpresas*, uma vez que "o juiz não pode decidir, em grau algum de jurisdição, com base em fundamento a respeito do qual não se tenha dado às partes oportunidade de se manifestar, ainda que se trate de matéria sobre a qual deva decidir de ofício" (art. 10 do CPC/2015).

Por derradeiro, sem prejuízo de outros dispositivos, o art. 489, § 3.º, do CPC/2015 prescreve que a decisão judicial deve ser interpretada a partir da conjugação de todos os seus elementos e em conformidade com o princípio da boa-fé. Como se nota, a boa-fé objetiva passa a ser elemento de interpretação das decisões como um todo, o que deve gerar um grande impacto na prática cível nos próximos anos. A propósito, não deixando dúvidas de que se trata de uma boa-fé que se situa no plano da conduta, e não da intenção, estabelece o Enunciado n. 1, aprovado na *I Jornada de Direito Processual Civil* (agosto de 2017), que a verificação da violação à boa-fé objetiva dispensa a comprovação do *animus* do sujeito processual.

Voltando à lei material, no que concerne ao *princípio da socialidade*, o Código Civil de 2002 procura superar o caráter individualista e egoísta que imperava na codificação anterior, valorizando a palavra *nós*, em detrimento da palavra *eu*. Os grandes ícones do Direito Privado recebem uma denotação social: a família, o contrato, a propriedade, a

---

[4]  DELGADO, José. A ética e a boa-fé no novo Código Civil. In: DELGADO, Mário Luiz e ALVES, Jones Figueirêdo. *Questões controvertidas do novo Código Civil*. São Paulo: Método, 2003. p. 177.

posse, a responsabilidade civil, a empresa, o testamento. De toda forma, em certa medida, as orientações individualistas que permeavam o Código Civil de 1916 voltaram a ter uma valorização neste início de século XXI, o que pode ser percebido, no Brasil, pela recente Lei 13.874/2019, que institui a "Declaração de Direitos de Liberdade Econômica".

Destaque-se que a função social da propriedade já estava prevista na Constituição Federal de 1988, em seu art. 5.º, incs. XXII e XXIII, e no seu art. 170, inc. III, tendo sido reforçada pelo art. 1.228, § 1.º, do CC/2002. Como novidade de grande impacto, a função social dos contratos passou a ser tipificada em lei, nos arts. 421 e 2.035, parágrafo único, do Código Civil. Trata-se de um princípio contratual de ordem pública, pelo qual o contrato deve ser, necessariamente, visualizado e interpretado de acordo com o contexto da sociedade.[5] Como se verá, reitere-se, esse princípio deve ser confrontado perante os regramentos que foram instituídos pela citada Lei da Liberdade Econômica, de setembro de 2019.

Mesmo a posse recebe uma função social, eis que o atual Código consagra a diminuição dos prazos de usucapião imobiliária quando estiver configurada a *posse-trabalho*, situação fática em que o possuidor despendeu tempo e labor na ocupação de um determinado imóvel. A codificação de 2002 valoriza aquele que planta e colhe, o trabalho da pessoa natural, do cidadão comum. Tais premissas podem ser captadas pela leitura dos arts. 1.238, parágrafo único, e 1.242, parágrafo único, do CC/2002, que reduzem os prazos da usucapião extraordinária e ordinária, para dez e cinco anos, respectivamente quando o possuidor tiver realizado no imóvel obras e serviços considerados pelo juiz de caráter social e econômico relevante.

Por fim, há o *princípio da operabilidade*, que tem dois significados. De início, há o sentido de *simplicidade*, uma vez que o Código Civil de 2002 segue tendência de facilitar a interpretação e a aplicação dos institutos nele previstos. Como exemplo, pode ser citada a distinção que agora consta em relação aos institutos da prescrição e da decadência, matéria que antes trazia grandes dúvidas pela lei anterior, que era demasiadamente confusa. Por outra via, há o sentido de *efetividade*, ou *concretude do Direito Civil*, o que foi seguido pela adoção do *sistema de cláusulas gerais*.

Nas palavras de Judith Martins-Costa, grande intérprete da *filosofia realeana* e do Código Civil de 2002, percebe-se na atual codificação material um sistema aberto ou de *janelas abertas*, em virtude da linguagem que emprega, permitindo a constante incorporação e solução de novos problemas, seja pela jurisprudência, seja por uma atividade de complementação legislativa. Vejamos as suas lições a respeito das cláusulas gerais:

> "Estas janelas, bem denominadas por Irti de 'concetti di collegamento', com a realidade social são constituídas pelas cláusulas gerais, técnica legislativa que conforma o meio hábil para permitir o ingresso, no ordenamento jurídico codificado, de princípios valorativos ainda não expressos legislativamente, de 'standards', arquétipos exemplares de comportamento, de deveres de conduta não previstos legislativamente (e, por vezes, nos casos concretos, também não advindos da autonomia privada), de direitos e deveres configurados segundo os usos do tráfego jurídico, de diretivas econômicas, sociais e políticas, de normas, enfim, constantes de universos metajurídicos, viabilizando a sua sistematização e permanente ressistematização no ordenamento positivo. Nas cláusulas gerais a formulação da hipótese legal é procedida mediante o emprego de conceitos cujos termos têm significado intencionalmente vago e aberto, os chamados 'conceitos jurídicos indeterminados'. Por vezes – e aí

---

[5] TARTUCE, Flávio. *Função social dos contratos. Do Código de Defesa do Consumidor ao Código Civil de 2002*. 2. ed. São Paulo: Método, 2007. p. 415.

encontraremos as cláusulas gerais propriamente ditas –, o seu enunciado, ao invés de traçar punctualmente a hipótese e as consequências, é desenhado como uma vaga moldura, permitindo, pela vagueza semântica que caracteriza os seus termos, a incorporação de princípios e máximas de conduta originalmente estrangeiros ao *corpus* codificado, do que resulta, mediante a atividade de concreção destes princípios, diretrizes e máximas de conduta, a constante formulação de novas normas".[6]

A partir dos ensinamentos da professora gaúcha, as cláusulas gerais podem ser conceituadas como *janelas abertas deixadas pelo legislador para preenchimento pelo aplicador do Direito, caso a caso.* São exemplos de cláusulas gerais constantes do Código Civil de 2002:

- Função social do contrato – art. 421 do CC.
- Função social da propriedade – art. 1.228, § 1.º, do CC.
- Boa-fé – arts. 113, 187 e 422 do CC.
- Bons costumes – arts. 13 e 187 do CC.
- Atividade de risco – art. 927, parágrafo único, do CC.

As cláusulas gerais têm um sentido dinâmico, o que as diferencia dos conceitos legais *indeterminados*, construções estáticas que constam da lei sem definição. Assim, pode-se afirmar que quando o aplicador do direito cumpre a tarefa de dar sentido a um conceito legal indeterminado, passará ele a constituir uma *cláusula geral*. Segue-se com tal premissa o posicionamento de Karl Engisch, para quem a cláusula geral não se confunde com a ideia de conceito legal indeterminado, eis que a primeira "contrapõe a uma elaboração 'casuística' das hipóteses legais. 'Casuística' é aquela configuração da hipótese legal (enquanto somatório dos pressupostos que condicionam a estatuição) que circunscreve particulares grupos de casos na sua especificidade própria".[7]

Consigne-se que muitas das cláusulas gerais são princípios, mas não necessariamente. Ilustrando, a função social do contrato é princípio contratual; ao contrário da cláusula geral de atividade de risco, que não é princípio da responsabilidade civil.

Ora, a adoção do sistema de cláusulas gerais pelo Código Civil de 2002 tem relação direta com a linha filosófica adotada por Miguel Reale na vastidão de sua obra. É notório que o jurista criou a sua própria *teoria do conhecimento e da essência jurídica*, a *ontognoseologia jurídica*, em que se busca o papel do direito nos enfoques subjetivo e objetivo, baseando-se em duas subteorias: o *culturalismo jurídico* e a *teoria tridimensional do direito*.[8] Vejamos de forma sistematizada:

a) *Culturalismo jurídico (plano subjetivo)* – inspirado no trabalho de Carlos Cossio, Reale busca o enfoque jurídico no aspecto subjetivo, do aplicador do direito. Três palavras orientarão a aplicação e as decisões a serem tomadas: *cultura, experiência* e *história*, que devem ser entendidas tanto do ponto de vista do julgador como no da sociedade, ou seja, do meio em que a decisão será prolatada.

b) *Teoria tridimensional do direito (plano objetivo)* – para Miguel Reale, *direito é fato, valor e norma*. Ensina o Mestre que a sua *teoria tridimensional do direito* e do Estado vem

---

[6] MARTINS-COSTA, Judith. O novo Código Civil brasileiro: em busca da "ética da situação". In: BRANCO, Gerson Luiz Carlos e MARTINS-COSTA, Judith. *Diretrizes teóricas do novo Código Civil brasileiro.* São Paulo: Saraiva, 2002. p. 118.

[7] ENGISCH, Karl. *Introdução do pensamento jurídico.* 2. ed. Lisboa: Fundação Calouste Gulbenkian, 1964. p. 188.

[8] Sobre o tema, ver, por todos: REALE, Miguel. *Teoria tridimensional do direito.* Situação atual. 5. ed. 5. tir. São Paulo: Saraiva, 2003.

sendo concebida desde 1940, distinguindo-se das demais teorias por ser "concreta e dinâmica", eis que "fato, valor e norma estão sempre presentes e correlacionados em qualquer expressão da vida jurídica, seja ela estudada pelo filósofo ou o sociólogo do direito, ou pelo jurista como tal, ao passo que, na tridimensionalidade genérica ou abstrata, caberia ao filósofo apenas o estudo do valor, ao sociólogo de fato e ao jurista a norma (tridimensionalidade como requisito essencial do direito)".[9]

Pela conjugação das duas construções, na análise dos institutos jurídicos presentes no Código Civil de 2002, muitos deles abertos, genéricos e indeterminados, o jurista e o magistrado deverão fazer um mergulho profundo nos fatos que margeiam a situação, para então, de acordo com os seus valores e da sociedade – construídos após anos de educação e de experiências –, aplicar a norma de acordo com os seus limites, procurando sempre interpretar sistematicamente a legislação privada. *Fato, valor* e *norma* serão imprescindíveis a apontar o caminho seguido para a aplicação do Direito. Dessa forma, dar-se-á o preenchimento das cláusulas gerais, das *janelas abertas*. Por esse processo os conceitos legais indeterminados ganham determinação jurídica, diante da atuação do magistrado, sempre guiado pela equidade.

Primeiro, o magistrado julgará de acordo com a sua *cultura,* bem como do meio social. Isso porque os elementos culturais e valorativos do magistrado serão imprescindíveis para o preenchimento da discricionariedade deixada pela norma privada. Ganha destaque o *valor* como elemento formador do direito.

Segundo, tudo dependerá da *história* do processo e dos institutos jurídicos a ele relacionados, das partes que integram a lide e também a história do próprio aplicador. Aqui, ganha relevo o *fato,* outro elemento do direito, de acordo com a construção de Reale.

Por fim, a *experiência* do aplicador do direito, que reúne *fato* e *valor* simbioticamente, visando à aplicação da *norma*. Esta, sim, elemento central daquilo que se denomina *ontognoseologia*, a teoria do conhecimento, da essência jurídica, criada por Miguel Reale. Encaixa-se perfeitamente a proposta de Reale, para que sejamos *juristas* – no ponto de vista das normas –, *sociólogos* – diante da análise dos fatos – e *filósofos* – pelo prisma dos valores.

Nunca é demais frisar que as cláusulas gerais que constam da atual codificação material, a serem delineadas pela jurisprudência e pela comunidade jurídica, devem ser baseadas nas experiências pessoais dos aplicadores e dos julgadores, que também devem estar atualizados de acordo com os aspectos temporais, locais e subjetivos que envolvem a questão jurídica que lhes é levada para apreciação. Ilustrando, o aplicador do direito deve estar atento à evolução tecnológica, para não tomar decisões totalmente descabidas, como a de determinar o bloqueio de todos à internet, visando proteger a imagem individual de determinada pessoa. A formação interdisciplinar é primordial para o jurista do século XXI.

Como pontuação importante a respeito do Código de Processo Civil de 2015, acredito que a legislação instrumental emergente também adotou um sistema aberto, baseado em cláusulas gerais e conceitos legais indeterminados. Como é notório, o art. 1.º do CPC/2015 prevê que processo civil será ordenado, disciplinado e interpretado conforme os valores e as normas fundamentais estabelecidos na Constituição da República Federativa do Brasil, valores esses que são por vezes abertos, caso da igualdade e da solidariedade.

Merece também ser destacado, mais uma vez, o revolucionário art. 8.º do CPC/2015, segundo o qual, ao aplicar o ordenamento jurídico, o juiz atenderá aos *fins sociais* e às *exigências do bem comum*, resguardando e promovendo a *dignidade da pessoa humana* e

---

[9]  REALE, Miguel. *Teoria tridimensional do direito.* Situação atual. 5. ed. 5. tir. São Paulo: Saraiva, 2003. p. 57.

observando *a proporcionalidade, a razoabilidade, a legalidade, a publicidade e a eficiência*. Como se pode perceber, todas as expressões em itálico são cláusulas gerais, com preenchimento de acordo com as circunstâncias do caso concreto.

Além disso, o Código de Processo Civil de 2015 reconhece expressamente a plena possibilidade de julgamento com base nas cláusulas gerais e conceitos legais indeterminados, exigindo a devida fundamentação pelo julgador em casos tais. Nesse contexto, o art. 11 do CPC/2015 preconiza que todos os julgamentos dos órgãos do Poder Judiciário serão públicos e fundamentadas todas as decisões, sob pena de nulidade.

Mais à frente, ao tratar dos elementos essenciais da sentença, o § 1.º do art. 489 do Estatuto Processual estabelece que não se considera fundamentada qualquer decisão judicial, seja ela interlocutória, sentença ou acórdão, que: *a)* se limitar à indicação, à reprodução ou à paráfrase de ato normativo, sem explicar sua relação com a causa ou a questão decidida; *b)* empregar conceitos jurídicos indeterminados, sem explicar o motivo concreto de sua incidência no caso; *c)* invocar motivos que se prestariam a justificar qualquer outra decisão; *d)* não enfrentar todos os argumentos deduzidos no processo capazes de, em tese, infirmar a conclusão adotada pelo julgador; *e)* se limitar a invocar precedente ou enunciado de súmula, sem identificar seus fundamentos determinantes nem demonstrar que o caso sob julgamento se ajusta àqueles fundamentos; *f)* deixar de seguir enunciado de súmula, jurisprudência ou precedente invocado pela parte, sem demonstrar a existência de distinção no caso em julgamento ou a superação do entendimento. Nota-se que a norma menciona os conceitos legais indeterminados, mas é certo que muitos deles são também cláusulas gerais.

O último dispositivo visa afastar o livre convencimento do juiz, sem o devido fundamento. Esse comando poderá revolucionar as decisões judiciais no País, trazendo-lhes balizas mais certas e seguras, inclusive motivadas na doutrina. No entanto, o preceito também poderá ser totalmente desprezado pelos julgadores, inclusive pela ausência de sanção imediata. Somente o tempo e a prática demonstrarão qual a amplitude social da norma emergente.

De todo modo, é certo que essa linha filosófica, aberta por excelência, foi inserida no Código Civil de 2002, principalmente no capítulo que trata do Direito das Obrigações, e reafirmada pelo Código de Processo Civil de 2015. Os desenhos a seguir demonstram muito bem a confrontação entre o Código Civil de 1916, concebido à luz da teoria positivista, que teve como um de seus principais expoentes Hans Kelsen, e o Código Civil de 2002, sob a teoria tridimensional de Miguel Reale:

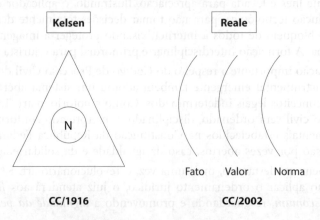

Como se nota, a visão *kelseniana* é de uma pirâmide de normas, um sistema fechado e estático. Assim era o civilista da geração anterior, moderno. Privilegiava-se o apego à literalidade fechada da norma jurídica, prevalecendo a ideia de que a norma seria suficiente. A frase-símbolo dessa concepção legalista era: *o juiz é a boca da lei.*

A *visão realeana* é de três subsistemas: dos fatos, dos valores e das normas. O sistema é aberto e dinâmico, em constantes diálogos. Assim é o civilista da atual geração, pós--moderno. Privilegia-se a ideia de interação, de visão unitária do sistema, prevalecendo a constatação de que, muitas vezes, a norma não é suficiente. As cláusulas gerais são abertas e devem ser analisadas caso a caso. Frase-símbolo: *direito é fato, valor e norma.*

Repise-se que, além do Código Civil de 2002, acredito que o capítulo inaugural do Novo Código de Processo Civil, recheado de cláusulas gerais e conceitos legais indeterminados, possibilite a mesma comparação, em que o Código de Processo Civil de 1973 está para o Código Civil de 1916, assim como o Código de Processo Civil de 2015 está para o Código Civil de 2002, guardadas as devidas proporções.

Superado esse estudo *jusfilosófico*, é preciso expor os principais marcos teóricos do Direito Civil brasileiro contemporâneo, a saber: o Direito Civil Constitucional, a eficácia horizontal dos direitos fundamentais e a teoria do diálogo das fontes.

## 2.1.1    Direito Civil Constitucional

A existência das grandes dicotomias em Direito sempre permitiu que houvesse uma sistematização do ponto de vista da análise do próprio âmbito jurídico, concebido, de forma analítica, como um conjunto de normas. Contudo, diante da superabundância dessas normas, uma organização teórica do direito que assegure uma definição genérica e lógica dos assuntos jurídicos fica bastante prejudicada, para não dizer inviabilizada. O *Big Bang Legislativo (explosão de leis),* conforme simbologia criada por Ricardo Lorenzetti, dificultou o trabalho do aplicador do direito na busca de uma sistematização.

Sabe-se que a distinção entre Direito Público e Direito Privado não é apenas um método de classificação, de ordenação dos critérios de distinção dos tipos normativos, mas sim um poderoso instrumento de sistematização. Tal distinção remonta ao *Digesto, 1.1.1.2,* no *Corpus Juris Civilis* de Ulpiano, que dividiu o direito em *jus publicum* e *jus privatum.* Os critérios utilizados para que fosse feita essa distinção se baseavam na utilidade da lei: se fosse de utilidade pública, tratar-se-ia de uma lei de Direito Público; se fosse de utilidade particular, seria uma lei de Direito Privado.

Esse critério de utilidade estrita desde logo foi contestado, e chegou-se à conclusão de que, em verdade, o critério para classificação da lei era baseado na utilidade preponderante da lei, uma vez que as utilidades de uma norma não ficam circunscritas a um único interesse, do Estado ou do particular, mas acabam se entrelaçando, de modo que a norma de uma natureza exerce influência em outra de natureza diversa.

Em princípio, o Direito Público tem como finalidade a ordem e a segurança geral, enquanto o Direito Privado reger-se-ia pela liberdade e pela igualdade. Enquanto no Direito Público somente seria válido aquilo que está autorizado pela norma, no Direito Privado tudo aquilo que não está proibido por ela seria válido. Mas essa dicotomia não é um obstáculo intransponível e a divisão não é absoluta, como quase nada é absoluto nos nossos dias atuais.

Nesse sentido, é interessante tecer alguns comentários sob a relação entre o Direito Civil e o Direito Constitucional, o que faz com que surja, para muitos, uma nova discipli-

MANUAL DE DIREITO CIVIL • VOLUME ÚNICO – *Flávio Tartuce*

na ou caminho metodológico, denominado *Direito Civil Constitucional*, da qual continuo adepto e entusiasta.[10]

A utilização da expressão *Direito Civil Constitucional* encontra raízes na doutrina italiana de Pietro Perlingieri.[11] No início de sua obra, Perlingieri aponta que a Constituição funda o ordenamento jurídico, pois "o conjunto de valores, de bens, de interesses que o ordenamento jurídico considera e privilegia, e mesmo a sua hierarquia traduzem o tipo de ordenamento com o qual se opera. Não existe, em abstrato, o ordenamento jurídico, mas existem ordenamentos jurídicos, cada um dos quais caracterizado por uma filosofia de vida, isto é, por valores e por princípios fundamentais que constituem a sua estrutura qualificadora".[12]

No Brasil, essa visão ganhou força na escola carioca, capitaneada pelos professores da Universidade do Estado do Rio de Janeiro Gustavo Tepedino, Maria Celina Bodin de Moraes e Heloísa Helena Barboza. No Paraná, Luiz Edson Fachin também faz escola com o ensino do Direito Civil Constitucional, na Universidade Federal do Paraná. No Nordeste é de se mencionar o trabalho de Paulo Luiz Netto Lôbo, também adepto dessa visão de sistema. Em São Paulo, destacam-se os trabalhos de Renan Lotufo, na PUCSP, e da professora Giselda Maria Fernandes Novaes Hironaka, Titular na USP. Em Brasília, na UNB, o professor Frederico Viegas de Lima igualmente se dedica aos estudos das interações entre o Direito Civil e a Constituição Federal de 1988.

O conceito de *Direito Civil Constitucional*, à primeira vista, poderia parecer um paradoxo. Mas não é. O direito é um sistema lógico de normas, valores e princípios que regem a vida social, que interagem entre si de tal sorte que propicie segurança – em sentido *lato* – para os homens e mulheres que compõem uma sociedade. O Direito Civil Constitucional, portanto, está baseado em uma *visão* unitária do ordenamento jurídico.[13]

Ao tratar dos direitos fundamentais, José Joaquim Gomes Canotilho também fala em unidade da ordem jurídica, sustentando a viabilidade de uma interação entre o Direito privado e a Constituição, mesmo que em tom cético.[14] Para Gustavo Tepedino, um dos principais idealizadores desse novo caminho metodológico, é "imprescindível e urgente uma releitura do Código Civil e das leis especiais à luz da Constituição".[15] Desse modo, "reconhecendo a existência dos mencionados universos legislativos setoriais, é de se buscar a unidade do sistema, deslocando para a tábua axiológica da Constituição da República o ponto de referência antes localizado no Código Civil".[16]

O Direito Civil Constitucional, como uma mudança de postura, representa uma atitude bem pensada, que tem contribuído para a evolução do pensamento privado, para a evolução dos civilistas contemporâneos e para um sadio diálogo entre os juristas das mais diversas áreas.

---

[10] Ver: HIRONAKA, Giselda Maria Fernandes Novaes; TARTUCE, Flávio; SIMÃO, José Fernando. *O Código Civil de 2002 e a Constituição Federal: 5 anos e 20 anos. Os 20 anos da Constituição da República Federativa do Brasil*. Alexandre de Moraes (Coord.). São Paulo: Atlas, 2009. p. 463-519.

[11] PERLINGIERI, Pietro. *Perfis do direito civil. Introdução ao direito civil constitucional*. Trad. Maria Cristina De Cicco. 2. ed. Rio de Janeiro: Renovar, 2002.

[12] PERLINGIERI, Pietro. *Perfis do direito civil. Introdução ao direito civil constitucional*. Trad. Maria Cristina De Cicco. 2. ed. Rio de Janeiro: Renovar, 2002. p. 5.

[13] TEPEDINO, Gustavo. Normas constitucionais e relações de direito civil na experiência brasileira. *Temas de direito civil*. Rio de Janeiro: Renovar, 2005. t. II.

[14] CANOTILHO, José Joaquim Gomes. *Estudos sobre direitos fundamentais*. Coimbra: Coimbra, 2004. p. 95.

[15] TEPEDINO, Gustavo. Premissas metodológicas para a constitucionalização do direito civil. *Temas de direito civil*. Rio de Janeiro: Renovar, 2004. p. 1.

[16] Premissas metodológicas para a constitucionalização do direito civil. *Temas de direito civil*. Rio de Janeiro: Renovar, 2004. p. 13.

CAP. 2 • PARTE GERAL DO CÓDIGO CIVIL DE 2002 | 51

Essa inovação reside no fato de que há uma inversão da forma de interação dos dois ramos do direito – o público e o privado –, interpretando o Código Civil segundo a Constituição Federal em substituição do que se costumava fazer, isto é, exatamente o inverso.

Os próprios constitucionalistas reconhecem o fenômeno de interação entre o Direito Civil e o Direito Constitucional como realidade do que se convém denominar *neoconstitucionalismo*, ou da invasão da Constituição. E, por certo, o movimento brasileiro é único, é autêntico. Ressalta Eduardo Ribeiro Moreira que "as outras inovações do direito civil-constitucional têm de ser esse ponto de encontro, os direitos fundamentais nas relações entre particulares, interação vital com a transposição e redução entre o espaço privado e o espaço público, garantizador. Dois pontos basilares do direito civil-constitucional que funcionam em prol da dignidade humana. Outro ponto a ser destacado é que, apesar de partir do direito civil italiano, o direito civil--constitucional brasileiro é uma expansão e produção autêntica".[17] O também constitucionalista Ministro Luís Roberto Barroso igualmente demonstrou todo o seu entusiasmo em relação à visão civil-constitucional, tecendo comentários elogiosos.[18]

Deve ser feita a ressalva que, por tal interação, o Direito Civil não deixará de ser Direito Civil; e o Direito Constitucional não deixará de ser Direito Constitucional. O Direito Civil Constitucional nada mais é do que um novo caminho metodológico, que procura analisar os institutos privados a partir da Constituição, e, eventualmente, os mecanismos constitucionais a partir do Código Civil e da legislação infraconstitucional, em *uma análise em mão dupla*.

Fazendo mais uma anotação diante da emergência do Código de Processo Civil 2015, esse Estatuto Processual parece inaugurar na lei instrumental o mesmo caminho, concebendo o *Direito Processual Civil Constitucional*. Como é notório, o seu art. 1.º expressa que "o processo civil será ordenado, disciplinado e interpretado conforme os valores e as normas fundamentais estabelecidos na Constituição da República Federativa do Brasil, observando--se as disposições deste Código". Em complemento, cite-se, mais uma vez, o impactante art. 8.º do CPC/2015, que ordena ao julgador ser guiado pelo princípio da dignidade da pessoa humana, ao aplicar o ordenamento jurídico.

Como instrumento do direito material, acredito que muitas premissas do Direito Civil Constitucional servem perfeitamente a essa nova visão do processo. Na verdade, pensamos que os fundamentos legais para a visão da Escola do Direito Civil Constitucional passam a ser os arts. 1.º e 8.º do CPC/2015.

Três são os princípios básicos do *Direito Civil Constitucional*, conforme as lições de Gustavo Tepedino, o que é fundamental para a compreensão da essência desse marco teórico importante para a civilística contemporânea.[19]

O primeiro deles, aquele que pretende a proteção da dignidade da pessoa humana, está estampado no art. 1.º, inc. III, do Texto Maior, sendo a valorização da pessoa um dos objetivos da República Federativa do Brasil. Trata-se do *superprincípio* ou *princípio dos princípios* como se afirma em sentido geral. A proteção da dignidade humana, a partir do modelo de Kant, constitui o principal fundamento da personalização do Direito Civil, da valorização da pessoa humana em detrimento do patrimônio. A tutela da dignidade humana representa a proteção da liberdade e dos direitos subjetivos na ordem privada.

---

[17] MOREIRA, Eduardo Ribeiro. *Neoconstitucionalismo – A invasão da Constituição*. São Paulo: Método, 2008. v. 7 (Coleção Professor Gilmar Mendes), p. 114.

[18] BARROSO, Luís Roberto. *Curso de direito constitucional contemporâneo*. Os conceitos fundamentais e a construção do novo modelo. São Paulo: Saraiva, 2009. p. 366-372.

[19] TEPEDINO, Gustavo. Premissas metodológicas para a constitucionalização do direito civil. In: *Temas de direito civil*. 3. ed. Rio de Janeiro: Renovar, 2004. p. 1-22.

MANUAL DE DIREITO CIVIL • VOLUME ÚNICO – *Flávio Tartuce*

Como explica o jurista alemão Stephan Kirste, "ter liberdade jurídica significa, como ainda mostraremos em seguida, possuir direitos subjetivos. A capacidade de liberdade é, assim, a capacidade de ser portador de direitos subjetivos. Portador desses direitos é, então, o sujeito do Direito ou a pessoa de Direito. A proteção da dignidade humana significa, portanto, o direito ao reconhecimento como pessoa do Direito".[20]

O segundo princípio visa à solidariedade social, outro objetivo fundamental da República, na dicção do art. 3.º, inc. I, da CF/1988. Outros preceitos da própria Constituição trazem esse alcance, como no caso do seu art. 170, pelo qual: "a ordem econômica, fundada na valorização do trabalho humano e na livre iniciativa, tem por fim assegurar a todos existência digna, conforme os ditames da *justiça social*". Aqui também reside o objetivo social de erradicação da pobreza, do mesmo modo prevista na Constituição Federal de 1988 (art. 3.º, inc. III).

Por fim, o princípio da isonomia ou igualdade *lato sensu*, traduzido no art. 5.º, *caput*, da Lei Maior, eis que "todos são iguais perante a lei, sem distinção de qualquer natureza, garantindo-se aos brasileiros e aos estrangeiros residentes no País a inviolabilidade do direito à vida, à liberdade, à igualdade, à segurança e à propriedade". Quanto a essa igualdade, princípio maior, pode ser a mesma concebida pela seguinte expressão, atribuída a Aristóteles e também a Ruy Barbosa: *A lei deve tratar de maneira igual os iguais, e de maneira desigual os desiguais.* Do texto, nota-se na sua primeira parte a consolidação do princípio da igualdade *stricto sensu* (*a lei deve tratar de maneira igual os iguais*), enquanto a segunda traz o princípio da especialidade (... *e de maneira desigual os desiguais*). Essa é a essência da *igualdade substancial*.

Em obra lançada no ano de 2014, o Ministro Luiz Edson Fachin demonstra os grandes desafios do Direito Privado Contemporâneo Brasileiro, em constante interação com a Constituição Federal. Expõe que são tendências atuais do nosso Direito Civil:

"A incidência franca da Constituição nos diversos âmbitos das relações entre particulares, mormente nos contratos, nas propriedades e nas famílias, à luz de comandos inafastáveis de proteção à pessoa; há, nada obstante, criativas tensões entre a aplicação de regras (e princípios) constitucionais e o ordenamento privado codificado; como há, sob o sistema constitucional, concepções filosóficas, o Estado liberal patrocinou o agasalho privilegiado da racionalidade codificadora das relações interprivadas; a ordem pública pode limitar a autonomia ou o autorregulamento dos interesses privados, sob a vigilância das garantias fundamentais; os Códigos Civis são reinterpretados pelas Constituições do Estado Social de Direito".[21]

Reafirme-se que essa incidência franca da Constituição igualmente atinge o Direito Processual, pela previsão expressa do art. 1.º do CPC/2015.

Como se verá, por diversas vezes, no presente trabalho, serão buscados esses princípios emergentes para solucionar polêmicas advindas da codificação privada, demonstrando uma dimensão do Direito Privado rompida com visão anterior, aliada à *personalização do direito privado*, de valorização da pessoa e da sua dignidade. A tríade dignidade-solidariedade-igualdade ou dignidade-personalidade-igualdade dará o tom deste volume único.

### 2.1.2 A eficácia horizontal dos direitos fundamentais

Com relação direta com o último tópico, constituindo outra tese de relevo do Direito Privado contemporâneo, é primaz estudar, agora de maneira mais aprofundada, a *eficácia*

---

[20] KIRSTE, Stephan. *Introdução à filosofia do direito*. Trad. Paula Nasser. Belo Horizonte: Fórum, 2013. p. 159.

[21] FACHIN, Luiz Edson. *Direito civil*. Sentidos, transformações e fim. Rio de Janeiro: Renovar, 2014. p. 10-11.

*horizontal dos direitos fundamentais*, mecanismo que torna possível o *Direito Civil Constitucional*.

Essa *horizontalização dos direitos fundamentais* nada mais é do que o reconhecimento da existência e aplicação dos direitos que protegem a pessoa nas relações entre particulares. Nesse sentido, pode-se dizer que as normas constitucionais que protegem tais direitos têm aplicação imediata (*eficácia horizontal imediata*). Essa aplicação imediata está justificada pelo teor do art. 5.º, § 1.º, da Constituição Federal de 1988, pelo qual: "as normas definidoras dos direitos e garantias fundamentais têm aplicação imediata". Para Daniel Sarmento, grande entusiasta da *eficácia horizontal* dos direitos fundamentais, a referida aplicação "é indispensável no contexto de uma sociedade desigual, na qual a opressão pode provir não apenas do Estado, mas de uma multiplicidade de atores privados, presentes em esferas como o mercado, a família, a sociedade civil e a empresa".[22]

Por certo é que essa *eficácia horizontal* traz uma visualização diversificada da matéria, eis que as normas de proteção da pessoa previstas na Constituição Federal sempre foram tidas como dirigidas ao legislador e ao Estado (*normas programáticas*). Essa concepção anterior não mais prevalece, o que faz com que a eficácia horizontal seja interessante à prática, a tornar mais evidente e concreta a proteção da dignidade da pessoa humana e de outros valores constitucionais.

Do ponto de vista da terminologia, não se justifica mais denominar a Constituição Federal de 1988 como uma *Carta Política*, fazendo crer que ela é mais dirigida ao legislador, tendo uma *eficácia vertical*. Melhor denominá-la, portanto, como uma *Carta Fundamental*, pela prevalência de sua *horizontalidade*, ou seja, pela sua subsunção direta às relações interprivadas.

Ilustre-se que a dignidade humana é conceito que pode ser aplicado diretamente em uma relação entre empregador e empregado, entre marido e mulher, entre companheiros, entre pais e filhos, entre contratantes e assim sucessivamente. Isso, sem a necessidade de qualquer *ponte infraconstitucional*. A mesma afirmação cabe para as ações judiciais com tais conteúdos, especialmente pelo que consta do sempre citado art. 1.º do Código de Processo Civil de 2015.

Como exemplo de aplicação da tese, pode ser citado julgado do Supremo Tribunal Federal em que foi adotada, no sentido de assegurar direito à ampla defesa a associado que fora excluído do quadro de uma pessoa jurídica (*Informativo* n. *405* do STF):

> "A Turma, concluindo julgamento, negou provimento a recurso extraordinário interposto contra acórdão do Tribunal de Justiça do Estado do Rio de Janeiro que mantivera decisão que reintegrara associado excluído do quadro da sociedade civil União Brasileira de Compositores – UBC, sob o entendimento de que fora violado o seu direito de defesa, em virtude de o mesmo não ter tido a oportunidade de refutar o ato que resultara na sua punição – v. *Informativos* ns. *351, 370* e *385*. Entendeu-se ser, na espécie, hipótese de aplicação direta dos direitos fundamentais às relações privadas. Ressaltou-se que, em razão de a UBC integrar a estrutura do ECAD – Escritório Central de Arrecadação e Distribuição, entidade de relevante papel no âmbito do sistema brasileiro de proteção aos direitos autorais, seria incontroverso que, no caso, ao restringir as possibilidades de defesa do recorrido, a recorrente assumira posição privilegiada para determinar, preponderantemente, a extensão do gozo e da fruição dos direitos autorais de seu associado. Concluiu-se que as penalidades impostas pela recorrente ao recorrido extrapolaram a liberdade do direito de

---

[22] SARMENTO, Daniel. *Direitos fundamentais e relações privadas*. Rio de Janeiro: Lumen Juris, 2004. p. 223.

associação e, em especial, o de defesa, sendo imperiosa a observância, em face das peculiaridades do caso, das garantias constitucionais do devido processo legal, do contraditório e da ampla defesa. Vencidos a Min. Ellen Gracie, relatora, e o Min. Carlos Velloso, que davam provimento ao recurso, por entender que a retirada de um sócio de entidade privada é solucionada a partir das regras do estatuto social e da legislação civil em vigor, sendo incabível a invocação do princípio constitucional da ampla defesa" (STF, RE 201.819/RJ, Rel. Min. Ellen Gracie, Rel. p/ o acórdão Min. Gilmar Mendes, j. 11.10.2005).

Interessante verificar que, do julgado acima, relatado pelo Ministro Gilmar Mendes, pode ser retirada outra grande lição, a de que "um meio de irradiação dos direitos fundamentais para as relações privadas seriam as cláusulas gerais (*Generalklausel*) que serviriam de 'porta de entrada' (*Einbruchstelle*) dos direitos fundamentais no âmbito do Direito Privado". Trata-se daquilo que se denomina *eficácia horizontal mediata*, pois há uma ponte infraconstitucional para as normas constitucionais: as cláusulas gerais. Tal mecanismo é perfeitamente possibilitado pelo Código Civil de 2002, diante da adoção de um modelo aberto, conforme antes demonstrado.

No aspecto processual, vale lembrar que a Emenda Constitucional 45/2004 introduziu, entre os direitos fundamentais, a razoável duração do processo (art. 5.º, inc. LXXVIII). Fez o mesmo o Código de Processo Civil de 2015, por força do seu art. 4.º, que tem a seguinte redação: "as partes têm o direito de obter em prazo razoável a solução integral do mérito, incluída a atividade satisfativa". Muitas ementas do Superior Tribunal de Justiça debatem esse importante direito processual, especialmente os seus limites, o que deve ser aprofundado com a emergência do Código de Processo Civil de 2015.

Assim, por exemplo, reconheceu o Tribunal da Cidadania que "a Constituição Federal assegura, em seu art. 5.º, inciso LXXVIII, como direito fundamental, a razoável duração do processo. Contudo, a alegação de excesso de prazo não pode basear-se em simples critério aritmético, devendo a demora ser analisada em cotejo com as particularidades e complexidades de cada caso concreto, pautando-se sempre pelo critério da razoabilidade" (STJ, HC 263.148/SP, 5.ª Turma, Rel. Min. Marilza Maynard (desembargadora convocada do TJSE), j. 04.06.2013, *DJe* 07.06.2013). Ou, ainda: "a duração razoável dos processos foi erigida como cláusula pétrea e direito fundamental pela Emenda Constitucional 45, de 2004, que acresceu ao art. 5.º o inciso LXXVIII, *in verbis:* 'a todos, no âmbito judicial e administrativo, são assegurados a razoável duração do processo e os meios que garantam a celeridade de sua tramitação'. A conclusão de processo administrativo em prazo razoável é corolário dos princípios da eficiência, da moralidade e da razoabilidade (Precedentes: MS 13.584/DF, 3.ª Seção, Rel. Min. Jorge Mussi, j. 13.05.2009, *DJe* 26.06.2009; REsp 1091042/ SC, 2.ª Turma, Rel. Min. Eliana Calmon, j. 06.08.2009, *DJe* 21.08.2009; MS 13.545/DF, 3.ª Seção, Rel. Min. Maria Thereza de Assis Moura, j. 29.10.2008, *DJe* 07.11.2008; REsp 690.819/RS, 1.ª Turma, Rel. Min. José Delgado, j. 22.02.2005, *DJ* 19.12.2005)" (STJ, EDcl no AgRg no REsp 1090242/SC, 1.ª Turma, Rel. Min. Luiz Fux, j. 28.09.2010, *DJe* 08.10.2010).

No plano das Cortes Estaduais também podem ser encontradas várias decisões que aplicam a eficácia horizontal dos direitos fundamentais às relações privadas. Do Tribunal Paulista, destaque-se julgado com o seguinte trecho:

"Uma vez reconhecida, pela própria seguradora, a incapacidade do devedor, em razão de um câncer, e efetuado o pagamento integral da dívida financiada pela seguradora, não resta motivo plausível para que o Banco credor negue o levantamento da garantia e conceda a documentação necessária para a transferência da propriedade do bem, providência que, aliás, é um direito do apelante. Se o débito já se encontrava integralmente quitado, o simples fato de haver uma ação revisional em andamento não poderia impedir o levantamento da hipoteca. A postura do Banco se afasta da boa-fé objetiva, descumpre a eficácia horizontal dos direitos fundamentais e afronta o princípio do solidarismo constitucional. Autor que se encontra acometido de doença maligna que possui tratamento reconhecidamente penoso para o paciente e custoso para sua família. Nada mais natural que possa, nesse momento de aflição e angústia, movimentar seu patrimônio da forma que bem entenda, seja para custear o tratamento, seja para dar melhor condição ao adoentado, pouco importa. Caberia aos apelantes receber a documentação necessária para a transmissão da propriedade do imóvel, uma vez que este já havia sido quitado pela seguradora. Evidente a ofensa moral causada, que comporta reparação. Considerando que o contrato de financiamento se encontra quitado desde 03 de maio de 2004, reconhecendo o próprio Banco que o sinistro é datado de 01 de abril de 2003, permanecendo os apelantes até os dias atuais com a hipoteca pendendo sobre seu bem imóvel, deve ser fixada indenização por danos morais, em favor dos recorrentes, em quantia equivalente a R$ 16.000,00 (dezesseis mil reais), suficiente para reparar os danos causados e impingir ao Banco o dever de aprimorar a prestação de seus serviços" (TJSP, Apelação 9127680-34.2008.8.26.0000, Acórdão 6755404, 20.ª Câmara de Direito Privado, Santos, Rel. Des. Maria Lúcia Pizzotti, j. 20.05.2013, *DJESP* 12.06.2013).

Nota-se, por fim, que existe uma relação inafastável entre essa eficácia das normas que protegem a pessoa nas relações entre particulares e o sistema de cláusulas gerais adotado pela codificação de 2002. Em sintonia, com tudo o que foi aqui exposto, é preciso estudar a festejada tese do *diálogo das fontes*.

### 2.1.3 O diálogo das fontes

A tese do diálogo das fontes foi desenvolvida na Alemanha por Erik Jayme, professor da Universidade de Heidelberg, trazida ao Brasil por Claudia Lima Marques, da Universidade Federal do Rio Grande do Sul. A essência da teoria é que as normas jurídicas não se excluem – supostamente porque pertencentes a ramos jurídicos distintos –, mas se complementam. Como se pode perceber há nesse marco teórico, do mesmo modo, a premissa de uma visão unitária do ordenamento jurídico.

A primeira justificativa que pode surgir para a sua aplicação refere-se à sua *funcionalidade*. É cediço que vivemos um momento de explosão de leis, um *"Big Bang legislativo"*, como simbolizou Ricardo Lorenzetti. O mundo pós-moderno e globalizado, complexo e abundante por natureza, convive com uma quantidade enorme de normas jurídicas, a deixar o aplicador do Direito até desnorteado. Convive-se com a *era da desordem,* conforme expõe o mesmo Lorenzetti.[23] O *diálogo das fontes* serve como leme nessa tempestade de complexidade.

Relativamente às razões filosóficas e sociais da aplicação da tese, Claudia Lima Marques ensina o seguinte:

"Segundo Erik Jayme, as características da cultura pós-moderna no direito seriam o pluralismo, a comunicação, a narração, o que Jayme denomina de 'le retour des sentiments', sendo o Leitmotiv da pós-modernidade a valorização dos direitos humanos. Para Jayme, o direito como parte da cultura dos povos muda com a crise da

---

[23] Todos os referenciais teóricos do jurista argentino constam em: LORENZETTI, Ricardo Luís. *Teoria da decisão judicial*. Trad. Bruno Miragem. Com notas e revisão de Claudia Lima Marques. São Paulo: RT, 2009.

## 56 | MANUAL DE DIREITO CIVIL • VOLUME ÚNICO – *Flávio Tartuce*

pós-modernidade. O pluralismo manifesta-se na multiplicidade de fontes legislativas a regular o mesmo fato, com a descodificação ou a implosão dos sistemas genéricos normativos ('Zersplieterung'), manifesta-se no pluralismo de sujeitos a proteger, por vezes difusos, como o grupo de consumidores ou os que se beneficiam da proteção do meio ambiente, na pluralidade de agentes ativos de uma mesma relação, como os fornecedores que se organizam em cadeia e em relações extremamente despersonalizadas. Pluralismo também na filosofia aceita atualmente, onde o diálogo é que legitima o consenso, onde os valores e princípios têm sempre uma dupla função, o 'double coding', e onde os valores são muitas vezes antinômicos. Pluralismo nos direitos assegurados, nos direitos à diferença e ao tratamento diferenciado aos privilégios dos 'espaços de excelência' (Jayme, Erik. Identité culturelle et intégration: le droit international privé postmoderne. *Recueil des Cours de l'Académie de Droit International de la Haye*, 1995, II, Kluwer, Haia, p. 36 e ss.)."[24]

A primeira tentativa de aplicação da tese do *diálogo das fontes* se dá com a possibilidade de subsunção concomitante tanto do Código de Defesa do Consumidor quanto do Código Civil a determinadas relações obrigacionais, sobretudo aos contratos. Isso diante da já conhecida aproximação principiológica entre os dois sistemas, consolidada pelos princípios sociais contratuais, sobretudo pela boa-fé objetiva e pela função social dos contratos. Supera-se a ideia de que o Código Consumerista seria um *microssistema jurídico*, totalmente isolado do Código Civil de 2002.

Como outro exemplo de interação necessária, parece-me que o CPC de 2015 intensificou a possibilidade de *diálogos* com a legislação material, em especial por ter adotado um sistema aberto e constitucionalizado. Ademais, a valorização da boa-fé objetiva processual possibilita a aplicação concomitante do CPC/2015 e do CC/2002, com o intuito de valorizar a conduta de lealdade das partes durante o curso de uma demanda judicial. Sendo assim, acredita-se que muitos julgados surgirão, nos próximos anos, fazendo incidir *a teoria do diálogo das fontes* nessa seara.

Feitas tais considerações, Claudia Lima Marques demonstra *três* diálogos possíveis a partir da teoria exposta:[25]

> a) Em havendo aplicação simultânea das duas leis, se uma lei servir de base conceitual para a outra, estará presente o *diálogo sistemático de coerência.* Exemplo: os conceitos dos contratos de espécie podem ser retirados do Código Civil mesmo sendo o contrato de consumo, caso de uma compra e venda (art. 481 do CC).
>
> b) Se o caso for de aplicação coordenada de duas leis, uma norma pode completar a outra, de forma direta (*diálogo de complementaridade*) ou indireta (*diálogo de subsidiariedade).* O exemplo típico ocorre com os contratos de consumo que também são de adesão. Em relação às cláusulas abusivas, pode ser invocada a proteção dos consumidores constante do art. 51 do CDC e ainda a proteção dos aderentes constante do art. 424 do CC.
>
> c) Os *diálogos de influências recíprocas sistemáticas* estão presentes quando os conceitos estruturais de uma determinada lei sofrem influências da outra.

---

[24] MARQUES, Claudia Lima. *Comentários ao Código de Defesa do Consumidor. São Paulo, RT*, p. 24. Trata-se de introdução da obra coletiva escrita em coautoria com o Ministro Antonio Herman de V. e Benjamin e Bruno Miragem e que praticamente apresentou o diálogo das fontes para a comunidade jurídica nacional.

[25] MARQUES, Claudia Lima. *Manual de direito do consumidor*. Antonio Herman V. Benjamin, Claudia Lima Marques e Leonardo Roscoe Bessa. São Paulo: RT, 2007. p. 91.

> Assim, o conceito de consumidor pode sofrer influências do próprio Código Civil. Como afirma a própria Claudia Lima Marques, "é a influência do sistema especial no geral e do geral no especial, um diálogo de *doublé sens* (diálogo de coordenação e adaptação sistemática)".

Analisadas essas premissas, é interessante trazer à colação, com os devidos comentários, alguns julgados nacionais que aplicaram a tese do diálogo das fontes, propondo principalmente uma interação entre o Código Civil de 2002 e o Código de Defesa do Consumidor.

De início, limitando os juros cobrados em cartão de crédito e aplicando a aclamada teoria, do Tribunal de Justiça da Bahia, entre tantas ementas que se repetem:

"Consumidor. Cartão de crédito. Juros abusivos. Código de Defesa do Consumidor. Juros estipulação usurária pecuniária ou real. Trata-se de crime previsto na Lei n.º 1.521/51, art. 4.º. Limitação prevista na Lei n.º 4.595/64 e das normas do Conselho Monetário Nacional, regulação vigorante, ainda que depois da revogação do art. 192 da CF/1988, pela Emenda Constitucional 40 de 2003. Manutenção da razoabilidade e limitação de prática de juros pelos artigos 161 do CTN combinando com 406 e 591 do CC 2002. A cláusula geral da boa-fé está presente tanto no Código de Defesa do Consumidor (arts. 4.º, III, e 51, IV, e § 1.º, do CDC) como no Código Civil de 2002 (arts. 113, 187 e 422), que devem atuar em diálogo (diálogo das fontes, na expressão de Erik Hayme) e sob a luz da Constituição e dos direitos fundamentais para proteger os direitos dos consumidores (art. 7.º do CDC). Relembre-se, aqui, portanto, do Enunciado de n. 26 da *Jornada de Direito Civil*, organizada pelo STJ em 2002, que afirma: 'a cláusula geral contida no art. 422 do novo Código Civil impõe ao juiz interpretar e, quando necessário, suprir e corrigir o contrato segundo a boa-fé objetiva, entendida como exigência de comportamento leal dos contratantes'. Recurso improcedente" (TJBA, Recurso 0204106-62.2007.805.0001-1, 2.ª Turma Recursal, Rel. Juíza Nicia Olga Andrade de Souza Dantas, *DJBA* 25.01.2010).

Do Tribunal do Rio Grande do Norte, da mesma maneira tentando uma aproximação conceitual entre os dois Códigos, colaciona-se:

"Civil. CDC. Processo Civil. Apelação cível. Juízo de admissibilidade positivo. Ação de indenização por danos morais. Contrato de promessa de compra e venda de imóvel. Notificação cartorária. Cobrança indevida. Prestação de serviços. Relação de consumo configurada. Incidência do Código Civil. Diálogo das fontes. Responsabilidade objetiva. Vício de qualidade. Dano moral configurado. Dano à honra. Abalo à saúde. *Quantum* indenizatório excessivo. Redução. Minoração da condenação em honorários advocatícios. Recurso conhecido e provido em parte" (TJRN, Acórdão 2009.010644-0, 3.ª Câmara Cível, Natal, Rel. Juíza Conv. Maria Neize de Andrade Fernandes, *DJRN* 03.12.2009, p. 39).

Tratando da coexistência entre as leis, enunciado fundamental da teoria do diálogo das fontes, destaque-se decisão do Tribunal do Rio Grande do Sul:

"Embargos de declaração. Ensino particular. Desnecessidade de debater todos os argumentos das partes. Aplicação do Código de Defesa do Consumidor. Diálogo das fontes. 1. Formada a convicção pelo julgador que já encontrou motivação suficiente para alicerçar sua decisão, e fundamentada nesse sentido, consideram-se afastadas teses, normas ou argumentos porventura esgrimidos em sentidos diversos. 2. Em matéria de consumidor vige um método de superação das antinomias chamado de diálogo das fontes, segundo o qual o diploma consumerista coexiste com as demais fontes de direito como o Código Civil e Leis esparsas. Embargos desacolhidos" (TJRS, Embargos de Declaração 70027747146, 6.ª Câmara Cível, Caxias do Sul, Rel. Des. Liége Puricelli Pires, j. 18.12.2008, *DOERS* 05.02.2009, p. 43).

Por fim, sem prejuízo de inúmeros outros julgados que utilizaram a teoria do diálogo das fontes, merecem relevo os seguintes acórdãos do Tribunal de São Paulo, do mesmo modo buscando uma interação entre o CC/2002 e o CDC:

"Civil. Compromisso de compra e venda de imóvel. Transação. Carta de crédito. Relação de consumo. Lei 8.078/90. Diálogo das fontes. Abusividade das condições consignadas em carta de crédito. Validade do instrumento quanto ao reconhecimento de dívida. Processual civil. Honorários. Princípio da sucumbência e da causalidade. Arbitramento em conformidade com o disposto no artigo 20, § 3.º do CPC. Recurso desprovido" (TJSP, Apelação com Revisão 293.227.4/4, Acórdão 3233316, 2.ª Câmara de Direito Privado, São Paulo, Rel. Des. Boris Padron Kauffmann, j. 09.09.2008, *DJESP* 1.º.10.2008).

"Responsabilidade civil. Defeito em construção. Contrato de empreitada mista. Responsabilidade objetiva do empreiteiro. Análise conjunta do CC e CDC. Diálogo das fontes. Sentença mantida. Recurso improvido" (TJSP, Apelação com Revisão 281.083.4/3, Acórdão 3196517, 8.ª Câmara de Direito Privado, Bauru, Rel. Des. Caetano Lagrasta, j. 21.08.2008, *DJESP* 09.09.2008).

"Responsabilidade civil por vícios de construção. Desconformidade entre o projeto e a obra. Paredes de espessura inferior às constantes do projeto, que provocam alterações acústicas e de temperatura nas unidades autônomas. Responsabilidade da incorporadora e construtora pela correta execução do empreendimento. Vinculação da incorporadora e construtora à execução das benfeitorias prometidas, que integram o preço. Desvalorização do empreendimento. Indenização pelos vícios de construção e pelas desconformidades com o projeto original e a oferta aos adquirentes das unidades. Inocorrência de prescrição ou decadência da pretensão ou direito à indenização. Incidência do prazo prescricional de solidez da obra do Código Civil. Diálogo das fontes com o Código de Defesa do Consumidor. Ação procedente. Recurso improvido" (TJSP, Apelação Cível 407.157.4/8, Acórdão 2635077, 4.ª Câmara de Direito Privado, Piracicaba, Rel. Des. Francisco Loureiro, j. 29.05.2008, *DJESP* 20.06.2008).

Superadas essas exemplificações de diálogos entre o Direito Civil e o Direito do Consumidor, é imperioso dizer que também são possíveis *diálogos* entre o Direito Civil e o Direito do Trabalho, particularmente entre o Código Civil e a legislação trabalhista, o que é totalmente viável e, mais do que isso, plenamente recomendável.

Para esse diálogo, de início, é importante apontar que o Direito do Trabalho é ramo do Direito Privado, assim como o é o Direito Civil. Quanto ao contrato de trabalho, a sua própria concepção é feita com vistas à proteção do vulnerável dessa relação privada, o empregado ou trabalhador. Há tempos que o Direito do Trabalho lida com a diferença existente no contrato em questão, visando tutelar camadas da população desprotegidas e desamparadas. Talvez a legislação trabalhista seja o primeiro exemplo de *dirigismo contratual*, de intervenção do Estado e da lei nos contratos.

Conforme o art. 8.º da CLT, o direito comum e, logicamente, o Direito Civil são fontes subsidiárias do Direito do Trabalho. Na verdade, pela aplicação da tese do *diálogo das fontes*, o que se propõe é uma nova leitura desse comando legal. Não se deve mais considerar o Direito Civil como simples fonte subsidiária, mas, em alguns casos, como fonte direta do Direito do Trabalho.

CAP. 2 • PARTE GERAL DO CÓDIGO CIVIL DE 2002 | 59

Isso porque, em muitas situações atualmente comuns à prática trabalhista, não há normas de Direito do Trabalho regulamentando a matéria. Em casos tais é que as normas do Código Civil terão aplicação. Outro argumento interessante é que, quando a CLT entrou em vigor, não vivíamos esse momento de complexidade legislativa atual.

Trazendo clarividência a essa complexidade, anote-se que a Emenda Constitucional 45/2004 ampliou enormemente a competência da Justiça do Trabalho para tratar de casos que antes eram da competência da Justiça Comum, como a responsabilidade civil por acidente de trabalho ou em decorrência do contrato de trabalho. Como não há legislação trabalhista a tratar do tema, o aplicador do Direito deve procurar socorro nas normas do Código Civil que tratam da responsabilidade civil.

Em suma, a partir da interação científica a doutrina civilista deve preencher as estantes do intérprete que atua na área trabalhista, para motivar o seu convencimento e os seus argumentos. Na área trabalhista, já podem ser encontrados arestos que fazem menção à teoria do diálogo das fontes, com destaque para o seguinte:

"Trabalho temporário. Aplicação da CLT ou outro diploma legal. Possibilidade. Diálogo das fontes. A circunstância de o trabalho temporário ser disciplinado pela lei 6.019/74. Não importa, de per si, em inaplicabilidade da CLT ou mesmo de outros diplomas legais, como o Código Civil, por exemplo, e isso porque, como se sabe, hodiernamente, diante do aumento dos microssistemas, regulando situações específicas, imprescindível o recurso ao denominado diálogo das fontes, como meio mais eficaz de proteção à parte mais fraca de uma relação jurídica, preservando-se a sua dignidade de pessoa humana e também por possibilitar uma visão de conjunto que um olhar parcial, por óbvio, não proporciona. Trabalho temporário. Contrato. Validade. Requisitos. A se entender que a mera celebração de contrato escrito e normalmente com cláusulas já previamente estabelecidas, entre as empresas prestadora e tomadora de serviços e entre aquela e o obreiro, apontando, passe a singeleza do vocábulo, 'secamente' qual o motivo da contratação, às vezes apenas assinalando com um 'X' um espaço em branco, atende ao quanto disposto na referida 'lex', bem é de ver que muito raramente se encontrará algum contrato de trabalho temporário que padeça de algum vício de nulidade, todos serão celebrados com a mais absoluta observância das normas legais pertinentes, de modo que, em situações nas quais se fala em substituição transitória de pessoal permanente ou quando o motivo determinante é o acréscimo extraordinário de serviços, há de ser apontado o que levou a que se desse uma ou outra situação, sendo totalmente insuficiente a mera alusão, sem maiores especificações, a respeitante necessidade. Em outras palavras, não basta dizer que o motivo da contratação do trabalho temporário é este ou aquele, mesmo porque, só em razão dos mesmos é que tal concerto pode ser ajustado, imprescindível o deixar claro qual a situação que provocou e/ou que dá sustentação ao motivo alegado; por exemplo, um pedido de cliente absolutamente imprevisto e que, para ser atendido, provoca – aí sim – um acréscimo extraordinário de serviço, do contrário, se mencionada situação não ficar devidamente apontada, a rigor, as normas aplicáveis não restaram satisfeitas, como deveriam sê-lo, o que leva à decretação de nulidade do contrato de trabalho temporário, por não demonstrado o preenchimento das condições necessárias à sua celebração" (TRT da 15.ª Região, Recurso Ordinário 1146-2007-059-15-00-9, Acórdão 45622/08, 5.ª Câmara, Rel. Des. Francisco Alberto da Motta Peixoto Giordani, *DOESP* 1.º.08.2008, p. 95).

A encerrar o presente tópico, destaque-se que a teoria do diálogo das fontes surge para substituir e superar os *critérios clássicos* de solução das antinomias jurídicas (hierárquico, especialidade e cronológico). Realmente, esse será o seu papel no futuro. No momento,

# 60 MANUAL DE DIREITO CIVIL • VOLUME ÚNICO – *Flávio Tartuce*

ainda é possível conciliar tais critérios com a aclamada tese, premissa que guiará a presente obra, que tenta conciliar o clássico e o contemporâneo, o moderno e o pós-moderno.

### 2.1.4 A interação entre as teses expostas e a visão unitária do ordenamento jurídico

Como aspecto fundamental para o estudo da introdução ao Código Civil de 2002, pode-se demonstrar uma relação direta entre o *diálogo das fontes*, a *constitucionalização do Direito Civil* (com o surgimento do *Direito Civil Constitucional*), a eficácia *horizontal dos direitos fundamentais*, a *personalização do Direito Civil* e o sistema de cláusulas gerais construído pela *ontognoseologia realeana*.

Ora, a constitucionalização do Direito Civil nada mais é do que um diálogo entre o Código Civil e a Constituição (Direito Civil Constitucional). Com isso se vai até a Constituição, onde repousa a proteção da pessoa como máxime do nosso ordenamento jurídico (personalização).

Para que essa proteção seja possível, deve-se reconhecer a *eficácia horizontal dos direitos fundamentais*, ou seja, que as normas que protegem a pessoa, previstas no Texto Maior, têm aplicação imediata nas relações entre particulares. A *porta de entrada* dessas normas protetivas, nas relações privadas, pode se dar por meio das cláusulas gerais (*eficácia horizontal mediata*), ou mesmo de forma direta (*eficácia horizontal imediata*).

Em síntese, percebe-se que todas essas teorias possibilitam a visão de um sistema unitário, em que há mútuos diálogos e o reconhecimento da interdisciplinaridade. Assim está sendo construído o Direito Civil Contemporâneo.

### 2.1.5 A Reforma do Código Civil de 2002. A Comissão de Juristas nomeada no âmbito do Senado Federal, em 2023

Em 24 de agosto de 2023, o Presidente do Senado Federal, Rodrigo Pacheco, nomeou e formou uma Comissão de Juristas para empreender os trabalhos de Reforma e de Atualização do Código Civil de 2002. Como antes se expôs, o projeto que gerou a atual codificação privada é da década de 1970, estando desatualizada em vários aspectos, sobretudo em questões relativas ao Direito de Empresa, ao Direito de Família, ao Direito das Sucessões e frente às novas tecnologias.

Voltou-se a afirmar, com muita força, que o atual Código Civil "já nasceu velho". Trata-se de um texto com mais de cinquenta anos de elaboração que, por óbvio, se encontra muito desatualizado, como se pode perceber da leitura desta obra. A Comissão teve a Presidência do Ministro Luis Felipe Salomão e a Vice-Presidência do Ministro Marco Aurélio Bellizze, ambos do Superior Tribunal de Justiça. Tive a honra de atuar como relator da Comissão, ao lado da Professora Rosa Maria Andrade Nery. O prazo para o desenvolvimento dos trabalhos foi de cento e oitenta dias, com a possibilidade de eventual prorrogação. De todo modo, os trabalhos da Comissão foram entregues no prazo, cumprindo-se a sua missão institucional, e com a entrega formal ao Congresso Nacional em 17 de abril de 2024.

Foram formados nove grupos de trabalho, de acordo com os livros respectivos do Código Civil e também com a necessidade de inclusão de um capítulo específico sobre o *Direito Civil Digital*, o que foi nos pedido no âmbito do Congresso Nacional.

As composições das subcomissões, com os respectivos sub-relatores, foram as seguintes:

– Na Parte Geral: Professor Rodrigo Mudrovitsch (relator), Ministro João Otávio de Noronha, Professora Estela Aranha e Juiz Rogério Marrone Castro Sampaio.

CAP. 2 • PARTE GERAL DO CÓDIGO CIVIL DE 2002 | 61

–   Em Direito das Obrigações: Professor José Fernando Simão (relator) e Professor Edvaldo Brito.

–   Em Responsabilidade Civil: Professor Nelson Rosenvald (relator), Ministra Maria Isabel Gallotti e Juíza Patrícia Carrijo.

–   Quanto ao Direito dos Contratos: Professor Carlos Eduardo Elias de Oliveira (relator), Professora Angelica Carlini, Professora Cláudia Lima Marques e Professor Carlos Eduardo Pianovski.

–   Em Direito das Coisas: Desembargador Marco Aurélio Bezerra de Melo (relator), Professor Carlos Vieira Fernandes, Professora Maria Cristina Santiago e Desembargador Marcelo Milagres.

–   Em Direito de Família: Juiz Pablo Stolze Gagliano (relator), Ministro Marco Buzzi, Desembargadora Maria Berenice Dias e Professor Rolf Madaleno.

–   No Direito das Sucessões: Professor Mario Luiz Delgado (relator), Ministro Cesar Asfor Rocha, Professora Giselda Maria Fernandes Novaes Hironaka e Professor Gustavo Tepedino.

–   Para o livro especial do *Direito Civil Digital*: Professora Laura Porto (relatora), Professora Laura Mendes e Professor Ricardo Campos.

–   Por fim, para o Direito de Empresa: Professora Paula Andrea Forgioni (relatora), Professor Marcus Vinícius Furtado Coelho, Professor Flavio Galdino, Desembargador Moacyr Lobato e Juiz Daniel Carnio.

Também foram nomeados como membros consultores da Comissão de Juristas os Professores de Direito Ana Cláudia Scalquette, Layla Abdo Ribeiro de Andrada e Maurício Bunazar; o Professor de Língua Portuguesa Jorge Miguel; a Defensora Pública Fernanda Fernandes da Silva Rodrigues; e o Juiz Federal e também Professor Vicente de Paula Ataide Jr., especialista na *causa animal*.

No ano de 2023, foram realizadas três audiências públicas, em São Paulo (OABSP, em 23 de outubro), Porto Alegre (Tribunal de Justiça do Rio Grande do Sul, em 20 de novembro) e Salvador (Tribunal de Justiça da Bahia, em 7 de dezembro). Além da exposição de especialistas e debates ocorridos nesses eventos, muitos outros seminários jurídicos foram realizados e reuniões de cada Subcomissão.

Foram também abertos canais para envio de sugestões pelo Senado Federal e oficiados mais de quatrocentos institutos e instituições jurídicas. Mais de duzentos deles mandaram propostas para a Comissão de Juristas, em um sistema democrático de participação não visto em processos anteriores, de elaboração e alteração da Lei Geral Privada Brasileira. Após um intenso trabalho no âmbito de cada grupo temático, em dezembro de 2023 foram consolidados os textos dos dispositivos sugeridos, enviados para a revisão dos relatores-gerais.

Em 2024, foi realizada mais uma audiência pública, em Brasília, com a presença do Ministro da Suprema Corte Argentina Ricardo Lorenzetti e da Professora Aída Kemelmajer. Na oportunidade, os juristas argentinos compartilharam conosco um pouco da sua experiência com a elaboração do Novo Código Civil daquele País, de 2014.

Também ocorreram, sucessivamente, os debates entre todos os membros da Comissão, a elaboração de *emendas de consenso*, a votação dos textos, em abril de 2024, e a sua elaboração final, com a posterior entrega ao Presidente do Senado.

Sendo assim, a partir da edição de 2025 deste *Manual de Direito Civil*, trago para estudo as normas projetadas, com comentários pontuais e exposição dos debates que travamos, sendo imperiosa, sem dúvida, uma reforma e uma atualização do Código Civil de 2002 diante dos novos desafios contemporâneos e por tudo o que está exposto neste livro.

# 62 | MANUAL DE DIREITO CIVIL • VOLUME ÚNICO – *Flávio Tartuce*

Como último esclarecimento inicial a respeito do Projeto, cabe deixar evidente a afirmação de não se tratar de uma projeção de um "Novo Código Civil", mas apenas de uma ampla reforma, com atualizações fundamentais e necessárias, para que o Direito Civil Brasileiro esteja pronto para enfrentar os desafios do século XXI.

Foram mantidos a organização, a estrutura e os princípios da atual Lei Geral Privada, assim como dispositivos fundamentais, caso dos seus arts. 113 e 187, que não sofreram qualquer alteração. Em muitos deles, houve apenas a correção do texto – como naqueles relativos ao Direito de Família, em que se incluiu o convivente ao lado do cônjuge – e a atualização diante de leis recentes, de decisões dos Tribunais Superiores e dos enunciados aprovados nas *Jornadas de Direito Civil*, além da retomada do Código Civil como protagonista em matéria do Direito Privado, o que foi esvaziado, nos últimos anos.

Partimos, então, ao estudo do Código Civil de 2002, com as proposições de sua mais do que necessária Reforma.

## 2.2 PARTE GERAL DO CÓDIGO CIVIL DE 2002. DA PESSOA NATURAL

### 2.2.1 Conceitos iniciais. A capacidade e conceitos correlatos

O Código Civil de 2002, a exemplo de seu antecessor, cuida primeiro da pessoa natural como sujeito de direito, entre os seus arts. 1.º a 39. Consigne-se que a atual codificação não reproduziu o preceito geral de seu conteúdo, constante do art. 1.º do CC/1916 o que, de fato, é dispensável ("Art. 1.º Este Código regula os direitos e obrigações de ordem privada concernentes às pessoas, aos bens e às suas relações").

Como dispositivo inaugural da norma privada, enuncia o art. 1.º do CC/2002 que "toda pessoa é capaz de direitos e deveres na ordem civil". Três constatações pontuais podem ser retiradas do comando legal.

A *primeira* é que o artigo não faz mais menção a *homem*, como constava do art. 2.º do Código Civil, adaptando-se à Constituição Federal, que consagra a dignidade da pessoa humana (art. 1.º, inc. III), assim como fez o art. 8.º do vigente Código de Processo Civil. Trata-se de conquista do movimento feminista, uma das mobilizações efetivas que inaugurou a pós-modernidade jurídica.

A *segunda* constatação diz respeito à menção a deveres e não obrigações, como do mesmo modo constava do art. 2.º do CC/1916. Isso porque existem deveres que não são obrigacionais, em um sentido *patrimonializado*, caso dos deveres que decorrem da boa-fé.

*Terceira*, ao mencionar a pessoa na ordem civil, há um sentido de *socialidade*, como pregava Miguel Reale.

Anote-se que o Projeto de Reforma do Código Civil pretende incluir nesse dispositivo um parágrafo único, tratando da *personalidade internacional*, conceito importante para resolver vários dilemas da atualidade, sobretudo para a proteção de direitos da personalidade e fundamentais de estrangeiros no território nacional, no âmbito das relações privadas. Assim, consoante a regra projetada, "nos termos dos tratados internacionais dos quais o País é signatário, reconhece-se personalidade internacional a todas as pessoas naturais em território nacional, garantindo-lhes direitos, deveres e liberdades fundamentais" (proposta de parágrafo único ao art. 1.º do Código Civil). Penso ser louvável a proposta, que deve ser aprovada pelo Congresso Nacional.

A norma em questão trata ainda da *capacidade de direito ou de gozo*, que é aquela para ser sujeito de direitos e deveres na ordem privada, e que todas as pessoas têm sem distinção. Em suma, havendo pessoa, está presente tal capacidade, não importando questões formais como ausência de certidão de nascimento ou de documentos.

É notório que existe ainda outra capacidade, aquela para exercer direitos, denominada como *capacidade de fato ou de exercício*, e que algumas pessoas não têm. São os incapazes, especificados pelos arts. 3.º e 4.º do CC/2002, e que receberão estudo em tópico próprio. A propósito, advirta-se de imediato que a *teoria das incapacidades* sofreu grandes alterações estruturais com a emergência do Estatuto da Pessoa com Deficiência, instituído pela Lei 13.146, de julho de 2015. A fórmula a seguir demonstra a questão da capacidade da pessoa natural:

> *CAPACIDADE DE DIREITO (GOZO) + CAPACIDADE DE FATO (EXERCÍCIO) = CAPACIDADE CIVIL PLENA*

Repise-se que todas as pessoas têm a primeira capacidade, o que pressupõe a segunda, em regra, uma vez que a incapacidade é exceção.

O estudioso deve estar atento para os conceitos correlatos à capacidade da pessoa natural, a seguir expostos:

a) Legitimação – capacidade especial para determinado ato ou negócio jurídico. Como primeiro exemplo, cite-se a necessidade de outorga conjugal para vender imóvel, sob pena de anulabilidade do contrato (arts. 1.647, inc. I, e 1.649 do CC). Outro exemplo envolve a venda de ascendente a descendente, havendo necessidade de autorização dos demais descendentes e do cônjuge do alienante, mais uma vez sob pena de anulabilidade (art. 496 do CC).

b) Legitimidade – é a capacidade processual, uma das condições da ação (art. 3.º do CPC/1973, repetido parcialmente pelo art. 17 do CPC/2015). Constata-se que o próprio legislador utiliza os termos legitimação e legitimidade como sinônimos. Exemplificando, o art. 12, parágrafo único, do CC/2002, trata dos legitimados processualmente para as medidas de tutela dos interesses do morto, fazendo uso do termo *legitimação*. O certo seria mencionar a legitimidade.

c) Personalidade – é a soma de caracteres da pessoa, ou seja, aquilo que ela é para si e para a sociedade. Afirma-se doutrinariamente que a capacidade é a medida da personalidade, ou seja, "a personalidade é um *quid* (substância, essência) e a capacidade um *quantum*".[26]

Encerrado o estudo de tais conceitos iniciais, parte-se para a abordagem sobre o início da personalidade civil.

### 2.2.2 O início da personalidade civil. A situação jurídica do nascituro

A respeito do início da personalidade, enuncia o art. 2.º do atual Código Civil que "a personalidade civil da pessoa começa do nascimento com vida; mas a lei põe a salvo, desde a concepção, os direitos do nascituro". A norma praticamente repete o já reticente art. 4.º do CC/1916.

Como é notório, o nascituro é aquele que foi concebido, mas ainda não nasceu. Parece ser mais correta a tese, encabeçada pela Professora Titular da USP Silmara Juny Chinellato,

---

[26] CHINELLATO, Silmara Juny. *Código Civil interpretado*. Silmara Juny Chinellato (Coord.). Costa Machado (Org.). 3. ed. São Paulo: Manole, 2010. p. 27.

de que a proteção referente ao nascituro abrange também o embrião pré-implantatório *in vitro* ou crioconservado, ou seja, aquele que não foi introduzido no ventre materno.[27]

Todavia, a questão não é pacífica, pois há corrente liderada por Maria Helena Diniz que deduz que o embrião não está abrangido pelo art. 2.º do CC/2002, uma vez que se diferencia do nascituro por ter vida extrauterina.[28] Justamente por isso, o antigo Projeto de Lei Ricardo Fiuza (antigos PL 6.960/2002 e PL 699/2011) pretendia incluir no comando a menção expressa ao embrião, encerrando a polêmica doutrinária.

Mas a maior controvérsia existente não é essa, e sim a referente à personalidade civil do nascituro, uma vez que o art. 2.º do CC/2002 continua colocando em colisão as teorias *natalistas* e *concepcionistas*. A polêmica não foi encerrada pelo fato de a norma continuar a utilizar os termos *nascimento* e *concepção*. Na primeira parte, o artigo parece indicar que o nascituro não é pessoa, não tendo direito. Entretanto, na sua segunda parte afirma o contrário.

Para dirimir dúvidas, realizar pesquisa científica e aprofundar o seu estudo, escrevi artigo sobre o tema intitulado *A situação jurídica do nascituro: uma página a ser virada no Direito Brasileiro.*[29] Nesse trabalho de pesquisa, onde constam todas as referências bibliográficas, foram encontradas três correntes que procuraram justificar a situação do nascituro, que passam a ser expostas de forma pontual, com a citação também a outros autores, pesquisados após sua elaboração.

### a) Teoria natalista

A *teoria natalista* prevalecia entre os *autores modernos* ou *clássicos* do Direito Civil Brasileiro, para quem o nascituro não poderia ser considerado pessoa, pois o Código Civil exigia e ainda exige, para a personalidade civil, o nascimento com vida. Assim sendo, o nascituro não teria direitos, mas mera expectativa de direitos. Como adeptos dessa corrente, da doutrina tradicional, podem ser citados Silvio Rodrigues, Caio Mário da Silva Pereira e San Tiago Dantas. Na doutrina contemporânea, filiam-se a essa corrente Sílvio de Salvo Venosa e Anderson Schreiber, o último no nosso *Código Civil Comentado.*[30] Partem esses autores de uma interpretação literal e simplificada da lei, que dispõe que a personalidade jurídica começa com o nascimento com vida, o que traz a conclusão de que o nascituro não é pessoa.

O grande problema da *teoria natalista* é que ela não consegue responder à seguinte constatação e pergunta: se o nascituro não tem personalidade, não é pessoa; desse modo, o nascituro seria uma coisa? A resposta acaba sendo positiva a partir da primeira constatação de que haveria apenas expectativa de direitos. Além disso, a *teoria natalista* está totalmente distante do surgimento das novas técnicas de reprodução assistida e da proteção dos direitos do embrião. Também está distante de uma proteção ampla de direitos da personalidade, tendência do Direito Civil pós-moderno.

Do ponto de vista prático, a *teoria natalista* nega ao nascituro até mesmo os seus direitos fundamentais, relacionados com a sua personalidade, caso do direito à vida, à investigação de paternidade, aos alimentos, ao nome e até à imagem. Com essa negativa,

---

[27] CHINELLATO, Silmara Juny. *Código Civil interpretado.* Silmara Juny Chinellato (Coord.). Costa Machado (Org.). 3. ed. São Paulo: Manole, 2010. p. 28.

[28] DINIZ, Maria Helena. *Código Civil anotado.* 15. ed. São Paulo: Saraiva, 2010. p. 35.

[29] TARTUCE, Flávio. A situação jurídica do nascituro: uma página a ser virada no Direito Brasileiro. In: *Questões controvertidas do Código Civil.* Parte Geral. Mário Luiz Delgado e Jones Figueiredo Alves (Coord.). São Paulo: Método, 2007. v. 6, p. 83-104 e In: *Revista Brasileira de Direito Comparado.* Rio de Janeiro: Instituto de Direito Comparado Luso-Brasileiro, n. 33, 2007, p. 155-177.

[30] SCHREIBER, Anderson. *Código Civil comentado.* Doutrina e jurisprudência. Rio de Janeiro: Forense, 2019. p. 5-6.

CAP. 2 • PARTE GERAL DO CÓDIGO CIVIL DE 2002 | **65**

a *teoria natalista* esbarra em dispositivos do Código Civil que consagram direitos àquele que foi concebido e não nasceu. Essa negativa de direitos é mais um argumento forte para sustentar a total superação dessa corrente doutrinária.

### b) Teoria da personalidade condicional

A *teoria da personalidade condicional* é aquela pela qual a personalidade civil começa com o nascimento com vida, mas os direitos do nascituro estão sujeitos a uma condição suspensiva, ou seja, são direitos eventuais. Como se sabe, a condição suspensiva é o elemento acidental do negócio ou ato jurídico que subordina a sua eficácia a evento futuro e incerto. No caso, a condição é justamente o nascimento daquele que foi concebido. Como fundamento da tese e da existência de direitos sob condição suspensiva, pode ser citado o art. 130 do atual Código Civil. Como entusiastas desse posicionamento, podem ser citados Washington de Barros Monteiro, Miguel Maria de Serpa Lopes e Clóvis Beviláqua, supostamente. Diz-se *supostamente* quanto ao último jurista, pois, apesar de ter inserido tal teoria no Código Civil de 1916, afirmava que "parece mais lógico afirmar francamente, a personalidade do nascituro".[31] Na doutrina atual, Arnaldo Rizzardo segue o entendimento da teoria da personalidade condicional.

O grande problema da corrente doutrinária é que ela é apegada a questões patrimoniais, não respondendo ao apelo de direitos pessoais ou da personalidade a favor do nascituro. Ressalte-se, por oportuno, que os direitos da personalidade não podem estar sujeitos a condição, termo ou encargo, como propugna a corrente. Além disso, essa linha de entendimento acaba reconhecendo que o nascituro não tem direitos efetivos, mas apenas direitos eventuais sob condição suspensiva, ou seja, também mera expectativa de direitos.

Na verdade, com devido respeito ao posicionamento em contrário, consideramos que a *teoria da personalidade condicional* é essencialmente *natalista*, pois também parte da premissa de que a personalidade tem início com o nascimento com vida. Não há, portanto, uma *teoria mista*, como querem alguns. Por isso, em uma realidade que prega a personalização do Direito Civil, uma tese essencialmente *patrimonialista* não pode prevalecer.[32]

### c) Teoria concepcionista

A *teoria concepcionista* é aquela que sustenta que o nascituro é pessoa humana, tendo direitos resguardados pela lei. Esse é o entendimento defendido por Silmara Juny Chinellato (a principal precursora da tese no Brasil), Pontes de Miranda, Rubens Limongi França, Giselda Maria Fernandes Novaes Hironaka, Pablo Stolze Gagliano e Rodolfo Pamplona Filho, Roberto Senise Lisboa, José Fernando Simão, Cristiano Chaves de Farias e Nelson Rosenvald, Francisco Amaral, Guilherme Calmon Nogueira da Gama, Antonio Junqueira de Azevedo, Gustavo Rene Nicolau, Renan Lotufo e Maria Helena Diniz. Em sua obra sobre a Parte Geral do Código Civil de 2002, lançada no ano de 2012, o Mestre Álvaro Villaça Azevedo também expõe que o correto é sustentar que a personalidade é adquirida desde a concepção.[33]

A maioria dos autores citados aponta que a origem da teoria está no *Esboço de Código Civil* elaborado por Teixeira de Freitas, pela previsão constante do art. 1.º da sua *Consolidação das Leis Civis*, segundo o qual "as pessoas consideram-se como nascidas apenas formadas no ventre materno; a Lei lhes conserva seus direitos de sucessão ao tempo de

---

31  BEVILÁQUA, Clóvis. *Código dos Estados Unidos do Brasil*. Editora Rio: 1940. v. I, p. 178.
32  AZEVEDO, Álvaro Villaça. *Teoria Geral do Direito Civil*. Parte Geral. São Paulo: Atlas, 2012, p. 10.
33  AZEVEDO, Álvaro Villaça. *Teoria Geral do Direito Civil*. Parte Geral. São Paulo: Atlas, 2012. p. 10-11.

nascimento". Como é notório, esse *Esboço* inspirou o anterior Código Civil argentino, que adotava expressamente a *teoria concepcionista*. O Novo Código Civil e Comercial Argentino, em vigor a partir de 2015 naquele País, confirma a premissa, enunciando, em seu art. 19, que a existência da pessoa humana começa com a concepção.

Consigne-se que a conclusão pela corrente concepcionista consta do Enunciado n. 1, do Conselho da Justiça Federal (CJF), aprovado na *I Jornada de Direito Civil*, e que também enuncia direitos ao natimorto, cujo teor segue: "Art. 2.º A proteção que o Código defere ao nascituro alcança o natimorto no que concerne aos direitos da personalidade, tais como nome, imagem e sepultura".

Sobre essa tutela específica do natimorto, a propósito, quando da *II Jornada de Prevenção e Solução Extrajudicial dos Litígios*, promovida pelo mesmo Conselho da Justiça Federal em 2021, aprovou-se o Enunciado n. 124, segundo o qual "é direito dos genitores o registro do natimorto com inclusão de nome e demais elementos de registro, independentemente de ordem judicial, sempre que optarem por seu sepultamento, nas hipóteses em que tal providência não for obrigatória". No mesmo sentido, o Enunciado n. 2 da *I Jornada de Direito Notarial e Registral*, de agosto de 2022: "não obstante a ausência de previsão legal, é facultado aos pais a atribuição de nome ao natimorto, a ser incluído em registro que deverá ser realizado no Livro C-Auxiliar".

Seguindo tais recomendações doutrinárias, em 2023, o Conselho Nacional de Justiça regulamentou esse registro, por força do seu Provimento n. 151, depois incorporado ao Código Nacional de Normas (CNN). Consoante o seu art. 479-A, é direito dos pais atribuir, se quiserem, nome ao natimorto, devendo o registro ser realizado no Livro C-Auxiliar, no Cartório de Registro das Pessoas Naturais, com índice elaborado a partir dos nomes dos pais. Também está previsto na norma que não será gerado Cadastro de Pessoa Física (CPF) ao natimorto; sendo assegurado aos pais o direito à averbação do nome no caso de registros de natimorto anteriormente lavrado, sem essa informação. Para a composição do nome do natimorto, devem ser observadas as mesmas regras observadas quando do registro de nascimento.

Também há regra no sentido de que se a criança, embora tenha nascido viva, morrer por ocasião do parto, serão feitos, necessariamente na mesma serventia do Cartório de Registro Civil das Pessoas Naturais, dois assentos, o de nascimento e o de óbito, com os elementos cabíveis e remissões recíprocas (art. 479-B do Código Nacional de Normas).

Como se pode notar, a *teoria concepcionista* é aquela que prevalece entre os doutrinadores contemporâneos do Direito Civil Brasileiro. Para essa corrente, o nascituro tem direitos reconhecidos desde a concepção. Quanto à Professora Maria Helena Diniz, há que se fazer um aparte, pois alguns autores a colocam como seguidora da *tese natalista*, o que não é verdade. A renomada doutrinadora, em construção interessante, classifica a personalidade jurídica em *formal* e *material*, a saber:

- *Personalidade jurídica formal* – é aquela relacionada com os direitos da personalidade, o que o nascituro já tem desde a concepção.
- *Personalidade jurídica material* – mantém relação com os direitos patrimoniais, e o nascituro só a adquire com o nascimento com vida, segundo a doutrinadora.

A jurista afirma expressamente que a razão está com a *teoria concepcionista*, filiando-se a tal corrente teórica.[34]

---

[34] DINIZ, Maria Helena. *Código Civil anotado*. 15. ed. São Paulo: Saraiva, 2010. p. 36.

CAP. 2 • PARTE GERAL DO CÓDIGO CIVIL DE 2002 | **67**

A corrente concepcionista tem também prevalecido na jurisprudência do Superior Tribunal de Justiça. De início, em notório julgado foi reconhecido dano moral ao nascituro, pela morte de seu pai ocorrida antes do seu nascimento:

"Direito civil. Danos morais. Morte. Atropelamento. Composição férrea. Ação ajuizada 23 anos após o evento. Prescrição inexistente. Influência na quantificação do *quantum*. Precedentes da turma. Nascituro. Direito aos danos morais. Doutrina. Atenuação. Fixação nesta instância. Possibilidade. Recurso parcialmente provido. I – Nos termos da orientação da Turma, o direito à indenização por dano moral não desaparece com o decurso de tempo (desde que não transcorrido o lapso prescricional), mas é fato a ser considerado na fixação do *quantum*. II – O nascituro também tem direito aos danos morais pela morte do pai, mas a circunstância de não tê-lo conhecido em vida tem influência na fixação do *quantum*. III – Recomenda-se que o valor do dano moral seja fixado desde logo, inclusive nesta instância, buscando dar solução definitiva ao caso e evitando inconvenientes e retardamento da solução jurisdicional" (STJ, REsp 399.028/SP, 4.ª Turma, Rel. Min. Sálvio de Figueiredo Teixeira, j. 26.02.2002, *DJ* 15.04.2002, p. 232).

Anote-se que tal entendimento é perfilhado por outros arestos de datas mais próximas da mesma Corte Superior, que confirmam a teoria concepcionista (por todos: STJ, AgRg no AgRg no AREsp 150.297/DF, 3.ª Turma, Rel. Min. Sidnei Beneti, j. 19.02.2013, *DJe* 07.05.2013).

Como outra ilustração, em 2015 reconheceu-se a presença de danos morais ao nascituro pela infeliz afirmação feita pelo humorista Rafinha Bastos no programa CQC, em relação à cantora Wanessa Camargo, então grávida, e seu filho (STJ, REsp 1.487.089/SP, 4.ª Turma, Rel. Min. Marco Buzzi, j. 23.06.2015). Apesar de certa divergência no julgamento sobre a personalidade do nascituro, acredito tratar-se de clara incidência da teoria concepcionista.

A mesma premissa foi adotada pelo STJ em outro julgado em que o nascituro foi tratado de forma igual em relação aos outros filhos já nascidos, em caso envolvendo acidente do trabalho que vitimou o seu pai:

"Responsabilidade civil. Acidente do trabalho. Morte. Indenização por dano moral. Filho nascituro. Fixação do *quantum* Indenizatório. *Dies a quo*. Correção monetária. Data da fixação pelo juiz. Juros de mora. Data do evento danoso. Processo civil. Juntada de documento na fase recursal. Possibilidade, desde que não configurada A má-fé da parte e oportunizado o contraditório. Anulação do processo. Inexistência de dano. Desnecessidade. Impossível admitir-se a redução do valor fixado a título de compensação por danos morais em relação ao nascituro, em comparação com outros filhos do *de cujus*, já nascidos na ocasião do evento morte, porquanto o fundamento da compensação é a existência de um sofrimento impossível de ser quantificado com precisão. – Embora sejam muitos os fatores a considerar para a fixação da satisfação compensatória por danos morais, é principalmente com base na gravidade da lesão que o juiz fixa o valor da reparação. (...)" (STJ, REsp 931.556/RS, 3.ª Turma, Rel. Min. Nancy Andrighi, j. 17.06.2008, *DJe* 05.08.2008).

Igualmente seguindo a teoria concepcionista – apesar de confusões no corpo do julgado – a Terceira Turma do Superior Tribunal de Justiça reconheceu, em 2010, que cabe pagamento de indenização do seguro obrigatório por acidente de trânsito (DPVAT) pela morte do nascituro. Como se percebe, o feto foi tratado pelo acórdão como pessoa humana, o que é merecedor de elogios:

"Recurso especial. Direito securitário. Seguro DPVAT. Atropelamento de mulher grávida. Morte do feto. Direito à indenização. Interpretação da Lei n. 6194/74. 1. Atropelamento de mulher grávida, quando trafegava de bicicleta por via pública, acarretando a morte do feto quatro dias depois com trinta e cinco semanas de gestação. 2. Reconhecimento do direito dos pais de receberem a indenização por danos pessoais, prevista na legislação regulamentadora do seguro DPVAT, em face da morte do feto. 3. Proteção conferida pelo sistema jurídico à vida intrauterina, desde a concepção, com fundamento no princípio da dignidade da pessoa humana. 4. Interpretação sistemático-teleológica do conceito de danos pessoais previsto na Lei n. 6.194/74 (arts. 3.º e 4.º). 5. Recurso especial provido, vencido o relator, julgando-se procedente o pedido" (STJ, REsp 1120676/SC, 3.ª Turma, Rel. Min. Massami Uyeda, Rel. p/ Acórdão Min. Paulo de Tarso Sanseverino, j. 07.12.2010, *DJe* 04.02.2011).

A adoção da linha concepcionista foi confirmada em julgamento da sua Quarta Turma e de 2014, publicado no *Informativo* n. *547* da Corte Superior. Consta expressamente da sua publicação que "o ordenamento jurídico como um todo (e não apenas o CC) alinhou-se mais à teoria concepcionista – para a qual a personalidade jurídica se inicia com a concepção, muito embora alguns direitos só possam ser plenamente exercitáveis com o nascimento, haja vista que o nascituro é pessoa e, portanto, sujeito de direitos – para a construção da situação jurídica do nascituro, conclusão enfaticamente sufragada pela majoritária doutrina contemporânea. Além disso, apesar de existir concepção mais restritiva sobre os direitos do nascituro, amparada pelas teorias natalista e da personalidade condicional, atualmente há de se reconhecer a titularidade de direitos da personalidade ao nascituro, dos quais o direito à vida é o mais importante, uma vez que garantir ao nascituro expectativas de direitos, ou mesmo direitos condicionados ao nascimento, só faz sentido se lhe for garantido também o direito de nascer, o direito à vida, que é direito pressuposto a todos os demais. Portanto, o aborto causado pelo acidente de trânsito subsume-se ao comando normativo do art. 3.º da Lei 6.194/1974, haja vista que outra coisa não ocorreu, senão a morte do nascituro, ou o perecimento de uma vida intrauterina" (STJ, REsp 1.415.727/SC, Rel. Min. Luis Felipe Salomão, j. 04.09.2014).

Este último aresto adota expressamente a teoria concepcionista, citando todos os doutrinadores que são filiados a essa corrente. Pode-se afirmar, na verdade, que o Superior Tribunal de Justiça, em sua atual composição, segue o caminho de tutelar o nascituro como pessoa humana, especialmente no âmbito das relações privadas e dos direitos de personalidade.

O debate das teorias relativas ao nascituro ganhou reforço com a entrada em vigor no Brasil da Lei 11.804, de 5 de novembro de 2008, conhecida como *Lei dos Alimentos Gravídicos,* disciplinando o direito de alimentos da mulher gestante (art. 1.º). Os citados *alimentos gravídicos,* nos termos da lei, devem compreender os valores suficientes para cobrir as despesas adicionais do período de gravidez e que sejam dele decorrentes, da concepção ao parto, inclusive as referentes a alimentação especial, assistências médica e psicológica, exames complementares, internações, parto, medicamentos e demais prescrições preventivas e terapêuticas indispensáveis, a juízo do médico, além de outras que o juiz considere pertinentes (art. 2.º).

Em verdade, a norma emergente em nada inova, diante dos inúmeros julgados que deferiam alimentos durante a gravidez ao nascituro (nesse sentido, ver, por exemplo: TJMG, Agravo 1.0000.00.207040-7/000, 4.ª Câmara Cível, Araxá, Rel. Des. Almeida Melo, j. 1.º.03.2001, *DJMG* 05.04.2001).

A respeito dessa norma específica, a sua terminologia é criticada por Silmara Juny Chinellato, principal precursora da teoria concepcionista no Brasil.[35] Em obra mais atual pontua a jurista:

---

[35] Ver sua obra já clássica sobre o tema: CHINELLATO, Silmara J. *A tutela civil do nascituro.* São Paulo: Saraiva, 2001.

CAP. 2 • PARTE GERAL DO CÓDIGO CIVIL DE 2002 | **69**

"A recente Lei 11.804, de 5 de novembro de 2008, que trata dos impropriamente denominados 'alimentos gravídicos' – desnecessário e inaceitável neologismo, pois alimentos são fixados para uma pessoa e não para um estado biológico da mulher – desconhece que o titular do direito a alimentos é o nascituro, e não a mãe, partindo de premissa errada, o que repercute no teor da lei".[36]

Tem razão a Professora Titular da USP, uma vez que a norma despreza toda a evolução científica e doutrinária no sentido de reconhecer os direitos do nascituro, principalmente aqueles de natureza existencial, fundados na sua personalidade. Desse modo, seria melhor que a lei fosse denominada *lei dos alimentos do nascituro*, ou algo próximo. Acrescente-se que o Superior Tribunal de Justiça concluiu, mais uma vez adotando a teoria concepcionista, que a lei visa à proteção do nascituro. Nos termos de ementa de julho de 2017, entendeu a sua Terceira Turma que "os alimentos gravídicos, previstos na Lei n. 11.804/2008, visam a auxiliar a mulher gestante nas despesas decorrentes da gravidez, da concepção ao parto, sendo, pois, a gestante a beneficiária direta dos alimentos gravídicos, ficando, por via de consequência, resguardados os direitos do próprio nascituro" (STJ, REsp 1629423/SP, 3.ª Turma, Rel. Min. Marco Aurélio Bellizze, j. 06.06.2017, *DJe* 22.06.2017).

No Projeto de Reforma do Código Civil, após intensos debates, não se chegou a um consenso para a alteração do art. 2.º do Código Civil, que foi mantido em sua integralidade, sem qualquer mudança.

De todo modo, a teoria concepcionista está reforçada em vários dos preceitos sugeridos, destacando-se, de início, a proposição que reconhece direitos da personalidade ao nascituro, na linha do Enunciado n. 1 *da I Jornada de Direito Civil*. Consoante o projetado § 4.º do art. 11 da codificação privada, "a tutela dos direitos de personalidade alcança, no que couber e nos limites de sua aplicabilidade, os nascituros, os natimortos e as pessoas falecidas".

Ademais, no novo art. 1.511-A ora proposto protege-se o nascituro no âmbito da família, estabelecendo-se, em seu *caput*, que "o planejamento familiar é de livre decisão do casal, competindo ao Estado propiciar recursos educacionais e financeiros para o exercício deste direito, vedada qualquer forma de coerção, por parte de instituições privadas ou públicas". Em complemento, o seu § 1.º enunciará que a potencialidade da vida humana pré-uterina e a vida humana pré-uterina e uterina – no caso, o nascituro – são expressões da dignidade humana e de paternidade e maternidade responsáveis. Como última sugestão para o comando, o § 2.º preceituará que "o cuidado físico e psíquico que se deva dar a gestante ou a quem pretende engravidar é tema concernente à intimidade da vida familiar com o suporte de assistência médica que o Estado deve prestar à família".

Além de tudo isso, a Comissão de Juristas propõe a revogação da Lei dos Alimentos Gravídicos, na linha das críticas doutrinárias e ressalvas jurisprudenciais antes expostas, para que a codificação privada passe a tratar, em seus arts. 1.701-A a 1.701-C, sobre "os alimentos devidos ao nascituro e à gestante". Espera-se que o Congresso Nacional aprove tais proposições.

Esclarecida e consolidada a prevalência da *teoria concepcionista* no Direito Civil contemporâneo, e a necessidade de alteração do Código Civil sobre a temática, cumpre trazer algumas palavras sobre a situação jurídica do embrião.

---

[36] CHINELLATO, Silmara Juny. *Código Civil interpretado*. Silmara Juny Chinellato (Coord.). Costa Machado (Org.). 3. ed. São Paulo: Manole, 2010. p. 29.

MANUAL DE DIREITO CIVIL • VOLUME ÚNICO – *Flávio Tartuce*

A Lei 11.105/2005, conhecida como Lei de Biossegurança, tutela a integridade física do embrião, reforçando a *teoria concepcionista*. Isso, diante da proibição da engenharia genética em embrião humano, como regra. O art. 5.º da referida lei autoriza a utilização de células-tronco embrionárias para fins científicos e terapêuticos, desde que os embriões sejam considerados como inviáveis.

Além dessa situação, é possível a utilização das células embrionárias nos casos de embriões congelados há três anos ou mais, na data da publicação da lei, ou já congelados na data da publicação da norma, depois de completarem três anos, contados a partir da data do congelamento. A lei exige autorização dos genitores do embrião, para que sejam utilizados para tais fins. Como se pode notar, *a utilização de células-tronco embrionárias é exceção e não regra*.

Em maio de 2008, o Supremo Tribunal Federal discutiu a constitucionalidade do dispositivo, em ação declaratória de inconstitucionalidade proposta pela Procuradoria- -Geral da República (ADIn 3.510). Seguindo a relatoria do Ministro Carlos Ayres Britto, por maioria de votos prevaleceu o entendimento de sua constitucionalidade, autorizando a pesquisa com células-tronco em nosso País.

Destaque-se que, apesar da filiação à tese concepcionista, sou totalmente favorável à constitucionalidade do comando em análise. Primeiro, porque a lei acaba trazendo uma presunção de morte do embrião, autorizando a utilização de suas células-tronco se eles forem inviáveis à reprodução. Segundo, porque a partir de uma ponderação de valores constitucionais, os interesses da coletividade quanto à evolução científica de- vem prevalecer sobre os interesses individuais ou de determinados grupos, sobretudo religiosos.

A utilização de células-tronco para fins de terapia representa uma *chama de esperança* para inúmeras pessoas que enfrentam doenças e problemas de saúde. Por fim, insta repisar que os critérios para a utilização das referidas células são rígidos, o que traz a conclusão do seu caráter excepcional.

Como última observação sobre o tema, já ficou evidente que o Projeto de Reforma do Código Civil pretende proteger o embrião como vida humana e expressão da digni- dade da pessoa, pela projeção do novo art. 1.511-A, § 2.º, do Código Civil. Nos termos exatos da proposta, "a potencialidade da vida humana pré-uterina e a vida humana pré- -uterina e uterina são expressões da dignidade humana e de paternidade e maternidade responsáveis".

Por óbvio que a "potencialidade da vida humana pré-uterina" refere-se apenas aos ga- metas, aos óvulos e aos espermatozoides. Como vida humana pré-uterina tem-se o embrião, e como vida humana uterina, o nascituro, tudo em confirmação da teoria concepcionista, que acabou prevalecendo na Comissão de Juristas, apesar de não se chegar a um consenso para a alteração do art. 2.º da codificação privada.

Além de tudo isso, como se verá, o Projeto de Atualização pretende incluir na Lei Geral Privada um tratamento sobre a reprodução assistida, com menções à proteção do embrião, nos novos arts. 1.629-A a 1629-U, assunto tratado no capítulo deste livro relativo ao Direito de Família.

### 2.2.3 Os incapazes no Código Civil de 2002

Os incapazes sempre estiveram tratados nos arts. 3.º e 4.º do CC/2002, conforme tabela a seguir, que mostra a redação original da codificação privada, até as mudanças inseridas pela Lei 13.146/2015:

| Absolutamente incapazes (art. 3.º do CC) | Relativamente incapazes (art. 4.º do CC) |
|---|---|
| I – Os menores de dezesseis anos (menores impúberes); | I – Os maiores de dezesseis e menores de dezoito anos (menores púberes); |
| II – Os que, por enfermidade ou deficiência mental, não tiverem o necessário discernimento para a prática desses atos; | II – Os ébrios habituais, os viciados em tóxicos, e os que, por deficiência mental, tenham o discernimento reduzido; |
| III – Os que, mesmo por causa transitória, não puderem exprimir sua vontade. | III – Os excepcionais, sem desenvolvimento mental completo; |
| | IV – Os pródigos. |

Essa norma foi sancionada no dia 6 de julho de 2015, instituindo o Estatuto da Pessoa com Deficiência. A lei foi publicada no dia 7 de julho, e entrou em vigor 180 dias após sua publicação, em janeiro de 2016. Em verdade, o Estatuto da Pessoa com Deficiência acabou por consolidar ideias constantes na Convenção de Nova York, tratado internacional de direitos humanos do qual o País é signatário e que entrou no sistema jurídico com efeitos de Emenda à Constituição por força do art. 5.º, § 3.º, da CF/1988 e do Decreto 6.949/2009.

O art. 3.º da Convenção consagra como princípios a igualdade plena das pessoas com deficiência e a sua inclusão com autonomia, recomendando o dispositivo seguinte a revogação de todos os diplomas legais que tratam as pessoas com deficiência de forma discriminatória.

O Estatuto da Pessoa com Deficiência gerou muitas polêmicas desde a sua entrada em vigor, especialmente diante de conflitos com o então Novo Código de Processo Civil. Para tentar resolvê-las, está ainda em trâmite no Congresso Nacional o Projeto de Lei 757/2015, originário do Senado, que contou com o meu parecer e o apoio parcial. Na Câmara dos Deputados, o número dessa projeção é 11.091/2018, novamente com nossa atuação, com sugestões feitas ao saudoso Deputado Luiz Flávio Gomes no ano de 2019. O Projeto de Reforma do Código Civil igualmente pretende sanar problemas criados pelo EPD, confirmando as críticas feitas por parte considerável da doutrina civilista.

O art. 114 do Estatuto da Pessoa com Deficiência alterou substancialmente os dispositivos, revogando todos os incisos do art. 3.º e alterando os incisos II e III do art. 4.º da codificação material. Vejamos as redações atuais dos comandos:

| Absolutamente incapazes (art. 3.º do CC) | Relativamente incapazes (art. 4.º do CC) |
|---|---|
| "Art. 3.º São absolutamente incapazes de exercer pessoalmente os atos da vida civil os menores de 16 (dezesseis) anos." | "Art. 4.º São incapazes, relativamente a certos atos, ou à maneira de os exercer: |
| I – (Revogado); | I – os maiores de dezesseis e menores de dezoito anos; |
| II – (Revogado); | II – os ébrios habituais e os viciados em tóxico; |
| III – (Revogado). | III – aqueles que, por causa transitória ou permanente, não puderem exprimir sua vontade; |
| | IV – os pródigos." |

Como se percebe, em sua redação originária, o inciso I do art. 3.º mencionava os menores de 16 anos, tidos como menores impúberes. O seu inciso II expressava os que, por enfermidade ou deficiência mental, não tivessem o necessário discernimento para a prática desses atos. Por fim, no inciso III havia a previsão dos que, mesmo por causa transitória, não pudessem exprimir sua vontade.

Com as mudanças, somente são absolutamente incapazes os menores de 16 anos, não mais havendo maiores absolutamente incapazes, afirmação esta que tem sido seguida por julgados prolatados sob a vigência do EPD. Por todos, do Tribunal Paulista e citando esta obra:

> "Reforma legislativa, decorrente da Lei n.º 13.146/15 (EPD), que restringe a incapacidade absoluta aos menores impúberes. Reconhecimento de que o interdito é relativamente incapaz, abrangendo a curatela os atos relacionados aos direitos de natureza patrimonial e negocial. Artigo 4.º, inciso III, do Código Civil, e artigo 85 do Estatuto da Pessoa com Deficiência. Sentença reformada em parte. Apelo parcialmente provido" (TJSP, Apelação Cível com Voto 36.737, 3.ª Câmara de Direito Privado, Rel. Des. Donegá Morandini, j. 16.12.2016).

No mesmo sentido de não haver mais maiores de idade que sejam absolutamente incapazes, citando a minha posição doutrinária, importante precedente do STJ, com o seguinte trecho de ementa: "a Lei n. 13.146/2015, que instituiu o Estatuto da Pessoa com Deficiência, tem por objetivo assegurar e promover a inclusão social das pessoas com deficiência física ou psíquica e garantir o exercício de sua capacidade em igualdade de condições com as demais pessoas. A partir da entrada em vigor da referida lei, a incapacidade absoluta para exercer pessoalmente os atos da vida civil se restringe aos menores de 16 (dezesseis) anos, ou seja, o critério passou a ser apenas etário, tendo sido eliminadas as hipóteses de deficiência mental ou intelectual anteriormente previstas no Código Civil" (STJ, REsp 1.927.423/SP, 3.ª Turma, Rel. Min. Marco Aurélio Bellizze, j. 27.04.2021, *DJe* 04.05.2021).

Repise-se que o objetivo do EPD foi a plena inclusão da pessoa com algum tipo de deficiência, tutelando a sua dignidade humana. Deixou-se de lado, assim, a proteção de tais pessoas como vulneráveis, o que era retirado do sistema anterior. Em outras palavras, a *dignidade-liberdade* substitui a *dignidade-vulnerabilidade*.

Nesse contexto, todas as pessoas com deficiência que eram tratadas no art. 3.º anterior passam a ser, em regra, plenamente capazes para o Direito Civil. Eventualmente, podem ser tidas como relativamente incapazes, em algum enquadramento do art. 4.º do Código Civil, também ora alterado.

Como se pode perceber, no último preceito não há mais a menção às pessoas com deficiência no inc. II. Quanto ao termo *excepcionais sem desenvolvimento completo* (art. 4.º, inc. III), ele foi substituído pela antiga expressão que se encontrava no anterior art. 3.º, inc. III, ora revogado ("aqueles que, por causa transitória ou permanente, não puderem exprimir sua vontade"). Em suma, pode-se dizer que houve uma verdadeira *revolução* na *teoria das incapacidades*.

Em complemento, merece destaque o art. 6.º da Lei 13.146/2015, segundo o qual a deficiência não afeta a plena capacidade civil da pessoa, inclusive para: *a)* casar-se e constituir união estável; *b)* exercer direitos sexuais e reprodutivos; *c)* exercer o direito de decidir sobre o número de filhos e de ter acesso a informações adequadas sobre reprodução e planejamento familiar; *d)* conservar sua fertilidade, sendo vedada a esterilização compulsória; *e)* exercer o direito à família e à convivência familiar e comunitária; e *f)* exercer o direito à guarda, à tutela, à curatela e à adoção, como adotante ou adotando, em igualdade de oportunidades com as demais pessoas. Em suma, no plano familiar, para os *atos existenciais*, há uma inclusão plena das pessoas com deficiência.

CAP. 2 • PARTE GERAL DO CÓDIGO CIVIL DE 2002 | **73**

O art. 84 do Estatuto da Pessoa com Deficiência, também em prol da inclusão com *dignidade-liberdade*, estabelece que a pessoa com deficiência tem assegurado o direito ao exercício de sua capacidade legal em igualdade de condições com as demais pessoas. Eventualmente, quando necessário, a pessoa com deficiência será submetida à curatela, conforme a lei.

Ademais, o mesmo comando prescreve que é facultada à pessoa com deficiência a adoção de processo de *tomada de decisão apoiada*, como se verá ainda nesta obra. A definição de curatela de pessoa com deficiência constitui medida protetiva extraordinária, proporcional às necessidades e às circunstâncias de cada caso, e durará o menor tempo possível. Por fim, o preceito enuncia que os curadores são obrigados a prestar, anualmente, contas de sua administração ao juiz, apresentando o balanço do respectivo ano.

A curatela afetará tão somente os atos relacionados aos direitos de natureza patrimonial e negocial, conforme o art. 85 do Estatuto da Pessoa com Deficiência. A definição da curatela não alcança o direito ao próprio corpo, à sexualidade, ao matrimônio, à privacidade, à educação, à saúde, ao trabalho e ao voto, o que também é retirado do art. 6.º da mesma norma, ora citada.

Em outras palavras, podem existir limitações para os atos patrimoniais, e não para os existenciais, que visam à promoção da pessoa humana. Além disso, está previsto no mesmo comando que a curatela constitui medida extraordinária, devendo constar da sentença as razões e motivações de sua definição, preservados os interesses do curatelado.

Assim, constata-se que, para que a curatela esteja presente, há necessidade de uma ação judicial específica, com enquadramento em uma das hipóteses do novo art. 4.º do CC/2002, especialmente no seu inciso III. No caso de pessoa em situação de institucionalização, ao nomear curador, o juiz deve dar preferência a pessoa que tenha vínculo de natureza familiar, afetiva ou comunitária com o curatelado.

Feitas essas considerações gerais a respeito do Estatuto emergente, a respeito dos absolutamente incapazes, devem eles ser representados sob pena de nulidade absoluta do ato praticado (art. 166, inc. I, do CC). Quanto aos relativamente incapazes, o instituto de suprimento é a assistência, sob pena de anulabilidade do negócio (art. 171, inc. I). Na verdade, o sistema de incapacidade anterior não protegia a pessoa em si, mas os negócios e atos praticados, em uma visão excessivamente patrimonialista, que sempre mereceu críticas.

Tais categorias de suprimento da incapacidade para os negócios jurídicos não se confundem com os institutos de direito assistencial dos incapazes. Para os menores incapazes há a tutela; para os maiores incapazes, a curatela. Esses institutos de direito assistencial também sofreram mudanças consideráveis pelo Estatuto da Pessoa com Deficiência, conforme está desenvolvido no Capítulo 8 desta obra.

Questão sempre debatida pela doutrina se referia à hipótese concreta em que o negócio é celebrado com um incapaz antes do processo de interdição. Vindo a sentença declaratória de incapacidade posterior, tal ato pode ser tido como nulo ou anulado? Tratando da matéria, Pablo Stolze Gagliano e Rodolfo Pamplona sempre seguiram em parte a solução francesa, no sentido de que os atos anteriores à interdição poderão ser tidos como inválidos se a causa da interdição existia anteriormente à época em que tais fatos foram praticados, podendo ser percebida pelo negociante capaz.[37] Em sentido próximo, mas com maior radicalidade, a visão clássica, mormente nos casos de incapacidade absoluta, ia no sentido de que os atos devem ser tidos como nulos ou anuláveis.[38]

---

[37] GAGLIANO, Pablo Stolze; PAMPLONA FILHO, Rodolfo. *Novo curso de direito civil*. Parte Geral. 6. ed. São Paulo: Saraiva, 2005. v. I, p. 101.

[38] DINIZ, Maria Helena. *Código Civil anotado*. 15. ed. São Paulo: Saraiva, 2010. p. 1.258.

# 74 | MANUAL DE DIREITO CIVIL • VOLUME ÚNICO – *Flávio Tartuce*

Na minha opinião doutrinária, a melhor solução era aquela que prestigiava a boa-fé e a confiança entre as partes, tidos como preceitos de ordem pública, conforme o Enunciado n. 363 do Conselho da Justiça Federal, aprovado na *IV Jornada de Direito Civil*. Assim, a boa-fé *blindaria* o adquirente que ignorava a situação do interdito, prevalecendo o negócio celebrado, se hígido for na substância e na forma. Destaque-se que pelo sistema do Código Civil de 2002, a boa-fé deve ser tida como presumida, e não a má-fé. Trazendo tal conclusão, do antigo e extinto Primeiro Tribunal de Alçada Civil de São Paulo:

> "Ato jurídico. Requisitos. Agente absolutamente incapaz. Emissão de título executivo. Obrigação assumida, entretanto, antes da interdição judicial. Nulidade que só se reconhece se, ao tempo da realização do ato, a deficiência do contratante já era notória. Conjunto probatório dos autos que não aponta para essa conclusão. Presunção, por esta razão, da existência de boa-fé a reger o negócio jurídico. Nulidade não configurada. Embargos à execução improcedentes nesta parte. (...)" (1.º TACSP, AI 760087-9, 8.ª Câmara, Rel. Juiz Maurício Ferreira Leite, j. 05.05.1999).

De data mais próxima, do Tribunal Paulista, confirmando a premissa de que a boa-fé deve prevalecer sobre o aspecto formal da nulidade absoluta:

> "Prestação de serviços educacionais. Ação monitória. Inadimplemento de mensalidades. Nulidade do negócio jurídico firmado com interdito. Contrato celebrado antes do registro da sentença de interdição e da publicação de edital. Condição de incapaz que não era pública e, portanto, não oponível a terceiro de boa-fé. Efetiva prestação dos serviços; que exige a respectiva remuneração. Vedação ao enriquecimento sem causa. Recurso provido. 1. O instituto da interdição visa a proteger o incapaz, e não a servir de escudo para o locupletamento indevido do interdito ou de seus familiares. 2. Ainda: O direito e Justiça não toleram e devem coibir, onde quer que se apresente o enriquecimento a dano de terceiro, mesmo que o beneficiário seja incapaz, amental, criança, órfão ou viúva desvalida" (TJSP, Apelação 0002702-08.2009.8.26.0032, Acórdão 4922346, 29.ª Câmara de Direito Privado, Araçatuba, Rel. Des. Reinaldo Caldas, j. 02.02.2011, *DJESP* 16.03.2011).

Esclareça-se, por oportuno, que o tema será retomado ainda neste capítulo da obra, quando da abordagem da teoria das nulidades, bem como do estudo da curatela e da interdição, alteradas com o CPC/2015 e com o citado Estatuto da Pessoa com Deficiência (Capítulo 8 deste livro).

Todavia, adiante-se que, como não mais existem maiores absolutamente incapazes, a problemática parece ter desaparecido, pelo menos em parte. Feito tal esclarecimento, vejamos o estudo detalhado dos absolutamente e relativamente incapazes, de forma atualizada.

## 2.2.3.1 *Dos absolutamente incapazes*

Como exposto, os únicos absolutamente incapazes previstos no Código Civil a partir da vigência do Estatuto da Pessoa com Deficiência são os menores de 16 anos, denominados *menores impúberes*. Leva-se em conta o critério etário, não havendo necessidade de qualquer processo de interdição ou de nomeação de um curador (presunção absoluta de incapacidade).

Não houve qualquer inovação com a codificação de 2002, diante do Código Civil de 1916, entendendo o legislador que, devido a essa idade, a pessoa ainda não atingiu o discernimento para distinguir o que pode ou não pode fazer na ordem privada.

Anote-se que, eventualmente, o ato praticado pelo menor absolutamente incapaz pode gerar efeitos. Esse o teor doutrinário do Enunciado n. 138 do CJF/STJ, aprovado na

*III Jornada de Direito Civil*: "a vontade dos absolutamente incapazes, na hipótese do inc. I do art. 3.º, é juridicamente relevante na concretização de situações existenciais a eles concernentes, desde que demonstrem discernimento bastante para tanto". Ilustrando, um contrato celebrado por menor impúbere, de compra de um determinado bem de consumo, pode ser reputado válido, principalmente se houver boa-fé dos envolvidos.

Além disso, a vontade dos menores nessas condições é relevante para os casos envolvendo a adoção e a guarda de filhos, cabendo a sua oitiva para expressarem sua opinião. No caso de adoção de maior de 12 anos, o consentimento do menor é essencial para o ato (art. 45, § 2.º, do Estatuto da Criança e do Adolescente – Lei 8.069/1990).

Destaco que no Projeto de Reforma do Código Civil almeja-se retirar a expressão "menor" da codificação privada, para que a expressão "menor" deixe de ser uma condição jurídica, até porque teve uma utilização nefasta no passado. Assim, a norma apenas expressará a pessoa com menos de dezoito anos, como um fator meramente objetivo, o que se propõe para a nova redação do art. 3.º, inc. I ("são absolutamente incapazes de exercer pessoalmente os atos da vida civil: I – os que tenham menos de 16 (dezesseis) anos". Essa modificação atinge todas as menções constantes da Norma Geral Privada, como se verá.

Lembro que houve tentativas na Comissão de Juristas em se admitir que as pessoas com menos de dezesseis anos praticassem atos de menor complexidade, e tivessem sua autonomia admitida, como está no Enunciado n. 138 da *I Jornada de Direito Civil*. Todavia, as proposições foram mal compreendidas, no sentido de gerar uma imposição das vontades dos filhos frente aos seus pais, e, por isso, retiradas do Projeto.

De volta ao sistema vigente, a respeito do antigo inciso II do art. 3.º do Código Civil, o comando tratava das pessoas que tivessem doença ou deficiência mental, congênita ou adquirida em vida de caráter duradouro e permanente, e que não estivessem em condições de administrar seus bens ou praticar atos jurídicos de qualquer espécie. A norma expressava "pessoas que, por enfermidade ou deficiência mental, não tiverem o necessário discernimento para a prática dos atos da vida civil". Por oportuno, nosso ordenamento nunca admitiu os chamados *intervalos lúcidos*, pelo fato de a incapacidade mental estar revestida desse caráter permanente.

Para que fosse declarada a incapacidade absoluta, em casos tais, seria necessário um processo próprio de interdição – de natureza declaratória e cuja sentença deveria ser registrada no Registro Civil da Comarca em que residir o interdito –, previsto entre os arts. 747 a 758 do CPC/2015, correspondentes aos arts. 1.177 a 1.186 do CPC/1973.

Cabe atentar que agora não há mais a possibilidade dessa interdição absoluta, havendo entendimento de que nem mesmo o processo de interdição subsiste no sistema, pois incompatível com o Estatuto da Pessoa com Deficiência. O tema será analisado a seguir, demonstrando-se a divergência, até porque o CPC de 2015 reafirmou o processo de interdição.

Ademais, foi inserida no sistema a figura da *tomada de decisão apoiada* a favor de todas as pessoas com deficiência, pelo menos como regra. Essa figura jurídica consta do art. 1.783-A do Código Civil, também incluído pela Lei 13.146/2015. O instituto visa ao auxílio da pessoa com deficiência para a celebração de atos mais complexos, caso dos contratos. Conforme o *caput* da norma, a *tomada de decisão apoiada* é o processo judicial pelo qual a pessoa com deficiência elege pelo menos duas pessoas idôneas, com as quais mantenha vínculos e que gozem de sua confiança, para prestar-lhe apoio na tomada de decisão sobre atos da vida civil, fornecendo-lhes os elementos e informações necessários para que possa exercer sua capacidade.

A categoria é próxima da *administração de sustento* do Direito Italiano (*amministrazione di sostegno*), introduzida naquele sistema por força da Lei 6, de 9 de janeiro de

2004. Nos termos do seu art. 1.º, a finalidade da norma italiana é a de tutelar, com a menor limitação possível da capacidade de agir, a pessoa privada no todo ou em parte da autonomia na realização das funções da vida cotidiana, mediante intervenções de sustento temporário ou permanente.

Foram incluídas, nesse contexto, modificações no *Codice Italiano*, passando a prever o seu art. 404 que a pessoa que, por efeito de uma enfermidade ou de um prejuízo físico ou psíquico, encontrar-se na impossibilidade, mesmo parcial ou temporária, de prover os próprios interesses pode ser assistida por um administrador de sustento, nomeado pelo juiz do lugar de sua residência ou domicílio. Como exemplifica a doutrina italiana, citando julgados daquele país, a categoria pode ser utilizada em benefício do doente terminal, do cego e do portador do mal de Alzheimer.[39]

Parece-me que a tomada de decisão apoiada tem a função de trazer acréscimos ao antigo regime de incapacidades dos maiores, sustentado pela representação, pela assistência e pela curatela. Todavia, sua eficiência prática fica em dúvida, pois a pessoa com deficiência pode fazer uso de uma simples procuração para atribuição de poderes, já que é totalmente capaz no atual sistema. Sendo assim, por que faria a opção pela tomada de decisão apoiada, que é medida judicial e com vários entraves burocráticos? Como está desenvolvido no capítulo relativo ao Direito de Família, o Projeto de Reforma do Código Civil pretende reduzir essas burocracias, *desjudicializando* o instituto.

Anote-se, a propósito, que a velhice ou senilidade, por si só, nunca foi tida como causa de restrição da capacidade de fato, podendo ocorrer a interdição anterior em hipótese em que a senectude originasse de um estado patológico (a esse respeito, da jurisprudência anterior: TJMG, Acórdão 1.0701.00.006030-4/001, 2.ª Câmara Cível, Uberaba, Rel. Des. Francisco de Assis Figueiredo, j. 1.º.06.2004, *DJMG* 25.06.2004).

Por isso, sempre foi correto afirmar que a incapacidade por deficiência mental não se presumiria. A situação da pessoa com idade avançada continua a ser, em regra, de capacidade. Todavia, como se verá, tais pessoas podem ser consideradas relativamente incapazes, enquadradas no novo art. 4.º, inc. III, do Código Civil, também alterado pelo Estatuto da Pessoa com Deficiência (Lei 13.146/2015). Cite-se, a propósito, a pessoa com idade avançada que tenha mal de *Alzheimer*, e que não podem exprimir sua vontade.

Cabe pontuar que o legislador da atual codificação material, em sua redação original, entendeu que a expressão *loucos de todos os gêneros*, contida no Código de 1916, era discriminatória e violadora da dignidade humana, razão dessa alteração anterior constante no art. 3.º, inc. II, do CC. Entretanto, compreendia-se que as duas expressões exprimiam basicamente a mesma situação. Com as alterações recentes do Código Civil, pelo Estatuto da Pessoa com Deficiência, essa afirmação não se sustenta mais. Seguindo no estudo do tema, o art. 3.º, inc. III, do Código Civil, em sua redação original, anterior ao Estatuto da Pessoa com Deficiência, trazia uma expressão ampla, que aumentava as hipóteses de incapacidade absoluta (pessoas que, mesmo por causa transitória, não pudessem exprimir vontade).

Sempre entendi que tal previsão incluiria também o surdo-mudo que não pudesse manifestar sua vontade, que constava na codificação anterior, de 1916. Todavia, se o surdo-mudo pudesse exprimir sua vontade, seria considerado relativamente incapaz ou até plenamente capaz, dependendo do grau de possibilidade de sua expressão. Acrescente-se que, com a Lei 10.436/2002, passou-se a utilizar o termo "pessoa surda", que é o mais correto para explicar essa hipótese. Porém, a expressão "surdo-mudo" ainda é aqui usada,

---

[39] CHINÈ, Giuseppe; FRATINI, Marco; ZOPPINI, Andrea. *Manuale di Diritto Civile*. 4. ed. Roma: Neldiritto, 2013. p. 132-133.

CAP. 2 • PARTE GERAL DO CÓDIGO CIVIL DE 2002 | **77**

por razões didáticas, pois é comum vê-la em provas de Direito Civil, diante do que estava na codificação de 1916.

Essa afirmação sobre a pessoa surda pode ser mantida em parte com as mudanças de 2015, até porque essa antiga previsão do Código Civil de 2002 passou a compor o art. 4.º, inc. III, da norma material. Porém, o surdo, pessoa com deficiência, deve ser tido, em regra, como capaz. Eventualmente, caso não possa exprimir sua vontade, será relativamente incapaz. Não caberá mais o seu enquadramento como absolutamente incapaz, em hipótese alguma.

Entendo que a previsão que constava do art. 3.º, inc. III, incluiria ainda pessoas que perderam a memória, bem como aqueles que estivessem em coma, sujeitos que passam a ser relativamente incapazes, em regra (novo art. 4.º, inc. III, estudado a seguir).

Quanto aos ébrios habituais e aos viciados em tóxicos, será visto que são considerados relativamente incapazes. Dependendo da sua situação, afirmava, nas edições anteriores deste livro, que poderiam ser tidos como absolutamente incapazes. Agora, após a Lei 13.146/2015, serão sempre relativamente incapazes se houver alguma restrição, pois não existem mais no sistema pessoas maiores que sejam absolutamente incapazes, reafirme-se.

Apesar dessa afirmação, fica a dúvida se é interessante retomar alguma previsão a respeito de maiores absolutamente incapazes, especialmente para as pessoas que não têm qualquer condição de exprimir vontade e que não são necessariamente pessoas deficientes.

Entendo que sim, havendo proposição nesse sentido no citado Projeto de Lei 757/2015 (atual Projeto 11.091/2018, na Câmara), em sua redação originária e contando com o meu apoio e parecer. Cite-se, a esse propósito, justamente a pessoa que se encontra em coma profundo, sem qualquer condição de exprimir o que pensa. No atual sistema, será enqua-drada como relativamente incapaz, o que parece não ter sentido técnico-jurídico.

Porém, destaco que no parecer final originário do Senado Federal a proposta de re-torno de regra a respeito de maiores absolutamente incapazes acabou por não prosperar, infelizmente. Conforme constou do relatório da Senadora Lídice da Mata, "as tentativas presentes no PLS 757 de se retomar o critério da 'ausência ou insuficiência de discernimento' (previsto na redação original do Código Civil), em detrimento do critério da 'impossibili-dade de manifestação de vontade' (eleito pelo EPD), representam um grave retrocesso no tocante ao direito de fazer as próprias escolhas. Sim, é possível que o discernimento de certas pessoas com deficiência seja bem diferente ou até questionável diante de padrões comuns, mas isto não significa que o discernimento não exista e que a vontade manifes-tada possa ser ignorada".

Na tramitação desse Projeto na Câmara dos Deputados – sob o número 11.091/2018 –, fiz sugestão ao saudoso Deputado Luiz Flávio Gomes, no ano de 2019, para o retorno de regras relativas aos maiores de idade absolutamente incapazes no art. 3.º do Código Civil, que passaria a ter a seguinte redação: "São absolutamente incapazes de exercer os atos da vida civil: I – os menores de dezesseis anos; II – os que não tenham qualquer discerni-mento para a prática desses atos, conforme decisão judicial que leve em conta a avaliação biopsicossocial; III – os que, mesmo por causa de transitória, não puderem exprimir sua vontade". Também foi proposta a supressão do atual art. 4.º, inc. III, do Código Civil, que passaria a compor a última norma.

Tenho acompanhado o trâmite dessa projeção na Câmara dos Deputados, sendo fundamental e necessário o retorno de alguma regra a respeito da incapacidade absoluta das pessoas sem qualquer discernimento para exprimir vontade.

Pontuo que no atual Projeto de Reforma do Código Civil há proposição semelhante, para que o art. 3.º do Código Civil, no seu inciso II, passe a tratar, como absolutamente inca-pazes, "aqueles que por nenhum meio possam expressar sua vontade, em caráter temporário

# 78 | MANUAL DE DIREITO CIVIL • VOLUME ÚNICO – *Flávio Tartuce*

ou permanente". Com isso, altera-se em boa hora também o art. 4.º, inc. III, da codificação privada, com a menção, como relativamente incapazes, daqueles "cuja autonomia estiver prejudicada por redução de discernimento, que não constitua deficiência, enquanto perdurar esse estado". Por tudo o que foi exposto neste tópico, espero que o Congresso Nacional aprove essas importantes e necessárias modificações da Lei Geral Privada.

> **OBSERVAÇÃO IMPORTANTE** – O ausente não é mais considerado absolutamente incapaz como constava da codificação anterior (art. 5.º, inc. IV, do CC/1916). A ausência significa morte presumida da pessoa natural, após longo processo judicial, com três fases: curadoria dos bens do ausente, sucessão provisória e sucessão definitiva (arts. 22 a 39 do CC). Não houve qualquer modificação no tratamento jurídico do ausente diante da emergência do Estatuto da Pessoa com Deficiência.

## 2.2.3.2 *Dos relativamente incapazes*

Conforme antes exposto, o Estatuto da Pessoa com Deficiência também alterou substancialmente o regime da incapacidade relativa, tratado pelo art. 4.º do CC/2002. Reitere-se que não houve modificação no inciso I (menores entre 16 e 18 anos) e no inciso IV (pródigos). Todavia, no inciso II foi retirada a menção aos que *por deficiência mental tivessem o discernimento reduzido*.

No inciso III, não se usa a expressão *excepcionais sem desenvolvimento completo*, substituída pela antiga previsão do art. 3.º, inc. III, da codificação (pessoas que por causa transitória ou definitiva não puderem exprimir vontade). O objetivo, mais uma vez, foi a plena inclusão das pessoas com deficiência, tidas como capazes no novo sistema e eventualmente sujeitas à tomada de *decisão apoiada*. Vejamos o estudo pontual dos incisos, devidamente atualizados.

A respeito do inciso I do art. 4.º do Código Civil, a alteração substancial trazida pela codificação material de 2002 perante o CC/1916 foi a de reduzir a idade para se atingir a maioridade civil, de 21 para 18 anos. Em sadio *diálogo interdisciplinar*, destaque-se que tal redução não atingiu a questão dos benefícios previdenciários dos filhos dependentes até os 21 anos, conforme consta do Enunciado n. 3 da *I Jornada de Direito Civil*: "a redução do limite etário para a definição da capacidade civil aos 18 anos não altera o disposto no art. 16, inc. I, da Lei 8.213/1991, que regula específica situação de dependência econômica para fins previdenciários e outras situações similares de proteção, previstas em legislação especial".

Ademais, existem atos e negócios que os menores relativamente incapazes podem praticar, mesmo sem a assistência, como se casar, necessitando apenas de autorização dos pais ou representantes; elaborar testamento; servir como testemunha de atos e negócios jurídicos; requerer registro de seu nascimento; ser empresário, com autorização; ser eleitor; ser mandatário *ad negotia* (mandato extrajudicial).

Em casos específicos, é possível a antecipação dos efeitos da maioridade civil, por meio da emancipação (art. 5.º, parágrafo único, do CC), instituto que será tratado no próximo tópico do capítulo.

Seguindo no estudo do art. 4.º do Código Civil, repise-se que o seu inciso II previa três hipóteses, tendo retirada a última delas pela Lei 13.146/2015, relativa às pessoas com deficiência mental, conforme ora comentado. Permaneceram as menções aos ébrios habituais (entendidos como alcoólatras) e aos viciados em tóxicos (toxicômanos).

De toda sorte, essa previsão material constituiu novidade importante perante o seu antecessor, o Código Civil de 1916, pela qual se ampliaram os casos de incapacidade relativa decorrente de causa permanente ou transitória. Aqui também deverá haver um processo próprio de nomeação de um curador nas hipóteses restantes (ébrios habituais e viciados em tóxicos), cabendo análise caso a caso da situação de incapacidade, se presente ou não. A respeito da situação anterior do ébrio habitual, ilustre-se com decisão do Tribunal de Minas Gerais:

> "Incapacidade relativa. Necessidade de comprovação da embriaguez habitual do vendedor. Desnecessidade de registro da promessa de compra e venda. Testemunhas não presentes quando da assinatura do contrato. Irrelevância. Acusações levianas. Dano moral configurado. A amizade da testemunha com a parte somente a torna suspeita para depor se se tratar de amizade íntima, entendida como aquela muito próxima, com laços de afinidade profundos. O vício de consumo de álcool implica incapacidade relativa da pessoa se a transforma em ébrio habitual, aquele que, pelo uso constante da bebida, tem seu discernimento permanentemente afetado pela embriaguez. Incomprovada a embriaguez habitual da pessoa e inexistindo interdição judicial, não se configura incapacidade. (...). Agravo retido e apelação não providos" (TJMG, Apelação Cível 0540383-93.2008.8.13.0470, 10.ª Câmara Cível, Paracatu, Rel. Des. Mota e Silva, j. 26.10.2010, *DJEMG* 17.11.2010).

Todavia, aqui devem ser demonstrados os *atropelamentos legislativos* entre o CPC/2015 e o Estatuto da Pessoa com Deficiência. De início, constata-se que a última norma alterou o art. 1.768 do Código Civil, não mencionando mais o processo de interdição relativa, mas uma demanda em que é nomeado um curador. Entretanto, esse dispositivo é revogado pelo Código de Processo civil de 2015, que está totalmente estruturado na ação de interdição (arts. 747 a 758). Assim, o EPD, em tais aspectos, teve incidência restrita, entre a sua entrada em vigor (janeiro de 2016) até o surgimento de vigência do atual CPC (março de 2016). Entendo que será necessária a edição de uma terceira norma processual para apontar qual regra a prevalecer.

Essa norma, *de lege ferenda*, é o Projeto de Lei 757/2015, em curso no Congresso Nacional, que pretende retomar os dispositivos do EPD, revogados pelo CPC/2015. Conforme parecer que elaborei para essa tramitação legislativa, seria melhor que fossem retiradas todas as menções à *ação de interdição* constantes do CPC de 2015, passando este a expressar apenas a *ação de pedido de curatela*. Na Câmara dos Deputados, reitere-se que o número dessa projeção é 11.091/2018.

A propósito, enunciava o art. 1.772 do CC/2002 que, pronunciada a interdição das pessoas descritas no art. 4.º, incs. II e III, o juiz assinaria, segundo o estado ou o desenvolvimento mental do interdito, os limites da curatela do maior incapaz. No entanto, ressalte-se que tal dispositivo também foi revogado expressamente pelo art. 1.072, inciso II, do CPC em vigor; com o objetivo de concentrar o tema no diploma instrumental. Assim, em sentido próximo, o art. 753, § 2.º, do CPC/2015 passou a expressar que "o laudo pericial indicará especificadamente, se for o caso, os atos para os quais haverá necessidade de curatela".

Curiosamente, a Lei 13.146/2015 também alterou o art. 1.772 do Código Civil, passando a estabelecer que "o juiz determinará, segundo as potencialidades da pessoa, os limites da curatela, circunscritos às restrições constantes do art. 1.782, e indicará curador. Parágrafo único. Para a escolha do curador, o juiz levará em conta a vontade e as preferências do interditando, a ausência de conflito de interesses e de influência indevida, a proporcionalidade e a adequação às circunstâncias da pessoa". A principal novidade diz respeito à inclusão do parágrafo único, que vinha em boa hora, dando preferência à vontade da pessoa com deficiência.

Contudo, como o art. 1.772 do CC/2002, mesmo com a modificação, foi revogado pelo CPC de 2015, também esta última norma teve vigência apenas no período compreendido entre a sua entrada em vigor (início de janeiro de 2016) e a entrada em vigor do CPC/2015 (18 de março de 2016).

Na minha opinião doutrinária, parece ter havido mais um sério *cochilo do legislador*, que acabou por atropelar uma lei por outra, sem as devidas ressalvas. Espero, assim, que essas imprecisões sejam corrigidas no futuro, por meio do citado Projeto 757, em curso no Congresso Nacional. O tema é retomado e aprofundado no Capítulo 8 desta obra, quando do estudo da curatela.

O art. 4.º, inc. III, do CC, ao mencionar originalmente os excepcionais sem desenvolvimento completo, abrangia as pessoas com *síndrome de Down* e de outras anomalias psíquicas que apresentassem sinais de desenvolvimento mental incompleto. Sempre entendi que a qualificação que constava nesse dispositivo dependeria mais uma vez de regular processo de interdição, podendo o excepcional ser também enquadrado como absolutamente incapaz (nesse sentido, ver TJSP, Apelação com Revisão 577.725.4/7, Acórdão 3310051, 2.ª Câmara de Direito Privado, Limeira, Rel. Des. Morato de Andrade, j. 21.10.2008, *DJESP* 10.12.2008). Ademais, a pessoa com *síndrome de Down* poderia ser, ainda, plenamente capaz, o que dependeria da sua situação.

Com as mudanças promovidas pelo Estatuto da Pessoa com Deficiência, será plenamente capaz, em regra, sujeito ao instituto da tomada de decisão apoiada, para os atos patrimoniais (novo art. 1.783-A do Código Civil). Para os atos existenciais familiares, a pessoa com *síndrome de Down* tem capacidade civil plena (art. 6.º da Lei 13.146/2015).

Além disso, no novo sistema, repise-se que o art. 4.º, inc. III, do Código Civil passou a tratar da antiga hipótese que estava no art. 3.º, inc. III, da própria codificação material, mencionando aqueles que, por causa transitória ou permanente, não puderem exprimir sua vontade. Valem os comentários que fiz anteriormente sobre esse novo enquadramento, especialmente quanto à pessoa surda que não puder se expressar, ao idoso com mal de *Alzheimer* e à pessoa com coma, que agora passam a ser relativamente incapazes dentro do sistema.

A encerrar o estudo do art. 4.º do Código Civil, o seu inc. IV faz menção aos pródigos, sem qualquer alteração recente. Os pródigos são aqueles que dissipam de forma desordenada e desregrada os seus bens ou seu patrimônio, realizando gastos desnecessários e excessivos, sendo exemplo típico a pessoa viciada em jogatinas. Os pródigos devem ter a nomeação de um curador, ficando privados dos atos que possam comprometer o seu patrimônio, tais como emprestar dinheiro, transigir, dar quitação, alienar bens, hipotecar ou agir em juízo (art. 1.782 do CC). Todavia, poderá o pródigo exercer atos que não envolvam a administração direta de seus bens, como se casar ou manter união estável (nesse sentido, ver: TJMS, Acórdão 2007.007113-4/0000-00, Campo Grande, 4.ª Turma Cível, Rel. Des. Atapoã da Costa Feliz, *DJEMS* 16.05.2008, p. 33).

Ao contrário do que se possa pensar, não é imposto ao pródigo que se casa o regime da separação total de bens de origem legal ou obrigatória, pois ele não consta no art. 1.641 do CC, que traz rol taxativo ou *numerus clausus* de hipóteses que restringem a liberdade da pessoa. No entanto, para fazer pacto antenupcial, entendo que o pródigo necessita de assistência, pois há ato de disposição, sob pena de anulabilidade do ato (art. 171, inc. I, do CC).

Como palavras finais sobre o pródigo, é necessário citar importante julgado do Tribunal de Justiça de São Paulo, prolatado pela sua 2.ª Câmara de Direito Privado em 11 de dezembro de 2018, tendo sido relatora a Desembargadora Rosangela Telles. O acórdão já leva em conta o Estatuto da Pessoa com Deficiência, constando de sua ementa:

CAP. 2 • PARTE GERAL DO CÓDIGO CIVIL DE 2002 | 81

"Incapacidade parcial demonstrada. O laudo pericial confirmou que a interditanda sofre de transtorno delirante persistente, transtorno mental caracterizado pelo desenvolvimento de um delírio isolado ou de um conjunto de delírios relacionados entre si que são usualmente persistentes e muitas vezes duram toda a vida. Excetuando-se as ações e atitudes diretamente relacionadas ao delírio, o afeto e o comportamento são normais. Comprovação de que a interditanda é incapaz de administrar suas finanças, sendo caso de interdição parcial, segundo a Lei 13.146/15 (Estatuto do Deficiente). Tratamento compulsório. Incapacidade estritamente administrativa. Trata-se de pessoa pródiga e a limitação das suas finanças é suficiente à proteção da interditanda. Submetê-la a tratamento compulsório seria medida desarrazoada, neste momento, elevando sobremaneira as consequências psicológicas com o resultado desta demanda" (Processo 0021174-74.2001.8.26.0602).

O *decisum* demonstra que houve uma aproximação do EPD em relação ao que já ocorria juridicamente com o pródigo, demandando uma análise casuística da situação da pessoa com deficiência para a instituição da curatela parcial.

Como última observação para encerrar o tópico, o atual Projeto de Reforma do Código Civil também pretende alterar o art. 4.º da codificação privada. Assim, com a volta da antiga previsão a respeito das pessoas que não possam expressar a sua vontade no art. 3.º, o inc. II do dispositivo em estudo passará a prever, como relativamente incapazes, "aqueles cuja autonomia estiver prejudicada por redução de discernimento, que não constitua deficiência, enquanto perdurar esse estado". Além dessa previsão, revoga-se o inciso III da norma, com o objetivo de se manter a pessoa com deficiência, em regra, como plenamente capaz.

Ademais, o dispositivo receberá um parágrafo único, prevendo, na linha do consagrado pelo Estatuto da Pessoa com Deficiência que "as pessoas com deficiência mental ou intelectual, maiores de 18 (dezoito) anos, têm assegurado o direito ao exercício de sua capacidade civil em igualdade de condições com as demais pessoas, observando-se, quanto aos apoios e às salvaguardas de que eventualmente necessitarem para o pleno exercício dessa capacidade, o disposto nos arts. 1.767 a 1.783 deste Código". Também é incluído um novo art. 4.º-A, assegurando que "a deficiência física ou psíquica da pessoa, por si só, não afeta sua capacidade civil", o que é essencial atualmente.

**OBSERVAÇÃO IMPORTANTE** – Em relação aos indígenas ou silvícolas, o Código Civil de 2002 não os considera mais como incapazes, como constava do art. 6.º, inc. III, do CC/1916. A sua situação deve ser regida por lei especial, pelo que enuncia o art. 4.º, parágrafo único, do CC/2002. Essa lei especial é a Lei 6.001/1973, conhecida como Estatuto do Índio, que coloca o indígena e sua comunidade, enquanto não integrados à comunhão nacional, sob o regime tutelar, devendo a assistência ser exercida pela FUNAI (Fundação Nacional dos Povos Indígenas). Enuncia o art. 7.º da referida norma que a esse regime tutelar aplicam-se, no que couber, os princípios e normas da tutela de direito comum. São nulos os atos praticados entre o índio não integrado e qualquer pessoa estranha à comunidade indígena quando não tenha havido assistência do órgão tutelar competente (art. 8.º do Estatuto dos Povos Indígenas. Não se aplica tal regra no caso em que o índio revele consciência e conhecimento do ato praticado, desde que não lhe seja prejudicial, e da extensão dos seus efeitos (art. 8.º, parágrafo único). Qualquer índio poderá requerer ao Juiz competente a sua liberação do regime tutelar previsto nesta Lei, investindo-se na plenitude da capacidade civil, desde que preencha os requisitos seguintes: *a)* idade mínima de 21 anos; *b)* conhecimento da língua portuguesa; *c)* habilitação para o exercício de atividade útil, na comunhão nacional; *d)* razoável compreensão dos usos e costumes da comunhão nacional. O Juiz decidirá após instrução sumária, ouvidos o órgão de assistência ao índio e o Ministério Público, transcrita a sentença concessiva no registro civil (art. 9.º, parágrafo único, da Lei 6.001/1973). Aqui não houve qualquer alteração engendrada pelo Estatuto da Pessoa com Deficiência. No atual Projeto de Reforma do Código Civil, com a mudança do parágrafo único do art. 4.º do CC/2002, ora proposta, a situação dos indígenas passará a ser remetida totalmente para a legislação especial, sem qualquer regra a seu respeito na Norma Geral Privada, visão que acabou por prevalecer na Comissão de Juristas.

### 2.2.4 A emancipação

A emancipação pode ser conceituada como o ato jurídico que antecipa os *efeitos da aquisição da maioridade* e da consequente capacidade civil plena, para data anterior àquela em que o menor atinge a idade de 18 anos, para fins civis. Com a emancipação, no atual sistema, o menor deixa de ser incapaz e passa a ser capaz. Todavia, ele não deixa de ser menor.

Tanto isso é verdade que, conforme o Enunciado n. 530, aprovado na *VI Jornada de Direito Civil*, evento realizado em 2013, "a emancipação, por si só, não elide a incidência do Estatuto da Criança e do Adolescente". Sendo assim, a título de exemplo, um menor emancipado não pode tirar carteira de motorista, entrar em locais proibidos para crianças e adolescentes ou ingerir bebidas alcoólicas. Tais restrições existem diante de consequências que surgem no campo penal, e a emancipação somente envolve fins civis ou privados.

A emancipação, regra geral, é definitiva, irretratável e irrevogável. De toda sorte, conforme se depreende de enunciado aprovado na *V Jornada de Direito Civil*, de novembro de 2011, a emancipação por concessão dos pais ou por sentença do juiz está sujeita a desconstituição por vício de vontade (Enunciado n. 397). Desse modo, é possível a sua anulação por erro ou dolo, por exemplo.

Trata-se de ato formal e solene em regra, eis que o Código Civil de 2002 exige o instrumento público como regra. De acordo com o Código Civil, a emancipação poderá ocorrer nas seguintes situações (art. 5.º, parágrafo único) – rol esse que é taxativo (*numerus clausus*):

a) *Emancipação voluntária parental* – por concessão de ambos os pais ou de um deles na falta do outro. Em casos tais, não é necessária a homologação perante o juiz, eis que é concedida por instrumento público e registrada no Cartório de Registro Civil das Pessoas Naturais. Para que ocorra a emancipação parental, o menor deve ter, no mínimo, 16 anos completos.

b) *Emancipação judicial* – por sentença do juiz, em casos, por exemplo, em que um dos pais não concorda com a emancipação, contrariando um a vontade do outro. A decisão judicial, por razões óbvias, afasta a necessidade de escritura pública. Tanto a emancipação voluntária quanto a judicial devem ser registradas no Registro Civil das pessoas naturais, sob pena de não produzirem efeitos (art. 107, § 1.º, da Lei 6.015/1973 – LRP). A emancipação legal, por outro lado, produz efeitos independentemente desse registro.

c) *Emancipação legal matrimonial* – pelo casamento do menor. Consigne-se que a idade núbil tanto do homem quanto da mulher é de 16 anos (art. 1.517 do CC), sendo possível o casamento do menor se houver autorização dos pais ou dos seus representantes. O divórcio, a viuvez e a anulação do casamento não implicam no retorno à incapacidade. No entanto, entende parte da doutrina que o casamento nulo faz com que se retorne à situação de incapaz, sendo revogável em casos tais a emancipação, o mesmo sendo dito quanto à inexistência do casamento. Para

CAP. 2 • PARTE GERAL DO CÓDIGO CIVIL DE 2002 | **83**

outra corrente, como no caso de Pablo Stolze e Rodolfo Pamplona, tratando-se de nulidade e de anulabilidade do casamento, a emancipação persiste apenas se o matrimônio for contraído de boa-fé (hipótese de casamento putativo).[40] Em situação contrária, retorna-se à situação de incapacidade. As duas correntes estão muito bem fundamentadas. A última delas segue o entendimento de que o ato anulável também tem efeitos retroativos (*ex tunc*), conforme será abordado mais adiante e com o qual se concorda.

d) *Emancipação legal, por exercício de emprego público efetivo* – segundo a doutrina, a regra deve ser interpretada a incluir todos os casos envolvendo cargos ou empregos públicos, desde que haja nomeação de forma definitiva.[41] Estão afastadas, assim, as hipóteses de serviços temporários ou de cargos comissionados.

e) *Emancipação legal, por colação de grau em curso de ensino superior reconhecido* – para tanto, deve ser o curso superior reconhecido, não sendo aplicável à regra para o curso de magistério antigo curso *normal*. A presente situação torna-se cada vez mais difícil de ocorrer na prática.

f) *Emancipação legal, por estabelecimento civil ou comercial ou pela existência de relação de emprego, obtendo o menor as suas economias próprias, visando a sua subsistência* – necessário que o menor tenha ao menos 16 anos, revelando amadurecimento e experiência desenvolvida. Ter *economia própria* significa receber um salário mínimo. Deve-se entender que não houve revogação das normas trabalhistas relativas ao empregado menor notadamente do art. 439 da CLT que enuncia: "é lícito ao menor firmar recibo pelo pagamento de salário. Tratando-se, porém, de rescisão do contrato de trabalho, é vedado ao menor de 18 (dezoito) anos dar, sem assistência dos seus responsáveis legais, a quitação ao empregador pelo recebimento da indenização que lhe for devida". Seguindo a ideia conciliadora do *diálogo das fontes*, prevê a Portaria MTE/SRT 1, de 25 de maio de 2006, da Secretaria de Relações do Trabalho, que "não é necessária a assistência por responsável legal, na homologação da rescisão contratual, ao empregado adolescente que comprove ter sido emancipado". Não havendo emancipação, o que é possível, a norma da CLT continua tendo aplicação.

Além das previsões constantes do Código Civil, consigne-se que continua sendo possível a emancipação legal do menor militar, que possui 17 anos e que esteja prestando tal serviço, nos termos do art. 73 da Lei 4.375/1964, reproduzido pelo art. 239 do Decreto 57.654/1966.[42]

Para findar o estudo da emancipação, a Comissão de Juristas nomeada no âmbito do Congresso Nacional para a Reforma do Código Civil propõe alterações relevantes a respeito do instituto da emancipação, confirmando-se muitos dos meus comentários doutrinários.

Como é proposto que a menoridade deixe de ser uma condição jurídica, o *caput* do art. 5.º do Código Civil passará a prever que "a incapacidade em razão da idade cessa aos dezoito anos completos, quando a pessoa fica habilitada à prática pessoal de todos os atos da vida civil". E mais, nos termos do seu parágrafo único, com destaque para a limitação da sua incidência para as pessoas com idade entre 16 e 18 anos e a inclusão da união estável,

---

[40] GAGLIANO, Pablo Stolze; PAMPLONA FILHO, Rodolfo. *Novo curso de direito civil*. Parte geral. 6. ed. São Paulo: Saraiva, 2005. v. I, p. 117.

[41] DINIZ, Maria Helena. *Código Civil anotado*. 15. ed. São Paulo: Saraiva, 2010. p. 47.

[42] DINIZ, Maria Helena. *Código Civil anotado*. 15. ed. São Paulo: Saraiva, 2010. p. 47.

"também cessará a incapacidade, para as pessoas entre 16 (dezesseis) e 18 (dezoito) anos completos: I – pela concessão de emancipação pelos que tenham a autoridade parental, por instrumento público, independentemente de homologação judicial; II – por sentença do juiz, ouvido o tutor ou guardião, se o adolescente tiver 16 (dezesseis) anos completos; III – pelo casamento ou constituição de união estável registrada na forma do inciso III do art. 9º deste Código, desde que com a autorização dos representantes; IV – pelo exercício de emprego público efetivo; V – pela colação de grau em curso de ensino superior; VI – pelo estabelecimento civil ou empresarial, ou pela existência de relação de emprego, desde que, em função deles, o adolescente tenha economia própria".

Por fim, na linha parcial do Enunciado n. 397, aprovado na *V Jornada de Direito Civil*, inclui-se na norma civil, confirmando-se a posição hoje majoritária, um novo art. 5.º-A, estabelecendo que "a emancipação por concessão dos pais ou por sentença do juiz está sujeita à desconstituição pelas mesmas causas que invalidam os negócios jurídicos em geral". Porém, observo que a proposição, de modo mais técnico, vai além das situações de vícios de vontade, englobando todas as situações de nulidade absoluta ou relativa dos atos e negócios jurídicos em geral, previstas nos arts. 166 e 171 do Código Civil. Espera-se a sua aprovação pelo Parlamento Brasileiro.

### 2.2.5 Os direitos da personalidade em uma análise civil-constitucional. A ponderação de direitos e o seu tratamento no Código de Processo Civil de 2015

Como inovação festejada, o Código Civil de 2002 passou a tratar dos direitos da personalidade entre os seus arts. 11 a 21. Destaque-se que a proteção de direitos dessa natureza não é uma total novidade no sistema jurídico nacional, eis que a Constituição Federal de 1988 enumerou os direitos fundamentais postos à disposição da pessoa humana. Por isso, é preciso abordar a matéria em uma *perspectiva civil-constitucional*, na linha doutrinária antes exposta.

Sabe-se que o Título II da Constituição de 1988, sob o título "Dos Direitos e Garantias Fundamentais", traça as prerrogativas para garantir uma convivência digna, com liberdade e com igualdade para todas as pessoas, sem distinção de raça, credo ou origem. Tais garantias são genéricas, mas também são essenciais ao ser humano, e sem elas a pessoa humana não pode atingir sua plenitude e, por vezes, sequer pode sobreviver.

Nunca se pode esquecer da vital importância do art. 5.º da CF/1988 para o nosso ordenamento jurídico, ao consagrar as *cláusulas pétreas*, que são direitos fundamentais deferidos à pessoa. Para a efetivação desses direitos, Gustavo Tepedino defende a existência de uma *cláusula geral de tutela e promoção da pessoa humana*. São suas palavras:

> "Com efeito, a escolha da dignidade da pessoa humana como fundamento da República, associada ao objetivo fundamental de erradicação da pobreza e da marginalização, e de redução das desigualdades sociais, juntamente com a previsão do § 2.º do art. 5.º, no sentido de não exclusão de quaisquer direitos e garantias, mesmo que não expressos, desde que decorrentes dos princípios adotados pelo texto maior, configuram uma verdadeira cláusula geral de tutela e promoção da pessoa humana, tomada como valor máximo pelo ordenamento".[43]

Adotando a tese do Professor Tepedino, na *IV Jornada de Direito Civil*, evento de 2006, foi aprovado o Enunciado n. 274 do CJF/STJ, um dos mais importantes enuncia-

---

[43] TEPEDINO, Gustavo. A tutela da personalidade no ordenamento civil-constitucional brasileiro. *Temas de direito civil*. Rio de Janeiro: Renovar, 2004. t. I, p. 50.

dos doutrinários das *Jornadas de Direito Civil*. A *primeira parte* da ementa do enunciado doutrinário prevê que "os direitos da personalidade, regulados de maneira não exaustiva pelo Código Civil, são expressões da cláusula geral de tutela da pessoa humana, contida no art. 1.º, inc. III, da Constituição (princípio da dignidade da pessoa humana). Em caso de colisão entre eles, como nenhum pode sobrelevar os demais, deve-se aplicar a técnica da ponderação". Em suma, existem outros direitos da personalidade tutelados no sistema, como aqueles constantes do Texto Maior. O rol do Código Civil é meramente exemplificativo (*numerus apertus*) e não taxativo (*numerus clausus*).

Depois de muitos debates na Comissão de Juristas incumbida pelo Senado Federal para a atual Reforma do Código Civil, acabou prevalecendo a ideia de se incluir no Código Civil a referida *cláusula geral de tutela e promoção da pessoa humana*. Assim, o *caput* do art. 11 preceituará que "os direitos da personalidade se prestam à tutela da dignidade humana, protegendo a personalidade individual de forma ampla, em todas as suas dimensões". E mais, confirmando-se essa *cláusula geral*, o § 1.º do comando enunciará que os direitos e princípios expressos na codificação material "não excluem outros previstos no ordenamento jurídico pátrio e nos tratados internacionais dos quais o País é signatário, para a proteção de direitos nas relações privadas, e dos direitos de personalidade, inclusive em seus aspectos decorrentes do desenvolvimento tecnológico".

A última menção dialoga perfeitamente com o novo livro de *Direito Civil Digital*, que se propõe incluir na Lei Geral Privada, sendo certo que se projeta outro comando nesse livro, com a seguinte previsão e mais uma vez tendo como conteúdo a citada cláusula geral: "a tutela dos direitos de personalidade, como salvaguarda da dignidade humana, alcança outros direitos e deveres que surjam do progresso tecnológico, impondo aos intérpretes dos fatos que ocorram no ambiente digital atenção constante para as novas dimensões jurídicas deste avanço".

Mas, afinal, o que seriam então os *direitos da personalidade*? Vejamos alguns conceitos doutrinários, interessantes à teoria acadêmica e à prática civilista:

– Rubens Limongi França – "Direitos da personalidade dizem-se as faculdades jurídicas cujo objeto são os diversos aspectos da própria pessoa do sujeito, bem assim da sua projeção essencial no mundo exterior".[44]

– Maria Helena Diniz – "São direitos subjetivos da pessoa de defender o que lhe é próprio, ou seja, a sua integridade física (vida, alimentos, próprio corpo vivo ou morto, corpo alheio, vivo ou morto, partes separadas do corpo vivo ou morto); a sua integridade intelectual (liberdade de pensamento, autoria científica, artística e literária) e sua integridade moral (honra, recato, segredo pessoal, profissional e doméstico, imagem, identidade pessoal, familiar e social)".[45]

– Francisco Amaral – "Direitos da personalidade são direitos subjetivos que têm por objeto os bens e valores essenciais da pessoa, no seu aspecto físico, moral e intelectual".[46]

– Cristiano Chaves de Farias e Nelson Rosenvald – "Consideram-se, assim, direitos da personalidade aqueles direitos subjetivos reconhecidos à pessoa, tomada em si mesma e em suas necessárias projeções sociais. Enfim, são direitos essenciais ao

---

[44] FRANÇA, Rubens Limongi. *Instituições de direito civil*. 4. ed. São Paulo: Saraiva, 1996. p. 1.033.

[45] DINIZ, Maria Helena. *Curso de direito civil brasileiro*. Teoria geral do Direito Civil. 24. ed. São Paulo: Saraiva, v. 1, p. 142.

[46] AMARAL, Francisco. *Direito civil*. Introdução. 5. ed. Rio de Janeiro: Renovar, 2003. p. 249.

desenvolvimento da pessoa humana, em que se convertem as projeções físicas, psíquicas e intelectuais do seu titular, individualizando-o de modo a lhe emprestar segura e avançada tutela jurídica".[47]

– Pablo Stolze Gagliano e Rodolfo Pampiona Filho – "aqueles que têm por objeto os atributos físicos, psíquicos e morais da pessoa em si e em suas projeções sociais".[48]

Pelos conceitos transcritos, observa-se que os direitos da personalidade têm por objeto os modos de ser, físicos ou morais do indivíduo. O que se busca proteger com tais direitos são os atributos específicos da personalidade, sendo esta a qualidade do ente considerado *pessoa*. Em síntese, pode-se afirmar que *os direitos da personalidade são aqueles inerentes à pessoa e à sua dignidade* (art. 1.º, inc. III, da CF/1988).

Não se pode esquecer e negar que a pessoa jurídica possui direitos da personalidade por equiparação, conforme consta do art. 52 do Código Civil. Isso justifica o entendimento jurisprudencial pelo qual a pessoa jurídica pode sofrer dano moral (Súmula 227 do STJ).

Didaticamente, é interessante associar os direitos da personalidade com *cinco grandes ícones*, colocados em prol da pessoa no atual Código Civil e visualizados a seguir:

a) Vida e integridade físico-psíquica, estando o segundo conceito inserido no primeiro, por uma questão lógica.

b) Nome da pessoa natural ou jurídica, com proteção específica constante entre os arts. 16 a 19 do CC, bem como na Lei de Registros Públicos (Lei 6.015/1973).

c) Imagem, classificada em *imagem-retrato* – reprodução corpórea da imagem, representada pela fisionomia de alguém; e *imagem-atributo* – soma de qualificações de alguém ou *repercussão social da imagem*.[49]

d) Honra, com repercussões físico-psíquicas, subclassificada em *honra subjetiva* (autoestima) e *honra objetiva* (repercussão social da honra). Tal divisão segue a doutrina, entre outros, de Adriano De Cupis, para quem "a honra significa tanto o valor moral íntimo do homem, como a estima dos outros, ou a consideração social, o bom nome ou a boa fama, como, enfim, o sentimento, ou consciência, da própria dignidade pessoal".[50]

e) Intimidade, sendo certo que a vida privada da pessoa natural é inviolável, conforme previsão expressa do art. 5.º, inc. X, da CF/1988: "são invioláveis a intimidade, a vida privada, a honra e a imagem das pessoas, assegurado o direito à indenização pelo dano material ou moral decorrente de sua violação".

Não se olvide que a exposição acima foi inspirada na doutrina de Rubens Limongi França, que divide os direitos da personalidade em três grandes grupos.[51] O primeiro deles está relacionado ao *direito à integridade física*, englobando o direito à vida e ao corpo,

---

[47] FARIAS, Cristiano Chaves; ROSENVALD, Nelson. *Direito civil*. Teoria Geral. 4. ed. Rio de Janeiro: Lumen Juris, 2006. p. 101-102.

[48] GAGLIANO, Pablo Stolze; PAMPLONA FILHO, Rodolfo. *Novo curso de direito civil*. 6. ed. São Paulo: Saraiva, 2005. p. 150.

[49] Classificação retirada de: DINIZ, Maria Helena. *Código Civil anotado*. 15. ed. São Paulo: Saraiva, 2010. p. 67.

[50] DE CUPIS, Adriano. Os direitos da personalidade. Trad. Adriano Vera Jardim e Antonio Miguel Caeiro. Lisboa: Morais Editora, 1961. p. 111.

[51] LIMONGI FRANÇA, Rubens. *Instituições de Direito Civil*. 4. ed. São Paulo: Saraiva, 1996. p. 939-940.

CAP. 2 • PARTE GERAL DO CÓDIGO CIVIL DE 2002 | **87**

vivo ou morto. O segundo grupo é afeito ao *direito à integridade intelectual*, abrangendo a liberdade de pensamento e os direitos do autor. Por fim, há o *direito à integridade moral*, relativo à liberdade política e civil, à honra, ao recato, ao segredo, à imagem e à identidade pessoal, familiar e social.[52]

Repise-se, pois fundamental para a compreensão da matéria, que na concepção *civil-constitucional* – na esteira das lições de Gustavo Tepedino –, tais ícones devem ser relacionados com três princípios básicos constitucionais, a saber:

- Princípio de proteção da *dignidade* da *pessoa humana*, fundamento do Estado Democrático de Direito da República Federativa do Brasil (art. 1.º, inc. III, da CF/1988).
- Princípio da *solidariedade* social, também um dos objetivos da República Federativa do Brasil (construção de uma "sociedade livre, justa e solidária" – art. 3.º, inc. I, da CF/1988), visando também à erradicação da pobreza (art. 3.º, inc. III, da CF/1988).
- Princípio da *igualdade lato sensu* ou isonomia, eis *que* "todos são iguais perante a lei, sem distinção de qualquer natureza" (art. 5.º, *caput*, da CF/1988).

Didaticamente, podemos aqui trazer uma *regra de três*, afirmando que, *na visão civil--constitucional, assim como os direitos da personalidade estão para o Código Civil, os direitos fundamentais estão para a Constituição Federal*. Justamente por isso é que o Enunciado n. 274 da *IV Jornada de Direito Civil* estabelece que o rol dos direitos da personalidade previsto entre os arts. 11 a 21 do CC/2002 é meramente exemplificativo (*numerus apertus*). Aliás, mesmo o rol constante da Constituição não é taxativo, pois não exclui outros direitos colocados a favor da pessoa humana.

A título de exemplo, cite-se o direito à orientação sexual, que não consta expressamente da Constituição Federal. Concretizando tal direito, o Superior Tribunal de Justiça entendeu pela possibilidade de reparação imaterial em decorrência da utilização de apelido em notícia de jornal, com o uso do termo "bicha". Vejamos a ementa da decisão, que resolve a questão pelo abuso de direito, instituto que ainda será estudado neste livro:

"Direito civil. Indenização por danos morais. Publicação em jornal. Reprodução de cognome relatado em boletim de ocorrências. Liberdade de imprensa. Violação do direito ao segredo da vida privada. Abuso de direito. A simples reprodução, por empresa jornalística, de informações constantes na denúncia feita pelo Ministério Público ou no boletim policial de ocorrência consiste em exercício do direito de informar. Na espécie, contudo, a empresa jornalística, ao reproduzir na manchete do jornal o cognome – 'apelido' – do autor, com manifesto proveito econômico, feriu o direito dele ao segredo da vida privada, e atuou com abuso de direito, motivo pelo qual deve reparar os consequentes danos morais. Recurso especial provido" (STJ, REsp 613.374/MG, 3.ª Turma, Rel. Min. Nancy Andrighi, j. 17.05.2005, *DJ* 12.09.2005, p. 321).

Outro direito da personalidade que não está escrito em qualquer norma jurídica é o *direito ao esquecimento*, tão debatido na atualidade por doutrina e jurisprudência, nos últimos anos. No campo doutrinário, tal direito foi reconhecido pelo Enunciado n. 531 do CJF/STJ, aprovado na *VI Jornada de Direito Civil*, realizada em 2013 e com o seguinte teor:

---

[52] LIMONGI FRANÇA, Rubens. *Instituições de Direito Civil*. 4. ed. São Paulo: Saraiva, 1996. p. 939-940.

"a tutela da dignidade da pessoa humana na sociedade da informação inclui o direito ao esquecimento". De acordo com as justificativas da proposta publicadas quando do evento, "os danos provocados pelas novas tecnologias de informação vêm-se acumulando nos dias atuais. O direito ao esquecimento tem sua origem histórica no campo das condenações criminais. Surge como parcela importante do direito do ex-detento à ressocialização. Não atribui a ninguém o direito de apagar fatos ou reescrever a própria história, mas apenas assegura a possibilidade de discutir o uso que é dado aos fatos pretéritos, mais especificamente o modo e a finalidade com que são lembrados".

Ainda em sede doutrinária, e em complemento, vale dizer que, na *VII Jornada de Direito Civil*, realizada pelo Conselho da Justiça Federal em setembro de 2015, foi aprovado o Enunciado n. 576, estabelecendo que o direito ao esquecimento pode ser assegurado por tutela judicial inibitória. Assim, nos termos do art. 12 do Código Civil, caberiam medidas de tutela específica para evitar a lesão a esse direito, sem prejuízo da reparação dos danos suportados pela vítima.

Na jurisprudência do Superior Tribunal de Justiça, destaque-se decisão prolatada pela sua Quarta Turma, no Recurso Especial 1.334.097/RJ, julgado em junho de 2013. O acórdão reconheceu o *direito ao esquecimento* de homem inocentado da acusação de envolvimento na chacina da Candelária e que foi retratado pelo extinto programa Linha Direta, da TV Globo, mesmo após a absolvição criminal. A emissora foi condenada a indenizar o autor da demanda, por danos morais, em R$ 50.000,00 (cinquenta mil reais). De acordo com o relator do *decisum*, Ministro Luis Felipe Salomão, "muito embora tenham as instâncias ordinárias reconhecido que a reportagem mostrou-se fidedigna com a realidade, a receptividade do homem médio brasileiro a noticiários desse jaez é apta a reacender a desconfiança geral acerca da índole do autor, que, certamente, não teve reforçada sua imagem de inocentado, mas sim a de indiciado". Nesse contexto, aduz o julgador que "se os condenados que já cumpriram a pena têm direito ao sigilo de folha de antecedentes, assim também à exclusão dos registros da condenação no instituto de identificação, por maiores e melhores razões aqueles que foram absolvidos não podem permanecer com esse estigma, conferindo-lhes a lei o mesmo direito de serem esquecidos".

De data mais próxima, cite-se interessante aresto do Tribunal de Justiça de São Paulo, que reconheceu o direito ao esquecimento em favor de ex-participante do *Big Brother Brasil*, da TV Globo, que teve um dos maiores índices de rejeição do programa. O acórdão foi assim ementado:

> "Dano moral – Direito à intimidade – Vida privada que deve ser resguardada – Participante do programa 'Big Brother Brasil – BBB', edição do ano de 2005, que em 2016 teria recusado o convite da Rede Globo, por meio de seu Departamento de Comunicação, para voltar a participar do Programa em sua versão atual e não autorizou qualquer divulgação de sua vida privada – Matéria divulgada relacionada a sua participação no Programa televisivo e sua atual vida pessoal e profissional – Autora que abdicou da vida pública, trabalha atualmente como carteira e se opôs a divulgação de fatos da vida privada, teve fotografias atuais reproduzidas sem autorização, extraídas de seu Facebook, sofrendo ofensa a sua autoestima, uma vez que a matéria não tinha interesse jornalístico atual, e não poderia ser divulgada sem autorização, caracterizando violação ao art. 5.º, incisos V e X, da Constituição Federal e arts. 186, 187 e 927 do Código Civil, uma vez que lhe desagrada a repercussão negativa de sua atuação no *Reality Show*, resultante da frustrada estratégia que engendrou, buscando alcançar a cobiçada premiação – Livre acesso às páginas do Facebook que não autoriza a livre reprodução de fotografias, por resguardo tanto do direito de imagem, quanto do direito autoral – Obrigação de retirar as matérias de seus respectivos *sites*, mediante o fornecimento pela autora das URLs

– O compartilhamento de matérias e fotografias nada mais é do que uma forma de 'publicação', qualificando-se apenas pelo fato de que seu conteúdo, no todo ou em parte, é extraído de outra publicação já existente – Quem compartilha também contribui para a disseminação de conteúdos pela rede social, devendo, portanto, responder pelos danos causados – Dano moral caracterizado – Responsabilidade solidária de quem publicou e compartilhou a matéria, com exclusão da provedora de hospedagem, que responde apenas pela obrigação de fazer – Recurso provido em relação à Empresa Bahiana de Jornalismo, RBS – Zero Hora e Globo Comunicações e Participações e provido em parte no tocante à Universo On-line" (TJSP, Apelação 1024293-40.2016.8.26.0007, 2.ª Câmara de Direito Privado, São Paulo, Rel. Des. Alcides Leopoldo e Silva Júnior, j. 11.01.2018).

Em outro julgado importante sobre o assunto, voltando-se ao Superior Tribunal de Justiça, entendeu-se pelo *direito à desindexação* no âmbito da *internet*, com a retirada de conteúdos ofensivos relativos a dados do passado da pessoa. Como consta do acórdão, que teve profundo debate no âmbito da Terceira Turma do Tribunal, existem "circunstâncias excepcionalíssimas em que é necessária a intervenção pontual do Poder Judiciário para fazer cessar o vínculo criado, nos bancos de dados dos provedores de busca, entre dados pessoais e resultados da busca, que não guardam relevância para interesse público à informação, seja pelo conteúdo eminentemente privado, seja pelo decurso do tempo. Nessas situações excepcionais, o direito à intimidade e ao esquecimento, bem como a proteção aos dados pessoais, deverá preponderar, a fim de permitir que as pessoas envolvidas sigam suas vidas com razoável anonimato, não sendo o fato desabonador corriqueiramente rememorado e perenizado por sistemas automatizados de busca". Ainda segundo o julgado, "o rompimento do referido vínculo sem a exclusão da notícia compatibiliza também os interesses individual do titular dos dados pessoais e coletivo de acesso à informação, na medida em que viabiliza a localização das notícias àqueles que direcionem sua pesquisa fornecendo argumentos de pesquisa relacionados ao fato noticiado, mas não àqueles que buscam exclusivamente pelos dados pessoais do indivíduo protegido" (STJ, REsp 1.660.168/RJ, 3.ª Turma, Rel. Min. Nancy Andrighi, Rel. p/ Acórdão Min. Marco Aurélio Bellizze, j. 08.05.2018, *DJe* 05.06.2018).

O caso analisado envolvia a situação de promotora de justiça cujas notícias relacionavam-na com possível fraude em concursos públicos no passado, o que não restou comprovado, decidindo a Corte Superior pela necessidade de retirada dessas informações.

Também merece ser mencionado, a título de ilustração, o acórdão superior de 2020, segundo o qual, "existindo evidente interesse social no cultivo à memória histórica e coletiva de delito notório, incabível o acolhimento da tese do direito ao esquecimento para proibir qualquer veiculação futura de matérias jornalísticas relacionadas ao fato criminoso cuja pena já se encontra cumprida" (STJ, REsp 1.736.803/RJ, 3.ª Turma, Rel. Min. Ricardo Villas Bôas Cueva, j. 28.04.2020, *DJe* 04.05.2020). Como se pode notar, o citado direito não prevaleceu nessa última hipótese fática, diante da prevalência de outros direitos e interesses.

Observava-se, portanto, que o grande desafio relativo ao chamado *direito ao esquecimento* diz respeito à amplitude de sua incidência, com o fim de não afastar o direito à informação e à liberdade de imprensa. Tanto isso é verdade que foi levantada uma repercussão geral sobre o tema perante o Supremo Tribunal Federal (Agravo no Recurso Extraordinário 833.248).

Na audiência pública a respeito desse julgamento, o Professor Anderson Schreiber sustentou que o que se denomina como *direito ao esquecimento* seria, na verdade, um direito de vedar a utilização incorreta de dados pessoais, tese que é defendida em artigo publicado na obra *Direito civil. Diálogos entre a doutrina e a jurisprudência*, coordenada

## 90 | MANUAL DE DIREITO CIVIL • VOLUME ÚNICO – *Flávio Tartuce*

por mim e pelo Ministro Luis Felipe Salomão e lançada em 2018. Apesar de saber que o uso da expressão destacada é amplamente difundido na teoria e na prática, sempre entendi ter total razão o jurista fluminense.

Apesar de todos esses debates doutrinários e jurisprudenciais, o Supremo Tribunal Federal, em fevereiro de 2021, ao julgar o caso Aida Curi, concluiu que o chamado *direito ao esquecimento* seria incompatível com a Constituição Federal de 1988 (Recurso Extraordinário 1.010.606/RJ). A tese fixada, para fins de repercussão geral, foi a seguinte (Tema 786):

> "É incompatível com a Constituição a ideia de um direito ao esquecimento, assim entendido como poder de obstar, em razão da passagem do tempo, a divulgação de fatos ou dados verídicos e licitamente obtidos e publicados em meios de comunicação social analógicos ou digitais.
>
> Eventuais excessos ou abusos no exercício de liberdade de expressão e de informação devem ser analisados caso a caso, a partir dos parâmetros constitucionais, especialmente os relativos à proteção da honra, da imagem, da privacidade e da personalidade em geral e as expressas e específicas previsões legais nos âmbitos penal e cível".

Segundo o Ministro Relator Dias Toffoli, portanto, a previsão ou a aplicação de um direito ao esquecimento afrontaria a liberdade de expressão, não cabendo ao Poder Judiciário criar esse suposto direito. Oito Ministros seguiram o Relator, sendo vencidos apenas os Ministros Luiz Edson Fachin e Marco Aurélio.

Com o devido respeito, vejo certa contradição entre as duas partes da tese final, uma vez que os eventuais excessos e abusos cometidos serão resolvidos a partir da técnica de ponderação, com a possibilidade de imposição de sanções, inclusive com a correspondente responsabilidade civil. Não se pode utilizar o termo "direito ao esquecimento", o que não afasta eventual controle sobre a liberdade de expressão, mais uma vez reafirmada pelo Supremo Tribunal Federal como uma espécie de *superdireito*, como antes afirmei.

Justamente para demonstrar que o debate a respeito do tema continua vivo na nossa realidade jurídica, em fevereiro 2022, o Superior Tribunal de Justiça aplicou a tese do STF entendendo que o citado direito ao esquecimento não justifica a exclusão de uma matéria jornalística. Consoante trecho de sua ementa, "em algumas oportunidades, a Quarta e a Sexta Turmas desta Corte Superior se pronunciaram favoravelmente acerca da existência do direito ao esquecimento. Considerando os efeitos jurídicos da passagem do tempo, ponderou-se que o Direito estabiliza o passado e confere previsibilidade ao futuro por meio de diversos institutos (prescrição, decadência, perdão, anistia, irretroatividade da lei, respeito ao direito adquirido, ato jurídico perfeito e coisa julgada). Ocorre que, em fevereiro deste ano, o Supremo Tribunal Federal definiu que o direito ao esquecimento é incompatível com a Constituição Federal (Tema 786). Assim, o direito ao esquecimento, porque incompatível com o ordenamento jurídico brasileiro, não é capaz de justificar a atribuição da obrigação de excluir a publicação relativa a fatos verídicos" (STJ, REsp 1.961.581/MS, 3.ª Turma, Rel. Min. Nancy Andrighi, j. 07.12.2021, *DJe* 13.12.2021). Penso que outros julgamentos a respeito dessa temática devem surgir em nosso País.

Como última observação a respeito do assunto, pontuo que o Projeto de Reforma do Código Civil não pretende tratar, no livro específico do *Direito Civil Digital*, sobre o chamado *direito ao esquecimento,* mas, sim, da possibilidade de retirada de conteúdo ofensivo, notadamente se houver abuso de direito em sua utilização. Nos termos de proposta ainda sem numeração, "a pessoa pode requerer a exclusão permanente de dados ou de informações a ela referentes, que representem lesão aos seus direitos de personalidade, diretamente no *site* de origem em que foi publicado". A proposta considera como requisitos para a conces-

CAP. 2 • PARTE GERAL DO CÓDIGO CIVIL DE 2002 | 91

são desse pedido judicial: *a)* a demonstração de transcurso de lapso temporal razoável da publicação da informação verídica; *b)* a ausência de interesse público ou histórico relativo à pessoa ou aos fatos correlatos; *c)* a demonstração de que a manutenção da informação em sua fonte poderá gerar significativo potencial de dano à pessoa ou aos seus representantes; *d)* a demonstração de que a manutenção da informação em sua fonte poderá gerar significativo potencial de dano à pessoa ou aos seus representantes legítimos e nenhum benefício para quem quer que seja; *e)* a presença de abuso de direito no exercício da liberdade de expressão e de informação; e *f)* a concessão de autorização judicial. Segue-se, portanto, a tese fixada pelo Supremo Tribunal Federal em sede de repercussão geral (Tema 786).

Essa mesma proposta traz um § 1.º, segundo o qual, se provado pela pessoa interessada que a informação veio ao conhecimento de quem levou seu conteúdo a público, por erro, dolo, coação, fraude ou por outra maneira ilícita, o juiz deverá imediatamente ordenar a sua exclusão, invertendo-se o ônus da prova para que o *site* onde a informação se encontra indexada demonstre razão para sua manutenção. Além disso, são considerados como obtidos ilicitamente, entre outros, os dados e as informações que tiverem sido extraídos de processos judiciais que correm em segredo de justiça, os obtidos por meio de *hackeamento* ilícito, os que tenham sido fornecidos por comunicação pessoal, ou a respeito dos quais o divulgador tinha dever legal de mantê-los em sigilo (§ 2.º).

Também há proposição de se incluir no livro de *Direito Civil Digital* o chamado *direito à desindexação*. Pelo comando sugerido, a qualquer pessoa é possível requerer a aplicação desse direito, "que consiste na remoção do *link* que direciona a busca para informações inadequadas, não mais relevantes, abusivas ou excessivamente prejudiciais ao requerente e que não possuem utilidade ou finalidade para a exposição, de mecanismos de busca, *websites* ou plataformas digitais, permanecendo o conteúdo no *site* de origem". Serão tidas como hipóteses de remoção de conteúdo, entre outras, as que envolvem a exposição de: *a)* imagens pessoais explícitas ou íntimas; *b)* a pornografia falsa involuntária envolvendo o usuário; *c)* informações de identificação pessoal dos resultados da pesquisa; e *d)* conteúdo que envolva imagens de crianças e de adolescentes.

Ainda se almeja um comando prevendo que os mecanismos de busca pela internet, caso do *Google*, deverão estabelecer procedimentos claros e acessíveis para que os usuários possam solicitar a exclusão de seus dados pessoais ou daqueles que estão sob sua autoridade parental, tutela ou curatela.

Entendo que a aprovação dessas propostas é urgente e necessária, a fim de regular comportamentos e atos praticados no meio digital, muitas vezes nocivos, trazendo segurança jurídica e estabilidade para essa importante temática.

Superadas essas intrincadas questões, com conteúdo prático fundamental para a compreensão da tendência da constitucionalização do Direito Civil, o mesmo Enunciado n. 274 da *IV Jornada de Direito Civil* prevê na sua segunda parte que em caso de colisão entre os direitos da personalidade deve-se adotar a *técnica de ponderação*.

Pela *técnica de ponderação*, em casos de difícil solução (*hard cases*) os princípios e os direitos fundamentais devem ser sopesados no caso concreto pelo aplicador do Direito, para se buscar a melhor solução. Há assim *um juízo de razoabilidade de acordo com as circunstâncias do caso concreto*. A técnica exige dos aplicadores uma ampla formação, inclusive interdisciplinar, para que não conduza a situações absurdas. Sou um grande entusiasta da utilização dessa técnica, como também são os doutrinadores do Direito Civil Constitucional e parcela considerável dos constitucionalistas.

Atualizando a obra, é importante esclarecer que a técnica da ponderação foi incluída expressamente no Código de Processo Civil de 2015. Ao tratar dos elementos da sentença,

## 92 | MANUAL DE DIREITO CIVIL • VOLUME ÚNICO – *Flávio Tartuce*

estabelece o § 2.º do art. 489 do Estatuto Processual vigente: "no caso de colisão entre normas, o juiz deve justificar o objeto e os critérios gerais da ponderação efetuada, enunciando as razões que autorizam a interferência na norma afastada e as premissas fáticas que fundamentam a conclusão".

Na minha opinião doutrinária, e respeitando a posição em contrário, a ponderação é um mecanismo argumentativo de grande relevo para a solução das problemáticas atuais mais complexas. Não restam dúvidas de que esse relevante artifício de lógica jurídica é associado à visão civil-constitucional do sistema, pois é a partir da Constituição Federal que são resolvidos problemas essencialmente privados.

A sistematização da ideia de pesagem remonta ao estudo de Robert Alexy, professor da Universidade de Kiel, Alemanha, traduzido no Brasil por Virgílio Afonso da Silva, professor titular da Faculdade de Direito da Universidade de São Paulo.[53] Parece-me que foram as lições do jurista tedesco que influenciaram a elaboração do dispositivo inserido no Código de Processo Civil de 2015. De toda sorte, vale lembrar que Alexy trata em sua obra da ponderação de direitos fundamentais. A ponderação constante do CPC de 2015, denominada de *ponderação à brasileira*, é mais ampla, tratando de normas.

Abordando a inserção da norma no Código de Processo Civil em vigor, demonstram Fredie Didier Jr., Rafael Alexandria de Oliveira e Paula Sarno Barbosa a insuficiência de a ponderação ser utilizada apenas para resolver conflitos de direitos fundamentais. Segundo os autores, citando a posição de Humberto Ávila, "a ponderação não é exclusividade dos princípios: as regras também podem conviver abstratamente, mas colidir concretamente; as regras podem ter seu conteúdo preliminar no sentido superado por razões contrárias; as regras podem conter hipóteses normativas semanticamente abertas (conceitos legais indeterminados); as regras admitem formas argumentativas como a analogia. Em todas essas hipóteses, entende Ávila, é necessário lançar mão da ponderação. (...) Por outro lado, Ávila entende que nem mesmo o sopesamento é exclusivo dos princípios; as regras também possuem uma dimensão de peso. Prova disso seriam os métodos de aplicação que relacionam, ampliam ou restringem o seu sentido em função dos valores e fins a que elas visavam resguardar. A dimensão de peso não é algo inato à norma, mas uma qualidade das razões e dos fins a que ela se refere e que é atribuída a partir de um juízo valorativo do aplicador".[54]

Vale lembrar que o Professor Fredie Didier Jr. teve atuação destacada na elaboração do então Projeto de CPC quando da sua tramitação na Câmara dos Deputados, sendo ele um dos entusiastas e incentivadores da introdução desse mecanismo no Estatuto Processual emergente.

Ao demonstrar a importância da construção da ponderação, o Ministro do STF Luís Roberto Barroso compara a *subsunção* – incidência direta da norma – a um quadro geométrico com três cores distintas e bem nítidas. A *ponderação,* nessa mesma simbologia, será uma pintura moderna, "com inúmeras cores sobrepostas, algumas se destacando mais do que as outras, mas formando uma unidade estética".[55] Entretanto, o jurista faz um alerta: "Ah, sim: a ponderação malfeita pode ser tão ruim quanto algumas peças de arte moderna".[56]

---

[53] ALEXY, Robert. *Teoria dos Direitos Fundamentais*. Trad. Virgílio Afonso da Silva. São Paulo: Malheiros, 2008.

[54] DIDIER JR., Fredie; OLIVEIRA, Rafael Alexandria de; BRAGA, Paula Sarno. *Curso de Direito Processual Civil*. 10. ed. Salvador: JusPodivm, 2015. v. 2, p. 325.

[55] BARROSO, Luís Roberto. *Curso de Direito Constitucional Contemporâneo*. Os Conceitos Fundamentais e a construção do novo modelo. Rio de Janeiro: Renovar, 2009. p. 334.

[56] BARROSO, Luís Roberto. *Curso de Direito Constitucional Contemporâneo*. Os conceitos fundamentais e a construção do novo modelo. Rio de Janeiro: Renovar, 2009. p. 334.

Em sua obra, visando à ponderação, Alexy parte de algumas premissas tidas como básicas para que a pesagem ou o sopesamento entre os princípios seja possível, e que, repise-se, parecem ter sido adotadas pela Norma Instrumental Brasileira ora em vigor.

Como *primeira premissa*, o doutrinador alemão traz o entendimento de que os direitos fundamentais têm, na maioria das vezes, a estrutura de princípios, sendo *mandamentos de otimização* "caracterizados por poderem ser satisfeitos em graus variados e pelo fato de que a medida devida de sua satisfação não depende somente das possibilidades fáticas, mas também das possibilidades jurídicas".[57]

Em seguida, como *segunda premissa*, é reconhecido que, em um sistema em que há o comprometimento com valores constitucionais, pode ser frequente a ocorrência de colisões entre os princípios, o que, invariavelmente, acarretará restrições recíprocas entre os valores tutelados. Consigne-se que, de acordo com o jurista germânico, a colisão entre regras e princípios é distinta, uma vez que, no primeiro caso, uma das regras deve ser retirada obrigatoriamente do sistema, o que não ocorre no segundo.[58] Por isso, nas últimas hipóteses pode-se falar em relativização de princípios ou mesmo em direitos fundamentais, uma vez que *princípios com peso maior devem prevalecer sobre princípios com peso menor.*

Presente o conflito entre princípios, sem que qualquer um deles seja retirado do sistema, como *terceira premissa*, o aplicador do Direito deve fazer uso da *técnica de ponderação*. Em tal sopesamento, na presença da lei de colisão, os princípios são numerados por *P1* e *P2*; *C* são as condições de procedência de um princípio sobre o outro, enquanto *T1*, *T2*, *T3* são os fatores fáticos que influenciam a colisão e a conclusão.[59] A aplicação da ponderação nada mais é do que a solução do caso concreto de acordo com a *máxima da proporcionalidade.*[60]

Encerrando, a *quarta e última premissa* é a de que a pesagem deve ser fundamentada, calcada em uma argumentação jurídica com solidez e objetividade, para não ser arbitrária e irracional. Para tanto, deve ser bem clara e definida a fundamentação de *enunciados de preferências* em relação a determinado valor constitucional.[61]

Para explicar a ponderação, Alexy relata o *caso Lebach*. A emissora alemã ZDF tinha a intenção de exibir documentário intitulado *O assassinato de soldados em Lebach*, que contava a história do assassinato de quatro soldados alemães que faziam sentinela em um depósito, o que culminou com o roubo de munição do exército alemão, incidente ocorrido em 1969. Um dos condenados pelo crime estava prestes a ser solto às vésperas da veiculação do programa televisivo, no qual era citado nominalmente. Então, ele ingressou com medida cautelar para que o programa não fosse exibido, pois haveria uma clara afronta ao seu direito fundamental à imagem. O Tribunal Estadual na Alemanha rejeitou o pedido do autor da demanda para a não exibição do documentário, o que foi confirmado pelo Tribunal Superior Estadual, diante da liberdade de informar e do interesse coletivo quanto ao conteúdo do documentário.[62]

---

[57] ALEXY, Robert. *Teoria dos direitos fundamentais*. Trad. Virgílio Afonso da Silva. São Paulo: Malheiros, 2008. p. 91.

[58] ALEXY, Robert. *Teoria dos direitos fundamentais*. Trad. Virgílio Afonso da Silva. São Paulo: Malheiros, 2008. p. 92-93.

[59] ALEXY, Robert. *Teoria dos direitos fundamentais*. Trad. Virgílio Afonso da Silva. São Paulo: Malheiros, 2008. p. 94-99.

[60] ALEXY, Robert. *Teoria dos direitos fundamentais*. Trad. Virgílio Afonso da Silva. São Paulo: Malheiros, 2008. p. 117.

[61] ALEXY, Robert. *Teoria dos direitos fundamentais*. Trad. Virgílio Afonso da Silva. São Paulo: Malheiros, 2008. p. 166-176.

[62] ALEXY, Robert. *Teoria dos direitos fundamentais*. Trad. Virgílio Afonso da Silva. São Paulo: Malheiros, 2008. p. 100.

A questão chegou até a Suprema Corte alemã, que a resolveu a partir da ponderação de princípios constitucionais. A argumentação do julgamento foi dividida em três etapas, as quais são dispostas a seguir.

Na primeira delas, foi demonstrada a colisão entre o direito à imagem ou à personalidade (*P1*) e a liberdade de informar (*P2*), dois valores constitucionalmente tutelados e de mesmo nível. A prevalência de *P1* levaria à proibição do programa, enquanto a prevalência de *P2*, à sua exibição. Na segunda etapa, o julgamento conclui inicialmente pela prevalência de *P2* sobre *P1*, em uma relação de procedência, diante dos interesses coletivos à solução de crimes. Contudo, na terceira etapa, há a conclusão pela prevalência de *P1*, no sentido de que o documentário não deveria ser exibido. Dois fatores fáticos substanciais acabaram por influenciar o sopesamento: a) não haveria mais um interesse atual pela notícia do crime; b) haveria um risco para a ressocialização do autor da demanda.[63]

No Brasil, ponderação similar como a descrita no *caso Lebach* foi realizada pelo Tribunal de Justiça de São Paulo, em caso que envolvia a apresentadora de televisão Daniella Cicarelli, que foi flagrada em relações íntimas com o namorado em uma praia da Espanha, tendo as imagens reproduzidas no YouTube, *site* especializado em vídeos mantido pela Google. O Tribunal, em demanda inibitória de tutela da personalidade proposta por ambos, acabou concluindo pela não exibição das imagens, de forma definitiva. Vejamos a ementa desse paradigmático julgamento:

> "Ação inibitória fundada em violação do direito à imagem, privacidade e intimidade de pessoas fotografadas e filmadas em posições amorosas em areia e mar espanhóis. Esfera íntima que goza de proteção absoluta, ainda que um dos personagens tenha alguma notoriedade, por não se tolerar invasão de intimidades [cenas de sexo] de artista ou apresentadora de TV. Inexistência de interesse público para se manter a ofensa aos direitos individuais fundamentais (arts. 1.º, III, e 5.º, V e X, da CF). Manutenção da tutela antecipada expedida no Agravo de Instrumento 472.738-4 e confirmada no julgamento do Agravo de Instrumento 488.184-4/3. Provimento para fazer cessar a divulgação dos filmes e fotografias em *websites*, por não ter ocorrido consentimento para a publicação. Interpretação dos arts. 461 do CPC e 12 e 21 do CC, preservada a multa diária de R$ 250.000,00, para inibir transgressão ao comando de abstenção" (TJSP, Apelação Cível 556.090.4/4-00/SP, 4.ª Câmara de Direito Privado, Rel. Enio Zuliani, j. 12.06.2008, Data de Registro: 17.07.2008).

Alerte-se, contudo, que a técnica da ponderação é criticada por alguns juristas, caso de Lenio Luiz Streck, conforme suas colunas publicadas no informativo *Consultor Jurídico*. Em um de seus mais destacados textos, argumenta o respeitado jurista: "surpreende, portanto, que o novo CPC incorpore algo que não deu certo. Pior: não satisfeito em falar da ponderação, foi mais longe na tropelia epistêmica: fala em colisão entre normas (seria um abalroamento hermenêutico?), o que vai trazer maiores problemas ainda, pela simples razão de que, na linguagem jurídica, regras e princípios são... normas. E são. Já ninguém duvida disso. Logo, o que vai haver de 'ponderação de regras' não tem limite. Ou seja, sem exageros, penso que o legislador cometeu um equívoco. Ou as tais 'normas-que-entram-em-colisão' seriam os tais 'postulados', 'metanormas' pelas quais se faz qualquer coisa com o direito? Isso tem nome: risco de estado de natureza hermenêutico, eis o espectro que ronda, no mau sentido, o direito brasileiro".[64]

---

[63] ALEXY, Robert. *Teoria dos direitos fundamentais*. Trad. Virgílio Afonso da Silva. São Paulo: Malheiros, 2008. p. 101-102.

[64] STRECK, Lenio Luiz. Ponderação de Normas no novo CPC? É o caos. Presidente Dilma, por favor, veta!. Coluna Senso Incomum. *Consultor Jurídico*. Publicada em 8 de janeiro de 2015. Disponível em: <http://

E arremata, propondo o veto ao comando pela Presidente da República, o que não ocorreu: "quem disse que a ponderação (seja lá o que o legislador quis dizer com essa expressão) é necessária? Por exemplo, é possível demonstrar que essa história de colisão não passa de um álibi retórico para exercer a escolha arbitrária. Posso demonstrar que onde se diz existir uma 'tal' colisão, na verdade o que existe é apenas um artifício para exercitar uma 'livre escolha'. Jusfilósofos como Juan Garcia Amado ironizam essa 'manobra pseudoargumentativa' que é lançar mão da ponderação. O caso Elwanger é um bom exemplo, em que nada havia a 'ponderar' (o melhor texto sobre isso é de Marcelo Cattoni): bastava aplicar a lei que dizia que racismo é crime hediondo. Na verdade, posso demonstrar que o argumento da 'colisão' sempre chega atrasado. Sempre".[65]

Na minha opinião, a crítica não se sustenta. Começando pelo final do texto de Lenio Streck, a ponderação é sim necessária para resolver os casos de difícil solução. Como resolver, por exemplo, o dilema entre a liberdade de imprensa e a imagem, conforme ainda será exposto? Aplicando pura e simplesmente o art. 20 do Código Civil? Ora, isso conduziria à censura, a uma solução inconstitucional, como bem entendeu o Supremo Tribunal Federal no julgado sobre biografias não autorizadas, em junho de 2015.

Em reforço, não acredito que a ponderação é um ato de *livre escolha*. Essa é a *má ponderação*, conforme o alerta do Ministro Luís Roberto Barroso, aqui antes exposto. Nos termos do que consta do CPC/2015, seguindo as lições de Alexy, a *boa ponderação* sempre deve ser fundamentada e utilizada em casos excepcionais, quando a lei não traz a correta solução.

Por fim, o aumento do poder atribuído ao julgador nos parece saudável. Isso tem sido incrementado pelas legislações contemporâneas não só no Brasil, como na Europa, baseado em conceitos abertos, conceitos legais indeterminados e cláusulas gerais. O próprio Código de Processo Civil de 2015 confirma essa tendência. O legislador reconhece que não pode prever tudo, resolver tudo, e atribui um pouco de *seu poder* ao julgador. Qual sistema jurídico seria melhor do que esse? Aquele pautado na estrita legalidade? Ora, o *estrito legalismo* não vingou, está superado. É o momento de abrir os sistemas jurídicos. Por que não confiar nos julgadores, deixando a fé somente no legislador?

Assim, por diversas vezes essa técnica argumentativa será utilizada na presente obra para a solução de casos práticos de conteúdo bem interessante. Como outra ilustração imediata, vejamos julgado do Superior Tribunal de Justiça, que trata de caso concreto bem peculiar (*Informativo* n. 467 do STJ):

> "Indenização. Danos materiais e morais. Exame involuntário. Trata-se, na origem, de ação de reparação por danos materiais e compensação por danos morais contra hospital no qual o autor, recorrente, alegou que preposto do recorrido, de forma negligente, realizou exame não solicitado, qual seja, anti-HIV, com resultado positivo, o que causou enorme dano, tanto material quanto moral, com manifesta violação da sua intimidade. A Turma, ao prosseguir o julgamento, por maioria, entendeu que, sob o prisma individual, o direito de o indivíduo não saber que é portador de HIV (caso se entenda que este seja um direito seu, decorrente da sua intimidade) sucumbe, é suplantado por um direito maior, qual seja, o direito à vida longeva e saudável. Esse

---

www.conjur.com.br/2015-jan-08/senso-incomum-ponderacao-normas-cpc-caos-dilma-favor-veta>. Acesso em: 24 jan. 2015.

[65] STRECK, Lenio Luiz. Ponderação de Normas no Novo CPC? É o caos. Presidente Dilma, por favor, veta!. Coluna Senso Incomum. *Consultor Jurídico*. Publicada em 8 de janeiro de 2015. Disponível em <http://www.conjur.com.br/2015-jan-08/senso-incomum-ponderacao-normas-cpc-caos-dilma-favor-veta>. Acesso em: 24 jan. 2015.

direito somente se revelou possível ao autor da ação com a informação, involuntária é verdade, sobre o seu real estado de saúde. Logo, mesmo que o indivíduo não queira ter conhecimento da enfermidade que o acomete, a informação correta e sigilosa sobre o seu estado de saúde dada pelo hospital ou laboratório, ainda que de forma involuntária, tal como no caso, não tem o condão de afrontar sua intimidade, na medida em que lhe proporciona a proteção de um direito maior. Assim, a Turma, por maioria, negou provimento ao recurso" (REsp 1.195.995/SP, Rel. originária Min. Nancy Andrighi, Rel. para acórdão Min. Massami Uyeda, j. 22.03.2011).

Como se nota, o acórdão coloca em pauta o que já vem sendo chamado de *o direito de não saber*. Conforme leciona Lucas Miotto Lopes, "o direito de não saber é um direito distinto do direito à privacidade e só tem efeitos caso haja a manifestação expressa de preferência. Tem limites na probabilidade da violação de direitos de outras pessoas".[66] Esse limite foi aplicado ao caso exposto, pois o fato de o demandante não saber ser portador do vírus HIV poderia trazer prejuízos a terceiros. Por isso, o seu pedido reparatório em face do laboratório que fez o exame de sangue de maneira equivocada foi corretamente rejeitado.

Em julgado do ano de 2019, igualmente digno de comentário, o Superior Tribunal de Justiça reconheceu a eficiência da técnica da ponderação para resolver conflitos entre princípios e normas. Trata-se do caso do "passinho do romano", em que a Sociedade Beneficente Muçulmana ingressou com ação indenizatória em face de Google Brasil Internet, mantenedora do *site Youtube*, alegando a existência de diversos vídeos de *funk* com esse nome, em que haveria suposto desrespeito à religião por utilizar trechos do Alcorão. Abordou-se, portanto, a colisão entre a liberdade de expressão e a inviolabilidade de crença religiosa. Como primeiro trecho importante, consta da ementa do aresto que "o § 2.º do art. 489 do CPC/2015 estabelece balizas para a aplicação da técnica da ponderação visando a assegurar a racionalidade e a controlabilidade da decisão judicial, sem implicar a revogação de outros critérios de resolução de antinomias, tais como os expostos na Lei de Introdução às Normas do Direito Brasileiro, que permanecem aplicáveis" (STJ, REsp 1.765.579/SP, 3.ª Turma, Rel. Min. Ricardo Villas Bôas Cueva, j. 05.02.2019, *DJe* 12.02.2019). Conclui-se, portanto, que a ponderação deve conviver com os clássicos critérios de solução das antinomias, estudados no Capítulo 1 deste livro.

Sobre os critérios que devem ser utilizados pelos julgadores para uma *boa ponderação*, extrai-se do acórdão que, "sob essa perspectiva, pode-se entender o § 2.º do art. 489 do CPC/2015 como uma diretriz que exige do juiz que justifique a técnica utilizada para superar o conflito normativo, não o dispensando do dever de fundamentação, mas, antes, reforçando as demais disposições correlatas do Novo Código, tais como as dos arts. 10, 11, 489, § 1.º, e 927. Sempre caberá às instâncias recursais competentes aferir, em cada caso, se a técnica da ponderação foi bem aplicada e, consequentemente, se a decisão judicial possui fundamentação válida".

Ao final, manteve-se a decisão de prevalência da liberdade de expressão, rejeitando-se o pedido reparatório, com o entendimento de que a ponderação foi bem efetivada pela inferior instância: "no que compete a este órgão julgador, porém, não se vislumbra nulidade do acórdão recorrido por violação da legislação processual vigente, haja vista o Tribunal de origem ter (i) enfrentado todas as questões relevantes necessárias à solução da controvérsia e capazes de infirmar sua conclusão e (ii) apresentado de forma clara o objeto

---

[66] LOPES, Lucas Miotto. EU não quero saber! Uma defesa do direito de não saber como independente do direito à privacidade. *Revista Direito, Estado e Sociedade*, Pontifícia Universidade Católica do Rio de Janeiro, Departamento de Direito, Rio de Janeiro: PUCRJ, n. 45, p. 82-97, jul.-dez. 2014.

e os critérios gerais da ponderação de princípios efetuada, mediante a exposição das razões fáticas e jurídicas que fundamentaram a formação do seu convencimento pela prevalência da liberdade de expressão" (STJ, REsp 1.765.579/SP, 3.ª Turma, Rel. Min. Ricardo Villas Bôas Cueva, j. 05.02.2019, *DJe* 12.02.2019).

Como última nota a respeito do assunto, destaco que no Projeto de Reforma do Código Civil pretende-se incluir expressamente no art. 11 do Código Civil a menção expressa à técnica ponderação, local mais correto para o seu tratamento. Assim, o comando enunciará em seu § 3.º que "a aplicação dos direitos da personalidade deve ser feita à luz das circunstâncias e exigências do caso concreto, aplicando-se a técnica da ponderação de interesses, nos termos exigidos pelo art. 489, § 2º, da Lei nº 13.105, de 16 de março de 2015 (Código de Processo Civil)". Em matéria de ambiente digital, a ideia que o Projeto traz é que os conflitos entre direitos existentes nesse âmbito igualmente sejam resolvidos a partir da técnica de ponderação.

Superado o tema da ponderação, que ainda será abordado em outros trechos desta obra, o Código Civil de 2002 tratou especificamente dos direitos da personalidade entre os seus arts. 11 a 21. Como se extrai da obra de Anderson Schreiber, alguns dos novos comandos apresentam problemas técnicos, pois houve um tratamento excessivamente rígido da matéria.[67] Ademais, como aponta o jurista, "muitos dos dispositivos dedicados ao tema trazem soluções absolutas, definitivas, fechadas, que, como se verá adiante, não se ajustam bem à realidade contemporânea e à própria natureza dos direitos da personalidade".[68] Por isso é imperiosa a reforma do Código Civil, para que esses equívocos sejam sanados, havendo propostas para praticamente todos os dispositivos sobre o tema, com exceção do art. 21 do CC/2002.

Partindo para a análise de suas características, os direitos da personalidade são tidos como intransmissíveis, irrenunciáveis, extrapatrimoniais e vitalícios, eis que comuns à própria existência da pessoa. Trata-se ainda de direitos subjetivos, inerentes à pessoa (inatos), tidos como absolutos, indisponíveis, imprescritíveis e impenhoráveis. Anote-se que há proposta de inclusão expressa de todas essas características no art. 11 do CC, conforme o Projeto de Lei 699/2011, antigo Projeto 6.960/2002, de autoria original do Deputado Ricardo Fiuza.[69]

A seguir para a análise dos dispositivos da atual codificação privada, o primeiro dele é justamente o art. 11 do Código Civil, que enuncia: "com exceção dos casos previstos em lei, os direitos da personalidade são intransmissíveis e irrenunciáveis, não podendo o seu exercício sofrer limitação voluntária".

Como se pode notar, o dispositivo determina que os direitos da personalidade não possam sofrer limitação voluntária, o que gera o seu suposto *caráter absoluto*. Entretanto, por uma questão lógica, tal regra pode comportar exceções, havendo, eventualmente, relativização desse caráter ilimitado e absoluto. Prevê o Enunciado n. 4 do CJF/STJ, aprovado na *I Jornada de Direito Civil*, que "o exercício dos direitos da personalidade pode sofrer limitação voluntária, desde que não seja permanente nem geral".

Adotando os exatos termos do enunciado doutrinário, concluiu o STJ, em aresto publicado no seu *Informativo* n. *606*, que "o exercício dos direitos da personalidade pode ser objeto de disposição voluntária, desde que não permanente nem geral, estando condicionado à prévia autorização do titular e devendo sua utilização estar de acordo com o contrato estabelecido entre as partes" (REsp 1.630.851/SP, 3.ª Turma, Rel. Min. Paulo de

---

[67] SCHREIBER, Anderson. *Direitos da personalidade*. São Paulo: Atlas, 2011, p. 12.

[68] SCHREIBER, Anderson. *Direitos da personalidade*. São Paulo: Atlas, 2011, p. 12.

[69] FIUZA, Ricardo. *O novo Código Civil e as propostas de aperfeiçoamento*. São Paulo: Saraiva, 2003. p. 36.

# 98 | MANUAL DE DIREITO CIVIL • VOLUME ÚNICO – *Flávio Tartuce*

Tarso Sanseverino, por unanimidade, j. 27.04.2017, *DJe* 22.06.2017). O acórdão diz respeito à indenização pelo uso de mensagem de voz em gravação de saudação telefônica, trazendo a correta conclusão segundo a qual a voz encontra proteção nos direitos da personalidade, garantidos pela Constituição Federal e protegidos pelo Código Civil de 2002.

Em complemento, foi aprovado outro enunciado, de número 139, na *III Jornada de Direito Civil*, pelo qual "os direitos da personalidade podem sofrer limitações, ainda que não especificamente previstas em lei, não podendo ser exercidos com abuso de direito de seu titular, contrariamente à boa-fé objetiva e aos bons costumes". Pelo teor desses dois enunciados doutrinários, a *limitação voluntária* constante do art. 11 do CC seria somente aquela não permanente e que não constituísse abuso de direito, nos termos da redação do art. 187 da mesma codificação material, que ainda utiliza as expressões *boa-fé* e *bons costumes*.

Em boa hora, no atual Projeto de Reforma do Código Civil, há proposta de inclusão desses dois enunciados doutrinários no texto do art. 11 do Código Civil, passando o seu novo § 2.º a expressar, na linha do entendimento hoje majoritário, que "os direitos da personalidade são intransmissíveis, irrenunciáveis e a limitação voluntária de seu exercício, somente será admitida, quando não permanente e específica, respeitando à boa-fé objetiva e não baseada em abuso de direito de seu titular".

A título de exemplo de aplicação desse entendimento, podem ser citados os casos relativos à cessão onerosa dos direitos patrimoniais decorrentes da imagem, que não pode ser permanente. Assim, pode-se dizer que um atleta profissional tem a liberdade de celebrar um contrato com uma empresa de material esportivo, visando à exploração patrimonial de sua imagem, como é comum. Entretanto, esse contrato não pode ser vitalício, como ocorre algumas vezes na prática, principalmente em casos de contratos celebrados entre jogadores de futebol brasileiros e empresas multinacionais. Esses contratos, geralmente, são celebrados no estrangeiro, mas se fossem celebrados no Brasil seriam nulos, por ilicitude de seu objeto, pois a cessão de uso dos direitos da personalidade é permanente (art. 166, inc. II, do CC e Enunciado n. 4 do CJF/STJ).

A ilustrar de outro modo, cite-se a cessão patrimonial dos direitos do autor, segundo art. 28 da Lei 9.610/1998, pelo qual "cabe ao autor o direito exclusivo de utilizar, fruir e dispor da obra literária, artística ou científica". Por óbvio que a cessão não alcança os direitos morais do autor, previstos no art. 24 da mesma lei específica. A propósito, como consta do seu art. 27, "os direitos morais do autor são inalienáveis e irrenunciáveis".

A mesma tese vale para os contratos assinados pelos participantes de *programas de realidade* (*reality shows*), caso do programa *Big Brother Brasil*, veiculado pela TV Globo. Em programas dessa natureza, é comum a celebração de um contrato em que o participante renuncia ao direito a qualquer indenização a título de dano moral, em decorrência da edição de imagens. O contrato de renúncia é nulo, sem dúvida, aplicação direta dos arts. 11 e 166, inc. VI, do CC.

Por outro lado, concorda-se com Jones Figueirêdo Alves e Mário Luiz Delgado quando afirmam que o programa, em si, não traz qualquer lesão a direito da personalidade. Por outro lado, saliente-se que pode o participante ter a sua honra maculada pelo programa televisivo, dependendo da forma pela qual as imagens são expostas, cabendo medidas judiciais de proteção em casos tais (art. 12 do CC/2002).[70]

Consigne-se o esclarecimento de Roxana Cardoso Brasileiro Borges, no sentido de que o direito da personalidade não é disponível no sentido estrito, sendo transmissíveis apenas

---

[70] ALVES, Jones Figueirêdo; DELGADO, Mário Luiz. *Código Civil anotado*. São Paulo: Método, 2005. p. 23.

as expressões do uso do direito da personalidade.[71] Em outras palavras, existem aspectos patrimoniais dos direitos da personalidade que podem ser *destacados* ou transmitidos, desde que de forma limitada.

Todas essas hipóteses constituem exceções à regra da intransmissibilidade e indisponibilidade, que confirmam a tendência de relativização de princípios, direitos e deveres, realidade atual da órbita constitucional e privada. Concluindo quanto ao tema, o desenho a seguir demonstra que existe uma parcela dos direitos da personalidade que é disponível (*disponibilidade relativa*), aquela relacionada com direitos subjetivos patrimoniais.

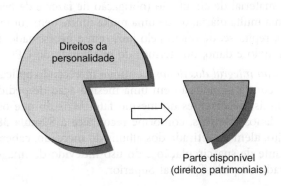

Em relação ao art. 12, *caput*, do Código Civil, trata-se do comando legal que possibilita a *tutela geral da personalidade* ("pode-se exigir que cesse a ameaça, ou a lesão, a direito da personalidade, e reclamar perdas e danos, sem prejuízo de outras sanções previstas em lei"). Dois são os princípios que podem ser retirados da norma, com a possibilidade de medidas judiciais e extrajudiciais. Primeiro, há o *princípio da prevenção*. Segundo, consagra-se o *princípio da reparação integral de danos*.

No que concerne à *prevenção*, dispõe o Enunciado n. 140 do CJF/STJ, aprovado na *III Jornada de Direito Civil* (dez. 2004) que "a primeira parte do art. 12 do Código Civil refere-se a técnicas de tutela específica, aplicáveis de ofício, enunciadas no art. 461 do Código de Processo Civil, devendo ser interpretada como resultado extensivo". Desse modo, cabe multa diária, ou *astreintes*, em ação cujo objeto é uma obrigação de fazer ou não fazer, em prol dos direitos da personalidade. Essa medida será concedida de ofício pelo juiz (*ex officio*), justamente porque a proteção da pessoa envolve ordem pública.

Duas notas devem ser feitas em relação a esse último enunciado doutrinário com a emergência do Código de Processo Civil de 2015, com grande interesse para a prática.

A primeira delas é que o art. 461 do CPC/1973 equivale ao art. 497 do CPC/2015, tendo o último preceito a seguinte redação:

"Art. 497. Na ação que tenha por objeto a prestação de fazer ou de não fazer, o juiz, se procedente o pedido, concederá a tutela específica ou determinará providências que assegurem a obtenção de tutela pelo resultado prático equivalente.

Parágrafo único. Para a concessão da tutela específica destinada a inibir a prática, a reiteração ou a continuação de um ilícito, ou a sua remoção, é irrelevante a demonstração da ocorrência de dano ou da existência de culpa ou dolo".

---

[71] BORGES, Roxana Cardoso. *Disponibilidade dos direitos de personalidade e autonomia privada*. São Paulo: Saraiva, 2005. p. 11.

**100** | MANUAL DE DIREITO CIVIL • VOLUME ÚNICO – *Flávio Tartuce*

A dispensa da presença do dano e da culpa *lato sensu*, novidade na previsão processual, parece-me salutar, *objetivando-se* a proteção prévia dos direitos da personalidade.

A segunda nota é que o conhecimento de ofício dessa proteção representa clara aplicação do *Direito Processual Civil Constitucional*, retirado dos arts. 1.º e 8.º do CPC/2015. Eis um dos seus principais exemplos, com fundamento agora em dispositivos expressos da norma instrumental.

A exemplificar, se uma empresa lança um álbum de figurinhas de um jogador de futebol, sem a devida autorização, caberá uma ação específica tanto para vedar novas veiculações quanto para retirar o material de circulação (obrigação de fazer e de não fazer). Nessa ação, caberá a fixação de uma multa diária, ou de uma multa única, bem como a busca e apreensão dos álbuns. Tudo isso, repita-se, de ofício pelo juiz, sem a necessidade de pedido da parte e da presença de culpa, dolo e dano, nos termos do que consta do CPC/2015.

Quanto à *reparação integral dos danos*, continua merecendo aplicação a Súmula 37 do STJ, do ano de 1992, com a cumulação em uma mesma ação de pedido de reparação por danos materiais e morais, decorrentes do mesmo fato. Mais do que os danos morais, são ainda cumuláveis os danos estéticos, conforme reconhece a Súmula 387 do STJ, de 2009. No caso acima descrito, além da retirada dos álbuns do mercado, caberá ainda indenização por danos morais diante de sua circulação e do uso indevido de imagem. A propósito do tema, destaca-se julgado daquele Tribunal Superior:

> "Direito à imagem. Utilização com fins econômicos sem autorização. Dano moral. Indenização. Razoabilidade. Impossibilidade de revisão no STJ. Súmula 7. – A divulgação de fotografia sem autorização não gera, por si só, o dever de indenizar. 'Para imputar o dever de compensar danos morais pelo uso indevido da imagem com fins lucrativos é necessário analisar as circunstâncias particulares que envolveram a captação e exposição da imagem' (REsp 622.872/NANCY). – Não é necessária a demonstração do prejuízo. Tratando-se de direito à imagem, 'a obrigação de reparar decorre do próprio uso indevido do direito personalíssimo' (REsp 267.529/SÁLVIO). – Em recurso especial somente é possível revisar a indenização por danos morais quando o valor fixado nas instâncias locais for exageradamente alto, ou baixo, a ponto de maltratar o Art. 159 do Código Beviláqua. Fora desses casos, incide a Súmula 7, a impedir o conhecimento do recurso" (STJ, AgRg no Ag 735.529/RS, 3.ª Turma, Rel. Min. Humberto Gomes de Barros, j. 28.11.2006, *DJ* 11.12.2006, p. 353).

O julgado e outros precedentes geraram a edição da Súmula 403 pelo STJ, em novembro de 2009, com a seguinte redação: "independe de prova do prejuízo a indenização pela publicação não autorizada de imagem de pessoa com fins econômicos ou comerciais". No âmbito doutrinário, confirmando o teor da súmula, cite-se proposta aprovada na *VII Jornada de Direito Civil*, evento promovido pelo Conselho da Justiça Federal em setembro de 2015, segundo o qual, o dano à imagem restará configurado quando presente a utilização indevida desse bem jurídico, independentemente da concomitante lesão a outro direito da personalidade, sendo dispensável a prova do prejuízo do lesado ou do lucro do ofensor para a caracterização do dano, por se tratar de modalidade *in re ipsa* (Enunciado n. 587).

O parágrafo único do mesmo art. 12 do CC reconhece *direitos da personalidade ao morto*, cabendo legitimidade para ingressar com a ação correspondente aos *lesados indiretos*: cônjuge, ascendentes, descendentes e colaterais até quarto grau. Conforme enunciado aprovado na *V Jornada de Direito Civil*, em 2011, de autoria do Professor Gustavo Tepedino, tais legitimados agem por direito próprio em casos tais (Enunciado n. 400).

Entendo ser correta a conclusão segundo a qual a personalidade termina com a morte, o que é retirado do art. 6.º do Código Civil. Todavia, após a morte da pessoa, ficam

CAP. 2 • PARTE GERAL DO CÓDIGO CIVIL DE 2002 | **101**

*resquícios de sua personalidade*, que podem ser protegidos pelos citados *lesados indiretos*. Em verdade, nos casos de lesão aos direitos da personalidade do morto, estão presentes *danos diretos* – aos familiares – e também *danos indiretos* ou *em ricochete*, que atingem o morto e repercutem naqueles que a lei considera legitimados.

Essa posição seguida pode ser tida como a majoritária no Brasil. Nesse sentido, cite--se o artigo científico desenvolvido por Ney Rodrigo Lima Ribeiro, referido quando do julgamento do Recurso Especial 1.209.474/SP pela Terceira Turma do STJ, acórdão que teve como relator o Ministro Paulo de Tarso Sanseverino (10 de setembro de 2013).

Como aponta o autor do texto, citado no acórdão, existem três correntes de análise do tema dos direitos da personalidade do morto:

"a) sustentam que a personalidade cessa com a morte (art. 6.º do CC), ou seja, que é uma regra absoluta e, por conseguinte, a morte tudo resolve (*mors omnia solvit*), bem como não há extensão dos direitos de personalidade, os seguintes doutrinadores: Sílvio de Salvo Venosa; Cristiano Chaves; Pontes de Miranda e Silvio Romero Beltrão; b) defendem que a personalidade cessa com a morte (art. 6.º do CC), entretanto, é uma regra relativa e, por decorrência, o brocardo jurídico *mors omnia solvit* não é absoluto, há extensão dos direitos de personalidade após a morte e também é cabível a indenização diante de lesão à pessoa falecida, os seguintes autores: Álvaro Villaça, Silmara J. Chinellato; Rubens Limongi França; Ingo Wolfgang Sarlet; Gustavo Tepedino; Maria Helena Diniz; Flávio Tartuce; Paulo Lôbo; Francisco Amaral e José Rogério Cruz e Tucci; c) a doutrina brasileira é quase uníssona em afirmar que o princípio da dignidade da pessoa humana (art. 1.º, inc. III, da CF/88) é o sustentáculo de proteção das pessoas falecidas".[72]

Injustificadamente, o art. 12, parágrafo único, do CC não faz referência ao compa-nheiro ou convivente, que ali deve ser incluído por aplicação analógica do art. 226, § 3.º, da CF/1988. Justamente por isso, o Enunciado n. 275 do CJF/STJ, da *IV Jornada de Direito Civil*, aduz que "o rol dos legitimados de que tratam os arts. 12, parágrafo único, e 20, parágrafo único, do Código Civil, também compreende o companheiro".

Pelo que consta do próprio enunciado, frise-se que, no caso específico de lesão à imagem do morto, o art. 20, parágrafo único, do CC/2002, também atribui legitimidade aos *lesados indiretos*, mas apenas faz menção ao cônjuge, aos ascendentes e aos descenden-tes, também devendo ser incluído o companheiro pelas razões já expostas. De fato, pelo que consta expressamente da lei, os colaterais até quarto grau não têm legitimação para a defesa de tais direitos, conclusão a que chegou o Enunciado n. 5 do CJF/STJ, aprovado na *I Jornada de Direito Civil*, cujo teor segue, de forma destacada:

"Arts. 12 e 20: 1) as disposições do art. 12 têm caráter geral e aplicam-se inclusive às situações previstas no art. 20, excepcionados os casos expressos de legitimidade para requerer as medidas nele estabelecidas; 2) as disposições do art. 20 do novo Código Civil têm a finalidade específica de regrar a projeção dos bens personalíssimos nas situações nele enumeradas. Com exceção dos casos expressos de legitimação que se conformem com a tipificação preconizada nessa norma, a ela podem ser aplicadas subsidiariamente as regras instituídas no art. 12".

Pelo teor do último enunciado transcrito, que consubstancia o entendimento majori-tário da doutrina, pode ser concebido o seguinte quadro esquemático:

---

[72] RIBEIRO, Ney Rodrigo Lima. *Direitos da personalidade*. Coord. Jorge Miranda, Otavio Luiz Rodrigues Jr. e Gustavo Bonato Fruet. São Paulo: Atlas, 2012.

| Art. 12, parágrafo único, do CC | Art. 20, parágrafo único, do CC |
|---|---|
| Lesão a direitos da personalidade do morto. | Lesão à imagem do morto. |
| Legitimados pela norma: ascendentes, descendentes, cônjuge e colaterais até quarto grau. | Legitimados pela norma: ascendentes, descendentes e cônjuge. |

A questão é muito controvertida, pois, afinal de contas, o conceito de imagem (incluindo a imagem-retrato e a imagem-atributo) encontra-se muito ampliado. Nesse contexto, haverá enormes dificuldades em enquadrar a situação concreta no art. 12 ou no art. 20 do Código Civil. Para uma melhor solução de tutela de direitos, pode-se até entender que os dispositivos trazem apenas relações exemplificativas dos legitimados extraordinariamente para os casos de lesão à personalidade do morto. Por outro caminho, pode-se concluir que os arts. 12, parágrafo único, e 20, parágrafo único, comunicam-se entre si.

Comentando o último comando, leciona Silmara Chinellato, a quem se filia que "anoto que a legitimação aqui é menos extensa do que naquele parágrafo, já que omite os colaterais. É sustentável admitir a legitimação também a eles, bem como aos companheiros, uma vez que o art. 12 se refere genericamente à tutela dos direitos da personalidade, entre os quais se incluem os previstos pelo art. 20".[73] Esse último entendimento afasta a rigidez do quadro exposto. Seguindo essa ideia de flexibilização, independentemente da ordem de vocação hereditária, transcreve-se julgado do Tribunal Mineiro, que analisou lesão à personalidade do morto pela violação de sepultura:

"Direito administrativo. Apelações. Violação de sepultura em cemitério municipal. Violação de urna funerária. Responsabilidade objetiva do Estado. Situação causadora de dano moral. Irmão do morto. Legitimidade. Dano moral de natureza gravíssima. Majoração da indenização. Possibilidade. Multa diária. Previsão legal. Juros. Percentual. Honorários advocatícios. Redução. Possibilidade. Recursos parcialmente providos. O artigo 12, parágrafo único, do Código Civil, autoriza qualquer parente em linha reta, ou colateral até o quarto grau, a pleitear indenização por danos morais, quando se tratar de reflexos de direitos da personalidade do morto, sendo que o dispositivo não condiciona o ajuizamento da ação à observância da ordem de vocação hereditária a violação de sepultura e de urna funerária configura dano moral de natureza grave, de forma que, se as violações ocorreram por ordem de servidor público municipal, nas dependências de cemitério público municipal, é certo que o município responde objetivamente pelos danos morais causados ao irmão do morto" (TJMG, Apelação Cível 1.0699.07.071912-4/0021, 4.ª Câmara Cível, Ubá, Rel. Des. Moreira Diniz, j. 05.02.2009, *DJEMG* 27.02.2009).

Adotando-se a flexibilidade da ordem prevista nos comandos, na *V Jornada de Direito Civil* (novembro de 2011), aprovou-se o enunciado proposto pelo Professor André Borges de Carvalho Barros, com o seguinte teor: "as medidas previstas no art. 12, parágrafo único, do Código Civil podem ser invocadas por qualquer uma das pessoas ali mencionadas de forma concorrente e autônoma" (Enunciado n. 398).

Partindo para a prática, um dos julgados mais conhecidos a respeito da tutela da personalidade do morto é o relativo ao livro *Estrela solitária – um brasileiro chamado Gar-*

---

[73] CHINELLATO, Silmara J. *Código Civil interpretado*. 3. ed. Coord. Silmara Juny Chinellato. São Paulo: Manole, 2010. p. 46-47.

*rincha*, em que foram tutelados os direitos das filhas do jogador, reparando-as por danos morais sofridos em decorrência de afirmações feitas na publicação. Vejamos a ementa:

"Civil. Danos morais e materiais. Direito à imagem e à honra de pai falecido. Os direitos da personalidade, de que o direito à imagem é um deles, guardam como principal característica a sua intransmissibilidade. Nem por isso, contudo, deixa de merecer proteção a imagem e a honra de quem falece, como se fossem coisas de ninguém, porque elas permanecem perenemente lembradas nas memórias, como bens imortais que se prolongam para muito além da vida, estando até acima desta, como sentenciou Ariosto. Daí porque não se pode subtrair dos filhos o direito de defender a imagem e a honra de seu falecido pai, pois eles, em linha de normalidade, são os que mais se desvanecem com a exaltação feita à sua memória, como são os que mais se abatem e se deprimem por qualquer agressão que lhe possa trazer mácula. Ademais, a imagem de pessoa famosa projeta efeitos econômicos para além de sua morte, pelo que os seus sucessores passam a ter, por direito próprio, legitimidade para postularem indenização em juízo, seja por dano moral, seja por dano material. Primeiro recurso especial das autoras parcialmente conhecido e, nessa parte, parcialmente provido. Segundo recurso especial das autoras não conhecido. Recurso da ré conhecido pelo dissídio, mas improvido" (STJ, REsp 521.697/RJ, 4.ª Turma, Rel. Min. Cesar Asfor Rocha, j. 16.02.2006, *DJ* 20.03.2006, p. 276).

Como outro caso interessante, sempre citado em minhas aulas, em 10 de abril de 2012, sentença de primeira instância da 7.ª Vara Cível de Aracaju, Sergipe, proibiu a veiculação do livro *Lampião – o mata sete*, estudo histórico realizado pelo advogado Pedro de Moraes que afirma que Lampião era homossexual e constantemente traído por sua mulher, Maria Bonita. A ação foi proposta pela única filha do casal, Expedida Ferreira Nunes, concluindo o magistrado Aldo Albuquerque de Melo que, "conjugando o art. 5.º, X, da Constituição Federal com o art. 20, parágrafo único do Código Civil, verifica-se facilmente a ilicitude da conduta do requerido em pretender divulgar e publicar uma biografia de Lampião, sem autorização dos titulares do direito de imagem, no caso, a requerente" (Processo 201110701579). Como as figuras relatadas no livro são históricas ficava em xeque a ponderação realizada pelo julgador, uma vez que há um interesse coletivo no estudo realizado pelo advogado escritor.

Com correção, a sentença foi reformada pelo Tribunal de Justiça de Sergipe em acórdão da sua 2.ª Câmara Cível, prolatada 30 de setembro de 2014. Conforme o relator, Des. Siqueira Neto, a liberdade de expressão é valor fundamental na ordem democrática nacional. Sendo assim, não é papel do Poder Judiciário estabelecer padrões de conduta que impliquem restrição à divulgação das informações: "cabe, sim, impor indenizações compatíveis com ofensa decorrente de uma divulgação ofensiva". E arrematou, citando a doutrina de Marcelo Novelino: "as pessoas públicas, por se submeterem voluntariamente à exposição pública, abrem mão de uma parcela de sua privacidade, sendo menor a intensidade de proteção". Adotando essa mesma linha, mais à frente será exposto o recente julgamento do Supremo Tribunal Federal sobre as biografias não autorizadas, que afastou a possibilidade de censura prévia em situações tais em nosso País, prejudicando a conclusão da primeira instância nessa hipótese fática.

Como último exemplo a ser citado sobre a amplitude do art. 12, parágrafo único, do Código Civil, o Superior Tribunal de Justiça entendeu que deve ser respeitada a manifestação feita pela pessoa em vida, aos seus familiares e sem qualquer outra formalização, para que seu corpo fosse congelado nos Estados Unidos da América (criogenia), visando a uma eventual ressuscitação no futuro, diante da evolução da medicina e de outras ciências. Diante da ausência de previsão legal sobre o tema, o Ministro Relator fundamentou a pretensão do disponente no direito ao corpo morto, retirado do preceito em estudo. Vejamos trecho desse instigante *decisum*:

"A criogenia ou criopreservação é a técnica de congelamento do corpo humano morto, em baixíssima temperatura, com o intuito de reanimação futura da pessoa, caso sobrevenha alguma importante descoberta médica ou científica capaz de ressuscitar o indivíduo. O procedimento da criogenia em seres humanos não possui previsão legal em nosso ordenamento jurídico. Nesses casos, para preencher a lacuna normativa sobre a matéria, o art. 4.º da Lei de Introdução às Normas do Direito Brasileiro – LINDB enumera as técnicas de integração da norma jurídica, estabelecendo que: 'Quando a lei for omissa, o juiz decidirá o caso de acordo com a analogia, os costumes e os princípios gerais de direito'. À hipótese, deve-se aplicar a analogia jurídica (iuris), pois o nosso ordenamento jurídico, além de proteger as disposições de última vontade do indivíduo, como decorrência do direito ao cadáver, contempla diversas normas legais que tratam de formas distintas de destinação do corpo humano após a morte em relação à tradicional regra do sepultamento, dentre as quais podemos citar o art. 77, § 2.º, da Lei de Registros Públicos, que disciplina a possibilidade de cremação do cadáver; a Lei n. 9.434/1997, que dispõe sobre a remoção de órgãos, tecidos e partes do corpo humano para fins de transplante e tratamento; o art. 14 do Código Civil, que possibilita a destinação do corpo, após a morte, para fins científicos ou altruísticos, dentre outras. Da análise das regras correlatas dispostas no ordenamento jurídico, considerando a necessidade de extração da norma jurídica a ser aplicada ao caso concreto, verifica-se que não há exigência de formalidade específica para a manifestação de última vontade do indivíduo, sendo perfeitamente possível, portanto, aferir essa vontade, após o seu falecimento, por outros meios de prova legalmente admitidos, observando-se sempre as peculiaridades fáticas de cada caso. Ademais, o ordenamento jurídico brasileiro, em casos envolvendo a tutela de direitos da personalidade do indivíduo *post mortem*, legitima os familiares mais próximos a atuarem em favor dos interesses deixados pelo de cujus. São exemplos dessa legitimação as normas insertas nos arts. 12, parágrafo único, e 20, parágrafo único, do Código Civil, que tratam especificamente sobre direitos da personalidade, bem como no art. 4.º da Lei n. 9.434/1997, que diz respeito à legitimidade dos familiares em relação à autorização para a remoção de órgãos, tecidos e outras partes do corpo humano para fins de transplante, dentre outras. Nessa linha de entendimento, extraindo-se os elementos necessários à integração da lacuna normativa pela analogia, é de se concluir que, na falta de manifestação expressa deixada pelo indivíduo em vida no sentido de ser submetido à criogenia após a morte, presume-se que sua vontade seja aquela manifestada por seus familiares mais próximos" (STJ, REsp 1.693.718/RJ, 3.ª Turma, Rel. Min. Marco Aurélio Bellizze, j. 26.03.2019, *DJe* 04.04.2019).

Para encerrar o estudo do art. 12, o atual Projeto de Reforma e Atualização do Código Civil pretende afastar vários dos debates aqui expostos, resolvendo alguns dos problemas práticos dele decorrentes. Assim, o seu *caput*, de forma mais técnica e objetiva, passará a expressar que "pode-se exigir que cessem a ameaça ou a lesão a direito de personalidade, e pleitear-se a reparação de danos, sem prejuízo de outras sanções previstas em lei". Nos termos do seu novo § 1.º, que supre as discussões ora expostas, "terão legitimidade para requerer a medida prevista neste artigo o cônjuge ou convivente sobreviventes ou parente do falecido em linha reta; na falta de qualquer um deles, passam a ser legitimados os colaterais de quarto grau".

Além disso, consoante o novo § 2.º do art. 12, "na hipótese de falta de acordo entre herdeiros, cônjuge ou convivente do falecido, quanto à pertinência da pretensão indenizatória os legitimados podem assumir, na ação ou no procedimento em trâmite, a posição de parte que melhor lhes convier". Com as projeções, a temática dos direitos da personalidade do morto não será mais tratada no art. 20, encerrando-se o problema do conflito entre as duas normas, e concentrando-a no art. 12.

Voltando-se ao sistema em vigor, o art. 13 do CC/2002 e seu parágrafo único preveem o direito de disposição de partes separadas do próprio corpo em vida para fins de transplante, ao prescrever que, "Salvo por exigência médica, é defeso o ato de disposição do próprio corpo, quando importar diminuição permanente da integridade física, ou contrariar os bons costumes. Parágrafo único. O ato previsto neste artigo será admitido para fins de transplante, na forma estabelecida em lei especial". O dispositivo em questão servia *como uma luva* para os casos de adequação de sexo do transexual.

Como se sabe, o *transexualismo* era reconhecido por entidades médicas como uma patologia ou doença, pois a pessoa teria "um desvio psicológico permanente de identidade sexual, com rejeição do fenótipo e tendência à automutilação e ao autoextermínio" (Resolução 1.955/2010 do Conselho Federal de Medicina, ora revogada). Na linha dessa Resolução anterior do Conselho Federal de Medicina, o transexual seria uma forma de "*wanna be*", pois a pessoa *queria ser* do outro sexo, havendo choques psíquicos graves atormentando-a. A Resolução do CFM anterior não considerava ilícita a realização de cirurgias que visavam à adequação do sexo, geralmente do masculino para o feminino, autorizando a sua realização em nosso País.

Todavia, nos últimos anos, a tendência de *despatologização* da situação da *pessoa trans* acabou por se consolidar na jurisprudência superior brasileira, não se podendo utilizar mais a expressão *transexualismo*, que indica justamente a existência de uma patologia, mas *transexualidade*. Na seara médica, a Resolução 1.955/2010 do CFM foi revogada pela Resolução 2.265/2019, publicada em janeiro de 2020, que não reconhece mais a hipótese como sendo de patologia. Conforme o seu art. 1.º, "compreende-se por transgênero ou incongruência de gênero a não paridade entre a identidade de gênero e o sexo ao nascimento, incluindo-se neste grupo transexuais, travestis e outras expressões identitárias relacionadas à diversidade de gênero".

Como primeiro marco jurisprudencial importante sobre o tema, em 2017, o Superior Tribunal de Justiça admitiu a alteração do sexo no registro civil, sem a necessidade de realização de prévia cirurgia, conforme decisão prolatada pela Quarta Turma, no Recurso Especial 1.626.739/RS, no mês de maio daquele ano. O relator, Ministro Luis Felipe Salomão, argumentou pela existência de um *direito ao gênero*, com base no sexo psicológico da pessoa humana.

Sustentou, ainda, que o direito à felicidade deve conduzir a uma mudança de paradigma na Corte, uma vez que, "se a mudança do prenome configura alteração de gênero (masculino para feminino ou vice-versa), a manutenção do sexo constante do registro civil preservará a incongruência entre os dados assentados e a identidade de gênero da pessoa, a qual continuará suscetível a toda sorte de constrangimentos na vida civil, configurando-se, a meu juízo, flagrante atentado a direito existencial inerente à personalidade". E concluiu o seu julgamento com as seguintes palavras: "em atenção à cláusula geral de dignidade da pessoa humana, penso que a jurisprudência desta Corte deve avançar para autorizar a retificação do sexo do indivíduo transexual no registro civil, independentemente da realização da cirurgia de adequação sexual, desde que dos autos se extraia a comprovação da alteração no mundo fenomênico (como é o caso presente, atestado por laudo incontroverso), cuja averbação, nos termos do § 6.º do artigo 109 da Lei de Registros Públicos, deve ser efetuada no assentamento de nascimento original, vedada a inclusão, ainda que sigilosa, da expressão transexual ou do sexo biológico" (STJ, REsp 1.626.739/RS, 4.ª Turma, Rel. Min. Luis Felipe Salomão, j. 09.05.2017, *DJe* 1.º.08.2017).

Pontue-se que, naquela ocasião, foi aplicado o teor de enunciado doutrinário aprovado na *I Jornada de Direito da Saúde,* promovida pelo Conselho Nacional de Justiça (CNJ) em 2014, com os seguintes dizeres: "quando comprovado o desejo de viver e ser aceito enquanto pessoa do sexo oposto, resultando numa incongruência entre a identidade determinada pela anatomia de nascimento e a identidade sentida, a cirurgia de transgenitalização é dispensável para a retificação de nome no registro civil".

Em 2018, surgiram duas decisões do Supremo Tribunal Federal sobre o tema, confirmando essa *despatologização da transexualidade,* uma delas em repercussão geral, e que era mencionada nas edições anteriores deste livro (RE 670.422). No primeiro *decisum,* prolatado em março de 2018, analisou-se a possibilidade de alteração do nome civil da *pessoa trans* ou *transgênero* – expressões consideradas adequadas para tais hipóteses pelo próprio STF –, podendo tal alteração ser efetivada no Cartório de Registro Civil das Pessoas Naturais (RCPN), sem a necessidade de autorização judicial, realização de laudo médico demonstrando a patologia ou cirurgia prévia. Vejamos a publicação do acórdão, constante do *Informativo* n. *892* da Corte:

"Direito civil – Pessoas naturais. Transgêneros e direito a alteração no registro civil. O direito à igualdade sem discriminações abrange a identidade ou a expressão de gênero. A identidade de gênero é manifestação da própria personalidade da pessoa humana e, como tal, cabe ao Estado apenas o papel de reconhecê-la, nunca de constituí-la. A pessoa não deve provar o que é, e o Estado não deve condicionar a expressão da identidade a qualquer tipo de modelo, ainda que meramente procedimental. Com base nessas assertivas, o Plenário, por maioria, julgou procedente pedido formulado em ação direta de inconstitucionalidade para dar interpretação conforme a Constituição e o Pacto de São José da Costa Rica ao art. 58 da Lei 6.015/1973. Reconheceu aos transgêneros, independentemente da cirurgia de transgenitalização, ou da realização de tratamentos hormonais ou patologizantes, o direito à alteração de prenome e gênero diretamente no registro civil. O Colegiado assentou seu entendimento nos princípios da dignidade da pessoa humana, da inviolabilidade da intimidade, da vida privada, da honra e da imagem, bem como no Pacto de São José da Costa Rica. Considerou desnecessário qualquer requisito atinente à maioridade, ou outros que limitem a adequada e integral proteção da identidade de gênero autopercebida. Além disso, independentemente da natureza dos procedimentos para a mudança de nome, asseverou que a exigência da via jurisdicional constitui limitante incompatível com essa proteção. Ressaltou que os pedidos podem estar baseados unicamente no consentimento livre e informado pelo solicitante, sem a obrigatoriedade de comprovar requisitos tais como certificações médicas ou psicológicas, ou outros que possam resultar irrazoáveis ou patologizantes. Pontuou que os pedidos devem ser confidenciais, e os documentos não podem fazer remissão a eventuais alterações. Os procedimentos devem ser céleres e, na medida do possível, gratuitos. Por fim, concluiu pela inexigibilidade da realização de qualquer tipo de operação ou intervenção cirúrgica ou hormonal. Vencidos, em parte os Ministros Marco Aurélio (relator), Alexandre de Moraes, Ricardo Lewandowski e Gilmar Mendes. O relator assentou a possibilidade de mudança de prenome e gênero no registro civil, mediante averbação no registro original, condicionando-se a modificação, no caso de cidadão não submetido à cirurgia de transgenitalização, aos seguintes requisitos: a) idade mínima de 21 anos; e b) diagnóstico médico de transexualismo, presentes os critérios do art. 3.º da Resolução 1.955/2010, do Conselho Federal de Medicina, por equipe multidisciplinar constituída por médico psiquiatra, cirurgião, endocrinologista, psicólogo e assistente social, após, no mínimo, dois anos de acompanhamento conjunto. Considerou inconstitucional interpretação que encerre a necessidade de cirurgia para ter-se a alteração do registro quer em relação ao nome, quer no tocante ao sexo. Os Ministros Alexandre de Moraes, Ricardo Lewandowski e Gilmar

Mendes condicionaram a alteração no registro civil a ordem judicial e a averbação no registro civil de nascimento, resguardado sigilo no tocante à modificação" (STF, ADI 4275/DF, Rel. orig. Min. Marco Aurélio, Red. p/ o acórdão Min. Edson Fachin, j. 28.02 e 1.º.03.2018).

Como se pode perceber, o julgamento não foi unânime, pois alguns Ministros pretendiam apontar critérios que deveriam ser observados para a alteração do nome, especialmente a presença do diagnóstico de *transexualismo*.

Sucessivamente, em agosto de 2018, julgou-se o Recurso Extraordinário 670.422, de relatoria do Ministro Dias Toffoli, em que foram fixadas as seguintes teses a respeito da situação da *pessoa trans*, novamente sem unanimidade:

"1. O transgênero tem direito fundamental subjetivo à alteração de seu prenome e de sua classificação de gênero no registro civil. Não se exige, para tanto, nada além da manifestação de vontade do indivíduo, o qual poderá exercer tal faculdade tanto pela via judicial quanto pela via administrativa. 2. Essa alteração deve ser averbada à margem do assento de nascimento, vedada a inclusão do termo 'transgênero'. 3. Nas certidões do registro não constará nenhuma observação sobre a origem do ato, vedada a expedição de certidão de inteiro teor, salvo a requerimento do próprio interessado ou por determinação judicial. 4. Efetuando-se o procedimento pela via judicial, caberá ao magistrado determinar, de ofício, ou a requerimento do interessado, a expedição de mandados específicos para a alteração dos demais registros dos órgãos públicos ou privados, os quais deverão preservar o sigilo sobre a origem dos atos" (STF, RE 670422/RS, Rel. Min. Dias Toffoli, j. 15.08.2018, publicado no seu *Informativo* n. *911*).

Além dessas decisões do STF e do STJ, dois outros *marcos* do ano de 2018 devem ser mencionados. O primeiro deles é o novo relatório da Organização Mundial da Saúde (OMS) relativo à classificação internacional de doenças (CID 11), que não era atualizado desde o ano de 1990, emitido em junho de 2018. Na nova lista, a transexualidade deixou de ser uma doença mental e passou a ser uma incongruência de gênero. Em outras palavras, deixou de ser um problema psíquico e passou a ser tratado como um problema sexual.

Como se pode perceber, a OMS não fez uma *despatologização absoluta* da transexualidade, o que pode gerar críticas à decisão do STF, ao dispensar o laudo médico prévio para a alteração do nome no registro civil. De todo modo, no Brasil, na linha das decisões jurisprudenciais superiores, o Conselho Federal de Medicina revogou a Resolução 1.955/2010 e editou a Resolução 2.265/2019, adotando esse caminho da *despatologização*, como antes pontuado. Como tenho seguido as decisões científicas da classe médica, esse também passa a ser o meu entendimento doutrinário.

O outro marco a ser destacado, agora na realidade nacional, é o Provimento 73 do Conselho Nacional de Justiça (CNJ), de junho de 2018, visando orientar os cartórios de registro civil para a alteração do nome da *pessoa trans*. Em 2023, as previsões constantes desse provimento foram incorporadas ao Código Nacional de Normas do CNJ, com alguns aperfeiçoamentos (arts. 516 a 523). Em termos gerais, a norma administrativa apresenta os requisitos formais para que ocorra tal alteração. Suas regras serão analisadas mais à frente, quando da abordagem do nome.

Na verdade, quanto à eventual adequação de sexo do indivíduo, à luz do artigo do Código Civil transcrito, sempre foram feitas duas interpretações. A primeira, mais liberal, permitia a mudança ou adequação do sexo masculino para o feminino, eis que muitas vezes a pessoa tem os antes referidos choques psicológicos graves, havendo a necessidade de

108 | MANUAL DE DIREITO CIVIL • VOLUME ÚNICO – *Flávio Tartuce*

alteração, até para evitar que ela se suicide.[74] A segunda interpretação, baseada na segunda parte do dispositivo, concluía que estaria vedada a disposição do próprio corpo em casos tais, por contrariar os bons costumes, além de gerar perda da integridade física.[75]

Relativamente a tal discussão, sempre fui adepto da primeira corrente, inclusive pelo reconhecimento, de acordo com o Enunciado n. 6 do CJF/STJ também da *I Jornada*, que o bem-estar mencionado no dispositivo pode ser físico ou psicológico do disponente. Mais especificamente, na *IV Jornada de Direito Civil*, foi aprovado o Enunciado n. 276, prevendo que "o art. 13 do Código Civil, ao permitir a disposição do próprio corpo por exigência médica, autoriza as cirurgias de transgenitalização, em conformidade com os procedimentos estabelecidos pelo Conselho Federal de Medicina, e a consequente alteração do prenome e do sexo no Registro Civil".

Essa alteração do prenome e do registro civil foi reconhecida pela jurisprudência de forma ampla, inclusive por aplicação da proteção da dignidade humana. Merecem destaque os acórdãos que surgiram no STJ no ano de 2009, publicados nos seus *Informativos* n. *411* e *415*:

> "Registro civil. Retificação. Mudança. Sexo. A questão posta no REsp. Cinge-se à discussão sobre a possibilidade de retificar registro civil no que concerne a prenome e a sexo, tendo em vista a realização de cirurgia de transgenitalização. A Turma entendeu que, no caso, o transexual operado, conforme laudo médico anexado aos autos, convicto de pertencer ao sexo feminino, portando-se e vestindo-se como tal, fica exposto a situações vexatórias ao ser chamado em público pelo nome masculino, visto que a intervenção cirúrgica, por si só, não é capaz de evitar constrangimentos. Assim, acentuou que a interpretação conjugada dos arts. 55 e 58 da Lei de Registros Públicos confere amparo legal para que o recorrente obtenha autorização judicial a fim de alterar seu prenome, substituindo-o pelo apelido público e notório pelo qual é conhecido no meio em que vive, ou seja, o pretendido nome feminino. Ressaltou-se que não entender juridicamente possível o pedido formulado na exordial, como fez o Tribunal *a quo*, significa postergar o exercício do direito à identidade pessoal e subtrair do indivíduo a prerrogativa de adequar o registro do sexo à sua nova condição física, impedindo, assim, a sua integração na sociedade. Afirmou-se que se deter o julgador a uma codificação generalista, padronizada, implica retirar-lhe a possibilidade de dirimir a controvérsia de forma satisfatória e justa, condicionando-a a uma atuação judicante que não se apresenta como correta para promover a solução do caso concreto, quando indubitável que, mesmo inexistente um expresso preceito legal sobre ele, há que suprir as lacunas por meio dos processos de integração normativa, pois, atuando o juiz *supplendi causa*, deve adotar a decisão que melhor se coadune com valores maiores do ordenamento jurídico, tais como a dignidade das pessoas. Nesse contexto, tendo em vista os direitos e garantias fundamentais expressos da Constituição de 1988, especialmente os princípios da personalidade e da dignidade da pessoa humana, e levando-se em consideração o disposto nos arts. 4.º e 5.º da Lei de Introdução ao Código Civil, decidiu-se autorizar a mudança de sexo de masculino para feminino, que consta do registro de nascimento, adequando-se documentos, logo facilitando a inserção social e profissional. Destacou-se que os documentos públicos devem ser fiéis aos fatos da vida, além do que deve haver segurança nos registros públicos. Dessa forma, no livro cartorário, à margem do registro das retificações de prenome e de sexo do requerente, deve ficar averbado que as modificações feitas decorreram de sentença judicial em ação de retificação de

---

[74] ALVES, Jones Figueirêdo; Delgado, Mário Luiz. *Código Civil anotado*. São Paulo: Método, 2005. p. 27.
[75] CARVALHO NETO, Inácio de. *Curso de direito civil brasileiro*. Curitiba: Juruá, 2006. v. I, p. 134.

registro civil. Todavia, tal averbação deve constar apenas do livro de registros, não devendo constar, nas certidões do registro público competente, nenhuma referência de que a aludida alteração é oriunda de decisão judicial, tampouco de que ocorreu por motivo de cirurgia de mudança de sexo, evitando, assim, a exposição do recorrente a situações constrangedoras e discriminatórias" (STJ, *Informativo* n. *415*, REsp 737.993/MG, Rel. Min. João Otávio de Noronha, j. 10.11.2009. Ver *Informativo* n. *411*).

De toda sorte, pontue-se que esse entendimento anterior parece estar totalmente superado no próprio STJ, pois a Corte passou a entender que a pessoa transexual não pode ser tratada como um doente. Na mesma linha, as decisões do Supremo Tribunal Federal aqui antes analisadas.

Feitas tais considerações sobre a *pessoa trans*, ainda sobre o art. 13 do CC/2002, na *V Jornada de Direito Civil*, foi aprovado enunciado doutrinário com teor bem interessante, dispondo que não contraria os bons costumes a cessão gratuita de direitos de uso de material biológico para fins de pesquisa científica. Isso, desde que a manifestação de vontade tenha sido livre e esclarecida e puder ser revogada a qualquer tempo, conforme as normas éticas que regem a pesquisa científica e o respeito aos direitos fundamentais (Enunciado n. 401).

Na *VI Jornada de Direito Civil*, evento promovido em 2013, o comando voltou a ser debatido, aprovando-se o Enunciado n. 532, *in verbis*: "é permitida a disposição gratuita do próprio corpo com objetivos exclusivamente científicos, nos termos dos arts. 11 e 13 do Código Civil". O enunciado doutrinário visa possibilitar pesquisas com seres humanos, sendo as suas justificativas:

"Pesquisas com seres humanos vivos são realizadas todos os dias, sem as quais não seria possível o desenvolvimento da medicina e de áreas afins. A Resolução CNS n. 196/96, em harmonia com o Código de Nuremberg e com a Declaração de Helsinque, dispõe que pesquisas envolvendo seres humanos no Brasil somente podem ser realizadas mediante aprovação prévia de um Comitê de Ética em Pesquisa – CEP, de composição multiprofissional, e com a assinatura do Termo de Consentimento Livre e Esclarecido – TCLE pelo participante da pesquisa, no qual devem constar informações claras e relevantes acerca do objeto da pesquisa, seus benefícios e riscos, a gratuidade pela participação, a garantia de reparação dos danos causados na sua execução e a faculdade de retirada imotivada do consentimento a qualquer tempo sem prejuízo para sua pessoa" (justificativas do Enunciado n. 532 da *VI Jornada de Direito Civil*).

Em suma, a viabilidade do reconhecimento legal e jurídico de tais pesquisas com seres humanos estaria fundada nos arts. 11 e 13 do Código Civil de 2002, sempre de forma gratuita.

Como outra observação a respeito do art. 13 do Código Civil, na *IX Jornada de Direito Civil*, promovida em maio de 2022, foi aprovado o Enunciado n. 646, prevendo que "a exigência de autorização de cônjuges ou companheiros, para utilização de métodos contraceptivos invasivos, viola o direito à disposição do próprio corpo". No mesmo ano de 2022, a Lei 9.263/1996 – que trata do planejamento familiar e da esterilização voluntária, por meio da laqueadura e da vasectomia – foi alterada pela Lei 14.443, tendo sido revogado o § 5.º do art. 10 da primeira norma, que trazia tal exigência. Assim, a questão parece ter sido totalmente resolvida, nos âmbitos legal e jurídico.

Como última nota a respeito do art. 13, mais uma vez, o Projeto de Reforma e Atualização do Código Civil pretende melhorar a sua redação, resolvendo alguns dos problemas ora expostos. Assim, o seu *caput* passará a mencionar apenas a pessoa capaz, retirando-se as menções à exigência médica e aos bons costumes, e expressando o bem-estar físico e psíquico, conforme o Enunciado n. 6 da I *Jornada de Direito Civil*: "salvo para resguardar o bem-estar físico e psíquico de pessoa maior e capaz, é defeso o ato de disposição do próprio corpo, quando gerar diminuição permanente da integridade física ou limitação que, mesmo provisória, importe violação da dignidade humana". De forma mais técnica, o seu parágrafo único preverá que "o ato previsto neste artigo será admitido, também, para fins de procedimento médico de transplante de órgãos, na forma estabelecida em lei especial".

Voltando-se ao sistema em vigor, de acordo com o art. 14 da atual codificação material, é possível, com objetivo científico ou altruístico (doação de órgãos), a disposição gratuita do próprio corpo, no todo ou em parte, para depois da morte, podendo essa disposição ser revogada a qualquer momento.

A retirada *post mortem* dos órgãos deverá ser precedida de diagnóstico de morte encefálica e depende de autorização de parente maior, da linha reta ou colateral até o 2.º grau, ou do cônjuge sobrevivente, mediante documento escrito perante duas testemunhas (art. 4.º da Lei 9.434/1997, Lei 10.211/2001 e Decreto 9.175/2017). A primeira norma, em sintonia com o que consta do art. 13, parágrafo único, do atual Código Civil, regulamenta questões relacionadas com os transplantes de órgãos.

Em relação a essa retirada *post mortem*, interessante ainda dizer que a nossa legislação adota o *princípio do consenso afirmativo*, no sentido de que é necessária a autorização dos familiares do disponente. A Lei 10.211/2001 veio justamente a afastar a presunção que existia de que todas as pessoas eram doadoras potenciais, o que era duramente criticado pela comunidade médica e jurídica.

Contudo, para deixar claro que a decisão de disposição é um ato personalíssimo do disponente, na *IV Jornada de Direito Civil* foi aprovado o Enunciado n. 277 do CJF/STJ, determinando que "o art. 14 do Código Civil, ao afirmar a validade da disposição gratuita do próprio corpo, com objetivo científico ou altruístico, para depois da morte, determinou que a manifestação expressa do doador de órgãos em vida prevalece sobre a vontade dos familiares, portanto, a aplicação do art. 4.º da Lei 9.434/1997 ficou restrita à hipótese de silêncio do potencial doador".

Realmente, o enunciado doutrinário é perfeito. O ato é pessoal do doador, mantendo relação com a liberdade, com a sua autonomia privada. Caso se entendesse o contrário, toda a legislação quanto ao tema seria inconstitucional, por lesão à liberdade individual, uma das especializações da dignidade humana (art. 1.º, inc. III, da CF/1988).

A propósito, penso que assim deve ser lido o art. 20 do Decreto 9.175, de outubro de 2017, segundo o qual, a retirada de órgãos, tecidos, células e partes do corpo humano, após a morte, somente poderá ser realizada com o consentimento livre e esclarecido da família do falecido, consignado de forma expressa em termo específico de autorização. Antes dessa autorização dos familiares, é preciso verificar se houve o *consenso afirmativo* do próprio disponente.

Assim, a norma também estabelece que a autorização deverá ser do cônjuge, do companheiro ou de parente consanguíneo, de maior idade e juridicamente capaz, na linha reta ou colateral, até o segundo grau, e firmada em documento subscrito por duas testemunhas presentes à verificação da morte (§ 1.º). Também está previsto que, caso seja utilizada autorização de parente de segundo grau, deverão estar circunstanciadas, no termo de autorização, as razões de impedimento dos familiares de primeiro grau (§ 2.º). A retirada de órgãos, tecidos, células e partes do corpo humano de falecidos incapazes, nos termos da lei civil, dependerá de autorização expressa de ambos os pais, se vivos, ou de quem lhes detinha, ao tempo da morte, o poder familiar exclusivo, a tutela ou a curatela (§ 3.º).

CAP. 2 • PARTE GERAL DO CÓDIGO CIVIL DE 2002 | **111**

Eventual leitura dessa norma que atribua o poder decisório totalmente aos familiares do disponente faz com ela seja reputada como inconstitucional, por ferir a autonomia relativa a um direito personalíssimo, o que poderá ser analisado pelo Supremo Tribunal Federal.

Destaco que o Projeto de Reforma do Código Civil pretende resolver esse dilema, incluindo um § 1.º no art. 14, que, em boa hora, preverá que, "havendo, por escrito, disposição do próprio titular, não há necessidade de autorização familiar e, em não havendo, esta será dada conforme a ordem de sucessão legítima". Espero, assim, que a proposição seja aprovada pelo Parlamento Brasileiro.

Ainda quanto ao art. 14 do Código Civil, na *V Jornada de Direito Civil*, em 2011, aprovou-se enunciado elucidativo a respeito dos incapazes, a saber: "o art. 14, parágrafo único, do Código Civil, fundado no consentimento informado, não dispensa o consentimento dos adolescentes para a doação de medula óssea prevista no art. 9.º, § 6.º, da Lei 9.434/1997 por aplicação analógica dos arts. 28, § 2.º (alterado pela Lei n. 12.010/2009), e 45, § 2.º, do ECA" (Enunciado n. 402). Para fins de esclarecimento, dispõe o art. 9.º, § 6.º, da Lei 9.434/1997 que "o indivíduo juridicamente incapaz, com compatibilidade imunológica comprovada, poderá fazer doação nos casos de transplante de medula óssea, desde que haja consentimento de ambos os pais ou seus responsáveis legais e autorização judicial e o ato não oferecer risco para a sua saúde".

O art. 15 do atual Código Civil consagra os *direitos do paciente*, valorizando o *princípio da beneficência e da não maleficência*, pelo qual se deve buscar sempre o melhor para aquele que está sob cuidados médicos ou de outros profissionais de saúde. O comando enuncia que ninguém pode ser constrangido a submeter-se, sob risco de vida, a tratamento médico ou a intervenção cirúrgica. O dispositivo parece ser expresso em trazer limitações aos direitos da personalidade. Alguns exemplos práticos devem ser analisados tendo como parâmetro esse comando legal.

No primeiro, um determinado paciente está à beira da morte, necessitando de uma cirurgia de emergência. Mas esta intervenção lhe trará também alto risco, ficando a dúvida se o médico deve ou não intervir. Pelo que consta do Código de Ética Médica (art. 41), e em decorrência da responsabilidade civil dos profissionais liberais da área da saúde (art. 951 do CC), não há dúvidas de que a intervenção deve ocorrer, sob pena de responsabilização do médico, nas esferas civil, penal e administrativa. O que se nota, nesse contexto, é que o art. 15 do Código não pode permitir uma conclusão que sacrifique a vida, valor fundamental inerente à pessoa humana. Assim, o art. 15 do CC não exclui a proteção da vida.

No segundo exemplo surge um *hard case*, um caso de difícil solução, tipicamente brasileiro. No mesmo exemplo antes exposto, se o paciente sob risco de morte, por convicções religiosas, negar-se à intervenção cirúrgica de urgência, mesmo assim deve o médico efetuar a operação? Com todo o respeito em relação ao posicionamento em contrário, entendo que, em casos de emergência, deverá ocorrer a intervenção cirúrgica, eis que o direito à vida merece maior proteção do que o direito à liberdade, particularmente quanto àquele relacionado com a opção religiosa. Em síntese, fazendo uma ponderação entre dois direitos fundamentais – *direito à vida X direito à liberdade ou opção religiosa* –, o primeiro deverá prevalecer. Eis outra hipótese fática que a melhor solução parece ser por meio da técnica da ponderação, expressamente consagrada pelo Código de Processo Civil (art. 489, § 2.º).

O Tribunal de Justiça de São Paulo vinha seguindo o posicionamento aqui defendido, afastando eventual direito à indenização do paciente que, mesmo contra a sua vontade, recebeu a transfusão de sangue:

"Indenizatória – Reparação de danos – Testemunha de Jeová – Recebimento de transfusão de sangue quando de sua internação – Convicções religiosas que não podem prevalecer perante o bem maior tutelado pela Constituição Federal que é a vida – Conduta dos médicos, por outro lado, que pautou-se dentro da lei e ética profissional, posto que somente efetuaram as transfusões sanguíneas após esgotados todos os tratamentos alternativos – Inexistência, ademais, de recusa expressa a receber transfusão de sangue quando da internação da autora – Ressarcimento, por outro lado, de despesas efetuadas com exames médicos, entre outras, que não merece ser acolhido, posto não terem sido os valores despendidos pela apelante – Recurso não provido" (TJSP, Ap. Cív. 123.430-4, 3.ª Câmara de Direito Privado, Sorocaba, Rel. Flávio Pinheiro, 07.05.2002, v.u.).

Do Tribunal de Justiça do Rio Grande do Sul pode ser extraída decisão no mesmo sentido, dispensando até a necessidade de autorização judicial para a cirurgia, em casos de risco à vida do paciente. Na verdade, o julgado reconhece que sequer há interesse de agir do hospital em casos tais:

"Apelação cível. Transfusão de sangue. Testemunha de Jeová. Recusa de tratamento. Interesse em agir. Carece de interesse processual o hospital ao ajuizar demanda no intuito de obter provimento jurisdicional que determine à paciente que se submeta à transfusão de sangue. Não há necessidade de intervenção judicial, pois o profissional de saúde tem o dever de, havendo iminente perigo de vida, empreender todas as diligências necessárias ao tratamento da paciente, independentemente do consentimento dela ou de seus familiares. Recurso desprovido" (TJRS, Apelação Cível 70020868162, 5.ª Câmara Cível, Rel. Umberto Guaspari Sudbrack, j. 22.08.2007).

Em 2017, o mesmo Tribunal Gaúcho afastou o dever de indenizar do médico em relação ao paciente, pelo fato de ter negado prestar os seus serviços sem a realização de necessária transfusão de sangue. *In casu*, a prova construída no feito demonstrou a existência de grandes riscos do procedimento cirúrgico, a ser realizado pelo SUS. Consta da ementa o seguinte trecho:

"Conforme o art. 5.º, inciso VI, da CF, o aspecto individual da liberdade religiosa, um direito fundamental, assegura àquele que professa a sua fé escolhas e medidas que guardem e respeitem sua crença, inclusive com relação a atos ligados ao seu bem-estar e até mesmo à sua condição de saúde, circunstâncias estas que agasalham a decisão de recusa no tratamento por hemotransfusão. Ao médico, assegura-se o direito/dever de exercer a profissão com autonomia, não sendo obrigado a prestar serviços que contrariem os ditames de sua consciência ou a quem não deseje, excetuadas as situações de ausência de outro médico, em caso de urgência ou emergência, ou quando sua recusa possa trazer danos à saúde do paciente, bem como ocorrendo fatos que, a seu critério, prejudiquem o bom relacionamento com o paciente ou o pleno desempenho profissional" (TJRS, Apelação Cível 0409666-91.2016.8.21.7000).

Sendo assim, concluiu-se que o médico tem o direito de renunciar ao atendimento do paciente, "desde que o comunique previamente ao seu representante legal, assegurando-se da continuidade dos cuidados e fornecendo todas as informações necessárias ao profissional que lhe suceder". Diante do conflito entre as liberdades de consciência dos envolvidos, médico e paciente, julgou-se que a recusa do médico ao procedimento não evidenciaria ato ilícito a gerar reparação imaterial (TJRS, Apelação Cível 0409666-91.2016.8.21.7000, 10.ª Câmara Cível, Porto Alegre, Rel. Juiz Túlio de Oliveira Martins, j. 27.04.2017, *DJERS* 10.05.2017).

Não há como discordar das decisões aqui transcritas, que traduzem o anterior entendimento majoritário da jurisprudência e do senso comum jurídico.

CAP. 2 • PARTE GERAL DO CÓDIGO CIVIL DE 2002 | **113**

Por oportuno, esclareça-se, que há corrente de respeito que entende pela prevalência da vontade do paciente. Nessa linha, entende Anderson Schreiber que "intolerável, portanto, que uma Testemunha de Jeová seja compelida, contra a sua livre manifestação de vontade, a receber transfusão de sangue, com base na pretensa superioridade do direito à vida sobre a liberdade de crença. Note-se que a priorização da vida representa, ela própria, uma 'crença', apenas que da parte do médico, guiado, em sua conduta, por um entendimento que não deriva das normas jurídicas, mas das suas próprias convicções científicas e filosóficas. (...). A vontade do paciente deve ser respeitada, porque assim determina a tutela da dignidade humana, valor fundamental do ordenamento jurídico brasileiro".[76]

Também adotando o entendimento pela prevalência da vontade do paciente por convicções religiosas, na *V Jornada de Direito Civil* foi aprovado o seguinte enunciado doutrinário (Enunciado n. 403):

"O direito à inviolabilidade de consciência e de crença, previsto no art. 5.º, VI da Constituição Federal, aplica-se também à pessoa que se nega a tratamento médico, inclusive transfusão de sangue, com ou sem risco de morte, em razão do tratamento ou da falta dele, desde que observados os seguintes critérios: a) capacidade civil plena, excluído o suprimento pelo representante ou assistente; b) manifestação de vontade livre, consciente e informada; e c) oposição que diga respeito exclusivamente à própria pessoa do declarante".

Com o devido respeito, não se filia ao entendimento adotado pelo enunciado doutrinário, nos casos de emergência, pois as convicções religiosas manifestadas pela autonomia privada não podem prevalecer sobre a vida e a integridade física.

Pontue-se que, em 2019, o Conselho Federal de Medicina editou a Resolução 2.232, que trata de normas éticas para a recusa terapêutica por pacientes e objeção de consciência na relação médico-paciente. Conforme os seus dispositivos iniciais, a recusa terapêutica é, nos termos da legislação vigente e na forma da própria norma administrativa, um direito do paciente a ser respeitado pelo médico, desde que este o informe dos riscos e das consequências previsíveis de sua decisão.

Sendo assim, está assegurado ao paciente maior de idade, capaz, lúcido, orientado e consciente, no momento da decisão, o direito de recusa à terapêutica proposta em tratamento eletivo, de acordo com a legislação vigente. O médico, diante da recusa terapêutica do paciente, pode propor outro tratamento, quando disponível.

Todavia, o art. 3.º da Resolução 2.232/2019 faz a ressalva a respeito das situações de emergência, assim como se defendeu. Nos termos do seu teor, "em situações de risco relevante à saúde, o médico não deve aceitar a recusa terapêutica de paciente menor de idade ou de adulto que não esteja no pleno uso de suas faculdades mentais, independentemente de estarem representados ou assistidos por terceiros".

De fato, sempre entendi que essas hipóteses emergenciais merecem uma análise diferente em relação aos tratamentos eletivos, sendo possível, nos últimos, o uso de tratamentos alternativos, inclusive por convicções pessoais ou religiosas. Ainda no que diz respeito ao art. 15 da atual codificação material, na *VI Jornada de Direito Civil* (2013) foi aprovado o Enunciado n. 533, segundo o qual "o paciente plenamente capaz poderá deliberar sobre todos os aspectos concernentes a tratamento médico que possa lhe causar risco de vida, seja imediato ou mediato, salvo as situações de emergência ou no curso de procedimentos

---

[76] SCHREIBER, Anderson. *Direitos da personalidade*. São Paulo: Atlas, 2011, p. 52.

# 114 | MANUAL DE DIREITO CIVIL • VOLUME ÚNICO – *Flávio Tartuce*

médicos cirúrgicos que não possam ser interrompidos". Vejamos as justificativas do enunciado doutrinário:

> "O crescente reconhecimento da autonomia da vontade e da autodeterminação dos pacientes nos processos de tomada de decisão sobre questões envolvidas em seus tratamentos de saúde é uma das marcas do final do século XX. Essas mudanças vêm se consolidando até os dias de hoje. Inúmeras manifestações nesse sentido podem ser identificadas, por exemplo, a modificação do Código de Ética Médica e a aprovação da resolução do Conselho Federal de Medicina sobre diretivas antecipadas de vontade. O reconhecimento da autonomia do paciente repercute social e juridicamente nas relações entre médico e paciente, médico e família do paciente e médico e equipe assistencial. O art. 15 deve ser interpretado na perspectiva do exercício pleno dos direitos da personalidade, especificamente no exercício da autonomia da vontade. O 'risco de vida' será inerente a qualquer tratamento médico, em maior ou menor grau de frequência. Por essa razão, não deve ser o elemento complementar do suporte fático para a interpretação do referido artigo. Outro ponto relativo indiretamente à interpretação do art. 15 é a verificação de como o processo de consentimento informado deve ser promovido para adequada informação do paciente. O processo de consentimento pressupõe o compartilhamento efetivo de informações e a corresponsabilidade na tomada de decisão" (justificativas do Enunciado n. 533 da *VI Jornada de Direito Civil*).

Este último enunciado doutrinário, aprovado em importante *Jornada de Direito Civil*, igualmente merece críticas, eis que, no meu entendimento, a autonomia privada do paciente deve ser ponderada com outros direitos e valores, caso do direito à vida, conforme os exemplos antes expostos e notadamente nos casos de emergência.

Pontue-se que o tema chegou ao Supremo Tribunal Federal, mediante provocação do Ministério Público Federal e a Corte Máxima, em breve, deve-se pronunciar sobre o assunto. O julgamento se dará nos autos do Recurso Extraordinário 1.212.272/AL, em sede de repercussão geral, como reconhecido em outubro de 2019.

O tema chegou ao Supremo Tribunal Federal, mediante provocação do Ministério Público Federal, e a Corte Máxima acabou se pronunciando sobre o assunto. O julgamento se deu em setembro de 2024, nos autos dos Recursos Extraordinários 1.212.272/AL e 979.742/AM, em sede de repercussão geral, como reconhecido em outubro de 2019 (Temas n. 1.069 e 952). As teses fixadas nos dois julgamos agora servem para orientar os casos práticos relativos ao tema, com força vinculativa e em prol da segurança jurídica, para se manter a jurisprudência brasileira estável, íntegra e coerente, nos termos do art. 926 do CPC/2015.

Nos autos do Recurso Extraordinário n. 979.742/AM, as teses fixadas foram as seguintes, na linha do enunciado doutrinário antes destacado: "1. Testemunhas de Jeová, quando maiores e capazes, têm o direito de recusar procedimento médico que envolva transfusão de sangue, com base na autonomia individual e na liberdade religiosa. 2. Como consequência, em respeito ao direito à vida e à saúde, fazem jus aos procedimentos alternativos disponíveis no SUS podendo, se necessário, recorrer a tratamento fora de seu domicílio" (Tema 952 de repercussão geral do STF).

No Recurso Extraordinário n. 1.212.272/AL, por sua vez, fixou-se o seguinte: "1. É permitido ao paciente, no gozo pleno de sua capacidade civil, recursar-se a se submeter a tratamento de saúde por motivos religiosos. A recusa a tratamento de saúde por motivos religiosos é condicionada à decisão inequívoca, livre, informada e esclarecida do paciente, inclusive quando veiculada por meio de diretiva antecipada de vontade. 2. É possível a

CAP. 2 • PARTE GERAL DO CÓDIGO CIVIL DE 2002 | **115**

realização de procedimento médico disponibilizado a todos pelo Sistema Único de Saúde, com a interdição da realização de transfusão sanguínea ou outra medida excepcional, caso haja viabilidade técnico-científica de sucesso, anuência da equipe médica com a sua realização e decisão inequívoca, livre, informada e esclarecida do paciente" (Tema 1.069).

Apesar das ressalvas, não foi feita nas teses qualquer afirmação a respeito das situações de emergência que, conforme entendo, ainda ficam em aberto, para solução pontual. De todo modo, reitere-se que as teses postas devem ser seguidas pelos aplicadores do Direito, para os devidos fins práticos.

Feita essa importante nota de atualização jurisprudencial, no atual Projeto de Reforma do Código Civil almeja-se melhorar a hoje confusa e insuficiente redação do art. 15, seguindo-se as sugestões da Relatora-Geral, Professora Rosa Maria de Andrade Nery. De início, passará o *caput* desse dispositivo a prever que "ninguém pode ser constrangido a submeter-se a tratamento médico ou a intervenção cirúrgica". Como se pode notar, retira-se a menção ao "risco de vida", que gera muitas dúvidas na prática.

Ademais, consoante o seu novo § 1.º, "é assegurada à pessoa natural a elaboração de diretivas antecipadas de vontade, indicando o tratamento que deseje ou não realizar, em momento futuro de incapacidade". Também é assegurada, pela proposição, "a indicação de representante para a tomada de decisões a respeito de sua saúde, desde que formalizada em prontuário médico, instrumento público ou particular, datados e assinados, com eficácia de cinco anos" (§ 2.º). Além disso, passará o comando a expressar, sobre a continuidade dos cuidados paliativos, que a recusa válida a tratamento específico não exime o profissional de saúde da responsabilidade de continuar a prestar a melhor assistência possível ao paciente, nas condições em que ele se encontre ao exercer o direito de recusa (§ 3.º do art. 15 do CC).

Ainda sobre as diretrizes antecipadas de vontade, o Código Civil receberá um novo art. 15-A, enunciando que "plenamente informadas por médicos sobre os riscos atuais de morte e de agravamento de seu estado de saúde, as pessoas capazes para o exercício de atos existenciais da vida civil podem manifestar recusa terapêutica para não serem constrangidas a se submeter à internação hospitalar, a exame, a tratamento médico, ou à intervenção cirúrgica". Também será permitido, consoante o parágrafo único dessa projeção, que "toda pessoa tem o direito de fazer constar do assento de seu nascimento a averbação das declarações mencionadas neste artigo", o que visa a dar publicidade a terceiros dessa manifestação de vontade.

Exposta essa enorme divergência, e seguindo-se no estudo dos direitos da personalidade, os arts. 16 a 19 do CC/2002 hoje tutelam o direito ao nome, sinal ou pseudônimo que representa uma pessoa natural perante a sociedade, contra atentado de terceiros, principalmente aqueles que expõem o sujeito ao desprezo público, ao ridículo, acarretando dano moral ou patrimonial. Sendo o nome reconhecido como um direito da personalidade, as normas que o protegem também são de ordem pública.

Conforme o primeiro dispositivo, todos os elementos que fazem parte do nome estão protegidos:

–   o prenome, nome próprio da pessoa, podendo ser simples *(v.g., Flávio), ou composto (v.g., Flávio Murilo)*;

–   o sobrenome, nome, apelido ou patronímico, nome de família, também podendo ser simples ou composto *(v.g., Tartuce, Silva)*;

–   a partícula *(da, dos, de)*;

–   o agnome, que visa perpetuar um nome anterior já existente *(Júnior, Filho, Neto, Sobrinho)*.

A proteção de todos esses elementos consta expressamente no art. 17, pelo qual "o nome da pessoa não pode ser empregado por outrem em publicações ou representações que a exponham ao desprezo público, ainda que não haja intenção difamatória". Deve ficar claro, como bem pondera Silmara Chinellato, que a tutela do nome cabe mesmo sendo este utilizado indevidamente sem que exponha a pessoa ao desprezo público. Por isso, a jurista considera a dicção do preceito um retrocesso, o que é seguido por mim.[77]

O nome também não pode ser utilizado, sem autorização, para fins de publicidade ou propaganda comercial (art. 18 do CC). Nos dois casos, tratados pelos arts. 17 e 18 da codificação, havendo lesão, caberá reparação civil, fundamentada nos arts. 186 e 927 da codificação privada. Sendo possível, cabem também medidas de prevenção do prejuízo. Nesse sentido, preconiza o Enunciado n. 278, também da *IV Jornada de Direito Civil*, que "a publicidade que venha a divulgar, sem autorização, qualidades inerentes a determinada pessoa, ainda que sem mencionar seu nome, mas sendo capaz de identificá-la, constitui violação a direito da personalidade". Observe a aplicação dos dispositivos a respeito de lançamento de obra cultural, do Tribunal de São Paulo:

> "Recurso. Agravo de instrumento. Lançamento editorial. Uso de nome privativo para fins comerciais sem a autorização de seu titular. Violação ao art. 18 do Código Civil. Abstenção do uso e suspensão do lançamento. Cabimento. Supressão do nome. Matéria relegada ao juízo 'a quo' após regular dilação probatória. Recurso provido em parte" (TJSP, Agravo de Instrumento 650.433.4/6, Acórdão 4019744, 1.ª Câmara de Direito Privado, São Paulo, Rel. Des. Guimarães e Souza, j. 25.08.2009, *DJESP* 15.09.2009).

O art. 19 do CC consagra expressamente a proteção do pseudônimo, nome atrás do qual se esconde um autor de obra artística, literária ou científica. Essa proteção não constitui novidade, pois já constava no art. 24, inc. II, da Lei 9.610/1998, que elenca os direitos morais do autor. Aliás, repise-se que prevê especificamente o art. 27 dessa Lei, no sentido de serem os direitos morais do autor inalienáveis e irrenunciáveis.

Apesar da falta de previsão, deve-se concluir que a proteção constante no art. 19 do Código Civil atinge também o cognome ou alcunha, nome artístico utilizado por alguém, mesmo não constando esse no registro da pessoa. Nessa linha:

> "Medida cautelar. Cautela inominada. Utilização de nome artístico do autor em nova dupla sertaneja. Impedimento. Requisitos legais. Presença. Pseudônimo adotado para atividades lícitas que goza da mesma proteção dada ao nome. Artigo 19, do Código Civil. Recurso improvido" (TJSP, Agravo de Instrumento 4.021.314/3-00, 9.ª Câmara de Direito Privado, São Paulo, Rel. Des. Osni de Souza, j. 13.12.2005).

A Lei de Registros Públicos (Lei 6.015/1973) traz tratamento específico quanto ao nome, tendo sido alterada pela Lei 14.382/2022, que instituiu o Sistema Eletrônico dos Registros Públicos (SERP). Determina o art. 58 dessa Lei especial que "o prenome será definitivo, admitindo-se, todavia, a sua substituição por apelidos públicos notórios". A experiência anterior demonstrava que seria mais fácil a alteração do prenome do que do sobrenome, sendo certo que o nome, com todos os seus elementos, envolve tanto preceitos de ordem pública como de ordem privada.

---

[77] CHINELLATO, Silmara J. *Código Civil interpretado*. 3. ed. Coord. Silmara Juny Chinellato. São Paulo: Manole, 2010. p. 44.

CAP. 2 • PARTE GERAL DO CÓDIGO CIVIL DE 2002 | **117**

No sistema anterior à Lei do SERP, a alteração dos componentes do nome, mediante ação judicial específica, cuja sentença deveria ser registrada no cartório de registro das pessoas naturais, poderia ocorrer nos seguintes casos, alguns deles mantidos no atual sistema:

a) Substituição do nome que expõe a pessoa ao ridículo ou a embaraços, inclusive em casos de homonímias (nomes iguais). Exemplos: Jacinto Aquino Rego, Sum Tim Am, João Um Dois Três de Oliveira Quatro, Francisco de Assis Pereira (nome do *maníaco do parque*). Sobre essa possibilidade, destaque-se o seguinte aresto: "a simples pretensão de homenagear um ascendente não constitui fundamento bastante para configurar a excepcionalidade que propicia a modificação do registro. Contudo, uma das reais funções do patronímico é diminuir a possibilidade de homônimos e evitar prejuízos à identificação do sujeito a ponto de lhe causar algum constrangimento, sendo imprescindível a demonstração de que o fato impõe ao sujeito situações vexatórias, humilhantes e constrangedoras, que possam atingir diretamente a sua personalidade e sua dignidade, o que foi devidamente comprovado no caso dos autos" (STJ, REsp 1.962.674/MG, 3.ª Turma, Rel. Min. Marco Aurélio Bellizze, j. 24.05.2022, *DJe* 31.05.2022).

b) Alteração no caso de erro de grafia crasso, perceptível de imediato. Exemplos: Frávio, Orvardo, Cráudio.

c) Adequação de sexo ou de gênero, conforme entendimento jurisprudencial superior antes mencionado, do STF e STJ, podendo ocorrer no âmbito extrajudicial, perante o cartório de Registro Civil, e sem a necessidade de cirurgia prévia ou laudo médico.

d) Introdução de alcunhas, apelidos sociais ou cognomes. Exemplos: Lula, Xuxa, Tiririca. Acrescente-se que a jurisprudência superior também admite a alteração do prenome em hipótese fática de posse e uso contínuo de apelido social. Conforme trecho de interessante ementa, "caso concreto no qual se identifica justo motivo no pleito da recorrente de alteração do prenome, pois é conhecida no meio social em que vive, desde criança, por nome diverso daquele constante do registro de nascimento, circunstância que tem lhe causado constrangimentos" (STJ, REsp 1.217,166/MA, 4.ª Turma, Rel. Min. Marco Buzzi, j. 14.02.2017, *DJe* 24.03.2017). Na situação descrita, a autora alterou seu prenome de Raimunda para Danielle. Essa forma de julgar tem o meu total apoio doutrinário.

e) Introdução do nome do cônjuge ou convivente e sua retirada, em havendo divórcio ou dissolução da união estável. Sobre essas hipóteses, o Provimento 82 do Conselho Nacional de Justiça, de 3 de julho de 2019, facilitava a alteração do nome dos genitores, pela via extrajudicial, sem a necessidade de buscar socorro ao Poder Judiciário, o que é louvável. Conforme o seu art. 1.º, "poderá ser requerida, perante o Oficial de Registro Civil competente, a averbação no registro de nascimento e no de casamento das alterações de patronímico dos genitores em decorrência de casamento, separação e divórcio, mediante a apresentação da certidão respectiva". Como se verá, o tema foi alterado pela Lei do SERP.

f) Introdução do nome do pai ou da mãe, havendo reconhecimento posterior de filho ou adoção. Sobre o reconhecimento de filho ou de filiação, a alteração do nome também pode atingir parentes do reconhecido, inclusive na via extrajudicial. Exatamente nessa linha prevê o Enunciado n. 122, aprovado na *II Jornada de Prevenção e Solução Extrajudicial de Litígios*, promovida pelo Conselho da Justiça Federal em agosto de 2021: "o direito à inclusão de sobrenome em virtude do reconhecimento de filiação se estende aos descendentes e cônjuge da pessoa reconhecida, faculdade a ser exercida por mero requerimento perante o Oficial de Registro Civil das Pessoas Naturais, independentemente de decisão judicial".

g) Para tradução de nomes estrangeiros como John (João) e Bill (Guilherme).

h) Havendo coação ou ameaça decorrente da colaboração com apuração de crime (proteção de testemunhas), nos termos da Lei 9.807/1999.

i) Para inclusão do sobrenome de um familiar remoto, conforme o entendimento jurisprudencial anterior (TJMG, Acórdão 1.0024.06.056834-2/001, 1.ª Câmara Cível, Belo Horizonte, Rel. Des. Armando Freire, j. 04.09.2007, *DJMG* 19.09.2007). Anote--se, contudo, que a questão não é pacífica na jurisprudência nacional estadual. Muitas vezes, essa introdução de sobrenome familiar remoto visa à obtenção de outra cidadania. Entendo que não deve haver óbice para tal intuito, valorizando--se o nome de família como direito da personalidade indeclinável. Ademais, nas hipóteses de obtenção posterior de dupla cidadania, o STJ já entendeu pela possibilidade de inclusão de nome estrangeiro de familiar remoto, para se evitar constrangimentos na identificação da pessoa (decisão da sua Terceira Turma, por maioria, em maio de 2016, no julgamento do Recurso Especial 1.310.088). A situação foi tratada pela Lei do SERP, conforme ainda será aqui estudado.

j) Para inclusão do nome de família do padrasto ou madrasta por enteado ou en-teada (art. 57, § 8.º, da Lei 6.015/1976, incluído pela Lei 11.924/2009, de autoria do falecido Deputado Clodovil Hernandes). Anote-se a existência de decisões judiciais aplicando a louvável inovação (por todos: TJRS, Agravo de instrumen-to 70058578360, 8.ª Câmara Cível, Rel. Des. Rui Portanova, j. 10.04.2014; TJSP, Apelação Cível 0206401-04.2009.8.26.0006, Rel. Des. João Pazine Neto, 3.ª Câmara de Direito Privado, j. 27.08.2013 e TJSC, Acórdão 2010.020381-0, 2.ª Câmara de Direito Civil, Videira, Rel. Des. Nelson Schaefer Martins, j. 14.07.2011, *DJSC* 03.08.2011, p. 139). Como se verá a seguir, esse comando foi modificado pela Lei do SERP (Lei 14.382/2022), possibilitando-se a alteração extrajudicial do nome nesse caso, diretamente no Cartório de Registro Civil.

k) Nos casos de abandono afetivo do genitor, excluindo-se o sobrenome paterno em casos tais. Como se retira de ementa do Superior Tribunal de Justiça, pu-blicada no seu *Informativo* n. 555, "o direito da pessoa de portar um nome que não lhe remeta às angústias decorrentes do abandono paterno e, especialmente, corresponda à sua realidade familiar, sobrepõe-se ao interesse público de imuta-bilidade do nome, já excepcionado pela própria Lei de Registros Públicos. Sendo assim, nos moldes preconizados pelo STJ, considerando que o nome é elemento da personalidade, identificador e individualizador da pessoa na sociedade e no âmbito familiar, conclui-se que o abandono pelo genitor caracteriza o justo mo-tivo de o interessado requerer a alteração de seu nome civil, com a respectiva exclusão completa dos sobrenomes paternos. Precedentes citados: REsp 66.643/ SP, 4.ª Turma, *DJ* 21.10.1997; e REsp 401.138-MG, 3.ª Turma, *DJ* 26.06.2003" (STJ, REsp 1.304.718/SP, Rel. Min. Paulo de Tarso Sanseverino, j. 18.12.2014, *DJe* 05.02.2015).

l) Nas hipóteses fáticas em que o pai descumpre o compromisso firmado com a mãe de dar um determinado nome à criança. Consoante aresto do Superior Tribunal de Justiça do ano de 2021, "nomear o filho é típico ato de exercício do poder familiar, que pressupõe bilateralidade, salvo na falta ou impedimento de um dos pais, e consensualidade, ressalvada a possibilidade de o juiz solucionar eventual desacordo entre eles, inadmitindo-se, na hipótese, a autotutela. O ato do pai que, conscientemente, desrespeita o consenso prévio entre os genitores sobre o nome a ser dado ao filho, acrescendo prenome de forma unilateral por ocasião do registro civil, além de violar os deveres de lealdade e de boa-fé, configura ato ilícito e exercício abusivo do poder familiar, sendo motivação bastante para autorizar a exclusão do prenome indevidamente atribuído à criança que completará 4 anos em 26.05.2021 e que é fruto de um namoro que se rompeu logo após o seu nascimento. É irrelevante apurar se o acréscimo unilateralmente promovido pelo genitor por ocasião do registro civil da criança ocorreu por má-fé, com intuito de vingança ou com o propósito de, pela prole, atingir à genitora, circunstâncias que, se porventura verificadas, apenas servirão para qualificar negativamente a referida conduta" (STJ, REsp 1.905.614/SP, 3.ª Turma, Rel. Min. Nancy Andrighi, j. 04.05.2021, *DJe* 06.05.2021).

A título de outro exemplo complementar, cite-se o comum entendimento do Superior Tribunal de Justiça em admitir a alteração do registro de nascimento, para nele constar o nome de solteira da genitora, adotado após o divórcio. Vejamos a ementa de um dos arestos:

"A dificuldade de identificação em virtude de a genitora haver optado pelo nome de solteira após a separação judicial enseja a concessão de tutela judicial a fim de que o novo patronímico materno seja averbado no assento de nascimento, quando existente justo motivo e ausentes prejuízos a terceiros, ofensa à ordem pública e aos bons costumes. É inerente à dignidade da pessoa humana a necessidade de que os documentos oficiais de identificação reflitam a veracidade dos fatos da vida, de modo que, havendo lei que autoriza a averbação, no assento de nascimento do filho, do novo patronímico materno em virtude de casamento, não é razoável admitir--se óbice, consubstanciado na falta de autorização legal, para viabilizar providência idêntica, mas em situação oposta e correlata (separação e divórcio)" (STJ, REsp 1.041.751/DF, 3.ª Turma, Rel. Min. Sidnei Beneti, j. 20.08.2009, *DJe* 03.09.2009). No mesmo sentido: REsp 1.072.402/MG, 4.ª Turma, Rel. Min. Luis Felipe Salomão, j. 04.12.2012, *DJe* 1.º.02.2013).

Ainda no plano da jurisprudência superior, admitiu-se a alteração do nome com a viuvez, para a retomada do sobrenome de solteiro, pois solução em contrário "implicaria grave violação aos direitos da personalidade e à dignidade da pessoa humana após a viuvez, especialmente no momento em que a substituição do patronímico é cada vez menos relevante no âmbito social, quando a questão está, cada dia mais, no âmbito da autonomia da vontade e da liberdade e, ainda, quando a manutenção do nome pode, em tese, acarretar ao cônjuge sobrevivente abalo de natureza emocional, psicológica ou profissional, em descompasso, inclusive, com o que preveem as mais contemporâneas legislações civis. Na hipótese, a justificativa apresentada pela parte – reparação de uma dívida moral com o genitor, que foi contrário à assunção do patronímico do cônjuge, e com isso atingir a sua paz interior – é mais do que suficiente para autorizar a retomada do nome de solteiro pelo cônjuge sobrevivente" (STJ, REsp 1.724.718/MG, 3.ª Turma, Rel. Min. Nancy Andrighi, j. 22.05.2018, *DJe* 29.05.2018). As hipóteses listadas, como não poderia ser diferente, sempre foram consideradas meramente ilustrativas.

De todo modo, advirta-se que a jurisprudência vinha entendendo que mesmo a mudança do prenome somente seria cabível se houvesse motivo bastante para tanto, não podendo estar fundada em mero capricho do autor da ação. Conforme se retira de aresto superior, "nos termos do que proclama o art. 58 da Lei de Registros Públicos, a regra no ordenamento jurídico é a imutabilidade do prenome. Todavia, sendo o nome civil um direito da personalidade, por se tratar de elemento que designa o indivíduo e o identifica perante a sociedade, revela-se possível, nas hipóteses previstas em lei, bem como em determinados casos admitidos pela jurisprudência, a modificação do prenome" (STJ, REsp 1.728.039/SC, 3.ª Turma, Rel. Min. Marco Aurélio Bellizze, j. 12.06.2018, *DJe* 19.06.2018). Na hipótese fática analisada, a demandante pretendia alterar o seu prenome de Tatiane para Tatiana, pois assim era conhecida socialmente, o que foi afastado, uma vez que sua argumentação foi considerada como insuficiente para declinar a premissa da imutabilidade do nome, sob pena de a exceção se transformar em regra.

Sobre a alteração do nome da *pessoa trans* diretamente no Cartório de Registro Civil, como antes mencionado e na linha das decisões prolatadas pelo STF no ano de 2018, houve regulamentação pelo Conselho Nacional de Justiça (CNJ), por meio do seu Provimento 73, de junho de 2018. Em 2023, essas regras foram incorporadas ao Código Nacional de Normas pelo CNJ e sofreram aperfeiçoamento por força do Provimento n. 152. Vejamos as suas principais regras.

Conforme o art. 516 do Código Nacional de Normas, toda pessoa maior de 18 anos completos habilitada à prática de todos os atos da vida civil poderá requerer ao ofício do registro civil das pessoas naturais a alteração e a averbação do prenome e do gênero, a fim de adequá-los à identidade autopercebida. Essa mudança poderá abranger a inclusão ou a exclusão de agnomes de gênero ou de descendência. Porém, ela não compreende a alteração dos nomes de família e não pode ensejar a identidade de prenome com outro membro da família. A norma também prevê que essa modificação poderá ser desconstituída na via administrativa, mediante autorização do juiz corregedor permanente ou na via judicial.

Ademais, na dicção do art. 517 do CNN, a averbação do prenome, do gênero ou de ambos poderá ser feita diretamente no ofício de registro civil onde o assento foi lavrado. O pedido poderá também ser formulado em ofício de cartório diverso do que lavrou o assento. Nesse caso, deverá o registrador encaminhar o procedimento ao oficial competente, às expensas da pessoa requerente, para a averbação pela central de informações do registro civil.

O procedimento será realizado com base na autonomia da pessoa requerente, que deverá declarar, perante o registrador civil, a vontade de proceder à adequação da identidade mediante a averbação do prenome, do gênero ou de ambos (art. 518 do Código Nacional de Normas do CNJ). Na linha das decisões do STF, a mesma norma estabelece que o atendimento do pedido apresentado ao registrador independe de prévia autorização judicial ou da comprovação de realização de cirurgia de redesignação sexual ou de tratamento hormonal ou patologizante, assim como de apresentação de laudo médico ou psicológico.

Ainda nos termos dos parágrafos desse complexo art. 518, o registrador deverá identificar a pessoa requerente mediante coleta, em termo próprio, conforme modelo constante do anexo deste provimento, de sua qualificação e assinatura, além de conferir os documentos pessoais originais. O requerimento será assinado pela pessoa requerente na presença do registrador civil, indicando a alteração pretendida. A pessoa requerente deverá declarar a inexistência de processo judicial que tenha por objeto a alteração pretendida. Foi incluído um § 4.º-A a esse art. 518 do Código Nacional de Normas por meio do Provimento n. 152/2023 do CNJ, prevendo que "para efeito deste artigo, equipara-se a atos presenciais os realizados eletronicamente perante o RCPN na forma do § 8.º do art. 67 da Lei n. 6.015, de 31 de dezembro de 1973". Os atos eletrônicos, como se sabe, foram admitidos pela Lei do SERP (Lei 14.382/2023), norma amplamente estudada neste livro, sendo necessária essa atualização.

Ademais, está previsto na norma em estudo que a opção pela via administrativa na hipótese de tramitação anterior de processo judicial cujo objeto tenha sido a modificação almejada será condicionada à comprovação de arquivamento do feito judicial.

CAP. 2 • PARTE GERAL DO CÓDIGO CIVIL DE 2002 | **121**

A pessoa requerente deverá apresentar ao ofício do registro civil, no ato do requerimento, os seguintes documentos: *a)* certidão de nascimento atualizada; *b)* certidão de casamento atualizada, se for o caso; *c)* cópia do registro geral de identidade (RG); *d)* cópia da identificação civil nacional, se for o caso; *e)* cópia do passaporte brasileiro, se for o caso; *f)* cópia do cadastro de pessoa física (CPF) no Ministério da Fazenda; *g)* cópia do título de eleitor; *h)* cópia de carteira de identidade social, se for o caso; *i)* comprovante de endereço; *j)* certidão do distribuidor cível do local de residência dos últimos cinco anos, estadual e federal); *k)* certidão do distribuidor criminal do local de residência dos últimos cinco anos, estadual e federal; *l)* certidão de execução criminal do local de residência dos últimos cinco anos, estadual e federal); *m)* certidão dos tabelionatos de protestos do local de residência dos últimos cinco anos; *n)* certidão da justiça eleitoral do local de residência dos últimos cinco anos; *o)* certidão da justiça do trabalho do local de residência dos últimos cinco anos; e *p)* certidão da justiça militar, se for o caso. A exigência de toda essa documentação é objeto de críticas, por supostamente dificultarem a alteração do nome da pessoa trans. Entretanto, está bem fundamentada na tentativa de se evitar fraudes com a mudança do nome, o que é uma justa causa.

Essa alteração do nome tem natureza sigilosa, razão pela qual a informação a seu respeito não pode constar das certidões dos assentos, salvo por solicitação da pessoa requerente ou por determinação judicial, hipóteses em que a certidão deverá dispor sobre todo o conteúdo registral (art. 519 do CNN). Como última norma a ser comentada a respeito dessa situação, suspeitando de fraude, falsidade, má-fé, vício de vontade ou simulação quanto ao desejo real da pessoa requerente, o registrador civil fundamentará a recusa e encaminhará o pedido ao juiz corregedor permanente (art. 520 do Código Nacional de Normas).

Pois bem, originária da Medida Provisória 1.085, de dezembro de 2021, surgiu a Lei 14.382/2022, promulgada em 28 de junho desse mesmo ano, tratando principalmente do SERP. Além disso, a norma emergente altera e traz acréscimos a várias leis importantes do País, como a Lei 4.591/1964 – no tocante à incorporação imobiliária –, a Lei 6.015/1973 (Lei de Registros Públicos) e o Código Civil de 2002.

A respeito da mudança do nome, muitas foram as alterações trazidas pela nova norma, que não modificou os dispositivos do Código Civil a respeito da matéria, mas apenas da Lei de Registros Públicos. Começo essa análise pela redação dada ao art. 55 da Lei 6.015/1973, que trata da formação do nome da pessoa no registro de nascimento. O seu *caput* passou a seguir a regra do art. 16 do Código Civil, consagrando o nome como direito da personalidade e prevendo que "toda pessoa tem direito ao nome, nele compreendidos o prenome e o sobrenome".

Ademais, seguindo o que era concretizado pelo costume registral, o mesmo art. 55, *caput,* da Lei de Registros Públicos, na sua segunda parte, passou a enunciar a necessidade de observar que "ao prenome serão acrescidos os sobrenomes dos genitores ou de seus ascendentes, em qualquer ordem e, na hipótese de acréscimo de sobrenome de ascendente que não conste das certidões apresentadas, deverão ser apresentadas as certidões necessárias para comprovar a linha ascendente". A título de exemplo, geralmente se incluem os sobrenomes do pai e da mãe, não importando a ordem de sua inserção. Apesar de ser comum a inclusão primeiro do nome materno e depois do paterno, não há qualquer imposição nesse sentido.

Os §§ 1.º e 2.º do novo art. 55 da Lei de Registros Públicos repetem em parte a antiga redação do parágrafo único e do *caput* do próprio comando, preceituando que o oficial de registro civil não registrará prenomes suscetíveis de expor ao ridículo os seus portadores ou titulares, observado que, quando os genitores não se conformarem com a recusa do oficial, este submeterá por escrito o caso à decisão do juiz competente, independentemente da cobrança de quaisquer emolumentos. Quando o declarante não indicar o nome completo, o oficial de registro civil lançará adiante do prenome escolhido ao menos um sobrenome de cada um dos genitores, na ordem que julgar mais conveniente para evitar homonímias, ou seja, nomes iguais que possam trazer prejuízos ao titular.

Em continuidade, o oficial de registro civil orientará os pais acerca da conveniência de acrescer sobrenomes, a fim de se evitarem prejuízos à pessoa em razão dessas homonímias (art. 55, § 3.º, da Lei de Registros Públicos, incluído pela Lei n. 14.382/2022). Também é novidade o procedimento de oposição ao registro, prevendo o § 4.º da mesma norma que, em até quinze dias após o registro, qualquer dos genitores poderá apresentar, perante o registro civil onde foi lavrado o assento de nascimento, oposição fundamentada ao prenome e sobrenomes indicados pelo declarante. Se houver manifestação consensual dos genitores, será realizado o procedimento de retificação administrativa do registro. Contudo, se não houver consenso, a oposição será encaminhada ao juiz competente para que profira decisão.

Esse procedimento visa evitar que o conflito seja levado ao Poder Judiciário de imediato, sendo a extrajudicialização uma das marcas da norma emergente. A propósito de ilustrar uma situação de conflito, cite-se novamente o caso aqui antes exposto, em que houve uma autorização judicial de mudança de prenome registrado pelo pai da criança, que não respeitou acordo prévio com a mãe (STJ, REsp 1.905.614/SP, 3.ª Turma, Rel. Min. Nancy Andrighi, j. 04.05.2021, *DJe* 06.05.2021).

O art. 56 da Lei 6.015/1973, também modificado pela Lei 14.382/2022, trata da alteração extrajudicial do nome por vontade imotivada da pessoa após a sua maioridade. Além de modificações no *caput*, o comando recebeu novos parágrafos. De início, está previsto que a pessoa registrada poderá, depois de ter atingido a maioridade civil, requerer pessoal e imotivadamente a alteração de seu prenome, independentemente de decisão judicial, sendo ela averbada e publicada em meio eletrônico.

Como esperado, não há mais menção ao prazo decadencial de um ano, a contar da maioridade. Isso porque o prazo vinha sendo afastado em hipóteses concretas da presença de justificativas para a alteração posterior, sendo certo que era aplicado apenas para a alteração diretamente no Cartório de Registro Civil. Nesse sentido, ementa doutrinária aprovada na *II Jornada de Prevenção e Solução Extrajudicial de Litígios*, promovida pelo Conselho da Justiça Federal em agosto de 2021. Consoante o Enunciado n. 130, "é admissível o requerimento pelo(a) interessado(a) de alteração de seu nome, no primeiro ano após ter atingido a maioridade civil, diretamente perante o Registro Civil de Pessoas Naturais, independentemente de decisão judicial, na forma do art. 56 da Lei n. 6.015/1973".

A jurisprudência superior vinha entendendo do mesmo modo, no sentido de afastar o prazo decadencial de um ano para as ações judiciais motivadas, propostas após esse prazo de um ano. Como um primeiro aresto, destaco: "admite-se a alteração do nome civil após o decurso do prazo de um ano, contado da maioridade civil, somente por exceção e motivadamente, nos termos do art. 57, *caput*, da Lei 6.015/73" (STJ, REsp 538.187/RJ, 3.ª Turma, Rel. Min. Nancy Andrighi, j. 02.12.2004, *DJ* 21.02.2005, p. 170). Ou, mais recentemente, em hipótese fática envolvendo a modificação do nome de pessoa trans: "o nome de uma pessoa faz parte da construção de sua própria identidade. Além de denotar um interesse privado, de autorreconhecimento, visto que o nome é um direito de personalidade (art. 16 do Código Civil de 2002), também compreende um interesse público, pois é o modo pelo qual se dá a identificação do indivíduo perante a sociedade. (...). A Lei de Registros Públicos (Lei n.º 6.015/1973) consagra, como regra, a imutabilidade do prenome, mas permite a sua alteração pelo próprio interessado, desde que solicitada no período de 1 (um) ano após atingir a maioridade, ou mesmo depois desse período, se houver outros motivos para a mudança" (REsp 1.860.649/SP, 3.ª Turma, Rel. Min. Ricardo Villas Bôas Cueva, j. 12.05.2020, *DJe* 18.05.2020).

De todo modo, a grande novidade da norma passa a ser a *extrajudicialização da alteração do nome*, perante o Cartório de Registro Civil, o que vem em boa hora e sem a necessidade de motivação. A título de exemplo, a pessoa pode pedir a alteração para um prenome pelo qual é conhecida no meio social, uma vez que sempre rejeitou o seu nome registral, escolhido pelos pais, o que é até comum na prática. Há, contudo, uma limitação, pois a alteração imotivada de prenome poderá ser feita na via extrajudicial apenas uma vez, e a sua desconstituição dependerá de sentença judicial (art. 56, § 1.º, da Lei 6.015/1973, incluído pela Lei 14.382/2022).

Ainda sobre a alteração extrajudicial imotivada, a averbação de alteração de prenome conterá, obrigatoriamente, o prenome anterior, os números de documento de identidade, de inscrição no Cadastro de Pessoas Físicas, de passaporte e de título de eleitor do registrado; tais dados deverão constar expressamente de todas as certidões solicitadas (art. 56, § 2.º, da Lei 6.015/1973, incluído pela Lei 14.382/2022).

Finalizado o procedimento extrajudicial de alteração no assento, o ofício de registro civil de pessoas naturais no qual se processou a alteração, às expensas do requerente, comunicará o ato oficialmente aos órgãos expedidores do documento de identidade, do CPF e do passaporte, bem como ao Tribunal Superior Eleitoral, preferencialmente por meio eletrônico (art. 56, § 3.º, da Lei 6.015/1973, incluído pela Lei 14.382/2022).

Entretanto, se suspeitar de fraude, falsidade, má-fé, vício de vontade – como erro, dolo ou coação – ou simulação quanto à real intenção da pessoa requerente, o oficial de registro civil, de forma fundamentada, recusará a retificação do nome (art. 56, § 4.º, da Lei 6.015/1973, incluído pela Lei 14.382/2022).

A norma emergente igualmente modificou o art. 57 da Lei de Registros Públicos no tocante à alteração extrajudicial do nome por justo motivo, elencando hipóteses – consolidadas pela doutrina e pela jurisprudência superior – em que essa é viável juridicamente. Mais uma vez, nota-se a concretização do caminho da extrajudicialização. Nesse contexto, a alteração posterior de sobrenomes poderá ser requerida pessoalmente perante o oficial de registro civil, com a apresentação de certidões e de documentos necessários, e será averbada nos assentos de nascimento e casamento, independentemente de autorização judicial.

As situações previstas nos incisos do *caput* do art. 57 da Lei de Registros Públicos são as seguintes, de acordo com a lista que há pouco colacionei: *a)* inclusão de sobrenomes familiares, como nomes remotos que não constam do registro; *b)* inclusão ou exclusão de sobrenome do cônjuge, na constância do casamento; *c)* exclusão de sobrenome do ex-cônjuge, após a dissolução da sociedade conjugal, por qualquer de suas causas, seja consensual ou litigiosa, o que confirma tratar-se de um direito da personalidade do cônjuge que o incorporou; e *d)* inclusão e exclusão de sobrenomes em razão de alteração das relações de filiação, inclusive para os descendentes, cônjuge ou companheiro da pessoa que teve seu estado alterado.

Manteve-se a permissão de averbação no registro do nome abreviado da pessoa, usado como firma comercial registrada ou em qualquer atividade profissional (art. 57, § 1.º, da Lei 6.015/1973, renumerado pela Lei 14.382/2022). Essa hipótese constava do antigo parágrafo único do art. 57 da Lei de Registros Públicos, o qual foi renumerado para § 1.º pela Lei 14.382/2022. Exemplificando, poderia eu averbar a abreviação FT de "Flávio Tartuce", pois utilizo-a na minha atuação profissional.

Igualmente a merecer elogios, passou a ser possível a inclusão extrajudicial de sobrenomes em virtude da união estável. Nos termos do novo § 2.º do art. 57 da Lei de

Registros Públicos, "os conviventes em união estável devidamente registrada no registro civil de pessoas naturais poderão requerer a inclusão de sobrenome de seu companheiro, a qualquer tempo, bem como alterar seus sobrenomes nas mesmas hipóteses previstas para as pessoas casadas". Como se pode perceber, a inclusão do sobrenome diz respeito às uniões estáveis registradas e não se aplica às meras uniões de fato. O tema está tratado no Capítulo 8 deste livro, quando do estudo da união estável.

Foi mantida a possibilidade de alteração do nome em razão de fundada coação ou ameaça decorrente de colaboração com a apuração de crime (art. 57, § 7.º, da Lei de Registros Públicos, incluído pela Lei 9.807/1999).

A última alteração quanto à norma pela Lei 14.382/2022 diz respeito à inclusão do sobrenome, por enteado ou enteada, de padrasto ou madrasta, o que havia sido incluído pela Lei Clodovil (Lei 11.924/2009). No texto atual não há mais menção aos parágrafos anteriores, possibilitando-se também a averbação na certidão de casamento e que a alteração seja feita pela via extrajudicial, perante o oficial de registro civil, na linha de todo o tratamento consagrado pela norma emergente. Nos termos do atual e modificado § 8.º do art. 57 da Lei 6.015/1973: "o enteado ou a enteada, se houver motivo justificável, poderá requerer ao oficial de registro civil que, nos registros de nascimento e de casamento, seja averbado o nome de família de seu padrasto ou de sua madrasta, desde que haja expressa concordância destes, sem prejuízo de seus sobrenomes de família".

Como se percebe, o rol previsto em lei diz respeito à alteração do sobrenome pela via extrajudicial, sendo meramente exemplificativo ou *numerus apertus*, na minha opinião. Não afasta, portanto, a possibilidade de alteração pela via judicial em outras situações, como no caso do abandono afetivo, admitido pela jurisprudência. Nesse sentido, sem prejuízo do outro julgado antes exposto, vejamos aresto que admitiu a modificação do prenome em virtude do abandono afetivo: "no caso dos autos, há justificado motivo para alteração do prenome, seja pelo fato de a recorrente ser conhecida em seu meio social e profissional por nome diverso do constante no registro de nascimento, seja em razão da escolha do prenome pelo genitor remetê-la a história de abandono paternal, causa de grande sofrimento" (STJ, REsp 1.514.382/DF, 4.ª Turma, Rel. Min. Antonio Carlos Ferreira, j. 1.º.09.2020, *DJe* 27.10.2020).

Penso que a fundamentação para outras situações de alteração do nome pela via judicial terá esteio, principalmente, na existência de um direito da personalidade, como antes se expôs, na linha do que têm reconhecido a doutrina e a própria jurisprudência aqui colacionada.

Atualizando a obra e ainda sobre as alterações inseridas pela Lei do SERP, em 2023, o Conselho Nacional de Justiça editou o Provimento n. 153, que depois foi incorporado ao seu Código Nacional de Normas (CNN), nos seus arts. 515-A a 515-V, regulamentando administrativamente a alteração extrajudicial do nome, perante o Cartório de Registro Civil das Pessoas Naturais.

Essas previsões normativas complementam o tratamento legal da Lei do SERP, sendo importante trazer para análise as suas principais regras. De início, está previsto, na linha da legislação antes estudada, que toda pessoa tem direito ao nome, nele compreendidos o prenome, de livre escolha dos pais, e o sobrenome, que indicará a ascendência do registrado (art. 515-B do CNN).

Nos termos dos parágrafos desse preceito, a pedido do declarante, no momento da lavratura do registro de nascimento, serão acrescidos, ao prenome escolhido, os sobrenomes dos pais ou de seus ascendentes, em qualquer ordem, sendo obrigatório que o nome contenha o sobrenome de ao menos um ascendente de qualquer grau, de qualquer uma das linhas de ascendência. Na ocasião, devem ser apresentadas certidões que comprovem a linha ascendente sempre que o sobrenome escolhido não constar no nome dos pais.

O oficial de registro civil não registrará nascimento que contenha prenome suscetível de expor ao ridículo o seu portador, observado que, quando o declarante não se conformar com a recusa do oficial, este submeterá por escrito o caso à decisão do juiz competente nos termos da legislação local, independentemente da cobrança de quaisquer emolumentos.

Em havendo essa recusa, o oficial deve informar ao juiz competente as justificativas do declarante para a escolha do prenome, se houver. Havendo escolha de nome comum, o oficial do Registro Civil das Pessoas Naturais orientará o declarante acerca da conveniência de acrescer prenomes ou sobrenomes a fim de evitar prejuízos ao registrado em razão de homonímia. Caso o declarante indique apenas o prenome do registrado, o oficial completará o nome incluindo ao menos um sobrenome de cada um dos pais, se houver, em qualquer ordem, sempre tendo em vista o afastamento de homonímia.

Por fim, está previsto nesse complexo e extenso art. 515-B que, para a composição do nome, é permitido o acréscimo ou supressão de partícula entre os elementos do nome, a critério do declarante, com "de", "da", "dos", "das". Se o nome escolhido for idêntico ao de outra pessoa da família, é obrigatório o acréscimo de *agnome* ao final do nome a fim de distingui-los, caso de "Júnior", "Filho", "Neto".

No que diz respeito à antes aventada possibilidade de retificação posterior e extrajudicial do nome, está expresso no art. 515-C do Código Nacional de Normas que, em até quinze dias após o registro de nascimento, qualquer dos pais poderá apresentar, perante o registro civil em que foi lavrado o assento de nascimento, oposição fundamentada ao prenome ou sobrenomes indicados pelo declarante. Deverá, assim, o contestante indicar o nome substituto e os motivos dessa opção, hipótese em que se observará a necessidade ou não de submissão do procedimento de retificação ao juiz. Por não se tratar de erro imputável ao oficial, em qualquer hipótese, serão devidos emolumentos pela retificação realizada.

Sobre o procedimento de *alteração extrajudicial do pronome*, toda pessoa maior de dezoito anos completos poderá, pessoalmente e de forma imotivada, requerer diretamente ao oficial de registro civil das pessoas naturais a alteração de seu prenome e independentemente de decisão judicial (art. 515-D do CNN do CNJ). Essa alteração compreende a substituição total ou parcial do prenome, permitido o acréscimo, a supressão ou a inversão de nomes. A norma administrativa também esclarece, nos termos da lei, ser vedada nova alteração extrajudicial do prenome mesmo na hipótese de a anterior alteração ter ocorrido nas hipóteses de pessoas transgênero.

Além disso, consoante o art. 515-E do Código Nacional de Normas, o requerimento de alteração de prenome será assinado pelo requerente na presença do oficial de registro civil das pessoas naturais, indicando-se a modificação que por ele é pretendida. O registrador deverá identificar o requerente mediante coleta, em termo próprio e, conforme modelo que consta da norma, de sua qualificação e assinatura, além de conferir os documentos pessoais originais apresentados. O requerente deverá declarar a inexistência de processo judicial em andamento que tenha por objeto a alteração do prenome então pretendida, sendo que, em caso de existência, deverá comprovar o arquivamento do feito judicial como condição ao prosseguimento do pedido administrativo, perante o Cartório de Registro das Pessoas Naturais.

A alteração extrajudicial de prenome não tem natureza sigilosa, razão pela qual a averbação respectiva deve trazer, obrigatória e expressamente, o prenome anterior e o atual, o nome completo que passou adotar, além dos números de documento de identidade, de inscrição no Cadastro de Pessoas Físicas (CPF) da Secretaria Especial da Receita Federal do Brasil, de título de eleitor do registrado e de passaporte, dados que deverão constar expressamente de todas as certidões solicitadas, inclusive as de breve relato (art. 515-F do Código Nacional de Normas).

No que concerne à *alteração extrajudicial do sobrenome*, está expresso no art. 515-I do Código Nacional de Normas que ela, em momento posterior ao registro de nascimento, poderá ser requerida diretamente perante o oficial de registro civil das pessoas naturais.

Para tanto, deve a parte interessada apresentar certidões atualizadas do registro civil e documentos pessoais, sendo averbada no assento de nascimento e de casamento, se for o caso, independentemente de autorização judicial, a fim de que, nos termos da Lei do SERP, tenha os seguintes objetivos: *a)* inclusão de sobrenomes familiares; *b)* inclusão ou exclusão de sobrenome do cônjuge, na constância do casamento; *c)* exclusão de sobrenome do ex-cônjuge, após a dissolução da sociedade conjugal, por qualquer de suas causas; e *d)* inclusão e exclusão de sobrenomes em razão de alteração das relações de filiação, inclusive para os descendentes, cônjuge ou companheiro da pessoa que teve seu estado alterado.

Como antes defendi, prevê o § 1.º desse art. 515-I do CNN que "a alteração de sobrenome fora das hipóteses acima descritas poderá ser requerida diretamente perante o oficial de registro civil das pessoas naturais, mas dependerá de decisão do juiz corregedor competente, que avaliará a existência de justa causa". As outras hipóteses, portanto, exigem ação judicial. Além disso, o § 2.º do comando estabelece que a alteração de sobrenome permite a supressão ou acréscimo de partícula, como "de", "da", "do", "das", "dos", a critério da pessoa requerente.

O art. 515-J do Código Nacional de Normas traz importante e necessária normatização a respeito da pessoa incapaz, prevendo que a alteração extrajudicial do seu sobrenome dependerá de: *a)* no caso de incapacidade por menoridade, da pessoa menor de dezoito anos, de requerimento escrito formalizado por ambos os pais, admitida a representação de qualquer deles e mediante procuração por escritura pública ou instrumento particular com firma reconhecida, cumulativamente com o consentimento da pessoa se esta for maior de dezesseis anos; e *b)* nos demais casos, de interdição ou curatela de pessoa maior de idade, decisão do juiz corregedor competente.

Sobre a inclusão do sobrenome do outro cônjuge, destaque-se o art. 515-L do CNN, ao prever, de forma salutar, que ela independe da anuência deste. Ademais, a inclusão de sobrenome do outro cônjuge autoriza a supressão de sobrenomes originários, desde que remanesça, ao menos, um nome, vinculando a pessoa a uma das suas linhas de ascendência. A regra visa preservar a identidade familiar do cônjuge. Além disso, está expresso que a exclusão do sobrenome do cônjuge autoriza o retorno ao nome de solteiro pela pessoa requerente, com resgate de sobrenomes originários eventualmente suprimidos.

Também se previu, no § 3.º desse art. 515-L, tendo em vista uma necessária equiparação das entidades familiares – tendência cada vez mais consolidada no Direito Civil Brasileiro, sobretudo pela Lei do SERP –, que se aplicam "aos conviventes em união estável, devidamente registrada em ofício de RCPN, todas as regras de inclusão e exclusão de sobrenome previstas para as pessoas casadas (art. 57, § 2º, da Lei n. 6.015, de 31 de dezembro de 1973)".

O art. 515-M do Código Nacional de Normas trata, igualmente de modo necessário, da inclusão do sobrenome do padrasto ou da madrasta por enteado ou enteada. Essa inclusão depende de: *a)* motivo justificável, o qual será presumido com a declaração de relação de afetividade decorrente do padrastio ou madrastio, o que, entretanto, não importa em reconhecimento de filiação socioafetiva, embora possa servir de prova desta; *b)* consentimento, por escrito, de ambos os pais registrais e do padrasto ou madrasta; e *c)* comprovação da relação de padrastio ou madrastio mediante apresentação de certidão de casamento ou sentença judicial, escritura pública ou termo declaratório que comprove relação de união estável entre um dos pais registrais e o padrasto ou a madrasta. Todos os requisitos, inclusive as afirmações sobre a parentalidade socioafetiva, têm o meu total apoio.

Para encerrar a análise das principais regras administrativas do CNJ sobre a alteração extrajudicial do nome, cumpre tratar de importante dispositivo comum ao procedimento de alteração de prenome e de sobrenome. Trata-se do art. 515-O do Código Nacional de Normas, ao prever que o requerente da alteração do prenome e sobrenome deverá se apresentar pessoalmente perante o oficial de registro civil das pessoas naturais, como regra geral. Admite-se, porém, sua representação no caso de alteração exclusiva de sobrenome, mediante mandatário constituído por escritura pública lavrada há menos de noventa dias e especificando a alteração a ser realizada, assim como o nome completo a ser adotado. Sana-se, portanto, uma séria dúvida que surgia quanto ao tema.

Acredito que essas normas do CNJ devem revolucionar o tema da alteração do nome, desjudicializando e facilitando o procedimento, trazendo certeza e segurança jurídica para tais atos, que devem ficar totalmente desvinculados do Poder Judiciário.

Para terminar de forma definitiva o estudo quanto ao nome, destaque-se que o atual Projeto de Reforma do Código Civil, elaborado pela Comissão de Juristas nomeada no âmbito do Senado Federal, pretende alterar substancialmente as redações dos arts. 16 a 19, concentrando-se o tratamento do instituto apenas no primeiro dispositivo. Além disso, muitos dos problemas aqui expostos são resolvidos e afastados, na linha da doutrina e da jurisprudência consolidadas.

Em termos gerais a respeito da identidade da pessoa natural, o *caput* do art. 16 preverá que ela "se revela por seu estado individual, familiar e político, não se admitindo que seja vítima de qualquer discriminação, quanto a gênero, a orientação sexual ou a características sexuais". Consoante o seu § 1.º, o nome é expressão de individualidade e externa a maneira peculiar de alguém estar em sociedade. Sem autorização do seu titular, o nome da pessoa não pode ser empregado por outrem em publicações ou representações que a exponham ao desprezo público, ou que tenham fins econômicos ou comerciais (§ 2.º). A última proposta traz a retirada da menção à intenção difamatória do atual art. 17, hoje superada, e adota a ideia constante do teor da Súmula n. 403 do STJ, no sentido de que o uso indevido do nome para fins econômicos ou comerciais afasta a necessidade de prova do prejuízo.

No que diz respeito à atual redação do art. 19, o novo § 3.º do art. 16 trará proteção mais ampla, prevendo que "o pseudônimo, o heterônimo, o nome artístico, as personas, os avatares digitais e outras técnicas de anonimização adotados para atividades lícitas gozam da mesma proteção que se dá ao nome". Como se pode perceber, é incluída na norma de tutela de direitos da personalidade também a proteção dos sinais representativos da pessoa no meio digital, o que hoje se tornou mais do que uma necessidade.

Para os fins desta última proteção, passará a ser considerada como vedada a adoção de técnicas ou estratégias de qualquer natureza que conduzam ao anonimato, que levem à impossibilidade de identificar agentes e lhes imputar responsabilidade (proposta de art. 16, § 4.º, do CC).

Melhorando e ampliando a atual redação do art. 18 do Código Civil, o § 5.º do art. 16 preceituará que, "sem autorização, não se pode usar o nome alheio em publicidade, em marca, logotipo ou em qualquer forma de identificação de produto, mercadoria ou de atividade de prestação de serviços, tampouco em manifestações de caráter religioso ou associativo".

## 128 MANUAL DE DIREITO CIVIL • VOLUME ÚNICO – *Flávio Tartuce*

Remetendo-se o tratamento dessa importante temática à Lei do SERP e à Lei de Registros Públicos, como já é hoje, o § 6.º do art. 16 preverá que a mudança e a alteração do nome obedecerão à disciplina da legislação especial, sem que isso importe, por si só, alteração de estado civil.

Ademais, com o objetivo de evitar abusos e excessos hoje verificados na prática na inclusão de sobrenomes por padrastos e madrastas, a Comissão de Juristas, após disputada votação e a prevalência da posição da maioria, aprovou regra prevendo que "a modificação do sobrenome de criança ou de adolescente por força de novo casamento ou união estável de seus ascendentes só poderá ocorrer a partir dos 18 (dezoito) anos" (art. 16, § 7.º, do CC/2002). Aprovada a mudança, as alterações legislativas inauguradas pela Lei Clodovil, e hoje previstas no art. 57, § 8.º, da Lei de Registros Públicos, não serão mais aplicadas às crianças e aos adolescentes com menos de dezoito anos.

Como outra proposição relevante, o novo art. 16-A da codificação privada pretende tratar da proteção do nome e de outros sinais atribuídos à pessoa jurídica, o que já prevalece na prática, prevendo que "a pessoa jurídica tem direito à igual proteção jurídica de seu nome e marca, bem como de toda forma de identificação de sua atividade, serviços e produtos".

O art. 17 do CC tratará da identidade pessoal como direito da personalidade, enunciando que toda pessoa tem direito ao reconhecimento e à preservação de sua identidade pessoal, composta do conjunto de atributos, características, comportamentos e escolhas que a distingam das demais. Além do nome, da imagem, da voz e da integridade psicofísica, compõem também a identidade pessoal os aspectos que envolvam orientação ou expressão de gênero, sexual, religiosa, cultural e outros aspectos que lhe sejam inerentes (§ 1.º). Passará a ser considerado como ilícito, de forma expressa e objetiva, o uso, a apropriação ou a divulgação não autorizada dos elementos de identidade da pessoa, bem como das peculiaridades capazes de identificá-la, ainda que sem se referir a seu nome, imagem ou voz (§ 2.º). Em complemento, e em boa hora, a Norma Geral Privada preverá que o cerceamento abusivo da liberdade pessoal de ambulação, de expressão e de informação tem repercussão civil e enseja o exercício de pretensões de reparação por perdas e danos (art. 17-A).

Em sugestão que surgiu na audiência pública realizada em Porto Alegre, na Universidade Federal do Rio Grande do Sul, propõe-se também a inclusão sobre o *direito à ancestralidade*. Nesse contexto, em nova redação, o art. 18 enunciará que "a pessoa tem direito de conhecer as suas origens ancestrais, biológicas, étnicas, culturais e sociais por meio de dados e informações disponíveis em arquivos públicos ou em arquivos de interesse público, físicos ou virtuais". Ademais, competirá à autoridade pública que tenha o dever legal de fiscalização, guarda e preservação de acervos físicos ou virtuais estabelecer o modo como tal acesso será viabilizado e facilitado ao público (parágrafo único).

Como última proposição a ser mencionada no presente momento, o art. 19 do CC passará a tratar da afetividade humana com os animais domésticos como direito da personalidade, tema que analisarei quando do estudo da situação jurídica dos animais, no Capítulo 5 desta obra.

Superado o estudo do nome como direito da personalidade e retornando ao sistema em vigor, o art. 20, *caput*, do CC/2002 tutela o direito à imagem e os direitos a ele conexos, confirmando a previsão anterior do art. 5.º, incs. V e X, da CF/1988, que assegura o direito à reparação moral no caso de lesão à imagem. É a redação do dispositivo civil: "salvo se autorizadas, ou se necessárias à administração da justiça ou à manutenção da ordem pública, a divulgação de escritos, a transmissão da palavra, ou a publicação, a exposição ou a utilização da imagem de uma pessoa poderão ser proibidas, a seu requerimento e sem

CAP. 2 • PARTE GERAL DO CÓDIGO CIVIL DE 2002 | **129**

prejuízo da indenização que couber, se lhe atingirem a honra, a boa fama ou a respeitabilidade, ou se se destinarem a fins comerciais".

Esclarecendo essa confusa redação, para a utilização da imagem de outrem é necessária autorização, sob pena de aplicação dos princípios da prevenção e da reparação integral dos danos. Mas essa autorização é dispensável se a pessoa interessar à ordem pública ou à administração da justiça, pelos exatos termos da lei. O enquadramento da pessoa nessas categorias depende de apreciação pelo magistrado, caso a caso. Nota-se, no art. 20 do CC, a presença de cláusulas gerais em relação aos conceitos de *necessárias à administração da justiça* e *manutenção da ordem pública*, devendo o magistrado aplicar a norma, tendo como base fatos (repercussões sociais da pessoa) e valores (da sociedade e próprios) – *teoria tridimensional do direito*.

A título de exemplo dessa análise, o Superior Tribunal de Justiça concluiu, em 2020, que "o uso da imagem de torcedor inserido no contexto de uma torcida não induz a reparação por danos morais quando não configurada a projeção, a identificação e a individualização da pessoa nela representada". Vejamos o que consta da publicação do acórdão:

> "Em regra, a autorização para uso da imagem deve ser expressa; no entanto, a depender das circunstâncias, especialmente quando se trata de imagem de multidão, de pessoa famosa ou ocupante de cargo público, há julgados do STJ em que se admite o consentimento presumível, o qual deve ser analisado com extrema cautela e interpretado de forma restrita e excepcional. De um lado, o uso da imagem da torcida – em que aparecem vários dos seus integrantes – associada à partida de futebol, é ato plenamente esperado pelos torcedores, porque costumeiro nesse tipo de evento; de outro lado, quem comparece a um jogo esportivo não tem a expectativa de que sua imagem seja explorada comercialmente, associada à propaganda de um produto ou serviço, porque, nesse caso, o uso não decorre diretamente da existência do espetáculo. (...). Hipótese em que, embora não seja possível presumir que o recorrente, enquanto torcedor presente no estádio para assistir à partida de futebol, tenha, tacitamente, autorizado a recorrida a usar sua imagem em campanha publicitária de automóvel, não há falar em dano moral porque o cenário delineado nos autos revela que as filmagens não destacam a sua imagem, senão inserida no contexto de uma torcida, juntamente com vários outros torcedores" (STJ, REsp 1.772.593/RS, 3.ª Turma, Rel. Min. Nancy Andrighi, j. 16.06.2020, *DJe* 19.06.2020).

As conclusões do aresto têm o meu total apoio doutrinário e penso que devem ser replicadas em outros julgados.

Repise-se que a imagem da pessoa pode ser classificada em *imagem-retrato* – a fisionomia de alguém, o que é refletido no espelho – e *imagem-atributo* – a soma de qualificações do ser humano, o que ele representa para a sociedade. Ambas as formas de imagem parecem estar protegidas no *criticável* art. 20 do CC. Criticável, pois deve ficar claro que esse artigo não exclui o direito à informação e à liberdade da expressão, protegidos no art. 5.º, incs. IV, IX e XIV, da CF/1988. Além disso, como aponta a atenta doutrina, há no art. 20 do Código Civil uma restrição muito rígida, com privilégio excessivo à vontade do retratado.[78] Partilhando dessa premissa, na *IV Jornada de Direito Civil*, foi aprovado o Enunciado n. 279 do CJF/STJ, no seguinte sentido:

> "A proteção à imagem deve ser ponderada com outros interesses constitucionalmente tutelados, especialmente em face do direito de amplo acesso à informação e

---

[78] SCHREIBER, Anderson. *Direitos da personalidade*. São Paulo: Atlas, 2011, p. 103.

da liberdade de imprensa. Em caso de colisão, levar-se-á em conta a notoriedade do retratado e dos fatos abordados, bem como a veracidade destes e, ainda, as características de sua utilização (comercial, informativa, biográfica), privilegiando-se medidas que não restrinjam a divulgação de informações".

De acordo com o enunciado doutrinário, recomenda-se prudência na análise das questões envolvendo a divulgação de notícias sobre determinadas pessoas, sendo interessante ponderar os direitos protegidos no caso concreto (*técnica de ponderação*). A ponderação, reconhecida expressamente pelo CPC/2015, é que deve guiar o aplicador do direito para os casos envolvendo a liberdade de imprensa, notadamente pela declaração de inconstitucionalidade por não recepção da Lei de Imprensa pelo Supremo Tribunal Federal (ver *Informativo* n. 544 do STF).

De qualquer forma, deve-se dar prevalência à divulgação de imagens que sejam verdadeiras, desde que elas interessem à coletividade. Pode-se falar, assim, em *função social da imagem*. Não se pode admitir, contudo, que em todos os casos, e de forma absoluta, a liberdade de expressão e de imprensa prevaleçam sobre a tutela da imagem e da intimidade.

Nessa linha, merece destaque o Enunciado n. 613, aprovado na *VIII Jornada de Direito Civil*, no ano de 2018: "a liberdade de expressão não goza de posição preferencial em relação aos direitos da personalidade no ordenamento jurídico brasileiro". Ilustrando, no caso de uma pessoa notória, um artista famoso, por exemplo, a notícia pode até ser vinculada, desde que isso não gere uma devastação ou arruíne a sua vida. Havendo prejuízo à dignidade humana, serão aplicados os princípios da prevenção e da reparação integral, também constantes no art. 20 do CC/2002.

Partindo-se para a prática da ponderação relativa ao dilema (direito à imagem *x* direito à informação), concluiu o Superior Tribunal de Justiça, em decisão publicada no seu *Informativo* n. 396:

"Há, na questão, um conflito de direitos constitucionalmente assegurados. A Constituição Federal assegura a todos a liberdade de pensamento (art. 5.º, IV), bem como a livre manifestação desse pensamento (art. 5.º, IX) e o acesso à informação (art. 5.º, XIV). Esses direitos salvaguardam a atividade da recorrente. No entanto, são invocados pelo recorrido os direitos à reputação, à honra e à imagem, assim como o direito à indenização pelos danos morais e materiais que lhe sejam causados (art. 5.º, X). Para a solução do conflito, cabe ao legislador e ao aplicador da lei buscar o ponto de equilíbrio no qual os dois princípios mencionados possam conviver, exercendo verdadeira função harmonizadora. (...) Na hipótese, constata-se que a reportagem da recorrente, para sustentar essa sua afirmação, trouxe ao ar elementos importantes, como o depoimento de fontes fidedignas, a saber: a prova testemunhal de quem foi à autoridade policial formalizar notícia-crime e a opinião de um procurador da República. Ademais, os autos revelam que o próprio repórter fez-se passar por agente interessado nos benefícios da atividade ilícita, obtendo gravações que efetivamente demonstravam a existência de engenho fraudatório. Não se tratava, portanto, de um mexerico, fofoca ou boato que, negligentemente, divulgava-se em cadeia nacional. Acresça-se a isso que o próprio recorrido revela que uma de suas empresas foi objeto de busca e apreensão. Ao público, foram dadas as duas versões do fato: a do acusador e a do suspeito. Os elementos que cercaram a reportagem também mostravam que havia fatos a serem investigados. O processo de divulgação de informações satisfaz o verdadeiro interesse público, devendo ser célere e eficaz, razão pela qual não se coaduna com rigorismos próprios de um procedimento judicial. Desse modo, vê-se claramente que a recorrente atuou com a diligência devida, não extrapolando os limites impostos à liberdade de informação. A suspeita que recaía

CAP. 2 • PARTE GERAL DO CÓDIGO CIVIL DE 2002 | **131**

sobre o recorrido, por mais dolorosa que lhe seja, de fato, existia e era, à época, fidedigna. Se hoje já não pesam sobre o recorrido essas suspeitas, isso não faz com que o passado altere-se. Pensar de modo contrário seria impor indenização a todo veículo de imprensa que divulgue investigação ou ação penal que, ao final, mostre-se improcedente. Por esses motivos, deve-se concluir que a conduta da recorrente foi lícita, havendo violação dos arts. 186 e 927 do CC/2002. (...)" (STJ, REsp 984.803/ ES, Rel. Min. Nancy Andrighi, j. 26.05.2009).

Em data mais próxima, com base na doutrina de Anderson Schreiber, aqui exaustivamente citada, o mesmo STJ aduziu os critérios que devem ser levados em conta para a correta ponderação nos casos envolvendo a imprensa e a divulgação de informações:

"O Min. Relator, com base na doutrina, consignou que, para verificação da gravidade do dano sofrido pela pessoa cuja imagem é utilizada sem autorização prévia, devem ser analisados: (i) o grau de consciência do retratado em relação à possibilidade de captação da sua imagem no contexto da imagem do qual foi extraída; (ii) o grau de identificação do retratado na imagem veiculada; (iii) a amplitude da exposição do retratado; e (iv) a natureza e o grau de repercussão do meio pelo qual se dá a divulgação. De outra parte, o direito de informar deve ser garantido, observando os seguintes parâmetros: (i) o grau de utilidade para o público do fato informado por meio da imagem; (ii) o grau de atualidade da imagem; (iii) o grau de necessidade da veiculação da imagem para informar o fato; e (iv) o grau de preservação do contexto originário do qual a imagem foi colhida" (REsp 794.586/RJ, Rel. Min. Raul Araújo, j. 15.03.2012. Publicação no *Informativo* n. *493* do STJ).

Os pontos destacados pelo *decisum* servem como complemento ao mencionado Enunciado n. 279 da *IV Jornada de Direito Civil*.

Conforme antes destacado, a ponderação parece ser a melhor técnica para resolver os conflitos entre o direito à imagem e à intimidade *versus* o direito à liberdade de imprensa e à informação. Aliás, os julgados que resolvem esses dilemas parecem ser os principais exemplos de incidência dessa técnica na jurisprudência superior, o que afasta a visão dos mais céticos. Em complemento, com a emergência do CPC/2015, estão surgindo ainda mais casos solucionados a partir da técnica argumentativa no futuro, devendo a sua aplicação ser incrementada no Brasil, concretizando-se a *ponderação à brasileira*.

Ainda sobre o tema, nos últimos anos de vigência da lei geral privada tem-se colocado em xeque a incidência do seu art. 20, pois o conteúdo da norma tem implicado verdadeira censura, notadamente de obras biográficas de figuras históricas e que despertam o interesse coletivo.

Nessa realidade, foi proposta uma Ação Direta de Inconstitucionalidade perante o Supremo Tribunal Federal contra o referido dispositivo, pela Associação Nacional dos Editores de Livros (ADIn 4.815, intentada em julho de 2012). O pedido da ação era no sentido de ser reconhecida a inconstitucionalidade parcial dos arts. 20 e 21 do CC/2002, sem redução de texto, "para que, mediante interpretação conforme a Constituição, seja afastada do ordenamento jurídico brasileiro a necessidade do consentimento da pessoa biografada e, *a fortiori*, das pessoas retratadas como coadjuvantes (ou de seus familiares, em caso de pessoas falecidas) para a publicação ou veiculação de obras biográficas, literárias ou audiovisuais, elaboradas a respeito de pessoas públicas ou envolvidas em acontecimentos de interesse coletivo". A petição inicial foi acompanhada de parecer muito bem construído pelo Professor Gustavo Tepedino.

Corretamente, no início de junho de 2015, o Supremo Tribunal Federal, com unanimidade, julgou procedente a referida ação, prestigiando a liberdade de expressão e afastando a censura prévia das biografias não autorizadas no Brasil. Conforme a decisão final da relatora, Ministra Carmen Lúcia: "pelo exposto, julgo procedente a presente ação direta de inconstitucionalidade para dar interpretação conforme à Constituição aos arts. 20 e 21 do Código Civil, sem redução de texto, para: a) em consonância com os direitos fundamentais à liberdade de pensamento e de sua expressão, de criação artística, produção científica, declarar inexigível o consentimento de pessoa biografada relativamente a obras biográficas literárias ou audiovisuais, sendo por igual desnecessária autorização de pessoas retratadas como coadjuvantes (ou de seus familiares, em caso de pessoas falecidas); b) reafirmar o direito à inviolabilidade da intimidade, da privacidade, da honra e da imagem da pessoa, nos termos do inc. X do art. 5.º da Constituição da República, cuja transgressão haverá de se reparar mediante indenização".

Em suma, julgou-se pela impossibilidade da censura prévia das obras, devendo os abusos e excessos ser resolvidos a partir do abuso de direito e da correspondente responsabilização civil do agente causador do dano. Uma frase dita pela Ministra Relatora quando do julgamento, muito comum nos meios populares, resumiu sua posição: "o cala-boca já morreu".

Além da precisa relatoria, merecem destaquem as anotações do Ministro Luís Roberto Barroso, amparando suas conclusões na técnica de ponderação. Conforme suas lições, "a ponderação é uma forma de estruturar o raciocínio jurídico. Há diferentes modos de trabalhar com ela. Do modo como eu opero a ponderação, ela se desenvolve em três etapas: a) na primeira, verificam-se as normas que postulam incidência ao caso; b) na segunda, selecionam-se os fatos relevantes; c) e, por fim, testam-se as soluções possíveis para verificar, em concreto, qual delas melhor realiza a vontade constitucional. Idealmente, a ponderação deve procurar fazer concessões recíprocas, preservando o máximo possível dos direitos em disputa".

Ao tratar dos arts. 20 e 21 do Código Civil, leciona o Ministro Barroso que afirmar a liberdade da expressão como preponderante em relação à intimidade decorre de três razões. A primeira razão é que "o passado condena". A história da liberdade de expressão no Brasil é uma história acidentada. A censura vem de longe: ao divulgar a Carta de Pero Vaz de Caminha, certidão de nascimento do país, o Padre Manuel Aires do Casal cortou vários trechos que considerou "indecorosos". Como segunda razão, destaca o jurista que "a liberdade de expressão é pressuposto para o exercício dos outros direitos fundamentais. Os direitos políticos, a possibilidade de participar no debate público, reunir-se, associar-se e o próprio desenvolvimento da personalidade humana dependem da livre circulação de fatos, informações e opiniões. Sem liberdade de expressão e de informação não há cidadania plena, não há autonomia privada nem autonomia pública". Por fim, a terceira razão está relacionada ao fato de ser a liberdade de expressão "indispensável para o conhecimento da história, para o progresso social e para o aprendizado das novas gerações".

Com isso, felizmente, as biografias não autorizadas passam a ser possíveis no Brasil, não se admitindo mais a censura prévia. Em outras palavras, não cabe uma proibição *a priori* das biografias. Eventualmente, e *a posteriori*, os possíveis excessos podem ser resolvidos no âmbito da responsabilização civil.

Como bem demonstrou o Ministro Barroso, citando exemplos concretos, dois deles aqui outrora mencionados: "eu aqui lembro que esses dispositivos do Código Civil que aqui deveremos fulminar não é apenas inconstitucional em tese. Ele tem causado danos reais à cultura nacional e aos legítimos interesses de autores e editores de livros. Os exemplos de interferência judicial na divulgação de biografias são inúmeros: (i) Ruy Castro, 'Estrela Solitária: um brasileiro chamado Garrincha'; (ii) Paulo César Araújo, 'Roberto Carlos em Detalhes'; (iii) Alaor Barbosa dos Santos, 'Sinfonia de Minas Gerais – a vida e a literatura de João Guimarães Rosa'; (iv) Toninho Vaz, 'O Bandido que Sabia Latim'; (v) Eduardo

CAP. 2 • PARTE GERAL DO CÓDIGO CIVIL DE 2002 | **133**

Ohata, 'Anderson Spider Silva – o relato de um campeão nos ringues da vida'; (vi) Pedro de Morais, 'Lampião – O Mata Sete'".

Como não poderia ser diferente, pretende-se alterar a redação do art. 20 no atual Projeto de Reforma do Código Civil, para sanar e resolver alguns dos problemas antes expostos e incluir menções ao ambiente digital ou virtual.

Nesse contexto, o seu *caput* passará a prever que, "salvo se autorizadas ou se necessárias à administração da justiça ou à manutenção da ordem pública, a divulgação de escritos, a transmissão da palavra ou a publicação, a exposição ou a utilização da imagem de alguém, em ambiente físico ou virtual, poderão ser proibidas, a seu requerimento e sem prejuízo da indenização que couber". Porém, quando houver ameaça ou lesão ao nome, à imagem e à privacidade de pessoa que exerça função pública, a aferição da potencialidade ofensiva da ameaça ou da lesão será definida, proporcionalmente, à autoridade que exerce, resguardado o direito de informação e de crítica (§ 1.º).

Como se pode notar, a norma tratará critérios para a necessária ponderação do julgador em casos de conflitos entre a liberdade de expressão e a tutela da imagem. Além disso, enunciará o comando, em seu § 2.º e com outros critérios para a ponderação, que as medidas de prevenção e de reparação de danos das pessoas que, voluntariamente, expuserem a sua imagem ou privacidade em público, inclusive em ambiente virtual, com relação a danos ou possíveis danos causados por outrem, deverão ser sopesadas levando-se em conta os limites e a amplitude da publicação, os direitos à informação e os de crítica. Ainda se inclui no comando regra segundo a qual, independentemente da fama, relevância política ou social da atividade desempenhada pela pessoa, lhe é reservado o direito de preservar a sua intimidade contra interferências externas (proposta de art. 20, § 3.º, do CC).

Encerrando o tratamento dos direitos da personalidade, o Código Civil também tutela, em seu art. 21, o direito à intimidade prescrevendo que a vida privada da pessoa natural é inviolável (art. 5.º, inc. X, da CF/1988). Esse é o único comando que não se almeja alterar pelo Projeto de Reforma do Código Civil, até porque ele reproduz literalmente o Texto Constitucional.

De qualquer forma, esse direito não é absoluto, devendo ser ponderado com outros direitos, sobretudo constitucionais. Como bem leciona o sempre citado Anderson Schreiber, "a norma diz pouco para o seu tempo. Como já se enfatizou em relação aos direitos da personalidade em geral, o desafio atual da privacidade não está na sua afirmação, mas na sua efetividade. A mera observação da vida cotidiana revela que, ao contrário da assertiva retumbante do art. 21, a vida privada da pessoa humana é violada sistematicamente. E, às vezes, com razão".[79] Logo a seguir, o jurista cita o exemplo da necessidade de se passar a bagagem de mão nos raios X dos aeroportos por razão de segurança.

Em havendo lesão ou excesso, caberá medida judicial, devendo o Poder Judiciário adotar medidas visando impedir ou cessar a lesão à intimidade. Eventualmente caberá reparação civil integral, conforme o art. 12 do diploma civil e a Súmula 37 do STJ, anteriormente analisados. Em suma, o dispositivo também consagra a prevenção e a reparação integral.

O conceito de intimidade não se confunde com o de vida privada, sendo o segundo um conceito maior e gênero, como demonstra Silmara Juny Chinellato. Assim sendo, de acordo com as lições da Professora Titular da USP, as categorias podem ser expostas por círculos concêntricos, havendo ainda um círculo menor constituído pelo *direito ao segredo*.[80]

---

[79] SCHREIBER, Anderson. *Direitos da personalidade*. São Paulo: Atlas, 2011, p. 136-137.
[80] CHINELLATO, Silmara Juny. *Código Civil interpretado*. Silmara Juny Chinellato (Coord.). Costa Machado (Org.). 3. ed. São Paulo: Manole, 2010. p. 47.

Como não poderia ser diferente, a intimidade envolve questões polêmicas, principalmente no que concerne à dificuldade em saber até que ponto vai a privacidade da pessoa e quais seriam as suas limitações. Exemplificando, cite-se o julgado do TST, do ano de 2005, que legitimou o empregador a fiscalizar o e-mail corporativo, aquele colocado à disposição do empregado no ambiente de trabalho (nesse sentido, ver: TST, RR 613/2000-013-10-00, 1.ª Turma, Rel. João Oreste Dalazen, *DJ* 10.06.2005).

A decisão divide a comunidade jurídica. Fica clara a aplicação da técnica de ponderação. Alguns entendem que deve prevalecer o direito à intimidade do empregado, outros que prevalece o direito de propriedade do empregador. Ressalte-se que tanto a privacidade quanto a propriedade são protegidas pela Constituição Federal. A questão é delicada justamente por envolver a ponderação entre direitos fundamentais.

Demonstrando como a questão é realmente controversa e como os fatores fáticos podem alterar a ponderação, em 2012, o mesmo Tribunal Superior do Trabalho confirmou a premissa da possibilidade de fiscalização. Todavia, asseverou o novo acórdão o seguinte:

> "A fiscalização sob equipamentos de computador, de propriedade do empregador, incluído o correio eletrônico da empresa, podem ser fiscalizados, desde que haja proibição expressa de utilização para uso pessoal do equipamento, nos regulamentos da empresa. Nesta hipótese, temos a previsão do poder diretivo, com base no bom senso e nos estritos termos do contrato de trabalho, com respeito à figura do empregado como pessoa digna e merecedora de ter seus direitos personalíssimos irrenunciáveis e inalienáveis, integralmente resguardados pelo Estado Democrático de Direito. Ainda a título de ilustração, registramos que a doutrina tem entendido que o poder diretivo do empregador decorre do direito de propriedade (art. 5.º, XXII, da CF). Este poder, no entanto, não é absoluto, encontra limitações no direito à intimidade do empregado (art. 5.º, X, da CF), bem como na inviolabilidade do sigilo de correspondência, comunicações telegráficas, de dados e telefonemas (art. 5.º, XII, da CF), igualmente garantias constitucionais, das quais decorre o direito de resistência a verificação de sua troca de dados e navegação eletrônica" (TST, RR 183240-61.2003.5.05.0021, 2.ª Turma, Rel. Min. Renato de Lacerda Paiva, j. 05.09.2012).

Como no caso analisado, a reclamada apropriou-se de computador de sua propriedade – que se encontrava mediante comodato, sob a guarda e responsabilidade de empregado seu, que exercia poderes especiais em nome do empregador –, julgou-se que houve excesso por parte do empregador, que "agiu com abuso de direito, não respeitando o bem jurídico 'trabalho', a função social da propriedade, a função social do contrato do trabalho, dentre outros valores contemplados pela Constituição Federal de 1988". *In casu*, o empregado foi indenizado em R$ 60.000,00 pelos prejuízos imateriais sofridos em decorrência do ato do empregador.

Ainda sobre o tema, na *V Jornada de Direito Civil*, promovida pelo Conselho da Justiça Federal em 2011, foram aprovados dois enunciados doutrinários bem interessantes a respeito da proteção da intimidade e de dados sensíveis. O primeiro tem o seguinte conteúdo: "a tutela da privacidade da pessoa humana compreende os controles espacial, contextual e temporal dos próprios dados, sendo necessário seu expresso consentimento para tratamento de informações que versem especialmente o estado de saúde, a condição sexual, a origem racial ou étnica, as convicções religiosas, filosóficas e políticas" (Enunciado n. 404). O segundo foi assim elaborado: "as informações genéticas são parte da vida privada e não podem ser utilizadas para fins diversos daqueles que motivaram seu armazenamento, registro ou uso, salvo com autorização do titular" (Enunciado n. 405).

A proteção dos dados pessoais acabou por ser regulada pela Lei 13.709, de 14 de agosto de 2018 (*Lei Geral de Proteção de Dados Pessoais* – LGPD), norma que aborda o tema em sessenta e cinco artigos e que entrou em vigor no País em setembro de 2020 – com exceção dos seus arts. 52 a 54, que tratam de sanções administrativas, e que entram em vigor em 1.º de agosto de 2021, por força do art. 20 da Lei 14.010/2020. A lei sofreu claras influências do Regulamento Geral de Proteção de Dados Europeu, de maio de 2018, amparando sobremaneira a intimidade e a vida privada, em constantes ataques, notadamente no âmbito das redes sociais. Anoto que o Projeto de Reforma do Código Civil traz propostas de regras no novo livro de *Direito Civil Digital* que dialogam perfeitamente com essa importante lei específica.

Destaco, a propósito, que, como louvável inovação, a Emenda Constitucional 115, de fevereiro de 2022, incluiu a proteção de dados como direito fundamental específico no novo inciso LXXIX do art. 5.º da Constituição Federal de 1988. Em termos gerais, existe uma ampla preocupação com os dados e informações comercializáveis das pessoas naturais, inclusive nos meios digitais, e objetiva-se proteger os direitos fundamentais de liberdade e de privacidade, bem como o livre desenvolvimento da personalidade (art. 1.º). Consoante o Enunciado n. 677, aprovado na *IX Jornada de Direito Civil* (2022), a identidade pessoal também encontra proteção no ambiente digital. Além disso, aprovou-se no evento ementa doutrinária segundo a qual a proteção da LGPD restringe-se às pessoas naturais, não se aplicando às pessoas jurídicas (Enunciado n. 693).

Nos termos do preceito seguinte da norma específica, a disciplina da proteção de dados pessoais tem como fundamentos: *a)* o respeito à privacidade; *b)* a autodeterminação informativa, com amparo na autonomia privada; *c)* a liberdade de expressão, de informação, de comunicação e de opinião; *d)* a inviolabilidade da intimidade, da honra e da imagem; *e)* o desenvolvimento econômico e tecnológico e a inovação; *f)* a livre-iniciativa, a livre concorrência e a defesa do consumidor; e *g)* os direitos humanos, o livre desenvolvimento da personalidade, a dignidade e o exercício da cidadania pelas pessoas naturais.

O diploma tem incidência em qualquer operação de tratamento realizada por pessoa natural ou por pessoa jurídica de Direito Público ou Privado, independentemente do meio, do país de sua sede ou do país onde estejam localizados os dados (art. 3.º da Lei 13.709/2018). Isso desde que a operação de tratamento seja realizada no território nacional, a sua atividade tenha por objetivo a oferta ou o fornecimento de bens ou serviços ou os dados pessoais objeto do tratamento tenham sido coletados no território nacional. Estão excluídos do âmbito da norma os tratamentos de dados feitos para fins acadêmicos, jornalísticos, artísticos ou relacionados a investigação de ilícitos em geral, entre outros (art. 4.º da Lei 13.709/2018).

Como tem sido comum na legislação mais recente, o seu art. 5.º traz conceitos fundamentais para fins de subsunção da norma, a saber:

- Dado pessoal: informação relacionada a pessoa natural identificada ou identificável.

- Dado pessoal sensível: dado pessoal sobre origem racial ou étnica, convicção religiosa, opinião política, filiação a sindicato ou a organização de caráter religioso, filosófico ou político, dado referente à saúde ou à vida sexual, dado genético ou biométrico, quando vinculado a uma pessoa natural.

- Dado anonimizado: relativo a titular que não possa ser identificado, considerando a utilização de meios técnicos razoáveis e disponíveis na ocasião de seu tratamento.

- Banco de dados: conjunto estruturado de dados pessoais, estabelecido em um ou em vários locais, em suporte eletrônico ou físico.
- Titular do dado: pessoa natural a quem se referem os dados pessoais que são objeto de tratamento.
- Controlador: pessoa natural ou jurídica, de Direito Público ou Privado, a quem competem as decisões referentes ao tratamento de dados pessoais. Prevê o Enunciado n. 680 da *IX Jornada de Direito Civil*, de 2022, que a LGPD não exclui a possibilidade de nomeação pelo controlador de pessoa jurídica, ente despersonalizado ou de mais de uma pessoa natural para o exercício da função de encarregado pelo tratamento de dados pessoais. Vale lembrar que, nos termos do art. 41 dessa lei, o controlador deverá indicar encarregado pelo tratamento de dados pessoais.
- Operador: pessoa natural ou jurídica, de Direito Público ou Privado, que realiza o tratamento de dados pessoais em nome do controlador.
- Encarregado: pessoa natural, indicada pelo controlador, que atua como canal de comunicação entre o controlador e os titulares e a autoridade nacional.
- Agentes de tratamento: o controlador e o operador.
- Tratamento: toda operação realizada com dados pessoais, como as que se referem a coleta, produção, recepção, classificação, utilização, acesso, reprodução, transmissão, distribuição, processamento, arquivamento, armazenamento, eliminação, avaliação ou controle da informação, modificação, comunicação, transferência, difusão ou extração.
- Anonimização: utilização de meios técnicos razoáveis e disponíveis no momento do tratamento, por meio dos quais um dado perde a possibilidade de associação, direta ou indireta, a um indivíduo.
- Consentimento: manifestação livre, informada e inequívoca pela qual o titular concorda com o tratamento de seus dados pessoais para uma finalidade determinada.
- Bloqueio: suspensão temporária de qualquer operação de tratamento, mediante guarda do dado pessoal ou do banco de dados.
- Eliminação: exclusão de dado ou de conjunto de dados armazenados em banco de dados, independentemente do procedimento empregado.
- Transferência internacional de dados: transferência de dados pessoais para país estrangeiro ou organismo internacional do qual o país seja membro.
- Uso compartilhado de dados: comunicação, difusão, transferência internacional, interconexão de dados pessoais ou tratamento compartilhado de bancos de dados pessoais por órgãos e entidades públicos no cumprimento de suas competências legais, ou entre esses e entes privados, reciprocamente, com autorização específica, para uma ou mais modalidades de tratamento permitidas por esses entes públicos, ou entre entes privados.
- Relatório de impacto à proteção de dados pessoais: documentação do controlador que contém a descrição dos processos de tratamento de dados pessoais que podem gerar riscos às liberdades civis e aos direitos fundamentais, bem como medidas, salvaguardas e mecanismos de mitigação de risco. Como está previsto no Enunciado n. 679, aprovado na *IX Jornada de Direito Civil*, esse Relatório de Impacto à Proteção de Dados pessoais (RIPD) deve ser entendido como uma medida de prevenção e de *accountability* (responsabilização) para qualquer operação de

CAP. 2 • PARTE GERAL DO CÓDIGO CIVIL DE 2002 | **137**

tratamento de dados considerada de alto risco, tendo sempre como parâmetro o risco aos direitos dos titulares.

• Órgão de pesquisa: órgão ou entidade da administração pública direta ou indireta ou pessoa jurídica de Direito Privado sem fins lucrativos legalmente constituída sob as leis brasileiras, com sede e foro no País, que inclua em sua missão institucional ou em seu objetivo social ou estatutário a pesquisa básica ou aplicada de caráter histórico, científico, tecnológico ou estatístico.

• Autoridade nacional: órgão da administração pública indireta responsável por zelar, implementar e fiscalizar o cumprimento da lei.

Em suma, as categorias definidas pelo comando devem ser assim entendidas para a compreensão de sua incidência. Como outra regra importante, o art. 6.º da Lei 13.709/2018 consagra os princípios que devem guiar o tratamento dos dados pessoais.

O primeiro deles é o *princípio da boa-fé*, seja ela subjetiva – a que existe no plano intencional – ou objetiva – concretizada no plano da conduta. O segundo princípio é o da *finalidade*, com a realização do tratamento para propósitos legítimos, específicos, explícitos e informados ao titular, sem possibilidade de tratamento posterior de forma incompatível com essas finalidades. O terceiro regramento é o da *adequação*, compatibilizando-se o tratamento dos dados com as finalidades informadas ao titular, de acordo com o contexto do seu uso. Há ainda previsão quanto à *necessidade*, compreendida como a limitação do tratamento ao mínimo necessário para a realização de suas finalidades, com abrangência dos dados pertinentes, proporcionais e não excessivos em relação às finalidades do tratamento de dados.

O quinto princípio é o do *livre acesso*, visando assegurar aos titulares a consulta facilitada e gratuita sobre a forma e a duração do tratamento, bem como sobre a integralidade de seus dados pessoais. A *qualidade dos dados* é entendida como a garantia, aos titulares, de exatidão, clareza, relevância e atualização dos dados, de acordo com a necessidade e para o cumprimento da finalidade de seu tratamento. Como desdobramento da boa-fé, assegura-se a *transparência*, com o amparo aos titulares de informações claras, precisas e facilmente acessíveis sobre a realização do tratamento e os respectivos agentes, observados os segredos comercial e industrial. O sétimo princípio é o da *segurança*, com o uso de medidas técnicas e administrativas aptas a proteger os dados pessoais de acessos não autorizados e de situações acidentais ou ilícitas de destruição, perda, alteração, comunicação ou difusão.

Consagra-se também a *prevenção*, com a adoção de medidas para evitar a ocorrência de danos em virtude do tratamento de dados pessoais. O décimo princípio assegurado pela lei é o da *não discriminação*, diante da impossibilidade de realização do tratamento para fins discriminatórios ilícitos ou abusivos, nos termos da isonomia consagrada pelo art. 5.º, *caput*, do Texto Maior. Por fim, como décimo primeiro princípio, existe previsão a respeito da *responsabilização e prestação de contas*, com a demonstração, pelo agente, da adoção de medidas eficazes e capazes de comprovar a observância e o cumprimento das normas de proteção de dados pessoais e, inclusive, da eficácia dessas medidas.

O art. 7.º da LGPD prevê que o tratamento de dados pessoais somente poderá ser realizado nas seguintes hipóteses: *a)* mediante o fornecimento de consentimento pelo titular; *b)* para o cumprimento de obrigação legal ou regulatória pelo controlador; *c)* pela administração pública, para o tratamento e uso compartilhado de dados necessários à execução de políticas públicas previstas em leis e regulamentos ou respaldadas em contratos, convênios ou instrumentos congêneres; *d)* para a realização de estudos por órgão de pesquisa, garantida, sempre que possível, a anonimização dos dados pessoais; *e)* quando necessário para a execução de contrato ou de procedimentos preliminares relacionados a contrato do qual seja parte o titular, a pedido do titular dos dados; *f)* para o exercício regular de direitos em processo judicial, administrativo ou arbitral; *g)* para a proteção da vida ou da incolumidade física do titular ou de terceiro; *h)* para a tutela da saúde, exclusivamente, em procedimento realizado por profissionais de saúde, serviços de saúde ou autoridade sanitária; *i)* quando necessário para atender aos interesses legítimos do controlador ou de terceiro, exceto no caso de prevalecerem direitos e liberdades fundamentais do titular que exijam a proteção dos dados pessoais, regra que se aplica não só às pessoas naturais ou jurídicas, mas também a grupos ou à coletividade, "para atividades de tratamento que sejam de seu interesse" (Enunciado n. 685 da *IX Jornada de Direito Civil*); ou *j)* para a proteção do crédito, inclusive quanto ao disposto na legislação pertinente, notadamente pelo que consta do art. 43 do CDC.

Entendo que essa previsão quanto à utilização dos dados pessoais não afasta a possibilidade de aplicação da técnica da ponderação em casos de conflitos entre direitos da personalidade ou fundamentais, de acordo com as circunstâncias do caso concreto, na linha do que foi aqui defendido. Exatamente nesse sentido, merecem destaque dois outros enunciados aprovados na *IX Jornada de Direito Civil*, em 2022.

O primeiro deles, de número 688, prevê que "a Lei de Acesso à Informação (LAI) e a Lei Geral de Proteção de Dados Pessoais (LGPD) estabelecem sistemas compatíveis de gestão e proteção de dados. A LGPD não afasta a publicidade e o acesso à informação nos termos da LAI, amparando-se nas bases legais do art. 7º, II ou III, e art. 11, II, *a* ou *b*, da Lei Geral de Proteção de Dados". O segundo enunciado dispõe que "não há hierarquia entre as bases legais estabelecidas nos arts. 7.º e 11 da Lei Geral de Proteção de Dados" (Enunciado n. 689).

Outro dispositivo que merece ser comentado diz respeito ao uso dos *dados sensíveis*, entendidos como aqueles sobre origem racial ou étnica, convicção religiosa, opinião política, filiação a sindicato ou a organização de caráter religioso, filosófico ou político; dados referentes à saúde ou à vida sexual, dados genéticos ou biométricos, quando vinculado a uma pessoa natural. A sua utilização, conforme o art. 11 da nova norma e em regra, somente é possível quando o titular ou seu responsável legal consentir, de forma específica e destacada. Nos termos do mesmo preceito, a utilização de dados sensíveis sem o fornecimento de consentimento do titular somente é cabível nas hipóteses em que for indispensável para: *a)* cumprimento de obrigação legal ou regulatória pelo controlador; *b)* tratamento compartilhado de dados necessários à execução, pela administração pública, de políticas públicas previstas em leis ou regulamentos; *c)* realização de estudos por órgão de pesquisa, garantida, sempre que possível, a anonimização dos dados pessoais sensíveis; *d)* exercício regular de direitos, inclusive em contrato e em processo judicial, administrativo e arbitral; *e)* proteção da vida ou da incolumidade física do titular ou de terceiro; *f)* tutela da saúde, exclusivamente, em procedimento realizado por profissionais de saúde, serviços de saúde ou autoridade sanitária; ou *g)* garantia da prevenção à fraude e à segurança do titular, nos processos de identificação e autenticação de cadastro em sistemas eletrônicos.

De todo modo, o correto Enunciado n. 681, aprovado *na IX Jornada de Direito Civil*, preceitua que "a existência de documentos em que há dados pessoais sensíveis não obriga à decretação do sigilo processual dos autos. Cabe ao juiz, se entender cabível e a depender dos dados e do meio como produzido o documento, decretar o sigilo restrito ao documento específico". Assim, outros valores e direitos não só podem como ser levados em conta pelo julgador, que poderá fazer uso da antes estudada técnica da ponderação.

CAP. 2 • PARTE GERAL DO CÓDIGO CIVIL DE 2002 | **139**

Essas são as regras principais da lei emergente, e suas interpretações doutrinárias fundamentais, sem prejuízos de muitas outras que aqui não serão comentadas por fugirem do objetivo principal desta obra. A propósito, os aspectos principais relativos à responsabilização civil que decorre da Lei 13.709/2018 estão tratados no nosso livro específico sobre a *Responsabilidade Civil*, publicado por esta mesma casa editorial, para aqueles que eventualmente pretendam aprofundar o tema.

### 2.2.6 O domicílio da pessoa natural

As regras quanto ao domicílio da pessoa natural constam entre os arts. 70 a 78 do CC. Em sentido amplo, o domicílio pode ser definido como o local em que a pessoa pode ser sujeito de direitos e deveres na ordem privada, conceituando Maria Helena Diniz como "a sede jurídica da pessoa, onde ela se presume presente para efeitos de direito e onde exerce ou pratica, habitualmente, seus atos e negócios jurídicos".[81]

A concepção do domicílio, dessa forma, relaciona-se com outros conceitos, como o de residência e de moradia.

O domicílio, em regra, é o local em que a pessoa se situa, permanecendo a maior parte do tempo com ânimo definitivo. Por regra, pelo que consta do art. 70 do CC o domicílio da pessoa natural é o local de sua residência. Eventualmente, de acordo com o art. 71 do Código Civil em vigor, a pessoa pode possuir dois ou mais locais de residência, onde, alternadamente, viva, considerando-se seu domicílio qualquer um desses locais (*pluralidade domiciliar*).

Essa pluralidade do mesmo modo está reconhecida pelo que consta no art. 72 do CC, pois o local em que a pessoa exerce a sua profissão também deve ser tido como seu domicílio (*domicílio profissional*). Se a pessoa exercitar a sua profissão em vários locais, todos também serão tidos como domicílios, o que amplia ainda mais as possibilidades antes vistas. De acordo com essa inovação, e porque a grande maioria das pessoas tem uma residência e outro local onde exerce sua profissão ou trabalha, em regra, a pessoa natural tem dois domicílios e não somente um como outrora, interpretação essa que era retirada do que constava no Código Civil de 1916.

Nos termos do art. 74, *caput*, do atual Código Privado, cessando os elementos objetivo e subjetivo do domicílio, ocorre a sua mudança, desde que haja *animus* por parte da pessoa. Enuncia esse dispositivo que "muda-se o domicílio, transferindo a residência, com a intenção manifesta de o mudar". A prova dessa intenção será feita pelas declarações da pessoa às municipalidades dos lugares que deixa ou para onde vai, ou, se tais declarações não fizerem, da própria mudança, com as circunstâncias que a acompanharem (art. 74, parágrafo único, do CC). Exemplificando, a alteração de domicílio eleitoral, como regra, vale como prova.

O conceito de habitação ou moradia é distinto dos de domicílio e de residência. Na moradia, há uma mera situação de fato, tratando-se do local onde a pessoa é encontrada ocasionalmente, não havendo ânimo de permanência.[82] Desse modo, nos termos do art. 73 do CC, ter-se-á como domicílio da pessoa natural que não tenha residência habitual o lugar onde for encontrada. O comando tem incidência para nômades, peregrinos, ciganos e circenses.

Por fim, pelo que consta do Código Civil de 2002, quanto à origem, é interessante vislumbrar a seguinte classificação do domicílio da pessoa natural:

---

[81] DINIZ, Maria Helena. *Código Civil anotado*. 15. ed. São Paulo: Saraiva, 2010. p. 119.

[82] DINIZ, Maria Helena. *Código Civil anotado*. 15. ed. São Paulo: Saraiva, 2010. p. 119.

a) *Domicílio voluntário*: é aquele fixado pela vontade da pessoa, como exercício da autonomia privada, tendo em vista as regras anteriormente estudadas.

b) *Domicílio necessário ou legal*: é o imposto pela lei, a partir de regras específicas que constam no art. 76 do Código Civil. Deve ficar claro que o domicílio necessário não exclui o voluntário, sendo as suas hipóteses, de imposição normativa:

– o domicílio dos absolutamente e relativamente incapazes (arts. 3.º e 4.º do CC) é o mesmo dos seus representantes;

– o domicílio do servidor público ou funcionário público é o local em que exercer, com caráter permanente, as suas funções;

– o domicílio do militar é o do quartel onde servir ou do comando a que se encontrar subordinado (sendo da Marinha ou da Aeronáutica);

– o domicílio do marítimo ou marinheiro é o do local em que o navio estiver matriculado;

– o domicílio do preso é o local em que cumpre a sua pena.

c) *Domicílio contratual ou convencional*: é aquele previsto no art. 78 do CC, pelo qual, "nos contratos escritos, poderão os contratantes especificar o domicílio onde se exercitem e cumpram os direitos e obrigações deles resultantes". A fixação desse domicílio para um negócio jurídico acaba repercutindo na questão do foro competente para apreciar eventual discussão do contrato, razão pela qual se denomina tal previsão como *cláusula de eleição de foro* (art. 63 do CPC/2015; equivalente, em parte e com modificações, aos arts. 111 e 112 do CPC/1973). Conforme o citado comando processual em vigor, recentemente alterado pela Lei n. 14.879/2024, as partes podem modificar a competência em razão do valor e do território, elegendo foro onde será proposta ação oriunda de direitos e obrigações. Ademais, nos termos do seu § 1.º, ora modificado, a eleição de foro somente produz efeito quando constar de instrumento escrito, aludir expressamente a determinado negócio jurídico e guardar pertinência com o domicílio ou a residência de uma das partes ou com o local da obrigação, ressalvada a pactuação consumerista, quando favorável ao consumidor. Essa norma foi alterada por conta de demanda surgida no Tribunal de Justiça do Distrito Federal, diante da concentração de ações na Corte, por razões diferentes, para não admitir a *cláusula de eleição de foro ou juízo aleatório*, que não tenha relação ou pertinência com os domicílios das partes, o que vem em boa hora, no meu entender. Seguindo, o § 2.º do art. 63 do CPC/2015 preceitua que o foro contratual obriga os herdeiros e sucessores das partes. Antes da citação, a cláusula de eleição de foro, se abusiva, pode ser reputada ineficaz de ofício pelo juiz, que determinará a remessa dos autos ao juízo do foro de domicílio do réu (§ 3.º). Citado o réu, incumbe a ele a abusividade da cláusula de eleição de foro na sua contestação, sob pena de preclusão (§ 4.º). Por fim, como outra norma incluída pela Lei n. 14.874/2024, o novo § 5.º do art. 63 do Estatuto Processual enuncia que o ajuizamento de ação em juízo aleatório, entendido como aquele sem vinculação com o domicílio ou a residência das partes ou com o negócio jurídico discutido na demanda, constitui prática abusiva que justifica a declinação de competência de ofício. Como não poderia ser diferente, diante de notórios abusos e excessos cometidos, sobretudo em contratos de adesão e de consumo, as modificações legais têm o meu total apoio doutrinário.

## 2.2.7 A morte da pessoa natural. Modalidades e efeitos jurídicos

### 2.2.7.1 *Morte real*

O fim da personalidade da pessoa natural, como se sabe, dá-se pela morte, conforme a regra do art. 6.º do CC, pelo qual "a existência da pessoa natural termina com a morte".

De qualquer forma, como antes exposto, alguns direitos do morto permanecem, diante da possibilidade de os lesados indiretos pleitearem indenização por lesão à honra ou imagem do *de cujus* (art. 12, parágrafo único; art. 20, parágrafo único, ambos do CC). Em resumo, pode-se afirmar que o morto tem *resquícios de personalidade civil*, não se aplicando o art. 6.º da codificação material aos direitos da personalidade.

A lei exige, então, a morte cerebral (morte real), ou seja, que o cérebro da pessoa pare de funcionar. Isso consta, inclusive, do art. 3.º da Lei 9.434/1997, que trata da morte para fins de remoção de órgãos para transplante. Para tanto, é necessário um laudo médico, visando à elaboração do atestado de óbito, a ser registrado no Cartório de Registro Civil das Pessoas Naturais, nos termos do art. 9.º, inciso I, da codificação.

A Lei de Registros Públicos (Lei 6.015/1973) fixa os parâmetros para a elaboração de tal documento. A sua exigência está contida no art. 77 da referida norma, alterado pela Lei 13.484/2017, segundo o qual nenhum sepultamento será feito sem certidão do oficial de registro do lugar do falecimento ou do lugar de residência do *de cujus*. Nos termos da sua nova redação, essa certidão será extraída após a lavratura do assento de óbito, em vista do atestado de um médico, se houver no lugar. Não havendo médico no local, são viáveis as declarações de duas pessoas qualificadas que tiverem presenciado ou verificado a morte.

O art. 79 da LRP traz as pessoas obrigadas a fazer a declaração de óbito, a saber:

- Os chefes familiares (pai e mãe), em relação aos seus filhos, hóspedes, agregados ou empregados.
- Um cônjuge em relação ao outro.
- O filho a respeito dos pais.
- O irmão a respeito dos irmãos.
- O administrador, diretor ou gerente de pessoa jurídica de direito público ou privado, a respeito das pessoas que falecerem em sua sede, salvo se estiver presente no momento algum dos parentes antes indicados.
- Na falta de pessoa competente, as pessoas que tiverem assistido aos últimos momentos do falecido.
- O médico, o sacerdote ou o vizinho que tiver tido notícia do falecimento.
- A autoridade policial, a respeito das pessoas encontradas mortas.

O assento de óbito deverá conter (art. 80 da Lei de Registros Públicos):

a)  dia, mês, ano e hora (se for possível) do falecimento;

b)  lugar do falecimento, com indicação precisa;

c)  o nome completo, sexo, idade, cor, estado civil, profissão, naturalidade, domicílio e residência do morto;

d)  sendo o *de cujus* casado, o nome do cônjuge sobrevivente, mesmo estando os mesmos separados judicialmente; se era viúvo o falecido, o nome do cônjuge pré-morto, devendo constar a referência quanto ao cartório do casamento nos dois casos;

e)  os nomes completos, prenomes, profissão, naturalidade e residência dos pais;

f)  se faleceu com testamento conhecido;

g)  se deixou filhos, nome e idade de cada um;

h)  se a morte foi natural ou violenta e a causa conhecida, como o nome dos atestantes;

# 142 | MANUAL DE DIREITO CIVIL • VOLUME ÚNICO – *Flávio Tartuce*

i) o lugar do sepultamento;

j) se deixou bens e herdeiros menores ou interditados;

k) se era eleitor;

l) pelo menos uma informação quanto a documentos identificadores.

A prática demonstra que alguns dos dados acima são dispensáveis, como aqueles relacionados com a qualificação das partes. De qualquer forma, tais elementos são fundamentais, eis que a morte real gera efeitos importantes para a órbita civil.

Anote-se que o próprio art. 6.º do CC, segunda parte, prevê que o ausente deve ser tratado como se morto fosse, havendo declaração de morte presumida, nos termos dos arts. 22 a 39 da vigente lei geral privada. Portanto, repise-se que o ausente não pode ser tratado como absolutamente incapaz, conforme fazia a codificação anterior (Código Civil de 1916).

Como última observação sobre o comando, o atual Projeto de Reforma do Código Civil pretende alterá-lo, para que não haja mais menção ao fim da existência da pessoa natural, trocando-a para *personalidade*, o que é melhor tecnicamente. Assim, passará a enunciar que "a personalidade da pessoa natural termina com a morte; presume-se esta, quanto aos ausentes, nos casos em que a lei autoriza a abertura de sucessão definitiva" (art. 6.º).

## 2.2.7.2 *Morte presumida sem declaração de ausência. A justificação*

O art. 7.º do CC/2002 enuncia dois casos de morte presumida, sem declaração de ausência, a saber:

– Desaparecimento do corpo da pessoa, sendo extremamente provável a morte de quem estava em perigo de vida.

– Desaparecimento de pessoa envolvida em campanha militar ou feito prisioneiro, não sendo encontrado até dois anos após o término da guerra.

O primeiro dos incisos tem aplicação perfeita nos casos envolvendo desastres, acidentes, catástrofes naturais, sendo certo que o parágrafo único desse dispositivo determina que a declaração de morte somente será possível depois de esgotados todos os meios de buscas e averiguações do corpo da pessoa, devendo constar da sentença a data provável da morte da pessoa natural.

Segue-se o posicionamento doutrinário de Nelson Nery Jr. e Rosa Maria de Andrade Nery, para quem esse dispositivo (art. 7.º do CC) equivale ao art. 88 da Lei de Registros Públicos (Lei 6.015/1973), que já tratava da morte por *justificação*.[83] Para fins didáticos, é interessante transcrever o teor da regra específica da LRP, que foi encampada pela atual codificação: "Poderão os juízes togados admitir justificação para o assento de óbito de pessoas desaparecidas em naufrágio, inundação, incêndio, terremoto ou qualquer outra catástrofe, quando estiver provada a sua presença no local do desastre e não for possível encontrar-se o cadáver para exame. Parágrafo único: Será também admitida a justificação no caso de desaparecimento em campanha, provados a impossibilidade de ter sido feito o registro nos termos do art. 85 e os fatos que convençam da ocorrência do óbito".

Nas hipóteses de justificação, há uma presunção a respeito da própria existência da morte, não sendo necessário o aguardo do longo prazo previsto para a ausência. Assim,

---

[83] NERY JR., Nelson; NERY, Rosa Maria de Andrade. *Código Civil comentado*. 3. ed. São Paulo: RT, 2005. p. 166.

CAP. 2 • PARTE GERAL DO CÓDIGO CIVIL DE 2002 | **143**

expede-se imediatamente a certidão de óbito, preenchidos os seus requisitos. Como consta do parágrafo único do art. 7.º do Código Civil, "a declaração da morte presumida, nesses casos, somente poderá ser requerida depois de esgotadas as buscas e averiguações, devendo a sentença fixar a data provável do falecimento". Há, assim, um processo judicial em que se fixa o momento da morte provável.

Trata-se de um procedimento bem mais simples do que a ausência, que ainda será aqui estudada. Em prol da simplicidade, não concordei com o teor do Enunciado n. 614, aprovado na *VIII Jornada de Direito Civil* (2018), segundo o qual "os efeitos patrimoniais da presunção de morte posterior à declaração da ausência são aplicáveis aos casos do art. 7.º, de modo que, se o presumivelmente morto reaparecer nos dez anos seguintes à abertura da sucessão, receberá igualmente os bens existentes no estado em que se acharem". A proposta doutrinária complica o que é simplificado pela lei, trazendo incerteza e instabilidade quanto ao instituto da justificação. Por isso, votamos de forma contrária ao seu teor quando daquele evento.

Por fim, ressalta-se que a Lei 9.140/1995 presume a morte de "pessoas que tenham participado, ou tenham sido acusadas de participação, em atividades políticas, no período de 2 de setembro de 1961 a 5 de outubro de 1988, e que, por este motivo, tenham sido detidas por agentes públicos, achando-se, deste então, desaparecidas, sem que delas haja notícias" (redação dada pela Lei 10.536/2002). O caso também é de morte presumida sem declaração de ausência, tratada pela legislação especial.

### 2.2.7.3 *Morte presumida com declaração de ausência*

A ausência é outra hipótese de morte presumida, decorrente do desaparecimento da pessoa natural, sem deixar corpo presente (morte real). Repise-se que a ausência era tratada pelo CC/1916 como causa de incapacidade absoluta da pessoa. Atualmente, enquadra-se como tipo de inexistência por morte, presente nas situações em que a pessoa está em *local incerto e não sabido (LINS)*, não havendo indícios das razões do seu desaparecimento.

O Código Civil simplificou as regras quanto à ausência, hipótese em que há uma presunção legal relativa (*iuris tantum*), quanto à existência da morte da pessoa natural. Três são as fases relativas à declaração de ausência, que se dá por meio de ação judicial, estudadas pontualmente, com as suas principais regras.

*a) Da curadoria dos bens do ausente (arts. 22 a 25 do CC)*

Nessa primeira fase, desaparecendo a pessoa sem notícias e não deixando qualquer representante, é nomeado um curador para guardar seus bens, em ação específica proposta pelo Ministério Público ou por qualquer interessado, caso dos seus sucessores (arts. 22 do CC/2002, 744 do CPC/2015 e 1.160 do CPC/1973).

Eventualmente, deixando o ausente um representante que não quer aceitar o encargo de administrar seus bens, será possível a nomeação do curador. A respeito da sua nomeação, cabe ao juiz fixar os seus poderes e obrigações, devendo ser aplicadas as regras previstas para a tutela e para a curatela.

Nos termos do art. 25 do CC, cabe ao cônjuge do ausente a condição de curador legítimo, sempre que não esteja separado judicialmente ou de fato há mais de dois anos. A menção à separação judicial deve ser lida com ressalvas, eis que, na posição que sigo e adotada pelo STF em 2023 (Tema de repercussão geral 1.053), a Emenda do Divórcio (EC 66/2010) baniu do sistema tal categoria jurídica.

A premissa continua valendo mesmo tendo sido a separação judicial *ressuscitada* juridicamente pelo CPC/2015, conforme ainda será desenvolvido neste livro (Capítulo 8). Assim, a norma em comento, e também outras, somente se aplicam aos separados judicialmente quando da entrada em vigor da inovação constitucional.

Anote-se que, na mesma linha, o atual Projeto de Reforma do Código Civil pretende alterar o dispositivo, para que fique mais claro e efetivo, deixando de mencionar a separação judicial, mas apenas a separação de fato, pois, pelas propostas de alteração da Lei Geral Privada, ela passará a colocar fim à sociedade conjugal. Além disso, pretende-se incluir no dispositivo o convivente que viva em união estável com o ausente, preceituando o seu *caput* que "o cônjuge ou convivente do ausente que não esteja separado antes da declaração da ausência, será, preferentemente, o seu legítimo curador".

Ausente o cônjuge, o próprio dispositivo em questão consagra a ordem de preferência para nomeação do curador, a saber:

1.º) serão chamados os pais do ausente;

2.º) na falta de pais, serão chamados os descendentes, não havendo impedimento, sendo certo que o grau mais próximo exclui o mais remoto;

3.º) na falta de cônjuge, pais e descendentes, deverá o juiz nomear um curador dativo ou *ad hoc*, entre pessoas idôneas de sua confiança.

Apesar da ausência de previsão quanto ao convivente ou companheiro, ele merece o mesmo tratamento do cônjuge, pelo teor do Enunciado n. 97 do CJF/STJ, aprovado na *I Jornada de Direito Civil* ("no que tange à tutela especial da família, as regras do Código Civil que se referem apenas ao cônjuge devem ser estendidas à situação jurídica que envolve o companheiro, como por exemplo na hipótese de nomeação de curador dos bens do ausente [art. 25 do CC]").

Ainda no que diz respeito aos procedimentos, o CPC em vigor traz aperfeiçoamentos a seu respeito. Assim, o art. 745 do CPC/2015 estabelece em seu *caput* que, feita a arrecadação, o juiz mandará publicar editais na rede mundial de computadores, no sítio do Tribunal a que estiver vinculado e na plataforma de editais do Conselho Nacional de Justiça, onde permanecerá por um ano. Pelo mesmo diploma, não havendo sítio, no órgão oficial e na imprensa da Comarca, o prazo de permanência é de um ano, com reproduções de dois em dois meses, anunciando-se a arrecadação e chamando-se o ausente a entrar na posse de seus bens. Não havia menção a essas publicações eletrônicas no art. 1.161 do CPC/1973, correspondente ao preceito, sendo a norma atual mais efetiva do ponto de vista social.

*b) Da sucessão provisória (arts. 26 a 36 do CC)*

Nos termos da lei civil, um ano após a arrecadação de bens do ausente e da correspondente nomeação de um curador, poderá ser aberta a sucessão provisória, mediante pedido formulado pelos interessados. Deixando o ausente um representante, o prazo é excepcionado, aumentado para três anos, conforme o mesmo art. 26 do CC. O Ministério Público somente pode requerer a abertura da sucessão provisória findo o prazo mencionado, não havendo interessados em relação à herança.

O dispositivo material deve ser confrontado com o novo tratamento dado pelo Código de Processo Civil emergente. Isso porque preconiza o § 1.º do art. 745 do CPC/2015 que, findo o prazo previsto no edital, poderão os interessados requerer a abertura da sucessão provisória, observando-se o disposto em lei material. Não há mais menção ao prazo de

CAP. 2 • PARTE GERAL DO CÓDIGO CIVIL DE 2002 | **145**

um ano "da publicação do primeiro edital, sem que se saiba do ausente e não tendo comparecido seu procurador ou representante" (art. 1.163 do CPC/1973).

Como o CPC/2015 é norma posterior e trata inteiramente da matéria, a mim parece que houve revogação tácita do art. 26 do CC/2002 no que diz respeito ao prazo para a abertura da sucessão provisória. Assim, deve-se considerar o lapso temporal fixado no próprio edital, e não mais um ano da arrecadação dos bens do ausente, ou, se ele deixou representante ou procurador, passando-se três anos.

Diante dessa revogação tácita, o atual Projeto de Reforma do Código Civil pretende trazer para a Norma Geral Privada a regra hoje vigente no CPC/2015, passando o seu art. 26 a expressar o que já está previsto no art. 745 do Estatuto Processual.

De volta ao sistema em vigor, são considerados interessados para requerer a dita sucessão provisória, nos termos do art. art. 27 do CC:

a) o cônjuge não separado judicialmente, o que deve ser lido com ressalvas, como já se destacou;

b) os herdeiros, sejam eles legítimos ou testamentários, situação em que se enquadra a companheira;

c) os que tiverem direitos relacionados com os bens do ausente, particularmente para após a sua morte, caso dos legatários;

d) os credores de obrigações vencidas e não pagas pelo desaparecido.

Mais uma vez, por óbvio, deve-se incluir o companheiro como legitimado a requerer a sucessão provisória do convivente, diante da proteção constitucional da união estável, constante do art. 226, § 3.º, do Texto Maior. O Projeto de Reforma do Código Civil pretende fazer expressamente essa inclusão do convivente no art. 27, além de retirar a menção à separação judicial e incluir apenas a separação de fato, nos termos do que decidiu o STF no julgamento do seu Tema 1.053 de repercussão geral.

A propósito, cabe pontuar que o CPC não reproduziu a regra do art. 1.163, § 1.º, do CPC/1973, que atribuía a condição de interessados ao cônjuge não separado judicialmente; aos herdeiros presumidos legítimos e os testamentários; aos que tivessem sobre os bens do ausente direito subordinado à condição de morte e aos credores de obrigações vencidas e não pagas. Assim, o tema foi concentrado no Código Civil, abrindo-se a possibilidade plena de reconhecimento de legitimidade ao companheiro, na minha opinião doutrinária.

Ainda no tocante ao Estatuto Processual emergente, estabelece o seu art. 745, § 2.º, que o interessado, ao requerer a abertura da sucessão provisória, pedirá a citação pessoal dos herdeiros presentes e do curador e, por editais, a dos ausentes para requererem habilitação. Aqui não houve alteração relevante perante o art. 1.164 do CPC/1973. A sentença de sucessão provisória somente produz efeitos após cento e oitenta dias de publicada na imprensa, não transitando em julgado no prazo geral.

O art. 28 do CC estabelece, contudo, que logo após o trânsito em julgado é possível a abertura de eventual testamento deixado pelo desaparecido, bem como do inventário para a partilha dos bens deixados. Aqui não houve qualquer alteração engendrada pelo CPC/2015, o que também vale para os dispositivos materiais a seguir que dizem respeito à sucessão provisória.

Se for o caso, antes mesmo da partilha, poderá o magistrado determinar que os bens móveis sujeitos a deterioração ou a extravio sejam convertidos em bens imóveis ou em títulos garantidos pela União (art. 29 do CC). Em boa hora, o Projeto de Reforma do Código Civil pretende incluir na norma um parágrafo único, para que essa solução não seja aplicada se o bem a ser arrecadado tiver algum valor afetivo: "se o bem móvel ostentar, comprovadamente, valor afetivo, não será aplicável a solução prevista no *caput*, cabendo ao juiz designar depositário para sua guarda e conservação".

O Código Civil atual continua exigindo que os herdeiros deem garantias para serem imitidos na posse dos bens do ausente, mediante penhores ou hipotecas, equivalentes aos quinhões respectivos (art. 30, *caput*, do CC).

De acordo com o art. 31 do CC/2002, quanto aos bens imóveis do ausente, estes são, por regra, inalienáveis, até a correspondente divisão e partilha. Eventualmente, para afastar a ruína, poderá o magistrado determinar a sua alienação. O Projeto de Reforma do Código Civil pretende incluir norma de exceção a essa regra, para quando o bem do ausente estiver em condomínio. Assim, o parágrafo único do art. 31 passará a prever, em prol da proteção do condômino, que pode ser cônjuge ou convivente do ausente, que, "quando o bem imóvel não for propriedade exclusiva do ausente e, desde que se deposite eventual quota-parte em juízo, não será aplicável o previsto no *caput*".

Aquele que tiver direito à posse provisória, mas não puder prestar a garantia exigida no dispositivo, será excluído, mantendo-se os bens que lhe deviam caber sob a administração do curador, ou de outro herdeiro designado pelo juiz, e que preste essa garantia (art. 30, § 1.º, do CC). Estão dispensados de prestar tais garantias, contudo, os ascendentes, os descendentes e o cônjuge que provarem a sua qualidade de herdeiros (art. 30, § 2.º, do CC).

Na linha de outras proposições, e como não poderia ser diferente, o Projeto de Reforma do Código Civil pretende incluir na última norma o convivente que viva em união estável com o ausente.

Empossados os herdeiros nos bens do ausente, passam a responder por eventuais dívidas do desaparecido, até os limites da herança (art. 32 do CC). Ocorrendo a sucessão provisória, poderão os herdeiros também representar ativamente aquele que desapareceu, no caso de ser este credor em relação a terceiro.

Sendo o herdeiro descendente, ascendente ou cônjuge do ausente terá direito a todos os frutos (naturais, industriais e civis ou rendimentos), colhidos durante o momento de exercício da posse. Demais sucessores terão direito somente em relação à metade desses frutos, devendo prestar contas ao juiz competente (art. 33, *caput*, do CC). Retornando o ausente e provada a sua ausência voluntária, perderá totalmente o direito quanto aos frutos para o sucessor correspondente (art. 33, parágrafo único, do CC).

Assim como em propostas aqui antes citadas, o atual Projeto de Reforma do Código Civil pretende incluir na norma o convivente que viva em união estável. Segundo o art. 34 do CC, aquele que foi excluído da posse dos bens do ausente, por não ter bens suficientes para oferecer em garantia (art. 30, § 1.º), poderá, justificada a falta de bens para tal caução, exigir que lhe seja entregue a metade dos rendimentos (frutos civis) que teria direito estando na posse dos bens do desaparecido.

Também aqui há proposta de aprimoramento do texto, pelo Projeto de Reforma, ora em tramitação no Congresso Nacional, passando o art. 34 do Código Civil a expressar que o excluído da posse provisória poderá, justificando a falta de meios suficientes, requerer ao juízo da sucessão que aquele a quem couber a posse do quinhão que lhe tocaria entregue--lhe a metade dos rendimentos por ele gerados.

Retornando-se ao sistema em vigor, aparecendo o ausente no momento de exercício da posse provisória, perderão os herdeiros os direitos quanto aos bens, exceção feita quanto aos frutos, conforme as regras antes comentadas (art. 33, parágrafo único, do CC). Mas até a entrega de tais bens, responderão os herdeiros, cessando a posse justa quanto aos bens que lhe foram entregues conforme as regras materiais que constam da codificação.

CAP. 2 • PARTE GERAL DO CÓDIGO CIVIL DE 2002 | **147**

Por fim, enuncia o art. 35 do CC que se durante a posse provisória se provar a época exata do falecimento do ausente, considerar-se-á, nessa data, aberta a sucessão em favor dos herdeiros, que o eram àquele tempo. Já o art. 36 do Código dispõe que se o ausente aparecer, ou se lhe provar a existência, depois de estabelecida a posse provisória, cessarão para logo as vantagens dos sucessores nela imitidos, ficando, todavia, obrigados a tomar as medidas assecuratórias precisas, até a entrega dos bens a seu dono, caso de eventuais ações possessórias em face de terceiros esbulhadores.

### c) Da sucessão definitiva (arts. 37 a 39 do CC)

O Código Civil de 2002 reduziu pela metade o prazo para conversão da sucessão provisória em definitiva, que antes era de 20 (vinte) anos, para 10 (dez) anos, conforme consta do seu art. 37. Tal prazo conta-se do trânsito em julgado da sentença da ação de sucessão provisória. Não houve qualquer impacto do atual CPC quanto a esses prazos, expressando a lei processual emergente apenas que, presentes os requisitos legais, poderá ser requerida a conversão da sucessão provisória em definitiva (art. 745, § 3.º).

Consoante determina o art. 38 do CC, cabe requerimento de sucessão definitiva da pessoa de mais de oitenta anos desaparecida há pelo menos cinco anos. Na minha opinião doutrinária, em casos tais, não há necessidade de se observar as fases anteriores, ingressando-se nessa terceira fase, de forma direta.

Nessa linha, adotando a minha posição doutrinária, julgou o Superior Tribunal de Justiça que "a possibilidade de abertura da sucessão definitiva se presentes os requisitos do art. 38 do CC/2002 decorre do fato de ser absolutamente presumível a morte do autor da herança diante da presença, cumulativa, das circunstâncias legalmente instituídas – que teria o autor da herança 80 anos ao tempo do requerimento e que tenha ele desaparecido há pelo menos 5 anos". No caso concreto, "o autor da herança possuiria, hoje, 81 anos de idade e está desaparecido há 21 anos, razão pela qual não há óbice à abertura da sucessão definitiva, nos moldes previstos no art. 38 do CC/2002" (STJ, REsp 1.924.451/SP, 3.ª Turma, Rel. Min. Nancy Andrighi, j. 19.10.2021, *DJe* 22.10.2021).

Observo que o atual Projeto de Reforma do Código Civil pretende suprir a falta de técnica e de clareza do art. 38, passando a prever, em boa hora, e na linha da posição doutrinária e jurisprudência externada que "pode-se requerer a sucessão definitiva, também, provando-se que o ausente conta oitenta anos de idade, e que de cinco anos datam as últimas notícias dele. Parágrafo único. Nesta hipótese, após arrecadados os bens, passar-se-á à sucessão definitiva".

Conforme o art. 39, *caput*, do Código Civil, regressando o ausente nos dez anos seguintes à abertura da sucessão definitiva, ou algum de seus descendentes ou ascendentes, aquele ou estes haverão só os bens existentes no estado em que se acharem, os sub-rogados em seu lugar, ou o preço que os herdeiros e demais interessados houverem recebido pelos bens alienados depois daquele tempo. Esse dispositivo era reprodução do art. 1.168 do CPC/1973.

Nesse ponto há um impacto relevante do CPC/2015. Isso porque o seu art. 745, § 4.º, passou a prever que, regressando o ausente ou algum de seus descendentes ou ascendentes para requerer ao juiz a entrega de bens, serão citados para contestar o pedido os sucessores provisórios ou definitivos, o Ministério Público e o representante da Fazenda Pública, seguindo-se o procedimento comum.

Como se nota, não há mais menção ao prazo de dez anos para regresso do ausente, restando dúvidas se ele ainda terá aplicação ou não. Acredito que sim, pelo fato de não ter sido o art. 39, *caput*, do Código Civil revogado expressamente. O mesmo deve ser dito quanto ao direito sobre os bens mencionados na lei material.

Igualmente, parece restar incólume o parágrafo único do art. 39 da codificação material. Desse modo, após esse prazo de dez anos, se não regressar o ausente, os bens arrecadados serão definitivamente dos herdeiros, não tendo o desaparecido qualquer direito. Também não retornando o ausente e não tendo ele herdeiros, os bens serão considerados vagos, passando ao domínio do Estado, nos moldes do art. 1.844 do CC. O domínio passa a ser, portanto, do Município ou do Distrito Federal, se localizados nas respectivas circunscrições, incorporando-se ao domínio da União, quando situados em território federal.

De todo modo, o atual Projeto de Reforma do Código Civil pretende suprir o conflito hoje aparente com o CPC, adotando o texto do último, e passando a Norma Civil a prever, em seu art. 39, que "o ausente que regressa ou o herdeiro ausente por ocasião da abertura da sucessão definitiva terão direito somente sobre os bens existentes no estado em que se acharem ou sobre os bens sub-rogados em seu lugar ou ao preço que os herdeiros e demais interessados houverem recebido pelos bens alienados depois daquele tempo".

Por fim, destaque-se que nos termos do art. 1.571, § 1.º, do CC, a morte por ausência põe o fim ao casamento, estando o seu ex-cônjuge livre para se casar com terceiro. Sendo assim, como fica a situação desse seu ex-consorte quando o desaparecido reaparece após todo esse prazo mencionado na codificação de 2002? O tema será abordado em momento oportuno, quando do estudo da dissolução do casamento.

### 2.2.7.4 A comoriência

Além dos casos de presunção quanto à própria existência da morte (justificação e ausência), o Código Civil traz um outro caso de presunção legal e relativa, agora quanto ao momento da morte, ou seja, a comoriência conforme o seu art. 8.º: "se dois ou mais indivíduos falecerem na mesma ocasião, não se podendo averiguar se algum dos comorientes precedeu aos outros, presumir-se-ão simultaneamente mortos".

O comando em questão não exige que a morte tenha ocorrido no mesmo local, mas ao mesmo tempo, sendo pertinente tal regra quando os falecidos forem pessoas da mesma família, e com direitos sucessórios entre si. Exemplificamos com o caso a seguir:

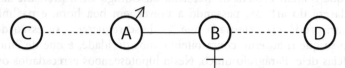

Suponha-se a hipótese fática de mortes simultâneas de dois cônjuges (*A* e *B*), que não tenham descendentes nem ascendentes, mas que possuam dois irmãos *C* e *D* (colaterais de segundo grau). Pelo instituto da comoriência, a herança de ambos é dividida à razão de 50% para os herdeiros de cada cônjuge, não sendo pertinente, aqui, observar qual era o regime de bens entre eles.

Na concreção de um acidente automobilístico, se um policial presenciar que *A* morreu segundos após *B*, não deve ser considerada a opinião deste que presenciou a morte para fins sucessórios, não havendo laudo médico que ateste tal fato. Caso contrário, a herança de *B* iria para *A* e, automaticamente, tendo em vista a morte deste último, para *C*, que nem sequer é de sua família consanguínea (cunhados são parentes afins).

Consigne-se, nesse sentido, a ordem de sucessão legítima, sem maiores aprofundamentos quanto à concorrência do cônjuge, que consta do art. 1.829 do CC, em sua correta interpretação: 1.º) descendentes, 2.º) ascendentes, 3.º) cônjuge ou convivente, 4.º) colaterais até 4.º grau.

Dessa forma, não havendo laudo médico, deve-se considerar que os dois cônjuges morreram ao mesmo tempo. Conclusão: a herança de *A* irá para seu colateral *C* e a herança de *B* irá para seu colateral *D*. Faz-se justiça, pois as heranças ficam mantidas nas famílias consanguíneas correspondentes.

Repita-se que essa presunção é relativa (*iuris tantum*), podendo ser afastada por laudo médico ou outra prova efetiva e precisa do momento da morte real, conclusão reiteradamente seguida pela jurisprudência (por todos: TJSP, Apelação 9179145-82.2008.8.26.0000, 25.ª Câmara de Direito Privado, São Paulo, Rel. Des. Hugo Crepaldi, j. 20.06.2012).

Todavia, em situações de dúvidas, a jurisprudência tem mantido a presunção legal, não sendo possível provar o contrário. Nesse sentido, para ilustrar e encerrando o tratamento da matéria:

"Comoriência. Acidente de carro. Vítima arremessada a 25 metros de distância do local, encontrada morta pelos peritos 45 minutos depois, enquanto o marido foi conduzido ainda com vida ao hospital falecendo em seguida. Presunção legal não afastada. Sentença de improcedência reformada. Recurso provido" (TJSP, Apelação com Revisão 566.202.4/5, Acórdão 2652772, 8.ª Câmara de Direito Privado, São João da Boa Vista, Rel. Des. Caetano Lagrasta, j. 11.06.2008, *DJESP* 27.06.2008).

Esse julgado, como muitos outros, traz a correta interpretação do instituto, deduzindo que a *premoriência*, a presunção de que uma morte ocorreu antes da outra, não se presume no sistema jurídico brasileiro.

Precisa ementa doutrinária aprovada na *IX Jornada de Direito Civil*, em 2022, prevê que ela pode ocorrer em quaisquer das espécies de morte previstas no Direito Civil Brasileiro, aqui antes estudadas (Enunciado n. 645). Consoante as suas justificativas, "a comoriência não é nova espécie de morte. Trata-se de uma circunstância de impossibilidade de se conhecer qual morte precedeu a outra. Ela terá relevância apenas se as pessoas sucederem entre si. Essa circunstância pode ocorrer na morte real, na morte presumida sem a necessidade de ausência e na morte presumida com procedimento de ausência". Como não poderia ser diferente, votei favorável à ementa doutrinária quando da plenária daquele evento.

Para encerrar o tema, o atual Projeto de Reforma do Código Civil pretende alterar o art. 8.º do Código Civil para expressar que a aplicação da comoriência está restrita às hipóteses relacionadas à sucessão: "se dois ou mais indivíduos, com vocação hereditária recíproca, falecerem na mesma ocasião, não se podendo averiguar se algum dos comorientes precedeu aos outros, presumir-se-ão simultaneamente mortos". Anote-se que essa já é a conclusão da maioria da doutrina contemporânea.

## 2.2.8 O estado civil da pessoa natural. Visão crítica

Tema clássico de Direito Privado é o relativo ao estado civil da pessoa natural, categoria que merece uma visão crítica, pela insuficiência que a matéria alcança na realidade contemporânea.

Para iniciar o estudo do instituto, em sentido amplo, surge a ideia de *estado da pessoa*, o que remonta ao Direito Romano. Como bem leciona Rubens Limongi França, "o estado é um dos atributos da personalidade. Desses atributos é o de conceituação mais vaga, pois, segundo os autores, consiste no *modo particular de existir das pessoas*. Sua noção, porém, torna-se mais precisa se lembrarmos que no direito moderno corresponde à noção de *status* do Direito Romano".[84] O jurista demonstra que, para o Direito moderno, quatro são as modalidades básicas de *estado*, com variações e relevância prática para o Direito Privado:

---

[84] LIMONGI FRANÇA, Rubens. *Instituições de Direito Civil*. 4. ed. São Paulo: Saraiva, 1996, p. 51.

a) Estado político – leva-se em conta se o sujeito é nacional (brasileiro nato ou naturalizado) ou estrangeiro. A matéria está tratada em vários dispositivos da Constituição Federal de 1988, como no seu art. 12, que elenca o rol dos indivíduos considerados como brasileiros.

b) Estado profissional – vislumbra-se a atuação econômica da pessoa natural. Na visão clássica, a partir das lições de Limongi França, estão incluídos os funcionários públicos, os empregadores, os empregados, os sacerdotes, os trabalhadores autônomos, os militares, entre outros.[85] Podem ser mencionados ainda os empresários, cujas atividades estão descritas no art. 966, *caput,* do Código Civil ("Considera-se empresário quem exerce profissionalmente atividade econômica organizada para a produção ou a circulação de bens ou de serviços").

c) Estado individual – são abrangidas algumas peculiaridades da pessoa, tais como sua idade (inclusive se a pessoa é maior ou menor), seu estado psíquico, sua saúde, sua imagem, seu temperamento, sua experiência, entre outros.

d) Estado familiar – visualiza-se a situação da pessoa no âmbito de constituição de uma família, tratada pelo art. 226, *caput,* da CF/1988 como a base da sociedade.

No âmbito do estado civil familiar é que cabem considerações pontuais, especialmente tendo em vista a realidade jurídica nacional contemporânea. Em uma visão tradicional e clássica, são situações existenciais tidas como modalidades desse estado civil:

– Solteiro – pessoa que não está ligada com outra pelo vínculo do casamento, ou que teve o seu casamento reconhecido como nulo ou anulável, nos termos do art. 1.571 do Código Civil.

– Casado – aquele que se encontra ligado pelo vínculo do casamento, conforme art. 1.511 do Código Civil e art. 226, § 1.º, da Constituição Federal de 1988.

– Viúvo – indivíduo que se desligou do vínculo do casamento na hipótese de falecimento do outro cônjuge.

– Divorciado – pessoa que rompeu o vínculo do casamento que tinha com outrem por meio do divórcio.

– Separado juridicamente (judicialmente ou extrajudicialmente) – aquele que rompeu a sociedade conjugal por meio de uma ação judicial ou escritura pública lavrada em Tabelionato de Notas (a última, nos termos da inclusão pela Lei 11.441/2007 e do art. 733 do CPC/2015). Oportuno pontuar que o separado juridicamente ainda mantém o vínculo matrimonial com o outro cônjuge, presente apenas a extinção da sociedade conjugal. Deve ficar claro que estou filiado à corrente que sustenta o fim das duas modalidades de separação, desde a Emenda do Divórcio (EC 66/2010), que deu nova redação ao art. 226, § 6.º, da CF/1988. A premissa é mantida, repise-se, mesmo com a emergência do CPC/2015, com menções à separação judicial e à extrajudicial, tendo o STF julgado em 2023 pelo fim dos institutos, em seu Tema 1.053 de repercussão geral. Todavia, pessoas que estavam em tal situação antes da entrada em vigor da Emenda, em julho de 2010, mantêm esse estado, em prol da tutela do direito adquirido. O tema está aprofundado no Capítulo 8 da presente obra, com a análise do julgamento do STF sobre o assunto (STF, RE 1.167.478/RJ, Tribunal Pleno, Rel. Min. Luiz Fux, Tema 1.053, j. 08.11.2023).

---

[85] LIMONGI FRANÇA, Rubens. *Instituições de Direito Civil.* 4. ed. São Paulo: Saraiva, 1996, p. 52.

A principal crítica que se pode fazer às modalidades destacadas refere-se ao fato de supostamente não haver um tratamento específico a respeito do estado civil familiar de companheiro ou convivente. Como é notório, a união estável foi alçada ao *status* familiar pela Constituição Federal de 1988 (art. 226, § 3.º), sendo comum a sua constituição na contemporaneidade por opção dos constituintes. Seus requisitos são descritos pelo art. 1.723 do Código Civil, quais sejam a convivência pública, contínua e duradoura entre duas pessoas, com o objetivo de constituição de família.

A falta ou ausência de um estado civil próprio para o convivente, ainda defendida por muitos juristas e doutrinadores, representa uma verdadeira aberração jurídica, o que faz com que a união estável seja tratada como uma *família de segunda classe* no meio social. Cite-se que alguns juristas do mesmo modo sustentam que a situação de companheiro deve ser reconhecida como verdadeiro estado civil, caso de Álvaro Villaça Azevedo.[86]

No Estado de São Paulo, pontue-se a feliz tentativa de se criar um estado civil decorrente da união estável por força de alterações realizadas no Provimento n. 14, da Corregedoria-Geral do Tribunal de Justiça de São Paulo, em dezembro de 2012. Com as modificações, passaram a ser registradas no Cartório de Registro das Pessoas Naturais as escrituras públicas e as sentenças de reconhecimento de união estável.

Em complemento, o item 113 do provimento estabeleceu que "os registros das sentenças declaratórias de reconhecimento, dissolução e extinção, bem como das escrituras públicas de contrato e distrato envolvendo união estável, serão feitos no Livro 'E', pelo Oficial do Registro Civil das Pessoas Naturais da Sede, ou onde houver, no 1.º Subdistrito da Comarca em que os companheiros têm ou tiveram seu último domicílio, devendo constar: a) a data do registro; b) o prenome e o sobrenome, datas de nascimento, profissão, indicação da numeração das Cédulas de Identidade, domicílio e residência dos companheiros; c) prenomes e sobrenomes dos pais; d) data e Registro Civil das Pessoas Naturais em que foram registrados os nascimentos das partes, seus casamentos e/ou uniões estáveis anteriores, assim como os óbitos de seus outros cônjuges ou companheiros, quando houver; e) data da sentença, Vara e nome do Juiz que a proferiu, quando o caso; f) data da escritura pública, mencionando-se, no último caso, o livro, a página e o Tabelionato onde foi lavrado o ato; g) regime de bens dos companheiros".

Fez o mesmo o Conselho Nacional de Justiça (CNJ), em âmbito nacional, por meio do seu Provimento n. 37, de 2014, que também possibilitou o registro das escrituras públicas de união estável, heteroafetiva ou homoafetiva, no Livro "E" dos Cartórios de Registros das Pessoas Naturais. Na *II Jornada de Prevenção e Solução Extrajudicial dos Litígios*, promovida pelo Conselho da Justiça Federal em 2021, aprovou-se ementa doutrinária no sentido de admitir o registro de instrumento particular, o que vem em boa hora, em prol da desjudicialização. Conforme o Enunciado n. 128, "é admissível a formalização de união estável por meio do registro, no livro E do Registro Civil de Pessoas Naturais, de instrumento particular que preencha os requisitos do art. 1.723 do CC/2002".

Quanto ao estado civil de companheiro, estabeleceu o art. 4.º do Provimento n. 37 do CNJ que, "quando o estado civil dos companheiros não constar da escritura pública, deverão ser exigidas e arquivadas as respectivas certidões de nascimento, ou de casamento com averbação do divórcio ou da separação judicial ou extrajudicial, ou de óbito do cônjuge se o companheiro for viúvo, exceto se mantidos esses assentos no Registro Civil das Pessoas Naturais em que registrada a união estável, hipótese em que bastará sua consulta direta

---

[86] AZEVEDO, Álvaro Villaça. *Teoria Geral do Direito Civil*. Parte Geral. São Paulo: Atlas, 2012, p. 13.

pelo Oficial de Registro". Em 2023, essa previsão passou a integrar o Código Nacional de Normas do CNJ, estando no seu art. 541.

Seguindo essas normas, a Lei do Sistema Eletrônico de Registros Públicos (SERP, Lei 14.382/2022) passou a admitir o registro da união estável no Livro E, do Cartório de Registro das Pessoas Naturais. Conforme o novo art. 94-A da Lei de Registros Públicos (Lei 6.015/1973), "os registros das sentenças declaratórias de reconhecimento e dissolução, bem como dos termos declaratórios formalizados perante o oficial de registro civil e das escrituras públicas declaratórias e dos distratos que envolvam união estável, serão feitos no Livro E do registro civil de pessoas naturais em que os companheiros têm ou tiveram sua última residência".

Desse mesmo registro deverão constar: *a)* a data do registro; *b)* o nome, o estado civil, a data de nascimento, a profissão, o CPF e a residência dos companheiros; *c)* o nome dos pais dos companheiros; *d)* a data e o cartório em que foram registrados os nascimentos das partes, seus casamentos e uniões estáveis anteriores, bem como os óbitos de seus outros cônjuges ou companheiros, quando houver; *e)* a data da sentença, trânsito em julgado da sentença e vara e nome do juiz que a proferiu, quando for o caso; *f)* a data da escritura pública, mencionados o livro, a página e o tabelionato onde foi lavrado o ato; *g)* o regime de bens dos companheiros; e *h)* o nome que os companheiros passam a ter em virtude da união estável.

O § 1.º desse mesmo novo art. 94-A da Lei de Registros Públicos estabelece que não poderá ser promovido o registro, no Livro E, de união estável de pessoas casadas, ainda que separadas de fato, exceto se separadas judicialmente ou extrajudicialmente, ou se a declaração da união estável decorrer de sentença judicial transitada em julgado. Há, assim, uma exceção ao reconhecimento da união estável da pessoa separada, que consta do § 1.º do art. 1.723 do Código Civil, por questão de segurança jurídica.

Ademais, as sentenças estrangeiras de reconhecimento de união estável, os termos extrajudiciais, os instrumentos particulares ou escrituras públicas declaratórias de união estável, bem como os respectivos distratos, lavrados no exterior, nos quais ao menos um dos companheiros seja brasileiro, poderão ser levados a registro no Livro E do registro civil de pessoas naturais em que qualquer dos companheiros tem ou tenha tido sua última residência no território nacional (art. 94-A, § 2.º, da Lei 6.015/1973, incluído pela Lei do SERP). Por fim, está previsto que, "para fins de registro, as sentenças estrangeiras de reconhecimento de união estável, os termos extrajudiciais, os instrumentos particulares ou escrituras públicas declaratórias de união estável, bem como os respectivos distratos, lavrados no exterior, deverão ser devidamente legalizados ou apostilados e acompanhados de tradução juramentada" (art. 94-A, § 3.º, da Lei 6.015/1973, incluído pela Lei do SERP).

Em 2023, o tema foi tratado pelo Provimento n. 141 do Conselho Nacional de Justiça, que regulamentou a Lei do SERP a respeito dessa temática e trouxe alterações importantes ao antigo Provimento n. 37. Tive a honra de compor o grupo de trabalho nomeado para a elaboração dessa norma no CNJ, pelo Corregedor-Geral de Justiça Ministro Luis Felipe Salomão. Nesse mesmo ano, essas regras administrativas foram incorporadas ao Código Nacional de Normas (CNN), entre os seus arts. 537 e 553.

Sem prejuízo de todas essas regras, sobretudo a última lei e a sua regulamentação, como reforço para a premissa que aqui se segue, pontue-se que o Código de Processo Civil de 2015 teve a feliz opção de equalizar expressamente a união estável ao casamento em vários de seus preceitos instrumentais, o que trará consequências para o modo como a comparação dessas entidades familiares é feita no âmbito do direito material, especialmente pelo fato de o Código Civil brasileiro ter tratamento distinto entre o casamento e a união estável.

Em 2017, surgiu emblemático precedente sobre o tema no Superior Tribunal de Justiça que, apesar de não reconhecer diretamente o estado civil de companheiro, o fez indiretamente. Trata-se de decisão que determinou a averbação, na certidão de óbito da falecida, da existência de união estável em vida. Vejamos trecho da ementa do acórdão:

"Se na esfera administrativa o Poder Judiciário impõe aos serviços notariais e de registro a observância ao Provimento n.º 37 da Corregedoria Nacional de Justiça, não pode esse mesmo Poder Judiciário, no exercício da atividade jurisdicional, negar-lhe a validade, considerando juridicamente impossível o pedido daquele que pretende o registro, averbação ou anotação da união estável. A união estável, assim como o casamento, produz efeitos jurídicos típicos de uma entidade familiar: efeitos pessoais entre os companheiros, dentre os quais se inclui o estabelecimento de vínculo de parentesco por afinidade, e efeitos patrimoniais que interessam não só aos conviventes, mas aos seus herdeiros e a terceiros com os quais mantenham relação jurídica. A pretensão deduzida na ação de retificação de registro mostra-se necessária, porque a ausência de expresso amparo na lei representa um entrave à satisfação voluntária da obrigação de fazer. Igualmente, o provimento jurisdicional revela-se útil, porque apto a propiciar o resultado favorável pretendido, qual seja, adequar o documento (certidão de óbito) à situação de fato reconhecida judicialmente (união estável), a fim de que surta os efeitos pessoais e patrimoniais dela decorrentes. Afora o debate sobre a caracterização de um novo estado civil pela união estável, a interpretação das normas que tratam da questão aqui debatida – em especial a Lei de Registros Públicos – deve caminhar para o incentivo à formalidade, pois o ideal é que à verdade dos fatos corresponda, sempre, a informação dos documentos, especialmente no que tange ao estado da pessoa natural. Sob esse aspecto, uma vez declarada a união estável, por meio de sentença judicial transitada em julgado, como na hipótese, há de ser acolhida a pretensão de inscrição deste fato jurídico no Registro Civil de Pessoas Naturais, com as devidas remissões recíprocas aos atos notariais anteriores relacionados aos companheiros" (STJ, REsp 1.516.599/PR, 3.ª Turma, Rel. Min. Nancy Andrighi, j. 21.09.2017, *DJe* 02.10.2017).

Expostos todos esses marcos importantes, penso que, a partir da Lei do SERP e com a sua regulamentação pelo Conselho Nacional de Justiça em 2023, passou a haver um estado civil de companheiro ou convivente, com o registro da união estável no Livro E, perante o Cartório de Registro Civil das Pessoas Naturais (RCPN).

Com isso, cria-se uma *união estável superqualificada*, uma *superconvivência*, equiparada ao casamento pelo aspecto formal e quanto aos direitos. Observe-se que, como sempre sustentei, as alterações da Lei do SERP foram feitas na Lei de Registros Públicos (Lei 6.015/1973), norma na qual há o tratamento do estado civil familiar.

Assim, como tenho sustentado, parece não haver mais qualquer dúvida legal quanto ao reconhecimento de um estado civil de companheiro em havendo esse registro. Nos casos de união estável não formalizada dessa maneira, não haverá a criação de um estado civil de companheiro ou convivente para as partes que compõem a união livre e informal.

Como antes pontuava, na prática, nota-se que há um estado civil próprio para o divorciado, que não tem mais um vínculo familiar; ao contrário do que antes ocorria com a união estável, em que a família está viva e presente. E isso era um total contrassenso, que agora deve ser revisto.

Deve ficar claro que o novo estado civil de convivente deve ainda abranger as pessoas que vivem em *união estável homoafetiva*, reconhecida como entidade familiar pelo Supremo Tribunal Federal, em histórica decisão de maio de 2011 (ver publicação no *Informativo* n. 625 daquele Tribunal).

# 154 | MANUAL DE DIREITO CIVIL • VOLUME ÚNICO – *Flávio Tartuce*

Como se vê, a realidade atual mostra como podem ser insuficientes os modelos de *status* familiar. Por certo – e aqui reside outro ponto de crítica –, o estado civil não pode ser utilizado com intuito de preconceito ou de tratamento degradante da pessoa, como ocorreu com a *mulher desquitada* no passado. Em todos os casos em que a discriminação estiver presente – nos termos da vedação constante do art. 5.º, *caput*, da CF/1988 –, urge a necessidade de reforma legislativa.

Visando a resolver esses dilemas, tratar do estado civil no Código Civil, como deve ser e sobretudo na busca da volta do protagonismo da codificação privada em muitos temas, o atual Projeto de Reforma do Código Civil pretende alterar os seus arts. 9.º e 10. As propostas de modificação tiveram a atuação efetiva da Relatora-Geral nomeada na Comissão de Juristas, a Professora Rosa Maria de Andrade Nery, uma das maiores civilistas brasileiras.

Assim, nos termos do projetado art. 9.º, serão registrados ou averbados no Cartório de Registro Civil das Pessoas Naturais: *a)* os documentos comprobatórios de nascimento, casamento e óbito; *b)* a sentença ou o ato judicial proferido conforme o disposto no art. 503 e parágrafos do CPC que reconhecerem união estável; *c)* a escritura pública de reconhecimento e de dissolução, o termo declaratório formalizado perante o oficial de registro civil, o distrato e a certificação eletrônica de união estável, firmada por maiores de dezoito anos ou por emancipados; *d)* a sentença ou a escritura pública de emancipação firmada pelos titulares da autoridade parental; *e)* a sentença declaratória de ausência e a de morte presumida; *f)* a sentença ou o ato judicial proferido conforme o disposto no art. 503 e parágrafos do CPC que declararem a filiação; *g)* a sentença, o testamento, o instrumento público ou a declaração prestada diretamente no Cartório de Registro Civil das Pessoas Naturais que reconhecer a filiação natural ou civil; *h)* a sentença que reconhecer a filiação socioafetiva ou a adoção de crianças e de adolescentes e a escritura pública ou a declaração direta em cartório que reconhecer a filiação socioafetiva ou a adoção; *i)* a sentença de perda da nacionalidade brasileira, o ato de naturalização ou de opção de nacionalidade; e *j)* a escritura pública e termo declaratório públicos de declaração de família parental, nos termos do § 2.º do art. 1.511-B e nos limites do § 1.º do art. 10 do próprio Código.

Os temas das propostas estão tratados ao longo deste livro, sendo a *família parental* a composta de, pelo menos, um ascendente e seu descendente, qualquer que seja a natureza da filiação, bem como a que resulta do convívio entre parentes colaterais que vivam sob o mesmo teto com compartilhamento de responsabilidades familiares pessoais e patrimoniais. A título de exemplo dos últimos, podem ser citados os irmãos ou primos que vivem em um mesmo núcleo familiar, o que poderá gerar estado civil familiar entre eles, desde que haja registro no Cartório de Registro Civil das Pessoas Naturais.

Em continuidade de exposição, a proposição de um § 1.º desse art. 9.º estabelece, em prol da segurança jurídica dos atos e negócios jurídicos em geral, que os efeitos patrimoniais da união estável não registrada no Livro E do Registro Civil das Pessoas Naturais não podem ser opostos a terceiros, a não ser que estes tenham conhecimento formal do fato, por declaração expressa de ambos os conviventes ou daquele com quem contratarem.

Além disso, quanto à filiação socioafetiva, o seu reconhecimento quanto a pessoa com menos de dezoito anos de idade será necessariamente feito por sentença judicial e levado a registro (art. 9.º, § 2.º, do CC). O tema foi profundamente debatido na Comissão de Juristas, prevalecendo, na votação entre os seus membros, a proposta de se vedar o reconhecimento extrajudicial da parentalidade socioafetiva das pessoas menores de dezesseis anos, novamente em prol da segurança jurídica.

Em continuidade de tratamento do estado civil na codificação privada, consoante o art. 10 do Projeto da Reforma, far-se-á também a averbação ou o registro no Cartório de

Registro Civil das Pessoas Naturais: *a)* das sentenças que reconhecerem a nulidade ou anularem o casamento; *b)* das sentenças ou da escritura pública de divórcio ou de dissolução da união estável; *c)* da escritura pública pela qual os cônjuges ou conviventes estabelecerem livremente sua separação consensual, ou o restabelecimento da sociedade conjugal; *d)* da sentença de separação de corpos em que ficar reconhecida a separação de fato do casal; *e)* da sentença ou da escritura pública que constituir representantes para o incapaz; *f)* da sentença ou do ato judicial que excluírem a filiação, natural ou civil; *g)* da sentença que determina a perda ou a suspensão da autoridade parental; *h)* da escritura pública de adoção e dos atos judiciais que a dissolverem; e *i)* da certidão de óbito dos cônjuges ou conviventes que viverem em união estável registrada.

Ademais, como está no § 1.º desse novo art. 10 do Código Civil, no assento de nascimento da pessoa natural, nos termos da Lei de Registros Públicos (Lei n. 6.015/1973), será reservado espaço para averbações decorrentes de vontade expressa pelo interessado que permitam a identificação de fato peculiar de sua vida civil, sem que isso lhe altere o estado pessoal, familiar ou político. E, mais uma vez em prol da segurança jurídica, insere-se regra no sentido de que a alteração judicial ou extrajudicial do nome civil da pessoa natural não induz, por si só, vínculo demonstrativo de conjugalidade, convivência, parentesco ou socioafetividade (proposta do § 2.º do art. 10 do CC/2002).

Além de todas essas regras, há proposta de inclusão de uma norma específica no título da Parte Geral relativo à prova dos atos e negócios jurídicos, prevendo o projetado art. 212-A da Norma Geral Privada que "o estado da pessoa somente se prova, nos termos dos arts. 9º e 10 deste Código".

Como afirmado, esses temas estão tratados ao longo deste *Manual*, sendo importante repetir que as propostas, em boa hora, além de concentrarem o tema do estado civil na codificação privada, e suprirem alguns problemas hoje existentes e aqui expostos, trazem segurança jurídica para os atos e negócios jurídicos em geral, sobretudo tendo em vista o seu registro civil. Espera-se, portanto, a sua aprovação pelo Congresso Nacional Brasileiro.

Superada a crítica e essa revisão conceitual e legislativa, no que concerne às características do estado civil, Maria Helena Diniz aponta a existência de normas de ordem pública, "que não podem ser modificadas pela vontade das partes, daí a sua indivisibilidade, indisponibilidade e imprescritibilidade. O estado civil é uno e indivisível, pois ninguém pode ser simultaneamente casado e solteiro, maior e menor, brasileiro e estrangeiro, salvo nos casos de dupla nacionalidade".[87]

Nesse contexto, surgem as *ações de estado* – aquelas relativas à essência da pessoa natural –, tidas como imprescritíveis, ou seja, não sujeitas à prescrição e à decadência. Entre tais demandas, podem ser citadas a ação de divórcio, a ação de nulidade do casamento, a ação de investigação de paternidade, a ação negatória de paternidade e a ação de alimentos. Como reforço, valem os argumentos relativos à imprescritibilidade dos direitos da personalidade, já expostos no presente capítulo. A ilustrar, colaciona-se julgado do Superior Tribunal de Justiça que estabelece tal relação:

> "Civil. Negatória de paternidade. Ação de estado. Imprescritibilidade. ECA, art. 27. Aplicação. I. Firmou-se no Superior Tribunal de Justiça o entendimento de que, por se cuidar de ação de estado, é imprescritível a demanda negatória de paternidade, consoante a extensão, por simetria, do princípio contido no art. 27 da Lei n. 8.069/1990, não mais prevalecendo o lapso previsto no art. 178, parágrafo 2.º, do

---

[87] DINIZ, Maria Helena. *Curso de Direito Civil Brasileiro*. 24. ed. São Paulo: Saraiva, 2007, p. 213.

antigo Código Civil, também agora superado pelo art. 1.061 na novel lei substantiva civil. II. Recurso especial não conhecido" (STJ, REsp 576.185/SP, Rel. Min. Aldir Passarinho Junior, 4.ª Turma, j. 07.05.2009, *DJe* 08.06.2009).

Além disso, as ações de estado envolvem questões que não podem ser objeto de transação ou acordo entre as partes, por trazerem na essência os direitos da personalidade. Nessa linha, merece destaque outro recente acórdão do mesmo Tribunal Superior, segundo o qual "o formalismo ínsito às questões e ações de estado não é um fim em si mesmo, mas, ao revés, justifica-se pela fragilidade e relevância dos direitos da personalidade e da dignidade da pessoa humana, que devem ser integralmente tutelados pelo Estado". Sendo assim, considerou-se como inadmissível a homologação de acordo extrajudicial de retificação de registro civil em juízo, "ainda que fundada no princípio da instrumentalidade das formas, devendo ser respeitados os requisitos e o procedimento legalmente instituído para essa finalidade, que compreendem, dentre outros, a investigação acerca de erro ou falsidade do registro anterior, a concreta participação do Ministério Público, a realização de prova pericial consistente em exame de DNA em juízo e sob o crivo do mais amplo contraditório e a realização de estudos psicossociais que efetivamente apurem a existência de vínculos socioafetivos com o pai registral e com a sua família extensa" (STJ, REsp 1.698.717/MS, 3.ª Turma, Rel. Min. Nancy Andrighi, j. 05.06.2018, *DJe* 07.06.2018).

Por fim, cumpre anotar que dois dispositivos da Parte Geral do Código Civil tratam, em sua redação atual, de questões registrais pertinentes ao estado civil. De início, o art. 9.º preconiza que serão registrados em registro público: I – os nascimentos, casamentos e óbitos; II – a emancipação por outorga dos pais ou por sentença do juiz; III – a interdição por incapacidade absoluta ou relativa (o que deve ser adaptado à nova teoria das incapacidades, alterada pela Lei 13.146/2015); IV – a sentença declaratória de ausência e de morte presumida. Ato contínuo, far-se-á averbação em registro público: I – das sentenças que decretarem a nulidade ou anulação do casamento, o divórcio, a separação judicial e o restabelecimento da sociedade conjugal; II – dos atos judiciais ou extrajudiciais que declararem ou reconhecerem a filiação (art. 10 do CC).

Anote-se que havia uma previsão no último comando, relativo à averbação de atos extrajudiciais de adoção (inc. III). Diante do claro equívoco, o último preceito foi por bem revogado pela Lei 12.010/2009, pois a adoção necessita de processo judicial.

Sobre o inciso II do art. 10 do CC, destaco que o Superior Tribunal de Justiça decidiu no ano de 2020 que "a averbação de sentença proferida em ação negatória de filiação não consubstancia, em si, um direito subjetivo autônomo das partes litigantes, tampouco se confunde com o direito personalíssimo ali discutido". Mais exatamente, como se retira da ementa do aresto, com repercussões a respeito dos prazos, "não existe nenhuma faculdade conferida às partes envolvidas a respeito de proceder ou não à referida averbação, como se tal providência constituísse, em si, um direito personalíssimo destas. Não há, pois, como confundir o exercício do direito subjetivo de ação de caráter personalíssimo, como o é a pretensão de desconstituir estado de filiação, cuja prerrogativa é exclusiva das pessoas insertas nesse vínculo jurídico (pai/mãe e filho), com o ato acessório da averbação da sentença de procedência transitada em julgado, que se afigura como mera consequência legal obrigatória. Na eventualidade de tal proceder não ser observado – o que, na hipótese dos autos, deu-se em virtude de declarada falha do serviço judiciário (houve expedição, mas não houve o encaminhamento do mandado de averbação ao Ofício do Registro Civil das Pessoas Naturais) – não se impõe à parte interessada o manejo de específica ação para esse propósito. A providência de averbação da sentença, por essa razão, não se submete a qualquer prazo, seja ele decadencial ou prescricional" (STJ, RMS 56.941/DF, 3.ª Turma, Rel. Min. Marco Aurélio Bellizze, j. 19.05.2020, *DJe* 27.05.2020).

CAP. 2 • PARTE GERAL DO CÓDIGO CIVIL DE 2002 | **157**

Na verdade, como está claro, os dois comandos do Código Civil ora expostos são hoje insuficientes e até desnecessários, pois a matéria já estava regulamentada pela Lei de Registros Públicos (Lei 6.015/1973), respectivamente pelos seus arts. 12 e 29. Justifica-se, portanto, a sua revisão e atualização, com a volta do protagonismo da codificação privada, como almeja o atual Projeto de Reforma do Código Civil, nas propostas aqui antes expostas e analisadas.

Por fim, no que concerne à separação judicial, repise-se que estou filiado há tempos ao entendimento de seu desaparecimento, desde julho de 2010, com a entrada em vigor da Emenda do Divórcio, conforme desenvolvimento que consta do Volume 5 da presente coleção e julgado pelo STF em seu Tema 1.053 de repercussão geral.

## 2.3 PARTE GERAL DO CÓDIGO CIVIL DE 2002. DA PESSOA JURÍDICA

### 2.3.1 Conceito de pessoa jurídica e suas classificações

As pessoas jurídicas, denominadas *pessoas coletivas, morais, fictícias* ou *abstratas*, podem ser conceituadas, em regra, como conjuntos de pessoas ou de bens arrecadados, que adquirem personalidade jurídica própria por uma ficção legal. Apesar de o Código Civil de 2002 não ter repetido, originalmente, o teor do art. 20 do CC/1916, a pessoa jurídica não se confunde com seus membros, sendo essa regra inerente à própria concepção da pessoa jurídica. Todavia, como se verá logo a seguir, a Lei da Liberdade Econômica (Lei 13.874/2019) acabou por inserir, na vigente codificação, norma nesse sentido.

Muitas foram as teorias que procuraram afirmar e justificar a existência da pessoa jurídica, tendo o Código Civil de 2002 adotado a *teoria da realidade técnica*. Essa teoria constitui uma somatória entre as outras duas *teorias justificatórias e afirmativas* da existência da pessoa jurídica: a *teoria da ficção* – de Savigny – e a *teoria da realidade orgânica ou objetiva* – de Gierke e Zitelman.

Para a primeira teoria, as pessoas jurídicas são criadas por uma ficção legal, o que realmente procede. Entretanto, mesmo diante dessa criação legal, não se pode esquecer que a pessoa jurídica tem identidade organizacional própria, identidade essa que deve ser preservada (*teoria da realidade orgânica*). Assim sendo, cabe o esquema a seguir:

> Teoria da Ficção + Teoria da Realidade Orgânica = Teoria da realidade técnica

Quanto à *teoria da realidade técnica*, Maria Helena Diniz prefere denominá-la como a *teoria da realidade das instituições jurídicas* (de Hauriou), opinando que "A personalidade jurídica é um atributo que a ordem jurídica estatal outorga a entes que o merecerem. Logo, essa teoria é a que melhor atende à essência da pessoa jurídica, por estabelecer, com propriedade, que a pessoa jurídica é uma realidade jurídica".[88] Aponta a professora da PUCSP que esse também é o entendimento de Silvio Rodrigues, Washington de Barros Monteiro, Serpa Lopes e Caio Mário da Silva Pereira, ou seja, dos autores clássicos ou *modernos* do Direito Civil Brasileiro.

Não se pode negar que a pessoa jurídica possui vários direitos, tais como alguns relacionados com a personalidade (art. 52 do CC), com o direito das coisas (a pessoa jurídica pode ser proprietária ou possuidora), direitos obrigacionais gerais (tendo a liberdade plena

---

[88] DINIZ, Maria Helena. *Curso de direito civil brasileiro. Teoria geral do Direito Civil*. 24. ed. São Paulo: Saraiva, 2007. v. 1, p. 230.

de contratar como regra geral), direitos industriais quanto às marcas e aos nomes (art. 5.º, inc. XXIX, da CF/1988), e mesmo direitos sucessórios (a pessoa jurídica pode adquirir bens *mortis causa,* por sucessão testamentária).

A respeito dos direitos da personalidade da pessoa jurídica, reconhecidos por equiparação, admite-se a possibilidade de a pessoa jurídica sofrer dano moral, na esteira da Súmula 227 do STJ. O dano moral da pessoa jurídica atinge a sua honra objetiva (reputação social), mas nunca a sua honra subjetiva, eis que a pessoa jurídica não tem autoestima. Na esteira da lição do clássico italiano Adriano De Cupis, "a tutela da honra também existe para as pessoas jurídicas. Embora não possam ter o 'sentimento' da própria dignidade, esta pode sempre refletir-se na consideração dos outros. O bem da honra configura-se, portanto, também relativamente a elas".[89]

Repise-se que, mesmo não havendo previsão expressa no Código Civil de 2002, permanecia em vigor a regra que constava no art. 20 da codificação material anterior, pela qual "a pessoa jurídica tem existência distinta dos seus membros". Essa concepção sempre foi considerada como inerente à própria identidade da pessoa jurídica. Mas tal regra pode ser afastada, nos casos de desvio de finalidade ou abuso da personalidade jurídica, situações em que merece aplicação o art. 50 do CC, que trata da *desconsideração da personalidade jurídica.* De imediato, pode-se afirmar que a desconsideração da personalidade jurídica nada mais é do que a desconsideração daquela antiga regra pela qual a pessoa jurídica não se confunde com os seus membros.

De todo modo, atualizando a obra, observe-se a inclusão do art. 49-A no Código Civil pela Lei 13.874/2019 (*Lei da Liberdade Econômica*), que não constava originalmente na Medida Provisória 881, que a fundamentou, com a seguinte redação:

> "Art. 49-A. A pessoa jurídica não se confunde com os seus sócios, associados, instituidores ou administradores.
>
> Parágrafo único. A autonomia patrimonial das pessoas jurídicas é um instrumento lícito de alocação e segregação de riscos, estabelecido pela lei com a finalidade de estimular empreendimentos, para a geração de empregos, tributo, renda e inovação em benefício de todos".

Como se pode perceber, o *caput* do novo preceito é reprodução quase exata, mas com a mesma ideia no seu conteúdo, do art. 20, *caput*, do Código Civil de 1916, aqui antes destacado. Reitere-se mais uma vez que o Código Civil de 2002 não repetiu a norma com idêntico sentido, o que gerou debates nos anos iniciais da codificação a respeito da persistência ou não da ideia no ordenamento jurídico brasileiro.

Ao final, acabou por prevalecer o entendimento de que o conteúdo do antigo art. 20 da revogada codificação ainda permanece entre nós, pela própria concepção da pessoa jurídica como realidade técnica e orgânica. Por isso, o impacto prático dessa primeira previsão é quase inexistente. Diz-se "quase", pois a afirmação tem razão didática e metodológica tão somente.

O mesmo se pode dizer quanto ao parágrafo único do novo comando do art. 49-A do Código Civil, ao estabelecer que a autonomia da pessoa jurídica representa um mecanismo para a alocação de riscos, com o fim de estimular a economia e o desenvolvimento do País,

---

[89] DE CUPIS, Adriano. *Os direitos da personalidade.* Trad. Adriano Vera Jardim e Antonio Miguel Caeiro. Lisboa: Morais Editora, 1961. p. 111.

CAP. 2 • PARTE GERAL DO CÓDIGO CIVIL DE 2002 | **159**

pelo incremento de várias atividades. Afirmou-se novamente o óbvio, quanto às sociedades, em texto que é mais "ideológico" do que efetivo ou com concreta relevância prática.

O que agora está estabelecido na lei até pode trazer a falsa sensação de que a autonomia da pessoa jurídica perante os seus membros não representava o que nele consta atualmente a respeito das sociedades. Sempre foi – desde que se afirmou a pessoa jurídica como uma ficção legal dotada de realidade própria – e sempre será assim. Em suma, a utilidade de todo o novo comando fica em dúvida.

Além disso, há um equívoco na norma, uma vez que algumas pessoas jurídicas, caso das fundações e associações, como se verá, não têm fins lucrativos, distanciando-se das finalidades previstas no comando legal, que parece estar restrito às sociedades, especialmente às empresas, e não às associações e fundações, que não têm finalidade de lucro, não trazendo a ideia de alocação ou segregação de riscos em seus conteúdos.

Superado o estudo desses conceitos iniciais, vejamos as principais classificações da pessoa jurídica:

> *a) Quanto à nacionalidade*
>
> • *Pessoa jurídica nacional* – é a organizada conforme a lei brasileira e que tem no Brasil a sua sede principal e os seus órgãos de administração.
>
> • *Pessoa jurídica estrangeira* – é aquela formada em outro país, e que não poderá funcionar no Brasil sem autorização do Poder Executivo, interessando também ao Direito Internacional.
>
> *b) Quanto à estrutura interna*
>
> • *Corporação* – é o conjunto de pessoas que atua com fins e objetivos próprios. São corporações as sociedades, as associações, os partidos políticos, as entidades religiosas e os empreendimentos de economia solidária.
>
> • *Fundação* – é o conjunto de bens arrecadados com finalidade e interesse social.
>
> *c) Quanto às funções e capacidade*
>
> • *Pessoa jurídica de direito público* – é o conjunto de pessoas ou bens que visa atender a interesses públicos, sejam internos ou externos. De acordo com o art. 41 do CC/2002 são pessoas jurídicas de direito público interno a União, os Estados, o Distrito Federal, os Territórios, os Municípios, as autarquias, as associações públicas e as demais entidades de caráter público em geral. Seu estudo é objetivo mais do Direito Administrativo do que do Direito Civil. Consoante o Enunciado n. 141 da *III Jornada de Direito Civil*, "a remissão do art. 41, parágrafo único, do CC, às 'pessoas jurídicas de direito público, a que se tenha dado estrutura de direito privado', diz respeito às fundações públicas e aos entes de fiscalização do exercício profissional". Destaque-se que o Projeto de Reforma do Código Civil, adotando o teor desse enunciado doutrinário, pretende incluir uma nova previsão no seu art. 41, para que um novo inciso IV-A passe a mencionar "as fundações públicas, quando assim definidas por lei". Em complemento, de acordo com o parágrafo único do art. 41 do CC, as pessoas jurídicas de direito público e que tenham estrutura de Direito Privado, caso das empresas públicas e das sociedades de economia mista, são regulamentadas, no que couber e quanto ao seu funcionamento, pelo Código Civil. As pessoas jurídicas de direito público externo são os Estados estrangeiros e todas as pessoas regidas pelo direito internacional público (art. 42 do CC). As demais são pessoas jurídicas de direito público interno.

> • *Pessoa jurídica de direito privado* – é a pessoa jurídica instituída pela vontade de particulares, visando atender aos seus interesses. Pelo que consta do art. 44 do CC/2002, inclusive pela nova redação dada pelas Leis 10.825/2003, 12.441/2011, 14.382/2022 e 15.068/2024, dividem-se em: fundações, associações, sociedades (simples ou empresárias), partidos políticos, organizações religiosas e empreendimentos de economia solidária. Vale lembrar que a última norma retirou do dispositivo as empresas individuais de responsabilidade limitada. O estudo da pessoa jurídica de Direito Privado merecerá aprofundamento no presente capítulo, a partir de agora, pois de interesse direto ao Direito Civil.

## 2.3.2 Da pessoa jurídica de Direito Privado. Regras gerais e conceitos básicos. Análise do art. 44 do CC

O art. 44 do CC/2002 consagra o rol das pessoas de Direito Privado, tendo sido o comando alterado pela Lei 10.825/2003, pela Lei 12.441/2011, pela Lei 14.382/2022 e pela Lei 15.068/2024, e sendo a sua redação atual, ora em vigor:

"Art. 44. São pessoas jurídicas de direito privado:

I – as associações;

II – as sociedades;

III – as fundações.

IV – as organizações religiosas; (*Incluído pela Lei 10.825, de 22.12.2003*)

V – os partidos políticos; (*Incluído pela Lei 10.825, de 22.12.2003*)

VI – (*Revogado pela Lei 14.382, de 2022*)

VII – os empreendimentos de economia solidária. (*Redação dada pela Lei 15.068, de 2024*)

§ 1.º São livres a criação, a organização, a estruturação interna e o funcionamento das organizações religiosas, sendo vedado ao poder público negar-lhes reconhecimento ou registro dos atos constitutivos e necessários ao seu funcionamento. (*Incluído pela Lei 10.825, de 22.12.2003*)

§ 2.º As disposições concernentes às associações aplicam-se subsidiariamente aos empreendimentos de economia solidária e às sociedades que são objeto do Livro II da Parte Especial deste Código. (*Redação dada pela Lei 15.068, de 2024*)

§ 3.º Os partidos políticos serão organizados e funcionarão conforme o disposto em lei específica. (*Incluído pela Lei 10.825, de 22.12.2003*)"

De início, observe-se que o dispositivo legal em questão dá tratamento diferenciado aos partidos políticos e às entidades religiosas, não sendo previstos como espécies de associação como dantes. Essa mudança teve conotação política, para afastar que tais entidades tenham que se adaptar às regras previstas no Código Civil de 2002 quanto às associações, tidas por muitos como complexas e burocráticas.

Porém, alguns juristas ainda perfilham tais entidades como espécies de associações, caso daqueles que participaram da *III Jornada de Direito Civil* do Conselho da Justiça Federal e do Superior Tribunal de Justiça, com a aprovação do Enunciado n. 142: "os partidos políticos, sindicatos e associações religiosas possuem natureza associativa, aplicando-se-lhes o Código Civil".

Ademais, há ainda um outro enunciado doutrinário, segundo o qual "a relação das pessoas jurídicas de direito privado, estabelecida no art. 44, incisos I a V, do Código Civil,

CAP. 2 • PARTE GERAL DO CÓDIGO CIVIL DE 2002 | **161**

não é exaustiva" (Enunciado n. 144). E não poderia ser diferente, pois o Código Civil de 2002 adota um *sistema aberto*, baseado em cláusulas gerais. Por isso, as relações previstas em lei, pelo menos a princípio, devem ser consideradas abertas, com rol exemplificativo (*numerus apertus*), e não com rol taxativo (*numerus clausus*). A tese abre a possibilidade de se reconhecer personalidade jurídica ao condomínio edilício.

Ato contínuo de estudo, com a alteração de 2011, também foram incluídas no rol das pessoas jurídicas de Direito Privado as empresas individuais de responsabilidade limitada, conhecidas pela sigla EIRELI. A norma entrou em vigor no início de janeiro de 2012. A respeito da estrutura e função da modalidade, previa o art. 980-A do Código Civil, alterado pela Lei da Liberdade Econômica, com a inserção do seu último parágrafo:

> "Art. 980-A. A empresa individual de responsabilidade limitada será constituída por uma única pessoa titular da totalidade do capital social, devidamente integralizado, que não será inferior a 100 (cem) vezes o maior salário mínimo vigente no País.
>
> § 1.º O nome empresarial deverá ser formado pela inclusão da expressão 'EIRELI' após a firma ou a denominação social da empresa individual de responsabilidade limitada.
>
> § 2.º A pessoa natural que constituir empresa individual de responsabilidade limitada somente poderá figurar em uma única empresa dessa modalidade.
>
> § 3.º A empresa individual de responsabilidade limitada também poderá resultar da concentração das quotas de outra modalidade societária num único sócio, independentemente das razões que motivaram tal concentração.
>
> § 4.º (*Vetado.*)
>
> § 5.º Poderá ser atribuída à empresa individual de responsabilidade limitada constituída para a prestação de serviços de qualquer natureza a remuneração decorrente da cessão de direitos patrimoniais de autor ou de imagem, nome, marca ou voz de que seja detentor o titular da pessoa jurídica, vinculados à atividade profissional.
>
> § 6.º Aplicam-se à empresa individual de responsabilidade limitada, no que couber, as regras previstas para as sociedades limitadas.
>
> § 7.º Somente o patrimônio social da empresa responderá pelas dívidas da empresa individual de responsabilidade limitada, hipótese em que não se confundirá, em qualquer situação, com o patrimônio do titular que a constitui, ressalvados os casos de fraude. (Incluído pela Lei 13.874/2019.)"

Já ressalvo, o que será devidamente aprofundado, que não parece que tenha ocorrido a extinção total e definitiva das EIRELIs por força da Lei 14.195/2021, originária da Medida Provisória 1.040/2021 e que trata, entre outros temas, de forma confusa e sem qualquer correlação, da facilitação para abertura de empresas no Brasil.

A extinção das EIRELIs somente se deu com o tratamento constante da Lei 14.382/2022 – que introduziu o Sistema Eletrônico de Registros Públicos, SERP –, com a revogação do último dispositivo transcrito em destaque e do inc. VI do art. 44 do Código Civil.

Pois bem, conforme conclusão dos juristas que participaram da *V Jornada de Direito Civil*, a EIRELI não seria uma sociedade, mas novo ente jurídico personificado (Enunciado n. 469). No mesmo sentido, o Enunciado n. 3 da *I Jornada de Direito Comercial*, realizada em 2012. A natureza jurídica especial do instituto estaria presente no fato de ser a pessoa jurídica constituída por apenas uma pessoa, o que quebra com a noção de alteridade, tão comum à concepção de pessoa coletiva. Por isso afirmamos que, *em regra*, a pessoa jurídica é um conjunto de pessoas ou de bens.

A categoria foi instituída visando, naquele momento, à diminuição de burocracia para a constituição de empresas em nosso País. O tema interessava mais ao Direito Empresarial do que ao Direito Civil, sendo objeto da primeira matéria ou disciplina. De qualquer maneira, sempre trouxe algumas anotações na presente obra, que interessavam ao estudo da Parte Geral do Código Civil.

A mim sempre pareceu que tais entidades não constituiriam sociedades na sua formação, pelo fato de serem compostas penas por uma pessoa. Entendeu-se, após muito debate, que essa pessoa que compõe a EIRELI pode ser uma pessoa natural ou jurídica. Nesse sentido, o Enunciado n. 93, aprovado na *III Jornada de Direito Comercial*, realizada pelo Conselho da Justiça Federal em 2019: "a Empresa Individual de Responsabilidade Limitada (EIRELI) poderá ser constituída por pessoa natural ou por pessoa jurídica, nacional ou estrangeira, sendo a limitação para figurar em uma única EIRELI apenas para pessoa natural".

Advirta-se, contudo, que o tratamento anterior como sociedade limitada referia-se apenas aos seus efeitos, e não à estrutura. Em suma, parecia existir um caráter totalmente especial nessa categoria introduzida no Código Civil de 2002, que não se enquadrava nos institutos antes previstos.

Deve ficar claro que essa natureza diferenciada não vedava a subsunção de regras fundamentais previstas para as pessoas jurídicas, caso da desconsideração da personalidade jurídica, que ainda será estudada. Anote-se que a possibilidade de desconsideração da personalidade jurídica da EIRELI foi reconhecida por enunciado aprovado na *V Jornada de Direito Civil* em 2011 (Enunciado n. 470).

A Lei da Liberdade Econômica – Lei 13.874/2019 –, ao incluir o § 7.º no art. 980-A do Código Civil, trouxe a tentativa de limitar a desconsideração da personalidade jurídica da EIRELI aos casos de fraude. Nos termos da norma – que ressuscitava o § 4.º do comando, que havia sido vetado –, e que será novamente transcrita, "somente o patrimônio social da empresa responderá pelas dívidas da empresa individual de responsabilidade limitada, hipótese em que não se confundirá, em qualquer situação, com o patrimônio do titular que a constitui, ressalvados os casos de fraude".

De todo modo, a minha opinião doutrinária é no sentido de que esse diploma não teria o condão de afastar a desconsideração da personalidade jurídica nas hipóteses no art. 50 da codificação privada, ou seja, em havendo desvio de finalidade ou confusão patrimonial.

Cumpre ainda destacar que a Lei da Liberdade Econômica, de 2019, incluiu no sistema jurídico brasileiro a figura da sociedade limitada unipessoal, essa sim uma sociedade constituída por apenas uma pessoa, sem qualquer limite para a sua instituição ou a necessidade de integralização de capital mínimo.

Conforme o art. 1.052, *caput*, do Código Civil, que não foi alterado, na sociedade limitada, a responsabilidade de cada sócio é restrita ao valor de suas quotas, mas todos respondem solidariamente pela integralização do capital social. Nos termos do seu § 1.º, a grande novidade no sistema, "a sociedade limitada pode ser constituída por 1 (uma) ou mais pessoas". Por fim, está previsto no § 2.º que, se a sociedade for unipessoal, aplicar-se--ão ao documento de constituição do sócio único, no que couber, as disposições sobre o contrato social. Deve ficar claro que, obviamente, não há qualquer óbice para a incidência da desconsideração da personalidade jurídica para essas novas entidades.

Não se pode negar que a possibilidade de constituição da *sociedade limitada unipessoal* – que tem o meu total apoio, em prol da redução de burocracias e de valorização da autonomia privada – em certa medida *esvaziou* a EIRELI, pois esta última traz a necessidade de integralização de um patrimônio mínimo de 100 salários mínimos.

Entretanto, não se justificaria a extinção imediata da última figura, como se chegou a cogitar na tramitação legislativa da MP 881 em lei, com a sugestão de que todas as EIRE-LIs fossem convertidas automaticamente em sociedades unipessoais, o que geraria grande confusão, na prática, e ofenderia a própria liberdade econômica a que se visou proteger com a Lei 13.874/2019.

Na verdade, sempre entendi que ambas as figuras deveriam conviver no meio social por alguns anos, havendo uma tendência de que a sociedade limitada unipessoal substituísse, paulatinamente, a EIRELI. A extinção da EIRELI sempre me pareceu ter mais razão ideológica do que técnica, já que ela surgiu em governos anteriores ao que efetivou essas mudanças legislativas, com outra matriz ideológica.

Sendo assim, não me convencia a argumentação de que a Lei 14.195/2021, aqui antes citada, tenha extinguido totalmente a EIRELI. Apesar de ter havido tentativas nesse sentido, não foram alterados ou revogados os arts. 44 e 980-A do Código Civil, tendo o Sr. Presidente da República vetado as propostas nesse sentido. A nova Lei, na verdade, trouxe a seguinte previsão no seu art. 41: as "empresas individuais de responsabilidade limitada existentes na entrada em vigor desta Lei serão transformadas em sociedades limitadas unipessoais, independentemente de qualquer alteração em seu ato constitutivo. Parágrafo único. Ato do DREI disciplinará a transformação deste artigo". Não havia qualquer vedação quanto à impossibilidade de constituição de novas EIRELIs, no meu entender, apesar de reconhecer que a opção por essa pessoa jurídica será rara.

A respeito desse diploma legal anterior, o Departamento de Registro Empresarial e Integração (DREI) editou o Ofício Circular SEI 3510/2021, destacando a revogação tácita dos últimos comandos da codificação privada, apesar de o dispositivo da Lei 14.195/2021, que trazia as revogações expressas, ter sido vetado pelo Sr. Presidente da República. As orientações publicadas foram as seguintes:

"a) Incluir na ficha cadastral da empresa individual de responsabilidade limitada já constituída a informação de que foi 'transformada automaticamente para sociedade limitada, nos termos do art. 41 da Lei n.º 14.195, de 26 de agosto de 2021'. b) Dar ampla publicidade sobre a extinção da Eireli e acerca da possibilidade de constituição da sociedade limitada por apenas uma pessoa, bem como realizar medidas necessárias à comunicação dos usuários acerca da conversão automática das Eireli em sociedades limitadas. c) Abster-se de arquivar a constituição de novas empresas individuais de responsabilidade limitada, devendo o usuário ser informado acerca da extinção dessa espécie de pessoa jurídica no ordenamento jurídico brasileiro e sobre a possibilidade de constituição de sociedade limitada por apenas uma pessoa. d) Até o recebimento do ofício mencionado no parágrafo 12, realizar normalmente o arquivamento de alterações e extinções de empresas individuais de responsabilidade limitada, até que ocorra a efetiva alteração do código e descrição da natureza jurídica nos sistemas da Redesim".

Com o devido respeito, o item *c* da norma editada era totalmente ilegal, pois, repise-se, não houve revogação expressa e inquestionável dos comandos do Código Civil que tratavam dessa modalidade de pessoa jurídica pela Lei 14.195/2021. A tese da revogação tácita estava distante, ainda, do que se debateu no processo legislativo e da própria intenção do legislador, não sendo possível juridicamente utilizar como argumento o art. 2.º da LINDB, uma vez que a Lei 14.195/2021 não tratava de novas EIRELIs, mas apenas das anteriores.

Reafirmo que a extinção da EIRELI, de forma definitiva, somente ocorreu com a Lei do Sistema Eletrônico dos Registros Públicos (Lei 14.382/2022 – SERP), que revogou expressamente os arts. 44, inc. VI, e 980-A do Código Civil. Assim, não é mais possível a constituição de novas EIRELIs, mantendo-se a regra de conversão das existentes em sociedades limitadas unipessoais, nos termos do que já estava no art. 41 da Lei 14.195/2021.

Superados esses aspectos a respeito da EIRELI – ora retirada do sistema jurídico brasileiro de forma definitiva – e da nova sociedade limitada unipessoal, cabe destacar que a Lei 15.068, de 23 de janeiro de 2023, inclui no art. 44 do Código Civil uma nova modalidade de pessoa jurídica, qual seja o empreendimento de economia solidária, que será estudado a seguir, em item próprio.

Como outro aspecto importante, enuncia o art. 45 do CC que a existência da pessoa jurídica de Direito Privado começa a partir da inscrição do seu ato constitutivo no respectivo registro, sendo eventualmente necessária a aprovação pelo Poder Executivo.

Ademais, é necessário sempre constar todas as alterações pelas quais passar esse ato constitutivo. O parágrafo único do dispositivo traz inovação, prevendo prazo decadencial de três anos para a anulação dessa constituição, contado o prazo da inscrição do registro. Esse artigo ressalta a tese de que o Código Civil adota a *teoria da realidade técnica*, uma vez que a pessoa jurídica, para existir, depende do ato de constituição dos seus membros, o que representa um exercício da autonomia privada.

Diante dessa identidade própria, o registro deve contar com os requisitos constantes do art. 46 do CC, sob pena de não valer a constituição (plano da validade), a saber:

a) A denominação da pessoa jurídica, os fins a que se destina, identificação de sua sede, tempo de duração e o fundo social, quando houver.

b) O nome e individualização dos fundadores e instituidores, bem como dos seus diretores.

c) O modo de administração e representação ativa e passiva da pessoa jurídica.

d) A previsão quanto à possibilidade ou não de reforma do ato constitutivo, particularmente quanto à administração da pessoa jurídica.

e) A previsão se há ou não responsabilidade subsidiária dos membros da pessoa jurídica.

f) As condições de extinção da pessoa jurídica e o destino de seu patrimônio em casos tais.

A pessoa jurídica deve ser representada por uma pessoa natural de forma ativa ou passiva, manifestando a sua vontade, nos atos judiciais ou extrajudiciais. Em regra, essa pessoa natural que representa a pessoa jurídica é indicada nos seus próprios estatutos. Na sua omissão, a pessoa jurídica será representada por seus diretores. Os atos praticados por tais pessoas vinculam a pessoa jurídica, pelo que consta do art. 47 do CC. Mas, conforme o Enunciado n. 145 aprovado na *III Jornada de Direito Civil* do Conselho da Justiça Federal, esse art. 47 não afasta a aplicação da teoria da aparência, nos casos de responsabilização do sócio por atos praticados em nome da pessoa jurídica, caso da incidência da desconsideração da personalidade jurídica.

Eventualmente, havendo administração coletiva, as decisões a respeito da administração devem ser tomadas por maioria de votos, salvo se houver outra previsão no ato constitutivo da pessoa jurídica, situação em que deve ser preservada a autonomia privada antes manifestada (art. 48, *caput*, do CC). Decai em três anos o direito de se anular qualquer decisão da coletividade, particularmente nos casos de violação da lei, do estatuto, ou havendo atos praticados com erro, dolo, simulação e fraude (art. 48, parágrafo único, do CC).

Consigne-se que o comando legal consagra prazo decadencial para o ato simulado. Ora, como o ato simulado é nulo, o certo seria a lei não falar em prazo, pois a ação correspondente é imprescritível (ou melhor, não sujeita à prescrição ou à decadência). Preconiza o art. 169

do CC que a nulidade não convalesce pelo decurso do tempo. De qualquer modo, como a norma é especial, apesar da falta de técnica, em tese, para esses casos deve prevalecer.

De todo modo, julgado do Superior Tribunal de Justiça, do ano de 2021, traz a conclusão de não aplicação desse prazo decadencial de três anos, em havendo nulidade absoluta em qualquer decisão da coletividade, na linha do que argumentei: "com a entrada em vigor do CC/02, decai em três anos o prazo para anular decisão assemblear de pessoa jurídica com administração coletiva. Observância do disposto no art. 48, parágrafo único, do CC/02. Contudo, a impossibilidade jurídica do objeto da deliberação assemblear acarreta a sua nulidade, e não anulabilidade. O ato nulo não se submete a prazos prescricionais ou decadenciais" (STJ, REsp 1.776.467/PR, 3.ª Turma, Rel. Min. Moura Ribeiro, j. 25.11.2021, *DJe* 10.12.2021).

Por esse caminho, o prazo de três anos somente tem aplicação aos casos de nulidade relativa do ato, o que me parece correto tecnicamente.

Diante desse debate, o atual Projeto de Reforma do Código Civil, ora em tramitação no Congresso Nacional, pretende alterar o seu art. 48, suprimindo lacunas e falhas hoje existentes, o que vem em boa hora. Com a proposta, a norma receberá um novo parágrafo, prevendo o primeiro deles, ora alterado, sem mais mencionar a simulação e a violação do estatuto, que "decai em três anos o direito de anular as decisões a que se refere este artigo, havendo incapacidade relativa ou forem eivadas de erro, dolo, coação, estado de perigo, lesão ou fraude contra credores".

Como se nota, de forma mais técnica, haverá menção apenas aos vícios da vontade que geram a nulidade relativa, relacionada a prazo decadencial de três anos. Além disso, consoante o novo § 2.º, que supre ausência de norma a respeito do início do prazo e traz segurança jurídica para a hipótese: "o prazo previsto no parágrafo antecedente terá início, o que ocorrer primeiro, da publicação do ato de administração coletiva ou da sua ciência".

Voltando-se ao sistema em vigor, faltando a administração, consagra a codificação emergente uma novidade, a atuação de um administrador provisório, a ser nomeado pelo juiz (administrador *ad hoc*), a pedido de qualquer interessado, como no caso dos credores de uma empresa, por exemplo (art. 49 do CC). Aplicando esse dispositivo, destaque-se, da jurisprudência do Tribunal de Justiça de São Paulo:

"Pessoa jurídica. Pedido de nomeação de administrador provisório para associação profissional. Extinção do processo sem resolução do mérito por falta de interesse processual. Não ocorrência. Extinção afastada. Autor não associado e terceiro interessado na continuidade das atividades associativas suspensas desde 1963. Inteligência do art. 49 do Código Civil de 2002. Deferida A antecipação dos efeitos da tutela jurisdicional. Necessidade de convocação de assembleia, na forma do estatuto social, para constituição de nova diretoria e conselhos, bem como regularização da entidade nos órgãos competentes. Imprescindível a citação de todos os interessados e dos últimos diretores e conselheiros da entidade. Retorno dos autos ao juízo de origem. Recurso provido" (TJSP, Apelação com Revisão 616.347.4/4, Acórdão 3461905, 2.ª Câmara de Direito Privado, Jaú, Rel. Des. Ariovaldo Santini Teodoro, j. 03.02.2009, *DJESP* 26.02.2009).

Também quanto ao art. 49 do Código Civil e à nomeação do administrador provisório, o Enunciado n. 39, aprovado na *I Jornada de Direito Notarial e Registral*, em 2022, preceitua, de forma correta, que essa regra poderá ser excepcionada, "quando a solicitação de reativação das atividades da pessoa jurídica for feita ao Oficial de Registro Civil das Pessoas Jurídicas competente por pelo menos 1/5 (um quinto) das pessoas que a integravam ao tempo de sua paralisação".

Como último comando geral a respeito das pessoas jurídicas, deve ser estudado o art. 4.º da Lei 14.010/2020, que criou um Regime Jurídico Emergencial e Transitório das relações jurídicas de Direito Privado (RJET) no período da pandemia do coronavírus (Covid-19). O novo diploma tem origem no Projeto de Lei 1.179/2020, uma iniciativa dos Ministros Dias Toffoli (STF) e Antonio Carlos Ferreira (STJ), tendo sido proposto pelo Senador Antonio Anastasia. Foi elaborado por um grupo de civilistas, liderado pelo Professor Otavio Luiz Rodrigues, contando com a minha participação e total apoio.

Nos termos de sua redação, "as pessoas jurídicas de direito privado referidas nos incisos I a III do art. 44 do Código Civil deverão observar as restrições à realização de reuniões e assembleias presenciais até 30 de outubro de 2020, durante a vigência desta Lei, observadas as determinações sanitárias das autoridades locais" (art. 4.º do RJET). A norma tem razão de ser, tendo em vista a efetivação de medidas de distanciamento social como forma de prevenir a contaminação e tutelar a saúde e a vida em tempos pandêmicos.

Apesar de não ter encontrado qualquer resistência no Congresso Nacional em sua tramitação, a norma foi vetada pelo Sr. Presidente da República. Conforme as razões de veto, "a propositura legislativa contraria o interesse público ao gerar insegurança jurídica, uma vez que a matéria encontra-se em desacordo com a recente edição da Medida Provisória 931 de 2020, o que viola o art. 11, da Lei Complementar nº 95, de 1998. Ademais, o veto não pode abranger apenas parte do dispositivo, no caso, a exclusão da menção às sociedades".

Pois bem, a Medida Provisória 931 acabou sendo convertida na Lei 14.030/2020, tratando das assembleias e das reuniões de sociedades anônimas, de sociedades limitadas, de sociedades cooperativas e de entidades de representação do cooperativismo durante o exercício de 2020, prevendo que tais pessoas jurídicas podem realizar suas assembleias no prazo de sete meses, contado do término do seu exercício social, tendo em vista os momentos pandêmicos.

Quanto às associações e fundações, o art. 7.º estatui que deverão observar as restrições à realização de reuniões e de assembleias presenciais até 31 de dezembro de 2020, observadas as determinações sanitárias das autoridades locais. Também está previsto no último preceito que se aplicam a essas pessoas jurídicas de Direito Privado: *a)* a extensão, em até sete meses, dos prazos para realização de assembleia geral e de duração do mandato de dirigentes, no que couber; *b)* o disposto no art. 5.º da Lei 14.010/2020, que ainda será aqui estudado.

Como não há qualquer contradição entre os comandos, que podem conviver perfeitamente e se complementam, o veto caiu no âmbito do Congresso Nacional e o art. 4.º da Lei 14.010/2020, felizmente e de forma correta, entrou em vigor.

Superada essa visão das regras gerais a respeito da pessoa jurídica, insta verificar que a sua concepção não se confunde com a dos *entes ou grupos despersonalizados*. Esses são meros conjuntos de pessoas e de bens que não possuem personalidade própria ou distinta, não constituindo pessoas jurídicas, a saber:

> a) *Família* – pode ter origem no casamento, união estável, entidade monoparental, nos termos do art. 226 da CF/1988; ou mesmo outra origem, já que o rol previsto na Constituição é exemplificativo (*numerus apertus*). A família, base da sociedade, é mero conjunto de pessoas não possuindo sequer legitimidade ativa ou passiva, no campo processual.
>
> b) *Espólio* – é o conjunto de bens formado com a morte de alguém, em decorrência da aplicação do princípio *saisine* (art. 1.784 do CC). Possui legitimidade, devendo ser representado pelo inventariante. Entretanto, não deve ser considerado uma pessoa jurídica.

CAP. 2 • PARTE GERAL DO CÓDIGO CIVIL DE 2002 | **167**

c) *Herança jacente e vacante* – nos termos dos arts. 1.819 a 1.823 do CC/2002, não deixando a pessoa sucessores, os seus bens devem ser destinados ao Poder Público, sendo certo que a massa formada pela morte do *de cujus* em casos tais também não pode ser tida como pessoa jurídica.

d) *Massa falida* – é o conjunto de bens formado com a decretação de falência de uma pessoa jurídica. Não constitui pessoa jurídica, mas mera arrecadação de coisas e direitos.

e) *Sociedade de fato* – são os grupos despersonalizados presentes nos casos envolvendo empresas que não possuem sequer constituição (estatuto ou contrato social), bem como a união de pessoas impedidas de casar, nos casos de concubinato, nos termos do art. 1.727 do CC.

f) *Sociedade irregular* – é o ente despersonalizado constituído por empresas que possuem estatuto ou contrato social que não foi registrado, caso, por exemplo, de uma sociedade anônima não registrada na Junta Comercial estadual. É denominada pelo Código Civil "sociedade em comum". Enuncia o art. 986 do CC que "Enquanto não inscritos os atos constitutivos, reger-se-á a sociedade, exceto por ações em organização, pelo disposto neste Capítulo, observadas, subsidiariamente e no que com ele forem compatíveis, as normas da sociedade simples".

g) *Condomínio* – é o conjunto de bens em copropriedade, com tratamento específico no livro que trata do Direito das Coisas. Para muitos doutrinadores, constitui uma pessoa jurídica o condomínio edilício, o que justifica a sua inscrição no CNPJ (Cadastro Nacional das Pessoas Jurídicas). Essa a conclusão a que chegaram os juristas participantes da *I e III Jornada de Direito Civil*, promovida pelo CJF e pelo STJ, com grande atuação dos professores Gustavo Tepedino, da UERJ, e Frederico Viegas de Lima, da UNB (Enunciados doutrinários 90 e 246). Entretanto, a questão não é pacífica. Na opinião que sigo, o condomínio edilício deve ser considerado pessoa jurídica, pois o rol do art. 44 do CC, que elenca as pessoas jurídicas de Direito Privado, é exemplificativo (*numerus apertus*), e não taxativo (*numerus clausus*). Na verdade, como o atual Código Civil adota um sistema aberto, baseado em cláusulas gerais e inspirado na teoria de Miguel Reale, não há como defender que essa relação é fechada. De qualquer modo, a questão é por demais controvertida, implicando, por exemplo, a possibilidade de o condomínio edilício adjudicar unidades nos casos de não pagamento das cotas devidas. Cabe pontuar que a adjudicação pelo condomínio passou a ser expressamente admitida pela Lei 13.777/2018 quanto às unidades que estão em multipropriedade, em havendo débitos condominiais, nos termos do que consta do novo art. 1.358-S do Código Civil, tema que ainda será devidamente aprofundado no Capítulo 7 deste livro. Isso acaba por reforçar a afirmação da personalidade jurídica do condomínio edilício, no meu entender. Anote-se, de todo modo, que alguns doutrinadores ainda preferem definir o condomínio edilício como uma *quase pessoa jurídica*, uma *quase fundação* ou uma *pessoa jurídica especial*.

Para encerrar este tópico, interessante pontuar que há intenso debate sobre a personalidade jurídica da inteligência artificial (IA). Caso não ocorra esse enquadramento, a inteligência artificial acaba por ser tida como um ente despersonalizado. Como pontuam Gustavo Tepedino e Milena Donato Oliva, "tem-se aludido à 'personalidade eletrônica' como possível caminho para auxiliar na solução de tormentosos problemas de responsabilidade civil. A atribuição de personalidade à IA, elevando-se à categoria de sujeito de direito, a tornaria centro autônomo de imputação subjetiva e responsável pelos atos que praticar.

O tema é controvertido, ressaltando-se que, embora a atribuição de personalidade jurídica possa eventualmente facilitar reparação das vítimas, esse expediente não pode, por si só, exonerar a responsabilidade de quem coloca a IA em circulação ou dela se beneficia em alguma medida".[90] Têm total razão os juristas citados, sendo certo que o tema ainda pende de regulamentação em nosso País, tendo sido nomeado um grupo de trabalho pelo Senado Federal para a criação de uma lei sobre o tema, já aprovado o texto naquela Casa Legislativa. Também se almeja tratar do assunto, com regras básicas, no novo livro de *Direito Civil Digital*, no Projeto de Reforma e Atualização do Código Civil Brasileiro, ora em tramitação no Congresso Nacional.

Como primeira e principal regra a respeito do tema na última projeção, o Código Civil receberia um dispositivo prevendo que "o desenvolvimento de sistemas de inteligência artificial deve respeitar os direitos de personalidade previstos neste Código, garantindo a implementação de sistemas seguros e confiáveis, em benefício da pessoa natural ou jurídica e do desenvolvimento científico e tecnológico, devendo ser garantidos: I – a não discriminação em relação às decisões, ao uso de dados e aos processos baseados em inteligência artificial; II – condições de transparência, auditabilidade, explicabilidade, rastreabilidade, supervisão humana e governança; III – a acessibilidade, a usabilidade e a confiabilidade; IV – a atribuição de responsabilidade civil, pelo princípio da reparação integral dos danos, a uma pessoa natural ou jurídica em ambiente digital". Ademais, pelo parágrafo único dessa proposta, o desenvolvimento e o uso da inteligência artificial e da robótica em áreas relevantes para os direitos de personalidade devem ser monitorados pela sociedade e regulamentados por legislação específica.

Como última nota sobre o assunto, na *IX Jornada de Direito Civil* foi aprovado enunciado doutrinário sobre a temática. Consoante a ementa doutrinária, independentemente do grau de autonomia de um sistema de inteligência artificial, a condição de autor a respeito das obras eventualmente produzidas pelo sistema, nos termos da Lei 9.610/1998, é restrita aos seres humanos (Enunciado n. 670). Assim, a autoria deve ser atribuída às pessoas humanas que o desenvolveram, e não à IA em si, o que confirma a ideia de não existir a sua personalidade jurídica.

### 2.3.3 Modalidades de pessoa jurídica de Direito Privado e análise de suas regras específicas

#### 2.3.3.1 *Das associações*

Conforme dispõe o art. 53 do CC/2002, inovação em total sintonia com o princípio da simplicidade "constituem-se as associações pela união de pessoas que se organizem para fins não econômicos".

As associações, pela previsão legal, são conjuntos de pessoas, com fins determinados, que não sejam lucrativos. Assim deve ser entendida a expressão "fins não econômicos". Nessa trilha, o Enunciado n. 534 do CJF/STJ, da *VI Jornada de Direito Civil* (2013), estabelece que "as associações podem desenvolver atividade econômica, desde que não haja finalidade lucrativa". Segundo as justificativas do enunciado doutrinário, "andou mal o legislador ao redigir o *caput* do art. 53 do Código Civil por ter utilizado o termo genérico 'econômicos' em lugar do específico 'lucrativos'. A dificuldade está em que o adjetivo 'econômico' é palavra polissêmica, ou seja, possuidora de vários significados (econômico pode ser tanto atividade produtiva quanto lucrativa). Dessa forma, as pessoas que entendem ser a atividade

---

[90] TEPEDINO, Gustavo; DONATO OLIVA, Milena. *Fundamentos do direito civil*. Teoria geral do direito civil. 3. ed. Rio de Janeiro: Forense, 2022. v. 1, p. 145-147.

CAP. 2 • PARTE GERAL DO CÓDIGO CIVIL DE 2002 | **169**

econômica sinônimo de atividade produtiva defendem ser descabida a redação do *caput* do art. 53 do Código Civil por ser pacífico o fato de as associações poderem exercer atividade produtiva. Entende-se também que o legislador não acertou ao mencionar o termo genérico 'fins não econômicos' para expressar sua espécie 'fins não lucrativos'".

Anoto que o atual Projeto de Reforma e de Atualização do Código Civil pretende corrigir esse equívoco do art. 53, para que o seu *caput* passe a mencionar que "constituem-se as associações pela união de pessoas que se organizem para fins não lucrativos". A aprovação da proposta é necessária, sobretudo para encerrar qualquer debate a respeito do tema, não tendo sido a opção original do legislador a melhor, do ponto de vista técnico-jurídico.

Pelo fato de serem constituídas por pessoas, assim como são as sociedades, as associações são uma espécie de corporação. Não há, entre associados, direitos e obrigações recíprocos, eis que não há intuito de lucro (art. 53, parágrafo único, do CC). Todavia, podem existir direitos e deveres entre associados e associações, como o dever dos primeiros de pagar uma contribuição mensal.

Como exemplos de associações podem ser citados os clubes de esportes e recreação, típicos das cidades do interior do Brasil. Fixaremos o estudo a partir desse exemplo corriqueiro para compreensão. As associações têm grande importância na interação e no desenvolvimento social dos seus componentes, como acontece na Alemanha, com a *Verein*. No âmbito jurídico, entre entidades associativas de destaque, podem ser mencionados o Instituto Brasileiro de Direito de Família (IBDFAM), a Associação dos Advogados de São Paulo (AASP), o Instituto Brasileiro de Direito Civil (IBDCivil) e o Instituto Brasileiro de Direito Contratual (IBDCont).

A associação deve sempre ser registrada, passando com o registro a ter aptidões para ser sujeito de direitos e deveres na ordem civil. Como ocorre com todas as pessoas jurídicas, a associação tem identidade distinta dos seus membros (*teoria da realidade orgânica*, nos termos do art. 20 do CC/1916 e do novo art. 49-A, *caput,* do CC/2002).

Não se podem confundir as associações com as sociedades. Quando não há fim lucrativo no conjunto de pessoas constituído, tem-se a associação. Ao contrário, as sociedades visam sempre a um fim econômico ou lucrativo, que deve ser repartido entre os sócios. Também não se podem confundir as associações com as fundações. Enquanto as primeiras são formadas por um conjunto de pessoas (corporações), as fundações são conjuntos de bens.

Concernentes às associações, várias foram as modificações introduzidas pelo Código Civil, que devem ser abordadas. Vale lembrar, nesse sentido, que a Lei 11.127, de 28 de junho de 2005, alterou os arts. 54, 57, 59 e 60 do Código Civil de 2002, com o intuito de *desburocratizar* o instituto diante de inúmeras críticas que eram formuladas à então nova codificação privada.

O art. 54 do atual Código Civil enuncia uma série de requisitos para elaboração dos estatutos da associação, cujo desrespeito poderá acarretar a sua nulidade. Assim, deverá constar do estatuto:

a)   A denominação da associação, os seus fins e o local da sua sede.

b)   Os requisitos para a admissão, demissão e exclusão dos associados.

c)   Os direitos e deveres dos associados.

d)   As fontes de recursos para manter a associação.

e)   O modo de constituição e funcionamento dos órgãos deliberativos. Não há mais previsão quanto aos órgãos administrativos, o que foi alterado pela Lei 11.127/2005.

# 170 | MANUAL DE DIREITO CIVIL • VOLUME ÚNICO – *Flávio Tartuce*

Anote-se ainda que o atual Projeto de Reforma do Código Civil pretende incluir menção aos termos inicial e final dos mandatos de seus dirigentes, o que visa a trazer maior clareza aos estatutos.

f)   As condições para alterar as disposições estatutárias e as condições para dissolução da associação.

g)   A forma de gestão administrativa e de aprovação das respectivas contas (introduzido pela Lei 11.127/2005).

Prevê o art. 55 do CC que, regra geral, deverão ter os associados iguais direitos, podendo o estatuto criar, eventualmente, categorias especiais. A título de exemplo, imagine-se um clube esportivo e de recreação. Esse clube, ilustrando, pode criar a categoria de *associado contribuinte* (que não tem poder de decisão ou direito de voto) e *associado proprietário* (*que* tem poder diretivo e direito ao voto). Não há que se falar em qualquer inconstitucionalidade do dispositivo, pois se trata de aplicação da especialidade, segunda parte da isonomia.

Nesse sentido, e como suplemento, nos termos de enunciado aprovado na *VII Jornada de Direito Civil*, em 2015, a possibilidade de instituição de categorias de associados com vantagens especiais admite a atribuição de pesos diferenciados ao direito de voto, desde que isso não acarrete a supressão em relação a matérias previstas no art. 59 do Código Civil, que trata das competências da assembleia geral (Enunciado n. 577). A ementa doutrinária aprovada é precisa e correta, contando com o meu apoio quando da plenária do evento organizado pelo Conselho da Justiça Federal.

Demonstrando a sua importância para a prática das associações, a Comissão de Juristas nomeada no âmbito do Congresso Nacional para a Reforma do Código Civil resolveu incluir parte do texto do enunciado doutrinário no art. 55, que passará a prever, com melhora do texto, que "aos associados de uma mesma categoria deverão ser assegurados pelo estatuto direitos iguais, sendo vedada a atribuição de vantagens especiais a um associado individualmente". E, nos termos da projeção de seu parágrafo único, "admite-se a atribuição de pesos diferentes para a valoração de voto de associados de categorias distintas, ressalvado o disposto no § 1º do art. 59 deste Código".

De acordo com o art. 56, *caput,* do CC, a qualidade de associado é intransmissível, havendo um ato personalíssimo na admissão. Porém, poderá haver disposição em sentido contrário no estatuto, sendo tal norma dispositiva ou de ordem privada. Cite-se, por exemplo, os estatutos de clubes recreativos que possibilitam a transmissão, inclusive onerosa, da quota ou *joia* da instituição.

Se o associado for titular de quota ou fração ideal do patrimônio da associação, a transferência daquela não importará, *de per si*, na atribuição da qualidade de associado ao adquirente ou ao herdeiro, salvo disposição diversa no estatuto (art. 56, parágrafo único, do CC). Esse último comando legal confirma a tese de que a admissão na associação é ato personalíssimo.

A exclusão do associado somente será admissível havendo *justa causa* para tanto (cláusula geral), "assim reconhecida em procedimento que assegure direito de defesa e de recurso, nos termos do previsto no estatuto" (art. 57, *caput,* do CC atual). A redação destacada foi introduzida pela Lei 11.127/2005, substituindo o texto anterior que previa: "a exclusão do associado só é admissível havendo justa causa, obedecido o disposto no estatuto; sendo este omisso, poderá também ocorrer se for reconhecida a existência de motivos graves, em deliberação fundamentada, pela maioria absoluta dos presentes à assembleia geral especialmente convocada para esse fim".

CAP. 2 • PARTE GERAL DO CÓDIGO CIVIL DE 2002 | **171**

A mudança introduzida no Código Civil tende à diminuição da burocracia, permitindo que o estatuto regulamente a exclusão do associado, inclusive a defesa deste. Nesse sentido, foi revogado o parágrafo único do art. 57 do Código Civil, que previa o cabimento de recurso à assembleia geral contra a decisão do órgão que decidisse pela exclusão do associado. Esse recurso também não é mais regulamentado pela lei, o que deve ser feito pelo próprio estatuto.

Eventualmente, cabe discutir, no âmbito judicial, a exclusão sumária do associado, sem direito à defesa, conforme reconheceu o Supremo Tribunal Federal, aplicando a *eficácia horizontal dos direitos fundamentais* (nesse sentido, ver: STF, RE 201.819/RJ, Rel. Min. Ellen Gracie, Rel. p/ o acórdão Min. Gilmar Mendes, j. 11.10.2005). Em regra, o estatuto da associação vale como um negócio jurídico coletivo, que vincula os associados, regido pela força obrigatória (*pacta sunt servanda*). Porém, não poderá contrariar preceitos de ordem pública, normas cogentes e direitos fundamentais assegurados na Constituição.

Outros julgados sucessivos têm debatido os limites de previsões dos estatutos das associações diante das normas constitucionais, dentro do sadio diálogo que propõe a escola do Direito Civil Constitucional. De início, cumpre destacar outro acórdão anterior do Supremo Tribunal Federal, concluindo que não se pode impor compulsoriamente mensalidades em casos de associação de moradores de condomínios fechados de casas:

> "Associação de moradores. Mensalidade. Ausência de adesão. Por não se confundir a associação de moradores com o condomínio disciplinado pela Lei n.º 4.591/64, descabe, a pretexto de evitar vantagem sem causa, impor mensalidade a morador ou a proprietário de imóvel que a ela não tenha aderido. Considerações sobre o princípio da legalidade e da autonomia da manifestação de vontade – artigo 5.º, incisos II e XX, da Constituição Federal" (STF, RE 432.106, 1.ª Turma, Rel. Min. Marco Aurélio, j. 20.09.2011).

A dedução, portanto, foi no sentido de que a adesão forçada contraria o livre direito de associação, constante do último dispositivo superior citado.

Cabe consignar que essa posição foi confirmada pelo Superior Tribunal de Justiça, em incidente de recursos repetitivos. Conforme publicação constante do *Informativo* n. 562 daquela Corte:

> "As taxas de manutenção criadas por associações de moradores não obrigam os não associados ou os que a elas não anuíram. As obrigações de ordem civil, sejam de natureza real, sejam de natureza contratual, pressupõem, como fato gerador ou pressuposto, a existência de uma lei que as exija ou de um acordo firmado com a manifestação expressa de vontade das partes pactuantes, pois, em nosso ordenamento jurídico positivado, há somente duas fontes de obrigações: a lei ou o contrato. Nesse contexto, não há espaço para entender que o morador, ao gozar dos serviços organizados em condomínio de fato por associação de moradores, aceitou tacitamente participar de sua estrutura orgânica. (...). De fato, a jurisprudência não pode esvaziar o comando normativo de um preceito fundamental e constitucional em detrimento de um corolário de ordem hierárquica inferior, pois, ainda que se aceite a ideia de colisão ou choque de princípios – liberdade associativa (art. 5.º, XX, da CF) *versus* vedação ao enriquecimento sem causa (art. 884 do CC) –, o relacionamento vertical entre as normas – normas constitucionais e normas infraconstitucionais, por exemplo – deve ser apresentado, conforme a doutrina, de tal forma que o conteúdo de sentido da norma inferior deve ser aquele que mais intensamente corresponder ao conteúdo de sentido da norma superior. Ademais, cabe ressaltar que a associação de moradores é mera associação civil e, consequentemente, deve respeitar os direitos

e garantias individuais, aplicando-se, na espécie, a teoria da eficácia horizontal dos direitos fundamentais" (STJ, REsp 1.280.871/SP e REsp 1.439.163/SP, 2.ª Seção, Rel. Min. Ricardo Villas Bôas Cueva, Rel. para acórdão Min. Marco Buzzi, j. 11.03.2015, *DJe* 22.05.2015).

Porém, como apontava em edições anteriores desta obra, com a emergência da Lei 13.465/2017, tal panorama tenderia a mudar, pelo menos em parte. Isso se deve ao fato de que a nova lei, entre outras previsões, alterou o Código Civil, introduzindo o seu art. 1.358-A, estabelecendo o seu § 2.º a aplicação das mesmas regras do condomínio edilício para o condomínio de lotes. Com a incidência das mesmas normas sobre o condomínio edilício, passa a ser obrigatório o pagamento dos valores relativos às contribuições, havendo condomínio de lotes, por força do art. 1.336 da mesma codificação.

Como pondera, na doutrina, Marco Aurélio Bezerra de Melo, que tem o meu apoio, "o fato é que o condomínio de lotes em nada se diferencia das formas de estabelecimento de fracionamento da propriedade imóvel em que se possibilita, para o bom cumprimento da função social da propriedade, a convivência entre a propriedade condominial, perpétua e indivisível e as unidades autônomas que não terão por objeto mediato, obviamente, apartamentos, salas, casas, mas simplesmente o lote (art. 1.331, §§ 1.º e 2.º, CC). Enfim, ao incorporador competirá obrigações de infraestrutura do estabelecimento do condomínio como obrigação básica para disponibilizar os lotes de terreno à venda. Aos condôminos caberá, como lembra Chalhub, arcar com as despesas com limpeza, segurança, manutenção, vigilância e demais serviços no condomínio. Será a convenção como ato-regra que constitui o condomínio edilício o documento que ao lado da legislação definirá os direitos e deveres dos condôminos como sói acontece em qualquer condomínio edilício. O condomínio de lotes, em suma, é um condomínio edilício sem edificação".[91]

As afirmações valem para os loteamentos fechados que fizerem a opção de conversão para o regime de condomínio de lotes, ou para os novos condomínios que surgirem com a adoção desse caminho de instituição. Para loteamentos fechados anteriores em que não houver mudança a respeito de sua situação jurídica, seriam aplicados os precedentes da jurisprudência superior ora citados, pelo menos *a priori*.

Pois bem, essa nossa posição doutrinária – minha e do Des. Marco Aurélio Bezerra de Melo –, acabou por ser adotada, pelo menos parcialmente, pelo Supremo Tribunal Federal em novo julgamento sobre o tema, com repercussão geral.

Em dezembro de 2020, a Corte reafirmou que, em regra, as associações de moradores de loteamentos urbanos não podem cobrar taxa de manutenção e conservação de proprietários não associados antes da Lei 13.465/2017 ou de anterior lei local que discipline a questão. A decisão, por maioria de votos, foi proferida no julgamento do Recurso Extraordinário 695.911, com repercussão geral (Tema 492). Todavia, foram incluídas ressalvas na linha do que sustentávamos, sendo a tese de repercussão geral fixada nos seguintes termos: "é inconstitucional a cobrança por parte de associação de taxa de manutenção e conservação de loteamento imobiliário urbano de proprietário não associado até o advento da Lei 13.465/2017, ou de anterior lei municipal que discipline a questão, a partir da qual se torna possível a cotização dos titulares de direitos sobre lotes em loteamentos de acesso controlado, que: (i) já possuindo lote, adiram ao ato constitutivo das entidades equiparadas

---

[91] MELO, Marco Aurélio Bezerra de. *Questões polêmicas sobre o condomínio edilício*. In: TARTUCE, Flávio; SALOMÃO, Luis Felipe (Coord.). *Direito civil*. Diálogos entre a doutrina e a jurisprudência. São Paulo: Atlas, 2018.

CAP. 2 • PARTE GERAL DO CÓDIGO CIVIL DE 2002 | **173**

a administradoras de imóveis ou (ii) sendo novos adquirentes de lotes, o ato constitutivo da obrigação esteja registrado no competente Registro de Imóveis".

A nova tese também traz como aplicação o novo art. 36-A da Lei 6.766/1979, incluído pela Lei 13.465/2017, nos seguintes termos:

> "Art. 36-A. As atividades desenvolvidas pelas associações de proprietários de imóveis, titulares de direitos ou moradores em loteamentos ou empreendimentos assemelhados, desde que não tenham fins lucrativos, bem como pelas entidades civis organizadas em função da solidariedade de interesses coletivos desse público com o objetivo de administração, conservação, manutenção, disciplina de utilização e convivência, visando à valorização dos imóveis que compõem o empreendimento, tendo em vista a sua natureza jurídica, vinculam-se, por critérios de afinidade, similitude e conexão, à atividade de administração de imóveis.
>
> Parágrafo único. A administração de imóveis na forma do *caput* deste artigo sujeita seus titulares à normatização e à disciplina constantes de seus atos constitutivos, cotizando-se na forma desses atos para suportar a consecução dos seus objetivos".

Esse deve ser o novo entendimento a ser adotado, para os devidos fins práticos.

Releve-se, no mesmo contexto de interpretação de acordo com a CF/1988, sentença proferida pelo Juiz de Direito Mitrios Zarvos Varellis, da 11.ª Vara Cível do Foro Central da Comarca de São Paulo, determinando a inclusão de companheiro homoafetivo e de sua filha como dependentes de associado do secular Club Athletico Paulistano (decisão de 15 de fevereiro de 2012, Processo 583.00.2011.132644-6). A sentença segue a linha adotada pelo STF, em maio de 2011, ao concluir pela aplicação analógica de todas as regras da união estável para a união homoafetiva (ver seu *Informativo* n. *625*). Afastou-se decisão administrativa do clube, baseada em interpretação literal de seu estatuto, que mencionava apenas a união estável entre pessoas de sexos distintos como fundamento para a inclusão de dependentes.

Cumpre destacar que o jurista Euclides de Oliveira, já havia dado parecer pela inclusão, considerando que "os pontos distintivos das uniões de cunho afetivo-familiar, em especial a união estável, conquanto não haja previsão legal específica ou estatutária de determinada instituição particular, abona a tutela jurídica ao ente familiar no seu mais alargado conceito, de modo a atender com efetividade aos anseios de garantia do bem-estar da comunidade social que se instale a partir do relacionamento humano". A decisão foi confirmada pelo Tribunal de Justiça de São Paulo, em dezembro de 2012.

Como última decisão a ser comentada a respeito da interpretação civil constitucional do conteúdo das disposições associativas, em aresto de 2019, o Superior Tribunal de Justiça aplicou a equiparação da união estável ao casamento ao determinar que um companheiro continuasse a utilizar as dependências de um clube recreativo, interpretando-se extensivamente o previsto no estatuto, para os fins de inclusão da união estável, na mesma linha do último acórdão. Conforme o seu teor, "o espaço de autonomia privada garantido pela Constituição às associações não está imune à incidência dos princípios constitucionais que asseguram o respeito aos direitos fundamentais de seus associados e de terceiros (RE n.º 201.819-8). A recusa de associação, no caso um clube esportivo, baseada exclusivamente em cláusula protetiva apenas a ex-cônjuge de sócio proprietário de título, excluindo o benefício a ex-companheiro, viola a isonomia e a proteção constitucional de todas as entidades familiares, tais como o casamento, a união estável e as famílias monoparentais" (STJ, REsp 1.713.426/PR, 3.ª Turma, Rel. Min. Ricardo Villas Bôas Cueva, j. 04.06.2019, *DJe* 07.06.2019).

Seguindo no estudo dos dispositivos legais, o art. 58 do CC, em sintonia com o princípio da eticidade e a correspondente valorização da boa-fé, preconiza que nenhum associado poderá ser impedido de exercer direito ou função que lhe tenha sido legitimamente conferido, a não ser nos casos e formas previstos na lei ou no estatuto.

Percebe-se a intenção do legislador em valorizar os direitos inerentes à dignidade da pessoa humana, sendo o comando visualizado como uma manifestação do princípio constitucional pelo qual ninguém pode ser compelido a agir senão em virtude de lei (*princípio da legalidade*, art. 5.º, inc. II, da CF/1988). Anote-se que o estatuto não pode afastar tal direito sem justo motivo, o que pode ferir valor fundamental, não podendo prevalecer.

De acordo com a novidade do art. 59 do CC, compete privativamente à assembleia geral destituir os administradores e alterar os estatutos. Para a prática desses atos, exige-se deliberação da assembleia especialmente convocada para este fim, cujo *quorum* será estabelecido no estatuto, bem como os critérios para eleição dos administradores. Esse comando legal, inclusive o seu parágrafo único, foi alterado pela Lei 11.127/2005, não constando originalmente da atual codificação privada.

Primeiro, porque o art. 59, *caput*, do CC, em sua redação original, previa como competências da assembleia geral: *a)* eleger administradores; *b)* destituir administradores; *c)* aprovar as contas; e *d)* alterar o estatuto. Agora, pela nova redação, competem-lhe apenas a destituição dos administradores e a alteração dos estatutos. Quanto às demais competências, caberá ao próprio estatuto prevê-las.

Segundo, porque não há mais referência, no parágrafo único, ao *quorum* de 2/3 dos presentes à assembleia convocada para tais finalidades, muito menos à necessidade da presença de maioria absoluta dos associados na primeira convocação, ou de ao menos 1/3 nas convocações seguintes.

Em sua previsão atual, "para as deliberações a que se referem os incisos I e II deste artigo é exigido deliberação da assembleia especialmente convocada para esse fim, cujo *quorum* será o estabelecido no estatuto, bem como os critérios de eleição dos administradores" (art. 59, parágrafo único, do CC). A nova redação visa, mais uma vez, desburocratizar as questões relativas às associações, cabendo a sua regulamentação ao que constar no estatuto.

O Projeto de Reforma do Código Civil pretende deixar a norma ainda mais clara, sobretudo quanto ao peso das votações. Nesse contexto, propõe-se que o seu § 1.º enuncie que, "para as deliberações a que se referem os incisos I e II deste artigo, os votos de todos os associados terão o mesmo peso". Em complemento, o novo § 2.º do art. 59 repetirá o atual parágrafo único do dispositivo.

Ainda sobre o dispositivo, tendo em vista a pandemia da Covid-19, a Lei 14.010/2020, que instituiu o Regime Jurídico Emergencial e Transitório das relações jurídicas de Direito Privado (RJET) trouxe a possibilidade de a assembleia geral ser realizada por meios eletrônicos, por meio de plataformas digitais. Conforme o art. 5.º da norma emergente, "a assembleia geral, inclusive para os fins do art. 59 do Código Civil, até 30 de outubro de 2020, poderá ser realizada por meios eletrônicos, independentemente de previsão nos atos constitutivos da pessoa jurídica". E mais, conforme o seu parágrafo único, o que visa dar funcionalidade à sua realização à distância, "a manifestação dos participantes poderá ocorrer por qualquer meio eletrônico indicado pelo administrador, que assegure a identificação do participante e a segurança do voto, e produzirá todos os efeitos legais de uma assinatura presencial".

Os dispositivos são louváveis, com os fins de efetivar as normas de distanciamento, tendo aplicação temporária, até a data citada no seu *caput*. De todo modo, como destaquei na Edição de 2021 deste livro, era imperioso e urgente o surgimento de uma nova lei, trazendo a possibilidade de a citada assembleia das associações ser realizada por meios virtuais de forma definitiva, com vistas à redução de burocracias para tais fins.

Destaco que a Lei 14.030/2020 trouxe regra nesse sentido para as sociedades limitadas, estabelecendo o novo art. 1.080-A do Código Civil que "o sócio poderá participar e votar a distância em reunião ou em assembleia, nos termos do regulamento do órgão competente do Poder Executivo federal". Em complemento, nos termos do seu parágrafo único, "a reunião ou a assembleia poderá ser realizada de forma digital, respeitados os direitos legalmente previstos de participação e de manifestação dos sócios e os demais requisitos regulamentares". Esperava-se, portanto, que o mesmo ocorresse com as associações e com as eventuais reuniões relativas às fundações.

Em 2021, a esperada previsão foi incluída no Código Civil pela Lei 14.195/2021, que introduziu, em boa hora, o seu novo art. 48-A, com a seguinte dição: "as pessoas jurídicas de direito privado, sem prejuízo do previsto em legislação especial e em seus atos constitutivos, poderão realizar suas assembleias gerais por meios eletrônicos, inclusive para os fins do art. 59 deste Código, respeitados os direitos previstos de participação e de manifestação". Diante de uma confusão gerada pelo veto presencial ao art. 43 dessa norma anterior, a Lei do Sistema Eletrônico dos Registros Públicos (SERP – Lei 14.382/2022) reeditou o seu conteúdo, não havendo mais qualquer dúvida a respeito de sua vigência, apesar do meu entendimento de que já estava em vigor desde 2021.

Feita essa importante atualização do livro e seguindo com os estudos, também foi alterado pela Lei 11.127/2005 o art. 60 do CC, cuja redação era a seguinte: "a convocação da *assembleia geral* far-se-á na forma do estatuto, garantido a um quinto dos associados o direito de promovê-la" (destacamos). Pela nova redação, "a convocação dos *órgãos deliberativos* far-se-á na forma do estatuto, garantido a um quinto dos associados o direito de promovê-la" (destacamos).

Justifica-se a nova redação pelo fato de que as questões mais importantes quanto às associações passaram a ser da competência dos órgãos deliberativos (*v.g.*, conselho de administração, conselho fiscal, conselho deliberativo ou outros criados pelo estatuto geral). Com isso, não há mais a exigência de convocação da assembleia geral para discutir questões atinentes à pessoa jurídica que não constam do art. 59 do CC, o que também diminui a burocracia.

Enfatizo que o atual Projeto de Reforma do Código Civil pretende melhorar a redação do art. 60, incluindo dois novos parágrafos tratando da convocação de nova assembleia para nomear eventual administrador provisório, assunto que hoje não está previsto na lei, havendo lacuna normativa a respeito dessa importante temática. Nesse contexto, conforme o proposto § 1.º, "reunidos com poderes para votar, um quinto dos associados que participaram da última assembleia, documentada em ata registrada, poderão convocar nova assembleia para nomear administrador provisório para as providências do § 2º deste artigo". Em complemento, "o administrador provisório atuará pelo prazo máximo de noventa dias, para reativar as atividades da associação e submeter à assembleia reunida nos termos do § 1º, os atos de gestão realizados no período de vacância da administração" (§ 2.º). Espera-se a aprovação dessas mudanças pelo Congresso Nacional, para melhorar a prática relativa às associações.

A encerrar o estudo da categoria, caso seja dissolvida a associação, o remanescente do seu patrimônio líquido, depois de deduzidas, se for o caso, as quotas ou frações ideais transferidas a terceiros, será destinado à entidade de fins não econômicos designada no estatuto. Sendo omisso o estatuto, por deliberação dos associados, o remanescente poderá ser destinado à instituição municipal, estadual ou federal, de fins idênticos ou semelhantes (art. 61 do CC).

Anote-se que Tribunal Gaúcho já entendeu que a norma é de ordem pública, sendo nula a previsão do estatuto que determina que, em casos de dissolução, os bens serão

# 176 | MANUAL DE DIREITO CIVIL • VOLUME ÚNICO – *Flávio Tartuce*

partilhados entre os próprios associados, entendimento ao qual se filia (TJRS, Apelação Cível 70024200750, 5.ª Câmara Cível, Porto Alegre, Rel. Des. Paulo Sergio Scarparo, j. 18.06.2008, *DOERS* 30.06.2008, p. 38).

Na *V Jornada de Direito Civil*, aprovou-se enunciado doutrinário sobre o dispositivo prevendo a prevalência da vontade dos associados: "a obrigatoriedade de destinação do patrimônio líquido remanescente da associação à instituição municipal, estadual ou federal, de fins idênticos ou semelhantes, em face da omissão do estatuto, possui caráter subsidiário, devendo prevalecer a vontade dos associados, desde que seja contemplada entidade que persiga fins não econômicos" (Enunciado n. 407).

Por derradeiro, a respeito do tema, merece destaque o Enunciado n. 615 da *VIII Jornada de Direito Civil*, do ano de 2018, segundo o qual as associações civis podem sofrer transformação, fusão, incorporação ou cisão. A título de exemplo, é perfeitamente possível transformar uma associação em sociedade com fim lucrativo, se essa passar a ser a sua finalidade.

## 2.3.3.2  Das fundações particulares

Conforme aponta Maria Helena Diniz, o termo fundação é originário do latim *fundatio*, ação ou efeito de fundar, de criar, de fazer surgir.[92] As fundações, assim, são bens arrecadados e personificados, em atenção a um determinado fim, que por uma ficção legal lhe dá unidade parcial. Ao Direito Civil interessam apenas as fundações particulares, sendo certo que as fundações públicas constituem autarquias, sendo objeto de estudo do Direito Administrativo. Exemplo concreto de fundação privada é da Fundação São Paulo, mantenedora da Pontifícia Universidade de São Paulo (PUCSP). Ainda pode ser citada a Fundação Armando Álvares Penteado, também de São Paulo (FAAP).

Nos termos do art. 62 do CC/2002, as fundações são criadas a partir de escritura pública ou testamento. Para a sua criação, pressupõem-se a existência dos seguintes elementos:

a)  afetação de bens livres;

b)  especificação dos fins;

c)  previsão do modo de administrá-las;

d)  elaboração de estatutos com base em seus objetivos e submetidos à apreciação do Ministério Público que os fiscalizará; único dos requisitos que não é obrigatório, mas facultativo, no ato de instituição.

Sendo insuficientes os bens para a constituição de uma fundação, serão esses incorporados por outra fundação, que desempenha atividade semelhante, salvo previsão em contrário pelo seu instituidor (art. 63 do CC).

As fundações surgem com o registro de seus estatutos no Registro Civil de Pessoas Jurídicas. Pelo que enunciava o art. 62, parágrafo único, do CC, em sua redação original, a fundação somente poderia constituir-se para "fins religiosos, morais, culturais ou de assistência", não podendo nunca ter finalidade econômica, sequer indireta. Tal inovação era tida fundamental, eis que muitas vezes as fundações foram utilizadas com fins ilícitos, ou com intuito de enriquecimento sem causa.

Como é notório, as fundações devem ter *fins nobres*, distantes dos fins de lucro próprios das sociedades. Nessa linha de raciocínio, foi aprovado o Enunciado n. 9 na *I Jornada de*

---

[92]  DINIZ, Maria Helena. *Código Civil anotado.* 15. ed. São Paulo: Saraiva, 2010. p. 112.

CAP. 2 • PARTE GERAL DO CÓDIGO CIVIL DE 2002 | **177**

*Direito Civil*, com a seguinte redação: "O art. 62, parágrafo único, deve ser interpretado de modo a excluir apenas as fundações com fins lucrativos". Aprofundando a questão, na mesma *Jornada*, foi aprovado o Enunciado n. 8, a saber: "A constituição de fundação para fins científicos, educacionais ou de promoção do meio ambiente está compreendida no CC, art. 62, parágrafo único".

Em 2015, o parágrafo único do art. 62 do CC foi alterado pela Lei 13.151, do mês de julho, ampliando os *fins nobres* das fundações, na linha do que constava do último enunciado doutrinário. Assim, o comando passou a prever que "a fundação somente poderá constituir-se para fins de: I – assistência social; II – cultura, defesa e conservação do patrimônio histórico e artístico; III – educação; IV – saúde; V – segurança alimentar e nutricional; VI – defesa, preservação e conservação do meio ambiente e promoção do desenvolvimento sustentável; VII – pesquisa científica, desenvolvimento de tecnologias alternativas, modernização de sistemas de gestão, produção e divulgação de informações e conhecimentos técnicos e científicos; VIII – promoção da ética, da cidadania, da democracia e dos direitos humanos; IX – atividades religiosas".

Penso que a alteração somente confirma o tratamento doutrinário constante dos Enunciados n. 8 e 9 da *I Jornada de Direito Civil*. Ademais, o rol é meramente exemplificativo ou *numerus apertus*, o que confirma a constatação de que essa alteração legal foi até desnecessária, do ponto de vista prático.

Seguindo no estudo do tema, consta do art. 64 do Código Civil atual que, "constituída a fundação por negócio jurídico entre vivos, o instituidor é obrigado a transferir-lhe a propriedade, ou outro direito real, sobre os bens dotados, e, se não o fizer, serão registrados, em nome dela, por mandado judicial". Esse mandado judicial deve ser postulado pelo Ministério Público, a quem incumbe zelar pelas fundações.

Pelo seu interesse social, há necessidade de os administradores prestarem contas ao Ministério Público. Nas fundações não existem sócios propriamente ditos, pois o conjunto é de bens e não de pessoas. Como se pode notar, as fundações são sempre supervisionadas pelo Ministério Público, que atua como fiscal da lei por intermédio da *curadoria* ou *velamento das fundações*; devendo esse órgão zelar pela sua constituição e pelo seu funcionamento (art. 66 do CC).

Por regra que consta nesse dispositivo em sua redação atual, a atuação cabe ao Ministério Público estadual, exceção feita em dois casos, previstos originalmente nos parágrafos do último dispositivo, a saber:

a)  Para as fundações que funcionarem no Distrito Federal ou em Território, caberia a atuação do Ministério Público Federal, conforme a redação originária do art. 66, § 1.º, do CC. Todavia, aponte-se que o Supremo Tribunal Federal, em dezembro de 2006, entendeu pela inconstitucionalidade desse dispositivo, em Ação Direta de Inconstitucionalidade proposta pela Associação dos Membros do Ministério Público (CONAMP) – ADIn 2.794. A suspensão de eficácia da norma se deu diante da prevalência da autonomia do Ministério Público do Distrito Federal, que deve zelar pelas fundações situadas naquela localidade (STF, ADin 2.794/DF, Tribunal Pleno, Rel. Min. Sepúlveda Pertence, j. 14.12.2007, *DJ* 30.03.2007, p. 68). Em suma, a norma já não tinha mais aplicação na realidade jurídica brasileira. Assim, corretamente, a Lei 13.151/2015 alterou esse art. 66, § 1.º, da codificação material, passando o diploma a preceituar que, se as fundações "funcionarem no Distrito Federal ou em Território, caberá o encargo ao Ministério Público do Distrito Federal e Territórios".

b)  Para as fundações que funcionarem em várias unidades da Federação ao mesmo tempo, ou que estenderem sua atividade por mais de um Estado ou Território, cabe a intervenção conjunta do MP de todos os estados envolvidos (art. 66, § 2.º, do CC). No tocante a esse dispositivo, não há que se falar em qualquer inconstitucionalidade, não havendo modificação pela Lei 13.151/2015.

O tema da *curadoria* ou do *velamento* das fundações representa hoje um dos maiores desafios a respeito do funcionamento prático dessa importante pessoa jurídica. Em 2024, o Conselho Superior do Ministério Público aprovou necessária norma administrativa para tratar do assunto, em todo o território nacional e de forma uniforme, em prol da segurança jurídica. O amplo e detalhado texto foi elaborado por grupo de trabalho formado por especialistas, liderado pelo então Conselheiro e Professor Otavio Luiz Rodrigues Jr., e que contou com a minha participação.

Em termos gerais, a normatização em cinquenta artigos traz disposições iniciais, previsões sobre os atos de velamento, a instituição das fundações, o estatuto fundacional e suas alterações, a emissão de atestado de funcionamento das fundações, as filiais da entidade fundacional, a alienação e a oneração de bens por essa pessoa jurídica, a análise das suas atas, a prestação de contas anual, a extinção das fundações, os recursos cabíveis, o Sistema Nacional Fundacional, as boas práticas de velamento fundacional e disposições finais. Recomenda-se a sua atenta leitura e estudo para aqueles que pretendem aprofundar o assunto, o que foge do escopo desta obra.

Quanto ao atual Projeto de Reforma do Código Civil, prevaleceu na Comissão de Juristas proposição para limitar a atuação do Ministério Público a algumas situações específicas. Assim, nos termos do projetado art. 66, *caput*, "o velamento do Ministério Público destina-se a garantir o cumprimento da finalidade e das demais regras de natureza procedimental do estatuto da fundação". Consoante o projetado § 1.º, o velamento não alcança o mérito das decisões de natureza operacional, fruto de juízos de conveniência e oportunidade, como: *a)* a definição, a escolha de instalação, de sede ou filiais; *b)* as opções de alocação de recursos nas estratégias para cumprimento das finalidades institucionais; *c)* a atos jurídicos destinados ao cumprimento e relacionados à execução das previsões anteriores, como contratos com prestadores de serviço, locação de imóveis, alienação de bens móveis ou imóveis e outros no mesmo sentido; *d)* as questões relativas a judicialização de questões, como a propositura de ações, a realização de acordos em juízo, os temas que se encontrem em análise pelo judiciário, entre outros similares; *e)* outras questões referentes à gestão fundacional.

Em prol da autonomia privada também se insere um § 2.º no art. 66 do CC/2002, preceituando que o instituidor da fundação pode dispensar o velamento do Ministério Público, mediante previsão expressa no ato de instituição. De todo modo, todas essas regras propostas, sobretudo a última, não afastam a aplicação das leis especiais que respaldem a fiscalização, pelo Ministério Público ou por outro órgão competente, em relação ao cumprimento de deveres legais ou negociais de fundação quanto a contratos firmados com o Poder Público (proposição de um § 3.º do art. 66 da Lei Geral Privada).

Voltando-se ao texto atual da lei, a alteração das normas estatutárias da fundação somente é possível mediante a deliberação de dois terços das pessoas responsáveis pela sua gerência, desde que tal alteração não contrarie ou desvirtue a sua finalidade e que seja aprovada pelo Ministério Público (art. 67, incs. I a III, do CC).

Consigne-se que a Lei 13.151/2015 introduziu no último inciso do preceito um prazo decadencial de 45 dias para a aprovação do MP. Findo esse prazo ou no caso de o Ministério Público a denegar, poderá o juiz supri-la, a requerimento do interessado, de acordo com as circunstâncias do caso concreto, sempre se levando em conta os *fins nobres* que devem estar presentes na atuação das fundações.

Eventualmente, não havendo aprovação unânime, os vencedores quanto à alteração deverão requerer ao Ministério Público que dê ciência à minoria, visando impugnações, que devem ser apresentadas no prazo de 10 dias, sob pena de decadência (art. 68 do CC). É forçoso observar que não cabe qualquer decisão ao Ministério Público, devendo as nulidades ser apreciadas pelo Poder Judiciário, dependendo do caso concreto.

Para terminar o estudo das fundações, tornando-se ilícita, impossível, imoral a finalidade de uma fundação; se ela não atender às finalidades sociais a que se destina; for impossível a sua manutenção ou vencer o prazo de sua existência poderá ocorrer a sua dissolução, efetivada pelo Ministério Público ou por qualquer interessado (art. 765 do CPC/2015). Em casos tais, os bens devem ser destinados pelo juiz para outra fundação que desempenhe atividade semelhante, salvo previsão de regra em contrário quanto ao destino dos bens no seu estatuto social (art. 69 do CC/2002).

### 2.3.3.3 Das sociedades

Foi exposto que a finalidade lucrativa é o que distingue uma associação de uma sociedade, constituindo ambas as espécies de corporação (conjunto de pessoas). Nesse sentido, as sociedades se dividem em:

a) *Sociedades empresárias* – são as que visam a uma finalidade lucrativa, mediante exercício de atividade empresária. Esse conceito está adaptado ao que consta no art. 982 do CC, sendo certo que não se pode mais utilizar a expressão *atividade mercantil*, superada pela evolução da matéria. Como exemplo, pode ser citada qualquer sociedade que tem objetivo comercial ou, ainda, que traz como conteúdo o próprio conceito de empresário (art. 966 do CC – "Considera-se empresário quem exerce profissionalmente atividade econômica organizada para a produção ou a circulação de bens ou de serviços"). O Código Civil anterior denominava tais sociedades como *sociedades comerciais* ou *mercantis*.

b) *Sociedades simples* – são as que visam, também, a um fim econômico (lucro), mediante exercício de atividade não empresária. São as antigas *sociedades civis*. Como exemplos, podem ser citados os escritórios de advocacia, os escritórios de contabilidade, as sociedades entre médicos e outros profissionais da área de saúde, as sociedades imobiliárias e as cooperativas. Quanto às cooperativas, prevê o Enunciado n. 69 do CJF/STJ, aprovado na *I Jornada de Direito Civil*, que "as sociedades cooperativas são sociedades simples sujeitas a inscrição nas juntas comerciais". Percebe-se que muitos profissionais liberais, no Brasil, fizeram a opção de suas constituições societárias por essa modalidade, havendo a sua consolidação na prática do Direito Privado Brasileiro, por várias razões, inclusive tributárias.

As sociedades, sejam elas simples ou empresárias, de acordo com o Código Civil de 2002, podem assumir a forma de sociedade em nome coletivo, sociedade em comandita simples, sociedade em conta de participação ou sociedade por quotas de responsabilidade limitada; a última inclusive na modalidade *unipessoal*, conforme o novo art. 1.052, § 1.º, introduzido pela Lei 13.874/2019. As sociedades anônimas, por outro lado, somente podem se enquadrar como sociedades empresárias.

Quando da tramitação da Lei 14.195/2021, houve a infeliz tentativa de extinção das sociedades simples, tendo sido incluída previsão nesse sentido no projeto de conversão da MP 1.040/2021. Todavia, após a atuação de civilistas e do Instituto Brasileiro de Direito Contratual (IBDCont) – este último, em ofício enviado ao Senador Irajá Silvestre, relator da projeção no Senado Federal –, a sociedade simples foi mantida no Código Civil nessa fase da tramitação legislativa. O relatório do Senador destaca artigo de autoria do Professor Mário Luiz Delgado, publicado na coluna *Migalhas Contratuais*, do IBDCont, com argumentos relevantes para a sua permanência no sistema jurídico brasileiro.[93]

De todo modo, com a volta do projeto de lei de conversão à Câmara dos Deputados, houve a violação de um acordo de líderes das duas casas legislativas, retomando o texto a extinção das sociedades simples. Isso motivou o Sr. Presidente do Senado, Rodrigo Pacheco, a enviar ofício ao então Sr. Presidente da República, Jair Bolsonaro, para que as alterações legislativas que visavam ao fim dessa modalidade de pessoa jurídica fossem vetadas, por problemas de tramitação legislativa, notadamente por ofensa à separação dos poderes.

Isso acabou ocorrendo, tendo sido mantidos os arts. 981, 983, 986, 996, 997, inc. IV, 1.007, 1.053, 1.096, 1.150 e 1.155 do Código Civil. De acordo com as razões do veto, "em que pese a boa intenção do legislador, a proposição legislativa é contrária ao interesse público, pois promoveria mudanças profundas no regime societário e uma parcela significativa da população economicamente ativa seria exposta a indesejados reflexos tributários nas diversas legislações municipais e a custos de adaptação, sobretudo em momento de retomada das atividades após o recrudescimento da pandemia da Covid-19. A imposição de obrigações fiscais acessórias representaria grandeza relevante na qualidade do ambiente de negócios. A imposição dessas obrigações às sociedades atualmente em funcionamento seria prejudicial ao ambiente de negócios". Assim, a manutenção dessas pessoas jurídicas, consolidadas na prática do Direito Privado Brasileiro, veio em boa hora.

Superados esses pontos, anote-se que a empresa pública e a sociedade de economia mista, apesar de terem capital público, são dotadas de personalidade jurídica de Direito Privado. São, assim, regidas pelas normas empresariais e trabalhistas (art. 173, § 1.º, da CF/1988), mas com as cautelas do direito público, como, por exemplo, no que toca à sujeição ao regime das licitações.

Esses tópicos devem ser estudados especificamente em obras que tratam do Direito de Empresa. Como se sabe, o Código Civil praticamente revolucionou a matéria, trazendo um capítulo específico sobre o tema e revogando a primeira parte do Código Comercial. Como bem observa o Deputado Ricardo Fiuza, "pela primeira vez numa codificação civil brasileira, passa-se a disciplinar as regras básicas da atividade negocial, do conceito de empresário ao de sociedade" (Relatório Final do Código Civil, apresentado à Câmara dos Deputados – Parte Especial, Livro II, Direito de Empresa). Seguiu-se, dessa forma, o exemplo do Código Civil Italiano de 1942, de unificação parcial do Direito das Obrigações.

Por fim, é importante dizer que, na *IV Jornada de Direito Civil*, em 2006, foi aprovado o Enunciado n. 280 do CJF/STJ, prevendo a aplicação às sociedades das regras básicas constitutivas previstas para as associações. É a redação do enunciado: "por força do art. 44, § 2.º, consideram-se aplicáveis às sociedades reguladas pelo Livro II da Parte Especial, exceto às limitadas, os arts. 57 e 60, nos seguintes termos: a) Havendo previsão contratual, é possível aos sócios deliberar a exclusão de sócio por justa causa, pela via extrajudicial, cabendo ao contrato disciplinar o procedimento de exclusão, assegurado o direito de defesa, por aplicação analógica do art. 1.085; b) As deliberações sociais poderão ser convocadas pela iniciativa de sócios que representem 1/5 (um quinto) do capital social, na omissão do contrato. A mesma regra aplica-se na hipótese de criação, pelo contrato, de outros órgãos de deliberação colegiada".

---

[93] DELGADO, Mário Luiz. A sociedade simples não deve ser extinta: graves equívocos no projeto de conversão da MP 1.040/21. Disponível em: <https://www.migalhas.com.br/coluna/migalhas-contratuais/348353/a--sociedade-simples-nao-deve-ser-extinta>. Acesso em: 4 nov. 2021.

CAP. 2 • PARTE GERAL DO CÓDIGO CIVIL DE 2002 | **181**

Em realidade, o teor do enunciado doutrinário também interessa mais ao Direito Empresarial do que ao Direito Civil propriamente dito. Em outras palavras, o seu teor deve ser solicitado mais nas provas de Direito Comercial, se ainda for utilizada essa denominação pelo examinador ou pelo professor da disciplina.

### 2.3.3.4 Das corporações especiais. Partidos políticos e organizações religiosas

Conforme antes destacado, a Lei 10.825, de 22 de dezembro de 2003, alterou a redação do art. 44 do CC, incluindo os partidos políticos e as organizações religiosas como corporações autônomas, especiais ou *sui generis*. Repisem-se as razões políticas que fundamentaram a alteração da codificação privada.

O § 1.º do art. 44 passou a prever que são livres a criação, a organização, a estruturação interna e o funcionamento das organizações religiosas, sendo vedado ao Poder Público negar-lhes reconhecimento ou registro dos atos constitutivos e necessários ao seu funcionamento.

Quanto aos partidos políticos, serão organizados e funcionarão conforme o disposto em lei específica (art. 44, § 3.º, do CC). Como leis específicas que tratam dos partidos políticos podem ser citadas as Leis 9.096/1995, 9.259/1996, 11.459/2007, 11.694/2008, entre outras.

Pois bem, tanto é verdade que tais entidades não se caracterizam como associações que a mesma Lei 10.825/2003 introduziu um parágrafo único no art. 2.031 do CC, enunciando que tais entidades estão dispensadas da adaptação às regras do Código Civil de 2002.

Destaque-se que a autonomia das organizações religiosas não é absoluta, apesar da sua categorização em separado no art. 44 do Código Civil. Nesse sentido, na *III Jornada de Direito Civil* foi aprovado o Enunciado doutrinário n. 143, prevendo que "a liberdade de funcionamento das organizações religiosas não afasta o controle de legalidade e legitimidade constitucional de seu registro, nem a possibilidade de reexame pelo Judiciário da compatibilidade de seus atos com a lei e com seus estatutos". Aplicando a conclusão, insta colacionar decisão do Tribunal do Rio Grande do Sul:

> "Apelação cível. Registro das pessoas jurídicas e de títulos e documentos. Autonomia. Requisito indispensável à constituição da pessoa jurídica. Mantida a sentença de parcial procedência. 1. Devem-se sopesar as garantias constitucionais de liberdade de culto religioso, estatuídas nos arts. 5.º, inciso VII, e 19, inciso I, ambos da Magna Carta, vedando as pessoas jurídicas de direito público a intervenção nas associações religiosas. 2. O legislador constitucional pretendeu dar garantia à liberdade de culto religioso, vedando toda e qualquer discriminação ou proibição ao exercício de qualquer fé ou religião. 3. Foi com esse espírito, de proteção às entidades religiosas, que a Lei Federal 10.825, de 2003, alterou o art. 44 do Código Civil, a fim de incluir as organizações religiosas e os partidos políticos como pessoas jurídicas de direito privado e, ao mesmo tempo, acrescentar o parágrafo primeiro, o qual veda ao poder público a negativa do reconhecimento, ou registro dos atos constitutivos e necessários ao seu funcionamento. 4. A vedação presente em tal artigo não pode ser considerada como absoluta, cabendo ao Judiciário tutelar interesses a fim de certificar-se, precipuamente, do cumprimento da legislação pátria, vale dizer, há que se averiguar se a organização religiosa atende os requisitos necessários ao registro do ato constitutivo. 5. Deve haver respeito ao *nomen juris* de cada entidade e, sendo a Associação Espírita Cristo e Caridade uma organização religiosa, não pode ostentar em seu nome a menção 'sociedade', nomenclatura que se destina a outras entidades que comunguem de interesses de finalidade diversa da suscitada. Negado provimento ao apelo" (TJRS, Acórdão 70027034164, 5.ª Câmara Cível, Canoas, Rel. Des. Jorge Luiz Lopes do Canto, j. 21.01.2009, *DOERS* 29.01.2009, p. 24).

De data mais recente, do ano de 2019, seguindo a mesma linha de intervenção quando ela for necessária, colaciona-se aresto do Tribunal Paulista que afastou o registro de entidade religiosa, para que fosse adotado outro nome, pois o pretendido poderia gerar confusões no meio social, especialmente entre os fiéis. Como constou do acórdão, "a denominação da pessoa jurídica cujo registro é pretendido é 'Igreja Evangélica Pentecostal Jesus é Esperança Ministério em Bragança Paulista S' (a fls. 35); a denominação da pessoa jurídica anteriormente registrada é 'Associação Igreja Pentecostal 'Jesus é a Esperança' (a fls. 55). Apesar das denominações não serem absolutamente coincidentes, os núcleos daquelas são, ou seja: '(...) Igreja (...) Pentecostal Jesus é Esperança (...)'. Além disso, ambas têm finalidades religiosas solidárias. Essa proximidade permite confusão entre as pessoas jurídicas, sendo certo que os elementos diversos das denominações não possibilitam a diferenciação por envolverem objeto social religioso e mesma localidade. O fato da estrutura jurídica da recorrente ser organização religiosa e da empresa registrada ser associação, na forma do artigo 44 do Código Civil, são insuficientes para rejeitar a qualificação registral negativa" (TJSP, Conselho Superior da Magistratura de São Paulo, Apelação Cível 1008510-86.2017.8.26.0099, Rel. Des. Pinheiro Franco, Bragança Paulista, j. 07.02.2019).

Como último exemplo jurisprudencial, de 2024, colaciona-se importante acórdão do Superior Tribunal de Justiça, que firmou a tese segundo a qual "o reconhecimento de obrigação de natureza contratual de pagar verba de natureza alimentar a ministro de confissão religiosa inativo não caracteriza interferência indevida do poder público na organização e funcionamento das organizações religiosas". Nos seus termos, que explicam as especificidades do caso concreto, "a côngrua (católica) ou prebenda (evangélica) é uma verba de caráter alimentar que uma organização religiosa (cristã) paga a seus ministros de confissão religiosa (padre ou pastor) com finalidade de prover seu sustento. A obrigatoriedade do pagamento da côngrua que justifica o controle judicial pode ser compreendida pela evolução histórica de seu caráter tributário/fiscal para moral/natural e, em determinadas situações, contratual/civil. O caráter contratual da côngrua passa a existir quando a entidade prevê seu pagamento (i) de forma obrigatória, (ii) fundamentado em regulamento interno e (iii) registrado em ato formal. A regra do art. 44, § 2º, do CC confere às organizações religiosas liberdade de funcionamento, que não é absoluta, pois está sujeita a reexame pelo judiciário da compatibilidade de seus atos com seus regulamentos internos e com a lei" (STJ, REsp 2.129.680/RJ, 3.ª Turma, Rel. Min. Nancy Andrighi, por unanimidade, j. 02.04.2024, *DJe* 10.04.2024).

Por fim, merece destaque, no mesmo sentido do Enunciado n. 143 da *III Jornada de Direito Civil*, que na *I Jornada de Direito Notarial e Registral*, promovida pelo Conselho da Justiça Federal e pelo Superior Tribunal de Justiça em maio de 2022, aprovou-se o Enunciado n. 37, prevendo que os atos constitutivos de organizações religiosas, e suas alterações, observarão o disposto nos arts. 44 e 46 do CC/2002, sendo tais organizações livres quanto à regência de cultos e atos confessionais

Em suma, nota-se que a questão da autonomia de tais pessoas jurídicas não é absoluta, estando em debate no Direito Civil Brasileiro eventuais possibilidades de intervenção, na linha dos julgados e dos enunciados doutrinários destacados, de acordo com as peculiaridades do caso concreto.

### 2.3.3.5 *Dos empreendimentos de economia solidária*

A Lei n. 15.068, de 23 de dezembro de 2024, incluiu no art. 44 do Código Civil uma nova pessoa jurídica, o *empreendimento de economia solidária*, tratando também da Política Nacional de Economia Solidária e criando o Sistema Nacional de Economia

Solidária (SINAES), com vistas a fomentar a economia solidária e o trabalho associado e cooperativado.

Consoante o seu art. 2º, a economia solidária compreende as atividades de organização da produção e da comercialização de bens e de serviços, da distribuição, do consumo e do crédito, observados os princípios da autogestão, do comércio justo e solidário, da cooperação e da solidariedade, a gestão democrática e participativa, a distribuição equitativa das riquezas produzidas coletivamente, o desenvolvimento local, regional e territorial integrado e sustentável, o respeito aos ecossistemas, a preservação do meio ambiente e a valorização do ser humano, do trabalho e da cultura.

Além da inclusão de um novo inc. VII no art. 44 do Código Civil, o seu emergente § 2º, passou a prever que "as disposições concernentes às associações aplicam-se subsidiariamente aos empreendimentos de economia solidária e às sociedades que são objeto do Livro II da Parte Especial deste Código". Nota-se, portanto, que esses empreendimentos são conjunto de pessoas e, portanto, corporações.

Ademais, conforme o art. 4º da Lei 15.068/2024, são empreendimentos de economia solidária e beneficiários da Política Nacional de Economia Solidária os que apresentem as seguintes características: *a)* sejam organizações autogestionárias e cujos membros exerçam coletivamente a gestão das atividades econômicas e a decisão sobre a partilha dos seus resultados, por meio da administração transparente e democrática, da soberania assemblear e da singularidade de voto dos associados; *b)* tenham seus membros diretamente envolvidos na consecução de seu objetivo social; *c)* pratiquem o comércio de bens ou prestação de serviços de forma justa e solidária; *d)* distribuam os resultados financeiros da atividade econômica de acordo com a deliberação de seus membros, considerada a proporcionalidade das operações e atividades econômicas realizadas individual e coletivamente; e *e)* destinem o resultado operacional líquido, quando houver, à consecução de suas finalidades, bem como ao auxílio a outros empreendimentos equivalentes que estejam em situação precária de constituição ou consolidação, e ao desenvolvimento comunitário ou à qualificação profissional e social de seus integrantes.

Como se pode perceber, portanto, tais entidades têm uma função social indeclinável, procurando o Estado incentivar a sua constituição e funcionamento. A título de exemplo, pode-se imaginar uma organização não governamental (ONG) formada por pessoas com interesses comuns, que desenvolvem atividades agrárias, vendem o produto de sua produção e distribuem entre eles os resultados financeiros, reempregando-os para novas atividades.

Ainda nos termos desse art. 4º da nova norma, o enquadramento dos empreendimentos como beneficiário da Política Nacional de Economia Solidária independe de sua forma societária, sendo certo que quando formalizados juridicamente serão classificados como pessoas jurídicas de fins econômicos sem finalidade lucrativa, ou seja, como associações (§§ 1º e 2º). Não serão beneficiários da Política Nacional de Economia Solidária os empreendimentos que tenham como atividade econômica a intermediação de mão de obra subordinada (§ 3º). Além disso, os empreendimentos econômicos solidários que adotarem o tipo societário de cooperativa serão constituídos e terão seu funcionamento disciplinado na forma da legislação específica, sobretudo pela Lei n. 5.764/1971 (§ 4º).

O art. 5º da Lei 15.068/2024 define quais são diretrizes orientadoras dos empreendimentos beneficiários da Política Nacional de Economia Solidária, a saber: *a)* administração democrática; *b)* garantia da adesão livre e voluntária; *c)* trabalho decente; *d)* sustentabilidade ambiental; *e)* cooperação entre empreendimentos e redes; *f)* inserção comunitária, com a adoção de práticas democráticas e de cidadania; *g)* prática de preços justos, de acordo com os princípios do comércio justo e solidário; *h)* respeito às diferenças e à dignidade da pessoa humana e promoção da equidade e dos direitos e garantias fundamentais; *i)* transparência e publicidade na gestão dos recursos e na justa distribuição dos resultados; *j)* estímulo à participação efetiva dos membros no fortalecimento de seus empreendimentos; *k)* envolvimento dos membros na consecução do objetivo social do empreendimento; e *l)* distribuição dos resultados financeiros da atividade econômica de acordo com a deliberação de seus membros, considerada a proporcionalidade das operações e atividades econômicas realizadas individual e coletivamente. Mais uma vez, o seu caráter social fica patente, sobretudo com a divisão dos resultados financeiros entre os envolvidos, sem que haja intuito lucrativo.

Nesse mesmo sentido, o parágrafo único desse art. 5º, segundo o qual se entende por comércio justo e solidário a prática comercial diferenciada pautada nos valores de justiça social e solidariedade realizada pelos empreendimentos de economia solidária, e por preço justo a definição de valor do produto ou serviço construída a partir do diálogo, da transparência e da efetiva participação de todos os agentes envolvidos em sua composição, que resulte em distribuição equânime do ganho na cadeia produtiva.

Sobre o Cadastro Nacional de Empreendimentos Econômicos Solidários, caberá ela a identificação dos empreendimentos econômicos solidários para o acesso às políticas públicas, nos termos de regulamento (art. 9º da Lei 15.068/2024). Na dicção do seu § 1º, "é assegurado a todos os integrantes do Sinaes enumerados no art. 13 desta Lei o acesso a informações do cadastro referido no caput deste artigo". Ainda consoante a mesma norma, em seu § 2º, os grupos informais de economia solidária cadastrados nesse cadastro incentivados a buscar sua regularização jurídica para se inserirem plenamente no regime legal associativo.

Quanto ao Sistema Nacional de Economia Solidária (SINAES), tem ele a finalidade de promover a consecução da Política Nacional de Economia Solidária, sendo os seus objetivos: *a)* implementar a Política Nacional de Economia Solidária; *b)* integrar esforços entre os entes federativos e com a sociedade civil; e *c)* promover o acompanhamento, o monitoramento e a avaliação da Política Nacional de Economia Solidária (arts. 10 e 11).

O SINAES tem como base as seguintes diretrizes, conforme o dispositivo seguinte da nova lei (art. 12): *a)* promoção da intersetorialidade das políticas, dos programas e das ações governamentais e não governamentais; *b)* descentralização das ações e articulação, em regime de colaboração, entre as esferas de governo; *c)* articulação entre os diversos sistemas de informação existentes no âmbito federal, incluído o Sistema de Informações em Economia Solidária, a fim de subsidiar o ciclo de gestão das políticas direcionadas à economia solidária nas diferentes esferas de governo; *d)* articulação entre orçamento e gestão; e *e)* cooperação entre o setor público e as organizações da sociedade civil no desenvolvimento de atividades comuns de promoção da economia solidária.

No art. 13 da Lei n. 15.068/2024 há previsão dos entes que integram esse SINAES, a saber: *a)* a Conferência Nacional de Economia Solidária; *b)* o Conselho Nacional de Economia Solidária (CNES); *c)* os órgãos da administração pública federal, estadual, distrital e municipal de economia solidária; *d)* as organizações da sociedade civil e os empreendimentos econômicos solidários; *e)* os conselhos estaduais, municipais e distrital de economia solidária; e *f)* as Organização das Cooperativas Brasileiras (*OCB)* e a União Nacional das Organizações Cooperativistas Solidárias (UNICOPAS).

Todo esse sistema ainda deverá ser constituído, sendo certo que conforme o seu § 1º, caberá à Conferência Nacional de Economia Solidária, a ser realizada com periodicidade não superior a quatro anos, a avaliação da Política Nacional de Economia Solidária. Essa Conferência Nacional de Economia Solidária será precedida por conferências estaduais, distrital, municipais ou territoriais, nos termos do art. 14 da Lei 15.068/2024.

CAP. 2 • PARTE GERAL DO CÓDIGO CIVIL DE 2002 | **185**

Caberá ao CNES, órgão de articulação e controle social da Política Nacional de Economia Solidária, elaborar e propor ao Poder Executivo federal, considerando as deliberações da Conferência Nacional de Economia Solidária, o Plano Nacional de Economia Solidária, incluindo-se requisitos orçamentários para sua consecução (§ 2º do art. 13). O serviço dos conselheiros, efetivos e suplentes no CNES é considerado de natureza relevante e não será remunerado (§ 3º do art. 13). Os critérios e os procedimentos para adesão ao SINAES serão estabelecidos em regulamento (§ 4º do art. 13).

Como se pode notar, cria-se um sistema complexo de proteção, que ainda será implantado, com muitos desafios, sendo certo que também é preciso aguardar as constituições e o funcionamento dessa nova modalidade de pessoa jurídica de Direito Privado, bem como o seu impacto para a prática.

### 2.3.4 Do domicílio da pessoa jurídica de Direito Privado

A pessoa jurídica, assim como a pessoa natural, também tem domicílio, que é a sua sede jurídica, local em que responderá pelos direitos e deveres assumidos. Essa é a regra que pode ser retirada do art. 75 do CC.

Pela regra legal, a União deverá promover as ações na capital do Estado ou Território em que tiver domicílio a outra parte e será demandada, à escolha do autor, no Distrito Federal, na capital do Estado em que ocorreu o ato que deu origem à demanda, ou em que se situe o bem envolvido com a lide. Os domicílios dos Estados e Territórios são as respectivas capitais. Os Municípios têm domicílio no lugar onde funciona a sua administração.

Já a pessoa jurídica de direito privado tem domicílio no lugar onde funcionam as respectivas diretorias e administrações, ou onde elegerem domicílio especial nos seus estatutos. Admite-se a pluralidade de domicílios dessas pessoas jurídicas, assim como ocorre com a pessoa natural, conforme o capítulo anteriormente estudado. Isso será possível desde que a pessoa jurídica de direito privado, como no caso de uma empresa, tenha diversos estabelecimentos, como as agências ou escritórios de representação ou administração (art. 75, § 1.º, do CC).

A encerrar, "se a administração, ou diretoria, tiver a sede no estrangeiro, haver-se-á por domicílio da pessoa jurídica, no tocante às obrigações contraídas por cada uma das suas agências, o lugar do estabelecimento, sito no Brasil, a que ela corresponder" (art. 75, § 2.º, do CC).

### 2.3.5 Da extinção da pessoa jurídica de Direito Privado

Quanto ao término da existência da pessoa jurídica, interessante dividir o estudo quanto às corporações e fundações.

Inicialmente, a existência das corporações (sociedades e associações) termina:

a) Pela dissolução deliberada de seus membros, por unanimidade e mediante distrato, ressalvados os direitos de terceiros e da minoria.

b) Quando for determinado por lei.

c) Em decorrência de ato governamental.

d) No caso de termo extintivo ou decurso de prazo.

e) Por dissolução parcial, havendo falta de pluralidade de sócios. Pontue-se que o CPC/2015 passou a tratar da ação de dissolução parcial de sociedades entre os seus arts. 599 a 609, comandos que não têm correspondentes no CPC/1973.

f) Por dissolução judicial.

186 | MANUAL DE DIREITO CIVIL • VOLUME ÚNICO – *Flávio Tartuce*

Não se pode esquecer que a extinção da pessoa jurídica não se opera de modo instantâneo. Como bem ensina Maria Helena Diniz, qualquer que seja o fator extintivo, tem-se o fim da entidade; porém, se houver bens de seu patrimônio e dívidas a resgatar, ela continuará em fase de liquidação, durante a qual subsiste para a realização do ativo e pagamento de débitos. Encerrada a liquidação, promover-se-á o cancelamento da inscrição da pessoa jurídica.[94] Regras nesse sentido constam do art. 51 do CC.

No caso de dissolução de uma associação, seus bens arrecadados serão destinados a entidades também de fins não lucrativos, conforme previsto nos estatutos (art. 61 do CC). Se não estiver prevista nos estatutos a destinação, os bens irão para estabelecimento municipal, estadual ou federal de fins semelhantes aos seus.

Por cláusula do estatuto ou, no seu silêncio, por deliberação dos associados, podem estes, antes da destinação do remanescente, receber em restituição, atualizado o respectivo valor, as contribuições que tiverem prestado ao patrimônio da associação (art. 61, § 1.º, do CC). A norma está amparada na vedação do enriquecimento sem causa, o que se dá por tentativa de volta ao estado anterior, com a devolução ao associado dos investimentos feitos na pessoa jurídica (*contribuição social*).

Não existindo no Município, Estado, Distrito Federal ou Território em que a associação dissolvida tiver sede outra entidade com fins não econômicos, os bens remanescentes deverão ser devolvidos à Fazenda do Estado, do Distrito Federal ou da União (art. 61, § 2.º, do CC). Ilustrando a aplicação desse art. 61 do CC, cumpre transcrever julgado do Tribunal do Distrito Federal:

> "Processo civil. Dissolução de sociedade. Ágora. Entidade de interesse social. Decreto-lei 41/1966. Sentença. Ausência de fundamentação. Inocorrência. Reconhecimento da procedência do pedido por parte do réu. Art. 515, § 3.º, do CPC. Patrimônio residual. 1. Em não havendo qualquer necessidade de indagação suplementar, limitando-se a r. sentença a equiparar a eficácia do ato extintivo da própria parte a um ato jurisdicional, correta e suficientemente fundamentada a decisão que julga extinto o processo com apreciação de mérito com base no art. 269, II, do CPC. 2. Considera-se *citra petita* a sentença que não aborda todos os pedidos feitos pelo autor. Na hipótese dos autos, havendo julgamento aquém do pedido, há que se declarar que a prestação jurisdicional foi incompleta merecendo o suprimento pela corte na forma do art. 515, § 3.º, do CPC. 3. O art. 61, do Código Civil dispõe que dissolvida a associação, caso não contenha no seu estatuto a indicação de entidade para destinação dos bens remanescentes, serão os mesmos destinados à instituição municipal, estadual ou federal de fins idênticos ou semelhantes. Já o Estatuto da Apelada, em seu art. 30, § 1.º, determina que em caso de dissolução o patrimônio líquido deverá ser transferido para outra pessoa jurídica qualificada nos termos da Lei 9.790/1999, preferencialmente que tenha o mesmo objeto social da extinta. A Turma declarou não existir uma rigidez quanto à destinação dos bens para outra entidade com fins idênticos, pois na norma civil admite-se fins semelhantes e na estatutária reza preferencialmente idêntica, mas não determina somente para idênticas. 4. Deu-se parcial provimento ao recurso" (TJDF, Recurso 2004.01.1.051627-9, Acórdão 372.247, 1.ª Turma Cível, Rel. Des. Flavio Rostirola, *DJDFTE* 1.º.09.2009, p. 33).

Em relação à dissolução das fundações, além dos casos vistos anteriormente, há norma específica, constante do art. 69 do CC. Lembre-se que, por tal comando, tornando-se

---

[94] DINIZ, Maria Helena. *Código Civil anotado*. 15. ed. São Paulo: Saraiva, 2010. p. 104-105.

CAP. 2 • PARTE GERAL DO CÓDIGO CIVIL DE 2002 | **187**

ilícita, impossível ou inútil a finalidade a que visa a fundação, ou vencido o prazo de sua existência, o órgão do Ministério Público, ou qualquer interessado, lhe promoverá a extinção, incorporando-se o seu patrimônio, salvo disposição em contrário no ato constitutivo, ou no estatuto, em outra fundação, designada pelo juiz, que se proponha a fim igual ou semelhante. Destaque-se que a norma vem recebendo a devida aplicação pela jurisprudência nacional (nesse sentido, ver: TJMG, Agravo Interno 1.0175.09.014179-7/0011, 4.ª Câmara Cível, Conceição do Mato Dentro, Rel. Des. José Francisco Bueno, j. 29.10.2009, *DJEMG* 12.11.2009).

### 2.3.6 Da desconsideração da personalidade jurídica

Como visto, a pessoa jurídica é capaz de direitos e deveres na ordem civil, independentemente dos membros que a compõem, com os quais não tem vínculo, ou seja, sem qualquer ligação com a vontade individual das pessoas naturais que a integram. Em outras palavras, há uma autonomia da pessoa jurídica em relação aos seus sócios e administradores, como agora está previsto no art. 49-A do Código Civil, incluído pela Lei 13.874/2019. Em regra, os seus componentes somente responderão por débitos dentro dos limites do capital social, ficando a salvo o patrimônio individual dependendo do tipo societário adotado.

A regra é de que a responsabilidade dos sócios em relação às dívidas sociais seja sempre subsidiária, ou seja, primeiro exaure-se o patrimônio da pessoa jurídica para depois, e desde que o tipo societário adotado permita, os bens particulares dos sócios ou componentes da pessoa jurídica serem executados.

Devido a essa possibilidade de exclusão da responsabilidade dos sócios ou administradores, a pessoa jurídica, por vezes, desviou-se de seus princípios e fins, cometendo fraudes e lesando sociedade ou terceiros, provocando reações na doutrina e na jurisprudência. Visando coibir tais abusos, surgiu a figura da *teoria da desconsideração da personalidade jurídica, teoria do levantamento do véu* ou *teoria da penetração na pessoa física* ("*disregard of the legal entity*"). Com isso se alcançam pessoas e bens que se escondem dentro de uma pessoa jurídica para fins ilícitos ou abusivos.

Quanto à origem da teoria, aponta-se o seu surgimento na Inglaterra, no caso de litígio entre os irmãos *Salomon*, em 1897.[95] Aprofundando a análise histórica, Fábio Ulhoa Coelho demonstra marcos teóricos fundamentais sobre o instituto:

> "A teoria é uma elaboração doutrinária recente. Pode-se considerar Rolf Serick o seu principal sistematizador, na tese de doutorado defendida perante a Universidade de Tübigen, em 1953. É certo que, antes dele, alguns autores já haviam se dedicado ao tema, como por exemplo, Maurice Wormser, nos anos 1910 e 1920. Mas não se encontra claramente nos estudos precursores a motivação central de Serick de buscar definir, em especial a partir da jurisprudência norte-americana, os critérios gerais que autorizam o afastamento da autonomia das pessoas jurídicas (1950)".[96]

Como se extrai de obra do último jurista, são apontados alguns julgamentos históricos como precursores da tese: como o outrora mencionado caso *Salomon vs. Salomon & Co.*, julgado na Inglaterra em 1897, e o caso *State vs. Standard Oil Co.*, julgado pela Corte Suprema do Estado de Ohio, Estados Unidos, em 1892. A verdade é que, a partir das teses e dos julgamentos, as premissas de penetração na pessoa jurídica, ou de *levantamento do seu*

---

95 REQUIÃO, Rubens. *Curso de direito comercial*. 23. ed. São Paulo: Saraiva, 1998. v. 1, p. 350.
96 COELHO, Fábio Ulhoa. *Curso de direito comercial*. 11. ed. São Paulo: Saraiva, 2008. v. 2, p. 37.

*véu*, passaram a influenciar a elaboração de normas jurídicas visando a sua regulamentação. Trata-se de mais uma festejada incidência da teoria da aparência e da vedação do abuso de direito, em sede do Direito de Empresa, ramo do Direito Privado.

Tal instituto permite ao juiz não mais considerar os efeitos da personificação da sociedade para atingir e vincular responsabilidades dos sócios, com intuito de impedir a consumação de fraudes e abusos por eles cometidos, desde que causem prejuízos e danos a terceiros, principalmente a credores da empresa. Dessa forma, os bens particulares dos sócios podem responder pelos danos causados a terceiros.

Em suma, o *véu* ou *escudo*, no caso da pessoa jurídica, é retirado para atingir quem está atrás dele, o sócio ou administrador. Bens da empresa também poderão responder por dívidas dos sócios, por meio do que se denomina como *desconsideração inversa* ou *invertida*. O Código Civil Brasileiro acolheu tal possibilidade em seu art. 50. Vejamos a sua redação atual, com as alterações que foram feitas pela Lei da Liberdade Econômica (Lei 13.874/2019), com a inclusão de um texto final no *caput* e de cinco novos parágrafos:

> "Art. 50. Em caso de abuso da personalidade jurídica, caracterizado pelo desvio de finalidade ou pela confusão patrimonial, pode o juiz, a requerimento da parte, ou do Ministério Público quando lhe couber intervir no processo, desconsiderá-la para que os efeitos de certas e determinadas relações de obrigações sejam estendidos aos bens particulares de administradores ou de sócios da pessoa jurídica beneficiados direta ou indiretamente pelo abuso.
>
> § 1.º Para os fins do disposto neste artigo, desvio de finalidade é a utilização da pessoa jurídica com o propósito de lesar credores e para a prática de atos ilícitos de qualquer natureza.
>
> § 2.º Entende-se por confusão patrimonial a ausência de separação de fato entre os patrimônios, caracterizada por:
>
> I – cumprimento repetitivo pela sociedade de obrigações do sócio ou do administrador ou vice-versa;
>
> II – transferência de ativos ou de passivos sem efetivas contraprestações, exceto os de valor proporcionalmente insignificante; e
>
> III – outros atos de descumprimento da autonomia patrimonial.
>
> § 3.º O disposto no *caput* e nos §§ 1.º e 2.º deste artigo também se aplica à extensão das obrigações de sócios ou de administradores à pessoa jurídica.
>
> § 4.º A mera existência de grupo econômico sem a presença dos requisitos de que trata o *caput* deste artigo não autoriza a desconsideração da personalidade da pessoa jurídica.
>
> § 5.º Não constitui desvio de finalidade a mera expansão ou a alteração da finalidade original da atividade econômica específica da pessoa jurídica".

Anote-se que a desconsideração da personalidade jurídica foi adotada pelo legislador da codificação de 2002 e, desde então, não é recomendável mais utilizar a expressão *teoria*, que constitui trabalho doutrinário, amparado pela jurisprudência.

Sobre as recentes mudanças do texto do Código Civil pela Lei 13.874/2019, a norma passou a viabilizar a desconsideração da personalidade jurídica – com a ampliação de responsabilidades – tão somente quanto ao sócio ou administrador que, direta ou indiretamente, for beneficiado pelo abuso. Há tempos defendo tal interpretação da norma, assim como outros juristas como Mário Luiz Delgado e na linha do Enunciado n. 7 da *I Jornada de Direito Civil*, para que o instituto da desconsideração não seja utilizado de forma desproporcional, abusiva e desmedida, atingindo pessoa natural que não tenha praticado o ato tido como abusivo ou ilícito. A título de exemplo, um sócio que não tenha tido qualquer benefício com a fraude praticada por outros membros da pessoa jurídica, seja de forma imediata ou mediata, não poderá ser responsabilizado por dívidas da empresa. Assim, nesse primeiro aspecto, o texto emergente avança, e muito.

Anote-se, que já citando a inovação e também texto de minha autoria, julgado do Superior Tribunal de Justiça de novembro de 2019 conclui que "a desconsideração da personalidade jurídica está subordinada a efetiva demonstração do abuso da personalidade jurídica, caracterizado pelo desvio de finalidade ou pela confusão patrimonial, e o benefício direto ou indireto obtido pelo sócio, circunstâncias que não se verificam no presente caso. Precedente" (STJ, REsp 1.838.009/RJ, 3.ª Turma, Rel. Min. Paulo Dias Moura Ribeiro, j. 19.11.2019). Como se retira do acórdão, o teor do novo preceito já era adotado em precedentes da Corte Superior.

Os novos parágrafos, que foram incluídos, desde o texto da Medida Provisória 881, trazem critérios objetivos para a incidência da desconsideração nas relações entre civis, em prol de uma suposta certeza e segurança jurídica. Advirta-se que essa norma não se aplica à desconsideração da personalidade jurídica prevista em outros sistemas, como no Código de Defesa do Consumidor, na legislação ambiental (Lei 9.605/1998), na Lei Anticorrupção (Lei 12.846/2013) e na nova Lei de Licitações (Lei 14.133/2021), que ainda serão aqui estudados. Os dois critérios alternativos previstos no caput do art. 50 do CC/2002 – precursores da chamada teoria maior da desconsideração – são o desvio de finalidade e a confusão patrimonial.

A respeito do desvio de finalidade, a norma passaria a estabelecer como requisito fundamental o elemento doloso ou intencional na prática da lesão ao direito de outrem ou de atos ilícitos, para que o instituto fosse aplicado. Como advertimos em textos que escrevemos, assim que a MP 881 foi editada, essa inovação representaria um grande retrocesso, travando a incidência da categoria, substancialmente por distanciar-se da teoria objetiva do abuso de direito, tratado pelo art. 187 do Código Civil, sem qualquer menção ao elemento subjetivo do dolo ou da culpa, e que fundamenta o instituto da desconsideração da personalidade jurídica.

Como antes foi sustentado, a Medida Provisória 881 adotava um modelo subjetivo e agravado, pois somente o dolo e não a simples culpa geraria a configuração desse primeiro elemento da desconsideração. Argumentava-se, entre os defensores da norma, que o elemento doloso para a aplicação da desconsideração estava consolidado no âmbito da jurisprudência do Superior Tribunal de Justiça, o que não é verdade. Porém, como se verá, a Corte tem exigido o dolo apenas para os casos de encerramento irregular das atividades, quando a empresa as encerra sem honrar com as suas obrigações e altera formalmente as informações perante os órgãos competentes (STJ, EREsp 1.306.553/SC, 2.ª Seção, Rel. Min. Maria Isabel Gallotti, j. 10.12.2014, *DJe* 12.12.2014).

Também como defendi em textos anteriores, a melhor redação do comando ficaria com a seguinte dicção: "para fins do disposto neste artigo, desvio de finalidade é a utilização da pessoa jurídica com o propósito de lesar credores e para a prática de atos ilícitos de qualquer natureza". Isso acabou sendo sugerido por alguns parlamentares, caso do Deputado André Figueiredo, por meio da Emenda 90: "suprima-se a expressão 'dolosa' do § 1.º do art. 50 da Lei n. 10.406, de 10 de janeiro de 2002 – Código Civil, alterado pelo art. 7.º da MPV n. 881, de 2019".

Grandes e até insuperáveis seriam os entraves para a incidência da desconsideração da personalidade jurídica – sobretudo na sua modalidade inversa – no âmbito do Direito de Família e das Sucessões, para os quais tem aplicação o art. 50 do Código Civil. Importante sempre lembrar que o elemento subjetivo, notadamente a culpa, foi afastado em demandas relativas a esses ramos jurídicos nos últimos anos, e a Medida Provisória 881 trazia a volta de sua análise para a desconsideração, especialmente do dolo. Assim, pelo atual texto, basta a conduta culposa, ou mesmo antifuncional – o que tem como parâmetro o art. 187 do CC –, para que o desvio de finalidade esteja caracterizado.

Sobre a confusão patrimonial, foram mantidos os parâmetros objetivos que estavam previstos na Medida Provisória 881, sem qualquer modificação, a saber: a) o cumprimento repetitivo pela sociedade de obrigações do sócio ou do administrador ou vice-versa; b) a transferência de ativos ou de passivos sem efetivas contraprestações, exceto os de valor proporcionalmente insignificante; e c) outros atos de descumprimento da autonomia patrimonial. A última previsão revela que a relação não é taxativa (*numerus clausus*), mas exemplificativa (*numerus apertus*).

Somente a primeira previsão tinha a minha ressalva, e sugeri que fosse retirada a palavra "repetitivo", pois a confusão patrimonial poderia estar configurada por um único cumprimento obrigacional da pessoa jurídica em relação aos seus membros; por um ato isolado, é possível realizar um total esvaziamento patrimonial com o intuito de prejudicar credores. De todo modo, tal entendimento não foi adotado, e caberá à jurisprudência fazer a mitigação do texto legal, se for o caso, nessas situações, até porque a relação prevista em lei não é fechada, como antes pontuado.

Sobre o § 3.º do atual art. 50, continuo a entender que seria mais interessante adaptá-lo ao art. 133, § 2.º, do Código de Processo Civil de 2015, que, ao tratar do incidente de desconsideração da personalidade jurídica, estabelece que "aplica-se o disposto neste Capítulo à hipótese de desconsideração inversa da personalidade jurídica". A redação que consta da nova lei, confirmando a Medida Provisória anterior, ao prever que "o disposto no caput e nos §§ 1.º e 2.º deste artigo também se aplica à extensão das obrigações de sócios ou de administradores à pessoa jurídica", pode até trazer a falsa impressão de que não se trata da desconsideração inversa. De todo modo, como foi essa a opção do legislador, é preciso sempre afirmar que se trata dos mesmos institutos.

Quanto ao § 4.º do art. 50, reitero o meu apoio ao texto legislativo, ao preceituar que "a mera existência de grupo econômico sem a presença dos requisitos de que trata o *caput* não autoriza a desconsideração da personalidade da pessoa jurídica". Foi positivada, portanto, a viabilidade jurídica do uso da desconsideração da personalidade jurídica para atingir outra pessoa jurídica, o que ainda será aqui analisado.

Como última mudança do art. 50 do Código Civil, o seu § 5.º confirma o texto da MP, no sentido de que não constitui desvio de finalidade a mera expansão ou a alteração da finalidade original da atividade econômica específica da pessoa jurídica. Lamenta-se a manutenção a respeito da alteração da finalidade original, que deveria ter sido retirada do texto de conversão, o que foi proposto pelo Senador Pacheco, por meio da Emenda 173.

Cite-se o exemplo de uma fundação que pode ter a sua autonomia desconsiderada com o fim de responsabilização dos seus administradores, caso altere a sua finalidade inicial com o objetivo de se desviar de seus fins nobres, constantes do art. 62, parágrafo único, do Código Civil. Nessa hipótese, entendo que já há motivo para aplicar o instituto do art. 50 do Código Civil, o que novamente deve ser considerado pela jurisprudência, abrindo-se uma exceção ao texto legal.

Ademais, se a expansão da atividade de uma pessoa jurídica for utilizada para prejudicar credores, há que se desconsiderar a personalidade jurídica, como no caso de um atacadista que passa a desempenhar atividades também do varejo usando isso para fins de confusão patrimonial e para lesar os sujeitos ativos de suas dívidas.

Como palavras finais sobre as mudanças trazidas pela Lei da Liberdade Econômica, que ainda serão aqui retomadas, em análise apurada, entre erros e acertos, penso que o texto da lei a respeito da desconsideração da personalidade jurídica é bem melhor do que o original e também do que constava da Medida Provisória 881, em especial pela retirada do dolo, tendo o Parlamento Brasileiro cumprido o seu papel e a sua função nos debates que permearam a conversão da MP e no aperfeiçoamento do texto.

Superada essa atualização, sabe-se que, igualmente, o Código de Defesa do Consumidor consagra tal instituto no seu art. 28, ao estabelecer que "o Juiz poderá desconsiderar a personalidade jurídica da sociedade quando, em detrimento do consumidor, houver abuso de direito, excesso de poder, infração da lei, fato ou ato ilícito ou violação dos estatutos ou contrato social. A desconsideração também será efetivada quando houver falência, estado de insolvência, encerramento ou inatividade da pessoa jurídica provocados por má administração (...) § 5.º Também poderá ser desconsiderada a pessoa jurídica sempre que sua personalidade for, de alguma forma, obstáculo ao ressarcimento de prejuízos causados aos consumidores".

Faz o mesmo o art. 4.º da Lei de Crimes Ambientais (Lei 9.605/1998), ao prever que "poderá ser desconsiderada a pessoa jurídica sempre que sua personalidade for obstáculo ao ressarcimento de prejuízos causados à qualidade do meio ambiente". De qualquer forma, no tocante às duas normas há uma diferença de tratamento, conforme será demonstrado a seguir.

Tanto com relação à adoção da *teoria* quanto à manutenção das leis especiais anteriores, prevê o Enunciado n. 51 do CJF/STJ, da *I Jornada de Direito Civil*, que "a teoria da desconsideração da personalidade jurídica – *disregard doctrine* – fica positivada no novo Código Civil, mantidos os parâmetros existentes nos microssistemas legais e na construção jurídica sobre o tema". Eis o argumento pelo qual não se pode mais utilizar a expressão *teoria*, uma vez que a desconsideração foi abraçada pela codificação privada.

Aprofundando a respeito da desconsideração da personalidade jurídica, como já se adiantou na análise das atualizações feitas pela Lei da Liberdade Econômica, a melhor doutrina aponta a existência de duas grandes teorias, a saber:[97]

a) *Teoria maior* – a desconsideração, para ser deferida, exige a presença de dois requisitos: o abuso da personalidade jurídica + o prejuízo ao credor. Essa teoria foi adotada pelo art. 50 do CC/2002.

b) *Teoria menor* – a desconsideração da personalidade jurídica exige um único elemento, qual seja o prejuízo ao credor. Essa teoria foi adotada pela Lei 9.605/1998 – para os danos ambientais – e, supostamente, pelo art. 28 do Código de Defesa do Consumidor.

Relativamente ao Código de Defesa do Consumidor, diz-se *supostamente* pela redação do § 5.º do seu art. 28, bastando o mero prejuízo ao consumidor, para que a desconsideração seja deferida, segundo a doutrina especializada.[98] Esse entendimento por vezes é adotado pela jurisprudência, conforme se depreende de notória e explicativa ementa do Superior Tribunal de Justiça:

"Responsabilidade civil e Direito do consumidor. Recurso especial. *Shopping Center* de Osasco-SP. Explosão. Consumidores. Danos materiais e morais. Ministério Público.

---

[97] COELHO, Fábio Ulhoa. *Curso de direito comercial*. 8. ed. São Paulo: Saraiva, 2005. v. 2, p. 35.

[98] GARCIA, Leonardo de Medeiros. *Direito do consumidor*. 3. ed. Niterói: Impetus, 2007. p. 114.

## 192 MANUAL DE DIREITO CIVIL • VOLUME ÚNICO – *Flávio Tartuce*

Legitimidade ativa. Pessoa jurídica. Desconsideração. Teoria maior e teoria menor. Limite de responsabilização dos sócios. Código de Defesa do Consumidor. Requisitos. Obstáculo ao ressarcimento de prejuízos causados aos consumidores. Art. 28, § 5.º – Considerada a proteção do consumidor um dos pilares da ordem econômica, e incumbindo ao Ministério Público a defesa da ordem jurídica, do regime democrático e dos interesses sociais e individuais indisponíveis, possui o Órgão Ministerial legitimidade para atuar em defesa de interesses individuais homogêneos de consumidores, decorrentes de origem comum. A teoria maior da desconsideração, regra geral no sistema jurídico brasileiro, não pode ser aplicada com a mera demonstração de estar a pessoa jurídica insolvente para o cumprimento de suas obrigações. Exige-se, aqui, para além da prova de insolvência, ou a demonstração de desvio de finalidade (teoria subjetiva da desconsideração), ou a demonstração de confusão patrimonial (teoria objetiva da desconsideração). A teoria menor da desconsideração, acolhida em nosso ordenamento jurídico excepcionalmente no Direito do Consumidor e no Direito Ambiental, incide com a mera prova de insolvência da pessoa jurídica para o pagamento de suas obrigações, independentemente da existência de desvio de finalidade ou de confusão patrimonial. – Para a teoria menor, o risco empresarial normal às atividades econômicas não pode ser suportado pelo terceiro que contratou com a pessoa jurídica, mas pelos sócios e/ou administradores desta, ainda que estes demonstrem conduta administrativa proba, isto é, mesmo que não exista qualquer prova capaz de identificar conduta culposa ou dolosa por parte dos sócios e/ou administradores da pessoa jurídica. – A aplicação da teoria menor da desconsideração às relações de consumo está calcada na exegese autônoma do § 5.º do art. 28 do CDC, porquanto a incidência desse dispositivo não se subordina à demonstração dos requisitos previstos no *caput* do artigo indicado, mas apenas à prova de causar, a mera existência da pessoa jurídica, obstáculo ao ressarcimento de prejuízos causados aos consumidores. Recursos especiais não conhecidos" (STJ, REsp 279.273/SP, 3.ª Turma, Rel. Min. Ari Pargendler, Rel. p/ Acórdão Min. Nancy Andrighi, j. 04.12.2003, *DJ* 29.03.2004, p. 230).

Todavia, no que tange ao Direito do Consumidor, como é notório, o art. 28, § 1.º, do CDC, foi vetado, quando na verdade o veto deveria ter atingido o § 5.º. O dispositivo vetado teria a seguinte redação: "a pedido da parte interessada, o juiz determinará que a efetivação da responsabilidade da pessoa jurídica recaia sobre o acionista controlador, o sócio majoritário, os sócios-gerentes, os administradores societários e, no caso de grupo societário, as sociedades que a integram" (art. 28, § 1.º). As razões do veto, que não têm qualquer relação com a norma: "O *caput* do art. 28 já contém todos os elementos necessários à aplicação da desconsideração da personalidade jurídica, que constitui, conforme doutrina amplamente dominante no direito pátrio e alienígena, técnica excepcional de repressão a práticas abusivas".

Assim, fica em dúvida a verdadeira adoção dessa teoria, apesar da previsão legal. Nesse sentido, comentando o erro no veto, anota Gustavo Rene Nicolau que "com este equívoco manteve-se em vigor o terrível § 5.º. Entendo que não se pode considerar eficaz o referido parágrafo, prestigiando um engano em detrimento de toda uma construção doutrinária absolutamente solidificada e que visa – em última análise – proteger a coletividade".[99] O que é importante dizer é que apesar dos protestos do civilista, e de outros autores, o art. 28, § 5.º, do CDC, vem sendo aplicado amplamente pela jurisprudência, como precursor da *teoria menor*.

---

[99] NICOLAU, Gustavo Rene. Desconsideração da personalidade jurídica. In: CANEZIN, Claudete Carvalho. *Arte jurídica*. Curitiba: Juruá, 2006. v. III. p. 236.

CAP. 2 · PARTE GERAL DO CÓDIGO CIVIL DE 2002 | **193**

Em suma, constata-se que a divisão entre a teoria maior e a menor consolidou-se na civilística nacional, mesmo com críticas formuladas pelo próprio Fábio Ulhoa Coelho, um dos seus principais precursores. Conforme se retira de obra mais recente do jurista, "em 1999, quando era significativa a quantidade de decisões judiciais desvirtuando a teoria da desconsideração, cheguei a chamar sua aplicação incorreta de 'teoria menor', reservando à correta a expressão 'teoria maior'. Mas a evolução do tema na jurisprudência brasileira não permite mais falar-se em duas teorias distintas, razão pela qual esses conceitos de 'maior' e 'menor' mostram-se, agora, felizmente, ultrapassados".[100]

Com o devido respeito, acredito que a aclamada divisão deve ser mantida na teoria e na prática do Direito Civil, especialmente pelo seu claro intuito didático e metodológico, com enorme relevância prática. Em suplemento, a aplicação da teoria menor é mais eficiente para a defesa dos interesses dos consumidores.

Voltando-se ao Código Civil, subsiste, ainda, o princípio da autonomia subjetiva da pessoa jurídica, distinta da pessoa de seus sócios, mas tal distinção é afastada nas hipóteses previstas na lei. Não se retirou a personalidade jurídica, mas apenas a desconsidera em determinadas situações, penetrando-se no patrimônio do sócio ou administrador. Na verdade, não se pode confundir a desconsideração com a *despersonificação* da empresa.

No primeiro instituto apenas desconsidera-se a regra pela qual a pessoa jurídica tem existência distinta de seus membros. Na despersonificação, a pessoa jurídica é dissolvida, nos termos do art. 51 do Código Civil. Sendo assim, no caso de ser deferida a desconsideração da personalidade jurídica pelo juiz da causa, deve-se manter a pessoa jurídica no polo passivo da demanda e incluir os sócios e administradores. A tabela a seguir diferencia as categorias:

| Desconsideração da personalidade jurídica (art. 50 do CC) | Despersonificação da pessoa jurídica (art. 51 do CC) |
|---|---|
| A pessoa jurídica não é extinta, havendo apenas uma ampliação de responsabilidades, com a desconsideração da regra segundo a qual a pessoa jurídica não se confunde com os seus membros. | A pessoa jurídica é extinta (dissolvida), com a apuração do ativo e do passivo. Conforme a lei, nos casos de dissolução da pessoa jurídica ou cassada a autorização para seu funcionamento, ela subsistirá para os fins de liquidação, até que esta se conclua. |

Repisando e aprofundando, é possível, no caso de confusão patrimonial, responsabilizar a empresa por dívidas dos sócios (*desconsideração inversa* ou *invertida*). O exemplo típico é a situação em que o sócio, tendo conhecimento de divórcio, compra bens com capital próprio em nome da empresa (confusão patrimonial). Pela desconsideração, tais bens poderão ser alcançados pela ação de divórcio, fazendo com que o instituto seja aplicado no Direito de Família.

Sobre o tema, mencione-se o trabalho pioneiro de Rolf Madaleno que trata da teoria da *disregard no Direito de Família*. Citando farta jurisprudência do TJRS, o doutrinador utiliza um exemplo muito próximo do que aqui foi apontado: "quando o marido transfere para sua empresa o rol mais significativo dos bens matrimoniais, sentença final de cunho declaratório haverá de desconsiderar este negócio específico, flagrada a fraude ou o abuso, havendo, em consequência, como matrimoniais esses bens, para ordenar sua partilha no ventre da separação judicial, na fase destinada a sua divisão, já considerados comuns e comunicáveis".[101]

---

[100] COELHO, Fábio Ulhoa. *Curso de direito comercial*. 15. ed. São Paulo: Saraiva, 2011. v. 2. p. 66-67.

[101] MADALENO, Rolf. *Direito de família*. Aspectos polêmicos. 2. ed. Porto Alegre: Livraria do Advogado, 1999. p. 31.

# 194 | MANUAL DE DIREITO CIVIL • VOLUME ÚNICO – *Flávio Tartuce*

Admitindo essa possibilidade, na *IV Jornada de Direito Civil* foi aprovado o Enunciado n. 283 do CJF/STJ, prevendo que "é cabível a desconsideração da personalidade jurídica denominada 'inversa' para alcançar bens de sócio que se valeu da pessoa jurídica para ocultar ou desviar bens pessoais, com prejuízo a terceiros". Do Tribunal de Justiça de São Paulo, pode ser transcrita a seguinte ementa anterior, que postergou a aplicação da teoria para a fase de cumprimento da sentença de ação de separação judicial:

> "Separação judicial. Pretensão à comunicação de bens havidos na constância do casamento e à desconsideração inversa da personalidade jurídica de empresas representadas pelo agravado. Matéria que deve ser relegada para fase posterior à sentença. Agravo parcialmente provido, para anular a parte da decisão que antecipou pronunciamento a respeito da incomunicabilidade dos aquestos" (TJSP, AI 319.880-4/0, 3.ª Câmara de Direito Privado, São Paulo, Rel. Des. Carlos Roberto Gonçalves, j. 02.12.2003).

Ressalte-se, por oportuno, que a separação judicial foi extinta com a aprovação da *Emenda do Divórcio* (EC 66/2010). Assim, os exemplos citados servem para o atual divórcio. Do mesmo modo ilustrado, a desconsideração inversa foi aplicada por notório julgado do STJ, assim publicado no seu *Informativo* n. 440:

> "Desconsideração da personalidade jurídica inversa. Discute-se, no REsp, se a regra contida no art. 50 do CC/2002 autoriza a chamada desconsideração da personalidade jurídica inversa. Destacou a Min. Relatora, em princípio, que, a par de divergências doutrinárias, este Superior Tribunal sedimentou o entendimento de ser possível a desconstituição da personalidade jurídica dentro do processo de execução ou falimentar, independentemente de ação própria. (...). Também explica que a interpretação literal do referido artigo, de que esse preceito de lei somente serviria para atingir bens dos sócios em razão de dívidas da sociedade e não o inverso, não deve prevalecer. Anota, após essas considerações, que a desconsideração inversa da personalidade jurídica caracteriza-se pelo afastamento da autonomia patrimonial da sociedade, para, contrariamente do que ocorre na desconsideração da personalidade propriamente dita, atingir, então, o ente coletivo e seu patrimônio social, de modo a responsabilizar a pessoa jurídica por obrigações de seus sócios ou administradores. Assim, observa que o citado dispositivo, sob a ótica de uma interpretação teleológica, legitima a inferência de ser possível a teoria da desconsideração da personalidade jurídica em sua modalidade inversa, que encontra justificativa nos princípios éticos e jurídicos intrínsecos à própria *disregard doctrine*, que vedam o abuso de direito e a fraude contra credores. Dessa forma, a finalidade maior da *disregard doctrine* contida no preceito legal em comento é combater a utilização indevida do ente societário por seus sócios. Ressalta que, diante da desconsideração da personalidade jurídica inversa, com os efeitos sobre o patrimônio do ente societário, os sócios ou administradores possuem legitimidade para defesa de seus direitos mediante a interposição dos recursos tidos por cabíveis, sem ofensa ao contraditório, à ampla defesa e ao devido processo legal. No entanto, a Min. Relatora assinala que o juiz só poderá decidir por essa medida excepcional quando forem atendidos todos os pressupostos relacionados à fraude ou abuso de direito estabelecidos no art. 50 do CC/2002. No caso dos autos, tanto o juiz como o tribunal *a quo* entenderam haver confusão patrimonial e abuso de direito por parte do recorrente. Nesse contexto, a Turma negou provimento ao recurso. Precedentes citados: REsp 279.273-SP, *DJ* 29.03.2004; REsp 970.635-SP, *DJe* 1º.12.2009, e REsp 693.235-MT, *DJe* 30.11.2009" (STJ, REsp 948.117/MS, Rel. Min. Nancy Andrighi, j. 22.06.2010).

Após a consolidação nos âmbitos doutrinário e jurisprudencial, a desconsideração inversa ou invertida acabou por ser incluída na lei, no Código de Processo Civil de 2015.

CAP. 2 • PARTE GERAL DO CÓDIGO CIVIL DE 2002 | **195**

Conforme o seu art. 133, § 2.º, primeiro comando a tratar do novo incidente de descon-sideração, "aplica-se o disposto neste Capítulo à hipótese de desconsideração inversa da personalidade jurídica". Reitere-se que fez o mesmo a *Lei da Liberdade Econômica* (Lei 13.874/2019), ao incluir o § 3.º no art. 50 do Código Civil, preceituando que "o disposto no *caput* e nos §§ 1.º e 2.º deste artigo também se aplica à extensão das obrigações de sócios ou de administradores à pessoa jurídica".

Esse incidente processual ainda será abordado no presente tópico. A propósito, apli-cando a desconsideração inversa já sob a vigência do Estatuto Processual emergente e em hipótese bem peculiar, concluiu o Tribunal da Cidadania que cabe a incidência do instituto em face de sócia da empresa que foi beneficiada por suposta transferência fraudulenta de cotas sociais por um dos cônjuges. *In casu*, reconheceu-se a sua legitimidade passiva para integrar a ação de divórcio cumulada com partilha de bens, no bojo da qual se requereu a declaração de ineficácia do negócio jurídico que teve por propósito transferir a participação do sócio e ex-marido à sócia remanescente (STJ, REsp 1.522.142/PR, 3.ª Turma, Rel. Min. Marco Aurélio Bellizze, por unanimidade, j. 13.06.2017, *DJe* 22.06.2017).

De qualquer forma, como consta de numerosos julgados e se retira da correta conclu-são doutrinária, a desconsideração não pode ser utilizada sem limites, como infelizmente ocorre na prática, principalmente em ações trabalhistas. Nesse sentido, determina o Enunciado n. 7 do CJF/STJ, aprovado na *I Jornada de Direito Civil* que "só se aplica a desconsideração da personalidade jurídica quando houver a prática de ato irregular, e limitadamente, aos administradores ou sócios, que nela hajam incorrido". O teor desse enunciado, como se verificou, foi adotado do novo trecho final do art. 50, *caput*, do Código Civil, incluído pela Lei 13.874/2019, contando com o meu total apoio.

Em complemento, foi aprovado novo enunciado na *III Jornada*, pelo qual "nas relações civis, interpretam-se restritivamente os parâmetros de desconsideração da personalidade jurídica previstos no art. 50 (desvio de finalidade social ou confusão patrimonial) – este Enunciado não prejudica o Enunciado n. 7" (Enunciado n. 146). Repise-se que a nova *Lei da Liberdade Econômica* também procurou seguir essa linha, ao trazer parâmetros mais objetivos para a configuração do desvio de finalidade e da confusão patrimonial.

Em resumo, não se pode esquecer que, para a aplicação da desconsideração da per-sonalidade jurídica, especialmente pela teoria maior, devem ser utilizados os parâmetros constantes do art. 187 do CC/2002, que conceitua o abuso de direito como ato ilícito. Esses parâmetros são o fim social ou econômico da empresa, a boa-fé objetiva e os bons costumes, que constituem cláusulas gerais que devem ser preenchidas pelo aplicador caso a caso. Desse modo, a utilização da desconsideração não pode ocorrer de forma excessiva, como é comum em decisões da Justiça do Trabalho, em que muitas vezes um sócio que nunca administrou uma empresa é responsabilizado por dívidas trabalhistas.

Seguindo no estudo do instituto, é interessante pontuar que, com a desconsideração, a responsabilização do sócio ou administrador é integral, além das suas quotas sociais, mor-mente nas hipóteses em que está presente o abuso de direito. A propósito dessa conclusão, julgou o Superior Tribunal de Justiça, em acórdão publicado no seu *Informativo* n. *463*, que:

> "No REsp, discute-se a possibilidade de, em razão da desconsideração da persona-lidade jurídica da sociedade empresária e, em ato contínuo, com a autorização da execução dos bens dos sócios, a responsabilidade dos sócios ficar limitada ao valor de suas respectivas quotas sociais. Segundo o Min. Relator, essa possibilidade não poderia prosperar, pois admitir que a execução esteja limitada às quotas sociais seria temerário, indevido e resultaria na desestabilização do instituto da desconsi-deração da personalidade jurídica. Explica que este hoje já se encontra positivado

em nosso ordenamento jurídico no art. 50 do CC/2002 e, nesse dispositivo, não há qualquer restrição acerca de a execução contra os sócios ser limitada às suas respectivas quotas sociais. Ademais, a desconsideração da personalidade jurídica já havia sido regulamentada no âmbito das relações de consumo no art. 28, § 5.º, do CDC e há muito é reconhecida pela jurisprudência e pela doutrina por influência da teoria do *disregard of legal entity*, oriunda do direito norte-americano. Ressalta, ainda, que a desconsideração não importa dissolução da pessoa jurídica, constitui apenas um ato de efeito provisório decretado para determinado caso concreto e objetivo, dispondo, ainda, os sócios incluídos no polo passivo da demanda de meios processuais para impugná-la. Por fim, observa que o art. 591 do CPC estabelece que os devedores respondem com todos os bens presentes e futuros no cumprimento de suas obrigações. Com esse entendimento, a Turma conheceu em parte do recurso e, nessa parte, negou-lhe provimento. Precedentes citados: REsp 140.564/SP, *DJ* 17.12.2004; REsp 401.081/TO, *DJ* 15.05.2006, e EDcl no REsp 750.335/PR, *DJ* 10.04.2006" (STJ, REsp 1.169.175/DF, Rel. Min. Massami Uyeda, j. 17.02.2011).

Como evolução da desconsideração da personalidade jurídica, tem-se adotado há tempos a *teoria da sucessão de empresas,* também denominada de *desconsideração econômica ou indireta,* pelas quais, nos casos de abuso da personalidade jurídica em que for patente a ocorrência de fraude, poderá o magistrado estender as responsabilidades de uma empresa para outra – denominadas *empresa sucedida* e *sucessora,* respectivamente.

Frise-se que a *Lei da Liberdade Econômica* positivou a sua possibilidade, pelo menos indiretamente, pelo teor do novo § 4.º do art. 50 do CC, *in verbis:* "a mera existência de grupo econômico sem a presença dos requisitos de que trata o *caput* deste artigo não autoriza a desconsideração da personalidade da pessoa jurídica". A título de exemplo, aplicando a ideia de sucessão de empresas, é interessante transcrever remoto julgado do extinto Primeiro Tribunal de Alçada Civil de São Paulo:

"Execução por título extrajudicial. Indeferimento do pedido de reconhecimento de sucessão de empresas. Desconsideração da personalidade jurídica. Admissibilidade ante a existência de prova inequívoca. Caracterização de conluio entre as empresas para prejudicar credores. Fraude evidenciada. Recurso provido para este fim" (Primeiro Tribunal de Alçada Civil de São Paulo, Agravo de Instrumento 1256457-3, 3.ª Câmara, Sorocaba, Rel. Térsio Negrato, j. 04.05.2004, Decisão: Deram provimento, v.u.).

Da mesma Corte Paulista, cite-se acórdão em que se aplicou a teoria da sucessão de empresas para compensação de créditos e débitos envolvendo o falido Banco Santos e o conhecido *Bank of Europe*, utilizado para perpetuar transações e fraudes pelo primeiro. O julgado – que teve a minha atuação como parecerista – foi assim publicado, com a adoção da tese exposta na opinião doutrinária:

"Falência. Ação monitória. Embargos. Procedência parcial em primeiro grau. Compensação de crédito do devedor do falido perante banco do mesmo grupo econômico deste. Possibilidade, no caso. Procedência integral da ação. Não havendo dúvidas nos autos de que o Bank of Europe pertence ao mesmo grupo econômico do falido, e de que, naquele, um dos apelantes tem crédito líquido, certo e exigível, possível a compensação desse crédito com o débito dos apelantes para com a Massa Falida. Apelação provida" (TJSP, Apelação com Revisão 9134530-70.2009.8.26.0000, Câmara Reservada à Falência e Recuperação do Tribunal de Justiça de São Paulo, 2.ª Vara de Falências e Recuperações Judiciais de São Paulo, São Paulo, Rel. Des. Lino Machado, j. 27.11.2012).

CAP. 2 • PARTE GERAL DO CÓDIGO CIVIL DE 2002 | **197**

Sobre tal hipótese de desconsideração, cumpre acrescentar que, na *I Jornada de Direito Processual Civil*, promovida pelo Conselho da Justiça Federal em agosto de 2017, aprovou-se enunciado doutrinário estabelecendo a necessidade de aplicação do incidente previsto entre os arts. 133 a 137 do CPC/2015 em casos tais. A ementa doutrinária utiliza os termos *desconsideração expansiva* e indireta (Enunciado n. 11).

Como se retira da doutrina de Cristiano Chaves de Farias e Nelson Rosenvald, a *desconsideração expansiva* representa "a possibilidade de desconsiderar uma pessoa jurídica para atingir a personalidade do sócio eventualmente oculto, que, não raro, está escondido na empresa controladora".[102] Por seu turno, de acordo com os mesmos autores, na *desconsideração indireta* "é permitido o levantamento episódico do véu protetivo da empresa controlada para responsabilizar a empresa-controladora (ou coligada) por atos praticados com aquela de modo abusivo ou fraudulento. Observa-se que a hipótese vem se tornando muito comum, em especial envolvendo grandes complexos empresariais que adquirem, sucessivamente, diversas empresas que terminam atuando de modo a criar um ambiente mais seguro para a sua controladora, em detrimento de terceiros que contratam com uma empresa mais fraca (controlada por outra mais forte)".[103]

Nesse último caso de responsabilização de uma pessoa jurídica por dívidas da outra, preferimos utilizar o termo *sucessão de empresas*, sendo possível também estender a responsabilização para a empresa controlada, por dívidas de sua controladora, ou vice-versa. Adotando também essa expressão, destaco aresto do STJ, de 2022, que traz como conteúdo o correto preenchimento dos requisitos para incidir a ampliação de responsabilidades:

"A caracterização da sucessão empresarial não exige a comprovação formal da transferência de bens, direitos e obrigações à nova sociedade, admitindo-se sua presunção quando os elementos indiquem que houve o prosseguimento na exploração da mesma atividade econômica, no mesmo endereço e com o mesmo objeto social. Precedentes. Na instância primeva, foi asseverada a ocorrência da sucessão empresarial 'de fato' sem interrupção, ante a comprovação da continuidade, pela adquirente, da mesma atividade empresarial exercida pela sociedade alienante, no mesmo endereço e utilizando-se da mesma mão de obra e de todas as máquinas e equipamentos a esta pertencentes, em decorrência de um nada crível instrumento particular de comodato, registrando, ainda, o encerramento das atividades da sucedida e a incorporação de sua clientela pela sucessora" (STJ, Ag. Int. no REsp 1.837.435/SP, 4.ª Turma, Rel. Min. Luis Felipe Salomão, j. 10.05.2022, *DJe* 07.06.2022).

Acrescente-se que, em 2023, a Corte passou a admitir, também, a chamada *desconsideração positiva da personalidade jurídica*, seguindo a expressão criada por Fabio Ricardo Brasilino, que foi meu orientando de doutorado na FADISP. Segundo o autor, a expressão justifica proteção conferida pela Lei 8.009/1990 a imóvel pertencente à pessoa jurídica, no qual residam os sócios, na linha de outros arestos aqui antes transcritos: "a teoria da desconsideração da personalidade sempre foi utilizada sob o aspecto negativo (punitivo/repressivo)" e, "sob o ponto de vista positivo, ou seja, para resguardo a dignidade da pessoa e outros valores constitucionais".[104] A seguir destaco um dos julgados atuais que utilizam o termo, que passa a ser considerado, para os devidos fins práticos:

---

[102] FARIAS, Cristiano Chaves; ROSENVALD, Nelson. *Curso de direito civil*. Parte Geral e LINDB. São Paulo: Atlas, 13. ed. 2015. v. 1, p. 405.

[103] FARIAS, Cristiano Chaves; ROSENVALD, Nelson. *Curso de direito civil*. Parte Geral e LINDB. São Paulo: Atlas, 13. ed. 2015. v. 1, p. 405.

[104] BRASILINO, Fabio Ricardo. A desconsideração da personalidade jurídica positiva. *Revista de Direito Empresarial: ReDE*, v. 2, n. 6, p. 91-105, nov./dez. 2014.

"Agravo interno no agravo em recurso especial. Civil. Execução de título executivo extrajudicial. Penhora de imóvel utilizado para integralizar o capital social de sociedade limitada. Alegação de residência por um dos sócios, sendo sócia majoritária empresa *holding* com sede nas ilhas virgens britânicas. Princípios da autonomia patrimonial e da integridade do capital social. Art. 789 do CPC. Arts. 49-A, 1.024, 1055 e 1059 do Código Civil. Confusão patrimonial. Desconsideração positiva da personalidade jurídica para proteção de bem de família. Lei n. 8.009/90. Inaplicabilidade no caso dos autos. 1. A autonomia patrimonial da sociedade, princípio basilar do direito societário, configura via de mão dupla, de modo a proteger, nos termos da legislação de regência, o patrimônio dos sócios e da própria pessoa jurídica (e seus eventuais credores). 2. 'A impenhorabilidade da Lei nº 8.009/90, ainda que tenha como destinatários as pessoas físicas, merece ser aplicada a certas pessoas jurídicas, às firmas individuais, às pequenas empresas com conotação familiar, por exemplo, por haver identidade de patrimônios' (FACHIN, Luiz Edson. *Estatuto Jurídico do Patrimônio Mínimo*, Rio de Janeiro: Renovar, 2001, p. 154). 3. A desconsideração parcial da personalidade da empresa proprietária para a subtração do imóvel de moradia do sócio do patrimônio social apto a responder pelas obrigações sociais apenas deve ocorrer em situações particulares, quando evidenciada confusão entre o patrimônio da empresa familiar e o patrimônio pessoal dos sócios. 4. Impõe-se também a demonstração da boa-fé do sócio morador, que se infere de circunstâncias a serem aferidas caso a caso, como ser o imóvel de residência habitual da família, desde antes do vencimento da dívida. 5. Hipótese em que inaplicável a proteção da Lei 8.009/90 ao imóvel registrado em nome de pessoa jurídica, cujo capital social ultrapassa os três milhões de reais e pertence 99% a empresa constituída nas Ilhas Virgens, sendo a sócia moradora titular de apenas uma quota social. 6. Agravo interno a que se nega provimento" (STJ, Ag. Int. no AREsp 1.868.007/SP, 4.ª Turma, Rel. Min. Raul Araújo, Rel. p/ ac. Min. Maria Isabel Gallotti, j. 14.03.2023, *DJe* 30.03.2023).

Feitas essas notas importantes a respeito das modalidades de desconsideração, pontue--se, ainda, que a desconsideração da personalidade jurídica sempre foi viável como medida a ser deferida pelo magistrado, dentro de um processo judicial. Todavia, como novidade, a Lei Anticorrupção (Lei 12.846/2013) criou uma nova modalidade, de desconsideração administrativa. Conforme o seu art. 14, "a personalidade jurídica poderá ser desconsiderada sempre que utilizada com abuso do direito para facilitar, encobrir ou dissimular a prática dos atos ilícitos previstos nesta Lei ou para provocar confusão patrimonial, sendo estendidos todos os efeitos das sanções aplicadas à pessoa jurídica aos seus administradores e sócios com poderes de administração, observados o contraditório e a ampla defesa".

Como o dispositivo está inserido dentro do capítulo relativo ao processo administrativo de responsabilização, forçoso concluir que se trata de medida que independe de decisão judicial. Julgado publicado no *Informativo* n. *732* do STF reconhece a importância desse novo mecanismo de defesa do interesse público e coletivo.

Como outra norma recente que trata do instituto, destaque-se a nova Lei de Licitações (Lei 14.133/2021). Consoante o art. 160 do novel diploma, "a personalidade jurídica poderá ser desconsiderada sempre que utilizada com abuso do direito para facilitar, encobrir ou dissimular a prática dos atos ilícitos previstos nesta Lei ou para provocar confusão patrimonial, e, nesse caso, todos os efeitos das sanções aplicadas à pessoa jurídica serão estendidos aos seus administradores e sócios com poderes de administração, a pessoa jurídica sucessora ou a empresa do mesmo ramo com relação de coligação ou controle, de fato ou de direito, com o sancionado, observados, em todos os casos, o contraditório, a ampla defesa e a obrigatoriedade de análise jurídica prévia". Como se pode notar, essa legislação emergente adota a teoria maior, na linha do que está no art. 50 do Código Civil.

CAP. 2 • PARTE GERAL DO CÓDIGO CIVIL DE 2002 | **199**

Seguindo no estudo de questões materiais, relativas à desconsideração, é interessante comentar os enunciados doutrinários aprovados na *IV Jornada de Direito Civil* (2006), além do Enunciado n. 283, já analisado. Tais enunciados doutrinários são interessantes na orientação do estudo de temas polêmicos relativos à matéria.

Primeiramente, dispõe o Enunciado n. 281 do CJF/STJ que a aplicação da desconsideração, descrita no art. 50 do CC, prescinde da demonstração de insolvência da pessoa jurídica. Em tom prático, não há necessidade de provar que a empresa está falida para que a desconsideração seja deferida. O enunciado está perfeitamente correto, pois os parâmetros previstos no art. 50 do CC são a confusão patrimonial e o desvio de finalidade. Todavia, a insolvência ou a falência podem servir de parâmetros de reforço para a desconsideração.

Já o Enunciado n. 282 do CJF/STJ aduz que o encerramento irregular das atividades da pessoa jurídica, por si só, não basta para caracterizar abuso de personalidade jurídica. Imagine-se o caso em que a pessoa jurídica fechou o estabelecimento empresarial e não pagou credores. Não há como concordar com essa conclusão, pois o encerramento irregular é exemplo típico de abuso da personalidade jurídica, particularmente de desvio de finalidade da empresa, conforme balizado entendimento jurisprudencial (nesse sentido, ver: STJ, REsp 1.346.464/SP, 3.ª Turma, Rel. Min. Nancy Andrighi, j. 1.º.10.2013, *DJe* 28.10.2013; TJSP, Agravo de Instrumento 990.09.250776-1, Acórdão 4301323, 29.ª Câmara de Direito Privado, São Paulo, Rel. Des. Oscar Feltrin, j. 03.02.2010, *DJESP* 25.02.2010; TJMG, Agravo Interno 1.0024.06.986632-5/0011, 11.ª Câmara Cível, Belo Horizonte, Rel. Des. Marcos Lincoln, j. 27.01.2010, *DJEMG* 22.02.2010; TJPR, Agravo de Instrumento 0572154-2, 3.ª Câmara Cível, Guarapuava, Rel. Des. Paulo Habith, *DJPR* 17.12.2009, p. 32; TJRS, Agravo de Instrumento 70030801385, 19.ª Câmara Cível, Lajeado, Rel. Des. Guinther Spode, j. 24.11.2009, *DJERS* 1.º.12.2009, p. 75; TJDF, Recurso 2009.00.2.005888-6, Acórdão 361.803, 6.ª Turma Cível, Rel. Des. Jair Soares, *DJDFTE* 18.06.2009, p. 87).

Em complemento, anote-se que, no âmbito da execução fiscal, o STJ entende que se presume dissolvida irregularmente a empresa que deixar de funcionar no seu domicílio fiscal, sem comunicação aos órgãos competentes, legitimando o redirecionamento da execução fiscal para o sócio-gerente (Súmula 435). Como se nota, o teor da súmula está na contramão do entendimento que consta do criticado Enunciado n. 282 do CJF/STJ.

Todavia, o tema nunca foi pacífico no Tribunal da Cidadania. A par dessa realidade, em dezembro de 2014, a Segunda Seção do Superior Tribunal de Justiça acabou por analisar a matéria em sede de incidente de recursos repetitivos, concluindo, na mesma linha do enunciado doutrinário comentado, que o mero encerramento irregular das atividades da empresa não tem o condão de, por si só, gerar a incidência da desconsideração, especialmente aquela tratada pelo Código Civil. Conforme a relatoria da Ministra Maria Isabel Gallotti, que merece destaque:

"A criação teórica da pessoa jurídica foi avanço que permitiu o desenvolvimento da atividade econômica, ensejando a limitação dos riscos do empreendedor ao patrimônio destacado para tal fim. Abusos no uso da personalidade jurídica justificaram, em lenta evolução jurisprudencial, posteriormente incorporada ao direito positivo brasileiro, a tipificação de hipóteses em que se autoriza o levantamento do véu da personalidade jurídica para atingir o patrimônio de sócios que dela dolosamente se prevaleceram para lesar credores. Tratando-se de regra de exceção, de restrição a princípio da autonomia patrimonial da pessoa jurídica, interpretação que melhor se coaduna com o art. 50 do Código Civil é a que rege sua aplicação a casos extremos, em que a pessoa jurídica tenha sido mero instrumento para fins fraudulentos por aqueles que a idealizaram, valendo-se dela para encobrir os ilícitos que propugnam seus sócios ou administradores. Entendimento diverso conduziria, no limite, em termos práticos, ao fim da autonomia patrimonial da pessoa jurídica, ou seja, regresso histórico incompatível com a segurança jurídica e com o vigor da atividade econômica. Com esses fundamentos, não estando consignado no acórdão estadual que a dissolução da sociedade tinha por fim fraudar credores ou ludibriar terceiros, não se configurando, portanto, desvio da finalidade social ou confusão patrimonial entre sociedade, sócios ou administradores, acolho os embargos de divergência para que prevaleça tese adotada pelo acórdão paradigma e, por conseguinte, restabelecer o acórdão especialmente recorrido" (STJ, Embargos de Divergência no Agravo Regimental no Recurso Especial 1.306.553/SC, 2.ª Seção, j. 10.12.2014, *DJe* 12.12.2014).

Em suma, passou-se a entender, naquela Corte e de forma consolidada, que a desconsideração da personalidade jurídica, pela teoria maior, exige dolo do sócio ou administrador, em havendo encerramento irregular das atividades da pessoa jurídica, e somente nesses casos. Essa posição, com o devido respeito, não conta com o meu apoio, pois sou filiado à incidência do art. 187 do Código Civil em casos tais, e da correspondente responsabilidade objetiva que decorre desse dispositivo.

Também da *IV Jornada de Direito Civil*, prevê o Enunciado n. 284 do CJF/STJ que "as pessoas jurídicas de direito privado sem fins lucrativos ou de fins não econômicos estão abrangidas no conceito de abuso da personalidade jurídica". Ao contrário do anterior, esse enunciado está de acordo com o entendimento jurisprudencial que, por exemplo, admite a desconsideração da personalidade jurídica em face de uma associação (nesse sentido, ver: TJSP, Agravo de Instrumento 573.072.4/7, Acórdão 3123059, 8.ª Câmara de Direito Privado, São Vicente, Rel. Des. Caetano Lagrasta, j. 07.08.2008, *DJESP* 22.08.2008; TJPR, Agravo de Instrumento 0285267-3, Acórdão 238202, 15.ª Câmara Cível, Curitiba, Des. Anny Mary Kuss, j. 19.04.2005, publicado em 06.05.2005).

Recente julgamento do Superior Tribunal de Justiça reconheceu as dificuldades dessa desconsideração de pessoa jurídica sem fins lucrativos, uma vez que, "ao se desconsiderar a personalidade jurídica de uma associação, pouco restará para atingir, pois os associados não mantêm qualquer vínculo jurídico entre si, por força do art. 53 do CC/2002" (STJ, REsp 1.398.438/SC, 3.ª Turma, Rel. Min. Nancy Andrighi, j. 04.04.2017, *DJe* 11.04.2017). Também ali se reconheceu que "a possibilidade de desconsideração da personalidade jurídica de associação civil é ainda muito pouco assentada na doutrina e na jurisprudência, principalmente em razão de suas características muito peculiares se comparadas com as sociedades empresárias". Porém, não se fecharam as portas para tal possibilidade.

Ainda na *IV Jornada de Direito Civil*, foi aprovado o Enunciado n. 285 do CJF/STJ, estabelecendo que a desconsideração, prevista no art. 50 do Código Civil, pode ser invocada pela pessoa jurídica em seu favor. Como não poderia ser diferente, pode uma empresa credora fazer uso do instituto contra uma empresa devedora, presentes os requisitos do art. 50 do CC. Pelo mesmo enunciado doutrinário, pode a própria pessoa jurídica pleitear a sua desconsideração (*autodesconsideração*).

Na esteira da última conclusão e como consequência desse enunciado doutrinário, deduziu o Superior Tribunal de Justiça o seguinte:

"A pessoa jurídica tem legitimidade para impugnar decisão interlocutória que desconsidera sua personalidade para alcançar o patrimônio de seus sócios ou administradores, desde que o faça com o intuito de defender a sua regular administração e autonomia – isto é, a proteção da sua personalidade –, sem se imiscuir indevidamente na esfera de direitos dos sócios ou administradores incluídos no polo passivo por força da desconsideração. (...). A rigor, portanto, a desconsideração

CAP. 2 • PARTE GERAL DO CÓDIGO CIVIL DE 2002 | **201**

da personalidade da pessoa jurídica resguarda interesses de credores e também da própria sociedade indevidamente manipulada. Por isso, inclusive, segundo o enunciado 285 da *IV Jornada de Direito Civil*, 'a teoria da desconsideração, prevista no art. 50 do Código Civil, pode ser invocada pela pessoa jurídica em seu favor'. Nesse compasso, tanto o interesse na desconsideração ou na manutenção do véu protetor, podem partir da própria pessoa jurídica, desde que, à luz dos requisitos autorizadores da medida excepcional, esta seja capaz de demonstrar a pertinência de seu intuito, o qual deve sempre estar relacionado à afirmação de sua autonomia, vale dizer, à proteção de sua personalidade" (STJ, REsp 1.421.464/SP, Rel. Min. Nancy Andrighi, j. 24.04.2014).

Anoto que no atual Projeto de Reforma de Atualização do Código Civil almeja-se incluir no seu art. 50 alguns desses entendimentos doutrinários e jurisprudenciais, passando a norma a ter oito parágrafos. Como está na Exposição de Motivos apresentada pela Comissão de Juristas, "foi incluída previsão, no art. 50, da possibilidade de desconsideração da personalidade jurídica das associações, a qual será limitada aos associados com poder de direção ou capazes de influenciar na tomada da decisão. Também foi previsto o cabimento da desconsideração da personalidade jurídica inversa e esclarecido que os bens a serem eventualmente constritos são 'de propriedade' do atingido pela desconsideração, harmonizando o texto atual com o Código de Processo Civil". Nesse contexto de melhora técnica da norma, o seu *caput* passará a prever que, "em caso de abuso da personalidade jurídica, caracterizado pelo desvio de finalidade ou pela confusão patrimonial, pode o juiz, a requerimento da parte ou do Ministério Público quando lhe couber intervir no processo, desconsiderá-la para que os efeitos de certas e determinadas relações de obrigações sejam estendidos aos bens de propriedade de administradores, sócios ou associados da pessoa jurídica beneficiados direta ou indiretamente pelo abuso".

Seguindo na análise do Projeto, o § 1.º do art. 50 passará a prever, de forma mais ampla, que "o disposto neste artigo se aplica a todas as pessoas jurídicas de direito privado, nacionais ou estrangeiras, com atividade civil ou empresária, mesmo que prestadoras de serviço público". E, "na hipótese de desconsideração da personalidade jurídica de associações, a responsabilidade patrimonial será limitada aos associados com poder de direção ou com poder capaz de influenciar a tomada da decisão que configurou o abuso da personalidade jurídica" (proposta de § 2.º do art. 50 do CC/2002).

Para que não pairem dúvidas sobre tratar-se da desconsideração inversa, o seu § 3.º enunciará que "é cabível a desconsideração da personalidade jurídica inversa, para alcançar bens de sócio, administrador ou associado que se valeram da pessoa jurídica para ocultar ou desviar bens pessoais, com prejuízo a terceiros". Como antes pontuado, essa já é a conclusão majoritária da doutrina a respeito do comando, atualmente.

Sobre o desvio da finalidade, ele é mais bem definido no novo § 4.º do art. 50, incluindo-se expressamente o abuso de direito: "para os fins do disposto neste artigo, desvio de finalidade é a utilização da pessoa jurídica com o propósito de lesar credores ou para a prática de atos ilícitos de qualquer natureza, inclusive a de abuso de direito". E sobre a confusão patrimonial, no § 5.º, inclui-se nova previsão no primeiro inciso, eis que "entende-se por confusão patrimonial a ausência de separação dos patrimônios, caracterizada: I – pela prática pelos sócios ou administradores de atos reservados à sociedade, ou pela prática de atos reservados aos sócios ou administradores pela sociedade; II – pelo cumprimento repetitivo pela pessoa jurídica de obrigações do sócio, associados ou administradores, ou vice-versa; III – pela transferência de ativos ou de passivos sem efetivas contraprestações, exceto os de valor proporcionalmente insignificante; e IV – por outros atos de descumprimento da autonomia patrimonial". No mais, apenas com pequenas alterações de redação nos textos, os novos §§ 6.º, 7.º e 8.º do art. 50 do CC/2002 repetem os atuais §§ 3.º, 4.º e 5.º.

Ainda sobre o tema da desconsideração, deve ser comentado o incidente de desconsideração da personalidade jurídica, bem incluído no Código de Processo Civil de 2015, ora em vigor, entre os seus arts. 133 a 137. Como é notório, o incidente recebeu um título próprio no Capítulo IV do Título III, que trata da intervenção de terceiros no processo, sem prejuízo de outros dispositivos, que aqui serão abordados. Restam dúvidas se realmente o incidente em estudo representa uma forma de intervenção de terceiros na demanda. Entendo que a resposta é negativa.

De início, estabelece o art. 133, *caput*, do Código de Processo Civil de 2015 que o incidente de desconsideração da personalidade jurídica será instaurado a pedido da parte ou do Ministério Público, quando lhe couber intervir no processo. Assim, fica afastada, pelo menos *a priori*, a possibilidade de conhecimento de ofício, pelo juiz, da desconsideração da personalidade jurídica. Lembre-se de que a menção ao pedido pela parte ou pelo Ministério Público consta do art. 50 do Código Civil.

Apesar disso, entendo que, em alguns casos envolvendo a ordem pública, a desconsideração da personalidade jurídica *ex officio* é possível. Cite-se, de início, as hipóteses envolvendo os consumidores, eis que, nos termos do art. 1.º da Lei 8.078/1990, o Código de Defesa do Consumidor é norma de ordem pública e interesse social, envolvendo direitos fundamentais protegidos pelo art. 5.º da Constituição Federal de 1988.

A esse propósito, por todos os doutrinadores consumeristas, como pondera Claudia Lima Marques, "no Brasil, pois, a proteção do consumidor é um valor constitucionalmente fundamental (*Wertsystem*) e é um direito subjetivo fundamental (art. 5.º, XXXII), guiando – e impondo – a aplicação *ex officio* da norma protetiva dos consumidores, a qual realize o direito humano (efeito útil e pro *homine* do *status* constitucional); esteja esta norma no CDC ou em fonte outra (art. 7.º do CDC)".[105]

Existem arestos estaduais que adotam tal ideia, caso do Tribunal de Justiça do Distrito Federal. Assim, a título de exemplo de vários julgados que assim concluem, com mesma relatoria e no âmbito do Juizado Especial Cível:

> "Agravo de instrumento. Juizados Especiais Cíveis. Direito do consumidor. Desconsideração da personalidade jurídica. Incidência da *teoria menor*, que possibilita a decretação, de ofício, apenas em razão da insolvência. Artigo 28, § 5.º, do CDC. Agravo conhecido e provido. 1. Trata-se de relação de consumo, visto que o agravante é o consumidor, e o recorrido fornecedor de serviços, conforme previsto nos artigos 2.º e 3.º da Lei 8.079, de 11 de setembro de 1990, Código de Defesa do Consumidor. 2. Tratando-se de vínculo proveniente de relação de consumo, aplica--se a teoria menor da desconsideração da personalidade (§ 5.º do art. 28 do CDC), para qual é suficiente a prova de insolvência da pessoa jurídica, sem necessidade da demonstração do desvio de finalidade ou da confusão patrimonial. 3. Verificada a índole consumerista da relação e o esgotamento, sem sucesso, das diligências cabíveis e razoáveis à busca de bens suficientes para satisfação do crédito do consumidor, é cabível a desconsideração da personalidade jurídica do agravado. 4. Agravo de instrumento conhecido e provido. 5. Sem custas e sem honorários, ante a ausência de recorrente vencido" (TJDF, Processo 0700.64.9.252017-8079000, Acórdão 104.6000, 2.ª Turma Recursal dos Juizados Especiais Cíveis e Criminais, Rel. Juiz Arnaldo Corrêa Silva, j. 13.09.2017, *DJDFTE* 20.09.2017).

---

[105] MARQUES, Claudia Lima. *Comentários ao Código de Defesa do Consumidor*. São Paulo: RT, 2010. p. 70.

Pensamos que também é viável a desconsideração da personalidade jurídica de ofício pelo juiz nos casos de danos ambientais, diante da proteção constitucional do Bem Ambiental, como bem difuso, retirada do art. 225 do Texto Maior. A conclusão deve ser a mesma nas hipóteses envolvendo corrupção, por força da Lei 12.846/2013, de interesse coletivo inquestionável. Em suma, a decretação *ex officio* é viável, no meu entender, nos casos de incidência da *teoria menor*.

Em complemento, o § 1.º do art. 133 do CPC/2015 estabelece que o pedido de desconsideração da personalidade jurídica observará os pressupostos previstos em lei. Desse modo, devem ser respeitadas pelas partes e pelos julgadores as regras materiais antes comentadas, bem como as interpretações doutrinárias e jurisprudenciais outrora deduzidas, especialmente quanto às teorias maior e menor.

Igualmente conforme exposto, com clara origem na evolução doutrinária e jurisprudencial a respeito do tema, enuncia o § 2.º do art. 133 do CPC que o incidente de desconsideração é aplicável às hipóteses de *desconsideração inversa* da personalidade jurídica. Curiosamente, o fundamento legal para a desconsideração invertida passou a ser a norma da lei processual, e não a codificação material.

Nos termos da *cabeça* do art. 134 da Norma Processual Civil emergente, o incidente de desconsideração é cabível em todas as fases do processo de conhecimento, no cumprimento de sentença e na execução fundada em título executivo extrajudicial. Conforme o Enunciado n. 111, aprovado na *II Jornada de Direito Processual Civil*, promovida pelo Conselho da Justiça Federal em setembro de 2018, o incidente de desconsideração da personalidade jurídica pode ser aplicado também ao processo falimentar.

A instauração do incidente será imediatamente comunicada ao distribuidor para as anotações devidas (§ 1.º do art. 134). Dispensa-se a instauração do incidente se a desconsideração da personalidade jurídica for requerida na petição inicial, situação em que será citado o sócio ou a pessoa jurídica (§ 2.º). A instauração do incidente suspenderá o processo, salvo na hipótese de pedido na exordial, com citação do sócio (§ 3.º). Apesar da clareza da última norma, na citada *II Jornada de Direito Processual Civil* aprovou-se o Enunciado n. 110, segundo o qual "a instauração do incidente de desconsideração da personalidade jurídica não suspenderá a tramitação do processo de execução e do cumprimento de sentença em face dos executados originários". A ementa doutrinária, com o devido respeito, parece-me *contra legem, razão pela qual votamos contra o seu teor na plenária do evento.*

Além disso, parece ter pecado o CPC/2015 por mencionar apenas os sócios no último comando, e não os administradores da empresa, sendo viável fazer uma interpretação extensiva para também os incluir. Ademais, o requerimento deve demonstrar o preenchimento dos pressupostos legais específicos para desconsideração da personalidade jurídica, o que deve se dar de forma devidamente fundamentada (§ 4.º do art. 134 do CPC/2015).

A menção a qualquer fase do processo é louvável, afastando o debate anterior de desconsideração em processo executivo, mormente por um suposto atentado ao contraditório e à ampla defesa. Com a instauração do incidente, essa discussão fica afastada.

Também afasta inquietações anteriores a expressão de que os sócios – e administradores – passam a compor o polo passivo da demanda. Dessa forma, devem ser tratados como *partes*, e não como terceiros, nos casos de desconsideração da personalidade jurídica. Tanto isso é verdade que o novo art. 790, inc. VII, do Código de Processo Civil passou a enunciar que, nas situações de desconsideração da personalidade jurídica, ficam sujeitos à execução os bens do responsável.

Suplementarmente, o art. 674 do Código de Processo Civil define como legitimado para opor embargos de terceiros aquele que, não sendo parte no processo, sofrer constrição ou ameaça de constrição sobre bens que possua ou sobre os quais tenha direito incompatível com o ato constritivo. Ademais, conforme o § 2.º, inc. III, do mesmo artigo, considera-se *terceiro*, para ajuizamento dos embargos de terceiro quem sofrer constrição judicial de seus bens por força de desconsideração da personalidade jurídica, de cujo incidente não fez parte. Somente nessas hipóteses fáticas os embargos de terceiro são cabíveis.

Seguindo, o § 4.º do art. 134 do CPC/2015 preconiza que o requerimento de desconsideração da personalidade deve demonstrar o preenchimento dos pressupostos legais específicos para a sua incidência. Em suma, o pedido deve ser bem fundamentado, com a exposição da incidência das teorias maior ou menor, na linha de todas as lições que no presente capítulo foram expostas.

Instaurado o incidente, o sócio (ou a pessoa jurídica) será citado para manifestar-se e requerer as provas cabíveis no prazo de 15 dias (art. 135 do Código de Processo Civil), o que evidencia a instauração de um louvável contraditório, sempre defendido pela doutrina. Nos termos do novo art. 136 do CPC/2015, concluída a instrução, se necessária, o incidente será resolvido por decisão interlocutória, e não por sentença. Se a decisão for proferida pelo relator, caberá agravo interno, com tratamento específico no próprio Estatuto Processual emergente.

Como última regra geral a respeito do incidente de desconsideração prevista no Estatuto Processual, nos termos do art. 137 do CPC/2015, acolhido o pedido de desconsideração, a alienação ou a oneração de bens, havida em fraude de execução, será ineficaz em relação ao requerente. Em suma, a opção legislativa é resolver a questão no plano da eficácia, e não da validade, como constava da parte final do art. 50 do Código Civil e do art. 28, *caput*, do Código de Defesa do Consumidor.

Outro dispositivo que merece ser citado e anotado é o art. 795 do CPC/2015, segundo o qual os bens particulares dos sócios não respondem pelas dívidas da sociedade, senão nos casos previstos em lei. Nos termos do seu § 1.º, o sócio-réu, quando responsável pelo pagamento da dívida da sociedade, tem o direito de exigir que primeiro sejam excutidos os bens da sociedade, o que confirma a sua responsabilidade subsidiária e não solidária, presente o benefício de ordem ou de excussão. Ao sócio que alegar esse benefício, cabe a nomeação de bens da sociedade, situados na mesma comarca, livres e desembargados, que bastem para pagar o débito (art. 795, § 2.º, do CPC/2015). O sócio que pagar a dívida poderá executar a sociedade nos autos do mesmo processo (art. 795, § 3.º, do CPC/2015). Por fim, para a desconsideração da personalidade jurídica é obrigatória a observância do incidente previsto no próprio CPC, de 2015, o que indica que a responsabilidade do sócio ou administrador passa a ser integral e solidária (art. 795, § 4.º), na linha do que vinha entendendo a melhor jurisprudência nacional.

Também em boa hora o novo art. 1.062 do CPC/2015 passa a prever que o incidente de desconsideração da personalidade jurídica aplica-se ao processo de competência dos juizados especiais. Como o incidente não traz grandes complexidades, não haveria qualquer óbice para a sua incidência nesses processos, constituindo-se em um importante mecanismo que afasta a má-fé e pune os maus sócios e administradores das pessoas jurídicas.

A encerrar o presente tópico, cumpre destacar que na jurisprudência nacional já podem ser encontrados numerosos arestos aplicando o novel incidente de desconsideração e com debates interessantes. A título de ilustração, vejamos alguns deles.

De início, merece destaque julgado paulista que considerou o incidente de desconsideração da personalidade jurídica uma espécie de intervenção de terceiros que recebeu disciplina processual expressa, com o fito de harmonizar a desconsideração da personalidade jurídica com o princípio do contraditório, nos termos do art. 5.º, inc. LV, da CF/1988 e dos arts. 7.º,

CAP. 2 • PARTE GERAL DO CÓDIGO CIVIL DE 2002 | **205**

9.º e 10 do CPC/2015). Por isso, nos termos da ementa, seria "imprescindível a instauração do incidente de desconsideração da personalidade jurídica, quando não requerida na petição inicial, com a consequente citação do sócio ou da pessoa jurídica para manifestação e requerimento das provas cabíveis no prazo de 15 dias (art. 135, CPC), assegurando àquele contra qual foi deduzido o pedido, sua defesa e ampla produção de provas para proteção de seu patrimônio" (TJSP, Agravo de Instrumento 2044457-93.2017.8.26.0000, Acórdão 10510779, 35.ª Câmara de Direito Privado, São Paulo, Rel. Des. Gilberto Leme, j. 12.06.2017, *DJESP* 22.06.2017, p. 2.275).

Em outro julgamento da mesma Corte, entendeu-se pela viabilidade da desconsideração inversa da personalidade jurídica, instaurando-se o incidente para tal fim. Reformou-se decisão de primeiro grau para manter o deferimento de tutela de urgência, que autorizava arresto de bens. O acórdão reconhece, ainda, que, sem prejuízo dos atos constritivos de bens realizados, são preservados os direitos das pessoas naturais e jurídicas que integram o incidente de desconsideração da personalidade jurídica, para o exercício do direito de defesa e efetivo conhecimento do processo de origem, em observância aos princípios da ampla defesa e do contraditório (TJSP, Agravo de Instrumento 2153635-11.2016.8.26.0000, Acórdão 10484765, 22.ª Câmara de Direito Privado, Santo André, Rel. Des. Roberto Mac Cracken, j. 25.05.2017, *DJESP* 07.06.2017, p. 1.765).

A propósito, reconhecendo a possibilidade de aplicação do incidente em desconsideração inversa, concluiu o Tribunal do Distrito Federal que, "para o processamento do incidente de desconsideração da personalidade jurídica, o requerente deve demonstrar o preenchimento dos pressupostos legais específicos, tal qual dispõe o § 4º do artigo 134 do NCPC. O requerimento de instauração deve indicar os fatos e o fundamento legal, com a indicação precisa dos requisitos da teoria a ser adotada, além dos documentos necessários à identificação da pessoa jurídica e à comprovação dos fatos narrados, tudo a fim de possibilitar o exercício do contraditório e da ampla defesa" (TJDF, Agravo Interno 2016.00.2.039371-5, Acórdão 999.200, 3.ª Turma Cível, Rel. Des. Flavio Renato Jaquet Rostirola, j. 22.02.2017, *DJDFTE* 09.03.2017).

Releve-se, ainda, ementa do Tribunal Gaúcho, segundo o qual a desconsideração inversa da personalidade jurídica, pelo menos em regra, deve ser procedida mediante instauração de incidente, afastando-se o pedido de desconsideração em ação de prestação de contas. O *decisum* considerou, também, que não há que falar em decisão *extra petita* em razão de o julgador ter determinado o bloqueio de ativos financeiros da pessoa jurídica, diante dos fortes indícios de que o réu – ex-marido –, estava transferindo bens para ela, a fim de frustrar a partilha de bens em relação a ex-mulher. Foram então mantidas as penhoras determinadas pelo juízo, "pois, na medida em que observam a ordem de preferência prevista no art. 835 do NCPC, mormente considerando que a autora vem tentando receber a sua meação há anos, sem sucesso, diante das manobras engendradas pelo réu" (TJRS, Agravo de Instrumento 0249353-59.2016.8.21.7000, 7.ª Câmara Cível, Pelotas, Rel. Des. Sérgio Fernando de Vasconcellos Chaves, j. 26.10.2016, *DJERS* 1.º.11.2016).

Também merece ser destacado acórdão do Superior Tribunal de Justiça, que determinou a instauração do incidente de desconsideração da personalidade jurídica em hipótese fática na qual um escritório de advocacia cobra honorários do ex-jogador de futebol Marcelinho Carioca. Alegou o escritório que o requerido seria sócio oculto de empresa e que teria transferido todo o seu patrimônio para a pessoa jurídica, impedindo a satisfação obrigacional. A Corte determinou ao juiz de primeira instância que instaurasse o procedimento previsto no CPC/2015, com a desconsideração inversa da personalidade jurídica.

Como consta de trecho da ementa do julgado, com a citação ao meu trabalho, "a personalidade jurídica e a separação patrimonial dela decorrente são véus que devem proteger o patrimônio dos sócios ou da sociedade, reciprocamente, na justa medida da finalidade para a qual a sociedade se propõe a existir. (...) No atual CPC, o exame do juiz a respeito da presença dos pressupostos que autorizariam a medida de desconsideração, demonstrados no requerimento inicial, permite a instauração de incidente e a suspensão do processo em que formulado, devendo a decisão de desconsideração ser precedida do efetivo contraditório. Na hipótese em exame, a recorrente conseguiu demonstrar indícios de que o recorrido seria sócio e de que teria transferido seu patrimônio para a sociedade de modo a ocultar seus bens do alcance de seus credores, o que possibilita o recebimento do incidente de desconsideração inversa da personalidade jurídica, que, pelo princípio do *tempus regit actum,* deve seguir o rito estabelecido no CPC/15" (STJ, REsp 1.647.362/SP, 3.ª Turma, Rel. Min. Nancy Andrighi, j. 03.08.2017, *DJe* 10.08.2017).

Como última ilustração, em julgado do ano de 2018, a Quarta Turma do Superior Tribunal de Justiça considerou que o tratamento relativo ao incidente de desconsideração da personalidade jurídica não afasta os requisitos tradicionais de direito material para a aplicação do instituto, notadamente aqueles previstos no art. 50 do Código Civil. Citando a minha posição doutrinária e o Enunciado n. 281 do Conselho da Justiça Federal, entendeu--se que "a inexistência ou não localização de bens da pessoa jurídica não é condição para a instauração do procedimento que objetiva a desconsideração, por não ser sequer requisito para aquela declaração, já que imprescindível a demonstração específica da prática objetiva de desvio de finalidade ou de confusão patrimonial".

E mais, como consta da ementa do acórdão, em trecho que merece destaque:

> "O CPC/2015 inovou no assunto prevendo e regulamentando procedimento próprio para a operacionalização do instituto de inquestionável relevância social e instru-mental, que colabora com a recuperação de crédito, combate à fraude, fortalecendo a segurança do mercado, em razão do acréscimo de garantias aos credores, apresen-tando como modalidade de intervenção de terceiros (arts. 133 a 137). Nos termos do novo regramento, o pedido de desconsideração não inaugura ação autônoma, mas se instaura incidentalmente, podendo ter início nas fases de conhecimento, cumprimento de sentença e executiva, opção, inclusive, há muito admitida pela jurisprudência, tendo a normatização empreendida pelo novo diploma o mérito de revestir de segurança jurídica a questão. (...) Os pressupostos da desconsideração da personalidade jurídica continuam a ser estabelecidos por normas de direito ma-terial, cuidando o diploma processual tão somente da disciplina do procedimento. Assim, os requisitos da desconsideração variarão de acordo com a natureza da causa, seguindo-se, entretanto, em todos os casos, o rito procedimental proposto pelo diploma processual" (STJ, REsp 1.729.554/SP, 4.ª Turma, Rel. Min. Luis Felipe Salomão, j. 08.05.2018, *DJe* 06.06.2018).

Como se pode perceber, várias lições expostas no presente tópico foram seguidas pelo *decisum*. Com tais interessantes exemplos concretos, encerra-se o presente tópico, sendo certo que muitos outros julgados devem surgir no futuro, incrementando ainda mais o debate sobre o citado incidente de desconsideração da personalidade jurídica.

## 2.4 PARTE GERAL DO CÓDIGO CIVIL DE 2002. DOS BENS. OBJETO DO DIREITO

### 2.4.1 Primeiras palavras. Diferenças entre bens e coisas. A teoria do patrimônio mínimo

Os conceitos de *bens* e *coisas*, como objeto do direito, sempre dividiram a *doutrina clássica brasileira*. Caio Mário da Silva Pereira, por exemplo, dizia que: "bem é tudo que nos agrada", e diferenciava: "os bens, especificamente considerados, distinguem-se das coisas, em razão da materialidade destas: as coisas são materiais e concretas, enquanto que se reserva para designar imateriais ou abstratos o nome bens, em sentido estrito".[106] Assim, para esse doutrinador, os bens seriam gênero e as coisas espécie.

Em sentido contrário, para Silvio Rodrigues *coisa* seria gênero, e *bem* seria espécie. Dizia o grande professor paulista: "coisa é tudo que existe objetivamente, com exclusão do homem". Os "bens são coisas que, por serem úteis e raras, são suscetíveis de apropriação e contêm valor econômico".[107]

Entendo que o conceito de Silvio Rodrigues é simples, preciso e perfeito, servindo *como uma luva* pelo que consta do atual Código Civil Brasileiro, na sua Parte Geral. Dessa forma, *coisa* constitui gênero, e *bem* a espécie – coisa que proporciona ao homem uma utilidade sendo suscetível de apropriação. Todos os *bens* são *coisas*; porém nem todas as *coisas* são *bens*. As diferenças podem ser visualizadas no esquema a seguir:

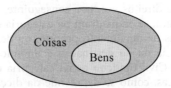

*Resumindo:*
*Coisas* = Tudo que não é humano.
*Bens* = Coisas com interesse econômico e/ou jurídico.

Este, parece-me, foi o critério adotado pelo Código Civil em vigor, na sua Parte Geral. Certo é que o Código Civil anterior, no tratamento do objeto do direito, não fazia a distinção entre *bem* e *coisa*, usando ora um, ora outro termo, como sinônimos. O Código Privado atual utiliza apenas a expressão *bens*, que podem ser classificados nas formas expostas no próximo tópico.

Quanto aos animais, são enquadrados atualmente como coisas no Direito Privado Brasileiro. Todavia, há uma tendência em se sustentar que seriam sujeitos de direito, tratados não como coisas, mas até como um terceiro gênero. Vale lembrar que o tratamento como *terceiro gênero* consta do BGB Alemão, estabelecendo o seu art. 90-A que os animais não são coisas ("Tiere sind keine Sachen"). O mesmo comando prevê, em continuidade, que os animais são protegidos por estatutos especiais. Todavia, na falta dessas normas, são regulados pelas regras aplicáveis às coisas, com as necessárias modificações.

No Brasil, o Projeto de Lei 351/2015, originário do Senado, pretende seguir o mesmo caminho, introduzindo regra no art. 82 do Código Civil e estabelecendo, na mesma linha do Código Civil Alemão, que os animais não são coisas, remetendo o seu tratamento para a legislação específica.

Com trâmite mais avançado, o Projeto de Lei da Câmara 27/2018 almeja incluir um dispositivo na Lei 9.605/1998, que trata dos crimes ambientais, estabelecendo que "os animais não humanos possuem natureza jurídica *sui generis* e são sujeitos com direitos despersonificados, dos quais devem gozar e, em caso de violação, obter tutela jurisdicional, vedado o seu tratamento como coisa. Parágrafo único. A tutela jurisdicional referida no *caput* não

---

[106] PEREIRA, Caio Mário da Silva. *Instituições de direito civil*. 20. ed. Rio de Janeiro: Forense, 2004. v. I, p. 116.
[107] RODRIGUES, Silvio. *Direito civil*. 33. ed. São Paulo: Saraiva, 2003. v. I, p. 116.

se aplica ao uso e à disposição dos animais empregados na produção agropecuária e na pesquisa científica nem aos animais que participam de manifestações culturais registradas como bem de natureza imaterial integrante do patrimônio cultural brasileiro, resguardada a sua dignidade". Diante das modificações no texto original, a projeção voltou para debate na Câmara dos Deputados.

No plano da jurisprudência, são encontradas decisões que aplicam, nas ações de divórcio, as mesmas regras previstas para a guarda de filhos, por analogia, para os animais de estimação. Nessa linha, cite-se o julgamento da Quarta Turma do Superior Tribunal de Justiça no Recurso Especial 1.713.167/SP, em 2018. Como se retira da relatoria do Ministro Luis Felipe Salomão:

> "Decerto, porém, que coube ao Código Civil o desenho da natureza jurídica dos animais, tendo o referido diploma os tipificado como coisas – não lhes atribuiu a qualidade de pessoas, não sendo dotados de personalidade jurídica, não podendo ser tidos como sujeitos de direitos – e, por conseguinte, objeto de propriedade. De fato, os animais, via de regra, se enquadram na categoria de bens semoventes, isto é, 'móveis os bens suscetíveis de movimento próprio, ou de remoção por força alheia, sem alteração da substância ou da destinação econômico-social' (art. 82). Não há dúvidas de que o Código Civil tipificou-os na categoria das coisas e, como tal, são objetos de relações jurídicas, como se depreende da dicção dos arts. 82, 445, § 2.º, 936, 1.444, 1.445 e 1.446. Nessa perspectiva, resta saber se tais animais de companhia, nos dias atuais, em razão de sua categorização, devem ser tidos como simples coisas (inanimadas) ou se, ao revés, merecem tratamento peculiar diante da atual conjectura do conceito de família e sua função social".

O julgado também expõe a existência de três correntes sobre o tema na doutrina e jurisprudência brasileiras. A primeira pretende elevar os animais ao *status* de pessoa, "haja vista que, biologicamente, o ser humano é animal, ser vivo com capacidade de locomoção e de resposta a estímulos, inclusive em relação aos grandes símios que, com base no DNA, seriam parentes muito próximos dos humanos. Em razão disso, ao animal deveria ser atribuídos direitos da personalidade, o próprio titular do direito vindicado, sob pena de a diferença de tratamento caracterizar odiosa discriminação".

Já a segunda corrente sustenta que "o melhor seria separar o conceito de pessoa e o de sujeito de direito, possibilitando a proteção dos animais na qualidade de sujeito de direito sem personalidade, dando-se proteção em razão do próprio animal, e não apenas como objeto (na qualidade de patrimônio do seu proprietário) ou de direito difuso como forma de proteção ao meio ambiente sustentável" (Recurso Especial 1.713.167/SP). Por fim, para a terceira corrente, a mais tradicional e à qual me filio no presente momento, os animais, mesmo os de companhia ou de estimação, devem permanecer dentro da categoria das coisas e bens.

O acórdão superior demonstra que "o só fato de o animal ser tido como de estimação, recebendo o afeto da entidade familiar, não pode vir a alterar sua substância, a ponto de converter a natureza jurídica". Porém, apesar dessa afirmação, concluiu-se que "não se mostra suficiente o regramento jurídico dos bens para resolver, satisfatoriamente, tal disputa familiar nos tempos atuais, como se tratasse de simples discussão atinente a posse e propriedade. A despeito de animais, possuem valor subjetivo único e peculiar, aflorando sentimentos bastante íntimos em seus donos, totalmente diversos de qualquer outro tipo de propriedade privada. O Judiciário necessita encontrar solução adequada para essa questão, ponderando os princípios em conflito, de modo a encontrar o resguardo aos direitos fundamentais e a uma vida digna" (Recurso Especial 1.713.167/SP).

CAP. 2 • PARTE GERAL DO CÓDIGO CIVIL DE 2002 | **209**

Em suma, apesar de o julgado declinar a tese da *plena humanização do animal* foram aplicadas, por analogia e com base no art. 4.º da Lei de Introdução, as mesmas regras relativas quanto à guarda de filhos para um animal doméstico.

Em outra ilustração que merece as devidas reflexões, do ano de 2019, cite-se acórdão do mesmo Tribunal Superior, segundo o qual "viola a dimensão ecológica da dignidade humana a reintegração, ao seu *habitat* natural, de ave silvestre que já possui hábitos de animal de estimação e convivência habitual duradoura com seu dono". Falou-se, nesse *decisum*, além da dignidade humana do dono do papagaio, a dignidade do próprio animal (REsp 1.797.175/SP). Vejamos o que consta do trecho final de sua ementa:

"No que atine ao mérito de fato, em relação à guarda do animal silvestre, em que pese a atuação do Ibama na adoção de providências tendentes a proteger a fauna brasileira, o princípio da razoabilidade deve estar sempre presente nas decisões judiciais, já que cada caso examinado demanda uma solução própria. Nessas condições, a reintegração da ave ao seu *habitat* natural, conquanto possível, pode ocasionar-lhe mais prejuízos do que benefícios, tendo em vista que o papagaio em comento, que já possui hábitos de ave de estimação, convive há cerca de 23 anos com a autora. Ademais, a constante indefinição da destinação final do animal viola nitidamente a dignidade da pessoa humana da recorrente, pois, apesar de permitir um convívio provisório, impõe o fim do vínculo afetivo e a certeza de uma separação que não se sabe quando poderá ocorrer" (STJ, REsp 1.797.175/SP, 2.ª Turma, Rel. Min. Og Fernandes, j. 21.03.2019, *REPDJe* 13.05.2019, *DJe* 28.03.2019).

Apesar dos fundamentos dos julgados, as propostas legislativas anteriores e também as decisões relativas à guarda de animais merecem reflexões, especialmente pelo fato de ainda ser necessário tutelar os direitos das pessoas humanas, caso dos nascituros e embriões. Superada essa fase, na nossa realidade, penso que será possível estender alguns direitos aos animais, como fizeram os julgados citados e se almeja na Reforma do Código Civil.

Na realidade alemã, vale citar decisão comentada pela Professora Karina Fritz, em sua coluna do *Migalhas*, prolatada em 2019 pelo Tribunal de Stuttgart sobre a guarda compartilhada de um animal de estimação. O julgado afastou o regime de guarda compartilhada por entender que o animal estava registrado apenas no nome do marido.[108] Na minha leitura, o animal foi tratado na decisão como coisa e sob o regime de propriedade, nos termos da segunda parte do art. 90-A do BGB (Código Civil Alemão). Esse é um dos problemas práticos do tratamento dos animais como terceiro gênero, como acontece na Alemanha.

Como consta no *BGB Comentado*, coordenado por Otto Palandt, essa afirmação do dispositivo naquele país é considerada mais "uma declamação emocional sem conteúdo jurídico real".[109]

Nesse contexto de grandes desafios a respeito da temática dos animais, o Projeto de Atualização e Reforma do Código Civil, elaborado por Comissão de Juristas nomeada no âmbito do Senado Federal, parece ter encontrado um interessante caminho, intermediário e equilibrado, para regular essa matéria, que desperta paixões e mobilizações da sociedade brasileira. Vale destacar que tivemos na citada Comissão a atuação de um dos maiores especialistas do assunto no País, o Professor e Juiz Federal Vicente de Paula Ataíde Jr.

---

[108] FRITZ, Karina. Tribunal de Stuttgart nega guarda compartilhada de animal. Disponível em: <https://www.migalhas.com.br/GermanReport/133,MI307594,31047-Tribunal+de+Stuttgart+nega+guarda+compartilhada+de+animal>. Acesso em: 4 ago. 2019.

[109] PALANDT, Otto. *Bürgerliches Gesetzbuch*. München: C. H. Beck Verlag, 2017. p. 70.

Ao final, após intensos e profundos debates, propõe-se a inclusão de uma nova Seção VI no livro dos "Bens", com um novo art. 91-A. Conforme o *caput* desse comando, que não adota o caminho da personalização, "os animais são seres vivos sencientes e passíveis de proteção jurídica própria, em virtude da sua natureza especial". *Seres sencientes*, como se sabe, são os que sentem, têm sensações, são sensíveis.

De toda forma, consoante o § 1.º da proposição, essa proteção jurídica prevista no comando será regulada posteriormente por lei especial, a qual disporá sobre o tratamento físico e ético adequado aos animais. Além disso, até que sobrevenha lei especial, são aplicáveis, subsidiariamente, aos animais as disposições relativas aos bens, desde que não sejam incompatíveis com a sua natureza, considerando a sua sensibilidade (art. 70-A, § 2.º, do CC/2002).

Nas afirmações do próprio Vicente de Paula Ataíde Jr., o tratamento constante da proposição não foi *nem como pessoas, nem como coisas*, mas "o anteprojeto é um primeiro passo na escadaria que levará à atualização do Código Civil, tornando-o mais adequado para responder, eficazmente, às exigências de uma sociedade que já perpassa mais de duas décadas do novo século, com múltiplas alterações em seu tecido constitutivo".[110]

Como palavras finais sobre o tema, restam outros grandes desafios para o futuro: se os animais forem um dia tratados como sujeitos de direitos, ou a eles equiparados, teriam também deveres? Os contratos de cessão onerosa de animais devem deixar de ser submetidos às regras da compra e venda? Será necessário diferenciar os animais que têm sensibilidade daqueles que não têm, no que diz respeito ao seu tratamento jurídico? Como se pode perceber, surgem perguntas de difícil resposta para o futuro, o que justifica um tratamento equilibrado, como o sugerido pela Comissão de Juristas encarregada da Reforma do Código Civil.

A propósito, a redação proposta pelo Projeto de Lei 27/2018 – ao afirmar que os animais não humanos possuem natureza jurídica *sui generis* e são sujeitos com direitos despersonificados – é contraditória e sem sentido jurídico efetivo, tendendo a causar mais confusões do que soluções de tutela dos animais, na minha opinião doutrinária.

Pois bem, antes da visualização das diversas categorias de bens, é interessante abordar o tema do *patrimônio mínimo*, que muito interessa à civilística contemporânea. Insta verificar que a categoria pura do *patrimônio* mais interessava aos civilistas dos séculos passados, sendo certo que a valorização do *mínimo vital* é conceito emergente da contemporaneidade.[111]

Atualmente, percebe-se que o rol dos direitos da personalidade ou direitos existenciais ganha outro cunho, recebendo a matéria um tratamento específico em dispositivos legais que regulamentam direitos eminentemente patrimoniais. Nesse ponto de intersecção, que coloca os direitos da personalidade e os direitos patrimoniais no mesmo plano, é que surge a tese do *patrimônio mínimo*, desenvolvida com maestria pelo Ministro do STF e Professor Luiz Edson Fachin, em obra em que é apontada a tendência de *repersonalização do Direito Civil*.[112] A pessoa passa a ser o centro do Direito Privado, em detrimento do patrimônio (*despatrimonialização do Direito Civil*). Sobre o tema, ensina o Ministro Fachin o seguinte:

---

[110] ATAIDE JR., Vicente de Paula. Os animais no anteprojeto de reforma do Código Civil: nem coisas, nem pessoas. *Migalhas*, 30 jul. 2024. Disponível em: <https://www.migalhas.com.br/coluna/reforma-do-codigo--civil/412220/os-animais-no-anteprojeto-de-reforma-do-codigo-civil>. Acesso em: 26 set. 2024.

[111] Discorrendo sobre o tema do patrimônio mínimo em tópico próprio, entre os *manuais* contemporâneos: FARIAS, Cristiano Chaves; ROSENVALD, Nelson. *Direito civil*. Teoria geral. 4. ed. Rio de Janeiro: Lumen Juris, 2006. p. 315-317; EHRHARDT JR., Marcos. *Direito civil*. LICC e parte geral. Salvador: JusPodivm, 2009. v. 1, p. 330-335.

[112] FACHIN, Luiz Edson. *Estatuto jurídico do patrimônio mínimo*. Rio de Janeiro: Renovar, 2001.

CAP. 2 • PARTE GERAL DO CÓDIGO CIVIL DE 2002 | **211**

"A 'repersonalização' do Direito Civil recolhe, com destaque, a partir do texto constitucional, o princípio da dignidade da pessoa humana. Para bem entender os limites propostos à execução à luz do princípio constitucional da dignidade da pessoa humana, têm sentido verificações preliminares. A dignidade da pessoa é princípio fundamental da República Federativa do Brasil. É o que chama de princípio estruturante, constitutivo e indicativo das ideias diretivas básicas de toda a ordem constitucional. Tal princípio ganha concretização por meio de outros princípios e regras constitucionais formando um sistema interno harmônico, e afasta, de pronto, a ideia de predomínio do individualismo atomista no Direito. Aplica-se como leme a todo o ordenamento jurídico nacional compondo-lhe o sentido e fulminando de inconstitucionalidade todo preceito que com ele conflitar. É de um princípio emancipatório que se trata".[113]

Em síntese, a tese pode ser resumida pelo seguinte enunciado: deve-se assegurar à pessoa um mínimo de direitos patrimoniais, para que viva com dignidade. Vejamos alguns exemplos de sua concreção, iniciando-se pela lei e chegando até a jurisprudência nacional.

De início, a premissa do patrimônio mínimo pode ser retirada do art. 548 do Código Civil, pelo qual é nula a doação de todos os bens, sem a reserva do mínimo para a sobrevivência do doador (nulidade da doação universal). Ilustrando, é nula a doação de um único bem para ordem religiosa ou igreja (nesse sentido, ver: TJDF, Recurso 2007.09.1.022199-3, Acórdão 403.461, 1.ª Turma Recursal dos Juizados Especiais Cíveis e Criminais, Rel. Juíza Sandra Reves Vasques Tonussi, *DJDFTE* 02.02.2010, p. 109).

Como segundo exemplo que pode ser retirado da lei, o art. 928, parágrafo único, do CC, ao tratar da indenização contra o incapaz, enuncia que o valor indenizatório deve ser fixado pelo juiz com equidade, para não privar o incapaz e os seus dependentes do mínimo para que vivam com dignidade. Alerte-se ao fato de que o Código Civil Brasileiro, a exemplo de outras codificações europeias, consagrou a responsabilidade civil do incapaz (art. 928).

Mas as principais aplicações da teoria do patrimônio mínimo se referem à do bem de família, especificamente pelas interpretações que se faz da Lei 8.009/1990. Conclui-se que a proteção do bem de família nada mais é que a proteção do direito à moradia (art. 6.º da CF/1988) e da dignidade da pessoa humana, seguindo a tendência de valorização da pessoa, bem como a solidariedade estampada no art. 3.º, inc. I, da CF/1988. Em suma, falar em dignidade humana nas relações privadas significa discutir o direito à moradia, ou, muito mais do que isso, o direito à casa própria.

Nesse caminho de conclusão, o Superior Tribunal de Justiça consolidou o entendimento de que o imóvel em que reside pessoa solteira, separada ou viúva constitui bem de família, sendo impenhorável (Súmula 364 do STJ).

Mais do que isso, o Superior Tribunal de Justiça já estendeu a citada impenhorabilidade a imóvel em que situada pessoa jurídica, uma vez que a família ali também tinha a sua residência. Eis uma saudável interpretação extensiva da norma, para proteção do mínimo existencial, fazendo-se menção expressa ao trabalho de Luiz Edson Fachin:

"Processual civil. Embargos de terceiro. Execução fiscal movida em face de bem servil à residência da família. Pretensão da entidade familiar de exclusão do bem da execução fiscal. Possibilidade jurídica e legitimidade para o oferecimento de embargos de terceiro. É bem de família o imóvel pertencente à sociedade, dês que o único servil à residência da mesma. *Ratio essendi* da Lei 8.009/1990. 1. A Lei deve

---

[113] FACHIN, Luiz Edson. *Estatuto jurídico do patrimônio mínimo*. Rio de Janeiro: Renovar, 2001. p. 190.

ser aplicada tendo em vista os fins sociais a que ela se destina. Sob esse enfoque a impenhorabilidade do bem de família visa a preservar o devedor do constrangimento do despejo que o relegue ao desabrigo. 2. Empresas que revelam diminutos empreendimentos familiares, onde seus integrantes são os próprios partícipes da atividade negocial, mitigam o princípio *societas distat singulis,* peculiaridade a ser aferida *cum granu salis* pelas instâncias locais. 3. Aferida à saciedade que a família reside no imóvel sede de pequena empresa familiar, impõe-se exegese humanizada, à luz do fundamento da república voltado à proteção da dignidade da pessoa humana, por isso que, expropriar em execução por quantia certa esse imóvel, significa o mesmo que alienar bem de família, posto que, muitas vezes, *lex dixit minus quam voluit.* 4. *In casu,* a família foi residir no único imóvel pertencente à família e à empresa, a qual, aliás, com a mesma se confunde, quer pela sua estrutura quer pela conotação familiar que assumem determinadas pessoas jurídicas com patrimônio mínimo. 5. É assente em vertical sede doutrinária que 'A impenhorabilidade da Lei 8.009/1990, ainda que tenha como destinatários as pessoas físicas, merece ser aplicada a certas pessoas jurídicas, às firmas individuais, às pequenas empresas com conotação familiar, por exemplo, por haver identidade de patrimônios' (FACHIN, Luiz Edson. *Estatuto Jurídico do Patrimônio Mínimo.* Rio de Janeiro, Renovar, 2001, p. 154). 6. Em consequência '(...) Pequenos empreendimentos nitidamente familiares, onde os sócios são integrantes da família e, muitas vezes, o local de funcionamento confunde-se com a própria moradia, devem beneficiar-se da impenhorabilidade legal'. [grifo nosso] 7. Aplicação principiológica do direito infraconstitucional à luz dos valores eleitos como superiores pela Constituição Federal que autoriza excluir da execução da sociedade bem a ela pertencente, mas que é servil à residência como único da família, sendo a empresa multifamiliar. 8. Nessas hipóteses, pela *causa petendi* eleita, os familiares são terceiros aptos a manusear os embargos de terceiro pelo título que pretendem desvincular, o bem da execução movida pela pessoa jurídica. 9. Recurso especial provido" (STJ, REsp 621.399/RS, 1.ª Turma, Rel. Min. Luiz Fux, j. 19.04.2005, *DJU* 20.02.2006, p. 207).

A propósito, em data mais próxima, seguindo a mesma trilha fundada no patrimônio mínimo, o Tribunal da Cidadania concluiu que "a impenhorabilidade do bem de família no qual reside o sócio devedor não é afastada pelo fato de o imóvel pertencer à sociedade empresária" (STJ, EDcl no AREsp 511.486/SC, Rel. Min. Raul Araújo, j. 03.03.2016, *DJe* 10.03.2016, publicado no seu *Informativo* n. *579*).

Findo o estudo dessa importante categoria da civilística pós-moderna, passa-se à abordagem das diversas classificações dos bens.

## 2.4.2 Principais classificações dos bens

### 2.4.2.1 *Classificação quanto à tangibilidade*

A classificação dos bens quanto à tangibilidade não consta no Código Civil de 2002, mas é importantíssima para se compreender a matéria:

a) *Bens corpóreos, materiais ou tangíveis* – são aqueles bens que possuem existência corpórea, podendo ser tocados. Exemplos: uma casa, um carro.

b) *Bens incorpóreos, imateriais ou intangíveis* – são aqueles com existência abstrata e que não podem ser tocados pela pessoa humana. Ilustrando, podem ser citados como bens incorpóreos os direitos de autor, a propriedade industrial, o fundo empresarial, a hipoteca, o penhor, a anticrese, os bens digitais, entre outros. Sobre os bens digitais ou *digital assets*, sigo a definição de Felipe Taveira Jr., no sentido de que "se constituem em quaisquer arquivos digitalizados, ou melhor, dispostos em formato eletrônico", estando em listas meramente exemplificati-vas.[114] O jurista aponta como suas características a *digitalidade*, a *imaterialidade*, a *reprodutibilidade*, a *conectividade*, o *uso inclusivo*, a *relatividade valorativa* e a *não taxatividade*. Para aprofundamentos, recomenda-se a leitura dessa obra específica, fruto de dissertação de mestrado defendida na Universidade de São Paulo, que associa os bens digitais à proteção pelos direitos da personalidade. Destaco que no atual Projeto de Reforma do Código Civil há propostas de inclusão de seu tratamento na transmissão sucessória dos bens digitais, sobretudo no novo art. 1.791-A da codificação privada. Consoante o *caput* da norma projetada, "os bens digitais do falecido, de valor economicamente apreciável, integram a sua herança". Em complemento, nos termos do seu § 1.º, compreende-se como bens digitais o patrimônio intangível do falecido, abrangendo, entre outros, senhas, dados financeiros, perfis de redes sociais, contas, arquivos de conversas, vídeos e fotos, arquivos de outra natureza, pontuação em programas de recompensa ou incentivo e qualquer conteúdo de natureza econômica, armazenado ou acumulado em ambiente virtual, de titularidade do autor da herança. A regulamentação do assunto é imperiosa e urgente, no meu entender e de muitos civilistas.

### 2.4.2.2 *Classificação quanto à mobilidade*

a) *Bens imóveis* (arts. 79 a 81 do CC) – São aqueles que não podem ser removidos ou transportados sem a sua deterioração ou destruição, subclassificados da seguinte forma:

- *Bens imóveis por natureza ou por essência*: são aqueles formados pelo solo e tudo quanto se lhe incorporar de forma natural (art. 79 do CC). Os bens imóveis por natureza abrangem o solo com sua superfície, o subsolo e o espaço aéreo. Tudo o que for incorporado será classificado como imóvel por acessão. A título de exemplo pode ser citada uma árvore que nasce naturalmente.

- *Bens imóveis por acessão física industrial ou artificial*: são aqueles bens formados por tudo o que o homem incorporar permanentemente ao solo, não podendo removê-lo sem a sua destruição ou deterioração. Tais bens imóveis têm origem em construções e plantações, situações em que ocorre a intervenção humana. Nos termos do art. 81 do CC não perdem o caráter de imóveis (art. 81): as edificações que, separadas do solo, mas conservando a sua unidade, forem removidas para outro local e os materiais provisoriamente separados de um prédio, para nele se reempregarem.

- *Bens imóveis por acessão física intelectual*: conceito relacionado com tudo o que foi empregado intencionalmente para a exploração industrial, aformoseamento e comodidade.[115] São os bens móveis que foram imobilizados pelo proprietário, constituindo uma ficção jurídica, sendo tratados, via de regra, como *pertenças*. Existe uma grande discussão se essa modalidade de bens imóveis foi ou não banida pelo Código Civil de 2002, inclusive pelo teor do Enunciado n. 11 do CJF/STJ, segundo o qual: "não persiste no novo sistema legislativo a categoria dos bens imóveis por acessão intelectual, não obstante a expressão 'tudo quanto se lhe incorporar natural ou artificialmente', constante

---

[114] TAVEIRA JR., Felipe. *Bens digitais*. Campinas: Scortecci Editora, 2018. p. 201.
[115] DINIZ, Maria Helena. *Código Civil anotado*. 15. ed. São Paulo: Saraiva, 2010. p. 129.

da parte final do art. 79 do CC". O assunto será tratado quando da análise dos bens acessórios, especificamente das pertenças. De todo modo, pontue-se que a proposta do Projeto de Reforma do Código Civil é que se adote uma solução intermediária entre as duas correntes, na minha visão, passando o seu art. 79 a prever que "são bens imóveis o solo e tudo quanto se lhe incorporar naturalmente ou artificialmente, excetuadas as pertenças". Com isso, encerra-se o debate doutrinário hoje existente quanto à temática.

- *Bens imóveis por disposição legal*: tais bens são considerados como imóveis, para que possam receber melhor proteção jurídica. São bens imóveis por determinação legal, nos termos do art. 80 do CC: o direito à sucessão aberta e os direitos reais sobre os imóveis, caso da hipoteca, como regra geral, e do penhor agrícola, excepcionalmente.

b) *Bens móveis* (arts. 82 a 84 do CC) – Os bens móveis são aqueles que podem ser transportados, por força própria ou de terceiro, sem a deterioração, destruição e alteração da substância ou da destinação econômico-social. Subclassificação:

- *Bens móveis por natureza ou essência*: são os bens que podem ser transportados sem qualquer dano, por força própria ou alheia. Quando o bem móvel puder ser movido de um local para outro, por força própria, será denominado bem móvel *semovente*, como é o caso dos animais. Conforme o art. 84 do CC, os materiais destinados a uma construção, enquanto não empregados, conservam a sua mobilidade sendo, por isso, denominados *bens móveis propriamente ditos*.

- *Bens móveis por antecipação*: são os bens que eram imóveis, mas que foram mobilizados por uma atividade humana. Exemplo típico é a colheita de uma plantação ou a lenha cortada. Sobre essa hipótese, pronunciou-se o Superior Tribunal de Justiça no sentido de que é possível, por convenção das partes, enquadrar o bem como móvel por antecipação. Assim, "conforme consta dos artigos 79 e 92 do Código Civil, salvo expressa disposição em contrário, as árvores incorporadas ao solo mantêm a característica de bem imóvel, pois acessórios do principal, motivo pelo qual, em regra, a acessão artificial recebe a mesma classificação/natureza jurídica do terreno sobre o qual é plantada. No entanto, essa classificação legal pode ser interpretada de acordo com a destinação econômica conferida ao bem, sendo viável transmudar a sua natureza jurídica para bem móvel por antecipação, cuja peculiaridade reside na vontade humana de mobilizar a coisa em função da finalidade econômica. Desta forma, em que pese seja viável conceber a natureza jurídica da cobertura vegetal lenhosa destinada ao corte, a depender da vontade das partes, como bem móvel por antecipação, no caso, consoante estabelecido no artigo 287 do Código Civil, essa classificação não salvaguarda a pretensão da autora, pois é inviável a esta Corte Superior, ante os óbices das Súmulas 5 e 7/STJ, promover o reenfrentamento do acervo fático-probatório dos autos com vistas a concluir de maneira diversa das instâncias ordinárias acerca dos sucessivos negócios jurídicos entabulados relativamente ao imóvel rural e as cláusulas e condições de referidos ajustes. Ademais, diante da presunção legal de que o acessório segue o principal e em virtude da ausência de anotação/observação quando da dação em pagamento acerca das árvores plantadas sobre o terreno, há que se concluir que essas foram transferidas juntamente com a terra nua" (STJ, REsp 1.567.479/PR, 4.ª Turma, Rel. Min. Marco Buzzi, j. 11.06.2019, *DJe* 18.06.2019). Como se nota, há uma situação oposta à imobilização por acessão física industrial. A segunda parte do art. 84 do CC prevê que, no caso de demolição, os bens imóveis podem ser mobilizados, ocorrendo a antecipação.

CAP. 2 • PARTE GERAL DO CÓDIGO CIVIL DE 2002 | **215**

- *Bens móveis por determinação legal*: situações em que a lei determina que o bem é móvel, como a previsão que consta do art. 83 do CC, envolvendo os direitos reais e as ações respectivas que recaiam sobre bens móveis, caso do penhor, em regra; as energias com valor econômico, como a energia elétrica; os direitos pessoais de caráter patrimonial e respectivas ações, caso dos direitos autorais, nos termos do art. 3.º da Lei 9.610/1998. Em boa hora, diante da necessidade urgente de tratamento do tema, a Reforma do Código Civil pretende incluir no seu art. 83 um inciso IV, prevendo como bens móveis por determinação legal os conteúdos digitais dotados de valor econômico, tornados disponíveis, independentemente do seu suporte material.

> **ATENÇÃO:** Os navios e aeronaves são bens móveis especiais ou *sui generis*. Apesar de serem móveis pela natureza ou essência, são tratados pela lei como imóveis, necessitando de registro especial e admitindo hipoteca. Justamente porque pode recair também sobre navios e aviões, pelo seu caráter acessório e pelo princípio de que o acessório deve seguir o principal, a hipoteca, direito real de garantia, pode ser bem móvel ou imóvel.

### 2.4.2.3 *Classificação quanto à fungibilidade*

a) *Bens infungíveis* – São aqueles que não podem ser substituídos por outros da mesma espécie, quantidade e qualidade. São também denominados *bens personalizados ou individualizados*, sendo que os bens imóveis são sempre infungíveis. Como bens móveis infungíveis podem ser citados as obras de arte únicas e os animais de raça identificáveis. Os automóveis também são bens móveis infungíveis por serem bens complexos e terem número de identificação (chassi). A título de outro exemplo, com intenso debate na realidade contemporânea, o aparelho celular, com todos os aplicativos e dados pessoais do seu proprietário, também deve ser considerado como bem móvel infungível. Em reforço, assim como ocorre com o número de chassi dos veículos, cada celular tem um número de identificação específico, o IMEI (*International Mobile Equipment Identity*). No caso de empréstimo de bens infungíveis há contrato de comodato.

b) *Bens fungíveis* – Nos termos do art. 85 do CC, fungíveis são os bens que podem ser substituídos por outros da mesma espécie, qualidade e quantidade. Todos os bens imóveis são personalizados, eis que possuem registro, daí serem infungíveis. Já os bens móveis são, na maior parte das vezes, bens fungíveis. O empréstimo de bens fungíveis é o mútuo, caso do empréstimo de dinheiro.

### 2.4.2.4 *Classificação quanto à consuntibilidade*

Apesar de o Código Civil tratar, ao mesmo tempo, das classificações quanto à fungibilidade e consuntibilidade, essas não se confundem, sendo certo que o último critério leva em conta dois parâmetros para a classificação (art. 86 do CC).

– Se o consumo do bem implica destruição imediata, *a consuntibilidade é física*, ou *de fato* ou, ainda, *fática*.

– Se o bem pode ser ou não objeto de consumo, ou seja, se pode ser alienado, *a consuntibilidade é jurídica* ou *de direito*.

Como os critérios são totalmente distintos, é perfeitamente possível que um bem seja consumível e inconsumível ao mesmo tempo. Vejamos:

## 216 | MANUAL DE DIREITO CIVIL • VOLUME ÚNICO – *Flávio Tartuce*

a) *Bens consumíveis* – São bens móveis, cujo uso importa na destruição imediata da própria coisa (*consuntibilidade física*), bem como aqueles destinados à alienação (*consuntibilidade jurídica*) – art. 86 do CC.

b) *Bens inconsumíveis* – São aqueles que proporcionam reiteradas utilizações, permitindo que se retire a sua utilidade, sem deterioração ou destruição imediata (*inconsuntibilidade física*), bem como aqueles que são inalienáveis (*inconsuntibilidade jurídica*).

Como ilustração de um bem *consumível* do ponto de vista fático ou físico e *inconsumível* do ponto de vista jurídico, pode ser citada uma garrafa de bebida famosa clausulada com a inalienabilidade por testamento (art. 1.848 do CC). Como exemplo de um bem *inconsumível* do ponto de vista físico ou fático e *consumível* do ponto de vista jurídico pode ser citado um automóvel. Aliás, em regra, os bens de consumo de valor têm essas últimas características.

> **ATENÇÃO:** O Código de Defesa do Consumidor, no seu art. 26, traz classificação muito próxima da relacionada com a consuntibilidade física ou fática. Pela Lei 8.078/1990, os produtos ou bens podem ser classificados em duráveis e não duráveis. Os bens duráveis são aqueles que não desaparecem facilmente com o consumo, enquanto os não duráveis não têm permanência com o uso. Os prazos para reclamação de vícios decorrentes de tais produtos são de 90 e 30 dias, respectivamente, contados da tradição ou entrega efetiva da coisa (quando o vício for aparente) e do conhecimento do problema (quando o vício for oculto).

### 2.4.2.5 *Classificação quanto à divisibilidade*

a) *Bens divisíveis* – São os que podem se partir em porções reais e distintas, formando cada qual um todo perfeito, conforme previa o art. 52 do CC/1916. O Código Civil de 2002, em seu art. 87, preconiza que os bens divisíveis "São os que se podem fracionar sem alteração na sua substância, diminuição considerável de valor, ou prejuízo do uso a que se destinam". Como se vê, o novo texto é mais bem escrito e mais didático, estando de acordo com o princípio da operabilidade. Exemplifica-se com sacas de cereais, que podem ser divididas sem qualquer destruição. Ademais, prevê o art. 88 do CC que, a qualquer momento, os bens naturalmente divisíveis podem se tornar indivisíveis, por vontade das partes (autonomia privada) ou por imposição legal. Os bens divisíveis geram obrigações divisíveis, nos termos do art. 257 do CC.

b) *Bens indivisíveis* – São os bens que não podem ser partilhados, pois deixariam de formar um todo perfeito, acarretando a sua divisão uma desvalorização ou perda das qualidades essenciais desse todo. Os bens indivisíveis geram obrigações indivisíveis, conforme o art. 258 do CC. A indivisibilidade pode decorrer da natureza do bem, de imposição legal ou da vontade do seu proprietário, conforme exemplos a seguir:

– *Indivisibilidade natural*: caso de uma casa térrea, bem imóvel, cuja divisão gera diminuição do seu valor. Outro exemplo clássico utilizado é o do relógio de pulso de valor considerável.

– *Indivisibilidade legal:* caso da herança, que é indivisível até a partilha, por força do princípio da *saisine*, nos termos dos arts. 1.784 e 1.791, parágrafo único, do CC. Também podem ser citadas a hipoteca e as servidões, que são direitos

CAP. 2 • PARTE GERAL DO CÓDIGO CIVIL DE 2002 | **217**

indivisíveis, em regra. Quanto à hipoteca, a sua divisibilidade ou *fracionamento excepcional* está previsto no art. 1.488 do CC/2002, para os casos de instituição de condomínio ou loteamento do bem principal. Trata-se de novidade instituída pelo Código de 2002.

– *Indivisibilidade convencional*: se dois proprietários de um boi convencionarem que o animal será utilizado para a reprodução, o que retira a possibilidade de sua divisão (*touro reprodutor*).

### 2.4.2.6 *Classificação quanto à individualidade*

a) *Bens singulares ou individuais* – São bens singulares aqueles que, embora reunidos, possam ser considerados de per si, independentemente dos demais (art. 89 do CC). Como bem apontam Pablo Stolze Gagliano e Rodolfo Pamplona Filho, os bens singulares "podem ser *simples*, quando as suas partes componentes encontram-se ligadas naturalmente (uma árvore, um cavalo), ou *compostos*, quando a coesão de seus componentes decorre do engenho humano (um avião, um relógio)".[116] Como se nota, para a sua caracterização, deve-se levar em conta o bem em relação a si mesmo. Como exemplos, ilustrem-se um livro, um boi, uma casa.

b) *Bens coletivos ou universais* – São os bens que se encontram agregados em um todo. Os bens coletivos são constituídos por várias coisas singulares, consideradas em conjunto e formando um todo individualizado. Os bens universais podem decorrer de uma união fática ou jurídica. Vejamos:

• *Universalidade de fato* – é o conjunto de bens singulares, corpóreos e homogêneos, ligados entre si pela vontade humana e que tenham utilização unitária ou homogênea, sendo possível que tais bens sejam objeto de relações jurídicas próprias. Nesse sentido, enuncia o art. 90 do CC que "constitui universalidade de fato a pluralidade de bens singulares que, pertinentes à mesma pessoa, tenham destinação unitária. Parágrafo único. Os bens que formam essa universalidade podem ser objeto de relações jurídicas próprias". Para exemplificar, basta lembrar algumas palavras utilizadas no gênero coletivo, a saber: *alcateia (lobos), manada (elefantes), biblioteca (livros), pinacoteca (quadros), boiada (bois) e assim sucessivamente.*

• *Universalidade de direito* – é o conjunto de bens singulares, tangíveis ou não, a que uma ficção legal, com o intuito de produzir certos efeitos, dá unidade individualizada. Pelo teor do art. 91 do CC há um complexo de relações jurídicas de uma pessoa, dotadas de valor econômico. São exemplos: o patrimônio, a herança de determinada pessoa, o espólio, a massa falida, entre outros conceitos estudados como entes despersonalizados no capítulo anterior.

Relativamente ao conceito de patrimônio, na versão clássica, Silvio Rodrigues afirma que "o patrimônio de um indivíduo é representado pelo acervo de seus bens, conversíveis em dinheiro. Há, visceralmente ligada à noção de patrimônio, a ideia de valor econômico, suscetível de ser cambiado, de ser convertido em pecúnia. Nesse sentido, a opinião de Beviláqua, que define o patrimônio como 'o complexo das relações jurídicas de uma pessoa que

---

[116] GAGLIANO, Pablo Stolze; PAMPLONA FILHO, Rodolfo. *Novo curso de direito civil*. Parte Geral. 6. ed. São Paulo: Saraiva, 2005. v. I, p. 294.

tiveram valor econômico".[117] Ainda entre os clássicos, essa era a visão de Rubens Limongi França, para quem "patrimônio é o conjunto de bens de valor econômico".[118]

Entre os civilistas da geração contemporânea, Cristiano Chaves de Farias e Nelson Rosenvald conceituam o patrimônio como "o complexo de relações jurídicas apreciáveis economicamente (ativas e passivas) de uma determinada pessoa. Ou seja, é a totalidade dos bens dotados de economicidade pertencentes a um titular, sejam corpóreos (casa, automóvel etc.) ou incorpóreos (direitos autorais)".[119] Também são pertinentes as lições de Paulo Lôbo sobre o tema, no seguinte sentido:

"Toda pessoa é dotada de patrimônio, até mesmo o mais miserável dos homens. Essa percepção corrente pode ser relevante para o direito em várias situações. O patrimônio é a garantia dos credores e responde pelas dívidas da pessoa, inclusive as derivadas de responsabilidade civil. Não há conceito jurídico unívoco de patrimônio, uma vez que depende da circunstância em que se insere, mas se compreende, grosso modo, como o conjunto das coisas atuais, futuras, corpóreas e incorpóreas, além dos créditos e débitos, que estejam sob a titularidade ou responsabilidade de uma pessoa e que possam ser objeto do tráfico jurídico".[120]

Pelos dois conceitos, clássico e contemporâneo, o patrimônio é enquadrado como uma universalidade jurídica. Apesar da semelhança entre as construções, percebe-se que a ideia de patrimônio vem recebendo um novo dimensionamento pela atual geração de civilistas, além de meros interesses econômicos. Isso porque se procura valorizar um mínimo patrimonial, para que a pessoa tenha direito a uma vida digna.

Cite-se, mais uma vez, a célebre tese do *Estatuto Jurídico do Patrimônio Mínimo*, de Luiz Edson Fachin, Ministro do Supremo Tribunal Federal. Essa tendência de *personalização do Direito Civil*, de valorização da pessoa humana, ao lado de uma *despatrimonialização*, será mais à frente comentada no presente capítulo.

Para encerrar o estudo da presente classificação, no Projeto de Reforma do Código Civil são feitas propostas pontuais de melhora dos textos, inclusive para resolver dilemas categóricos. De início, no art. 90, quando se trata da universalidade de fato, sugere-se que a norma mencione "titularizados pela mesma pessoa", e não "pertinentes", o que é mais correto tecnicamente.

Insere-se, ainda, um novo art. 90-A na codificação privada, para também possibilitar, no texto da lei, a universalidade de fato decorrente "da pluralidade de bens singulares que tenham destinação funcional unitária, ainda que titularizados por pessoas distintas". Adota-se, assim, o teor do Enunciado n. 288 da *IV Jornada de Direito Civil*, a saber: "a pertinência subjetiva não constitui requisito imprescindível para a configuração das universalidades de fato e de direito".

Por fim, como última proposição, altera-se o art. 91 do CC/2002, para prever que "constitui universalidade de direito o complexo de relações jurídicas, dotadas de valor econômico, experimentadas por uma ou mais pessoas, conforme assim se tenha estabelecido". Assim como a proposta anterior, há, portanto, a inclusão de que a universalidade de direito também pode ser de mais de uma pessoa, valorizando-se o que elas estabeleceram, ou seja, a sua autonomia privada, mais uma vez conforme o citado Enunciado n. 288 da *IV Jornada de Direito Civil*.

---

[117] RODRIGUES, Silvio. *Direito civil*. 17. ed. São Paulo: Saraiva, 1987. p. 117.

[118] FRANÇA, Rubens Limongi. *Instituições de direito civil*. 4. ed. São Paulo: Saraiva, 1996. p. 113.

[119] FARIAS, Cristiano Chaves; ROSENVALD, Nelson. *Direito civil*. Teoria geral. 4. ed. Rio de Janeiro: Lumen Juris, 2006. p. 312.

[120] LÔBO, Paulo. *Direito civil*. Parte geral. São Paulo: Saraiva, 2009. p. 203.

## CAP. 2 • PARTE GERAL DO CÓDIGO CIVIL DE 2002 | 219

**2.4.2.7** *Classificação quanto à dependência em relação a outro bem (bens reciprocamente considerados)*

a) *Bens principais (ou independentes)* – São os bens que existem de maneira autônoma e independente, de forma concreta ou abstrata, conforme o art. 92 do CC. Exercem função ou finalidade não dependente de qualquer outro objeto.

b) *Bens acessórios (ou dependentes)* – São os bens cuja existência e finalidade dependem de um outro bem, denominado bem principal.

> *Princípio geral do Direito Civil* – o bem acessório segue o principal, salvo disposição especial em contrário (*acessorium sequeatur principale*) – *princípio da gravitação jurídica.*

Tal regra estava prevista no art. 59 do CC/1916 e apesar de não reproduzida no Código Civil de 2002 continua tendo aplicação direta, como princípio geral do Direito Civil brasileiro, retirado de forma presumida da análise de vários dispositivos da atual codificação. Com um desses comandos, pode ser citado o art. 92 do Código, que em sua parte final enuncia que o bem acessório é "aquele cuja existência supõe a do principal". De todo modo, para suprir essa lacuna, o Projeto de Reforma do Código Civil pretende incluir um parágrafo único no dispositivo, enunciando que, "salvo disposição em contrário, o bem acessório segue o principal".

São bens acessórios, previstos no ordenamento jurídico brasileiro:

b.1) *Frutos* – São bens acessórios que têm sua origem no bem principal, mantendo a integridade desse último, sem a diminuição da sua substância ou quantidade. Os frutos, quanto à origem, podem ser assim classificados:

– *Frutos naturais* – São aqueles decorrentes da essência da coisa principal, como as frutas produzidas por uma árvore.

– *Frutos industriais* – São aqueles decorrentes de uma atividade humana, caso de um material produzido por uma fábrica.

– *Frutos civis* – São aqueles decorrentes de uma relação jurídica ou econômica, de natureza privada, também denominados *rendimentos*. É o caso dos valores decorrentes do aluguel de um imóvel, de juros de capital, de dividendos de ações.

Quanto ao estado em que eventualmente se encontrarem, os frutos podem ser classificados da seguinte forma, categorização que remonta a Clóvis Beviláqua:

– *Frutos pendentes* – São aqueles que estão ligados à coisa principal, e que não foram colhidos. Exemplo: maçãs que ainda estão presas à macieira.

– *Frutos percebidos* – São os já colhidos do principal e separados. Exemplo: maçãs que foram colhidas pelo produtor.

– *Frutos estantes* – São aqueles frutos que foram colhidos e encontram-se armazenados. Exemplo: maçãs colhidas e colocadas em caixas em um armazém.

– *Frutos percipiendos* – São os frutos que deveriam ter sido colhidos, mas não foram. Exemplo: maçãs maduras que já deveriam ter sido colhidas e que estão apodrecendo.

– *Frutos consumidos* – São os frutos que já foram colhidos e já não existem mais. São as maçãs que foram colhidas pelo produtor e já vendidas a terceiros.

b.2) *Produtos* – São os bens acessórios que saem da coisa principal, diminuindo a sua quantidade e substância. Percebe-se que é discutível a condição de acessório dos produtos, eis que são retirados ou destacados da própria coisa principal. Como exemplo, pode ser citada a pepita de ouro retirada de uma mina. Cabe esclarecer que o sentido de produto aqui estudado, para o âmbito do Direito Civil, é bem diferente daquele tratado pelo Direito do Consumidor. Nos termos do art. 3.º, § 1.º, do Código de Defesa do Consumidor (Lei 8.078/1990), produto é qualquer bem colocado no mercado de consumo, seja ele móvel ou imóvel, material ou imaterial.

b.3) *Pertenças* – São bens destinados a servir um outro bem principal, por vontade ou trabalho intelectual do proprietário. Com efeito, prevê o art. 93 do CC inovação importante que "são pertenças os bens que, não constituindo partes integrantes, se destinam, de modo duradouro, ao uso, ao serviço ou ao aformoseamento de outro". Ensina Maria Helena Diniz que as pertenças "são bens que se acrescem, como acessórios à coisa principal, daí serem considerados como *res annexa* (coisa anexada). Portanto, são bens acessórios *sui generis* destinados, de modo duradouro, a conservar ou facilitar o uso ou prestar serviço ou, ainda, a servir de adorno ao bem principal, sem ser parte integrante. (...). Apesar de acessórios, conservam sua individualidade e autonomia, tendo apenas como principal uma subordinação econômico-jurídica, pois sem haver qualquer incorporação vinculam-se ao principal para que atinja suas finalidades. São pertenças todos os bens móveis que o proprietário, intencionalmente, empregar na exploração industrial de um imóvel, no seu aformoseamento ou na sua comodidade".[121] As pertenças podem ser classificadas em *essenciais* ou não *essenciais*. Estatui o art. 94 do CC que "os negócios jurídicos que dizem respeito ao bem principal não abrangem as pertenças, salvo se o contrário resultar da lei, da manifestação de vontade, ou das circunstâncias do caso". No meu entendimento, se a pertença for essencial ao bem principal, não merecerá aplicação o que consta na primeira parte do art. 94 do CC, pois assim quis o proprietário da coisa principal. *A pertença essencial, quando móvel, atualmente constitui um bem imóvel por acessão intelectual.* Por isso, deve acompanhar a coisa principal, conclusão que decorre das circunstâncias do caso, do *princípio da gravitação jurídica*, conforme a parte final do art. 94 do CC. Assim o é um piano no conservatório musical, aproveitando o exemplo de Maria Helena Diniz.[122] Logicamente, quando a pessoa compra o conservatório, espera que o piano, pertença essencial, acompanhe o primeiro. Em casos tais a pertença constitui um bem móvel incorporado a um imóvel, ou seja, um bem imóvel por acessão física intelectual. O mesmo não se pode dizer de um piano que se encontra na casa de alguém, também pertença, mas não essencial, aí sim merecendo aplicação a primeira parte do art. 94 do CC. Anoto que no atual Projeto de Reforma do Código Civil pretende-se adotar essa divisão das pertenças, em essenciais e não essenciais, melhorando-se ainda o texto do art. 93, a saber: "são pertenças as coisas que, não constituindo partes integrantes, essenciais ou não essenciais, destinam-se, de modo duradouro, ao uso, ao serviço ou ao embelezamento de outro". Outrossim, fica claro, mais uma vez, que não concordo com o teor do Enunciado n. 11 do CJF/STJ, aprovado na *I Jornada de Direito Civil*, elaborado nos seguintes termos: "não persiste no novo sistema legislativo a categoria dos bens imóveis por acessão intelectual, não obstante a expressão 'tudo quanto se lhe incorporar natural ou artificialmente', constante da

---

[121] DINIZ, Maria Helena. *Código Civil anotado*. 15. ed. São Paulo: Saraiva, 2010. p. 139.

[122] DINIZ, Maria Helena. *Curso de direito civil brasileiro*. Teoria geral do direito civil. 24. ed. São Paulo: Saraiva, 2007. v. 1, p. 346.

parte final do art. 79 do CC". Compreendo na atualidade que quando o art. 79 do CC utiliza a expressão *artificialmente* está incluindo a vontade humana, a acessão intelectual, categoria que também pode ser retirada do conceito de pertença.[123] Por fim, conforme o Enunciado n. 535 do CJF/STJ, aprovado na *VI Jornada de Direito Civil*, para a existência da pertença, o art. 93 do Código Civil não exige elemento subjetivo como requisito para o ato de destinação. Apesar da louvável tentativa do enunciado, fica difícil imaginar um exemplo concreto pertinente em que a pertença surge por razão de ordem estritamente objetiva, sem que esteja presente a vontade do proprietário, seja direta ou indiretamente. Cabe destacar, por fim, que a posição exposta neste livro foi seguida quando do julgamento pelo STJ do primeiro caso relativo às pertenças. Conforme tese firmada em aresto publicado no *Informativo* n. *594* da Corte, havendo adaptação de veículo, feita posteriormente à celebração de alienação fiduciária em garantia do bem, com a introdução de aparelhos para direção por deficiente físico, o devedor fiduciante tem o direito de retirá-los, quando houver o descumprimento do pacto e a consequente busca e apreensão do principal (REsp 1305183/SP, 4.ª Turma, Rel. Min. Luis Felipe Salomão, j. 18.10.2016, *DJe* 21.11.2016). Nos termos do voto do Ministro Marco Buzzi, citando o meu entendimento doutrinário e seguindo o Relator, "a partir de tais conceitos, diferenciados os bens classificados como 'acessórios' daqueles considerados 'pertenças', conclui-se que os aparelhos de adaptação veicular para deficientes físicos são pertenças, portanto devem seguir as regras esculpidas nos artigos 93 e 94 do Código Civil. Isso porque os referidos aparelhos não dependem diretamente do principal (característica peculiar dos bens acessórios) e, por outro lado, são bens destinados a facilitar o uso da coisa principal, no caso, o veículo, sem que seja parte integrante deste, ensejando na classificação como 'pertenças'". Na sequência, o julgador cita o exemplo do toca-CDs-MP3-DVDs, desenvolvido a seguir. Em 2018, emergiu outro caso julgado pelo Tribunal da Cidadania a respeito do conceito de pertenças, no âmbito da sua Terceira Turma, concluindo a Corte com correição que "o equipamento de monitoramento acoplado ao caminhão consubstancia uma pertença, a qual atende, de modo duradouro, à finalidade econômico-social do referido veículo, destinando-se a promover a sua localização e, assim, reduzir os riscos de perecimento produzidos por eventuais furtos e roubos, a que, comumente, estão sujeitos os veículos utilizados para o transporte de mercadorias, caso dos autos. Trata-se, indiscutivelmente, de 'coisa ajudante' que atende ao uso do bem principal. Enquanto concebido como pertença, a destinação fática do equipamento de monitoramento em servir o caminhão não lhe suprime a individualidade e autonomia – o que permite, facilmente, a sua retirada –, tampouco exaure os direitos sobre ela incidentes, como o direito de propriedade, outros direitos reais ou o de posse" (STJ, REsp 1.667.227/RS, 3.ª Turma, Rel. Min. Marco Aurélio Bellizze, j. 26.06.2018, *DJe* 29.06.2018). Citando-se o conceito de "coisa ajudante", desenvolvido na doutrina por Gustavo Haical, reconheceu-se no acórdão o direito do caminhoneiro, devedor em alienação fiduciária em garantia, a retirar os citados equipamentos, na mesma linha do julgado anterior: "o inadimplemento do contrato de empréstimo para aquisição de caminhão dado em garantia, a despeito de importar na consolidação

---

[123] Na mesma linha, na doutrina contemporânea: AZEVEDO, Álvaro Villaça. *Teoria Geral do Direito Civil*. Parte Geral. São Paulo: Atlas, 2012, p. 137; VENOSA, Sílvio de Salvo: *Código Civil Interpretado*. São Paulo: Saraiva, 2010, p. 91; GAGLIANO, Pablo Stolze; PAMPLONA FILHO, Rodolfo. *Novo Curso de Direito Civil*. Parte Geral. 14. ed. São Paulo: Saraiva, 2012. v. I, p. 310; GONÇALVES, Carlos Roberto. *Direito Civil Brasileiro*. Parte Geral. 8. ed. São Paulo: Saraiva, 2010, v. 1, p. 283.

da propriedade do mencionado veículo nas mãos do credor fiduciante, não conduz ao perdimento da pertença em favor deste. O equipamento de monitoramento, independentemente do destino do caminhão, permanece com a propriedade de seu titular" (REsp 1.667.227/RS).

b.4) *Partes integrantes* – De acordo com Maria Helena Diniz, as partes integrantes são os bens acessórios que estão unidos ao bem principal, formando com este último um todo independente. As partes integrantes são desprovidas de existência material própria, mesmo mantendo sua integridade, exemplificando a Professora Titular da PUCSP, com a hipótese da lâmpada em relação ao lustre.[124] Também pode ser citada a lente de uma câmera filmadora. Constata-se que a lâmpada e a lente não têm a mesma funcionalidade quando não estão ligadas ao principal. A parte integrante sempre deve ser analisada tendo um outro bem como parâmetro. A diferença substancial em relação às pertenças é que as últimas têm certa individualidade.

b.5) *Benfeitorias* – São os bens acessórios introduzidos em um bem móvel ou imóvel, visando a sua conservação ou melhora da sua utilidade. Enquanto os frutos e produtos decorrem do bem principal, as benfeitorias são nele introduzidas. É interessante aqui relembrar a antiga classificação das benfeitorias, que remonta ao Direito Romano e que consta do art. 96 do CC:

– *Benfeitorias necessárias* – Sendo essenciais ao bem principal, são as que têm por fim conservar ou evitar que o bem se deteriore. Exemplo: a reforma do telhado de uma casa.

– *Benfeitorias úteis* – São as que aumentam ou facilitam o uso da coisa, tornando-a mais útil. Exemplo: instalação de uma grade na janela de uma casa.

– *Benfeitorias voluptuárias* – São as de mero deleite, de mero luxo, que não facilitam a utilidade da coisa, mas apenas tornam mais agradável o uso da coisa. Exemplo: construção de uma piscina em uma casa.

A classificação das benfeitorias descrita pode variar conforme a destinação, a utilidade ou a localização do bem principal, principalmente se as primeiras forem relacionadas com bens imóveis. A título de exemplo, uma piscina na casa de alguém é, em regra, benfeitoria voluptuária. A piscina, na escola de natação, é benfeitoria necessária. Essa classificação é importante para o estudo dos efeitos decorrentes da posse, conforme se verá mais à frente na presente obra (Capítulo 7, relativo ao Direito das Coisas).

Não se podem confundir as benfeitorias com as acessões, nos termos do art. 97, pois as últimas são as incorporações introduzidas em um outro bem, imóvel, pelo proprietário, possuidor e detentor. Ademais, é possível afirmar que o que diferencia as benfeitorias das pertenças é que as primeiras são introduzidas por quem não é o proprietário, enquanto as últimas por aquele que tem o domínio. Tanto isso é verdade, a título de ilustração, que a Lei de Locação (Lei n. 8.245/1991) não trata das pertenças, apenas das benfeitorias quanto aos efeitos para o locatário (arts. 35 e 36).

Exemplificando, para encerrar o tema, vejamos as hipóteses a seguir, apontadas pelo Ministro Marco Buzzi quando do julgamento do antes citado precedente sobre as pertenças no STJ (REsp 1.305.183/SP, 4.ª Turma, Rel. Min. Luis Felipe Salomão j. 18.10.2016, *DJe* 21.11.2016). Como fica um *toca-CDs-MP3-DVDs* em relação a um veículo? Como enquadrar o primeiro como bem acessório?

---

[124] DINIZ, Maria Helena. *Código Civil anotado*. 15. ed. São Paulo: Saraiva, 2010. p. 140.

CAP. 2 • PARTE GERAL DO CÓDIGO CIVIL DE 2002 | **223**

> *Situação 1*: Se o veículo já vem com o *toca-CDs-MP3-DVDs* de fábrica, como parte do painel, o último será parte integrante do veículo.
>
> *Situação 2*: Se o *toca-CDs-MP3-DVDs* foi instalado pelo proprietário será pertença não essencial. Como é de costume, se alguém vende um veículo, o *toca-CDs-MP3- -DVDs* não o acompanha.
>
> *Situação 3*: Se vigente um comodato e o comodatário instalar o *toca-CDs-MP3-DVDs*, este será benfeitoria voluptuária.

## 2.4.2.8 *Classificação em relação ao titular do domínio*

a) *Bens particulares ou privados* – São os que pertencem às pessoas físicas ou jurídicas de Direito privado, atendendo aos interesses dos seus proprietários. Nos termos do art. 98 do CC, que fez trabalho de exclusão, são bens privados aqueles que não são públicos.

b) *Bens públicos ou do Estado* – São os que pertencem a uma entidade de direito público interno, como no caso da União, Estados, Distrito Federal, Municípios, entre outros (art. 98 do CC). Na *IV Jornada de Direito Civil*, concluiu-se que o rol constante do art. 98 do CC é meramente exemplificativo (*numerus apertus*) e não taxativo (*numerus clausus*). Nesse sentido, prevê o Enunciado n. 287 do CJF/STJ que "o critério da classificação de bens indicado no art. 98 do Código Civil não exaure a enumeração dos bens públicos, podendo ainda ser classificado como tal o bem pertencente à pessoa jurídica de direito privado que esteja afetado à prestação de serviços públicos". Nos termos do art. 99 do CC, os bens públicos podem ser assim classificados:

- *Bens de uso geral ou comum do povo* (art. 99, inc. I, do CC) – São os bens destinados à utilização do público em geral, sem necessidade de permissão especial, caso das praças, jardins, ruas, estradas, mares, rios, praias, golfos, entre outros. Os bens de uso geral do povo não perdem a característica de uso comum se o Estado regulamentar sua utilização de maneira onerosa.

- *Bens de uso especial* (art. 99, inc. II, do CC) – São os edifícios e terrenos utilizados pelo próprio Estado para a execução de serviço público especial, havendo uma destinação especial, denominada *afetação*. São bens de uso especial os prédios e as repartições públicas.

- *Bens dominicais ou dominiais* (art. 99, inc. III, do CC) – São os bens públicos que constituem o patrimônio disponível e alienável da pessoa jurídica de Direito Público, abrangendo tanto móveis quanto imóveis. São exemplos de bens dominicais os terrenos de marinha, as terras devolutas, as estradas de ferro, as ilhas formadas em rios navegáveis, os sítios arqueológicos, as jazidas de minerais com interesse público, o mar territorial, entre outros.

Aprofundando o tema, a maioria da doutrina administrativista aponta que as expressões *bens dominicais* e *bens dominiais* são sinônimas (Celso Antônio Bandeira de Melo e Hely Lopes Meirelles). Mas autores como José Cretella Jr. e José dos Santos Carvalho Filho entendem que os conceitos são distintos, pois os bens dominiais são *gênero* (qualquer bem público), enquanto os bens dominicais são *espécie* (os enquadrados no art. 99, inc. III, do CC). Os posicionamentos constam da obra do último doutrinador citado.[125]

---

[125] CARVALHO FILHO, José dos Santos. *Manual de direito administrativo*. 17. ed. Rio de Janeiro: Lumen Juris, 2007. p. 971.

Os bens públicos de uso geral do povo e os de uso especial são bens do domínio *público* do Estado. Os dominicais são do domínio *privado* do Estado. Os bens públicos dominicais podem, por determinação legal, ser convertidos em bens públicos de uso comum ou especial. Desse modo, os bens públicos de uso comum do povo e de uso especial têm como característica a *inalienabilidade*, não havendo qualquer referência quanto aos dominicais no art. 100 do CC. O dispositivo seguinte consagra a possibilidade de alienação dos bens dominicais, desde que respeitados os parâmetros legais (art. 101 do CC).

Quanto aos primeiros, lembre-se que a inalienabilidade não é absoluta, podendo perder essa característica pela *desafetação*. Leciona o saudoso Renan Lotufo que a "desafetação é mudança de destinação do bem, visando incluir bens de uso comum do povo, ou bens de uso especial, na categoria de bens dominicais, para possibilitar a alienação, nos termos das regras do Direito Administrativo".[126]

Enuncia o art. 102 do Código de 2002 que os bens públicos, móveis ou imóveis, não estão sujeitos a usucapião, eis que há a imprescritibilidade das pretensões a eles referentes, confirmando determinação que já constava dos arts. 183, § 3.º, e 191, parágrafo único, da CF/1988, quanto aos bens imóveis. A expressão contida no dispositivo legal engloba tanto os bens de uso comum do povo como os de uso especial e dominicais. Destaque-se que existem teses que propõem que os bens públicos são usucapíveis. O tema será aprofundado quando do estudo do Direito das Coisas.

Finalizando, para muitos estudiosos do Direito, na classificação de bens, está superada a dicotomia *público e privado* apontada. Surge o conceito de *bem difuso*, sendo seu exemplo típico o meio ambiente, protegido pelo art. 225 da Constituição Federal e pela Lei 6.938/1981, visando à proteção da coletividade, de entes públicos e privados. O *Bem Ambiental* é, nessa visão englobadora, um bem difuso, material ou imaterial, cuja proteção visa assegurar a sadia qualidade de vida das presentes e futuras gerações.

Essa é a melhor concepção *civil-constitucional* de meio ambiente, para a proteção das gerações atuais e vindouras, ou seja, amparando-se direitos *transgeracionais* ou *intergeracionais*. Em sentido próximo, aliás, enunciado doutrinário aprovado na histórica *I Jornada Jurídica de Prevenção e Gerenciamento de Crises Ambientais,* promovida pelo Conselho da Justiça Federal em novembro de 2024, que trata dos recursos hídricos. É a sua redação: "a água, como bem ambiental de uso comum do povo e essencial à sadia qualidade de vida considerada pela jurisprudência do Supremo Tribunal Federal um bem jurídico autônomo, tem sua gestão estabelecida pela Constituição Federal, conforme indicado em seu art. 225, que deve ser necessariamente observado e aplicado regularmente por todos os órgãos investidos de poder e, particularmente, em face de crises hídricas no contexto das mudanças climáticas".

Essa ampla proteção justifica o *princípio do poluidor-pagador*, com a responsabilidade objetiva – independentemente de culpa –, e solidária de todos aqueles que causam danos ambientais, nos termos do art. 14, § 1.º, da Lei n. 6.938/1981 (Lei da Política Nacional do Meio Ambiente).

Existe ainda o conceito de *res nullius* que são aqueles bens ou coisas que não têm dono (*coisas de ninguém*). Por uma questão lógica, esses somente poderão ser bens móveis, pois os imóveis que não pertencem a qualquer pessoa são do Estado (terras devolutas).

### 2.4.3 Do bem de família. O tratamento dualista do sistema jurídico

O bem de família pode ser conceituado como o imóvel utilizado como residência da entidade familiar, decorrente de casamento, união estável, entidade monoparental, ou

---

[126] LOTUFO, Renan. *Código Civil comentado*. São Paulo: Saraiva, 2002. v. I, p. 256.

CAP. 2 • PARTE GERAL DO CÓDIGO CIVIL DE 2002 | **225**

entidade de outra origem, protegido por previsão legal específica. Na realidade jurídica nacional, conforme se expôs, faz-se interpretação extensiva de proteção da moradia para atingir o imóvel onde reside pessoa solteira, separada ou viúva (Súmula 364 do STJ).

Originariamente e na perspectiva histórica, ensina Álvaro Villaça Azevedo que "Pode-se dizer, seguramente, que o bem de família nasceu com tratamento jurídico específico, na República do Texas, sendo certo que, no Direito Americano, desponta ele como uma pequena propriedade agrícola, residencial, da família, consagrada à proteção desta".[127] Trata-se da proteção do *homestead* o que significa *local do lar*.

Duas são as formas de bem de família previstas no ordenamento jurídico brasileiro:

> – *Bem de família voluntário ou convencional* – com tratamento no Código Civil de 2002 entre os seus arts. 1.711 a 1.722.
>
> – *Bem de família legal* – regulado pela Lei 8.009/1990, baseada no trabalho acadêmico do Professor Álvaro Villaça Azevedo.

Consigne-se que as duas categorias não se confundem quanto aos seus tratamentos legais, notadamente em relação às exceções à impenhorabilidade. Portanto, as duas modalidades de bem de família coexistem no sistema jurídico brasileiro, como está publicado na Edição n. 200 da ferramenta *Jurisprudência em Teses,* do STJ:

"Os bens de família legal (Lei n. 8.009/1990) e voluntário/convencional (arts. 1.711 a 1.722 do Código Civil) coexistem de forma harmônica no ordenamento jurídico; o primeiro, tem como instituidor o próprio Estado e volta-se para o sujeito de direito (entidade familiar) com o propósito de resguardar-lhe a dignidade por meio da proteção do imóvel que lhe sirva de residência; já o segundo, decorre da vontade de seu instituidor (titular da propriedade) e objetiva a proteção do patrimônio eleito contra eventual execução forçada de dívidas do proprietário do bem" (tese n. 1).

Como está na mesma publicação, a segunda modalidade dispensa qualquer ato formal ou de registro: "o bem de família legal dispensa a realização de ato jurídico para sua formalização, basta que o imóvel se destine à residência familiar; o voluntário, ao contrário, condiciona a validade da escolha do imóvel à formalização por escritura pública ou por testamento" (Edição n. 200 do *Jurisprudência em Teses* do STJ, tese n. 2).

A partir dessa *visão dualista*, passa-se à análise dessas duas modalidades de bens protegidas pela lei privada.

### 2.4.3.1 *Bem de família voluntário ou convencional*

O *bem de família convencional ou voluntário* pode ser instituído pelos cônjuges, pela entidade familiar ou por terceiro, mediante escritura pública ou testamento, não podendo ultrapassar essa reserva um terço do patrimônio líquido das pessoas que fazem a instituição (art. 1.711 do CC). O limite estabelecido pela legislação visa a proteger eventuais credores. Ainda pelo que consta da parte final desse dispositivo, o bem de família convencional não revogou o bem de família legal, coexistindo ambos em nosso ordenamento jurídico. No caso de instituição por terceiro, devem os cônjuges aceitar expressamente o benefício.

---

[127] AZEVEDO, Álvaro Villaça. *Bem de família.* São Paulo: José Bushatsky, 1974. p. 19. Trata-se da tese de doutorado do jurista, defendida na Universidade de São Paulo.

# 226 | MANUAL DE DIREITO CIVIL • VOLUME ÚNICO – *Flávio Tartuce*

De todo modo, a Comissão de Juristas, instituída no Senado Federal, para a Reforma e Atualização do Código Civil, propõe a revogação expressa dos arts. 1.711 a 1.722 do Código Civil, que tratam do bem de família voluntário ou convencional. Como consequência, deve também ser revogado expressamente o seu tratamento na Lei de Registros Públicos (Lei n. 6.015/1973, art. 167, inc. II, item 85, e o seu Capítulo XI, com os arts. 260 a 265). Os motivos apontados pela Subcomissão de Direito de Família foram os seguintes: "a) pequena incidência prática (baixo uso) do instituto; b) existência da Lei n. 8.009/1990, que dispensa tratamento mais eficaz e automático ao bem de família; c) cuidar-se de instrumento jurídico muito complexo, acessível mormente por famílias abastadas". A proposição foi aceita com unanimidade pela Relatoria Geral e por todos os membros da Comissão, não tendo havido qualquer resistência em sentido contrário.

Voltando-se ao sistema atual, para que haja a proteção prevista em lei, é necessário que o bem seja imóvel residencial, rural ou urbano, incluindo a proteção a todos os bens acessórios que o compõem, caso inclusive das pertenças (art. 1.712 do CC). A proteção poderá abranger valores mobiliários, cuja renda seja aplicada na conservação do imóvel e no sustento da família.

Constituindo novidade, pelo art. 1.713 do CC os valores mobiliários não poderão exceder o valor do prédio instituído, diante da sua flagrante natureza acessória. Tais valores, ademais, devem ser individualizados no instrumento de instituição do bem de família convencional (art. 1.713, § 1.º, do CC). Se se tratar de títulos nominativos, a sua instituição como bem de família também deverá constar dos respectivos livros de registro (art. 1.713, § 2.º, do CC). Eventualmente, o instituidor da proteção pode determinar que a administração desses valores seja confiada a uma instituição financeira, bem como disciplinar a forma de pagamento das rendas a todos os beneficiários (art. 1.713, § 3.º, do CC). Nessas hipóteses, a responsabilidade dos administradores obedecerá às regras previstas para o contrato de depósito voluntário (arts. 627 a 646 do CC).

A instituição do bem de família convencional deve ser efetuada por escrito e registrada no Cartório de Registro de Imóveis do local em que o referido bem está situado (art. 1.714 do CC). Em todos os casos, pela regra especial e expressa do art. 1.711 do CC, há necessidade de escritura pública ou testamento, não importando o valor do imóvel. Assim, não merecerá aplicação o art. 108 do CC, que dispensa a elaboração de escritura pública nos negócios envolvendo imóveis com valor igual ou inferior a trinta salários mínimos.

Com a instituição do bem de família convencional ou voluntário, o prédio se torna inalienável e impenhorável, permanecendo isento de execuções por dívidas posteriores à instituição. Entretanto, tal proteção não prevalecerá nos casos de dívidas com as seguintes origens (art. 1.715 do CC).

a) dívidas anteriores à sua constituição, de qualquer natureza;

b) dívidas posteriores, relacionadas com tributos relativos ao prédio, caso do IPTU (obrigações *propter rem* ou ambulatórias);

c) despesas de condomínio (outra típica obrigação *propter rem* ou *ambulatória*), mesmo posteriores à instituição.

Destaque-se que essas são as exceções relativas ao bem de família convencional, não se confundido com aquelas previstas para o bem de família legal (art. 3.º da Lei 8.009/1990).

A propósito dessa distinção dos modelos de impenhorabilidade, merece destaque a publicação constante da Edição n. 200 da ferramenta *Jurisprudência em Teses do STJ*: "a impenhorabilidade conferida ao bem de família legal alcança todas as obrigações do devedor indistintamente, ainda que o imóvel tenha sido adquirido no curso de demanda executiva, diversamente, no bem de família convencional, a impenhorabilidade é relativa, visto que o imóvel apenas estará protegido da execução por dívidas subsequentes à sua constituição" (tese n. 3).

O parágrafo único do art. 1.715 do CC está em sintonia com a proteção da pessoa, prevendo que, no caso de execução dessas dívidas, o saldo existente deva ser aplicado em outro prédio, como bem de família, ou em títulos da dívida pública, para sustento familiar, a não ser que motivos relevantes aconselhem outra solução, a critério do juiz.

A inalienabilidade, como regra geral, está prevista no art. 1.717 do CC, sendo somente possível a alienação do referido bem mediante consentimento dos interessados (membros da entidade familiar), e de seus representantes, ouvido o Ministério Público. Como fica claro pelo dispositivo, a possibilidade de alienação depende de autorização judicial, sendo relevantes os motivos para tanto.

Eventualmente, comprovada a impossibilidade de manutenção do bem de família convencional, poderá o juiz, a requerimento dos interessados, extingui-lo ou autorizar a sub-rogação real de bens que o constituem em outros, ouvido o instituidor e o Ministério Público. Trata-se de uma hipótese de dissolução judicial do bem protegido (art. 1.719 do CC).

No que concerne à sua administração, salvo previsão em contrário, cabe a ambos os cônjuges ou companheiros, sendo possível a intervenção judicial, em caso de divergência (art. 1.720 do CC). Esse comando legal, que constitui novidade, está em total sintonia com a igualdade consagrada no art. 226 da CF/1988 e no art. 1.511 do CC. Traz também uma tendência de *judicialização dos conflitos conjugais*, pois o juiz irá decidir sobre a questão que interessa aos membros da entidade familiar. É importante a constatação de que essa tendência não é a atual, de *fuga do Judiciário*, o que pode ser captado pela leitura do Código de Processo Civil vigente, pela valorização da desjudicialização em vários de seus comandos.

No caso de falecimento de ambos os cônjuges, a administração caberá ao filho mais velho, se ele for maior. Caso contrário, a administração caberá a seu tutor (art. 1.720, parágrafo único, do CC).

A instituição dura até que ambos os cônjuges faleçam, sendo que, se restarem filhos menores de 18 anos, mesmo falecendo os pais, a instituição perdura até que todos os filhos atinjam a maioridade (art. 1.716 do CC). Mais uma vez se percebe a intenção do legislador de proteger a célula familiar. Todavia, a extinção do bem de família convencional não afasta a impenhorabilidade prevista na Lei 8.009/1990.

A dissolução da sociedade conjugal, por divórcio, morte, inexistência, nulidade ou anulabilidade do casamento, não extingue o bem de família convencional. Dissolvida a sociedade conjugal por morte de um dos cônjuges, o sobrevivente poderá pedir a extinção da proteção, se for o único bem do casal (art. 1.721, parágrafo único, do CC). Porém, mais uma vez, a extinção do bem de família voluntário ou convencional não afasta a proteção da lei específica.

Por fim, enuncia o art. 1.722 do CC que se extingue o bem de família convencional com a morte de ambos os cônjuges e a maioridade dos filhos, desde que não sujeitos à curatela. Pela terceira vez elucidando, essa extinção não impede a aplicação da proteção constante da Lei 8.009/1990, sobre a qual se começa a tratar.

### 2.4.3.2 *Bem de família legal*

A Lei 8.009/1990 traça as regras específicas quanto à proteção do bem de família legal, prevendo o seu art. 1.º que "o imóvel residencial próprio do casal, ou da entidade familiar, é impenhorável e não responderá por qualquer tipo de dívida civil, comercial, fiscal, previdenciária ou de outra natureza, contraída pelos cônjuges ou pelos pais ou filhos que sejam seus proprietários e nele residam, salvo nas hipóteses previstas nesta lei". Trata-se de importante *norma de ordem pública* que protege tanto a família quanto a pessoa humana.

Isso justifica a Súmula 205 do STJ, segundo a qual a Lei 8.009/1990 tem eficácia retroativa, atingindo as penhoras constituídas antes da sua entrada em vigor. Trata-se do que denominamos *retroatividade motivada ou justificada*, em prol das normas de ordem pública.

Sendo norma de ordem pública no campo processual, a impenhorabilidade do bem de família legal pode ser conhecida de ofício pelo juiz (entre os numerosos julgados: STJ, AgRg no AREsp 140.598/SP, 4.ª Turma, Rel. Min. Luis Felipe Salomão, j. 24.06.2014, *DJe* 1.º.08.2014; TJDF, Recurso 2012.00.2.001863-5, Acórdão 584.350, 3.ª Turma Cível, Rel. Des. Mario-Zam Belmiro, *DJDFTE* 11.05.2012, p. 157; TJRS, Agravo de Instrumento 185133-28.2011.8.21.7000, 1.ª Câmara Cível, Porto Alegre, Rel. Des. Carlos Roberto Lofego Canibal, j. 20.07.2011, *DJERS* 23.08.2011; TJMG, Apelação Cível 5393636-72.2008.8.13.0702, 6.ª Câmara Cível, Uberlândia, Rel. Des. Edivaldo George dos Santos, j. 09.11.2010, *DJEMG* 19.11.2010; TJSP, Apelação sem Revisão 772.559.5/4, Acórdão 3237978, 15.ª Câmara de Direito Público B, São Bernardo do Campo, Rel. Des. Paulo Roberto Fadigas Cesar, j. 15.08.2008, *DJESP* 1.º.10.2008; TJSP, Apelação 1104728-2, Acórdão 2723519, 15.ª Câmara de Direito Privado, Barretos, Rel. Des. Edgard Jorge Lauand, j. 08.07.2008, *DJESP* 06.08.2008; e TRT 9.ª R., Proc. 17606-2001-651-09-00-6, Ac. 34972-2007, Seção Especializada, Rel. Des. Marlene Teresinha Fuverki Suguimatsu, *DJPR* 27.11.2007).

De toda sorte, nos termos do Estatuto Processual em vigor, antes do conhecimento de ofício, o julgador deve ouvir as partes, instaurando o contraditório. Como é notório, o art. 10 do CPC/2015 veda as chamadas *decisões-surpresa*, em prol da boa-fé objetiva processual, estabelecendo que "o juiz não pode decidir, em grau algum de jurisdição, com base em fundamento a respeito do qual não se tenha dado às partes oportunidade de se manifestar, ainda que se trate de matéria sobre a qual deva decidir de ofício".

Ato contínuo de estudo, antes de arrematação do bem, a alegação de impenhorabilidade cabe por simples petição, não sendo o caso de preclusão processual (nesse sentido, ver: STJ, AgRg no REsp 292.907/RS, 3.ª Turma, Rel. Min. Humberto Gomes de Barros, j. 18.08.2005, *DJ* 12.09.2005, p. 314). Por fim, o bem de família é irrenunciável, ou seja, o seu oferecimento à penhora não torna o bem objeto de constrição (nesse sentido, ver, por todos: STJ, REsp 511.023/PA, 4.ª Turma, Rel. Min. Jorge Scartezzini, j. 18.08.2005, *DJ* 12.09.2005, p. 333).

Como se percebe, a jurisprudência nacional vem entendendo que o bem de família legal acaba por quebrar alguns paradigmas processuais, premissa que deve ser mantida com a emergência do CPC de 2015, especialmente pela regra contida no seu art. 8.º, que determina ao julgador levar em conta a dignidade da pessoa humana ao aplicar o ordenamento jurídico. Ora, reafirme-se que uma das aplicações desse princípio constitucional nas relações privadas diz respeito à proteção do bem de família.

Em regra, a impenhorabilidade somente pode ser reconhecida se o imóvel for utilizado para residência ou moradia permanente da entidade familiar, não sendo admitida a tese do simples domicílio (art. 5.º, *caput*, da Lei 8.009/1990).

O Superior Tribunal de Justiça, contudo, entende que, no caso de locação do bem, utilizada a renda do imóvel para a mantença da entidade familiar ou para locação de outro imóvel, a proteção permanece, o que pode ser concebido como um *bem de família indireto*. A questão consolidou-se de tal forma que, em 2012, foi editada a Súmula 486 do STJ, *in verbis*: "é impenhorável o único imóvel residencial do devedor que esteja locado a terceiros, desde que a renda obtida com a locação seja revertida para a subsistência ou a moradia da sua família".

Entendeu-se, ainda, que a premissa igualmente vale para o caso de único imóvel do devedor que esteja em usufruto, para destino de moradia de sua mãe, pessoa idosa (STJ, REsp 950.663/SC, 4.ª Turma, Rel. Min. Luis Felipe Salomão, j. 10.04.2012). No último *decisum*, além da proteção da moradia, julgou-se com base no sistema de tutela constante do Estatuto do Idoso.

Tal tendência de ampliação da tutela da moradia também pode ser retirada de aresto de data mais próxima, publicado no *Informativo* n. 543 do STJ, ao deduzir que "constitui bem de família, insuscetível de penhora, o único imóvel residencial do devedor em que resida seu familiar, ainda que o proprietário nele não habite". Nos termos da publicação do aresto, que conta com o meu total apoio, "deve ser dada a maior amplitude possível à proteção consignada na lei que dispõe sobre o bem de família (Lei 8.009/1990), que decorre do direito constitucional à moradia estabelecido no *caput* do art. 6.º da CF, para concluir que a ocupação do imóvel por qualquer integrante da entidade familiar não descaracteriza a natureza jurídica do bem de família" (STJ, EREsp 1.216.187/SC, Rel. Min. Arnaldo Esteves Lima, j. 14.05.2014). O julgado menciona, ainda, a proteção constitucional da família, encartada no art. 226, *caput,* do mesmo Texto Maior.

Na mesma esteira, igualmente dando uma interpretação extensiva à tutela da moradia, entende o Tribunal da Cidadania que "o fato do terreno encontrar-se desocupado ou não edificado são circunstâncias que sozinhas não obstam a qualificação do imóvel como bem de família, devendo ser perquirida, caso a caso, a finalidade a este atribuída" (premissa 10, publicada na Ferramenta *Jurisprudência em Teses*, Edição 44). Trata-se do que se pode denominar *bem de família vazio.*

A análise de um dos acórdãos que gerou a afirmação jurisprudencial resumida merece análise depurada. Nos termos do julgamento constante do Recurso Especial 825.660/SP, de relatoria do Ministro João Otávio de Noronha, julgado em 1.º de dezembro de 2009, "ocorreram danos no imóvel causados pelo transbordamento das águas da rede de águas pluviais. A referida ação foi julgada procedente, e a Prefeitura Municipal de Osasco foi condenada: a) a providenciar o desvio da rede canalizada e a reparar o imóvel; b) a reembolsar despesas com correspondências e aluguéis; e c) a pagar danos morais. A impenhorabilidade do bem de família serve para assegurar a propriedade da residência da entidade familiar de modo a assegurar-lhe uma existência digna. Verifica-se, no caso, que os devedores tiveram que desocupar o imóvel em razão do dano causado por fato de terceiro que tornou-o inabitável. Ora, não se pode afastar a impenhorabilidade do imóvel em razão de os devedores nele não residirem por absoluta ausência de condições de moradia. A parte recorrida não teve opção. A desocupação do imóvel era medida que se impunha. Não pode agora os devedores sofrerem a perda de seu único imóvel residencial, quando já estão sendo privados de utilizá-lo em razão de fato de terceiro. Assim, incabível a penhorabilidade de imóvel, quando os devedores, por fato alheio a sua vontade, deixam de nele residir em razão da falta de serviço estatal" (REsp 825.660/SP).

De fato, não se pode impor a penhorabilidade em casos semelhantes ou próximos ao do julgamento, pois o fato de o imóvel encontrar-se vazio, desocupado, inabitado, não é imputável à conduta do devedor, mas a ato ou omissão da administração pública. Sendo assim, a impenhorabilidade é medida que se impõe, com vistas à proteção de um direito à moradia potencial, que se encontra dormente no momento da discussão da penhora, mas que pode voltar a ter incidência concreta a qualquer momento.

Como outra hipótese de interpretação extensiva da norma jurídica para a tutela da moradia, o Superior Tribunal de Justiça concluiu ser impenhorável o imóvel objeto de alienação fiduciária em garantia, em financiamento que ainda está sendo pago pelo devedor. Nos seus termos, que contam com o meu apoio doutrinário:

> "A regra da impenhorabilidade do bem de família legal também abrange o imóvel em fase de aquisição, como aqueles decorrentes da celebração do compromisso de compra e venda ou do financiamento de imóvel para fins de moradia, sob pena de impedir que o devedor (executado) adquira o bem necessário à habitação da entidade familiar. Na hipótese, tratando-se de contrato de alienação fiduciária em garantia, no qual, havendo a quitação integral da dívida, o devedor fiduciante consolidará a propriedade para si, deve prevalecer a regra de impenhorabilidade" (STJ, REsp 1.677.079/SP, 3.ª Turma, Rel. Min. Ricardo Villas Bôas Cueva, j. 25.09.2018, *DJe* 1.º.10.2018).

Fala-se nesse contexto em um *bem de família considerado antecipadamente*, afirmação retirada de outro aresto da Corte, da sua 4.ª Turma e do ano de 2022. Consoante o acórdão, publicado no *Informativo* n. *453* do STJ, "o terreno cuja unidade habitacional está em fase de construção, para fins de residência, está protegido pela impenhorabilidade por dívidas, por se considerar antecipadamente bem de família" (STJ, REsp 1.960.026/SP, 4.ª Turma, Rel. Min. Marco Buzzi, por unanimidade, j. 11.10.2022).

Nos termos do voto do Ministro Relator, "obra inacabada presume-se residência e será protegida, pois a interpretação finalística e valorativa da Lei n. 8.009/1990, considerando o contexto sociocultural e econômico do País, permite concluir que o imóvel adquirido para o escopo de moradia futura, ainda que não esteja a unidade habitacional pronta – por estar em etapa preliminar de obra, sem condições para qualquer cidadão nela residir –, fica excluído da constrição judicial, uma vez que a situação econômico-financeira vivenciada por boa parte da população brasileira evidencia que a etapa de construção imobiliária, muitas vezes, leva anos de árduo esforço e constante trabalho para a sua concretização, para fins residenciais próprios ou para obtenção de frutos civis voltados à subsistência e moradia em imóvel locado" (REsp 1.960.026/SP). Estou totalmente filiado às conclusões e à fundamentação do acórdão.

A residência da entidade familiar pode ser comprovada pela juntada de comprovantes de pagamento de contas de água, luz, gás e telefone, sendo certo que outros meios probatórios podem conduzir o magistrado ao reconhecimento da penhorabilidade ou não (nesse sentido, ver: TJRS, Acórdão 70006884670, 18.ª Câmara Cível, Torres, Rel. Des. Mario Rocha Lopes Filho, j. 11.12.2003).

No caso de a pessoa não ter imóvel próprio, a impenhorabilidade recai sobre os bens móveis quitados que guarneçam a residência e que sejam da propriedade do locatário (art. 1.º, parágrafo único, da Lei 8.009/1990). Os veículos de transporte, obras de arte e adornos suntuosos estão excluídos da impenhorabilidade (art. 2.º).

A penhorabilidade dos veículos de transporte, em visão ampliada, atinge as vagas de garagem com matrícula própria, segundo a Súmula 449 do STJ ("A vaga de garagem que possui matrícula própria no registro de imóveis não constitui bem de família para efeito de penhora"). A súmula merece críticas, pois diante do princípio da gravitação jurídica (o acessório segue o principal), se a impenhorabilidade atinge o imóvel do mesmo modo deve atingir a vaga de garagem.

Nas situações concretas de imóvel locado, a impenhorabilidade atinge também os bens móveis do locatário, quitados, que guarneçam a sua residência (art. 2.º, parágrafo único, da Lei 8.009/1990).

Pois bem, como assunto de grande relevância, o art. 3.º da Lei 8.009/1990 consagra exceções à impenhorabilidade, a saber, de forma detalhada, comentada e atualizada:

a) O inciso I do preceito tratava dos créditos de trabalhadores da própria residência e das respectivas contribuições previdenciárias. Aqui, incluíam-se os empregados do-

CAP. 2 • PARTE GERAL DO CÓDIGO CIVIL DE 2002 | **231**

mésticos e empregados da construção civil, no caso de aumento da área construída do imóvel, desde que houvesse vínculo de emprego. Não havendo tal vínculo, o STJ já entendeu anteriormente que a exceção não se aplicaria, como na hipótese de contratação de empreiteiro que contratou os empregados para a obra no imóvel (STJ, REsp 644.733/SC, 1.ª Turma, Rel. Min. Francisco Falcão, Rel. p/ o Acórdão Min. Luiz Fux, j. 20.10.2005, *DJ* 28.11.2005, p. 197). Pontue-se, com o fito de atualizar a obra, que esse dispositivo foi revogado expressamente pelo art. 46 da Lei Complementar 150/2015, que regulamentou os direitos trabalhistas dos trabalhadores domésticos. Na minha opinião doutrinária, a inovação veio em boa hora, pois a tutela da moradia deve, de fato, prevalecer sobre os créditos trabalhistas de qualquer natureza.

b) Pelo titular do crédito decorrente de financiamento destinado à construção ou aquisição do imóvel, no limite dos créditos e acréscimos decorrentes do contrato. Para o Superior Tribunal de Justiça, com base nessa exceção, deve-se afastar a impenhorabilidade do bem de família em obrigação assumida para obras de condomínio. No caso concreto julgado, "hipótese em que a recorrida é titular de crédito vinculado a negócio jurídico que, embora não implique a transmissão da propriedade, está estritamente ligado à sua aquisição, na medida em que o aporte financeiro vertido à associação é indispensável à efetiva construção do imóvel de todos os associados com suas respectivas áreas comuns, aporte esse sem o qual os recorrentes sequer teriam a expectativa de concretizar a titularidade do bem de família, tendo em vista a falência da construtora originariamente contratada para aquela finalidade. Se todos os associados se obrigaram perante a associação a custear o término da construção do todo, isso é, das três torres que compõem o condomínio, não há como imputar os pagamentos realizados por cada um dos associados a uma determinada torre ou unidade. Assim como outros associados cumpriram a obrigação de contribuir para a construção da torre onde se localiza a unidade dos recorrentes, estão estes igualmente obrigados a contribuir para a construção das demais torres e devidas unidades, sendo inadmissível, à luz da boa-fé objetiva, que, a pretexto de proteger o bem de família dos recorrentes, se sacrifiquem outros possíveis bens de família de tantos outros associados" (STJ, REsp 1.658.601/SP, 3.ª Turma, Rel. Min. Nancy Andrighi, j. 13.08.2019). Em outro entendimento que merece ser citado, a Quarta Turma do Superior Tribunal de Justiça concluiu, por outra via, que entre as exceções à impenhorabilidade do bem de família previstas nesse comando incluem-se as dívidas relativas à empreitada para construção parcial do imóvel. Como constou de sua ementa, com importante interpretação do comando, "para os efeitos estabelecidos no dispositivo legal (inciso II do art. 3º da Lei nº 8.009/90), o financiamento referido pelo legislador abarca operações de crédito destinadas à aquisição ou construção do imóvel residencial, podendo essas serem *stricto sensu* – decorrente de uma operação na qual a financiadora, mediante mútuo/empréstimo, fornece recursos para outra a fim de que essa possa executar benfeitorias ou aquisições específicas, segundo o previamente acordado – como aquelas em sentido amplo, nas quais se inclui o contrato de compra e venda em prestações, o consórcio ou a empreitada com pagamento parcelado durante ou após a entrega da obra, pois todas essas modalidades viabilizam a aquisição/construção do bem pelo tomador que não pode ou não deseja pagar o preço à vista" (STJ, REsp 1.221.372/RS, 4.ª Turma, Rel. Min. Marco Buzzi, j. 15.10.2019, *DJe* 21.10.2019). Julgado de 2022 confirmou a premissa, aplicando-se essa exceção para a empreitada global: "da exegese do comando do art. 3º, II, da Lei n.º 8.009/90, fica evidente que a finalidade da norma foi coibir que o devedor se escude na impenhorabilidade do bem de família para obstar a cobrança de dívida contraída para aquisição, construção ou reforma do próprio imóvel, ou seja, de débito derivado de negócio jurídico envolvendo o próprio bem. Portanto, a dívida relativa a contrato de empreitada global, porque viabiliza a construção do imóvel, está abrangida pela exceção prevista no art. 3.º, II, da Lei n.º 8.009/90" (STJ, REsp 1.976.743/SC, 3.ª Turma, Rel. Min. Nancy Andrighi, j. 08.03.2022, *DJe* 11.03.2022). Percebe-se que o debate relativo ao antigo inciso I recebeu um novo dimensionamento quanto à presente previsão, que me parece correto. Como última nota a respeito desse inciso, tem-se entendido que a exceção à impenhorabilidade do bem de família prevista para o crédito decorrente do financiamento destinado à construção ou à aquisição do imóvel estende-se ao imóvel adquirido com os recursos oriundos da venda daquele bem (STJ, REsp 1.935.842/PR, 3.ª Turma, Rel. Min. Nancy Andrighi, j. 22.06.2021, *DJe* 25.06.2021).

c) Pelo credor de pensão alimentícia, seja ela decorrente de alimentos convencionais, legais (de Direito de Família) ou indenizatórios (nos termos do art. 948, II, do CC). A respeito dos alimentos indenizatórios, a questão não é pacífica. Todavia, ficamos com os julgados que entendem pela exceção à impenhorabilidade em casos tais (ver: STJ, REsp 437.144/RS, 3.ª Turma, Rel. Min. Castro Filho, j. 07.10.2003, *DJ* 10.11.2003 p. 186; AgRg-Ag 772.614/MS, 3.ª Turma, Rel. Min. Sidnei Beneti, j. 13.05.2008; *DJe* 06.06.2008; e REsp 1.186.228/RS, Rel. Min. Massami Uyeda, j. 04.09.2012, publicado no seu *Informativo* n. 503). Cumpre anotar que o STJ não inclui entre tais débitos alimentares os honorários advocatícios, conforme se extrai de julgado publicado no seu *Informativo* n. *469*, de abril de 2011 (STJ, REsp 1.1826.108/MS, Rel. Min. Aldir Passarinho, j. 12.04.2011). Mais uma vez atualizando a obra, esse inciso foi alterado pela Lei 13.144, de 6 de julho de 2015, passando a mencionar a proteção dos direitos, sobre o bem de família, do seu coproprietário que, com o devedor, integre união estável ou conjugal, observadas as hipóteses em que ambos responderão pela dívida. Em suma, em casos tais as dívidas alimentares não têm o condão de quebrar a impenhorabilidade do bem de família. Fica em xeque a necessidade da nova lei, pois essa proteção da meação do cônjuge e do companheiro já era retirada das regras relativas ao regime de bens.

d) Para a cobrança de impostos, predial ou territorial, taxas e contribuições devidas em relação ao imóvel familiar. Aqui se enquadra, de início, o IPTU, desde que proveniente do próprio imóvel que se pretende penhorar (STJ, REsp 1.332.071/SP, 3.ª Turma, Rel. Min. Marco Aurélio Bellizze, j. 18.02.2020, *DJe* 20.02.2020). Quando há menção às contribuições relativas ao imóvel, segundo a jurisprudência, estão incluídas as dívidas decorrentes do condomínio, eis que esse inciso trata das obrigações *propter rem* ou ambulatórias (STF, RE 439.003/SP, Rel. Eros Grau, j. 06.02.2007, *Informativo* n. *455*, 14.02.2007). Nota-se que o Supremo Tribunal Federal considerou que o caso é de interpretação declarativa, e não extensiva. Realmente, se o caso fosse de interpretação extensiva, a exceção não se aplicaria, pois não se pode sacrificar a moradia, valor constitucional com tal técnica de interpretação. Nessa trilha, entendeu o Superior Tribunal de Justiça que a exceção não se aplica no caso de dívidas de associações de moradores em condomínios fechados de casas, hipótese não abarcada na previsão em comento, não cabendo a ampliação do texto legal em casos tais, até porque a norma é de exceção (STJ, REsp 1.324.107/SP, Rel. Min. Nancy Andrighi, j. 13.11.2012, publicado no seu *Informativo* n. *510*). Ainda mais recentemente, entendeu-se na Corte que o bem de família dos condôminos deve responder por dívidas relativas à responsabilidade civil do condomínio, quando este último não tiver bens suficientes para a satisfação da obrigação. Nos termos do aresto, "as despesas condominiais, inclusive as decorrentes de decisões judiciais, são obrigações *propter rem* e, por isso, será responsável pelo seu pagamento, na proporção de sua fração ideal, aquele que detém a qualidade de proprietário da unidade imobiliária ou seja titular de um dos aspectos da propriedade (posse, gozo, fruição), desde que tenha estabelecido relação jurídica direta com o condomínio, ainda que a dívida seja anterior à aquisição do imóvel. Portanto, uma vez ajuizada a execução em face do condomínio, se inexistente patrimônio próprio para satisfação do crédito, podem os condôminos ser chamados a responder pela dívida, na proporção de sua fração ideal. O bem residencial da família é penhorável para atender às despesas comuns de condomínio, que gozam de prevalência sobre interesses individuais de um condômino, nos termos da ressalva inserta na Lei n. 8.009/1990 (art. 3.º, IV)" (STJ, REsp 1.473.484/RS, 4.ª Turma, Rel. Min. Luis Felipe Salomão, j. 21.06.2018, *DJe* 23.08.2018). Como última nota sobre esse inciso, merece ser destacado o entendimento da Corte no sentido de que a dívida de aluguel existente entre condôminos constitui obrigação *propter rem*, quebrando com a proteção relativa ao bem de família: "é dominante a jurisprudência no STJ que a natureza *propter rem* da obrigação afasta a impenhorabilidade do bem de família. Precedentes. Constituem determinantes da obrigação de natureza *propter rem*: a vinculação da obrigação com determinado direito real; a situação jurídica do obrigado; e a tipicidade da conexão entre a obrigação e o direito real. A primazia da posse sobre a forma de exercício da copropriedade e a vedação do enriquecimento ilícito são dois fatores que geram dever e responsabilidade pelo uso exclusivo de coisa comum. Precedentes. A posse exclusiva (uso e fruição), por um dos coproprietários, é fonte de obrigação indenizatória aos demais coproprietários, porque fundada no direito real de propriedade. A obrigação do coproprietário de indenizar os demais que não dispõe da posse independe sua declaração de vontade, porque decorre tão somente da cotitularidade da propriedade" (STJ, REsp 1.888.863/SP, 3.ª Turma, Rel. Min. Ricardo Villas Bôas Cueva, relatora para acórdão Min. Nancy Andrighi, j. 10.05.2022, *DJe* 20.05.2022).

e) Para a execução de hipoteca sobre o imóvel, oferecido como garantia real pelo casal ou pela entidade familiar. O STJ tem afastado a penhora do bem de família nos casos de hipoteca oferecida por membro da entidade familiar, visando garantir dívida de sua empresa individual (STJ, AgRg no Ag 597.243/GO, 4.ª Turma, Rel. Min. Fernando Gonçalves, j. 03.02.2005, *DJ* 07.03.2005, p. 265). A interpretação é que a exceção somente se aplica se a hipoteca for instituída no interesse de ambos os cônjuges ou de toda a entidade familiar. De todo modo, se a hipoteca for dada em garantia de dívida de pessoa jurídica da qual ambos os cônjuges são os únicos sócios, presume-se o interesse deles no gravame, aplicando-se a exceção. Em resumo, consolidou-se na Segunda Seção do Tribunal da Cidadania que: "a) o bem de família é impenhorável, quando for dado em garantia real de dívida por um dos sócios da pessoa jurídica devedora, cabendo ao credor o ônus da prova de que o proveito se reverteu à entidade familiar; e b) o bem de família é penhorável, quando os únicos sócios da empresa devedora são os titulares do imóvel hipotecado, sendo ônus dos proprietários a demonstração de que a família não se beneficiou dos valores auferidos" (STJ, EAREsp 848.498/PR, 2.ª Seção, Rel. Min. Luis Felipe Salomão, j. 25.04.2018, *DJe* 07.06.2018). Ainda a destacar, a Corte Superior, dando interpretação restritiva à exceção, concluiu que a norma não alcança os casos em que a pequena propriedade rural é dada como garantia de dívida. Sustentou-se que tal propriedade encontra proteção contra a penhora no art. 5.º, XXVI, da CF/1988, dispositivo que deve prevalecer na espécie, não sendo o caso de incidir a norma excepcional ora em estudo (STJ, REsp 1.115.265/RS, Rel. Min. Sidnei Beneti, j. 24.04.2012, *Informativo* n. *496*). Para o mesmo STJ, a exceção aplica-se mesmo se a hipoteca não estiver registrada: "a ausência de registro da hipoteca em cartório de registro de imóveis não afasta a exceção à regra de impenhorabilidade prevista no art. 3.º, V, da Lei n. 8.009/1990, a qual autoriza a penhora de bem de família dado em garantia hipotecária na hipótese de dívida constituída em favor de entidade familiar". Isso porque, "se a ausência de registro da hipoteca não a torna inexistente, mas apenas válida *inter partes* como crédito pessoal, a ausência de registro da hipoteca não afasta a exceção à regra de impenhorabilidade prevista no art. 3.º, V, da Lei n. 8.009/1990" (STJ, REsp 1.455.554/RN, Rel. Min. João Otávio de Noronha, j. 14.06.2016, *DJe* 16.06.2016, publicado no seu *Informativo* n. *585*).

f) No caso de o imóvel ter sido adquirido como produto de crime ou para a execução de sentença penal condenatória de ressarcimento, indenização ou perdimento de bens. Consigne-se que, conforme algumas decisões do STJ, há a necessidade de uma expressa e prévia sentença penal condenatória para que a indenização por ato ilícito quebrasse com a proteção do bem de família (por todas: STJ, REsp 1.823.159/SP, 3.ª Turma, Rel. Min. Nancy Andrighi, j. 13.10.2020, *DJe* 19.10.2020; e REsp 711.889/PR, Rel. Min. Luis Felipe Salomão, j. 22.06.2010, *Informativo* n. *440* do STJ). Todavia, em 2016, foi publicado *decisum* em sentido diverso quanto ao bem adquirido como produto de crime, deduzindo que "à incidência da norma inserta no inciso VI do art. 3.º da Lei n. 8.009/1990, isto é, da exceção à impenhorabilidade do bem de família em virtude de ter sido adquirido com o produto de crime, forçoso reconhecer a dispensa de condenação criminal transitada em julgado, porquanto inexiste determinação legal neste sentido. Afinal, caso fosse a intenção do legislador exigir sentença penal condenatória para a exceção prevista na primeira parte do inciso VI, teria assim feito expressamente, como o fez com a segunda parte do referido dispositivo. Logo, não havendo determinação expressa na lei no sentido de que a exceção (bem adquirido com produto de crime) exija a existência de sentença penal condenatória, temerário seria adotar outra interpretação, sob pena de malograr o propósito expressamente almejado pela norma, direcionado a não estimular a prática ou reiteração de ilícitos. Assim, o cometimento de crime e o fato de o imóvel ter sido adquirido com seus proveitos é suficiente para afastar a impenhorabilidade do bem de família" (STJ, REsp 1.091.236/RJ, Rel. Min. Marco Buzzi, j. 15.12.2015, *DJe* 1.º.02.2016). Como se pode perceber, há divergência na Corte Superior a respeito do tema, com a necessidade de se pacificar a questão. O meu entendimento está na linha da primeira conclusão, pela necessidade do trânsito em julgado da decisão condenatória para se aplicar a exceção à tutela do bem de família.

g) Por obrigação decorrente de fiança concedida em contrato de locação de imóvel urbano, exceção que foi introduzida pelo art. 82 da Lei 8.245/1991.

Em relação a essa última exceção (art. 3.º, inc. VII, da Lei 8.009/1990), sempre divergiram doutrina e jurisprudência no que tange à sua suposta inconstitucionalidade. A problemática foi debatida pelo Supremo Tribunal Federal entre os anos de 2005 e 2006.

Em decisão monocrática do ano de 2005, o então Ministro Carlos Velloso entendeu pela inconstitucionalidade da norma, tese a qual se filia (nesse sentido, ver: STF,

CAP. 2 • PARTE GERAL DO CÓDIGO CIVIL DE 2002 | **235**

RE 352.940/SP, Rel. Min. Carlos Velloso, j. 25.04.2005). O primeiro argumento é a festejada proteção da moradia e da dignidade humana, retiradas do art. 6.º do Texto Maior. O segundo argumento é a lesão à isonomia e à razoabilidade, uma vez que o locatário, devedor principal, não perde o bem de família, ao contrário do fiador. Ora, sabe-se que a fiança é contrato acessório e, como tal, não pode trazer mais obrigações que o contrato principal.

Todavia, o plenário do Supremo Tribunal Federal julgou a questão em 8 de fevereiro de 2006 e, por maioria de votos (7 a 3), entendeu pela constitucionalidade da norma (nesse sentido, ver: STF, RE 407.688/SP, Rel. Min. Cezar Peluso, j. 08.02.2006). Primeiro, porque a lei do bem de família é clara ao prever a possibilidade de penhora do imóvel de residência de fiador de locação de imóvel urbano, sendo esta regra inafastável. Em suma, quando o fiador assina o contrato sabe que pode perder o bem de família. Ademais, entendeu-se que a norma protege o mercado imobiliário, devendo ainda ter aplicação, nos termos do art. 170 da CF/1988.

Apesar do julgamento pelo STF, destaque-se que muitos Tribunais Estaduais passaram a se filiar ao entendimento da inconstitucionalidade, conforme tabela a seguir:

- TJMG, Processo 1.0480.05.076516-7/002(1), Rel. Des. Viçoso Rodrigues, Rel. p/ o Acórdão: Fabio Maia Viani, j. 19.02.2008, publicado 13.03.2008. Do mesmo Tribunal, ainda: TJMG, Agravo Interno 1.0105.07.226985-2/0011, 14.ª Câmara Cível, Governador Valadares, Rel. Des. Antônio de Pádua, j. 05.03.2009, *DJEMG* 24.04.2009.
- TJRS, Apelação Cível 251772-57.2013.8.21.7000, 15.ª Câmara Cível, Porto Alegre, Rel. Des. Otávio Augusto de Freitas Barcellos, j. 11.09.2013, *DJERS* 18.09.2013.
- TJMS, Acórdão 2008.025448-7/0000-00, 5.ª Turma Cível, Campo Grande, Rel. Des. Vladimir Abreu da Silva, *DJEMS* 08.06.2009, p. 36.
- TJSE, Agravo de Instrumento 2008203947, Acórdão 3245/2009, 1.ª Câmara Cível, Rel. Des. Cláudio Dinart Déda Chagas, *DJSE* 11.05.2009, p. 11.
- TJSC, Embargos de Declaração no Acórdão 2006.027903-6, 2.ª Câmara de Direito Civil, Blumenau, Rel. Des. Salete Silva Sommariva, *DJSC* 19.03.2008, p. 139.
- TJPR, Agravo de Instrumento 352.151-1, Acórdão 4269, 16.ª Câmara Cível, Curitiba, Rel. Des. Maria Mercis Gomes Aniceto, j. 16.11.2006, *DJPR* 1.º.12.2006.

Ao final de 2014, o Superior Tribunal de Justiça julgou a questão em sede de incidente de recursos repetitivos, visando afastar essa tendência dos Tribunais Estaduais. Consoante publicação constante do *Informativo* n. 552 daquela Corte,

"É legítima a penhora de apontado bem de família pertencente a fiador de contrato de locação, ante o que dispõe o art. 3.º, VII, da Lei 8.009/1990. A Lei 8.009/1990 instituiu a proteção legal do bem de família como instrumento de tutela do direito fundamental à moradia da entidade familiar e, portanto, indispensável à composição de um mínimo existencial para uma vida digna. Nos termos do art. 1.º da Lei 8.009/1990, o bem imóvel destinado à moradia da entidade familiar é impenhorável e não responderá pela dívida contraída pelos cônjuges, pais ou filhos que sejam seus proprietários e nele residam, salvo nas hipóteses previstas no art. 3.º da aludida norma. Nessa linha, o art. 3.º excetua, em seu inciso VII, a obrigação decorrente de fiança concedida em contrato de locação, isto é, autoriza a constrição de imóvel – considerado bem de família – de propriedade do fiador de contrato locatício. Convém ressaltar que o STF assentou a constitucionalidade do art. 3.º, VII, da Lei 8.009/1990 em face do art. 6.º da CF, que, a partir da edição da Emenda

Constitucional 26/2000, incluiu o direito à moradia no rol dos direitos sociais (RE 407.688/AC, Tribunal Pleno, *DJ* 06.10.2006; e RE 612.360/RG, Tribunal Pleno, *DJe* 03.09.2010)" (STJ, REsp 1.363.368/MS, Rel. Min. Luis Felipe Salomão, j. 12.11.2014).

Em outubro de 2015, também infelizmente, tal posição foi resumida na Súmula 549 da Corte, segundo a qual: "é válida a penhora de bem de família pertencente a fiador de contrato de locação".

Com a última sumular, a questão parecia ter sido resolvida, pois o CPC de 2015 estabelece que as decisões ementadas do Superior Tribunal de Justiça vinculam os advogados (art. 332, inc. I) e os juízes de primeira e segunda instância (art. 489, § 1.º, inc. VI). Porém, nota-se a presença no nosso sistema de uma súmula que dá fundamento a um dispositivo totalmente ilógico e inconstitucional, criticado por toda a doutrina contemporânea, formada pela nova geração de civilistas.

A demonstrar toda a instabilidade jurisprudencial a respeito do tema, em 2018 surgiu nova decisão do Supremo Tribunal Federal concluindo pela inconstitucionalidade da previsão a respeito da penhora do bem de família do fiador, em caso de locação não residencial e retomando os argumentos do Ministro Carlos Velloso. A ementa é da Primeira Turma do Tribunal, tendo sido prolatada por maioria e assim publicada no *Informativo* n. *906* da Corte Suprema:

> "Impenhorabilidade do bem de família e contratos de locação comercial. Não é penhorável o bem de família do fiador, no caso de contratos de locação comercial. Com base neste entendimento, a Primeira Turma, por maioria e em conclusão de julgamento, deu provimento a recurso extraordinário em que se discutia a possibilidade de penhora de bem de família do fiador em contexto de locação comercial. Vencidos os Ministros Dias Toffoli (relator) e Roberto Barroso que negaram provimento ao recurso. Ressaltaram que o Supremo Tribunal Federal pacificou o entendimento sobre a constitucionalidade da penhora do bem de família do fiador por débitos decorrentes do contrato de locação. A lógica do precedente é válida também para os contratos de locação comercial, na medida em que – embora não envolva o direito à moradia dos locatários – compreende o seu direito à livre-iniciativa. A possibilidade de penhora do bem de família do fiador – que voluntariamente oferece seu patrimônio como garantia do débito – impulsiona o empreendedorismo, ao viabilizar a celebração de contratos de locação empresarial em termos mais favoráveis. Por outro lado, não há desproporcionalidade na exceção à impenhorabilidade do bem de família (Lei n.º 8009/1990, art. 3.º, VII). O dispositivo legal é razoável ao abrir a exceção à fiança prestada voluntariamente para viabilizar a livre-iniciativa" (STF, RE 605.709/SP, Rel. Min. Dias Toffoli, Red. p/ ac. Min. Rosa Weber, j. 12.06.2018, *Informativo* n. *906* do STF).

Diante dessa decisão e de outras, o Pleno do Supremo Tribunal Federal reconheceu a repercussão geral a respeito do assunto, em março de 2021. Isso se deu nos autos do Recurso Extraordinário 1.307.334 (Tema 1.127). Em março de 2022, o STF julgou a questão, reafirmando sua posição anterior – em prol da livre-iniciativa e da proteção do mercado –, no sentido de ser constitucional essa previsão legal a respeito da penhora do bem de família do fiador.

Votaram nesse sentido os Ministros Roberto Barroso, Nunes Marques, Dias Toffoli, Gilmar Mendes, André Mendonça e Luiz Fux, seguindo-se ainda o argumento de que a Lei de Locação não faz distinção entre fiadores de locações residenciais e comerciais com relação à possibilidade da penhora do seu bem de família. Em sentido contrário votaram os Ministros Edson Fachin, Ricardo Lewandowski, Rosa Weber e Cármen Lúcia, pois o direito constitucional à moradia deveria prevalecer sobre os princípios da livre-iniciativa e da autonomia contratual, que podem ser resguardados de outras formas. Ao final foi ementada a seguinte tese em repercussão geral, que deve ser adotada para os devidos fins práticos: "é constitucional a penhora de bem de família pertencente a fiador de contrato de locação, seja residencial, seja comercial".

Acrescente-se que, na sequência, o Superior Tribunal de Justiça cristalizou a mesma posição em julgamento de recursos repetitivos, ementando que a "tese definida no Tema 1127 foi a de que 'é constitucional a penhora de bem de família pertencente a fiador de contrato de locação, seja residencial, seja comercial'. Nessa perspectiva, a Segunda Seção do STJ, assim como o fez o STF, deve aprimorar os enunciados definidos no REsp Repetitivo 1.363.368/MS e na Súmula 549 para reconhecer a validade da penhora de bem de família pertencente a fiador de contrato de locação comercial. Isso porque a lei não distinguiu entre os contratos de locação para fins de afastamento do bem de família (art. 3º, inciso VII, da Lei n. 8.009/1990)" (STJ, REsp 1.822.040/PR, 2.ª Seção, Rel. Min. Luis Felipe Salomão, por unanimidade, j. 08.06.2022 – Tema 1.091).

De todo modo, por todo esse panorama de dúvidas e incertezas no âmbito da jurisprudência, continuo a entender que a melhor solução para a temática, de fato, é que a norma seja revogada, resolvendo-se definitivamente a questão e afastando-se a grande instabilidade que sempre existiu sobre o tema. Encerrando o estudo do instituto, cumpre relevar que o Superior Tribunal de Justiça tem entendido que o rol das exceções à proteção do bem de família é meramente exemplificativo (*numerus apertus*).

De início, em julgado do ano de 2012, acabou por deduzir a Corte que a proteção da citada impenhorabilidade não pode prevalecer nos casos em que o devedor atua de má-fé, alienando todos os seus bens e fazendo restar apenas o imóvel de residência. Conforme voto da Ministra Nancy Andrighi, "não há, em nosso sistema jurídico, norma que possa ser interpretada de modo apartado aos cânones da boa-fé. Todas as disposições jurídicas, notadamente as que confiram excepcionais proteções, como ocorre com a Lei 8.009/1990, só têm sentido se efetivamente protegerem as pessoas que se encontram na condição prevista pelo legislador. Permitir que uma clara fraude seja perpetrada sob a sombra de uma disposição legal protetiva implica, ao mesmo tempo, promover uma injustiça na situação concreta e enfraquecer, de maneira global, todo o sistema de es-pecial de proteção objetivado pelo legislador)" (STJ, REsp 1.299.580/RJ, 3.ª Turma, Rel. Min. Nancy Andrighi, j. 20.03.2012).

A premissa tem sido confirmada por decisões posteriores, uma vez que "deve ser afastada a impenhorabilidade do único imóvel pertencente à família na hipótese em que os devedores, com o objetivo de proteger o seu patrimônio, doem em fraude à execução o bem a seu filho menor impúbere após serem intimados para o cumprimento espontâneo da sentença exequenda" (STJ, REsp 1.364.509/RS, Rel. Min. Nancy Andrighi, j. 10.06.2014, publicada no seu *Informativo n. 545)*. Ou, ainda, mais recentemente:

> "A regra de impenhorabilidade do bem de família trazida pela Lei 8.009/90 deve ser examinada à luz do princípio da boa-fé objetiva, que, além de incidir em todas as relações jurídicas, constitui diretriz interpretativa para as normas do sistema jurídico pátrio. Nesse contexto, caracterizada fraude à execução na alienação do único imóvel dos executados, em evidente abuso de direito e má-fé, afasta-se a norma protetiva do bem de família, que não pode conviver, tolerar e premiar a atuação dos devedores em desconformidade com o cânone da boa-fé objetiva. Precedentes" (STJ, REsp 1.575.243/DF, 3.ª Turma, Rel. Min. Nancy Andrighi, j. 22.03.2018, *DJe* 02.04.2018).

Já no âmbito da Quarta Turma, releve-se o julgado que admitiu que o bem de família seja objeto de alienação fiduciária em garantia, hipótese em que não se admite a alegação da impenhorabilidade, novamente com base no argumento da má-fé. Como consta dos seus termos,

> "A proteção legal conferida ao bem de família pela Lei n. 8.009/90 não pode ser afastada por renúncia do devedor ao privilégio, pois é princípio de ordem pública, prevalente sobre a vontade manifestada (AgRg nos EREsp 888.654/ES, Rel. Ministro João Otávio de Noronha, Segunda Seção, julgado em 14.03.2011, *DJe* 18.03.2011). Nada obstante, à luz da jurisprudência dominante das Turmas de Direito Privado: (a) a proteção conferida ao bem de família pela Lei n. 8.009/90 não importa em sua inalienabilidade, revelando-se possível a disposição do imóvel pelo proprietário, inclusive no âmbito de alienação fiduciária; e (b) a utilização abusiva de tal direito, com evidente violação do princípio da boa-fé objetiva, não deve ser tolerada, afastando-se o benefício conferido ao titular que exerce o direito em desconformidade com o ordenamento jurídico. No caso dos autos, não há como afastar a validade do acordo de vontades firmado entre as partes, inexistindo lastro para excluir os efeitos do *pacta sunt servanda* sobre o contrato acessório de alienação fiduciária em garantia, afigurando-se impositiva, portanto, a manutenção do acórdão recorrido no ponto, ainda que por fundamento diverso" (STJ, REsp 1.595.832/SC, 4.ª Turma, Rel. Min. Luis Felipe Salomão, j. 29.10.2019, *DJe* 04.02.2020).

Em 2023, a questão se pacificou na Segunda Seção da Corte, afirmando-se a tese segundo a qual "a oferta voluntária de seu único imóvel residencial em garantia a um contrato de mútuo, favorecedor de pessoa jurídica em alienação fiduciária, não conta com a proteção irrestrita do bem de família" (STJ, EREsp 1.559.348/DF, 2.ª Seção, Rel. Min. Moura Ribeiro, j. 24.05.2023, m.v.). Essa é, assim, a posição a ser considerada para os devidos fins práticos.

Ainda sobre o tema, em 2022, publicou-se a Edição n. 200 da ferramenta *Jurisprudência em Teses* do STJ, com a seguinte afirmação: "é válido acordo judicial homologado no qual devedor oferta bem de família como garantia de dívida, portanto a posterior alegação de impenhorabilidade do imóvel prevista na Lei n. 8.009/1990 contraria a boa-fé e a eticidade".

Como se pode observar, os acórdãos abrem mais uma exceção, além do rol previsto no art. 3.º da Lei 8.009/1990, tratado como meramente exemplificativo. Os julgamentos são sociológicos, apesar de encontrarem obstáculo da antiga máxima segundo a qual as normas de exceção não admitem interpretação extensiva.

Penso haver certa instabilidade a respeito do tema na Corte, pois o próprio STJ tem entendido que o rol das exceções ao bem de família é taxativo e não exemplificativo, não se admitindo essa forma de interpretação (Tese n. 9, constante da Edição n. 200 da ferramenta *Jurisprudência em Teses*). O tema fica em aberto para as devidas reflexões.

## 2.5 PARTE GERAL DO CÓDIGO CIVIL DE 2002. TEORIA GERAL DO NEGÓCIO JURÍDICO

### 2.5.1 Conceitos básicos. Fato, ato e negócio jurídico

Os conceitos de fato jurídico, ato jurídico e negócio jurídico são fundamentais para a compreensão do Direito Privado, estando expostos no quadro a seguir:

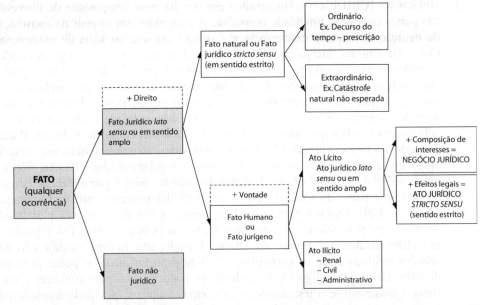

Vejamos os conceitos básicos expostos no diagrama anterior. Atente-se que quando um conceito é exposto sem se mencionar se ele está em sentido amplo (*lato sensu*) ou em sentido estrito (*stricto sensu*), deve-se entendê-lo como em sentido amplo.

a) FATO JURÍDICO – Uma ocorrência que interessa ao Direito, ou seja, que tenha relevância jurídica. O *fato jurídico lato sensu* pode ser natural, denominado *fato jurídico stricto sensu*. Esse pode ser um fato ordinário ou extraordinário. Pode o fato ser ainda humano, surgindo o conceito de *fato jurígeno*.

FÓRMULA. Fato jurídico = Fato + Direito.

b) ATO JURÍDICO – Trata-se de um fato jurídico com elemento volitivo e conteúdo lícito. Estou filiado à corrente doutrinária que afirma que o ato ilícito não é jurídico, por ser *antijurídico (contra o direito)*. Essa é a opinião de Zeno Veloso, citando ainda o posicionamento de Orosimbo Nonato, Vicente Ráo, Pablo Stolze Gagliano e Rodolfo Pamplona Filho.[128] Todavia, a questão não é pacífica, pois doutrinadores como Pontes de Miranda sustentam que o ato ilícito também é ato jurídico.[129] Esse também é o posicionamento de José Carlos Moreira Alves, autor da Parte Geral do Código Civil de 2002.[130] Anoto que o Projeto de Reforma do Código Civil pretende nele inserir o tratamento relativo às atividades lícitas, em um novo art. 185-A: "a atividade decorrente de série de atos coordenados sob um fim comum será considerada lícita se lícitos forem os atos praticados e o fim visado". De fato, como bem ponderou a Relatora-Geral, Professora Rosa Nery, nos debates travados na Comissão de Juristas, o conceito de ato lícito hoje é insuficiente, devendo ser ampliado também para as atividades em geral, especialmente pela inclusão do novo livro de *Direito Civil Digital* na Norma Geral Privada.

FÓRMULA. Ato Jurídico = Fato + Direito + Vontade + Licitude.

---

[128] VELOSO, Zeno. *Invalidade do negócio jurídico*. 2. ed. Belo Horizonte: Del Rey, 2005. p. 15.
[129] PONTES DE MIRANDA, Francisco Cavalcanti. *Tratado de direito privado*. 4. ed. São Paulo: RT, 1974. t. II, p. 447.
[130] MOREIRA ALVES, José Carlos. *A parte geral do Projeto de Código Civil brasileiro*. 2. ed. São Paulo: Saraiva, 2003.

c) NEGÓCIO JURÍDICO – Ato jurídico em que há uma composição de interesses das partes com uma finalidade específica. A expressão tem origem na construção da negação do ócio ou descanso (*neg + otium*), ou seja, na ideia de movimento. Como faz Antônio Junqueira de Azevedo, pode-se afirmar que o *negócio jurídico constitui a principal forma de exercício da autonomia privada*, da liberdade negocial: "*in concreto*, negócio jurídico é todo fato jurídico consistente em declaração de vontade, a que todo o ordenamento jurídico atribui os efeitos designados como queridos, respeitados os pressupostos de existência, validade e eficácia impostos pela norma jurídica que sobre ele incide".[131] Ou ainda, como quer Álvaro Villaça Azevedo, no negócio jurídico "as partes interessadas, ao manifestarem sua vontade, vinculam-se, estabelecem, por si mesmas, normas regulamentadoras de seus próprios interesses".[132] Ainda no contexto de definição, cabe também expor a ideia de Larenz, construída a partir do Código Civil Alemão (BGB), precursor no seu tratamento (*Rechtsgeschäft*). Para o jurista, o negócio jurídico é um ato – ou uma pluralidade de atos entre si relacionados entre uma ou várias pessoas –, cujo fim é produzir um efeito jurídico no âmbito do Direito Privado, isto é, uma modificação nas relações jurídicas entre os particulares.[133] O negócio jurídico é o ponto principal da Parte Geral do Código Civil, sendo o seu conceito vital para conhecer o contrato, o casamento e o testamento, seus exemplos típicos. Novidade festejada por muitos, e criticada por outros, o Código de Processo Civil de 2015 passou a tratar do que se denomina *negócios jurídicos processuais*, tema abordado por Fredie Didier Jr. e Pedro Henrique Pedrosa Nogueira, com profundidade ímpar.[134] Cuida-se de projeção da teoria geral dos atos e negócios jurídicos, para o âmbito do processo civil brasileiro, presente, na expressão alemã, um *contrato processual* (*Prozessvertrage*). A propósito, o segundo doutrinador citado, em dissertação de mestrado defendida na UFBA, sob a orientação do primeiro, assim define a nova figura: "negócio jurídico processual é o fato jurídico voluntário em cujo suporte fático, descrito em norma processual, esteja conferido ao respectivo sujeito o poder de escolher a categoria jurídica ou de estabelecer, dentro dos limites fixados no próprio ordenamento jurídico, certas situações jurídicas processuais. Estando ligado ao poder de autorregramento da vontade, o negócio jurídico processual esbarra em limitações preestabelecidas pelo ordenamento jurídico, como sucede em todo negócio jurídico".[135] Sobre o instituto, o art. 190 do CPC/2015 prevê que, versando o processo sobre direitos que admitam autocomposição, é lícito às partes plenamente capazes estipular mudanças no procedimento, com o fito de ajustá-lo às especificidades da causa. As partes ainda podem convencionar sobre os seus ônus, poderes, faculdades e deveres processuais, antes ou durante o processo. Não se trata de uma total novidade no sistema processual, pois já existiam negócios jurídicos processuais típicos, tratados anteriormente pela lei. A título de ilustração,

---

[131] AZEVEDO, Antônio Junqueira de. *Negócio jurídico. Existência, validade e eficácia*. 4. ed. São Paulo: Saraiva, 2002. p. 16.

[132] AZEVEDO, Álvaro Villaça. *Teoria geral do Direito Civil*. Parte Geral. São Paulo: Atlas, 2012. p. 169.

[133] LARENZ, Karl. *Derecho civil*. Parte general. Tradução e Notas de Miguel Izquierdo y Macías-Picavea. Madrid: Editorial Revista de Derecho Privado, 1978. p. 422.

[134] DIDIER JR., Fredie; NOGUEIRA, Pedro Henrique Pedrosa. *Teoria dos Fatos Jurídicos Processuais*. 2. ed. Salvador: JusPodivm, 2013.

[135] NOGUEIRA, Pedro Henrique Pedrosa. *Negócios Jurídicos Processuais*. Análise dos Provimentos Judiciais como Atos Negociais. 2011. Dissertação (Mestrado) – Universidade Federal da Bahia, p. 206. Disponível em: <https://repositorio.ufba.br/ri/bitstream/ri/10743/1/Pedro%20Henrique.pdf>. Acesso em: 22 jan. 2015.

podem ser citadas a arbitragem e a cláusula de eleição de foro. Em complemento, Fernando Gajardoni cita alguns exemplos em que, para ele, seria possível a estipulação de negócios jurídicos processuais atípicos. Vejamos dez deles: "(i) ampliação de prazos para resposta, recursos e manifestação em geral (Enunciado n. 19 do FPPC); (ii) redução de prazos para resposta, recurso e manifestações em geral (acautelando-se, apenas, para que a convenção não inviabilize o direito constitucional de defesa e, por conseguinte, seja considerada de objeto ilícito) (Enunciado n. 21 do FPPC); (iii) estabelecimento de uma fase extrajudicial, prévia ou concomitante à ação judicial, de tentativa de conciliação/medição; (iv) exclusão de atos processuais previstos abstratamente no procedimento aplicável ao caso (como a audiência de conciliação/mediação do art. 334 do CPC/2015); (v) inversão da ordem de produção de provas no processo; (vi) redistribuição das regras sobre ônus da prova, vista essa como regra de procedimento (se bem que, nesse caso, já há autorização legal expressa no art. 373, § 3.º, do CPC/2015, o que torna uma convenção típica sobre procedimento); (vii) estabelecimento de novas formas de intimação ou citação, como comunicação por *e-mail*, WhatsApp, telefone, citação por advogado etc.; (viii) estabelecimento de novas formas de colheita de prova (por telefone, *e-mail*, extrajudicialmente etc.); (ix) opção por memoriais escritos em vez de debate oral em audiências; (x) suspensão do processo para tentativa de acordo (se bem que, também neste caso, já há autorização legal expressa no artigo 313, II, CPC/2015, sendo, portanto, convenção típica sobre rito".[136] Na prática, em interessante debate sobre o tema, o Superior Tribunal de Justiça julgou, ao final de 2019, que "a fixação de determinado valor a ser recebido mensalmente pelo herdeiro a título de adiantamento de herança não configura negócio jurídico processual atípico na forma do art. 190, *caput*, do CPC/2015". Como consta de trecho de sua ementa, "admitir que o referido acordo, que sequer se pode conceituar como um negócio processual puro, pois o seu objeto é o próprio direito material que se discute e que se pretende obter na ação de inventário, impediria novo exame do valor a ser destinado ao herdeiro pelo Poder Judiciário, resultaria na conclusão de que o juiz teria se tornado igualmente sujeito do negócio avençado entre as partes e, como é cediço, o juiz nunca foi, não é e nem tampouco poderá ser sujeito de negócio jurídico material ou processual que lhe seja dado conhecer no exercício da judicatura, especialmente porque os negócios jurídicos processuais atípicos autorizados pelo novo CPC são apenas os bilaterais, isto é, aqueles celebrados entre os sujeitos processuais parciais. A interpretação acerca do objeto e da abrangência do negócio deve ser restritiva, de modo a não subtrair do Poder Judiciário o exame de questões relacionadas ao direito material ou processual que obviamente desbordem do objeto convencionado entre os litigantes, sob pena de ferir de morte o art. 5º, XXXV, da Constituição Federal e o art. 3º, *caput*, do novo CPC" (STJ, REsp 1738656/RJ, 3.ª Turma, Rel. Min. Nancy Andrighi, j. 03.12.2019, *DJe* 05.12.2019). Como outra ilustração a ser citada, em 2024, a mesma Terceira Turma do STJ admitiu, como negócio jurídico processual, a possibilidade de se fixar a suspensão "da execução de título extrajudicial até cumprimento integral de transação – realizada antes da citação do executado e na qual as partes concordaram com o sobrestamento condicionado ao referido cumprimento – sem caracterizar perda superveniente do interesse de agir do exequente no prosseguimento da exe-

---

[136] GAJARDONI, Fernando. *Teoria geral do processo*. Comentários ao CPC de 2015. Parte geral. São Paulo: Método, 2015. p. 625.

cução" (STJ, REsp 2.165.124/DF, 3.ª Turma, Rel. Min. Nancy Andrighi, j. 15.10.2024, *DJe* 17.10.2024). Conforme o parágrafo único do art. 190 do CPC/2015, de ofício ou a requerimento, o juiz controlará a validade das convenções processuais celebradas entre as partes, recusando-lhes aplicação somente nos casos de nulidade absoluta ou de inserção abusiva em contrato de adesão ou em que alguma parte se encontre em manifesta situação de vulnerabilidade, caso de consumidores, havendo uma presunção absoluta de vulnerabilidade em casos tais (art. 4.º, inc. I, do CDC). Sobre os requisitos de validade do negócio jurídico processual devem ser observados os elementos constantes do art. 104 do Código Civil, sob pena de nulidade absoluta, a saber: a capacidade das partes; a vontade livre e sem vícios; a licitude, possibilidade e determinação do objeto; a prescrição e não vedação por lei quanto à forma (Enunciado n. 616 da *VIII Jornada de Direito Civil*, do ano de 2018). A categoria também está tratada pelo art. 191 do CPC/2015, segundo o qual, de comum acordo, o juiz e as partes podem fixar calendário para a prática dos atos processuais, o que se denomina como *calendarização processual*. Esse calendário vincula as partes e o juiz, e os prazos nele previstos somente serão modificados em casos excepcionais, devidamente justificados (art. 191, § 1.º, do CPC/2015). Além disso, dispensa-se a intimação das partes para a prática de ato processual ou a realização de audiência cujas datas tiverem sido designadas no calendário (art. 191, § 2.º, do CPC/2015). Trata-se de uma *miniarbitragem* projetada para uma demanda judicial. Somente a prática e o tempo poderão demonstrar a efetividade do negócio jurídico processual na área cível nacional.

> FÓRMULA. Negócio Jurídico = Fato + Direito + Vontade + Licitude + Composição de interesses das partes com finalidade específica.

d) ATO JURÍDICO *STRICTO SENSU* – configura-se quando houver objetivo de mera realização da vontade do titular de um determinado direito, não havendo a criação de instituto jurídico próprio para regular direitos e deveres, muito menos a composição de vontade entre as partes envolvidas. No ato jurídico *stricto sensu*, os efeitos da manifestação de vontade estão predeterminados pela lei. Para Marcos Bernardes de Mello, destacado intérprete da obra de Pontes de Miranda, o ato jurídico *stricto sensu* é um "fato jurídico que tem por elemento nuclear do suporte fático a manifestação ou declaração unilateral de vontade cujos efeitos jurídicos são prefixados pelas normas jurídicas e invariáveis, não cabendo às pessoas qualquer poder de escolha da categoria jurídica ou de estruturação do conteúdo das relações respectivas".[137] Podem ser citados como exemplos de atos jurídicos *stricto sensu* a ocupação de um imóvel, o pagamento de uma obrigação e o reconhecimento de um filho. A respeito dos atos jurídicos em sentido estrito, o art. 185 do atual Código Civil enuncia a aplicação das mesmas regras do negócio jurídico, no que couber. Ilustrando, as regras relativas às teorias das nulidades ou dos defeitos do negócio jurídico subsomem-se ao ato jurídico *stricto sensu*.

Pois bem, além desses conceitos expostos, parte considerável da doutrina ainda estuda o *ato-fato jurídico* ou *ato real*. Vejamos alguns conceitos dessa categoria:

---

[137] MELLO, Marcos Bernardes de. *Teoria do fato jurídico. Plano da existência.* 7. ed. São Paulo: Saraiva, 1995. p. 137.

CAP. 2 • PARTE GERAL DO CÓDIGO CIVIL DE 2002 | **243**

- Pontes de Miranda – "Os *atos reais*, ditos, assim por serem mais dos fatos, das coisas, que dos homens – ou *atos naturais*, se separamos natureza e psique, ou atos *meramente externos*, se assim os distinguirmos, por abstraírem eles do que se passa no interior do agente – são os atos humanos a cujo suporte fático se dá entrada, como fato jurídico, no mundo jurídico, sem se atender, portanto, à vontade dos agentes: são atos-fatos jurídicos. Nem é preciso que haja querido a juridicização dêles, nem, *a fortiori*, a irradiação de efeitos. Nos atos reais, a vontade não é elemento do suporte fático (= o suporte fático seria suficiente, ainda sem ela). *Exemplos de atos reais*. São os principais *atos reais: a)* a *tomada de posse* ou aquisição da posse, *b)* a transmissão da posse pela *tradição; c)* o *abandono da posse; d)* o *descobrimento do tesouro; e)* a *especificação; f)* a *composição de obra científica, artística ou literária; g)* a *ocupação*".[138]

- Paulo Lôbo – "Os atos-fatos jurídicos são atos ou comportamentos humanos em que não houve vontade, ou, se houve, o direito não as considerou. Nos atos-fatos jurídicos a vontade não integra o suporte fático. É a lei que os faz jurídicos e atribui consequências ou efeitos, independentemente de estes terem sido queridos ou não. O ato ou a vontade é esvaziada e é apenas levada para juridicização como fato; o ato dissolve-se no fato".[139]

- Pablo Stolze Gagliano e Rodolfo Pamplona Filho – "No ato-fato jurídico, o ato humano é realmente da substância desse fato jurídico, mas não importa para a norma se houve, ou não, intenção de praticá-lo".[140] (...) "Excelente exemplo de ato--fato jurídico encontramos na compra e venda feita por criança. Ninguém discute que a criança, ao comprar o doce no boteco da esquina, não tem vontade direcionada à celebração do contrato de consumo. Melhor do que considerar, ainda que apenas formalmente, esse ato como negócio jurídico, portador de intrínseca nulidade por força da incapacidade absoluta do agente, é enquadrá-lo na noção de ato-fato jurídico, dotado de ampla aceitação social".[141]

Em suma, pode-se dizer que o ato-fato jurídico é um fato jurídico qualificado por uma vontade não relevante juridicamente em um primeiro momento; mas que se revela relevante por seus efeitos. Além do exemplo dos últimos doutrinadores, pode ser citada a hipótese em que alguém encontra um tesouro sem querer, ou seja, sem vontade para tais fins.

Por fim, anote-se que no meu entendimento, pelo menos *a priori* e nos exemplos apontados, não há a necessidade de se criar uma categoria própria para solucionar ou enquadrar tais situações. As categorias de fato, ato e negócio parecem ser suficientes para tanto. No exemplo da criança, tem-se negócio válido, se ela demonstrar discernimento bastante para o ato. No caso do tesouro, há um ato jurídico em sentido estrito, enquadrado no art. 185 do CC/2002. A simplicidade deve ser o caminho do intérprete, quando ela for possível, suficiente e eficiente no plano técnico.

### 2.5.2 Classificações do negócio jurídico

A classificação do negócio jurídico tem como objetivo enquadrar um determinado instituto jurídico, bem como demonstrar a natureza jurídica deste (*categorização jurídica*).

---

[138] PONTES DE MIRANDA, Francisco Cavalcanti. *Tratado de direito privado*. 4. ed. São Paulo: RT, 1974. t. II, p. 373.

[139] LÔBO, Paulo. *Direito Civil*. Parte Geral. São Paulo: Saraiva, 2009. p. 232.

[140] GAGLIANO, Pablo Stolze; PAMPLONA FILHO, Rodolfo. *Novo Curso de Direito Civil*. Parte Geral. 6. ed. São Paulo: Saraiva, 2005. v. I, p. 324.

[141] GAGLIANO, Pablo Stolze; PAMPLONA FILHO, Rodolfo. *Novo Curso de Direito Civil*. Parte Geral. 6. ed. São Paulo: Saraiva, 2005. v. II, p. 325.

# 244 | MANUAL DE DIREITO CIVIL • VOLUME ÚNICO – *Flávio Tartuce*

Pelo que consta no art. 185 da atual codificação material, as classificações a seguir servem tanto para os negócios quanto para os atos jurídicos em sentido estrito.

I) *Quanto às manifestações de vontade dos envolvidos*:

- *Negócios jurídicos unilaterais* – atos e negócios em que a declaração de vontade emana de apenas uma pessoa, com um único objetivo. Exemplos: testamento, renúncia a um crédito e promessa de recompensa. Podem ser *negócios unilaterais receptícios* – aqueles em que a declaração deve ser levada a conhecimento do seu destinatário para que possa produzir efeitos (*v.g.*, promessa de recompensa) e *negócios unilaterais não receptícios* – em que o conhecimento pelo destinatário é irrelevante (*v.g.*, testamento).

- *Negócios jurídicos bilaterais* – há duas manifestações de vontade coincidentes sobre o objeto ou bem jurídico tutelado. Exemplos: contrato e casamento.

- *Negócios jurídicos plurilaterais* – envolvem mais de duas partes, com interesses coincidentes no plano jurídico. Exemplos: contrato de consórcio e contrato de sociedade entre várias pessoas.

II) *Quanto às vantagens patrimoniais para os envolvidos*:

- *Negócios jurídicos gratuitos* – são os atos de liberalidade, que outorgam vantagens sem impor ao beneficiado a obrigação de uma contraprestação. Exemplo: doação pura.

- *Negócios jurídicos onerosos* – envolvem sacrifícios e vantagens patrimoniais para todas as partes no negócio (prestação + contraprestação). Exemplos: compra e venda e locação.

  A doutrina aponta mais duas outras modalidades de negócios que também devem ser consideradas: *a) Negócios jurídicos neutros* – aqueles em que não há uma atribuição patrimonial determinada, não podendo ser enquadrados como gratuitos ou onerosos, caso da instituição de um bem de família voluntário ou convencional (arts. 1.711 a 1.722 do CC). *b) Negócios jurídicos bifrontes* – aqueles que tanto podem ser gratuitos como onerosos, o que depende da intenção das partes. Exemplos: depósito e mandato, que podem assumir as duas formas.[142]

III) *Quanto aos efeitos, no aspecto temporal*:

- *Negócios jurídicos* inter vivos – destinados a produzir efeitos desde logo, isto é, durante a vida dos negociantes ou interessados. Exemplo: contratos em geral.

- *Negócios jurídicos* mortis causa – aqueles cujos efeitos só ocorrem após a morte de determinada pessoa. Exemplos: testamento e legado.

IV) *Quanto à necessidade ou não de solenidades e formalidades*:

- *Negócios jurídicos formais ou solenes* – obedecem a uma forma ou solenidade prevista em lei para a sua validade e aperfeiçoamento, caso do casamento e do testamento.

- *Negócios jurídicos informais ou não solenes* – admitem forma livre, constituindo regra geral, pelo que prevê o art. 107 do CC, em sintonia com o princípio da operabilidade ou simplicidade. Exemplos: locação e prestação de serviços.

---

[142] GAGLIANO, Pablo Stolze; PAMPLONA FILHO, Rodolfo. *Novo curso de direito civil*. Parte geral. 6. ed. São Paulo: Saraiva, 2005. v. I, p. 343-344.

## CAP. 2 · PARTE GERAL DO CÓDIGO CIVIL DE 2002 | 245

V) *Quanto à independência ou autonomia:*

- *Negócios jurídicos principais ou independentes* – negócios que têm vida própria e não dependem de qualquer outro negócio jurídico para terem existência e validade (*v.g.,* locação).

- *Negócios jurídicos acessórios ou dependentes* – aqueles cuja existência está subordinada a um outro negócio jurídico, denominado principal (*v.g.,* fiança em relação à locação).

VI) *Quanto às condições pessoais especiais dos negociantes:*

- *Negócios jurídicos impessoais* – não dependem de qualquer condição especial dos envolvidos, podendo a prestação ser cumprida tanto pelo obrigado quanto por um terceiro (*v.g.,* compra e venda).

- *Negócios jurídicos personalíssimos ou* intuitu personae – dependentes de uma condição especial de um dos negociantes, havendo uma obrigação infungível. Exemplo: contratação de um pintor com arte única para fazer um quadro.

VII) *Quanto à sua causa determinante:*

- *Negócios jurídicos causais ou materiais* – o motivo consta expressamente do seu conteúdo como ocorre, por exemplo, em um termo de divórcio.

- *Negócios jurídicos abstratos ou formais* – aqueles cuja razão não se encontra inserida no conteúdo, decorrendo dele *naturalmente*. Exemplo: termo de transmissão de propriedade.

VIII) *Quanto ao momento de aperfeiçoamento:*

- *Negócios jurídicos consensuais* – geram efeitos a partir do momento em que há o acordo de vontades entre as partes, como ocorre na compra e venda pura (art. 482 do CC).

- *Negócios jurídicos reais* – são aqueles que geram efeitos a partir da entrega do objeto, do bem jurídico tutelado. Exemplos: comodato e mútuo, que são contratos de empréstimo.

IX) *Quanto à extensão dos efeitos:*

- *Negócios jurídicos constitutivos* – geram efeitos *ex nunc,* a partir da sua conclusão, pois constituem positiva ou negativamente determinados direitos. Exemplo: compra e venda.

- *Negócios jurídicos declarativos* – geram efeitos *ex tunc,* a partir do momento do fato que constitui o seu objeto. Exemplo: partilha de bens no inventário.

### 2.5.3 Elementos estruturais do negócio jurídico. A *Escada Ponteana*

O estudo dos elementos essenciais, naturais e acidentais do negócio jurídico é um dos pontos mais importantes e controvertidos da Parte Geral do Código Civil. É fundamental estudar a concepção desses elementos a partir da teoria criada pelo grande jurista Pontes de Miranda, que concebeu uma estrutura única para explicar tais elementos.[143]

Trata-se do que se denomina *Escada Ponteana ou "Escada Pontiana".* É importante ressaltar que os nossos estudos quanto ao tema surgiram a partir dos ensinamentos trans-

---

[143] PONTES DE MIRANDA, Francisco Cavalcanti. *Tratado de direito privado.* 4. ed. São Paulo: RT, 1974. t. III, IV e V.

mitidos pela Professora Giselda Maria Fernandes Novaes Hironaka, Titular em Direito Civil da Faculdade de Direito da USP. A partir dessa genial construção, o negócio jurídico tem três planos, a seguir demonstrados:

- *plano da existência;*
- *plano da validade;*
- *plano da eficácia.*

Sobre os três planos, ensina Pontes de Miranda que "existir, valer e ser eficaz são conceitos tão inconfundíveis que o fato jurídico pode ser, valer e não ser eficaz, ou ser, não valer e ser eficaz. As próprias normas jurídicas podem ser, valer e não ter eficácia (H. Kelsen, *Hauptprobleme*, 14). O que se não pode dar é valer e ser eficaz, ou valer, ou ser eficaz, *sem ser*; porque não há validade, ou eficácia do que não é".[144] Dessa forma, a *Escada Ponteana* pode ser concebida conforme o desenho a seguir:

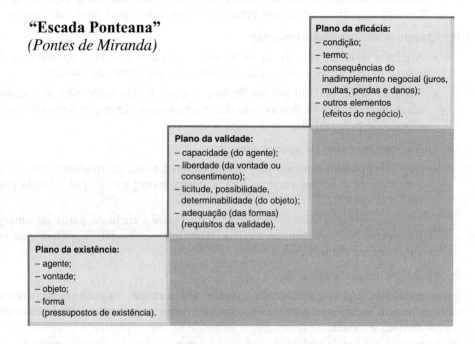

Na esteira das palavras de Pontes de Miranda, o esquema é perfeitamente lógico, eis que, em regra, para que se verifiquem os elementos da validade, é preciso que o negócio seja existente. Para que o negócio seja eficaz, deve ser existente e válido.

Entretanto, nem sempre isso ocorre. Isso porque é perfeitamente possível que o negócio seja existente, inválido e eficaz, caso de um negócio jurídico anulável que esteja gerando efeitos. Ilustrando, pode ser citado o casamento anulável celebrado de boa-fé, que gera efeitos como *casamento putativo* (art. 1.561 do CC).

Mencione-se ainda um contrato acometido pela lesão (art. 157 do CC), vício do negócio jurídico que gera a sua anulabilidade, antes da propositura da ação anulatória. Nesse caso, se a ação não for proposta no prazo decadencial previsto em lei, o negócio

---

[144] PONTES DE MIRANDA, Francisco Cavalcanti. *Tratado de direito privado*. 4. ed. São Paulo: RT, 1974. t. III, p. 15.

CAP. 2 • PARTE GERAL DO CÓDIGO CIVIL DE 2002 | **247**

será *convalidado*. Pela convalidação, o negócio inválido passa a ser válido. A *convalidação* pode se dar pela *conversão do negócio jurídico*, pela *confirmação pelas partes* ou pelo *convalescimento temporal (cura pelo tempo)*. As categorias ainda serão abordadas.

Também é possível que o negócio seja existente, válido e ineficaz, como é o caso de um contrato celebrado sob condição suspensiva e que não esteja ainda gerando efeitos jurídicos e práticos.

Feitos esses esclarecimentos iniciais, vejamos o estudo de cada um dos planos do negócio jurídico.

### 2.5.3.1 Plano da existência

No plano da existência estão os pressupostos para um negócio jurídico, ou seja, os seus *elementos mínimos*, enquadrados por alguns autores dentro dos *elementos essenciais* do negócio jurídico. Constituem, portanto, o *suporte fático do negócio jurídico (pressupostos de existência)*.

Nesse plano surgem apenas *substantivos*, sem qualquer qualificação, ou seja, *substantivos sem adjetivos*. Esses substantivos são:

- *Partes (ou agentes)*;
- *Vontade*;
- *Objeto*;
- *Forma*.

Não havendo algum desses elementos, o negócio jurídico é inexistente (*"um nada para o direito"*), conforme defendem aqueles que seguem à risca a teoria de Pontes de Miranda.

Fundamental notar que o Código Civil de 2002, a exemplo do seu antecessor, não adotou de forma o plano da existência. Como se sabe, não existem regras a respeito da *inexistência do negócio jurídico*. Ademais, o art. 104 do CC/2002 trata diretamente do plano da validade.

Por isso, tinha razão Silvio Rodrigues quando afirmava que a teoria da inexistência seria inexata, inútil e inconveniente. Inexata, pois, muitas vezes, o ato inexistente cria algo cujos efeitos devem ser afastados por uma ação judicial. Inútil, porque a noção de nulidade absoluta pode substituir a ideia de inexistência muito bem. Inconveniente, uma vez que, sendo considerada desnecessária uma ação judicial para afastar os efeitos do negócio inexistente, o direito à prestação jurisdicional está sendo afastado, principalmente no que concerne às pessoas de boa-fé.[145] Em complemento, conforme afirmação de Rubens Limongi França, "a divisão bipartida distingue apenas os atos nulos dos atos anuláveis. Os atos inexistentes se incluem entre os atos nulos".[146]

Todavia, cumpre salientar que a maioria dos civilistas adota a *teoria da inexistência do ato ou negócio jurídico* em suas obras e manuais, caso, por exemplo, de Caio Mário da Silva Pereira, Marcos Bernardes de Mello, Renan Lotufo, Antônio Junqueira de Azevedo, Sílvio de Salvo Venosa, Pablo Stolze Gagliano, Rodolfo Pamplona Filho, Francisco Amaral, Zeno Veloso, José Fernando Simão, entre outros.

---

[145] RODRIGUES, Silvio. *Direito Civil*. Parte Geral. 24. ed. São Paulo: Saraiva, 1994. v. 1, p. 291-292.
[146] LIMONGI FRANÇA. Rubens. *Instituições de direito civil*. 5. ed. São Paulo: Saraiva, 1999. p. 157.

# 248 | MANUAL DE DIREITO CIVIL • VOLUME ÚNICO – *Flávio Tartuce*

Como se extrai dos clássicos, a *teoria da inexistência do negócio jurídico* surgiu em 1808 pelo trabalho de Zacarias (ou Zacchariae), para solucionar o problema do casamento entre pessoas do mesmo sexo, eis que não havia previsão no Código Francês a respeito da sua nulidade.[147] Pontue-se que há forte tendência nos países ocidentais de reconhecimento de tais casamentos como entidades familiares, o que esvazia o histórico exemplo. O tema está aprofundado no Capítulo 8 desta obra.

Sintetizando, e com intuito didático, pode-se até afirmar que *o plano da existência está embutido no da validade*. Todavia, parece-me melhor resolver as questões com a invalidade, ou seja, com teoria das nulidades.

## 2.5.3.2 *Plano da validade*

No segundo plano, o da *validade*, os substantivos recebem adjetivos, nos termos do art. 104 do CC/2002, a saber:

- *Partes ou agentes capazes;*
- *Vontade livre, sem vícios;*
- *Objeto lícito, possível, determinado ou determinável;*
- *Forma prescrita ou não defesa em lei.*

Esses elementos de validade constam expressamente do art. 104 do CC, cuja redação segue: "a validade do negócio jurídico requer: I – agente capaz; II – objeto lícito, possível, determinado ou determinável; III – forma prescrita ou não defesa em lei". Não faz parte do dispositivo menção a respeito da *vontade livre*, mas é certo que tal elemento está inserido seja dentro da capacidade do agente, seja na licitude do objeto do negócio.

Anoto que no atual Projeto de Reforma do Código Civil pretende-se incluir também no seu art. 104, em um novo inciso IV, a conformidade com normas de ordem pública, ideia que já é aplicada desde tempos remotos pelo Direito Civil. Ademais, como é notório, o art. 3.º, inc. VIII, da Lei da Liberdade Econômica (Lei n. 13.874/2019) já traz essa ideia para os negócios jurídicos paritários, pois entre os direitos de liberdade econômica está "a garantia de que os negócios jurídicos empresariais paritários serão objeto de livre estipulação das partes pactuantes, de forma a aplicar todas as regras de direito empresarial apenas de maneira subsidiária ao avençado, exceto normas de ordem pública". Assim, pelo texto final da norma, mesmo com a ampliação da liberdade para esses negócios, não se pode contrariar norma cogente ou de ordem pública, previsão que deve ser transposta para o Código Civil, na necessária retomada de seu protagonismo, como norma central do Direito Privado.

O negócio jurídico que não se enquadra nesses elementos de validade é, por regra, nulo de pleno direito, ou seja, haverá nulidade absoluta ou nulidade. Eventualmente, o negócio pode ser também anulável (nulidade relativa ou anulabilidade), como no caso daquele celebrado por relativamente incapaz ou acometido por vício do consentimento. As hipóteses gerais de nulidade do negócio jurídico estão previstas nos arts. 166 e 167 do CC/2002. As hipóteses gerais de anulabilidade constam do art. 171 da atual codificação material. O esquema a seguir demonstra tais espécies de invalidade:

---

[147] RODRIGUES, Silvio. *Direito Civil*. Parte Geral. 24. ed. São Paulo: Saraiva, 1994. v. 1, p. 290-291.

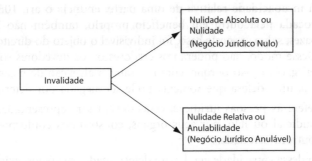

Insta verificar que a invalidade pode ser *total* – quando atinge todo o negócio jurídico ou *parcial* – quando atinge parte do negócio jurídico. Ambas podem ser absolutas ou relativas. A respeito da invalidade parcial, é fundamental a regra do art. 184 do CC/2002 pelo qual respeitada a intenção das partes, a invalidade parcial de um negócio jurídico não o prejudicará na parte válida, se esta for separável. Ademais, a invalidade da obrigação principal implica a das obrigações acessórias, mas a destas não induz a da obrigação principal.

Trata-se de consolidação da antiga máxima pela qual a parte útil de um negócio não prejudica a parte inútil (*utile per inutile non vitiatur*), que tem relação direta com o *princípio da conservação dos negócios jurídicos*.

Exemplificando, imagine-se o caso de um contrato cuja cláusula penal seja nula. A nulidade da cláusula penal (invalidade parcial), não prejudica a essência do contrato, em regra, diante do seu nítido caráter acessório. Ainda ilustrando, o Superior Tribunal de Justiça decidiu o seguinte:

"Nos termos do art. 184, segunda parte, do CC/2002, 'a invalidade da obrigação principal implica a das obrigações acessórias, mas a destas não induz a da obrigação principal'. Portanto, eventual abusividade de determinadas cláusulas acessórias do contrato não tem relevância para o deslinde desta ação. Ainda que, em tese, transgridam os princípios da boa-fé objetiva, da probidade e da função social do contrato ou imponham ônus excessivo ao recorrido, tais abusos não teriam o condão de contaminar de maneira irremediável o contrato, de sorte a resolvê-lo. Recurso Especial conhecido e provido" (STJ, REsp 783.404/GO, 3.ª Turma, Rel. Min. Fátima Nancy Andrighi, j. 28.06.2007, *DJU* 13.08.2007, p. 364).

Feito esse esclarecimento categórico, vejamos o estudo pontual dos requisitos de validade, que constituem *elementos essenciais do negócio jurídico*.

*a) Partes capazes ou capacidade do agente*

Como todo negócio jurídico traz como conteúdo uma declaração de vontade – o elemento volitivo que caracteriza o *ato jurígeno* –, a capacidade das partes é indispensável para a sua validade. Quanto à pessoa física ou natural, aqui figura a grande importância dos arts. 3.º e 4.º do CC, que apresentam as relações das pessoas absoluta ou relativamente incapazes, respectivamente.

Enquanto os absolutamente incapazes devem ser representados por seus pais ou tutores; os relativamente incapazes devem ser assistidos pelas pessoas que a lei determinar. Todavia, pode o relativamente incapaz celebrar determinados negócios, como fazer testamento, aceitar mandato *ad negotia* e ser testemunha. O negócio praticado pelo absolutamente incapaz sem a devida representação é nulo, por regra (art. 166, inc. I, do CC). O realizado por relativamente incapaz sem a correspondente assistência é anulável (art. 171, inc. I, do CC).

No tocante à incapacidade relativa de uma parte, enuncia o art. 105 do CC que esta não pode ser invocada pela outra em benefício próprio, também não aproveitando aos cointeressados capazes, salvo se, neste caso, foi indivisível o objeto do direito ou da obrigação comum a todos. Desse modo, não poderão os credores ou os devedores solidários ser privilegiados por suas alegações. Isso porque, como se sabe, a alegação de incapacidade constitui uma *exceção pessoal*, uma defesa que somente pode ser alegada por determinada pessoa.

No que se refere às pessoas jurídicas, essas devem ser representadas ativa e passivamente, na esfera judicial ou não, por seus órgãos, constituídos conforme as formalidades previstas em lei, outrora estudadas.

Por fim, além dessa capacidade geral, para determinados negócios, exige-se a capacidade especial para certos atos, denominada *legitimação*. Como exemplo, cite-se o caso de uma pessoa maior e casada que é plenamente capaz, podendo dispor sobre seus bens imóveis sem representação. Mas ela não poderá vender um imóvel sem a outorga de seu cônjuge ou o suprimento judicial deste, salvo se casado sob o regime de separação absoluta de bens (arts. 1.647 e 1.648 do CC). A pena para o ato assim celebrado é a sua anulabilidade conforme o art. 1.649 da mesma norma codificada, desde que proposta ação pelo outro cônjuge ou pelo seu herdeiro no prazo decadencial de dois anos, contados da dissolução da sociedade conjugal.

### b) Vontade ou consentimento livre

A manifestação de vontade exerce papel importante no negócio jurídico, sendo seu elemento basilar e orientador. Vale dizer que a vontade é que diferencia o negócio, enquadrado dentro dos fatos humanos, fatos jurígenos e atos jurídicos, dos fatos naturais ou *stricto sensu*.

O consentimento pode ser *expresso* – escrito ou verbal, no primeiro caso de forma pública ou particular –, ou *tácito* – quando resulta de um comportamento implícito do negociante, que importe em concordância ou anuência. Nesse sentido, preconiza o art. 111 do CC/2002 que o silêncio importa anuência, quando as circunstâncias ou os usos o autorizarem, e não for necessária a declaração de vontade expressa. Desse modo, por regra, *quem cala não consente*, eis que, para que seja válida a vontade tácita, devem estar preenchidos os requisitos apontados. De toda sorte, conforme se verá, há exceções especiais a essa regra.

Também a respeito da vontade ou consentimento, os arts. 112, 113 e 114 trazem três regras fundamentais quanto à interpretação dos contratos e negócios jurídicos em geral, que merecem ser comentadas.

Pelo primeiro comando legal – art. 112 do CC –, nas declarações de vontade se atenderá mais à intenção das partes do que ao sentido literal da linguagem. Desse modo, o aplicador do direito deve sempre buscar o que as partes queriam de fato, quando celebraram o negócio, até desprezando, em certos casos, o teor do instrumento negocial. Esse art. 112 do CC relativiza a força obrigatória das convenções, o *pacta sunt servanda*. Traz ainda, em seu conteúdo, *a teoria subjetiva de interpretação* dos contratos e negócios jurídicos, em que há a busca da real intenção das partes no negócio celebrado.

Como leciona Caio Mário da Silva Pereira sobre a norma, "aproximou-se do Código Civil Alemão, e propendeu para a busca da vontade, sem o fetichismo da expressão vocabular. Mas não quer, também, dizer que o intérprete desprezará a linguagem para cair à cata da vontade, nos meandros cerebrinos de sua elaboração. Cabe-lhe buscar a intenção dos contratantes percorrendo o caminho da linguagem em que vazaram a declaração, mas sem se prender demasiadamente a esta".[148] Quando se menciona o sistema alemão, anote-se

---

[148] PEREIRA, Caio Mário da Silva. *Instituições de direito civil*. Contratos. 16. ed. rev. e atual. por Regis Fichtner. Rio de Janeiro: Forense, 2012. v. III, p. 44.

CAP. 2 • PARTE GERAL DO CÓDIGO CIVIL DE 2002 | **251**

que o dispositivo brasileiro aproxima-se do § 133 do BGB, segundo o qual, na interpretação de uma declaração de vontade, deve-se investigar a verdadeira vontade e não se ater ao sentido literal da expressão.

No que concerne à importância dessa valorização subjetiva, para ilustrar, é interessante transcrever a seguinte ementa do extinto Segundo Tribunal de Alçada Civil de São Paulo:

"Locação. Espaço destinado à publicidade. Reparação de danos. Parede lateral de edifício. Publicidade pintada. Substituição por painel luminoso. Interpretação do contrato. Inadmissibilidade. Na hermenêutica tradicional existem dois tipos de interpretação dos contratos: a subjetiva e a objetiva. Por primeiro deve o intérprete procurar esclarecer a vontade real (subjetiva) dos contratantes, ou seja, a intenção comum das partes. Restando dúvidas, ou, para ajudar na investigação, deve-se proceder ao exame concomitante da vontade objetivada no conteúdo do vínculo contratual (objetiva). O importante na busca da intenção comum das partes é o exame e valoração dos respectivos comportamentos durante a denominada fase de execução do contrato, período delimitado entre sua formação e extinção" (2.º TACSP, Apelação com Revisão 807.399-00/0, 11.ª Câmara, Rel. Juiz Egidio Giacoia, j. 17.11.2003).

Da jurisprudência superior, pode ser citado acórdão que, aplicando o dispositivo, concluiu que a doação feita a um santo deve ser considerada como dirigida à Mitra Diocesana da Igreja Católica. Conforme se retira de ementa relatada pelo Ministro João Otávio de Noronha, no Recurso Especial 1.269.544/MG, julgado em maio de 2015: "a doação a santo presume-se feita à igreja, uma vez que, nas declarações de vontade, atender-se-á mais à intenção nelas consubstanciada do que ao sentido literal da linguagem (inteligência do art. 112 do Código Civil de 2002). 'A Mitra Diocesana é, em face do Direito Canônico, a representante legal de todas as igrejas católicas da respectiva diocese' (STF, RE 21.802/ ES), e o bispo diocesano, o representante da diocese para os negócios jurídicos em que se envolva (art. 393 do Código Canônico)".

Ainda no que toca ao art. 112 do CC/2002, é interessante expor o exemplo construído por Karl Larenz, que demonstra muito bem as dificuldades em se buscar o sentido real do que foi pactuado. Expõe o jurista a situação de alguém que comunica a um hotel a necessidade de reserva de *dois quartos com três camas*. O objetivo do declarante é reservar um quarto com duas camas e outro quarto com uma cama tão somente. Porém, o atendente do hotel acaba por reservar dois quartos com três camas cada um. Como o hotel está lotado, ao chegar, o hóspede é cobrado da última forma.[149] Quem deve ter razão? A situação pode ser perfeitamente aplicada aos estudantes do Direito, para que as mais diversas soluções sejam expostas. Fica, então, o caso em aberto, para as devidas aplicações pelos docentes.

Vale dizer que passei por situação semelhante no meu cotidiano. Certo dia, em uma barraca de pastel da famosa feira livre da Vila Mariana, em São Paulo, fiz o seguinte pedido: "três queijos, para viagem". A atendente, inexperiente, entregou um pastel de três queijos, quando o certo seria vender três pastéis de queijo. A própria gerente da barraca corrigiu o equívoco, uma vez que o pedido de três pastéis é mais comum, inclusive pelas vendas habituais realizadas a mim.

O art. 113, *caput*, do CC/2002 consagra que os negócios jurídicos, e logicamente os contratos, devem ser interpretados de acordo com a boa-fé objetiva e os usos do lugar de sua celebração. Conforme enunciado aprovado na *V Jornada de Direito Civil* (2011),

---

[149] LARENZ, Karl. *Derecho civil*. Parte general. Tradução e Notas de Miguel Izquierdo y Macías-Picavea. Madrid: Editorial Revista de Derecho Privado, 1978. p. 453.

## 252 | MANUAL DE DIREITO CIVIL • VOLUME ÚNICO – *Flávio Tartuce*

ao qual se filia, deve-se incluir no sentido da norma as práticas habitualmente adotadas entre as partes (Enunciado n. 409). Diante do enunciado doutrinário, pode-se falar em *usos do tráfego*, que, segundo Larenz, constituem uma prática habitual nos negócios, um costume corriqueiro na constância das relações entre as partes. Nesse contexto, são fatos que devem ser considerados, segundo o jurista: *a)* os acordos preliminares; *b)* o caráter habitual das relações mantidas entre as partes; *c)* as manifestações anteriores do declarante e do destinatário; *d)* o lugar, o tempo e as circunstâncias anexas aos fatos.[150]

Esse comando traz, ao mesmo tempo, os princípios da eticidade e da socialidade. O primeiro está no reconhecimento da interpretação mais favorável àquele que tenha uma conduta ética de colaboração e de lealdade (*boa-fé objetiva*). O segundo, pela interpretação do negócio de acordo com o meio social, dentro da ideia da *ontognoseologia jurídica* de Reale, reconhecendo a função social dos negócios e contratos. Valoriza-se, portanto, conforme a ementa transcrita, a *teoria objetiva da interpretação dos contratos e negócios jurídicos*.

Alguns juristas, contudo, entendem que o dispositivo em comento traz a boa-fé subjetiva, aquela relacionada com a intenção das partes.[151] Discorda-se desse posicionamento, pois a boa-fé-intenção está inserida no comando legal antes comentado (art. 112 do CC). O art. 113 do CC traz, na verdade, a *função de interpretação da boa-fé objetiva*.

Assinala-se que os negócios jurídicos em geral, principalmente os contratos, devem ser interpretados da maneira mais favorável àquele que esteja de boa-fé. Em alguns casos, a lei acaba presumindo de forma relativa essa boa-fé objetiva, guiando a interpretação do magistrado. Podem ser citados os casos de interpretação mais favorável ao aderente (art. 423 do CC) e ao consumidor (art. 47 do CDC).

Em suma, percebe-se que tinha total razão o saudoso Miguel Reale quando afirmava que o art. 113 do CC/2002 seria um *artigo-chave* do Código de 2002.[152] Em conclusão, o dispositivo traz a *função interpretativa* tanto da boa-fé objetiva quanto da função social. Na jurisprudência brasileira, inúmeros são os julgados de aplicação da boa-fé objetiva e da função social em uma *relação de simbiose*, de ajuda mútua, para a mitigação da força obrigatória da convenção (ilustrando, entre milhares de ementas estaduais: TJMG, Apelação Cível 1.0024.08.255985-7/0011, 15.ª Câmara Cível, Belo Horizonte, Rel. Des. Tibúrcio Marques, j. 12.02.2009, *DJEMG* 18.03.2009; TJSP, Agravo de Instrumento 605.520.4/9, Acórdão 3383957, 4.ª Câmara de Direito Privado, São Paulo, Rel. Des. Ênio Santarelli Zuliani, j. 13.11.2008 *DJESP* 23.01.2009).

Atualizando a obra, em 2019, o art. 113 recebeu dois parágrafos por força da Lei da Liberdade Econômica (Lei 13.874/2019), trazendo outros critérios para a interpretação dos negócios jurídicos em geral. Essa norma tem origem na Medida Provisória 881 e, na sua conversão em lei, a ideia seria inserir novas regras somente para os negócios jurídicos empresariais.

Porém, o relator do Projeto de conversão, Deputado Jerônimo Goergen, ouviu a recomendação feita por alguns civilistas, caso do Professor Maurício Bunazar, no sentido de que os novos critérios interpretativos seriam interessantes para todo e qualquer negócio jurídico, não sendo pertinente que o Código Civil criasse uma separação entre negócios

---

[150] LARENZ, Karl. *Derecho civil*. Parte general. Tradução e Notas de Miguel Izquierdo y Macías-Picavea. Madrid: Editorial Revista de Derecho Privado, 1978. p. 461-464.

[151] NERY JR., Nelson; NERY, Rosa Maria de Andrade. *Código Civil comentado*. 3. ed. São Paulo: RT, 2005. p. 231.

[152] REALE, Miguel. Um artigo-chave do Código Civil. *História do Novo Código Civil*. Biblioteca de Direito Civil. Estudos em homenagem ao Professor Miguel Reale. São Paulo: RT, 2005. v. 1, p. 240.

empresariais e civis. Muitos desses critérios, aliás, já eram aplicados na prática do Direito Privado, em julgados e decisões arbitrais e retirados do art. 131 do Código Comercial, ora revogado.

Assim, conforme o novo § 1.º do art. 113 do Código Civil, a interpretação do negócio jurídico deve lhe atribuir o sentido que: *a)* for confirmado pelo comportamento das partes posterior à celebração do negócio, sendo vedado e não admitido o comportamento contraditório da parte (*venire contra factum proprium non potest*); *b)* corresponder aos usos, costumes e práticas do mercado relativas ao tipo de negócio, o que já está previsto no *caput* do comando; *c)* corresponder à boa-fé, o que igualmente já se retira da norma anterior; *d)* for mais benéfico à parte que não redigiu o dispositivo, se identificável; e *e)* corresponder à qual seria a razoável negociação das partes sobre a questão discutida, inferida das demais disposições do negócio e da racionalidade econômica das partes, consideradas as informações disponíveis no momento de sua celebração. Parece-me que as previsões relativas às letras *b* e *c* ficaram sem sentido, após a retirada da aplicação restrita aos negócios empresariais.

Sobre a penúltima previsão, há uma ampliação de tutela dos aderentes negociais e contratuais, aqueles para quem o conteúdo do negócio jurídico é imposto. Isso porque qualquer cláusula passa a ser interpretada contra aquele que redigiu o seu conteúdo, máxima há muito tempo reconhecida pelo Direito (*interpretatio contra proferentem*). Amplia-se, portanto, o sentido do art. 423 do Código Civil, segundo o qual, "quando houver no contrato de adesão cláusulas ambíguas ou contraditórias, dever-se-á adotar a interpretação mais favorável ao aderente".

Sem prejuízo disso, é possível aplicar essa interpretação a negócios paritários – em que o conteúdo é amplamente discutido pelas partes –, desde que seja possível identificar determinada cláusula ou cláusulas que foram impostas por uma das partes, tidas isoladamente como de adesão, hipótese em que serão interpretadas contra quem as redigiu. O tema está tratado de forma mais aprofundada no Capítulo 5 desta obra.

A respeito do último inciso do novo § 1.º do art. 113 do Código Civil, valoriza-se a negociação prévia das partes, especialmente a troca de informações e de mensagens pré-negociais entre elas. Essas negociações devem ser confrontadas com as demais cláusulas do negócio pactuado, bem como da *racionalidade econômica das partes*. A expressão destacada é mais uma cláusula geral, a ser preenchida pelo aplicador do Direito nos próximos anos, assim como ocorreu com a boa-fé objetiva e a função social do contrato. Para tanto, a título de exemplo, devem ser considerados os comportamentos típicos das partes perante o mercado e em outras negociações similares, os riscos alocados nos negócios e as expectativas de retorno dos investimentos, entre outros, o que já é considerado em julgamentos de muitos painéis arbitrais.

Por fim, foi inserido um § 2.º no mesmo art. 113 do Código Civil, pela Lei 13.874/2019, prevendo que "as partes poderão livremente pactuar regras de interpretação, de preenchimento de lacunas e de integração dos negócios jurídicos diversas daquelas previstas em lei". Trata-se de confirmação parcial do Enunciado n. 23, aprovado na *I Jornada de Direito Comercial*, *in verbis*: "em contratos empresariais, é lícito às partes contratantes estabelecer parâmetros objetivos para a interpretação dos requisitos de revisão e/ou resolução do pacto contratual".

Com o devido respeito, a norma é inócua em muitas situações, pois as partes de um negócio jurídico podem sim pactuar a respeito dessas questões, mas isso não afasta a eventual intervenção do Poder Judiciário em casos de abusos negociais ou havendo lesão à norma de ordem pública, conforme o art. 3.º, inc. VIII, da própria Lei 13.874/2019. Pode-se também sustentar que não haveria a necessidade de inclusão desse preceito no texto legal, pois o seu conteúdo já vinha sendo admitido parcialmente pela doutrina brasileira.

De todo modo, em alguns casos, especialmente em negócios paritários, pode ser útil para a prática a inclusão de determinada regra de interpretação contratual que não contravenha disposição absoluta de lei (norma de ordem pública). A título de exemplo, imagine-se uma previsão que estabeleça que as cláusulas especiais devem prevalecer sobre as regrais na interpretação do conteúdo do contrato. Esse tema será retomado e aprofundado no Capítulo 5 desta obra, que trata da teoria geral dos contratos, diante da grande repercussão do art. 113, com todas as suas mudanças, para o Direito Contratual.

Ato contínuo de análise, aduz o art. 114 da atual codificação material que os negócios jurídicos benéficos interpretam-se estritamente. Desse modo, em contratos gratuitos como são a doação e o comodato, à vontade das partes nunca pode se dar um efeito ampliativo, sempre restritivo. Especializando o seu teor, prevê o art. 819 do CC que a fiança não admite interpretação extensiva. Como é notório, a fiança é um típico contrato de garantia gratuita, em regra.

Pois bem, sendo o consentimento inexistente, o negócio jurídico existirá apenas na aparência, mas não para o mundo jurídico, sendo passível de declaração de inexistência ou de nulidade absoluta. Entre os que entendem pela nulidade, estão aqueles que não são adeptos da *teoria da inexistência do negócio jurídico*, o que é o meu caso, pelo simples fato de o Código Civil somente tratar da nulidade absoluta e da relativa.

Não sendo a vontade livre, por apresentar um vício do consentimento – tema a ser abordado – o negócio será tido como anulável, em regra. A matéria ainda será estudada no presente capítulo.

### c) Objeto lícito, possível, determinado ou determinável

Somente será considerado válido o negócio jurídico que tenha como conteúdo um objeto lícito, nos limites impostos pela lei, não sendo contrário aos bons costumes, à ordem pública, à boa-fé e à sua função social ou econômica de um instituto. Como se sabe, ilícito o objeto, nulo será o negócio jurídico (art. 166, inc. II, do CC).

Eventualmente, pode estar caracterizado no negócio jurídico o abuso de direito, justamente pelo desrespeito aos conceitos que constam do art. 187 da atual codificação material, o que, por si só, constitui justificativa para a declaração de nulidade, combinando-se os dois dispositivos legais transcritos. Além da nulidade absoluta do ato, é possível cogitar a sua ineficácia pela presença do abuso de direito, como consta do Enunciado n. 617 da *VIII Jornada de Direito Civil*, do ano de 2018: "o abuso do direito impede a produção de efeitos do ato abusivo de exercício, na extensão necessária a evitar sua manifesta contrariedade à boa-fé, aos bons costumes, à função econômica ou social do direito exercido".

Além disso, o objeto deve ser possível no plano fático. Se o negócio implicar em prestações impossíveis, também deverá ser declarado nulo. Tal impossibilidade pode ser física ou jurídica. A impossibilidade física está presente quando o objeto não pode ser apropriado por alguém ou quando a prestação não puder ser cumprida por alguma razão. Por outra via, a impossibilidade jurídica está presente quando a lei vedar o seu conteúdo.

Segundo o art. 106 do CC, a impossibilidade inicial do objeto não gera a nulidade do negócio se for relativa, ou se cessar antes de realizada a condição a que ele estiver subordinado. Em suma, somente a impossibilidade absoluta é que tem o condão de nulificar o negócio. Se o negócio ainda puder ser cumprido ou executado, não há que se falar em invalidade. O comando legal traz em seu conteúdo o *princípio da conservação negocial ou contratual*, segundo o qual se deve sempre buscar a manutenção da vontade dos envolvidos, a preservação da autonomia privada.

A ideia mantém relação direta com o princípio da função social do contrato, segundo o Enunciado n. 22 do CJF/STJ, aprovado na *I Jornada de Direito Civil,* cuja redação merece destaque: "a função social do contrato, prevista no art. 421 do novo Código Civil, constitui cláusula geral, que reforça o princípio de conservação do contrato, assegurando trocas úteis e justas".

A título de exemplo de incidência do art. 106 do CC, cite-se a hipótese de um negócio envolvendo uma companhia que ainda será constituída por uma das partes envolvidas. Ou, ainda, como quer Álvaro Villaça Azevedo, a ilustração da venda de um automóvel que não pode ser fabricado em um primeiro momento, diante de uma greve dos metalúrgicos; surgindo a possibilidade posterior do objeto negocial pela cessação do movimento de paralisação.[153]

O objeto do negócio deve ser determinado ou, pelo menos, determinável. O Código Civil de 2002 reconhece falha da codificação anterior, afastando o rigor da certeza quanto ao objeto. Pertinente apontar que, na obrigação de dar coisa incerta, o objeto é ainda pendente de determinação (arts. 243 e 244 do CC), que se dá pela escolha, também denominada *concentração.* Mesmo assim, não há que se falar em invalidade do negócio por indeterminação do objeto, sendo este um exemplo de incidência da regra constante do art. 106 do CC.

Nas típicas situações de negócios jurídicos de alienação de coisa, caso dos contratos de compra e venda e de doação, o objeto deve ser ainda consumível do ponto de vista jurídico (segunda parte do art. 86 do CC – *consuntibilidade jurídica*). Em outras palavras, o objeto deve ser alienável, ao passo que a venda ou a doação de bem inalienável é nula, por ilicitude do objeto ou fraude à lei (art. 166, II e VI, do CC).

Por fim, saliente-se que é melhor utilizar a expressão *bem inalienável* do que a clássica *coisa fora do comércio,* de outrora – *res extra commercium* – do Direito Romano. Como é notório, há muito tempo superou-se a *fase dos atos do comércio* do Direito Comercial. Muito ao contrário, vivemos a fase do Direito Empresarial.

### d) Forma prescrita ou não defesa em lei

Inicialmente, para fins didáticos, forçoso lembrar que a expressão *"não defesa"* significa *"não proibida".* Muitas vezes, percebe-se certa dificuldade em sua compreensão e alcance. Clóvis Bevilaqua conceituava a forma como "o conjuncto de solemnidades, que se devem observar, para que a declaração da vontade tenha efficacia juridica. É o revestimento juridico, a exteriorizar a declaração de vontade. Esta é a substancia do acto, que a fórma revela".[154] Como regra, a validade da declaração de vontade não depende de forma especial, senão quando a lei expressamente a exigir. Desse modo, os negócios jurídicos, em regra, são informais, conforme prevê o art. 107 do CC, que consagra o *princípio da liberdade das formas.*

Entretanto, em casos especiais, visando conferir maior certeza e segurança nas relações jurídicas, a lei prevê a necessidade de formalidades, relacionadas com a manifestação da vontade. Nessas situações, o negócio não admitirá forma livre, sendo conceituado como *negócio formal.* É fundamental aqui diferenciar *formalidade* de *solenidade,* conforme faz uma parte da doutrina. *Solenidade* significa a necessidade de ato público (escritura pública),

---

[153] AZEVEDO, Álvaro Villaça. *Teoria geral do Direito Civil.* Parte Geral. São Paulo: Atlas, 2012, p. 177.
[154] BEVILÁQUA, Clóvis. *Código Civil dos Estados Unidos do Brasil.* Ed. histórica. Rio de Janeiro: Ed. Rio, 1977. t. I, p. 386.

# 256 | MANUAL DE DIREITO CIVIL · VOLUME ÚNICO – *Flávio Tartuce*

enquanto *formalidade* constitui a exigência de qualquer forma apontada pela lei, como, por exemplo, a de forma escrita. Assim, pode-se dizer que *a forma é gênero; a solenidade é espécie*.

Essa diferenciação entre as categorias é importante quando se estuda, por exemplo, a classificação dos contratos. Com tom didático, vale aqui transcrever as palavras de Sílvio de Salvo Venosa: "o contrato solene entre nós é aquele que exige escritura pública. Outros contratos exigem forma escrita, o que os torna formais, mas não solenes. No contrato solene, a ausência de forma torna-o nulo. Nem sempre ocorrerá a nulidade, e a relação jurídica gerará efeitos entre as partes, quando se trata de preterição de formalidade, em contrato não solene".[155]

Em termos práticos, a diferenciação é pouco relevante. Isso porque, havendo desrespeito à forma ou sendo preterida alguma solenidade prevista para o negócio, esse será nulo (art. 166, incs. IV e V, do CC).

Ressalte-se o que dispõe o art. 109 do CC, segundo o qual "no negócio jurídico celebrado com a cláusula de não valer sem instrumento público, este é da substância do ato". Portanto, podem as partes, por ato de vontade e visando à segurança, prever que o negócio deva atender a solenidades. A imposição do negócio solene pode ser, portanto, convencional entre as partes. A escritura pública é lavrada no Tabelionato de Notas de qualquer localidade do país, estando no plano da validade dos negócios jurídicos (segundo degrau da *Escada Ponteana*).

As formalidades ou solenidades previstas em lei também têm por finalidade garantir a autenticidade do negócio, para, eventualmente, facilitar sua prova, bem como garantir que a autonomia privada seja preservada, objetivando sempre a certeza e a segurança jurídica.

Cumpre ainda comentar o importante art. 108 do CC, em sua redação atual. Prescreve esse dispositivo que a escritura pública somente será exigida para negócios jurídicos que visam a constituição, transferência, modificação ou renúncia de direitos reais sobre imóveis, com valor superior a trinta vezes o maior salário mínimo vigente no País.

Em relação ao seu conteúdo, na *IV Jornada de Direito Civil*, foi aprovado o Enunciado n. 289 do CJF/STJ, prevendo que "o valor de 30 salários mínimos constante do art. 108 do Código Civil brasileiro, em referência à forma pública ou particular dos negócios jurídicos que envolvam bens imóveis, é o atribuído pelas partes contratantes e não qualquer outro valor arbitrado pela Administração Pública com finalidade tributária". Valoriza-se a autonomia privada, o que foi pactuado pelas partes. De qualquer forma, o enunciado pode abrir brecha para preços simulados, que não são reais. Havendo simulação, o negócio pode ser declarado nulo, nos termos do art. 167 do Código Civil.

Apesar do conteúdo do enunciado doutrinário, pontue-se que o Superior Tribunal de Justiça já entendeu que deve prevalecer o valor venal fixado pelo Fisco e não pelas partes. Conforme o *decisum*, que merece destaque:

> "A interpretação dada ao art. 108 do CC pelas instâncias ordinárias é mais consentânea com a finalidade da referida norma, que é justamente conferir maior segurança jurídica aos negócios que envolvem a transferência da titularidade de bens imóveis. O art. 108 do CC se refere ao valor do imóvel, e não ao preço do negócio. Assim, havendo disparidade entre ambos, é aquele que deve ser levado em conta para efeito de aplicação da ressalva prevista na parte final desse dispositivo legal. A avaliação feita pela Fazenda Pública para atribuição do valor venal do imóvel é baseada em critérios objetivos previstos em lei, refletindo, de forma muito mais consentânea

---

[155] VENOSA, Sílvio de Salvo. *Direito civil*. Parte geral. 3. ed. São Paulo: Atlas, 2003. v. 1, p. 415.

com a realidade do mercado imobiliário, o verdadeiro valor do imóvel objeto do negócio" (STJ, REsp 1.099.480/MG, 4.ª Turma, Rel. Min. Marco Buzzi, j. 02.12.2014, *DJe* 25.05.2015).

Feita tal observação, importante frisar que o art. 108 do CC/2002 tem relação direta com o princípio da função social dos contratos. Isso porque presumiu o legislador que uma pessoa que compra um imóvel com valor de até trinta salários mínimos não tem condições econômico-financeiras de pagar as despesas de escritura, estando dispensada de tal encargo. Não há função social maior do que esta, diante da proteção das classes desfavorecidas, aflorando o *Direito Civil dos Pobres*, conforme a notória construção de Anton Menger.[156]

Pela relação com a função social dos contratos, por envolver matéria de ordem pública (art. 2.035, parágrafo único, do CC), não há no dispositivo legal qualquer inconstitucionalidade, por suposta lesão ao art. 7.º, inc. IV, do Texto Maior, que veda que o salário mínimo seja utilizado para outros fins que não sejam de remuneração dos trabalhadores. Para rebater qualquer alegação de inconstitucionalidade, destaque-se que *a função social dos contratos está amparada na cláusula pétrea da função social da propriedade*, constante do art. 5.º, incs. XXII e XXIII, do Texto Maior. Ademais, analisando o fim social da norma constitucional, não há qualquer prejuízo aos trabalhadores em se fixar o salário mínimo como parâmetro para a escritura pública.

Por cautela, nunca é demais lembrar que não se pode confundir a escritura pública com o registro. A primeira representa o próprio contrato de compra e venda, que pode ser celebrado em qualquer Tabelionato de Notas do País, não importando o local do imóvel. Já o registro gera a aquisição da propriedade imóvel, devendo ocorrer, necessariamente, no Cartório de Registro de Imóveis do local em que o bem estiver situado. Além disso, a escritura pública, sendo forma, está no plano da validade do negócio jurídico; o registro imobiliário está no plano de sua eficácia. Os degraus da *Escada Ponteana*, portanto, são distintos.

Como outra nota relevante a respeito da forma e da solenidade, o antigo Provimento n. 100, de 26 de maio de 2020, do Conselho Nacional de Justiça (CNJ) passou a admitir que a escritura pública seja feita pela via digital ou eletrônica. A norma administrativa surgiu em meio ao isolamento social decorrente da pandemia da Covid-19, facilitando a realização desses atos formais e incrementando o sistema do *e-notariado*. Em 2023, as suas previsões foram incorporadas ao Código Nacional de Normas (CNN), do CNJ, nos seus arts. 284 a 319. Conforme o primeiro dispositivo citado, essa normatização "estabelece normas gerais sobre a prática de atos notariais eletrônicos em todos os tabelionatos de notas do País".

Assim, passou a ser totalmente possível a realização de escrituras públicas de contratos como de compra e venda e doação, ou mesmo de testamentos por esse meio eletrônico, desde que observados alguns requisitos de validade. De acordo com o art. 286 do CNN, são requisitos da prática do ato notarial eletrônico: *a)* a videoconferência notarial para captação do consentimento das partes sobre os termos do ato jurídico; *b)* a concordância expressada pelas partes com os termos do ato notarial eletrônico; *c)* a assinatura digital pelas partes, exclusivamente através do *e-notariado*; *d)* a assinatura do Tabelião de Notas com a utilização de certificado digital ICP-Brasil; e *e)* o uso de formatos de documentos de longa duração com assinatura digital.

---

[156] MENGER, Anton. *El derecho civil y los pobres.* Trad. Adolfo Posada. Madrid: Librería General de Victoriano Suárez, 1898.

Sobre a gravação da videoconferência notarial, nos termos do parágrafo único desse art. 286, deverá conter ela, no mínimo: *a)* a identificação, a demonstração da capacidade e a livre manifestação das partes atestadas pelo tabelião de notas; *b)* o consentimento das partes e a concordância com a escritura pública; *c)* o objeto e o preço do negócio pactuado; *d)* a declaração da data e horário da prática do ato notarial; e *e)* a declaração acerca da indicação do livro, da página e do tabelionato onde será lavrado o ato notarial. O desrespeito a qualquer um desses requisitos de validade gera a nulidade absoluta do negócio jurídico, nos termos dos antes citados incisos IV e V do art. 166 do Código Civil.

Sem prejuízo de outras regras importantes, o art. 299 do Código Nacional de Normas enuncia que os atos notariais eletrônicos reputam-se autênticos e detentores de fé pública, como regulado na legislação processual. Além disso, está previsto, como não poderia ser diferente, que os atos notariais celebrados por meio eletrônico produzirão os mesmos efeitos previstos no ordenamento jurídico quando observarem os requisitos necessários para a sua validade, estabelecidos em lei e no próprio provimento (art. 300 do CNN). Para aqueles que pretendem realizar atos e negócios pela via digital, necessária a leitura integral do Código de Normas do CNJ, com as regras que remontam ao antigo Provimento n. 100, o que foge ao objeto desta obra.

Apesar de uma contundente crítica que pode surgir, sobre a falta de competência do CNJ para tratar do assunto, que seria de exclusividade do Poder Legislativo, além de ilegalidades, a verdade é que a redução de burocracias e a digitalização dos atos e negócios civis constituem caminhos sem volta, com argumentos jurídicos muito fortes em seu favor. Sendo assim, a realização de escrituras públicas eletrônicas deve ser incrementada nos próximos anos.

Todavia, não se pode ignorar o argumento até da inconstitucionalidade de o tema ser tratado por norma administrativa do Conselho Nacional da Justiça, pois cabe à União legislar sobre questões afeitas ao Direito Civil e às formalidades dos atos e negócios jurídicos, nos termos do art. 22, inc. I, da Constituição Federal. Por isso, o Projeto de Reforma do Código Civil pretende incluir no novo livro de *Direito Civil Digital* tratamento a respeito do tema, dotando-o de uma necessária legalidade, que hoje é indispensável.

De todo modo, pontue-se que, assim como o anterior Provimento n. 100 do CNJ, incorporado em 2023 ao Código Nacional de Normas, a Lei 14.382/2022, originária da Medida Provisória 1.085/2021, instituiu o Sistema Eletrônico dos Registros Públicos (SERP), com a digitalização dos serviços de registros de imóveis. A nova norma modernizou e simplificou os procedimentos relativos aos registros públicos de atos e negócios jurídicos, previstos Lei 6.015/1973 (Lei de Registros Públicos), e também tratou de outros temas, alterando dispositivos do Código Civil. Ao longo desta obra, as principais alterações da Lei do SERP são analisadas, sobretudo as que impactam para o Direito Civil.

Como última nota sobre o tema da forma, destaco que o atual Projeto de Reforma do Código Civil pretende alterar os arts. 107, 108 e 109 do Código Civil. No primeiro dispositivo, a proposta é que a norma passe a expressar a "exteriorização da vontade", e não mais a "manifestação de vontade", o que é melhor do ponto de vista técnico: "a validade da exteriorização de vontade não dependerá de forma especial, senão quando a lei a exigir expressamente". De todo modo, como se percebe, mantém-se como regra o *princípio da liberdade das formas*.

Para o art. 108 do Código Civil, após intensos debates na Comissão de Juristas, são sugeridas proposições mais profundas e contundentes. Acabou por prevalecer a ideia de que a escritura pública deve ser a regra de validade para os atos e negócios jurídicos relativos a imóveis, sem qualquer exceção quanto aos seus valores e passando o seu *caput* a enunciar que, "não dispondo a lei em contrário, a escritura pública é essencial à validade

CAP. 2 • PARTE GERAL DO CÓDIGO CIVIL DE 2002 | **259**

dos negócios jurídicos que visem à constituição, transferência, modificação ou renúncia de direitos reais sobre imóveis".

A proposição adotada como premissa geral visa a trazer maior segurança jurídica para esses atos e negócios relativos a imóveis, incluindo-se nova previsão a respeito da redução dos emolumentos notariais para os imóveis com valor inferior a trinta salários mínimos: "§ 1º Os emolumentos de escrituras públicas de negócios que tenham por objeto imóvel com valor venal inferior a trinta vezes o maior salário mínimo vigente no País, terão os seus custos reduzidos em cinquenta por cento".

Além disso, adotando-se a solução do Superior Tribunal de Justiça antes exposta (REsp 1.099.480/MG), o art. 108 do Código Civil receberá um § 2.º, enunciando que, "em caso de dúvida e para as finalidades deste artigo, o valor do imóvel é aquele fixado pelo Poder Público, para os fins fiscais ou tributários". A proposição representa uma tentativa de afastar as comuns simulações de preço vistas nas vendas de imóveis pelo País.

Por fim, o art. 109 da Norma Geral Privada terá um texto mais claro, em prol da valorização da autonomia privada e da possibilidade de as partes convencionarem que a forma ou solenidade seja essencial para a validade do ato ou negócio jurídico, desde que não contrarie normas cogentes ou de ordem pública: "se as partes acordarem forma específica de como deva ser celebrado negócio jurídico, para cujo ato a lei não prescreva ou proíba determinada forma, a escolhida será a da substância do ato".

Cabe agora ao Congresso Nacional analisar a viabilidade ou não de aprovação das propostas, que acabam por expressar a posição majoritária dos civilistas e julgadores que compuseram a Comissão de Juristas nomeada no âmbito do Senado Federal.

### 2.5.3.3 *Plano da eficácia*

Por fim, no plano da *eficácia* estão os elementos relacionados com a suspensão e resolução de direitos e deveres das partes envolvidas. De outra forma, pode-se dizer que nesse último plano, ou *último degrau da escada*, estão os efeitos gerados pelo negócio em relação às partes e em relação a terceiros, ou seja, as suas consequências jurídicas e práticas. São elementos de eficácia os seguintes:

– Condição (evento futuro e incerto).

– Termo (evento futuro e certo).

– Encargo ou Modo (ônus introduzido em ato de liberalidade).

– Regras relativas ao inadimplemento do negócio jurídico (resolução). Juros, cláusula penal (multa) e perdas e danos.

– Direito à extinção do negócio jurídico (resilição).

– Regime de bens do negócio jurídico casamento.

– Registro Imobiliário.

De forma didática, pode-se dizer que os elementos que não estão no plano da existência e da validade estão no da eficácia, mormente aqueles relativos às decorrências concretas do negócio jurídico.

### 2.5.3.4 *A* Escada Ponteana *e o direito intertemporal. Análise do art. 2.035,* caput, *do CC. Exemplos práticos*

Para findar o estudo da *visão triplanar* do negócio jurídico, é fundamental a análise do art. 2.035, *caput*, do Código Civil de 2002, dispositivo de direito intertemporal que resolve uma série de problemas relativos ao negócio jurídico. Anote-se que o direito intertemporal é o ramo da ciência jurídica que visa resolver os conflitos da lei no tempo, principalmente diante do surgimento de uma nova norma. É a redação desse importante comando legal:

"Art. 2.035. A validade dos negócios e demais atos jurídicos, constituídos antes da entrada em vigor deste Código, obedece ao disposto nas leis anteriores, referidas no art. 2.045, mas os seus efeitos, produzidos após a vigência deste Código, aos preceitos dele se subordinam, salvo se houver sido prevista pelas partes determinada forma de execução".

A redação desse dispositivo nos traz duas constatações importantes.

A primeira é que o comando não adota expressamente o plano da existência, eis que o artigo já começa tratando da *validade dos negócios e demais atos jurídicos*. Em verdade, para os devidos fins, deve-se entender que o plano da existência está subentendido no da validade.

A segunda constatação é de que em relação à *validade* dos negócios jurídicos deve ser aplicada a norma do *momento* da sua constituição ou celebração. Prevê o comando legal que se o negócio for celebrado na vigência do Código Civil de 1916, quanto à sua validade, devem ser aplicadas as regras que constavam na codificação anterior. Isso, no que concerne à capacidade das partes, à legitimação, à vontade livre, à licitude do objeto e à forma prescrita em lei.

Por outra via, no que concerne ao *plano da eficácia*, devem ser aplicadas as normas incidentes no *momento da produção de seus efeitos* ("mas os seus efeitos, produzidos após a vigência deste Código, aos preceitos dele se subordinam"). Assim, relativamente à condição, ao termo, aos juros, às multas (e outras penalidades), às perdas e danos, à rescisão contratual e ao regime de bens de casamento, deve ser aplicada a norma atual, no caso, o Código Civil 2002.

Pois bem, vejamos algumas exemplificações concretas de aplicação de tais premissas. De início, imagine-se um caso em que foi celebrado um contrato na vigência do Código Civil de 1916 (até 10 de janeiro de 2003). O contrato traz uma multa exagerada, desproporcional, estando presente a *onerosidade excessiva*, a desproporção no negócio jurídico no que toca à cláusula penal. O descumprimento do negócio ocorreu na vigência do Código Civil de 2002 (a partir de 11 de janeiro de 2003, segundo a maioria da doutrina e da jurisprudência). Pergunta-se: é possível aplicar o art. 413 do atual Código Civil, que consagra o dever do magistrado de reduzir a cláusula penal que for exagerada, a fim de evitar a onerosidade excessiva? Lembrando que essa redução equitativa em caso de desproporção constitui parcial novidade, é de se responder positivamente. Isso porque o inadimplemento ocorreu na vigência da nova lei, estando a multa no plano da eficácia, o que justifica a aplicação da atual legislação.

Vale aqui citar a sentença proferida pela 13.ª Vara Cível do Foro Central da Capital de São Paulo, no caso envolvendo o apresentador Boris Casoy e a Rede Record. Diante do descumprimento do contrato por parte da emissora, o apresentador resolveu cobrar a multa compensatória prevista no contrato, de cerca de 27 milhões de reais. Aplicando o art. 413 do CC ao contrato, celebrado em 12 de abril de 2002 o magistrado reduziu a cláusula penal para cerca de 6 milhões de reais (Processo 583.00.2006.135945-8, Sentença de 18 de outubro de 2006, Juiz André Gustavo Cividanes Furlan).

Em junho de 2011, o *decisum* foi parcialmente reformado pelo Tribunal de Justiça de São Paulo, que aumentou o valor da cláusula penal para 10 milhões de reais, por entender que a multa fixada pela primeira instância era insuficiente. Vejamos a publicação da ementa do acórdão:

"Indenizatória contrato de prestação de serviços apresentador e editor-chefe de telejornal rescisão imotivada. Multa compensatória estabelecida em cláusula contratual. Montante manifestamente excessivo. Incidência do art. 413 do CC. Redução equitativa do valor da indenização. Critérios a serem observados. Adoção de cálculo aritmético com vista ao tempo faltante de cumprimento do contrato. Insuficiência. Indenização majorada. Recurso dos autores provido para este fim. Acolhimento de pedido subsidiário formulado na inicial. Reconhecimento da sucumbência recíproca. Apelo da ré provido" (TJSP, Apelação n. 0062432-17.2007.8.26.0000, Acórdão 5211780, 31.ª Câmara de Direito Privado, São Paulo, Rel. Des. Milton Carvalho, j. 21.06.2011, *DJESP* 28.06.2011).

De qualquer modo, o acórdão mantém a tese de subsunção do art. 413 do Código Civil de 2002 a contrato celebrado na vigência do Código Civil de 1916, conforme aqui sustentado.

Como segundo exemplo de aplicação do art. 2.035 do CC, pode ser citado o teor do Enunciado n. 164 da *III Jornada de Direito Civil* do Conselho da Justiça Federal e do Superior Tribunal de Justiça, segundo o qual: "tendo início a mora do devedor ainda na vigência do Código Civil de 1916, são devidos juros de mora de 6% ao ano até 10 de janeiro de 2003; a partir de 11 de janeiro de 2003 (data da entrada em vigor do novo Código Civil), passa a incidir o art. 406 do CC/2002". Como se sabe, os juros estão no plano da eficácia de uma obrigação ou de um contrato. Sendo assim, devem ser aplicadas as normas do momento da eficácia do negócio jurídico. É justamente isso que ordena o enunciado, com o qual é de se concordar integralmente. Vários julgados do STJ vêm aplicando o teor desse enunciado (nesse sentido, ver, por todos: STJ, AgRg no Ag 714.587/RS, 3.ª Turma, Rel. Min. Sidnei Beneti, j. 11.03.2008, *DJ* 1.º.04.2008, p. 1).

Outra ilustração envolve a necessidade da outorga conjugal. Como se sabe, o art. 1.647 do atual Código Civil exige a outorga uxória (da esposa) e marital (do marido) para a prática de alguns atos e negócios, salvo se o regime entre eles for o da separação absoluta. A exigência abrange a venda de imóvel, as doações e a prestação de fiança, dentre outros atos. A falta dessa outorga, não suprida pelo juiz, gera a anulabilidade do ato praticado (nulidade relativa), conforme prevê o art. 1.649 do CC/2002.

Pois bem, o Código Civil de 1916 estabelecia, nos seus arts. 235, 242 e 252, que os atos assim celebrados, sem a outorga, seriam nulos (nulidade absoluta). No entanto, e se a compra e venda de imóvel foi celebrada na vigência do CC/1916 por um dos cônjuges, sem a outorga do outro? Esse negócio é nulo ou anulável? O negócio será nulo, pois se aplica a norma do momento da celebração. Consigne-se que a outorga conjugal é hipótese de legitimação, uma espécie de capacidade, que está no plano da validade. O negócio é nulo mesmo que a ação tenha sido proposta na vigência do Código Civil de 2002 (após 11 de janeiro de 2003), pois a questão a ser analisada é de natureza material, e não processual.

Também a título de concreção, é imperioso apontar que a *Escada Ponteana* e o art. 2.035 repercutem no contrato de sociedade, típico do Direito Empresarial. Enuncia o art. 977 do atual Código Civil que "faculta-se aos cônjuges contratar sociedade, entre si ou com terceiros, desde que não tenham casado no regime da comunhão universal de bens, ou no da separação obrigatória". O dispositivo citado proíbe que cônjuges casados sob os regimes da comunhão universal ou da separação total obrigatória constituam sociedade entre si.

Trata-se de regra de capacidade, que está no plano da validade. Assim, o dispositivo somente se aplica às sociedades constituídas após a entrada em vigor do atual Código Civil. No Código anterior não havia essa restrição em relação à capacidade, havendo direito adquirido quanto a não aplicação do comando legal. Portanto, as sociedades anteriores não serão atingidas, pois quanto ao plano da validade deve ser aplicada a norma do momento da constituição do negócio.

A tese foi adotada na *III Jornada de Direito Civil* do Conselho da Justiça Federal e do Superior Tribunal de Justiça, pelo teor do seu Enunciado n. 204: "a proibição de sociedade entre pessoas casadas sob o regime da comunhão universal ou da separação obrigatória só atinge as sociedades constituídas após a vigência do Código Civil de 2002". No mesmo sentido, foi o Parecer jurídico 125/2003, do então Departamento Nacional de Registro do Comércio (DNRC/COJUR). A jurisprudência tem decidido na mesma linha de raciocínio há tempos (nesse sentido, ver: TJSP, Apelação Cível 358.867-5/0, 1.ª Câmara de Direito Público, São Paulo, Data do registro: 26.04.2006, Rel. Des. Renato Nalini, Voto 11.033).

Como última ilustração, agora envolvendo o Direito de Família, destaque-se que o regime de bens de casamento está no plano da eficácia, pois relativo às suas consequências. Sendo assim, é possível alterar regime de bens de casamento celebrado na vigência do Código Civil de 1916, subsumindo a regra do art. 1.639, § 2.º, do CC/2002, que possibilita a *ação de alteração do regime de bens,* mediante pedido motivado de ambos os cônjuges. Esse é o entendimento majoritário da doutrina, consubstanciado no Enunciado n. 260 do CJF/STJ, aprovado na *III Jornada de Direito Civil,* realizada em 2004, nos seguintes termos: "a alteração do regime de bens prevista no § 2.º do art. 1.639 do Código Civil também é permitida nos casamentos realizados na vigência da legislação anterior". No plano jurisprudencial, a tese é adotada pelo Superior Tribunal de Justiça desde o ano de 2005 (nesse sentido, ver: STJ, REsp 730.546/MG, 4.ª Turma, Rel. Min. Jorge Scartezzini, j. 23.08.2005, *DJ* 03.10.2005, p. 279).

Para findar a presente abordagem, deve ficar esclarecido que o art. 2.035, *caput,* do CC tem grande relevância prática para os negócios jurídicos em geral. Que fique claro, sou dos entusiastas do referido comando legal, um dos melhores da atual codificação, não havendo qualquer inconstitucionalidade no comando por lesão à proteção do direito adquirido (art. 5.º, inc. XXXVI, da CF/1988). Muito ao contrário, o dispositivo é tecnicamente perfeito.

### 2.5.4 Estudo dos elementos acidentais do negócio jurídico. Condição, termo e encargo

Os elementos acidentais do negócio jurídico, conforme leciona Maria Helena Diniz são aqueles "que as partes podem adicionar em seus negócios para modificar uma ou algumas de suas consequências naturais".[157] Os elementos acidentais do negócio jurídico não estão no plano da sua existência ou validade, mas no plano de sua eficácia, sendo a sua presença até dispensável.

Entretanto, em alguns casos, que serão estudados, sua presença pode gerar a nulidade do negócio, situando-se no plano da validade. São elementos acidentais do negócio jurídico a *condição,* o *termo* e o *encargo ou modo,* tratados nominal e especificamente entre os arts. 121 a 137 do CC.

*a) Condição*

A condição é o elemento acidental do negócio jurídico, que, derivando exclusivamente da vontade das partes, faz este depender de um evento futuro e incerto (art. 121 do CC). Vicente Ráo conceitua a condição como "a modalidade voluntária dos atos jurídicos que

---

[157] DINIZ, Maria Helena. *Curso de direito civil brasileiro. Teoria geral do direito civil.* 24. ed. São Paulo: Saraiva, 2007. v. 1, p. 435.

CAP. 2 • PARTE GERAL DO CÓDIGO CIVIL DE 2002 | **263**

lhes subordina o começo ou o fim dos respectivos efeitos à verificação, ou não verificação, de um evento futuro e incerto".[158] Destaque-se que, na hipótese em que o efeito do negócio estiver subordinado a evento futuro e certo, o elemento será o termo, e não a condição.

A condição admite uma série de classificações, a partir das quais é possível estudar os seus efeitos. Vejamos.

I) *Classificação quanto à sua licitude:*

- *Condições lícitas* – são aquelas que estão de acordo com o ordenamento jurídico, nos termos do art. 122 do CC, por não contrariarem a lei, a ordem pública ou os bons costumes. Sendo assim, não geram qualquer consequência de invalidade do negócio jurídico. Exemplo: venda dependente de uma aprovação do comprador (venda a contento ou *ad gustum*).

- *Condições ilícitas* – são aquelas que contrariam a lei, a ordem pública ou os bons costumes; gerando a nulidade do negócio jurídico a ela relacionado. Exemplo: venda dependente de um crime a ser praticado pelo comprador.

II) *Quanto à possibilidade:*

- *Condições possíveis* – são aquelas que podem ser cumpridas, física e juridicamente, não influindo na validade do negócio. Exemplo: venda subordinada a uma viagem do comprador à Europa.

- *Condições impossíveis* – são aquelas que não podem ser cumpridas, por uma razão natural ou jurídica, influindo na validade do ato e gerando a sua nulidade absoluta, nos termos do que prevê a lei. Quando são suspensivas geram a nulidade absoluta do negócio jurídico (art. 123, I, do CC). Exemplo: venda subordinada a uma viagem do comprador ao planeta Marte.

III) *Quanto à origem da condição:*

- *Condições causais ou casuais* – são aquelas que têm origem em eventos naturais, em fatos jurídicos *stricto sensu*. Exemplo: alguém se compromete a vender um bem a outrem caso chova.

- *Condições potestativas* – são aquelas que dependem do elemento volitivo, da vontade humana, sendo pertinente a seguinte subclassificação: – *Condições simplesmente ou meramente potestativas* – dependem das vontades intercaladas de duas pessoas, sendo totalmente lícitas. Exemplo: alguém institui uma liberalidade a favor de outrem, dependente de um desempenho artístico (cantar em um espetáculo). – *Condições puramente potestativas* – dependem de uma vontade unilateral, sujeitando-se ao puro arbítrio de uma das partes (art. 122 do CC, parte final). São ilícitas, segundo esse mesmo dispositivo. Exemplo: *dou-lhe um veículo, se eu quiser*. Maria Helena Diniz aponta ainda a *condição promíscua*, como aquela "que se caracteriza no momento inicial como potestativa, vindo a perder tal característica por fato superveniente, alheio à vontade do agente, que venha a dificultar sua realização. Por exemplo, 'dar-lhe-ei um carro se você, campeão de futebol, jogar no próximo torneio'. Essa condição potestativa passará a ser promíscua se o jogador vier a se machucar".[159] Sobre as condições puramente potestativas, em interessante debate, a Terceira Turma do STJ analisou a validade de estipulação que conferia ao credor a possibilidade de exigir, "tão logo fosse

---

[158] RÁO, Vicente. *Ato jurídico*. São Paulo: RT, 1994. p. 244.
[159] DINIZ, Maria Helena. *Dicionário jurídico*. São Paulo: Saraiva, 2005. t. I, p. 902.

de seu interesse", a transferência da propriedade de um imóvel. Como está no aresto, "o art. 122 do CC/02 (correspondente ao art. 115 do CC/16) proíbe as condições puramente potestativas, assim compreendidas como aquelas que sujeitam a eficácia do negócio jurídico ao puro arbítrio de uma das partes, comprometendo a seriedade do acordo e depondo contra a boa-fé objetiva". Consideram os julgadores que "a estipulação assinalada mais se assemelha a termo incerto ou indeterminado do que, propriamente, a condição potestativa. E mesmo admitindo tratar-se de condição, seria de rigor verificar quem ela beneficiava (credor e devedor), não havendo falar, por isso, em falta de seriedade na proposta ou risco à estabilidade das relações jurídicas. Ademais, foi estatuída em consideração a uma circunstância fática alheia à vontade das partes: o resultado de uma determinada ação judicial (usucapião), havendo, assim, interesse juridicamente relevante a justificar sua estipulação". E ao final concluíram que "a condição não seria inútil ou inconveniente e, em consequência, pode ser considerada válida, até mesmo para efeito de impedir a fluência do prazo prescricional" (STJ, REsp 1.990.221/SC, 3.ª Turma, Rel. Min. Moura Ribeiro, j. 03.05.2022, *DJe* 13.05.2022). Sobre o termo incerto, ainda será analisado no presente capítulo.

- *Condições mistas* – são aquelas que dependem, ao mesmo tempo, de um ato volitivo, somado a um evento natural. Exemplo: *dou-lhe um veículo se você cantar amanhã, desde que esteja chovendo durante o espetáculo.*

IV) *Quanto aos efeitos da condição:*

- *Condições suspensivas* – são aquelas que, enquanto não se verificarem, impedem que o negócio jurídico gere efeitos (art. 125 do CC). Exemplo ocorre na venda a contento, principalmente de vinhos, cujo aperfeiçoamento somente ocorre com a aprovação *ad gustum* do comprador. Enquanto essa aprovação não ocorre, a venda está suspensa. De acordo com o art. 126 do CC/2002, se alguém dispuser de alguma coisa sob condição suspensiva, e, pendente esta, fizer quanto àquelas novas disposições, estas últimas não terão valor, caso ocorra o implemento do evento futuro e incerto, sendo a condição incompatível com essas novas disposições. Tal regra impede que uma nova condição se sobreponha a uma anterior, caso sejam elas incompatíveis entre si. De todo modo, a expressão "não terão valor" carece da melhor técnica, razão pela qual o Projeto de Reforma do Código Civil pretende retirá-la da norma, para que ela passe a mencionar a ineficácia. Nesse contexto, em boa hora, o art. 126 da codificação privada passará a expressar que, "se alguém dispuser de uma coisa sob condição suspensiva, e, pendente esta, fizer novas disposições quanto àquela, estas serão ineficazes, realizada a condição, se com ela forem incompatíveis". Espera-se, portanto, que essa alteração seja aprovada pelo Congresso Nacional. Vale também relembrar, como demonstrado, que as condições suspensivas física ou juridicamente impossíveis geram a nulidade absoluta do negócio jurídico (art. 123, inc. I, do CC).

- *Condições resolutivas* – são aquelas que, enquanto não se verificarem, não trazem qualquer consequência para o negócio jurídico, vigorando o mesmo, cabendo inclusive o exercício de direitos dele decorrentes (art. 127 do CC). Ilustrando, no campo dos Direitos Reais, quando o título de aquisição da propriedade estiver subordinado a uma condição resolutiva, estaremos diante de uma *propriedade resolúvel* (art. 1.359 do CC). Isso ocorre no pacto de retrovenda, na venda com reserva de domínio e na alienação fiduciária em garantia. Por outro lado, sobrevindo a condição resolutiva, extingue-se, para todos os efeitos, os direitos que a ela se opõem, segundo art. 128 do CC. Segundo o mesmo dispositivo, se a condição resolutiva for aposta em um negócio de execução periódica ou continuada, a sua realização não tem eficácia quanto aos atos já praticados, desde que compatíveis com a natureza da condição pendente, respeitada a boa-fé. Isso salvo previsão em contrário no instrumento negocial. Imagine-se o exemplo de uma venda de vinhos, celebrada a contento ou *ad gustum*. A não aprovação, a negação do vinho representa uma condição resolutiva. Logicamente, se o comprador já adquiriu outras garrafas de vinho (negócio de execução periódica ou trato sucessivo), a não aprovação de uma última garrafa não irá influenciar nas vendas anteriores. Desse modo, não pode o comprador alegar que não irá pagar as outras bebidas, muito menos o jantar, o que inclusive denota a sua má-fé. A condição resolutiva pode ser *expressa* –, se constar do instrumento do negócio – ou *tácita* – se decorrer de uma presunção ou mesmo da natureza do pacto celebrado. A condição presente na venda *ad gustum* de vinhos é, na maioria das vezes, tácita, já que sequer é celebrado contrato escrito.

Em relação às duas últimas modalidades de condição, suspensiva e resolutiva, merecem comentários dois dispositivos com aplicação comum, os arts. 129 e 130 do Código Civil Brasileiro. Inicialmente, pelo art. 129 da Norma Geral Privada, reputa-se verificada, quanto aos efeitos jurídicos, a condição cujo implemento for maliciosamente obstado pela parte a quem desfavorecer, considerando-se, ao contrário, não verificada a condição maliciosamente levada a efeito por aquele a quem aproveita o seu implemento. De acordo com o art. 130, ao titular do direito eventual, nos casos de condição suspensiva ou resolutiva, é permitido praticar os atos destinados a conservá-lo.

Por fim, cabe esclarecer que fica fácil a identificação da condição no negócio jurídico pelas conjunções utilizadas para caracterizá-la. Na maioria das vezes, aparecem as condições *se* (v.g., *dou-lhe um carro se você cantar no show amanhã*) e *enquanto* (v.g., dou-lhe uma renda enquanto você estudar). A expressão *se* é utilizada para a *condição suspensiva*; a expressão *enquanto* para *condição resolutiva*.

### b) Termo

O termo é o elemento acidental do negócio jurídico que faz com que a eficácia desse negócio fique subordinada à ocorrência de evento futuro e certo. Melhor conceituando, o termo é "o evento futuro e certo cuja verificação se subordina o começo ou o fim dos efeitos dos atos jurídicos".[160]

Em uma primeira classificação, há o *termo inicial* (*dies a quo*), quando se tem o início dos efeitos negociais; e o *termo final* (*dies ad quem*), com eficácia resolutiva e que põe fim às consequências derivadas do negócio jurídico. Muito comum o aplicador do direito confundir a expressão *termo* com a expressão *prazo*. O prazo é justamente o lapso temporal que se tem entre o termo inicial e o termo final. Cabe visualização das diferenças pelo esquema a seguir:

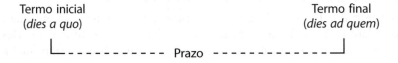

---

[160] RÁO, Vicente. *Ato jurídico*. São Paulo: RT, 1994. p. 301.

# 266 | MANUAL DE DIREITO CIVIL • VOLUME ÚNICO – *Flávio Tartuce*

Pertinente comentar que, conforme o art. 131 do Código Civil em vigor, o termo inicial suspende o exercício, mas não a aquisição do direito, o que diferencia o instituto em relação à condição suspensiva. Desse modo, a pessoa já tem o direito, não podendo somente exercê-lo. Havendo direito adquirido, não se pode esquecer da proteção constante do art. 5.º, inc. XXXVI, da CF/1988 e do art. 6.º da Lei de Introdução. Vejamos o quadro comparativo a seguir, que diferencia a condição suspensiva do termo inicial ou suspensivo:

| Condição suspensiva | – suspende o exercício e a aquisição do direito;<br>– subordina a eficácia do negócio a evento futuro e **incerto**. | Ambos permitem a prática de atos de conservação do direito. |
|---|---|---|
| Termo inicial (ou suspensivo) | – suspende o exercício, **mas não** a aquisição do direito;<br>– subordina a eficácia do negócio a evento futuro e **certo**. | |

O art. 132 do CC traz as regras específicas quanto à contagem dos prazos, a saber:

- Salvo disposição legal ou convencional em contrário, computam-se os prazos, excluído o dia do começo, e incluído o do vencimento.
- Se o dia do vencimento cair em feriado, considerar-se-á prorrogado o prazo até o seguinte dia útil.
- Meado considera-se, em qualquer mês, o seu décimo quinto dia.
- Os prazos de meses e anos expiram no dia de igual número do de início, ou no imediato, se faltar exata correspondência.
- Os prazos fixados por hora contar-se-ão de minuto a minuto.

Especificamente para os testamentos, presume-se o prazo em favor do herdeiro, e, nos contratos, em proveito do devedor, salvo, quanto a esse, se do teor do instrumento, ou das circunstâncias, resultar que se estabeleceu a benefício do credor, ou de ambos os contratantes. Essa é a regra constante do art. 133 do CC, que está relacionada com a interpretação dos negócios jurídicos, mais especificamente a respeito da interpretação do prazo a favor de um ou de determinado negociante, no caso a favor do herdeiro e do devedor (em regra).

Preconiza a lei que "os negócios jurídicos entre vivos, sem prazo, são exequíveis desde logo, salvo se a execução tiver de ser feita em lugar diverso ou depender de tempo" (art. 134 do CC). De acordo com esse comando legal, o negócio é, por regra, instantâneo, somente assumindo a forma continuada se houver previsão no instrumento negocial ou em lei. Por outro lado, dependendo da natureza do negócio haverá obrigação não instantânea, inclusive se o ato tiver que ser cumprido em outra localidade.

Conforme o art. 135 do CC, ao termo inicial e final aplicam-se, no que couber, as disposições relativas à condição suspensiva e resolutiva, respectivamente. Desse modo, quanto às regras, o termo inicial é similar à condição suspensiva; o termo final à condição resolutiva.

No que concerne às suas origens, tanto o termo inicial quanto o final podem ser assim classificados:

CAP. 2 • PARTE GERAL DO CÓDIGO CIVIL DE 2002 | **267**

- *Termo legal* – é o fixado pela norma jurídica. Exemplificando, o termo inicial para atuação de um inventariante (mandato judicial) ocorre quando esse assume compromisso.

- *Termo convencional* – é o fixado pelas partes, como o termo inicial e final de um contrato de locação.

O termo pode ser ainda *certo ou incerto* (ou *determinado e indeterminado*), conforme conceitos a seguir transcritos:

- *Termo certo ou determinado* – sabe-se que o evento ocorrerá e quando ocorrerá. Exemplo: o fim de um contrato de locação celebrado por tempo determinado.

- *Termo incerto e indeterminado* – sabe-se que o evento ocorrerá, mas não se sabe quando. Exemplo: a morte de uma determinada pessoa.

Por fim, fica fácil também a identificação do termo, pois é comum a utilização da expressão *quando* (*v.g., dou-lhe um carro quando seu pai falecer*).

### c) Encargo ou modo

O encargo ou modo é o elemento acidental do negócio jurídico que traz um ônus relacionado com uma liberalidade. Geralmente, tem-se o encargo na doação, testamento e legado. Para Vicente Ráo, "modo ou encargo é uma determinação que, imposta pelo autor do ato de liberalidade, a esta adere, restringindo-a".[161] O negócio gratuito ou benévolo vem assim acompanhado de um ônus, um fardo, um encargo, havendo o caso típico de *presente de grego*.

Exemplo que pode ser dado ocorre quando a pessoa doa um terreno a outrem para que o donatário construa em parte dele um asilo. O encargo é usualmente identificado pelas conjunções *para que* e *com o fim de*.

A respeito da *doação modal* ou *com encargo*, há regras específicas previstas na Parte Especial do Código Civil. A doação modal está tratada pelo art. 540 do CC, sendo certo que somente haverá liberalidade na parte que exceder o encargo imposto. Não sendo executado o encargo, caberá *revogação da doação*, forma de resilição unilateral que gera a extinção contratual (arts. 555 a 564).

De acordo com o art. 136 do CC/2002, "o encargo não suspende a aquisição nem o exercício do direito, salvo quando expressamente imposto no negócio jurídico, pelo disponente, como condição suspensiva". Desse modo, no exemplo apontado, o donatário já recebe o terreno. Caso não seja feita a construção em prazo fixado pelo doador, caberá revogação do contrato.

Em regra, o encargo diferencia-se da condição suspensiva justamente porque não suspende a aquisição nem o exercício do direito, o que ocorre no negócio jurídico se a última estiver presente.

Enuncia o art. 137 do CC que deve ser considerado não escrito o encargo ilícito ou impossível, salvo se constituir o motivo determinante da liberalidade, caso em que se invalida o negócio jurídico. Trata-se de uma inovação, não havendo correspondente no Código Civil de 1916. O comando em questão traz, em sua primeira parte, o princípio da conservação negocial ou contratual, relacionado com a função social dos contratos. Desse modo, despreza-se a ilicitude ou a impossibilidade parcial, aproveitando-se o resto do negócio.

---

[161] RÁO, Vicente. *Ato jurídico*. São Paulo: RT, 1994. p. 361.

A segunda parte traz previsão pela qual o encargo passa para o plano da validade do negócio, caso seja fixado no instrumento como motivo determinante da liberalidade, gerando eventual nulidade absoluta do negócio jurídico. Para ilustrar, a doação de um prédio no centro da cidade de Passos, Minas Gerais, feita com o encargo de que ali se construa uma pista de pouso de OVNIs, deve ser considerada como pura e simples, enquanto a doação desse mesmo prédio com o encargo de que o donatário provoque a morte de algumas pessoas é nula.

Finalizando, para facilitar o estudo, pode ser concebido o seguinte quadro comparativo entre os três institutos (condição, termo e encargo ou modo):

| Condição | Termo | Encargo ou Modo |
|---|---|---|
| Negócio dependente de evento futuro + incerto | Negócio dependente de evento futuro + certo | Liberalidade + ônus |
| Identificado pelas conjunções "se" ou "enquanto" | Identificado pela conjunção "quando" | Identificado pelas conjunções "para que" ou "com o fim de" |
| Suspende (condição suspensiva) ou resolve (condição resolutiva) os efeitos do negócio jurídico | Suspende (termo inicial) ou resolve (termo final) os efeitos do negócio jurídico | Não suspende nem resolve a eficácia do negócio. Não cumprido o encargo, cabe revogação de liberalidade |

### 2.5.5 Vícios ou defeitos do negócio jurídico

O estudo dos defeitos do negócio jurídico, vícios que maculam o ato celebrado, é de vital importância para a civilística nacional. Tais vícios atingem a sua vontade ou geram uma repercussão social, tornando o negócio passível de ação anulatória ou declaratória de nulidade pelo prejudicado ou interessado. São vícios da vontade ou do consentimento: o erro, o dolo, a coação, o estado de perigo e a lesão. Os dois últimos constituem novidades, eis que não estavam tratados pelo Código Civil de 1916. O problema acomete a vontade, repercutindo na validade do negócio celebrado (segundo degrau da *Escada Ponteana*).

Também serão analisados, no presente capítulo, a fraude contra credores e o enquadramento ou não da simulação como vício social. Esses institutos jurídicos são condenados pela repercussão social, atentatórios que são à boa-fé e à socialidade. O quadro a seguir demonstra a classificação de tais vícios ou defeitos:

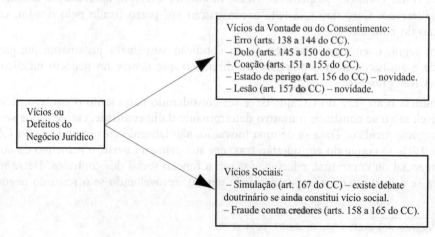

CAP. 2 • PARTE GERAL DO CÓDIGO CIVIL DE 2002 | **269**

Anote-se que não se podem confundir os vícios do negócio jurídico com os vícios redibitórios ou vícios do produto. Os primeiros atingem os negócios jurídicos em geral, mais especificamente a manifestação da vontade ou a órbita social, pelos motivos que serão estudados a partir de então. Os últimos atingem os contratos, particularmente o objeto de uma disposição patrimonial. No caso de relação civil, aplicam-se os dispositivos previstos para os *vícios redibitórios* (arts. 441 a 446 do CC). Havendo relação de consumo, há tratamento específico quanto aos *vícios do produto* no Código do Consumidor (arts. 18 e 26 da Lei 8.078/1990). Ressalte-se que os vícios ou defeitos do negócio jurídico estão no seu plano da *validade*, enquanto os vícios redibitórios e os vícios do produto estão no plano da *eficácia* do contrato correspondente.

Feito tal esclarecimento, parte-se para o estudo pontual dos vícios ou defeitos do negócio jurídico, começando pela abordagem dos vícios da vontade ou consentimento.

### 2.5.5.1 Do erro e da ignorância

O erro é um engano fático, uma falsa noção, em relação a uma pessoa, ao objeto do negócio ou a um direito, que acomete a vontade de uma das partes que celebrou o negócio jurídico. De acordo com o art. 138 do atual Código Civil, os negócios jurídicos celebrados com erro são anuláveis, desde que o erro seja *substancial*, podendo ser percebido por pessoa de diligência normal, em face das circunstâncias em que o negócio foi celebrado. Em síntese, mesmo percebendo a pessoa que está agindo sob o vício do erro, do engano, a anulabilidade do negócio continua sendo perfeitamente possível.

De acordo com esse mesmo art. 138 do CC/2002, não mais interessa se o erro é escusável (justificável) ou não. Isso porque foi adotado pelo comando legal o princípio da confiança. Na sistemática do atual Código Privado, está valorizada a eticidade, motivo pelo qual, presente a falsa noção relevante, merecerá o negócio a anulabilidade. A essa conclusão chegou o corpo de juristas que participou da *I Jornada de Direito Civil*, promovida pelo Conselho da Justiça Federal e pelo Superior Tribunal de Justiça, com a aprovação do Enunciado n. 12, cuja redação merece destaque: "na sistemática do art. 138, é irrelevante ser ou não escusável o erro, porque o dispositivo adota o princípio da confiança".

O enunciado doutrinário, pelo menos aparentemente, encerra a discussão anterior sobre a necessidade de o erro ser justificável. Sobre o tema, o Professor da USP José Fernando Simão escreveu profundo artigo, concluindo que o erro não precisa ser escusável, bastando a *cognoscibilidade*, o conhecimento do vício por aquele a quem se fez a declaração, o que aproxima o erro do dolo.[162] Para amparar suas conclusões, Simão cita os entendimentos de Sílvio de Salvo Venosa, Inácio de Carvalho Neto, Gustavo Tepedino, Heloísa Helena Barboza e Maria Celina Bodin de Moraes, contra a necessidade da escusabilidade do erro. Como não poderia ser diferente, é de se concordar integralmente com essa corrente, diante da notória valorização da boa-fé objetiva.

De qualquer forma, é apontado que a questão está longe de ser pacífica, eis que juristas como Maria Helena Diniz, Silvio Rodrigues, J. M. Leoni Lopes de Oliveira, Carlos Roberto Gonçalves, Álvaro Villaça Azevedo e Francisco Amaral ainda concluem que, necessariamente para a anulação de um negócio jurídico, o erro deve ser escusável ou justificável.[163]

---

[162] SIMÃO, José Fernando. Requisitos do erro como vício do consentimento no Código Civil. In: DELGADO, Mário Luiz; ALVES, Jones Figueirêdo. *Questões controvertidas no novo Código Civil*. São Paulo: Método, 2007. v. 6, p. 359.

[163] SIMÃO, José Fernando. Requisitos do erro como vício do consentimento no Código Civil. In: DELGADO, Mário Luiz; ALVES, Jones Figueirêdo. *Questões controvertidas no novo Código Civil*. São Paulo: Método, 2007. v. 6, p. 452-453.

Aliás, quando da tramitação do anteprojeto que gerou o atual Código Civil, a questão foi amplamente debatida por Moreira Alves e Clóvis do Couto e Silva.

Vejamos um exemplo para demonstrar como o erro não precisa ser mais escusável, o que ampara a primeira corrente, consubstanciada no enunciado doutrinário. Imagine-se que um jovem estudante recém-chegado do interior de Minas Gerais a São Paulo vá até o Viaduto do Chá, no centro da Capital. Lá, na ponta do viaduto, encontra um vendedor – na verdade, um ambulante que vende pilhas – com uma placa "Vende-se". O estudante mineiro então paga R$ 5.000,00 pensando que está comprando o viaduto, e a outra parte nada diz. No caso descrito, o erro é muito grosseiro, ou seja, não escusável, e, pela sistemática anterior, a venda não poderia ser anulada. Mas, pela nova visão do instituto, caberá a anulação, mormente porque a outra parte, ciente do erro, permaneceu em silêncio, recebendo o dinheiro. Ora, se a lei protege quem cometeu um erro justificável, muito mais deve proteger aquele que pratica o erro inescusável, diante da proteção do portador da boa-fé.

A propósito, no âmbito da recente jurisprudência superior, vale destacar acórdão que considera essencial a *escusabilidade,* mas a coloca ao lado da *cognoscibilidade,* para que o erro seja admitido. Conforme trecho do voto do Ministro Relator, "o erro, vício do negócio jurídico, é causa de anulabilidade da avença, requerendo, para sua configuração, o preenchimento de três requisitos, a saber: a) substancialidade ou essencialidade; b) cognoscibilidade para o destinatário da declaração; e c) escusabilidade para o emitente da declaração" (STJ, Ag. Int. no REsp 1.309.505/GO, 4.ª Turma, Rel. Min. Luis Felipe Salomão, j. 19.03.2019, *DJe* 26.03.2019). Advirta-se, contudo, que o julgado não enfrentou diretamente a questão, por conta da Súmula 7 da Corte, que veda a apreciação de matéria de fato na superior instância.

Como última observação sobre a temática, anoto que o atual Projeto de Reforma e Atualização do Código Civil pretende resolver esse dilema, inserindo no final do seu art. 138 essa ressalva, e passando a norma a expressar que "são anuláveis os negócios jurídicos, quando as exteriorizações de vontade emanarem de erro substancial que poderia ser percebido por pessoa de diligência normal, em face das circunstâncias do negócio, sendo irrelevante ser o erro escusável ou não". Espera-se, portanto, a aprovação do texto pelo Congresso Nacional.

Superado esse ponto inicial, consigne-se que o erro merece o mesmo tratamento legal da ignorância, que é um desconhecimento total quanto ao objeto do negócio. As hipóteses correlatas são tratadas pela lei como sinônimas, equiparadas. Nos dois casos, a pessoa engana-se sozinha, parcial ou totalmente, sendo anulável o negócio toda vez que o erro ou a ignorância for substancial ou essencial, nos termos do art. 139 do CC, a saber:

a) Interessar à natureza do negócio (*error in negotia*), ao objeto principal da declaração (*error in corpore*), ou a alguma das qualidades a ele essenciais (*error in substantia*). Exemplo: comprar bijuteria pensando tratar-se de ouro (*comprar gato por lebre*).

b) Disser respeito à identidade ou à qualidade essencial da pessoa a quem se refira a declaração de vontade, desde que tenha influído nesta de modo relevante (*erro quanto à pessoa* ou *error in persona*). Exemplo: ignorar um vício comportamental de alguém e celebrar o casamento com essa pessoa. O art. 1.557 do CC traz as hipóteses que podem motivar a anulação do casamento por erro.

c) Constituir erro de direito e não implicar recusa à aplicação da lei, sendo o motivo único ou causa principal do negócio jurídico (*erro de direito* ou *error iuris*).

CAP. 2 • PARTE GERAL DO CÓDIGO CIVIL DE 2002 | **271**

Como se observa, como novidade, o Código Civil de 2002 reconhece a possibilidade de o *erro de direito* anular um determinado negócio, desde que preenchidos os requisitos apontados. Repise-se que a regra do art. 139, inc. III, do CC, constitui exceção ao princípio da obrigatoriedade da lei, retirado do art. 3.º da Lei de Introdução, pelo qual ninguém pode deixar de cumprir a lei alegando a conhecer.

A título de exemplo, imagine-se o caso de um locatário de imóvel comercial que celebra novo contrato de locação, mais oneroso, pois pensa que perdeu o prazo para a ação renovatória. Sendo leigo no assunto, o locatário assim o faz para proteger o seu ponto empresarial. Pois bem, cabe a alegação de erro de direito essencial ou substancial, a motivar a anulação desse novo contrato.

Sabe-se que o *erro acidental* diz respeito aos elementos secundários, e não essenciais do negócio jurídico. O erro acidental não gera a anulabilidade do negócio, não atingindo o plano de sua validade. Ao contrário do erro essencial, no erro acidental o contrato é celebrado mesmo sendo conhecido pelos contratantes. O erro acidental está previsto no art. 142 do Código Civil, eis que nos casos de erro quanto ao objeto (*error in corpore*) e de erro quanto à pessoa (*error in persona*), não se anulará o negócio jurídico quando for possível a identificação dessa coisa ou pessoa posteriormente.

O motivo de um negócio jurídico pode ser conceituado como a razão pessoal da sua celebração, estando no seu *plano subjetivo*. Ensinava o saudoso Mestre Zeno Veloso, citando Clóvis Beviláqua, que, "os motivos do ato são do domínio da psicologia e da moral. O direito não os investiga, nem lhes sofre influência; exceto quando fazem parte integrante do ato, quer apareçam como razão dele, quer como condição de que ele dependa".[164] O motivo, portanto, diferencia-se da causa do negócio, que está no plano objetivo. Ilustrando, quando se analisa um contrato de compra e venda, a *causa* é a transmissão da propriedade. Os motivos podem ser os mais variados, de ordem pessoal das partes: o preço está bom, o imóvel é bem localizado, o comprador quer comprá-lo para presentear alguém etc.

Assim sendo, o falso motivo, por regra, não pode gerar a anulabilidade do negócio, a não ser que seja expresso como razão determinante do negócio, regra essa que consta do art. 140 do CC. Esse dispositivo trata do *erro quanto ao fim colimado*, que não anula o negócio. Ilustra-se com o caso da pessoa que compra um veículo para presentear uma filha. Na véspera da data festiva descobre o pai que o aniversário é do seu filho. Tal motivo, em regra, não pode gerar a anulabilidade do contrato de compra e venda desse veículo. O objetivo da compra era presentear um dos filhos, não importando àquele que vendeu o bem qual deles seria presenteado.

De acordo com o art. 141 do CC, "a transmissão errônea da vontade por meios interpostos é anulável nos mesmos casos em que o é a declaração direta". Conforme ensinam Jones Figueirêdo Alves e Mário Luiz Delgado, "o novo Código deu redação mais precisa ao dispositivo, deixando expresso que a transmissão errônea da vontade por meios interpostos é causa de anulabilidade e não de nulidade como aparentemente posto pelo Código anterior. Entre os meios interpostos de transmissão da vontade inserem-se todos os meios de comunicação, escrita e audiovisual, sobretudo a internet. O dispositivo aplica-se, portanto, aos chamados 'contratos eletrônicos'".[165] Deve-se atentar para a grande importância dos contratos eletrônicos ou digitais, que se enquadram atualmente como contratos atípicos, aqueles sem previsão legal, nos moldes do art. 425 do CC.

---

[164] VELOSO, Zeno. *Invalidade do negócio jurídico*. 2. ed. Belo Horizonte: Del Rey, 2005. p. 76.
[165] ALVES, Jones Figueirêdo; DELGADO, Mário Luiz. *Código Civil anotado*. São Paulo: Método, 2005. p. 95.

# 272 | MANUAL DE DIREITO CIVIL • VOLUME ÚNICO – *Flávio Tartuce*

Seja como for, a Comissão de Juristas encarregada da Reforma do Código Civil pelo Senado Federal sugere a inclusão dos meios virtuais no seu art. 141, para que não pairem dúvidas quanto a essas afirmações. Assim, o dispositivo passará a prever que "a transmissão errônea da vontade por meios interpostos, físicos ou virtuais, é anulável nos mesmos casos em que o é a declaração direta". Trata-se de proposição que dialoga perfeitamente com o novo livro de *Direito Civil Digital*, esperando-se a sua aprovação pelo Parlamento Brasileiro.

O art. 143 do CC trata de uma hipótese de *erro material retificável*, sendo certo que o *erro de cálculo* não anula o negócio, mas apenas autoriza a possibilidade de retificação da declaração de vontade, hipótese de convalidação prévia. Cabe apenas a correção do cálculo mal elaborado, o que está de acordo com o princípio da conservação dos negócios jurídicos.

Prevê o art. 144 da atual norma codificada que o erro não prejudica a validade do negócio jurídico quando a pessoa, a quem a manifestação de vontade se dirige, oferecer-se para executá-la na conformidade da vontade real do manifestante. Nesse último dispositivo, em sintonia com a valorização da eticidade e da operabilidade, no sentido de efetividade, procurou a nova lei preservar a manifestação de vontade, constante do negócio jurídico (mais uma vez incidente o princípio da conservação contratual), desde que respeitada a intenção real dos negociantes.

Maria Helena Diniz traz exemplo interessante nos seguintes termos: "se A pensar que comprou o lote n. 4 na quadra X, quando, na verdade, adquiriu o lote n. 4 na quadra Y, ter-se-á erro substancial que não invalidará o ato negocial se o vendedor vier a entregar-lhe o lote n. 4 da quadra X, visto que não houve qualquer prejuízo a A, diante da execução do negócio de conformidade com a sua vontade real".[166]

Cabe ainda comentar o conceito de *erro obstativo*. Ensina Carlos Roberto Gonçalves o "erro obstativo ou impróprio é o de relevância exacerbada, que apresenta uma profunda divergência entre as partes, impedindo que o negócio venha a se formar. É, portanto, o que obsta a sua formação e, destarte, inviabiliza a sua existência".[167] O referido doutrinador informa que em alguns ordenamentos jurídicos, como, por exemplo, o alemão, o erro obstativo (também conhecido por *erro obstáculo* ou, ainda, *erro impróprio*) é tão grave, que o negócio jurídico é considerado inexistente.

Pelo fato de esse erro não ter recebido tratamento específico pelo Código de 2002, a sua incidência sobre o negócio jurídico produzirá somente a sua anulabilidade, caso o negócio acabe sendo celebrado (art. 171, inciso II, do CC). Todavia, é difícil imaginar tal hipótese, uma vez que pelo *erro obstativo* o negócio não chega a ser constituído.

Por fim, esclareça-se que o prazo para anular o negócio jurídico eivado de erro é decadencial de quatro anos, contados da celebração do negócio jurídico (art. 178, II, do CC).

### 2.5.5.2 *Do dolo*

O dolo pode ser conceituado como o artifício ardiloso empregado para enganar alguém, com intuito de benefício próprio. *O dolo é a arma do estelionatário,* como diziam os antigos civilistas. De acordo com o art. 145 do CC, o negócio praticado com dolo é anulável, no caso de ser este a sua causa. Esse dolo, causa do negócio jurídico, é conceituado como dolo essencial, substancial ou principal (*dolus causam*). Em casos tais, uma das partes do negócio utiliza artifícios maliciosos, para levar a outra a praticar um ato que não praticaria normalmente, visando obter vantagem, geralmente com vistas ao enriquecimento sem causa.

---

[166] DINIZ, Maria Helena. *Código Civil anotado*. 15. ed. São Paulo: Saraiva, 2010. p. 176.
[167] GONÇALVES, Carlos Roberto. *Direito civil brasileiro*. Parte Geral. 8. ed. São Paulo: Saraiva, 2010. v. 1, p. 408.

De fato, não se pode confundir o *dolo-vício* do negócio jurídico com o *dolo da responsabilidade civil*. As diferenças constam no quadro a seguir:

| Dolo – Responsabilidade Civil | Dolo – Vício do Negócio |
|---|---|
| Não está relacionado com um negócio jurídico, não gerando qualquer anulabilidade. | Está relacionado com um negócio jurídico, sendo a única causa da sua celebração (dolo essencial). |
| Se eventualmente atingir um negócio, gera somente o dever de pagar perdas e danos, devendo ser tratado como dolo acidental (art. 146 do CC). | Sendo o dolo essencial ao ato, causará a sua anulabilidade, nos termos do art. 171, II, do CC, desde que proposta ação no prazo de 4 anos de celebração do negócio, pelo interessado (art. 178, II, do CC). |

Conforme consta do quadro, o *dolo acidental*, que não é causa para o negócio, não pode gerar a sua anulabilidade, mas somente a satisfação das perdas e danos a favor do prejudicado. De acordo com o art. 146 do CC, haverá dolo acidental quando o negócio seria praticado pela parte, embora de outro modo. Preferimos defini-lo como aquele que não é causa do ato (*dolus incidens*). Assim, quando se tem o dolo acidental, o negócio seria celebrado de qualquer forma, presente ou não o artifício malicioso.

Não só o dolo do próprio negociante gera a anulabilidade do negócio, mas também o *dolo de terceiro*. Conforme o art. 148 do CC, isso pode acontecer se a parte a quem aproveite dele tivesse ou devesse ter conhecimento. Em caso contrário, ainda que válido o negócio jurídico, o terceiro responderá por todas as perdas e danos da parte a quem ludibriou. Simplificando, tendo conhecimento o contratante ou negociante beneficiado, haverá dolo essencial. Não havendo tal conhecimento, o dolo é acidental, o que logicamente depende de prova.

De qualquer forma, é difícil a prova desse conhecimento da parte beneficiada ou que ela deveria saber do dolo. Para tanto, deve-se levar em conta a *pessoa natural comum*, o que antes era denominado como *homem médio*, a partir das regras de comportamento e de experiência, o que está de acordo com a teoria tridimensional de Reale. Em suma, deve-se ter como parâmetro a conduta do homem razoável ("*reasonable man*"). Vejamos mais um quadro esquemático, para simplificar o estudo do tema:

| No *dolo de terceiro,* se a parte a quem aproveita dele | – tem ciência | o negócio é anulável. |
|---|---|---|
| | – não tem ciência | o negócio não é anulável, mas o lesado pode pedir perdas e danos ao autor do dolo. |

O atual Código Civil Brasileiro trata também do *dolo do representante legal*, em seu art. 149. Dessa forma, o dolo do representante legal de uma das partes só obriga o representado a responder civilmente até a importância do proveito que teve. Mas se o dolo for do representante convencional, o representado responderá solidariamente com ele por perdas e danos.

A encerrar o presente item, cabe esclarecer que o dolo recebe classificações doutrinárias importantes, que devem ser analisadas:

I) *Quanto ao conteúdo*:

a) *Dolus bonus* (dolo bom) – pode ser concebido em dois sentidos. Inicialmente, é o dolo tolerável, aceito inclusive nos meios comerciais. São os exageros feitos pelo comerciante ou vendedor em relação às qualidades de um bem que está sendo vendido, mas que não têm a finalidade de prejudicar o comprador. O negócio em que está presente esta modalidade de dolo não é passível de anulação, desde que não venha a enganar o consumidor, mediante publicidade enganosa, prática abusiva vedada pelo art. 37, § 1.º, do Código de Defesa do Consumidor. Em suma, a *lábia* do comerciante, inicialmente, é exemplo de *dolus bonus*. Entretanto, se o vendedor utilizar artifícios de má-fé para enganar o consumidor, o ato poderá ser anulado. Por outro lado, haverá também *dolus bonus* no caso de uma conduta que visa trazer vantagens a outrem, como, por exemplo, a de oferecer um remédio a alguém alegando ser um suco, para curar essa pessoa, caso em que também não se pode falar em anulabilidade. Pode-se citar, ainda, como exemplo que se enquadra nos dois conceitos, o espelho colocado em uma loja, que *emagrece* o comprador. Trata-se de um artifício tolerável que faz até bem à pessoa.

b) *Dolus malus* (dolo mau) – este sim consiste em ações astuciosas ou maliciosas com o objetivo de enganar alguém e lhe causar prejuízo. Quando se tem o dolo mau, o negócio jurídico poderá ser anulado se houver prejuízo ao induzido e benefício ao autor do dolo ou a terceiro.

II) *Quanto à conduta das partes*:

a) *Dolo positivo* (ou comissivo) – é o dolo praticado por ação (conduta positiva). Exemplo: a publicidade enganosa por ação: alguém faz um anúncio em revista de grande circulação pela qual um carro tem determinado acessório, mas quando o comprador o adquire percebe que o acessório não está presente.

b) *Dolo negativo* (ou omissivo) – é o dolo praticado por omissão (conduta negativa), situação em que um dos negociantes ou contratantes é prejudicado. Também é conhecido por *reticência acidental* ou *omissão dolosa*. Exemplo ocorre nas vendas de apartamentos decorados, em que não se revela ao comprador que os móveis são feitos sob medida, induzindo-o a erro (publicidade enganosa por omissão). O dolo negativo fica ainda mais evidenciado nas vendas de *microimóveis* em algumas localidades, caso da cidade de São Paulo, com apartamentos com até 10 metros quadrados, em que não se comunica aos compradores previamente que a decoração tem que ser feita toda sob medida e por empresa especializada, chegando a passar da metade do valor do bem. Citem-se, ainda, as vendas de imóveis na planta, em que não se informa aos adquirentes que não será possível instalar aparelhos de ar-condicionado nas unidades ou fechar a varanda, por expressa proibição constante da convenção de condomínio. O art. 147 do CC traz previsão expressa quanto à omissão dolosa, caracterizada por eventual silêncio intencional de uma das partes, a respeito de fato ou qualidade que a outra ignorava. Para a caracterização desse dolo omissivo é preciso que o prejudicado prove que não celebraria o negócio se a omissão não ocorresse.

c) *Dolo recíproco* ou *bilateral* – é a situação em que ambas as partes agem dolosamente, um tentando prejudicar o outro mediante o emprego de artifícios ardilosos. Em regra, haverá uma compensação total dessas condutas movidas pela má-fé, consagração da regra pela qual ninguém pode beneficiar-se da própria torpeza (*nemo auditur propriam turpitudinem allegans*), inclusive se presente de forma recíproca. Segundo o art. 150 do CC/2002, não podem as partes alegar os dolos concorrentes, permanecendo incólume o negócio jurídico celebrado, não cabendo também qualquer

> indenização a título de perdas e danos. Exemplificando, se duas ou mais pessoas agirem com dolo, tentando assim se beneficiar de uma compra e venda, o ato não poderá ser anulado. De toda sorte, se os dolos de ambos os negociantes causarem prejuízos de valores diferentes, pode ocorrer uma *compensação parcial das condutas*, o que gera ao prejudicado em quantia maior o direito de pleitear perdas e danos da outra parte. O dolo bilateral (de ambas as partes) é também denominado *dolo compensado* ou *dolo enantiomórfico*.

### 2.5.5.3 Da coação

A coação pode ser conceituada como uma pressão física ou moral exercida sobre o negociante, visando obrigá-lo a assumir uma obrigação que não lhe interessa. Aquele que exerce a coação é denominado *coator* e o que a sofre, *coato, coagido* ou *paciente*.

Nos termos do art. 151 do CC, a coação, para viciar o negócio jurídico, há de ser relevante, baseada em fundado temor de dano iminente e considerável à pessoa envolvida, à sua família ou aos seus bens. Eventualmente, dizendo respeito o temor à pessoa não pertencente à família do *coato*, o juiz, com base nas circunstâncias do caso concreto, decidirá se houve coação (art. 151, parágrafo único, do CC). A título de exemplo, se o temor se referir a amigo íntimo do negociante ou à sua namorada, pode-se falar na presença desse vício do consentimento.

A coação pode ser assim classificada:

> a) *Coação física (vis absoluta)* – "constrangimento corporal que venha a retirar toda a capacidade de querer de uma das partes, implicando ausência total de consentimento, o que acarretará nulidade absoluta do negócio".[168] A nulidade absoluta estava justificada, pois a situação de coação física fazia com que a pessoa se enquadrasse na antiga previsão do art. 3.º, inc. III, do CC, como uma pessoa que por causa transitória não puder exprimir sua vontade. Entretanto, como demonstrado, o sistema de incapacidades foi alterado substancialmente, passando tais pessoas a ser consideradas como relativamente incapazes, com o Estatuto da Pessoa com Deficiência (novo art. 4.º, inc. III, do CC). Por isso, acreditamos que haverá grande dificuldade técnica nesse enquadramento anterior. Talvez, a tese da nulidade absoluta possa ser mantida pela afirmação de que o objeto é indeterminado (art. 166, inc. II, do CC), diante de uma vontade que não existe. Ademais, a questão nunca foi pacífica, eis que alguns juristas, caso de Renan Lotufo, entendem que se tal modalidade de coação estiver presente, o negócio será inexistente.[169] No entanto, o grande problema da teoria da inexistência é que ela não consta expressamente do Código Civil, que procurou resolver os vícios do negócio jurídico no plano da validade. Em suma, deve-se ficar atento, pois a coação física pode ser tratada tanto como motivo de nulidade absoluta como de inexistência do negócio jurídico. Exemplo de coação física pode ser percebido na hipótese de o vendedor ser espancado e, em estado de inconsciência, obrigado a assinar o contrato. Uma venda celebrada à pessoa hipnotizada constitui outra ilustração de negócio sob coação física. Como se pode notar pelas exemplificações, os casos têm pouca relevância prática.

---

[168] DINIZ, Maria Helena. *Código Civil anotado*. 15. ed. São Paulo: Saraiva, 2010. p. 181.
[169] LOTUFO, Renan. *Código Civil comentado*. São Paulo: Saraiva, 2002. v. I, p. 412.

b) *Coação moral ou psicológica (vis compulsiva)* – coação efetiva e presente, causa fundado temor de dano iminente e considerável à pessoa do negociante, à sua família, à pessoa próxima ou aos seus bens, gerando a anulabilidade do ato (art. 151 do CC).

Determina o art. 152 da atual codificação material que, ao apreciar a coação, deve o magistrado levar em conta o sexo, a idade, a condição, a saúde, o temperamento do paciente e todas as demais circunstâncias que possam influir na gravidade da pressão exercida. Sintetizando, cabe análise *in concreto* das circunstâncias que circundam o negócio, principalmente as características gerais da pessoa coagida. Como ilustração dessa análise *in concreto*, colaciona-se acórdão do Tribunal de Justiça do Rio Grande do Sul, que entendeu pela existência de coação moral exercida por igreja evangélica, a fim de que uma fiel com sérios problemas psicológicos realizasse doações de valores consideráveis à instituição.

Conforme consta da ementa da decisão, "a prova dos autos revelou que a autora estava passando por grandes dificuldades em sua vida afetiva (separação litigiosa), profissional (divisão da empresa que construiu junto com seu ex-marido) e psicológica (foi internada por surto maníaco, e diagnosticada com transtorno afetivo bipolar). Por conta disso, foi buscar orientação religiosa e espiritual junto à Igreja Universal do Reino de Deus. Apegou-se à vivência religiosa com fervor, comparecia diariamente aos cultos e participava de forma ativa da vida da igreja. Ou seja, à vista dos critérios valorativos da coação, nos termos do art. 152 do Código Civil, ficou claramente demonstrada sua vulnerabilidade psicológica e emocional, criando um contexto de fragilidade que favoreceu a cooptação da vontade pelo discurso religioso" (TJRS, Apelação Cível 583443-30.2010.8.21.7000, 9.ª Câmara Cível, Esteio, Rel. Des. Iris Helena Medeiros Nogueira, j. 26.01.2011, *DJERS* 11.03.2011).

O julgado considerou que os pagamentos do dízimo teriam natureza de doações, e que deveriam ser anulados pela pressão psicológica, cabendo a apuração do prejuízo patrimonial em posterior liquidação de sentença. O acórdão determinou o pagamento do montante de R$ 20.000,00 (vinte mil reais) a título de reparação imaterial para a fiel coagida. Em 2018, esse acórdão estadual foi confirmado pelo Superior Tribunal de Justiça, que manteve a condenação (STJ, REsp 1.455.521/RS, 3.ª Turma, Rel. Min. Nancy Andrighi, j. 27.02.2018, *DJe* 12.03.2018).

No atual Projeto de Reforma do Código Civil almeja-se uma maior neutralidade conceitual para o seu art. 152, que, em tom mais genérico e efetivo, passará expressar que, "no apreciar a coação, ter-se-ão em conta as condições e características pessoais do coato, que possam ter influído na gravidade dela, levando-o a tomar decisão que não tomaria em outras circunstâncias". A proposição afasta discussões subjetivas e até mesmo ideológicas a respeito do comando, sendo salutar e necessária.

Voltando-se ao estudo da essência do instituto, essa pressão, desde que moral ou psicológica, vicia o consentimento do contratante ou negociante, sendo o ato passível de anulação, desde que proposta ação anulatória pelo interessado, no prazo decadencial de quatro anos, contados de quando cessar a coação (art. 178, inc. I, do CC).

Enuncia o art. 154 do CC/2002 que também a coação exercida por terceiro gera a anulabilidade do negócio, se o negociante beneficiado dela tiver ou devesse ter conhecimento, respondendo ambos solidariamente perante o prejudicado pelas perdas e danos. Por outro lado, o negócio jurídico permanecerá válido se o negociante beneficiado pela coação dela não tiver ou não devesse ter conhecimento (art. 155 do CC), regra em consonância com a conservação dos negócios em geral. Mas isso não afasta o dever de indenizar do coator

CAP. 2 • PARTE GERAL DO CÓDIGO CIVIL DE 2002 | **277**

que responderá por todas as perdas e danos que tiver causado. Mais uma vez, a lei, ao se referir ao conhecimento pelo negociante, ampara o conceito nas regras de experiência e na análise da pessoa natural comum.

Desse modo, imagine-se o caso em que alguém celebra um casamento sob pressão de ameaça do irmão da noiva. Se a última tiver ou devesse ter conhecimento dessa coação, o negócio é anulável, respondendo ambos, irmão e irmã, solidariamente. Por outro lado, diante da boa-fé da noiva que não sabia da coação, o casamento é conservado, respondendo o cunhado perante o noivo por eventuais perdas e danos decorrentes de seu ato. Logicamente, os danos devem ser provados, interpretação sistemática do art. 186 do atual Código Civil.

Por fim, pelo art. 153 do CC/2002 não constituem coação:

a)   A ameaça relacionada com o exercício regular de um direito reconhecido, como no caso de informação de prévio protesto de um título em Cartório, sendo existente e devida a dívida.

b)   O mero temor reverencial ou o receio de desagradar pessoa querida ou a quem se deve obediência. Exemplo: casar-se com alguém com medo de desapontar seu irmão, grande amigo. O casamento é válido, nessa ilustração.

### 2.5.5.4  *Do estado de perigo*

De acordo com o art. 156 do CC, haverá estado de perigo toda vez que o próprio negociante, pessoa de sua família ou pessoa próxima estiver em perigo, conhecido da outra parte, sendo este a única causa para a celebração do negócio. Tratando-se de pessoa não pertencente à família do contratante, o juiz decidirá segundo as circunstâncias fáticas e regras da razão (art. 156, parágrafo único, do CC). Conforme outrora demonstrado, há regra semelhante para a coação moral, no art. 151, parágrafo único, do CC.

Pois bem, no estado de perigo, o negociante temeroso de grave dano ou prejuízo acaba celebrando o negócio, mediante uma prestação exorbitante, presente a onerosidade excessiva (*elemento objetivo*). Para que tal vício esteja presente, é necessário que a outra parte tenha conhecimento da situação de risco que atinge o primeiro, *elemento subjetivo* que diferencia o estado de perigo da coação propriamente dita e da lesão. Com tom didático, é interessante a fórmula a seguir:

> *ESTADO DE PERIGO = Situação de perigo conhecido da outra parte (elemento subjetivo) + onerosidade excessiva (elemento objetivo).*

A sanção a ser aplicada ao ato eivado de estado de perigo é a sua anulação – arts. 171, inc. II, e 178, inc. II, do CC. O último dispositivo consagra prazo decadencial de quatro anos, a contar da data da celebração do ato, para o ingresso da ação anulatória.

Para afastar a anulação do negócio e a correspondente extinção, poderá o juiz utilizar-se da revisão do negócio. Desse modo, estou filiado ao entendimento de aplicação analógica do art. 157, § 2.º, do CC, também para os casos de estado de perigo. Essa, aliás, foi a conclusão a que se chegou na *III Jornada de Direito Civil*, promovida pelo Conselho da Justiça Federal e pelo Superior Tribunal, com a elaboração do seguinte enunciado doutrinário: "ao 'estado de perigo' (art. 156) aplica-se, por analogia, o disposto no § 2.º do art. 157" (Enunciado n. 148). Com a revisão, busca-se a manutenção do negócio, o princípio da conservação contratual, que mantém íntima relação com a função social dos contratos. A proposta de enunciado é do jurista Mário Luiz Delgado, coautor do nosso *Código Civil Comentado*, publicado por esta mesma casa editorial.

MANUAL DE DIREITO CIVIL • VOLUME ÚNICO – *Flávio Tartuce*

Observo que o atual Projeto de Reforma do Código Civil pretende suprir essa lacuna da normativa, em boa hora, incluindo um novo parágrafo no seu art. 156, estabelecendo que "o negócio jurídico será revisto e não anulado, se a parte beneficiada pelo estado de perigo oferecer suplemento compensatório suficiente ou concordar com a redução do proveito ou benefício". Trata-se de mais uma proposição que adota a posição majoritária, constante de enunciado de *Jornada de Direito Civil*, na linha metodológica seguida pela Comissão de Juristas.

De toda sorte, a equidade e a boa razão devem acompanhar o juiz no momento de se determinar ou não a configuração do estado de perigo, eis que os contratantes poderão utilizar tal vício como álibi para a posterior anulação do negócio jurídico. O magistrado, neste contexto, deverá julgar favorecendo o negociante dotado de boa-fé objetiva, aplicando os arts. 113 e 422 do CC.

Exemplo interessante de situação envolvendo o estado de perigo é fornecido por Maria Helena Diniz. Cita a professora o caso de alguém que tem pessoa da família sequestrada, tendo sido fixado o valor do resgate em R$ 10.000,00 (dez mil reais). Um terceiro conhecedor do sequestro oferece para a pessoa justamente os dez mil por uma joia, cujo valor gira em torno de cinquenta mil reais. A venda é celebrada, movida pelo desespero da pessoa que quer salvar o filho. O negócio celebrado é, portanto, anulável.[170]

Outra ilustração relevante é apontada pelo professor paraibano Rodrigo Toscano de Brito. Sinaliza o doutrinador para o caso do pai que chega com o filho acidentado gravemente em um hospital e o médico diz que somente fará a cirurgia mediante o pagamento de R$ 100.000,00. O preço é pago e a cirurgia é feita, mediante a celebração de um contrato de prestação de serviços. Como se vê, estão presentes todos os requisitos do estado de perigo: há o risco, conhecido pelo médico (*elemento subjetivo*), tendo sido celebrado um negócio desproporcional, com onerosidade excessiva (*elemento objetivo*).[171]

Opinando sobre o último caso descrito, pode-se dizer que o melhor caminho a ser percorrido é justamente o da revisão desse contrato de prestação de serviços, celebrado com preço exorbitante. Ora, imagine-se que o valor normal da cirurgia seria de R$ 5.000,00. Com a revisão do negócio jurídico, esse é o valor que deverá ser pago ao médico. Se o negócio fosse anulado, o médico nada receberia, o que conduziria ao enriquecimento sem causa da outra parte. Ademais, com a revisão do negócio está-se prestigiando a conservação negocial e a função social dos contratos (Enunciado n. 22 do CJF/STJ).

Outro entendimento poderia sustentar que o não pagamento visa punir o médico que agiu de má-fé, tendo em vista que houve violação ao princípio da boa-fé objetiva. Porém, com todo respeito em relação a esse posicionamento, entendo que, nesse caso, a função social dos contratos deve prevalecer, somada à vedação do enriquecimento sem causa (arts. 884 a 886 do CC). Em síntese, o médico será remunerado com a revisão do negócio.

Como último exemplo do instituto, interessante trazer à tona a comum prática do cheque-caução, exigido muitas vezes quando da internação de consumidores em hospitais. Há quem entenda tratar-se de hipótese típica de estado de perigo, mormente quando o paciente médico já tem plano de saúde. Nesse sentido, leciona Carlos Roberto Gonçalves que "merece ser também citado o exemplo de inegável atualidade e característico de estado de perigo, que é o da pessoa que se vê compelida a efetuar depósito ou a prestar garantia sob a forma de emissão de cambial ou de prestação de fiança, exigidos por hospi-

---

[170] DINIZ, Maria Helena. *Código Civil anotado.* 15. ed. São Paulo: Saraiva, 2010. p. 184.

[171] BRITO, Rodrigo Toscano de. Estado de perigo e lesão: entre a previsão de nulidade e a necessidade de equilíbrio das relações contratuais. In: DELGADO, Mário Luiz; ALVES, Jones Figueirêdo. *Questões controvertidas no novo Código Civil.* São Paulo: Método, 2005. v. IV, p. 63.

tal para conseguir a internação ou atendimento de urgência de cônjuge ou de parente em perigo de vida".[172] Não tem sido diferente o enquadramento da jurisprudência (ver: TJSP, Apelação 0109749-68.2008.8.26.0002, Acórdão 4885202, 18.ª Câmara de Direito Privado, São Paulo, Rel. Des. Rubens Cury, j. 07.12.2010, *DJESP* 24.01.2011; TJSC, Apelação Cível 2009.043712-5, Brusque, Rel. Des. Luiz Carlos Freyesleben, j. 29.06.2010, *DJSC* 08.07.2010, p. 181; TJPR, Apelação cível 0485768-9, 6.ª Câmara Cível, Curitiba, Rel. Des. Prestes Mattar, *DJPR* 17.10.2008, p. 59; e TJRJ, Apelação Cível 2006.001.49905, 17.ª Câmara Cível, Rel. Des. Edson Aguiar de Vasconcelos, j. 10.01.2007).

Com o devido respeito, esse não parece ser o melhor enquadramento, uma vez que o estado de perigo gera a anulação do ato correspondente (arts. 171 e 178 do CC/2002). Na verdade, é salutar concluir que a exigência de cheque-caução, especialmente quando o consumidor já tem plano de saúde ou quando ausente justo motivo para a negativa de cobertura, configura uma prática ou cláusula abusiva que, por envolver matéria de ordem pública, ocasiona a nulidade do ato correspondente, sem prejuízo de outras sanções caso da imputação civil dos danos suportados. Utiliza-se a teoria do *diálogo das fontes*, com solução mais satisfatória aos consumidores (nesse sentido: TJSP, Apelação 0131319-87.2006.8.26.0000, Acórdão 4931640, 3.ª Câmara de Direito Privado, São Paulo, Rel. Des. Jesus Lofrano, j. 08.02.2011, *DJESP* 02.03.2011; e TJRJ, Apelação 2008.001.57406, 18.ª Câmara Cível, Rel. Des. Rogério de Oliveira Souza, j. 07.04.2009, *DORJ* 13.04.2009, p. 167).

A propósito, julgado do Superior Tribunal de Justiça considerou que somente o "sacrifício patrimonial extremo de alguém, na busca de assegurar a sua sobrevida ou de algum familiar próximo, não caracteriza o estado de perigo, pois, embora se reconheça que a conjuntura tenha premido a pessoa a se desfazer de seu patrimônio, a depauperação ocorrida foi conscientemente realizada, na busca pelo resguardo da própria integridade física, ou de familiar. Atividades empresariais voltadas especificamente para o atendimento de pessoas em condição de perigo iminente, como se dá com as emergências de hospitais particulares, não podem ser obrigadas a suportar o ônus financeiro do tratamento de todos que lá aportam em situação de risco à integridade física, ou mesmo à vida, pois esse é o público-alvo desses locais, e a atividade que desenvolvem com fins lucrativos é legítima, e detalhadamente regulamentada pelo Poder Público. Se o nosocômio não exigir, nessas circunstâncias, nenhuma paga exagerada, ou impor a utilização de serviços não necessários, ou mesmo garantias extralegais, mas se restringir a cobrar o justo e usual, pelos esforços realizados para a manutenção da vida, não há defeito no negócio jurídico que dê ensejo à sua anulação" (STJ, REsp 1.680.448/MG, 3.ª Turma, Rel. Min. Nancy Andrighi, j. 22.08.2017, *DJe* 29.08.2017).

As afirmações foram repetidas em outro acórdão de 2023, concluindo ao final que "afasta-se a tese de vício de consentimento (estado de perigo), visto não demonstrado excesso no valor cobrado, em se tratando de internação em Centro de Tratamento Intensivo – CTI, além do correto serviço prestado e da adequada informação apresentada à insurgente, remanescendo hígido o encargo contratual a que se comprometeu (pagamento dos serviços médico-hospitalares prestados ao paciente), não havendo falar em ilegalidade ou índole abusiva na cobrança, sob pena de ofensa ao princípio da boa-fé na relação contratual. 4. Agravo interno a que se nega provimento" (STJ, Ag. Int. no AREsp 2.245.964/SP, 4.ª Turma, Rel. Min. Raul Araújo, j. 04.09.2023, *DJe* 08.09.2023).

Entendo que o enquadramento dessas exigências exageradas por hospitais nas práticas e cláusulas abusivas do CDC afastaria o debate constante do julgado, podendo trazer

---

[172] GONÇALVES, Carlos Roberto. *Direito Civil*. Parte Geral. 8. ed. São Paulo: Saraiva, 2010, v. 1, p. 431.

## 280 | MANUAL DE DIREITO CIVIL • VOLUME ÚNICO – *Flávio Tartuce*

solução diversa da que foi dada pelo acórdão. Não se pode mais insistir na premissa de que o Código Civil é a via de solução para todos os problemas, para a *cura de todos os males*. Em muitos casos, a correta solução de enquadramento está no Código de Defesa do Consumidor e não na lei geral privada.

Superada esta interessante discussão prática, parte-se para o estudo do importante instituto da lesão.

### 2.5.5.5 *Da lesão*

Dispõe o art. 157, *caput*, da atual codificação privada que "Ocorre a lesão quando uma pessoa, sob premente necessidade, ou por inexperiência, se obriga a prestação manifestamente desproporcional ao valor da prestação oposta". Trata-se de uma das mais festejadas inovações do Código Civil de 2002, criada para se evitar o *negócio da China*, o enriquecimento sem causa, fundado em negócio totalmente desproporcional, utilizado para *massacrar patrimonialmente* uma das partes. Destaque-se que a categoria foi abordada por clássica obra de Caio Mário da Silva Pereira.[173]

O desafio de se descobrir o sentido do instituto ainda permanece, eis que grandes são as dificuldades na busca desse conceito emergente, presente que está a desproporção em vários dos contratos que atualmente são celebrados. Na minha opinião doutrinária, o exemplo típico de contratos que trazem lesão na realidade brasileira são aqueles que visam à aquisição da casa própria de forma financiada em nosso País, com várias e conhecidas abusividades.

O § 1.º do art. 157 do CC recomenda que a desproporção seja apreciada de acordo com os valores vigentes ao tempo em que foi celebrado o negócio jurídico. Desse modo, evidencia-se que a lesão é um vício de formação. Anote-se que havendo desequilíbrio negocial por fato posterior, será aplicada a revisão contratual por imprevisibilidade e onerosidade excessiva, retirada dos arts. 317 e 478 do CC, dispositivos que ainda serão abordados.

Eventualmente, em vez do caminho da anulabilidade do negócio jurídico, conforme prevê o art. 178, inc. II, do Código Civil atual, o art. 157, § 2.º, do diploma civil em vigor determina que a invalidade negocial poderá ser afastada "se for oferecido suplemento suficiente, ou se a parte favorecida concordar com a redução do proveito". Esse oferecimento pelo réu se dá por meio de pedido contraposto na contestação. Esse comando está possibilitando a revisão extrajudicial ou judicial do negócio, constituindo a consagração do princípio da conservação contratual e também da função social do contrato.

Sobre tal relação, é interessante transcrever o teor do Enunciado n. 149 do CJF/STJ: "em atenção ao princípio da conservação dos contratos, a verificação da lesão deverá conduzir, sempre que possível, à revisão judicial do negócio jurídico e não à sua anulação, sendo dever do magistrado incitar os contratantes a seguir as regras do art. 157, § 2.º, do Código Civil de 2002". A proposta do enunciado doutrinário foi formulada pelo jurista paraibano Wladimir Alcibíades Marinho Falcão Cunha, que tem obra específica sobre a revisão judicial dos contratos.[174] A conclusão, assim, é de que na lesão a regra é a revisão do contrato e não a sua anulação.

Confirmando a tese de que a revisão do negócio é a regra, na *IV Jornada de Direito Civil*, foi aprovado o Enunciado n. 291 do CJF/STJ, prevendo que, "nas hipóteses de lesão

---

[173] PEREIRA, Caio Mário da Silva. *Lesão nos contratos*. Rio de Janeiro: Forense, 1959.

[174] CUNHA, Wladimir Alcibíades Marinho Falcão. *Revisão judicial dos contratos*. Do CDC ao Código Civil de 2002. São Paulo: Método, 2007.

CAP. 2 • PARTE GERAL DO CÓDIGO CIVIL DE 2002 | **281**

previstas no art. 157 do Código Civil, pode o lesionado optar por não pleitear a anulação do negócio jurídico, deduzindo, desde logo, pretensão com vistas à revisão judicial do negócio por meio da redução do proveito do lesionador ou do complemento do preço". Em suma, é plenamente possível que a parte prejudicada ingresse diretamente com uma ação fundada na lesão, pleiteando a revisão do negócio.

Para a caracterização da lesão é necessária a presença de um *elemento objetivo*, formado pela desproporção das prestações, a gerar uma onerosidade excessiva, um prejuízo a uma das partes; bem como um *elemento subjetivo*: a premente necessidade ou inexperiência, conforme previsto no *caput* do art. 157. A fórmula a seguir *serve como luva*:

> LESÃO = *Premente necessidade ou inexperiência (elemento subjetivo) + onerosidade excessiva (elemento objetivo).*

O conceito de premente necessidade é genérico e depende de apreciação pelo aplicador da norma. A compra de um imóvel, uma vez que o direito de moradia está previsto no art. 6.º da CF/1988, como um direito social e fundamental, poderá ser tida como premente necessidade? Acredito que sim, inclusive pela proposta de *personalização do Direito Privado*, à luz da proteção da dignidade da pessoa humana. Em casos de vulnerabilidade contratual, como naqueles que envolvem o aderente, para quem o conteúdo do negócio é imposto no contrato de adesão, pode-se entender que a premente necessidade é presumida. Sendo assim, não há como concordar com o teor do Enunciado n. 290 do CJF/STJ, da *IV Jornada de Direito Civil*, segundo o qual não se pode presumir a premente necessidade ou a inexperiência do lesado.

Destaque-se que, em *decisum* de 2019, o Superior Tribunal de Justiça aplicou o teor do enunciado doutrinário em questão, concluindo que "o mero interesse econômico em resguardar o patrimônio investido em determinado negócio jurídico não configura premente necessidade para o fim do art. 157 do Código Civil". No caso concreto, foi afastada a alegação de anulação de uma cláusula penal de perda de todos os valores pagos na compra de um imóvel entre particulares, proposto pelo próprio comprador: "na hipótese em apreço, a cláusula penal questionada foi proposta pelos próprios recorrentes, que não comprovaram a inexperiência ou premente necessidade, motivo pelo qual a pretensão de anulação configura comportamento contraditório, vedado pelo princípio da boa-fé objetiva" (STJ, 1.723.690/DF, 3.ª Turma, Rel. Min. Ricardo Villas Bôas Cueva, j. 06.08.2019). Com o devido respeito, tenho dúvidas se a boa-fé deve prevalecer sobre flagrantes abusividades, como essa presente no caso concreto, mesmo que seja proposta pela própria parte do negócio jurídico.

A propósito e ainda sobre o citado enunciado doutrinário, Anderson Schreiber, em posição por mim compartilhada, sustenta que, "embora o Código Civil tenha exigido a premente necessidade ou inexperiência do declarante para a configuração da lesão no direito brasileiro, o instituto começa a se distanciar dos impulsos voluntaristas para estimular o desenvolvimento de uma regra mais ampla de proteção contra a onerosidade excessiva, calcada no princípio do equilíbrio contratual. Na experiência internacional, colhem-se, inclusive, exemplos de maior abertura, como o dos Princípios do Unidroit para os Contratos Comerciais Internacionais, que apresentam rol amplo ao tratar da chamada *gross disparity* (art. 3.2.7), instituto assemelhado à nossa lesão. Ali, além da premente necessidade ou inexperiência, alude-se a outros fatores, como o estado de dependência do contratante prejudicado (*dependence*), sua improvidência (*improvidence*) ou, mesmo, sua falta de habilidade negocial (*lack of bargaining skill*), em rol declaradamente exemplificativo (*among other factors*)". E mais, segundo o jurista:

"O fato de o Código Civil brasileiro, em seu art. 157, não haver empregado expressão semelhante a 'among other factors', não deve representar obstáculo a uma interpretação que reserve caráter exemplificativo às referências à premente necessidade ou inexperiência do contratante. No direito brasileiro contemporâneo, não faltam exemplos de enunciações normativas às quais doutrina e jurisprudência têm atribuído caráter ilustrativo mesmo à falta de um explícito posicionamento nesse sentido por parte do legislador, sendo notório o exemplo do rol *numerus apertus* das entidades familiares, extraído do art. 226 da Constituição, que alude expressamente apenas ao casamento, à união estável e à família monoparental. Nessa mesma direção, a menção do art. 157 à inexperiência ou necessidade não deve ser compreendida como um rol fechado ou taxativo, mas sim como enumeração meramente ilustrativa, a fim de que tais expressões não acabem servindo de obstáculo à apreciação de situações semelhantes que possam não ter tido a fortuna de adentrar o literal enunciado daquela norma".[175]

Com relação à inexperiência, na *V Jornada de Direito Civil* aprovou-se enunciado doutrinário prevendo que a sua ideia não deve necessariamente significar imaturidade ou desconhecimento em relação à prática de negócios jurídicos em geral, podendo ocorrer também quando o lesado, ainda que estipule contratos costumeiramente, não tenha o conhecimento específico sobre o negócio em causa (Enunciado n. 410). A ementa procura ampliar o conceito de inexperiência, tutelando inclusive os casos de hipossuficiência e contando com o meu apoio doutrinário.

Superado o estudo dos elementos estruturais da lesão, é interessante trazer distinção categórica, eis que não se pode confundir a lesão do art. 157 do CC/2002 – que pode ser conceituada como *lesão subjetiva* –, da *lesão objetiva*, caracterizada pela simples presença da onerosidade excessiva, não se discutindo a questão volitiva.[176] Porém, é possível afirmar que dentro do conceito de *lesão subjetiva* está a lesão objetiva, pela menção à prestação desproporcional, que consta do art. 157 do CC.

Cite-se, neste ponto, que a lesão subjetiva, vício do negócio jurídico, encontrava-se prevista no art. 4.º da Lei de Proteção à Economia Popular, Lei 1.521/1951, que define como crime a prática de "obter, ou estipular, em qualquer contrato, abusando da premente necessidade, inexperiência ou leviandade de outra parte, lucro patrimonial que exceda o quinto do valor corrente ou justo da prestação feita ou prometida". Essa forma de lesão era conceituada como *lesão usurária*, presente, por exemplo, nos casos de cobrança de juros abusivos ou de anatocismo (capitalização de juros sobre juros). A *lesão usurária* também é implícita ao Decreto 22.626/1933 (Lei de Usura).

No que concerne a essa *lesão usurária*, restam dúvidas quanto à possibilidade de gerar a nulidade absoluta do negócio jurídico celebrado. Isso porque o art. 11 da Lei de Usura (Decreto 22.626/1933) menciona que qualquer infração ao que constar naquela lei é capaz de gerar nulidade plena e absoluta do pacto. Por certo é que a lesão do art. 157 do CC, regra geral, gera anulabilidade pelo teor do próprio Código Civil (art. 171, inc. II). Como resolver a questão?

Adotando a conservação contratual, princípio anexo à função social do contrato, sou adepto do posicionamento pela anulabilidade também da lesão usurária. Isso porque,

---

[175] SCHREIBER, Anderson. *Manual de direito civil contemporâneo*. São Paulo: Saraiva, 2018. p. 260.

[176] Sobre tal distinção, ver, por todos AZEVEDO, Álvaro Villaça: O novo Código Civil brasileiro: tramitação; função social do contrato; boa-fé objetiva; teoria da imprevisão e, em especial, onerosidade excessiva – *laesio enormis*. In: DELGADO, Mário Luiz; ALVES, Jones Figueirêdo. *Questões controvertidas no novo Código Civil*. São Paulo: Método, 2004. v. II.

CAP. 2 • PARTE GERAL DO CÓDIGO CIVIL DE 2002 | **283**

como visto, deve sempre o magistrado procurar a revisão do negócio, mantendo a vontade manifestada pelas partes.

Apesar de similar, a lesão não se confunde com o dolo. Quanto a essa diferenciação, consigne-se o teor do Enunciado n. 150 do CJF/STJ, aprovado na *III Jornada de Direito Civil*, pelo qual: "a lesão que trata o art. 157 do Código Civil não exige dolo de aproveitamento". A lesão exige apenas dois elementos: a premente necessidade ou inexperiência e a onerosidade excessiva, elementos estes que não se confundem com o artifício ardiloso presente no dolo. Vale lembrar que o dolo de aproveitamento é aquele que traz um benefício patrimonial do agente. Esse Enunciado n. 150 do CJF/STJ serve ainda para distinguir a lesão do art. 157 do CC da lesão usurária, pois a última exige o referido dolo de aproveitamento.

Destaco que no Projeto de Reforma do Código Civil almeja-se incluir no art. 157 todos os enunciados doutrinários aqui estudados, além de importante ressalva a respeito das pessoas em situação de vulnerabilidade ou hipossuficiência, na linha do que defendi, e resolvendo-se o debate doutrinário antes exposto.

Nesse contexto, consoante o novo § 2.º do dispositivo, "em casos de patente vulnerabilidade ou hipossuficiência da parte, presume-se a existência de premente necessidade ou de inexperiência do lesado". Além disso, o dispositivo seguinte continuará a prever, como está no atual § 2.º, que "não se decretará a anulação do negócio, se for oferecido suplemento suficiente ou se a parte favorecida concordar com a redução do proveito" (§ 3.º).

Adotando-se a possibilidade de ingresso da ação de revisão contratual de modo direto, o novo § 4.º do art. 157: "pode o lesado ingressar diretamente com ação visando à revisão judicial do negócio por meio da redução do proveito da parte contrária ou do complemento do preço". Por fim, seguindo-se o texto do Enunciado n. 150 da *III Jornada de Direito Civil*: "para a caracterização da lesão não se exige dolo de aproveitamento" (proposta de um novo § 5.º do art. 157). Mais uma vez, nota-se que as proposições adotadas pela Comissão de Juristas somente seguem a posição majoritária da doutrina civilista.

Por fim, a lesão não se confunde com o estado de perigo, consoante quadro esquemático comparativo com semelhanças e diferenças que consta a seguir:

| Lesão (art. 157 do CC) | Estado de Perigo (art. 156 do CC) |
| --- | --- |
| Elemento subjetivo: premente necessidade ou inexperiência. | Elemento subjetivo: perigo que acomete o próprio negociante, pessoa de sua família ou amigo íntimo, sendo esse perigo de conhecimento do outro negociante. |
| Elemento objetivo: prestação manifestamente desproporcional (lesão objetiva). | Elemento objetivo: obrigação excessivamente onerosa (lesão objetiva). |
| Aplica-se a revisão negocial pela regra expressa do art. 157, § 2.º, do CC, hipótese de subsunção. | Há entendimento doutrinário de aplicação analógica do art. 157, § 2.º, do CC, visando à conservação negocial. Adotada essa tese, há hipótese de integração, não de subsunção. |

### 2.5.5.6 *Da simulação. O enquadramento da reserva mental*

Conforme outrora destacado, a simulação recebeu novo tratamento pelo Código Civil de 2002 (art. 167), o que vem sendo amplamente debatido pela civilística nacional. A primeira dúvida que existe em relação à simulação é se constitui esta um vício social do negócio jurídico ou causa para a sua nulidade absoluta. Como primeira corrente, entendendo que a simulação ainda continua sendo um vício social do negócio jurídico, podem ser citados Maria Helena Diniz,[177] Sílvio de Salvo Venosa[178] e Pablo Stolze Gagliano e Rodolfo Pamplona Filho.[179] Estamos filiados a essa corrente, ou seja, a simulação continua sendo vício social do negócio jurídico, mas que causa a sua nulidade.

Entretanto, essa conclusão está longe de ser pacífica. A título de exemplo, na doutrina atual, Inácio de Carvalho Neto,[180] Paulo Lôbo[181] e Francisco Amaral[182] entendem que a simulação deixou de ser um vício social do negócio jurídico. Para o último doutrinador, a simulação acaba "resultando da incompatibilidade entre esta e a finalidade prática desejada concretamente pelas partes, que desejariam, na verdade, atingir o objetivo diverso da função típica do negócio".[183] A simulação, para o culto professor, atinge a *causa negocial*.

Superada essa questão categórica, partindo para o seu conceito, na simulação há um desacordo entre a vontade declarada ou manifestada e a vontade interna. Em suma, há uma discrepância entre a vontade e a declaração; entre a essência e a aparência.

A simulação pode ser alegada por terceiros que não fazem parte do negócio, mas também por uma parte contra a outra, conforme reconhece o Enunciado n. 294 do CJF/STJ, aprovado na *IV Jornada de Direito Civil*, em 2006. Assim, fica superada a regra que constava do art. 104 do CC/1916, pela qual, na simulação, os simuladores não poderiam alegar o vício um contra o outro, pois ninguém poderia se beneficiar da própria torpeza. A regra não mais tem incidência, pois a simulação, em qualquer modalidade, passou a gerar a nulidade do negócio jurídico, sendo questão de ordem pública; a prevalecer inclusive sobre eventual alegação da presença de um comportamento contraditório da parte que alega a simulação, mesmo tendo participado do ato.

Pontue-se que tal entendimento foi adotado pela Terceira Turma do STJ, citando o enunciado e a minha posição doutrinária. Conforme o julgado, "com o advento do CC/02 ficou superada a regra que constava do art. 104 do CC/1916, pela qual, na simulação, os simuladores não poderiam alegar o vício um contra o outro, pois ninguém poderia se beneficiar da própria torpeza. O art. 167 do CC/02 alçou a simulação como causa de nulidade do negócio jurídico. Sendo a simulação uma causa de nulidade do negócio jurídico, pode ser alegada por uma das partes contra a outra (Enunciado n. 294/CJF da *IV Jornada de Direito Civil*). Precedentes e Doutrina. O negócio jurídico simulado é nulo e consequentemente ineficaz, ressalvado o que nele se dissimulou (art. 167, 2ª parte, do CC/02)" (STJ, REsp 1.501.640/SP, 3.ª Turma, Rel. Min. Moura Ribeiro, j. 27.11.2018, *REPDJe* 07.12.2018, *DJe* 06.12.2018). Em 2021, surgiu outro acórdão no mesmo sentido, envolvendo a compra e venda do famoso quadro "A Caipirinha", da artista Tarsila do Amaral (STJ, REsp 1.927.496/SP, 3.ª Turma, Rel. Min. Moura Ribeiro, j. 27.04.2021, *DJe* 05.05.2021). Essa parece ser a posição hoje consolidada na Corte Superior.

Na simulação, as duas partes contratantes estão combinadas e objetivam iludir terceiros. Como se percebe, sem dúvida, há um vício de repercussão social, equiparável à fraude contra credores, mas que gera a nulidade e não anulabilidade do negócio celebrado, conforme a inovação constante do art. 167 do CC.

---

[177] DINIZ, Maria Helena. *Código Civil anotado*. 15. ed. São Paulo: Saraiva, 2010. p. 195.

[178] VENOSA, Sílvio de Salvo. *Código Civil interpretado*. São Paulo: Atlas, 2010. p. 187.

[179] GAGLIANO, Pablo Stolze; PAMPLONA FILHO, Rodolfo. *Novo curso de direito civil*. 6. ed. São Paulo: Saraiva, 2005. v. I, p. 402.

[180] CARVALHO NETO, Inácio de. *Curso de direito civil brasileiro*. Curitiba: Juruá, v. I, p. 433, 2006.

[181] LÔBO, Paulo. *Direito civil*. Parte geral. São Paulo: Saraiva, 2009. p. 306.

[182] AMARAL, Francisco. *Direito civil*. Introdução. 5. ed. Rio de Janeiro: Renovar, 2003. p. 531.

[183] AMARAL, Francisco. *Direito civil*. Introdução. 5. ed. Rio de Janeiro: Renovar, 2003. p. 531.

CAP. 2 • PARTE GERAL DO CÓDIGO CIVIL DE 2002 | **285**

Anteriormente, a simulação somente viciava o negócio jurídico quando houvesse clara intenção de prejudicar terceiros, objetivando o enriquecimento sem causa. Mas esse entendimento não pode mais prevalecer. Segundo o Enunciado n. 152, aprovado na *III Jornada de Direito Civil*, promovida pelo Conselho da Justiça Federal e pelo Superior Tribunal de Justiça, "toda simulação, inclusive a inocente, é invalidante".

Dessa forma, reputo que não tem mais qualquer repercussão prática a classificação anterior de simulação maliciosa e inocente, a última tida anteriormente como aquela que não trazia a intenção de prejudicar terceiros. Havendo simulação de qualquer espécie, o ato é nulo de pleno direito, por atentar contra a ordem pública, como vício social.

Apesar de esse entendimento ter prevalecido na *III Jornada de Direito Civil*, também está longe de ser pacífico. Para Cristiano Chaves de Farias e Nelson Rosenvald, a simulação inocente não pode nulificar o negócio jurídico, pois, "não havendo intenção de prejudicar a terceiros ou mesmo de violar a lei, não parece producente invalidar o negócio jurídico".[184] No mesmo sentido pensa Sílvio de Salvo Venosa, para quem "a simulação inocente, enquanto tal, não leva à anulabilidade do ato porque não traz prejuízo a terceiros. O ordenamento não a considera defeito".[185] Com o devido respeito, não há como concordar, pois na simulação a causa da nulidade está relacionada com a repercussão social condenável do ato, e não com a intenção das partes. A presunção de dano social, em suma, faz-se presente na simulação.

Em reforço, anote-se que o atual Código Civil não reproduz o art. 103 do CC/1916, segundo o qual a simulação não se consideraria defeito quando não houvesse intenção de prejudicar a terceiros ou de violar disposição de lei. Esta é outra razão para dizer que não há que se falar mais em *simulação inocente*. Esse entendimento é confirmado, entre outros, por Zeno Veloso, para quem "o Código Civil de 2002 não repetiu o preceito, não traz essa ressalva. Seja inocente ou maliciosa, a simulação é sempre causa de nulidade do negócio jurídico".[186]

Como foi destacado, o art. 167 do CC/2002 reconhece a nulidade absoluta do negócio jurídico simulado, mas prevê que subsistirá o que se dissimulou, se válido for na substância e na forma. O dispositivo trata da *simulação relativa*, aquela em que, na aparência, há um negócio; e na essência, outro. Dessa maneira, percebe-se na simulação relativa dois negócios: um aparente *(simulado)* e um escondido *(dissimulado)*. Eventualmente, esse *negócio camuflado* pode ser tido como válido, no caso de simulação relativa. Segundo o Enunciado n. 153 do CJF/STJ, também aprovado na *III Jornada de Direito Civil*, "na simulação relativa, o negócio simulado (aparente) é nulo, mas o dissimulado será válido se não ofender a lei nem causar prejuízo a terceiros".

Completando, na *IV Jornada de Direito Civil*, aprovou-se o Enunciado n. 293, pelo qual "na simulação relativa, o aproveitamento do negócio jurídico dissimulado não decorre tão somente do afastamento do negócio jurídico simulado, mas do necessário preenchimento de todos os requisitos substanciais e formais de validade daquele". Para exemplificar, ilustre-se com o caso em que um proprietário cede um imóvel a outrem celebrando, na aparência, um contrato de comodato. Mas, *por detrás dos panos* é cobrado aluguel, havendo uma locação. Aplicando a regra comentada e o teor do enunciado, o comodato é inválido, mas a locação é válida, desde que não ofenda a lei ou os direitos de terceiros e tenha todos os

---

[184] FARIAS, Cristiano Chaves de; ROSENVALD, Nelson. *Direito civil. Teoria geral*. 4. ed. Rio de Janeiro: Lumen Juris, 2006. p. 427.

[185] VENOSA, Sílvio de Salvo. *Código Civil interpretado*. São Paulo: Atlas, 2010. p. 190.

[186] VELOSO, Zeno. *Invalidade do negócio jurídico*. 2. ed. Belo Horizonte: Del Rey, 2005. p. 92.

requisitos de validade (art. 104 do CC). Mais uma vez, com esse entendimento, há a busca pela conservação negocial, pela manutenção da autonomia privada.

Em todos os casos, não há a necessidade de uma ação específica para se declarar nulo o ato simulado. Assim, cabe o seu reconhecimento incidental e de ofício pelo juiz em demanda que trate de outro objeto. Nesse sentido, na *VII Jornada de Direito Civil*, realizada em 2015, aprovou-se proposta estabelecendo que a simulação prescinde de alegação de ação própria, o que contou com o nosso apoio quando da plenária final do evento (Enunciado n. 578).

Conforme as suas corretas justificativas, a simulação pode inclusive ser alegada em sede de embargos de terceiro, eis que, "com o advento do Código Civil de 2002 e o fortalecimento do princípio da boa-fé nas relações jurídicas, o 'vício social' da simulação passou a receber tratamento jurídico distinto daquele conferido aos demais vícios do negócio jurídico. Diferentemente das consequências impostas aos negócios jurídicos que contenham os vícios do erro, dolo, coação, estado de perigo, lesão e fraude contra credores, os quais podem ensejar a anulação do negócio (arts. 171, II, 177 e 182, CC), no caso do negócio jurídico simulado, a consequência será a de nulidade (arts. 167, 166, VII, 168 e 169, CC). Ocorre que ainda tem sido frequente, no âmbito dos tribunais, aplicar-se à simulação tratamento jurídico análogo àquele conferido à fraude contra credores, invocando-se, inclusive, a Súmula 195 do STJ (editada em 1997). (...). Assim, tratando-se de hipótese que gera a nulidade absoluta do negócio, aplica-se o disposto nos artigos 168, *caput* e parágrafo único, e 169 do mesmo diploma legal, os quais estabelecem, inclusive, que o juiz deverá se pronunciar a respeito de hipótese de nulidade 'quando conhecer do negócio jurídico ou dos seus efeitos e as encontrar provadas', pronunciando-se, portanto, de ofício".

Feitas tais considerações doutrinárias fundamentais, e seguindo no estudo da categoria, o art. 167, § 1.º, do CC consagra casos em que ocorre a simulação, a saber:

a) De negócios jurídicos que visam conferir ou transmitir direitos a pessoas diversas daquelas às quais realmente se conferem ou transmitem (*simulação subjetiva*).

b) De negócios que contiverem declaração, confissão, condição ou cláusula não verdadeira (modalidade de *simulação objetiva*).

c) De negócios cujos instrumentos particulares forem antedatados ou pós--datados (outra forma de *simulação objetiva*).

Sem prejuízo desses casos, em outros a simulação pode estar presente todas as vezes em que houver uma disparidade entre a vontade manifestada e a vontade oculta. Isso faz com que o rol previsto no art. 167 do CC seja meramente exemplificativo (*numerus apertus*), e não taxativo (*numerus clausus*).

O § 2.º do art. 167 do Código Civil ressalva os direitos de terceiros de boa-fé em face dos contraentes do negócio jurídico simulado, mantendo relação direta com o princípio da boa-fé objetiva. Traz esse comando legal a *inoponibilidade do negócio simulado diante de terceiros de boa-fé*.

Interpretando esse dispositivo (art. 167, § 2.º, do CC), pode-se dizer que o princípio da boa-fé objetiva envolve ordem pública, a exemplo do que ocorre com a função social do contrato (art. 2.035, parágrafo único, do CC). Isso porque o ato simulado é nulo, envolvendo ordem pública, sendo o caso de nulidade absoluta. Ora, para que o ato seja válido perante terceiros de boa-fé, a boa-fé objetiva deve também ser um preceito de ordem pública. Pois se assim não fosse, não poderia a boa-fé *vencer* o ato simulado.

A partir de todas essas lições, quanto ao conteúdo, a simulação pode ser assim classificada:

> *a) Simulação absoluta* – situação em que na aparência se tem determinado negócio, mas na essência a parte não deseja negócio algum. Como exemplo, ilustre-se a situação em que um pai doa imóvel para filho, com o devido registro no Cartório de Registro de Imóveis, mas continua usufruindo dele, exercendo os poderes do domínio sobre a coisa. Mesmo o ato sendo praticado com intuito de fraude contra credores, prevalece a simulação, por envolver ordem pública, sendo nulo de pleno direito.
>
> *b) Simulação relativa* – situação em que o negociante celebra um negócio na aparência, mas na essência almeja um outro ato jurídico, conforme outrora já exemplificado quanto ao comodato e à locação. A simulação relativa, mais comum de ocorrer na prática, pode ser assim subclassificada:
>
> - *Simulação relativa subjetiva* – caso em que o vício social acomete o elemento subjetivo do negócio, pessoa com que este é celebrado (art. 167, § 1.º, inc. I, do CC). A parte celebra o negócio com uma parte na aparência, mas com outra na essência, entrando no negócio a figura do *testa de ferro, laranja* ou *homem de palha*, que muitas vezes substitui somente de fato aquela pessoa que realmente celebra o negócio jurídico ou contrato. Trata-se do *negócio jurídico celebrado por interposta pessoa.*
>
> - Simulação relativa objetiva – caso em que o vício social acomete o elemento objetivo do negócio jurídico celebrado, o seu conteúdo. Celebra-se um negócio jurídico, mas na realidade há uma outra figura obrigacional, sendo mascarados os seus elementos verdadeiros. Como exemplo, repise-se: para burlar o fisco, determinada pessoa celebra um contrato de comodato de determinado imóvel, cobrando aluguel do comodatário. Na aparência, há um contrato de empréstimo, mas na essência, trata-se de uma locação.

Em todos os casos, não importa mais a diferenciação acima construída e sem prejuízo de outras teses defendidas pela doutrina, o negócio celebrado é nulo, pelo fato de a simulação envolver preceitos de ordem pública. Dessa forma, é forçoso concluir que a classificação apontada perde a sua importância prática. Pelo sistema anterior, considerava-se simulação relativa como causa de anulabilidade, e a simulação absoluta, de nulidade.

Anoto que, visando a trazer ainda maiores avanços para o instituto da simulação, a fim de encerrar os debates aqui demonstrados, o Projeto de Atualização e Reforma do Código Civil, em trâmite perante o Senado Federal com a nomeação da Comissão de Juristas pelo Presidente Rodrigo Pacheco, almeja alterar o art. 167 do Código Civil. Nesse contexto, com vistas a trazer maior segurança jurídica e certeza a respeito de temas ainda divergentes, encerrando discussões sobre a temática, sobretudo na jurisprudência, há propostas da Relatoria Geral dessa Comissão para a inclusão de três novos parágrafos no art. 167.

De acordo com o novo § 3.º, que reproduz o Enunciado n. 153 da *III Jornada de Direito Civil* aqui antes citado, "toda simulação, inclusive a inocente, é invalidante". Ademais, pelo novel § 4.º do dispositivo, como está no Enunciado n. 294 *da IV Jornada de Direito Civil*, "sendo a simulação causa de nulidade do negócio jurídico, pode ser alegada por uma das partes contra a outra". Por fim, a proposta de § 5.º do art. 167 do Código Civil passará a prever que "o reconhecimento da simulação prescinde de ação judicial própria, mas a decisão incidental que a reconhecer fará coisa julgada", o que é em parte o Enunciado n. 578 da *VII Jornada de Direito Civil*. Como se pode perceber, as sugestões são mais do que necessárias, devendo ser acatadas pelo Parlamento Brasileiro, em prol da segurança jurídica.

A encerrar o tratamento da simulação, algumas palavras devem ser ditas a respeito da categoria da *reserva mental*.

A *reserva mental ou reticência essencial*, prevista no art. 110 do CC, quando ilícita e conhecida do destinatário, é vício social similar à simulação absoluta gerando a nulidade do negócio jurídico. Aqui, é interessante transcrever o inteiro teor do comando em questão: "A manifestação de vontade subsiste ainda que o seu autor haja feito a reserva mental de não querer o que manifestou, salvo se dela o destinatário tinha conhecimento". A redação é complicada, até de difícil compreensão, distante da operabilidade que orienta o Código Civil de 2002.

Sobre esse conceito, anotam Jones Figueirêdo Alves e Mário Luiz Delgado que "entende-se por reserva mental a emissão intencional de uma declaração não querida em seu conteúdo. Se o declarante diz o que não pretende e o destinatário não sabia que o declarante estava blefando, subsiste o ato. Na hipótese inversa, quando o destinatário conhecia o blefe, é óbvio que não poderia subsistir o ato, uma vez que ambas as partes estavam sabendo que não havia intenção de produzir efeitos jurídicos. O destinatário não se enganou, logo não poderia querer obrigar declarante, quando sabia que aquela não era a sua manifestação de vontade".[187] Resumindo, a reserva mental opera da seguinte forma:

– Se a outra parte dela não tem conhecimento, o negócio é válido.

– Se a outra parte conhece a reserva mental, o negócio é nulo, pois o instituto é similar à simulação.

Na reserva mental, o propósito pode ser tanto de prejudicar o declaratário – o outro negociante –, quanto terceiros, conforme anotam Nelson Nery Jr. e Rosa Maria de Andrade Nery.[188] Esses doutrinadores defendiam, contudo, que o ato atingido pela reserva mental seria inexistente, não nulo.

Todavia, conforme outrora exposto, o autor da presente obra está filiado ao entendimento pelo qual a reserva mental ilícita gera nulidade absoluta do negócio, como quer Maria Helena Diniz.[189] Do mesmo modo entendendo pela nulidade, leciona Sílvio de Salvo Venosa:

"Quando a reserva mental é de conhecimento do declaratário, a situação em muito se aproxima da simulação, do acordo simulatório, tanto que, nessa hipótese, parte da doutrina equipara ambos os institutos. No entanto, o que caracteriza primordialmente a reserva mental é a convicção do declarante de que o declaratário ignora a mentira. Todavia, se o declaratário efetivamente sabe da reserva e com ele compactua, os efeitos inelutavelmente serão de simulação, com aplicação do art. 167".[190]

Igualmente, Álvaro Villaça Azevedo afirma que "a reserva mental conhecida pelo destinatário considera-se simulação, sendo, portanto, nulo o negócio jurídico simulado, nos termos do art. 167, *caput*, 1.ª parte, do atual Código Civil".[191] De fato, esse último enquadramento parece o melhor no aspecto técnico-jurídico, seguindo as lições do Mestre das Arcadas.

---

[187] ALVES, Jones Figueirêdo; DELGADO, Mário Luiz. *Código Civil anotado*. São Paulo: Método, 2005. p. 82.

[188] NERY JR., Nelson; NERY, Rosa Maria de Andrade. *Código Civil comentado*. 3. ed. São Paulo: RT, 2005. p. 228.

[189] DINIZ, Maria Helena. *Código Civil anotado*. 15. ed. São Paulo: Saraiva, 2010. p. 154.

[190] VENOSA, Sílvio de Salvo. *Código Civil interpretado*. São Paulo: Atlas, 2010. p. 122.

[191] AZEVEDO, Álvaro Villaça. *Teoria geral do Direito Civil*. Parte Geral. São Paulo: Atlas, 2012, p. 183.

No atual Projeto de Reforma do Código Civil adota-se esta última solução, em boa hora e visando a dar ao instituto uma efetividade não encontrada nos mais de vinte anos de vigência da codificação privada. Assim, o seu art. 110 passará a prever, de forma mais clara, que "a exteriorização de vontade subsiste, ainda que o seu autor haja feito reserva mental de não querer o que exteriorizou; sendo nula essa exteriorização se dela o destinatário tinha conhecimento". A proposição e os seus debates demonstraram que a Professora Rosa Nery mudou o seu entendimento, passando a defender a nulidade do ato praticado em reserva mental.

Ainda quanto à matéria, é interessante aqui apontar os exemplos de reserva mental indicados por Nelson Nery e Rosa Maria de Andrade Nery.[192] Como se poderá perceber, a similaridade com a simulação é imensa:

a) Declaração do autor de uma obra literária que anuncia que o produto da venda de seus livros será destinado a uma instituição de caridade. Entretanto, o único objetivo é aumentar a venda das obras. Se os compradores dos livros têm conhecimento da reserva, a venda pode ser nulificada.

b) Declaração do testador que, com o objetivo de prejudicar herdeiro, faz disposição em benefício de quem se diz devedor, o que não é verdade.

c) Um homem visando exclusivamente ter relação sexual com uma mulher diz que a tomará como esposa.

d) Uma pessoa declara verbalmente a outra vender-lhe certo bem móvel para enganá-lo, julgando erradamente que a lei sujeita essa venda a escritura pública, pelo qual será nulo o contrato por vício de forma.

e) Estrangeiro em situação irregular no País casa-se com mulher brasileira para não ser expulso pelo serviço de imigração. Se a mulher sabe dessa omissão feita, o casamento será nulo. Se não sabe, o casamento permanece válido.

f) Promessa de mútuo feita a um moribundo insolvente como motivo de consolo.

Os exemplos são interessantes para a compreensão do instituto. Todavia, em uma análise crítica, percebe-se que a reserva mental teve pouca aplicação prática nesses mais de vinte anos de Código Civil. Surgiu como grande novidade, mas repercutiu muito pouco, sendo imperiosa, portanto, a mudança proposta pela Reforma do Código Civil, como antes pontuado.

### 2.5.5.7 *Da fraude contra credores*

Constitui fraude contra credores a atuação maliciosa do devedor, em estado de insolvência ou na iminência de assim tornar-se, que dispõe de maneira gratuita ou onerosa o seu patrimônio, para afastar a possibilidade de responderem os seus bens por obrigações assumidas em momento anterior à transmissão.

Exemplificando, se A tem conhecimento da iminência do vencimento de dívidas em data próxima, em relação a vários credores, e vende a B imóvel de seu patrimônio, havendo conhecimento deste do estado de insolvência, estará configurado o vício social a acometer esse negócio jurídico. Mesma conclusão serve para o caso de doação (disposição gratuita).

---

[192] NERY JR., Nelson; NERY, Rosa Maria de Andrade. *Código Civil comentado*. 3. ed. São Paulo: RT, 2005. p. 229.

De acordo com o art. 158 do CC, estão incluídas as hipóteses de remissão ou perdão de dívida, estando caracterizado o ato fraudulento toda vez que o devedor estiver insolvente ou beirando à insolvência. Em situações tais, caberá ação anulatória por parte de credores quirografários eventualmente prejudicados, desde que proposta no prazo decadencial de quatro anos, contados da celebração do negócio fraudulento (art. 178, inc. II, do CC). Essa ação anulatória é denominada pela doutrina *ação pauliana* ou *ação revocatória*, seguindo rito ordinário, no sistema processual anterior, equivalente ao atual procedimento comum.

Igual direito tem o credor cuja garantia se tornar insuficiente (art. 158, § 1.º, do CC). Conforme o Enunciado n. 151 do Conselho da Justiça Federal, aprovado na *III Jornada de Direito Civil* (2004), "o ajuizamento da ação pauliana pelo credor com garantia real (art. 158, § 1.º) prescinde de prévio reconhecimento judicial da insuficiência da garantia".

Todavia, somente os credores que já o eram no momento da disposição fraudulenta poderão promover a referida *ação pauliana* (art. 158, § 2.º, do CC). Quanto ao último dispositivo, na *IV Jornada de Direito Civil*, foi aprovado o Enunciado n. 292, prevendo que "para os efeitos do art. 158, § 2.º, a anterioridade do crédito é determinada pela causa que lhe dá origem, independentemente de seu conhecimento por decisão judicial".

Analisando tal questão, vejamos instigante acórdão do Superior Tribunal de Justiça, que diz respeito à existência de fraude contra credores diante da celebração de compromisso de compra e venda de imóvel:

> "Processo civil e civil. Recurso especial. Fraude contra credores. Anterioridade do crédito. Art. 106, parágrafo único, CC/16 (art. 158, § 2.º, CC/2002). Promessa de compra e venda não registrada. 1. Da literalidade do art. 106, parágrafo único, do CC/1916, extrai-se que a afirmação da ocorrência de fraude contra credores depende, para além da prova de *consilium fraudis* e de *eventus damni*, da anterioridade do crédito em relação ao ato impugnado. 2. É com o registro da promessa de compra e venda no Cartório de Registro de Imóveis que o direito do promissário comprador alcança terceiros estranhos à relação contratual originária. 3. A promessa de compra e venda não registrada e desacompanhada de qualquer outro elemento que possa evidenciar a alienação do imóvel, não afasta a anterioridade do crédito. 4. Recurso especial não provido" (STJ, REsp 1.217.593/RS, 3.ª Turma, Rel. Min. Nancy Andrighi, j. 12.03.2013, *DJe* 18.03.2013).

Insta anotar que não obstante a lei prever expressamente a solução de anulabilidade do ato praticado em fraude contra credores, parte da doutrina e da jurisprudência considera o ato como meramente ineficaz (por todos, ver julgado publicado no *Informativo* n. 467 do STJ, de março de 2011). De fato, essa parece ser a melhor solução, a ser adotada *de lege ferenda*, pois anulado o negócio jurídico o bem volta ao patrimônio do devedor. Tal situação pode criar injustiças, pois não necessariamente aquele credor que ingressou com a ação anulatória obterá a satisfação patrimonial.

De toda sorte, a lei continua a prever que, na fraude contra credores, a solução é a anulabilidade do ato praticado. Quando da tramitação do vigente Código de Processo Civil, o tema foi amplamente debatido, havendo tentativas de inclusão da solução de ineficácia na presença desse vício social do negócio jurídico. Entretanto, acabou por prevalecer a premissa da anulabilidade, na linha do que já estava no Código Civil. Conforme o art. 790, inc. VI, do CPC/2015, são sujeitos à execução os bens cuja alienação ou gravação com ônus real tenha sido anulada em razão do reconhecimento, em ação autônoma, de fraude contra credores. Sendo assim, parece-me que a tese da ineficácia decorrente da fraude contra credores ficou muito enfraquecida diante da emergência do CPC de 2015.

Pois bem, na fraude contra credores, em regra, há um *elemento objetivo*, formado pela atuação prejudicial do devedor e de terceiro, bem como um *elemento subjetivo*, volitivo, a

CAP. 2 • PARTE GERAL DO CÓDIGO CIVIL DE 2002 | **291**

intenção de prejudicar os credores do primeiro (*consilium fraudis*). A fórmula é, portanto, a seguinte:

> *FRAUDE CONTRA CREDORES = Intenção de prejudicar credores (elemento subjetivo) + atuação em prejuízo aos credores (elemento objetivo).*

Para que o negócio seja anulado, portanto e em regra, necessária a presença da *colusão*, conluio fraudulento entre aquele que dispõe o bem e aquele que o adquire. O prejuízo causado ao credor (*eventus damni*) também é apontado como elemento objetivo da fraude. Não havendo tais requisitos, não há que se falar em anulabilidade do ato celebrado, para as hipóteses de negócios onerosos, como na compra e venda efetivada com objetivo de prejudicar eventuais credores.

Entretanto, para os casos de disposição gratuita de bens, ou de remissão de dívidas (perdão de dívidas), o art. 158 do CC dispensa a presença do elemento subjetivo (*consilium fraudis*), bastando o evento danoso ao credor. Isso porque o dispositivo em comento enuncia que, nesses casos, tais negócios podem ser anulados ainda quando o adquirente ignore o estado de insolvência. Vejamos o quadro a seguir para elucidar a matéria:

| Disposição onerosa de bens com intuito de fraude | Conluio fraudulento (*consilium fraudis*) + evento danoso (*eventus damni*). |
|---|---|
| Disposição gratuita de bens ou remissão de dívidas | Basta o evento danoso (*eventus damni*). |

Segundo o art. 159 do CC/2002, "serão igualmente anuláveis os contratos onerosos do devedor insolvente, quando a insolvência for notória, ou houver motivo para ser conhecida do outro contratante". Consagra esse dispositivo uma presunção relativa ou *iuris tantum* do *consilium fraudis*, a caracterizar o vício social do negócio jurídico. Ilustrando, o Tribunal Paulista presumiu tal concílio de fraude diante de uma venda de bens entre irmãos (nesse sentido, ver: TJSP, Apelação Cível 620.988.4/3, Acórdão 3491578, 4.ª Câmara de Direito Privado, Franca, Rel. Des. Maia da Cunha, j. 12.02.2009, *DJESP* 24.03.2009).

De acordo com o art. 160 da codificação material, "se o adquirente dos bens do devedor insolvente ainda não tiver pago o preço e este for, aproximadamente, o corrente, desobrigar-se-á depositando-o em juízo, com a citação de todos os interessados". Trata-se da denominada *fraude não ultimada*. Mas, se for inferior o preço, o adquirente, para conservar os bens, poderá depositar o montante que lhes corresponda ao valor real – parágrafo único do dispositivo –, outra consagração do princípio da conservação contratual. Ao contrário da lei anterior (art. 108 do CC/1916), não há mais menção à exigência de citação por edital de todos os interessados, disciplina que cabe agora à lei processual.

A *ação pauliana* ou *revocatória* deve ser proposta pelos credores quirografários contra o devedor insolvente, podendo também ser promovida contra a pessoa que celebrou negócio jurídico com o fraudador ou terceiros adquirentes, que hajam procedido de má-fé (art. 161 do CC). O caso é de *litisconsórcio passivo necessário*, nos termos do art. 47 do CPC/1973, reproduzido parcialmente pelo art. 114 do CPC/2015 (ver: STJ, REsp 750.135/ RS, Rel. Min. Paulo de Tarso Sanseverino, j. 12.04.2011). Penso que esse entendimento deve ser mantido com o CPC de 2015.

Essa *ação pauliana* afasta o enriquecimento sem causa das partes envolvidas com a fraude, ato unilateral condenado pelos arts. 884 a 886 do CC em sintonia com a socialidade, repondo o bem alienado no acervo do devedor, visando futura satisfação da dívida anterior.

MANUAL DE DIREITO CIVIL • VOLUME ÚNICO – *Flávio Tartuce*

De toda sorte, esclareça-se que, em face de terceiros, a ação pauliana somente poderá ser proposta e surtirá os efeitos desejados se comprovada a sua má-fé. Não sendo o caso, os terceiros estão protegidos, o que representa clara aplicação da teoria da aparência e do princípio da boa-fé. Vários são os julgamentos que reconhecem tal proteção, podendo ser transcrito o seguinte, do Superior Tribunal de Justiça, publicado no seu *Informativo* n. *521*:

> "Direito Civil. Manutenção da eficácia de negócio jurídico realizado por terceiro de boa-fé diante do reconhecimento de fraude contra credores. O reconhecimento de fraude contra credores em ação pauliana, após a constatação da existência de sucessivas alienações fraudulentas na cadeia dominial de imóvel que originariamente pertencia ao acervo patrimonial do devedor, não torna ineficaz o negócio jurídico por meio do qual o último proprietário adquiriu, de boa-fé e a título oneroso, o referido bem, devendo-se condenar os réus que agiram de má-fé em prejuízo do autor a indenizá-lo pelo valor equivalente ao dos bens transmitidos em fraude contra o credor. Cumpre ressaltar, de início, que, na ação pauliana, o autor tem como objetivo o reconhecimento da ineficácia (relativa) de ato jurídico fraudulento nos limites do débito do devedor com o credor lesado pela fraude. A lei, entretanto, não tem dispositivo que regulamente, de forma expressa, os efeitos do reconhecimento da fraude contra credores na hipótese em que a ineficácia dela decorrente não puder atingir um resultado útil, por encontrar-se o bem em poder de terceiro de boa-fé. Nesse contexto, poder-se-ia cogitar que a este incumbiria buscar indenização por perdas e danos em ação própria, ainda que se tratasse de aquisição onerosa. Todavia, essa solução seria contrária ao art. 109 do CC/1916 – correspondente ao artigo 161 do CC/2002 – e também ao art. 158 do CC/1916 – que tem redação similar à do artigo 182 do CC/2002 –, cujo teor dispunha que, anulado o ato, restituir-se-ão as partes ao estado em que antes dele se achavam e, não sendo possível restituí-las, serão indenizadas pelo equivalente. Desse modo, inalcançável o bem em mãos de terceiro de boa-fé, cabe ao alienante, que o adquiriu de má-fé, indenizar o credor. Deve-se, portanto, resguardar os interesses dos terceiros de boa-fé e condenar os réus que agiram de má-fé em prejuízo do autor a indenizá-lo pelo valor equivalente ao dos bens transmitidos em fraude contra o credor – medida essa que se atém aos limites do pedido da petição inicial da ação pauliana, relativo à recomposição do patrimônio do devedor com os mesmos bens existentes antes da prática do ato viciado ou pelo seu equivalente. A propósito, a aludida conclusão, *mutatis mutandis*, vai ao encontro da Súmula 92/STJ, que orienta que 'a terceiro de boa-fé não é oponível a alienação fiduciária não anotada no certificado de registro do veículo automotor'. Precedente citado: REsp 28.521/RJ, 4.ª Turma, *DJ* 21.11.1994" (STJ, REsp 1.100.525/RS, Rel. Min. Luis Felipe Salomão, j. 16.04.2013).

A decisão é interessante pelo fato de existirem dois envolvidos na cadeia de transmissão do bem, com má e boa-fé, respectivamente. Como o ato deveria ter sido mantido em relação ao último, encontrou-se uma solução correta para aquele que não estava movido pela boa conduta negocial, tendo que indenizar o credor prejudicado.

Esclarecido esse importante aspecto e seguindo no estudo da categoria, é vital citar o teor da Súmula 195 do STJ, pela qual, "em embargos de terceiro não se anula ato jurídico, por fraude contra credores". Assim, imperiosa a necessidade de se promover a dita *ação pauliana*, não substituída pelos embargos de terceiro. Como exceção a tal ementa jurisprudencial, na II *Jornada de Direito Processual Civil*, promovida pelo Conselho da Justiça Federal em setembro de 2018, aprovou-se o Enunciado n. 133, estabelecendo que "é admissível a formulação de reconvenção em resposta aos embargos de terceiro, inclusive para o propósito de veicular pedido típico de ação pauliana, nas hipóteses de fraude contra credores". Ademais, o mesmo Superior Tribunal de Justiça tem analisado a fraude à execução em sede de embargos de terceiro (nesse sentido, ver: STJ, Ag. no REsp 726.549/

RS, 1.ª Turma, j. 14.06.2005). As diferenças entre os institutos da fraude contra credores e a fraude à execução ainda serão expostas mais à frente.

Em havendo eventual insolvência do devedor não empresário (ou sociedade empresária, para a qual se aplica a Lei 11.101/2005 – atual Lei de Falências), deverá ser aberto concurso de credores, entrando todos os sujeitos ativos obrigacionais em rateio, na proporção de suas dívidas. Dessa forma, dispõe o art. 162 do atual Código Civil que o credor quirografário, que receber do devedor insolvente o pagamento da dívida ainda não vencida, ficará obrigado a repor, em proveito do acervo sobre que se tenha de efetuar o concurso de credores, aquilo que recebeu.

Também nos casos de insolvência, e no mesmo sentido, "anulados os negócios fraudulentos, a vantagem resultante reverterá em proveito do acervo sobre que se tenha de efetuar o concurso de credores" (art. 165 do CC). Além disso, se esses negócios tinham por único objeto atribuir direitos preferenciais, mediante hipoteca, penhor ou anticrese, sua invalidade importará somente na anulação da preferência ajustada (art. 165, parágrafo único, do CC). Como se percebe, portanto, com a fraude contra credores os bens voltam ao patrimônio do devedor, abrindo-se o citado concurso entre os sujeitos ativos da obrigação.

Prevê o art. 163 da norma civil codificada a presunção de fraude dos direitos dos outros credores em relação às garantias de dívidas que o devedor insolvente tiver dado a algum credor, caso de presunção relativa (*iuris tantum*). Para Renan Lotufo, "há fraude porque a coisa dada em garantia sairá do patrimônio do devedor com o fim de assegurar o direito real, antes que se inicie o rateio paritário. Como isso, os demais credores receberão menos do que aquele que tinha igualdade de condições com eles. É justamente tal diferenciação que a lei visa evitar, presumindo como fraudulento o procedimento do insolvente".[193]

O art. 164 do CC traz uma presunção relativa de boa-fé, relacionada com negócios ordinários indispensáveis à manutenção de estabelecimento mercantil, rural, ou industrial, ou à subsistência do devedor e de sua família. De acordo com esse comando legal, "presumem--se, porém, de boa-fé e valem os negócios jurídicos ordinários indispensáveis à manutenção do estabelecimento mercantil, rural, ou industrial, ou à subsistência do devedor e de sua família". Pode-se dizer que a parte final do comando legal traz como conteúdo a *função social da empresa*, para atender aos interesses do núcleo familiar. Esse dispositivo denota ainda a boa-fé objetiva aplicável ao âmbito empresarial. Há também a ideia de *patrimônio mínimo empresarial*, transpondo-se a tese de Luiz Edson Fachin para as pessoas jurídicas.

Aplicando muito bem o dispositivo, em prol da tutela da pessoa humana, julgou o Tribunal de Justiça do Distrito Federal:

> "A fraude contra credores só se presume quando há transmissão gratuita de bens, remissão de dívidas, antecipação de dívida, pagamento de dívidas não vencidas e outorga de direitos preferenciais a um dos credores, o que não é o caso dos autos, onde houve apenas uma cessão de direitos entre a filha da devedora, que adquiriu determinado bem imóvel, através de cessão de direitos, em nome próprio, estabelecendo usufruto em favor da mãe, que figura como primeira ré nesta ação. Usufruto, aliás, insuscetível de registro, porque o lote encontra-se localizado em condomínio irregular. Simplesmente isto! Por se tratar de bem de família, aplica-se ao caso dos autos o art. 164 do CC/2002, segundo o qual se presumem 'de boa-fé e valem os negócios ordinários indispensáveis à manutenção de estabelecimento mercantil, rural, ou industrial, ou à subsistência do devedor e de sua família'" (TJDFT, Acórdão

---

[193] LOTUFO, Renan. *Código Civil comentado*. São Paulo: Saraiva, 2002. v. I, p. 454.

566722, 20070111125658, 5.ª Turma Cível, Rel. João Egmont, Revisor: Alvaro Luis de Araujo Sales Ciarlini, j. 15.02.2012, *DJE* 28.02.2012, p. 163).

Essa forma de julgar tem o meu total apoio doutrinário, demonstrando uma correta amplitude de incidência do art. 164 do Código Civil.

A findar o estudo do instituto, destaque-se que *não se pode confundir a fraude contra credores com a fraude à execução.*

Inicialmente, a primeira constitui instituto de Direito Civil, enquanto a segunda, instituto de Direito Processual Civil, tratada no art. 593 do CPC/1973; reproduzido com muitas alterações pelo art. 792 do CPC/2015. Vejamos a confrontação dos dois comandos na tabela a seguir:

| CPC/2015 | CPC/1973 |
| --- | --- |
| "Art. 792. A alienação ou a oneração de bem é considerada fraude à execução: | "Art. 593. Considera-se em fraude de execução a alienação ou oneração de bens: |
| I – quando sobre o bem pender ação fundada em direito real ou com pretensão reipersecutória, desde que a pendência do processo tenha sido averbada no respectivo registro público, se houver; | I – quando sobre eles pender ação fundada em direito real; |
| II – quando tiver sido averbada, no registro do bem, a pendência do processo de execução, na forma do art. 828; | II – quando, ao tempo da alienação ou oneração, corria contra o devedor demanda capaz de reduzi-lo à insolvência; |
| III – quando tiver sido averbado, no registro do bem, hipoteca judiciária ou outro ato de constrição judicial originário do processo onde foi arguida a fraude; | III – nos demais casos expressos em lei." |
| IV – quando, ao tempo da alienação ou da oneração, tramitava contra o devedor ação capaz de reduzi-lo à insolvência; | |
| V – nos demais casos expressos em lei. | |
| § 1.º A alienação em fraude à execução é ineficaz em relação ao exequente. | |
| § 2.º No caso de aquisição de bem não sujeito a registro, o terceiro adquirente tem o ônus de provar que adotou as cautelas necessárias para a aquisição, mediante a exibição das certidões pertinentes, obtidas no domicílio do vendedor e no local onde se encontra o bem. | |
| § 3.º Nos casos de desconsideração da personalidade jurídica, a fraude à execução verifica-se a partir da citação da parte cuja personalidade se pretende desconsiderar. | |
| § 4.º Antes de declarar a fraude à execução, o juiz deverá intimar o terceiro adquirente, que, se quiser, poderá opor embargos de terceiro, no prazo de 15 (quinze) dias." | |

CAP. 2 • PARTE GERAL DO CÓDIGO CIVIL DE 2002 | **295**

Como se pode perceber, além da existência de demanda capaz a conduzir o devedor à insolvência, também caracteriza a fraude à execução o registro de demandas na matrícula do imóvel relativo ao ato fraudulento. Entendo que deve ser mantido o posicionamento doutrinário segundo o qual "pouco importa se a demanda era ou não capaz de tornar o devedor insolvente. A insolvência deve ser resultado do ato de alienação ou oneração realizada no curso do processo para que seja considerada em fraude de execução".[194]

A demanda relacionada à fraude à execução pode ser uma ação executiva ou ação condenatória. Prevalecia o entendimento pelo qual, para a sua caracterização, deveria o fraudador ter sido ao menos *citado* em uma das referidas demandas, o que passa a ter aplicação somente para o inciso IV do art. 792 do CPC/2015.

Com todo o respeito a esse posicionamento, sempre nos filiamos à corrente que apontava bastar a simples propositura da demanda para que a fraude à execução estivesse caracterizada, medida que é a mais justa, principalmente pela morosidade que acomete o Poder Judiciário. Exemplificando, se determinada pessoa tem contra si proposta ação de execução cujo objeto é de valor considerável e, após a distribuição desta, vende todo o seu patrimônio, estará presente a fraude de execução, na minha opinião doutrinária. Entretanto, como ainda será desenvolvido, essa premissa encontra-se enfraquecida com a emergência do atual CPC e da Lei 13.097/2015.

A propósito, o entendimento do STJ vinha apontando ser necessária a citação válida para a caracterização da fraude à execução. Porém, como se verá, houve uma mudança de entendimento do STJ, diante da sua Súmula 375, editada em março de 2009, e que ainda será comentada. Em verdade, o CPC/2015 acabou por confirmar a ideia da sumular, como também o fez o art. 54 da Lei 13.097, de 19.01.2015, originária da Medida Provisória 656/2014, analisada a seguir.

Superado esse ponto, na fraude à execução não há necessidade de o credor promover *ação pauliana*, uma vez que o ato não é anulável, mas ineficaz perante a ação de execução ou condenatória. Portanto, a alienação ocorrida em fraude à execução pode ser declarada ineficaz e reconhecida no próprio processo de execução mediante simples requerimento da parte lesada. Os bens penhorados podem, como regra, ser vendidos, desde que o comprador tenha ciência e aceite o fato da penhora. Mas, independentemente dessa venda, os bens penhorados continuam gravados e vinculados ao processo de execução.

Na fraude à execução, sempre se entendeu não haver necessidade de prova do conluio, havendo presunção absoluta (*iure et de iure*) da sua presença. Dessa forma, em regra, não haveria a necessidade de o exequente (ou autor) provar o *consilium fraudis*. Isso porque na fraude à execução o vício é mais grave do que na fraude contra credores, envolvendo ordem pública, por atentado à atuação do Poder Judiciário.

De qualquer forma, cumpre esclarecer que a doutrina e a jurisprudência já vinham apontando uma tendência de subjetivação da responsabilidade na fraude à execução, ou seja, uma tendência de necessidade de prova do conluio e da má-fé do adquirente, o que estaria aproximando o instituto em relação à fraude contra credores. Por todos esses julgados, transcreve-se:

> "Processo civil. Fraude à execução. Terceiro de boa-fé. A ineficácia, proclamada pelo art. 593, II, do Código de Processo Civil, da alienação de imóvel com fraude à execução não pode ser oposta ao terceiro de boa-fé. Embargos de divergência

---

[194] CÂMARA, Alexandre Freitas. *Lições de direito processual civil*. 9. ed. Rio de Janeiro: Lumen Juris, 2004. v. II, p. 219.

conhecidos, mas não providos" (STJ, EREsp 144.190/SP, 2.ª Seção, Rel. Min. Ari Pargendler, j. 14.09.2005, *DJ* 1.º.02.2006, p. 427).

"Embargos de terceiro. Fraude à execução. Adquirente de boa-fé. Penhora. Inexistência de registro. Alienação feita a antecessor dos embargantes. Ineficácia declarada que não os atinge. 'A sentença faz coisa julgada as partes entre as quais é dada, não beneficiando, nem prejudicando terceiros' (art. 472 do CPC). Ainda que cancelado o registro concernente à alienação havida entre o executado e os antecessores dos embargantes, a estes – terceiros adquirentes de boa-fé – é permitido o uso dos embargos de terceiro para a defesa de sua posse. Inexistindo registro da penhora sobre bem alienado a terceiro, incumbe ao exequente e embargado fazer a prova de que o terceiro tinha conhecimento da ação ou da constrição judicial. Precedentes do STJ. Recurso especial conhecido e provido" (STJ, REsp 144.190/SP, 4.ª Turma, Rel. Min. Barros Monteiro, j. 15.03.2005, *DJ* 02.05.2005, p. 353).

Diante dessa mudança de entendimento, repise-se, foi editada a mencionada Súmula 375 do STJ, prevendo que "o reconhecimento da fraude à execução depende do registro da penhora do bem alienado ou da prova de má-fé do terceiro adquirente". Em suma, houve um *giro de cento e oitenta graus* quanto ao posicionamento jurisprudencial. Em verdade, o teor da súmula até se justifica nos casos de aquisição de imóvel, não se presumindo a má-fé do adquirente se houver demandas em outros estados da federação. Todavia, para os outros casos o seu teor ficaria em xeque, conforme expunham alguns processualistas em interlocuções pessoais. De qualquer maneira, havia uma forte tendência de tutela da boa-fé na jurisprudência nacional, presumindo-a, como faz a súmula.

Tal posição, relativa à presunção de boa-fé, foi confirmada por acórdão publicado no *Informativo* n. 552 do Superior Tribunal de Justiça, em incidente de recursos repetitivos e pela sua Corte Especial, nos seguintes termos:

"No que diz respeito à fraude de execução, definiu-se que: (i) é indispensável citação válida para configuração da fraude de execução, ressalvada a hipótese prevista no § 3.º do art. 615-A do CPC; (ii) o reconhecimento da fraude de execução depende do registro da penhora do bem alienado ou da prova de má-fé do terceiro adquirente (Súmula 375/STJ); (iii) a presunção de boa-fé é princípio geral de direito universalmente aceito, sendo milenar a parêmia: a boa-fé se presume, a má-fé se prova; (iv) inexistindo registro da penhora na matrícula do imóvel, é do credor o ônus da prova de que o terceiro adquirente tinha conhecimento de demanda capaz de levar o alienante à insolvência, sob pena de tornar-se letra morta o disposto no art. 659, § 4.º, do CPC; e (v) conforme previsto no § 3.º do art. 615-A do CPC, presume-se em fraude de execução a alienação ou oneração de bens realizada após a averbação referida no dispositivo. De início, deve prevalecer a posição majoritariamente adotada por este Tribunal ao longo do tempo, a qual exige a citação válida como pressuposto para caracterização da fraude de execução (AgRg no REsp 316.905/SP, 4.ª Turma, *DJe* 18.12.2008; e REsp 418.109/SP, 3.ª Turma, *DJ* 02.09.2002). Quanto ao ônus da prova da intenção do terceiro adquirente, não é razoável adotar entendimento que privilegie a inversão de um princípio geral de direito universalmente aceito, o da presunção da boa-fé, sendo mesmo milenar a parêmia: a boa-fé se presume; a má-fé se prova. A propósito, ensina a doutrina que, para o terceiro, é perfeitamente possível admitir que tenha adquirido o bem alienado pelo litigante ignorando a existência do processo e do prejuízo que este veio a sofrer. Vale dizer: é possível que tenha agido de boa-fé, e à ordem jurídica, em princípio, não interessa desprezar a boa-fé. Ademais, o STJ também já se posicionou no sentido de que, 'não tendo o registro imobiliário recebido a notícia da existência da ação, a presunção de licitude da alienação milita em favor do comprador. Entendimento contrário geraria intranquilidade nos atos negociais, conspiraria contra o comércio jurídico, e atingiria a

CAP. 2 • PARTE GERAL DO CÓDIGO CIVIL DE 2002 | **297**

mais não poder a confiabilidade nos registros públicos' (REsp 113.871/DF, 4.ª Turma, *DJ* 15.09.1997)" (STJ, REsp 956.943/PR, Rel. originária Min. Nancy Andrighi, Rel. para acórdão Min. João Otávio de Noronha, j. 20.08.2014).

Como se percebe, o aresto atribui a prova da má-fé ao credor que alega a eventual fraude à execução. Essa mesma linha foi adotada pelo art. 54 da Lei 13.097, de 19.01.2015, segundo a qual os negócios jurídicos que tenham por fim constituir, transferir ou modificar direitos reais sobre imóveis são eficazes em relação a atos jurídicos precedentes, nas hipóteses em que não tenham sido registradas ou averbadas na matrícula do imóvel as seguintes informações: *a)* registro de citação de ações reais ou pessoais reipersecutórias; *b)* averbação, por solicitação do interessado, de constrição judicial, do ajuizamento de ação de execução ou de fase de cumprimento de sentença, procedendo-se nos termos previstos da lei processual vigente; *c)* averbação de restrição administrativa ou convencional ao gozo de direitos registrados, de indisponibilidade ou de outros ônus quando previstos em lei; e *d)* averbação, mediante decisão judicial, da existência de outro tipo de ação cujos resultados ou responsabilidade patrimonial possam reduzir seu proprietário à insolvência, caracterizando justamente a fraude à execução. Como se nota, nos termos dessa lei, a exigência da fraude à execução depende da existência de algum ato registrado na matrícula do imóvel, o que traria a ideia de *concentração absoluta dos atos na matrícula*.

Constata-se que o Código de Processo Civil de 2015 – especialmente o art. 792, incisos I, II e III – surge na sistemática da jurisprudência anterior e dessa nova norma, devendo com ela dialogar, o que é plenamente possível, pois ambas adotam as mesmas premissas a respeito da boa-fé.

Uma questão debatida profundamente na vigência do Código de Processo Civil e da Lei 13.097/2015 diz respeito à necessidade ou não de se buscar as amplas certidões imobiliárias para a compra de imóveis, com o fito de afastar a configuração da fraude à execução. Pela literalidade da última lei específica citada e pelo que consta nos três primeiros incisos do art. 792 do CPC/2015, a resposta pode parecer negativa, bastando ao comprador verificar a matrícula do imóvel.

Porém, o inciso IV do art. 792 continua a mencionar a fraude à execução quando houver demanda ou demandas capazes de reduzir o devedor à insolvência. Ademais, o § 2.º do art. 792 do Estatuto Processual preceitua que, "no caso de aquisição de bem não sujeito a registro, o terceiro adquirente tem o ônus de provar que adotou as cautelas necessárias para a aquisição, mediante a exibição das certidões pertinentes, obtidas no domicílio do vendedor e no local onde se encontra o bem". Como se vê, a norma atribui a prova da boa-fé ao adquirente do bem e não a quem alega a fraude, como tem feito a jurisprudência superior. A regra diz respeito, inicialmente, a bens móveis. Todavia, também pode ser aplicada a imóveis que não podem ser registrados por algum entrave formal.

A Lei do Sistema Eletrônico dos Registros Públicos (SERP – Lei 14.382/2022) tentou resolver esse dilema de forma definitiva, introduzindo dois parágrafos no art. 54 da Lei 13.097/2022. Conforme o primeiro deles, "não poderão ser opostas situações jurídicas não constantes da matrícula no registro de imóveis, inclusive para fins de evicção, ao terceiro de boa-fé que adquirir ou receber em garantia direitos reais sobre o imóvel, ressalvados o disposto nos arts. 129 e 130 da Lei n.º 11.101, de 9 de fevereiro de 2005, e as hipóteses de aquisição e extinção da propriedade que independam de registro de título de imóvel" (§ 1.º). Reafirmou-se, assim, a ideia de concentração dos atos na matrícula para a caracterização da fraude à execução.

Em complemento, o novo § 2.º do art. 54 passou a prever que, para a validade ou eficácia dos negócios jurídicos ou para a caracterização da boa-fé do terceiro adquirente de imóvel ou beneficiário de direito real, não serão exigidas: *a)* a obtenção prévia de quaisquer documentos ou certidões, além daqueles requeridos nos termos do § 2.º do art. 1.º da Lei 7.433, de 18 de dezembro de 1985; e *b)* a apresentação de certidões forenses ou de distribuidores judiciais. Assim, pela norma, estaria expressamente dispensada a prova das certidões dos distribuidores para a aquisição dos imóveis.

De todo modo, essa alteração legislativa pecou por não ter modificado dispositivos do Código de Processo Civil, o que, aliás, não poderia ser feito, pois a lei teve origem em medida provisória que, nos termos do art. 62 da Constituição Federal, não pode tratar de matéria relativa ao Direito Processual Civil.

Diante da divergência criada pelo CPC/2015 – com ele mesmo e com a Lei 13.097/2015, e agora com a Lei 14.382/2022 –, penso que será necessária uma nova posição do Superior Tribunal de Justiça sobre o assunto, para que a questão seja pacificada no âmbito de sua Segunda Seção, com um julgado com força vinculativa para as instâncias inferiores. Até lá, recomenda-se que a praxe em obtenção de amplas certidões pelos compradores de imóveis continue, mesmo com a emergência da Lei do SERP. Exatamente nesse sentido, merece destaque o Enunciado n. 149, aprovado na *II Jornada de Direito Processual Civil* do Conselho da Justiça Federal (2018): "a falta de averbação da pendência de processo ou da existência de hipoteca judiciária ou de constrição judicial sobre bem no registro de imóveis não impede que o exequente comprove a má-fé do terceiro que tenha adquirido a propriedade ou qualquer outro direito real sobre o bem".

Destaque-se que, em 2021, surgiu novo julgamento sobre o tema na Terceira Turma do Tribunal, entendendo que a Súmula 375 do STJ aplica-se aos casos de alienações ou vendas sucessivas. Consoante o acórdão, que merece destaque:

> "As hipóteses em que a alienação ou oneração do bem são consideradas fraude à execução podem ser assim sintetizadas: (I) quando sobre o bem pender ação fundada em direito real ou com pretensão reipersecutória; (II) quando tiver sido averbada, no registro do bem, a pendência do processo de execução; (III) quando o bem tiver sido objeto de constrição judicial nos autos do processo no qual foi suscitada a fraude; (IV) quando, no momento da alienação ou oneração, tramitava contra o devedor ação capaz de reduzi-lo à insolvência (art. 593 do CPC/73 e art. 792 do CPC/2015). Esta Corte tem entendimento sedimentado no sentido de que a inscrição da penhora no registro do bem não constitui elemento integrativo do ato, mas sim requisito de eficácia perante terceiros. Por essa razão, o prévio registro da penhora do bem constrito gera presunção absoluta (*juris et de jure*) de conhecimento para terceiros e, portanto, de fraude à execução caso o bem seja alienado ou onerado após a averbação (art. 659, § 4.º, do CPC/1973; art. 844 do CPC/2015). Presunção essa que também é aplicável à hipótese na qual o credor providenciou a averbação, à margem do registro, da pendência de ação de execução (art. 615-A, § 3.º, do CPC/73; art. 828, § 4.º, do CPC/2015)" (STJ, REsp 1.863.952/SP, 3.ª Turma, Rel. Min. Nancy Andrighi, por unanimidade, j. 26.10.2021).

Como se pode perceber, o *decisum* não resolvia totalmente a questão relativa à necessidade das certidões.

Em 2022, a Terceira Turma do Tribunal voltou a se pronunciar sobre o tema, concluindo que devedor pratica ato em fraude à execução quando transfere imóvel para descendente, mesmo sem averbação da penhora na matrícula do imóvel. Nos termos do aresto:

> "Esta Corte tem entendimento sedimentado no sentido de que a inscrição da penhora no registro do bem não constitui elemento integrativo do ato, mas sim requisito de eficácia perante terceiros. Precedentes. Por essa razão, o prévio registro da penhora do bem constrito gera presunção absoluta (*juris et de jure*) de conhecimento para terceiros e, portanto, de fraude à execução caso o bem seja alienado ou onerado após a averbação (art. 659, § 4.º, do CPC/73; art. 844 do CPC/2015). Essa presunção também é aplicável à hipótese na qual o credor providenciou a averbação, à margem do registro,

da pendência de ação de execução (art. 615-A, § 3.º, do CPC/73; art. 828, § 4.º, do CPC/2015). Por outro lado, se o bem se sujeitar a registro e a penhora ou a execução não tiver sido averbada, tal circunstância não obsta, *prima facie*, o reconhecimento da fraude à execução. Na hipótese, entretanto, caberá ao credor comprovar a má-fé do terceiro; vale dizer, que o adquirente tinha conhecimento acerca da pendência do processo. Essa orientação é consolidada na jurisprudência deste Tribunal Superior e está cristalizada na Súmula 375 do STJ e no julgamento do Tema 243. Entretanto, essa proteção não se justifica quando o devedor procura blindar seu patrimônio dentro da própria família mediante a transferência de bem para seu descendente, sobretudo menor, com objetivo de fraudar execução já em curso. Nessas situações, não há importância em indagar se o descendente conhecia ou não a penhora sobre o imóvel ou se estava ou não de má-fé. Isso porque o destaque é a má-fé do devedor que procura blindar seu patrimônio dentro da própria família" (STJ, REsp 1.981.646/SP, 3.ª Turma, Rel. Min. Nancy Andrighi, j. 02.08.2022, *DJe* 05.08.2022).

Em suma, já era necessário um novo posicionamento da Corte Superior – responsável por uniformizar a jurisprudência em matéria de Direito Privado – quanto ao conflito entre o CPC/2015 e a Lei 13.097/2015, o que ficou reforçado com o surgimento da Lei 14.382/2022 e pelo que está no último aresto, no meu entender. Aguardemos nossos julgados do Tribunal da Cidadania sobre a temática.

De todo modo, a tendência para o futuro parece ser a de prevalência da boa-fé do adquirente caso não exista qualquer restrição na matrícula do imóvel, caminhando-se para a antes citada solução pela *concentração absoluta dos atos na matrícula*, o que foi confirmado pela Lei do SERP. Essa posição acaba por favorecer o tráfego jurídico e a conservação dos negócios.

Por fim, quanto às diferenças entre a fraude contra credores e a fraude à execução, a sentença da ação *pauliana* é constitutiva negativa, enquanto na fraude à execução a decisão que a reconhece tem natureza declaratória, de ineficácia do ato praticado.

Com objetivo didático, apresento as diferenças no quadro comparativo a seguir concebido:

| Fraude contra credores | Fraude à execução |
| --- | --- |
| Instituto de Direito Civil | Instituto de Direito Processual Civil |
| O devedor tem várias obrigações assumidas perante credores e aliena de forma gratuita ou onerosa os seus bens, visando prejudicar tais credores. | O executado já citado em ação de execução ou condenatória aliena bens. Ainda, aliena bem constrito, com o registro da demanda ou de hipoteca judiciária na matrícula do imóvel, nos termos do art. 792, incs. I, II e III, do CPC/2015. |
| Necessária a presença de dois elementos, em regra:<br><br>a) *Consilium fraudis* – conluio fraudulento entre devedor e adquirente do bem;<br><br>b) *Eventus damni* – prejuízo ao credor. | Em regra, bastava a presença de prejuízo ao autor/exequente. Como esse prejuízo também atingiria o Poder Judiciário, sempre se entendeu pela presunção absoluta do conluio fraudulento. Entretanto, o Superior Tribunal de Justiça passou a entender que a má-fé não pode ser presumida. Foi editada a Súmula 375 do STJ, prevendo que o reconhecimento da fraude à execução depende do registro da penhora do bem alienado ou da prova de má-fé do terceiro adquirente. A súmula aproximou o instituto da fraude à execução da fraude contra credores. Essa aproximação foi confirmada pela Lei 13.097/2015 e pelo CPC (art. 792). |

| Fraude contra credores | Fraude à execução |
|---|---|
| Necessidade de propositura de ação *pauliana* ou revocatória. | Não há necessidade de propositura da ação pauliana, podendo ser a fraude reconhecida mediante simples requerimento da parte. |
| A sentença da ação anulatória tem natureza **constitutiva negativa**, gerando a anulabilidade do negócio jurídico celebrado (plano da validade). | O reconhecimento da fraude à execução tem natureza **declaratória**, gerando a ineficácia do ato celebrado (plano da eficácia). |

### 2.5.6 Teoria das nulidades do negócio jurídico

De acordo com a melhor doutrina, a expressão *invalidade* em sentido amplo é empregada para designar o negócio que não produz os efeitos desejados pelas partes envolvidas. O Código Civil de 2002 fez a opção de utilizar a expressão, tratada entre os seus arts. 166 e 184, os quais consubstanciam a chamada *teoria das nulidades do negócio jurídico*.

Outros juristas preferem utilizar a expressão ineficácia, que representa a situação em que o negócio jurídico não gera efeitos. Entendo ser melhor utilizar a expressão que consta da codificação de 2002, sendo certo que o ato inválido é também ineficaz, em regra, diante da *Escada Ponteana*, outrora demonstrada.

Assim, o estudo da invalidade e a correspondente ineficácia do negócio jurídico abrangem, segundo a clássica doutrina do Direito Civil:

| A teoria das invalidades do negócio jurídico abrange | A inexistência do negócio jurídico. |
|---|---|
| | A nulidade absoluta – negócio nulo. |
| | A nulidade relativa ou anulabilidade – negócio anulável. |

Ressalte-se que a inexistência do negócio jurídico é estudada neste ponto, pois as situações, muitas vezes, são resolvidas pelo caminho da nulidade. Em reforço, sendo o negócio inexistente, será também inválido. Todavia, os conceitos de inexistência e invalidade definitivamente não se confundem, como aqui será desenvolvido. A menção da inexistência na última tabela, portanto, é meramente didática.

Os casos que se passa a abordar são importantíssimos para todo o Direito Privado. Nunca é demais lembrar que todo contrato constitui negócio jurídico bilateral. Desse modo, os casos de nulidade e anulabilidade negocial são causas de nulidade e anulabilidade contratual, que geram a extinção dos pactos por causas anteriores ou contemporâneas à sua celebração.

Seguimos então na análise de tais situações, especificamente.

### 2.5.6.1 *Da inexistência do negócio jurídico*

O negócio inexistente é aquele que não gera efeitos no âmbito jurídico, pois não preencheu os seus requisitos mínimos, constantes do seu plano de existência. São inexistentes os negócios jurídicos que não apresentam os elementos que formam o *suporte fático*: partes, vontade, objeto e forma.

Para os adeptos dessa teoria, em casos tais, não é necessária a declaração da invalidade por decisão judicial, porque o ato jamais chegou a existir – não se invalida o que não

CAP. 2 • PARTE GERAL DO CÓDIGO CIVIL DE 2002 | **301**

existe. Costuma-se dizer: o *ato inexistente é um nada para o direito*. Repise-se, contudo, que alguns juristas não são adeptos da *teoria da inexistência do ato ou negócio jurídico*, uma vez que o Código Civil trata apenas do negócio nulo e anulável.

Desse modo, para a corrente doutrinária que não aceita a ideia de ato inexistente, os casos apontados como de inexistência do negócio jurídico são resolvidos com a solução de nulidade.

Ressalte-se que, como não há qualquer previsão legal quanto à inexistência do negócio jurídico, a teoria da inexistência não foi adotada expressamente pela atual codificação, a exemplo do que ocorreu com o Código de 1916. Como foi demonstrado, o art. 104 do Código Civil de 2002 trata diretamente do plano da validade, assim como o faz a primeira parte do art. 2.035 da mesma codificação material. Na realidade, implicitamente, o plano da existência estaria inserido no plano da validade do negócio jurídico. Por isso é que, em tom didático, pode-se afirmar que *o plano da existência está embutido no plano da validade*.

No campo prático, sabe-se que não há sequer a necessidade de se promover a ação correspondente, para declarar o *negócio jurídico inexistente*. Mas, eventualmente, haverá a necessidade de propositura de demanda, a fim de afastar eventuais efeitos decorrentes dessa inexistência de um negócio celebrado, caso, por exemplo, de um casamento. Para essa ação, segundo os adeptos da inexistência, devem ser aplicadas as mesmas regras previstas para a nulidade absoluta.

Nesse ponto, reside uma crítica contundente e prática à teoria da inexistência, por ser muito mais fácil considerar o negócio como nulo, subsumindo as regras previstas para a nulidade absoluta, percorrendo caminho mais tranquilo, didática e juridicamente. Dessa forma, as hipóteses para as quais tais juristas apontam a inexistência são, de forma indireta, casos de nulidade absoluta.

### 2.5.6.2 *Da nulidade absoluta – negócio jurídico nulo*

Em sentido amplo, como leciona Maria Helena Diniz, a nulidade é a sanção imposta pela lei que determina a privação de efeitos jurídicos do ato negocial, praticado em desobediência ao que a norma jurídica prescreve.[195] A nulidade é a consequência prevista em lei, nas hipóteses em que não estão preenchidos os requisitos básicos para a existência válida do ato negocial.

Relembre-se que duas são as espécies de nulidades, concebendo-se a palavra em sentido amplo ou *lato sensu*: nulidade absoluta (nulidade *stricto sensu*) e nulidade relativa (ou anulabilidade). Trataremos, inicialmente, da primeira hipótese.

Nessa, o negócio jurídico não produz efeitos, pela ausência dos requisitos para o seu plano de validade (art. 104 do CC). A nulidade absoluta ofende regramentos ou normas de ordem pública, sendo o negócio absolutamente inválido, cabendo ação correspondente para declarar a ocorrência do vício. O art. 166 do atual CC, em termos gerais, consagra as hipóteses de nulidade, a saber:

a) Quando o negócio for celebrado por absolutamente incapaz, sem a devida representação, conforme o que consta do art. 3.º do CC, agora mencionando apenas os menores de 16 anos, conforme exposto anteriormente neste Capítulo (inciso I).

b) Na hipótese em que o objeto do negócio for ilícito, impossível, indeterminado ou indeterminável. A impossibilidade do objeto pode ser física ou jurídica (inciso

---

[195] DINIZ, Maria Helena. *Código Civil anotado*. 15. ed. São Paulo: Saraiva, 2010. p. 194.

II). Em relação à ilicitude do objeto, na esteira das lições *ponteanas*, trata-se do *ilícito nulificante*, "que tem por pressupostos o ser contrário a direito, isto é, o infringir princípio do ordenamento jurídico (pressuposto objetivo)".[196] Da jurisprudência superior, cite-se o exemplo da venda de imóvel em loteamento irregular ou clandestino, tendo a Terceira Turma do STJ julgado, de forma correta em 2024, que, "não tendo o loteador nem requisitado a aprovação do loteamento perante a Prefeitura Municipal e iniciado mesmo assim a urbanização deste, estar-se-á diante do chamado loteamento clandestino ou irregular. O objeto do contrato de compra e venda de terreno não registrado é ilícito, pois a Lei 6.766/79 objetiva exatamente coibir os nefastos efeitos ambientais e sociais do loteamento irregular. O art. 37 da Lei 6.766/79 estabelece que é vedado vender ou prometer vender parcela de loteamento ou desmembramento não registrado. Tratando-se de nulidade, o fato de o adquirente ter ciência da irregularidade do lote quando da sua aquisição não convalida o negócio, pois, nessas situações, somente se admite o retorno dos contratantes ao 'status quo ante'. Não tendo o loteador providenciado o registro do imóvel, independentemente de ter sido firmada entre particulares cientes da irregularidade do imóvel, a compra e venda de loteamento não registrado é prática contratual taxativamente vedada por lei e que possui objeto ilícito. Por isso, o negócio jurídico deve ser declarado nulo" (STJ, REsp 2.166.273/SP, 3.ª Turma, Rel. Min. Nancy Andrighi, j. 08.10.2024, *DJe* 10.10.2024). Como não poderia ser diferente, por suas próprias razões, o aresto tem o meu total apoio doutrinário.

c) Quando o motivo determinante do negócio, para ambas as partes, for ilícito. Como já analisado, o motivo está no plano subjetivo do negócio, na intenção das partes. Não se confunde, portanto, com a causa negocial, que reside no plano objetivo. Sobre essa previsão, constante do art. 166, inc. III, do CC, ensina o saudoso Mestre Zeno Veloso que "o negócio, em si, não tem objeto ilícito, mas a nulidade é determinada porque, no caso concreto, houve conluio das partes para alcançar um fim ilegítimo e, eventualmente, criminoso. Por exemplo: vende-se um automóvel para que seja utilizado num sequestro; empresta-se uma arma para matar alguém; aluga-se uma casa para a exploração de lenocínio. A venda, o comodato e o aluguel não são negócios que contrariem o Direito, muito ao contrário, mas são fulminados de nulidade, nos exemplos dados, porque o motivo determinante deles, comum a ambas as partes, era ilícito".[197] Anote-se que o atual Projeto de Reforma do Código Civil pretende ampliar a regra de invalidade, para qualquer hipótese de motivo ilícito que gere a nulidade absoluta, e não apenas para ambas as partes. Nesse contexto, o inciso III passará a mencionar a nulidade absoluta do negócio jurídico quando "motivo determinante for ilícito", o que é melhor e mais técnica solução, na minha opinião doutrinária.

d) Quando o negócio não se revestir da forma prescrita em lei ou quando for preterida alguma solenidade que a lei considera essencial para a sua validade (incisos IV e V). Como a solenidade constitui uma espécie de forma, não haveria a necessidade da última previsão. Assim, os dois incisos devem ser aplicados para o caso de uma compra e venda de imóvel com valor superior a trinta salários

---

[196] PONTES DE MIRANDA, Francisco Cavalcanti. *Tratado de direito privado*. 4. ed. São Paulo: RT, 1974, t. III, p. 144.

[197] VELOSO, Zeno. *Invalidade do negócio jurídico*. 2. ed. Belo Horizonte: Del Rey, 2005. p. 77.

CAP. 2 • PARTE GERAL DO CÓDIGO CIVIL DE 2002 | **303**

mínimos, em que não foi elaborado o contrato por escritura pública, negócio esse que é nulo de pleno direito.

e) Haverá também nulidade do negócio que tiver como objetivo fraudar a lei imperativa. Quanto à previsão do inciso VI, do art. 166, do CC, leciona mais uma vez Zeno Veloso que a previsão não se confunde com a ilicitude do objeto. Isso porque, na fraude à lei, há uma infringência oblíqua ou indireta da norma proibitiva. A título de exemplo, o jurista cita o caso de uma retrovenda celebrada, cujo objetivo é o de dar aparência de legalidade a um contrato de mútuo em que foram cobrados juros abusivos.[198] Existe proposta de alteração desse inciso VI pelo Projeto de Reforma e Atualização do Código Civil, para que passe a expressar que o negócio jurídico é nulo quando "fraudar lei imperativa ou norma de ordem pública". Na verdade, esse já é o sentido do texto em sua correta interpretação, havendo nulidade absoluta na contrariedade a norma cogente, o que deve constar expressamente na lei, por questão de segurança jurídica, segundo a Comissão de Juristas nomeada pelo Senado Federal.

f) Nulo será o negócio quando a lei expressamente o declarar (*nulidade expressa* ou *textual*) ou proibir-lhe a prática, sem cominar sanção (*nulidade implícita* ou *virtual*). Ambas as hipóteses constam do art. 166, inc. VII, do CC. Como caso de *nulidade textual*, exemplifica-se com a vedação da doação universal de todos os bens, sem a reserva do mínimo para a sobrevivência do doador (art. 548 do CC). Como exemplo de *nulidade implícita ou virtual*, vale citar a previsão do art. 426 do CC/2002, pelo qual não pode ser objeto de contrato a herança de pessoa viva (vedação do pacto sucessório ou *pacta corvina*). O comando legal, no último caso, apenas veda o ato, não prevendo a sanção, que, no caso, é a *nulidade absoluta virtual*. Não se olvide que o Projeto de Reforma e Atualização do Código Civil, em trâmite no Parlamento Brasileiro, pretende inserir exceções no seu art. 426, para passar a admitir a renúncia prévia à herança por cônjuges e conviventes. O tema está tratado no último capítulo deste *Manual*.

Além das situações previstas no art. 166 do CC, já foi estudado que o negócio simulado também é nulo, subsistindo apenas o que se dissimulou (art. 167 do CC). Relembre-se que qualquer modalidade de simulação, mesmo a inocente, é invalidante.

Ainda, conforme analisado quando do estudo dos vícios da vontade, ensina parte da doutrina que o negócio jurídico eivado de coação física (*vis absoluta*) é nulo de pleno direito, pela ausência de vontade. Vale repetir que alguns doutrinadores entendem que a hipótese é de negócio inexistente.

Superada a análise dos casos envolvendo a nulidade absoluta, é imperioso verificar quais *os efeitos e procedimentos* decorrentes do seu reconhecimento.

Inicialmente, quando há nulidade absoluta, deve ser proposta uma *ação declaratória de nulidade* que seguia, regra geral, o rito ordinário (CPC/1973), atual procedimento comum (CPC/2015). Essa ação, diante de sua natureza predominantemente declaratória, é imprescritível, ou melhor tecnicamente, não está sujeita a prescrição ou decadência. A imprescritibilidade também está justificada porque a nulidade absoluta envolve preceitos de ordem pública, impedindo, consequentemente, que o ato convalesça pelo decurso do tempo (art. 169 do CC).

---

[198] VELOSO, Zeno. *Invalidade do negócio jurídico*. 2. ed. Belo Horizonte: Del Rey, 2005. p. 84.

# 304 | MANUAL DE DIREITO CIVIL • VOLUME ÚNICO – *Flávio Tartuce*

Dessa forma, com a emergência do Código Civil de 2002, não cabe mais a alegação da prescritibilidade em vinte anos (agora, dez anos – art. 205 do CC), da referida ação de nulidade, tese que não pode mais prosperar. Em reforço e oportunamente, será demonstrado que, sobre a prescrição e a decadência, a atual codificação privada adotou os critérios científicos propostos por Agnelo Amorim Filho, que relaciona a imprescritibilidade às ações declaratórias (*RT* 300/7 e 744/725).

De toda sorte, cabe deixar claro que a questão não é pacífica, especialmente na doutrina, sendo pertinente expor as correntes principais a respeito da controvérsia.

De início, adotando a premissa da imprescritibilidade seguida por mim, leciona Álvaro Villaça Azevedo que "a ação de nulidade, a seu turno, é imprescritível".[199] Segundo Sílvio de Salvo Venosa, o art. 169 da atual codificação encerrou polêmica anterior, "para extinguir com a divergência na doutrina, o presente Código é expresso em relação à imprescritibilidade do negócio jurídico".[200] Na mesma linha, Jones Figueirêdo Alves e Mário Luiz Delgado ponderam que "esclarece o legislador que o negócio nulo *ipso iure* não pode ser confirmado e que o direito de postular a declaração de sua nulidade não se sujeita à decadência".[201] Por fim, as palavras do saudoso Cristiano Chaves de Farias e Nelson Rosenvald, para quem, "percebe-se, assim, em que pese antigas divergências doutrinárias, que o ato nulo não prescreve".[202]

Na jurisprudência superior já se reconhecia, antes mesmo do Código Civil de 2002, que "a ausência de consentimento ou outorga uxória em declaração de transferência de imóvel pertencente ao patrimônio do casal é ato jurídico absolutamente nulo e, por isso, imprescritível, podendo sua nulidade ser declarada a qualquer tempo, além de não produzir qualquer efeito jurídico. Inaplicabilidade à espécie dos artigos 177 e 178 do Código Civil. Precedentes desta Corte" (STJ, REsp 38.549/SP, 3.ª Turma, Rel. Min. Antônio de Pádua Ribeiro, j. 08.06.2000, *DJ* 28.08.2000, p. 70). Ou, ainda, posicionava-se que: "as nulidades de pleno direito invalidam o registro (Lei n. 6.015/73, art. 214). Princípio da continuidade. Segundo boa parte da doutrina, a nulidade, além de insanável, é imprescritível. Conforme precedente da 3.ª Turma do STJ, 'Resultando provado que a escritura de compra e venda for forjada, o ato é tido como nulo e não convalesce pela prescrição' (REsp 12.511, *DJ* 04.11.1991)" (STJ, REsp 89.768/RS, 3.ª Turma, Rel. Min. Nilson Naves, j. 04.03.1999, *DJ* 21.06.1999, p. 149).

Acórdãos de datas mais próximas da Corte Superior não discrepam de tal solução. Vejamos ementa publicada em 2013, seguindo o mesmo caminho da imprescritibilidade da nulidade absoluta:

> "Recursos especiais. Falência. Dação em pagamento. Nulidade. Forma prescrita em lei. Alienação. Terceiros de boa-fé. Decisão que não ultrapassa os limites da lide. Legitimidade. Decadência. Prescrição. Retorno das partes ao estado anterior. Enriquecimento ilícito não configurado. Obrigação contratual. Juros de mora. Termo inicial. Honorários. Ação desconstitutiva. 1. O julgamento que levou em consideração causa de pedir e pedido, aplicando a melhor solução à espécie, não é *extra* nem *ultra petita*. 2. A indenização fixada com base nas circunstâncias próprias do caso (valor do negócio anulado), na legislação pertinente (art. 182 do CC), e em

---

[199] AZEVEDO, Álvaro Villaça. *Teoria geral do direito civil*. Parte Geral. São Paulo: Atlas, 2012. p. 35.
[200] VENOSA, Sílvio de Salvo. *Código Civil interpretado*. São Paulo: Atlas, 2010. p. 191.
[201] DELGADO, Mário Luiz; ALVES, Jones Figueirêdo. *Código Civil anotado*. São Paulo: Método, 2005. p. 108.
[202] FARIAS, Cristiano Chaves; ROSENVALD, Nelson. *Curso de direito civil*. Reais. 8. ed. Salvador: JusPodivm, 2012. p. 612.

CAP. 2 • PARTE GERAL DO CÓDIGO CIVIL DE 2002 | **305**

decisão judicial fundamentada e atenta aos limites da controvérsia, não caracteriza enriquecimento ilícito. 3. Tratando-se de ação de nulidade de negócio jurídico e não a típica revocatória, não há que se falar em aplicação do art. 55, do DL 7.661/45, com legitimidade apenas subsidiária dos demais credores em relação ao Síndico da massa. Qualquer credor habilitado é, em princípio, parte legítima para propor a ação de anulação (art. 30, II, do DL 7.661/45). 4. Cuidando-se de ação anulatória, tampouco se aplica o prazo do art. 56, § 1.º, do DL 7.661/45. 5. Os atos nulos não prescrevem, podendo a sua nulidade ser declarada a qualquer tempo. (Precedentes). 6. Constatado que o retorno à situação fática anterior é inviável, não resta ao julgador que declarou nulo negócio jurídico, outro caminho que não a determinação da resolução mediante recompensa monetária, nos termos do art. 182, do Código Civil, que também se aplica à nulidade absoluta. 7. Os honorários na ação de natureza predominantemente desconstitutiva, ainda que tenha como consequência lógica uma condenação, devem ser fixados nos termos do art. 20, § 4.º, do CPC. 8. Tratando-se de obrigação contratual, os juros de mora contam-se a partir da citação (arts. 397, do CC, e 219, do CPC). 9. Recursos Especiais improvidos" (STJ, REsp 1.353.864/GO, 3.ª Turma, Rel. Min. Sidnei Beneti, j. 07.03.2013, *DJe* 12.03.2013).

Cite-se, ainda mais recentemente e trazendo interessante exemplo, decisão do Tribunal Paulista que entendeu pela imprescritibilidade da demanda que buscava a nulidade absoluta de sorteio de vagas de garagem em condomínio edilício, mencionando a minha posição doutrinária. Conforme consta de trecho importante do acórdão, "contrariamente ao pretendido pelo réu, uma vez que a pretensão da autora tem natureza predominantemente declaratória, não está sujeita ao prazo prescricional. No presente caso a situação é ainda mais específica, visto que a destinação das vagas de garagem não foi objeto de deliberação na convenção do condomínio, que as prevê como indeterminadas e tampouco de deliberação assemblear específica para essa finalidade" (TJSP, Apelação 0204733-02.2012.8.26.0100, Acórdão 10176343, 10.ª Câmara de Direito Privado, São Paulo, Rel. Des. Ronnie Herbert Barros Soares, j. 07.02.2017, *DJESP* 24.03.2017).

Porém, há outra corrente que entende que os atos nulos estão sujeitos ao maior prazo de prescrição previsto em lei para a sua declaração de nulidade, especialmente no que toca aos efeitos patrimoniais. Assim, aplicar-se-ia o prazo geral de prescrição de dez anos, previsto no art. 205 da atual codificação material. Essa é a opinião, por exemplo, de Gustavo Tepedino, Maria Celina Bodin de Moraes e Heloísa Helena Barboza, citando Caio Mário da Silva Pereira e outros julgados do STJ (*Código...*, 2003, p. 316).

Por fim, é possível expor uma corrente que representa uma *terceira via*, pois há quem sustente que a ação para declarar o ato nulo é sempre imprescritível, aplicando-se a prescrição para outras pretensões decorrentes da nulidade do negócio jurídico. A título de exemplo, eventual pedido de reparação civil estaria sujeito ao prazo de três anos tratado pelo art. 206, § 3.º, inc. V, do atual Código Civil. Nessa trilha, o Enunciado n. 536 da *VI Jornada de Direito Civil*, evento de 2013: "resultando do negócio jurídico nulo consequências patrimoniais capazes de ensejar pretensões, é possível, quanto a estas, a incidência da prescrição". As justificativas do enunciado citado merecem destaque:

"Parece preponderar na doutrina pátria, não sem discordância respeitável, o entendimento de que não há prescrição da pretensão ao reconhecimento de nulidade em negócio jurídico, embora os seus adeptos optem pela apresentação de fundamentos distintos. Nesse sentido, argumenta-se que a ação de nulidade é de natureza constitutiva e, quando não se encontra submetida a prazo decadencial específico, é imprescritível. Na direção contrária, sustenta-se que, quanto às nulidades, a ação manejável é a declaratória, insuscetível de prescrição ou decadência. O tema, na seara pretoriana, ainda não recebeu tratamento uniforme, havendo precedentes tanto pela sujeição à prescrição com a aplicação do prazo geral, quanto pela imprescritibilidade. A redação do art. 169 do Código Civil, ao explicitar que o negócio jurídico eivado de nulidade não subsiste pelo decurso do tempo, favorece a corrente da imprescritibilidade por qualquer dos raciocínios acima, principalmente diante do fato de que o art. 179, em complemento, somente estabelece o prazo genérico de decadência para as hipóteses de negócios anuláveis. Considerada como premissa a imprescritibilidade, deve-se proceder à diferenciação entre o pleito tendente unicamente ao reconhecimento da invalidade dos efeitos patrimoniais dela decorrentes. Quanto a estes, não se pode desconhecer a possibilidade de surgimento de pretensão, de modo a tornar inelutável a incidência da prescrição".

Com o devido respeito, entendo que, atualmente, os efeitos patrimoniais da ação de nulidade também não estão sujeitos à prescrição, pois a ordem pública relativa ao ato nulo prevalece em casos tais. Em suma, se reconhecida a prescritibilidade da pretensão, a declaração de nulidade pode não produzir qualquer efeito jurídico, inclusive nos casos citados nas justificativas do enunciado doutrinário.

De todo modo, no atual Projeto de Reforma do Código Civil, elaborado pela Comissão de Juristas nomeada no Senado Federal, foram feitas propostas de inclusão de dois parágrafos no seu art. 169, prevendo-se no primeiro deles o teor do Enunciado n. 536 da *VI Jornada de Direito Civil*: "§ 1.º Prescrevem conforme as regras deste Código as pretensões fundadas em consequências patrimoniais danosas decorrentes do negócio jurídico nulo". Foram vencidas, portanto, as minhas resistências doutrinárias quando da discussão da proposta, aguardando-se a sua análise pelo Parlamento Brasileiro.

As nulidades absolutas, por envolverem ordem pública, podem ser alegadas por qualquer interessado, ou pelo Ministério Público, quando lhe couber intervir (art. 168 do CC). Também por envolverem o interesse de todos, as nulidades devem ser pronunciadas pelo juiz, quando conhecer do negócio jurídico ou dos seus efeitos (art. 168, parágrafo único, do CC).

Trata-se da tão comentada declaração de ofício ou *ex officio* pelo magistrado, sempre indispensável quando os interesses da coletividade estiverem em jogo. Não se olvide de que, nos termos do CPC de 2015 (art. 10), antes desse conhecimento de ofício, deve o julgador ouvir as partes da demanda. Trata-se da já comentada vedação das *decisões-surpresa*, o que representa aplicação do princípio da boa-fé objetiva processual.

Ademais, pelo mesmo art. 168 da codificação material, a nulidade absoluta não pode ser suprida, sanada, pelo magistrado mesmo a pedido da parte interessada, novamente diante do seu fundamento na ordem pública. O citado art. 169 do CC/2002 enuncia que o negócio jurídico nulo não pode ser confirmado pelas partes, nem convalesce pelo decurso do tempo. Dessa forma, o ato não pode ser convalidado ou aproveitado. Regra geral, a nulidade absoluta tem um *efeito fatal*, liquidando totalmente o negócio. Consequência prática desse efeito é o que consta do art. 367 do CC, pelo qual não podem ser objeto de novação as obrigações nulas, eivadas de nulidade absoluta.

Como inovação importante, o Código Civil de 2002 admite a conversão do negócio jurídico nulo em outro de natureza diferente, conforme o seu art. 170, que prescreve: "se o negócio jurídico nulo contiver requisitos de outro, subsistirá este quando o fim a que visavam as partes permitir supor que o teriam querido, se houvessem previsto a nulidade".

De qualquer sorte, o dispositivo recebe críticas contundentes da doutrina. Antes mesmo da entrada em vigor do Código de 2002, o tema já havia sido estudado por João Alberto Schützer Del Nero. Comentando o então anteprojeto, o autor já apresentava as seguintes críticas quanto ao atual art. 170 do Código Civil brasileiro: "a) assim como o § 140 do Código Civil alemão e

CAP. 2 • PARTE GERAL DO CÓDIGO CIVIL DE 2002 | **307**

o artigo 1.424 do Código Civil italiano, seria possível a conversão do negócio jurídico apenas em caso de nulidade, não de anulabilidade, nem de ineficácia, em sentido estrito literal do texto – à diferença do artigo 293.º do Código Civil português, que refere expressamente as hipóteses de nulidade e de anulabilidade; b) a expressão 'permitir supor que o teriam querido' não é clara porque tanto poderia referir o querer dirigido ao outro negócio jurídico (e esse parece ser o entendimento mais adequado), como o querer dirigido à subsistência do outro negócio jurídico, ou seja, a chamada 'intenção ou vontade de conversão' (*Konversionsabsicht*, *Konversionswille* ou *animus convertendi*); e c) o emprego do verbo 'subsistir' poderia sugerir que o outro negócio jurídico já estava, por assim dizer, contido no primeiro e, portanto, não haveria propriamente conversão, mas, sim, apenas manutenção do (outro) negócio jurídico".[203]

As críticas se justificam, somando-se o fato de que o dispositivo é mal escrito e de difícil compreensão pela comunidade jurídica em geral.

Quanto ao tema da conversão do negócio nulo, o seu reconhecimento contraria a sistemática anterior, pela qual não era admitido o aproveitamento do negócio jurídico nulo. Com a nulidade absoluta o negócio era aniquilado, *transformando-se em cinzas*. Agora é possível a conversão do negócio nulo em outro negócio jurídico, aproveitando-o em certo sentido. Para tanto, a lei exige um *elemento subjetivo*, eis que é necessário que os contratantes queiram o outro negócio ou contrato para o qual o negócio nulo será convertido. Implicitamente, devem ter conhecimento da nulidade que acomete o pacto celebrado.

Segundo o Enunciado n. 13 do CJF/STJ, aprovado na *I Jornada de Direito Civil*, há também um *requisito objetivo*, eis que "o aspecto objetivo da conversão requer a existência do suporte fático no negócio a converter-se". Pelo que consta do enunciado, é necessário que a situação fática permita a conversão, particularmente pela certa similaridade entre os elementos do negócio nulo e daquele para o qual ocorrerá a conversão. Em outras palavras, o negócio a ser convertido deve apresentar os pressupostos de existência (*suporte fático*) e os requisitos de validade, ou seja, os *dois primeiros degraus da Escada Ponteana*.

Nesse sentido, a conversão do negócio jurídico constitui o meio jurídico pelo qual o negócio nulo, respeitados certos requisitos, transforma-se em outro negócio, totalmente válido, visando à conservação contratual e à manutenção da vontade, da autonomia privada. Constata-se que o art. 170 do CC/2002 consagra uma conversão *subjetiva* e *indireta*. *Subjetiva* porque exige a vontade das partes; *indireta* porque o negócio nulo é convertido em outro.

Passando-se ao campo concreto, como exemplo de conversão do negócio jurídico nulo, pode ser citada a ausência de escritura pública em venda de imóvel com valor superior a trinta salários mínimos, o que acarreta a nulidade absoluta do ato, conforme analisado outrora, quando da discussão do art. 108 do CC. Pela aplicação dos arts. 170 e 462 do Código Civil em vigor, há a possibilidade de esse ato ser aproveitado, transformando-se a compra e venda nula em compromisso bilateral de compra e venda – espécie de contrato preliminar. Isso porque o último dispositivo prescreve que "O contrato preliminar, exceto quanto à forma, deve conter todos os requisitos essenciais ao contrato a ser celebrado".

Da prática jurisprudencial, vale citar aresto do Superior Tribunal de Justiça, que admitiu a conversão substancial de contrato de doação em mútuo. Vejamos o acórdão:

> "O contrato de doação é, por essência, solene, exigindo a Lei, sob pena de nulidade, que seja celebrado por escritura pública ou instrumento particular, salvo quando

---

[203] SCHÜTZER DEL NERO, João Alberto. *Conversão substancial do negócio jurídico*. Rio de Janeiro: Renovar, 2001. p. 278.

tiver por objeto bens móveis e de pequeno valor. A despeito da inexistência de formalidade essencial, o que, *a priori*, ensejaria a invalidação da suposta doação, certo é que houve a efetiva tradição de bem móvel fungível (dinheiro), da recorrente a sua filha, o que produziu, à época, efeitos na esfera patrimonial de ambas e agora está a produzir efeitos hereditários. Em situações como essa, o art. 170 do CC/2002 autoriza a conversão do negócio jurídico, a fim de que sejam aproveitados os seus elementos prestantes, considerando que as partes, ao celebrá-lo, têm em vista os efeitos jurídicos do ato, independentemente da qualificação que o direito lhe dá (princípio da conservação dos atos jurídicos). Na hipótese, sendo nulo o negócio jurídico de doação, o mais consentâneo é que se lhe converta em um contrato de mútuo gratuito, de fins não econômicos, porquanto é incontroverso o efetivo empréstimo do bem fungível, por prazo indeterminado, e, de algum modo, a intenção da beneficiária de restituí-lo. Em sendo o negócio jurídico convertido em contrato de mútuo, tem a recorrente, com o falecimento da filha, legitimidade ativa e interesse de agir para cobrar a dívida do espólio, a fim de ter restituída a coisa emprestada" (STJ, REsp 1.225.861/RS, 3.ª Turma, Rel. Min. Nancy Andrighi, *DJE* 26.05.2014).

Para tanto, imprescindível que as partes, após manifestações de vontade livres, denotem as suas intenções de celebrar esse novo negócio jurídico, elemento subjetivo sem o qual a conversão não é possível. Além disso, o negócio a ser convertido deve ter os requisitos mínimos do outro negócio, o que possibilita a sua convalidação, mas com outros efeitos jurídicos.

A encerrar a análise da nulidade absoluta, é pertinente recordar que a sentença que declara a nulidade absoluta tem efeitos *erga omnes*, contra todos, diante da emergência da ordem pública. Os efeitos declaratórios dessa decisão são também *ex tunc*, retroativos ou retro-operantes, desde o momento de trânsito em julgado da decisão até o surgimento do negócio tido como nulo. Em outras palavras e no campo concreto, devem ser considerados nulos todos os atos e negócios celebrados nesse lapso temporal.

Deve ser feita a ressalva, voltando a tema antes esposado, de que há uma clara tendência de se tutelar terceiros ou negociantes de boa-fé em face dos atos nulos. Seguindo tal esteira, o preciso Enunciado n. 537 da *VI Jornada de Direito Civil, in verbis*: "a previsão contida no art. 169 não impossibilita que, excepcionalmente, negócios jurídicos nulos produzam efeitos a serem preservados quando justificados por interesses merecedores de tutela".

Reafirmo que sou totalmente favorável à linha adotada pelo enunciado doutrinário. No Projeto de Reforma do Código Civil, em boa hora e em prol da segurança jurídica, sugere-se que o seu art. 169 receba um § 2.º, preceituando que "a previsão contida no *caput* não impossibilita que, excepcionalmente, negócios jurídicos nulos produzam efeitos decorrentes da boa-fé, ao menos de uma das partes, a serem preservados quando justificados por interesses merecedores de tutela". Mais uma vez, em prol da segurança jurídica, espero que a proposta seja aprovada pelo Congresso Nacional.

Para ilustrar, vale voltar ao seguinte exemplo, geralmente utilizado em aulas e exposições sobre o assunto, antes das mudanças engendradas pelo Estatuto da Pessoa com Deficiência. Imagine-se que alguém compra um imóvel de certa pessoa que parecia estar dotada de condições psicológicas normais quando da prática do ato. Posteriormente, a pessoa é interditada e o laudo médico aponta que o vendedor já era enfermo e deficiente mental sem discernimento para a prática dos atos da vida civil quando a venda foi realizada. Pela regra geral anterior de nulidade, o contrato seria declarado nulo, atingindo também eventuais terceiros de boa-fé, pelos efeitos *erga omnes* e *ex tunc* da sentença declaratória de nulidade absoluta.

Com o devido respeito, como a eticidade é um dos fundamentos da atual codificação, não havia como percorrer o último caminho, devendo os negócios ser preservados em face

CAP. 2 • PARTE GERAL DO CÓDIGO CIVIL DE 2002 | **309**

das partes que agiram de boa-fé. Notadamente no caso exposto, a boa-fé é cristalina se o vendedor não aparentava a situação de enfermidade quando o ato foi celebrado.

De toda sorte, cumpre esclarecer que, com o Estatuto da Pessoa com Deficiência, esse exemplo merece sofrer adaptações, especialmente pelo fato de não mais existirem maiores que sejam absolutamente incapazes no sistema civil. Assim, imagine-se que o caso envolve uma pessoa que não possa exprimir vontade por causa definitiva (novo art. 4.º, inciso III, do CC), que tenha tido a nomeação de um curador, apontando a sentença da ação própria a falta de discernimento quando o ato foi praticado. A diferença é que o ato é anulável e não nulo, devendo, pela mesma forma, ser convalidado pela boa-fé.

Como últimas palavras sobre o tema, infelizmente, a única ressalva expressa quanto ao negociante de boa-fé encontrável na parte geral do Código Civil diz respeito aos terceiros de boa-fé frente ao negócio jurídico simulado (art. 167, § 2.º, do CC/2002). Tal premissa deveria constar como parágrafo único do art. 166, alcançando todas as hipóteses de nulidade absoluta, não só em face de terceiros, mas também quanto a qualquer negociante direto do ato que esteja movido por uma boa conduta.

Automaticamente, a boa-fé venceria não só os negócios jurídicos nulos, mas também os anuláveis. Pela falta de previsão legal nesse sentido, cabe à doutrina e à jurisprudência realizar a devida ponderação entre a boa-fé e as invalidades dos negócios, buscando a conservação dos atos como premissa-regra.

### 2.5.6.3 *Da nulidade relativa ou anulabilidade. Negócio jurídico anulável*

A nulidade relativa envolve preceitos de ordem privada, de interesse das partes, o que altera totalmente o seu tratamento legal, se confrontada com a nulidade absoluta, antes estudada. As hipóteses de nulidade relativa ou anulabilidade constam do art. 171 da codificação material em vigor, a saber:

a) Quando o negócio for celebrado por relativamente incapaz, sem a devida assistência, conforme rol que consta do art. 4.º do CC.

b) Diante da existência de vício a acometer o negócio jurídico, como o erro, o dolo, a coação moral ou psicológica, a lesão, o estado de perigo ou a fraude contra credores. Lembre-se que a coação física e a simulação são vícios do negócio jurídico que geram a sua nulidade absoluta, não a nulidade relativa.

c) Nos casos especificados de anulabilidade. Exemplifica-se com as previsões dos arts. 1.647 e 1.649 do atual Código. Para determinados atos, elencados no primeiro dispositivo, como no caso da venda de bem imóvel, a norma exige a outorga uxória (mulher) ou marital (marido). Desrespeitado esse dispositivo, caberá ação anulatória a ser promovida pelo cônjuge, no prazo decadencial de dois anos, contados do fim da sociedade conjugal (art. 1.649). Destaque-se ainda, para ilustrar, a previsão do art. 496 do CC, segundo o qual é anulável a venda de ascendente a descendente não havendo autorização dos demais descendentes e do cônjuge do alienante.

Na Comissão de Juristas encarregada da Reforma do Código Civil houve uma preocupação a respeito do tratamento da incapacidade relativa nesse comando, e da correspondente anulabilidade por ela gerada. Sendo assim, propõe-se a inclusão de duas ressalvas para o amparo da circulação dos negócios jurídicos em geral e proteção de negociantes e de terceiros de boa-fé. Nesse contexto, nos termos do projetado § 1.º do seu art. 171, "ressalvados os direitos de terceiros de boa-fé, caso demonstrada a preexistência de incapacidade relativa, a anulabilidade pode ser arguida, mesmo que o ato tenha sido realizado antes da sentença de interdição ou da instituição de curatela parcial". Porém, permanecerá ou subsistirá o "negócio jurídico, se ficar demonstrado que não era razoável exigir que a outra parte soubesse do estado de incapacidade relativa daquele com quem contratava" (§ 2.º). As propostas, como se pode notar, são necessárias para uma maior segurança jurídica nos contratos e negócios em geral, aguardando-se a sua aprovação pelo Congresso Nacional.

Nas situações concretas de anulabilidade, o seu reconhecimento deverá ser pleiteado por meio da denominada *ação anulatória*, que também seguia, regra geral, o rito ordinário, correspondente ao procedimento comum do CPC/2015. Tal ação tem natureza constitutiva negativa, estando relacionada com direitos potestativos, o que justifica os prazos decadenciais a elas referidos (critério científico de Agnelo Amorim Filho, objeto do próximo capítulo). Esses prazos, regra geral, estão previstos nos arts. 178 e 179 do CC, cuja transcrição integral é pertinente:

"Art. 178. É de quatro anos o prazo de decadência para pleitear-se a anulação do negócio jurídico, contado:

I – no caso de coação, do dia em que ela cessar;

II – no de erro, dolo, fraude contra credores, estado de perigo ou lesão, do dia em que se realizou o negócio jurídico;

III – no de atos de incapazes, do dia em que cessar a incapacidade."

"Art. 179. Quando a lei dispuser que determinado ato é anulável, sem estabelecer prazo para pleitear-se a anulação, será este de dois anos, a contar da data da conclusão do ato."

O primeiro dispositivo deve ser aplicado em casos específicos, envolvendo a capacidade relativa e os vícios do negócio jurídico. Nos casos envolvendo a incapacidade relativa e a coação, os prazos são contados da cessão, o que parece justo e correto. Nas situações de erro, dolo, coação moral, estado de perigo, lesão e fraude contra credores, o início do prazo se dá com a realização do negócio, o que deve ser tido como *celebração* do ato, ou seja, quando ele passa a ser válido no campo jurídico.[204] Não tem sido diferente a dedução jurisprudencial (STJ, REsp 1.025.920/RO, 3.ª Turma, Rel. Min. Massami Uyeda, j. 15.04.2010, *DJe* 27.04.2010; TJDF, Recurso 2004.01.1.019818-2, Acórdão 400.192, 6.ª Turma Cível, Rel. Des. Otávio Augusto, *DJDFTE* 21.01.2010, p. 148; TJSP, Apelação 992.08.063150-8, Acórdão 4834077, 30.ª Câmara de Direito Privado, Osasco, Rel. Des. Marcos Ramos, j. 24.11.2010, *DJESP* 16.12.2010; e TJRS, Acórdão 70023163959, 18.ª Câmara Cível, Pelotas, Rel. Des. Pedro Celso Dal Pra, j. 13.03.2008, *DOERS* 24.03.2008, p. 56).

O segundo comando consagra um prazo geral de decadência para se anular o negócio jurídico, de dois anos, contados da sua conclusão – também no sentido de celebração –, quando não houver prazo especial fixado pelo texto legal.

De qualquer modo, há quem entenda que os prazos dos arts. 178 e 179 do Código Civil devem ser contados não da celebração do ato, mas da sua ciência correspondente. Dessa feita, no caso de uma venda de imóvel, o prazo decadencial para a ação anulatória deve ser contado do registro imobiliário, e não da elaboração da escritura.

Percorrendo tal caminho, José Fernando Simão, em sua primorosa tese de livre-docência defendida na Faculdade de Direito da USP, cita como argumentos a segurança e a estabilidade das relações negociais.[205] Igualmente, Zeno Veloso expõe que, "tratando-se da ação pauliana,

---

[204] DINIZ, Maria Helena. *Código Civil Anotado*. 15. ed. São Paulo: Saraiva, 2010. p. 203.

[205] SIMÃO, José Fernando. *Tempo e direito civil*. Prescrição e decadência. Tese apresentada à Faculdade de Direito da USP como requisito para obtenção do título de Livre-Docente em Direito Civil. São Paulo: 2011, p. 290.

CAP. 2 • PARTE GERAL DO CÓDIGO CIVIL DE 2002 | **311**

ou revocatória, na hipótese de fraude contra credores, apesar de o termo inicial do prazo de decadência coincidir com o dia em que se realizou o negócio jurídico (art. 178, inc. II), a jurisprudência vem se firmando no entendimento de que tal prazo deve ser contado da data da transcrição do título no registro imobiliário, e não do dia da escritura".[206]

Adotando a mesma premissa a respeito do art. 179 do CC, o Enunciado n. 538 da *VI Jornada de Direito Civil*: "no que diz respeito a terceiros eventualmente prejudicados, o prazo decadencial de que trata o art. 179 do Código Civil não se conta da celebração do negócio jurídico, mas da ciência que dele tiverem". Na jurisprudência, de fato, podem ser encontrados arestos que também seguem tal dedução jurídica. A ilustrar, tratando de fraude contra credores:

> "Direito civil. Agravo no recurso especial. Ação pauliana. Prazo decadencial. Termo inicial. Registro Imobiliário. – A decadência é causa extintiva de direito pelo seu não exercício no prazo estipulado em lei, cujo termo inicial deve coincidir com o conhecimento do fato gerador do direito a ser pleiteado. – O termo inicial do prazo decadencial de quatro anos para propositura da ação pauliana é o da data do registro do título aquisitivo no Cartório Imobiliário, ocasião em que o ato registrado passa a ter validade contra terceiros. Precedentes. Agravo no recurso especial não provido" (STJ, AgRg no REsp 743.890/SP, 3.ª Turma, Rel. Min. Nancy Andrighi, j. 20.09.2005, *DJ* 03.10.2005, p. 250).

> "Direito civil. Ação pauliana. Fraude na alienação de imóvel. Invalidação. Prazo prescricional/decadencial (art. 178, par. 9.º, V, *b*, CC). Termo *a quo* de fluência. Data do registro do título aquisitivo no álbum imobiliário. Recurso acolhido. A par da divergência doutrinária acerca da natureza jurídica do prazo quadrienal previsto no art. 178, par. 9.º, V, *b*, CC, se prescricional ou decadencial, impõe-se considerar como termo inicial de sua fluência, em se tratando de invalidação de bem imóvel postulada com base em alegação de fraude, a data do registro do título aquisitivo respectivo no assento imobiliário" (STJ, REsp 36.065/SP, 4.ª Turma, Rel. Min. Sálvio de Figueiredo Teixeira, j. 16.08.1994, *DJ* 10.10.1994, p. 27.175).

Mesmo sendo fortes e contundentes os argumentos expostos, deduzo que por *conclusão* e *realização* deve-se entender o momento quando o negócio jurídico existe e é válido, ou seja, quando a escritura pública é firmada. Nessa esteira, Paulo Lôbo menciona que o dia do começo do prazo decadencial tratado pelos arts. 178 e 179 do CC/2002 é o *início* do negócio jurídico: "igualmente, conta-se do início do negócio jurídico o prazo para anulação em virtude de erro, dolo, fraude contra credores, estado de perigo ou lesão, porque é o momento em que se exterioriza a vontade viciada, abrindo-se a possibilidade para o interessado pleitear a anulação".[207]

Compartilha dessa forma de pensar Humberto Theodoro Jr., que, comentado o art. 178 do atual Código Civil, ensina: "aqui não é relevante definir quando a pessoa prejudicada tomou conhecimento do defeito do negócio. Para a regra legal, o mais importante é evitar o dilargamento excessivo do prazo de impugnação à validade do contrato. A preocupação se refere à necessidade de serem estáveis as relações jurídicas e, assim, não se sujeitarem à anulação, por tempo muito prolongado".[208]

O atual Projeto de Reforma e Atualização do Código Civil pretende resolver mais esse dilema doutrinário e jurisprudencial, inserindo previsões nos seus arts. 178 e 179, para que os prazos decadenciais sejam contados do registro do ato ou da sua ciência, o que

---

[206] VELOSO, Zeno. *Invalidade do negócio jurídico*. 2. ed. Belo Horizonte: Del Rey, 2005. p. 277.

[207] LÔBO, Paulo. *Direito civil*. Parte geral. São Paulo: Saraiva, 2009. p. 315.

[208] THEODORO JR., Humberto. *Comentários ao novo Código Civil*. Coord. Sálvio de Figueiredo Teixeira. Rio de Janeiro: Forense, 2003. t. I, v. III, p. 595.

antes ocorrer. Assim, consoante o projetado parágrafo único do primeiro comando citado, "em se tratando de anulabilidade de atos ou negócios jurídicos que admitam registro, o prazo decadencial será contado deste ou de sua ciência, o que ocorrer primeiro". E, na nova redação do segundo preceito, "quando a lei dispuser que determinado ato é anulável, sem estabelecer prazo para pleitear-se a anulação, será este de dois anos, a contar da data da conclusão do ato, do seu eventual registro ou da sua ciência, o que ocorrer primeiro". Espera-se, por razões óbvias de amparo à segurança jurídica e à estabilidade das relações privadas, que o Congresso Nacional acate as sugestões formuladas pela Comissão de Juristas.

Superada a análise de mais essa controvérsia, não se pode mais admitir o entendimento jurisprudencial, mesmo por súmulas de Tribunais Superiores, de prazos prescricionais para a anulação de um negócio jurídico, matéria que será devidamente desenvolvida quando do tratamento da prescrição e da decadência.

O art. 178, somado ao art. 177, ambos do CC, justificam o fato de a anulabilidade não poder ser reconhecida *ex officio* pelo juiz, devendo ser sempre arguida ou alegada pela parte interessada, mediante ação específica, regra geral. Ademais, diante da sua natureza privada, não cabe ao Ministério Público intervir nas ações que a envolvem.

De acordo com o art. 172 do CC, o negócio anulável pode ser confirmado pelas partes, salvo direito de terceiro, valorização, mais uma vez, da boa-fé objetiva. Trata-se da chamada *convalidação livre da anulabilidade*. Mas esse ato de confirmação deve conter a substância do negócio celebrado e a vontade expressa de mantê-lo, elementos objetivo e subjetivo da convalidação, respectivamente – denominada *confirmação expressa* (art. 173 do CC).

O CC/2002, em seu art. 174, dispensa ("é escusada") a confirmação expressa, quando o negócio já foi cumprido em parte pelo devedor, ciente do vício que o atingia. A confirmação, assim, dar-se-á de forma tácita ou presumida, por meio de conduta do sujeito passivo obrigacional. Mais uma vez, denota-se o intuito de conservação do contrato e do negócio jurídico.

O art. 175 do CC consagra a *irrevogabilidade da confirmação*, seja ela expressa ou tácita. Dessa forma, com a confirmação, extinguem-se todas as ações ou exceções, de que contra ele dispusesse o devedor. Não caberá mais, portanto, qualquer requerimento posterior de anulabilidade do negócio anterior, o que está de acordo com a máxima que veda o comportamento contraditório e que tem relação com a boa-fé objetiva (*venire contra factum proprium non potest*).

Segundo o art. 176 da atual codificação privada, "quando a anulabilidade do ato resultar da falta de autorização de terceiro, será validado se este a der posteriormente". Esse artigo constitui novidade e faz com que o negócio celebrado por menor púbere, sem a autorização do pai ou do tutor, seja validado se a autorização ocorrer posteriormente. Trata-se de outra hipótese de convalidação.

Também no que concerne ao menor púbere (de 16 a 18 anos), não pode este valer--se da própria torpeza, beneficiando-se de ato malicioso (*a malícia supre a idade*). Não pode, portanto, para eximir-se de uma obrigação, invocar a sua idade se dolosamente a ocultou quando inquirido pela outra parte, ou se, no ato de obrigar-se, declarou-se maior. O negócio jurídico reputa-se válido e gera efeitos, afastando-se qualquer anulabilidade, em prol da proteção da boa-fé e da repulsa à má-fé (art. 180 do CC).

No atual Projeto de Reforma e Atualização do Código Civil, há proposição de se retirar a menção ao *menor*, como em outras sugestões de mudança da lei, deixando a menoridade de ser uma condição jurídica. Assim, o seu art. 180 passará a expressar que "o adolescente, entre dezesseis e dezoito anos, não pode, para eximir-se de uma obrigação, invocar a sua idade, se dolosamente a ocultou, quando inquirido pela outra parte ou se, no ato de obrigar-se, declarou-se maior".

Complementando este último dispositivo, dispõe o vigente art. 181 do CC que: "ninguém pode reclamar o que, por uma obrigação anulada, pagou a um incapaz, se não provar que reverteu em proveito dele a importância paga". Exemplificando, diante da vedação do

## CAP. 2 • PARTE GERAL DO CÓDIGO CIVIL DE 2002 | 313

enriquecimento sem causa, reconhece-se a possibilidade de a pessoa reaver o dinheiro pago, se provar que o menor dele se beneficiou.

Em relação à sentença da ação anulatória, mais uma vez diante de sua natureza privada, tem aquela efeitos *inter partes*. Tradicionalmente, sempre se apontou que os seus efeitos seriam *ex nunc*, não retroativos ou somente a partir do trânsito em julgado da decisão. Essa tese estaria confirmada pelo art. 177 do atual Código, que prevê:

> "Art. 177. A anulabilidade não tem efeito antes de julgada por sentença, nem se pronuncia de ofício; só os interessados a podem alegar, e aproveita exclusivamente aos que a alegarem, salvo o caso de solidariedade ou indivisibilidade".

O que poderia parecer pacífico em doutrina e jurisprudência não é tão pacífico assim. Isso porque há posicionamento orientando que os efeitos da sentença na ação anulatória (negócio anulável) também seriam retroativos (*ex tunc*) parciais, com fundamento no art. 182 da atual codificação, pelo qual "Anulado o negócio jurídico, restituir-se-ão as partes ao estado em que antes dele se achavam, e, não sendo possível restituí-las, serão indenizadas com o equivalente".

Esse último posicionamento é defendido, na doutrina, por Pablo Stolze Gagliano e Rodolfo Pamplona Filho, citando Humberto Theodoro Júnior e Ovídio Baptista.[209] Mas quem melhor demonstra o equívoco é Zeno Veloso. Ensina o mestre que "trata-se, sem dúvida, de entendimento equivocado, que decorre, talvez, da leitura distorcida do art. 177, primeira parte (...), que corresponde ao art. 152, primeira parte, do Código Civil de 1916".[210] E arremata o saudoso jurista paraense:

> "O que o art. 177, primeira parte, enuncia é que o negócio anulável ingressa no mundo jurídico produzindo os respectivos efeitos e depende de uma ação judicial, da sentença, para ser decretada a sua anulação. Os efeitos do negócio anulável são precários, provisórios. Advindo a sentença anulatória, os efeitos que vinham produzindo o negócio inquinado são defeitos. Nada resta, nada sobra, nada fica, pois a desconstituição é retroativa, vai à base, ao começo, ao nascimento do negócio jurídico defeituoso e carente, o que, enfática e inequivocamente, afirma o art. 182, como já dizia, no Código velho, no art. 158. Quanto a isso não há mudança alguma, em nosso entendimento. O art. 177, primeira parte, deve ser visto e recebido diante do sistema e interpretado conjuntamente com o art. 182, que transcrevemos acima."[211]

Desse modo, há que se defender efeitos retroativos parciais à sentença anulatória, eis que se deve buscar a volta à situação primitiva, anterior à celebração do negócio anulado, se isso for possível. Ademais, cite-se o caso de anulação de um casamento, em que as partes voltam a ser solteiras. Percebe-se claramente a presença de efeitos retroativos.

Atente-se que, apesar de seguir esse posicionamento defendido por Zeno Veloso, sempre esclareci, no passado, que a visão clássica prevaleceria, sendo forçoso reconhecer apenas os efeitos *ex nunc* da ação anulatória de negócio jurídico.

De toda sorte, frise-se que, quando da *VI Jornada de Direito Civil*, evento realizado em 2013, foi feita proposta de enunciado doutrinário no sentido de ser a corrente seguida por mim a majoritária. De acordo com o exato teor da proposição: "os efeitos da anulabilidade do negócio jurídico, excetuadas situações particulares como as obrigações de trato sucessivo,

---

[209] GAGLIANO, Pablo Stolze; PAMPLONA FILHO, Rodolfo. *Novo curso de direito civil*. Parte Geral. 6. ed. São Paulo: Saraiva, 2005. v. I, p. 433-434.

[210] VELOSO, Zeno. *Invalidade do negócio jurídico*. 2. ed. Belo Horizonte: Del Rey, 2005. p. 331.

[211] VELOSO, Zeno. *Invalidade do negócio jurídico*. 2. ed. Belo Horizonte: Del Rey, 2005. p. 331.

relações trabalhistas e em matéria societária, são idênticos aos da nulidade e ocorrem de forma *ex tunc*. Anulado o negócio, os efeitos se projetam para o futuro e também de forma retroativa para o passado".

Nas suas justificativas, o autor da proposta, juiz de direito e Professor da Universidade Federal do Espírito Santo Augusto Passamani Bufulin, ressalta que "no Brasil, apesar de haver uma corrente que defende a eficácia *ex nunc* da ação anulatória, como Maria Helena Diniz, Carlos Roberto Gonçalves e Arnaldo Rizzardo, a corrente majoritária, defendida por Humberto Theodoro Júnior, Zeno Veloso, Pablo Stolze Gagliano, Rodolfo Pamplona Filho, Paulo Nader, Renan Lotufo, Flávio Tartuce, Cristiano Chaves de Farias, Nelson Rosenvald, Leonardo Mattietto, Orlando Gomes e Silvio Rodrigues, afirma que os efeitos da anulabilidade e da nulidade são idênticos no plano da eficácia e operam de forma *ex nunc*, para o futuro, e *ex tunc*, retroativamente ao passado, pois o vício encontra-se presente desde a formação do negócio. Esse é o entendimento correto a ser dado ao art. 182 do CC".

Em suma, há quem veja que a corrente que apregoa efeitos *ex tunc* para o ato anulável é a majoritária. Talvez a não aprovação do enunciado doutrinário em questão demonstrava que tal premissa ainda não é a verdadeira.

Ao final do ano de 2016, surgiu decisão monocrática no âmbito do STJ, a aprofundar ainda mais o debate, proferida pela Ministra Maria Isabel Gallotti. Segundo a julgadora, em trechos que merecem destaque:

> "Na doutrina, não se desconhece da divergência quanto à eficácia da ação anulatória. Segundo defende a doutrina clássica, os efeitos da decisão judicial na ação anulatória não são retro-operantes, possuindo efeitos apenas para o futuro (Maria Helena Diniz, Carlos Roberto Gonçalves, Arnaldo Rizzardo, Caio Mário e Nelson Nery Jr. e Rosa Maria Nery), de outro giro, a corrente majoritária defende que os efeitos da anulabilidade, no plano da eficácia, são idênticos ao da nulidade, e operam efeitos tanto para o futuro como para o passado, uma vez que algo que é ilegal não pode produzir efeitos (Humberto Theodoro Júnior, Zeno Veloso, Pablo Stolze Gagliano, Rodolfo Pamplona Filho, Paulo Nader, Renan Lotufo, Flávio Tartuce, Cristiano Chaves de Farias, Nelson Rosenvald, Orlando Gomes e Silvio Rodrigues). Esse é o entendimento que se infere do art. 182 do CC/2002. (...). Como se observa, o art. 182 do CC/2002 reza que os efeitos do negócio jurídico inválido devem cessar a partir da sua anulação, se anuláveis, ou não devem produzir efeitos, se nulos. Ressalte-se que é comando imperativo da parte final do art. 182 do CC/2002 a restituição das partes ao estado anterior, ou se impossível a restituição, que haja indenização com o equivalente, como consequência dos efeitos retro-operantes da nulidade ou anulabilidade de qualquer negócio jurídico. Isso porque a restituição das partes ao estado anterior é inerente à eficácia restituitória contida na decisão judicial, sob pena de flagrante injustiça, mesmo em se tratando de anulabilidade de negócio jurídico" (Decisão monocrática no Recurso Especial 1.420.839/ MG, Min. Maria Isabel Gallotti, j. 07.10.2016).

As palavras transcritas, sem dúvida, reforçam a corrente doutrinária que é seguida por mim, no sentido de que a anulabilidade também produz efeitos *ex tunc*. De fato, talvez seja essa a posição majoritária no momento, tendo ocorrido um *giro de cento e oitenta graus* na civilística nacional.

Por fim, ainda no que concerne ao art. 182 do Código Civil, cabe ressaltar que lição majoritária, na linha do último *decisum*, aponta para a viabilidade de se aplicar o comando também às hipóteses de nulidade absoluta. Essa é a posição, na doutrina, entre outros, de Maria Helena Diniz,[212] Sílvio de Salvo Venosa,[213] Gustavo Tepedino, Maria Celina

---

[212] DINIZ, Maria Helena. *Código Civil anotado*. 15. ed. São Paulo: Saraiva, 2010. p. 204.
[213] VENOSA, Sílvio de Salvo. *Código Civil interpretado*. São Paulo: Atlas, 2010. p. 198.

CAP. 2 • PARTE GERAL DO CÓDIGO CIVIL DE 2002 | **315**

Bodin de Moraes e Heloísa Helena Barboza.[214] Tal forma de pensar é que gera a conclusão segundo a qual os efeitos da nulidade são *ex tunc*, conforme antes apontado.

Igualmente, na jurisprudência, podem ser encontrados outros arestos que fazem incidir o art. 182 do CC/2002 para a nulidade absoluta. Entre tantos julgados, vejamos acórdão assim publicado no *Informativo* n. *517* do Superior Tribunal de Justiça:

"Direito civil. Necessidade de ressarcimento no caso de inviabilidade de retorno à situação anterior à nulidade declarada. O credor, no caso em que tenha recebido em dação em pagamento imóvel de sociedade empresarial posteriormente declarada falida, poderá ser condenado a ressarcir a massa pelo valor do objeto do negócio jurídico, se este vier a ser declarado nulo e for inviável o retorno à situação fática anterior, diante da transferência do imóvel a terceiro de boa-fé. Incide, na situação descrita, o disposto no art. 182 do CC/2002, de acordo com o qual, anulado o negócio jurídico, restituir-se-ão as partes ao estado em que antes dele se achavam, e, não sendo possível restituí-las, serão indenizadas com o equivalente. Trata-se, a propósito, de dispositivo legal que, quanto aos seus efeitos práticos, também tem aplicabilidade nos casos de nulidade absoluta, não tendo incidência restrita às hipóteses de nulidade relativa. Ademais, deve-se preservar a boa-fé de terceiros que sequer participaram do negócio jurídico viciado" (STJ, REsp 1.353.864/GO, Rel. Min. Sidnei Beneti, j. 07.03.2013).

Com tais importantes ponderações, encerra-se o estudo da teoria das nulidades, cabendo, com os devidos fins de elucidação, uma tabela comparativa de resumo entre a nulidade absoluta e a nulidade relativa.

**2.5.6.4** *Quadro comparativo. Negócio jurídico nulo (nulidade absoluta) × negócio jurídico anulável (nulidade relativa ou anulabilidade)*

| Negócio Nulo (ordem pública) | Negócio Anulável (ordem privada) |
|---|---|
| HIPÓTESES:<br>– Negócio celebrado por absolutamente incapaz (art. 3.º do CC), sem a devida representação.<br>– Objeto ilícito, impossível, indeterminado ou indeterminável.<br>– Motivo a ambas as partes for ilícito.<br>– Desrespeito à forma ou preterida alguma solenidade.<br>– Objetivo do negócio de fraude à lei imperativa.<br>– Lei prevê a nulidade absoluta (nulidade textual) ou proíbe o ato sem cominar sanção (nulidade virtual).<br>– Negócio simulado, incluída a reserva mental.<br>– Presença de coação física (*vis absoluta*). | HIPÓTESES:<br>– Negócio celebrado por relativamente incapaz (art. 4.º do CC), sem a devida assistência.<br>– Quando houver vício acometendo o negócio jurídico: erro, dolo, coação moral/psicológica, estado de perigo, lesão e fraude contra credores.<br>– Lei prevê a anulabilidade. |

---

[214] TEPEDINO, Gustavo; MORAES, Maria Celina Bodin de; BARBOZA, Heloísa Helena. *Código Civil interpretado*. Rio de Janeiro: Renovar, 2004. v. 1, p. 328.

| Negócio Nulo (ordem pública) | Negócio Anulável (ordem privada) |
|---|---|
| EFEITOS E PROCEDIMENTOS: | EFEITOS E PROCEDIMENTOS: |
| – Nulidade absoluta (nulidade). | – Nulidade relativa (anulabilidade). |
| – Ação declaratória de nulidade, imprescritível. | – Ação anulatória, com previsão de prazos decadenciais. |
| – Não pode ser suprida nem sanada, inclusive pelo juiz. Exceção: conversão do negócio jurídico (art. 170 do CC). | – Pode ser suprida, sanada, inclusive pelas partes (convalidação livre). |
| – O Ministério Público pode intervir na ação de nulidade absoluta, inclusive promovendo a demanda. | – O Ministério Público não pode intervir ou propor ação anulatória, somente os interessados. |
| – Cabe decretação de ofício pelo juiz. | – Não cabe decretação de ofício pelo juiz. |
| – Sentença da ação declaratória tem efeitos *erga omnes* (contra todos) e *ex tunc* (retroativos). | – Sentença da ação anulatória tem efeitos *inter partes* (entre as partes). Quanto ao debate de serem tais efeitos *ex nunc* (não retroativos) ou *ex tunc* (retroativos), há uma tendência atual de seguir a última posição. |

## 2.6 PRESCRIÇÃO E DECADÊNCIA

### 2.6.1 Introdução. Fórmula para diferenciar a prescrição da decadência

É antiga a máxima jurídica segundo a qual o exercício de um direito não pode ficar pendente de forma indefinida no tempo. O titular deve exercê-lo dentro de um determinado prazo, pois *o direito não socorre aqueles que dormem*. Com fundamento na pacificação social, na certeza e na segurança da ordem jurídica é que surge a matéria da prescrição e da decadência. Pode-se ainda afirmar que a prescrição e a decadência estão fundadas em uma espécie de boa-fé do próprio legislador ou do sistema jurídico e na punição daquele que é negligente com seus direitos e suas pretensões.

Nesse sentido, conforme ensina Miguel Reale, na exposição de motivos do Código Civil de 2002, um dos principais baluartes na atual codificação é o *princípio da operabilidade*, primeiramente em um sentido de simplicidade, pelo qual se busca facilitar o estudo dos institutos jurídicos privados.

Tal princípio pode ser flagrantemente percebido pelo tratamento dado pela codificação vigente tanto à prescrição quanto à decadência, particularmente pela facilitação de visualização dos institutos. O Código Civil em vigor traz um tratamento diferenciado quanto a tais conceitos: a prescrição consta dos seus arts. 189 a 206, a decadência, dos arts. 207 a 211. Aliás, os prazos de prescrição estão concentrados em dois artigos do Código Civil: arts. 205 e 206. Os demais prazos, encontrados em outros dispositivos da atual codificação, são, pelo menos em regra, todos decadenciais.

Além disso, nota-se que os prazos de prescrição são todos em anos. Por outra via, os prazos de decadência podem ser em dias, meses, ano e dia ou também em anos. Em suma, se surgiu um prazo que não seja em anos, com certeza, será decadencial.

Mas não é só. Como a matéria era demais confusa na vigência do Código Civil de 1916, que concentrava todos os prazos nos seus arts. 177 e 178, visando esclarecer o assunto, Agnelo Amorim Filho concebeu um artigo histórico, em que associou os prazos prescricionais e decadenciais a ações correspondentes, buscando também quais seriam as ações imprescritíveis.[215]

---

[215] AMORIM FILHO, Agnelo. Critério científico para distinguir a prescrição da decadência e para identificar as ações imprescritíveis. *RT* 300/7 e 744/725.

CAP. 2 · PARTE GERAL DO CÓDIGO CIVIL DE 2002 | **317**

Esse brilhante professor paraibano associou a prescrição às ações condenatórias, ou seja, àquelas ações relacionadas com direitos subjetivos, próprio das pretensões pessoais. Desse modo, a prescrição mantém relação com deveres, obrigações e com a responsabilidade decorrente da inobservância das regras ditadas pelas partes ou pela ordem jurídica.

Por outro lado, a decadência está associada a direitos potestativos e às ações constitutivas, sejam elas positivas ou negativas. As ações anulatórias de atos e negócios jurídicos, logicamente, têm essa última natureza. A decadência, portanto, tem relação com um estado de sujeição, próprio dos direitos potestativos. Didaticamente, é certo que o direito potestativo, por se contrapor a um estado de sujeição, é aquele que *encurrala a outra parte, que não tem saída.*

Por fim, as ações meramente declaratórias, como aquelas que buscam a nulidade absoluta de um negócio, são imprescritíveis, ou melhor tecnicamente, não estão sujeitas à prescrição ou a decadência. A imprescritibilidade dessa ação específica está também justificada porque a nulidade absoluta envolve ordem pública, não convalescendo pelo decurso do tempo (art. 169 do CC).

Não há a menor dúvida de que o Código Civil de 2002 adotou a teoria do genial professor paraibano. Na própria exposição de motivos da nova codificação, apresentada na Câmara dos Deputados em 1975 pelo jurista José Carlos Moreira Alves, consta, quanto à decadência, o seguinte:

> "Com efeito, ocorre a decadência quando um *direito potestativo* não é exercido, extrajudicialmente ou judicialmente (nos casos em que a lei – como sucede em matéria de anulação, desquite etc. – exige que o direito de anular, o direito de desquitar-se só possa ser exercido em Juízo, ao contrário, por exemplo, do direito de resgate, na retrovenda, que se exerce extrajudicialmente), dentro do prazo para exercê-lo, o que provoca a decadência desse direito potestativo. Ora, os direitos potestativos são direitos sem pretensão, pois são insusceptíveis de violação, já que a eles não se opõe um dever de quem quer que seja, mas uma sujeição de alguém (o meu direito de anular o negócio jurídico não pode ser violado pela parte a quem a anulação prejudica, pois esta está apenas sujeita a sofrer as consequências da anulação decretada pelo juiz, não tendo, portanto, dever algum que possa descumprir)."[216]

Pela excelência da tese, por diversas vezes serão utilizados os critérios científicos de Agnelo Amorim para solucionar questões controvertidas relativas ao assunto. Assim sendo, não se pode mais aceitar entendimentos jurisprudenciais, inclusive sumulados por Tribunais Superiores, que associam prazos prescricionais a ações que visam anular negócios jurídicos, que têm natureza constitutiva negativa.

A ilustrar, não tem mais aplicação a Súmula 494 do STF, pela qual "a ação para *anular* a venda de ascendente a descendente, sem o consentimento dos demais, *prescreve* em vinte anos, contados da data do ato". O texto por último transcrito, por si só, afasta qualquer entendimento nesse sentido. Para o caso em questão, portanto, deve ser aplicado o prazo geral de decadência previsto no art. 179 do CC – dois anos contados da celebração do ato. Nesse sentido, cite-se o Enunciado n. 368 do CJF/STJ, aprovado na *IV Jornada de Direito Civil*, pelo qual o prazo para anular venda de ascendente para descendente é decadencial de dois anos (art. 179 do CC). Esse, aliás, é o entendimento atual do Superior Tribunal de Justiça (nesse sentido, sem prejuízo de outros, ver: STJ, REsp 771.736-0/SC, 3.ª Turma, Rel. Min. Carlos

---

[216] MOREIRA ALVES, José Carlos. *A parte geral do Projeto de Código Civil brasileiro*. 2. ed. São Paulo: Saraiva, 2003. p. 161.

Alberto Menezes Direito, j. 07.02.2006, v.u.). Clama-se para que o próprio Supremo Tribunal Federal faça a devida revisão da antiga Súmula 494, que data do remoto ano de 1969.

Pois bem, diante de todas as facilitações expostas na presente introdução, pode ser concebida a seguinte fórmula para identificar se determinado prazo é prescricional ou decadencial:

> **Premissa 1** – Procure identificar a contagem de prazos. Se a contagem for em dias, meses ou ano e dia, o prazo é decadencial. Se o prazo for em anos, poderá ser o prazo de prescrição ou de decadência.
>
> **Premissa 2** – Aplicável quando se tem prazo em anos. Procure identificar a localização do prazo no Código Civil. Se o prazo em anos estiver previsto no art. 206 será de prescrição, se estiver fora do art. 206 será de decadência.
>
> **Premissa 3** – Aplicável quando se tem prazo em anos e a questão não mencionou em qual artigo ele está localizado. Utilizar os critérios apontados por Agnelo Amorim Filho: se a ação correspondente for condenatória, o prazo é prescricional. Se a ação for constitutiva positiva ou negativa, o prazo é decadencial.

Para encerrar o presente tópico, anoto que o Projeto de Reforma do Código Civil pretende simplificar ainda mais o tratamento da prescrição, em prol da segurança jurídica, consagrando um prazo geral de cinco anos, incidente para os casos de responsabilidade civil contratual ou extracontratual, e também para as situações envolvendo o enriquecimento sem causa e a repetição de indébito. Nesse contexto, o art. 205 passará a prever que "a prescrição ocorre em cinco anos, quando a lei não lhe haja fixado prazo menor". E mais, nos termos do seu parágrafo único, "aplica-se o prazo geral do *caput* deste artigo para a pretensão de reparação civil, derivada da responsabilidade contratual ou extracontratual, e para a pretensão de ressarcimento por enriquecimento sem causa". Sem dúvidas, diante de uma constante aceleração das relações sociais, e da difusão continuada das informações, não se justifica mais o longo prazo de dez anos hoje vigente.

Como foi igualmente debatido na Comissão de Juristas, a adoção de um prazo geral de cinco anos encerrará os eventuais embates sobre a existência de relação civil ou de consumo, já que, no caso das últimas, há um prazo de cinco anos previsto para os acidentes de consumo, nos termos do art. 27 do CDC. Assim, o prazo será o mesmo, não havendo a necessidade de se adentrar nessa discussão técnica, muitas vezes percebida na prática.

Quanto aos prazos especiais do art. 206, também se almeja uma simplificação ainda maior, com prazos apenas de um e três anos, não havendo mais prazos de dois e quatro anos, novamente em prol da facilitação, da simplicidade e da operabilidade.

## 2.6.2 Regras quanto à prescrição

Com o intuito de indicar que não se trata de um direito subjetivo público abstrato de ação, o atual Código Civil adotou a tese da prescrição da pretensão. De acordo com o art. 189 do CC, violado um direito, nasce para o seu titular uma pretensão, que pode ser extinta pela prescrição, nos termos dos seus arts. 205 e 206.

Desse modo, se o titular do direito permanecer inerte, tem como *pena* a perda da pretensão que teria por via judicial. Repise-se que a prescrição constitui um benefício a favor do devedor, pela aplicação da regra de que *o direito não socorre aqueles que dormem*, diante da necessidade do mínimo de segurança jurídica nas relações negociais.

CAP. 2 • PARTE GERAL DO CÓDIGO CIVIL DE 2002 | **319**

A prescrição extintiva, fato jurídico em sentido estrito, constitui, nesse contexto, uma sanção ao titular do direito violado, que extingue tanto a pretensão positiva quanto a negativa (exceção ou defesa). Trata-se de um fato jurídico *stricto sensu* justamente pela ausência de vontade humana, prevendo a lei efeitos naturais, relacionados com a extinção da pretensão. A sua origem está no decurso do tempo, exemplo típico de fato natural.

Na prescrição, nota-se que ocorre a extinção da pretensão; todavia, o direito em si permanece incólume, só que sem proteção jurídica para solucioná-lo. Tanto isso é verdade que, se alguém pagar uma dívida prescrita, não pode pedir a devolução da quantia paga, já que existia o direito de crédito que não foi extinto pela prescrição. Nesse sentido, prevê o art. 882 do CC que "não se pode repetir o que se pagou para solver dívida prescrita, ou cumprir obrigação judicialmente inexigível".

Observa-se e repita-se que o Código de 2002 adota quanto a esse instituto a tese de Agnelo Amorim Filho, que, como visto, em artigo impecável tecnicamente associou os prazos de prescrição às ações condenatórias. De fato, os prazos especiais apresentados no art. 206 dizem respeito a ações condenatórias, particularmente àquelas relativas à cobrança de valores ou à reparação de danos, mantendo uma relação com os *direitos subjetivos.*

Para as ações dessa natureza, em que não houver previsão de prazo específico, aplica-se a regra geral de dez anos, conforme o art. 205 do Código Civil. O prazo de dez anos incide para qualquer pretensão subjetiva, não havendo mais distinção quanto às ações reais e pessoais, como constava do art. 177 do Código Civil de 1916 (20 anos para ações pessoais, 15 anos para ações reais entre ausentes, 10 anos para ações reais entre presentes). Isso também para a facilitação do Direito Privado, a simplicidade.

Como exemplo de aplicação desse prazo geral de dez anos, o STJ editou a Súmula 412, prescrevendo que "a ação de repetição de indébito de tarifas de água e esgoto sujeita-se ao prazo prescricional estabelecido no Código Civil". Mais recentemente, a Corte Especial do Tribunal acabou por concluir que esse mesmo prazo geral de dez anos tem incidência para a ação de repetição de indébito por cobrança indevida de valores referentes a serviços não contratados de telefonia fixa" (STJ, EAREsp 738.991/RS, Corte Especial, Rel. Min. Og Fernandes, j. 20.02.2019, *DJe* 11.06.2019).

A respeito da contagem do prazo prescricional, é o teor do Enunciado n. 14 do CJF/ STJ, aprovado na *I Jornada de Direito Civil*, realizada em setembro de 2002: "Art. 189: 1) o início do prazo prescricional ocorre com o surgimento da pretensão, que decorre da exigibilidade do direito subjetivo; 2) o art. 189 diz respeito a casos em que a pretensão nasce imediatamente após a violação do direito absoluto ou da obrigação de não fazer".

A corrente majoritária sempre foi favorável ao que refere o enunciado, sendo certo que os parâmetros que nele constam devem ser aplicados para o início da contagem dos prazos prescricionais. A título de exemplo, pode-se apontar:

–   No caso de uma dívida a termo, a prescrição tem início quando ela não é paga (vencimento).

–   No caso de um ato ilícito, a prescrição tem início quando ocorre o evento danoso.

Todavia, esses parâmetros de início da contagem do prazo prescricional – a partir da *violação* do direito subjetivo – vêm sendo contestados jurisprudencialmente. Isso porque cresce na jurisprudência do Superior Tribunal de Justiça a adoção à teoria da *actio nata*, pela qual o prazo deve ter início a partir do *conhecimento da violação ou lesão* ao direito subjetivo. Trata-se, na verdade, da feição subjetiva da *actio nata*. José Fernando Simão leciona, em sua tese de livre-docência, que a ideia original de *actio nata* surgiu do trabalho de Savigny, a partir de estudos do Direito Romano:

"Explica o autor que as condições da prescrição podem ser agrupadas em quatro pontos: *actio nata*; inação não interrompida; *bona fides* e lapso de tempo. Sobre a noção de *actio nata*, Savigny discorre longamente em seu tratado. Nas palavras do autor, a primeira condição de uma prescrição possível coincide com a determinação do seu ponto de partida. Enquanto um direito de ação não existir, não pode deixar de exercê-lo, nem se perderá por negligência. Para que uma prescrição se inicie, é necessária, então uma *actio nata*. Todo o direito de ação tem duas condições: primeiro, um direito relevante, atual e suscetível de ser reclamado em juízo; sem isso não há prescrição possível. Se, então, uma obrigação estiver limitada por uma condição ou prazo, a prescrição somente se inicia quando a condição for cumprida ou o prazo expirado. É necessária, então, uma violação do direito que determine a ação do titular. Tudo se reduz, pois, a bem caracterizar essa violação do direito, que é a condição da ação. A maior parte das dificuldades nessa matéria é que se tem apreciado mal a natureza dessa violação. Conclui Savigny que, se se subordinar o começo da prescrição ao fato da violação que a ação é chamada a combater, esse começo tem uma natureza puramente objetiva. E pouco importa que o titular do direito tenha ou não conhecimento. Essa circunstância é indiferente, mesmo para as prescrições curtas, salvo, contudo, casos excepcionais, em que se considera o conhecimento que o titular tem da ação".[217]

Essa ideia de *actio nata*, como se nota, tem um *caráter objetivo puro*, desprezando o conhecimento do dano pelo lesado, pelo menos em regra.

Apesar do trecho final transcrito, constata-se que a lei, a jurisprudência e a própria doutrina têm levado em conta esse *conhecimento* para os fins de fixação do termo *a quo* da prescrição, construindo uma teoria da *actio nata* com *viés subjetivo*. Nessa esteira, José Fernando Simão expõe que, "contudo, parte da doutrina pondera que não basta surgir a ação (*actio nata*), mas é necessário o conhecimento do fato. Trata-se de situação excepcional, pela qual o início do prazo, de acordo com a exigência legal, só se dá quando a parte tenha conhecimento do ato ou fato do qual decorre o seu direito de exigir. Não basta, assim, que o ato ou fato violador do direito exista para que surja para ela o exercício da ação. Já aqui mais 'liberal', exige a lei o conhecimento pelo titular para que, só assim, se possa falar em ação e também em prescrição desta. O adjetivo 'liberal' utilizado por Brenno Fischer demonstra que, toda vez que a lei se afasta do termo inicial esperado pela segurança jurídica, qual seja, a existência de um fato ou a realização de um negócio ou ato, a doutrina reage mal. Se a prescrição tem por fundamento a segurança, por que se afastar dela?".[218]

Cabe esclarecer que o próprio José Fernando Simão é favorável à adoção do parâmetro firmado no conhecimento da lesão nos casos de ilícito extracontratual. Segundo o jurista, "para fins de responsabilidade extracontratual, a noção de Savigny de *actio nata* deve ser afastada. Em se tratando de direito disponível no qual não houve negligência ou inércia do titular do direito que desconhecia a existência do próprio crédito e, portanto, a possibilidade de exercício da pretensão, o prazo prescricional só se inicia com o efetivo conhecimento. A afirmação do autor de que a prescrição da ação começa, então, imediatamente após a perpetração do delito, pois há negligência desde que a pessoa lesada demore em propor a ação, não reflete a realidade, mormente em tempos atuais de danos múltiplos que só são conhecidos com o passar do tempo".[219]

Na mesma esteira, da clássica e definitiva obra de Câmara Leal, retira-se trecho em que o doutrinador demonstra a injustiça da análise meramente objetiva quanto ao termo

---

[217] SIMÃO, José Fernando. *Tempo e Direito Civil. Prescrição e Decadência*. São Paulo: USP, 2011, p. 268.

[218] SIMÃO, José Fernando. *Tempo e Direito Civil. Prescrição e Decadência*. São Paulo: USP, 2011, p. 272.

[219] SIMÃO, José Fernando. *Tempo e direito civil*. Prescrição e decadência. 2011. Tese (Livre-docente em Direito Civil) – Faculdade de Direito da USP, São Paulo, p. 279-280.

*a quo* do prazo prescricional. Em outras palavras, sustenta o doutrinador a ideia de *actio nata subjetiva* com as seguintes palavras:

"Discute-se, no campo da doutrina, se a prescrição é um fenômeno puramente objetivo, decorrendo o seu início do fato da violação, que torna a ação exercitável, independentemente da ciência ou conhecimento do titular, ou, se é um fenômeno também subjetivo, ficando o início da prescrição dependendo da condição de que seu titular tenha conhecimento da violação. Savigny é pela doutrina objetiva, dizendo: 'Se se subordina o ponto de partida da prescrição ao fato da violação que a ação é chamada a combater, este início tem uma natureza puramente objetiva, pouco importando que o titular tenha, ou não conhecimento desta. Não nos parece racional admitir-se que a prescrição comece a correr sem que o titular do direito violado tenha ciência da violação. Se a prescrição é um castigo à negligência do titular – *cum contra desides homines, et sui juris contentores, odiosa exceptiones oppositae sunt* –, não se compreende a prescrição sem a negligência, e esta certamente não se dá, quando a inércia do titular decorre da ignorância da violação. Nosso Cód. Civil, a respeito de diversas ações, determina expressamente o conhecimento do fato, de que se origina a ação, pelo titular, como ponto inicial a prescrição".[220]

Realmente, a tese da *actio nata com viés subjetivo* é mais justa, diante do princípio da boa-fé, especialmente com a valorização da informação derivada desse regramento. Como bem salientam Cristiano Chave de Farias e Nelson Rosenvald, "a tese da *actio nata*, reconhecida jurisprudencialmente, melhor orienta a questão. Efetivamente, o início da fluência do prazo prescricional deve decorrer não da violação, em si, de um direito subjetivo, mas, sim, do conhecimento da violação ou lesão ao direito subjetivo pelo respectivo titular. Com isso, a boa-fé é prestigiada de modo mais vigoroso, obstando que o titular seja prejudicado por não ter tido conhecimento da lesão que lhe foi imposta. Até porque, e isso não se põe em dúvida, é absolutamente possível afrontar o direito subjetivo de alguém sem que o titular tenha imediato conhecimento".[221]

Os primeiros julgados aplicavam a tese ao Direito Tributário e ao Direito Administrativo. Mais recentemente, surgiram outras decisões, fazendo incidir esse parâmetro à esfera civil. Para ilustrar, cumpre transcrever julgado em que a teoria da *actio nata subjetiva* foi aplicada a caso envolvendo a responsabilidade civil do Estado:

"Administrativo. Responsabilidade civil do Estado. Pretensão de indenização contra a Fazenda Nacional. Erro médico. Danos morais e patrimoniais. Procedimento cirúrgico. Prescrição. Quinquídio do art. 1.º do Decreto 20.910/1932. Termo inicial. Data da consolidação do conhecimento efetivo da vítima das lesões e sua extensão. Princípio da *actio nata*. 1. O termo *a quo* para aferir o lapso prescricional para ajuizamento de ação de indenização contra o Estado não é a data do acidente, mas aquela em que a vítima teve ciência inequívoca de sua invalidez e da extensão da incapacidade de que restou acometida. Precedentes da Primeira Seção. 2. É vedado o reexame de matéria fático-probatória em sede de recurso especial, a teor do que prescreve a Súmula 07 desta Corte. Agravo regimental improvido" (STJ, AgRg no REsp 931.896/ES, 2.ª Turma, Rel. Min. Humberto Martins, j. 20.09.2007, *DJ* 03.10.2007, p. 194).

Em sede jurisprudencial a teoria da *actio nata* em feição subjetiva pode ser retirada do teor da Súmula 278 do mesmo STJ, que enuncia: "o termo inicial do prazo prescricional, na

---

[220] CÂMARA LEAL, Antonio Luís da. *Da prescrição e da decadência*. Teoria geral do direito civil. 2. ed. Rio de Janeiro: Forense, 1959. p. 37.

[221] FARIAS, Cristiano Chaves; ROSENVALD, Nelson. *Curso de direito civil*. Parte Geral e LINDB. São Paulo: Atlas, 13. ed. 2015. v. 1, p. 622.

ação de indenização, é a data em que o segurado teve ciência inequívoca da incapacidade laboral". Aliás, completando o teor da sumular e prestigiando a faceta subjetiva da *actio nata*, na *VII Jornada de Direito Civil* (2015) aprovou-se enunciado estabelecendo que, "nas pretensões decorrentes de doenças profissionais ou de caráter progressivo, o cômputo da prescrição iniciar-se-á somente a partir da ciência inequívoca da incapacidade do indivíduo, da origem e da natureza dos danos causados" (Enunciado n. 579).

Também do Tribunal da Cidadania, igualmente para ilustrar, vejamos julgado publicado no seu *Informativo* n. *470*, fazendo incidir essa versão da *actio nata* para hipótese de erro médico, contando-se o prazo prescricional da data da ciência da lesão, ou seja, de quando a parte tomou ciência que havia instrumentos cirúrgicos no seu corpo:

> "Erro médico. Prescrição. Termo *a quo*. A Turma, na parte conhecida, deu provimento ao recurso especial da vítima de erro médico para afastar a prescrição reconhecida em primeira instância e mantida pelo tribunal de origem. *In casu*, a recorrente pleiteou indenização por danos morais sob a alegação de que, ao realizar exames radiográficos em 1995, foi constatada a presença de uma agulha cirúrgica em seu abdome. Afirmou que o objeto foi deixado na operação cesariana ocorrida em 1979, única cirurgia a que se submeteu. Nesse contexto, consignou-se que o termo *a quo* da prescrição da pretensão indenizatória pelo erro médico é a data da ciência do dano, não a data do ato ilícito. Segundo o Min. Relator, se a parte não sabia que havia instrumentos cirúrgicos em seu corpo, a lesão ao direito subjetivo era desconhecida, portanto ainda não existia pretensão a ser demandada em juízo. Precedente citado: REsp 694.287/RJ, *DJ* 20.09.2006" (STJ, REsp 1.020.801/SP, Rel. Min. João Otávio de Noronha, j. 26.04.2011).

Ainda no campo da jurisprudência do STJ, a teoria da *actio nata* em feição subjetiva é abstraída da conclusão de que, no caso de falecimento de pessoa da família, o início do prazo prescricional para que os parentes promovam a demanda reparatória se dá com o falecimento do ente querido. Assim, "o termo inicial da contagem do prazo prescricional na hipótese em que se pleiteia indenização por danos morais e/ou materiais decorrentes do falecimento de ente querido é a data do óbito, independentemente da data da ação ou omissão. Não é possível considerar que a pretensão à indenização em decorrência da morte nasça antes do evento que lhe deu causa" (STJ, REsp 1.318.825/SE, Rel. Min. Nancy Andrighi, j. 13.11.2012, publicado no seu *Informativo* n. *509*).

Consigne-se que no ano de 2014 o mesmo Tribunal da Cidadania proferiu acórdão em sede de incidente de recursos repetitivos quanto ao termo inicial para a cobrança do antigo seguro DPVAT. Consoante publicação constante do seu *Informativo* n. *544*, "no que diz respeito ao termo inicial do prazo prescricional nas demandas por indenização do seguro DPVAT que envolvem invalidez permanente da vítima: *a)* o termo inicial do prazo prescricional é a data em que o segurado teve ciência inequívoca do caráter permanente da invalidez; e *b)* exceto nos casos de invalidez permanente notória, a ciência inequívoca do caráter permanente da invalidez depende de laudo médico, sendo relativa a presunção de ciência" (STJ, REsp 1.388.030/MG, Rel. Min. Paulo de Tarso Sanseverino, j. 11.06.2014). A questão se consolidou de tal forma que, em 2016, o STJ editou a Súmula 573, com o mesmo teor da tese do julgado transcrito. Eis mais um caso em que a aplicação da *actio nata* em versão subjetiva se mostra mais efetiva socialmente.

Em 2017, surgiu outro aresto aplicando a *actio nata subjetiva*, caso envolvendo plágio, em ofensa a direitos autorais. Conforme a tese fixada em julgado publicado no *Informativo* n. *609* da Corte, "o termo inicial da pretensão de ressarcimento nas hipóteses de plágio se dá quando o autor originário tem comprovada ciência da lesão a seu direito subjetivo e de sua extensão, não servindo a data da publicação da obra plagiária, por si só, como presunção de conhecimento do dano". Segundo a sua ementa, que confirma a tendência aqui demonstrada, "a jurisprudência do Superior Tribunal de Justiça, em casos envolvendo o termo inicial da prescrição das demandas indenizatórias por dano extracontratual, tem prestigiado o acesso à justiça em detrimento da segurança jurídica, ao afastar a data do dano como marco temporal. Precedentes" (STJ, REsp 1.645.746/BA, 3.ª Turma, Rel. Min. Ricardo Villas Bôas Cueva, j. 06.06.2017, *DJe* 10.08.2017).

Como outra ilustração a respeito da *actio nata subjetiva*, destaco acórdão do ano de 2022, da mesma Terceira Turma do STJ, que considerou como termo inicial da prescrição para a ação de indenização por danos materiais e morais a data da ciência inequívoca dos efeitos do ato lesivo. O grande mérito desse *decisum* é trazer parâmetros para a adoção excepcional dessa vertente: "a) a submissão da pretensão a prazo prescricional curto; b) a constatação, na hipótese concreta, de que o credor tinha ou deveria ter ciência do nascimento da pretensão, o que deve ser apurado a partir da boa-fé objetiva e de *standards* de atuação do homem médio; c) o fato de se estar diante de responsabilidade civil por ato ilícito absoluto; e d) a expressa previsão legal a impor a aplicação do sistema subjetivo" (STJ, REsp 1.836.016/PR, 3.ª Turma, Rel. Min. Ricardo Villas Bôas Cueva, Rel. Ac. Min. Nancy Andrighi, por maioria, j. 10.05.2022).

Por fim, como último exemplo jurisprudencial superior, conclui a Corte, em 2024, a respeito do gravíssimo dano decorrente do abuso sexual infantil, que "o termo inicial da prescrição nos casos de abuso sexual durante a infância e adolescência não pode ser automaticamente vinculado à maioridade civil, sendo essencial analisar o momento em que a vítima tomou plena ciência dos danos em sua vida, aplicando-se a teoria subjetiva da *actio nata*" (STJ, REsp 2.123.047/SP, 4.ª Turma, Rel. Min. Antonio Carlos Ferreira, por unanimidade, j. 23.04.2024, *DJe* 30.04.2024).

Em sede legislativa, a teoria foi adotada pelo art. 27 do Código de Defesa do Consumidor, pelo qual, havendo acidente de consumo, o prazo prescricional de cinco anos tem início do conhecimento do dano e de sua autoria. Surge, assim, um novo dimensionamento do tema da prescrição, mais bem adaptado às ideias de eticidade e socialidade, valorizando-se a questão da informação. Realmente, essa versão da teoria da *actio nata* parece atender à realidade contemporânea e à boa-fé objetiva.

Anoto que, a par desses desafios doutrinários e jurisprudenciais, no atual Projeto de Reforma e Atualização do Código Civil, após intensos debates na Comissão de Juristas e votação final, acabou prevalecendo proposição de alteração do seu art. 189 que conjuga ideias formuladas por mim e pela Ministra Maria Isabel Gallotti.

Pela proposta, mantém-se a redação do seu *caput* ("Violado o direito, nasce para o titular a pretensão que se extingue pela prescrição, nos prazos a que aludem os arts. 205 e 206"). No novo § 1.º do comando, insere-se em parte o teor do Enunciado n. 14 da *I Jornada de Direito Civil*, adotando-se expressamente a *actio nata objetiva* ou de *viés objetivo* como regra do sistema civil: "o início do prazo prescricional ocorre com o surgimento da pretensão, que decorre da exigibilidade do direito subjetivo".

A *actio nata subjetiva* ou de *viés subjetivo* é incluída como exceção, para as situações envolvendo a responsabilidade civil extracontratual, no novo § 2.º do art. 189: "ressalvado o previsto na legislação especial, nos casos de responsabilidade civil extracontratual, a contagem do prazo prescricional inicia-se a partir do momento em que o titular do direito tem conhecimento ou deveria ter, do dano sofrido e de quem o causou".

De todo modo, adotando-se o modelo de outros países, como a Alemanha, em casos tais, há um prazo máximo para o dano surgir ou aparecer, que é o lapso temporal total de dez anos, o dobro do prazo geral de prescrição, que passará a ser de cinco anos: "Nas hipóteses do § 2º, quando o dano, por sua natureza, só puder ser conhecido em momento futuro, o prazo contar-se-á do momento em que dele, e de seu autor, tiver ciência o lesado, observado que, independentemente do termo inicial, o termo final da prescrição não excederá o prazo máximo de 10 anos, contados da data da violação do direito" (novo § 3.º do art. 186 do Código Civil).

Essa foi a proposta que prevaleceu, após intensos debates entre doutrinadores e julgadores, em prol da segurança jurídica, que hoje não é encontrada no tema do início do prazo prescricional. Espera-se, portanto, a sua aprovação pelo Parlamento Brasileiro, com o fim de se sanar essa lacuna hoje existente.

Superado o tema do início do prazo de prescrição e voltando-se ao sistema em vigor, o art. 190 do CC/2002 traz novidade diante do CC/1916, prevendo que "a exceção prescreve no mesmo prazo em que a pretensão". De acordo com o Código Civil, os prazos aplicáveis às pretensões também devem regulamentar as defesas e exceções correspondentes, de acordo com a equivalência material, consagração, em parte, do princípio *actio nata*, pelo qual o prazo também pode ter início a partir da ciência da lesão ao direito subjetivo. Isso porque o réu da ação poderá ter conhecimento da lesão ao seu direito subjetivo justamente pela propositura da ação por alguém que também lhe deve determinada quantia. Sendo assim, não poderá perder o prazo para alegar, por exemplo, a compensação das dívidas.

Por razões óbvias, o dispositivo em análise também será aplicado às demandas condenatórias. Sobre essa inovação, o Código Civil atual supre uma omissão da codificação anterior, sendo certo que "alguns autores chegaram a defender a imprescritibilidade da exceção, o que não faz nenhum sentido. Prescrito o direito de ação, não há o que ser excepcionado".[222]

Ainda no que concerne ao art. 190 do CC, na *V Jornada de Direito Civil* aprovou-se enunciado estabelecendo que o comando somente incide sobre as exceções impróprias, aquelas que são dependentes ou não autônomas, caso da compensação. Por outra via, as exceções propriamente ditas, independentes ou autônomas são imprescritíveis, como é a alegação de pagamento direto ou de coisa julgada (Enunciado n. 415). A proposta, de autoria de André Borges de Carvalho Barros, segue a doutrina de Maria Helena Diniz.[223]

De acordo com o art. 191 do atual Código Civil, é admitida a renúncia à prescrição por parte daquele que dela se beneficia, ou seja, o devedor. Está superada a admissão da renúncia prévia, pois a renúncia somente é possível após se consumar a prescrição. Inicialmente, essa renúncia à prescrição poderá ser *expressa*, mediante declaração comprovada e idônea do devedor, sem vícios. Pode ocorrer ainda a renúncia *tácita* da prescrição, por condutas do devedor que induzem a tal fato, como o pagamento total ou mesmo parcial da dívida prescrita, que não pode ser repetida, exemplo que é de obrigação natural (art. 882 do CC).

Como corretamente decidiu o Superior Tribunal de Justiça em 2016, "a renúncia tácita da prescrição somente se perfaz com a prática de ato inequívoco de reconhecimento do direito pelo prescribente. Assim, não é qualquer postura do obrigado que enseja a renúncia tácita, mas aquela considerada manifesta, patente, explícita, irrefutável e facilmente perceptível. No caso concreto, a mera declaração feita pelo devedor, no sentido de que posteriormente apresentaria proposta de pagamento do débito decorrente das mensalidades escolares, não implicou renúncia à prescrição. Dessa forma, afastada a tese da renúncia à prescrição, o

---

[222] ALVES, Jones Figueirêdo; Delgado, Mário Luiz. *Código Civil anotado*. São Paulo: Método, 2005. p. 122.
[223] DINIZ, Maria Helena. *Código Civil anotado*. 15. ed. São Paulo: Saraiva, 2010. p. 215.

CAP. 2 • PARTE GERAL DO CÓDIGO CIVIL DE 2002 | **325**

processo deve ser extinto, com resolução do mérito" (STJ, REsp 1.250.583/SP, 4.ª Turma, Rel. Min. Luis Felipe Salomão, j. 03.05.2016, *DJe* 27.05.2016).

Ou, mais recentemente, da mesma Corte Superior: "a renúncia tácita da prescrição somente se viabiliza mediante a prática de ato inequívoco de reconhecimento do direito pelo prescribente" (STJ, Ag. Int. no AREsp 918.906/BA, 4.ª Turma, Rel. Min. Maria Isabel Gallotti, j. 14.02.2017, *DJe* 21.02.2017). As corretas conclusões têm fundamento no art. 114 do Código Civil, segundo o qual a renúncia não admite interpretação extensiva, apenas restritiva. A par dessa realidade jurídica, em casos de dúvidas, não há que reconhecer que houve renúncia à prescrição.

Essa renúncia à prescrição também pode ser *judicial* – quando manifestada em juízo –, ou *extrajudicial* – fora dele, como se dá no caso da celebração de um instrumento público ou particular em que a parte declara que está renunciando à prescrição.

Como é notório, os prazos de prescrição não podem ser alterados por acordo das partes, outra inovação que consta do art. 192 do CC/2002. O comando legal em questão somente consolida o entendimento doutrinário anterior, pelo qual a prescrição somente teria origem legal, não podendo os seus prazos ser alterados por ato volitivo. Aqui, reside ponto diferenciador em relação à decadência, que pode ter origem convencional, conforme será visto oportunamente. Trazendo interessante aplicação prática do art. 192 do Código, transcreve-se julgado do Tribunal de Justiça do Distrito Federal:

> "Prescrição. Execução de contrato de financiamento. Vencimento antecipado. *Dies a quo* do prazo prescricional. Alteração do prazo prescricional. Impossibilidade. 1) Para que seja considerado o prazo prescricional do Código Civil revogado é preciso que já tenha havido a redução do prazo e, ainda, ter transcorrido mais da metade do prazo quando da entrada em vigor no novo código. 2) O prazo prescricional inicia-se da data em que ocorreu o vencimento antecipado da dívida, uma vez que é nesta data que o direito é violado e nasce a pretensão do credor. 3) Ter-se o prazo prescricional como iniciado na data do fim do contrato, e não do vencimento antecipado, violaria o disposto no art. 192 do Código Civil, pois se estaria alterando prazo estabelecido em Lei. 4) Recurso conhecido e improvido" (TJDF, Recurso inominado 2008.07.1.001151-3, Acórdão 328.066, 2.ª Turma Cível, Rel. Des. Luciano Vasconcelos, *DJDFTE* 10.11.2008, p. 100).

Na mesma linha, julgou o Tribunal de Justiça de São Paulo que a previsão de prazo prescricional para ressarcimento inserido em contrato de compra e venda de ações de sociedade representa clara violação do art. 192 do Código Civil, norma de ordem pública que não pode ser contrariada por convenção das partes, premissa que sempre deve prevalecer (TJSP, Apelação 9132334-30.2009.8.26.0000, Acórdão 5924801, 6.ª Câmara de Direito Privado, São Paulo, Rel. Des. Francisco Loureiro, j. 24.05.2012, *DJESP* 11.06.2012). Ainda a ilustrar a aplicação da regra, tem-se entendido que o termo de renegociação do contrato ou da dívida não pode prolongar o prazo de prescrição para cobrança, que somente decorre de lei (TJSP, Apelação 0011746-16.2011.8.26.0506, Acórdão 7859717, 37.ª Câmara de Direito Privado, Ribeirão Preto, Rel. Des. João Pazine Neto, j. 16.09.2014, *DJESP* 25.09.2014).

Como consequência natural da dedução, havendo previsão contratual que contrarie o disposto no art. 192 do Código Privado, estará presente mais uma hipótese de *nulidade absoluta virtual*, pois a lei proíbe a prática do ato, sem cominar sanção (art. 166, inc. VII, segunda parte, do CC/2002).

Dispõe o art. 193 da codificação material que a prescrição pode ser alegada em qualquer grau de jurisdição, pela parte a quem aproveita (o devedor ou qualquer interessado). Ilustrando,

**326** | MANUAL DE DIREITO CIVIL • VOLUME ÚNICO – *Flávio Tartuce*

a prescrição pode ser alegada em sede de apelação, ainda que não alegada em contestação, conforme já se pronunciou o Superior Tribunal de Justiça (nesse sentido, ver: STJ, REsp 157.840/SP, 4.ª Turma, Rel. Min. Sálvio de Figueiredo Teixeira, j. 16.05.2000, *DJ* 07.08.2000, p. 109).

A propósito, a jurisprudência superior tem entendido em arestos atuais que tal alegação – ou conhecimento de ofício –, por envolver ordem pública, pode-se dar até na instância superior, desde que ocorra o necessário e prévio prequestionamento da matéria a ser julgada. Concluindo desse modo, por todos os recentes acórdãos: "o exame no âmbito do recurso especial de questões de ordem pública susceptíveis de serem conhecidas de ofício em qualquer tempo e grau de jurisdição, como é o caso da prescrição, não prescinde seja atendido o requisito do prequestionamento" (STJ, Ag. Int. no Ag. Rg. no Ag 1.076.043/RS, 4.ª Turma, Rel. Min. Maria Isabel Gallotti, j. 15.08.2017, *DJe* 21.08.2017). Ver também: Ag. Rg. no AREsp 75.065/SP, 4.ª Turma, Rel. Min. Maria Isabel Gallotti, j. 18.12.2014, *DJe* 06.02.2015. Na mesma linha, sobre o conhecimento de ofício em qualquer grau de jurisdição, confirmando o julgado antes transcrito: "a prescrição, matéria de ordem pública, pode ser reconhecida de ofício ou a requerimento das partes, a qualquer tempo e grau de jurisdição" (STJ, Ag. Int. nos EDcl no REsp 1.250.171/SP, 4.ª Turma, Rel. Min. Maria Isabel Gallotti, j. 27.04.2017, *DJe* 05.05.2017).

O atual Projeto de Reforma do Código Civil pretende incluir norma expressa nesse sentido, para que não pairem dúvidas quanto a essa possibilidade. Nesse contexto, o art. 193 passará a prever que "a prescrição pode ser alegada pela parte a quem aproveita e será conhecida a qualquer tempo pelo julgador, nas instâncias ordinária ou extraordinária, respeitado o contraditório". Com a necessária aprovação do texto, pelo Congresso Nacional, resolve-se mais um dilema jurisprudencial, em prol da segurança jurídica.

Na prática, é muito comum a sua alegação ocorrer em sede de contestação, não como preliminar processual, mas como preliminar de mérito, eis que com a sua apreciação serão analisadas questões de direito material. Como o Código Civil de 2002 não traz qualquer novidade em relação à matéria, continua em vigor a Súmula 150 do STF, pela qual prescreve "a execução no mesmo prazo da prescrição da ação". Cumpre salientar, nunca fui adepto da *prescrição intercorrente* na esfera privada, aquela que corre no curso de demanda ou ação, sobretudo no curso da execução. Aliás, o entendimento majoritário anterior, entre os civilistas, sinalizava contra essa forma de prescrição, diante da morosidade que sempre acometeu o Poder Judiciário no Brasil.

De toda sorte, o vigente Código de Processo Civil acabou por incluir a prescrição intercorrente nas ações de execução, na linha do que já era admitido na esfera do Direito Tributário e das execuções fiscais. Em continuidade a esse tratamento, a Lei 14.195/2021 trouxe alterações legislativas a respeito do tema. Curiosamente, a norma, que tem origem na MP 1.040/2021, trata da facilitação da abertura de empresas, não tendo qualquer relação, direta ou indireta, com o tema da prescrição.

Nesse diploma, foi incluído um novo art. 206-A no Código Civil, além de mudanças no art. 921 do CPC. Sobre as últimas, entendo serem inconstitucionais, pois o art. 62 do Texto Maior veda que medidas provisórias tratem de questões relativas ao Direito Processual Civil. A questão está pendente de análise no Supremo Tribunal Federal, com destaque para a ADI 7.005.

Sobre o novo art. 206-A do Código Civil, com redação óbvia, estabelece que "a prescrição intercorrente observará o mesmo prazo de prescrição da pretensão, observadas as causas de impedimento, de suspensão e de interrupção da prescrição previstas neste Código e observado o disposto no art. 921 da Lei n.º 13.105, de 16 de março de 2015 (Código de Processo Civil)". Mais uma vez, diante de uma confusão gerada pelo veto presencial ao art.

43 dessa norma anterior, a Lei do Sistema Eletrônico dos Registros Públicos (SERP – Lei 14.382/2022) reeditou o seu conteúdo, não havendo mais qualquer dúvida a respeito de sua vigência, apesar do meu entendimento de que a previsão já estava em vigor desde 2021.

A respeito do texto anterior da primeira Medida Provisória, Pablo Stolze Gagliano e Salomão Viana já pontuavam que ele não traria qualquer alteração na ordem jurídica:

"O sentido a ser extraído do novo texto normativo é o de que o prazo para consumação da prescrição intercorrente é o mesmo prazo legalmente previsto para prescrição da pretensão original, que foi exercitada por meio da propositura da demanda. Convenhamos: trata-se da adoção de um critério lógico, cuja aplicação – pode-se arriscar – seria até intuitiva. Aliás, de tão intuitiva, a aplicação desse critério vem se dando de há muito, no âmbito jurisprudencial. Afinal, não teria sentido a criação, pelo intérprete, de um prazo para a prescrição intercorrente que fosse maior ou menor do que aquele que a própria lei já estabelece para a prescrição da pretensão que foi exercitada por meio da propositura da demanda. Anote-se, ainda, que a utilização, pelo aplicador do Direito, de prazos, para a prescrição intercorrente, distintos dos prazos que a própria ordem jurídica já estabelece, expressamente, para a prescrição da pretensão que foi exercitada por meio da propositura da demanda não passaria pelo crivo da aplicação do postulado da razoabilidade. Resta, por tudo isso, no máximo, somente uma palavra em favor da iniciativa legislativa: o enunciado do novo artigo tem a serventia de inserir, em texto legal, norma cuja existência na ordem jurídica já era percebida há muito tempo pelo intérprete, mas o intérprete não tinha à sua disposição um texto para se apoiar".[224]

Entendo que a conclusão é exatamente a mesma sobre o texto vigente, tendo sido tal aspecto observado pelo Senador Irajá Silvestre, quando da tramitação do projeto de lei de conversão da Medida Provisória na Lei 14.195/2021. Segundo ele, citando os últimos juristas em seu relatório, "esse novo preceito apenas positiva o que já é pacífico na doutrina e na jurisprudência, como alertam os juristas baianos Pablo Stolze e Salomão Viana no seu artigo 'A Prescrição Intercorrente e a nova MP n.º 1.040/21 (Medida Provisória de Ambiente de Negócios)', publicado no *site* do JusBrasil referente ao 'Direito Civil Brasileiro', coordenado pelo professor Rodrigo Toscano de Brito. Todavia, a positivação aí é bem-vinda por consolidar interpretação e evitar divergências posteriores". Em suma, não há qualquer mudança significativa no texto aprovado, inclusive quanto ao que consta da Lei do SERP.

A Lei 14.195/2021, como pontuado, também alterou o Estatuto Processual em vigor quanto ao tratamento da prescrição intercorrente. O art. 921 do CPC/2015 estabelece, entre as hipóteses de suspensão da execução, o fato de não ser localizado o executado ou bens penhoráveis (inciso III). O critério foi modificado pela nova norma, uma vez que antes se mencionava o fato de o executado não possuir bens penhoráveis.

Essa mudança de critério, que visa um aumento do reconhecimento da prescrição intercorrente, é nefasto, pois o parâmetro para aplicação do instituto deixa de ser a eventual negligência do credor, passando a ser o simples fato de o devedor ou seus bens não serem localizados.

Em verdade, o comando processual havia detalhado alguns elementos que parte da jurisprudência já entendia como viáveis para gerar a prescrição no curso do processo de

---

[224] GAGLIANO, Pablo Stolze; VIANA, Salomão. A prescrição intercorrente e a nova MP n.º 1.040/21 (Medida Provisória de "Ambiente de Negócios". Disponível em: <https://direitocivilbrasileiro.jusbrasil.com.br/artigos/1186072938/a-prescricao-intercorrente-e-a-nova-mp-n-1040-21-medida-provisoria-de-ambiente-de-negocios>. Acesso em: 5 nov. 2021.

execução e em matéria tributária. A ilustrar, entre os mais recentes arestos, decidiu-se que "não corre a prescrição intercorrente durante o prazo de suspensão do processo de execução determinada pelo juízo. Para a retomada de seu curso, faz-se necessária a intimação pessoal do credor para diligenciar no processo, porque é a sua inação injustificada que faz retomar-se o curso prescricional" (STJ, AgRg no AREsp 585.415/SP, 4.ª Turma, Rel. Min. Maria Isabel Gallotti, j. 25.11.2014, *DJe* 09.12.2014). Em complemento: "o reconhecimento da prescrição intercorrente vincula-se não apenas ao elemento temporal, mas também à ocorrência de inércia da parte autora em adotar providências necessárias ao andamento do feito. Consignado no acórdão recorrido que o credor não adotou comportamento inerte, inviável o recurso especial que visa alterar essa conclusão, em razão do óbice imposto pela Súmula 7/STJ" (STJ, AgRg no AREsp 33.751/SP, 3.ª Turma, Rel. Min. João Otávio de Noronha, j. 25.11.2014, *DJe* 12.12.2014).

Conforme anotei, esse último critério parece ter sido desconsiderado com a mudança da Lei 14.195/2021. Por fim: "de acordo com precedentes do STJ, a prescrição intercorrente só poderá ser reconhecida no processo executivo se, após a intimação pessoal da parte exequente para dar andamento ao feito, a mesma permanece inerte. Precedentes. Conforme orientação pacífica desta Corte, é necessária a intimação pessoal do autor da execução para o reconhecimento da prescrição intercorrente. Precedentes" (STJ, AgRg no AREsp 131.359/GO, 4.ª Turma, Rel. Min. Marco Buzzi, j. 20.11.2014, *DJe* 26.11.2014).

Voltando-se ao texto legal a respeito do instituto da prescrição intercorrente, o § 1.º do art. 921 do CPC/2015 preceitua que, "na hipótese do inciso III, o juiz suspenderá a execução pelo prazo de 1 (um) ano, durante o qual se suspenderá a prescrição". Em continuidade, está previsto que, "decorrido o prazo máximo de 1 (um) ano sem que seja localizado o executado ou que sejam encontrados bens penhoráveis, o juiz ordenará o arquivamento dos autos" (§ 2.º do art. 921 do CPC). Além disso, a norma estabelece que "os autos serão desarquivados para prosseguimento da execução se a qualquer tempo forem encontrados bens penhoráveis" (§ 3.º do art. 921 do CPC). Essas regras não foram alteradas pela Lei 14.195/2021.

Porém, o § 4.º do art. 921 da Norma Processual foi modificada, passando a prever que "o termo inicial da prescrição no curso do processo será a ciência da primeira tentativa infrutífera de localização do devedor ou de bens penhoráveis, e será suspensa, por uma única vez, pelo prazo máximo previsto no § 1.º deste artigo". Antes estava previsto que, "decorrido o prazo de que trata o § 1.º sem manifestação do exequente, começa a correr o prazo de prescrição intercorrente". Observe-se que essa última alteração da lei foi claramente influenciada por decisão do Superior Tribunal de Justiça, em sede de recursos repetitivos, a respeito da Fazenda Pública em que foram fixadas as seguintes teses:

"4.1.) O prazo de 1 (um) ano de suspensão do processo e do respectivo prazo prescricional previsto no art. 40, §§ 1.º e 2.º da Lei n. 6.830/80 – LEF tem início automaticamente na data da ciência da Fazenda Pública a respeito da não localização do devedor ou da inexistência de bens penhoráveis no endereço fornecido, havendo, sem prejuízo dessa contagem automática, o dever de o magistrado declarar ter ocorrido a suspensão da execução; 4.1.1.) Sem prejuízo do disposto no item 4.1., nos casos de execução fiscal para cobrança de dívida ativa de natureza tributária (cujo despacho ordenador da citação tenha sido proferido antes da vigência da Lei Complementar n. 118/2005), depois da citação válida, ainda que editalícia, logo após a primeira tentativa infrutífera de localização de bens penhoráveis, o Juiz declarará suspensa a execução; 4.1.2.) Sem prejuízo do disposto no item 4.1., em se tratando de execução fiscal para cobrança de dívida ativa de natureza tributária (cujo despacho ordenador da citação tenha sido proferido na vigência da Lei Complementar n. 118/2005) e de qualquer dívida ativa de natureza não tributária, logo após a primeira tentativa frustrada de citação do devedor ou de localização de bens penhoráveis, o Juiz declarará suspensa a execução.

4.2.) Havendo ou não petição da Fazenda Pública e havendo ou não pronunciamento judicial nesse sentido, findo o prazo de 1 (um) ano de suspensão inicia-se automaticamente o prazo prescricional aplicável (de acordo com a natureza do crédito exequendo) durante o qual o processo deveria estar arquivado sem baixa na distribuição, na forma do art. 40, §§ 2.º, 3.º e 4.º da Lei n. 6.830/80 – LEF, findo o qual o Juiz, depois de ouvida a Fazenda Pública, poderá, de ofício, reconhecer a prescrição intercorrente e decretá-la de imediato;

4.3.) A efetiva constrição patrimonial e a efetiva citação (ainda que por edital) são aptas a interromper o curso da prescrição intercorrente, não bastando para tal o mero peticionamento em juízo, requerendo, *v.g.*, a feitura da penhora sobre ativos financeiros ou sobre outros bens. Os requerimentos feitos pelo exequente, dentro da soma do prazo máximo de 1 (um) ano de suspensão mais o prazo de prescrição aplicável (de acordo com a natureza do crédito exequendo) deverão ser processados, ainda que para além da soma desses dois prazos, pois, citados (ainda que por edital) os devedores e penhorados os bens, a qualquer tempo – mesmo depois de escoados os referidos prazos –, considera-se interrompida a prescrição intercorrente, retroativamente, na data do protocolo da petição que requereu a providência frutífera.

4.4.) A Fazenda Pública, em sua primeira oportunidade de falar nos autos (art. 245 do CPC/73, correspondente ao art. 278 do CPC/2015), ao alegar nulidade pela falta de qualquer intimação dentro do procedimento do art. 40 da LEF, deverá demonstrar o prejuízo que sofreu (exceto a falta da intimação que constitui o termo inicial – 4.1., onde o prejuízo é presumido), por exemplo, deverá demonstrar a ocorrência de qualquer causa interruptiva ou suspensiva da prescrição.

4.5.) O magistrado, ao reconhecer a prescrição intercorrente, deverá fundamentar o ato judicial por meio da delimitação dos marcos legais que foram aplicados na contagem do respectivo prazo, inclusive quanto ao período em que a execução ficou suspensa" (STJ, REsp 1.340.553/RS, 1.ª Seção, Rel. Min. Mauro Campbell Marques, j. 12.09.2018, *DJe* 16.10.2018).

Por óbvio, mais uma vez, a alteração foi efetivada para que a prescrição intercorrente seja mais facilmente reconhecida, diminuindo-se o acervo de processos perante os Tribunais. Infelizmente, o mesmo pode ser dito quanto ao novo § 4.º-A do art. 921 do CPC, igualmente influenciado pelo último *decisum*. Consoante o seu texto, "a efetiva citação, intimação do devedor ou constrição de bens penhoráveis interrompe o prazo de prescrição, que não corre pelo tempo necessário à citação e à intimação do devedor, bem como para as formalidades da constrição patrimonial, se necessária, desde que o credor cumpra os prazos previstos na lei processual ou fixados pelo juiz". O texto legal anterior, mais direto e claro, previa que, "decorrido o prazo de que trata o § 1.º sem manifestação do exequente, começa a correr o prazo de prescrição intercorrente".

Sem prejuízo dos comandos seguintes, merece ser comentado o § 5.º do art. 921 do CPC, igualmente alterado pela Lei 14.195/2021 e também influenciado pelo transcrito precedente superior. No seu texto ora em vigor, "o juiz, depois de ouvidas as partes, no prazo de 15 (quinze) dias, poderá, de ofício, reconhecer a prescrição no curso do processo e extingui-lo, sem ônus para as partes". A previsão anterior era no sentido de que o juiz, depois de ouvidas as partes, no prazo de 15 dias, poderá, de ofício, reconhecer esta prescrição e extinguir o processo, sem menção ao curso do processo e a ausência de ônus para as partes.

Seja como for, mesmo com essas mudanças, acredito que, em uma realidade de justiça cível célere, o instituto da prescrição intercorrente até poderia ser admitido. Sendo assim, se o CPC/2015 realmente agilizar os procedimentos e diminuir a demora das demandas, o que não ocorreu até o presente momento de forma satisfatória, a prescrição intercorrente poderá ser saudável. Caso contrário, poderá ser um desastre institucional. Mais uma vez, o tempo e a prática demonstrarão se o instituto veio em boa hora ou não.

Em tom suplementar, tenho sustentado em palestras e exposições sobre a prescrição e o CPC/2015 que, em casos de patente má-fé do devedor que, por exemplo, vende todos os seus bens e se ausenta do País, para que corra a prescrição intercorrente, esta não deve ser admitida. Para dar sustento a tal forma de pensar, lembre-se que a boa-fé objetiva é princípio consagrado não só pelo Código Civil, mas também pelo Estatuto Processual Emergente. Continuo com esse posicionamento, mesmo com as recentes alterações do art. 921 da norma instrumental.

Por fim, quanto ao tema, pontue-se que, antes mesmo da entrada em vigor do CPC/2015, o STJ já havia citado a prescrição intercorrente nele prevista, com menção ao meu entendimento, em especial quanto à manutenção do teor da Súmula 150 do STF. Vejamos a ementa do acórdão:

> "Recurso especial. Civil. Processual civil. Execução. Ausência de bens passíveis de penhora. Suspensão do processo. Inércia do exequente por mais de treze anos. Prescrição intercorrente. Ocorrência. Súmula 150/STF. Negativa de prestação jurisdicional. Não ocorrência. Honorários advocatícios. Revisão óbice da Súmula 7/STJ. 1. Inocorrência de maltrato ao art. 535 do CPC quando o acórdão recorrido, ainda que de forma sucinta, aprecia com clareza as questões essenciais ao julgamento da lide. 2. 'Prescreve a execução no mesmo prazo da prescrição da ação' (Súmula 150/STF). 3. 'Suspende-se a execução: (...) quando o devedor não possuir bens penhoráveis' (art. 791, inciso III, do CPC). 4. Ocorrência de prescrição intercorrente, se o exequente permanecer inerte por prazo superior ao de prescrição do direito material vindicado. 5. Hipótese em que a execução permaneceu suspensa por treze anos sem que o exequente tenha adotado qualquer providência para a localização de bens penhoráveis. 6. Desnecessidade de prévia intimação do exequente para dar andamento ao feito. 7. Distinção entre abandono da causa, fenômeno processual, e prescrição, instituto de direito material. 8. Ocorrência de prescrição intercorrente no caso concreto. 9. Entendimento em sintonia com o novo Código de Processo Civil. 10. Revisão da jurisprudência desta Turma. 11. Incidência do óbice da Súmula 7/STJ no que tange à alegação de excesso no arbitramento dos honorários advocatícios. 12. Recurso especial desprovido" (STJ, REsp 1.522.092/MS, 3.ª Turma, Rel. Min. Paulo de Tarso Sanseverino, j. 06.10.2015, *DJe* 13.10.2015).

De toda sorte, pontue-se que o julgado a seguir trata da prescrição intercorrente relativa a eventos ocorridos na vigência do CPC/1973, havendo polêmica anterior a respeito da necessidade de prévia intimação do credor para dar andamento ao feito. Havia divergência na Corte Superior, pois na sua Quarta Turma vinha-se concluindo, novamente em julgados prolatados sobre fatos ocorridos na vigência do Código de Processo Civil de 1973, que haveria a necessidade de intimação prévia do exequente para dar andamento ao feito, para então se ter o início do prazo da prescrição intercorrente.

Por todos os arestos que julgavam desse modo: "na hipótese, como o deferimento da suspensão da execução ocorreu sob a égide do CPC/1973 (ago./1998), há incidência do entendimento jurisprudencial consolidado no sentido de que não tem curso o prazo de prescrição intercorrente enquanto a execução estiver suspensa com base na ausência de bens penhoráveis (art. 791, III), exigindo-se, para o seu início, a intimação do exequente para dar andamento ao feito" (STJ, REsp 1.620.919/PR, 4.ª Turma, Rel. Min. Luis Felipe Salomão, j. 10.11.2016, *DJe* 14.12.2016).

CAP. 2 • PARTE GERAL DO CÓDIGO CIVIL DE 2002 | **331**

A questão foi pacificada pela Segunda Seção do Superior Tribunal de Justiça em 27 de junho de 2018, por cinco votos a quatro, seguindo-se a posição da Terceira Turma, liderada pelo Ministro Bellizze.[225] O julgamento se deu no primeiro incidente de assunção de competência (IAC) analisado pela Corte, instituto criado pelo Novo CPC para a concretização de um sistema de precedentes (Recurso Especial 1.604.412/SC). As teses firmadas no julgamento foram as seguintes, após amplos e profundos debates:

> "1.1 Incide a prescrição intercorrente nas causas de natureza privada regidas pelo CPC de 73 quando o exequente permanece inerte por prazo superior da prescrição do direito material reivindicado conforme interpretação extraída do artigo 202, parágrafo único, do Código Civil de 2002. 1.2 O termo inicial do prazo prescricional na vigência do CPC 73 conta-se do fim do prazo judicial de suspensão do processo ou, inexistindo prazo fixado, do transcurso de um ano – aplicação analógica do artigo 40 da Lei 6.830. 1.3 O termo inicial do artigo 1.056 do CPC de 15 tem incidência apenas nas hipóteses em que o processo se encontrava suspenso na data de entrada em vigor da nova lei processual, uma vez que não se pode extrair interpretação que viabilize o reinício ou reabertura de prazo prescricional ocorridos na vigência do revogado CPC de 73 – aplicação irretroativa de norma processual. 1.4 O contraditório é princípio constitucional que deve ser respeitado em todas as manifestações do Judiciário, que deve zelar por sua observância, inclusive nas hipóteses de declaração de ofício da prescrição intercorrente, devendo o credor ser previamente intimado para opor algum fato impeditivo à incidência da prescrição".

Apesar de não se filiar ao início da solução pacificada, a última tese resolve um sério problema relativo ao conhecimento de ofício da prescrição, tema que será desenvolvido a seguir. Com o devido respeito, filio-me à solução que antes era dada pela Quarta Turma da Corte, liderada pelo Ministro Salomão, pois ela se coaduna com o contraditório e a boa-fé objetiva, seja material ou processual, entendida como a necessidade de plena comunicação dos atos processuais, de forma clara e transparente.

Feitas tais considerações sobre a prescrição intercorrente, pontue-se que o panorama quanto à alegação da prescrição pela parte mudou recentemente no nosso País, alteração que também foi confirmada pelo CPC/2015.

Isso porque *previa* o art. 194 do Código Civil que "o juiz não pode suprir, de ofício, a alegação de prescrição, salvo se favorecer a absolutamente incapaz". Utilizamos a expressão no passado, pois o dispositivo em questão foi revogado pela Lei 11.280, de 16 de fevereiro de 2006. Ademais, com a reforma, o § 5.º do art. 219 do CPC passou a pronunciar que "o juiz pronunciará, de ofício, a prescrição". A alteração do texto foi substancial, em sentido oposto ao que estava tratado na codificação privada. Caiu o *mito civilístico* de que a prescrição não pode ser conhecida de ofício. Isso, em prol de *suposta* celeridade processual. Em tom crítico, pode-se dizer que o Código Civil era harmônico a respeito do tema da prescrição, principalmente se confrontado com a decadência. Mas essa harmonia foi quebrada pela reforma processual, como se verá adiante.

Como é notório, o conhecimento de ofício da prescrição foi confirmado pelo Código de Processo Civil de 2015, que ampliou essa forma de julgar para a decadência. De início, o Estatuto Processual em vigor passou a reconhecer a possibilidade de improcedência liminar do pedido, sendo uma das suas causas a percepção da ocorrência da prescrição

---

[225] Conforme desenvolvido em: OLIVEIRA, Marco Aurélio Bellizze. Questões polêmicas sobre a prescrição. In: SALOMÃO, Luis Felipe; TARTUCE, Flávio (Coord.). *Direito civil*. Diálogos entre a doutrina e a jurisprudência. São Paulo: Atlas, 2018. p. 164-165.

332 | MANUAL DE DIREITO CIVIL • VOLUME ÚNICO – *Flávio Tartuce*

ou da decadência (art. 332, § 1.º, do CPC/2015). Em complemento, destaque-se a regra do art. 487 da lei instrumental emergente, com a seguinte redação: "Haverá resolução de mérito quando o juiz: (...). II – decidir, de ofício ou a requerimento, sobre a ocorrência de decadência ou prescrição".

É importante trazer alguns aprofundamentos técnicos quanto ao reconhecimento da prescrição de ofício, debates que permanecem com a emergência do CPC/2015. O primeiro deles decorre de uma dúvida: como o reconhecimento da prescrição é de ofício, esta constitui matéria de ordem pública?

Alguns juristas respondem positivamente, caso de Nelson Nery e Rosa Maria de Andrade Nery,[226] Maria Helena Diniz[227] e Roberto Senise Lisboa.[228] Entretanto, parece-me prematuro fazer essa afirmação. Isso porque a prescrição envolve direitos patrimoniais e, portanto, a ordem privada. Entendem que a prescrição não passou a ser matéria de ordem pública Rodrigo Reis Mazzei[229] e José Fernando Simão.[230-231]

Como terceira via, mas seguindo a segunda corrente, pode-se afirmar que, realmente, a prescrição não é matéria de ordem pública, mas a celeridade processual o é. Isso porque a Constituição Federal passou a assegurar como direito fundamental o direito ao razoável andamento do processo e à celeridade das ações judiciais (art. 5.º, inc. LXXVIII, da CF/1988, introduzido pela Emenda Constitucional 45/2004). O reconhecimento da prescrição de ofício foi criado justamente para a tutela desses direitos. E, como é notório, o CPC em vigor reafirma a necessidade dessa agilização dos procedimentos, ganhando força essa terceira via, com o seu surgimento. Nos termos do art. 4.º do CPC/2015, as partes têm o direito de obter em prazo razoável a solução integral do mérito, incluída a atividade satisfativa.

Outro problema está relacionado com a renúncia judicial à prescrição. Vejamos um exemplo. Alguém cobra judicialmente uma dívida, supostamente prescrita. Qual a decisão inicial do juiz?

Para um *prático*, a resposta é: uma sentença em que é reconhecida a prescrição de ofício, julga-se extinta a ação com resolução do mérito, agora por meio da improcedência liminar do pedido (art. 332, § 1.º, do CPC/2015).

Para um *técnico*: o juiz deve determinar a citação do réu para que se manifeste quanto à renúncia à prescrição. Essa resposta *técnica*, que parece a mais correta, foi anteriormente dada na *IV Jornada de Direito Civil*, com a aprovação do Enunciado n. 295 do CJF/STJ, que tem a seguinte redação: "a revogação do art. 194 do Código Civil pela Lei 11.280/2006, que determina ao juiz o reconhecimento de ofício da prescrição, não retira do devedor a possibilidade de renúncia admitida no art. 191 do texto codificado". De igual modo a firme posição anterior de Álvaro Villaça Azevedo, jurista que é referência para mim.[232-233]

---

[226] NERY JR., Nelson; NERY, Rosa Maria de Andrade. *Código de Processo Civil comentado*. 6. ed. São Paulo: RT, 2006. p. 408.

[227] DINIZ, Maria Helena. *Código Civil anotado*. 15. ed. São Paulo: Saraiva, 2010. p. 218.

[228] LISBOA, Roberto Senise. In: CAMILLO, Carlos Eduardo Nicoletti, TALAVERA, Glauber Moreno, FUJITA, Jorge Shiguemitsu e SCAVONE JR., Luiz Antonio. *Comentários ao Código Civil*. São Paulo: RT, 2006. p. 283.

[229] MAZZEI, Rodrigo Reis. A prescrição e a sua pronúncia de ofício. In: DELGADO, Mário Luiz; ALVES, Jones Figueirêdo. *Questões controvertidas no novo Código Civil*. São Paulo: Método, 2007. v. 6, p. 553.

[230] SIMÃO, José Fernando. Prescrição e sua alegação – Lei 11.280 e a revogação do art. 194 do Código Civil. *Jornal Carta Forense, São Paulo*, n. 34, abr. 2006.

[231] SIMÃO, José Fernando. Prescrição e sua alegação – Lei 11.280 e a revogação do art. 194 do Código Civil. *Jornal Carta Forense, São Paulo*, n. 34, abr. 2006.

[232] AZEVEDO, Álvaro Villaça. *Teoria geral do Direito Civil*. Parte Geral. São Paulo: Atlas, 2012. p. 405.

[233] AZEVEDO, Álvaro Villaça. *Teoria geral do Direito Civil*. Parte Geral. São Paulo: Atlas, 2012. p. 405.

CAP. 2 • PARTE GERAL DO CÓDIGO CIVIL DE 2002 | **333**

Em sentido idêntico, comentava Rodrigo Reis Mazzei, na vigência da legislação anterior, ser necessária a intimação do réu (devedor), para que se manifeste quanto à renúncia à prescrição.[234] Tecnicamente é de se concordar com esse entendimento, pois, caso contrário, a autonomia privada, manifestada pelo direito de se pagar uma dívida prescrita em juízo e renunciando à prescrição, estará seriamente ferida. Sendo a autonomia privada um valor associado à liberdade constitucional, pode-se até afirmar que a inovação é inconstitucional, caso este direito de renúncia à prescrição não seja assegurado.

Ademais, a primeira resposta pode ser injusta, pois afasta a possibilidade de discussão, em juízo, das causas impeditivas, suspensivas e interruptivas da prescrição. Esse entendimento vinha sendo adotado pelo Superior Tribunal de Justiça, com menção aos doutrinadores contemporâneos do Direito Civil Brasileiro:

"Recurso especial. Tributário. Prescrição. Decretação *ex officio*. Prévia oitiva da Fazenda Pública. Nulidade. Inexistente. 1. 'Apesar da clareza da legislação processual, não julgamos adequado o indeferimento oficioso da inicial. De fato, constata-se uma perplexidade. O magistrado possui uma 'bola de cristal' para antever a inexistência de causas impeditivas, suspensivas ou interruptivas ao curso da prescrição?' (Nelson Rosenvald in *Prescrição da Exceção à Objeção*. Leituras Complementares de Direito Civil. Cristiano Chaves de Farias, org. Salvador: Edições JusPodivm, 2007. p. 190). 2. A prévia oitiva da Fazenda Pública é requisito para a decretação da prescrição prevista no art. 40, § 4.º, da Lei 6.830/1980, bem como da prescrição referida no art. 219, § 5.º, do CPC, ainda que esse último dispositivo silencie, no particular. 3. Deve-se interpretar sistematicamente a norma processual que autoriza o juiz decretar *ex officio* a prescrição e a existência de causas interruptivas e suspensivas do prazo que não podem ser identificadas pelo magistrado apenas à luz dos elementos constantes no processo. 4. Embora tenha sido extinto o processo em primeira instância sem a prévia oitiva da Fazenda Pública, quando da interposição do recurso de apelação, esta teve a oportunidade de suscitar a ocorrência de causa suspensiva ou interruptiva do prazo prescricional. Assim, não há que ser reconhecida a nulidade da decisão que decretou a extinção do feito. 5. A exigência da prévia oitiva do Fisco tem em mira dar-lhe a oportunidade de arguir eventuais óbices à decretação da prescrição. Havendo possibilidade de suscitar tais alegações nas razões da apelação, não deve ser reconhecida a nulidade da decisão recorrida. 6. Recurso especial não provido" (STJ, REsp 1.005.209/RJ, 2.ª Turma, Rel. Min. Castro Meira, j. 08.04.2008, *DJ* 22.04.2008, p. 1).

Tudo isso pelo prisma mais técnico e menos prático, que felizmente vinha prevalecendo muitas vezes.

Entendo que essa última posição deve ser mantida com o Código de Processo Civil de 2015, pela prevalência de dois outros dispositivos instrumentais, analisados em conjunto. O primeiro deles é o art. 487, parágrafo único, do CPC/2015, segundo o qual, ressalvada a hipótese do § 1.º do art. 332, a prescrição e a decadência não serão reconhecidas sem que antes seja dada às partes oportunidade de se manifestar. Apesar da ressalva à improcedência liminar do pedido, parece ter grande força, como verdadeiro norte principiológico processual, o art. 10 da norma emergente. De acordo com esse preceito, "o juiz não pode decidir, em grau algum de jurisdição, com base em fundamento a respeito do qual não se tenha dado às partes oportunidade de se manifestar, ainda que se trate de matéria sobre a qual deva decidir de ofício".

Ora, o julgamento liminar em casos de prescrição parece ferir esse último dispositivo, lesando claramente o contraditório. Adiantando que esse deve ser mesmo o posicionamento

---

[234] MAZZEI, Rodrigo Reis. A prescrição e a sua pronúncia de ofício. In: DELGADO, Mário Luiz; ALVES, Jones Figueirêdo. *Questões controvertidas no novo Código Civil*. São Paulo: Método, 2007. v. 6, p. 553.

da doutrina no futuro, na *VII Jornada de Direito Civil*, promovida pelo Conselho da Justiça Federal em 2015, aprovou-se enunciado segundo o qual, "em complemento ao Enunciado 295, a decretação *ex officio* da prescrição ou da decadência deve ser precedida de oitiva das partes" (Enunciado n. 581).

Cabe destacar que o Ministro Bellizze, do Superior Tribunal de Justiça, segue a mesma solução, conforme desenvolve em seu artigo publicado em obra sob minha coordenação e do Ministro Luis Felipe Salomão. Vejamos suas palavras:

"Ainda que sob essas motivações, a decretação da prescrição, de ofício, sem a oitiva da outra parte, mesmo que com ela se beneficie, encerra óbices insanáveis, em absoluta inadequação com a natureza do instituto. Não se afigura possível ao juiz, em substituição à parte que com a prescrição venha a se beneficiar, supor que esta não se valeria do direito de renunciar à prescrição consumada ou, de outro modo, a ela não se objetaria quando tiver, por exemplo, o interesse que se reconheça a cobrança indevida de dívida, decorrente de pagamento já realizado, a gerar a repetição em dobro do indébito, nos termos do art. 940 do Código Civil. À vista de tal incongruência, o Código de Processo Civil de 2015 teve o mérito de, a par da possibilidade de reconhecimento de ofício da prescrição pelo magistrado, impor a este, antes, a viabilização do indispensável contraditório. Seu art. 10 é claro ao dispor: (...). Especificamente sobre a prescrição (e a decadência), o art. 487 do novo Código de Processo Civil preceitua que 'haverá resolução de mérito quando o juiz: (...) II – decidir de ofício ou a requerimento, sobre a ocorrência de decadência ou prescrição'. E, em seu parágrafo único, assentou-se que: 'ressalvada a hipótese do § 1.º do art. 332 [improcedência liminar do pedido], a prescrição e a decadência não serão reconhecidas sem que antes seja dada às partes oportunidade de manifestar-se'. Sem descurar do avanço da disposição legal sob comento (que, como visto, viabiliza o imprescindível contraditório), a ressalva contida no preceito legal, em nossa compreensão, não se compatibiliza com a natureza do instituto. Assim, mesmo em se tratando de reconhecimento liminar da improcedência do pedido com base na prescrição consumada, imprescindível que se confira às partes, inclusive a que com ela venha a se beneficiar, a oportunidade de sobre ela se manifestar, necessariamente. A exceção legal, como se constata, parte da errônea presunção de que a improcedência liminar do pedido com base na prescrição – decisão de mérito que é – somente prejudicaria ou diria respeito ao demandante, ao qual, para se opor a tal decisão, seria conferida a via recursal. Mais uma vez, não caberia (agora) à lei supor que a parte demandada (a quem, em tese, o reconhecimento da prescrição beneficiaria) não se valeria do direito de renunciá-la ou de objetá-la, para, no curso do próprio processo, por exemplo, buscar a repetição em dobro do indébito, em razão de anterior pagamento, com esteio no art. 940 do Código Civil. Tem-se, por conseguinte, que, mesmo na hipótese de improcedência liminar do pedido, com fulcro no reconhecimento da prescrição da pretensão, há que se conferir às partes, antes, oportunidade de se manifestarem sobre a matéria, com fulcro no art. 10 do Código de Processo Civil/2015, consentâneo com o instituto em comento, em que pese a expressa ressalva contida no parágrafo único do art. 487 do referido diploma legal".[235]

Concluindo exatamente do mesmo modo, merecem ser destacados os seguintes julgados estaduais, por todos e na mesma linha:

"É vedado ao juiz, ressalvada a hipótese do § 1.º do art. 332 do CPC, segundo a exata dicção do parágrafo único do art. 487 do CPC, reconhecer a prescrição, ou mesmo a

---

[235] OLIVEIRA, Marco Aurélio Bellizze. Questões polêmicas sobre a prescrição. In: SALOMÃO, Luis Felipe; TARTUCE, Flávio (Coord.). *Direito civil*. Diálogos entre a doutrina e a jurisprudência. São Paulo: Atlas, 2018. p. 155-156.

decadência, sem que antes seja dada às partes a oportunidade de manifestar-se (arts. 9.º e 10 do CPC)" (TJDF, Apelação Cível 2011.01.1.044711-7, Acórdão 103.6046, 2.ª Turma Cível, Rel. Des. Sandra Reves, j. 02.08.2017, *DJDFTE* 08.08.2017).

"Parte ré que não suscitou a prescrição no curso do processo. Magistrado que pode decretar a prescrição de ofício, depois de ouvir as partes. Art. 487, parágrafo único, do CPC/2015. Proibição à decisão-surpresa. Artigos 9.º e 10 do CPC/2015. Sentença proferida contra o autor, sem sua prévia oitiva sobre a prescrição. Violação aos princípios do contraditório e da ampla defesa. Anulação da sentença. Processo que não está em condições de imediato julgamento. Anula-se a sentença, para que seja dado regular prosseguimento ao feito, ficando prejudicado o recurso de apelação" (TJRJ, Apelação 0039732-58.2015.8.19.0001, 25.ª Câmara Cível Consumidor, Rel. Des. Sergio Seabra Varella, j. 20.06.2017, *DORJ* 27.07.2017, p. 519).

Destaque-se novamente que em 27 de junho de 2018 essa posição foi adotada pela Segunda Seção do Tribunal da Cidadania para os fins de conhecimento da prescrição intercorrente de ofício, relativa aos fatos ocorridos na vigência do CPC/1973. Isso se deu no julgamento de incidente de assunção de competência (IAC) nos autos do Recurso Especial 1.604.412/SC. Conforme a tese firmada, "o contraditório é princípio constitucional que deve ser respeitado em todas as manifestações do Judiciário, que deve zelar por sua observância, inclusive nas hipóteses de declaração de ofício da prescrição intercorrente, devendo o credor ser previamente intimado para opor algum fato impeditivo à incidência da prescrição".

Espera-se que tal premissa seja aplicada a todos os casos de conhecimento *ex officio* da prescrição, além da prescrição intercorrente para os fatos ocorridos na vigência do sistema processual anterior, com a imperiosa necessidade de oitiva das partes, o que inclui também o devedor nessas outras situações concretas.

Superada a análise da inovação da prescrição de ofício, determina a norma privada que "os relativamente incapazes e as pessoas jurídicas têm ação contra os seus assistentes ou representantes legais, que derem causa à prescrição, ou não a alegarem oportunamente" (art. 195 do CC). Desse modo, a atual codificação material consagra a possibilidade dos relativamente incapazes e as pessoas jurídicas promoverem ações correspondentes contra seus representantes ou prepostos que deram causa à perda de uma pretensão ou não a alegaram quando deviam tê-lo feito.

Nos termos do art. 196 do atual Código Civil, "a prescrição iniciada contra uma pessoa continua a correr contra o seu sucessor". A codificação de 2002 substituiu a expressão *herdeiro*, que constava do art. 165 do CC/1916, pelo termo *sucessor*. Dessa forma, alarga-se a possibilidade de continuidade da prescrição, tanto em decorrência de ato *mortis causa* (testamento ou legado) quanto *inter vivos* (compra ou sucessão de empresas).

Pois bem, sabe-se que a prescrição pode ser impedida, suspensa ou interrompida. No impedimento e na suspensão o prazo não começa (impedimento) ou para (suspensão) e depois continua de onde parou. Já na interrupção o prazo para e volta ao início.

Outra diferença a ser apontada é que o impedimento e a suspensão envolvem situações entre pessoas, enquanto a interrupção da prescrição está relacionada a atos de credor ou do devedor.

As hipóteses de impedimento e suspensão estão conjugadas entre os arts. 197 e 201 do Código Civil. Vejamos:

a) Não corre a prescrição entre os cônjuges na constância da sociedade conjugal (art. 197, inc. I, do CC). O Código de 2002 substitui a expressão *matrimônio* por *sociedade conjugal* afastando dúvidas anteriores, uma vez que a última é que estabelece o regime de bens. A princípio, a separação de fato não impede a aplicação da regra, somente correndo a prescrição a partir do trânsito em julgado da sentença ou da escritura pública de divórcio. Todavia, conforme comentado no Capítulo relativo ao Direito de Família, há entendimento de que a separação de fato pode pôr fim à sociedade conjugal, o que pode ser levado em conta para os fins de prescrição (STJ, REsp 555.771/SP, 4.ª Turma, Rel. Min. Luis Felipe Salomão, j. 05.05.2009, *DJe* 18.05.2009). Concluindo dessa forma, da jurisprudência estadual: "Comunicação de todos os bens dos cônjuges havidos antes ou durante a sociedade conjugal, cessando a comunicabilidade a partir do implemento da separação de fato. Prestação de contas. Prescrição da pretensão. Imóveis de propriedade comum vendidos pelo ex-marido após da separação de fato com outorga de procuração pela ex-mulher" (TJRS, Apelação Cível 0288417-42.2017.8.21.7000, 7.ª Câmara Cível, Caxias do Sul, Rel. Des. Sandra Brisolara Medeiros, j. 28.02.2018, *DJERS* 07.03.2018). Ou, ainda, do Superior Tribunal de Justiça, e citando a minha posição: "na linha da doutrina especializada, razões de ordem moral ensejam o impedimento da fluência do curso do prazo prescricional na vigência da sociedade conjugal (art. 197, I, do CC/02), cuja finalidade consistiria na preservação da harmonia e da estabilidade do matrimônio. Tanto a separação judicial (negócio jurídico) como a separação de fato (fato jurídico), comprovadas por prazo razoável, produzem o efeito de pôr termo aos deveres de coabitação, de fidelidade recíproca e ao regime matrimonial de bens (elementos objetivos), e revelam a vontade de dar por encerrada a sociedade conjugal (elemento subjetivo). Não subsistindo a finalidade de preservação da entidade familiar e do respectivo patrimônio comum, não há óbice em considerar passível de término a sociedade de fato e a sociedade conjugal. Por conseguinte, não há empecilho à fluência da prescrição nas relações com tais coloridos jurídicos. Por isso, a pretensão de partilha de bem comum após mais de 30 (trinta) anos da separação de fato e da partilha amigável dos bens comuns do ex-casal está fulminada pela prescrição" (STJ, REsp 1.660.947/TO, 3.ª Turma, Rel. Min. Moura Ribeiro, j. 05.11.2019, *DJe* 07.11.2019). Porém, em sentido contrário, estando alinhado ao texto literal da norma jurídica: "nos termos do artigo 1.571, III e § 1.º, do Código Civil, o casamento válido somente se dissolve pela morte de um dos cônjuges ou pelo divórcio, não correndo a prescrição entre os cônjuges durante a constância da sociedade conjugal. Embora tenha havido a separação de fato do casal em 2008, enquanto não decretado o divórcio (ocorrido em 2013), o casamento permanece válido, havendo, portanto, causa impeditiva da prescrição, nos termos do artigo 197, I, do Código Civil" (TJDF, Apelação 2014.09.1.012566-9, Acórdão 935516, 4.ª Turma Cível, Rel. Des. Cruz Macedo, *DJDFTE* 27.04.2016, p. 329). Diante da proteção constitucional da união estável (art. 226 da CF/1988), na *IV Jornada de Direito Civil*, foi aprovado o Enunciado n. 296 do CJF/STJ preceituando que "não corre a prescrição entre os companheiros, na constância da união estável". Tal conclusão tem sido aplicada por alguns julgados, contando com o meu apoio (TJSP, Apelação 0144195-55.2012.8.26.0100, Acórdão 11092085, 9.ª Câmara de Direito Privado, São Paulo, Rel. Des. Piva Rodrigues, j. 28.11.2017, *DJESP* 24.01.2018, p. 4984; TJRS, Apelação Cível 570037-68.2012.8.21.7000, 12.ª Câmara Cível, Nova Petrópolis, Rel. Des. Umberto Guaspari Sudbrack, j. 25.09.2014, *DJERS* 29.09.2014; e TJMG, Apelação Cível 1.0702.08.432531-6/0011, 13.ª Câmara Cível, Uberlândia, Rel. Des. Luiz Carlos Gomes da Mata, j. 04.06.2009, *DJEMG* 29.06.2009). Como reforço para a tese, acrescente-se que o CPC/2015 teve a feliz opção de equalizar a união estável ao casamento para praticamente todos os fins processuais. O legislador mais recente parece ser favorável à extensão das regras

CAP. 2 • PARTE GERAL DO CÓDIGO CIVIL DE 2002 | **337**

de uma entidade familiar para a outra, sempre que isso for possível. O Projeto de Reforma do Código Civil pretende resolver os dois problemas aqui expostos. Primeiro, por mencionar a constância da conjugalidade, fazendo que a separação de fato já seja causa para o início do prazo prescricional. Segundo, por incluir no texto os conviventes que vivam em união estável. Com isso, o seu art. 197, inc. I, passará a mencionar que não corre a prescrição entre "os cônjuges ou conviventes, na constância da conjugalidade". Como se pode perceber, mais uma vez, a proposição sana lacunas, na linha da doutrina e da jurisprudência majoritárias.

b) Não corre a prescrição entre ascendente e descendente, durante o poder familiar (art. 197, inc. II, do CC). Nota-se a adequação do texto à nova realidade do Direito de Família (*despatriarcalização*), com a supressão da expressão *pátrio poder*, eminentemente patriarcal, superada pela nova dimensão dada à família pelo Texto Constitucional. Utiliza-se, portanto, a expressão *poder familiar*. Nesses casos, o prazo prescricional inicia-se da data em que o menor completa 18 anos, exceção feita aos casos de emancipação, previstos no art. 5.º da codificação civil. A título de exemplo, julgado do Superior Tribunal de Justiça concluiu que não corre a prescrição entre pai e filho menor no caso de ação reparatória de danos decorrentes do abandono afetivo, tema que ainda será analisado na presente obra (STJ, REsp 1.298.576/RJ, Rel. Min. Luis Felipe Salomão, j. 21.08.2012, publicado no *Informativo* n. 502). O acórdão cita trecho da presente obra. O Projeto de Reforma do Código Civil, em relação a este comando, pretende apenas trocar a expressão "poder familiar" por "autoridade parental", pois esta última passa a ser adotada pela Norma Geral Privada em outras previsões.

c) Não corre a prescrição entre tutelados ou curatelados e seus tutores ou curadores, durante a tutela ou curatela (art. 197, inc. III, do CC). No Projeto de Reforma do Código Civil pretende-se incluir também que o prazo de prescrição não corre entre guardiães e pessoas sob a sua guarda, por questão de equalização da norma para outra situação similar.

d) Não corre a prescrição contra os absolutamente incapazes, constantes do art. 3.º da codificação, atualmente apenas os menores de 16 anos (art. 198, inc. I, do CC). Também se almeja incluir nessa previsão uma ressalva na Reforma do Código Civil, no sentido de que não corre a prescrição em detrimento "dos absolutamente incapazes e dos relativamente incapazes, estes últimos enquanto não lhes for dado assistente". Assim sendo, com a alteração almejada, o prazo correrá a partir da nomeação do assistente do relativamente incapaz, pois o último já terá condições de se defender.

e) Não corre a prescrição contra os ausentes do País em serviço público da União, dos Estados ou dos Municípios (art. 198, inc. II, do CC). A expressão *ausentes*, utilizada no comando legal em questão, não se refere especificamente à ausência tratada entre os arts. 22 a 29 da codificação, mas àqueles que estiverem fora do País. De qualquer forma, há entendimento pelo qual a ausência, causa de morte presumida, está incluída nesse art. 198, inc. II, do CC. Esse é o teor do Enunciado n. 156 do CJF/STJ, aprovado na *III Jornada de Direito Civil* no sentido de que "desde o termo inicial do desaparecimento, declarado em sentença, não corre a prescrição contra o ausente". A proposta desse enunciado foi formulada por João Baptista Villela, um dos maiores civilistas brasileiros, falecido recentemente.

f) Não corre prescrição contra os que se acharem servindo nas Forças Armadas, em tempo de guerra (art. 198, inc. III, do CC). Também por questão de bom senso, suspende-se a prescrição relativamente aos militares que estiverem servindo o exército, a marinha ou a aeronáutica em tempos de guerra, caso, por exemplo, dos brasileiros enviados a outros países para compor os serviços de paz da Organização das Nações Unidas (ONU). Apesar do nome *serviços de paz, os tempos são de guerra,* obviamente. Até por motivos práticos, pela impossibilidade de citação muitas vezes percebida no caso concreto, o prazo deverá permanecer suspenso.

g) Segundo o inciso I do art. 199, não corre a prescrição pendendo condição suspensiva. Repise-se que a condição é um evento futuro e incerto que suspende a aquisição de direitos, bem como a eficácia de um ato ou negócio jurídico (plano da eficácia, terceiro degrau da *Escada Ponteana*). Como é notório, o termo inicial tem a mesma eficácia dessa condição suspensiva, conforme consta do art. 135 do Código Civil. Desse modo, exemplifica-se com o caso de um contrato de locação. Antes do termo inicial, como não poderia ser diferente, não correrá qualquer prescrição, eis que o contrato ainda não teve o seu início. Outro exemplo de condição suspensiva pode ser retirado da Súmula 229 do STJ, pela qual o "pedido de pagamento de indenização à seguradora suspende o prazo de prescrição até que o segurado tenha ciência da decisão".

h) Não corre a prescrição não estando vencido o prazo (art. 199, inc. II, do CC). Entendo que o comando legal em questão refere-se não ao prazo de prescrição, mas àquele fixado para um ato ou negócio jurídico. Não estando vencido o prazo, pela não ocorrência do termo final – evento futuro e certo que põe fim aos direitos decorrentes de um negócio –, assinalado pela lei ou pela vontade das partes, não se pode falar em prescrição, havendo causa impeditiva da extinção da pretensão. Ilustrando de forma ainda mais específica, não vencido o prazo para pagamento de uma dívida, não corre a prescrição.

i) Não corre a prescrição pendendo ação de evicção (art. 199, inc. III). A evicção pode ser conceituada como a perda da coisa em decorrência de uma decisão judicial ou apreensão administrativa que a atribui a terceiro, cujo tratamento legal específico consta entre os arts. 447 a 457 do CC. São partes da evicção: o evictor (ou evincente) – aquele que pleiteia a coisa –, o evicto (ou evencido) – aquele que perde a coisa, o adquirente – e o alienante – aquele que transfere a coisa litigiosa, em ato motivado pela má-fé. Pendendo qualquer ação entre essas pessoas, a prescrição permanecerá suspensa, em relação aos demais envolvidos. A título de exemplo, se ainda tramitar a ação reivindicatória proposta pelo terceiro contra o adquirente do bem, o prazo da pretensão regressiva do último em face do alienante não correrá.

j) Nos termos do art. 200 do atual Código Civil, "quando a ação se originar de fato que deva ser apurado no juízo criminal, não correrá a prescrição antes da respectiva sentença definitiva". Trata-se de uma inovação, pela qual, na pendência de apuração criminal, não corre a prescrição até o trânsito em julgado da sentença a ser prolatada nesse âmbito. Esse dispositivo legal tem aplicação direta aos casos que envolvem a pretensão indenizatória, com prazo prescricional de três anos, contados da ocorrência do evento danoso ou do conhecimento de sua autoria, conforme o art. 206, § 3.º, V, do atual CC. Conforme decisão publicada no *Informativo* n. *500* do STJ, a finalidade do art. 200 do CC "é evitar soluções contraditórias entre os juízos cíveis e criminais, especialmente quando a solução do processo penal seja determinante do resultado do cível. Sendo assim, permite-se à vítima aguardar a solução da ação penal para, apenas depois, desencadear a demanda indenizatória na esfera cível. Por isso, é fundamental que exista processo penal em curso ou, pelo menos, a tramitação de inquérito policial até o seu arquivamento" (STJ, REsp 1.180.237/MT, Min. Paulo de Tarso Sanseverino, j. 19.06.2012). Para deixar a norma mais clara e efetiva, o atual Projeto de Reforma e Atualização do Código Civil pretende incluir no seu art. 200 um parágrafo único, enunciando que "aplica-se o disposto no *caput* somente após a instauração do inquérito policial ou com o recebimento da denúncia ou da queixa, retroagindo seus efeitos à data do ato, desde que não decorrido o prazo de 5 (cinco) anos". Nos termos das precisas justificativas da Subcomissão de Parte Geral, "considerando que diversos ilícitos criminais não dão ensejo a medidas investigativas no âmbito criminal, condicionar o início do prazo prescricional cível ao trânsito em julgado na esfera penal acaba por criar uma indesejada hipótese de imprescritibilidade. Nesse sentido, a sugestão proposta traz maior segurança jurídica trazendo limites à suspensão da prescrição". Como não poderia ser diferente, pelas suas próprias justificativas, sou totalmente favorável à proposição.

k)  Segundo o art. 201 do CC, suspensa a prescrição em favor de um dos credores solidários, esta suspensão só aproveitará aos demais se a obrigação for indivisível. Desse modo, no caso de solidariedade ativa, por regra a suspensão da prescrição que favorece um dos cocredores não atinge os demais. A única exceção feita é para a obrigação indivisível, nos termos do art. 258 da codificação material.

Além dessas hipóteses de impedimento e de suspensão da prescrição, não se pode esquecer que, antes do reconhecimento da prescrição intercorrente, a prescrição ficará suspensa pelo período de um ano, durante a suspensão da execução (art. 921, § 1.º, do CPC/2015).

Ademais, é necessário comentar o art. 3.º da Lei 14.010/2020, que instituiu o Regime Jurídico Emergencial e Transitório das relações jurídicas de Direito Privado (RJET) no período da pandemia da Covid-19. Como antes pontuado, a norma tem origem no PL 1.179/2020, que teve a atuação de vários civilistas, por iniciativa do Ministro Dias Toffoli e do Senador Antonio Anastasia, e a liderança do Professor Otavio Luiz Rodrigues. A redação desse preceito recebeu propostas de aprimoramento por mim, em atuação conjunta com os Professores José Fernando Simão e Maurício Bunazar.

Diante das dificuldades geradas pela pandemia e do necessário distanciamento social, o art. 3.º do RJET prevê em seu *caput* que os prazos prescricionais consideram-se impedidos ou suspensos, conforme o caso, a partir da entrada em vigor da Lei – o que se deu em 12 de junho de 2020 –, até 30 de outubro do mesmo ano. Desse modo, se o prazo ainda não teve o seu início, permanecerá impedido até essa data final. Se houver sido iniciada a sua contagem, ocorrerá a sua suspensão, com os efeitos aqui antes estudados, novamente até o dia que consta da norma. A título de exemplo, a regra tem incidência para todos os casos alcançados pelo art. 206 do Código Civil, a respeito dos prazos especiais de prescrição.

O § 1.º desse art. 3.º da Lei 14.010/2020 estabelece que o comando não se aplica enquanto perdurarem as hipóteses específicas de impedimento, suspensão e interrupção dos prazos prescricionais previstas no ordenamento jurídico nacional. Nesse contexto, se estiver presente qualquer uma das situações descritas nos arts. 197, 198 e 199 do Código Civil, não se justifica o impedimento ou a suspensão prevista na lei especial, prevalecendo a subsunção da regra da codificação privada. Vale lembrar, a propósito, que o art. 2.º da norma específica estabelece que ela não revoga ou altera qualquer preceito legal, o que confirma o seu caráter transitório. Por fim, o § 2.º do art. 3.º do RJET estende a mesma regra do *caput* para a decadência, conforme será abordado quando do estudo do instituto.

A respeito dos casos de interrupção da prescrição, repise-se que esses envolvem *condutas* do credor ou do devedor. Ademais, relativamente aos seus efeitos, é cediço que a interrupção faz com que o prazo retorne ao seu início, *partindo do seu ponto zero.*

340 | MANUAL DE DIREITO CIVIL • VOLUME ÚNICO – *Flávio Tartuce*

Prevê o art. 202, *caput*, do CC que a interrupção da prescrição somente poderá ocorrer *uma vez*, novidade que traz alguns problemas práticos, como será analisado. Vejamos as suas situações concretas:

a) Como primeira hipótese de interrupção (art. 202, inc. I, do CC), esta pode ocorrer "por despacho do juiz, mesmo incompetente, que ordenar a citação, se o interessado a promover no prazo e na forma da lei processual". É interessante confrontar esse dispositivo, novidade parcial, com o art. 219 do CPC/1973, que preceituava: "a citação válida torna prevento o juízo, induz litispendência e faz litigiosa a coisa; e, ainda quando ordenada por juiz incompetente, constitui em mora o devedor e interrompe a prescrição. § 1.º A interrupção da prescrição retroagirá à data da propositura da ação". Restava a dúvida: há realmente um conflito entre tais normas ou antinomia? O Código Civil de 2002 revogou o Código de Processo Civil? Sempre acreditamos que não. A melhor resposta era dada por Carlos Roberto Gonçalves, entre os civilistas;[236] e Flávio Luiz Yarshell, entre os processualistas.[237] Entendiam esses autores que não houve revogação. Na verdade, os dois artigos deveriam ser interpretados sistematicamente e em complemento. O que se procurava fazer era um diálogo de complementaridade entre as duas leis, outra aplicação da festejada tese do *diálogo das fontes*, de Erik Jayme e Claudia Lima Marques. A solução, então, era a seguinte: a interrupção dar-se-ia com o despacho do juiz (Código Civil), retroagindo essa interrupção ao momento da propositura da ação (Código de Processo Civil). Seguindo a ideia, na *V Jornada de Direito Civil*, em 2011, aprovou-se enunciado com o seguinte teor: "o art. 202, I, do CC, deve ser interpretado sistematicamente com o art. 219, § 1.º, do CPC, de modo a se entender que o efeito interruptivo da prescrição, produzido pelo despacho que ordena a citação, possui efeito retroativo até a data da propositura da demanda" (Enunciado n. 417). Essa tese foi adotada pelo Código de Processo Civil de 2015, pois o seu art. 240 preceitua: "A citação válida, ainda quando ordenada por juízo incompetente, induz litispendência, torna litigiosa a coisa e constitui em mora o devedor, ressalvado o disposto nos arts. 397 e 398 da Lei n.º 10.406, de 10 de janeiro de 2002 (Código Civil). § 1.º A interrupção da prescrição, operada pelo despacho que ordena a citação, ainda que proferido por juízo incompetente, retroagirá à data de propositura da ação". O Projeto de Reforma do Código Civil pretende igualmente seguir essa linha, passando o inciso I do seu art. 202 a mencionar, encerrando o debate, que a interrupção da prescrição dar-se-á "pelo despacho que ordenar a citação, retroagindo seus efeitos para a data da propositura da ação, mesmo que incompetente o juiz ou o árbitro para o exame do mérito, e desde que o autor a promova no prazo e na forma da lei processual". Acrescente-se, por oportuno e na linha da proposta, que a instauração de procedimento arbitral também interrompe a prescrição, conforme inclusão que foi realizada na Lei de Arbitragem, por força da recente Lei 13.129/2015. Nos termos do art. 19, § 2.º, da Lei 9.307/1996, "a instituição da arbitragem interrompe a prescrição, retroagindo à data do requerimento de sua instauração, ainda que extinta a arbitragem por ausência de jurisdição". Para a jurisprudência superior, de forma correta, "mesmo antes do advento da Lei n.

---

[236] GONÇALVES, Carlos Roberto. Prescrição: questões relevantes e polêmicas. In: DELGADO, Mário Luiz; ALVES, Jones Figueirêdo. *Questões controvertidas do novo Código Civil*. São Paulo: Método, 2003. v. I.

[237] YARSHELL, Flávio Luiz. A interrupção da prescrição pela citação: confronto entre o novo Código Civil e o Código de Processo Civil. *Síntese Jornal*, Porto Alegre: Síntese, n. 75, p. 13, maio 2003.

CAP. 2 • PARTE GERAL DO CÓDIGO CIVIL DE 2002 | **341**

13.129/2015, a instauração de procedimento arbitral constitui causa de interrupção do prazo prescricional". Isso porque "a inequívoca iniciativa da parte em buscar a tutela dos seus direitos por um dos meios que lhes são disponibilizados, ainda que sem a intervenção estatal, é suficiente para derruir o estado de inércia sem o qual não é possível falar na perda do direito de ação pelo seu não exercício em prazo razoável. A modificação perpetrada pela Lei n. 13.129/2015 veio somente consolidar a orientação que já era adotada pela doutrina majoritária" (STJ, REsp 1.981.715/GO, 3.ª Turma, Rel. Min. Ricardo Villas Bôas Cueva, por unanimidade, j. 17.09.2024). Sobre o momento exato dessa interrupção, estou filiado à corrente encabeçada por Francisco Cahali, para quem, "deverá ser considerado como ato interruptivo da prescrição a inequívoca iniciativa em provocar o início da arbitragem. Ou seja, no exato instante em que a parte, comprovadamente, demonstra seu propósito de materializar o juízo arbitral, deve-se atribuir ao fato a força interruptiva da prescrição. E, na diversidade de forma para se dar início a arbitragem, peculiar do sistema arbitral, qualquer delas deve ser aceita".[238]

b) O mesmo art. 202 do CC/2002 preconiza nos seus incisos II e III que ocorre a interrupção da prescrição por protesto judicial (nos termos do inciso I, antes comentado), bem como pelo protesto cambiário. A codificação material emergente inovou ao prever a possibilidade de interromper-se a prescrição, além do protesto judicial – ação específica de jurisdição voluntária que visa dar publicidade a uma situação fática ou jurídica –, também pelo protesto extrajudicial ou cambiário, aquele realizado perante o cartório extrajudicial de protesto de títulos. Dessa forma, está totalmente prejudicada a Súmula 153 do STF, pela qual "simples protesto cambiário não interrompe a prescrição". Sobre o protesto cambiário, julgado do Superior Tribunal de Justiça de 2020 traz a seguinte conclusão: "o protesto também pode produzir outros efeitos, como a comprovação da impontualidade injustificada, para efeitos falimentares, ou a interrupção da prescrição, na forma do art. 202, III, do CC/02. Na letra de câmbio sem aceite, tanto o protesto por falta ou recusa de aceite quanto o por falta ou recusa de pagamento devem ser tirados contra o sacador, que emitiu a ordem de pagamento não honrada, e não contra o sacado, que não pode ser compelido, sequer pelo protesto, a aceitar a obrigação inserida na cártula. Inteligência do art. 21, § 5º, da Lei 9.492/97. (...). A prescrição interrompida pelo protesto cambial se refere única e exclusivamente à ação cambiária e somente tem em mira a pretensão dirigida ao responsável principal e, eventualmente, aos devedores indiretos do título, entre os quais não se enquadra o sacado não aceitante. Aplicação do princípio da autonomia das relações cambiais. Na hipótese concreta, a recorrente sacou letra de câmbio em que apontou como sacada a recorrida e se colocou na posição de beneficiária da ordem de pagamento, levando o título a protesto com o propósito de interromper o prazo prescricional para a cobrança da dívida que serviu de ensejo à emissão da cártula. Na hipótese dos autos, a recorrente, ao protestar o título contra a recorrida não aceitante, tirou o protesto indevidamente contra pessoa que não poderia ser indicada em referido ato documental, praticando, assim, ato ilícito, devendo, pois, responder pelas consequências de seus atos; e a interrupção da prescrição pelo protesto do título não se dá em relação à dívida causal que originou a emissão da cártula" (STJ, REsp 1.748.779/MG, 3.ª Turma, Rel. Min. Nancy Andrighi, j. 19.05.2020, *DJe* 25.05.2020). Mas há um problema relacionado a essa interrupção, que, segundo o Código de 2002, somente

---

[238] CAHALI, Francisco José. *Curso de arbitragem*. 5. ed. São Paulo: RT, 2015. p. 282-283.

poderá ocorrer *uma vez*. Pois bem, imagine-se um caso em que houve o protesto cambiário (art. 202, inc. II, do CC/2002), o que gera a interrupção da prescrição. Com a propositura da ação (art. 202, inc. I, do CC/2002), o prazo continuará a fluir? Se a resposta for afirmativa, o autor deve receber o seu crédito até o final do prazo, sob pena de extinção da pretensão. É essa a melhor interpretação? Acredito que não. Dois são os caminhos a seguir para responder negativamente. *O primeiro caminho é* apontado por Caio Mário da Silva Pereira.[239] Para esse doutrinador, é preciso entender que nos casos de protesto (judicial ou extrajudicial) a citação para o procedimento definitivo (ação para cobrança, por exemplo) não perde o efeito interruptivo (*dualidade de interrupções da prescrição*). Diz Caio Mário, para chegar a essa conclusão, que "nenhuma lei pode receber interpretação que conduza ao absurdo". Como *segundo caminho*, pode-se concluir que a ação proposta suspende a prescrição, conforme o art. 199, inc. I, do CC, eis que a ação é uma condição suspensiva. A última proposta é hoje a mais condizente com o texto legal, eis que está amparada naquilo que a codificação privada consagra. Para resolver esse quase eterno problema, anoto que o atual Projeto de Reforma do Código Civil pretende retirar do *caput* do art. 202 a restrição de que a interrupção da prescrição somente pode ocorrer uma vez, transferindo a regra para o seu novo § 1.º, a saber: "a interrupção da prescrição só poderá ocorrer uma vez, salvo na hipótese do inciso I deste artigo". Com isso, soluciona-se de forma definitiva uma das maiores controvérsias doutrinárias e jurisprudenciais da Parte Geral do Código Civil. Complemento que também há proposição de se alterar o inciso II do comando, para que unifique as duas previsões em estudo e expresse, de forma efetiva e em prol da extrajudicialização, que a interrupção da prescrição se dará "por qualquer outra forma de interpelação judicial ou extrajudicial, como a notificação do devedor ou o protesto de documentos que contenham obrigação exigível". Espera-se, portanto, que as duas sugestões formuladas pela Comissão de Juristas sejam acatadas pelo Parlamento Brasileiro.

c) A prescrição ainda é interrompida pela apresentação do título de crédito em juízo de inventário ou em concurso de credores (art. 202, inc. IV, do CC). Aqui cabe somente destacar que a habilitação de crédito promovida pelo credor no processo de inventário, falência, ou insolvência civil interrompe a prescrição, havendo ato praticado pelo credor. Anoto que há proposta de alteração dessa regra no Projeto de Reforma do Código Civil, passando o inciso III do art. 202 a prever que a interrupção se dará "pela apresentação do título da dívida em juízo de inventário, em procedimento de concurso de credores, em procedimentos de arrecadação de bens ou em protesto no rosto dos autos de processo judicial ou arbitral". Com a descrição das hipóteses almeja-se uma maior segurança jurídica para a previsão.

d) Qualquer ato judicial que constitua em mora o devedor gera a interrupção da prescrição (art. 202, inc. V, do CC). Assim, a notificação e a interpelação judicial, além do protesto judicial antes referido, continuam gerando a interrupção da prescrição, além de constituir o devedor em mora (mora *solvendi ex persona*). Neste ponto, também pode surgir hipótese relacionada à última polêmica discutida, ou seja, quanto à dualidade das interrupções da prescrição. Deve ficar claro que a notificação extrajudicial, via cartório de títulos e documentos, não gera a interrupção da prescrição, pela ausência de previsão legal específica. O mesmo pode ser dito quanto a qualquer ato extrajudicial promovido pelo

---

[239] PEREIRA, Caio Mário da Silva. *Instituições de direito civil*. 19. ed. Rio de Janeiro: Forense. 2003. v. I, p. 700.

CAP. 2 • PARTE GERAL DO CÓDIGO CIVIL DE 2002 | **343**

credor com esse objetivo, caso de uma carta enviada pelo correio. De toda sorte, estou filiado aos projetos de lei em tramitação no Congresso Nacional que visam incluir a notificação extrajudicial no preceito, em prol da *desjudicialização*. Essa é a opinião, por exemplo, de José Fernando Simão, em parecer publicado na Revista comemorativa dos 140 anos do Instituto dos Advogados de São Paulo, no final de 2014.[240] O CPC/2015, aliás, não trouxe essa solução, que continua sendo proposta *de lege ferenda*. Em 2018, foi proposto no Senado Federal o Projeto de Lei 12, oriundo da Comissão Mista de Desburocratização. Atendendo a sugestão formulada por mim, propõe-se que o art. 202, inc. V, do Código Civil passe a prever expressamente que a interpelação extrajudicial interrompa a prescrição. Exatamente no mesmo sentido, o Projeto de Reforma e de Atualização do Código Civil pretende inserir previsão no inciso IV do seu art. 202 para que ocorra a interrupção da prescrição "por qualquer ato judicial ou extrajudicial que constitua em mora o devedor". Diante da pluralidade de proposições, espera-se que uma delas seja aprovada pelo Congresso Nacional Brasileiro.

e) Restou evidenciado que o art. 202, nos seus incisos I a V, prevê casos em que condutas do credor podem gerar a interrupção da prescrição. Mas o inciso VI traz o único caso em que condutas do devedor trazem o mesmo efeito, a saber: "Art. 202. A interrupção da prescrição, que somente poderá ocorrer uma vez, dar-se-á: (...). VI – por qualquer ato inequívoco, ainda que extrajudicial, que importe reconhecimento do direito pelo devedor". Como exemplos de atos que têm esse condão, podem ser citados o pagamento de juros ou de cláusula penal, o envio de correspondência reconhecendo expressamente a dívida, o seu pagamento parcial ou total, entre outros. Porém, de forma correta, a jurisprudência superior tem entendimento segundo o qual o mero "pedido de concessão de prazo para analisar documentos com o fim de verificar a existência de débito não tem o condão de interromper a prescrição" (STJ, REsp 1.677.895/SP, 3.ª Turma, Rel. Min. Nancy Andrighi, j. 06.02.2018, *DJe* 08.02.2018, publicado no *Informativo* n. *619* do STJ). Essas condutas interruptivas do devedor podem ocorrer no plano judicial ou extrajudicial, segundo consta do próprio dispositivo transcrito. No plano judicial, vejamos concretização constante do Enunciado n. 416 da *V Jornada de Direito Civil* do Conselho da Justiça Federal, em 2011: "a propositura de demanda judicial pelo devedor, que importe impugnação do débito contratual ou de cártula representativa do direito do credor, é causa interruptiva da prescrição". A confirmar tal enunciado doutrinário da jurisprudência superior: "constitui causa interruptiva da prescrição a propositura de demanda judicial pelo devedor, seja anulatória seja de sustação de protesto, que importe em impugnação de débito contratual ou de cártula representativa do direito do credor" (STJ, REsp 1.321.610/SP, Rel. Min. Nancy Andrighi, j. 21.02.2013, publicado no seu *Informativo* n. *515*). De toda sorte, conforme outrora exposto, entendo que é melhor enquadrar a propositura de demanda como condição suspensiva, e não como causa interruptiva. Como última observação sobre o dispositivo, acatando proposta do Ministro João Otávio de Noronha, a Comissão de Juristas encarregada da Reforma do Código Civil sugere que a parte final do seu art. 202, inc. V, passe a mencionar expressamente a ação revisional proposta pelo devedor, como causa interruptiva da prescrição. Como se sabe, há divergência no âmbito do Superior Tribunal de Justiça sobre o tema. De um lado, pela interrupção do prazo prescri-

---

[240] SIMÃO, José Fernando. Parecer. *Revista Comemorativa dos 140 anos do Instituto dos Advogados de São Paulo (IASP)*, São Paulo: IASP, 2014.

cional em casos tais e para ilustrar: STJ, REsp 1.956.817, 3.ª Turma, Min. Ricardo Villas Bôas Cueva, j. 14.06.2022; AREsp 2.019.580/PR, 3.ª Turma, Min. Paulo de Tarso Sanseverino, publicado em 18.04.2022; AREsp1.777.133, 4.ª Turma, Rel. Min. Luis Felipe Salomão, publicado em 22.02.2022; AREsp 1.806.291/SP, 3.ª Turma, Rel. Min. Moura Ribeiro, publicado em 08.04.2021; e REsp 1.896.170/PR, 3.ª Turma, Rel. Min. Ricardo Villas Bôas Cueva, publicado em 1.º.02.2021. Por outro lado, no sentido da não interrupção do prazo de prescrição pela ação revisional do devedor: AREsp 1.711.103/SP, 4.ª Turma, Rel. Min. Antonio Carlos Ferreira, publicado em 19.05.2022; REsp 1.861.701/MS, 3.ª Turma, Rel. Min. Paulo de Tarso Sanseverino, publicado em 25.11.2021; e REsp 1.470.532/SP, 3.ª Turma, Rel. Min. Moura Ribeiro, publicado em 26.10.2017. Com a proposta, portanto, mais uma vez, encerra-se divergência doutrinária, trazendo maior certeza e previsibilidade para o instituto da prescrição.

Superada a análise das hipóteses de interrupção da prescrição, pertinente comentar outras regras que constam da codificação material de 2002 a respeito da matéria.

Inicialmente, prevê o parágrafo único do art. 202 que "a prescrição interrompida recomeça a correr da data do ato que a interrompeu, ou do último ato do processo para a interromper". Não há novidade nesse comando, que reconhece como o principal efeito da interrupção o reinício da contagem do prazo, cessada a sua causa, ao contrário do que ocorre com a suspensão, em que o prazo continua a contar de quando parou. Deve ficar claro que o efeito interruptivo cessa da ocorrência do ato que a interromper, seja no plano processual ou fora dele.

No caso de interrupção por ato judicial, o último ato do processo a ser considerado é o trânsito em julgado da sentença. Nesse sentido, por todos os arestos superiores e entre os mais recentes: "em se tratando de causa interruptiva judicial, a citação válida tem o condão de interromper o prazo prescricional independentemente do desfecho dado ao processo – se com ou sem julgamento de mérito –, fazendo com que a fluência do prazo prescricional se reinicie, por inteiro, apenas após o último ato do processo (qual seja, o trânsito em julgado), nos termos do parágrafo único do art. 202 do Código Civil. Precedentes" (STJ, REsp 1.726.222/SP, 3.ª Turma, Rel. Min. Marco Aurélio Bellizze, j. 17.04.2018, *DJe* 24.04.2018).

No atual Projeto de Reforma do Código Civil, almeja-se incluir expressamente a menção à arbitragem e aos procedimentos arbitrais nessa regra, que ficará mais clara e técnica, dividida em dois parágrafos. Consoante o novo § 1.º do art. 202, "a prescrição interrompida recomeça a correr da data do ato que a interrompeu ou do último ato do expediente ou do procedimento destinado a interrompê-la". E, conforme o § 2.º, "a interrupção da prescrição só poderá ocorrer uma vez, salvo na hipótese do inciso I deste artigo". Como se pode perceber de outros trechos desta obra, é mais do que necessário equiparar a arbitragem ao processo judicial para os fins de prescrição, em prol da extrajudicialização, o que representa tendência legislativa, doutrinária e jurisprudencial, e um dos motes jurídicos adotados pela Comissão de Juristas.

Por outra via, dispõe o art. 203 do Código Civil em vigor que "a prescrição pode ser interrompida por qualquer interessado". O Código Civil atual apresenta agora um sentido genérico quanto às pessoas que podem, por ato próprio, interromper a prescrição. A expressão genérica "qualquer interessado" substitui o rol taxativo previsto anteriormente (CC/1916: "Art. 174. Em cada um dos casos do artigo 172, a interrupção pode ser promovida: I – Pelo próprio titular do direito em via de prescrição; II – Por quem legalmente o represente; III – Por terceiro que tenha legítimo interesse").

A inovação é mais justa, estando sintonizada como princípio da operabilidade. Adota-se um sentido aberto, o que está mais de acordo com a *concepção realeana*, que inspira o nosso Código Civil. Cabe interpretação pelo aplicador do direito, dentro da ideia de *ontognoseologia jurídica* antes estudada. Cabe ao juiz, dentro das regras de equidade e razoabilidade, apontar quem seria o interessado referido no dispositivo. Obviamente, continuam abarcadas pelo texto genérico atual as situações antes previstas, envolvendo o titular da pretensão, o seu representante e aquele que tenha legítimo interesse, como no caso do cocredor, do codevedor e dos sucessores das partes envolvidas com a pretensão. Todavia, o modelo atual é aberto (*numerus apertus*), e não mais fechado (*numerus clausus*).

Enuncia o art. 204, *caput*, do CC que a interrupção da prescrição por um credor não aproveita aos outros. Do mesmo modo, a interrupção operada contra o codevedor, ou seu herdeiro, não prejudica aos demais coobrigados. A codificação atual continua reconhecendo o caráter personalíssimo do ato interruptivo, sendo certo que este não aproveitará aos cocredores, codevedores ou herdeiros destes, nos casos de ausência de previsão de solidariedade. Sem prejuízo dessa previsão, constam regras específicas nos parágrafos do dispositivo.

De acordo com o seu § 1.º, excepcionando a regra prevista no *caput* do artigo, a interrupção da prescrição atingirá os credores e devedores solidários, bem como os herdeiros destes. Isso, se a solidariedade estiver prevista em lei ou no contrato celebrado pelas partes, seguindo a lógica do que consta do art. 265 do CC, pelo qual a solidariedade contratual não se presume nas relações civis.

O § 2.º do dispositivo expressa que no caso dos herdeiros do devedor, entretanto, deve ser observada norma específica. Havendo interrupção contra um dos herdeiros do devedor solidário, esta não prejudicará os demais, a não ser que a obrigação seja indivisível (art. 258 do CC).

Por fim, de acordo com o § 3.º do art. 204, no caso de interrupção da prescrição em prejuízo do devedor principal, esta também atingirá o fiador. Isso porque, conforme regra básica do Direito Civil, tudo o que ocorre na obrigação principal repercute na obrigação acessória, natureza que possui o contrato de fiança, acessório por excelência (*princípio da gravitação jurídica*).

Aplicando a última norma, entendeu o Superior Tribunal de Justiça que a interrupção da prescrição que atinge o fiador não repercute com mesmo efeito para o devedor principal, no caso locatário, "haja vista que o principal não acompanha o destino do acessório e, por conseguinte, a prescrição continua correndo em favor deste. Como disposição excepcional, a referida norma deve ser interpretada restritivamente, e, como o legislador previu, de forma específica, apenas a interrupção em uma direção – a interrupção produzida contra o principal devedor prejudica o fiador –, não seria de boa hermenêutica estender a exceção em seu caminho inverso" (STJ, REsp 1.276.778/MS, 4.ª Turma, Rel. Min. Luis Felipe Salomão, j. 28.03.2017, *DJe* 28.04.2017).

Cabe ressaltar, contudo, que o acórdão traz uma exceção, no sentido de que a interrupção em face do fiador poderá prejudicar o devedor principal nas hipóteses em que a referida relação for reconhecida como de devedores solidários, renunciando o fiador ao benefício de ordem ou assumindo tal condição por força do contrato. Em casos tais, passa a ter incidência o § 1.º do art. 204 da codificação material, antes exposto.

### 2.6.3 Regras quanto à decadência

Uma das novidades da codificação material vigente consiste no tratamento específico dado à decadência, conceituada como a perda de um direito, em decorrência da ausência do seu exercício. Lembrem-se mais uma vez os critérios científicos de Agnelo Amorim Filho, para quem os prazos decadenciais estão relacionados com direitos potestativos, bem como com aquelas ações que visam constituir positiva ou negativamente atos e negócios jurídicos, como no caso da ação anulatória de negócio jurídico.

Além dessa diferenciação, fica fácil identificar um prazo decadencial no atual Código Civil, eis que estão todos expostos fora do art. 206 do CC, principalmente na Parte Especial da codificação. Ademais, repise-se, com tom didático, que os prazos em dias, meses e ano e dia serão sempre decadenciais, eis que os de prescrição são sempre em anos, conforme rol dos arts. 205 e 206 do Código. Mas fica o alerta: existem também prazos decadenciais em anos, como aqueles que constam dos arts. 178, 179, 501 e 1.649 da codificação emergente, entre outros.

A decadência pode ter origem na lei (*decadência legal*) ou na autonomia privada, na convenção entre as partes envolvidas com o direito potestativo (*decadência convencional*). Como ilustração da última, cite-se o prazo de garantia dado pelo vendedor em benefício do comprador, como está previsto no art. 446 do Código Civil. Ou, ainda, um prazo de arrependimento fixado no instrumento contratual. Do âmbito jurisprudencial, a o Superior Tribunal de Justiça entendeu ser possível a convenção de prazo decadencial para a utilização de diárias adquiridas em clube de turismo (STJ, REsp 1.778.574/DF, 3.ª Turma, Rel. Min. Marco Aurélio Bellizze, j. 18.06.2019, *DJe* 28.06.2019).

Conforme o art. 207 do CC/2002, salvo disposição legal em contrário, não se aplicam à decadência as normas que impedem, suspendem ou interrompem a prescrição. A novidade do tratamento da decadência pode ser sentida nesse novo dispositivo, que prevê não se sujeitar a decadência às causas de impedimento, suspensão e interrupção da prescrição, já tratadas no presente capítulo.

Entretanto, constam algumas exceções no próprio Código Civil, como a do artigo subsequente (art. 208 do CC/2002), pelo qual a decadência não corre contra os absolutamente incapazes apresentados no art. 3.º do Código Civil (agora com menção apenas aos menores de 16 anos). Aplicando o último dispositivo, ilustre-se com decisão do STJ, publicada no seu *Informativo* n. *482*:

> "Ação rescisória. Prazo decadencial. Discute-se no REsp se o prazo de dois anos previsto no art. 495 do CPC para a propositura de ação rescisória flui em desfavor de incapazes. Noticiam os autos que os recorrentes, ainda menores de idade, ajuizaram ação de indenização visando à condenação dos recorridos pelos danos morais sofridos em razão da morte de seu avô, em virtude de acidente em que esteve envolvido veículo pertencente a um dos recorridos. O acórdão que julgou o recurso de apelação interposto reformou a sentença para julgar improcedente o pedido. Alegaram, na inicial da ação rescisória, que os fundamentos da improcedência tomaram o pedido relativo ao dano moral como se se tratasse de dano material, pois exigiu a dependência econômica como requisito para acolhimento do pleito. O relator, monocraticamente, julgou extinta a ação rescisória ao fundamento de ter ocorrido decadência. Alegam os recorrentes que, à época, por serem menores absolutamente incapazes, não fluía contra eles prazo, nem de decadência nem de prescrição. Admitido o REsp, o Min. Relator entendeu que o prazo para o ajuizamento da ação rescisória é de decadência (art. 495, CPC), por isso se aplica a exceção prevista no art. 208 do CC/ 2002, segundo a qual os prazos decadenciais não fluem contra os absolutamente incapazes. Esse entendimento foi acompanhado pelos demais Ministros, que deram provimento ao REsp e determinaram o prosseguimento da ação rescisória" (STJ, REsp 1.165.735/MG, Rel. Min. Luis Felipe Salomão, j. 06.09.2011).

Além disso, o mesmo art. 208 do Código Civil consagra o direito de ação regressiva dos incapazes e das pessoas jurídicas contra seus representantes ou assistentes para os casos de não alegação oportuna da decadência a favor do representado (art. 195 do CC). Essa ação regressiva também pode ser proposta contra o advogado que vier a representar o incapaz ou a empresa.

Em complemento, como antes pontuado, a Lei 14.010/2020 passou a prever no seu art. 3.º, § 2.º, a possibilidade de impedimento ou suspensão da decadência em virtude da pandemia da Covid-19, entre os dias 12 de junho e 30 de outubro de 2020. Conforme o seu teor, "este artigo aplica-se à decadência, conforme ressalva prevista no art. 207 da Lei n.º 10.406, de 10 de janeiro de 2002". A título de ilustração, todos os prazos decadenciais para a propositura de ações anulatórias de contratos e outros negócios jurídicos, visando reconhecer a sua nulidade relativa, estão impedidos ou suspensos entre essas datas.

Anoto que, diante desse contínuo tratamento na legislação especial, a Comissão de Juristas encarregada da Reforma do Código Civil pretende incluir no seu art. 207 um parágrafo único, prevendo que se aplica o disposto no seu *caput*, a respeito de a decadência não poder ser impedida, suspensa ou interrompida como premissa geral, aos prazos decadenciais previstos na legislação especial.

Feita essa nota, relembro que ambos os comandos legais aqui estudados (arts. 207 e 208 do CC) devem ser aplicados tanto à *decadência legal* quanto à *decadência convencional*.

Cabe aprofundar a diferenciação da *decadência legal*, que tem origem na lei, como em dispositivos do Código Civil; em relação à *decadência convencional*, que tem origem na vontade das partes, estando prevista em contrato ou outro negócio jurídico instrumentalizado. No caso da última, eventual extinção do contrato pela perda desse direito é conceituada como *caducidade contratual*.

Dizia Caio Mário da Silva Pereira que o tratamento dado à decadência convencional deveria ser, pelo menos em parte, o mesmo dado à prescrição, o que pode ser percebido pelo art. 209 do CC, pelo qual: "é nula a renúncia à decadência fixada em lei".[241] Dessa forma, não é admitida a renúncia à decadência legal, o mesmo não se podendo dizer quanto à convencional. Para esta última, por analogia, deve ser aplicada a regra do art. 191, cabendo a renúncia pelo devedor após a consumação, não sendo também aceita a renúncia prévia da decadência convencional.

Mas o que se percebe é que, se Caio Mário da Silva Pereira ainda estivesse entre nós, deveria rever os seus conceitos. Isso porque, de acordo com o art. 210 do CC, "deve o juiz, de ofício, conhecer da decadência, quando estabelecida por lei". Assim sendo, por envolver preceito de ordem pública, o juiz deve decretar de ofício a decadência legal, julgando a ação improcedente com a resolução do mérito, conforme constava no art. 269, inc. IV, do CPC/1973 e, agora, está no art. 487, inc. II, do CPC/2015. A novidade do CPC/2015 é fazer menção ao reconhecimento de ofício da decadência, sem dizer sobre qual delas se dará o pronunciamento.

De toda maneira, no que concerne à decadência convencional, há regra específica vedando o seu reconhecimento de ofício pelo juiz. Trata-se do art. 211 do CC, segundo o qual: "se a decadência for convencional, a parte a quem aproveita pode alegá-la em qualquer grau de jurisdição, mas o juiz não pode suprir a alegação".

Nesse ponto, o tratamento da decadência convencional não é mais igual ao da prescrição. Por isso é que, se ainda estivesse entre nós, Caio Mário teria que rever os seus conceitos. Isso, diante da Lei 11.280/2006, que revogou a previsão do art. 194 do CC e alterou o § 5.º do art. 219 do CPC/1972, prevendo que o juiz deve reconhecer de ofício a prescrição; sistemática mantida com o Novo CPC, como antes exposto. Para esclarecer as diferenças entre a decadência legal e a convencional, propomos o quadro a seguir:

---

[241] PEREIRA, Caio Mário da Silva. *Instituições de direito civil*. 19. ed. Rio de Janeiro: Forense. 2003. v. I, p. 691-692.

| Decadência Legal | Decadência Convencional |
|---|---|
| Deve ser reconhecida de ofício pelo juiz (art. 210 do CC), como ocorre com a prescrição. | Não pode ser reconhecida pelo juiz (art. 211 do CC). |
| Não pode ser renunciada pela parte (art. 209 do CC). | Pode ser renunciada após a consumação, assim como ocorre com a prescrição. |

Aliás, fazendo uma análise crítica, percebe-se, aqui, porque a lei processual quebrou com a harmonia do sistema civilista. A prescrição deve ser conhecida de ofício, como já era com a decadência legal. Então surge a indagação: será que ainda merece alento fático a regra pela qual a decadência convencional não pode ser conhecida de ofício? A mim, parece que não, fazendo uma análise sistemática da norma material codificada.

Todavia, como visto, o CPC/2015 confirmou essa previsão de conhecimento de ofício da prescrição. Também reconheceu o mesmo caminho para a decadência, sem elucidar para qual delas. Como o art. 211 do Código Civil não foi revogado, tudo continua como dantes. A falta de harmonia no sistema permanece, o que não foi atentado pelos legisladores da nova norma instrumental que emerge. Em suma, perdeu-se a chance, com o CPC ora em vigor, de se resolver definitivamente esse desequilíbrio de tratamento.

De toda sorte, a Comissão de Juristas encarregada da Reforma do Código Civil pretende corrigir esses descompassos, aproximando a decadência convencional da prescrição, como deve ser. Nos termos do projetado art. 209, "é nula a renúncia à decadência fixada em lei; a decadência convencional pode ser renunciada pela parte a quem aproveita, na forma do art. 191 deste Código". Assim, como ocorre hoje com a prescrição, a decadência convencional poderá ser renunciada.

Além disso, serão incluídas previsões a respeito do conhecimento de ofício de qualquer modalidade de decadência, sempre se respeitando o contraditório, e prevendo o projetado art. 210 do Código Civil que "deve o juiz, de ofício, conhecer da decadência, seja ela legal ou convencional, respeitado o contraditório". Por fim, nos termos do novo art. 211, "a decadência legal ou convencional pode ser alegada pela Parte a quem aproveita ou conhecida de ofício pelo julgador, a qualquer tempo". Com isso, sem dúvidas todas as lacunas e deficiências apontadas em meus comentários doutrinários serão supridas, sanadas e corrigidas.

A findar o capítulo, mais uma vez, um quadro comparativo entre os institutos é interessante para a fixação da matéria.

## 2.6.4 Quadro comparativo. Diferenças entre a prescrição e a decadência

| Prescrição | Decadência |
|---|---|
| Extingue a pretensão. | Extingue o direito. |
| Prazos somente estabelecidos pela lei. | Prazos estabelecidos pela lei (decadência legal) ou por convenção das partes (decadência convencional). |
| Deve ser conhecida de ofício pelo juiz. | A decadência legal deve ser reconhecida de ofício pelo magistrado, o que não ocorre com a decadência convencional. |

| Prescrição | Decadência |
|---|---|
| A parte pode não alegá-la. Pode ser renunciada pelo devedor após a consumação. | A decadência legal não pode ser renunciada, em qualquer hipótese. A decadência convencional pode ser renunciada após a consumação, também pelo devedor (mesmo tratamento da prescrição). |
| Não corre contra determinadas pessoas. | Corre contra todas, com exceção dos absolutamente incapazes (art. 3.º do CC – menores de 16 anos, em sua redação atualizada pela Lei 13.146/2015). |
| Previsão de casos de impedimento, suspensão ou interrupção. | Não pode ser impedida, suspensa ou interrompida, regra geral, com exceção de regras específicas. |
| Relacionada com direitos subjetivos, atinge ações condenatórias (principalmente cobrança e reparação de danos). | Relacionada com direitos potestativos, atinge ações constitutivas positivas e negativas (principalmente ações anulatórias). |
| Prazo geral de 10 anos (art. 205 do CC). | Não há, para a maioria da doutrina, prazo geral de decadência. Há um prazo geral para anular negócio jurídico, de dois anos contados da sua celebração, conforme o art. 179 do CC. |
| Prazos especiais de 1, 2, 3, 4 e 5 anos, previstos no art. 206 do CC. | Prazos especiais em dias, meses, ano e dia e anos (1 a 5 anos), todos previstos em outros dispositivos, fora dos arts. 205 e 206 do CC. |

# 3

# TEORIA GERAL DAS OBRIGAÇÕES

**Sumário:** 3.1 O conceito de obrigação e seus elementos constitutivos: 3.1.1 Elementos subjetivos da obrigação; 3.1.2 Elemento objetivo ou material da obrigação; 3.1.3 Elemento imaterial, virtual ou espiritual da obrigação – 3.2 Diferenças conceituais entre obrigação, dever, ônus e direito potestativo – 3.3 As fontes obrigacionais no Direito Civil brasileiro – 3.4 Breve estudo dos atos unilaterais como fontes do direito obrigacional: 3.4.1 Da promessa de recompensa; 3.4.2 Da gestão de negócios; 3.4.3 Do pagamento indevido; 3.4.4 Do enriquecimento sem causa – 3.5 Principais classificações das obrigações. Modalidades previstas no Código Civil de 2002: 3.5.1 Classificação da obrigação quanto ao seu conteúdo ou prestação; 3.5.2 Classificação da obrigação quanto à complexidade do seu objeto; 3.5.3 Classificação das obrigações quanto ao número de pessoas envolvidas. Estudo das obrigações solidárias; 3.5.4 Classificação das obrigações quanto à divisibilidade (ou indivisibilidade) do objeto obrigacional – 3.6 O adimplemento das obrigações (teoria do pagamento): 3.6.1 Primeiras palavras; 3.6.2 Do pagamento direto; 3.6.3 Das regras especiais de pagamento e das formas de pagamento indireto – 3.7 Da transmissão das obrigações: 3.7.1 Introdução; 3.7.2 Da cessão de crédito; 3.7.3 Da cessão de débito ou assunção de dívida; 3.7.4 Da cessão de contrato – 3.8 Do inadimplemento obrigacional. Da responsabilidade civil contratual: 3.8.1 Modalidades de inadimplemento; 3.8.2 Regras quanto ao inadimplemento relativo ou mora; 3.8.3 Regras quanto ao inadimplemento absoluto da obrigação; 3.8.4 Dos juros no Código Civil de 2002; 3.8.5 Da cláusula penal; 3.8.6 Das arras ou sinal.

## 3.1 O CONCEITO DE OBRIGAÇÃO E SEUS ELEMENTOS CONSTITUTIVOS

Tanto a obrigação quanto o contrato assumem hoje o ponto central do Direito Privado, sendo tido por muitos como os institutos jurídicos mais importantes de todo o Direito Civil. Assim também os visualizamos. Para a compreensão dessas figuras negociais, é imprescindível que o estudioso e aplicador do direito domine os conceitos básicos que decorrem da relação jurídica obrigacional, matéria que muitas vezes é relegada a um segundo plano, supostamente por não ter grande aplicação prática, o que constitui um erro jurídico imperdoável.

Diante de sua primaz importância social é que a teoria geral das obrigações é o primeiro tema a ser tratado pela parte especial da codificação, entre os seus arts. 233 a

# 352 | MANUAL DE DIREITO CIVIL • VOLUME ÚNICO – *Flávio Tartuce*

420. Os pontos que serão a partir de agora abordados não interessam somente ao Direito Contratual ou Obrigacional, mas também a todo o Direito Privado.

Quanto à divisão básica entre direitos pessoais patrimoniais e direitos reais, o direito obrigacional funciona como cerne principal dos primeiros. De toda sorte, superando essa clássica divisão, cumpre lembrar que existem obrigações que geram efeitos reais. É o caso da obrigação *propter rem*, ou *própria da coisa*; também denominada *obrigação ambulatória*, pois segue a coisa onde quer que se encontre. A título de exemplo, podem ser citadas as obrigações tributárias que recaiam sobre o imóvel (*v.g.*, IPTU) e a obrigação do proprietário de pagar as despesas de condomínio.

Partindo para o conceito de obrigação, vejamos a definição da doutrina clássica e contemporânea:

- Washington de Barros Monteiro – a obrigação é "a relação jurídica, de caráter transitório, estabelecida entre devedor e credor e cujo objeto consiste numa prestação pessoal econômica, positiva ou negativa, devida pelo primeiro ao segundo, garantindo-lhe o adimplemento através de seu patrimônio".[1]
- Rubens Limongi França – "é o vínculo jurídico ou de equidade, pelo qual alguém está adstrito a, em benefício de outrem, realizar uma prestação".[2]
- Álvaro Villaça Azevedo – "a obrigação é a relação jurídica transitória, de natureza econômica, pela qual o devedor fica vinculado ao credor, devendo cumprir determinada prestação positiva ou negativa, cujo inadimplemento enseja a este executar o patrimônio daquele para a satisfação de seu interesse".[3]
- Pablo Stolze Gagliano e Rodolfo Pamplona Filho – obrigação é a "relação jurídica pessoal por meio da qual uma parte (devedora) fica obrigada a cumprir, espontânea ou coativamente, uma prestação patrimonial em proveito da outra (credor)".[4]
- Cristiano Chaves de Farias e Nelson Rosenvald – "relação jurídica transitória, estabelecendo vínculos jurídicos entre duas diferentes partes (denominadas credor e devedor, respectivamente), cujo objeto é uma prestação pessoal, positiva ou negativa, garantido o cumprimento, sob pena de coerção judicial".[5]

Reunindo todos os pareceres expostos, conceitua-se a obrigação *como a relação jurídica transitória, existente entre um sujeito ativo, denominado credor, e outro sujeito passivo, o devedor, e cujo objeto consiste em uma prestação situada no âmbito dos direitos pessoais, positiva ou negativa. Havendo o descumprimento ou inadimplemento obrigacional, poderá o credor satisfazer-se no patrimônio do devedor.*

Como se pode notar, a questão do descumprimento ou inadimplemento ingressa no próprio conceito de obrigação. Isso porque, para o Direito, interessa mais o descumprimento do que o cumprimento da obrigação, já que se trata de uma ciência que lida com o conflito. Desse modo, de acordo com essa construção, são elementos constitutivos da obrigação:

---

[1] MONTEIRO, Washington de Barros. *Curso de direito civil brasileiro*. São Paulo: Saraiva, 1979. v. IV, p. 8. O conceito do doutrinador é seguido por muitos outros autores contemporâneos, caso de Maria Helena Diniz (DINIZ, Maria Helena. *Curso de direito civil brasileiro*. Teoria geral das obrigações. 24. ed. São Paulo: Saraiva, 2009. v. 2, p. 29).

[2] FRANÇA, Rubens Limongi. *Instituições de direito civil*. 4. ed. São Paulo: Saraiva, 1996. p. 591.

[3] AZEVEDO, Álvaro Villaça. *Teoria geral das obrigações*. 8. ed. São Paulo: RT, 2000. p. 31.

[4] GAGLIANO, Pablo Stolze; PAMPLONA FILHO, Rodolfo. *Novo curso de direito civil*. 8. ed. São Paulo: Saraiva, 2007. v. II, p. 15.

[5] FARIAS, Cristiano Chaves; ROSENVALD, Nelson. *Direito das obrigações*. 4. ed. Rio de Janeiro: Lumen Juris, 2009. p. 11.

a) *Elementos subjetivos*: o credor (sujeito ativo) e o devedor (sujeito passivo).

b) *Elemento objetivo imediato*: a prestação.

c) *Elemento imaterial, virtual ou espiritual*: o vínculo existente entre as partes.

Não se pode afastar a constante influência que exercem os princípios da *eticidade* e da *socialidade* sobre o direito obrigacional, notadamente a boa-fé objetiva e a função social, princípios esses relacionados com a concepção social da obrigação e com a conduta leal dos sujeitos obrigacionais. Será demonstrado que essa visualização é indeclinável, o que vem ocorrendo na melhor doutrina e em inúmeros julgados.

No que concerne à função social das obrigações, Fernando Noronha elenca as mesmas em três categorias: obrigações negociais, de responsabilidade civil e de enriquecimento sem causa, destacando que "na atual sociedade de massas se exige uma acrescida proteção, em nome da justiça social, daqueles interesses que aglutinam grandes conjuntos de cidadãos".[6] No que concerne à boa-fé objetiva, Judith Martins-Costa prega uma nova metodologia quanto ao direito das obrigações e uma nova construção da relação obrigacional que deve ser tida como *uma relação de cooperação*.[7] Nesse contexto, Nelson Rosenvald sintetiza muito bem como deve ser encarada a obrigação atualmente:

"A obrigação deve ser vista como uma relação complexa, formada por um conjunto de direitos, obrigações e situações jurídicas, compreendendo uma série de deveres de prestação, direitos formativos e outras situações jurídicas. A obrigação é tida como um processo – uma série de atos relacionados entre si –, que desde o início se encaminha a uma finalidade: a satisfação do interesse na prestação. Hodiernamente, não mais prevalece o *status* formal das partes, mas a finalidade à qual se dirige a relação dinâmica. Para além da perspectiva tradicional de subordinação do devedor ao credor existe o bem comum da relação obrigacional, voltado para o adimplemento, da forma mais satisfativa ao credor e menos onerosa ao devedor. O bem comum na relação obrigacional traduz a solidariedade mediante a cooperação dos indivíduos para a satisfação dos interesses patrimoniais recíprocos, sem comprometimento dos direitos da personalidade e da dignidade do credor e devedor".[8]

Quando o doutrinador faz menção à *obrigação como um processo*, está fazendo referência ao trabalho de Clóvis do Couto e Silva. Esse jurista, inspirado na doutrina alemã, ensina que a obrigação deve ser encarada como um processo de colaboração contínua e efetiva entre as partes, a conduzir ao adimplemento ou ao cumprimento da obrigação.[9] Com tais premissas teóricas, deve ser encarada a obrigação, o que será feito no presente capítulo.

Superados tais esclarecimentos categóricos, passa-se ao estudo detalhado dos elementos obrigacionais.

### 3.1.1 Elementos subjetivos da obrigação

São os elementos pessoais, os sujeitos ou pessoas envolvidas na relação jurídica obrigacional, a saber:

---

[6] NORONHA, Fernando. *Direito das obrigações*. São Paulo: Saraiva, 2003. v. I, p. 32.

[7] MARTINS-COSTA, Judith. *Comentários ao novo Código Civil*. Coord. Sálvio de Figueiredo Teixeira. Rio de Janeiro: Forense, 2003. v. V, t. I, p. 4-30.

[8] ROSENVALD, Nelson. *Dignidade humana e boa-fé*. São Paulo: Saraiva, 2005. p. 204.

[9] COUTO E SILVA, Clóvis do. *A obrigação como processo*. São Paulo: José Bushatsky, 1976.

a) *Sujeito ativo* – é o beneficiário da obrigação, podendo ser uma pessoa natural ou jurídica ou, ainda, um ente despersonalizado a quem a prestação é devida. É denominado *credor*, sendo aquele que tem o *direito* de exigir o cumprimento da obrigação.

b) *Sujeito passivo* – é aquele que assume um *dever*, na ótica civil, de cumprir o conteúdo da obrigação, sob pena de responder com seu patrimônio. É denominado *devedor*. Recomenda-se a utilização da expressão *deveres* que consta do art. 1.º do atual Código Civil, em detrimento do termo *obrigações*, previsto no art. 2.º do CC/1916 e que está superado.

Interessante deixar claro que, na atualidade, dificilmente alguém assume a posição isolada de credor ou devedor em uma relação jurídica. Na maioria das vezes, as partes são, ao mesmo tempo, credoras e devedoras entre si, presente a proporcionalidade de prestações denominada *sinalagma*, como ocorre no contrato de compra e venda. Tal estrutura também é denominada *relação jurídica obrigacional complexa*, constituindo a base do negócio jurídico relacionada com a obrigação. O esquema a seguir demonstra muito bem como é a estrutura do *sinalagma obrigacional*.

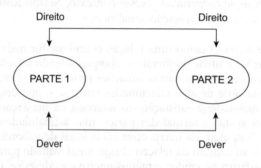

Como se pode verificar, o desenho tem um formato geométrico retangular, conduzindo a um ponto de equilíbrio. De fato, o sinalagma é um todo equilibrado, e sendo quebrado, justifica-se a ineficácia ou a revisão da obrigação. A quebra do sinalagma é tida como geradora da onerosidade excessiva, do desequilíbrio negocial, como um *efeito gangorra*.

### 3.1.2 Elemento objetivo ou material da obrigação

Trata-se do conteúdo da obrigação. O *objeto imediato da obrigação*, perceptível de plano, é a *prestação*, que pode ser positiva ou negativa. Sendo a obrigação positiva, ela terá como conteúdo o dever de entregar coisa certa ou incerta (obrigação de dar) ou o dever de cumprir determinada tarefa (obrigação de fazer). Sendo a obrigação negativa, o conteúdo é uma abstenção (obrigação de não fazer).

Por outro lado, percebe-se que o *objeto mediato da obrigação* pode ser uma coisa ou uma tarefa a ser desempenhada, positiva ou negativamente. Como exemplo de objeto mediato da obrigação, pode ser citado um automóvel ou uma casa em relação a um contrato de compra e venda. Esse também é o *objeto imediato da **prestação***. Alguns doutrinadores apontam que o objeto mediato da obrigação ou objeto imediato da prestação é o *bem jurídico tutelado*, entendimento esse que, igualmente, é bastante plausível.[10]

---

[10] Pablo Stolze Gagliano e Rodolfo Pamplona Filho falam em *bem da vida posto em circulação* (*Novo curso de direito civil*. Direito das obrigações. 8. ed. São Paulo: Saraiva, 2007. v. II, p. 18-19).

Visando delimitar e distinguir tais conceitos, este autor criou um desenho lógico que esquematiza as categorias. Assim, a obrigação pode ser comparada a uma *piscina*, com duas camadas:

*Elemento Mediato da Obrigação = Elemento Imediato da Prestação*

Pelo desenho que simboliza a obrigação, na parte rasa, está o elemento imediato da obrigação: a prestação; e, no fundo, está o seu elemento mediato, que é a coisa, tarefa ou abstenção. Pois bem, o elemento mediato da **obrigação** é o elemento imediato da **prestação**, o que pode ser facilmente percebido pelo esquema.

A encerrar o tópico, esclareça-se que para a obrigação ser válida no âmbito jurídico, todos os elementos mencionados, incluindo a prestação e seu objeto, devem ser lícitos, possíveis (física e juridicamente), determinados ou, pelo menos, determináveis e, por fim, ter forma prescrita ou não defesa em lei (art. 104 do CC). A obrigação em si, para ter validade, deve ser também economicamente apreciável. A violação dessas regras gera a nulidade da relação obrigacional, sendo aplicado o art. 166 do CC/2002.

### 3.1.3 Elemento imaterial, virtual ou espiritual da obrigação

O elemento em questão é o vínculo jurídico existente na relação obrigacional, ou seja, é o elo que sujeita o devedor à determinada prestação – positiva ou negativa –, em favor do credor, constituindo o liame legal que une as partes envolvidas.

A melhor expressão desse vínculo está estabelecida no art. 391 do CC 2002, com a previsão segundo a qual todos os bens do devedor respondem no caso de inadimplemento da obrigação. Esse artigo traz o princípio da responsabilidade patrimonial do devedor, sendo certo que a prisão civil por dívidas não constitui regra de nosso ordenamento jurídico, mas exceção. Como se sabe, a prisão civil somente seria possível em duas hipóteses, conforme prevê literalmente o art. 5.º, inc. LXVII, da CF/1988, nos casos de inadimplemento voluntário e inescusável de obrigação alimentícia ou nos casos envolvendo o depositário infiel.

Quanto à última hipótese legal, houve uma mudança substancial diante da Emenda Constitucional 45. Isso porque o Supremo Tribunal Federal afastou a possibilidade de prisão por dívida do depositário infiel, havendo depósito típico, atípico ou judicial. A conclusão girou em torno da Emenda Constitucional 45, que deu aos tratados internacionais de direitos humanos o *status* constitucional, ou *supralegal*. É cediço que o Brasil é signatário da Convenção Interamericana de Direitos Humanos (Pacto de São José da Costa Rica), que proíbe a prisão civil por descumprimento contratual, não sendo a prisão civil no depósito compatível com a realidade constitucional brasileira (cf. julgados publicados no *Informativo n. 531 do STF*, de dezembro de 2008). Em 2009, deixando bem clara essa opção, foi editada pelo STF a Súmula Vinculante 25, com seguinte teor: "é ilícita a prisão civil de depositário infiel, qualquer que seja a modalidade do depósito".

Superado esse ponto, é interessante lembrar que o art. 391 do CC, quando analisado em conjunto com os arts. 389 e 390, consagra a responsabilidade civil contratual ou negocial, presente nos casos em que uma obrigação assumida por uma das partes não é cumprida. O art. 389 deve ser aplicado para os casos de inadimplemento absoluto ou relativo da obrigação positiva (dar e fazer), enquanto o art. 390 para aqueles envolvendo a obrigação negativa (não fazer).

No plano técnico, para denotar a responsabilidade civil contratual, não devem ser utilizados os arts. 186 e 927 da codificação vigente, pois tais comandos legais fundamentam a responsabilidade civil extracontratual ou *aquiliana*. Ainda prevalece, na doutrina, a visão clássica de divisão dualista da responsabilidade civil, em responsabilidade contratual e extracontratual. Adverte-se, contudo, que a tendência é a unificação do tema, o que pode ser percebido pelo sistema adotado pelo Código de Defesa do Consumidor.

No que concerne à redação do art. 391 do CC, é preciso um esclarecimento importante. Isso porque prevê o dispositivo que "pelo inadimplemento das obrigações respondem **todos** os bens do devedor" (destaquei). Ora, o dispositivo consagra expressamente a responsabilidade integral de todos os bens do devedor. Entretanto, como é notório, existem alguns bens do devedor que estão protegidos, particularmente aqueles reconhecidos como impenhoráveis.

Melhor era, portanto, a redação do art. 591 do CPC/1973, pela qual "o devedor responde, para o cumprimento de suas obrigações, com todos os seus bens presentes e futuros, salvo as restrições estabelecidas em lei". Os bens absolutamente impenhoráveis constavam expressamente do art. 649 do mesmo CPC/1973. O CPC/2015 repetiu essas regras, com uma pequena mudança. De início, o seu art. 789, na linha exata do antigo art. 591, estabelece que "o devedor responde com todos os seus bens presentes e futuros para o cumprimento de suas obrigações, salvo as restrições estabelecidas em lei". Quanto aos bens que estão protegidos, constam do rol do art. 833, que não utiliza mais a expressão "bens absolutamente impenhoráveis", mas apenas bens "impenhoráveis", em um sentido de relativização ou abrandamento, pela retirada do superlativo, o que veio em boa hora.

Anoto que o atual Projeto de Reforma e Atualização do Código Civil, ora em tramitação no Congresso Nacional, pretende corrigir esse equívoco, para que o dispositivo mencione: "Art. 391. Pelo inadimplemento das obrigações, respondem todos os bens do devedor, suscetíveis de penhora".

No mesmo projeto há também proposta de inclusão de um art. 391-A na codificação privada, pelo projeto de Reforma e Atualização do Código Civil. Trata-se de proposição de cunho humanista formulada pela Relatora-Geral, Professora Rosa Maria de Andrade Nery, que almeja a inclusão desse comando, a tratar de uma ideia geral de *patrimônio mínimo* ou *mínimo existencial* para o Direito Civil Brasileiro. Almeja-se, por essas teorias, assegurar à pessoa um mínimo de direitos patrimoniais, para que viva com dignidade.

Nesse contexto, o *caput* da norma projetada enuncia que, "salvo para cumprimento de obrigação alimentar, o patrimônio mínimo existencial da pessoa, da família e da pequena empresa familiar é intangível por ato de excussão do credor". A intangibilidade é associada à ideia de impenhorabilidade, prevista no Código de Processo Civil e também em leis especiais.

A esse propósito, nos termos do § 1.º do sugerido art. 391-A do Código Civil, "além do salário mínimo, a qualquer título recebido, bem como dos valores que a pessoa recebe do Estado, para os fins de assistência social, considera-se, também, patrimônio mínimo, guarnecido por bens impenhoráveis: I – a casa de morada onde habitam o devedor e sua família, se única em seu patrimônio; II – o módulo rural, único do patrimônio do devedor, onde vive e produz com a família; III – a sede da pequena empresa familiar, guarnecida pelos bens que a lei processual considera como impenhoráveis, se coincidir com o único local de morada do devedor ou de sua família". Consolidam-se, portanto, na Lei Geral Privada e com os fins de retomada do seu protagonismo legislativo, as proteções previstas em normas especiais, caso da já citada Lei do Bem de Família (Lei n. 8.009/1990) e do Estatuto da Terra (Lei n. 4.504/1964).

Além da imperiosa proteção da pessoa humana, há o objetivo de tutela, ainda, do patrimônio mínimo empresarial, como se retira do último inciso transcrito e que vem em boa hora, na linha da melhor doutrina e de julgados superiores, caso do seguinte: "'a impenhorabilidade da Lei nº 8.009/90, ainda que tenha como destinatários as pessoas físicas, merece ser aplicada a certas pessoas jurídicas, às firmas individuais, às pequenas empresas com conotação familiar, por exemplo, por haver identidade de patrimônios' (FACHIN, Luiz Edson. 'Estatuto Jurídico do Patrimônio Mínimo', Rio de Janeiro, Renovar, 2001, p. 154)" (STJ, REsp 1.514.567/SP, 4.ª Turma, Rel. Min. Maria Isabel Gallotti, j. 14.03.2023, *DJe* 24.04.2023).

Também se objetiva a proteção das pessoas com deficiência e incapazes, em consonância com o Estatuto da Pessoa com Deficiência, com regra segundo a qual "considera-se bem componente do patrimônio mínimo da pessoa deficiente ou incapaz, além dos mencionados nas alíneas do parágrafo anterior, também aqueles que viabilizarem sua acessibilidade e superação de barreiras para o exercício pleno de direitos, em posição de igualdade" (art. 391-A, § 2.º). A título de exemplo, os veículos de transporte e os instrumentos que facilitam a vida dessas pessoas também devem ser tidos como protegidos, especialmente pela impenhorabilidade.

Por fim, o novo § 3.º do art. 391, ora proposto para a Lei Geral Privada, trará importante exceção, muito debatida há tempos, para prever que "a casa de morada de alto padrão pode vir a ser excutida pelo credor, até a metade de seu valor, remanescendo a impenhorabilidade sobre a outra metade, considerado o valor do preço de mercado do bem, a favor do devedor executado e de sua família". Como é notório, hoje o tema é divergente no âmbito da jurisprudência superior, prevalecendo o entendimento de que não se pode excepcionar o imóvel de alto valor.

Com essa afirmação, por todos os mais recentes acórdãos, colaciono: "segundo a orientação jurisprudencial desta Corte, para efeito da proteção do art. 1º da Lei n. 8.009/1990, basta que o imóvel sirva de residência para a família do devedor, sendo irrelevante o valor do bem. Isso porque as exceções à regra de impenhorabilidade dispostas no art. 3º do referido texto legal não trazem nenhuma indicação nesse sentido. Logo, é irrelevante, a esse propósito, que o imóvel seja considerado luxuoso ou de alto padrão (STJ, Ag. Int. no AREsp n. 2.456.158/SP, relator Ministro Marco Aurélio Bellizze, Terceira Turma, julgado em 15/4/2024, *DJe* de 17/4/2024)" (STJ, Ag. Int. no REsp 1.963.732/SP, 3.ª Turma, Rel. Min. Humberto Martins, j. 23.09.2024, *DJe* 25.09.2024). Essa forma de julgar causa perplexidade em alguns, sobretudo pelo detrimento dos interesses dos credores. De toda sorte, somente se poderá resolver esse dilema com a alteração do texto da lei, o que, aguarda-se, seja aprovado pelo Congresso Nacional.

Ainda sobre o elemento imaterial obrigacional, deve-se compreender que está superada a *teoria monista* ou *unitária* da obrigação, pela qual essa seria consubstanciada por um único elemento: o vínculo jurídico que une a prestação e os elementos subjetivos. Prevalece atualmente na doutrina contemporânea a *teoria dualista* ou *binária*, de origem alemã, pela qual a obrigação é concebida por uma relação débito/crédito. A teoria é atribuída, no Direito Alemão e entre outros, a Alois Brinz, tendo sido desenvolvida no final do século XIX.

A superação daquela velha teoria pode ser percebida a partir do estudo dos dois elementos básicos da obrigação: o *débito* (*Schuld*) e a *responsabilidade* (*Haftung*), sobre os quais a obrigação se encontra estruturada.[11]

Inicialmente, o *Schuld* é o dever legal de cumprir com a obrigação, o dever existente por parte do devedor. Havendo o adimplemento da obrigação surgirá apenas esse conceito. Mas, por outro lado, se a obrigação não é cumprida, surgirá a responsabilidade, o *Haftung*. Didaticamente, pode-se utilizar a palavra *Schuld* como sinônima de *debitum* e *Haftung*, de *obligatio*.

Sem dúvida é possível identificar uma situação em que há *Schuld* sem (*ohne*) *Haftung* ou *debitum* sem *obligatio*, qual seja, na obrigação natural, que mesmo existente não pode ser exigida, pois é uma obrigação incompleta. Cite-se, a título de exemplo, a dívida prescrita, que pode ser paga – por existir –, mas não pode ser exigida. Tanto isso é verdade que, paga uma dívida prescrita, não caberá ação de repetição de indébito (art. 882 do CC).

Sobre a dívida prescrita, entendo que a impossibilidade de cobrança atinge tanto o âmbito judicial como o extrajudicial, não cabendo, por exemplo, a inscrição do nome do seu devedor em cadastro de inadimplentes. Nesse sentido, julgou a Terceira Turma do Superior Tribunal de Justiça, em 2023, sanando injustificada divergência que surgiu no Tribunal Paulista. Nos termos de aresto publicado no *Informativo n.* 792 da Corte, "o reconhecimento da prescrição da pretensão impede tanto a cobrança judicial quanto a cobrança extrajudicial do débito".

Como cerne principal da tese, publicou-se que, "ao cobrar extrajudicialmente o devedor, o credor está, efetivamente, exercendo sua pretensão, ainda que fora do processo. Se a pretensão é o poder de exigir o cumprimento da prestação, uma vez paralisada em razão da prescrição, não será mais possível exigir o referido comportamento do devedor, ou seja, não será mais possível cobrar a dívida. Logo, o reconhecimento da prescrição da pretensão impede tanto a cobrança judicial quanto a cobrança extrajudicial do débito. Não há, portanto, duas pretensões, uma veiculada por meio do processo e outra veiculada extrajudicialmente" (STJ, REsp 2.088.100/SP, 3.ª Turma, Rel. Min. Nancy Andrighi, j. 17.10.2023, v.u.). Como não poderia ser diferente, estou filiado a essa forma de julgar o Direito Civil.

Por outro lado, haverá *Haftung* sem (*ohne*) *Schuld*, *obligatio* sem *debitum*, na fiança, garantia pessoal prestada por alguém (fiador) em relação a um determinado credor. O fiador assume uma responsabilidade, mas a dívida é de outra pessoa. O contrato de fiança é celebrado substancialmente entre fiador e credor. Confirmando essa assertiva, a lei estabelece que pode ser celebrado sem o consentimento do devedor ou até contra a sua vontade (art. 820 do CC).

Justamente por tais possibilidades é que se entende, como parte da doutrina, que a teoria monista ou unitária encontra-se superada, prevalecendo atualmente a *teoria dualista ou binária*. A última visão, mais completa, acaba sendo a mais adequada para explicar o fenômeno contemporâneo obrigacional, principalmente nos casos descritos.

## 3.2 DIFERENÇAS CONCEITUAIS ENTRE OBRIGAÇÃO, DEVER, ÔNUS E DIREITO POTESTATIVO

Os conceitos apontados são fundamentais para a compreensão da matéria. Vejamos de forma detalhada:

---

[11] Sobre o tema, ver, por todos: MARTINS-COSTA, Judith. *Comentários ao novo Código Civil*. Coord. Sálvio de Figueiredo Teixeira. Rio de Janeiro: Forense, 2003. v. V, t. I, p. 15-30.

CAP. 3 • TEORIA GERAL DAS OBRIGAÇÕES | **359**

– *Dever jurídico e obrigação* – Contrapõe-se a um direito subjetivo de exigi-lo, constituindo, segundo Francisco Amaral, na "situação passiva que se caracteriza pela necessidade do devedor observar um certo comportamento, compatível com o interesse do titular do direito subjetivo".[12] O *dever jurídico* engloba não só as relações obrigacionais ou de direito pessoal, mas também aquelas de natureza real, relacionadas com o Direito das Coisas. Podem ter ainda por objeto o Direito de Família, o Direito das Sucessões, o Direito de Empresa e os direitos da personalidade. Para diferenciá-lo da obrigação, salientam Giselda Hironaka e Renato Franco que "em sentido mais estrito, situar-se-á a ideia de obrigação, referindo-se apenas ao dever oriundo à relação jurídica creditória (pessoal, obrigacional). Mas não apenas isto. Na obrigação, em correspondência a este dever jurídico de prestar (do devedor), estará o direito subjetivo à prestação (do credor), direito este que, se violado – se ocorrer a inadimplência por parte do devedor –, admitirá, ao seu titular (o credor), buscar no patrimônio do responsável pela inexecução (o devedor) o necessário à satisfação compulsória do seu crédito, ou à reparação do dano causado, se este for o caso".[13] O dever jurídico, contrapondo-se a direitos subjetivos de cunho patrimonial, está relacionado a prazos prescricionais (arts. 205 e 206 do CC).

– *Ônus jurídico* – Para Orlando Gomes, o ônus jurídico é "a necessidade de agir de certo modo para a tutela de interesses próprios".[14] São exemplos de ônus, para o autor baiano: "levar o contrato ao registro de títulos e documentos para ter validade perante terceiro; inscrever o contrato de locação no registro de imóveis para impor sub-rogação ao adquirente do prédio". Pode-se afirmar, nesse sentido, que o desrespeito ao ônus gera consequências somente para aquele que o detém. Cite-se, na ótica processual, o ônus de provar, previsto no Código de Processo Civil (art. 373 do CPC/2015, correspondente ao art. 333 do CPC/1973). Efetivamente, caso a parte não prove o que alegou em juízo, suportará as consequências da procedência ou improcedência da demanda, que também poderá repercutir na sua esfera patrimonial. Tal efeito diferencia a categoria do dever, pois se o último não for cumprido haverá consequências para todas as partes envolvidas, surgindo daí a *responsabilidade*.

– *Direito potestativo* – É aquele que se contrapõe a um estado de sujeição, pois *encurrala a outra parte*. Para Francisco Amaral "direito potestativo é o poder que a pessoa tem de influir na esfera jurídica de outrem, sem que este possa fazer algo que não se sujeitar. (...) Opera na esfera jurídica de outrem, sem que este tenha algum dever a cumprir".[15] Em suma, no estado de sujeição *não há saída*, pois a pessoa tem que se sujeitar àquela situação, como indica a sua própria denominação. A título de exemplo, podem ser citados os casos da existência de impedimentos matrimoniais (art. 1.521 do CC), as causas de anulabilidade do casamento (art. 1.550 do CC) e a exigência legal para certos atos, de outorga do outro consorte (art. 1.647 do CC), sob pena, na última hipótese, de anulabilidade do ato ou negócio praticado (art. 1.649 do CC). O direito potestativo está relacionado aos prazos decadenciais.

---

12  AMARAL, Francisco. *Direito civil* – Introdução. 5. ed. Rio de Janeiro: Renovar, 2004. p. 124-125.

13  HIRONAKA, Giselda Maria Fernandes Novaes; MORAES, Renato Duarte Franco de. *Direito das obrigações*. Direito civil. Orientação: Giselda M. F. Novaes Hironaka. São Paulo: RT, 2008. v. 2, p. 32.

14  GOMES, Orlando. *Obrigações*. 11. ed. Rio de Janeiro: Forense, 1997. p. 6.

15  AMARAL, Francisco. *Direito civil* – Introdução. 5. ed. Rio de Janeiro: Renovar, 2004. p. 196.

## 3.3 AS FONTES OBRIGACIONAIS NO DIREITO CIVIL BRASILEIRO

A palavra fonte é uma expressão figurada, indicando o elemento gerador, o fato jurídico que deu origem ao vínculo obrigacional. A expressão ainda pode servir para exprimir quais são as manifestações jurídicas, aqui, de natureza obrigacional. Pois bem, na esteira da melhor doutrina são consideradas fontes das obrigações:

a)  *Lei* – é a "fonte primária ou imediata de todas as obrigações, pois, como pudemos apontar em páginas anteriores, os vínculos obrigacionais são relações jurídicas".[16] Alguns autores, entretanto, não concordam com o entendimento pelo qual a lei é fonte obrigacional. Entre os contemporâneos, Fernando Noronha opina que a lei sozinha não é fonte obrigacional, sendo necessária a presença da autonomia privada, antigamente denominada como autonomia da vontade.[17] No Direito Civil Contemporâneo, a autonomia privada pode ser conceituada como o direito que a pessoa tem de regulamentar os próprios interesses, o que decorre dos princípios constitucionais da liberdade e da dignidade humana.

b)  *Contratos* – são tidos como fonte principal do direito obrigacional, afirmação com a qual é de se concordar integralmente. Como exemplo, podem ser citadas as figuras tipificadas no Código Civil de 2002, tais como a compra e venda, o contrato estimatório, a doação, a locação, o comodato, o mútuo, a prestação de serviços, a empreitada, o depósito, o mandato, entre outros tipos. Para fins didáticos, demonstrando que a concepção de contrato não se confunde com a de obrigação, pode-se conceituar o primeiro, em uma visão clássica ou moderna, como o negócio jurídico bilateral ou plurilateral que visa a criação, modificação e extinção de direitos e deveres com conteúdo patrimonial. Esse conceito, seguido amplamente na doutrina brasileira, está inspirado no art. 1.321 do Código Civil italiano.

c)  *Os atos ilícitos e o abuso de direito* – são fontes importantíssimas do direito obrigacional, com enorme aplicação prática. Gerando o dever de indenizar, é forçoso entender que o abuso de direito (art. 187 do CC) também constitui fonte de obrigações.

d)  *Os atos unilaterais* – são as declarações unilaterais de vontade, fontes do direito obrigacional que estão previstas no Código Civil, caso da promessa de recompensa, da gestão de negócios, do pagamento indevido e do enriquecimento sem causa.

e)  *Os títulos de crédito* – são os documentos que trazem em seu bojo, com caráter autônomo, a existência de uma relação obrigacional de natureza privada. Têm tratamento no Código Civil, a partir do seu art. 887. A codificação privada somente se aplica aos títulos de crédito atípicos, aqueles sem previsão legal específica (art. 903 do CC). A verdade é que o tratamento relativo aos títulos de crédito na atual codificação privada está totalmente defasado, sendo mais do que necessária uma atualização para corrigir problemas técnicos e suprir lacunas hoje existentes, sobretudo para a prática. Por isso, no Projeto de Reforma do Código Civil foi feita uma ampla revisão do texto, visando incluí-lo na realidade do século XXI, sobretudo da desmaterialização e do uso das novas tecnologias, trazendo mais

---

[16]  DINIZ, Maria Helena. *Curso de direito civil brasileiro*. Teoria geral das obrigações. 24. ed. São Paulo: Saraiva, 2009. v. 2, p. 41.

[17]  NORONHA, Fernando. *Direito das obrigações*. São Paulo: Saraiva, 2003. v. I, p. 343.

CAP. 3 • TEORIA GERAL DAS OBRIGAÇÕES | **361**

certeza e segurança jurídica para a sua aplicação. Esse trabalho coube ao Professor Edvaldo Brito, membro da Subcomissão de Direito das Obrigações, tendo recebido propostas do Professor Jean Carlos Fernandes, de Minas Gerais, com atuação do Desembargador Moacyr Lobato de Campos Filho, membro da Subcomissão de Direito de Empresa, também da Comissão de Juristas. Entre as várias proposições, destaco a definição contemporânea de título de crédito, que passará a compor o art. 887 do Código Civil, a saber: "título de crédito é o documento, cartular ou eletrônico ou registrado em sistema eletrônico de escrituração, necessário ao exercício do direito literal e autônomo nele mencionado, que somente produz efeito quando preencha os requisitos da lei". Com vistas a atualizar o instituto diante da legislação processual, o seu § 1.º enunciará que "todo título de crédito é título executivo extrajudicial, e sujeita-se aos preceitos da lei especial que o tiver criado". Além disso, nos termos do seu § 2.º, em boa hora e expressando o uso de novas tecnologias, "o título de crédito emitido sob a forma escritural poderá ser executado com base em certidão, emitida pelo sistema eletrônico de escrituração, de inteiro teor dos dados informados no registro". Outros comandos também mencionarão, de forma estritamente necessária, o sistema eletrônico de escrituração. Ressalve-se, porém, que o Código Civil continuará tendo aplicação apenas aos títulos de crédito atípicos, não contemplados pela legislação especial. De forma mais clara e técnica, o seu art. 903 enunciará, com a aplicação da codificação privada apenas de forma subsidiária, que "os títulos de crédito regem-se por lei especial, aplicando-se-lhes, nos casos omissos, as disposições deste Código". Eis outro assunto ou temática em que a Reforma do Código Civil é mais do que necessária, é urgente, em prol da segurança jurídica e com vistas a trazer mais investimentos para o País. Espera-se, portanto, a sua aprovação pelo Congresso Nacional Brasileiro.

Vejamos no presente capítulo algumas abordagens a respeito dos atos unilaterais. Os atos ilícitos e os contratos serão objeto de capítulos específicos desta obra. Quanto aos títulos de crédito, continuam a interessar, pelo menos por enquanto, ao Direito Empresarial.

## 3.4 BREVE ESTUDO DOS ATOS UNILATERAIS COMO FONTES DO DIREITO OBRIGACIONAL

De início é interessante diferenciar os atos unilaterais dos contratos, quanto à sua formação. Nos contratos, a obrigação nasce a partir do momento em que for verificado o choque ou encontro de vontades entre as partes negociantes, em regra. Nas declarações unilaterais de vontade ou atos unilaterais a obrigação nasce da simples declaração de uma única parte, formando-se no instante em que o agente se manifesta com a intenção de assumir um dever obrigacional. Sendo emitida a declaração de vontade, esta se torna plenamente exigível ao chegar ao conhecimento a quem foi direcionada. O Código Civil em vigor consagra expressamente os seguintes atos unilaterais como fontes obrigacionais:

- promessa de recompensa (arts. 854 a 860 do CC);
- gestão de negócios (arts. 861 a 875 do CC);
- pagamento indevido (arts. 876 a 883 do CC);
- enriquecimento sem causa (arts. 884 a 886 do CC).

Passa-se ao estudo de tais institutos, de forma pontual.

## 3.4.1 Da promessa de recompensa

Enuncia o art. 854 do CC/2002 que "aquele que, por anúncios públicos, se comprometer a recompensar, ou gratificar a quem preencha certa condição ou desempenhe certo serviço, contrai obrigação de cumprir o prometido". A pessoa que cumprir a tarefa prevista na declaração, executando o serviço ou satisfazendo a condição, ainda que não esteja movida pelo interesse da promessa, poderá exigir a recompensa estipulada (art. 855 do CC). Esse dispositivo valoriza a eticidade e a boa-fé objetiva, merecendo comentários a título de exemplo.

Imagine-se, para ilustrar, um caso em que alguém perdeu um animal de estimação, um cachorro. Para recuperar o animal, o dono coloca uma faixa em uma avenida de grande circulação, oferecendo uma recompensa. Alguém que conhece o cão e o seu dono, mas que no momento desconhece a promessa, encontra o animal e o leva à casa do seu proprietário. Essa pessoa terá direito à recompensa, pois agiu conforme os ditames da boa-fé. Também terá direito aos valores gastos com o cumprimento da tarefa, como, por exemplo, as despesas feitas para a alimentação do animal, cuidados veterinários e transporte.

Anoto que no atual Projeto de Reforma do Código Civil há proposta de apenas melhorar a redação do seu art. 855, para que fique mais clara e compreensível, mas sem mudança do seu sentido. Na sua redação atual, truncada e confusa, "quem quer que, nos termos do artigo antecedente, fizer o serviço, ou satisfizer a condição, ainda que não pelo interesse da promessa, poderá exigir a recompensa estipulada. Na redação proposta pela Comissão de Juristas: "quem fizer o serviço ou satisfizer a condição, ainda que não pelo interesse da promessa, poderá, nos termos do artigo anterior, exigir a recompensa estipulada". Espera-se, portanto, a sua aprovação pelo Congresso Nacional, em prol da operabilidade e da facilitação dos institutos privados.

A revogação da promessa de recompensa está prevista no art. 856 da atual codificação, sendo possível antes de prestado o serviço ou preenchida a condição e desde que seja feita com a mesma publicidade da declaração. Se for fixado um prazo para a execução da tarefa haverá, em regra, renúncia ao direito de revogação na vigência desse prazo.

No caso de revogação da promessa, se algum candidato de boa-fé tiver feito despesas, terá direito a reembolso quanto a tais valores. Discute-se se haverá direito à recompensa se o candidato tiver executado a tarefa a contento, não sabendo da revogação da estipulação. Pela valorização da boa-fé e pelo que consta do art. 855, é forçoso concluir que a resposta não pode ser outra que não a positiva. Nesse sentido, vale citar o Código Civil português, que estabelece em seu art. 459, (parágrafo) 2: "Na falta de declaração em contrário, o promitente fica obrigado mesmo em relação àqueles que se encontrem na situação prevista ou tenham praticado o facto sem atender à promessa ou na ignorância dela".

No caso da execução conjunta ou plúrima, sendo o ato contemplado na promessa praticado por mais de um indivíduo, terá direito à recompensa o que primeiro o executou (art. 857 do CC). Entretanto, sendo simultânea a execução, a cada um tocará quinhão igual na recompensa, caso seja possível a divisão (art. 858 do CC). Se a estipulação tiver como conteúdo um bem indivisível, deverá ser realizado um sorteio. Aquele que obtiver a coisa (vencedor) dará ao outro o valor correspondente ao seu quinhão. Esse sorteio deverá ser realizado dentro das regras legais, da razoabilidade e do bom senso (mais uma aplicação da eticidade, da boa-fé objetiva).

No caso de concursos que se abrirem com promessa pública de recompensa, é condição essencial, para valerem, a fixação de um prazo, observadas também as regras analisadas anteriormente (art. 859 do CC). Nesses concursos, é comum a nomeação de um juiz (ou árbitro), que irá avaliar os trabalhos. A decisão dessa pessoa nomeada, nos anúncios,

CAP. 3 • TEORIA GERAL DAS OBRIGAÇÕES | **363**

como juiz, obriga os interessados (art. 859, § 1.º, do CC). Na falta dessa pessoa designada para julgar o mérito dos trabalhos que se apresentarem, entender-se-á que o promitente da recompensa reservou para si esta função (§ 2.º). Se os trabalhos tiverem mérito igual, proceder-se-á de acordo com as regras vistas para a promessa de recompensa: anterioridade, divisão e sorteio (§ 3.º).

Por fim, nos concursos públicos, as obras premiadas só ficarão pertencendo ao promitente se assim for estipulado na publicação da promessa (art. 860 do CC). Para exemplificar, em concursos de monografias jurídicas os trabalhos pertencem aos seus autores, em geral, aplicando-se as regras de proteção previstas na Lei de Direitos Autorais (Lei 9.610/1998). Porém, é possível convencionar que os direitos patrimoniais de exploração da obra premiada passarão a pertencer àquele que idealizou o concurso.

### 3.4.2 Da gestão de negócios

Na gestão de negócios há uma atuação sem poderes, uma hipótese em que a parte atua sem ter recebido expressamente a incumbência. Na verdade, há no caso em questão um quase contrato. Dessa forma, o gestor, que age sem mandato, fica diretamente responsável perante o dono do negócio e terceiros com quem contratou. A gestão, pela ausência de orientação dada pelo dono, não tem natureza contratual, pois está ausente o prévio acordo de vontades. Dessa forma, poderá a gestão ser provada de qualquer modo, eis que se trata de negócio jurídico informal (art. 107 do CC).

A posição do gestor é delicada, pois, além de não ter direito a qualquer remuneração pela atuação (negócio jurídico benévolo), deve agir conforme a vontade presumível do dono do negócio, sob pena de responsabilização civil (art. 861 do CC).

Deve-se lembrar que, se a gestão for iniciada contra a vontade manifesta ou presumível do dono, responderá o gestor por caso fortuito (evento totalmente imprevisível) e força maior (evento previsível, mas inevitável), conforme a regra constante do art. 862 do CC. Se os prejuízos da gestão excederem o seu proveito, poderá o dono do negócio exigir que o gestor restitua as coisas ao estado anterior, ou que indenize o valor correspondente à diferença (art. 863 do CC).

A redação atual do art. 862 é truncada e confusa, pela locução utilizada ao final: "se a gestão foi iniciada contra a vontade manifesta ou presumível do interessado, responderá o gestor até pelos casos fortuitos, não provando que teriam sobrevindo, ainda quando se houvesse abatido". Por isso, a Comissão de Juristas encarregada da Reforma do Código Civil pretende alterar o comando, para o seguinte: "se a gestão foi iniciada contra a vontade manifesta ou presumível do interessado, responderá o gestor até pelos casos fortuitos, não provando que teriam sobrevindo, independentemente de sua gestão". Com isso, atende-se ao princípio da operabilidade, em prol da facilitação do Direito Privado. Seria interessante, ainda, incluir no preceito a menção à força maior, na linha de outras proposições, o que, aqui e por um lapso, passou despercebido.

Diante do princípio da boa-fé objetiva, que valoriza o dever anexo de informação, deverá o gestor de negócio, assim que lhe for possível, comunicar ao dono a sua atuação, aguardando a resposta se dessa espera não resultar perigo (art. 864 do CC). Falecendo o dono do negócio, as instruções devem ser prestadas aos seus herdeiros, devendo o gestor, mesmo assim, agir com a máxima diligência, de acordo com as circunstâncias fáticas do caso concreto (art. 865 do CC).

Um exemplo é sempre interessante para elucidar a aplicação prática de um instituto jurídico. Pense-se o caso de alguém que viaja para outro país, permanecendo fora de sua residência por cerca de quinze dias. Na prática, quando a pessoa viaja não deixa uma procuração para o vizinho apagar eventual incêndio que acometer a sua casa. O pior acontece e o vizinho, agindo como gestor ao perceber o incêndio, invade a casa lindeira arrebentando a porta. Para apagar o fogo que começa a consumir um dos dormitórios, o vizinho pega um tapete e consegue abafar as chamas, tendo sucesso em sua empreitada, sem a intervenção do corpo de bombeiros.

Pois bem, algumas regras do Código Civil de 2002 devem ser analisadas, para uma conclusão concreta a respeito da atuação desse gestor.

Primeiro, deve-se verificar se o gestor agiu da mesma forma como agiria o dono da residência, ou seja, se empregou toda a diligência habitual. Em regra, o gestor somente deve ser responsabilizado se tiver agido com culpa, havendo responsabilidade subjetiva (art. 866 do CC). Mas se na atuação o gestor se fizer substituir por outrem, responderá pelas faltas do substituto, ainda que este seja pessoa idônea e sem prejuízo da eventual propositura de ação regressiva (art. 867 do CC). A responsabilidade do gestor por ato de terceiro é objetiva (independente de culpa) e solidária, aplicando-se os arts. 932, inc. III, e 933 e 942, parágrafo único, do CC, por analogia. Se a gestão for conjunta, prestada por várias pessoas, há regra específica, prevendo justamente a responsabilidade solidária entre todos os gestores (art. 867, parágrafo único, do CC). Na realidade, quando o dono do negócio retorna, terá duas opções:

*1.ª Opção*: Concordando com a atuação do gestor, o dono deverá *ratificar* a gestão, convertendo-se a atuação em mandato (art. 869 do CC). Lembre-se de que não se pode confundir a expressão acima destacada, que significa confirmar, com retificar, que significa corrigir. Nesse caso, deverá ressarcir o gestor por todas as despesas necessárias e úteis à atuação, com os juros legais desde o reembolso, respondendo ainda pelos prejuízos que o administrador tiver sofrido com a gestão. A utilidade ou a necessidade das despesas serão apreciadas de acordo com as circunstâncias da ocasião em que se fizerem, o que traz a ideia de função social obrigacional (art. 869, § 1.º, do CC). A ratificação do dono do negócio retroage ao dia do começo da gestão, ou seja, tem efeitos *ex tunc* (art. 873 do CC).

*2.ª Opção*: Desaprovando a atuação do gestor, o dono poderá pleitear perdas e danos havendo, em regra, responsabilidade subjetiva do primeiro (art. 874 do CC). Em casos tais, responderá o gestor por caso fortuito quando fizer manobras arriscadas, ainda que o dono costumasse fazê-las ou quando preterir interesses do dono em detrimento de interesses próprios (art. 868 do CC). No entanto, só poderá recusar a ratificação se provar que a atuação não foi realizada de acordo com os seus interesses diretos.

Basicamente, são esses os efeitos principais dessa categoria jurídica.

### 3.4.3 Do pagamento indevido

De acordo com o art. 876 do CC, "todo aquele que recebeu o que não lhe era devido fica obrigado a restituir; obrigação que incumbe àquele que recebe dívida condicional antes de cumprida a condição". O Código Civil de 2002, acertadamente, trata o pagamento indevido como fonte obrigacional, indo além do Código de 1916, que tratava o instituto como efeito das obrigações.

Utilizando os ensinamentos de Silvio Rodrigues, pode-se afirmar que o enriquecimento sem causa é gênero, do qual o pagamento indevido é espécie.[18] Havendo o pagamento indevido,

---

[18] RODRIGUES, Silvio. *Direito civil*. 29. ed. São Paulo: Saraiva, 2003. v. 3, p. 421.

CAP. 3 • TEORIA GERAL DAS OBRIGAÇÕES | **365**

agirá a pessoa com intuito de enriquecimento sem causa, visando ao locupletamento sem razão. Duas são as modalidades básicas de pagamento indevido:

- *Pagamento objetivamente indevido* – quando a dívida paga não existe ou não é justo o seu pagamento. Exemplo: a dívida foi paga a mais, com valor maior ao pactuado.

- *Pagamento subjetivamente indevido* – quando realizado à pessoa errada. Exemplo: pagou-se a quem não era o legítimo credor.

Desse modo, quem paga indevidamente pode pedir restituição àquele que recebeu, desde que prove que pagou por erro (art. 877 do CC). O último é obrigado a restituir, sendo cabível a ação de repetição do indébito, de anterior rito ordinário; atual procedimento comum (*actio in rem verso*). Entretanto, como exceção à regra da prova de erro, o Superior Tribunal de Justiça editou a Súmula 322, prevendo que, "para a repetição de indébito, nos contratos de abertura de crédito em conta-corrente, não se exige prova do erro". A súmula tem a sua razão de ser, diante da presunção de boa-fé objetiva do consumidor (art. 4.º, inc. III, do CDC) e do princípio do protecionismo, sendo o CDC norma de ordem pública e interesse social (art. 1.º do CDC). Assim sendo, o consumidor não tem contra ele o ônus de provar o suposto erro.

Enuncia o art. 878 do Código Civil que aos frutos, acessões, benfeitorias e deteriorações sobrevindas à coisa dada em pagamento indevido, aplica-se o disposto quanto ao possuidor de boa e má-fé (arts. 1.214 a 1.222 do CC). Exemplificando, se alguém recebe um imóvel alheio, de boa-fé, terá direito aos frutos colhidos na vigência da permanência do imóvel. Também terá direito de retenção e indenização quanto às benfeitorias necessárias e úteis. Já aquele que recebeu o imóvel, estando de má-fé, não terá direito a frutos. Quanto às benfeitorias, terá somente direito de indenização quanto às necessárias.

Relativamente ao imóvel recebido, aliás, o Código Civil traz regras específicas. De acordo com o art. 879 do CC, se aquele que indevidamente recebeu um imóvel o tiver alienado em boa-fé, por título oneroso, responde somente pela quantia recebida. Agindo de má-fé, a culpa passa a ser induzida, respondendo a pessoa pelo valor da coisa e por perdas e danos, nos moldes dos arts. 402 a 404 do CC.

Em complemento, se o imóvel for alienado a título gratuito, em qualquer caso, ou a título oneroso, agindo de má-fé o terceiro adquirente, caberá ao que pagou por erro o direito de reivindicação por meio de ação petitória (art. 879, parágrafo único, do CC).

Pelo art. 880 do CC, fica isento de restituir o pagamento indevido aquele que, recebendo-o como parte de dívida verdadeira, inutilizou o título, deixou prescrever a pretensão ou abriu mão das garantias que asseguravam seu direito. Mas aquele que pagou dispõe de ação regressiva contra o verdadeiro devedor e seu fiador, estando a dívida garantida.

Como novidade da codificação, expressa o art. 881 do CC que se o pagamento indevido tiver consistido no desempenho de obrigação de fazer ou para eximir-se da obrigação de não fazer, aquele que recebeu a prestação fica obrigado a indenizar o sujeito que a cumpriu, na medida do lucro obtido.

Ao contrário do que alguns possam pensar, no caso de pagamento indevido não cabe repetição em dobro do valor pago, pelo menos, em regra. Na realidade, por meio da *actio in rem verso* poderá o prejudicado, em regra, pleitear o valor pago atualizado, acrescido de juros, custas, honorários advocatícios e despesas processuais. Havendo má-fé da outra parte, essa induz a culpa, cabendo ainda reparação por perdas e danos.

Entretanto, a lei consagra algumas hipóteses em que cabe pleitear o valor em dobro. Inicialmente, o art. 940 da atual codificação traz a regra pela qual aquele que demandar por dívida já paga, no todo ou em parte, sem ressalvar as quantias recebidas ou pedir mais do que for devido, ficará obrigado a pagar ao devedor, no primeiro caso, o dobro do que houver cobrado e, no segundo, o equivalente do que dele exigir, salvo se houver prescrição.

Outra regra importante consta do art. 42, parágrafo único, do CDC (Lei 8.078/1990), pelo qual, na ação de repetição de indébito, poderá o consumidor pleitear o valor pago em dobro. Como exemplo, cite-se a costumeira cobrança abusiva de taxas por incorporadoras imobiliárias. Não havendo fundamento para tal cobrança, caberá a referida ação de repetição de indébito.

Por fim, o Código Civil de 2002 afasta a possibilidade de repetição de indébito havendo uma obrigação natural ou imoral em dois dispositivos. Vejamos:

- O art. 882 do CC dispõe que não se pode repetir o que se pagou para solver dívida prescrita ou cumprir obrigação judicialmente inexigível. Como se pode notar, a dívida existe, mas não pode ser exigida. Apesar disso, pode ser paga. Sendo paga, não caberá repetição de indébito.
- O art. 883 do CC determina que não é possível a repetição àquele que deu alguma coisa para obter fim ilícito, imoral ou proibido por lei. O exemplo comum é o da recompensa paga a um matador de aluguel. Completando a norma, o seu parágrafo único, determina que "no caso deste artigo, o que se deu reverterá em favor de estabelecimento local de beneficência, a critério do juiz". Como há uma conduta socialmente reprovável, o valor deve ser destinado para uma instituição de caridade.

## 3.4.4 Do enriquecimento sem causa

O Código Civil de 2002 veda expressamente o enriquecimento sem causa nos seus arts. 884 a 886. Essa inovação importante, e que não constava do Código Civil de 1916, está baseada no princípio da eticidade, visando ao equilíbrio patrimonial e à pacificação social.[19] Nesse sentido, determina o art. 884 do Código em vigor que "aquele que, sem justa causa, se enriquecer à custa de outrem, será obrigado a restituir o indevidamente auferido, feita a atualização dos valores monetários". Em complemento, prevê o parágrafo único do dispositivo que "se o enriquecimento tiver por objeto coisa determinada, quem a recebeu é obrigado a restituí-la, e, se a coisa não mais subsistir, a restituição se fará pelo valor do bem na época em que foi exigido".

De acordo com o Direito Civil Contemporâneo, concebido na pós-modernidade e a partir dos ditames sociais e éticos, não se admite qualquer conduta baseada na especulação, no *locupletamento sem razão*. Desse modo, o enriquecimento sem causa constitui fonte obrigacional, ao mesmo tempo que a sua vedação decorre dos princípios da função social das obrigações e da boa-fé objetiva. O atual Código Civil brasileiro valoriza aquele que trabalha, e não aquele que fica à espreita esperando um *golpe de mestre* para enriquecer-se à custa de outrem. O CC/2002 é inimigo do especulador, daquele que busca capitalizar-se mediante o trabalho alheio.

Várias são as ações que têm como objetivo evitar o locupletamento sem razão, sendo a principal a de repetição de indébito no caso de pagamento indevido, que é espécie de

---

[19] Cf. DINIZ, Maria Helena. *Código Civil anotado*. 15. ed. São Paulo: Saraiva, 2010. p. 602.

CAP. 3 • TEORIA GERAL DAS OBRIGAÇÕES | **367**

enriquecimento sem causa. Consigne-se que toda situação em que alguém recebe algo indevido visa ao enriquecimento sem causa. Mas, em algumas hipóteses, poderá haver conduta visando ao enriquecimento sem causa, sem que tenha havido pagamento indevido. Cite-se a título de exemplo, a invasão de um imóvel com finalidade de adquirir a sua propriedade.

São pressupostos da ação que visa afastar o enriquecimento sem causa, pela doutrina clássica:

> • o enriquecimento do *accipiens* (de quem recebe);
> • o empobrecimento do *solvens* (de quem paga);
> • a relação de causalidade entre o enriquecimento e o empobrecimento;
> • a inexistência de causa jurídica prevista por convenção das partes ou pela lei; e
> • a inexistência de ação específica.

Todavia, destaque-se que de acordo com o Enunciado n. 35, aprovado na *I Jornada de Direito Civil* do Conselho da Justiça Federal, "a expressão se enriquecer à custa de outrem do art. 884 do novo Código Civil não significa, necessariamente, que deverá haver empobrecimento".

A doutrina atual vem, portanto, afastando tal requisito, sendo exemplo de hipótese em que ele não está presente o que se denomina como *lucro da intervenção* ou *lucro ilícito*. Sobre a ideia e sua definição, na *VIII Jornada de Direito Civil*, realizada em 2018, a comissão de Direito das Obrigações, sob a nossa coordenação, aprovou o seguinte enunciado doutrinário, demonstrando a necessidade de se debater efetivamente o tema no Brasil: "a obrigação de restituir o lucro da intervenção, entendido como a vantagem patrimonial auferida a partir da exploração não autorizada de bem ou direito alheio, fundamenta-se na vedação do enriquecimento sem causa" (Enunciado n. 620 do Conselho da Justiça Federal).

Ainda no âmbito doutrinário, como leciona Anderson Schreiber, "figura que tem ganhado maior atenção por parte da doutrina nacional é a do lucro da intervenção. A expressão designa 'o lucro obtido por aquele que, sem autorização, interfere nos direitos ou bens jurídicos de outra pessoa e que decorre justamente desta intervenção'. (...). A jurisprudência, na ausência de uma solução legal específica para a questão dos lucros obtidos indevidamente a partir desta intervenção, tem se valido do instrumento da responsabilidade civil. A melhor doutrina, porém, tem denunciado a incompatibilidade estrutural e funcional da responsabilidade civil com a exclusão do lucro ilícito do patrimônio do ofensor. Não se trata, com efeito, de indenizar ou compensar os danos sofridos pela vítima, função reconhecida pelo nosso ordenamento à responsabilidade civil, mas sim de retirar da esfera jurídica do ofensor os lucros auferidos por meio de conduta lesiva a direitos (lucros esses que, por vezes, se revelam muito superiores ao eventual dano patrimonial sofrido pela vítima), função que pode ser adequadamente desempenhada pelo instituto do enriquecimento sem causa".[20]

Como ilustrações concretas, podem ser citados os casos em que a utilização de nome ou trabalho alheio não causa propriamente um prejuízo ao titular do direito, mas um lucro sem justa causa a outrem. Presentes tais hipóteses, será necessário procurar socorro às regras da vedação do enriquecimento sem causa, especialmente ao que consta do art. 884 do Código Civil, e não às categorias da responsabilidade civil.

---

[20] SCHREIBER, Anderson. *Manual de direito civil contemporâneo*. São Paulo: Saraiva, 2018. p. 391-392.

Cite-se, ainda, julgado do Superior Tribunal de Justiça, publicado no seu *Informativo* n. *628*, com destaque para o seguinte trecho:

"A doutrina vem estudando o problema da repetição de indébito decorrente de mútuo feneratício celebrado com instituição financeira sob a ótica do tema do 'lucro da intervenção', que é o 'lucro obtido por aquele que, sem autorização, interfere nos direitos ou bens jurídicos de outra pessoa e que decorre justamente desta intervenção'. Esse lucro também pode ser vislumbrado na hipótese da presente afetação, pois, como os bancos praticam taxas de juros bem mais altas do que a taxa legal, a instituição financeira acaba auferindo vantagem dessa diferença de taxas, mesmo restituindo o indébito à taxa legal. Nesse sentido, a instituição financeira teria que ser condenada não somente a reparar o dano causado ao mutuário, mas também a restituir o lucro que obteve com a cláusula abusiva. Por um lado, o lucro da intervenção é um *plus* em relação à indenização, no sentido de que esta encontra limite na extensão dos danos experimentados pela vítima (função indenitária do princípio da reparação integral), ao passo que o lucro da intervenção pode extrapolar esse limite. Por outro lado, o referido lucro é um *minus* em relação ao *punitive damage*, uma vez que este, tendo simultaneamente funções punitiva e preventiva, não está limitado ao lucro ou ao dano. Propõe-se, no presente repetitivo, uma tese menos abrangente, apenas para eliminar a possibilidade de se determinar a repetição com base nos mesmos encargos praticados pela instituição financeira, pois esses encargos não correspondem ao dano experimentado pela vítima, tampouco ao lucro auferido pelo ofensor" (STJ, REsp 1.552.434/GO, 2.ª Seção, Rel. Min. Paulo de Tarso Sanseverino, j. 13.06.2018, *DJe* 21.06.2018).

A tese fixada no julgamento foi de afastar a repetição do indébito em favor do correntista com os mesmos encargos do contrato colocados em favor do banco. Porém, deixou-se em aberto a possibilidade de reconhecer a indenização pelo lucro da intervenção em casos futuros julgados pelo Tribunal da Cidadania, o que é possível, no meu entender, especialmente no que diz respeito aos bancos.

Isso se deu efetivamente em outro julgado do Tribunal Superior do mesmo ano, mas em situação fática diferente, que reconheceu a indenização pelo lucro da intervenção em favor de famosa atriz que teve a sua imagem e o seu nome indevidamente utilizados por uma empresa de cosméticos. Nos termos da ementa do *decisum*, que cita expressamente o Enunciado n. 620 da *VIII Jornada de Direito Civil*:

"O dever de restituição do denominado lucro da intervenção encontra fundamento no instituto do enriquecimento sem causa, atualmente positivado no art. 884 do Código Civil. O dever de restituição daquilo que é auferido mediante indevida interferência nos direitos ou bens jurídicos de outra pessoa tem a função de preservar a livre disposição de direitos, nos quais estão inseridos os direitos da personalidade, e de inibir a prática de atos contrários ao ordenamento jurídico. A subsidiariedade da ação de enriquecimento sem causa não impede que se promova a cumulação de ações, cada qual disciplinada por um instituto específico do Direito Civil, sendo perfeitamente plausível a formulação de pedido de reparação dos danos mediante a aplicação das regras próprias da responsabilidade civil, limitado ao efetivo prejuízo suportado pela vítima, cumulado com o pleito de restituição do indevidamente auferido, sem justa causa, às custas do demandante" (STJ, REsp 1.698.701/RJ, 3.ª Turma, Rel. Min. Ricardo Villas Bôas Cueva, j. 02.10.2018, *DJe* 08.10.2018).

Sobre a fixação do *quantum* em favor da vítima, uma das grandes dificuldades a respeito da categoria do lucro da intervenção, o julgado remete a sua análise para a fase de liquidação de sentença, com a necessidade de observância dos seguintes critérios: *a)* apuração do *quantum debeatur* com base no lucro patrimonial do ofensor; *b)* delimitação do cálculo em relação ao período no qual se verificou a indevida intervenção no direito de imagem da autora; *c)* aferição do grau de contribuição de cada uma das partes para o evento danoso; e *d)* distribuição do lucro obtido com a intervenção proporcionalmente à contribuição de cada participante da relação jurídica (REsp 1.698.701/RJ). O acórdão é louvável pelo grau de profundidade e de fundamentação, como se exige atualmente do Poder Judiciário.

Anoto que no atual Projeto de Reforma e Atualização do Código Civil, o *lucro da intervenção* está tratado em duas propostas, uma na teoria geral das obrigações e outra no título dedicado à responsabilidade civil. Esse *duplo tratamento* se deu pelo fato de não haver consenso, na Comissão de Juristas, sobre o local adequado para essa inclusão legislativa.

A Subcomissão de Direito das Obrigações, formada pelos Professores José Fernando Simão e Edvaldo Brito, e com apoio da Relatoria-Geral, constituída por mim e pela Professora Rosa Nery, entendia que o *locus* correto seria o livro de Direito das Obrigações, como já é o entendimento doutrinário hoje considerado como majoritário. A Subcomissão de Responsabilidade Civil, constituída pelo Professor Nelson Rosenvald, pela Ministra Maria Isabel Gallotti e pela Juíza Patrícia Carrijo, por sua vez, defendia a sua inclusão na Responsabilidade Civil. Caberá, então, ao Congresso Nacional escolher um dos dois caminhos de inclusão legislativa do instituto.

No livro de Direito das Obrigações, a sugestão é de inclusão de um § 2.º no seu art. 884, prevendo, exatamente na linha do Enunciado n. 620 da *VIII Jornada de Direito Civil*, que "a obrigação de restituir o lucro da intervenção, assim entendida como a vantagem patrimonial auferida a partir da exploração não autorizada de bem ou de direito alheio, fundamenta-se na vedação do enriquecimento sem causa e rege-se pelas normas deste Capítulo". Há, assim, proposta de se incluir uma *cláusula geral* a respeito do tema na Lei Geral Privada, deixando o poder para o seu enquadramento ao julgador.

No tópico da Responsabilidade Civil, a proposição é para que o instituto seja tratado no art. 944, § 2.º, do Código Civil, a saber: "em alternativa à reparação de danos patrimoniais, a critério do lesado, a indenização compreenderá um montante razoável correspondente à violação de um direito ou, quando necessário, a remoção dos lucros ou vantagens auferidos pelo lesante em conexão com a prática do ilícito". Segundo o relatório da Subcomissão de Responsabilidade Civil, "existiriam ao menos quatro argumentos para que os remédios restituitórios do *lucro da intervenção* sejam tratados pela responsabilidade civil, como se dá no Direito Europeu".

De forma bem resumida, como primeiro argumento e nos termos desse relatório da Subcomissão, "a repressão à ilicitude lucrativa na esfera civil pela via remedial do resgate dos benefícios indevidos não é adequada ao terreno residual do enriquecimento injustificado. Ao contrário, amolda-se à responsabilidade civil, como uma das possíveis eficácias de um ato ilícito (reverso da compensação de danos!) que será ativada não apenas pela constatação de um qualquer comportamento antijurídico, porém aquela qualificada pelo resultado lucrativo, independente da aferição de um comportamento ultrajante do ofensor (requisito de um ilícito de eficácia punitiva)".

O segundo argumento é que "o enriquecimento injustificado é modelo obrigacional de enriquecimento independente da aferição da existência ou não de um ato ilícito do demandado, aplicável aos casos em que o demandante conscientemente e equivocadamente participa do enriquecimento, mediante uma transferência voluntária ao demandado. Em contrapartida, na responsabilidade civil a antijuridicidade do comportamento do demandado (sem qualquer participação do demandante) é um pressuposto fundamental para a ativação da remoção de benefícios indevidos".

Como terceiro argumento, "a doutrina da atribuição como fundamento para o lucro da intervenção por intromissão em direitos alheios apenas propicia fundamento dogmático à resposta da restituição do preço do uso inconsentido do bem (*reasonable fee*), enriquecimento objetivo a ser apreciado conforme o valor de mercado da faculdade dominial que foi indevidamente deslocada da esfera do demandante em benefício do infrator. Contudo, a teoria atributiva não é capaz de justificar a expropriação de ganhos ilícitos – *disgorgement*. Para sanar esta deficiência, a doutrina alemã concilia o enriquecimento injustificado por intromissão com o modelo legislativo da gestão imprópria de negócios, quando tudo se encaixaria de forma natural se conduzida a polêmica ao território da responsabilidade civil".

Por fim, o quarto argumento está relacionado ao fato de o princípio da reparação integral merecer ressignificação, uma vez que "requer-se uma funcionalização do conceito de indenização, no sentido de que possa atender da melhor forma a dimensão relacional que inspira o princípio da reparação integral. O objetivo de 'reconstituição' hipotética das partes ao estado anterior ao ilícito, demanda uma análise bilateral, que, para além do ofensor, compreenda a posição do agente".

Como se pode perceber, existem fundamentos respeitáveis nas duas correntes, cabendo ao Parlamento Brasileiro fazer a sua análise técnica e trilhar o melhor caminho. O que não se pode mais admitir é que o instituto do lucro da intervenção não esteja mais tratado na nossa Lei Brasileira, sendo urgente a sua inclusão na codificação privada.

Feitas tais considerações sobre o lucro da intervenção, categoria que deve ter a aplicação ampliada nos próximos anos, acrescente-se que, quando da *III Jornada de Direito Civil*, em 2004, foi aprovado o Enunciado n. 188, também aplicável ao tema, com a seguinte redação: "a existência de negócio jurídico válido e eficaz é, em regra, uma justa causa para o enriquecimento". Pelo enunciado doutrinário, presente um contrato válido e gerando efeitos que trazem o enriquecimento de alguém, em regra, não se pode falar em locupletamento sem razão. Isso desde que o contrato não viole os princípios da função social e da boa-fé objetiva e também não gere onerosidade excessiva, desproporção negocial.

Categoricamente, o enriquecimento sem causa não se confunde com o enriquecimento ilícito. Na primeira hipótese, falta uma causa jurídica para o enriquecimento. Na segunda, o enriquecimento está fundado em um ilícito. Assim, todo enriquecimento ilícito é sem causa, mas nem todo enriquecimento sem causa é ilícito. Um contrato desproporcional pode não ser um ilícito e gerar enriquecimento sem causa.

Voltando-se ao Projeto de Reforma do Código Civil, anoto que a Comissão de Juristas pretende incluir o enriquecimento ilícito como modalidade de enriquecimento sem causa, passando o § 1.º do seu art. 884 a prever, em substituição ao seu atual parágrafo único e complementando o atual texto do art. 885, que "também se justifica a pretensão restitutória quando a causa do enriquecimento deixar de existir, for ilícita ou não se verificar". A proposta é louvável, pois evitará a comum confusão entre os institutos, percebida não só na prática, mas também na teoria.

Determina o art. 885 do CC, em sua atual redação, que a restituição é cabível não só quando não existir causa para o pagamento, mas também quando esta deixar de existir. Como exemplo pode ser citada uma situação em que a lei revoga a possibilidade de cobrança de uma taxa. A partir do momento desta revogação, o valor não pode mais ser cobrado, pois, caso contrário, haverá conduta visando ao enriquecimento sem causa, tornando possível a restituição.

Como já pontuei, a Comissão de Juristas encarregada da Reforma do Código Civil pretende deslocar o atual texto do art. 885 para o § 1.º do art. 884, ampliando-se o seu teor, para incluir também o enriquecimento ilícito. Com essa modificação, o art. 885 passará a tratar, em boa hora, de como deve ser calculado o *quantum* ou valor a ser devolvido, ou como deve ser efetivada essa restituição, com base no enriquecimento sem causa.

Nesse contexto, nos termos do *caput* do art. 885 ora projetado, "o valor da restituição será atualizado, monetariamente, desde o enriquecimento e acrescido de juros de mora, desde a citação". Ademais, se o enriquecimento tiver por objeto coisa determinada, quem a recebeu é obrigado a restituí-la (§ 1.º). Porém, caso a coisa a ser restituída não mais exista, a restituição se fará pelo valor que tinha à época em que exigida sua devolução (§ 2.º). Se o enriquecido tiver agido de má-fé, o valor da restituição será considerado o maior entre o benefício por ele auferido e o valor de mercado do bem (§ 3.º). Por fim, o dispositivo enunciará que também é obrigado à restituição o terceiro que receber gratuitamente o bem objeto do enriquecimento ou, tendo agido de má-fé, recebe-o onerosamente (§ 4.º).

Sem dúvidas, aprovada a proposição, haverá segurança jurídica para o direito restituitório, o que hoje não se verifica na prática, infelizmente. Portanto, é mais do que necessária a sua aprovação pelo Congresso Nacional.

Como última regra a ser comentada, caso a lei forneça ao lesado outros meios para a satisfação (ressarcimento) do prejuízo, não caberá a restituição por enriquecimento, segundo o art. 886 do CC. O dispositivo realça o caráter subsidiário da ação de enriquecimento sem causa. Ilustrando, sendo possível a ação de reparação de danos, uma vez que alguém recebeu um imóvel indevidamente e que veio a se perder, será esse o caminho a ser seguido.

Anote-se que, doutrinariamente, foi aprovado o Enunciado n. 36, na *I Jornada de Direito Civil*, com o seguinte teor: "o art. 886 do novo CC não exclui o direito à restituição do que foi objeto de enriquecimento sem causa nos casos em que os meios alternativos conferidos ao lesado encontram obstáculos de fato". Em suma, eventualmente, a ação fundada no enriquecimento sem causa deve ser tida como primeira opção, o que demanda análise casuística. Fica em dúvida o caráter subsidiário da citada demanda.

## 3.5 PRINCIPAIS CLASSIFICAÇÕES DAS OBRIGAÇÕES. MODALIDADES PREVISTAS NO CÓDIGO CIVIL DE 2002

### 3.5.1 Classificação da obrigação quanto ao seu conteúdo ou prestação

De acordo com o conteúdo da prestação, a obrigação pode ser positiva ou negativa. Será positiva quando tiver como conteúdo uma ação (ou comissão) e negativa quando relacionada com uma abstenção (ou omissão). Filiam-se entre as primeiras a obrigação de dar e fazer. A obrigação de não fazer é a única negativa admitida em nosso ordenamento jurídico.

Quando o conteúdo obrigacional estiver relacionado com uma coisa, determinada ou determinável, a obrigação é de dar. Quando uma tarefa positiva ou uma abstenção estiver nela presente, haverá uma obrigação de fazer e de não fazer, respectivamente. Todas essas obrigações constam do esquema a seguir:

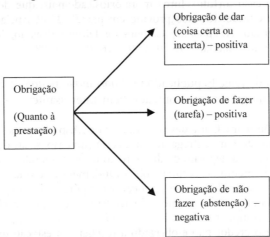

Vejamos, então, o seu estudo pontual.

## 3.5.1.1 *Obrigação positiva de dar*

A obrigação positiva de dar pode ser conceituada como aquela em que o sujeito passivo compromete-se a entregar alguma coisa, certa ou incerta. Nesse sentido, há na maioria das vezes uma intenção de transmissão da propriedade de uma coisa, móvel ou imóvel. Assim sendo, a obrigação de dar se faz presente, por exemplo, no contrato de compra e venda, em que o comprador tem a obrigação de pagar o preço e o vendedor de entregar a coisa.

A obrigação de dar, pelo que consta do atual Código Civil, é subclassificada em duas modalidades:

a) obrigação de dar coisa certa, também denominada *obrigação específica*;

b) obrigação de dar coisa incerta ou *obrigação genérica*.

Vejamos quais as regras e consequências jurídicas relacionadas com tais modalidades obrigacionais.

### a) Obrigação de dar coisa certa (arts. 233 a 242 do CC)

Está presente nas situações em que o devedor se obrigar a dar uma coisa individualizada, móvel ou imóvel, cujas características foram acertadas pelas partes, geralmente em um instrumento negocial. Na compra e venda, por exemplo, o devedor da coisa é o vendedor e o credor, o comprador. A determinação do objeto justifica a denominação *obrigação específica*.

Na obrigação de dar coisa certa, o credor não é obrigado a receber outra coisa, ainda que mais valiosa, conforme consta no art. 313 do CC em vigor, velha aplicação da máxima *nemo aliud pro alio invito creditore solvere potest*. Ilustrando a aplicação do dispositivo, cumpre transcrever julgado do Tribunal de São Paulo:

> "Rescisão contratual. Loteamento. Pleito fundado na inadimplência contratual da compromissária-vendedora. Superveniente desapropriação que inviabilizou a entrega do lote adquirido pelo autor. Cabimento da rescisão. Autor que não é obrigado a aceitar outro lote, ainda que mais valioso. Inteligência do artigo 313 do Código Civil. Necessária restituição integral e imediata das parcelas pagas. Retorno das partes ao *status quo ante*. Descabimento, todavia, da aplicação de multa cominatória diante da ocorrência de caso fortuito. Juros moratórios, ademais, que devem ser computados a partir da citação. Recurso provido em parte" (TJSP, Apelação com Revisão 415.544.4/8, Acórdão 4127884, 6.ª Câmara de Direito Privado, Mogi-Mirim, Rel. Des. Sebastião Carlos Garcia, j. 15.10.2009, *DJESP* 24.11.2009).

Na mesma linha, de julgado publicado no *Informativo* n. 465 do STJ extrai-se exemplo a respeito da entrega de grãos, com conteúdo bem interessante:

> "Consignatória. Dinheiro. Coisa devida. Trata-se de REsp em que se discute a possibilidade de, em contrato para entrega de coisa certa (no caso, sacas de soja), utilizar-se a via consignatória para depósito de dinheiro com força liberatória de pagamento. A Turma negou provimento ao recurso sob o fundamento de que somente a entrega do que faltou das sacas de soja seria eficaz na hipótese, visto que o depósito em numerário, estimado exclusivamente pelo recorrente do quanto ele entende como devido, não pode compelir o recorrido a recebê-lo em lugar da prestação pactuada. Vale ressaltar que o credor não é obrigado a receber a prestação diversa da que lhe é devida, ainda que mais valiosa. Dessarte, a consignação em pagamento só é cabível pelo depósito da coisa ou quantia devida. Assim, não é possível ao recorrente

pretender fazê-lo por objeto diverso daquele a que se obrigou" (STJ, REsp 1.194.264/PR, Rel. Min. Luis Felipe Salomão, j. 1.º.03.2011).

De acordo com o art. 233 do CC/2002, a obrigação de dar coisa certa abrange os acessórios, salvo se o contrário resultar do título ou das circunstâncias do caso. Pelo que consta em tal dispositivo, continua em vigor o princípio pelo qual o acessório segue o principal (*accessorium sequitur principale*) – *princípio da gravitação jurídica*. Como acessórios, devem ser incluídos os frutos, os produtos, as benfeitorias e as pertenças que tenham natureza essencial, essas últimas nos termos do art. 94 da codificação atual.

Pois bem, o que interessa substancialmente em relação às obrigações de dar coisa certa são as regras que apontam as consequências do inadimplemento, o que inclui a obrigação de restituir coisa certa. Assim, *oito* são as regras que merecem estudo a seguir:

*1.ª Regra* – Havendo obrigação de dar coisa certa e perdendo-se a coisa sem culpa do devedor, antes da tradição ou pendente condição suspensiva, resolve-se a obrigação para ambas as partes, sem o pagamento das perdas e danos (art. 234, primeira parte, do CC). A expressão *resolver* significa que as partes voltam à situação primitiva, anterior à celebração da obrigação. Exemplificando, convenciona-se a venda de um cavalo, com pagamento antecipado do preço. No dia anterior à entrega, o cavalo morre atingido por um raio. Nesse caso, o preço pago deverá ser devolvido, sem qualquer indenização suplementar.

*2.ª Regra* – Na obrigação de dar coisa certa, ocorrendo a perda da coisa com culpa do devedor, poderá o credor exigir o equivalente à coisa e mais perdas e danos (art. 234, segunda parte, do CC). Em suma, haverá resolução da obrigação com perdas e danos. A culpa, nesse e nos casos a seguir, é concebida em sentido amplo (*lato sensu*), englobando o dolo (intenção de descumprimento) e a culpa em sentido estrito ou *stricto sensu* (descumprimento por imprudência, negligência ou imperícia). No mesmo exemplo anterior, se o cavalo morrer por um golpe do devedor, que se encontrava em estado de embriaguez, além de devolver o preço recebido deverá indenizar o comprador por lucros cessantes e outros prejuízos suportados.

*3.ª Regra* – Na obrigação de dar coisa certa, se a coisa se deteriorar sem culpa do devedor, o credor terá duas opções: resolver a obrigação, sem o direito a perdas e danos, já que não houve culpa genérica da outra parte; ficar com a coisa, abatido do preço o valor correspondente ao perecimento parcial (art. 235 do CC). Se na ilustração anterior o cavalo ficar cego porque foi atingido no seu olho por um inseto, o comprador poderá ficar com o cavalo, abatido no preço o valor da desvalorização; ou exigir a devolução do preço integral, sem perdas e danos.

*4.ª Regra* – Nos termos do art. 236 do CC, na obrigação de dar coisa certa, havendo deterioração da coisa, com culpa do devedor, poderá o credor exigir o valor equivalente à coisa ou ficar com ela no estado em que se encontrar, nos dois casos com perdas e danos. Se no exemplo anterior o vendedor cegar o cavalo de forma intencional, o comprador poderá ficar com o animal deteriorado ou exigir o seu equivalente, nos dois casos com direito à indenização suplementar pelos prejuízos suportados.

*5.ª Regra* – Na obrigação de restituir coisa certa, ocorrendo a perda da coisa sem culpa do devedor e antes da tradição, aplica-se a máxima pela qual a coisa perece para o dono (*res perit domino*), suportando o credor o prejuízo, conforme determina o art. 238 do CC. Pelo mesmo dispositivo, o credor, proprietário da coisa que se perdeu, poderá pleitear os direitos que já existiam até o dia da referida perda. A regra é das mais importantes, devendo ser ilustrada. Como primeiro exemplo, imagine-se o caso de uma locação, em que há o dever de devolver o imóvel ao final do contrato. No caso de um incêndio causado por caso fortuito ou força maior e que destrói o apartamento, o locador (credor da coisa) não poderá pleitear um novo imóvel do locatário (devedor da coisa) que estava na posse do bem, ou o seu valor correspondente; mas terá direito aos aluguéis vencidos e não pagos até o evento danoso. Obviamente, não será possível pleitear os aluguéis do período compreendido entre o incêndio que destruiu o imóvel locado e a efetiva entrega das chaves pelo locatário, como decidiu corretamente o Superior Tribunal de Justiça, em acórdão do ano de 2019 (REsp 1.707.405/SP, 3.ª Turma, Rel. Min. Ricardo Villas Bôas Cueva, Rel. p/ Acórdão Min. Moura Ribeiro, j. 07.05.2019, *DJe* 10.06.2019). Outro exemplo pode ser visualizado diante da vigência de um comodato, cujo veículo é roubado à mão armada, estando na posse do comodatário (devedor da coisa). A coisa perece para o seu dono (comodante), não respondendo o comodatário sequer pelo valor do automóvel.

*6.ª Regra* – Determina o art. 239 do CC/2002 que, na obrigação de restituir, se a coisa se perder por culpa do devedor, responderá este pelo equivalente, mais perdas e danos. Assim, no caso por último descrito, caso o locatário seja responsável pelo incêndio que causou a perda total do apartamento, diga-se provado o seu dolo ou a sua culpa, o locador poderá pleitear o valor correspondente ao bem, sem prejuízo de perdas e danos.

*7.ª Regra* – Havendo deterioração sem culpa do devedor na obrigação de restituir, o credor somente pode exigir a coisa no estado em que se encontrar, sem direito a qualquer indenização (art. 240, primeira parte, do CC). Isso porque se a coisa perece para o dono totalmente, por igual perece parcialmente. Ilustrando, se na locação o imóvel for destruído parcialmente por uma enchente, o credor (locador) somente poderá pleitear a coisa, no estado em que se encontrar.

*8.ª Regra* – Por fim, na obrigação de restituir coisa certa, havendo deterioração da coisa com culpa do devedor, o credor passa a ter o direito de exigir o valor equivalente à coisa, mais as perdas e danos que o caso determinar (conforme o art. 240, segunda parte, que manda aplicar o art. 239 do CC). Na verdade, como o caso é de deterioração, o comando deveria mandar aplicar o art. 236, que traz regra equivalente. Diante desse equívoco do legislador, complementando a norma, prevê o Enunciado n. 15 do Conselho da Justiça Federal, aprovado na *I Jornada de Direito Civil, que* "as disposições do art. 236 do novo Código Civil também são aplicáveis à hipótese do art. 240, *in fine*". Em suma, se o credor quiser, poderá ficar com a coisa no estado em que se encontrar ou exigir o seu equivalente, mais perdas e danos, como consta do art. 236 do CC.

Além das regras relativas ao inadimplemento da obrigação específica, outras devem ser estudadas. De início, de acordo com o art. 237 do Código Civil em vigor, até a tradição pertence ao devedor a coisa, com os seus melhoramentos e acrescidos, pelos quais poderá exigir aumento no preço; se o credor não anuir, poderá o devedor resolver a obrigação. Tais melhoramentos são também denominados *cômodos obrigacionais.*[21]

Como melhoramentos devem ser incluídos os frutos, bens acessórios que são retirados do principal sem lhe diminuir a quantidade. Quanto a esses bens acessórios, há regra específica no parágrafo único do art. 237 do CC, segundo a qual os frutos percebidos – já colhidos – pertencem ao devedor, enquanto os pendentes (ainda não colhidos), ao credor.

Tendo em vista a vedação ao enriquecimento sem causa, o art. 241 do CC enuncia que se sobrevier melhoramento ou acréscimo à coisa, sem despesa ou trabalho do devedor,

---

[21] DINIZ, Maria Helena. *Código Civil anotado.* 15. ed. São Paulo: Saraiva, 2010. p. 257.

o credor as lucrará, ficando desobrigado ao pagamento de indenização. Como exposto, *a coisa perece para o dono* e, pelos mesmos fundamentos, lidos em sentido contrário, havendo melhoramentos, essas vantagens também serão acrescidas ao patrimônio do proprietário da coisa, no caso o credor da obrigação.

Entretanto, se para o melhoramento ou aumento, empregou o devedor trabalho ou dispêndio, o caso se regulará pelas normas do Código Privado atinentes às benfeitorias realizadas pelo possuidor de boa ou de má-fé (art. 242 do CC). Também essa regra está sincronizada com a vedação do enriquecimento sem causa e com a eticidade, prevendo a atual codificação que o devedor deverá ser indenizado pelas benfeitorias úteis e necessárias, conforme dispõem os arts. 1.219 a 1.222 da atual legislação privada.

O parágrafo único do art. 242 consagra regras em relação aos frutos. No que se refere aos frutos percebidos – aqueles que já foram colhidos pelo proprietário –, no caso de terem sido colhidos pelo devedor, deverão ser observadas as regras que constam dos arts. 1.214 a 1.216 do mesmo Código Civil. Desse modo, sendo o devedor possuidor de boa-fé – regra geral, pela presunção do justo título –, terá direito aos frutos referidos no dispositivo em análise. Porém, se o possuidor tiver agido de má-fé, não haverá qualquer direito, além de responder por todos os frutos colhidos e percebidos, bem como por aqueles que, por culpa sua, deixou de perceber (art. 1.216 do CC).

Anoto que no Projeto de Reforma e Atualização do Código Civil há proposta de se incluir o art. 242-A na Norma Geral Privada, prevendo que "aquele que se obriga pessoalmente a dar coisa certa, sabendo não ser titular ao tempo do negócio, fica obrigado a adquirir a coisa para transferi-la". A proposta foi formulada pela Professora Rosa Nery, Relatora-Geral na Comissão de Juristas, tendo conteúdo ético indiscutível e visando a afastar a caracterização da alienação *a non domino*, por quem não é o seu dono, o que vem em boa hora.

Ainda o que tange às obrigações de dar coisa certa, insta apontar que a Lei 10.444/2002 trouxe inovações ao então Código de Processo Civil de 1973, entre as quais a possibilidade de o credor pleitear a fixação de um preceito cominatório, via tutela específica, para fazer cumprir a obrigação de dar (multa ou *astreintes*). O Código de Processo Civil de 2015 reafirmou essa medida de tutela específica nas obrigações de dar coisa certa, prevendo o seu art. 498, *caput*, que, "na ação que tenha por objeto a entrega de coisa, o juiz, ao conceder a tutela específica, fixará o prazo para o cumprimento da obrigação". Em todos os casos apresentados, portanto, isso é possível, antes da conversão da obrigação de dar em perdas e danos.

Ilustrando, *A* prometeu a entrega de um cavalo a *B*, tendo o último pago o preço. Negando-se o primeiro a entregar a coisa, caberá ação de execução de obrigação de dar, sendo possível a *B* requerer ao magistrado a fixação de uma multa diária (*astreintes*) a cada dia que a coisa não for entregue, sem prejuízo dos danos decorrentes do atraso da entrega do animal.

Em complemento, determinava o § 2.º do art. 461-A do CPC/1973 que "não cumprida a obrigação no prazo estabelecido, expedir-se-á em favor do credor mandado de busca e apreensão ou de imissão na posse, conforme se tratar de coisa móvel ou imóvel". Essa previsão não consta do atual art. 498 do CPC/2015, restando a dúvida se as citadas medidas ainda são possíveis, o que deve ser respondido pela doutrina especializada e pela jurisprudência nos próximos anos. A resposta parece-me positiva, pois tais medidas são inerentes à obrigação de dar coisa certa.

Em caso de ter sido proferida a sentença, não restam dúvidas de suas viabilidades, pois o art. 538 do *Codex* de 2015 preconiza que, não cumprida a obrigação de entregar coisa no prazo estabelecido na sentença, será expedido mandado de busca e apreensão ou de imissão na posse em favor do credor, conforme se tratar de coisa móvel ou imóvel.

O mesmo vale para a hipótese de execução para entrega de coisa certa, pois o art. 806 do CPC/2015 estabelece que o devedor de obrigação de entrega de coisa certa, constante de título executivo extrajudicial, será citado para, em 15 (quinze) dias, satisfazer a obrigação. Em complemento, estatui-se que, ao despachar a inicial, o juiz poderá fixar multa por dia de atraso no cumprimento da obrigação, ficando o respectivo valor sujeito a alteração, caso se revele insuficiente ou excessivo (§ 1.º). Por fim, quanto a essa ação, está previsto no CPC/2015 que do mandado de citação constará ordem para imissão na posse ou busca e apreensão, conforme se tratar de bem imóvel ou móvel, cujo cumprimento se dará de imediato, se o executado não satisfizer a obrigação no prazo que lhe foi designado (§ 2.º).

Como última nota, vale lembrar que o art. 461, § 1.º, do CPC/1973 já previa que "a obrigação somente se converterá em perdas e danos se o autor o requerer ou se impossível a tutela específica ou a obtenção do resultado prático correspondente". Essa previsão foi repetida pelo art. 499 do CPC/2015, apenas com ajustes redacionais: "a obrigação somente será convertida em perdas e danos se o autor o requerer ou se impossível a tutela específica ou a obtenção de tutela pelo resultado prático equivalente". A jurisprudência superior, de forma correta, tem entendido que é possível juridicamente a conversão da obrigação de fazer em perdas e danos, independentemente do pedido do titular do direito subjetivo, em qualquer fase processual, quando verificada a impossibilidade de cumprimento da tutela específica.

Nos termos de um dos arestos que concluiu dessa forma, julgou a Primeira Turma do Superior Tribunal de Justiça que, "conforme o disposto nos arts. 461, § 1º do CPC/1973 e 499 do CPC/2015, as prestações de fazer e não fazer devem, prioritariamente, ser objeto de tutela específica, somente podendo ser convertidas em prestação pecuniária em duas hipóteses: a pedido expresso do credor; ou quando não for possível a obtenção da tutela específica ou do resultado prático equivalente ao adimplemento voluntário. Na linha de pacífica jurisprudência deste Superior Tribunal de Justiça, é possível a conversão da obrigação de fazer em perdas e danos, independentemente do pedido do titular do direito subjetivo, em qualquer fase processual, quando verificada a impossibilidade de cumprimento da tutela específica. Precedentes. Caso a mora do devedor torne inviável a concessão da tutela específica pleiteada na inicial, pode a obrigação ser convertida em reparação por perdas e danos, não configurando, automaticamente, carência superveniente do interesse processual" (REsp 2.121.365/MG, 1.ª Turma, Rel. Min. Regina Helena Costa, j. 03.09.2024, *DJe* 09.09.2024). Como não poderia ser diferente, esse entendimento tem o meu total apoio doutrinário.

A encerrar o estudo do tema, colaciona-se quadro elaborado pelo leitor Daniel de Carvalho, servidor público do Tribunal de Justiça de São Paulo, que resume muito bem as exposições que foram feitas a respeito da obrigação de dar coisa certa, contribuindo sobremaneira para o aperfeiçoamento desta obra:

| Obrigação | Fato com bem | Sem culpa | Com culpa |
|---|---|---|---|
| Dar | Perda | Resolve-se a obrigação para ambas as partes | Pode o credor: Exigir o valor equivalente + Perdas e danos |

| Obrigação | Fato com bem | Sem culpa | Com culpa |
|---|---|---|---|
| Dar | Deterioração | Pode o credor: Resolver a obrigação ou Aceitar a coisa com abatimento do preço | Pode o credor: Exigir o equivalente ou Aceitar a coisa com abatimento do preço + Perdas e danos (nos dois casos) |
| Restituir | Perda | Resolve-se a obrigação para ambas as partes | Pode o credor: Exigir o valor equivalente + Perdas e danos |
| Restituir | Deterioração | O credor recebe a coisa no estado em que se encontra | Pode o credor: Exigir o equivalente ou Aceitar a coisa com abatimento do preço + Perdas e danos (nos dois casos) |

*b) Obrigação de dar coisa incerta (arts. 243 a 246 do CC)*

Denominada *obrigação genérica*, a expressão obrigação de dar coisa incerta indica que a obrigação tem por objeto uma coisa indeterminada, pelo menos inicialmente, sendo ela somente indicada pelo gênero e pela quantidade, restando uma indicação posterior quanto à sua qualidade que, em regra, cabe ao devedor. Na verdade, o objeto obrigacional deve ser reputado determinável, nos moldes do art. 104, inc. II, do CC.

A título de exemplo, pode ser citada a hipótese em que duas partes obrigacionais pactuam a entrega de um animal que faz parte do rebanho do vendedor (devedor da coisa). Nesse caso, haverá a necessidade de determinação futura do objeto, por meio de uma escolha.

Assim, coisa incerta não quer dizer qualquer coisa, mas coisa indeterminada, porém suscetível de determinação futura. A determinação se faz pela escolha, denominada *concentração*, que constitui um ato jurídico unilateral. Assim, enuncia o art. 243 do atual Código Civil que a coisa incerta será indicada, ao menos, pelo gênero e pela quantidade.

O art. 244 do mesmo diploma civil expressa que nas coisas determinadas pelo gênero e pela quantidade a escolha ou concentração cabe ao devedor, se o contrário não resultar do título da obrigação. De qualquer forma, cabendo-lhe a escolha o devedor não poderá dar a pior. Ademais, não será obrigado a prestar a melhor.

A segunda parte do dispositivo legal apresenta o *princípio da equivalência das prestações*, pelo qual a escolha do devedor não pode recair sobre a coisa que seja menos valiosa.

**378** | MANUAL DE DIREITO CIVIL • VOLUME ÚNICO – *Flávio Tartuce*

Em complemento, o devedor não pode ser compelido a entregar a coisa mais valiosa, devendo o objeto obrigacional recair sempre dentro do gênero intermediário. Aplicando-se a proporcionalidade ao art. 244 do CC, se a escolha couber ao credor, este não poderá fazer a opção pela coisa mais valiosa nem ser compelido a receber a coisa menos valiosa. Mais uma vez aplica-se o *princípio da equivalência das prestações*, fixando-se o conteúdo da obrigação no gênero médio ou intermediário.

Em todo o conteúdo do art. 244 do CC, valoriza-se a vedação do enriquecimento sem causa (arts. 884 a 886 do CC), sintonizada com a função social obrigacional e com a boa-fé objetiva. Entendo que se trata de norma de ordem pública, que não pode ser afastada por vontade dos contratantes ou negociantes.

Após a escolha feita pelo devedor, e tendo sido cientificado o credor, a obrigação genérica é convertida em obrigação específica (art. 245 do CC). Com essa conversão, aplicam-se as regras previstas para a obrigação de dar coisa certa (arts. 233 a 242 do CC), outrora estudadas. Antes dessa concentração, não há que se falar em inadimplemento da obrigação genérica, em regra.

O art. 246 do CC continua consagrando a regra de direito pela qual *o gênero nunca perece* (*genus nunquam perit*), ao prever que antes da escolha não poderá o devedor alegar perda ou deterioração da coisa, ainda que em decorrência de caso fortuito (evento imprevisível) ou força maior (evento previsível, mas inevitável). Isso porque ainda não há individualização da coisa, devendo o art. 246 ser lido em sintonia com a primeira parte do artigo antecedente.

Pontue-se que, como consequência natural dessa máxima, não cabem medidas de tutela específica para cumprimento das obrigações genéricas ou de dar coisa incerta, antes de a escolha ser efetivada. Isso constava do art. 461-A, § 1.º, do CPC/1973, tendo sido reafirmado pelo art. 498, parágrafo único, do CPC/2015, *in verbis*: "tratando-se de entrega de coisa determinada pelo gênero e pela quantidade, o autor individualizá-la-á na petição inicial, se lhe couber a escolha, ou, se a escolha couber ao réu, este a entregará individualizada, no prazo fixado pelo juiz".

### 3.5.1.2 *Obrigação positiva de fazer*

A obrigação de fazer (*obligatio ad faciendum*) pode ser conceituada como uma obrigação positiva cuja prestação consiste no cumprimento de uma tarefa ou atribuição por parte do devedor. Exemplos típicos ocorrem na prestação de serviço e no contrato de empreitada de certa obra.

Em inúmeras situações a obrigação de fazer confunde-se com a obrigação de dar, sendo certo que os seus conteúdos são completamente diferentes. Exemplifica-se com uma obrigação cuja prestação é um quadro (obra de arte). Se o quadro já estiver pronto, haverá obrigação de dar. Caso o quadro seja encomendado, devendo ainda ser pintado pelo devedor, a obrigação é de fazer. Com tom didático, pode-se afirmar: o dar não é um fazer, pois, caso contrário, não haveria nunca a obrigação de dar.

A obrigação de fazer pode ser classificada da seguinte forma, já constando os efeitos do seu inadimplemento com culpa do devedor:

> a) *Obrigação de fazer fungível*, que é aquela que ainda pode ser cumprida por outra pessoa, à custa do devedor originário, por sua natureza ou previsão no instrumento. Havendo inadimplemento com culpa do devedor, o credor poderá exigir:

CAP. 3 • TEORIA GERAL DAS OBRIGAÇÕES | **379**

1.º) O cumprimento forçado da obrigação, por meio de tutela específica, com a possibilidade de fixação de multa ou astreintes (art. 497 do CPC/2015, art. 461 do CPC/1973 e art. 84 do CDC, o último havendo relação de consumo).

2.º) O cumprimento da obrigação por terceiro, à custa do devedor originário, nos termos do que dispõem os arts. 816 e 817 do CPC/2015, equivalentes aos arts. 633 e 634 do CPC/1973 (art. 249, *caput*, do CC). Na I *Jornada de Direito Processual Civil*, evento promovido pelo Conselho da Justiça Federal em agosto de 2017, aprovou-se enunciado que traz interessante diálogo entre o Código Civil e o CPC/2015. Conforme o seu teor, pode o exequente – em execução de obrigação de fazer fungível, decorrente do inadimplemento relativo, voluntário e inescusável do executado – requerer a satisfação da obrigação por terceiro, cumulável ou não com perdas e danos, considerando-se que o *caput* do art. 816, *caput*, do CPC/2015 não derrogou o art. 249, *caput*, do Código Civil de 2002 (Enunciado n. 103). Vale lembrar que o mencionado dispositivo processual estabelece que, se o executado não satisfizer a obrigação no prazo designado, é lícito ao exequente, nos próprios autos do processo, requerer a satisfação da obrigação à custa do executado ou perdas e danos, hipótese em que se converterá em indenização. De fato, não se pode falar em revogação, mas da necessária compatibilização entre os dois comandos, sendo plenamente possível, antes da resolução por perdas e danos, exigir o cumprimento por terceiro, eventualmente cumulável com a indenização cabível.

3.º) Não interessando mais a obrigação de fazer, o credor poderá requerer a sua conversão em perdas e danos (art. 248 do CC).

*Observação* – As medidas acima existem no plano judicial. No plano extrajudicial, o art. 249, parágrafo único, do CC, passou a possibilitar a *autotutela civil*, para cumprimento das obrigações de fazer fungível, nos seguintes termos: "Em caso de urgência, pode o credor, independentemente de autorização judicial, executar ou mandar executar o fato, sendo depois ressarcido". Para ilustrar, imagine-se o caso de contratação de uma empreitada. Sendo pago o preço antecipadamente e negando-se o empreiteiro a desempenhar sua tarefa, o tomador que tem urgência poderá contratar o serviço de outrem, pleiteando depois a indenização cabível do empreiteiro original.

b) *Obrigação de fazer infungível*, que é aquela que tem natureza personalíssima ou *intuitu personae*, em decorrência de regra constante do instrumento obrigacional ou pela própria natureza da prestação. Em casos de inadimplemento com culpa do devedor, o credor terá as seguintes opções:

1.º) Exigir o cumprimento forçado da obrigação, por meio de tutela específica, com a possibilidade de multa ou astreintes (mais uma vez com base no art. 497 do CPC/2015, no art. 461 do CPC/1973 e no art. 84 do CDC, o último se a relação for de consumo).

2.º) Não interessando mais a obrigação de fazer, exigir perdas e danos (art. 247 do CC).

Por derradeiro, segundo o art. 248 do CC/2002, caso a obrigação de fazer, nas duas modalidades, torne-se impossível sem culpa do devedor, resolve-se a obrigação sem a necessidade de pagamento de perdas e danos. A título de exemplo, imagine-se a hipótese de falecimento de um pintor contratado, que tinha arte única.

### 3.5.1.3 *Obrigação negativa de não fazer*

A obrigação de não fazer (*obligatio ad non faciendum*) é a única obrigação negativa admitida no Direito Privado Brasileiro, tendo como objeto a abstenção de uma conduta.

**380** | MANUAL DE DIREITO CIVIL • VOLUME ÚNICO – *Flávio Tartuce*

Por tal razão, havendo inadimplemento, a regra do art. 390 da codificação material merece aplicação, *in verbis*, "nas obrigações negativas o devedor é havido por inadimplente desde o dia em que executou o ato de que se devia abster". O que se percebe é que o descumprimento da obrigação negativa se dá quando o ato é praticado.

A obrigação de não fazer é quase sempre infungível, personalíssima (*intuitu personae*), sendo também predominantemente indivisível pela sua natureza, nos termos do art. 258 do Código Civil. Como exemplo, cite-se o contrato de confidencialidade, pelo qual alguém não pode revelar informações, geralmente empresariais ou industriais, de determinada pessoa ou empresa.

Em havendo inadimplemento com culpa do devedor, o credor poderá exigir:

> 1.º) O cumprimento forçado da obrigação assumida, ou seja, a abstenção do ato, por meio de tutela específica, com a possibilidade de fixação de multa ou astreintes (art. 497 do CPC/2015, art. 461 do CPC/1973 e art. 84 do CDC).
>
> 2.º) Não interessando mais a obrigação de não fazer, o credor poderá exigir perdas e danos (art. 251, *caput*, do CC).
>
> Observação – Como outra novidade diante do seu antecessor, o art. 251, parágrafo único, do CC/2002, introduziu a autotutela civil para cumprimento das obrigações de não fazer, nos seguintes termos: "Em caso de urgência, poderá o credor desfazer ou mandar desfazer, independentemente de autorização judicial, sem prejuízo do ressarcimento devido".

Por fim, nos termos do art. 250 do CC, se o adimplemento da obrigação de não fazer tornar-se impossível sem culpa do devedor, será resolvida. Ilustre-se com a hipótese de falecimento daquele que tinha a obrigação de confidencialidade.

### 3.5.2 Classificação da obrigação quanto à complexidade do seu objeto

A presente classificação leva em conta a complexidade da prestação ou o objeto obrigacional, ou seja, se ele é único ou não. Vejamos então quais são as modalidades obrigacionais que surgem no presente ponto da matéria.

#### 3.5.2.1 *Obrigação simples*

Aquela que se apresenta com somente uma prestação, não havendo complexidade objetiva. Como exemplo, cite-se a hipótese de um contrato de compra e venda de um bem determinado.

#### 3.5.2.2 *Obrigação composta*

Há uma pluralidade de objetos ou prestações, cabendo a seguinte subclassificação:

*a) Obrigação composta objetiva cumulativa ou conjuntiva*

Na obrigação composta objetiva cumulativa ou conjuntiva (ou tão somente *obrigação cumulativa*), o sujeito passivo deve cumprir todas as prestações previstas, sob pena de inadimplemento total ou parcial. Desse modo, a inexecução de somente uma das prestações já caracteriza o descumprimento obrigacional. Geralmente, essa forma de obrigação é identificada pela conjunção *e*, de natureza aditiva.

A obrigação composta cumulativa ou conjuntiva não está tratada pelo Código Civil, sendo comum o seu estudo pela doutrina e jurisprudência. Exemplificando, em um contrato de locação

CAP. 3 • TEORIA GERAL DAS OBRIGAÇÕES | **381**

de imóvel urbano, tanto o locador como o locatário assumem obrigação cumulativa. Isso pode ser evidenciado porque os arts. 22 e 23 da Lei 8.245/1991 trazem, respectivamente, vários deveres obrigacionais, prestações de natureza diversa, para o locador e para o locatário.

Pela estrutura obrigacional desse contrato, o locador é obrigado a entregar o imóvel, a garantir o seu uso pacífico e a responder pelos vícios da coisa locada, dentre outros deveres. O locatário é obrigado a pagar o aluguel e os encargos, a usar o imóvel conforme convencionado e a não modificar a forma externa deste. Pode-se perceber uma série de prestações de naturezas diversas (dar, fazer e não fazer), de forma cumulada. O descumprimento de um desses deveres pode gerar o inadimplemento obrigacional.

### b) Obrigação composta objetiva alternativa ou disjuntiva

O Código Civil Brasileiro de 2002 traz um tratamento em relação à obrigação composta objetiva alternativa ou disjuntiva (ou tão somente *obrigação alternativa*) entre os seus arts. 252 a 256. Trata-se da obrigação que se apresenta com mais de uma prestação, sendo certo que apenas uma delas deve ser cumprida pelo devedor. Normalmente, a obrigação alternativa é identificada pela conjunção *ou*, que tem natureza disjuntiva, justificando a outra nomenclatura dada pela doutrina.

Na minha opinião doutrinária, o exemplo típico em que está presente a obrigação alternativa envolve o contrato estimatório, também conhecido como contrato de venda em consignação, negócio que recebeu tipificação pelo atual Código Civil. Conforme o art. 534 do CC, no contrato estimatório o consignante transfere ao consignatário bens móveis para que o último os venda, pagando o preço de estima, ou devolva tais bens findo o prazo assinalado no instrumento obrigacional.

Voltando especificamente à obrigação alternativa, havendo duas prestações, o devedor se desonera totalmente satisfazendo apenas uma delas. Como ocorre na obrigação de dar coisa incerta, o objeto da obrigação alternativa é determinável, cabendo uma escolha, do mesmo modo denominada *concentração,* que no silêncio cabe ao devedor (art. 252, *caput,* do CC).

Entretanto, a obrigação alternativa não se confunde com a obrigação de dar coisa incerta. De início, porque a primeira é uma obrigação composta (com duas ou mais prestações), enquanto a segunda é uma obrigação simples, com apenas uma prestação e objeto determinável. Na obrigação alternativa, muitas vezes, há prestações de naturezas diversas, de dar, fazer e não fazer, devendo ser feita uma opção entre essas. Isso não ocorre na obrigação de dar coisa incerta em que o conteúdo é uma coisa determinável, como visto. Na dúvida, a resposta deve ser dada pelo instrumento obrigacional, cabendo análise caso a caso.

Enuncia o § 1.º do art. 252 do CC que não pode o devedor obrigar o credor a receber parte em uma prestação e parte em outra. A previsão está em total sintonia com as regras dos arts. 313 e 314 da codificação material em vigor, pois o devedor não poderá, cabendo-lhe a escolha, obrigar o credor a receber parte de uma prestação e parte de outra, ou seja, receber as prestações de forma fragmentada. A conclusão é que prevalece, em regra, a identidade física e material das prestações na obrigação alternativa.

No caso de obrigação de prestações periódicas, também denominada obrigação de execução continuada ou trato sucessivo, a opção poderá ser exercida em cada período, o que mantém o contrato sob forma não instantânea (art. 252, § 2.º, do CC). Tal regra poderá ser aplicada em favor tanto do devedor quanto do credor, desde que não gere enriquecimento sem causa de um sujeito sobre o outro.

De acordo com o § 3.º do art. 252 do CC/2002, no caso de pluralidade de optantes e não havendo acordo unânime entre eles, decidirá o juiz, findo o prazo por este determinado para a deliberação em eventual ação. Nota-se que o Código Civil de 2002 preconiza

**382** | MANUAL DE DIREITO CIVIL • VOLUME ÚNICO – *Flávio Tartuce*

que, não havendo acordo quanto à concentração na obrigação alternativa, em relação às partes ou a terceiros, a escolha caberá ao juiz a quem a questão foi levada. Esse comando legal revela o princípio da operabilidade, no sentido de efetividade, pelo qual o aplicador do Direito é chamado a se pronunciar em casos especificados pela própria lei, ou para preencher espaços vazios ou cláusulas gerais nela previstos. De qualquer forma, é interessante frisar que essa tendência de intervenção judicial não é mais a atual, pois vivificamos a tendência de *desjudicialização dos conflitos.*

Na hipótese de haver previsão no instrumento obrigacional no sentido de que a concentração cabe a terceiro, caso este não queira ou não possa exercer o ato, caberá o controle da escolha mais uma vez ao juiz da causa convocado a pronunciar-se sobre o caso concreto (art. 252, § 4.º, do CC). O dispositivo em questão, a exemplo do anterior comentado, tende a afastar qualquer possibilidade de enriquecimento sem causa, buscando o equilíbrio ou a equivalência das prestações (manutenção do *sinalagma*), trazendo a intervenção do juiz na obrigação, tendências da nova norma privada.

De acordo com o art. 253 do CC, se uma das duas prestações não puder ser objeto de obrigação ou se uma delas se tornar inexequível, subsistirá o débito quanto à outra. Esse dispositivo consagra a redução do objeto obrigacional, ou seja, a conversão da obrigação composta objetiva alternativa em obrigação simples. Dessa forma, se uma das prestações não puder ser cumprida, a obrigação se concentra na restante.

Pelo art. 254 do atual Código Civil, tornando-se totalmente impossível a obrigação alternativa (se nenhuma das prestações puder ser cumprida) por culpa genérica do devedor, e não cabendo a escolha ao credor, deverá o primeiro arcar com a última prestação pela qual se obrigou, sem prejuízo das perdas e danos. Na verdade, o comando legal determina que o valor a ser levado em conta é o da prestação sobre a qual recaiu a concentração, havendo a determinação do objeto por tal ato. Na hipótese de redução do objeto obrigacional, nos termos do art. 253 do CC, o valor deverá estar relacionado com o da prestação restante, ou do que "por último se impossibilitou", mais uma vez sem prejuízo da indenização cabível no caso concreto. A fórmula a seguir explica o dispositivo legal:

> Culpa do devedor + Impossibilidade de todas as prestações + Escolha não cabe ao credor = Valor da prestação que por último se impossibilitou + Perdas e danos.

Por outro lado, caso a escolha caiba ao credor, tornando-se impossível somente uma das prestações por culpa em sentido amplo do devedor, o primeiro terá duas opções (art. 255 do CC): exigir a prestação restante ou subsistente mais perdas e danos; ou exigir o valor da prestação que se perdeu, sem prejuízo da reparação material e moral (perdas e danos). Vejamos a fórmula:

> Culpa do devedor + Impossibilidade de uma das prestações + Escolha cabe ao credor = Prestação subsistente *ou* o valor da prestação que se perdeu + Perdas e danos.

Também nessa situação (culpa do devedor), cabendo a escolha ao credor e tornando-se impossível o cumprimento de ambas as prestações, o último poderá exigir o valor de qualquer uma das duas prestações, sem prejuízo da reparação por prejuízos materiais e morais. Pelo dispositivo em questão, percebe-se a natureza jurídica da obrigação alternativa, uma vez que somente uma das prestações pode ser exigida, em todos os casos. Esquematizando:

CAP. 3 • TEORIA GERAL DAS OBRIGAÇÕES **383**

> Culpa do devedor + Impossibilidade de todas as prestações + Escolha cabe ao credor = Valor de qualquer uma das prestações + Perdas e danos.

Por fim, dispõe o art. 256 do atual Código Civil que, se todas as prestações se tornarem impossíveis sem culpa do devedor, extinguir-se-á a obrigação.

> **Observação** – Deve-se tomar o devido cuidado categórico, pois as duas formas de obrigações compostas analisadas (alternativa e conjuntiva) não se confundem com a *obrigação facultativa*, que possui somente uma prestação, acompanhada por uma faculdade a ser cumprida pelo devedor de acordo com a sua opção ou conveniência. Como o credor não pode exigir essa faculdade, não havendo dever quanto a esta, a obrigação facultativa constitui uma forma de obrigação simples.[22] As respostas de enquadramento devem ser dadas caso a caso, principalmente com a análise do instrumento obrigacional. A obrigação facultativa não está prevista no Código Civil. De qualquer modo, é normalmente tratada pela doutrina e pela jurisprudência. Trazendo exemplo interessante com citação doutrinária, transcreve-se, do Tribunal de Minas Gerais: "Contrato de arrendamento rural. Forma de pagamento. Percentual sobre o valor do produto colhido. Descaracterização para parceria rural. Inocorrência. 'No arrendamento, a remuneração do contrato é sempre estabelecida em dinheiro, equivalente ao aluguel da locação em geral. O fato de o aluguel ser fixado em dinheiro, contudo, não impede que o cumprimento da obrigação seja substituído por quantidade de frutos cujo preço corrente no mercado local, nunca inferior ao preço mínimo oficial, equivalha ao aluguel, à época da liquidação' (Artigo 18, do Regulamento). 'Trata-se de obrigação facultativa, pois o devedor pode optar por substituir seu objeto quando do pagamento'. (Sílvio de Sávio Venosa. *Direito Civil*. 3. ed. São Paulo: Atlas, 2003. p. 360). Apelação não provida" (TJMG, Acórdão 1.0118.05.003165-7/001, 10.ª Câmara Cível, Canápolis, Rel. Des. Pereira da Silva, j. 26.06.2007, *DJMG* 13.07.2007).

### 3.5.3 Classificação das obrigações quanto ao número de pessoas envolvidas. Estudo das obrigações solidárias

#### 3.5.3.1 *Conceitos básicos e regras gerais (arts. 264 a 266 do CC)*

Assim como ocorre em relação à prestação, as obrigações podem ser complexas no que concerne às partes envolvidas (obrigações complexas subjetivas). Desse modo, havendo mais de um credor, haverá uma *obrigação complexa subjetiva ativa*. Se estiverem presentes dois ou mais devedores, nessa situação é de *obrigação complexa subjetiva passiva*. Em ambas as hipóteses, ganha relevo o estudo das obrigações solidárias, importantíssimas para a prática obrigacional.

Ao tratar da matéria, o CC/2002 traz regras gerais (arts. 264 a 266), preceitos relativos à solidariedade ativa (arts. 267 a 274) e normas que regulamentam a solidariedade passiva (arts. 275 a 285).

Iniciando-se pelas regras gerais, prevê o art. 264 do CC que há solidariedade, quando na mesma obrigação concorrer mais de um credor, ou mais de um devedor, cada um com direito ou obrigado à dívida toda. Dessa forma, na *obrigação solidária ativa*, qualquer um dos credores pode exigir a obrigação por inteiro. Na *obrigação solidária passiva*, a dívida pode ser paga por qualquer um dos devedores.

---

[22] GOMES, Orlando. *Obrigações*. 11. ed. Rio de Janeiro: Forense, 1997. p. 76.

# 384 | MANUAL DE DIREITO CIVIL • VOLUME ÚNICO – *Flávio Tartuce*

O art. 265 do CC, repetindo a já tão conhecida regra do art. 896 do CC/1916, enuncia que a solidariedade não se presume, resultando da lei ou da vontade das partes. Como se nota, continua vigente a regra pela qual a solidariedade contratual não pode ser presumida, devendo resultar da lei (*solidariedade legal*) ou da vontade das partes (*solidariedade convencional*).

Muito importante apontar que a solidariedade prevista no dispositivo em análise é a solidariedade de natureza obrigacional e relacionada com a responsabilidade civil contratual, que não se confunde com aquela advinda da responsabilidade civil extracontratual ou *aquiliana*, prevista no art. 942, parágrafo único, da lei privada, pelo qual "são solidariamente responsáveis com os autores os coautores e as pessoas designadas no art. 932".

Cumpre ainda assinalar que a solidariedade obrigacional constitui regra no Código de Defesa do Consumidor, ao contrário do que ocorre na atual codificação civil, em que constitui exceção. Consta do art. 7.º, parágrafo único, da Lei 8.078/1990: "tendo mais de um autor a ofensa, todos responderão solidariamente pela reparação dos danos previstos nas normas de consumo". Esse comando consumerista, segundo doutrina especializada, traz uma presunção de solidariedade contratual dos fornecedores e prestadores nas relações jurídicas de consumo.[23]

Pois bem, conjugando-se as regras até aqui analisadas vejamos as situações possíveis de solidariedade:

> – *Solidariedade ativa* – inicialmente, pode ser legal. Exemplo: solidariedade ativa entre locadores, nos termos do art. 2.º da Lei 8.245/1991. Pode ainda ser convencional, quando fixada por contrato, o que é mais comum.
>
> – *Solidariedade passiva* – também pode ser legal ou convencional, sendo a última também mais comum. Como exemplo de solidariedade passiva legal, ilustre-se a existente entre locatários na locação imobiliária regida pela Lei 8.245/1991. Deve-se ter a devida atenção, pois fiador e devedor principal *não são*, em regra, devedores solidários. Isso porque é cediço que o fiador tem a seu favor o benefício de ordem previsto no art. 827 do CC, segundo o qual pode exigir que primeiro sejam demandados os bens do devedor principal, caso de um locatário, por exemplo. Em regra, por tal comando, o fiador é devedor subsidiário. Entretanto, é possível que o fiador fique vinculado como principal pagador ou devedor solidário (art. 828, inc. II, do CC). Vale o esclarecimento diante de notória confusão, eis que, na grande maioria das vezes, é comum a estipulação contratual em contratos de locação imobiliária e fiança, prevendo tal solidariedade.
>
> – *Solidariedade mista ou recíproca* – existente entre credores e devedores ao mesmo tempo, recebendo abordagem doutrinária.[24] Também pode ser legal (*v.g.*, locadores e locatários ao mesmo tempo, na locação imobiliária – art. 2.º da Lei 8.245/1991) e convencional (por força de contrato).

Superada essa classificação, determina o art. 266 do atual Código que a obrigação solidária, quanto à presença de elemento acidental, pode ser assim subclassificada:

• *Obrigação solidária pura* ou *simples* – é aquela que não contém condição, termo ou encargo.

---

[23] Sobre essa solidariedade como regra, ver por todos: MARQUES, Cláudia Lima; BENJAMIN, Antonio Herman V.; MIRAGEM, Bruno. *Comentários ao Código de Defesa do Consumidor*. São Paulo: RT, 2004. p. 188.

[24] DINIZ, Maria Helena. *Curso de direito civil brasileiro*. Teoria geral das obrigações. 24. ed. São Paulo: Saraiva, 2009. v. 2, p. 167.

- *Obrigação solidária condicional* – é aquela cujos efeitos estão subordinados a um evento futuro e incerto (condição).
- *Obrigação solidária a termo* – é aquela cujos efeitos estão subordinados a evento futuro e certo (termo).

A obrigação solidária pode ser pura em relação a uma parte e condicional ou a termo em relação à outra, seja o sujeito credor ou devedor. O comando legal, contudo, não fala de obrigação solidária modal ou submetida a encargo. Fica a dúvida: seria esta possível? Diante do sistema aberto adotado pela atual codificação privada, deve-se entender que não há vedação, diante da possibilidade de compatibilidade do encargo com uma obrigação solidária e pelo fato de não existir ilicitude ou contrariedade aos bons costumes a gerar eventual nulidade.

Em suma, a dedução é que o art. 266 do atual CC traz um rol exemplificativo de situações (*numerus apertus*). Nesse sentido, na *IV Jornada de Direito Civil* foi aprovado o Enunciado n. 347, estabelecendo que "a solidariedade admite outras disposições de conteúdo particular além do rol previsto no art. 266 do Código Civil".

### 3.5.3.2 Da solidariedade ativa (arts. 267 a 274 do CC)

As obrigações solidárias oferecem grandes dificuldades para os operadores do Direito em geral. Por isso, todas as regras específicas serão estudadas e esquematizadas, para a sua total compreensão. Vejamos:

> *1.ª Regra* – Na solidariedade ativa, cada um dos credores solidários tem direito a exigir do devedor o cumprimento da prestação por inteiro (art. 267 do CC). Em complemento, enquanto alguns dos credores solidários não demandarem o devedor comum, a qualquer daqueles poderá este pagar (art. 268 do CC). Vejamos o diagrama:

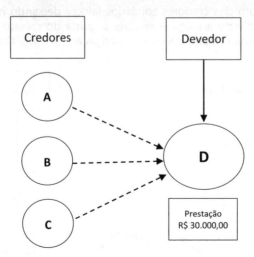

No esquema anterior – que demonstra a estrutura visual da solidariedade ativa –, a dívida de R$ 30.000,00 pode ser exigida por qualquer credor e de qualquer maneira. Assim, o credor *A* pode cobrar 10 mil, 20 mil ou mesmo a dívida por inteiro do devedor. Do mesmo modo, o devedor *D* pode pagar para quem quiser e como quiser, antes de eventual demanda proposta por qualquer dos credores.

Porém, caso um dos credores demande o devedor, por meio de ação de cobrança ou similar, o pagamento somente poderá ser efetuado para aquele que demandou. Nesse sentido, leciona Maria Helena Diniz: "como qualquer credor solidário pode demandar, ou seja, acionar o devedor pela totalidade do débito, uma vez iniciada a demanda, ter-se-á a prevenção judicial; o devedor, então, apenas se libertará pagando a dívida por inteiro ao credor que o acionou, não lhe sendo mais lícito escolher o credor solidário para a realização da prestação".[25]

> **2.ª Regra** – O pagamento feito a um dos credores solidários extingue a dívida até o montante do que foi pago (art. 269 do CC). Vejamos o esquema:

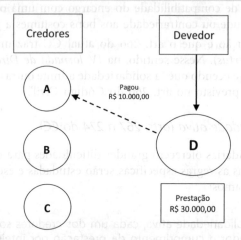

No caso de pagamento parcial efetuado pelo devedor *D* ao credor *A*, no montante de R$ 10.000,00, o restante da dívida – R$ 20.000,00 –, poderá ser cobrada por qualquer credor, o que obviamente inclui aquele que recebeu, ou seja, *A*.

> **3.ª Regra** – Se um dos credores solidários falecer deixando herdeiros, cada um destes só terá direito a exigir e receber a quota do crédito que corresponder ao seu quinhão hereditário, salvo se a obrigação for indivisível (art. 270 do CC):

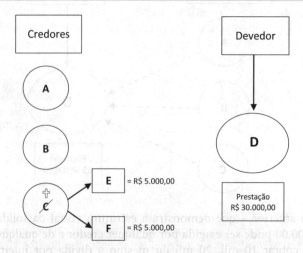

---

[25] DINIZ, Maria Helena. *Código Civil anotado*. 15. ed. São Paulo: Saraiva, 2010. p. 277.

Exemplificando com o esquema anterior, sendo a quota do credor C, que faleceu, de dez mil reais, cada um dos seus dois herdeiros E e F somente poderá exigir do devedor D cinco mil reais, o que consagra a *refração do crédito*. Anote-se que a solidariedade persiste em relação aos demais credores, que continuam podendo exigir os R$ 30.000,00, ou seja, a totalidade da dívida.

A premissa não deverá ser aplicada se a obrigação for naturalmente indivisível, como no exemplo da entrega de um animal para fins de reprodução ou de um veículo. Nesse caso, se um dos credores falecer, o cumprimento dessa obrigação indivisível ocorrerá se o objeto for entregue a qualquer um dos sucessores deste. É pertinente frisar que esse efeito não mantém relação com a solidariedade, mas sim com a indivisibilidade da obrigação.

> *4.ª Regra* – Convertendo-se a prestação em perdas e danos, subsiste (permanece), para todos os efeitos, a solidariedade (art. 271 do CC). Vejamos:

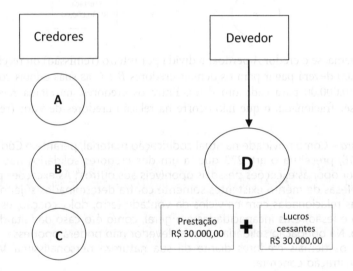

No diagrama acima, se a prestação tornar-se impossível com culpa do devedor D, acrescendo-se a título de perdas e danos o valor de R$ 30.000,00 por lucros cessantes, o montante total de R$ 60.000,00 poderá ser cobrado por qualquer credor, mantendo-se a solidariedade.

Consigne-se que nessa regra reside uma das principais dissonâncias entre a obrigação solidária ativa e a obrigação indivisível, o que muitas vezes atormenta o estudioso do Direito. Tal diferença refere-se aos efeitos da conversão em perdas e danos. De acordo com o art. 263 do CC/2002 a obrigação indivisível perde esse caráter quando da sua conversão em perdas e danos, o que não ocorre com a obrigação solidária ativa, que permanece com o dever do sujeito passivo obrigacional de pagar a quem quer que seja.

> *5.ª Regra* – O credor que tiver remitido (perdoado) a dívida ou recebido o pagamento responderá aos outros pela parte que lhes caiba (art. 272 do CC). Percebe-se que a obrigação solidária ativa não é fracionável em relação ao devedor (*relação externa*), mas fracionável em relação aos sujeitos ativos da relação obrigacional (*relação interna*). Ressalve-se que foram utilizadas as expressões *não fracionável e fracionável* apenas para fins didáticos, uma vez que a obrigação

> solidária de modo algum se confunde com a obrigação indivisível. Vejamos o diagrama lógico que consubstancia essa regra e tais conclusões:

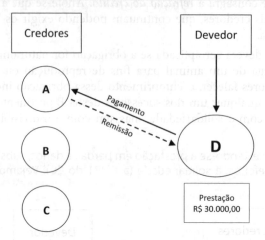

No esquema, se o credor A perdoar a dívida por inteiro (remissão) ou receber o montante de R$ 30.000,00 deverá pagar para os demais credores B e C as suas quotas correspondentes, ou seja, R$ 10.000,00 para cada um deles. Entre os credores, na citada relação interna, a dívida pode ser fracionada, o que não ocorre na relação credores-devedor (relação externa).

> 6.ª Regra – Como novidade na atual codificação material, perante o Código Civil de 1916, preceitua o art. 273 que "a um dos credores solidários não pode o devedor opor as exceções pessoais oponíveis aos outros". As exceções pessoais são defesas de mérito existentes somente contra determinados sujeitos, como aquelas relacionadas com os vícios da vontade (erro, dolo, coação, estado de perigo e lesão) e as incapacidades em geral, como é o caso da falta de legitimação. Na obrigação solidária ativa, o devedor não poderá opor essas defesas contra os demais credores diante da sua natureza personalíssima. Vejamos, com ilustração concreta:

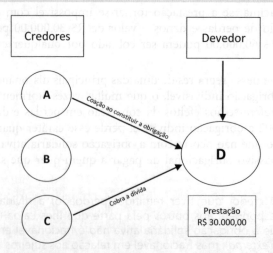

Para ilustrar, se o devedor D foi coagido pelo credor solidário A para celebrar determinado negócio jurídico obrigacional, a anulabilidade do negócio somente poderá ser oposta em relação a esse credor, não em relação aos demais credores, que nada têm a ver com a coação exercida. Se *C* cobrar a dívida e *D* alegar a coação de *A* como único argumento, a demanda de cobrança deve ser julgada procedente.

> *7.ª Regra* – Era a literalidade do art. 274 do CC, em sua redação original: "O julgamento contrário a um dos credores solidários não atinge os demais; o julgamento favorável aproveita-lhes, a menos que se funde em exceção pessoal ao credor que o obteve". O art. 1.068 do CPC/2015 alterou o preceito, que passou a prever: "O julgamento contrário a um dos credores solidários não atinge os demais, mas o julgamento favorável aproveita-lhes, sem prejuízo de exceção pessoal que o devedor tenha direito de invocar em relação a qualquer deles".

Outra novidade na atual codificação privada, em confronto com o Código Civil de 1916, a primeira parte do comando legal em questão nunca apresentou maiores problemas uma vez que se houver, na obrigação solidária ativa, julgamento contrário a um dos credores, este não atinge os demais, que permanecem com os seus direitos incólumes.

Restavam dúvidas quando o julgamento fosse favorável a um dos credores, expressando a norma que esse aproveitaria aos demais, a não ser que fosse fundado em exceção pessoal a favor do credor.

Ora, sempre pareceu mais correto o entendimento da doutrina processualista ao sustentar que a parte final do art. 274 do CC não teria sentido. Isso porque a referida exceção pessoal não existiria a favor do credor, mas somente em relação ao devedor, o que pode ser percebido pelo último esquema, referente ao art. 273 do Código Civil. Nesse sentido, comentava Fredie Didier Jr. o seguinte:

> "O julgamento favorável ao credor não pode estar fundado em exceção pessoal, alegação da defesa que é; se assim fosse, a decisão seria desfavorável e, por força da primeira parte do art. 274, não estenderia seus efeitos aos demais credores. Em resumo: não há julgamento favorável fundado em exceção pessoal; quando se acolhe a defesa, julga-se desfavoravelmente o pedido. A parte final do art. 274, se interpretada literalmente, não faz sentido".[26]

Diante desse sério problema, o doutrinador apresentava a seguinte solução para o dispositivo material: "a) se um dos credores vai a juízo e perde, qualquer que seja o motivo (acolhimento de exceção comum ou pessoal), essa decisão não tem eficácia em relação aos demais credores; b) se o credor vai a juízo e ganha, essa decisão beneficiará os demais credores, salvo se o(s) devedor(es) tiver(em) exceção pessoal que possa ser oposta a outro credor não participante do processo, pois, em relação àquele que promoveu a demanda, o(s) devedor(es) nada mais pode(m) opor (art. 474 do CPC)".[27]

Essa solução foi adotada pelo vigente Código de Processo Civil, diante da participação ativa do Professor Fredie Didier Jr. quando da tramitação do então projeto de lei processual na Câmara dos Deputados.

Assim, o art. 1.068 do CPC/2015 alterou o art. 274 do Código Civil, que passou a ter a seguinte dicção, agora com total sentido: "Art. 1.068. O art. 274 e o *caput* do art. 2.027 da Lei n.º 10.406, de 10 de janeiro de 2002 (Código Civil), passam a vigorar com a seguinte redação: 'Art. 274. O julgamento contrário a um dos credores solidários não atinge

---

[26] DIDIER JR., Fredie. *Regras processuais no novo Código Civil*. São Paulo: Saraiva, 2004. p. 76.
[27] DIDIER JR., Fredie. *Regras processuais no novo Código Civil*. São Paulo: Saraiva, 2004. p. 76.

os demais, mas o julgamento favorável aproveita-lhes, sem prejuízo de exceção pessoal que o devedor tenha direito de invocar em relação a qualquer deles'".

Em suma, com tal modificação do Código Civil, andou bem o legislador processual, na linha do que era sustentado nas edições anteriores desta obra.

### 3.5.3.3 Da obrigação solidária passiva (arts. 275 a 285 do CC)

Como ocorreu com a solidariedade ativa, vejamos as regras relativas à solidariedade passiva, devidamente pontuadas e esquematizadas.

> *1.ª Regra* – Na obrigação solidária passiva, o credor tem direito a exigir e receber de um ou de alguns dos devedores, parcial ou totalmente, a dívida comum. Se o pagamento tiver sido parcial, todos os demais devedores continuam obrigados solidariamente pelo resto (art. 275, *caput*, do CC). Não importará renúncia da solidariedade a propositura de ação pelo credor contra um ou alguns dos devedores (art. 275, parágrafo único, do CC). Vejamos o diagrama, já demonstrando a estrutura da solidariedade passiva. Como se pode notar, há um giro de cento em oitenta graus em relação à estrutura da solidariedade ativa:

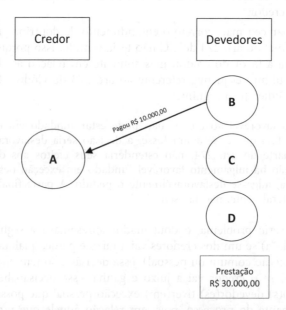

O principal efeito decorrente da obrigação solidária passiva é que o credor pode cobrar o cumprimento da obrigação de qualquer um dos devedores como se todos fossem um só devedor. Há, portanto, uma opção de o credor cobrar um, vários ou todos os devedores, de acordo com a sua vontade (*opção de demanda*).

Caso ocorra pagamento parcial da dívida, todos os devedores restantes, após se descontar a parte de quem pagou, continuam responsáveis pela dívida inteira. Assim sendo, ocorrendo o pagamento parcial de R$ 10.000,00 pelo devedor *B*, mesmo ele poderá ser demandado pelo restante (R$ 20.000,00). Dentro dessa ideia, na *IV Jornada de Direito Civil*, foi aprovado o Enunciado n. 348 do CJF/STJ, prevendo que "O pagamento parcial não implica, por si só, renúncia à solidariedade, a qual deve derivar dos termos expressos da quitação ou, inequivocadamente, das circunstâncias do recebimento da prestação pelo credor" (autoria de Gustavo Tepedino e Anderson Schreiber).

Isso porque, na estrutura da obrigação, percebe-se um não fracionamento na relação entre credores e devedores (*relação externa*), e um fracionamento na relação dos devedores entre si (*relação interna*). Com a análise de algumas regras a seguir, ficará evidenciada tal constatação. Entretanto, deve ficar claro, mais uma vez, que se utiliza a expressão *fracionamento* somente para fins didáticos. Por certo que a obrigação solidária passiva não se confunde com a obrigação indivisível, como será exposto de forma detalhada mais à frente.

Concretizando muito bem a regra do art. 275 do CC/2002, concluiu o Superior Tribunal de Justiça que o beneficiário do antigo DPVAT – seguro obrigatório –, "pode acionar qualquer seguradora integrante do grupo para receber a complementação da indenização securitária, ainda que o pagamento administrativo feito a menor tenha sido efetuado por seguradora diversa. A jurisprudência do STJ sustenta que as seguradoras integrantes do consórcio do seguro DPVAT são solidariamente responsáveis pelo pagamento das indenizações securitárias, podendo o beneficiário reclamar de qualquer uma delas o que lhe é devido. Aplica-se, no caso, a regra do art. 275, *caput* e parágrafo único, do CC, segundo a qual o pagamento parcial não exime os demais obrigados solidários quanto ao restante da obrigação, tampouco o recebimento de parte da dívida induz a renúncia da solidariedade pelo credor" (STJ, REsp 1.108.715/PR, Rel. Min. Luis Felipe Salomão, j. 15.05.2012, publicado no *Informativo* n. 497). Eis um bom exemplo da jurisprudência superior a respeito da citada *opção de demanda* existente em face dos devedores solidários.

> *2.ª Regra* – Como ocorre com a solidariedade ativa, o art. 276 do CC traz regra específica envolvendo a morte de um dos devedores solidários. No caso de falecimento de um deles cessa a solidariedade em relação aos sucessores do *de cujus*, eis que os herdeiros somente serão responsáveis até os limites da herança e de seus quinhões correspondentes. A regra não se aplica se a obrigação for indivisível. Outra exceção é feita pelo comando, eis que todos os herdeiros reunidos são considerados um único devedor em relação aos demais devedores. Vejamos:

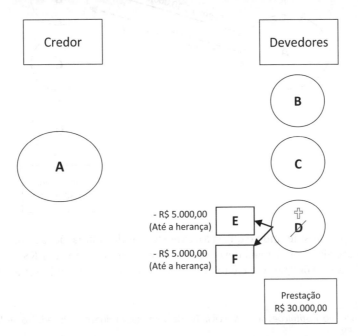

Se a dívida for de R$ 30.000,00 e se *D*, um dos três devedores, falecer, deixando dois herdeiros, *E* e *F*, cada um destes somente poderá ser cobrado em R$ 5.000,00, metade de R$ 10.000,00, que é a cota de *D*, pois com a morte cessa a solidariedade em relação aos herdeiros (refração do débito). E isso, ainda, até os limites da herança. Porém, estando um dos herdeiros com o touro reprodutor, sempre mencionado como exemplo de objeto na obrigação indivisível, este deverá entregar o animal, permanecendo a solidariedade.

Também é interessante deixar claro que, de acordo com o art. 276 do CC, todos os herdeiros, reunidos, devem ser considerados como um devedor solidário em relação aos demais codevedores. A parte final do dispositivo legal é interessante para os casos de pagamento feito por um dos devedores, que poderá cobrar dos herdeiros, até os limites da quota do devedor falecido e da herança. A mesma afirmação vale para o caso de o credor pretender receber a dívida de todos os herdeiros, como explica Caio Mário da Silva Pereira, que "mas, no seu conjunto, serão considerados como um devedor solidário, em relação ao credor e aos demais devedores".[28]

> **3.ª Regra** – Tanto o pagamento parcial realizado por um dos devedores como o perdão da dívida (remissão) por ele obtida não têm o efeito de atingir os demais devedores na integralidade da dívida (art. 277 do CC). No máximo, caso ocorra o pagamento direto ou indireto, os demais devedores serão beneficiados de forma reflexa, havendo desconto em relação à quota paga ou perdoada. Vejamos:

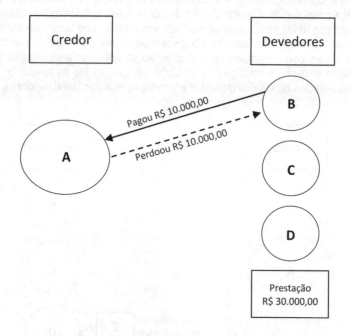

Obviamente, considerando o que já foi exposto, nas duas situações acima – de pagamento e de perdão parciais –, os demais devedores poderão ser cobrados em R$ 20.000,00, sendo a prestação de R$ 30.000,00. Os efeitos do perdão ou remissão ainda serão aprofundados.

---

[28] PEREIRA, Caio Mário. *Instituições de direito civil*. Teoria geral das obrigações. 25. ed. Rio de Janeiro: Forense, 2012. v. II, p. 99.

*4.ª Regra* – Dispõe o art. 278 do CC que "qualquer cláusula, condição ou obrigação adicional, estipulada entre um dos devedores solidários e o credor, não poderá agravar a posição dos outros sem consentimento destes". Por regra, o que for pactuado entre o credor e um dos devedores solidários não poderá agravar a situação dos demais, seja por cláusula contratual, seja por condição inserida na obrigação, seja ainda por aditivo negocial. Deve ser respeitado o princípio da relatividade dos efeitos contratuais, eis que o negócio firmado gera efeitos *inter partes*, em regra. Ilustrando, um eventual acordo celebrado entre um locatário e a concessionária de água não pode atingir os demais locatários solidários e o locador, se eles não participaram do acordo entre as partes originais (Nessa linha: TJSP, Apelação Cível 992.05.140405-1, Acórdão 4283429, 34.ª Câmara de Direito Privado, São Paulo, Rel. Des. Cristina Zucchi, j. 18.01.2010, *DJESP* 12.02.2010).

*5.ª Regra* – Impossibilitando-se a prestação por culpa de um dos devedores solidários, subsiste para todos o encargo de pagar o equivalente; mas pelas perdas e danos só responde o culpado. Vejamos um exemplo concreto (art. 279 do CC):

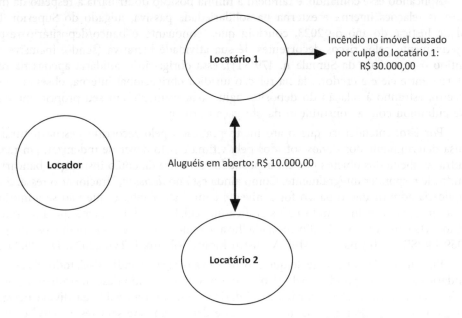

Caso um imóvel que seja locado a dois devedores tenha um débito de aluguéis em aberto de R$ 10.000,00, o locador poderá cobrá-lo de qualquer um, de acordo com a sua vontade (Locatário 1 ou Locatário 2). Mas se um dos locatários causou um incêndio no imóvel, gerando prejuízo de R$ 30.000,00, apenas este responderá perante o sujeito ativo da obrigação, além do valor da dívida, por lógico (Locatário 1 responde por R$ 40.000,00). A dívida locatícia em aberto continua podendo ser cobrada de qualquer um dos devedores solidários.

Ainda sobre o art. 279 do Código Civil, o Superior Tribunal de Justiça, em 2021, concluiu, pelas peculiaridades do que foi avençado entre as partes, que o devedor solidário responde pelo pagamento da cláusula penal compensatória, ainda que não incorra em culpa. Vejamos este acórdão:

"A parte não se obrigou pela entrega da embarcação (obrigação que se tornou impossível), mas pelas obrigações pecuniárias decorrentes do contrato. No entanto, é oportuno assinalar que a cláusula penal compensatória tem como objetivo prefixar os prejuízos decorrentes do descumprimento do contrato, evitando que o credor tenha que promover a liquidação dos danos. Assim, a cláusula penal se traduz em um valor considerado suficiente pelas partes para indenizar o eventual descumprimento do contrato. Tem, portanto, caráter nitidamente pecuniário. Diante disso, como a parte se obrigou conjuntamente com outra empresa pelas obrigações pecuniárias decorrentes do contrato independente de causa, origem ou natureza jurídica, está obrigada ao pagamento do valor relativo à multa penal compensatória, cuja incidência estava expressamente prevista no ajuste" (STJ, REsp 1.867.551/RJ, 3.ª Turma, Rel. Min. Ricardo Villas Bôas Cueva, j. 05.10.2021, *DJe* 13.10.2021).

Em complemento à norma anterior, o art. 280 do Código Civil enuncia que todos os devedores respondem pelos juros moratórios decorrentes do inadimplemento, mesmo que a ação para cobrança do valor da obrigação tenha sido proposta em face de somente um dos codevedores. Porém, no tocante à obrigação acrescida, como é a hipótese dos juros decorrentes do ilícito extracontratual, responde apenas aquele que agiu com culpa, no caso acima, o Locatário 1.

Aplicando esse comando, e também a minha posição doutrinária a respeito da divisão entre as relações interna e externa na solidariedade passiva, julgado do Superior Tribunal de Justiça, do ano de 2023, concluiu que, "conquanto o banco/depositário responda objetivamente pelos riscos decorrentes de sua atividade lucrativa (sendo, inclusive, nesse sentido o enunciado da Súmula n. 479/STJ), essa obrigação é solidária apenas na relação externa entre ele e a credora. Já na relação jurídica obrigacional interna, observa-se que o terceiro, estranho à relação do depósito, agiu exclusivamente em seu próprio interesse, o que culminou com a constituição da obrigação principal".

Por isso, entendeu-se que o ato ilícito praticado pelo recorrido pessoa natural foi a causa determinante dos danos sofridos pela vítima e pelo dever de indenizar, em razão da subtração ilícita dos objetos por ela depositados no cofre da então instituição bancária, devendo ele responder integralmente. Como ainda está no *decisum*, "fracionar o ressarcimento implicaria admitir que o banco foi conivente com o ato ilícito, o que não se admitiu. Sua falha em impedir o infortúnio não significa que colaborou dolosamente para a prática do delito, pelo contrário, o episódio em nada lhe aproveitou, só lhe causou prejuízos" (STJ, REsp 2.069.446/SP, 3.ª Turma, Rel. Min. Ministro Moura Ribeiro, j. 23.05.2023, *DJe* 29.05.2023).

Em suma, diferentemente do que ocorre com a obrigação indivisível, todos os devedores solidários sempre respondem pelo débito, mesmo não havendo descumprimento por parte de um ou de alguns. Dessa forma, a solidariedade quanto ao valor da dívida permanece em todos os casos. Porém, quanto às perdas e danos somente será responsável o devedor que agiu com culpa estrita (imprudência, negligência, imperícia) ou dolo (intenção de descumprimento). Esta é uma das mais importantes regras da teoria geral das obrigações.

> *6.ª Regra* – Na solidariedade passiva, o devedor demandado poderá opor contra o credor as defesas que lhe forem pessoais e aquelas comuns a todos, tais como pagamento parcial ou total e a prescrição da dívida (art. 281 do CC). Mas esse devedor demandado não poderá opor as exceções pessoais a que outro codevedor tem direito, eis que estas são personalíssimas, como se pode aduzir pelo próprio nome da defesa em questão. Ilustrando, qualquer um dos devedores poderá alegar a prescrição da dívida, ou o seu pagamento total ou parcial, direto ou indireto, pois as hipóteses são de exceções comuns. Por outra via, os vícios do consentimento (erro, dolo, coação, estado de perigo e lesão), somente podem ser suscitados pelo devedor que os sofreu.

> **7.ª Regra** – O Código Civil de 2002 continua admitindo a renúncia à solidariedade, de forma parcial (a favor de um devedor) ou total (a favor de todos os codevedores), no seu art. 282, *caput* ("O credor pode renunciar à solidariedade em favor de um, de alguns ou de todos os devedores"). A expressão *renúncia à solidariedade* pode ser utilizada como sinônima de *exoneração da solidariedade*. Enuncia o parágrafo único do dispositivo que "Se o credor exonerar da solidariedade um ou mais devedores, subsistirá a dos demais".

Aprofundando o tema da renúncia à solidariedade, de início, a categoria se diferencia da remissão quanto aos efeitos, conforme reconhece o Enunciado n. 350 do CJF/STJ, aprovado na *IV Jornada de Direito Civil*, cuja redação é a seguinte: "a renúncia à solidariedade diferencia-se da remissão, em que o devedor fica inteiramente liberado do vínculo obrigacional, inclusive no que tange ao rateio da quota do eventual codevedor insolvente, nos termos do art. 284".

Anoto que, com os fins de trazer essa necessária diferenciação categórica, e seguindo a linha do enunciado citado, o Projeto de Reforma do Código Civil pretende incluir no seu art. 284 um parágrafo único, enunciando que "o disposto no *caput* não se aplica aos beneficiados pela remissão".

Lembre-se de que pelo último dispositivo, no caso de rateio entre os codevedores, contribuirão também os exonerados da solidariedade pelo credor, pela parte que na obrigação incumbia ao insolvente. Pois bem, vejamos o esquema relativo à renúncia à solidariedade:

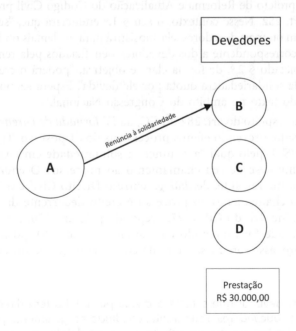

A elucidar o teor do enunciado doutrinário por último transcrito, se *A* é o credor de uma dívida de R$ 30.000,00, havendo três devedores solidários *B*, *C* e *D*, e renuncia à solidariedade em relação a *B*, este estará exonerado da solidariedade, mas continua sendo responsável por R$ 10.000,00. Quanto aos demais devedores, por óbvio, continuam respondendo solidariamente pela dívida.

Completando o enunciado anteriormente citado, na *IV Jornada de Direito Civil*, aprovou-se o Enunciado n. 349 do CJF/STJ, *in verbis*: "com a renúncia da solidariedade quanto a apenas um dos devedores solidários, o credor só poderá cobrar do beneficiado a sua quota na dívida; permanecendo a solidariedade quanto aos demais devedores, abatida do débito a parte correspondente aos beneficiados pela renúncia". O proponente do enunciado doutrinário foi José Fernando Simão, professor da USP e coautor do nosso *Código Civil Comentado*, publicado por esta mesma casa editorial.

Ilustrando com a conclusão pelo abatimento, no exemplo por último apontado, em que a dívida era de R$ 30.000,00, havendo três devedores (B, C e D), ocorrendo a renúncia parcial da solidariedade, por parte do credor (*A*), em relação a um dos devedores (*B*), os demais somente, *C* e *D*, serão cobrados em R$ 20.000,00, permanecendo em relação a eles a solidariedade. Destaque-se que tal forma de pensar tem aplicação reiterada em nossa jurisprudência, podendo-se colacionar, somente para ilustrar:

> "Exoneração da cobrança de um ou mais devedores. Hipótese em que subsiste responsabilidade do devedor remanescente. Artigo 282, parágrafo único, do Código Civil. Escritura de cessão de crédito em que constou expressamente o termo 'renúncia ao crédito'. Reconhecida a renúncia ao crédito em relação aos demais coobrigados que implica em renúncia à solidariedade. Permissão de cobrança do devedor remanescente no valor da cessão. Recurso parcialmente provido para tal fim" (TJSP, Ag. 7264600-5, Acórdão 3299488, 13.ª Câmara de Direito Privado, Monte Aprazível, Rel. Des. Heraldo de Oliveira, j. 1.º.10.2008, *DJESP* 06.11.2008).

Para trazer mais segurança jurídica para o tema, e encerrando-se qualquer debate sobre o assunto, o atual projeto de Reforma e Atualização do Código Civil pretende incluir essas soluções no seu art. 282. Nesse contexto, o seu § 1.º enunciará que, "se o credor exonerar da solidariedade um ou mais devedores, ela subsistirá para os demais obrigados, abatendo-se do débito a parte correspondente a dos devedores beneficiados pela renúncia". E mais, nos termos do seu projetado § 2.º, de forma clara e objetiva, "poderá o credor, porém, cobrar daquele liberado da solidariedade a quota por ele devida". Espera-se, portanto, a aprovação das modificações do texto no âmbito do Congresso Nacional.

Encerrando a respeito do art. 282 do CC, na *IV Jornada de Direito Civil* foi aprovado um último enunciado, prevendo efeitos processuais do dispositivo. Trata-se do Enunciado n. 351 do CJF/STJ, pelo qual "a renúncia à solidariedade em favor de determinado devedor afasta a hipótese de seu chamamento ao processo". O enunciado doutrinário tem conteúdo bem interessante, de *diálogo* entre o Direito Civil e o Direito Processual, sendo certo que o chamamento ao processo é efeito decorrente da solidariedade, nos termos do art. 77, inc. III, do CPC/1973, repetido pelo art. 130, inc. III, do CPC/2015. Em relação àquele que foi exonerado da responsabilidade (B), portanto, não caberá o chamamento ao processo, premissa mantida com a emergência do Código de Processo Civil de 2015.

> *8.ª Regra* – O devedor que satisfez a dívida por inteiro tem direito a exigir de cada um dos codevedores a sua quota, dividindo-se igualmente por todos a do insolvente, se o houver, presumindo-se iguais, no débito, as partes de todos os codevedores (art. 283 do CC). Entretanto, se a dívida solidária interessar exclusivamente a um dos devedores, responderá este por toda ela para com aquele que a pagar (art. 285 do CC).

Pelo tom da primeira norma, o CC/2002 possibilita a ação de regresso por parte do devedor solidário que paga a dívida dos demais. Assim, percebe-se que o pagamento da dívida faz com que esta perca o caráter de não fracionamento existente na relação entre

CAP. 3 • TEORIA GERAL DAS OBRIGAÇÕES | **397**

devedores e credor ou credores (*relação externa*), outrora comentada. O devedor que paga a dívida poderá cobrar somente a quota dos demais, ocorrendo sub-rogação legal, nos termos do art. 346, inc. III, do Código Civil atual. Para exemplificar, *A* é credor de *B, C* e *D,* devedores solidários, por uma dívida de R$ 30.000,00. Se *B* a paga integralmente, poderá cobrar de *C* e *D* somente R$ 10.000,00 de cada um, valor correspondente às suas quotas (totalizando R$ 20.000,00).

Na situação descrita, em havendo declaração de insolvência de um dos devedores, a sua quota deverá ser dividida proporcionalmente entre os devedores restantes. Eventualmente, tal regra pode ser afastada, de acordo com o instrumento obrigacional, interpretação esta que pode ser retirada da parte final do art. 283 do CC, que constitui um preceito de ordem privada. Essa divisão proporcional constitui, portanto, uma presunção relativa (*iuris tantum*), que admite prova e previsão em contrário.

Por derradeiro, nos termos do art. 285 do CC, o interessado direto pela dívida responde integralmente por ela. Verificando a aplicação desse comando legal, caso um fiador pague a dívida de um locatário, devedor principal, poderá cobrar dele todo o montante da obrigação, pela aplicação do comando legal em questão. Já se o fiador paga toda a dívida de outro fiador, poderá aquele exigir somente a metade dela, eis que são devedores da mesma classe. Essa última conclusão, aliás, decorre da interpretação dos arts. 829, parágrafo único, e 831, ambos do CC, prevendo a última norma que "o fiador que pagar integralmente a dívida fica sub-rogado nos direitos do credor; mas só poderá demandar a cada um dos outros fiadores pela respectiva quota".

### 3.5.4 Classificação das obrigações quanto à divisibilidade (ou indivisibilidade) do objeto obrigacional

A classificação da obrigação no que toca à divisibilidade (ou indivisibilidade) leva em conta o seu conteúdo, ou seja, a unicidade da prestação. Conforme aponta com unanimidade a doutrina, tal classificação só interessa se houver pluralidade de credores ou de devedores (*obrigações compostas subjetivas*). As regras a respeito da obrigação divisível e indivisível constam entre os arts. 257 a 263 do CC. Antes do seu estudo, vejamos os seus conceitos:

a) *Obrigação divisível:* é aquela que pode ser cumprida de forma fracionada, ou seja, em partes.

b) *Obrigação indivisível:* é aquela que não admite fracionamento quanto ao cumprimento.

Inicialmente, preconiza o art. 257 do CC/2002 que havendo mais de um devedor ou mais de um credor em obrigação divisível, esta se presume dividida em tantas obrigações, iguais e distintas, quanto os credores e devedores. A obrigação divisível continua merecendo o mesmo tratamento civil anterior, devendo ser esta fracionada em tantas obrigações quantos forem os credores e devedores, de forma igualitária e independente.

A divisão dessa forma constitui uma presunção relativa (*iuris tantum*), que admite regra ou prova em contrário, consagração da regra *cuncursu partes fiunt,* segundo a qual os sujeitos obrigacionais não terão direitos ou serão obrigados além da parte material da prestação assumida.

Imaginando com simplicidade, havendo três devedores da obrigação divisível de entregar 120 sacas de soja em relação a um único credor, aplicando-se a presunção relativa de divisão igualitária, cada devedor deverá entregar 40 sacas. Eventualmente, o instrumento obrigacional pode trazer uma divisão distinta e não igualitária, pois o art. 257 do CC é norma de ordem privada ou dispositiva.

No que concerne à obrigação indivisível, o conceito do art. 258 do CC está em total sintonia com a operabilidade, no sentido de facilitação do Direito Privado. Por esse dispositivo, a obrigação indivisível é aquela que não pode ser fracionada, tendo por objeto uma coisa ou um fato insuscetível de divisão, em decorrência da sua natureza, por razões econômicas ou por algum motivo determinante do negócio jurídico e do contrato.

A indivisibilidade pode ser, assim, *natural* (decorrente da natureza da prestação), *legal* (decorrente de imposição da norma jurídica) ou *convencional* (pela vontade das partes da relação obrigacional). Na maioria das vezes, a indivisibilidade é econômica, pois a deterioração da coisa ou tarefa pode gerar a sua desvalorização, tendo origem na autonomia privada dos envolvidos na relação obrigacional. Como exemplo dessa desvalorização econômica, pode ser citada a obrigação que tem como objeto um diamante de 50 quilates, cuja divisão em pequenas pedras terá um valor bem inferior ao da pedra inteira.

Como outra ilustração de debate relativo à divisibilidade ou indivisibilidade da obrigação, aresto recente da Terceira Turma do STJ considerou não haver solidariedade ativa entre os beneficiários do seguro DPVAT, ao contrário do que ocorre com os devedores, em que está presente a solidariedade passiva. Nos termos do acórdão:

> "As obrigações solidárias e as indivisíveis, apesar de serem diferentes, ostentam consequências práticas semelhantes, sendo impossível serem adimplidas em partes. Não há falar em solidariedade entre os beneficiários do seguro obrigatório (DPVAT), visto inexistir norma ou contrato instituindo-a. O art. 265 do CC dispõe que a solidariedade não se presume; resulta da lei ou da vontade das partes. A obrigação é indivisível quando a prestação tem por objeto uma coisa ou um fato não suscetíveis de divisão, seja por sua natureza, por motivo de ordem econômica ou dada a razão determinante do negócio jurídico (art. 258 do CC). A indenização decorrente do seguro DPVAT, de natureza eminentemente pecuniária, classifica-se como obrigação divisível, visto que pode ser fracionada sem haver a desnaturação de sua natureza física ou econômica. A indivisibilidade pela razão determinante do negócio decorre da oportunidade e da conveniência das partes interessadas, não sendo o caso do seguro obrigatório. O eventual caráter social, por si só, não é apto a transmudar a obrigação, tornando-a indivisível" (STJ, REsp 1.863.668/MS, 3.ª Turma, Rel. Min. Nancy Andrighi, Rel. p/ Acórdão Min. Ricardo Villas Bôas Cueva, j. 09.03.2021, *DJe* 22.04.2021).

Lembre-se de que as obrigações de dar podem ser divisíveis ou indivisíveis, o mesmo ocorrendo em relação às obrigações de fazer. Por sua natureza infungível e personalíssima, as obrigações de não fazer são quase sempre indivisíveis.

Vejamos as regras fundamentais das obrigações indivisíveis, devidamente esquematizadas:

> *1.ª Regra* – Na obrigação indivisível, havendo dois ou mais devedores, cada um será obrigado pela dívida toda. O devedor, que paga a dívida, sub-roga-se no direito do credor em relação aos outros coobrigados (art. 259 do CC). Trata-se de sub-rogação legal, automática ou *pleno iure*, enquadrada no art. 346, inc. III, do Código Civil atual – terceiro interessado que poderia ser responsável pela dívida, no todo ou em parte. Vejamos o esquema ilustrativo:

CAP. 3 • TEORIA GERAL DAS OBRIGAÇÕES | 399

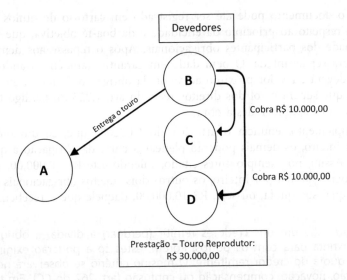

Imagine-se que há um credor (*A*) e três devedores (*B, C* e *D*), que devem entregar um touro reprodutor, exemplo típico de objeto indivisível, cujo valor é R$ 30.000,00. Se *B* entrega o touro, poderá exigir, em sub-rogação, R$ 10.000,00 de cada um dos demais devedores, ou seja, as suas quotas-partes correspondentes.

> **2.ª Regra** – Em caso de pluralidade de credores na obrigação indivisível, enuncia o art. 260 do CC que estes poderão exigir a obrigação por inteiro. Porém, o devedor ou os devedores somente se desoneram pagando: I) a todos conjuntamente; II) a um dos credores, dando este *caução de ratificação* dos outros credores. Vejamos:

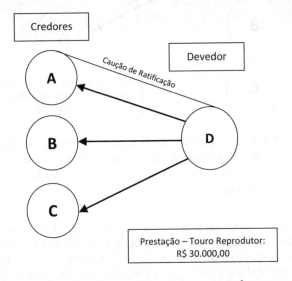

No caso acima o devedor *D* pode entregar o touro reprodutor para todos os credores ao mesmo tempo. Além disso, pode entregá-lo para o credor *A*, dando este uma garantia de que irá repassar as quotas dos demais (*caução de ratificação*).

Sigo o posicionamento doutrinário pelo qual essa garantia deverá ser celebrada por escrito, datada e assinada pelas partes, com firmas reconhecidas. Para dar maior certeza e segurança, o documento pode até ser registrado em cartório de títulos e documentos, tudo isso em respeito ao princípio da eticidade e da boa-fé objetiva, que valoriza a conduta de lealdade dos participantes obrigacionais. Após o repasse aos demais credores, a garantia poderá ser levantada. O bem dado em garantia, também visando maior certeza e segurança, deverá ter valor próximo ao valor da obrigação. Trata-se, em suma, de uma garantia real, que supera o rol dos direitos reais do art. 1.225 do Código Civil, tema que será abordado no Capítulo 7 desta obra.

Em complemento, enuncia o art. 261 do CC/2002 que, se um credor receber a prestação por inteiro, os demais poderão pleitear a parte da obrigação a que têm direito, em dinheiro. Assim, no exemplo antes citado, valendo este R$ 30.000,00, se um dos três credores receber o animal por inteiro, os outros dois sujeitos obrigacionais ativos poderão pleitear cada qual sua quota, ou seja, R$ 10.000,00, daquele que o recebeu.

> **3.ª Regra** – Se um dos credores remitir (perdoar) a dívida, a obrigação não ficará extinta para com os outros. Porém, estes só a poderão exigir, descontada a quota do credor remitente. O mesmo critério se observará no caso de transação, novação, compensação ou confusão (art. 262 do CC). Em tais casos, os credores restantes somente poderão exigir as suas quotas correspondentes. Vejamos:

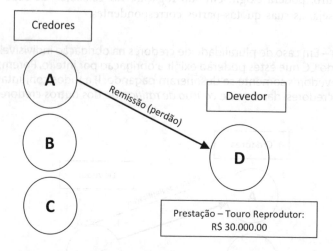

Explicando, A, B e C são credores de D quanto à entrega do famoso touro reprodutor, que vale R$ 30.000,00. A perdoa (remite) a sua parte na dívida, correspondente a R$ 10.000,00. B e C podem ainda exigir o touro reprodutor, desde que paguem a D os R$ 10.000,00 que foram perdoados.

> **4.ª Regra** – No art. 263, *caput*, do CC, reside, no meu entendimento, a principal diferença entre a obrigação indivisível e a obrigação solidária. Conforme o comando em análise, a obrigação indivisível perde seu caráter se convertida em obrigação de pagar perdas e danos, que é uma obrigação de dar divisível. Já a obrigação solidária, tanto ativa quanto passiva, conforme demonstrado oportunamente, não perde sua natureza se convertida em perdas e danos. Inicialmente, caso haja culpa *lato sensu* por parte de todos os devedores no caso de descumprimento da obrigação indivisível, todos responderão em partes ou frações iguais, pela aplicação direta do princípio da proporcionalidade, devendo o magistrado apreciar

## CAP. 3 • TEORIA GERAL DAS OBRIGAÇÕES | **401**

> a questão sob o critério da equidade (art. 263, § 1.º, do CC). Porém, se houver culpa por parte de um dos devedores, somente este responderá por perdas e danos, bem como pelo valor da obrigação (art. 263, § 2.º, do CC).

Na última previsão surge divergência doutrinária. Segue-se a corrente que prega que a exoneração mencionada no parágrafo em análise é total, eis que atinge tanto a obrigação em si quanto a indenização suplementar. Nesse sentido, posicionam-se Gustavo Tepedino e Anderson Schreiber: "se somente um dos devedores for culpado pelo descumprimento da prestação indivisível, a deflagração do dever de indenizar a tal devedor se limita. Por expressa disposição do art. 263, § 2.º, credor ou credores nada podem exigir dos devedores não culpados, que ficam exonerados do vínculo obrigacional. A solução, aqui sim, é irrepreensível, por restringir a responsabilidade pelo inadimplemento obrigacional a quem culposamente lhe deu causa".[29] Porém, em obra mais recente, passaram a seguir o outro entendimento, a seguir exposto.[30]

De fato, a questão nunca foi pacífica, pois há quem considere que, em havendo culpa de um dos devedores na obrigação indivisível, aqueles que não foram culpados continuam respondendo pelo valor da obrigação; mas pelas perdas e danos só responde o culpado. Desse modo entende Álvaro Villaça Azevedo, Mestre das Arcadas, nos seguintes termos:

> "Entretanto, a culpa é meramente pessoal, respondendo por perdas e danos só o culpado, daí o preceito do art. 263, que trata da perda da indivisibilidade das obrigações deste tipo, que se resolvem em perdas e danos, mencionando que, se todos os devedores se houverem por culpa, todos responderão em partes iguais (§ 1.º), e que, se só um for culpado, só ele ficará responsável pelo prejuízo, restando dessa responsabilidade exonerados os demais, não culpados. Veja-se bem! Exonerados, tão somente, das perdas e danos, não do pagamento de suas cotas".[31]

No mesmo sentido opina José Fernando Simão, que fez proposta de enunciado doutrinário na *VI Jornada de Direito Civil* (2013), assim aprovado: "havendo perecimento do objeto da prestação indivisível por culpa de apenas um dos devedores, todos respondem, de maneira divisível, pelo equivalente e só o culpado, pelas perdas e danos" (Enunciado n. 540 do CJF/STJ). Para amparar suas justificativas, o jurista cita, além de Álvaro Villaça Azevedo, as lições de Maria Helena Diniz, Sílvio de Salvo Venosa, Nelson Rosenvald e Cristiano Chaves de Farias.

Para esclarecer, a razão pela qual ainda estou filiado ao primeiro posicionamento é que dentro do conceito de perdas e danos – nos termos do art. 402 do CC – está o valor da coisa percebida, concebido como dano emergente, pois o aludido comando legal fala em "do que ele efetivamente perdeu". Desse modo, no exemplo citado, havendo culpa de um dos devedores pela perda do animal (touro reprodutor), responderá o culpado pelo valor da coisa (a título de dano emergente) e eventuais lucros cessantes que foram provados pelo prejudicado. Os demais devedores nada deverão pagar. Repise-se que a questão é controvertida, típica das grandes discussões contemporâneas do Direito Privado.

---

[29] TEPEDINO, Gustavo; SCHREIBER, Anderson. *Código Civil comentado*. Coord. Álvaro Villaça Azevedo. São Paulo: Atlas, 2008. v. IV, p. 108.

[30] TEPEDINO, Gustavo; SCHREIBER, Anderson. *Fundamentos de direito civil*. Rio de Janeiro: Forense, 2020. v. 2, p. 106.

[31] AZEVEDO, Álvaro Villaça. *Teoria geral das obrigações*. 10. ed. São Paulo: Atlas, 2004. p. 94.

# 402 | MANUAL DE DIREITO CIVIL • VOLUME ÚNICO – *Flávio Tartuce*

De toda sorte, no atual Projeto de Reforma e Atualização do Código Civil há proposta de sanar esse dilema, alterando-se a redação do § 2.º do seu art. 263, e adotando-se proposição feita justamente por José Fernando Simão, relator da Subcomissão de Direito das Obrigações. Assim, a norma passará a prever que, "se for de um só a culpa, ficarão exonerados os outros quanto às perdas e danos, respondendo todos pelo equivalente". Na linha do Enunciado n. 540 da *VI Jornada de Direito Civil*, o debate será encerrado, trazendo segurança jurídica e estabilidade para a temática, vencida a minha ressalva doutrinária.

Encerrando o assunto e visando à facilitação didática, o quadro a seguir traz as diferenciações entre as obrigações solidárias e as obrigações indivisíveis. As duas primeiras diferenças servem tanto para a solidariedade ativa quanto para a passiva. A terceira diferença apenas se aplica à última, desde que adotado o posicionamento que defendo quanto à culpa de apenas um dos devedores. Vejamos:

| Obrigação Solidária | Obrigação Indivisível | – |
|---|---|---|
| A solidariedade tem origem pessoal/subjetiva e decorre da lei ou de acordo das partes. | A indivisibilidade tem origem objetiva, da natureza do objeto da prestação. | Diferença aplicável tanto para a solidariedade ativa quanto passiva. |
| Convertida em perdas e danos, é mantida a solidariedade. | Convertida em perdas e danos, é extinta a indivisibilidade. | Diferença aplicável tanto para a solidariedade ativa quanto passiva. |
| Com a referida conversão, havendo culpa de apenas um dos devedores, todos continuam responsáveis pela dívida. Pelas perdas e danos, somente responde o culpado (art. 279 do CC). | Com a conversão em perdas e danos, havendo culpa de apenas um dos devedores, ficarão exonerados totalmente os demais (art. 263, § 2.º, do CC) – entendimento seguido por mim. | Diferença relacionada apenas com a solidariedade passiva. |

## 3.6 O ADIMPLEMENTO DAS OBRIGAÇÕES (TEORIA DO PAGAMENTO)

### 3.6.1 Primeiras palavras

Por meio do pagamento, cumprimento ou adimplemento obrigacional tem-se a liberação total do devedor em relação ao vínculo obrigacional. A matéria engloba os seguintes tópicos, que consubstanciam a teoria do pagamento – expressão de Orlando Gomes –, assim subdivididos:

I) Pagamento Direto:
- Elementos subjetivos – Quem paga e quem recebe?
- Elementos objetivos – O que se paga e como paga?
- Lugar do pagamento – Onde se paga?
- Tempo de pagamento – Quando se paga?

II) Regras especiais de pagamento – atos unilaterais:
- Pagamento em consignação.
- Imputação do pagamento.
- Sub-rogação legal.

CAP. 3 • TEORIA GERAL DAS OBRIGAÇÕES | **403**

III) Formas de pagamento indireto – atos bilaterais ou negócios jurídicos:
- – Sub-rogação convencional.
- – Dação em pagamento.
- – Novação.
- – Compensação.
- – Confusão.
- – Remissão.

Além das figuras acima, existem também contratos que geram o pagamento: a transação e o compromisso. Como a opção metodológica do Código Civil de 2002 foi deslocar os institutos para o capítulo próprio dos contratos, nesta seção as categorias serão estudadas. Feitos esses esclarecimentos iniciais, passa-se ao estudo de tais categorias obrigacionais.

### 3.6.2 Do pagamento direto

#### 3.6.2.1 *Elementos subjetivos do pagamento direto. O* solvens *e o* accipiens. *Quem paga e quem recebe*

De acordo com o que consta do Código Civil em vigor e reunindo o que de melhor existe na doutrina, pode-se dizer que são elementos subjetivos ou pessoais do pagamento o *solvens* (quem deve pagar) e o *accipiens* (a quem se deve pagar). Deve-se ter muito cuidado para não denominar as partes como o *devedor* e o *credor*, uma vez que a lei civil não utiliza tais expressões. Como se sabe, outras pessoas, que não o devedor, podem pagar; ao mesmo tempo que outras pessoas, que não o credor, podem receber.

*a) Do* solvens *ou "quem deve pagar" (arts. 304 a 307 do CC)*

Como regra geral, o *solvens* será o devedor. Porém, outras pessoas também podem pagar, além do próprio sujeito passivo da relação obrigacional. Nesse sentido, enuncia o art. 304 do CC/2002 que qualquer interessado na dívida pode pagá-la, podendo usar, se houver oposição do credor, dos meios conducentes à exoneração do devedor. A título de ilustração, havendo oposição do credor, poderá o terceiro interessado utilizar-se do pagamento em consignação, judicial ou extrajudicial, previsto nos arts. 334 do CC/2002, 539 do CPC/2015 e 890 do CPC/1973).

Outro conceito que pode gerar dúvida é o de terceiro interessado na dívida. Este corresponde à pessoa que tenha interesse patrimonial na sua extinção, caso do fiador, do avalista ou do herdeiro. Havendo o pagamento por esse terceiro interessado, esta pessoa sub-roga-se automaticamente nos direitos de credor, com a transferência de todas as ações, exceções e garantias que detinha o credor primitivo. Em hipóteses tais, ocorre a chamada sub-rogação legal ou *automática* (art. 346, inc. III, do CC).

Mas deve ser tomado o devido cuidado, uma vez que interesse patrimonial não significa interesse afetivo. Dessa forma, um pai que paga a dívida do filho por intuito afetivo não pode ser considerado terceiro interessado no campo do direito obrigacional. O pai que paga a dívida deve ser considerado, na verdade, um terceiro não interessado na dívida. Esse também tem direito de realizar o pagamento. Em casos tais, duas regras devem ser observadas:

– *Se o terceiro não interessado fizer o pagamento em seu próprio nome* tem direito a reembolsar-se no que pagou, mas não se sub-roga nos direitos do credor

> (art. 305 do CC). Se pagar a dívida antes de vencida, somente terá direito ao reembolso ocorrendo o seu vencimento (art. 305, parágrafo único, do CC).
>
> – Se o terceiro não interessado fizer o pagamento *em nome e em conta do devedor*, sem oposição deste, não terá direito a nada, pois é como se fizesse uma doação, um ato de liberalidade (interpretação do art. 304, parágrafo único, do CC). Em casos de dúvidas, prevalece a premissa segundo a qual o terceiro pagou em seu próprio nome, eis que os atos de liberalidade não admitem interpretação extensiva (art. 114 do CC). Anoto que o Projeto de Reforma do Código Civil pretende retirar a menção à oposição do devedor para o pagamento pelo terceiro não interessado, como está hoje nesse parágrafo único do seu art. 304. Consoante as corretas justificativas da Subcomissão de Direito das Obrigações, "a retirada do termo 'oposição' facilita o adimplemento e cumpre à finalidade do obrigacional, qual seja, a satisfação do credor". De fato, a proposição busca efetivar com mais facilidade o cumprimento da obrigação, devendo ser aceita pelo Congresso Nacional.

No primeiro caso apontado, não há sub-rogação legal, como ocorre quando o terceiro interessado paga a dívida, mas mero direito de reembolso. Os dois institutos não se confundem, uma vez que na sub-rogação legal há uma substituição automática do credor, o que prescinde de prova quanto à existência da dívida. Ademais, o novo credor terá todos os direitos, garantias e ações que detinha o antigo credor (art. 349 do CC). No direito de reembolso isso não ocorre, podendo haver necessidade de se provar a dívida e o correspondente pagamento, eventualmente. No direito de regresso, não há substituição automática do credor em direitos, garantias e ações.

Em continuidade de estudo, preconiza o art. 306 da atual codificação material que se ocorrer o pagamento por terceiro não interessado e em seu próprio nome, sem o conhecimento ou havendo oposição do devedor, não haverá obrigação de reembolso do devedor em relação a esse terceiro, se o primeiro provar que tinha meios para ilidir a ação, ou seja, para solver a obrigação.

Exemplo típico é o caso em que o devedor tinha a seu favor a alegação de prescrição da dívida. Se ele, sujeito passivo da obrigação, provar tal fato e havendo o pagamento por terceiro, não haverá o mencionado direito de reembolso. Nesse sentido, com interessante aplicação prática:

"Monitória. Embargos rejeitados. Compromisso de compra e venda firmado entre as partes onde o embargante (vendedor) assumiu dívidas existentes sobre o bem até a data da alienação. Descoberta pelos embargados (compradores) de dívida junto à empresa responsável pelo abastecimento de água e saneamento da localidade, referente a obras para implantação da rede, executadas no ano de 1979. Pagamento precipitado pelos embargados, sem comunicar o embargante, efetivo devedor, para que pudesse se opor à cobrança de dívida prescrita, ficando dessa forma privados do reembolso. Inteligência do art. 306 do atual Código Civil. Embargante que reunia meios de se opor à cobrança, em virtude da evidente prescrição da dívida. Sentença reformada. Recurso provido para julgar procedentes os embargos e decretar a improcedência da ação monitória, invertidos os ônus da sucumbência" (TJSP, Apelação com Revisão 443.430.4/8, Acórdão 4129838, 8.ª Câmara de Direito Privado, Campinas, Rel. Des. Salles Rossi, j. 14.10.2009, *DJESP* 28.10.2009).

No atual Projeto de Reforma e Atualização do Código Civil, propõe-se uma melhora substancial do seu art. 306, para que passe a expressar o seguinte: "o pagamento feito por terceiro, interessado ou não, com desconhecimento ou oposição do devedor, não obriga a reembolsar aquele que pagou, desde que o devedor tivesse meios para ilidir a ação". De acordo com a Subcomissão de Direito das Obrigações, formada pelos Professores José Fernando Simão e Edvaldo Brito, é fundamental enunciar no texto da lei que o dispositivo refere-se a qualquer terceiro – interessado ou não –, e, com isso, "evita-se, assim, confusão entre sub-rogação do terceiro interessado e o reembolso do terceiro interessado e do não interessado". Ademais, "a mudança na parte final do artigo serve, por sua vez, para dar maior clareza ao artigo". A proposta foi aprovada pela Relatoria-Geral e pelos demais membros da Comissão de Juristas, de forma unânime.

Ainda a respeito do *solvens,* dispõe o art. 307 do CC/2002 que somente terá eficácia o pagamento que importar transmissão da propriedade quando feito por quem possa alienar o bem em que ele consistiu. Desse modo, somente se o *solvens* for titular de um direito real, será possível o pagamento. Esse dispositivo veda a alienação por quem não seja o dono da coisa (*a non domino*). A solução dada pela norma, em sua literalidade, é a ineficácia, e não a invalidade do pagamento.

Pelo parágrafo único desse dispositivo, se a parte der em pagamento coisa fungível (substituível) de terceiro, não será mais possível que este reclame do credor que a recebeu de boa-fé e a consumiu. E isso ocorre mesmo no caso de alienação do bem por insolvente.

Dessa forma, se for entregue coisa de terceiro, este deverá demandar o devedor se a coisa já tiver sido consumida mesmo de boa-fé, baseando-se no princípio da vedação do enriquecimento sem causa. Mas, se não houve ainda o consumo, o terceiro poderá demandar o *accipiens,* segundo a minha interpretação do dispositivo. Vejamos um exemplo. *A* entrega a *B* de cem sacas de café pertencentes a *C,* como forma de pagamento. Três são as possibilidades nesse caso:

- Se o café já foi consumido por *B,* de boa-fé, a ação de *C* é contra *A.*
- Se o café não foi consumido por *B,* a ação de *C* é contra *B.*
- Se o café foi consumido por *B,* de má-fé, a ação é contra *B.* Havendo má-fé e perdas e danos, quanto às últimas respondem todos os culpados solidariamente.

Essas conclusões partem da análise do último dispositivo à luz dos princípios da função social e da boa-fé que também regem a *teoria do pagamento.*

Como última observação sobre o dispositivo, no Projeto de Reforma do Código Civil há proposta para se incluir um novo § 2.º no seu art. 307, para que preveja que, se pactuada obrigação de dar coisa certa, sabendo não ser dela titular ao tempo do negócio, será o obrigado ou devedor considerado inadimplente tão logo expire o prazo avençado para o pagamento. Em casos tais, poderá o credor reclamar-lhe a devolução do preço, além de perdas e danos, salvo tenha, até então, adquirido a coisa.

A proposição foi formulada pela Relatora-Geral, Professora Rosa Nery, visando a responsabilizar aquele que aliena coisa alheia, ou seja, celebra uma alienação a non domino, ou sobre a qual ainda não tenha o domínio.

### b) Do accipiens ou "a quem se deve pagar" (arts. 308 a 312 do CC)

Como regra geral, o *accipiens* será o credor. Mas o pagamento também pode ser feito ao seu representante, que tem poderes para receber o pagamento, sob pena de só valer depois de ratificação, de confirmação pelo credor, ou havendo prova de reversão ao seu proveito (art. 308 do CC).

Esclareça-se que apesar de a norma mencionar a validade – assim como os dois comandos seguintes –, o pagamento é resolvido no plano da eficácia. Nessa linha, preciso e

## 406 | MANUAL DE DIREITO CIVIL • VOLUME ÚNICO – *Flávio Tartuce*

correto enunciado aprovado na *V Jornada de Direito Civil*, evento promovido pelo Conselho da Justiça Federal em 2011, com o seguinte sentido: "o pagamento repercute no plano da eficácia, e não no plano da validade como preveem os artigos 308, 309 e 310 do Código Civil" (Enunciado n. 425).

O atual Projeto de Reforma do Código Civil, elaborado pela Comissão de Juristas nomeada no âmbito do Senado Federal, pretende corrigir os equívocos, substituindo as menções ao plano da validade nesses dispositivos pelo plano da eficácia. Nesse contexto, os três diplomas citados passarão a ter as seguintes redações, de forma mais correta tecnicamente: "Art. 308. O pagamento deve ser feito ao credor ou a quem de direito o represente, sob pena de só ser eficaz depois de por ele ratificado ou tanto quanto reverter em seu proveito". "Art. 309. O pagamento feito de boa-fé ao credor putativo é eficaz, ainda provado depois que não era credor". "Art. 310. É ineficaz o pagamento cientemente feito ao credor incapaz de quitar, se o devedor não provar que, em benefício dele, efetivamente reverteu". Espera-se, assim, a sua necessária aprovação pelo Congresso Nacional.

O pagamento também poderá ser feito aos sucessores do credor, como no caso do herdeiro e do legatário, que podem ser reputados como representantes do credor para receber e dar quitação. Segundo enuncia o art. 309 do CC, válido – ou melhor, eficaz – será o pagamento ao *credor putativo* (aquele que aparentemente tem poderes para receber) desde que haja boa-fé do devedor. Eis uma das principais aplicações da *teoria da aparência*, que procura valorizar a verdade real, em detrimento da verdade formal.

Para ilustrar, imagine-se um caso em que um locatário efetua o seu pagamento na imobiliária *X*, há certo tempo. Mas o locador rompe o contrato de representação com essa imobiliária e contrata a imobiliária *Y*. O locatário não é avisado e continua fazendo os pagamentos na imobiliária anterior, sendo notificado da troca seis meses após. Logicamente, os pagamentos desses seis meses devem ser reputados válidos, não se aplicando a regra pela qual *quem paga mal, paga duas vezes*. Dessa forma, cabe ao locador acionar a imobiliária *X* e não o locatário.

De interessante julgado do Tribunal de Justiça de São Paulo também pode ser retirado outro exemplo de aplicação do conceito de credor putativo, envolvendo pagamento realizado em estabelecimento do credor, pela aparência que se revelava:

> "Compra e venda. Bem móvel. Existência de instituição financeira no interior do estabelecimento comercial. Negócio concretizado mediante pagamento em parcelas feito diretamente à loja comercial conforme os recibos juntados aos autos. Validade. Dívida devidamente quitada, mesmo porque, nos termos da Lei, o pagamento feito de boa-fé ao credor putativo é válido, ainda provado depois que não era credor. Art. 309 do Novo Código Civil. Ausência, ademais, de prova hábil do contrato autônomo de financiamento da dívida. Declaratória de inexigibilidade de título de crédito procedente. Recurso desprovido" (TJSP, Apelação 1.247.830/3, 11.ª Câmara de Direito Privado, Paraguaçu Paulista, j. 12.06.2006, Rel. Des. Gilberto Pinto dos Santos, v.u., V. 7.662).

Seguindo-se com os exemplos, podem ser colacionados dois arestos do Superior Tribunal de Justiça, que igualmente servem como interessantes concretizações do art. 309 da atual lei geral privada e da teoria da aparência que fundamenta o comando:

> "Recurso especial. Civil. Seguro DPVAT. Indenização. Credor putativo. Teoria da aparência. 1. Pela aplicação da teoria da aparência, é válido o pagamento realizado de boa-fé a credor putativo. 2. Para que o erro no pagamento seja escusável, é necessária a existência de elementos suficientes para induzir e convencer o devedor diligente de

CAP. 3 • TEORIA GERAL DAS OBRIGAÇÕES | **407**

que o recebente é o verdadeiro credor. 3. É válido o pagamento de indenização do DPVAT aos pais do *de cujus* quando se apresentam como únicos herdeiros mediante a entrega dos documentos exigidos pela lei que dispõe sobre seguro obrigatório de danos pessoais, hipótese em que o pagamento aos credores putativos ocorreu de boa--fé. 4. Recurso especial conhecido e provido" (STJ, REsp 1.601.533/MG, 3.ª Turma, Rel. Min. João Otávio de Noronha, j. 14.06.2016, *DJe* 16.06.2016).

"Agravo regimental. Agravo de instrumento. Obrigação securitária. Acordo. Pagamento ao falido. Credor putativo. Artigo 309, do CC. Provimento. 1. No caso em apreço, a recorrente foi condenada ao pagamento de seguro e entabulou acordo com a credora, cuja falência fora decretada anteriormente, sem que tivesse conhecimento do fato nem se consignando eventual má-fé no acórdão recorrido. 2. Inexistindo, pois, prova da má-fé e elemento que pudesse cientificar o devedor que o representante da credora não mais detinha poderes de administração, é de se reputar válido o pagamento feito a credor putativo. Inteligência do artigo 309, do Código Civil. 3. Agravo regimental provido" (STJ, AgRg no Ag. 1.225.463/SP, 4.ª Turma, Rel. Min. Maria Isabel Gallotti, j. 11.12.2012, *DJe* 19.12.2012).

"Direito civil e processual civil. Obrigação de fazer. Pedido de outorga de escritura definitiva de compra e venda. Deferimento de outorga de escritura de cessão de direitos hereditários. Julgamento *extra petita*. Não ocorrência. Bem transacionado objeto de inventário. Pagamento ao credor putativo. Eficácia. Sucumbência recíproca. Falta de prequestionamento. 1. Não há vício na sentença que determina a outorga de cessão de direitos hereditários e não a de escritura definitiva de compra e venda, conforme pedido na inicial se, sendo válido o negócio realizado pelas partes, até o proferimento da decisão não houver se encerrado o inventário, por ser a cessão um *minus* em relação ao pedido da autora. 2. Considera-se eficaz o pagamento realizado àquele que se apresenta com aparência consistente de ser mandatário do credor se as circunstâncias do caso assim indicarem. A atuação da corretora e do recorrente indicaram à recorrida, compradora do bem, que aquela tinha legitimidade para as tratativas e fechamento do negócio de compra e venda. 3. O prequestionamento, entendido como a necessidade de o tema objeto do recurso haver sido examinado pela decisão atacada, constitui exigência inafastável da própria previsão constitucio-nal, ao tratar do recurso especial, impondo-se como um dos principais requisitos ao seu conhecimento. Não examinada a matéria objeto do especial pela instância *a quo*, incidem os enunciados 282 e 356 da Súmula do Supremo Tribunal Federal. 4. Recurso Especial improvido" (STJ, REsp 823.724/RJ, 3.ª Turma, Rel. Min. Sidnei Beneti, j. 18.05.2010, *DJe* 07.06.2010).

No que interessa à antiga regra *quem paga mal, paga duas vezes,* está implícita no art. 310 do Código Civil em vigor. Por tal comando legal, não vale o pagamento – no correto sentido de ser ineficaz –, cientemente feito ao credor incapaz de dar quitação, se o devedor não provar a reversão do valor pago em seu benefício. Essa incapacidade deve ser tida em sentido genérico, significando falta de autorização, ou mesmo incapacidade absoluta ou relativa daquele que recebeu (arts. 3.º e 4.º do CC). Em casos tais, o pagamento deverá ocorrer novamente.

Aplicando essa nossa posição de interpretação ampliada na ideia de incapacidade de receber, destaque-se acórdão do Tribunal de Justiça de São Paulo (Apelação 0017943-67.2009.8.26.0114, 12.ª Câmara de Direito Privado do Tribunal de Justiça de São Paulo, Campinas, Rel. Des. Márcia Cardoso, j. 04.05.2016). No caso, a devedora efetuou o paga-mento da dívida, objeto da demanda, diretamente na conta bancária de uma pessoa física, quando a credora era pessoa jurídica, que nunca deu quitação formal dos valores pagos. Nos termos do julgamento, "tais pagamentos foram realizados, inclusive, contrariando as

**408** | MANUAL DE DIREITO CIVIL • VOLUME ÚNICO – *Flávio Tartuce*

instruções constantes das próprias notas fiscais que eram acompanhadas dos respectivos boletos bancários. Nesse contexto, não há como considerar válido o pagamento, eis que realizado em dissonância com a boa-fé objetiva e os usos e costumes comerciais". O acórdão estadual foi confirmado em decisão monocrática do Superior Tribunal de Justiça, proferida pelo Ministro Luis Felipe Salomão em março de 2018, nos autos do Agravo Interno no Agravo em Recurso Especial 1.210.049/SP, novamente citando o meu entendimento.

Advirta-se, contudo, que tais conclusões não obstam que aquele que pagou ingresse com ação de repetição de indébito (*actio in rem verso*) contra aquele que recebeu, aplicação direta das regras relacionadas com o pagamento indevido e com a vedação do enriquecimento sem causa.

No entanto, vale lembrar a parte final do dispositivo (art. 310 do CC), pelo qual se ficar provado que o pagamento foi revertido a favor do credor, haverá exoneração daquele que pagou. O dispositivo valoriza, mais uma vez, a busca da verdade real (*teoria da aparência*), em sintonia com a vedação do enriquecimento sem causa, com a eticidade e a socialidade.

Determina o art. 311 do CC/2002 que deve ser considerado como autorizado a receber o pagamento aquele que está munido do documento representativo da quitação (o recibo), salvo se as circunstâncias afastarem a presunção relativa desse mandato tácito. Exemplificando, se de imediato perceber o devedor que no recibo consta uma assinatura do credor aparentemente falsificada, poderá negar-se a fazer o pagamento. O dispositivo deve ser complementado pelo art. 113, *caput*, do CC, segundo o qual os negócios jurídicos devem ser interpretados conforme a boa-fé objetiva e os usos e os costumes do seu lugar de celebração (*regras de tráfego*). Em suma, caberá análise caso a caso, de acordo com as circunstâncias fáticas que envolvem o pagamento.

A encerrar o presente tópico, preconiza o art. 312 do CC que, se o devedor pagar ao credor, apesar de intimado da penhora feita sobre o crédito ou da sua impugnação oposta por terceiro, não deverá ser tido como válido o pagamento em relação a este terceiro. O terceiro, na verdade, poderá constranger o devedor a pagar novamente (*quem paga mal, paga duas vezes*), ressalvado o direito de regresso do devedor em face do credor.

A ilustrar, se no caso descrito o devedor for citado em interpelação judicial, em que terceiro reivindica o crédito, não poderá pagar ao suposto credor. Se assim o faz, deverá pagar ao terceiro novamente, se este for o verdadeiro legitimado a receber, cabendo ingressar com ação de repetição de indébito (*actio in rem verso*) contra aquele que recebeu o indevido.

### 3.6.2.2 *Do objeto e da prova do pagamento direto (elementos objetivos do pagamento direto). O que se paga e como se paga*

Pela interpretação do art. 313 do CC/2002 pode-se afirmar que o objeto do pagamento é a *prestação*, podendo o credor se negar a receber o que não foi pactuado, mesmo sendo a coisa mais valiosa. Trata-se de concretização da antiga máxima romana *nemo aliud pro alio invito creditore solvere potest*.

Essa regra reforça a individualização da prestação na obrigação de dar coisa certa, como outrora exposto. Concretizando, se a obrigação do devedor é de entrega de um lote imobiliário, não pode o credor ser obrigado a receber outro, ainda que seja mais valioso (TJSP, Apelação com Revisão 415.544.4/8, Acórdão 4127884, 6.ª Câmara de Direito Privado, Mogi-Mirim, Rel. Des. Sebastião Carlos Garcia, j. 15.10.2009, *DJESP* 24.11.2009).

Em complemento à última norma, determina o artigo seguinte que, mesmo sendo a obrigação divisível, não pode ser o credor obrigado a receber, nem o devedor a pagar em partes, salvo previsão expressa em contrato (art. 314 do CC). Eis a consagração do *princípio da identidade física da prestação.*

CAP. 3 • TEORIA GERAL DAS OBRIGAÇÕES | **409**

Anote-se que, como exceção à premissa, o Código de Processo Civil anterior passou a consagrar uma *moratória legal* no seu art. 745-A, *caput*, introduzido pela Lei 11.382/2006.[32] O dispositivo foi reproduzido pelo art. 916 do Código de Processo de 2015, com pequenas alterações de redação, como se percebe do quadro comparativo a seguir:

| Código de Processo Civil de 2015 | Código de Processo Civil de 1973 |
|---|---|
| "Art. 916. No prazo para embargos, reconhecendo o crédito do exequente e comprovando o depósito de trinta por cento do valor em execução, acrescido de custas e de honorários de advogado, o executado poderá requerer que lhe seja permitido pagar o restante em até 6 (seis) parcelas mensais, acrescidas de correção monetária e de juros de um por cento ao mês." | "Art. 745-A. No prazo para embargos, reconhecendo o crédito do exequente e comprovando o depósito de 30% (trinta por cento) do valor em execução, inclusive custas e honorários de advogado, poderá o executado requerer seja admitido a pagar o restante em até 6 (seis) parcelas mensais, acrescidas de correção monetária e juros de 1% (um por cento) ao mês." |

Em complemento, o Estatuto Processual em vigor continua a prever que, sendo deferida a proposta pelo juiz, o exequente levantará a quantia depositada e serão suspensos os atos executivos (art. 916, § 3.º, do CPC/2015, correspondente ao art. 745-A, § 1.º, do CPC/1973).

Por outra via, indeferida a proposta, seguir-se-ão os atos executivos, mantido o depósito, que agora passa a ser convertido em penhora (art. 916, § 4.º, do CPC/2015, com essa pequena última alteração perante o art. 745-A, § 1.º, do CPC/1973).

Como se pode notar, há uma imposição pela lei de recebimento parcelado da dívida, o que quebra a premissa que consta do art. 314 do Código Civil. Como última observação a respeito dessa *moratória legal*, pensamos que ela traz um plano de parcelamento interessante, que pode ser proposto por devedores que passam por sérias dificuldades por conta de graves crises econômicas, como a decorrente da pandemia da Covid-19. Essa proposição de pagamento, no meu entender, concretiza o dever anexo de transparência, anexo à boa-fé objetiva.

De acordo com o art. 315 da codificação material privada, as dívidas em dinheiro (obrigações pecuniárias) devem ser pagas em moeda nacional corrente e pelo valor nominal (*princípio do nominalismo*). Essa é a regra geral para os pagamentos em pecúnia, em dinheiro. O dispositivo trata da dívida em dinheiro. Há, ainda, "a dívida de valor, aquela que, embora paga em dinheiro, procura atender ao verdadeiro valor do objeto da prestação, incorporando as variações que possa sofrer para mais ou para menos".[33] Como exemplos de dívidas de valor, podem ser citados os salários, as pensões em geral, os aluguéis, as prestações alimentares, os valores devidos a título de financiamento, todos sujeitos à correção monetária.

Para se evitar os efeitos da inflação, foi prática muito comum empregada pelos credores a aplicação de índices de correção monetária que podiam ser aplicados sem limite temporal. Dessa forma, confirmando a legislação anterior, enuncia o art. 316 do atual Código Civil que é lícito convencionar o aumento progressivo de prestações sucessivas, a que se

---

[32] A expressão *moratória legal* é de Humberto Theodoro Júnior, como destaca Daniel Amorim Assumpção Neves, que traz comentários interessantes a respeito da matéria (NEVES, Daniel Amorim Assumpção. *Manual de direito processual civil*. São Paulo: Método, 2009. p. 889-893).

[33] TEPEDINO, Gustavo; BARBOZA, Heloísa Helena; BODIN DE MORAES, Maria Celina. *Código Civil interpretado*. Rio de Janeiro: Renovar, 2004. v. I, p. 607.

MANUAL DE DIREITO CIVIL • VOLUME ÚNICO – *Flávio Tartuce*

dá o nome de *cláusula de escala móvel ou cláusula de escalonamento.* Eis o dispositivo que demonstra a essência da *dívida de valor.*

Esse comando, contudo, refere-se somente à correção monetária da obrigação, especialmente se houver pactuação entre as partes no seu instrumento. É forçoso concluir que não houve qualquer revogação do Decreto 22.626/1933, a Lei de Usura, que continua em vigor, eis que o Código Civil de 2002 consagra os princípios da função social da obrigação, da boa-fé objetiva e a vedação do enriquecimento sem causa. Dessa forma, continua sendo proibida a cobrança de juros abusivos (superiores ao dobro da taxa legal), bem como o anatocismo (juros sobre juros).

Isso, em sintonia com o art. 2.º da Lei 10.192/2001, pelo qual "é admitida estipulação de correção monetária ou de reajuste por índices de preços gerais, setoriais ou que reflitam a variação dos custos de produção ou dos insumos utilizados nos contratos de prazo de duração igual ou superior a um ano". Por outro lado, conforme o § 1.º desse dispositivo, "É nula de pleno direito qualquer estipulação de reajuste ou correção monetária de periodicidade inferior a um ano".

Como outra exceção à regra do nominalismo, determina o art. 317 do CC que, "quando, por motivos imprevisíveis, sobrevier desproporção manifesta entre o valor da prestação devida e o do momento de sua execução, poderá o juiz corrigi-lo, a pedido da parte, de modo que assegure, quanto possível, o valor real da prestação". O dispositivo traz como conteúdo a revisão contratual por fato superveniente, diante de uma imprevisibilidade somada a uma onerosidade excessiva.

Na doutrina, várias são as manifestações no sentido de que o dispositivo consagra a *teoria da imprevisão.*[34] Estou filiado a essa corrente, uma vez que predomina a análise do fato imprevisível a possibilitar a revisão por fato superveniente. Também estou filiado ao entendimento, amplamente majoritário, que propõe uma aplicação extensiva do dispositivo, muito além dos casos de problemas referentes a pagamento em dinheiro.

Entretanto, recomenda-se que não seja mais utilizada a expressão *teoria,* pois a revisão consta de forma expressa na atual norma civil codificada. Por isso é que preferimos a expressão *revisão contratual por fato superveniente, diante de uma imprevisibilidade somada a uma onerosidade excessiva.*

O tema está aprofundado no Capítulo 5 deste livro, que trata da teoria geral dos contratos, inclusive com atualização frente à Lei 14.010/2020, que criou o Regime Jurídico Emergencial Transitório em matéria de Direito Privado (RJET) diante da pandemia da Covid-19. Ali também serão abordadas as propostas de modificação da norma pelo Projeto de Reforma do Código Civil.

Nos termos do art. 318 do CC, são nulas as convenções de pagamento em ouro (*cláusula-ouro*) ou em moeda estrangeira (*obrigação valutária*), bem como para compensar a diferença entre o valor desta e o da moeda nacional, excetuados os casos previstos na legislação especial. Trata-se de mais uma exceção ao *princípio do nominalismo*, previsto no art. 315 do CC.

Em complemento, determina o art. 1.º da Lei 10.192/2001 que "as estipulações de pagamento de obrigações pecuniárias exequíveis no território nacional deverão ser feitas

---

[34] Nessa linha, por todos: DINIZ, Maria Helena. *Código Civil anotado.* 15. ed. São Paulo: Saraiva, 2010. p. 302-303; AZEVEDO, Álvaro Villaça. O novo Código Civil Brasileiro: tramitação; função social do contrato; boa-fé objetiva; teoria da imprevisão e, em especial, onerosidade excessiva (*laesio enormis*). In: DELGADO, Mário Luiz; ALVES, Jones Figueirêdo (Coord.). *Questões controvertidas no Código Civil.* São Paulo: Método, 2004. v. 2; LOTUFO, Renan. *Código Civil comentado.* São Paulo: Saraiva, 2003. v. 2, p. 227; LÔBO, Paulo Luiz Netto. *Teoria geral das obrigações.* São Paulo: Saraiva, 2005. p. 207. SIMÃO, José Fernando. *Código Civil Comentado.* Doutrina e Jurisprudência. Rio de Janeiro: Forense, 2019, p. 183.

em Real, pelo seu valor nominal". Essa última norma foi alterada pela Lei 14.286/2021 que, entre outros temas, passou a tratar do mercado de câmbio brasileiro, do capital brasileiro no exterior e do capital estrangeiro no País, entrando em vigor em dezembro de 2022.

Pelo parágrafo único do mesmo dispositivo, agora modificado no seu primeiro inciso, "são vedadas, sob pena de nulidade, quaisquer estipulações de: I – pagamento expressas ou vinculadas a ouro ou moeda estrangeira, ressalvadas as hipóteses previstas em lei ou na regulamentação editada pelo Banco Central do Brasil; II – reajuste ou correção monetária expressas em, ou vinculadas a unidade monetária de conta de qualquer natureza". Assim, a partir da entrada em vigor da nova norma, surgirão novas autorizações, no Brasil, para estipulações de pagamento com valores expressos em moeda estrangeira ou ouro, por novas previsões em lei ou por regulamentos do Banco Central, o que deve ser incrementado nos próximos anos.

O Decreto-lei 857/1969 acabou por ser revogado pela mesma Lei 14.286/2021, sendo pertinente lembrar que pelo seu art. 1.º eram "nulos de pleno direito os contratos, títulos e quaisquer documentos, bem como as obrigações que, exequíveis no Brasil, estipulem pagamento em ouro, em moeda estrangeira, ou, por alguma forma, restrinjam ou recusem, nos seus efeitos, o curso legal do cruzeiro", hoje do Real. Nos termos do art. 2.º do mesmo diploma, não se aplicavam essas disposições proibitivas, nos seguintes casos:

- aos contratos e títulos referentes à importação ou exportação de mercadorias;
- aos contratos de financiamento ou de prestação de garantias relativos às operações de exportação de bens de produção nacional, vendidos a crédito para o exterior;
- aos contratos de compra e venda de câmbio em geral;
- aos empréstimos e quaisquer outras obrigações cujo credor ou devedor seja pessoa residente e domiciliada no exterior, excetuados os contratos de locação de imóveis situados no território nacional;
- aos contratos que tenham por objeto a cessão, transferência, delegação, assunção ou modificação das obrigações referidas no item anterior, ainda que ambas as partes contratantes sejam pessoas residentes ou domiciliadas no país.

Ainda com relevo para a matéria, preconizava o art. 6.º da Lei 8.880/1994 a nulidade absoluta de contratação de reajuste vinculado à variação cambial, exceto quando expressamente autorizado por lei federal e nos contratos de arrendamento mercantil celebrados entre pessoas residentes e domiciliadas no País, com base em captação de recursos provenientes do exterior. O comando também foi revogado expressamente pela Lei 14.286/2021. O dispositivo tratava do *leasing* (arrendamento mercantil), que teve valor atrelado à variação cambial em realidade recente de nosso País. Todavia essa prática foi malsucedida, pois em janeiro de 1999 houve forte desvalorização do real perante o dólar, o que motivou um *enxame* de ações judiciais para a revisão dos contratos e das obrigações, o que vem sendo deferido pelo Superior Tribunal de Justiça, em última instância (nesse sentido, a título de exemplo, ver: STJ, REsp 579.096/MG, 3.ª Turma, Rel. Min. Nancy Andrighi, j. 14.12.2004, *DJ* 21.02.2005, p. 173). O tema também será aprofundado no Capítulo 5 deste livro.

Essas normas especiais, assim, não têm mais aplicação no Brasil, devendo surgir uma nova regulamentação após a entrada em vigor da Lei 14.286/2021, a partir de dezembro de 2022. De toda sorte, o art. 13 dessa norma emergente tratou das hipóteses que estavam previstas na legislação anterior, estabelecendo que a estipulação de pagamento em moeda estrangeira de obrigações exequíveis no território nacional é admitida nas seguintes situações: *a)* nos contratos e nos títulos referentes ao comércio exterior de bens e serviços, ao seu financiamento e às suas garantias; *b)* nas obrigações cujo credor ou devedor seja não residente, incluídas as decorrentes de operações de crédito ou de arrendamento mercantil, exceto nos contratos de locação de imóveis situados no território nacional; *c)* nos contratos de arrendamento mercantil celebrados entre residentes, com base em captação de recursos provenientes do exterior; *d)* na cessão, na transferência, na delegação, na assunção ou na modificação das obrigações referidas nos incisos anteriores, inclusive se as partes envolvidas forem residentes; *e)* na compra e venda de moeda estrangeira; *f)* na exportação indireta de que trata a Lei 9.529/1997; *g)* nos contratos celebrados por exportadores em que a contraparte seja concessionária, permissionária, autorizatária ou arrendatária nos setores de infraestrutura; *h)* nas situações previstas na regulamentação editada pelo Conselho Monetário Nacional, quando a estipulação em moeda estrangeira puder mitigar o risco cambial ou ampliar a eficiência do negócio; e *i)* em outras situações dispostas na legislação. Ademais, consoante o seu parágrafo único, que confirma o art. 318 do Código Civil, "a estipulação de pagamento em moeda estrangeira feita em desacordo com o disposto neste artigo é nula de pleno direito".

Deve ficar claro que todos os dispositivos especiais anteriores complementavam a regra do art. 318 do CC, continuando em vigor diante do critério da *especialidade* que, como se sabe, é mais forte do que o *cronológico*, quando se estudam as antinomias jurídicas. O mesmo vale para o art. 13 da Lei 14.286/2021 e para a novas regulamentações posteriores ao novo diploma legal.

Ademais, não se olvide de que, apesar de todas essas regras, não há qualquer nulidade do pagamento caso seja cotado em moeda estrangeira ou em ouro, constando o valor correspondente em reais, por conversão. Acredito que tal afirmação não só será confirmada como reforçada com a citada nova regulamentação que surgiu a respeito da temática. Nesse sentido, posicionava-se a jurisprudência superior, o que conta com o meu apoio doutrinário:

> "O STJ pacificou o entendimento de que, 'as dívidas fixadas em moeda estrangeira deverão, no ato de quitação, ser convertidas para a moeda nacional, com base na cotação da data da contratação, e, a partir daí, atualizadas com base em índice oficial de correção monetária' (REsp 1.323.219/RJ, Rel. Min. Nancy Andrighi, *DJe* 26.09.2013)" (STJ, AgRg no REsp 1.342.000/PR, 3.ª Turma, Rel. Min. Ricardo Villas Bôas Cueva, j. 04.02.2014, *DJe* 17.02.2014).

Encerrada a análise do objeto do pagamento, vejamos os preceitos relativos à prova de pagamento. De início, o devedor que paga tem direito à quitação, fornecida pelo credor e consubstanciada em um documento conhecido como recibo. A quitação constitui prova efetiva de pagamento, sendo o documento pelo qual o credor reconhece que recebeu o pagamento, exonerando o devedor da relação obrigacional. Trata-se, portanto, do meio de efetivação da prova do pagamento.

Nesse sentido, o devedor que paga tem direito à *quitação regular,* e pode reter o pagamento enquanto não lhe seja dada (art. 319 do CC). É interessante transcrever o entendimento do Enunciado n. 18, aprovado pela *I Jornada de Direito Civil,* promovida pelo Conselho da Justiça Federal em 2002, aplicável à quitação regular e aos contratos eletrônicos, permitindo a quitação por *e-mail.* É a sua redação: "a 'quitação regular', referida no art. 319 do novo Código Civil, engloba a quitação dada por meios eletrônicos ou por quaisquer formas de 'comunicação à distância', assim entendida aquela que permite ajustar negócios jurídicos e praticar atos jurídicos sem a presença corpórea simultânea das partes ou dos seus representantes".

Quanto à prova eletrônica, pontue-se que ela é amplamente admitida pelo vigente Código de Processo Civil. Nessa linha, cabe transcrever o art. 422 do CPC/2015, com

CAP. 3 • TEORIA GERAL DAS OBRIGAÇÕES | **413**

destaque especial para os seus §§ 1.º e 3.º: "qualquer reprodução mecânica, como a foto-gráfica, a cinematográfica, a fonográfica ou de outra espécie, tem aptidão para fazer prova dos fatos ou das coisas representadas, se a sua conformidade com o documento original não for impugnada por aquele contra quem foi produzida. § 1.º As fotografias digitais e as extraídas da rede mundial de computadores fazem prova das imagens que reproduzem, devendo, se impugnadas, ser apresentada a respectiva autenticação eletrônica ou, não sendo possível, realizada perícia. § 2.º Se se tratar de fotografia publicada em jornal ou revista, será exigido um exemplar original do periódico, caso impugnada a veracidade pela outra parte. § 3.º Aplica-se o disposto neste artigo à forma impressa de mensagem eletrônica".

No Projeto de Reforma e Atualização do Código Civil pretende-se incluir na norma do art. 319 o teor do Enunciado n. 18 da *I Jornada de Direito Civil*, e, em boa hora, a norma passará a ter a seguinte redação: "o devedor que paga tem direito à quitação regular, ainda que por meio digital, e pode reter o pagamento, enquanto aquela não lhe seja dada".

Os elementos da quitação estão previstos no art. 320 da codificação privada, a saber:

- valor expresso da obrigação;
- especificidade da dívida quitada;
- identificação do devedor ou de quem paga no seu lugar;
- tempo e lugar de pagamento;
- assinatura do credor ou o seu representante, dando quitação total ou parcial.

O mesmo dispositivo recomenda a elaboração de um instrumento particular, para uma maior segurança jurídica, o que, contudo, não é obrigatório, como se pode perceber pela própria redação do art. 320 que utiliza o termo "poderá". Ademais, todos esses requisitos da quitação não são obrigatórios, consagrando esse comando legal o *princípio da liberdade das formas*, que segue o princípio da atual codificação privada, que é de simplicidade dos atos e negócios jurídicos (art. 107 do CC). O princípio é reforçado pelo parágrafo único do art. 320 do CC, pelo qual, ainda que não estejam presentes tais requisitos, valerá a quitação, se de seus termos e circunstâncias a dívida tiver sido paga.

Para tanto, deve o aplicador do Direito analisar se o pagamento realmente foi realizado de acordo com as circunstâncias do caso concreto. A ilustrar a subsunção dessas premissas e regras, precisa decisão da 3.ª Turma Recursal dos Juizados Especiais do Distrito Federal considerou que "o parágrafo único do art. 320 do Código Civil estabelece que valerá a quitação se de seus termos ou das circunstâncias resultar haver sido paga a dívida. Na hipótese, a despeito de o comprovante do pagamento apresentar número do código de barras diverso do indicado na fatura do cartão de crédito, considera-se quitado o débito se, no ofício encaminhado ao juízo *a quo*, a instituição bancária onde foi realizado o pagamento declara que o respectivo valor foi creditado à administradora do cartão" (TJDF, Apelação Cível do Juizado Especial 20111010056592, j. 08.04.2014).

Anoto que no atual Projeto de Reforma do Código Civil pretende-se corrigir problemas técnicos e suprir a *lacuna tecnológica* hoje existente no seu art. 320. Assim, o seu *caput* passará a mencionar que os elementos da quitação não são obrigatórios, mas facultativos, utilizando o termo "poderá", e não mais "deverá"; havendo ainda a inclusão da assinatura eletrônica: "a quitação, que sempre poderá ser dada por instrumento particular, poderá designar o valor e a espécie da dívida quitada, o nome do devedor ou quem por este pagou, o tempo e o lugar do pagamento, com a assinatura do credor, física ou digital ou a do seu representante". Além disso, o parágrafo único, como antes pontuado, passará a mencionar de forma correta a eficácia da quitação, e não a sua validade: "ainda sem os

# 414 | MANUAL DE DIREITO CIVIL • VOLUME ÚNICO – *Flávio Tartuce*

requisitos estabelecidos neste artigo, será eficaz a quitação, se de seus termos e circunstâncias resultar haver sido paga a dívida". As proposições, como se pode perceber, são necessárias para deixar o texto mais técnico e seguro.

Ainda tratando da prova do pagamento, dispõe o art. 321 do CC que nos débitos cuja quitação consista na devolução do título, uma vez perdido este, poderá o devedor exigir, retendo o pagamento, uma declaração do credor que inutilize o título desaparecido. Essa previsão tem por objetivo proteger futuramente o devedor para que o título não seja cobrado novamente.

Superados esses pontos, existem algumas regras do Código Civil a respeito da presunção do pagamento. Todas as presunções são relativas (*iuris tantum*), admitindo prova em contrário. Também admitem previsão em contrário pelas partes, geralmente constante do próprio recibo:

– Quando a obrigação for de trato sucessivo, ou seja, com o pagamento por meio de quotas periódicas, a quitação da última estabelece, até prova em contrário, a presunção de estarem solvidas as anteriores (art. 322 do CC). Ilustrando, *A*, locatário, está devendo seis meses de aluguel (janeiro, fevereiro, março, abril, maio e junho). Visando à extinção da dívida, o mesmo vai até a imobiliária *B* que tem poderes para receber. Essa oferece um recibo do mês de junho. Nessa situação, haverá presunção relativa de que os meses anteriores foram pagos. Na prática, deverá o locador provar que não recebeu, quando a regra é o locatário provar que pagou, invertendo-se o ônus da prova. Obviamente, repise-se que o recibo pode afastar tal regra, que é dispositiva ou de ordem privada.

– Nos termos do art. 323 do CC, sendo a quitação do capital sem a reserva dos juros, estes se presumem pagos. Como se sabe, os juros são bens acessórios (frutos civis ou rendimentos, devidos pela utilização de capital alheio), aplicando-se a regra de que o acessório segue o principal (*princípio da gravitação jurídica*).

– A entrega do título ao devedor firma a presunção relativa do pagamento. Mas ficará sem efeito a quitação operada pela entrega do título, se o credor provar, em sessenta dias, a falta do pagamento (art. 324 do CC). Surge uma dúvida em relação à previsão desse dispositivo, se confrontada com o art. 386 do mesmo Código Civil, que trata da remissão de dívidas ou perdão, e que tem a seguinte redação: "a devolução voluntária do título da obrigação, quando por escrito particular, prova desoneração do devedor e seus coobrigados, se o credor for capaz de alienar, e o devedor capaz de adquirir". A dúvida surge, pois os dois dispositivos tratam da entrega de títulos. Como resolver a questão? Haveria, em casos tais, pagamento direto ou remissão de dívidas? Entendo ser melhor compreender tal confrontação no sentido de que o art. 324 do CC trata de entrega de título de crédito (presunção de pagamento); enquanto o art. 386 está relacionado à entrega de instrumento particular que representa a dívida (remissão). O Projeto de Reforma do Código Civil pretende resolver mais esse dilema, além de expressar no *caput* do seu art. 324 que a presunção dele decorrente é relativa. De acordo com a proposição, "a entrega do título ao devedor firma a presunção relativa do pagamento". E, consoante o parágrafo único da norma projetada, que faz ressalva a respeito da remissão ou do perdão da dívida, "ficará sem efeito a quitação assim operada se o credor provar, em sessenta dias, a falta do pagamento, ressalvado ao devedor o direito de demonstrar ter-se tratado de remissão". Trata-se de mais uma proposição

CAP. 3 • TEORIA GERAL DAS OBRIGAÇÕES | **415**

que visa apenas trazer mais clareza, segurança e efetividade prática para o Direito Privado Brasileiro.

– Por regra, presumem-se a cargo do devedor as despesas com o pagamento e a quitação. Eventualmente, se ocorrer aumento dessas despesas por fato imputável ao credor, suportará este a despesa acrescida, o que visa à manutenção do *sinalagma*, o ponto de equilíbrio na relação obrigacional (art. 325 do CC). Mas se o acréscimo for imputado ao devedor ou a seu preposto, deverá o primeiro arcar com tais despesas.

– Se houver o pagamento por medida ou peso, deve-se entender, no silêncio das partes, que aceitaram os critérios do lugar da execução da obrigação (art. 326 do CC). Esse comando legal consagra a aplicação dos costumes locais ao pagamento direto, trazendo uma visualização social da obrigação, complementando o art. 113 do CC. Exemplificando e em regra, deve-se levar em conta o alqueire do local em que a obrigação deve ser executada, ou seja, de onde estiver situado o imóvel rural. Anote-se que, no Estado de São Paulo, um alqueire equivale a 24.200 m², em Minas Gerais, a 48.400 m² e, no norte do Brasil, a 27.225 m². O alqueire, contudo, não é o índice oficial de metragem, mas o hectare (ha).

### 3.6.2.3  *Do lugar do pagamento direto. Onde se paga*

Como regra geral, os instrumentos obrigacionais estipularão o domicílio onde as obrigações deverão ser cumpridas, determinando também, de forma implícita, a competência do juízo onde a ação será proposta, em caso de inadimplemento da obrigação. Em relação ao lugar de pagamento, a obrigação pode ser assim classificada:

a) *Obrigação quesível* ou *quérable* – situação em que o pagamento deverá ocorrer no domicílio do devedor. De acordo com a lei, há uma presunção relativa de que o pagamento é quesível, uma vez que o sujeito passivo deve ser procurado pelo credor em seu domicílio para efetuar o pagamento, salvo se o instrumento negocial, a natureza da obrigação ou a lei impuserem regra em contrário (art. 327, *caput*, do CC). Assim, "a Lei adjetiva civil, em seu artigo 327, encerra uma presunção (legal). Não havendo contratação específica quanto ao local do cumprimento da obrigação, esta será considerada quesível, ou seja, o credor, quando do vencimento, deve dirigir-se até o domicílio do devedor para receber o pagamento que lhe é devido. A própria natureza da obrigação *sub judice* não autoriza o reconhecimento de que o local de seu cumprimento seria o domicílio do credor" (STJ, REsp 1.101.524/AM, 3.ª Turma, Rel. Min. Massami Uyeda, j. 12.04.2011, *DJe* 27.04.2011).

b) *Obrigação portável* ou *portable* – é a situação em que se estipula, por força do instrumento negocial ou pela natureza da obrigação, que o local do cumprimento da obrigação será o domicílio do credor. Eventualmente, também recebe essa denominação a obrigação cujo pagamento deva ocorrer no domicílio de terceiro. Em casos tais, o sujeito passivo obrigacional deve levar e oferecer o pagamento a esses locais.

Designados dois ou mais lugares, caberá ao credor escolher entre eles (art. 327, parágrafo único, do CC). Por uma questão prática que lhe é mais favorável, é muito comum o credor escolher o próprio domicílio para o pagamento. Percebe-se que se trata de uma das poucas vezes em que a escolha cabe ao credor, e não ao devedor, na teoria geral das obrigações.

**416** | MANUAL DE DIREITO CIVIL • VOLUME ÚNICO – *Flávio Tartuce*

Por outro lado, se o pagamento consistir na tradição de um imóvel, ou em prestações a ele relativas, far-se-á no lugar onde situado o bem (art. 328 do CC). Paulo Luiz Netto Lôbo esclarece o teor do dispositivo exemplificando da seguinte forma:

"Entende-se que a referência do art. 328 do Código Civil a 'prestações relativas a imóveis' só não atinentes a direitos reais limitados (*e.g.*: direito do promitente do comprador, hipoteca e penhor) ou a direito pessoal de uso do imóvel (*e.g.*: locação). O locador tem de entregar o prédio no lugar em que este é situado; o locatário tem de recebê-lo onde está situado. Os aluguéis prestam-se no lugar de situação do imóvel, e não no lugar do domicílio do devedor, que pode não ser o do imóvel".[35]

Essas são as regras básicas aplicáveis ao lugar de pagamento. Mas o Código Civil de 2002 traz duas inovações importantes, frente à codificação anterior, relativizando tais premissas e o que constar no instrumento obrigacional.

Inicialmente, prevê o seu art. 329 que, "ocorrendo motivo grave para que se não efetue o pagamento no lugar determinado, poderá o devedor fazê-lo em outro, sem prejuízo para o credor". A regra tem grande aplicação prática, mantendo relação direta com o princípio da função social dos contratos, pois mitiga a força obrigatória da convenção, o *pacta sunt servanda* (eficácia interna da função social).

A expressão "motivo grave" é aberta, devendo ser preenchida pelo juiz, caso a caso. Podem ser citadas como razões para aplicação do dispositivo: greve no transporte público, calamidade pública, enchente, ataque terrorista ou de grupos armados, doença do devedor ou de pessoa de sua família, falta de energia elétrica, isolamento social decretado pelo Poder Público em virtude de pandemia, entre outros. Desde que não haja prejuízo para o credor, o pagamento pode ser efetuado em outro local.

Em boa hora, a respeito de eventuais despesas ou custos de o pagamento ser efetivado em outro lugar, o Projeto de Reforma e Atualização do Código Civil pretende incluir um parágrafo único no art. 329, prevendo que, "se o motivo do não pagamento decorrer de razão objetiva, os custos lhes serão divididos igualmente". Como precisamente justificou a Subcomissão de Direito das Obrigações, formada pelos Professores José Fernando Simão e Edvaldo Brito, "tendo em vista que ninguém deu causa ao 'motivo' mencionado pelo artigo, o valor deve ser repartido, não há razão para onerar o devedor". Por outra via, se a causa for atribuível a uma das partes, subjetivamente, ela deverá arcar com essas despesas.

Ato contínuo de estudo, o art. 330 do Código Civil em vigor expressa que "o pagamento reiteradamente feito em outro local faz presumir renúncia do credor relativamente ao previsto no contrato". Aqui a relação é com o princípio da boa-fé objetiva, com a eticidade. Quando se estuda a boa-fé objetiva, surgem conceitos inovadores, relacionados com a integração do contrato e da obrigação (*conceitos parcelares*). Dois desses conceitos são a *supressio* e a *surrectio*, que estão previstos nesse art. 330 do CC, expostos por António Manuel da Rocha e Menezes Cordeiro, jurista da Universidade Clássica de Lisboa.[36]

Inicialmente, quanto à *supressio* (*Verwirkung*), esta significa a supressão, por renúncia tácita, de um direito ou de uma posição jurídica, pelo seu não exercício com o passar dos tempos. Nos termos do art. 330 do CC, caso tenha sido previsto no instrumento obrigacional o benefício da obrigação portável (cujo pagamento deve ser efetuado no domicílio do credor) e havendo o costume do credor receber no domicílio do devedor, a obrigação

---

[35] LÔBO, Paulo Luiz Netto. *Teoria geral das obrigações*. São Paulo: Saraiva, 2005. p. 214.

[36] MENEZES CORDEIRO, António Manuel da Rocha e. *Da boa-fé no direito civil*. Coimbra: Almedina, 2001.

CAP. 3 • TEORIA GERAL DAS OBRIGAÇÕES | **417**

passará a ser considerada quesível, aquela cujo pagamento deve ocorrer no domicílio do sujeito passivo da relação obrigacional.

Em suma, ao mesmo tempo que o credor perde um direito por essa supressão, surge um direito a favor do devedor, por meio da *surrectio* (*Erwirkung*), ou surreição (surgimento), direito este que não existia juridicamente até então, mas que decorre da efetividade social, de acordo com as práticas, os usos e os costumes. Aplicando a regra, a ilustrar, do Tribunal Paranaense:

> "Obrigação *propter rem*. Natureza obrigacional. Competência do lugar do pagamento. Pagamento reiteradamente realizado no foro de Curitiba. Renúncia ao foro previsto em convenção de condomínio. Incidência, por analogia, do art. 330 do Código Civil. Recurso conhecido e provido" (TJPR, Agravo de Instrumento 1337258-0, 9.ª Câmara Cível, Curitiba, Rel. Juiz Conv. Rafael Vieira de Vasconcellos Pedroso, j. 16.04.2015, *DJPR* 07.05.2015, p. 216).

Como se pode notar, não há qualquer óbice para a aplicação do dispositivo e os estudados conceitos parcelares da boa-fé para a obrigação própria da coisa.

### 3.6.2.4 Do tempo do pagamento. Quando se paga

O vencimento é o momento em que a obrigação deve ser satisfeita, cabendo ao credor a faculdade de cobrá-la. Esse vencimento, tempo ou data de pagamento, pode ser fixado pelas partes por força do instrumento negocial. Como se sabe, o credor não pode exigir o adimplemento antes do vencimento; muito menos o devedor pagar, após a data prevista, sob pena de caracterização da mora ou do inadimplemento absoluto, fazendo surgir a responsabilidade contratual do sujeito passivo obrigacional (*Haftung*).

Pois bem, a obrigação, pelo prisma do tempo do pagamento, pode ser assim visualizada:

a) *Obrigação instantânea com cumprimento imediato* – é aquela cumprida imediatamente após a sua constituição. Se a regra estiver relacionada com o pagamento, será ele à vista, salvo previsão em contrário no instrumento obrigacional (art. 331 do CC).

b) *Obrigação de execução diferida* – é aquela cujo cumprimento deverá ocorrer de uma vez só, no futuro. Exemplo típico é a situação em que se pactua o pagamento com cheque pós-datado ou pré-datado. Repise-se que para a jurisprudência nacional o depósito antecipado do cheque pós-datado pode caracterizar dano moral (Súmula 370 do STJ).

c) *Obrigação de execução continuada ou trato sucessivo* – muito comum na atualidade pela ausência de crédito imediato, sendo aquela cujo cumprimento se dá por meio de subvenções periódicas. Como exemplos, podem ser citados os financiamentos em geral e o contrato de locação imobiliária.

As obrigações citadas não se confundem com as obrigações condicionais, cuja eficácia depende de evento futuro e incerto. Estas últimas são cumpridas na data do implemento ou ocorrência da condição (implemento), cabendo ao credor a prova de que deste teve ciência o devedor (art. 332 do CC). Como exemplo, cite-se a doação a nascituro, que fica condicionada ao seu nascimento com vida (art. 542 do CC).

Por fim, consagra o art. 333 da codificação material em vigor um rol de situações em que haverá o vencimento antecipado da dívida, antes de vencido o prazo estipulado pela lei ou pela vontade das partes, a saber:

I) No caso de falência do devedor, inclusive conforme o art. 77 da Lei 11.101/2005 (Lei de Falência); ou de concurso de credores (cite-se a abertura de inventário, diante da morte do devedor).

II) Se os bens, hipotecados ou empenhados (oferecidos em penhor), forem penhorados em execução movida por outro credor.

III) Se cessarem, ou se tornarem insuficientes, as garantias do débito, fidejussórias (pessoais), ou reais, e o devedor, intimado, se negar a reforçá-las. A título de exemplo, pode ser mencionada a hipótese em que a dívida é garantida por uma fiança, forma de garantia pessoal ou fidejussória, e o fiador falece, não havendo a sua substituição.

Nessas situações, se houver, no débito, solidariedade passiva, este não se reputará vencido quanto aos outros devedores solventes (art. 333, parágrafo único, do CC). Em outras palavras, o vencimento antecipado da obrigação não atinge a solidariedade passiva.

Além dessas situações, o vencimento antecipado também pode ocorrer, para as obrigações em geral, por convenção entre as partes, nos casos envolvendo inadimplemento. A conclusão é de que o rol do vencimento antecipado é exemplificativo (*numerus apertus*) e não taxativo (*numerus clausus*). Filosoficamente, é de se lembrar que o CC/2002 adotou um sistema aberto, fundado em cláusulas gerais, conforme a realidade tridimensional de Miguel Reale (*Direito é fato, valor e norma*).

A título de exemplo, é válido e comum às partes convencionarem em instrumento particular de confissão de dívida que o não pagamento de uma ou algumas das parcelas gera o vencimento antecipado de toda a dívida, com a incidência de correção monetária, juros e multa, e sem prejuízo de eventuais perdas e danos decorrentes do descumprimento da obrigação.

Anoto que o Projeto de Reforma e Atualização do Código Civil pretende incluir essa hipótese de vencimento antecipado da obrigação no rol do seu art. 333, que encerrará qualquer polêmica quanto à sua viabilidade jurídica. Nos termos da proposição, ao credor assistirá o direito de cobrar a dívida antes de vencido o prazo estipulado no contrato ou na lei, "nas hipóteses convencionadas entre as partes para a antecipação do pagamento". Espera-se, portanto, a sua aprovação pelo Congresso Nacional.

Voltando-se ao texto vigente, essa minha posição pelo rol exemplificativo foi adotada pela Quarta Turma do STJ, em julgado de outubro de 2022 e hipótese envolvendo o arrendamento mercantil. Consoante julgou a Corte no REsp 1.699.184/SP, não é abusiva a cláusula de contrato de arrendamento mercantil que prevê o vencimento antecipado da dívida em decorrência do inadimplemento do arrendatário. Nos termos do voto do Ministro Luis Felipe Salomão, "o vencimento antecipado da dívida, previsto contratualmente, é uma faculdade do credor e não uma obrigatoriedade, de modo que pode se valer ou não de tal instrumento para cobrar seu crédito por inteiro antes do advento do termo ordinariamente avençado. Tanto é assim que é possível a renúncia ao direito de execução imediata da totalidade da obrigação, como ocorre, a título exemplificativo, nos casos de recebimento apenas das prestações em atraso, afastando o devedor, espontaneamente, os efeitos da impontualidade (arts. 401, I, e 1.425, III, do CC)" (REsp 1.699.184/SP).

Com essas anotações necessárias para a teoria e para a prática, encerra-se o estudo do pagamento direto.

### 3.6.3 Das regras especiais de pagamento e das formas de pagamento indireto

#### 3.6.3.1 *Do pagamento em consignação (ou da consignação em pagamento)*

O pagamento em consignação, regra especial de pagamento, pode ser conceituado como o depósito feito pelo devedor, da coisa devida, para liberar-se de uma obrigação assumida

CAP. 3 • TEORIA GERAL DAS OBRIGAÇÕES | **419**

em face de um credor determinado. Tal depósito pode ocorrer, conforme estabelece o art. 334 do CC/2002, na esfera judicial ou extrajudicial (em estabelecimento bancário oficial, conforme já constava no art. 890 do CPC/1973, repetido pelo art. 539 do CPC/2015).

Desse modo, na esteira da melhor doutrina, o pagamento em consignação pode ser definido como "o meio indireto de o devedor, em caso de mora do credor, exonerar-se do liame obrigacional, consistente no depósito judicial (*consignação judicial*) ou em estabelecimento bancário (*consignação extrajudicial*), da coisa devida, nos casos e formas da lei".[37]

A consignação, pela letra da lei, pode ter como objeto bens móveis e imóveis, estando relacionada com uma obrigação de dar. Havendo consignação de dinheiro, pode o devedor optar pelo depósito extrajudicial ou pelo ajuizamento da competente ação de consignação em pagamento. Por isso, denota-se que essa regra de pagamento tem *natureza mista ou híbrida*, ou seja, é instituto de direito civil e processual civil ao mesmo tempo (direito material + instrumental).

O Código Civil utiliza a expressão *pagamento em consignação*, enquanto o Código de Processo Civil, o termo *consignação em pagamento*. A consignação, por uma questão lógica, não pode ser relacionada com obrigação de fazer ou de não fazer.

Anoto que o Projeto de Reforma e Atualização do Código Civil pretende melhorar o tratamento do tema, concentrando a consignação extrajudicial na Lei Geral Privada, e incluindo-a expressamente no art. 335. Também são feitas melhorias nos textos, para deixá-los mais claros e com melhor tratamento técnico, substituindo-se as expressões "devedor" e "credor" por "consignante" e "consignatário".

Além disso, em boa hora e em prol da extrajudicialização, inclui-se tratamento relativo à possibilidade de consignação de quantia certa ou de coisa no Tabelionato de Notas, procedida de notificação do consignatário (novo art. 345-A). Ademais, a proposta de art. 345-B prevê que "o depósito extrajudicial se dará no lugar do pagamento, do cumprimento da obrigação, da devolução da coisa ou do domicílio do consignatário, conforme fixado em contrato, determinado por lei ou decorrente das circunstâncias do caso". Em complemento, "se notificado, extrajudicialmente, por tabelião de notas, o consignatário não for encontrado, não responder, não impugnar ou não aceitar o depósito, o valor ou a coisa consignados serão devolvidos ao consignante, após o pagamento das despesas". Sem dúvidas, a possibilidade de consignação da coisa objeto do contrato feita extrajudicialmente vem em boa hora, tendo múltiplas possibilidades de aplicação prática.

A consignação libera o devedor do vínculo obrigacional, isentando-o dos riscos e de eventual obrigação de pagar os juros moratórios e a cláusula penal (ou multa contratual). Em suma, esse depósito afasta a eventual aplicação das regras do inadimplemento, seja ele absoluto ou relativo.

O art. 335 do CC/2002 traz um rol de situações em que a consignação poderá ocorrer:

- Se o credor não puder, ou, sem justa causa, recusar a receber o pagamento, ou dar quitação na devida forma (hipótese de *mora accipiendi*, mora no recebimento – causa subjetiva, pessoal).
- Se o credor não for, nem mandar receber a coisa no lugar, tempo e condições devidas (hipótese de *mora accipiendi* – causa subjetiva).

---

[37] DINIZ, Maria Helena. *Código Civil anotado*. 15. ed. São Paulo: Saraiva, 2010. p. 313.

- Se o credor for incapaz de receber, for desconhecido, for declarado ausente, ou residir em lugar incerto ou de acesso perigoso ou difícil (outra causa subjetiva, relacionada com o sujeito ativo da obrigação).

- Se ocorrer dúvida sobre quem deva legitimamente receber o objeto do pagamento (também causa subjetiva, denominada *dúvida subjetiva ativa*, uma vez que o devedor não sabe a quem pagar).

- Se pender litígio sobre o objeto do pagamento (única causa objetiva para a consignação).

Na minha opinião doutrinária, como o Código Civil de 2002 adotou um sistema aberto, o rol descrito é exemplificativo (*numerus apertus*), sendo admitidas outras situações de pagamento em consignação. Cite-se, por exemplo, o caso de consignação para a revisão do conteúdo do contrato, hipótese não descrita nominalmente no art. 335 da codificação material privada (nesse sentido, ver: TJSP, Agravo de Instrumento 7281754-2, Acórdão 3300739, 20.ª Câmara de Direito Privado, São Paulo, Rel. Des. Álvaro Torres Junior, j. 13.10.2008, *DJESP* 03.11.2008). Pode ainda ser ilustrada a situação em que não é mais possível o pagamento direto com a presença física das partes, diante de graves desentendimentos pessoais entre elas.

O Projeto de Reforma do Código Civil, elaborado por Comissão de Juristas nomeada no âmbito do Senado Federal, em boa hora, pretende incluir no art. 335 mais uma hipótese de consignação, muito comum na prática. Assim, ela passará a ser possível, por força de lei, se o devedor que cumpriu a obrigação recusar-se a receber a coisa que deixou em garantia com o credor, caso de um bem dado em penhor.

Relativamente ao depósito em dinheiro, algumas regras devem ser observadas. Para que a consignação em pagamento seja válida e eficaz, com força de adimplemento, o devedor terá que observar todos os requisitos do pagamento direto, inclusive quanto ao tempo e lugar (art. 336 do CC). Como regra geral, o depósito deverá ocorrer no local acertado para o pagamento, que constar do instrumento obrigacional (arts. 337 do CC, 540 do CPC/2015 e 891 do CPC/1973), afastando a incidência de juros moratórios e os riscos da dívida.

Poderá o devedor levantar o depósito enquanto o credor não informar que aceita a consignação ou não a impugnar, subsistindo integralmente a dívida, que continua intocável (art. 338 do CC).

De acordo com o art. 544 do CPC/2015, reprodução do art. 896 do CPC/1973, sem alterações, na contestação da ação de consignação, o réu (credor) poderá alegar que:

– não houve recusa ou mora em receber a quantia ou a coisa devida;

– foi justa a recusa;

– o depósito não se efetuou no prazo ou no lugar do pagamento;

– o depósito não fora integral. Nesse último caso, a alegação será admissível se o réu (credor) indicar o montante que entenda ser devido.

Previa o art. 897 do CPC/1973 que, não oferecida a contestação e decorrendo os efeitos da revelia, o juiz julgaria procedente o pedido, declarando extinta a obrigação e condenando o réu nas custas e honorários advocatícios. O dispositivo anterior foi aperfeiçoado pelo art. 546 do CPC/2015 que, de maneira mais objetiva, clara e direta, passou a enunciar que, "julgado procedente o pedido, o juiz declarará extinta a obrigação e condenará o réu ao pagamento de custas e honorários advocatícios".

Voltando ao Código Civil, prescreve o seu art. 339 que, julgado procedente o depósito, não poderá mais o devedor levantá-lo. Em casos tais, as despesas com os depósitos (custas, honorários advocatícios e demais despesas processuais) correrão por conta do credor que motivou o ingresso da ação. Segundo o mesmo comando material, o levantamento da quantia consignada, nessas circunstâncias, somente é possível se os demais devedores e fiadores concordarem.

De acordo com o art. 340 do CC/2002, "o credor que, depois de contestar a lide ou aceitar o depósito, aquiescer no levantamento, perderá a preferência e a garantia que lhe competiam com respeito à coisa consignada, ficando para logo desobrigados os codevedores e fiadores que não tenham anuído". Esse comando legal trata da renúncia do credor ao depósito, que repercute também para os demais devedores solidários e fiadores.

Sob outro prisma, caso a coisa devida seja um imóvel ou uma coisa com corpo certo que deva ser entregue no mesmo lugar onde está, poderá o devedor citar o credor para vir ou mandar recebê-la, sob pena de ser depositada (art. 341 do CC). Isso, para os casos de boa-fé do devedor, que pretenda exonerar-se totalmente do dever de entregar a coisa.

Por outro lado, enuncia o art. 342 da codificação material privada que, havendo obrigação de dar coisa incerta, cabendo a escolha da coisa indeterminada ao credor, será ele citado para esse fim, sob pena de perder o direito e de ser depositada aquela que o devedor escolher. Feita a escolha pelo devedor, proceder-se-á conforme o art. 341, ou seja, será citado o credor para receber a coisa consignada.

Diante da lógica do razoável, as despesas com o depósito judicial (custas judiciais, honorários advocatícios e demais despesas processuais), quando julgado procedente, correrão à conta do credor, que será o réu da ação de consignação. Em caso contrário, sendo o pedido julgado improcedente, as despesas correrão à conta do devedor, autor da ação. Essa é a regra do art. 343 do CC e do art. 546 do CPC/2015.

O Superior Tribunal de Justiça consolidou o entendimento na sua Segunda Seção de que a insuficiência do depósito em ação de consignação em pagamento para a liquidação integral da dívida não conduz à liberação do devedor, que permanece em mora, o que enseja a improcedência da consignatória (STJ, REsp 1.108.058/DF, 2.ª Seção, Rel. Min. Lázaro Guimarães (Desembargador Convocado do TRF 5.ª Região), Rel. p/ Acórdão Ministra Maria Isabel Gallotti, j. 10.10.2018, *DJe* 23.10.2018).

Acabou prevalecendo a posição da Ministra Isabel Gallotti, para quem "a consignatória objetiva a liberação do devedor, que se considera obrigado ao pagamento de certa importância ou à entrega de determinada coisa. Se o credor recusa-se a recebê-la, não importa por que motivo, a ação de consignação será a adequada para solucionar o litígio. Efetuado o depósito, o réu deduzirá as razões de sua recusa que, malgrado a aparente limitação do artigo 896 do CPC/1973, poderão ser amplíssimas. Assim, por exemplo, a alegação de que aquele não foi integral envolverá eventualmente a discussão sobre interpretação de cláusulas contratuais, de normas legais ou constitucionais, e tudo mais que seja necessário para que o juiz verifique se a importância ofertada e depositada corresponde exatamente ao devido" (STJ, REsp 1.108.058/DF, 2.ª Seção, Rel. Min. Maria Isabel Gallotti, j. 10.10.2018, *DJe* 23.10.2018).

Com ela votaram os Ministros Luis Felipe Salomão, Nancy Andrighi, Villas Bôas Cueva, Antonio Carlos Ferreira, Marco Aurélio Bellizze, Marco Buzzi, Paulo de Tarso Sanseverino e Paulo Dias Moura Ribeiro, formando-se maioria. Restou vencido o Ministro Lázaro Guimarães, que entendia de forma contrária. Assim, esse entendimento, que nos parece perfeito tecnicamente, deve ser considerado majoritário para os devidos fins práticos.

O devedor de obrigação litigiosa exonerar-se-á mediante consignação, mas, se pagar a qualquer dos pretendidos credores tendo conhecimento do litígio, assumirá o risco do pagamento (art. 344 do CC). O risco somente existe havendo tal conhecimento diante da corriqueira valorização da boa-fé.

Ainda quanto à consignação judicial, se a dívida vencer, pendendo litígio entre os credores que pretendam mutuamente se excluir, poderá qualquer deles requerer a consignação (art. 345 do CC). Trata-se de única hipótese em que o credor, e não o devedor, pode tomar a iniciativa da consignação.

Tratando-se de prestações sucessivas, consignada uma delas, pode o devedor continuar a depositar, no mesmo processo e sem mais formalidades, as que se forem vencendo, desde que o faça em até cinco dias contados da data do respectivo vencimento. Essa é a regra constante do art. 541 do CPC/2015, que aperfeiçoou o antigo art. 892 do CPC/1973.

Na essência, substituiu-se a menção a *prestações periódicas* por *prestações sucessivas*. Segundo, o termo *consignar* foi alterado para *depositar*. Todavia, antes havia menção apenas à primeira parcela, agora a regra é aplicada ao depósito de qualquer uma delas. O prazo de cinco dias foi mantido no sistema.

Conforme se retira das anotações de Theotônio Negrão, José Roberto Gouvêa e Luis Guilherme Bondioli, a falta de depósito oportuno das prestações subsequentes não afeta os depósitos feitos em tempo. Ademais, segundo os mesmos doutrinadores, a jurisprudência tem entendido que não terá efeito o depósito de prestação vincenda feito a destempo, mas tal conduta não acarreta a imediata improcedência da ação.[38] Tais entendimentos devem ser mantidos com a emergência do CPC/2015.

Basicamente, duas são as ações de consignação previstas no direito brasileiro: a consignação em pagamento – com regras elencadas entre os arts. 539 a 549 do CPC/2015 (correspondentes aos arts. 890 a 900 do CPC/1973) – e a consignação de aluguéis e encargos da locação – conforme os arts. 58 e 67 da Lei 8.245/1991 (Lei de Locação).

Como se pode notar, muitas das regras previstas no atual Código Civil têm natureza processual, sendo aplicadas à consignação judicial, o que denota a natureza mista do instituto.

Por outro lado, por incrível que pareça, a consignação extrajudicial, em estabelecimento bancário, está regulamentada pelo Código de Processo Civil (art. 539 do CPC/2015 e art. 890 do CPC/1973), havendo apenas menção no estatuto civil. Constata-se que o vigente Código de Processo Civil trouxe apenas pequenas modificações de redação a respeito da matéria.

Sem qualquer alteração, nos termos do § 1.º do art. 539 do CPC/2015, tratando-se de obrigação em dinheiro, poderá o valor ser depositado em estabelecimento bancário, oficial onde houver, situado no lugar do pagamento, cientificando-se o credor por carta com aviso de recebimento, assinado o prazo de dez dias para a manifestação de recusa.

Decorrido esse prazo de dez dias, contado do retorno do aviso de recebimento, sem a manifestação de recusa, considerar-se-á o devedor liberado da obrigação, ficando à disposição do credor a quantia depositada (art. 539, § 2.º, do CPC/2015). Como se nota, manteve-se a aplicação ao instituto da máxima *quem cala consente*, quebrando-se a regra que está no art. 111 do Código Civil.

Ocorrendo a recusa, manifestada por escrito ao estabelecimento bancário, poderá ser proposta, dentro de um mês, a ação de consignação em pagamento, instruindo-se a inicial com a prova do depósito e da recusa (art. 539, § 3.º, do CPC/2015). Aqui houve uma pequena alteração na contagem de prazo, pois o § 3.º do art. 890 do CPC/1973 fazia menção a um prazo de trinta dias, que não necessariamente é de um mês.

---

[38] NEGRÃO, Theotônio; GOUVÊA, José Roberto F.; BONDIOLI, Luís Guilherme A. *Código de Processo Civil e legislação processual em vigor*. 43. ed. São Paulo: Saraiva, 2011, p. 958.

CAP. 3 • TEORIA GERAL DAS OBRIGAÇÕES | **423**

Por fim, sem qualquer modificação perante o sistema anterior, não sendo proposta a ação de consignação em pagamento nesse prazo de um mês, ficará sem efeito o depósito, podendo levantá-lo o depositante (art. 539, § 3.º, do CPC/2015).

No tocante às últimas regras, que tratam da conversão da consignação extrajudicial em consignação judicial, cabe ao depositante provar à instituição bancária que ingressou com a demanda (STJ, RMS 28.841/SP, Rel. Sidnei Beneti, j. 12.06.2012, publicado no *Informativo* n. *499*). Isso porque é do interesse do devedor ou de seu representante a consignação, especialmente para afastar os efeitos da mora ou do inadimplemento absoluto. Entendemos que essa posição jurisprudencial anterior deve ser mantida com a emergência do Código de Processo Civil de 2015.

Para findar o estudo do instituto, a consignação judicial ou extrajudicial constitui uma interessante ferramenta para comprovação da boa-fé objetiva, mantendo relação direta com a função social do contrato e da obrigação, no sentido de conservar os negócios jurídicos, ainda mais em tempos de graves crises, como a decorrente da pandemia da Covid-19. Também há uma interação com a boa-fé processual, adotada expressamente pelo CPC/2015 em vários dos seus comandos, especialmente nos seus arts. 5.º e 6.º.

Isso porque, muitas vezes, os devedores pretendem a revisão judicial de contratos tendo em vista a sua visualização social. Para tanto, uma vez evidenciada a onerosidade excessiva (quebra da base do negócio jurídico, do *sinalagma*), ou seja, que o contrato ficou pesado demais, poderá o devedor requerer que a desproporção seja afastada, por meio dessa revisão contratual. Todavia, sendo possível o depósito parcial da quantia em aberto, deverá o devedor fazê-lo, comprovando a sua conduta de lealdade (boa-fé objetiva).

O Superior Tribunal de Justiça tem reconhecido essa interação. Mais do que isso, tem entendido que o nome do devedor somente será retirado de cadastro de inadimplentes se a boa-fé objetiva, pela consignação, restar comprovada (nesse sentido, ver: STJ, AgRg no REsp 817.530/RS, 4.ª Turma, Rel. Min. Jorge Scartezzini, j. 06.04.2006, *DJ* 08.05.2006, p. 237).

Com origem na jurisprudência, a questão do depósito passou a ser regulamentada legalmente pelo Código de Processo Civil de 1973, dispondo o art. 285-B do Estatuto Processual que, nos litígios que tivessem por objeto obrigações decorrentes de empréstimo, financiamento ou arrendamento mercantil, o autor da ação revisional deveria discriminar na petição inicial, dentre as obrigações contratuais, aquelas que pretendesse controverter, quantificando o valor incontroverso. E arrematava o seu § 1.º que o valor incontroverso deveria continuar sendo pago no tempo e modo contratados, de forma judicial ou extrajudicial. Cabe pontuar que ambos os preceitos foram incluídos pela Lei 12.810, de 2013.

O CPC vigente repetiu a regra e até a ampliou, impondo expressamente a pena de inépcia da petição inicial, no caso de seu desrespeito. Conforme o art. 330, § 2.º, do CPC/2015, "nas ações que tenham por objeto a revisão de obrigação decorrente de empréstimo, de financiamento ou de alienação de bens, o autor terá de, sob pena de inépcia, discriminar na petição inicial, dentre as obrigações contratuais, aquelas que pretende controverter, além de quantificar o valor incontroverso do débito". O § 3.º do comando processual emergente complementa esse tratamento, na linha do anterior, prescrevendo que o valor incontroverso deverá continuar a ser pago no tempo e modo contratados.

Como palavras derradeiras sobre o tema, outra questão prática importante, de cunho processual, está relacionada com a conclusão de que era comum o posicionamento jurisprudencial pelo qual o rito especial da ação de consignação em pagamento não era o caminho correto para tanto. Porém, houve uma alteração no tratamento jurisprudencial dado ao tema, adotado pelo Superior Tribunal de Justiça, que admite a possibilidade de

# 424 | MANUAL DE DIREITO CIVIL • VOLUME ÚNICO – *Flávio Tartuce*

revisão na própria ação de consignação (nesse sentido, ver: STJ, REsp 275.979/SE, 4.ª Turma, Rel. Min. Aldir Passarinho Junior, data da decisão: 1.º.10.2002, *DJ* 09.12.2002, p. 346).

A conclusão é correta, eis que a revisão contratual também é objeto da consignação judicial, devendo a premissa a respeito do procedimento especial ser mantida com a emergência do CPC de 2015.

### 3.6.3.2 *Da imputação do pagamento*

Juridicamente, *imputar* significa *indicar, apontar*. Como se sabe, não há qualquer óbice para que uma pessoa contraia com outrem várias obrigações. Justamente por isso, dispõe o art. 352 do CC que "a pessoa obrigada por dois ou mais débitos da mesma natureza, a um só credor, tem o direito de indicar a qual deles oferece pagamento, se todos forem líquidos e vencidos".

Como elementos da imputação, há a identidade de devedor e de credor, a existência de dois ou mais débitos da mesma natureza, bem como o fato de as dívidas serem líquidas e vencidas – certas quanto à existência, determinadas quanto ao valor. A imputação do pagamento visa favorecer o devedor ao lhe possibilitar a escolha do débito que pretende extinguir (art. 352 do CC). Como a norma é de natureza privada, é possível constar do instrumento obrigacional que a escolha caberá ao credor, o que inclusive é admitido pelo dispositivo seguinte.

Se o devedor não fizer qualquer declaração, transfere-se o direito de escolha ao credor, não podendo o primeiro reclamar, a não ser que haja violência ou dolo do segundo (art. 353 do CC).

Caso não haja manifestação nem do sujeito passivo nem do sujeito ativo, a imputação será feita pela norma jurídica, conforme as regras de *imputação legal*.

De acordo com os arts. 354 e 355 do CC em vigor e pelo entendimento doutrinário e jurisprudencial, tem-se a seguinte ordem prevista para a imputação legal:

> 1.º) Em havendo capital e juros, o pagamento será feito primeiro nos juros vencidos e depois no capital, salvo estipulação em contrário, ou se o credor passar a quitação por conta do capital (principal da dívida). Cumpre destacar que a jurisprudência superior tem feito tal imputação nos contratos de aquisição da casa própria celebrados pelo Sistema Financeiro da Habitação (STJ, REsp 1.095.852/PR, Rel. Min. Maria Isabel Gallotti, 2.ª Seção, j. 14.03.2012, *DJe* 19.03.2012. Publicação no *Informativo* n. *494* do STJ). Essa conclusão também tem sido aplicada, em geral, a todas as obrigações por quotas periódicas ou por trato sucessivo, como se extrai do seguinte aresto: "consoante a jurisprudência do STJ, a imputação dos pagamentos primeiramente nos juros é instituto que, via de regra, alcança todos os contratos em que o pagamento é diferido em parcelas, como o discutido nos autos (abertura de crédito em conta-corrente/ cheque especial), porquanto 'objetiva diminuir a oneração do devedor. Ao impedir que os juros sejam integrados ao capital para, só depois dessa integração, ser abatido o valor das prestações, evita que sobre eles (juros) incida novo cômputo de juros. É admitida a utilização do instituto quando o contrato não disponha expressamente em contrário' (Ag. Int. no REsp 1.735.450/PR, Rel. Ministra Maria Isabel Gallotti, Quarta Turma, julgado em 2/4/2019, *DJe* 8/4/2019)" (STJ, Ag. Int. no REsp 1.843.073/SP, 3.ª Turma, Rel. Min. Marco Aurélio Bellizze, j. 30.03.2020, *DJe* 06.04.2020).
>
> 2.º) A imputação se fará nas dívidas líquidas e vencidas em primeiro lugar. Em suma, a imputação se fará nas dívidas mais antigas.

> 3.º) Caso todas forem líquidas e vencidas ao mesmo tempo, será feita a imputação na mais onerosa. Inicialmente será a mais onerosa a dívida de maior valor. Entretanto, pode ser considerada mais onerosa aquela que apresentar a maior taxa de juros no quesito comparativo.
>
> 4.º) Não havendo juros, sendo as dívidas líquidas, vencidas ao mesmo tempo e iguais, a imputação será relacionada a todas as dívidas na mesma proporção. Esse é o posicionamento doutrinário, tendo em vista a ausência de previsão legal.[39] A respeito desta última regra, frise-se que não há previsão atual a respeito dela no Código Civil, decorrendo de afirmação doutrinária. De todo modo, em prol da certeza e da segurança jurídica, a Comissão de Juristas encarregada da Reforma do Código Civil pretende incluí-la na norma, em um novo parágrafo único do seu art. 355: "sendo as dívidas da mesma data e de igual onerosidade, entende-se feito o pagamento por conta de todas em devida proporção". A proposta foi inicialmente formulada pelo Professor Luciano Figueiredo, na audiência pública realizada no Tribunal de Justiça da Bahia, em dezembro de 2023, tendo sido adotada pela Subcomissão de Direito das Obrigações, pela Relatoria-Geral e pelos demais membros da citada Comissão de Juristas.

Como se nota, o ato de imputação é unilateral, razão pela qual o instituto está elencado como uma regra especial de pagamento.

### 3.6.3.3 *Do pagamento com sub-rogação*

A sub-rogação é conceituada pela melhor doutrina contemporânea como a "substituição de uma coisa por outra, com os mesmos ônus e atributos, caso em que se tem a sub-rogação real, ou a substituição de uma pessoa por outra, que terá os mesmos direitos e ações daquela, hipótese em que se configura a sub-rogação pessoal de que trata o Código Civil no capítulo referente ao pagamento com sub-rogação".[40] Assim sendo, no âmbito obrigacional, nosso Código Civil trata da *sub-rogação pessoal ativa*, que vem a ser a substituição em relação aos direitos relacionados com o crédito, em favor daquele que pagou ou adimpliu a obrigação alheia.

A sub-rogação *real* ou *objetiva*, ou seja, a substituição de uma coisa por outra, não é estudada no direito obrigacional, interessando principalmente em alguns casos envolvendo o Direito de Família (regras quanto ao regime de bens) e o Direito das Sucessões. Nosso Direito Privado não contempla a *sub-rogação passiva*, mas somente a novação subjetiva passiva, hipótese em que se cria uma nova obrigação pela substituição do devedor.

Desse modo, na *sub-rogação pessoal ativa*, efetivado o pagamento por terceiro, o credor ficará satisfeito, não podendo mais requerer o cumprimento da obrigação. No entanto, como o devedor originário não pagou a obrigação, continuará obrigado perante o terceiro que efetivou o pagamento. Em resumo, o que se percebe na sub-rogação é que não se tem a extinção propriamente dita da obrigação, mas a mera substituição do sujeito ativo, passando a terceira pessoa a ser o novo credor da relação obrigacional.

Conforme consta do art. 349 do CC/2002, a sub-rogação transfere ao novo credor todos os direitos, ações, privilégios e garantias do primitivo em relação à dívida contra o devedor principal e os fiadores.

---

[39] Por todos: GAGLIANO, Pablo Stolze; PAMPLONA FILHO, Rodolfo. *Novo curso de direito civil*. Direito das Obrigações. 8. ed. São Paulo: Saraiva, 2007. v. II, p. 171 e AZEVEDO, Álvaro Villaça. *Teoria geral das obrigações*. 10. ed. São Paulo: Atlas, 2004. p. 186.

[40] DINIZ, Maria Helena. *Curso de direito civil brasileiro*. Teoria geral das obrigações. 24. ed. São Paulo: Saraiva, 2009. v. 2, p. 275.

# 426 | MANUAL DE DIREITO CIVIL • VOLUME ÚNICO – *Flávio Tartuce*

Esse é o principal efeito da sub-rogação, que engloba todos os acessórios da dívida, caso dos juros, da multa e das suas garantias, inclusive a fiança. Como não poderia ser diferente, a sub-rogação alcança também o prazo de prescrição. Nesse sentido, julgado do Superior Tribunal de Justiça de 2017, citando a minha posição:

"O fiador que paga integralmente o débito objeto de contrato de locação fica sub--rogado nos direitos do credor originário (locador), mantendo-se todos os elementos da obrigação primitiva, inclusive o prazo prescricional. No caso, a dívida foi quitada pela fiadora em 9/12/2002, sendo que, por não ter decorrido mais da metade do prazo prescricional da lei anterior (5 anos – art. 178, § 10, IV, do CC/1916), aplica--se o prazo de 3 (três) anos, previsto no art. 206, § 3.º, I, do CC/2002, a teor do art. 2.028 do mesmo diploma legal. Logo, considerando que a ação de execução foi ajuizada somente em 7/8/2007, verifica-se o implemento da prescrição, pois ultrapassado o prazo de 3 (três) anos desde a data da entrada em vigor do Código Civil de 2002, em 11/1/2003" (STJ, REsp 1.432.999/SP, 3.ª Turma, Rel. Min. Marco Aurélio Bellizze, j. 16.05.2017, *DJe* 25.05.2017).

De toda sorte, esclareça-se que no pagamento com sub-rogação não há o surgimento de uma nova dívida, pela substituição do credor, como ocorre na novação subjetiva ativa, estudada a seguir.

A sub-rogação, mera substituição do credor que está prevista pela teoria geral das obrigações, pode ser classificada em:

*a) Sub-rogação legal* (art. 346 do CC) – são as hipóteses de pagamentos efetivados por terceiros interessados na dívida (interesse patrimonial, conforme aduzimos). São casos de sub-rogação legal, automática, ou *de pleno direito* (*pleno iure*):

– Do credor que paga a dívida do devedor comum a outro credor, situações estas em que *solvens* e *accipiens* são credores da mesma pessoa. Ilustrando, *A* deve para *B* R$ 10.000,00 e para *C* R$ 20.000,00. *B* paga para *C* os R$ 20.000,00 sub-rogando-se em tal quantia. Então poderá *B* cobrar de *A* R$ 30.000,00.

– Do adquirente do imóvel hipotecado, que paga ao credor hipotecário, bem como do terceiro que efetiva o pagamento para não ser privado de direito sobre imóvel. Não havia menção a esse *terceiro* na codificação material anterior, o que pode ser aplicado em um caso em que a pessoa paga a dívida para afastar os efeitos de eventual evicção – perda da coisa por decisão judicial ou apreensão administrativa, que a atribuiu a um terceiro (art. 447 do CC). Anoto que o Projeto de Reforma do Código Civil pretende incluir na norma a alienação fiduciária, ao lado da hipoteca, passando esse inciso II do art. 346 a expressar a sub-rogação legal "do adquirente do imóvel hipotecado e do cessionário do crédito garantido por propriedade fiduciária que paga a credor, bem como do terceiro que efetiva o pagamento para não ser privado de direito sobre imóvel". A proposição é louvável, em prol da equalização das garantias reais.

– Do terceiro interessado, que paga a dívida pela qual era ou podia ser obrigado, no todo ou em parte. Pode ser citado, aqui, o principal exemplo do fiador que paga a dívida do devedor principal.

*b) Sub-rogação convencional* (art. 347 do CC) – são os pagamentos efetivados por terceiros não interessados na dívida. São situações típicas previstas no Código Civil:

CAP. 3 • TEORIA GERAL DAS OBRIGAÇÕES | **427**

– Quando o credor recebe o pagamento de terceiro e expressamente lhe transfere todos os seus direitos. Enuncia o art. 348 do CC que em casos tais deverão ser aplicadas as regras previstas para a cessão de crédito, instituto que será estudado oportunamente. Entretanto, deve-se compreender que não haverá uma cessão de crédito propriamente dita, mas apenas aplicação residual das regras de cessão, como é o caso daquela que prevê a necessidade de notificação do devedor, informando quem é o novo credor (art. 290 do CC).

– Quando terceira pessoa empresta ao devedor a quantia necessária para solver a dívida, sob a condição expressa de ficar o mutuante sub-rogado nos direitos do credor satisfeito (caso de mútuo – empréstimo de dinheiro para quitar a dívida).

O que se observa dos casos listados é que na sub-rogação legal existem atos unilaterais, o que a caracteriza como regra especial de pagamento. Por outro lado, na sub-rogação convencional existe um negócio jurídico celebrado (ato bilateral) com um terceiro não interessado que realiza o pagamento. Dessa forma, a sub-rogação convencional é forma de pagamento indireto.

Julgado do Superior Tribunal de Justiça, do ano de 2018, debateu a existência de sub-rogação convencional na hipótese de pagamento do reparo do veículo por seguradora. Como constou do aresto, "a sub-rogação convencional, nos termos do art. 347, I, do CC, pode se dar quando o credor recebe o pagamento de terceiro e expressamente lhe transfere todos os seus direitos. Na hipótese, a oficina apenas prestou serviços de mecânica automotora em bem do segurado, ou seja, não pagou nenhuma dívida dele para se sub-rogar em seus direitos". Concluiu-se, assim, pela presença de cessão de crédito, eis que, "no caso, o termo firmado entre a oficina e o segurado se enquadra, na realidade, como uma cessão de crédito, visto que este, na ocorrência do sinistro, possui direito creditício decorrente da apólice securitária, mas tal direito é transmissível pelo valor incontroverso, qual seja, o valor do orçamento aprovado pela seguradora" (STJ, REsp 1.336.781/SP, 3.ª Turma, Rel. Min. Ricardo Villas Bôas Cueva, j. 02.10.2018, *DJe* 08.10.2018).

No tocante à primeira modalidade exposta (sub-rogação legal), o sub-rogado não poderá exercer os direitos e as ações do credor, senão até a soma que tiver desembolsado para desobrigar o devedor (art. 350 do CC). Discute-se se há a possibilidade de o sub-rogado cobrar valor a mais no caso de sub-rogação convencional. Entendo que a resposta é negativa, pois, caso contrário, a sub-rogação ficaria com a mesma feição da cessão de crédito, que tem natureza onerosa, ou seja, um intuito especulativo. A sub-rogação, conforme a mais atenta doutrina, somente pode ter natureza gratuita.[41] As diferenças entre os institutos constam do quadro a seguir:

| Pagamento com sub-rogação (arts. 346 a 351 do CC) | Cessão de crédito (arts. 286 a 298 do CC) |
| --- | --- |
| Regra especial de pagamento ou forma de pagamento indireto, pela mera substituição do credor, mantendo-se os demais elementos obrigacionais. | Forma de transmissão das obrigações. |

---

[41] Nesse sentido: TEPEDINO, Gustavo; SCHREIBER, Anderson. *Código Civil comentado.* Coordenador Álvaro Villaça Azevedo. São Paulo: Atlas, 2008. v. IV, p. 272; MARTINS-COSTA, Judith. *Comentários ao novo Código Civil.* Coord. Sálvio de Figueiredo Teixeira. Rio de Janeiro: Forense, 2003. v. V, t. II, p. 465.

| Pagamento com sub-rogação (arts. 346 a 351 do CC) | Cessão de crédito (arts. 286 a 298 do CC) |
|---|---|
| Não há necessidade de notificação do devedor, a não ser na hipótese do art. 347, I, do CC (art. 348). | Há necessidade de notificação do devedor para que o mesmo saiba a quem pagar (art. 290 do CC). |
| Caráter gratuito, tão somente. | Caráter gratuito ou oneroso. |

Todavia, a questão não é pacífica, pois há outra corrente, a afirmar que na sub-rogação convencional vale a autonomia privada, podendo os envolvidos acertar valor superior àquele que foi pago, dando caráter especulativo ao instituto.[42]

A propósito desse dilema ainda existente, destaco que o Projeto de Reforma e Atualização do Código Civil traz proposição que resolve mais essa divergência civilística, incluindo-se um parágrafo único no seu art. 350, com a seguinte dicção: "o disposto no *caput* não se aplica à sub-rogação convencional". A proposta segue a corrente contrária à posição que hoje defendo, mas tem o grande mérito de trazer certeza e segurança jurídica para a temática.

Como bem justificaram os juristas componentes da Subcomissão de Direito das Obrigações, Professores José Fernando Simão e Edvaldo Brito, "a limitação que o artigo dá para a sub-rogação legal não deve se aplicar para a sub-rogação convencional. A sub-rogação convencional tem caráter especulativo, é de sua essência pagar menos (ao credor) para receber o todo (do devedor). Não há que se falar em enriquecimento sem causa. A causa é o próprio negócio jurídico bilateral que avençou a sub-rogação. A situação do devedor não fica pior. Ele continua devendo a mesma quantia e com os mesmos acessórios, mas agora sub-rogado. Essa é a leitura que prevalece desde os debates do projeto do Código Beviláqua". Foi essa também a ideia que prevaleceu na Comissão de Juristas, de modo democrático.

Superada essa questão de divergência, encerrando a abordagem do instituto, relativamente ao credor originário que só em parte for reembolsado, terá ele preferência ao sub-rogado, na cobrança da dívida restante, se os bens do devedor não forem suficientes para saldar inteiramente o que a um e outro dever (art. 351 do CC).

### 3.6.3.4 Da dação em pagamento

Os arts. 356 a 359 do CC/2002 tratam da dação em pagamento (*datio in solutum*), que pode ser conceituada como uma forma de pagamento indireto em que há um acordo privado entre os sujeitos da relação obrigacional, pactuando-se a substituição do objeto obrigacional por outro. Para tanto, é necessário o consentimento expresso do credor, o que caracteriza o instituto como um negócio jurídico bilateral.

A respeito da concordância do credor, bem concluiu o Superior Tribunal de Justiça, que "a origem do instituto da dação em pagamento (*datio in solutum* ou *pro soluto*) traduz a ideia de acordo, realizado entre o credor e o devedor, cujo caráter é liberar a obrigação, em que o credor consente na entrega de coisa diversa da avençada, nos termos do que dispõe o art. 356, do Código Civil. Para configuração da dação em pagamento, exige-se uma obrigação previamente criada; um acordo posterior, em que o credor concorda em aceitar coisa diversa daquela anteriormente contratada e, por fim, a entrega da coisa distinta

---

[42] DINIZ, Maria Helena. *Código Civil anotado*. 15. ed. São Paulo: Saraiva, 2010. p. 322; GAGLIANO, Pablo Stolze; PAMPLONA FILHO, Rodolfo. *Novo curso de direito civil*. 8. ed. São Paulo: Saraiva, 2007. v. II, p. 167.

CAP. 3 • TEORIA GERAL DAS OBRIGAÇÕES **429**

com a finalidade de extinguir a obrigação. A exigência de anuência expressa do credor, para fins de dação em pagamento, traduz, *ultima ratio,* garantia de segurança jurídica para os envolvidos no negócio jurídico, porque, de um lado, dá ao credor a possibilidade de avaliar, a conveniência ou não, de receber bem diverso do que originalmente contratado. E, por outro lado, assegura ao devedor, mediante recibo, nos termos do que dispõe o art. 320 do Código Civil, a quitação da dívida" (STJ, REsp 1.138.993/SP, 3.ª Turma, Rel. Min. Massami Uyeda, j. 03.03.2011, *DJe* 16.03.2011).

A dação em pagamento pode ter como objeto uma prestação qualquer, não sendo necessariamente dinheiro. Poderá ser entregue um bem móvel ou imóvel. Também poderá ter como conteúdo fatos e abstenções. Nota-se certa identidade entre dação em pagamento e contrato de compra e venda, conforme se depreende do art. 357 do CC, pelo qual, sendo entregue dinheiro aplicar-se-ão os comandos legais relacionados com o contrato típico de compra e venda (arts. 481 a 504 do CC). No meu entendimento, por analogia, até podem ser aplicadas à dação em pagamento as regras previstas para esse contrato, o que ressalta o caráter oneroso dessa forma de pagamento indireto.

Pois bem, na dação em pagamento, a substituição pode ser de dinheiro por bem móvel ou imóvel (*datio rem pro pecuni*), de uma coisa por outra (*datio rem pro re*), de dinheiro por título, de coisa por fato, entre outros, desde que o seu conteúdo seja lícito, possível, determinado ou determinável (art. 104, II, do CC). No caso de haver a entrega de uma coisa por outra coisa (*datio rem pro re*), haverá similaridade entre a dação e a troca ou permuta (art. 533 do CC). Mas, como o contrato em questão é regulamentado apenas por um dispositivo do Código Civil, na maioria das vezes serão aplicadas as próprias regras da *datio in solutum* previstas na codificação e que estão sendo no momento estudadas.

Segundo o art. 358 do CC, se a coisa dada for um título de crédito, a transferência importará em cessão. Entretanto, não há identidade entre as duas figuras, eis que na cessão de crédito há a transmissão de obrigação, enquanto na dação ocorre o pagamento indireto pela substituição do objeto, da prestação. Deve-se interpretar o art. 358 do CC somente no sentido de que serão aplicadas as regras referentes à cessão de crédito, por analogia, conforme manda o dispositivo legal. Além disso, deve ser esclarecido que o dispositivo é aplicado para o caso em que o devedor entrega ao seu credor um título de crédito do qual é credor. Nessa hipótese, o terceiro (devedor do título) deverá ser notificado para que seja informado quem é o seu novo credor.

Se o credor for evicto da coisa recebida, a obrigação primitiva será restabelecida, ficando sem efeito a quitação dada, ressalvados os direitos de terceiros de boa-fé (art. 359 do CC). Isso não ocorre na novação, sendo certo que o legislador quis privilegiar a posição do credor na dação, restabelecendo a prestação primitiva. A nova redação do art. 359 do CC valoriza a boa-fé objetiva, o dever anexo de confiança, protegendo expressamente terceiros que realizaram o negócio.

Concretizando, duas partes obrigacionais concordam em substituir um imóvel (objeto da prestação) por dois veículos. Em regra, se os veículos se perderem por evicção, *retorna* a obrigação de dar a casa. Mas se esta última foi vendida pelo devedor a um terceiro, que agiu de boa-fé ao comprá-la, não haverá o mencionado *retorno*. Em suma, o credor (adquirente, evicto) terá que suportar os efeitos da evicção, tendo ação regressiva contra o devedor (alienante), conforme as regras constantes da teoria geral dos contratos.

A dação em pagamento não se confunde com a novação real, uma vez que na primeira não ocorre a substituição de uma obrigação por outra, mas tão somente do objeto da prestação, mantendo-se os demais elementos do vínculo obrigacional, tais como os seus acessórios (juros e cláusula penal, por exemplo).

**430** | MANUAL DE DIREITO CIVIL • VOLUME ÚNICO – *Flávio Tartuce*

Por fim, conforme adverte Orlando Gomes, não se pode confundir a dação em pagamento com a *dação por causa de pagamento* ou *dação em função de pagamento*, ou melhor, *datio pro solvendo*. Ensina esse autor que "trata-se de negócio jurídico destinado a facilitar ao credor a realização do seu interesse, podendo consistir, sem ser novação, em operação com a qual o devedor assume dívida nova. Ocorre na dação de um crédito sem extinção da dívida originária, que, ao contrário, é conservada, suspensa ou enfraquecida. Havendo *datio pro solvendo*, a dívida primitiva só se extingue ao ser paga a nova".[43]

Ilustrando, cite-se o caso em que cheque de terceiro é dado como pagamento de uma dívida. Se o cheque é devolvido sem fundos, a dívida subsiste, sem qualquer alteração, não havendo novação (nesse sentido, ver: TJSP, Apelação Cível 542.001.4/2, Acórdão 3945829, 4.ª Câmara de Direito Privado, São Paulo, Rel. Des. Francisco Loureiro, j. 16.07.2009, *DJESP* 13.08.2009).

### 3.6.3.5 *Da novação*

A novação, tratada entre os arts. 360 a 367 do CC, pode ser definida como uma forma de pagamento indireto em que ocorre a substituição de uma obrigação anterior por uma obrigação nova, diversa da primeira criada pelas partes. Seu principal efeito é a extinção da dívida primitiva, com todos os acessórios e garantias, sempre que não houver estipulação em contrário (art. 364 do CC).

Destaque-se que havendo a referida previsão em contrário, autorizada pela própria lei, haverá *novação parcial*. Podem as partes convencionar o que será extinto, desde que isso não contrarie a ordem pública, a função social dos contratos e a boa-fé objetiva. Todavia, a regra é *novação total*, de todos os elementos da obrigação anterior, pela própria natureza do instituto.

A novação não produz, como ocorre no pagamento direto, a satisfação imediata do crédito. Por envolver mais de um ato volitivo, constitui um negócio jurídico e forma de pagamento indireto. São seus elementos essenciais:

- *Existência de uma obrigação anterior (obrigação antiga ou dívida novada).*
- *Existência de uma nova obrigação (dívida novadora).*
- *Intenção de novar (*animus novandi*).*

Dispõe o art. 361 do CC que o ânimo de novar pode ser expresso ou mesmo tácito, mas sempre inequívoco. Não havendo tal elemento imaterial ou subjetivo, a segunda obrigação simplesmente confirma a primeira.

A intenção de novar tácita não constava da codificação privada anterior, estando relacionada com o moderno conceito de novação, mais aberto e flexível. Para uma maior celeridade obrigacional, à luz da operabilidade, o Código Civil de 2002 não oferece entraves formais para o instituto. Ilustrando, o julgado a seguir, do Tribunal de Minas Gerais, é didático ao apresentar como se pode caracterizar a intenção tácita:

> "Embargos de devedor. Novação. Pagamento parcial. Artigo 427 CC/2002. A novação não se presume, sendo o *animus novandi* elemento decisivo para sua caracterização. Somente se admite a novação tácita como resultante de fatos que, uma vez praticados, não tenham outra explicação senão o ânimo de novar. Cite-se a título de exemplo:

---

[43] GOMES, Orlando. *Obrigações*. 16. ed. atual. por Edvaldo Brito. Rio de Janeiro: Forense, 2004. p. 141.

CAP. 3 • TEORIA GERAL DAS OBRIGAÇÕES | **431**

A restituição do documento comprobatório da obrigação primitiva ou a sua destruição pelo credor, ao receber o título da nova obrigação" (TJMG, Apelação Cível
1.0480.02.030505-2/0011, 9.ª Câmara Cível, Patos de Minas, Rel. Des. José Antônio
Braga, j. 1.º.04.2008, *DJEMG* 19.04.2008).

Ainda exemplificando, o simples ato de entregar cheques para pagamento de duplicatas
anteriores, sem a devolução das últimas ao devedor, não gera a novação. Nesse sentido:

"Apelação cível. Embargos execução. Cerceamento defesa. Novação. Cheques. *Pro
solvendo*. Não ocorre cerceamento de defesa quando a prova oral é deferida, mas a
parte não comparece a audiência preliminar para fixação dos pontos controvertidos
e, especialmente, quando, tendo em vista a natureza do negócio jurídico, a comprovação de pagamento se dá por documento. O mero recebimento, pelo credor, de
cheque para pagamento de duplicada não importa novação da dívida, porquanto o
título tem a característica *pro solvendo*, ou seja, somente se concretiza o pagamento
após sua compensação" (TJMG, Apelação Cível 1.0694.13.004188-2/001, Rel. Des.
Anacleto Rodrigues, j. 17.11.2015, *DJEMG* 27.11.2015).

"Duplicata. Ausência de pagamento. Recebimento de cheque, pela credora, em caráter
*pro solvendo*. Descumprimento, pela autora-reconvinda, do ônus da prova do pagamento. Cheques sucessivos que foram restituídos por ausência de fundos. Novação
não caracterizada. Viabilidade da reconvenção, apesar de a triplicata consistir em
título executivo. Possibilidade de opção pelo processo de conhecimento, ainda mais
em situação como essa, em que a discussão sobre o documento foi inaugurada pela
devedora, isto a justificar o contra-ataque, com aproveitamento do processo. Litigância
de má-fé bem reconhecida na sentença, uma vez que manifesto o propósito protelatório da autora. Honorários advocatícios bem arbitrados, não havendo motivo para
redução. Ação declaratória e cautelar improcedentes; reconvenção procedente. Recurso
não provido" (TJSP, Apelação Cível 7.287.491-4, Acórdão 4.134.622, 21.ª Câmara de
Direito Privado, Olímpia, Rel. Des. Itamar Gaino, j. 07.10.2009, *DJESP* 30.10.2009).

Além da novação tácita, é viável juridicamente a novação expressa, feita por meio de
instrumento obrigacional pelo qual as partes concordam com a substituição de um título
de crédito causal (duplicata) por outro abstrato (cheque). Com esse instrumento, constando
a intenção das partes de substituir uma obrigação por outra, fica mais fácil identificar a
novação. Como se pode perceber, a novação expressa tende a uma maior certeza e sensação
de segurança jurídica.

Não se podem validar por novação as obrigações nulas ou extintas, uma vez que não
se pode novar o que não existe, nem extinguir o que não produz efeitos jurídicos (art. 367
do CC). Por outro lado, a obrigação anulável pode ser confirmada pela novação, exemplo
típico de convalidação do negócio em caso de anulabilidade, o que demonstra a sintonia
do instituto com o princípio da conservação negocial.

Para que a novação tenha validade e possibilidade jurídica, a nova obrigação também
deve ser válida. Sendo nula, a novação será inválida e prevalecerá a obrigação antiga. Sendo
anulável e caso a obrigação seja efetivamente anulada, também restabelecida ficará a anterior,
aplicação direta do art. 182 do CC, que traz efeitos retroativos parciais ao ato anulável.

No caso de novação subjetiva passiva (por substituição do devedor), a insolvência do
novo devedor não confere ao credor o direito de regresso contra o antigo, salvo se este
obteve por má-fé a substituição (art. 363 do CC). Isso porque a obrigação antiga, da qual
o antigo devedor fazia parte, foi totalmente liquidada.

# 432 | MANUAL DE DIREITO CIVIL • VOLUME ÚNICO – *Flávio Tartuce*

Se não houver consentimento do fiador em caso de novação da obrigação principal, estará este exonerado da obrigação acessória em relação ao credor (art. 366 do CC). O principal efeito da novação, como é notório, é a extinção de todos os acessórios da dívida, salvo estipulação em contrário, sendo a fiança um contrato de natureza acessória (art. 364 do CC).

Nos termos desse último comando, não aproveitará, contudo, ao credor ressalvar o penhor, a hipoteca ou a anticrese, se os bens dados em garantia pertencerem a terceiro que não foi parte na novação. Assim sendo, o acordo de permanência dos acessórios não poderá atingir terceiro que ofereceu bem em garantia real (penhor, hipoteca ou anticrese) se ele não participar da novação. Nesse sentido, somente haverá permanência da garantia real se o devedor pignoratício, hipotecante ou anticrético assinar expressamente o instrumento da novação.

De acordo com o art. 365 do Código Civil em vigor, ocorrendo novação entre o credor e um dos devedores solidários, somente sobre os bens do que contrair a nova obrigação subsistirão as preferências e garantias do crédito novado. Os outros devedores solidários ficarão por esse fato exonerados. Essa exoneração confirma a tese de que o *animus novandi* é pessoal, devendo ser inequívoco para gerar efeitos. A responsabilidade patrimonial, nos termos do art. 391 do CC, somente poderá atingir aquele que participou da substituição da dívida.

Analisados esses dispositivos, é fundamental expor a classificação da novação, ponto importantíssimo relativo à matéria:

I) *Novação objetiva* ou *real* – é a modalidade mais comum de novação, ocorrendo nas hipóteses em que o devedor contrai com o credor nova dívida para extinguir a primeira (art. 360, inc. I, do CC). Como já exposto, essa não se confunde com a dação em pagamento (*datio in solutum*).

II) *Novação subjetiva* ou *pessoal* – é aquela em que ocorre a substituição dos sujeitos da relação jurídica obrigacional, criando-se uma nova obrigação, com um novo vínculo entre as partes. A *novação subjetiva* pode ser assim classificada:

– *Novação subjetiva ativa* – ocorre a substituição do credor, criando uma nova obrigação com o rompimento do vínculo primitivo (art. 360, inc. III, do CC). São seus requisitos: o consentimento do devedor perante o novo credor, o consentimento do antigo credor que renuncia ao crédito e a anuência do novo credor que aceita a promessa do devedor. No campo prático, essa forma de novação vem sendo substituída pela cessão de crédito, diante do caráter oneroso e especulativo da última.

– *Novação subjetiva passiva* – ocorre a substituição do devedor que sucede ao antigo, ficando este último quite com o credor (art. 360, inc. II, do CC). Se o novo devedor for insolvente, não terá o credor que o aceitou ação regressiva contra o primeiro, salvo se este obteve de má-fé a substituição. A novação subjetiva passiva, ou por substituição do devedor, pode ser subclassificada nos seguintes moldes:

a) *Novação subjetiva passiva por expromissão* – ocorre quando um terceiro assume a dívida do devedor originário, substituindo-a sem o consentimento deste (art. 362 do CC), mas desde que o credor concorde com a mudança no polo passivo. No caso de novação expressa, assinam o instrumento obrigacional somente o novo devedor e o credor, sem a participação do antigo devedor.

> b) *Novação subjetiva passiva por delegação* – ocorre quando a substituição do devedor é feita com o consentimento do devedor originário, pois é ele que indicará uma terceira pessoa para assumir o seu débito, havendo concordância do credor. Eventualmente, assinam o instrumento o novo devedor, o antigo devedor que o indicou ou delegou poderes e o credor.

Além dessas formas de novação, a doutrina aponta ainda a *novação mista*, hipótese em que, ao mesmo tempo, substitui-se o objeto e um dos sujeitos da relação jurídica.[44] Essa forma de novação pode também ser denominada *novação complexa*, eis que ocorre a substituição de quase todos os elementos da relação jurídica original, não estando tratada de forma expressa na codificação privada brasileira.

Mais uma vez é importante repetir que não se pode confundir a sub-rogação com a novação subjetiva ativa (ou por substituição do credor). No pagamento com sub-rogação há apenas uma alteração da estrutura obrigacional, surgindo somente um novo credor. Já na novação o vínculo original se desfaz com todos os seus acessórios e garantias. Cria-se um novo vínculo, totalmente independente do primeiro, salvo estipulação expressa em contrário.

A novação subjetiva ativa também não se confunde com a cessão de crédito, que é forma de transmissão da obrigação e que pode ter natureza onerosa.

Sob outro prisma, a novação subjetiva passiva não se confunde com a cessão de débito ou assunção de dívida que é forma de transmissão da posição passiva da obrigação.

Também é de ressaltar que a novação objetiva ou real não pode ser confundida com a dação em pagamento. A primeira é uma forma de pagamento indireto por substituição da dívida, gerando a extinção de todos os acessórios. Em reforço, havendo evicção da coisa dada, a prestação primitiva, em casos tais, não revive. Como visto, a dação não gera a extinção dos acessórios e, no caso de perda da coisa dada, retornará a prestação primitiva.

Como outra questão de relevo, é importante apontar que o Superior Tribunal de Justiça tem analisado o instituto da novação com vistas ao princípio da função social dos contratos e das obrigações. Isso pode ser evidenciado pelo teor da Súmula 286 daquele Tribunal da Cidadania, que tem a seguinte redação: "a renegociação de contrato bancário ou a confissão da dívida não impede a possibilidade de discussão sobre eventuais ilegalidades dos contratos anteriores".

A socialidade salta aos olhos, uma vez que se quebra com aquela tradicional regra pela qual, ocorrida a novação, não é mais possível discutir a obrigação anterior. Sendo flagrante o abuso de direito cometido pela parte negocial e estando presente a onerosidade excessiva por cobrança de juros abusivos nas obrigações anteriores, é possível a discussão judicial dos contratos novados (nesse sentido, entre os arestos mais antigos, ver: STJ, REsp 332.832/RS, 2.ª Seção de Direito Privado, Rel. Min. Asfor Rocha, j. 28.05.2003, *DJ* 23.02.2003).

A encerrar o tópico, acrescente-se que, mais recentemente e em 2017, publicou-se a afirmação de número 10 na Edição n. 83 da ferramenta *Jurisprudência em Teses* da Corte, segundo a qual, "é possível a revisão de contratos bancários extintos, novados ou quitados, ainda que em sede de embargos à execução, de maneira a viabilizar, assim, o afastamento de eventuais ilegalidades, as quais não se convalescem" (Direito Bancário). Como precedentes, são citados, entre outros: Ag. Int. no REsp 1.634.568/PR, 3.ª Turma, Rel. Min. Marco Aurélio Bellizze, j. 09.03.2017, *DJe* 22.03.2017; Ag. Int. no REsp 1.224.012/SP, 4.ª Turma, Rel. Min.

---

[44] DINIZ, Maria Helena. *Curso de direito civil brasileiro*. Teoria geral das obrigações. 24. ed. São Paulo: Saraiva, 2009. v. 2, p. 320-321.

Raul Araújo, j. 22.11.2016, *DJe* 12.12.2016; e REsp 1.412.662/RS, 4.ª Turma, Rel. Min. Luis Felipe Salomão, j. 1.º.09.2016, *DJe* 28.09.2016). Confirmou-se, portanto, o entendimento constante da Súmula 286 da Corte.

### 3.6.3.6 Da compensação

Ocorre a compensação quando duas ou mais pessoas forem ao mesmo tempo credoras e devedoras umas das outras, extinguindo-se as obrigações até o ponto em que se encontrarem, onde se equivalerem (art. 368 do CC). Os arts. 369 a 380 também tratam dessa forma de pagamento indireto, que depende de duas manifestações de vontade, pelo menos (negócio jurídico). Deve-se entender que a compensação constitui um aspecto material do princípio da economia, fundado na ordem pública.

De acordo com o art. 369 da codificação material, a compensação efetua-se entre dívidas líquidas, vencidas e de coisas fungíveis. Trata-se de requisito para a compensação legal. Melhor explicando, em casos tais, as dívidas devem ser:

- certas quanto à existência, e determinadas quanto ao valor (líquidas);
- vencidas ou atuais, podendo ser cobradas;
- constituídas por coisas substituíveis (ou consumíveis, ou fungíveis), como, por exemplo, o dinheiro.

Sobre o primeiro requisito, cite-se correto julgado do Superior Tribunal de Justiça que considerou não ser possível a compensação de valor cuja liquidez pende de confirmação em juízo. Conforme o seu teor, em hipótese fática que envolve crédito do Banco do Brasil, "o art. 369 do CC fixa os requisitos da compensação, que só se perfaz entre dívidas líquidas, vencidas e de coisas fungíveis entre si, não verificáveis no caso. Isto porque, se pairar dúvidas sobre a existência da dívida e em quanto se alça o débito, não se pode dizer que o crédito é líquido. Apesar do crédito do BB estar representado por título executivo extrajudicial, ainda será objeto de pronunciamento judicial quanto a sua liquidez e certeza" (STJ, REsp 1.677.189/RS, 3.ª Turma, Rel. Min. Moura Ribeiro, j. 16.10.2018, *DJe* 18.10.2018).

A respeito do segundo requisito, não se podem compensar as dívidas prescritas, pois não podem ser cobradas. Nessa linha, aresto da Corte Superior, do ano de 2022, demonstra que "a compensação é direito potestativo extintivo e, no direito brasileiro, opera por força de lei no momento da coexistência das dívidas. Para que as dívidas sejam compensáveis, elas devem ser exigíveis. Sendo assim, as obrigações naturais e as dívidas prescritas não são compensáveis". Porém, concluiu-se, ao final e de forma correta, que "a prescrição somente obstará a compensação se ela for anterior ao momento da coexistência das dívidas. Ademais, se o crédito do qual é titular a parte contrária estiver prescrito, é possível que o devedor, o qual também ocupa a posição de credor, desconte de seu crédito o montante correspondente à dívida prescrita. Ou seja, nada impede que a parte que se beneficia da prescrição realize, espontaneamente, a compensação" (STJ, REsp 1.969.468/SP, 3.ª Turma, Rel. Min. Nancy Andrighi, j. 22.02.2022, *DJe* 24.02.2022).

Complemente-se que a impossibilidade de compensação de dívida prescrita, se a prescrição for anterior à coexistência das dívidas compensáveis, foi confirmada em outro acórdão, de 2023. No caso concreto, "tendo em vista que a ação revisional foi ajuizada em 10.06.2011 e que a prescrição consumou-se em 11.03.2008, conclui-se que o prazo de prescrição consumou-se antes da coexistência de dívidas compensáveis, o que inviabiliza a compensação pretendida pelo recorrente" (STJ, REsp 2.007.141/PR, 3.ª Turma, Rel. Min. Nancy Andrighi, j. 23.05.2023, *DJe* 25.05.2023).

CAP. 3 • TEORIA GERAL DAS OBRIGAÇÕES | **435**

Embora sejam do mesmo gênero as coisas fungíveis, objeto das duas prestações, não se compensarão verificando-se que diferem na qualidade, quando especificada no contrato (art. 370 do CC). Justamente por tal dispositivo, sustenta-se a tese de fungibilidade ou uniformidade total das dívidas, o que torna dificultosa a compensação legal, que exige tais elementos com certa rigidez.

O devedor somente pode compensar com o credor o que este lhe dever; mas o fiador pode compensar sua dívida com a de seu credor ao afiançado (art. 371 do CC). Imperioso perceber que o comando legal em questão não adota a *teoria dualista* da obrigação. Isso porque enuncia a lei que o fiador tem uma dívida com o credor. Ora, como exposto, pela tese dualista o fiador apenas assume uma responsabilidade em relação ao credor, sem ter contraído a dívida (*Haftung sem Schuld*).

Ademais, tal possibilidade de compensação coloca em xeque a discussão a respeito do caráter pessoal da compensação. Em suma, não se sabe ao certo se a compensação é ou não uma exceção pessoal, tema amplamente debatido na *IV Jornada de Direito Civil* do Conselho da Justiça Federal. Por ocasião do evento, em 2006, não se chegou à unanimidade na comissão de obrigações, não sendo aprovado enunciado que previa expressamente ser a compensação uma exceção pessoal.

De toda sorte, a redação do dispositivo estudado é hoje por demais confusa, razão pela qual a Comissão de Juristas encarregada da Reforma do Código Civil sugere um texto mais claro e didático, com separação das duas regras nele previstas, em *caput* e parágrafo único, a saber: "Art. 371. O devedor somente pode compensar com o credor o que este lhe dever. Parágrafo único O fiador pode alegar, em seu favor, a compensação que o devedor afiançado poderia arguir perante o credor, mas deixou de fazê-lo". Espera-se a sua aprovação pelo Congresso Nacional, em prol da operabilidade e da facilitação do Direito Privado.

Os prazos de favor, que são aqueles concedidos graciosamente pelo credor, embora consagrados pelo uso geral, não obstam a compensação (art. 372 do CC). Cite-se, por exemplo, o prazo de moratória para pagamento da dívida. Diante da boa-fé objetiva, também consagrada nesse dispositivo, não poderá o devedor valer-se da graça para afastar a compensação. Não poderá a parte obrigacional criar uma situação e dela tentar beneficiar-se tendo em vista o claro desrespeito à boa-fé.

Portanto, não pode um credor que também é devedor requerer um prazo de moratória para, depois, cobrar maliciosamente a dívida, alegando o prazo de favor quando o réu mencionar a compensação. Aqui pode ser citada a máxima *tu quoque*, geradora da *regra de ouro*, que enuncia: não faça contra o outro o que você não faria contra si mesmo.

A diferença de causa, razão ou motivo nas dívidas também não impede a compensação, conforme prevê o art. 373 do CC. Entretanto, exceção deve ser feita nos seguintes casos:

- Se a dívida provier de esbulho, furto ou roubo. Não é possível a compensação diante da presença de atos ilícitos.
- Se uma dívida se originar de comodato, depósito ou alimentos. Os contratos de comodato e depósito são personalíssimos, o que obsta a compensação. Os alimentos são incompensáveis por força do art. 1.707 do CC, tema que ainda será aprofundado. Cabe pontuar que, pelo Novo Código de Processo Civil, os honorários advocatícios passam a ter natureza alimentar, expressamente pela lei, sendo vedada a sua compensação em caso de sucumbência parcial (art. 85, § 14, do CPC/2015). Com isso, perde aplicação, pelo menos em parte, a Súmula 306 do STJ, segundo a qual "os honorários advocatícios devem ser compensados quando houver sucumbência recíproca, assegurado o direito

> autônomo do advogado à execução do saldo sem excluir a legitimidade da própria parte". Fazendo essa ressalva, destaque-se a afirmação n. 3 publicada na Edição n. 129 da ferramenta *Jurisprudência em Teses*, do próprio STJ (Honorários Advocatícios – II, 2019): "não é possível a compensação de honorários advocatícios quando a sua fixação ocorrer na vigência do CPC/2015 – art. 85, § 14".
>
> • Se uma dívida for de coisa não suscetível de penhora. Segue-se a antiga afirmação de que a dívida impenhorável é também incompensável.

Previa o art. 374 do CC em vigor que "a matéria da compensação, no que concerne às dívidas fiscais e parafiscais, é regida pelo disposto neste capítulo". Esse dispositivo legal foi revogado, por força da Medida Provisória 104/2003, convertida na Lei 10.677/2003. Consigne-se que Nelson Nery Jr. vê inconstitucionalidade na origem dessa revogação, pois a medida provisória da qual se originou a lei foi fruto de reedição pelo Presidente da República.[45] Frise-se, contudo, que esse posicionamento, apesar de bem fundamentado, é minoritário. O entendimento majoritário é que realmente o dispositivo e a regra nele inserida encontram-se revogados. Infelizmente, houve um intuito político na revogação, pelos interesses tributários do Estado brasileiro.

O art. 375 do CC/2002 enuncia a possibilidade da *cláusula excludente da compensação*, diante da autonomia privada e da liberdade contratual. O mesmo comando legal autoriza a possibilidade de renúncia à compensação. Dúvidas surgem se tal dispositivo poderá ou não ser aplicado a todas as formas de compensação que serão estudadas adiante. Entendo que a compensação legal, principalmente se ocorrer no âmbito judicial, envolve matéria de ordem pública – pela relação com o princípio da economia –, não havendo validade das cláusulas de exclusão e de renúncia.

Em suma, o dispositivo apenas se aplicaria à compensação convencional. Ademais, para que tenham validade, as cláusulas devem estar inseridas em contratos civis plenamente discutidos pelas partes (contratos paritários). Se as cláusulas forem inseridas em contratos de consumo serão nulas, pela dicção do art. 51 do CDC. Sendo inseridas em contratos de adesão, a nulidade decorre do art. 424 do CC. Todavia, a questão não é pacífica, uma vez que a doutrina majoritária ainda sustenta que a norma se aplica a qualquer modalidade de compensação, eis que essa é instituto de ordem privada.[46]

Nos termos do art. 376 do CC/2002, "obrigando-se por terceiro uma pessoa, não pode compensar essa dívida com a que o credor dele lhe dever". Esse dispositivo ressalta a necessidade da reciprocidade entre as dívidas, exceção feita para o caso do fiador (art. 371 do CC).

De todo modo, a sua redação é confusa, razão pela qual a Comissão de Juristas encarregada da Reforma do Código Civil sugere outra, por iniciativa da Relatora-Geral, Professora Rosa Nery. Assim, o dispositivo passará a prever, em boa hora, que "aquele que se obrigou em favor de terceiro não pode compensar essa obrigação com outra que o credor do terceiro lhe dever".

O devedor que, notificado, nada opuser à cessão que o credor fez a terceiros dos seus direitos, não poderá opor ao cessionário a compensação, que antes da cessão teria

---

[45] NERY JR., Nelson. Compensação tributária e o Código Civil. *Direito tributário e o novo Código Civil*. São Paulo: Quartier Latin, 2004. p. 21.

[46] TEPEDINO, Gustavo; BARBOZA, Heloísa Helena; MORAES, Maria Celina Bodin de. *Código Civil interpretado conforme a Constituição da República*. Rio de Janeiro: Renovar, 2004. v. I, p. 678-679; PEREIRA, Caio Mário da Silva. *Instituições de direito civil*. Teoria geral das obrigações. Rio de Janeiro: Forense, 2004. v. II, p. 262.

CAP. 3 • TEORIA GERAL DAS OBRIGAÇÕES | **437**

podido opor ao cedente. Se, porém, a cessão não lhe tiver sido notificada, poderá opor ao cessionário a compensação do crédito que antes tinha contra o cedente. Essa a regra do art. 377 do CC, que relaciona a cessão de crédito ao instituto da compensação.

Quando as duas dívidas não são pagáveis no mesmo lugar, não poderão ser compensadas sem a dedução das despesas necessárias à operação (art. 378). Desse modo, havendo necessidade de uma parte se transportar para outra localidade visando à compensação de uma obrigação, as despesas deverão ser divididas entre os sujeitos obrigacionais, para que a compensação seja possível.

Esse comando legal veda o enriquecimento sem causa, ressaltando a necessidade de identidade entre as dívidas para que a compensação seja possível com a dedução de quantias relacionadas com a forma de pagamento indireto. Visa ainda manter o *sinalagma* obrigacional, pois não se pode admitir que o pagamento das despesas com a operação onere de forma acentuada uma das partes da obrigação, gerando onerosidade excessiva.

Também em relação a esse preceito legal há proposta da Comissão de Juristas nomeada para a Reforma do Código Civil no âmbito do Senado, para que fique mais claro e efetivo. A proposição é que a norma passe a enunciar o seguinte: "Art. 378. Duas dívidas não pagáveis no mesmo lugar, não se podem compensar, sem dedução das despesas necessárias ao pagamento daquela que havia de ser satisfeita em lugar diverso do domicílio do devedor ou do lugar da compensação". Mais uma vez, trata-se de brilhante sugestão da Professora Rosa Nery, uma das maiores civilistas brasileiras, o que visa a trazer maior segurança jurídica para a aplicação prática do instituto da compensação.

Eventualmente, será possível aplicar à compensação os comandos legais previstos para a imputação do pagamento (arts. 352 a 355 do CC). Essa é a regra do art. 379 do atual Código Privado, pela qual: "Sendo a mesma pessoa obrigada por várias dívidas compensáveis, serão observadas, no compensá-las, as regras estabelecidas quanto à imputação do pagamento". Assim, a imputação caberá: 1.º) ao devedor; 2.º) ao credor; 3.º) à lei – imputação legal (pela ordem: juros, dívida que venceu em primeiro lugar, dívida mais onerosa, imputação proporcional).

Não se admite a compensação em prejuízo de direito de terceiro, o que ressalta a proteção da boa-fé objetiva, que é preceito de ordem pública (art. 380 do CC). O devedor que se torne credor do seu credor, depois de penhorado o crédito deste, não pode opor ao exequente a compensação de que contra o próprio credor disporia.

Superada a análise das suas regras gerais, para encerrar, vejamos as principais classificações da compensação, apontadas pela melhor doutrina contemporânea:[47]

> I) *Quanto à origem:*
>
> a) *Compensação legal* – é aquela que decorre de lei e independe de convenção entre os sujeitos da relação obrigacional, operando-se mesmo que uma delas não queira a extinção das dívidas, pois envolve a ordem pública. Para que ocorra a compensação legal, são necessários os seguintes requisitos: reciprocidade de débitos; liquidez das dívidas, que devem ser certas quanto à existência e determinadas quanto ao objeto e valor; exigibilidade atual das prestações, estando estas vencidas; e fungibilidade dos débitos, havendo identidade entre a natureza das obrigações.

---

[47]  Como referência: DINIZ, Maria Helena. *Curso de direito civil brasileiro*. Teoria geral das obrigações. 24. ed. São Paulo: Saraiva, 2009. v. 2, p. 330-341.

# 438 | MANUAL DE DIREITO CIVIL • VOLUME ÚNICO – *Flávio Tartuce*

b) *Compensação convencional* – quando há um acordo de vontade entre os sujeitos da relação obrigacional. Na compensação convencional não há necessidade dos pressupostos acima apontados para a compensação legal. Perfeitamente possível a cláusula de exclusão dessa forma de compensação, nos moldes do art. 375 do CC, desde que o contrato seja civil e paritário.

c) *Compensação judicial* – ocorre por meio de decisão do juiz que reconhece no processo o fenômeno de extinção obrigacional. Em casos tais, é necessário que cada uma das partes alegue o seu direito contra a outra. Segundo uma versão mais formal do Direito Processual Civil, em regra e para tanto, o réu necessitaria ingressar com a reconvenção, que é a ação do réu contra o autor, no mesmo feito em que está sendo demandado, inclusive com o fim de extinguir ou diminuir o valor da obrigação (art. 343 do CPC/2015, que corresponde parcialmente ao art. 315 do CPC/1973). Não haveria a necessidade de reconvenção nas ações de natureza dúplice, caso, por exemplo, das ações possessórias. De toda sorte, aresto do Superior Tribunal de Justiça, distante do formalismo processual, reconheceu que a compensação é possível juridicamente independentemente de reconvenção ou pedido contraposto. Nos termos da precisa ementa, que conta com o nosso apoio, "a compensação é meio extintivo da obrigação, caracterizando-se como exceção substancial ou de contradireito do réu, que pode ser alegada em contestação como matéria de defesa, independentemente da propositura de reconvenção em obediência aos princípios da celeridade e da economia processual. Precedentes. Hipótese em que o réu defende o não pagamento da dívida cobrada pelo autor com base em compensação de dívidas, sem, contudo, formular pedido de cobrança de eventual diferença de valores compensados. O acórdão recorrido entendeu que a alegação de compensação se deu na via inadequada, pois somente poderia ser feita em ação reconvencional. Não é razoável exigir o ajuizamento de ação reconvencional para a análise de eventual compensação de créditos, devendo-se prestigiar a utilidade, a celeridade e economia processuais, bem como obstar enriquecimento sem causa" (STJ, REsp 1.524.730/MG, 3.ª Turma, Rel. Min. Ricardo Villas Bôas Cueva, j. 18.08.2015, *DJe* 25.08.2015). Por fim, cabe pontuar que a compensação judicial pode ter origem legal ou no acordo entre as partes do processo (convencional), o que até coloca em dúvida a necessidade dessa terceira categoria do instituto.

II) *Quanto à extensão*:

a) *Compensação plena, total ou extintiva* – é aquela que envolve a totalidade de duas dívidas.

b) *Compensação restrita, parcial ou propriamente dita* – é aquela que envolve parte de uma dívida e a totalidade de outra. Uma dívida é extinta e a outra é compensada.

## 3.6.3.7 *Da confusão*

Para o Direito das Obrigações, a confusão está presente quando na mesma pessoa confundem-se as qualidades de credor e devedor, em decorrência de um ato *inter vivos* ou *mortis causa* (art. 381 do CC). A origem da confusão obrigacional, na grande maioria das vezes, decorre de um ato bilateral ou de um negócio jurídico, razão pela qual deve ela ser incluída como forma de pagamento indireto.

Pelo art. 382 do Código Civil, a confusão pode verificar-se a respeito de toda a dívida, ou só de parte dela. No primeiro caso haverá *confusão total* ou *própria*, com a extinção da totalidade da dívida. No segundo, haverá a *confusão parcial* ou *imprópria*.

Quanto à solidariedade, enuncia o art. 383 do CC que "a confusão operada na pessoa do credor ou devedor solidário só extingue a obrigação até a concorrência da respectiva parte no crédito, ou na dívida, subsistindo quanto ao mais a solidariedade". Desse modo, a confusão não tem o condão de pôr fim à solidariedade, que permanece intocável.

Cessando a confusão, para logo se restabelece, com todos os seus acessórios, a obrigação anterior (art. 384 do CC). No tocante à prescrição, deve-se entender que ela não corre nesses casos, presente uma condição suspensiva, nos moldes do art. 199, inciso I, do CC. Em reforço, o próprio art. 384 consagra que a obrigação se restabelece, sem fazer qualquer ressalva.

Para esclarecer a matéria, interessante dois exemplos envolvendo a confusão. O primeiro tem origem *inter vivos*; o segundo, *mortis causa*.

Imagine-se o caso em que a empresa *A* deve para a empresa *B* R$ 1.000.000,00 (um milhão de reais). Se a segunda empresa adquirir a primeira, a dívida estará extinta. Trata-se de confusão total. Mas se essa aquisição for declarada nula judicialmente ou por um órgão administrativo, por ilicitude do objeto, volta a dívida a existir.

Outro exemplo: alguém deve uma quantia para o seu pai, que é declarado morto por ausência. Se o filho for o seu único sucessor haverá confusão total. Haverá confusão parcial se o tio também for credor da dívida. Mas se o pai reaparecer a dívida também ressurge.

### 3.6.3.8 *Da remissão de dívidas*

A *remissão* é o perdão de uma dívida, constituindo um direito exclusivo do credor de exonerar o devedor, estando tratada entre os arts. 385 a 388 do CC em vigor. Não se confunde com *remição*, escrita com ç, que, para o Direito Civil, significa *resgate*.

Pela regra contida no art. 385 do Código Civil em vigor, e que não encontra correspondente na codificação anterior, a remissão constitui um negócio jurídico bilateral, o que ressalta o seu caráter de forma de pagamento indireto, uma vez que deve ser aceita pelo sujeito passivo obrigacional. A parte final desse dispositivo dispõe que a remissão somente pode ocorrer não havendo prejuízo a terceiros, outra valorização da boa-fé. Por uma questão lógica, somente é possível o perdão de direitos patrimoniais de caráter privado e desde que não prejudique o interesse público ou da coletividade (função social da remissão).

A remissão pode recair sobre a dívida inteira – caso da *remissão total* –, ou parte dela, denominada *remissão parcial* (art. 388 do CC).

A remissão ou perdão concedido a um dos codevedores extingue a dívida na parte a ele correspondente, não atingindo a solidariedade em relação aos demais (art. 388 do CC). Entretanto, para que o credor cobre a dívida deverá abater dos demais a quota do devedor que foi perdoado. A solidariedade, para todos os efeitos, permanece.

O perdão pode ser *expresso* – quando firmado por escrito – ou *tácito* – por conduta do credor, prevista em lei e incompatível com a preservação do direito obrigacional. Como exemplo de conduta tácita que gera a remissão pode ser citada a situação em que o credor entrega o título da obrigação ao devedor, quando tiver sido celebrado por escrito particular (art. 386 do CC). Isso provará a desoneração do devedor e seus coobrigados, caso o credor seja pessoa capaz de alienar e o devedor capaz de adquirir. Repise-se que o comando legal em questão é aplicado para os casos envolvendo instrumentos particulares ou contratos que traduzem dívidas. Para os casos de títulos de crédito, a entrega destes faz presumir a existência de pagamento (art. 324 do CC).

Em continuidade, não se pode confundir os institutos, uma vez que a entrega de objeto empenhado (dado em penhor, como garantia real) pelo credor ao devedor não presume o perdão da dívida, mas apenas a renúncia em relação à garantia (art. 387 do CC). Isso porque o penhor tem natureza acessória e não tem o condão de atingir o principal, a dívida.

Ainda no que concerne às categorias jurídicas, não se pode confundir os institutos da *renúncia* (gênero) e da *remissão* (espécie). A renúncia pode incidir sobre determinados direitos pessoais e é ato unilateral. A remissão só diz respeito a direitos creditórios e é ato bilateral (negócio jurídico), estando presente a alteridade. A renúncia, por fim, não é tratada como forma de pagamento indireto, ao contrário da remissão. Exemplificando, o art. 1.275, II, do CC, possibilita a renúncia à propriedade.

## 3.7 DA TRANSMISSÃO DAS OBRIGAÇÕES

### 3.7.1 Introdução

Como cerne dos direitos pessoais de caráter patrimonial, as obrigações têm caráter dinâmico de circulação, cabendo a transmissão das condições de sujeitos ativos e passivos da estrutura obrigacional. Sendo muito comum a sua ocorrência no meio social, principalmente em casos envolvendo transações empresariais, não se pode afastar a importância prática do tema.

Saliente-se que a transmissão das obrigações deve ser encarada diante dos princípios sociais obrigacionais e contratuais, particularmente a boa-fé objetiva e a função social. Como se tem afirmado, não há outra forma de encarar o Direito Privado. Esse modo contemporâneo de análise irá trilhar muitas das conclusões do presente capítulo.

A cessão, em sentido amplo, pode ser conceituada como a transferência negocial, a título oneroso ou gratuito, de uma posição na relação jurídica obrigacional, tendo como objeto um direito ou um dever, com todas as características previstas antes da transmissão. Assim, o Direito Civil brasileiro admite três formas de transmissão das obrigações:

- Cessão de crédito.
- Cessão de débito.
- Cessão de contrato.

O Código Civil de 1916 tratava somente da cessão de crédito, quem sabe porque na época as relações obrigacionais não eram tão complexas como atualmente. O CC/2002, além de prever a cessão de crédito (arts. 286 a 298), trata também da cessão de débito, ou assunção de dívida, entre os seus arts. 299 a 303. A cessão de contrato não recebeu tratamento específico, continuando a sua existência a ser debatida pela doutrina e admitida pela jurisprudência; mas o atual Projeto de Reforma e Atualização do Código Civil pretende incluir o seu tratamento na Lei Geral Privada.

Parte-se ao estudo dessas formas de transmissão das obrigações. Serão analisadas as questões referentes a tais institutos atinentes, sem perder de vista a tendência de personalização do Direito Privado.

### 3.7.2 Da cessão de crédito

A cessão de crédito pode ser conceituada como um negócio jurídico bilateral ou sinalagmático, gratuito ou oneroso, pelo qual o credor, sujeito ativo de uma obrigação, transfere a outrem, no todo ou em parte, a sua posição na relação obrigacional. Aquele que realiza a cessão a outrem é denominado *cedente*. A pessoa que recebe o direito de credor é o *cessionário*, enquanto o devedor é denominado *cedido*. A última expressão não é recomendável, pois a pessoa não se transmite, mas tão somente a sua dívida. De qualquer forma, como a doutrina a utiliza, aqui será feito o mesmo, ainda que com ela não se concorde integralmente.

Com a cessão são transferidos todos os elementos da obrigação, como os acessórios e as garantias da dívida, salvo disposição em contrário. A cessão independe da anuência do devedor (cedido), que não precisa consentir com a transmissão.

Não há, na cessão, a extinção do vínculo obrigacional, razão pela qual ela deve ser diferenciada em relação às formas especiais e de pagamento indireto (sub-rogação e novação), como demonstrado anteriormente.

Enuncia o art. 286 do atual Código Civil que "o credor pode ceder o seu crédito, se a isso não se opuser a natureza da obrigação, a lei, ou a convenção com o devedor; a cláusula proibitiva da cessão não poderá ser oposta ao cessionário de boa-fé, se não constar do instrumento da obrigação". Esse dispositivo traz três premissas fundamentais relativas à cessão de crédito.

- 1.ª regra: Não é possível ceder o crédito em alguns casos, em decorrência de vedação legal como, por exemplo, na obrigação de alimentos (art. 1.707 do CC) e nos casos envolvendo os direitos da personalidade (art. 11 do CC). Ainda a ilustrar, a jurisprudência superior, aplicando esse art. 286 do CC, já concluiu que não há qualquer vedação para que um crédito de indenização relativa ao DPVAT seja objeto de cessão (STJ, REsp 1.275.391/RS, Rel. Min. João Otávio de Noronha, j. 19.05.2015, *DJe* 22.05.2015, publicado no seu *Informativo* n. *562*). Porém, a questão não é pacífica na Corte, havendo acórdãos em sentido contrário. Assim, por exemplo: "é inválida a cessão do crédito referente à indenização devida pelo sistema DPVAT, mesmo antes das modificações introduzidas na Lei n. 6.194/1974 pela Medida Provisória n. 451/2008, posteriormente convertida na Lei n. 11.945/2009. Precedente da Quarta Turma do STJ (REsp 1.325.874/SP, Rel. Ministro Luis Felipe Salomão, Quarta Turma, julgado em 25/11/2014, *DJe* 18/12/2014)" (STJ, Ag. Int. no REsp 1.322.462/SP, 4.ª Turma, Rel. Min. Antonio Carlos Ferreira, j. 06.09.2016, *DJe* 12.09.2016). O tema, portanto, deve ser pacificado na Segunda Seção do Tribunal da Cidadania.
- 2.ª regra: Essa impossibilidade de cessão pode constar de instrumento obrigacional, o que também gera a *obrigação incessível*. De qualquer forma, deve-se concluir que se a cláusula de impossibilidade de cessão contrariar preceito de ordem pública não poderá prevalecer em virtude da aplicação do princípio da função social dos contratos e das obrigações, que limita a autonomia privada, em sua eficácia interna, entre as partes contratantes (art. 421 do CC).
- 3.ª regra: Essa cláusula proibitiva não pode ser oposta ao cessionário de boa-fé, se não constar do instrumento da obrigação, o que está em sintonia com a valorização da eticidade, um dos baluartes do atual Código. Isso ressalta a tese pela qual a boa-fé objetiva é princípio de ordem pública, conforme o Enunciado n. 363 do CJF/STJ, da *IV Jornada de Direito Civil*: "os princípios da probidade e da confiança são de ordem pública, estando a parte lesada somente obrigada a demonstrar a existência da violação".

Salvo disposição em contrário, na cessão de um crédito abrangem-se todos os seus acessórios, como no caso dos juros, da multa e das garantias em geral, por exemplo (art. 287 do CC). A cessão desses acessórios é caso de *cessão legal*, aplicação da máxima de que o acessório segue o principal e que veremos a seguir (*princípio da gravitação jurídica*).

Em regra, a cessão tem eficácia *inter partes*, não se exigindo sequer forma escrita para que tenha validade entre os negociantes (art. 107 do CC). Porém, para ter eficácia perante terceiros, é necessária a celebração de um acordo escrito, por meio de instrumento público ou de instrumento particular, revestido das solenidades do § 1.º do art. 654 do CC. Essa é a regra que consta do art. 288 do atual CC. Portanto, os requisitos para tal eficácia *erga omnes* são os mesmos previstos para o mandato, a saber:

- a indicação do lugar onde foi passada;
- a qualificação do cedente, do cessionário e do cedido;
- a data da transmissão;
- o objetivo da transmissão;
- a designação e a extensão da obrigação transferida.

Deve ficar claro que tais requisitos referem-se à eficácia do instituto perante terceiros. Para ter validade e eficácia entre as partes não há necessidade sequer da forma escrita, como regra. Em outras palavras, aplica-se à cessão de crédito a regra do art. 107 do CC, que consagra o *princípio da liberdade das formas*.

Entendo que não se aplica à cessão de crédito o art. 108 do Código Civil, que exige a escritura pública como requisito de validade para os atos de transmissão de imóvel de valor superior a trinta salários mínimos. O art. 288 do Código Civil é norma especial, que deve prevalecer nesses casos.

Na mesma linha, a jurisprudência superior tem afirmado ser a cessão de crédito um ato ou negócio jurídico informal e não solene, somente sendo exigida a escritura pública para a transmissão de valores relativos a precatórios de dívidas públicas. Vejamos, a esse respeito, trecho de *decisum* da Primeira Turma, do STJ, que cita outros precedentes:

"(...). Conforme jurisprudência desta Corte, 'a forma do negócio jurídico é o modo pelo qual a vontade é exteriorizada. No ordenamento jurídico pátrio, vigora o princípio da liberdade de forma (art. 107 do CC/02). Isto é, salvo quando a lei requerer expressamente forma especial, a declaração de vontade pode operar de forma expressa, tácita ou mesmo pelo silêncio (art. 111 do CC/02)', sendo certo, ademais, que 'a exigência legal de forma especial é questão atinente ao plano da validade do negócio (art. 166, IV, do CC/02)' (REsp 1.881.149/DF, Rel. Ministra Nancy Andrighi, Terceira Turma, *DJe* 10/6/2021). (...). A obrigatoriedade de que a cessão de créditos se dê por escritura pública representa uma exceção à regra geral estabelecida no art. 107 do Código Civil. Inteligência dos arts. 288 e 654, § 1º, do mesmo diploma substantivo. (...). A teor dos arts. 1.º e 4.º, V, da Lei Distrital 52/1997, a exigência de que a cessão de precatório seja realizada por instrumento público se aplica apenas a uma única hipótese, a saber: quando se objetivar a compensação de débitos de natureza tributária de competência do Distrito Federal, o que não é o caso dos autos" (STJ, RMS 67.005/DF, 1.ª Turma, Rel. Min. Sérgio Kukina, j. 16.11.2021, *DJe* 19.11.2021).

Ademais, as exigências formais do art. 288 do Código Civil, como fatores de eficácia, somente se aplicam a eventual terceiro, e não ao devedor, afirmação que visa facilitar o tráfego jurídico e a reduzir solenidades. Nesse sentido, o Enunciado n. 618, aprovado na *VIII Jornada de Direito Civil*, em abril 2018, evento que teve a nossa coordenação na comissão de Direito das Obrigações: "o devedor não é terceiro para fins de aplicação do art. 288 do Código Civil, bastando a notificação prevista no art. 290 para que a cessão de crédito seja eficaz perante ele".

CAP. 3 • TEORIA GERAL DAS OBRIGAÇÕES | **443**

Destaco que o atual Projeto de Reforma e Atualização do Código Civil, em boa hora e visando à segurança jurídica, pretende incluir o teor desse enunciado doutrinário no parágrafo único do art. 290, que passará a prever que, "para os fins do disposto no art. 288, não se considera terceiro o devedor do crédito cedido, mas a sua notificação será feita por instrumento particular, com as exigências do art. 654". A aprovação dessa modificação normativa trará mais estabilidade prática ao instituto da cessão de crédito, pois muitos são os debates judiciais a respeito dessa temática.

Quanto ao cessionário de crédito hipotecário, este tem o mesmo direito de fazer averbar a cessão no registro do imóvel, para resguardar seus direitos (art. 289 do CC). Essa regra pode ser aplicada, por analogia, à sub-rogação legal que se opera a favor do adquirente de imóvel hipotecado, que paga ao credor hipotecário, nos termos do art. 346, II, do atual Código Civil.

Para que a cessão seja válida, não é necessário que o devedor (cedido) com ela concorde ou dela participe. No entanto, o art. 290 do CC preconiza que a cessão não terá eficácia se o devedor dela não for notificado. Essa notificação pode ser judicial ou extrajudicial não havendo maiores requisitos formais previstos em lei. O dispositivo admite inclusive a notificação presumida, pela qual o devedor, em escrito público ou particular, declara-se ciente da cessão feita.

Ainda sobre o comando, seguindo a sua correta interpretação, o Superior Tribunal de Justiça tem entendimento segundo o qual "a ausência de notificação da cessão de crédito não tem o condão de isentar o devedor do cumprimento da obrigação, tampouco de impedir o registro do seu nome, se inadimplente, em órgãos de restrição ao crédito" (STJ, Ag. Rg. nos EREsp 1.482.670/SP, 2.ª Seção, Rel. Min. Raul Araújo, j. 26.08.2015, *DJe* 24.09.2015).

Como se retira de outro aresto, que melhor explica essa forma de julgar, "o objetivo da notificação prevista no artigo 290 do Código Civil é informar ao devedor quem é o seu novo credor, a fim de evitar que se pague o débito perante o credor originário, impossibilitando o credor derivado de exigir do devedor a obrigação então adimplida. A falta de notificação não destitui o novo credor de proceder aos atos que julgar necessários para a conservação do direito cedido. A partir da citação, a parte devedora toma ciência da cessão de crédito e daquele a quem deve pagar" (STJ, Ag. Rg. no AREsp 104.435/MG, 4.ª Turma, Rel. Min. Raul Araújo, j. 20.11.2014, *DJe* 18.12.2014).

Ou, ainda, conclui-se que a cessão de crédito não tem eficácia em relação ao devedor quando este não é notificado, o que não significa "que a dívida não possa ser exigida quando faltar a notificação. Não se pode admitir que o devedor, citado em ação de cobrança pelo cessionário da dívida, oponha resistência fundada na ausência de notificação. Afinal, com a citação, ele toma ciência da cessão de crédito e daquele a quem deve pagar. O objetivo da notificação é informar ao devedor quem é o seu novo credor, isto é, a quem deve ser dirigida a prestação. A ausência da notificação traz essencialmente duas consequências. Em primeiro lugar, dispensa o devedor que tenha prestado a obrigação diretamente ao cedente de pagá-la novamente ao cessionário. Em segundo lugar, permite que devedor oponha ao cessionário as exceções de caráter pessoal que teria em relação ao cedente, anteriores à transferência do crédito e também posteriores, até o momento da cobrança (inteligência do artigo 294 do CC/02)" (STJ, REsp 936.589/SP, 3.ª Turma, Rel. Min. Sidnei Beneti, j. 08.02.2011, *DJe* 22.02.2011).

Ocorrendo várias cessões do mesmo crédito, prevalece a que se completar com a tradição do título do crédito cedido (art. 291 do CC). Ilustrando, se *A*, maliciosamente, fizer a cessão do mesmo crédito a *B*, *C* e *D*, entregando o título que representa a dívida ao último, será *D* o novo credor, devendo o sujeito passivo da obrigação a ele pagar, caso este se apresente com o referido documento. Se a cessão tiver caráter oneroso poderão *B* e *C* voltar-se contra *A,* aplicando-se as regras previstas para o pagamento indevido e o enriquecimento sem causa (arts. 876 a 886 do CC).

Fica desobrigado o devedor que, antes de ter conhecimento da cessão, paga ao credor primitivo, eis que não há prazo legal para a notificação. No caso de mais de uma cessão notificada, o devedor deve pagar ao cessionário que lhe apresentar o título de cessão ou da obrigação cedida. Quando o crédito constar de escritura pública, prevalecerá a prioridade da notificação. Todas essas regras constam do art. 292 da codificação material privada que esclarece a funcionalidade da cessão de crédito, tratando de figura análoga ao credor putativo, na aparência.

Independentemente do conhecimento da cessão pelo devedor, pode o cessionário exercer os atos conservatórios do direito cedido (art. 293 do CC). Desse modo, a ausência de notificação do devedor não obsta a que o cessionário exerça todos os atos necessários à conservação do crédito objeto da cessão, como a competente ação de cobrança ou de execução por quantia certa.

O devedor pode opor ao cessionário as exceções que lhe competirem, bem como as que, no momento em que veio a ter conhecimento da cessão, tinha contra o cedente (art. 294 do CC). Portanto, as defesas que o cedido teria contra o cedente (antigo credor) podem também ser opostas contra o cessionário (novo credor), como é o caso, por exemplo, do pagamento (total ou parcial) ou da prescrição da dívida.

Ao contrário do pagamento com sub-rogação, a cessão de crédito pode ser onerosa. No último caso, o cedente, ainda que não se responsabilize expressamente, fica responsável ao cessionário pela existência do crédito ao tempo em que lhe cedeu (art. 295 do CC). Deve ficar claro que essa responsabilidade é tão somente quanto à existência da dívida, o que não atinge a sua validade. A mesma responsabilidade lhe cabe nas cessões por título gratuito ou oneroso, se tiver procedido de má-fé. Incumbe à outra parte o ônus de provar essa má-fé, que induz culpa, gerando o dever de o cedente ressarcir eventuais perdas e danos.

Exemplo típico em que ocorre a cessão de crédito onerosa é o contrato de *faturização* ou *factoring.* Nesse contrato, o faturizado transfere ao faturizador, no todo ou em parte, créditos decorrentes de suas atividades empresárias mediante o pagamento de uma remuneração, consistente no desconto sobre os respectivos valores, de acordo com os montantes dos créditos. Nesse contrato, em outras palavras, os títulos de crédito são *vendidos* por valores menores.

Em julgado de 2015, o Superior Tribunal de Justiça aplicou o antes citado art. 294 do Código Civil para o contrato em questão. Nos termos do aresto publicado no seu *Informativo* n. *564:*

> "O sacado pode opor à faturizadora a qual pretende lhe cobrar duplicata recebida
> em operação de *factoring* exceções pessoais que seriam passíveis de contraposição
> ao sacador, ainda que o sacado tenha eventualmente aceitado o título de crédito.
> Na operação de *factoring,* em que há envolvimento mais profundo entre faturizada
> e faturizadora, não se opera um simples endosso, mas a negociação de um crédito
> cuja origem é – ou pelo menos deveria ser – objeto de análise pela faturizadora.
> Nesse contexto, a faturizadora não pode ser equiparada a um terceiro de boa-fé a
> quem o título pudesse ser transferido por endosso. De fato, na operação de *factoring,*
> há verdadeira cessão de crédito, e não mero endosso, ficando autorizada a discussão
> da *causa debendi,* na linha do que determina o art. 294 do CC, segundo o qual:
> 'O devedor pode opor ao cessionário as exceções que lhe competirem, bem como
> as que, no momento em que veio a ter conhecimento da cessão, tinha contra o
> cedente'. Provada a ausência de causa para a emissão das duplicatas, não há como a

faturizadora exigir do sacado o pagamento respectivo. Cabe ressaltar, por oportuno, que a presunção favorável à existência de causa que resulta do aceite lançado nas duplicatas não se mostra absoluta e deve ceder quando apresentada exceção pessoal perante o credor originário ou seu faturizador" (STJ, REsp 1.439.749/RS, Rel. Min. João Otávio de Noronha, j. 02.06.2015, *DJe* 15.06.2015).

A premissa foi confirmada por outro aresto superior, de 2017, segundo o qual, "se a empresa de *factoring* figura como cessionária dos direitos e obrigações estabelecidos em contrato de compra e venda em prestações, de cuja cessão foi regularmente cientificado o devedor, é legítima para responder a demanda que visa à revisão das condições contratuais" (STJ, REsp 1.343.313/SC, 4.ª Turma, Rel. Min. Luis Felipe Salomão, Rel. p/ Acórdão Min. Antonio Carlos Ferreira, j. 1.º.06.2017, *DJe* 1.º.08.2017).

Em regra, o cedente não responde pela solvência do devedor ou cedido (art. 296 do CC). Portanto, para o Direito Civil brasileiro, a cessão de crédito é *pro soluto,* sendo a regra geral. Isso ocorre no contrato de *factoring,* por exemplo, situação em que o faturizado não responde perante o faturizador pela solvência do devedor, sendo a ausência de responsabilidade um risco decorrente da natureza do negócio.

Havendo previsão de responsabilidade pela solvência do cedido no instrumento obrigacional, a cessão é denominada *pro solvendo.* Nesse último caso, o cedente, responsável perante o cessionário pela solvência do devedor, não responde por mais do que daquele recebeu, com os respectivos juros (art. 297 do CC). Mas, nessa hipótese, terá que lhe ressarcir as despesas da cessão e as que o cessionário houver feito com a cobrança.

A título de exemplo efetivo e recente dessa classificação da cessão de crédito, em julgado de 2019, o Superior Tribunal de Justiça concluiu que os Fundos de Investimento em Direito Creditório (FIDCs), "de modo diverso das atividades desempenhadas pelos escritórios de *factoring,* opera no mercado financeiro (vertente mercado de capitais) mediante a securitização de recebíveis, por meio da qual determinado fluxo de caixa futuro é utilizado como lastro para a emissão de valores mobiliários colocados à disposição de investidores. Consoante a legislação e a normatização infralegal de regência, um FIDC pode adquirir direitos creditórios por meio de dois atos formais: o endosso, cuja disciplina depende do título de crédito adquirido, e a cessão civil ordinária de crédito, disciplinada nos arts. 286-298 do CC, *pro soluto* ou *pro solvendo*".

No caso concreto, a Corte Superior acabou por confirmar o entendimento da segunda instância, no sentido de haver uma cessão de crédito pro solvendo em que a parte interessada "figuraria como fiadora (devedora solidária, nos moldes do art. 828 do CC) na cessão de crédito realizada pela sociedade empresária de que é sócia. O art. 296 do CC estabelece que, se houver pactuação, o cedente pode ser responsável ao cessionário pela solvência do devedor" (STJ, REsp 1.726.161/SP, 4.ª Turma, Rel. Min. Luis Felipe Salomão, j. 06.08.2019, *DJe* 03.09.2019). Acrescente-se que a Corte também julgou que esses Fundos de Investimento em Direito Creditório são instituições financeiras e, como tal, não se sujeitam às limitações de juros previstas na Lei de Usura (Decreto-lei 22.626/1933). A questão dos juros ainda será estudada no presente capítulo.

Interessante pontuar que, em 2021, essa posição se repetiu em aresto da Terceira Turma do Tribunal, com o seguinte trecho de destaque: "é válida a cláusula contratual inserida em contrato de cessão de crédito celebrado com um FIDC que consagra a responsabilidade do cedente pela solvência do devedor (cessão de crédito *pro solvendo*). Os Fundos de Investimento em Direitos Creditórios (FIDCs) são regulamentados pela Comissão de Valores Mobiliários (CVM), que editou a Instrução Normativa n. 356/2001. São constituídos sob a forma de condomínios abertos ou fechados (art. 3.º, I, da IN n. 356/2001 da CVM), sem personalidade jurídica, e atuam no mercado de capitais e são utilizados para a captação de recursos. A aquisição de direitos creditórios pelos FIDCs pode se dar de duas formas: por meio (i) de cessão civil de crédito, em conformidade às normas consagradas no Código Civil; ou (ii) de endosso, ato típico do regime cambial" (STJ, REsp 1.909.459/SC, 3.ª Turma, Rel. Min. Nancy Andrighi, j. 18.05.2021, *DJe* 20.05.2021). Como se pode perceber, portanto, tal entendimento está consolidado na Segunda Seção do Superior Tribunal de Justiça.

Determina o art. 298 do CC que o crédito, uma vez penhorado, não pode mais ser transferido pelo credor que tiver conhecimento da penhora. Mas o devedor que o pagar, não tendo notificação dela, fica exonerado, subsistindo somente contra o credor os direitos de terceiro. Esta previsão está em sintonia com a vedação do enriquecimento sem causa e também com a boa-fé objetiva, de duas formas. Primeiro, ao vedar a transferência do crédito penhorado. Segundo, ao valorizar a conduta do devedor que paga tal dívida penhorada, exonerando-o totalmente.

Para findar o estudo do instituto, é interessante verificar as mais diversas classificações da cessão de crédito:

I) Quanto à origem:

a) *Cessão legal* – é aquela que decorre da lei, tendo origem na norma jurídica. É a que ocorre em relação aos acessórios da obrigação, no caso da cessão de crédito (art. 287 do CC).

b) *Cessão judicial* – é aquela oriunda de decisão judicial após processo civil regular, como é o caso de decisão que atribui ao herdeiro um crédito do falecido.

c) *Cessão convencional* – é a mais comum de ocorrer na prática, constituindo a cessão decorrente de acordo firmado entre cedente e cessionário por instrumento negocial (*v.g.*, *factoring*).

II) Quanto às obrigações geradas:

a) *Cessão a título oneroso* – assemelha-se ao contrato de compra e venda, diante da presença de uma remuneração. Pelo fato de poder ser onerosa, a cessão de crédito difere-se da sub-rogação.

b) *Cessão a título gratuito* – assemelha-se ao contrato de doação, pela ausência de caráter oneroso. Nesse ponto até pode se confundir com o pagamento com sub-rogação. Entretanto, no plano conceitual, a cessão de crédito é forma de transmissão da obrigação, enquanto a sub-rogação é uma regra especial de pagamento ou forma de pagamento indireto.

III) Quanto à extensão:

a) *Cessão total* – é aquela em que o cedente transfere todo o crédito objeto da relação obrigacional.

b) *Cessão parcial* – é aquela em que o cedente retém parte do crédito consigo.

IV) Quanto à responsabilidade do cedente:

a) *Cessão pro soluto* – é aquela que confere quitação plena e imediata do débito do cedente para com o cessionário, exonerando o cedente. Constitui a regra geral, não havendo responsabilidade do cedente pela solvência do cedido (art. 296 do CC).

b) *Cessão pro solvendo* – é aquela em que a transferência do crédito é feita com intuito de extinguir a obrigação apenas quando o crédito for efetivamente cobrado. Deve estar prevista pelas partes, situação em que o cedente responde perante o cessionário pela solvência do cedido (art. 297 do CC).

CAP. 3 • TEORIA GERAL DAS OBRIGAÇÕES | **447**

Ressalte-se que as classificações esposadas são de vital importância para a compreensão do instituto da cessão de crédito, tão comum na prática do Direito Privado nacional.

### 3.7.3 Da cessão de débito ou assunção de dívida

A cessão de débito ou assunção de dívida é um negócio jurídico bilateral, pelo qual o devedor, com a anuência do credor e de forma expressa ou tácita, transfere a um terceiro a posição de sujeito passivo da relação obrigacional. Seu conceito pode ser retirado também do art. 299 do CC/2002, pelo qual "é facultado a terceiro assumir a obrigação do devedor, com o consentimento expresso do credor, ficando exonerado o devedor primitivo, salvo se aquele, ao tempo da assunção, era insolvente e o credor o ignorava". Prevê o parágrafo único desse dispositivo que "qualquer das partes pode assinar prazo ao credor para que consinta na assunção da dívida, interpretando-se o seu silêncio como recusa". Na assunção de dívida, portanto, quem cala, *não* consente.

Com relação a esse dispositivo, o Enunciado n. 16 aprovado na I *Jornada de Direito Civil* do Conselho da Justiça Federal tem a seguinte redação: "o art. 299 do Código Civil não exclui a possibilidade da assunção cumulativa da dívida quando dois ou mais devedores se tornam responsáveis pelo débito com a concordância do credor". Pelo teor do enunciado, nessa assunção cumulativa ou *coassunção*, são possíveis duas situações:

1.ª) Dois novos devedores responsabilizam-se pela dívida.

2.ª) O antigo devedor continua responsável, em conjunto com o novo devedor.

Como partes da assunção de dívida, têm-se o antigo devedor (cedente), o novo devedor (cessionário) e o credor (cedido). Esse novo devedor, que assume a dívida, também é denominado *terceiro assuntor*. Desse modo, na assunção de dívida, ocorre a substituição do devedor, sem alteração na substância do vínculo obrigacional.

Repise-se que não se pode confundir a cessão de débito com a novação subjetiva passiva. Enquanto na cessão de débito mantém-se a integridade da relação obrigacional, isso não ocorre na novação subjetiva, situação em que uma dívida é substituída por outra.

Porém, a cessão de débito recebe a mesma classificação da novação subjetiva passiva, qual seja:

a) *Assunção por expromissão* – é a situação em que terceira pessoa assume espontaneamente o débito da outra, sendo que o devedor originário não toma parte nessa operação. Essa forma de assunção pode ser: *liberatória*, quando o devedor primitivo se exonera da obrigação; e *cumulativa*, quando o expromitente entra na relação como novo devedor, ao lado do devedor primitivo, conforme tratamento dado pelo outrora comentado Enunciado n. 16 do CJF/STJ.

b) *Assunção por delegação* – é a situação em que o devedor originário, denominado delegante, transfere o débito a terceiro (delegatário), com anuência do credor (delegado).

Essa classificação é normalmente utilizada pela doutrina.[48] Entretanto, entendo ser mais pertinente utilizá-la somente para a novação subjetiva passiva, como era de costume

---

[48]  Ver, por todos: DELGADO, Mário Luiz. *Código Civil comentado*. 6. ed. Coord. Ricardo Fiuza e Regina Beatriz Tavares da Silva. São Paulo: Saraiva, 2008. p. 268-269.

antes do CC/2002. De qualquer forma, na prática, podem tais expressões ser utilizadas tanto para a novação quanto para a assunção da dívida.

Verificada essa classificação, parte-se para a análise dos dispositivos inovadores, que constam da atual codificação.

Dispõe o art. 300 do Código Civil de 2002 que, como regra geral, devem ser consideradas extintas todas as garantias especiais dadas ao credor, salvo consentimento expresso do devedor primitivo. Para esclarecer o teor do dispositivo, na *IV Jornada de Direito Civil* foi aprovado o Enunciado n. 352, prevendo que: "salvo expressa concordância dos terceiros, as garantias por eles prestadas se extinguem com a assunção de dívida; já as garantias prestadas pelo devedor primitivo somente são mantidas no caso em que este concorde com a assunção".

Ato contínuo de explicação, na *V Jornada de Direito Civil* foi aprovado o seguinte enunciado doutrinário, de autoria de Mário Luiz Delgado: "a expressão 'garantias especiais' constantes do artigo 300 do CC/2002 refere-se a todas as garantias, quaisquer delas, reais ou fidejussórias, que tenham sido prestadas voluntária e originariamente pelo devedor primitivo ou por terceiro, vale dizer, aquelas que dependeram da vontade do garantidor, devedor ou terceiro, para se constituírem" (Enunciado n. 422).

Como se pode perceber, a redação atual do art. 300 é truncada e confusa, razão pela qual o Projeto de Reforma e Atualização do Código Civil pretende deixar mais claro o seu teor, na linha dos dois enunciados doutrinários destacados. Assim, o seu *caput* passará a prever que, "salvo assentimento expresso do devedor primitivo, consideram-se extintas, a partir da assunção da dívida, as garantias por ele originariamente dadas ao credor". E mais, nos termos do seu projetado parágrafo único, "ficam extintas todas as garantias prestadas por terceiros se eles não as ratificarem expressamente".

De acordo com o art. 301 do CC, se anulada a assunção de dívida, restaura-se o débito com relação ao devedor primitivo, com todas as suas garantias, salvo aquelas prestadas por terceiros, exceto se o terceiro conhecia o vício da obrigação (art. 301 do CC).

Vejamos um exemplo para explicar tão complicada norma: *A* cede o débito a *B*, que é garantido por uma fiança prestada por *C*. O credor é *D*. A cessão é anulada por ação judicial, pela presença de dolo de *A*. Em regra, a dívida original é restabelecida, estando exonerado o fiador. Porém, se o fiador tiver conhecimento do vício, continuará responsável. O Código Civil, portanto, responsabiliza aquele que age de má-fé, em sintonia com a eticidade.

Diante da tendência de proteção da boa-fé, deve-se concluir que o art. 301 também tem incidência para os negócios nulos, sendo esse o sentido de enunciado aprovado na *V Jornada de Direito Civil*, a qual se filia: "o art. 301 do CC deve ser interpretado de forma a também abranger os negócios jurídicos nulos e no sentido da continuidade da relação obrigacional originária, em vez de 'restauração', porque, envolvendo hipótese de transmissão, esta nunca deixou de existir" (Enunciado n. 423).

Mais uma vez, com o intuito de deixar o dispositivo mais claro e técnico, na linha de enunciado aprovado em *Jornada de Direito Civil*, a Comissão de Juristas encarregada da Reforma do Código Civil sugere uma nova redação, para que deixe de mencionar apenas a nulidade relativa, diante do termo "anulada", para que se inclua nele também a nulidade absoluta, expressando a invalidade ("invalidada"). Nesse contexto, em boa hora, passará a prever o art. 301 do CC/2002 que, "se a substituição do devedor vier a ser invalidada, restaura-se o débito, com todas as suas garantias, salvo as garantias prestadas por terceiros, exceto se estes conheciam o vício que inquinava a obrigação". Espera-se, novamente, a aprovação dessa mudança pelo Congresso Nacional.

De volta ao sistema em vigor, nos termos do art. 302 do CC, não poderá o devedor opor ao credor as exceções pessoais que detinham o devedor primitivo. Isso se aplica aos vícios do consentimento, à incapacidade absoluta e relativa e à falta de legitimação.

CAP. 3 • TEORIA GERAL DAS OBRIGAÇÕES | **449**

Por fim, o art. 303 do atual Código Privado determina que o adquirente de imóvel hipotecado pode tomar a seu cargo o pagamento do crédito ora garantido. Se não for impugnada a transferência do débito pelo credor, em trinta dias, entender-se-á dado o consentimento. Na *IV Jornada de Direito Civil*, aprovou-se o Enunciado n. 353, prevendo que a recusa do credor, quando notificado pelo adquirente de imóvel hipotecado, comunicando--lhe o interesse em assumir a obrigação, deve ser justificada. Trata-se de correta aplicação da boa-fé para a assunção de dívida, diante do dever de informar existente entre as partes.

Em complemento, na *V Jornada de Direito Civil* foi aprovado outro enunciado doutrinário sobre o comando, estabelecendo que "a comprovada ciência de que o reiterado pagamento é feito por terceiro no interesse próprio, produz efeitos equivalentes aos da notificação de que trata o art. 303, segunda parte" (Enunciado n. 424). Trata-se de mais um enunciado que merece apoio, pelo prestígio à boa-fé e à aparência.

Como não poderia ser diferente, assim como as proposições aqui antes expostas e estudadas, a Comissão de Juristas encarregada da Reforma do Código Civil pretende alterar o art. 303 da codificação privada, nele inserindo o conteúdo do último enunciado citado e aprovado em *Jornada de Direito Civil*. Nesse contexto, a norma passará a prever que "o adquirente de imóvel hipotecado pode tomar a seu cargo o pagamento do crédito garantido; se o credor, notificado, não impugnar em trinta dias a transferência do débito, entender-se-á dado o assentimento".

Também se almeja incluir um parágrafo único no comando, para que ele alcance a propriedade fiduciária, diante de outras propostas de equalização das garantias reais. Espera-se, assim, a sua aprovação pelo Congresso Nacional, para trazer maior segurança jurídica aos institutos.

### 3.7.4 Da cessão de contrato

Apesar de não ser regulamentada em lei, a cessão de contrato ou cessão da posição contratual tem existência jurídica como negócio jurídico atípico. Nesse contexto, a categoria se enquadra no art. 425 do CC: "É lícito às partes estipular contratos atípicos, observadas as normas gerais fixadas neste Código".

No Projeto de Reforma e Atualização do Código Civil, a Comissão de Juristas pretende incluir tratamento relativo ao instituto, como será exposto e estudado ao final deste tópico.

A cessão de contrato pode ser conceituada como a transferência da inteira posição ativa ou passiva da relação contratual, incluindo o conjunto de direitos e deveres de que é titular uma determinada pessoa. A cessão de contrato quase sempre está relacionada com um negócio cuja execução ainda não foi concluída.

Para que a cessão do contrato seja perfeita, é necessária a autorização do outro contratante, como ocorre com a cessão de débito ou assunção de dívida. Isso porque a posição de devedor é cedida com o contrato. Nesse sentido, o Enunciado n. 648, aprovado na *IX Jornada de Direito Civil*, em 2022, segundo o qual "aplica-se à cessão da posição contratual, no que couber, a disciplina da transmissão das obrigações previstas no CC, em particular a expressa anuência do cedido, *ex vi* do art. 299 do CC".

A ementa doutrinária cita o entendimento coincidente de Sílvio de Salvo Venosa, Gustavo Tepedino, Anderson Schreiber e Ivana Pedreira Coelho. Destaca, ainda, o seguinte aresto do Superior Tribunal de Justiça: "a cessão de posição contratual é instituto jurídico que não se confunde com a cessão de crédito. Para que a cessão de crédito seja eficaz em relação ao cedido, basta que o cedente o notifique. Tratando-se de cessão contratual, porém, é preciso que haja anuência do contratante cedido" (STJ, Ag. Int no REsp 1.591.138/RS, 3.ª Turma, Rel. Min. Marco Aurélio Bellizze, j. 13.09.2016, *DJe* 21.09.2016).

A cessão de contrato tem grande e relevante função social, estando em sintonia com o art. 421 do CC. Isso porque o instituto possibilita a circulação do contrato, permitindo que um estranho ingresse na relação contratual, substituindo um dos contratantes primitivos.

Ilustrando, essa forma de transmissão ocorre em casos como na locação em que for admitida a sublocação, no compromisso de compra e venda (contrato com pessoa a declarar – arts. 467 a 471 do CC) e no mandato, com a previsão de substabelecimento.

Outro exemplo prático envolvendo a cessão de contrato envolve o *contrato de gaveta*. Em negócios de incorporação imobiliária é comum que o comprador ceda a sua posição contratual a outrem, sem a ciência ou concordância do vendedor. A jurisprudência nacional é dividida sobre a validade ou não dessa cessão contratual, justamente diante da ausência de concordância da outra parte contratual.

A jurisprudência do Superior Tribunal de Justiça tinha entendimento anterior no sentido de que se o compromissário comprador transmite o negócio para outrem (chamado de *gaveteiro*), mesmo sem autorização da outra parte, seria possível que esse terceiro pretendesse direitos em face do vendedor, inclusive de revisão do negócio (STJ, AgRg no REsp 712.315/PR, 4.ª Turma, Rel. Min. Aldir Passarinho Junior, *DJ* 19.06.2006; REsp 710.805/RS, 2.ª Turma, Rel. Min. Francisco Peçanha Martins, *DJ* 13.02.2006; REsp 753.098/RS, Rel. Min. Fernando Gonçalves, *DJ* 03.10.2005).

Existiam decisões que apontavam como argumento o fato de a Lei 10.150/2000 permitir a regularização da transferência do imóvel ao *gaveteiro* (STJ, EDcl no REsp 573.059/RS, 1.ª Turma, Rel. Min. Luiz Fux, *DJ* 30.05.2005; e REsp 189.350/SP, 4.ª Turma, Rel. Min. Asfor Rocha, *DJ* 14.10.2002). Na minha opinião, as melhores ementas eram as que relacionavam todo o raciocínio com o princípio da função social do contrato, o que representa notável avanço para o mundo contratual (por todos: STJ, AgRg no REsp 838.127/DF, 1.ª Turma, Rel. Min. Luiz Fux, j. 17.02.2009, *DJe* 30.03.2009; e REsp 769.418/PR, 1.ª Turma, Rel. Min. Luiz Fux, j. 15.05.2007).

Todavia, infelizmente, houve uma reviravolta no entendimento superior nos últimos anos. Passou-se a entender que, "tratando-se de contrato de mútuo para aquisição de imóvel garantido pelo FCVS, avençado até 25/10/96 e transferido sem a interveniência da instituição financeira, o cessionário possui legitimidade para discutir e demandar em juízo questões pertinentes às obrigações assumidas e aos direitos adquiridos. (...). No caso de cessão de direitos sobre imóvel financiado no âmbito do Sistema Financeiro da Habitação realizada após 25/10/1996, a anuência da instituição financeira mutuante é indispensável para que o cessionário adquira legitimidade ativa para requerer revisão das condições ajustadas, tanto para os contratos garantidos pelo FCVS como para aqueles sem referida cobertura" (STJ, REsp 1.150.429/CE, Corte Especial, Rel. Min. Ricardo Villas Bôas Cueva, j. 25.04.2013, *DJe* 10.05.2013, publicado no seu *Informativo* n. 520).

Muitas outras decisões seguem essa linha, que é a predominante hoje na jurisprudência superior, servindo a ementa como exemplo dessa consolidação. Como se pode notar, o aresto é de decisão proferida pela Corte Especial do STJ, unificando a questão no Tribunal.

Em suma, na atualidade, é preciso verificar quando o negócio foi celebrado para a conclusão da necessidade ou não da autorização do promitente vendedor e da instituição financeira que subsidia o negócio.

Com o devido respeito, não se filia a essa guinada no posicionamento superior, pois o contrato de gaveta representa realidade a ser reconhecida no meio imobiliário brasileiro, como concretização da função social dos institutos privados.

Diante de todas essas dificuldades de aplicação prática do instituto, o Projeto de Reforma e Atualização do Código Civil, em trâmite no Parlamento Brasileiro, pretende incluir

CAP. 3 • TEORIA GERAL DAS OBRIGAÇÕES | **451**

na codificação privada uma regulamentação legal mínima, após a assunção da dívida, com a denominação de "cessão da posição contratual", considerada a mais correta tecnicamente.

O trabalho foi desenvolvido pelo relator da Subcomissão de Direito das Obrigações, Professor José Fernando Simão, após sugestão feita por mim, como Relator-Geral, e atuação junto com seus orientandos de mestrado e doutorado da Faculdade de Direito da USP. A ideia é inserir uma teoria geral do instituto, entre os arts. 303-A a 303-E da Lei Geral Privada.

Nesse contexto, o novo art. 303-A enunciará que qualquer uma das partes pode ceder sua posição contratual, desde que haja concordância do outro contraente, o que já é considerado como regra geral nos casos de cessão de crédito. Se o outro contraente houver concordado previamente com a cessão, esta somente lhe será oponível quando dela for notificado ou, por outra forma, tomar ciência expressa, assim como se dá com a cessão de crédito, nos termos do parágrafo único dessa primeira proposta.

Seguindo, o art. 303-B do Código Civil ora projetado preceituará que "a cessão da posição contratual transfere ao cessionário todos os direitos e deveres, objetos da relação contratual, inclusive os acessórios da dívida e os anexos de conduta, salvo expressa disposição em sentido contrário". Aplica-se, portanto, o *princípio da gravitação jurídica*, segundo o qual o acessório segue o principal, como já ocorre com a cessão de crédito e como é o entendimento hoje majoritário para a categoria.

O cedente garante ao cessionário a existência e a validade do contrato, mas não o cumprimento dos seus deveres e obrigações (art. 303-C). Espelha-se, mais uma vez, a regra da cessão de crédito, prevista no art. 296 do CC/2002, no sentido de ser a cessão da posição contratual *pro soluto*, e não *pro solvendo*. A última será possível, contudo, se as partes convencionarem ou se essa imposição decorrer da lei.

Além disso, agora seguindo as regras da cessão de débito ou assunção de dívida aqui antes estudadas, mas melhoradas em sua redação, o art. 303-D proposto preverá que, "com a cessão da posição contratual, o cedente libera-se de seus deveres e de suas obrigações e extinguem-se as garantias por ele prestadas". Em complemento, nos termos do seu parágrafo único ora sugerido, "com relação às garantias prestadas por terceiros, extinguem-se aquelas as dadas para garantir prestações do cedente, mas não aquelas que garantem prestações do cedido".

Como bem justificou a Subcomissão de Direito das Obrigações, em texto elaborado pelo Professor José Fernando Simão, "como regra, o cedente deve liberar-se das garantias prestadas. Do ponto de vista jurídico e econômico, o cedente presta as garantias (ônus) em troca dos benefícios gerados pelo contrato (bônus). Não faria sentido, pois, transferir o bônus, mas continuar com o ônus, salvo se as partes estipularem de maneira diversa. O terceiro, por outro lado, merece um tratamento distinto. Aqui, são duas as hipóteses. Na primeira hipótese, em que ele garante obrigações do cedente, a lei não poderá obrigá-lo a continuar garantindo essas obrigações em favor de outra pessoa (cessionário); naturalmente, as garantias foram prestadas levando-se em conta a pessoa do cedente e, com a substituição desta, poderá haver um agravamento do risco ao qual está exposto o terceiro. Na segunda hipótese, o terceiro garante obrigações do cedido. Neste cenário, não há razão para liberar, automaticamente, o terceiro, considerando que a pessoa cujas obrigações foram garantidas continua sendo a mesma, não havendo, portanto, agravamento de risco". De fato, para a codificação privada, essa parece ser a melhor solução, tanto do ponto de vista teórico como prático.

Por fim, como última proposição, o art. 303-E proposto e projetado preverá que, "uma vez cientificado da cessão da posição contratual, o cedido pode opor ao cessionário as exceções que, em razão do contrato cedido, contra ele dispuser". A ideia é que, havendo

# 452 | MANUAL DE DIREITO CIVIL • VOLUME ÚNICO – *Flávio Tartuce*

cessão da posição contratual, possam ser opostas apenas as exceções gerais, relativas ao contrato, e não as pessoais, assim como está previsto para a assunção de dívida, no atual art. 302 do Código Civil. Novamente como bem justificou a Subcomissão de Direito das Obrigações, com clareza e técnica, "o cedido poderá opor ao cessionário as exceções baseadas na relação contratual, pois estas, além de serem conhecidas do cessionário, fazem parte do sinalagma contratual. Por outro lado, as exceções pessoais advêm de outras relações fora do contrato e, portanto, não são de conhecimento do cessionário, nem fazem parte do sinalagma contratual. Daí por que as exceções pessoais somente poderão ser opostas caso o cedido as tenha reservado expressamente no momento da cessão do contrato, dando, assim, conhecimento delas ao cessionário".

Como se pode perceber, essa regulamentação da cessão de contrato, ou cessão da posição contratual, é mais do que importante, é necessária, para trazer maior certeza e segurança jurídica ao instituto, e também para atrair mais investimentos para o País.

## 3.8 DO INADIMPLEMENTO OBRIGACIONAL. DA RESPONSABILIDADE CIVIL CONTRATUAL

### 3.8.1 Modalidades de inadimplemento

Conforme outrora exposto, o inadimplemento é matéria de grande relevância para a teoria geral das obrigações, sendo comum afirmar que o maior interesse jurídico que se tem quanto à obrigação surge justamente nos casos em que ela não é satisfeita. Assim sendo, há que se falar em inadimplemento da obrigação, em inexecução ou descumprimento, surgindo a responsabilidade civil contratual, baseada nos arts. 389 a 391 do CC/2002. Em complemento, nasce daí o dever de indenizar as perdas e danos, conforme ordenam os seus arts. 402 a 404, sem prejuízo de aplicação de outros dispositivos, caso do art. 5.º, incs. V e X, da Constituição Federal, que tutelam os danos morais.

De acordo com a visão clássica, o inadimplemento em sentido genérico pode ocorrer em dois casos específicos:

> - *Inadimplemento relativo, parcial ou mora* – é a hipótese em que há apenas um descumprimento parcial da obrigação, que ainda pode ser cumprida.
> - *Inadimplemento total ou absoluto* – é a hipótese em que a obrigação não pode ser mais cumprida, tornando-se inútil ao credor.

Desse modo, o critério para distinguir a mora do inadimplemento absoluto da obrigação é a *utilidade* da obrigação para o credor, o que pode ser retirado do art. 395 do CC. Por uma questão lógica, deve-se compreender que os efeitos decorrentes da mora são menores do que os efeitos do inadimplemento absoluto, eis que no segundo caso a obrigação não pode mais ser cumprida.

Além dessas duas formas de descumprimento parcial ou total apontadas, a doutrina atual tem discorrido também sobre a *violação positiva do contrato* e o *cumprimento inexato, imperfeito* ou *defeituoso* como formas de inadimplemento da obrigação ou do contrato. Sobre a violação positiva do contrato, ensina Jorge Cesa Ferreira da Silva:

> "A ideia de violação positiva do contrato – ou 'violação positiva do crédito', como é costumeiramente chamada na Alemanha, nasceu de estudo famoso de Hermann Staub, importante jurista alemão do final do século XIX e início do século XX. Em 1902, dois anos após a entrada em vigor do BGB, Staub reconheceu no então novo

CAP. 3 • TEORIA GERAL DAS OBRIGAÇÕES | **453**

Código a existência de lacunas no regramento do inadimplemento: para além do inadimplemento absoluto (lá chamado de impossibilidade) e da mora, existiriam outras hipóteses não reguladas, apesar de igualmente configurarem inadimplemento. Para ele, tanto o inadimplemento absoluto quanto a mora correspondiam a violações negativas do crédito: no primeiro, a prestação não é realizada, no segundo, a prestação não é realizada no momento adequado. Já as hipóteses por ele elencadas acarretariam descumprimento obrigacional exatamente porque a prestação foi realizada. Por isso, para diferenciar esses casos dos anteriores, entendeu chamar essas hipóteses de violações positivas do contrato".[49]

A partir dessa visão, em um primeiro momento, haveria violação positiva do contrato nos casos de cumprimento inexato ou imperfeito da obrigação. Tal cumprimento inexato estaria presente nos casos de vícios redibitórios que atingem a coisa (arts. 441 a 446 do CC); bem como havendo vícios do produto ou do serviço, nos termos do Código de Defesa do Consumidor.

De qualquer forma, parece-me que o conceito de mora, previsto no atual Código Civil brasileiro, também inclui o cumprimento inexato ou imperfeito da obrigação. Isso porque, nos termos do art. 394 do CC, a mora está configurada quando houver um cumprimento parcial não somente em relação ao tempo, mas também quanto ao lugar e à forma de cumprimento. Em conclusão, o cumprimento inexato, pelo Código Civil brasileiro, é espécie de mora.

Todavia, ainda dentro da ideia de violação positiva do contrato, surge a quebra dos deveres anexos ou laterais de conduta, decorrente da boa-fé objetiva. A tese dos *deveres anexos, laterais ou secundários* foi muito bem explorada, entre nós, por Clóvis Couto e Silva, para quem "os deveres secundários comportam tratamento que abranja toda a relação jurídica. Assim, podem ser examinados durante o curso ou o desenvolvimento da relação jurídica, e, em certos casos, posteriormente ao adimplemento da obrigação principal. Consistem em indicações, atos de proteção, como o dever de afastar danos, atos de vigilância, da guarda de cooperação, de assistência".[50] Repise-se que o jurista sustenta que o contrato e a obrigação trazem um *processo de colaboração* entre as partes decorrente desses deveres anexos ou secundários, que devem ser respeitados pelas partes em todo o curso obrigacional, conduzindo ao seu cumprimento ou adimplemento. Dessa ideia é que surge o conceito de *obrigação como processo.*

A esse propósito, conforme se retira da tese de doutorado defendida por Marcos Ehrhardt Jr. na Universidade Federal de Pernambuco, "deve-se extrair o conceito de inadimplemento da perspectiva da relação obrigacional como um processo, isto é, levando-se em conta tanto os deveres de prestação quanto os deveres de conduta, bem como os interesses do credor e devedor, enquanto reflexo de suas necessidades juridicamente legítimas. Como visto, a perturbação das prestações obrigacionais corresponde ao gênero do qual seria possível extrair as espécies de inadimplemento absoluto (incumprimento definitivo), mora e violação positiva da obrigação (violação positiva do crédito)".[51]

Ora, a quebra desses deveres anexos também gera a *violação positiva do contrato*, com responsabilização civil daquele que desrespeita a boa-fé objetiva. Isso pode ser evidenciado pelo teor do Enunciado n. 24, aprovado na *I Jornada de Direito Civil*, promovida pelo Conselho da Justiça Federal, em 2002, com o seguinte teor: "em virtude do princípio da

---

[49]  SILVA, Jorge Cesa Ferreira da. *Inadimplemento das obrigações*. São Paulo: RT, 2006. p. 42.

[50]  COUTO E SILVA, Clóvis do. *A obrigação como processo*. São Paulo: José Bushatsky, 1976. p. 113.

[51]  EHRHARDT JR., Marcos. *Responsabilidade civil pelo inadimplemento da boa-fé*. Belo Horizonte: Fórum, 2014. p. 156-157.

boa-fé, positivado no art. 422 do novo Código Civil, a violação dos deveres anexos constitui espécie de inadimplemento, independentemente de culpa".

Como tal violação pode estar presente nas fases pré e pós-contratual, parece-me que se trata de uma nova modalidade de inadimplemento, que deve figurar ao lado do inadimplemento absoluto e do relativo. Exemplificando, cite-se o dever do credor de retirar o nome do devedor de cadastro de inadimplentes após o pagamento da dívida. Destaque-se que a própria jurisprudência superior tem reconhecido que essa quebra gera inadimplemento da obrigação:

> "Recurso especial. Civil. Indenização. Aplicação do princípio da boa-fé contratual. Deveres anexos ao contrato. O princípio da boa-fé se aplica às relações contratuais regidas pelo CDC, impondo, por conseguinte, a obediência aos deveres anexos ao contrato, que são decorrência lógica deste princípio. O dever anexo de cooperação pressupõe ações recíprocas de lealdade dentro da relação contratual. A violação a qualquer dos deveres anexos implica em inadimplemento contratual de quem lhe tenha dado causa. A alteração dos valores arbitrados a título de reparação de danos extrapatrimoniais somente é possível, em sede de Recurso Especial, nos casos em que o *quantum* determinado revela-se irrisório ou exagerado. Recursos não providos" (STJ, REsp 595.631/SC, 3.ª Turma, Rel. Min. Nancy Andrighi, j. 08.06.2004, *DJ* 02.08.2004, p. 391).

Também a ilustrar, releve-se julgamento do Tribunal Paulista, que considerou a presença da violação positiva do contrato diante da "conduta da academia de ginástica que, informada com razoável antecedência do encerramento da conta-corrente do consumidor, ignora a solicitação de troca dos cheques entregues para pagamento das mensalidades vincendas, retém os títulos em sua posse e ainda assim apresenta a cártula para compensação na data do vencimento, gerando a previsível devolução do cheque por falta de fundos e inscrição do nome do consumidor no Cadastro de Emitentes de Cheques sem Fundos – CCF". Ainda nos termos do acórdão:

> "A violação do dever de cooperação fica ainda mais evidente quando se verifica que, mesmo ciente da inscrição do nome da autora nos cadastros de proteção ao crédito, a ré não se desincumbiu de sua obrigação contratual de promover a troca dos cheques, afirmando, por meio de seu preposto, em *e-mail* enviado no dia 27 de março de 2014, que aguardava 'os cheques voltarem para poder fazer a troca'. Por isso que, em razão do inadimplemento do dever imposto pela cláusula n. 4.3 e da violação positiva do contrato (cláusula geral de boa-fé – art. 422 do CC), não há que se falar resilição unilateral por parte dos autores, mas sim em rescisão motivada por culpa da ré, sendo inexigível, realmente, a multa contratual pelo encerramento antecipado, não havendo que se falar, outrossim, em perda dos descontos concedidos para o plano bianual, como bem decidido pela r. sentença" (TJSP, Apelação Cível 1028844-46.2014.8.26.0100, 25.ª Câmara de Direito Privado, São Paulo, Rel. Des. Edgard Rosa, j. 22.10.2015).

Superado esse conceito importante, que ainda merece estudo e reflexão por toda a comunidade jurídica nacional, passa-se à abordagem dos regramentos básicos quanto à mora e ao inadimplemento absoluto.

### 3.8.2 Regras quanto ao inadimplemento relativo ou mora

A mora é o atraso, o retardamento ou a imperfeita satisfação obrigacional, havendo um inadimplemento relativo. O conceito de mora pode também ser retirado da leitura do art. 394 do CC, cujo teor é: "considera-se em mora o devedor que não efetuar o pagamento e o credor que não o quiser recebê-lo no tempo, lugar e forma que a lei ou a convenção estabelecer". Assim, repise-se que mora não é apenas um inadimplemento temporal, podendo estar relacionada com o lugar ou a forma de cumprimento. Ademais, pelo que consta desse comando legal, percebe-se que há duas espécies de mora.

Primeiro, há a mora do devedor, denominada mora *solvendi, debitoris* ou *debendi.* Esse inadimplemento estará presente nas situações em que o devedor não cumpre, por culpa sua, a prestação referente à obrigação, de acordo com o que foi pactuado. Prevê o art. 396 do CC que não havendo fato ou omissão imputado ao devedor, não incorre este em mora. Assim, a doutrina tradicional sempre apontou que a culpa genérica (incluindo o dolo e a culpa estrita) é fator necessário para a sua caracterização.[52]

Entretanto, existem outras vozes na doutrina contemporânea deduzindo que a culpa não é fator necessário e indispensável para a caracterização da mora do devedor. Dentro dessa corrente está Judith Martins-Costa, defendendo que muitas vezes a culpa não estará presente, o que não prejudica a caracterização do atraso. Cita, por exemplo, os casos envolvendo uma obrigação de resultado assumida, situações em que a análise da culpa é dispensada.[53] A jurista tem razão, eis que nos casos de responsabilidade objetiva ou sem culpa da parte obrigacional, a mora também prescinde da prova de tal elemento subjetivo. Ilustre-se, em reforço, a responsabilidade objetiva do transportador.

O principal efeito da mora do devedor é a responsabilização do sujeito passivo da obrigação por todos os prejuízos causados ao credor, mais juros, atualização monetária – segundo índices oficiais – e honorários do advogado, no caso de propositura de uma ação específica (art. 395, *caput*, do CC).

Destaco que o *caput* do dispositivo foi alterado pela Lei n. 14.905/2024, para não mencionar mais os índices oficiais, uma vez que o índice de correção monetária, como regra geral, passou a ser o Índice Nacional de Preços ao Consumidor Amplo (IPCA), apurado e divulgado pela Fundação Instituto Brasileiro de Geografia e Estatística (IBGE), ou outro que vier a substituí-lo, diante da alteração, pela mesma norma emergente, do parágrafo único do art. 389 do CC/2002.

Em complemento, se em decorrência da mora a prestação tornar-se inútil ao credor, este poderá rejeitá-la, cabendo a resolução da obrigação com a correspondente reparação por perdas e danos. No último caso, a mora é convertida em inadimplemento absoluto (parágrafo único do art. 395 do CC). Em relação a tal comando, foi aprovado, na *III Jornada de Direito Civil*, o Enunciado n. 162, com o seguinte teor: "a inutilidade da prestação que autoriza a recusa da prestação por parte do credor deve ser aferida objetivamente, consoante o princípio da boa-fé e a manutenção do sinalagma, e não de acordo com o mero interesse subjetivo do credor".

Dessa forma, é preciso analisar a utilidade da obrigação à luz da função social das obrigações e dos contratos, da boa-fé objetiva, da manutenção da base estrutural do negócio jurídico, de modo a evitar a onerosidade excessiva e o enriquecimento sem causa. Também se deve buscar ao máximo preservar a autonomia privada, o que é aplicação do princípio da conservação dos negócios jurídicos.

Anoto que o Projeto de Reforma e Atualização do Código Civil, elaborado pela Comissão de Juristas nomeada no Senado Federal, pretende incluir o teor do Enunciado

---

[52] Ver, por todos os doutrinadores do CC/1916: LIMONGI FRANÇA, Rubens. *Instituições de direito civil.* 4. ed. São Paulo: Saraiva, 1996. p. 674.

[53] MARTINS-COSTA, Judith. *Comentários ao novo Código Civil.* Coord. Sálvio de Figueiredo Teixeira. Rio de Janeiro: Forense, 2003. v. V, t. II, p. 263-283.

n. 162 no art. 395, o que virá em boa hora. Também são feitas sugestões de melhora do texto, para que fique mais técnico e claro.

Assim, o seu § 1.º expressará, substituindo-se o confuso termo "enjeitá-la" por "rejeitá-la", mas mantendo-se o mesmo sentido, que, "se a prestação, devido à mora, tornar-se inútil ao credor, este poderá rejeitá-la e exigir a resolução da obrigação, sem prejuízo de eventuais perdas e danos". E, quanto ao seu novo § 2.º, preceituará, na linha do enunciado doutrinário, que "a inutilidade da prestação não será aferida por critérios subjetivos do credor mas, objetivamente, consoante os princípios da boa-fé e da conservação do negócio jurídico".

Dentro dessas ideias, pode ser mencionada a *teoria do adimplemento substancial*. Conforme o Enunciado n. 361, aprovado na *IV Jornada de Direito Civil*, "o adimplemento substancial decorre dos princípios gerais contratuais, de modo a fazer preponderar a função social do contrato e o princípio da boa-fé objetiva, balizando a aplicação do art. 475". São autores do enunciado os juristas Jones Figueirêdo Alves e Eduardo Busatta, que têm trabalhos de referência sobre o assunto.[54]

Pela *teoria do adimplemento substancial* (*substantial performance*), em hipóteses em que a obrigação tiver sido quase toda cumprida, não caberá a extinção do contrato, mas apenas outros efeitos jurídicos, visando sempre à manutenção da avença. A jurisprudência superior tem aplicado a teoria em casos de mora de pouca relevância em contratos de financiamento:

> "Arrendamento mercantil. Reintegração de posse. Adimplemento substancial. Trata-se de REsp oriundo de ação de reintegração de posse ajuizada pela ora recorrente em desfavor do recorrido por inadimplemento de contrato de arrendamento mercantil (*leasing*) para a aquisição de 135 carretas. A Turma reiterou, entre outras questões, que, diante do substancial adimplemento do contrato, qual seja, foram pagas 30 das 36 prestações da avença, mostra-se desproporcional a pretendida reintegração de posse e contraria princípios basilares do Direito Civil, como a função social do contrato e a boa-fé objetiva. Ressaltou-se que a teoria do substancial adimplemento visa impedir o uso desequilibrado do direito de resolução por parte do credor, preterindo desfazimentos desnecessários em prol da preservação da avença, com vistas à realização dos aludidos princípios. Assim, tendo ocorrido um adimplemento parcial da dívida muito próximo do resultado final, daí a expressão 'adimplemento substancial', limita-se o direito do credor, pois a resolução direta do contrato mostrar-se-ia um exagero, uma demasia. Dessa forma, fica preservado o direito de crédito, limitando-se apenas a forma como pode ser exigido pelo credor, que não pode escolher diretamente o modo mais gravoso para o devedor, que é a resolução do contrato. Dessarte, diante do substancial adimplemento da avença, o credor poderá valer-se de meios menos gravosos e proporcionalmente mais adequados à persecução do crédito remanescente, mas não a extinção do contrato. Precedentes citados: REsp 272.739/MG, *DJ* 02.04.2001; REsp 1.051.270/RS, *DJe* 05.09.2011; e AgRg no Ag 607.406/RS, *DJ* 29.11.2004" (STJ, REsp 1.200.105/AM, Rel. Min. Paulo de Tarso Sanseverino, j. 19.06.2012, publicado no *Informativo* n. 500 do STJ).

> "Agravo regimental. Venda com reserva de domínio. Busca e apreensão. Indeferimento. Adimplemento substancial do contrato. Comprovação. Reexame de prova. Súmula 7/STJ. 1. Tendo o *decisum* do Tribunal de origem reconhecido o não cabimento da

---

[54] ALVES, Jones Figueirêdo. A teoria do adimplemento substancial. In: DELGADO, Mário Luiz; ALVES, Jones Figueirêdo. *Questões controvertidas no novo Código Civil*. São Paulo: Método, 2005. v. 4; BUSATTA, Eduardo. *Resolução dos contratos e teoria do adimplemento substancial*. São Paulo: Saraiva, 2007.

busca e apreensão em razão do adimplemento substancial do contrato, a apreciação da controvérsia importa em reexame do conjunto probatório dos autos, razão por que não pode ser conhecida em sede de recurso especial a Súmula 7/STJ. 2. Agravo regimental não provido" (STJ, Ag. Rg. 607.406/RS, 4.ª Turma, Rel. Min. Fernando Gonçalves, j. 09.11.2004, *DJ* 29.11.2004, p. 346).

"Alienação fiduciária. Busca e apreensão. Deferimento liminar. Adimplemento substancial. Não viola a lei a decisão que indefere o pedido liminar de busca e apreensão considerando o pequeno valor da dívida em relação ao valor do bem e o fato de que este é essencial à atividade da devedora. Recurso não conhecido" (STJ, REsp 469.577/SC, 4.ª Turma, Rel. Min. Ruy Rosado de Aguiar, j. 25.03.2003, *DJ* 05.05.2003, p. 310, *RNDJ* 43/122).

Nos casos expostos, foi afastada a retomada dos bens objeto dos contratos com a consequente resolução do negócio, pois a parte o havia cumprido substancialmente. Quanto a esse *cumprimento relevante*, deve-se analisar casuisticamente, tendo em vista a finalidade econômico-social do contrato e da obrigação.

Como têm pontuado doutrina e jurisprudência italianas, a análise do adimplemento substancial passa por *dois filtros*. O primeiro deles é *objetivo*, a partir da medida econômica do descumprimento, dentro da relação jurídica existente entre os envolvidos. O segundo é *subjetivo*, sob o foco dos comportamentos das partes no *processo contratual*.[55] Acredito que tais parâmetros também possam ser perfeitamente utilizados nos casos brasileiros, incrementando a sua aplicação em nosso país. Vale lembrar que no Código Civil italiano há previsão expressa sobre o adimplemento substancial, no seu art. 1.455, segundo o qual o contrato não será resolvido se o inadimplemento de uma das partes tiver escassa importância, levando-se em conta o interesse da outra parte.

Em suma, para a caracterização do adimplemento substancial entram em cena fatores quantitativos e qualitativos, conforme o preciso enunciado aprovado na *VII Jornada de Direito Civil*, de setembro de 2015: "para a caracterização do adimplemento substancial (tal qual reconhecido pelo Enunciado 361 da *IV Jornada de Direito Civil* – CJF), leva-se em conta tanto aspectos quantitativos quanto qualitativos" (Enunciado n. 586).

A título de exemplo, de nada adianta um cumprimento relevante quando há clara prática do abuso de direito, como naquelas hipóteses em que a purgação da mora é sucessiva em um curto espaço de tempo. A teoria do adimplemento substancial teve uma aplicação crescente nos anos seguintes, diante da gravíssima crise econômica causada pela pandemia da Covid-19, visando manter contratos, empresas e negócios. Houve, nesse momento, maior tolerância dos julgadores quanto aos percentuais adimplidos.

De toda sorte, como está aprofundado no Capítulo 7 deste livro, a Segunda Seção do Superior Tribunal de Justiça, em julgamento de pacificação da matéria e com força vinculativa para outros Tribunais, afastou a possibilidade de aplicação do adimplemento substancial aos casos envolvendo a alienação fiduciária em garantia de bens móveis, diante das mudanças que foram feitas no Decreto-lei 911/1969, pela Lei 13.043/2014 (STJ, REsp 1.622.555/MG, 2.ª Seção, Rel. Min. Marco Buzzi, Rel. p/ Acórdão Min. Marco Aurélio Bellizze, j. 22.02.2017, *DJe* 16.03.2017). Com o devido respeito, trata-se de um grande retrocesso, que deve ser imediatamente revisto pelo Tribunal da Cidadania, que ainda merecerá uma análise mais depurada e crítica.

---

[55] CHINÈ, Giuseppe; FRATINI, Marco; ZOPPINI, Andrea. *Manuale di diritto civile*. 4. ed. Roma: Neldiritto, 2013. p. 1.369; citando a Decisão 6.463, da Corte de Cassação Italiana, prolatada em 11.03.2008.

Destaco que o atual Projeto de Reforma do Código Civil pretende também incluir na lei um necessário tratamento sobre o adimplemento substancial, em prol da segurança jurídica, o que será feito no tópico relativo à extinção dos contratos, dentro da sua teoria geral. Nos termos do projetado art. 475-A, o adimplemento substancial do contrato pelo devedor pode ser oposto ao credor, evitando a resolução, observando-se especialmente: *a)* a proporção da prestação satisfeita em relação à parcela inadimplida; *b)* o interesse útil do credor na efetivação da prestação; *c)* a tutela da confiança legítima gerada pelos comportamentos das partes; *d)* a possibilidade de conservação do contrato, em prol de sua função social e econômica. Também estará previsto em lei que essas previsões não afastam eventual pretensão do credor pela reparação por perdas e danos. Espera-se, mais uma vez, a aprovação dessa proposta pelo Congresso Nacional.

Estudada a teoria do adimplemento substancial, ainda a respeito do art. 395 do CC/2002, na *IV Jornada de Direito Civil*, foi aprovado o Enunciado n. 354, prevendo que "a cobrança de encargos e parcelas indevidas ou abusivas impede a caracterização da mora do devedor". O enunciado visa afastar o atraso obrigacional nos casos em que houver cobrança de valores abusivos por parte de credores, principalmente instituições bancárias e financeiras. Afastando-se a mora, nesses casos, torna-se possível a revisão judicial do contrato e da obrigação.

A ementa doutrinária em apreço tem conteúdo bem interessante e está de acordo com a jurisprudência do Superior Tribunal de Justiça (nesse sentido, ver: STJ, AgRg no REsp 903.592/RS, 3.ª Turma, Rel. Min. Carlos Alberto Menezes Direito, j. 27.03.2007, *DJ* 29.06.2007, p. 622 e STJ, AgRg no REsp 793.588/RS, 3.ª Turma, Rel. Min. Castro Filho, j. 07.12.2006, *DJ* 05.03.2007, p. 283). Aliás, em decisão do ano de 2012, deduziu o STJ que "a contratação expressa da capitalização de juros deve ser clara, precisa e ostensiva, ou seja, as cláusulas devem ser compreensíveis plenamente, não podendo ser deduzida da mera divergência entre a taxa de juros anual e o duodécuplo da taxa de juros mensal. Assim, reconhecida a abusividade dos encargos exigidos no período de normalidade contratual, descaracteriza-se a mora" (STJ, REsp 1.302.738/SC, Rel. Min. Nancy Andrighi, j. 03.05.2012, publicado no *Informativo* n. 496). O tema da estipulação excessiva dos juros ainda será aprofundado no presente capítulo, com a transcrição detalhada do voto da insigne Ministra.

No mesmo sentido é a premissa número 7 da Edição n. 83 da ferramenta *Jurisprudência em Teses* da Corte, que trata de Direito Bancário, publicada em 2017: "o reconhecimento da abusividade nos encargos exigidos no período da normalidade contratual (juros remuneratórios e capitalização) descaracteriza a mora". Todavia, ressalve-se que, para o mesmo Superior Tribunal de Justiça, essa abusividade deve dizer respeito ao valor principal da dívida, pois a abusividade com relação à cobrança de acessórios não descaracteriza a mora do devedor. Essa foi a conclusão da sua Segunda Seção, em sede de julgamento de recursos repetitivos, conforme publicação constante do *Informativo* n. 639 da Corte, de dezembro de 2018 (STJ, REsp 1.639.259/SP, 2.ª Seção, Rel. Min. Paulo de Tarso Sanseverino, por unanimidade, j. 12.12.2018, *DJe* 17.12.2018 – Tema 972).

Conforme o art. 399 do Código Civil atual, o devedor em mora responde pela impossibilidade da prestação, embora essa impossibilidade resulte de caso fortuito ou de força maior, se estes ocorrerem durante o atraso. Entretanto, tal responsabilidade é afastada se o devedor provar isenção total de culpa, ou que o dano sobreviria ainda quando a obrigação fosse oportunamente desempenhada.

Existe um antigo debate sobre a menção à ausência de culpa no dispositivo, discutido desde a *III Jornada de Direito Civil*, de 2004, quando foi feita a seguinte proposta de enunciado, que acabou não sendo aprovada: "o art. 399 do Código Civil de 2002 deve

CAP. 3 • TEORIA GERAL DAS OBRIGAÇÕES | **459**

ser interpretado sem observância à primeira ressalva ali contida, no que tange à prova da isenção de culpa".

A propósito desse dilema doutrinário, anoto que, mais uma vez, o Projeto de Reforma do Código Civil pretende resolvê-lo, retirando-se a menção à ausência de culpa do art. 399, que passará, de forma mais técnica e precisa, a prever que "o devedor em mora responde pela impossibilidade da prestação, embora essa impossibilidade resulte de caso fortuito ou de força maior, se estes ocorrerem durante o atraso, salvo demonstrado que o dano sobreviria ainda quando a obrigação fosse oportunamente desempenhada". Espera-se, assim, a sua aprovação pelo Parlamento Brasileiro.

Nota-se que o comando representa exceção à regra do art. 393 do CC, pelo qual a parte não responde pelo caso fortuito (evento totalmente imprevisível) ou pela força maior (evento previsível, mas inevitável). Entretanto, se o devedor provar que a perda da coisa objeto da obrigação ocorreria mesmo não havendo o atraso, tal responsabilidade deverá ser afastada. Ilustrando com exemplo clássico, imagine-se um caso em que um devedor está em atraso quanto à obrigação de entregar um cavalo. Ocorre uma enchente em sua fazenda e o cavalo se perde. Em regra, responderá tal devedor por perdas e danos, o que inclui o valor do animal. Mas se ele provar que a enchente também atingiu a fazenda do credor, onde supostamente estaria o animal se não houvesse atraso, tal responsabilidade deverá ser afastada.

Pois bem, especificamente quanto à mora do devedor, esta recebe subclassificação importante.

- Mora *ex re* ou *mora automática* – quando a obrigação for *positiva* (de dar ou fazer), *líquida* (certa quanto à existência e determinada quanto ao valor) e *com data fixada para o adimplemento*. A inexecução da obrigação implica a mora do devedor de forma automática, sem a necessidade de qualquer providência por parte do credor, como, por exemplo, a notificação ou interpelação do devedor (art. 397, *caput*, do CC). Em casos assim, tem-se a aplicação da máxima *dies interpellat pro homine* (o dia do vencimento interpela a pessoa).

- Mora *ex persona* ou *mora pendente* – caracterizada se não houver estipulação de termo final para a execução da obrigação assumida. Desse modo, a caracterização do atraso dependerá de uma providência, do credor ou seu representante, por meio de interpelação, notificação ou protesto do credor, que pode ser judicial ou extrajudicial (art. 397, parágrafo único, do CC). A respeito da notificação extrajudicial, via Cartório de Títulos e Documentos, aprovou-se enunciado, na *V Jornada de Direito Civil*, no sentido de se admitir o ato fora da Comarca de domicílio do devedor (Enunciado n. 427), o que vem sendo chancelado pelo Superior Tribunal de Justiça (STJ, REsp 1.283.834/ BA, Rel. Min. Maria Isabel Gallotti, 2.ª Seção, j. 29.02.2012, *DJe* 09.03.2012. Publicação no *Informativo* n. 492). A ideia e o julgado merecem aplausos, pela busca de um Direito Civil mais concreto e efetivo e menos formal e burocratizado. Assim, um devedor que está em trânsito, em outro local que não seja a sua residência, poderá ser devidamente notificado. Além disso, acrescente-se que a notificação pode ser feita por instrumentos digitais, seja por *e-mail* ou até por mensagem pelo telefone celular, desde que possam ser comprovados. Nessa linha, o Enunciado n. 619, aprovado na *VIII Jornada de Direito Civil*, em abril de 2018: "a interpelação extrajudicial de que trata o parágrafo único do art. 397 do Código Civil admite meios eletrônicos como *e-mail* ou aplicativos de conversa *on-line*, desde que demonstrada a ciência inequívoca do interpelado, salvo disposição em contrário no contrato".

> • Mora *irregular ou presumida* (conceito de Orlando Gomes) – está prevista no art. 398 do atual Código, pelo qual: "Nas obrigações provenientes de ato ilícito, considera-se o devedor em mora, desde que o praticou".[56] Cite-se, que em um acidente de trânsito o agente é considerado em mora desde a prática do ato.

Destaco que também existem propostas, no Projeto de Reforma do Código Civil, para aprimoramentos desses arts. 397 e 398, com melhora técnica do texto e inclusão da notificação por uso de novas tecnologias, o que virá em boa hora.

Nesse contexto de melhora da norma, o *caput* e o § 1.º do primeiro dispositivo utilizarão a expressão "termo final": "o inadimplemento da obrigação, positiva e líquida, no seu termo final, constitui de pleno direito em mora o devedor. § 1º Não havendo termo final, a mora se constitui mediante interpelação judicial ou extrajudicial". Também se insere um § 2.º no comando, tratando da necessidade de interpelação, judicial ou extrajudicial do devedor, não havendo termo final: "se as partes não fixarem termo para o adimplemento, o devedor se considera em mora desde sua interpelação". E sobre o uso das novas tecnologias preverá o § 3.º do art. 397, o que é mais do que necessário: "as partes podem admitir, por escrito, que a interpelação possa ser feita por meios eletrônicos como e-mail ou aplicativos de conversa on-line, após ciência inequívoca da mensagem pelo interpelado".

No que diz respeito ao art. 398 do CC/2002, sugere-se que ele mencione expressamente o ilícito extracontratual, para que fique mais evidente a sua correta aplicação: "nas obrigações provenientes de ato ilícito extracontratual, considera-se o devedor em mora, desde que o praticou". Há, portanto, apenas um aprimoramento redacional, sem mudança no seu sentido.

Como visto previamente, além da mora do devedor, há ainda a mora do credor, também denominada mora *accipiendi, creditoris* ou *credendi*. Esta, apesar de rara, se faz presente nas situações em que o credor se recusa a aceitar o adimplemento da obrigação no tempo, lugar e forma pactuados, sem ter justo motivo para tanto. Para a sua configuração basta o mero atraso ou inadimplemento relativo do credor, não se discutindo a culpa deste.

Mais uma vez, para os fins de deixar clara a última afirmação, praticamente unânime na doutrina, o Projeto de Reforma do Código Civil pretende incluir um parágrafo único no art. 396, enunciando que "a mora do credor independe de culpa". Trata-se de mais uma proposição que apenas insere na lei o entendimento hoje consolidado no âmbito do Direito Civil Brasileiro.

A mora do credor gera três efeitos, nos termos do art. 400 do CC:

> – Afastar do devedor isento de dolo a responsabilidade pela conservação da coisa, não respondendo ele por conduta culposa (imprudência, negligência ou imperícia) que gerar a perda do objeto obrigacional.
> – Obrigar o credor a ressarcir o devedor pelas despesas empregadas na conservação da coisa.
> – Sujeitar o credor a receber a coisa pela estimação mais favorável ao devedor, se o seu valor oscilar entre o tempo do contrato e o do cumprimento da obrigação.

---

[56] GOMES, Orlando. *Obrigações*. 16. ed. atual. por Edvaldo Brito. Rio de Janeiro: Forense, 2004. p. 201.

CAP. 3 • TEORIA GERAL DAS OBRIGAÇÕES | **461**

Em reforço, é fundamental lembrar que a mora do credor cria a possibilidade da consignação judicial ou extrajudicial do objeto obrigacional, nos termos do art. 334 do CC/2002.

Ainda a respeito da classificação da mora, de acordo com a doutrina, quando as moras são simultâneas – mora do devedor e do credor em uma mesma situação –, uma elimina a outra, como se nenhuma das partes houvesse incorrido em mora. Ocorre, nesse sentido, uma espécie de compensação dos atrasos.[57]

Por fim, cumpre abordar a *purgação* ou *emenda da mora*, que significa afastar os efeitos decorrentes do inadimplemento parcial, principalmente do atraso no cumprimento. Nos termos do art. 401 do CC/2002, a purgação da mora pode se dar de duas formas:

I – por parte do devedor, oferecendo este a prestação mais a importância dos prejuízos decorrentes do dia da oferta;

II – por parte do credor, oferecendo-se este a receber o pagamento e sujeitando-se aos efeitos da mora até a mesma data.

As duas premissas são regras gerais, sendo certo que existem regras especiais a respeito da purgação da mora, como a que consta do art. 62 da Lei 8.245/1991, para as locações imobiliárias urbanas.

Para encerrar o tema, não se pode confundir a *purgação da mora* com a *cessação da mora*. As diferenças entre os dois institutos são muito bem demonstradas por Maria Helena Diniz.[58] Para a Professora Titular da PUCSP, ocorre a purgação da mora por meio de ato espontâneo do sujeito obrigacional em atraso, que visa remediar a situação a que deu causa, evitando os seus efeitos decorrentes e reconduzindo a obrigação à situação de normalidade. A purgação ou emenda da mora somente produz efeitos para o futuro (*ex nunc*), não destruindo os efeitos danosos produzidos desde o dia da incidência em mora. Por outra via, a cessação da mora, "ocorrerá por um fato extintivo de efeitos pretéritos e futuros, como sucede quando a obrigação se extingue com a novação, remissão de dívidas ou renúncia do credor".[59] Estou totalmente filiado a essas lições doutrinárias.

### 3.8.3   Regras quanto ao inadimplemento absoluto da obrigação

Não cumprindo o sujeito passivo a prestação, passa ele a responder pelo valor correspondente ao objeto obrigacional, acrescido das demais perdas e danos, mais juros compensatórios, cláusula penal (se prevista), atualização monetária, custas e honorários de advogado (art. 389 do CC).

Esse dispositivo foi alterado pela Lei n. 14.905/2024, que trouxe um novo regime relativo aos juros e à correção monetária. Nesse contexto, o seu *caput* deixou de mencionar os índices oficiais regularmente estabelecidos, uma vez que o índice oficial, como regra geral, passou a ser o IPCA. Nos termos do novo parágrafo único do art. 389, "na hipótese de o índice de atualização monetária não ter sido convencionado ou não estar previsto em lei específica, será aplicada a variação do Índice Nacional de Preços ao Consumidor

---

[57]  DINIZ, Maria Helena. *Curso de direito civil brasileiro*. Teoria Geral das Obrigações. 24. ed. São Paulo: Saraiva, 2009. v. 2, p. 413-414.

[58]  DINIZ, Maria Helena. *Curso de direito civil brasileiro*. Teoria Geral das Obrigações. 24. ed. São Paulo: Saraiva, 2009. v. 2, p. 426.

[59]  DINIZ, Maria Helena. *Curso de direito civil brasileiro*. Teoria Geral das Obrigações. 24. ed. São Paulo: Saraiva, 2009. v. 2, p. 426.

# 462 | MANUAL DE DIREITO CIVIL • VOLUME ÚNICO – *Flávio Tartuce*

Amplo (IPCA), apurado e divulgado pela Fundação Instituto Brasileiro de Geografia e Estatística (IBGE), ou do índice que vier a substituí-lo". Voltarei a essa temática, ainda no presente capítulo.

A respeito dos honorários advocatícios mencionados no dispositivo, conforme o Enunciado n. 161 da *III Jornada de Direito Civil*, "apenas têm cabimento quando ocorre efetiva atuação profissional do advogado". O enunciado tende a afastar a atuação de pessoas inidôneas e até de empresas especializadas que exploram a atividade de cobrança de valores, cobrando honorários mesmo sem a intervenção de advogados regularmente inscritos nos quadros da Ordem dos Advogados do Brasil, o que é realmente condenável.

Ainda no que concerne aos honorários advocatícios, surgem dúvidas quanto à previsão do art. 389 do CC, sem prejuízo de outros dispositivos do Código que fazem menção a eles (cite-se, por exemplo, o art. 404 do CC). O principal questionamento é o seguinte: esses honorários são os sucumbenciais, previstos no CPC; ou são os contratuais, geralmente cobrados pelos advogados para ingresso da ação?

Entendo que tais honorários são os contratuais, pois não é à toa a previsão que consta do Código Civil, não se confundindo com os honorários de sucumbência, tratados pelo Código de Processo Civil (nesse sentido, ver: TJSP, Apelação Cível 7329518-2, Acórdão 3588232, 11.ª Câmara de Direito Privado, São Paulo, Rel. Des. Renato Rangel Desinano, j. 02.04.2009, *DJESP* 12.05.2009 e TJSP, Apelação 7074234-0, Acórdão 3427442, 12.ª Câmara de Direito Privado, São José dos Campos, Rel. Des. Rui Cascaldi, j. 03.12.2008, *DJESP* 04.02.2009). Consigne-se que a tese foi adotada pelo STJ, em acórdão assim extraído de seu *Informativo* n. 477, de junho de 2011:

> "Honorários advocatícios contratuais. Perdas. Danos. Cuida-se de ação de cobrança cumulada com compensação por danos morais ajuizada na origem por transportadora (recorrida) contra seguradora (recorrente) em que alegou haver a recusa de pagamento dos prejuízos advindos de acidente que envolveu o veículo segurado. Requereu o pagamento da cobertura securitária e a reparação pelos danos materiais e morais sofridos com a injusta recusa. Também pleiteou o ressarcimento das despesas com a contratação de advogados para o ajuizamento da ação. O juiz julgou parcialmente procedente o pedido, condenando a recorrente ao pagamento de mais de R$ 65 mil, porém o TJ deu parcial provimento à apelação interposta pela recorrente e parcial provimento à apelação adesiva interposta pela recorrida para condenar a recorrente a restituir o valor despendido pela recorrida com os honorários advocatícios contratuais. No REsp, discute-se apenas se estes integram os valores devidos a título de reparação por perdas e danos. Assevera a Min. Relatora que o CC/2002, nos arts. 389, 395 e 404, determina, de forma expressa, que os honorários advocatícios integram os valores devidos a título de reparação por perdas e danos – explica que os honorários mencionados pelos referidos artigos são os honorários contratuais, pois os sucumbenciais, por constituir crédito autônomo do advogado, não importam decréscimo patrimonial do vencedor da demanda. Assim, a seu ver, como os honorários convencionais são retirados do patrimônio da parte lesada – para que haja reparação integral do dano sofrido –, aquele que deu causa ao processo deve restituir os valores despendidos com os honorários contratuais. Contudo, esclarece que, embora os honorários convencionais componham os valores devidos pelas perdas e danos, o valor cobrado pela atuação do advogado não pode ser abusivo, cabendo ao juiz analisar as peculiaridades de cada caso e, se for preciso, arbitrar outro valor, podendo para isso utilizar como parâmetro a tabela de honorários da OAB. Destaca que, na hipótese, não houve pedido da recorrente quanto ao reconhecimento da abusividade das verbas honorárias e, por essa razão, a questão não foi analisada. Diante do exposto, a Turma negou provimento ao recurso" (STJ, REsp 1.134.725/MG, Rel. Min. Nancy Andrighi, j. 14.06.2011).

CAP. 3 • TEORIA GERAL DAS OBRIGAÇÕES | **463**

De data mais próxima, da mesma Corte Superior, na mesma linha: "Os valores pagos ao advogado contratado integram as perdas e danos, os quais devem ser ressarcidos quando provada a imprescindibilidade da ação e a razoabilidade do valor pago" (STJ, AgRg no REsp 1.354.856/MG, 3.ª Turma, Rel. Min. Ricardo Villas Bôas Cueva, j. 15.09.2015, *DJe* 21.09.2015).

Porém, existem julgados em sentido contrário, afirmando-se na própria Corte que a Segunda Seção já julgou o tema de forma definitiva, pacificando supostamente o entendimento segundo o qual os honorários não entram nas perdas e danos previstas nos arts. 389, 395 e 404 do Código Civil. Assim, por exemplo:

"Agravo interno no recurso especial. Honorários advocatícios contratuais. Ressarcimento. Arts. 389, 395 e 404 do CC. Descabimento. Precedentes. Impugnação. Colação de julgados contemporâneos ou supervenientes. Ausência. Art. 1.021, § 1.º, do CPC. Súmula n. 182/STJ. Não conhecimento. 1. A Segunda Seção do STJ já se pronunciou no sentido de ser incabível a condenação da parte sucumbente aos honorários contratuais despendidos pela vencedora. 2. Se 'fundamentada a decisão agravada no sentido de que o acórdão recorrido está em sintonia com o atual entendimento do STJ, deveria a recorrente demonstrar que outra é a positivação do direito na jurisprudência do STJ' (STJ, AgRg no REsp 1.374.369/RS, Rel. Ministro Herman Benjamin, *DJe* de 26.06.2013). 3. Incidência do enunciado n. 182 da Súmula desta Corte face à ausência de impugnação específica dos fundamentos da decisão agravada. 3. Agravo interno não conhecido" (STJ, Ag. Int. no REsp 1.653.575/SP, 4.ª Turma, Rel. Min. Maria Isabel Gallotti, j. 16.11.2017, *DJe* 23.11.2017).

Todavia, consultando-se o último acórdão, constata-se que o julgado citado como da Segunda Seção diz respeito a honorários fixados em demanda trabalhista cobrados no âmbito cível e não puramente em contrato. A leitura do julgado traz-nos, assim, dúvidas quanto à afirmação de ser essa a posição consolidada da Corte, o que deverá ser mais bem esclarecido pelo Tribunal, especialmente pelo fato de existirem os acórdãos posteriores – do ano de 2015 –, ao abaixo transcrito e em sentido contrário ao que nele consta:

"Embargos de divergência. Honorários advocatícios contratuais de advogado do reclamante, cobrados ao reclamado para reclamação trabalhista julgada procedente. 1) Competência da Justiça do Trabalho, a despeito de orientação anterior à Emenda Constitucional 45/2004, mas embargos conhecidos dada a peculiaridade dos embargos de divergência; 2) Inexistência de dever de indenizar, no âmbito geral do direito comum, ressalvada interpretação no âmbito da Justiça do Trabalho; 3) Impossibilidade de alteração do julgado paradigma; 4) Embargos de divergência improvidos. 1. Embora, após a Emenda Constitucional 45/2004, competente a Justiça do Trabalho para dirimir questões atinentes à cobrança ao Reclamado de honorários advocatícios contratuais despendidos pelo Reclamante para a reclamação trabalhista, conhece-se dos presentes Embargos de Divergência, porque somente ao próprio Superior Tribunal de Justiça compete dirimir divergência entre suas próprias Turmas. 2. No âmbito da Justiça comum, impossível superar a orientação já antes firmada por este Tribunal, no sentido do descabimento da cobrança ao Reclamado de honorários advocatícios contratados pelo Reclamante: para a Reclamação Trabalhista, porque o contrário significaria o reconhecimento da sucumbência por via oblíqua e poderia levar a julgamentos contraditórios a respeito do mesmo fato do patrocínio advocatício na Justiça do Trabalho. 3. Manutenção do Acórdão Embargado, que julgou improcedente ação de cobrança de honorários contratuais ao Reclamado, a despeito da subsistência do julgamento paradigma em sentido diverso, pois não sujeito à devolução recursal nestes Embargos de Divergência. 4. Embargos de divergência improvidos" (STJ, EREsp 1.155.527/MG, 2.ª Seção Rel. Min. Sidnei Beneti, j. 13.06.2012, *DJe* 28.06.2012).

Em que pese essa suposta necessidade de pacificação na Corte, estou filiado à primeira forma de julgar, eis que não é à toa a previsão que consta do Código Civil quanto aos honorários. Essa visão, na verdade, não pretende proteger os advogados, mas os autores das demandas. Ademais, acaba servindo para controlar abusos cometidos por advogados em cobranças de honorários iniciais, para ingresso de ações.

No âmbito da doutrina, esperava-se que na *V Jornada de Direito Civil* (novembro de 2011) um enunciado fosse aprovado no sentido de se reconhecer que os honorários mencionados pelos dispositivos do Código Civil são os contratuais e não os de sucumbência. Ressalte-se que propostas foram feitas nesse sentido. Todavia, muito timidamente, a comissão de obrigações aprovou outro teor, menos abrangente do que a tese que aqui se defende: "os honorários advocatícios previstos no art. 389 do Código Civil não se confundem com as verbas de sucumbência, que, por força do art. 23 da Lei 8.906/94, pertencem ao advogado" (Enunciado n. 426).

Nesse contexto de enorme divergência, com os fins de trazer maior certeza e segurança jurídica sobre os honorários de advogado, a Comissão de Juristas encarregada da Reforma do Código Civil pretende resolver definitivamente esse dilema no texto de lei. Assim, o art. 389 receberia dois novos parágrafos, a tratar dos honorários contratuais. Em verdade, com a inclusão recente de um novo parágrafo único pela Lei n. 14.905/2024, para tratar da correção monetária e do índice considerado como regra geral, essas propostas passarão a ser os §§ 2.º e 3.º da norma.

De acordo com a primeira proposta, "os honorários de advogado previstos no caput são os contratualmente fixados entre as partes, desde que haja efetiva prova do seu prévio pagamento e que conste da ação ajuizada a específica pretensão de reembolso da despesa efetivamente realizada pelo credor". As exigências do efetivo pagamento e da ação ajuizada visam a afastar o enriquecimento sem causa em sua cobrança e recebimento, bem como eventual abuso de direito em sua cobrança.

Além disso, para os fins de que o instituto não seja confundido com os honorários sucumbenciais, e com as limitações previstas no art. 85 do Código de Processo Civil, a segunda proposição prevê que "os honorários contratuais previstos neste artigo não excluem os honorários sucumbenciais tratados na lei processual". Após intensos debates na Comissão de Juristas, acabou prevalecendo a ideia, defendida por mim e pela maioria dos seus membros, de que os honorários contratuais podem ser livremente pactuados, sendo a intervenção para a sua redução pelo julgador somente cabível em hipóteses excepcionalíssimas, não devendo ser transpostos para o Código Civil os limites previstos no Estatuto Processual, como era a outra sugestão.

Como se pode perceber, as propostas encerram uma das maiores divergências percebidas nos mais de vinte anos de vigência do Código Civil, trazendo estabilidade institucional e segurança jurídica para os honorários. Espera-se, portanto, a sua aprovação pelo Parlamento Brasileiro.

Superado esse ponto, nas obrigações negativas (de não fazer), o devedor é havido por inadimplente desde o dia em que o ato é executado (art. 390 do CC). A regra vale tanto para o inadimplemento absoluto quanto ao relativo. De outra forma, pode-se dizer que nas obrigações negativas o devedor é considerado em mora a partir do momento em que pratica o ato.

Nesse contexto, é possível reconhecer a mora em se tratando de obrigação negativa de não fazer. Consoante o Enunciado n. 647 da *IX Jornada de Direito Civil*, evento de maio de 2022, "a obrigação de não fazer é compatível com o inadimplemento relativo (mora), desde que implique o cumprimento de prestações de execução continuada ou permanente e ainda útil ao credor". Nos termos das justificativas, que servem para explicar o seu teor:

CAP. 3 • TEORIA GERAL DAS OBRIGAÇÕES | **465**

"Nas obrigações de não fazer de execução instantânea, o inadimplemento da obrigação de não fazer será necessariamente absoluto, ou seja, haverá sub-rogação da prestação original por indenização. Nesse caso, não há como retornar ao estado anterior. Todavia, há obrigações de não fazer que são de execução continuada ou de efeitos permanentes. É possível a purgação da mora, o que se depreende do art. 251, ao mencionar que o credor pode exigir que o devedor desfaça o que concretizou, a cuja abstenção se obrigara. É relevante tal consideração, uma vez que no caso de inadimplemento relativo será possível a preservação do vínculo obrigacional originário, com o retorno ao estado anterior, a fim de que se restabeleça a abstenção, cuja execução é contínua e permanente".

Ressalve-se, contudo, que na obrigação negativa não é necessário constituir em mora o devedor, sendo esta automática ou *ex re*. Nessa linha, da jurisprudência superior: "em se tratando especificamente de obrigação de não fazer, o devedor será dado por inadimplente a partir do momento em que realizar o ato do qual deveria se abster – nos exatos termos do art. 390 do CC/02 –, fazendo surgir automaticamente o interesse processual do credor à medida coercitiva, ou seja, a prática do ato proibido confere certeza, liquidez e exigibilidade à multa coercitiva, possibilitando a sua cobrança" (STJ, REsp 1.047.957/AL, 3.ª Turma, Rel. Min. Fátima Nancy Andrighi, j. 14.06.2011, *DJe* 24.06.2011).

Observo que mais uma vez, adotando a posição do enunciado doutrinário destacado e da jurisprudência superior, a Comissão de Juristas nomeada para a Reforma do Código Civil pretende elucidar a temática com a inclusão de um necessário parágrafo único no art. 394, preceituando o seguinte: "nas obrigações negativas, o devedor incorre em mora desde o dia em que executou o ato em que devia se abster".

Complementando os dispositivos anteriores, determina o art. 391 da atual codificação privada que pelo inadimplemento do devedor respondem todos os seus bens, o que consagra o *princípio da imputação civil dos danos* ou *princípio da responsabilidade patrimonial do devedor*. Como outrora esclarecido não são todos os bens que respondem, pois existem bens que são impenhoráveis, como aqueles que constam do Código de Processo Civil (art. 833 do CPC/2015, correspondente ao art. 649 do CPC/1973, com modificações).

Por isso, relembro que a Comissão de Juristas incumbida da Reforma do Código Civil sugere a seguinte redação para o preceito: "Art. 391. Pelo inadimplemento das obrigações, respondem todos os bens do devedor, suscetíveis de penhora". Sana-se, portanto, mais um problema técnico e redacional da atual Lei Geral Privada. Ademais, vale pontuar novamente que há proposição de cunho humanista formulada pela Relatora-Geral, Professora Rosa Maria de Andrade Nery, com a inclusão de um novo art. 391-A no Código Civil, a tratar de uma ideia geral de patrimônio mínimo ou mínimo existencial para o Direito Civil Brasileiro. A tese do patrimônio mínimo visa assegurar à pessoa um mínimo de direitos patrimoniais, para que viva com dignidade. Essa proposição está analisada na abertura do presente capítulo.

De volta ao sistema vigente, nos contratos benéficos, responderá por culpa aquele que tem benefícios com o contrato e por dolo aquele a quem não favoreça (art. 392 do CC). A ilustrar, no comodato, o comodatário responde por culpa ou dolo, enquanto o comodante apenas por dolo (ação ou omissão voluntária, intencional). Pelo mesmo art. 392 do Código Civil, nos contratos onerosos o inadimplemento das partes decorre de sua conduta culposa, o que denota a responsabilidade subjetiva como regra também no caso de responsabilidade civil contratual. A última regra se aplica à compra e venda, por exemplo.

De toda sorte, mesmo presente a responsabilidade culposa do devedor, a doutrina de ontem e de hoje sustenta a inversão do ônus da prova a favor do credor, se for comprovada a violação do dever contratual. Sintetizando tal forma de pensar, o Enunciado n. 548 da *VI Jornada de Direito Civil* (2013) expressa que, caracterizada a violação de dever contratual, incumbe ao devedor o ônus de demonstrar que o fato causador do dano não lhe pode ser imputado.

Feita tal pontuação, complementando a ideia da responsabilidade subjetiva, o art. 393 do CC enuncia que, em regra, a parte obrigacional não responde por caso fortuito ou força maior, a não ser que isso tenha sido convencionado, por meio da *cláusula de assunção convencional*.

A Lei 14.010/2020, que introduziu o Regime Jurídico Emergencial e Transitório das relações jurídicas de Direito Privado (RJET), no período da pandemia do coronavírus (Covid-19), trouxe regra importante sobre a possibilidade de alegar o caso fortuito e a força maior, com os fins de se afastar a responsabilidade civil contratual. Por óbvio que muitos contratantes, em meio à grave crise econômica que acometeu todo o mundo, passaram a alegar tais fatos, inclusive com a intenção de extinguir os contratos celebrados. Segundo o art. 6.º da nova Lei, com vistas a trazer uma maior segurança jurídica, "as consequências decorrentes da pandemia do coronavírus (Covid-19) nas execuções dos contratos, incluídas as previstas no art. 393 do Código Civil, não terão efeitos jurídicos retroativos".

De toda sorte, a pandemia até pode ser tida como força maior, um evento previsível, mas inevitável. Todavia, não pode servir, por si só, como panaceia a fundamentar uma moratória ampla e generalizada, sem fundamentação, a colocar em descrédito todo o sistema jurídico. Assim, para que caiba a alegação do que consta do art. 393 do Código Civil, a crise deve trazer consequências graves e específicas para o contrato.

Além disso, como é notório, extinguir a obrigação ou o contrato é a última medida a ser tomada, diante da necessária conservação dos negócios jurídicos e da função social dos pactos, conforme consta do Enunciado n. 22 da *I Jornada de Direito Civil*. Vale citar, a propósito, a advertência feita por José Fernando Simão, no sentido de que os debates relativos à pandemia devem se concentrar mais na revisão e não na simples extinção das obrigações pela alegação do caso fortuito e da força maior. Nas suas palavras, "todo o norte dessas reflexões é o princípio da conservação do negócio jurídico. O contrato deve ser prioritariamente preservado, pois isso interessa aos próprios contraentes (o adimplemento atrai, polariza, a obrigação). A sua manutenção, portanto, interessa ao sistema jurídico como um todo e se revela fundamental para a economia (manutenção de trocas), especialmente quando o desemprego ameaça considerável parcela da população brasileira".[60]

Feitas tais anotações de atualização, nos casos de inadimplemento absoluto, a principal consequência refere-se ao pagamento de perdas e danos, previstas entre os arts. 402 a 404 do CC. Na realidade, há ainda o art. 405, inserido na mesma seção. Porém, entendemos que tal dispositivo legal está mal colocado, eis que trata mais propriamente da matéria de juros, ainda a ser estudada.

Pelo art. 402 do CC, as perdas e danos devidos ao credor abrangem, além do que ele efetivamente perdeu, o que razoavelmente deixou de lucrar. No primeiro caso, há os *danos emergentes ou danos positivos*, caso dos valores desembolsados por alguém e da perda patrimonial pretérita efetiva. No segundo caso, os *lucros cessantes ou danos negativos*, constituídos por uma frustração de lucro.

---

[60] SIMÃO, José Fernando. "O contrato nos tempos da covid-19". Esqueçam a força maior e pensem na base do negócio. *Migalhas*, Ribeirão Preto, 3 abr. 2020. Coluna Migalhas Contratuais. Disponível em: <https://migalhas.uol.com.br/coluna/migalhas-contratuais/323599/o-contrato-nos-tempos-da-covid-19---esquecam-a-forca-maior-e-pensem-na-base-do-negocio>. Acesso em: 5 out. 2020.

No caso dos lucros cessantes, a frustração de lucro deve estar relacionada a uma atividade lícita que era desenvolvida pelo prejudicado. Nessa linha, o Enunciado n. 658, aprovado na *IX Jornada de Direito Civil* estabelece que "as perdas e danos indenizáveis, na forma dos arts. 402 e 927, do Código Civil, pressupõem prática de atividade lícita, sendo inviável o ressarcimento pela interrupção de atividade contrária ao Direito". As justificativas do enunciado citam aresto do Superior Tribunal de Justiça que afastou lucros cessantes por extração de areia sem a licença necessária, presente um "ato clandestino, alheio a qualquer amparo no ordenamento vigente" (STJ, REsp 1.021.556/TO, 3.ª Turma, Rel. Min. Vasco Della Giustina, j. 21.09.2010).

Voltando-se ao tema da pandemia, agora relacionada às perdas e danos, destaque-se julgado da mesma Corte Superior, que reconheceu o direito de indenização por lucros cessantes a restaurante que não foi autorizado por seu locador, o Jockey Club de São Paulo, a funcionar, mesmo tendo cessadas as restrições impostas pelo Poder Público. Conforme a tese fixada, "pratica ato ilícito apto à indenização o locador que proíbe o funcionamento de imóvel comercial locado, cujo acesso é autônomo e independente, sob a justificativa de cumprimento às normas de restrição sanitária pela Covid-19" (STJ, REsp 1.997.050/SP, 4.ª Turma, Rel. Min. Luis Felipe Salomão, por unanimidade, j. 02.08.2022). Consoante o acórdão:

> "Era viável assegurar o acesso do público exclusivamente à área destinada ao restaurante, mantendo-se fechadas as demais áreas do clube, incluindo aquelas em que eram realizadas as atividades do turfe, tornando-se irrelevante, em tal medida, a proibição do funcionamento do clube. Vale destacar que o recorrente não teria nem sequer que implementar medidas para 'isolar o local, o qual já se encontrava cercado e, portanto, separado das demais áreas. Estabelecidas, portanto, as premissas em torno da atuação indevida do recorrente, revelou-se, de igual maneira, desprovida de razoabilidade ou proporcionalidade, tendo em vista que a conduta do locador acarretou ônus excessivo ao locatário, mediante sacrifício da retomada de suas atividades econômicas, não havendo se falar em 'exercício regular de seu direito reconhecido na condição de locador'" (REsp 1.997.050/SP).

Como não poderia ser diferente, concordo totalmente com o teor do acórdão.

Determina o art. 403 da mesma codificação material que ainda que a inexecução resulte de dolo do devedor, "as perdas e danos só incluem os prejuízos efetivos e os lucros cessantes por efeito dela direto e imediato, sem prejuízo do disposto na lei processual". Por isso, não é possível a reparação de dano hipotético ou eventual, conforme o pronunciamento comum da doutrina e da jurisprudência nacional (nesse sentido, por todos, ver: STJ, REsp 965.758/RS, 3.ª Turma, Rel. Min. Nancy Andrighi, j. 19.08.2008, *DJe* 03.09.2008). A lei exige, portanto, o *dano efetivo* como corolário da indenização.

Por fim, segundo o art. 404 do CC/2002, as perdas e os danos, nas obrigações de pagamento em dinheiro, serão pagos com atualização monetária, abrangendo também juros, custas e honorários de advogado, sem prejuízo da pena convencional.

O dispositivo foi recentemente alterado pela Lei n. 14.905, de junho de 2024, prevendo anteriormente que "as perdas e danos, nas obrigações de pagamento em dinheiro, serão pagas com atualização monetária segundo índices oficiais regularmente estabelecidos, abrangendo juros, custas e honorários de advogado, sem prejuízo da pena convencional". Como se pode perceber, foi retirada apenas a menção aos índices oficiais, uma vez que, com a nova redação do art. 389, parágrafo único, do Código Civil, esse índice, salvo estipulação em contrário pelas partes ou previsão específica em lei, passou a ser o IPCA: "na hipótese de o índice de atualização monetária não ter sido convencionado ou não estar previsto em lei específica, será aplicada a variação do Índice Nacional de Preços ao Consumidor Amplo (IPCA), apurado e divulgado pela Fundação Instituto Brasileiro de Geografia e Estatística (IBGE), ou o índice que vier a substituí-lo".

# MANUAL DE DIREITO CIVIL • VOLUME ÚNICO – *Flávio Tartuce*

Importante observar que o Projeto de Reforma do Código Civil pretende fazer pequenos ajustes no seu art. 404, para que o *caput* mencione expressamente os honorários contratuais do advogado efetivamente pagos. Ademais, o seu parágrafo único passará a compor o § 1.º e, a respeito da correção monetária do valor da indenização por dano moral, incidirá desde a data do seu arbitramento.

As perdas e danos hoje referenciados na atual codificação privada apenas tratam dos danos materiais. Todavia, anote-se que outros danos podem surgir do inadimplemento obrigacional, caso dos danos morais (art. 5.º, incs. V e X, da CF/1988) e dos danos estéticos (Súmula 387 do STJ).

## 3.8.4 Dos juros no Código Civil de 2002

Aprofundando a análise da responsabilidade contratual, um dos principais efeitos do inadimplemento da obrigação é a incidência de juros a serem suportados pelo devedor. Os juros podem ser conceituados como frutos civis ou rendimentos, devidos pela utilização de capital alheio. No âmbito do Direito Civil, os juros podem ser assim classificados:

> I) Quanto à origem:
> 
> a) *Juros convencionais* – decorrem de acordo entre as partes.
> 
> b) *Juros legais* – decorrem da norma jurídica.
> 
> II) Quanto à relação com o inadimplemento:
> 
> a) *Juros moratórios* – constituem um ressarcimento imputado ao devedor pelo descumprimento parcial da obrigação. Como regra geral, os juros moratórios são devidos desde a constituição em mora e independem da alegação e prova do prejuízo suportado (art. 407 do CC).
> 
> b) *Juros compensatórios* ou *remuneratórios* – são aqueles que decorrem de uma utilização consentida do capital alheio, como nos casos de inadimplemento total da obrigação.

A respeito dos juros legais moratórios, enunciava o art. 406 do CC que, mesmo não estando previstos pelas partes, seriam devidos de acordo com a taxa que "estiver em vigor para a mora do pagamento de impostos devidos à Fazenda Nacional". Sempre entendi que o correto posicionamento a respeito desse dispositivo é ser a taxa mencionada aquela prevista no art. 161, § 1.º, do Código Tributário Nacional, ou seja, 1% ao mês (12% ao ano). Nesse sentido, o Enunciado doutrinário 20 da *I Jornada de Direito Civil*, com conteúdo a que sempre me filiei:

> "A taxa de juros moratórios a que se refere o art. 406 é a do art. 161, § 1.º, do Código Tributário Nacional, ou seja, 1% (um por cento) ao mês. A utilização da taxa Selic como índice de apuração dos juros legais não é juridicamente segura, porque impede o prévio conhecimento dos juros; não é operacional, porque o seu uso será inviável sempre que se calcularem somente juros ou somente correção monetária; é incompatível com a regra do art. 591 do novo Código Civil, que permite apenas a capitalização anual dos juros, e pode ser incompatível com o art. 192, § 3.º, da Constituição Federal, se resultarem juros reais superiores a 12% (doze por cento) ao ano".

Consigne-se que esse enunciado doutrinário vinha sendo aplicado em vários julgados do Superior Tribunal de Justiça (nesse sentido, por todos, ver: STJ, AgRg no REsp 1.089.213/RS, 6.ª Turma, Rel. Min. Haroldo Rodrigues (Desembargador Convocado do

CAP. 3 • TEORIA GERAL DAS OBRIGAÇÕES | **469**

TJCE), j. 1.º.09.2009, *DJe* 21.09.2009; AgRg no REsp 668.009/SE, 2.ª Turma, Rel. Min. Mauro Campbell Marques, j. 10.02.2009, *DJe* 11.03.2009; e AgRg no REsp 765.891/RS, 2.ª Turma, Rel. Min. Herman Benjamin, j. 06.12.2007, *DJe* 17.10.2008).

De qualquer forma, esse entendimento estava longe de ser unânime, eis que existiam julgados do Superior Tribunal de Justiça que aplicavam a taxa SELIC como referência (nesse sentido, por todos, ver: STJ, EDcl no REsp 717.433/PR, 3.ª Turma, Rel. Min. Vasco Della Giustina (Desembargador Convocado do TJ/RS), j. 17.11.2009, *DJe* 24.11.2009; AgRg no REsp 970.452/SP, 2.ª Turma, Rel. Min. Humberto Martins, j. 1.º.10.2009, *DJe* 14.10.2009; e REsp 1.134.808/MS, 2.ª Turma, Rel. Min. Castro Meira, j. 08.09.2009, *DJe* 18.09.2009).

A questão era tão divergente naquela Corte Superior que, em agosto de 2013, foi publicada no *site* do Tribunal notícia com o título "SELIC ou não SELIC", com o fim de deixar clara toda a controvérsia sobre a matéria. De acordo com as informações elaboradas pela Coordenadoria de Editorial e Imprensa do STJ, vejamos trecho dessa publicação:

> "Responsável pela estabilização da jurisprudência infraconstitucional, o Superior Tribunal de Justiça (STJ) retomou a discussão de uma questão controversa que já foi debatida diversas vezes em seus órgãos fracionários: a aplicação da taxa Selic nas indenizações civis estabelecidas judicialmente. (...). O problema é que existem duas correntes opostas sobre qual taxa seria essa, o que vem impedindo um entendimento uniforme sobre a questão. Em precedentes relatados pela ministra Denise Arruda (REsp 830.189) e pelo Ministro Francisco Falcão (REsp 814.157), a Primeira Turma do STJ entendeu que a taxa em vigor para o cálculo dos juros moratórios previstos no artigo 406 do CC é de 1% ao mês, nos termos do que dispõe o artigo 161, parágrafo 1.º, do Código Tributário Nacional (CTN), sem prejuízo da incidência da correção monetária. Em precedentes relatados pelos ministros Teori Zavascki (REsp 710.385) e Luiz Fux (REsp 883.114), a mesma Primeira Turma decidiu que a taxa em vigor para o cálculo dos juros moratórios previstos no artigo 406 do CC é a Selic. A opção pela taxa Selic tem prevalecido nas decisões proferidas pelo STJ, como no julgamento do REsp 865.363, quando a Quarta Turma reformou o índice de atualização de indenização por danos morais devida à sogra e aos filhos de homem morto em atropelamento, que inicialmente seria de 1% ao mês, para adotar a correção pela Selic. Também no REsp 938.564, a Turma aplicou a Selic à indenização por danos materiais e morais devida a um homem que perdeu a esposa em acidente fatal ocorrido em hotel onde passavam lua de mel".[61]

A notícia revelava que a divergência estaria em julgamento pela Corte Especial daquele Tribunal Superior. Já havia voto do relator, Ministro Luis Felipe Salomão, deduzindo que a taxa SELIC deveria ser aplicada na relação jurídica de Direito Público relativa a créditos tributários ou a dívidas fazendárias. Porém, sustentou o julgador que não haveria razão para a sua incidência nas relações puramente privadas, nas quais "se faz necessário o cômputo justo e seguro da correção monetária e dos juros moratórios, atribuição essa que, efetivamente, a SELIC não desempenha bem".

Houve pedidos sucessivos de vista e, infelizmente, por maioria, julgou-se pela desafetação do tema, que voltou para ser julgado no âmbito da Quarta Turma da Corte. Tal julgamento se deu no ano de 2019, tendo sido assim ementado: "O STJ não pode transbordar daquilo que consta no acórdão recorrido e no recurso especial para julgar matéria não decidida pelas instâncias ordinárias, que não é objeto do recurso especial trazido a julgamento, sob

---

[61] Notícia disponível em: <http://www.stj.jus.br/portal_stj/publicacao/engine.wsp?tmp.area=398&tmp.texto=110825>. Acesso em: 5 set. 2013.

pena de incorrer em (i) violação ao princípio *tantum devolutum quantum appellatum*, (ii) supressão de instância e (iii) decisão *extra petita*. Questão de ordem decidida para desafetar o recurso especial e devolvê-lo à Quarta Turma para julgamento" (STJ, REsp 1.081.149/RS, Corte Especial, Rel. Min. Luis Felipe Salomão, Rel. p/ Acórdão Min. Nancy Andrighi, j. 1.º.02.2019, *DJe* 18.06.2019).

Aguardava-se uma firme posição do STJ sobre o assunto, para que a questão encontrasse a esperada estabilidade, o que acabou não ocorrendo, nesta ocasião.

Porém, em 2021, a Quarta Turma resolveu novamente afetar o tema à Corte Especial do Tribunal, o que se deu no âmbito do Recurso Especial 1.795.982, levando-se em consideração que o seu resultado possivelmente entraria em conflito com o que foi decidido pela Corte Especial no EREsp 727.842, em que se aplicou a taxa SELIC para os juros moratórios dos tributos federais. Esse julgamento teve início, em março de 2023, mais uma vez com voto do Ministro Luis Felipe Salomão, concluindo pela incidência da taxa de 1%.

Em junho veio o voto do Ministro Raul Araújo, pela SELIC. Em agosto, houve retomada do julgamento, com o Ministro Humberto Martins seguindo a primeira corrente e o Ministro João Otávio de Noronha a segunda. Porém, a sua conclusão foi novamente adiada, diante do pedido do pedido de vistas do Ministro Benedito Gonçalves.

A questão foi então analisada em março de 2024, em polêmico julgamento, em que, por 6 votos a 5, a Corte Especial do STJ acolheu a tese pela aplicação da taxa SELIC para corrigir as dívidas civis, não se aplicando o entendimento majoritário da doutrina civilista, pela incidência da taxa de 1% ao mês. Apesar desse julgamento, foram suscitadas questões de ordem pelo Ministro Relator, Luis Felipe Salomão; o que gerou um intenso debate entre os julgadores.

Na sequência, houve um pedido de vista do Ministro Mauro Campbell, suspendendo-se mais uma vez o julgamento da temática, que somente foi retomado com a mudança trazida pela Lei n. 14.905/2024, resolvendo-se pela adoção da taxa SELIC, pois esse foi o critério do recente legislador pátrio. Nos termos do julgado, "a taxa a que se refere o art. 406 do Código Civil é a SELIC, sendo este o índice aplicável na correção monetária e nos juros de mora das relações civis". E mais:

> "É obrigatória a incidência da taxa SELIC na correção monetária e na mora, conjuntamente, sobre o pagamento de impostos devidos à Fazenda Nacional, sendo, pois, inconteste sua aplicação ao disposto no art. 406 do Código Civil de 2002. De fato, percebe-se que o legislador optou por não repetir a regra de taxa predeterminada para os juros moratórios, como o fazia expressamente o Código Civil de 1916, que aplicava a taxa de 6% por ano. Nesse contexto, tem-se a inaplicabilidade do normativo do Código Tributário Nacional, porque a SELIC é o principal índice oficial macroeconômico, definido e prestigiado pela Constituição da República, pelas Leis de Direito Econômico e Tributário invocadas e pelas autoridades competentes. Esse indexador rege a todo o sistema financeiro pátrio. Assim, todos os credores e devedores de obrigações civis comuns devem, também, submeter-se ao índice, por força do art. 406 do CC" (STJ, REsp 1.795.982/SP, Corte Especial, Rel. Min. Luis Felipe Salomão, Rel. para acórdão Min. Raul Araújo, por maioria, j. 21.08.2024).

Seguiu-se, portanto, a linha de decisões recentes pela incidência da SELIC, caso da seguinte: "a taxa de juros moratórios a que se refere o art. 406 do Código Civil de 2002 é a SELIC. Precedentes. 2. Agravo interno a que se nega provimento" (STJ, Ag. Int. no REsp 1.543.150/DF, 4.ª Turma, Rel. Min. Antonio Carlos Ferreira, j. 07.10.2019, *DJe* 14.10.2019). Ademais, existe decisão anterior, da Corte Especial, pela aplicação dessa mesma taxa (STJ, Ag. Rg. nos EREsp 953.460/MG, Corte Especial, Rel. Min. Laurita Vaz, j. 16.05.2012, *DJe* 25.05.2012).

Pois bem, em 1.º de julho de 2024, foi publicada a promulgação da já citada Lei n. 14.905/2024, originária de projeto de lei, em regime de urgência, proposto pelo Governo Federal, na tentativa de redução dos juros no Brasil, a fim de facilitar a concessão de crédito.

A norma traz um novo regime para os juros e a correção monetária do País, sendo a sua principal e mais impactante mudança a alteração do art. 406 do Código Civil, que passa a ter a seguinte redação:

"Art. 406. Quando não forem convencionados, ou quando o forem sem taxa estipulada, ou quando provierem de determinação da lei, os juros serão fixados de acordo com a taxa legal.

§ 1º A taxa legal corresponderá à taxa referencial do Sistema Especial de Liquidação e de Custódia (Selic), deduzido o índice de atualização monetária de que trata o parágrafo único do art. 389 deste Código.

§ 2º A metodologia de cálculo da taxa legal e sua forma de aplicação serão definidas pelo Conselho Monetário Nacional e divulgadas pelo Banco Central do Brasil.

§ 3º Caso a taxa legal apresente resultado negativo, este será considerado igual a 0 (zero) para efeito de cálculo dos juros no período de referência."

Desse modo, a taxa de juros legais a ser considerada é a SELIC, com a dedução da correção monetária, o que demandará a elaboração de cálculos complicados, sobretudo por advogados e julgadores. Tanto isso é verdade que o Banco Central disponibilizará uma calculadora digital, para que as pessoas possam verificar os juros e os valores devidos, por previsão do art. 4.º da nova lei: "O Banco Central do Brasil disponibilizará aplicação interativa, de acesso público, que permita simular o uso da taxa de juros legal estabelecida no art. 406 da Lei n. 10.406, de 10 de janeiro de 2002 (Código Civil), em situações do cotidiano financeiro". Como se pode perceber, o próprio legislador reconhece os problemas práticos que serão criados na prática, distante da necessária operabilidade, um dos princípios da codificação privada, e da tendência atual de simplificação e de redução de entraves burocráticos.

Esse critério passará a ser adotado também para os casos de dívidas condominiais, como se retira da nova redação do art. 1.336, § 1.º, do CC: "o condômino que não pagar a sua contribuição ficará sujeito à correção monetária e aos juros moratórios convencionados ou, não sendo previstos, aos juros estabelecidos no art. 406 deste Código, bem como à multa de até 2% (dois por cento) sobre o débito".

Também incidirá para todas as dívidas do âmbito privado ou civil, superando totalmente a controvérsia antes existente na jurisprudência, sobretudo no Superior Tribunal de Justiça, como foi reconhecido pela própria Corte, no último julgado exposto.

Sobre a correção monetária, lembro que o art. 395, parágrafo único, do Código Civil passa a adotar o IPCA, caso não haja convenção ou norma em sentido contrário: "na hipótese de o índice de atualização monetária não ter sido convencionado ou não estar previsto em lei específica, será aplicada a variação do Índice Nacional de Preços ao Consumidor Amplo (IPCA), apurado e divulgado pela Fundação Instituto Brasileiro de Geografia e Estatística (IBGE), ou do índice que vier a substituí-lo". Em suma, o cálculo dos juros, em regra, passa a seguir a fórmula, que, reitere-se, é pouco operável:

Taxa de Juros do art. 406 do CC = SELIC – IPCA

Como outro ponto de crítica, o índice, pela incidência da SELIC, será variável e não fixo, longe das esperadas estabilidade e previsibilidade, tão em voga atualmente para a defesa da segurança jurídica, sobretudo no âmbito dos contratos.

Muito melhor seria a adoção de um índice fixo, como o de 1% ao mês, como está na proposta de Reforma do Código Civil, elaborada por Comissão de Juristas nomeada no Senado Federal, e que adota o teor do Enunciado n. 20 da *I Jornada de Direito Civil*: "quando os juros moratórios não forem convencionados ou assim forem sem taxa estipulada, ou quando provierem de determinação da lei, serão fixados segundo a taxa mensal de 1% (um por cento) ao mês". Possivelmente, a prática da nova lei revelará todos os seus problemas, o que gerará, pelo Congresso Nacional, a aprovação da proposição constante na reforma, muito mais estável e segura.

Acrescento que há normas preocupantes a respeito da cobrança de juros além dos limites da Lei de Usura (Decreto-Lei n. 22.626/1933), não havendo mais a sua aplicação para contratos entre pessoas jurídicas. Como se sabe, entre outras previsões, o seu art. 1.º veda a estipulação em quaisquer contratos de taxas de juros superiores ao dobro da taxa legal (que passará a ser o dobro da SELIC, deduzida a correção monetária).

O art. 3.º da Lei n. 14.905/2024 prevê que não se aplica o disposto na Lei de Usura às obrigações: "I) contratadas entre pessoas jurídicas; II – representadas por títulos de crédito ou valores mobiliários; III – contraídas perante: a) instituições financeiras e demais instituições autorizadas a funcionar pelo Banco Central do Brasil; b) fundos ou clubes de investimento; c) sociedades de arrendamento mercantil e empresas simples de crédito; d) organizações da sociedade civil de interesse público de que trata a Lei n. 9.790, de 23 de março de 1999, e que se dedicam à concessão de crédito; ou IV – realizadas nos mercados financeiro, de capitais ou de valores mobiliários".

Confesso que tenho muitas preocupações com as últimas previsões, sobretudo com a possível concessão de créditos sem lastro, cujo final nós já sabemos qual é: a quebra do mercado, com nefastos efeitos para toda a sociedade.

Outra matéria que sempre suscita debates é aquela relacionada com a taxa de juros a ser cobrada pelas instituições bancárias e financeiras no Brasil. Entendo ser lamentável o tratamento muitas vezes dado pela jurisprudência ao tema, uma vez que é comum as instituições bancárias cobrarem juros excessivamente abusivos, tornando *caro* o crédito em nosso país. Isso também ocorre com empresas financeiras, caso das que prestam o serviço de cartão de crédito.

Em suma, é lamentável o teor da Súmula 596 do Supremo Tribunal Federal, pela qual as instituições bancárias, como integrantes do Sistema Financeiro Nacional, não estão sujeitas à Lei de Usura. Do mesmo modo, não há como concordar com o teor da Súmula 283 do Superior Tribunal de Justiça, a qual prevê que "as empresas administradoras de cartão de crédito são instituições financeiras e, por isso, os juros remuneratórios por elas cobrados não sofrem as limitações da Lei de Usura". Compreendo que a Lei de Usura está em total sintonia com a proteção dos vulneráveis (consumidores e aderentes contratuais), constante do Código de Defesa do Consumidor e do Código Civil de 2002.

O que se tem entendido na jurisprudência superior é que os juros das instituições bancárias e financeiras podem ser fixados de acordo com as regras de mercado. Em paradigmática decisão do ano de 2008, o STJ concluiu de forma definitiva que:

> "Direito processual civil e bancário. Recurso especial. Ação revisional de cláusulas de contrato bancário. Incidente de processo repetitivo. Juros remuneratórios. Configuração da mora. Juros moratórios. Inscrição/manutenção em cadastro de inadimplentes. Disposições de ofício. Delimitação do julgamento. I – Julgamento das questões idênticas que caracterizam a multiplicidade. Orientação 1 – Juros remuneratórios. a) As instituições financeiras não se sujeitam à limitação dos juros remuneratórios estipulada na Lei de Usura (Decreto 22.626/33), Súmula 596/STF; b) A estipulação

CAP. 3 • TEORIA GERAL DAS OBRIGAÇÕES | **473**

de juros remuneratórios superiores a 12% ao ano, por si só, não indica abusividade; c) São inaplicáveis aos juros remuneratórios dos contratos de mútuo bancário as disposições do art. 591 c/c o art. 406 do CC/02; d) É admitida a revisão das taxas de juros remuneratórios em situações excepcionais, desde que caracterizada a relação de consumo e que a abusividade (capaz de colocar o consumidor em desvantagem exagerada – art. 51, § 1.º, do CDC) fique cabalmente demonstrada, ante as peculiaridades do julgamento em concreto. (...). Os juros remuneratórios contratados encontram-se no limite que esta Corte tem considerado razoável e, sob a ótica do Direito do Consumidor, não merecem ser revistos, porquanto não demonstrada a onerosidade excessiva na hipótese. (...)" (STJ, REsp 1.061.530/RS, 2.ª Seção, Rel. Min. Nancy Andrighi, j. 22.10.2008, *DJe* 10.03.2009).

Aliás, em data mais próxima, o STJ julgou que não sendo fixados os juros pelas partes em contrato bancário, incidem as taxas de mercado e não o art. 406 do CC/2002. Em suma, as regras mercadológicas prevalecem sobre a própria lei. O julgado foi assim publicado no *Informativo* n. *434* do STJ:

"Repetitivo. Cheque especial. Juros remuneratórios. A Seção, ao julgar recurso representativo de controvérsia (art. 543-C e Res. 8/2008-STJ) sobre a legalidade da cobrança de juros remuneratórios decorrente do contrato bancário, quando não há prova da taxa pactuada ou quando a cláusula ajustada entre as partes não tenha indicado o percentual a ser observado, reafirmou a jurisprudência deste Superior Tribunal de que, quando não pactuada a taxa, o juiz deve limitar os juros remuneratórios à taxa média de mercado divulgada pelo Banco Central (Bacen), salvo se menor a taxa cobrada pelo próprio banco (mais vantajosa para o cliente). Anotou-se que o caso dos autos é uma ação de revisão de cláusula de contrato de cheque especial combinada com repetição de indébito em que o tribunal *a quo* constatou não haver, no contrato firmado, o percentual da taxa para a cobrança dos juros remuneratórios, apesar de eles estarem previstos em uma das cláusulas do contrato. Precedentes citados: REsp 715.894/PR, *DJ* 19.03.2007; AgRg no REsp 1.068.221/PR, *DJe* 24.11.2008; AgRg no REsp 1.003.938/RS, *DJe* 18.12.2008; AgRg no REsp 1.071.291/PR, *DJe* 23.03.2009; REsp 1.039.878/RS, *DJe* 20.06.2008; AgRg no REsp 1.050.605/RS, *DJe* 05.08.2008; AgRg no Ag 761.303/PR, *DJe* 04.08.2009; AgRg no REsp 1.015.238/PR, *DJe* 07.05.2008; EDcl no Ag 841.712/PR, *DJe* 28.08.2009; e AgRg no REsp 1.043.101/RS, *DJe* 17.11.2008" (STJ, REsp 1.112.879/PR, Rel. Min. Nancy Andrighi, j. 12.05.2010).

A questão se consolidou de tal forma que, em 2015, o Tribunal da Cidadania editou a sua Súmula 530, segundo a qual, "nos contratos bancários, na impossibilidade de comprovar a taxa de juros efetivamente contratada – por ausência de pactuação ou pela falta de juntada do instrumento aos autos –, aplica-se a taxa média de mercado, divulgada pelo Bacen, praticada nas operações da mesma espécie, salvo se a taxa cobrada for mais vantajosa para o devedor".

Discordando dessa forma de julgar, entendo que, no tocante aos juros convencionais, no máximo, por força de convenção no instrumento obrigacional, poderá ser exigida a taxa em dobro da taxa legal – o dobro da SELIC-IPCA, após o surgimento da Lei n. 14.905/2024 –, pela previsão do art. 1.º da Lei de Usura, que não foi revogada, em combinação com o art. 406 do CC.

Esta também seria a taxa a ser cobrada no caso de mútuo bancário, de natureza onerosa, denominado *mútuo feneratício*, aplicando-se o que consta do art. 591 do CC, pois se trata do máximo possível por lei (dobro da taxa legal, conciliando-se o art. 406 do CC e o art. 1.º da Lei de Usura). Em tom de crítica, faço minhas as palavras dos doutrinadores Pablo Stolze Gagliano e Rodolfo Pamplona Filho:

"Falar sobre a aplicação de juros na atividade bancária é adentrar em um terreno explosivo.

De fato, fizemos questão de mostrar como a disciplina genérica do instituto, bem como as peculiaridades encontradas em uma relação jurídica especial, como a trabalhista, em que o próprio ordenamento reconhece as desigualdades dos sujeitos e busca tutelá-los de forma mais efetiva, reconhecendo que, mesmo ali, ainda é observada, no final das contas, a regra geral.

Isso tudo para mostrar que 'há algo de errado no reino da Dinamarca' quando se fala da disciplina dos juros bancários no Brasil.

(...)

Em nosso entendimento, sob o argumento de que a atividade financeira é essencialmente instável, e que a imobilização da taxa de juros prejudicaria o desenvolvimento do País, inúmeros abusos são cometidos, em detrimento sempre da parte mais fraca, o correntista, o depositante, o poupador".[62]

Em verdade, vive-se um total paradoxo no Brasil, eis que os Tribunais Superiores concluíram pela incidência do Código de Defesa do Consumidor para os contratos bancários e financeiros (Súmula 297 do STJ e STF, ADI 2.591/DF, Tribunal Pleno, Rel. Min. Carlos Velloso, Rel. p/ Acórdão Min. Eros Grau, j. 07.06.2006). Porém, não obstante *o espírito da lei consumerista* vedar a lesão, o abuso de direito e o enriquecimento sem causa, as instituições bancárias e financeiras podem cobrar as excessivas taxas de juros de mercado que, aliás, elas mesmas fixam. A esse propósito, vejamos o que bem destacou a Ministra Nancy Andrighi em voto prolatado no ano de 2012, aqui antes citado:

"Em matéria de contratos bancários, os juros remuneratórios são essenciais e preponderantes na decisão de contratar. São justamente essas taxas de juros que viabilizam a saudável concorrência e que levam o consumidor a optar por uma ou outra instituição financeira. Entretanto, apesar de sua irrefutável importância, nota-se que a maioria da população brasileira ainda não compreende o cálculo dos juros bancários. Vê-se que não há qualquer esclarecimento prévio, tampouco se concretizou o ideal de educação do consumidor, previsto no art. 4.º, IV, do CDC. Nesse contexto, a capitalização de juros está longe de ser um instituto conhecido, compreendido e facilmente identificado pelo consumidor médio comum. A realidade cotidiana é a de que os contratos bancários, muito embora estejam cada vez mais difundidos na nossa sociedade, ainda são incompreensíveis à maioria dos consumidores, que são levados a contratar e aos poucos vão aprendendo empiricamente com suas próprias experiências. A partir dessas premissas, obtém-se o padrão de comportamento a ser esperado do homem médio, que aceita a contratação do financiamento a partir do confronto entre taxas nominais ofertadas no mercado. Deve-se ainda ter em consideração, como medida da atitude objetivamente esperada de cada contratante, o padrão de conhecimento e comportamento do homem médio da sociedade de massa brasileira. Isso porque vivemos numa sociedade de profundas disparidades sociais, com relativamente baixo grau de instrução" (STJ, REsp 1302738/SC, 3.ª Turma, Rel. Min. Nancy Andrighi, j. 03.05.2012, *DJe* 10.05.2012, publicado no seu *Informativo* n. 496).

Percebeu-se que medidas do Poder Executivo acabaram por reduzir as taxas de juros bancários em nosso País em determinados momentos da nossa história recente. Esperava-se que tal tarefa fosse desempenhada, antes do Executivo, pelo Poder Judiciário, o que não acabou ocorrendo, o que pode ser percebido pelos julgados e súmulas anteriormente

---

[62] GAGLIANO, Pablo Stolze; PAMPLONA FILHO, Rodolfo. *Novo curso de direito civil*. Teoria geral das obrigações. 8. ed. São Paulo: Saraiva, 2007. v. II, p. 300.

transcritos. Infelizmente, as premissas constantes do voto da Ministra Nancy Andrighi acabaram não prevalecendo em nossas Cortes Superiores, que não cumpriram com sua função jurídica e social. Como outra nota sobre o tema da limitação dos juros, pontue-se que, em abril de 2019, surgiu a Lei Complementar n. 167, tratando da nova Empresa Simples de Crédito (ESC), de âmbito municipal ou distrital.

Conforme o seu art. 1.º, essa pessoa jurídica, "de âmbito municipal ou distrital, com atuação exclusivamente no Município de sua sede e em Municípios limítrofes, ou, quando for o caso, no Distrito Federal e em Municípios limítrofes, destina-se à realização de operações de empréstimo, de financiamento e de desconto de títulos de crédito, exclusivamente com recursos próprios, tendo como contrapartes microempreendedores individuais, microempresas e empresas de pequeno porte, nos termos da Lei Complementar n.º 123, de 14 de dezembro de 2006 (Lei do Simples Nacional)".

Quanto à não subsunção dos limites de cobrança de juros previstos na Lei de Usura e no art. 591 do Código Civil é taxativo o art. 5.º, § 4.º, da norma. Surge, portanto, uma nova entidade de concessão de crédito, que não se submete aos limites legais na cobrança de juros, o que causa preocupações. O objetivo, parece-me, foi de regularizar, em muitas situações, as atividades locais de *agiotas*, oferecendo alternativa para os juros abusivos cobrados pelos bancos. Para encerrar essa temática, vale lembrar que a recente Lei n. 14.905/2024 passou a prever expressamente que a Lei de Usura não se aplica às entidades bancárias e financeiras, e a outras pessoas, o que tem o condão de supostamente encerrar o debate anterior sobre os limites dos juros, apesar de não se tratar de uma Lei Complementar.

Nos termos do antes citado art. 3.º dessa norma, não se aplicam as limitações da Lei de Usura às obrigações: *a)* contratadas entre pessoas jurídicas; *b)* representadas por títulos de crédito ou valores mobiliários; *c)* contraídas perante instituições financeiras e demais instituições autorizadas a funcionar pelo Banco Central do Brasil; fundos ou clubes de investimento; sociedades de arrendamento mercantil e empresas simples de crédito e organizações da sociedade civil de interesse público que se dedicam à concessão de crédito; ou *d)* realizadas nos mercados financeiro, de capitais ou de valores mobiliários. Em certa medida, a nova norma, infelizmente, libera a usura no País, na cobrança de juros, retirando travas importantes para a concessão de créditos sem lastro.

Reitero que me preocupa muito a primeira previsão, no sentido de que a Lei de Usura, com a sua trava do dobro da taxa legal, não se aplica a qualquer contrato celebrado entre pessoas jurídicas. Penso que o impacto dessa previsão será muito negativo, até incentivando e liberando a *agiotagem* no País.

Superada essa discussão sobre os limites dos juros, encerrando o tópico, é interessante comentar enunciados doutrinários aprovados nas *Jornadas de Direito Civil* do Conselho da Justiça Federal e do Superior Tribunal Justiça, quanto à incidência dos juros e que interessam ao Direito Privado.

O primeiro diz respeito ao art. 405 do CC, segundo o qual os juros de mora contam-se desde a citação inicial. Estabelece o Enunciado n. 163 da *III Jornada de Direito Civil* que "a regra do art. 405 do novo Código Civil aplica-se somente à responsabilidade contratual, e não aos juros moratórios na responsabilidade extracontratual, em face do disposto no art. 398 do CC, não afastando, pois, o disposto na Súmula 54 do STJ". Por essa última Súmula, no caso de ato ilícito, "os juros moratórios fluem a partir do evento danoso em caso de responsabilidade extracontratual".

Sempre sustentei que estava filiado quase que integralmente ao anterior enunciado doutrinário. Isso porque cabia uma pequena ressalva de que, no caso de responsabilidade civil contratual, havendo mora de obrigação líquida e vencida, os juros devem ser contados a partir da data do inadimplemento, eis que há mora *solvendi ex re*, com a aplicação da máxima *dies interpellat pro homine*. Em suma, o art. 405 do CC deve incidir somente aos casos de obrigação líquida e não vencida. A título de exemplo de incidência do último dispositivo, aresto do STJ acabou por concluir que, havendo abuso de mandato por desacerto contratual, em razão de o advogado ter repassado valores a menor para seu mandatário, o marco inicial dos juros moratórios é a data da citação (STJ, REsp 1.403.005/MG, 3.ª Turma, Rel. Min. Paulo de Tarso Sanseverino, j. 06.04.2017, *DJe* 11.04.2017).

No que diz respeito às obrigações líquidas e vencidas, na *V Jornada de Direito Civil*, aprovou-se o seguinte enunciado, de autoria de Marcos Jorge Catalan: "os juros de mora, nas obrigações negociais, fluem a partir do advento do termo da prestação, estando a incidência do disposto no art. 405 da codificação limitada às hipóteses em que a citação representa o papel de notificação do devedor ou àquelas em que o objeto da prestação não tem liquidez" (Enunciado n. 428). Essa forma de pensar foi confirmada pela Corte Especial do Superior Tribunal de Justiça, em julgamento publicado no seu *Informativo* n. *537*, de 2014, no seguinte sentido:

> "Em ação monitória para a cobrança de débito decorrente de obrigação positiva, líquida e com termo certo, deve-se reconhecer que os juros de mora incidem desde o inadimplemento da obrigação se não houver estipulação contratual ou legislação específica em sentido diverso. De início, os juros moratórios são os que, nas obrigações pecuniárias, compensam a mora, para ressarcir o credor do dano sofrido em razão da impontualidade do adimplemento. Por isso, sua disciplina legal está inexoravelmente ligada à própria configuração da mora. (...). Aplica-se, assim, o disposto no art. 397 do CC, reconhecendo-se a mora a partir do inadimplemento no vencimento (*dies interpellat pro homine*) e, por força de consequência, os juros de mora devem incidir também a partir dessa data. Assim, nos casos de responsabilidade contratual, não se pode afirmar que os juros de mora devem sempre correr a partir da citação, porque nem sempre a mora terá sido constituída pela citação. (...). Precedentes citados: REsp 1.257.846/RS, 3.ª Turma, *DJe* 30.04.2012; e REsp 762.799/RS, 4.ª Turma, *DJe* 23.09.2010" (STJ, EREsp 1.250.382/PR, Rel. Min. Sidnei Beneti, j. 02.04.2014).

Em acórdão posterior, do ano de 2015, o mesmo Tribunal da Cidadania aplicou a premissa para contrato de prestação de serviços educacionais, ementando que "a mora *ex re* independe de qualquer ato do credor, como interpelação ou citação, porquanto decorre do próprio inadimplemento de obrigação positiva, líquida e com termo implementado. Precedentes. Se o contrato de prestação de serviço educacional especifica o valor da mensalidade e a data de pagamento, os juros de mora fluem a partir do vencimento das prestações, a teor do artigo 397 do Código Civil" (STJ, REsp 1.513.262/SP, 3.ª Turma, Rel. Min. Ricardo Villas Bôas Cueva, j. 18.08.2015, *DJe* 26.08.2015).

Em resumo, no tocante ao início dos juros moratórios, ou seja, o termo *a quo* para a sua incidência, pode ser elaborado o seguinte quadro comparativo, levando-se em conta as três modalidades de mora do devedor antes estudadas:

| Modalidade de Mora | Início dos Juros Moratórios |
| --- | --- |
| Mora *ex re* ou automática. | Vencimento da obrigação (Enunciado n. 428 da *V Jornada de Direito Civil* e entendimento do STJ). |
| Mora *ex persona* ou pendente. | Citação (art. 405 do CC). |
| Mora presumida ou irregular. | Ocorrência do evento danoso (Súmula 54 do STJ). |

CAP. 3 • TEORIA GERAL DAS OBRIGAÇÕES | **477**

Vale acrescentar que essa divisão quanto ao início de incidência dos juros moratórios parece ter sido adotada pelo Código de Processo Civil de 2015. Isso porque o seu art. 240, *caput*, traz diferenças a respeito da constituição em mora do devedor. Conforme o preceito, "a citação válida, ainda quando ordenada por juízo incompetente, induz litispendência, torna litigiosa a coisa e constitui em mora o devedor, ressalvado o disposto nos arts. 397 e 398 da Lei n.º 10.406, de 10 de janeiro de 2002". A menção aos dispositivos do Código Civil induz à diferenciação aqui exposta, na minha opinião. O projeto de Reforma do Código Civil também pretende adotar essa solução, na linha do CPC/2015, passando o seu art. 405 a prever que "contam-se os juros de mora, desde a citação inicial, ressalvadas as hipóteses previstas nos arts. 397 e 398 deste Código".

O terceiro enunciado doutrinário aprovado em *Jornada de Direito Civil* a ser estudado refere-se à questão de direito intertemporal, prevendo que, "tendo a mora do devedor início ainda na vigência do Código Civil de 1916, são devidos juros de mora de 6% ao ano até 10 de janeiro de 2003; a partir de 11 de janeiro de 2003 (data de entrada em vigor do novo Código Civil), passa a incidir o art. 406 do Código Civil de 2002" (Enunciado n. 164 do CJF/STJ da *III Jornada de Direito*).

Tendo em vista a *Escada Ponteana* e o art. 2.035, *caput*, do CC, o teor do enunciado é plenamente correto. Isso porque, como os juros estão no plano da eficácia do negócio jurídico, deve ser aplicada a norma do momento dos efeitos obrigacionais. Isso faz com que o cálculo dos juros seja fracionado, de acordo com a lei vigente, na esteira da melhor jurisprudência (por todos: ver *Informativo* n. *437* do STJ, REsp 1.111.117/PR, Rel. originário Min. Luis Felipe Salomão, Rel. p/ acórdão Min. Mauro Campbell Marques, j. 02.06.2010, apreciação de recurso repetitivo, consolidando a matéria).

### 3.8.5 Da cláusula penal

A cláusula penal pode ser conceituada como a penalidade, de natureza civil, imposta pela inexecução parcial ou total de um dever patrimonial assumido. Pela sua previsão no Código Civil, sua concepção está relacionada e é estudada como tema condizente ao inadimplemento obrigacional, entre os arts. 408 a 416.

A cláusula penal é pactuada pelas partes no caso de violação da obrigação, mantendo relação direta com o princípio da autonomia privada, motivo pelo qual é também denominada *multa contratual* ou *pena convencional*. Trata-se de uma obrigação acessória que visa garantir o cumprimento da obrigação principal, bem como fixar, antecipadamente, o valor das perdas e danos em caso de descumprimento.

Por ser acessória, aplica-se o princípio pelo qual a obrigação acessória deve seguir a principal (*princípio da gravitação jurídica*), fazendo com que no caso de nulidade do contrato principal a multa também seja declarada nula.

De acordo com a melhor e *clássica* doutrina, a cláusula penal tem basicamente duas funções. Primeiramente, a multa funciona como uma coerção, para intimidar o devedor a cumprir a obrigação principal, sob pena de ter que arcar com essa obrigação acessória (*meio de coerção, com caráter punitivo*). Além disso, tem função de ressarcimento, prefixando as perdas e danos no caso de inadimplemento absoluto da obrigação (*caráter de estimação*).[63]

---

[63] Por todos: LIMONGI FRANÇA, Rubens. *Instituições de direito civil*. 4. ed. São Paulo: Saraiva, 1999. p. 629.

De qualquer forma, apesar de ser essa a visão clássica, e seguida por mim, Gustavo Tepedino, entre outros, aponta a tendência europeia de afastar o caráter punitivo da cláusula penal compensatória.[64]

Na doutrina contemporânea brasileira, também são contrários ao caráter punitivo da cláusula penal juristas como José Fernando Simão e Otávio Luiz Rodrigues, tendo sido essa característica afastada no julgamento do Superior Tribunal de Justiça sobre a reversão ou inversão da cláusula penal, do ano de 2019 e em repercussão geral, que será a seguir analisado. O tema também foi amplamente debatido na *VIII Jornada de Direito Civil*, promovida pelo Conselho da Justiça Federal em 2018.

Enuncia o art. 408 do CC/2002 que "incorre de pleno direito o devedor na cláusula penal, desde que culposamente deixe de cumprir a obrigação ou se constitua em mora". Dessa forma, a exemplo da mora do devedor, a incidência da cláusula penal exige a culpa genérica do devedor, em regra.

Cumpre consignar que, aplicando a ideia constante desse dispositivo, vinha entendendo o Superior Tribunal de Justiça pelo caráter duplo da penalidade – para ambas as partes –, nos contratos bilaterais e onerosos, aqueles com direitos e deveres recíprocos. Isso mesmo se a multa estiver expressamente prevista para apenas um dos negociantes. Trata-se do que se denomina na prática como *reversão ou inversão da cláusula penal,* tema intensamente debatido nos contratos de aquisição de imóveis na planta, uma vez que a multa moratória, na grade maioria das vezes, somente é imposta aos adquirentes, e não para as construtoras que atrasam a entrega da obra. Há, em outras palavras, uma *multa moratória unilateral* nesses negócios, imposta de forma abusiva pela parte mais forte da relação obrigacional.

Conforme julgado publicado no *Informativo* n. 484 do Tribunal, um dos primeiros precedentes sobre o tema: "cinge-se a questão em definir se a cláusula penal dirigida apenas ao promitente-comprador pode ser imposta ao promitente-vendedor ante o seu inadimplemento contratual. Na hipótese, verificou-se cuidar de um contrato bilateral, em que cada um dos contratantes é simultânea e reciprocamente credor e devedor do outro, oneroso, pois traz vantagens para os contratantes, comutativo, ante a equivalência de prestações. Com esses e outros fundamentos, a Turma deu provimento ao recurso para declarar que a cláusula penal contida nos contratos bilaterais, onerosos e comutativos deve aplicar-se para ambos os contratantes indistintamente, ainda que redigida apenas em favor de uma das partes" (STJ, REsp 1.119.740/RJ, Rel. Min. Massami Uyeda, j. 27.09.2011). Seguindo o mesmo caminho, entre os julgados mais recentes, da atual composição da Corte Superior:

> "A cláusula penal inserta em contratos bilaterais, onerosos e comutativos deve voltar--se aos contratantes indistintamente, ainda que redigida apenas em favor de uma das partes. É possível cumular a cláusula penal decorrente da mora com indenização por lucros cessantes pela não fruição do imóvel, pois aquela tem natureza moratória, enquanto esta tem natureza compensatória" (REsp 1536354/DF, 3.ª Turma, Rel. Min. Ricardo Villas Bôas Cueva, j. 07.06.2016, *DJe* 20.06.2016).

> "Seja por princípios gerais do direito, seja pela principiologia adotada no Código de Defesa do Consumidor, seja, ainda, por comezinho imperativo de equidade, mostra--se abusiva a prática de se estipular penalidade exclusivamente ao consumidor, para a hipótese de mora ou inadimplemento contratual, ficando isento de tal reprimenda o fornecedor – em situações de análogo descumprimento da avença. Assim, pre-

---

[64] TEPEDINO, Gustavo. Notas sobre a cláusula penal compensatória. *Temas de direito civil.* Rio de Janeiro: Renovar, 2006. t. II.

## CAP. 3 • TEORIA GERAL DAS OBRIGAÇÕES | 479

vendo o contrato a incidência de multa moratória para o caso de descumprimento contratual por parte do consumidor, a mesma multa deverá incidir, em reprimenda do fornecedor, caso seja deste a mora ou o inadimplemento. Assim, mantém-se a condenação do fornecedor – construtor de imóveis – em restituir integralmente as parcelas pagas pelo consumidor, acrescidas de multa de 2% (art. 52, § 1.º, CDC), abatidos os aluguéis devidos, em vista de ter sido aquele, o fornecedor, quem deu causa à rescisão do contrato de compra e venda de imóvel" (REsp 955.134/SC, 4.ª Turma, Rel. Min. Luis Felipe Salomão, j. 16.08.2012, *DJe* 29.08.2012).

Em agosto de 2018, participei de audiência pública convocada pelo Superior Tribunal de Justiça, para os fins de pacificação da matéria em sede de julgamento de recursos repetitivos para os contratos imobiliários (Temas 970 e 971). A posição defendida – e compartilhada naquela ocasião pelo Professor Otávio Luiz Rodrigues – foi pela manutenção desse entendimento anterior, de *reversão ou inversão da cláusula penal* em face das construtoras inadimplentes, que atrasam a entrega das unidades, por três argumentos principais.

O primeiro deles diz respeito ao fato de a multa ser imposta unilateralmente pela construtora sem margem de negociação em contratos que são de adesão, o que contraria a função social do contrato. O segundo argumento está baseado na equidade contratual, concebida a partir do princípio da boa-fé objetiva, que exige um comportamento de lealdade dos participantes negociais (art. 422 do CC). Nota-se que a lei é omissa quanto ao tema, devendo a hipótese ser resolvida com base nos princípios citados, o que tem por fundamento o art. 4.º da Lei de Introdução e o art. 8.º do CPC/2015. Por fim, pela ideia de *sinalagma contratual*, de proporcionalidade das prestações em tais contratos, não se pode admitir que a multa prevista para apenas uma das partes não tenha validade e eficácia para outra, conforme se retira dos julgados transcritos.

Pontue-se que, naquela oportunidade, de intenso debate técnico, o Professor José Fernando Simão defendeu tese interessante no sentido de ser a cláusula de multa unilateral nula de pleno direito, por infringência à função social do contrato, notadamente pelo que consta do art. 2.035, parágrafo único, do Código Civil, segundo o qual nenhuma convenção prevalecerá se contrariar preceitos de ordem pública, tais como aqueles relacionados a esse regramento. Na verdade, apesar de se posicionar contra a reversão da cláusula penal, a solução do jurista seria até pior para as construtoras, que não poderiam mais cobrar a multa moratória dos adquirentes.

Também foi exposto o argumento por alguns dos presentes, caso do Professor Daniel Boulos, de que a cláusula penal não pode ser presumida, decorrendo sempre da autonomia privada, o que afastaria totalmente a tese da sua reversão ou inversão.

Em maio de 2019, a questão foi julgada de forma definitiva no âmbito do Tribunal da Cidadania, o que merece a devida análise (Temas 970 e 971, com repercussão geral – REsp 1.498.484/DF, 2.ª Seção, Rel. Min. Luis Felipe Salomão, por maioria, j. 22.05.2019, *DJe* 25.06.2019; e REsp 1.631.485/DF, 2.ª Seção, Rel. Min. Luis Felipe Salomão, por maioria, j. 22.05.2019, *DJe* 25.06.2019, respectivamente).

Os acórdãos esclarecem que as teses alcançam apenas os negócios anteriores à nova lei que trata do assunto e que ela não tem aplicação retroativa. Conforme trecho do voto do Ministro Relator, após citar farta doutrina sobre o tema, "penso que não se pode cogitar de aplicação simples e direta da nova Lei 13.786/18 para a solução de casos anteriores ao advento do mencionado Diploma legal (retroatividade da lei, com consequente modificação jurisprudencial, com ou sem modulação). Ainda que se possa cogitar de invocação de algum instituto da nova lei de regência para auxiliar nas decisões futuras, e apenas como norte principiológico – pois haveria mesmo necessidade de tratamento mais adequado e uniforme

# 480 | MANUAL DE DIREITO CIVIL • VOLUME ÚNICO – *Flávio Tartuce*

para alguns temas controvertidos –, é bem de ver que a questão da aplicação ou não da nova legislação a contratos anteriores a sua vigência está a exigir, segundo penso, uma pronta solução do STJ, de modo a trazer segurança e evitar que os jurisdicionados que firmaram contratos anteriores sejam surpreendidos, ao arrepio do direito adquirido e do ato jurídico perfeito" (REsp 1.498.484/DF). Essa Lei 13.786/2016, conhecida como "Lei dos Distratos", está estudada no Capítulo 7 deste livro.

Sobre a inversão ou reversão da cláusula penal, a primeira tese fixada foi a de que, "no contrato de adesão firmado entre o comprador e a construtora/incorporadora, havendo previsão de cláusula penal apenas para o inadimplemento do adquirente, deverá ela ser considerada para a fixação da indenização pelo inadimplemento do vendedor. As obrigações heterogêneas (obrigações de fazer e de dar) serão convertidas em dinheiro, por arbitramento judicial" (REsp 1.631.485/DF).

Como aqui defendido, o que foi considerado no julgamento para a análise da abusividade não foi o fato de o contrato ser ou não de consumo, mas o seu caráter como negócio de adesão. Como expressamente consta do voto do Ministro Salomão, "nessa esteira, como bem abordado pelo jurista Flávio Tartuce na audiência pública levada a efeito, os contratos de aquisição imobiliária, para além de serem contratos de consumo ou não (como no caso de imóveis adquiridos por investidores), são usualmente de adesão, 'em que não há margem para negociação, ao passo que, pelo menos em regra, claro, existem exceções, as cláusulas são predispostas e são impostas ao adquirente'".

Ao contrário do que alguns insistem em sustentar – por não admitirem a derrota da tese que defendem –, a Corte concluiu sim pela inversão da cláusula penal. Porém, adotando o entendimento exposto pelo Professor José Fernando Simão na citada audiência pública, a decisão foi no sentido de não ser essa conversão da multa automática, ou seja, não se pode adotar exatamente o mesmo percentual fixado contra o consumidor em seu favor. Vejamos, nesse sentido, trecho da manifestação do jurista, citada nos acórdãos:

> "Se a construtora – e depois vou dar uma solução jurídica que me parece adequada – impuser – e segundo o Professor Flávio Tartuce, eventualmente, indevidamente – uma cláusula penal em desfavor do consumidor, o problema é que a previsão de descumprimento daquela cláusula penal é para a prestação do consumidor. Invertê-la em desfavor da construtora é ignorar a natureza jurídica das prestações. As prestações não são iguais. Inversão de cláusula penal é criar cláusula penal em desfavor de alguém desconsiderando a diferença de prestações: dar e fazer, dar e não fazer ou fazer e não fazer. Defendeu a nulidade da cláusula abusiva, por ineficácia ou invalidação, no lugar da inversão pretendida pelo recorrente".

Reitere-se que José Fernando Simão defendia a tese de nulidade da cláusula penal, por ser unilateral e violadora da função social do contrato (art. 2.035, parágrafo único, do Código Civil), o que foi considerado apenas no voto vencido da Ministra Maria Isabel Gallotti. Repito que esse entendimento também é bem plausível e poderia trazer um impacto econômico até maior para as construtoras e incorporadoras vendedoras. Todavia, foi adotada a sua posição no julgamento final de que a inversão não poderia ser automática e com o mesmo parâmetro, pela diferença das naturezas das obrigações, conforme consta da tese transcrita.

A título de exemplo, geralmente os contratos fixam uma cláusula penal por inadimplemento dos consumidores entre 1% a 2% do valor total do contrato. Como não há previsão dessa penalidade pelo atraso na entrega do imóvel, uma vez que é o vendedor quem impõe todo o conteúdo do contrato e por óbvio não colocará tal previsão em seu desfavor, é imperioso inverter essa multa. Em regra, o percentual que consta do instrumento vale como parâmetro, incidindo mensalmente sobre o valor total do contrato.

Entretanto, em sendo essa penalidade excessiva – como será em muitos casos de inversão automática –, caberá a sua diminuição, tendo como fundamento a redução equitativa da cláusula penal, prevista no art. 413 do Código Civil, que ainda será devidamente analisado. Concretizando, imagine-se que o valor do contrato é de R$ 500.000,00 e há atraso na entrega do apartamento e ausência de multa em face do vendedor, prevendo o contrato multa de 2% a ser invertida, o que gerará o direito a um valor de R$ 10.000,00 por mês de atraso em benefício do comprador. Como se verá, da outra tese firmada pelo STJ nesse emblemático julgamento, essa multa serve para reparar os locatícios, ou seja, os lucros cessantes suportados pelos adquirentes, na locação de outro imóvel. Por óbvio, que o valor é excessivo, eis que um imóvel desse valor é alugado entre R$ 1.000,00 a R$ 2.500,00, o que depende da região e da cidade onde se encontra.

Esclareça-se que, no meu entendimento doutrinário, cabe ao vendedor – que deu causa ao inadimplemento e não incluiu a cláusula de penalidade em violação à boa-fé e à função social do contrato – comprovar que o valor da inversão automática da cláusula penal está exagerado, em regra por laudo pericial de especialista no mercado imobiliário onde se encontra o bem imóvel. Não havendo tal comprovação, vale o parâmetro estabelecido no instrumento, ou seja, a inversão será automática.

Pois bem, a segunda tese fixada pelo Superior Tribunal de Justiça foi no sentido de que "a cláusula penal moratória tem a finalidade de indenizar pelo adimplemento tardio da obrigação, e, em regra, estabelecida em valor equivalente ao locativo, afasta-se sua cumulação com lucros cessantes" (REsp 1.498.484/DF, 2.ª Seção, Rel. Min. Luis Felipe Salomão, por maioria, j. 22.05.2019, *DJe* 25.06.2019 – Tema 970). É preciso também esclarecer o conteúdo dessa afirmação, tendo em vista os debates que foram travados na audiência pública da qual participamos e os próprios conteúdos dos acórdãos. A tese fixada foi apenas para os negócios em questão, não atingindo outros contratos.

O que acabou prevalecendo foi o entendimento do saudoso Professor Sylvio Capanema, de que a cláusula penal fixada contra o adquirente tem natureza moratória, mas, caso invertida, passa a ser uma multa compensatória. Vejamos novos trechos dos votos do Ministro Relator: "Sylvio Capanema, também comungando da opinião revelada pelos outros expositores, afirmou a natureza compensatória da cláusula penal, traduzindo sua cumulação com lucros cessantes, ou com qualquer outra verba a título de perdas e danos, em um *bis in idem* repudiado pela ordem jurídica brasileira. Asseverou que a cláusula penal não é punitiva, mas, ao contrário, substitui a obrigação que visa garantir, não havendo, portanto, como cumulá-la com qualquer outra análoga a perdas e danos, sob pena de enriquecimento indevido do próprio credor". E mais à frente: "como é notório e bem exposto em audiência pública pelo jurista Sylvio Capanema de Souza, habitualmente, nos contratos de promessa de compra e venda, há cláusula estabelecendo multa que varia de 0,5% a 1% do valor total do imóvel a cada mês de atraso, pois representa o aluguel que o imóvel alugado, normalmente, produziria ao locador".

Tal posição convenceu-me doutrinariamente, não sendo possível a cumulação da cláusula penal compensatória com os lucros cessantes, pelo que consta do art. 410 do Código Civil, que ainda será aqui analisado: "quando se estipular a cláusula penal para o caso de total inadimplemento da obrigação, esta converter-se-á em alternativa a benefício do credor". Pelo teor do preceito, não cabe a cumulação de cláusula penal com perdas e danos, pelo menos em regra, o que também se retira do parágrafo único do art. 416 da própria codificação ("ainda que o prejuízo exceda ao previsto na cláusula penal, não pode o credor exigir indenização suplementar se assim não foi convencionado.

# 482 | MANUAL DE DIREITO CIVIL • VOLUME ÚNICO – *Flávio Tartuce*

Se o tiver sido, a pena vale como mínimo da indenização, competindo ao credor provar o prejuízo excedente").

Ao final, parece-me que o Superior Tribunal de Justiça chegou a um correto e justo equilíbrio no julgamento das duas questões relativas à cláusula penal nos negócios imobiliários, e que tais posições não só podem, como devem guiar as interpretações de conteúdo da Lei 13.786/2018 que, infelizmente e como se verá a seguir, distanciou-se da equidade, beneficiando sobremaneira a parte mais forte da avença, a construtora ou incorporadora.

Exposta essa importante e agora superada controvérsia, sabe-se que a multa admite uma classificação de acordo com aquilo com que mantém relação. No caso de mora ou inadimplemento parcial, é denominada *multa moratória* enquanto, no caso de inexecução total obrigacional, é chamada *multa compensatória*, de acordo com o art. 409 do CC.

Na esteira da melhor doutrina e jurisprudência, apenas a multa compensatória tem a função de antecipar as perdas e danos. Conforme se extrai de julgamento anterior do Superior Tribunal de Justiça:

> "Enquanto a cláusula penal compensatória funciona como prefixação das perdas e danos, a cláusula penal moratória, cominação contratual de uma multa para o caso de mora, serve apenas como punição pelo retardamento no cumprimento da obrigação. A cláusula penal moratória, portanto, não compensa o inadimplemento, nem substitui o adimplemento, não interferindo na responsabilidade civil correlata, que é decorrência natural da prática de ato lesivo ao interesse ou direito de outrem. Assim, não há óbice a que se exija a cláusula penal moratória juntamente com o valor referente aos lucros cessantes" (STJ, REsp 1.355.554/RJ, Rel. Min. Sidnei Beneti, j. 06.12.2012, publicado no seu *Informativo* n. 513).

De acordo com o art. 412 da atual codificação material, que reproduz o art. 920 do CC/1916, o limite da cláusula penal é o valor da obrigação principal. Tal valor não pode ser excedido e, se isso acontecer, o juiz pode determinar, em ação proposta pelo devedor, a sua redução. A dúvida despertada pelo comando é se ele se aplica somente à multa compensatória ou também à multa moratória.

Estou filiado à corrente doutrinária que sustenta que, sobre a multa moratória, o limite nos contratos civis é de 10% (dez por cento) sobre o valor da dívida, consoante previsto nos arts. 8.º e 9.º da Lei de Usura (Decreto 22.626/1933). Para os contratos de consumo, o limite para a cláusula penal moratória é de 2% (dois por cento), como consta do art. 52, § 1.º, da Lei 8.078/1990. Lembre-se de que no caso de dívidas condominiais, o limite da penalidade decorrente do atraso também é de 2% (dois por cento), conforme o art. 1.336, § 1.º, do CC, nos casos de inadimplementos ocorridos na vigência da nova codificação privada (nesse sentido, ver: STJ, REsp 665.470/SP, 4.ª Turma, Rel. Min. Jorge Scartezzini, j. 16.02.2006, *DJ* 13.03.2006, p. 327).

Com relação à multa compensatória, prevista para os casos de inadimplemento absoluto da obrigação, aí sim merece subsunção a regra do art. 412 do CC, sendo o valor da obrigação principal o limite para a sua fixação. Isso ocorre porque as consequências da mora são menores do que as do inadimplemento, do ponto de vista do credor, devendo a multa moratória ser fixada em montante menor do que a multa compensatória. Reforçando, o limite da multa moratória em, no máximo, 10% (dez por cento) sobre o valor do débito afasta o enriquecimento sem causa, com base no princípio da função social dos contratos e da obrigação.[65]

---

[65] Esse é o entendimento de Judith Martins-Costa (*Comentários ao novo Código Civil*. Coord. Sálvio de Figueiredo Teixeira. Rio de Janeiro: Forense, 2003. v. V, t. II, p. 454 e 455) e Christiano Cassettari (*Multa contratual*. Teoria e prática. São Paulo: RT, 2009).

CAP. 3 • TEORIA GERAL DAS OBRIGAÇÕES | **483**

A minha posição doutrinária é no sentido de que o limite da multa compensatória em 100% da dívida, ou seja, no que corresponder ao valor da obrigação principal vale tanto para os contratos civis quanto os de consumo. Porém, havendo excesso em qualquer um desses negócios, caberá a sua redução equitativa, nos termos do art. 413 do Código Civil, a seguir estudado. Nessa linha, cite-se recente julgado do Superior Tribunal de Justiça que fez incidir a norma para contrato de consumo, com destaque para o seguinte trecho:

"Na hipótese em exame, o valor da multa penitencial, de 25 a 100% do montante contratado, transfere ao consumidor os riscos da atividade empresarial desenvolvida pelo fornecedor e se mostra excessivamente onerosa para a parte menos favorecida, prejudicando o equilíbrio contratual. É equitativo reduzir o valor da multa aos patamares previstos na Deliberação Normativa n.º 161 de 09/08/1985 da EMBRATUR, que fixa o limite de 20% do valor do contrato às desistências, condicionando a cobrança de valores superiores à efetiva prova de gastos irrecuperáveis pela agência de turismo" (STJ, REsp 1.580.278/SP, 3.ª Turma, Rel. Min. Nancy Andrighi, j. 21.08.2018, *DJe* 03.09.2018).

Por fim, quanto ao comando, no projeto de Reforma do Código Civil há uma proposta de apenas se incluir um parágrafo único no seu art. 412, para os fins de se prever que o citado limite não se aplica à multa cominatória ou *astreintes*, o que vem em boa hora: "a limitação prevista no *caput* não se aplica à multa cominatória".

Adentrando na análise de um dos mais importantes dispositivos da norma civil brasileira, mantendo relação direta com o princípio da função social do contrato e das obrigações, dispõe o art. 413 do atual Código Civil que: "a penalidade deve ser reduzida equitativamente pelo juiz se a obrigação principal tiver sido cumprida em parte, ou se o montante da penalidade for manifestamente excessivo, tendo-se em vista a natureza e a finalidade do negócio".

Controlando os limites da cláusula penal, deve-se concluir que se trata de norma de ordem pública, cabendo a decisão de redução *ex officio* pelo magistrado, independentemente de arguição pela parte (Enunciado n. 356 do CJF/STJ). Aplicando essa redução de ofício, podem ser encontrados vários julgamentos dos nossos Tribunais (por todos: TJDF, Recurso 2013.03.1.016451-5, Acórdão 810.855, 4.ª Turma Cível, Rel. Des. Arnoldo Camanho de Assis, *DJDFTE* 21.08.2014, p. 119; TJSP, Apelação 9289640-96.2008.8.26.0000, Acórdão 7751970, 12.ª Câmara Extraordinária de Direito Privado, São Paulo, Rel. Des. Tercio Pires, j. 08.08.2014, *DJESP* 15.08.2014; TJMG, Apelação Cível 1.0144.07.022262-1/001, Rel. Des. Tiago Pinto, j. 07.08.2014, *DJEMG* 14.08.2014; TJPR, Apelação Cível 1146438-3, 12.ª Câmara Cível, Castro, Rel. Juíza Conv. Ângela Maria Machado Costa, *DJPR* 04.06.2014, p. 480; TJGO, Agravo de Instrumento 0032149-38.2014.8.09.0000, 5.ª Câmara Cível, Rio Verde, Rel. Des. Alan Sebastião de Sena Conceição, *DJGO* 03.04.2014, p. 237; e TJSC, Apelação Cível 2012.060303-0, 3.ª Câmara de Direito Civil, Lages, Rel. Des. Maria do Rocio Luz Santa Ritta, j. 05.03.2013, *DJSC* 08.03.2013, p. 137).

Além disso, não cabe a sua exclusão por força de pacto ou contrato, uma vez que a autonomia privada encontra limitações nas normas cogentes de ordem pública. Assim, vale a dicção do Enunciado n. 355 do CJF/STJ: "não podem as partes renunciar à possibilidade de redução da cláusula penal se ocorrer qualquer das hipóteses previstas no art. 413 do Código Civil, por se tratar de preceito de ordem pública".[66]

---

[66] Os enunciados doutrinários aprovados na *IV Jornada de Direito Civil* são de Christiano Cassettari (*Multa contratual*. Teoria e prática. São Paulo: RT, 2009). Com a mesma conclusão, ver: DINIZ, Maria Helena. *Código Civil anotado*. 15. ed. São Paulo: Saraiva, 2010. p. 359; GAGLIANO, Pablo Stolze; PAMPLONA FILHO, Rodolfo. *Novo curso de direito civil*. Teoria geral das obrigações. 8. ed. São Paulo: Saraiva, 2007. v. II. p. 324.

**484** | MANUAL DE DIREITO CIVIL • VOLUME ÚNICO – *Flávio Tartuce*

A norma tem relação direta com o princípio da função social do contrato (art. 421 do CC), conforme desenvolvido em dissertação de mestrado defendida na PUCSP no ano de 2004.[67] Tal premissa ampara a conclusão segundo a qual se trata de norma de ordem pública, inafastável por convenção das partes ou pelo juiz, mesmo em havendo um negócio jurídico paritário e celebrado por grandes empresas.

Na mesma linha, concluiu o Ministro Paulo de Tarso Sanseverino que "a redução da cláusula penal preserva a função social do contrato na medida em que afasta o desequilíbrio contratual e seu uso como instrumento de enriquecimento sem causa" (STJ, REsp 1.212.159/SP, Rel. Min. Paulo de Tarso Sanseverino, j. 19.06.2012, publicado no *Informativo* n. 500). Ou, mais recentemente, conforme acórdão relatado pela Ministra Nancy Andrighi, "no atual Código Civil, o abrandamento do valor da cláusula penal em caso de adimplemento parcial é norma cogente e de ordem pública, consistindo em dever do juiz e direito do devedor a aplicação dos princípios da função social do contrato, da boa-fé objetiva e do equilíbrio econômico entre as prestações, os quais convivem harmonicamente com a autonomia da vontade e o princípio *pacta sunt servanda*" (STJ, REsp 1.641.131/SP, 3.ª Turma, Rel. Min. Nancy Andrighi, j. 16.02.2017, *DJe* 23.02.2017). Por fim, da Quarta Turma da Corte, merece ser destacado o seguinte acórdão, de relatoria do Ministro Luis Felipe Salomão e que segue o mesmo entendimento:

> "Sob a égide do Código Civil de 2002, a redução da cláusula penal pelo magistrado deixou, portanto, de traduzir uma faculdade restrita às hipóteses de cumprimento parcial da obrigação (artigo 924 do Código Civil de 1916) e passou a consubstanciar um poder/dever de coibir os excessos e os abusos que venham a colocar o devedor em situação de inferioridade desarrazoada. Superou-se, assim, o princípio da imutabilidade absoluta da pena estabelecida livremente entre as partes, que, à luz do código revogado, somente era mitigado em caso de inexecução parcial da obrigação. O controle judicial da cláusula penal abusiva exsurgiu, portanto, como norma de ordem pública, objetivando a concretização do princípio da equidade – mediante a preservação da equivalência material do pacto – e a imposição do paradigma da eticidade aos negócios jurídicos. Nessa perspectiva, uma vez constatado o caráter manifestamente excessivo da pena contratada, deverá o magistrado, independentemente de requerimento do devedor, proceder à sua redução, a fim de fazer o ajuste necessário para que se alcance um montante razoável, o qual, malgrado seu conteúdo sancionatório, não poderá resultar em vedado enriquecimento sem causa" (STJ, REsp 1.447.247/SP, 4.ª Turma, Rel. Min. Luis Felipe Salomão, j. 19.04.2018, *DJe* 04.06.2018).

No meu entendimento, continua tendo aplicação o Enunciado n. 357, *in verbis*: "o art. 413 do Código Civil é o que complementa o art. 4.º da Lei 8.245/1991". Isso mesmo com a alteração do dispositivo locatício pela Lei 12.112/2009. Como se sabe, a norma não faz mais menção ao art. 924 do CC/1916, que equivale ao art. 413 do CC/2002. Todavia, diante do imperativo da função social, que fundamenta a última norma, o controle de exageros também deve existir nas multas locatícias. Concluindo dessa forma, da recente jurisprudência estadual cumpre destacar, por todos os numerosos arestos que aplicam o art. 413 para a locação imobiliária:

> "Ação de cobrança. Locação de imóvel. Prazo de vigência ajustado em dez (10) anos. Denúncia imotivada do contrato locatício pela inquilina. Multa pela rescisão antecipada que se mostra devida por força contratual e legal, porém, de forma proporcional ao

---

[67] TARTUCE, Flávio. *Função social dos contratos*. Do Código de Defesa do Consumidor ao Código Civil de 2002. São Paulo: Método, 2007.

período em que não vigorou o negócio jurídico. Aplicação do artigo 4.º, *caput*, da Lei n.º 8.245/91 e do artigo 413 do Código Civil. Recurso desprovido" (TJSP, Apelação 1075179-89.2015.8.26.0100, Acórdão 10115616, 28.ª Câmara de Direito Privado, São Paulo, Rel. Des. Dimas Rubens Fonseca, j. 31.01.2017, *DJESP* 06.02.2017).

"Direito civil e processual civil. Ação monitória. Locação. Aditivo contratual. Multa moratória. Validade. Valor excessivo. Redução. Art. 413, CC. Apelo parcialmente provido. 1. Ação monitória ajuizada buscando o recebimento de aluguéis, taxa de condomínio, tarifa de energia elétrica, multa contratual e honorários decorrentes de contrato de locação. 1.1. Apelo contra sentença que julgou parcialmente procedentes os embargos à monitória. 1.2. Insurgência da parte autora quanto à não aplicação da multa pelo atraso na entrega do imóvel, prevista em contrato aditivo. 2. Em virtude da natureza e características do contrato de locação, não se aplicam as disposições do Código de Defesa do Consumidor para o fim de afastar a multa moratória. 3. A multa para o caso de entrega do imóvel locado além do prazo estipulado é válida e deve produzir efeitos, porque pactuada livremente e isenta de qualquer defeito, na forma dos artigos 138 e seguintes do Código Civil. 3.1. Precedente do STJ: (...) A cobrança da multa moratória cumulada com compensatória, prevista no contrato de locação, originadas de fatos geradores distintos, não caracteriza *bis in idem*. (...) (REsp 487.572/PR, Rel. Ministro Arnaldo Esteves Lima, Quinta Turma, julgado em 05.10.2006, *DJ* 23.10.2006, p. 346). 4. O art. 413 do Código Civil autoriza o julgador a reduzir a multa, se a obrigação tiver sido cumprida em parte ou se o montante da penalidade for manifestamente excessivo, tendo-se em vista a natureza e a finalidade do negócio. 4.1. Na hipótese, o montante de três meses de alugueres a título de multa revela-se excessivo, tendo-se em conta que a locatária pagou grande parte dos encargos decorrentes do contrato de locação. 5. Sentença parcialmente reformada para ser acrescida à condenação a multa moratória prevista no aditivo contratual; porém, reduzida para o valor correspondente a 2 (dois) meses de aluguel. 6. Apelo parcialmente provido" (TJDF, Apelação Cível 2014.07.1.014152-7, Acórdão 988.258, 2.ª Turma Cível, Rel. Des. João Egmont Leoncio Lopes, j. 14.12.2016, *DJDFTE* 25.01.2017).

"Ação de cobrança. Alegação de decadência feita com base no parágrafo único, art. 324, do Código Civil. Inaplicabilidade. Rescisão prematura de contrato de locação. Multa. Excesso. Redução. O prazo previsto no parágrafo único, art. 324, do Código Civil só se aplica para os casos em que a dívida encontra-se representada em título. Se o locatário prematuramente extingue contrato de locação, ele tem o dever de pagar multa destinada a compensar os prejuízos causados ao locador em razão deste fato. Se a multa prevista no contrato se mostra excessiva deverá haver redução, conforme art. 413 do Código Civil" (TJMG, Apelação Cível 1.0024.11.210358-5/001, Rel. Des. Pedro Bernardes, j. 02.02.2016, *DJEMG* 19.02.2016).

No mesmo sentido, e mais recentemente, do Superior Tribunal de Justiça, citando a posição manifestada por este autor:

"Como o artigo 924 do Código Civil de 1916 (indicado na Lei do Inquilinato) equivale ao artigo 413 do novel *Codex*, o critério da proporcionalidade matemática, dantes adotado para a redução judicial de cláusula penal inserta em contrato de locação, foi também substituído pelo critério da equidade corretiva. Inteligência do Enunciado 357 da *IV Jornada de Direito Civil* promovida pelo Conselho da Justiça Federal. Na espécie, o pacto locatício, celebrado em 13.4.2006, previa que, em havendo a devolução da loja pela locatária, antes do término do prazo de 36 (trinta e seis) meses (contados a partir de 1.º.5.2006), esta obrigar-se-ia ao pagamento de multa compensatória no valor equivalente a 6 (seis) aluguéis (fl. 164), ou seja, R$ 10.260,00 (dez mil, duzentos e sessenta reais). Diferentemente da proporcionalidade matemática adotada pela Corte estadual – que reduziu a multa para 2,34 aluguéis, por terem sido cumpridos 14 (catorze) meses da relação jurídica obrigacional, faltando 22 (vinte e dois) meses para o encerramento regular do ajuste –, o caso reclama a observância do critério da equidade, revelando-se mais condizente a redução para 4 (quatro) aluguéis, dadas as peculiaridades do caso concreto" (STJ, REsp 1.353.927/SP, 4.ª Turma, Rel. Min. Luis Felipe Salomão, j. 17.05.2018, *DJe* 11.06.2018).

Este último aresto superior demonstra que a tese aqui defendida ganhou grande adesão jurisprudencial, para os devidos fins práticos.

Ainda a respeito do art. 413 do CC, anote-se o teor do Enunciado n. 359 do CJF/STJ, prevendo que "a redação do art. 413 do Código Civil não impõe que a redução da penalidade seja proporcionalmente idêntica ao percentual adimplido". Segundo o seu proponente, Jorge Cesa Ferreira da Silva:

"A pena deve ser reduzida equitativamente. Muito embora a 'proporcionalidade' faça parte do juízo de equidade, ela não foi referida no texto e tal circunstância não é isenta de conteúdo normativo. Ocorre que o juízo de equidade é mais amplo do que o juízo de proporcionalidade, entendida esta como 'proporcionalidade direta' ou 'matemática'. Assim, por exemplo, se ocorreu adimplemento de metade do devido, isso não quer dizer que a pena prevista deve ser reduzida em 50%. Serão as circunstâncias do caso que determinarão. Entrarão em questão os interesses do credor, não só patrimoniais, na prestação, o grau de culpa do devedor, a situação econômica deste, a importância do montante prestado, entre outros elementos de cunho valorativo".[68]

Filia-se ao teor do enunciado doutrinário, pois o que fundamenta o art. 413 do CC é realmente a razoabilidade, e não a estrita proporcionalidade matemática. Afastando a redução estritamente proporcional da cláusula penal, vejamos *decisum* do Superior Tribunal de Justiça, relativo à redução da multa em contrato entre o apresentador Celso de Freitas e a Rede Globo de Televisão, com a citação desta obra no voto condutor:

"Recurso especial. Código civil. Contrato com cláusula de exclusividade celebrado entre rede de televisão e apresentador (âncora) de telejornal. Art. 413 do CC. Cláusula penal expressa no contrato. 1. A cláusula penal é pacto acessório, por meio do qual as partes determinam previamente uma sanção de natureza civil – cujo escopo é garantir o cumprimento da obrigação principal –, além de estipular perdas e danos em caso de inadimplemento parcial ou total de um dever assumido. Há dois tipos de cláusula penal, o vinculado ao descumprimento total da obrigação e o que incide quando do incumprimento parcial desta. A primeira é denominada pela doutrina como compensatória e a segunda como moratória. 2. A redução equitativa da cláusula penal a ser feita pelo juiz quando a obrigação principal tiver sido cumprida em parte não é sinônimo de redução proporcional. A equidade é cláusula geral que visa a um modelo ideal de justiça, com aplicação excepcional nos casos legalmente previstos. Tal instituto tem diversas funções, entre elas a equidade corretiva, que visa ao equilíbrio das prestações, exatamente o caso dos autos. 3. Correta a redução da cláusula penal em 50%, visto que o critério adotado pelo Código Civil de 2002 é o da equidade, não havendo falar em percentual de dias cumpridos do contrato. No caso, as rés informaram à autora sobre a rescisão contratual quando os compromissos profissionais assumidos com outra emissora de televisão já estavam integralmente consolidados. 4. Entender de modo contrário, reduzindo a cláusula

---

[68] SILVA, Jorge Cesa Ferreira da. *Inadimplemento das obrigações*. São Paulo: RT, 2006. p. 273.

penal de forma proporcional ao número de dias cumpridos da relação obrigacional, acarretaria justamente extirpar uma das funções da cláusula penal, qual seja, a coercitiva, estimulando rupturas contratuais abruptas em busca da melhor oferta do concorrente e induzindo a prática da concorrência desleal. 5. Sob a vigência do Código Civil de 1916, era facultado ao magistrado reduzir a cláusula penal caso o adimplemento da obrigação fosse tão somente parcial, ao passo que no vigente Código de 2002 se estipulou ser dever do juiz reduzir a cláusula penal, se a obrigação principal tiver sido cumprida em parte, ou se o montante da penalidade for manifestamente excessivo, afastando-se definitivamente o princípio da imutabilidade da cláusula penal. A evolução legislativa veio harmonizar a autonomia privada com o princípio da boa-fé objetiva e a função social do contrato, instrumentário que proporcionará ao julgador a adequada redução do valor estipulado a título de cláusula penal, observada a moldura fática do caso concreto. 6. No caso ora em exame, a redução da cláusula penal determinada pelas instâncias inferiores ocorreu em razão do cumprimento parcial da obrigação. Ainda que se considere a cláusula penal em questão como compensatória, isso não impossibilita a redução do seu montante. Houve cumprimento substancial do contrato então vigente, fazendo-se necessária a redução da cláusula penal. (...)" (STJ, REsp 1.186.789/RJ, 4.ª Turma, Rel. Min. Luis Felipe Salomão, j. 20.03.2014, *DJe* 13.05.2014).

Destaque-se, mais recentemente, o acórdão relatado pela Ministra Nancy Andrighi, aqui outrora citado, segundo o qual "a redução da cláusula penal é, no adimplemento parcial, realizada por avaliação equitativa do juiz, a qual relaciona-se à averiguação proporcional da utilidade ou vantagem que o pagamento, ainda que imperfeito, tenha oferecido ao credor, ao grau de culpa do devedor, a sua situação econômica e ao montante adimplido, além de outros parâmetros, que não implicam, todavia, necessariamente, uma correspondência exata e matemática entre o grau de inexecução e o de abrandamento da multa" (STJ, REsp 1.641.131/SP, 3.ª Turma, Rel. Min. Nancy Andrighi, j. 16.02.2017, *DJe* 23.02.2017). Como se pode notar, o grande mérito do último aresto é trazer alguns critérios complementares para a redução da multa.

Do mesmo ano e como última ilustração, o caso *Latino x Rede TV*, igualmente com menção ao nosso trabalho, constando da ementa do aresto o seguinte:

"A multa contratual deve ser proporcional ao dano sofrido pela parte cuja expectativa fora frustrada, não podendo traduzir valores ou penas exorbitantes ao descumprimento do contrato. Caso contrário, poder-se-ia consagrar situação incoerente, em que o inadimplemento parcial da obrigação se revelasse mais vantajoso que sua satisfação integral. Outrossim, a redução judicial da cláusula penal, imposta pelo artigo 413 do Código Civil nos casos de cumprimento parcial da obrigação principal ou de evidente excesso do valor fixado, deve observar o critério da equidade, não significando redução proporcional. Isso porque a equidade é cláusula geral que visa a um modelo ideal de justiça, com aplicação excepcional nas hipóteses legalmente previstas. Tal instituto tem diversas funções, dentre elas a equidade corretiva, que visa ao equilíbrio das prestações" (STJ, REsp 1.466.177/SP, 4.ª Turma, Rel. Min. Luis Felipe Salomão, j. 20.06.2017, *DJe* 1.º.08.2017).

Ao final, a multa contratual, fixada em R$ 1 milhão, foi reduzida à metade pelos julgadores.

Como outro aspecto a ser destacado sobre o art. 413 do Código Civil, sabe-se que a Lei 13.786/2018, conhecida como "Lei dos Distratos", estabelece penalidades de 25% a 50% do valor pago, para os casos de inadimplemento do contrato por parte dos adquirentes. Essas multas superam em muito o que vinha sendo aplicado pela jurisprudência superior – entre 10% a 25% –, e, sendo exageradas e desproporcionais, o que depende de análise de acordo com as peculiaridades do caso concreto, será imperiosa a sua redução.

Nesse sentido, cite-se a posição doutrinária de José Fernando Simão sobre a multa de 50%, em nosso *Código Civil Comentado*, publicado por esta mesma casa editorial: "a cláusula penal de 50% imposta pela Lei n. 13.786/2018, que alterou o texto da Lei n. 4.591/1964, com a criação do art. 67-A no caso de desistência da aquisição pelo adquirente do imóvel sujeito ao regime do patrimônio de afetação, revela-se excessiva, *ab initio*. Primeiro, porque a multa nasce em um contrato por adesão em que o adquirente não pode debater seu conteúdo (natureza do negócio). Depois, porque trata de aquisição da casa própria (muitas vezes, finalidade do negócio). Por último, porque é superior a todas as demais multas previstas no ordenamento jurídico brasileiro".[69]

Como última questão a respeito do art. 413 do CC, tem-se debatido intensamente a possibilidade de seu afastamento em contratos paritários, sobretudo celebrados entre empresas, tese que é defendida por José Fernando Simão desde as discussões que ocorreram na *IV Jornada de Direito Civil* e que ganhou força com a Lei da Liberdade Econômica (Lei 13.874/2019), notadamente com as novas regras dos arts. 113, § 2.º, e 421-A do Código Civil. Nos termos da nova regra inserida na Parte Geral da codificação, "as partes poderão livremente pactuar regras de interpretação, de preenchimento de lacunas e de integração dos negócios jurídicos diversas daquelas previstas em lei".

O meu entendimento continua sendo pela inafastabilidade do art. 413 por convenção entre as partes ou cláusula contratual, por se tratar de norma cogente ou de ordem pública. Pode ser utilizada como argumento a própria Lei da Liberdade Econômica, pelo que está no seu art. 3.º, inc. VIII, ao assegurar "a garantia de que os negócios jurídicos empresariais paritários serão objeto de livre estipulação das partes pactuantes, de forma a aplicar todas as regras de direito empresarial apenas de maneira subsidiária ao avençado, exceto normas de ordem pública". Como se pode notar, a parte final do comando assegura, mesmo em negócios paritários, o respeito às normas cogentes ou de ordem pública.

De toda sorte, parece-me que as partes podem criar normas contratuais prevendo critérios para que a cláusula penal seja reduzida, tendo em vista as suas posições econômicas, o grau de culpa e mesmo o percentual de cumprimento. Assim, chega-se a um *meio de caminho*, em que muitas vezes está a virtude. Nessa linha, o Enunciado n. 649, aprovado na *IX Jornada de Direito Civil*, no ano de 2022: "o art. 421-A, inc. I, confere às partes a possibilidade de estabelecerem critérios para a redução da cláusula penal, desde que não seja afastada a incidência do art. 413". Vale lembrar que o dispositivo citado preceitua que "os contratos civis e empresariais presumem-se paritários e simétricos até a presença de elementos concretos que justifiquem o afastamento dessa presunção, ressalvados os regimes jurídicos previstos em leis especiais, garantido também que: I – as partes negociantes poderão estabelecer parâmetros objetivos para a interpretação das cláusulas negociais e de seus pressupostos de revisão ou de resolução"; o que está em sentido muito próximo ao antes citado art. 113, § 2.º, da própria codificação. Acredito que as discussões jurídicas a respeito dessa questão devem ser incrementadas nos próximos anos.

Para encerrar o estudo do controle da cláusula penal, anoto que no projeto de Reforma do Código Civil há proposta de se inserir no art. 413 o teor do Enunciado n. 649 da *IX Jornada de Direito Civil*. Além disso, por proposta do relator da Subcomissão de Direito das Obrigações, Professor José Fernando Simão, sugere-se a menção à impossibilidade de redução da multa nos contratos paritários e simétricos, o que guarda sintonia com outras proposições do projeto, para redução da intervenção em grandes contratos.

---

[69] SIMÃO, José Fernando. *Código Civil comentado*. Doutrina e jurisprudência. Rio de Janeiro: Forense, 2019. p. 236.

CAP. 3 • TEORIA GERAL DAS OBRIGAÇÕES | **489**

Por isso, aliás, acabei cedendo doutrinariamente para essa modificação, passando o comando a prever o seguinte, com destaque para o seu parágrafo único: "Art. 413. A penalidade deve ser reduzida equitativamente pelo juiz, se a obrigação principal tiver sido cumprida em parte ou se o montante da penalidade for manifestamente excessivo, tendo-se em vista a natureza e a finalidade do negócio. Parágrafo único. Em contratos paritários e simétricos, o juiz não poderá reduzir o valor da cláusula penal sob o fundamento de ser manifestamente excessiva, mas as partes, contudo, podem estabelecer critérios para a redução da cláusula penal".

Superado o importante art. 413 do CC, é interessante analisar outras regras previstas para a cláusula penal ou multa.

Pelo art. 411 do CC, "quando se estipular a cláusula penal para o caso de mora, ou em segurança especial de outra cláusula determinada, terá o credor o arbítrio de exigir a satisfação da pena cominada, juntamente com o desempenho da obrigação principal". Por tal comando, no caso de multa moratória, haverá uma faculdade cumulativa ou conjuntiva a favor do credor: exigir a multa *e* (+) a obrigação principal. A título de exemplo, em caso de atraso do pagamento de aluguéis, o locador pode exigir o pagamento da multa moratória de 10% e os valores devidos em aberto. A cumulação da multa com os aluguéis propicia que, mesmo sendo purgada a mora, o contrato de locação tenha continuidade.

Porém, como exposto anteriormente quando do estudo do julgamento do STJ sobre a inversão da cláusula penal, no caso de multa compensatória, esta se converterá em alternativa a benefício do credor, que poderá exigir a cláusula penal *ou* as perdas e danos, havendo uma *faculdade disjuntiva* (art. 410 do CC). Assim sendo, a título de exemplo, não cabe a cumulação da multa compensatória com as perdas e danos, caso dos lucros cessantes, diante do inadimplemento absoluto das construtoras nos contratos de aquisição de imóveis na planta, conclusão que decorre da simples leitura do dispositivo.

Esquematizando, para os fins de esclarecimento:

> *Multa moratória* = obrigação principal + multa
> *Multa compensatória* = obrigação principal **ou** multa

Sendo a obrigação indivisível e havendo vários devedores, caindo em falta um deles (culpa), todos incorrerão na pena. Mas a cláusula penal somente poderá ser demandada integralmente do culpado, respondendo cada um dos outros somente pela sua quota (art. 414 do CC). Ilustrando, se a obrigação for de entrega de um touro reprodutor, com cinco devedores e uma multa moratória de R$ 1.000,00 (mil reais), na hipótese em que houver culpa de apenas um deles quanto ao atraso, apenas deste a multa poderá ser exigida na totalidade (R$ 1.000,00). Em relação aos demais, somente poderá ser exigida a quota correspondente, ou seja, R$ 200,00 (duzentos reais). Mesmo assim, aos não culpados fica reservada a ação regressiva contra aquele que deu causa à aplicação da pena (art. 414, parágrafo único, do CC).

Por outra via, quando a obrigação for divisível, só incorre na pena o devedor ou o herdeiro do devedor que a infringir, e proporcionalmente à sua parte na obrigação (art. 415 do CC).

O art. 416, *caput,* do CC enuncia que a parte interessada não precisa provar o prejuízo para ter direito à multa. Como regra geral, ainda que o prejuízo exceda a cláusula penal, o prejudicado não pode exigir indenização suplementar se tal regra não constar do contrato. Como se percebe, esse preceito complementa o que consta do art. 410 da própria codificação, quanto à impossibilidade de cumulação da multa compensatória com as perdas e danos decorrentes do inadimplemento absoluto.

# 490 | MANUAL DE DIREITO CIVIL • VOLUME ÚNICO – *Flávio Tartuce*

Conforme se retira de decisão do Superior Tribunal de Justiça aqui antes citada, com didática elogiável e em outro trecho:

> "Não se pode cumular multa compensatória prevista em cláusula penal com indenização por perdas e danos decorrentes do inadimplemento da obrigação. Enquanto a cláusula penal moratória manifesta com mais evidência a característica de reforço do vínculo obrigacional, a cláusula penal compensatória prevê indenização que serve não apenas como punição pelo inadimplemento, mas também como prefixação de perdas e danos. A finalidade da cláusula penal compensatória é recompor a parte pelos prejuízos que eventualmente decorram do inadimplemento total ou parcial da obrigação. Tanto assim que, eventualmente, sua execução poderá até mesmo substituir a execução do próprio contrato. Não é possível, pois, cumular cláusula penal compensatória com perdas e danos decorrentes de inadimplemento contratual. Com efeito, se as próprias partes já acordaram previamente o valor que entendem suficiente para recompor os prejuízos experimentados em caso de inadimplemento, não se pode admitir que, além desse valor, ainda seja acrescido outro, com fundamento na mesma justificativa – a recomposição de prejuízos" (STJ, REsp 1.335.617/SP, Rel. Min. Sidnei Beneti, j. 27.03.2014, publicado no seu *Informativo* n. *540*).

Contudo, se no contrato estiver prevista essa possibilidade de cumulação, funciona a multa como *taxa mínima de indenização*, cabendo ao credor provar o prejuízo excedente para fazer *jus* à indenização suplementar. Essa última regra não constava do Código Civil anterior e foi inserida no parágrafo único do art. 416.

Vejamos um exemplo de aplicação do dispositivo. *A* contrata com *B* a compra de um estabelecimento comercial pelo último, que vale R$ 500.000,00. O instrumento impõe multa compensatória de R$ 50.000,00 e a possibilidade de a parte pleitear a indenização suplementar. *A* descumpre o pactuado, fazendo com que *B* sofra um prejuízo de R$ 30.000,00 diante de contratos já celebrados com fornecedores. Nesse caso, *B* poderá exigir a multa pactuada como taxa mínima ou o cumprimento do contrato, depositando para tanto o preço. Se quiser a multa não precisará provar o prejuízo suportado.

Mas, se o seu prejuízo for de R$ 80.000,00 e constar a cláusula que dá direito a *B* à indenização suplementar, o credor poderá pleitear os R$ 80.000,00 ou o cumprimento do contrato. No primeiro caso terá somente que provar o prejuízo excedente à multa, ou seja, de R$ 30.000,00. Quanto aos R$ 50.000,00, não precisará provar o prejuízo.

A encerrar o estudo da cláusula penal, cumpre destacar a aprovação de enunciado polêmico a respeito do art. 416, parágrafo único, do CC, na *V Jornada de Direito Civil* (novembro de 2011). É o teor da nova tese doutrinária: "no contrato de adesão, o prejuízo comprovado do aderente que exceder ao previsto na cláusula penal compensatória poderá ser exigido pelo credor, independentemente de convenção" (Enunciado n. 430). A premissa contraria expressamente o que consta do comando legal. Todavia, traz interessante conclusão de proteção do aderente como parte vulnerável da relação contratual, tendência sentida pela leitura dos arts. 423 e 424 do CC. Nota-se claramente a *prevalência da função sobre a estrutura*, o que conta com o apoio deste autor.

O projeto de Reforma do Código Civil pretende inserir o texto do enunciado na lei, chancelando essa posição da doutrina. Assim, o art. 416 passará a prever, em boa hora, em seus parágrafos e sem qualquer modificação no seu *caput*: "§ 1.º Ainda que o prejuízo exceda ao previsto na cláusula penal, não pode o credor exigir indenização suplementar, se assim não foi convencionado; contudo, se o tiver sido, a pena vale como mínimo da indenização, competindo ao credor provar o prejuízo excedente. § 2.º Nos contratos de adesão, independentemente de convenção, poderá o aderente pleitear perdas e danos complementares, desde que comprove prejuízos que excedam ao previsto na cláusula penal".

CAP. 3 • TEORIA GERAL DAS OBRIGAÇÕES | **491**

Superada a análise da cláusula penal, com todas as alterações introduzidas pela codificação de 2002, parte-se para as arras ou o sinal, que têm natureza jurídica muito próxima da cláusula penal.

### 3.8.6 Das arras ou sinal

As arras ou sinal podem ser conceituados como o sinal, o valor dado em dinheiro ou o bem móvel entregue por uma parte à outra, quando do contrato preliminar, visando trazer a presunção de celebração do contrato definitivo. As arras ou sinal são normalmente previstos em compromissos de compra e venda de imóvel. Exemplificando, imagine-se o caso em que é celebrado um compromisso de compra e venda de imóvel com valor de R$ 100.000,00 (cem mil reais). Para tornar definitivo o contrato o compromissário comprador paga R$ 10.000,00 (dez mil reais) ao promitente vendedor.

Nesse sentido, se, por ocasião da conclusão do contrato, uma parte der à outra, a título de arras, dinheiro ou outro bem móvel, deverão estas, em caso de execução, ser restituídas ou computadas na prestação devida, se do mesmo gênero da principal (art. 417 do CC). Por este comando legal, percebe-se a primeira função do sinal: funcionar como antecipação do pagamento, valendo como *desconto* quando do pagamento do valor total da obrigação.

As arras também têm outras duas funções:

> *1.ª função* – tornar definitivo o contrato preliminar.
>
> *2.ª função* – funcionar como antecipação das perdas e danos, funcionando também como penalidade. A função de penalidade está dentro da antecipação das perdas e danos.

Como se pode notar, a natureza das arras é muito próxima da cláusula penal, tendo também natureza acessória. De acordo com o tratamento dado pelo Código Civil, duas são as espécies de arras ou sinal:

> a) *Arras confirmatórias* – presentes na hipótese em que não constar a possibilidade de arrependimento quanto à celebração do contrato definitivo, tratando-se de regra geral. Nesse caso, aplica-se o art. 418 do CC, que tinha a seguinte redação anterior: "Se a parte que deu as arras não executar o contrato, poderá a outra tê-lo por desfeito, retendo-as; se a inexecução for de quem recebeu as arras, poderá quem as deu haver o contrato por desfeito, e exigir sua devolução mais o equivalente, com atualização monetária segundo índices oficiais regularmente estabelecidos, juros e honorários de advogado". Com a antes citada Lei n. 14.905/2024, foi retirada a menção a índices oficiais, já que estes passaram a ser o IPCA como regra, organizando-se melhor o comando em incisos, mas sem alteração do seu conteúdo: "Art. 418. Na hipótese de inexecução do contrato, se esta se der: I – por parte de quem deu as arras, poderá a outra parte ter o contrato por desfeito, retendo-as; II – por parte de quem recebeu as arras, poderá quem as deu haver o contrato por desfeito e exigir a sua devolução mais o equivalente, com atualização monetária, juros e honorários de advogado". Anoto que o dispositivo menciona o "equivalente", e não mais o dobro do valor pago – como estava no art. 1.095 do CC/1916 –, pois é possível que sejam dados em arras outros bens, que não dinheiro. Nesse sentido, recente aresto do Superior Tribunal de Justiça, citando a posição de José Fernando Simão, constante no nosso *Código Civil Comentado*, publicado por esta mesma casa editorial: "O Código Civil de 2002, em seu art. 418, não mais utiliza o termo 'dobro' previsto no Código Civil de 1916 tendo em vista

o fato de que pode ser dado a título de arras bens diferentes do dinheiro, sendo preferível a expressão 'mais o equivalente' adotada pela novel legislação. Do exame do disposto no art. 418 do Código Civil é forçoso concluir que, na hipótese de inexecução contratual imputável, única e exclusivamente, àquele que recebeu as arras, estas devem ser devolvidas mais o equivalente" (STJ, REsp 1.927.986/DF, 3.ª Turma, Rel. Min. Nancy Andrighi, j. 22.06.2021, *DJe* 25.06.2021). Ainda nessa primeira hipótese, a parte inocente pode pedir indenização suplementar, se provar maior prejuízo, valendo as arras como taxa mínima de indenização. Pode a parte inocente, ainda, exigir a execução do contrato, com as perdas e danos, valendo as arras, mais uma vez, como taxa mínima dos prejuízos suportados (art. 419 do CC). Isso porque, não havendo cláusula de arrependimento, no caso de não celebração do contrato definitivo, haverá inadimplemento, sendo permitido à parte inocente pleitear do culpado as perdas e danos suplementares, nos moldes dos arts. 402 a 404 do CC. Nesse caso, as arras terão dupla função (tornar o contrato definitivo + antecipação das perdas e danos – penalidade).

b) *Arras penitenciais* – no caso de constar no contrato a possibilidade de arrependimento. Nesse segundo caso, para qualquer das partes, as arras ou sinal terão função unicamente indenizatória (incluída a penalidade), e não a de confirmar o contrato definitivo, como acontece na hipótese anterior. Assim sendo, quem as deu perdê-las-á em benefício da outra parte; e quem as recebeu devolvê-las-á mais o equivalente. Em ambos os casos envolvendo as arras penitenciais não haverá direito à indenização suplementar (art. 420 do CC). Esse dispositivo está em sintonia com o entendimento jurisprudencial anterior, particularmente quanto à Súmula 412 do STF, pela qual: "no compromisso de compra e venda, com cláusula de arrependimento, a devolução do sinal, por quem o deu, ou a sua restituição em dobro, por quem o recebeu, exclui indenização maior a título de perdas e danos, salvo os juros moratórios e os encargos do processo".

Por derradeiro, anote-se que na *III Jornada de Direito Civil*, foi aprovado o Enunciado n. 165 do CJF/STJ: "em caso de penalidade, aplica-se a regra do art. 413 ao sinal, sejam as arras confirmatórias ou penitenciais". Está reconhecida, portanto, a *função social das arras*, o que é indeclinável, conforme a melhor doutrina.[70] Na jurisprudência estadual, podem ser encontrados acórdãos que subsomem o dispositivo para as arras ou sinal (nesse sentido, ver: TJDF, Recurso 2000.01.1.025885-0, Acórdão 396.913, 1.ª Câmara Cível, Rel. Desig. Des. Ana Maria Duarte Amarante Brito, *DJDFTE* 09.12.2009, p. 43; e TJSP, Apelação com Revisão 540.877.4/4, Acórdão 2518455, 7.ª Câmara de Direito Privado, Santo André, Rel. Des. Luiz Antonio Costa, j. 12.03.2008, *DJESP* 27.03.2008).

Do Superior Tribunal de Justiça, aplicando diretamente o citado enunciado doutrinário, confira-se: "o comprador que dá causa à rescisão do contrato perde o valor do sinal em prol do vendedor. Esse entendimento, todavia, pode ser flexibilizado se ficar evidenciado que a diferença entre o valor inicial pago e o preço final do negócio é elevado, hipótese em que deve ser autorizada a redução do valor a ser retido pelo vendedor e determinada a devolução do restante para evitar o enriquecimento sem causa. Aplicação do Enunciado n. 165 das *Jornadas de Direito Civil* do CJF" (STJ, REsp 1.513.259/MS, 3.ª Turma, Rel. Min. João Otávio de Noronha, j. 16.02.2016, *DJe* 22.02.2016).

---

[70] TOSCANO DE BRITO, Rodrigo. Função social dos contratos como princípio orientador na interpretação das arras. In: DELGADO, Mário Luiz; ALVES, Jones Figueirêdo. *Questões controvertidas no novo Código Civil.* São Paulo: Método, 2004. v. II.

Do mesmo modo dando às arras uma função social, deve-se entender que o seu limite é o mesmo da cláusula penal moratória, ou seja, 10% (dez por cento) do valor da dívida, aplicação analógica da Lei de Usura.

Encerrando o presente capítulo, pode ser elaborado o esquema a seguir, a diferenciar as arras confirmatórias das arras penitenciais:

| Arras Confirmatórias | Arras Penitenciais |
|---|---|
| – Sem cláusula de arrependimento.<br>– Com perdas e danos. | – Com cláusula de arrependimento.<br>– Sem perdas e danos. |

# 4

# RESPONSABILIDADE CIVIL

**Sumário:** 4.1 Conceitos básicos da responsabilidade civil. Classificação quanto à origem (responsabilidade contratual × extracontratual). Ato ilícito e abuso de direito – 4.2 Elementos da responsabilidade civil ou pressupostos do dever de indenizar: 4.2.1 Primeiras palavras conceituais; 4.2.2 Conduta humana; 4.2.3 A culpa genérica ou *lato sensu*; 4.2.4 O nexo de causalidade; 4.2.5 Dano ou prejuízo – 4.3 A classificação da responsabilidade civil quanto à culpa. Responsabilidade subjetiva e objetiva: 4.3.1 Responsabilidade civil subjetiva; 4.3.2 A responsabilidade civil objetiva. A cláusula geral do art. 927, parágrafo único, do CC. Aplicações práticas do dispositivo; 4.3.3 A responsabilidade objetiva no Código Civil de 2002. Principais regras específicas – 4.4 Das excludentes do dever de indenizar: 4.4.1 Da legítima defesa; 4.4.2 Do estado de necessidade ou remoção de perigo iminente; 4.4.3 Do exercício regular de direito ou das próprias funções; 4.4.4 Das excludentes de nexo de causalidade; 4.4.5 Da cláusula de não indenizar.

## 4.1 CONCEITOS BÁSICOS DA RESPONSABILIDADE CIVIL. CLASSIFICAÇÃO QUANTO À ORIGEM (RESPONSABILIDADE CONTRATUAL × EXTRACONTRATUAL). ATO ILÍCITO E ABUSO DE DIREITO

A responsabilidade civil surge em face do descumprimento obrigacional, pela desobediência de uma regra estabelecida em um contrato, ou por deixar determinada pessoa de observar um preceito normativo que regula a vida. Neste sentido, fala-se, respectivamente, em *responsabilidade civil contratual ou negocial* e em *responsabilidade civil extracontratual*, também denominada responsabilidade civil *aquiliana*, diante da *Lex Aquilia de Damno*, do final do século III a.C., e que fixou os parâmetros da responsabilidade civil extracontratual.

Aliás, a referida lei surgiu no Direito Romano justamente no momento em que a responsabilidade sem culpa constituía a regra, sendo o causador do dano punido de acordo com a *pena de Talião*, prevista na Lei das XII Tábuas (*olho por olho, dente por dente*). A experiência romana demonstrou que a responsabilidade sem culpa poderia trazer situações injustas, surgindo a necessidade de comprovação desta como uma questão social evolutiva.

A partir de então, a responsabilidade mediante culpa passou a ser a regra em todo o Direito Comparado, influenciando as codificações privadas modernas, como o Código Civil Francês de 1804, o Código Civil Brasileiro de 1916 e ainda o Código Civil Brasileiro de 2002.

# 496 | MANUAL DE DIREITO CIVIL • VOLUME ÚNICO – *Flávio Tartuce*

Em resumo, quanto à origem, a responsabilidade civil admite a seguinte classificação:

> a) *Responsabilidade civil contratual ou negocial* – nos casos de inadimplemento de uma obrigação, o que está fundado nos artigos 389, 390 e 391 do atual Código Civil. Como visto no capítulo anterior desta obra, o art. 389 trata do descumprimento da obrigação positiva (dar e fazer). O art. 390, do descumprimento da obrigação negativa (não fazer). O art. 391 do atual Código Privado consagra o *princípio da responsabilidade patrimonial*, prevendo que pelo inadimplemento de uma obrigação respondem *todos os bens* do devedor. Repise-se, mais uma vez, que apesar da literalidade do último comando, deve ser feita a ressalva de que alguns bens estão protegidos pela impenhorabilidade, caso daqueles descritos no art. 833 do CPC/2015. Cite-se o exemplo contemporâneo do bem de família, inclusive de pessoa solteira (Súmula 364 do STJ).
>
> b) *Responsabilidade civil extracontratual ou aquiliana* – pelo Código Civil de 1916 estava fundada no ato ilícito (art. 159). No Código Civil de 2002 está baseada no ato ilícito (art. 186) e no abuso de direito (art. 187).

Como se nota, esse *modelo dual ou binário de responsabilidades* foi mantido pela atual codificação privada. Todavia, conforme destaca a doutrina, a tendência é de unificação da responsabilidade civil, como consta, por exemplo, do Código de Defesa do Consumidor, que não faz a citada divisão. Como corretamente afirma Fernando Noronha, a divisão da responsabilidade civil em extracontratual e contratual reflete "um tempo do passado", uma vez que os princípios e regramentos básicos que regem as duas supostas modalidades de responsabilidade civil são exatamente os mesmos.[1] Em sentido muito próximo, leciona Judith Martins-Costa que há um grande questionamento acerca desta distinção, "pois não resiste à constatação de que, na moderna sociedade de massas, ambas têm, a rigor, uma mesma fonte, o 'contato social', e obedecem aos mesmos princípios, nascendo de um mesmo fato, qual seja, a violação de dever jurídico preexistente".[2]

A respeito da responsabilidade extracontratual – matéria que interessa ao presente capítulo – nos termos do atual Código Civil brasileiro, está baseada em *dois alicerces categóricos*: o ato ilícito e o abuso de direito. Trata-se de importantíssima inovação, uma vez que o Código Civil de 1916 a amparava somente no ato ilícito. A mudança é estrutural e merece grande destaque, conforme o desenho a seguir:

---

[1] NORONHA, Fernando. *Direito das obrigações*. São Paulo: Saraiva, 2003. v. 1, p. 432-433.

[2] MARTINS-COSTA. Judith. *Comentários ao novo Código Civil*. Do Inadimplemento das Obrigações. Coord. Sálvio de Figueiredo Teixeira. Rio de Janeiro: Forense, 2003. v. V, t. II, p. 97.

CAP. 4 · RESPONSABILIDADE CIVIL | **497**

Como se pode notar, a responsabilidade civil no Código Civil de 1916 era alicerçada em um único conceito: o de ato ilícito (art. 159). Assim, havia uma única pilastra a sustentar a construção. Por outro lado, a responsabilidade civil, no Código Civil de 2002, é baseada em dois conceitos: o de ato ilícito (art. 186) e o de abuso de direito (art. 187).

Dessa forma, a construção, atualmente, tem duas pilastras, estando aqui a principal alteração estrutural da matéria de antijuridicidade civil no estudo comparativo das codificações privadas brasileiras. Frise-se que a modificação também atinge a responsabilidade contratual, pois o art. 187 do CC/2002 também pode e deve ser aplicado em sede de autonomia privada.[3] Eis um dispositivo unificador do sistema de responsabilidade civil, que supera a dicotomia *responsabilidade contratual x extracontratual.*

Vejamos, então, o estudo das categorias de ato ilícito e abuso de direito, de forma sucessiva e aprofundada.

De início, o ato ilícito é o ato praticado em desacordo com a ordem jurídica, violando direitos e causando prejuízos a outrem. Diante da sua ocorrência, a norma jurídica cria o dever de reparar o dano, o que justifica o fato de ser o ato ilícito fonte do direito obrigacional. O ato ilícito é considerado como fato jurídico em sentido amplo, uma vez que produz efeitos jurídicos que não são desejados pelo agente, mas somente aqueles impostos pela lei.

O ato ilícito pode ser civil, penal ou administrativo, sendo certo que o primeiro interessa a presente obra. Entretanto, é fundamental apontar que há casos em que a conduta ofende a sociedade (ilícito penal) e o particular (ilícito civil), acarretando dupla responsabilidade. Exemplificamos com um acidente de trânsito, situação em que pode haver um crime, bem como o dever de indenizar. Porém, não se pode esquecer a regra prevista no art. 935 do CC/2002, segundo a qual a responsabilidade civil independe da criminal, regra geral.

Sem prejuízo dessas situações, às vezes, a responsabilidade pode ser tripla, abrangendo também a esfera administrativa, como no caso de uma conduta que causa danos ao meio ambiente, sendo-lhe aplicadas as sanções administrativas, civis e criminais previstas nas Leis 6.938/1981 (Política Nacional do Meio Ambiente) e 9.605/1998 (Crimes Ambientais).

Pois bem, pode-se afirmar que o *ato ilícito indenizante*, na definição e classificação de Pontes de Miranda, e que interessa ao presente capítulo, é a conduta humana que fere direitos subjetivos privados, estando em desacordo com a ordem jurídica e causando danos a alguém. O art. 186 do atual Código Civil, que traz a referida construção, tem a seguinte redação:

> "Art. 186. Aquele que, por ação ou omissão voluntária, negligência ou imprudência, violar direito *e* causar dano a outrem, ainda que exclusivamente moral, comete ato ilícito" (destacado).

Do art. 186 do atual CC percebe-se que o ato ilícito civil relacionado ao dever de indenizar constitui uma soma entre lesão de direitos e dano causado, de acordo com a seguinte fórmula:

Ato ilícito (art. 186 do CC) = Lesão de direitos + dano.

Esse comando legal apresenta duas importantes diferenças em relação ao art. 159 do CC/1916, seu correspondente na lei privada anterior, cuja redação também merece destaque:

---

[3] Com essa conclusão, por todos: BOULOS, Daniel M. *Abuso do direito no novo Código Civil*. São Paulo: Método, 2006. p. 243-259.

**"Art. 159.** Aquele que, por ação ou omissão voluntária, negligência, ou imprudência, violar direito, *ou* causar prejuízo a outrem, fica obrigado a reparar o dano. A verificação da culpa e a avaliação da responsabilidade regulam-se pelo disposto neste Código, artigos 1.518 a 1.532 e 1.537 a 1.553" (destacado).

A primeira e a mais importante diferença é que o dispositivo anterior utilizava a expressão *ou* em vez de *e*, que consta da atual legislação, admitindo o ato ilícito por mera lesão de direitos. Isso, como se pode perceber da fórmula antes apontada, não é mais possível. Em suma, o dano, pela exata dicção legal, é elemento fundamental para o ato ilícito civil e para o correspondente dever de reparar (art. 927, *caput*, do CC/2002).

Entretanto, pontue-se que há uma tendência de se reconhecer a *responsabilidade sem dano*, tema muito bem desenvolvido por Pablo Malheiros Cunha Frota em sua tese de doutorado defendida na UFPR.[4] O assunto ainda será aprofundado neste capítulo. Adiante-se que, no Projeto de Reforma do Código Civil, manteve-se a ideia de que a responsabilidade civil somente estará presente se houver dano.

A segunda é que a disposição atual permite a reparação do *dano moral puro*, sem repercussão patrimonial ("dano exclusivamente moral"). A previsão não tem grande importância prática como inovação, pois tal reparação já era admitida pela Constituição Federal, no seu art. 5.º, incs. V e X.

A consequência do ato ilícito é a obrigação de indenizar, de reparar o dano, nos termos da parte final do art. 927 do CC/2002. Repise-se, conforme exposto no Capítulo 2 desta obra, que estou filiado à corrente doutrinária segundo a qual o ato ilícito constitui um fato jurídico, mas não é um ato jurídico, eis que para este exige-se a licitude da conduta.

De todo modo, não se pode negar que há uma impropriedade técnica na atual redação do art. 186 do Código Civil, que precisa ser reparada, pois ali somente está tratada uma modalidade de ilícito, qual seja, a que interessa para a responsabilidade civil, justamente o *ilícito indenizante*.

Por isso, a Comissão de Juristas encarregada da Reforma do Código Civil sugere uma redação mais ampla para o preceito, para que passe a abarcar todas as modalidades de ato ilícito civil, como o *ilícito nulificante* – que gera a nulidade do negócio jurídico, nos termos do art. 166, inc. II, do Código Civil – e o *caducificante* – que ocasiona a perda de direitos –, na linha da classificação proposta por Pontes de Miranda.

Nesse contexto, em termos gerais, o *caput* do art. 186 do CC passará a prever que "a ilicitude civil decorre de violação a direito". Sobre o ilícito indenizante, o seu parágrafo único enunciará, mantendo a exigência do elemento dano: "aquele que, por ação ou omissão voluntária, negligência, imprudência ou imperícia, violar direito e causar dano a outrem, responde civilmente".

Por fim, em comando necessário relativo à responsabilidade civil extracontratual, abrindo o tratamento do tema e em termos gerais, a nova redação do art. 927 será a seguinte: "Art. 927. Aquele que causar dano a outrem fica obrigado a repará-lo. Parágrafo único: Haverá dever de reparar o dano daquele: I – cujo ato ilícito o tenha causado, nos termos do parágrafo único do art. 186 deste Código; II – que desenvolve atividade de risco especial; III – responsável indireto por ato de terceiro a ele vinculado, por fato de animal, coisa ou tecnologia a ele subordinado".

---

[4] FROTA, Pablo Malheiros Cunha. *Responsabilidade por danos*. Imputação e nexo de causalidade. Curitiba: Juruá, 2014. p. 225.

CAP. 4 • RESPONSABILIDADE CIVIL | **499**

Penso que essas alterações são mais do que necessárias, ajustando a lei à posição hoje amplamente majoritária da doutrina brasileira, um dos objetivos da citada Reforma.

Voltando-se ao sistema em vigor, ao lado do primeiro conceito de antijuridicidade, o art. 187 do CC traz uma nova dimensão de ilícito, consagrando a *teoria do abuso de direito* como ato ilícito, também conhecida por *teoria dos atos emulativos*. Amplia-se a noção de ato ilícito, para considerar como precursor da responsabilidade civil aquele ato praticado em exercício irregular de direitos, ou seja, o ato é originariamente lícito, mas foi exercido fora dos limites impostos pelo seu fim econômico ou social, pela boa-fé objetiva ou pelos bons costumes. É a redação desse importante comando legal:

"Art. 187. Também comete ato ilícito o titular de um direito que, ao exercê-lo, excede manifestamente os limites impostos pelo seu fim econômico e social, pela boa-fé ou pelos bons costumes".

Tal dispositivo revolucionou a visualização da responsabilidade civil, trazendo nova modalidade de ilícito, precursora do dever de indenizar. Trata-se de um dos mais importantes dispositivos da codificação privada de 2002 e, diante de sua excelência e perfeição, não há qualquer proposta de sua modificação no Projeto de Reforma do Código Civil.

Pela análise do art. 187 do Código Civil em vigor, conclui-se que a definição de abuso de direito está baseada em quatro conceitos legais indeterminados, cláusulas gerais que devem ser preenchidas pelo juiz caso a caso, a saber:

a) fim social;
b) fim econômico;
c) boa-fé;
d) bons costumes.

O conceito de abuso de direito é, por conseguinte, aberto e dinâmico, de acordo com a concepção tridimensional de Miguel Reale, pela qual o *Direito é fato, valor e norma*. Eis um conceito que segue a própria filosofia da codificação de 2002. O aplicador da norma, o juiz da causa, deverá ter plena consciência do aspecto social que circunda a lide, para aplicar a lei, julgando de acordo com a sua carga valorativa. Mais do que nunca, com o surgimento e o acatamento do abuso de direito como ato ilícito pelo atual Código Civil, terá força a tese pela qual a atividade do julgador é, sobretudo, ideológica.

Em reforço, o conceito de abuso de direito mantém íntima relação com o princípio da socialidade, adotado pela atual codificação, pois o art. 187 do CC faz referência ao *fim social* do instituto jurídico violado. A análise do termo bons costumes igualmente deve ser sociológica e temporal. Nesse diapasão, na *V Jornada de Direito Civil*, aprovou-se enunciado com o seguinte teor: "os bons costumes previstos no art. 187 do CC possuem natureza subjetiva, destinada ao controle da moralidade social de determinada época; e objetiva, para permitir a sindicância da violação dos negócios jurídicos em questões não abrangidas pela função social e pela boa-fé objetiva" (Enunciado n. 413).

O abuso de direito também interage com o princípio da eticidade, eis que o atual Código Civil prevê as consequências do ato ilícito para a pessoa que age em desrespeito à boa-fé, aqui prevista a boa-fé de natureza objetiva, relacionada com a conduta leal, proba e integradora das relações negociais. O art. 187 do CC/2002 consagra a *função de controle* exercida pela boa-fé objetiva, fazendo com que o abuso de direito esteja presente na esfera contratual, ou seja, da autonomia privada.

# 500 | MANUAL DE DIREITO CIVIL • VOLUME ÚNICO – *Flávio Tartuce*

A respeito do conceito de abuso de direito, o mais interessante produzido pela doutrina nacional, inclusive por seu intuito didático, é o de Rubens Limongi França, que em sua *Enciclopédia Saraiva do Direito* definiu o abuso de direito como "um ato jurídico de objeto lícito, mas cujo exercício, levado a efeito sem a devida regularidade, acarreta um resultado que se considera ilícito".[5]

Resumindo essa construção, pode-se chegar à conclusão de que o abuso de direito é um *ato lícito pelo conteúdo, ilícito pelas consequências,* tendo natureza jurídica mista – entre o ato jurídico e o ato ilícito – situando-se no mundo dos fatos jurídicos em sentido amplo. Em outras palavras, a ilicitude do abuso de direito está presente na forma de execução do ato. Dessas construções conclui-se que a diferença em relação ao ato ilícito tido como *puro* reside no fato de que o último é ilícito no todo, quanto ao conteúdo e quanto às consequências.

Esclareça-se, na linha do Enunciado n. 539 da *VI Jornada de Direito Civil,* que "o abuso de direito é uma categoria jurídica autônoma em relação à responsabilidade civil. Por isso, o exercício abusivo de posições jurídicas desafia controle independentemente de dano". De fato, cabem, por exemplo, medidas preventivas se o abuso de direito estiver presente, independentemente da presença do dano. Todavia, para que o abuso de direito seja analisado dentro da matéria deste capítulo, o dano deve estar presente, como se abstrai do art. 927, *caput,* do CC/2002, que exige o elemento objetivo do prejuízo para que surja a consequente responsabilidade civil do agente.

Em continuidade, para que o abuso de direito esteja configurado, nos termos do que está previsto na atual codificação privada, é importante que tal conduta seja praticada quando a pessoa exceda um direito que possui, atuando em *exercício irregular de direito,* conforme anotado por Nelson Nery Jr. e Rosa Maria de Andrade Nery.[6] Sendo assim, não há que se cogitar o elemento culpa na sua configuração, bastando que a conduta exceda os parâmetros que constam do art. 187 do CC.

Portanto, de acordo com o entendimento majoritário da doutrina nacional, presente o abuso de direito, a responsabilidade é objetiva, ou independentemente de culpa. Essa é a conclusão a que chegaram os juristas participantes da *I Jornada de Direito Civil* promovida pelo Conselho da Justiça Federal, com a aprovação do Enunciado n. 37 e que tem a seguinte redação: "Art. 187. A responsabilidade civil decorrente do abuso do direito independe de culpa, e fundamenta-se somente no critério objetivo-finalístico".[7]

Para esclarecer o enquadramento do abuso de direito como ato ilícito, serão buscados alguns exemplos dos institutos, já analisados pela doutrina e pela jurisprudência, em uma

---

[5] FRANÇA, Rubens Limongi. *Enciclopédia Saraiva de Direito.* São Paulo: Saraiva, 1977. v. 2, p. 45.

[6] NERY JR., Nelson; NERY, Rosa Maria de Andrade. *Código Civil anotado.* 2. ed. São Paulo: RT, 2003. p. 255.

[7] Na doutrina nacional, são partidários da tese de que a responsabilidade decorrente do abuso de direito é objetiva, entre outros: TEPEDINO, Gustavo; BARBOZA, Heloísa Helena; MORAES, Maria Celina Bodin de. *Código Civil interpretado conforme a Constituição da República.* Rio de Janeiro: Renovar, 2004. p 342; NORONHA, Fernando. *Direito das obrigações.* São Paulo: Saraiva, 2003. v. 1, p. 371-372; DINIZ, Maria Helena. *Código Civil anotado.* 15. ed. São Paulo: Saraiva, 2010. p. 209; DUARTE, Nestor. *Código Civil comentado.* Coord. Ministro Cezar Peluso. São Paulo: Manole, 2007. p. 124; GAGLIANO, Pablo Stolze; PAMPLONA FILHO, Rodolfo. *Novo curso de direito civil.* 9. ed. São Paulo: Saraiva, 2007. v. 1, p. 448; FARIAS, Cristiano Chaves; ROSENVALD, Nelson. *Direito civil.* Teoria geral. 4. ed. Rio de Janeiro: Lumen Juris, 2006. p. 479; CAVALIERI FILHO, Sérgio. *Programa de responsabilidade civil.* 7. ed. São Paulo: Atlas, 2007. p. 143; BOULOS, Daniel M. *Abuso do direito no novo Código Civil.* São Paulo: Método, 2006. p. 135-143. Já me filiei há tempos a esta corrente, por ocasião de um dos seus primeiros trabalhos: TARTUCE, Flávio. Considerações sobre o abuso de direito ou ato emulativo civil. In: DELGADO, Mário Luiz; ALVES, Jones Figueirêdo. *Questões controvertidas no novo Código Civil.* São Paulo: Método, 2004. v. 2, p. 92.

visão interdisciplinar. Como se concluiu na *V Jornada de Direito Civil*, o abuso de direito tem fundamento constitucional nos princípios da solidariedade, devido processo legal e proteção da confiança, aplicando-se a todos os ramos do direito (Enunciado n. 414).

### a) Direito do Consumidor. A publicidade abusiva como abuso de direito

O conceito de publicidade abusiva pode ser encontrado no art. 37, § 2.º, do CDC, cuja transcrição merece realce, para os devidos aprofundamentos: "§ 2.º É abusiva, dentre outras, a publicidade discriminatória de qualquer natureza, a que incite à violência, explore o medo ou a superstição, se aproveite da deficiência de julgamento e experiência da criança, desrespeita valores ambientais, ou que seja capaz de induzir o consumidor a se comportar de forma prejudicial ou perigosa à sua saúde ou segurança".

Consigne que o dispositivo é aplicado aos casos de oferta, publicidade e propaganda que envolvam a relação de consumo, podendo gerar uma responsabilidade de natureza pré-contratual do fornecedor de produtos ou prestador de serviços. A título de ilustração, cite-se julgado notório do Egrégio Tribunal de Justiça do Estado de São Paulo o qual considerou ser abusiva uma publicidade que incitava as crianças à destruição de tênis velhos, os quais deveriam ser substituídos por outros novos, situação tida como incentivadora da violência, abusando da inocência das crianças:

"Ação civil pública. Publicidade abusiva. Propaganda de tênis veiculada pela TV. Utilização da empatia da apresentadora. Induzimento das crianças a adotarem o comportamento da apresentadora destruindo tênis usados para que seus pais comprassem novos, da marca sugerida. Ofensa ao art. 37, § 2.º, do CDC. Sentença condenatória proibindo a veiculação e impondo encargo de contrapropaganda e multa pelo descumprimento da condenação. Contrapropaganda que se tornou inócua ante o tempo já decorrido desde a suspensão da mensagem. Recurso provido parcialmente" (TJSP, Apelação Cível 241.337-1, 3.ª Câmara de Direito Público, São Paulo, Rel. Ribeiro Machado, 30.04.1996, v.u.).

Pela ementa transcrita, nota-se que houve um enquadramento da prática como um *mau costume*, conceito que mantém relação íntima com o texto encontrado no art. 187 do CC.

Outro exemplo de abusividade envolve a publicidade discriminatória, prevista expressamente no texto consumerista, o que gera muitas vezes discussões administrativas. Entre as decisões do Conselho Nacional de Regulamentação Publicitária (CONAR), pode ser extraída ementa do ano de 2009, que tratou de preconceito contra os portugueses. Transcreve-se a decisão para as devidas reflexões:

"'Arno Laveo'. Representação n.º 441/08. Autor: Conar, a partir de queixa do consumidor. Anunciante: Arno. Relatora: Conselheira Cristina de Bonis. Segunda Câmara. Decisão: Arquivamento. Fundamento: Artigo 27, n.º 1, letra 'a' do Rice. Consumidora de Santo André, no ABC paulista, reclamou ao Conar do comercial de TV veiculado pela Arno. De acordo com a queixa, no referido anúncio há menção desmerecedora e até mesmo discriminatória com relação à determinada etnia, pelo uso de música típica portuguesa associada à conduta pouco inteligente. Além disso, a publicidade, segundo a denúncia, apresenta falta de cuidado dos protagonistas, que acabam provocando a queda de objeto do alto do prédio. Para a consumidora, embora a situação tenha sido utilizada como recurso humorístico, pode constituir-se exemplo inadequado de comportamento perigoso. A defesa alega que o comercial, entendido em seu verdadeiro sentido, nada tem que possa ser considerado um desrespeito aos portugueses, até porque não existe nenhuma menção à origem dos personagens.

Segundo o anunciante, trata-se de uma mensagem lúdica e bem-humorada, na qual aparece uma cena caricata, fantasiosa, de um casal que tenta lavar um ventilador com uma mangueira. O apelo, como argumenta a defesa, apenas ajuda a demonstrar os benefícios do produto, o ventilador Laveo, fácil de desmontar e lavar. O relator concordou com esta linha de argumentação, considerando, em seu parecer, que o comercial revela uma situação absurda e que não há como afirmar que se trata de uma melodia portuguesa, o que descaracteriza a tese da discriminação. Os membros do Conselho de Ética acolheram por unanimidade o voto pelo arquivamento da representação".

Em sentido oposto, ainda a ilustrar, o mesmo CONAR resolveu suspender campanha publicitária da Red Bull chamada de *Nazaré*, em que Jesus Cristo consumia o produto antes de andar sobre as águas. A decisão, prolatada em março de 2012, foi da 6.ª Câmara do Conselho de Ética (representação n.º 041/2012), concluindo por um atentado a valores religiosos da sociedade brasileira.

Em 2016, surgiu precedente importante sobre o tema no Superior Tribunal de Justiça, tratando de publicidade infantil. A Corte entendeu pela sua proibição, pelo fato de vincular a aquisição de brindes ao consumo exagerado do produto. Nos termos do aresto, "a hipótese dos autos caracteriza publicidade duplamente abusiva. Primeiro, por se tratar de anúncio ou promoção de venda de alimentos direcionada, direta ou indiretamente, às crianças. Segundo, pela evidente 'venda casada', ilícita em negócio jurídico entre adultos e, com maior razão, em contexto de *marketing* que utiliza ou manipula o universo lúdico infantil (art. 39, I, do CDC). 3. *In casu*, está configurada a venda casada, uma vez que, para adquirir/comprar o relógio, seria necessário que o consumidor comprasse também 5 (cinco) produtos da linha 'Gulosos'" (STJ, REsp 1.558.086/SP, 2.ª Turma, Rel. Min. Humberto Martins, j. 10.03.2016, *DJe* 15.04.2016). A conclusão do acórdão tem o meu apoio doutrinário e há uma tendência de sua aplicação em outros casos envolvendo a publicidade infantil.

### b) Direito do Trabalho. A greve abusiva e o abuso de direito do empregador

A vedação do abuso de direito em sede trabalhista tem se tornado comum, com vários julgados afastando a sua prática, particularmente com a imposição de sanções àqueles que o cometem.

O exemplo típico de caracterização do abuso de direito na área trabalhista ocorre no caso de abuso na greve, conforme o art. 9.º, § 2.º, da CF/1988. Sobre o tema, pronunciou-se o Supremo Tribunal Federal:

> "O direito à greve não é absoluto, devendo a categoria observar os parâmetros legais de regência. Descabe falar em transgressão à Carta da República quando o indeferimento da garantia de emprego decorre do fato de se haver enquadrado a greve como ilegal" (STF, RE 184.083, Rel. Min. Marco Aurélio, *DJ* 18.05.2001).

Partindo-se para as condutas abusivas do empregador, o Tribunal Regional do Trabalho da 2.ª Região, com sede em São Paulo, entendeu pela caracterização do abuso de direito em um caso em que o empregador dispensou um empregado doente. O Tribunal Trabalhista assim concluiu, pois a dispensa do empregado, que seria afastado em virtude de doença profissional, excede os limites da boa-fé objetiva, regramento básico da teoria geral dos contratos e que deve ser aplicado aos contratos de trabalho. Presente o abuso de direito, há o dever de indenizar os danos morais.

Segundo apontou a Juíza Catia Lungov, relatora do recurso ordinário no Tribunal, a empresa cometeu ato ilícito, "pois exerceu direito que excedeu os limites da boa-fé, que norteia a celebração dos contratos em geral, inclusive os de trabalho, consoante estipula o Código Civil em vigor". Ainda segundo a relatora, "restou configurada a imposição de dor moral despropositada ao trabalhador, eis que dispensado quando sem qualquer condição de procurar nova colocação no mercado de trabalho, quando, ao contrário, tinha direito a benefício previdenciário que a atividade da empregadora dificultou e procrastinou. (...) Nesse sentido, faz jus o autor a indenização por dano moral, que fixo no importe de R$ 3.000,00, compatível com os salários que seriam devidos, considerado o lapso desde a data em que findou o afastamento médico (29.01.2002) até a da concessão do benefício previdenciário (26.03.2002)" (TRT da 2.ª Região, 7.ª Turma, RO 01036.2002.036.02.00-0, julgado em março de 2005). Filia-se integralmente à decisão, que traz diálogo interessante entre as normas de Direito do Trabalho, o Código Civil e a própria Constituição Federal (*diálogo das fontes*).

Ainda para ilustrar, do mesmo Tribunal, entendeu-se pela configuração do abuso de direito em caso envolvendo a dispensa de empregado e a posterior declaração vexatória por parte do empregador. A ementa do julgado merece transcrição, como exemplo interessante de aplicação da tese do abuso de direito na fase pós-contratual do contrato de trabalho:

"Dano moral. Justa causa reconhecida. Publicidade vexatória dos fatos da dispensa. Inde-nização devida pelo empregador. Ainda que reconhecida judicialmente a falta grave, não há como confundir a prática da dispensa por justa causa, plenamente compatível com o legítimo exercício do *jus variandi*, com os danos morais decorrentes da divulgação dos fatos da dispensa pelo empregador, com vistas a produzir a execração pública do empre-gado. Não pode a empresa, sob pena de caracterização do *bis in idem*, impor penalização adicional que submeta o trabalhador a formas diretas ou indiretas de exclusão. Todo ser humano tem direito à preservação da sua integridade física, moral e intelectual. Mesmo faltoso, processado ou até condenado criminalmente, o trabalhador mantém íntegros e invioláveis os direitos inerentes à sua personalidade e dignidade, afetos aos fundamentos da República (CF/1988, arts. 1.º, III, e 5.º, III e X). O Código Civil de 2002 assegura os direitos da personalidade, que por sua expressão são irrenunciáveis (art. 11) e reparáveis, sempre que lesados (art. 12). *In casu*, a referência nominal ao reclamante, em carta aberta 'a quem possa interessar', encaminhada pelo empregador a amigos e clientes, contendo informações explícitas sobre a dispensa, prática de irregularidades e abertura de inquérito policial, configura abuso de direito, com lesão objetiva à personalidade do autor. Aqui o dano moral se reconhece não pela demissão por justa causa, que até restou confirmada, mas sim pela publicidade nominal, vexatória, desnecessária e claramente persecutória, dos fatos da dispensa e do inquérito policial logo a seguir arquivado, afetando a integridade moral do empregado perante a sociedade e o mercado de trabalho" (TRT 2.ª Região, Recurso Ordinário, Acórdão 20050288908, Processo 00657-2000-064-02-00-3/2003, 4.ª Turma, Rel. Ricardo Artur Costa e Trigueiros, Rev. Vilma Mazzei Capatto, j. 10.05.2005, Data de publicação 20.05.2005).

Por fim, a respeito dessa seara, a própria doutrina trabalhista vem tratando do tema do abuso de direito. Mencione-se o trabalho de Edilton Meireles, que procurou explorar o tema de forma abrangente e exaustiva, trazendo vários exemplos de cláusulas e práticas abusivas no contrato de trabalho, tais como: a remuneração aviltante, a presença de multas contratuais abusivas, a previsão de adicional de assiduidade, a previsão de cláusula de pror-rogações sucessivas do contrato provisório, a elaboração de listas de maus empregados, o assédio moral, o rompimento contratual abusivo, o abuso ao não contratar, entre outros.[8] As ilustrações são precisas para demonstrar a aplicação do instituto para o âmbito trabalhista.

---

[8] MEIRELES, Edilton. *Abuso do direito na relação de emprego*. São Paulo: LTr, 2005.

## 504 | MANUAL DE DIREITO CIVIL • VOLUME ÚNICO – *Flávio Tartuce*

*c) Direito processual. O abuso no processo, a lide temerária e o assédio judicial*

Conforme se extrai da obra de Sílvio de Salvo Venosa, citando o anterior Código de Processo Civil, "no direito processual, o abuso de direito caracteriza-se pela lide temerária, trazendo o CPC, nos arts. 14 e 16, descrição pormenorizada da falta processual".[9] No mesmo sentido, as lições de Maria Helena Diniz: "se o litigante ou exequente (CPC, art. 598), em processo de conhecimento ou de execução, formular pretensões, oferecer defesas ciente de que são destituídas de fundamento, praticar atos probatórios desnecessários à defesa do direito, alterar intencionalmente a verdade dos fatos, omitir fatos essenciais ao julgamento da causa, enfim, se se apresentarem todas as situações de má-fé arroladas no Código de Processo Civil, art. 17, estará agindo abusivamente e deverá responder por perdas e danos, indenizando a parte contrária dos prejuízos advindos do processo e de sua conduta dolosa".[10]

Nessa linha de raciocínio, merecem ser transcritos os arts. 16 a 18 do CPC/1973, que sempre serviram como parâmetros para a caracterização do *abuso de direito processual* ou *abuso no processo*, prevendo, o último dispositivo, penalidade processual que não exclui as demais perdas e danos. Os dispositivos foram repetidos pelos arts. 79 a 81 do CPC/2015, com algumas pequenas alterações. Vejamos com destaques:

| Código de Processo Civil de 2015 | Código de Processo Civil de 1973 |
| --- | --- |
| "Art. 79. Responde por perdas e danos aquele que litigar de má-fé como autor, réu ou interveniente." | "Art. 16. Responde por perdas e danos aquele que pleitear de má-fé como autor, réu ou interveniente." |
| "Art. 80. Considera-se litigante de má-fé aquele que: | "Art. 17. Reputa-se litigante de má-fé aquele que: (Redação dada pela Lei n.º 6.771, de 27.03.1980.) |
| I – deduzir pretensão ou defesa contra texto expresso de lei ou fato incontroverso; | I – deduzir pretensão ou defesa contra texto expresso de lei ou fato incontroverso; (Redação dada pela Lei n.º 6.771, de 27.03.1980.) |
| II – alterar a verdade dos fatos; | II – alterar a verdade dos fatos; (Redação dada pela Lei n.º 6.771, de 27.3.1980.) |
| III – usar do processo para conseguir objetivo ilegal; | III – usar do processo para conseguir objetivo ilegal; (Redação dada pela Lei n.º 6.771, de 27.03.1980.) |
| IV – opuser resistência injustificada ao andamento do processo; | IV – opuser resistência injustificada ao andamento do processo; (Redação dada pela Lei n.º 6.771, de 27.03.1980.) |
| V – proceder de modo temerário em qualquer incidente ou ato do processo; | V – proceder de modo temerário em qualquer incidente ou ato do processo; (Redação dada pela Lei n.º 6.771, de 27.03.1980.) |
| VI – provocar incidente manifestamente infundado; | VI – provocar incidentes manifestamente infundados. (Redação dada pela Lei n.º 6.771, de 27.03.1980.) |

---

[9] VENOSA, Sílvio de Salvo. *Código Civil interpretado*. São Paulo: Atlas, 2010. p. 208.
[10] DINIZ, Maria Helena. *Código Civil anotado*. 15. ed. São Paulo: Saraiva, 2010. p. 210-211.

| Código de Processo Civil de 2015 | Código de Processo Civil de 1973 |
|---|---|
| VII – interpuser recurso com intuito manifestamente protelatório." | VII – interpuser recurso com intuito manifestamente protelatório. (Incluído pela Lei n.º 9.668, de 23.06.1998.)" |
| "Art. 81. De ofício ou a requerimento, o juiz condenará o litigante de má-fé a pagar multa, que deverá ser superior a um por cento e inferior a dez por cento do valor corrigido da causa, e a indenizar a parte contrária pelos prejuízos que esta sofreu, além de honorários advocatícios e de todas as despesas que efetuou. | "Art. 18. O juiz ou tribunal, de ofício ou a requerimento, condenará o litigante de má-fé a pagar multa não excedente a um por cento sobre o valor da causa e a indenizar a parte contrária dos prejuízos que esta sofreu, mais os honorários advocatícios e todas as despesas que efetuou. (Redação dada pela Lei n.º 9.668, de 23.06.1998.) |
| § 1.º Quando forem dois ou mais os litigantes de má-fé, o juiz condenará cada um na proporção de seu respectivo interesse na causa ou solidariamente aqueles que se coligaram para lesar a parte contrária. | § 1.º Quando forem dois ou mais os litigantes de má-fé, o juiz condenará cada um na proporção do seu respectivo interesse na causa, ou solidariamente aqueles que se coligaram para lesar a parte contrária. |
| § 2.º Quando o valor da causa for irrisório ou inestimável, a multa poderá ser fixada em até dez vezes o valor do salário mínimo. | § 2.º O valor da indenização será desde logo fixado pelo juiz, em quantia não superior a 20% (vinte por cento) sobre o valor da causa, ou liquidado por arbitramento. (Redação dada pela Lei n.º 8.952, de 13.12.1994.) |
| § 3.º O valor da indenização será fixado pelo juiz, ou, caso não seja possível mensurá-la, liquidado por arbitramento ou pelo procedimento comum, nos próprios autos." | |

Como se pode perceber pelos destaques feitos no quadro comparativo, a principal mudança da novel legislação processual foi a retirada de um limite para a pena de litigância de má-fé, adotando-se um modelo aberto, a ser preenchido pelo juiz caso a caso. Entendo que a inovação veio em boa hora para que o abuso no processo seja devidamente condenado e punido.

Ainda para ilustrar como outra hipótese de *abuso no processo*, pode ser citado o recente tema do *assédio judicial*, presente quando alguém que exerce alguma forma de liderança instiga os liderados a promoverem demandas descabidas contra determinada pessoa. O caso, sem dúvidas, é de abuso de direito processual, devendo ser resolvido pela responsabilidade civil, com a imputação do dever de indenizar.

Por fim quanto às concretizações do abuso no processo, da jurisprudência superior, concluiu o Superior Tribunal de Justiça que "o advogado que ajuizou ação de execução de honorários de sucumbência não só contra a sociedade limitada que exclusivamente constava como sucumbente no título judicial, mas também, sem qualquer justificativa, contra seus sócios dirigentes, os quais tiveram valores de sua conta bancária bloqueados sem aplicação da teoria da desconsideração da personalidade jurídica, deve aos sócios indenização pelos danos materiais e morais que sofreram. Com efeito, a lei não faculta ao exequente escolher quem se sujeitará à ação executiva, independentemente de quem seja o devedor vinculado ao título executivo" (STJ, REsp 1.245.712/MT, Rel. Min. João Otávio de Noronha, j. 11.03.2014, publicado no seu *Informativo* n. 539). O ingresso de duas demandas, como no caso julgado, deixa clara a presença do abuso de direito processual.

## 506 | MANUAL DE DIREITO CIVIL • VOLUME ÚNICO – *Flávio Tartuce*

### d) Direito Civil. Direito das Coisas. Abuso no exercício da propriedade

Desde os primórdios do Direito Romano e passando pelo Direito Medieval, o exemplo típico de *ato emulativo* está relacionado com os abusos decorrentes do exercício do direito de propriedade, principalmente aqueles que envolvem os direitos de vizinhança. Pode-se afirmar que um dos conceitos que mais evoluiu no Direito Privado é o de propriedade, ganhando uma nova roupagem com a promulgação do Código Civil de 2002, o que se almeja ampliar com o Projeto de Reforma do Código Civil.

As atribuições da propriedade estão previstas no *caput* do art. 1.228 do Código Civil em vigor, que repete parcialmente o que estava previsto no art. 524 do CC/1916. O direito de propriedade é aquele que atribui ao seu titular as prerrogativas de usar, gozar, buscar ou reaver a coisa, sendo oponível contra todos (*erga omnes*).

A reunião dessas quatro prerrogativas ou atributos caracteriza a propriedade plena, sendo necessário observar que esses elementos encontram limitações na própria norma civil codificada, eis que deve a propriedade ser limitada pelos direitos sociais e coletivos. Se na teoria clássica isso já era observado, é de se imaginar que agora, após as revoluções populares históricas, a concepção de propriedade ficou ainda mais restrita. Nesse sentido, interessante verificar como se pronunciou o Supremo Tribunal Federal, no que concerne à função social da propriedade e sobre o fato de ela gerar uma espécie de *hipoteca social* no bem:

> "O direito de propriedade não se reveste de caráter absoluto, eis que, sobre ele, pesa grave hipoteca social, a significar que, descumprida a função social que lhe é inerente (CF/1988, art. 5.º, XXIII), legitimar-se-á a intervenção estatal na esfera dominial privada, observados, contudo, para esse efeito, os limites, as formas e os procedimentos fixados na própria Constituição da República. O acesso à terra, a solução dos conflitos sociais, o aproveitamento racional e adequado do imóvel rural, a utilização apropriada dos recursos naturais disponíveis e a preservação do meio ambiente constituem elementos de realização da função social da propriedade" (STF, ADIn 2.213-MC, Rel. Min. Celso de Mello, *DJ* 23.04.2004).

Cumpre anotar que o Código Civil de 2002 – a exemplo do que fazia a codificação anterior – consagra limitações para a utilização da propriedade, principalmente a imóvel, com a previsão do direito de vizinhança, a partir do seu art. 1.277, que traz regras relacionadas com o uso nocivo da propriedade, com as árvores limítrofes, com a passagem forçada, com as águas e com os limites entre prédios.

Em reforço, o Direito Ambiental, particularmente pelo seu fundamento constitucional relacionado com a função social da propriedade, também trouxe outras importantíssimas limitações, sendo razão relevante para a restrição dos direitos advindos da propriedade. Seguindo essa lógica, merece destaque o que está previsto no § 1.º do art. 1.228 da atual codificação material, cujo teor de redação é o seguinte: "o direito de propriedade deve ser exercido em consonância com as suas finalidades econômicas e sociais e de modo que sejam preservados, de conformidade com o estabelecido em lei especial, a flora, a fauna, as belezas naturais, o equilíbrio ecológico e o patrimônio histórico, artístico, bem como evitada a poluição do ar e das águas".

Assim sendo, a lei, ao fixar os contornos do conceito de propriedade, determina algumas limitações no interesse da coletividade. Na defesa do interesse público, há restrições relacionadas com a segurança e a defesa nacional, com a economia, com a higiene e saúde pública, com o interesse urbanístico, com a cultura nacional e o patrimônio cultural e artístico. Existem também outras restrições, em defesa do interesse particular, previstas no Código Civil, conforme comentado. Tudo isso estribado no que prevê o Texto Maior, em seu art. 5.º, inc. XXIII, ao consagrar a *função social da propriedade*.

Por tudo isso, e pela concepção de um direito de propriedade relativizado, parece que constitui abuso de direito a situação em que o proprietário se excede no exercício de qualquer um dos atributos decorrentes do domínio, de forma a causar prejuízo a outrem, como ocorre, por exemplo, no caso de danos ambientais e ecológicos. Francisco Amaral assim também elucida: "são exemplos práticos de abuso de direito os que se verificam nas relações de vizinhança, na defesa da propriedade de imóvel invadido, em matéria de usufruto, quando o usufrutuário permite a deterioração do bem usufruído".[11]

O *ato emulativo* no exercício do direito de propriedade está vedado expressamente no § 2.º do art. 1.228 do CC, pelo qual: "são defesos os atos que não trazem ao proprietário qualquer comodidade, ou utilidade, e sejam animados pela intenção de prejudicar outrem". Fica a ressalva de que igualmente pode estar configurado o ato emulativo se o proprietário tiver vantagens com o prejuízo alheio. A previsão codificada é meramente exemplificativa, e não taxativa.

Como concretização do abuso de direito no exercício da propriedade pode ser citado o contemporâneo exemplo do excesso de animais em casa ou apartamento, conforme o entendimento jurisprudencial:

"Ação de dano infecto. Nulidade da citação postal. Comparecimento espontâneo do réu. Suprimento do vício. Cerceamento de defesa. Inocorrência. Mérito. Quantidade excessiva de animais de estimação (gatos) em terreno particular, vindo a comprometer a segurança, o sossego e a saúde dos moradores da propriedade privada contígua. Obrigação de construção de abrigo para os animais, que resguarde a integridade do bem alheio. Sentença mantida. Recurso desprovido. (...) O proprietário ou inquilino de um prédio, tem o direito de impedir que o mau uso da propriedade vizinha, venha a lhe causar prejuízos quanto a segurança, o sossego e a saúde dos moradores. (Apelação cível n. 99.002946-8, Rel. Des. José Volpato de Souza). Caracterizado, no caso concreto, o abuso no exercício do direito de propriedade, por quem mantém em seu terreno mais de vinte e cinco felinos, sem qualquer restrição à circulação para os imóveis lindeiros, o que força compelir o dono à adoção de medidas aptas a obstar tal violação à integridade alheia, mediante obras de confinamento dos animais aos limites do seu terreno, sob pena de pagamento de multa diária (art. 461 do CPC)" (TJSC, Acórdão 2008.082251-0, 3.ª Câmara de Direito Civil, Cunha Porá, Rel. Des. Maria do Rocio Luz Santa Ritta, *DJSC* 19.05.2009, p. 131).

"Direito de vizinhança. Uso nocivo da propriedade. Oito cães em pequeno quintal. Ruídos e odores excessivos. Sentença mantida para limitar a dois animais. Recurso improvido" (TJSP, Apelação Cível 846.178-0/0, 36.ª Câmara de Direito Privado, São Paulo, Rel. Pedro Baccarat, 24.08.2006, v.u., Voto 1.465).

De qualquer forma, surge aqui uma polêmica, relacionada a uma aparente contradição entre o art. 187 do CC e o último dispositivo citado. Isso porque o art. 1.228, § 2.º, do CC, faz referência ao *dolo*, ao mencionar a intenção de prejudicar outrem. Sendo assim, o dispositivo estaria a exigir tal elemento para a caracterização do ato emulativo no exercício da propriedade, o que conduziria à responsabilidade subjetiva. Por outra via, como aqui demonstrado, o art. 187 do Código consolida a responsabilidade objetiva (sem culpa), no

---

[11] AMARAL, Francisco. Os atos ilícitos. *O novo Código Civil*. Estudos em Homenagem a Miguel Reale. São Paulo: LTr, 2003. p. 162.

caso de abuso de direito. Essa contradição foi muito bem observada por Rodrigo Reis Mazzei, que assim conclui:

"A melhor solução para o problema é a reforma legislativa, com a retirada do disposto no § 2.º do art. 1.228 do Código Civil, pois se eliminará a norma conflituosa, sendo o art. 187 do mesmo diploma suficiente para regular o abuso de direito, em qualquer relação ou figura privada, abrangendo os atos decorrentes do exercício dos poderes inerentes à propriedade. Até que se faça a (reclamada) reforma legislativa, o intérprete e o aplicador do Código Civil devem implementar interpretação restritiva ao § 2.º do art. 1.228, afastando do dispositivo a intenção (ou qualquer elemento da culpa) para a aferição do abuso de direito por aquele que exerce os poderes inerentes à propriedade".[12]

Tem razão o doutrinador. Esse, aliás, é o mesmo raciocínio que consta do Enunciado n. 49 do CJF/STJ, aprovado na *I Jornada de Direito Civil*, pelo qual "a regra do art. 1.228, § 2.º, do novo Código Civil interpreta-se restritivamente, em harmonia com o princípio da função social da propriedade e com o disposto no art. 187".

No atual Projeto de Reforma do Código Civil, também se almeja reparar a hoje equivocada previsão do art. 1.228, § 2.º, na linha dessas lições doutrinárias, que passará a enunciar o seguinte: "são defesos os atos que não tragam ao proprietário qualquer comodidade ou utilidade, ou que sejam praticados com abuso de direito, nos termos do art. 187 deste Código".

De todo modo, mesmo ainda sem a alteração legislativa, deve prevalecer a responsabilidade objetiva retirada do art. 187 do CC/2002, que serve como leme orientador obrigatório para os efeitos jurídicos do ato emulativo.

### e) *Direito Digital ou Eletrônico. "Spam" e abuso de direito*

O Direito Digital ou Eletrônico ainda está em vias de formação, como qualquer ciência relacionada à grande rede, a *Internet*. A expressão *Direito Digital* é utilizada pela especialista Patrícia Peck Pinheiro, que leciona: "o Direito Digital consiste na evolução do próprio Direito, abrangendo todos os princípios fundamentais e institutos que estão vigentes e são aplicados até hoje, assim como introduzindo novos institutos e elementos para o pensamento jurídico, em todas as suas áreas (Direito Civil, Direito Autoral, Direito Comercial, Direito Contratual, Direito Econômico, Direito Financeiro, Direito Tributário, Direito Penal, Direito Internacional etc.)".[13]

Com a ausência de uma lei específica, deve-se compreender que o atual Código Civil pode ser perfeitamente aplicado aos contratos eletrônicos, sendo correto o raciocínio de aplicar as regras gerais de responsabilidade civil às situações que envolvem a Internet, como no caso do instituto do abuso de direito, previsto no art. 187 da nova norma privada.

Seja como for, atendendo ao pedido do Presidente do Senado Federal, Rodrigo Pacheco, a Comissão de Juristas nomeada no âmbito do Congresso Nacional enviou propostas de inclusão, no Código Civil, de um novo livro, denominado *Direito Civil Digital*. Essa foi uma das razões principais apontadas para se empreender este trabalho de atualização, com o fim de colocar o Código Civil na era digital e trazer maior certeza e segurança jurídica para o Direito Privado.

---

[12] MAZZEI, Rodrigo Reis. Abuso de direito: contradição entre o § 2.º do art. 1.228 e o art. 187 do Código Civil. In: BARROSO, Lucas Abreu (Org.). *Introdução crítica ao Código Civil*. Rio de Janeiro: Forense, 2006. p. 356.

[13] PINHEIRO, Patrícia Peck. *Direito digital*. 2. ed. São Paulo: Saraiva, 2008. p. 29.

Nos termos da norma projetada para a abertura deste livro, "o *Direito Civil Digital*, conforme regulado neste Código, visa a fortalecer o exercício da autonomia privada, a preservar a dignidade das pessoas e a segurança de seu patrimônio, bem como apontar critérios para definir a licitude e a regularidade dos atos e das atividades que se desenvolvem no ambiente digital". Como não poderia ser diferente, o novo livro tratará de temas relativos à responsabilidade civil digital, assunto que necessita de profundas e urgentes alterações, como será desenvolvido em capítulos próprios desta obra.

Como exemplo que sempre utilizei a respeito dessa interação, o *spam* nada mais é do que o envio ao consumidor-usuário de publicidade de serviços ou produtos, sem que essa tenha sido solicitada. A origem da expressão está no conhecido enlatado americano de presunto, comumente distribuído em tempos de crise, tido como algo indigesto, como é a mensagem eletrônica não solicitada.

O ato de envio constitui abuso de direito – assemelhado ao ato ilícito pelas eventuais consequências –, eis que o usuário da Internet não a solicita, não fornece seu endereço virtual, e, mesmo assim, recebe em sua caixa de correio eletrônico convites a aderir aos mais variados planos, produtos, grupos, jogos, serviços, entre outros. Muitos golpes recentes, efetivados pela internet, também utilizam o envio de *e-mail*. Após receber tais mensagens, o usuário perderá um bom tempo selecionando, lendo e excluindo aquelas inúmeras mensagens indesejadas.

Pela falência que pode gerar à internet deve-se entender que o *spam* contraria o fim social e econômico da *grande rede,* o que de imediato serve para enquadrar a prática como abuso de direito ou ato emulativo. Também é forçoso concluir que a conduta dos *spammers* é atentatória à boa-fé objetiva. Uma pessoa que nunca solicitou a mensagem mesmo assim a recebe, o que está distante da probidade e lealdade que se espera das relações interpessoais, ainda que sejam virtuais. O destinatário recebe de um fornecedor para o qual ele nunca deu seu endereço virtual um *e-mail* que se mostra totalmente irrelevante e dispensável.

Em suma, indeclinável em algumas situações o dano material que acaba por atingir interesses da pessoa. Pelo fato de o *spam* produzir também lesão a direitos personalíssimos, deve ser concluído que cabe ao prejudicado o pedido de que a prática cesse, ou a reclamação de perdas e danos, conforme regra expressa do art. 12 do CC. Ilustrando, imagine-se a hipótese de alguém que recebe um *e-mail* não solicitado em seu computador, fazendo com que se perca um trabalho acadêmico escrito por cerca de dois anos. Sem dúvida que caberá a indenização material e moral em casos tais.

Como última nota sobre o tema, espero o surgimento de um tratamento legislativo eficiente a respeito da temática. No Projeto de Reforma do Código Civil, em várias de suas proposições, protege-se a intimidade e a privacidade das pessoas no âmbito da *internet.* Destaco, a propósito, a seguinte proposta, que ainda não tem numeração, assim como os demais artigos do novo livro do *Direito Civil Digital*: "a tutela dos direitos de personalidade, como salvaguarda da dignidade humana, alcança outros direitos e deveres que surjam do progresso tecnológico, impondo aos intérpretes dos fatos que ocorram no ambiente digital atenção constante para as novas dimensões jurídicas deste avanço". Como outra importante proposição, o dispositivo que enumera os fundamentos ou princípios da disciplina denominada *Direito Civil Digital* expressa como primeiro deles "o respeito à privacidade, à proteção de dados pessoais e patrimoniais, bem como à autodeterminação informativa".

Até que a aprovação dessas propostas de leis ocorra, a minha opinião doutrinária continua sendo que o *spam* pode ser considerado como abuso de direito e, presente o dano, caberá a consequente responsabilidade civil daquele que envia as mensagens de forma descontrolada.

# 4.2 ELEMENTOS DA RESPONSABILIDADE CIVIL OU PRESSUPOSTOS DO DEVER DE INDENIZAR

## 4.2.1 Primeiras palavras conceituais

Não há unanimidade doutrinária em relação a quais são os elementos estruturais da responsabilidade civil ou pressupostos do dever de indenizar. Assim, será buscado nos entendimentos dos autores brasileiros algo próximo de uma unanimidade. Vejamos:

- Maria Helena Diniz aponta a existência de três elementos, a saber: *a)* existência de uma ação, comissiva ou omissiva, qualificada juridicamente, isto é, que se apresenta como ato ilícito ou lícito, pois ao lado da culpa como fundamento da responsabilidade civil há o risco; *b)* ocorrência de um dano moral ou patrimonial causado à vítima; *c)* nexo de causalidade entre o dano e a ação, o que constitui o fato gerador da responsabilidade.[14]

- Sílvio de Salvo Venosa leciona que quatro são os elementos do dever de indenizar: *a)* ação ou omissão voluntária; *b)* relação de causalidade ou nexo causal; *c)* dano; *d)* culpa.[15]

- Carlos Roberto Gonçalves leciona que são quatro os pressupostos da responsabilidade civil: *a)* ação ou omissão; *b)* culpa ou dolo do agente; *c)* relação de causalidade; *d)* dano.[16]

- Para Sérgio Cavalieri Filho são três os elementos: *a)* conduta culposa do agente; *b)* nexo causal; *c)* dano.[17]

A primeira conclusão é que, tradicionalmente, a doutrina continua considerando a culpa genérica ou *lato sensu* como pressuposto do dever de indenizar, em regra. Todavia, há doutrinadores que deduzem ser a culpa genérica um *elemento acidental* da responsabilidade civil, como é o caso de Pablo Stolze Gagliano e Rodolfo Pamplona Filho, que apresentam somente três elementos para o dever de indenizar: *a)* conduta humana (positiva ou negativa), *b)* dano ou prejuízo e *c)* nexo de causalidade.[18]

De qualquer forma, ainda prevalece o entendimento de que a culpa em sentido amplo ou genérico é sim elemento essencial da responsabilidade civil, tese à qual sempre estive filiado. Desse modo, pode ser apontada a existência de *quatro pressupostos* do dever de indenizar, reunindo os doutrinadores aqui destacados:

> a) conduta humana;
> b) culpa genérica ou *lato sensu*;
> c) nexo de causalidade;
> d) dano ou prejuízo.

Passa-se, separadamente, ao estudo de tais elementos da responsabilidade civil ou pressupostos do dever de indenizar.

---

[14] DINIZ, Maria Helena. *Curso de direito civil brasileiro*. 19. ed. São Paulo: Saraiva, 2005. v. 7, p. 42.

[15] VENOSA, Sílvio de Salvo. *Código Civil interpretado*. São Paulo: Atlas, 2010. p. 839.

[16] GONÇALVES, Carlos Roberto. *Responsabilidade civil*. 9. ed. São Paulo: Saraiva, 2005. p. 32.

[17] CAVALIERI FILHO, Sérgio. *Programa de responsabilidade civil*. 6. ed. São Paulo: Malheiros, 2005. p. 41.

[18] GAGLIANO, Pablo Stolze; PAMPLONA FILHO, Rodolfo. *Novo curso de direito civil*. São Paulo: Saraiva, 2003. v. II. p. 28.

## 4.2.2 Conduta humana

Para alguns autores, como exposto, a conduta humana e a culpa podem ser fundidas como um só elemento subjetivo da responsabilidade civil. Para fins didáticos, preferimos dividi-las. Assim sendo, a conduta humana pode ser causada por uma ação (conduta positiva) ou omissão (conduta negativa) voluntária ou por negligência, imprudência ou imperícia, modelos jurídicos que caracterizam o dolo e a culpa, respectivamente.

A regra é a ação ou conduta positiva; já para a configuração da omissão é necessário que exista o dever jurídico de praticar determinado ato (omissão genérica), bem como a prova de que a conduta não foi praticada (omissão específica).

Em reforço, para a omissão é necessária ainda a demonstração de que, caso a conduta fosse praticada, o dano poderia ter sido evitado. A ilustrar a aplicação dessas premissas a respeito da omissão, a jurisprudência nacional tem entendido que o condomínio, em regra, não responde pelo roubo ou furto do veículo no seu interior, uma vez que não há por parte deste, ou de seus prepostos, o dever legal de impedir o ilícito. Nesse sentido:

> "Agravo regimental no agravo de instrumento. Responsabilidade civil. Condomínio. Furto em unidade autônoma. Matéria de prova. Súmula 7/STJ. Alegada existência de cláusula de responsabilidade. Súmula 5/STJ. Preposto. Responsabilidade objetiva do condomínio. Ausência de prequestionamento. Súmula 211/STJ. Precedentes. 1. A Segunda Seção desta Corte firmou entendimento no sentido de que 'O condomínio só responde por furtos ocorridos nas suas áreas comuns se isso estiver expressamente previsto na respectiva convenção' (EREsp 268669/SP, Rel. Min. Ari Pargendler, *DJ* 26.04.2006). 2. Na hipótese dos autos, o acórdão recorrido está fundamentado no fato de que: (a) o furto ocorreu no interior de uma unidade autônoma do condomínio e não em uma área comum; (b) o autor não logrou êxito em demonstrar a existência de cláusula de responsabilidade do condomínio em indenizar casos de furto e roubo ocorridos em suas dependências. 3. Para se concluir que o furto ocorreu nas dependências comuns do edifício e que tal responsabilidade foi prevista na Convenção do condomínio em questão, como alega a agravante, seria necessário rever todo o conjunto fático probatório dos autos, bem como analisar as cláusulas da referida Convenção, medidas, no entanto, incabíveis em sede de recurso especial, a teor das Súmulas 5 e 7 desta Corte. 4. Impossibilidade de análise da questão relativa à responsabilidade objetiva do condomínio pelos atos praticados por seus prepostos por ausência de prequestionamento. 5. Agravo regimental a que se nega provimento" (STJ, AgRg no Ag 1102361/RJ, 4.ª Turma, Rel. Min. Raul Araújo, j. 15.06.2010, *DJe* 28.06.2010).

Como se pode perceber do julgado, o condomínio somente responde quando há um comprometimento com a segurança, em regra na própria convenção. De fato, a correta conclusão é a de que pela falta de segurança pública quem deve responder, em regra, é o Estado.

Sabe-se que a regra é a responsabilidade que decorre da conduta ou ato próprio, respondendo o agente com o seu patrimônio, nos termos do art. 942, *caput*, do CC/2002: "os bens do responsável pela ofensa ou violação do direito de outrem ficam sujeitos à reparação do dano causado; e se a ofensa tiver mais de um autor, todos responderão solidariamente pela reparação". O dispositivo abraçou o *princípio da responsabilidade civil patrimonial*, agora em sede de responsabilidade civil extracontratual.

Por fim, anote-se que além de responder por ato próprio, o que acaba sendo a regra da responsabilidade civil, a pessoa pode responder por ato de terceiro, como nos casos previstos no art. 932 do CC. Pode ainda responder por fato de animal (art. 936 do CC), por fato de uma coisa inanimada (arts. 937 e 938 do CC) ou mesmo por um produto

# 512 | MANUAL DE DIREITO CIVIL • VOLUME ÚNICO – Flávio Tartuce

colocado no mercado de consumo (arts. 12, 13, 14, 18 e 19 da Lei n. 8.078/1990). Todas essas hipóteses legais, geradoras de responsabilidade objetiva ou sem culpa, ainda serão abordadas na presente obra.

## 4.2.3 A culpa genérica ou *lato sensu*

Esclareça-se que, quando se fala em *responsabilidade com ou sem culpa*, leva-se em conta a culpa em sentido amplo ou a *culpa genérica* (culpa *lato sensu*), que engloba o dolo e a culpa estrita (*stricto sensu*). Vejamos tais conceitos de forma detalhada.

### 4.2.3.1 *O dolo*

O dolo constitui uma violação intencional do dever jurídico com o objetivo de prejudicar outrem. Trata-se da ação ou omissão voluntária mencionada no art. 186 do CC. Nos termos do que consta do art. 944, *caput*, do Código Civil, presente o dolo, vale a regra do *princípio da reparação integral dos danos*, o que significa que todos os danos suportados pela vítima serão plenamente indenizados, sem qualquer restrição.

Isso porque, presente o dolo do agente, em regra, não se pode falar em culpa concorrente da vítima ou de terceiro, a gerar a redução por equidade da indenização. Porém, se a vítima tiver concorrido culposamente para o evento danoso, a sua indenização será fixada tendo-se em conta a gravidade de sua culpa em confronto com a do autor do dano (art. 945 do CC).

O dolo, na responsabilidade civil, merece o mesmo tratamento da culpa grave ou gravíssima. A conclusão, de que o dolo equivale à culpa grave, vem do brocardo latino *culpa lata dolo aequiparatur*, originário do Direito Romano, e com grande aplicação na atualidade.

Para o Direito Civil não interessa o estudo da classificação do Direito Penal quanto ao dolo e, consequentemente, dos conceitos de *dolo eventual, dolo não eventual* ou *preterdolo*. Em todos esses casos, o agente deverá arcar integralmente quanto a todos os prejuízos causados ao ofendido. Em suma, repise-se que, presente o dolo, a indenização a ser paga pelo agente deve ser plena.

### 4.2.3.2 *Da culpa estrita ou* stricto sensu

A partir das lições do italiano Chironi, a culpa pode ser conceituada como o desrespeito a um dever preexistente, não havendo propriamente uma intenção de violar o dever jurídico.[19] Na doutrina nacional, Sérgio Cavalieri Filho apresenta três elementos na caracterização da culpa: *a)* a conduta voluntária com resultado involuntário; *b)* a previsão ou previsibilidade; e *c)* a falta de cuidado, cautela, diligência e atenção. Conforme os seus ensinamentos, "em suma, enquanto no dolo o agente quer a conduta e o resultado, a causa e a consequência, na culpa a vontade não vai além da ação ou omissão. O agente quer a conduta, não, porém, o resultado; quer a causa, mas não quer o efeito".[20] Concluindo, deve-se retirar da culpa o elemento intencional, que está presente no dolo.

Em uma visão subjetiva que ainda persiste na atual codificação civil, a culpa é relacionada com os seguintes modelos jurídicos, retirados também do art. 18 do Código Penal:

---

[19] CHIRONI, G. P. La colpa nel diritto civile odierno. *Colpa contrattuale*. 2. ed. Torino: Fatelli Bocca, 1925. p. 5.
[20] CAVALIERI FILHO, Sérgio. *Programa de responsabilidade civil*. 6. ed. São Paulo: Malheiros, 2005. p. 59.

| | |
|---|---|
| **Imprudência** | Falta de cuidado + ação (prevista no art. 186 do CC). Exemplo: dirigir em alta velocidade. |
| **Negligência** | Falta de cuidado + omissão (também constante do art. 186 do CC). Exemplo: a empresa que não treina o empregado para exercer determinada função. |
| **Imperícia** | Falta de qualificação ou treinamento para desempenhar uma determinada função, própria dos profissionais liberais. Consta do art. 951 do CC, para os que atuam na área da saúde. Exemplo: o médico que faz cirurgia sem ter habilitação para tanto. |

Pertinente, mais uma vez, deixar claro que para o Direito Civil não importa se o autor do dano agiu com dolo ou culpa, sendo a consequência inicial a mesma, qual seja, a imputação do dever de reparação do dano ou indenização dos prejuízos. Todavia, os critérios para a fixação da indenização são diferentes, eis que os arts. 944 e 945 da atual codificação material consagram a chamada *redução equitativa da indenização*.

Pois bem, para a presente matéria, é pertinente estudar as principais classificações da culpa *stricto sensu*, conforme ensina a melhor doutrina:

I)   *Quanto à origem:*

   *a)* Culpa contratual – presente nos casos de desrespeito a uma norma contratual ou a um dever anexo relacionado com a boa-fé objetiva e que exige uma conduta leal dos contratantes em todas as fases negociais. O desrespeito à boa-fé objetiva pode gerar a responsabilidade pré-contratual, contratual e pós-contratual da parte que a violou, o que é interpretação dos Enunciados n. 25 e 170 CJF, aprovados nas *Jornadas de Direito Civil*. Justamente por isso é que se pode falar na *culpa ao contratar* ou *culpa in contrahendo*, conforme a antiga tese desenvolvida por Ihering.

   *b)* Culpa extracontratual ou aquiliana – é resultante da violação de um dever fundado em norma do ordenamento jurídico ou de um abuso de direito. Fala-se, nesse contexto, em *culpa contra a legalidade*, nos casos de desrespeito às normas do Código Brasileiro de Trânsito. Outros exemplos: homicídio e lesões corporais.

II)  *Quanto à atuação do agente:*

   *a) Culpa in comittendo* – conceito relacionado com a imprudência, ou seja, com uma ação ou comissão.

   *b) Culpa in omittendo* – alinhada à negligência, à omissão.

III) *Quanto ao critério da análise pelo aplicador do direito:*

   *a) Culpa in concreto* – analisa-se a conduta de acordo com o caso concreto, o que é sempre recomendável, tendo em vista o sistema adotado pelo Código Civil de 2002.

   *b) Culpa in abstrato* – leva-se em conta a *pessoa natural comum,* ou seja, o antigo critério do *homem médio*. Recomenda-se a utilização da primeira expressão, pois o art. 1.º do CC prefere *pessoa* a *homem* (art. 2.º do CC/1916), afastando qualquer discriminação na utilização da expressão no masculino. As duas formas de culpa (*in concreto + in abstrato*) devem interagir entre si, ou seja, deve-se analisar o caso concreto levando-se em conta a normalidade do comportamento humano. Isso, para que a conclusão do aplicador do direito seja justa e razoável.

# IV) Quanto à sua presunção, surgem três modalidades de culpa:

a) *Culpa in vigilando* – há uma quebra do dever legal de vigilância como era o caso, por exemplo, da responsabilidade do pai pelo filho, do tutor pelo tutelado, do curador pelo curatelado, do dono de hotel pelo hóspede e do educador pelo educando.

b) *Culpa in eligendo* – culpa decorrente da escolha ou eleição feita pela pessoa a ser responsabilizada, como no caso da responsabilidade do patrão por ato de seu empregado.

c) *Culpa in custodiendo* – a presunção da culpa decorreria da falta de cuidado em se guardar uma coisa ou animal.

**ATENÇÃO**: Deve-se concluir, como parcela majoritária da doutrina, que não se pode falar mais nessas modalidades de culpa presumida, hipóteses anteriores de responsabilidade subjetiva. Essa conclusão se dá porque as hipóteses de culpa *in vigilando* e culpa *in eligendo* estão regulamentadas pelo art. 932 do CC, consagrando o art. 933 a adoção da *teoria do risco*, ou seja, que tais casos são de responsabilidade objetiva, não se discutindo culpa. Nessa linha, propus enunciado na *V Jornada de Direito Civil*, assim aprovado: "a responsabilidade civil por ato de terceiro funda-se na responsabilidade objetiva ou independente de culpa, estando superado o modelo de culpa presumida" (Enunciado n. 451). No tocante à antiga culpa *in custodiendo* por ato de animal, o art. 936 do CC traz *responsabilidade objetiva* do dono ou detentor de animal por fato danoso causado, eis que o próprio dispositivo prevê as excludentes de responsabilidade (culpa exclusiva da vítima e força maior), situação típica de objetivação, conforme também reconhecido por enunciado aprovado na *V Jornada de Direito Civil* (Enunciado n. 452). No que concerne à culpa *in custodiendo* por outras coisas inanimadas (incluindo os produtos), os arts. 937 e 938 do CC e o próprio Código de Defesa do Consumidor também consagram a responsabilidade sem culpa (objetiva). De início, na doutrina, vejamos as palavras de Anderson Schreiber: "o Código Civil brasileiro de 2002 converteu em hipóteses de responsabilidade objetiva inúmeras situações de culpa presumida a que a jurisprudência vinha dando um tratamento rigoroso. É o que se verifica na responsabilidade por fato de terceiro, como a dos pais pelos atos dos filhos menores que estiverem sob sua autoridade e em sua companhia (art. 932, inciso I), ou a já mencionada responsabilidade dos tutores e curadores, por pupilos e curatelados, que se acharem nas mesmas condições (art. 932, inciso II). Também foi o que ocorreu com a responsabilidade por fato de animais, em que se eliminou a excludente fundada na demonstração de que houvera guarda e vigilância do animal 'com cuidado preciso', constante da codificação de 1916".[21] No mesmo sentido, as lições de Giselda Maria Fernandes Novaes Hironaka, em sua tese de livre-docência, defendida na Universidade de São Paulo: "o colossal art. 933 do novo Código, em caráter coadjuvante, determina que as pessoas indicadas no artigo antecedente (os pais, o tutor, o curador, o empregador) responderão pelos atos daqueles indicados e a eles relacionados (os filhos menores, os pupilos, os curatelados e os empregados), ainda que não haja culpa de sua parte. Trata-se da tão ansiada transição da culpa presumida e do ônus probatório invertido para uma objetivação efetiva dessa responsabilidade *in casu*".[22] Outros doutrinadores nacionais, em reforço,

---

[21] SCHREIBER, Anderson. *Novos paradigmas da responsabilidade civil*. São Paulo: Atlas, 2007. p. 31.

[22] HIRONAKA, Giselda Maria Fernandes Novaes. *Responsabilidade pressuposta*. Belo Horizonte: Del Rey, 2005. p. 142.

CAP. 4 • RESPONSABILIDADE CIVIL | **515**

veem com bons olhos a superação do modelo anterior, não se falando mais em culpa presumida em tais situações, mas em responsabilidade sem culpa (objetiva).[23] A partir dessas ideias, deve ser tida como totalmente cancelada, doutrinariamente, a Súmula 341 do STF, mediante a qual seria presumida a culpa do empregador por ato do seu empregado. Na verdade, o caso não é mais de culpa presumida, mas de responsabilidade objetiva (arts. 932, inc. III, e 933 do CC). Espera-se que o STF efetivamente cancele a citada Súmula 341, para que não pairem dúvidas entre os aplicadores do Direito, especialmente diante da suposta força vinculativa das súmulas dos Tribunais Superiores, reconhecida por vários dispositivos do CPC/2015. No entanto, qual seria a diferença prática entre a culpa presumida e a responsabilidade objetiva, tema que sempre gerou dúvidas entre os aplicadores do Direito? De comum, tanto na culpa presumida como na responsabilidade objetiva, inverte-se o ônus da prova, ou seja, o autor da ação não necessita provar a culpa do réu. Todavia, como diferença fulcral entre as categorias, na culpa presumida, hipótese de responsabilidade subjetiva, se o réu provar que não teve culpa, não responderá. Por seu turno, na responsabilidade objetiva essa comprovação não basta para excluir o dever de reparar do agente, que somente é afastado se comprovada uma das excludentes de nexo de causalidade, a seguir estudadas (culpa ou fato exclusivo da vítima, culpa ou fato exclusivo de terceiro, caso fortuito ou força maior).

V) *Quanto ao grau de culpa:*

a) *Culpa lata* ou culpa grave – há uma imprudência ou negligência crassa. O agente até que não queria o resultado, mas agiu com tamanha culpa de tal forma que parecia que o quisesse. Em casos tais, o efeito é o mesmo do dolo, ou seja, o ofensor deverá pagar indenização integral (*culpa lata dolo aequiparatur – a culpa grave equipara-se ao dolo*).

b) *Culpa leve* ou culpa média – é a culpa intermediária, situação em que a conduta se desenvolve sem a atenção normalmente devida. Utiliza-se como padrão a pessoa humana comum (*culpa in abstrato*). Havendo culpa intermediária e concorrente em relação a terceiro ou à própria vítima, merecem aplicação os arts. 944 e 945 do CC, pelos quais a indenização mede-se pela extensão do dano e pelo grau de culpa dos envolvidos. E mais: havendo excessiva desproporção entre a gravidade da culpa e o dano poderá o juiz reduzir equitativamente a indenização, especialmente se a vítima tiver concorrido para o evento danoso.

c) *Culpa levíssima* – no menor grau possível, situação em que o fato só teria sido evitado mediante o emprego de cautelas extraordinárias ou de especial habilidade. No Direito Civil, em regra, responde-se inclusive pela culpa levíssima, porque se tem em vista a extensão do dano (art. 944 do CC). Continua valendo, portanto, aquele antigo norte romano, baseado no brocardo *in lex Aquili et levíssima culpa*

---

[23] Nesse sentido: DINIZ, Maria Helena. *Curso de direito civil brasileiro*. Responsabilidade civil. 21. ed. São Paulo: Saraiva, 2007. v. 7, p. 519; TEPEDINO, Gustavo; BODIN DE MORAES, Maria Celina; BARBOZA, Heloísa Helena. *Código Civil interpretado conforme a Constituição da República*. Rio de Janeiro: Renovar, 2006. v. II, p. 836; AZEVEDO, Álvaro Villaça. Teoria geral das obrigações. *Responsabilidade civil*. 10. ed. São Paulo: Atlas, 2004. p. 285; SIMÃO, José Fernando. *Responsabilidade civil do incapaz*. São Paulo: Atlas, 2008. p. 80; CALIXTO, Marcelo Junqueira. *A culpa na responsabilidade civil*. Rio de Janeiro: Renovar, 2008. p. 101-105; GODOY, Cláudio Luiz Bueno. *Código Civil comentado*. Coord. Ministro Cezar Peluso. São Paulo: Manole, 2007. p. 777; GAGLIANO, Pablo Stolze; PAMPLONA FILHO, Rodolfo. *Novo curso de direito civil*. 5. ed. São Paulo: Saraiva, 2007. v. 2, p. 149; VENOSA, Sílvio de Salvo. *Direito civil*. Responsabilidade civil. 5. ed. São Paulo: 2005. v. IV, p. 89.

*venit.* Todavia, presente a culpa levíssima, a indenização a ser paga deverá ser reduzida mais ainda, eis que o art. 945 do CC enuncia que a mesma deve ser fixada de acordo com o grau de culpabilidade. Cumpre destacar que os arts. 944 e 945 têm incidência para a fixação da indenização por danos morais. Nessa linha, podem ser citados dois enunciados aprovados na *V Jornada de Direito Civil*, de autoria de Wladimir A. Marinho Falcão Cunha, professor da UFPB. O primeiro deles preconiza que, "embora o reconhecimento dos danos morais se dê em numerosos casos independentemente de prova (*in re ipsa*), para a sua adequada quantificação, deve o juiz investigar, sempre que entender necessário, as circunstâncias do caso concreto, inclusive por intermédio da produção de depoimento pessoal e da prova testemunhal em audiência" (Enunciado n. 455). O segundo tem a seguinte redação: "o grau de culpa do ofensor ou a sua eventual conduta intencional deve ser levado em conta pelo juiz para a quantificação do dano moral" (Enunciado n. 458). Assim, os dispositivos em estudo têm aplicação para os danos imateriais, caso do dano moral.

> **ATENÇÃO:** Questão de debate intenso é a possibilidade de aplicação dos arts. 944 e 945 do Código Civil para a responsabilidade objetiva. Respondendo negativamente, na *I Jornada de Direito Civil* do Conselho da Justiça Federal e do Superior Tribunal de Justiça, foi aprovado o Enunciado doutrinário n. 46, com a seguinte redação original: "a possibilidade de redução do montante da indenização em face do grau de culpa do agente, estabelecida no parágrafo único do art. 944 do novo Código Civil, deve ser interpretada restritivamente, por representar uma exceção ao princípio da reparação integral do dano, não se aplicando às hipóteses de responsabilidade objetiva". Todavia, quando da *IV Jornada de Direito Civil* propus enunciado doutrinário que suprimiu a parte final do enunciado anterior, o que acabou sendo aprovado por maioria entre os presentes (Enunciado n. 380 do CJF/STJ: "atribui-se nova redação ao Enunciado n. 46 da *I Jornada de Direito Civil*, com a supressão da parte final: não se aplicando às hipóteses de responsabilidade objetiva"). Alerte-se que em relação à primeira parte do enunciado, ela é perfeita, porque realmente a redução por equidade da indenização constitui uma exceção ao princípio da reparação integral do dano, pelo qual todos os danos sofridos pelas vítimas devem ser indenizados. Nesse ínterim, aliás, enunciado aprovado na *V Jornada de Direito Civil*, de autoria de Gustavo Tepedino: "a redução equitativa da indenização tem caráter excepcional e somente será realizada quando a amplitude do dano extrapolar os efeitos razoavelmente imputáveis à conduta do agente" (Enunciado n. 457). Pois bem, em casos de responsabilidade objetiva, poderá o réu alegar a culpa exclusiva da vítima ou de terceiro, visando afastar *totalmente* a sua responsabilidade. Para tanto, vale conferir os arts. 12, § 3.º, e 14, § 3.º, ambos do CDC (Lei 8.078/1990). Dessa forma, se o suposto agente *pode o mais*, que é alegar a excludente total de responsabilidade visando afastar a indenização, *pode o menos*, que é alegar a *conduta concorrente* visando diminuir o *quantum* indenizatório. Trata-se de aplicação da *teoria do risco concorrente*, desenvolvida por mim em outra obra, fruto de sua tese de doutorado na Universidade de São Paulo.[24] Pode-se falar ainda em *fato concorrente da vítima*, para não utilizar a expressão *culpa*. Adotando tais premissas, na *V Jornada de Direito Civil* (2011), foi aprovado o seguinte enunciado doutrinário, de minha autoria: "a conduta da vítima pode ser fator atenuante do nexo de causalidade na responsabilidade civil objetiva"

---

[24] TARTUCE, Flávio. *Responsabilidade objetiva e risco. A teoria do risco concorrente.* São Paulo: Método, 2011.

(Enunciado n. 459). *Na VIII Jornada de Direito Civil*, promovida pelo mesmo Conselho da Justiça Federal em abril de 2018, foi aprovado outro enunciado doutrinário, de autoria da jurista Judith Martins-Costa, que complementa, em certo sentido, a minha proposta anterior (Enunciado n. 630). Conforme o seu teor, a questão relativa à redução do *quantum* prevista no art. 945 não diz respeito à compensação de culpas, mas se resolve com a causalidade, devendo-se verificar a contribuição dos envolvidos, do agente causador do dano e da vítima, para a atribuição do valor reparatório ("Culpas não se compensam. Para os efeitos do art. 945, do Código Civil, cabe observar os seguintes critérios: (i) há diminuição do 'quantum' da reparação do dano causado quando, ao lado da conduta do lesante, verifica-se ação ou omissão do próprio lesado da qual resulta o dano, ou o seu agravamento, desde que, (ii) reportadas ambas as condutas a um mesmo fato, ou ao mesmo fundamento de imputação, conquanto possam ser simultâneas ou sucessivas, devendo-se considerar o percentual causal do agir de cada um"). Os itens (i) e (ii) da ementa doutrinária parecem desnecessários, pois já retirados do antigo Enunciado n. 459 da *V Jornada de Direito Civil*. Destaque-se, porém, a salutar análise da responsabilidade civil de acordo com o percentual de conduta de cada um dos envolvidos, agente e vítima. Também deve ser mencionado o Enunciado n. 629, do mesmo evento, segundo o qual o dever de evitar o agravamento do próprio prejuízo ("duty to mitigate the loss"), que se impõe à vítima e decorre da boa-fé objetiva, aplica-se não só à responsabilidade contratual, como também à extracontratual. Conforme o seu teor, que contou com o meu total apoio, "a indenização não inclui os prejuízos agravados, nem os que poderiam ser evitados ou reduzidos mediante esforço razoável da vítima. Os custos da mitigação devem ser considerados no cálculo da indenização". O dever de mitigação do próprio prejuízo é estudado no próximo capítulo desta obra. Em certa medida, nota-se que o enunciado doutrinário traz como conteúdo a função preventiva da responsabilidade civil, o que está sendo proposto para a Reforma do Código Civil, com o novo art. 927-A. Expostas essas ideias doutrinárias, é importante dizer que essa redução equitativa da indenização em casos tais é admitida pelo próprio Código Civil de 2002, no seu art. 738, parágrafo único, que trata do contrato de transporte, situação típica de responsabilidade objetiva ("Se o prejuízo sofrido pela pessoa transportada for atribuível à transgressão de normas e instruções regulamentares, o juiz reduzirá equitativamente a indenização, na medida em que a vítima houver concorrido para a ocorrência do dano"). Ilustre-se com a situação do *pingente do trem*, aquele que viaja pendurado do lado de fora do vagão, havendo julgados que diminuem a indenização pela culpa ou pelo risco assumido pelo próprio passageiro (ver, sobre o pingente: STJ, REsp 226.348/SP, 3.ª Turma, Rel. Min. Castro Filho, j. 19.09.2006, *DJ* 23.10.2006, p. 294. Anote-se que para o STJ os casos de *surfista de trem*, daqueles que viajam sobre o vagão, geralmente por espírito de aventura, são de *culpa exclusiva da vítima*: STJ, REsp 160.051/RJ, Data da decisão: 05.12.2002, 3.ª Turma, Rel. Min. Antônio de Pádua Ribeiro, *DJ* 17.02.2003, p. 268). Igualmente no que concerne à concorrência de causas na responsabilidade objetiva, concluiu aquela Corte Superior que, "no caso de atropelamento de pedestre em via férrea, configura-se a concorrência de causas quando: a concessionária do transporte ferroviário descumpre o dever de cercar e fiscalizar os limites da linha férrea, mormente em locais urbanos e populosos, adotando conduta negligente no tocante às necessárias práticas de cuidado e vigilância tendentes a evitar a ocorrência de sinistros; e a vítima adota conduta imprudente, atravessando a composição ferroviária em local inapropriado" (STJ, REsp 1.210.064/SP, Rel. Min. Luis Felipe Salomão, j. 08.08.2012, publicado no *Informativo* n. *501*). Em outro aresto, de 2013, o mesmo Tribunal da Cidadania aplicou a ideia de *risco concorrente* em caso envolvendo a responsabilidade objetiva bancária, fundada no Código de Defesa do Consumidor. Houve a redução do valor reparatório pela conduta da vítima, uma pessoa jurídica consumidora, que contribuiu para o próprio prejuízo pela falta de diligência na emissão de títulos de crédito (STJ, REsp 1.349.894/SP, 3.ª Turma, Rel. Min. Sidnei Beneti, j. 04.04.2013, *DJe* 11.04.2013). Em suma, a culpa concorrente, o fato concorrente e o risco concorrente da vítima são amplamente admitidos como atenuantes do nexo de causalidade na responsabilidade objetiva, conduzindo à redução equitativa da indenização também quando esta estiver presente. Cabe salientar que na atual Reforma do Código Civil pretende-se incluir no art. 945 do Código Civil a ideia de risco concorrente, para que o dispositivo não mencione apenas a culpa concorrente, como é na atualidade. Nesse contexto, nos termos da projeção do seu novo *caput*, mais aberto, "se a vítima tiver concorrido para o evento danoso, a sua indenização será fixada tendo-se em conta a sua participação para o resultado em comparação com a participação do autor e de eventuais coautores do dano". Em continuidade, será inserida regra segundo a qual "todas as circunstâncias do caso concreto devem ser levadas em consideração, em particular a conduta de cada uma das partes, inclusive nas hipóteses de responsabilidade objetiva ou subjetiva" (projeto de novo art. 945, § 1.º). A proposta traz possibilidade de discussão da conduta da vítima em qualquer modalidade de responsabilidade civil, como está no Enunciado n. 459 da *V Jornada de Direito Civil*. Além disso, o novo § 2.º do art. 945 irá prever que, "quando a conduta da vítima se limitar à circunstância em que agiu para evitar ou minorar o próprio dano, serão levados em conta os critérios previstos neste artigo", norma que propiciará a redução do *quantum debeatur*, por aplicação do *"duty to mitigate the loss"* e da função preventiva da responsabilidade civil, nos termos do antes citado Enunciado n. 629. O Projeto pretende ainda manter no sistema civil o princípio da reparação integral de danos, como regra geral, bem como a análise da responsabilidade civil de acordo com o grau de culpa do agente causador do dano. Conserva-se, portanto, a regra do *caput* do art. 944, segundo o qual "a indenização mede-se pela extensão do dano". Em tom complementar, o § 1.º do comando preverá que, "se houver excessiva desproporção entre a conduta praticada pelo agente e a extensão do dano dela decorrente, segundo os ditames da boa-fé e da razoabilidade, ou se a indenização prevista neste artigo privar do necessário o ofensor ou as pessoas que dele dependam, poderá o juiz reduzir equitativamente a indenização, tanto em caso de responsabilidade objetiva quanto subjetiva". O objetivo é que o grau de culpa ou a contribuição causal do próprio agente seja levado em conta nos dois modelos de responsabilidade civil, o que é fundamental e traduz a posição hoje majoritária, da doutrina e da jurisprudência, como ficou claro pelo estudo do presente tópico.

### 4.2.4   O nexo de causalidade

O nexo de causalidade ou nexo causal constitui o elemento imaterial ou virtual da responsabilidade civil, constituindo a relação de causa e efeito entre a conduta culposa – ou o *risco criado* –, e o dano suportado por alguém. Vejamos três construções doutrinárias para esclarecimentos:

- Caio Mário da Silva Pereira – "Para que se concretize a responsabilidade é indispensável se estabeleça uma interligação entre a ofensa à norma e o prejuízo sofrido, de tal modo que se possa afirmar ter havido o dano 'porque' o agente procedeu contra o direito".[25]

---

[25] PEREIRA, Caio Mário da Silva. *Responsabilidade civil*. De acordo com a Constituição de 1988. 5. ed. Rio de Janeiro: Forense, 1994. p. 75.

- Carlos Roberto Gonçalves – "Uma relação necessária entre o fato incriminado e o prejuízo. É necessário que se torne absolutamente certo que, sem esse fato, o prejuízo não poderia ter lugar".[26]
- Sérgio Cavalieri Filho – "Trata-se de noção aparentemente fácil, mas que, na prática, enseja algumas perplexidades (...). O conceito de nexo causal não é jurídico; decorre das leis naturais. É o vínculo, a ligação ou relação de causa e efeito entre a conduta e o resultado".[27]

Com intuito didático, é possível afirmar que, como elemento imaterial ou espiritual que é, pode-se imaginar o nexo de causalidade tal qual um *cano virtual*, que liga os elementos da conduta e do dano. O desenho a seguir demonstra essa convicção, que serve como simbologia para compreender a categoria jurídica:

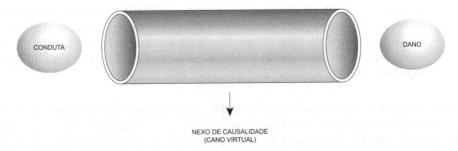

NEXO DE CAUSALIDADE
(CANO VIRTUAL)

Ora, a responsabilidade civil, mesmo objetiva, não pode existir sem a relação de causalidade entre o dano e a conduta do agente. Se houver dano sem que a sua causa esteja relacionada com o comportamento do suposto ofensor, inexiste a relação de causalidade, não havendo a obrigação de indenizar. Fundamental, para tanto, conceber a seguinte relação lógica:

- Na responsabilidade subjetiva, o nexo de causalidade é formado pela culpa genérica ou *lato sensu*, que inclui o dolo e a culpa estrita (art. 186 do CC).
- Na responsabilidade objetiva, o nexo de causalidade é formado pela conduta, cumulada com a previsão legal de responsabilização sem culpa ou pela *atividade de risco* (art. 927, parágrafo único, do CC).

Existem várias teorias justificadoras do nexo de causalidade, muitas já discutidas no âmbito penal. A partir da doutrina de Gustavo Tepedino[28] e Gisela Sampaio da Cruz[29] três delas merecem destaque e aprofundamentos:

a) *Teoria da equivalência das condições ou do histórico dos antecedentes (sine qua non)* – enuncia que todos os fatos relativos ao evento danoso geram a responsabilidade civil. Segundo Tepedino, "considera-se, assim, que o dano não teria ocorrido se não fosse a presença de cada uma das condições que, na hipótese concreta, foram identificadas precedentemente ao resultado danoso".[30] Essa teoria,

---

[26] GONÇALVES, Carlos Roberto. *Direito civil brasileiro*. 5. ed. São Paulo: Saraiva, 2010. p. 348-349.
[27] CAVALIERI FILHO, Sérgio. *Programa de responsabilidade civil*. 6. ed. São Paulo: Malheiros, 2005. p. 70.
[28] TEPEDINO, Gustavo. Notas sobre o nexo de causalidade. *Temas de direito civil*. Rio de Janeiro: Renovar, 2006. t. II, p. 63-81.
[29] CRUZ, Gisela Sampaio da. *O problema do nexo de causalidade*. Rio de Janeiro: Renovar, 2005. p. 33-110.
[30] TEPEDINO, Gustavo. Notas sobre o nexo de causalidade. *Temas de direito civil*. Rio de Janeiro: Renovar, 2006. t. II, p. 67.

# 520 | MANUAL DE DIREITO CIVIL • VOLUME ÚNICO – *Flávio Tartuce*

não adotada no sistema nacional, tem o grande inconveniente de ampliar em muito o nexo de causalidade.

b) *Teoria da causalidade adequada* – teoria desenvolvida por Von Kries, pela qual se deve identificar, na presença de uma possível causa, aquela que, de forma potencial, gerou o evento dano. Por esta teoria, somente o fato relevante ao evento danoso gera a responsabilidade civil, devendo a indenização ser adequada aos fatos que a envolvem, mormente nas hipóteses de concorrência de causas. Essa teoria consta dos arts. 944 e 945 do atual Código Civil, sendo a prevalecente na minha opinião doutrinária. Nesse sentido, o Enunciado n. 47 do CJF/STJ, da *I Jornada de Direito Civil*, preleciona que o art. 945 não exclui a teoria da causalidade adequada.

c) *Teoria do dano direto e imediato ou teoria da interrupção do nexo causal* – havendo violação do direito por parte do credor ou do terceiro, haverá interrupção do nexo causal com a consequente irresponsabilidade do suposto agente. Desse modo, somente devem ser reparados os danos que decorrem como efeitos necessários da conduta do agente. Essa teoria foi adotada pelo art. 403 do CC/2002, sendo a prevalecente segundo parcela considerável da doutrina, caso de Gustavo Tepedino e Gisela Sampaio da Cruz, nas obras citadas.

Na obra mais completa publicada no Brasil, analisada no meu livro específico sobre a *Responsabilidade Civil*, publicado por esta mesma casa editorial, Pablo Malheiros da Cunha Frota demonstra a existência de *quatorze teorias* sobre o assunto. Doze delas foram desenvolvidas nos sistemas romano-germânicos, interessando diretamente a esta obra, a saber: *a)* teoria da equivalência das condições ou do histórico dos antecedentes *(sine qua non); b)* teoria da causa eficiente e causa preponderante; *c)* teoria da ação ou da causa humana; *d)* teoria do seguimento ou da continuidade da manifestação danosa; *e)* teoria da causalidade adequada, teoria da regularidade causal ou teoria subjetiva da causalidade; *f)* teoria do dano direto ou imediato ou teoria da interrupção do nexo causal; *g)* teoria da norma violada, da causalidade normativa, da relatividade aquiliana ou do escopo da norma; *h)* teoria da causalidade específica e da condição perigosa; *i)* causalidade imediata e da variação; *j)* teoria da causa impeditiva; *k)* teoria da realidade de causalidade por falta contra a legalidade constitucional; e *l)* teoria da formação da circunstância danosa (por ele mesmo desenvolvida). As teorias do modelo anglo-saxão são: *a) causation as fact*; e b) causa próxima e *proximate cause*.[31] De todo modo, o debate prático fica concentrado em duas dessas teorias.

Na realidade, a jurisprudência nacional hesita entre a teoria do dano direto e imediato e a teoria da causalidade adequada, seja nos tribunais inferiores ou superiores. Ilustrando:

– Adotando a teoria da causalidade adequada: STJ, AgRg no Ag 682.599/RS, 4.ª Turma, Rel. Min. Fernando Gonçalves, j. 25.10.2005, *DJ* 14.11.2005, p. 334; STJ, REsp 669.258/RJ, 2.ª Turma, Rel. Min. Humberto Martins, j. 27.02.2007, *DJe* 25.03.2009; TJSP, Apelação Cível 174.633-5/2, 9.ª Câmara de Direito Público, Campinas, Rel. Antonio Rulli, 11.05.2005, v.u.; TJRS, Processo 70015163611, 12.ª Câmara Cível, Bagé, Juiz Rel. Dálvio Leite Dias Teixeira, 24.08.2006.

– Adotando a teoria do dano direto e imediato: STJ, REsp 719.738/RS, 1.ª Turma, Rel. Min. Teori Albino Zavascki, j. 16.09.2008, *DJe* 22.09.2008; STJ, REsp 776.732/

---

[31] FROTA, Pablo Malheiros da Cunha. *Responsabilidade por danos*. Imputação e nexo de causalidade. Curitiba: Juruá, 2014. p. 71-102.

RJ, 2.ª Turma, Rel. Min. Humberto Martins, j. 08.05.2007, *DJ* 21.05.2007, p. 558; TJRS, Processo 71001044320, 1.ª Turma Recursal Cível, Porto Alegre, Juiz Rel. Carlos Eduardo Richinitti, 15.02.2007; TJDF, Apelação Cível 20020111004889APC-DF, Acórdão 218093, 4.ª Turma Cível, Rel. Cruz Macedo, 18.04.2005, *Diário da Justiça do DF* 28.06.2005, p. 123.

Destaque-se que há até julgado no Superior Tribunal de Justiça que afirma que as duas teorias são sinônimas (nesse sentido, ver: STJ, REsp 325.622/RJ, 4.ª Turma, Rel. Min. Carlos Fernando Mathias (Juiz Federal Convocado do TRF 1.ª Região), j. 28.10.2008, *DJe* 10.11.2008). Não me parece a melhor solução técnica afirmar que as duas teorias são iguais. Há uma sutil diferença entre elas, eis que a causalidade adequada valoriza mais a concausalidade, os fatos concorrentes e o grau de culpa dos envolvidos. Por outra via, para a teoria do dano direto imediato ganham relevo as excludentes totais de responsabilidade.

A verdade é que as duas teorias integram expressamente do Código Civil de 2002, que criou o impasse. A teoria do dano direto e imediato já constava do art. 1.060 do CC/1916, reproduzido pelo art. 403 do CC/2002. A teoria da causalidade adequada foi introduzida pelos arts. 944 e 945 do CC/2002, que tratam da fixação da indenização por equidade. Os dois últimos dispositivos são os que devem prevalecer, no meu entendimento, pois de acordo com o *espírito* e a principiologia da atual codificação privada.

A minha compreensão, portanto, é que a posição majoritária da jurisprudência brasileira indica prevalecer atualmente a teoria da causalidade adequada. Sobre a Reforma do Código Civil, ora em tramitação no Congresso Nacional, como os arts. 944 e 945, na essência, são mantidos no sistema e apenas com pequenos ajustes, entendo que ela traz a manutenção dessa teoria no âmbito da responsabilidade civil brasileira.

Seja como for, as dificuldades existentes a respeito do nexo de causalidade, em especial quanto às teorias existentes, não podem ser óbice à análise de sua presença. Consoante o correto Enunciado n. 659 da *IX Jornada de Direito Civil*, promovida em maio de 2022, "o reconhecimento da dificuldade em identificar o nexo de causalidade não pode levar à prescindibilidade da sua análise".

Superado esse ponto teórico, não se pode esquecer o estudo das excludentes totais do nexo de causalidade, que *obstam* a sua existência e que deverão ser analisadas pelo aplicador do direito no caso concreto. Essas excludentes mantêm relação com a *teoria do dano direto e imediato*, segundo a doutrina que adota essa corrente. De qualquer forma, deve-se dizer que tais excludentes também não afastam a *teoria da causalidade adequada*. São elas:

- a culpa *exclusiva* ou o fato *exclusivo* da vítima;
- a culpa *exclusiva* ou o fato *exclusivo* de terceiro;
- o caso fortuito e a força maior.

Primeiramente, percebe-se que foram destacadas as expressões *exclusiva e exclusivo*, pois, havendo culpa ou fato concorrente, seja da vítima ou de terceiro, o dever de indenizar subsistirá. A culpa concorrente, ou o fato concorrente, como exposto, apenas *abranda* a responsabilização, ou seja, atenua o nexo de causalidade, o que é incidência direta da causalidade adequada.

A respeito dos conceitos de caso fortuito e força maior, como é notório, não há unanimidade doutrinária. Sendo assim, entendo ser melhor, do ponto de vista didático, definir o caso fortuito como o evento totalmente imprevisível decorrente de ato humano ou de evento natural. Já a força maior constitui um evento previsível, mas inevitável ou irresistível, decorrente de uma ou outra causa. São seguidas as diferenciações apontadas por Orlando Gomes.[32] Todavia, consigne-se que muitos doutrinadores e julgadores entendem que tais conceitos são sinônimos.[33]

Ora, não há dúvidas de que as excludentes de nexo de causalidade servem, em regra, tanto para a responsabilidade subjetiva quanto para a objetiva. Porém, em algumas situações uma determinada excludente é descartada pela lei, agravando a responsabilidade civil. Ilustrando, a culpa exclusiva de terceiro não é admitida como excludente no transporte de pessoas, respondendo o transportador perante o passageiro vitimado e assegurado o seu direito de regresso contra o real culpado (art. 735 do CC).

Não se olvide que tais excludentes de nexo de causalidade devem ser analisadas caso a caso pelo aplicador do Direito. É preciso verificar se o evento correlato tem ou não relação com o *risco do empreendimento* ou *risco-proveito*, ou seja, com a atividade desenvolvida pelo suposto responsável.

Em outras palavras, é forçoso constatar se o fato entra ou não no chamado *risco de negócio* (*eventos internos e externos*), o que remonta à antiga e clássica conceituação feita por Agostinho Alvim. De acordo com as palavras do doutrinador, que merecem destaque:

> "A distinção que modernamente a doutrina vem estabelecendo, aquela que tem efeitos práticos e que já vai se introduzindo em algumas leis, é a que vê no caso fortuito um impedimento relacionado com a pessoa do devedor ou com a sua empresa, enquanto a força maior é um acontecimento externo. Tal distinção permite estabelecer uma diversidade de tratamento para o devedor, consoante o fundamento de sua responsabilidade civil. Se esta fundar-se na culpa, bastará o caso fortuito para exonerá-lo. Com a maioria de razão absolverá a força maior. Se a sua responsabilidade fundar-se no risco, então o simples caso fortuito não o exonerará. Será mister haja força maior, ou como alguns dizem, caso fortuito externo. Nesta última hipótese, os fatos que exoneram vêm a ser: culpa da vítima, ordens de autoridade (*fait du prince*), fenômenos naturais (raio, terremoto), ou quaisquer outras impossibilidades de cumprir a obrigação, por não ser possível evitar o fato derivado de força externa invencível, guerra revolução".[34]

E arremata o jurista Agostinho Alvim, pontuando uma tendência, que já existia na primeira metade do século XX, de se abandonar as duas expressões: "a força maior, portanto, é o fato externo que não se liga à pessoa ou à empresa por nenhum laço de conexidade. Enquanto o caso fortuito propriamente traduz a hipótese em que existe aquele nexo de causalidade".[35]

Nessa linha das antigas lições, na *V Jornada de Direito Civil* aprovou-se enunciado interessante prevendo que "o caso fortuito e a força maior somente serão considerados como excludentes da responsabilidade civil quando o fato gerador do dano não for conexo à atividade desenvolvida" (Enunciado n. 443).

O Projeto de Reforma do Código Civil pretende, em boa hora, inserir o conteúdo desse enunciado doutrinário na lei, em prol da segurança jurídica. Nesse contexto, o seu

---

[32] GOMES, Orlando. *Obrigações*. Rio de Janeiro: Forense, 2003. p. 176.

[33] Na jurisprudência superior, dando tratamento igualitário para os conceitos: STJ, REsp 135.542/MS, 2.ª Turma, Rel. Min. Castro Meira, j. 19.10.2004, *DJ* 29.08.2005, p. 233.

[34] ALVIM, Agostinho *Da inexecução das obrigações e suas consequências*. São Paulo: Saraiva, 1949, p. 290-291.

[35] ALVIM, Agostinho *Da inexecução das obrigações e suas consequências*. São Paulo: Saraiva, 1949, p. 290-291.

CAP. 4 · RESPONSABILIDADE CIVIL | **523**

novo art. 927-B, que tratará da obrigação de indenizar, receberá um § 3.º, com a seguinte redação: "o caso fortuito ou a força maior somente exclui a responsabilidade civil quando o fato gerador do dano não for conexo à atividade desenvolvida pelo autor do dano". Espera-se a sua aprovação imediata pelo Congresso Nacional.

Vejamos, a título de exemplo, a questão do assalto à mão armada, que entra na discussão referente ao caso fortuito e à força maior. Deve-se verificar onde o assalto ocorre e se o serviço prestado está relacionado ao evento.

Sendo assim, a jurisprudência do Superior Tribunal de Justiça consolidou o entendimento de que o transportador rodoviário ou municipal não responde pelo assalto ao passageiro, pois a segurança não é essencial ao serviço prestado. De outra forma, afirma-se que o risco da atividade não abrange o assalto, havendo um caso fortuito ou uma força maior (nesse sentido, ver, por exemplo: STJ, REsp 783.743/RJ; REsp 435.865/RJ; REsp 402.227/RJ; REsp 331.801/RJ; REsp 468.900/RJ; REsp 268.110/RJ; e REsp 714.728/MT).

Do ano de 2012, acórdão do mesmo Superior Tribunal de Justiça considerou que o roubo no caso do serviço de entrega prestado pelos correios constitui um evento externo, a excluir a responsabilidade civil do prestador de serviços. Conforme o julgado, "o roubo mediante uso de arma de fogo é fato de terceiro equiparável à força maior, que deve excluir o dever de indenizar, mesmo no sistema de responsabilidade civil objetiva, por se tratar de fato inevitável e irresistível que gera uma impossibilidade absoluta de não ocorrência do dano. Não é razoável exigir que os prestadores de serviço de transporte de cargas alcancem absoluta segurança contra roubos, uma vez que a segurança pública é dever do Estado, também não havendo imposição legal obrigando as empresas transportadoras a contratar escoltas ou rastreamento de caminhão e, sem parecer técnico especializado, nem sequer é possível presumir se, por exemplo, a escolta armada seria eficaz para afastar o risco ou se o agravaria pelo caráter ostensivo do aparato" (STJ, REsp 976.564/SP, Rel. Min. Luis Felipe Salomão, j. 20.09.2012).

Todavia, a mesma Corte entende que, se o assalto ocorrer dentro de uma agência dos correios que oferece o serviço de banco postal, estará presente um evento interno, a gerar a responsabilização civil do prestador de serviços. Nos termos da publicação constante do *Informativo* n. *559* do Tribunal da Cidadania, "dentro do seu poder de livremente contratar e oferecer diversos tipos de serviços, ao agregar a atividade de correspondente bancário ao seu empreendimento, acaba-se por criar risco inerente à própria atividade das instituições financeiras, devendo por isso responder pelos danos que essa nova atribuição tenha gerado aos seus consumidores, uma vez que atraiu para si o ônus de fornecer a segurança legitimamente esperada para esse tipo de negócio" (STJ, REsp 1.183.121/SC, Rel. Min. Luis Felipe Salomão, j. 24.02.2015, *DJe* 07.04.2015).

Como se pode perceber, os arestos trazem conclusões diferentes em casos concretos muito próximos, com o mesmo prestador de serviço, mas com riscos diferenciados. No caso do correio que oferece o banco postal, não se pode negar que o risco criado pelo prestador de serviços é maior, o que justifica a sua responsabilização. Muitos desses estabelecimentos, aliás, têm as suas dependências blindadas, como ocorre em grandes cidades.

A propósito, em relação ao assalto ocorrido em estabelecimentos bancários, a jurisprudência do STJ tem afastado a sua caracterização como caso fortuito ou força maior, mantendo o dever de indenizar da instituição bancária, pois a segurança é essencial ao serviço prestado, entrando no risco do empreendimento ou risco-proveito – mais uma vez, um evento interno (nesse sentido, ver: STJ, REsp 694.153/PE, 4.ª Turma, Rel. Min. Cesar Asfor Rocha, j. 28.06.2005, *DJ* 05.09.2005, p. 429). Entende-se que a responsabilidade do banco existe no seu interior ou no seu estacionamento.

Entretanto, se o assalto ocorrer na via pública, evento conhecido como "saidinha de banco", a instituição não pode responder, eis que o evento foge do risco do empreendimento, constituindo um fato externo. Nos termos de acórdão publicado no *Informativo* n. *512* do STJ, de fevereiro de 2013:

> "A instituição financeira não pode ser responsabilizada por assalto sofrido por sua correntista em via pública, isto é, fora das dependências de sua agência bancária, após a retirada, na agência, de valores em espécie, sem que tenha havido qualquer falha determinante para a ocorrência do sinistro no sistema de segurança da instituição. O STJ tem reconhecido amplamente a responsabilidade objetiva dos bancos pelos assaltos ocorridos no interior de suas agências, em razão do risco inerente à atividade bancária. Além disso, já se reconheceu, também, a responsabilidade da instituição financeira por assalto acontecido nas dependências de estacionamento oferecido aos seus clientes exatamente com o escopo de mais segurança. Não há, contudo, como responsabilizar a instituição financeira na hipótese em que o assalto tenha ocorrido fora das dependências da agência bancária, em via pública, sem que tenha havido qualquer falha na segurança interna da agência bancária que propiciasse a atuação dos criminosos após a efetivação do saque, tendo em vista a inexistência de vício na prestação de serviços por parte da instituição financeira. Além do mais, se o ilícito ocorre em via pública, é do Estado, e não da instituição financeira, o dever de garantir a segurança dos cidadãos e de evitar a atuação dos criminosos. Precedente citado: REsp 402.870/SP, *DJ* 14.02.2005" (STJ, REsp 1.284.962/MG, Rel. Min. Nancy Andrighi, j. 11.12.2012).

Em 2024, a tese foi reafirmada pela Quarta Turma da Corte, julgando-se que "a instituição financeira não pode ser responsabilizada pelo roubo de que o cliente fora vítima, em via pública, após chegada ao seu destino portando valores recentemente sacados diretamente no caixa bancário, porquanto evidencia-se fato de terceiro, que exclui a responsabilidade objetiva, por se tratar de caso fortuito externo" (STJ, Ag. Int. no AREsp 1.379.845/BA, 4.ª Turma, Rel. Min. Raul Araújo, por unanimidade, j. 14.05.2024).

O mesmo raciocínio é desenvolvido pelo Superior Tribunal de Justiça no que concerne ao assalto praticado no interior de um *shopping center*, respondendo a empresa, pois o fato entra no risco do empreendimento, não se cogitando o caso fortuito ou a força maior – evento interno (por todos, de épocas distintas: Ag. Int. no AREsp 1.027.025/SP, 4.ª Turma, Rel. Min. Raul Araújo, j. 18.06.2019, *DJe* 28.06.2019; e STJ, REsp 582.047/RS, 3.ª Turma, Rel. Min. Massami Uyeda, j. 17.02.2009, *DJe* 04.08.2009).

O *shopping* deve responder mesmo no caso de tentativa de assalto ocorrida próximo à cancela de seu estacionamento, uma vez que, "tratando-se de relação de consumo, incumbe ao fornecedor do serviço e do local do estacionamento o dever de proteger a pessoa e os bens do consumidor. A sociedade empresária que forneça serviço de estacionamento aos seus clientes deve responder por furtos, roubos ou latrocínios ocorridos no interior do seu estabelecimento; pois, em troca dos benefícios financeiros indiretos decorrentes desse acréscimo de conforto aos consumidores, assume-se o dever – implícito na relação contratual – de lealdade e segurança, como aplicação concreta do princípio da confiança" (STJ, REsp 1.269.691/PB, Rel. originária Min. Isabel Gallotti, Rel. para acórdão Min. Luis Felipe Salomão, j. 21.11.2013, publicado no seu *Informativo* n. *534*).

Essa posição foi repetida em 2023, em julgado da Terceira Turma da Corte, ocorrência tida novamente como um evento ou fortuito interno, que ingressa no risco da atividade, diante da expectativa de segurança gerada nos clientes consumidores (STJ, REsp 2.031.816/RJ, 3.ª Turma, Rel. Min. Nancy Andrighi, j. 14.03.2023, v.u.). Consoante o último *decisum*, "a única razão para que o consumidor permaneça desprotegido, aguardando a abertura da cancela, é, justamente, para ingressar no estabelecimento do fornecedor. Logo, não pode o *shopping center* buscar afastar sua responsabilidade por aquilo que criou para se beneficiar e que também lhe incumbe proteger, sob pena de violar até mesmo o comando da boa-fé objetiva e o princípio da proteção contratual do consumidor". Assim, parece-me que essa forma de julgar está consolidada na Segunda Seção do Tribunal Superior.

Entretanto, assim como ocorre com o banco, se o assalto ocorrer na via pública, não há que se reconhecer o dever de indenizar do *shopping* ou do supermercado. Nos termos de aresto mais recente do STJ, que merece destaque:

> "Em casos de roubo, a jurisprudência desta Corte tem admitido a interpretação extensiva da Súmula n. 130/STJ para entender configurado o dever de indenizar de estabelecimentos comerciais quando o crime for praticado no estacionamento de empresas destinadas à exploração econômica direta da referida atividade (hipótese em que configurado fortuito interno) ou quando esta for explorada de forma indireta por grandes *shopping centers* ou redes de hipermercados (hipótese em que o dever de reparar resulta da frustração de legítima expectativa de segurança do consumidor). No caso, a prática do crime de roubo, com emprego inclusive de arma de fogo, de cliente de atacadista, ocorrido em estacionamento gratuito, localizado em área pública em frente ao estabelecimento comercial, constitui verdadeira hipótese de caso fortuito (ou motivo de força maior) que afasta da empresa o dever de indenizar o prejuízo suportado por seu cliente (art. 393 do Código Civil)" (STJ, REsp 1.642.397/DF, 3.ª Turma, Rel. Min. Ricardo Villas Bôas Cueva, j. 20.03.2018, *DJe* 23.03.2018).

Também de forma diferente deve ser a conclusão se um psicopata metralhar as pessoas no interior de cinema de *shopping*, como ocorreu no caso envolvendo conhecido estudante de medicina na cidade de São Paulo. Como concluiu o Superior Tribunal de Justiça em julgado publicado no seu *Informativo* n. 433, o episódio é totalmente externo ou estranho ao risco do empreendimento, não se podendo falar em responsabilização civil dos prestadores de serviços em casos tais, pela presença de um evento externo (STJ, REsp 1.164.889/SP, 4.ª Turma, Rel. Min. Honildo Amaral de Mello Castro (Desembargador convocado do TJAP), j. 04.05.2010, *DJe* 19.11.2010).

Essa forma de julgar foi confirmada pela mesma Corte Superior em outro aresto, segundo o qual "'não se revela razoável exigir das equipes de segurança de um cinema ou de uma administradora de *shopping centers* que previssem, evitassem ou estivessem antecipadamente preparadas para conter os danos resultantes de uma investida homicida promovida por terceiro usuário, mesmo porque tais medidas não estão compreendidas entre os deveres e cuidados ordinariamente exigidos de estabelecimentos comerciais de tais espécies' (REsp 1.384.630/SP, 3.ª Turma, Rel. Ministro Paulo de Tarso Sanseverino, Rel. p/ Acórdão Min. Ricardo Villas Bôas Cueva, j. 20.02.2014, *DJe* 12.06.2014). Assim, se o *shopping* e o cinema não concorreram para a eclosão do evento que ocasionou os alegados danos morais, não há que se lhes imputar qualquer responsabilidade, sendo certo que esta deve ser atribuída, com exclusividade, em hipóteses tais, a quem praticou a conduta danosa, ensejando, assim o reconhecimento do fato de terceiro, excludente do nexo de causalidade e, em consequência, do dever de indenizar (art. 14, § 3.º, inc. II, CDC)" (STJ, REsp 1.133.731/SP, 4.ª Turma, Rel. Min. Marco Buzzi, j. 12.08.2014, *DJe* 20.08.2014).

Ainda sobre o ambiente do *shopping center*, o Superior Tribunal de Justiça, novamente de forma correta, julgou em 2019 que a queda de parte do teto constitui um evento interno, que não pode ser enquadrado como caso fortuito ou força maior. Sendo assim, especialmente pela expectativa de segurança criada, a empresa deve responder, eis que:

"A prestação de segurança aos bens e à integridade física do consumidor é inerente à atividade comercial desenvolvida pelos hipermercados e pelos *shopping centers*, porquanto a principal diferença existente entres estes estabelecimentos e os centros comerciais tradicionais reside justamente na criação de um ambiente seguro para a realização de compras e afins, capaz de incidir e conduzir o consumidor a tais praças privilegiadas, de forma a incrementar o volume de vendas. A responsabilidade civil do *shopping center* no caso de danos causados à integridade física dos consumidores ou aos seus bens não pode, em regra, ser afastada sob a alegação de caso fortuito ou força maior, pois a prestação de segurança devida por este tipo de estabelecimento é inerente à atividade comercial exercida por ele. Um consumidor que está no interior de uma loja, em um *shopping center*, não imagina que o teto irá desabar sobre si, ainda que haja uma forte tempestade no exterior do empreendimento, afinal, a estrutura do estabelecimento deve – sempre, em qualquer época do ano – ser hábil a suportar rajadas de vento e fortes chuvas" (STJ, REsp 1.764.439/SP, 3.ª Turma, Rel. Min. Nancy Andrighi, j. 21.05.2019, *DJe* 24.05.2019).

Entre os anos de 2017 e 2018 surgiu outro debate interessante na Corte sobre o *dueto* caso fortuito e força maior, notadamente sobre o assalto praticado nas dependências ou em local próximo a lanchonete do McDonald's.

Em um primeiro acórdão, da Terceira Turma, entendeu-se que, "no caso, a prática do crime de roubo, com emprego inclusive de arma de fogo, de cliente de lanchonete *fast-food*, ocorrido no estacionamento externo e gratuito por ela oferecido, constitui verdadeira hipótese de caso fortuito (ou motivo de força maior) que afasta do estabelecimento comercial proprietário da mencionada área o dever de indenizar (art. 393 do Código Civil)" (STJ, REsp 1.431.606/SP, 3.ª Turma, Rel. Min. Paulo de Tarso Sanseverino, Rel. p/ acórdão Min. Ricardo Villas Bôas Cueva, j. 15.08.2017, *DJe* 13.10.2017). Entendeu-se, assim, pela presença de um evento externo, fora do risco da atividade da empresa de *fast-food*.

Entretanto, de setembro de 2018, em caso relativo a assalto ocorrido no *drive-thru*, a solução foi diversa, pois julgou-se que, "diante de tais circunstâncias trazidas nos autos, tenho que o serviço disponibilizado foi inadequado e ineficiente, não havendo falar em caso fortuito ou força maior, mas sim fortuito interno, porquanto incidente na proteção dos riscos esperados da atividade empresarial desenvolvida e na frustração da legítima expectativa de segurança do consumidor-médio, concretizando-se o nexo de imputação na frustração da confiança a que fora induzido o cliente. Ademais, configurada a responsabilização da fornecedora em razão da própria publicidade veiculada pela empresa, em que se constata a promessa de segurança dos clientes" (STJ, REsp 1.450.434/SP, 4.ª Turma, Rel. Min. Luis Felipe Salomão, j. 18.09.2018). Conclui-se, como se percebe pelo trecho destacado, tratar-se de um evento interno, que ingressa no risco do empreendimento.

Com o devido respeito à última forma de julgar, entendo que nas duas hipóteses tem-se um evento externo, que foge do risco da atividade ou do risco do empreendimento, pois não existem medidas concretas e efetivas que podem ser tomadas pela lanchonete para evitar o fato. A questão é de segurança pública e deveria sempre envolver a responsabilidade civil do Estado. Vejamos como a questão será consolidada no âmbito da Segunda Seção da Corte Superior.

Encerrando o estudo do tema, o Superior Tribunal de Justiça editou importante súmula no ano de 2012, estabelecendo que as instituições bancárias respondam pelas fraudes praticadas por terceiros no âmbito de sua atuação. A título de exemplo, podem ser citados os roubos e furtos de talões de cheques, a clonagem de cartões ou de clientes e as fraudes praticadas pela internet. Prescreve a Súmula 479 daquela Corte Superior que "As instituições financeiras respondem objetivamente pelos danos gerados por fortuito interno relativo a fraudes e delitos praticados por terceiros no âmbito de operações bancárias". A súmula merece um reparo crítico na redação, uma vez que todas as citadas fraudes constituem *eventos internos*, entrando no risco do empreendimento ou no risco da atividade desenvolvida pelos bancos (*risco do negócio*).

Vale, contudo, a ressalva de que, se a fraude foi praticada com o uso da senha e o cartão do próprio correntista, não se deve aplicar a solução prevista na súmula, presente a culpa ou fato exclusivo da própria vítima. Nos termos de aresto de 2017, do próprio STJ, "de acordo com a jurisprudência do Superior Tribunal de Justiça, a responsabilidade da instituição financeira deve ser afastada quando o evento danoso decorre de transações que, embora contestadas, são realizadas com a apresentação física do cartão original e mediante uso de senha pessoal do correntista. Hipótese em que as conclusões da perícia oficial atestaram a inexistência de indícios de ter sido o cartão do autor alvo de fraude ou ação criminosa, bem como que todas as transações contestadas foram realizadas com o cartão original e mediante uso de senha pessoal do correntista" (STJ, REsp 1.633.785/SP, 3.ª Turma, Rel. Min. Ricardo Villas Bôas Cueva, j. 24.10.2017, *DJe* 30.10.2017).

Na mesma linha, a assertiva n. 8, publicada na Edição n. 161 da ferramenta *Jurisprudência em Teses da Corte*, de 2020 (Consumidor V): "as instituições financeiras são responsáveis por reparar os danos sofridos pelo consumidor que tenha o cartão de crédito roubado, furtado ou extraviado e que venha a ser utilizado indevidamente, ressalvada as hipóteses de culpa exclusiva do consumidor ou de terceiros". Em 2023, reafirmou-se o mesmo em caso envolvendo o uso do cartão com o chip do correntista: "não se pode responsabilizar instituição financeira em caso de transações realizadas mediante a apresentação de cartão físico com chip e a senha pessoal do correntista, sem indícios de fraude" (STJ, REsp 1.898.812/SP, 4.ª Turma, Rel. Min. Maria Isabel Gallotti, j. 15.08.2023, v.u.).

De toda sorte e com o devido respeito, tenho dúvidas se mesmo a utilização do cartão, do chip e da senha pessoais também não ingressam no risco do empreendimento do banco, dependendo das circunstâncias que envolvem a demanda. O próprio STJ, a propósito, tem julgado que o banco deve responder no caso de golpes dados por estelionatários no âmbito de suas atividades: "a instituição financeira responde objetivamente por falha na prestação de serviços bancários ao permitir a contratação de empréstimo por estelionatário" (STJ, REsp 2.052.228/DF, 3.ª Turma, Rel. Min. Nancy Andrighi, j. 12.09.2023, *DJe* 15.09.2023, v.u.). Eis, portanto, um tema que precisa ser pacificado com clareza pelo Tribunal da Cidadania.

Como se pode notar, as excludentes de nexo, especialmente o caso fortuito e a força maior, merecem análise casuística pelo aplicador do Direito, aprofundando-se o estudo na verificação da atividade desenvolvida pelo eventual responsável, o que mantém relação com a ideia de *risco do empreendimento*.

### 4.2.5 Dano ou prejuízo

Como é notório, para que haja pagamento de indenização, além da prova de culpa ou dolo na conduta é necessário comprovar o dano patrimonial ou extrapatrimonial suportado por alguém. Em regra, não há responsabilidade civil sem dano, cabendo o ônus de sua prova ao autor da demanda, aplicação do art. 373, inc. I, do CPC/2015, correspondente ao art. 333, inc. I, do CPC/1973. No Projeto de Reforma do Código Civil, o dano é mantido como requisito do ato ilícito indenizante e da responsabilidade civil, cabendo ao autor da demanda a sua prova.

De toda sorte, cabe lembrar que, em alguns casos, se admite a inversão do ônus da prova do dano ou prejuízo, como nas hipóteses envolvendo as relações de consumo, presente a hipossuficiência do consumidor ou a verossimilhança de suas alegações (art. 6.º, inc. VIII, da Lei 8.078/1990). O mesmo se diga em relação ao dano ambiental, prevendo a Súmula 618 do STJ, editada em 2018, que "a inversão do ônus da prova aplica-se às ações de degradação ambiental".

Ademais, o CPC/2015 ampliou essa inversão para qualquer hipótese em que houver dificuldade na construção probatória, tratando da *carga dinâmica da prova*. Nos termos do § 1.º do seu art. 373, nos casos previstos em lei ou diante de peculiaridades da causa relacionadas à impossibilidade ou à excessiva dificuldade de cumprir o encargo probatório ou à maior facilidade de obtenção da prova do fato contrário, poderá o juiz atribuir o ônus da prova de modo diverso, desde que o faça por decisão fundamentada. Em hipóteses tais, nos termos do mesmo preceito, o juiz deverá dar à parte a oportunidade de se desincumbir do ônus que lhe foi atribuído. Na minha opinião doutrinária, o entendimento pode ser aplicado a vulneráveis que não são consumidores, caso dos aderentes contratuais para quem o conteúdo do negócio é imposto.

Feito esse esclarecimento processual, prevê a Súmula 37 do Superior Tribunal de Justiça, do ano de 1992, que é possível a cumulação, em uma mesma ação, de pedido de reparação material e moral. Assim, logo após a Constituição Federal de 1988, que reconheceu os danos morais como reparáveis, a jurisprudência superior passou a admitir a *cumulação dupla dos danos*.

A tendência atual é de se reconhecer os *novos danos*, ampliando o teor da Súmula. Nesse contexto, o próprio Superior Tribunal de Justiça editou em 2009 a Súmula 387, admitindo a cumulação dos danos estéticos com os danos morais e, obviamente, também com os danos materiais (*cumulação tripla*).

Diante desse contexto de ampliação, em que o dano assume papel fundamental na matéria da responsabilidade civil, pode-se elaborar o seguinte quadro, que aponta quais são os *danos clássicos ou tradicionais e os danos novos ou contemporâneos*, na realidade jurídica nacional:

> – *Danos clássicos ou tradicionais – Danos materiais e danos morais.*
> – *Danos novos ou contemporâneos – Danos estéticos, danos morais coletivos, danos sociais e danos por perda de uma chance.*

Cumpre anotar que, em relação à coletivização dos danos, a comissão de responsabilidade civil da *V Jornada de Direito Civil*, no ano de 2011, aprovou enunciado importante, com o seguinte teor: "a expressão 'dano' no art. 944 abrange não só os danos individuais, materiais ou imateriais, mas também os danos sociais, difusos, coletivos e individuais homogêneos a serem reclamados pelos legitimados para propor ações coletivas" (Enunciado n. 456). O enunciado doutrinário confirma a premissa de ampliação das categorias de danos reparáveis em nosso País. Parte-se ao estudo das respectivas modalidades, de forma pontual.

### 4.2.5.1 *Danos patrimoniais ou materiais*

Os danos patrimoniais ou materiais constituem prejuízos ou perdas que atingem o patrimônio corpóreo de alguém. Pelo que consta dos arts. 186 e 403 do Código Civil não cabe reparação de dano hipotético ou eventual, necessitando tais danos de prova efetiva, em regra.

Anoto que o Projeto de Reforma do Código Civil, em boa hora, pretende incluir regra expressa no sentido de que o dano patrimonial deva ser provado. Trata-se da projeção de um novo § 3.º do art. 944-B no Código Civil, segundo o qual "o dano patrimonial será provado de acordo com as regras processuais gerais".

CAP. 4 • RESPONSABILIDADE CIVIL | **529**

Como inovação interessante, há proposição de inclusão de um novo § 4.º nesse art. 944-B, segundo o qual, "em casos excepcionais, de pouca expressão econômica, pode o juiz calcular o dano patrimonial por estimativa, especialmente quando a produção da prova exata do dano se revele demasiadamente difícil ou onerosa, desde que não haja dúvidas da efetiva ocorrência de danos emergentes ou de lucros cessantes, diante das máximas de experiência do julgador". Trata-se de proposta formulada pela Subcomissão de Responsabilidade Civil – formada pelo Professor Nelson Rosenvald, pela Ministra Maria Isabel Gallotti e pela Juíza Patrícia Carrijo –, que acabou sendo aceita pela Relatoria Geral e pelos demais membros da Comissão de Juristas.

Como justificaram os membros da Subcomissão, "quem quer que tenha alguma prática na área de reparação judicial de danos, pouco importando se derivados de responsabilidade contratual ou extracontratual, sabe que em muitos casos não se obtém a reparação integral dos danos, por dificuldade de prova precisa dos danos patrimoniais, especialmente (mas não só) dos lucros cessantes. Isso ocorre mesmo naqueles casos em que, à luz da experiência comum, ter-se-ia como certa a ocorrência de tais danos, embora de difícil (ou demasiadamente onerosa) prova. Nesses casos, embora o princípio jurídico regente seja o da reparação integral, na prática isso não é obtido. A previsão introduzida nesse parágrafo busca remediar tal situação, permitindo que os juízes possam estimar tais danos, equitativamente, à luz das circunstâncias do caso e da experiência comum, mesmo na ausência de provas contundentes da extensão do dano. Acredita-se que o bom senso dos julgadores evitará abusos. De qualquer sorte, a sugestão limita-se a casos de pouca expressão econômica". Ainda segundo eles, "a sugestão é inspirada no art. 2:105 dos PETL – *Principles of European Tort Law*, que é mais amplo e ilimitado do que a solução ora proposta: 'Art. 2:105. Prova do dano. O dano deve ser provado de acordo com as regras processuais gerais. O tribunal pode calcular o dano por estimativa quando a prova exata se revele demasiado difícil ou onerosa'".

Entendo que a norma vem em boa hora, sobretudo para a tutela de vítimas vulneráveis, ou em situação de hipossuficiência, especialmente quanto à produção de prova.

Feita essa nota, nos termos do art. 402 do CC/2002, os danos materiais podem ser assim subclassificados:

> – *Danos emergentes* ou *danos positivos* – *o que efetivamente se perdeu*. Como exemplo típico, pode ser citado o estrago do automóvel, no caso de um acidente de trânsito. Como outro exemplo, a regra do art. 948, inc. I, do CC, para os casos de homicídio, devendo os familiares da vítima ser reembolsados pelo pagamento das despesas com o tratamento do morto, seu funeral e o luto da família. Anote-se que o Projeto de Reforma do Código Civil, ora em tramitação, pretende deixar mais claro e objetivo o texto da norma, passando a prever "o ressarcimento de despesas relativas aos cuidados com a vítima no período entre a lesão e o seu enterro, despesas com o seu funeral, além da indenização dos lucros cessantes e pelos danos extrapatrimoniais sofridos pelo falecido antes da sua morte". Imperiosa, portanto, a sua aprovação pelo Congresso Nacional.
>
> – *Lucros cessantes* ou *danos negativos* – *o que razoavelmente se deixou de lucrar*. No caso de acidente de trânsito, poderá pleitear lucros cessantes o taxista, que deixou de receber valores com tal evento, fazendo-se o cálculo dos lucros cessantes de acordo com a tabela fornecida pelo sindicato da classe e o tempo de impossibilidade de trabalho (TJSP, Apelação Cível 1.001.485-0/2, 35.ª Câmara de Direito Privado, São Paulo, Rel. Artur Marques, 28.08.2006, v.u., Voto 11.954). Como outro exemplo de lucros cessantes, cite-se, no

> caso de homicídio, a prestação dos *alimentos indenizatórios, ressarcitórios* ou *indenitários,* devidos à família do falecido, mencionada no art. 948, inc. II, do CC.

O tema dos *alimentos indenizatórios* merece aprofundamentos de estudo, pois dos mais relevantes na realidade jurisprudencial brasileira. Esclareça-se que tais alimentos não se confundem com o de Direito de Família, motivo pelo qual a jurisprudência tem entendido, com razão, que não cabe prisão pela falta do seu pagamento (nesse sentido, ver, entre os acórdãos anteriores: STJ, HC 182.228/SP, 4.ª Turma, Rel. Min. João Otávio de Noronha, j. 1.º.03.2011, *DJe* 11.03.2011; e REsp 93.948/SP, 3.ª Turma, Rel. Min. Eduardo Ribeiro, j. 02.04.1998, *DJ* 1.º.06.1998, p. 79).

Essa também é a minha posição doutrinária, sendo certo que, pelo menos expressamente, o vigente Código de Processo Civil nada trouxe em sentido contrário. Os critérios processuais para a fixação dos alimentos indenizatórios constam do art. 533 do CPC/2015, equivalente ao art. 475-Q do CPC/1973, sem qualquer menção à prisão civil. Constata-se que a prisão civil somente está prevista textualmente para os alimentos familiares, de acordo com o art. 528 do CPC/2015. A completar os julgados anteriores, citando o Estatuto Processual ora em vigor e o meu entendimento: "os alimentos devidos em razão da prática de ato ilícito, conforme previsão contida nos artigos 948, 950 e 951 do Código Civil, possuem natureza indenizatória, razão pela qual não se aplica o rito excepcional da prisão civil como meio coercitivo para o adimplemento. Ordem concedida" (STJ, HC 523.357/MG, 4.ª Turma, Rel. Min. Maria Isabel Gallotti, j. 1.º.09.2020, *DJe* 16.10.2020).

Ainda no que concerne aos citados alimentos indenizatórios, é devida indenização a título de lucros cessantes aos dependentes do falecido, levando-se em conta a vida provável daquele que faleceu. Segundo a jurisprudência superior, o cálculo dessa vida provável deve obedecer à expectativa de vida fixada pelo IBGE, atualmente em 75 anos (nesse sentido, ver: REsp 268.265/SP, Rel. Min. Aldir Passarinho Júnior, *DJ* 17.06.2002; REsp 72.793/SP, Rel. Min. Sálvio de Figueiredo Teixeira, *DJ* 06.11.2000). Em termos gerais, o cálculo dos alimentos indenizatórios é feito da seguinte forma pelo Superior Tribunal de Justiça (por todos: REsp 698.443/SP, 4.ª Turma, Rel. Min. Jorge Scartezzini, j. 1.º.03.2005, *DJ* 28.03.2005, p. 288):

> 2/3 do salário da vítima por mês + FGTS, 13.º salário, férias e eventuais horas extras (se a vítima tinha carteira de trabalho), até o limite de vida provável da vítima.

Eventualmente, se a vítima faleceu após a idade limite de vida provável, faz-se um cálculo de sobrevida, de acordo com as suas condições gerais, que pode variar de dois a cinco anos, ou até mais, nos termos também da tabela do IBGE. Nessa linha: "o fato de a vítima já ter ultrapassado a idade correspondente à expectativa de vida média do brasileiro, por si só, não é óbice ao deferimento do benefício, pois muitos são os casos em que referida faixa etária é ultrapassada. É cabível a utilização da tabela de sobrevida, de acordo com os cálculos elaborados pelo IBGE, para melhor valorar a expectativa de vida da vítima quando do momento do acidente automobilístico e, consequentemente, fixar o termo final da pensão" (STJ, REsp 1.311.402/SP, 3.ª Turma, Rel. Min. João Otávio de Noronha, j. 18.02.2016, *DJe* 07.03.2016).

Tais valores, relativos à responsabilidade civil, não excluem as verbas previdenciárias, eis que, conforme a Súmula 229 do STF, a indenização acidentária não exclui a de direito comum, nos casos de dolo ou culpa grave do empregador. Releve-se que o Superior Tribunal de Justiça continua a aplicar o teor deste enunciado jurisprudencial, não analisando sequer o dolo ou a culpa grave, que somente é pertinente para a fixação do *quantum* indenizatório (nesse sentido, ver: STJ, REsp 203.166/MG, Data da decisão: 03.02.2000, 3.ª Turma, Rel. Min. Carlos Alberto Menezes Direito; e REsp 406.815/MG, Rel. Min. Antonio Carlos Ferreira, j. 12.06.2012, publicado no *Informativo* n. 497 do STJ).

Em 2024, esse entendimento foi confirmado pela Corte, com o seguinte acórdão e importante ressalva ao final: "o recebimento de pensão previdenciária não exclui a condenação do ofensor à prestação de alimentos indenizatórios, desde que demonstrado decréscimo na situação financeira dos dependentes da vítima" (STJ, REsp 1.392.730/DF, 4.ª Turma, Rel. Min. Maria Isabel Gallotti, por maioria, j. 05.03.2024).

De toda sorte, a jurisprudência entende que o valor pago a título do antigo seguro obrigatório nos acidentes de trânsito (DPVAT) deve ser abatido do montante reparatório pago pelo causador do ilícito. Nessa linha, preceitua a Súmula 246 do Superior Tribunal de Justiça que "o valor do seguro obrigatório deve ser deduzido da indenização judicialmente fixada". Confirmando o enunciado jurisprudencial, aresto assim publicado no *Informativo* n. *540* daquela Corte Superior: "o valor correspondente à indenização do seguro de danos pessoais causados por veículos automotores de via terrestre (DPVAT) pode ser deduzido do valor da indenização por danos exclusivamente morais fixada judicialmente, quando os danos psicológicos derivem de morte ou invalidez permanente causados pelo acidente" (STJ, REsp 1.365.540/DF, Rel. Min. Nancy Andrighi, j. 23.04.2014).

Com o devido respeito, não se filia a essa última posição, baseada em entendimento sumular, uma vez que, pelo mesmo raciocínio desenvolvido quanto à indenização previdenciária, os valores pagos dizem respeito a esferas diferentes. Assim, parece existir certa contradição entre a Súmula 229 do STF e a Súmula 246 do STJ.

Questão interessante diz respeito à possibilidade de se incluírem na indenização em favor dos familiares as eventuais promoções futuras na carreira e as participações nos lucros que seriam pagas ao falecido.

O Superior Tribunal de Justiça entendeu negativamente em julgado prolatado no ano de 2018, relativo ao segundo acidente da empresa aérea TAM, ocorrido no Aeroporto de Congonhas. Nos termos exatos do aresto, que enfrenta vários aspectos aqui expostos, "na apuração do valor da pensão mensal por ato ilícito, não podem ser consideradas as promoções futuras na carreira e a participação nos lucros nem as verbas atinentes ao plano de aquisição de ações e ao adicional de automóvel em face da eventualidade de tais fatos e do caráter indenizatório de alguns (e não salarial), não se enquadrando no conceito jurídico de lucros cessantes". O julgado também aponta que "é cabível a inclusão do 13.º salário, das férias remuneradas acrescidas de 1/3 (um terço) e do FGTS no cálculo do pensionamento por ato ilícito quando existir prova de trabalho assalariado da vítima na época do sinistro". Como *termo a quo* dos lucros cessantes, entendeu-se que "a pensão mensal por ato ilícito deve perdurar (termo final) até a data em que a vítima atingisse a idade correspondente à expectativa média de vida do brasileiro prevista na data do óbito, segundo a tabela do IBGE, ou até o falecimento do beneficiário, se tal fato ocorrer primeiro" (STJ, REsp 1.422.873/SP, 3.ª Turma, Rel. Min. Ricardo Villas Bôas Cueva, j. 13.03.2018, *DJe* 20.03.2018).

Outro ponto a ser abordado é que, em alguns casos, o próprio Superior Tribunal de Justiça tem quebrado a regra de que a indenização deve ser fixada tendo como parâmetro a vida provável da vítima falecida. Imagine-se um caso em que o filho dependente tem 17 anos, enquanto o pai falecido, 54 anos. Ora, se for levada em conta a vida provável daquele que faleceu, o filho receberá uma indenização a título de lucros cessantes até a idade de 37 anos, ou seja, quando o pai completasse 74 anos. Isso é inconcebível diante de um Código

# 532 | MANUAL DE DIREITO CIVIL • VOLUME ÚNICO – *Flávio Tartuce*

Civil que veda o enriquecimento sem causa e prega a eticidade. Desse modo, correto o entendimento que fixa a indenização tendo como parâmetro a idade de 24 ou 25 anos do filho, limite correto da relação de dependência (nesse sentido, ver: STJ, REsp 275.274/MG, Data da decisão: 17.04.2001, 3.ª Turma, Rel. Min. Nancy Andrighi, *DJ* 03.09.2001, p. 220).

Sendo a vítima filho menor, cabe debate se poderão os pais pedir indenização a título de lucros cessantes. Prevalece o teor da Súmula 491 do STF segundo a qual "é indenizável o acidente que causa a morte de filho menor, ainda que não exerça trabalho remunerado". O entendimento sumulado é aplicado aos casos envolvendo famílias de baixa renda, hipótese em que o dano material por lucros cessantes às economias domésticas é tido como presumido (*in re ipsa*).

Da jurisprudência superior é correto o entendimento de que o cálculo da indenização deve ser feito com base em um salário mínimo (ou 2/3 deste), do período em que o menor tiver 14 anos, até os 24 ou 25 anos, limite temporal em que colaboraria o menor com as economias domésticas (nesse sentido, ver: STJ, REsp 335.058/PR, Data da decisão: 18.11.2003, 1.ª Turma, Min. Humberto Gomes de Barros, *DJ* 15.12.2003, p. 185).

Todavia, anote-se que há julgados de datas mais próximas que deferem os alimentos indenizatórios aos pais após a idade de 25 anos do menor. Supõe-se que o filho contribuiria com a economia doméstica dos pais em 1/3 dos seus rendimentos, até a idade de sua vida provável (assim: STJ, REsp 740.059/RJ, 4.ª Turma, Rel. Min. Aldir Passarinho Junior, j. 12.06.2007, *DJ* 06.08.2007, p. 500).

Em 2024, essa posição foi confirmada pela Corte, que atribuiu indenização aos pais por morte de recém-nascido. Nos termos do novo acórdão, "é cabível pensionamento na hipótese de falecimento de recém-nascido, cujo termo inicial será a data em que a vítima completaria 14 (quatorze) anos, e o termo final será a data em que a vítima completaria a idade correspondente à expectativa média de vida do brasileiro" (STJ, REsp 2.121.056/PR, 3.ª Turma, Rel. Min. Nancy Andrighi, por unanimidade, j. 21.05.2024, *DJe* 24.05.2024).

Com o devido respeito, merece crítica a última conclusão, eis que não se pode deduzir, pelo padrão geral de conduta do brasileiro, que o filho continuará a contribuir para as economias domésticas dos pais após constituir a sua própria família. Em suma, estamos filiados ao julgado anterior, consubstanciado no Recurso Especial 335.058/PR.

Para encerrar o estudo dos alimentos indenizatórios, anote-se que a Reforma do Código Civil, ora em trâmite no Congresso Nacional, pretende alterar o art. 948 do Código Civil, incorporando no texto os entendimentos jurisprudenciais ora desenvolvidos.

Assim, o dispositivo passará a prever que, no caso de morte, a indenização abrange, sem a exclusão de outras reparações, "II – a repercussão patrimonial do dano, na esfera das pessoas a quem o morto devia alimentos, levando-se em conta a duração provável da vida da vítima e a manutenção da situação de dependência econômica". No inc. III, insere-se previsão a respeito dos danos extrapatrimoniais indiretos ou reflexos, "sofridos pelos familiares, com precedência do direito à indenização ao cônjuge ou convivente e aos filhos do falecido, sem excluir aqueles que mantinham comprovado vínculo afetivo com a vítima, o que deve ser apurado pelo julgador no caso concreto". Ainda tratarei do tema no presente capítulo da obra.

O art. 948 receberá também um novo § 1.º, segundo o qual, e na linha da posição jurisprudencial antes exposta a respeito da forma do cálculo, "para atendimento ao disposto no inc. II deste artigo, a prestação dos alimentos corresponderá a dois terços dos rendimentos da vítima, divididos *per capita* entre o cônjuge ou convivente sobrevivente e os filhos com menos de dezoito anos de idade do falecido, nesta hipótese até a data em que estes completarem vinte e cinco anos; depois, somente ao cônjuge ou convivente". E, sobre

CAP. 4 • RESPONSABILIDADE CIVIL | **533**

a morte de filho menor, novamente confirmando a posição consolidada da jurisprudência brasileira, o seu § 2.º preverá que, "no caso de morte de filho, criança ou adolescente, que não tinha rendimentos fixos, em família de baixa renda, a indenização será fixada em dois terços de um salário mínimo para o período de catorze aos vinte e cinco anos do falecido, quando, então, será reduzida para um terço do salário mínimo, salvo comprovação de rendimentos maiores, a serem divididos entre os pais ou entre outros parentes do falecido com quem ele vivia, se for o caso". Confirma-se, portanto, na lei, a posição atual do Superior Tribunal de Justiça, que visa a trazer maior segurança jurídica ao tema, apesar das ressalvas doutrinárias, inclusive as minhas.

Por fim, com o mesmo objetivo de trazer maior estabilidade para o tema, o § 3.º do art. 948 enunciará que, "em todas as hipóteses previstas neste artigo, a duração do pensionamento levará em conta a tabela de expectativa de vida fixada pelo Instituto Brasileiro de Geografia e Estatística (IBGE), existente ao tempo do dano".

Como se pode notar, as proposições seguem a linha metodológica da Reforma, de inserir no texto da norma civil as posições hoje consolidadas da jurisprudência superior brasileira, o que vem em boa hora, em prol de uma esperada previsibilidade e da segurança jurídica.

### 4.2.5.2 Danos morais

A reparabilidade dos danos imateriais é relativamente *nova* em nosso país, tendo sido tornada pacífica com a Constituição Federal de 1988, pela previsão expressa no seu art. 5.º, incs. V e X.

A melhor corrente categórica, na minha opinião, é aquela que conceitua os danos morais como lesão a direitos da personalidade, sendo essa a visão que prevalece na doutrina brasileira.[36] Alerte-se que para a sua reparação não se requer a determinação de um *preço* para a dor ou o sofrimento, mas sim um meio para atenuar, em parte, as consequências do prejuízo imaterial, o que traz o conceito de *lenitivo, derivativo* ou *sucedâneo*. Por isso é que se utiliza a expressão *reparação* e não *ressarcimento* para os danos morais.

Cumpre esclarecer que não há, no dano moral, uma finalidade de acréscimo patrimonial para a vítima, mas sim de compensação pelos males suportados. Tal dedução justifica a não incidência de imposto de renda sobre o valor recebido a título de indenização por dano moral, o que foi consolidado pela Súmula 498 do Superior Tribunal de Justiça, do ano de 2012.

Além do pagamento de uma indenização em dinheiro, presente o dano moral, é viável uma compensação *in natura*, conforme reconhece enunciado aprovado na *VII Jornada de Direito Civil* (2015): "a compensação pecuniária não é o único modo de reparar o dano extrapatrimonial, sendo admitida a reparação *in natura*, na forma de retração pública ou outro meio" (Enunciado n. 589). Nos termos do enunciado, assim se situa o direito de resposta no caso de atentado contra a honra praticado por veículo de comunicação.

Pontue-se que o direito de resposta foi regulamentado pela Lei n. 13.188, de 11 de novembro de 2015, que trata dos procedimentos judiciais para o seu exercício. Em complemento, como ilustra Marco Aurélio Bezerra de Melo, "diversos casos existem em que o magistrado determina ao devedor que substitua o bem que não presta ao fim a que se

---

[36] FRANÇA, Rubens Limongi. *Instituições de direito civil*. 4. ed. São Paulo: Saraiva, 1996. p. 1.039; PEREIRA, Caio Mário da Silva. *Responsabilidade civil*. Rio de Janeiro: Forense, 1994. p. 54; DINIZ, Maria Helena. *Curso de direito civil brasileiro*. 21. ed. São Paulo: Saraiva, 2007. p. 88-91; GONÇALVES, Carlos Roberto. *Direito civil brasileiro*. Responsabilidade civil. 5. ed. São Paulo: Saraiva, 2010. v. 4, p. 377.

## 534 | MANUAL DE DIREITO CIVIL • VOLUME ÚNICO – Flávio Tartuce

destina por outra da mesma qualidade, quantidade e espécie que funcione adequadamente ou então em que a decisão judicial determina que o devedor realize alguma atividade a que se obrigou, como a cobertura de tratamento a um consumidor de plano de saúde, a instalação de uma linha telefônica, a pintura de uma fachada, o desfazimento de uma construção. Em todas essas possibilidades, o Estado-juiz objetiva disponibilizar ao interessado a *reparação in natura*".[37]

O atual Projeto de Reforma do Código Civil pretende incluir expressamente no seu art. 947 a reparação *in natura*, com caráter prioritário, como deve ser. Nesse contexto, nos termos do *caput* do comando proposto pela Comissão de Juristas, "a reparação dos danos deve ser integral com a finalidade de restituir o lesado ao estado anterior ao fato danoso". Ademais, consoante o projetado § 1.º da norma, "a indenização será fixada em dinheiro, sempre que a reconstituição natural não seja possível, não repare integralmente os danos ou seja excessivamente onerosa para o devedor". Sobre o tema ora analisado, "nos casos de dano extrapatrimonial, admite-se, a critério da vítima, a reparação *in natura*, na forma de retratação pública, por meio do exercício do direito de resposta, da publicação de sentença ou de outra providência específica que atendam aos interesses do lesado" (§ 2.º). Por fim, o § 3.º do art. 947 preceituará que, "nas hipóteses do parágrafo anterior, a reparação *in natura* pode ser efetivada por meio analógico ou digital, alternativa ou cumulativamente com a reparação pecuniária".

Como bem justificou a Subcomissão de Responsabilidade Civil, a proposição "segue o artigo 566 do CC de Portugal, cuja redação enfatiza a ideia fundamental da precedência da restauração do estado de coisas afetado pelo dano, seja em matéria de danos individuais ou coletivos. Sempre que impossível ou insuficiente a restauração em espécie, terá lugar a fixação da indenização pecuniária, em moeda corrente". E mais, a sugestão "resulta da tendência à desmonetização do dano extrapatrimonial, diante da natural inconsistência de uma resposta exclusivamente pecuniária a uma violação existencial. Ampliam-se as tutelas específicas em favor do lesado, aqui descritas em caráter exemplificativo, seja de forma isolada ou em cumulação à indenização pecuniária". Em relação a essa proposta, parece-me ser mais do que necessária, ou seja, ela é essencial para uma melhor efetivação do instituto da responsabilidade civil, em prol da vítima ou do lesado.

Deve ficar claro que para a caracterização do dano moral não há obrigatoriedade da presença de sentimentos humanos negativos, conforme enunciado aprovado na *V Jornada de Direito Civil*: "o dano moral indenizável não pressupõe necessariamente a verificação de sentimentos humanos desagradáveis como dor ou sofrimento" (Enunciado n. 445). Cite-se, a título de exemplo, o dano moral da pessoa jurídica que, por óbvio, não passa por tais situações (Súmula 227 do STJ).

Como outra ilustração de incidência desse enunciado doutrinário, o Superior Tribunal de Justiça entendeu, em julgado de 2015, que os absolutamente incapazes também podem sofrer dano moral. Vejamos a publicação constante do seu *Informativo* n. *559*:

> "O absolutamente incapaz, ainda quando impassível de detrimento anímico, pode sofrer dano moral. O dano moral caracteriza-se por uma ofensa, e não por uma dor ou um padecimento. Eventuais mudanças no estado de alma do lesado decorrentes do dano moral, portanto, não constituem o próprio dano, mas eventuais efeitos ou resultados do dano. Já os bens jurídicos cuja afronta caracteriza o dano moral são os denominados pela doutrina como direitos da personalidade, que são aqueles reconhe-

---

[37] MELO, Marco Aurélio Bezerra de. *Curso de direito civil*. Responsabilidade civil. São Paulo: Atlas, 2015. v. IV, p. 69.

CAP. 4 • RESPONSABILIDADE CIVIL | **535**

cidos à pessoa humana tomada em si mesma e em suas projeções na sociedade. A CF deu ao homem lugar de destaque, realçou seus direitos e fez deles o fio condutor de todos os ramos jurídicos. A dignidade humana pode ser considerada, assim, um direito constitucional subjetivo – essência de todos os direitos personalíssimos –, e é o ataque a esse direito o que se convencionou chamar dano moral" (STJ, REsp 1.245.550/MG, Rel. Min. Luis Felipe Salomão, j. 17.03.2015, *DJe* 16.04.2015).

Vale lembrar, por oportuno, que o rol dos absolutamente incapazes foi profundamente alterado pelo Estatuto da Pessoa com Deficiência, em 2015, englobando agora apenas os menores de 16 anos. O tema está tratado no Capítulo 2 desta obra.

Em complemento, quanto à pessoa natural, tem entendido o Superior Tribunal de Justiça que, nos casos de lesão a valores fundamentais protegidos pela Constituição Federal, o dano moral dispensa a prova dos citados sentimentos humanos desagradáveis, presumindo-se o prejuízo. Nesse contexto, "sempre que demonstrada a ocorrência de ofensa injusta à dignidade da pessoa humana, dispensa-se a comprovação de dor e sofrimento para configuração de dano moral. Segundo doutrina e jurisprudência do STJ, onde se vislumbra a violação de um direito fundamental, assim eleito pela CF, também se alcançará, por consequência, uma inevitável violação da dignidade do ser humano. A compensação nesse caso independe da demonstração da dor, traduzindo-se, pois, em consequência *in re ipsa*, intrínseca à própria conduta que injustamente atinja a dignidade do ser humano. Aliás, cumpre ressaltar que essas sensações (dor e sofrimento), que costumeiramente estão atreladas à experiência das vítimas de danos morais, não se traduzem no próprio dano, mas têm nele sua causa direta" (REsp 1.292.141/SP, Rel. Min. Nancy Andrighi, j. 04.12.2012, publicado no seu *Informativo* n. *513*).

Feitas tais considerações sobre o dano moral, vejamos as suas principais classificações, extraídas da melhor doutrina e da visão do presente autor:

> *I) Quanto ao sentido da categoria:*
> – *Dano moral, em sentido próprio* – constitui aquilo que a pessoa sente (dano moral *in natura*), causando na pessoa dor, tristeza, vexame, humilhação, amargura, sofrimento, angústia e depressão.
> – *Dano moral em sentido impróprio ou em sentido amplo* – constitui qualquer lesão aos direitos da personalidade, como, por exemplo, à orientação sexual. Na linha do exposto não necessita da prova do sofrimento em si para a sua caracterização.
>
> *II) Quanto à necessidade ou não de prova:*
> – *Dano moral provado* ou *dano moral subjetivo* – constituindo regra geral, segundo o atual estágio da jurisprudência nacional, é aquele que necessita ser comprovado pelo autor da demanda, ônus que lhe cabe. É o que ocorre, por exemplo, nas hipóteses fáticas de acidentes de trânsito, uma vez que "a condenação à compensação de danos morais, nesses casos, depende de comprovação de circunstâncias peculiares que demonstrem o extrapolamento da esfera exclusivamente patrimonial, o que demanda exame de fatos e provas" (STJ, REsp 1.653.413/RJ, 3.ª Turma, Rel. Min. Marco Aurélio Bellizze, j. 05.06.2018, *DJe* 08.06.2018). Ou, ainda, também a ilustrar, a Lei 14.034/2020 – que surgiu em socorro às companhias aéreas diante da pandemia da Covid-19 –, passou a exigir a prova do dano moral, chamado impropriamente de dano extrapatrimonial. O seu art. 4.º introduziu um art. 251-A no Código Brasileiro da Aeronáutica prevendo que "a indenização por dano extrapatrimonial em decorrência de falha na

execução do contrato de transporte fica condicionada à demonstração da efetiva ocorrência do prejuízo e de sua extensão pelo passageiro ou pelo expedidor ou destinatário de carga". Entendo que a norma representa sério retrocesso na tutela dos passageiros consumidores que, em muitas situações, sofrem danos presumidos, que não necessitam de prova, como nos casos de extravio de bagagem ou cancelamento de voo.

– *Dano moral objetivo* ou *presumido* (in re ipsa) – não necessita de prova, como nos casos de morte de pessoa da família, lesão estética, lesão a direito fundamental protegido pela Constituição Federal ou uso indevido de imagem para fins lucrativos (Súmula 403 do STJ). Na mesma esteira da sumular, cite-se proposta aprovada na *VII Jornada de Direito Civil,* evento promovido pelo Conselho da Justiça Federal em 2015, segundo o qual o dano à imagem restará configurado quando presente a utilização indevida desse bem jurídico, independentemente da concomitante lesão a outro direito da personalidade, sendo dispensável a prova do prejuízo do lesado ou do lucro do ofensor para a caracterização do dano, por se tratar de modalidade *in re ipsa* (Enunciado n. 587).

*III) Quanto à pessoa atingida*:

– *Dano moral direto* – é aquele que atinge a própria pessoa, a sua honra subjetiva (autoestima) ou objetiva (repercussão social da honra). Como exemplo, podem ser citados os crimes contra a honra, que geram a responsabilidade civil daquele que os pratica, nos termos do art. 953 do Código Civil.

– *Dano moral indireto* ou *dano moral em ricochete* – é aquele que atinge a pessoa de forma reflexa, como nos casos de morte de uma pessoa da família (art. 948, *caput,* do CC), lesão à personalidade do morto (art. 12, parágrafo único, do CC) e perda de uma coisa de estima, caso de um animal de estimação (art. 952 do CC). Em suma, o dano atinge uma pessoa ou coisa e repercute em outra pessoa, *como uma bala que ricocheteia.* Como se percebe, amplas são as suas hipóteses, muito além da situação descrita no art. 948 do Código Civil, conforme reconhece o Enunciado n. 560 da *VI Jornada de Direito Civil* (2013). No âmbito da jurisprudência, reconhecendo de forma consolidada a sua reparação, destaque-se a afirmação n. 4, publicada na Edição n. 125 da ferramenta *Jurisprudência em Teses,* do STJ, do ano de 2019 e dedicada à responsabilidade civil por dano moral: "a legitimidade para pleitear a reparação por danos morais é, em regra, do próprio ofendido, no entanto, em certas situações, são colegitimadas também aquelas pessoas que, sendo muito próximas afetivamente à vítima, são atingidas indiretamente pelo evento danoso, reconhecendo-se, em tais casos, o chamado dano moral reflexo ou em ricochete". Ainda para a Corte, em julgado de 2024, reconheceu-se que "o dano moral reflexo (dano por ricochete) pode se caracterizar ainda que a vítima direta do evento danoso sobreviva" (STJ, REsp 1.697.723/RJ, 4.ª Turma, Rel. Min. Raul Araújo, por maioria, j. 1.º.10.2024). A Reforma do Código Civil pretende inserir na norma civil menção aos danos indiretos, passando o novo art. 944-B do Código Civil a prever que "a indenização será concedida, se os danos forem certos, sejam eles diretos, indiretos, atuais ou futuros". Em termos gerais, não haverá definição na lei do que sejam os danos indiretos, tarefa de preenchimento que caberá à doutrina e à jurisprudência. Ademais, como antes pontuado, pretende-se inserir previsão a respeito dos danos extrapatrimoniais indiretos no caso de morte, no novo inc. III do art. 948. Consoante a proposição, serão reparáveis "os danos extrapatrimoniais

> indiretos ou reflexos sofridos pelos familiares, com precedência do direito à indenização ao cônjuge ou convivente e aos filhos do falecido, sem excluir aqueles que mantinham comprovado vínculo afetivo com a vítima, o que deve ser apurado pelo julgador no caso concreto". Como ainda será desenvolvido, a Comissão de Juristas propõe que os danos extrapatrimoniais substituam os danos morais, passando a englobá-los.

Superadas essas importantes classificações, parte-se para o estudo de algumas *questões controvertidas* relacionadas ao tema dos danos morais.

*a) Danos morais x transtornos. A perda do tempo e o crescimento da tese da responsabilidade civil sem dano*

Tanto doutrina como jurisprudência sinalizam para o fato de que os danos morais suportados por alguém não se confundem com os meros transtornos ou aborrecimentos que a pessoa sofre no dia a dia. Isso sob pena de colocar em descrédito a própria concepção da responsabilidade civil e do dano moral. Cabe ao juiz, analisando o caso concreto e diante da sua experiência, apontar se a reparação imaterial é cabível ou não. Nesse sentido, foi aprovado, na *III Jornada de Direito Civil*, o Enunciado n. 159 do Conselho da Justiça Federal, pelo qual o dano moral não se confunde com os meros aborrecimentos decorrentes de prejuízo material.

Para concretizar tal dedução, o Superior Tribunal de Justiça tem entendido de forma reiterada que a mera quebra de um contrato ou o mero descumprimento contratual não gera dano moral (nessa linha: STJ, Ag. Rg. 303.129/GO, Data da decisão: 29.03.2001, 3.ª Turma, Rel. Min. Ari Pargendler, *DJ* 28.05.2001, p. 199). De qualquer modo, esclareça-se que o próprio STJ tem entendido que a negativa do pagamento de indenização por seguradora gera um dano moral presumível no caso concreto (STJ, REsp 811.617/AL, 4.ª Turma, Rel. Min. Jorge Scartezzini, j. 21.11.2006, *DJ* 19.03.2007, p. 359).

Dentro do mesmo raciocínio, de acordo com a ideia do *caráter pedagógico* da indenização por danos morais, do que se falará adiante, o STJ tem entendido que a recusa de custeio das despesas por parte de empresa de plano de saúde não é mero aborrecimento, mas constitui dano moral presumido (STJ, REsp 880.035/PR, Rel. Min. Jorge Scartezzini, j. 21.11.2006).

Em suma, o que se percebe é que a jurisprudência do STJ tem concluído que o descumprimento do contrato que envolva valores fundamentais protegidos pela CF/1988 pode gerar dano moral presumido ou *in re ipsa*. Além da tutela da saúde, mencionada acima, destaque-se decisão que entendeu do mesmo modo em negócio de incorporação imobiliária, presumindo o dano moral pelo longo tempo em que o adquirente ficou sem o imóvel destinado para sua moradia. Vejamos a publicação, constante do *Informativo* n. *473* do STJ:

> "Dano moral. Incorporação imobiliária. Há mais de 12 anos houve a assinatura do contrato de promessa de compra e venda de uma unidade habitacional. Contudo, passados mais de nove anos do prazo previsto para a entrega, o empreendimento imobiliário não foi construído por incúria da incorporadora. Nesse contexto, vê-se que a inexecução causa séria e fundada angústia no espírito do adquirente a ponto de transpor o mero dissabor oriundo do corriqueiro inadimplemento do contrato, daí ensejar, pela peculiaridade, o ressarcimento do dano moral. Não se desconhece a jurisprudência do STJ quanto a não reconhecer dano moral indenizável causado pelo descumprimento de cláusula contratual, contudo há precedentes que excepcionam as

# 538 | MANUAL DE DIREITO CIVIL • VOLUME ÚNICO – *Flávio Tartuce*

hipóteses em que as circunstâncias atinentes ao ilícito material têm consequências severas de cunho psicológico, mostrando-se como resultado direto do inadimplemento, a justificar a compensação pecuniária, tal como ocorre na hipótese. Outrossim, é certo que a Lei n. 4.591/1964 (Lei do Condomínio e Incorporações) determina equiparar o proprietário do terreno ao incorporador, imputando-lhe responsabilidade solidária pelo empreendimento. Mas isso se dá quando o proprietário pratica atividade que diga respeito à relação jurídica incorporativa, o que não ocorreu na hipótese, em que sua atuação, conforme as instâncias ordinárias, limitou-se à mera alienação do terreno à incorporadora, o que não pode ser sindicado no especial, por força da Súm. n. 7-STJ. Destarte, no caso, a responsabilidade exclusiva pela construção do empreendimento é, sem dúvida, da incorporadora. Precedentes citados: REsp 1.072.308-RS, *DJe* 10.06.2010; REsp 1.025.665-RJ, *DJe* 09.04.2010; REsp 617.077-RJ, *DJe* 29.04.2011; AgRg no Ag 631.106-RJ, *DJe* 08.10.2008, e AgRg no Ag 1.010.856-RJ, *DJe* 1.º.12.2010" (STJ, REsp 830.572/RJ, Rel. Min. Luis Felipe Salomão, j. 17.05.2011).

Ressalte-se que, para a análise do caso concreto de violação a direitos fundamentais, servem como parâmetros os direitos consagrados pelos arts. 5.º a 7.º da CF/1988, que perfazem a concretização da cláusula geral de tutela da pessoa humana (art. 1.º, inc. III, do Texto Maior). Nessa linha, na *V Jornada de Direito Civil*, aprovou-se enunciado doutrinário proposto por mim, com o seguinte sentido: "o descumprimento de um contrato pode gerar dano moral, quando envolver valor fundamental protegido pela Constituição Federal de 1988" (Enunciado n. 411).

Seguindo no estudo do tema e dos exemplos, cabe trazer à tona o debate a respeito da reparação de danos pela presença de *corpos estranhos* em produtos alimentares.

O Superior Tribunal de Justiça entendia no passado que a simples presença de um corpo estranho, sem o posterior consumo, não geraria a reparação imaterial. Vejamos, a título de ilustração, acórdão do Superior Tribunal de Justiça em que se pleiteou indenização imaterial diante de um inseto encontrado dentro de um refrigerante, assim publicado no seu *Informativo* n. 426:

> "Dano moral. Inseto. Refrigerante. O dano moral não é pertinente pela simples aquisição de refrigerante com inseto, sem que seu conteúdo tenha sido ingerido, por se encontrar no âmbito dos dissabores da sociedade de consumo, sem abalo à honra, ausente situação que produza no consumidor humilhação ou represente sofrimento em sua dignidade. Com esse entendimento, a Turma deu provimento ao recurso da sociedade empresarial, invertendo o ônus da sucumbência. Precedentes citados: AgRg no Ag 276.671/SP, *DJ* 08.05.2000; AgRg no Ag 550.722/DF, *DJ* 03.05.2004; e AgRg no AgRg no Ag 775.948/RJ, *DJe* 03.03.2008" (STJ, REsp 747.396/DF, Rel. Min. Fernando Gonçalves, j. 09.03.2010).

De toda sorte, ato contínuo de julgamento, aquele Tribunal Superior posicionou-se pela presença do dano moral quando o inseto é ingerido pelo consumidor que o encontra em um produto. Vejamos publicação no *Informativo* n. 472:

> "Dano moral. Consumidor. Alimento. Ingestão. Inseto. Trata-se de REsp em que a controvérsia reside em determinar a responsabilidade da recorrente pelos danos morais alegados pelo recorrido, que afirma ter encontrado uma barata no interior da lata de leite condensado por ela fabricado, bem como em verificar se tal fato é capaz de gerar abalo psicológico indenizável. A Turma entendeu, entre outras questões, ser incontroverso, conforme os autos, que havia uma barata dentro da lata de leite condensado adquirida pelo recorrido, já que o recipiente foi aberto na presença de testemunhas, funcionários do Procon, e o laudo pericial permite concluir que a barata

CAP. 4 • RESPONSABILIDADE CIVIL | **539**

não entrou espontaneamente pelos furos abertos na lata, tampouco foi através deles introduzida, não havendo, portanto, ofensa ao art. 12, § 3.º, do CDC, notadamente porque não comprovada a existência de culpa exclusiva do recorrido, permanecendo hígida a responsabilidade objetiva da sociedade empresária fornecedora, ora recorrente. Por outro lado, consignou-se que a indenização de R$ 15 mil fixada pelo tribunal *a quo* não se mostra exorbitante. Considerou-se a sensação de náusea, asco e repugnância que acomete aquele que descobre ter ingerido alimento contaminado por um inseto morto, sobretudo uma barata, artrópode notadamente sujo, que vive nos esgotos e traz consigo o risco de inúmeras doenças. Note-se que, de acordo com a sentença, o recorrente já havia consumido parte do leite condensado, quando, por uma das pequenas aberturas feitas para sorver o produto chupando da própria lata, observou algo estranho saindo de uma delas, ou seja, houve contato direto com o inseto, o que aumenta a sensação de mal-estar. Além disso, não há dúvida de que essa sensação se protrai no tempo, causando incômodo durante longo período, vindo à tona sempre que se alimenta, em especial do produto que originou o problema, interferindo profundamente no cotidiano da pessoa" (STJ, REsp 1.239.060/MG, Rel. Min. Nancy Andrighi, j. 10.05.2011).

Em sentido próximo ao último *decisum*, deduziu a mesma Corte Superior que o dano moral está presente quando é encontrado um preservativo dentro de uma lata de extrato de tomate. O valor fixado a título de indenização foi de R$10.000,00 (dez mil reais), ressaltando-se a função educadora da reparação imaterial (STJ, REsp 1.317.611/RS, Rel. Min. Nancy Andrighi, j. 12.06.2012, publicado no *Informativo* n. 499).

Em 2014, reitere-se, surgiu outra tendência no Tribunal da Cidadania, que passou a considerar a reparação de danos imateriais mesmo nos casos em que o produto não é consumido. Inaugurou-se, assim, uma forma de julgar que admite a reparação civil pelo *perigo de dano*, não mais tratada a hipótese como de mero aborrecimento ou transtorno cotidiano. Vejamos o teor da ementa, que foi publicada no *Informativo* n. *537* daquela Corte Superior:

"Recurso especial. Direito do consumidor. Ação de compensação por dano moral. Aquisição de garrafa de refrigerante contendo corpo estranho em seu conteúdo. Não ingestão. Exposição do consumidor a risco concreto de lesão à sua saúde e segurança. Fato do produto. Existência de dano moral. Violação do dever de não acarretar riscos ao consumidor. Ofensa ao direito fundamental à alimentação adequada. Artigos analisados: 4.º, 8.º, 12 e 18, CDC, e 2.º, Lei 11.346/2006. 1. Ação de compensação por dano moral, ajuizada em 20.04.2007, da qual foi extraído o presente recurso especial, concluso ao gabinete em 10.06.2013. 2. Discute-se a existência de dano moral na hipótese em que o consumidor adquire garrafa de refrigerante com corpo estranho em seu conteúdo, sem, contudo, ingeri-lo. 3. A aquisição de produto de gênero alimentício contendo em seu interior corpo estranho, expondo o consumidor a risco concreto de lesão à sua saúde e segurança, ainda que não ocorra a ingestão de seu conteúdo, dá direito à compensação por dano moral, dada a ofensa ao direito fundamental à alimentação adequada, corolário do princípio da dignidade da pessoa humana. 4. Hipótese em que se caracteriza defeito do produto (art. 12, CDC), o qual expõe o consumidor a risco concreto de dano à sua saúde e segurança, em clara infringência ao dever legal dirigido ao fornecedor, previsto no art. 8.º do CDC. 5. Recurso especial não provido" (STJ, REsp 1.424.304/SP, 3.ª Turma, Rel. Min. Nancy Andrighi, j. 11.03.2014, *DJe* 19.05.2014).

Entendo que se trata de um *caminhar* para o reconhecimento da responsabilidade sem dano. Na doutrina contemporânea, como antes destacado, o tema é tratado por Pablo

Malheiros da Cunha Frota, em sua tese de doutorado defendida na UFPR.[38] Destaca o professor que os juristas presentes no encontro de 2013 dos Grupos de Pesquisa em Direito Civil Constitucional, liderados pelos Professores Gustavo Tepedino (UERJ), Luiz Edson Fachin (UFPR) e Paulo Lôbo (UFPE), editaram a Carta de Recife. Nas suas palavras, "um dos pontos debatidos e que se encontra na Carta de Recife, documento haurido das reflexões apresentadas pelos pesquisadores no citado encontro, foi justamente a preocupação com essa situação de responsabilidade com e sem dano, como consta do seguinte trecho da aludida Carta: 'A análise crítica do dano na contemporaneidade impõe o caminho de reflexão sobre a eventual possibilidade de se cogitar da responsabilidade sem dano'".[39]

Sem dúvidas, essa reflexão é imperiosa e poderá alterar todas as balizas teóricas da responsabilidade civil. O grande desafio, entretanto, é saber determinar os limites para a nova tese, que pode gerar situações de injustiça, mormente de pedidos totalmente imotivados, fundados em reais meros aborrecimentos, comuns no Brasil. No Projeto de Reforma do Código Civil, contudo, o dano é mantido como requisito da responsabilidade civil.

A propósito desse debate, a respeito do fato de o consumidor ter encontrado um corpo estranho em um produto, mas sem consumi-lo, surgiram arestos posteriores, afastando a posição inaugurada pela Ministra Nancy Andrighi no Recurso Especial 1.424.304/SP. Assim julgando:

> "No âmbito da jurisprudência do STJ, não se configura o dano moral quando ausente a ingestão do produto considerado impróprio para o consumo, em virtude da presença de objeto estranho no seu interior, por não extrapolar o âmbito individual que justifique a litigiosidade, porquanto atendida a expectativa do consumidor em sua dimensão plural. A tecnologia utilizada nas embalagens dos refrigerantes é padronizada e guarda, na essência, os mesmos atributos e as mesmas qualidades no mundo inteiro. Inexiste um sistemático defeito de segurança capaz de colocar em risco a incolumidade da sociedade de consumo, a culminar no desrespeito à dignidade da pessoa humana, no desprezo à saúde pública e no descaso com a segurança alimentar" (STJ, 1.395.647/SC, 3.ª Turma, Rel. Min. Ricardo Villas Bôas Cueva, j. 18.11.2014, *DJe* 19.12.2014).

E, ainda: "a jurisprudência do Superior Tribunal de Justiça se consolidou no sentido de que a ausência de ingestão de produto impróprio para o consumo configura, em regra, hipótese de mero dissabor vivenciado pelo consumidor, o que afasta eventual pretensão indenizatória decorrente de alegado dano moral. Precedentes" (STJ, AgRg no AREsp 489.030/SP, 4.ª Turma, Rel. Min. Luis Felipe Salomão, j. 16.04.2015, *DJe* 27.04.2015).

Todavia, do ano de 2017, há outro aresto de Relatoria da Ministra Nancy Andrighi afirmando que "a aquisição de produto de gênero alimentício contendo em seu interior corpo estranho, expondo o consumidor a risco concreto de lesão à sua saúde e segurança, ainda que não ocorra a ingestão de seu conteúdo, dá direito à compensação por dano moral, dada a ofensa ao direito fundamental à alimentação adequada, corolário do princípio da dignidade da pessoa humana". E mais: "o simples 'levar à boca' do corpo estranho possui as mesmas consequências negativas à saúde e à integridade física do consumidor que sua ingestão propriamente dita" (STJ, REsp 1.644.405/RS, 3.ª Turma, Rel. Min. Nancy Andrighi, j. 09.11.2017, *DJe* 17.11.2017). O caso dizia respeito a um biscoito recheado que continha

---

[38] FROTA, Pablo Malheiros da Cunha. *Responsabilidade civil por danos*. Imputação e nexo de causalidade. Curitiba: Juruá, 2014.

[39] FROTA, Pablo Malheiros da Cunha. *Responsabilidade civil por danos*. Imputação e nexo de causalidade. Curitiba: Juruá, 2014. p. 225.

um anel no seu interior, e que quase foi consumido pelo filho menor dos autores, sendo cuspido no último instante. A indenização foi fixada em R$10.000,00 (dez mil reais).

A demonstrar toda essa divergência, pontue-se que na Edição 39 da ferramenta *Jurisprudência em Teses*, do próprio STJ, e que trata do Direito do Consumidor, eram encontradas premissas conflitantes sobre o tema. Conforme a tese 2, "a simples aquisição do produto considerado impróprio para o consumo, em virtude da presença de corpo estranho, sem que se tenha ingerido o seu conteúdo, não revela o sofrimento capaz de ensejar indenização por danos morais".

Por outra via, nos termos da anterior tese 3, "a aquisição de produto de gênero alimentício contendo em seu interior corpo estranho, expondo o consumidor a risco concreto de lesão à sua saúde e segurança, ainda que não ocorra a ingestão de seu conteúdo, dá direito à compensação por dano moral, dada a ofensa ao direito fundamental à alimentação adequada, corolário do princípio da dignidade da pessoa humana".

Em 2019, tais afirmações foram retiradas do citado repertório de jurisprudência, o que demonstra que o tema ainda está aberto para ser discutido nos meios jurídicos, teóricos e práticos, especialmente porque o STJ deve manter a sua jurisprudência estável, íntegra e coerente, conforme consta do art. 926 do Código de Processo Civil de 2015.

Finalmente, no ano de 2021, a questão foi pacificada na Segunda Seção da Corte Superior, seguindo-se a tese da Ministra Nancy Andrighi e encerrando-se o debate a respeito da temática. Consoante o acórdão, que passou a influenciar todas as decisões posteriores:

"A presença de corpo estranho em alimento industrializado excede aos riscos razoavelmente esperados pelo consumidor em relação a esse tipo de produto, sobretudo levando-se em consideração que o Estado, no exercício do poder de polícia e da atividade regulatória, já valora limites máximos tolerados nos alimentos para contaminantes, resíduos tóxicos outros elementos que envolvam risco à saúde. Dessa forma, à luz do disposto no art. 12, *caput* e § 1.º, do CDC, tem-se por defeituoso o produto, a permitir a responsabilização do fornecedor, haja vista a incrementada – e desarrazoada – insegurança alimentar causada ao consumidor. Em tal hipótese, o dano extrapatrimonial exsurge em razão da exposição do consumidor a risco concreto de lesão à sua saúde e à sua incolumidade física e psíquica, em violação do seu direito fundamental à alimentação adequada. É irrelevante, para fins de caracterização do dano moral, a efetiva ingestão do corpo estranho pelo consumidor, haja vista que, invariavelmente, estará presente a potencialidade lesiva decorrente da aquisição do produto contaminado. Essa distinção entre as hipóteses de ingestão ou não do alimento insalubre pelo consumidor, bem como da deglutição do próprio corpo estranho, para além da hipótese de efetivo comprometimento de sua saúde, é de inegável relevância no momento da quantificação da indenização, não surtindo efeitos, todavia, no que tange à caracterização, *a priori*, do dano moral" (STJ, REsp 1.899.304/SP, 2.ª Seção, Rel. Min. Nancy Andrighi, j. 25.08.2021, *DJe* 04.10.2021).

Como se pode perceber, a conclusão final foi no sentido de estarem presentes danos morais pela simples existência de um corpo estranho em um produto adquirido, afirmação que deve ser considerada para os devidos fins práticos.

Seguindo os exemplos, fato corriqueiro que é, poder-se-ia imaginar que uma espera exagerada em fila de banco constituiria um mero aborrecimento, não caracterizador do dano moral ao consumidor. Todavia, o Superior Tribunal de Justiça concluiu, em data posterior, de forma contrária, condenando a instituição pelo excesso de tempo perdido pelo usuário do serviço. O *decisum* foi assim publicado no *Informativo* n. *504* daquela Corte Superior:

"O dano moral decorrente da demora no atendimento ao cliente não surge apenas da violação de legislação que estipula tempo máximo de espera, mas depende da verificação dos fatos que causaram sofrimento além do normal ao consumidor. Isso porque a legislação que determina o tempo máximo de espera tem cunho administrativo e trata da responsabilidade da instituição financeira perante a Administração Pública, a qual poderá aplicar sanções às instituições que descumprirem a norma. Assim, a extrapolação do tempo de espera deverá ser considerada como um dos elementos analisados no momento da verificação da ocorrência do dano moral. No caso, além da demora desarrazoada no atendimento, a cliente encontrava-se com a saúde debilitada e permaneceu o tempo todo em pé, caracterizando indiferença do banco quanto à situação. Para a Turma, o somatório dessas circunstâncias caracterizou o dano moral. Por fim, o colegiado entendeu razoável o valor da indenização em R$ 3 mil, ante o caráter pedagógico da condenação. Precedentes citados: AgRg no Ag 1.331.848/SP, *DJe* 13.09.2011; REsp 1.234.549/SP, *DJe* 10.02.2012, e REsp 598.183/DF, *DJe* 27.11.2006" (STJ, REsp 1.218.497/MT, Rel. Min. Sidnei Beneti, j. 11.09.2012).

Essa posição acabou sendo repetida a na Corte em momento posterior, cabendo transcrever, de data mais recente: "é entendimento desta Corte Superior que, 'Quando for excessiva, a espera por atendimento em fila de banco é capaz de ensejar reparação por dano moral' (AgInt nos EDcl no AREsp 1.618.776/GO, Relatora Ministra Nancy Andrighi, Terceira Turma, julgado em 24/8/2020, *DJe* de 27/8/2020)" (STJ, Ag. Int. no AREsp 2.025.883/RN, 4.ª Turma, Rel. Min. Raul Araújo, j. 03.10.2022, *DJe* 21.10.2022).

De todo modo, o tema foi julgado pela Segunda Seção do Tribunal em 2024, concluindo-se, em sede de repercussão geral, o seguinte: "o simples descumprimento do prazo estabelecido em legislação específica para a prestação de serviços bancários não gera por si só dano moral *in re ipsa*" (STJ, REsp 1.962.275/GO, 2.ª Seção, Rel. Min. Ricardo Villas Bôas Cueva, por maioria, j. 24.04.2024, *DJe* 29.04.2024 – Tema 1.156).

A conclusão foi no sentido de não haver um dano presumido, decorrente pura e simplesmente do descumprimento do tempo previsto na legislação local. Deduziu-se, assim, o seguinte, tendo como fundamento a teoria do desvio produtivo, de Marcos Dessaune, que reconhece danos extrapatrimoniais pela perda do tempo:

"O mero transcurso do tempo, por si só, não impõe um dever obrigacional de ressarcimento, por não configurar, de plano, uma prática abusiva a acarretar uma compensação pecuniária, como pressupõe a teoria do desvio produtivo, que considera a perda de tempo útil uma espécie de direito de personalidade irrenunciável do indivíduo. Sob tal perspectiva, qualquer atraso na prestação de serviços poderia atrair a tese. Contudo, o controle do tempo, por mais salutar que seja, depende de fatores por vezes incontroláveis e não previsíveis, como parece óbvio. Há atendimentos mais demorados que não são passíveis de fiscalização prévia e, por vezes, até mesmo eventos de força maior, que podem ensejar atrasos.

Por outro lado, incumbe ao consumidor que aguarda em fila de banco demonstrar qual é de fato o prejuízo que está sofrendo e se não haveria como buscar alternativas para a solução do problema, tal como caixas eletrônicos e serviços de *internet banking* (autosserviço).

A mera alegação genérica de que se está deixando de cumprir compromissos diários, profissionais, de lazer e de descanso, sem a comprovação efetiva do dano, possibilita verdadeiro abuso na interposição de ações por indenização em decorrência de supostos danos morais.

Indenizar meros aborrecimentos do cotidiano, por perda de tempo, que podem se dar em decorrência de trânsito intenso, reanálise de contratos de telefonia, cobrança ou cancelamento indevido de cartão de crédito, espera em consultórios médicos, odontológicos e serviços de toda ordem, sejam públicos ou privados, tem o potencial de banalizar o que se entende por dano moral, cuja valoração não pode ser genérica nem dissociada da situação concreta, sob pena de ensejar uma lesão abstrata, e, por outro lado, tarifação, que é vedada nos termos da Súmula n. 281/STJ" (STJ, REsp 1.962.275/GO, 2.ª Seção, Rel. Min. Ricardo Villas Bôas Cueva, por maioria, j. 24.04.2024, *DJe* 29.04.2024 – Tema 1.156).

Seguindo nas concretizações, o mesmo Tribunal da Cidadania concluiu que é cabível a reparação de danos morais quando o consumidor de veículo zero quilômetro necessita retornar à concessionária por diversas vezes para reparar defeitos apresentados no veículo adquirido (STJ, REsp 1.443.268/DF, Rel. Min. Sidnei Beneti, j. 03.06.2014, publicado no seu *Informativo* n. 544).

Deve-se atentar, mais uma vez e pela leitura dos últimos arestos, para certa ampliação dos casos de dano moral, em que está presente um *aborrecimento relevante*, notadamente pela *perda do tempo*. Reafirme-se que essa ampliação de situações danosas, inconcebíveis no passado, representa outro caminhar para a reflexão da responsabilidade civil sem dano, na minha opinião doutrinária.

Como bem exposto por Vitor Guglinski, "a ocorrência sucessiva e acintosa de mau atendimento ao consumidor, gerando a perda de tempo útil, tem levado a jurisprudência a dar seus primeiros passos para solucionar os dissabores experimentados por milhares de consumidores, passando a admitir a reparação civil pela perda do tempo livre".[40] Fala-se, ainda, em *desvio produtivo do consumidor*, tese desenvolvida pelo advogado Marcos Dessaune, que tem ganhado grande prestígio pela jurisprudência nacional, como alternativa para afastar o argumento do mero aborrecimento.[41] A análise aprofundada dessa teoria consta do meu livro específico sobre a *Responsabilidade Civil*, editado por esta mesma casa editorial.

Anoto apenas que o Projeto de Reforma do Código Civil não pretende dar autonomia ao dano pela perda do tempo, tratando-o dentro dos danos patrimoniais ou extrapatrimoniais, com critérios únicos de quantificação do valor dos últimos, no projetado art. 944-A. De toda sorte, há proposta legislativa específica, também em curso no Congresso Nacional, que pretende tratar da categoria no âmbito das relações de consumo e do CDC, incluindo-se os arts. 25-A a 25-F na Lei n. 8.078/1990 (Projeto de Lei n. 2.856/2022). Insere-se uma nova seção na Lei Consumerista, com o título "da Responsabilidade pelo Desvio Produtivo do Consumidor". O tempo é considerado "bem jurídico essencial para o desenvolvimento das atividades existenciais do consumidor, sendo assegurado o direito à reparação integral dos danos patrimoniais e extrapatrimoniais decorrentes de sua lesão" (art. 25-A). Assim, pela proposta, a lesão ao tempo passará a gerar, nas relações de consumo, danos patrimoniais e extrapatrimoniais, o que *dialoga* perfeitamente com o Projeto de Reforma do Código Civil, não só nessa proposição, como em outras.

Por fim, como reforço de ilustração a respeito de demandas de indenização descabidas, cite-se a decisão do Supremo Tribunal Federal que afastou pedido reparatório pela perda de uma frasqueira contendo objetos de maquiagem de uma mulher, eis que não obstante um fato desagradável, não gera dano moral indenizável (STF, RE 387.014/SP, 2.ª Turma, Rel. Min. Carlos Velloso, j. 08.06.2004, *DJ* 25.06.2004, p. 57).

---

[40] GUGLINSKI, Vitor Vilela. Danos morais pela perda do tempo útil: uma nova modalidade. *Jus Navigandi*, Teresina, ano 17, n. 3237, 12 maio 2012. Disponível em: <http://jus.com.br/revista/texto/21753>. Acesso em: 21 set. 2013.

[41] DESSAUNE, Marcos. *Teoria aprofundada do desvio produtivo do consumidor*. O prejuízo do tempo desperdiçado e da vida alterada. Vitória: Edição do Autor, 2017.

## 544 | MANUAL DE DIREITO CIVIL • VOLUME ÚNICO – *Flávio Tartuce*

### b) Danos morais da pessoa jurídica

Outra questão controvertida refere-se ao dano moral da pessoa jurídica. O entendimento da reparabilidade do dano moral consta da Súmula 227 do Superior Tribunal de Justiça, podendo ser ainda extraído do art. 52 do Código Civil em vigor, pelo qual se aplica à pessoa jurídica, no que couber, o disposto quanto aos direitos da personalidade.

Em verdade, o *dano moral da pessoa jurídica atinge a sua honra objetiva*, que é a repercussão social da honra, sendo certo que uma empresa tem uma reputação perante a coletividade. Não se pode imaginar que o dano moral da pessoa jurídica atinja a sua honra subjetiva, que é a autoestima. Nessa linha, a assertiva n. 10, publicada na Edição n. 125 da ferramenta *Jurisprudência em Teses* do STJ, do ano de 2019, dedicada à responsabilidade civil e aos danos morais: "a pessoa jurídica pode sofrer dano moral, desde que demonstrada ofensa à sua honra objetiva".

A corrente da reparação dos danos morais da pessoa jurídica ganhou força com o Enunciado n. 189 do Conselho da Justiça Federal, aprovado na *III Jornada de Direito Civil, in verbis*: "na responsabilidade civil por dano moral causado à pessoa jurídica, o fato lesivo, como dano eventual, deve ser devidamente demonstrado". Como exemplo típico do dano moral da pessoa jurídica, citem-se as hipóteses de inscrição indevida ou ilegítima de seu nome em cadastro de inadimplentes (nesse sentido: STJ, REsp 662.111/RN, 4.ª Turma, Min. Jorge Scartezzini, j. 21.09.2004, *DJ* 06.12.2004, p. 336).

Em resumo, é forçoso concluir que, em regra, o dano moral da pessoa jurídica deve ser provado, sendo presumido em algumas situações concretas, como na inscrição indevida do seu nome em cadastro negativa. A confirmar a regra da prova, a seguinte ementa recente da Corte Superior: "para a pessoa jurídica, o dano moral é fenômeno distinto daquele relacionado à pessoa natural. Não se aceita, assim, o dano moral em si mesmo, isto é, como uma decorrência intrínseca à existência de ato ilícito. Necessidade de demonstração do prejuízo extrapatrimonial. Na hipótese dos autos, não há demonstração apta de prejuízo patrimonial alegadamente sofrido pela recorrida" (STJ, REsp 1.497.313/PI, 3.ª Turma, Rel. Min. Nancy Andrighi, j. 07.02.2017, *DJe* 10.02.2017).

Em complemento, com mesma afirmação, mas admitindo a presunção do dano moral da pessoa jurídica em algumas situações: "para a pessoa jurídica, o dano moral não se configura *in re ipsa*, por se tratar de fenômeno muito distinto daquele relacionado à pessoa natural. É, contudo, possível a utilização de presunções e regras de experiência no julgamento. Afigura-se a ilegalidade no protesto de título cambial, mesmo quando pagamento ocorre em atraso. Nas hipóteses de protesto indevido de cambial ou outros documentos de dívida, há forte presunção de configuração de danos morais" (STJ, REsp 1.564.955/SP, 3.ª Turma, Rel. Min. Nancy Andrighi, j. 06.02.2018, *DJe* 15.02.2018).

Porém, ressalte-se que a tese da reparabilidade dos danos morais da pessoa jurídica não é unânime na doutrina nacional. Na *IV Jornada de Direito Civil*, a Comissão da Parte Geral provou o Enunciado n. 286, relativo ao art. 52 do CC, prevendo que "os direitos da personalidade são direitos inerentes e essenciais à pessoa humana, decorrentes de sua dignidade, não sendo as pessoas jurídicas titulares de tais direitos". O enunciado segue a doutrina de Gustavo Tepedino, Heloísa Helena Barboza e Maria Celina Bodin de Moraes, pela qual a pessoa jurídica não pode sofrer danos morais, pois esses constituem lesões à dignidade humana, própria das pessoas naturais. Para essa linha de pensamento, os danos imateriais que atingem a pessoa jurídica seriam *danos institucionais*.[42]

Apesar da polêmica e do devido respeito aos doutrinadores, não há como concordar com o último enunciado doutrinário. Isso porque a pessoa jurídica possui sim alguns direitos

---

[42] TEPEDINO, Gustavo; BARBOZA, Heloísa Helena; MORAES, Heloísa Helena. *Código Civil interpretado conforme a Constituição da República*. Rio de Janeiro: Renovar, 2004. v. I, p. 130-135.

da personalidade, tais como direito ao nome, à imagem e à honra objetiva. Em outras palavras, os direitos da personalidade não são exclusivos da pessoa humana. Concluindo, por constituírem os danos morais lesões a esses direitos de personalidade, não se pode negar a reparação a favor das pessoas jurídicas.

Repise-se que como exemplos de hipóteses em que tal dano está presente podem ser citados os casos de *abalo de crédito*, como na situação em que o nome da pessoa jurídica é inscrito indevidamente em cadastro de inadimplentes.

Podem ser mencionadas, ainda, as afirmações difamatórias feitas em órgãos de imprensa, que podem perfeitamente causar danos à imagem de uma empresa. Da jurisprudência paulista, coloaciona-se julgado que condenou a Dolly Guaraná por afirmações negativas feitas por seus sócios e representantes a respeito da Coca-Cola, com ementa assim publicada:

"Indenização. Danos morais. Réus que realizaram campanha difamatória contra a autora, imputando-lhe graves acusações e denegrindo sua imagem em diversos veículos midiáticos, a exemplo de *outdoors*, jornais impressos e programa de TV. Denúncias que, ademais, revelaram-se levianas, eis que desprovidas de lastro probatório. Configuração de ato ilícito quer pelo ângulo do direito comum (art. 186 do Código Civil), quer pelo ângulo da concorrência desleal (art. 195 da Lei 9.279/1996). Responsabilidade pelos danos causados à imagem da autora que se estende a todos os réus, dada a comprovação da participação de cada um deles nos atos lesivos perpetrados. Evidentes danos morais causados à empresa autora, que teve sua reputação e credibilidade abaladas perante os consumidores. Indenização fixada adequadamente em R$ 1.000.000,00, se considerados o dolo dos agentes, a gravidade das acusações, o porte das empresas rés, e o prejuízo de ordem extrapatrimonial experimentado pela demandante. Inexistência, porém, de provas dos danos materiais supostamente sofridos, cuja existência deve ser demonstrada na fase de conhecimento. Honorários advocatícios estabelecidos em valor razoável. Recursos parcialmente providos" (TJSP, Apelação n. 0020617-36.2004.8.26.0100, 6.ª Câmara de Direito Privado, São Paulo, Rel. Des. Francisco Loureiro, j. 22.03.2012).

Como se pode notar, a indenização foi fixada em valor exemplar, confirmando o caráter pedagógico que deve estar presente na fixação do dano moral, assunto que ainda será desenvolvido.

Necessário, ainda, fazer algumas observações sobre a possibilidade de uma pessoa jurídica de Direito Público pleitear danos morais. O tema já foi objeto de proposta de enunciado doutrinário, não aprovada, quando da *V Jornada de Direito Civil*, promovida pelo Conselho da Justiça Federal e pelo Superior Tribunal de Justiça em 2011.

Imagine-se, por exemplo, a viabilidade de uma Municipalidade pleitear indenização imaterial de uma pessoa famosa que fez afirmações injuriosas sobre a cidade nos órgãos de imprensa. O assunto igualmente foi abordado pelo Superior Tribunal de Justiça, em ementa publicada no seu *Informativo* n. 534, segundo a qual:

"A pessoa jurídica de direito público não tem direito à indenização por danos morais relacionados à violação da honra ou da imagem. A reparação integral do dano moral, a qual transitava de forma hesitante na doutrina e jurisprudência, somente foi acolhida expressamente no ordenamento jurídico brasileiro com a CF/1988, que alçou ao catálogo dos direitos fundamentais aquele relativo à indenização pelo dano moral decorrente de ofensa à honra, imagem, violação da vida privada e intimidade das pessoas (art. 5.º, V e X). Por essa abordagem, no atual cenário constitucional, a indagação sobre a aptidão de alguém de sofrer dano moral passa necessariamente pela investigação da possibilidade teórica de titularização de direitos fundamentais.

MANUAL DE DIREITO CIVIL • VOLUME ÚNICO – *Flávio Tartuce*

Ocorre que a inspiração imediata da positivação de direitos fundamentais resulta precipuamente da necessidade de proteção da esfera individual da pessoa humana contra ataques tradicionalmente praticados pelo Estado. Em razão disso, de modo geral, a doutrina e jurisprudência nacionais só têm reconhecido às pessoas jurídicas de direito público direitos fundamentais de caráter processual ou relacionados à proteção constitucional da autonomia, prerrogativas ou competência de entidades e órgãos públicos, ou seja, direitos oponíveis ao próprio Estado, e não ao particular. Porém, em se tratando de direitos fundamentais de natureza material pretensamente oponíveis contra particulares, a jurisprudência do STF nunca referendou a tese de titularização por pessoa jurídica de direito público. Com efeito, o reconhecimento de direitos fundamentais – ou faculdades análogas a eles – a pessoas jurídicas de direito público não pode jamais conduzir à subversão da própria essência desses direitos, que é o feixe de faculdades e garantias exercitáveis principalmente contra o Estado, sob pena de confusão ou de paradoxo consistente em ter, na mesma pessoa, idêntica posição jurídica de titular ativo e passivo, de credor e, a um só tempo, devedor de direitos fundamentais" (STJ, REsp 1.258.389/PB, Rel. Min. Luis Felipe Salomão, j. 17.12.2013).

De fato, pelos próprios argumentos que constam do julgamento, fica difícil pensar na reparação de danos morais de uma pessoa jurídica de Direito Público. A questão se consolidou de tal forma na Corte Superior que, em 2019, na Edição n. 125 da sua ferramenta *Jurisprudência em Teses* publicou-se o seguinte: "a pessoa jurídica de direito público não é titular de direito à indenização por dano moral relacionado à ofensa de sua honra ou imagem, porquanto, tratando-se de direito fundamental, seu titular imediato é o particular e o reconhecimento desse direito ao Estado acarreta a subversão da ordem natural dos direitos fundamentais" (tese n. 11).

Talvez, além do que consta da última ementa, as melhores soluções para os casos em que as coletividades são atingidas sejam as reparações pelas modalidades dos danos morais coletivos ou dos danos sociais, categorias que serão ainda abordadas neste capítulo.

Como última observação a respeito do dano moral da pessoa jurídica, o Projeto de Reforma do Código Civil, ora em tramitação no Congresso Nacional, pretende incluir regra expressa prevendo que "a indenização compreende também todas as consequências da violação da esfera moral da pessoa natural ou jurídica". Trata-se do novo art. 944-A do Código Civil, um dos mais polêmicos dispositivos propostos pela Comissão de Juristas, que pretende tratar da categoria sob o manto dos *danos extrapatrimoniais*. Voltarei ao tema, mais à frente.

*c) Natureza jurídica da indenização por danos morais*

Outro ponto importante está no fato de não existir unanimidade a respeito da natureza jurídica da indenização por danos morais, surgindo três correntes doutrinárias e jurisprudenciais relativamente à controvérsia na atualidade:

> *1.ª Corrente*: A indenização por danos morais tem o mero intuito reparatório ou compensatório, sem qualquer caráter disciplinador ou pedagógico. Essa tese encontra-se superada na jurisprudência, pois a indenização deve ser encarada como mais do que uma mera reparação.
>
> *2.ª Corrente*: A indenização tem um caráter punitivo ou disciplinador, tese adotada nos Estados Unidos da América, com o conceito de *punitive damages*. Essa corrente não vinha sendo bem aceita pela nossa jurisprudência, que identificava

CAP. 4 • RESPONSABILIDADE CIVIL | **547**

> perigos na sua aplicação. Entretanto, nos últimos tempos, tem crescido o número de adeptos a essa teoria.
>
> *3.ª Corrente*: A indenização por dano moral está revestida de um *caráter principal reparatório* e de um *caráter pedagógico ou disciplinador acessório*, visando coibir novas condutas. Mas esse caráter acessório somente existirá se estiver acompanhado do principal. Essa tese ainda tem prevalecido na jurisprudência nacional.

Seguindo também a última corrente, é preciso salientar que a reparação deve estar sempre presente, sendo o caráter disciplinador de natureza meramente acessória. Na verdade, existe certa confusão jurisprudencial entre o caráter pedagógico e o punitivo. Vejamos:

– Fazendo menção ao *caráter punitivo* da indenização – STF, AI 455.846, Rel. Min. Celso de Mello, *Informativo* n. *364;* e STJ, REsp 604.801/RS, 2.ª Turma, Min. Eliana Calmon, 23.03.2004, *DJ* 07.03.2005, p. 214.

– Expressando um *caráter pedagógico e educativo* – STJ, REsp 883.630/RS, 3.ª Turma, Rel. Min. Nancy Andrighi, j. 16.12.2008, *DJe* 18.02.2009; e STJ, REsp 665.425/ AM, 3.ª Turma, Rel. Min. Nancy Andrighi, j. 26.04.2005, *DJ* 16.05.2005, p. 348.

Em sede doutrinária, a questão não restou clara na *IV Jornada de Direito Civil,* eis que foi aprovado o Enunciado n. 379 do CJF/STJ, prevendo que "o art. 944, *caput*, do Código Civil não afasta a possibilidade de se reconhecer a função punitiva ou pedagógica da responsabilidade civil". A redação assim ficou, pois muitos dos juristas então presentes se declararam adeptos da função punitiva da indenização, o que não é posição pacífica na doutrina.

Esclareça-se, ainda, que prefiro utilizar os termos *caráter disciplinador, pedagógico, de desestímulo* ou até *educativo,* e não a expressão *caráter punitivo.* O último termo, usado nos Estados Unidos da América, está muito distante da realidade que vivemos no Brasil, até porque naquele país o valor é destinado para fundos coletivos, enquanto aqui a indenização do dano moral individual é atribuída à vítima.

Por isso sugeri a mudança de redação para a proposta de novo art. 944-A do Código Civil, em seus §§ 3.º a 6.º, como está no Projeto de Reforma do Código Civil, ora em tramitação no Congresso Nacional (art. 944-A: "(...). § 3.º Ao estabelecer a indenização por danos extrapatrimoniais em favor da vítima, o juiz poderá incluir uma sanção pecuniária de caráter pedagógico, em casos de especial gravidade, havendo dolo ou culpa grave do agente causador do dano ou em hipóteses de reiteração de condutas danosas. § 4.º O acréscimo a que se refere o § 3.º será proporcional à gravidade da falta e poderá ser agravado até o quádruplo dos danos fixados com base nos critérios dos §§ 1.º e 2.º, considerando-se a condição econômica do ofensor e a reiteração da conduta ou atividade danosa, a ser demonstrada nos autos do processo. § 5.º Na fixação do montante a que se refere o § 3.º, o juiz levará em consideração eventual condenação anterior do ofensor pelo mesmo fato, ou imposição definitiva de multas administrativas pela mesma conduta. § 6.º Respeitadas as exigências processuais e o devido processo legal, o juiz poderá reverter parte da sanção mencionada no § 3.º em favor de fundos públicos destinados à proteção de interesses coletivos ou de estabelecimento idôneo de beneficência, no local em que o dano ocorreu").

Como ainda será aprofundado nesta obra, a proposta da Comissão de Juristas é que o dano moral seja substituído pelos danos extrapatrimoniais, a englobá-lo ao lado de outras modalidades de danos que não são patrimoniais.

## 548 | MANUAL DE DIREITO CIVIL • VOLUME ÚNICO – *Flávio Tartuce*

### d) Tabelamento e critérios para quantificação dos danos morais

Continuo filiado à corrente que afirma que qualquer tentativa de tarifação ou tabelamento dos danos morais, mesmo que por lei, é inconstitucional.

*Primeiro*, por lesão à especialidade, segunda parte da isonomia constitucional (art. 5.º, *caput*, da CF/1988). Ilustrando, imagine-se que uma lei preveja como valor de dano moral pela morte de pessoa da família o montante de cem salários mínimos. Ora, pela tabela, pessoas que têm sentimentos diferentes receberão mesma indenização.

*Segundo*, o tabelamento por dano moral viola a *cláusula geral de tutela da pessoa humana*, retirada do art. 1.º, inc. III, da CF/1988. Na esteira da melhor doutrina, diante da proteção da dignidade humana, não é recomendável sequer a estipulação de *tetos* pela legislação infraconstitucional para a referida indenização, o que deve ser tido como incompatível com o Texto Maior.[43] Anote-se que o STJ já havia declarado por meio da Súmula 281 que o valor da indenização por dano moral não estaria sujeito à tarifação prevista na Lei de Imprensa. Isso, antes mesmo da declaração de inconstitucionalidade da malfadada norma pelo Supremo Tribunal Federal (cf. *Informativo* n. *544*, do STF, de maio de 2009).

No âmbito doutrinário, a reforçar tais premissas, na *VI Jornada de Direito Civil* (2013) aprovou-se o Enunciado n. 550, que não deixa dúvidas: "a quantificação da reparação por danos extrapatrimoniais não deve estar sujeita a tabelamento ou a valores fixos". A proposta contou com o meu voto e o apoio naquele evento.

Diante de todas essas fontes e argumentos, entendo que já nasceram eivados de inconstitucionalidade os dispositivos da chamada *Reforma Trabalhista,* que objetivaram tabelar o dano moral, tratado impropriamente de dano extrapatrimonial, com claro intuito de englobar todos os danos imateriais, em prejuízo do trabalhador e em dissonância com o termo usado pela Constituição e pelo Código Civil.

Conforme o art. 223-G, § 1.º, da CLT, introduzido pela Lei n. 13.467/2017, se julgar procedente o pedido de reparação extrapatrimonial, o juízo do trabalho fixará a indenização a ser paga, a cada um dos ofendidos, em um dos seguintes parâmetros, vedada a acumulação: *a)* ofensa de natureza leve, até três vezes o último salário contratual do ofendido; *b)* ofensa de natureza média, até cinco vezes o último salário contratual do ofendido; *c)* ofensa de natureza grave, até vinte vezes o último salário contratual do ofendido; e *d)* ofensa de natureza gravíssima, até cinquenta vezes o último salário contratual do ofendido (art. 223-G, § 1.º, da CLT). Apesar de a lei falar em parâmetros, fica clara a opção do legislador pela tarifação.

Em complemento, está estabelecido que, se o ofendido for pessoa jurídica, a indenização será fixada com observância desses mesmos parâmetros estabelecidos, mas em relação ao salário contratual do ofensor (art. 223-G, § 2.º, da CLT). Na reincidência entre partes idênticas, o juízo poderá elevar ao dobro o valor da indenização (art. 223-G, § 3.º, da CLT).

Muitos juízes do trabalho simplesmente não vinham aplicando essa infeliz tabela, pois distante da nossa realidade jurídica e constitucional. A propósito, quando *da II Jornada de Direito Material e Processual do Trabalho,* promovida pela ANAMATRA em outubro de 2017, foram aprovados os enunciados aglutinados n. 5, reconhecendo a inconstitucionalidade de todo o art. 223-G da CLT, pelas razões ora desenvolvidas. Além da violação da isonomia, a tarifação adotada está longe da proteção máxima dos trabalhadores, retirada do art. 7.º do Texto Maior.

---

[43] MORAES, Maria Celina Bodin de. *Danos à pessoa humana.* Uma leitura civil-constitucional dos danos morais. 1. ed. 3. tir. Rio de Janeiro: Renovar, 2007. p. 190.

A questão estava pendente de julgamento no Supremo Tribunal Federal, no âmbito da ADIN 6069 e de outras, tendo sido a primeira proposta pelo Conselho Federal da Ordem dos Advogados do Brasil, em que atuei como parecerista, sustentando a inconstitucionalidade das normas. Entretanto, o STF acabou entendendo que não haveria desrespeito ao Texto Maior, trazendo os dispositivos em debate meros parâmetros, que podem ser ou não utilizados pelo julgador. Vejamos, em destaque, a tese fixada em sede de repercussão geral:

"O Tribunal, por maioria, conheceu das ADIs 6.050, 6.069 e 6.082 e julgou parcialmente procedentes os pedidos para conferir interpretação conforme a Constituição, de modo a estabelecer que: 1) As redações conferidas aos arts. 223-A e 223-B, da CLT, não excluem o direito à reparação por dano moral indireto ou dano em ricochete no âmbito das relações de trabalho, a ser apreciado nos termos da legislação civil; 2) Os critérios de quantificação de reparação por dano extrapatrimonial previstos no art. 223-G, *caput* e § 1.º, da CLT deverão ser observados pelo julgador como critérios orientativos de fundamentação da decisão judicial. É constitucional, porém, o arbitramento judicial do dano em valores superiores aos limites máximos dispostos nos incisos I a IV do § 1.º do art. 223-G, quando consideradas as circunstâncias do caso concreto e os princípios da razoabilidade, da proporcionalidade e da igualdade" (STF, ADIN 6069, Tribunal Pleno, Rel. Min. Gilmar Mendes, 18.08.2023).

Essa passa a ser a orientação a ser seguida para os devidos fins práticos e por julgadores de primeira e segunda instâncias. Muitos deles, aliás, já não vinham aplicando os dispositivos, reafirmo.

Feita essa atualização da obra, tornou-se comum em nosso país a fixação dos danos morais em salários mínimos, diante de parâmetros que constavam da Lei de Imprensa e da Lei de Telecomunicações. O Supremo Tribunal Federal, em 1969, editou a Súmula 490, prevendo que "a pensão correspondente a indenização oriunda de responsabilidade civil deve ser calculada com base no salário mínimo vigente ao tempo da sentença e ajustar--se-á às variações ulteriores".

Apesar desse entendimento sumulado, a quantificação dos danos morais em salários mínimos chegou a ser contestada no passado, pelo que consta do art. 7.º, inc. IV, da CF/1988. Na minha opinião doutrinária, não há qualquer inconstitucionalidade nesse tratamento, pois a norma superior tende a proteger os trabalhadores, sendo essa a sua *missão social (fim teleológico)*, não havendo qualquer lesão a tal proteção ao se fixar o valor da indenização imaterial em salários mínimos. Na prática dos Tribunais Superiores brasileiros, tem prevalecido a utilização desse critério, como se extrai de muitos julgados citados na presente obra.

Feitos esses esclarecimentos, na esteira da melhor doutrina e jurisprudência, na fixação da indenização por danos morais, o magistrado deve agir com equidade, analisando:

–   a extensão do dano;
–   as condições socioeconômicas e culturais dos envolvidos;
–   as condições psicológicas das partes;
–   o grau de culpa do agente, de terceiro ou da vítima.

Tais critérios podem ser retirados dos arts. 944 e 945 do CC/2002, bem como do entendimento dominante, particularmente do Superior Tribunal de Justiça. O julgado a seguir demonstra muito bem a aplicação dos critérios apontados e a função pedagógica da reparação moral:

"Dano moral. Reparação. Critérios para fixação do valor. Condenação anterior, em quantia menor. Na fixação do valor da condenação por dano moral, deve o julgador atender a certos critérios, tais como nível cultural do causador do dano; condição socioeconômica do ofensor e do ofendido; intensidade do dolo ou grau da culpa (se for o caso) do autor da ofensa; efeitos do dano no psiquismo do ofendido e as repercussões do fato na comunidade em que vive a vítima. Ademais, a reparação deve ter fim também pedagógico, de modo a desestimular a prática de outros ilícitos similares, sem que sirva, entretanto, a condenação de contributo a enriquecimentos injustificáveis. Verificada condenação anterior, de outro órgão de imprensa, em quantia bem inferior, por fatos análogos, é lícito ao STJ conhecer do recurso pela alínea *c* do permissivo constitucional e reduzir o valor arbitrado a título de reparação. Recurso conhecido e, por maioria, provido" (STJ, REsp 355.392/RJ, 3.ª Turma, Rel. Min. Nancy Andrighi, Rel. p/ Acórdão Min. Castro Filho, j. 26.03.2002, *DJ* 17.06.2002, p. 258).

No que diz respeito às condições econômicas dos envolvidos, na *VII Jornada de Direito Civil*, realizada em 2015, foi aprovada proposta no sentido de que o patrimônio do ofendido não pode funcionar como parâmetro preponderante para o arbitramento de compensação por dano extrapatrimonial (Enunciado n. 588). O enunciado doutrinário aprovado contou com o meu total apoio, pois a fixação da indenização com base na situação econômica da vítima conduz à discriminação contra os desprovidos de patrimônio, sob o argumento de que a indenização não pode ser elevada, para não gerar um enriquecimento sem razão do ofendido. Todavia, entendo que a situação econômica do ofensor deve ser levada em conta, para se atribuir um desejado caráter pedagógico à reparação imaterial.

Além dos critérios antes citados, acrescente-se que, em 2008, a Corte Especial do Tribunal da Cidadania considerou que "a demora na busca da reparação do dano moral é fator influente na fixação do *quantum* indenizatório, a fazer obrigatória a consideração do tempo decorrido entre o fato danoso e a propositura da ação" (EREsp 526.299/PR, Corte Especial, Rel. Min. Hamilton Carvalhido, j. 03.12.2008, *DJe* 05.02.2009).

Decisões sucessivas seguiram tal posição, parecendo ser a que prevalece no STJ na atualidade. Nessa linha: "o direito de indenização em decorrência do dano moral sofrido pela perda de um ente querido independe de prova e, salvo se prescrito, não desaparece com o decurso do tempo. No entanto, o tempo é fato a ser considerado na fixação do valor quando há demora na propositura da ação" (Ag. Rg. no AREsp 398.302/RJ, 3.ª Turma, Rel. Min. Ricardo Villas Bôas Cueva, j. 22.10.2013, *DJe* 28.10.2013. Ver, ainda: REsp 1.567.490/RJ, 3.ª Turma, Rel. Min. Ricardo Villas Bôas Cueva, j. 27.09.2016, *DJe* 30.09.2016).

Ainda no plano jurisprudencial superior, todos os critérios antes citados foram adotados pelo STJ em outro julgado, com tom bem peculiar. A decisão consagra a ideia de que o julgador deve adotar um *método bifásico* de fixação da indenização, criado pelo Ministro Paulo de Tarso Sanseverino. Por esse método, na *primeira fase*, é fixado um valor básico de indenização de acordo com o interesse jurídico lesado e em conformidade com a jurisprudência consolidada do Tribunal (grupo de casos). Na *segunda fase*, há a fixação definitiva da indenização de acordo com as circunstâncias particulares do caso concreto (gravidade do fato em si, culpabilidade do agente, culpa concorrente da vítima, condição econômica das partes, entre outros fatores).

A ementa, publicada no *Informativo* n. 470 daquele Tribunal Superior, merece transcrição para o devido estudo, inclusive porque traz repúdio quanto ao tabelamento da indenização imaterial:

"Critérios. Fixação. Valor. Indenização. Acidente. Trânsito. (...). O Min. Relator, ao analisar, pela primeira vez, em sessão de julgamento, um recurso especial sobre a

CAP. 4 • RESPONSABILIDADE CIVIL | **551**

quantificação da indenização por dano moral, procura estabelecer um critério razoavelmente objetivo para o arbitramento da indenização por dano moral. Primeiramente, afirma que as hipóteses de tarifação legal, sejam as previstas pelo CC/1916 sejam as da Lei de Imprensa, que eram as mais expressivas no nosso ordenamento jurídico para a indenização por dano moral, foram rejeitadas pela jurisprudência deste Superior Tribunal, com fundamento no postulado da razoabilidade. Daí, entende que o melhor critério para a quantificação da indenização por prejuízos extrapatrimoniais em geral, no atual estágio de Direito brasileiro, é o arbitramento pelo juiz de forma equitativa, sempre observando o princípio da razoabilidade. No ordenamento pátrio, não há norma geral para o arbitramento de indenização por dano extrapatrimonial, mas há o art. 953, parágrafo único, do CC/2002, que, no caso de ofensas contra a honra, não sendo possível provar o prejuízo material, confere ao juiz fixar, equitativamente, o valor da indenização na conformidade das circunstâncias do caso. Assim, essa regra pode ser estendida, por analogia, às demais hipóteses de prejuízos sem conteúdo econômico (art. 4.º da LICC). A autorização legal para o arbitramento equitativo não representa a outorga ao juiz de um poder arbitrário, pois a indenização, além de ser fixada com razoabilidade, deve ser fundamentada com a indicação dos critérios utilizados. Aduz, ainda, que, para proceder a uma sistematização dos critérios mais utilizados pela jurisprudência para o arbitramento da indenização por prejuízos extrapatrimoniais, destacam-se, atualmente, as circunstâncias do evento danoso e o interesse jurídico lesado. Quanto às referidas circunstâncias, consideram-se como elementos objetivos e subjetivos para a avaliação do dano a gravidade do fato em si e suas consequências para a vítima (dimensão do dano), a intensidade do dolo ou o grau de culpa do agente (culpabilidade do agente), a eventual participação culposa do ofendido (culpa concorrente da vítima), a condição econômica do ofensor e as condições pessoais da vítima (posição política, social e econômica). Quanto à valorização de bem ou interesse jurídico lesado pelo evento danoso (vida, integridade física, liberdade, honra), constitui um critério bastante utilizado na prática judicial, consistindo em fixar as indenizações conforme os precedentes em casos semelhantes. Logo, o método mais adequado para um arbitramento razoável da indenização por dano extrapatrimonial resulta da união dos dois critérios analisados (valorização sucessiva tanto das circunstâncias como do interesse jurídico lesado). Assim, na primeira fase, arbitra-se o valor básico ou inicial da indenização, considerando o interesse jurídico lesado, em conformidade com os precedentes acerca da matéria e, na segunda fase, procede-se à fixação da indenização definitiva, ajustando-se o seu montante às peculiaridades do caso com base nas suas circunstâncias" (STJ, REsp 959.780/ES, Rel. Min. Paulo de Tarso Sanseverino, j. 26.04.2011).

Sucessivamente, outros arestos surgiram, também da Quarta Turma, adotando o citado método, que tende a ser aplicado pelo Tribunal. Assim concluindo:

"O método bifásico, como parâmetro para a aferição da indenização por danos morais, atende às exigências de um arbitramento equitativo, pois, além de minimizar eventuais arbitrariedades, evitando a adoção de critérios unicamente subjetivos pelo julgador, afasta a tarifação do dano. Traz um ponto de equilíbrio, pois se alcançará uma razoável correspondência entre o valor da indenização e o interesse jurídico lesado, além do fato de estabelecer montante que melhor corresponda às peculiaridades do caso. Na primeira fase, o valor básico ou inicial da indenização é arbitrado tendo-se em conta o interesse jurídico lesado, em conformidade com os precedentes jurisprudenciais acerca da matéria (grupo de casos). Na segunda fase, ajusta-se o valor às peculiaridades do caso, com base nas suas circunstâncias (gravidade do fato em si, culpabilidade do agente, culpa concorrente da vítima, condição econômica das partes), procedendo-se à fixação definitiva da indenização, por meio de arbitramento equitativo pelo juiz. Ainda na segunda fase de fixação, tendo em vista tratar-se de um núcleo familiar como titular da indenização, há que se ponderar acerca da individualização do dano, uma vez que um evento danoso capaz de abalar o núcleo familiar deve ser individualmente considerado em relação a cada um de seus membros (EREsp 1127913/RS, Rel. Min. Napoleão Nunes Maia Filho, Corte Especial, *DJe* 05/08/2014)" (STJ, REsp 1.332.366/MS, 4.ª Turma, Rel. Min. Luis Felipe Salomão, j. 10.11.2016, *DJe* 07.12.2016).

Acrescente-se que o critério foi igualmente utilizado no julgamento do caso "a farsa do PCC", condenando o Sistema Brasileiro de Televisão pelos danos sofridos pelo então apresentador Oscar Roberto Godói, na época na Rede Record, que foi mencionado na reportagem inverídica feita pelo apresentador Gugu Liberato. Nos termos de outro trecho do aresto, que merece destaque, "não se trata de mera notícia inverídica, mas de ardil manifesto e rasteiro dos recorrentes, que, ao transmitirem reportagem sabidamente falsa, acabaram incidindo em gravame ainda pior: percutiram o temor na sociedade, mais precisamente nas pessoas destacadas na entrevista, com ameaça de suas próprias vidas, o que ensejou intenso abalo moral no recorrido, sendo que o arbitramento do dano extrapatrimonial em R$ 250 mil, tendo em vista o critério bifásico, mostrou-se razoável" (REsp 1.473.393/SP, 4.ª Turma, Rel. Min. Luis Felipe Salomão, j. 04.10.2016, *DJe* 23.11.2016). Em seguida, elogia-se o método bifásico, na mesma linha do aresto anterior.

Na verdade, a utilização do *método bifásico* consolidou-se de tal forma no âmbito da Corte que, em 2019, foi publicada a Edição n. 125 da ferramenta *Jurisprudência em Teses* do STJ, dedicada à responsabilidade civil e ao dano moral. Conforme a assertiva n. 1, "a fixação do valor devido a título de indenização por danos morais deve considerar o método bifásico, que conjuga os critérios da valorização das circunstâncias do caso e do interesse jurídico lesado, e minimiza eventual arbitrariedade ao se adotar critérios unicamente subjetivos do julgador, além de afastar eventual tarifação do dano".

Porém, com o devido respeito aos ilustres relatores – especialmente ao Ministro Sanseverino, grande estudioso da matéria de responsabilidade civil em nosso país e um dos principais julgadores do STJ na atualidade –, o citado *modelo bifásico* parece trazer um equívoco de redundância. Isso porque a concausalidade e os fatores circunstanciais citados já compõem a jurisprudência consolidada do STJ a respeito da quantificação.

Em outras palavras, tais elementos acabam entrando tanto no primeiro quanto no segundo momento da atribuição do *quantum*. Em tom crítico, pode-se dizer que o modelo bifásico é, em suma, *unifásico*, e não de acordo com o que se propõe. Melhor seria fixar uma indenização inicial máxima, de acordo com a reparação integral dos danos; para depois então considerar as circunstâncias fáticas para eventual redução do valor reparatório. Essa, aliás, parece a correta conclusão a ser retirada dos arts. 944 e 945 do Código Civil.

Na linha dos julgados, se, por um lado, deve-se entender que a indenização tem função pedagógica ou educativa para futuras condutas, por outro, não pode o valor pecuniário gerar o enriquecimento sem causa ou ruína do ofensor, devendo ser aplicado o *princípio da proporcionalidade* ou da *razoabilidade* na fixação do *quantum* indenizatório (por todos: REsp 824.000/MA, 4.ª Turma, Rel. Min. Jorge Scartezzini, j. 20.06.2006, *DJ* 1.º.08.2006, p. 453; REsp 773.853/RS, 3.ª Turma, Rel. Min. Nancy Andrighi, j. 10.11.2005, *DJ* 22.05.2006, p. 200; e REsp 739.102/RJ, 1.ª Turma, Rel. Min. Denise Arruda, j. 04.10.2005, *DJ* 07.11.2005, p. 131).

De qualquer forma, deve-se ter ciência de que cabe um estudo caso a caso para a fixação da indenização por danos morais, não sendo tais limites considerados como parâmetros fixos. Fazendo uma análise crítica, muitas vezes os valores fixados pelos magistrados a título de indenização moral são irrisórios ou de pequena monta, não tendo o caráter pedagógico ou até punitivo alegado. Por isso, muitas empresas acabam reiterando suas condutas de desrespeito aos direitos perante a sociedade. Fica o tema para a devida reflexão e para que o panorama de desrespeito seja alterado no futuro.

Lembro, ainda, a dúvida sobre a aplicação dos *doze critérios* para a quantificação dos danos imateriais, introduzidos pela malfadada *Reforma Trabalhista* (Lei 13.467/2017), dispositivo influenciado pelo art. 53 da Lei de Imprensa, que teve a sua inconstitucionalidade reconhecida pelo STF. Conforme o novo art. 223-G da CLT, ao apreciar o pedido formulado pelo reclamante da ação de reparação de danos imateriais existentes na relação de trabalho, o juízo considerará: *a)* a natureza do bem jurídico tutelado; *b)* a intensidade do sofrimento ou da humilhação; *c)* a possibilidade de superação física ou psicológica; *d)* os reflexos pessoais e sociais da ação ou da omissão; *e)* a extensão e a duração dos efeitos da ofensa; *f)* as condições em que ocorreu a ofensa ou o prejuízo moral; *g)* o grau de dolo ou culpa; *h)* a ocorrência de retratação espontânea; *i)* o esforço efetivo para minimizar a ofensa; *j)* o perdão, tácito ou expresso; *k)* a situação social e econômica das partes envolvidas; e *l)* o grau de publicidade da ofensa.

Ora, qual a razão de se utilizar parâmetros para a quantificação, se a reparação imaterial acabou sendo tabelada? Em reforço, alguns dos parâmetros introduzidos pela Reforma Trabalhista são prejudiciais aos empregados, vítimas do evento danoso, como o perdão tácito, a análise de sua situação econômica e a publicidade da ofensa.

Também não faz sentido a menção ao grau de dolo, pois apenas a culpa se gradua, como aqui foi estudado. Justamente diante desses problemas – apesar de não ter reconhecido a inconstitucionalidade dos comandos –, o Supremo Tribunal Federal julgou que as normas trazem apenas parâmetros orientadores da quantificação, que podem ou não ser aplicados pelos julgadores (STF, ADIN 6069, Tribunal Pleno, com Repercussão Geral, Rel. Min. Gilmar Mendes, 18.08.2023). Não são, assim, critérios obrigatórios que devem ser sempre aplicados no caso concreto.

Para encerrar este tópico, apesar das minhas ressalvas doutrinárias antes apontadas, e com vistas a tentar trazer maior efetividade na quantificação dos danos percebidos em nossa sociedade contemporânea, o atual Projeto de Reforma do Código Civil, ora em trâmite no Congresso Nacional, pretende incluir no Código Civil o tratamento do chamado *método bifásico*, na proposta de novo art. 944-A. Em verdade, o tratamento legal se dará em relação aos *danos extrapatrimoniais*, que englobarão todos os danos que não sejam materiais, incluindo os morais e os estéticos, seguindo a linha que prevaleceu na Comissão de Juristas, com as minhas ressalvas iniciais.

Assim, nos termos da norma proposta, especificamente no seu § 1.º, ao tratar especificamente do *método bifásico*, "na quantificação do dano extrapatrimonial, o juiz observará os seguintes critérios, sem prejuízo de outros: I – quanto à valoração do dano, a natureza do bem jurídico violado e os parâmetros de indenização adotados pelos Tribunais, se houver, em casos semelhantes; II – quanto à extensão do dano, as peculiaridades do caso concreto, em confronto com outros julgamentos que possam justificar a majoração ou a redução do valor da indenização". Em complemento, o § 2.º do mesmo art. 944-A preverá, como critérios de quantificação, que, "no caso do inciso II do parágrafo anterior, podem ser observados os seguintes parâmetros: I – nível de afetação em projetos de vida relativos ao trabalho, lazer, âmbito familiar ou social; II – grau de reversibilidade do dano; e III – grau de ofensa ao bem jurídico". A menção ao projeto de vida remonta à teoria desenvolvida por Carlos Fernández Sessarego, jurista peruano.

Segundo as justificativas da Subcomissão de Responsabilidade Civil, formada por Nelson Rosenvald, Maria Isabel Gallotti e Patrícia Carrijo, que cita expressamente o *método bifásico* e o explica na mesma linha do que foi desenvolvido neste livro:

"A proposta visa a, de um lado, atender ao método bifásico, e, de outro, aperfeiçoá-lo com base na depuração de quais circunstâncias do caso são relevantes para aferir a magnitude do dano. Ressalta-se também que, diferente da proposta originária do método, aqui se propõe uma deferência maior aos valores analisados pelo Superior Tribunal de Justiça, que tradicionalmente vem enfrentando os casos de dano moral em três aspectos: mantendo o valor, por ser razoável; aumentá-lo, por considerar a indenização irrisória; diminuí-lo, sob o argumento de se tratar de patamar excessivo. Neste caso, o próprio STJ, seja pelo método bifásico, seja pelo teor da Súmula 281, segundo a qual 'a indenização por dano moral não está sujeita à tarifação prevista na Lei de Imprensa', põe em relevo a importância de uma análise individualidade do dano extrapatrimonial, rechaçando qualquer forma de pré-fabricação e tarifação/tabelamento de valores. Adiciona-se que a proposta bifásica além de rogar pela aferição particularizada, satisfaz também um ideal de justiça comutativa no sentido de razoável igualdade de tratamento entre pessoas em situações semelhantes e de regras desiguais para desiguais. Assim, a mensuração do *quantum* indenizatório deve ter consonância com a magnitude do dano sofrido pela vítima, de modo a realizar a justiça corretiva, eliminando o dano imerecido, tarefa esta que no dano material corresponde ao desfalque patrimonial e não demanda maiores digressões, mas em se tratando de dano moral a 'anulação' da perda imerecida se dá de modo aproximativo, compensando-a. Contudo, em se tratando do dano extrapatrimonial, tal tarefa se mostra pífia se os únicos parâmetros que o julgador tiver estiverem dentro de sua subjetiva equidade. Ou seja, para a responsabilidade cumprir o seu papel de eliminar o dano injusto, necessariamente deve investigar a gravidade, intensidade, duração do dano e a compreensão da efetiva repercussão do dano dentro dos complexos projetos, valores e relacionamentos de cada pessoa".

A projeção, portanto, visa a trazer mais certeza, segurança e previsibilidade para a fixação dos valores reparatórios, o que há tempos é buscado em nosso país.

Sobre a mudança categórica dos danos em espécie para o *dano extrapatrimonial*, em caráter genérico, justificaram os juristas integrantes da Subcomissão de Responsabilidade Civil que, "com relação aos danos extrapatrimoniais, de forma semelhante à redação do art. 1.738 do Código Civil da Argentina de 2015, a opção legislativa é no sentido de não inserir expressamente as nomenclaturas das suas espécies: dano moral, dano existencial, dano estético, dano à imagem, dano biológico, dano temporal e outras formas autônomas de danosidade que podem acrescentar insegurança jurídica decorrente de uma desordem conceitual, desvalorizando o próprio significado do dano extrapatrimonial. Daí as opções pela descrição exemplificativa de bens jurídicos tutelados, sem clausura, pela utilização do termo 'especialmente' (além de indicar a preponderância da dignidade da pessoa humana sobre o patrimônio). A alternativa é deixar para a doutrina a tarefa da constante ressignificação das referidas categorias jurídicas e os seus critérios objetivos de incidência".

Ou, ainda, ao fundamentar a proposta de novo art. 944-A, aduziram os juristas citados que "justifica-se também a utilização da nomenclatura 'dano extrapatrimonial', visto que este serve de um modo geral para se referir a todas as formas de proteção do ser humano em sua dimensão existencial, não havendo nenhum prejuízo a chamados 'dano estético, dano existencial etc.' serem tratados como apenas como dano extrapatrimonial, pois a diferença qualitativa não está na nomenclatura, mas sim nos meandros fáticos que potencializem uma quantificação adequada à magnitude do dano, levando-se em conta todo o descalabro danoso existencial sofrido pela vítima. E, nada impede que haja revogação da Súmula 387 do STJ por lei (*overruling* por mudança de lei)".

No Projeto de Reforma, esse tratamento consta, além do art. 944-A, nas propostas de arts. 947 e 948 da codificação privada, estudadas oportunamente neste livro. De todo modo, no presente tópico tratarei apenas da primeira delas, pela sua relevância. Nota-se, a esse propósito, que o Professor Nelson Rosenvald alterou a sua posição anterior, aqui transcrita, convencido pelas demais componentes da Subcomissão, magistradas, pela relevância prática de se utilizar o termo mais genérico, a englobar todas as modalidades de danos imateriais, ora em profusão.

A Relatoria-Geral – formada por mim e pela Professora Rosa Maria de Andrade Nery –, em um primeiro momento, igualmente não concordou com a proposta, mas acabou aderindo a ela por uma necessária composição – em *"emenda de consenso"* –, com a Subcomissão de Responsabilidade Civil, para que os trabalhos pudessem avançar. Como não houve contraposição por qualquer outro membro da Comissão de Juristas, a proposta de modificação desse tratamento dos danos extrapatrimoniais acabou sendo aprovada.

No que diz respeito ao art. 944-A do Código Civil, ora projetado e como visto, o seu *caput* estabelece que "a indenização compreende também todas as consequências da violação da esfera moral da pessoa natural ou jurídica". Portanto, reconhece-se o dano moral como componente do dano extrapatrimonial, podendo atingir tanto a pessoa natural quanto a pessoa jurídica, como já ocorre na atualidade.

Em continuidade, o seu § 1.º, aqui antes comentado, trará expressamente na lei o hoje já aplicado *método bifásico,* para a quantificação do dano extrapatrimonial, aqui antes analisado. Penso que esses parâmetros servirão igualmente para as situações de dano estético, dano existencial mesmo de outras modalidades que possam estar enquadradas no caso concreto.

Além disso, como critérios ou parâmetros que deverão ser observados pelo julgador, o § 2.º do art. 944-A preverá que, "no caso do inciso II do parágrafo anterior, podem ser observados os seguintes parâmetros: I – nível de afetação em projetos de vida relativos ao trabalho, lazer, âmbito familiar ou social; II – grau de reversibilidade do dano; e III – grau de ofensa ao bem jurídico". Os primeiros critérios dizem respeito ao chamado dano existencial, como ainda desenvolvo neste capítulo da obra.

Quanto ao *caráter pedagógico* ou *de desestímulo* complementar da indenização a ser fixada, propõe-se no antes comentado § 3.º do art. 944-A que, "ao estabelecer a indenização por danos extrapatrimoniais em favor da vítima, o juiz poderá incluir uma sanção pecuniária de caráter pedagógico, em casos de especial gravidade, havendo dolo ou culpa grave do agente causador do dano ou em hipóteses de reiteração de condutas danosas".

Assim, o caráter pedagógico será aplicado quando houver ato intencional do agente causador do dano, bem como reiterado e contumaz descumprimento da lei e do contrato. A título de exemplo, penso que poderá ser aplicado às empresas de plano de saúde que, reiteradamente, descumprem contratos, negam coberturas de forma injustificada e cancelam de forma unilateral e abusiva os negócios celebrados com consumidores.

Esse acréscimo do *valor pedagógico* ou *de desestímulo* a que se refere a norma "será proporcional à gravidade da falta e poderá ser agravado até o quádruplo dos danos fixados com base nos critérios dos §§ 1.º e 2.º, considerando-se a condição econômica do ofensor e a reiteração da conduta ou atividade danosa, a ser demonstrada nos autos do processo" (proposta de art. 944-A, § 4.º, do CC). De acordo com as justificativas, da Subcomissão de Responsabilidade Civil, que pretende trazer para o Brasil a experiência do quádruplo do valor-base já aplicada em outros países, há uma impossibilidade de se atribuir ao julgador um poder genérico de estabelecer sanções punitivas no âmbito da responsabilidade civil, sendo certo que a projeção "estabelece parâmetros para balizar a decisão judicial: (a) vedação de excesso relativamente a um teto de condenação; (b) vedação de excesso com relação a um múltiplo dos valores arbitrados a título de compensação de danos. O importante é que haja uma conformidade entre a pena civil e o princípio da proporcionalidade".

Seguindo no estudo das proposições, ainda no que diz respeito à imposição da indenização pedagógica, o § 5.º do novo art. 944-A do CC/2002 preceituará que, "na fixação do montante a que se refere o § 3.º, o juiz levará em consideração eventual condenação anterior do ofensor pelo mesmo fato, ou imposição definitiva de multas administrativas pela mesma conduta". Novamente de acordo com as justificativas da Subcomissão, "na fixação da pena, o juiz levará em consideração eventual condenação do ofensor pelo mesmo fato. Como corolário da regra da proporcionalidade, prevalece a proibição ao *bis in idem*. De acordo com este princípio, ninguém poderá sofrer uma pluralidade de sanções pelo mesmo ilícito. A constatação quanto à prévia incidência de sanção criminal ou administrativas imposta ao ofensor, por força do mesmo comportamento reprovável que se deva punir no juízo cível, acarretará uma mitigação do valor da condenação".

Por fim, "respeitadas as exigências processuais e o devido processo legal, o juiz poderá reverter parte da sanção mencionada no § 3.º em favor de fundos públicos destinados à proteção de interesses coletivos ou de estabelecimento idôneo de beneficência, no local em que o dano ocorreu" (proposta do art. 944-A, § 6.º, do CC). A reversão desse montante já é a prática para as hipóteses envolvendo o dano social, como ainda será estudado neste capítulo, o que demonstra que as propostas consolidam na lei o que já se vê na realidade da doutrina e da jurisprudência.

Como bem justificaram os juristas que compuseram a Subcomissão de Responsabilidade Civil, em casos tais não há qualquer razão para a *pessoalidade* da atribuição do valor indenizatório. Para eles, "é exatamente o contrário do que ocorre com os danos patrimoniais e extrapatrimoniais, inevitavelmente direcionados à pessoa da vítima ou a seus sucessores. A pretensão à pena civil decorre da iniciativa de quem foi atingido em sua esfera individual por ocasião de um comportamento tido como reprovável pelo ordenamento. A correlação entre a proteção do interesse individual e aquele subjacente ao corpo coletivo demanda um termo de compromisso entre critérios abstratamente formulados pela lei e concretamente aplicados pelo julgador. Parte da indenização punitiva fixada com moderação pelo juiz será revertida em proveito de toda sociedade (entidades beneficentes idôneas reconhecidas pelo poder judiciário), de modo que se afaste o enriquecimento injustificado da vítima, atendendo-se à diretriz da socialidade, à promoção do bem comum e à função promocional da responsabilidade civil".

Apesar de constar das justificativas a expressão "indenização punitiva", prevaleceu na Comissão de Juristas a ideia *de indenização pedagógica* ou *de desestímulo*, com tom apenas complementar à função reparatória da responsabilidade civil, sendo certo que não poderá existir sem que a última esteja presente. Em suma, não se admitiu a função punitiva pura da responsabilidade civil.

Após muita resistência, fui convencido de ser essa a melhor proposta, a fim de se trazer uma maior efetividade à responsabilidade civil, a fim de que ela possa atender igualmente a uma função preventiva. Fui convencido, ademais, de que não só para as vítimas – como também para seus patronos, advogados e procuradores –, mas ainda para os julgadores em geral, será muito mais fácil e eficiente concentrar todos as novas modalidades de danos imateriais sob o manto do dano extrapatrimonial, que, espera-se, seja muito mais valorizado do que hoje é o dano moral, mormente por essa *função pedagógica* que passa a ser reconhecida expressamente na lei.

As mudanças, se aprovadas em lei e a par das justificativas antes transcritas, gerarão o fim da tendência e das tentativas de profusão de novos danos, caso dos institutos ou das categorias a seguir, como alternativas para o hoje desvalorizado dano moral.

### 4.2.5.3 Danos estéticos

Os danos estéticos são tratados atualmente tanto pela doutrina quanto pela jurisprudência como uma modalidade separada de dano extrapatrimonial, o que está de acordo com a tendência de reconhecimento dos novos danos, de alargamento da razão anterior. O dano estético é muito bem conceituado por Teresa Ancona Lopez, uma das maiores especialistas do assunto em nosso país. Ensina a professora da USP que:

> "Na concepção clássica, que vem de Aristóteles, é a estética uma ciência prática ou normativa que dá regras de fazer humano sob o aspecto do belo. Portanto, é a ciência que tem como objeto material a atividade humana (fazer) e como objeto formal (aspecto sob o qual é encarado esse fazer) o belo. É claro que quando falamos em dano estético estamos querendo significar a lesão à beleza física, ou seja, à harmonia das formas externas de alguém. Por outro lado, o conceito de belo é relativo. Ao apreciar-se um prejuízo estético, deve-se ter em mira a modificação sofrida pela pessoa em relação ao que ela era".[44]

Para a mesma doutrinadora, portanto, basta a pessoa ter sofrido uma "transformação" para que o referido dano esteja caracterizado. Tais danos, em regra, estão presentes quando a pessoa sofre feridas, cicatrizes, cortes superficiais ou profundos em sua pele, lesão ou perda de órgãos internos ou externos do corpo, aleijões, amputações, entre outras anomalias que atingem a própria dignidade humana. Esse dano, nos casos em questão, será também presumido (*in re ipsa*), como ocorre com o dano moral objetivo.

Repise-se que o Superior Tribunal de Justiça vem entendendo há tempos que o dano estético é algo distinto do dano moral, pois há no primeiro uma "alteração morfológica de formação corporal que agride a visão, causando desagrado e repulsa". Já no dano moral há um "sofrimento mental – dor da mente psíquica, pertencente ao foro íntimo". O dano estético seria visível, "porque concretizado na deformidade" (STJ, REsp 65.393/RJ, Rel. Min. Ruy Rosado de Aguiar, j. 30.10.2005; e REsp 84.752/RJ, Min. Ari Pargendler, j. 21.10.2000). Consolidando esse entendimento, o teor da Súmula 387 do STJ, de setembro de 2009: "é lícita a cumulação das indenizações de dano estético e dano moral".

Grande dificuldade encontrada na prática diz respeito ao arbitramento do dano estético. No Código Civil de 1916, o art. 1.538, § 1.º, trazia um suposto critério que não foi reproduzido pelo Código Civil de 2002. Nos termos da norma, "no caso de ferimento ou outra ofensa à saúde, indenizará o ofensor ao ofendido as despesas do tratamento e os lucros cessantes até ao fim da convalescença, além de lhe pagar a importância da multa no grão médio da pena criminal correspondente. § 1.º Esta soma será duplicada, se do ferimento resultar aleijão ou deformidade".

O Superior Tribunal de Justiça acabou por entender que a norma anterior somente se aplicaria nos casos de multa eventualmente fixada no campo penal, incidindo a dobra sobre o valor de tal pena (REsp 1.591.178/RJ, 3.ª Turma, Rel. Min. Ricardo Villas Bôas Cueva, j. 25.04.2017, *DJe* 02.05.2017; e REsp 816.568/SP, 4.ª Turma, Rel. Min. João Otávio de Noronha, j. 12.02.2008, *DJ* 25.02.2008). Não deixando qualquer dúvida sobre tal

---

[44] LOPEZ, Teresa Ancona. *O dano estético*. São Paulo: RT, 1980. p. 17.

conclusão: "a regra inserta no § 1.º do art. 1.538 do CC/16 não abrange todas as parcelas previstas no *caput,* mas apenas a multa criminal, acaso devida. O escopo da dobra prevista no art. 1.538, § 1.º, do CC/16 é a compensação pelo 'aleijão ou deformidade', ou seja, o que atualmente a jurisprudência vem ressarcindo mediante a indenização do chamado dano estético. Ambos possuem igual origem, natureza e destinação, de sorte que o deferimento da dobra e do dano estético implicará em *bis in idem*" (STJ, Ag. Rg. na MC 14.475/SP, 3.ª Turma, Rel. Min. Nancy Andrighi, j. 16.09.2008, *DJe* 26.09.2008).

Afastada a regra da codificação privada anterior para a atualidade, até porque não reproduzida pela codificação de 2002, muitos julgados, na prática, fixam ao dano estético o mesmo valor atribuído ao dano moral, utilizando-se os mesmos critérios existentes para este, conforme antes desenvolvido. A título de exemplo, julgado do Superior Tribunal de Justiça, em que ficou o montante de R$75.000,00 (setenta e cinco mil reais) para cada dano sofrido em decorrência de choque elétrico (STJ, Ag. Rg. no REsp 1.249.447/CE, 4.ª Turma, Rel. Min. Marco Buzzi, j. 16.04.2015, *DJe* 23.04.2015).

A demonstrar a suposta unidade de critérios, a Corte continua atribuindo um valor único aos dois prejuízos suportados, o que sempre foi comum, na prática (por todos, entre os mais recentes: Ag. Int. no AREsp 847.057/SP, 4.ª Turma, Rel. Min. Maria Isabel Gallotti, j. 18.04.2017, *DJe* 26.04.2017; e REsp 1.596.068/DF, 3.ª Turma, Rel. Min. Paulo de Tarso Sanseverino, j. 04.04.2017, *DJe* 10.04.2017).

Porém, há quem conteste tal forma de cálculo, o que conta com o nosso apoio, já que os critérios para os dois prejuízos suportados, de fato, são diferentes. Entre os especialistas, por todos, Enéas de Oliveira Matos, como antes se destacou, é favorável à elaboração de uma perícia médica, a fim de determinar a extensão do dano sofrido, e fixando-se a partir daí o *quantum* indenitário. Para o jurista, é possível, com essa prova, avaliar tal prejuízo como: (i) gravíssimo; (ii) grave; (iii) moderado; (iv) leve; e (v) levíssimo. Para tanto, pondera que cinco consequências devem ser levadas em conta, a fixar a extensão do dano: 1) se há modificação do aspecto exterior da pessoa; 2) se há uma redução na eficiência psicofísica; 3) se há redução da capacidade social; 4) se há redução na capacidade laborativa; e 5) se há perda de oportunidade de trabalho ou diminuição na liberdade de escolha da profissão.[45]

Na sequência, e em resumo, Enéas Matos apresenta os seguintes critérios que devem ser levados em conta na quantificação dos danos estéticos: *a)* o grau de avaliação do dano estético pelo médico perito, conforme os parâmetros por último expostos; *b)* grau de culpa das partes; *c)* posição cultural e socioeconômica das partes; *d)* reincidência do ofensor; *e)* punição e exemplaridade, se cabível; e *f)* independência do valor arbitrado a título de dano moral. Como se pode notar, somente os critérios apontados como letra *b, c* e *e* são comuns com os danos morais.

Alguns arestos superiores seguem essas lições, fixando valor em separado, e em montante diferenciado para o dano estético, de acordo com as circunstâncias concretas e com os parâmetros expostos. A título de exemplo, cite-se o seguinte trecho de acórdão do Tribunal da Cidadania, segundo o qual:

"Tendo em vista o histórico dos dissabores passados pela agravada, decorrentes da malsucedida intervenção cirúrgica realizada pelo corréu Alberto Rondon, relatados em sede da decisão agravada, e em especial considerando a prova documental e pericial realizada, entende-se dentro dos parâmetros da razoabilidade e proporcionalidade a fixação procedida pela instância *a quo,* a saber, o importe de R$80.000,00 a título de

---

[45] MATOS, Enéas de Oliveira. *Dano moral e dano estético.* Rio de Janeiro: Renovar, 2011. p. 187-188.

CAP. 4 • RESPONSABILIDADE CIVIL | **559**

danos morais e, ainda, a mesma quantia, R$60.000,00, para fins de reparação pelos danos estéticos". No tocante aos fatos analisados pelo *decisum*, pontue-se que a autora da ação "foi submetida a abdominoplastia; do procedimento resultaram graves cicatrizes, 'repuxadas' nas pernas e deficiência no umbigo; apresenta dificuldade para movimentar a perna; após a cirurgia, sentiu muita humilhação e vergonha; sofreu para tentar se recuperar do trauma; até hoje tem vergonha de trocar de roupa na frente de outras pessoas e mesmo dos filhos; não consegue usar maiô ou biquíni; sentiu imenso constrangimento diante da Equipe da Sociedade Brasileira de Cirurgia Plástica – SBCP; sente-se feia, perdeu a autoestima; diagnosticada com transtorno de estresse pós-traumático (CID10 F43.1); se não houver acompanhamento médico-psiquiátrico, o dano psíquico será permanente; o dano comprometeu a imagem da autora em seu convívio social; por vezes, ainda sente a perna esquerda repuxar; configurado dano estético permanente, consistente em cicatriz alargada na região inguinal" (STJ, REsp 1.656.888/MS, 2.ª Turma, Rel. Min. Herman Benjamin, j. 04.04.2017, *DJe* 25.04.2017).

Também nas Turmas de Direito Privado da Corte podem ser encontradas ementas que conduzem critérios separados para os dois danos, como o seguinte: "é possível a revisão do montante da indenização por danos morais nas hipóteses em que o *quantum* fixado for exorbitante ou irrisório, o que, no entanto, não ocorreu no caso em exame, pois o valor da indenização a título de danos morais e estéticos arbitrados, respectivamente, em R$ 20.000,00 (vinte mil reais) e em R$ 5.000,00 (cinco mil reais), não é excessivo nem desproporcional aos danos sofridos pelo autor, que sofreu encurtamento do membro inferior direito em cerca de 4 cm, além de cicatriz cirúrgica com 150 mm em decorrência de acidente sofrido nas dependências de terminal rodoviário administrado pela recorrente" (STJ, Ag. Int. no AREsp 967.691/RJ, 4.ª Turma, Rel. Min. Raul Araújo, j. 04.04.2017, *DJe* 24.04.2017). Esses julgados trazem os parâmetros que merecem ser seguidos, como antes analisado.

Seja como for, para encerrar o tópico, como antes pontuado, caso aprovado o Projeto de Reforma do Código Civil, e conforme a nova proposta de art. 944-A, o dano estético não será mais tratado como modalidade autônoma ou como *novo dano*, mas estará sob o manto do dano extrapatrimonial, sujeito aos critérios previstos na proposta de novo dispositivo.

Se isso ocorrer, o Superior Tribunal de Justiça terá que superar o seu entendimento anterior, cancelando a Súmula n. 387. Aguardemos qual será a posição que prevalecerá no Congresso Nacional.

### 4.2.5.4 *Danos morais coletivos*

O dano moral coletivo surge como outro *candidato* dentro da ideia de ampliação dos danos reparáveis. O seu conceito é controvertido, mas ele pode ser denominado como o dano que atinge, ao mesmo tempo, vários direitos da personalidade, de pessoas determinadas ou determináveis (*danos morais somados ou acrescidos*).

O Código de Defesa do Consumidor admite expressamente a reparação dos danos morais coletivos, mencionando-os no seu art. 6.º, inc. VI. Deve-se compreender que os danos morais coletivos atingem direitos individuais homogêneos e coletivos em sentido estrito, em que as vítimas são determinadas ou determináveis. Por isso, a indenização deve ser destinada para elas, as vítimas.

O tema foi um dos mais controversos na jurisprudência superior nacional. Em um primeiro precedente, a 1.ª Turma do Superior Tribunal de Justiça, competente para apreciar questões de Direito Público, entendeu não ser indenizável o dano moral coletivo em situação envolvendo danos ao meio ambiente (nesse sentido, ver: STJ, REsp 598.281/MG,

1.ª Turma, Rel. Min. Luiz Fux, Rel. p/ Acórdão Min. Teori Albino Zavascki, j. 02.05.2006, *DJ* 1.º.06.2006, p. 147). Essa decisão, por maioria de votos, consubstancia o entendimento de não ser indenizável o dano moral coletivo pela impossibilidade de sua aferição perfeita e de determinação do *quantum* indenizatório.

Em outras palavras, concluiu-se que o dano moral somente pode ser individual, pela sua relação com o conceito de sofrimento humano. A lide tem origem no Estado de Minas Gerais, diante de danos ambientais causados pela Municipalidade de Uberlândia e por uma empresa de empreendimentos imobiliários, em face de um loteamento irregular. A ação foi proposta pelo Ministério Público daquele Estado, havendo condenação em primeira instância, por danos morais coletivos, em cinquenta mil reais.

A decisão foi reformada pelo Tribunal de Justiça de Minas Gerais, no sentido de não ser possível tal reparação, o que foi confirmado em máxima instância, com voto divergente do Ministro Luiz Fux, que conclui pela reparabilidade dos danos coletivos. Todavia, há outro precedente muito importante do próprio Superior Tribunal de Justiça (3.ª Turma), admitindo os danos morais coletivos, prolatado no famoso caso das *pílulas de farinha*.

Em caso notório, amplamente divulgado pela imprensa nacional, o Tribunal entendeu por bem indenizar as mulheres que tomaram as citadas pílulas e vieram a engravidar, o que não estava planejado. A indenização fixada em face da empresa *Schering do Brasil*, que fornecia a pílula anticoncepcional *Microvlar*, foi milionária, em uma apurada análise da extensão do dano em relação às consumidoras (STJ, REsp 866.636/SP, 3.ª Turma, Rel. Min. Nancy Andrighi, j. 29.11.2007, *DJ* 06.12.2007, p. 312). Em suma, o julgado admite os danos morais coletivos como outra modalidade de dano a ser reparado, representando *um giro de cento e oitenta graus* na jurisprudência daquela corte, o que nos parece o mais correto.

A questão era de debate intenso no Superior Tribunal de Justiça, tanto que do seu *Informativo* n. *418*, de dezembro de 2009, podem ser extraídos dois julgados. O primeiro, da 1.ª Turma, mais uma vez repele o pedido, pois supostamente os danos morais são apenas individuais (STJ, REsp 971.844/RS, Rel. Min. Teori Albino Zavascki, j. 03.12.2009). Já o outro, da 2.ª Turma, traz entendimento em sentido contrário, pela sua reparabilidade (nesse sentido, ver: STJ, REsp 1.057.274/RS, Rel. Min. Eliana Calmon, j. 1.º.12.2009).

A reforçar a corrente que admite a reparação do dano moral coletivo naquela Corte Superior, surgiu, no ano de 2012, mais um interessante julgado, condenando instituição bancária por danos morais coletivos causados a clientes com deficiência física, eis que os caixas especiais foram colocados em local de difícil acesso, no primeiro andar de agência bancária. A condenação fixada, diante do reconhecimento do caráter pedagógico da indenização foi de R$ 50.000,00 (STJ, REsp 1221756/RJ, 3.ª Turma, Rel. Min. Massami Uyeda, j. 02.02.2012, *DJe* 10.02.2012, publicado no *Informativo* n. *490*).

Demonstrando ser essa última a posição atual do Superior Tribunal de Justiça, da Edição n. 125 da sua ferramenta *Jurisprudência em Teses*, publicada no ano de 2019, retira-se a seguinte afirmação, de número 2: "o dano moral coletivo, aferível *in re ipsa*, é categoria autônoma de dano relacionado à violação injusta e intolerável de valores fundamentais da coletividade". Como se nota, a tese menciona que os danos são presumidos ou *in re ipsa*, o que deve ser considerado para os devidos fins práticos.

### 4.2.5.5 *Danos sociais*

O professor titular da Universidade de São Paulo, Antonio Junqueira de Azevedo, propõe uma nova modalidade de dano: o dano social. Para ele, "os danos sociais, por sua vez, são lesões à sociedade, no seu nível de vida, tanto por rebaixamento de seu patrimônio moral – principalmente a respeito da segurança – quanto por diminuição na qualidade de

CAP. 4 · RESPONSABILIDADE CIVIL | **561**

vida".[46] O que se percebe é que esses danos podem gerar repercussões materiais ou morais. Nesse ponto, diferenciam-se os danos sociais dos danos morais coletivos, pois os últimos são apenas extrapatrimoniais.

O conceito mantém relação direta com a principiologia adotada pelo Código Civil de 2002, que escolheu entre um de seus regramentos básicos a socialidade: a valorização do *nós* em detrimento do *eu*, a superação do caráter individualista e egoísta da codificação anterior. Assim, os danos sociais decorrem de *condutas socialmente reprováveis ou comportamentos exemplares negativos*, como quer Junqueira de Azevedo.[47]

Os danos sociais são difusos, envolvendo direitos dessa natureza, em que as vítimas são indeterminadas ou indetermináveis. A sua reparação também consta expressamente do art. 6.º, inc. VI, do Código de Defesa do Consumidor.

A grande dificuldade do dano social, sem dúvida, refere-se à questão da legitimidade, ou seja, para quem deve ser destinado o valor da indenização. Junqueira de Azevedo aponta que, além do pagamento de uma indenização, deve ser destinado o valor a um fundo de proteção, o que depende dos direitos atingidos.

Cita também o art. 883, parágrafo único, do Código Civil de 2002, que trata do pagamento indevido e do destino de valor para instituição de caridade. A ideia, nesse sentido, é perfeita, se os prejuízos atingiram toda a coletividade, em um sentido difuso, os valores de reparação devem também ser revertidos para os prejudicados, mesmo que de forma indireta.

Lembro que a concepção do dano social, pelo menos em parte, é adotada pelo Projeto de Reforma do Código Civil, com o destino da *indenização pedagógica* ou *de desestímulo* a ser fixada pelo julgador para o dano extrapatrimonial, em favor de fundos públicos destinados à proteção de interesses coletivos, ou de estabelecimento idôneo de beneficência, no local em que o dano ocorreu (proposta de novo art. 944-A, §§ 2.º a 6.º, do Código Civil).

A partir dessa ideia, há decisão importante, do sempre pioneiro Tribunal de Justiça do Rio Grande do Sul, reconhecendo a reparação do dano social. O caso envolve a fraude de um sistema de loterias (caso *Toto Bola*), o que gerou danos à sociedade. Fixada a indenização, os valores foram revertidos a favor do fundo gaúcho de proteção dos consumidores (TJRS, Recurso Cível 71001281054, 1.ª Turma Recursal Cível, Turmas Recursais, Rel. Ricardo Torres Hermann, j. 12.07.2007).

Do mesmo modo, aplicando a construção dos danos sociais ou difusos, pode ser citado interessante julgado do Tribunal Regional do Trabalho da 2.ª Região, que condenou o Sindicato dos Metroviários de São Paulo a destinar indenização para instituição filantrópica (cestas básicas) devido a uma greve totalmente abusiva que parou a grande metrópole (TRT da 2.ª Região, Dissídio coletivo de greve, Acórdão 2007001568, Rel. Sonia Maria Prince Franzini, Revisor(a): Marcelo Freire Gonçalves, Processo 20288-2007-000-02-00-2, j. 28.06.2007, Data de Publicação: 10.07.2007, Partes suscitante(s): Ministério Público do Trabalho da Segunda Região, Suscitado(s): Sindicato dos Trabalhadores em Empresas de Transportes Metroviários de São Paulo e Companhia do Metropolitano de São Paulo – Metrô).

---

[46] AZEVEDO, Antonio Junqueira de. Por uma nova categoria de dano na responsabilidade civil: o dano social. In: FILOMENO, José Geraldo Brito; WAGNER JÚNIOR, Luiz Guilherme da Costa; GONÇALVES, Renato Afonso (Coord.). *O Código Civil e sua interdisciplinaridade*. Belo Horizonte: Del Rey, 2004. p. 376.

[47] AZEVEDO, Antonio Junqueira de. Por uma nova categoria de dano na responsabilidade civil: o dano social. In: FILOMENO, José Geraldo Brito; WAGNER JÚNIOR, Luiz Guilherme da Costa; GONÇALVES, Renato Afonso (Coord.). *O Código Civil e sua interdisciplinaridade*. Belo Horizonte: Del Rey, 2004. p. 376.

A extensão do dano para a coletividade, material e imaterial, foi levada em conta para a fixação da indenização, reconhecendo-se o caráter pedagógico ou disciplinador da responsabilidade civil, com uma função de desestímulo para a repetição da conduta.

Uma outra ilustração pode envolver o sindicato de uma determinada categoria que, em ato de greve, resolve parar a cidade de São Paulo, fazendo a sua manifestação na principal avenida da cidade, em plena sexta-feira à tarde. Não se pode determinar, como no caso anterior, quais foram as pessoas prejudicadas, mas ao certo é nítida a soma de uma conduta socialmente reprovável com um prejuízo a direitos difusos, de integrantes da coletividade.

No ano de 2013 surgiu outro acórdão sobre o tema, que merece especial destaque, por sua indiscutível amplitude perante toda a coletividade. O julgado, da Quarta Câmara de Direito Privado Tribunal de Justiça de São Paulo, condenou a empresa AMIL a pagar uma indenização de R$ 1.000.000,00 (um milhão de reais) a título de danos sociais, valor que deve ser destinado ao Hospital das Clínicas de São Paulo. A condenação se deu diante de reiteradas negativas de coberturas médicas, notoriamente praticadas por essa operadora de planos de saúde. Vejamos sua ementa:

> "Plano de saúde. Pedido de cobertura para internação. Sentença que julgou procedente pedido feito pelo segurado, determinado que, por se tratar de situação de emergência, fosse dada a devida cobertura, ainda que dentro do prazo de carência, mantida. Dano moral. Caracterização em razão da peculiaridade de se cuidar de paciente acometido por infarto, com a recusa de atendimento e, consequentemente, procura de outro hospital em situação nitidamente aflitiva. Dano social. Contratos de seguro-saúde, a propósito de hipóteses reiteradamente analisadas e decididas. Indenização com caráter expressamente punitivo, no valor de um milhão de reais que não se confunde com a destinada ao segurado, revertida ao Hospital das Clínicas de São Paulo. Litigância de má-fé. Configuração pelo caráter protelatório do recurso. Aplicação de multa. Recurso da seguradora desprovido e do segurado provido em parte" (TJSP, Apelação 0027158-41.2010.8.26.0564, 4.ª Câmara de Direito Privado, São Bernardo do Campo, Rel. Des. Teixeira Leite, j. 18.07.2013).

Frise-se que o aresto reconhece o dano moral individual suportado pela vítima, indenizando-se em R$ 50.000,00 (cinquenta mil reais), em cumulação com o relevante valor mencionado, a título de danos sociais. Quanto ao último montante, consta do voto vencedor "que uma acentuada importância em dinheiro pode soar como alta a uma primeira vista, mas, isso logo se dissipa em se comparada ao lucro exagerado que a seguradora obtém negando coberturas e obrigando que seus contratados, enquanto pacientes, a buscar na Justiça o que o próprio contrato lhes garante. Aliás, não só se ganha ao regatear e impor recusas absurdas, como ainda agrava o sistema de saúde pública, obrigando a busca de alternativas nos hospitais não conveniados e que cumprem missão humanitária, fazendo com que se desdobrem e gastem mais para curar doentes que possuem planos de assistência médica. Portanto, toda essa comparação permite, e autoriza, nessa demanda de um segurado, impor uma indenização punitiva de cunho social que será revertida a uma das instituições de saúde mais atuantes, o que, quem sabe, irá servir para despertar a noção de cidadania da seguradora". Tenho a grande honra de ter sido citado no julgamento, fundamentando grande parte das suas deduções jurídicas.

O valor da indenização social foi fixado de ofício pelos julgadores, o que pode ocorrer em casos tais, por ser a matéria de ordem pública. Como fundamento legal para tanto, por se tratar de questão atinente a direitos dos consumidores, cite-se o art. 1.º do Código de Defesa do Consumidor, que dispõe ser a Lei 8.078/1990 norma de ordem pública e interesse social. Sendo assim, toda a proteção constante da Lei Consumerista pode ser reconhecida de ofício pelo julgador, inclusive o seu art. 6.º, inc. VI, que trata dos danos morais coletivos e dos danos sociais ou difusos, consagrando o *princípio da reparação integral dos danos* na ótica consumerista.

De todo modo, infelizmente, a decisão paulista foi reformada no âmbito do Superior Tribunal de Justiça, no final de 2019, quanto à fixação dos danos morais coletivos, seguindo-se o entendimento de que haveria uma decisão *ultra petita* (além do que foi pedido), citando outros precedentes, expostos a seguir. De acordo com o trecho da ementa, "conforme jurisprudência pacífica desta Corte, é permitido ao magistrado extrair dos autos o provimento jurisdicional que mais se adeque à pretensão autoral, sanando eventual impropriedade técnica da parte autora ao formular os pedidos, o que, decerto, não o autoriza a aumentar ou cumular o pleito realizado com aqueles que sequer foram trazidos para debate e que não é decorrência lógica do primeiro, fugindo dos limites objetivos da demanda. Nos termos do Enunciado 456 da *V Jornada de Direito Civil* do CJF/STJ, os danos sociais, difusos, coletivos e individuais homogêneos devem ser reclamados pelos legitimados para propor ações coletivas" (STJ, Ag. Int. no REsp 1.598.709/SP, 4.ª Turma, Rel. Min. Maria Isabel Gallotti, j. 10.09.2019, *DJe* 02.10.2019).

Por oportuno, para rebater tal entendimento, anote-se que, quando da *VI Jornada de Direito Civil*, realizada em 2013, foi feita proposta de enunciado doutrinário com o seguinte teor: "é legítimo ao juiz reconhecer a existência de interesse coletivo amplo em ação individual, condenando o réu a pagar, a título de dano moral e em benefício coletivo, valor de desestímulo correspondente à prática lesiva reiterada de que foi vítima o autor da ação". A proposta, formulada por Adalberto Pasqualotto, não foi aprovada por uma pequena margem de votos, infelizmente. Apesar dessa não aprovação, acredito que o seu teor pode ser perfeitamente aplicável na atualidade, sendo o tema dos danos sociais uma das atuais vertentes de avanço da matéria de responsabilidade civil.

De toda sorte, frise-se que há entendimento da Segunda Seção do Superior Tribunal de Justiça pela impossibilidade do conhecimento de ofício dos danos sociais ou difusos em demandas em curso no Juizado Especial Cível. Nos termos do acórdão proferido em reclamação perante o Tribunal da Cidadania, "na espécie, proferida a sentença pelo magistrado de piso, competia à Turma Recursal apreciar e julgar o recurso inominado nos limites da impugnação e das questões efetivamente suscitadas e discutidas no processo. Contudo, ao que se percebe, o acórdão reclamado valeu-se de argumentos jamais suscitados pelas partes, nem debatidos na instância de origem, para impor ao réu, de ofício, condenação por dano social. Nos termos do Enunciado n. 456 da *V Jornada de Direito Civil* do CJF/ STJ, os danos sociais, difusos, coletivos e individuais homogêneos devem ser reclamados pelos legitimados para propor ações coletivas. Assim, ainda que o autor da ação tivesse apresentado pedido de fixação de dano social, há ausência de legitimidade da parte para pleitear, em nome próprio, direito da coletividade" (STJ, Rcl 13.200/GO, 2.ª Seção, Rel. Min. Luis Felipe Salomão, j. 08.10.2014, *DJe* 14.11.2014).

Com o devido respeito, entendo que essa posição fica em xeque nos casos envolvendo órgãos colegiados comuns, como ocorreu naquela decisão do Tribunal Paulista, antes exposta. De toda sorte, como demonstrado e em atualização à obra, o Superior Tribunal de Justiça concluiu de forma contrária.

Essa realidade demonstra a necessidade de alteração do Código Civil, com a inclusão da *indenização pedagógica* ou *de desestímulo* a ser fixada pelo julgador para o dano extrapatrimonial, nos termos da proposta constante da Reforma do Código Civil (proposta de novo art. 944-A, §§ 2.º a 6.º, do Código Civil).

**564** | MANUAL DE DIREITO CIVIL • VOLUME ÚNICO – *Flávio Tartuce*

Partindo para outro exemplo, do ano de 2016, merece destaque *decisum* do Superior Tribunal de Justiça que condenou empresa de cigarro por publicidade abusiva dirigida ao público infantojuvenil. O julgado faz menção a danos morais coletivos, quando, na verdade, trata de danos sociais ou difusos, pois os valores da condenação são direcionados ao fundo de proteção dos direitos dos consumidores do Distrito Federal. Lamenta-se a redução do *quantum debeatur*, de R$ 14.000.000,00 – conforme condenação no TJDF –, para *apenas* R$ 500.000,00. Conforme sua ementa:

> "Os fatos que ensejaram a presente demanda ocorreram anteriormente à edição e vigência da Lei n.º 10.167/2000 que proibiu, de forma definitiva, propaganda de cigarro por rádio e televisão. Com efeito, quando da veiculação da propaganda vigorava a Lei n.º 9.294/96, cuja redação original restringia entre 21h00 e 06h00 a publicidade do produto. O texto legal prescrevia, ainda, que a publicidade deveria ser ajustada a princípios básicos, não podendo, portanto, ser dirigida a crianças ou adolescentes nem conter a informação ou sugestão de que o produto pudesse trazer bem-estar ou benefício à saúde dos seus consumidores. Isso consta dos incisos II e VI do § 1.º, art. 3.º da referida lei. (...). A teor dos artigos 36 e 37, do CDC, nítida a ilicitude da propaganda veiculada. A uma, porque feriu o princípio da identificação da publicidade. A duas, porque revelou-se enganosa, induzindo o consumidor a erro porquanto se adotasse a conduta indicada pela publicidade, independente das consequências, teria condições de obter sucesso em sua vida. Além disso, a modificação do entendimento lançado no v. acórdão recorrido, o qual concluiu, após realização de contundente laudo pericial, pela caracterização de publicidade enganosa e, por conseguinte, identificou a responsabilidade da ora recorrente pelos danos suportados pela coletividade, sem dúvida demandaria a exegese do acervo fático-probatório dos autos, o que é vedado pelas Súmulas 5 e 7 do STJ. Em razão da inexistência de uma mensagem clara, direta que pudesse conferir ao consumidor a sua identificação imediata (no momento da exposição) e fácil (sem esforço ou capacitação técnica), reputa-se que a publicidade ora em debate, de fato, malferiu a redação do art. 36, do CDC e, portanto, cabível e devida a reparação dos danos morais coletivos. (...)" (STJ, REsp 1.101.949/DF, 4.ª Turma, Rel. Min. Marco Buzzi, j. 10.05.2016, *DJe* 30.05.2016).

Como outra ilustração jurisprudencial sobre os danos sociais, merece destaque acórdão da mesma Corte Superior, publicada no seu *Informativo* n. 618, segundo o qual "a conduta de emissora de televisão que exibe quadro que, potencialmente, poderia criar situações discriminatórias, vexatórias, humilhantes às crianças e aos adolescentes configura lesão ao direito transindividual da coletividade e dá ensejo à indenização por dano moral coletivo". Nota-se mais uma vez a utilização do termo dano moral coletivo, quando o certo seria falar em dano social, pois toda a coletividade foi atingida.

Trata-se de condenação da TV e Rádio Jornal do Commercio Ltda., de Pernambuco, pelo programa Bronca Pesada, veiculado pela emissora local, apresentado pelo jornalista e radialista Cardinot. Em tal programa policialesco, um quadro denominado "Investigação de Paternidade", em que a dignidade de crianças e adolescentes era atingida por falas do apresentador. Consta dos autos que "o citado apresentador expunha os menores 'ao ridículo por não ter a paternidade reconhecida e, ato contínuo, os menosprezava dizendo ser filho de Tiquim, não apenas expondo-os à discriminação e à crueldade do escárnio público, como também, e até mais propriamente, induzindo, incentivando e veiculando novas formas de discriminação social, pela difusão de expressões de baixo nível vestidas com o manto da comédia".

Reconheceu-se, assim, a presença de um *bullying* coletivo. A ementa do *decisum*, de conteúdo trágico, porém elucidativo do ponto de vista técnico-jurídico – especialmente pelo fato de mencionar a presença de danos presumidos –, foi assim publicada:

CAP. 4 • RESPONSABILIDADE CIVIL | **565**

"Recurso especial. Ação civil pública. Dignidade de crianças e adolescentes ofendida por quadro de programa televisivo. Dano moral coletivo. Existência. 1. O dano moral coletivo é aferível *in re ipsa*, ou seja, sua configuração decorre da mera constatação da prática de conduta ilícita que, de maneira injusta e intolerável, viole direitos de conteúdo extrapatrimonial da coletividade, revelando-se despicienda a demonstração de prejuízos concretos ou de efetivo abalo moral. Precedentes. 2. Na espécie, a emissora de televisão exibia programa vespertino chamado 'Bronca Pesada', no qual havia um quadro que expunha a vida e a intimidade de crianças e adolescentes cuja origem biológica era objeto de investigação, tendo sido cunhada, inclusive, expressão extremamente pejorativa para designar tais hipervulneráveis. 3. A análise da configuração do dano moral coletivo, na espécie, não reside na identificação de seus telespectadores, mas sim nos prejuízos causados a toda a sociedade, em virtude da vulnerabilização de crianças e adolescentes, notadamente daqueles que tiveram sua origem biológica devassada e tratada de forma jocosa, de modo a, potencialmente, torná-los alvos de humilhações e chacotas pontuais ou, ainda, da execrável violência conhecida por *bullying*. 4. Como de sabença, o artigo 227 da Constituição da República de 1988 impõe a todos (família, sociedade e Estado) o dever de assegurar às crianças e aos adolescentes, com absoluta prioridade, o direito à dignidade e ao respeito e de lhes colocar a salvo de toda forma de discriminação, violência, crueldade ou opressão. 5. No mesmo sentido, os artigos 17 e 18 do ECA consagram a inviolabilidade da integridade física, psíquica e moral das crianças e dos adolescentes, inibindo qualquer tratamento vexatório ou constrangedor, entre outros. 6. Nessa perspectiva, a conduta da emissora de televisão – ao exibir quadro que, potencialmente, poderia criar situações discriminatórias, vexatórias, humilhantes às crianças e aos adolescentes – traduz flagrante dissonância com a proteção universalmente conferida às pessoas em franco desenvolvimento físico, mental, moral, espiritual e social, donde se extrai a evidente intolerabilidade da lesão ao direito transindividual da coletividade, configurando-se, portanto, hipótese de dano moral coletivo indenizável, razão pela qual não merece reforma o acórdão recorrido. 7. *Quantum* indenizatório arbitrado em R$ 50.000,00 (cinquenta mil reais). Razoabilidade e proporcionalidade reconhecidas. 8. Recurso especial não provido" (STJ, REsp 1.517.973/PE, 4.ª Turma, Rel. Min. Luis Felipe Salomão, j. 16.11.2017, *DJe* 1.º.02.2018).

Lamenta-se novamente apenas o valor que foi fixado a título de reparação, que poderia ser bem maior para atender à função social da responsabilidade civil e ao caráter pedagógico dos danos sociais. Destaque-se que, em segunda instância, o Tribunal de Pernambuco havia fixado a indenização em R$1.000.000,00, o que, na minha opinião, deveria ter sido mantido.

Cite-se, como última concreção, o julgado superior de 2019 que reconheceu a presença de danos sociais – chamados novamente no acórdão de danos coletivos –, diante da má prestação de serviços por entidade bancária, na demora excessiva de atendimento dos seus clientes. O aresto fundamenta a possibilidade de reparação coletiva na tese do desvio produtivo do consumidor – ou da perda do tempo –, aqui antes mencionada. Vejamos parte do seu teor:

"No dano moral coletivo, a função punitiva – sancionamento exemplar ao ofensor – é, aliada ao caráter preventivo – de inibição da reiteração da prática ilícita – e ao princípio da vedação do enriquecimento ilícito do agente, a fim de que o eventual proveito patrimonial obtido com a prática do ato irregular seja revertido em favor da sociedade. O dever de qualidade, segurança, durabilidade e desempenho que é atribuído aos fornecedores de produtos e serviços pelo art. 4.º, II, *d*, do CDC, tem um conteúdo coletivo implícito, uma função social, relacionada à otimização e ao máximo aproveitamento dos recursos produtivos disponíveis na sociedade, entre eles, o tempo. O desrespeito voluntário das garantias legais, com o nítido intuito de otimizar o lucro em prejuízo da qualidade do serviço, revela ofensa aos deveres anexos ao princípio boa-fé objetiva e configura lesão injusta e intolerável à função social da atividade produtiva e à proteção do tempo útil do consumidor. Na hipótese concreta, a instituição financeira recorrida optou por não adequar seu serviço aos padrões de qualidade previstos em lei municipal e federal, impondo à sociedade o desperdício de tempo útil e acarretando violação injusta e intolerável ao interesse social de máximo aproveitamento dos recursos produtivos, o que é suficiente para a configuração do dano moral coletivo" (STJ, REsp 1.737.412/SE, 3.ª Turma, Rel. Min. Nancy Andrighi, j. 05.02.2019, *DJe* 08.02.2019).

Foi, assim, restabelecida a sentença de primeiro grau, com as seguintes determinações: *a)* imposição de dever ao banco de disponibilizar pessoal suficiente para atendimento nos caixas, a fim de que seja possível observar o tempo máximo de espera na fila de atendimento fixado por lei municipal, de 15 minutos em dias normais e 30 minutos em dias especiais; *b)* dever de instalar pelo menos quinze assentos para idosos, gestantes, deficientes e pessoas com crianças de colo; *c)* obrigação de eliminar obstáculos a pessoas com dificuldade de locomoção para o atendimento nos caixas; e *d)* dever de construir sanitários, para o público, com a sua correta indicação. Quanto à indenização coletiva, foi fixada, de forma correta, em R$ 200.000,00 (duzentos mil reais).

Feitas tais importantes considerações a respeito de casos concretos julgados pelo Superior Tribunal de Justiça, com o fito de esclarecer o teor da matéria, pode ser elaborado o seguinte quadro para diferenciar os danos morais coletivos dos danos sociais:

| Danos morais coletivos | Danos sociais ou difusos |
|---|---|
| Atingem vários direitos da personalidade. | Causam um rebaixamento no nível de vida da coletividade (Junqueira). |
| Direitos individuais homogêneos ou coletivos em sentido estrito – vítimas determinadas ou determináveis. | Direitos difusos – vítimas indeterminadas. Toda a sociedade é vítima da conduta. |
| Indenização é destinada para as próprias vítimas. | Indenização para um fundo de proteção ou instituição de caridade. |

A encerrar o estudo do tema, importante alertar que não há qualquer óbice para a cumulação dos danos morais coletivos e dos danos sociais ou difusos em uma mesma ação. Isso foi reconhecido pela Quarta Turma do Superior Tribunal de Justiça, no julgamento do Recurso Especial 1.293.606/MG, em setembro de 2014. Conforme o Relator Ministro Luis Felipe Salomão, "as tutelas pleiteadas em ações civis públicas não são necessariamente puras e estanques. Não é preciso que se peça, de cada vez, uma tutela referente a direito individual homogêneo, em outra ação uma de direitos coletivos em sentido estrito e, em outra, uma de direitos difusos, notadamente em se tratando de ação manejada pelo Ministério Público, que detém legitimidade ampla no processo coletivo. Isso porque, embora determinado direito não possa pertencer, a um só tempo, a mais de uma categoria, isso não implica dizer que, no mesmo cenário fático ou jurídico conflituoso, violações simultâneas de direitos de mais de uma espécie não possam ocorrer". Estou totalmente filiado ao entendimento constante do acórdão.

### 4.2.5.6 *Danos por perda de uma chance*

No que concerne à perda de uma chance como nova categoria de dano, cresce na jurisprudência o número de julgados de sua aplicação. Ademais, na doutrina brasileira,

CAP. 4 • RESPONSABILIDADE CIVIL | **567**

destacam-se dois interessantes trabalhos, publicados pelos jovens juristas Sérgio Savi[48] e Rafael Peteffi da Silva.[49]

Consigne-se que na *V Jornada de Direito Civil*, realizada em novembro de 2011, foi aprovado enunciado doutrinário proposto pelo último jurista citado, reconhecendo a sua ampla reparação, como dano material ou imaterial (Enunciado n. 444).

A perda de uma chance está caracterizada quando a pessoa vê frustrada uma expectativa, uma oportunidade futura, que, dentro da lógica do razoável, ocorreria se as coisas seguissem o seu curso normal. A partir dessa ideia, como expõem os autores citados, essa chance deve ser séria e real. Buscando critérios objetivos para a aplicação da teoria, Sérgio Savi leciona que a perda da chance estará caracterizada quando a probabilidade da oportunidade for superior a 50% (cinquenta por cento).[50] Pois bem, vejamos alguns exemplos prático-jurisprudenciais de incidência da nova categoria na realidade brasileira.

De início, numerosos são os julgados que responsabilizam advogados por perderem prazos de seus clientes, gerando perda da chance de vitória judicial (por todos: STJ, Ag. Rg. no Ag. 932.446/RS, Processo 2007/0167882-9, 3.ª Turma, Rel. Min. Fátima Nancy Andrighi, j. 06.12.2007, *DJU* 18.12.2007, p. 274; 2.º TACSP, Apelação com Revisão 648.037-00/9, 5.ª Câmara, Rel. Juiz Dyrceu Cintra, j. 11.12.2002; TJRS, Apelação Cível 70005473061, 9.ª Câmara Cível, Rel. Adão Sérgio do Nascimento Cassiano, j. 10.12.2003).

Na seara médica, o pioneiro Tribunal do Rio Grande do Sul já responsabilizou um hospital por morte de recém-nascido, havendo a *perda de chance de viver* (TJRS, Processo 70013036678, 10.ª Câmara Cível, Caxias do Sul, Juiz Rel. Luiz Ary Vessini de Lima, 22.12.2005). Fala-se, ainda, em *perda da chance de cura* do paciente, pelo emprego de uma técnica malsucedida pelo profissional da área de saúde.[51]

Outro julgado do Superior Tribunal de Justiça analisou a questão, em acórdão com a seguinte publicação:

"A teoria da perda de uma chance pode ser utilizada como critério para a apuração de responsabilidade civil ocasionada por erro médico na hipótese em que o erro tenha reduzido possibilidades concretas e reais de cura de paciente que venha a falecer em razão da doença tratada de maneira inadequada pelo médico. De início, pode-se argumentar ser impossível a aplicação da teoria da perda de uma chance na seara médica, tendo em vista a suposta ausência de nexo causal entre a conduta (o erro do médico) e o dano (lesão gerada pela perda da vida), uma vez que o prejuízo causado pelo óbito da paciente teve como causa direta e imediata a própria doença, e não o erro médico. Assim, alega-se que a referida teoria estaria em confronto claro com a regra insculpida no art. 403 do CC, que veda a indenização de danos indiretamente gerados pela conduta do réu. Deve-se notar, contudo, que a responsabilidade civil pela perda da chance não atua, nem mesmo na seara médica, no campo da mitigação do nexo causal. A perda da chance, em verdade, consubstancia uma modalidade autônoma de indenização, passível de ser invocada nas hipóteses em que não se puder apurar a responsabilidade direta do agente pelo dano final. Nessas situações, o agente não responde pelo resultado para o qual sua conduta pode ter contribuído, mas apenas pela chance de que ele privou a paciente. A chance em si – desde que seja concreta, real, com alto grau de probabilidade de

---

48  SAVI, Sérgio. *Responsabilidade civil por perda de uma chance*. São Paulo: Atlas, 2006.

49  SILVA, Rafael Peteffi da. *Responsabilidade civil pela perda de uma chance*. São Paulo: Atlas, 2007.

50  SAVI, Sérgio. *Responsabilidade civil por perda de uma chance*. São Paulo: Atlas, 2006. p. 33.

51  Sobre o tema: ROSÁRIA, Grácia Cristina Moreira do. *Perda da chance de cura na responsabilidade civil médica*. Rio de Janeiro: Lumen Juris, 2009.

obter um benefício ou de evitar um prejuízo – é considerada um bem autônomo e perfeitamente reparável. De tal modo, é direto o nexo causal entre a conduta (o erro médico) e o dano (lesão gerada pela perda de bem jurídico autônomo: a chance). Inexistindo, portanto, afronta à regra inserida no art. 403 do CC, mostra-se aplicável a teoria da perda de uma chance aos casos em que o erro médico tenha reduzido chances concretas e reais que poderiam ter sido postas à disposição da paciente" (STJ, REsp 1.254.141/PR, Rel. Min. Nancy Andrighi, j. 04.12.2012, publicado no seu *Informativo* n. *513*).

Em outro campo, o Tribunal de Justiça do Rio Grande do Sul responsabilizou um curso preparatório para concursos públicos que assumiu o compromisso de transportar o aluno até o local da prova. Porém, houve atraso no transporte, o que gerou a *perda da chance de disputa em concurso público*, surgindo daí o dever de indenizar (TJRS, Processo 71000889238, Data: 07.06.2006, 2.ª Turma Recursal Cível, Juiz Rel. Clovis Moacyr Mattana Ramos, Origem: Comarca de Cruz Alta).

De toda sorte, em caso também envolvendo concurso público, o Superior Tribunal de Justiça entendeu pela não incidência da teoria, pois a chance do candidato que teve a sua expectativa frustrada não era séria e real. Vejamos a ementa publicada no *Informativo* n. *466* daquele Tribunal:

> "Teoria. Perda. Chance. Concurso. Exclusão. A Turma decidiu não ser aplicável a teoria da perda de uma chance ao candidato que pleiteia indenização por ter sido excluído do concurso público após reprovação no exame psicotécnico. De acordo com o Min. Relator, tal teoria exige que o ato ilícito implique perda da oportunidade de o lesado obter situação futura melhor, desde que a chance seja real, séria e lhe proporcione efetiva condição pessoal de concorrer a essa situação. No entanto, salientou que, *in casu*, o candidato recorrente foi aprovado apenas na primeira fase da primeira etapa do certame, não sendo possível estimar sua probabilidade em ser, além de aprovado ao final do processo, também classificado dentro da quantidade de vagas estabelecidas no edital" (STJ, AgRg no REsp 1.220.911/RS, Rel. Min. Castro Meira, j. 17.03.2011).

Mas o acórdão mais comentado a respeito do tema é aquele pronunciado pelo STJ em conhecido julgado envolvendo o programa *Show do Milhão*, do SBT. Uma participante do programa, originária do Estado da Bahia, chegou à última pergunta, a "pergunta do milhão", que, se respondida corretamente, geraria o prêmio de um milhão de reais. A pergunta então formulada foi a seguinte: "A Constituição reconhece direitos dos índios de quanto do território brasileiro? 1) 22%; 2) 2%; 3) 4% ou 4) 10%".

A participante não soube responder à pergunta, levando R$ 500 mil para casa. Mas, na verdade, a Constituição Federal não consagra tal reserva, tendo a participante constatado que a pergunta formulada estava totalmente errada. Foi então a juízo requerendo os outros R$ 500 mil, tendo obtido êxito em primeira e segunda instância, ação que teve curso no Tribunal de Justiça da Bahia. O STJ confirmou em parte as decisões anteriores, reduzindo o valor para R$ 125 mil, ou seja, os R$ 500 mil divididos pelas quatro assertivas, sendo essa a sua real chance de acerto (STJ, REsp 788.459/BA, 4.ª Turma, Rel. Min. Fernando Gonçalves, j. 08.11.2005, *DJ* 13.03.2006, p. 334).

Como outra importante ilustração, do ano de 2018, transcreve-se didática ementa do STJ que reconheceu indenização em favor de investidor que perdeu ganhos em relação a ações de determinado banco, pois foram vendidas sem a sua autorização em dia anterior à sua valorização no mercado acionário:

CAP. 4 • RESPONSABILIDADE CIVIL | **569**

"Recurso especial. Ações em Bolsa de Valores. Venda promovida sem autorização do titular. Responsabilidade civil. Perda de uma chance. Dano consistente na impossibilidade de negociação das ações com melhor valor, em momento futuro. Indenização pela perda da oportunidade. 1. 'A perda de uma chance é técnica decisória, criada pela jurisprudência francesa, para superar as insuficiências da responsabilidade civil diante das lesões a interesses aleatórios. Essa técnica trabalha com o deslocamento da reparação: a responsabilidade retira sua mira da vantagem aleatória e, naturalmente, intangível, e elege a chance como objeto a ser reparado' (CARNAÚBA, Daniel Amaral. A responsabilidade civil pela perda de uma chance: a técnica na jurisprudência francesa. In: *Revista dos Tribunais*, São Paulo, n. 922, ago. 2012). 2. Na configuração da responsabilidade pela perda de uma chance não se vislumbrará o dano efetivo mencionado, sequer se responsabilizará o agente causador por um dano emergente, ou por eventuais lucros cessantes, mas por algo intermediário entre um e outro, precisamente a perda da possibilidade de se buscar posição mais vantajosa, que muito provavelmente se alcançaria, não fosse o ato ilícito praticado. 3. No lugar de reparar aquilo que teria sido (providência impossível), a reparação de chances se volta ao passado, buscando a reposição do que foi. É nesse momento pretérito que se verifica se a vítima possuía uma chance. É essa chance, portanto, que lhe será devolvida sob a forma de reparação. 4. A teoria da perda de uma chance não se presta a reparar danos fantasiosos, não servindo ao acolhimento de meras expectativas, que pertencem tão somente ao campo do íntimo desejo, cuja indenização é vedada pelo ordenamento jurídico, mas sim um dano concreto (perda de probabilidade). A indenização será devida, quando constatada a privação real e séria de chances, quando detectado que, sem a conduta do réu, a vítima teria obtido o resultado desejado. 5. No caso concreto, houve venda de ações sem a autorização do titular, configurando o ato ilícito. O dano suportado consistiu exatamente na perda da chance de obter uma vantagem, qual seja a venda daquelas ações por melhor valor. Presente, também, o nexo de causalidade entre o ato ilícito (venda antecipada não autorizada) e o dano (perda da chance de venda valorizada), já que a venda pelo titular das ações, em momento futuro, por melhor preço, não pode ocorrer justamente porque os papéis já não estavam disponíveis para serem colocados em negociação. 6. Recurso especial a que se nega provimento" (STJ, REsp 1.540.153/RS, 4.ª Turma, Rel. Min. Luis Felipe Salomão, j. 17.04.2018, *DJe* 06.06.2018).

Como outra concreção da perda da chance, em hipótese fática muito próxima ao caso do *Show do Milhão*, em 2019, a Terceira Turma do Superior Tribunal de Justiça indenizou ex-participante do programa *Amazônia*, da TV Record, que foi excluído injustamente, por uma falha da contagem da pontuação. Foi mantida a condenação de segunda instância, por danos materiais pela perda da chance, em R$ 125 mil, valor que corresponderia a 25% do total do prêmio de R$ 500 mil. Além disso, foi fixada uma indenização por R$ 25 mil, pelos danos morais. Vejamos a ementa do *decisum*:

"Recurso especial. Responsabilidade civil. Ação de indenização por danos. Reality show. Fase semifinal. Contagem dos pontos. Erro. Eliminação. Ato ilícito. Indenização. Dano material. Perda de uma chance. Cabimento. Danos morais demonstrados. (...). 2. Cinge-se a controvérsia a discutir o cabimento de indenização por perda de uma chance na hipótese em que participante de reality show é eliminado da competição por equívoco cometido pelos organizadores na contagem de pontos. 3. A teoria da perda de uma chance tem por objetivo reparar o dano decorrente da lesão de uma legítima expectativa que não se concretizou porque determinado fato interrompeu o curso normal dos eventos e impediu a realização do resultado final esperado pelo indivíduo. 4. A reparação das chances perdidas tem fundamento nos artigos 186 e 927 do Código Civil de 2002 e é reforçada pelo princípio da reparação integral dos danos, consagrado no art. 944 do CC/2002. 5. Deve ficar demonstrado que a chance perdida é séria e real, não sendo suficiente a mera esperança ou expectativa da ocorrência do resultado para que o dano seja indenizado. 6. Na presente hipótese, o Tribunal de origem demonstrou que ficaram configurados os requisitos para reparação por perda de uma chance, tendo em vista (i) a comprovação de erro na contagem de pontos na rodada semifinal da competição, o que tornou a eliminação do autor indevida, e (ii) a violação das regras da competição que asseguravam a oportunidade de disputar rodada de desempate. 7. O acolhimento da pretensão recursal, no sentido de afastar a indenização por danos morais ou de reduzir o valor arbitrado, demandaria o revolvimento do acervo fático-probatório dos autos (Súmula nº 7/STJ). 8. O montante arbitrado a título de indenização por danos morais (R$ 25.000,00 – vinte e cinco mil reais) encontra-se em conformidade com os parâmetros adotados por esta Corte, não se mostrando excessivo diante das particularidades do caso concreto. 9. Recursos especiais não providos" (STJ, REsp 1.757.936/SP, 3.ª Turma, Rel. Min. Ricardo Villas Bôas Cueva, j. 20.08.2019).

Por fim, vale citar acórdão superior que condenou a empresa organizadora de competição automobilística a indenizar a esposa de um piloto, que acabou falecendo por ausência e omissão de socorro. Consoante o *decisum*, "de acordo com a teoria da perda de uma chance, há responsabilidade civil de empresa organizadora de competição automobilística que deixa de prestar socorro a piloto que falece por afogamento após acidente durante o percurso" (STJ, REsp 2.108.182/MG, Rel. Min. Nancy Andrighi, 3.ª Turma, por maioria, j. 16.04.2024, *DJe* 19.04.2024). Entendeu-se que "o nexo causal que autoriza a responsabilidade pela aplicação da teoria da perda de uma chance é aquele entre a conduta omissiva ou comissiva do agente e a chance perdida, sendo desnecessário que esse nexo se estabeleça diretamente com o dano final. Hipótese em que existia chance séria e concreta de que a recorrida, se tivesse enviado a ambulância ao local do acidente de forma imediata, teria conseguido promover o resgate em menor tempo e prestar assistência médica, aumentando significativamente as chances de sobrevida do piloto (marido da recorrente)" (REsp 2.108.182/MG). Eis outro interessante exemplo de aplicação da categoria.

Apesar de todas as lições doutrinárias e entendimentos jurisprudenciais transcritos, ainda vejo com ressalvas o enquadramento da perda de uma chance como nova categoria de dano. Isso porque tais danos são, na grande maioria das situações, hipotéticos ou eventuais, sendo certo que os arts. 186 e 403 do CC exigem o dano presente e efetivo.

A perda de uma chance, na verdade, ainda trabalha com suposições, com o *se*, pela falta de previsão legislativa. Muitas situações descritas pelos adeptos da teoria hoje podem ser resolvidas em sede de danos morais ou danos materiais, sem que a vítima tenha necessidade de provar que a chance é séria e real.

De todo modo, apesar desses meus argumentos, não se pode negar que a reparação pela perda da chance tem sido admitida amplamente pelas nossas Cortes e pela doutrina, o que inspirou a Comissão de Juristas encarregada da Reforma do Código Civil a incluí-la na lei. Com essa necessária alteração legislativa e a inclusão da indenização pela perda da chance no Código Civil, todas essas dúvidas e contestações antes pontuadas serão afastadas.

A proposta é tratar a perda da chance como categoria autônoma de dano reparável, ao lado do dano patrimonial e do extrapatrimonial. A proposição consta da nova redação do art. 944-B, segundo o qual, em seu *caput*, "a indenização será concedida, se os danos forem certos, sejam eles diretos, indiretos, atuais ou futuros". Sobre o instituto em estudo, o projetado § 1.º enunciará que "a perda de uma chance, desde que séria e real, constitui dano reparável". Adota-se, portanto, a posição majoritária da doutrina e da jurisprudência aqui expostas, bem como a necessidade do cálculo da probabilidade de a chance ser efetivada, consoante o proposto § 2.º do art. 944-B: "a indenização relativa à perda de uma chance deve ser calculada levando-se em conta a fração dos interesses que essa chance proporcionaria, caso concretizada, de acordo com as probabilidades envolvidas".

Segundo as justificativas da Subcomissão de Responsabilidade Civil, "a par do debate doutrinário, optamos por considerar que a perda de uma chance não se constitui em autêntica situação de causalidade probabilística, tratando-se de uma manifestação de figura autônoma de dano que se faz presente mesmo nos casos em que não se afirme a responsabilidade direta do agente pelo dano final (neste sentido o STJ deliberou no REsp 1.254.141-PR, Rel. Min. Nancy Andrighi, *Informativo 513*, 06.03.2013)". E mais, "a inserção da perda de uma chance como dano autônomo – lateralmente aos danos emergentes e lucros cessantes – reforça a sua condição de um *tertium genus* e não espécie de uma ou outra. A valorização de sua autonomia dogmática auxilia a superar as insuficiências da responsabilidade civil diante de lesões a interesses aleatórios. A ideia é deferir a mais ampla proteção à integridade dos bens jurídicos patrimoniais da vítima".

Como Relator-Geral nomeado para o trabalho de Reforma, acabei cedendo a minha posição doutrinária de ressalvas, tendo a ciência de que a perda de uma chance hoje é admitida pela maioria da doutrina e da jurisprudência. Assim, entendo que é imperiosa e necessária a alteração legislativa para a inclusão da perda de uma chance expressamente no Código Civil.

### 4.2.5.7 *Outras regras importantes quanto à fixação da indenização previstas no Código Civil de 2002*

Além dos outrora estudados arts. 944, 945 e 948 do CC, é necessário comentar outros dispositivos da atual Codificação, que tratam da fixação da indenização (Capítulo II do Título IX, *Da indenização*):

– O art. 946 do CC enuncia que "se a obrigação for indeterminada, e não houver na lei ou no contrato disposição fixando a indenização devida pelo inadimplente, apurar-se-á o valor das perdas e danos na forma que a lei processual determinar". Ao contrário do que alguns possam defender, deve-se compreender que tal dispositivo não traz *tarifação* ou *tabelamento* do dano moral, o que é inconstitucional, por lesão à especialidade, conforme outrora exposto. No Projeto de Reforma do Código Civil, sugere-se apenas que a menção do comando seja sobre a lei, de qualquer natureza, e não necessariamente a norma processual, retirando-se a sua menção ao final, sem modificação do seu conteúdo: "Art. 946. Se a obrigação de reparar o dano for indeterminada e não houver no contrato disposição fixando a indenização devida pelo agente, apurar-se-á o valor das perdas e danos na forma que a lei determinar".

– Prevê o art. 947 do CC/2002 que se o devedor não puder cumprir a prestação na espécie ajustada, haverá a substituição pelo seu valor em moeda corrente. O dispositivo merece aplicação naqueles casos envolvendo danos imateriais em que não é possível retornar ao estado anterior. Nessas situações, deverá ser fixada uma indenização em moeda nacional corrente, de acordo com o *princípio do nominalismo*, aplicável a todo o Direito das Obrigações. Vale repetir que quanto ao dano moral, tornou-se comum a sua fixação em salários mínimos. No Projeto de Reforma do Código Civil, o dispositivo recebe ajustes, para também tratar da reparação *in natura* do dano extrapatrimonial, tema tratado no último capítulo deste livro. Ademais, o *caput* passará a mencionar a reparação integral e a volta da vítima ao estado anterior ao ilícito, prevendo que "a reparação dos danos deve ser integral com a finalidade de restituir o lesado ao estado anterior ao fato danoso". Segundo as justificativas da Subcomissão de Responsabilidade Civil, a proposição "segue o art. 566 do CC de Portugal, cuja redação enfatiza a ideia fundamental da precedência da restauração do estado de coisas afetado pelo dano, seja em matéria de danos individuais ou coletivos. Sempre que impossível ou insuficiente a restauração em espécie, terá lugar a fixação da indenização pecuniária, em moeda corrente". E essa será a regra do novo § 1.º do art. 947: "a indenização será fixada em dinheiro, sempre que a reconstituição natural não seja possível, não repare integralmente os danos ou seja excessivamente onerosa para o devedor". No tocante à reparação *in natura*, prevista nos novos §§ 2.º e 3.º, o tema já foi aqui analisado.

– De acordo com o art. 949 da atual codificação material, havendo lesão ou outra ofensa à saúde, o agressor indenizará o ofendido das despesas do tratamento e dos lucros cessantes até o fim da convalescença, além de outro prejuízo que o ofendido provar ter sofrido. Esse *outro* prejuízo pode ser o dano moral, mencionado no art. 186 do CC, bem como o dano estético (Súmula 387 do STJ). Nesse sentido, na *III Jornada* do mesmo Conselho da Justiça Federal, aprovou-se o Enunciado doutrinário n. 192: "os danos oriundos das situações previstas nos arts. 949 e 950 do Código Civil de 2002 devem ser analisados em conjunto, para o efeito de atribuir indenização por perdas e danos materiais, cumulada com o dano moral e estético". Novamente, o Projeto de Reforma do Código Civil sugere ajustes na norma, para que mencione também outras lesões à vítima, bem como o ressarcimento de valores relativos a consultas e seu tratamento, além de outros danos, caso dos extrapatrimoniais, que passarão a abarcar os danos morais, estéticos e outros, como visto: "Art. 949. No caso de lesão ou outra ofensa à integridade física, psíquica ou psicológica do ofendido, o ofensor indenizará o ofendido das despesas de consultas e tratamentos prescritos e dos lucros cessantes até ao fim da convalescença, além de outros danos reparáveis".

– Pelo art. 950 do CC, se da ofensa resultar defeito pelo qual o ofendido não possa exercer o seu ofício ou profissão, ou se lhe diminuir a capacidade de trabalho, a indenização, além das despesas do tratamento e lucros cessantes até o fim da convalescença, incluirá uma pensão correspondente à importância do trabalho para o qual se inabilitou, ou da depreciação por ele sofrida. Trata-se de *indenização por perda da capacidade laborativa*, devendo-se verificar qual o percentual ou montante de capacidade perdido pela vítima e sua real condição de trabalho, para então se fixar o *quantum*. Tal indenização poderá ser pleiteada pelo prejudicado de uma só vez, desde que provados todos os prejuízos, ônus que cabe ao autor da ação reparatória. Prevê o Enunciado n. 48 do CJF/STJ da *I Jornada de Direito Civil* que "o parágrafo único do art. 950 do novo Código Civil institui direito potestativo do lesado para exigir pagamento da indenização de uma só vez, mediante arbitramento do valor pelo juiz, atendido ao disposto nos artigos 944 e 945 e à possibilidade econômica do ofensor". Completando-o, na *IV Jornada de Direito Civil* foi aprovado o Enunciado n. 381 do CJF/STJ, referente ao mesmo artigo, preconizando que "o lesado pode exigir que a indenização, sob a forma de pensionamento, seja arbitrada e paga de uma só vez, salvo impossibilidade econômica do devedor, caso em que o juiz poderá fixar outra forma de pagamento, atendendo à condição financeira do ofensor e aos benefícios resultantes do pagamento antecipado". De qualquer modo, apesar do forte entendimento doutrinário no sentido de que a indenização pode ser pleiteada de uma só vez ou de forma sucessiva pela vítima, há uma tendência em sentido contrário no Superior Tribunal de Justiça. Conforme se retira de algumas decisões, só existiria a segunda opção em favor da vítima em determinados casos concretos. Assim entendendo, aresto publicado no *Informativo* n. *561* do Tribunal da Cidadania, segundo o qual, "nos casos de responsabilidade civil derivada de incapacitação para o trabalho (art. 950 do CC), a vítima não tem o direito absoluto de que a indenização por danos materiais fixada em forma de pensão seja arbitrada e paga de uma só vez, podendo o magistrado avaliar, em cada caso concreto, sobre a conveniência da aplicação da regra que autoriza a estipulação de parcela única (art. 950, parágrafo único, do CC), a fim de evitar, de um lado, que a satisfação do crédito do beneficiário fique ameaçada e, de outro, que haja risco de o devedor ser levado à ruína. (...) Embora a questão não seja pacífica, tem prevalecido na doutrina e na jurisprudência o entendimento de que a regra prevista no parágrafo único não deve ser interpretada como direito absoluto da parte, podendo o magistrado avaliar, em cada caso concreto, sobre a conveniência de sua aplicação, considerando a situação econômica do devedor, o prazo de duração do pensionamento, a idade da vítima etc., para só então definir pela possibilidade de que a pensão seja ou não paga de uma só vez, antecipando-se as prestações vincendas que só iriam ser creditadas no decorrer dos anos (STJ, REsp 1.349.968/DF, Rel. Min. Marco Aurélio Bellizze, j. 14.04.2015, *DJe* 04.05.2015). Eventualmente, se houver a perda total e permanente da capacidade de trabalhar, é possível a fixação de uma pensão vitalícia à vítima, na linha da melhor jurisprudência do STJ (ver: REsp 130.206/PR, *DJ* 15.12.1997, e REsp 280.391/RJ, *DJ* 27.09.2004. Citados como precedentes em REsp 1.278.627/SC, Rel. Min. Paulo de Tarso Sanseverino, j. 18.12.2012). A Comissão de Juristas encarregada da Reforma do Código Civil também propõe ajustes no art. 950, para que mencione no *caput* a ofensa psicológica, além de menção expressa à indenização pela perda da capacidade laborativa e por outros danos reparáveis, novamente a incluir os danos extrapatrimoniais. Nesse contexto, passará a prever o seguinte: "se da ofensa física ou psicológica resultar defeito pelo qual o ofendido não possa exercer o seu ofício ou profissão ou se lhe diminua a capacidade de trabalho, a indenização, além das despesas do tratamento e lucros cessantes até ao fim da convalescença, incluirá pensão correspondente à importância do trabalho para que se inabilitou ou da depreciação que ele sofreu, além de outros danos reparáveis". Além disso, no parágrafo único do art. 950 do CC, é incluído no texto legal o teor do Enunciado n. 381 da *IV Jornada de Direito Civil*: "o lesado pode exigir que a indenização sob a forma de pensionamento seja arbitrada e paga de uma só vez, salvo impossibilidade econômica do devedor, caso em que o juiz poderá fixar outra forma de pagamento, atendendo à condição financeira do ofensor e aos benefícios resultantes do pagamento antecipado". Mais uma vez, como se pode perceber, as proposições visam a trazer segurança jurídica para os temas, devendo ser aprovadas pelo Parlamento Brasileiro.

– O art. 951 do atual Código Civil é o que regulamenta a responsabilidade subjetiva dos profissionais liberais da área da saúde em geral – médicos, dentistas, enfermeiros, auxiliares de enfermagem, entre outros –, prevendo que as regras anteriores se aplicam "no caso de indenização devida por aquele que, no exercício de atividade profissional, por negligência, imprudência ou imperícia, causar a morte do paciente, agravar-lhe o mal, causar-lhe lesão, ou inabilitá-lo para o trabalho". Em relação ao profissional que presta serviços a consumidor, a responsabilidade subjetiva está consagrada no art. 14, § 4.º,

# 574 | MANUAL DE DIREITO CIVIL • VOLUME ÚNICO – *Flávio Tartuce*

da Lei 8.078/1990, o que constitui exceção à regra geral da responsabilização objetiva prevista no CDC. Segundo o entendimento majoritário, caso o profissional de saúde assuma uma obrigação de resultado, como no caso do médico cirurgião plástico estético, a sua responsabilidade é objetiva, ou seja, independe de culpa (STJ, REsp 81.101/PR, 3.ª Turma, Rel. Min. Waldemar Zveiter, j. 13.04.1999, *DJ* 31.05.1999, p. 140). Em data mais próxima, o STJ aplicou a premissa da responsabilidade objetiva em decorrência da obrigação de resultado para o dentista responsável pelo tratamento ortodôntico (STJ, REsp 1.238.746/MS, Rel. Min. Luis Felipe Salomão, j. 18.10.2011, publicação no seu *Informativo* n. *485*). Ressalte-se que alguns julgados ainda insistem na ideia de culpa presumida, demonstrando grande hesitação jurisprudencial quanto aos conceitos (STJ, REsp 985.888/SP, Min. Luis Felipe Salomão, j. 16.02.2012. Publicado no *Informativo* n. *491*). Ato contínuo de estudo, no caso do médico cirurgião plástico reparador, bem como dos demais médicos e profissionais em geral, a obrigação é de meio ou de diligência e a premissa da sua responsabilização é a prova da culpa (responsabilidade subjetiva). Ressalte-se que tal distinção (obrigações de meio e de resultado), criada a partir da teoria de Demogue, está em profundo debate no Direito Brasileiro, especialmente no tocante ao ônus probatório e a questão de culpa.[52] Na esteira de revisão, já concluiu o Superior Tribunal de Justiça que "os procedimentos cirúrgicos de fins meramente estéticos caracterizam verdadeira obrigação de resultado, pois neles o cirurgião assume verdadeiro compromisso pelo efeito embelezador prometido. Nas obrigações de resultado, a responsabilidade do profissional da medicina permanece subjetiva. Cumpre ao médico, contudo, demonstrar que os eventos danosos decorreram de fatores externos e alheios à sua atuação durante a cirurgia" (STJ, REsp 1180815/MG, 3.ª Turma, Rel. Min. Nancy Andrighi, j. 19.08.2010, *DJe* 26.08.2010). A mim me parece que realmente a questão merece as devidas reflexões, para novo dimensionamento, em especial porque a responsabilidade objetiva somente decorre da lei ou de uma atividade de risco (art. 927, parágrafo único, do CC); não havendo previsão a respeito das obrigações de resultado.[53] Anoto que no Projeto de Reforma do Código Civil pretende-se melhorar o texto do seu art. 951, o que é louvável, com vistas a tutelar vítimas de graves danos. Pelo novo *caput* do comando, de forma mais técnica, "o disposto nos arts. 948, 949 e 950 aplica-se ainda no caso de indenização devida por aquele que, no exercício de atividade profissional, em conformidade com protocolos, técnicas reconhecidas ou adotadas pela profissão, por negligência, imprudência ou imperícia, causar a morte do paciente, agravar-lhe o mal, causar-lhe lesão ou inabilitá-lo para o trabalho". Seguindo, de acordo com o novo § 1.º, que confirmará a aplicação do art. 932, inc. III, para qualquer relação de preposição pelo médico, respondendo hospitais, clínicas e afins: "reconhecida a culpa do profissional, a entidade com a qual possua algum vínculo de emprego ou de preposição, responde objetivamente pelos danos por ele causados". Além disso, pretende-se incluir no texto da lei o conteúdo do Enunciado n. 460 da *V Jornada de Direito Civil*, e o novo § 2.º do art. 951 preverá que, "nos casos em que a lesão ou morte resultar de falha de equipamentos de manuseio médico-hospitalar, a responsabilidade civil será regida pela legislação específica, para que fabricantes, distribuidores e instituições de saúde envolvidas na adoção, utilização ou

---

[52] Sobre a revisão da ideia, veja-se: RENTERIA, Pablo. *Obrigações de meios e de resultado*. Visão crítica. São Paulo: GEN/Método, 2011 e LÔBO, Paulo. *Obrigações*. 2. ed. São Paulo: Saraiva, 2011, p. 39.

[53] Como defendido em: TARTUCE, Flávio. *Responsabilidade civil objetiva e risco*. A teoria do risco concorrente. São Paulo: GEN/Método, 2011, p. 164-169.

CAP. 4 • RESPONSABILIDADE CIVIL | **575**

administração desses aparelhos respondam objetiva e solidariamente pelos danos causados". Por fim, prescreverá o seu § 3.º, com importante ressalva, que, "nas hipóteses do parágrafo anterior, fica excluída a responsabilidade do profissional liberal, quando chamado em regresso pelo responsável e não ficar demonstrada a sua culpa por lesão ou morte". Como não poderia ser diferente, fui um dos principais apoiadores das propostas, sendo importante a ressalva da responsabilidade subjetiva do médico, como já é no sistema atual.

– Segundo o art. 952 do CC/2002, havendo usurpação ou esbulho de coisa alheia, além da sua restituição, a indenização consistirá em pagar o valor das suas deteriorações e o que for devido a título de lucros cessantes. Se a coisa faltar, o esbulhador deverá indenizar o prejudicado pelo valor correspondente à coisa perdida, tendo em vista a eventual afeição que a pessoa possa ter pela coisa (*valor de afeição*). Nesse último valor devem também ser incluídos os lucros cessantes, na esteira do Enunciado n. 561 da *VI Jornada de Direito Civil* (2013). Em complemento, havendo uma coisa de alta estimação, caberá até eventual indenização por danos morais, presente hipótese de *dano em ricochete*. Como um animal de estimação ainda é considerado coisa, tornou-se comum na jurisprudência a indenização por danos imateriais diante da sua perda (ver: TJMG, Apelação Cível 1.0145.11.045642-6/001, Rel. Des. Edison Feital Leite, j. 22.01.2015, *DJEMG* 30.01.2015; TJRS, Recurso Cível 0021184-94.2015.8.21.9000, Porto Alegre, 1.ª Turma Recursal Cível, Rel. Des. Mara Lúcia Coccaro Martins Facchini, j. 1.º.10.2015, *DJERS* 06.10.2015; TJRS, Acórdão 70028983880, 5.ª Câmara Cível, Horizontina, Rel. Des. Leo Lima, j. 15.07.2009, *DOERS* 23.07.2009, p. 66 e TJRJ, Acórdão 21.748/2004, 9.ª Câmara Cível, Rio de Janeiro, Rel. Des. Gilberto Dutra Moreira, j. 26.10.2004). Com a aprovação da Reforma do Código Civil, não restarão mais dúvidas quanto à possibilidade de se pleitearem danos extrapatrimoniais, a incluir os danos morais, por morte ou por maus-tratos de animais de estimação. Além do antes citado reconhecimento dos animais como *seres sencientes* (novo art. 91-A), propõe-se a inclusão de um comando, no capítulo dos direitos da personalidade, que reconhece a afetividade da pessoa humana em relação aos seus animais domésticos e de estimação. Trata-se da nova redação que será atribuída ao art. 19 da codificação privada, *in verbis*: "a afetividade humana também se manifesta por expressões de cuidado e de proteção aos animais que compõem o entorno sociofamiliar da pessoa". Ao contrário do que sustentaram alguns, não trata o preceito do reconhecimento da família multiespécie, de seres humanos com animais, mas apenas de um dispositivo que, ao reconhecer a relação de afeto, terá o condão de beneficiar os donos e tutores dos animais domésticos com as medidas preventivas e reparatórias para a proteção dos direitos da personalidade, previstas no art. 12 do Código Civil. Com isso, a citada indenização será destinada para as pessoas que mantêm essa relação de afeto, e não para os animais, o que chegou a ser defendido nas audiências púbicas preliminares à citada reforma e não aceito pela Comissão de Juristas, no texto final do Projeto apresentado ao Senado Federal.

– Relativamente à indenização por injúria, difamação ou calúnia (crimes contra a honra), o art. 953 do Código Civil adota a possibilidade de reparação, podendo o dano atingir tanto a honra subjetiva (autoestima) quanto a honra objetiva (repercussão social da honra) de alguém. Caso o ofendido não possa provar o prejuízo material, caberá ao juiz fixar, equitativamente, o valor da indenização, na conformidade das circunstâncias do caso (art. 953, parágrafo único, do CC). Regina Beatriz Tavares da Silva sempre sustentou a inconstitucionalidade desse parágrafo único, apresentando na Câmara dos Deputados uma proposta de revogação desse último dispositivo por meio do antigo Projeto 6.960/2002 (atual PL 699/2011).[54] Isso porque não pode existir dúvida sobre a plena cumulação dos danos materiais e morais, na esteira da Súmula 37 do STJ. Sempre concordei com tal proposta de alteração, que afasta dúvidas e esclarece o tratamento do tema. De todo modo, no Projeto de Reforma do Código Civil, diante desses problemas e de outros, sobretudo tendo em vista a desatualização do seu conteúdo, a Comissão de Juristas propõe a revogação expressa do art. 953 do Código Civil.

– No caso de ofensa à liberdade pessoal, a indenização consistirá no pagamento das perdas e danos que sobrevierem ao ofendido (art. 954 do CC). Mas, não havendo possibilidade de prova do prejuízo, aplicar-se-á o art. 953, parágrafo único, do CC. Mais uma vez, caberia a alegação de inconstitucionalidade do comando, inclusive por lesão à proteção da dignidade da pessoa. Por esse mesmo art. 954, parágrafo único, do CC, devem ser considerados atos ofensivos da liberdade pessoal: *a)* o cárcere privado; *b)* a prisão por queixa ou denúncia falsa e de má-fé; *c)* a prisão ilegal. Anote-se que a jurisprudência tem sido implacável na condenação de agentes e do próprio Estado em situações de prisão ilegal (ver: TJSP, Apelação com Revisão 450.444.5/1, Acórdão 2610609, 13.ª Câmara de Direito Público, São Paulo, Rel. Des. Oliveira Passos, j. 23.04.2008, *DJESP* 30.05.2008). Pelo antigo Projeto Ricardo Fiuza foi elaborada uma proposta de modificação do art. 954 da atual codificação nos seguintes pontos: "1) no *caput,* que deixará de condicionar a reparabilidade do dano moral à existência do dano material, como faz o *caput* ao referir-se ao parágrafo único do artigo antecedente (art. 953 do CC); e 2) no parágrafo único desse comando legal, para deixar claro que o rol constante deste tem caráter meramente exemplificativo e não taxativo".[55] Mais uma vez, sempre estive filiado à proposta de alteração formulada pelo Deputado Fiuza, pois ela deixava em aberto a ampla reparação dos danos, particularmente daqueles que surgirem da evolução da responsabilidade civil, na perspectiva de admissão de novos danos. De todo modo, no Projeto de Reforma do Código Civil, diante dos problemas expostos, a Comissão de Juristas propõe a revogação expressa do art. 954 do Código Civil, o que foi fruto de "emenda de consenso", entre a Subcomissão de Responsabilidade Civil e a Relatoria Geral.

## 4.3 A CLASSIFICAÇÃO DA RESPONSABILIDADE CIVIL QUANTO À CULPA. RESPONSABILIDADE SUBJETIVA E OBJETIVA

### 4.3.1 Responsabilidade civil subjetiva

Conforme demonstrado, a responsabilidade subjetiva constitui regra geral em nosso ordenamento jurídico, baseada na *teoria da culpa.* Dessa forma, para que o agente indenize, ou seja, para que responda civilmente, é necessária a comprovação da sua culpa genérica, que inclui o dolo (intenção de prejudicar) e a culpa em sentido restrito (imprudência, negligência ou imperícia). A Reforma do Código Civil, em trâmite no Congresso

---

[54] TAVARES DA SILVA, Regina Beatriz. *Código Civil comentado.* Coord. Ricardo Fiuza e Regina Beatriz T. da Silva. 6. ed. São Paulo: Saraiva, 2008. p. 933-934.

[55] ALVES, Jones Figueirêdo; DELGADO, Mário Luiz. *Código Civil anotado.* São Paulo: Método, 2005. p. 420.

Nacional, mantém essa premissa. Por isso, em regra e no plano civil e processual, a ação de responsabilidade civil pode ser comparada a uma *corrida de duas barreiras*. Cada uma dessas barreiras representa um ônus existente contra o demandante. A primeira barreira é a culpa e a segunda é o dano. Simbolizando:

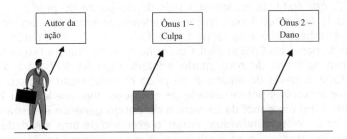

Obviamente a primeira barreira pode não estar presente, o que ocorre nos casos da responsabilidade objetiva, estudados a seguir. Também é possível que a segunda barreira esteja ausente, quando o dano não necessita de prova, sendo presumido ou *in re ipsa*. Nas duas hipóteses, há exceções à regra geral de que a *responsabilidade é subjetiva, havendo necessidade de prova do dano*. Vejamos, portanto, a abordagem pontual da responsabilidade sem culpa ou objetiva.

### 4.3.2 A responsabilidade civil objetiva. A cláusula geral do art. 927, parágrafo único, do CC. Aplicações práticas do dispositivo

Como não poderia ser diferente, o Código Civil passa a admitir a responsabilidade objetiva expressamente, pela regra constante do seu art. 927, parágrafo único, *in verbis*:

"Art. 927. Aquele que, por ato ilícito (arts. 186 e 187), causar dano a outrem, é obrigado a repará-lo.

Parágrafo único. Haverá obrigação de reparar o dano, independentemente de culpa, nos casos especificados em lei, ou quando a atividade normalmente desenvolvida pelo autor do dano implicar, por sua natureza, risco para os direitos de outrem".

O dispositivo foi inspirado no art. 2.050 do *Codice Civile* Italiano, de 1942, que trata da *esposizione al pericolo* (exposição ao perigo) e que tem a seguinte redação: "Chiunque cagiona danno ad altri nello svolgimento di un'attività pericolosa, per sua natura o per la natura dei mezzi adoperati, è tenuto al risarcimento, se non prova di avere adottato tutte le misure idonee a evitare il danno" (Tradução livre: "Aquele que causa dano a outrem no desenvolvimento de uma atividade perigosa, por sua natureza ou pela natureza dos meios adotados, é obrigado ao ressarcimento, se não provar haver adotado todas as medidas idôneas para evitar o dano").

De qualquer forma, é interessante perceber que os dispositivos não são idênticos. Primeiro porque o Código Civil brasileiro trata de atividade de risco; enquanto o Código Civil italiano consagra uma atividade perigosa, conceitos que são distintos pela própria redação. Segundo, porque aqui a responsabilidade é objetiva (sem culpa); enquanto lá não há unanimidade se a responsabilidade é objetiva ou se está presente a culpa presumida.

Quanto ao Brasil, a responsabilidade objetiva independe de culpa e é fundada na *teoria do risco*, em uma de suas modalidades, sendo as principais:

MANUAL DE DIREITO CIVIL • VOLUME ÚNICO – *Flávio Tartuce*

– *Teoria do risco administrativo*: adotada nos casos de responsabilidade objetiva do Estado (art. 37, § 6.º, da CF/1988).

– *Teoria do risco criado*: está presente nos casos em que o agente cria o risco, decorrente de outra pessoa ou de uma coisa. Cite-se a previsão do art. 938 do CC, que trata da responsabilidade do ocupante do prédio pelas coisas que dele caírem ou forem lançadas (*defenestramento*). Há julgado superior que reconhece que essa teoria foi adotada pelo art. 927, parágrafo único, segunda parte, do Código Civil. Conforme o aresto, "para a responsabilidade objetiva da teoria do risco criado, adotada pelo art. 927, parágrafo único, do CC/02, o dever de reparar exsurge da materialização do risco – da inerente e inexorável potencialidade de qualquer atividade lesionar interesses alheios – em um dano; da conversão do perigo genérico e abstrato em um prejuízo concreto e individual. Assim, o exercício de uma atividade obriga a reparar um dano, não na medida em que seja culposa (ou dolosa), porém na medida em que tenha sido causal" (REsp 1.786.722/SP, 3.ª Turma, Rel. Min. Nancy Andrighi, j. 09.06.2020, *DJe* 12.06.2020). Esclareço que o acórdão trata de hipótese de explosão elétrica em vagão de um trem, por ato de vandalismo praticado por terceiro, trazendo a conclusão pelo dever de indenizar da empresa transportadora mesmo nessa hipótese.

– *Teoria do risco da atividade (ou risco profissional)*: quando a atividade desempenhada cria riscos a terceiros, o que pode se enquadrar na segunda parte do citado art. 927, parágrafo único, do CC/2002, estudado a seguir.

– *Teoria do risco-proveito*: é adotada nas situações em que o risco decorre de uma atividade lucrativa, ou seja, o agente retira um proveito do risco criado, como nos casos envolvendo os riscos de um produto, relacionados com a responsabilidade objetiva decorrente do Código de Defesa do Consumidor. Dentro da ideia de risco-proveito estão os *riscos de desenvolvimento*, nos termos do Enunciado n. 43 do CJF/STJ. Exemplificando, deve uma empresa farmacêutica responder por um novo produto que coloca no mercado e que ainda está em fase de testes.

– *Teoria do risco integral*: nessa hipótese não há excludente de nexo de causalidade ou de responsabilidade civil a ser alegada, como nos casos de danos ambientais, segundo os autores ambientalistas (art. 14, § 1.º, da Lei 6.938/1981). Anote-se que o entendimento pelo risco integral para os danos ambientais é chancelado pelo Superior Tribunal de Justiça (ver, por todos: REsp 1.114.398/PR, 2.ª Seção, Rel. Min. Sidnei Beneti, j. 08.02.2012, *DJe* 16.02.2012. Publicado no *Informativo* n. *490* do STJ). No mesmo sentido, enunciado aprovado na histórica *I Jornada Jurídica de Prevenção e Gerenciamento de Crises Ambientais*, promovida pelo Conselho da Justiça Federal em novembro de 2024, e da qual tive a honra de participar. Consoante os seus termos, tratando especialmente dos recursos hídricos, "nos termos do art. 225, § 3º, da Constituição Federal, em havendo poluição das águas, aplica-se a responsabilidade civil ambiental objetiva e solidária, sob a modalidade do risco integral". Essa é portanto, a posição consolidada na doutrina e na jurisprudência, a ser aplicada para os devidos fins práticos.

Superada essa visualização panorâmica, pelo art. 927, parágrafo único, do Código geral privado, haverá responsabilidade independentemente de culpa em duas situações:

1.º) Nos casos previstos expressamente em lei. Como primeiro exemplo, cite-se a responsabilidade objetiva dos fornecedores de produtos e prestadores de

> serviços frente aos consumidores, prevista no Código de Defesa do Consumidor (Lei 8.078/1990). Como segundo exemplo, destaque-se a responsabilidade civil ambiental, consagrada pela Lei da Política Nacional do Meio Ambiente (art. 14, § 1.º, da Lei 6.938/1981). O terceiro exemplo é a Lei 12.846, de 1.º de agosto de 2013, que dispõe sobre a responsabilização administrativa e civil de pessoas jurídicas, pela prática de atos contra a administração pública, especialmente por corrupção. De acordo com o art. 2.º da última norma, as pessoas jurídicas serão responsabilizadas objetivamente, nos âmbitos administrativo e civil, pelos atos lesivos previstos no seu texto, praticados em seu interesse ou benefício, exclusivo ou não.
>
> 2.º) Uma atividade de risco normalmente desempenhada pelo autor do dano, o que é consagração da *cláusula geral de responsabilidade objetiva*. Como se pode notar, trata-se de uma atividade normalmente lícita, que causa danos aos direitos de outrem. Esses "direitos de outrem" devem abranger não apenas a vida e a integridade física, mas também outros direitos, de caráter patrimonial ou extrapatrimonial, conforme o preciso Enunciado n. 555 do CJF/STJ, da *VI Jornada de Direito Civil* (2013).

Para esclarecer o que constitui essa *atividade de risco*, foi aprovado enunciado na *I Jornada de Direito Civil* do Conselho da Justiça Federal, com a seguinte redação: "Enunciado n. 38. Art. 927: a responsabilidade fundada no risco da atividade, como prevista na segunda parte do parágrafo único do art. 927 do novo Código Civil, configura-se quando a atividade normalmente desenvolvida pelo autor do dano causar a pessoa determinada um ônus maior do que aos demais membros da coletividade". Desse modo, a nova previsão consagra um *risco excepcional*, acima da situação de normalidade.

Nas palavras de Cláudio Luiz Bueno de Godoy, a norma traz como conteúdo um "risco diferenciado, especial, particular, destacado, afinal se toda prática organizada de atos em maior ou menor escala o produz".[56] Destaque-se que o jurista propôs enunciado nesse sentido quando da *V Jornada de Direito Civil*, que contou com o meu apoio, nos seguintes termos: "a regra do artigo 927, parágrafo único, segunda parte, do CC aplica-se sempre que a atividade normalmente desenvolvida, mesmo sem defeito e não essencialmente perigosa, induza, por sua natureza, risco especial e diferenciado aos direitos de outrem. São critérios de avaliação desse risco, entre outros, a estatística, a prova técnica e as máximas de experiência" (Enunciado n. 448).

Anote-se que, em prol da segurança jurídica, o Projeto de Reforma do Código Civil, ora em tramitação no Congresso Nacional, pretende inserir no novo art. 927-B, que equivale ao atual parágrafo único do art. 927, o teor do citado enunciado doutrinário. No *caput* da norma, passará a se prever que "haverá obrigação de reparar o dano independentemente de culpa, nos casos especificados em lei, ou quando a atividade desenvolvida pelo autor do dano implicar, por sua natureza, risco para os direitos de outrem". E, consoante o seu projetado § 1.º, que trará mais clareza e efetividade à cláusula geral, na minha opinião, "a regra do *caput* se aplica à atividade que, mesmo sem defeito e não essencialmente perigosa, induza, por sua natureza, risco especial e diferenciado aos direitos de outrem. São critérios para a sua avaliação, entre outros, a estatística, a prova técnica e as máximas de experiência".

Também se almeja, para a verificação da presença da atividade de risco que sejam levados em conta a classificação feita pelo Poder Público ou por agência reguladora, o que

---

[56] GODOY, Cláudio Luiz Bueno de. *Responsabilidade civil pelo risco da atividade*. São Paulo: Saraiva, 2009. p. 97.

igualmente virá em boa hora: "§ 2.º Para a responsabilização objetiva do causador do dano, bem como para a ponderação e a fixação do valor da indenização deve também ser levada em conta a existência ou não de classificação do risco da atividade pelo poder público ou por agência reguladora, podendo ela ser aplicada tanto a atividades desempenhadas em ambiente físico quanto digital".

Ainda sobre a *cláusula geral de responsabilidade objetiva*, na *V Jornada de Direito Civil*, realizada em novembro de 2011, aprovou-se enunciado propondo uma interpretação sociológica do comando, no seguinte sentido: "a responsabilidade civil prevista na segunda parte do parágrafo único do art. 927 do Código Civil deve levar em consideração não apenas a proteção da vítima e a atividade do ofensor, mas também a prevenção e o interesse da sociedade" (Enunciado n. 446). A proposta de enunciado foi feita por Roger Silva Aguiar, sendo fruto de sua tese de doutorado, defendida na Universidade Gama Filho, do Rio de Janeiro.[57] Trata-se de interessante interpretação, que possibilita o enquadramento futuro de novas situações de risco, que surgirem do uso de novas técnicas pela humanidade. Como exemplo futuro, cogita-se a tecnologia que utiliza micro-organismos robóticos, conhecida como *nanotecnologia*.

Superadas tais elucidações, vejamos quais são as duas principais aplicações dessa cláusula geral na jurisprudência nacional até o presente momento.

Como *primeiro exemplo*, tem-se subsumido a norma para os casos de acidente de trabalho, mitigando-se a regra da responsabilidade civil subjetiva prevista no art. 7.º, inc. XXVIII, da Constituição Federal, pelo qual são direitos do trabalhador, *sem excluir outros*, "seguro contra acidentes do trabalho, a cargo do empregador, sem excluir a indenização a que este está obrigado, quando incorrer em dolo ou culpa". A menção a *outros direitos* flexibiliza o Texto Maior, possibilitando a incidência da norma civil, em casos excepcionais.

Em reforço, nota-se um claro conflito entre o art. 7.º, inc. XXVIII, da CF/1988 e o art. 927, parágrafo único, do CC/2002. Isso porque, analisando o primeiro dispositivo, chega-se à conclusão de responsabilização direta subjetiva do empregador, sempre, em todos os casos. Já pela segunda norma a responsabilidade do empregador, havendo riscos pela atividade desenvolvida, pode ser tida como objetiva, independentemente de culpa. Ora, a regra contida na Constituição Federal não é específica quanto à responsabilidade civil, tratando sim de regra de seguro como direito inerente à condição do empregado, sem excluir a indenização a que o empregador estará obrigado na hipótese em que incorrer em culpa ou dolo. Aliás, apesar de ser norma criada a favor do empregado, é utilizada a favor do empregador, ao revés e de forma absurda.

Dentro dessa linha de pensamento, o dispositivo constitucional não traz regra pela qual a responsabilidade do empregador seja *sempre* subjetiva, mas somente enuncia, na sua segunda parte, que o direito ao seguro não exclui o de reparação civil nos casos de dolo ou culpa. Constituindo norma geral, é também norma hierarquicamente superior em relação ao Código Civil atual, por constar na norma fundamental brasileira.

Por outra via, o art. 927, parágrafo único, do CC/2002, apesar de ser norma inferior, constitui regra específica de responsabilidade civil sem culpa, inserida que está na seção que trata dessa fonte do direito obrigacional.

Observa-se, portanto, um conflito entre uma *norma geral superior* (art. 7.º, inc. XXVIII, da CF/1988) e uma *norma especial inferior* (art. 927, parágrafo único, do CC). Presente esse choque, essa antinomia, qual das duas normas irá se sobrepor? Trata-se de uma antinomia

---

[57] AGUIAR, Roger Silva. *Responsabilidade civil*. A culpa, o risco e o medo. São Paulo: Atlas, 2011.

CAP. 4 · RESPONSABILIDADE CIVIL | **581**

de segundo grau, envolvendo os critérios *hierárquico* e da *especialidade*, tema abordado no primeiro capítulo desta obra.

O conflito envolvendo tais critérios – hierárquico e especialidade – é exemplo típico de *antinomia real*, em que a solução não está nos metacritérios propostos, desenvolvidos por Norberto Bobbio. Repise-se que a especialidade consta da Constituição Federal, na segunda parte do princípio da isonomia, um dos ditames do *Direito Civil Constitucional* (a lei deve tratar de maneira igual os iguais, *e de maneira desigual os desiguais*).

Pois bem, havendo antinomia real, a partir da doutrina de Maria Helena Diniz, duas são as possíveis soluções.[58]

> *1.ª Solução* – Solução do Poder Legislativo com a edição de uma terceira norma apontando qual das duas regras em conflito deve ser aplicada, ou seja, qual deve se sobrepor. Como não há no momento essa terceira norma, não é o caso desse meio de solução.
>
> *2.ª Solução* – Solução do Poder Judiciário, com a escolha, pelo juiz da causa, de uma das duas normas, aplicando os arts. 4.º e 5.º da Lei de Introdução. Por esse caminho, o magistrado deve buscar socorro na analogia, costumes, princípios gerais do direito, fim social da norma e bem comum. Aplicando-se o princípio geral de interpretação mais favorável ao empregado, um dos ditames do Direito do Trabalho, a responsabilidade é objetiva. O mesmo se diz pela aplicação do fim social da norma e do bem comum, consubstanciando a regra *suum cuique tribuere* (dar a cada um o que é seu), o preceito máximo de justiça. O juiz também entenderá pela responsabilidade objetiva se aplicar a proteção da dignidade humana (art. 1.º, inc. III, da CF/1988) e a solidariedade social (art. 3.º, inc. I, da CF/1988) em prol do trabalhador ou empregado.

Destaque-se que a tese de aplicação do art. 927, parágrafo único, do Código Civil para os acidentes de trabalho foi adotada pelo Enunciado n. 377, aprovado na *IV Jornada de Direito Civil*, cuja redação é a seguinte: "o art. 7.º, XXVIII, da Constituição Federal não é impedimento para a aplicação do disposto no art. 927, parágrafo único, do Código Civil quando se tratar de atividade de risco". O enunciado teve vários proponentes, entre eles magistrados do Trabalho, que estiveram presentes no evento.

Na jurisprudência do Tribunal Superior do Trabalho vários são os julgados que fazem incidir o art. 927, parágrafo único, do CC para as relações de trabalho. Vejamos alguns deles, entre os pioneiros:

–   TST, Recurso de Revista 850/2004-021-12-50.0, 6.ª Turma, Rel. Min. Maurício Godinho Delgado, j. 03.06.2009.

–   TST, Recurso de Revista 267/2007-007-18-40.2, 1.ª Turma, Rel. Min. Luiz Philippe Vieira de Mello Filho, j. 27.05.2009.

–   TST, Recurso de Revista 1132/2007-030-04-00.3, 3.ª Turma, Rel. Min. Rosa Maria Weber, j. 20.05.2009.

–   TST, Recurso de Revista 2135/2005-032-02-00.6, 3.ª Turma, Rel. Min. Rosa Maria Weber, j. 29.04.2009.

No Superior Tribunal de Justiça, a conclusão não é diferente há tempos, especialmente naqueles arestos prolatados em casos com sentenças já proferidas no âmbito cível,

---

[58] DINIZ, Maria Helena. *Conflito de normas*. São Paulo: Saraiva, 2003. p. 53-60.

MANUAL DE DIREITO CIVIL • VOLUME ÚNICO – *Flávio Tartuce*

a afastar o deslocamento para a justiça especializada. Nessa esteira, por todos: "a empresa que desempenha atividade de risco e, sobretudo, colhe lucros desta, deve responder pelos danos que eventualmente ocasione a terceiros, independentemente da comprovação de dolo ou culpa em sua conduta. Os riscos decorrentes da geração e transmissão de energia elétrica, atividades realizadas em proveito da sociedade, devem, igualmente, ser repartidos por todos, ensejando, por conseguinte, a responsabilização da coletividade, na figura do Estado e de suas concessionárias, pelos danos ocasionados" (STJ, REsp 896.568/CE, 4.ª Turma, Rel. Min. Fernando Gonçalves, Rel. p/ acórdão Min. Luis Felipe Salomão, j. 19.05.2009, *DJe* 30.06.2009).

Em setembro de 2019, o Supremo Tribunal Federal julgou a questão, em sede de repercussão geral. Vejamos trecho da publicação conforme consta do *Informativo* n. 950 da Corte:

"A regra do Direito brasileiro é a da responsabilidade civil subjetiva. Portanto, aquele que, por ato ilícito, causar dano a outrem fica obrigado a repará-lo. Entretanto, para se evitar injustiças, previu que haverá obrigação de reparar o dano, independentemente de culpa, nos casos especificados em lei, quando esta já prevê atividade perigosa, na hipótese de atividade com risco diferenciado ou quando a atividade normalmente desenvolvida pelo autor do dano implicar, por sua natureza, riscos maiores, inerentes à própria atividade. Além disso, o Código Civil estabeleceu a regra geral da responsabilidade civil e previu a responsabilidade objetiva no caso de risco para os direitos de outrem. 'Outrem' abrange terceiros que não tenham qualquer tipo de vínculo com o empregador. Por conseguinte, seria absolutamente incoerente que, na mesma situação em relação ao trabalhador, a responsabilidade fosse subjetiva, e, em relação a terceiros, fosse objetiva. A Constituição estabeleceu um sistema em que o empregador recolhe seguro (CF, art. 7.º, XXVIII). Havendo acidente de trabalho, o sistema de previdência social irá pagar o benefício e o salário. Além do seguro que o empregado tem direito, há também a garantia de indenização, quando o empregador tenha incorrido em dolo ou culpa. Portanto, a Constituição, de uma maneira inequivocamente clara, previu a responsabilidade subjetiva.

Entretanto, o *caput* do art. 7.º da CF, ao elencar uma série de direitos dos trabalhadores urbanos e rurais, assenta a possibilidade de instituição 'de outros que visem à melhoria de sua condição social'. Dessa forma, é certo que a Constituição assegurou a responsabilidade subjetiva (CF, art. 7.º, XXVIII), mas não impediu que os direitos dos trabalhadores pudessem ser ampliados por normatização infraconstitucional. Assim, é possível à legislação ordinária estipular outros direitos sociais que melhorem e valorizem a vida do trabalhador. Em decorrência disso, o referido dispositivo do CC é plenamente compatível com a CF.

No caso concreto, a atividade exercida pelo recorrido já está enquadrada na Consolidação das Leis Trabalhistas (CLT) como atividade perigosa [CLT, art. 193, II]. Não há dúvida de que o risco é inerente à atividade do segurança patrimonial armado de carro-forte.

O ministro Roberto Barroso sublinhou que, em caso de atividade de risco, a responsabilidade do empregador por acidente de trabalho é objetiva, nos termos do art. 7.º, *caput*, da CF, combinado com o art. 927, parágrafo único, do CC, sendo que se caracterizam como atividades de risco apenas aquelas definidas como tal por ato normativo válido, que observem os limites do art. 193 da CLT" (STF, RE 828.040, Tribunal Pleno, Rel. Min. Alexandre de Moraes, j. 04.09.2019).

Foram vencidos os Ministros Marco Aurélio e Luiz Fux, que entendiam de forma contrária à posição do Ministro Relator supraexposta. Dessa forma, o entendimento de aplicação da cláusula geral de responsabilidade objetiva à relação de trabalho consolidou-se na doutrina e na jurisprudência nacionais, devendo ser levado em conta para os devidos fins práticos.

CAP. 4 • RESPONSABILIDADE CIVIL | **583**

Eis o principal exemplo de aplicação da segunda parte do art. 927, parágrafo único, do CC, tendo sido sendo fundamental a contribuição da Justiça do Trabalho para tal conclusão. Concretizando, como outras ilustrações de atividade de risco que geram a aplicação da citada *cláusula geral* nas relações de trabalho podem ser citadas as atuações como motorista de cargas perigosas ou de valores, segurança, motoboy, caldeireiro, mineiro, trabalhador da construção civil, vaqueiro ou *peão de boiadeiro*, entre outras.

Como *segundo exemplo* de incidência do art. 927, parágrafo único, segunda parte do CC, ilustre-se, na minha opinião doutrinária, os ambientes virtuais de relacionamento, responsabilizando-se a empresa que mantém o sítio digital. A responsabilidade pode ser configurada como objetiva, pois tais ambientes enquadram-se como de potencial risco de lesão a direitos da personalidade. Nesse sentido, de início, transcreve-se pioneiro acórdão do Tribunal de Minas Gerais:

"Apelação cível. Ação indenizatória. Dano moral. Ofensas através de *site* de relacionamento. *Orkut*. Preliminar. Ilegitimidade passiva. Rejeição. Responsabilidade civil objetiva. Aplicação obrigatória. Dever de indenizar. Reconhecimento. *Quantum* indenizatório. Fixação. Prudência e moderação. Observância necessária. Majoração indevida. Restando demonstrado nos autos que a apelante (Google Brasil) atua como representante da Google inc., no Brasil, fazendo parte do conglomerado empresarial responsável pelo site de relacionamento denominado 'Orkut', compete-lhe diligenciar no sentido de evitar que mensagens anônimas e ofensivas sejam disponibilizadas ao acesso público, pois, abstendo-se de fazê-lo, responderá por eventuais danos à honra e dignidade dos usuários decorrentes da má utilização dos serviços disponibilizados. Desinfluente, no caso, a alegação de que o perfil difamatório teria sido criado por terceiro, pois a empresa ré, efetivamente, não conseguiu identificá-lo, informando, apenas, um endereço de *e-mail*, também supostamente falso, restando inafastável a sua responsabilidade nos fatos narrados nestes autos e o reconhecimento de sua legitimidade para figurar no polo passivo da lide. Aplica-se à espécie o art. 927, parágrafo único, do Código Civil, que adota a teoria da responsabilidade civil objetiva, estabelecendo que haverá obrigação de reparar o dano, independentemente de culpa, quando a atividade normalmente desenvolvida implicar, por sua natureza, risco para os direitos de outrem. No arbitramento do valor da indenização por dano moral devem ser levados em consideração a reprovabilidade da conduta ilícita e a gravidade do dano impingido, de acordo com os princípios da razoabilidade e proporcionalidade, cuidando-se para que ele não propicie o enriquecimento imotivado do recebedor, bem como não seja irrisório a ponto de se afastar do caráter pedagógico inerente à medida" (TJMG, Apelação Cível 1.0024.08.041302-4/0011, 17.ª Câmara Cível, Belo Horizonte, Rel. Des. Luciano Pinto, j. 18.12.2008, *DJEMG* 06.03.2009).

Na mesma esteira, há outra decisão, do Tribunal Gaúcho, responsabilizando objetivamente a provadora pela conduta de um usuário que incluiu afirmações e fotos ofensivas de outra pessoa, que veio a demandá-la:

"Dano moral. Responsabilidade do provedor de hospedagem configurada. Hipótese dos autos em que um usuário assinante dos serviços da provedora criou uma página eletrônica contendo fotos e informações de cunho difamatório que atingiram à imagem da lesada. Na espécie a provedora detinha os elementos de prova capazes de identificar o usuário assinante que criou o *site* depreciativo, pois o criador da página eletrônica forneceu à provedora os seus dados pessoais, bem como adquiriu os serviços comercializados pela provedora, através de 'e-commerce'. De outro vértice, a provedora agiu de maneira manifestamente desidiosa e negligente, haja vista que não suprimiu, imediatamente, após ter sido notificada pela ofendida, o site contendo as informações caluniosas. Situação que expôs a autora a situação vexatória e humilhante perante seus colegas de trabalho, familiares e conhecidos da sua comunidade. Dano moral configurado. Inteligência do art. 927, parágrafo único, do Código Civil cumulado com o art. 5.º, inciso IV, da Constituição Federal, mormente porque a atividade desenvolvida pela provedora de 'hosting' implica, por sua natureza, em riscos à esfera jurídica de terceiros. A provedora deve adotar as cautelas necessárias para possibilitar a identificação de seus usuários, especial porque, no caso concreto, se trata de servidor de hospedagem que disponibiliza espaço em seu domínio a assinantes que oferecem uma contraprestação financeira pelo serviço de hospedagem" (TJRS, Acórdão 70026684092, 9.ª Câmara Cível, Caxias do Sul, Rel. Des. Tasso Caubi Soares Delabary, j. 29.04.2009, *DOERS* 14.05.2009, p. 61).

Anote-se que, apesar dos julgados transcritos – que contam com o apoio do presente autor – outras decisões têm afastado a incidência do art. 927, parágrafo único, do CC, para os ambientes virtuais. Assim, acórdão do STJ anterior deduziu que "o dano moral decorrente de mensagens com conteúdo ofensivo inseridas no site pelo usuário não constitui risco inerente à atividade dos provedores de conteúdo, de modo que não se lhes aplica a responsabilidade objetiva prevista no art. 927, parágrafo único, do CC/02" (STJ, REsp 1186616/MG, 3.ª Turma, Rel. Min. Nancy Andrighi, j. 23.08.2011, *DJe* 31.08.2011).

Portanto, ao contrário da minha posição, vinha-se entendendo na jurisprudência superior pela necessidade de comprovação da culpa da empresa que mantém o site para que surja o dever de indenizar; respondendo esta apenas se, comunicada extrajudicialmente das mensagens ofensivas, não toma as providências necessárias para afastar o dano. Em suma, o tema ainda está em debate no nosso país.

O debate ficou ainda mais profundo diante da emergência do Marco Civil da Internet, a Lei 12.965, de abril de 2014. De acordo com o art. 18 da nova norma, o provedor de conexão à internet não será responsabilizado civilmente por danos decorrentes de conteúdo gerado por terceiros. Em complemento, estabelece o seu art. 19 que, com o intuito de assegurar a liberdade de expressão e impedir a censura, o provedor de aplicações de internet somente poderá ser responsabilizado civilmente por danos decorrentes de conteúdo gerado por terceiros se, após ordem judicial específica, não tomar as providências para, no âmbito e nos limites técnicos do seu serviço e dentro do prazo assinalado, tornar indisponível o conteúdo apontado como infringente. Isso, ressalvadas as disposições legais em contrário.

Assim, parece-me que foi adotada uma *responsabilidade subjetiva agravada*, somente existente no caso de desobediência de ordem judicial. Lamento os exatos termos do texto legal, que acaba *judicializando* as contendas quando a tendência é justamente a oposta.

Em suma, parece ter sido afastada até aqui a possibilidade de aplicação da responsabilidade objetiva para os ambientes virtuais. Diante desses problemas técnicos – e também de outros –, há pendência de julgamento da inconstitucionalidade desse comando no Supremo Tribunal Federal, para fins de repercussão geral (Tema 987, no âmbito do RE 1.037.396/SP, relatado pelo Ministro Dias Toffoli). Em 2024, o Ministro Relator já proferiu o seu voto, entendendo pela inconstitucionalidade do texto e apresentando várias exceções para a incidência da regra ora em vigor. Aguardemos o final deste julgamento.

Da mesma forma, o Projeto de Reforma do Código Civil pretende revogar expressamente o malfadado art. 19 do Marco Civil da Internet, cuja experiência não tem sido justa e efetiva, de uma quase ausência total de responsabilidade civil dos provedores da internet, sendo notória a enorme profusão de condutas danosas no ambiente digital.

Pela projeção elaborada pela Comissão de Juristas, a responsabilidade civil digital passará a ser submetida à codificação privada, como deve ser, com a regra da responsabilidade subjetiva e a exceção da responsabilidade objetiva ou sem culpa, podendo a sua cláusula geral ser aplicada aos ambientes digitais, como se retira da antes comentada proposição de art. 927-B, especialmente de seu § 2.º, que menciona o ambiente digital.

Além disso, haverá por parte das plataformas digitais de grande alcance um dever de gerenciamento de riscos. Nos termos de proposta constante do novo livro de *Direito Civil Digital*, mais do que necessária, "as plataformas digitais de grande alcance devem identificar, analisar e avaliar, ao menos uma vez por ano, os seguintes riscos sistêmicos decorrentes da concepção ou do funcionamento de seu serviço: I – a difusão de conteúdos ilícitos por meio de seus serviços; II – os efeitos reais ou previsíveis em direitos de personalidade dos usuários, como consagrados pela Constituição da República Federativa do Brasil, por este Código Civil e por tratados internacionais de que o Brasil seja signatário; III – os efeitos reais ou previsíveis que possam acarretar nos processos eleitorais e no discurso cívico; IV – os efeitos reais ou previsíveis em relação à proteção da saúde e da segurança pública".

Ademais, outra proposta considera "como plataforma digital de grande alcance os serviços de hospedagem virtual que tenham como funcionalidade principal o armazenamento e a difusão de informações ao público, cujo número médio de usuários mensais no Brasil seja superior a dez milhões, tais como as redes sociais, ferramentas de busca e provedores de mensagens instantâneas". Espera-se, pela necessidade imperiosa de se atribuir a correta responsabilização civil das empresas de tecnologia, a sua aprovação pelo Congresso Nacional.

Voltando-se à jurisprudência, em 2015, o Superior Tribunal de Justiça aplicou a responsabilidade objetiva prevista no Código de Defesa do Consumidor para empresa jornalística mantida na internet. O julgado tem conteúdo bem interessante e acaba por seguir parcialmente a tese a que estamos filiados. Vejamos a sua ementa:

"Recurso especial. Direito civil e do consumidor. Responsabilidade civil. Internet. Portal de notícias. Relação de consumo. Ofensas postadas por usuários. Ausência de controle por parte da empresa jornalística. Defeito na prestação do serviço. Responsabilidade solidária perante a vítima. Valor da indenização. 1. Controvérsia acerca da responsabilidade civil da empresa detentora de um portal eletrônico por ofensas à honra praticadas por seus usuários mediante mensagens e comentários a uma notícia veiculada. 2. Irresponsabilidade dos provedores de conteúdo, salvo se não providenciarem a exclusão do conteúdo ofensivo, após notificação. Precedentes. 3. Hipótese em que o provedor de conteúdo é empresa jornalística, profissional da área de comunicação, ensejando a aplicação do Código de Defesa do Consumidor. 4. Necessidade de controle efetivo, prévio ou posterior, das postagens divulgadas pelos usuários junto à página em que publicada a notícia. 5. A ausência de controle configura defeito do serviço. 6. Responsabilidade solidária da empresa gestora do portal eletrônica perante a vítima das ofensas. 7. Manutenção do 'quantum' indenizatório a título de danos morais por não se mostrar exagerado (Súmula 07/STJ). 8. Recurso especial desprovido" (STJ, REsp 1.352.053/AL, 3.ª Turma, Rel. Min. Paulo de Tarso Sanseverino, j. 24.03.2015, *DJe* 30.03.2015).

Acrescente-se que o Relator do *decisum* acabou por seguir a classificação dos provedores de serviços de internet, desenvolvida pela Ministra Nancy Andrighi naquela Corte Superior, a saber: (i) provedores de *backbone* (espinha dorsal), que detêm estrutura de rede capaz de processar grandes volumes de informação. São os responsáveis pela conectividade da Internet, oferecendo sua infraestrutura a terceiros, que repassam aos usuários finais acesso à rede; (ii) provedores de acesso, que adquirem a infraestrutura dos provedores *backbone* e revendem aos usuários finais, possibilitando a estes conexão com a Internet; (iii) provedores de hospedagem, que armazenam dados de terceiros, conferindo-lhes acesso remoto; (iv) provedores de informação, que produzem as informações divulgadas na Internet; e (v) provedores de conteúdo, que disponibilizam na rede as informações criadas ou desenvolvidas pelos provedores de informação. No caso dos dois últimos, conclui o aresto pela incidência da responsabilidade objetiva consumerista. E arremata: "consigne-se, finalmente, que a matéria poderia também ter sido analisada na perspectiva do art. 927, parágrafo único, do Código Civil, que estatuiu uma cláusula geral de responsabilidade objetiva pelo risco, chegando-se a solução semelhante à alcançada mediante a utilização do Código de Defesa do Consumidor" (STJ, REsp 1.352.053/AL, 3.ª Turma, Rel. Min. Paulo de Tarso Sanseverino, j. 24.03.2015, *DJe* 30.03.2015). Penso que esse acórdão representa uma correta e saudável mitigação do que está previsto no Marco Civil da Internet, devendo a tese prevalecer em julgados futuros.

Além desses exemplos jurisprudenciais como terceira concretização de incidência do art. 927, parágrafo único, segunda parte do CC, da *V Jornada de Direito Civil*, cite-se enunciado que propõe a responsabilidade objetiva dos clubes de futebol, pelos atos praticados por torcidas organizadas: "as agremiações esportivas são objetivamente responsáveis por danos causados a terceiros pelas torcidas organizadas, agindo nessa qualidade, quando, de qualquer modo, as financiem ou custeiem, direta ou indiretamente, total ou parcialmente" (Enunciado n. 447, proposta de Adalberto Pasqualotto). O entendimento constante do enunciado é perfeito, contando com o apoio do presente autor quando daquele evento.

Eventualmente também cabe a aplicação do CDC nesses casos, como concluiu o Superior Tribunal de Justiça no ano de 2022. Conforme aresto publicado no *Informativo* n. *474* da Corte, "em partida de futebol, se houver tumulto causado por artefatos explosivos jogados contra a torcida visitante, o time mandante deve responder pelos danos causados aos torcedores". No caso concreto, nos termos do acórdão, "deve responder pelos danos causados aos torcedores o time mandante que não se desincumbiu adequadamente do dever de minimizar os riscos da partida, deixando de fiscalizar o porte de artefatos explosivos nos arredores do estádio e de organizar a segurança de forma a evitar tumultos na saída da partida" (STJ, REsp 1.773.885/SP, 3.ª Turma, Rel. Min. Ricardo Villas Bôas Cueva, j. 30.08.2022, *DJe* 05.09.2022).

Para encerrar o presente tópico, como se pode perceber, o art. 927, parágrafo único, do atual Código Civil, um dos seus mais festejados dispositivos, vem recebendo a devida concreção pela prática jurisdicional e pela doutrina. A tendência é justamente ampliar a sua aplicação.

Superada tal constatação, passe-se ao estudo dos principais casos de responsabilidade objetiva previstos no CC/2002.

### 4.3.3 A responsabilidade objetiva no Código Civil de 2002. Principais regras específicas

#### 4.3.3.1 *A responsabilidade civil objetiva por atos de terceiros ou responsabilidade civil indireta*

O art. 932 do CC/2002 consagra hipóteses de responsabilidade civil por atos praticados por terceiros, também denominada *responsabilidade civil objetiva indireta* ou *por atos de outrem*, a saber:

> a) Os pais são responsáveis pelos atos praticados pelos filhos menores que estiverem sob sua autoridade e em sua companhia.

b) O tutor e o curador são responsáveis pelos pupilos e curatelados que estiverem nas mesmas condições anteriores (autoridade e companhia).

c) O empregador ou comitente são responsáveis pelos atos de seus empregados, serviçais e prepostos, no exercício do trabalho ou em razão dele. Para caracterização dessa responsabilidade, não há sequer necessidade de prova do vínculo de emprego, presente o que se denomina *relação de pressuposição*.

d) Os donos de hotéis, hospedarias, casas ou estabelecimentos onde se albergue por dinheiro, mesmo para fins de educação, são responsáveis pelos atos danosos praticados pelos seus hóspedes, moradores e educandos.

e) São também responsáveis todos aqueles que contribuírem gratuitamente nos produtos de crime, até a concorrência da respectiva quantia. A ilustrar a aplicação desse inciso, na *VI Jornada de Direito Civil* foi aprovado o Enunciado n. 558, *in verbis*: "São solidariamente responsáveis pela reparação civil, juntamente com os agentes públicos que praticaram atos de improbidade administrativa, as pessoas, inclusive as jurídicas, que para eles concorreram ou deles se beneficiaram direta ou indiretamente".

Enuncia o art. 933 do CC/2002 que a responsabilidade das pessoas antes elencadas independe de culpa, tendo sido adotada a *teoria do risco-criado*. Dessa forma, as pessoas arroladas, ainda que não haja culpa de sua parte (responsabilidade objetiva), responderão pelos atos praticados pelos terceiros ali referidos. Mas para que essas pessoas respondam, é necessário provar a culpa daqueles pelos quais são responsáveis. Por isso a responsabilidade é denominada *objetiva indireta ou objetiva impura,* conforme a doutrina de Álvaro Villaça Azevedo.[59]

No que diz respeito à primeira hipótese, de responsabilidade dos pais por atos dos filhos, aprovou-se enunciado na *VII Jornada de Direito Civil,* evento de 2015, segundo o qual a responsabilidade civil dos pais pelos atos dos filhos menores prevista no art. 932, inciso I, do Código Civil, não obstante objetiva, pressupõe a demonstração de que a conduta imputada ao menor, caso o fosse ao agente imputável, seria hábil para a sua responsabilização (Enunciado n. 590).

Esclarecendo, para que os pais respondam objetivamente, é preciso comprovar a culpa dos filhos; para que os tutores ou curadores respondam, é preciso comprovar a culpa dos tutelados ou curatelados; para que os empregadores respondam, é preciso comprovar a culpa dos empregados; e assim sucessivamente. Desse modo, é fundamental repetir que não se pode mais falar em culpa presumida (culpa *in vigilando* ou culpa *in eligendo*) nesses casos, mas em *responsabilidade sem culpa,* de natureza objetiva.

Como foi afirmado, os casos de presunção relativa de culpa foram banidos do ordenamento jurídico brasileiro, diante de um importante *salto evolutivo.* Vale ainda lembrar que deve ser tida como cancelada a Súmula 341 do STF, pela qual seria presumida a culpa do empregador por ato de seu empregado. A responsabilidade do empregador por ato do seu empregado, que causa dano a terceiro, independe de culpa (*responsabilidade objetiva* – arts. 932, III, e 933 do CC). Nesse sentido, repise-se enunciado aprovado na *V Jornada de Direito Civil,* estabelecendo que "a responsabilidade civil por ato de terceiro funda-se na responsabilidade objetiva ou independentemente de culpa, estando superado o modelo de culpa presumida" (Enunciado n. 451).

---

[59] AZEVEDO, Álvaro Villaça. *Teoria geral das obrigações.* 10. ed. São Paulo: Atlas, 2004. p. 284.

Mais uma vez, com intuito didático, é preciso confrontar os efeitos práticos da culpa presumida e da responsabilidade objetiva. De comum, tanto na culpa presumida como na responsabilidade objetiva, inverte-se o ônus da prova, ou seja, o autor da ação não necessita provar a culpa do réu. Todavia, como diferença fulcral entre as categorias, na culpa presumida, hipótese de responsabilidade subjetiva, se o réu provar que não teve culpa, não responderá. Por seu turno, na responsabilidade objetiva, essa comprovação não basta para excluir o dever de reparar do agente, que somente é afastado se comprovada uma das excludentes de nexo de causalidade, a seguir estudadas (culpa ou fato exclusivo da vítima, culpa ou fato exclusivo de terceiro, caso fortuito ou força maior).

Partindo para o estudo específico das hipóteses tratadas pelo art. 932 do Código Civil, em relação ao inc. I, sigo a corrente doutrinária e jurisprudencial segundo a qual, para que o pai ou a mãe responda pelos danos causados pelo filho, deve ter o último sob sua autoridade e companhia, nos exatos termos do que enuncia o texto legal. Alinha-se, portanto, à posição defendida por José Fernando Simão, entre todos os autores que tratam do assunto.[60]

Porém, a questão está longe de ser pacífica. Adotando a posição contrária, cite-se o Enunciado n. 450, aprovado na *V Jornada de Direito Civil*, evento de 2011, *in verbis*: "considerando que a responsabilidade dos pais pelos atos danosos praticados pelos filhos menores é objetiva, e não por culpa presumida, ambos os genitores, no exercício do poder familiar, são, em regra, solidariamente responsáveis por tais atos, ainda que estejam separados; ressalvado o direito de regresso em caso de culpa exclusiva de um dos genitores" (Enunciado n. 450).

Todavia, em acórdão publicado em 2016, o Superior Tribunal de Justiça acabou por adotar a posição contrária ao último enunciado doutrinário citado, seguindo o entendimento ao qual estou filiado. Vejamos esta ementa:

"Direito civil. Responsabilidade civil. Acidente de trânsito envolvendo menor. Indenização aos pais do menor falecido. Entendimento jurisprudencial. Revisão. Art. 932, I, do Código Civil. 1. A responsabilidade dos pais por filho menor – responsabilidade por ato ou fato de terceiro –, a partir do advento do Código Civil de 2002, passou a embasar-se na teoria do risco para efeitos de indenização, de forma que as pessoas elencadas no art. 932 do Código Civil respondem objetivamente, devendo-se comprovar apenas a culpa na prática do ato ilícito daquele pelo qual são os pais responsáveis legalmente. Contudo, há uma exceção: a de que os pais respondem pelo filho incapaz que esteja sob sua autoridade e em sua companhia; assim, os pais, ou responsável, que não exercem autoridade de fato sobre o filho, embora ainda detenham o poder familiar, não respondem por ele, nos termos do inciso I do art. 932 do Código Civil. 2. Na hipótese de atropelamento seguido de morte por culpa do condutor do veículo, sendo a vítima menor e de família de baixa renda, é devida indenização por danos materiais consistente em pensionamento mensal aos genitores do menor falecido, ainda que este não exercesse atividade remunerada, visto que se presume haver ajuda mútua entre os integrantes dessas famílias. 3. Recurso especial conhecido parcialmente e, nessa parte, provido também parcialmente" (STJ, REsp 1.232.011/SC, 3.ª Turma, Rel. Min. João Otávio de Noronha, j. 17.12.2015, *DJe* 04.02.2016).

Porém, ainda mais recentemente, na Quarta Turma do Tribunal da Cidadania, acabou-se por concluir que "o art. 932, I, do CC ao se referir a autoridade e companhia dos pais em relação aos filhos, quis explicitar o poder familiar (a autoridade parental não se esgota

---

[60] SIMÃO, José Fernando. *Responsabilidade civil do incapaz*. São Paulo: Atlas, 2008.

na guarda), compreendendo um plexo de deveres como, proteção, cuidado, educação, informação, afeto, dentre outros, independentemente da vigilância investigativa e diária, sendo irrelevante a proximidade física no momento em que os menores venham a causar danos" (STJ, REsp 1.436.401/MG, 4.ª Turma, Rel. Min. Luis Felipe Salomão, j. 02.02.2017, *DJe* 16.03.2017). O aresto, como se percebe, adota a posição constante do Enunciado n. 450 da *V Jornada de Direito Civil*.

Em suma, constata-se que a questão é bem controvertida na doutrina e deve ser pacificada pela jurisprudência superior, em especial pela Segunda Seção do Superior Tribunal de Justiça, pois também naquela Corte Superior a divergência é notada.

Anoto e destaco que o atual Projeto de Reforma do Código Civil pretende resolver o dilema, adotando a ideia de que basta a autoridade parental para a responsabilização dos pais, tirando do inc. I do art. 932 a expressão "e companhia". Com isso encerra-se mais um debate doutrinário e jurisprudencial, em prol da segurança jurídica.

Além disso, abre-se a possibilidade de que o responsável que não tinha o filho em companhia ingresse com ação regressiva contra aquele que a detinha, diante do novo art. 932-A, *in verbis*: "para ressarcirem-se do que pagaram à vítima do dano, os responsáveis apontados nos incs. I a IV do artigo antecedente podem se voltar contra aqueles em cuja companhia estava o incapaz, se provada culpa grave ou dolo para a ocorrência do fato". A norma também terá incidência nos casos de tutela, curatela e de pessoas que estejam sob a guarda de outrem.

A tutela e a curatela serão estudadas a seguir, sendo certo que o art. 932 receberá um novo inciso, mais aberto, prevendo a responsabilidade objetiva ou independentemente de culpa dos "guardiões, por fatos das pessoas sob sua guarda" (inc. IV). Apesar de não concordar doutrinariamente com a solução, reconheço tratar-se de adoção do constante no Enunciado n. 450 da *V Jornada de Direito Civil* e em julgados superiores, resolvendo-se definitivamente a divergência e trazendo estabilidade e segurança jurídica para a temática.

Ainda no que diz respeito à tal previsão legal, é importante trazer à tona o teor do Enunciado n. 682, aprovado *na IX Jornada de Direito Civil*, em maio de 2002, segundo o qual "o consentimento do adolescente para o tratamento de dados pessoais, nos termos do art. 14 da LGPD, não afasta a responsabilidade civil dos pais ou responsáveis pelos atos praticados por aquele, inclusive no meio digital". Conforme o citado comando da Lei 13.709/2018, o tratamento de dados pessoais de crianças e de adolescentes deverá ser realizado em seu melhor interesse, com a necessidade de consentimento específico e em destaque dado por pelo menos um dos pais ou pelo responsável legal. No entanto, essa autorização não afasta a eventual responsabilização civil dos pais por danos causados pelos filhos no âmbito eletrônico da internet, sobretudo por adolescentes, por aplicação do inc. I do art. 932 do Código Civil.

A Comissão de Juristas encarregada da Reforma do Código Civil também inseriu regras a respeito da proteção de crianças e adolescentes no ambiente virtual, na linha do último enunciado doutrinário. Assim, de acordo com uma das propostas do novo livro de *Direito Civil Digital*, "é garantida a proteção integral de crianças e adolescentes no ambiente digital, observado o seu melhor e superior interesse, nos termos do estatuto que os protege e deste Código, estabelecendo-se, no ambiente digital, um espaço seguro e saudável para sua utilização".

Além da eventual responsabilização dos pais, outra proposta trata da imposição de deveres aos provedores de serviços digitais, a saber: *a)* implementar sistemas eficazes de verificação da idade do usuário para garantir que conteúdos inapropriados não sejam acessados por crianças e adolescentes; *b)* proporcionar meios para que pais e responsáveis tenham condições efetivas de limitar e monitorar o acesso de crianças e adolescentes a determinados conteúdos e funcionalidades dispostos no ambiente digital; *c)* assegurar a proteção de dados pessoais de crianças e adolescentes, na forma da LGPD; e *d)* proteger os direitos das crianças e adolescentes desde o *design* do ambiente digital, garantindo que, em todas as etapas relativas ao desenvolvimento, fornecimento, regulação, gestão de comunidades, comunicação e divulgação de seus produtos e serviços, o melhor e superior interesse da criança e do adolescente sejam observados. Vale lembrar que as proposições do novo livro de *Direito Civil Digital* não foram numeradas.

No que diz respeito ao inc. II, é preciso adequar à responsabilidade civil dos curadores por atos dos curatelados às mudanças efetivadas pelo Estatuto da Pessoa com Deficiência. Nesse sentido, na mesma *IX Jornada de Direito Civil*, promovida pelo Conselho da Justiça Federal em maio de 2022, foi aprovado o Enunciado n. 662, prevendo que "a responsabilidade civil indireta do curador pelos danos causados pelo curatelado está adstrita ao âmbito de incidência da curatela tal qual fixado na sentença de interdição, considerando o art. 85, *caput* e § 1º, da Lei n. 13.146/2015".

Consoante as suas justificativas, "com o advento da Lei Brasileira de Inclusão (LBI) – Lei n. 13.146/2015, a curatela foi reestruturada para atender aos comandos da Convenção sobre os Direitos da Pessoa com Deficiência (Decreto n. 6.949/2009). Dentre as alterações, teve o seu âmbito de incidência restrito aos atos pertinentes aos interesses patrimoniais (art. 85, LBI), sem alcançar o direito ao próprio corpo, à sexualidade, ao matrimônio, à privacidade, à educação, à saúde, ao trabalho e ao voto (art. 85, § 1.º, LBI). A capacidade jurídica da pessoa com deficiência, em igualdade com as demais, foi estabelecida pelo art. 12 da CDPD e arts. 6º e 84 da LBI. A par disso e conforme o art. 1.767 e art. 4º, III, do CC, o Superior Tribunal de Justiça decidiu que a pessoa sob curatela pode ser considerada relativamente incapaz, e não absolutamente incapaz (RE 1.927.423-SP). Portanto, deve ser redefinida a responsabilidade civil indireta do curador fixada pelo art. 932, II, do CC. Como o curador tem os limites do seu múnus fixados em sentença, sua responsabilidade civil indireta sobre os danos causados pelo curatelado deve ser apurada de modo equivalente". A ementa doutrinária tem conteúdo correto, contando com o meu total apoio e voto na plenária da *Jornada.*

Anoto que há proposta no mesmo sentido, no Projeto de Reforma do Código Civil, e o inc. II do seu art. 932 passará a expressar a responsabilidade indireta do "tutor, por fatos dos tutelados que se acharem nas mesmas condições"; no caso do inc. I. Além disso, de forma separada e mais didática, o inc. III preverá a responsabilização do "curador por fatos dos curatelados, adstrita a responsabilidade ao âmbito de incidência da curatela e sua finalidade de proteção do curatelado". Assim, limita-se a responsabilidade do curador nos termos da curatela, exatamente como no citado enunciado doutrinário. O art. 932, em boa hora, ainda receberá um § 2.º, segundo o qual, "nas hipóteses dos incisos II, III e IV, ao fixar o valor da indenização por danos, o juiz levará em consideração o grau da contribuição causal do tutor, do curador ou do guardião, para a sua ocorrência". Objetiva-se, portanto, levar em conta as atuações do tutor e do curador, valorizando-as.

Especificamente quanto ao inciso III do art. 932, foi aprovado o Enunciado n. 191 do CJF/STJ, na *III Jornada de Direito Civil*, pelo qual, "a instituição hospitalar privada responde, na forma do art. 932, III, do CC, pelos atos culposos praticados por médicos integrantes do seu corpo clínico". O enunciado doutrinário traz interessante ilustração de incidência da norma, o que vem sendo aplicado pela melhor jurisprudência (nesse sentido, ver: TJRJ, Apelação 2009.001.14922, 2.ª Câmara Cível, Rel. Des. Jessé Torres, j. 08.04.2009,

*DORJ* 15.04.2009, p. 86; e TJMG, Apelação Cível 1.0672.06.203906-6/0011, 16.ª Câmara Cível, Sete Lagoas, Rel. Des. Batista de Abreu, j. 09.04.2008, *DJEMG* 09.05.2008).

Seguindo no estudo do tema, o Superior Tribunal de Justiça tem assim resolvido as demandas relativas aos danos causados pelos médicos no interior dos hospitais, no exercício de sua atividade:

> "(...). A responsabilidade das sociedades empresárias hospitalares por dano causado ao paciente-consumidor pode ser assim sintetizada: (i) as obrigações assumidas diretamente pelo complexo hospitalar limitam-se ao fornecimento de recursos materiais e humanos auxiliares adequados à prestação dos serviços médicos e à supervisão do paciente, hipótese em que a responsabilidade objetiva da instituição (por ato próprio) exsurge somente em decorrência de defeito no serviço prestado (art. 14, *caput*, do CDC); (ii) os atos técnicos praticados pelos médicos sem vínculo de emprego ou subordinação com o hospital são imputados ao profissional pessoalmente, eximindo-se a entidade hospitalar de qualquer responsabilidade (art. 14, § 4.º, do CDC), se não concorreu para a ocorrência do dano; (iii) quanto aos atos técnicos praticados de forma defeituosa pelos profissionais da saúde vinculados de alguma forma ao hospital, respondem solidariamente a instituição hospitalar e o profissional responsável, apurada a sua culpa profissional. Nesse caso, o hospital é responsabilizado indiretamente por ato de terceiro, cuja culpa deve ser comprovada pela vítima de modo a fazer emergir o dever de indenizar da instituição, de natureza absoluta (arts. 932 e 933 do CC), sendo cabível ao juiz, demonstrada a hipossuficiência do paciente, determinar a inversão do ônus da prova (art. 6.º, VIII, do CDC). (...)" (STJ, REsp 1145728/MG, 4.ª Turma, Rel. Min. João Otávio de Noronha, Rel. p/ Acórdão Min. Luis Felipe Salomão, j. 28.06.2011, *DJe* 08.09.2011).

Ainda a respeito do mesmo inciso do art. 932, ele parece justificar o teor da Súmula 492 do STF, pela qual "a empresa locadora de veículos responde, civil e solidariamente, com o locatário, pelos danos por este causados a terceiro, no uso do carro alugado". Pode-se afirmar que o vínculo de confiança existente entre locadora e locatário está fundamentado no art. 932, inc. III, do CC. Outro argumento para justificar a Súmula seria o princípio da solidariedade, previsto no art. 7.º do CDC. De qualquer forma, há ainda quem não veja a Súmula com bons olhos, pois a solidariedade contratual não se presume, advém de lei ou do contrato (art. 265 do CC).

Em relação a esse inciso III do art. 932 da codificação privada e suas decorrências, o atual Projeto de Reforma do Código Civil pretende trazer alterações, para afastar dúvidas hoje existentes, na teoria e na prática.

Como primeira proposta, são sanados os problemas de linguagem atualmente presentes na norma, passando o inc. III do comando a expressar "o empregador, o comitente e o tomador de serviços, por fatos daqueles que estiverem sob suas ordens, no exercício do ofício que lhes competir ou em razão deles". Amplia-se, portanto, a ideia da *relação da pressuposição*, a gerar a responsabilidade indireta daquele que confiou em outrem.

Com o mesmo sentido, a proposição de se incluir um novo inc. VIII no art. 932 do CC, com a responsabilização civil objetiva e indireta daqueles "que desenvolverem e coordenarem atividades ilícitas ou irregulares, no ambiente físico, virtual ou com o uso de tecnologias, por quaisquer danos sofridos por outrem em consequência dessas atividades". As menções ao ambiente virtual e ao uso de novas tecnologias, a atrair a responsabilidade objetiva, é salutar. Cite-se: o caso de uma empresa que pratica ilicitudes na *internet*, por meio de prepostos que são por ela contratados.

Além disso, a Subcomissão de Responsabilidade Civil sugeriu a inclusão de um novo dispositivo, que passará a prever o seguinte: "Art. 933-A. A pessoa jurídica é responsável por danos causados por aqueles que a dirigem ou administram no exercício de suas funções. Parágrafo único. O administrador responde regressivamente nos casos em que agir: I – no exercício de suas atribuições ou poderes, com culpa ou dolo; II – em violação legal ou estatutária".

Consoante as suas justificativas, "esse dispositivo está em linha com recentes posições encontradas na doutrina especializada, no direito comparado e em inovações legislativas, como a promovida pela Lei n. 14.195, de 26 de agosto de 2021 (Lei sobre a Melhoria no Ambiente de Negócios no Brasil), que revogou o parágrafo único do art. 1.015 do CC, eliminando do acervo de normas do CC a Teoria *Ultra Vires Societatis*, que no caso do CC previa certas situações em que a sociedade não era responsabilizada por ato de administradores. Na perspectiva dos *stakeholders*, tal dispositivo, ainda, é justificado porque atende, internamente, à demanda da doutrina especializada que via na aplicação da chamada *Teoria Ultra Vires* prejuízo ao fluxo dos negócios, fragilização do terceiro de boa-fé e à segurança jurídica. Enfim, a norma visa à melhor proteção dos sujeitos afetados pela atividade desenvolvida pela pessoa jurídica".

Entendo que a norma passará a tratar de uma disciplina geral a respeito da responsabilização da pessoa jurídica por atos de seus administradores e diretores, submetendo-a ao sistema de responsabilidade objetiva, prevista nos comandos anteriores, sobretudo no art. 932.

Todavia, deverão ser considerados, ainda, os dispositivos específicos que não forem alterados ou revogados, caso da Lei das Sociedades Anônimas (Lei n. 6.404/1976). O art. 158 dessa norma estabelece que o administrador dessa modalidade de empresa não é pessoalmente responsável pelas obrigações que contrair em nome da sociedade e em virtude de ato regular de gestão. Responde, porém, civilmente, pelos prejuízos que causar, quando proceder: *a)* dentro de suas atribuições ou poderes, com culpa ou dolo; *b)* com violação da lei ou do estatuto. Há, portanto, uma responsabilidade subjetiva que deve ser mantida no sistema, mesmo com a alteração do Código Civil, prevendo, ainda, o § 1.º desse preceito que "o administrador não é responsável por atos ilícitos de outros administradores, salvo se com eles for conivente, se negligenciar em descobri-los ou se, deles tendo conhecimento, deixar de agir para impedir a sua prática. Exime-se de responsabilidade o administrador dissidente que faça consignar sua divergência em ata de reunião do órgão de administração ou, não sendo possível, dela dê ciência imediata e por escrito ao órgão da administração, no conselho fiscal, se em funcionamento, ou à assembleia-geral".

Deverá ser tida igualmente como mantida a responsabilidade solidária dos administradores com a pessoa jurídica, consagrada no § 2.º do art. 158 da Lei da SAs: "os administradores são solidariamente responsáveis pelos prejuízos causados em virtude do não cumprimento dos deveres impostos por lei para assegurar o funcionamento normal da companhia, ainda que, pelo estatuto, tais deveres não caibam a todos eles". Diga-se o mesmo quanto ao previsto nas regras subsequentes da lei ordinária, com destaque para o seu § 5.º: "responderá solidariamente com o administrador quem, com o fim de obter vantagem para si ou para outrem, concorrer para a prática de ato com violação da lei ou do estatuto".

Defendo que, com a aprovação da Reforma do Código Civil, todos esses comandos serão mantidos, tendo o novo art. 933-A um caráter geral a respeito da responsabilidade da pessoa jurídica por seus administradores e diretores, o que visa trazer maior segurança jurídica, afastando-se dúvidas hoje existentes.

De volta ao sistema vigente, quanto ao inciso IV do art. 932, consagra a norma a responsabilização civil dos donos de hotéis, hospedarias, casas ou estabelecimentos onde se albergue por dinheiro, mesmo para fins de educação, pelos seus hóspedes, moradores

CAP. 4 • RESPONSABILIDADE CIVIL | **593**

e educandos. Apesar de a lei mencionar os "donos" de tais estabelecimentos, não se pode negar que o dever de indenizar recai sobre as empresas que exploram os serviços de turismo, sujeitas também à responsabilidade objetiva prevista no Código de Defesa do Consumidor, eis que são prestadoras de serviços de lazer.

Justamente para corrigir o texto da lei, que hoje está distante da realidade consumerista, o atual Projeto de Reforma do Código Civil traz um novo texto para o inc. VI do art. 932, que passará a prever que responderão, independentemente de culpa, "ressalvada a incidência da legislação consumerista, os donos de estabelecimentos educacionais e de hospedagem, pelos danos causados por seus educandos e hóspedes, no período em que se encontrarem sob seus cuidados e vigilância". Trata-se, portanto, de mais uma proposta de necessária mudança da Lei Geral Privada.

Feitas essas observações importantes, aquele que ressarcir o dano causado por outrem pode reaver o que tiver pagado daquele por quem pagou, salvo se o causador do dano for seu descendente, absoluta ou relativamente incapaz (art. 934 do CC). Esse dispositivo consagra o *direito de regresso* do responsável contra o culpado. Somente nas relações entre ascendentes e descendentes incapazes não há o mencionado direito de regresso, pois, quando o Código Civil foi elaborado, pensava-se ser imoral uma demanda regressiva entre tais familiares.[61]

Complementando a norma, com conteúdo correto, determina o Enunciado n. 44 do CJF/STJ que "na hipótese do art. 934, o empregador e o comitente somente poderão agir regressivamente contra o empregado ou o preposto se estes tiverem causado o dano com dolo ou culpa". Anote-se que o Projeto de Reforma do Código Civil pretende inserir no art. 934, como seu parágrafo único, o teor do enunciado doutrinário em questão, passando a norma a prever que "o empregador, o comitente e o tomador de serviços poderão agir regressivamente contra o empregado, preposto ou prestador de serviços, mediante a comprovação de dolo ou culpa".

Em continuidade de estudo, pela previsão do art. 942, parágrafo único, do CC, haverá solidariedade entre todos os sujeitos elencados em todos os incisos do art. 932. Desse modo, reconhecida a solidariedade em relação à vítima, "na via regressiva, a indenização atribuída a cada agente será fixada proporcionalmente à sua contribuição para o evento danoso" (Enunciado n. 453 da *V Jornada de Direito Civil*).

Mais uma vez há proposta de se incluir no Código Civil o que é reconhecido em sede doutrinária, no Projeto de Reforma do Código Civil. Nesse contexto, o seu art. 942 receberá um novo § 2.º, expressando, em boa hora, que, "havendo solidariedade, aquele que efetivar o pagamento ao prejudicado poderá exercer o direito de regresso contra os demais responsáveis, na proporção da sua participação para a causa do evento danoso".

Aqui é preciso fazer outra nota sobre a norma que introduziu a Reforma Trabalhista (Lei 13.467/2017). Conforme o novo art. 223-E da CLT, são responsáveis pelo dano extrapatrimonial – entendido como o dano moral e outros que não tenham cunho patrimonial puro –, todos os que tenham colaborado para a ofensa ao bem jurídico tutelado, na proporção da ação ou da omissão. Como se pode perceber, em relação aos danos não patrimoniais, a solução dada pela nova lei deixa de ser a solidariedade, o que alcança a responsabilidade civil do empregador por ato do empregado (art. 932, inc. III, do CC). Assim, reconhece a lei a *responsabilidade fracionária* de todos os envolvidos, na proporção do que tenham contribuído para o dano, o que é difícil prova e averiguação. Trata-se de

---

[61] TAVARES DA SILVA, Regina Beatriz. *Código Civil comentado*. Coord. Ricardo Fiuza e Regina Beatriz Tavares da Silva. 6. ed. São Paulo: Saraiva, 2008. p. 901.

MANUAL DE DIREITO CIVIL • VOLUME ÚNICO – *Flávio Tartuce*

mais uma regra criada contra os interesses dos trabalhadores, cuja aplicação pelos juízes do trabalho se coloca em dúvida.

Voltando-se ao Direito Civil, dúvida importante surge em relação ao tratamento daqueles que são responsáveis por atos praticados pelos incapazes, pelo que consta nos arts. 932, incs. I e II, 934 e 942, aqui analisados e, particularmente, no art. 928 do CC/2002, cuja redação segue:

> "Art. 928. O incapaz responde pelos prejuízos que causar, se as pessoas por ele responsáveis não tiverem obrigação de fazê-lo ou não dispuserem de meios suficientes. Parágrafo único. A indenização prevista neste artigo, que deverá ser equitativa, não terá lugar se privar do necessário o incapaz ou as pessoas que dele dependem".

Esse comando legal, sem correspondente na codificação anterior, contempla uma novidade criticada, que é a responsabilização civil do incapaz. Os críticos interrogam: como poderia uma pessoa que não tem capacidade plena responder? Isso seria totalmente ilógico, para parte da doutrina. Assinalam Jones Figueirêdo Alves e Mário Luiz Delgado que mesmo diante dessas críticas, o dispositivo representa notável avanço, estando de acordo com os mais modernos diplomas legais do mundo, como o BGB Alemão, o Código Civil francês, o Código Civil português e o Código Civil italiano.[62]

Mas, diante desse comando legal, surgiria uma aparente contradição em relação aos comandos analisados anteriormente. Isso porque, pelos arts. 932, I e II, e 942, parágrafo único, haveria responsabilidade dos pais, tutores e curadores em relação aos filhos menores, tutelados e curatelados de forma solidária. A discussão vale ainda para os donos de estabelecimentos de ensino que respondem pelos educandos menores que estiverem sob sua autoridade. É fundamental lembrar que, nos casos de ascendentes que são responsáveis por descendentes, não há o direito de regresso, dos primeiros contra os segundos (art. 934 do CC).

Por outro lado, interpretando o art. 928, esta responsabilidade do incapaz é subsidiária, respondendo o mesmo em duas hipóteses:

a) Nos casos em que os pais, tutores e curadores não respondem por seus filhos, tutelados e curatelados, pois os últimos não estão sob sua autoridade e companhia.

b) Nas situações em que os responsáveis não tenham meios suficientes para arcar com os prejuízos.

Confirmando tal responsabilidade subsidiária do incapaz, julgou com precisão o Superior Tribunal de Justiça:

> "(...). O CC, no seu art. 932, trata das hipóteses em que a responsabilidade civil pode ser atribuída a quem não seja o causador do dano, a exemplo da responsabilidade dos genitores pelos atos cometidos por seus filhos menores (inciso I), que constitui modalidade de responsabilidade objetiva decorrente do exercício do poder familiar. É certo que, conforme o art. 942, parágrafo único, do CC, 'são solidariamente responsáveis com os autores, os coautores e as pessoas designadas no art. 932'. Todavia, o referido dispositivo legal deve ser interpretado em conjunto com os arts. 928 e 934 do CC, que tratam, respectivamente, da responsabilidade subsidiária e mitigada do incapaz e da inexistência de direito de regresso em face do descendente absoluta ou relativamente incapaz. Destarte, o patrimônio do filho menor somente pode responder

---

[62] ALVES, Jones Figueirêdo; DELGADO, Mário Luiz. *Código Civil anotado*. São Paulo: Método, 2005. p. 401.

pelos prejuízos causados a outrem se as pessoas por ele responsáveis não tiverem obrigação de fazê-lo ou não dispuserem de meios suficientes. Mesmo assim, nos termos do parágrafo único do art. 928, se for o caso de atingimento do patrimônio do menor, a indenização será equitativa e não terá lugar se privar do necessário o incapaz ou as pessoas que dele dependam. Portanto, deve-se concluir que o filho menor não é responsável solidário com seus genitores pelos danos causados, mas, sim, subsidiário" (STJ, REsp 1.319.626/MG, Rel. Min. Nancy Andrighi, j. 26.02.2013, publicado no seu *Informativo* n. *515*).

Então, como fica a responsabilidade dos pais, tutores e curadores em relação aos incapazes? Seria solidária ou teriam os últimos o benefício da subsidiariedade? A aparente solução para tais casos, indicando para a responsabilidade subsidiária e excepcional do incapaz, pode ser retirada da leitura do Enunciado n. 40, aprovado na *I Jornada de Direito Civil*, cuja redação é a seguinte:

"Enunciado n. 40. Art. 928: o incapaz responde pelos prejuízos que causar de maneira subsidiária ou excepcionalmente, como devedor principal, na hipótese do ressarcimento devido pelos adolescentes que praticarem atos infracionais, nos termos do art. 116 do Estatuto da Criança e do Adolescente, no âmbito das medidas socioeducativas ali previstas".

O enunciado é tido como correto pela doutrina que se especializou no assunto, caso do Professor da Universidade de São Paulo José Fernando Simão, que desenvolveu tese de doutorado sobre o tema.[63]

Também na *I Jornada de Direito Civil* foi aprovado o Enunciado n. 41, prevendo que "a única hipótese em que poderá haver responsabilidade solidária do menor de 18 anos com seus pais é ter sido emancipado nos termos do art. 5.º, parágrafo único, I, do novo Código Civil". Esse último enunciado sempre recebeu críticas contundentes da doutrina, pois, ao prever que os pais só respondem solidariamente em caso de emancipação voluntária dos filhos, acabava por presumir a má-fé dos primeiros, o que é inadmissível em uma codificação que abraça como um dos princípios fundamentais a boa-fé objetiva. Ilustrando, imagine-se o caso em que pais têm um filho menor que é um delinquente contumaz. Não se pode pensar que eventual emancipação voluntária seria feita apenas para afastar a responsabilidade desses pais, o que conduziria à responsabilidade solidária.

Em razão desse problema, e também de outros, na *IX Jornada de Direito Civil*, realizada em maio de 2022, esse enunciado doutrinário foi cancelado pelo Enunciado n. 660: "suprime-se o Enunciado 41 da *I Jornada de Direito Civil* do Conselho da Justiça Federal. ('A única hipótese em que poderá haver responsabilidade solidária do menor de 18 anos com seus pais é ter sido emancipado nos termos do art. 5º, parágrafo único, inc. I, do novo Código Civil')". Consoante as suas corretas justificativas, haveria também contradição com o Enunciado n. 40, aqui antes estudado, pois o último "reconhece que o menor é devedor principal no caso de atos infracionais com medida protetiva de reparação do dano. Ademais, havendo mais de um causador do dano, e sendo o adolescente também devedor principal, este deve ser considerado devedor solidário, conforme art. 942, parte final, do Código Civil".

Feitas essas notas doutrinárias, em síntese, a respeito da responsabilidade civil do incapaz, deve-se concluir que "diante da sistemática do novo Código Civil, quer seja a pessoa relativamente ou absolutamente incapaz, sua responsabilidade será subsidiária sempre que

---

[63] SIMÃO, José Fernando. *Responsabilidade civil do incapaz*. São Paulo: Atlas, 2008. p. 157-158.

seus representantes tiverem o dever de indenizar os danos por ela causados, bem como dispuserem de meios para fazê-lo".[64] Ilustrando, com tal conclusão, pode ser colacionado o seguinte julgado do Tribunal Paulista:

"Ressarcimento de danos. Pichação de muros de escola municipal. Ato infracional praticado por menores. Ação proposta em face de incapazes. Inobservância das condições do art. 928, do Código Civil. As consequências civis dos atos danosos praticados pelo incapaz devem ser imputadas primeiramente aos pais. Extinção do processo sem resolução do mérito" (TJSP, Apelação 994.09.025881-9, Acórdão 4547396, 13.ª Câmara de Direito Público, São José do Rio Preto, Rel. Des. Ferraz de Arruda, j. 09.06.2010, *DJESP* 20.09.2010).

Em todos os casos, não se pode esquecer a regra contida no parágrafo único do art. 928, pela qual não se pode privar o incapaz ou os seus dependentes do mínimo para que vivam com dignidade, à luz do art. 1.º, inc. III, da CF/1988. Há relação direta entre o comando legal em questão e o *Estatuto do Patrimônio Mínimo* de Luiz Edson Fachin, que visa assegurar à pessoa um *piso mínimo de direitos*, dentro da ideia de *personalização do Direito Privado*.[65] Em complemento ao texto legal, prevê o Enunciado n. 39, também aprovado na *I Jornada de Direito Civil*:

"Art. 928: a impossibilidade de privação do necessário à pessoa, prevista no art. 928, traduz um dever de indenização equitativa, informado pelo princípio constitucional da proteção à dignidade da pessoa humana. Como consequência, também os pais, tutores e curadores serão beneficiados pelo limite humanitário do dever de indenizar, de modo que a passagem ao patrimônio do incapaz se dará não quando esgotados todos os recursos do responsável, mas quando reduzidos estes ao montante necessário à manutenção de sua dignidade".

Na *V Jornada de Direito Civil*, foi aprovado enunciado doutrinário estabelecendo que "a indenização equitativa do artigo 928, parágrafo único, do Código Civil, não é necessariamente reduzida sem prejuízo do Enunciado n. 39 da *I Jornada de Direito Civil*" (Enunciado n. 449). Desse modo, pode o juiz da causa entender que não é o caso de se reduzir o valor da indenização, quando o montante não privar o incapaz do *mínimo vital*. Em algumas situações, deve-se pensar também na vítima, visando a sua reparação integral.

Importante destacar que no atual Projeto de Reforma do Código Civil, ora em tramitação no Congresso Nacional, mantém-se a responsabilidade subsidiária, de forma mais clara, passando o *caput* do art. 928 a prever que "o incapaz responde subsidiariamente pelos prejuízos que causar, se as pessoas por ele responsáveis não tiverem obrigação de fazê-lo ou não dispuserem de meios suficientes". Além disso, na linha dos meus comentários doutrinários, o parágrafo único passará a mencionar a proteção do *patrimônio mínimo* do incapaz, na linha da proteção constante do projetado art. 391-A, aqui já comentado: "a indenização prevista neste artigo não terá lugar, se ocorrerem as hipóteses previstas no art. 391-A, deste Código" (art. 928, parágrafo único, do Projeto). A proposição desse último preceito, de caráter humanista inafastável, foi feita pela Relatora Geral, Professora Rosa Maria de Andrade Nery, tendo o meu total apoio.

Para encerrar o tratamento relativo à responsabilidade civil do incapaz, vale relembrar que o Estatuto da Pessoa com Deficiência (Lei 13.146/2015) alterou substancialmente

---

[64] SIMÃO, José Fernando. *Responsabilidade civil do incapaz*. São Paulo: Atlas, 2008. p. 223.
[65] FACHIN, Luiz Edson. *Estatuto jurídico do patrimônio mínimo*. Rio de Janeiro: Renovar, 2001.

a teoria das incapacidades, tema tratado no Capítulo 2 desta obra. De toda sorte, cabe pontuar que, pela atual legislação, somente são considerados absolutamente incapazes os menores de 16 anos (art. 3.º do Código Civil). Como relativamente incapazes, o art. 4.º elenca: *a)* os maiores de 16 anos e maiores de 18 anos; *b)* os ébrios habituais (alcoólatras) e viciados em tóxicos; *c)* as pessoas que por causa transitória ou definitiva não puderem exprimir vontade; e *d)* os pródigos.

Nota-se, assim, a retirada do sistema da previsão relativa aos enfermos e deficientes mentais sem discernimento para a prática dos atos da vida civil (antigo art. 3.º, inc. II, do CC). Com relação às pessoas que por causa transitória ou definitiva não puderem exprimir vontade, deixaram de ser absolutamente incapazes (antigo art. 3.º, inc. III, do CC) e passaram a ser relativamente incapazes (novo art. 4.º, inc. III). Além disso, não há mais menção no último artigo às pessoas com discernimento reduzido (inc. II) e dos excepcionais sem desenvolvimento completo (inc. III), caso do portador da síndrome de *Down*.

Em suma, diante dessas mudanças, as pessoas com deficiência passam a ser plenamente capazes, como regra, respondendo civilmente como qualquer outro sujeito de Direito e não se aplicando mais o art. 928 da codificação material.

### 4.3.3.2 *A responsabilidade civil objetiva por danos causados por animal*

De acordo com o art. 936 da atual codificação, o dono ou detentor do animal ressarcirá o dano por este causado, se não provar culpa da vítima ou força maior. Houve aqui alteração importante na redação do dispositivo, eis que o art. 1.527 do CC/1916, seu correspondente, previa outras excludentes de responsabilidade civil a favor do dono ou detentor, a saber:

a)   que o guardava e vigiava com cuidado preciso;

b)   que o animal foi provocado por outro;

c)   que houve imprudência do ofendido;

d)   que o fato resultou de caso fortuito ou força maior.

Como o Código Civil de 2002 traz somente duas excludentes do dever de indenizar (culpa exclusiva da vítima e força maior), fica evidenciado que o caso é de típica responsabilidade objetiva, independentemente de culpa. Deve ficar claro que entendo ser também excludente o caso fortuito (evento totalmente imprevisível) que é *mais* do que a força maior (evento previsível, mas inevitável), obstando ou rompendo com o nexo de causalidade. Ademais, se considerarmos o caso fortuito como sinônimo de força maior, assim como faz parte da doutrina e da jurisprudência – inclusive do STJ –, o primeiro, do mesmo modo, é excludente de responsabilidade em casos tais.

Pois bem, conforme demonstrado em outra oportunidade, não se pode mais falar em culpa *in custodiendo,* antiga denominação utilizada para a culpa presumida em casos tais. Vejamos outros argumentos que podem ser utilizados, em reforço:

> 1.º) O Código Civil de 2002 não reproduziu a excludente do cuidado preciso, o que traz a conclusão de que a prova de ausência de culpa não é mais excludente de responsabilidade civil.[66] Anote-se a existência de julgados nacionais aplicando

---

[66]   Nesse sentido: CAVALIERI FILHO, Sérgio. *Programa de responsabilidade civil.* 7. ed. São Paulo: Atlas, 2007. p. 208.

tal ideia de responsabilização sem culpa (TJSP, Apelação 994.05.012124-1, Acórdão 4261785, 1.ª Câmara de Direito Privado, Limeira, Rel. Des. Elliot Akel, j. 15.12.2009, *DJESP* 17.03.2010; e TJRJ, Apelação 2009.001.16970, 17.ª Câmara Cível, Niterói, Rel. Des. Custódio Tostes, j. 05.05.2009, *DORJ* 28.05.2009, p. 125).

2.º) Muitas vezes ter um animal ou animais pode se enquadrar em uma atividade de risco, nos moldes do art. 927, parágrafo único, segunda parte, do CC (cláusula geral de responsabilidade objetiva). Exemplos: ter um canil ou um apiário (criadouro de abelhas). A jurisprudência gaúcha já fez incidir a regra para a atividade da *joqueta*, que monta em cavalos para corridas de turfe (TJRS, Acórdão 70026905885, 6.ª Câmara Cível, Pelotas, Rel. Des. Liége Puricelli Pires, j. 02.07.2009, *DOERS* 13.07.2009, p. 39).

3.º) Pode-se aplicar a responsabilidade objetiva do Código de Defesa do Consumidor para acidentes causados por animais, em diálogo das fontes com o Código Civil. Ilustrem-se os acidentes com animais em circos, hotéis, clubes, parques de diversão e rodeios. Nessa linha, a jurisprudência superior tem subsumido a Lei 8.078/1990 para os acidentes causados por animais em rodovias, respondendo a concessionária pelos danos causados aos usuários ou terceiros (ver: STJ, Ag. Rg. no Ag. 522.022/RJ, 3.ª Turma, Rel. Min. Carlos Alberto Menezes Direito, Data da decisão: 17.02.2004, *DJ* 05.04.2004, p. 256; e STJ, REsp 647.710/RJ, 3.ª Turma, Rel. Min. Castro Filho, j. 20.06.2006, *DJ* 30.06.2006, p. 216). Em 2024 esse entendimento foi confirmado pela Corte Superior em julgamento de recursos repetitivos e para os fins de repercussão geral (Tema 1.122). Nos termos da tese final exarada, "as concessionárias de rodovias respondem, independentemente da existência de culpa, pelos danos oriundos de acidentes causados pela presença de animais domésticos nas pistas de rolamento, aplicando-se as regras do Código de Defesa do Consumidor e da Lei das Concessões" (STJ, REsp 1.908.738/SP, Corte Especial, Rel. Min. Ricardo Villas Bôas Cueva, por unanimidade, j. 21.08.2024, *DJe* 26.08.2024 – Tema 1.122). Como outra ilustração, o Tribunal Superior desenvolveu o raciocínio de incidência do CDC para responsabilizar objetiva e solidariamente o *shopping center* e o circo, pelo trágico acidente ocorrido nas dependências do último, instaladas no estacionamento do primeiro. No evento danoso, leões do Circo Vostok vitimaram uma criança, sendo a demanda proposta por seus pais, justamente indenizados na espécie (STJ, REsp 1100571/PE, 4.ª Turma, Rel. Min. Luis Felipe Salomão, j. 07.04.2011, *DJe* 18.08.2011).

Compartilhando dessas premissas, foi aprovado o seguinte enunciado doutrinário na *V Jornada de Direito Civil*, de autoria de Renzo Gama Soares, professor capixaba: "a responsabilidade civil do dono ou detentor do animal é objetiva, admitindo a excludente do fato exclusivo de terceiro" (Enunciado n. 452). Além de prever expressamente a responsabilidade objetiva, o enunciado ainda esclarece que a culpa exclusiva de terceiro é fator que obsta a responsabilidade civil do dono ou detentor do animal; merecendo o meu total apoio doutrinário.

Esclarecida a responsabilidade objetiva pelo animal e aprofundando a matéria, vejamos um caso prático interessante. Um cão, de raça violenta, está na posse de preposto do dono (*v.g.*, adestrador, treinador ou *personal dog*). O último se distrai e o cachorro ataca um terceiro. De quem será a responsabilidade? No caso em questão, deve-se concluir que haverá responsabilidade solidária entre o dono e o adestrador, pela aplicação conjunta dos arts. 932, III, 933, 936 e 942, parágrafo único, do CC em vigor. Esclareça-se que a responsabilidade do preposto é objetiva por fato do animal (art. 936), enquanto a do dono é objetiva indireta, desde que comprovada a culpa do seu preposto (arts. 932, III, e 933 do CC).

CAP. 4 • RESPONSABILIDADE CIVIL | **599**

Em outro caso, o próprio preposto pode sofrer o dano causado por animal. Vejamos julgado interessante, do Tribunal Gaúcho, em que um animal de um zoológico acarretou danos a um empregado do estabelecimento:

"Ação de indenização. Danos materiais e morais. Acidente do trabalho. Ferimentos produzidos por animal (macaco) fugitivo ao ser capturado por empregado de zoológico. Culpa do empregador pelo evento danoso ocorrido devidamente demonstrada. Demais elementos que compõem a responsabilidade também positivados nos autos. Dano moral reconhecido, incluído o estético. Dever de indenizar proclamado. Dano material, porém, inexistente. Indenização a título de danos morais majorada" (TJRS, Processo 70006938252, 9.ª Câmara Cível, Passo Fundo, Juiz Rel. Pedro Celso Dal Prá, 12.05.2004).

Para as ilustrações, entende-se, com razão, que se um animal fugir da residência de seu dono, causando prejuízos físicos a terceiros, surgirá o dever de reparar do primeiro. Nesse sentido, a jurisprudência do Paraná:

"Apelação cível. Responsabilidade civil. Mordedura de cachorro. Amputação do polegar da mão esquerda. Cão da raça pastor alemão que escapa da residência. Responsabilidade do dono. Inteligência do art. 936, do Código Civil. Culpa exclusiva da vítima não configurada. Negligência na guarda do animal que se constituiu na causa primária do evento. Dever de indenizar dano moral. *Quantum* razoável. Manutenção. Juros de mora termo inicial. Honorários advocatícios. Percentual adequado. Recurso parcialmente provido" (TJPR, Apelação Cível 0537517-7, 10.ª Câmara Cível, Londrina, Rel. Des. Luiz Lopes, *DJPR* 1.º.06.2009, p. 170).

Como se pode perceber, múltiplas são as situações de responsabilização por fato do animal, sendo necessário concluir, em todas elas, pela presença da responsabilidade objetiva.

Para encerrar a temática, importante verificar quais as propostas da Reforma do Código Civil para a responsabilidade civil por fato do animal. De início, ressalto que pelo Projeto em curso os animais mudam o seu *status*, deixando de ser tratados como meras coisas ou bens e passando a ser *seres sencientes*, ou seja, *seres que sentem, consoante a proposta de novo art. 91-A*.

Assim, para os fins do Direito Civil, reitere-se que os animais não serão mais tratados como coisas, sendo certo que o dispositivo relativo à responsabilidade civil igualmente deverá ser alterado, para enunciar a responsabilidade também do seu guardião: "Art. 936. O proprietário, o guardião ou o detentor do animal será responsável, independentemente de culpa, pelo dano por este causado, salvo se provar fato exclusivo da vítima, de terceiro, caso fortuito ou força maior".

Além da inclusão dessa expressão, mais adequada ao novo *status* jurídico dos animais, o dispositivo passará a prever expressamente a responsabilidade objetiva, além de mencionar de forma textual as excludentes do fato exclusivo da vítima, do fato exclusivo de terceiro, do caso fortuito e da força maior, ajustes que são necessários, de acordo com tudo o que desenvolvi no presente tópico.

### 4.3.3.3 *A responsabilidade civil objetiva por danos causados por ruína de prédio ou construção*

Conforme o art. 937 do CC/2002, o dono de edifício ou construção responde pelos danos que resultarem de sua ruína, se esta provier de falta de reparos, cuja necessidade fosse manifesta. Trata-se de mais um caso de responsabilidade objetiva, diante de um risco criado ou risco proveito, o que depende do caso concreto. Confirmando a premissa, o Enunciado n. 556 do CJF/STJ, da *VI Jornada de Direito Civil* (2013), proposto por este autor: "a responsabilidade civil do dono do prédio ou construção por sua ruína, tratada pelo art. 937 do CC, é objetiva".

Nos termos literais do dispositivo, para que a responsabilidade tenha natureza objetiva, haveria necessidade de estar evidenciado o mau estado de conservação do edifício ou da construção. Todavia, no meu entendimento, estribado na melhor doutrina, tal requisito é dispensável.[67] Por uma questão lógica, sendo a necessidade de reparos manifesta a responsabilidade é objetiva; muito maior deve ser se tal necessidade estiver às escondidas, o que denota uma má-fé do construtor.

Em reforço, na grande maioria das situações que envolvem a queda de edifício será aplicada responsabilidade objetiva da Lei 8.078/1990. Os proprietários do edifício podem ser considerados consumidores diretos; enquanto moradores e outras vítimas do evento de consumo serão consumidores indiretos, por equiparação ou *bystander* (art. 17 do CDC).

Consigne-se que todo esse raciocínio de responsabilização objetiva foi desenvolvido no *caso Palace II*, do famoso edifício que caiu na Barra da Tijuca, cidade do Rio de Janeiro (por todos: TJRJ, *Ementário*: 10/2002 – n. 22 – 18.04.2002, Apelação Cível 2001.001.21725, Data de Registro: 13.03.2002, folhas: 33949/33957, 2.ª Câmara Cível, Capital, Rel. Des. Sérgio Cavalieri Filho, j. 22.11.2001, v.u.; e TJRJ, *Ementário*: 14/2004, n. 18, 20.05.2004, Apelação Cível 2003.001.30517, 17.ª Câmara Cível, Capital, Rel. Des. Fabricio Bandeira Filho, j. 10.12.2003, v.u.).

Mais recentemente, do mesmo Tribunal Estadual, em hipótese em que parte do teto de gesso de um prédio atingiu o veículo da vítima, citando o enunciado doutrinário antes mencionado:

> "Vale lembrar que, a teor do art. 937 do Código Civil, 'o dono de edifício ou construção responde pelos danos que resultarem de sua ruína, se esta provier de falta de reparos, cuja necessidade fosse manifesta'. E, não há dúvidas de que essa responsabilidade pelo fato da coisa é objetiva, conforme se extrai do Enunciado nº 556 da *VI Jornada de Direito Civil*: 'A responsabilidade civil do dono do prédio ou construção por sua ruína, tratada pelo art. 937 do CC, é objetiva'. Doutrina e precedentes. Frise-se que o réu não se desincumbiu do ônus de comprovar a presença de alguma das excludentes do dever de indenizar, que lhe competia por força do disposto no art. 373, inciso II, do CPC/2015" (TJRJ, Apelação n. 0034947-92.2016.8.19.0203, 14.ª Câmara Cível, Rio de Janeiro, Rel. Des. José Carlos Paes, *DORJ* 26.06.2020, p. 398).

Como se pode notar, a responsabilidade é do dono do edifício ou da construção (construtora), não se confundindo esse comando legal com a regra do art. 938 do CC, que trata de objetos lançados dos prédios. Aliás, deve-se entender que, na hipótese de ruir parte do prédio, aplica-se o art. 937 da codificação, respondendo o construtor ou edificador. Os casos, entretanto, podem gerar confusão, como se verá a seguir.

Por fim, quanto ao Projeto de Reforma do Código Civil, mais uma vez são propostos ajustes pontuais na norma, passando o art. 937 do Código Civil a prever expressamente a

---

[67] Assim concluindo: CAVALIERI FILHO, Sérgio. *Programa de responsabilidade civil*. 7. ed. São Paulo: Atlas, 2007. p. 208-213; VENOSA, Silvio de Salvo. *Código Civil interpretado*. São Paulo: Atlas, 2010. p. 891-892; GONÇALVES, Carlos Roberto. *Direito civil brasileiro*. Responsabilidade Civil. 5. ed. São Paulo: Saraiva, 2010. v. 4, p. 192-193.

responsabilidade objetiva ou independentemente de culpa, retirando-se, ainda, o trecho final a respeito da necessidade de reparos, e encerrando-se o debate exposto no desenvolvimento do tema. Assim, o dispositivo passará a expressar o seguinte: "o titular do prédio ou do edifício, o dono da construção, bem como os titulares de direito real de uso, habitação e usufruto respondem objetiva e solidariamente pelos danos que resultarem de sua ruína, total ou parcial".

Em boa hora, o comando também passará a mencionar a responsabilidade sem culpa do titular do prédio ou mesmo de direitos reais de gozo ou fruição sobre o imóvel, bem como a solidariedade entre todos eles, caso presentes, o que visa a melhor tutelar os interesses das vítimas.

### 4.3.3.4 *A responsabilidade civil objetiva por danos oriundos de coisas lançadas dos prédios (defenestramento)*

Enuncia o Código Civil que aquele que habitar uma casa ou parte dela responde pelos danos provenientes das coisas que dela caírem ou forem lançadas (sólidas ou líquidas) em lugar indevido (art. 938). Trata-se da responsabilidade civil por *defenestramento* ou por *effusis et dejectis*. A expressão *defenestrar* significa jogar fora pela janela.

Segue-se a corrente doutrinária que entende que não importa que o objeto líquido (*effusis*) ou sólido (*dejectis*) tenha caído acidentalmente, pois ninguém pode colocar em risco a segurança alheia, o que denota a responsabilidade objetiva do ocupante diante de um *risco criado*.[68]

Nos casos de cessão do prédio, responderão o locatário ou o comodatário, não sendo o caso de se imputar responsabilidade ao locador ou ao comodante (eventuais proprietários do imóvel). Em regra, não há responsabilidade solidária daquele que cedeu o bem, a não ser em casos de coautoria (art. 942, parágrafo único, do CC).

Na hipótese fática de prédio de escritórios ou apartamentos (condomínio edilício), não sendo possível identificar de onde a coisa foi lançada, haverá responsabilidade do condomínio, segundo a doutrina por último citada e a melhor jurisprudência (assim concluindo: STJ, REsp 64.682/RJ, 4.ª Turma, Rel. Min. Bueno de Souza, j. 10.11.1998, *DJ* 29.03.1999, p. 180 e TJMG, Apelação Cível 1.0024.08.107030-2/0011, 12.ª Câmara Cível, Belo Horizonte, Rel. Des. Saldanha da Fonseca, j. 26.08.2009, *DJEMG* 14.09.2009).

Tal entendimento confirma a responsabilização sem culpa ou objetiva. Por óbvio, está assegurado o direito de regresso do condomínio contra o eventual culpado. Consolidando essa forma de pensar no âmbito doutrinário, o Enunciado n. 557 da *VI Jornada de Direito Civil* (2013), seguindo proposta formulada por mim: "nos termos do art. 938 do CC, se a coisa cair ou for lançada de condomínio edilício, não sendo possível identificar de qual unidade, responderá o condomínio, assegurado o direito de regresso".

Dúvidas surgem, nesse último caso, a respeito da responsabilização dos condôminos que estão do lado oposto de onde caiu a coisa. Conclui-se, como Sílvio de Salvo Venosa, que todo o condomínio deve ser responsabilizado, não interessando de onde exatamente caiu o objeto. Para justificar seu posicionamento, o doutrinador fala em *pulverização dos danos na sociedade*, ensinando que, "assim, quando o dano é praticado

---

[68] Essa é opinião de: DINIZ, Maria Helena. *Código Civil anotado*. 15. ed. São Paulo: Saraiva, 2010. p. 637; GODOY, Cláudio Luiz Bueno. *Código Civil comentado*. Coord. Ministro Cezar Peluso. São Paulo: Manole, 2007. p. 782; CAVALIERI FILHO, Sérgio. *Programa de responsabilidade civil*. 7. ed. São Paulo: Atlas, 2007. p. 215-216; VENOSA, Sílvio de Salvo. *Código Civil interpretado*. São Paulo: Atlas, 2010. p. 893.

por um membro não identificado de um grupo, todos os seus integrantes devem ser chamados para a reparação".[69]

Para encerrar o tópico, o Projeto de Reforma do Código Civil pretende aprimorar o conteúdo do dispositivo, para que passe a mencionar expressamente a responsabilidade objetiva ou independentemente de culpa, bem como o dever de indenizar do condomínio nos casos aqui relatados, em que não se pode identificar de onde a coisa caiu ou foi lançada.

Assim, o comando passará a prever o seguinte: "Art. 938. Aquele que habitar ou ocupar prédio ou parte dele será responsável, independentemente de culpa, pelos danos provenientes das coisas que dele caírem ou forem lançadas em lugar indevido. Parágrafo único. Se a coisa cair ou for lançada de prédio com muitas habitações, sem que se possa identificar de onde proveio, responderá o condomínio, assegurado o direito de regresso".

Sem dúvida, as propostas são necessárias, tendo sido unânime a concordância com o seu teor na Comissão de Juristas nomeada no âmbito do Congresso Nacional.

### 4.3.3.5 A responsabilidade civil objetiva no contrato de transporte

O contrato de transporte ganhou tratamento especial no Código Civil de 2002, passando a ser um contrato típico na codificação privada. Desse modo, é forçoso concluir que está revogado o Decreto-lei 2.681/1912, que previa a responsabilidade das empresas de estradas de ferro e, por analogia, sempre foi aplicado a todas as formas de transporte terrestre. Também estão revogados os dispositivos do Código Comercial que tratavam do assunto.

Relativamente ao transporte de coisas, enuncia o art. 750 a responsabilidade objetiva do transportador, nos seguintes termos: "A responsabilidade do transportador, limitada ao valor constante do conhecimento, começa no momento em que ele, ou seus prepostos, recebem a coisa; termina quando é entregue ao destinatário, ou depositada em juízo, se aquele não for encontrado".

Ora, mesmo não havendo previsão expressa quanto à responsabilidade independente de culpa, não há dúvidas quanto a essa natureza jurídica. *Primeiro*, pelo tratamento que sempre foi dado à matéria, tanto por doutrina quanto por jurisprudência (nessa linha: STJ, REsp 154.943/DF, 3.ª Turma, Rel. Min. Nilson Naves, j. 04.04.2000, *DJ* 28.08.2000, p. 74). *Segundo*, porque o transportador assume uma obrigação de fim ou de resultado, qual seja, a de levar a coisa até o destino com segurança e integridade, o que gera a *cláusula de incolumidade*. *Terceiro*, pela possibilidade de enquadramento na relação de consumo regida pelo Código de Defesa do Consumidor, na grande maioria das hipóteses fáticas, pois afinal de contas o transportador presta um serviço de forma profissional e muitas vezes há um destinatário final, fático e econômico na *outra ponta* da relação jurídica (*diálogo das fontes* entre o CC/2002 e o CDC).

Confirmando a responsabilidade objetiva, sobre o transporte de pessoas, prevê o art. 734 do CC em vigor que "o transportador responde pelos danos causados às pessoas transportadas e suas bagagens, salvo motivo de força maior, sendo nula qualquer cláusula excludente da responsabilidade". O último dispositivo, aliás, somente consubstancia o entendimento jurisprudencial anterior, constante da Súmula 161 do Supremo Tribunal Federal, pela qual: "em contrato de transporte é inoperante a cláusula de não indenizar". Como se pode notar pelo teor da súmula, a cláusula não tem validade em qualquer tipo de transporte, seja de pessoas, seja de coisas, apesar de polêmica hoje existente.

---

[69] VENOSA, Sílvio de Salvo. *Código Civil interpretado*. São Paulo: Atlas, 2010. p. 894.

CAP. 4 • RESPONSABILIDADE CIVIL | **603**

Observo que no Projeto de Reforma do Código Civil existem propostas no sentido de deixar o comando mais técnico, passando a norma a prever, em boa hora, em seu *caput,* que "o transportador responde pelos danos causados às pessoas transportadas e suas bagagens, salvo motivo de caso fortuito ou força maior, sendo nula de pleno direito qualquer cláusula excludente da responsabilidade". Ademais, sobre o parágrafo único do art. 734, com o fim de resolver dilema visto na prática, o seu conteúdo somente será aplicado aos contratos paritários – negociados pelas partes: "em contratos paritários, é lícito ao transportador exigir a declaração do valor da bagagem, a fim de fixar o limite da indenização".

*Agravando* a responsabilidade objetiva do transportador de pessoas, o art. 735 do atual Código Civil enuncia que havendo acidente com o passageiro não cabe a excludente da culpa exclusiva de terceiro, contra o qual o transportador tem ação regressiva. A norma é reprodução literal da antiga Súmula 187 do STF.

O dispositivo e a súmula servem para responsabilizar as empresas aéreas por acidentes que causam a morte de passageiros mesmo havendo culpa somente de pilotos de outra aeronave ou de agentes do Estado. O que se percebe, por tal realidade jurídica, é que a aplicação do Código Civil de 2002, nesse ponto, é até melhor aos consumidores do que a aplicação do CDC, eis que a Lei 8.078/1990 consagra a culpa exclusiva de terceiro como excludente de responsabilização, havendo prestação de serviços (art. 14, § 3.º).

Como outro exemplo dessas deduções, a jurisprudência superior entendeu, em um primeiro momento, que a concessionária de serviços de transporte ferroviário pode responder por dano moral sofrido por passageira, vítima de assédio sexual praticado por outro usuário e no interior do trem. Nos termos da publicação constante do *Informativo* n. 628 do Tribunal da Cidadania:

"Em reforço à responsabilidade objetiva do transportador, não se pode olvidar que a legislação consumerista preceitua que o fornecedor de serviços responde pela reparação dos danos causados, independentemente da existência de culpa, decorrente dos defeitos relativos à prestação destes serviços, nos termos do art. 14, §§ 1.º e 3.º, do CDC. Ademais, a cláusula de incolumidade é ínsita ao contrato de transporte, implicando obrigação de resultado do transportador, consistente em levar o passageiro com conforto e segurança ao seu destino, salvo se demonstrada causa de exclusão do nexo de causalidade, notadamente o caso fortuito, a força maior ou a culpa exclusiva da vítima ou de terceiro. O fato de terceiro, conforme se apresente, pode ou não romper o nexo de causalidade. Exclui-se a responsabilidade do transportador quando a conduta praticada por terceiro, sendo causa única do evento danoso, não guarda relação com a organização do negócio e os riscos da atividade de transporte, equiparando-se a fortuito externo. De outro turno, a culpa de terceiro não é apta a romper o nexo causal quando se mostra conexa à atividade econômica e aos riscos inerentes à sua exploração, caracterizando fortuito interno. Por envolver, necessariamente, uma grande aglomeração de pessoas em um mesmo espaço físico, aliados à baixa qualidade do serviço prestado, incluído a pouca quantidade de vagões ou ônibus postos à disposição do público, a prestação do serviço de transporte de passageiros vem propiciando a ocorrência de eventos de assédio sexual. Em outros termos, mais que um simples cenário ou ocasião, o transporte público tem concorrido para a causa dos eventos de assédio sexual. Em tal contexto, a ocorrência desses fatos acaba sendo arrastada para o bojo da prestação do serviço de transporte público, tornando-se assim mais um risco da atividade, a qual todos os passageiros, mas especialmente as mulheres, tornam-se vítimas" (STJ, REsp 1.662.551/SP, 3.ª Turma, Rel. Min. Nancy Andrighi, por maioria, j. 15.05.2018, *DJe* 25.06.2018).

Porém, a questão não era pacífica na Corte, pois na Quarta Turma já existiam acórdãos em sentido oposto, concluindo pela presença de um evento externo, fora do risco da atividade ou do empreendimento empresa transportadora, e também um fato de terceiro.

Assim, por exemplo, em caso relativo a assédio praticado dentro do metrô de São Paulo:

> "Nos termos da jurisprudência desta Corte Superior, não há responsabilidade da empresa de transporte coletivo em caso de ilícito alheio e estranho à atividade de transporte, pois o evento é considerado caso fortuito ou força maior, excluindo-se, portanto, a responsabilidade da empresa transportadora. Precedentes do STJ. Não pode haver diferenciação quanto ao tratamento da questão apenas à luz da natureza dos delitos. Na hipótese, sequer é possível imputar à transportadora eventual negligência, pois, como restou consignado pela instância ordinária, o autor do ilícito foi identificado e detido pela equipe de segurança da concessionária de transporte coletivo, tendo sido, inclusive, conduzido à Delegacia de Polícia, estando apto, portanto, a responder pelos seus atos penal e civilmente" (STJ, REsp 1.748.295/SP, 4.ª Turma, Rel. Min. Luis Felipe Salomão, Rel. p/ Acórdão Min. Marco Buzzi, j. 13.12.2018, *DJe* 13.02.2019).

Em dezembro de 2020, a questão se pacificou no âmbito da Segunda Seção, no julgamento do REsp 1.833.722 e do REsp 1.853.361, na linha da segunda conclusão e por cinco votos a quatro. Prevaleceu o voto do Ministro Raul Araújo, no sentido de que "não há meio de se evitar tal repugnante crime onde quer que ocorra", observando-se que se trata de comportamento "covarde" e "oportunista", praticado em "uma fração de segundos".

E mais, segundo o relator, "é sempre inevitável. Quando muito consegue-se prender o depravado, o opressor. Era inevitável, quando muito previsível em tese. Por mais que se saiba da sua possibilidade de sua ocorrência, não se sabe quando, nem onde, nem quem o praticará. Como acontece com os assaltos à mão armada. São inevitáveis, não estão ao alcance do transportador. E na vida muita coisa é assim, infelizmente". Seguiram essa posição os Ministros Marco Buzzi, Antonio Carlos Ferreira, Villas Bôas Cueva e Marco Antonio Bellizze. Foram vencidos os Ministros Nancy Andrighi, Luis Felipe Salomão, Paulo de Tarso Sanseverino e Moura Ribeiro.

Com o devido respeito à posição que prevaleceu no STJ, entendo que o assédio sexual ou o ato libidinoso praticado no interior de vagões de trens ou do metrô constitui fato corriqueiro e plenamente evitável, o que o coloca dentro do risco da atividade ou do empreendimento das empresas que exploram esse serviço essencial. Assim, estou totalmente filiado à posição que restou vencida no julgamento da Segunda Seção.

Anoto que no Projeto de Reforma e Atualização do Código Civil há proposição para deixar o dispositivo mais claro e mais correto tecnicamente, para expressar o fato exclusivo de terceiro, conceito mais bem adaptado à responsabilidade objetiva: "a responsabilidade contratual do transportador por acidente com o passageiro não é afastada por culpa ou fato de terceiro, contra o qual tem ação regressiva". Além disso, o termo "elidida" é substituído por "afastada", mais compreensível na prática.

Ainda quanto ao transporte de pessoas, dispõe o art. 736 do CC que não haverá responsabilidade contratual objetiva do transportador no caso de transporte gratuito ou benévolo, também denominado *carona*. Em casos tais a responsabilidade daquele que dá a carona depende da comprovação de dolo ou culpa (responsabilidade extracontratual subjetiva, nos termos do art. 186 do CC).

Tal regra está perfeitamente adaptada ao entendimento jurisprudencial consubstanciado anteriormente, principalmente pelo enunciado da Súmula 145 do Superior Tribunal de Justiça, a saber: "no transporte desinteressado, de simples cortesia, o transportador só será civilmente responsável por danos causados ao transportado quando incorrer em dolo ou culpa grave". Todavia, entendo que a súmula merece nova leitura, eis que não há necessidade de a culpa ser grave ou da presença de dolo. Presente a culpa, em qualquer grau, responderá aquele que deu a carona. O grau de culpa apenas serve para a fixação da indenização, inclusive por danos morais (arts. 944 e 945 do CC e aplicação da *teoria da causalidade adequada*).

A questão não é pacífica na doutrina contemporânea. José Fernando Simão, por exemplo, entende que aquele que deu a carona somente responde nos casos de dolo ou culpa grave, nos exatos termos da citada Súmula 145 do STJ. Isso porque a hipótese da carona continua sendo de responsabilidade civil contratual e, havendo um negócio jurídico gratuito, somente há o dever de reparar do caronista nos casos de sua atuação com dolo, conforme o art. 392 do CC.

Em complemento, como a culpa grave a esta se equipara, mantém-se a integralidade da súmula do Tribunal da Cidadania. O jurista traz um argumento a ser considerado, qual seja a função social da carona, pontuando que "a carona deve ser estimulada e não punida. Já que o transporte público é ineficiente, a carona é uma das formas de reduzir o número de carros nas ruas, e com isso, reduzir o trânsito e melhorar o meio ambiente, sem poluição. É ato de solidariedade e que faz bem ao meio ambiente".[70] De fato, os fundamentos nos interesses coletivos são plausíveis, a fazer o presente autor a refletir sobre uma mudança de posição para o futuro.

Pelo art. 736, parágrafo único, do CC, caso o transportador receba qualquer tipo de vantagem indireta pelo transporte, a sua responsabilidade volta a ser contratual objetiva. São exemplos de vantagens indiretas o pagamento de pedágio, o pagamento de combustível e as refeições pagas pelo conduzido. Partindo para outra ilustração, tal regra pode ter aplicação imediata a elevadores e escadas rolantes localizados em lojas, *shopping centers*, supermercados, hotéis e similares, eis que também são meios de transporte de menor amplitude espacial. Mesmo não havendo remuneração, tais meios de transporte acabam trazendo vantagens indiretas aos fornecedores e prestadores. Fica claro, também, que é possível invocar as normas do Código de Defesa do Consumidor para apontar a responsabilidade objetiva.

Também cabe subsunção da norma para os casos de programas de milhagem ou de pontuação em companhias aéreas. Nesse sentido, a proposta de enunciado doutrinário formulada na *IV Jornada de Direito Civil* pelo juiz federal do TRF da 5.ª Região Bruno Leonardo Câmara Carrá: "diante da regra do parágrafo único do art. 736 do Código Civil, é contratual a responsabilidade no transporte de pessoas que resulta da aquisição de bilhete de passagem em decorrência de sorteios em campanhas publicitárias ou programas de acúmulo de milhagens ofertados no mercado de consumo". Infelizmente, a proposta de enunciado não foi discutida naquele evento, por falta de tempo e excesso de trabalho.

Na *VI Jornada*, de 2013, o tema voltou a ser debatido, aprovando-se a proposta do Professor Alexandre Assumpção (UERJ), com o seguinte e preciso teor: "no transporte aéreo, nacional e internacional, a responsabilidade do transportador em relação aos passageiros gratuitos, que viajarem por cortesia, é objetiva, devendo atender à integral reparação de danos patrimoniais e extrapatrimoniais" (Enunciado n. 559).

Como tema de relevo na contemporaneidade, apesar da pendência de uma legislação específica, entendo que o UBER e outras formas de transporte compartilhado não se

---

[70] SIMÃO, José Fernando. Quem tem medo de dar carona? Disponível em: <www.flaviortartuce.adv.br>. Acesso em: 14 set. 2014.

enquadram como transporte clandestino, no sentido de não haver normatização por lei federal, mas como modalidades de carona com vantagens indiretas. Assim, deve-se aplicar o parágrafo único do art. 736 do Código Civil, com a incidência das regras de transporte e da correspondente responsabilidade civil objetiva, sem prejuízo da subsunção do Código de Defesa do Consumidor, em *diálogos das fontes*.

Nessa linha, destaco o teor do Enunciado n. 686, aprovado na *IX Jornada de Direito Civil*, em 2022: "aplica-se o sistema de proteção e defesa do consumidor, conforme disciplinado pela Lei n. 8.078, de 11 de setembro de 1990, às relações contratuais formadas entre os aplicativos de transporte de passageiros e os usuários dos serviços correlatos". Isso faz com que não só o transportador eventualmente responda por danos causados ao passageiro, mas também a empresa que administra o aplicativo, presente um *risco-proveito*.

Destaco que o Projeto de Reforma do Código Civil pretende suprir algumas das lacunas aqui expostas, passando ele a prever, em seu § 1.º, a superação da necessidade de culpa grave para que surja a responsabilidade na carona nos termos da Súmula n. 145 do STJ, como antes defendi: "nos casos do *caput*, a responsabilidade daquele que transportou outrem somente se dá nos casos de dolo ou culpa". Ademais, o novo § 2.º passará a tratar justamente dos programas de pontuação e de incentivo das companhias aéreas, na linha do citado Enunciado n. 559 da *VI Jornada de Direito Civil*: "não se considera gratuito o transporte quando, embora feito sem remuneração, o transportador auferir vantagens indiretas, como nos casos de programas de incentivo, realizados inclusive em meios virtuais".

Como último aspecto a ser estudado a respeito da responsabilidade civil no transporte, a Lei 14.034/2020 consagrou regras emergenciais para a aviação civil brasileira, em razão da pandemia da Covid-19. Todavia, ao contrário da Lei 14.010/2020, a norma emergente trouxe regras definitivas e permanentes, muito além do reembolso do valor das passagens que foram canceladas em virtude da pandemia, no longo prazo de doze meses, contados da data do voo cancelado (art. 3.º).

Reitero que, infelizmente, foi incluído um art. 251-A no Código Brasileiro de Aeronáutica, exigindo a prova efetiva do dano moral – chamado na norma de dano extrapatrimonial –, em virtude de falha na execução do contrato de transporte.

Trata-se de um claro retrocesso na tutela dos consumidores, pois vários julgados vinham concluindo pela presença de danos presumidos ou *in re ipsa* em casos tais. A título de exemplo, sobre atraso de voo:

> "A postergação da viagem superior a quatro horas constitui falha no serviço de transporte aéreo contratado e gera o direito à devida assistência material e informacional ao consumidor lesado, independentemente da causa originária do atraso. O dano moral decorrente de atraso de voo prescinde de prova e a responsabilidade de seu causador opera-se *in re ipsa* em virtude do desconforto, da aflição e dos transtornos suportados pelo passageiro. Em virtude das especificidades fáticas da demanda, afigura-se razoável a fixação da verba indenizatória por danos morais no valor de R$ 10.000,00 (dez mil reais)" (STJ, REsp 1.280.372/SP, 3.ª Turma, Rel. Min. Ricardo Villas Bôas Cueva, j. 07.10.2014, *DJe* 10.10.2014).

Além dessa regra, a Lei 14.034/2020 também alterou o art. 256 do Código Brasileiro de Aeronáutica, a respeito das excludentes de responsabilidade civil do transportador. Conforme o seu *caput*, que foi integralmente mantido, o transportador responde pelo dano decorrente: *a)* de morte ou lesão de passageiro, causada por acidente ocorrido durante a execução do contrato de transporte aéreo, a bordo de aeronave ou no curso das operações de embarque e desembarque; *b)* de atraso do transporte aéreo contratado.

Todavia, conforme o § 1.º do comando, modificado pela lei, o transportador não será responsável: *a)* nos casos de morte ou lesão de passageiro, se esta resultar, exclusivamente, do estado de saúde do passageiro, ou se o acidente decorrer de sua culpa exclusiva; *b)* nas situações de atraso, se comprovar que, por motivo de caso fortuito ou de força maior, foi impossível adotar medidas necessárias, suficientes e adequadas para evitar o dano. A última previsão já demonstra um distanciamento do modelo de responsabilidade objetiva, estando mais próximo da culpa presumida, pois a prova liberatória da adoção de medidas necessárias sempre representou a demonstração da ausência de culpa.

Igualmente demonstrando um enorme retrocesso na tutela dos passageiros consumidores, e uma proteção excessiva das empresas aéreas, o novo § 3.º do art. 256 do Código Brasileiro de Aeronáutica passou a enunciar que constitui caso fortuito ou força maior, para fins de análise do atraso do voo, a ocorrência de um ou mais dos seguintes eventos, desde que supervenientes, imprevisíveis e inevitáveis: *a)* restrições ao pouso ou à decolagem decorrentes de condições meteorológicas adversas impostas por órgão do sistema de controle do espaço aéreo; *b)* restrições ao pouso ou à decolagem decorrentes de indisponibilidade da infraestrutura aeroportuária, como se deu no passado no caso do "apagão aéreo"; *c)* restrições ao voo, ao pouso ou à decolagem decorrentes de determinações da autoridade de aviação civil ou de qualquer outra autoridade ou órgão da Administração Pública, que será responsabilizada, podendo aqui também se enquadrar o citado "apagão"; e *d)* a decretação de pandemia ou publicação de atos de Governo que dela decorram, com vistas a impedir ou a restringir o transporte aéreo ou as atividades aeroportuárias, hipótese essa sim, que tem relação com a crise decorrente da Covid-19, objeto da Lei 14.034/2020.

Como se pode perceber, foram incluídas na lei excludentes que antes não eram admitidas, pois ingressavam no risco do empreendimento ou risco do negócio das empresas de transporte aéreo. Sobre o enquadramento do chamado "apagão aéreo", por todos os acórdãos estaduais: "o transporte aéreo de passageiros se subsome às normas do Código de Defesa do Consumidor. A atividade dos controladores de voo no período conhecido como 'caos ou apagão aéreo', está inserida no risco da atividade caracterizando fortuito interno que não afasta a responsabilidade dos prestadores de serviço pelos danos causados aos passageiros. Companhia aérea que não demonstrou ter tomado nenhuma providência para confortar o passageiro diante do atraso do voo" (TJSP, Apelação 0198213-02.2007.8.26.0100, Acórdão 7838852, 18.ª Câmara de Direito Privado, São Paulo, Rel. Des. William Marinho, j. 03.09.2014, *DJESP* 15.09.2014).

A admissão de amplas excludentes de responsabilidade civil, enquadradas como caso fortuito ou força maior, representa novamente um distanciamento do modelo de responsabilidade objetiva ou sem culpa do transportador, em um excessivo afã de salvar as companhias em virtude da grave crise que enfrentamos, custe o que custar.

## 4.4 DAS EXCLUDENTES DO DEVER DE INDENIZAR

### 4.4.1 Da legítima defesa

De acordo com o art. 188, inc. I, do CC, não constituem atos ilícitos os praticados em legítima defesa. Trata-se de importante excludente do dever de indenizar, da ilicitude, com relevância prática indiscutível. O conceito de legítima defesa pode ser retirado do art. 25, *caput*, do Código Penal, *in verbis*: "entende-se em legítima defesa quem, usando moderadamente dos meios necessários, repele injusta agressão, atual ou iminente, a direito seu ou de outrem".

Para a configuração da legítima defesa cabe análise caso a caso, sendo certo que o agente não pode atuar além do indispensável para afastar o dano ou a iminência de preju-

**608** | MANUAL DE DIREITO CIVIL • VOLUME ÚNICO – *Flávio Tartuce*

ízo material ou imaterial. O conceito também pode ser retirado do art. 1.210 do CC/2002, que trata da *legítima defesa da posse*, nos casos de ameaça e de turbação; e do *desforço pessoal*, nos casos de esbulho.

A exemplificar, se o proprietário de uma fazenda desfere tiros de arma de fogo contra invasores de seu imóvel, não haverá legítima defesa, mas excesso no exercício da defesa (abuso de direito), estando configurado o seu dever de indenizar. Nessa situação, não houve um exercício regular de direito, mas sim um exercício irregular, o que tanto pode gerar abuso de direito (art. 187 do CC) como o ato ilícito propriamente dito (art. 186 do CC), o que depende da análise do caso concreto.

Sob outro prisma, é fundamental salientar que a *legítima defesa putativa* não exclui o dever de indenizar, conforme comenta Flávio Augusto Monteiro de Barros.[71] Na legítima defesa putativa o agente imagina que está defendendo um direito seu, o que não ocorre realmente no plano fático. A pessoa pressente um perigo que, na realidade, não existe e, por isso, age imoderadamente, o que não exclui o dever de indenizar. Segundo a jurisprudência superior, em casos tais, não há que se falar em exclusão de responsabilidade (nesse sentido, ver: STJ, REsp 1.433.566/RS, 3.ª Turma, Rel. Min. Nancy Andrighi, j. 23.05.2017, *DJe* 31.05.2017; e REsp 513.891/RJ, Processo 2003/0032562-7, 3.ª Turma, Rel. Min. Ari Pargendler, j. 20.03.2007, *DJU* 16.04.2007, p. 181). Ilustrando, alguém imagina que está sendo perseguido por outro veículo e joga o seu carro sobre o do outro causando um acidente e estragos no automóvel. Evidenciando-se que não há qualquer perseguição, o caso é de legítima defesa putativa, havendo dever de reparar o prejudicado pelo ato.

O art. 930 do CC, inicialmente aplicável ao estado de necessidade e à remoção de perigo iminente, poderá ser aplicado à legítima defesa. O comando legal prevê em seu *caput* o direito de regresso em relação ao culpado pelo estado gerador do perigo. O parágrafo único do art. 930 reconhece o direito de regresso também contra aquele em defesa de quem o dano acabou sendo causado. Em outras palavras, havendo *exercício imoderado da defesa* ou *defesa putativa* e sendo o fato causado por terceiro, é reconhecido o direito de regresso do ofensor contra aquele que gerou a situação que causou o dano.

Complementando, havendo excesso nessa defesa em relação a terceiros, não estará presente a mencionada excludente de ilicitude, surgindo o dever de indenizar diante do ato praticado (*aberratio ictus*). De qualquer forma, estará assegurado o direito de regresso contra eventual culpado, seja com base no art. 930 do CC, seja com fundamento no art. 934 da mesma codificação material.

### 4.4.2    Do estado de necessidade ou remoção de perigo iminente

Prescreve o art. 188, inc. II, do atual Código Privado que não constitui ato ilícito a deterioração ou destruição da coisa alheia, ou a lesão à pessoa, a fim de remover perigo iminente, prestes a acontecer. Esse comando legal consagra o estado de necessidade, que merece tratamento idêntico, como se sinônimo fosse.

Em complemento, o parágrafo único do mesmo dispositivo disciplina que o ato será legítimo somente quando as circunstâncias o tornarem absolutamente necessário, não excedendo os limites do indispensável à remoção do perigo. Em havendo excesso, mais uma vez, tanto poderá estar configurado o abuso de direito (art. 187 do CC) quanto o ato ilícito propriamente dito (art. 186 do CC).

---

[71]  MONTEIRO DE BARROS, Flávio Augusto. *Manual de direito civil*. São Paulo: Método, 2005. v. 3, p. 256.

CAP. 4 • RESPONSABILIDADE CIVIL | **609**

Outros dois dispositivos do atual Código Civil são aplicáveis ao instituto, merecendo transcrição integral:

"Art. 929. Se a pessoa lesada, ou o dono da coisa, no caso do inciso II do art. 188, não forem culpados do perigo, assistir-lhes-á direito à indenização do prejuízo que sofreram".

"Art. 930. No caso do inciso II do art. 188, se o perigo ocorrer por culpa de terceiro, contra este terá o autor do dano ação regressiva para haver a importância que tiver ressarcido ao lesado".

Outrora foi comentado o último comando legal, que traz o direito de regresso do agente contra o real culpado pelo evento danoso. No que concerne ao primeiro dispositivo, este expressa que agindo a pessoa em estado de necessidade (ou remoção de perigo iminente) em situação não causada por aquele que sofreu o prejuízo, permanecerá o dever de indenizar.

Vejamos um exemplo para ilustrar a aplicação desses polêmicos comandos legais. Imagine-se um caso em que uma criança grita em meio às chamas de um incêndio que atinge uma residência. Um pedestre vê a cena, arromba a porta da casa e salva a criança da morte iminente, prestes a acontecer. Nesse caso, se o dono da casa não causou o incêndio, deverá ser indenizado pelo pedestre herói (art. 929 do CC). Somente se o incêndio foi causado pelo dono do imóvel é que não haverá dever de indenizar. No primeiro caso, o herói terá direito de regresso contra o real culpado pelo incêndio (art. 930 do CC). Observa-se, com tais conclusões, que o Código Civil atual, a exemplo do seu antecessor, continua a não incentivar intervenções heroicas.

Na verdade, o art. 929 do CC/2002 representa um absurdo jurídico, pois, entre proteger a vida (a pessoa) e o patrimônio, dá prioridade a este último. Não há dúvidas de que o comando legal está em total dissonância com a atual tendência do Direito Privado, que coloca a pessoa no centro do ordenamento jurídico, pela regra constante do art. 1.º, inc. III, da Constituição Federal.

De toda sorte, mitigando a sua aplicação, pontue-se que o Superior Tribunal de Justiça tem entendido que a circunstância de ter o agente atuado em estado de necessidade pode influir na fixação do valor da indenização, reduzindo o *quantum debeatur*. Nessa esteira, "a adoção da *restitutio in integrum* no âmbito da responsabilidade civil por danos, sejam materiais ou extrapatrimoniais, nos conduz à inafastabilidade do direito da vítima à reparação ou compensação do prejuízo, ainda que o agente se encontre amparado por excludentes de ilicitude, nos termos dos arts. 1.519 e 1.520 do CC/1916 (arts. 929 e 930 do CC/2002), situação que afetará apenas o valor da indenização fixado pelo critério da proporcionalidade" (STJ, REsp 1.292.141/SP, Rel. Min. Nancy Andrighi, j. 04.12.2012, publicado no seu *Informativo* n. *513*).

Justamente diante desses problemas, a Comissão de Juristas encarregada da Reforma do Código Civil, em trâmite no Congresso Nacional, sugere necessários reparos nos conteúdos dos arts. 929 e 930 da codificação privada.

Pelas propostas, o *caput* do art. 929 passará a enunciar, de forma mais clara, técnica e efetiva, que, "no caso de dano causado sob estado de necessidade, se a vítima não for responsável pela situação de perigo, assistir-lhe-á direito à indenização do prejuízo que sofreu". Em complemento, nos termos do seu § 1.º e na mesma linha de uma maior clareza para o comando, "caso a situação de perigo tenha sido criada por fato de terceiro, contra este terá o autor do dano ação regressiva para haver a importância que tiver ressarcido ao

**610** | MANUAL DE DIREITO CIVIL • VOLUME ÚNICO – *Flávio Tartuce*

lesado". Também caberá "ação de regresso para aquele que, em legítima defesa, provocar danos a terceiro não responsável pela agressão repelida", o que visa a resolver a lacuna existente a respeito da legítima defesa (proposta de § 2.º do art. 929).

Ademais, com a finalidade de corrigir a injustiça antes apontada, o novo § 3.º do art. 929 enunciará que "aquele que voluntariamente se expõe à situação de perigo para salvar alguém ou bens alheios tem direito de ser indenizado por quem criou essa situação, ou pelo beneficiado pelo ato de abnegação, na medida da vantagem por esse obtida". Por fim, em relação ao art. 930, a sugestão é uma redação mais objetiva do que a atual, segundo a qual "o agente da ação repelida, atual e iminente, é responsável pelo prejuízo a que se refere o inciso II do art. 188 deste Código". Espera-se, por sua necessidade, a aprovação das proposições pelo Congresso Nacional Brasileiro.

### 4.4.3    Do exercício regular de direito ou das próprias funções

O mesmo art. 188, em seu inciso I, segunda parte, do CC/2002, enuncia que não constitui ato ilícito o praticado no exercício regular de um direito reconhecido. Trata-se de uma das excludentes do dever de indenizar mais discutidas no âmbito da jurisprudência.

Um primeiro exemplo refere-se à inclusão do nome de devedores no *rol dos inadimplentes ou devedores*, em cadastros de natureza privada (Serasa e SPC). Por uma questão lógica, a inscrição nos casos de inadimplência constitui um exercício regular de direito do credor, conforme entendimento unânime de nossos Tribunais e dicção do art. 43 do CDC. O raciocínio serve para o protesto de título em casos de não pagamento no prazo fixado (nessa linha de conclusão: STJ, Ag. Rg. no Ag. 555.171/RS, Data da decisão: 25.05.2004, 3.ª Turma, Rel. Min. Carlos Alberto Menezes Direito, *DJ* 02.08.2004, p. 379).

Alerte-se apenas que, antes da inscrição no cadastro de inadimplentes, deve ocorrer a comunicação ao devedor pela empresa que mantém o cadastro (Súmula 359 do STJ). A falta dessa comunicação constitui abuso de direito, gerando o dever de reparar. Em reforço, conclui-se corretamente que "nas ações de responsabilidade civil por cadastramento indevido nos registros de devedores inadimplentes realizados por instituições financeiras, a responsabilidade civil é objetiva" (Enunciado n. 553 da *VI Jornada de Direito Civil*, de 2013).

A mesma tese pode ser aplicada para o caso do condomínio que publica o número da unidade inadimplente na prestação de contas que circula entre os condôminos. No caso em questão, não há que se falar em ato ilícito, mas em exercício regular de direito se a dívida realmente existir (concluindo desse modo: 2.º TACSP, Apelação sem Revisão 646.365-00/9, 12.ª Câmara, Rel. Juiz Romeu Ricupero, j. 27.06.2002, *JTA* (*LEX*) 197/647).

Por fim, no que concerne ao *exercício regular das próprias funções*, compreendemos que esta constitui uma espécie de exercício regular de direito, eis que a pessoa tem uma incumbência legal ou administrativa de atuação. É o que ocorre com o policial quanto ao combate ao crime e no caso do bombeiro ao apagar um incêndio. Por tal conclusão, no exemplo que foi exposto, quanto ao estado de necessidade, se um bombeiro arromba uma porta para salvar a criança de um incêndio, sua situação não está enquadrada no inciso II do art. 188 do CC. Dessa forma, não se aplica o art. 929 do mesmo Código Civil, que dispõe o seu eventual dever de indenizar. Isso porque, para o caso do bombeiro, deve subsumir o inciso I do art. 188.

### 4.4.4    Das excludentes de nexo de causalidade

Aqui foi exposto que o nexo de causalidade constitui o elemento imaterial da responsabilidade civil, constituído pela relação de causa e efeito entre a conduta e o dano.

CAP. 4 • RESPONSABILIDADE CIVIL | **611**

Também se afirmou que o nexo é formado pela culpa (na responsabilidade subjetiva), pela previsão de responsabilidade sem culpa relacionada com a conduta ou pela atividade de risco (na responsabilidade objetiva). São, portanto, excludentes de nexo de causalidade:

a) culpa ou fato *exclusivo* da vítima;

b) culpa ou fato *exclusivo* de terceiro;

c) caso fortuito (evento totalmente imprevisível) e força maior (evento previsível, mas inevitável).

Relativamente ao caso fortuito e força maior, repise-se que há algumas exceções, vistas no capítulo anterior, como a do devedor em mora, que responde por tais ocorrências (art. 399 do CC).

### 4.4.5 Da cláusula de não indenizar

Considerada por parte da doutrina como uma excludente de responsabilidade, a cláusula de não indenizar constitui a previsão contratual pela qual a parte exclui totalmente a sua responsabilidade. Essa cláusula é também denominada *cláusula de irresponsabilidade* ou *cláusula excludente de responsabilidade*.

Na esteira da melhor doutrina contemporânea, a malfadada cláusula de não indenizar tem aplicação bem restrita.[72] Senão, vejamos:

> 1.º) A cláusula de não indenizar somente vale para os casos de responsabilidade contratual, uma vez que a responsabilidade extracontratual, por ato ilícito, envolve ordem pública. A título de exemplo, não tem qualquer validade jurídica uma placa colocada em condomínio edilício, estabelecendo que "o condomínio não se responsabiliza pelos objetos lançados ou que caírem das unidades". Isso porque a responsabilidade civil prevista pelo art. 938 do Código Civil, supostamente afastada pelo aviso, é extracontratual. Ressalte-se que a ordem pública é ainda mais patente nas hipóteses de atos ilícitos dolosos.
>
> 2.º) A cláusula também não incide nos casos em que houver conduta dolosa do agente ou na presença de atos criminosos da parte, igualmente pela motivação na ordem pública.
>
> 3.º) Também fica em xeque a sua estipulação para a limitação ou exclusão de danos morais, que envolvem lesões a direitos da personalidade, tidos como irrenunciáveis, em regra, pela lei (art. 11 do CC).
>
> 4.º) A cláusula de irresponsabilidade é nula quando inserida em contrato de consumo, o que está expresso no art. 25 e no art. 51, I, da Lei 8.078/1990.
>
> 5.º) A citada cláusula é nula nos contratos de adesão, aplicação do art. 424 do CC ("Nos contratos de adesão, são nulas as cláusulas que estipulem a renúncia antecipada do aderente a direito resultante da natureza do negócio"). Ora, em regra, a parte tem direito de ser indenizada pelos prejuízos sofridos, o que decorre da regra da reparação integral dos danos (art. 944, *caput*, do CC). Tal conclusão representa aplicação do princípio da função social do contrato, em sua eficácia interna, entre as partes (art. 421 do CC).

---

[72] Sobre o tema, por todos: GAGLIANO, Pablo Stolze; PAMPLONA FILHO, Rodolfo. *Novo curso de direito civil.* Responsabilidade Civil. 5. ed. São Paulo: Saraiva, 2007. v. 3, p. 111 e PERES, Fábio Henrique. *Cláusulas contratuais excludentes e limitativas do dever de indenizar.* São Paulo: Quartier Latin, 2009.

6.º) A cláusula de não indenizar é nula no contrato de transporte (art. 734 do CC e Súmula 161 do STF).

7.º) A cláusula de não indenizar não tem validade e eficácia nos contratos de guarda em geral em que a segurança é buscada pelo contratante, constituindo a causa contratual. Cite-se de início, o contrato de depósito em cofre de banco, sendo a cláusula nula em casos tais (ver tratado de depósito de bem empenha-do: STJ, REsp 1133111/PR, 3.ª Turma, Rel. Min. Sidnei Beneti, j. 06.10.2009, *DJe* 05.11.2009). Ainda ilustrando, no contrato de estacionamento, é nula a cláusula de irresponsabilidade, simbolizada por uma placa no local, com os dizeres: "O Estacionamento não responde pelos objetos deixados no interior do veículo". Há muito tempo o STJ já sumulou que "A empresa responde perante o cliente pela reparação de dano ou furto de veículo ocorridos em seu estacionamento" (Súmula 130). Todavia, em data mais próxima, o mesmo Superior Tribunal de Justiça entendeu que a empresa de estacionamento não deve responder pelo assalto à mão armada ocorrido no seu interior, constituindo tal fato um evento externo, a caracterizar o caso fortuito ou a força maior. Conforme se extrai de acórdão publicado no *Informativo* n. *521* daquela Corte, "não é possível atribuir responsabilidade civil a sociedade empresária responsável por estacionamento particular e autônomo – independente e desvinculado de agência bancária – em razão da ocorrência, nas dependências daquele estacionamento, de roubo à mão armada de valores recentemente sacados na referida agência e de outros pertences que o cliente carregava consigo no momento do crime. (...) Consequentemente, não é razoável impor à sociedade responsável pelo esta-cionamento o dever de garantir a segurança individual do usuário e a proteção dos bens portados por ele, sobretudo na hipótese em que ele realize operação sabidamente de risco consistente no saque de valores em agência bancária, uma vez que essas pretensas contraprestações não estariam compreendidas por contrato que abranja exclusivamente a guarda de veículo. Nesse contexto, ainda que o usuário, no seu subconsciente, possa imaginar que, parando o seu veículo em estacionamento privado, estará protegendo, além do seu veículo, também a si próprio, a responsabilidade do estabelecimento não pode ultra-passar o dever contratual de guarda do automóvel, sob pena de se extrair do instrumento consequências que vão além do contratado, com clara violação do *pacta sunt servanda*. Não se trata, portanto, de resguardar os interesses da parte hipossuficiente da relação de consumo, mas sim de assegurar ao consumidor apenas aquilo que ele legitimamente poderia esperar do serviço contratado. Além disso, deve-se frisar que a imposição de tamanho ônus aos estacionamentos de veículos – de serem responsáveis pela integridade física e patrimonial dos usuários – mostra-se temerária, inclusive na perspectiva dos consumidores, na medida em que a sua viabilização exigiria investimentos que certamente teriam reflexo direto no custo do serviço, que hoje já é elevado" (STJ, REsp 1.232.795/SP, Rel. Min. Nancy Andrighi, j. 02.04.2013). Em 2019, esse entendimento foi consolidado no âmbito da Segunda Seção da Corte, com a seguinte tese: "o roubo à mão armada em estacionamento gratuito, externo e de livre acesso configura fortuito externo, afastando a responsabilização do estabelecimento comercial" (STJ, EREsp 1.431.606/SP, 2.ª Seção, Rel. Min. Maria Isabel Gallotti, j. 27.03.2019, *DJe* 02.05.2019). O presente autor entende que tal posição não afasta a nulidade da cláusula de não indenizar, mas apenas traz a conclusão de análise casuística da responsabilidade do estacionamento, de acordo com o aparato empregado pelos criminosos para efetivar o crime.

Em suma, para encerrar o presente tópico e o capítulo, a validade da cláusula de não indenizar fica restrita para a responsabilidade civil contratual, envolvendo contratos civis,

CAP. 4 • RESPONSABILIDADE CIVIL | **613**

paritários (aqueles que não são de adesão), que não sejam de transporte ou de guarda. Ilustre-se com uma compra e venda civil, com conteúdo plenamente discutido pelas partes.

Cabe expor, nesse contexto, uma situação em que a citada cláusula de não indenizar parece ser válida e eficaz. Imagine-se um contrato de prestação de serviços celebrado entre duas grandes empresas que não se configura como de consumo. O negócio foi amplamente debatido e negociado entre as partes, que limitaram as indenizações aos danos emergentes suportados por cada um, excluindo os lucros cessantes e outros eventuais danos indiretos, como perdas de contratos no futuro.

Como o âmbito é da responsabilidade contratual, não estando presente um contrato de adesão, não há que se atacar a referida previsão, que está no âmbito de direitos disponíveis dos envolvidos. Ressalte-se que essas cláusulas tornaram-se comuns no Brasil nos últimos anos, especialmente no setor de fornecimento de infraestrutura para obras e construções e também nos seguros empresariais.

Adotando parcialmente essa solução, de validade da cláusula de não indenizar nas relações paritárias, na *VIII Jornada de Direito Civil,* realizada em abril de 2018, aprovou-se a seguinte ementa doutrinária: "como instrumentos de gestão de riscos na prática negocial paritária, é lícita a estipulação de cláusula que exclui a reparação por perdas e danos decorrentes do inadimplemento (cláusula excludente do dever de indenizar) e de cláusula que fixa valor máximo de indenização (cláusula limitativa do dever de indenizar)" – Enunciado n. 631. Apesar de certas ressalvas que tenho quanto à exclusão dos danos emergentes, o enunciado aprovado contou com o meu apoio quando da plenária daquele evento.

No mesmo sentido, aliás, para a admissão da cláusula de não indenizar em negócios paritários, vale como argumento o teor do art. 3.º, inc. VIII, da *Lei da Liberdade Econômica* (Lei 13.874/2019), que procura valorizar a autonomia privada, assegurando o respeito à palavra dada, desde que não exista lesão a norma cogente ou de ordem pública. Conforme esse comando, entre os direitos de liberdade econômica está a "garantia de que os negócios jurídicos empresariais paritários serão objeto de livre estipulação das partes pactuantes, de forma a aplicar todas as regras de direito empresarial apenas de maneira subsidiária ao avençado, exceto normas de ordem pública". E, nos casos que foram aqui limitados, não me parece haver lesão a norma cogente quando se insere a cláusula de não indenizar para as situações concretas de responsabilidade civil contratual envolvendo empresários e em contratos negociados.

Justamente por isso, para fechar o capítulo, no Projeto de Reforma do Código Civil, apoiei a inclusão de uma norma específica na codificação privada, para tratar da viabilidade jurídica da cláusula de não indenizar e da cláusula limitativa de indenização nos contratos paritários – com ampla negociação do conteúdo pelas partes – e simétricos – com partes em situação de igualdade, sem a presença de vulnerabilidades ou hipossuficiências.

Nesse contexto, sugere-se o novo art. 946-A na codificação privada, com a seguinte dicção: "em contratos paritários e simétricos, é lícita a estipulação de cláusula que previamente exclua ou limite o valor da indenização por danos patrimoniais, desde que não viole direitos indisponíveis, normas de ordem pública, a boa-fé ou exima de indenização danos causados por dolo".

O dispositivo projetado está na linha de outras proposições que constam da Reforma, de aumento da liberdade e da amplitude da autonomia privada para os grandes contratos celebrados no País e para, como tenho dito, *destravar a vida das pessoas.* Também se almeja, em prol da segurança jurídica, trazer mais investimentos econômicos para o Brasil. Espera-se, assim, a sua aprovação pelo Congresso Nacional, sem qualquer alteração.

# 5

# TEORIA GERAL DOS CONTRATOS

**Sumário:** 5.1 Conceito de contrato. Do clássico ao contemporâneo. Do moderno ao pós--moderno – 5.2 Principais classificações contratuais: 5.2.1 Quanto aos direitos e deveres das partes envolvidas; 5.2.2 Quanto ao sacrifício patrimonial das partes; 5.2.3 Quanto ao momento do aperfeiçoamento do contrato; 5.2.4 Quanto aos riscos que envolvem a prestação; 5.2.5 Quanto à previsão legal; 5.2.6 Quanto à negociação do conteúdo pelas partes. Contrato de adesão × contrato de consumo; 5.2.7 Quanto à presença de formalidades ou solenidades; 5.2.8 Quanto à independência contratual. Os contratos coligados ou conexos; 5.2.9 Quanto ao momento do cumprimento; 5.2.10 Quanto à pessoalidade; 5.2.11 Quanto à definitividade do negócio – 5.3 Princípios contratuais no Código Civil de 2002: 5.3.1 Primeiras palavras; 5.3.2 Princípio da autonomia privada; 5.3.3 Princípio da função social dos contratos; 5.3.4 Princípio da força obrigatória do contrato (*pacta sunt servanda*); 5.3.5 Princípio da boa-fé objetiva; 5.3.6 Princípio da relatividade dos efeitos contratuais – 5.4 A formação do contrato pelo Código Civil: 5.4.1 Fase de negociações preliminares ou de puntuação; 5.4.2 Fase de proposta, polici-tação ou oblação; 5.4.3 Fase de contrato preliminar; 5.4.4 Fase de contrato definitivo – 5.5 A revisão judicial dos contratos por fato superveniente no Código Civil e no Código de Defesa do Consumidor: 5.5.1 Primeiras palavras; 5.5.2 A revisão contratual por fato superveniente no Código Civil de 2002; 5.5.3 A revisão contratual por fato superveniente no Código de Defesa do Consumidor – 5.6 Os vícios redibitórios no Código Civil – 5.7 A evicção – 5.8 Extinção dos contratos: 5.8.1 Extinção normal dos contratos; 5.8.2 Extinção por fatos anteriores à celebração; 5.8.3 Extinção por fatos posteriores à celebração; 5.8.4 Extinção por morte de um dos contratantes.

## 5.1 CONCEITO DE CONTRATO. DO CLÁSSICO AO CONTEMPORÂNEO. DO MODERNO AO PÓS-MODERNO

Como se sabe, tão antigo como o próprio ser humano é o conceito de contrato, que nasceu a partir do momento em que as pessoas passaram a se relacionar e a viver em sociedade. A própria palavra *sociedade* traz a ideia de contrato, de composição entre as partes com uma finalidade. A feição atual do instituto vem sendo moldada desde a época romana sempre baseada na realidade social.

Com as recentes inovações legislativas e com a sensível evolução da sociedade brasi-leira, não há como desvincular o contrato da atual realidade nacional, surgindo a necessi-dade de dirigir os pactos para a consecução de finalidades que atendam aos interesses da coletividade. Essa é a primeira face da *real função dos contratos*.

A respeito do conceito de contrato, o Código Civil de 2002, a exemplo do seu antecessor não cuidou de defini-lo. Assim, é imperiosa a busca de sua categorização, para o devido estudo pelo aplicador do Direito.

De início, nota-se que o contrato é um ato jurídico bilateral, dependente de pelo menos duas declarações de vontade, cujo objetivo é a criação, a alteração ou até mesmo a extinção de direitos e deveres. Os contratos são, em suma, todos os tipos de convenções ou estipulações que possam ser criadas pelo acordo de vontades e por outros fatores acessórios.

Dentro desse contexto, o contrato é um ato jurídico em sentido amplo, em que há o elemento norteador da vontade humana que pretende um objetivo de cunho patrimonial (*ato jurígeno*); constitui um negócio jurídico por excelência. Isso justifica o apurado estudo dos elementos constitutivos do negócio jurídico, expostos no Capítulo 2 desta obra a partir da doutrina de Pontes de Miranda (*Escada Ponteana*). Para existir o contrato, seu objeto ou conteúdo deve ser lícito, não podendo contrariar o ordenamento jurídico, a boa-fé, a sua função social e econômica e os bons costumes.

Em suma, e em uma visão clássica ou moderna, o contrato pode ser conceituado como um *negócio jurídico bilateral ou plurilateral que visa a criação, modificação ou extinção de direitos e deveres com conteúdo patrimonial*. Esse conceito clássico está muito próximo daquele que consta do Código Civil Italiano que, em seu art. 1.321, estipula que "il contratto è l'accordo di due o più parti per costituire, regolare o estinguere tra loro un rapporto giuridico patrimoniale" (o contrato é o acordo de duas partes ou mais, para constituir, regular ou extinguir entre elas uma relação jurídica patrimonial). Na doutrina atual, muitos autores seguem tal construção, caso de Álvaro Villaça Azevedo[1] e Maria Helena Diniz.[2]

Buscando a feição interna contratual, Maria Helena Diniz aponta dois elementos essenciais para a formação do instituto: um *estrutural*, constituído pela *alteridade* presente no conceito de negócio jurídico; e outro *funcional*, formado pela *composição de interesses contrapostos, mas harmonizáveis*.[3] Vale lembrar que a *alteridade* se constitui pela presença de pelo menos duas pessoas quando da constituição do contrato. Justamente pela existência desses dois elementos é que seria vedada a *autocontratação*, ou celebração de um contrato consigo mesmo. Mas dúvidas surgem quanto a essa possibilidade, se analisado o art. 117 do Código Civil:

> "Art. 117. Salvo se o permitir a lei ou o representado, é anulável o negócio jurídico que o representante, no seu interesse ou por conta de outrem, celebrar consigo mesmo. Parágrafo único. Para esse efeito, tem-se como celebrado pelo representante o negócio realizado por aquele em quem os poderes houverem sido substabelecidos".

De acordo com o dispositivo em questão, é possível a outorga de poderes para que a pessoa que representa outrem celebre um contrato consigo mesmo, no caso, um *mandato em causa própria* (*mandato com cláusula in rem propriam* ou *in rem suam*). Não estando presente essa autorização ou havendo proibição legal, o mandato em causa própria é anulável. A regra ainda merece aplicação em casos de substabelecimento (cessão parcial do mandato), conforme o seu parágrafo único.

No tocante ao prazo para ingressar com a ação anulatória, estou filiado ao entendimento pelo qual deve ser aplicado o art. 179 do CC/2002, que traz um prazo geral de dois anos para tanto, contados da constituição do negócio, para constituir negativamente o ato eivado de vício.

---

[1] AZEVEDO, Álvaro Villaça. *Teoria geral dos contratos típicos e atípicos*. São Paulo: Atlas, 2002. p. 21.

[2] DINIZ, Maria Helena. *Curso de Direito Civil brasileiro*. Teoria geral das obrigações contratuais e extracontratuais. 25. ed. São Paulo: Saraiva, 2009. v. 3, p. 12.

[3] DINIZ, Maria Helena. *Curso de Direito Civil brasileiro*. Teoria geral das obrigações contratuais e extracontratuais. 25. ed. São Paulo: Saraiva, 2009. v. 3, p. 12-15.

CAP. 5 • TEORIA GERAL DOS CONTRATOS | **617**

A grande dúvida que surge desse dispositivo é se ele traz ou não uma hipótese de autocontratação perfeita, em que não há a referida alteridade. Entendo que a resposta é negativa. Para ilustrar, imagine um caso em que *A* outorga poderes para *B* vender um imóvel, com a autorização para que o último venda o bem para si mesmo. Celebrado esse negócio, haveria uma autocontratação, pelo menos aparentemente. Mas é interessante perceber que a alteridade continua presente, na outorga de poderes para que o segundo negócio seja celebrado. Desse modo, não há uma *autocontratação perfeita*, sem alteridade, na figura referenciada no art. 117 do CC. O elemento destacado, a presença de duas pessoas, continua sendo essencial para a validade de todo e qualquer contrato.

Superada essa questão, ainda sobre o conceito clássico, exige-se um conteúdo patrimonial, ou a *patrimonialidade,* como afirmam italianos. Nessa visão, o casamento, por exemplo, não seria um contrato, eis que o seu conteúdo é mais do que patrimonial, é afetivo, visando a uma comunhão plena de vida, como se extrai do art. 1.511 do CC.

Pois bem, diante das profundas alterações estruturais e funcionais pelas quais vem passando o instituto, alguns juristas, como Paulo Nalin, propõem um conceito pós-moderno ou contemporâneo de contrato. Para o doutrinador paranaense, o contrato constitui "a relação jurídica subjetiva, nucleada na solidariedade constitucional, destinada à produção de efeitos jurídicos existenciais e patrimoniais, não só entre os titulares subjetivos da relação, como também perante terceiros".[4] O conceito é importante, explicando muito bem o fenômeno atual, pelos seguintes aspectos:

1.º) O contrato está amparado em valores constitucionais, sobretudo na solidariedade social (art. 3.º, inc. I, da CF/1988). A premissa tem relação direta com a *escola do Direito Civil Constitucional,* que prega a análise dos institutos civis a partir do Texto Maior. Por esse caminho metodológico, os princípios contratuais, caso da boa-fé objetiva e da função social do contrato, amparam-se em princípios constitucionais.

2.º) O contrato pode envolver um conteúdo existencial, relativo a direitos da personalidade. Cite-se a exploração patrimonial de imagem de um atleta profissional. Em reforço, pode ser mencionado o contrato celebrado entre uma emissora de televisão e o participante de programa de realidade (*reality show*). Aliás, a proteção dos direitos da personalidade e da dignidade humana no contrato tem relação direta com a função social do contrato, conforme reconhece o Enunciado n. 23 do CJF/STJ, aprovado na *I Jornada de Direito Civil*: "a função social do contrato, prevista no art. 421 do novo Código Civil, não elimina o princípio da autonomia contratual, mas atenua ou reduz o alcance desse princípio quando presentes interesses metaindividuais ou interesse individual relativo à dignidade da pessoa humana".

3.º) O contrato pode gerar efeitos perante terceiros, sendo essa, justamente, a feição da *eficácia externa da função social dos contratos,* como será estudado adiante.

A encerrar a presente seção inaugural do capítulo, deve ficar claro que o *instituto contrato* não se confunde com o *instrumento contrato*. Existem institutos que são instrumentalizados por contratos, mas não assumem a feição do instituto. Podem ser citados, para ilustrar, o penhor e a hipoteca, que não são contratos como institutos, mas direitos reais (art. 1.225, incs. VIII e IX, do CC).

---

4    NALIN, Paulo. *Do contrato: conceito pós-moderno.* 1. ed. 5. tir. Curitiba: Juruá, 2005. p. 255.

# 5.2 PRINCIPAIS CLASSIFICAÇÕES CONTRATUAIS

Buscar a natureza jurídica de um determinado contrato é procurar classificá-lo dentre as mais diversas formas e espécies possíveis (*categorização jurídica*). A matéria interessa muito quando são estudados os contratos em espécie. Diante dessa fulcral importância, serão analisadas a partir de então, à luz da melhor doutrina, as principais classificações contratuais.

## 5.2.1 Quanto aos direitos e deveres das partes envolvidas

De início, ressalte-se que o negócio jurídico pode ser unilateral, bilateral ou plurilateral. O contrato é sempre negócio jurídico bilateral ou plurilateral, eis que envolve pelo menos duas pessoas (alteridade). No entanto, o contrato também pode ser classificado como *unilateral*, *bilateral* ou *plurilateral*:

a) *Contrato unilateral* – é aquele em que apenas um dos contratantes assume deveres em face do outro. É o que ocorre na doação pura e simples: há duas vontades (a do doador e a do donatário), mas do concurso de vontades surgem deveres apenas para o doador; o donatário apenas auferirá vantagens. Também são exemplos de contratos unilaterais o mútuo (empréstimo de bem fungível para consumo) e o comodato (empréstimo de bem infungível para uso). Percebe-se que nos contratos unilaterais, apesar da presença de duas vontades, apenas uma delas será devedora, não havendo contraprestação.

b) *Contrato bilateral* – os contratantes são simultânea e reciprocamente credores e devedores uns dos outros, produzindo o negócio direitos e deveres para ambos os envolvidos, de forma proporcional. O contrato bilateral é também denominado *contrato sinalagmático*, pela presença do *sinalagma*, que é a proporcionalidade das prestações, eis que as partes têm direitos e deveres entre si (*relação obrigacional complexa*). Exemplos: compra e venda e locação.

c) *Contrato plurilateral* – envolve várias pessoas, trazendo direitos e deveres para todos os envolvidos, na mesma proporção. Exemplos: seguro de vida em grupo e o consórcio.

## 5.2.2 Quanto ao sacrifício patrimonial das partes

a) *Contrato oneroso* – aquele que traz vantagem para ambos os contratantes, pois estes sofrem o mencionado sacrifício patrimonial (ideia de *proveito alcançado*). Ambas as partes assumem deveres obrigacionais, havendo um direito subjetivo de exigi-lo. Há uma prestação e uma contraprestação. Exemplo: compra e venda.

b) *Contrato gratuito ou benéfico* – aquele que onera somente uma das partes, proporcionando à outra uma vantagem sem qualquer contraprestação. Deve ser observada a norma do art. 114 do CC, que enuncia a interpretação restritiva dos negócios benéficos. Exemplo: doação pura ou simples.

> **Observação** – Como decorrência lógica da estrutura contratual, em regra, o contrato oneroso é bilateral, e o gratuito é unilateral. Mas pode haver exceção, como é o caso do contrato de mútuo de dinheiro sujeito a juros (*mútuo feneratício*) pelo qual além da obrigação de restituir a quantia emprestada (contrato unilateral), devem ser pagos os juros (contrato oneroso).

CAP. 5 • TEORIA GERAL DOS CONTRATOS | **619**

### 5.2.3 Quanto ao momento do aperfeiçoamento do contrato

a) *Contrato consensual* – aquele que tem aperfeiçoamento pela simples manifestação de vontade das partes envolvidas. Exemplos: compra e venda, a doação, a locação, o mandato, entre outros.

b) *Contrato real* – apenas se aperfeiçoa com a entrega da coisa (*traditio rei*), de um contratante para o outro. Exemplos: comodato, mútuo, contrato estimatório e depósito. Nessas figuras contratuais, antes da entrega da coisa tem-se apenas uma promessa de contratar e não um contrato perfeito e acabado.

> **Observação** – Não se pode confundir o aperfeiçoamento do contrato (plano da validade) com o seu cumprimento (plano da eficácia). A compra e venda gera efeitos a partir do momento em que as partes convencionam sobre a coisa e o seu preço (art. 482 do CC). No caso da compra e venda de imóveis, o registro mantém relação com a aquisição da propriedade do negócio decorrente, o mesmo valendo para a tradição nos casos envolvendo bens móveis. Utilizando a *Escada Ponteana*, exposta no Capítulo 2 deste livro, o registro e a tradição estão no *plano da eficácia* desse contrato. No que concerne à tradição, é melhor dizer que está, *em regra*, no plano da eficácia. Isso porque, no caso dos contratos reais, a entrega da coisa está no plano da validade.

### 5.2.4 Quanto aos riscos que envolvem a prestação

a) *Contrato comutativo* – aquele em que as partes já sabem quais são as prestações, ou seja, essas são conhecidas ou pré-estimadas. A compra e venda, por exemplo, é, em regra, um *contrato comutativo*, pois o vendedor sabe qual o preço a ser pago e o comprador qual é a coisa a ser entregue. Também é contrato comutativo o contrato de locação, pois as partes sabem o que será cedido e qual o valor do aluguel.

b) *Contrato aleatório* – a prestação de uma das partes não é conhecida com exatidão no momento da celebração do negócio jurídico pelo fato de depender da sorte, da *álea*, que é um fator desconhecido. O Código Civil de 2002 trata dos contratos aleatórios nos arts. 458 a 461. Alguns negócios são aleatórios devido à sua própria natureza, caso dos contratos de seguro e de jogo e aposta. Em outros casos, contudo, o contrato é aleatório em virtude da existência de um elemento acidental, que torna a coisa ou o objeto incerto quanto à sua existência ou quantidade, como ocorre na compra e venda de uma colheita futura. O CC/2002 consagra duas formas básicas de contratos aleatórios:

b.1) Contrato aleatório *emptio spei* – um dos contratantes toma para si o risco relativo à própria existência da coisa, sendo ajustado um determinado preço, que será devido integralmente, mesmo que a coisa não exista no futuro, desde que não haja dolo ou culpa da outra parte (art. 458 do CC). O risco é maior. No caso de compra e venda, essa forma negocial pode ser denominada *venda da esperança*. Como exemplo, imagine-se que alguém propõe a um pescador uma compra aleatória de peixes, pagando R$ 100,00 (cem reais) por qualquer quantidade obtida em uma hora no mar, inclusive se nada for pescado.

b.2) Contrato aleatório *emptio rei speratae* – se o risco versar somente em relação à quantidade da coisa comprada, pois foi fixado pelas partes um mínimo como objeto do negócio (art. 459 do CC). Nesse contrato o risco, apesar de existente,

# 620 | MANUAL DE DIREITO CIVIL • VOLUME ÚNICO – *Flávio Tartuce*

é menor. Em casos tais, a parte terá direito a todo o preço, desde que de sua parte não tenha concorrido com culpa, ainda que a coisa venha a existir em quantidade inferior à esperada. Mas, se a coisa não vier a existir, alienação não haverá, e o alienante deverá devolver o preço recebido (art. 459, parágrafo único, do Código Civil). Na compra e venda trata-se da *venda da esperança com coisa esperada*. No mesmo exemplo da compra de peixes, a proposta ao pescador é de R$ 200,00 (duzentos reais) por uma hora no mar. Porém, o comprador fixa uma quantidade mínima de dez peixes que devem ser pescados, ou seja, um *montante mínimo* para o contrato.

## 5.2.5 Quanto à previsão legal

a) *Contrato típico* – aquele com uma previsão legal mínima, ou seja, com um *estatuto legal suficiente*. Exemplos: compra e venda, doação, locação, prestação de serviço, empreitada, mútuo, comodato (contratos tipificados pelo Código Civil de 2002, objeto do próximo capítulo).

b) *Contrato atípico* – não há uma previsão legal mínima, como ocorre com o contrato de garagem ou estacionamento. O art. 425 do CC dispõe que é lícita a criação de contratos atípicos, desde que observados os preceitos gerais da codificação privada, caso dos princípios da função social do contrato (art. 421 do CC) e da boa-fé objetiva. O dispositivo está inspirado na obra de Álvaro Villaça Azevedo, que buscou criar a teoria geral dos contratos atípicos.[5] Na *VII Jornada de Direito Civil*, evento promovido pelo Conselho da Justiça Federal em 2015, aprovou-se proposta no sentido de que, "com suporte na liberdade contratual e, portanto, em concretização da autonomia privada, as partes podem pactuar garantias contratuais atípicas" (Enunciado n. 582). Assim, é plenamente possível a criação de uma modalidade de garantia pessoal totalmente nova no sistema, inclusive congregando elementos de outras formas de garantias já existentes.

> **Observação 1** – Alguns doutrinadores apontam que a expressão *contratos atípicos* seria sinônima de *contratos inominados*, enquanto a expressão *contratos típicos* seria sinônima de *contratos nominados*.[6] Entretanto, apesar de respeitar esse posicionamento, entendo ser mais pertinente utilizar a expressão que consta da lei, qual seja, a do art. 425 do CC. Na verdade, existem sim diferenças entre os conceitos expostos como sinônimos. As expressões *contratos nominados e inominados* devem ser utilizadas quando o nome da figura negocial constar ou não em lei. Por outra via, os termos *contratos típicos e atípicos* servem para apontar se o contrato tem ou não um tratamento legal mínimo. Ilustrando, o art. 1.º, parágrafo único, da Lei de Locação (Lei 8.245/1991) ao prever as hipóteses de sua não aplicação, faz menção ao *contrato de garagem* ou *estacionamento*, nos seguintes termos: "Continuam regulados pelo Código Civil e pelas leis especiais: a) as locações: (...) 2. das vagas autônomas de garagem ou de espaços de estacionamento de veículos". Percebe-se que o contrato de garagem ou estacionamento é *nominado*, pois o seu nome consta em lei. Todavia, como não há uma previsão legal mínima, trata-se de um contrato *atípico*. Concluindo, o contrato em questão é *nominado e atípico*.

---

[5]  AZEVEDO, Álvaro Villaça. *Teoria geral dos contratos típicos e atípicos*. São Paulo: Atlas, 2002.

[6]  Por todos: DINIZ, Maria Helena. *Código Civil anotado*. 15. ed. São Paulo: Saraiva, 2010. p. 369.

CAP. 5 • TEORIA GERAL DOS CONTRATOS | **621**

**Observação 2** – Entendo que são contratos atípicos os contratos eletrônicos em geral, celebrados pela via digital, aplicando-lhes as normas do Código Civil, conforme prescreve o mencionado art. 425 da atual codificação material. O Projeto de Reforma do Código Civil pretende incluir na Lei Geral Privada um amplo tratamento a respeito deles, inclusive no novo livro denominado de *Direito Civil Digital*. Entre as proposições, destaco, inicialmente, a que define a categoria: "entende-se por contrato digital todo acordo de vontades celebrado em ambiente digital, como os contratos eletrônicos, pactos via aplicativos, e--mail, ou qualquer outro meio tecnológico que permita a comunicação entre as partes e a criação de direitos e deveres entre elas, pela aceitação de proposta de negócio ou de oferta de produtos e serviços". Anoto que os dispositivos do novo livro não foram numerados, deixando para o Congresso Nacional a opção de inseri-los na Lei Geral Privada, em qualquer posição. Existem propostas no Projeto a respeito dos princípios aplicáveis a esses contratos eletrônicos, da sua formação, da sua informalidade como regra geral e a aplicação dos mesmos requisitos de validade previstos na codificação, sobretudo no seu art. 104, no que couber. Ainda a respeito dos contratos eletrônicos, tem-se debatido atualmente sobre os *smart contracts*. Como explica Angélica Carlini, esses contratos mantêm relação com a tecnologia *blockchain*, que vem a ser "uma base de dados compartilhada entre diferentes pessoas que não se conhecem, que guardam todos os registros das transações realizadas. Esses registros são ordenados por blocos que contêm as informações e protegidos por chaves denominadas *hash*, que são uma assinatura criptografada. Qualquer alteração na base de dados vai gerar um novo *hash*, e todos os participantes da rede saberão disso e poderão certificar a autenticidade da transação realizada. Não há possibilidade de mudanças retroativas porque cada transação é certificada com um carimbo digital que contém a data e o horário, o que contribui para garantir a segurança da transação. Além disso, cada transação realizada na rede é caracterizada como um bloco que é enviado a todos os nós de rede (participantes da rede entre pares) e agregado a outros blocos, de forma que todos conhecem todas as transações realizadas e podem validá-las".[7] Na sequência, a jurista explica com maiores detalhes como se dá a contratação nos *smart contracts*, merecendo destaque as suas palavras: "a contratação é totalmente automatizada e a vontade do ser humano só pode se manifestar nos estritos limites do que foi previamente configurado no sistema computacional que rege a máquina. Se o humano desejar alguma coisa que não esteja à venda, ou se quiser que a máquina interprete alguma de suas intenções, isso não será possível porque não há programação para essas variáveis. Essa é a ideia central dos *smart contracts*, as partes contratantes devem fixar previamente todas as condições que desejam que sejam transportadas para a linguagem computacional e, depois que isso for feito, não existe mais espaço para modificações para os termos fixados no contrato. Se as condições previstas forem ocorrendo as consequências desejadas igualmente ocorrerão sem intervenção humana, sem subjetividade na interpretação e, principalmente, sem viabilizar a intervenção de terceiros estatais ou privados".[8] A par dessa realidade, a doutrinadora conclui que o termo *smart contracts*, em tradução literal *contratos inteligentes*, não seria o mais adequado, pois "são, na

---

[7] CARLINI, Angélica. *Smart contracts*: inteligentes ou obedientes? Disponível em: <https://www.migalhas. com.br/coluna/migalhas-contratuais/358010/smart-contracts-inteligentes-ou-obedientes>. Acesso em: 10 out. 2022.

[8] CARLINI, Angélica. *Smart contracts*: inteligentes ou obedientes? Disponível em: <https://www.migalhas. com.br/coluna/migalhas-contratuais/358010/smart-contracts-inteligentes-ou-obedientes>. Acesso em: 10 out. 2022.

verdade, contratos obedientes, mas não inteligentes porque não tomam decisões sozinhos, são orientados a agir a partir de cláusulas ou condições previamente determinadas por humanos e que devem ser rigorosamente obedecidas, sem qualquer interferência externa".[9] Por isso, conclui que essas figuras não devem ser utilizadas no âmbito das relações de consumo ou de determinadas áreas do Direito Civil, em que certas peculiaridades e aspectos subjetivos devem ser observados, sob pena de serem gerados graves conflitos na interpretação do conteúdo negocial. Estou totalmente filiado a esse entendimento da Professora Angélica Carlini, que passo a adotar, depois de muito refletir sobre essa nova realidade contratual. No Projeto de Reforma e Atualização do Código Civil existe proposta de tratamento dessas figuras contratuais. Nos termos do projetado comando para o livro de *Direito Civil Digital*, são considerados contratos inteligentes (*smart contracts*) aqueles nos quais alguma ou todas as obrigações contratuais são definidas ou executadas automaticamente por meio de um programa de computador, por meio da utilização de sequência de registros eletrônicos de dados e garantindo-se a integridade e a precisão de sua ordenação cronológica. Em prol da segurança jurídica, a mesma proposta traz requisitos para esses contratos, destacando-se a robustez e o controle de acesso, para assegurar que o contrato inteligente foi projetado para oferecer mecanismos de controle de acesso e um grau muito elevado de segurança a fim de evitar erros funcionais e resistir à manipulação por terceiros. Merece também menção a auditabilidade, com arquivamento de dados e continuidade, para garantir, em circunstâncias em que um contrato inteligente precise ser encerrado ou desativado, a possibilidade de arquivar os seus dados transacionais, a sua lógica e o seu código a fim de manter-se o registro dos dados das operações passadas. Aguarda-se, assim, a aprovação das propostas pelo Congresso Nacional, em prol da estabilidade das relações privadas, sobretudo tendo em vista o incremento de novas tecnologias.

### 5.2.6 Quanto à negociação do conteúdo pelas partes. Contrato de adesão × contrato de consumo

a) *Contrato de adesão* – aquele em que uma parte, o estipulante, impõe o conteúdo negocial, restando à outra parte, o aderente, duas opções: aceitar ou não o conteúdo desse negócio. Entendo que o conceito deve ser visto em sentido amplo, de modo a englobar todas as figuras negociais em que as cláusulas são preestabelecidas ou predispostas, caso do *contrato-tipo* e do *contrato formulário*, figuras negocias em que as cláusulas são predeterminadas até por um terceiro. Esses contratos até são comercializados, em alguns casos. A título de exemplo, podem ser citados os contratos de locação de imóvel vendidos em papelarias e pela *internet*. O Código de Defesa do Consumidor cuidou de definir o contrato de adesão no seu art. 54: "contrato de adesão é aquele cujas cláusulas tenham sido aprovadas pela autoridade competente ou estabelecidas unilateralmente pelo fornecedor de produtos ou serviços, sem que o consumidor possa discutir ou modificar substancialmente seu conteúdo". De toda sorte, como se verá a seguir, o contrato de adesão não necessariamente será de consumo. Destaque-se que o Código Civil de 2002 protege o aderente como vulnerável em dois dispositivos,

---

[9] CARLINI, Angélica. *Smart contracts*: inteligentes ou obedientes? Disponível em: <https://www.migalhas.com.br/coluna/migalhas-contratuais/358010/smart-contracts-inteligentes-ou-obedientes>. Acesso em: 10 out. 2022.

CAP. 5 • TEORIA GERAL DOS CONTRATOS | **623**

que ainda serão estudados (arts. 423 e 424). Essa proteção foi ampliada pela *Lei da Liberdade Econômica* (Lei 13.874/2019), que inseriu no sistema outra regra, aplicada aos negócios jurídicos em geral, de interpretação contra aquele que elaborou a cláusula inserida no negócio (*contra proferentem*). Trata-se do novo art. 113, § 1.º, inc. IV, do Código Civil, que será retomado mais à frente, no contexto de análise da função social do contrato. Importante também destacar que o Projeto de Reforma e Atualização do Código Civil, elaborado pela Comissão de Juristas nomeada no Senado Federal pretende inserir na Lei Geral Privada o conceito de contrato de adesão, como deve ser, além da ampliação de regras interpretativas. Consoante o projetado art. 423, em seu *caput*, "a expressão 'contrato de adesão' engloba tanto aqueles cujas cláusulas tenham sido aprovadas pela autoridade competente, como aqueles em que as cláusulas sejam estabelecidas unilateralmente por um dos contratantes, sem que o aderente possa discutir ou modificar substancialmente seu conteúdo". Como se pode notar, adota-se um conceito amplo e necessário para a categoria, na linha do que está no art. 54 do CDC, mas com a possibilidade de não confundi-lo com o contrato de consumo, conforme o Enunciado n. 171 da *III Jornada de Direito Civil*, estudado a seguir. Seguindo, conforme o seu projetado § 1.º, em prol do dever anexo de informação, amparado na boa-fé objetiva, as cláusulas postas para adesão, no contrato escrito ou disponibilizado em espaço virtual, serão redigidas em termos claros e com caracteres ostensivos e legíveis, para facilitar a sua compreensão pelo aderente. E, por fim, ampliando-se a interpretação para o aderente, o novo § 2.º do art. 423: "os contratos de adesão serão interpretados de maneira mais favorável ao aderente". Com a aprovação das proposições, muitos dilemas relativos a essa importante figura contratual restarão superados, sobretudo para a prática contratual.

b) *Contrato paritário ou negociado* – aquele em que o conteúdo é plenamente discutido entre as partes, o que constitui raridade no atual momento contratual. De toda sorte, muitos contratos celebrados entre grandes empresas assumem essa forma, estando sujeitos à nova *Lei da Liberdade Econômica*, em muitas de suas previsões. Cite-se, a título de ilustração, o art. 3.º, inc. VIII, da Lei 13.874/2019, segundo o qual "são direitos de toda pessoa, natural ou jurídica, essenciais para o desenvolvimento e o crescimento econômicos do País, observado o disposto no parágrafo único do art. 170 da Constituição Federal. (...). VIII – ter a garantia de que os negócios jurídicos empresariais paritários serão objeto de livre estipulação das partes pactuantes, de forma a aplicar todas as regras de direito empresarial apenas de maneira subsidiária ao avençado, exceto normas de ordem pública". O dispositivo destaca a importância da autonomia privada em tais negócios, mas ressalva a necessidade de observância das normas cogentes ou de ordem pública, muitas delas estudadas no presente capítulo. A previsão pode parecer óbvia, pois sempre se considerou correto o seu conteúdo, especialmente na doutrina. De toda sorte, a introdução na lei não deixa margem de dúvidas quanto ao seu conteúdo. Outro comando a ser destacado é o novo art. 421-A do Código Civil, inserido pelo mesmo diploma, segundo o qual os contratos civis e empresariais presumem-se paritários e simétricos até a presença de elementos concretos que justifiquem o afastamento dessa presunção. O contrato simétrico é aquele em que as partes estão em posição de igualdade, entendida esta em sentido amplo. Por óbvio que a presunção é relativa ou *iuris tantum*, e a realidade fática demonstra que os contratos paritários são exceção na nossa realidade contratual, e não a regra. Mesmo em casos de contratos empresariais, podem ser citadas a franquia, a representação comercial, a agência, a distribuição e a locação empresarial. O mesmo preceito estabelece que estão ressalvados os regimes jurídicos previstos em leis especiais, caso do CDC, em que há a presunção de vulnerabilidade do consumidor, nos termos do seu art. 4.º, inc. III, a ensejar a dedução de que se trata de um contrato de adesão, por regra. Além disso, a nova norma enuncia que está garantido também nos contratos paritários que: *a)* as partes negociantes poderão estabelecer parâmetros objetivos para a interpretação das cláusulas negociais e de seus pressupostos de revisão ou de resolução, como já estava previsto no Enunciado n. 23 da *I Jornada de Direito Comercial*; *b)* a alocação de riscos definida pelas partes deve ser respeitada e observada, como instrumento de efetivação da racionalidade econômica; e *c)* a revisão contratual somente ocorrerá de maneira excepcional e limitada, o que traduz novamente o óbvio, como se verá no presente capítulo. Entendo que a antes citada regra do art. 113, § 1.º, inc. IV, do Código Civil também se aplica aos contratos paritários, caso exista nestes uma cláusula de adesão, imposta por uma das partes. Se essa for identificável, deverá ser interpretada contra quem a elaborou (*contra proferentem*). A título de exemplo, imagine-se um seguro empresarial, realizado por dois agentes econômicos de grande porte, em que a maioria das cláusulas foi negociada, havendo um contrato paritário na maior extensão do negócio. Caso seja identificada uma determinada previsão como imposta pela seguradora, deverá ela ser interpretada de maneira mais favorável à segurada. No Projeto de Reforma e Atualização do Código Civil, há proposta de se ampliar a liberdade para os contratos paritários – amplamente negociados entre as partes – e simétricos – com partes em posições de igualdade. Insere-se, nesse contexto, o novo art. 421-D, estabelecendo que salvo nos contratos de adesão ou por cláusulas predispostas em formulários, as partes podem, para a garantia da paridade contratual, sem prejuízo dos princípios e das normas de ordem pública, prever, fixar e dispor a respeito de: *a)* parâmetros objetivos para a interpretação e para a revisão de cláusulas negociais; *b)* hipóteses e pressupostos para a revisão ou resolução contratual; *c)* alocação de riscos e seus critérios, definida pelas partes, que deve ser observada e respeitada; *d)* glossário com o significado de termos e de expressões utilizados pelas partes na redação do contrato; e *e)* interpretação de texto normativo. Em outros trechos do Projeto, como se verá neste livro, são inseridas regras de aumento de liberdade de pactuação nesses contratos paritários e simétricos. Lembro, de imediato, a possibilidade de se prever a cláusula de não indenizar ou a cláusula limitativa de indenização, consoante o novo art. 946-A da Lei Geral Privada: "em contratos paritários e simétricos, é lícita a estipulação de cláusula que previamente exclua ou limite o valor da indenização por danos patrimoniais, desde que não viole direitos indisponíveis, normas de ordem pública, a boa-fé ou exima de indenização danos causados por dolo". Com o intuito de *destravar* a vida das pessoas, um dos motes da Comissão de Juristas, e com maiores possibilidades de pactuação nesses negócios jurídicos, espera-se a sua aprovação pelo Parlamento Brasileiro.

**Observação** – Apesar da afirmação feita anteriormente, não se pode confundir o contrato de consumo com o contrato de adesão, conforme consta do Enunciado n. 171 do CJF/STJ, aprovado na *III Jornada de Direito Civil*, por proposição formulada por mim. Na categorização do contrato de adesão, leva-se em conta a forma de celebração do negócio. Por outra via, o conceito de contrato de consumo é retirado dos arts. 2.º e 3.º da Lei 8.078/1990. Assim, o contrato de consumo pode ser definido como aquele em que alguém, um profissional, fornece um produto ou presta serviço a um destinatário final – fático e econômico –, denominado consumidor, mediante remuneração direta ou vantagens indiretas. Em suma, nem todo contrato de consumo é de adesão. Ademais, nem todo contrato de adesão é de consumo. De início, exemplifica-se com uma situação em que uma pessoa adquire um tapete. Ela vai até uma loja especializada e discute todos os termos do contrato, barganhando o preço e impondo até mesmo a data de entrega, celebrando para tanto um instrumento sob a forma escrita. Essa pessoa é consumidora, uma vez que é destinatária final, fática e econômica, do tapete; mas o contrato assumiu a forma paritária aplicando-se todo o Código Consumerista, com exceção do que consta do seu art. 54. Partindo para outro exemplo, da situação oposta, vejamos o caso de um contrato de *franchising* ou franquia. O franqueado recebe toda a estrutura do franqueador que cede, inclusive, o direito de utilização da marca. Observa--se que o franqueado recebe toda essa estrutura não como destinatário final, mas para repassá-la aos consumidores finais, que irão adquirir seus produtos ou serviços. O franqueado não é destinatário final econômico do serviço prestado, pois dele retira o seu lucro. Desse modo, o contrato não assume a forma de contrato de consumo, mas, na prática, é contrato de adesão, eis que o franqueador impõe todo o conteúdo do pacto, na grande maioria das vezes. A propósito, afastando expressamente a existência de uma relação de consumo, a Lei 13.966/2019, conhecida como Nova Lei de Franquias, estabelece no seu art. 1.º que "esta Lei disciplina o sistema de franquia empresarial, pelo qual um franqueador autoriza por meio de contrato um franqueado a usar marcas e outros objetos de propriedade intelectual, sempre associados ao direito de produção ou distribuição exclusiva ou não exclusiva de produtos ou serviços e também ao direito de uso de métodos e sistemas de implantação e administração de negócio ou sistema operacional desenvolvido ou detido pelo franqueador, mediante remuneração direta ou indireta, sem caracterizar relação de consumo ou vínculo empregatício em relação ao franqueado ou a seus empregados, ainda que durante o período de treinamento". Vale repisar que o Projeto de Reforma e Atualização do Código Civil pretende incluir na Lei Geral Privada, no seu art. 423, o conceito de contrato de adesão, superando definitivamente as confusões da figura com o contrato de consumo, na linha do Enunciado n. 171 da *III Jornada de Direito Civil*.

## 5.2.7 Quanto à presença de formalidades ou solenidades

Importante e fundamental relembrar a diferenciação entre forma e solenidade, desenvolvida no Capítulo 2 do livro. *Forma é gênero*, ou seja, qualquer formalidade, caso da forma escrita. *Solenidade é espécie*, querendo significar o ato público, caso da escritura pública, lavrada no Tabelionato de Notas.[10]

Vale lembrar ainda que, nos termos do antigo Provimento n. 100/2020 do Conselho Nacional de Justiça, em 2023 incorporado ao Código Nacional de Normas do CNJ, as escrituras públicas podem ser feitas pela via digital ou eletrônica – por meio do *e-notariado* –, desde que observados requisitos de validade específicos, previstos na norma administrativa. Feitos esses esclarecimentos, vejamos as quatro possibilidades de categorias:

a) *Contrato formal* – aquele que exige qualquer formalidade, caso da forma escrita. Exemplo: o contrato de fiança deve ser celebrado por escrito (art. 819 do CC).

---

[10] VENOSA, Sílvio de Salvo. *Código Civil interpretado*. São Paulo: Saraiva, 2010. p. 120.

b) *Contrato informal* – não exige qualquer formalidade, constituindo regra geral pelo sistema civil brasileiro, pelo que consta do art. 107 do CC, que consagra o princípio da liberdade das formas. Exemplos: prestação de serviço e empreitada.

c) *Contrato solene* – aquele que exige solenidade pública. O art. 108 do CC enuncia que a escritura pública somente é necessária para os negócios de alienação de imóvel com valor superior a trinta vezes o maior salário mínimo vigente no País. Ilustrando, havendo compra e venda de imóvel com valor superior a tal parâmetro, necessária a escritura pública (contrato solene e formal). Se o imóvel tiver valor inferior, dispensa-se a escritura, mas é fundamental a forma escrita, para o registro (contrato não solene, mas formal). Essa escritura pública de compra e venda, reitere--se, pode ser feita pela via digital ou eletrônica, conforme o antigo Provimento n. 100 do CNJ, em 2023 incorporado ao Código Nacional de Normas.

d) *Contrato não solene* – não há necessidade de se lavrar a escritura pública em Tabelionato de Notas, como no último exemplo citado.

## 5.2.8 Quanto à independência contratual. Os contratos coligados ou conexos

a) *Contrato principal ou independente* – existe por si só, não havendo qualquer relação de dependência em relação ao outro pacto. Como exemplo, pode ser citado o contrato de locação de imóvel urbano, regido pela Lei 8.245/1991.

b) *Contrato acessório* – aquele cuja validade depende de um outro negócio, o contrato principal. O exemplo típico é o contrato de fiança, que depende de outro, como, por exemplo, de um contrato de locação de imóvel urbano. Diante do *princípio da gravitação jurídica*, pelo qual *o acessório segue o principal*, tudo o que ocorre no contrato principal repercute no acessório. Desse modo, sendo nulo o contrato principal, nulo será o acessório; sendo anulável o principal o mesmo ocorrerá com o acessório; ocorrendo prescrição da dívida do contrato principal, o contrato acessório estará extinto; e assim sucessivamente. Todavia, deve ficar claro que o que ocorre no contrato acessório não repercute no principal. Dessa forma, a nulidade do contrato acessório não gera a nulidade do contrato principal; a anulabilidade do contrato acessório não gera a nulidade relativa do principal e assim por diante. A conclusão é retirada do art. 184 do CC, segundo o qual "respeitada a intenção das partes, a invalidade parcial de um negócio jurídico não o prejudicará na parte válida, se esta for separável; a invalidade da obrigação principal implica a das obrigações acessórias, mas a destas não induz a da obrigação principal".

Conceito de grande importância para o Direito Civil contemporâneo é o de *contratos coligados*, situação que, em regra, existe uma independência entre os negócios jurídicos cujos efeitos estão interligados, podendo surgir contratos principais e acessórios. Carlos Roberto Gonçalves, citando a melhor doutrina portuguesa, conceitua-os muito bem:

"Contratos coligados são, pois, os que embora distintos, estão ligados por uma cláusula acessória, implícita ou explícita. Ou, no dizer de Almeida Costa, são os que se encontram ligados por um nexo funcional, podendo essa dependência ser bilateral (vende o automóvel e a gasolina); unilateral (compra o automóvel e arrenda a garagem, ficando o arrendamento subordinado à compra e venda); alternativa (compra a casa na praia ou, se não for para lá transferido, loca-a para veraneio). Mantém-se a individualidade dos contratos, mas 'as vicissitudes de um podem influir sobre o outro'".[11]

---

[11] GONÇALVES, Carlos Roberto. *Direito Civil brasileiro*. Contratos e atos unilaterais. 7. ed. São Paulo: Saraiva, 2010. v. 3, p. 115.

CAP. 5 • TEORIA GERAL DOS CONTRATOS | **627**

Rodrigo Xavier Leonardo apresenta interessante classificação dos contratos em questão. Segundo o jurista, os *contratos coligados em sentido amplo* dividem-se em três espécies.[12] A primeira delas é a dos *contratos coligados em sentido estrito*, aqueles que são unidos por alguma disposição legal que determine a coligação. A segunda modalidade é a dos *contratos coligados por cláusula expressamente prevista pelos contratantes*, figura comum nos contratos construção imobiliária. Por fim, há os *contratos conexos*, unidos por uma razão econômico-social, modalidade mais presente na prática contratualista. Estes últimos são subdivididos nas *redes contratuais*, presentes nos contratos de consumo; e nos *contratos conexos em sentido estrito*, figuras existentes naquelas relações que não são de consumo.[13] Sigo essa divisão proposta pelo doutrinador.

Do conceito, da classificação e dos exemplos citados percebe-se que há certa independência nos *contratos coligados*, mas há também dependência justamente na união parcial, no elo que os liga. O negócio jurídico em questão é, portanto, intermediário entre os contratos principais e acessórios. O saudoso Ruy Rosado de Aguiar também esclarece nesse sentido: "também aqui é possível que os figurantes fujam do figurino comum e enlacem diversas convenções singulares (ou simples) num vínculo de dependência, acessoriedade, subordinação ou causalidade, reunindo-as ou coligando-as de modo tal que as vicissitudes de um possam influir sobre o outro".[14]

Essa natureza híbrida foi reconhecida por nossos Tribunais, inclusive pelo Superior Tribunal de Justiça. Em uma primeira situação, a Corte entendeu que o inadimplemento de um determinado contrato pode gerar a extinção de outro, diante de uma relação de interdependência:

> "Resolução do contrato. Contratos coligados. Inadimplemento de um deles. Celebrados dois contratos coligados, um principal e outro secundário, o primeiro tendo por objeto um lote com casa de moradia, e o segundo versando sobre dois lotes contíguos, para área de lazer, a falta de pagamento integral do preço desse segundo contrato pode levar à sua resolução, conservando-se o principal, cujo preço foi integralmente pago. Recurso não conhecido" (STJ, REsp 337.040/AM (200100917401), 441.929 Recurso Especial, Data da decisão: 02.05.2002, 4.ª Turma, Rel. Min. Ruy Rosado de Aguiar, *DJ* 1.º.07.2002, p. 347, *RDR*, vol. 27, p. 429, *RJADCOAS*, vol. 43, p. 26).

Em outro caso envolvendo contratos coligados, o mesmo Tribunal Superior entendeu que o contrato de trabalho entre clube e atleta profissional seria o negócio principal, sendo o contrato de exploração de imagem o negócio jurídico acessório. Essa interpretação foi importante para fixar a competência para apreciar a lide envolvendo o pacto, no caso da Justiça do Trabalho:

> "Conflito de competência. Clube esportivo. Jogador de futebol. Contrato de trabalho. Contrato de imagem. Celebrados contratos coligados, para prestação de serviço como atleta e para uso da imagem, o contrato principal é o de trabalho, portanto, a demanda surgida entre as partes deve ser resolvida na Justiça do Trabalho. Conflito conhecido e declarada a competência da Justiça Trabalhista" (STJ, CC 34.504/SP

---

[12] LEONARDO, Rodrigo Xavier. *Os contratos coligados*. Disponível em: <http://www.rodrigoxavierleonardo.com.br/arquivos/20150319192927.pdf>. Acesso em: 18 maio 2015.

[13] LEONARDO, Rodrigo Xavier. *Os contratos coligados*. Disponível em: <http://www.rodrigoxavierleonardo.com.br/arquivos/20150319192927.pdf>. Acesso em: 18 maio 2015.

[14] AGUIAR, Ruy Rosado de. *Extinção dos contratos por incumprimento do devedor (Resolução)*. Rio de Janeiro: Aide, 1991. p. 37.

(200200130906), 490.339 Conflito de Competência, Data da decisão: 12.03.2003, 2.ª Seção, Rel. Min. Nancy Andrighi, Rel. p/ acórdão Min. Ruy Rosado de Aguiar, *DJ* 16.06.2003, p. 256, *RDDP*, vol. 5, p. 211, *RDR*, vol. 27, p. 252).

Do ano de 2014 merece ser destacado julgamento do mesmo Tribunal da Cidadania, concluindo que, "no caso, há um elo direto nas obrigações pactuadas, cujos efeitos são totalmente interligados, havendo uma relação concertada entre a empresa de telefonia e a prestadora do 'Disk Amizade' no tocante à disponibilização e cobrança dos serviços, sendo coligadas economicamente, integrantes de um mesmo e único negócio por ação conjunta, havendo conexão e entrelaçamento de suas relações jurídicas. (...). Nesse passo e em uma perspectiva funcional dos contratos, deve-se ter em conta que a invalidade da obrigação principal não apenas contamina o contrato acessório (CC, art. 184), estendendo-se, também, aos contratos coligados, intermediário entre os contratos principais e acessórios, pelos quais a resolução de um influenciará diretamente na existência do outro" (STJ, REsp 1.141.985/PR, 4.ª Turma, Rel. Min. Luis Felipe Salomão, j. 11.02.2014, *DJe* 07.04.2014).

Como última ilustração, em 2018 foi proferida importante decisão superior concluindo que, "nos contratos coligados, as partes celebram uma pluralidade de negócios jurídicos tendo por desiderato um conjunto econômico, criando entre eles efetiva dependência. Reconhecida a coligação contratual, mostra-se possível a extensão da cláusula compromissória prevista no contrato principal aos contratos de 'swap', pois integrantes de uma operação econômica única. No sistema de coligação contratual, o contrato reputado como sendo o principal determina as regras que deverão ser seguidas pelos demais instrumentos negociais que a este se ajustam, não sendo razoável que uma cláusula compromissória inserta naquele não tivesse seus efeitos estendidos aos demais" (STJ, REsp 1.639.035/SP, 3.ª Turma, Rel. Min. Paulo de Tarso Sanseverino, j. 18.09.2018, *DJe* 15.10.2018). Todos esses arestos ilustram muito bem a relevância prática dos contratos coligados.

Entre os civilistas da geração contemporânea, Carlos Nelson Konder procura relacionar a realidade dos *contratos coligados* ou *conexos* à função social e à causa do contrato. São suas palavras: "o conceito de contratos conexos é bastante abrangente e pode ser descrito – mas não definido – pela utilização de uma pluralidade de negócios para a realização de uma mesma operação econômica".[15] Ensina o doutrinador fluminense que na Itália utiliza-se a expressão *coligação contratual*; na França, *grupos de contratos*; na Argentina, *redes contratuais*, conceito desenvolvido por Ricardo Lorenzetti. Como se nota, no Direito Comparado segue-se uma classificação diversa daquela apresentada por Rodrigo Xavier Leonardo e seguida por mim.

Conclui-se que os contratos coligados ou conexos constituem realidade de grande importância atual para a teoria geral dos contratos. A demonstrar a importância do tema, na *V Jornada de Direito Civil* aprovou-se o seguinte enunciado: "os contratos coligados devem ser interpretados segundo os critérios hermenêuticos do Código Civil, em especial dos arts. 112 e 113, considerada a sua conexão funcional" (Enunciado n. 421).

Em complemento, merece destaque também o Enunciado n. 621 da *VIII Jornada de Direito Civil*, realizada em abril de 2018, segundo o qual "os contratos coligados devem ser interpretados a partir do exame do conjunto das cláusulas contratuais, de forma a privilegiar a finalidade negocial que lhes é comum".

Assim sendo, por todo o exposto, a interpretação da coligação negocial deve ser guiada pelo atendimento de sua função social e econômica, tema a ser desenvolvido no próximo capítulo deste livro.

---

[15] KONDER, Carlos Nelson. *Contratos conexos*. Rio de Janeiro: Renovar, 2006. p. 275-277.

CAP. 5 • TEORIA GERAL DOS CONTRATOS | **629**

Para encerar o tópico, mais uma vez em prol da segurança jurídica, anoto que o Projeto de Reforma e Atualização do Código Civil, elaborado por Comissão de Juristas nomeada no Senado Federal, pretende inserir regra interpretativa a respeito dos contratos coligados, ao lado de outras figuras negociais interdependentes, e trazendo para o texto da lei os enunciados doutrinários destacados.

Trata-se do novo art. 421-E da Lei Geral Privada, segundo o qual devem ser interpretados, a partir do exame conjunto de suas cláusulas contratuais, de modo que privilegie a finalidade negocial que lhes é comum, os contratos: *a)* coligados; *b)* firmados com unidade de interesses; *c)* celebrados pelas partes de forma a torná-los estrutural e funcionalmente reunidos; *d)* cujos efeitos pretendidos pelas partes dependam da celebração de mais de um tipo contratual; e *e)* que se voltem ao fomento de vários negócios comuns às mesmas partes. Mais uma vez em prol da certeza, da segurança e da estabilidade das relações privadas, espera-se a aprovação da proposta pelo Parlamento Brasileiro, uma vez que não há, na Lei Geral Privada, uma norma sequer sobre os contratos coligados.

### 5.2.9 Quanto ao momento do cumprimento

a) *Contrato instantâneo ou de execução imediata* – aquele que tem aperfeiçoamento e cumprimento de imediato, caso de uma compra e venda à vista.

b) *Contrato de execução diferida* – tem o cumprimento previsto de uma vez só no futuro. Exemplo: compra e venda pactuada com pagamento por cheque pré ou pós-datado.

c) *Contrato de execução continuada ou de trato sucessivo* – tem o cumprimento previsto de forma sucessiva ou periódica no tempo. É o caso de uma compra e venda cujo pagamento deva ser feito por meio de boleto bancário, com periodicidade mensal, quinzenal, bimestral, trimestral ou qualquer outra forma sucessiva. Exemplos: locação e financiamentos em geral.

### 5.2.10 Quanto à pessoalidade

a) *Contratos pessoal, personalíssimos ou intuitu personae* – aqueles em que a pessoa do contratante é elemento determinante de sua conclusão. Tal contrato não pode ser transmitido por ato *inter vivos* ou *mortis causa*, ou seja, pelo falecimento da parte. Exemplo: contrato de fiança, uma vez que a condição de fiador não se transmite aos herdeiros, mas somente as obrigações vencidas e não pagas enquanto era vivo o fiador e até os limites da herança (art. 836 do CC). Como outra ilustração, para o Superior Tribunal de Justiça, o contrato que traz um plano de benefício de programa de fidelização em companhia área constitui um contrato personalíssimo ou *intuitu personae*, devendo ser extinto com a morte do seu beneficiário. Nos termos do aresto, "deve ser considerado como contrato unilateral e benéfico a adesão ao Plano de Benefícios que dispensa contraprestação pecuniária do seu beneficiário e que prevê responsabilidade somente ao seu instituidor. Entendimento doutrinário. Os contratos benéficos, que por sua natureza são *intuito personae*, devem ser interpretados restritivamente, consoante disposto no art. 114 do CC/02" (STJ, REsp 1.878.651/SP, 3.ª Turma, Rel. Min. Moura Ribeiro, j. 04.10.2022, *DJe* 07.10.2022). Estou totalmente filiado a essa forma de julgar.

b) *Contrato impessoal* – aquele em que a pessoa do contratante não é juridicamente relevante para a conclusão do negócio. Exemplo: compra e venda, hipótese em que a causa do contrato está relacionada com a transmissão do domínio.

# 630 | MANUAL DE DIREITO CIVIL • VOLUME ÚNICO – *Flávio Tartuce*

## 5.2.11 Quanto à definitividade do negócio

a) *Contrato preliminar ou pré-contrato* (*pactum de contrahendo*) – negócio que tende à celebração de outro no futuro. Exemplo: compromisso de compra e venda de imóvel. O instituto está tratado entre os arts. 462 e 466 do CC, merecendo estudo detalhado mais à frente.

b) *Contrato definitivo* – não têm qualquer dependência futura, no aspecto temporal. Exemplo: compra e venda de um imóvel.

## 5.3 PRINCÍPIOS CONTRATUAIS NO CÓDIGO CIVIL DE 2002

### 5.3.1 Primeiras palavras

Na contemporaneidade, é notório que os princípios assumem um papel de grande importância na atual codificação privada material brasileira. Atualmente, é até comum afirmar que o Código Civil de 2002 é um *Código de Princípios*, tão grande a sua presença na codificação vigente. O mesmo pode ser dito em relação ao Código de Processo Civil de 2015, que valoriza princípios como a dignidade da pessoa humana e a boa-fé objetiva processual. Além disso, não se pode esquecer da grande importância assumida pelos princípios constitucionais em nosso ordenamento jurídico, nos termos do que sustenta a escola do Direito Civil Constitucional, capitaneada por Gustavo Tepedino, Luiz Edson Fachin, Paulo Lôbo, Giselda Hironaka, entre outros.

Nesse sentido, repise-se que os princípios são regramentos básicos aplicáveis a um determinado instituto jurídico, no caso em questão, aos contratos. Os princípios são abstraídos das normas, dos costumes, da doutrina, da jurisprudência e de aspectos políticos, econômicos e sociais. Os princípios podem estar expressos na norma, mas não necessariamente. Mencione-se o princípio da função social dos contratos, que é expresso no Código Civil (arts. 421 e 2.035, parágrafo único), mas implícito ao Código de Defesa do Consumidor e à CLT, normas que protegem o vulnerável da relação contratual.

De todo modo, não se pode negar que a recente Reforma Trabalhista (Lei 13.467/2017) tirou muitos dos direitos que antes eram consagrados aos trabalhadores, tendo sido guiada pela infeliz afirmação, segundo a qual, "o clausulado prevalece sobre o legislado". Acredito que muitos dos dispositivos dessa infeliz *Reforma* acabarão não sendo aplicados pelos juízes do Trabalho, diante de sua flagrante inconstitucionalidade. Ressalte-se, a propósito, que na II *Jornada de Direito Material e Processual do Trabalho*, promovida pela ANAMATRA (Associação Nacional dos Magistrados do Trabalho) em outubro de 2017, foram aprovados vários enunciados reconhecendo a inconstitucionalidade de dispositivos inseridos pela citada *Reforma*.

No caso da Lei 8.078/1990, a função social dos contratos pode ser retirada de vários dos seus dispositivos, caso dos arts. 46, 47, 51, 52, 53, entre outros. Não se pode esquecer da grande importância do Código de Defesa do Consumidor para os contratos, uma vez que a grande maioria dos negócios jurídicos patrimoniais é de consumo, e está enquadrada nos arts. 2.º e 3.º da Lei 8.078/1990. Isso justifica a busca do *diálogo das fontes* entre o Código Civil e o Código de Defesa do Consumidor no que tange aos contratos.

Por esse caminho metodológico e científico, é possível aplicar a determinado contrato tanto o CDC quanto o CC ao mesmo tempo, desde que isso não prejudique o consumidor vulnerável. Desse modo, é de se concordar plenamente com a apregoada *aproximação principiológica* entre as duas leis, o que gera adesão imediata à teoria do *diálogo das fontes*, que decorre substancialmente dos princípios sociais contratuais encampados pela nova codificação, quais sejam a *função social dos contratos* e a *boa-fé objetiva*. Nessa linha, é a redação do Enunciado n. 167 do CJF/STJ, da *III Jornada de Direito Civil:* "com o advento do Código Civil de 2002, houve forte aproximação principiológica entre esse Código e o Código de Defesa do Consumidor, no que respeita à regulação contratual, uma vez que ambos são incorporadores de uma nova teoria geral dos contratos".

Anoto que no Projeto de Reforma do Código Civil, elaborado por Comissão de Juristas nomeada no âmbito do não se fez qualquer alteração na disciplina dos contratos prevista em leis especiais, sobretudo no Código de Defesa do Consumidor.

Muito ao contrário, houve ainda uma preocupação em manter as características de cada um dos regimes contratuais, reconhecendo-se, em casos excepcionais, a possibilidade de aplicação da *teoria do diálogo das fontes,* com vistas a trazer mais segurança jurídica para a sua incidência prática. A esse propósito, destaco a proposição de um novo art. 421-A da Lei Geral Privada, prevendo que "as regras deste Título a respeito dos contratos não afastam o disposto em leis especiais e consideram as funções desempenhadas pelos tipos contratuais, cada um com suas peculiaridades".

Vejamos, a respeito da sugestão, as justificativas dos juristas que compuseram a Subcomissão de Direito Contratual, Professores Carlos Eduardo Elias de Oliveira, Claudia Lima Marques, Angélica Carlini e Carlos Eduardo Pianovski:

> "O Código Civil é norma geral, assim sua natureza subsidiária em relação às regras e leis especiais é princípio básico de teoria geral, aceita de forma unânime na juris-prudência e na doutrina brasileira.
>
> O exemplo mais comum é o das relações de consumo, no caso, contratos entre forne-cedor e consumidor, onde vários enunciados das *Jornadas* frisaram esta característica subsidiária do Código Civil e a aplicação do Código de Defesa do Consumidor como lei especial e mais favorável aos consumidores (Enunciados 190 da *III Jornada de Direito Civil* e 390 da *IV Jornada de Direito Civil*).
>
> A regra traz segurança jurídica para os contratos civis, empresariais e de consumo, como enunciados das *Jornadas de Direito Comercial* pediram (veja Enunciados 19 e 20 *da I Jornada de Direito Comercial*), mas não impede que, em diálogo das fontes (Art. 7º do CDC), as normas do Código Civil possam ser aplicáveis seja para regu-lar os tipos contratuais, no que couber, ou para beneficiar consumidores (como o previsto no Enunciado 42 da *I Jornada de Direito Civil* e no Enunciado 369 da IV Jornada de Direito Civil)".

Como se sabe, uma das linhas metodológicas de conteúdo adotada pelo Projeto de Reforma foi de seguir o teor dos enunciados aprovados nas *Jornadas* do Conselho da Justiça Federal e do Superior Tribunal de Justiça que, por regra, traduzem a posição da doutrina contemporânea majoritária.

Sobre as funções de cada um dos tipos contratuais, merece destaque a proposta seguinte, elaborada pela Relatora Geral, Professora Rosa Maria de Andrade Nery. Nos termos do projetado art. 421-B do CC, deve-se levar em conta para o tratamento legal e para a identificação das funções realizadas pelos diversos tipos contratuais a circunstância de disponibilizarem: *a)* bens e serviços ligados à atividade de produção e de intermediação das cadeias produtivas, típicos dos contratos celebrados entre empresas; *b)* bens e serviços terminais das cadeias produtivas ao consumidor final, marca dos contratos de consumo; *c)* força de trabalho a uma cadeia produtiva, característica dos contratos de trabalho; *d)* bens e serviços independentemente de sua integração a qualquer cadeia produtiva, como se dá com os contratos civis. Aprovado o conteúdo da nova norma, ela resolverá muito dos problemas hoje existentes a respeito de conflitos normativos, trazendo a esperada estabilidade para as relações privadas.

Vale destacar que, após intensos debates, acabou prevalecendo na Comissão de Juristas a proposta de incluir no Código Civil regras básicas e fundamentais a respeito dos contratos empresariais, algo inédito na realidade jurídica brasileira, superando-se os intensos e muitas vezes desmedidos embates entre civilistas e comercialistas. Prevaleceu, na Comissão de Juristas, um espírito democrático e de consenso, tendo sido esses temas discutidos e votados entre os especialistas.

Consoante o proposto art. 421-C, os contratos civis e empresariais presumem-se paritários e simétricos, se não houver elementos concretos que justifiquem o afastamento dessa presunção, e, assim, interpretam-se pelas regras do próprio Código Civil, ressalvados os regimes jurídicos previstos em leis especiais. E mais, para a sua interpretação, os contratos empresariais exigem os seguintes parâmetros adicionais de consideração e análise: *a)* os tipos contratuais que são naturalmente díspares ou assimétricos, próprios de algumas relações empresariais, devem receber o tratamento específico que consta de leis especiais, assim como os contratos que decorram da incidência e da funcionalidade de cláusulas gerais próprias de suas modalidades; *b)* a boa-fé empresarial mede-se também pela expectativa comum que os agentes do setor econômico de atividade dos contratantes têm, quanto à natureza do negócio celebrado e quanto ao comportamento leal esperado de cada parte; *c)* na falta de redação específica de cláusulas necessárias à execução do contrato, o juiz valer-se-á dos usos e dos costumes do lugar de sua celebração e do modo comum adotado pelos empresários para a celebração e para a execução daquele específico tipo contratual; *d)* são lícitas em geral as cláusulas de não concorrência pós-contratual, desde que não violem a ordem econômica e sejam coerentemente limitadas no espaço e no tempo, por razoáveis e fundadas cláusulas contratuais; *e)* a atipicidade natural dos contratos empresariais; e *f)* o sigilo empresarial deve ser preservado.

Na linha da doutrina e da jurisprudência hoje consolidadas, são incluídas, portanto, *seis regras básicas interpretativas* para os contratos empresariais, sem falar na possibilidade de aplicação dos princípios próprios do Direito Empresarial, que são propostos para o art. 966-A, pelo Projeto; em prol da valorização da atividade econômica e do fortalecimento da força obrigatória das convenções, na linha do que já assegura hoje a Lei da Liberdade Econômica. Conforme o projetado art. 421-F da Lei Geral Privada, "aos contratos empresariais aplicam-se os princípios que estão na descritos no art. 966-A deste Código, no que couber".

Como última proposição formulada pela Comissão de Juristas houve uma preocupação com o empresário hipossuficiente, incluindo-se o § 2.º do art. 421-D, estabelecendo que, "nos contratos empresariais, quando houver flagrante disparidade econômica entre as partes, não se aplicará o disposto neste artigo". Assim, em havendo contrato empresarial que seja de adesão, por exemplo, com conteúdo imposto pelo estipulante ao aderente, caberá a aplicação de regras de intervenção, e que ainda serão estudadas neste livro.

Como se pode notar, todas as proposições são mais do que necessárias, resolvendo-se vários dilemas de conflitos relativos à aplicação das normas jurídicas para os contratos, esperando-se as suas aprovações pelo Parlamento Brasileiro.

Pois bem, além da citada interação entre as duas ou mais leis aplicáveis aos contratos, é preciso interagir com a Constituição Federal no que tange aos contratos. Por isso, não serão esquecidos no presente capítulo os princípios do *Direito Civil Constitucional*, que não só podem como devem ser aplicados aos contratos. Esses princípios são a valorização da dignidade da pessoa humana (art. 1.º, inc. III, da CF/1988), a solidariedade social (art. 3.º, inc. I, da CF/1988) e a igualdade *lato sensu* ou isonomia (art. 5.º, *caput*, da CF/1988). Tal realidade interpretativa pode ser notada na jurisprudência nacional. De início, transcreve-se

CAP. 5 • TEORIA GERAL DOS CONTRATOS | **633**

decisão do Tribunal de Minas Gerais, que trouxe essa interação em questão envolvendo o contrato de aquisição da casa própria:

"Direito Civil Constitucional. Revisão de contrato de financiamento para aquisição de casa própria. Possibilidade. Inteligência do princípio fundamental da dignidade da pessoa humana. Função social do juiz. O pedido de revisão contratual encontra amparo no princípio fundamental da dignidade da pessoa humana, nos direitos sociais da moradia e da habitação, na finalidade institucional e social da COHAB e no objeto do contrato. A alegação de que a revisão do contrato, nos termos definidos pela sentença recorrida, macula o Decreto-Lei 2.164/84 e a Lei 8.004/90, não procede, pois as referidas Leis devem ser interpretadas em conformidade com a Constituição da República. Como bem acentua o Ministro Luiz Fux, do Superior Tribunal de Justiça, 'não se pode fazer uma aplicação da legislação infraconstitucional sem passar pelos princípios constitucionais, dentre os quais sobressai o da dignidade da pessoa humana, que é um dos fundamentos da República e um dos primeiros que vem prestigiado na Constituição Federal'. A impossibilidade de revisão do contrato, como forma de compelir o mutuário ao pagamento de um financiamento que lhe retira praticamente toda renda, extrapola os limites da legalidade e afronta a cláusula pétrea de respeito à dignidade humana. A Constituição da República impõe que a relação contratual entre mutuário e mutuante seja equilibrada, pois, somente dessa maneira o direito social à moradia e à habitação e o princípio fundamental da dignidade humana e da democracia econômica e social serão efetivados. Qualquer conclusão diversa a esta, que impeça a revisão contratual, será desarrazoada e, portanto, ofensiva ao devido processo legal substantivo, visto contrariar os objetivos da legislação constitucional e infraconstitucional aplicáveis ao direito social, à moradia e à habitação" (TJMG, Acórdão 1.0105.02.052901-9/001, 5.ª Câmara Cível, Governador Valadares, Rel. Des. Maria Elza de Campos Zettel, j. 05.08.2004, *DJMG* 24.08.2004).

Do mesmo modo, com conteúdo bem interessante, fazendo menção ao Direito Civil Constitucional em sua ementa, transcreve-se acórdão do Tribunal da Bahia, relativo a contrato de plano de saúde:

"Consumidor. Contrato de seguro saúde. Reembolso integral. Possibilidade. Teoria geral dos contratos e mitigação ao *pacta sunt servanda*. Prevalência do CDC, normas imperativas de ordem pública e interesse social. Nova ordem social instituída na vigência do CC/2002. Direito Civil Constitucional. Interpretação mais favorável ao consumidor. Art. 47 do CDC. Sacrifício insustentável sem o devido custo social. Finalidade lucrativa a todo custo. Inadequação. Abusividade. Função social do contrato. Prevalência da dignidade da pessoa humana. Caso de urgência. Recurso conhecido e improvido. Sentença mantida pelos seus próprios fundamentos. 1. O valor do reembolso de despesas médicas deve corresponder ao valor despendido pelo segurado e efetivamente comprovado nos autos, não prevalecendo o valor estipulado no contrato, pois o princípio *pacta sunt servanda* cede às normas cogentes do CDC e princípios fundamentais que fixam as diretrizes do CCB/02, estruturado na eticidade, socialidade e operabilidade (concretude). 2. O mínimo de boa-fé contratual que se espera consiste na informação adequada e transparente sobre os serviços a serem prestados, bem como a observância de deveres anexos de conduta tais como honestidade, transparência, proteção e cooperação também na fase de execução do contrato. Art. 422 do CCB/02" (TJBA, Recurso 71398-8/2007-1, 5.ª Turma Recursal, Rel. Juíza Sandra Inês Moraes Rusciolelli Azevedo, *DJBA* 28.07.2009).

Como se extrai das decisões, os princípios constitucionais servem de parâmetro para o preenchimento dos princípios sociais que constam do Código Civil de 2002. Outros exemplos dessa premissa de diálogo ainda serão colacionados. Em reforço, não se pode esquecer que os princípios constitucionais receberam uma grande valorização pelo Código de Processo Civil de 2015. Como é notório, o seu art. 1.º determina que o processo civil será ordenado, disciplinado e interpretado conforme os valores e as normas fundamentais estabelecidos na Constituição da República Federativa do Brasil.

Além disso, tem grande impacto teórico e prático o art. 8.º do Estatuto Processual emergente, pelo qual, ao aplicar o ordenamento jurídico, o juiz atenderá aos fins sociais e às exigências do bem comum, resguardando e promovendo a dignidade da pessoa humana e observando a proporcionalidade, a razoabilidade, a legalidade, a publicidade e a eficiência. Reitero que tais comandos processuais servem para fundamentar, na lei, a visão civil-constitucional do sistema jurídico.

Pois bem, a partir do presente momento serão estudados os princípios contratuais, o que representa o ponto de maior importância do *Direito Contratual Contemporâneo Brasileiro*, particularmente pelas inúmeras repercussões práticas que surgem do seu estudo. Os princípios que aqui serão abordados são os seguintes, com atualizações diante da recente *Lei da Liberdade Econômica* (Lei 13.874/2019):

- Princípio da autonomia privada.
- Princípio da função social dos contratos.
- Princípio da força obrigatória dos contratos (*pacta sunt servanda*).
- Princípio da boa-fé objetiva.
- Princípio da relatividade dos efeitos contratuais.

Também será feita uma análise desses regramentos e da revisão contratual, diante da Lei 14.010/2020, que criou o Regime Jurídico Emergencial e Transitório em matéria de Direito Privado diante da pandemia da Covid-19 (RJET). Reitero que a norma tem origem no Projeto de Lei 1.179/2020, originário do Senado Federal, e foi elaborada por uma Comissão de Juristas liderada pelo Professor Otávio Luiz Rodrigues Jr., tendo também a minha colaboração.

Passa-se, então, ao estudo dos princípios contratuais, o que é fundamental para o conhecimento do aplicador e estudioso do Direito Civil contemporâneo.

## 5.3.2 Princípio da autonomia privada

O contrato, como é cediço, está situado no âmbito dos direitos pessoais, sendo inafastável a grande importância da vontade sobre o instituto, eis que se trata do negócio jurídico por excelência. Entre os clássicos, leciona Carvalho de Mendonça que o domínio da vontade dos contratantes foi uma conquista advinda de um lento processo histórico, culminando com o "respeito à palavra dada", principal herança dos contratos romanos e expressão propulsora da ideia central de contrato como fonte obrigacional.[16] Interessante visualizar, aqui, aquela velha diferenciação clássica entre a *liberdade de contratar* e a *liberdade contratual*, objetivando uma melhor compreensão da matéria.

Inicialmente, percebe-se no mundo negocial plena liberdade para a celebração dos pactos e avenças com determinadas pessoas, sendo o direito à contratação inerente à própria

---

[16] MENDONÇA, Manuel Inácio Carvalho de. *Contratos no direito brasileiro*. 4. ed. Rio de Janeiro: Forense, 1957. t. I, p. 7.

concepção da pessoa humana, um direito existencial da personalidade advindo do princípio da liberdade. Essa é a *liberdade de contratar*. Em um primeiro momento, a *liberdade de contratar* está relacionada com a escolha da pessoa ou das pessoas com quem o negócio será celebrado, sendo uma liberdade plena, em regra.

Entretanto, em alguns casos, nítidas são as limitações à carga volitiva, eis que não se pode, por exemplo, contratar com o Poder Público se não houver autorização para tanto. Como outra limitação da liberdade de contratar, pode ser citado o art. 497 do CC, que veda a compra e venda de bens confiados à administração em algumas situações.

Em outro plano, a autonomia da pessoa pode estar relacionada com o conteúdo do negócio jurídico, ponto em que residem limitações ainda maiores à liberdade da pessoa humana. Trata-se, portanto, da *liberdade contratual*. Conforme será exposto, há muito tempo os sujeitos do direito vêm encontrando limitações ao seu modo de viver, inclusive para as disposições contratuais, eis que o velho modelo individualista de contrato encontra-se superado. De todo modo, não se pode negar que a recente Lei 13.874/2019 (*Lei da Liberdade Econômica*), especialmente o texto original da MP 881, procurou tentar resgatar esse antigo modelo.

Dessa *dupla liberdade* do sujeito contratual é que decorre a autonomia privada, que constitui a liberdade que a pessoa tem para regular os próprios interesses. De qualquer forma, que fique claro que essa autonomia não é absoluta, encontrando limitações em normas de ordem pública e nos princípios sociais.

Filia-se à parcela da doutrina que propõe a substituição do velho e superado *princípio da autonomia da vontade* pelo *princípio da autonomia privada*, o que leva ao caminho sem volta da adoção do princípio da função social dos contratos. A existência dessa substituição é indeclinável, pois, nos dizeres de Fernando Noronha "foi precisamente em consequência da revisão a que foram submetidos o liberalismo econômico e, sobretudo, as concepções voluntaristas do negócio jurídico, que se passou a falar em autonomia privada, de preferência à mais antiga autonomia da vontade. E, realmente, se a antiga autonomia da vontade, com o conteúdo que lhe era atribuído, era passível de críticas, já a autonomia privada é noção não só com sólidos fundamentos, como extremamente importante".[17]

Por isso, são desatualizadas normas recentes que utilizam o superado termo *autonomia da vontade*, caso da Lei de Mediação (Lei 13.140/2015, art. 2.º, inc. V) e da Reforma Trabalhista (Lei 13.467/2017). Quanto à última, merece destaque de crítica o seu art. 8.º, § 3.º, que traz a antes comentada e infeliz máxima segundo a qual o "clausulado prevalece sobre o legislado", *in verbis*: "no exame de convenção coletiva ou acordo coletivo de trabalho, a Justiça do Trabalho analisará exclusivamente a conformidade dos elementos essenciais do negócio jurídico, respeitado o disposto no art. 104 da Lei n.º 10.406, de 10 de janeiro de 2002 (Código Civil), e balizará sua atuação pelo princípio da intervenção mínima na autonomia da vontade coletiva". A leitura desse capítulo demonstrará como a regra está em total falta de sintonia com a realidade contratual contemporânea.

A propósito, a Medida Provisória 881, de 2019, também trazia a expressão *autonomia da vontade* no seu art. 3.º, inc. V. Porém, de forma correta, na sua conversão em lei, o dispositivo passou a utilizar o termo *autonomia privada*, no sentido de ser um dos direitos de concretização da liberdade econômica da pessoa, "gozar de presunção de boa-fé nos atos praticados no exercício da atividade econômica, para os quais as dúvidas de interpretação do direito civil, empresarial, econômico e urbanístico serão resolvidas de forma

---

[17] NORONHA, Fernando. *O direito dos contratos e seus princípios fundamentais*: autonomia privada, boa-fé, justiça contratual. São Paulo: Saraiva, 1994. p. 113.

a preservar a autonomia privada, exceto se houver expressa disposição legal em contrário" (Lei 13.874/2019).

Essa é uma das felizes inovações do texto legal. Isso porque, apesar da antiga lição segundo a qual a *boa-fé se presume, a má-fé se prova,* os entes privados e públicos muitas vezes eram guiados por condutas de desconfiança perante os sujeitos de Direito, espera-se que seja alterado.

Feitas tais anotações, passa-se especificamente a expor sobre o princípio da autonomia privada, seu conceito e sua natureza jurídica, demonstrando de forma detalhada as razões da referida substituição.

Entre os italianos, Enzo Roppo foi quem melhor compreendeu os elementos que conduzem à formação do contrato. Para esse doutrinador, "a autonomia e a liberdade dos sujeitos privados em relação à escolha do tipo contratual, embora afirmada, em linha de princípio, pelo art. 1.322.º c. 2 Cód. Civ. estão, na realidade, bem longe de ser tomadas como absolutas, encontrando, pelo contrário, limites não descuráveis no sistema de direito positivo".[18] Reconhece Roppo a existência de claras restrições à vontade manifestada nos negócios. Primeiro percebe-se uma limitação sobre a própria liberdade de celebrar ou não o contrato. Em outras ocasiões, sinaliza o grande jurista italiano que as limitações são também subjetivas, pois se referem às pessoas com quem as avenças são celebradas.

Entre os autores nacionais, quem observa muito bem o significado do princípio da autonomia privada é Francisco Amaral, sendo interessante transcrever as suas palavras:

"A autonomia privada é o poder que os particulares têm de regular, pelo exercício de sua própria vontade, as relações que participam, estabelecendo-lhe o conteúdo e a respectiva disciplina jurídica. Sinônimo de autonomia da vontade para grandeparte da doutrina contemporânea, com ela porém não se confunde, existindo entre ambas sensível diferença. A expressão 'autonomia da vontade' tem uma conotação subjetiva, psicológica, enquanto a autonomia privada marca o poder da vontade no direito de um modo objetivo, concreto e real".[19]

Essa diferenciação entre autonomia da vontade e autonomia privada é precisa, reforçando a tese da superação da primeira. Ora, não há dúvida de que a vontade perdeu a importância que exercia no passado para a formação dos contratos. Outros critérios entram em cena para a concretização prática do instituto, como a boa-fé e a função social e econômica dos negócios jurídicos em geral. Concluindo, à luz da *personalização do Direito Privado,* pode-se afirmar, na esteira da melhor doutrina espanhola que a *autonomia não é da vontade, mas da pessoa humana.*[20]

Não se pode esquecer que o principal campo de atuação do princípio da autonomia privada é o patrimonial, onde se situam os contratos como ponto central do Direito Privado. Esse princípio traz limitações claras, principalmente relacionadas com a formação e reconhecimento da validade dos negócios jurídicos. A eficácia social pode ser apontada como uma dessas limitações, havendo clara relação entre o preceito aqui estudado e o princípio da função social dos contratos.

Porém, é interessante deixar claro que a função social não elimina totalmente a autonomia privada ou a liberdade contratual, mas apenas atenua ou reduz o alcance desse

---

[18] ROPPO, Enzo. *O contrato.* Coimbra: Almedina, 1988. p. 137.

[19] AMARAL, Francisco. *Direito Civil.* Introdução. 5. ed. Rio de Janeiro: Renovar, 2003. p. 347-348.

[20] DÍEZ-PICAZO, Luis; GULLÓN, Antonio. *Sistema de derecho civil.* 11. ed. Madrid: Tecnos, 2003. v. 1, p. 379.

princípio. Esse é o teor citado do Enunciado n. 23 do CJF/STJ, aprovado na *I Jornada de Direito Civil*, um dos mais importantes enunciados entre todos os aprovados nas *Jornadas de Direito Civil*, que merece mais uma vez transcrição:

"A função social do contrato, prevista no art. 421 do novo Código Civil, não elimina o princípio da autonomia contratual, mas atenua ou reduz o alcance desse princípio, quando presentes interesses metaindividuais ou interesse individual relativo à dignidade da pessoa humana".

Pelo enunciado doutrinário, observa-se a tão aclamada interação entre os direitos patrimoniais e os direitos existenciais ou de personalidade, o que está relacionado com o que se convém denominar *Direito Civil Personalizado*. A ideia remonta à clássica obra de Anton Menger, intitulada *O Direito Civil e os Pobres*.[21] Entre os brasileiros, cumpre citar a célebre teoria do *Estatuto jurídico do patrimônio mínimo*, criada por Luiz Edson Fachin, que pretende assegurar à pessoa um mínimo para que possa viver com dignidade, um piso mínimo de direitos patrimoniais.[22]

O contrato de hoje é constituído por uma soma de fatores, e não mais pela vontade pura dos contratantes, delineando-se o significado do princípio da autonomia privada, pois outros elementos de cunho particular irão influenciar o conteúdo do negócio jurídico patrimonial. Na formação do contrato, muitas vezes, percebe-se a imposição de cláusulas pela lei ou pelo Estado, o que nos leva ao caminho sem volta da intervenção estatal nos contratos ou *dirigismo contratual*, quando esta for necessária, notadamente nos casos de abuso contratual, tão comuns no Brasil. Como exemplo dessa ingerência estatal ou legal, pode-se citar o Código de Defesa do Consumidor e mesmo o Código Civil de 2002, que igualmente determina a nulidade absoluta de cláusulas tidas como abusivas.

Também é pertinente lembrar que, muitas vezes, a supremacia econômica de uma pessoa sobre a outra irá fazer com que uma parte economicamente mais forte dite as regras contratuais. A vontade do mais fraco, sem dúvida, estará mitigada. Essa imposição pode ser, além de econômica, política, como nos casos de um contrato administrativo, âmbito em que a autonomia privada também se faz presente, conforme reconhece o próprio Enzo Roppo.

Importante reconhecer que, na prática, predominam os contratos de adesão, ou *contratos standard*, padronizados, como prefere o doutrinador italiano (*Império dos Contratos-Modelo* ou *Estandardização Contratual*). Do ponto de vista prático e da realidade, essa é a principal razão pela qual se pode afirmar que a autonomia da vontade não é mais princípio contratual. Ora, a vontade tem um papel secundário nessas figuras, resumindo-se, muitas vezes, a um *sim* ou *não*, como resposta a uma proposta de contratação (*take it or leave it*, segundo afirmam os americanos, ou seja, *é pegar ou largar*). Em reforço, diante dessa realidade negocial, não se pode dizer, às cegas, que os contratos fazem lei entre as partes, como era comum outrora.

Por todos esses fatores, conceitua-se o princípio da autonomia privada como um regramento básico, de ordem particular – mas influenciado por normas de ordem pública – pelo qual na formação do contrato, além da vontade das partes, entram em cena outros fatores: psicológicos, políticos, econômicos e sociais. Trata-se do direito indeclinável da parte de autorregulamentar os seus interesses, decorrente da dignidade humana, mas que encontra limitações em normas de ordem pública, particularmente nos princípios sociais contratuais.

---

[21] MENGER, Anton. *El derecho civil y los pobres*. Madrid: Librería General de Victoriano Suárez, 1898.

[22] FACHIN, Luiz Edson. *Estatuto jurídico do patrimônio mínimo*. Rio de Janeiro-São Paulo: Renovar, 2001.

Sem dúvida que a substituição do princípio da autonomia da vontade pelo princípio da autonomia privada traz sérias consequências para o instituto negocial. Não se pode esquecer desse ponto quando se aponta a relativização do princípio da força obrigatória do contrato (*pacta sunt servanda*), o que não significa sua eliminação, repise-se.

Além disso, podem surgir questões práticas interessantes relativas ao princípio da autonomia privada, particularmente pelo seu fundamento constitucional nos princípios da liberdade e da dignidade humana. Como as normas restritivas da autonomia privada constituem exceção, não admitem analogia ou interpretação extensiva, justamente diante da tão mencionada valorização da liberdade. Em reforço, em situações de dúvida entre a proteção da liberdade da pessoa humana e os interesses patrimoniais, deve prevalecer a primeira; ou seja, o direito existencial prevalece sobre o patrimonial.

A título de exemplo prático dessa conclusão, preceitua o art. 496, *caput*, do Código Civil de 2002, que é anulável a venda de ascendente para descendente, não havendo autorização dos demais descendentes e do cônjuge do alienante. Surge uma dúvida: o dispositivo também se aplica à hipoteca, direito real de garantia sobre coisa alheia, exigindo-se, para a hipoteca a favor de um filho, a autorização dos demais? A resposta é negativa, pois, caso contrário, estar-se-ia aplicando o citado comando legal, por analogia, a uma determinada situação não alcançada pela subsunção da norma jurídica.[23]

De qualquer forma, deve ser somada a essa conclusão uma constatação também fundamental; a de que, eventualmente, uma norma restritiva da autonomia privada pode admitir a interpretação extensiva ou a analogia, visando proteger a parte vulnerável da relação negocial, caso do trabalhador, do consumidor e do aderente. Para reforçar essa constatação, é importante lembrar da proteção constitucional dos vulneráveis, mais especificamente dos trabalhadores (art. 7.º) e dos consumidores (art. 5.º, inc. XXXII).

Como palavras finais para o presente tópico, não se pode negar que a Lei 13.874/2019 almejou valorizar a liberdade contratual, desde que isso não contrarie normas cogentes ou de ordem pública. Nesse sentido, merece destaque, mais uma vez, o seu art. 3.º, inc. VIII, que prevê, como outro direito de concretização da liberdade econômica, "ter a garantia de que os negócios jurídicos empresariais paritários serão objeto de livre estipulação das partes pactuantes, de forma a aplicar todas as regras de direito empresarial apenas de maneira subsidiária ao avençado, exceto normas de ordem pública". O texto é bem melhor do que o originário, que constava da MP 881, que chegava a estabelecer que uma parte de um contrato empresarial não poderia alegar lesão a norma de ordem pública que ela própria inseriu. Por intervenções de muitos juristas no Congresso Nacional – por frentes distintas, como foi o meu caso –, a norma foi consideravelmente alterada.

Também é interessante pontuar que a *Lei da Liberdade Econômica* passou a expressar o *princípio da intervenção mínima* do Estado nas relações contratuais, o que é uma negação quase total da evolução da autonomia da vontade para a autonomia privada. Conforme o novo parágrafo único do art. 421 do Código Civil, "nas relações contratuais privadas, prevalecerão o princípio da intervenção mínima e a excepcionalidade da revisão contratual". A excepcionalidade de revisão contratual também consta do novo art. 421-A, inc. III, da codificação privada, de forma repetitiva.

Sobre essa questão, estou filiado, pelo menos em parte, às considerações feitas pelo Professor Anderson Schreiber, em alusão à antiga Medida Provisória 881 e em nosso *Código Civil comentado*. Vejamos as suas palavras, que merecem ser destacadas:

---

[23] HIRONAKA, Giselda Maria Fernandes Novaes; TARTUCE, Flávio. O princípio da autonomia privada e o direito contratual brasileiro. *Direito contratual*. Temas atuais. São Paulo: Método, 2008. p. 55.

"A MP n. 881/2019 também introduziu no art. 421 um parágrafo único, que estabelece a prevalência de um assim chamado 'princípio da intervenção mínima do Estado' e reserva caráter 'excepcional' à revisão contratual 'determinada de forma externa às partes'. Mais uma vez, o equívoco salta aos olhos. Não existe um 'princípio da intervenção mínima do Estado'; a intervenção do Estado nas relações contratuais de natureza privada é imprescindível, quer para assegurar a força vinculante dos contratos, quer para garantir a incidência das normas jurídicas, inclusive das normas constitucionais, de hierarquia superior à referida Medida Provisória. A MP n. 881/2019 parece ter se deixado se levar aqui por uma certa ideologia que enxerga o Estado como inimigo da liberdade de contratar, quando, na verdade, a presença do Estado – e, por conseguinte, o próprio Direito – afigura-se necessária para assegurar o exercício da referida liberdade. No que tange à revisão contratual, também parece ter incorrido a Medida Provisória nessa falsa dicotomia entre atuação do Estado-juiz e liberdade de contratar, quando, ao contrário, a revisão contratual privilegia o exercício dessa liberdade ao preservar a relação contratual estabelecida livremente entre as partes, ao contrário do que ocorre com a resolução contratual, remédio a que já tem direito todo contratante nas mesmas situações em que a revisão é cabível (v. comentários ao art. 478). Se a intenção da MP foi evitar que revisões judiciais de contratos resultem em alterações excessivas do pacto estabelecido entre as partes, empregou meio inadequado: afirmar que a revisão contratual deve ser excepcional nada diz, porque não altera as hipóteses em que a revisão se aplica, as quais são expressamente delimitadas no próprio Código Civil. O novo parágrafo único, acrescentado pela MP, tampouco indica parâmetros, critérios ou limites à revisão contratual, o que leva a crer, mais uma vez, que a alteração não produzirá qualquer efeito relevante no modo como a revisão contratual é aplicada na prática jurisprudencial brasileira – aplicação que, de resto, já se dá com bastante cautela e parcimônia, sem interferências inusitadas no conteúdo contratual".[24]

De fato, esse tal *princípio da intervenção mínima* é ainda desconhecido pelos civilistas, no âmbito contratual sendo mais um argumento retórico e ideológico do que um princípio contratual com efetividade. Fala-se em *intervenção mínima* apenas no campo do Direito de Família, pelo que consta do art. 1.511 do Código Civil, que veda a qualquer pessoa, de Direito Público ou Direito Privado, interferir nas relações familiares.

Na verdade, a ideia de que a intervenção do Estado não constitui regra, mas exceção, já poderia ser retirada da própria autonomia privada ou da força obrigatória da convenção, que ainda será aqui estudada. Pela *Lei da Liberdade Econômica*, no máximo, pode-se considerar que a intervenção mínima tem incidência para os contratos e negócios jurídicos paritários, com conteúdo amplamente negociado pelas partes, geralmente grandes empresas, que são o seu principal âmbito de aplicação.

Justamente nesse sentido, destaco que o Projeto de Reforma do Código Civil pretende alterar o parágrafo único do seu art. 421, passando ele a compor o § 1.º do dispositivo e prevendo que, "nos contratos civis e empresariais, paritários, prevalecem o princípio da intervenção mínima e da excepcionalidade da revisão contratual". Restringindo-se a intervenção mínima para os contratos civis e empresariais paritários, na linha da correta interpretação da Lei da Liberdade Econômica, afasta-se a incredulidade dos civilistas a respeito desse regramento, que deve ser tido como um desdobramento do princípio da autonomia privada.

---

[24] SCHREIBER, Anderson. *Código Civil comentado*. Doutrina e jurisprudência. Rio de Janeiro: Forense, 2019. p. 245-246.

**640** | MANUAL DE DIREITO CIVIL • VOLUME ÚNICO – *Flávio Tartuce*

De todo modo, os abusos contratuais são comuns no Brasil e, nessas hipóteses, é imperiosa a intervenção estatal, por meio do Poder Judiciário ou da *jurisdição privada* da arbitragem. No que diz respeito à revisão contratual, especialmente dos contratos civis regidos pelo Código Civil, ela já é excepcionalíssima, diante da necessidade de preenchimento de seus requisitos, muitos deles insuperáveis, como ainda se verá. Assim, como Schreiber, concluo que essas novas redações do Código Civil, inseridas pela *Lei da Liberdade Econômica*, nada altera a realidade contratual brasileira em tais previsões.

### 5.3.3 Princípio da função social dos contratos

Conceitua-se o regramento em questão como um princípio de ordem pública – art. 2.035, parágrafo único, do Código Civil –, pelo qual o contrato deve ser, necessariamente, interpretado e visualizado de acordo com o contexto da sociedade.

A palavra *função social* deve ser visualizada com o sentido de *finalidade coletiva*, sendo efeito do princípio em questão a mitigação ou relativização da força obrigatória das convenções (*pacta sunt servanda*), na linha de se considerar possível a intervenção do Estado nos contratos, especialmente nos casos de abuso ou de excessos de uma parte perante outra.

Nesse contexto, o contrato não pode ser mais visto como uma *bolha*, que isola as partes do meio social. Simbolicamente, a função social funciona como uma agulha, que *fura a bolha*, trazendo uma interpretação social dos pactos. Não se deve mais interpretar os contratos somente de acordo com aquilo que foi assinado pelas partes, mas sim levando-se em conta a realidade social que os circunda. Na realidade, à luz da personalização e constitucionalização do Direito Civil, pode-se afirmar que a real função do contrato não somente é a segurança jurídica, mas sim atender aos interesses da pessoa humana.

Aprimorando o estudo do tema, faz-se necessária a transcrição do art. 421 do Código Civil de 2002, dispositivo que inaugura o tratamento da teoria geral dos contratos na atual codificação privada, em sua redação anterior e na atual, após *a Lei da Liberdade Econômica* (Lei 13.874/2019):

| Art. 421 do Código Civil. Redação originária. | Art. 421 do Código Civil. Redação após a Lei 13.874/2019. |
|---|---|
| "A liberdade de contratar será exercida em razão e nos limites da função social do contrato." | "Art. 421. A liberdade contratual será exercida nos limites da função social do contrato. Parágrafo único. Nas relações contratuais privadas, prevalecerão o princípio da intervenção mínima e a excepcionalidade da revisão contratual." |

Como antes se destacava neste livro, nas edições até essa alteração legislativa e na esteira da melhor doutrina, observava-se que o dispositivo trazia dois equívocos técnicos, que o antigo Projeto Ricardo Fiuza pretendia corrigir. Acatando as sugestões formuladas por Antônio Junqueira de Azevedo e Álvaro Villaça Azevedo, professores da Universidade de São Paulo, propunha-se a mudança no texto, que passaria a ter a atual redação. Vejamos os dois erros que sempre foram apontados a respeito do comando anterior e as razões de suas reparações:

1.º) Substituição da expressão *liberdade de contratar* por *liberdade contratual*. Na presente obra já se demonstrou as diferenças entre os dois institutos, ficando clara a razão da proposta de alteração. A *liberdade de contratar*, relacionada com a celebração do contrato, é, em regra, ilimitada, pois a pessoa celebra o contrato quando quiser e com quem quiser, salvo raríssimas exceções. Por outra via, a *liberdade contratual*, relacionada com o conteúdo negocial, é que está limitada pela função social do contrato, ou seja, pela finalidade coletiva do contrato, em suas projeções internas e externas. Assim sendo, justificava-se plenamente essa primeira proposta de alteração.

2.º) Também sempre foi imperiosa a retirada do termo *em razão e*, pois a função social não é a razão para o contrato, mas sim a autonomia privada, a liberdade individual. Na verdade, a função social representa, entre outras coisas, um limite ao conteúdo do contrato.

Sempre estive integralmente filiado às propostas de mudanças, assim como a Professora Giselda Maria Fernandes Novaes Hironaka, também da USP.[25] Portanto, quando da emergência da Medida Provisória 881, na sua tramitação no Congresso Nacional, escrevi artigo científico em que sustentei era preciso alterar a lei com a correção desses dois equívocos.[26] O texto original da MP estabelecia, ignorando a necessidade desses reparos, que "a liberdade de contratar será exercida em razão e nos limites da função social do contrato, observado o disposto na Declaração de Direitos de Liberdade Econômica". Como se percebe, a redação também procurava reduzir consideravelmente a abrangência da função social do contrato, limitando-a ao conteúdo art. 3.º da norma, que trata da *Declaração de Direitos de Liberdade Econômica*, o que, por bem, acabou não prosperando.

A proposta de Emenda n. 199, apresentada pelo Senador Jean Paul Prates, seguiu a minha sugestão a respeito do *caput* do comando, nos seguintes termos de justificativas, "com apoio no texto intitulado 'A MP 881/19 (liberdade econômica) e as alterações do Código Civil. Primeira parte', escrito por um dos mais respeitados civilistas brasileiros – o Professor Flávio Tartuce –, sugerimos a emenda em pauta". A proposta acabou por ser adotada na tramitação legislativa na linha do que sempre sustentei doutrinariamente, com base nas lições de Antonio Junqueira de Azevedo, Álvaro Villaça Azevedo e Giselda Maria Fernandes Novaes Hironaka. Sendo assim, por bem e adotando a melhor técnica, o texto do art. 421 do Código Civil foi finalmente corrigido, para que tenha o real sentido, de ser a liberdade contratual limitada pela função social do contrato.

Pontue-se, a propósito, que, quando da tramitação legislativa, chegou-se a debater outro texto, sugerido pelos eminentes Professores Otávio Luiz Rodrigues Jr. e Rodrigo Xavier Leonardo, por meio do Senador Antonio Anastasia (Emenda n. 158). Pela proposição, o dispositivo teria a seguinte dicção: "o contrato cumprirá a sua função social". A norma era até mais abrangente, pois colocava a função social do contrato no plano da validade. De todo modo, essa interpretação já era feita pela doutrina, conforme se retira do Enunciado n. 431 da *V Jornada de Direito Civil*, citado a seguir.

Superada essa importante atualização da obra, merece estudo a questão da *dupla eficácia* do princípio em questão. Isso porque tem prevalecido a ideia de que a função social do contrato tem tanto *eficácia interna* (entre as partes) quanto *eficácia externa* (para além das partes). Vejamos de forma detalhada.

---

[25] HIRONAKA, Giselda Maria Fernandes Novaes. Contrato: estrutura milenar de fundação do direito privado. Disponível em: <www.flaviotartuce.adv.br>. Artigos de convidados. Acesso em: 8 ago. 2005.

[26] TARTUCE, Flávio. A MP 881/19 (liberdade econômica) e as alterações do Código Civil. Primeira parte. Disponível em: <https://www.migalhas.com.br/dePeso/16,MI301612,41046-A+MP+88119+liberdade+e conomica+e+as+alteracoes+do+Codigo+Civil>. Acesso em: 1.º out. 2019.

a) Eficácia interna da função social dos contratos – reconhecida pelo Enunciado n. 360 do CJF/STJ, aprovado na *IV Jornada de Direito Civil*, por proposição formulada por mim. A eficácia interna da função social dos contratos tem seis aspectos principais:

a.1) Proteção dos vulneráveis contratuais – o CDC protege o consumidor, a CLT protege o trabalhador – apesar da infeliz e recente Reforma Trabalhista –, e o CC/2002 protege o aderente em três dispositivos (arts. 113, § 1.º, inc. IV, 423 e 424). Reitero que o primeiro dispositivo, inserido pela *Lei da Liberdade Econômica* (Lei 13.874/2019), amplia a tutela dos aderentes, ao estabelecer que qualquer cláusula será interpretada contra aquele que elaborou o seu conteúdo, ou seja, "será dada a interpretação que ao negócio jurídico for mais benéfico à parte que não redigiu o dispositivo, se identificável" (*contra proferentem*). O segundo comando enuncia que, havendo nos contratos de adesão cláusulas ambíguas ou contraditórias, será adotada a interpretação mais favorável ao aderente. Segue-se o exemplo do art. 47 do CDC, que prevê a interpretação *pro consumidor*. Já o art. 424 do CC segue a experiência do art. 51 do CDC, determinando a nulidade das cláusulas que implicam na renúncia antecipada do aderente a um direito resultante da natureza do negócio. Como primeiro exemplo, tem-se entendido que a cláusula de renúncia ao benefício de ordem pelo fiador será nula quando inserida em contrato de adesão (Enunciado n. 364 do CJF/STJ). Isso porque o fiador tem como direito-regra o citado benefício de ordem (art. 827 do CC), cabendo a sua renúncia também em regra (art. 828 do CC). Como segundo exemplo, destaque-se enunciado aprovado na *V Jornada de Direito Civil*: "a cláusula de renúncia antecipada ao direito de indenização e retenção por benfeitorias necessárias é nula em contrato de locação de imóvel urbano feito nos moldes do contrato de adesão" (Enunciado n. 433). O enunciado doutrinário acaba funcionando como exceção à regra da possibilidade de renúncia às benfeitorias necessárias, nos termos da Súmula 335 do STJ. Nos contratos de adesão, a renúncia às citadas benfeitorias deve ser tida como nula, eis que o locatário, como possuidor de boa-fé, tem como inerente ao negócio o referido direito assegurado pelo art. 1.219 do CC. Destaco que, no Projeto de Reforma do Código Civil, pretende-se inserir, no art. 1.219 da Lei Geral Privada, o teor do Enunciado n. 433 da *V Jornada de Direito Civil*. Assim, nos termos do projetado § 3.º para o dispositivo, "a cláusula de renúncia antecipada ao direito de indenização e retenção por benfeitorias necessárias pelo possuidor de boa-fé é nula quando inserida em contrato de adesão". Aguarda-se, portanto, a sua aprovação pelo Congresso Nacional, em prol da segurança jurídica. Em suma, nota-se que as cláusulas abusivas não ocorrem exclusivamente nos contratos de consumo, mas também nos contratos civis comuns, submetidos à codificação de 2002 (Enunciado n. 172 do CJF/STJ da *III Jornada de Direito Civil*).

a.2) Vedação da onerosidade excessiva ou desequilíbrio contratual (*efeito gangorra*) – o que pode motivar a anulação (arts. 156 e 157 do CC), a revisão (art. 317 do CC), ou mesmo a resolução do contrato (art. 478 do CC). Muitos julgados nacionais têm estabelecido tal correlação (por todos: STJ, Ag. Int. no AREsp 1.450.387/AP, 4.ª Turma, Rel. Min. Luis Felipe Salomão, j. 04.06.2019, *DJe* 11.06.2019; Ag. Int. no REsp 1.208.844/MT, 4.ª Turma, Rel. Min. Raul Araújo, j. 15.12.2016, *DJe* 07.02.2017; TJMG, Apelação Cível 1.0024.08.281889-9/0011, 12.ª Câmara Cível, Belo Horizonte, Rel. Des. Alvimar de Ávila, j. 07.04.2010,

CAP. 5 • TEORIA GERAL DOS CONTRATOS | **643**

*DJEMG* 19.04.2010; TJRS, Acórdão 70033733569, 13.ª Câmara Cível, Passo Fundo, Rel. Des. Vanderlei Teresinha Tremeia Kubiak, j. 18.03.2010, *DJERS* 14/04/201001; TJRJ, Acórdão 2007.001.02957, 5.ª Câmara Cível, Rel. Des. Cristina Tereza Gaulia, j. 13.02.2007). O tema ganhou especial relevância com a pandemia da Covid-19, tendo sido tratada a revisão contratual por onerosidade excessiva pela Lei 14.010/2020, como se verá a seguir.

a.3) Proteção da dignidade humana e dos direitos da personalidade no contrato, conforme consta do Enunciado n. 23 do CJF/STJ, da *I Jornada de Direito Civil*, outrora transcrito. Em suma, não pode prevalecer o conteúdo do contrato que traz claro prejuízo à proteção da pessoa humana, retirada do art. 1.º, inc. III, da CF/1988 (visão civil-constitucional). Trazendo essa correlação, com interessante adequação à realidade social, do Tribunal de São Paulo: "Agravo de Instrumento. Internação de emergência. Prazo de carência. Menor, com 10 meses de idade, com seguros sintomas de H1N1. Limitação a 12 horas. Restrição inadmissível, com prevalência da hipossuficiência, da tutela da dignidade da pessoa humana e da função social do contrato. Precedentes jurisprudenciais favoráveis, não se desconhecendo posicionamentos contrários. Recurso improvido" (TJSP, Agravo de Instrumento 994.09.282224-7, Acórdão 4368888, 6.ª Câmara de Direito Privado, Atibaia, Rel. Des. José Joaquim dos Santos, j. 11.03.2010, *DJESP* 16.04.2010). O mesmo entendimento pode ser adotado para outras doenças, como a Covid-19. Em decisão superior mais recente, a correlação entre função social do contrato e dignidade humana foi feita no sentido de que "à luz da cláusula geral da função social do contrato (artigo 421 do Código Civil), deve ser observada a dimensão social do consórcio, conciliando-se o bem comum pretendido (aquisição de bens ou serviços por todos os consorciados) e a dignidade humana de cada integrante do núcleo familiar atingido pela morte da consorciada, que teve suas obrigações financeiras (perante o grupo consorcial) absorvidas pela seguradora, consoante estipulação da própria administradora. (...) Consequentemente, os herdeiros da consorciada falecida tinham, sim, direito à liberação imediata da carta de crédito, em razão da impositiva quitação do saldo devedor pelo seguro prestamista, independentemente da efetiva contemplação ou do encerramento do grupo consorcial" (STJ, REsp 1.406.200/AL, 4.ª Turma, Rel. Min. Luis Felipe Salomão, j. 17.11.2016, *DJe* 02.02.2017). No mesmo sentido, da Terceira Turma, concluiu-se que "indispensável, portanto, que se analise a formação do contrato de consórcio à luz da própria cláusula geral da função social do contrato. Com efeito, e amparando-se na própria função social do contrato, se existe previsão contratual de seguro prestamista vinculado ao contrato de consórcio, não há lógica em se exigir que o beneficiário aguarde a contemplação do consorciado falecido ou o encerramento do grupo, para o recebimento da carta de crédito, uma vez que houve a liquidação antecipada da dívida (saldo devedor) pela seguradora, não importando em qualquer desequilíbrio econômico-financeiro ao grupo consorcial" (STJ, REsp 1.770.358/SE, 3.ª Turma, Rel. Min. Nancy Andrighi, j. 19.03.2019, *DJe* 22.03.2019). Além de ser essa a posição consolidada no âmbito do Superior Tribunal de Justiça, merece destaque o Enunciado n. 84, aprovado na *III Jornada de Direito Comercial*, do mesmo ano de 2019, que trata do seguro prestamista. Conforme o seu teor, "o seguro contra risco de morte ou perda de integridade física de pessoas que vise garantir o direito patrimonial de terceiro ou que tenha finalidade indenizatória submete-se às regras do seguro de dano, mas o valor remanescente, quando houver, será destinado ao segurado, ao beneficiário indicado ou aos sucessores". Cite-se, ainda a respeito do seguro, o excelente Enunciado n. 542 da *VI Jornada de Direito Civil*, realizada em 2013, segundo o qual a recusa de renovação das apólices de seguro de vida pelas seguradoras em razão da idade do segurado é discriminatória e atenta contra a função social do contrato. Em verdade, a jurisprudência superior admite o aumento do valor do plano de saúde por faixa etária, desde que a majoração seja previamente informada ao consumidor e não ocorra de forma drástica e repentina. Conforme a tese firmada em julgamento de incidente de recursos repetitivos, ao final de 2016, "o reajuste de mensalidade de plano de saúde individual ou familiar fundado na mudança de faixa etária do beneficiário é válido desde que (i) haja previsão contratual, (ii) sejam observadas as normas expedidas pelos órgãos governamentais reguladores e (iii) não sejam aplicados percentuais desarrazoados ou aleatórios que, concretamente e sem base atuarial idônea, onerem excessivamente o consumidor ou discriminem o idoso" (STJ, REsp 1.568.244/RJ, 2.ª Seção, Rel. Min. Ricardo Villas Bôas Cueva, j. 14.12.2016, *DJe* 19.12.2016). Ato contínuo de exemplificação, não se olvide que o descumprimento de um contrato pode gerar dano moral, especialmente quando envolver valor fundamental protegido na CF/1988, caso da saúde e moradia. Nesse sentido, enunciado doutrinário aprovado na *V Jornada de Direito Civil*, proposto por mim (Enunciado n. 411), perfeitamente aplicável para as hipóteses em que a empresa de plano de saúde, sem justo motivo, nega a internação do paciente, cabendo indenização por danos morais em casos tais (veja-se, por todos: STJ, REsp 880.035/PR, Rel. Min. Jorge Scartezzini, j. 21.11.2006).

a.4) Nulidade de cláusulas antissociais, tidas como abusivas – para tal conclusão podem ser utilizados, em complementaridade ao art. 421 do CC, os arts. 187 e 166, inc. II, do próprio Código Privado. A primeira norma enuncia a ilicitude, por abuso de direito, havendo excesso contratual que desrespeita a finalidade social (= função social). A segunda dispõe que é nulo o negócio jurídico se o seu conteúdo for ilícito. Na esteira dessa conclusão, na *V Jornada de Direito Civil*, foi aprovado enunciado colocando a função social do contrato no plano da validade do negócio. Vejamos a redação da proposta de Gerson Luiz Carlos Branco, que traduz pensamento sempre seguido por mim: "a violação do art. 421 conduz à invalidade ou à ineficácia do contrato ou de cláusulas contratuais" (Enunciado n. 431). Ilustrando com típica cláusula que viola a função social, a Súmula 302 do STJ determina a nulidade, no contrato de plano de saúde, da cláusula que limita a internação. Na linha parcial do enunciado doutrinário mencionado, sem representar qualquer inovação a respeito do posicionamento majoritário da doutrina brasileira, anoto que o Projeto de Reforma e Atualização do Código Civil pretende inserir um § 2.º no seu art. 421, prevendo que "a cláusula contratual que violar a função social do contrato é nula de pleno direito". A proposição já pode ser retirada do texto vigente da lei, uma vez que, como visto, o art. 2.035, parágrafo único, da codificação privada estabelece que nenhuma convenção prevalecerá se contrariar preceitos de ordem pública, como é a função social do contrato. Quanto aos contratos paritários, inclusive os empresariais, a conclusão é idêntica, pela exceção à força obrigatória das convenções constante da parte final do art. 3.º, inc. VIII, da Lei da Liberdade Econômica, ao mencionar as normas de ordem pública. Destaco que a proposição veio da Subcomissão de Direito Contratual, formada pelos Professores Carlos Eduardo Elias de Oliveira, Claudia Lima Marques, Angélica Carlini e Carlos Eduardo Pianovski, contando com o apoio da Relatoria Geral, formada por mim e pela Professora Rosa Maria de Andrade Nery. Foi ela então votada na Comissão de Juristas e aprovada pela maioria dos seus membros, pelo espírito democrático que motivou os trabalhos. Cabe agora ao Parlamento Brasileiro analisar a sugestão que, reitere-se, traduz hoje a posição majoritária da doutrina civilista. Ainda a título de exemplo a respeito das cláusulas antissociais, destaque-se outro enunciado aprovado na *V Jornada de Direito Civil*, de autoria de Wladimir A. Marinho Falcão Cunha: "em contratos de financiamento bancário são abusivas cláusulas contratuais de repasse de custos administrativos (como análise do crédito, abertura de cadastro, emissão de fichas de compensação bancária etc.), seja por estarem intrinsecamente vinculadas ao exercício da atividade econômica, seja por violação ao princípio da boa-fé objetiva" (Enunciado n. 432). Ressalve-se que, a apesar da menção à boa-fé objetiva, o presente autor entende que o melhor caminho seria o entendimento pela violação ou inadimplemento da função social do contrato. Apesar desse enunciado, destaque-se que a jurisprudência superior aceita a cobrança de tais taxas. Conforme a Súmula 566 do STJ, "nos contratos bancários posteriores ao início da vigência da Resolução-CMN n. 3.518/2007, em 30/4/2008, pode ser cobrada a tarifa de cadastro no início do relacionamento entre o consumidor e a instituição financeira". Em complemento, estabelece a Súmula 565 da mesma Corte que "a pactuação das tarifas de abertura de crédito (TAC) e de emissão de carnê (TEC), ou outra denominação para o mesmo fato gerador, é válida apenas nos contratos bancários anteriores ao início da vigência da Resolução-CMN n. 3.518/2007, em 30/4/2008". Com o devido respeito, não estou filiado ao teor das sumulares superiores, com o devido respeito, sendo tais cobranças abusivas em qualquer vigência legislativa.

a.5) Tendência de conservação contratual, sendo a extinção do contrato, a última medida a ser tomada, a *ultima ratio*. Essa correlação foi reconhecida pelo Enunciado n. 22 do CJF/STJ da *I Jornada de Direito Civil*, *in verbis*: "a função social do contrato, prevista no art. 421 do novo Código Civil, constitui cláusula geral, que reforça o princípio de conservação do contrato, assegurando trocas úteis e justas". Esse aspecto já havia sido destacado em vários trechos do Capítulo 2 desta obra, como na abordagem da lesão (art. 157 do CC). Presente esse vício do negócio, aplicando-se a função social e a conservação, a regra é a revisão e não a anulação do contrato. Ato contínuo de ilustração, julgado do Superior Tribunal de Justiça estabeleceu a relação entre função social do contrato e conservação do negócio jurídico, ao determinar a continuidade de um contrato de seguro de vida celebrado por longo período (STJ, REsp 1.073.595/MG, Rel. Min. Nancy Andrighi, j. 23.03.2011 – *Informativo* n. 467 do STJ). A correlação entre conservação contratual e função social também ganhou especial destaque nas ações fundadas na crise econômica causada pela pandemia da Covid-19, com a necessidade de se manter negócios, empregos e empresas. Nesse sentido, entre muitos arestos estaduais, destaque-se o seguinte: "a extinção de vínculos contratuais, a revisão judicial e a suspensão de cláusulas contratuais são medidas a serem evitadas pelas partes, sempre que possível. É vantajosa à decisão judicial a negociação feita pelos próprios contratantes, em atenção à boa-fé, ao dever de cooperação e à solidariedade social, mormente na atual situação, em que restrições ocasionadas pela pandemia de coronavírus são impostas a todos. Padece de razoabilidade a suspensão liminar, total e indefinida das obrigações contratuais de uma das partes em detrimento da outra e anteriormente à oitiva desta, mormente se não realizada qualquer tentativa de reconstrução do equilíbrio econômico do contrato por elas firmado" (TJDF, Agravo de Instrumento 07204.35-84.2020.8.07.0000, Acórdão 128.4452, 5.ª Turma Cível, Rel. Des. Hector Valverde, j. 16.09.2020, *PJe* 30.09.2020).

a.6) **Frustração do fim do contrato.** Nos termos do Enunciado n. 166 do CJF/STJ, da *III Jornada de Direito Civil*: "a frustração do fim do contrato, como hipótese que não se confunde com a impossibilidade da prestação ou com a excessiva onerosidade, tem guarida no Direito brasileiro pela aplicação do art. 421 do Código Civil". Conforme as justificativas ao enunciado, apresentadas por Rodrigo Barreto Cogo, "trata-se de um dos aspectos – ao lado da destruição da relação de equivalência – em que se configura a perda da base em sentido objetivo, exposta por Karl Larenz (Base..., 2002). Imagine-se o famoso exemplo do locador que aluga um imóvel com a finalidade exclusiva de poder assistir ao desfile de coroação do rei, cujo cortejo passará na rua para a qual o imóvel tem vista privilegiada. O rei adoece e o desfile não se realizará. Tem-se um caso em que: a) as prestações são perfeitamente exequíveis (o locador pode alugar e o locatário pode pagar); b) o preço ajustado não se alterou. Mesmo assim, o contrato não tem mais utilidade, razão de ser. Não se trata de um caso de impossibilidade, nem mesmo de excessiva onerosidade, ou, ainda, de perda de objeto. Tem-se, em verdade, a frustração do fim do contrato". Atualizando o clássico exemplo, da coroação do rei, vivido na Inglaterra, imagine-se o caso em que alguém aluga um imóvel para assistir à festa do carnaval de Salvador, constando essa finalidade no instrumento contratual. Entretanto, por decisão do governador do Estado, a festa não mais se realizará, em virtude de uma pandemia. Nesse caso, o contrato perdeu a sua razão de ser, devendo ser reputado extinto, sem a imputação de culpa a qualquer uma das partes. Em ilustração jurisprudencial, decisão do Tribunal de Justiça de São Paulo analisou contrato de prestação de serviços de *telemarketing* e *call center* integrado à rede de lojas de *fast-food* de comida chinesa, deduzindo que os elementos dos autos evidenciaram "a resolução por frustração do fim do contrato. Frustrado o escopo do contrato, programado, previsto e desejado por ambas as partes no momento da celebração, por fato imputável a terceiros, não integrantes da relação negocial, sem que se possa afirmar que qualquer dos contratantes seja culpado pela inexecução da avença, resolve-se o negócio, por força do esvaziamento de sua função social (art. 421 do Código Civil), retornando as partes ao estado anterior, sem aplicação da cláusula penal ou indenização por perdas e danos" (TJSP, Apelação 0061241-41.2011.8.26.0114, Acórdão 10976647, 27.ª Câmara Extraordinária de Direito Privado, Campinas, Rel. Des. Edgard Rosa, j. 07.08.2017, *DJESP* 23.11.2017, p. 2.363). Também em virtude da pandemia da Covid-19, a tese ganhou força, diante da intervenção estatal para proibição de determinadas atividades, fazendo com que alguns negócios perdessem a sua razão de ser. Tivemos até um carnaval que foi cancelado, em 2021, trazendo para a realidade o exemplo antes citado, que sempre utilizei como exemplificação em salas de aula e palestras. A propósito da aplicação dessa tese pela crise então vivida, cabe destacar: "o advento da Covid-19 configura circunstância externa ao contrato que, dada a interrupção do fluxo de pessoas no shopping gerenciado pela parte ré, onde a parte autora tem sua loja, inviabiliza a consecução da finalidade do contrato, entendida como aquela considerada por ambos os contratantes como relevante e apta a impactar na eficácia da contratação, razão pela qual impõe-se a readequação dos encargos inicialmente contratados" (TJMG, Apelação Cível 5050881-83.2020.8.13.0024, 9.ª Câmara Cível, Rel. Des. Leonardo de Faria Beraldo, j. 14.03.2023, *DJEMG* 16.03.2023). Nota-se que, pela frustração do fim do contrato, com o desaparecimento da sua causa, da sua razão de ser, a função social do contrato incide isoladamente, sem qualquer outro apoio legislativo. Há, portanto, a aplicação da função social do contrato na sua feição mais *pura*, o que demonstra a efetividade prática do princípio em questão. De todo modo, o princípio pode entrar em conflito com ele mesmo em alguns casos, diante da ideia de conservação, que é antagônica à extinção pelo fim da causa. Essa tensão entre o próprio princípio foi percebida nos últimos anos, sobretudo em virtude das crises geradas pela pandemia de Covid-19. Sobre o Projeto de Reforma do Código Civil, como não poderia ser diferente, há proposta de se incluir na Lei Geral Privada uma regulamentação mínima e necessária, sobre a frustração do fim do contrato, como ocorre com o Código Civil Italiano. Nesse contexto, insere-se nela um novo art. 480-A, prevendo o seu *caput* que "o contrato de execução continuada ou diferida poderá ser resolvido por iniciativa de qualquer uma das partes, quando frustrada a finalidade contratual". Sobre a sua definição, preceituará o § 1.º do comando que "dá-se a frustração da finalidade do contrato por fatos supervenientes quando deixa de existir o fim comum que justificou a contratação, desde que isso ocorra por motivos alheios ao controle das partes e não integre os riscos normais do negócio ou os que tenham sido alocados pelas partes no momento da celebração do contrato". E, para que não haja confusão entre institutos distintos, como hoje prevê o Enunciado n. 166 da *III Jornada de Direito Civil*, destaco a proposição de um § 2.º para esse art. 480-A: "a resolução por frustração do fim do contrato não depende da demonstração dos requisitos do art. 478 deste Código". De acordo com as justificativas da Subcomissão de Direito Contratual, "trata-se de hipótese que recolhe a dimensão funcional do contrato, quanto à efetividade do proveito que seria derivado da operação econômica que a ele serve de base, constando-se que as suas finalidades, por razão não imputável às condutas das partes, restam inviabilizadas, impondo a desconstituição do vínculo contratual". Em prol da segurança jurídica e da estabilidade dos negócios civis, sobretudo diante de novas crises que virão, espera-se a inclusão do instituto no Código Civil Brasileiro.

b) Eficácia externa da função social do contrato – reconhecida pelo Enunciado n. 21 do CJF/STJ, da *I Jornada de Direito Civil*. Há dois aspectos principais:

b.1) Proteção dos direitos difusos e coletivos – conforme consta do sempre citado Enunciado n. 23 do CJF/STJ, não podendo o contrato prejudicá-los. Por isso, sustenta-se doutrinariamente a *função socioambiental do contrato*.[27]

b.2) Tutela externa do crédito – possibilidade de o contrato gerar efeitos perante terceiros ou de condutas de terceiros repercutirem no contrato. Como exemplo, pode ser citada a norma do art. 608 do CC, segundo a qual aquele que aliciar pessoas obrigadas por contrato escrito a prestar serviços a outrem,

---

[27] BARROSO, Lucas Abreu. Função ambiental do contrato. In: DELGADO, Mário Luiz; ALVES, Jones Figueirêdo. *Questões controvertidas no novo Código Civil*. São Paulo: Método, 2005. v. 4.

pagará a este o correspondente a dois anos da prestação de serviços. Há, assim, a responsabilidade do terceiro aliciador, ou *terceiro cúmplice*, que desrespeita a existência do contrato aliciando uma das partes.[28] O dispositivo *serve como luva* para responsabilizar uma cervejaria, frente a outra, pelo fato de ter aliciado o famoso pagodeiro, que tinha contrato de prestação de serviços publicitários com a primeira cervejaria. Nesse sentido, aliás, decidiu a Quinta Câmara de Direito Privado do Tribunal de Justiça de São Paulo, na Apelação 9112793-79.2007.8.26.000, conforme acórdão proferido em 12 de junho de 2013 e relatado pelo Desembargador Mônaco da Silva. Ressalve-se apenas que o julgado está fundamentado na função social do contrato e no art. 209 da Lei 9.279/1996, que trata da concorrência desleal, e não no art. 608 do CC/2002. Como outra ilustração, exemplo de incidência da eficácia externa da função social do contrato, rumoroso acórdão do STJ, do ano de 2002, responsabilizou uma associação de atletas por ter enviado cartas desabonadoras a patrocinador de jogador de futebol. Nos termos da sua ementa, "de acordo com a Teoria do Terceiro Cúmplice, terceiro ofensor também está sujeito à eficácia transubjetiva das obrigações, haja vista que seu comportamento não pode interferir indevidamente na relação, perturbando o normal desempenho da prestação pelas partes, sob pena de se responsabilizar pelos danos decorrentes de sua conduta. O envio de carta por terceiro a patrocinadora do jogador, relatando e emitindo juízo de valor sobre suposta conduta criminosa, sem nenhum intuito informativo e com nítido caráter difamatório e vingativo, buscou unicamente incentivar a rescisão do contrato firmado entre o atleta e a destinatária da carta, estando configurado ato danoso indenizável" (STJ, REsp 1.895.272/DF, 3.ª Turma, Rel. Min. Marco Aurélio Bellizze, j. 26.04.2022, *DJe* 29.04.2022). Consoante a voto do Ministro Relator, no caso, houve "a necessidade de analisar o comportamento daquele terceiro que interfere ou induz o inadimplemento de um contrato sob o prisma de uma proteção extracontratual, do capitalismo ético, da função social do contrato e da proteção das estruturas de interesse da sociedade, tais como a honestidade e a tutela da confiança. Assim, a responsabilização de um terceiro, alheio à relação contratual, decorre da sua não funcionalização sob a perspectiva social da autonomia contratual, incorporando como razão prática a confiança e o desenvolvimento social na conduta daqueles que exercem sua liberdade" (REsp 1.895.272/DF). Estou totalmente filiado ao entendimento constante dessa importante e emblemática decisão.

Encerrado o estudo da dupla eficácia prática da função social do contrato, é necessário abordar o art. 2.035, parágrafo único, da atual codificação, dispositivo que é de grande importância para a compreensão do sentido do princípio. É a sua redação:

> "Art. 2.035. (...). Parágrafo único. Nenhuma convenção prevalecerá se contrariar preceitos de ordem pública, tais como os estabelecidos por este Código para assegurar a função social da propriedade e dos contratos".

---

[28] A expressão *terceiro cúmplice* foi cunhada, no Direito Civil Brasileiro, por Antonio Junqueira de Azevedo, em parecer dado a companhia de combustíveis (Os princípios do atual direito contratual e a desregulação do mercado. Direito de exclusividade nas relações contratuais de fornecimento. Função social do contrato e responsabilidade aquiliana do terceiro que contribui para o inadimplemento contratual. *Estudos e pareceres de direito privado*. São Paulo: Saraiva, 2004).

CAP. 5 • TEORIA GERAL DOS CONTRATOS | **649**

O comando legal é primaz por três aspectos primordiais:

1.º) A norma enuncia que o princípio da função social dos contratos é preceito de ordem pública. Como consequência, cabe sempre intervenção do Ministério Público e conhecimento de ofício pelo juiz. Por tal constatação merece críticas a Súmula 381 do STJ que veda ao juiz conhecer de ofício da abusividade em contratos bancários. A súmula em questão viola claramente o princípio da função social dos contratos e a regra em comento; além de representar um atentado ao Código de Defesa do Consumidor.[29] Por isso, clama-se que seja imediatamente revista pelo próprio Tribunal da Cidadania.

2.º) O dispositivo coloca a função social dos contratos ao lado da função social da propriedade, dando fundamento constitucional à primeira. Em suma, pode-se dizer que a função social dos contratos está baseada na função social da propriedade, constante do art. 5.º, incs. XXII e XXIII, da CF/1988, como queria Miguel Reale.[30] Em reforço, afirma-se com convicção que a função social do contrato está estribada nos princípios constitucionais de proteção da dignidade humana (art. 1.º, inc. III) e da solidariedade social (art. 3.º, inc. I).[31]

3.º) Sem qualquer inconstitucionalidade, o diploma em comento possibilita que a função social dos contratos seja aplicada a um contrato celebrado na vigência do CC/1916, mas que esteja gerando efeitos na vigência do CC/2002, o que se denomina *retroatividade motivada ou justificada*. A premissa está baseada na antiga lição segundo a qual as normas de ordem pública podem retroagir. Nessa linha de pensamento, professa Mário Luiz Delgado que "se, por um lado, exige a vida social que a fé na segurança jurídica e estabilidade das relações não seja ameaçada pelo receio de que uma lei posterior venha a perturbar aquelas que validamente já se formaram, de outro também é de se exigir a submissão do ordenamento jurídico aos interesses maiores da coletividade, de modo a se atingir o ideal de justiça e de utilidade, representação do bem comum".[32] Exemplificando e citando Fernando Noronha, aponta o jurista que quando da promulgação da Lei Áurea, que aboliu a escravidão do país, foram declarados inválidos todos os contratos de compra e venda de escravos celebrados antes de sua vigência, em prol do bem comum. Eis um bom exemplo histórico de norma de ordem pública que retroagiu, para a proteção da pessoa humana.

Reforçando que não há qualquer inconstitucionalidade da última norma (art. 2.035, parágrafo único, do CC) – que mitiga a proteção do direito adquirido em prol de outros valores superiores, em uma *ponderação do próprio legislador* –, anote-se que o Superior Tribunal de Justiça já o aplicou a um caso envolvendo a hipoteca, reconhecendo a sua validade jurídica (STJ, REsp 691.738/SC, 3.ª Turma, Rel. Min. Nancy Andrighi, j. 12.05.2005, *DJ* 26.09.2005, p. 372).

Em data mais próxima, o dispositivo foi, de forma precisa, mencionado em julgado da lavra do Ministro João Otávio de Noronha, na mesma Corte Superior. Conforme o julgador, "consoante se extrai do art. 2.035 do CC, a intangibilidade do contrato compreende

---

[29] Sobre o tema, para os devidos esclarecimentos, ver nossa obra de Direito do Consumidor, escrita em coautoria com Daniel Amorim Assumpção Neves (*Direito do Consumidor. Direito material e processual.* São Paulo: GEN/Método, 2012).

[30] REALE, Miguel. *Questões de direito privado.* São Paulo: Saraiva, 1997. p. 4.

[31] Nesse sentido, por todos: TEPEDINO, Gustavo. Notas sobre a função social dos contratos. *Temas de Direito Civil.* Rio de Janeiro: Renovar, 2009. t. III, p. 145.

[32] DELGADO, Mário Luiz. *Problemas de direito intertemporal no Código Civil.* São Paulo: Saraiva, 2004. p. 94.

integralmente os planos de sua existência e validade, mas, apenas parcialmente, o plano de sua eficácia, podendo sua força obrigatória vir a ser mitigada. E essa mitigação terá lugar quando a obrigação assumida, diante das circunstâncias postas, mostrar-se inaceitável do ponto de vista da razoabilidade e da equidade, comprometendo a função social do contrato e a boa-fé objetiva, valores expressamente tutelados pela lei civil e pela própria CF" (STJ, REsp 1.286.209/SP, Rel. Min. João Otávio de Noronha, j. 08.03.2016, *DJe* 14.03.2016). Na verdade, é possível sustentar que o art. 2.035, parágrafo único, do CC/2002 é o dispositivo mais importante para a função social dos contratos na atual legislação brasileira pelos três aspectos destacados e pelo que consta deste último aresto.

Encerrando o estudo deste importante princípio, é necessário retomar o conteúdo do art. 421-A do Código Civil, que foi inserido pela *Lei da Liberdade Econômica*, originária da MP 881/2019. Na última norma, os seus conteúdos estavam colocados nos arts. 480-A e 480-B, totalmente fora de contexto, pois o art. 480 trata de revisão de contratos unilaterais, dentro da ação de resolução contratual. A nova inserção permite deduzir que o diploma emergente traz ideias complementares a respeito da função social dos contratos.

Conforme o *caput* do novo comando, "os contratos civis e empresariais presumem-se paritários e simétricos até a presença de elementos concretos que justifiquem o afastamento dessa presunção, ressalvados os regimes jurídicos previstos em leis especiais (...)". Sobre a diferença entre contratos civis e empresariais, sabe-se que o Código Civil de 2002 unificou o seu tratamento, não se justificando qualquer diferenciação quanto a ambos a respeito das normas jurídicas incidentes. Quanto aos contratos empresariais – aqueles em que as partes figuram como empresários –, aplica-se, assim, a teoria geral dos contratos prevista na codificação material, entre os arts. 421 a 480.

Somente se justifica certa diferenciação quanto ao nível de intervenção, desde que o contrato seja paritário ou negociado, hipótese em que a intervenção estatal deve ser menor. Nesse sentido, o Enunciado n. 21 da *I Jornada de Direito Comercial*, de autoria do Professor André Luiz Santa Cruz Ramos, "nos contratos empresariais, o dirigismo contratual deve ser mitigado, tendo em vista a simetria natural das relações interempresariais". Advirta-se, contudo, que, na minha visão, essa afirmação de mitigação do dirigismo contratual somente vale para os contratos paritários, e não para os de adesão que, como visto, têm especial proteção na codificação em vigor (arts. 423 e 434), até ampliada pela própria *Lei da Liberdade Econômica*, diante do novo art. 113, § 1.º, inc. IV, do CC, aqui antes já comentado.

Adotando-se essa ideia de menor intervenção nos contratos empresariais, apesar da aplicação do Código Civil de 2002, destaque-se da jurisprudência superior: "contratos empresariais não devem ser tratados da mesma forma que contratos cíveis em geral ou contratos de consumo. Nestes admite-se o dirigismo contratual. Naqueles devem prevalecer os princípios da autonomia da vontade e da força obrigatória das avenças. Direito Civil e Direito Empresarial, ainda que ramos do Direito Privado, submetem-se a regras e princípios próprios. O fato de o Código Civil de 2002 ter submetido os contratos cíveis e empresariais às mesmas regras gerais não significa que estes contratos sejam essencialmente iguais" (STJ, REsp 936.741/GO, 4.ª Turma, Rel. Min. Antonio Carlos Ferreira, j. 03.11.2011, *DJe* 08.03.2012).

Ou, ainda, como se retira de acórdão publicado no *Informativo* n. 583 da Corte, que trata de contrato agrário celebrado por uma grande empresa como arrendatária e sem prejuízo de outros: "efetivamente, no Direito Empresarial, regido por princípios peculiares, como a livre-iniciativa, a liberdade de concorrência e a função social da empresa, a presença do princípio da autonomia privada é mais saliente do que em outros setores do Direito Privado. Com efeito, o controle judicial sobre eventuais cláusulas abusivas em contratos empresariais é mais restrito do que em outros setores do Direito Privado, pois as negociações são entabuladas entre profissionais da área empresarial, observando regras costumeiramente seguidas pelos integrantes desse setor da economia" (STJ, REsp 1.447.082/TO, 3.ª Turma, Rel. Min. Paulo de Tarso Sanseverino, j. 10.05.2016, *DJe* 13.05.2016).

Em 2022, a afirmação de que a Lei da Liberdade Econômica é dirigida aos contratos empresariais paritários foi ratificada pelo Tribunal da Cidadania. Consoante trecho da ementa, relatada pela Ministra Nancy Andrighi, que cita a minha posição doutrinária e que merece destaque:

"A Lei 13.874/19, também intitulada de Lei da Liberdade Econômica, em seu art. 3.º, VIII, determinou que são direitos de toda pessoa, natural ou jurídica, essenciais para o desenvolvimento e o crescimento econômicos do País, observado o disposto no parágrafo único do art. 170 da Constituição Federal, ter a garantia de que os negócios jurídicos empresariais paritários serão objeto de livre estipulação das partes pactuantes, de forma a aplicar todas as regras de direito empresarial apenas de maneira subsidiária ao avençado, exceto normas de ordem pública. O controle judicial sobre eventuais cláusulas abusivas em contratos empresariais é mais restrito do que em outros setores do Direito Privado, pois as negociações são entabuladas entre profissionais da área empresarial, observando regras costumeiramente seguidas pelos integrantes desse setor da economia. A existência de equilíbrio e liberdade entre as partes durante a contratação, bem como a natureza do contrato e as expectativas são itens essenciais a serem observados quando se alega a nulidade de uma cláusula com fundamento na violação da boa-fé objetiva e na função social do contrato. Em se tratando de contrato de prestação de serviços firmado entre dois particulares os quais estão em pé de igualdade no momento de deliberação sobre os termos do contrato, considerando-se a atividade econômica por eles desempenhada, inexiste legislação específica apta a conferir tutela diferenciada para este tipo de relação, devendo prevalecer a determinação do art. 421 do Código Civil" (STJ, REsp 1.799.039/SP, 3.ª Turma, Rel. Min. Moura Ribeiro, Relatora para Acórdão Min. Nancy Andrighi, j. 04.10.2022, *DJe* 07.10.2022).

Na linha de todos os acórdãos colacionados, reconhecida a necessidade de uma menor intervenção nos contratos paritários – sejam civis ou empresariais –, voltando-se à essência do art. 421-A, reitere-se que o seu *caput* consagra uma presunção relativa ou *iuris tantum* de paridade e simetria econômica nessas figuras. Todavia, sendo evidenciado que o contrato é de adesão – o que pode decorrer não só de prova construída pela parte interessada, mas também das práticas e da realidade do meio social e do mercado –, afasta-se essa presunção, o que justifica a incidência das regras protetivas do aderente aqui antes estudadas (arts. 113, § 1.º, inc. IV, 423 e 424 do CC).

A nova norma também exclui expressamente o tratamento previsto em leis especiais, caso do Código de Defesa do Consumidor que, no seu art. 4.º, inc. III, consagra a presunção absoluta ou *iure et de iure* de vulnerabilidade dos consumidores. A propósito, no meu entender, a nova *Lei da Liberdade Econômica* não traz qualquer impacto para os contratos de consumo, sendo dirigida aos contratos civis em geral, sobretudo os paritários, não submetidos ao CDC.

O novo art. 421-A do Código Civil ainda preceitua, no seu inciso I, que está garantida às partes contratuais a possibilidade de estabelecer parâmetros objetivos para a interpretação das cláusulas negociais e de seus pressupostos de revisão ou de resolução. Trata-se de reprodução parcial do Enunciado n. 23 da *I Jornada de Direito Comercial*, novamente proposto pelo Professor André Luiz Santa Cruz Ramos, que participou do processo de elaboração da

MP 881 que deu origem à *Lei da Liberdade Econômica*. Conforme essa ementa doutrinária, "em contratos empresariais, é lícito às partes contratantes estabelecer parâmetros objetivos para a interpretação dos requisitos de revisão e/ou resolução do pacto contratual". Norma em sentido próximo, aliás, consta do novo art. 113, § 2.º, do Código Civil, também incluído em 2019, como será visto quando do estudo do princípio da boa-fé objetiva, a seguir.

A título de concreção, as partes de um contrato civil podem fixar previamente quais são os eventos que podem gerar imprevisibilidade, extraordinariedade ou onerosidade excessiva para um determinado negócio, para os fins de rever ou resolver o contrato, e nos termos do que consta dos arts. 317 e 478 da codificação privada. Podem, ainda, a respeito da interpretação do contrato, estabelecer que uma cláusula específica prevalece sobre uma genérica ou que uma determinada previsão negocial deve orientar a interpretação de todas as outras cláusulas.

Todavia, caso haja lesão ou desrespeito a norma cogente ou de ordem pública, essa previsão contratual interpretativa pode não prevalecer, por força do art. 3.º, inc. VIII, da própria Lei 13.874/2019. Cite-se, a título de exemplo, uma cláusula de revisão ou de interpretação que procure afastar as regras de limitação ou de redução equitativa da cláusula penal, previstas nos arts. 412 e 413 do Código Civil.

O controle do julgador também deve ser maior, caso haja um contrato de adesão, mesmo que celebrado entre empresários, por força do art. 424 do CC/2002, que estabelece a nulidade de qualquer cláusula que implique a renúncia do aderente a direito resultante da natureza do negócio. Cite-se, como ilustração da última, uma cláusula limitativa de indenização em decorrência da resolução do contrato imposta ao aderente, que deve ser tida como nula de pleno direito.

Seguindo, conforme o art. 421-A, inc. II, do CC/2002, a alocação de riscos definida pelas partes deve ser respeitada e observada. Assim, é preciso levar em conta, por exemplo, os investimentos realizados pelas partes e a oportunidade de reavê-los, sem prejuízo da obtenção dos lucros esperados, de acordo com a racionalidade econômica e as regras de tráfego de cada negócio em si.

Repete-se, assim, o sentido já previsto no novo art. 113, § 1.º, inc. V, do Código Civil – igualmente inserido pela Lei 13.874/2019 –, segundo o qual os negócios jurídicos em geral devem ser interpretados no sentido de "corresponder a qual seria a razoável negociação das partes sobre a questão discutida, inferida das demais disposições do negócio e da racionalidade econômica das partes, consideradas as informações disponíveis no momento de sua celebração". Mais uma vez, se essa alocação de riscos gerar enriquecimento sem causa de uma parte perante outra, acarretar onerosidade excessiva, se afrontar a função social do contrato, a boa-fé objetiva ou outro preceito de ordem pública, poderá ser desconsiderada, tida como nula ou ineficaz.

Por fim, o inc. III do art. 421-A repete a regra do parágrafo único do art. 421 ao estabelecer que "a revisão contratual somente ocorrerá de maneira excepcional e limitada". Valem os comentários antes desenvolvidos sobre o último preceito, sendo a regra em estudo também desnecessária, pois a revisão contratual já tem caráter excepcional, limitando-se às partes envolvidas. O tema será aprofundado ainda no presente capítulo, com o estudo da revisão contratual por fato superveniente.

### 5.3.4 Princípio da força obrigatória do contrato (*pacta sunt servanda*)

Decorrente da ideia clássica de autonomia da vontade, a força obrigatória dos contratos preconiza que tem força de lei o estipulado pelas partes na avença, constrangendo os contratantes ao cumprimento do conteúdo completo do negócio jurídico. Esse princípio importa em autêntica restrição da liberdade, que se tornou limitada para aqueles que contrataram a partir do momento em que vieram a formar o contrato consensualmente e dotados de vontade autônoma. Nesse sentido, alguns doutrinadores falam em *princípio do consensualismo*.[33] Entretanto, como a vontade perdeu o papel relevante que detinha, o presente autor prefere não utilizar mais essa última expressão.

Ao contrário de outras codificações do Direito Comparado, não há previsão expressa desse princípio no atual Código Civil. Todavia, os arts. 389, 390 e 391 da atual codificação material, que tratam do cumprimento obrigacional e das consequências advindas do inadimplemento, afastam qualquer dúvida quanto à manutenção da obrigatoriedade das convenções como princípio do ordenamento jurídico privado brasileiro.

Na nova *Lei da Liberdade Econômica* (Lei 13.874/2019), o princípio da força obrigatória – com as suas corriqueiras limitações – pode ser retirado do outrora citado art. 3.º, dos seus incs. V e VIII, segundo os quais "são direitos de toda pessoa, natural ou jurídica, essenciais para o desenvolvimento e o crescimento econômicos do País, observado o disposto no parágrafo único do art. 170 da Constituição Federal: (...). V – gozar de presunção de boa-fé nos atos praticados no exercício da atividade econômica, para os quais as dúvidas de interpretação do direito civil, empresarial, econômico e urbanístico serão resolvidas de forma a preservar a autonomia privada, exceto se houver expressa disposição legal em contrário. (...). VIII – ter a garantia de que os negócios jurídicos empresariais paritários serão objeto de livre estipulação das partes pactuantes, de forma a aplicar todas as regras de direito empresarial apenas de maneira subsidiária ao avençado, exceto normas de ordem pública".

Igualmente valorizando o respeito às convenções contratuais, o art. 1.º, § 1.º, da norma emergente prescreve que "interpretam-se em favor da liberdade econômica, da boa-fé e do respeito aos contratos, aos investimentos e à propriedade todas as normas de ordenação pública sobre atividades econômicas privadas". Também merece destaque a enunciação de seus princípios fundamentais, constantes do art. 2.º da *Lei da Liberdade Econômica* (Lei 13.874/2019), a saber: *a)* a liberdade como uma garantia no exercício de atividades econômicas; *b)* a boa-fé do particular perante o poder público; *c)* a intervenção subsidiária e excepcional do Estado sobre o exercício de atividades econômicas; e *d)* o reconhecimento da vulnerabilidade do particular perante o Estado.

Anote-se que o princípio da força obrigatória como regra máxima tinha previsão já no Direito Romano, segundo o qual deveria prevalecer o *pacta sunt servanda*, ou seja, a força obrigatória do estipulado no pacto. Não poderia, portanto, sem qualquer razão plausível, ser o contrato revisto ou extinto, sob pena de acarretar insegurança jurídica ao sistema.

Porém, a realidade jurídica e fática do mundo capitalista e pós-moderno não possibilita mais a *concepção estanque do contrato*. O mundo globalizado, a livre concorrência, o domínio do crédito por grandes grupos econômicos e a manipulação dos meios de *marketing* geraram um grande impacto no Direito Contratual, realidade que não pode ser alterada pela *Lei da Liberdade Econômica*, notadamente nos casos de abusos contratuais cometidos por uma parte contra a outra. Como já se destacou, vive-se, na expressão de Enzo Roppo, o *Império dos Contratos-Modelo*, pela prevalência maciça dos contratos de adesão, com conteúdo pré-estipulado.

Dentro dessa realidade, o princípio da força obrigatória ou da obrigatoriedade das convenções sempre esteve previsto em nosso ordenamento jurídico, mas não mais como regra geral, como antes era concebido. A força obrigatória constitui exceção à regra geral

---

[33] Por exemplo: GONÇALVES, Carlos Roberto. *Direito Civil brasileiro*. Contratos e Atos Unilaterais. 7. ed. São Paulo: Saraiva, 2010. v. 3, p. 46.

da socialidade, secundária à função social do contrato e à boa-fé objetiva, princípios que imperam dentro da nova realidade do Direito Privado Contemporâneo. Certo é que o princípio da força obrigatória não tem mais encontrado a predominância e a prevalência absoluta que exercia no passado, o que não pode ser alterado pela recente legislação. O princípio em questão está, portanto, mitigado ou relativizado, sobretudo pelos princípios sociais da função social do contrato e da boa-fé objetiva.

A par de tudo isso, não é possível também sustentar que o princípio da força obrigatória do contrato foi definitivamente extinto pela codificação emergente. Isso porque tal conclusão afasta o mínimo de segurança e certeza que se espera do ordenamento jurídico, principalmente a segurança no Direito, ícone também importante, como a própria *justiça*, objetivo maior buscado pelo Direito e pela ciência que o estuda.

Não se pode negar, como palavras finais sobre o tema, que a alegação da força obrigatória do contrato também ganhou força com a grave crise econômica decorrente da pandemia da Covid-19. Se por um lado, foi e ainda é necessário rever alguns contratos, por alegações específicas e consequências demonstradas nos casos concretos, não se pode quebrar a confiança de todo o sistema jurídico, alegando-se uma moratória ampla, generalizada e irrestrita.

A título de ilustração, esse dilema foi observado pelo Tribunal de Justiça do Rio de Janeiro, em caso em que se pleiteava a revisão de contrato de fornecimento de energia. Vejamos trecho de sua ementa que envolve caso de compra de energia com "demanda mínima contratada":

"Pandemia. Covid-19. Decisão agravada que deferiu tutela de urgência para determinar que a *Light* efetue cobrança apenas do valor efetivamente consumido nas contas de cada autor. Insurgência da concessionária que pretende que os agravados efetuem o pagamento da integralidade das suas faturas de energia elétrica, nos termos do contrato firmado pelas partes. Prevalência do princípio da força obrigatória dos contratos. Revisão contratual pelo Judiciário que tem caráter excepcional. Risco concreto de colapso do sistema de distribuição de energia. Necessária instrução probatória exauriente para o deslinde do feito. É impositiva a manutenção das regras vigentes em relação ao faturamento, nos termos em que previsto na regulamentação e nos contratos celebrados pelas distribuidoras com seus usuários até a análise concreta da quebra do equilíbrio econômico-financeiro do contrato. Ausência de configuração dos requisitos para o deferimento da tutela antecipada" (TJRJ, Agravo de Instrumento 0034543-29.2020.8.19.0000, 20.ª Câmara Cível, Rio de Janeiro, Rel. Des. Mônica de Faria Sardas, *DORJ* 30.07.2020, p. 604).

Entretanto, trazendo solução diferente a respeito da mesma situação fática, do Tribunal Paulista:

"Caso fortuito e força maior. Pandemia Covid-19. Contratos firmados (CUSD e CCER) têm equilíbrio afetado. Flexibilização contratual. Inteligência do art. 317 do Código Civil. Redução da demanda contratada. Pagamento pela energia efetivamente consumida. Admissibilidade. Decisão mantida" (TJSP, Agravo 2120327-42.2020.8.26.0000, Acórdão 14033818, 25.ª Câmara de Direito Privado, Campinas, Rel. Des. Claudio Hamilton, j. 05.10.2020, *DJESP* 14.10.2020, p. 2.353).

Essa variação no entendimento demonstra como a Covid-19 trouxe grandes desafios para o Direito Privado brasileiro.

Por derradeiro, enfatizo que os tempos são de busca do equilíbrio, do bom senso e de razoabilidade, com o fim de superar os grandes desafios dos nossos tempos, em decorrência da pandemia e da crise econômica dela decorrente.

### 5.3.5 Princípio da boa-fé objetiva

Uma das mais festejadas mudanças introduzidas pelo Código Civil de 2002 diante do CPC/1916 refere-se à previsão expressa do princípio da boa-fé contratual, que não constava da codificação de 1916. Como se sabe, a boa-fé, anteriormente, somente era relacionada com a intenção do sujeito de direito, estudada quando da análise dos institutos possessórios, por exemplo. Nesse ponto era conceituada como *boa-fé subjetiva*, eis que mantinha relação direta com aquele que ignorava um vício relacionado com uma pessoa, bem ou negócio.

Mas, desde os primórdios do Direito Romano já se cogitava outra boa-fé, aquela direcionada à conduta das partes, principalmente nas relações negociais e contratuais. Com o surgimento do *jusnaturalismo*, a boa-fé ganhou, no Direito Comparado, uma nova faceta, relacionada com a conduta dos negociantes e denominada *boa-fé objetiva*. Da subjetivação saltou-se para a objetivação, o que é consolidado pelas codificações privadas europeias.

Com essa evolução, alguns Códigos da era moderna fazem menção a essa nova faceta da boa-fé, caso do Código Civil português de 1966, do Código Civil italiano de 1942 e do BGB alemão, normas que serviram como *marco teórico* para o Código Civil Brasileiro de 2002. No Direito Alemão, a propósito, duas expressões são utilizadas para apontar as modalidades de boa-fé ora expostas. O termo *Guten Glauben* – que quer dizer, literalmente, bom pensamento ou boa crença– denota a boa-fé subjetiva; enquanto *Treu und Glauben* – fidelidade e crença – denota a boa-fé objetiva.

Nosso atual Código Civil, ao seguir essa tendência, adota a dimensão concreta da boa-fé, como já fazia o Código de Defesa do Consumidor em seu art. 4.º, inc. III, entre outros comandos, segundo o qual "a Política Nacional de Relações de Consumo tem por objetivo o atendimento das necessidades dos consumidores, o respeito à sua dignidade, saúde e segurança, a proteção de seus interesses econômicos, a melhoria da sua qualidade de vida, bem como a transparência e harmonia das relações de consumo, atendidos os seguintes princípios: (...) III – harmonização dos interesses dos participantes das relações de consumo e compatibilização da proteção do consumidor com a necessidade de desenvolvimento econômico e tecnológico, de modo a viabilizar os princípios nos quais se funda a ordem econômica (art. 170 da Constituição Federal), *sempre com base na boa-fé e equilíbrio nas relações entre consumidores e fornecedores*" (destacado).

Quanto a essa confrontação necessária entre o Código Civil de 2002 e o CDC, prevê o Enunciado n. 27 do CJF/STJ que "na interpretação da cláusula geral da boa-fé objetiva, deve-se levar em conta o sistema do CC e as conexões sistemáticas com outros estatutos normativos e fatores metajurídicos". Um desses estatutos normativos é justamente a Lei 8.078/1990, ou seja, deve ser preservado o tratamento dado à boa-fé objetiva pelo CDC.

Reafirme-se que a boa-fé objetiva também foi valorizada de maneira considerável pelo Código de Processo Civil de 2015, consolidando-se na norma a *boa-fé objetiva processual*. Nos termos do seu art. 5.º, aquele que de qualquer forma participa do processo deve comportar-se de acordo com a boa-fé. Em reforço, todos os sujeitos do processo devem cooperar entre si para que se obtenha, em tempo razoável, decisão de mérito justa e efetiva (art. 6.º do CPC/2015, consagrador do dever de colaboração processual).

Destaque-se, também, a vedação das *decisões-surpresa* pelos julgadores, pois o art. 10 do Estatuto Processual emergente enuncia que o juiz não pode decidir, em grau algum de jurisdição, com base em fundamento a respeito do qual não se tenha dado às partes oportunidade de se manifestar, ainda que se trate de matéria sobre a qual deva decidir de ofício. Merece ser mencionada, ainda e mais uma vez, a regra do art. 489, § 3.º, do CPC/2015, pela qual a decisão judicial deve ser interpretada a partir da conjugação de todos os seus elementos e em conformidade com o princípio da boa-fé.

Não deixando dúvidas de que se trata de uma boa-fé que existe no plano da conduta, e não no plano intencional, na *I Jornada de Direito Processual Civil*, promovida pelo Conselho da Justiça Federal em agosto de 2017, aprovou-se enunciado doutrinário estabelecendo que "a verificação da violação da boa-fé objetiva dispensa a comprovação do *animus* do sujeito processual" (Enunciado n. 1).

Pois bem, como antes pontuado, tornou-se comum afirmar que a boa-fé objetiva, conceituada como exigência de conduta leal dos contratantes, está relacionada com os *deveres anexos ou laterais de conduta*, que são ínsitos a qualquer negócio jurídico, não havendo sequer a necessidade de previsão no instrumento negocial.[34] São considerados deveres anexos, entre outros:

- Dever de cuidado em relação à outra parte negocial;
- Dever de respeito;
- Dever de informar a outra parte sobre o conteúdo do negócio;
- Dever de agir conforme a confiança depositada;
- Dever de lealdade e probidade;
- Dever de colaboração ou cooperação;
- Dever de agir com honestidade;
- Dever de agir conforme a razoabilidade, a equidade e a *boa razão*.

Repise-se, conforme o Capítulo 3 desta obra, que, a quebra desses deveres anexos gera a *violação positiva do contrato*, com responsabilização civil objetiva daquele que desrespeita a boa-fé objetiva (Enunciado n. 24 do CJF/STJ). Essa responsabilização independentemente de culpa está amparada igualmente pelo teor do Enunciado n. 363 do CJF/STJ, da *IV Jornada*, segundo o qual "os princípios da probidade e da confiança são de ordem pública, estando a parte lesada somente obrigada a demonstrar a existência da violação". O grande mérito do último enunciado, de autoria do Professor Wanderlei de Paula Barreto, é a previsão de que a boa-fé objetiva é preceito de ordem pública.

A propósito, voltando ao CPC/2015, acredito que essa quebra dos deveres anexos também pode ocorrer no âmbito instrumental, gerando uma responsabilidade civil objetiva do violador da boa-fé objetiva processual.

Na mesma linha, no âmbito da recente jurisprudência, como se retira de aresto do Superior Tribunal de Justiça, "a relação obrigacional não se exaure na vontade expressamente manifestada pelas partes, porque, implicitamente, estão elas sujeitas ao cumprimento de outros deveres de conduta, que independem de suas vontades e que decorrem da função integrativa da boa-fé objetiva. Se à liberdade contratual, integrada pela boa-fé objetiva, acrescentam-se ao contrato deveres anexos, que condicionam a atuação dos contratantes, a inobservância desses deveres pode implicar o inadimplemento contratual" (STJ, REsp 1.655.139/DF, 3.ª Turma, Rel. Min. Nancy Andrighi, j. 05.12.2017, *DJe* 07.12.2017).

No caso julgado, uma modelo foi contratada, por intermédio de uma agência, para realizar um ensaio fotográfico para determinada campanha publicitária, participar de um coquetel de lançamento e nele realizar os desfiles de abertura e encerramento como "noiva-símbolo". Entretanto, no dia do coquetel de lançamento, a modelo chegou atrasada e ficou menos tempo do que o previsto em contrato. Além disso, não participou do des-

---

[34] Esgotando o tema, como obra definitiva no Brasil e servindo como referência para este autor: MARTINS-COSTA, Judith. *A boa-fé no direito privado*. São Paulo: RT, 1999.

## CAP. 5 • TEORIA GERAL DOS CONTRATOS | 657

file de abertura, saindo de Brasília antes do previsto e, por meio de fax que foi enviado menos de dez minutos antes do desfile, comunicou que a sua ausência foi ocasionada por problemas de saúde constantes em atestado médico, que lhe recomendava três dias de repouso. Entendeu-se no aresto que houve violação positiva do contrato por parte da agência e da modelo, uma vez que "desse cenário extrai-se que o comportamento das recorridas revela absoluta inobservância dos deveres de informação e lealdade na execução do contrato, deveres esses aos quais, por força do art. 422 do CC/02, estavam vinculadas enquanto contratantes, mesmo que não escritos" (STJ, REsp 1.655.139/DF, 3.ª Turma, Rel. Min. Nancy Andrighi, j. 05.12.2017, *DJe* 07.12.2017).

O Projeto de Reforma e Atualização do Código Civil pretende inserir na Lei Geral Privada todas essas ideias, positivando a violação do contrato e o teor dos Enunciados n. 24 e 363 das *Jornadas de Direito Civil*. Com isso, sugere-se um novo art. 422-A para a Lei Geral Privada, com o seguinte texto: "os princípios da confiança, da probidade e da boa-fé são de ordem pública e sua violação gera o inadimplemento contratual". A proposição visa a trazer segurança e estabilidade para as relações civis, tendo enorme aplicação prática, como está claro pela leitura deste livro.

Além da relação com esses deveres anexos, decorrentes hoje de construção doutrinária e da correta aplicação jurisprudencial, o Código Civil de 2002, em três dos seus dispositivos, apresenta *três funções* importantes da boa-fé objetiva.

1.º) *Função de interpretação* (art. 113, *caput,* do CC) – eis que os negócios jurídicos devem ser interpretados conforme a boa-fé e os usos do lugar da sua celebração (*regras de tráfego*). Nesse dispositivo, a boa-fé é consagrada como meio auxiliador do aplicador do direito para a interpretação dos negócios, da maneira mais favorável a quem esteja de boa-fé. Essa função de interpretação, repise-se, também parece estar presente no CPC/2015, no seu art. 489, § 3.º, devendo o julgador ser guiado pela boa-fé das partes ao proferir sua decisão.

2.º) *Função de controle* (art. 187 do CC) – uma vez que aquele que contraria a boa-fé objetiva comete abuso de direito ("Também comete ato ilícito o titular de um direito que, ao exercê-lo, excede manifestamente os limites impostos pelo seu fim econômico ou social, pela boa-fé ou pelos bons costumes"). Vale mais uma vez lembrar que, segundo o Enunciado n. 37 do CJF/STJ, aprovado na *I Jornada de Direito Civil*, a responsabilidade civil que decorre do abuso de direito é objetiva, isto é, não depende de culpa, uma vez que o art. 187 do CC adotou o critério objetivo-finalístico. Dessa forma, a quebra ou desrespeito à boa-fé objetiva conduz ao caminho sem volta da responsabilidade independentemente de culpa, seja pelo Enunciado n. 24 ou pelo Enunciado n. 37, ambos da *I Jornada de Direito Civil*. Não se olvide que o abuso de direito também pode estar configurado em sede de autonomia privada, pela presença de cláusulas abusivas; ou mesmo no âmbito processual.

3.º) *Função de integração* (art. 422 do CC) – segundo o qual "os contratantes são obrigados a guardar, assim na conclusão do contrato, como em sua execução, os princípios de probidade e boa-fé". Relativamente à aplicação da boa-fé em todas as fases negociais, foram aprovados dois enunciados doutrinários pelo Conselho da Justiça Federal e pelo Superior Tribunal de Justiça. De acordo com o Enunciado n. 25 do CJF/STJ, da *I Jornada de Direito Civil*, "o art. 422 do Código Civil não inviabiliza a aplicação, pelo julgador, do princípio da boa-fé nas fases pré e pós-contratual". Nos termos do Enunciado n. 170 da *III Jornada*, "a boa-fé objetiva deve ser observada pelas partes na fase de negociações preliminares e após a execução do contrato, quando tal exigência decorrer da natureza do

> contrato". Apesar de serem parecidos, os enunciados têm conteúdos diversos, pois o primeiro é dirigido ao juiz, ao aplicador da norma no caso concreto, e o segundo é dirigido às partes do negócio jurídico. De toda sorte, não se pode negar que o art. 422 do Código Civil é hoje insuficiente e precisa ser reparado, para que mencione também a fase pré-contratual ou das tratativas iniciais. Nesse sentido, a Comissão de Juristas encarregada da Reforma do Código Civil sugere a seguinte e nova redação para o dispositivo: "os contratantes são obrigados a guardar os princípios da probidade e da boa-fé nas tratativas iniciais, na conclusão e na execução do contrato, bem como na fase de sua eficácia pós-contratual". Com isso, resolve-se uma das principais lacunas da atual Lei Geral Privada em matéria de Direito Contratual.

Sobre o art. 113 é preciso novamente atualizar a obra, uma vez que esse dispositivo também foi alterado pela *Lei da Liberdade Econômica* (Lei 13.874/2019), recebendo dois novos parágrafos, trazendo outros critérios para a interpretação dos negócios jurídicos em geral. Retome-se, portanto, a análise que foi feita no Capítulo 2 da obra, por razões didáticas e metodológica; diante das grandes repercussões que essas mudanças geram para os contratos, apesar de o art. 113 ser dirigido a todo e qualquer negócio jurídico.

Reitero que, na originária Medida Provisória 881 e no processo de sua conversão em lei, a ideia seria inserir novas regras somente para os negócios jurídicos empresariais. Porém, o relator do projeto de conversão, Deputado Jerônimo Goergen, ouviu a recomendação feita por alguns civilistas, caso de Maurício Bunazar, no sentido de que os novos critérios interpretativos seriam interessantes para todo e qualquer negócio jurídico, não sendo interessante que o Código Civil criasse na sua Parte Geral uma separação entre negócios empresariais e civis, como aqui antes desenvolvido. Muitos desses critérios, aliás, já eram aplicados na prática do Direito Privado, em julgados e decisões arbitrais, e retirados do art. 131 do Código Comercial, ora revogado.

Assim, na redação do novo § 1.º do art. 113 do Código Civil, a interpretação do negócio jurídico deve lhe atribuir o sentido que: *a)* for confirmado pelo comportamento das partes posterior à celebração do negócio, sendo vedado e não admitido o comportamento contraditório da parte, categoria que ainda será aqui abordada (*venire contra factum proprium non potest*); *b)* corresponder aos usos, costumes e práticas do mercado relativas ao tipo de negócio, o que já está previsto no *caput* do comando, pela valorização das *regras de tráfego*; *c)* corresponder à boa-fé, o que igualmente se retira da norma anterior; *d)* for mais benéfico à parte que não redigiu o dispositivo, se identificável; e *e)* corresponder a qual seria a razoável negociação das partes sobre a questão discutida, inferida das demais disposições do negócio e da racionalidade econômica das partes, consideradas as informações disponíveis no momento de sua celebração. Repise-se que as previsões relativas às letras *b* e *c* ficaram sem sentido, após a retirada da aplicação restrita aos negócios ou contratos empresariais.

Sobre a penúltima previsão, reitero o meu entendimento de que houve uma ampliação de tutela dos aderentes negociais e contratuais, aqueles para quem o conteúdo do negócio jurídico é imposto. Isso porque qualquer cláusula passa a ser interpretada contra aquele que redigiu o seu conteúdo, máxima há muito tempo reconhecida pelo Direito (*interpretatio contra proferentem*). Amplia-se, portanto, o sentido do art. 423 do Código Civil, segundo o qual a interpretação favorável ao aderente se daria apenas em havendo cláusulas ambíguas ou contraditórias. Sem prejuízo disso, vejo como possível aplicar essa interpretação a negócios paritários – em que o conteúdo é amplamente discutido pelas partes –, desde que seja possível identificar determinada cláusula ou cláusulas que foram impostas por uma das partes, tidas isoladamente como de *adesão*, hipótese em que serão interpretadas contra quem as redigiu.

A respeito do último inciso do novo § 1.º do art. 113 do Código Civil, valoriza-se a negociação prévia das partes, especialmente a troca de informações e de mensagens pré-negociais entre elas. Essas negociações devem ser confrontadas com as demais cláusulas do negócio pactuado, bem como da *racionalidade econômica das partes*.

A expressão destacada é mais uma cláusula geral, a ser preenchida pelo aplicador do Direito nos próximos anos, assim como ocorreu com a boa-fé objetiva e a função social do contrato. Para tanto, a título de exemplo, devem ser levados em conta os comportamentos típicos das partes perante o mercado e em outras negociações similares, os riscos alocados nos negócios e as expectativas de retorno dos investimentos, entre outros, o que já é considerado em julgamentos de muitos painéis arbitrais.

A lei passou a adotar, portanto, a *análise econômica do Direito* como critério interpretativo dos negócios jurídicos em geral. Entendo que o argumento econômico não deve ser o primeiro recurso técnico de quem analisa o caso concreto, mas o último a ser adotado somente se as categorias jurídicas, especialmente aquelas clássicas do Direito Civil, não conseguirem resolver o problema prático levado a julgamento.

Compreendendo dessa forma, a racionalidade econômica foi afastada em disputa envolvendo empresários e contrato de parceria no âmbito do Tribunal de Justiça de São Paulo, julgando-se que "a ausência de imediata contrapartida financeira na aquisição das quotas sociais e a não comprovação de investimentos para a execução do contrato de parceria mitigam a tese de que não foi considerada a racionalidade econômica do negócio, ao referendar a rescisão do contrato" (TJSP, Apelação Cível 1005274-74.2014.8.26.0506, Acórdão 15367514, Ribeirão Preto, 2.ª Câmara Reservada de Direito Empresarial, Rel. Des. Grava Brazil, j. 1.º.02.2022, *DJESP* 11.02.2022, p. 2358).

Por fim, foi inserido um § 2.º no mesmo art. 113 do Código Civil, pela Lei 13.874/2019, prevendo que "as partes poderão livremente pactuar regras de interpretação, de preenchimento de lacunas e de integração dos negócios jurídicos diversas daquelas previstas em lei". Como visto, há norma muito próxima no novo art. 421-A, inc. I, da codificação, valendo os mesmos comentários antes desenvolvidos a respeito da necessidade de controle dessas regras de interpretação ou preenchimento de lacunas.

Repito que a norma pode ser inócua em muitas situações, pois as partes de um negócio jurídico podem, sim, pactuar a respeito dessas questões, mas isso não afasta a eventual intervenção do Poder Judiciário em casos de abusos negociais ou havendo lesão à norma de ordem pública. Pode-se também sustentar que não haveria a necessidade de inclusão dessa previsão no texto legal, pois o seu conteúdo já vinha sendo admitido parcialmente pela doutrina brasileira. Porém, em alguns casos, especialmente em negócios paritários, pode ser até útil para a prática a inclusão de determinada regra de interpretação contratual que não contravenha disposição absoluta de lei (norma de ordem pública), como antes pontuei.

Feitas tais importantes considerações de atualização, para esclarecer e ilustrar, vejamos alguns exemplos de aplicação da boa-fé objetiva nas fases contratuais, conforme a doutrina e a jurisprudência nacionais.

Primeiramente, quanto à boa-fé objetiva na *fase pré-contratual*, os primeiros entendimentos jurisprudenciais relevantes que trataram da matéria envolveram a empresa CICA e foram pronunciados pelo Tribunal de Justiça do Rio Grande do Sul, casos que ficaram conhecidos em todo o Brasil sob a denominação *caso dos tomates*. Essa empresa distribuía sementes a pequenos agricultores gaúchos sob a promessa de lhes comprar a produção futura. Isso ocorreu de forma continuada e por diversas vezes, o que gerou uma expectativa quanto à celebração do contrato de compra e venda da produção. Até que certa feita a empresa distribuiu as sementes e não adquiriu o que foi produzido. Os agricultores, então, ingressaram com demandas indenizatórias, alegando a quebra da boa-fé, mesmo não havendo qualquer contrato escrito, obtendo pleno êxito. Transcreve-se uma das ementas dos vários julgados:

> "Contrato. Teoria da aparência. Inadimplemento. O trato, contido na intenção, configura contrato, porquanto os produtores, nos anos anteriores, plantaram para a Cica, e não tinham por que plantar, sem a garantia da compra" (Tribunal de Justiça do Rio Grande do Sul, Embargos Infringentes 591083357, 3.º Grupo de Câmaras Cíveis, Canguçu, Rel. Juiz Adalberto Libório Barros, j. 1.º.11.1991. Fonte: *Jurisprudência TJRS*, Cíveis, 1992, v. 2, t. 14, p. 1-22).

Ainda no que concerne à incidência da boa-fé objetiva na fase pré-contratual, colaciona-se interessante acórdão do Superior Tribunal de Justiça, do ano de 2013, julgando que a parte interessada em se tornar revendedora autorizada de veículos tem direito de ser ressarcida dos danos materiais decorrentes da conduta da fabricante, "no caso em que esta – após anunciar em jornal que estaria em busca de novos parceiros e depois de comunicar àquela a avaliação positiva que fizera da manifestação de seu interesse, obrigando-a, inclusive, a adiantar o pagamento de determinados valores – rompa, de forma injustificada, a negociação até então levada a efeito, abstendo-se de devolver as quantias adiantadas" (REsp 1.051.065/AM).

O caso representa uma típica quebra da confiança na fase das tratativas negociais. Também de acordo com o aresto em destaque:

> "Com o advento do CC/2002, dispôs-se, de forma expressa, a respeito da boa-fé (art. 422), da qual se extrai a necessidade de observância dos chamados deveres anexos ou de proteção. Com base nesse regramento, deve-se reconhecer a responsabilidade pela reparação de danos originados na fase pré-contratual caso verificadas a ocorrência de consentimento prévio e mútuo no início das tratativas, a afronta à boa-fé objetiva com o rompimento ilegítimo destas, a existência de prejuízo e a relação de causalidade entre a ruptura das tratativas e o dano sofrido. Nesse contexto, o dever de reparação não decorre do simples fato de as tratativas terem sido rompidas e o contrato não ter sido concluído, mas da situação de uma das partes ter gerado à outra, além da expectativa legítima de que o contrato seria concluído, efetivo prejuízo material" (STJ, REsp 1.051.065/AM, Rel. Min. Ricardo Villas Bôas Cueva, j. 21.02.2013, publicado no seu *Informativo* n. *517*).

Pontue-se, ainda, que o mesmo Tribunal Superior aplicou a boa-fé objetiva à fase pré-contratual ao reconhecer o direito de indenização em favor de uma fabricante, por erro de desenvolvimento de projeto de produtos de computação, por parte da IBM. Foram produzidas peças a mais pela última empresa, que se tornaram sucata, causando prejuízos à primeira, consubstanciados em danos emergentes e lucros cessantes. Nos termos do acórdão, "as condutas praticadas pela IBM durante todo o processo negocial, pautadas ou não em contrato formal de qualquer natureza, mas suficientemente demonstradas e constantes da sentença e acórdão, estão diretamente ligadas aos prejuízos suportados pela produção das peças que desnecessariamente produzidas, ou produzidas em conformidade com a demanda, mas não adquiridas. Não é preciso investigar a presença ou existência de qualquer outro instrumento contratual que porventura tenha sido firmado entre a IBM e a Radiall, nem mesmo o teor deste eventual documento para analisar a responsabilidade da IBM, simplesmente porque não é essa a base de sua responsabilização".

Assim, apesar da ausência de contrato escrito celebrado entre as partes, reconheceu-se o dever de indenizar da IBM quanto aos prejuízos sofridos pela Radiall, uma vez que "a responsabilidade fundada na confiança visa à proteção de interesses que transcendem o indivíduo, ditada sempre pela regra universal da boa-fé, sendo imprescindível a quaisquer negociações o respeito às situações de confiança criadas, estas consideradas objetivamente, cotejando-as com aquilo que é costumeiro no tráfico social" (STJ, REsp 1.309.972/SP, 4.ª Turma, Rel. Min. Luis Felipe Salomão, j. 27.04.2017, *DJe* 08.06.2017).

Como exemplo de aplicação da boa-fé objetiva na *fase contratual,* mencione-se o teor da Súmula 308 do STJ: "a hipoteca firmada entre a construtora e o agente financeiro, anterior ou posterior à celebração da promessa de compra e venda, não tem eficácia perante os adquirentes do imóvel". Sabe-se que a hipoteca é um direito real de garantia sobre coisa alheia, que recai principalmente sobre bens imóveis, e vem tratada entre os arts. 1.473 a 1.505 do atual Código Civil.

Sem prejuízo dessas regras especiais, a codificação traz ainda regras gerais quanto aos direitos reais de garantia entre os seus arts. 1.419 a 1.430. Um dos principais efeitos da hipoteca é a constituição de um vínculo real, que acompanha a coisa (art. 1.419). Esse vínculo real tem efeitos *erga omnes*, dando direito de excussão ao credor hipotecário, contra quem esteja na posse do bem (art. 1.422).

Assim, se um imóvel é garantido pela hipoteca, é possível que o credor reivindique o bem contra terceiro adquirente, prerrogativa esta que se denomina direito de sequela. Dessa forma, não importa se o bem foi transferido a terceiro; esse também perderá o bem, mesmo que o tenha adquirido de boa-fé.

A constituição da hipoteca é muito comum em contratos de construção e incorporação imobiliária, visando a um futuro condomínio edilício. Como muitas vezes o construtor não tem condições econômicas para levar adiante a obra, celebra um contrato de empréstimo de dinheiro com um terceiro (agente financeiro ou agente financiador), oferecendo o próprio imóvel como garantia, o que inclui todas as suas unidades do futuro condomínio. Iniciada a obra, o incorporador começa a vender as unidades a terceiros, que no caso são consumidores, pois é evidente a caracterização da relação de consumo, nos moldes dos arts. 2.º e 3.º da Lei 8.078/1990.

Diante da boa-fé objetiva e da força obrigatória que ainda rege os contratos, espera-se que o incorporador cumpra com todas as suas obrigações perante o agente financiador, pagando pontualmente as parcelas do financiamento. Assim sendo, não há maiores problemas.

Mas, infelizmente, como *nem tudo são flores*, nem sempre isso ocorre. Em casos tais, quem acabará perdendo o imóvel adquirido a tão duras penas? O consumidor, diante do direito de sequela advindo da hipoteca. A referida súmula tende justamente a proteger o último, restringindo os efeitos da hipoteca às partes contratantes. Isso diante da boa-fé objetiva, uma vez que aquele que adquiriu o bem pagou pontualmente as suas parcelas à incorporadora, ignorando toda a sistemática jurídica que rege a incorporação imobiliária.

Presente a boa-fé do adquirente, não poderá ser responsabilizado o consumidor pela conduta da incorporadora, que acaba não repassando o dinheiro ao agente financiador. Fica claro, pelo teor da Súmula 308 do STJ, que a boa-fé objetiva também envolve a ordem pública, caso contrário não seria possível a restrição do direito real.

Em reforço, é interessante perceber que a referida ementa traz, ainda, como conteúdo a eficácia interna da função social dos contratos, pois entre proteger o agente financeiro e o consumidor, prefere o último, parte vulnerável da relação contratual. Trata-se de uma importante interação entre os princípios, em uma relação de *simbiose,* o que se tem tornado comum na jurisprudência nacional.

**662** | MANUAL DE DIREITO CIVIL • VOLUME ÚNICO – *Flávio Tartuce*

Por derradeiro, quanto à aplicação da boa-fé objetiva na *fase pós-contratual*, cite-se o comum entendimento de que o credor tem o dever de retirar o nome do devedor do cadastro de inadimplentes após o pagamento da dívida. Isso, sob pena de surgimento de uma *responsabilidade pós-contratual* (*post pactum finitum*), pela quebra da boa-fé. Nesse sentido, entre as primeiras decisões que assim analisavam a questão:

"Inscrição no SPC. Dívida paga posteriormente. Dever do credor de providenciar a baixa da inscrição. Dever de proteção dos interesses do outro contratante, derivado do princípio da boa-fé contratual, que perdura inclusive após a execução do contrato (responsabilidade pós-contratual)" (TJRS, Processo 71000614792, 3.ª Turma Recursal Cível, Juiz Rel. Eugênio Facchini Neto, Comarca de Porto Alegre, j. 1.º.03.2005).

"O cancelamento de inscrição em órgãos restritivos de crédito após o pagamento deve ser procedido pelo responsável pela inscrição, em prazo razoável, não superior a dez dias, sob pena de importar em indenização por dano moral" (Enunciado n. 26 dos Juizados Especiais Cíveis do Tribunal de Justiça de São Paulo).

"Cadastro de inadimplentes. Baixa da inscrição. Responsabilidade. Prazo. O credor é responsável pelo pedido de baixa da inscrição do devedor em cadastro de inadimplentes no prazo de cinco dias úteis, contados da efetiva quitação do débito, sob pena de incorrer em negligência e consequente responsabilização por danos morais. Isso porque o credor tem o dever de manter os cadastros dos serviços de proteção ao crédito atualizados. (...). O termo inicial para a contagem do prazo para baixa no registro deverá ser do efetivo pagamento da dívida. Assim, as quitações realizadas mediante cheque, boleto bancário, transferência interbancária ou outro meio sujeito a confirmação, dependerão do efetivo ingresso do numerário na esfera de disponibilidade do credor. A Ministra Relatora ressalvou a possibilidade de estipulação de outro prazo entre as partes, desde que não seja abusivo, especialmente por tratar-se de contratos de adesão. Precedentes citados: REsp 255.269/PR, *DJ* 16.04.2001; REsp 437.234/PB, *DJ* 29.09.2003; AgRg no Ag 1.094.459/SP, *DJe* 1.º.06.2009, e AgRg no REsp 957.880/SP, *DJe* 14.03.2012" (STJ, REsp 1.149.998/RS, Rel. Min. Nancy Andrighi, j. 07.08.2012, publicado no *Informativo* n. *501* do STJ).

Pontue-se que, em outubro de 2015, essa maneira de julgar consolidou-se de tal forma que se transformou na Súmula 548 do Superior Tribunal de Justiça, segundo a qual, "incumbe ao credor a exclusão do registro da dívida em nome do devedor no cadastro de inadimplentes no prazo de cinco dias úteis, a partir do integral e efetivo pagamento do débito".

Os casos de revisão dos contratos com base na crise econômica decorrente da pandemia da Covid-19 também trazem como argumento a boa-fé objetiva. A título de exemplo, no âmbito do Tribunal de Justiça de São Paulo, podem ser encontradas decisões com a mesma conclusão a seguir:

"Indeferimento do pedido de tutela provisória de urgência para determinar o restabelecimento do contrato de plano de saúde. Inconformismo. Cabimento. Presença dos requisitos para a concessão da tutela de urgência ao caso. A suspensão ou o cancelamento do plano de saúde por inadimplência durante a pandemia de Covid-19 pode, em tese, caracterizar prática abusiva. Observância da boa-fé objetiva, equilíbrio na relação de consumo e função social do contrato. Agravante teve o seu faturamento diretamente afetado pela brusca diminuição das operações aeroportuárias no aeroporto de Congonhas, local onde exerce suas atividades comerciais. Operadora de plano de saúde impedida de suspender ou rescindir o contrato com fundamento no inadimplemento do consumidor durante a pandemia de Covid-19. Decisão reformada. Agravo provido" (TJSP, Agravo de Instrumento 2098399-35.2020.8.26.0000, Acórdão 13911514, 8.ª Câmara de Direito Privado, São Paulo, Rel. Des. Pedro de Alcântara da Silva Leme Filho, j. 29.08.2020, *DJESP* 02.09.2020, p. 3.571).

Como outro aspecto relevante da atualidade, sustento, desde o surgimento da pandemia da Covid-19, que a incidência da boa-fé objetiva em tempos pandêmicos traz a necessidade de se atender ao dever anexo de transparência. Assim, aqueles que almejam a revisão contratual devem "abrir as contas", demonstrando especificamente os problemas econômicos existentes em seus negócios, causados pela grave crise sanitária. Não basta, assim, alegar apenas o surgimento da Covid-19 como hipótese de caso fortuito ou força maior, nos termos do art. 393 do Código Civil, para a exclusão da responsabilidade contratual.

Como antes escrevi, "além da premissa de ser a revisão a regra e a resolução contratual a exceção, é sempre recomendável o atendimento aos deveres de informar e de transparência, relacionados à boa-fé objetiva. Assim, penso que as partes devem, sempre que possível e imediatamente, comunicar qual a sua situação econômica e se pretendem ou não cumprir com as suas obrigações futuras. No caso da impossibilidade de cumprimento, é saudável que a parte apresente já um plano de pagamento, com diluição das parcelas no futuro".[35] Na sequência, proponho no texto a aplicação, por analogia, da moratória legal do art. 916 do CPC/2015, como sugestão de plano de pagamento. Dessa maneira, seria possível pagar trinta por cento do valor total, em tempos de crise mais aguda como de fechamento de empresas ou de atividades, e o restante em até seis parcelas mensais, acrescidas de correção monetária e de juros de um por cento ao mês.

Ao lado dos Professores José Fernando Simão e Maurício Bunazar, chegamos a propor que norma nesse sentido constasse do então PL 1.179/2020 – que gerou a Lei 14.010/2020 –, para a tutela dos locatários em locações imobiliárias urbanas, residenciais ou não, mas a nossa sugestão não foi aceita, diante de um movimento nacional de proteção dos locadores.[36]

Superado o ponto de ilustrações concretas e atuais da boa-fé objetiva, ainda quanto à função integrativa da boa-fé, é preciso estudar os *conceitos parcelares da boa-fé objetiva*, advindos do Direito Comparado e retirados da obra do jurista lusitano Antonio Manuel da Rocha e Menezes Cordeiro: *supressio, surrectio, tu quoque, exceptio doli, venire contra factum proprium non potest*.[37] Há ainda *o duty to mitigate the loss*, retirado doutrinariamente do Enunciado n. 169 do CJF/STJ. Por fim, a partir da edição de 2017 desta obra, resolvemos tratar também da "Nachfrist", de origem alemã, que, a exemplo do conceito anterior, também é tratada pela Convenção de Viena sobre Compra e Venda (CISG).

Tais construções teóricas *servem como luva* para a aplicação do Enunciado n. 26 do CJF/STJ, da *I Jornada de Direito Civil, in verbis*: "a cláusula geral contida no art. 422 do novo Código

---

[35] TARTUCE, Flávio. O coronavírus e os contratos – Extinção, revisão e conservação – Boa-fé, bom senso e solidariedade. *Migalhas*, Ribeirão Preto, 27 mar. 2020. Coluna Migalhas Contratuais. Disponível em: <https://migalhas.uol.com.br/coluna/migalhas-contratuais/322919/o-coronavirus-e-os-contratos---extincao--revisao--e-conservacao---boa-fe--bom-senso-e-solidariedade>. Acesso em: 15 out. 2020.

[36] Para ler sobre a proposta: TARTUCE, Flávio; SIMÃO, José Fernando; BUNAZAR, Maurício. Da necessidade de uma norma emergencial sobre locação imobiliária em tempos de pandemia. Disponível em: <https://flaviotartuce.jusbrasil.com.br/artigos/844559552/da-necessidade-de-uma-norma-emergencial-sobre--locacao-imobiliaria-em-tempos-de-pandemia?ref=feed#comments>. Acesso em: 15 out. 2020.

[37] MENEZES CORDEIRO, Antônio Manuel da Rocha e. *Da boa-fé no direito civil*. Coimbra: Almedina, 2001. Trata-se da obra definitiva a respeito do tema, uma tese de doutorado defendida na clássica Universidade de Lisboa, com cerca de 1.300 páginas. A importância do estudo desses institutos foi reconhecida no Enunciado n. 412 aprovado na *V Jornada de Direito Civil*, de autoria do Professor Fábio Azevedo.

**664** | MANUAL DE DIREITO CIVIL • VOLUME ÚNICO – *Flávio Tartuce*

Civil impõe ao juiz interpretar e, quando necessário, suprir e corrigir o contrato segundo a boa-fé objetiva, entendida como a exigência de comportamento leal dos contratantes". Com a emergência do CPC/2015, penso ser perfeitamente possível a plena aplicação dos conceitos parcelares da boa-fé objetiva no âmbito processual, tema que está tratado em outra obra de nossa autoria.[38] Vejamos, de forma detalhada, as incidências que interessam a este livro.

a) *Supressio e surrectio*

A *supressio* (*Verwirkung*) significa a supressão, por renúncia tácita, de um direito ou de uma posição jurídica, pelo seu não exercício com o passar dos tempos. Repise-se que o seu sentido pode ser notado pela leitura do art. 330 do CC, que adota o conceito, eis que "o pagamento reiteradamente feito em outro local faz presumir renúncia do credor relativamente ao previsto no contrato". Ilustrando, caso tenha sido previsto no instrumento obrigacional o benefício da obrigação portável (cujo pagamento deve ser efetuado no domicílio do credor), e tendo o devedor o costume de pagar no seu próprio domicílio de forma reiterada, sem qualquer manifestação do credor, a obrigação passará a ser considerada quesível (aquela cujo pagamento deve ocorrer no domicílio do devedor).

Ao mesmo tempo que o credor perde um direito por essa supressão, surge um direito a favor do devedor, por meio da *surrectio* (*Erwirkung*), direito este que não existia juridicamente até então, mas que decorre da efetividade social, de acordo com os costumes. Em outras palavras, enquanto a *supressio* constitui a perda de um direito ou de uma posição jurídica pelo seu não exercício no tempo; a *surrectio* é o surgimento de um direito diante de práticas, usos e costumes. Ambos os conceitos podem ser retirados do art. 330 do CC/2002, constituindo *duas faces da mesma moeda*, conforme afirma José Fernando Simão.[39]

Partindo para as concretizações, a jurisprudência do Tribunal de Justiça de Minas Gerais por bem aplicou os dois conceitos à questão locatícia, o que gerou a alteração no valor do aluguel:

> "Direito civil. Locação residencial. Situação jurídica continuada ao arrepio do contrato. Aluguel. Cláusula de preço. Fenômeno da *surrectio* a garantir seja mantido a ajuste tacitamente convencionado. A situação criada ao arrepio de cláusula contratual livremente convencionada pela qual a locadora aceita, por certo lapso de tempo, aluguel a preço inferior àquele expressamente ajustado, cria, à luz do Direito Civil moderno, novo direito subjetivo, a estabilizar a situação de fato já consolidada, em prestígio ao Princípio da Boa-Fé contratual" (TJMG, Acórdão 1.0024.03.163299-5/001, 16.ª Câmara Cível, Belo Horizonte, Rel. Des. Mauro Soares de Freitas, j. 07.03.2007, v.u.).

O julgado é paradigmático, representando forte mitigação da força obrigatória do contrato, em prol da boa-fé objetiva, da atuação concreta das partes.

Ainda exemplificando, o Superior Tribunal de Justiça fez incidir ambas as construções em contrato de locação de veículos, valorizando as condutas das partes envolvidas. A ementa é didática e explicativa:

> "Direito civil. Contrato de locação de veículos por prazo determinado. Notificação, pela locatária, de que não terá interesse na renovação do contrato, meses antes do término do prazo contratual. Devolução apenas parcial dos veículos após o final do prazo, sem oposição expressa da locadora. Continuidade da emissão de faturas, pela

---

[38] TARTUCE, Flávio. *O Novo CPC e o direito civil*. Impactos, diálogos e interações. São Paulo: Método, 2015.

[39] SIMÃO, José Fernando. *Direito civil. Contratos*. (Série Leituras Jurídicas). 3. ed. São Paulo: Atlas, 2008. p. 38.

CAP. 5 • TEORIA GERAL DOS CONTRATOS | **665**

credora, no preço contratualmente estabelecido. Pretensão da locadora de receber as diferenças entre a tarifa contratada e a tarifa de balcão para a locação dos automóveis que permaneceram na posse da locatária. Impossibilidade. Aplicação do princípio da boa-fé objetiva. (...). A notificação a que se refere o art. 1.196 do CC/02 (art. 575 do CC/02) não tem a função de constituir o locatário em mora, tendo em vista o que dispõe o art. 1.194 do CC/16 (art. 573 do CC/02). Ela objetiva, em vez disso, a: (I) que não há a intenção do locador de permitir a prorrogação tácita do contrato por prazo indeterminado (art. 1.195 do CC/16 – art. 574 do CC/02); (II) fixar a sanção patrimonial decorrente da retenção do bem locado. Na hipótese em que o próprio locatário notifica o locador de que não será renovado o contrato, a primeira função já se encontra preenchida: não é necessário ao locador repetir sua intenção de não prorrogar o contrato se o próprio locatário já o fez. A segunda função, por sua vez, pode se considerar também preenchida pelo fato de que é presumível a ciência, por parte do locatário, do valor das diárias dos automóveis pela tarifa de balcão. Haveria, portanto, em princípio, direito em favor da locadora à cobrança de tarifa adicional. – Se o acórdão recorrido estabelece, contudo, que não houve qualquer manifestação do credor no sentido da sua intenção de exercer tal direito e, mais que isso, o credor comporta-se de maneira contraditória, emitindo faturas no valor original, cria-se, para o devedor, a expectativa da manutenção do preço contratualmente estabelecido. – O princípio da boa-fé objetiva exerce três funções: (I) a de regra de interpretação; (II) a de fonte de direitos e de deveres jurídicos; e (III) a de limite ao exercício de direitos subjetivos. Pertencem a este terceiro grupo a teoria do adimplemento substancial das obrigações e a teoria dos atos próprios ('tu quoque'; vedação ao comportamento contraditório; 'surrectio'; 'supressio'). – O instituto da 'supressio' indica a possibilidade de se considerar suprimida uma obrigação contratual, na hipótese em que o não exercício do direito correspondente, pelo credor, gere no devedor a justa expectativa de que esse não exercício se prorrogará no tempo. (...)" (STJ, REsp 953.389/SP, 3.ª Turma, Rel. Min. Fátima Nancy Andrighi, j. 23.02.2010, *DJe* 11.05.2010).

Por fim, quanto às ilustrações, sucessivamente, o Superior Tribunal de Justiça aplicou a *supressio* para hipótese de cobrança de correção monetária em contrato de mandato judicial, concluindo que o seu não exercício em momento oportuno geraria renúncia tácita em relação aos valores. Vejamos a publicação no *Informativo* n. *478* daquela Corte Superior:

"Correção monetária. Renúncia. O recorrente firmou com a recorrida o contrato de prestação de serviços jurídicos com a previsão de correção monetária anual. Sucede que, durante os seis anos de validade do contrato, o recorrente não buscou reajustar os valores, o que só foi perseguido mediante ação de cobrança após a rescisão contratual. Contudo, emerge dos autos não se tratar de simples renúncia ao direito à correção monetária (que tem natureza disponível), pois, ao final, o recorrente, movido por algo além da liberalidade, visou à própria manutenção do contrato. Dessarte, o princípio da boa-fé objetiva torna inviável a pretensão de exigir retroativamente a correção monetária dos valores que era regularmente dispensada, pleito que, se acolhido, frustraria uma expectativa legítima construída e mantida ao longo de toda a relação processual, daí se reconhecer presente o instituto da *supressio*" (STJ, REsp 1.202.514/RS, Rel. Min. Nancy Andrighi, j. 21.06.2011).

Essa é, na minha opinião doutrinária, uma das mais importantes e corretas aplicações desse conceito parcelar.

### b) *Tu quoque*

O termo *tu quoque*, citado no penúltimo julgado, significa que um contratante que violou uma norma jurídica não poderá, sem a caracterização do abuso de direito, aproveitar-se dessa

# 666 | MANUAL DE DIREITO CIVIL • VOLUME ÚNICO – *Flávio Tartuce*

situação anteriormente criada pelo desrespeito. Conforme lembra Ronnie Preuss Duarte, "a locução designa a situação de abuso que se verifica quando um sujeito viola uma norma jurídica e, posteriormente, tenta tirar proveito da situação em benefício próprio".[40]

Desse modo, está vedado que alguém faça contra o outro o que não faria contra si mesmo (*regra de ouro*), conforme ensina Cláudio Luiz Bueno de Godoy (*Função...*, 2004, p. 87-94).[41] Relata o professor da USP que "Pelo 'tu quoque', expressão cuja origem, como lembra Fernando Noronha, está no grito de dor de Júlio César, ao perceber que seu filho adotivo Bruto estava entre os que atentavam contra sua vida ('Tu quoque, filli'? Ou 'Tu quoque, Brute, fili mi'?), evita-se que uma pessoa que viole uma norma jurídica possa exercer direito dessa mesma norma inferido ou, especialmente, que possa recorrer, em defesa, a normas que ela própria violou. Trata-se da regra de tradição ética que, verdadeiramente, obsta que se faça com outrem o que não se quer seja feito consigo mesmo".[42]

A título de exemplo, da jurisprudência paulista, pode ser extraída interessante ementa, aplicando a máxima para negócio jurídico de transmissão de cotas sociais:

> "Embargos à execução. Título executivo extrajudicial. Cheque oriundo de negócio jurídico de cessão de cotas sociais. Alegação de vício no negócio. Impossibilidade da parte invocar proteção por regra contratual que havia infringido ou, ao menos, colaborado para infringir (*tu quoque*). Não demonstração de induzimento em erro acerca da estimativa de faturamento. Embargos julgados improcedentes. Sentença mantida. Apelação não provida" (TJSP, Apelação 7161983-5, Acórdão 3583050, 13.ª Câmara de Direito Privado, Osasco, Rel. Des. Luís Eduardo Scarabelli, j. 27.03.2009, *DJESP* 12.05.2009).

Ainda como hipótese de *concretude* do conceito parcelar, a jurisprudência de Minas Gerais, em situação envolvendo compromisso de compra e venda de imóvel, entendeu que "o contratante não pode deixar de cumprir o contrato, com base na exceção do contrato não cumprido (*exceptio non adimpleti contractus*), se dá causa ao inadimplemento da parte contrária. Inteligência do princípio da boa-fé objetiva, na dimensão do *tu quoque*" (TJMG, Agravo de Instrumento 1.0024.09.732895-9/0011, 12.ª Câmara Cível, Belo Horizonte, Rel. Des. José Flávio de Almeida, j. 07.04.2010, *DJEMG* 03.05.2010).

Em aresto mais recente, com tom peculiar, o Tribunal de Justiça do Rio de Janeiro fez incidir o instituto, concluindo o seguinte:

> "Com apoio na cláusula geral do art. 422 do Código Civil, veda o comportamento contraditório (*venire contra factum proprium*), nele incluída a situação na qual se observa um comportamento que, rompendo a relação de confiança, uma parte surpreende a outra, colocando-a em situação injusta, notadamente exigindo cumprimento de algo que ela mesmo sequer assim procedeu. É o caso do *tu quoque*. Ele existe quando uma parte ignora os pedidos da outra para enviar a minuta contratual, e assim o faz somente após o prazo no qual ela poderia denunciar o contrato sem qualquer ônus financeiro. Depois, surpreendentemente, exige o pagamento da multa

---

40  DUARTE, Ronnie Preuss. A cláusula geral da boa-fé no novo Código Civil brasileiro. In: DELGADO, Mário Luiz; ALVES, Jones Figueirêdo. *Questões controvertidas no novo Código Civil*. São Paulo: Método, 2004. v. 2, p. 399.

41  GODOY, Cláudio Luiz Bueno de. *Função social do contrato*. De acordo com o novo Código Civil. (Coleção Prof. Agostinho Alvim). São Paulo: Saraiva, 2004. p. 87-94.

42  GODOY, Cláudio Luiz Bueno de. *Função social do contrato*. De acordo com o novo Código Civil. (Coleção Prof. Agostinho Alvim). São Paulo: Saraiva, 2004. p. 88.

por não ter comunicado a tempo, quando é a sua atitude que impede a outra parte de proceder desta maneira. A boa-fé objetiva, através do *tu quoque*, impede que a violação de uma determinada obrigação, por uma parte, venha, posteriormente, servir em seu benefício, no desdobramento da relação jurídica" (TJRJ, Apelação 0167896-36.2018.8.19.0001, 17.ª Câmara Cível, Rio de Janeiro, Rel. Des. Marcia Ferreira Alvarenga, *DORJ* 15.03.2019, p. 520).

Em 2020, o Superior Tribunal de Justiça julgou não haver ilicitude na conduta de incorporadora em recusar a entrega das chaves, tendo em vista a cláusula contratual que condicionava essa entrega ao pagamento do saldo devedor, que não havia sido efetivado. No caso concreto, porém, houve atraso na entrega do imóvel pela promitente vendedora, o que ensejaria um direito de indenização à parte contrária, por lucros cessantes. Porém, julgou-se pela necessidade "de se fazer distinção para o caso concreto, tendo em vista o comportamento contraditório dos promitentes compradores, que buscaram reprovação para o atraso da incorporadora, pleiteando lucros cessantes, mas também praticaram conduta reprovável contratualmente, ao deixarem de quitar o saldo devedor após a obtenção do 'Habite-se'. Aplicação do princípio da boa-fé objetiva ao caso, na concreção da fórmula jurídica 'tu quoque'" (STJ, REsp 1.823.341/SP, 3.ª Turma, Rel. Min. Paulo de Tarso Sanseverino, j. 05.05.2020, *DJe* 11.05.2020). Como se percebe, foi também aplicada a vedação do comportamento contraditório (*venire contra factum proprium non potest*), estudado a seguir.

Na verdade, a máxima *tu quoque* constitui um conceito genérico que pode ser utilizado todas as vezes que uma parte pretende colocar a outra em uma verdadeira "arapuca contratual", o que não pode ser admitido pelos ditames da ética e da boa-fé.

### c) *Exceptio doli*

A *exceptio doli* é conceituada como a defesa do réu contra ações dolosas, contrárias à boa-fé. Aqui a boa-fé objetiva é utilizada como defesa, tendo uma importante *função reativa*, conforme ensina José Fernando Simão.[43]

A exceção mais conhecida no Direito Civil brasileiro é aquela constante no art. 476 do Código Civil, a *exceptio non adimpleti contractus*, pela qual ninguém pode exigir que uma parte cumpra com a sua obrigação se primeiro não cumprir com a própria. A essa conclusão chega Cristiano de Souza Zanetti.[44] O jurista da Universidade de São Paulo aponta que a *exceptio doli* pode ser considerada presente em outros dispositivos do atual Código Civil brasileiro, como nos arts. 175, 190, 273, 274, 281, 294, 302, 837, 906, 915 e 916.

Para ilustrar, aplicando a *exceptio*, extrai-se interessante julgado assim publicado no *Informativo* n. *430* do Superior Tribunal de Justiça e que explica a situação fática:

> "Exceção. Contrato não cumprido. Tratou-se de ação ajuizada pelos recorridos que buscavam a rescisão do contrato de compra e venda de uma sociedade empresária e dos direitos referentes à marca e patente de um sistema de localização, bloqueio e comunicação veicular mediante uso de aparelho celular, diante de defeitos no projeto do referido sistema que se estenderam ao funcionamento do produto. Nessa hipótese, conforme precedentes, a falta da prévia interpelação (arts. 397, parágrafo único, e 473, ambos do CC/2002) impõe o reconhecimento da impossibilidade jurídica do pedido, pois não há como considerá-la suprida pela citação para a ação resolutória. Contu-

---

[43] SIMÃO, José Fernando. *Direito civil. Contratos*. (Série Leituras Jurídicas). 3. ed. São Paulo: Atlas, 2008.

[44] ZANETTI, Cristiano de Souza. *Responsabilidade pela ruptura das negociações*. São Paulo: Juarez de Oliveira, 2005. p. 112-114.

do, consta da sentença que os recorrentes já estavam cientes de sua inadimplência mesmo antes do ajuizamento da ação e, por sua inércia, não restou aos recorridos outra alternativa senão a via judicial. Alegam os recorrentes que não poderiam os recorridos exigir o implemento das obrigações contratuais se eles mesmos não cumpriram com as suas (pagar determinadas dívidas da sociedade). Porém, segundo a doutrina, a exceção de contrato não cumprido somente pode ser oposta quando a lei ou o contrato não especificar a quem primeiro cabe cumprir a obrigação. Assim, estabelecido em que ordem deve dar-se o adimplemento, o contratante que primeiro deve cumprir suas obrigações não pode recusar-se ao fundamento de que o outro não satisfará a que lhe cabe, mas o que detém a prerrogativa de por último realizar a obrigação pode sim postergá-la, enquanto não vir cumprida a obrigação imposta ao outro, tal como se deu no caso. Anote-se que se deve guardar certa proporcionalidade entre a recusa de cumprir a obrigação de um e a inadimplência do outro, pois não se fala em exceção de contrato não cumprido quando o descumprimento é mínimo e parcial. Os recorrentes também aduzem que, diante do amplo objeto do contrato, que envolveria outros produtos além do sistema de localização, não haveria como rescindi-lo totalmente (art. 184 do CC/2002). Porém, constatado que o negócio tem caráter unitário, que as partes só o celebrariam se ele fosse válido em seu conjunto, sem possibilidade de divisão ou fracionamento, a invalidade é total, não se cogitando de redução. O princípio da conservação dos negócios jurídicos não pode interferir na vontade das partes quanto à própria existência da transação. Já quanto à alegação de violação da cláusula geral da boa-fé contratual, arquétipo social que impõe o poder-dever de cada um ajustar sua conduta a esse modelo, ao agir tal qual uma pessoa honesta, escorreita e leal, vê-se que os recorridos assim agiram, tanto que buscaram, por várias vezes, solução que possibilitasse a preservação do negócio, o que esbarrou mesmo na intransigência dos recorrentes de se recusar a rever o projeto com o fim de sanar as falhas; isso obrigou os recorridos a suspender o cumprimento das obrigações contratuais e a buscar a rescisão do instrumento. Precedentes citados: REsp 159.661/MS, *DJ* 14.02.2000; REsp 176.435/SP, *DJ* 09.08.1999; REsp 734.520/MG, *DJ* 15.10.2007; REsp 68.476/RS, *DJ* 11.11.1996; REsp 35.898/RJ, *DJ* 22.11.1993; REsp 130.012/DF, *DJ* 1.º.02.1999; e REsp 783.404/GO, *DJ* 13.08.2007" (STJ, REsp 981.750/MG, Rel. Min. Nancy Andrighi, j. 13.04.2010).

Como se extrai da decisão, deve-se verificar a relevância do descumprimento e do inadimplemento das partes para se aplicar a exceção de contrato não cumprido. Dessa forma, o adimplemento substancial, o cumprimento relevante do pacto com mora insignificante, pode afastar a alegação da *excepio non adimpleti contractus*. Nessa linha, aliás, quando da I *Jornada de Direito Comercial,* promovida pelo Conselho da Justiça Federal em 2012, aprovou-se o Enunciado n. 24, dispondo que "os contratos empresariais coligados, concretamente formados por unidade de interesses econômicos, permitem a arguição da exceção de contrato não cumprido, salvo quando a obrigação inadimplida for de escassa importância".

### d) Venire contra factum proprium

Pela máxima *venire contra factum proprium non potest*, determinada pessoa não pode exercer um direito próprio contrariando um comportamento anterior, devendo ser mantida a confiança e o dever de lealdade, decorrentes da boa-fé objetiva. O conceito mantém relação com a *tese dos atos próprios,* muito bem explorada no Direito Espanhol por Luis Díez-Picazo.[45]

Para Anderson Schreiber, que desenvolveu excelente trabalho específico sobre o tema no Brasil, podem ser apontados quatro pressupostos para aplicação da proibição do compor-

---

[45] DÍEZ-PICAZO, Luis; DE LEÓN, Ponce. *La doctrina de los propios actos.* Barcelona: Editorial Bosch, 1963.

tamento contraditório: 1.º) um fato próprio, uma conduta inicial; 2.º) a legítima confiança de outrem na conservação do sentido objetivo dessa conduta; 3.º) um comportamento contraditório com este sentido objetivo; 4.º) um dano ou um potencial de dano decorrente da contradição.[46] A relação com o respeito à confiança depositada, um dos deveres anexos à boa-fé objetiva, é muito clara, conforme consta do Enunciado n. 362 da *IV Jornada de Direito Civil*: "a vedação do comportamento contraditório (*venire contra factum proprium*) funda-se na proteção da confiança, como se extrai dos arts. 187 e 422 do Código Civil".

Repise-se que a *Lei da Liberdade Econômica* (Lei 13.874/2019) acabou por trazer a ideia de vedação do comportamento contraditório, no novo art. 113, § 1.º, inc. I, do Código Civil, ao estabelecer a interpretação do negócio jurídico deve lhe atribuir o sentido que for confirmado pelo comportamento das partes posterior à sua celebração. Em suma, veda-se que a parte negocial caia em contradição por conduta posterior ao momento da contratação ou de negociações prévias, que antecederam ao pacto celebrado.

Além desse reconhecimento doutrinário, que culminou com a alteração da lei, a jurisprudência brasileira vem há tempos aplicando amplamente a vedação do comportamento contraditório em demandas envolvendo o Direito Civil e o Direito do Consumidor. Vejamos três concreções.

De início, a mais conhecida decisão envolvendo a *venire*, proferida pelo Superior Tribunal de Justiça, envolveu um caso de contrato de compromisso de compra e venda. O marido celebrou o referido negócio sem a outorga uxória, ou seja, sem a anuência de sua esposa, o que, na vigência do Código Civil de 1916, era motivo de sua nulidade absoluta do contrato. A esposa, entretanto, informou em uma ação que concordou tacitamente com a venda. Dezessete anos após a sua celebração pretendeu a nulidade, o que foi afastado justamente pela presença de comportamentos contraditórios entre si:

> "Promessa de compra e venda. Consentimento da mulher. Atos posteriores. *Venire contra factum proprium*. Boa-fé. A mulher que deixa de assinar o contrato de promessa de compra e venda juntamente com o marido, mas depois disso, em juízo, expressamente admite a existência e validade do contrato, fundamento para a denunciação de outra lide, e nada impugna contra a execução do contrato durante mais de 17 anos, tempo em que os promissários compradores exerceram pacificamente a posse sobre o imóvel, não pode depois se opor ao pedido de fornecimento de escritura definitiva. Doutrina dos atos próprios. Art. 132 do CC. 3. Recurso conhecido e provido" (STJ, REsp 95.539/SP, 4.ª Turma, Rel. Min. Ruy Rosado de Aguiar, *DJ* 14.10.1996, p. 39.015, Data da decisão 03.09.1996).

Do mesmo Tribunal Superior, aplicou-se o conceito para afastar negativa do locatário em pagar o aluguel devido, alegando que o promitente comprador não seria legítimo locador:

> "Locação. Promitente Comprador. Parte legítima para figurar no polo ativo da ação de despejo. Prova da propriedade ou do compromisso registrado. Desnecessidade. Dissídio Jurisprudencial Superado. Agravo regimental improvido. 1. *A priori*, a inexistência de prova da propriedade do imóvel ou do compromisso registrado não enseja a ilegitimidade do promitente comprador em propor o despejo da locatária que não adimpliu os aluguéis. 2. Comprovada, na espécie, a condição de locador através do respectivo contrato de locação, assinado pela ora agravante, compete à locatária o ônus de comprovar a existência de fato impeditivo, modificativo ou extintivo do direito do

---

[46] SCHREIBER, Anderson. *A proibição do comportamento contraditório. Tutela de confiança e venire contra factum proprium*. Rio de Janeiro: Renovar, 2005. p. 124.

autor, nos termos do art. 333, II, do CPC, o que não ocorreu. 3. Fere a boa-fé objetiva a conduta da locatária que, após exercer a posse direta do imóvel por mais de duas décadas, alega a ilegitimidade do locador em ajuizar a ação de despejo por falta de pagamento. 4. Embora a ora agravante tenha demonstrado a existência da divergência jurisprudencial, verifica-se que este Superior Tribunal de Justiça recentemente asseverou que o ajuizamento da ação de despejo pelo promitente comprador prescinde de prova da propriedade do imóvel locado, a evidenciar a superação do dissídio. 5. Agravo regimental improvido" (STJ, AgRg nos EDcl nos EDcl no Ag 704.933/SP, 6.ª Turma, Rel. Min. Maria Thereza de Assis Moura, j. 24.08.2009, *DJe* 14.09.2009).

Também da jurisprudência superior merece destaque acórdão relativo a condutas praticadas no âmbito de um contrato de sociedade. Entendeu-se, de forma correta, que, "no caso dos autos, impõe-se a aplicação dos princípios do *venire contra factum proprium* e da boa-fé objetiva, tendo em vista que o recorrente, apesar de ter anuído expressamente à alteração contratual para permitir a sucessão *causa mortis*, alega a inoperância de tal cláusula pela ausência do devido registro, omissão a que, como sócio, deu causa (precedentes)" (STJ, AgInt no AREsp 204.801/RS, 4.ª Turma, Rel. Min. Antonio Carlos Ferreira, j. 27.08.2019, *DJe* 30.08.2019).

Em 2022, a mesma Corte Superior analisou questão interessante relativa ao plano de saúde, o *venire contra factum proprium* e a pandemia de Covid-19. Nos termos do aresto, "a boa-fé objetiva impõe à operadora o dever de agir visando à preservação do vínculo contratual, dada a natureza dos contratos de plano de saúde e a posição de dependência dos beneficiários, especialmente dos idosos". Ademais, em afirmação que conta com o meu total apoio, e defendida nesta obra, asseverou-se que "a situação de pandemia não constitui, por si só, justificativa para o não pagamento, mas é circunstância que, por seu grave impacto na situação socioeconômica mundial, não pode ser desprezada pelos contratantes, tampouco pelo Poder Judiciário". Ao final, entendeu-se que "se revela contraditório o comportamento da operadora de rescindir o contrato de plano de saúde em 2020, em meio à crise sanitária provocada pela pandemia de Covid-19, depois de receber pagamentos com atraso desde ao menos 2005 e de todas as mensalidades vencidas terem sido pagas com correção monetária e juros de mora" (STJ, REsp 2.001.686/MS, 3.ª Turma, Rel. Min. Nancy Andrighi, j. 16.08.2022, *DJe* 18.08.2022).

Por fim, entre os vários julgados do Tribunal de Justiça de São Paulo que aplicaram a construção, colaciona-se decisão que fez incidir o *venire* contra uma empresa administradora de cartão de crédito que mantinha a prática de aceitar o pagamento dos valores atrasados. No caso, a empresa, repentinamente, alegou a rescisão contratual com base em cláusula contratual que previa a extinção do contrato havendo inadimplemento. O Tribunal mitigou a força obrigatória dessa cláusula, ao apontar que a extinção do negócio jurídico e a cobrança integral não seriam possíveis, diante dos comportamentos de recebimento parcial do crédito. O consumidor foi indenizado pela negativação de seu nome em cadastro pela cobrança do valor integral:

"Dano moral. Responsabilidade civil. Negativação no Serasa e constrangimento pela recusa do cartão de crédito, cancelado pela ré. Caracterização. Boa-fé objetiva. *Venire contra factum proprium*. Administradora que aceitava pagamento das faturas com atraso. Cobrança dos encargos da mora. Ocorrência. Repentinamente invocam cláusula contratual para considerar o contrato rescindido, a conta encerrada e o débito vencido antecipadamente. Simultaneamente providencia a inclusão do nome do titular no Serasa. Inadmissibilidade. Inversão do comportamento anterriormente adotado e exercício abusivo da posição jurídica. Recurso improvido" (Tribunal de Justiça de São Paulo, Apelação Cível 174.305-4/2-00, 3.ª Câmara de Direito Privado – A, São Paulo, Rel. Enéas Costa Garcia, j. 16.12.2005, v.u., Voto 309).

CAP. 5 • TEORIA GERAL DOS CONTRATOS | **671**

Essa forma de julgar parece-me perfeita, devendo ser concretizada em outros casos similares.

### e) Duty to mitigate the loss

Trata-se do dever imposto ao credor de mitigar suas perdas, ou seja, o próprio prejuízo. Sobre essa premissa foi aprovado o Enunciado n. 169 do CJF/STJ na *III Jornada de Direito Civil*, pelo qual "o princípio da boa-fé objetiva deve levar o credor a evitar o agravamento do próprio prejuízo".

A proposta, elaborada por Vera Maria Jacob de Fradera, professora da Universidade Federal do Rio Grande do Sul, representa muito bem a natureza do dever de colaboração, presente em todas as fases contratuais e que decorre do princípio da boa-fé objetiva e daquilo que consta do art. 422 do CC.[47] Anote-se que o Enunciado n. 169 do CJF/STJ está inspirado no art. 77 da Convenção de Viena de 1980, sobre a venda internacional de mercadorias (CISG), no sentido de que "a parte que invoca a quebra do contrato deve tomar as medidas razoáveis, levando em consideração as circunstâncias, para limitar a perda, nela compreendido o prejuízo resultante da quebra. Se ela negligencia em tomar tais medidas, a parte faltosa pode pedir a redução das perdas e danos, em proporção igual ao montante da perda que poderia ter sido diminuída". Para a autora da proposta de enunciado, há uma relação direta com o princípio da boa-fé objetiva, uma vez que a mitigação do próprio prejuízo constituiria um dever de natureza acessória, um dever anexo, derivado da boa conduta que deve existir entre os negociantes.

A ilustrar a aplicação do *duty to mitigate the loss*, mencione-se o caso de um contrato de locação de imóvel urbano em que houve inadimplemento. Ora, nesse negócio, há um dever por parte do locador de ingressar, tão logo lhe seja possível, com a competente ação de despejo, não permitindo que a dívida assuma valores excessivos.

O mesmo argumento vale para os contratos bancários e financeiros em que há descumprimento. Segundo a minha interpretação, já aplicada pela jurisprudência estadual, não pode a instituição financeira permanecer inerte, aguardando que, diante da alta taxa de juros prevista no instrumento contratual, a dívida atinja montantes astronômicos. Se assim agir, como consequência da violação da boa-fé, os juros devem ser reduzidos (nesse sentido, ver: TJMS, Acórdão 2009.022658-4/0000-00, Campo Grande, 3.ª Turma Cível, Rel. Des. Rubens Bergonzi Bossay, *DJEMS* 24.09.2009, p. 12; e TJRJ, Apelação Cível 0010623-64.2009.8.19.0209, 9.ª Câmara Cível, Apelante: Paulo Roberto de Oliveira, Apelado: Banco de Lage Landen Brasil S.A, Relator: Desembargador Roberto de Abreu e Silva, julgado em junho de 2011; o último, com citações a esta obra).

Entretanto, no âmbito do Superior Tribunal de Justiça, a tese por mim desenvolvida foi afastada diante do mero retardamento da ação de cobrança, por si só, como se extrai de julgado do ano de 2017 da Corte, assim ementado:

> "Recurso especial. Ação de cobrança. Contrato de cartão de crédito. Aplicação do princípio *duty to mitigate the loss*. Inviabilidade no caso concreto. Juros remuneratórios. Ausência de contrato nos autos. Distribuição dinâmica do ônus da prova. Taxa média de mercado. Recurso provido. 1. O princípio *duty to mitigate the loss* conduz à ideia de dever, fundado na boa-fé objetiva, de mitigação pelo credor de seus próprios prejuízos, buscando, diante do inadimplemento do devedor, adotar medidas razoáveis,

---

[47] Sobre o tema, da jurista: FRADERA, Vera Jacob. Pode o credor ser instado a diminuir o próprio prejuízo? *Revista Trimestral de Direito Civil*, Rio de Janeiro: Padma, v. 19, 2004.

considerando as circunstâncias concretas, para diminuir suas perdas. Sob o aspecto do abuso de direito, o credor que se comporta de maneira excessiva e violando deveres anexos aos contratos (*v.g.* lealdade, confiança ou cooperação), agravando, com isso, a situação do devedor, é que deve ser instado a mitigar suas próprias perdas. É claro que não se pode exigir que o credor se prejudique na tentativa de mitigação da perda ou que atue contrariamente à sua atividade empresarial, porquanto aí não haverá razoabilidade. 2. O ajuizamento de ação de cobrança muito próximo ao implemento do prazo prescricional, mas ainda dentro do lapso legalmente previsto, não pode ser considerado, por si só, como fundamento para a aplicação do *duty to mitigate the loss*. Para tanto, é necessário que, além do exercício tardio do direito de ação, o credor tenha violado, comprovadamente, alguns dos deveres anexos ao contrato, promovendo condutas ou omitindo-se diante de determinadas circunstâncias, ou levando o devedor à legítima expectativa de que a dívida não mais seria cobrada ou cobrada a menor. 3. A razão utilizada pelas instâncias ordinárias para aplicar ao caso o postulado do *duty to mitigate the loss* está fundada tão somente na inércia da instituição financeira, a qual deixou para ajuizar a ação de cobrança quando já estava próximo de vencer o prazo prescricional e, com isso, acabou obtendo crédito mais vantajoso diante da acumulação dos encargos ao longo do tempo. 4. Não há nos autos nenhum outro elemento que demonstre haver a instituição financeira, no caso em exame, criado no devedor expectativa de que não cobraria a dívida ou que a cobraria a menor, ou mesmo de haver violado seu dever de informação. Não há, outrossim, elemento nos autos no qual se possa identificar qualquer conduta do devedor no sentido de negociar sua dívida e de ter sido impedido de fazê-lo pela ora recorrente, ou ainda qualquer outra circunstância que pudesse levar à conclusão de quebra da confiança ou dos deveres anexos aos negócios jurídicos por nenhuma das partes contratantes, tais como a lealdade, a cooperação, a probidade, entre outros. 5. Desse modo, entende-se não adequada a aplicação ao caso concreto do *duty to mitigate the loss*. (...). 7. Recurso especial provido" (STJ, REsp 1.201.672/MS, 3.ª Turma, Rel. Min. Lázaro Guimarães (Desembargador convocado do TRF 5.ª Região), j. 21.11.2017, *DJe* 27.11.2017).

Com o devido respeito, não me filio a essa última forma de julgar, pois o atraso em promover a demanda enseja sim, e por si só, a aplicação do conceito, uma vez que a inércia do credor acaba por trazer prejuízos consideráveis aos devedores e vantagens incontestáveis ao banco.

Voltando-se à jurisprudência estadual, o Tribunal de Justiça de São Paulo fez incidir o *duty to mitigate the loss* em face de instituição bancária, que não apresentou o contrato que iniciou o relacionamento com o correntista. Ademais, o banco, durante a execução do contrato, manteve a incidência de taxas e de juros sobre tais taxas em relação à conta inativa, não solicitando o comparecimento do cliente na agência para o devido encerramento da conta. Além de reconhecer a impossibilidade da cobrança dos valores, o Tribunal Paulista concluiu pelo dever de indenizar do banco, diante da inscrição indevida do nome do correntista em cadastro de inadimplentes (TJSP, Apelação 0003643-11.2012.8.26.0627, 20.ª Câmara de Direito Privado, Teodoro Sampaio, Rel. Des. Correia Lima, j. 15.06.2015).

Seguindo quanto aos exemplos, o *duty to mitigate the loss* foi aplicado em acórdão publicado no *Informativo* n. *439* do STJ. Vejamos a ementa do julgado que melhor elucida a incidência do instigante conceito:

"Direito civil. Contratos. Boa-fé objetiva. *Standard* ético-jurídico. Observância pelas partes contratantes. Deveres anexos. *Duty to mitigate the loss*. Dever de mitigar o próprio prejuízo. Inércia do credor. Agravamento do dano. Inadimplemento contratual. Recurso improvido. 1. Boa-fé objetiva. Standard ético-jurídico. Observância pelos contratantes em todas as fases. Condutas pautadas pela probidade, cooperação e lealdade. 2. Relações obrigacionais. Atuação das partes. Preservação dos direitos dos contratantes na consecução dos fins. Impossibilidade de violação aos preceitos éticos insertos no ordenamento jurídico. 3. Preceito decorrente da boa-fé objetiva. *Duty to mitigate the loss*: o dever de mitigar o próprio prejuízo. Os contratantes devem tomar as medidas necessárias e possíveis para que o dano não seja agravado. A parte a que a perda aproveita não pode permanecer deliberadamente inerte diante do dano. Agravamento do prejuízo, em razão da inércia do credor. Infringência aos deveres de cooperação e lealdade. 4. Lição da doutrinadora Véra Maria Jacob de Fradera. Descuido com o dever de mitigar o prejuízo sofrido. O fato de ter deixado o devedor na posse do imóvel por quase 7 (sete) anos, sem que este cumprisse com o seu dever contratual (pagamento das prestações relativas ao contrato de compra e venda), evidencia a ausência de zelo com o patrimônio do credor, com o consequente agravamento significativo das perdas, uma vez que a realização mais célere dos atos de defesa possessória diminuiria a extensão do dano. 5. Violação ao princípio da boa-fé objetiva. Caracterização de inadimplemento contratual a justificar a penalidade imposta pela Corte originária (exclusão de um ano de ressarcimento). 6. Recurso improvido" (STJ, REsp 758.518/PR, 3.ª Turma, Rel. Des. Conv. Vasco Della Giustina, j. 17.06.2010, *DJe* 1.º.07.2010).

Por fim, a respeito das ilustrações, parece-me que há uma relação direta entre o *duty to mitigate the loss* e a cláusula de *stop loss*, tema analisado pelo mesmo Superior Tribunal de Justiça no ano de 2014. Nos termos de julgado publicado no *Informativo n. 541* da Corte Superior:

"A instituição financeira que, descumprindo o que foi oferecido a seu cliente, deixa de acionar mecanismo denominado *stop loss* pactuado em contrato de investimento incorre em infração contratual passível de gerar a obrigação de indenizar o investidor pelos prejuízos causados. Com efeito, o risco faz parte da aplicação em fundos de investimento, podendo a instituição financeira criar mecanismos ou oferecer garantias próprias para reduzir ou afastar a possibilidade de prejuízos decorrentes das variações observadas no mercado financeiro interno e externo. Nessa linha intelectiva, ante a possibilidade de perdas no investimento, cabe à instituição prestadora do serviço informar claramente o grau de risco da respectiva aplicação e, se houver, as eventuais garantias concedidas contratualmente, sendo relevantes as propagandas efetuadas e os prospectos entregues ao público e ao contratante, os quais obrigam a contratada. Neste contexto, o mecanismo *stop loss*, como o próprio nome indica, fixa o ponto de encerramento de uma operação financeira com o propósito de 'parar' ou até de evitar determinada 'perda'. Assim, a falta de observância do referido pacto permite a responsabilização da instituição financeira pelos prejuízos suportados pelo investidor. Na hipótese em foco, ainda que se interprete o ajuste firmado, tão somente, como um regime de metas quanto ao limite de perdas, não há como afastar a responsabilidade da contratada, tendo em vista a ocorrência de grave defeito na publicidade e nas informações relacionadas aos riscos dos investimentos" (STJ, REsp 656.932/SP, Rel. Min. Antonio Carlos Ferreira, j. 24.04.2014).

Essa forma de julgar, ao contrário daquela outra que foi aqui criticada, tem o meu total apoio, tendo sido a categoria bem aplicada pelo Tribunal Superior.

### f) Nachfrist

Outro conceito parcelar relativo à boa-fé objetiva que começa a ser debatido no Brasil é a "Nachfrist" (extensão de prazo), de origem alemã, e tratada pelo art. 47 da mesma Convenção de Viena sobre Compra e Venda (CISG). Trata-se da concessão de um prazo adicional ou período de carência pelo comprador para que o vendedor cumpra a obrigação, o que tem o intuito de conservar a avença. Diante da relação com a manutenção da autonomia privada, não se pode negar que o conceito também tem amparo na função social do contrato.

Nos termos do dispositivo citado: "(1) O comprador poderá conceder ao vendedor prazo suplementar razoável para o cumprimento de suas obrigações. (2) Salvo se tiver recebido a comunicação do vendedor de que não cumprirá suas obrigações no prazo fixado conforme o parágrafo anterior, o comprador não poderá exercer qualquer ação por descumprimento do contrato, durante o prazo suplementar. Todavia, o comprador não perderá, por este fato, o direito de exigir indenização das perdas e danos decorrentes do atraso no cumprimento do contrato".

Como explicam Paulo Nalin e Renata Steiner, "o conceito é desconhecido na experiência nacional (o que não significa que haja incompatibilidade, frise-se) e, mesmo no contexto da aplicação da CISG, é objeto de inúmeros e acurados debates. Dentre as várias peculiaridades, salta aos olhos desde logo o fato de que a resolução independe de reconhecimento judicial. Da mesma forma, não há no Direito Brasileiro algo próximo à *Nachfrist*, expressão que designa a possibilidade de concessão de prazo suplementar para cumprimento da obrigação, findo o qual também se poderá utilizar o remédio resolutório, independentemente da configuração do descumprimento fundamental".[48] Pontue-se que, na *VII Jornada de Direito Civil* (2015), o primeiro jurista citado propôs enunciado sobre o tema que, diante do aludido desconhecimento doutrinário, acabou não sendo aprovado.

Em 2017, surgiu o primeiro acórdão estadual aplicando a construção. Trata-se do *caso dos pés de galinha*, julgado pelo Tribunal Gaúcho, envolvendo fornecimento dessa iguaria por empresa brasileira a comprador localizado em Hong Kong. Ali se reconheceu a rescisão do contrato pelo fato de as mercadorias não terem sido entregues, mesmo tendo sido concedida a extensão de prazo ou *Nachfrist* para que o vendedor o fizesse. Nos termos da ementa, "contrato de compra e venda internacional de mercadorias cuja rescisão vai declarada, por força da aplicação conjunta das normas do art. 47 (1), do art. 49 (1) (b) e do art. 81 (2), todos da Convenção das Nações Unidas sobre contratos de compra e venda internacional de mercadorias ('Convenção de Viena de 1980'), a cujo marco normativo se recorre simultaneamente ao teor dos princípios UNIDROIT relativos aos contratos comerciais internacionais" (TJRS, Apelação Cível 0000409-73.2017.8.21.7000, 12.ª Câmara Cível, Estância Velha, Rel. Des. Umberto Guaspari Sudbrack, j. 14.02.2017, *DJERS* 17.02.2017). A tendência é o surgimento de outros julgados sobre o instituto no futuro.

Com esses importantes e instigantes conceitos parcelares, encerra-se o estudo da boa-fé objetiva.

### 5.3.6    Princípio da relatividade dos efeitos contratuais

O contrato, como típico instituto de direito pessoal, gera efeitos *inter partes*, em regra, máxima que representa muito bem o princípio em questão. Contrapõe-se tal regramento, inerente ao direito obrigacional, à eficácia *erga omnes* dos direitos reais, regidos pelo princípio da publicidade.

De qualquer forma, o princípio da relatividade dos efeitos contratuais, consubstanciado na antiga máxima *res inter alios*, encontra exceções, na própria codificação privada. Em

---

[48] NALIN, Paulo; STEINER, Renata C. Atraso na obrigação de entrega e essencialidade do tempo do cumprimento na CISG. *Compra e venda internacional de mercadorias*. Curitiba: Juruá, 2014. p. 327-328.

CAP. 5 • TEORIA GERAL DOS CONTRATOS | **675**

outras palavras, é possível afirmar que o contrato também gera efeitos perante terceiros. Quatro exemplos de exceções podem ser destacados:

1.ª Exceção – A estipulação em favor de terceiro, tratada entre os arts. 436 a 438 do CC – hipótese em que um terceiro, que não é parte do contrato, é beneficiado por seus efeitos, podendo exigir o seu adimplemento. Exemplo típico é o que ocorre no contrato de seguro de vida, em que consta terceiro como beneficiário. Esse contrato é celebrado entre segurado e seguradora, mas os efeitos atingem um terceiro que consta do instrumento, mas que não o assina. Em suma, na estipulação em favor de terceiro, os efeitos são *de dentro para fora do contrato*, ou seja, *exógenos*, tornando-se uma clara exceção à relativização contratual.

2.ª Exceção – A promessa de fato de terceiro (arts. 439 e 440 do CC) – figura negocial pela qual determinada pessoa promete que uma determinada conduta seja praticada por outrem, sob pena de responsabilização civil. O art. 440 do CC/2002, entretanto, enuncia que se o terceiro pelo qual o contratante se obrigou comprometer-se pessoalmente, estará o outro exonerado de responsabilidade. No caso, a promessa pessoal substitui a promessa feita por um terceiro, havendo uma cessão da posição contratual, pois o próprio terceiro é quem terá a responsabilidade contratual. O exemplo é o de um promotor de eventos que promete um espetáculo de um cantor famoso. Caso o cantor não compareça ao *show*, no melhor *estilo Tim Maia*, responderá aquele que fez a promessa perante o outro contratante. Todavia, se o próprio cantor assumiu pessoalmente o compromisso, não haverá mais a referida promessa de terceiro. Os efeitos são *de fora para dentro do contrato*, ou *endógenos*, porque a conduta de um estranho ao contrato repercute para dentro deste.

3.ª Exceção – O contrato com pessoa a declarar ou com cláusula *pro amico eligendo* (arts. 467 a 471 do CC) – no momento da conclusão do contrato, pode uma das partes reservar-se à faculdade de indicar a pessoa que deve adquirir os direitos e assumir as obrigações dele decorrentes (art. 467 do CC). Tal figura é muito comum no contrato preliminar.

4.ª Exceção – A tutela externa do crédito ou eficácia externa da função social do contrato (art. 421 do CC) – repisando, veja-se o teor do Enunciado n. 21 do Conselho da Justiça Federal, aprovado na *I Jornada de Direito Civil*: "a função social do contrato, prevista no art. 421 do novo Código Civil, constitui cláusula geral, a impor a revisão do princípio da relatividade dos efeitos do contrato em relação a terceiros, implicando a tutela externa do crédito". Ainda para ilustrar, além do art. 608 do CC, era citado entendimento anterior da jurisprudência pelo qual a vítima de evento danoso poderia propor ação direta contra a seguradora, mesmo não havendo relação contratual direta entre as partes (STJ, REsp 228840, 3.ª Turma, Rel. Min. Carlos Alberto Menezes Direito, m.v., *DJU* 04.09.2000, p. 402; e STJ, REsp 397229/MG, 4.ª Turma, Rel. Min. Ruy Rosado de Aguiar, ac. un., *DJU* 12.08.2002). Com maior relevo, a seguinte decisão: "a visão preconizada nestes precedentes abraça o princípio constitucional da solidariedade (art. 3.º, I, da CF/1988), em que se assenta o princípio da função social do contrato, este que ganha enorme força com a vigência do novo Código Civil (art. 421). De fato, a interpretação do contrato de seguro dentro desta perspectiva social autoriza e recomenda que a indenização prevista para reparar os danos causados pelo segurado a terceiro seja por este diretamente reclamada da seguradora. Assim, sem se afrontar a liberdade contratual das partes – as quais quiseram estipular uma cobertura para a hipótese de danos a terceiros –, maximiza-se a eficácia social do contrato com a simplificação dos meios jurídicos pelos quais o prejudicado pode haver a reparação que lhe é devida. Cumpre-se o princípio da solidariedade e garante-se a função social do contrato" (STJ, REsp 444.716/BA, Rel. Min. Nancy Andrighi, j. 11.05.2004). Todavia, cumpre anotar que a jurisprudência do Superior Tribunal de Justiça acabou por rever esse seu entendimento anterior, passando a concluir que a vítima não pode ingressar com ação apenas e diretamente contra a seguradora do culpado, mas somente contra ambos. Vejamos os principais trechos de um dos acórdãos publicado no seu *Informativo* n. *490*: "Recurso repetitivo. Seguro de responsabilidade civil. Ajuizamento direto exclusivamente contra a seguradora. A Seção firmou o entendimento de que descabe ação do terceiro prejudicado ajuizada, direta e exclusivamente, em face da seguradora do apontado causador do dano, porque, no seguro de responsabilidade civil facultativo, a obrigação da seguradora de ressarcir os danos sofridos por terceiros pressupõe a responsabilidade civil do segurado, a qual, de regra, não poderá ser reconhecida em demanda na qual este não interveio, sob pena de vulneração do devido processo legal e da ampla defesa. Esse posicionamento fundamenta-se no fato de o seguro de responsabilidade civil facultativa ter por finalidade neutralizar a obrigação do segurado em indenizar danos causados a terceiros nos limites dos valores contratados, após a obrigatória verificação da responsabilidade civil do segurado no sinistro. Em outras palavras, a obrigação da seguradora está sujeita à condição suspensiva que não se implementa pelo simples fato de ter ocorrido o sinistro, mas somente pela verificação da eventual obrigação civil do segurado. Isso porque o seguro de responsabilidade civil facultativo não é espécie de estipulação a favor de terceiro alheio ao negócio, ou seja, quem sofre o prejuízo não é beneficiário do negócio, mas sim o causador do dano. Acrescente-se, ainda, que o ajuizamento direto exclusivamente contra a seguradora ofende os princípios do contraditório e da ampla defesa, pois a ré não teria como defender-se dos fatos expostos na inicial, especialmente da descrição do sinistro. (...)" (STJ, REsp 962.230/ RS, Rel. Min. Luis Felipe Salomão, j. 08.02.2012). O entendimento revisado causa estranheza, eis que, presente a solidariedade, a vítima pode escolher contra quem demandar (art. 275 do CC). Ademais, a nova posição acaba representando um retrocesso em relação ao entendimento anterior na perspectiva da função social do contrato. A demonstrar a discordância da doutrina quanto a essa alteração na jurisprudência do STJ, na *VI Jornada de Direito Civil*, em 2013, foi aprovado o Enunciado n. 544, que admite a ação proposta diretamente contra a seguradora. É a sua redação: "o seguro de responsabilidade civil facultativo garante dois interesses, o do segurado contra os efeitos patrimoniais da imputação de responsabilidade e o da vítima à indenização, ambos destinatários da garantia, com pretensão própria e independente contra a seguradora". De toda forma, essa discordância da doutrina não convenceu o STJ que, em 2015, editou a Súmula 529, expressando que, "no seguro de responsabilidade civil facultativo, não cabe o ajuizamento de ação pelo terceiro prejudicado direta e exclusivamente em face da seguradora do apontado causador do dano". Porém, em 2017 a Corte passou a aplicar uma ressalva a esse entendimento, o que representa, em certo sentido, uma volta àquela aplicação da eficácia externa da função social do contrato. Nos termos de uma nova tese firmada, a vítima de acidente de trânsito pode sim ajuizar demanda direta e exclusivamente contra a seguradora do causador do dano quando estiver reconhecida, na esfera administrativa, a responsabilidade deste pela ocorrência do sinistro e quando parte da indenização securitária já tiver sido paga. Como importante afastamento prático da sumular, o Tribunal Superior concluiu que "há hipóteses em que a obrigação civil de indenizar do segurado se revela incontroversa, como quando reconhece a culpa pelo acidente de trânsito ao acionar o seguro de automóvel contratado, ou quando firma acordo extrajudicial com a vítima obtendo a anuência da seguradora, ou, ainda, quando esta celebra acordo diretamente com a vítima. Nesses casos, mesmo não havendo liame contratual entre a seguradora e o terceiro prejudicado, forma-se, pelos fatos sucedidos, uma relação jurídica de direito material envolvendo ambos, sobretudo se paga a indenização securitária, cujo valor é o objeto contestado". Por isso, "na pretensão de complementação de indenização securitária decorrente de seguro de responsabilidade civil facultativo, a seguradora pode ser demandada direta e exclusivamente pelo terceiro prejudicado no sinistro, pois, com o pagamento tido como parcial na esfera administrativa, originou-se uma nova relação jurídica substancial entre as partes. Inexistência de restrição ao direito de defesa da seguradora ao não ser incluído em conjunto o segurado no polo passivo da lide" (STJ, REsp 1.584.970/MT, 3.ª Turma, Rel. Min. Ricardo Villas Bôas Cueva, j. 24.10.2017, *DJe* 30.10.2017). Como sou entusiasta do entendimento que acabou sendo superado anteriormente, essa nova forma de julgar me parece perfeita.

A terminar o estudo dos princípios contratuais, voltando ao REsp 444.716/BA, nota-se que o voto prevalecente relaciona a função social do contrato a um dispositivo constante da Constituição Federal (art. 3.º, inc. I). Mais do que isso, fundamenta essa função social na solidariedade social, regramento de índole constitucional.

Conforme anotava o saudoso Luciano de Camargo Penteado, "a decisão orienta-se, de certo modo, em um sentido social que se vislumbra importante para fundar e explicar também o direito dos contratos, o qual é subjacente a toda a temática dos terceiros e que, realmente, representa uma evolução no paradigma do direito privado individualista, pautado no princípio da autonomia privada contratual. Referenda ideia de que o contrato não é um elemento estranho ao corpo social em que celebrado e no qual se ambienta".[49] A mensagem do jurista serve muito bem para findar o presente tópico, lamentando-se a mudança daquele entendimento anterior do STJ, inclusive com a edição da sua Súmula 529, em 2015. Todavia, a ressalva contida no julgamento de 2017 ora citado acaba por confirmar, em certo sentido, as lições do jurista.

## 5.4 A FORMAÇÃO DO CONTRATO PELO CÓDIGO CIVIL

O contrato nasce da conjunção de duas ou mais vontades coincidentes, sem prejuízo de outros elementos, o que consubstancia aquilo que se denomina autonomia privada. Sem o mútuo consenso, sem a alteridade, não há contrato. Desse modo, reunindo o que há de melhor na doutrina, é possível identificar quatro fases na formação do contrato civil:[50]

- Fase de negociações preliminares ou de *puntuação*.

---

[49] PENTEADO, Luciano de Camargo. *Doação com encargo e causa contratual*. São Paulo: Millennium, 2004. p. 63.

[50] Serviram como amparo: ANDRADE, Darcy Bessone de Vieira. *Do contrato*. Rio de Janeiro: Forense, 1960; DINIZ, Maria Helena. *Curso de direito civil brasileiro*. Teoria das obrigações contratuais e extracontratuais. 25. ed. São Paulo: Saraiva, 2009. v. 3, p. 40-64; GAGLIANO, Pablo Stolze; PAMPLONA FILHO, Rodolfo. *Novo curso de direito civil. Teoria geral dos contratos*. 1. ed. São Paulo: Saraiva, 2005. v. IV, t. I.

> - Fase de proposta, policitação ou oblação.
> - Fase de contrato preliminar.
> - Fase de contrato definitivo ou de conclusão do contrato.

As fases serão comentadas a partir das regras constantes no Código Civil de 2002, tendo como pano de fundo a melhor doutrina e a tendência jurisprudencial.

### 5.4.1 Fase de negociações preliminares ou de puntuação

Essa é a fase em que ocorrem debates prévios, entendimentos, tratativas ou conversações sobre o contrato preliminar ou definitivo. Cumpre assinalar que a expressão *puntuação* foi difundida, na doutrina clássica, por Darcy Bessone, estando relacionada a acordos parciais na fase pré-contratual. A origem está no francês *pourparlers* e no italiano *puntuazione* (antecontrato, declaração).

Essa fase não está prevista no Código Civil de 2002, sendo anterior à formalização da proposta, podendo ser também denominada fase de *proposta não formalizada*, estando presente, por exemplo, quando houver uma *carta de intenções* assinada pelas partes, em que elas apenas manifestam a sua vontade de celebrar um contrato no futuro.

Justamente por não estar regulamentado no Código Civil, não se pode dizer que o debate prévio vincula as partes, como ocorre com a proposta ou policitação (art. 427 do CC/2002). Desse modo, não haveria responsabilidade civil contratual nessa fase do negócio, conforme ensina, por exemplo, Maria Helena Diniz.[51]

Também entendo que a fase de debates ou negociações preliminares não vincula os participantes quanto à celebração do contrato definitivo. Entretanto, está filiado ao entendimento segundo o qual é possível a responsabilização contratual nessa fase do negócio jurídico pela aplicação do princípio da boa-fé objetiva, que é inerente à eticidade, um dos baluartes da atual codificação privada. Nesse sentido, vale transcrever as palavras de Pablo Stolze Gagliano e Rodolfo Pamplona Filho:

> "Todavia, ao se dar início a um procedimento negocitório, é preciso observar sempre se, a depender das circunstâncias do caso concreto, já não se formou uma legítima expectativa de contratar. Dizer, portanto, que não há direito subjetivo de não contratar não significa dizer que os danos daí decorrentes não devam ser indenizados, haja vista que, como vimos, independentemente da imperfeição da norma positivada, o princípio da boa-fé objetiva também é aplicável a esta fase pré-contratual, notadamente os deveres acessórios de lealdade e confiança recíprocas".[52]

Como visto, de acordo com o art. 422 do atual Código Civil, a boa-fé deve integrar tanto a conclusão quanto a execução do contrato. Para a maioria da doutrina, esse dispositivo é o que traz a aplicação da boa-fé objetiva em todas as fases do negócio jurídico. Os Enunciados n. 25 e 170 do CJF/STJ reconhecem a aplicação da boa-fé objetiva em todas as fases pelas quais passa o contrato, incluindo a fase pré-contratual, de tratativas. Por tal

---

[51] DINIZ, Maria Helena. *Curso de direito civil brasileiro*. Teoria das obrigações contratuais e extracontratuais. 25. ed. São Paulo: Saraiva, 2009. v. 3, p. 41.

[52] GAGLIANO, Pablo Stolze; PAMPLONA FILHO, Rodolfo. *Novo curso de direito civil. Teoria geral dos contratos*. 1. ed. São Paulo: Saraiva, 2005. v. IV, t. I, p. 96.

CAP. 5 • TEORIA GERAL DOS CONTRATOS | **679**

caminho, aquele que desrespeita a boa-fé objetiva na fase de debates pode cometer abuso de direito (art. 187 do CC), o que gera o seu dever de indenizar.

Reitere-se que, para sanar essa insuficiência, o Projeto de Reforma do Código Civil pretende inserir expressamente no seu art. 422 a menção à fase pré-contratual, com os seguintes dizeres a respeito das tratativas iniciais: "os contratantes são obrigados a guardar os princípios da probidade e da boa-fé nas tratativas iniciais, na conclusão e na execução do contrato, bem como na fase de sua eficácia pós-contratual".

A responsabilidade do abusador ou violador da boa-fé é objetiva, conforme o sempre citado Enunciado n. 37 do CJF/STJ, aprovado na *I Jornada de Direito Civil* (2004). Por outro caminho, com relação à quebra dos deveres anexos, a qual conduz à *violação positiva do contrato*, a conclusão é a mesma, pelo teor do Enunciado n. 24 do CJF/STJ, também da *I Jornada*, eis que "em virtude do princípio da boa-fé, positivado no art. 422 do novo Código Civil, a violação dos deveres anexos constitui espécie de inadimplemento, independentemente de culpa".

Por tudo isso, não há dúvidas de que já é possível atualmente denotar uma responsabilização objetiva e de natureza contratual em casos tais, conclusão que também é retirada da análise do Código de Defesa do Consumidor (*responsabilidade pré-contratual*). A responsabilidade, em regra, não depende de culpa, seja pelo Enunciado n. 24, seja pelo 37, ambos do Conselho da Justiça Federal e do Superior Tribunal de Justiça, que consubstanciam o que há de melhor na doutrina civilista contemporânea.

De qualquer forma, deve-se ficar atento, pois a questão da natureza da responsabilidade civil pela quebra das negociações ainda não é pacífica na doutrina. Em estudo aprofundado sobre o tema, Cristiano de Souza Zanetti demonstra toda essa divergência.[53] Analisando o direito nacional e estrangeiro, aponta que são partidários de uma solução contratual para essa ruptura: Ihering, Luigi Mengoni, Salvatore Romano, Francesco Benatti, Adriano de Cupis e Francesco Galgano. Essa primeira corrente, à qual se filia, é, assim, forte no direito italiano.

Lembro que, no Projeto de Reforma do Código Civil, essa foi a opção que foi adotada pela Comissão de Juristas, diante da inclusão de um novo art. 422-A da Lei Geral Privada, prevendo que a violação da boa-fé objetiva gera o inadimplemento obrigacional, com a consequente responsabilização contratual. De acordo com a proposição, "os princípios da confiança, da probidade e da boa-fé são de ordem pública e sua violação gera o inadimplemento contratual".

Por outra via, são partidários da solução extracontratual, corrente que acaba prevalecendo na doutrina, e à qual Cristiano Zanetti está alinhado: Saleilles, Faggella, Mário Júlio de Almeida Costa, Antonio Chaves, Antonio Junqueira de Azevedo, Carlos Alberto Bittar, Maria Helena Diniz e Caio Mário da Silva Pereira. Por fim, propondo soluções intermediárias baseadas, sobretudo, nos bons costumes, está alinhado Pontes de Miranda.

Do âmbito do Superior Tribunal de Justiça, merece destaque o aresto que confirmou o dever de indenizar por quebra das tratativas, aplicando o regime da responsabilidade contratual, assim como entendo a matéria:

"Recurso especial. Civil e processual civil. Responsabilidade civil pré-contratual. Negociações preliminares. Expectativa legítima de contratação. Ruptura de tratativas. Violação ao princípio da boa-fé objetiva. Juros de mora. Termo 'a quo'. Data da citação. 1. Demanda indenizatória proposta por empresa de eventos contra

---

[53] ZANETTI, Cristiano de Souza. *Responsabilidade pela ruptura das negociações*. São Paulo: Juarez de Oliveira, 2005. p. 44-88.

# 680 MANUAL DE DIREITO CIVIL • VOLUME ÚNICO – *Flávio Tartuce*

empresa varejista em face do rompimento abrupto das tratativas para a realização de evento, que já estavam em fase avançada. 2. Inocorrência de maltrato ao art. 535 do CPC quando o acórdão recorrido, ainda que de forma sucinta, aprecia com clareza as questões essenciais ao julgamento da lide, não estando o magistrado obrigado a rebater, um a um, os argumentos deduzidos pelas partes. 3. Inviabilidade de se contrastar, no âmbito desta Corte, a conclusão do Tribunal de origem acerca da expectativa de contratação criada pela empresa varejista. Óbice da Súmula 7/STJ. 4. Aplicação do princípio da boa-fé objetiva na fase pré-contratual. Doutrina sobre o tema. 5. Responsabilidade civil por ruptura de tratativas verificada no caso concreto. 6. Inviabilidade de se analisar, no âmbito desta Corte, estatutos ou contratos de trabalho, para se aferir a alegada inexistência de poder de gestão dos prepostos participaram das negociações preliminares. Óbice da Súmula 5/STJ. 7. Controvérsia doutrinária sobre a natureza da responsabilidade civil pré-contratual. 8. Incidência de juros de mora desde a citação (art. 405 do CC). 9. Manutenção da decisão de procedência do pedido indenizatório, alterando-se apenas o termo inicial dos juros de mora" (STJ, REsp 1.367.955/SP, 3.ª Turma Rel. Min. Paulo de Tarso Sanseverino, j. 18.03.2014, *DJe* 24.03.2014).

Sobre os fatos em si, como consta do acórdão, "a empresa de eventos (ora recorrida) e a empresa varejista (ora recorrente) iniciaram, em dezembro de 2004, tratativas para a realização do evento 'a maior loja de informática do Brasil', programado para junho de 2005 e orçado em R$ 1.075.000,00. As partes reuniram-se por diversas vezes e trocaram vários *e-mails*. A empresa de eventos realizou uma visita técnica, elaborou memoriais descritivos e, segundo alega, iniciou a contratação de terceiros, efetuando despesas da ordem de R$ 200.000,00. O evento, porém, foi adiado e, posteriormente, cancelado pela empresa varejista, não tendo havido a formalização de um contrato. O Tribunal de origem, soberano na análise das provas, considerou que o comportamento das partes teria criado na empresa de eventos a 'induvidosa expectativa' (cf. fl. 491) de que o contrato viria a ser celebrado, fato que aliado à iminência do evento, justificaria o início da contratação de terceiros antes mesmo da formalização do contrato" (REsp 1.367.955/SP). Sem dúvidas, a geração de expectativas indica a presença da responsabilidade pré-contratual, por quebra da boa-fé objetiva.

Em suma, deve-se concluir, na linha da doutrina e da jurisprudência, que não é incorreto afirmar que *a fase de puntuação* gera deveres às partes, pois em alguns casos, diante da confiança depositada, a quebra desses deveres pode gerar a responsabilização civil. Esse entendimento constitui indeclinável evolução quanto à matéria, havendo divergência apenas quanto à natureza da responsabilidade civil que surge dessa fase negocial.

## 5.4.2 Fase de proposta, policitação ou oblação

A fase de proposta, denominada fase de *oferta formalizada*, *policitação* ou *oblação*, constitui a manifestação da vontade de contratar, por uma das partes, que solicita a concordância da outra. Trata-se de uma declaração unilateral de vontade receptícia, ou seja, que só produz efeitos ao ser recebida pela outra parte. Conforme o art. 427 do CC, a proposta vincula o proponente, gerando o dever de celebrar o contrato definitivo sob pena de responsabilização pelas perdas e danos que o caso concreto demonstrar.

Esse *caráter receptício* é mantido se a promessa for direcionada ao público, conforme enuncia o art. 429 do CC/2002, hipótese em que o oblato é determinável, não determinado. Também nessa hipótese, a proposta vincula aquele que a formulou quando encerrar os requisitos essenciais do contrato, salvo se o contrário resultar das circunstâncias ou dos usos.

CAP. 5 • TEORIA GERAL DOS CONTRATOS | **681**

Em complemento, é possível revogar a oferta ao público, pela mesma via da divulgação, desde que ressalvada esta faculdade na oferta realizada, isto é, desde que respeitado o dever de informar a outra parte (art. 429, parágrafo único, do CC). Como exemplo de hipótese de oferta ao público, cite-se a comum e contemporânea oferta de venda feita pela internet.

Anoto que o Projeto de Reforma e Atualização do Código Civil pretende incluir no texto de lei esta última afirmação, também melhorando a redação do art. 429 em outros aspectos. Assim, o seu *caput* passará a prever que "a oferta ao público equivale à proposta quando encerra os requisitos essenciais ao contrato, salvo se resultar das circunstâncias ou dos usos e costumes entendimento contrário". Com ressalva importante quanto à legislação especial, como é o Código de Defesa do Consumidor, com destaque a respeito da impossibilidade de sua revogação, o seu § 1.º preverá que, "respeitados os casos disciplinados em lei especial, pode-se revogar a oferta pela mesma via de sua divulgação, desde que a possibilidade de sua revogação conste aposta claramente no mesmo texto da oferta realizada". No que diz respeito ao ambiente digital, como pontuado, o novo § 2.º: "as regras previstas neste artigo têm aplicação aos ambientes virtuais e aos aplicativos digitais". Por fim, o § 3.º do art. 428 disporá que "a oferta ao público, suficientemente precisa, além de obrigar o ofertante que a veicular ou dela se utilizar, integra o contrato a ser celebrado, salvo estipulação específica em sentido contrário".

Espera-se, em prol da segurança jurídica e da estabilidade dos negócios civis, a aprovação de todas as proposições, atualizadas conforme a legislação mais recente e com o uso das novas tecnologias.

Pois bem, são partes da proposta, o que é muito importante para a compreensão da matéria:

- *Policitante, proponente* ou *solicitante* – aquele que formula a proposta, estando a ela vinculado, em regra.
- *Policitado, oblato* ou *solicitado* – aquele que recebe a proposta e, se a acatar, torna-se *aceitante*, o que gera o aperfeiçoamento do contrato (*choque ou encontro de vontades*). O oblato poderá formular uma contraproposta, situação em que os papéis se invertem: o proponente passa a ser oblato e vice-versa.

Sobre a manifestação da vontade na proposta e na aceitação, o Código Civil exige que esteja revestida pelas seguintes características:

*Proposta* (ou oferta, policitação ou oblação) – Deve ser *séria, clara, precisa* e *definitiva* – art. 427.

*Aceitação* – Deve ser *pura e simples* – art. 431.

O art. 428 do CC/2002 consagra hipóteses em que a proposta deixa de ser obrigatória. Vejamos:

- Deixa de ser obrigatória a proposta, se, feita sem prazo a pessoa presente, não foi imediatamente aceita (art. 428, inc. I). Esse mesmo dispositivo enuncia que deve ser considerada entre presentes a proposta feita por telefone ou outro meio semelhante, podendo nesse dispositivo se enquadrar o contrato eletrônico celebrado entre presentes (*v.g.*, por videoconferência digital ou

> pelo *Zoom*, pelo *Teams* ou pelo *Skype*). A categoria jurídica em questão é denominada pela doutrina como *contrato com declaração consecutiva*.[54]
>
> – Não será obrigatória a proposta se, feita sem prazo a pessoa ausente, tiver decorrido tempo suficiente para chegar a resposta ao conhecimento do proponente (art. 428, inc. II, do CC). Trata-se do *contrato com declarações intervaladas*.[55] O *tempo suficiente* é um conceito legal indeterminado denominado como *prazo moral*, deve ser analisado caso a caso pelo juiz, de acordo com a boa-fé, os usos e costumes do local e das partes (art. 113 do CC).
>
> – Não será obrigatória a proposta se, feita a pessoa ausente, não tiver sido expedida a resposta dentro do prazo dado pelo proponente (art. 428, inc. III, do CC).
>
> – Por fim, não obriga a proposta, se antes dela ou juntamente com ela, chegar ao conhecimento da outra parte – o oblato – a retratação do proponente (art. 428, inc. IV, do CC).

Em verdade, no que diz respeito a esta fase da formação contratual, o Código Civil em vigor traz regras e teorias criadas há muito tempo, em séculos passados, para resolver problemas atinentes à formação de contratos entre ausentes por cartas ou missivas, o chamado *contrato epistolar*. Na atualidade, essas regras encontram-se totalmente superadas e distantes da segurança jurídica, sobretudo diante do uso de novas tecnologias e dos contratos formados pela via digital. Sendo assim, é necessário atualizar o Código Civil, o que está sendo proposto pela Comissão de Juristas nomeada no âmbito do Senado Federal. As proposições de alteração constam não só no livro de Direito Contratual, mas também no novo livro de *Direito Civil Digital* que é sugerido.

Sobre o art. 428 da Lei Geral Privada, propõe-se que passe a prever, com melhoras no texto, que, "respeitados os casos disciplinados em lei especial, deixa de ser obrigatória a proposta, se: I – feita sem prazo à pessoa presente, não for imediatamente aceita; II – feita sem prazo à pessoa ausente, tiver decorrido tempo suficiente para chegar a resposta ao proponente; III – feita à pessoa ausente, não tiver sido expedida a resposta dentro do prazo definido pelo proponente; IV – antes dela ou simultaneamente, chegar à outra parte a retratação do proponente". A locução visa a afastar a incidência do Código Civil para os contratos de consumo, pois o CDC tem uma regulamentação própria sobre a temática.

Sobre a proposta realizada por correio eletrônico, por outro aplicativo digital ou por ferramenta de envio de mensagens que, por sua natureza, admita que o conhecimento da proposta ocorra de modo assíncrono à sua remessa, passará a gerar, por texto expresso do § 1.º do comando, a contratação entre ausentes. E, com aprimoramento mais do que necessário a respeito do contrato entre presentes, o novo § 2.º do art. 428 enunciará que "considera-se presente a pessoa que contrata por telefone, videoconferência, aplicativos digitais de comunicação instantânea ou síncrona ou por qualquer outro meio de comunicação semelhante, em que os contratantes também permaneçam simultaneamente conectados". Como se pode notar de imediato, os textos sugeridos resolvem muitos dos problemas hoje vislumbrados na teoria e na prática.

---

[54] DINIZ, Maria Helena. *Curso de direito civil brasileiro*. Teoria das obrigações contratuais e extracontratuais. 25. ed. São Paulo: Saraiva, 2009. v. 3, p. 54.

[55] DINIZ, Maria Helena. *Curso de direito civil brasileiro*. Teoria das obrigações contratuais e extracontratuais. 25. ed. São Paulo: Saraiva 2009. v. 3. p. 55.

Em complemento à norma, o art. 430 do CC dispõe que, se a aceitação, por circunstância imprevista, chegar tarde ao conhecimento do proponente, este comunicará o fato imediatamente ao aceitante, sob pena de responder por perdas e danos. Esse dispositivo que já constava do Código Civil anterior (art. 1.082) reafirma a boa-fé objetiva, que também deve ser aplicada à fase de proposta, uma vez que consagra o dever de informar a outra parte. Tal dever se consubstancia na comunicação do recebimento da proposta sob pena de responsabilização, nos moldes dos arts. 402 a 404 do CC/2002, e sempre sem prejuízo de danos imateriais.

Destaco que na Reforma do Código Civil, a Subcomissão de Direito Contratual propõe melhoras no texto da norma, com dois objetivos: "eliminar dúvidas interpretativas sobre o momento de conclusão do contrato, reforçando *a ratio* da expedição da aceitação nos contratos entre ausentes, e dispor sobre a formação dos contratos celebrados por meio eletrônico".

Nesse contexto, sugere-se que o *caput* do seu art. 430 mencione expressamente a consequência da ineficácia, do seguinte modo: "será considerada ineficaz a aceitação que, por circunstância imprevista, chegar tarde ao conhecimento do proponente, gerando a confiança legítima de que o contrato não foi celebrado, por não ser possível ou razoável exigir-se do proponente o cumprimento da proposta". E, nos termos do seu novo parágrafo único, que reproduz o que hoje está em vigor: "recebida a resposta de forma tardia, deve o proponente comunicar o fato imediatamente ao aceitante, sob pena de responder por perdas e danos".

Sob outro aspecto e voltando ao sistema em vigor, presente uma aceitação fora do prazo, com adições, restrições ou modificações, haverá nova proposta, de forma a inverterem-se os papéis entre as partes, conforme comentado (art. 431 do CC). A figura prevista é justamente a conhecida *contraproposta*, tão comum em casos que envolvem as negociações pré-contratuais.

Enuncia o art. 432 do Código Privado que, se o negócio for daqueles em que não seja costume a aceitação expressa, ou o proponente a tiver dispensado, reputar-se-á concluído o contrato, caso não chegue a tempo a recusa. Esse dispositivo trata da aceitação tácita ou *silêncio eloquente*, que é possível no contrato formado entre ausentes. O dispositivo é criticado por parte da doutrina, pelo fato de contrariar a regra contida no art. 111 do CC, segundo a qual, *quem cala não consente*: "o silêncio importa anuência, quando as circunstâncias ou os usos o autorizarem, e não for necessária a declaração de vontade expressa". Afirmam Cristiano de Souza Zanetti e Bruno Robert que "o teor do art. 432, em resumo, consagraria uma presunção legal de formação do contrato, não por força do encontro de manifestações, mas sim com base em uma ficção legal, de impossível conciliação com os princípios que regem a conclusão dos negócios jurídicos".[56]

De todo modo, as críticas não representam a posição majoritária da doutrina, razão pela qual nada foi proposto a respeito do texto do art. 432 na Comissão de Juristas nomeada no âmbito do Senado Federal para a Reforma do Código Civil.

Após serem analisados esses preceitos gerais, é primaz o estudo das regras específicas quanto a essas duas situações básicas relativas à formação dos contratos em geral. Inicialmente, deve-se entender formado o contrato *entre presentes* – ou *inter praesentes* – quando houver uma facilidade de comunicação entre as partes para que a proposta e

---

[56] ZANETTI, Cristiano de Souza; ROBERT, Bruno. A conclusão do contrato pelo silêncio. In: TARTUCE, Flávio e CASTILHO, Ricardo. *Direito civil. Direito patrimonial. Direito existencial. Estudos em homenagem à professora Giselda Maria Fernandes Novaes Hironaka*. São Paulo: Método, 2006. p. 261.

**684** MANUAL DE DIREITO CIVIL • VOLUME ÚNICO – *Flávio Tartuce*

a aceitação sejam manifestadas em um curto período de tempo. Como não há critérios fixados pela lei, cabe análise caso a caso, particularmente diante dos novos meios de comunicação a distância.

Por outra via, o contrato será considerado formado *entre ausentes* – ou *inter absentes* – quando não houver tal facilidade de comunicação quanto à relação *pergunta-resposta*. O exemplo clássico de contrato *inter absentes* é o *contrato epistolar* cuja proposta é formulada por carta, via correio. Entretanto, diante dos novos métodos de comunicação eletrônica, essa figura contratual perdeu a sua importância prática.

Pois bem, outrora foi demonstrado que caso o negócio seja formado *entre presentes*, a proposta ou oferta pode estipular ou não prazo para a aceitação. Se não houver prazo, a aceitação deverá ser manifestada imediatamente. Porém, se houver prazo, deverá ser pronunciada no termo concedido, sob pena de reputar-se não aceita, ressalvados os casos de aceitação tácita. Então, o contrato entre presentes é formado a partir do momento em que o oblato aceita a proposta, ou seja, torna-se aceitante, por ter ocorrido o *choque ou encontro de vontades* das partes envolvidas.

Sob outro prisma, se a formação ocorrer *entre ausentes*, o contrato deve ser reputado como concluído a partir do momento em que a aceitação for expedida (art. 434, *caput*, do CC). Dessa maneira, conclui-se que o Código Civil em vigor, assim como o anterior, continua adotando a *teoria da agnição* – ou da *informação* –, *na subteoria da expedição*, como regra geral.

Entretanto, tal regra comporta exceções, sendo certo que o Código Civil ainda adota a *teoria da agnição, na subteoria da recepção*, pela qual o contrato é formado quando a proposta é aceita e recebida pelo proponente (art. 434, incs. I, II e III, c/c o art. 433, ambos do CC). Essa teoria deve ser aplicada nos seguintes casos:

1.º) Se antes da aceitação ou com ela chegar ao proponente a retratação do aceitante.

2.º) Se o proponente se houver comprometido a esperar resposta, hipótese em que as partes convencionaram a aplicação da subteoria da recepção.

3.º) Se a resposta não chegar no prazo convencionado (outra hipótese em que houve convenção entre as partes de aplicação da subteoria da recepção).

De toda sorte, assim como as previsões anteriores, os arts. 433 e 434 do Código Civil necessitam de reparos urgentes, sobretudo diante das novas tecnologias e do uso de mecanismos digitais para a formação dos contratos entre ausentes. Ademais, é preciso me-lhorar as suas redações, para que fiquem mais eficientes. Como não poderia ser diferente, a Comissão de Juristas nomeada no Senado Federal para a Reforma do Código Civil sugere então ajustes para os dois comandos.

Quanto ao seu art. 434, a proposta é que o seu *caput* mantenha a *teoria da agnição, na subteoria da expedição*. Quanto às suas exceções, o inciso II passará a expressar, melhor tecnicamente, que o contrato não será formado quando a aceitação for expedida "se o proponente, sem designar prazo, se houver comprometido a esperar resposta, hipótese em que tem-se o contrato formado a partir do momento em que recebê-la". No novo inciso III, de forma mais clara, não se aplicará a regra geral da expedição "se a resposta não chegar no prazo convencionado" e, no projetado inciso IV, "no caso de o proponente indicar na proposta forma diversa como ela deva ser aceita".

São inseridos, ainda, novos parágrafos no art. 434 do CC/2002, para que fique mais clara a questão relativa à formação do contrato. Nos termos do seu § 1.º, "uma vez recebida

CAP. 5 • TEORIA GERAL DOS CONTRATOS | **685**

a aceitação, tem-se o contrato por formado desde o momento em que foi expedida". Porém, "se o proponente não receber a aceitação por fato alheio à sua vontade será considerada ineficaz" (§ 2.º). A respeito de tema que ainda será tratado mais à frente, "nos contratos celebrados entre ausentes por correio eletrônico, por aplicativo de mensagens ou por outro meio de comunicação semelhante, comprova-se a recepção da aceitação pela resposta do proponente ou por ferramenta de identificação de recebimento de mensagens, independentemente da confirmação da efetiva leitura" (§ 3.º).

No que diz respeito ao art. 433 da Lei Geral Privada, a fim de deixar mais evidente o seu conteúdo, passará a prever que "considera-se ineficaz a aceitação, se antes dela ou com ela chegar ao proponente a retratação do aceitante, hipótese em que o contrato não será considerado como formado". Segundo as justificativas da Subcomissão de Direito Contratual, "trata-se de substituição da referência à inexistência da aceitação por sua ineficácia, ou seja, a ausência de sua aptidão formativa do contrato, o que se reforça pela inserção, ao final, da afirmação de que o contrato não será formado. Mais uma vez, trata-se de alteração em linha com as premissas de oferecer maior clareza ao momento da formação do contrato, bem como da eficácia da aceitação". Sem dúvidas que a solução apontada é a melhor tecnicamente, e em prol da segurança e da estabilidade das relações civis.

> **ATENÇÃO**: Por todos os comandos legais aqui estudados, é correto afirmar que o Código Civil de 2002 vigente adotou tanto a *teoria da expedição* quanto a *da recepção*, sendo a primeira regra e a segunda exceção, de acordo com a própria organização da matéria na codificação em vigor. A grande dúvida hoje reside sobre a formação do contrato eletrônico celebrado entre ausentes, como é o caso da contratação por *e-mail*, segundo o entendimento majoritário. O que prevalece na doutrina nacional, no sistema atual, é a aplicação da *teoria da recepção*, o que pode ser retirado do Enunciado n. 173 do CJF/STJ, aprovado na *III Jornada de Direito Civil*: "a formação dos contratos realizados entre pessoas ausentes, por meio eletrônico, completa-se com a recepção da aceitação pelo proponente". De toda sorte, alerte-se que o antigo Projeto de Lei 281/2012, que pretendia tratar dos contratos eletrônicos dentro do Código de Defesa do Consumidor, propunha a inserção, em nosso sistema, da *teoria da confirmação*, chamada na Europa de teoria do *duplo clique*. Por essa teoria, o contrato eletrônico é formado com a confirmação do recebimento da aceitação pelo proponente originário. Sempre defendi a aprovação da proposição legislativa, pois a teoria da confirmação traz mais segurança à formação dos contratos digitais, superando as duas velhas teorias que estão tratadas pelo Código Civil, pensadas para o contrato epistolar, formado por cartas. A par dessa realidade, de necessidade urgente de se modificar a norma, o Projeto de Reforma do Código Civil, como já se adiantou, pretende inserir essa *teoria da confirmação* na nova redação do § 3.º do seu art. 434, que vale ser mais uma vez transcrita: "nos contratos celebrados entre ausentes por correio eletrônico, por aplicativo de mensagens ou por outro meio de comunicação semelhante, comprova-se a recepção da aceitação pela resposta do proponente ou por ferramenta de identificação de recebimento de mensagens, independentemente da confirmação da efetiva leitura". Também se almeja a inclusão de um novo art. 435-A da Lei Geral Privada, estabelecendo que a proposta de celebração de um contrato pode ser oferecida para aceitação por aplicativos digitais interativos ou autoexecutáveis no ambiente da *internet* e sua existência, validade e eficácia dependem dos seguintes requisitos: *a)* que seja completa e clara; *b)* plena clareza das informações prestadas ao oblato quanto ao manejo da sequência de assentimentos da cadeia de blocos posta para a aceitação da proposta; *c)* forma clara e de fácil acesso, para que seja procedida

a verificação da interrupção do processo de aceitação da proposta; *d)* plena clareza acerca do mecanismo que autentica a veracidade dos dados externalizados como elementos integrantes da futura contratação; e *e)* plena clareza das condições de sua celebração e dos seus riscos, no momento da manifestação inicial do aderente. O dispositivo também terá três parágrafos, igualmente com os objetivos de trazer mais segurança, certeza e estabilidade para os contratos firmados pela *internet*. Nos termos do seu novo § 1.º, a proposta e a aceitação realizadas por essas vias eletrônicas vinculam a parte que, em nome próprio ou representada por outrem, realizou ou autorizou a sequência de assentimentos da cadeia proposta para a realização dessa específica contratação. Nos termos do seu projetado § 2.º, os contratos autoexecutáveis dependem de prévia e plena clareza das condições de sua celebração e dos seus riscos, no momento da manifestação inicial do aderente. Por fim, o § 3.º do emergente art. 435-A preverá que, para a plena clareza dessas informações, a proposta deverá conter informações que permitam ao oblato verificar a autenticidade de dados externos ser expressa por escrito, ainda que em meio virtual. Existem outras proposições necessárias no novo livro de *Direito Civil Digital*, destacando-se a proposta que preceitua que o contrato formalizado por meio digital será considerado celebrado quando: *a)* as partes manifestarem claramente a sua intenção de contratar, podendo a manifestação ser expressa por cliques, seleção de opções em interfaces digitais, assinaturas eletrônicas, ou por outros meios que demonstrem claramente a concordância com os termos propostos; *b)* o objeto do contrato for lícito, possível, determinado ou determinável; e *c)* o contrato atender aos requisitos de forma e de solenidade previstos em lei, quando for o caso, incluindo a identificação das partes e a assinatura eletrônica, quando necessária. Não se olvide que, nesse novo livro, adota-se como regra geral a liberdade das formas do art. 107 do CC para os contratos digitais, que serão informais, e não solenes. Como não poderia ser diferente, aguarda-se a aprovação urgente de todas essas propostas da Comissão de Juristas, pelo Congresso Nacional.

Para terminar o estudo desta fase de formação dos contratos, anote-se que, segundo o art. 435 da atual codificação material, "reputar-se-á celebrado o contrato no lugar em que foi proposto". Eventualmente, e por uma questão lógica, caso haja contraproposta, o local do contrato deve ser reputado onde essa última foi formulada. Repise-se que a norma vale para os contratos nacionais, pois para os contratos internacionais, determina o art. 9.º, § 2.º, da Lei de Introdução que "a obrigação resultante do contrato reputa-se constituída no lugar em que residir o proponente".

### 5.4.3 Fase de contrato preliminar

O contrato preliminar, pré-contrato ou *pactum de contrahendo* encontra-se tratado na atual codificação privada, como novidade, entre os arts. 462 a 466. Contudo, vale esclarecer que a fase de contrato preliminar não é obrigatória entre as partes, sendo dispensável. Na prática, muitas vezes, o contrato preliminar é celebrado em compra e venda de imóvel para dar mais segurança às partes, notadamente em relação ao preço convencionado.

Dispõe o primeiro dispositivo relativo ao tema que o contrato preliminar, exceto quanto à forma, terá os mesmos requisitos essenciais do contrato definitivo (art. 462 do CC). Em suma, o contrato preliminar exige os mesmos requisitos de validade do negócio jurídico ou contrato, previstos no art. 104 do CC, com exceção da forma prescrita ou não ¹efesa em lei. Sendo assim, no caso de uma compra e venda de imóvel, de qualquer valor, ᵒntrato preliminar dispensa a escritura pública.

CAP. 5 • TEORIA GERAL DOS CONTRATOS | **687**

Melhor seria, contudo, que o dispositivo expressasse a *solenidade*, caso da escritura pública, que é dispensada, pois, na grande maioria das vezes, sobretudo nos casos envolvendo imóveis, o contrato preliminar exige ao menos a forma escrita, com destaque para a eficácia de seu registro. Sendo assim, a Comissão de Juristas encarregada da Reforma do Código Civil propõe que o seu art. 462 passe a expressar que "o contrato preliminar, exceto quanto à solenidade, deve conter todos os requisitos essenciais ao contrato a ser celebrado".

Basicamente, dois são os tipos de contrato preliminar previstos no Direito brasileiro, intitulados como *compromissos de contrato*. Para tal conceituação, serão utilizados os ensinamentos de Maria Helena Diniz constantes em suas obras e das aulas ministradas no curso de mestrado da PUCSP, entre os anos de 2002 e 2003.[57]

### a) Compromisso unilateral de contrato ou contrato de opção

Hipótese em que as duas partes assinam o instrumento, mas somente uma das partes assume um dever, uma obrigação de fazer o contrato definitivo. Assim, existe para o outro contratante apenas uma *opção* de celebrar o contrato definitivo. Essa forma de contrato preliminar está prevista no art. 466 do atual Código Civil, pelo qual, "se a promessa de contrato for unilateral, o credor, sob pena de ficar a mesma sem efeito, deverá manifestar-se no prazo nela previsto, ou, inexistindo este, no que lhe for razoavelmente assinado pelo devedor".

Essa figura contratual *era* observada no arrendamento mercantil ou *leasing*, uma vez que o arrendatário do bem *podia* assumir a opção de comprá-lo, mediante o pagamento, ao fim do contrato de locação, do *valor residual garantido* (VRG). As expressões verbais foram utilizadas no pretérito por ter havido uma alteração substancial no tratamento jurisprudencial relativo à matéria. Entendiam os Tribunais pela impossibilidade de antecipação do VRG, ou mesmo a sua diluição nas parcelas do financiamento relacionado com o arrendamento mercantil, o que descaracterizaria o contrato em questão, passando a haver uma compra e venda financiada. Esse, aliás, era o teor da Súmula 263 do STJ.

Entretanto, houve uma reviravolta na jurisprudência, passando a entender o próprio Superior Tribunal de Justiça que a antecipação do VRG não descaracteriza o *leasing*. A Súmula 263 não só foi cancelada, como também substituída por outra, a Súmula 293 do STJ, de maio de 2004, com a seguinte redação: "A cobrança antecipada do valor residual garantido (VRG) não descaracteriza o contrato de arrendamento mercantil".

Por essa mudança de pensamento, parece-me que, caso haja a antecipação do VRG, não há mais que se falar em compromisso unilateral de compra e venda no *leasing*, pois o locatário já vem pagando o valor residual mês a mês, o que retira a sua opção de compra ao final do negócio locatício. Na verdade, surge dessa figura negocial um compromisso bilateral de compra e venda e não mais um contrato de opção. Com o pagamento do VRG mensalmente, no curso do contrato, também o arrendatário assumiu um compromisso de celebrar o contrato definitivo.

### b) Compromisso bilateral de contrato

As duas partes assinam o instrumento e, ao mesmo tempo, assumem a obrigação de celebrar o contrato definitivo. Para gerar os efeitos constantes no atual Código Civil, no contrato preliminar não poderá constar cláusula de arrependimento, conforme consta do art. 463 da codificação. Assim como ocorre com o compromisso unilateral de contrato, o compromisso bilateral pode ter como objeto bens móveis ou imóveis.

---

[57] Ver: DINIZ, Maria Helena. *Código Civil anotado*. 15. ed. São Paulo: Saraiva, 2010. p. 389-391.

A grande questão surge quando o contrato preliminar tem como conteúdo a compra e venda de bens imóveis. Aqui, interessante verificar os efeitos quando esse compromisso é ou não registrado na matrícula do imóvel.

Cite-se de imediato o meu entendimento, baseado no que consta da atual codificação privada e na melhor doutrina, segundo o qual haverá compromisso bilateral de compra e venda quando o instrumento não estiver registrado na matrícula do imóvel. Se ocorrer tal registro, estaremos diante de um direito real de aquisição do promitente comprador, previsto nos arts. 1.225, inc. VII, 1.417 e 1.418 do Código Civil, sem prejuízo da legislação específica que do instituto já tratava, e da recente Lei 13.786/2018, analisadas no Capítulo 7 desta obra.

Surge dúvida sobre essa diferenciação, eis que, pelo art. 463, parágrafo único, do atual Código Civil, "o contrato preliminar deverá ser levado ao registro competente". A questão é esclarecida pelo Enunciado n. 30 do Conselho da Justiça Federal, aprovado na *I Jornada de Direito Civil*, pelo qual: "a disposição do parágrafo único do art. 463 do novo Código Civil deve ser interpretada como fator de eficácia perante terceiros".

Anoto que o Projeto de Reforma do Código Civil pretende resolver esse dilema, muito debatido nos mais de vinte anos de sua vigência, passando o parágrafo único do seu art. 463, em boa hora, a prever que "o contrato preliminar poderá ser levado ao registro competente". Adota-se, portanto, o teor do Enunciado n. 30 da *I Jornada de Direito Civil*, encerrando-se o debate com o novo texto da lei.

Em suma, a palavra "deve", constante do comando legal em questão, mesmo no atual sistema, merece ser interpretada como um "pode". Melhor explicando, se o contrato não for registrado, haverá compromisso bilateral de contrato, gerando uma *obrigação de fazer*; se houver o registro, haverá direito real de aquisição do promitente comprador, gerando *obrigação de dar*.

Ato contínuo de estudo, se houver compromisso bilateral de compra e venda de imóvel não registrado, o compromissário-comprador terá três opções, caso o promitente--vendedor se negue a celebrar o contrato definitivo. Isso, frise-se, desde que não conste do compromisso cláusula de arrependimento:

> *1.ª Opção* – Pelo que consta do art. 463 do CC, pode o compromissário comprador exigir, por meio da tutela específica das obrigações de fazer, que o vendedor celebre o contrato definitivo.
>
> *2.ª Opção* – Se não ocorrer tal efetivação do contrato, ao ser esgotado o prazo assinalado na ação de obrigação de fazer para que a outra parte celebre o contrato definitivo, poderá o juiz suprir a vontade da parte inadimplente, conferindo caráter definitivo ao contrato preliminar (art. 464 do CC). Esse efeito somente é possível se a isso não se opuser a natureza da obrigação. Deve-se concluir que o efeito, aqui, é similar ao da adjudicação compulsória, desde que o comprador deposite em juízo o preço do imóvel. Isso faz com que continue aplicável a Súmula 239 do STJ, o que é confirmado pelo Enunciado n. 95 do Conselho da Justiça Federal, sendo certo que o direito à adjudicação compulsória não se condiciona ao registro da promessa de compra e venda no registro imobiliário. Vale destacar o teor do Enunciado n. 95 do CJF/STJ, aprovado na *I Jornada de Direito Civil*: "o direito à adjudicação compulsória (art. 1.418 do novo Código Civil), quando exercido em face do promitente vendedor, não se condiciona ao registro da promessa de compra e venda no cartório de registro imobiliário (Súmula 239 do STJ)". Esse entendimento pode ser aplicado a qualquer tipo de bem imóvel, pois o Código Civil consolida a matéria, antes tratada em leis especiais (Decreto-lei 58/1937, Decreto 3.079/1938, Leis 4.505/1964 e 6.766/1979).

> *3.ª Opção* – Caso o bem não interesse mais, poderá o compromissário-comprador requerer a conversão da obrigação de fazer em obrigação de dar perdas e danos, conforme aduz o art. 465 do CC.

Destaco que no Projeto de Reforma do Código Civil há proposta de *desjudicializar* definitivamente as medidas do art. 464 do Código Civil, do seguinte modo: "esgotado o prazo fixado para a celebração do contrato definitivo, poderá o interessado, ao seu exclusivo critério, resolver o contrato ou pedir ao juiz ou ao tabelião de notas que ateste o cumprimento das obrigações contratadas e confira caráter definitivo ao contrato preliminar, cabendo, em qualquer dos casos, indenização por perdas e danos". Vale destacar que a Lei das Garantias (Lei n. 14.711/2023) incluiu no sistema jurídico brasileiro a possibilidade de *atesto de evento* de implemento de condição resolutiva e de outros elementos negociais por tabeliães de notas, no novo art. 7.º-A, inc. I e § 2.º, da Lei n. 8.935/1994, sendo necessário atualizar o Código Civil para essa realidade, e para o contrato preliminar, exatamente como está sendo proposto.

Em complemento, consoante a proposta de seu parágrafo único, que substituirá o art. 465, revogando-se expressamente, para uma melhor organização metodológica do tema: "se a natureza da obrigação obstar que a vontade do inadimplente seja suprida, a obrigação se resolverá em perdas e danos". Não há, entretanto, na última proposição, qualquer mudança do conteúdo a respeito da norma atual.

Pois bem, por toda essa visualização do sistema ainda em vigor, foram traçadas as diferenças do compromisso bilateral de compra e venda de imóvel em relação ao *compromisso irretratável de compra e venda registrado na matrícula*. Contudo, outros comentários devem ser feitos, com vistas a um esclarecimento total do assunto.

A última figura citada não constitui contrato preliminar, no sentido categórico do termo contrato, mas um direito real de aquisição a favor do promitente comprador, que consta do inc. VII do art. 1.225 da codificação material em vigor. Em decorrência desse instituto, surge uma obrigação de dar ou entregar o bem, de forma que não resta outra opção ao compromissário-comprador. Para fazer valer tal direito, o compromissário-comprador poderá ingressar com ação de adjudicação compulsória mediante depósito judicial do valor da coisa, caso não tenha ocorrido o pagamento anterior.

Não há, como ocorre no compromisso bilateral de compra e venda, outras opções iniciais a favor do promitente comprador, como a de pleitear perdas e danos caso não exista mais interesse quanto ao bem. O tema está aprofundado no Capítulo 7 desta obra, com o estudo dos impactos da Lei 13.786/2018, especialmente quanto à afirmação de ser o compromisso de compra e venda na matrícula do imóvel um *pacto irretratável*.

De todo modo, cabe expor, neste Capítulo da obra, que a Lei do Sistema Eletrônico dos Registros Públicos (SERP, Lei 14.382/2022), seguindo a linha de extrajudicialização, passou a admitir o procedimento de adjudicação compulsória no Cartório de Registro de Imóveis. Consoante o novo art. 216-B da Lei de Registros Públicos (Lei 6.015/1973), sem prejuízo da via jurisdicional, a adjudicação compulsória de imóvel objeto de promessa de venda ou de cessão poderá ser efetivada extrajudicialmente no serviço de registro de imóveis da situação do imóvel. Em 2023, a matéria foi regulamentada pelo Conselho Nacional de Justiça, com a edição do Provimento n. 150, depois incluído no Código Nacional de Normas da Corregedoria Nacional de Justiça, no seu art. 440, com várias letras.

Sempre entendi que tal procedimento é cabível tanto no caso de compromisso de compra e venda registrado quanto na hipótese de não constar da matrícula do imóvel, uma vez que a norma não faz distinção entre essas figuras jurídicas. Essa afirmação era feita, mesmo com o veto ao § 2.º do preceito pelo Sr. Presidente da República, e que acabou sendo derrubado pelo Congresso Nacional e será exposto a seguir.

Além disso, nos dois casos, esse caminho, pela extrajudicialização, é facultativo, e não obrigatório, como tem decidido a nossa jurisprudência em outras hipóteses envolvendo procedimentos perante os Cartórios.

A norma estabelece que são legitimados a requerer a adjudicação o promitente comprador ou qualquer dos seus cessionários ou promitentes cessionários, ou seus sucessores, bem como o promitente vendedor, representados por advogado (§ 1.º do novo art. 216-B da Lei de Registros Públicos). A adjudicação compulsória em favor do promitente vendedor, denominada *invertida*, visa evitar que o compromissário comprador se negue a efetivar o contrato definitivo para não suportar as despesas relativas ao imóvel, caso de impostos e dívidas de condomínio.

O mesmo parágrafo estabelece que o pedido de adjudicação compulsória extrajudicial, nessas situações, deverá ser instruído com os seguintes documentos, sob pena de não ter o seu prosseguimento no Cartório: *a)* instrumento de promessa de compra e venda ou de cessão ou de sucessão, quando for o caso; *b)* prova do inadimplemento, caracterizado pela não celebração do título de transmissão da propriedade plena no prazo de quinze dias, contado da entrega de notificação extrajudicial pelo oficial do registro de imóveis da situação do imóvel, que poderá delegar a diligência ao oficial do registro de títulos e documentos; *c)* ata notarial lavrada por Tabelião de Notas da qual constem a identificação do imóvel, o nome e a qualificação do promitente comprador ou de seus sucessores constantes do contrato de promessa, a prova do pagamento do respectivo preço e da caracterização do inadimplemento da obrigação de outorgar ou receber o título de propriedade; *d)* certidões dos distribuidores forenses da Comarca da situação do imóvel e do domicílio do requerente que demonstrem a inexistência de litígio envolvendo o contrato de promessa de compra e venda do imóvel objeto da adjudicação; *e)* comprovante de pagamento do respectivo Imposto sobre a Transmissão de Bens Imóveis (ITBI); e *f)* procuração com poderes específicos.

A exigência da ata notarial havia sido vetada pelo Sr. Presidente da República, sob o argumento de contrariedade ao interesse público, "pois o processo de adjudicação compulsória de imóvel é instruído de forma documental, não havendo necessidade de lavratura de ata notarial pelo tabelião de notas. Assim, tal previsão cria exigência desnecessária que irá encarecer e burocratizar o procedimento, e poderia fazer com que o imóvel permanecesse na informalidade". Porém, esse veto foi derrubado pelo Congresso Nacional, em dezembro de 2022, o que veio em boa hora, pois a ata notarial traz segurança considerável para o procedimento de adjudicação compulsória extrajudicial, assim como ocorre com a usucapião que segue o mesmo caminho.

Outra norma que havia sido vetada pelo Sr. Presidente da República, o § 2.º do comando em estudo enuncia que "o deferimento da adjudicação independe de prévio registro dos instrumentos de promessa de compra e venda ou de cessão e da comprovação da regularidade fiscal do promitente vendedor". As justificativas do veto diziam respeito à falta de exigência da comprovação da regularidade fiscal, novamente por suposta contrariedade ao interesse público, uma vez que "o controle da regularidade fiscal dos contribuintes, por um lado, exerce indiretamente cobrança sobre o devedor pela imposição de ressalva à realização de diversos negócios e, por outro lado, procura prevenir a realização de negócios ineficazes entre devedor e terceiro que comprometam o patrimônio sujeito à satisfação do crédito fazendário".

Com o devido respeito, não me parece haver nessa exigência um obstáculo relevante para a efetivação do direito à adjudicação compulsória extrajudicial. Ademais, o veto atingiu a menção ao compromisso de compra e venda não registrado na matrícula do imóvel, o que poderia trazer uma dúvida relevante para a doutrina e jurisprudência quanto à incidência do procedimento nessa situação, tão comum na prática. Assim, penso ter sido correta a derrubada do veto pelo Congresso Nacional.

Como última regra legal a respeito do procedimento, o § 3.º do art. 216-B da Lei 6.015/1973 prevê que, à vista dos documentos anteriormente aludidos, o oficial do registro de imóveis da circunscrição onde se situa o imóvel procederá ao registro do domínio em nome do promitente comprador, servindo de título a respectiva promessa de compra e venda ou de cessão ou o instrumento que comprove a sucessão. Como exemplo do último, cite o formal de partilha que demonstra a transmissão da condição de compromissário comprador a um herdeiro.

Como antes pontuado, o Conselho Nacional de Justiça editou o Provimento n. 150, de setembro de 2023, procurando regulamentar a matéria, o que foi incorporado ao seu Código Nacional de Normas, no seu art. 440, com várias letras.

A normatização surgiu de um trabalho conjunto do Conselho Consultivo e da Câmara Reguladora do Operador Nacional de Registros Públicos Eletrônicos (ONR), do CNJ, contando com sugestões minhas. A normatização divide o procedimento em quatro fases: *a)* requerimento inicial, perante o Oficial do Registro de Imóveis; *b)* notificação; *c)* anuência ou impugnação do requerido; e *d)* qualificação e registro. Vejamos as suas regras fundamentais.

Entre as regras gerais, o art. 440-B do Código Nacional de Normas (CNN) estabelece que podem dar fundamento à adjudicação compulsória quaisquer atos ou negócios jurídicos que impliquem promessa de compra e venda ou promessa de permuta, bem como as relativas cessões ou promessas de cessão, contanto que não haja direito de arrependimento exercitável. O direito de arrependimento exercitável não impedirá a adjudicação compulsória, se o imóvel houver sido objeto de parcelamento do solo urbano ou de incorporação imobiliária, com o prazo de carência já decorrido.

Sobre a legitimidade para a adjudicação compulsória, caberá a qualquer adquirente ou transmitente constantes dos referidos atos e negócios jurídicos, bem como quaisquer cedentes, cessionários ou sucessores. O requerente deverá estar assistido por advogado ou defensor público, constituídos mediante procuração específica (art. 440-C do CNN).

O requerente poderá cumular pedidos referentes a imóveis diversos, contanto que, cumulativamente: *a)* todos os imóveis estejam na circunscrição do mesmo ofício de registro de imóveis; *b)* haja coincidência de interessados ou legitimados, ativa e passivamente; e *c)* da cumulação não resulte prejuízo ou dificuldade para o bom andamento do processo (art. 440-D).

A atribuição para o processo e para qualificação e registro da adjudicação compulsória extrajudicial será do ofício de registro de imóveis da atual situação do imóvel. Se o registro do imóvel ainda estiver na circunscrição de ofício de registro de imóveis anterior, o requerente apresentará a respectiva certidão. Será admitido o processo de adjudicação compulsória ainda que estejam ausentes alguns dos elementos de especialidade objetiva ou subjetiva, se, a despeito disso, houver segurança quanto à identificação do imóvel e dos proprietários descritos no registro (art. 440-E).

Quanto à ata notarial prevista em lei, será lavrada por Tabelião de Notas de escolha do requerente, salvo se envolver diligências no local do imóvel, e observadas, no caso de ata notarial eletrônica, as regras de competência territorial prevista no Código de Normas Nacional, como no caso dos atos eletrônicos (art. 440-F). Além de seus demais requisitos, para fins de adjudicação compulsória, a ata notarial conterá: *a)* a referência à matrícula ou à transcrição, e a descrição do imóvel com seus ônus e gravames; *b)* a identificação dos atos e negócios jurídicos que dão fundamento à adjudicação compulsória, incluído o histórico de todas as cessões e sucessões, bem como a relação de todos os que figurem nos respectivos instrumentos contratuais; *c)* as provas do adimplemento integral do preço ou do cumprimento da contraprestação à transferência do imóvel adjudicando; *d)* a identificação das providências que deveriam ter sido adotadas pelo requerido para a transmissão de propriedade e a verificação de seu inadimplemento; e *e)* o valor venal atribuído ao imóvel adjudicando, na data do requerimento inicial, segundo a legislação local (art. 444-G).

Como outra norma relevante, está previsto no Código de Normas Nacional – art. 444-G, § 6.º – que para os fins de prova de quitação, na ata notarial, poderão ser objeto de constatação, além de outros fatos ou documentos: *a)* ação de consignação em pagamento com valores depositados; *b)* mensagens, inclusive eletrônicas, em que se declare quitação ou se reconheça que o pagamento foi efetuado; *c)* comprovantes de operações bancárias; *d)* informações prestadas em declaração de imposto de renda; *e)* recibos cuja autoria seja passível de confirmação; *f)* averbação ou apresentação de termo de quitação da transferência, de imóvel a sociedade, quando integrar quota social; e *g)* notificação extrajudicial destinada à constituição em mora.

A pendência de processo judicial de adjudicação compulsória não impedirá a via extrajudicial, caso se demonstre suspensão daquele por, no mínimo, noventa dias úteis (art. 444-H do Código Nacional de Normas).

Sobre o procedimento em si, quanto ao *requerimento inicial*, o interessado apresentará, para protocolo, ao oficial de registro de imóveis, requerimento de instauração do processo de adjudicação compulsória. Os efeitos da prenotação prorrogar-se-ão até o deferimento ou rejeição do pedido (art. 440-K).

Consoante o art. 440-L, o requerimento inicial atenderá, no que couber, os requisitos do art. 319 da Código de Processo Civil, trazendo, em especial: *a)* identificação e endereço do requerente e do requerido, com a indicação, no mínimo, de nome e número de CPF ou CNPJ; *b)* a descrição do imóvel, sendo suficiente a menção ao número da matrícula ou transcrição e, se necessário, a quaisquer outras características que o identifiquem; *c)* se for o caso, o histórico de atos e negócios jurídicos que levaram à cessão ou à sucessão de titularidades, com menção circunstanciada dos instrumentos, valores, natureza das estipulações, existência ou não de direito de arrependimento e indicação específica de quem haverá de constar como requerido; *d)* a declaração do requerente, sob as penas da lei, de que não pende processo judicial que possa impedir o registro da adjudicação compulsória, ou prova de que tenha sido extinto ou suspenso por mais de noventa dias úteis; *e)* o pedido de que o requerido seja notificado a se manifestar, no prazo de quinze dias úteis; e *f)* o pedido de deferimento da adjudicação compulsória e de lavratura do registro necessário para a transferência da propriedade.

O requerimento inicial será instruído, necessariamente, pela ata notarial e pelo instrumento do ato ou negócio jurídico em que se funda a adjudicação compulsória (art. 440-M). Caso seja incerto ou desconhecido o endereço de algum requerido, a sua notificação por edital será solicitada pelo requerente, mediante demonstração de que tenha esgotado todos os meios ordinários de localização (art. 440-O). Também se consideram requeridos e deverão ser notificados o cônjuge e o companheiro, nos casos em que a lei exija o seu consentimento para a validade ou eficácia do ato ou negócio jurídico que dá fundamento à adjudicação compulsória, como nas hipóteses envolvendo o compromisso de compra e venda registrado na matrícula (art. 440-P).

No que diz respeito à *segunda fase,* de *notificação,* se o requerimento inicial preencher seus requisitos, o oficial de registro de imóveis notificará o requerido, passando-se para a segunda fase do procedimento (art. 440-R do Código Nacional de Normas). O instrumento da notificação será elaborado pelo oficial do registro de imóveis, que o encaminhará pelo correio, com aviso de recebimento, facultado o encaminhamento por oficial de registro de títulos e documentos (art. 440-T). Se o requerido for pessoa jurídica, será eficaz a entrega da notificação a pessoa com poderes de gerência geral ou de administração ou, ainda, a funcionário responsável pelo recebimento de correspondências (art. 440-U).

Nos condomínios edilícios ou outras espécies de conjuntos imobiliários com controle de acesso, a notificação será válida quando entregue a funcionário responsável pelo recebimento de correspondência (art. 440-V). Se o requerido for falecido, poderão ser notificados os seus herdeiros legais, contanto que estejam comprovados a qualidade destes, o óbito e a inexistência de inventário judicial ou extrajudicial e em havendo inventário, bastará a notificação do inventariante (art. 440-W). Eventualmente, caso sejam infrutíferas as tentativas de notificação pessoal, e não sendo possível a localização do requerido, o oficial de registro de imóveis procederá à notificação por edital (art. 440-X do Código Nacional de Normas).

Passando para a *terceira fase*, de *anuência* ou *impugnação*, a primeira regra de relevo é o art. 440-Y do Código Nacional de Normas, segundo o qual a anuência do requerido poderá ser declarada a qualquer momento por instrumento particular, com firma reconhecida, por instrumento público ou por meio eletrônico idôneo, na forma da lei. Essa anuência também poderá ser declarada perante o oficial de registro de imóveis, em cartório, ou perante o preposto encarregado da notificação, que lavrará certidão no ato da notificação. Mera anuência, desacompanhada de providências para a efetiva celebração do negócio translativo de propriedade, implicará o prosseguimento do processo extrajudicial.

Entretanto, o requerido poderá apresentar impugnação por escrito, no prazo de quinze dias úteis (art. 440-Z). O oficial de registro de imóveis notificará o requerente para que se manifeste sobre a impugnação em quinze dias úteis e, com ou sem a manifestação, proferirá decisão, no prazo de dez dias úteis. Se entender viável, antes de proferir decisão, o oficial de registro de imóveis poderá instaurar a conciliação ou a mediação dos interessados (art. 440-AA do Código Nacional de Normas).

Porém, o oficial de registro de imóveis indeferirá a impugnação, indicando as razões que o levaram a tanto, entre outras hipóteses, quando: *a)* a matéria já houver sido examinada e refutada em casos semelhantes pelo juízo competente; *b)* não contiver a exposição, ainda que sumária, das razões da discordância; *c)* versar matéria estranha à adjudicação compulsória; e *d)* for de caráter manifestamente protelatório. Como se pode perceber, a normativa atribuiu ao Oficial do Registro de Imóveis poder decisório, na linha do que foi reconhecido pela Lei do SERP, sendo essa a tendência legislativa (art. 440-AB do Código Nacional de Normas).

Se for rejeitada a impugnação, o requerido poderá recorrer, no prazo de dez dias úteis, e o oficial de registro de imóveis notificará o requerente para se manifestar, em igual prazo sobre o recurso (art. 440-AC do Código Nacional de Normas). Acolhida a impugnação, o oficial de registro de imóveis notificará o requerente para que se manifeste em dez dias úteis. Se não houver insurgência do requerente contra o acolhimento da impugnação, o processo será extinto e cancelada a prenotação (art. 440-AD).

Por fim quanto a essa *terceira fase*, com ou sem manifestação sobre o recurso ou havendo manifestação de insurgência do requerente contra o acolhimento, os autos serão encaminhados ao juízo, que, de plano ou após instrução sumária, examinará apenas a procedência da impugnação. Acolhida a impugnação, o juiz determinará ao oficial de registro de imóveis a extinção do processo e o cancelamento da prenotação. Rejeitada a impugnação, o juiz determinará a retomada do processo perante o oficial de registro de imóveis. Em qualquer das hipóteses, a decisão do juízo esgotará a instância administrativa acerca da impugnação, presente um suprimento judicial (art. 440-AE).

A *quarta* e *última fase* do procedimento de adjudicação compulsória extrajudicial, nos termos da normativa do Conselho Nacional de Justiça, é da *qualificação* e do *registro* da adjudicação compulsória extrajudicial. Não havendo impugnação, afastada a que houver sido apresentada ou anuindo o requerido ao pedido, o oficial de registro de imóveis, em dez dias úteis: *a)* expedirá nota devolutiva para que se supram as exigências que ainda existirem; ou *b)* deferirá ou rejeitará o pedido, em nota fundamentada. Em caso de exigência ou de rejeição do pedido, caberá suscitação de dúvida pelo Registrador de Imóveis (art. 440-AF).

Os direitos reais, ônus e gravames que não impeçam atos de disposição voluntária da propriedade – caso do usufruto, das servidões, das dívidas condominiais e dos impostos devidos que recaiam sobre o imóvel – não obstarão a adjudicação compulsória (art. 440-AG). Da mesma forma, a indisponibilidade de bens não impede o processo de adjudicação compulsória, mas o pedido será indeferido, caso não seja cancelada até o momento da decisão final do oficial de registro de imóveis (art. 440-AH). Também não é condição para o deferimento e o registro da adjudicação compulsória extrajudicial a comprovação da regularidade fiscal do transmitente, a qualquer título, nos termos do que já está previsto na Lei do SERP (art. 440-AI).

Com exatidão sobre o que já se afirmou, o art. 440-AJ do Código Nacional de Normas prevê que, para as unidades autônomas em condomínios edilícios, não é necessária a prévia prova de pagamento das cotas de despesas comuns. É também passível de adjudicação compulsória o bem da massa falida, contanto que o relativo ato ou negócio jurídico seja anterior ao reconhecimento judicial da falência; premissa que igualmente vale para os casos de recuperação judicial (art. 440-AK). Todos esses afastamentos de eventuais entraves para a adjudicação compulsória extrajudicial visam dar efetividade prática ao instituto, a fim de regularizar os imóveis, o que é salutar.

Como última regra a ser destacada, o art. 440-AL do Código Nacional de Normas exige, porém, o pagamento do imposto de transmissão (ITBI), devendo ele ser comprovado pelo requerente antes da lavratura do registro, dentro de cinco dias úteis, contados da notificação que para esse fim lhe enviar o oficial de registro de imóveis. Eventualmente, esse prazo poderá ser sobrestado, se comprovado justo impedimento. Todavia, não havendo pagamento do imposto, o processo será extinto.

Como se pode perceber, a normatização do Conselho Nacional de Justiça é cheia de detalhes, procurando dar certeza, segurança e estabilidade ao instituto da adjudicação compulsória extrajudicial. Acredito que o instituto terá ampla aplicação nos próximos anos, incrementando a atividade extrajudicial, desburocratizando o Direito Civil e dando efetividade ao Direito Civil, o que é sempre desejável.

Além do procedimento extrajudicial de adjudicação compulsória, a Lei do SERP incluiu no ordenamento jurídico, novamente na Lei de Registros Públicos, o cancelamento extrajudicial do registro do compromisso de compra e venda na matrícula do imóvel. Aqui, por óbvio, o procedimento não se aplica aos casos de compromisso não registrado e somente pode ser utilizado pelo promitente vendedor, e não pelo compromissário comprador.

Enuncia o novo art. 251-A da Lei 6.015/1973 que, a requerimento do promitente vendedor, o promitente comprador, ou seu representante legal ou procurador regularmente constituído, será intimado pessoalmente pelo oficial do competente registro de imóveis a satisfazer, no prazo de trinta dias, a prestação ou as prestações vencidas e as que vencerem até a data de pagamento. Esses valores devem ser acrescidos de juros convencionais, de correção monetária, das penalidades contratuais – como multa convencional – e

CAP. 5 • TEORIA GERAL DOS CONTRATOS | **695**

dos demais encargos contratuais. Também é preciso incluir os encargos legais, inclusive tributos, as contribuições condominiais ou despesas de conservação e manutenção em loteamentos de acesso controlado, imputáveis ao imóvel, além das despesas de cobrança, de intimação, bem como do registro do contrato, caso esse tenha sido efetuado a requerimento do promitente vendedor.

Novamente, a fim de facilitar o procedimento, o oficial do registro de imóveis poderá delegar a diligência de intimação ao oficial do registro de títulos e documentos da Comarca da situação do imóvel ou do domicílio de quem deva recebê-la (art. 251-A, § 2.º, da Lei 6.015/1973). Ademais, conforme o parágrafo seguinte, aos procedimentos de intimação ou notificação efetuados pelos oficiais de registros públicos aplicam-se, no que couber, os dispositivos referentes à citação e à intimação previstos no Código de Processo Civil, entre os seus arts. 238 a 275.

Eventualmente, a mora poderá ser purgada pelo compromissário comprador, ora devedor, mediante o pagamento ao oficial do registro de imóveis, que dará quitação ao promitente comprador ou ao seu cessionário das quantias recebidas no prazo de três dias e depositará esse valor na conta bancária informada pelo promitente vendedor no próprio requerimento ou, na falta dessa informação, cientificá-lo-á de que o numerário está à sua disposição (art. 251-A, § 4.º, da Lei 6.015/1973). Mais uma vez, entendo que a teoria do adimplemento substancial deve ser levada em conta e, sendo o valor devido ínfimo, o procedimento não terá seguimento, podendo o oficial do Cartório de Registro de Imóveis remeter o promitente vendedor à ação de cobrança, pela via judicial. Reafirmo novamente que reputo essencial que o CNJ discipline essa matéria.

Por outra via, caso não se realize o pagamento, o oficial certificará o ocorrido e intimará o promitente vendedor a promover o recolhimento dos emolumentos para efetuar o cancelamento do registro, retirando a eficácia *erga omnes* do compromisso de compra e venda do imóvel (art. 251-A, § 5.º, da Lei 6.015/1973).

Como última regra, está previsto no § 6.º do novo art. 251-A da Lei de Registros Públicos que a certidão do cancelamento do registro do compromisso de compra e venda reputa-se como prova relevante ou determinante para concessão da medida liminar de reintegração de posse. Entendo, todavia, que esse cancelamento não retira toda a eficácia do contrato celebrado entre as partes, o que deve ser analisado na via judicial, inclusive para os fins de verificar, em juízo e com o contraditório alargado, se houve de fato inadimplemento, se o caso é de aplicação da exceção de contrato não cumprido ou mesmo da teoria do adimplemento substancial.

Atualizada a obra, ainda no que interessa ao contrato preliminar, cumpre relembrar que o Código Civil de 2002, em seus arts. 467 a 471, apresenta como novidade a tipificação do contrato com pessoa a declarar – cláusula *pro amico eligendo* –, com grande aplicação aos pré-contratos, principalmente quando envolverem compra e venda de imóveis.

Por tal figura jurídica, no momento da conclusão do contrato, pode uma das partes reservar-se a faculdade de indicar outra pessoa que deve adquirir os direitos e assumir as obrigações decorrentes do negócio.

Para que tenha efeitos, a indicação deve ser comunicada à outra parte no prazo de cinco dias da conclusão do negócio definitivo, se não houver outro prazo estipulado no pacto (art. 468 do CC), o que está em sintonia com o dever de informar, anexo à boa-fé objetiva. A pessoa nomeada assumirá todos os direitos e obrigações relacionados ao contrato a partir do momento em que este foi celebrado (art. 469). Nesse contexto, pode aquele que celebrou contrato preliminar de compra e venda indicar terceira pessoa que adquirirá o imóvel, retirando lucro de tal transação. Seguindo no estudo do instituto, não terá eficácia a cláusula *pro amico eligendo* nos casos previstos no art. 470 do Código Civil, ou seja:

**696** | MANUAL DE DIREITO CIVIL • VOLUME ÚNICO – *Flávio Tartuce*

– Se não houver a indicação da pessoa, ou se esta se negar a aceitar a indicação.

– Se a pessoa nomeada for insolvente, fato desconhecido anteriormente, situação em que o contrato produzirá efeitos entre os contratantes originais (art. 471 do CC).

Para encerrar o estudo do tema, pontuo que no Projeto de Reforma do Código Civil pretende-se alterar o inciso II do art. 470, para mencionar que o contrato será eficaz somente entre os contratantes originários "se a pessoa nomeada era insolvente ou incapaz no momento da nomeação". Além disso, sugere-se a revogação expressa do art. 471 do CC/2002. Isso porque, segundo a Subcomissão de Direito Contratual, com base nas doutrinas de Gustavo Tepedino e Edvaldo Brito, há uma contradição parcial entre os dois dispositivos a respeito da insolvência do nomeado como fator de ineficácia da nomeação. Enquanto no atual art. 471 não se exige o desconhecimento da outra parte, no art. 470, inc. II, ele é requisito para que a nomeação seja ineficaz. Por isso, sem dúvidas, são mais do que necessárias as proposições formuladas.

### 5.4.4  Fase de contrato definitivo

A última fase de formação do contrato é a fase do contrato definitivo, quando ocorre o *choque ou encontro de vontades* originário da liberdade contratual ou autonomia privada. A partir de então, o contrato estará aperfeiçoado, gerando todas as suas consequências, como, por exemplo, aquelas advindas da responsabilidade civil contratual, retirada dos arts. 389 a 391 do Código Civil de 2002.

Por fim, não se pode esquecer que a boa-fé objetiva, com todos os seus deveres anexos ou laterais, deve ser aplicada a essa fase, bem como à fase pós-contratual.

## 5.5  A REVISÃO JUDICIAL DOS CONTRATOS POR FATO SUPERVENIENTE NO CÓDIGO CIVIL E NO CÓDIGO DE DEFESA DO CONSUMIDOR

### 5.5.1  Primeiras palavras

A revisão judicial dos contratos é tema de suma importância na atual realidade dos negócios jurídicos. Isso porque, muitas vezes, as questões levadas à discussão no âmbito do Poder Judiciário envolvem justamente a possibilidade de se rever um determinado contrato.

Sobre a matéria, tem-se defendido há tempos, amparado na melhor doutrina, que a extinção do contrato deve ser a *ultima ratio*, o último caminho a ser percorrido, somente se esgotados todos os meios possíveis de revisão.[58] Isso, diante do *princípio da conservação contratual* que é anexo à função social dos contratos. A relação entre os dois princípios é reconhecida pelo Enunciado n. 22 do CJF/STJ, transcrito em outros trechos da presente obra. Em reforço, a busca da preservação da autonomia privada é um dos exemplos da *eficácia interna* do princípio da função social dos contratos, reconhecida pelo Enunciado n. 360 do CJF/STJ.

Diante desse relevante papel social, a revisão judicial dos contratos deve ser estudada tendo como parâmetro tanto o Código Civil como o Código de Defesa do Consumidor. É

---

[58] Conclusão que já consta em: TARTUCE, Flávio. *Função social dos contratos. Do Código de Defesa do Consumidor ao Código Civil de 2002.* 2. ed. São Paulo: Método, 2007; HIRONAKA, Giselda Maria Fernandes Novaes; TARTUCE, Flávio. O princípio da autonomia privada e o direito contratual brasileiro. *Direito contratual. Temas atuais.* São Paulo: Método, 2008.

importante que o estudioso do Direito tenha conhecimento de que a revisão contratual por fato superveniente prevista no CDC não é igual à revisão contratual por fato superveniente prevista no CC/2002. Isso ficou ainda mais evidenciado com a Lei 14.010/2020, que criou um Regime Jurídico Transitório de Direito Privado em meio à pandemia da Covid-19 (RJET). Vejamos, de forma pontual.

### 5.5.2 A revisão contratual por fato superveniente no Código Civil de 2002

A matéria de revisão contratual por fato superveniente dos contratos civis pode ser retirada dos arts. 317 e 478 do CC, despertando uma série de polêmicas. De início, na minha opinião doutrinária, o primeiro comando é o que melhor traz o conteúdo da matéria de revisão, sendo o art. 478 dispositivo próprio da extinção dos contratos (resolução). Porém, destaque-se que para a maioria da doutrina, a última norma também pode ser utilizada para a revisão do contrato. Nesse sentido, o Enunciado n. 176 do CJF/STJ, da *III Jornada de Direito Civil* ("Em atenção ao princípio da conservação dos negócios jurídicos, o art. 478 do Código Civil de 2002 deverá conduzir, sempre que possível, à revisão judicial dos contratos e não à resolução contratual").

Como outra controvérsia, surgem duas correntes bem definidas sobre a teoria adotada pelo CC/2002 a respeito da revisão contratual por fato superveniente:

> – A *primeira corrente doutrinária* afirma que o atual Código Civil consagrou a teoria da imprevisão, de origem francesa, que remonta à antiga cláusula *rebus sic stantibus*.[59] Estou filiado a essa corrente, que parece ser a majoritária, pois predomina na prática a análise do fato imprevisível a possibilitar a revisão por fato superveniente. Na jurisprudência do mesmo modo predominam as menções à teoria da imprevisão (ver: STJ, AgRg no Ag 1.104.095/SP, 3.ª Turma, Rel. Min. Massami Uyeda, j. 12.05.2009, *DJe* 27.05.2009; e STJ, AgRg no REsp 417.989/PR, 2.ª Turma, Rel. Min. Herman Benjamin, j. 05.03.2009, *DJe* 24.03.2009).
>
> – Para uma *segunda corrente*, o Código Civil de 2002 adotou a teoria da onerosidade excessiva, com inspiração no Código Civil Italiano de 1942, eis que o nosso art. 478 equivale ao art. 1.467 do *Codice*.[60]

---

[59] Nesse sentido, influenciando a minha posição: AZEVEDO, Álvaro Villaça. O novo Código Civil brasileiro: tramitação; função social do contrato; boa-fé objetiva; teoria da imprevisão e, em especial, onerosidade excessiva – "Laesio enormis". In: DELGADO, Mário Luiz; ALVES, Jones Figueirêdo. *Questões controvertidas no novo Código Civil*. São Paulo: Método, 2004. v. 2; DINIZ, Maria Helena. *Código Civil anotado*. 15. ed. São Paulo: Saraiva, 2010. p. 303; LOTUFO, Renan. *Código Civil comentado*. São Paulo: Saraiva, 2003. v. 2, p. 227; LÔBO, Paulo Luiz Netto. *Teoria geral das obrigações*. São Paulo: Saraiva, 2005. p. 207; ROSENVALD, Nelson. *Código Civil comentado*. In: PELUSO, Cezar (Ministro). São Paulo: Manole, 2007. p. 373; SIMÃO, José Fernando. *Código Civil Comentado*. Doutrina e Jurisprudência. Rio de Janeiro: Forense, 2019, p. 183.

[60] Pensando desse modo: MARTINS-COSTA, Judith. *Comentários ao novo Código Civil*. In: TEIXEIRA, Sálvio de Figueiredo. Rio de Janeiro: Forense, 2003. v. V, t. I, p. 245; FRANTZ, Laura Coradini. Bases dogmáticas para interpretação dos artigos 317 e 478 do novo Código Civil brasileiro. In: DELGADO, Mário Luiz e ALVES, Jones Figueirêdo. *Questões controvertidas no novo Código Civil*. São Paulo: Método, 2005. v. 4, p. 157; KHOURI, Paulo R. Roque. *A revisão judicial dos contratos no novo Código Civil, Código do Consumidor e Lei 8.666/1993*. São Paulo: Atlas, 2006 e GOMES, Orlando. *Contratos*. 26. ed. Atualizadores: Antonio Junqueira de Azevedo e Francisco Paulo de Crescenzo Marino. In: BRITO, Edvaldo. Rio de Janeiro: Forense, 2007. p. 214. No caso do último autor, trata-se de pensamento de seus atualizadores, especialmente de Antonio Junqueira de Azevedo.

**698** | MANUAL DE DIREITO CIVIL • VOLUME ÚNICO – *Flávio Tartuce*

Deve ficar bem claro que a questão referente à teoria adotada pelo atual Código Civil no que toca à revisão contratual por fato superveniente é demais controvertida, sendo certo que, tanto na *III Jornada* (2004) quanto na *IV Jornada de Direito Civil* do Conselho da Justiça Federal (2006), não se chegou a um consenso a respeito do tema. Filia-se à primeira das visões pelo costume doutrinário e jurisprudencial, sendo certo que, de fato, o art. 478 do nosso Código Civil equivale ao art. 1.467 do Código italiano.

Todavia, a lei brasileira traz o art. 317, dispositivo que cuida mais adequadamente da matéria e não tem correspondente naquela codificação estrangeira. Essa é a fundamental diferença entre os sistemas. A partir dessas constatações, entendo ser interessante dizer que, até afastando qualquer discussão acadêmica mais profunda quanto à teoria adotada, o Código Civil de 2002 consagra a revisão contratual por fato superveniente diante de uma imprevisibilidade somada a uma onerosidade excessiva.

Superada essa questão técnica, vejamos os requisitos para a revisão dos contratos civis, tendo como base os arts. 317 e 478 do CC e o posicionamento *clássico* e consolidado da doutrina civilista:

1.º Requisito – O contrato deve ser, em regra, bilateral ou sinalagmático, trazendo direitos e deveres para ambas as partes. Todavia, como exceção, o art. 480 do CC, que ainda será estudado, admite a revisão dos contratos unilaterais.

2.º Requisito – O contrato deve ser oneroso, com prestação e contraprestação, para que a eventual onerosidade excessiva esteja presente.

3.º Requisito – Deve assumir o negócio a forma comutativa, tendo as partes envolvidas ciência quanto às prestações. A revisão por imprevisibilidade e onerosidade excessiva não poderá ocorrer caso o contrato assuma a forma aleatória, em regra, instituto negocial tipificado nos arts. 458 a 461 do CC. Entretanto, como se sabe, os contratos aleatórios têm uma parte comutativa, como é o caso do prêmio pago nos contratos de seguro. Nesse sentido, é possível rever a parte comutativa desses contratos, diante da presença da onerosidade excessiva. Os Tribunais Brasileiros têm entendido dessa maneira, ao determinar a revisão de contratos de plano de saúde (TJSP, Agravo de Instrumento 366.368-4/3, 7.ª Câmara de Direito Privado, São Bernardo do Campo, Rel. Juiz Sousa Lima, j. 16.02.2005, v.u.). Não tem sido diferente a conclusão da doutrina, conforme o seguinte enunciado, aprovado na *V Jornada de Direito Civil*: "é possível a revisão ou resolução por excessiva onerosidade em contratos aleatórios, desde que o evento superveniente, extraordinário e imprevisível não se relacione à álea assumida no contrato" (Enunciado n. 440).

4.º Requisito – O contrato deve ser de execução diferida ou de trato sucessivo, ou seja, deve ainda gerar efeitos no tempo (art. 478 do CC). Em regra, não é possível rever contrato instantâneo, já celebrado e aperfeiçoado. Repise-se que o contrato de execução diferida é aquele em que o cumprimento ocorre de uma vez só no futuro. No contrato de trato sucessivo, o cumprimento ocorre repetidamente no tempo, de forma sucessiva (*v.g.*, financiamentos em geral). Apesar do entendimento consagrado de não ser possível rever contrato instantâneo já aperfeiçoado, é interessante apontar o teor da Súmula 286 do STJ, segundo a qual a renegociação de contrato bancário ou a confissão de dívida não afasta a possibilidade de revisão de contratos extintos, se houver abusividade. Em suma, em casos excepcionais, admite-se a revisão de negócios concretizados.

5.º Requisito – Exige-se um motivo imprevisível (art. 317) ou acontecimentos imprevisíveis e extraordinários (art. 478). Eis o grande problema da teoria adotada pelo CC/2002, pois poucos casos são enquadrados como *imprevisíveis* por nossos

Tribunais, eis que a jurisprudência nacional sempre considerou o fato imprevisto tendo como parâmetro o mercado, o meio que envolve o contrato e não a parte contratante. A partir dessa análise, em termos econômicos, na sociedade pós--moderna globalizada, nada é imprevisto, tudo se tornou previsível. Ilustrando, não seriam imprevisíveis o aumento do dólar, o desemprego ou a escala inflacionária – quanto ao último evento: STJ, REsp 87.226/DF, 3.ª Turma, Rel. Min. Costa Leite, j. 21.05.1996, *DJ* 05.08.1996, p. 26.352. Em suma, o apego a tal análise torna praticamente impossível a revisão de um contrato civil. Tais constatações demonstram, conforme antes pontuado, que a revisão de um contrato civil é excepcional e limitadíssima, sendo até desnecessárias as novas previsões incluídas pela *Lei da Liberdade Econômica* nos arts. 421, parágrafo único, e 421-A, inc. III, do Código Civil. Como bem aponta Ênio Santarelli Zuliani a respeito da análise do fator imprevisibilidade, "não cabe esperar que os acontecimentos sejam espetaculares, porque, se não for minimizado o conceito de magnitude, poder-se-á estagnar o instituto no reino da fantasia".[61] Na mesma linha, merecem destaque as lições de Anderson Schreiber: "o foco da análise deve se deslocar da questão da imprevisibilidade e extraordinariedade (do acontecimento apontado como 'causa') para o desequilíbrio contratual em concreto. Trata-se, em essência, de assegurar o equilíbrio contratual, e não de proteger as partes contra acontecimentos que não poderiam ou não puderam antecipar no momento de sua manifestação originária de vontade. A superação do voluntarismo exacerbado por uma tábua axiológica de caráter solidarista consagrada em sede constitucional, se não exige afastar inteiramente os requisitos da imprevisibilidade e extraordinariedade, expressamente adotados pelos dispositivos legais constantes do Código Civil brasileiro, impõe, todavia, que se reserve a tais expressões um papel instrumental na atividade interpretativa voltada precipuamente à preservação do equilíbrio do contrato. A imprevisibilidade e extraordinariedade do acontecimento não devem representar um requisito autônomo, a ser perquirido em abstrato com base em um acontecimento localizado a maior ou menor distância do impacto concreto sobre o contrato, mas sim ficar intimamente associadas ao referido impacto, o qual passa a consistir no real objeto da análise judicial. Em outras palavras: se o desequilíbrio do contrato é exorbitante, isso por si só deve fazer presumir a imprevisibilidade e extraordinariedade dos antecedentes causais que conduziram ao desequilíbrio. O que se afigura indispensável à atuação da ordem jurídica é que o desequilíbrio seja suficientemente grave, afetando fundamentalmente o sacrifício econômico representado pelas obrigações assumidas. Uma alteração drástica e intensa desse sacrifício recai presumidamente sob o rótulo da imprevisibilidade e extraordinariedade, pois é de se assumir que os contratantes não celebram contratos vislumbrando tamanha modificação do equilíbrio contratual; se a tivessem vislumbrado, poderiam ter disposto sobre o tema, para lhe negar efeitos por força de alguma razão inerente ao escopo perseguido com aquele específico contrato (*v.g.*, deliberada assunção de risco por uma das partes). Os contratantes sujeitam-se, por essa razão, à presunção de que não anteciparam a possibilidade do manifesto desequilíbrio – presunção, em uma palavra, de imprevisão –, pela simples razão de que se espera que as partes procurem ingressar em relações contratuais equilibradas".[62] Assim, para flexibilizar tal interpretação, parte da

---

[61] ZULIANI, Ênio Santarelli. Resolução do contrato por onerosidade excessiva. In *Revista Magister de Direito Civil e Processual Civil*. Porto Alegre: Magister, n. 40. Jan.-Fev./2011, p. 35.

[62] SCHREIBER, Anderson. *Manual de direito civil contemporâneo*. São Paulo: Saraiva, 2018. p. 493-494.

doutrina recomenda que o evento seja analisado tendo como parâmetro a parte contratante e não o mercado. Nessa esteira, o Enunciado n. 17 do CJF/STJ, da *I Jornada*: "a interpretação da expressão 'motivos imprevisíveis', constante do art. 317 do Código Civil, deve abarcar tanto causas de desproporção não previsíveis como também causas previsíveis, mas de resultado imprevisíveis". No mesmo sentido, o Enunciado n. 175 do CJF/STJ, da *III Jornada*: "a menção à imprevisibilidade e à extraordinariedade, insertas no art. 478 do Código Civil, deve ser interpretada não somente em relação ao fato que gere o desequilíbrio, mas também em relação às consequências que ele produz". Em outras palavras, são levados em conta critérios subjetivos, relacionados com as partes negociais, o que é mais justo, do ponto de vista social. Isso seria uma espécie de *função social às avessas*, pois o fato que fundamenta a revisão é interpretado na interação da parte contratante com o meio, para afastar a onerosidade excessiva e manter o equilíbrio do negócio, a sua base estrutural. O presente autor está totalmente filiado ao entendimento constante dos enunciados doutrinários e das lições transcritas.

6.º Requisito – Para que a revisão judicial por fato imprevisto seja possível, deve estar presente a onerosidade excessiva (ou *quebra do sinalagma obrigacional*), situação desfavorável a uma das partes da avença, normalmente à parte mais fraca ou vulnerável, que assumiu o compromisso obrigacional. Essa onerosidade excessiva é denominada por Álvaro Villaça Azevedo como *lesão objetiva* ou *lesão enorme* (*laesio enormis*).[63] Deve-se entender que o fator *onerosidade*, a fundamentar a revisão ou mesmo a resolução do contrato, não necessita da prova de que uma das partes auferiu vantagens, bastando a prova do prejuízo e do desequilíbrio negocial. Nesse sentido, foi aprovado na *IV Jornada de Direito Civil* o Enunciado n. 365 do CJF/STJ: "a extrema vantagem do art. 478 deve ser interpretada como elemento acidental da alteração de circunstâncias, que comporta a incidência da resolução ou revisão do negócio por onerosidade excessiva, independentemente de sua demonstração plena".

Vistos tais requisitos fundamentais clássicos, até insuperáveis em alguns casos para a efetivação da revisão contratual, é interessante expor questões pontuais complementares relativas à revisão contratual por fato superveniente.

A primeira tem relação com o Enunciado n. 366 do CJF/STJ, segundo o qual "o fato extraordinário e imprevisível causador de onerosidade excessiva é aquele que não está coberto objetivamente pelos riscos próprios da contratação". Segundo o autor do enunciado, o advogado e professor Paulo Roque Khouri, "o regime da 'onerosidade excessiva superveniente' não pode ser acionado diante de uma simples oscilação econômica para mais ou para menos do valor da prestação. Essa oscilação encontra-se coberta pelos riscos próprios da contratação compreendida pelos riscos próprios do contrato".[64]

Diante da justificativa do enunciado doutrinário posicionei-me de forma contrária ao seu conteúdo. Isso porque uma pequena oscilação de preço pode trazer extrema onerosidade a uma parte que seja vulnerável, ou, no sentido literal da expressão, pobre. Imagine-se uma

---

[63] AZEVEDO, Álvaro Villaça. O novo Código Civil brasileiro: tramitação; função social do contrato; boa-fé objetiva; teoria da imprevisão e, em especial, onerosidade excessiva – "Laesio enormis". In: DELGADO, Mário Luiz; ALVES, Jones Figueirêdo. *Questões controvertidas no novo Código Civil*. São Paulo: Método, 2004. v. 2.

[64] KHOURI, Paulo R. Roque. *A revisão judicial dos contratos no novo Código Civil, Código do Consumidor e Lei 8.666/1993*. São Paulo: Atlas, 2006. p. 157.

oscilação de R$ 100,00 na parcela de um financiamento. No caso de uma família de baixa renda, essa oscilação pode ser tida como absurda. Por isso é que se recomenda a análise caso a caso no que concerne ao teor do enunciado aprovado.

Como exemplo atual de aplicação desse enunciado doutrinário, em acórdão que cita a minha posição, o Superior Tribunal de Justiça analisou hipótese fática em que distribuidoras de laticínios pretendiam ser indenizadas por danos materiais e morais decorrentes da celebração de instrumentos de confissão de dívida que lhes geravam uma suposta onerosidade excessiva. Entretanto, as provas construídas não permitiram concluir que houve culpa da ré no ato danoso. Nos seus termos, "não configura onerosidade excessiva os riscos ordinários assumidos nas relações negociais no exercício da autonomia privada das partes contratantes. Inteligência do Enunciado n.º 366, aprovado na *IV Jornada de Direito Civil* do Conselho da Justiça Federal: 'O fato extraordinário e imprevisível causador de onerosidade excessiva é aquele que não está coberto objetivamente pelos riscos próprios da contratação'. No caso, o inadimplemento das distribuidoras com o posterior parcelamento do débito em 70 vezes por instrumento de confissão de dívida constituiu risco negocial assumido para garantir a continuidade do contrato, não se incluindo o endividamento daí resultante no conceito de fato imprevisível ou extraordinário".

Foi ainda afastado o instituto da *supressio*, uma vez que "as circunstâncias fáticas traçadas no acórdão recorrido não permitem concluir que tenha sido criada uma justa expectativa de continuidade do contrato de distribuição. A renegociação do pagamento das dívidas das distribuidoras não poderia ter sido interpretada como renúncia ao direito da credora de resolver motivadamente o contrato de distribuição, diante do inadimplemento do pactuado nas confissões de dívida" (STJ, REsp 1.581.075/PA, 3.ª Turma, Rel. Min. Moura Ribeiro, j. 19.03.2019, *DJe* 22.03.2019). Como se percebe, o enunciado doutrinário transcrito é argumento relevante que afasta a revisão contratual e que confirma que a revisão de um contrato civil é excepcional, na linha como previsto na recente Lei n. 13.874/2019.

Cumpre também analisar, como uma segunda questão, a ausência de mora como requisito da revisão contratual. Destaque-se que tal elemento, a ausência de inadimplemento, não consta da lei para a ação de revisão, seja no art. 317 ou 478 do Código Civil. A jurisprudência continua discutindo a questão, havendo julgados exigindo tal requisito (nesse sentido, por todos, ver: STJ, REsp 1.061.530/RS, 2.ª Seção, Rel. Min. Nancy Andrighi, j. 22.10.2008, *DJe* 10.03.2009). Mais do que isso, o Superior Tribunal de Justiça editou a Súmula 380, prevendo que "a simples propositura da ação de revisão de contrato não inibe a caracterização da mora do autor". A súmula, implicitamente, acaba por colocar a ausência de mora como requisito para a ação de revisão.

Todavia, o próprio STJ tem feito um contraponto a respeito da mora, concluindo que a cobrança de valores abusivos por entidades bancárias descaracteriza esse inadimplemento relativo do devedor (nesse sentido: STJ, AgRg no REsp 979.132/RS, 4.ª Turma, Rel. Min. Fernando Gonçalves, j. 21.10.2008, *DJe* 03.11.2008). Os julgados estão inspirados no Enunciado n. 354 do CJF/STJ, da *IV Jornada de Direito Civil*, cuja redação é a seguinte: "a cobrança de encargos e parcelas indevidas ou abusivas impede a caracterização da mora do devedor". A grande dúvida é saber o que são encargos abusivos, uma vez que o próprio STJ tem entendimento de que as entidades bancárias não estão sujeitas às limitações da Lei de Usura. Nessa linha, foi editada, em 2009, a Súmula 382, prevendo que "A estipulação de juros remuneratórios superiores a 12% ao ano, por si só, não indica abusividade".

De toda a sorte, entendo que a ausência de mora não é requisito para a revisão do contrato. Compartilhando desse pensamento, anota Fábio Podestá:

# 702 | MANUAL DE DIREITO CIVIL • VOLUME ÚNICO – *Flávio Tartuce*

"Temos, portanto, que fechar as portas do devedor para a revisão judicial pela alegação contrária de que está em mora, não atende a qualquer rigor legal, especialmente porque o que está em jogo é a justiça contratual vinculada à necessária comutatividade das prestações".[65]

Tem razão o magistrado paulista, uma vez que na grande maioria das vezes aquele que está em mora é quem mais precisa da revisão, justamente para demonstrar a abusividade contratual.

Como terceira questão, reafirme-se que a jurisprudência, notadamente a superior, tem entendido pela necessidade de depósito da parte incontroversa, em juízo ou fora dele, para que a revisão contratual seja possível (por todos: STJ, AgRg no Ag 1.165.354/DF, 3.ª Turma, Rel. Min. Sidnei Beneti, j. 15.12.2009, *DJe* 02.02.2010). Repise-se que a questão se concretizou de tal forma que foi introduzido dispositivo nesse sentido no Código de Processo Civil de 1973, pela Lei 12.810/2013.

De acordo com o art. 285-B do Estatuto Processual anterior, nos litígios que tivessem por objeto obrigações decorrentes de empréstimo, financiamento ou arrendamento mercantil, o autor da ação de revisão contratual deveria discriminar na petição inicial, dentre as obrigações contratuais, aquelas que pretendesse controverter, quantificando o valor incontroverso. Em complemento, estabelecia o seu § 1.º que o valor incontroverso deveria continuar sendo pago no tempo e no modo contratados.

O CPC/2015 repetiu a regra e até a ampliou, impondo expressamente a pena de inépcia da petição inicial, no caso de seu desrespeito. Conforme o art. 330, § 2.º, do CPC/2015, "nas ações que tenham por objeto a revisão de obrigação decorrente de empréstimo, de financiamento ou de alienação de bens, o autor terá de, sob pena de inépcia, discriminar na petição inicial, dentre as obrigações contratuais, aquelas que pretende controverter, além de quantificar o valor incontroverso do débito". O § 3.º do comando complementa esse tratamento, na linha do anterior, prescrevendo que o valor incontroverso deverá continuar a ser pago no tempo e modo contratados. O entendimento jurisprudencial e os comandos processuais estão fundados na boa-fé objetiva, pois aquele que pretende a revisão deve demonstrar a sua pontualidade.

Na minha opinião doutrinária, realizado o pagamento, de forma judicial ou extrajudicial, o credor deve recebê-lo, sob pena de violação da própria boa-fé. Como bem pondera Sérgio Iglesias Nunes de Souza, trata-se de aplicação do dever de mitigar o prejuízo (*duty to mitigate the loss*), aqui antes estudado. Pontua o jurista que, "caso o credor se recuse a receber a parcela do valor sob ordem judicial, a atitude daquele poderá afrontar o princípio do *duty to mitigate de loss* (dever de mitigar o próprio prejuízo), atualmente muito utilizada pelos tribunais brasileiros, já que não há crime de desobediência, ainda que assim fosse determinado pelo juiz da causa, pois este só existe na expressa hipótese legal (*nullum crime sine lege*), em que pese divergência de opiniões neste sentido".[66]

Como outro aspecto relevante sobre o tema, deve ser citada a tese desenvolvida por Anderson Schreiber a respeito da existência de um verdadeiro *dever de negociar*, fundado na boa-fé objetiva. De acordo com suas lições:

---

[65] PODESTÁ, Fábio. Notas sobre a revisão do contrato. In: TARTUCE, Flávio e CASTILHO, Ricardo. *Direito civil. Direito patrimonial. Direito existencial. Estudos em homenagem à professora Giselda Maria Fernandes Novaes Hironaka*. São Paulo: Método, 2006. p. 343.

[66] SOUZA, Sérgio Iglesias Nunes de. O novo art. 285-B (Lei 12.810/13) do CPC (Lei 5.869/73) e os contratos de empréstimos habitacionais. Disponível em: <www.migalhas.com.br>. Acesso em: 4 set. 2013.

CAP. 5 • TEORIA GERAL DOS CONTRATOS | **703**

"A revisão judicial do contrato, embora mais útil que a resolução, não representa panaceia para todos os males. A necessidade de propositura de uma ação judicial para obtenção da revisão do contrato serve, por vezes, de desestímulo ao contratante, que teme ver sua relação contratual deteriorada pelo litígio. Daí ter se tornado cada vez mais comum a busca por soluções extrajudiciais que permitam o reequilíbrio do contrato sem a intervenção do Poder Judiciário. O problema é que, mesmo diante do aviso da contraparte de que o contrato se tornou desequilibrado, o outro contratante, não raro, silencia, beneficiando-se do passar do tempo. De outro lado, ocorre, às vezes, que um contratante só venha a invocar a onerosidade excessiva quando cobrado por sua prestação, ainda que o fato ensejador do desequilíbrio seja muito anterior. Para evitar essas vicissitudes, a legislação de diversos países tem procurado disciplinar o comportamento das partes em caso de excessiva onerosidade, exigindo, por exemplo, que o desequilíbrio contratual seja prontamente comunicado à contraparte e que, uma vez chamado a avaliar tal desequilíbrio, o contratante não possa simplesmente se omitir. O mesmo caminho pode ser trilhado, a meu ver, no direito brasileiro, com base na boa-fé objetiva".[67]

Ainda segundo o doutrinador, "o dever de renegociar exsurge, assim, como um dever anexo ou lateral de comunicar a outra parte prontamente acerca de um fato significativo na vida do contrato – seu excessivo desequilíbrio – e de empreender esforços para superá--lo por meio da revisão extrajudicial. Como dever anexo, o dever de renegociar integra o objeto do contrato independentemente de expressa previsão das partes".[68]

A quebra desse dever – seja pelo silêncio, pela sua recusa, pela sua ruptura ou pela ausência de comunicação imediata da intenção de renegociar – configuraria a violação positiva do contrato, gerando a responsabilidade civil do violador, segundo propõe o doutrinador. Acrescente-se que se pode falar, ainda, em desrespeito à eficácia interna da função social do contrato, na perspectiva de conservação do negócio jurídico (Enunciado n. 22 da *I Jornada de Direito Civil*).

Eis uma tese que foi muito debatida nos âmbitos doutrinário e jurisprudencial, notadamente por conta da pandemia da Covid-19, tendo o meu apoio integral, possibilitando que a revisão do contrato prevista no Código Civil atinja maior efetividade, quando for cabível, o que não ocorreu nos quinze vinte anos de vigência do Código Civil. A propósito, quando da tramitação na Câmara dos Deputados, havia proposta de emenda ao então Projeto 1.179 – que originou a Lei 14.010/2020 –, com o fim de introduzir esse dever de renegociar na norma emergente, o que acabou não prosperando, infelizmente.

Pois bem, essa última lei, que criou o Regime Jurídico Emergencial Transitório de Direito Privado (RJET), trouxe regra importante a respeito da revisão dos contratos, no seu art. 7.º. A sua inspiração, segundo o Professor Otávio Luiz Rodrigues Jr., foi a Lei Failliot, da França, de 21 de janeiro de 1918. Segundo ele, "era uma lei de guerra, de caráter transitório, mas que introduziu no ordenamento jurídico um suporte normativo que possibilitou a resolução, por qualquer das partes contratantes, de obrigações de fornecimento de mercadorias e alimentos, contraídas antes de 1º de agosto de 1914, bem assim que ostentassem a natureza sucessiva e continuada, ou apenas diferida".[69]

---

[67] SCHREBIER, Anderson. *Manual de direito civil contemporâneo*. São Paulo: Saraiva, 2018. p. 497-498.

[68] SCHREBIER, Anderson. *Manual de direito civil contemporâneo*. São Paulo: Saraiva, 2018. p. 497-498.

[69] RODRIGUES JÚNIOR, Otávio Luiz. A célebre lei do deputado Failliot e a teoria da imprevisão. Disponível em: <https://www.conjur.com.br/2020-abr-02/direito-comparado-celebre-lei-deputado-failliot-teoria-imprevisao>. Acesso em: 15 out. 2020.

**704** | MANUAL DE DIREITO CIVIL • VOLUME ÚNICO – *Flávio Tartuce*

Inicialmente, o preceito havia sido vetado pelo Sr. Presidente da República, sob o argumento de que a legislação civil já disporia de mecanismos suficientes para a revisão contratual. Todavia, o Congresso Nacional derrubou o veto pois, de fato, apesar da existência de normas a respeito da temática, haveria a necessidade de sua adaptação e de pequenos ajustes para atender aos desafios decorrentes da pandemia da Covid-19.

Conforme o *caput* desse art. 7.º da Lei 14.010/2020, não se consideram fatos imprevisíveis, para os fins exclusivos dos arts. 317, 478, 479 e 480 do Código Civil, o aumento da inflação, a variação cambial, a desvalorização ou a substituição do padrão monetário. Assim, adota-se o entendimento consolidado, e aqui antes demonstrado, de análise da imprevisibilidade, o que acaba por dificultar ou limitar a revisão contratual; algo que se sustenta para os tempos pandêmicos, em prol da conservação dos contratos.

De todo modo, tais afastamentos não se aplicam à revisão dos contratos de consumo, regida pelo Código de Defesa do Consumidor (Lei 8.078/1990) que, como será aprofundado a seguir, não exige o elemento da imprevisibilidade. É o que estabelece o § 1.º do comando, ao enunciar que "as regras sobre revisão contratual previstas na Lei nº 8.078, de 11 de setembro de 1990 (Código de Defesa do Consumidor), e na Lei nº 8.245, de 18 de outubro de 1991, não se sujeitam ao disposto no *caput* deste artigo".

Além do CDC, constata-se que é mantido totalmente, sem ser alcançado pela lei emergencial, o regime de revisão da Lei de Locação (Lei 8.245/1991), que se aplica aos imóveis urbanos. Entre os seus comandos mais importantes, destaque-se o art. 19, segundo o qual "não havendo acordo, o locador ou locatário, após três anos de vigência do contrato ou do acordo anteriormente realizado, poderão pedir revisão judicial do aluguel, a fim de ajustá-lo ao preço de mercado". Os procedimentos da ação revisional de aluguéis e encargos constam dos arts. 68 a 70 do mesmo diploma. Um dos grandes desafios é saber se a pandemia da Covid-19 pode ou não propiciar a revisão dos aluguéis antes do prazo de três anos, sendo a minha resposta positiva, a depender da gravidade das consequências geradas ao contrato em questão.

Como última regra do art. 7.º do RJET, o seu § 2.º preceitua que "para os fins desta Lei, as normas de proteção ao consumidor não se aplicam às relações contratuais subordinadas ao Código Civil, incluindo aquelas estabelecidas exclusivamente entre empresas ou empresários". Assim, não é possível aplicar a revisão contratual prevista no CDC aos contratos civis ou mesmo aos contratos que se enquadram como de consumo, mas que sejam celebrados somente por empresas ou empresários. Afasta-se, portanto, para as ações revisionais fundadas na crise decorrente da Covid-19, a chamada *teoria finalista aprofundada*, que possibilita a utilização da Lei Protetiva em favor de sujeitos que não sejam destinatários finais do produto ou serviço, mas que estejam em situação de vulnerabilidade ou hipossuficiência.

Não incide, portanto, para essas revisões fundadas na pandemia entre empresários, a tese n. 1 constante da Edição n. 39 da ferramenta *Jurisprudência em Teses*, do STJ, *in verbis*: "o Superior Tribunal de Justiça admite a mitigação da teoria finalista para autorizar a incidência do Código de Defesa do Consumidor – CDC nas hipóteses em que a parte (pessoa física ou jurídica), apesar de não ser destinatária final do produto ou serviço, apresenta-se em situação de vulnerabilidade". Novamente, essa limitação visa trazer maior estabilidade aos contratos, limitando-se aos fins da lei transitória.

Em todas as hipóteses de revisão, as consequências decorrentes da pandemia do coronavírus nas execuções dos contratos não terão efeitos jurídicos retroativos ou *ex tunc*, mas apenas efeitos a partir de então ou *ex nunc*. É o que consta do art. 6.º da Lei 14.010/2020, outra norma que também traz segurança aos contratos em tempos tão difíceis, sendo louvável. Esse comando também havia sido vetado pelo Sr. Presidente da República, de forma inexplicável, uma vez que tutela, mais uma vez, a segurança e a estabilidade das relações contratuais, afastando pedidos retroativos oportunistas.

Muitas foram as ações propostas para a revisão dos contratos a partir de 2020, em virtude da pandemia da Covid-19, em especial no âmbito da locação imobiliária, havendo uma grande variação dos julgados, o que justifica a necessidade de uma regra a respeito do tema, como propusemos quando da elaboração do RJET.

As decisões verificadas dizem respeito à concessão de tutelas provisórias para a revisão dos aluguéis. A título de ilustração, trazendo a sua impossibilidade, pela ausência de prova dos requisitos do art. 317 do Código Civil e também pelos problemas econômicos que a revisão pode acarretar, vejamos dois acórdãos do Tribunal Paulista:

> "Processual. Locação não residencial. Posto de combustíveis. Pedido de tutela antecipada antecedente voltado à redução provisória de aluguel comercial em função da pandemia causada pelo novo coronavírus. Denegação pela r. decisão agravada. Pertinência. Continuidade da atividade exercida pela autora. Ausência por outro lado de quebra da base objetiva do negócio ou de desproporção das prestações, não calculadas ou previstas em função da capacidade econômica da locatária ou do maior ou menor sucesso de sua atividade. Invocação do art. 317 do Código Civil que não se tem por relevante. Decisão agravada confirmada. Agravo de instrumento da autora desprovido" (TJSP, Agravo de Instrumento 2091118-28.2020.8.26.0000, Acórdão 13993849, 29.ª Câmara de Direito Privado, Serra Negra, Rel. Des. Fabio Tabosa, j. 24.09.2020, *DJESP* 30.09.2020, p. 2.831).

> "Agravo de instrumento. Locação. Tutela provisória. R. decisão agravada que deferiu a redução do aluguel. Pandemia do vírus Covid-19. Medidas administrativas de isolamento durante a pandemia do Covid-19 que afetam todos os agentes econômicos e membros da sociedade. Inexistência de relação de consumo ou hipossuficientes. Precedente deste E. Tribunal de Justiça. Decisão reformada. Revogação da tutela provisória de urgência. Obrigação locatícia referente ao período de ocupação que deverá ser adimplida nos termos propostos extrajudicialmente pela ré aos lojistas. Agravo de instrumento provido" (TJSP, Agravo de Instrumento 2150442-46.2020.8.26.0000, Acórdão 14018003, 26.ª Câmara de Direito Privado, São Paulo, Rel. Des. Carlos Dias Motta, j. 30.09.2020, *DJESP* 05.10.2020, p. 2.315).

Todavia, em sentido contrário, deferindo provisoriamente a revisão, com base na teoria da imprevisão e pelas peculiaridades de cada caso concreto, contando com o meu apoio doutrinário:

> "Agravo de instrumento. Execução de título extrajudicial. Decisão agravada que autorizou a redução dos depósitos a 30% dos valores atualmente vigentes por seis meses desde fevereiro até julho de 2020; a partir de agosto, a terceira, Casa & Vídeo deverá voltar a depositar os valores na integralidade. (...). Situação de pandemia do Covid-19 que permite a aplicação da Teoria da Imprevisão. Inteligência do artigo 317 do Código Civil. Evidente impacto econômico direto na atividade exercida em decorrência da pandemia e de seus meios de enfrentamento. Redução do valor dos depósitos (30%) que foi bem determinado pelo MM. Juízo *a quo*. (...)" (TJSP, Agravo de Instrumento 2176041-84.2020.8.26.0000, Acórdão 13970384, 20.ª Câmara de Direito Privado, São Paulo, Rel. Des. Roberto Maia, j. 14.09.2020, *DJESP* 23.09.2020, p. 2.304).

> "Ação revisional ajuizada por locatária, visando à redução das obrigações a que se comprometera, em razão da pandemia do coronavírus. R. despacho que indeferiu a pleiteada tutela de urgência, que objetivava a redução em 80% dos valores locatícios,

durante a pandemia pela Covid-19. Agravo instrumental interposto pela locatária/demandante. Presentes os requisitos do art. 300 do CPC. Plausível a redução temporária ao patamar de 50% do aluguel vigente, devido à atual pandemia do Covid-19. Observância aos princípios da razoabilidade e proporcionalidade. Intelecção do art. 294, do CPC e 317, do Cód. Civil. Deu-se parcial provimento ao agravo instrumental da empresa acionante, observados os estreitos limites do presente recurso" (TJSP, Embargos de Declaração 2170416-69.2020.8.26.0000/50000, Acórdão 14004471, 27.ª Câmara de Direito Privado, São Paulo, Rel. Des. Campos Petroni, j. 28.09.2020, *DJESP* 1.º.10.2020, p. 1.926).

"Agravo de instrumento. Insurgência contra decisão que indeferiu o pedido de tutela de urgência. Pedido de redução do locativo, devido à atual pandemia. Possibilidade. Aplicação do princípio da proporcionalidade e do art. 300, do NCPC. Redução ao patamar de 50% do valor do locativo, pelo período em que perdurar a atual situação pandêmica. Inteligência dos artigos 317 e 421, parágrafo único, do Código Civil. Decisão reformada. Recurso parcialmente provido" (TJSP, Agravo de Instrumento 2081207-89.2020.8.26.0000, Acórdão 14004469, 27.ª Câmara de Direito Privado, São Caetano do Sul, Rel. Des. Fábio Podestá, j. 28.09.2020, *DJESP* 1.º.10.2020, p. 1.923).

A variação dos julgados, notadamente quanto ao percentual de revisão para pagamento dos aluguéis, demonstra como seria importante um parâmetro legal – com a mesma solução da *moratória legal* do art. 916 do CPC/2015, em trinta por cento e pagamento do restante em seis meses –, o que acabou por não ser adotado pelos legisladores quando do debate do Projeto 1.179, que gerou a Lei 14.010/2020. Ficamos à mercê do entendimento jurisprudencial de acordo com o caso concreto, o que tem gerado instabilidade e uma indesejada judicialização excessiva do tema.

Para encerrar a análise do tema da revisão contratual em virtude da pandemia, em 2022 e 2023, surgiram importantes julgados no âmbito do Superior Tribunal de Justiça, afastando e deferindo a revisão, a confirmar a variação de entendimentos que deve surgir a respeito do tema. Os julgados também evidenciam como é fundamental analisar as peculiaridades do caso concreto, sobretudo o requisito dos impactos pandêmicos para cada contrato, a gerar a onerosidade excessiva, requisito fundamental para a revisão.

O primeiro acórdão abordou questão relativa à redução proporcional do valor das mensalidades escolares em contrato de consumo. A revisão foi afastada, pois foi comprovada a continuidade da prestação dos serviços durante o isolamento social, com aulas *on-line*. Considerou-se, conforme aqui defendido, que "a revisão dos contratos em razão da pandemia não constitui decorrência lógica ou automática, devendo ser analisadas a natureza do contrato e a conduta das partes – tanto no âmbito material como na esfera processual –, especialmente quando o evento superveniente e imprevisível não se encontra no domínio da atividade econômica do fornecedor". Assim considerando, vejamos outro trecho importante do aresto:

"Os princípios da função social e da boa-fé contratual devem ser sopesados nesses casos com especial rigor a fim de bem delimitar as hipóteses em que a onerosidade sobressai como fator estrutural do negócio – condição que deve ser reequilibrada tanto pelo Poder Judiciário quanto pelos envolvidos – e aquelas que evidenciam ônus moderado ou mesmo situação de oportunismo para uma das partes. No caso, não houve comprovação do incremento dos gastos pelo consumidor, invocando-se ainda como ponto central à revisão do contrato, por outro lado, o enriquecimento sem causa do fornecedor – situação que não traduz a tônica da revisão com fundamento na quebra da base objetiva dos contratos. A redução do número de aulas, por sua vez, decorreu de atos das autoridades públicas como medida sanitária. Ademais, somente foram inviabilizadas as aulas de caráter extracurricular (aulas de cozinha experimental, educação física, robótica, laboratório de ciências e arte/música). Nesse contexto, não se evidencia base legal para se admitir a revisão do contrato na hipótese" (STJ, REsp 1.998.206/DF, 4.ª Turma, Rel. Min. Luis Felipe Salomão, j. 14.06.2022, *DJe* 04.08.2022).

O segundo acórdão, por sua vez, deferiu a revisão de contrato de locação não residencial, envolvendo empresa de "coworking", justamente porque se provou que a pandemia gerou repercussões econômicas diretas para a parte. Consoante o *decisum*, que cita a última ementa:

"A revisão dos contratos com base nas teorias da imprevisão ou da onerosidade excessiva, previstas no Código Civil, exige que o fato (superveniente) seja imprevisível e extraordinário e que dele, além do desequilíbrio econômico e financeiro, decorra situação de vantagem extrema para uma das partes, situação evidenciada na hipótese. (...). Na hipótese, ficou demonstrada a efetiva redução do faturamento da empresa locatária em virtude das medidas de restrição impostas pela pandemia da Covid-19. Por outro lado, a locatária manteve-se obrigada a cumprir a contraprestação pelo uso do imóvel pelo valor integral e originalmente firmado, situação que evidencia o desequilíbrio econômico e financeiro do contrato. (...). Nesse passo, embora não se contestem os efeitos negativos da pandemia nos contratos de locação para ambas as partes – as quais são efetivamente privadas do uso do imóvel ou da percepção dos rendimentos sobre ele – no caso em debate, considerando que a empresa locatária exercia a atividade de *coworking* e teve seu faturamento drasticamente reduzido, a revisão do contrato mediante a redução proporcional e temporária do valor dos aluguéis constitui medida necessária para assegurar o restabelecimento do equilíbrio entre as partes" (STJ, REsp 1.984.277/DF, 4.ª Turma, Rel. Min. Luis Felipe Salomão, j. 16.08.2022, *DJe* 09.09.2022).

O terceiro *decisum*, de 2023, segue a mesma linha do aresto anterior a respeito da locação do espaço em *coworking*, deferindo a revisão contratual de locação em favor de lojista estabelecido em *shopping center*. Após expor os requisitos para revisão contratual do Código Civil, bem na linha do que foi desenvolvido neste capítulo, julgou-se "a superveniência de doença disseminada mundialmente, que, na tentativa de sua contenção, ocasionou verdadeiro *lockdown* econômico e isolamento social, qualifica-se como evento imprevisível, porquanto não foi prevista, conhecida ou examinada pelos contratantes quando da celebração do negócio jurídico, e extraordinário, pois distante da álea e das consequências ínsitas e objetivamente vinculadas ao contrato. Conclui-se que a pandemia ocasionada pela Covid-19 pode ser qualificada como evento imprevisível e extraordinário apto a autorizar a revisão dos aluguéis em contratos estabelecidos pelo *shopping center* e seus lojistas, desde que verificados os demais requisitos legais estabelecidos pelo art. 317 ou 478 do Código Civil" (STJ, REsp 2.032.878/GO, 3.ª Turma, Rel. Min. Nancy Andrighi, j. 18.04.2023, *DJe* 20.04.2023). Como advertência que consta igualmente nos arestos anteriores, mas uma vez se reafirmou que a pandemia não constitui, por si só, justificativa para o inadimplemento do contrato, para uma moratória ou uma revisão contratual automática.

Por fim, a última ementa a ser apontada, também da Terceira Turma do Tribunal da Cidadania, deferiu a revisão contratual em favor de transportadora que celebrou contrato de mútuo com instituição financeira, em contrato considerado civil e paritário, justamente diante da grave crise econômica causada pela pandemia e das repercussões diretas para o negócio, pela queda do seu faturamento. Vejamos, assim, trecho resumido de sua ementa:

"A revisão de contratos paritários com fulcro nos eventos decorrentes da pandemia não pode ser concebida de maneira abstrata, mas depende, sempre, da análise da relação contratual estabelecida entre as partes, sendo imprescindível que a pandemia tenha interferido de forma substancial e prejudicial na relação negocial. (...) Na hipótese, o contexto fático-probatório delineado pelas instâncias ordinárias corrobora a possibilidade da revisão contratual com fundamento nas teorias supra-analisadas. Houve demonstração de que as rotas realizadas pela empresa de transporte intermunicipal foram efetivamente suspensas e que esta foi impedida de exercer suas atividades em razão de determinação do Poder Público, com a comprovação de queda abrupta e temporária no faturamento empresarial. A manutenção de cobrança de prestações mutuárias, nos moldes do originariamente pactuado, para fomentar atividade que foi paralisada no período pandêmico, mostra-se excessivamente onerosa, devendo-se revisar o contrato para preservar o seu equilíbrio" (STJ, REsp 2.070.354/SP, 3.ª Turma, Rel. Min. Nancy Andrighi, j. 20.06.2023, *DJe* 26.06.2023).

Acredito que essa variação de entendimentos se fará presente nos próximos anos, sempre com atenção para as peculiaridades do caso concreto e das repercussões da pandemia e de outras crises para os contratantes, como exatamente deve ser. Reafirmo que a aprovação de normas jurídicas sobre o tema da pandemia talvez tivesse trazido uma maior segurança, o que acabou não ocorrendo.

Para encerrar o tópico, faço uma breve observação a respeito do Projeto de Reforma e Atualização do Código Civil, proposto pela Comissão de Juristas constituída no âmbito do Senado Federal.

A Subcomissão de Direito Contratual – formada pelos Professores Carlos Eduardo Elias de Oliveira, Claudia Lima Marques, Angélica Carlini e Carlos Eduardo Pianovski – sugeriu um *espelhamento* entre os arts. 317 e 478 da Lei Geral Privada, para que ambos tratem da revisão contratual e somente o último da resolução do contrato. Também se almeja uma *objetivação* das circunstâncias que podem possibilitar essa revisão, afastando-se razões subjetivas ou pessoais da parte, premissa que acabou prevalecendo na Comissão de Juristas, mesmo com as minhas resistências doutrinárias.

Especificamente quanto ao art. 317 do CC/2002, sugere-se a seguinte redação para o seu *caput*: "se, em decorrência de eventos imprevisíveis, houver alteração superveniente das circunstâncias objetivas que serviram de fundamento para a constituição da obrigação e que isto gere onerosidade excessiva, excedendo os riscos normais da obrigação, para qualquer das partes, poderá o juiz, a pedido do prejudicado, corrigi-la, de modo que assegure, tanto quanto possível, o valor real da prestação". Em complemento, na linha não só do Enunciado n. 175 da *IV Jornada*, mas também do Enunciado n. 17 *da I Jornada*, há a proposta de um parágrafo único para o comando: "para os fins deste artigo devem ser também considerados os eventos previsíveis, mas de resultados imprevisíveis". Como se nota, apenas se consolidam no texto as ideias da doutrina majoritária, retiradas das tão citadas *Jornadas de Direito Civil*.

O tema será tratado no item 5.8 deste capítulo desta obra, com uma análise mais profunda das proposições feitas para os arts. 478, 479 e 480 do Código Civil, sendo pertinente anotar que as propostas em nada alteram o regime de revisão contratual previsto na Lei Consumerista, e sobre o qual passo a tratar.

### 5.5.3 A revisão contratual por fato superveniente no Código de Defesa do Consumidor

Como é notório, a Lei 8.078/1990, que instituiu o Código de Defesa do Consumidor, constitui norma de ordem pública e de interesse social, pelo que consta do seu art. 1.º,

CAP. 5 • TEORIA GERAL DOS CONTRATOS | **709**

sendo também norma principiológica pela previsão expressa de proteção aos consumidores constante no Texto Maior, particularmente nos seus arts. 5.º, inc. XXXII, e 170, inc. III.

Na esfera contratual, o CDC inseriu no sistema a regra de que mesmo uma simples onerosidade excessiva ao consumidor poderá ensejar a chamada revisão contratual por fato superveniente. Eis a redação do art. 6.º, V, da Lei 8.078/1990:

> "Art. 6.º São direitos básicos do consumidor: (...)
>
> V – a modificação das cláusulas contratuais que estabelecem prestações desproporcionais ou sua revisão em razão de fatos supervenientes que as tornem excessivamente onerosas".

Como se pode notar, não há qualquer menção a eventos imprevisíveis ou extraordinários, sendo certo que o Código de Defesa do Consumidor não adotou a teoria da imprevisão. Por isso, fez bem o art. 7.º, § 1.º, da Lei 14.010/2020 em afastar essa revisão daquela prevista em dispositivos do Código Civil. Há, no sistema consumerista, uma revisão por simples onerosidade excessiva, que não se confunde com a aclamada teoria.[70] Basta um fato novo, superveniente, que gerou o desequilíbrio. Na esteira desse posicionamento, afirma-se que o Código de Defesa do Consumidor adotou a *teoria da base objetiva do negócio jurídico*, muito bem desenvolvida pelos alemães.[71]

Como exemplo de aplicação dessa premissa, cite-se a histórica revisão dos contratos de arrendamento mercantil (*leasing*), cujas parcelas do financiamento estavam atreladas à variação cambial. Com a alta do dólar frente ao real, em janeiro de 1999, tais negócios ficaram excessivamente onerosos aos consumidores, o que por si só motivou a revisão (nesse sentido, por todos, como principal precedente: STJ, Ag no REsp 374.351/RS, 3.ª Turma, Rel. Min. Fátima Nancy Andrighi, Data da decisão: 30.04.2002, *DJ* 24.06.2002, p. 299).

Dessa forma, pelo entendimento jurisprudencial que ampara o posicionamento ao qual se filia, é forçoso concluir que, com a possibilidade de se rever um contrato por simples onerosidade excessiva, vislumbra-se um contrato amparado na *teoria da equidade contratual* ou na *teoria da base objetiva do negócio jurídico*, concebidas diante da tendência de socialização do Direito Privado, pela valorização da dignidade da pessoa humana, pela solidariedade social e pela igualdade material que deve sempre estar presente nos negócios jurídicos em geral. Essa ideia também está amparada no que consta no art. 170, VII, da Carta Política e Fundamental, qual seja, a busca da justiça social, um dos princípios gerais da atividade econômica.

Porém, destaca-se que não se concorda com a maneira pela qual a revisão dos contratos de arrendamento mercantil está sendo efetivada concretamente pelo Superior Tribunal de Justiça. Isso porque aquele Tribunal tem dividido essa onerosidade excessiva entre as partes contratantes de forma proporcional, por todos:

> "Direito do consumidor. *Leasing.* Contrato com cláusula de correção atrelada à variação do dólar americano. Aplicabilidade do Código de Defesa do Consumidor. Revisão da cláusula que prevê a variação cambial. Onerosidade excessiva. Distribuição dos

---

[70] Assim concluindo: MARQUES, Cláudia Lima. *Manual de direito do consumidor*. In: BENJAMIN, Antonio Herman V.; MARQUES, Claudia Lima; BESSA, Leonardo Roscoe. São Paulo: RT, 2007. p. 58; NERY JR., Nelson. A base do negócio jurídico e a revisão do contrato. *Questões de direito civil e o novo Código*. São Paulo: Ministério Público. Procuradoria-Geral de Justiça: Imprensa Oficial do Estado de São Paulo, 2004; NUNES, Luiz Antônio Rizzatto. *Comentários ao Código de Defesa do Consumidor*. São Paulo: Saraiva, 2000. p. 118.

[71] Como autor sempre citado: LARENZ, Karl. *Base del negocio jurídico y cumplimiento de los contratos*. Trad. Carlos Fernandéz Rodríguez. Granada: Comares, 2002.

# 710 | MANUAL DE DIREITO CIVIL • VOLUME ÚNICO – *Flávio Tartuce*

ônus da valorização cambial entre arrendantes e arrendatários. Recurso parcialmente acolhido. I – Segundo assentou a jurisprudência das Turmas que integram a Segunda Seção desta Corte, os contratos de *leasing* submetem-se ao Código de Defesa do Consumidor. II – A cláusula que atrela a correção das prestações à variação cambial não pode ser considerada nula *a priori*, uma vez que a legislação específica permite que, nos casos em que a captação dos recursos da operação se dê no exterior, seja avençado o repasse dessa variação ao tomador do financiamento. III – Consoante o art. 6.º, V, do Código de Defesa do Consumidor, sobrevindo, na execução do contrato, onerosidade excessiva para uma das partes, é possível a revisão da cláusula que gera o desajuste, a fim de recompor o equilíbrio da equação contratual. IV – No caso dos contratos de *leasing* atrelados à variação cambial, os arrendatários, pela própria conveniência e a despeito do risco inerente, escolheram a forma contratual que no momento da realização do negócio lhes garantia prestações mais baixas, posto que o custo financeiro dos empréstimos em dólar era bem menor do que os custos em reais. A súbita alteração na política cambial, condensada na maxidesvalorização do real, ocorrida em janeiro de 1999, entretanto, criou a circunstância da onerosidade excessiva, a justificar a revisão judicial da cláusula que a instituiu. *V – Contendo o contrato opção entre outro indexador e a variação cambial e tendo sido consignado que os recursos a serem utilizados tinham sido captados no exterior, gerando para a arrendante a obrigação de pagamento em dólar, enseja-se a revisão da cláusula de variação cambial com base no art. 6.º, V, do Código de Defesa do Consumidor, para permitir a distribuição, entre arrendantes e arrendatários, dos ônus da modificação súbita da política cambial com a significativa valorização do dólar americano* (destacado)" (STJ, REsp 437.660/SP, 4.ª Turma, Rel. Min. Sálvio de Figueiredo Teixeira, j. 08.04.2003, *DJ* 05.05.2003, p. 306, *RDDP*, vol. 6, p. 111, *RSTJ*, vol. 168, p. 412).

Com o devido respeito, não há como concordar com tal conclusão jurisprudencial, pois consumidores e empresas de *leasing* não estão em situação de igualdade para que o prejuízo seja distribuído de forma igualitária. De qualquer modo, os julgados devem ser considerados como majoritários para os devidos fins práticos.

A encerrar o estudo da matéria, ressalte-se que aresto do Superior Tribunal de Justiça, publicado no ano de 2015, fez a devida comparação entre a revisão do contrato tratada pelo Código Civil e pelo Código de Defesa do Consumidor. Nos termos da ementa, a desvalorização do real perante o dólar não é motivo imprevisível ou extraordinário para motivar a revisão de um contrato civil, pela incidência da teoria da imprevisão ou da teoria da onerosidade excessiva. Consta da publicação no *Informativo* n. *556* do Tribunal da Cidadania o seguinte trecho, a merecer destaque:

"A intervenção do Poder Judiciário nos contratos, à luz da teoria da imprevisão ou da teoria da onerosidade excessiva, exige a demonstração de mudanças supervenientes das circunstâncias iniciais vigentes à época da realização do negócio, oriundas de evento imprevisível (teoria da imprevisão) e de evento imprevisível e extraordinário (teoria da onerosidade excessiva), que comprometam o valor da prestação, demandando tutela jurisdicional específica, tendo em vista, em especial, o disposto nos arts. 317, 478 e 479 do CC. Nesse passo, constitui pressuposto da aplicação das referidas teorias, a teor dos arts. 317 e 478 do CC, como se pode extrair de suas próprias denominações, a existência de um fato imprevisível em contrato de execução diferida, que imponha consequências indesejáveis e onerosas para um dos contratantes. A par disso, o histórico inflacionário e as sucessivas modificações no padrão monetário experimentados pelo País desde longa data até julho de 1994, quando sobreveio o Plano Real, seguido de período de relativa estabilidade até a maxidesvalorização do real em face do dólar, ocorrida a partir de janeiro de 1999, não autorizam concluir pela inexistência de risco objetivo nos contratos firmados com base na cotação da moeda norte-americana, em se tratando de relação contratual paritária" (STJ, REsp 1.321.614/SP, Rel. originário Min. Paulo de Tarso Sanseverino, Rel. para acórdão Min. Ricardo Villas Bôas Cueva, j. 16.12.2014, *DJe* 03.03.2015).

O julgamento tem a vantagem técnica de bem diferenciar as duas revisões contratuais. Todavia, demonstra as dificuldades atuais de incidência prática da teoria da imprevisão, como antes se expôs. E confirma, mais uma vez, que a Lei 14.010/2020 trouxe um tratamento correto e diferenciado da revisão contratual prevista no Código Civil e no CDC, nos termos do seu art. 7.º, § 2.º.

A propósito e como última nota a respeito do tema, sobre a revisão contratual efetivada pela jurisprudência, em virtude da pandemia, já foi aqui exposto um acórdão superior que analisou os impactos para os contratos educacionais de consumo, afastando a revisão, pois os serviços continuaram sendo prestados, dentro do possível e pelo modo *on-line* (STJ, REsp 1.998.206/DF, 4.ª Turma, Rel. Min. Luis Felipe Salomão, j. 14.06.2022, *DJe* 04.08.2022).

## 5.6 OS VÍCIOS REDIBITÓRIOS NO CÓDIGO CIVIL

Os vícios redibitórios, na versão atual, podem ser conceituados como os defeitos que desvalorizam a coisa ou a tornam imprópria para uso. A matéria está tratada no Código Civil, entre os arts. 441 a 446, sendo aplicável aos contratos civis. O conceito ainda adotado pela doutrina majoritária indica que tais vícios são sempre os ocultos.[72]

Entretanto, como será exposto, o art. 445 do atual Código Civil diferencia os prazos nos casos em que os vícios podem ser conhecidos de imediato ou mais tarde, razão pela qual entendo que a atual codificação também trata dos vícios aparentes, como já fazia, mas de forma diferenciada, o Código de Defesa do Consumidor (Lei 8.078/1990). Essa tese, ainda minoritária, já foi debatida pela doutrina, conforme posfácio de Mário Luiz Delgado à obra *Introdução Crítica ao Código Civil*.[73]

Concretizando, vejamos um exemplo envolvendo vício redibitório. Imagine-se que alguém compre um imóvel de um particular, que não é profissional nessa atividade de venda de imóveis, por R$ 500.000,00, e este apresente um sério problema de encanamento. Como não há relação de consumo, o caso envolve um vício redibitório, aplicando-se o Código Civil. Sendo assim, o adquirente terá a seu favor as opções e prazos previstos no art. 445 do CC, conforme será estudado mais adiante.

Na esteira da melhor doutrina, não há que se confundir o vício redibitório com o erro. No caso de vício redibitório o problema atinge o objeto do contrato, ou seja, a coisa. No erro o vício é do consentimento, atingindo a vontade, pois a pessoa se engana sozinha em relação a um elemento do negócio celebrado (arts. 138 a 144 do CC). Nos dizeres de José Fernando Simão:

"Na hipótese de erro quanto ao objeto ou sobre a qualidade a ele essencial, *in ipso corpore rei*, a coisa é outra, diferente daquela que o declarante tinha em mente ao

---

[72] Assim concluindo: DINIZ, Maria Helena. *Código Civil anotado*. 15. ed. São Paulo: Saraiva, 2010. p. 379; SIMÃO, José Fernando. *Vícios do produto no novo Código Civil e no Código de Defesa do Consumidor*. São Paulo: Atlas, 2003. p. 62; VENOSA, Sílvio de Salvo. *Código Civil interpretado*. São Paulo: Atlas, 2010. p. 457; GONÇALVES, Carlos Roberto. *Direito Civil brasileiro*. Contratos e Atos Unilaterais. 7. ed. São Paulo: Saraiva, 2010. v. 3, p. 127.

[73] DELGADO, Mário Luiz. Posfácio. *Introdução crítica ao Código Civil*. Org. Lucas Abreu Barroso. Rio de Janeiro: Forense, 2006. p. DLXXXV.

emitir a declaração, ou, ainda, falta-lhe uma qualidade importante. Exemplo clássico, já utilizado pelos romanos, é o dos candelabros prateados que o comprador adquire pensando serem de prata. Não há defeito ou vício intrínseco à coisa. O que ocorre é vício no consentimento, consentimento defeituoso, pois o declarante acreditava que eram realmente de prata. Se soubesse que os candelabros não eram de prata, o comprador sequer os teria comprado (o erro, nesse caso, é essencial). O defeito, como vício de consentimento, é subjetivo, há uma falsa ideia da realidade. Em última análise, o comprador não queria comprar. No caso de vício redibitório, o negócio é ultimado tendo em vista um objeto com aquelas qualidades que todos esperam que possua, *comum a todos os objetos da mesma espécie*. Porém, àquele objeto específico falta uma dessas qualidades, apresenta um defeito oculto, não comum aos demais objetos da espécie. Nesse caso, o comprador realmente queria comprar aquela coisa, mas há defeito no objeto, o defeito como vício oculto é objetivo. Não há disparidade entre a vontade e a declaração".[74]

Em complemento às lições de José Fernando Simão, insta verificar que as categorias se situam em planos distintos do contrato:

- Vício redibitório – plano da eficácia do contrato (resolução ou abatimento no preço).
- Erro – plano da validade (anulabilidade do contrato).

Por todos os ensinamentos transcritos, há uma garantia legal contra os vícios redibitórios nos contratos bilaterais (*sinalagmáticos*), onerosos e comutativos, caso da compra e venda. Devem ainda ser incluídas as doações onerosas, conforme preceitua o art. 441, parágrafo único, do CC, caso da doação remuneratória e da doação modal ou com encargo.

No que diz respeito aos contratos aleatórios, admite-se a alegação de vício redibitório quanto aos seus elementos comutativos, predeterminados. Nesse sentido, proposta aprovada na *VII Jornada de Direito Civil*, promovida pelo Conselho da Justiça Federal em 2015, *in verbis*: "o art. 441 do Código Civil deve ser interpretado no sentido de abranger também os contratos aleatórios, desde que não abranja os elementos aleatórios do contrato" (Enunciado n. 583). Nos termos das suas justificativas, às quais estou filiado e que merecem destaque:

"Segundo a literalidade do dispositivo, a garantia contra vícios redibitórios se aplicaria apenas aos contratos comutativos diante da incerteza dos contratantes inerente aos contratos aleatórios. Entretanto, a interpretação do art. 441 deve ser revisitada à luz do princípio do equilíbrio contratual, para abranger também os contratos aleatórios, desde que a álea se refira apenas à existência da coisa. Com efeito, se a álea se circunscrever à quantidade da coisa contratada, não abrangendo sua qualidade, a parte que recebeu a coisa defeituosa, mesmo que em virtude de contrato aleatório, poderá se valer da garantia por vícios redibitórios. Caso, por outro lado, a álea recaia sobre a qualidade da coisa, há de se afastar necessariamente a aplicação da disciplina pertinente aos vícios redibitórios, vez que as partes assumiram o risco de a coisa a ser entregue se encontrar com vício de qualidade que a torne imprópria ao uso a que se destina ou lhe diminua o valor. Caberá, portanto, ao intérprete, diante do caso concreto, estabelecer com precisão os limites da álea do negócio, verificando se nela se insere a qualidade da coisa, sua quantidade ou ambas".

---

[74] SIMÃO, José Fernando. *Vícios do produto no novo Código Civil e no Código de Defesa do Consumidor*. São Paulo: Atlas, 2003. p. 75.

De todo modo, não se pode negar que a definição atual a respeito do que seja o vício, mais bem definido como *oculto* – expressão mais conhecida e difundida na prática –, precisa ser aperfeiçoada na lei, o que foi objeto de discussão na Comissão de Juristas nomeada no Congresso Nacional e encarregada da Reforma do Código Civil.

Nesse contexto de melhor técnica, propõe-se uma maior objetividade na sua definição, passando o art. 441 a prever que "a coisa recebida em virtude de contrato comutativo pode ser rejeitada por vícios ocultos, que a tornem imprópria ao uso a que é destinada ou lhe diminuam o valor". O atual parágrafo único do comando passará a compor o seu § 1.º: "a disposição deste artigo é aplicável às doações onerosas". E insere-se um novo § 2.º, na norma, definindo-se que "os vícios ocultos de que trata o *caput* já devem ser ao menos existentes ao tempo da aquisição da coisa, não sendo necessário que estejam manifestados nessa ocasião".

Ademais, com vistas a uma melhor definição categórica, é incluído na Lei Geral Privada também um novo art. 441-A, estabelecendo que "o transmitente não será responsável por qualquer vício do bem se, no momento da conclusão do contrato, o adquirente sabia ou não podia ignorar a sua existência, considerados as circunstâncias do negócio e os usos e os costumes do lugar da sua celebração". E, sobre a sua presença na prática, o parágrafo único do novo dispositivo projetado, seguindo o que já está previsto no Código Civil Argentino, disporá que, "se a identificação do vício demandar preparação científica ou técnica, deve-se levar em consideração se, diante da qualificação do adquirente, de sua atividade profissional, ou da natureza do negócio, era seu ônus buscar elementos técnicos que permitissem aferir a presença ou não de vícios".

Voltando-se ao sistema em vigor, o adquirente prejudicado pelo vício redibitório pode fazer uso das *ações edilícias,* nos termos do art. 442 do CC. Anote-se que a expressão *edilícias* tem origem no Direito Romano, pois a questão foi regulamentada pela *aediles curules,* por volta do Século II a.C., "com o objetivo de evitar fraudes praticadas pelos vendedores no mercado romano. Ressaltemos que os vendedores eram, em geral, estrangeiros (peregrinos) que tinham por hábito dissimular muito bem os defeitos da coisa que vendiam".[75] Assim, poderá o adquirente, por meio dessas ações:

1) Pleitear abatimento proporcional no preço, por meio de ação *quanti minoris* ou *ação estimatória.*
2) Requerer a resolução do contrato (devolvendo a coisa e recebendo de volta a quantia em dinheiro que desembolsou), sem prejuízo de perdas e danos, por meio de *ação redibitória.* Para pleitear as perdas e danos, deverá comprovar a má-fé do alienante, ou seja, que o mesmo tinha conhecimento dos vícios redibitórios (art. 443 do CC). Todavia, a ação redibitória, com a devolução do valor pago e o ressarcimento das despesas contratuais, cabe mesmo se o alienante não tinha conhecimento do vício.

Em relação a essas possibilidades, merece aplicação o princípio da conservação do contrato, anexo à função social. Sendo assim, deve-se entender que a resolução do contrato é o último caminho a ser percorrido. Nos casos em que os vícios não geram grandes repercussões em relação à utilidade da coisa, não cabe a ação redibitória, mas apenas a ação *quanti minoris,* com o abatimento proporcional do preço. Anote-se que, segundo a

---

[75] SIMÃO, José Fernando. *Vícios do produto no novo Código Civil e no Código de Defesa do Consumidor.* São Paulo: Atlas, 2003. p. 46.

# 714 | MANUAL DE DIREITO CIVIL • VOLUME ÚNICO – *Flávio Tartuce*

doutrina, se o vício for insignificante ou ínfimo e não prejudicar as finalidades do contrato, não cabe sequer esse pedido de abatimento no preço.[76]

Como outra opção plausível, pode-se cogitar a possibilidade de o adquirente ficar com o próprio bem, sanado o vício oculto. No Projeto de Reforma do Código Civil há proposição de se incluir no art. 442 essa possibilidade, passando a norma a prever que, "caracterizado o vício oculto, o adquirente pode, à sua escolha: I – rejeitar a coisa, resolvendo o contrato, sem prejuízo das perdas e danos; II – reclamar o abatimento no preço ou; III – salvo pacto em contrário, exigir seja sanado o vício da coisa, mediante o custeio de reparos, salvo se o alienante dispuser-se a realizá-los diretamente ou por terceiro". No que diz respeito a esses reparos, também se pretende incluir um parágrafo único no art. 442, enunciando que, quando eles ficarem a cargo do alienante e não forem realizados no prazo de até trinta dias ou prazo superior que tenha sido pactuado pelas partes, o adquirente poderá optar pela resolução do contrato ou pelo abatimento no preço.

De acordo com as justificativas da Subcomissão de Direito Contratual, "a proposta de reforma do regime de vícios redibitórios se pauta na tendência internacional de permitir o saneamento dos vícios, e não apenas a redibição ou o abatimento do preço. Exemplos dessa tendência são a CISG, em seu regime de desconformidade das mercadorias, e o Código Civil e Comercial da Nação Argentina. Embora a redibição e o abatimento do preço se mantenham como alternativas para o adquirente, mantendo fidelidade à tradição do Direito Civil brasileiro, inclui-se a possibilidade de exigir custeio de reparos – assegurando-se a possibilidade de o alienante realizá-los". A sugestão teve apoio unânime da Relatoria-Geral e da Comissão de Juristas, sendo necessária a sua inclusão na Lei Geral Privada.

Retornando-se ao sistema em vigor, é pertinente deixar claro que a responsabilidade do alienante permanece ainda que a coisa pereça em poder do adquirente em virtude do vício oculto já existente no momento da entrega (art. 444 do CC). Aplicando a norma, concluiu o Tribunal do Distrito Federal que "assim, mesmo em se tratando de veículo com quase dez anos de uso, deve o alienante responder pelo defeito oculto no motor, o qual após dois meses da venda veio a fundir, necessitando de retífica completa" (TJDF, Recurso Cível 2007.06.1.004531-8, Acórdão 339.162, 2.ª Turma Recursal dos Juizados Especiais Cíveis e Criminais, Rel. Juiz Jesuíno Rissato, *DJDFTE* 21.01.2009, p. 170).

Como as ações edilícias são constitutivas negativas, os prazos previstos no art. 445 do CC para tais demandas são decadenciais. Nesse sentido, o Enunciado n. 28 do CJF/STJ: "o disposto no art. 445, §§ 1.º e 2.º, do Código Civil reflete a consagração da doutrina e da jurisprudência quanto à natureza decadencial das ações edilícias". Vejamos:

> – Nas hipóteses de vício que pode ser percebido imediatamente (art. 445, *caput*, do CC) – O adquirente decai do direito de obter a redibição ou abatimento no preço no prazo de trinta dias se a coisa for móvel, e de um ano se for imóvel, contado da entrega efetiva. Porém, se já estava na posse do bem, o prazo conta-se da alienação da coisa, reduzido à metade (15 dias para móvel e seis meses para imóvel). Cite-se como exemplo da última regra o caso de um locatário que adquire o bem, havendo uma tradição ficta (*traditio brevi manu* – possuía em nome alheio, agora possui em nome próprio).
>
> – Quando o vício, por sua natureza, só puder ser conhecido mais tarde (art. 445, § 1.º, do CC) – O prazo contar-se-á do momento em que dele tiver ciência,

---

[76] BUSSATTA, Eduardo. *Resolução dos contratos e teoria do adimplemento substancial*. Coleção Prof. Agostinho Alvim. São Paulo: Saraiva, 2007. p. 122.

> até o prazo máximo de cento e oitenta dias, em se tratando de bens móveis; e de um ano, para os imóveis.

Consigne-se que existem acórdãos aplicando essa diferenciação dos prazos, conforme se extrai de julgado do Tribunal Paulista:

"Compra e Venda. Alegação de vício redibitório. Ação de cobrança de valor destinado à recomposição do imóvel. Ação ajuizada antes de completado um ano da data em que a autora tomou conhecimento dos vícios ocultos. Decadência não configurada. Aplicação do artigo 445, § 1.º, do Código Civil. Imóvel sujeito a infiltrações, somente observadas quando da temporada de chuvas. Fato que não foi levado ao conhecimento da adquirente. Danos anteriores mascarados com a pintura recente do prédio. Valor de recomposição não impugnado. Sentença de procedência mantida. Agravos retidos da autora que restam prejudicados em face da decisão dada ao mérito da demanda. Apelação desprovida" (TJSP, Apelação Cível 617.558.4/4, Acórdão 3498071, 2.ª Câmara de Direito Privado, Catanduva, Rel. Des. Morato de Andrade, j. 03.03.2009, *DJESP* 26.03.2009).

De toda sorte, colaciona-se a existência de um entendimento em sentido diverso. Quando da *III Jornada de Direito Civil,* do Conselho da Justiça Federal e do Superior Tribunal de Justiça, foi aprovado o Enunciado n. 174, com teor controvertido, a saber: "em se tratando de vício oculto, o adquirente tem os prazos do *caput* do art. 445 para obter redibição ou abatimento de preço, desde que os vícios se revelem nos prazos estabelecidos no parágrafo primeiro, fluindo, entretanto, a partir do conhecimento do defeito". A proposta de enunciado foi formulada pelos professores Gustavo Tepedino e Carlos Edison do Rêgo Monteiro Filho, da Universidade Estadual do Rio de Janeiro.

Esclarecendo o teor do enunciado doutrinário, ele está prevendo que, nos casos de vícios ocultos, o adquirente terá contra si os prazos de 30 dias para móveis e 1 ano para imóveis (art. 445, *caput,* do CC), desde que os vícios surjam nos prazos de 180 dias para móveis e 1 ano imóveis (art. 445, § 1.º, do CC), a contar da aquisição desses bens. Parte considerável da doutrina concorda com a aplicação do raciocínio.[77] Ao final de 2014, surgiu decisão do Superior Tribunal de Justiça aplicando esse enunciado, sendo pertinente transcrever sua breve e objetiva ementa:

"Recurso especial. Vício redibitório. Bem móvel. Prazo decadencial. Art. 445 do Código Civil. 1. O prazo decadencial para o exercício da pretensão redibitória ou de abatimento do preço de bem móvel é de 30 dias (art. 445 do CC). Caso o vício, por sua natureza, somente possa ser conhecido mais tarde, o § 1.º do art. 445 estabelece, em se tratando de coisa móvel, o prazo máximo de 180 dias para que se revele, correndo o prazo decadencial de 30 dias a partir de sua ciência. 2. Recurso especial a que se nega provimento" (STJ, REsp 1.095.882/SP, 4.ª Turma, Rel. Min. Maria Isabel Gallotti, j. 09.12.2014, *DJe* 19.12.2014).

Após esse julgado superior, surgiram outros arestos estaduais seguindo o mesmo caminho, a demonstrar que essa é a posição que prevalece na prática atualmente. Assim, a título de exemplo:

---

[77] Caso de: CATALAN, Marcos Jorge. *Direito dos contratos.* Direito civil. Orientação: Giselda M. F. Novaes Hironaka. In: MORRIS, Amanda Zoe e BARROSO, Lucas Abreu. São Paulo: RT, 2008. v. 3, p. 150; BESSA, Leonardo Roscoe. *Manual de direito do consumidor.* São Paulo: RT, 2008. p. 143.

"O art. 445, § 1º, do Código Civil, dispõe que o prazo para reclamar dos vícios ocultos é de 30 dias, contados da data em que o adquirente teve ciência do vício, até o prazo máximo de 180 dias, em se tratando de bem móvel. Ação ajuizada 9 meses após a ciência do defeito. Extinção da ação pelo reconhecimento da decadência" (TJRS, Acórdão 0103829-94.2017.8.21.7000, 18.ª Câmara Cível, Guaporé, Rel. Des. Marlene Marlei de Souza, j. 29.08.2017, *DJERS* 06.09.2017).

"Nos termos do art. 445, § 1.º, do CC/02, o prazo decadencial para se invocar os vícios redibitórios de difícil constatação em imóveis é de 1 ano a contar da data em que se tomou conhecimento destes. Com o intuito de reforçar o princípio da segurança jurídica, o § 1.º do art. 445 do CC/02 também impõe uma limitação temporal para serem detectados os referidos vícios, qual seja, a de 1 ano da entrega do imóvel. Ou seja, existem dois prazos, o para a constatação da existência de vícios e o para ajuizar a demanda" (TJMG, Apelação Cível 1.0382.14.001815-3/001, Rel. Des. Mariza Porto, j. 1.º.06.2016, *DJEMG* 08.06.2016).

"Alegação de que o prazo decadencial o art. 445, § 1.º, CC, teria início apenas com a ciência do vício. Presunção que não poderia ter sido utilizada para o pronunciamento da decadência. Perícia que teria sido desvirtuada. Constatação dos vícios alegados. Necessidade de reparação. Não acolhimento. Decadência bem decretada. Vícios redibitórios, ainda que ocultos, têm prazo legal para exteriorização. Um ano (art. 445, § 1.º, CPC). Problemas surgidos nesse ínterim, prazo decadencial do *caput* do art. 445, CC, tem início da ciência do vício" (TJSP, Apelação 0000309-51.2013.8.26.0071, Acórdão 9604129, 3.ª Câmara de Direito Privado, Bauru, Rel. Des. Carlos Alberto de Salles, j. 15.07.2016, *DJESP* 26.07.2016).

Entretanto, com o devido respeito, não há como concordar com essa via de solução. Isso porque a interpretação pode privilegiar condutas de má-fé. Imagine-se a situação em que alguém vende um imóvel *mascarando* um problema no encanamento, que somente estourará depois de um ano e meio da venda. Ora, seria ilógico pensar que não cabe a alegação de vício redibitório, principalmente levando-se em conta que um dos princípios contratuais do Código de 2002 é a boa-fé objetiva.

Em síntese, mesmo respeitando o teor do enunciado doutrinário, a ele não me filio, pois é confuso metodologicamente, podendo gerar implicações de ordem prática no caso de sua aplicação. Em conclusão, deve-se deduzir que os dois comandos legais previstos na ementa do Enunciado n. 174 não se complementam, tendo aplicação isolada de acordo com o tipo de vício no caso concreto.

A propósito, com relação a bens imóveis, igualmente no âmbito do Superior Tribunal de Justiça há um outro aresto mais remoto, que traz interpretação diferente, e por mim seguida, apesar de se referir ao Código Civil de 1916. Trata-se do julgamento do Recurso Especial 431.353/SP, analisado pela Segunda Seção da Corte, e que foi assim resumido:

"Embargos de divergência no recurso especial. Admissibilidade. Compromisso de compra e venda. Possibilidade de rescisão fundada em vício redibitório. Prescrição. Termo inicial. Data do conhecimento do vício oculto. Se o vício, por sua natureza, não podia ser percebido no ato da tradição, o prazo, estabelecido no art. 178, § 5.º, inc. IV, do CC de 1916, para ajuizar ação reclamando o defeito conta-se do momento que o adquirente do bem toma conhecimento de sua existência, prevalecendo o entendimento dominante na Terceira Turma (REsp n. 489.867/SP, de minha relatoria, pub. no *DJ* de 23.06.2003). Dado provimento aos embargos de divergência" (STJ, EREsp 431.353/SP, 2.ª Seção, Rel. Min. Nancy Andrighi, j. 23.02.2005, *DJ* 1.º.07.2005, p. 363).

Trata-se de um julgamento de pacificação do tema na Corte, decidido por maioria e com citação de outro precedente. Votaram com a Relatora os Ministros Castro Filho, Antônio de Pádua Ribeiro, Humberto Gomes de Barros e Jorge Scartezzini. Foram vencidos os Ministros Cesar Asfor Rocha, Fernando Gonçalves e Aldir Passarinho Junior, sendo a votação final 5 a 3. Os magistrados vencidos pretendiam afastar a aplicação da regra da contagem do prazo a partir da ciência do vício. No final do seu voto, conclui a Ministra Nancy Andrighi, citando a norma em debate: "a solução que ora se propõe visa proteger o direito de ação da parte lesada, considerando como termo inicial para o cômputo do prazo decadencial o momento em que efetivamente tomou conhecimento dos vícios até então ocultos. Esta, inclusive, foi a solução adotada pelo Código Civil/2002, que assim dispõe em seu art. 445, § 1.º (...)".

Aprofundando a pesquisa para parecer jurídico elaborado em 2018, penso haver divergência na Corte Superior, com dois julgados em posições conflitantes: um mais remoto, que segue a interpretação por mim compartilhada quanto a imóveis, de que o início do prazo para alegar o vício deve ser contado da sua ciência; outro mais recente, que segue a interpretação do art. 445, § 1.º, do Código Civil, guiada pelo Enunciado n. 174 da *III Jornada de Direito Civil*. A divergência repete-se na doutrina. José Fernando Simão, Jones Figueirêdo Alves, Mário Luiz Delgado, Pablo Stolze e Rodolfo Pamplona estão com a primeira corrente; compartilhada por mim. Além dos autores já citados, Cristiano Chaves de Farias, Nelson Rosenvald, Cristiano Zanetti e Marco Aurélio Bezerra de Melo perfilham-se ao enunciado doutrinário. Espera-se que o tema seja pacificado, em breve, no âmbito da Segunda Seção do STJ.

Todos os meus comentários e anotações jurisprudenciais demonstram a necessidade urgente de resolver esses dilemas, com a necessária alteração legislativa. Cumprindo a sua missão, a Comissão de Juristas nomeada para a Reforma do Código Civil sugere aperfeiçoamentos no art. 445 da Lei Geral Privada.

Após muitas discussões, acabou prevalecendo a proposta de se positivar, pelo menos em parte, o teor do Enunciado n. 174 da *III Jornada de Direito Civil*, vencidas as minhas ressalvas doutrinárias hoje existentes. Nesse contexto, o *caput* do art. 445 passará a prever que "os prazos de garantia legal contra vícios ocultos, contados da data da entrega efetiva do bem, são de: I – sessenta dias, se a coisa for móvel e tiver sido adquirida por valor inferior a dez salários mínimos; II – um ano, se a coisa for móvel e tiver sido adquirida por valor igual ou superior a dez salários mínimos; III – dois anos, se a coisa for imóvel". Como se pode perceber, incluem-se na lei regras diferenciadoras para bens móveis de valores superiores, o que é louvável.

Seguindo no estudo das propostas, consoante o seu projetado § 1.º, com melhor técnica, "se o adquirente já estava na posse da coisa, os prazos de garantia contam-se da data do contrato e serão reduzidos à metade". Além disso, transcorridos os prazos previstos neste artigo, cessa a garantia legal por vícios ocultos (art. 445, § 2.º). E, limitando-se um lapso temporal para que o vício apareça, na linha do enunciado doutrinário tão citado: "o adquirente tem o prazo decadencial de sessenta dias, tratando-se de bem móvel, e de um ano, tratando-se de bem imóvel, para o exercício dos direitos previstos no art. 442, contado da data final do prazo de garantia, desde que o vício tenha aparecido antes de findo esse prazo" (§ 3.º).

Vencida a posição por mim seguida, a verdade é que o texto da norma jurídica precisa adotar uma das soluções hoje trilhadas pela doutrina e pela jurisprudência, em prol da segurança jurídica e da estabilidade dos negócios civis. Espera-se, portanto, que o Congresso Nacional aprove as alterações propostas para o art. 445 do Código Civil.

# 718 | MANUAL DE DIREITO CIVIL • VOLUME ÚNICO – *Flávio Tartuce*

A encerrar o estudo dos vícios redibitórios ou ocultos, duas observações devem ser feitas. A primeira tem relação com a novidade, frente ao CC/1916, constante do art. 445, § 2.º, do CC/2002, pelo qual no caso de vendas de animais, os prazos de garantia quanto aos vícios redibitórios serão aqueles previstos na legislação ordinária especial. Essa lei especial pode ser o CDC, caso estejam presentes os elementos da relação de consumo (arts. 2.º e 3.º da Lei 8.078/1990).

A título de exemplo, pode ser citada a compra por consumidores de animais de estimação em lojas especializadas ou *pet shops* (nesse sentido, ver: TJRS, Processo 71000962233, Data: 19.10.2006, Primeira Turma Recursal Cível, Juiz Rel. Ricardo Torres Hermann, Origem: Porto Alegre). Na falta de previsão legal, devem ser aplicados os usos e costumes locais, o que está em sintonia com a parte final do art. 113 do CC e com a concepção social do contrato. Na falta de usos é que incidem os prazos constantes do § 1.º do art. 445 do CC. Como os animais são bens móveis semoventes, em regra, aplica-se o prazo de 180 dias. Como se pode notar, a norma em comento subverte a ordem do art. 4.º da Lei de Introdução, eis que primeiro serão aplicados os costumes e só depois a analogia.

Como segunda observação, enuncia o art. 446 do CC/2002 que "não correrão os prazos do artigo antecedente na constância de cláusula de garantia; mas o adquirente deve denunciar o defeito ao alienante nos trinta dias seguintes ao seu descobrimento, sob pena de decadência". O dispositivo sempre gerou dúvidas, desde a entrada em vigor do Código Civil. Em verdade, trata o comando legal de prazo de garantia convencional que independe do legal e vice-versa, conforme consta do CDC (art. 50). Aqui, um dispositivo do CDC ajudará na interpretação de comando legal do Código Civil, havendo um *diálogo de complementaridade*.

Com efeito, na vigência de prazo de garantia (decadência convencional) não correrão os prazos legais (decadência legal), mas, diante do dever anexo de informação, inerente à boa-fé objetiva, o adquirente deverá denunciar o vício no prazo de trinta dias contados do seu descobrimento, sob pena de decadência. A dúvida relativa ao dispositivo gira em torno da decadência mencionada ao seu final. Essa decadência se refere à perda da garantia convencional ou à perda do direito de ingressar com as ações edilícias?

No meu entendimento doutrinário, a decadência referenciada no final do art. 446 do CC/2002 está ligada à perda do direito de garantia contratual e não ao direito de ingressar com as ações edilícias. Sendo assim, findo o prazo de garantia convencional ou não exercendo o adquirente o direito no prazo de 30 dias fixado no art. 446 do CC, iniciam-se os prazos legais previstos no art. 445 do CC. Essa é a melhor interpretação, dentro da ideia de justiça, pois, caso contrário, seria pior aceitar um prazo de garantia convencional, uma vez que o prazo de exercício do direito é reduzido para trinta dias. Interpretando dessa forma, leciona Maria Helena Diniz que "com o término do prazo de garantia ou não denunciando o adquirente o vício dentro do prazo de trinta dias, os prazos legais do art. 445 iniciar-se-ão".[78]

No mesmo sentido é a opinião de Marco Aurélio Bezerra de Melo, coautor do nosso *Código Civil Comentado*, publicado por esta mesma casa editorial: "se o adquirente perder o prazo de trinta dias para denunciar ao alienante o vício encontrado na coisa, perderá inexoravelmente a garantia contratual, mas a legal, se ainda estiver no prazo, poderá exercer".[79] No âmbito da jurisprudência estadual, seguindo essa correta interpretação:

---

[78] DINIZ, Maria Helena. *Código Civil anotado*. 15. ed. São Paulo: Saraiva, 2010. p. 382.
[79] MELO, Marco Aurélio Bezerra de. *Curso de direito civil*. Direito dos contratos. Teoria geral dos contratos. São Paulo: Atlas, 2015. v. III, t. I, p. 281-282.

"Ação de indenização por danos morais e materiais. Pedido de redibição de contrato de compra e venda de uma retroescavadeira que apresentou defeitos logo após a aquisição. Acórdão rescindendo que condenou a autora, sucessora da fabricante, à devolução dos valores pagos pela requerida. Pleito de rescisão fundamentado no art. 485, V, do Código de Processo Civil. Violação dos artigos 445, § 1.º, e 446 do Código Civil. Vício oculto de coisa móvel que surgiu durante o período da garantia contratual. Acórdão rescindendo que incorreu em erro na contagem do prazo decadencial. Decurso da garantia contratada. Início imediato da contagem do prazo de 30 (trinta) dias" (TJPR, Acórdão em Rescisória 0828097-7, 10.ª Câmara Cível em Composição Integral, Londrina, Rel. Des. Guilherme Freire de Barros Teixeira, j. 10.03.2016, *DJPR* 26.04.2016, p. 325).

Ou, ainda, do Tribunal do Distrito Federal: "mister se faz ressaltar que as práticas de mercado fazem com que os próprios fornecedores, de modo espontâneo, ofereçam garantia contratual autônoma para o produto ou serviço fornecido, cuja natureza é complementar à garantia legal (CDC, art. 50). Nesse passo, o prazo decadencial somente se inicia após o esgotamento do prazo da garantia contratual (CC, art. 446; CDC, art. 50), o que também não foi trazido aos autos" (TJDF, Recurso 2015.03.1.001572-8, Acórdão 900.924, 2.ª Turma Recursal dos Juizados Especiais do Distrito Federal, Rel. Juiz Arnaldo Corrêa Silva, *DJDFTE* 23.10.2015, p. 376).

Os arestos expostos traduzem a correta interpretação do art. 446 do Código Civil, esperando-se que essa posição se consolide na jurisprudência, inclusive no Superior Tribunal de Justiça.

De toda sorte, como palavras finais para o tópico, não se pode negar que o art. 446 do Código Civil também necessita de reparos, para superar as divergências e os dilemas ora expostos, e trazer maior clareza para a sua aplicação prática. E como não poderia ser diferente, a Comissão de Juristas encarregada da Reforma do Código Civil propõe melhoras para o texto, na linha de tudo o que foi aqui desenvolvido, e agora, sim, adotando a minha posição doutrinária.

Assim, sugere-se que o *caput* desse art. 446 passe a preceituar que "a garantia contratual é complementar à garantia legal e será conferida mediante termo escrito", exatamente como está no art. 50 do CDC. Em complemento, e na mesma linha da Lei Consumerista, o seu novo § 1.º passará a prever, em prol do dever anexo de informação, inerente à boa-fé objetiva, que "esse termo deve esclarecer, de maneira adequada e clara, em que consiste a garantia, bem como a forma, o prazo e o lugar em que pode ser exercitada e os ônus a cargo do adquirente".

Sobre a contagem do prazo, o projetado § 2.º enunciará que "não correrão os prazos de garantia legal por vícios ocultos na constância de cláusula de garantia, mas o adquirente deve denunciar o vício ao alienante no prazo de trinta dias, sob pena de perda da garantia contratual". E, resolvendo totalmente a divergência hoje existente, o novo § 3.º do art. 446: "cessada a garantia contratual, nos termos do parágrafo anterior, inicia-se o prazo de decadência da garantia legal, nos termos do art. 445".

Aguarde-se, por razões óbvias aqui demonstradas, a sua aprovação integral pelo Parlamento Brasileiro.

## 5.7 A EVICÇÃO

A evicção é um instituto clássico do Direito Civil que sempre trouxe consequências e efeitos de cunho processual, diante de suas claras repercussões práticas. Aliás, a catego-

## 720 | MANUAL DE DIREITO CIVIL • VOLUME ÚNICO – *Flávio Tartuce*

ria tem origem no pragmatismo romano, especialmente na expressão latina *evincere*, que significa *ser vencido* ou *ser um perdedor*. Como bem esclarece Sílvio de Salvo Venosa, a responsabilidade civil por evicção surge nos contratos consensuais em Roma, em momento correspondente, com menos formalidades, à *stipulatio*.[80]

Naquela época, se o adquirente de bens pela *mancipatio* era demandado por um terceiro, antes de ocorrer a usucapião da coisa, poderia chamar o vendedor a fim de que ele se apresentasse em juízo para assisti-lo e defendê-lo na lide. Isso se o vendedor se negasse a comparecer no pleito, ou se, mesmo comparecendo, o adquirente se visse privado da coisa, tendo este último direito à chamada *actio auctoritatis*, para obter o dobro do preço que havia pagado ao alienante originário.[81]

Tendo em vista as regras constantes da codificação privada material e a interpretação doutrinária e jurisprudencial que vem sendo dada à categoria, a evicção pode ser conceituada como a perda da coisa diante de uma decisão judicial ou de um ato administrativo que a atribui a um terceiro. Quanto aos efeitos da perda, a evicção pode ser total ou parcial (arts. 447 a 457 do CC).

De toda a sorte, é interessante deixar claro que o conceito *clássico* de evicção é que ela decorre de uma *sentença judicial*. Entretanto, o Superior Tribunal de Justiça tem entendido que a evicção pode estar presente em casos de apreensão administrativa, não decorrendo necessariamente de uma decisão judicial (nesse sentido: STJ, REsp 259.726/RJ, 4.ª Turma, Rel. Min. Jorge Scartezzini, Data da decisão: 03.08.2004, *DJ* 27.09.2004, p. 361).

Seguindo esse entendimento jurisprudencial, hoje consolidado, em 2022, na *IX Jornada de Direito Civil*, aprovou-se o Enunciado n. 651, prevendo que "a evicção pode decorrer tanto de decisão judicial como de outra origem, a exemplo de ato administrativo". A ementa demonstra que a questão está cristalizada, tanto na doutrina como na jurisprudência.

Seguindo em parte esse último entendimento, a mesma Corte Superior, em acórdão mais recente, deduziu que a evicção não exige o trânsito em julgado da decisão para o devido exercício do direito. Conforme aresto publicado no seu *Informativo n. 519*, julgou o STJ da seguinte forma:

> "Para que o evicto possa exercer os direitos resultantes da evicção, na hipótese em que a perda da coisa adquirida tenha sido determinada por decisão judicial, não é necessário o trânsito em julgado da referida decisão. A evicção consiste na perda parcial ou integral do bem, via de regra, em virtude de decisão judicial que atribua seu uso, posse ou propriedade a outrem em decorrência de motivo jurídico anterior ao contrato de aquisição. Pode ocorrer, ainda, em razão de ato administrativo do qual também decorra a privação da coisa. A perda do bem por vício anterior ao negócio jurídico oneroso é o fator determinante da evicção, tanto que há situações em que os efeitos advindos da privação do bem se consumam a despeito da existência de decisão judicial ou de seu trânsito em julgado, desde que haja efetiva ou iminente perda da posse ou da propriedade e não uma mera cogitação da perda ou limitação desse direito. Assim, apesar de o trânsito em julgado da decisão que atribua a outrem a posse ou a propriedade da coisa conferir o respaldo ideal para o exercício do direito oriundo da evicção, o aplicador do direito não pode ignorar a realidade comum do trâmite processual nos tribunais que, muitas vezes, faz com que o processo permaneça ativo por longos anos, ocasionando prejuízos consideráveis advindos da constrição imediata dos bens do evicto, que aguarda, impotente, o

---

[80] VENOSA, Sílvio de Salvo. *Direito civil*. Contratos em espécie. 12. ed. São Paulo: Atlas, 2012. v. IV, p. 548.

[81] VENOSA, Sílvio de Salvo. *Direito civil*. Contratos em espécie. 12. ed. São Paulo: Atlas, 2012. v. IV, p. 548.

trânsito em julgado da decisão que já lhe assegurava o direito" (STJ, REsp 1.332.112/GO, Rel. Min. Luis Felipe Salomão, j. 21.03.2013).

Como se nota, a categoria foi analisada socialmente, como deve ocorrer com os institutos privados na contemporaneidade, visando à sua funcionalização. E ponderando sobre a mudança conceitual de perspectiva na doutrina, arremata o Ministro Luis Felipe Salomão, no mesmo *decisum*, o seguinte:

"Com efeito, os civilistas contemporâneos ao CC/1916 somente admitiam a evicção mediante sentença transitada em julgado, com base no art. 1.117, I, do referido código, segundo o qual o adquirente não poderia demandar pela evicção se fosse privado da coisa não pelos meios judiciais, mas por caso fortuito, força maior, roubo ou furto. Ocorre que o Código Civil vigente, além de não ter reproduzido esse dispositivo, não contém nenhum outro que preconize expressamente a referida exigência. Dessa forma, ampliando a rigorosa interpretação anterior, jurisprudência e doutrina passaram a admitir que a decisão judicial e sua definitividade nem sempre são indispensáveis para a consumação dos riscos oriundos da evicção" (STJ, REsp 1.332.112/GO, Rel. Min. Luis Felipe Salomão, j. 21.03.2013).

Mais do que isso, em 2018, o mesmo Tribunal Superior concluiu que também caracteriza a evicção a conduta da parte de incluir gravame capaz de impedir a transferência livre e desembaraçada de veículo objeto de negócio jurídico de compra e venda (STJ, REsp 1.713.096/SP, 3.ª Turma, Rel. Min. Nancy Andrighi, j. 20.02.2018, *DJe* 23.02.2018, publicado no seu *Informativo* n. *621*). O aresto reconheceu o direito da intermediadora da compra e venda do veículo em ser reparada pelos prejuízos causados pelo alienante, em virtude da resolução do contrato pela evicção.

Como não poderia ser diferente, no atual Projeto de Reforma do Código Civil pretende-se incluir no seu art. 447 dois parágrafos, na linha dos citados entendimentos doutrinários e jurisprudenciais. Assim, consoante o seu projetado § 1.º, "a evicção pode decorrer de decisão judicial ou de ato administrativo de apreensão que tenham por fundamento fato anterior à alienação". E mais, "também ocorre evicção quando a decisão judicial ou administrativa anteriores à alienação impuserem gravame que limite consideravelmente os direitos do adquirente sobre a coisa" (§ 2.º). Espera-se que as proposições sejam aprovadas pelo Parlamento Brasileiro, somente confirmando a posição hoje consolidada no Direito Civil Brasileiro.

Seguindo no estudo do instituto, da leitura do atual art. 447 do CC constata-se que há uma garantia legal em relação a essa perda da coisa, objeto do negócio jurídico celebrado, que atinge os contratos bilaterais, onerosos e comutativos, mesmo que tenha sido adquirida em hasta pública. A responsabilidade pela evicção de bem arrematado em hasta pública é novidade do Código Civil de 2002.

No que concerne à pessoa que responde em casos envolvendo a evicção de bem arrematado, parece mais correto o entendimento que afirma a responsabilidade imediata do devedor ou réu da ação, que é o primeiro beneficiado com a arrematação. Assim, o credor ou autor tem responsabilidade subsidiária, por ser beneficiado indiretamente.[82] Todavia, a questão não é pacífica, pois há quem entenda pela responsabilidade imediata do credor e subsidiária do devedor.[83] Da jurisprudência mineira, anote-se que pode ser encontrada

---

[82] Nesse sentido, ver: CÂMARA, Alexandre Freitas. Da evicção – aspectos materiais e processuais. In: HIRONAKA, Giselda Maria Fernandes Novaes e TARTUCE, Flávio. *Direito contratual*. Temas atuais. São Paulo: Método, 2008.

[83] DINIZ, Maria Helena. *Código Civil anotado*. 15. ed. São Paulo: Saraiva, 2010. p. 383; VENOSA, Sílvio de Salvo. *Código Civil interpretado*. São Paulo: Atlas, 2010. p. 470.

decisão que aplica o último entendimento (TJMG, Apelação Cível 1.0702.03.039515-7/0011, 14.ª Câmara Cível, Uberlândia, Rel. Des. Elias Camilo, j. 12.11.2008, *DJEMG* 02.12.2008).

Pois bem, são partes da evicção (elementos subjetivos), o que é fundamental para a compreensão do instituto e de sua efetividade:

- O *alienante* – aquele que transfere a coisa viciada, de forma onerosa.
- O *evicto* ou adquirente – aquele que perde a coisa adquirida.
- O *evictor* ou terceiro – tem a decisão judicial ou a apreensão administrativa a seu favor.

De forma esquematizada, o instituto da evicção pode ser assim apresentado, como sempre faço em aulas e exposições sobre o tema:

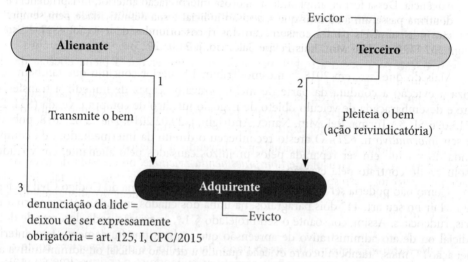

Consigne-se que o art. 199, inc. III, do Código Civil preconiza que não corre a prescrição, pendendo a ação de evicção. Somente após o trânsito em julgado da sentença a ser proferida na ação em que se discute a evicção, com a decisão sobre a destinação do bem evicto, é que o prazo prescricional voltará a correr.

A responsabilidade pela evicção decorre da lei, assim não precisa estar prevista no contrato. Todavia, podem as partes reforçar a responsabilidade, atenuando ou agravando seus efeitos (art. 448 do Código Civil). Quanto ao reforço em relação à evicção, diante da vedação do enriquecimento sem causa, tem-se entendido há tempos que o limite é o dobro do valor da coisa, o que é correto, pela função social dos pactos.[84]

Com relação à exclusão da responsabilidade, esta pode ocorrer desde que feita de forma expressa (cláusula de *non praestaenda evictione* ou cláusula de irresponsabilidade pela evicção), não se presumindo tal exclusão em hipótese alguma. Todavia, mesmo excluída a responsabilidade pela evicção, se esta ocorrer, o alienante responde pelo preço da coisa. Isso, se o evicto não sabia do risco da evicção ou, informado do risco, não o assumiu (art. 449 do Código Civil).

Fica claro que sigo o entendimento dominante pelo qual o alienante somente ficará totalmente isento de responsabilidade se pactuada a cláusula de exclusão *e* o adquirente

---

[84] DINIZ, Maria Helena. *Código Civil anotado*. 15. ed. São Paulo: Saraiva, 2010. p. 383.

for informado sobre o risco da evicção (sabia do risco e o aceitou). Pode-se assim utilizar as seguintes fórmulas clássicas, criadas por Washington de Barros Monteiro:[85]

- Cláusula expressa de exclusão da garantia + conhecimento do risco da evicção pelo evicto = isenção de toda e qualquer responsabilidade por parte do alienante.
- Cláusula expressa de exclusão da garantia – ciência específica desse risco por parte do adquirente = responsabilidade do alienante apenas pelo preço pago pelo adquirente pela coisa evicta.
- Cláusula expressa de exclusão da garantia, sem que o adquirente haja assumido o risco da evicção de que foi informado = direito deste de reaver o preço que desembolsou.

Apesar de ser essa a posição amplamente majoritária, melhor seria introduzir essas premissas e afirmações na lei, o que é almejado pela Comissão de Juristas nomeada no Congresso Nacional para a Reforma do Código Civil. Assim, propõe-se uma nova e mais precisa redação para o seu art. 449, passando ele a prever que a plena eficácia da cláusula de exclusão da garantia pela evicção depende da assunção, pelo adquirente, do risco específico que ensejou a perda da coisa. E, nos termos do seu projetado parágrafo único, o evicto tem direito a receber o preço que pagou pela coisa evicta, se não soube do risco da evicção ou, dele informado, expressamente não o assumiu.

Feita essa nota, no sistema atual, não havendo a referida cláusula de exclusão da garantia pela evicção – cláusula de *non praestaenda evictione*, ou cláusula de irresponsabilidade pela evicção –, a responsabilidade do alienante será plena. Em casos tais, levando-se em conta o art. 450 do CC, poderá o evicto prejudicado pleitear do alienante, nos casos de *evicção total*:

1.º) A restituição integral do preço pago. Para tanto, se deve levar em conta o valor da coisa à época em que se perdeu, evitando-se o enriquecimento sem causa (art. 450, parágrafo único, do CC).
2.º) A indenização dos frutos que tiver sido obrigado a restituir ao evictor ou terceiro.
3.º) A indenização pelas despesas dos contratos e pelos prejuízos que diretamente resultarem da evicção (danos emergentes, despesas de escritura e registro e lucros cessantes, nos termos dos arts. 402 a 404 do CC; além de danos imateriais ou morais).
4.º) As custas judiciais e os honorários advocatícios do advogado por ele constituído.
5.º) Indenização pelas benfeitorias necessárias e úteis não abonadas ao evicto pelo evictor (art. 453 do CC). Porém, se as benfeitorias abonadas ao que sofreu a evicção tiverem sido feitas pelo alienante, o valor destas deverá ser levado em conta na restituição devida (art. 454 do CC).

Eis outro comando que precisa de aperfeiçoamentos técnicos, especialmente para se incluir a menção expressa aos honorários contratuais, na linha de outras proposições, e

---

[85] MONTEIRO, Washington de Barros. *Curso de direito civil. Direito das obrigações*. 2.ª Parte. 9. ed. São Paulo: Saraiva, 1973. p. 63.

sanar alguns problemas redacionais, o que está sendo proposto pelo Projeto de Reforma do Código Civil.

Em complemento, enuncia o art. 451 do CC/2002 que a responsabilidade do alienante pela evicção total ou parcial permanece ainda que a coisa alienada esteja deteriorada, exceto havendo dolo do adquirente. Exemplificando, não poderá o adquirente haver a coisa deteriorada para si sabendo do vício e depois se insurgir, pleiteando o que consta do art. 450 do CC. Mas, se o evicto tiver auferido vantagens das deteriorações e não tiver sido condenado a pagar tais valores ao evictor, o valor dessas vantagens deverá ser deduzido da quantia pleiteada do alienante (art. 452 do CC), regra sintonizada com a vedação do enriquecimento sem causa.

Em havendo evicção parcial, duas são as regras previstas no art. 455 do CC, com destaque:

> – Se a evicção for parcial, mas considerável, poderá o adquirente optar entre a rescisão do contrato *ou* a restituição da parte do preço correspondente ao desfalque.
> – Sendo parcial a evicção, mas não considerável, poderá o evicto somente pleitear indenização correspondente à parte perdida (perdas e danos).

O grande problema é justamente saber o que é *evicção parcial considerável*. Em regra, pode-se afirmar que esta é aquela que supera a metade do valor do bem. Entretanto, também se pode levar em conta a *essencialidade* da parte perdida em relação às finalidades sociais e econômicas do contrato.[86] A título de exemplo, imagine-se o caso em que a parte menor da fazenda perdida é justamente a sua parte produtiva. A evicção, aqui, deve ser tida como parcial, mas considerável, cabendo a rescisão contratual.

Sem dúvidas, é preciso incluir esses parâmetros para a evicção parcial no art. 455, o que se almeja pelo Projeto de Reforma do Código Civil, além de melhoras na redação do seu *caput*. A proposta da Comissão de Juristas, portanto, é que ele passe a prever que, "ainda que parcial, sendo considerável a evicção, poderá o evicto optar entre a resolução do contrato e o pagamento do valor da coisa ao tempo em que se perdeu, de modo proporcional ao desfalque sofrido; caso contrário, caberá somente o direito à indenização pela parte perdida". Em complemento, quanto aos referidos critérios para se verificar a evicção parcial considerável ou não, o seu parágrafo único projetado: "considerável é a evicção quando supera a metade do valor do bem ou, não a superando, demonstrar-se a essencialidade da parte perdida em relação ao uso ou à fruição do bem ou, ainda, às finalidades sociais e econômicas do contrato". Com os mesmos fundamentos da grande maioria das proposições formuladas, os objetivos são de aumentar a segurança jurídica e facilitar a circulação dos negócios civis.

Superados esses pontos, de cunho sobretudo material, é interessante abordar as principais questões processuais relativas à evicção e os impactos gerados pelo Código de Processo Civil de 2015.

O principal impacto, sem dúvida, diz respeito à revogação expressa do art. 456 do Código Civil pelo art. 1.072, inciso II, do Estatuto Processual em vigor. Como é notório, dispunha o *caput* do comando material anterior que, "para poder exercitar o direito que da evicção lhe resulta, o adquirente notificará do litígio o alienante imediato, ou qualquer

---

[86] BUSSATTA, Eduardo. *Resolução dos contratos e teoria do adimplemento substancial*. Coleção Prof. Agostinho Alvim. São Paulo: Saraiva, 2007. p. 123.

dos anteriores, quando e como lhe determinarem as leis do processo". Sempre se utilizou a denunciação da lide, prevista no art. 70, inciso I, do antigo Código de Processo Civil, sendo ela *supostamente obrigatória*, para que o evicto pudesse exercer o direito que da evicção lhe resultasse, pela dicção que estava no *caput* do último comando citado.

Depois de muitos debates em sua tramitação, a denunciação da lide continua sendo o caminho processual para tanto. Nos termos do novel art. 125, inciso I, do CPC/2015, é admissível a denunciação da lide, promovida por qualquer das partes, ao alienante imediato, no processo relativo à coisa cujo domínio foi transferido ao denunciante, a fim de que possa exercer os direitos que da evicção lhe resultam. Nota-se que não há menção mais à obrigatoriedade da denunciação da lide, o que vem em boa hora, encerrando profundo debate. Em complemento, o § 1.º do novo art. 125 do CPC/2015 passou a esclarecer que "o direito regressivo será exercido por ação autônoma quando a denunciação da lide for indeferida, deixar de ser promovida ou não for permitida".

Como é notório, o Superior Tribunal de Justiça tinha entendimento antigo de que essa denunciação não seria *obrigatória*, mas *facultativa*, sendo possível reaver o preço da coisa por meio de ação própria, mesmo na falta da intervenção de terceiro mencionada (assim concluindo, entre numerosos acórdãos: STJ, AgRg no Ag 917.314/PR, 4.ª Turma, Rel. Min. Fernando Gonçalves, j. 15.12.2009, *DJe* 22.02.2010; STJ, REsp 132.258/RJ, 3.ª Turma, Rel. Min. Nilson Naves, *DJ* 17.04.2000, p. 56, *RDTJRJ* 44/52).

Na mesma linha, enunciado doutrinário aprovado na *V Jornada de Direito Civil* (2011), de autoria de Marcos Jorge Catalan: "a ausência de denunciação da lide ao alienante, na evicção, não impede o exercício de pretensão reparatória por meio de via autônoma" (Enunciado n. 434). Em suma, essa tese era adotada amplamente pelos civilistas, sem falar em muitos processualistas, caso de Alexandre Freitas Câmara, Daniel Amorim Assumpção Neves e Fredie Didier Jr.

Feitas tais considerações, constata-se, como outra alteração relevante, que a revogação do *caput* do art. 456 do Código Civil de 2002 levou consigo a possibilidade jurídica de denunciação da lide por saltos ou *per saltum*, com a convocação para o processo de qualquer um dos alienantes da cadeia de transmissão que tivesse responsabilidade pelo vício da evicção. Tal caminho processual era possível pelo uso da expressão "o adquirente notificará do litígio o alienante imediato, ou qualquer dos anteriores", no comando material em estudo, anterior e ora revogado.

Sobre esse assunto, na *I Jornada de Direito Civil*, realizada em 2002, foi aprovado Enunciado n. 29 do CJF/STJ, dando chancela a essa forma de denunciação mediata, *in verbis*: "a interpretação do art. 456 do novo Código Civil permite ao evicto a denunciação direta de qualquer dos responsáveis pelo vício". O tema sempre dividiu a doutrina processual, havendo juristas que a chancelavam,[87] e outros que não a admitiam, apesar da clareza do comando civil.[88] Em conversa informal com este autor, quando da tramitação do então Projeto de Novo CPC, Fredie Didier afirmou que o instituto não havia caído no gosto dos processualistas, não sendo frutífera a sua experiência nos mais de dez anos de Código Civil. Por isso, talvez, a sua retirada do sistema civil e processual.

A propósito dessa resistência, quando da *III Jornada de Direito Civil*, promovida pelo Conselho da Justiça Federal e pelo Superior Tribunal de Justiça, foi apresentada a proposta

---

[87] DINAMARCO, Cândido Rangel. *Intervenção de terceiros*. São Paulo: Malheiros, 2006, p. 142.

[88] CÂMARA, Alexandre Freitas. Da evicção – aspectos materiais e processuais. In: HIRONAKA, Giselda Maria Fernandes Novaes; TARTUCE, Flávio (Coord.). *Direito contratual*. Temas atuais. São Paulo: Método, 2008, p. 705.

de cancelar o Enunciado n. 29, substituindo-o por outro em sentido contrário. A proposta, à época, não foi aprovada, uma vez que a denunciação *per saltum* gozava de prestígio entre os civilistas. Foram as justificativas da autora do enunciado não aprovado, a advogada e professora Érica Pimentel, o que acaba por sintetizar os argumentos de resistência anterior:

> "Embora o art. 456 do NCC já tenha sido objeto do Enunciado 29 da *I Jornada*, se faz necessário novo enunciado que reflita seu real significado.
>
> Infelizmente esta ilustre *Jornada de Estudos* não pode atuar a ponto de alterar a letra da lei ou a intenção do legislador. Ora, se o art. 456 diz, em sua parte final, 'quando e como lhe determinarem as leis do processo' deve interpretar que não caberá a denunciação *per saltum*, que é proibida pela lei do processo (art. 73 CPC).
>
> A busca pela instrumentalidade e economia processual não pode trazer *modificações não permitidas em lei, a função legislativa não cabe ao* operador do direito, sob pena de ferir o princípio da separação dos poderes.
>
> Desta forma, para que caiba a denunciação da lide *per saltum*, claro instrumento de economia processual, deverá a mesma estar autorizada no Estatuto Processual, o que ainda não ocorreu".

Na ocasião, votei de forma contrária ao enunciado, pois as *Jornadas de Direito Civil* buscam a correta interpretação da lei, razão principal de sua importância. E a correta interpretação era justamente aquela que constava do Enunciado n. 29, ora prejudicado pelo CPC de 2015, pois o art. 456, *caput*, do CC, que possibilitava a denunciação *per saltum*, era norma especial e de cunho processual. Ademais, no antigo CPC não pareceria haver qualquer proibição para essa ampliação de responsabilidade pela evicção.

Com o devido respeito, a retirada da categoria do Código Civil de 2002 e o seu afastamento pelo Código de Processo Civil de 2015 parecem-me um retrocesso. Sempre vimos a *denunciação da lide por saltos* como mais uma opção de demanda ao evicto prejudicado, tutelando mais efetivamente o direito material. Os efeitos contratuais eram ampliados, além da primeira relação jurídica estabelecida, o que representava aplicação da eficácia externa da função social do contrato, da *tutela externa do crédito* (art. 421 do CC/2002). Ora, conforme se extrai do Enunciado n. 21 do CJF/STJ, da *I Jornada de Direito Civil*, a função social do contrato representa uma exceção ao princípio da relatividade dos efeitos contratuais, trazendo efeitos externos do negócio jurídico.

Na jurisprudência nacional, aliás, poderiam ser encontradas decisões aplicando a justa e correta denunciação da lide *per saltum*. Por todos, para ciência prática dos casos práticos que a envolviam:

> "Agravo de instrumento. Ação ordinária. Direito de evicção. Imóvel. Denunciação à lide *per saltum*. Admissibilidade. Legitimidade de todos os compradores e alienantes no polo passivo da ação ordinária. Recurso conhecido e provido. 1. A garantia da evicção será concedida pela totalidade de transmitentes que deverão assegurar a idoneidade jurídica da coisa não só em face de quem lhes adquiriu diretamente, como dos que, posteriormente, depositaram justas expectativas de confiança na origem lícita e legítima dos bens evencidos, possibilitando a denunciação no primeiro caso, e *per saltum*, no segundo, admitida sua cumulação em cadeia de alienação de imóvel. (...) Recurso conhecido e provido" (TJES, Agravo de Instrumento 0050200-05.2012.8.08.0030, 1.ª Câmara Cível, Rel. Des. Fabio Clem de Oliveira, j. 19.02.2013, *DJES* 1.º.03.2013).

> "Agravo de instrumento. Evicção. Denunciação da lide por sucessividade ou por salto. Possibilidade. Art. 456 do Código Civil c/c o art. 70, inciso I, e art. 73 do CPC. A garantia da evicção será concedida pela totalidade de transmitentes que deverão

CAP. 5 • TEORIA GERAL DOS CONTRATOS | **727**

assegurar a idoneidade jurídica da coisa não só em face de quem lhes adquiriu diretamente, como dos que, posteriormente, depositaram justas expectativas de confiança na origem lícita e legítima dos bens evencidos, possibilitando a denunciação sucessiva no primeiro caso, e *per saltum*, no segundo, admitida sua cumulação em cadeia de alienação de veículo composta de no mínimo três pessoas" (TJMG, Agravo Interno 1.0702.08.457470-7/0011, 13.ª Câmara Cível, Uberlândia, Rel. Des. Cláudia Maia, j. 02.04.2009, *DJEMG* 18.05.2009).

"Denunciação da lide *per saltum*. Art. 70, I, do CC. Denunciação do alienante imediato. Contrato de compra e venda de veículo. Ação cominatória para entrega do veículo movida contra a financeira. Denunciante e denunciada alienantes. A hipótese prevista no inciso I do art. 70 do CPC prevê a denunciação do alienante pelo adquirente no caso em que terceiro reivindica a propriedade da coisa. Todavia, tem-se permitido a denunciação da lide *per saltum*, conforme dicção do art. 456 do CC" (TJMG, Agravo 1.0024.06.996963-2/002, 9.ª Câmara Cível, Belo Horizonte, Rel. Des. Antônio de Pádua, j. 31.10.2006, *DJMG* 08.12.2006).

Consigne-se que igualmente existiam ementas que afastavam esse tipo de denunciação por saltos, seguindo a tese antes aludida, de alguns processualistas. Nessa esteira, do Tribunal de Justiça de Santa Catarina: "não é admitida a denunciação à lide *per saltum*, pois a interpretação sistemática do art. 456 do CC – disposta, no próprio artigo, *in fine* – faz incidir os ditames do art. 73 do CPC, que somente a permite de forma sucessiva, sob pena de haver demanda entre sujeitos sem qualquer relação de direito material" (TJSC, Agravo de Instrumento 2014.018952-9, Câmara Especial Regional de Chapecó, Chapecó, Rel. Des. Júlio César M. Ferreira de Melo, *DJSC* 19.08.2014, p. 402).

A propósito da mudança engendrada pelo CPC/2015, são precisas as palavras de José Fernando Simão, que menciona a prevalência do princípio da relatividade dos efeitos contratuais sobre a função social do contrato. Vejamos suas lições:

"A conclusão a que se chegou, então, é que, por força do Código Civil, a denunciação *per saltum* passou a ser admitida no sistema para o caso de evicção, já que o art. 456, parágrafo único, é lei especial e afasta o alcance da regra geral do art. 73 do atual CPC. Com a revogação do art. 456 do Código Civil a pergunta que resta é: continua facultado ao evicto demandar qualquer um dos alienantes por meio da denunciação *per saltum*? A resposta é negativa. O princípio não pode ser aplicado se o legislador revoga a regra que o previa. Note-se: se regra não existisse o princípio teria plena aplicação. Seria hipótese de vácuo da lei. Quando a regra existe e é expressamente revogada, há um imperativo do ordenamento para que, naquele caso, o princípio ceda, deixe de ter eficácia. Aliás, os princípios podem ceder diante do texto expresso de lei sem maiores problemas. Quando o Código Civil atribui ao possuidor de má-fé indenização por benfeitorias necessárias (art. 1.220), há uma prevalência da vedação ao enriquecimento sem causa sobre a boa-fé. A revogação do art. 456 e o texto do art. 125, I, do novo CPC pelo qual a denunciação é possível ao alienante imediato e a não reprodução da regra do art. 73 do atual CPC indicam que o princípio da relatividade dos efeitos se sobrepôs ao da função social quanto à evicção. Mas a função social não é norma de ordem pública que não pode ser afastada pela vontade das partes? Sim, mas o princípio cede por força de lei para dar espaço ao tradicional *res inter alios acta*".[89]

---

[89] SIMÃO, José Fernando. Novo CPC e o direito civil – evicção – segunda parte. *Jornal Carta Forense*. Disponível em: <www.cartaforense.com.br>. Acesso em: 8 abr. 2015.

Para encerrar esse debate sobre a denunciação por saltos, cabe esclarecer que o Código de Processo Civil de 2015 admite apenas uma única denunciação sucessiva por parte do primeiro litisdenunciado. Nos termos do § 2.º do art. 125 da Lei 13.105/2015, "admite-se uma única denunciação sucessiva, promovida pelo denunciado, contra seu antecessor imediato na cadeia dominial ou quem seja responsável por indenizá-lo, não podendo o denunciado sucessivo promover nova denunciação, hipótese em que eventual direito de regresso será exercido por ação autônoma".

Como outro ponto processual a ser destacado, constituindo inovação interessante da codificação material de 2002, constava do ora revogado art. 456, parágrafo único, do CC/2002, que, "não atendendo o alienante à denunciação da lide, e sendo manifesta a procedência da evicção, pode o adquirente deixar de oferecer contestação, ou usar de recursos". O dispositivo afastava a aplicação do art. 75, inciso II, do Código de Processo Civil de 1973, com a seguinte dicção: "Se o denunciado for revel, ou comparecer apenas para negar a qualidade que lhe for atribuída, cumprirá ao denunciante prosseguir na defesa até o final".

Como era percebido, a redação do parágrafo único do art. 456 do CC/2002 estabelecia justamente o contrário do disposto na norma processual de 1973. Mesmo assim, sempre defendi que deveria prevalecer a primeira regra, pois se tratava de norma especial e também de cunho processual, aplicável às hipóteses de evicção. Para as demais hipóteses de denunciação da lide, continuava tendo aplicação o art. 75, inciso II, do CPC/1973.

Entre os processualistas, Fredie Didier Jr. via a anterior inovação material com bons olhos, apontando que, "ao mencionar expressamente a possibilidade de o réu 'deixar de oferecer contestação, ou usar de recursos', o legislador refere-se exatamente ao conteúdo que a doutrina emprestava à locução 'prosseguir na defesa', contida no inciso II do art. 75 do CPC. Também aqui aparece a sintonia do legislador civilista com as manifestações doutrinárias em derredor do chamamento à autoria e, empós, da denunciação à lide".[90]

Por bem, o Código de Processo Civil de 2015 confirmou o que estava no parágrafo único do ora revogado art. 456 do Código Civil de 2002. Nos termos do seu art. 128, inciso II, feita a denunciação pelo réu, se o denunciado for revel, o denunciante pode deixar de prosseguir com sua defesa, eventualmente oferecida, e abster-se de recorrer, restringindo sua atuação à ação regressiva. Como se nota, a inovação introduzida para evicção foi tão salutar que passou a ser a regra para todos os casos de denunciação da lide elencados pelo art. 125 do CPC/2015. Em outras palavras, a ideia passou a alcançar também a hipótese daquele que estiver obrigado, por lei ou pelo contrato, a indenizar, em ação regressiva, o prejuízo do que for vencido no processo.

A findar o tratamento da evicção na codificação material, prevê o art. 457 do CC que "não pode o adquirente demandar pela evicção, se sabia que a coisa era alheia ou litigiosa". Entendo que o dispositivo veda a possibilidade de o evicto demandar o alienante se tinha conhecimento do vício e do risco de perder a coisa, o que de fato ocorreu.

A relação com o princípio da boa-fé objetiva é, portanto, explícita. Isso foi reconhecido pelo Superior Tribunal de Justiça, ao julgar que, "reconhecida a má-fé do arrematante no momento da aquisição do imóvel, não pode ele, sob o argumento de ocorrência de evicção, propor a ação de indenização com base no art. 70, I, do CPC, para reaver do alienante os valores gastos com a aquisição do bem. Para a configuração da evicção e consequente extensão de seus efeitos, exige-se a boa-fé do adquirente" (STJ, REsp 1.293.147/GO, 3.ª Turma, Rel. Min. João Otávio de Noronha, j. 19.03.2015, *DJe* 31.03.2015).

---

[90] DIDIER JR., Fredie. *Regras processuais no novo Código Civil*. São Paulo: Saraiva, 2004. p. 91.

CAP. 5 • TEORIA GERAL DOS CONTRATOS | **729**

Como palavras finais sobre o tema da evicção, esse art. 457 do Código Civil deve ser analisado em conjunto com a Lei 13.097/2015, segundo a qual somente será oposta a evicção em relação a imóveis se a controvérsia constar, de algum modo, da matrícula do bem.

Nos termos do seu art. 54, os negócios jurídicos que tenham por fim constituir, transferir ou modificar direitos reais sobre imóveis são eficazes em relação a atos jurídicos precedentes, nas hipóteses em que não tenham sido registradas ou averbadas na matrícula do bem as seguintes informações: *a)* registro de citação de ações reais ou pessoais reipersecutórias; *b)* averbação, por solicitação do interessado, de constrição judicial, do ajuizamento de ação de execução ou de fase de cumprimento de sentença, *c)* averbação de restrição administrativa ou convencional ao gozo de direitos registrados, de indisponibilidade ou de outros ônus quando previstos em lei; e *d)* averbação, mediante decisão judicial, da existência de outro tipo de ação cujos resultados ou cuja responsabilidade patrimonial possam reduzir seu proprietário à insolvência.

Em complemento, nos termos do seu § 1.º, "não poderão ser opostas situações jurídicas não constantes da matrícula no Registro de Imóveis, inclusive para fins de evicção, ao terceiro de boa-fé que adquirir ou receber em garantia direitos reais sobre o imóvel, ressalvados o disposto nos arts. 129 e 130 da Lei nº 11.101, de 9 de fevereiro de 2005, e as hipóteses de aquisição e extinção da propriedade que independam de registro de título de imóvel". Assim, não havendo tais informações na matrícula do imóvel, não caberá o reconhecimento da evicção, o que visa prestigiar a boa-fé e a conservação do negócio jurídico, concentrando-se os atos no registro.

Ademais, conforme o art. 55 da mesma lei, a alienação ou oneração de unidades autônomas integrantes de incorporação imobiliária, parcelamento do solo ou condomínio edilício, devidamente registrada, não poderá ser objeto de evicção ou de decretação de ineficácia, mas eventuais credores do alienante ficam sub-rogados no preço ou no eventual crédito imobiliário, sem prejuízo das perdas e dos danos imputáveis ao incorporador ou empreendedor, decorrentes de seu dolo ou sua culpa, bem como da aplicação das disposições constantes do Código de Defesa do Consumidor. Mais uma vez, o objetivo é de conservação dos negócios jurídicos, bem como a própria efetivação da incorporação imobiliária.

## 5.8 EXTINÇÃO DOS CONTRATOS

A matéria de extinção dos contratos sempre foi divergente na doutrina. Isso porque o Código Civil de 1916 não sistematizou a matéria, tarefa que sempre coube à doutrina, com grandes divergências entre os autores.

O Código Civil de 2002, muito melhor que a codificação anterior, trata da matéria entre os arts. 472 a 480. A tentativa de organização metodológica do assunto é, assim, elogiável. Entretanto, a codificação não esgota o tema, sendo interessante buscar socorro na melhor doutrina nacional, visando clarear o obscuro. Para facilitar esse trabalho de sistematização, foram utilizados os juristas que geralmente me inspiram.[91] Desse modo, pelo que consta

---

[91] Fundamentalmente, o presente autor utiliza a seguinte doutrina. GOMES, Orlando. *Contratos*. 17. ed. Rio de Janeiro: Forense, 1996; AZEVEDO, Álvaro Villaça. *Teoria geral dos contratos típicos e atípicos*. São Paulo: Atlas, 2002; DINIZ, Maria Helena. *Curso de direito civil brasileiro*. Teoria geral das obrigações contratuais e extracontratuais. 25. ed. São Paulo: Saraiva, 2009. v. 3, p. 144-169. Também foram utilizados, especialmente no presente capítulo: AGUIAR JR., Ruy Rosado de. *Extinção dos contratos por incumprimento do devedor (Resolução)*. 2. ed. Rio de Janeiro: Aide, 2004; WALD, Arnoldo. *Curso de direito civil brasileiro. Obrigações e contratos*. São Paulo: RT, 1999.

# 730 | MANUAL DE DIREITO CIVIL • VOLUME ÚNICO – *Flávio Tartuce*

do atual Código Civil e das lições da doutrina, quatro são as formas básicas de extinção dos contratos, das quais decorrem as demais:

> I) Extinção normal do contrato.
> II) Extinção por fatos anteriores à celebração.
> III) Extinção por fatos posteriores à celebração.
> IV) Extinção por morte.

Vejamos, de forma pontual e sucessiva, para uma melhor compreensão do tema, um dos grandes desafios do estudo do Direito Civil Brasileiro.

## 5.8.1 Extinção normal dos contratos

Inicialmente, como primeira forma básica, o contrato poderá ser extinto de forma *normal*, pelo cumprimento da obrigação. A forma normal de extinção está presente, por exemplo, quando é pago o preço em obrigação instantânea; quando são pagas todas as parcelas em obrigação de trato sucessivo a ensejar o fim da obrigação; quando a coisa é entregue conforme pactuado; quando na obrigação de não fazer o ato não é praticado, entre outros casos possíveis.

Também haverá a extinção normal findo o prazo previsto para o negócio, ou seja, no seu termo final, desde que todas as obrigações pactuadas sejam cumpridas. Extinto o contrato, não há que se falar em obrigações dele decorrentes, em regra. Entretanto, não se pode esquecer que a boa-fé objetiva deve estar presente mesmo após a celebração do contrato (art. 422 do CC), sob pena de caracterização da violação de um dever anexo ou de abuso de direito (art. 187 do CC) – responsabilidade civil pós-contratual ou *post pactum finitum*.

## 5.8.2 Extinção por fatos anteriores à celebração

Como segunda forma básica, a extinção dos contratos pode se dar por motivos anteriores à celebração, surgindo três casos específicos relacionados a problemas de formação do contrato (plano da validade) ou à autonomia privada.

### a) Invalidade contratual

Haverá invalidade nos casos envolvendo o contrato nulo (eivado de nulidade absoluta) e o contrato anulável (presente a nulidade relativa ou anulabilidade). As regras quanto a essas hipóteses não se encontram no capítulo específico da teoria geral dos contratos (arts. 421 a 480 do Código Civil), mas na Parte Geral do Código Civil, particularmente nos seus arts. 166, 167 e 171. Remete-se, então, aquele que pretende maiores aprofundamentos ao Capítulo 2 desta obra (item 2.5.6).

### b) Cláusula de arrependimento

Constitui forma de extinção por fato anterior à celebração a previsão no negócio de direito de arrependimento, inserido no próprio contrato, hipótese em que os contraentes estipulam que o negócio será extinto, mediante declaração unilateral de vontade, se qualquer um deles se arrepender (*cláusula de arrependimento*).

Com a inserção dessa cláusula já existe uma intenção presumida e eventual de aniquilar o negócio, sendo assegurado um direito potestativo à extinção para a parte contratual.

CAP. 5 • TEORIA GERAL DOS CONTRATOS | **731**

Esse direito de arrependimento, de origem contratual, não se confunde com o direito de arrependimento de origem legal previsto, por exemplo, no art. 49 do CDC, pelo qual, para as vendas realizadas fora do estabelecimento comercial, o consumidor tem um prazo de arrependimento de sete dias, a contar da assinatura do contrato ou do ato de recebimento do produto. São exemplos de vendas realizadas fora do estabelecimento comercial aquelas realizadas pela *internet* ou por catálogo. Como outra ilustração, a Lei 13.786/2018, conhecida como "Lei dos Distratos" e estudada no Capítulo 7 deste livro, incluiu previsões expressas no sentido de que os contratos firmados em estandes de vendas e fora da sede do incorporador ou do estabelecimento comercial submetem-se a esse prazo arrependimento de sete dias, previsto na Lei Consumerista.

### c) *Cláusula resolutiva expressa*

Pode existir previsão no negócio de uma cláusula resolutiva expressa, podendo um evento futuro e incerto (condição) acarretar a extinção do contrato. Justamente porque essa previsão consta da origem do pacto é que há a extinção por fato anterior ou contemporâneo à celebração. Enuncia o art. 474 do Código Civil que "a cláusula resolutiva expressa opera de pleno direito; a tácita depende de interpelação judicial". Assim, conforme enunciado aprovado na *V Jornada de Direito Civil*, "a cláusula resolutiva expressa produz seus efeitos extintivos independentemente de pronunciamento judicial" (Enunciado n. 436 do CJF/STJ), o que deve ser tido como regra.

Exatamente nessa linha, importante precedente do Superior Tribunal de Justiça, do ano de 2021, dispensou a ação de resolução contratual em caso de cláusula resolutiva expressa incluída em compromisso de compra e venda, possibilitando o manejo direto da ação de reintegração de posse. O *decisum* revê a posição anterior da própria Quarta Turma, e é importante destacar o seguinte trecho da sua publicação:

> "Inobstante a previsão legal (art. 474 do Código Civil) que dispensa as partes da ida ao Judiciário quando existente a cláusula resolutiva expressa por se operar de pleno direito, esta Corte Superior, ao interpretar a norma aludida, delineou a sua jurisprudência, até então, no sentido de ser 'imprescindível a prévia manifestação judicial na hipótese de rescisão de compromisso de compra e venda de imóvel para que seja consumada a resolução do contrato, ainda que existente cláusula resolutória expressa, diante da necessidade de observância do princípio da boa-fé objetiva a nortear os contratos' (REsp 620.787/SP, Rel. Ministro Luis Felipe Salomão, Quarta Turma, *DJe* 27.04.2009). Na situação em exame, revela-se incontroverso que: (i) há cláusula resolutiva expressa no bojo do compromisso de compra e venda de imóvel firmado entre as partes; (ii) a autora procedeu à notificação extrajudicial do réu, considerando, a partir do prazo para a purga da mora, extinto o contrato decorrente de inadimplemento nos termos de cláusula contratual específica entabulada pelas partes, sem ajuizar prévia ação de rescisão do pacto; e (iii) a pretensão deduzida na inicial (reintegração na posse do imóvel) não foi cumulada com o pedido de rescisão do compromisso de compra e venda. Desse modo, caso aplicada a jurisprudência sedimentada nesta Corte Superior, sem uma análise categórica dos institutos a ela relacionados e das condições sobre as quais ancorada a compreensão do STJ acerca da questão envolvendo a reintegração de posse e a rescisão de contrato com cláusula resolutória expressa, sobressairia a falta de interesse de agir da autora (na modalidade inadequação da via eleita), por advir a posse do imóvel da celebração do compromisso de compra e venda cuja rescisão supostamente deveria ter sido pleiteada em juízo próprio. Entende-se, todavia, que casos como o presente reclamam solução distinta, mais condizente com as expectativas da sociedade hodierna, voltadas à mínima intervenção estatal no mercado e nas relações particulares, com

# MANUAL DE DIREITO CIVIL • VOLUME ÚNICO – *Flávio Tartuce*

foco na desjudicialização, simplificação de formas e ritos e, portanto, na primazia da autonomia privada" (STJ, REsp 1.789.863/MS, 4.ª Turma, Rel. Min. Marco Buzzi, por maioria, j. 10.08.2021, *DJe* 04.10.2021).

De fato, os últimos argumentos são fortes, especialmente o afeito à extrajudicialização dos conflitos, devendo ser privilegiados para resolver a questão, até porque, no caso concreto, houve a prévia notificação extrajudicial do devedor para constituí-lo em mora.

No contexto da última afirmação, é forçoso apontar que, em algumas situações, mesmo havendo uma cláusula resolutiva expressa, haverá necessidade de notificação da parte para constituí-la em mora e extinguir posteriormente o contrato. Isso ocorre nos casos de *leasing*, a título de exemplo. Nesse sentido, a dicção da Súmula 369 do STJ, segundo a qual "no contrato de arrendamento mercantil (*leasing*), ainda que haja cláusula resolutiva expressa, é necessária a notificação prévia do arrendatário para constituí-lo em mora".

O exemplo típico de cláusula resolutiva expressa é o *pacto comissório contratual*, instituto que estava previsto pelo art. 1.163 do Código Civil de 1916 como cláusula especial da compra e venda. Estaria permitida a sua previsão no contrato, como cláusula resolutiva expressa ou haveria vedação, por suposta ilicitude do seu conteúdo? Entendo que não há vedação para a sua previsão, principalmente porque os seus efeitos são próximos aos da exceção de contrato não cumprido, prevista para os contratos bilaterais (art. 476 do CC). Conclui-se, por tal, que o *pacto comissório contratual* se enquadra no art. 474 do CC.[92] Como exemplo concreto, imagine-se a seguinte cláusula inserida na venda de um bem móvel: "Se, até a data X, o vendedor não entregar a coisa e o comprador não pagar o preço, o contrato estará extinto e resolvido".

Destaque-se que não se pode confundir essa figura negocial com o *pacto comissório real*, vedado no art. 1.428 do CC, dispositivo que prevê ser nula a cláusula que autoriza o credor de um direito real de garantia (penhor, hipoteca ou anticrese) a ficar com o bem dado em garantia sem levá-lo à excussão (ou execução). Os institutos jurídicos em estudo são totalmente distintos, particularmente quanto à categorização jurídica.

Para encerrar o tópico, anoto que no Projeto de Reforma e Atualização do Código Civil são feitas sugestões para o aprimoramento desse art. 474. Nesse contexto, o seu *caput* passará a mencionar também a interpelação extrajudicial, na linha da esperada extrajudicialização: "a cláusula resolutiva expressa opera de pleno direito; a tácita, depende de interpelação judicial ou extrajudicial".

Além disso, insere-se um novo § 1.º, prevendo que "a cláusula resolutiva expressa produz efeitos extintivos independentemente de pronunciamento judicial". Adota-se, portanto, o teor do Enunciado n. 436 *da V Jornada de Direito Civil*. Por fim, de acordo com o projetado § 2.º, o beneficiário poderá eventualmente afastar o efeito da cláusula resolutiva expressa, o que representa uma notável e necessária valorização da liberdade e da autonomia privada.

## 5.8.3 Extinção por fatos posteriores à celebração

Como terceira forma básica, o contrato pode ser extinto por fatos posteriores ou supervenientes à sua celebração. Toda vez em que há a extinção do contrato por fatos posteriores à celebração, tendo uma das partes sofrido prejuízo, fala-se em *rescisão contratual*. Nesse sentido, a ação que pretende extinguir o contrato nessas hipóteses é denominada

---

[92] No mesmo sentido: AGUIAR JR., Ruy Rosado de. *Extinção dos contratos por incumprimento do devedor (Resolução)*. 2. ed. Rio de Janeiro: Aide, 2004. p. 58.

*ação de rescisão contratual,* seguindo rito ordinário, em regra, no sistema processual anterior. Na vigência do CPC/2015, o antigo rito ordinário equivale ao procedimento comum.

A partir dos entendimentos doutrinários referenciados no início do capítulo, pode-se afirmar que a *rescisão* (que é o gênero) possui as seguintes espécies: *resolução* (extinção do contrato por descumprimento) e *resilição* (dissolução por vontade bilateral ou unilateral, quando admissível por lei, de forma expressa ou implícita, pelo reconhecimento de um direito potestativo). As duas situações básicas envolvem o plano da eficácia do contrato, ou seja, o *terceiro degrau da Escada Ponteana.*

Com o devido respeito, parece estar superada a ideia de que o termo *rescisão* seria sinônimo de invalidade (nulo e anulável), como afirmavam Caio Mário da Silva Pereira e Orlando Gomes, entre os civilistas clássicos. O próprio Código Civil em vigor parece adotar a visão no sentido de ser a rescisão gênero das espécies resolução e resilição.

De início, o art. 455 da Norma Privada adota a expressão rescisão no sentido de resolução, ao estabelecer que, "se parcial, mas considerável, for a evicção, poderá o evicto optar entre a rescisão do contrato e a restituição da parte do preço correspondente ao desfalque sofrido". Mais à frente, no tratamento relativo à prestação de serviços, a palavra rescisão surge como resilição no art. 607 do CC/2002, que assim enuncia: "o contrato de prestação de serviço acaba com a morte de qualquer das partes. Termina, ainda, pelo escoamento do prazo, pela conclusão da obra, pela rescisão do contrato mediante aviso prévio, por inadimplemento de qualquer das partes ou pela impossibilidade da continuação do contrato, motivada por força maior". Pelas próprias dicções dos textos, constata-se facilmente que rescisão não está sendo utilizada com o sentido de ser nulo ou anulável o contrato correspondente.

Feito tal esclarecimento categórico, vejamos, pontualmente, o estudo da resolução e da resilição.

*a) Resolução (descumprimento ou inadimplemento contratual).*

A resolução pode estar presente em quatro hipóteses, analisadas em separado a seguir.

*a.1) Inexecução voluntária.*

A *resolução por inexecução voluntária* está relacionada com a impossibilidade da prestação por culpa ou dolo do devedor, podendo ocorrer tanto na obrigação de dar como nas obrigações de fazer e de não fazer. Conforme as regras que constam dos arts. 389 e 390 do CC, a inexecução culposa sujeitará a parte inadimplente ao ressarcimento pelas perdas e danos sofridos – danos emergentes, lucros cessantes, danos morais, estéticos e outros danos imateriais, de acordo com aquilo que pode ser interpretado à luz dos arts. 402 a 404 da codificação material, da Constituição Federal e da atual jurisprudência.

Especificamente, determina o art. 475 do CC/2002 que a parte lesada pelo inadimplemento pode pedir a resolução do contrato. Mas, se não preferir essa resolução, a parte poderá exigir da outra o cumprimento do contrato, de forma forçada, cabendo, em qualquer uma das hipóteses, indenização por perdas e danos. Em tese, sempre afirmei que cabe ao credor escolher entre uma dessas duas opções.

Nos termos de julgado da Quarta Turma do STJ, de 2021, estaria presente uma obrigação alternativa do devedor, podendo o credor optar entre elas. Consoante trecho da ementa, "é lícito à parte lesada optar pelo cumprimento forçado ou pelo rompimento do contrato, não lhe cabendo, todavia, o direito de exercer ambas as alternativas simultaneamente. A escolha, uma vez feita, pode variar, desde que antes da sentença. Julgado o procedente o pedido de condenação do devedor ao cumprimento do contrato, não cabe deferir, simultaneamente, ao credor, a pretensão de resolução do pacto" (STJ, REsp 1.907.653/RJ, 4.ª Turma, Rel. Min. Maria Isabel Gallotti, j. 23.02.2021, *DJe* 10.03.2021).

De todo modo, a Lei n. 14.833/2024 alterou esse quadro, passando a prever que a resolução do contrato, com a imputação das perdas e danos, é a última medida a ser tomada, em determinadas situações.

A alteração foi feita no art. 499 do CPC/2015, que, em seu *caput*, enuncia que "a obrigação somente será convertida em perdas e danos se o autor o requerer ou se impossível a tutela específica ou a obtenção de tutela pelo resultado prático equivalente". Nos termos do seu novo parágrafo único, "nas hipóteses de responsabilidade contratual previstas nos arts. 441, 618 e 757 da Lei n. 10.406, de 10 de janeiro de 2002 (Código Civil), e de responsabilidade subsidiária e solidária, se requerida a conversão da obrigação em perdas e danos, o juiz concederá, primeiramente, a faculdade para o cumprimento da tutela específica".

Como se pode perceber, o comando menciona os casos de vícios redibitórios (art. 441), de vícios estruturais em empreitadas de grandes proporções (art. 618) e de seguro (art. 757), além de todas as hipóteses de responsabilidade contratual solidária e subsidiária, com vários devedores, havendo prioridade no cumprimento da tutela específica para o adimplemento contratual nessas hipóteses. Prestigia-se, sem dúvidas, o princípio da conservação do negócio jurídico, que, nos termos do Enunciado n. 22 da *I Jornada de Direito Civil*, é anexo à função social dos contratos.

Ainda é preciso aguardar como a nova norma será aplicada na prática, sobretudo pelo Superior Tribunal de Justiça, estando atento este autor, para as futuras atualizações desta obra.

No tocante às perdas e danos mencionados no dispositivo em estudo, prevê o Enunciado n. 31 do CJF/STJ que dependem de imputação da causa da possível resolução. Em outras palavras, o enunciado doutrinário afirma que a resolução em perdas e danos depende da prova de culpa do devedor, ou seja, que a responsabilidade contratual é, em regra, subjetiva. A conclusão também é retirada do art. 392 do CC, que faz referência ao dolo e à culpa na responsabilidade contratual, tema abordado no Capítulo 3 desta obra.

Ainda no que interessa ao art. 475 do Código Civil em vigor, foi aprovado, na *IV Jornada de Direito Civil*, o Enunciado n. 361 do CJF/STJ, preconizando que "o adimplemento substancial decorre dos princípios gerais contratuais, de modo a fazer preponderar a função social do contrato e o princípio da boa-fé objetiva, balizando a aplicação do art. 475". O tema do adimplemento substancial foi abordado no Capítulo 3 desta obra, sendo de grande relevância para o Direito Privado.

Repise-se que pela teoria do adimplemento substancial (*substantial performance*), em hipóteses em que o contrato tiver sido quase todo cumprido, não caberá a sua extinção, mas apenas outros efeitos jurídicos, caso da cobrança dos valores em aberto, visando sempre à manutenção da avença.

Reafirme-se também que, conforme proposta aprovada na *VII Jornada de Direito Civil*, de 2015, "para a caracterização do adimplemento substancial (tal qual reconhecido pelo Enunciado n. 361 da *IV Jornada de Direito Civil* – CJF), levam-se em conta tanto aspectos quantitativos quanto qualitativos" (Enunciado n. 586). A título de exemplo, reafirme-se que de nada adianta um cumprimento relevante quando há clara prática do abuso de direito, como naquelas hipóteses em que a purgação da mora é sucessiva em um curto espaço de tempo. O tema voltará a ser tratado em outros trechos deste livro.

Tendo em vista os princípios da conservação do negócio jurídico e da função social do contrato, a aplicação da teoria do adimplemento substancial foi incrementada nos últimos anos, por conta da pandemia da Covid-19, com o fim de manter negócios, empresas e atividades econômicas. Aplicando o instituto diante da crise pandêmica, cabe destacar, apenas a título de ilustração:

"Locação. Ação renovatória. Sentença de improcedência. Interposição de apelação pela autora. Alegação de cerceamento de defesa aduzida pela parte autora está relacionada ao mérito da demanda, e como tal será examinada. Exame do mérito. Partes desta demanda celebraram contrato e sucessivos termos aditivos, por meio dos quais a locadora, ora ré, tem locado à locatária, ora autora, imóvel não residencial destinado à instalação de restaurante, desde meados do ano de 2002. Locatária, ora autora, ajuizou a presente ação com o propósito de obter a renovação do aludido contrato de locação não residencial pelo prazo de cinco anos, compreendidos entre o dia 01.11.2022 e o dia 31.10.2027, com fixação do aluguel no patamar de R$ 55.275,14, a partir de novembro de 2022, mantidas as demais condições previstas na referida avença. Locadora, ora ré, impugnou a pretensão renovatória formulada nesta demanda, sob a alegação de que a locatária, ora autora, não pagou pontualmente os aluguéis e encargos vencidos no período de março de 2020 a junho de 2021, de modo a descumprir os requisitos previstos nos incisos II e III do artigo 71 da Lei nº 8.245/1991. Afastamento. Sopesando o fato de o atraso no pagamento dos aluguéis e encargos vencidos entre março de 2020 e junho de 2021 ter sido uma situação pontual e isolada decorrente de evento imprevisível e inevitável (pandemia de Covid-19), a informação de quitação dos aluguéis e encargos atrasados, a ausência de notícia de atraso no pagamento de outros aluguéis e encargos, a aplicabilidade da teoria do adimplemento substancial e a necessidade de atendimento da função social da empresa, infere-se que, excepcionalmente no caso concreto, a impontualidade dos pagamentos realizados pela locatária, ora autora, não tem o condão de inviabilizar a pretendida renovação, de modo a flexibilizar os requisitos previstos nos incisos II e III do artigo 71 da Lei nº 8.245/1991. Afora a já superada impontualidade dos pagamentos dos aluguéis e encargos, a locadora, ora ré, não aduziu qualquer outro óbice ao acolhimento da pretensão renovatória, razão pela qual o reconhecimento do direito da locatária, ora autora, à renovação do contrato de locação em discussão pelo prazo de cinco anos, compreendidos entre os dias 01.11.2022 e 31.10.2027, é medida que se impõe, consoante inteligência dos artigos 51 e 71, da Lei nº 8.245/1991. (...)" (TJSP, Apelação Cível 1035487-39.2022.8.26.0100, Acórdão 17707541, São Paulo, 26.ª Câmara de Direito Privado, Rel. Des. Carlos Dias Motta, j. 21.03.2024, *DJESP* 16.04.2024, p. 1.881).

"Rescisão contratual c/c reintegração de posse. Contrato de compra e venda. Inadimplemento contratual configurado. Caso, porém, em que o compromissário comprador efetuou o pagamento de 90% da avença. Aplicação da teoria do adimplemento substancial. Impossibilidade de rescisão. Reintegração de posse incabível. Impugnação à justiça gratuita. Afastada. Impugnante que não se desincumbiu do ônus de comprovar a capacidade financeira da autora. Sentença de parcial procedência, mantida. Recurso desprovido. Reconvenção. Pedido de substituição do reajuste contratual fixado pelo IGP-M, para outro. Possibilidade. Aplicação da teoria da imprevisão contratual, prevista nos artigos 317 e 478, do Código Civil e artigo 6º, V, do CDC. Aumento excessivo do IGP-M após o início da pandemia da Covid-19. A aplicação deste índice acarretou verdadeiro aumento das prestações e do saldo devedor, muito além da mera reposição do valor monetário, o que caracteriza e comprova o desequilíbrio contratual. Precedentes. Sentença de parcial procedência, mantida. Recurso desprovido" (TJSP, Apelação Cível 1014262-30.2021.8.26.0477, Acórdão 16370453, Praia Grande, 14.ª Câmara de Direito Privado, Rel. Des. Anna Paula Dias da Costa, j. 12.01.2023, *DJESP* 23.01.2023, p. 2.383).

Essa constatação revela a grande utilidade da aplicação do instituto, sobretudo em tempos de crise.

Justamente por isso, e por todas as razões aqui destacadas, é preciso incluir no Código Civil uma regulamentação a respeito do instituto, o que está sendo proposto na Reforma do Código Civil, pela Comissão de Juristas nomeada no âmbito do Senado Federal. Assim, sugere-se a inclusão de um novo art. 475-A na Lei Geral Privada, prevendo o seu *caput* que "o adimplemento substancial do contrato pelo devedor pode ser oposto ao credor, evitando a resolução, observando-se especialmente: I – a proporção da prestação satisfeita em relação à parcela inadimplida; II – o interesse útil do credor na efetivação da prestação; III – a tutela da confiança legítima gerada pelos comportamentos das partes; IV – a possibilidade de conservação do contrato, em prol de sua função social e econômica". São inseridos na lei, como se nota, critérios objetivos e claros para a aplicação do adimplemento substancial, também com um parágrafo único, enunciando que "o disposto neste artigo não afasta eventual pretensão do credor pela reparação por perdas e danos".

A proposição é mais do que necessária, é essencial, para trazer um aumento da segurança jurídica para os contratos, sobretudo para os momentos de crise que surgirem no futuro.

### a.2) Inexecução involuntária.

O descumprimento contratual poderá ocorrer por fato alheio à vontade dos contratantes, situação em que estará caracterizada a *resolução por inexecução involuntária*, ou seja, as hipóteses em que ocorrer a impossibilidade de cumprimento da obrigação em decorrência de caso fortuito (evento totalmente imprevisível) ou de força maior (evento previsível, mas inevitável). Como consequência, a outra parte contratual não poderá pleitear perdas e danos, sendo tudo o que foi pago devolvido e retornando a obrigação à situação primitiva (*resolução sem perdas e danos*).

Existem hipóteses, todavia, em que a parte contratual responde por caso fortuito ou pela força maior, a saber:

- Se o devedor estiver em mora, a não ser que prove ausência de culpa ou que a perda da coisa objeto da obrigação ocorreria mesmo não havendo o atraso (art. 399 do CC).
- Havendo previsão no contrato para a responsabilização por esses eventos por meio da *cláusula de assunção convencional* (art. 393 do CC), cuja validade é discutível nos contratos de consumo e de adesão.
- Em casos especificados em norma jurídica, como consta, por exemplo, do art. 583 do CC, para o contrato de comodato, segundo o qual "se correndo risco o objeto do comodato, juntamente com outros do comodatário, antepuser este a salvação dos seus abandonando o do comodante, responderá pelo dano ocorrido, ainda que se possa atribuir a caso fortuito, ou força maior".

Como outro aspecto a ser abordado sobre o caso fortuito e a força maior, em tempos de Covid-19 tornou-se comum a sua alegação para os fins de gerar a extinção de contratos. De fato, a pandemia pode ser tida como um evento previsível, mas inevitável. Afirmava-se, especialmente nos meios médicos, a possibilidade de sua ocorrência, pelo nosso modo de viver, até porque a humanidade já enfrentou fenômenos pandêmicos no passado. Porém, a mera alegação de sua ocorrência não basta, por si só, para ocasionar a extinção dos pactos, o que seria a admissão de uma bancarrota geral, a colocar em descrédito o nosso sistema jurídico.

Nesse contexto, é preciso demonstrar que a pandemia gerou repercussões internas econômicas graves para o contrato, fazendo com que exista uma impossibilidade total de cumprimento, o que somente pode ser admitido em casos excepcionais. Como pontuado em outros trechos deste livro, diante do princípio da conservação negocial, que é anexo à função social do contrato, conforme o Enunciado n. 22 da *I Jornada de Direito Civil*, a extinção do negócio deve ser a última medida a ser tomada. Por isso, devem ser buscados os mecanismos de revisão como premissa geral, em detrimento do argumento do caso fortuito ou da força maior.

Trazendo uma análise ponderada a respeito da alegação de força maior em decorrência da recente crise, colaciono o seguinte julgado do Tribunal Paulista, sobre contrato de franquia:

> "Pandemia de Covid-19 e suas consequências na economia. Os pleitos que, em decorrência da crise, chegam ao Judiciário, hão de ser vistos um a um, sem generalizações. Especificamente, deve-se procurar aquilatar, quando se trata de reduzir valores, sustar, postergar, ou parcelar pagamentos, se estes já eram devidos anteriormente à pandemia, ou se foram causados – e em que medida – por esta. Caso concreto em que o não pagamento dos *royalties* ocorre desde agosto de 2019, bem antes da decretação da pandemia de Covid-19. Ausência, dessa forma, de situação de força maior" (TJSP, Agravo de Instrumento 2190421-15.2020.8.26.0000, Acórdão 14008372, 1.ª Câmara Reservada de Direito Empresarial, São José do Rio Preto, Rel. Des. Cesar Ciampolini, j. 29.09.2020, *DJESP* 1.º.10.2020, p. 1.510).

Como se retira do acórdão, de fato, não é possível que a alegação da crise pandêmica tenha efeito retroativo ou *ex tunc*, como consta do art. 6.º da Lei 14.010/2020, segundo o qual "as consequências decorrentes da pandemia do coronavírus (Covid-19) nas execuções dos contratos, incluídas as previstas no art. 393 do Código Civil, não terão efeitos jurídicos retroativos". São evitados, portanto, pedidos oportunistas não só de extinção dos pactos, mas mesmo de sua revisão.

*a.3) Resolução por onerosidade excessiva.*

Nos termos do art. 478 do CC, poderá ocorrer a resolução do negócio em decorrência de um evento extraordinário e imprevisível que dificulte extremamente o adimplemento do contrato, gerando a extinção do negócio de execução diferida ou continuada (trato sucessivo). Aqui está presente a utilização da resolução contratual por fato superveniente, em decorrência de uma imprevisibilidade e extraordinariedade somadas a uma onerosidade excessiva. Os efeitos da sentença que determinar a resolução retroagirão à data da citação do processo em que se pleiteia a extinção (efeitos *ex tunc*).

Repise-se que da forma como está previsto no art. 478, com a exigência literal de um fato imprevisível e extraordinário, é praticamente impossível a sua incidência, o que torna desnecessários os novos arts. 421, parágrafo único, e 421-A, inc. III, incluídos pela *Lei da Liberdade Econômica* (Lei 13.874/2019). Todavia, é de se concordar com a previsão legal do art. 478, eis que a extinção do contrato é medida extrema, somente possível em casos de situação insustentável para uma das partes, decorrente de evento totalmente imprevisível e extraordinário, tendo em vista a valorização da conservação contratual e a sua importante função social, nos termos do sempre citado Enunciado n. 22 da *I Jornada de Direito Civil* do Conselho da Justiça Federal.

A pandemia da Covid-19 pode ser tida, no meu entendimento, como fato imprevisível e extraordinário, desde que gere repercussões econômicas para o contrato, gerando onerosidade excessiva para uma das partes. Depois de mais de vinte anos de vigência do Código Civil, de poucos enquadramentos práticos da imprevisibilidade, a crise revelou uma situação que deve gerar a aplicação do art. 478. De toda sorte, como antes pontuado, a regra deve ser a revisão e não a resolução dos negócios.

Vale lembrar, ademais, que o art. 7.º, *caput*, da Lei 14.010/2020 afasta alguns eventos como imprevisíveis, não só para a incidência desse comando, como dos dois dispositivos subsequentes. Nos seus termos, "não se consideram fatos imprevisíveis, para os fins exclusivos dos arts. 317, 478, 479 e 480 do Código Civil, o aumento da inflação, a variação cambial, a desvalorização ou a substituição do padrão monetário". Segue-se, nesse contexto, a posição majoritária da jurisprudência, a respeito desses fatos.

Superada essa nota, opino que melhor seria tecnicamente se a seção em que está inserido o art. 478 tivesse como título: "Da resolução por imprevisibilidade e onerosidade excessiva". Na verdade, sem a imprevisibilidade e extraordinariedade não poderá ocorrer a extinção do pacto, sendo esse o fator predominante para a discussão prática.

Aprofundando, quanto ao art. 478 do CC, merecem ser relembrados quatro enunciados doutrinários aprovados nas *Jornadas de Direito Civil* do Conselho da Justiça Federal e Superior Tribunal de Justiça.

O primeiro deles é o Enunciado n. 175 do CJF/STJ, pelo qual: "a menção à imprevisibilidade e à extraordinariedade, insertas no art. 478 do Código Civil, deve ser interpretada não somente em relação ao fato que gere o desequilíbrio, mas também em relação às consequências que ele produz". Como foi dito, esse enunciado tem redação muito parecida com a do Enunciado n. 17, determinando a análise da imprevisibilidade tendo em vista as consequências ou resultados para o contratante e não somente o mercado (aspectos subjetivos, relacionados com as partes contratantes). Aplicando essa ideia, cumpre destacar julgado do Tribunal Paulista, um dos poucos acórdãos anteriores que corretamente aplicava o art. 478 do Código Civil:

> "Energia elétrica. Empresa exploradora de jogos de bingo. Celebração com concessionária de energia elétrica de contrato com previsão de consumo obrigatório de 80 kW mensais. Atividade da autora encerrada, em virtude de liminar em ação civil pública. Ajuizamento de ação declaratória de nulidade de cláusulas contratuais cumulada com repetição de indébito. Procedência. Admissibilidade. Onerosidade excessiva por fato imprevisível. Incidência do disposto nos artigos 478 e 480 do Código Civil. Apelação não provida" (TJSP, Apelação 992.09.032133-1, Acórdão 4293191, 36.ª Câmara de Direito Privado, Santos, Rel. Des. Romeu Ricupero, j. 28.01.2010, *DJESP* 12.02.2010).

Cabe debater se esses aspectos subjetivos devem ser levados em conta em tempos de pandemia da Covid-19, sendo a minha resposta positiva, desde que a onerosidade excessiva para o contratante seja flagrante, ou seja, desde que a pandemia tenha trazido repercussões específicas para o contrato celebrado.

Além desse, o outrora abordado Enunciado n. 176 do CJF/STJ possibilita a utilização do art. 478 também para a revisão do contrato: eis que, "em atenção ao princípio da conservação dos negócios jurídicos, o art. 478 do Código Civil de 2002 deverá conduzir, sempre que possível, à revisão judicial dos contratos e não à resolução contratual".

Ato contínuo de estudo, de acordo com o Enunciado n. 366 da *IV Jornada*, "o fato extraordinário e imprevisível causador de onerosidade excessiva é aquele que não está coberto objetivamente pelos riscos próprios da contratação". Com base na ideia constante do enunciado doutrinário, a jurisprudência do Superior Tribunal de Justiça tem afastado a resolução ou a revisão dos contratos de safra, diante de eventos como chuvas, pragas e oscilações no preço, pois tais fatos poderiam ser previstos pelas partes contratantes (ver: REsp 835.498/GO, 3.ª Turma, Rel. Min. Sidnei Beneti, j. 18.05.2010, *DJe* 1.º.06.2010). Sustenta-se, ainda, que o contrato é aleatório, não cabendo discussão quanto ao risco assumido (STJ, REsp 783.520/GO, 3.ª Turma, Rel. Min. Humberto Gomes de Barros, j. 07.05.2007,

*DJ* 28.05.2007, p. 328). Em data mais próxima, com base em trecho desta obra, do mesmo Tribunal, conforme publicação no seu *Informativo* n. *492*, colaciona-se:

"Onerosidade excessiva. Contrato de safra futura de soja. Ferrugem asiática. Reiterando seu entendimento, a Turma decidiu que, nos contratos de compra e venda futura de soja, as variações de preço, por si só, não motivam a resolução contratual com base na teoria da imprevisão. Ocorre que, para a aplicação dessa teoria, é imprescindível que as circunstâncias que envolveram a formação do contrato de execução diferida não sejam as mesmas no momento da execução da obrigação, tornando o contrato extremamente oneroso para uma parte em benefício da outra. E, ainda, que as alterações que ensejaram o referido prejuízo resultem de um fato extraordinário e impossível de ser previsto pelas partes. No caso, o agricultor argumenta ter havido uma exagerada elevação no preço da soja, justificada pela baixa produtividade da safra americana e da brasileira, motivada, entre outros fatores, pela ferrugem asiática e pela alta do dólar. Porém, as oscilações no preço da soja são previsíveis no momento da assinatura do contrato, visto que se trata de produto de produção comercializado na bolsa de valores e sujeito às demandas de compra e venda internacional. A ferrugem asiática também é previsível, pois é uma doença que atinge as lavouras do Brasil desde 2001 e, conforme estudos da Embrapa, não há previsão de sua erradicação, mas é possível seu controle pelo agricultor. Sendo assim, os imprevistos alegados são inerentes ao negócio firmado, bem como o risco assumido pelo agricultor que também é beneficiado nesses contratos, pois fica resguardado da queda de preço e fica garantido um lucro razoável. Precedentes citados: REsp 910.537/GO, *DJe* 07.06.2010; REsp 977.007/GO, *DJe* 02.12.2009; REsp 858.785/GO, *DJe* 03.08.2010; REsp 849.228/GO, *DJe* 12.08.2010; AgRg no REsp 775.124/GO, *DJe* 18.06.2010; e AgRg no REsp 884.066/GO, *DJ* 18/12/2007" (STJ, REsp 945.166/GO, Rel. Min. Luis Felipe Salomão, j. 28.02.2012).

Tais conclusões demonstram quão difícil sempre foi a incidência do art. 478 do Código Civil, sendo praticamente impossível o preenchimento de todos os requisitos nele constantes para que as condições do contrato sejam revistas. Confirma-se, portanto, mais uma vez, a desnecessidade de a *Lei da Liberdade Econômica* ter afirmado que a revisão do contrato é excepcional, conforme os novos arts. 421 e 421-A da codificação privada. Entendo, com o devido respeito, que os julgados transcritos merecem ressalvas, eis que distantes da correta concretização do princípio da função social do contrato, em sua eficácia interna, no sentido de se evitar a onerosidade excessiva e o desequilíbrio negocial. O mesmo vale para os fatos relativos à pandemia, com a ressalva de que a regra deve ser a revisão; e, a extinção, o último caminho a ser adotado.

Como outro aspecto importante, repise-se o Enunciado n. 365 da *IV Jornada de Direito Civil*, que dispensa a prova da extrema vantagem para a incidência do art. 478 do CC ("A extrema vantagem do art. 478 deve ser interpretada como elemento acidental da alteração de circunstâncias, que comporta a incidência da resolução ou revisão do negócio por onerosidade excessiva, independentemente de sua demonstração plena").

Pois bem, na ação de resolução contratual fundada no art. 478 do CC, é possível o caminho da revisão, aplicando-se os arts. 479 e 480 da mesma codificação material. Pelo primeiro dispositivo, o réu poderá oferecer-se a modificar de forma equitativa as condições do contrato. Quanto ao oferecimento da revisão pelo réu, o processualista Daniel Amorim Assumpção Neves entende que o dispositivo material criou nova forma de pedido contraposto, tese com a qual se concorda, e que deve ser mantida com o CPC/2015.[93]

---

[93] ASSUMPÇÃO NEVES, Daniel Amorim. Pretensão do réu em manter o contrato com modificação de suas cláusulas diante de pedido do autor de resolução por onerosidade excessiva – pedido contraposto pre-

740 | MANUAL DE DIREITO CIVIL • VOLUME ÚNICO – *Flávio Tartuce*

Aprofundando o estudo do comando legal, na *IV Jornada de Direito Civil*, foi aprovado enunciado doutrinário segundo o qual a parte autora deve ser ouvida quanto à sua intenção de rever o contrato, devendo ser respeitada a sua vontade. Em outras palavras, o juiz não tem o poder de impor a revisão contratual de ofício, notadamente contra a vontade do autor que pleiteou a resolução do contrato. O Enunciado n. 367 do CJF/STJ tem a seguinte redação: "em observância ao princípio da conservação do contrato, nas ações que tenham por objeto a resolução do pacto por excessiva onerosidade, pode o juiz modificá-lo equitativamente, desde que ouvida a parte autora, respeitada a sua vontade e observado o contraditório".

Por outra via, de acordo com o art. 480 do CC/2002, se no contrato as obrigações couberem a apenas uma das partes, poderá esta pleitear que a sua prestação seja reduzida, ou que alterado o modo de executá-la, a fim de evitar a onerosidade excessiva, o desequilíbrio contratual. Em casos tais caberá ao magistrado intervir revendo ou não o contrato. Sendo assim, parece-me que a iniciativa trazida pelo comando legal é do autor da ação. Primeiramente, ele requer a resolução do contrato e, no curso desta, formula um pedido subsidiário de revisão, que poderá ser acatado pelo juiz.

Vale esclarecer que, inicialmente, os contratos referenciados no art. 480 não são os que envolvem negócios unilaterais, que não podem ser revistos, em regra, por não apresentarem *sinalagma*. Assim, o comando legal refere-se àqueles negócios em que uma parte já cumpriu com a sua prestação, restando apenas à outra o dever jurídico obrigacional. É o caso dos contratos de financiamento para a aquisição de um determinado bem ou do mútuo oneroso. Quanto ao último, cumpre ressaltar que apesar de ser um contrato unilateral, apresenta onerosidade.

De qualquer forma, é interessante esclarecer que a doutrina majoritária considera viável e plenamente possível a revisão dos contratos unilaterais puros, com base nesse art. 480 do CC.[94] Desse modo, por essa visão majoritária podem ser revistos contratos como a doação, o mútuo, o comodato e o depósito.

Anoto que no Projeto de Reforma e Atualização do Código Civil, após intensos debates na Comissão de Juristas, foram feitas propostas de alteração dos arts. 478, 479, 480, e também do seu art. 317, a fim de se aprimorar o tratamento do tema, *objetivando-se* as possibilidades de revisão contratual, e visando a trazer uma maior previsibilidade e segurança para o panorama contratual no Brasil.

De início, a respeito do art. 478, passará a prever, com valorização dos riscos contratados, e na linha das ideias inseridas pela Lei da Liberdade Econômica, que, "nos contratos de execução continuada ou diferida, havendo alteração superveniente das circunstâncias objetivas que serviram de fundamento para a celebração do contrato, em decorrência de eventos imprevisíveis que gerem onerosidade excessiva para um dos contratantes e que excedam os riscos normais da contratação, o devedor poderá pedir a sua revisão ou a sua resolução". Como se pode perceber, além da menção aos riscos próprios da contratação, é retirada do texto legal a menção à extrema vantagem para a outra parte, na linha do

---

visto na lei material (art. 479, CC). In: DIDIER JR., Fredie; MAZZEI, Rodrigo. *Reflexos do novo Código Civil no direito processual*. Salvador: JusPodivm, 2005.

[94] Assim concluindo, por exemplo: TEPEDINO, Gustavo; BARBOZA, Heloísa Helena; MORAES, Maria Celina Bodin de. *Código Civil interpretado conforme a Constituição Federal*. Rio de Janeiro: Renovar, 2006. v. II, p. 134; DINIZ, Maria Helena. *Código Civil anotado*. 15. ed. São Paulo: Saraiva, 2010. p. 401; VENOSA, Sílvio de Salvo. *Código Civil interpretado*. São Paulo: Atlas, 2010. p. 501; ROSENVALD, Nelson. *Código Civil comentado*. In: PELUSO, Cezar (Ministro). São Paulo: Manole, 2007. p. 376.

Enunciado n. 365 da *IV Jornada de Direito Civil*, e pela sua comum mitigação pela jurisprudência brasileira.

Em continuidade de estudo, afastando-se da mesma forma os fatores subjetivos para a resolução ou revisão contratual, os seus §§ 1.º e 2.º preverão que, "para a identificação dos riscos normais da contratação, deve-se considerar a sua alocação, originalmente pactuada", e "há imprevisibilidade do evento quando a alteração superveniente das circunstâncias ou dos seus efeitos não poderia ser razoavelmente prevista por pessoa de diligência normal ou com a mesma qualificação da parte prejudicada pela onerosidade excessiva e diante das circunstâncias presentes no momento da contratação". Nota-se, mais uma vez, uma *objetivação* das circunstâncias que podem ensejar a revisão ou resolução contratual.

Segundo justificaram os juristas que compuseram a Subcomissão de Direito Contratual, as proposições estão inspiradas no art. 313 do BGB Alemão, eis que "a norma do Direito Alemão se funda na alteração das circunstâncias que serviram de fundamento para o contrato e que não tenha sido prevista pelas partes, extrapolando os riscos legais e contratuais (ou seja, aqueles que derivam da gestão de riscos realizada pelas partes), autorizando a revisão do contrato. Propõe-se a alteração sugerida a estabelecer requisitos que permita a revisão do contrato por iniciativa da parte prejudicada pela onerosidade excessiva derivada da alteração de circunstâncias – o atual art. 478 se refere expressamente apenas à resolução, sendo que a redação do atual art. 317 se mostra insuficiente para assegurar adequado instrumento de revisão contratual. Daí por que se propõe mecanismo que, a um só tempo, permita a revisão contratual e assegure, quando necessário, a resolução contratual". Também se inseriu no texto, como eles mesmos afirmaram, o teor do Enunciado n. 175 da *III Jornada de Direito Civil* e do Enunciado n. 366 da *IV Jornada de Direito Civil*.

Destaco que, mesmo com as minhas ressalvas doutrinárias aqui antes pontuadas, acabei cedendo à posição da maioria, em prol da segurança jurídica e do espírito democrático que guiou os trabalhos da nossa Comissão de Juristas.

Com outra proposta relevante, o projetado § 3.º do art. 478 do CC/2002 preceituará que "a revisão se limitará ao necessário para eliminar ou mitigar a onerosidade excessiva, observadas a boa-fé, a alocação de riscos originalmente pactuada pelas partes e a ausência de sacrifício excessivo às partes", o que visa a conservar o máximo possível o contrato, em prol de suas funções social e econômica. Ademais, o § 4.º sugerido, mais uma vez com vistas a afastar argumentos subjetivos das partes, preverá que "não se aplica o disposto neste artigo para a mera impossibilidade econômica de adimplemento decorrente de fato pertinente à esfera pessoal ou subjetiva de um dos contratantes". E o seu § 5.º afastará a incidência das regras do Código Civil para a revisão ou resolução dos contratos de consumo: "o disposto nesta seção não se aplica aos contratos de consumo, cuja revisão e resolução se sujeitam ao Código de Defesa do Consumidor". Como visto, o CDC adotou outra teoria para o tema.

Quanto ao art. 317 do CC, vale repisar que a ideia é de um *diálogo* perfeito ou *espelhamento* com o art. 478, com a seguinte redação para o seu *caput*: "se, em decorrência de eventos imprevisíveis, houver alteração superveniente das circunstâncias objetivas que serviram de fundamento para a constituição da obrigação e que isto gere onerosidade excessiva, excedendo os riscos normais da obrigação, para qualquer das partes, poderá o juiz, a pedido do prejudicado, corrigi-la, de modo que assegure, tanto quanto possível, o valor real da prestação". E, na linha não só do Enunciado n. 175 da *IV Jornada*, mas também do Enunciado n. 17 *da I Jornada*, há a proposta de um parágrafo único para o comando: "para os fins deste artigo devem ser também considerados os eventos previsíveis, mas de resultados imprevisíveis". Novamente, apenas se consolidam no texto as ideias da doutrina majoritária, consolidadas nas tão citadas *Jornadas de Direito Civil*.

# 742 | MANUAL DE DIREITO CIVIL • VOLUME ÚNICO – *Flávio Tartuce*

Em relação ao art. 479 do CC/2002, já foram demonstradas as insuficiências e deficiência que hoje existem na norma, sobretudo as dificuldades de sua aplicação. Nesse contexto, buscando-se aprimorar o seu conteúdo, ele receberá um parágrafo único, para que preveja que, na hipótese em que o devedor tenha optado por pedir a revisão do contrato, poderá a outra parte, em resposta ao pedido, requerer a sua resolução, cabendo-lhe demonstrar, nesse caso, que, nos termos do art. 478, a revisão: *a)* não é possível ou não é razoável a sua imposição em razão das funções social e econômica do contrato; *b)* viola a boa-fé; *c)* acarreta sacrifício excessivo; e *d)* não é eficaz, pois, a alteração superveniente das circunstâncias frustrou a finalidade do contrato. Percebe-se, mais uma vez, a inclusão de critérios objetivos na lei, em prol da estabilidade dos negócios e da segurança jurídica, além de se colocar a extinção do contrato como *ultima ratio*, como último caminho jurídico a ser buscado.

No que diz respeito ao art. 480 do CC, diante de seu atual conteúdo confuso, e da sua aplicação praticamente inexistente nos mais de vinte anos da Lei Geral Privada, a proposição da Comissão de Juristas é de que trate de outro assunto, passando a regular a cláusula de *"hardship"*, ou *cláusula de cura*, tão comum e importante para os grandes contratos empresariais, paritários e simétricos. Pela norma projetada, "as partes podem estabelecer que, na hipótese de eventos supervenientes que alterem a base objetiva do contrato, negociarão a sua repactuação". Em complemento, como seu parágrafo único, propõe-se que "o disposto no *caput* não afasta eventual direito à revisão ou resolução do contrato no caso de frustração da negociação, desde que atendidos aos requisitos legais". A opção da Comissão de Juristas, portanto, foi pela não inclusão de um dever de renegociação legal, mas apenas contratual, decorrente da autonomia privada.

Como se pode perceber por todas as breves anotações doutrinárias, todas as proposições têm fundamentos consideráveis, sendo imperiosa a sua aprovação pelo Parlamento Brasileiro.

### a.4) Cláusula resolutiva tácita.

Finalmente, gera a extinção do contrato por resolução a *cláusula resolutiva tácita*, aquela que decorre da lei e que gera a resolução do contrato em decorrência de um evento futuro e incerto, geralmente relacionado ao inadimplemento (condição). Como essa cláusula decorre de lei, necessita de interpelação judicial para gerar efeitos jurídicos (art. 474 do CC). Justamente por não decorrer da autonomia privada, mas da lei, é que a cláusula resolutiva tácita gera a extinção por fato superveniente à celebração, ponto que a diferencia da cláusula resolutiva expressa, repise-se.

Como exemplo de condição resolutiva tácita cite-se a exceção do contrato não cumprido (*exceptio non adimpleti contractus*), prevista no art. 476 do Código Civil, e que pode gerar a extinção de um contrato bilateral ou sinalagmático, nos casos de mútuo descumprimento total do contrato. Por esse dispositivo, uma parte somente pode exigir que a outra cumpra com a sua obrigação, se primeiro cumprir com a própria (modalidade de *exceptio doli*, relacionada à boa-fé objetiva). Como efeito resolutivo, havendo descumprimento bilateral, ou seja, de ambas as partes, o contrato reputar-se-á extinto.

A exceção de contrato não cumprido, em caso de descumprimento total, sempre foi tida como forma de defesa. Entretanto, sendo essa uma cláusula resolutiva tácita para os contratos bilaterais, é possível e recomendável alegá-la em sede de petição inicial, com o objetivo de interpelar judicialmente a outra parte visando à extinção contratual, nos termos do art. 474 do CC.

Repise-se, ainda sobre o tema, que a teoria do adimplemento substancial é um fator a ser levado para a aplicação da exceção de contrato não cumprido, podendo afastar a incidência da última regra. Nessa linha, vale citar, mais uma vez, o Enunciado n. 24, aprovado na *I Jornada de Direito Comercial*, promovida pelo Conselho da Justiça Federal em 2012, segundo o qual, cabe a alegação da exceção de contrato não cumprido nos contratos empresariais, inclusive nos negócios coligados, salvo quando a obrigação inadimplida for de escassa importância.

Do âmbito da jurisprudência superior, aplicando a ideia, merece destaque a seguinte ementa, relativa a transação entre companheiros: "o Tribunal de Justiça do Distrito Federal e dos Territórios consignou que as partes celebraram acordo extrajudicial após a propositura da ação de reconhecimento e dissolução de sociedade de fato, tendo a autora se obrigado a desistir de sua pretensão desde que o réu doasse imóvel à filha comum do casal, com usufruto pela mãe, sendo que o demandado cumpriu substancialmente com a avença, embora não em sua integralidade; a autora, por seu turno, quedou-se inadimplente. Desta forma, não incide a teoria da *exceptio non adimpleti contractus*" (STJ, REsp 656.103/DF, 4.ª Turma, Rel. Min. Jorge Scartezzini, j. 12.12.2006, *DJ* 26.02.2007, p. 595).

Além disso, a exceção de contrato não cumprido pode ser aplicada não só em relação aos deveres principais do contrato, como também aos deveres anexos, relacionados à boa-fé objetiva e nesta obra antes estudados. Nessa linha, o Enunciado n. 652, aprovado na *IX Jornada de Direito Civil*: "é possível opor exceção de contrato não cumprido com base na violação de deveres de conduta gerados pela boa-fé objetiva". Aplicando a ideia do Tribunal do Distrito Federal:

> "Nos contratos bilaterais as partes são, ao mesmo tempo, credoras e devedoras uma da outra. Desta forma, estando uma das partes inadimplente, a outra está desonerada de sua obrigação. A *exceptio non adimpleti contractus* é uma maneira de assegurar o cumprimento recíproco das obrigações assumidas. Não pode a autora requerer a rescisão do contrato com o recebimento de indenizações, baseando-se no inadimplemento dos réus, se também está em mora. Nos termos do Enunciado n.º 24 da *I Jornada de Direito Civil* do Conselho da Justiça Federal, 'Em virtude do princípio da boa-fé, positivado no art. 422 do novo Código Civil, a violação dos deveres anexos constitui espécie de inadimplemento, independentemente de culpa'" (TJDF, Recurso 2014.01.1.052781-6, Acórdão 884.566, 6.ª Turma Cível, Rel. Des. Carlos Rodrigues, *DJDFTE* 05.08.2015, p. 317).

Pois bem, nos casos de risco de descumprimento parcial do contrato, o art. 477 do atual CC consagra a *exceptio non rite adimpleti contractus*.[95] A norma enuncia que, depois de concluído o contrato, sobrevier a uma das partes diminuição em seu patrimônio capaz de comprometer ou tornar duvidosa a prestação pela qual se obrigou, poderá a outra parte recusar-se à prestação que lhe incumbe, até que o primeiro satisfaça a sua ou dê garantia bastante para satisfazê-la. Eventualmente, se a parte que beira à inadimplência não cumprir com o que consta do dispositivo, o contrato bilateral estará extinto, após a devida interpelação judicial por parte do interessado na extinção, nos termos do citado art. 474 do CC.

O art. 477 do CC/2002 tem relação com o que a doutrina contemporânea tem conceituado como *quebra antecipada do contrato* ou *inadimplemento antecipado* (*antecipated breach of contract*). Isso porque, pela citada teoria, se uma parte perceber que há risco real e efetivo, demonstrado pela realidade fática, de que a outra não cumpra com a sua obrigação, poderá antecipar-se, pleiteando a extinção do contrato antes mesmo do prazo

---

[95] Conforme se extrai, entre outros, da doutrina de Maria Helena Diniz (*Código Civil anotado*. 15. ed. São Paulo: Saraiva, p. 397-398).

**744** | MANUAL DE DIREITO CIVIL • VOLUME ÚNICO – *Flávio Tartuce*

para cumprimento. A ressalva é que o dispositivo em comento ordena que a parte tente buscar garantias para o cumprimento, para então depois pleitear a resolução.[96]

A respeito do instituto, na *V Jornada de Direito Civil* foi aprovado o seguinte enunciado doutrinário, de autoria de Cristiano Zanetti, professor da Universidade de São Paulo: "a resolução da relação jurídica contratual também pode decorrer do inadimplemento antecipado" (Enunciado n. 437). O julgado a seguir, do Distrito Federal, traz interessante aplicação do inadimplemento antecipado:

> "Civil. Ação de cobrança c/c danos morais. Contrato de empreitada. Descumprimento do avençado por parte da requerida. Atrasos na conclusão dos serviços. Não obstante a previsão de pagamento dos serviços por etapas, segundo um cronograma físico-financeiro, realizando-se o pagamento sem que a etapa correspondente tivesse sido concluída. Pedidos de adiantamento de pagamento recusado pelo contratante. Rescisão contratual. Devolução dos valores pagos reconhecida. Sentença mantida. Recurso improvido. 1. Correta se mostra a sentença que, à vista do provado nos autos, reconhece a culpa da requerida no descumprimento do contrato de empreitada, e a condena a restituir os valores pagos e que corresponderiam a etapas da obra não realizadas. 2. Se, conforme o contrato, o pagamento dos serviços obedeceria a um cronograma físico da obra, realizado o pagamento, mas restando incontroverso que a etapa correspondente não fora executada, a conclusão a que se chega é que os valores adiantados pelo dono da obra ao empreiteiro devem ser devolvidos. 3. 'Contrato de construção de imóvel. Cooperativa habitacional. Construtora. Legitimidade passiva. Inadimplemento antecipado. Rescisão c/c devolução de parcelas. Retenção parcial. Inadmissibilidade. Lucros cessantes. Inexistência. Ônus de sucumbência. 1. *Omissis*. 2. O acentuado e injustificado atraso da obra e a evidente impossibilidade, reconhecida pela própria contratada, de entregá-la no termo ajustado deixam claro o inadimplemento antecipado. 2.1. Nesse caso, inconfundível com a exigência antecipada da obrigação, não está o contratante compelido a aguardar o advento do *dies ad quem*, cujo descumprimento lhe foi anunciado, para só então demandar a desconstituição do negócio com perdas e danos. Pode, desde logo, propor a ação. 3. *Omissis*' (20020110877544 APC, Relator Valter Xavier, 1.ª Turma Cível, j. 10.05.2004, *DJ* 07.04.2005, p. 79). 4. Tem-se como correta a decisão que julga improcedente o pedido contraposto, quando o julgador fundamenta o seu convencimento na culpa do formulador de tal pedido e conclui de forma acertada que ele fora o causador da quebra contratual, sem direito à indenização por danos morais e materiais não comprovados. 5. Sentença mantida por seus próprios e jurídicos fundamentos, com súmula de julgamento servindo de acórdão, na forma do artigo 46 da Lei 9.099/1995. Considero pagas as custas processuais. Honorários advocatícios, fixados em 10% do valor da condenação, a cargo do recorrente" (TJDF Processo ACJ Apelação Cível do Juizado Especial 20060110565437ACJ DF, Acórdão 276.718, 1.ª Turma Recursal dos Juizados Especiais Cíveis e Criminais do DF, Rel. José Guilherme, 19.06.2007, *DJDF* 27.07.2007, p. 173).

Merece relevo, em complemento, o seguinte precedente superior, um dos pioneiros a tratar do instituto: "Evidenciado que a construtora não cumprirá o contrato, o promissário comprador pode pedir a extinção da avença e a devolução das importâncias que pagou" (STJ, REsp 309.626/RJ, 4.ª Turma, Rel. Min. Ruy Rosado de Aguiar, j. 07.06.2001, *DJ* 20.08.2001, p. 479).

---

[96] Sobre o tema, ver: SCHREIBER, Anderson. A boa-fé objetiva e o adimplemento substancial. In: HIRONAKA, Giselda Maria Fernandes Novaes e TARTUCE, Flávio. *Direito contratual*. Temas atuais. São Paulo: Método, 2008.

CAP. 5 • TEORIA GERAL DOS CONTRATOS | **745**

Como não poderia ser diferente, a Comissão de Juristas encarregada da Reforma do Código Civil pretende inserir na Lei Geral Privada um tratamento legal mínimo a respeito do instituto, com um novo art. 477-A, a saber: "a resolução antecipada é admitida quando, antes de a obrigação tornar-se exigível, houver evidentes elementos indicativos da impossibilidade do cumprimento da obrigação". Trata-se de mais uma proposição que visa a trazer uma maior segurança jurídica para o ambiente dos contratos no Brasil.

Ainda no que concerne ao art. 477 do CC, o dispositivo consagra a chamada *exceção de inseguridade*, conforme o seguinte enunciado, aprovado na *V Jornada de Direito Civil*: "a exceção de inseguridade, prevista no art. 477, também pode ser oposta à parte cuja conduta põe manifestamente em risco a execução do programa contratual" (Enunciado n. 438). Sobre a matéria, com interessante aplicação prática, vejamos as palavras do proponente do enunciado, novamente o Professor Cristiano de Souza Zanetti:

> "Caso a conduta de uma das partes submeta a risco a execução do avençado, o contratante inocente pode desde logo suspender o cumprimento da respectiva prestação, com arrimo na interpretação analógica do art. 477 do Código Civil. Trata-se de uma decorrência da boa-fé, pois não é dado a quem põe em perigo o pactuado ignorar a repercussão da própria conduta, para exigir o adimplemento alheio. O direito privado não confere espaço para que os contratantes adotem critérios distintos para julgar e julgar-se. Para evitar a caracterização do *tu quoque*, vedado pelo art. 187 do Código Civil, a parte honesta pode sustar a execução da própria prestação, até que o outro contratante cumpra aquilo a que se obrigou ou, ao menos, ofereça garantia de que irá fazê-lo no momento aprazado. Dada a identidade de fundamentos, tem lugar o recurso à analogia, destinada, em última análise, a evitar que situações essencialmente idênticas sejam julgadas de modo diverso. A aplicação analógica do art. 477 fomenta, ademais, a comunicação e cooperação entre as partes, do que decorre o aumento das chances de que o contrato venha ser integralmente cumprido. Trata-se de orientação recentemente defendida pela doutrina brasileira e que encontra respaldo no art. 71 da Convenção de Viena das Nações Unidas sobre Contratos de Compra e Venda Internacional de Mercadorias, no art. III. – 3:401 do *Draft Common Frame of Reference* e no art. 7.3.4. dos Princípios Unidroit".

Concretizando a norma e as citadas teorias, concluiu o STJ que "o descumprimento parcial na entrega da unidade imobiliária, assim como o receio concreto de que o promitente vendedor não transferirá o imóvel ao promitente comprador impõe a aplicação do instituto da exceção do contrato não cumprido. Isso porque se tem a *exceptio non adimpleti contractus* como um meio de defesa, pois, nos contratos bilaterais, nenhum dos contraentes, antes de cumprida a sua obrigação, pode exigir o implemento da do outro. E se, depois de concluído o contrato, em especial nos contratos de prestação continuada, e comprovada a dificuldade do outro contratante em adimplir a sua obrigação, poderá ser recusada a prestação que lhe cabe, até que se preste garantia de que o sinalagma será cumprido" (STJ, REsp 1.193.739/SP, Rel. Min. Massami Uyeda, j. 03.05.2012, publicado no *Informativo* n. 496).

Como não poderia ser diferente, almeja-se, no Projeto de Reforma do Código Civil, também um tratamento a respeito da *exceção da inseguridade*, modificando-se o seu art. 477, também para que fique mais claro e efetivo na prática. A sugestão para a norma é que o seu *caput* passe a prever que, "se, depois de concluído o contrato, a parte tornar-se insolvente ou lhe sobrevier grave insuficiência em sua capacidade de cumprir as obrigações, a ponto de tornar duvidoso o cumprimento das prestações pelas quais se obrigou, pode a outra parte recusar-se à prestação que lhe incumbe, até que aquela satisfaça a obrigação que lhe compete ou dê garantia bastante de satisfazê-la".

# 746 | MANUAL DE DIREITO CIVIL • VOLUME ÚNICO – *Flávio Tartuce*

Em complemento, consoante o seu parágrafo único, no qual a categoria está tratada, na linha do Enunciado n. 438 da *V Jornada de Direito Civil*: "se o devedor não satisfizer a prestação devida nem oferecer garantia bastante de satisfazê-la após interpelação judicial ou extrajudicial, o credor poderá resolver antecipadamente o contrato". Pretende-se, ainda, que a seção relativa ao assunto seja denominada, de forma mais coerente e técnica, como "da Exceção de Contrato não Cumprido, da Exceção de Inseguridade e da Quebra Antecipada do Contrato". Espera-se a sua aprovação pelo Congresso Nacional, em prol da certeza, da estabilidade dos negócios e da segurança jurídica.

Superados tais aspectos, insta verificar que a doutrina clássica sempre apontou para a existência de uma cláusula pela qual a parte contratual renuncia ao benefício da *exceptio non adimpleti contractus*. Trata-se da cláusula *solve et repete*.

À luz da socialidade e da eticidade, não há dúvida de que tal cláusula será tida como abusiva, e, portanto, nula nos contratos de consumo e de adesão, pois a parte está renunciando a um direito que lhe é inerente, como parte em um contrato sinalagmático. Esse entendimento será possível desde que sejam aplicados diretamente o art. 51 do CDC e o art. 424 do CC, respectivamente. Eis mais um exemplo da eficácia interna da função social dos contratos, visando à proteção da parte vulnerável: o consumidor ou o aderente. Nos contratos civis e paritários, por sua vez, a cláusula *solve et repete* é perfeitamente válida, inclusive pelo teor da *Lei da Liberdade Econômica*.

Como último tema, não restam dúvidas quanto à possibilidade de aplicação da exceção de contrato não cumprido em tempos de pandemia da Covid-19, sendo certo que a crise, por si só, não pode ser alegado para o descumprimento do pacto.

*b) Resilição (exercício de um direito potestativo).*

Presente em duas situações concretas.

*b.1) Resilição bilateral.*

Prevista no art. 472 do CC, a *resilição bilateral* ou *distrato* é efetivada mediante a celebração de um novo negócio em que ambas as partes querem, de comum acordo, pôr fim ao anterior que firmaram. O distrato submete-se à mesma forma exigida para o contrato conforme previsão taxativa desse artigo.

Desse modo, se o contrato foi celebrado por escritura pública, o distrato deverá obedecer à mesma formalidade, sob pena de nulidade absoluta, por desrespeito à forma e à solenidade essencial (art. 166, incs. IV e V, do CC). É importante ressaltar que a quitação não se submete a essa exigência, sendo válida qualquer que seja a sua forma.

Por outra via, se as partes elegeram que a escritura pública é essencial para o ato, nos termos do art. 109 do Código Civil, a regra do art. 472 não se aplica, o que prestigia o *princípio da liberdade das formas*, previsto no art. 107 da mesma codificação material. Nesse sentido, enunciado aprovado na *VII Jornada de Direito Civil* (2015), segundo o qual, "desde que não haja forma exigida para a substância do contrato, admite-se que o distrato seja pactuado por forma livre" (Enunciado n. 584).

Nos termos das justificativas da proposta, que contou com o meu apoio quando da plenária daquele evento, "o art. 472 do Código Civil não prescreve que o distrato deve obedecer à forma utilizada para a celebração do contrato originário, mas que deve ser implementado 'pela mesma forma exigida para o contrato' originário. Não é, pois, exatamente a forma do contrato originário que subordina a forma do distrato. O que define a forma do distrato é a forma exigida pela lei para o contrato originário. Portanto, a coincidência formal entre contrato e distrato nem sempre é obrigatória. Só o será nas hipóteses de contratos de forma especial. Nesse sentido, eventual distrato que tenha sido celebrado de forma tácita, seja através de comunicações via *e-mail* ou telegrama, nestes casos, havendo uma prova irrefutável de que as mesmas partes que contrataram também resolveram colocar fim antecipado de forma consensual ao vínculo jurídico, não importa nessa situação se a forma do contrato celebrado foi ou não foi obedecida. Deve-se prestigiar a vontade das partes. Se o princípio do consensualismo é a regra nas relações contratuais, com muito mais razão a autonomia da vontade manifestada quanto ao encerramento prematuro do vínculo contratual, de forma bilateral, deve ser prestigiado, assim procedendo estará fazendo valer a boa-fé nos contratos e respeitando a vontade das partes".

Por fim, em complemento, adotando essas minhas ideias, decisão monocrática do Ministro Marcos Buzzi, do STJ, acabou por concluir que não é possível a resilição bilateral tácita ou presumida. Conforme o *decisum*, "somente pela leitura do disposto acima, observa-se que é de difícil aceitação a ocorrência de uma 'resilição tácita', ou presumida, pois as partes, para alterar o contrato anteriormente estabelecido, deveriam ter firmado novo compromisso, o que não ocorreu, restando cogente a observação quanto às penalidades decorrentes do inadimplemento" (decisão monocrática proferida no Agravo em Recurso Especial 791.470/PR, em 31 de maio de 2016).

### b.2) *Resilição unilateral.*

Existem contratos que admitem dissolução pela simples declaração de vontade de uma das partes, situações em que se tem a denominada *resilição unilateral*, desde que a lei, de forma explícita ou implícita, admita essa forma de extinção. Na resilição unilateral há o exercício de um direito potestativo, aquele que se contrapõe a um estado de sujeição. Sendo assim, não há que falar, pelo menos em regra, na existência de responsabilização civil da parte que exerce esse direito potestativo. Conforme se extrai de recente aresto superior, "a simples resilição do contrato, a exemplo do que ocorre com o mero inadimplemento contratual, não é suficiente para caracterizar danos morais" (STJ, REsp 1.630.665/BA, 3.ª Turma, Rel. Min. Moura Ribeiro, j. 23.05.2017, *DJe* 02.06.2017).

De todo modo, essa resilição não pode configurar abuso de direito da parte que a efetiva, sob pena de incidência do art. 187 do Código Civil. Concluindo do mesmo modo, outro julgado superior, "a resilição unilateral e injustificada do contrato, conquanto aparentemente lícita, pode, a depender das circunstâncias concretas, constituir um ato antijurídico quando, ao fazê-lo, a parte violar o dever de agir segundo os padrões de lealdade e confiança previamente estabelecidos, assim frustrando, inesperadamente, aquela justa expectativa criada na outra parte. Assim, salvo quando houver estipulação contratual que a autorize ou quando ocorrer fato superveniente que a justifique, inclusive relacionado à atuação do profissional, a denúncia imotivada, pelo cliente, do contrato de prestação de serviços advocatícios firmado com cláusula de êxito, antes do resultado final do processo, configura abuso do direito, nos termos do art. 187 do CC/02" (STJ, REsp 1.724.441/TO, 3.ª Turma, Rel. Min. Nancy Andrighi, j. 19.02.2019, *DJe* 06.03.2019).

A resilição unilateral, pelo que consta do art. 473 do Código Civil, só é prevista em hipóteses excepcionais, como, por exemplo, na locação, na prestação de serviços, no mandato, no comodato, no depósito, na doação, na fiança, operando-se mediante denúncia notificada à outra parte. Para os contratos que foram citados, de forma a exemplificar, são casos de resilição unilateral:

> • *Denúncia vazia*: cabível na locação de coisa móvel ou imóvel regida pelo Código Civil e de coisa imóvel regida pela Lei 8.245/1991 (Lei de Locação). Findo

> o prazo, extingue-se de pleno direito o contrato celebrado entre as partes, sem qualquer motivo para tanto. É possível utilizar o termo *denúncia* igualmente para o contrato de prestação de serviços, pelo que consta do art. 599 do CC.
>
> - *Revogação*: espécie de resilição unilateral cabível quando há quebra de confiança naqueles pactos em que esta se faz presente como fator predominante. Cabe revogação por parte do mandante – no mandato –, do comodante – no comodato –, do depositante – no depósito –, do doador – no caso de doação modal ou com encargo e por ingratidão.
>
> - *Renúncia*: outra forma de resilição unilateral cabível nos contratos baseados na confiança, quando houver quebra desta. Viável juridicamente a renúncia por parte do mandatário, comodatário, depositário e donatário, nos contratos acima mencionados.
>
> - *Exoneração por ato unilateral*: novidade da codificação privada, a exoneração unilateral é cabível por parte do fiador, na fiança por prazo indeterminado. Prevista no art. 835 do Código Civil, terá eficácia plena depois de 60 dias da notificação do credor, efetivada pelo fiador. Pelo teor desse dispositivo legal, a exoneração unilateral não se aplica ao contrato de fiança celebrado por prazo determinado. Entendo que essa nova forma de resilição unilateral pretende proteger o fiador, sempre em posição desprivilegiada, havendo relação direta com a eficácia interna do princípio da função social dos contratos. Por tal razão, o art. 835 é norma de ordem pública, não podendo a proteção nele prevista ser afastada por convenção das partes. Ademais, deve o magistrado declarar essa proteção de ofício. O dispositivo terá estudo aprofundado no próximo capítulo deste livro, que trata da fiança entre os contratos em espécie.

Ainda no que interessa à resilição unilateral, sintonizado com a função social dos contratos e a boa-fé objetiva, o parágrafo único do art. 473 do CC enuncia que, se diante da natureza do contrato, uma das partes houver feito investimentos consideráveis para a execução do negócio, a resilição unilateral só produzirá efeito depois de transcorrido prazo compatível com a natureza e o vulto dos investimentos. A título de exemplo, eventual despejo por denúncia vazia até pode não ser concedido se o locatário tiver introduzido investimentos consideráveis no imóvel, sendo omisso o instrumento contratual quanto a esses investimentos. A aplicação do comando diz respeito a contratos com prazo indeterminado, pois nesses é possível o exercício do direito de resilição unilateral, por força da lei.

Diante dessa relação com os dois regramentos citados, especialmente com a função social do contrato, princípio de ordem pública pelo que consta do art. 2.035, parágrafo único, do CC/2002, a regra do art. 473, parágrafo único, da mesma codificação não pode ser contrariada pelo acordo das partes. Isso sob pena de nulidade absoluta da cláusula que pretende afastar a incidência da regra, por fraude à lei imperativa (art. 166, inc. VI, do Código Civil).

Consigne-se que a relação com os efeitos internos da função social dos contratos é explícita, pois se pretende impedir uma situação de injustiça, conservando o contrato por tempo razoável. O Tribunal de Justiça de São Paulo já aplicou muito bem o dispositivo relacionando-o a tal princípio em contrato de prestação de serviços entre empresas (TJSP, Agravo de Instrumento 7.148.853-4, 12.ª Câmara de Direito Privado, São Paulo, Rel. Rui Cascaldi, 13.06.2007, v.u., Voto 11.706).

Cite-se, ainda, excelente julgado do Tribunal de Justiça do Distrito Federal, segundo o qual "impõe-se a aplicação da referida regra diante da frustração da legítima expectativa da autora, em face da resilição unilateral do contrato de transporte que a ré pretendeu operar, sem que tivesse decorrido prazo razoável para o retorno dos vultosos investimentos empreendidos pela requerente a fim de proporcionar a correta execução do que restou pactuado" (TJDF, Recurso 2008.09.1.015066-2, Acórdão 535.206, 2.ª Turma Cível, Rel. Desig. Des. Carmelita Brasil, *DJDFTE* 23.09.2011, p. 79).

Merece também destaque aresto mais recente do Superior Tribunal de Justiça, que afastou a resilição unilateral de uma das partes, em contrato de prestação de serviços, diante da exigência anterior de investimentos consideráveis, em flagrante contradição. Conforme consta da ementa, "estando claro, nos autos, que o comportamento das recorridas, consistente na exigência de investimentos certos e determinados como condição para a realização da avença, somado ao excelente desempenho das obrigações pelas recorrentes, gerou legítima expectativa de que a cláusula contratual que permitia a qualquer dos contratantes a resilição imotivada do contrato, mediante denúncia, não seria acionada naquele momento, configurado está o abuso do direito e a necessidade de recomposição de perdas e danos, calculadas por perito habilitado para tanto" (STJ, REsp 1.555.202/SP, 4.ª Turma, Rel. Min. Luis Felipe Salomão, j. 13.12.2016, *DJe* 16.03.2017).

O voto condutor, com precisão, fundamenta suas conclusões nos princípios da função social do contrato e da boa-fé objetiva. Como ali apontou o Ministro Relator, a simples existência de cláusula contratual permissiva da resilição unilateral a qualquer tempo, sob condição exclusiva de aviso prévio datado de cinco dias do encerramento do pacto, não deve ser o único argumento a decidir pela possibilidade de extinção da avença, o que acaba por confirmar a premissa segunda a qual a norma é de ordem pública (REsp 1.555.202/SP).

Como último exemplo concreto, outro acórdão superior, do ano de 2021, reafirmou a impossibilidade de o direito de resilição ser exercido em abuso de direito:

> "A regra extraída do parágrafo único do art. 473 do CC/2002 revela que o prazo expressamente avençado para o aviso prévio será plenamente eficaz desde que o direito à resilição unilateral seja exercido por uma parte quando já transcorrido tempo razoável à recuperação dos investimentos realizados pela outra parte para o devido cumprimento das obrigações assumidas no contrato; do contrário, o legislador considera abusiva a denúncia, impondo, por conseguinte, a suspensão dos seus efeitos até que haja a absorção do capital aplicado por uma das partes para a execução do contrato em favor da outra" (STJ, REsp 1.874.358/SP, 3.ª Turma, Rel. Min. Nancy Andrighi, j. 17.08.2021, *DJe* 19.08.2021).

Como não poderia ser diferente, estou totalmente filiado às afirmações do *decisum*. Ao final considerou-se o direito de a parte contratual ser indenizada pelos prejuízos que sofreu com a extinção do contrato: "hipótese em que, não sendo a suspensão dos efeitos da resilição unilateral determinada em momento oportuno, apto a permitir a recuperação dos investimentos realizados pelas recorrentes, faz-se imperioso determinar o ressarcimento dos valores por elas despendidos e estritamente necessários ao cumprimento das obrigações assumidas perante a recorrida" (STJ, REsp 1.874.358/SP, 3.ª Turma, Rel. Min. Nancy Andrighi, j. 17.08.2021, *DJe* 19.08.2021).

Para encerrar o tópico, anoto que no Projeto de Reforma e Atualização do Código Civil existem proposições para aprimorar o tratamento da resilição unilateral, resolvendo-se divergências verificadas nos mais de vinte anos da Lei Geral Privada. Nesse contexto, a Comissão de Juristas sugere que o *caput* do art. 473 passe a prever, com menção à notificação extrajudicial, que "a resilição unilateral, nos casos em que a lei expressa ou implicitamente a permita, opera mediante notificação, judicial ou extrajudicial, da outra parte".

# 750 | MANUAL DE DIREITO CIVIL • VOLUME ÚNICO – *Flávio Tartuce*

O atual parágrafo único do comando passa a ser o seu § 1.º, com pequena melhora no texto, mas sem alteração no conteúdo: "se, porém, dada a natureza do contrato, uma das partes houver feito investimentos consideráveis para a sua execução, a resilição unilateral só produzirá efeito depois de transcorrido prazo compatível com a natureza e o vulto dos investimentos".

Ademais, são incluídos quatro novos parágrafos nesse art. 473, com vistas à segurança jurídica, visando afastar eventual abuso de direito. Nos termos do seu § 2.º, "a suspensão dos efeitos da resilição levará em consideração o prazo razoável para que uma pessoa diligente, no mesmo ramo e porte da atividade do contratante, possa recuperar os custos estritamente necessários ao cumprimento das obrigações assumidas no contrato". Essa suspensão não poderá, porém, importar sacrifício excessivo ao contratante que pretende realizar a resilição (§ 3.º). Nos termos da proposta seguinte, com vistas a limitar o prazo de prorrogação do contrato e mencionando a possibilidade de sua aplicação para os casos de contrato com prazo determinado, "quando a resilição unilateral se destinar a extinguir contrato celebrado por tempo determinado, o prazo de suspensão dos seus efeitos não poderá ser superior ao próprio prazo remanescente originalmente pactuado pelas partes" (§ 4.º). Por fim, insere-se regra segundo a qual "a constatação, em concreto, da ausência de recuperação dos custos estritamente necessários ao cumprimento das obrigações assumidas no contrato, após transcorrido o prazo de suspensão da eficácia da resilição, não autoriza a sua extensão nem impõe ao contratante que o extinguiu o dever de indenizar a outra parte".

Como bem justificou a Subcomissão de Direito Contratual, formada pelos Professores Carlos Eduardo Elias de Oliveira, Claudia Lima Marques, Angélica Carlini e Carlos Eduardo Pianovski, "a proposta de reforma do artigo visa a trazer parâmetros para a fixação do tempo de congelamento eficacial da resilição, distinguindo a resilição em contratos por prazo determinado e indeterminado. Propõe-se critério no qual a ineficácia da resilição perdurará pelo tempo necessário para o contratante recobrar os custos estritamente necessários ao cumprimento do contrato celebrado. Com efeito, se a regra visa a evitar o abuso do direito de quem opta pela resilição, não se pode olvidar que a celebração de contrato por prazo indeterminado, ou, ainda, de contrato por prazo determinado com cláusula de resilição, gera direito potestativo para qualquer das partes quanto à extinção da relação contratual". Sem dúvidas que todas as proposições trazem segurança para o instituto, resolvendo alguns dos dilemas práticos surgidos nos mais de vinte anos de vigência da atual Lei Geral Privada.

## 5.8.4 Extinção por morte de um dos contratantes

Encerrando a análise do tema da extinção do contrato e o presente capítulo, como última forma básica de extinção dos contratos, para algumas categorias negociais a morte de um dos contratantes pode gerar o fim do pacto. Isso somente ocorre nos casos em que a parte contratual assume uma obrigação personalíssima ou *intuitu personae*, sendo denominada *cessação contratual*, conforme expressão de Orlando Gomes.[97]

Em casos tais, o contrato se extingue de pleno direito, situação que ocorre, por exemplo, na fiança. Para este contrato, os herdeiros não recebem como herança o encargo de ser fiador, só respondendo até os limites da herança por dívidas eventualmente vencidas durante a vida do seu antecessor (art. 836 do CC). Em reforço, a condição de fiador não se transmite, pois ele tem apenas uma responsabilidade, sem que a dívida seja sua ("*obligatio sem debitum*" ou "*Haftung ohne Schuld*").

---

[97] GOMES, Orlando. *Contratos*. 26. ed. Atualizadores: Antonio Junqueira de Azevedo e Francisco Paulo de Crescenzo Marino. In: BRITO, Edvaldo. Rio de Janeiro: Forense, 2007. p. 228.

# 6

# CONTRATOS EM ESPÉCIE (CONTRATOS TÍPICOS DO CC/2002)

**Sumário:** 6.1 Da compra e venda (arts. 481 a 532 do CC): 6.1.1 Conceito e natureza jurídica; 6.1.2 Elementos constitutivos da compra e venda; 6.1.3 A estrutura sinalagmática e os efeitos da compra e venda. A questão dos riscos e das despesas advindas do contrato; 6.1.4 Restrições à autonomia privada na compra e venda; 6.1.5 Regras especiais da compra e venda; 6.1.6 Das cláusulas especiais da compra e venda – 6.2 Da troca ou permuta (art. 533 do CC): 6.2.1 Conceito e natureza jurídica; 6.2.2 Objeto do contrato e relação com a compra e venda; 6.2.3 Troca entre ascendentes e descendentes – 6.3 Do contrato estimatório ou venda em consignação (arts. 534 a 537 do CC): 6.3.1 Conceito e natureza jurídica; 6.3.2 Efeitos e regras do contrato estimatório – 6.4 Da doação (arts. 538 a 564 do CC): 6.4.1 Conceito e natureza jurídica; 6.4.2 Efeitos e regras da doação sob o enfoque das suas modalidades ou espécies; 6.4.3 Da promessa de doação; 6.4.4 Da revogação da doação – 6.5 Da locação de coisas no CC/2002 (arts. 565 a 578 do CC): 6.5.1 Conceito, natureza jurídica e âmbito de aplicação; 6.5.2 Efeitos da locação regida pelo Código Civil – 6.6 Do empréstimo. Comodato e mútuo: 6.6.1 Introdução. Conceitos básicos; 6.6.2 Do comodato (arts. 579 a 585 do CC); 6.6.3 Do mútuo (arts. 586 a 592 do CC) – 6.7 Da prestação de serviço (arts. 593 a 609 do CC): 6.7.1 Conceito e natureza jurídica; 6.7.2 Regras da prestação de serviços no CC/2002 – 6.8 Da empreitada (arts. 610 a 626 do CC): 6.8.1 Conceito e natureza jurídica; 6.8.2 Regras da empreitada no CC/2002 – 6.9 Do depósito (arts. 627 a 652 do CC): 6.9.1 Conceito e natureza jurídica; 6.9.2 Regras quanto ao depósito voluntário ou convencional; 6.9.3 Do depósito necessário; 6.9.4 Da prisão do depositário infiel – 6.10 Do mandato (arts. 653 a 692 do CC): 6.10.1 Conceito e natureza jurídica; 6.10.2 Principais classificações do mandato; 6.10.3 Principais regras do mandato no CC/2002 – 6.11 Da comissão (arts. 693 a 709 do CC) – 6.12 Da agência e distribuição (arts. 710 a 721 do CC) – 6.13 Da corretagem (arts. 722 a 729 do CC) – 6.14 Do transporte (arts. 730 a 756 do CC): 6.14.1 Conceito e natureza jurídica; 6.14.2 Regras gerais do transporte no CC/2002; 6.14.3 Do transporte de pessoas; 6.14.4 Do transporte de coisas – 6.15 Do seguro (arts. 757 a 802 do CC): 6.15.1 Conceito e natureza jurídica; 6.15.2 Regras gerais do seguro no CC/2002; 6.15.3 Do seguro de dano; 6.15.4 Do seguro de pessoa – 6.16 Da constituição de renda (arts. 803 a 813 do CC) – 6.17 Do jogo e da aposta (arts. 814 a 817 do CC) – 6.18 Da fiança (arts. 818 a 839 do CC): 6.18.1 Conceito e natureza jurídica; 6.18.2 Efeitos e regras da fiança no CC/2002 – 6.19 Da transação (arts. 840 a 850 do CC) – 6.20 Do compromisso (arts. 851 a 853 do CC) – 6.21 Do contrato de administração fiduciária de garantias (art. 853-A do CC).

## 6.1 DA COMPRA E VENDA (ARTS. 481 A 532 DO CC)

### 6.1.1 Conceito e natureza jurídica

O art. 481 do CC/2002, seguindo o princípio da operabilidade – no sentido de facilitação dos institutos privados –, conceitua a compra e venda como o contrato pelo qual alguém (o vendedor) se obriga a transferir ao comprador o domínio de coisa móvel ou imóvel mediante uma remuneração, denominada *preço*. Portanto, trata-se de um *contrato translativo*, mas que por si só não gera a transmissão da propriedade.

Como é notório, regra geral, a propriedade móvel se transfere pela tradição (entrega da coisa) enquanto a propriedade imóvel transfere-se pelo registro do contrato no Cartório de Registro Imobiliário (CRI). Dessa forma, o contrato de compra e venda traz somente o compromisso do vendedor em transmitir a propriedade, denotando efeitos obrigacionais (art. 482 do CC). Em outras palavras, o contrato é *translativo* no sentido de trazer como conteúdo a referida transmissão, que se perfaz pela tradição nos casos que envolvem bens móveis, ou pelo registro, nas hipóteses de bens imóveis. O julgado a seguir demonstra essa realidade jurídica:

> "Civil. Compra e venda. Imóvel. Transcrição. Matéria de prova. I. Ensina a doutrina que na compra e venda de imóvel a transcrição no registro imobiliário do título translativo da propriedade apenas completa, ainda que necessariamente, a operação iniciada com o contrato, ou qualquer outro negócio translativo. O *modus* é condicionado pelo *titulus*. O registro é ato automático, independente de providências do transmitente. II. Em sede do Especial, inviável qualquer intento no sentido de reexame de matéria que envolva reavaliação de provas. III. Recurso não conhecido" (STJ, REsp 5.801/SP, 3.ª Turma, Rel. Min. Waldemar Zveiter, j. 10.12.1990, *DJ* 04.02.1991, p. 576).

A respeito de sua natureza jurídica, a compra e venda possui as seguintes características:

*a)* O contrato de compra e venda é *bilateral* ou *sinalagmático por excelência*, havendo *sinalagma* (direitos e deveres proporcionais entre as partes, que são credoras e devedoras entre si).

*b)* Constitui contrato *oneroso*, porque há sacrifícios patrimoniais para ambas as partes, ou seja, para o comprador e para o vendedor (prestação + contraprestação). Essa onerosidade é confirmada pela presença de uma remuneração que é denominada *preço*.

*c)* Por regra, a compra e venda é contrato *comutativo* porque as partes sabem de antemão quais serão as suas prestações. Eventualmente, incidirá o elemento *álea* ou sorte, podendo a compra e venda assumir a forma de contrato aleatório, envolvendo riscos. Em casos tais, surgem duas vendas aleatórias (arts. 458 a 461 do CC): *a)* venda de coisas futuras quanto à existência (art. 458 do CC) e à quantidade (art. 459 do CC); e *b)* venda de coisas existentes, mas expostas a risco (art. 460 do CC). Em relação à venda de coisas futuras, o risco do contrato pode referir-se à:

– *Venda da esperança quanto à existência da coisa ou venda da esperança (Emptio spei)* – refere-se à assunção de riscos por um dos contratantes no tocante à existência da coisa, caso em que o outro terá direito de receber integralmente o que lhe foi prometido, desde que de sua parte não tenha havido dolo ou culpa, ainda que nada do avençado venha a existir. No contrato em questão não é fixada nem mesmo uma quantidade mínima como objeto, fazendo que o risco seja maior.

– *Venda da esperança quanto à quantidade da coisa ou venda da esperança como coisa esperada (Emptio rei speratae)* – refere-se à assunção de riscos por um dos contratantes sobre a quantidade da coisa, caso em que o alienante terá direito a todo o preço, desde que de sua parte não tenha concorrido culpa, ainda que a coisa venha a existir em quantidade inferior à esperada. Nessa situação, é

CAP. 6 • CONTRATOS EM ESPÉCIE (CONTRATOS TÍPICOS DO CC/2002) | **753**

fixada uma quantidade mínima para a compra, ou seja, neste contrato há um objeto mínimo fixado para compra e venda. As condições para negociar o preço são piores porque o risco é menor; há uma taxa mínima em relação ao objeto. Nas hipóteses de venda de coisas já existentes, mas expostas a risco assumido pelo adquirente, terá igualmente direito o alienante a todo o preço, ainda que a coisa não mais exista, no todo ou em parte, no dia da formalização do contrato (art. 460 do CC). Entretanto, o contrato poderá ser anulado se o prejudicado provar que o outro contratante agiu com dolo, ou seja, que não ignorava a consumação a que no contrato se considerava exposta a coisa (art. 461 do CC).

d) Fica a dúvida se a compra e venda é um contrato *consensual* (que tem aperfeiçoamento com a manifestação da vontade) ou real (o aperfeiçoamento ocorre com a entrega da coisa). Na verdade, a compra e venda assume a primeira categoria, pois o aperfeiçoamento ocorre com a composição das partes. Isso pode ser retirado do art. 482 do CC ("A compra e venda, quando pura, considerar-se-á obrigatória e perfeita, desde que as partes acordarem no objeto e no preço"). A entrega da coisa ou o registro do negócio no Cartório de Registro de Imóveis, como apontado, não tem qualquer relação com o seu aperfeiçoamento e sim com o cumprimento do contrato, com a eficácia do negócio jurídico, particularmente com a aquisição da propriedade pelo comprador.

e) A compra e venda pode ser negócio *formal* (solene) ou *informal* (não solene). Repise-se que sigo o entendimento doutrinário segundo o qual a solenidade está relacionada com a escritura pública e não com a forma escrita (*formalidade é gênero, solenidade é espécie*). O contrato de compra e venda exige escritura pública quando o valor do bem imóvel, objeto do negócio, for superior a 30 salários mínimos (art. 108 do CC) – contrato formal e solene. Caso o imóvel tenha valor inferior ou igual a 30 salários mínimos, não haverá necessidade de escritura pública, a ser lavrada no Tabelionato de Notas. Vale lembrar que, nos termos do antigo Provimento 100 do Conselho Nacional de Justiça, de maio de 2020, depois incorporado ao Código Nacional de Normas (CNN), a escritura pública de compra e venda pode ser lavrada pela via digital ou eletrônica (*e--notariado*), desde que observados os requisitos de validade específicos previstos nessa norma administrativa. Conforme essa normatização, são requisitos da prática do ato notarial eletrônico: *a)* a videoconferência notarial para captação do consentimento das partes sobre os termos do ato jurídico; *b)* a concordância expressada pelas partes com os termos do ato notarial eletrônico; c) a assinatura digital pelas partes, exclusivamente através do *e-notariado*; *d)* a assinatura do Tabelião de Notas com a utilização de certificado digital ICP-Brasil; e *e)* o uso de formatos de documentos de longa duração com assinatura digital (art. 286 do CNN do CNJ). Sobre a gravação da videoconferência notarial, nos termos do parágrafo único desse art. 3.º, deverá conter ela, no mínimo: *a)* a identificação, a demonstração da capacidade e a livre manifestação das partes atestadas pelo tabelião de notas; *b)* o consentimento das partes e a concordância com a escritura pública; *c)* o objeto e o preço do negócio pactuado; *d)* a declaração da data e horário da prática do ato notarial; e *e)* a declaração acerca da indicação do livro, da página e do tabelionato onde será lavrado o ato notarial. O desrespeito a qualquer um desses requisitos de validade gera a nulidade absoluta do negócio jurídico correspondente, nos termos dos incs. IV e V, do art. 166 do Código Civil. Também como requisito específico de validade, é necessário observar uma regra especial de competência, prevista no antigo art. 6.º do Provimento 100 e no atual art. 289 do Código Nacional de Normas, que afasta a premissa-geral da ausência de competência para os atos notariais comuns. Segundo esse comando, "a competência para a prática dos atos regulados neste Provimento é absoluta e observará a circunscrição territorial em que o tabelião recebeu sua delegação, nos termos do art. 9º da Lei n. 8.935/1994". De acordo com os "considerandos" da norma administrativa original, a finalidade do comando é evitar a concorrência predatória por serviços prestados remotamente e que podem ofender a fé pública notarial. Em todos os casos envolvendo imóveis, é necessária a forma escrita, pelo menos para registro no CRI, estando a eficácia no mesmo plano que a validade do contrato em questão (contrato formal e não solene). Relembro, ainda sobre o tema, que a Lei 14.382/2022 institui o Sistema Eletrônico de Registros Públicos (SERP), com a viabilidade do registro público eletrônico dos atos e negócios jurídicos. Nas hipóteses de compra e venda de bem móvel, de qualquer valor, não há necessidade de escritura pública nem de forma escrita, pois não há registro (contrato informal e não solene).

*f)* A compra e venda é um contrato típico, pois está tratado pela codificação privada, sem prejuízo de outras leis específicas. Por diversas vezes, a compra e venda assume a forma de adesão, podendo ainda ser contrato de consumo, nos termos dos arts. 2.º e 3.º da Lei 8.078/1990 (*venda de consumo*). Para a última hipótese, a teoria do *diálogo das fontes* é fundamental, pois as regras relativas ao contrato previstas no CC/2002 devem ser interpretadas de acordo com os princípios de proteção ao consumidor e com os artigos do CDC.

## 6.1.2 Elementos constitutivos da compra e venda

Na visão clássica e contemporânea, os elementos da compra e venda são os seguintes, o que merece um estudo pontual:

- Partes (comprador e vendedor), sendo implícita a vontade livre, o consenso entre as partes, sem vícios (*consensus*).
- Coisa (*res*).
- Preço (*pretium*).

No que concerne às *partes*, essas devem ser capazes sob pena de nulidade ou anulabilidade da compra e venda, o que depende da modalidade de incapacidade. Nesse sentido, não se pode esquecer das regras especiais de *legitimação*, como a que consta do art. 1.647, inc. I, do CC, que trata da necessidade de outorga conjugal para venda de bens imóveis a terceiros. Não havendo tal outorga (uxória ou marital), a compra e venda será anulável (art. 1.649 do CC), desde que proposta ação anulatória pelo cônjuge no prazo decadencial de dois anos, contados da dissolução da sociedade conjugal. A referida outorga é dispensável se o regime entre os cônjuges for o da *separação absoluta*, tema a ser aprofundado no Capítulo 8.

Quanto ao consentimento emitido pelas partes, que deve ser livre e espontâneo, deve ainda recair sobre os demais elementos do contrato de compra e venda, quais sejam a *coisa* e o *preço*. Havendo um dos vícios do consentimento (erro, dolo, coação moral, estado de perigo e lesão), o contrato de compra e venda é anulável, conforme as regras que constam da Parte Geral do CC (art. 171, inc. II).

CAP. 6 • CONTRATOS EM ESPÉCIE (CONTRATOS TÍPICOS DO CC/2002) | **755**

A *coisa* deve ser lícita, determinada (coisa certa) ou determinável (coisa incerta, indicada pelo gênero e quantidade). O art. 483 do CC trata da compra e venda de coisa futura, como ocorre nas vendas sob encomenda. Mas essa coisa futura deve existir em posterior momento, sob pena de ineficácia do contrato, salvo se a intenção das partes era celebrar um contrato aleatório, dependente da sorte ou risco. Aliás, diante da boa-fé objetiva, recomenda-se que, no momento da realização do contrato de venda sob encomenda, o vendedor já tenha a coisa à sua disposição.

Seguindo no estudo de tal elemento objetivo, a coisa deve ser também alienável, ou seja, deve ser consumível no âmbito jurídico, como preconiza a segunda parte do art. 86 do CC (*consuntibilidade jurídica*). A venda de um bem inalienável, caso do bem de família voluntário ou convencional (arts. 1.711 a 1.722 do CC), é considerada nula, seja pela ilicitude do objeto (art. 166, inc. II) ou por fraude à lei imperativa (art. 166, inc. VI).

Por fim, a coisa deve ser de propriedade do vendedor, sob pena de caracterização da *venda a non domino*, realizada por aquele que não é o seu dono. Pontue-se que, na minha opinião, a venda *a non domino* é caso de ineficácia do contrato, e não de sua inexistência ou invalidade. Essa foi a opção do art. 1.268 do Código Civil 2002 quanto aos bens móveis, prescrevendo o *caput* do diploma que, "feita por quem não seja proprietário, a tradição não aliena a propriedade".

Sigo corrente que entende pela mesma solução em caso de bens imóveis, o que já era aplicado pela melhor jurisprudência superior. Nessa linha, entre os arestos mais remotos:

> "Direito civil. Venda *a non domino*. Validade da escritura entre as partes. Art. 145, CC. Ineficácia em relação ao *verus dominus*. Recurso provido. I – A compra e venda de imóvel a *non domino* não é nula ou inexistente, sendo apenas ineficaz em relação ao proprietário, que não tem qualidade para demandar a anulação da escritura não transcrita. II – Os atos jurídicos são nulos nos casos elencados no art. 145, CC" (STJ, REsp 39.110/MG, 4.ª Turma, Rel. Min. Sálvio de Figueiredo Teixeira, j. 28.03.1994, *DJ* 25.04.1994, p. 9.260).

Ou, ainda: "Venda *a non domino*. A ineficácia pode ser alegada pelo réu da ação reivindicatória (art. 622 do CCivil)" (STJ, REsp 94.270/SC, 4.ª Turma, Rel. Min. Cesar Asfor Rocha, Rel. p/ Acórdão Min. Ruy Rosado de Aguiar, j. 21.03.2000, *DJ* 25.09.2000, p. 101). Em complemento, mais recentemente, citando ser essa a posição majoritária da doutrina, baseada nas lições de Pontes de Miranda:

> "Recursos especiais. Leilão de imóvel rural anteriormente desapropriado. Art. 535 do CPC. Venda *a non domino*. Ineficácia do negócio. Ação *ex empto*. Irregularidade das dimensões do imóvel. Lucros cessantes. Necessidade de comprovação. Dissídio jurisprudencial. 1. Não há violação ao artigo 535, II do CPC, quando embora rejeitados os embargos de declaração, a matéria em exame foi devidamente enfrentada pelo Tribunal de origem, que emitiu pronunciamento de forma fundamentada, ainda que em sentido contrário à pretensão da recorrente. 2. A venda *a non domino* é aquela realizada por quem não é o proprietário da coisa e que, portanto, não tem legitimação para o negócio jurídico. Soma-se a essa condição, o fato de que o negócio se realiza sob uma conjuntura aparentemente perfeita, instrumentalmente hábil a iludir qualquer pessoa. 3. A *actio ex empto* tem como escopo garantir ao comprador de determinado bem imóvel a efetiva entrega por parte do vendedor do que se convencionou em contrato no tocante à quantidade ou limitações do imóvel vendido, não valendo para os casos em que há impossibilidade total do apossamento da área para gozo e fruição, por vício na titularidade da propriedade. 4. A jurisprudência do Superior Tribunal de Justiça firmou-se no sentido de que, para a

concessão de indenização por perdas e danos com base em lucros cessantes, faz-se necessária a comprovação dos prejuízos sofridos pela parte. 5. A demonstração da divergência jurisprudencial não se satisfaz com a simples transcrição de ementas, mas com o confronto entre trechos do acórdão recorrido e das decisões apontadas como divergentes, mencionando-se as circunstâncias que identifiquem ou assemelhem os casos confrontados, providência não verificada nas razões recursais. 6. Recursos especiais não providos" (STJ, REsp 1.473.437/GO, 4.ª Turma, Rel. Min. Luis Felipe Salomão, j. 07.06.2016, *DJe* 28.06.2016).

Todavia, nos anos de 2018 e 2019, surgiram acórdãos da Terceira Turma entendendo que a consequência da venda por quem não é o dono da coisa é a nulidade do ato:

"Polêmica em torno da existência, validade e eficácia de escritura pública de compra e venda do imóvel dos demandantes, lavrada em Tabelionato por terceiros que atuaram como vendedores com base em procuração pública também fraudada, constando, inclusive, dados errôneos na qualificação dos outorgantes, efetivos proprietários, como reconhecido pelas instâncias de origem. (...). Escritura de compra e venda realizada com base em procuração na qual constam nomes incorretos do casal proprietário, troca de numeração de documentos pessoais, utilização de número de identidade de outro Estado. Questões fático-probatórias. Insindicabilidade. Negligência do Tabelião que, ao confeccionar a escritura pública de compra e venda, não conferiu os dados dos supostos alienantes. Nulidade do registro mantida" (STJ, REsp 1.748.504/PE, 3.ª Turma, Rel. Min. Paulo de Tarso Sanseverino, j. 14.05.2019, *DJe* 21.05.2019).

"Agravo interno na ação rescisória. Acórdão rescindendo. Venda de imóvel a *non domino*. Nulidade absoluta. Impossibilidade de convalidação. Ausência de violação a literal disposição de lei. Improcedência da ação rescisória. Agravo desprovido. 1. O entendimento desta Corte preconiza que, no caso de venda por quem não tem o título de propriedade do bem alienado, venda a *non domino* não tem mera anulabilidade por vício de consentimento, mas sim nulidade absoluta, impossível de ser convalidada. 2. 'Inaplicabilidade do prazo prescricional previsto no art. 178, § 9.º, V, 'b', do Código Civil, se a hipótese cuidar, como no caso, de venda por quem não tinha o título de propriedade do bem alienado em garantia (venda a non domino), ou seja, venda nula, não se enquadrando, assim, nos casos de mera anulação do contrato por vício de consentimento' (REsp 185.605/RJ, Rel. Ministro Cesar Asfor Rocha). 3. O acolhimento da ação rescisória fundada no art. 485, V, do CPC exige que a interpretação dada pelo decisum rescindendo seja de tal modo discrepante que viole o dispositivo legal em sua literalidade, porque, se a decisão rescindenda elege uma dentre as interpretações cabíveis, a ação rescisória não merece prosperar. 4. Agravo interno a que se nega provimento" (STJ, Ag. Int. na AR 5.465/TO, 2.ª Seção, Rel. Min. Raul Araújo, j. 12.12.2018, *DJe* 18.12.2018).

Diante do último acórdão, da Segunda Seção da Corte, outros julgados surgiram, com a mesma conclusão, pela nulidade do negócio, podendo ser colacionados os seguintes:

"Processual civil e civil. Agravo interno nos embargos de declaração no recurso especial. Ação declaratória. Contrato particular e compromisso de compra e venda de imóvel sem a ciência de determinados coproprietários. Nulidade do negócio jurídico reconhecida. Acórdão em consonância com jurisprudência do STJ. Súmula 83 do STJ. Agravo desprovido. 1. Na hipótese de venda a 'non domino', a transferência da propriedade negociada não ocorre, pois o negócio não produz efeito algum, padecendo de nulidade absoluta, impossível de ser convalidada, sendo irrelevante a boa-fé do adquirente. Os negócios jurídicos absolutamente nulos não produzem efeitos jurídicos,

# CAP. 6 • CONTRATOS EM ESPÉCIE (CONTRATOS TÍPICOS DO CC/2002) | **757**

não são suscetíveis de confirmação, tampouco convalescem com o decurso do tempo. Precedentes. 2. O entendimento adotado no acórdão recorrido coincide com a jurisprudência assente desta Corte Superior, circunstância que atrai a incidência da Súmula 83/STJ. 3. Agravo interno a que se nega provimento" (STJ, Ag. Int nos EDcl no REsp 1.811.800/RS, 4.ª Turma, Rel. Min. Raul Araújo, j. 12.12.2022, *DJe* 14.12.2022).

"Civil e processual civil. Agravo interno no agravo em recurso especial. Tutela declaratória. Nulidade de ato jurídico. Quitação. Prescrição ou decadência. Descabimento. Venda de imóvel 'a non domino'. Nulidade absoluta. Impossibilidade de convalidação. Ausência de prova do pagamento. Litigância de má-fé. Reexame de provas. Súmula n. 7/STJ. Decisão mantida. 1. 'Os negócios jurídicos inexistentes e os absolutamente nulos não produzem efeitos jurídicos, não são suscetíveis de confirmação, tampouco não convalescem com o decurso do tempo, de modo que a nulidade pode ser declarada a qualquer tempo, não se sujeitando a prazos prescricionais ou decadenciais' (AgRg no AREsp 489.474/MA, Rel. Ministro Marco Buzzi, Quarta Turma, julgado em 08/05/2018, DJe 17/05/2018). 2. Segundo a jurisprudência desta Corte Superior, na venda 'a non domino', a propriedade transferida não produz efeito algum, havendo uma nulidade absoluta, impossível de ser convalidada pelo transcurso do tempo, sendo irrelevante a boa-fé do adquirente. Precedentes. 3. O recurso especial não comporta exame de questões que impliquem revolvimento do contexto fático-probatório dos autos (Súmula n. 7/STJ). 4. No caso concreto, a reforma do acórdão recorrido, quanto à ocorrência da venda 'a non domino', à nulidade da quitação e à ausência de prova do pagamento, demandaria o reexame de fatos e provas, vedado em recurso especial. 5. O Tribunal de origem, com base na interpretação dos elementos de convicção anexados aos autos, concluiu pela caracterização da litigância de má-fé. A alteração das conclusões do julgado também demandaria o reexame da matéria fática. 6. Agravo interno a que se nega provimento" (STJ, Ag. Int no AREsp 1.342.222/DF, 4.ª Turma, Rel. Min. Antonio Carlos Ferreira, j. 09.11.2021, *DJe* 26.11.2021).

Todas as ementas recentes indicam, portanto, que a posição atual da Corte Superior é pela nulidade absoluta da venda *a non domino*, o que deve ser seguido, neste momento, para os devidos fins práticos. Reafirmo, entretanto, que a minha opinião doutrinária é no sentido de ser a venda *a non domino* ineficaz, pela clara opção do legislador, adotada pelo art. 1.268 do Código Civil quanto aos bens móveis, o que deve ser estendido aos imóveis.

No tocante ao *preço*, remuneração do contrato, este deve ser certo e determinado e em moeda nacional corrente, pelo valor nominal, de acordo com o art. 315 do CC (*princípio do nominalismo*). O preço, em regra, não pode ser fixado expressamente em moeda estrangeira ou em ouro, sob pena de nulidade absoluta do contrato (art. 318 do CC). Todavia, pelo que está no novo tratamento constante da Lei 14.286/2021, novas exceções devem surgir por lei ou por regulamentação pelo Banco Central. Como é notório, essa lei especial acabou por revogar expressamente o Decreto-lei 857/1976.

Pois bem, vejamos algumas categorias especiais de preço e as regras correspondentes:

> – *Preço por cotação* – admitido pelo art. 487 do CC, sendo lícitos os contratos de compra e venda cujo preço é fixado em função de índices ou parâmetros suscetíveis de objetiva determinação, caso do dólar e do ouro, desde que conste o correspondente em reais. Em complemento, enuncia o art. 486 da codificação que o preço pode ser fixado conforme taxa de mercado ou de bolsa, em certo e determinado dia e lugar. Julgado de 2023 da Quarta Turma do Superior Tribunal de Justiça bem aplicou esse dispositivo para

hipótese de compra e venda de soja, com preço indexado à cotação futura na Bolsa de Mercadorias de Chicago (CBOT), "no qual foi acordado que as partes posteriormente elegeriam, dentro de determinado prazo contratual, a data da cotação em bolsa a ser utilizada para determinação do preço. No entanto, nenhuma das partes exerceu a prerrogativa nos respectivos prazos contratuais". Ao final, entendeu-se que pela falta da indicação desses parâmetros o título executivo não teria liquidez para cobrança, uma vez que se verificou "a existência de lacunas relevantes quanto ao critério de fixação do preço (data de referência da cotação em bolsa), fazendo-se necessário seu prévio acertamento, o que implica a iliquidez da obrigação de pagar nele representada e, por consequência, a inviabilidade da satisfação da dívida pela via executiva" (STJ, Ag. Int. nos EDcl. no REsp 1.491.537/MT, 4.ª Turma, Rel. Min. Raul Araújo, j. 16.05.2023, *DJe* 23.05.2023).

– *Preço por avaliação* – nos termos do art. 485 do CC, o preço pode ser arbitrado pelas partes ou por terceiro de sua confiança. Ilustre-se que é comum, na venda de bens imóveis, a avaliação por uma imobiliária ou por um especialista do ramo. No que interessa a essa confiança, deve-se mencionar que o princípio da boa-fé objetiva está implícito nesse comando legal. Se esse terceiro não aceitar a incumbência, ficará sem efeito o contrato (ineficácia), salvo quando os contratantes concordarem em indicar outra pessoa.

– *Preço tabelado e preço médio* – o art. 488 do CC é uma novidade da atual codificação, perante a anterior, de 1916. Dispõe esse comando legal que "convencionada a venda sem fixação do preço ou de critérios para a sua determinação, se não houver tabelamento oficial, entende-se que as partes se sujeitaram ao preço corrente nas vendas habituais do vendedor. Parágrafo único. Na falta de acordo, por ter havido diversidade de preço, prevalecerá o termo médio". Assim, se as partes não convencionarem o preço, valerá o *preço tabelado*, que por ter relação com a ordem pública não pode ser contrariado (aplicação da função social do contrato). Não havendo convenção ou tabelamento, valerão os preços de costume, decorrentes das vendas habituais. Por fim, havendo vários preços habituais, prevalecerá o preço médio, a ser fixado pelo juiz. Nesse sentido, a conclusão constante em enunciado aprovado na *V Jornada de Direito Civil,* em 2011, de autoria de Cristiano Zanetti: "na falta de acordo sobre o preço, não se presume concluída a compra e venda. O parágrafo único do art. 488 somente se aplica se houverem diversos preços habitualmente praticados pelo vendedor, caso em que prevalecerá o termo médio" (Enunciado n. 441). Anoto que no Projeto de Reforma e Atualização do Código Civil almeja-se trazer mais clareza à norma, para que nela conste o teor desse enunciado. Também se inclui no dispositivo a possibilidade de o preço médio ser fixado em decisão arbitral, na linha de outras proposições. Assim, consoante o seu projetado § 1.º, "havendo diversidade de preços habitualmente praticados pelo vendedor, prevalecerá o termo médio, conforme apurado em processo judicial ou arbitral". E, conforme o novo § 2.º, "tem-se por não concluída a compra e venda quando, na hipótese descrita no *caput*, não houver preço habitualmente praticado pelo vendedor quanto ao objeto da prestação".

– *Preço unilateral* – o art. 489 do CC consagra a nulidade da compra e venda se a fixação do preço for deixada ao livre-arbítrio de uma das partes. Surge outra dúvida atroz: como interpretar esse dispositivo diante da prevalência dos contratos de adesão em que o preço é determinado de forma unilateral, imposto por uma das partes? Na verdade, o comando legal em questão só está proibindo o *preço cartelizado*, ou seja, manipulado por cartéis – grupo de empresas que se reúnem para estabelecer acordos sobre fixação elevada

> de preços e cotas de produção para cada membro, com o fim de dominar o mercado e disciplinar a concorrência –, o que caracteriza abuso do poder econômico. Essa deve ser a correta interpretação do dispositivo, para *salvá-lo* e dar a ele um sentido prático. Realmente, o comando legal deveria ter sido suprimido da atual codificação, pois não se coaduna com a realidade contemporânea do *Império dos Contratos-Modelo* ou *estandardização contratual*, em que prevalecem os contratos padronizados (*standard*) ou de adesão.

Superada a análise dos elementos fundamentais da compra e venda, passa-se ao estudo da sua natureza jurídica, de suas características principais.

### 6.1.3 A estrutura sinalagmática e os efeitos da compra e venda. A questão dos riscos e das despesas advindas do contrato

Como visto no Capítulo 3 desta obra, é notória, no Direito Civil Contemporâneo, a prevalência na prática das *relações obrigacionais complexas*, ou seja, situações em que as partes são credoras e devedoras entre si, ao mesmo tempo. Essa realidade obrigacional é precursora do *sinalagma obrigacional ou contratual*, presente em contratos como o de compra e venda. O esquema a seguir simboliza o que ocorre no contrato em questão:

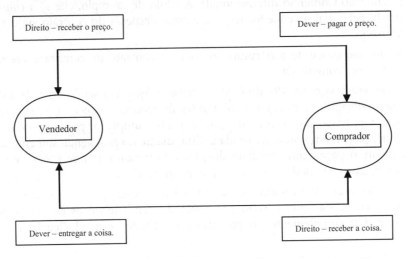

Pelo esquema, nota-se na compra e venda uma proporção igualitária de direitos e de deveres. Como se sabe, o conceito de *sinalagma* mantém íntima relação com o equilíbrio contratual, com a base estrutural do negócio jurídico. O direito do comprador é de receber a coisa e o seu dever é de pagar o preço. Por outro lado, o direito do vendedor é receber o preço, e o seu dever é de entregar a coisa.

Diante dessa *estrutura sinalagmática*, os riscos relacionados com a coisa, o preço, as despesas de transporte, escritura e registro correm por conta de quem, respectivamente? Essas questões devem ser respondidas e estão relacionadas com os deveres assumidos pelas partes, conforme apontado a seguir:

- Os riscos em relação à coisa correm por conta do vendedor, que tem o dever de entregá-la ao comprador, pois, enquanto não o fizer, a coisa ainda lhe pertence incidindo a regra *res perit domino* (a coisa perece para o dono).

> - Os riscos pelo preço correm por conta do comprador (art. 492 do CC), que tem os deveres dele decorrentes.
> - As despesas com transporte e tradição correm, em regra, por conta do vendedor (art. 490 do CC).
> - As despesas com escritura e registro serão pagas pelo comprador (art. 490 do CC).

Anote-se que o art. 490 do CC, que consagra regras a respeito das despesas de escritura, registro, transporte e tradição, é norma dispositiva ou de ordem privada, podendo haver previsão em sentido contrário no instrumento contratual, conforme a convenção das partes.

Relativamente aos riscos do contrato e despesas de transporte, de acordo com os entendimentos doutrinários e jurisprudenciais dominantes, é possível a sua divisão entre as partes. Ilustre-se com o art. 393 do CC/2002, pelo qual é possível que a parte se responsabilize por caso fortuito e força maior quanto à responsabilidade contratual por meio da *cláusula de assunção convencional*. Também é pertinente apontar a possibilidade de *socialização dos riscos*, que se dá pelo contrato de seguro.

A divisão das despesas de transportes é comum na compra e venda internacional, por meio dos *INCOTERMS* (*International Commercial Terms* ou Cláusulas Especiais da Compra e Venda no Comércio Internacional). A título de exemplo, cite-se a *cláusula FOB* (*free on board*), pela qual o vendedor responde pelas despesas do contrato até o embarque da coisa no navio.

Ainda no que concerne à estrutura interna do contrato de compra e venda, outras regras merecem ser comentadas.

De início, enuncia o art. 491 do Código Privado "que não sendo a venda a crédito, o vendedor não é obrigado a entregar a coisa antes de receber o preço". Esse comando legal complementa a previsão da exceção de contrato não cumprido, prevista no art. 476 da mesma codificação. Assim sendo, na venda à vista, diante do *sinalagma*, somente se entrega a coisa mediante o pagamento imediato do preço. Entretanto, por se tratar de norma de ordem privada, as partes podem afastá-la, por meio da cláusula *solve et repete*, em regra.

Como visto, o art. 492 do atual Código Civil traz regra que diz que até o momento da tradição os riscos da coisa correm por conta do vendedor, e os do preço por conta do comprador. Em complemento, os parágrafos do citado comando legal trazem regras interessantes.

De início, os casos fortuitos (eventos totalmente imprevisíveis) que ocorrerem no ato de contar, marcar ou assinalar coisas, que normalmente se recebem dessa forma (contando, pesando, medindo ou assinalando), e que já tiverem sido colocadas à disposição do comprador, correrão por conta deste (§ 1.º). Em outras palavras, os riscos em situações tais serão por conta daquele que adquire a coisa.

Além disso, correrão também por conta do comprador os riscos das referidas coisas, se este estiver em mora de recebê-las, quando postas à sua disposição no tempo, lugar e pelo modo ajustado (§ 2.º). A exemplo do que consta do art. 400 do CC, acaba-se punindo o credor pelo atraso no recebimento da obrigação.

Em relação à tradição da coisa vendida, não havendo estipulação entre as partes, a entrega deverá ocorrer no lugar onde se encontrava ao tempo da celebração da venda (art. 493 do CC). Como o próprio dispositivo autoriza, trata-se de uma norma de ordem privada e, como tal, é possível que o instrumento contratual traga previsão de outro local para a entrega da coisa móvel (tradição).

CAP. 6 • CONTRATOS EM ESPÉCIE (CONTRATOS TÍPICOS DO CC/2002) | **761**

Em complemento, é possível que as partes negociem a expedição da coisa por parte do vendedor, como é comum nas vendas realizadas fora do estabelecimento comercial. Em casos tais, se a coisa for expedida para lugar diverso, por ordem do comprador, por sua conta correrão os riscos, uma vez entregue a coisa a quem deva transportá-la, salvo se o vendedor não seguir as instruções dadas pelo comprador (art. 494 do CC).

Em resumo, se o comprador determinou a expedição de forma errada e, em decorrência disso, ela veio a se perder, a responsabilidade será sua, já que agiu com culpa por ação (*culpa in comittendo*). Por outra via, se o erro foi do vendedor, que desobedeceu às ordens do comprador, por sua conta correrão os riscos pelo fato de ter agido como um *mandatário infiel*.

No Projeto de Reforma do Código Civil pretende-se incluir no seu art. 494 novos parágrafos, incorporando ao texto da lei brasileira regras da Convenção de Viena sobre Vendas de Mercadorias (CISG), previstas nos seus arts. 67 e 69. Nesse contexto, segundo a proposta de um § 1.º, "não se aplica a regra do *caput* se o próprio vendedor estiver obrigado a entregar a coisa em local determinado". Além disso, nos termos do novo § 2.º, "o fato de o vendedor estar autorizado a reter os documentos representativos das mercadorias em nada prejudica a transferência do risco". Por fim, "na hipótese do § 2º deste artigo, o risco não se transferirá ao comprador até que a coisa esteja claramente identificada, para os efeitos do contrato, pelos documentos de expedição, por comunicação enviada ao comprador ou por qualquer outro modo" (proposta de um § 3.º para o art. 494). Essas regras já guiam a interpretação do comando, no momento, pois a citada Convenção foi incorporada ao sistema jurídico nacional, por força do Decreto 8.327/2014.

Encerrando o tópico, determina o art. 495 do CC que não obstante o prazo ajustado para o pagamento, se antes da tradição o comprador cair em insolvência civil, poderá o vendedor sobrestar a entrega da coisa objeto de contrato, até que o comprador lhe dê caução, ou seja, que preste uma garantia real ou fidejussória de pagar no tempo ajustado.

O mesmo entendimento deve ser aplicado para a situação em que o vendedor se tornar insolvente, caso em que o comprador poderá reter o pagamento até que a coisa lhe seja entregue ou que seja prestada caução. Esse dispositivo está sintonizado com o art. 477 do mesmo Código Civil, que consagra a *exceptio non rite adimpleti contractus*, estudado no capítulo anterior desta obra. Assim, pode-se afirmar que o art. 495 do Código Civil representa aplicação da *exceptio doli*, representando uma defesa contra o dolo alheio.

Seguindo essa linha de aproximação dos dois comandos citados, o atual Projeto de Reforma do Código Civil também traz proposições de incorporação ao seu art. 495 de outra regra da Convenção de Viena sobre Vendas de Mercadorias. Trata-se do seu art. 71, que trata da *exceção de insegurança* ou de *inseguridade*, a saber: "(1) uma parte poderá suspender o cumprimento de suas obrigações se, após a conclusão do contrato, tornar-se evidente que a outra parte não cumprirá parcela substancial de suas obrigações, devido: (a) a grave insuficiência em sua capacidade de cumpri-las, ou em sua solvência; ou (b) à maneira como se dispõe a cumprir ou como cumpre o contrato".

Com isso, o art. 495 passará a enunciar, em seu *caput*, que, "não obstante o prazo ajustado no contrato, a obrigação de entrega da coisa vendida antes de efetuado o pagamento do preço pode ser sobrestada pelo vendedor, se, entre o ato da venda e o da entrega da coisa, o comprador der mostras de que lhe sobreveio grave insuficiência da sua capacidade de cumprir obrigações e, mesmo assim, não prestar garantia idônea de pagar no tempo ajustado". E, nos termos do seu projetado parágrafo único, em texto elaborado pela Relatora-Geral, Professora Rosa Nery, "o pedido de recuperação judicial, a falência e a insolvência civil são indicadores seguros da mudança do estado de solvabilidade do

**762** | MANUAL DE DIREITO CIVIL • VOLUME ÚNICO – *Flávio Tartuce*

devedor, além de outros fatos comprovados que evidenciem que se tornou notoriamente duvidoso o cumprimento das prestações pelas quais o devedor se obrigou".

Como se pode notar, as proposições trazem segurança jurídica para a venda de bens móveis, sobretudo de mercadorias, tão importante para a economia nacional, sendo imperiosa a sua aprovação pelo Parlamento Brasileiro.

### 6.1.4 Restrições à autonomia privada na compra e venda

Como visto no capítulo anterior, a autonomia privada contratual não é sempre soberana, encontrando limitações na ordem pública, o que muito bem expressa o princípio da função social dos contratos. Não é diferente para a compra e venda, havendo limitações quanto ao conteúdo do negócio, sob pena de sua nulidade, anulabilidade ou ineficácia da avença.

A partir desse momento, serão estudadas as restrições ao negócio, tratadas pelo CC/2002, no capítulo específico da compra e venda pela seguinte ordem: venda de ascendente a descendente (art. 496 do CC), venda entre cônjuges (art. 499 do CC), venda de bens sob administração (art. 497 do CC) e venda de bens em condomínio ou venda de coisa comum (art. 504 do CC).

#### 6.1.4.1 *Da venda de ascendente a descendente (art. 496 do CC)*

Expressa o art. 496 do CC/2002 que "é anulável a venda de ascendente a descendente, salvo se os outros descendentes e o cônjuge do alienante expressamente houverem consentido. Parágrafo único. Em ambos os casos, dispensa-se o consentimento do cônjuge se o regime de bens for o da separação obrigatória". No tocante a esse diploma legal, comentam Jones Figueirêdo Alves e Mário Luiz Delgado, juristas que participaram do processo de elaboração da atual Lei Geral Privada:

> "No que se refere ao contrato de compra e venda feita por ascendente a descendente, torna-se ele suscetível de anulabilidade, não mais se podendo falar de nulidade. Esta, a significativa inovação. O dispositivo espanca a vacilação então dominante na doutrina, diante do preceituado pelo art. 1.132 do CC/1916, tornando defeso que os ascendentes pudessem vender aos descendentes, sem que os outros descendentes expressamente consentissem. A referência expressa à anulabilidade contida na nova norma encerra, por definitivo, dissenso jurisprudencial acerca das exatas repercussões à validade do negócio jurídico, quando superada por decisões recentes do STJ, a Súmula 494 do STF".[1]

Em suma, o art. 496 do CC/2002 afasta o debate anterior que atormentava a jurisprudência a respeito de ser o caso de nulidade absoluta ou relativa. A questão está superada, pois o caso é de anulabilidade ou nulidade relativa. Saliente-se que as hipóteses de nulidade absoluta ou relativa são fixadas por opção legislativa, não podendo ser contrariadas.

Desse modo, para vender um imóvel para um filho, o pai necessita de autorização dos demais filhos e de sua mulher, sob pena de anulação da venda. Pela dicção do parágrafo único do dispositivo, dispensa-se a autorização do cônjuge, se o regime for o da separação obrigatória de bens, aquele que é fixado pela lei, nos termos do art. 1.641 do CC.

Insta verificar que o início desse parágrafo único, utiliza a expressão "em ambos os casos". Porém, conforme o Enunciado n. 177 do CJF/STJ, da *III Jornada de Direito Civil*,

---

[1] ALVES, Jones Figueirêdo; DELGADO, Mário Luiz. *Código Civil anotado*. São Paulo: Método, 2005. p. 255.

CAP. 6 • CONTRATOS EM ESPÉCIE (CONTRATOS TÍPICOS DO CC/2002) | **763**

esta expressão deve ser desconsiderada, pois houve erro de tramitação, sendo certo que o projeto original da codificação trazia no *caput* tanto a venda de ascendente para descendente quanto a venda de descendente para ascendente, apontando a necessidade da referida autorização nos dois casos. Porém, a segunda hipótese (venda de descendente para ascendente) foi retirada do dispositivo, não havendo a necessidade de autorização em casos tais. Mas esqueceu-se, no trâmite legislativo, de alterar o parágrafo único. O enunciado doutrinário é de autoria do Desembargador do TJSP José Osório de Azevedo Júnior, sendo interessante destacar um trecho de suas justificativas:

> "Na realidade, não existem ambos os casos. O caso é um só: a venda de ascendente para descendente. Houve equívoco no processo legislativo. O artigo correspondente do Anteprojeto do Código Civil, publicado no *DOU* de 07.08.1972, (art. 490) não previa qualquer parágrafo. A redação era a seguinte: Art. 490. Os ascendentes não podem vender aos descendentes, sem que os outros descendentes expressamente consintam. A venda não será, porém, anulável, se o adquirente provar que o preço pago não era inferior ao valor da coisa. No Projeto 634/1975, *DOU* 13.06.1975, houve alteração: Art. 494. É anulável a venda de ascendente a descendente, salvo se os outros descendentes expressamente houverem consentido. Em Plenário, foram apresentadas pelo Dep. Henrique Eduardo Alves as Emendas 390, 391 e 392 ao art. 494. A primeira delas para tornar nula a venda e para exigir a anuência do cônjuge do vendedor: Art. 494. É nula a venda de ascendente a descendente, salvo se os outros descendentes e o cônjuge do vendedor expressamente houverem consentido. A segunda, para acrescentar um parágrafo considerando nula também a venda de descendente para ascendente: Art. 494, § 1.º É nula a venda de descendente para ascendente, salvo se o outro ascendente do mesmo grau, e o cônjuge do vendedor expressamente houverem consentido. A terceira emenda acrescentava mais um parágrafo (2.º), com a redação do atual parágrafo único, com a finalidade de dispensar o consentimento do cônjuge se o regime de bens for o da separação obrigatória: Art. 494, § 2.º Em ambos os casos, dispensa-se o consentimento do cônjuge se o regime de bens for o da separação obrigatória. Pelo que se vê do texto do Código, a primeira emenda (390) foi aprovada em parte, só para exigir a anuência do cônjuge. A segunda emenda (391) foi inteiramente rejeitada. E a terceira (392) foi acolhida e transformada no atual parágrafo único. Esqueceu-se de que a segunda emenda, que previa uma segunda hipótese de nulidade – a venda de descendente para ascendente –, foi rejeitada. Assim, no contexto das emendas, fazia sentido lógico a presença da expressão em ambos os casos, isto é, nos dois casos de nulidade, venda de ascendente para descendente e venda de descendente para ascendente. Agora não faz sentido, porque, como foi dito no início, a hipótese legal é uma só: 'a venda de ascendente para descendente'. Houve erro material, s.m.j., e a expressão em ambos os casos deve ser tida como não escrita, dispensáveis maiores esforços do intérprete para achar um significado impossível. *A regra de que a lei não contém expressões inúteis não é absoluta.* Cumpre, portanto, desconsiderar a expressão em ambos os casos" (destaque nosso).

As justificativas do enunciado doutrinário trazem uma interpretação histórica do processo legislativo, servindo também para responder que não haverá necessidade de autorização dos herdeiros em caso de venda de descendente a ascendente. Fica também a mensagem do doutrinador: "a regra de que a lei não contém expressões inúteis não é absoluta". Ora, o que se percebe no Brasil muitas vezes é a inutilidade de algumas leis e previsões legais.

Como tenho sustentado há tempos, a norma necessita de reparos técnicos, o que era objeto de projeto de lei em tramitação na Câmara dos Deputados, de número 4.639/2019, de autoria do Deputado Carlos Bezerra. A proposição original visava retirar a expressão "em ambos os casos", na linha do citado enunciado doutrinário.

Além disso, fiz sugestão de emenda, pelo saudoso Deputado Luiz Flávio Gomes, para que no parágrafo único do art. 496 passasse a constar o regime da separação convencional, e não o da separação obrigatória. Isso porque, como está analisado em outros trechos deste livro, o único regime de separação absoluta é o fixado por pacto antenupcial, sendo preciso adequar o dispositivo ao art. 1.647, *caput*, do CC, que trata da dispensa da outorga conjugal apenas nesse regime. Vale lembrar que, na dicção da Súmula 377 do STF, no regime da separação obrigatória comunicam-se os bens havidos durante o casamento, sendo necessária a autorização do outro cônjuge em qualquer alienação realizada pelo seu consorte. Como se verá a seguir, existem necessárias propostas de alteração da norma no atual Projeto de Reforma do Código Civil. Superado esse ponto, observa-se que o art. 496 do Código de 2002 é uma norma restritiva de direitos, que não se aplica por analogia aos casos de união estável. Assim sendo, não há necessidade de autorização do companheiro para o referido ato (*outorga convivencial*). Todavia, tal conclusão não é pacífica, devendo ser aprofundado o debate nos próximos anos, por duas razões.

A primeira delas é que o CPC/2015 equiparou a união estável ao casamento para praticamente todos os fins processuais, o que trará repercussões materiais. A segunda razão diz respeito ao fato de o Supremo Tribunal Federal ter concluído, em julgamento encerrado em maio de 2017 e com maioria de votos, que o art. 1.790 do CC/2002 é inconstitucional, devendo haver a equiparação sucessória da união estável ao casamento, com a aplicação do art. 1.829 do Código Civil para as duas entidades familiares (Recurso Extraordinário 878.694/MG, Rel. Min. Roberto Barroso, com repercussão geral, publicado no *Informativo* n. *864* da Corte).

Diante desse *decisum*, não se pode negar que há uma tendência em estender a aplicação de outras regras previstas para o casamento também para a união estável, caso do art. 496 do Código Civil. De todo modo, aguardemos como a jurisprudência e também a doutrina interpretarão essa revolucionária decisão superior. Da minha parte, penso que as repercussões de equiparação dizem respeito apenas ao Direito das Sucessões, como o reconhecimento do companheiro como herdeiro necessário. Todavia, não atinge, salvo melhor juízo, o Direito de Família e o Direito Contratual.

No que se refere ao prazo para anular a referida compra e venda em virtude da falta de autorização dos demais descendentes e do cônjuge, deve-se entender que a Súmula 494 do STF está cancelada. Isso porque a dita ementa consagra prazo prescricional de 20 anos, contados da celebração do ato, para anular a compra e venda de ascendente a descendente celebrada sem as referidas autorizações.

Ora, como o CC/2002 adota os critérios científicos de Agnelo Amorim Filho, para o caso em questão o prazo é decadencial e não prescricional, o que é comum para as ações condenatórias. Por isso, aplica-se o prazo de dois anos, contados da celebração do negócio, previsto no art. 179 do CC, que, no meu entendimento, cancelou tacitamente a dita súmula, para os contratos celebrados na vigência da codificação de 2002, ou seja, após 11 de janeiro de 2003.[2] O último dispositivo traz um prazo geral de decadência para a anulação de contratos e negócios jurídicos.

Com tal fim, aprovou-se o Enunciado n. 368 do CJF/STJ, na *IV Jornada de Direito Civil*, em coautoria com o Professor José Fernando Simão, prevendo que "o prazo para

---

[2] No mesmo sentido: DINIZ, Maria Helena. *Curso de Direito Civil Brasileiro*. Teoria das obrigações contratuais e extracontratuais. 25. ed. São Paulo: Saraiva, 2009. v. 3, p. 185; LÔBO, Paulo Luiz Netto. *Comentários ao Código Civil*. In: AZEVEDO, Antônio Junqueira de. São Paulo: Saraiva, 2003. v. 6, p. 88; ALVES, Jones Figueirêdo. *Código Civil comentado*. Coord. Ricardo Fiuza e Regina Beatriz Tavares da Silva. 6. ed. São Paulo: Saraiva, 2008. p. 455; VENOSA, Sílvio de Salvo. *Código Civil interpretado*. São Paulo: Atlas, 2010. p. 520.

anular venda de ascendente para descendente é decadencial de dois anos (art. 179 do Código Civil)". Na *VI Jornada de Direito Civil* foi aprovada outra ementa doutrinária, confirmando a incidência do prazo de dois anos. Conforme o Enunciado n. 545 do CJF/STJ, "o prazo para pleitear a anulação de venda de ascendente a descendente sem anuência dos demais descendentes e/ou do cônjuge do alienante é de 2 (dois) anos, contados da ciência do ato, que se presume absolutamente, em se tratando de transferência imobiliária, a partir da data do registro de imóveis".

O enunciado doutrinário em questão, como se nota, estabelece ainda que o início do prazo se dá com o registro imobiliário em se tratando de imóveis. Com o devido respeito e como desenvolvido no Capítulo 2 desta obra, entendo que o prazo deve ser contado da escritura pública, e não do registro, uma vez que o art. 179 do CC/2002 menciona a "conclusão do ato", no sentido de sua celebração. Em suma, negócio jurídico concluído é aquele que existe e é válido. Como se desenvolveu naquele capítulo anterior, a questão é polêmica na doutrina e na jurisprudência nacionais.

De toda sorte, a conclusão pela aplicação do prazo decadencial de dois anos vem sendo adotada pela jurisprudência mais recente (por todos: STJ, REsp 1.356.431/DF, Rel. Min. Luis Felipe Salomão, 4.ª Turma, j. 08.08.2017, *DJe* 21.09.2017; STJ, EDcl no REsp 1.198.907/RS, 4.ª Turma, Rel. Min. Antonio Carlos Ferreira, j. 09.09.2014, *DJe* 18.09.2014; STJ, REsp 771.736-0/SC, 3.ª Turma, Rel. Min. Carlos Alberto Menezes Direito, j. 07.02.2006, v.u.; TJSP, Apelação com Revisão 644.440.4/9, Acórdão 3671454, 6.ª Câmara de Direito Privado, São Caetano do Sul, Rel. Des. Vito Guglielmi, j. 04.06.2009, *DJESP* 26.06.2009; TJMG, Apelação Cível 1.0518.05.085096-6/0011, 15.ª Câmara Cível, Poços de Caldas, Rel. Des. Bitencourt Marcondes, j. 08.05.2008, *DJEMG* 04.06.2008). Concluindo, a Súmula 494 do STF não tem mais aplicação, devendo ser cancelada por aquele Tribunal Superior.

No ano de 2020, a tese foi reafirmada pela Corte, que ainda julgou que a anulabilidade é a solução mesmo havendo debate sobre a presença de uma simulação subjetiva, por ter sido o contrato celebrado por interposta pessoa. Vejamos trecho da sua ementa:

"Direito civil. Recurso especial. Ação declaratória de nulidade de atos jurídicos cumulada com cancelamento de registro público. Venda de bem. Ascendente a descendente. Interposta pessoa. Negócio jurídico anulável. Prazo decadencial de 2 (dois) anos para anular o ato. (...).. O STJ, ao interpretar a norma inserta no artigo 496 do CC/02, perfilhou o entendimento de que a alienação de bens de ascendente a descendente, sem o consentimento dos demais, é ato jurídico anulável, cujo reconhecimento reclama: (i) a iniciativa da parte interessada; (ii) a ocorrência do fato jurídico, qual seja, a venda inquinada de inválida; (iii) a existência de relação de ascendência e descendência entre vendedor e comprador; (iv) a falta de consentimento de outros descendentes; e (v) a comprovação de simulação com o objetivo de dissimular doação ou pagamento de preço inferior ao valor de mercado. Precedentes. Quando ocorrida a venda direta, não pairam dúvidas acerca do prazo para pleitear a desconstituição do ato, pois o CC/02 declara expressamente a natureza do vício da venda – qual seja, o de anulabilidade (art. 496) –, bem como o prazo decadencial para providenciar a sua anulação – 2 (dois) anos, a contar da data da conclusão do ato (art. 179). Nas hipóteses de venda direta de ascendente a descendente, a comprovação da simulação é exigida, de forma que, acaso comprovada que a venda tenha sido real, e não simulada para mascarar doação – isto é, evidenciado que o preço foi realmente pago pelo descendente, consentâneo com o valor de mercado do bem objeto da venda, ou que não tenha havido prejuízo à legítima dos demais herdeiros –, a mesma poderá ser mantida. 8. Considerando que a venda por interposta pessoa não é outra coisa que não a tentativa reprovável de contornar-se a exigência da concordância dos demais descendentes e também do cônjuge, para que seja hígida a venda de ascendente a descendente, deverá ela receber o mesmo tratamento conferido à venda direta que se faça sem esta aquiescência. Assim, considerando anulável a venda, será igualmente aplicável o art. 179 do CC/02, que prevê o prazo decadencial de 2 (dois) anos para a anulação do negócio. Inaplicabilidade dos arts. 167, § 1.º, I, e 169 do CC/02. (...)" (STJ, REsp 1.679.501/GO, 3.ª Turma, Rel. Min. Nancy Andrighi, j. 10.03.2020, *DJe* 13.03.2020).

Como outro aspecto importante, pontue-se que a jurisprudência superior tem entendido que a anulação da venda de ascendente para descendente somente é cabível se houver prova do prejuízo pela parte que alega a anulabilidade (ver: STJ, REsp 476.557/PR, 3.ª Turma, Rel. Min. Nancy Andrighi, *DJ* 22.03.2004; EREsp 661.858/PR, 2.ª Seção, Rel. Min. Fernando Gonçalves, *DJe* 19.12.2008 e REsp 752.149/AL, 4.ª Turma, Rel. Min. Raul Araújo, 02.10.2010, citados em REsp 953.461/SC, 3.ª Turma, Rel. Min. Sidnei Beneti, j. 14.06.2011, *DJe* 17.06.2011).

Em data mais próxima, foi pronunciado naquela Corte Superior que "não é possível ao magistrado reconhecer a procedência do pedido no âmbito de ação anulatória da venda de ascendente a descendente com base apenas em presunção de prejuízo decorrente do fato de o autor da ação anulatória ser absolutamente incapaz quando da celebração do negócio por seus pais e irmão. Com efeito, tratando-se de negócio jurídico anulável, para que seja decretada a sua invalidade é imprescindível que se comprove, no caso concreto, a efetiva ocorrência de prejuízo, não se admitindo, na hipótese em tela, que sua existência seja presumida" (STJ, REsp 1.211.531/MS, Rel. Min. Luis Felipe Salomão, j. 05.02.2013).

Os julgados citados seguem a linha de conservar ao máximo o negócio jurídico, prestigiando a função social do contrato de compra e venda.

Para encerrar o tópico, todos os meus comentários e anotações jurisprudenciais demonstram a necessidade de reparos urgentes no art. 496, o que está sendo objeto do Projeto de Reforma do Código Civil. Nesse contexto, a Comissão de Juristas encarregada deste trabalho sugere que o seu *caput* passe a prever, com a inclusão do convivente, que "é anulável a venda de ascendente a descendente, salvo se os outros descendentes e o cônjuge ou o convivente do alienante expressamente houverem consentido".

No novo § 1.º, retira-se a equivocada menção a "ambos os casos", na linha do que pontuei, bem como da separação obrigatória, que será excluída da Lei Geral Privada, permanecendo apenas a separação convencional: "dispensa-se o consentimento do cônjuge ou do convivente se o regime de bens for o da separação".

Ademais, o projetado § 2.º trará regra importante para impedir o registro da venda de imóvel, caso não haja a referida autorização: "em caso de venda que tenha por objeto bens imóveis, o oficial não poderá proceder ao registro da compra e venda na matrícula do bem, se não constar da escritura o grau de parentesco e a existência ou não, do consentimento a que aludem o caput e § 1.º deste artigo". A proteção da segurança jurídica é inequívoca nessa previsão, fruto de proposta da Relatora-Geral, Professora Rosa Nery.

Consoante o § 3.º proposto para o art. 496, a respeito do prazo, e resolvendo outro dilema hoje existente, "a anulação da venda deverá ser pleiteada no prazo de dois anos, contados da data da ciência do negócio ou do registro no órgão registral competente, o que ocorrer primeiro". Como visto, outras propostas adotam semelhante critério para o início do prazo decadencial, novamente resolvendo-se polêmica verificada na prática.

Por fim, com vistas à proteção do *tráfego jurídico* e dos terceiros de boa-fé, o seu § 4.º: "a anulação de que trata este artigo não prejudicará direitos de terceiros, adquiridos onerosamente e de boa-fé".

Como se pode perceber, todas as proposições resolvem problemas práticos atualmente existentes, sendo necessária a sua aprovação pelo Parlamento Brasileiro.

### 6.1.4.2 Da venda entre cônjuges (art. 499 do CC)

O art. 499 do CC/2002 possibilita a compra e venda entre cônjuges, desde que o contrato seja compatível com o regime de bens por eles adotado. Assim, somente é possível a venda de bens excluídos da comunhão, residindo no final do dispositivo a restrição específica da compra e venda. Se um bem que já fizer parte da comunhão for vendido, a venda é nula, por impossibilidade do objeto (art. 166, inc. II, do CC).

A norma em questão não é totalmente restritiva, ao contrário da anteriormente comentada. Portanto, o art. 499 pode ser aplicado por analogia à união estável, sendo possível a venda entre companheiros de bens excluídos da comunhão. Lembre-se que, em regra e a exemplo do que ocorre com o casamento, o regime de bens da união estável é o da comunhão parcial de bens, não havendo contrato de convivência prevendo o contrário (art. 1.725 do CC).

Anoto que no Projeto de Reforma do Código Civil, assim como outras proposições, sugere-se a inclusão do convivente que viva em união estável no dispositivo, que passará a prever o seguinte: "é lícita a compra e venda, entre cônjuges ou conviventes, que tenham por objeto bens excluídos da comunhão, desde que sobre a coisa não paire a cláusula de incomunicabilidade". A menção à cláusula de incomunicabilidade também me parece necessária.

Deve ser feito o alerta de que a compra e venda entre cônjuges não poderá ser celebrada com fraude contra credores, fraude à execução ou simulação. No primeiro caso será anulável (art. 171 do CC), no segundo será ineficaz (art. 792 do CPC/2015, que corresponde ao art. 593 do CPC/1973), e no terceiro será nula (art. 167 do CC). Não havendo vícios, é perfeitamente possível a referida venda entre cônjuges. Primeiro, pelo seu caráter bilateral e oneroso, havendo uma prestação mediante contraprestação. Segundo, porque o CC/2002 possibilita até a mudança de regime de bens, desde que justificada (art. 1.639, § 2.º, do CC).

Anote-se que a segunda razão afasta o entendimento clássico, pelo qual a venda entre cônjuges casados pela separação obrigatória de bens constituiria uma fraude ao regime de bens. Ora, diante de uma flexibilização do próprio sistema, e pela presunção da boa-fé no sistema civil, não há que se defender a impossibilidade dessa venda. Havendo compra e venda entre os cônjuges, real no plano fático, o contrato é válido.

Cumpre relevar, ainda, que a venda é possível mesmo no regime da comunhão universal, pois há bens excluídos nesse regime, caso dos bens de uso pessoal e dos utensílios de trabalho de cada um dos consortes, que podem ser vendidos entre eles (art. 1.668 do CC).

Vejamos, então, o quadro que analisa a viabilidade de vendas entre os cônjuges, regime por regime.

> É possível a venda entre cônjuges?
> – No regime da comunhão parcial de bens? – Sim, quanto aos bens particulares.
> – No regime da comunhão universal de bens? – Sim, quanto aos bens incomunicáveis (art. 1.668 do CC).
> – No regime da participação final nos aquestos? – Sim, em relação aos bens que não entram na participação.
> – No regime da separação de bens legal ou convencional? – Sim, em regra, desde que não haja ilicitude ou fraude.

### 6.1.4.3 Da venda de bens sob administração (art. 497 do CC)

De acordo com o art. 497 do CC/2002, não podem ser comprados, ainda que em hasta pública:

I – *Pelos tutores, curadores, testamenteiros e administradores, os bens confiados à sua guarda ou administração.* A lei receia que estas pessoas façam prevalecer sua posição especial para obter vantagens, em detrimento dos titulares, sobre os bens que guardam ou administram.

II – *Pelos servidores públicos, em geral, os bens ou direitos da pessoa jurídica a que servirem ou que estiverem sob sua administração direta ou indireta.* A lei visa, aqui, proteger a moralidade pública. Afastando a aplicação do dispositivo, interessante trazer a lume, para ilustrar, julgado do Superior Tribunal de Justiça, no sentido de que "o real significado e extensão da vedação prevista do art. 497, inc. III, do Código Civil é impedir influências diretas, ou até potenciais, de juízes, secretários de tribunais, arbitradores, peritos e outros serventuários ou auxiliares da justiça no processo de expropriação do bem. O que a Lei visa é impedir a ocorrência de situações nas quais a atividade funcional da pessoa possa, de qualquer modo, influir no negócio jurídico em que o agente é beneficiado. 'O Superior Tribunal de Justiça firmou compreensão no sentido de que o impedimento de arrematar diz respeito apenas ao serventuário da justiça que esteja diretamente vinculado ao juízo que realizar o praceamento, e que, por tal condição, possa tirar proveito indevido da hasta pública que esteja sob sua autoridade ou fiscalização (REsp 774.161/SC, 2.ª Turma, Rel. Min. Castro Meira, DJ 19.12.2005)' (AgRg no REsp 1.393.051/PR, 1.ª Turma, Rel. Min. Sérgio Kukina, j. 02.12.2014, *DJe* 10.12.2014). Não é a qualificação funcional ou o cargo que ocupa que impede um serventuário ou auxiliar da justiça de adquirir bens em hasta pública, mas sim a possibilidade de influência que a sua função lhe propicia no processo de expropriação do bem, o que não ocorre na espécie, visto que a situação de aposentado do oficial de justiça arrematante o desvincula do serviço público e da qualidade de serventuário ou auxiliar da justiça" (STJ, REsp 1.399.916/RS, 2.ª Turma, Rel. Min. Humberto Martins, *DJe* 06.05.2015).

III – *Pelos juízes e serventuários da Justiça em geral (secretários de tribunais, arbitradores, peritos e outros serventuários) os bens a que se litigar no Tribunal onde servirem.* Aqui o motivo é mais uma vez a moralidade e a estabilidade da ordem pública. Mas excepciona o art. 498 do CC, prevendo que, em tais hipóteses, não haverá proibição nos casos de compra ou cessão entre coerdeiros, em pagamento de dívida ou para garantia de bens já pertencentes a essas pessoas (juízes e serventuários).

IV – *Pelos leiloeiros e seus prepostos quanto aos bens de cuja venda estejam encarregados.* O motivo é também a moralidade, diante do *munus* que reveste tais administradores temporários.

As restrições envolvem a própria *liberdade de contratar*, pois há vedação de celebração do negócio jurídico entre determinadas pessoas. As proibições constantes do dispositivo atingem ainda a cessão de crédito que tenha caráter oneroso (art. 497, parágrafo único, do CC). A aplicação da restrição somente à cessão onerosa é defendida pelo Professor Álvaro Villaça Azevedo, a quem se filia.[3]

Anote-se que o art. 497 do atual Código Civil não faz mais menção à restrição constante do art. 1.133, inc. II, do CC/1916, seu correspondente, qual seja a impossibilidade de compra pelos mandatários de bens de cuja administração ou alienação estejam encar-

---

[3] AZEVEDO, Álvaro Villaça. *Comentários ao novo Código Civil.* In: TEIXEIRA, Sálvio de Figueiredo. Rio de Janeiro: Forense, 2005. v. VII, p. 205.

CAP. 6 • CONTRATOS EM ESPÉCIE (CONTRATOS TÍPICOS DO CC/2002) | **769**

regados. Aliás, previa anteriormente a antiga Súmula 165 do STF que "a venda realizada diretamente pelo mandante ao mandatário não é atingida pela nulidade do art. 1.133, II, do Código Civil". Realmente o CC/2002 não poderia trazer mais essa restrição, eis que autoriza o *mandato em causa própria*, em que o mandatário pode adquirir o bem do mandante (arts. 117 e 685 do CC).

Como visto, os dispositivos precisam de reparos pontuais, o que foi objeto de estudo pela Comissão de Juristas encarregada da Reforma do Código Civil, nomeada no Senado Federal. Assim, sugere-se que o *caput* do seu art. 497 utilize a locução, "sob pena de nulidade absoluta", para que fique clara a consequência da infringência da norma. Ademais, propõe-se que o seu parágrafo único expresse apenas a cessão de crédito onerosa: "as proibições deste artigo estendem-se à cessão onerosa de crédito".

Sobre o art. 498 do CC, na linha das minhas anotações, propõe-se que receba um parágrafo único, prevendo que a proibição do inciso III, referente aos juízes e serventuários da justiça em geral, "somente gera a nulidade absoluta da compra e venda se o serventuário estiver diretamente vinculado ao juízo que realizar o praceamento, e que, por tal condição, possa tirar algum proveito indevido da hasta pública que esteja sob sua autoridade ou fiscalização". Com isso, retira-se uma restrição que hoje pode gerar exageros na prática.

Nota-se, portanto, que as propostas são de aprovação necessária pelo Congresso Nacional.

### 6.1.4.4 *Da venda de bens em condomínio ou venda de coisa comum (art. 504 do CC)*

Nos termos do art. 504 do CC/2002, não pode um condômino em coisa indivisível vender a sua parte a estranhos, se o outro condômino a quiser, tanto por tanto (em igualdade de condições). O condômino, a quem não se der conhecimento da venda, poderá, depositando o preço, haver para si a parte vendida a estranhos, se o requerer no prazo de 180 dias, sob pena de decadência.

Como resta claro pela leitura do dispositivo, a restrição tem aplicação em casos de negócios jurídicos celebrados por um dos condôminos com terceiros, em detrimento do direito de outros condôminos. Não incide, portanto, para vendas entre os próprios condôminos. Corroborando a afirmação, na *VIII Jornada de Direito Civil*, promovida pelo Conselho da Justiça Federal em abril de 2018, aprovou-se o Enunciado n. 623, a saber: "ainda que sejam muitos os condôminos, não há direito de preferência na venda da fração de um bem entre dois coproprietários, pois a regra prevista no art. 504, parágrafo único, do Código Civil, visa somente a resolver eventual concorrência entre condôminos na alienação da fração a estranhos ao condomínio". Nessa mesma linha, julgado do STJ do ano de 2016, segundo o qual,

> "A alienação/cessão de frações ideais entre condôminos refoge à finalidade intrínseca ao direito de preferência, uma vez que não se trata de hipótese de ingresso de terceiro/estranho à comunhão, mas de manutenção dos consortes (à exceção daquele que alienou integralmente a sua parcela), apenas com alterações no percentual da parte ideal daquele que adquiriu a parte de outrem. Inaplicabilidade dos artigos 1.322 do Código Civil e 1.118 do Código de Processo Civil, visto que não instituem qualquer direito de prelação, mas, tão somente, os critérios a serem adotados em caso de extinção do condomínio pela alienação da coisa comum. Ademais, tratando-se de restrição à liberdade de contratar, o instituto em comento – direito de preferência – deve ser interpretado de forma restritiva. Assim, se a lei de regência – artigo 504 – apenas o institui em relação às alienações a estranhos, não cabe ao intérprete, extensivamente, aplicar tal norma aos casos de compra e venda entre consortes" (STJ, REsp 1.137.176/PR, 4.ª Turma, Rel. Min. Marco Buzzi, j. 16.02.2016, *DJe* 24.02.2016).

# 770 | MANUAL DE DIREITO CIVIL • VOLUME ÚNICO – *Flávio Tartuce*

Também para esclarecer essa importante restrição relacionada com a compra e venda, é preciso lembrar a seguinte classificação do condomínio:

– Condomínio *pro indiviso* – quando o bem não se encontra dividido no plano físico ou fático entre os vários proprietários, de modo que cada um apenas possui parte ou fração ideal. Nesse caso, aplica-se a restrição do art. 504 do CC.

– Condomínio *pro diviso* – quando apesar de possuírem em condomínio, cada condômino tem a sua parte delimitada e determinada no plano físico. Cada condômino pode vender sua parte a terceiro, sem estar obrigado a oferecê-la aos outros condôminos. É o que ocorre em relação à unidade autônoma em condomínio edilício, que pode ser vendida a terceiro, sem qualquer direito de preferência a favor dos demais condôminos. Em suma, não se aplica a restrição do art. 504 do CC.

Surge uma primeira dúvida prática, referente à aplicação do art. 504 do CC. Isso porque, quando da *IV Jornada de Direito Civil*, José Osório de Azevedo Jr., um dos grandes especialistas no tema da compra e venda no Brasil, fez proposta de enunciado no seguinte sentido: "o preceito do art. 504 do Código Civil aplica-se tanto às hipóteses de coisa indivisível como às de coisa divisível". Em suas justificativas, o jurista apontou a existência de entendimento no Superior Tribunal de Justiça de aplicação da restrição também para a venda de bens divisíveis, apesar de resistências. Vejamos o trecho fundamental do seu parecer:

"O STJ julga nos dois sentidos: a) Direito de preferência – Condomínio – Condômino – Restringe-se esse direito à hipótese de coisa indivisível e não simplesmente indivisa (STJ, REsp 60.656/SP, Rel. Min. Eduardo Ribeiro, j. 06.08.1996, *DJU* 29.10.1996). Condomínio – Coisa divisível – Alienação de fração ideal – Direito de preferência – Artigo 1.139 do CC. O condômino não pode alienar o seu quinhão a terceiro, sem prévia comunicação aos demais consortes, a fim de possibilitar a estes o exercício do direito de preferência, tanto por tanto, seja a coisa divisível ou não (STJ, REsp 71.731/SP, 4.ª Turma, Rel. Min. Cesar A. Rocha, *DJU* 13.10.1998). O CC/2002 perdeu a oportunidade de dirimir a controvérsia. Urge dar ao texto interpretação sistemática, harmonizando-o com o preceito do art. 1.314, parágrafo único, a saber: Art. 1.314. Cada condômino pode usar da coisa conforme sua destinação, sobre ela exercer todos os direitos compatíveis com a indivisão, reivindicá-la de terceiro, defender a sua posse e alhear a respectiva parte ideal, ou gravá-la. Parágrafo único. Nenhum dos condôminos pode alterar a destinação da coisa comum, nem dar posse, uso ou gozo dela a estranhos, sem o consenso dos outros. Não é coerente exigir o consenso dos condôminos para transmitir posse a estranhos e afastar essa exigência em caso de transmissão de propriedade, e, consequentemente, da própria posse. Em abono dessa tese, também se observam os arts. 1.794 e 1.795, a propósito de venda de quota hereditária. Aqui o CC inovou e deixou expresso o direito de preferência dos herdeiros, sem qualquer distinção quanto à indivisibilidade dos bens que compõem o acervo. Quanto a esse ponto, também diverge a jurisprudência: Pela preferência: STJ, REsp 33.176, Rel. Min. Cláudio Santos, j. 03.10.1995, indicando precedentes – REsp 4.180 e 9.934. Em sentido contrário: REsp 60.656-0/SP, 3.ª Turma, j. 06.08.1996, *DJU* 29.10.1996, *RT* 737/192. Diante do exposto, propõe-se o enunciado *supra*, prestigiando a interpretação sistemática em detrimento da literal, que é a mais tosca de todas".

A questão sempre foi polêmica no próprio STJ, como se pode perceber da proposta de enunciado doutrinário. Todavia, restou como majoritário, naquele evento, o entendimento de que a restrição somente se aplicaria aos casos de condomínio de coisa indivisível. A norma do art. 504 do CC é restritiva da autonomia privada e, sendo assim, não admitiria interpretação extensiva ou analogia.

Em 2015, o Superior Tribunal de Justiça voltou a julgar essa divergência, acabando por seguir o entendimento constante da proposta de enunciado doutrinário, especialmente em casos de bens divisíveis que se encontram em situação de indivisibilidade. Conforme consta da ementa do acórdão, que teve como relator o Ministro Salomão:

"Ao conceder o direito de preferência aos demais condôminos, pretendeu o legislador conciliar os objetivos particulares do vendedor com o intuito da comunidade de coproprietários. Certamente, a função social recomenda ser mais cômodo manter a propriedade entre os titulares originários, evitando desentendimento com a entrada de um estranho no grupo. Deve-se levar em conta, ainda, o sistema jurídico como um todo, notadamente o parágrafo único do art. 1.314 do CC/2002, que veda ao condômino, sem prévia aquiescência dos outros, dar posse, uso ou gozo da propriedade a estranhos (que são um *minus* em relação à transferência de propriedade), somado ao art. 504 do mesmo diploma, que proíbe que o condômino em coisa indivisível venda a sua parte a estranhos, se outro consorte a quiser, tanto por tanto. Não se pode olvidar que, muitas vezes, na prática, mostra-se extremamente difícil a prova da indivisibilidade. Precedente: REsp 9.934/SP, 4.ª Turma, Rel. Min. Sálvio de Figueiredo Teixeira. Na hipótese, como o próprio acórdão reconhece que o imóvel *sub judice* se encontra em estado de indivisão, apesar de ser ele divisível, há de se reconhecer o direito de preferência do condômino que pretenda adquirir o quinhão do comunheiro, uma vez preenchidos os demais requisitos legais" (STJ, REsp 1.207.129/MG, 4.ª Turma, Rel. Min. Luis Felipe Salomão, j. 16.06.2015, *DJe* 26.06.2015).

Assim, a jurisprudência superior acabou por seguir posição contrária daqueles que participaram da *IV Jornada de Direito Civil*, inclusive a minha, honrosamente citada no último *decisum*. Desse modo, para os devidos fins práticos, no caso de o condomínio ser *pro indiviso* e o bem indivisível ou mesmo divisível, cada condômino só pode vender sua parte a estranhos se antes oferecer aos outros condôminos. Tal situação poderá abranger tanto os bens móveis quanto os imóveis.

Constata-se, a par desses esclarecimentos, que a *prelação legal* ou *preempção legal* é o direito de preferência do condômino sobre a venda de bem indivisível. O condômino a quem não se der conhecimento da venda poderá, depositando o preço, haver para si a parte vendida a estranhos, no prazo decadencial de 180 dias.

Conforme reconhece parte da doutrina, trata-se de uma ação anulatória de compra e venda, que seguia rito ordinário na vigência do CPC/1973; ou o procedimento comum sob a égide do CPC/2015.[4] Todavia, há o posicionamento de que a ação é de adjudicação, pois o principal efeito da ação é constituir positivamente a venda para aquele que foi preterido.[5] O último entendimento parece ser o mais correto tecnicamente, mas o primeiro também é muito adotado, inclusive pela jurisprudência (nesse sentido, ver: STJ, REsp 174.080/BA, 4.ª Turma, Rel. Min. Sálvio de Figueiredo Teixeira, j. 26.10.1999, *DJ* 13.12.1999, p. 153).

Tendo em vista o princípio da boa-fé objetiva, o depósito deve ser integral para que a parte preterida em seu direito de preferência exercite-o. Por outra via, também por aplicação desse princípio, aresto do STJ do ano de 2021 concluiu que a tomada de empréstimo para o cumprimento desse requisito do depósito do preço não constitui abuso de direito

---

4   DINIZ, Maria Helena. *Código Civil anotado*. 15. ed. São Paulo: Saraiva, 2010. p. 416.

5   AZEVEDO, Álvaro Villaça. *Comentários ao novo Código Civil*. In: TEIXEIRA, Sálvio de Figueiredo. Rio de Janeiro: Forense, 2005. v. VII, p. 246.

hábil a tolher o exercício do direito de preferência. Nos termos do *decisum*, "o art. 504 do CC/02 enumera taxativamente requisitos a serem observados para o exercício do direito de preferência: i) a indivisibilidade da coisa; ii) a ausência de prévia ciência, pelo condômino preterido acerca da venda realizada a estranho; iii) o depósito do preço, que deve ser idêntico àquele que fora pago pelo estranho na aquisição; e iv) a observância do prazo decadencial de 180 (cento e oitenta) dias". E mais, "a origem do dinheiro utilizado para o depósito do preço do bem não tem qualquer relevância para o exercício do direito de preferência. Na hipótese, verifica-se que o TJ/SP concluiu, com base unicamente nos fatos de que a autora não possuía patrimônio para fazer frente à aquisição do bem e de que o empréstimo realizado ocorreu sem a prestação de qualquer garantia, que teria havido suposto abuso de direito no exercício do direito de preferência" (STJ, REsp 1.875.223/SP, 3.ª Turma, Rel. Min. Nancy Andrighi, j. 25.05.2021, *DJe* 31.05.2021).

Quanto ao início da contagem do prazo de 180 dias, não há menção na lei, surgindo três interpretações doutrinárias:

- Maria Helena Diniz entende, citando jurisprudência, que esse se dará com a ciência da alienação – *RT* 432/229 e 543/144.[6]
- Sílvio de Salvo Venosa posiciona-se no sentido de que o prazo será contado da consumação do negócio. Mais à frente o jurista afirma que "o prazo deva começar a correr da data em que efetivamente o interessado tomou ciência do negócio, e, no caso de imóveis, da data do registro imobiliário", o que causa confusão.[7]
- Álvaro Villaça Azevedo sustenta que no caso de bens imóveis o prazo começa a fluir do registro imobiliário. Esse entendimento já foi adotado pela jurisprudência mineira (TJMG, Apelação Cível 1.0261.05.032670-9/001, 16.ª Câmara Cível, Formiga, Rel. Des. José Amâncio, j. 25.01.2006, *DJMG* 10.03.2006).[8]

Com o devido respeito aos outros doutrinadores, filia-se ao primeiro entendimento, liderado pela Professora Maria Helena Diniz, que parece mais justo e adequado à boa-fé, por valorizar a informação, distanciando-se das meras presunções que decorrem de formalidades. Ademais, ao contrário dos arts. 178 e 179 do CC, não há menção no art. 504 da codificação privada à realização ou à conclusão do ato.

Sendo muitos os condôminos, deverá ser respeitada a seguinte ordem (art. 504, parágrafo único, do CC):

1.º) Terá preferência o condômino que tiver benfeitorias de maior valor (vedação do enriquecimento sem causa, em sintonia com a boa-fé).

2.º) Na falta de benfeitorias, terá preferência o dono do quinhão maior (também diante da vedação do enriquecimento sem causa).

3.º) Na falta de benfeitorias e sendo todos os quinhões iguais, terá preferência aquele que depositar judicialmente o preço (princípio da anterioridade, em sintonia com a boa-fé objetiva).

Como outro aspecto, é importante deixar claro que essa forma de preferência não se confunde com outras preferências, como a *preempção convencional* (arts. 513 a 520 do

---

[6] DINIZ, Maria Helena. *Código Civil anotado*. 15. ed. São Paulo: Saraiva, 2010. p. 416.

[7] VENOSA, Silvio de Salvo. *Código Civil interpretado*. São Paulo: Atlas, 2010. p. 532.

[8] AZEVEDO, Álvaro Villaça. *Comentários ao novo Código Civil*. In: TEIXEIRA, Sálvio de Figueiredo. Rio de Janeiro: Forense, 2005. v. VII, p. 199.

CAP. 6 • CONTRATOS EM ESPÉCIE (CONTRATOS TÍPICOS DO CC/2002) | **773**

CC) e com o direito de preferência do locatário (art. 33 da Lei 8.245/1991), institutos que merecem estudo à parte.

Encerrando o estudo do tema, tudo o que foi aqui desenvolvido demonstra a necessidade de reparos no art. 504. Nesse contexto, a Comissão de Juristas encarregada da Reforma do Código Civil propõe que o seu *caput* passe a mencionar expressamente o início do prazo decadencial, a saber: "não pode um condômino em coisa indivisível vender a sua parte a estranhos, se outro consorte a quiser, tanto por tanto, podendo o condômino, a quem não se der conhecimento da venda, depositar o preço, haver para si a parte vendida a estranhos, se o requerer no prazo de cento e oitenta dias, sob pena de decadência, a contar do registro da venda ou da ciência do negócio, o que ocorrer primeiro".

Também se sugere melhora nas regras relativas à pluralidade de condôminos preferentes, passando o seu novo § 1.º a prever, para vedar o abuso de direito, que, "sendo muitos os condôminos, preferirá o que tiver benfeitorias de maior valor e, na falta de benfeitorias, o de quinhão maior, não se admitindo a inclusão de benfeitorias de valor irrisório para se obter vantagem indevida". Ademais, consoante o projetado § 2.º, mais técnico e claro, "nas hipóteses do § 1º, se as partes forem iguais, haverão a parte vendida os comproprietários, que a quiserem, depositando previamente o preço".

Espera-se, portanto, a sua aprovação pelo Congresso Nacional, em prol da segurança jurídica e da estabilidade para as relações privadas.

### 6.1.5 Regras especiais da compra e venda

#### 6.1.5.1 *Venda por amostra, por protótipos ou por modelos (art. 484 do CC)*

A primeira regra especial da compra e venda a ser estudada é a venda por amostra, por protótipos ou por modelos, que funciona sob condição suspensiva. Inicialmente, é preciso diferenciar o que seja amostra, protótipo e modelo.

A amostra pode ser conceituada como a reprodução perfeita e corpórea de uma coisa determinada. O protótipo é o primeiro exemplar de uma coisa criada (invenção). Por fim, o modelo constitui uma reprodução exemplificativa da coisa, por desenho ou imagem, acompanhada de uma descrição detalhada.[9]

Como exemplos desses contratos, podem ser citados os negócios celebrados por viajantes que vendem tecidos, roupas e outras mercadorias em lojas do interior do Brasil, sob a promessa de entregar as peças conforme o *mostruário*. São os antigos *mascates ou caixeiros viajantes*.

Se a venda tiver como objeto bens móveis e se realizar por amostra, protótipos ou modelos, há uma presunção de que os bens serão entregues conforme a qualidade prometida. Caso tal entrega não seja efetuada de acordo com o pactuado, terão aplicação as regras relacionadas com os vícios redibitórios e do produto, o que depende da relação estabelecida, se civil ou de consumo.

Em suma, a venda por amostra, que funciona como cláusula tácita, tem eficácia suspensiva, não ocorrendo o aperfeiçoamento do negócio até ulterior tradição, com a qualidade esperada. Se os bens *não* forem entregues conforme o modelo, amostra ou protótipo, poderá o contrato de compra e venda ser desfeito (condição resolutiva). As questões envolvem o plano da eficácia do contrato (terceiro degrau da *Escada Ponteana*).

---

[9] Conceitos retirados da sempre inspiradora: DINIZ, Maria Helena. *Código Civil anotado*. 15. ed. São Paulo: Saraiva, 2010. p. 405.

**774** | MANUAL DE DIREITO CIVIL • VOLUME ÚNICO – *Flávio Tartuce*

Conforme dispõe o parágrafo único do art. 484 do CC, prevalece a amostra, o protótipo ou o modelo havendo contradição ou diferença em relação ao modo de descrição da coisa no contrato. O meio de oferta acaba prevalecendo, o que está em sintonia com o art. 30 do CDC. Ambos os dispositivos *dialogam*, relativizando a força obrigatória do contrato (*pacta sunt servanda*) e mantendo relação com o princípio da função social dos contratos e com a boa-fé objetiva.

### 6.1.5.2 *Venda a contento e sujeita à prova (arts. 509 a 512 do CC)*

A venda a contento (*ad gustum*) e a sujeita à prova são tratadas no CC/2002 como *cláusulas especiais da compra e venda*. Assim também devem ser tidas em provas de graduação e de primeira fase nos concursos públicos. Mas, como muitas vezes são presumidas em alguns contratos (*v.g.*, venda de vinhos, perfumes, gêneros alimentícios etc.), não havendo a necessidade de previsão no instrumento, as categorias serão tratadas como regras especiais. Isso somente para fins didáticos, diga-se de passagem, pois a venda a contento e a venda sujeita à prova podem ser inseridas em contratos, constituindo cláusulas especiais ou pactos adjetos.

Nos dois casos, a venda não se aperfeiçoa enquanto o comprador não se declara satisfeito com o bem a ser adquirido (condição suspensiva). Percebe-se que os seus efeitos são similares à venda por amostra. A venda não se reputará perfeita enquanto o adquirente não manifestar seu agrado (art. 509 do CC). Desse modo, a tradição não gerará a transferência da propriedade, mas tão somente a da posse direta.

Enquanto o comprador não manifestar sua vontade, suas obrigações serão as de um mero comodatário (art. 511 do CC). Em suma, até o ato de aprovação, a coisa pertence ao vendedor.

Eventual rejeição da coisa por parte do comprador que não a aprovou, funciona como condição resolutiva. A recusa deve ser motivada no bom senso, não podendo estar fundada em mero capricho. Também aqui a boa-fé objetiva pode ser utilizada pelo juiz para interpretar o contrato. Destaque-se, outrossim, que a venda a contento gera um direito personalíssimo, ou seja, que não se transmite aos sucessores do comprador por ato *inter vivos* ou *causa mortis*, sendo que o falecimento do comprador extingue tal direito.

Não havendo prazo estipulado para a manifestação do comprador, o vendedor terá direito de intimá-lo, judicial ou extrajudicialmente, para que o faça em prazo improrrogável (art. 512 do CC). Logicamente, na venda de vinhos isso não ocorre, eis que o contrato é verbal e instantâneo. Tendo sido intimado o comprador, que é tratado como mero comodatário até a aprovação, incidirá a parte final do art. 582 do CC, surgindo para ele o dever de pagar, até a restituição da coisa, um aluguel a ser arbitrado pelo comodante (a título de pena), sendo também cabível a propositura de ação de reintegração de posse para reaver a coisa.

A diferença básica primordial entre venda a contento e sujeita à prova é que no primeiro caso o comprador não conhece ainda o bem que irá adquirir, havendo uma aprovação inicial. Na venda sujeita à prova, a coisa já é conhecida. No último caso, o comprador somente necessita da prova de que o bem a ser adquirido é aquele que ele já conhece, tendo as qualidades asseguradas pelo vendedor e sendo idôneo para o fim a que se destina. A venda sujeita à prova também funciona sob condição suspensiva, aplicando-se os mesmos efeitos jurídicos previstos para a venda *ad gustum* (art. 510 do CC).

### 6.1.5.3 *Venda por medida, por extensão ou* ad mensuram *(art. 500 do CC)*

No caso de compra e venda de um bem imóvel, poderão as partes estipular o preço por medida de extensão, situação em que a medida passa a ser condição essencial ao contrato efetivado, presente a venda *ad mensuram*. Nessa hipótese, a área do imóvel não é simplesmente enunciativa ao contrário do que ocorre na venda *ad corpus*, onde um imóvel é vendido como corpo certo e determinado, independente das medidas especificadas no instrumento, que são apenas enunciativas. Como exemplo de venda *ad mensuram*, pode ser citado o caso de compra e venda de um imóvel por metro quadrado (m²).

Sobre a distinção das duas figuras, segundo aresto do Superior Tribunal de Justiça, que tem a minha concordância doutrinária nessas afirmações, "a compra e venda de um imóvel na qual prepondera a coisa certa e discriminada, revelando-se secundárias à realização do negócio jurídico as menções porventura feitas à extensão da área, considera-se *ad corpus*. A prevalecer, por outro lado, a extensão da sua área, afigurando-se menos importantes as características e confrontações da coisa descritas no instrumento contratual, tem-se a venda *ad mensuram*". Nesse contexto, "não se mostrando inequívoca a forma pela qual se deu a avença, deve o julgador perquirir as bases contratuais determinantes à celebração da compra e venda, a fim de verificar o fator determinante de realização do negócio (a extensão da área do imóvel ou a sua devida descriminação), considerando notadamente a vontade das partes exteriorizada em seu conjunto no respectivo instrumento, além de outros fatores circunscritos à avença, na esteira dos arts. 85 do CC/1916 e 112 e 113 do CC/2002" (STJ, REsp 2.111.549/DF, 3.ª Turma, Rel. Min. Marco Aurélio Bellizze, j. 02.04.2024, *DJe* 10.04.2024).

No caso de venda por extensão ou *ad mensuram*, admite-se, em regra, uma variação de área de até 1/20 (um vigésimo), ou seja, 5% (cinco por cento), existindo uma presunção relativa ou *iuris tantum* de que tal variação é tolerável pelo comprador. Mas este pode provar o contrário, requerendo a aplicação das regras relacionadas com esse *vício redibitório especial*, nos termos do art. 500 do CC/2002. A ilustrar, do Tribunal Paulista:

> "Contrato de compra e venda de terreno com 'mais ou menos' 1.250 metros quadrados. Constatação de que o imóvel possuía metragem inferior. Pedido de restituição de parte do montante pago. Parcial procedência do pedido" (TJSP, Apelação 00161472120138260625, 5.ª Câmara de Direito Privado, São Paulo, Rel. Des. J. L. Mônaco da Silva, j. 29.03.2017, publicação 31.03.2017).

Ademais, como entendeu o Superior Tribunal de Justiça em 2023, se a variação for inferior a 5%, sendo ínfima, não há que se reconhecer a possibilidade de resolução do contrato pela presença do citado vício, mesmo diante da viabilidade jurídica de se aplicar o Código de Defesa do Consumidor. Nos termos do aresto, "em contrato de compra e venda de imóvel na planta, a diferença ínfima a menor na metragem, que não inviabiliza ou prejudica a utilização do imóvel para o fim esperado, não autoriza a resolução contratual, ainda que a relação se submeta às disposições do Código de Defesa do Consumidor" (STJ, REsp 2.021.711/RS, 3.ª Turma, Rel. Min. Nancy Andrighi, Rel. p/ Acórdão Min. Moura Ribeiro, por maioria, j. 14.03.2023).

Desse modo, se a área não corresponder ao que for pactuado e o imóvel não tiver sido vendido como coisa certa e discriminada (ainda que não conste de modo expresso que a venda foi *ad corpus* – art. 500, § 3.º, do CC), havendo uma variação superior ao tolerável, estará presente o vício, podendo o comprador prejudicado exigir:

1.º) A complementação da área, por meio da ação *ex empto*.

2.º) O abatimento proporcional no preço, por meio da ação *quanti minoris*.

3.º) A resolução do contrato, com a devolução do que foi pago (ação redibitória). Havendo má-fé por parte do alienante, este induz culpa, podendo o comprador requerer as perdas e danos que o caso concreto indicar.

Por razões óbvias, para a complementação da área, é necessário que o vendedor seja proprietário do imóvel vizinho. Havendo inviabilidade física, tal pedido não cabe.

Questionamento importante é saber se se trata de opções do comprador, ou se a ordem acima descrita deve ser seguida. Apesar de o primeiro entendimento ser muito plausível, deve-se aplicar o princípio da conservação contratual, que mantém relação com a função social (Enunciado n. 22 do CJF/STJ). Desse modo, a resolução do contrato deve ser encarada como a *ultima ratio*, o último caminho a ser percorrido.

Mas se, em vez de faltar área, houver excesso, quem estará em uma situação de prejuízo é o vendedor. Este ingressará com ação específica, devendo provar que tinha motivos justos para ignorar a medida exata da área. O fundamento dessa ação é o enriquecimento sem causa por parte do comprador. Assim sendo, na ação proposta pelo vendedor, o comprador tem duas opções: 1.º) completar o valor correspondente ao preço ou 2.º) devolver o excesso. No que toca à devolução do excesso, obviamente surgirão despesas que deverão ser arcadas por alguém (exemplo: destruição e construção de cercas e muros). Para a divisão dessas despesas, deve ser aplicado o princípio da boa-fé. Se houver indícios de que o vendedor sabia do vício, deverá ele arcar com tais despesas de forma integral. Havendo má-fé do comprador, este é quem deverá arcar com tais valores. Caso contrário, as despesas deverão ser divididas entre as partes, sendo vedada a caracterização da onerosidade excessiva.

O prazo decadencial para o ingresso de todas as ações referenciadas é de um ano, contado do registro do título (art. 501 do CC). Aresto superior de 2021 afirmou a incidência desse prazo mesmo para a ação em que se pleiteia o abatimento do preço (*quanti minoris*), afastando-se o prazo de 90 dias do art. 26 do CDC e o de 10 anos do art. 205 do Código Civil. O último prazo não foi aplicado porque se entendeu, de forma correta, que a ação *quanti minoris* é demanda constitutiva negativa, e não condenatória, tendo sido vencido o Ministro Moura Ribeiro em tal aspecto. Nos termos do *decisum*, "para as situações em que as dimensões do imóvel adquirido não correspondem às noticiadas pelo vendedor, cujo preço da venda foi estipulado por medida de extensão ou com determinação da respectiva área (venda *ad mensuram*), aplica-se o disposto no art. 501 do CC/02, que prevê o prazo decadencial de 1 (um) ano para a propositura das ações previstas no antecedente artigo (exigir o complemento da área, reclamar a resolução do contrato ou o abatimento proporcional do preço)" (STJ, REsp 1.890.327/SP, 3.ª Turma, Rel. Min. Nancy Andrighi, j. 20.04.2021, *DJe* 26.04.2021).

De acordo com o parágrafo único desse dispositivo, tal prazo decadencial de um ano não correrá enquanto o interessado não for imitido na posse do bem. Trata-se de um caso excepcionalíssimo de impedimento ou suspensão da decadência, em sintonia com o art. 207 do CC.

Por fim, se a venda for realizada *ad corpus*, ou seja, sendo o imóvel vendido como coisa certa e discriminada, não caberão os pedidos aqui descritos, eventualmente formulados pelo suposto comprador ou vendedor prejudicados. Exemplo típico é o caso de compra e venda de um rancho, interessando mais ao comprador que seja banhado por águas de um rio, onde pretende pescar nos finais de semana, do que a extensão exata do imóvel.

Para terminar o estudo da venda *ad mensuram* é importante destacar que o Superior Tribunal de Justiça entendeu pela incidência do CDC ao contrato em questão, aplicando o conceito de cláusula abusiva no caso de previsão contratual reiteradamente incluída por uma construtora do Distrito Federal em seus contratos, que enunciava a possibilidade de variação da área em até 5%, conforme o art. 500 do CC. Entendeu-se que a repetição constante da cláusula representaria abuso de poder econômico, violando o equilíbrio dos

CAP. 6 • CONTRATOS EM ESPÉCIE (CONTRATOS TÍPICOS DO CC/2002) | **777**

pactos, a boa-fé objetiva e a função social do contrato (STJ, REsp 436.853/DF, 3.ª Turma, Rel. Min. Nancy Andrighi, j. 04.05.2006, *DJ* 27.11.2006, p. 273).

O julgado é um exemplo típico de incidência da teoria do diálogo das fontes a uma *venda de consumo*. A sua conclusão é perfeita, punindo um conhecido construtor de Brasília, que tinha o costume de inserir cláusulas nesse sentido em seus contratos de compra e venda de imóvel. Fez-se justiça, portanto.

### 6.1.5.4 *Venda de coisas conjuntas (art. 503 do CC)*

A prática do contrato de compra e venda possibilita a venda de coisas conjuntas. A título de exemplo, pode ser citada a venda de um rebanho bovino, em que há uma *universalidade de fato*, decorrente da autonomia privada, nos termos do art. 90 do CC. A venda de coisas conjuntas ainda está presente nos casos de alienação de bens que compõem a *universalidade de direito*, o complexo de relações jurídicas de uma pessoa, dotado de valor econômico, caso da herança e do patrimônio (art. 91 do CC).

Em todas essas situações, dispõe o art. 503 do CC uma regra especial, pela qual nas coisas vendidas conjuntamente o defeito oculto de uma coisa não autoriza a rejeição de todas. Não há dúvidas de que o dispositivo está inspirado no princípio da conservação negocial, que tem relação com a eficácia interna da função social dos contratos (Enunciados n. 22 e 360 do CJF/STJ). Ilustrando, o vício que atinge o boi não gera a rejeição de todo o rebanho; o problema que atinge uma coisa que compõe o acervo patrimonial não gera a extinção de todo o contrato.

Inicialmente, o dispositivo tem relação com o tratamento dos vícios redibitórios, previstos para as relações civis, nos termos dos arts. 441 a 446 da codificação material, não cabendo as ações edilícias em casos tais. Porém, invocando-se a teoria do *diálogo das fontes*, o *defeito* presente também pode constituir um vício ou fato do produto, conforme dispõem os arts. 12, 13, 18 e 19 do Código de Defesa do Consumidor. Isso, desde que preenchidos os requisitos da relação de consumo (arts. 2.º e 3.º da Lei 8.078/1990).

Exemplificando a última hipótese, a compra de uma coleção de livros jurídicos não pode ser resolvida se apenas um livro apresentar defeito, como a existência de algumas páginas em branco. Conclusão em contrário feriria a função social dos pactos e a própria teoria do adimplemento substancial, aqui invocada.

Como exceção, o art. 503 da codificação civil não deve ser aplicado para os casos de *venda coletiva*, ou seja, "a venda na qual as coisas vendidas constituem um todo só, como no caso da parelha de cavalos ou do par de sapatos".[10] Também, segundo a doutrina, o comando legal em apreço não se aplica aos casos em que os bens defeituosos se acumulam ou se avultam, ou se o vício de um deles gera uma depreciação significativa do conjunto.[11] Os civilistas citados têm total razão.

Para encerrar o tópico, no Projeto de Reforma do Código Civil são feitas sugestões de reparos necessários, para que a venda de coisas conjuntas se adeque ao uso das novas tecnologias e aos novos tempos.

Assim, o *caput* do seu art. 503 passará a prever que, "nas coisas vendidas conjuntamente, o vício oculto de uma não autoriza a rejeição de todas, salvo se afetar a funcionalidade, a compatibilidade, a interoperabilidade ou a durabilidade das outras coisas vendidas ou do próprio conjunto". Ademais, nos termos do sugerido parágrafo único,

---

[10] SIMÃO, José Fernando. *Direito Civil. Contratos.* Série Leituras Jurídicas. 3. ed. São Paulo: Atlas, 2008. p. 146.

[11] ROSENVALD, Nelson. *Código Civil comentado.* In: PELUSO, Cezar. São Paulo: Manole, 2007. p. 397.

# 778 | MANUAL DE DIREITO CIVIL • VOLUME ÚNICO – *Flávio Tartuce*

"aplica-se o disposto no *caput* no caso de prestação conjunta de serviços digitais ou com conteúdos eletrônicos".

Como bem justificou a Subcomissão de Direito Contratual na comissão de juristas, "a sociedade em rede trouxe novas realidades, assim as coisas vendidas conjuntamente podem ser hoje partes de um conjunto ou interoperativas, sendo assim o defeito de uma contamina todas as outras. A doutrina e a jurisprudência (REsp 1.721.669/SP) brasileira destacam também a evolução dos aplicativos ou dos conteúdos digitais em 'coisas corpóreas', os chamados os novos produtos interoperativos com a Internet (sejam 'inteligentes/smart'/autoexecutáveis ou não), e atual simbiose entre produtos e serviços para alcançar as finalidades e 'fazeres' esperados na sociedade de informação". As proposições, ainda segundo eles, visam adequar a Lei Geral Privada com as alterações realizadas nas Diretivas de 2019, 770 e 771 na União Europeia, sendo imperiosas as mudanças.

## 6.1.6 Das cláusulas especiais da compra e venda

As cláusulas especiais ou pactos adjetos são previsões que alteram os efeitos da compra e venda, dando-lhe feição diferenciada. Vale a crítica de Sílvio de Salvo Venosa, no sentido de que "a maioria desses institutos apresenta, modernamente, pouca aplicação e diminuta importância prática".[12] De toda sorte, o CC/2002 consagra entre tais categorias:

- *Cláusula de retrovenda (arts. 505 a 508 do CC).*
- *Cláusula de venda a contento e cláusula de venda sujeita à prova (arts. 509 a 512 do CC).*
- *Cláusula de preempção ou preferência (arts. 513 a 520 do CC).*
- *Cláusula de venda com reserva de domínio (arts. 521 a 528 do CC).*
- *Cláusula de venda sobre documentos (arts. 529 a 532 do CC).*

As cláusulas especiais, para valerem e terem eficácia, devem constar expressamente do instrumento, ponto que as diferencia das regras especiais, antes estudadas. Repita-se que justamente por serem presumidas em alguns contratos é que a venda a contento e a venda sujeita à prova foram elencadas como *regras especiais*. De qualquer modo, alerte-se, mais uma vez, que tais figuras jurídicas são tratadas como *cláusulas especiais*. Com exceção desses institutos, outrora visualizados, passa-se a tratar das demais cláusulas especiais ou pactos adjetos da compra e venda.

Pertinente, ainda, assinalar que o CC/2002 não prevê mais, expressamente, o pacto comissório (art. 1.163 do CC/1916) e o pacto de melhor comprador (arts. 1.158 a 1.162 do CC/1916). O *pacto comissório contratual* ainda é possível, abstraído do art. 474 do CC, como cláusula resolutiva expressa. Porém, a figura do pacto de melhor comprador foi totalmente banida pela atual codificação privada, por ser incompatível com a boa-fé.

## 6.1.6.1 *Cláusula de retrovenda*

Constitui um pacto inserido no contrato de compra e venda pelo qual o vendedor reserva-se o direito de reaver o imóvel que está sendo alienado, dentro de certo prazo, restituindo o preço e reembolsando todas as despesas feitas pelo comprador no período de resgate, desde que previamente ajustadas (art. 505 do CC). Tais despesas incluem as benfeitorias necessárias, conforme o citado texto legal.

---

[12] VENOSA, Sílvio de Salvo. *Código Civil interpretado*. São Paulo: Atlas, 2010. p. 532.

CAP. 6 • CONTRATOS EM ESPÉCIE (CONTRATOS TÍPICOS DO CC/2002) | **779**

Na verdade, essa cláusula especial confere ao vendedor o direito de desfazer a venda, reavendo de volta o bem alienado dentro do prazo máximo de três anos (prazo decadencial). Deve ficar claro que a cláusula de retrovenda (*pactum de retrovendendo* ou cláusula de resgate) somente é admissível nas vendas de bens imóveis.

Critica-se o fato de o CC/2002 continuar a tratar dessa cláusula especial. Isso porque, na prática, encontra-se presente, muitas vezes, em casos envolvendo fraudes ou atos ilícitos. Comenta José Osório de Azevedo Jr. o seguinte:

> "Raramente aparecem nos tribunais negócios de retrovenda autênticos. Geralmente são utilizados por emprestadores de dinheiro que querem fugir dos percalços de uma execução judicial, sempre complexa e demorada e na qual certamente virá à tona o valor das taxas dos juros. Por isso, usam do pacto de retrovenda como garantia do empréstimo; se o devedor não conseguir pagar e não exercer o direito de recompra, a coisa fica definitivamente na titularidade do comprador".[13]

Da jurisprudência do Superior Tribunal de Justiça, reconhecendo a presença de simulação e de ilicitude em tal negócio, podem ser transcritas as seguintes ementas, de épocas distintas da Corte:

> "Recurso especial. Ação de imissão de posse cumulada com ação condenatória. Compromisso de compra e venda firmado com cláusula de retrovenda. Ao concluir que o negócio jurídico foi celebrado no intuito de garantir contrato de mútuo usurário e, portanto, consistiu em simulação para ocultar a existência de pacto comissório. (...) É nulo o compromisso de compra e venda que, em realidade, traduz-se como instrumento para o credor ficar com o bem dado em garantia em relação a obrigações decorrentes de contrato de mútuo usurário, se estas não forem adimplidas. Isso porque, neste caso, a simulação, ainda que sob o regime do Código Civil de 1916 e, portanto, concebida como defeito do negócio jurídico, visa encobrir a existência de verdadeiro pacto comissório, expressamente vedado pelo artigo 765 do Código Civil anterior (1916). 2.1 Impedir o devedor de alegar a simulação, realizada com intuito de encobrir ilícito que favorece o credor, vai de encontro ao princípio da equidade, na medida em que o 'respeito aparente ao disposto no artigo 104 do Código Civil importaria manifesto desrespeito à norma de ordem pública, que é a do artigo 765 do mesmo Código', que visa, a toda evidência, proteger o dono da coisa dada em garantia (Cf. REsp 21.681/SP, 3.ª Turma, Rel. Min. Eduardo Ribeiro, *DJ* 03/08/1992) (...)" (STJ, REsp 1.076.571/SP, 4.ª Turma, Rel. Min. Marco Buzzi, j. 11.03.2014, *DJe* 18.03.2014).

> "Compra e venda. Retrovenda. Simulação. Medida cautelar. É cabível o deferimento de medida liminar para suspender os efeitos de escritura de compra e venda de imóveis que teria sido lavrada com o propósito de encobrir negócio usurário. Fatos processuais que reforçam essa ideia. Conveniência, porém, de que seja prestada caução (art. 804 do CPC). Recurso conhecido em parte e nessa parte provido" (STJ, REsp 285.296/MT, 4.ª Turma, Rel. Min. Ruy Rosado de Aguiar, j. 22.03.2001, *DJ* 07.05.2001, p. 150).

Voltando à análise da retrovenda válida juridicamente, percebe-se que a cláusula tem o condão de tornar a compra e venda resolúvel. Assim sendo, tecnicamente, trata-se de cláusula resolutiva expressa, porque enseja ao vendedor a possibilidade de desfazer a venda, operando-se o resgate do bem e a consequente extinção do contrato, reconduzindo

---

[13] AZEVEDO JR., José Osório de. *Compra e venda. Troca ou permuta.* Col. Biblioteca de Direito Civil. Estudos em homenagem ao Professor Miguel Reale. São Paulo: RT, 2005. p. 83.

# 780 | MANUAL DE DIREITO CIVIL • VOLUME ÚNICO – *Flávio Tartuce*

as partes ao estado anterior. Em outras palavras, a propriedade do comprador, até o prazo decadencial de três anos, é resolúvel.

Esse direito de retrato deve ser exercido dentro do prazo *máximo* de três anos, podendo ser por prazo inferior desde que as partes convencionem, pois a lei utiliza a expressão destacada. Porém, não se admite que as partes estipulem um prazo superior, caso em que será reputado não escrito somente o excesso. Portanto, na última hipótese, deve ser aplicada a primeira parte do art. 184 do CC/2002, pelo qual "respeitada a intenção das partes, a invalidade parcial de um negócio jurídico não o prejudicará na parte válida, se esta for separável", prevalecendo os três anos como prazo para o resgate. Esse prazo decadencial é contado da data em que se concluiu o contrato.

Se o comprador se recusar a receber as quantias a que faz *jus*, o vendedor, para exercer o direito de resgate, as depositará judicialmente (art. 506 do CC). O dispositivo possibilita o ingresso da *ação de resgate*, de rito ordinário (CPC/1973) ou procedimento comum (CPC/2015), pela qual o vendedor obtém o domínio do imóvel a seu favor, tendo a demanda eficácia *erga omnes*, diante do caráter real do instituto. Essa ação é constitutiva positiva, o que justifica o prazo decadencial de três anos.

Mas, nessa ação de resgate, se verificada a insuficiência do depósito judicial realizado, não será o vendedor restituído no domínio da coisa, até e enquanto não for integralmente pago o comprador (art. 506, parágrafo único, do CC). O vendedor tem, desse modo, uma última chance para quitar o preço, à luz da boa-fé objetiva, havendo a coisa para si.

Nos termos da lei, o direito de resgate ou de retrato poderá ser exercido pelo devedor ou pelos seus herdeiros e legatários, particularmente em relação a terceiro adquirente (art. 507 do CC). Está reconhecida, assim, a transmissibilidade *causa mortis* da cláusula de retrovenda. Dúvidas existem quanto à possibilidade de transmissão *inter vivos* desse direito, inclusive de forma onerosa, surgindo duas correntes doutrinárias:

- Para Maria Helena Diniz, não é possível a cessão por ato *inter vivos*, por tratar-se de direito personalíssimo do vendedor.[14]
- Segundo Paulo Luiz Netto Lôbo, seria possível a transmissão, inclusive por escritura pública.[15]

Filia-se à segunda corrente, eis que não consta qualquer proibição expressa da lei nesse sentido. Além disso, norma restritiva da autonomia privada não admite analogia ou interpretação extensiva, não podendo ser presumida, pelo menos em regra.

Por fim, o art. 508 do CC trata da retrovenda feita por condôminos. Quando a duas ou mais pessoas couber o direito de retrato sobre o mesmo imóvel, e só uma delas o exercer, poderá o comprador intimar as demais para nele acordarem. No entanto, prevalecerá o pacto em favor de quem haja efetuado o depósito, contanto que seja integral. O comando legal em questão acaba por prestigiar a conduta de boa-fé.

## 6.1.6.2 *Cláusula de preempção, preferência ou prelação convencional*

A cláusula de preempção, preferência ou prelação convencional é aquela pela qual o comprador de um bem móvel ou imóvel terá a obrigação de oferecê-lo a quem lhe

---

[14] DINIZ, Maria Helena. *Código Civil anotado*. 15. ed. São Paulo: Saraiva, 2010. p. 417.
[15] LÔBO, Paulo Luiz Netto. *Comentários ao Código Civil*. In: AZEVEDO, Antônio Junqueira de. São Paulo: Saraiva, 2003. v. 6, p. 154.

vendeu, por meio de notificação judicial ou extrajudicial, para que este use do seu direito de prelação em igualdade de condições, ou seja, "tanto por tanto", no caso de alienação futura (art. 513 do CC). O instituto se aplica aos casos de venda e dação em pagamento.

De início, é importante não confundir a *preempção*, que significa preferência, com a *perempção civil*. Esta última é a extinção da hipoteca pelo decurso temporal de 30 anos, conforme art. 1.485 do CC. Em relação à preempção, o CC/2002 consagra dois prazos com tratamento distinto.

O art. 513, parágrafo único, do CC traz o prazo de extensão temporal máxima (prazo de cobertura), ou seja, a preferência somente abrangerá o prazo de 180 dias para bens móveis e dois anos para imóveis. Entende-se que tais prazos devem ser contados da data da realização da venda original.

O transcurso desses prazos máximos torna possível a venda do bem a outrem, sem que haja o direito de preferência. A título de exemplo, se A vendeu a B um imóvel constando cláusula de preferência a favor do primeiro, se B (comprador) pretende vender a terceiro três anos após a venda originária, A (vendedor) não terá mais o referido direito de preempção na compra do bem.

Os esquemas a seguir demonstram como funcionam os citados prazos de extensão:

### Compra e venda – Preempção Convencional

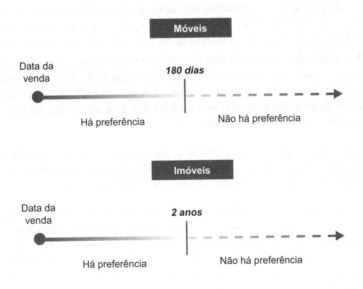

Conclui-se que tais prazos podem ser reduzidos, pois o art. 513, parágrafo único, do CC/2002, ao mencionar a expressão "não poderá exceder" traz a ideia de que esses prazos podem ser alterados a menor. De qualquer forma, a questão é controversa, pois há quem entenda pela impossibilidade de sua alteração.[16]

Por conseguinte, o art. 516 do CC/2002 consagra prazos decadenciais para a manifestação do vendedor originário, aquele que tem o direito de preferência, pois o vendedor

---

[16] Nesse sentido: LÔBO, Paulo Luiz Netto. *Comentários ao Código Civil*. In: AZEVEDO, Antônio Junqueira de. São Paulo: Saraiva, 2003. v. 6.

deve ser notificado judicial ou extrajudicialmente pelo comprador, que pretende vender ou dar o bem a terceiro (art. 514 do CC).

Inexistindo prazo previamente estipulado pelas partes, o direito de preempção caducará, se a coisa for móvel, não se exercendo nos três dias, e se for imóvel, nos sessenta dias subsequentes à data em que o comprador tiver notificado o vendedor, judicial ou extrajudicialmente. A não execução do direito de preempção implica em renúncia tácita a tal direito, sendo certo que tais prazos também são decadenciais. Em outras palavras, se o vendedor não se manifestar, perderá a preferência. Pelo próprio texto legal, percebe-se que tais prazos não podem ser diminuídos pelas partes interessadas, mas apenas aumentados.

Os prazos referidos, portanto, não se confundem, conforme quadro abaixo:

> – Prazos do art. 513, parágrafo único, do CC – *180 dias* para móveis e *2 anos* para imóveis – Prazos de extensão da preferência.
> – Prazos do art. 516 do CC – *3 dias* para móveis e *60 dias* para imóveis – Prazos para manifestação do vendedor, após a notificação. Isso, dentro do *período de extensão da preferência.*

De acordo com o art. 515 do CC, aquele que exerce a preferência, o *preemptor* ou antigo proprietário da coisa, tem a obrigação de pagar o preço ajustado ou encontrado, em igualdade de condições com o terceiro, sob pena de perder a preferência. Não exercido o referido direito, o bem poderá ser dado ou vendido a terceiro livremente.

Se o direito de prelação for conjunto, isto é, estipulado a favor de dois ou mais indivíduos em comum, só poderá ser exercido em relação à coisa no seu todo. Desse modo, percebe-se que o direito à preempção é indivisível por força de lei (art. 517 do CC).

O vendedor preterido no seu direito de preferência, sendo a prelação convencional, não poderá anular a venda ou haver a coisa para si por meio de ação adjudicatória, como ocorre na prelação legal, mas tão somente, pleitear perdas e danos, inclusive do adquirente de má-fé, que sabia da referida cláusula, nos moldes dos arts. 402 a 404 do CC. Isso consta taxativamente do art. 518 do CC, *in verbis*:

> "Art. 518. Responderá por perdas e danos o comprador, se alienar a coisa sem ter dado ao vendedor ciência do preço e das vantagens que por ele lhe oferecem. Responderá solidariamente o adquirente, se tiver procedido de má-fé".

Quanto à responsabilidade do terceiro adquirente, entendeu o Tribunal do Distrito Federal que "presume-se a má-fé da adquirente do imóvel, mormente porque é investidora com bom conhecimento acerca do mercado imobiliário e ignorou a cláusula de preferência, dotada de ampla publicidade" (TJDF, Recurso 2014.01.1.066935-9, Acórdão 906.311, 3.ª Turma Cível, Rel. Des. Fátima Rafael, *DJDFTE* 20.11.2015, p. 165). De todo modo, os casos devem ser analisados com cautela pelos julgadores, sendo certo que o que se presume é a boa-fé, e não a má-fé.

Para a pretensão dessas perdas e danos, deve ser aplicado o prazo geral de prescrição de dez anos (art. 205 do CC), uma vez que a ação condenatória está fundada na responsabilidade contratual (ver: STJ, EREsp 1.281.594/SP, Corte Especial, Rel. Min. Benedito Gonçalves, Rel. p/ Acórdão Min. Felix Fischer, j. 15.05.2019, *DJe* 23.05.2019; e EREsp 1.280.825/RJ, 2.ª Seção, Rel. Min. Nancy Andrighi, j. 27.06.2018, *DJe* 02.08.2018). Na linha desses julgados de pacificação, não se deve aplicar o prazo de três anos, previsto no art. 206, § 3.º, inc. V, do CC, pois tal comando subsome-se apenas à responsabilidade extracontratual ou *aquiliana.*

CAP. 6 • CONTRATOS EM ESPÉCIE (CONTRATOS TÍPICOS DO CC/2002) | **783**

Em regra, o prazo terá início do surgimento da pretensão, ou seja, de quando é realizada a venda em detrimento daquele que tem a seu favor a preferência. Eventualmente, pode-se defender que o prazo será contado de quando o vendedor tem *ciência* que foi preterido no seu direito, o que é até mais justo, representando aplicação da teoria *actio nata subjetiva*.

Como se pode perceber, os efeitos da prelação legal – existente a favor do condômino na compra e venda de coisa comum indivisível – são completamente diversos dos efeitos decorrentes da prelação convencional, o que pode ser visto no quadro abaixo:

> – *Preempção legal* – a favor do condômino (art. 504 do CC) – cabe anulação da compra e venda ou adjudicação (efeitos *erga omnes*). Prazo decadencial de 180 dias.
> – *Preempção convencional* (arts. 513 a 520 do CC) – cabem perdas e danos (efeitos *inter partes*). Prazo prescricional de dez anos.

Justamente porque os seus efeitos são *inter partes*, gerando o dever de pagar perdas e danos, é que a cláusula de preempção também se diferencia da cláusula de retrovenda. Além disso, as estruturas e as decorrências práticas dos institutos são completamente diversas, particularmente no tocante às suas caracterizações.

Superada a análise estrutural do instituto, parte-se à análise de polêmico dispositivo que consta do atual CC. O art. 519 do CC volta a tratar do *direito de retrocessão* a favor do expropriado, merecendo também transcrição integral, visando a discussões importantes:

"Art. 519. Se a coisa expropriada para fins de necessidade ou utilidade pública, ou por interesse social, não tiver o destino para que se desapropriou, ou não for utilizada em obras ou serviços públicos, caberá ao expropriado direito de preferência, pelo preço atual da coisa".

O dispositivo é um *"estranho no ninho"*, tendo a natureza de instituto de Direito Administrativo e não de Direito Civil. Pelo comando legal destacado, se a coisa expropriada para fins de necessidade ou utilidade pública, ou por interesse social, não tiver o destino para o qual se desapropriou, ou se não for utilizada em obras ou serviços públicos, caberá ao expropriado exercer o direito de preferência pelo preço atual da coisa, para, então, reincorporá-la ao seu patrimônio. Ocorre o desvio de finalidade, eis que o bem expropriado para determinado fim é empregado em outro, sem utilidade pública ou interesse social, o que se denomina *tredestinação*. Não havendo qualquer destinação da coisa, está presente o instituto da *adestinação*.

Diante do fato de o dispositivo estar no lugar errado, a Comissão de Juristas encarregada da Reforma do Código Civil propõe a sua revogação expressa, o que virá em boa hora.

Também justificando a sua retirada da Lei Civil, a grande divergência que pode surgir do instituto refere-se à sua natureza real ou pessoal. Deve-se compreender que a natureza do direito de retrocessão é real, o que é mais justo, se a Administração Pública não der a devida finalidade ao bem expropriado. Aliás, essa a interpretação correta da redação do art. 519 do CC. Entretanto, o Superior Tribunal de Justiça já entendeu que os efeitos são meramente pessoais, cabendo apenas ao expropriado o direito de pleitear perdas e danos nos casos de tredestinação (por todos: STJ, AEREsp 73.907/ES, Agravo Regimental nos Embargos de Divergência no Recurso Especial, 1.ª Seção, Rel. Min. Castro Meira, j. 24.03.2004, *DJ* 07.06.2004, p. 153, Veja: STJ, AR 769/CE, REsp 43.651/SP, EDcl no REsp 412.634/RJ).

**784** | MANUAL DE DIREITO CIVIL • VOLUME ÚNICO – *Flávio Tartuce*

Mas a questão, de fato, não é realmente pacífica, pois já houve outra decisão daquele Tribunal reconhecendo a eficácia real da retrocessão (STJ, REsp 868.120/SP, 1.ª Turma, Rel. Min. Luiz Fux, j. 27.11.2007, *DJ* 21.02.2008, p. 37).

Adotando o último caminho, que parece ser o mais correto, reafirme-se, quando da *VII Jornada de Direito Civil*, evento de 2015, aprovou-se proposta prevendo que "o art. 519 do Código Civil derroga o art. 35 do Decreto n. 3.365/1941 naquilo que diz respeito a cenários de tredestinação ilícita. Assim, ações de retrocessão baseadas em alegações de tredestinação ilícita não precisam, quando julgadas depois da incorporação do bem ao patrimônio da entidade expropriante, resolver-se em perdas e danos" (Enunciado n. 592). Cabe aqui esclarecer a redação da norma citada no enunciado aprovado: "os bens expropriados, uma vez incorporados à Fazenda Pública, não podem ser objeto de reivindicação, ainda que fundada em nulidade do processo de desapropriação. Qualquer ação, julgada procedente, resolver-se-á em perdas e danos". Em suma, a eficácia real da retrocessão deve ser a regra a ser aplicada, e não mais o pagamento de perdas e danos.

Encerrando, enuncia o art. 520 do CC que "o direito de preferência não se pode ceder nem passa aos herdeiros". Assim, está reconhecida a intransmissibilidade *mortis causa* e *inter vivos* da cláusula de prelação convencional, na esteira da melhor doutrina, por se tratar de uma cláusula personalíssima.[17]

### 6.1.6.3 *Cláusula de venda sobre documentos*

A cláusula de venda sobre documentos é uma cláusula especial da compra e venda originária da *Lex Mercatoria*, fonte do Direito Internacional Privado formada pela prática dos comerciantes e os costumes dos empresários no mercado internacional.

A venda sobre documentos é também denominada *crédito documentário* ou *trust receipt*. Por essa cláusula, que tem por objeto bens móveis, a tradição, ou entrega da coisa, é substituída pela entrega do documento correspondente à propriedade, geralmente o título representativo do domínio (art. 529, *caput*, do CC). Sendo prevista a cláusula e estando a documentação em ordem, não pode o comprador recusar o pagamento, a pretexto de defeito de qualidade ou do estado da coisa vendida, salvo se o defeito houver sido comprovado (art. 529, parágrafo único, do CC).

Há, na espécie, uma tradição simbólica (*traditio longa manus*), uma vez que a coisa é colocada à disposição do comprador. Concretizando, uma empresa brasileira compra de uma empresa belga uma máquina industrial. Inserida a cláusula e sendo o contrato celebrado no Brasil, a empresa vendedora vem até o país para a entrega do documento correspondente à propriedade. A partir de então, a empresa brasileira é proprietária, respondendo pelos riscos e despesas referentes à coisa.

Não havendo estipulação em contrário, por regra, o pagamento deve ocorrer na data e no lugar da entrega do documento, no exemplo acima, no Brasil (art. 530 do CC). A norma é aplicação da regra *locus regit actum*.

Havendo apólice de seguro, visando cobrir os riscos de transporte, o prêmio deverá ser pago pelo comprador, salvo se houver má-fé do vendedor, que tinha ciência da perda ou avaria da coisa (art. 531 do CC). A parte final do dispositivo valoriza o princípio da boa-fé objetiva.

Finalmente, estabelece o art. 532 do CC que, "estipulado o pagamento por intermédio de estabelecimento bancário, caberá a este efetuá-lo contra a entrega dos documentos, sem

---

[17] DINIZ, Maria Helena. *Código Civil anotado*. 15. ed. São Paulo: Saraiva, 2010. p. 423.

CAP. 6 • CONTRATOS EM ESPÉCIE (CONTRATOS TÍPICOS DO CC/2002) | **785**

obrigação de verificar a coisa vendida, pela qual não responde. Parágrafo único. Nesse caso, somente após a recusa do estabelecimento bancário a efetuar o pagamento, poderá o vendedor pretendê-lo, diretamente do comprador".

Pelo teor do comando legal, se a venda for realizada por intermédio de estabelecimento bancário, esse não responde pela integridade da coisa. Cumpre destacar que tal entendimento, de exclusão da responsabilidade bancária, foi adotado pelo Superior Tribunal de Justiça em julgado do ano de 2008, com menção ao vigente dispositivo civil (STJ, REsp 885.674/RJ, 3.ª Turma, Rel. Min. Nancy Andrighi, j. 07.02.2008, *DJe* 05.03.2008).

Dúvidas surgem no confronto entre o art. 532 do CC e o art. 7.º, parágrafo único, do Código de Defesa do Consumidor (Lei 8.078/1990), que traz o princípio da solidariedade na responsabilidade consumerista, pelo qual o estabelecimento bancário responderia em conjunto com o vendedor. Interessante lembrar que a relação estabelecida com o banco pode ser configurada como relação de consumo (Súmula 297 do STJ). Como resolver a questão?

O caso é de antinomia jurídica ou conflito de normas. Aplicando-se o critério da especialidade, prevalecerá a norma do CC/2002, que é norma especial para os casos de venda sobre documentos. Entretanto, adotando-se o entendimento pelo qual o CDC é *norma principiológica*, com posição fixa na Constituição Federal (arts. 5.º, inc. XXXII, e 170, inc. III), prevaleceria a Lei 8.078/1990, entrando em cena o critério hierárquico.

Entendo que o caminho da solução está na visualização do contrato. Se o bem é adquirido por alguém, na condição de destinatário final, aplica-se o Código de Defesa do Consumidor, desde que preenchidos todos os elementos constantes dos arts. 2.º e 3.º do CDC para a caracterização do contrato de consumo, ou seja, desde que o comprador seja destinatário final e econômico da coisa comprada e o vendedor, profissional na atividade de venda. Caso contrário, subsome-se o CC em vigor. Mais uma vez, o caso é de incidência da teoria do *diálogo das fontes*.

Vale dizer que no exemplo aqui exposto não se aplica o CDC, pois a máquina adquirida da empresa belga será utilizada pela empresa brasileira diretamente na produção.

No Projeto de Reforma do Código Civil há proposta que resolve esse dilema, incluindo-se previsão na parte final do *caput* do art. 532, no sentido de que ele somente se aplica, na exclusão da responsabilidade do estabelecimento bancário, em se tratando de contrato paritário e simétrico, não incidindo para os contratos de consumo e de adesão.

### 6.1.6.4  *Cláusula de venda com reserva de domínio*

A cláusula de venda com reserva de domínio ou *pactum reservati dominii* ganha tratamento no CC/2002, entre os seus arts. 521 a 528. Havia previsão legal anterior no Decreto 1.027/1939, no CPC/1973 (arts. 1.070 e 1.071, ora revogados) e na Lei de Registros Públicos (Lei 6.015/1973). Por meio dessa cláusula, inserida na venda de coisa móvel infungível, o vendedor mantém o domínio da coisa (exercício da propriedade) até que o preço seja pago de forma integral pelo comprador.

O comprador recebe a mera posse direta do bem, mas a propriedade do vendedor é resolúvel, eis que o primeiro poderá adquirir a propriedade com o pagamento integral do preço. Todavia, pelos riscos da coisa responde o comprador, a partir de quando essa lhe é entregue (art. 524 do CC). Essa hipótese revela a adoção pelo Código de 2002 do princípio *res perit emptoris* (ou seja, a coisa perece para o comprador) como exceção ao princípio *res perit domino* (a coisa perece para o dono).

Essa propriedade resolúvel do vendedor – nos termos dos arts. 1.359 e 1.360 do CC – é condicional, ou seja, dependente de evento futuro e incerto, em que a condição é o pagamento integral do preço ou da última parcela caso a venda não tenha sido à vista. Enquanto esse pagamento não ocorrer, a aquisição do domínio e a transmissão da propriedade ficarão suspensas.

O requisito objetivo para tal cláusula é que não pode ser objeto da venda com reserva de domínio a coisa insuscetível de caracterização perfeita, para estremá-la de outras congêneres. Na dúvida, decide-se a favor do terceiro adquirente de boa-fé (art. 523 do CC). Em outras palavras e para esta finalidade, a coisa deve ser móvel e infungível, caso dos veículos que têm número de identificação de chassi, diferenciando-se dos demais.

O art. 522 do CC consagra como formalidade para a cláusula de venda com reserva de domínio a sua estipulação por escrito e o registro no Cartório de Títulos e Documentos do domicílio do comprador, como condição de validade perante terceiros de boa-fé (eficácia *erga omnes*). Não sendo levada a registro, a referida cláusula não produzirá efeitos perante terceiros, mas apenas efeitos *inter partes*. Os efeitos *erga omnes* constavam anteriormente da Lei dos Registros Públicos (art. 129, n. 5.º, da Lei 6.015/1973).

No caso de mora relevante ou inadimplemento absoluto do comprador, o vendedor tem duas opções previstas no art. 526 do CC/2002:

> 1.ª) Promover a competente ação de cobrança das parcelas vencidas e vincendas e o mais que lhe for devido.
> 2.ª) Recuperar a posse da coisa vendida.

Anote-se que o art. 526 do CC/2002, atualmente, faz referência de forma incorreta à mora do devedor, sendo necessário corrigi-lo, o que está sendo proposto pelo Projeto de Reforma do Código Civil, a saber e na norma projetada: "verificado o inadimplemento do comprador, poderá o vendedor mover contra ele a competente ação de cobrança das prestações vencidas e vincendas e o mais que lhe for devido ou poderá recuperar a posse da coisa vendida".

Quanto à ação para a retomada do bem na venda com reserva de domínio, o Código de Processo Civil de 1973 previa a ação de busca e apreensão, de rito especial, conforme os seus arts. 1.070 e 1.071. Todavia, tais dispositivos foram revogados e não encontram correspondentes no CPC/2015. Surge então a dúvida sobre a ação cabível em casos tais.

Para alguns processualistas, instados pessoalmente por mim, passa a caber a ação de procedimento comum, sujeita a concessão de alguma forma de tutela provisória, tratada entre os arts. 300 a 311 do CPC/2015. Essa é a opinião, por exemplo, de Fredie Didier Jr., Daniel Amorim Assumpção Neves e Rodrigo Mazzei.

Porém, com o devido respeito a essa visão, como o Código Civil faz menção à *recuperação da posse*, no seu art. 526, parece ser mais viável a ação de reintegração de posse, sujeita a liminar, nos termos dos arts. 554 a 566 do CPC/2015.

Para amparar a nossa visão, cumpre anotar que o Superior Tribunal de Justiça, antes mesmo da entrada em vigor do CPC de 2015, já vinha entendendo pela possibilidade de o vendedor ingressar com ação possessória em face do comprador, havendo cláusula de venda com reserva de domínio. Nesse sentido, citando esta doutrina:

> "A controvérsia diz respeito à necessidade ou não de prévia rescisão do contrato de compra e venda com reserva de domínio a fim de viabilizar a manutenção/recuperação da posse do bem vendido, ante o inadimplemento do comprador. (...). Quanto aos meios judiciais cabíveis para o vendedor/credor salvaguardar o seu direito, esse pode optar por duas vias. Caso não objetive resolver o contrato, mas

CAP. 6 • CONTRATOS EM ESPÉCIE (CONTRATOS TÍPICOS DO CC/2002) | **787**

apenas cobrar as parcelas inadimplidas: a) se munido de título executivo, intentar ação executiva contra o devedor pelo rito dos arts. 646 a 731 do Código de Processo Civil, ou seja, execução por quantia certa contra devedor solvente; b) se desprovido de título executivo, ação de cobrança, nos termos do artigo 526 do Código Civil. Na hipótese de pretender rescindir o negócio jurídico mediante a retomada do bem, viável o ajuizamento de a) ação de busca e apreensão e depósito da coisa vendida pelo vendedor/credor, conforme preceituado no art. 1.071 do CPC, desde que provada a mora pelo protesto do título ou interpelação judicial. Nessa medida já está prevista a recuperação da coisa, nos termos dos arts. 526, parte final, e 527 do diploma civilista, visto que esses dispositivos remetem ao procedimento previsto na lei processual civil, o que se relaciona à retomada liminar do bem constante do artigo 1.071 daquele diploma legal e à b) ação desconstitutiva pelo procedimento ordinário, quando desprovida a parte de título executivo ou, embora munida de título executivo, não tenha realizado o protesto/interpelação judicial, sendo que nessa a reintegração liminar somente pode ser conferida se provados os requisitos do art. 273 do CPC. (...). Cabia ao vendedor/credor optar por qualquer das vias processuais para haver aquilo que lhe é de direito, inclusive mediante a recuperação da coisa vendida (ação de manutenção de posse), sem que fosse necessário o ingresso preliminar com demanda visando rescindir o contrato, uma vez que a finalidade da ação é desconstituir a venda e reintegrar o vendedor na posse do bem que não chegou a sair do seu patrimônio, dando efetivo cumprimento à cláusula especial de reserva de domínio" (STJ, REsp 1.056.837/RN, 4.ª Turma, Rel. Min. Marco Buzzi, j. 03.11.2015, *DJe* 10.11.2015).

No âmbito estadual, outros acórdãos recentes também adotam a posição segundo a qual cabe a ação de reintegração de posse cumulada com a rescisão contratual, sujeita a liminar, para retomar o bem vendido com cláusula com reserva de domínio. Nesse sentido, três ementas:

"Agravo de instrumento. Compra e venda de bem móvel com cláusula de reserva de domínio. Ação de reintegração de posse. Restando demonstrado o inadimplemento contratual, bem como havendo comprovação específica da constituição da devedora em mora, por meio do protesto dos títulos, mostra-se viável a imediata retomada, pela credora, do veículo objeto do contrato de compra e venda com reserva de domínio celebrado entre os litigantes, nos termos dos artigos 525 e 526, ambos do Código Civil. Agravo de instrumento provido" (TJRS, Agravo de Instrumento 0436501-19.2016.8.21.7000, 14.ª Câmara Cível, Venâncio Aires, Rel. Des. Mario Crespo Brum, j. 30.03.2017, *DJERS* 07.04.2017).

"Agravo de instrumento. Reintegração de posse. Contrato de compra e venda com reserva de domínio. Liminar indeferida. Decisão mantida. Ausência dos requisitos autorizadores da tutela de urgência. Art. 300, CPC/2015. Autor/agravante que deixou de demonstrar a constituição do devedor em mora. Recurso desprovido. De acordo com as disposições do Código Civil, somente após verificada a mora do comprador (art. 525, CC), é que poderá o vendedor mover contra ele a competente ação de cobrança das prestações vencidas e vincendas ou recuperar a posse da coisa vendida (art. 526, CC)" (TJPR, Agravo de Instrumento 1562493-2, 17.ª Câmara Cível, Sertanópolis, Rel. Des. Lauri Caetano da Silva, j. 14.12.2016, *DJPR* 26.01.2017, p. 414).

"Ação de reintegração de posse. Contrato de compra e venda com reserva de domínio. Insurgência contra decisão que indeferiu a liminar de reintegração de posse. Mora da agravada comprovada por meio do protesto de título. Esbulho possessório caracterizado na espécie que autoriza a concessão da medida liminar. Aplicação dos

MANUAL DE DIREITO CIVIL • VOLUME ÚNICO – *Flávio Tartuce*

artigos 525 e 526 do CC/2002 c. c. artigos 560 e 562 do CPC/2015. Recurso provido" (TJSP, Agravo de Instrumento 2129307-17.2016.8.26.0000, Acórdão 9700566, 28.ª Câmara de Direito Privado, Taboão da Serra, Rel. Des. Dimas Rubens Fonseca, j. 15.08.2016, *DJESP* 22.08.2016).

Todavia, a posição que sustenta a viabilidade de uma ação pelo procedimento comum, sujeita à tutela provisória, também tem sido seguida no âmbito jurisprudencial. Da Terceira Turma do Superior Tribunal de Justiça, aresto de 2017 adotou a outra corrente aqui antes exposta. Conforme consta do trecho final constante da publicação no *Informativo* n. *601*:

"Convém salientar que, com a vigência do CPC/2015, essa aparente antinomia entre as regras processuais e o CC/2002 restou superada, pois o CPC/2015 deixou de regulamentar o procedimento especial da ação de apreensão e depósito. Desse modo, a partir da vigência do CPC/2015, a venda com reserva de domínio encontra disciplina exclusiva no CC/2002, aplicando-se, quando as partes estiverem em Juízo, as regras relativas ao procedimento comum ordinário ou, se for o caso, das normas afetas ao processo de execução" (STJ, REsp 1.629.000/MG, 3.ª Turma, Rel. Min. Nancy Andrighi, j. 28.03.2017, *DJe* 04.04.2017).

Exposta a polêmica, advirta-se que somente a prática construída na emergência do Estatuto Processual vindouro poderá demonstrar qual será o novo caminho instrumental a ser percorrido nos casos de inadimplemento da venda com reservada de domínio.

Feitas tais considerações processuais, de acordo com o art. 525 do CC, o vendedor somente poderá executar a cláusula de reserva de domínio, exercendo tais opções, após constituir o devedor em mora, mediante o protesto do título ou interpelação judicial.

De todo modo, julgado ainda mais recente – e aqui por último destacado – admitiu que a notificação do devedor se dê de forma extrajudicial. Nos termos da ementa, "a mora do comprador, na ação ajuizada pelo vendedor com o intuito de recuperação da coisa vendida com cláusula de reserva de domínio, pode ser comprovada por meio de notificação extrajudicial enviada pelo Cartório de Títulos e Documentos" (STJ, REsp 1.629.000/MG, 3.ª Turma, Rel. Min. Nancy Andrighi, j. 28.03.2017, *DJe* 04.04.2017). Conforme consta da ementa, que visa à sadia *desjudicialização* das medidas e contendas, comentando o art. 525 do CC/2002:

"A redação desse dispositivo legal pode levar à equivocada compreensão de que a mora do comprador apenas se caracteriza a partir do ato do protesto ou da interpelação judicial. Contudo, não é esse o verdadeiro alcance da norma. Com efeito, deve ser observado que a mora do comprador se configura com sua simples omissão em efetuar o pagamento das prestações ajustadas, haja vista que essas têm data certa de vencimento. É, portanto, mora *ex re*, cujos efeitos – a exemplo da incidência de juros – se operam a partir do inadimplemento. Nesse contexto, a determinação contida no art. 525 do CC/2002 para o protesto do título ou a interpelação judicial não tem a finalidade de transformar a mora *ex re* em *ex persona*. A regra estabelece, apenas, a necessidade de comprovação da mora do comprador como pressuposto para a execução da cláusula de reserva de domínio, tanto na ação de cobrança das prestações vencidas e vincendas, como na ação de recuperação da coisa. Visa o ato, desse modo, conferir segurança jurídica às partes, funcionando, também, como oportunidade para que o comprador, adimplindo as prestações, evite a retomada do bem pelo vendedor. O advento da nova codificação civil impõe uma exegese sistêmica da questão, de modo a admitir a documentação da mora do comprador por meio de quaisquer dos instrumentos previstos no parágrafo único do art. 397,

CAP. 6 • CONTRATOS EM ESPÉCIE (CONTRATOS TÍPICOS DO CC/2002) | **789**

quais sejam: a) o protesto; b) a interpelação judicial; e c) a notificação extrajudicial" (publicado no *Informativo* n. *601* do STJ).

Exatamente como está desenvolvido no acórdão destacado, filia-se ao entendimento pelo qual, no caso de cobrança das parcelas *vencidas*, não há necessidade de prévia notificação, eis que não sendo pagas as parcelas, haverá mora *ex re*, ou mora automática do devedor, aplicando-se a máxima latina *dies interpellat pro homine*.[18]

Em havendo relação de consumo, deve ser aplicado o art. 53 do CDC, que determina a nulidade de cláusulas contratuais que estabeleçam a perda total das prestações pagas pelo devedor, em benefício do credor (nulidade da *cláusula de decaimento* ou *de perdimento*). Ademais, diante da função social dos contratos, a *teoria do adimplemento substancial* (*substantial performance*) ou *teoria do quase cumprimento total do contrato* aplica-se à venda com reserva de domínio. Concretizando, se grande parte das parcelas já foi paga, não caberá a ação de retomada da coisa, mas apenas a cobrança das parcelas vencidas e vincendas (nesse sentido: STJ, AgRg no Ag 607.406/RS, 4.ª Turma, Rel. Min. Fernando Gonçalves, j. 09.11.2004, *DJ* 29.11.2004, p. 346).

No caso da ação de retomada do bem e perdendo o comprador a coisa, terá ele direito de reaver o que pagou, descontados os valores relacionados com a depreciação da coisa e todas as despesas que teve o vendedor. O art. 527 do CC, aliás, enuncia que o vendedor tem direito de retenção das parcelas pagas enquanto não receber o que lhe é direito. O excedente da importância apurada será devolvido ao comprador, e o que faltar lhe será cobrado, na forma da lei processual.

De qualquer modo, não se pode aceitar que, inserida em contrato de consumo ou de adesão, seja válida uma cláusula que traga onerosidade excessiva no tocante às despesas do contrato. Eventual cláusula nesse sentido deve ser tida como abusiva e nula, nos termos dos arts. 51 do CDC e 424 do CC.

Em complemento, é de se lembrar que há uma regra muito parecida prevista no art. 53, § 2.º, do Código de Defesa do Consumidor para os contratos de consórcio, nos seguintes termos: "nos contratos do sistema de consórcio de produtos duráveis, a compensação ou a restituição das parcelas quitadas, na forma deste artigo, terá descontada, além da vantagem econômica auferida com a fruição, os prejuízos que o desistente ou inadimplente causar ao grupo".

Por derradeiro, é preciso ter em mente que a cláusula de venda com reserva de domínio não se confunde com a alienação fiduciária em garantia ou com o *leasing* ou arrendamento mercantil. As diferenças constam do quadro a seguir:

| Cláusula de venda com reserva de domínio | Alienação fiduciária em garantia | *Leasing* ou arrendamento mercantil |
|---|---|---|
| Natureza jurídica: cláusula especial da compra e venda (arts. 521 a 528 do CC). | Natureza jurídica: constitui direito real de garantia sobre coisa própria (arts. 1.361 a 1.368 do CC, Decreto-lei 911/1969 e Lei 9.514/1997). | Natureza jurídica: contrato típico ou atípico, debate que divide doutrina e jurisprudência (Lei 6.099/1974 e resoluções do Banco Central do Brasil). |

---

[18] Nesse sentido: LÔBO, Paulo Luiz Netto. *Comentários ao Código Civil*. In: AZEVEDO, Antônio Junqueira de. São Paulo: Saraiva, 2003. v. 6, p. 207.

| Cláusula de venda com reserva de domínio | Alienação fiduciária em garantia | *Leasing* ou arrendamento mercantil |
|---|---|---|
| O vendedor mantém o domínio (propriedade resolúvel), enquanto o comprador tem a posse direta da coisa alienada. Pagas as parcelas de forma integral, o comprador adquire a propriedade plena da coisa. | O devedor fiduciante compra o bem de um terceiro, mas como não pode pagar o preço, aliena-o, transferindo a propriedade ao credor fiduciário. O proprietário do bem é o credor fiduciário, mas a propriedade é resolúvel, a ser extinta se o preço for pago de forma integral pelo devedor fiduciante. | Constitui uma locação com opção de compra, com o pagamento do VRG (Valor Residual Garantido). A jurisprudência vem entendendo que o VRG pode ser diluído nas parcelas ou pago no final do contrato de arrendamento (Súmula 293 do STJ). |
| A ação cabível para reaver a coisa era a ação de busca e apreensão, na vigência do CPC/1973. Como o CPC/2015 não reproduziu tais comandos, surgirá polêmica sobre a ação cabível na sua emergência. Podem ser expostas, de imediato, duas visões. A primeira aponta ser cabível uma ação de procedimento comum, sujeita a tutela provisória. A segunda corrente, por mim seguida, entende ser viável uma ação de reintegração de posse, sujeita a liminar. | A ação cabível para reaver a coisa móvel é a ação de busca e apreensão prevista no Decreto-lei 911/1969. Não cabe prisão, segundo decisões do STJ e do STF (Súmula Vinculante 25). | A ação cabível para reaver a coisa é a ação de busca e apreensão, conforme o art. 3.º, § 15, do Decreto-lei 911/1969, incluído pela Lei 13.043/2014. |

## 6.2 DA TROCA OU PERMUTA (ART. 533 DO CC)

### 6.2.1 Conceito e natureza jurídica

O contrato de troca, permuta ou escambo é aquele pelo qual as partes se obrigam a dar uma coisa por outra que não seja dinheiro. Operam-se, ao mesmo tempo, duas vendas, servindo as coisas trocadas para uma compensação recíproca. Isso justifica a aplicação residual das regras previstas para a compra e venda (art. 533, *caput*, do CC). As partes do contrato são denominadas permutantes ou tradentes (*tradens*).

A troca é um contrato bilateral ou sinalagmático, pois traz direitos e deveres proporcionais. Constitui contrato oneroso, pela presença de sacrifício de vontade para as partes. É um contrato comutativo, em regra, e translativo da propriedade, eis que serve como *titulus adquirendi*. Trata-se de um contrato consensual, que tem aperfeiçoamento com a manifestação de vontade das partes, assim como ocorre com a compra e venda (art. 482 do CC).

Quanto à presença ou não de formalidade, diante da aplicação residual, devem subsumir as mesmas regras vistas para a compra e venda, outrora estudadas, podendo o contrato ser formal ou informal, solene ou não solene.

CAP. 6 • CONTRATOS EM ESPÉCIE (CONTRATOS TÍPICOS DO CC/2002) | **791**

## 6.2.2 Objeto do contrato e relação com a compra e venda

O objeto da permuta hão de ser dois bens. Eventualmente, se um dos contraentes der dinheiro ou prestar serviços, não haverá troca, mas compra e venda.[19] Podem ser trocados todos os bens que puderem ser vendidos, ou seja, os bens alienáveis (*consuntibilidade jurídica*, conforme a segunda parte do art. 86 do CC), mesmo sendo de espécies diversas e valores diferentes. A permuta gera para cada contratante a obrigação de transferir para o outro o domínio da coisa objeto de sua prestação.

Na troca, as partes devem se preocupar com a manutenção do *sinalagma*, não sendo admitida qualquer situação de onerosidade excessiva, o que justifica a revisão ou resolução do negócio, de acordo com o caso concreto. Como o contrato é oneroso e comutativo, em geral, podem ser aplicadas as regras previstas para os vícios redibitórios e evicção, outrora estudados. As restrições à liberdade de contratar e contratual, aplicadas à compra e venda, por razões óbvias, também devem ser subsumidas à permuta. Ato contínuo de análise, merecem aplicação as regras relacionadas com os riscos sobre a coisa e, sendo possível, as regras e cláusulas especiais da compra e venda estudadas no último capítulo.

Especificamente em relação às despesas com a tradição da coisa, o art. 533, inc. I, do CC consagra a sua divisão em igualdade, metade a metade, salvo disposição em contrário no instrumento. Prevendo o instrumento uma divisão diferente, o que é autorizado expressamente pela lei, não pode estar presente uma situação de injustiça contratual, de desproporção no negócio jurídico.

Como se percebe, há uma grande similaridade entre a troca e a compra e venda, o que justifica a antes mencionada aplicação residual. Tanto isso é verdade que, na *V Jornada de Direito Civil*, foi aprovado enunciado admitindo a promessa de permuta, nos seguintes termos: "O contrato de promessa de permuta de bens imóveis é título passível de registro na matrícula imobiliária" (Enunciado n. 435). Entretanto, os institutos se diferem nos seguintes pontos, conforme leciona Maria Helena Diniz:[20]

> – Na troca, ambas as prestações são em espécie (coisas são trocadas), enquanto na compra e venda a prestação do comprador é em dinheiro ou em dinheiro e outra coisa (a entrega do dinheiro seria um complemento ao pagamento feito mediante a entrega de uma coisa em valor menor ao da prestação estipulada).
>
> – Na compra e venda, o vendedor, uma vez entregue a coisa vendida, não poderá pedir-lhe a devolução no caso de não ter recebido o preço, enquanto na troca o tradente terá o direito de repetir o que deu se a outra parte não lhe entregar o objeto permutado.

## 6.2.3 Troca entre ascendentes e descendentes

Enuncia o art. 533, inc. II, do CC que é anulável a troca de valores desiguais entre ascendentes e descendentes se não houver consentimento dos demais descendentes e do cônjuge do alienante. Trata-se de norma específica aplicável à troca, pois se presume a onerosidade excessiva, em prejuízo aos demais herdeiros do tradente que deu a maior parte.

---

[19] DINIZ, Maria Helena. *Curso de Direito Civil brasileiro*. Teoria das obrigações contratuais e extracontratuais. 25. ed. São Paulo: Saraiva, 2009. v. 3, p. 224-225.

[20] DINIZ, Maria Helena. *Curso de Direito Civil Brasileiro*. Teoria das obrigações contratuais e extracontratuais. 25. ed. São Paulo: Saraiva, 2009. v. 3, p. 225.

# 792 | MANUAL DE DIREITO CIVIL • VOLUME ÚNICO – *Flávio Tartuce*

Desse modo, o dispositivo pretende proteger os direitos dos herdeiros necessários, sendo certo que, tratando-se de coisas de valores iguais, não haverá necessidade de consentimento dos outros descendentes e do cônjuge do tradente ou permutante. O raciocínio é o mesmo se a coisa mais valiosa pertencer ao descendente.

Como se trata de norma específica a regulamentar a matéria, não se justifica a aplicação do art. 496, parágrafo único, do CC, que dispensa a autorização do cônjuge se o regime de bens for o da separação obrigatória. Para a troca, haverá a necessidade de autorização do cônjuge qualquer que seja o regime em relação ao permutante. Ainda por se tratar de norma especial e restritiva, a norma não se aplica à união estável. Em outras palavras, se o permutante ou tradente viver em união estável, não haverá necessidade de autorização do companheiro.

Quanto ao prazo para anular a troca em casos tais, deve ser aplicado o art. 179 do CC que traz prazo decadencial de dois anos, contados da celebração do negócio jurídico (nesse sentido: STJ, Ag. Int. no AREsp 1.610.087/SC, 4.ª Turma, Rel. Min. Raul Araújo, j. 19.10.2020, *DJe* 16.11.2020; TJSC, Apelação Cível 2009.055861-8, 6.ª Câmara de Direito Civil, Orleans, Rel. Des. Subst. Stanley da Silva Braga, j. 15.05.2013, *DJSC* 24.05.2013, p. 23; e TJPR, Recurso 216012-1, Acórdão 1.409, 19.ª Câmara Cível, Marilândia do Sul, Rel. Des. Luiz Antônio Barry, j. 14.07.2005).

Com o fim de deixar claro esse prazo na lei, o Projeto de Reforma do Código Civil pretende alterar o texto do seu art. 533, inc. II, para que expresse o seguinte: "é anulável a troca de valores desiguais entre ascendentes e descendentes, sem consentimento dos outros descendentes, do cônjuge ou convivente do alienante, aplicando-se o prazo decadencial de dois anos, a contar do registro da venda ou da ciência do negócio, o que ocorrer primeiro".

Além da inclusão do convivente que viva em união estável, há, portanto, mais uma proposta que traz segurança jurídica, inclusive quanto ao início do prazo, o que demanda uma aprovação pelo Parlamento Brasileiro.

## 6.3 DO CONTRATO ESTIMATÓRIO OU VENDA EM CONSIGNAÇÃO (ARTS. 534 A 537 DO CC)

### 6.3.1 Conceito e natureza jurídica

O Código Civil de 2002 passou a tratar da figura do contrato estimatório, como novidade festejada perante codificação anterior, diante da grande aplicação prática do instituto. O contrato estimatório ou *venda em consignação* pode ser conceituado como o contrato em que alguém, o consignante, transfere ao consignatário bens móveis, para que o último os venda, pagando um *preço de estima*; ou devolva os bens findo o contrato, dentro do prazo ajustado (art. 534 do CC).

Apesar da utilização da expressão *venda em consignação*, não se trata de uma regra ou cláusula especial da compra e venda, mas de um novo contrato tipificado pela codificação privada. Desse modo, com a compra e venda não se confunde, apesar de algumas similaridades.

Segundo o entendimento majoritário, trata-se de um contrato bilateral ou sinalagmático, pois, segundo a maioria da doutrina, ambas as partes assumem deveres, tendo também direitos, presente o *sinalagma obrigacional*.[21] É contrato oneroso, diante do pagamento do *preço de estima* e por envolver uma disposição patrimonial (prestação + contraprestação).

---

[21] Assim concluindo: DINIZ, Maria Helena. *Curso de Direito Civil brasileiro*. Teoria das obrigações contratuais e extracontratuais. 25. ed. São Paulo: Saraiva, 2009. v. 3, p. 228; GONÇALVES, Carlos Roberto. *Direito Civil*

CAP. 6 • CONTRATOS EM ESPÉCIE (CONTRATOS TÍPICOS DO CC/2002) | **793**

O contrato é real, tendo aperfeiçoamento com a entrega da coisa consignada. Nesse sentido, julgou o Superior Tribunal de Justiça que, "conforme assentado pela doutrina, o contrato estimatório apenas se aperfeiçoa com a efetiva entrega do bem móvel com o preço estimado ao consignatário, tratando-se, portanto, de contrato real. Nesse cenário, o consignante, ao entregar o bem móvel, cumpre com a sua prestação, com o que passa a assumir a condição de credor, ocasião em que é conferido à outra parte (consignatário/devedor) um prazo para cumprir com a sua contraprestação, qual seja, a de pagar o preço ajustado ou restituir a coisa consignada". O caso concreto, que deve ser citado por ser interessante exemplo de aplicação do contrato estimatório na prática, dizia respeito a situação em que "as recorrentes, integrantes do chamado 'Grupo Abril', receberam em consignação diversas revistas das recorridas/interessadas (editoras) antes do ajuizamento do pedido de recuperação judicial, porém a venda a terceiros dessas mercadorias se efetivou em data posterior" (STJ, REsp 1.934.930/SP, 3.ª Turma, Rel. Min. Marco Aurélio Bellizze, j. 02.04.2024, *DJe* 10.04.2024).

Também é um contrato comutativo pelo fato de as partes já saberem quais são as suas prestações, não havendo o elemento aleatório como a sua causa, ou razão de ser.

Como exposto, o entendimento majoritário da doutrina aponta que o contrato é bilateral. Entretanto, há quem entenda que o contrato é unilateral, caso de José Fernando Simão.[22] Realmente, parece ter razão o doutrinador, o que é aplicação da *Escada Ponteana*. Ora, a partir da entrega da coisa, eis que o contrato é real, haverá aperfeiçoamento da avença. Sendo o contrato válido, a partir dessa entrega, não substituirá qualquer obrigação para o consignante. Apenas o consignatário é quem terá o dever principal de pagar o preço de estima ou de devolver as coisas consignadas.

Não há solenidade prevista em lei para o contrato estimatório, sendo o contrato informal e não solene, não havendo sequer a necessidade de ser adotada a forma escrita. O contrato pode ser instantâneo, mas também pode assumir a forma continuada. Como exemplo, cite-se o caso do fornecimento de bebidas por uma distribuidora a um bar. O fornecimento pode ocorrer de uma só vez ou mês a mês. No final de cada período, o consignatário pode optar entre pagar o preço de estima ou devolver as bebidas consignadas. Do exemplo percebe-se que o consignatário (bar) pode retirar lucro do contrato vendendo as bebidas por preço superior ao estimado. Aliás, é justamente esse o intuito econômico do negócio em questão.

### 6.3.2  Efeitos e regras do contrato estimatório

Como destacado no Capítulo 3 desta obra, o grande debate que surge quanto ao contrato estimatório refere-se à natureza jurídica da obrigação assumida pelo consignatário. Alguns doutrinadores entendem que a obrigação assumida por ele é *alternativa*; outros sustentam que se trata de uma *obrigação facultativa*. Vejamos:

> – Entendendo pela existência de uma obrigação facultativa: Maria Helena Diniz,[23] José Fernando Simão[24] e Sílvio de Salvo Venosa.[25]

---

brasileiro. Contratos e Atos Unilaterais. 7. ed. São Paulo: Saraiva, 2010. v. 3, p. 272-273; VENOSA, Sílvio de Salvo. *Código Civil interpretado*. São Paulo: Atlas, 2010. p. 551.

[22] SIMÃO, José Fernando. *Direito Civil. Contratos*. Série Leituras Jurídicas. 3. ed. São Paulo: Atlas, 2008. p. 170.

[23] DINIZ, Maria Helena. *Curso de Direito Civil brasileiro*. Teoria das obrigações contratuais e extracontratuais. 25. ed. São Paulo: Saraiva, 2009. v. 3, p. 229.

[24] SIMÃO, José Fernando. *Direito civil. Contratos*. Série Leituras Jurídicas. 3. ed. São Paulo: Atlas, 2008. p. 168-169.

[25] VENOSA, Sílvio de Salvo. *Código Civil interpretado*. São Paulo: Atlas, 2010. p. 551-552.

# 794 | MANUAL DE DIREITO CIVIL • VOLUME ÚNICO – *Flávio Tartuce*

> – Pela presença de uma obrigação alternativa: Caio Mário da Silva Pereira, Waldírio Bulgarelli, Paulo Luiz Netto Lôbo.[26]

Filia-se à segunda corrente. Ora, estatui o Enunciado n. 32 do CJF/STJ, aprovado na *I Jornada de Direito Civil*, em 2002, que, "no contrato estimatório (art. 534), o consignante transfere ao consignatário, temporariamente, o poder de alienação da coisa consignada com opção de pagamento do preço de estima ou sua restituição ao final do prazo ajustado". Pelo que consta do enunciado transcrito e dos arts. 536 e 537 do CC, conclui-se que o consignante mantém a condição de proprietário da coisa. Interessante transcrever e comentar os dois dispositivos.

De acordo com o art. 536 do CC, "a coisa consignada não pode ser objeto de penhora ou sequestro pelos credores do consignatário, enquanto não pago integralmente o preço". Isso porque o proprietário da coisa é o consignante, tendo o consignatário apenas a sua posse direta. Entretanto, a propriedade do consignante é resolúvel, sendo extinta se a outra parte pagar o preço de estima. Eventualmente, se a coisa consignada foi apreendida ou sequestrada, poderá o consignante opor embargos de terceiro em eventual ação de execução promovida contra o consignatário.

Por outro lado, o art. 537 do CC/2002 enuncia que o consignante não pode dispor da coisa antes de lhe ser restituída ou de lhe ser comunicada a restituição. O dispositivo limita o direito de propriedade do consignante, sendo o bem inalienável em relação a ele, na vigência do contrato estimatório. A propriedade, portanto, além de ser resolúvel, é limitada.

Diante desses dois dispositivos, percebe-se que a obrigação do consignatário só pode ser alternativa, justamente diante dessa transmissão temporária do domínio. Tanto isso é verdade que, findo o prazo do contrato, o consignante terá duas opções: *a)* cobrar o preço de estima *ou b)* ingressar com ação de reintegração de posse para reaver os bens cedidos. A possibilidade de propositura da ação possessória decorre da própria natureza da obrigação assumida e também do fato de o consignante, que ainda não pagou o preço, ser o proprietário do bem.

Ora, se a conclusão for a de que a obrigação do consignatário é facultativa, havendo apenas o dever de pagar o preço de estima e uma faculdade quanto à devolução da coisa, o consignante não poderá fazer uso da ação de reintegração de posse. Porém, muito ao contrário, a possibilidade de reintegração de posse nos casos que envolvem o contrato estimatório vem sendo reconhecida pela jurisprudência (nesse sentido, ver: 1.º TACSP, Processo 1226974-0, Recurso: Apelação, Origem: São José dos Campos, 10.ª Câmara de Férias de Janeiro de 2004, j. 10.02.2004, Rel. Enio Zuliani, revisor Simões de Vergueiro, Decisão: deram provimento, v.u.).

Insta notar que o julgado até dispensa o ingresso de ação visando à resolução do negócio, utilizando-se para tanto da função social do contrato, prevista no art. 421 do CC/2002. Assim, a ação de reintegração de posse pode ser proposta imediatamente. Em reforço, repise-se que no mesmo sentido entendeu o Superior Tribunal de Justiça, concluindo pela existência de uma obrigação alternativa (STJ, REsp 710.658/RJ, 3.ª Turma, Rel. Min. Nancy Andrighi, j. 06.09.2005, *DJ* 26.09.2005, p. 373).

---

[26] Os dois primeiros citados pelo último: LÔBO, Paulo Luiz Netto. *Do contrato estimatório e suas vicissitudes*. In: DELGADO, Mário Luiz e ALVES, Jones Figueirêdo. *Questões controvertidas no novo Código Civil*. São Paulo: Método, 2004. v. 2.

CAP. 6 • CONTRATOS EM ESPÉCIE (CONTRATOS TÍPICOS DO CC/2002) | **795**

Para fomentar o debate, pode-se concluir que a obrigação assumida pelo consignatário é alternativa, traçando um paralelo entre os arts. 253 e 535 do CC. De acordo com o art. 253 do CC, na obrigação alternativa, se uma das duas prestações não puder ser objeto de obrigação ou se uma delas se tornar inexequível, subsistirá o débito quanto à outra. Esse dispositivo consagra a redução do objeto obrigacional, ou seja, a conversão da *obrigação composta objetiva alternativa* em *obrigação simples* (aquela com apenas uma prestação).

Nesse diapasão, se uma das prestações não puder ser cumprida, a obrigação se concentra na restante. Quanto ao contrato estimatório, há regra semelhante no art. 535 do CC, segundo a qual "o consignatário não se exonera da obrigação de pagar o preço, se a restituição da coisa, em sua integridade, se tornar impossível, ainda que por fato a ele não imputável". Também diante dessa equivalência entre os comandos legais, conclui-se que a obrigação assumida pelo consignatário é *alternativa* e não *facultativa*.

## 6.4 DA DOAÇÃO (ARTS. 538 A 564 DO CC)

### 6.4.1 Conceito e natureza jurídica

Pela doação, o doador transfere do seu patrimônio bens ou vantagens para o donatário, sem a presença de qualquer remuneração. Trata-se de ato de mera liberalidade, sendo um contrato benévolo, unilateral e gratuito. Sendo negócio jurídico benévolo ou benéfico, somente se admite a interpretação restritiva, nunca a interpretação declarativa ou extensiva (art. 114 do CC).

Em relação à doação modal ou com encargo, há polêmica. Isso porque há quem entenda que o contrato é bilateral, eis que o encargo é um dever a ser cumprido pelo donatário.[27] Todavia, entende-se que o contrato é *unilateral imperfeito*. Isso porque o encargo não constitui uma contraprestação, um dever jurídico a fazer com que o contrato seja sinalagmático. Constitui sim um ônus, que, não atendido, traz consequências ao donatário. De qualquer forma, o contrato é oneroso, mesmo sendo unilateral imperfeito. É importante ressaltar que, na doutrina contemporânea, também Pablo Stolze Gagliano e Rodolfo Pamplona Filho entendem que o encargo "não tem o peso da contraprestação, a ponto de desvirtuar a natureza do contrato".[28]

Superado esse ponto, anote-se que, ao contrário do que constava no art. 1.165 do CC/1916, seu correspondente na codificação anterior, o art. 538 do CC/2002, deixou de mencionar a locução "que os aceita", trazendo dúvidas se a aceitação do donatário é ou não requisito essencial do contrato. A doutrina atual encontra-se dividida diante da questão:

- Maria Helena Diniz entende que a aceitação do donatário continua sendo elemento essencial do contrato, pois "a doação não se aperfeiçoará enquanto o beneficiário não manifestar sua intenção de aceitar a doação".[29]
- Para Paulo Luiz Netto Lôbo, a aceitação do donatário não é mais elemento essencial do contrato, sendo "elemento complementar para tutela dos interesses do donatário porque ninguém é obrigado a receber ou aceitar doação de coisas ou vantagens, inclusive por razões subjetivas".[30]

---

[27] Em sentido próximo, por todos, com apurado estudo: PENTEADO, Luciano de Camargo. *Doação com encargo e causa contratual*. São Paulo: Millennium, 2004.

[28] GAGLIANO, Pablo Stolze; PAMPLONA FILHO, Rodolfo. *Novo curso de Direito Civil*. São Paulo: Saraiva, 2008. v. IV, t. II, p. 95-96.

[29] DINIZ, Maria Helena. *Código Civil anotado*. 15. ed. São Paulo: Saraiva, 2010. p. 432.

[30] LÔBO, Paulo Luiz Netto. *Comentários ao Código Civil*. In: AZEVEDO, Antônio Junqueira de. São Paulo: Saraiva, 2003. v. 6, p. 279.

Na minha opinião doutrinária, para que o contrato seja válido basta a intenção de doar, ou seja, o ânimo do doador em fazer a liberalidade (*animus donandi*). Dessa forma, a aceitação do donatário está no plano da eficácia desse negócio jurídico e não no plano da sua validade. Por isso, tem razão Paulo Lôbo, o que pode ser confirmado pela redação do art. 539 do CC:

> "Art. 539. O doador pode fixar prazo ao donatário, para declarar se aceita ou não a liberalidade. Desde que o donatário, ciente do prazo, não faça, dentro dele, a declaração, entender-se-á que aceitou, se a doação não for sujeita a encargo".

Como o dispositivo menciona que o doador "pode" fixar prazo para que o donatário declare se aceita ou não a liberalidade, percebe-se que a aceitação não é essencial ao ato. Aliás, eventual silêncio do donatário traz a presunção relativa (*iuris tantum*) de aceitação.

De qualquer forma, a doutrina tradicional sempre apontou que a aceitação não pode ser presumida sem que haja a ciência do donatário. Tem razão essa corrente, pois, afinal de contas, ninguém está obrigado a aceitar determinado bem se não o quiser. Conclui-se, portanto, que a aceitação pode ser expressa ou presumida. Mesmo não sendo elemento essencial, não se presume de forma absoluta essa aceitação se o donatário não foi cientificado.

Dispensa-se a aceitação expressa quando se tratar de doação pura feita em favor de absolutamente incapaz, hipótese prevista no art. 543 do CC. Essa dispensa protege o interesse do incapaz, pois a doação pura só pode beneficiá-lo. Trata-se de uma novidade parcial frente ao Código Civil de 1916, uma vez que o seu art. 1.170 previa que "às pessoas que não puderam contratar é facultado, não obstante, aceitar doações puras".

Assim, no sistema anterior, a doação a incapaz somente seria possível se houvesse a sua aceitação expressa, o que é dispensado no sistema atual. Aplicando a norma vigente, colaciona-se, a título de exemplo: "se o donatário for absolutamente incapaz, dispensa-se a aceitação, desde que se trate de doação pura (artigo 543 do Código Civil). Incumbe ao autor provar que a doação é inoficiosa, a partir da demonstração da existência de excesso, a ensejar a declaração de nulidade do negócio" (TJMG, Apelação Cível 1.0024.11.022401-1/001, Rel. Des. Márcio Idalmo Santos Miranda, j. 23.02.2016, *DJEMG* 08.03.2016).

De todo modo, no Projeto de Reforma do Código Civil almeja-se que, em lugar da dispensa de aceitação, seja possível ao representante do incapaz a recusa, desde que com justa causa, o que facilita uma maior circulação dos atos de liberalidade. Nesse sentido, o *caput* do seu art. 543 passará a prever que, "se o donatário for absolutamente incapaz, dispensa-se a aceitação, desde que se trate de doação pura, mas pode seu representante justificar a não aceitação, se houver justa causa". Além disso, nos termos do projetado parágrafo único, "se com encargo, caberá ao representante do incapaz aceitá-la ou não, justificando sua decisão". De fato, essa solução parece ser mais correta tecnicamente.

Voltando-se ao sistema vigente, a aceitação tácita pode resultar do silêncio do interessado, mas também pode ser revelada pelo comportamento do donatário que se mostrar incompatível com a intenção de recusa. Como exemplo, pode ser citada a conduta do donatário que não aceita expressamente o imóvel, mas recolhe o *Imposto de Transmissão Inter Vivos*, nos termos da Súmula 328 do STF, que prevê ser legítima a incidência de tal tributo na doação de imóvel. Em casos tais, há que se falar em aceitação do imóvel.

A aceitação ainda poderá ser tácita na hipótese em que a doação for feita em contemplação de casamento futuro com certa e determinada pessoa, quer pelos nubentes entre si, quer por terceiro a um deles, a ambos, ou aos filhos que, de futuro, houverem um do outro, não podendo ser impugnada por falta de aceitação, e só ficando sem efeito se o casamento não se realizar (art. 546 do CC). Nessa situação, a celebração do casamento gerará a presunção de aceitação, não podendo ser arguida a sua falta.

Por outro lado, destaque-se que, havendo doação com encargo, é imprescindível que o donatário a aceite de forma expressa e consciente (art. 539, parte final, do CC/2002). E isso é assim porque há um ônus a ser executado pelo donatário, sob pena de revogação do contrato.

Pois bem, além de ser um contrato unilateral e gratuito, pelo menos em regra, a doação tem as seguintes características:

→ O contrato é consensual, pois tem aperfeiçoamento com a manifestação de vontade das partes.[31] Em suma, não se trata de contrato real, em regra, que é aquele que tem aperfeiçoamento com a entrega da coisa. Porém, como se verá a seguir, como exceção, a chamada *doação manual* é contrato real.

→ A doação é contrato comutativo, pois as partes sabem de imediato quais são as prestações.

→ No tocante às formalidades em sentido genérico, o contrato pode ser assim classificado:

a) A doação será *formal e solene* no caso de doação de imóvel com valor superior a 30 salários mínimos. Pelo antigo Provimento 100 do CNJ, de maio de 2020, depois incorporado ao Código Nacional de Normas (CNN-CNJ), a escritura pública pode ser efetivada pela via digital ou eletrônica, desde que observadas regras específicas de validade previstas nessa norma administrativa. Exatamente na linha dessa afirmação, julgou o STJ, em setembro de 2021, que, "em interpretação sistemática dos arts. 107, 108, 109 e 541 do CC, a doação – por consistir na transferência de bens ou vantagens do patrimônio do doador para o do donatário –, quando recair sobre imóvel cujo valor supere o equivalente a 30 (trinta) salários mínimos, deve observar a forma solene, efetivando-se, com isso, mediante escritura pública" (STJ, REsp 1.938.997/MS, 3.ª Turma, Rel. Min. Marco Aurélio Bellizze, j. 28.09.2021, *DJe* 30.09.2021).

b) A doação será *formal e não solene* nos casos envolvendo imóvel com valor inferior ou igual a 30 salários ou bens móveis (arts. 108 e 541 do CC). Nos dois casos não é necessária escritura pública (contrato não solene), mas sim escrito particular, o que faz com que o contrato seja formal. Entretanto, há uma exceção para a segunda regra, pois o art. 541, parágrafo único, do CC/2002 preceitua que a doação de bens de pequeno valor dispensa a forma escrita, podendo ser celebrada verbalmente, desde que seguida pela tradição (entrega da coisa). Essa doação é denominada *doação manual*. Para a doutrina e a jurisprudência, a caracterização de *bem de pequeno valor* deve levar em conta o patrimônio do doador, cabendo a análise de acordo com o caso concreto (STJ, REsp 155.240/RJ, 3.ª Turma, Rel. Min. Antônio de Pádua Ribeiro, j. 07.11.2000, *DJ* 05.02.2001, p. 98). Adotando essa forma de pensar o Direito, na *VIII Jornada de Direito Civil*, evento de 2018, aprovou-se o Enunciado n. 622, fruto de proposta formulada por mim, *in verbis*: "para a análise do que

---

[31] Nesse sentido: GOMES, Orlando. *Contratos*. 26. ed. Atualizadores: Antonio Junqueira de Azevedo e Francisco Paulo de Crescenzo Marino. In: BRITO, Edvaldo. Rio de Janeiro: Forense, 2007. p. 254; DINIZ, Maria Helena. *Curso de Direito Civil brasileiro*. Teoria das obrigações contratuais e extracontratuais. 25. ed. São Paulo: Saraiva, 2009. v. 3, p. 232; GONÇALVES, Carlos Roberto. *Direito Civil brasileiro*. Contratos e Atos Unilaterais. 7. ed. São Paulo: Saraiva, 2010. v. 3, p. 280.

**MANUAL DE DIREITO CIVIL • VOLUME ÚNICO – *Flávio Tartuce***

seja bem de pequeno valor, nos termos do que consta do art. 541, parágrafo único, do Código Civil, deve-se levar em conta o patrimônio do doador". Relevante pontuar que no atual Projeto de Reforma do Código Civil pretende-se melhorar a redação desse dispositivo. De início, o seu § 1.º passará a prever que "a doação verbal será válida, se, versando sobre bens móveis e de pequeno valor, ou de bens móveis de uso pessoal, se lhe seguir *incontinenti* a tradição". Incluindo-se no texto da lei o citado enunciado doutrinário e solucionando a lacuna legal hoje presente, o novo § 2.º do art. 541 preceituará que, "para a aferição do que seja bem de pequeno valor, nos termos do que consta do § 1º deste artigo, deve-se levar em conta o patrimônio do doador". Também há sugestão de se colocar um § 3.º para o art. 541, segundo o qual "é válida a doação de valores pecuniários empregados pelo donatário para o pagamento do preço ao alienante na compra de bens, ainda que não declarada expressamente a liberalidade no instrumento contratual e ainda que o pagamento tenha sido feito diretamente ao alienante". O seu objetivo é de inserir na norma o tratamento das denominadas "doações indiretas", hoje inexistente no direito positivo brasileiro, diante do caráter solene desse contrato no atual sistema. Assim, a proposição visa a regular a prática frequente de realização de pagamento em favor de outrem para aquisição onerosa de bens, trazendo segurança jurídica para a categoria.

Superado o estudo da natureza jurídica da doação, segue-se a abordagem dos seus efeitos, tendo como pano de fundo as suas diversas modalidades.

## 6.4.2 Efeitos e regras da doação sob o enfoque das suas modalidades ou espécies

### 6.4.2.1 *Doação remuneratória*

A doação remuneratória é aquela feita em caráter de retribuição por um serviço prestado pelo donatário, mas cuja prestação não pode ser exigida pelo último. Isso porque, caso fosse exigível, a retribuição deveria ser realizada por meio do *pagamento*, uma das formas de extinção das obrigações.

Em regra, não constitui ato de liberalidade, havendo remuneração por uma prestação de serviços executada pelo donatário. A título de exemplo, imagine-se o caso de uma doação de um automóvel feita ao médico que salvou a vida do doador. Somente haverá liberalidade na parte que exceder o valor do serviço prestado, conforme dispõe o art. 540 do CC, cabendo análise caso a caso. Para o Direito Civil, a análise ou configuração da doação remuneratória é pertinente por três razões.

> 1.º) Cabe a alegação de vício redibitório quanto ao bem doado, eis que se trata de uma forma de doação onerosa (art. 441, parágrafo único, do CC).
>
> 2.º) Não se revogam por ingratidão as doações puramente remuneratórias (art. 564, inc. I, do CC).
>
> 3.º) As doações remuneratórias de serviços feitos ao ascendente não estão sujeitas a colação (art. 2.011 do CC).

Por fim, não se pode esquecer que a doação remuneratória também deve respeitar a proteção da legítima, quota correspondente aos herdeiros necessários e que equivale a cinquenta por centro do patrimônio do doador. Como se retira de acórdão do Superior

CAP. 6 • CONTRATOS EM ESPÉCIE (CONTRATOS TÍPICOS DO CC/2002) | **799**

Tribunal de Justiça, que também traz a necessidade de observância de outros limites legais, "a doação remuneratória, caracterizada pela existência de uma recompensa dada pelo doador pelo serviço prestado pelo donatário e que, embora quantificável pecuniariamente, não é juridicamente exigível, deve respeitar os limites impostos pelo legislador aos atos de disposição de patrimônio do doador, de modo que, sob esse pretexto, não se pode admitir a doação universal de bens sem resguardo do mínimo existencial do doador, nem tampouco a doação inoficiosa em prejuízo à legítima dos herdeiros necessários sem a indispensável autorização desses, inexistente na hipótese em exame" (STJ, REsp 1.708.951/ SE, 3.ª Turma, Rel. Min. Nancy Andrighi, j. 14.05.2019, *DJe* 16.05.2019). A conclusão do aresto é perfeita, tendo o meu total apoio doutrinário.

### 6.4.2.2 Doação contemplativa ou meritória

Nos termos do mesmo art. 540 do CC, a doação contemplativa é aquela feita em contemplação a um merecimento do donatário. Exemplo típico pode ocorrer no caso de alguém que doa vários livros a um professor famoso, pois aprecia o seu trabalho, constando esse motivo no instrumento contratual.

O doador determina, expressamente, quais são os motivos que o fizeram decidir pela celebração do contrato de doação. Geralmente, o doador leva em consideração uma qualidade pessoal do donatário, não perdendo o caráter de liberalidade – ou seja, o caráter de doação pura e simples –, caso se descubra que o donatário não a mereça. Não há qualquer consequência prática dessa denominação.

### 6.4.2.3 Doação a nascituro

Enuncia o art. 542 do CC que "a doação feita ao nascituro valerá, sendo aceita pelo seu representante legal". O nascituro, aquele que foi concebido, mas ainda não nasceu (*infans conceptus*), poderá receber a doação, mas a sua aceitação deverá ser manifestada pelos pais ou por aquele incumbido de cuidar dos seus interesses, nesse último caso, com autorização judicial. A aceitação por parte do representante legal do nascituro está no plano da validade do contrato. Além disso, a eficácia do contrato depende do nascimento com vida do donatário, havendo uma doação condicional, segundo a posição que prevalece na civilística nacional.

Em outras palavras, se o donatário não nascer com vida, caduca a liberalidade, pois se trata de direito eventual, sob condição suspensiva. No entanto, se tiver um instante de vida, receberá o benefício, transmitindo-o a seus sucessores.[32]

O art. 542 do Código Civil em vigor reforça a tese pela qual o nascituro não tem *personalidade jurídica material*, ou seja, aquela relacionada com direitos patrimoniais e que só é adquirida pelo nascimento com vida. Nesse plano, portanto, há mera expectativa de direitos, segundo o entendimento majoritário. Todavia, estou refletindo sobre tal posição, uma vez que restringe direitos do nascituro, que deve ser tratado como pessoa humana integralmente, para todos os fins.

Destaque-se a existência de julgado do Tribunal de Justiça do Rio de Janeiro, admitindo doação a prole eventual ou concepturo, que sequer foi concebida. Na época do CC/1916, aplicou-se, por analogia, o dispositivo referente à doação em contemplação a casamento:

> "Prole Eventual. Art. 1.173. Código Civil de 1916. Interpretação analógica. Doação prole eventual. Feita pelos avós aos netos já existentes e outros que viessem a nascer.

---

[32] CHINELLATO, Silmara Juny. *Tutela civil do nascituro*. São Paulo: Saraiva, 1999. p. 337.

# 800 | MANUAL DE DIREITO CIVIL • VOLUME ÚNICO – *Flávio Tartuce*

Aplicação analógica das disposições pertinentes à doação 'propter nuptias'. Embora não a tenha previsto expressamente, o nosso Código Civil não é avesso à doação em favor de prole eventual, tanto assim que a admite na doação 'propter nuptias', consoante artigo 1.173, norma essa que pode ser aplicada analogicamente ao caso vertente. A inteligência das Leis é obra de raciocínio, mas também de bom senso, não podendo o seu aplicador se esquecer que o rigorismo cego pode levar a 'summa injuria'. Tal como na interpretação de cláusula testamentária, deve também o juiz, na doação, ter por escopo a inteligência que melhor assegure a vontade do doador. Provimento do recurso" (TJRJ, Acórdão 5629/1994, 2.ª Câmara Cível, Santa Maria Madalena, Rel. Des. Sergio Cavalieri Filho, j. 08.11.1994).

Todavia, na vigência do CC/2002, merece aplicação o art. 1.800, § 4.º, do CC, pelo qual se, decorridos dois anos após a abertura da sucessão do doador, não for concebido o donatário, o bem doado será transmitido para os herdeiros legítimos. Esse entendimento também deve ser aplicado à doação em favor do embrião, que funciona sob condição resolutiva, segundo o entendimento majoritário. O dispositivo existente para o testamento serve para a doação, pela similaridade entre os institutos.

## 6.4.2.4 *Doação sob forma de subvenção periódica*

Trata-se de uma doação de trato sucessivo, em que o doador estipula rendas a favor do donatário (art. 545 do CC). Por regra, terá como causa extintiva a morte do doador ou do donatário, mas poderá ultrapassar a vida do doador, havendo previsão contratual nesse sentido. Porém, em hipótese alguma, poderá ultrapassar a vida do donatário, sendo eventual cláusula nesse sentido revestida por nulidade virtual (art. 166, inc. VII, do CC). O dispositivo em comento reforça o caráter personalíssimo parcial da doação de rendas. Em realidade, essa doação constitui um favor pessoal, como uma pensão ao donatário, não se transferindo a obrigação aos herdeiros do doador.

Em uma análise sistemática da codificação, surge aqui uma dúvida: quais as diferenças entre a doação sob forma de subvenção periódica ou doação de rendas e o contrato de constituição de renda (arts. 803 a 813 do CC)?

Como é notório, o contrato de constituição de renda é uma figura típica, de acordo com o CC/2002, que substituiu o antigo instituto das *rendas constituídas sobre bem imóvel*, tratado no CC/1916 como um direito real de gozo ou fruição (arts. 749 a 754). As diferenças entre os dois institutos constam da tabela a seguir:

| Doação sob forma de subvenção periódica | Contrato de constituição de renda |
|---|---|
| Constitui espécie. | Constitui gênero. |
| É sempre negócio jurídico gratuito. | Pode assumir forma gratuita ou onerosa (art. 804 do CC). |
| Nunca estará relacionada com imóvel. A renda tem origem no patrimônio do doador de forma direta. | A renda pode estar relacionada com imóvel, de onde é retirada. |

Na dúvida, nada obsta que as normas previstas para o contrato de constituição de renda sejam aplicadas à doação de rendas, sendo o último contrato espécie do primeiro.

CAP. 6 • CONTRATOS EM ESPÉCIE (CONTRATOS TÍPICOS DO CC/2002) | **801**

### 6.4.2.5 *Doação em contemplação de casamento futuro*

De acordo com o art. 546 do CC, a doação *propter nuptias* é aquela realizada em contemplação de casamento futuro com pessoa certa e determinada. Trata-se de uma doação condicional, havendo uma condição suspensiva, pois o contrato não gera efeitos enquanto o casamento não se realizar. O contrato em questão é considerado por Carlos Roberto Gonçalves como um presente de casamento, mas não se confunde com os presentes enviados pelos parentes e amigos, como é costume fazer.[33]

Nos termos literais do art. 546 do CC, tal doação pode ser efetivada:

> – Entre os próprios nubentes entre si.
> – Por um terceiro a um deles ou a ambos.
> – Aos filhos que nascerem do casamento, o que pode abranger a prole eventual ou concepturo, como visto.

Em todos os casos a doação não pode ser impugnada por falta de aceitação, ficando sem efeito se o casamento não se realizar (doação condicional). Trazendo conclusão nesse sentido e determinando a reintegração de posse de um anel de noivado, pois o casamento não se efetivou:

"Reintegração de posse. Anel de noivado. Casamento não realizado. Aplicação do artigo 546 do Código Civil. Doação feita em contemplação a casamento futuro. Condição suspensiva. Celebração do casamento que é condição para a eficácia da doação" (TJSP, Apelação cível 1002483-39.2016.8.26.0482, Acórdão 12677501, 33.ª Câmara de Direito Privado, Presidente Prudente, Rel. Des. Sá Moreira de Oliveira, j. 15.07.2019, *DJESP* 19.07.2019, p. 2.043).

Como se trata de norma especial, deve-se entender que o art. 546 do CC não se aplica à união estável, até porque, ao contrário do casamento, há uma dificuldade em apontar, no plano fático, a existência de uma união livre, eis que os seus requisitos são abertos e demandam a análise caso a caso (art. 1.723 do CC).

Entretanto, é possível prever uma doação condicional e atípica, que somente terá aperfeiçoamento se alguém passar a viver com outrem de forma duradoura, conforme ordena o art. 1.723 do CC. Não há qualquer ilicitude no conteúdo desse contrato, sendo o mesmo perfeitamente válido.

De todo modo, no Projeto de Reforma do Código Civil pretende-se a revogação expressa desse comando, pois, segundo a Subcomissão de Direito Contratual, "a norma, tal como vigente, chancela concepção contrária à família como comunidade de afeto". De fato, o argumento é forte, estando a norma desatualizada, e cabendo ao Parlamento Brasileiro analisar essa proposição.

### 6.4.2.6 *Doação de ascendentes a descendentes e doação entre cônjuges*

Segundo o art. 544 do CC, as doações de ascendentes a descendentes, ou de um cônjuge a outro, importam em adiantamento do que lhes cabe por herança. Houve relevantes alterações do dispositivo, pois o art. 1.171 do CC/1916 previa que "a doação de pais aos filhos importa em adiantamento da legítima". Além da inclusão dos demais ascendentes e

---

[33] GONÇALVES, Carlos Roberto. *Direito Civil brasileiro.* Contratos e Atos Unilaterais. 7. ed. São Paulo: Saraiva, 2010. v. 3, p. 288.

descendentes, foi também acrescentado expressamente o cônjuge, que é herdeiro necessário pelo CC/2002 (art. 1.845), podendo concorrer com os descendentes na herança (art. 1.829, inc. I, do CC/2002). Além disso, o dispositivo não utiliza mais o termo "legítima", mas "herança". Apesar da última alteração, o objetivo é a proteção dessa legítima, que é a quota que cabe aos herdeiros necessários.

Relativamente à doação de ascendente a descendente, os bens deverão ser colacionados no processo de inventário por aquele que os recebeu, sob *pena de sonegados*, ou seja, sob pena de o herdeiro perder o direito que tem sobre a coisa (arts. 1.992 a 1.996 do CC/2002). Todavia, é possível que o doador dispense essa colação (art. 2.006 do CC).

No atual Projeto de Reforma do Código Civil, com vistas a uma maior clareza ao dispositivo, é incluída ressalva importante a respeito da colação, passando o seu art. 544 a prever que a "doação de ascendente a descendente importa adiantamento de legítima, respeitadas as exigências legais para a dispensa de colação". A proposição vem em boa hora, na linha dos comentários praticamente pacíficos da doutrina contemporânea.

Entende-se que poderá haver doação de um cônjuge a outro, sendo o regime de separação convencional de bens, de comunhão parcial (havendo patrimônio particular), ou de participação final nos aquestos (quanto aos bens particulares). Vale dizer que o STJ conclui ser nula a doação entre cônjuges no regime da comunhão universal, por impossibilidade do objeto (STJ, AR 310/PI, Segunda Seção, Rel. Min. Dias Trindade, j. 26.05.1993, *DJ* 18.10.1993, p. 21.828).

Do ano de 2020, merece destaque, na mesma linha:

"É nula a doação entre cônjuges casados sob o regime da comunhão universal de bens, na medida em que a hipotética doação resultaria no retorno do bem doado ao patrimônio comum amealhado pelo casal diante da comunicabilidade de bens no regime e do exercício comum da copropriedade e da composse" (STJ, REsp 1.7870.27/RS, 3.ª Turma, Rel. Min. Nancy Andrighi, j. 04.02.2020, *DJe* 24.04.2020).

De qualquer forma, entendo que a doação é possível no tocante aos bens excluídos da comunhão universal (art. 1.668 do CC), caso de um bem de uso pessoal.

Essa doação não pode implicar em fraude à execução – será ineficaz; fraude contra credores – será anulável; simulação – será nula; ou fraude à lei – será nula. A respeito da fraude, surge dúvida quanto à possibilidade de doação entre cônjuges se o regime entre eles for o da separação obrigatória, nos moldes do art. 1.641 do CC. Citando jurisprudência anterior do STJ, ensinava o saudoso Ministro, Paulo de Tarso Sanseverino, que, "na separação obrigatória de bens, instituída em determinadas situações pelo legislador (art. 1.641 do CC/2002) para proteção de determinadas pessoas (*v.g.*, maiores de sessenta anos), se a doação representar burla do regime de bens do casamento, será inválida".[34]

A questão, contudo, não é pacífica, havendo uma tendência contemporânea em admitir tal doação. Como se sabe, o regime da separação total de origem legal ou obrigatória estará presente em três casos, nos termos do art. 1.641 do CC (havendo causa suspensiva do casamento, casamento do maior de setenta anos e havendo pessoas que necessitam de suprimento judicial para casar).

Prevê o Enunciado n. 262 do CJF/STJ que é possível a alteração do regime de bens, nos termos do art. 1.639, § 2.º, do CC, podendo ser estendida aos casos dos incisos I e III do art. 1.641 se cessarem as causas de imposição do regime. Já o Enunciado n. 125 do CJF/STJ

---

[34] SANSEVERINO, Paulo de Tarso. *Contratos nominados II. Estudos em homenagem ao professor Miguel Reale.* São Paulo: RT, 2006. p. 109. Atualmente, o regime da separação obrigatória de bens é imposto aos maiores de 70 (setenta) anos, conforme a redação dada pela Lei 12.344/2010 ao art. 1.641, II, do CC

considera inconstitucional a norma do inciso II do art. 1.641, por ser discriminatória, violando a dignidade humana e a autonomia privada do idoso, que pode se casar com quem bem entenda e por qualquer regime. Concorda-se doutrinariamente com os dois enunciados.

Vale lembrar que o Supremo Tribunal Federal analisou, no início de 2024, a inconstitucionalidade do art. 1.641, inc. II, do Código Civil, concluindo não ser a norma inconstitucional, mas que ela pode ser afastada por escritura pública firmada entre as partes. Nos termos da tese fixada para os fins de repercussão geral, "nos casamentos e uniões estáveis envolvendo pessoa maior de 70 anos, o regime de separação de bens previsto no art. 1.641, II, do Código Civil, pode ser afastado por expressa manifestação de vontade das partes, mediante escritura pública". O julgado também concluiu ser possível alterar judicialmente o regime de bens da separação legal da pessoa maior de setenta anos, deixando de haver, na minha opinião doutrinária, uma verdadeira *separação obrigatória* nesses casos.

Assim sendo, por todo o exposto, é realmente possível a doação de bens entre cônjuges nesse regime previsto no art. 1.641 do Código Civil. Se possível é a alteração do regime, também válida é a doação entre os cônjuges em casos tais, por razões óbvias.

Em reforço, como outrora destacado quando do estudo da compra e venda, não se pode presumir a fraude à lei nos casos em questão. Nessa linha, concluindo pela possibilidade de doação entre cônjuges no regime da separação obrigatória de bens, colaciona-se julgado do Tribunal Paulista:

"Anulação de doação. Ex-cônjuges. Alegação de que o regime de separação obrigatória de bens impedia o ato. Doação de imóvel que não se estende ao alegado impedimento. Ato de mera liberalidade. Valor que não dilapidou o patrimônio do doador. Inexistência de coação. Sentença de improcedência mantida. Provimento negado. Litigância de má--fé. Não configuração. Inexistência de intuito protelatório. Provimento negado" (TJSP, Apelação com Revisão 546.548.4/7, Acórdão 2548431, 8.ª Câmara de Direito Privado, São Paulo, Rel. Des. Caetano Lagrasta, j. 02.04.2008, *DJESP* 16.04.2008).

Na mesma trilha, importante acórdão do Superior Tribunal de Justiça do ano de 2011, segundo o qual, com precisão, "são válidas as doações promovidas, na constância do casamento, por cônjuges que contraíram matrimônio pelo regime da separação legal de bens, por três motivos: (I) o CC/16 não as veda, fazendo-o apenas com relação às doações antenupciais; (II) o fundamento que justifica a restrição aos atos praticados por homens maiores de sessenta anos ou mulheres maiores que cinquenta, presente à época em que promulgado o CC/16, não mais se justificam nos dias de hoje, de modo que a manutenção de tais restrições representam ofensa ao princípio da dignidade da pessoa humana; (III) nenhuma restrição seria imposta pela Lei às referidas doações caso o doador não tivesse se casado com a donatária, de modo que o Código Civil, sob o pretexto de proteger o patrimônio dos cônjuges, acaba fomentando a união estável em detrimento do casamento, em ofensa ao art. 226, § 3.º, da Constituição Federal" (STJ, AgRg-REsp 194.325/MG, 3.ª Turma, Rel. Des. Conv. Vasco Della Giustina, j. 08.02.2011, *DJe* 1.º.04.2011).

Em 2022, a doação entre cônjuges no regime da separação obrigatória passou a ser admitida por dois enunciados doutrinários, oriundos de duas propostas por mim formuladas. Nos termos do Enunciado n. 654 da *IX Jornada de Direito Civil* e do Enunciado 82 da *I Jornada de Direito Notarial e Registral*, "em regra, é válida a doação celebrada entre cônjuges que vivem sob o regime da separação obrigatória de bens". De fato, essa parece ser a posição majoritária da doutrina no momento.

Como última nota doutrinária, sempre estive filiado à premissa segundo a qual o art. 544 do CC não se aplicaria à doação ao convivente. Em primeiro lugar porque o companheiro

**804** | MANUAL DE DIREITO CIVIL • VOLUME ÚNICO – *Flávio Tartuce*

não seria herdeiro necessário, não estando previsto, de forma expressa, no rol do art. 1.845 do CC. Em segundo, porque a norma é especial e restritiva, não admitindo aplicação da analogia ou interpretação extensiva. O último aresto, como se nota, segue tais premissas.

De toda sorte, como está aprofundado no último capítulo deste livro, o Supremo Tribunal Federal concluiu, em julgamento iniciado em 2016 e encerrado em maio de 2017, que o art. 1.790 do CC/2002 é inconstitucional, devendo haver a equiparação sucessória da união estável ao casamento, aplicando-se o art. 1.829 da codificação para as duas entidades familiares (Recurso Extraordinário 878.694/MG, Rel. Min. Roberto Barroso, com repercussão geral, publicado no seu *Informativo* n. 864). Penso que a tendência é incluir o companheiro como herdeiro necessário, o que modifica substancialmente as bases da nossa conclusão anterior.

A propósito, o Superior Tribunal de Justiça, antes mesmo de findo o julgamento pelo STF, já havia concluído que, "salvo expressa disposição de lei, não é vedada a doação entre os conviventes, ainda que o bem integre o patrimônio comum do casal (aquestos), desde que não implique a redução do patrimônio do doador a ponto de comprometer sua subsistência, tampouco possua caráter inoficioso, contrariando interesses de herdeiros necessários, conforme os arts. 548 e 549 do CC/2002" (STJ, REsp 1.171.488/RS, 4.ª Turma, Rel. Min. Raul Araújo, j. 04.04.2017, *DJe* 11.05.2017). Aguardemos novos posicionamentos no mesmo sentido, que devem surgir.

### 6.4.2.7 *Doação com cláusula de reversão*

A doação com cláusula de reversão (ou *cláusula de retorno*) é aquela em que o doador estipula que os bens doados voltem ao seu patrimônio se sobreviver ao donatário (art. 547 do CC). Trata-se esta cláusula de uma condição resolutiva expressa, demonstrando o intento do doador de beneficiar somente o donatário e não os seus sucessores, sendo, portanto, uma cláusula *intuitu personae* que veda a doação sucessiva.

Porém, o pacto de reversão só tem eficácia se o doador sobreviver ao donatário. Se falecer antes deste, a condição não ocorre e os bens doados incorporam-se ao patrimônio do donatário definitivamente, podendo transmitir-se, aos seus próprios herdeiros, com sua morte.

Essa cláusula é personalíssima, a favor do doador, não podendo ser estipulada a favor de terceiro, pois isso caracterizaria uma espécie de fideicomisso por ato *inter vivos*, o que é vedado pela legislação civil, a saber, pelo art. 426 do CC, o qual proíbe os pactos sucessórios ou *pacta corvina*.

Marco Aurélio Bezerra de Melo ensina que essa cláusula não institui a inalienabilidade do bem, que pode ser transferido a terceiro.[35] Tem razão o desembargador do TJRJ, pois, como se sabe, a inalienabilidade de um bem não pode ser presumida, diante da notória proteção da autonomia privada como valor constitucional relacionado com os princípios da liberdade e da dignidade humana (art. 1.º, inc. III, da CF/1988).

No entanto, segundo uma visão tradicional, alienando o bem e falecendo o donatário, essa alienação é tornada sem efeito, havendo condição resolutiva, nos termos do art. 1.359 do CC/2002.[36] Isso porque a propriedade daquele que adquiriu o bem com a referida cláu-

---

[35] MELO, Marco Aurélio Bezerra de. *Novo Código Civil anotado*. Rio de Janeiro: Lumen Juris, 2004. v. III, t. I, p. 198.

[36] Assim concluindo: VENOSA, Sílvio de Salvo. *Código Civil interpretado*. São Paulo: Atlas, 2010. p. 563; GONÇALVES, Carlos Roberto. *Direito Civil brasileiro*. Contratos e Atos Unilaterais. 7. ed. São Paulo: Saraiva, 2010. v. 3, p. 293-294.

CAP. 6 • CONTRATOS EM ESPÉCIE (CONTRATOS TÍPICOS DO CC/2002) | **805**

sula é resolúvel. Nesse contexto, eventual adquirente do bem sofrerá os efeitos da evicção outrora estudados.

Entretanto, acredita-se que esse posicionamento tenha que ser alterado substancialmente. Isso porque há uma grande preocupação legal, doutrinária e jurisprudencial de proteção dos direitos de terceiros de boa-fé. Por esse caminho, a cláusula de reversão não poderia ter efeitos em face de terceiros que não têm conhecimento da cláusula de retorno e realizam negócios movidos pela probidade, pela boa-fé objetiva. Como exemplo dessa tendência, pode ser citado o art. 167, § 2.º, do atual CC, que consagra a *inoponibilidade do ato simulado*, que gera a nulidade do contrato, em face de terceiros de boa-fé. Isso confirma a tese segundo a qual a boa-fé objetiva é preceito de ordem pública, conforme reconhecido pelo Enunciado n. 363 do CJF/STJ.

Como último aspecto a ser destacado sobre o instituto, a Comissão de Juristas encarregada da Reforma do Código Civil propõe a revogação do parágrafo único do seu art. 547, que hoje veda a cláusula de reversão em benefício de terceiros. Isso porque há proposta de incluir exceções no seu art. 426, *destravando* a proibição hoje existente a respeito dos pactos sucessórios ou *pacta corvina*, incluindo-se a viabilidade de renúncia prévia à herança por cônjuges ou conviventes nesse último comando.

Com isso, será possível a *doação sucessória*, pela modalidade do fideicomisso entre vivos, diante da proposição de um novo art. 426-A, perdendo razão o comando em estudo, que deve ser mesmo revogado.

### 6.4.2.8 *Doação conjuntiva*

A doação conjuntiva é aquela que conta com a presença de dois ou mais donatários (art. 551 do CC), presente uma obrigação divisível. Em regra, incide uma presunção relativa (*iuris tantum*) de divisão igualitária da coisa em quotas iguais entre os donatários. Entretanto, o instrumento contratual poderá trazer previsão em contrário.

Por regra, não há *direito de acrescer* entre os donatários na doação conjuntiva. Dessa forma, falecendo um deles, sua quota será transmitida diretamente a seus sucessores e não ao outro donatário. Mas o direito de acrescer pode estar previsto no contrato (*direito de acrescer convencional*) ou na lei (*direito de acrescer legal*).

O art. 551, parágrafo único, do CC enuncia uma hipótese de *direito de acrescer legal*, sendo aplicado quando os donatários forem marido e mulher. Nessa hipótese, falecendo um dos cônjuges, a quota do falecido é transmitida para o seu consorte, sendo desprezadas as regras sucessórias. Como decidiu o Superior Tribunal de Justiça, ainda sobre o dispositivo correspondente no Código Civil de 1916, "a aplicação do art. 1.178, parágrafo único, do CC, no sentido de subsistir a doação em relação ao cônjuge supérstite, condiciona-se ao fato de terem expressamente figurado como donatários marido e mulher. Se apenas o marido figurou como donatário, ocorrendo a sua morte, eventual benefício à mulher somente se configurará se o regime de bens do matrimônio permitir. Precedentes específicos do STJ" (REsp 1.695.201/SP, 3.ª Turma, Rel. Min. Paulo de Tarso Sanseverino, j. 04.12.2018, *DJe* 10.12.2018). O entendimento é correto e deve guiar a interpretação do dispositivo da atual codificação privada.

Como se trata de norma excepcional, prevista para o casamento, não sou favorável à sua aplicação para a união estável, até porque a convivência é de difícil caracterização. Essa forma de pensar é confirmada apesar da decisão do STF, de equiparação sucessória da união estável ao casamento (*Informativo* n. 864 da Corte). Entendo que tal conclusão se limita ao Direito das Sucessões, e não para outras órbitas do Direito Privado, como o Direito de Família e o Direito Contratual, pelo menos em regra.

De todo modo, existem julgados que aplicam ao art. 551, parágrafo único, do CC para a união estável, caso do seguinte do Tribunal do Distrito Federal: "embora a escritura pública de reconhecimento de união estável tenha sido registrada no ano de 2011, seu teor remete ao início da união no ano de 1976, pelo que a doação de imóvel realizada em 2009 foi efetivada na constância da entidade familiar.

A jurisprudência desta Corte firmou o entendimento de que a doação de imóvel pelo Distrito Federal no contexto de programa habitacional de natureza assistencial presume-se realizada em proveito ou em função da entidade familiar e assim não pode ser considerada exclusiva para o fim do artigo 1.659, inciso I, do Código Civil. Precedentes. O direito de acrescer do companheiro sobrevivente, previsto no art. 551, parágrafo único, do Código Civil, ante a natureza meramente patrimonial e disponível do direito, é faculdade que pode ou não ser exercida, de forma que a manifestação de vontade expressa na proposta de partilha dos bens da falecida, em que este incluiu a parte do bem que cabia ao *de cujus*, deve prevalecer" (TJDF, Processo 07049.79-31.2019.8.07.0000, Acórdão 118.7839, 7.ª Turma Cível, Rel. Des. Romeu Gonzaga Neiva, j. 24.07.2019, *DJDFTE* 25.07.2019). Com o devido respeito, não me filio a essa forma de julgar, que subsome norma restritiva e especialíssima do casamento para a união estável.

Para encerrar o tópico, anoto que o Projeto de Reforma do Código Civil pretende atualizar o conteúdo do art. 551 e resolver os dilemas hoje existentes, com a inclusão de dois novos parágrafos. Com a mudança da norma, encerra-se de forma definitiva o debate sobre a sua não aplicação à união estável.

Nos termos do seu novo § 1.º, com a inclusão do convivente no referido *direito de acrescer legal*, "se os donatários, em tal caso, forem casados entre si ou viverem em união estável, subsistirá na totalidade a doação para o cônjuge ou convivente sobrevivos, desde que haja estipulação expressa nesse sentido".

Ademais, inclui-se na norma a possibilidade do *direito de acrescer convencional*, conforme o projetado § 2.º do art. 551: "se os doadores indicarem como donatários mais de uma pessoa, e pretenderem que, na falta de uma, os donatários remanescentes recebam a parte que ao outro cabia, devem expressamente fazer constar da escritura pública disposição fixando o direito de acrescer".

Com isso, é resolvida a polêmica hoje existente quanto à sua viabilidade jurídica, em prol da certeza e da segurança jurídica, esperando-se a sua aprovação no Congresso Nacional.

### 6.4.2.9 *Doação manual*

Conforme visto, a doação de bem móvel de pequeno valor pode ser celebrada verbalmente, desde que seguida da entrega imediata da coisa (tradição) – art. 541, parágrafo único, do CC. Trata-se da denominada *doação manual*.

A doação é um contrato consensual em que se exige a forma escrita, por regra. Porém, a doação manual constitui exceção a essa regra, pois tem aperfeiçoamento com a entrega da coisa (contrato real). Repise-se que a caracterização do que seja *bem de pequeno valor* depende de análise casuística.

### 6.4.2.10 *Doação inoficiosa*

Segundo o art. 549 do CC/2002, é nula a doação quanto à parte que exceder o limite de que o doador, no momento da liberalidade, poderia dispor em testamento. Essa doação, que prejudica a legítima, a quota dos herdeiros necessários, correspondente a 50% do patrimônio do disponente, é denominada *doação inoficiosa*.

Como herdeiros necessários, na literalidade do art. 1.845 do Código Civil estão previstos os descendentes, os ascendentes e o cônjuge. Porém, com a recente e tão comentada decisão do STF, de inconstitucionalidade do art. 1.790 e equiparação sucessória da união estável ao casamento, pensamos que ali também deve ser incluído o companheiro (*Informativo* n. *864* da Corte, com repercussão geral, em maio de 2017). Cabe esclarecer que se trata de consequência sucessória do *decisum* que, indiretamente, repercute no plano contratual. Vejamos como a doutrina e a jurisprudência se posicionarão no futuro.

Insta verificar que o caso atualmente é de nulidade absoluta textual (art. 166, inc. VII, do CC), mas de uma nulidade diferente das demais, eis que atinge tão somente a parte que excede a legítima. Há, portanto, uma nulidade parcial, e não uma nulidade total, que atinge a completude do negócio jurídico.

A título de exemplo, se o doador tem o patrimônio de R$ 100.000,00 e faz uma doação de R$ 70.000,00, o ato será válido até R$ 50.000,00 (parte disponível) e nulo nos R$ 20.000,00 que excederam a proteção da legítima. O que se percebe é que o art. 549 do CC tem como conteúdo o princípio da conservação do contrato, que é anexo à função social dos contratos, uma vez que procura preservar, dentro do possível juridicamente, a autonomia privada manifestada na doação. O julgado do STJ a seguir é ilustrativo dessa solução:

> "Civil. Doação inoficiosa. 1. A doação ao descendente é considerada inoficiosa quando ultrapassa a parte que poderia dispor o doador, em testamento, no momento da liberalidade. No caso, o doador possuía 50% dos imóveis, constituindo 25% a parte disponível, ou seja, de livre disposição, e 25% a legítima. Este percentual é que deve ser dividido entre os 6 (seis) herdeiros, tocando a cada um 4,16%. A metade disponível é excluída do cálculo. 2. Recurso especial não conhecido" (STJ, REsp 112.254/SP, 4.ª Turma, Rel. Min. Fernando Gonçalves, j. 16.11.2004, *DJ* 06.12.2004, p. 313).

Ainda em sede de Superior Tribunal de Justiça, pontue-se que se tem entendido que o valor a ser apurado com o fim de se reconhecer a nulidade deve levar em conta o momento da liberalidade. Assim, "para aferir a eventual existência de nulidade em doação pela disposição patrimonial efetuada acima da parte de que o doador poderia dispor em testamento, a teor do art. 1.176 do CC/1916, deve-se considerar o patrimônio existente no momento da liberalidade, isto é, na data da doação, e não o patrimônio estimado no momento da abertura da sucessão do doador. O art. 1.176 do CC/1916 – correspondente ao art. 549 do CC/2002 – não proíbe a doação de bens, apenas a limita à metade disponível. Embora esse sistema legal possa resultar menos favorável para os herdeiros necessários, atende melhor aos interesses da sociedade, pois não deixa inseguras as relações jurídicas, dependentes de um acontecimento futuro e incerto, como o eventual empobrecimento do doador" (STJ, AR 3.493/PE, Rel. Min. Massami Uyeda, j. 12.12.2012, publicado no seu *Informativo* n. *512*).

Entretanto, tratando-se de doações sucessivas, ou realizadas em trato sucessivo e praticadas por meio de vários atos, tal regra não só pode, como deve ser mitigada. Como pontua, entre os clássicos, Agostinho Alvim: "quando várias doações são feitas, o ponto de partida, para o cálculo da inoficiosidade, é a primeira. Do contrário, o doador iria doando, cada vez metade do que tem atualmente, e todas as doações seriam legais até extinguir a fortuna".[37] Entre os autores contemporâneos, Paulo Luiz Netto Lôbo afirma:

---

[37] ALVIM, Agostinho. *Da doação*. São Paulo: RT, 1963. p. 184-185.

"O valor de cada doação será considerado no momento em que for feita. A soma dos valores da doação não poderá ultrapassar a metade do patrimônio. Se ocorrer, terá de ser calculado o excesso; este será pronunciado nulo, considerando a doação que por último for realizada. Se a coisa é indivisível, a nulidade alcançará todo o contrato de doação. O momento de cada doação para se aferir o limite, somando--se as anteriores, é fundamental. O direito brasileiro não optou pelo momento da abertura da sucessão para se verificar o excesso da parte disponível ou da legítima dos herdeiros necessários, mas o da liberalidade. O patrimônio sofre flutuações de valor, ao longo do tempo, mercê das vicissitudes por que passa. Se a redução se der posteriormente à data da doação, comprometendo a legítima, a nulidade não será retroativa. Se houve aumento do patrimônio, posteriormente ao momento da doação em excesso, não altera este fato; a nulidade é cabível. Se de nada poderia dispor, no momento da doação, toda ela é nula".[38]

Constata-se, portanto, que a autorizada doutrina defende que, tratando-se de aferir se houve violação da legítima, devem ser consideradas todas as liberalidades realizadas, e não apenas o valor de cada doação, isoladamente considerada. Sigo a posição de se considerar da última doação até a primeira qual foi a que invadiu a legítima, reconhecendo-se a invalidade de todas aquelas que extrapolaram a quota dos herdeiros necessários.

Exatamente no mesmo sentido, já decidiu o Tribunal de Justiça do Rio de Janeiro em célebre julgado, verdadeiro precedente estadual sobre o tema, que restou assim ementado:

"Doação inoficiosa. Doação feita a netos, desfalcando a legítima das filhas. Laudos comprovando a parte excedente. Interpretação finalística do art. 1.176 do C.C. Procedência" (TJRJ, Apelação Cível 4344/92, 4.ª Câmara Cível, Rel. Des. Semy Glanz, j. 19.02.1993).

Observe-se que, além de constar da ementa do acórdão o caráter finalístico da interpretação do art. 1.176 do Código Civil de 1916, correspondente ao atual art. 549 do Código Civil de 2002, o Desembargador Relator explicitou que a finalidade da nulidade imposta por esses dispositivos não é outra que não o respeito à legítima dos herdeiros necessários. Após citar a doutrina de Agostinho Alvim, ora mencionada, arrematou o julgador: "logo, a finalidade da nulidade é a proteção das legítimas".

Como a questão envolve ordem pública, conclui-se que a ação declaratória de nulidade da parte inoficiosa – denominada de *ação de redução* – não é sujeita à prescrição ou à decadência (didaticamente, imprescritível), podendo ser proposta a qualquer tempo (art. 169 do CC). Por isso, não há necessidade de aguardar o falecimento do doador para a sua propositura. Em outras palavras, poderá ser proposta mesmo estando vivo o doador que instituiu a liberalidade viciada.

Visando esclarecer, o antigo Projeto de Lei 699/2011, o antigo Projeto Ricardo Fiuza, pretendia acrescentar um parágrafo único ao art. 549, com o seguinte teor: "Art. 549. (...) Parágrafo único. A ação de nulidade pode ser intentada mesmo em vida do doador". A proposta confirma o entendimento doutrinário atual, que pode ser invocado.[39] Como se verá a seguir, são propostos aperfeiçoamentos necessários no dispositivo, pelo Projeto de Reforma do Código Civil, em tramitação no Senado Federal.

---

[38] LÔBO, Paulo Luiz Netto. *Comentários ao Código Civil*: parte especial: das várias espécies de contratos. São Paulo: Saraiva, 2012. v. 6 (arts. 481 a 564), p. 332-338.

[39] Ver: ALVES, Jones Figueirêdo. *Código Civil comentado*. 6. ed. Coord. Ricardo Fiuza e Regina Beatriz Tavares da Silva. São Paulo: Saraiva, 2008. p. 500.

Ainda no tocante ao prazo, surge outro entendimento no sentido de que, pelo fato de a questão envolver direitos patrimoniais, está sujeita a prazo prescricional, que é próprio dos direitos subjetivos. Como não há prazo especial previsto, deverá ser aplicado o prazo geral de prescrição. Na vigência do CC/1916, esse prazo era de vinte anos; na vigência do CC/2002, é de dez anos (art. 205). A respeito da aplicação do prazo geral de prescrição, já entendeu o Superior Tribunal de Justiça (STJ, REsp 259.406/PR (200000489140), 600816, Data da decisão: 17.02.2005, 4.ª Turma, Rel. Min. Aldir Passarinho Junior, *DJ* 04.04.2005, p. 314).

A aplicação do prazo geral de dez anos foi confirmada em outro aresto, do mesmo Tribunal da Cidadania, segundo o qual "aplica-se às pretensões declaratórias de nulidade de doações inoficiosas o prazo prescricional decenal do CC/02, ante a inexistência de previsão legal específica. Precedentes" (STJ, REsp 1.321.998, 3.ª Turma, Rel. Min. Nancy Andrighi, j. 07.08.2014).

Todavia, merece destaque o voto vencido do Ministro João Otávio de Noronha, seguindo o mesmo entendimento por mim compartilhado, de imprescritibilidade da pretensão. Ponderou o julgador que "discute-se, em ação declaratória de nulidade de partilha e doação, qual o prazo para que a herdeira necessária possa insurgir-se contra a transferência da totalidade dos bens do pai para a ex-esposa e para a filha do casal, sem observância da reserva da legítima, circunstância que caracteriza a doação inoficiosa. Trata-se, portanto, de caso de nulidade expressamente prevista no art. 549 do atual Código Civil, em razão do disposto nos arts. 1.789 e 1.846 do mesmo diploma legal. E, a teor da norma contida no art. 169 do mesmo Código, 'o negócio jurídico nulo não é suscetível de confirmação, nem convalesce pelo decurso do tempo', a significar que a nulidade é imprescritível. Essa é a tese que defendo. Não desconheço a discussão existente a respeito dessa norma e que, em nome da paz social, levou ao entendimento jurisprudencial de que tal nulidade não fica imune à ocorrência de prescrição. Reservo-me o direito de, em momento oportuno, trazer a matéria a debate na profundidade que entendo necessária". De fato, o tema merece ser debatido e aprofundado pela civilística nacional.

A propósito, vale acrescentar que a temática voltou a ser debatida no âmbito da Terceira Turma da Corte em 2019, prevalecendo mais uma vez o entendimento pela incidência do prazo geral de prescrição e vencido o argumento pela não sujeição a prazo. Também foi analisado se o caso seria de nulidade absoluta ou relativa – tendo o Ministro Moura Ribeiro votado pela última solução –, vencendo mais uma vez a primeira posição. O aresto traz citações à doutrina contemporânea, inclusive do meu posicionamento, ao lado de Pablo Stolze, José Fernando Simão, entre outros. Como constou da sua ementa, "o Superior Tribunal de Justiça há muito firmou entendimento no sentido de que, no caso de ação anulatória de doação inoficiosa, o prazo prescricional é vintenário e conta-se a partir do registro do ato jurídico que se pretende anular. Precedentes. Na hipótese, tendo sido proposta a ação mais de vinte anos após o registro da doação, é de ser reconhecida a prescrição da pretensão autoral" (STJ, REsp 1.755.379/RJ, 3.ª Turma, Rel. Min. Moura Ribeiro, Rel. Min. Ricardo Villas Bôas Cueva, j. 24.09.2019, *DJe* 10.10.2019). A menção ao prazo de vinte anos novamente se deu porque os fatos ocorreram na vigência do Código Civil de 1916.

Destaco que outros arestos superiores têm seguido a solução de que o prazo é contado do registro da doação, pelo menos em regra e como consequência do princípio da publicidade registral. Todavia, tem-se ressalvado essa premissa na Corte, afirmando-se que, "na ação de nulidade de doação inoficiosa, o prazo prescricional é contado a partir do registro do ato jurídico que se pretende anular, salvo se houver anterior ciência inequívoca do suposto prejudicado" (STJ, REsp 1.933.685/SP, 3.ª Turma, Rel. Min. Nancy Andrighi, j. 15.03.2022, *DJe* 31.03.2022).

# 810 | MANUAL DE DIREITO CIVIL • VOLUME ÚNICO – *Flávio Tartuce*

Como outro aspecto importante, anoto que sigo o entendimento, também majoritário na doutrina, pelo qual a ação somente poderá ser proposta pelos interessados, ou seja, pelos herdeiros necessários do doador.[40] Isso ressalta o seu caráter de nulidade especial, pois, apesar de envolver ordem pública, a ação somente cabe a quem tem interesse patrimonial (nesse sentido, ver: STJ, REsp 167.069/DF, 3.ª Turma, Rel. Min. Eduardo Ribeiro, Rel. p/ Acórdão Min. Waldemar Zveiter, j. 20.02.2001, *DJ* 02.04.2001, p. 285).

Para encerrar o estudo do tema, no atual Projeto de Reforma do Código Civil, a Comissão de Juristas sugere aperfeiçoamentos mais do que necessários para o seu art. 549. De início, para o *caput*, a proposta é de que a doação inoficiosa passe a gerar a ineficácia parcial do contrato, o que encerra polêmica doutrinária e jurisprudencial hoje existente e facilita ao tráfego jurídico: "salvo na hipótese do art. 544, é ineficaz a doação quanto à parte que exceder à de que o doador poderia dispor em testamento, no momento da liberalidade".

Também se almeja um § 1.º no dispositivo, para que fique claro o cálculo da parte a ser restituída pelo injusto beneficiário da liberalidade: "o cálculo da parte a ser restituída considerará o valor nominal do excesso ao tempo da liberalidade, corrigido monetariamente até a data da restituição, ainda que o objeto da doação não tenha sido dinheiro". Insere--se, ainda, uma imperiosa regra a respeito das doações sucessivas, ou realizadas em trato sucessivo, como antes pontuei: "§ 2º Em casos de doações realizadas de forma sucessiva, o excesso levará em conta todas as liberalidades efetuadas".

Por fim, é urgente trazer regra a respeito do prazo a ser aplicado, prevendo o proposto § 3.º do art. 549 que, "não sendo proposta a ação de reconhecimento da ineficácia no prazo de cinco anos, a doação considerar-se-á eficaz desde a data em que foi realizada". Não se pode negar, portanto, que todas as proposições visam a alcançar a necessária segurança jurídica, resolvendo-se dilemas práticos hoje existentes, e aguardando-se a sua aprovação pelo Congresso Nacional.

### 6.4.2.11 *Doação universal*

Nula é a doação de todos os bens, sem a reserva do mínimo para a sobrevivência do doador (art. 548 do CC). Essa doação, que é vedada expressamente pela lei – sendo, por isso, uma hipótese de *nulidade textual*, nos termos do art. 166, VII, primeira parte, do CC –, é denominada *doação universal*.

Anote-se que o art. 1.176 do CC/1916, que corresponde a esse dispositivo, foi um dos comandos legais explorados na *obra-prima* do Direito Civil intitulada *Estatuto jurídico do patrimônio mínimo* do jurista e Ministro do STF Luiz Edson Fachin. Por esta brilhante tese, diante do princípio da proteção da dignidade da pessoa humana (art. 1.º, inc. III, da CF/1988), deve ser assegurado à pessoa o mínimo para a sua sobrevivência, ou melhor, o mínimo para que possa viver com dignidade (*piso mínimo de direitos patrimoniais*). Isso diante da tendência de *personalização do Direito Privado*. A tese acaba entrelaçando os direitos existenciais aos patrimoniais.

Mais uma vez, como a nulidade é absoluta e envolve ordem pública, poderá a ação declaratória de nulidade ser proposta a qualquer tempo, sendo imprescritível. Caberá ainda intervenção do MP e declaração de ofício dessa nulidade absoluta pelo juiz, que dela tenha conhecimento (art. 169 do CC).

---

[40] Por todos: MELO, Marco Aurélio Bezerra de. *Novo Código Civil anotado*. Rio de Janeiro: Lumen Juris, 2004. v. III, t. I, p. 201.

CAP. 6 • CONTRATOS EM ESPÉCIE (CONTRATOS TÍPICOS DO CC/2002) | **811**

A leitura correta do art. 548 do CC traz a conclusão de que é até possível que a pessoa doe todo o seu patrimônio, desde que faça uma reserva de usufruto, de rendas ou alimentos a seu favor, visando a sua manutenção e a sua sobrevivência de forma digna. Em casos tais, para esclarecer qual é o *piso mínimo*, recomenda-se análise casuística. Trazendo tal conclusão, transcreve-se julgado do STJ, publicado no seu *Informativo* n. *433*:

> "Doação Universal. Bens. Separação. Discute-se no REsp se a proibição de doação universal de bens, óbice disposto no art. 1.175 do CC/1916 (atual art. 548 do CC/2002), incidiria no acordo da separação consensual de casal. Segundo o recorrente, da abrangência total dos bens, uns foram doados e outros ficaram para a ex-mulher na partilha. Já o Tribunal *a quo* posicionou-se no sentido da inaplicabilidade do art. 1.175 do CC/1916, visto que, à época das doações, o recorrente possuía partes ideais de outros imóveis e, na partilha da separação consensual, os bens que ficaram com a ex-mulher foram doados ao casal pelos pais dela. Explica o Min. Relator que a proibição do citado artigo deve incidir nos acordos de separação judicial, pois se destina à proteção do autor da liberalidade, ao impedi-lo de, em um momento de impulso ou de depressão psicológica, desfazer-se de todos seus bens, o que o colocaria em estado de pobreza. Ademais, a dissipação completa do patrimônio atenta contra o princípio da dignidade da pessoa humana (art. 1.º, III, da CF/1988). Considera, ainda, o Min. Relator que os acordos realizados nas separações judiciais são transações de alta complexidade, haja vista os interesses a serem ajustados (guarda dos filhos, visitas, alimentos etc.). Por esse motivo, é corriqueira a prática de acordos a transigir com o patrimônio a fim de compor ajustes para resolver questões que não seriam solucionadas sem a condescendência econômica de uma das partes. Observa que as doações, nos casos de separação, também se sujeitam à validade das doações ordinárias; assim, a nulidade da doação dar-se-á quando o doador não reservar parte de seus bens, ou não tiver renda suficiente para a sua sobrevivência e só não será nula quando o doador tiver outros rendimentos. Diante do exposto, a Turma deu provimento ao recurso para anular o acórdão recorrido, a fim de que o tribunal de origem analise a validade das ações, especialmente quanto à existência de recursos financeiros para a subsistência do doador" (REsp 285.421/SP, Rel. Min. Vasco Della Giustina (Desembargador convocado do TJRS), j. 04.05.2010).

Mais recentemente, do mesmo Tribunal da Cidadania e com mesmas conclusões, merece destaque o seguinte trecho de ementa:

> "O art. 548 do Código Civil estabelece ser nula a doação de todos os bens sem reserva de parte, ou renda suficiente para a subsistência do doador. A *ratio* da norma em comento, ao prever a nulidade da doação universal, foi a de garantir à pessoa o direito a um patrimônio mínimo, impedindo que se reduza sua situação financeira à miserabilidade. Nessa linha, acabou por mitigar, de alguma forma, a autonomia privada e o direito à livre disposição da propriedade, em exteriorização da preservação de um mínimo existencial à dignidade humana do benfeitor, um dos pilares da Carta da República e chave hermenêutica para leitura interpretativa de qualquer norma" (STJ, REsp 1.183.133/RJ, 4.ª Turma, Rel. Min. Luis Felipe Salomão, j. 17.11.2015, *DJe* 1.º.02.2016).

Reafirme-se que a leitura correta do art. 548 do CC traz a conclusão de que é até possível que a pessoa doe todo o seu patrimônio, desde que faça uma reserva de usufruto, de rendas ou alimentos a seu favor, visando à sua manutenção e à sua sobrevivência de forma digna. Nesse sentido, outro trecho do último julgado transcrito, segundo o qual, "é possível a doação da totalidade do patrimônio pelo doador, desde que remanesça uma fonte de renda ou reserva de usufruto, ou mesmo bens a seu favor, que preserve um patrimônio

# 812 | MANUAL DE DIREITO CIVIL • VOLUME ÚNICO – *Flávio Tartuce*

mínimo à sua subsistência (CC, art. 548). Não se pode olvidar, ainda, que a aferição da situação econômica do doador deve ser considerada no momento da liberalidade, não sendo relevante, para esse efeito, o empobrecimento posterior do doador" (REsp 1.183.133/RJ). Em casos tais, para esclarecer qual é o *piso mínimo*, recomenda-se análise casuística.

## 6.4.2.12 *Doação do cônjuge adúltero ao seu cúmplice*

Enuncia o art. 550 do CC/2002 que é anulável a doação do cônjuge ao seu cúmplice, desde que proposta ação anulatória pelo outro cônjuge ou pelos seus herdeiros necessários, até dois anos depois de dissolvida a sociedade conjugal. O dispositivo merece críticas, pois apresenta uma série de problemas, o que esvazia a sua eficácia:

1.º) Tal proibição tem por alcance somente as pessoas casadas, não se aplicando às solteiras, separadas ou divorciadas, que podem dispor de seus bens livremente aos seus companheiros, desde que a doação não seja inoficiosa ou passível de declaração de nulidade ou anulação por outra razão. Diante da proteção constitucional das entidades familiares, deve-se entender que o dispositivo não se aplica se o doador viver com o donatário em união estável (doação à companheira ou companheiro). Assim entendeu a Quarta Turma do Superior Tribunal de Justiça, em julgamento anterior ao Código Civil de 2002 (*RSTJ* 62/193 e *RT* 719/258). Esse entendimento deve ser aplicado aos casos de ser o doador casado, mas separado de fato, judicial ou extrajudicialmente (art. 1.723, § 1.º, do CC e Lei 11.441/2007), mesmo sendo o donatário *o pivô* da separação.

2.º) Condena-se a utilização das expressões "adúltero" e "cúmplice", que se encontram superadas, eis que não existe mais o crime de adultério, desde a Lei 11.106/2005.

3.º) O art. 550 do CC entra em conflito com o art. 1.642, inc. V, do CC. Isso porque o primeiro dispositivo menciona a anulação nas hipóteses de doação ao cúmplice, enquanto o último prevê a possibilidade de uma ação reivindicatória a ser proposta pelo outro cônjuge. Como se sabe, a ação de anulação está sujeita a prazo decadencial, enquanto a ação reivindicatória ou está sujeita à prescrição ou é imprescritível. Ademais, o inciso V do art. 1.642 acaba prevendo um prazo para a união estável, de forma invertida (cinco anos). Pelo menos para esse caso. Nesse sentido, acaba entrando em conflito com o art. 1.723, *caput*, do CC, que dispensa prazo para a sua caracterização.

Na verdade, o art. 550 do CC é polêmico e anacrônico, parecendo-me a sua redação um verdadeiro descuido do legislador, um *grave cochilo*. A sua aplicação somente será possível se o doador não viver em união estável com o donatário, havendo uma *doação a concubino*, de bem comum, na vigência do casamento. Para esses casos, por ter sentido de maior especialidade, o art. 550 do CC prevalece sobre o art. 1.642, inc. V, da mesma codificação.

Cumpre observar que, havendo doação inoficiosa, por exceder a legítima, em caso de liberalidade feita à concubina, há que se reconhecer a nulidade absoluta do ato, por força do atual art. 549 do Código Civil. Nesse sentido, julgado do STJ, segundo o qual "o art. 550 do CC/2012 estabelece que a doação do cônjuge adúltero ao seu cúmplice pode ser anulada pelo outro cônjuge, ou por seus herdeiros necessários, até 2 (dois) anos depois de dissolvida a sociedade conjugal. Com efeito, a lei prevê prazo decadencial para exercício do direito potestativo para anulação da doação, a contar do término do casamento, isto é, pela morte de um dos cônjuges ou pelo divórcio". Todavia, como consta do *decisum*,

CAP. 6 • CONTRATOS EM ESPÉCIE (CONTRATOS TÍPICOS DO CC/2002) | **813**

"o caso é peculiar, pois é vindicada pelos autores anulação de doação praticada pelo cônjuge alegadamente infiel, já falecido por ocasião do ajuizamento da ação, sendo certo que consta da causa de pedir e do pedido a anulação de escrituras para que os bens imóveis doados passem a constar do acervo hereditário, em proveito do inventário. Com efeito, em vista do disposto no art. 1.176 do CC/1916 [similar ao art. 549 do CC/2002], que estabelece ser nula a doação quanto à parte que exceder a de que o doador, no momento da liberalidade poderia dispor em testamento, e como o feito foi julgado antecipadamente, sem ter sido instruído, se limitando as instâncias ordinárias a enfrentar a tese acerca da decadência para anulação da doação à apontada cúmplice, é prematuro cogitar em reconhecimento da ilegitimidade ativa do autor" (STJ, REsp 1.192.243/SP, 4.ª Turma, Rel. Min. Luis Felipe Salomão, j. 07.05.2015, *DJe* 23.06.2015).

Como reconhecido implicitamente pelo aresto, em casos como o exposto deve prevalecer o debate a respeito da nulidade absoluta da doação, por lesão à legítima.

Diante de todos esses problemas e dilemas, no Projeto de Reforma do Código Civil almeja-se uma nova redação para o art. 550, a fim de saná-los. Assim, o comando passará a prever que "a doação de pessoa casada ou em união estável a terceiro com quem mantenha relação na forma do art. 1.564-D pode ser anulada pelo outro cônjuge ou convivente, ou por seus herdeiros necessários, até dois anos depois de dissolvida a sociedade conjugal ou a união estável". Vale lembrar que, nos termos do último dispositivo citado na proposta, "a relação não eventual entre pessoas impedidas de casar não constitui família".

Também se almeja alterar a redação do seu art. 1.642, inc. V, sanando a antinomia hoje existente, para enunciar que "qualquer que seja o regime de bens, os cônjuges ou os conviventes podem livremente: (...) V – anular as doações da pessoa casada ou em união estável a terceiro, na forma do art. 550, e reivindicar os bens comuns, móveis ou imóveis, transferidos pelo outro cônjuge ou convivente a outra pessoa, na hipótese do art. 1.564-D". Assim, pelo novo texto, de forma mais técnica, será possível um pleito anulatório inicial, com o posterior pedido de reivindicação, submetido ao prazo decadencial de dois anos, a contar da dissolução da sociedade conjugal ou da união estável.

Com isso, sem dúvidas, haverá maior segurança jurídica, hoje praticamente inexistente, na aplicação do preceito legal, esperando-se a aprovação das propostas pelo Congresso Nacional.

### 6.4.2.13 *Doação a entidade futura*

A lei possibilita a doação a uma pessoa jurídica que ainda não exista, condicionando a sua eficácia à regular constituição da entidade, nos termos do art. 554 do CC em vigor. Se a entidade não estiver constituída no prazo de dois anos contados da efetuação da doação, caducará essa doação. A utilização da expressão "caducará" pelo dispositivo deixa claro que o prazo referido no dispositivo é decadencial. Há, na espécie, uma doação sob condição suspensiva, pois o negócio fica pendente até a regularização da empresa.

### 6.4.2.14 *Doação famélica*

Entende-se como *doação famélica* aquela que é realizada para atender à subsistência dos famintos, ou seja, para "matar a fome de alguém". Foi ela regulamentada pela Lei 14.016, de 23 de junho de 2020, que trata do combate ao desperdício de alimentos e da doação de excedentes de alimentos para o consumo humano. A sua aprovação se deu em meio à pandemia da Covid-19, estando mais do que justificada pela crise recente que passamos não só no Brasil como em todo o mundo.

Nos termos do seu art. 1.º, os estabelecimentos dedicados à produção e ao fornecimento de alimentos, incluídos os *in natura*, produtos industrializados e refeições prontas para o consumo, ficam autorizados a doar os excedentes não comercializados e ainda próprios para o consumo humano, que atendam aos seguintes critérios: *a)* estejam dentro do prazo de validade e nas condições de conservação especificadas pelo fabricante, quando aplicáveis; *b)* não tenham comprometidas a sua integridade e a segurança sanitária, mesmo que haja danos à sua embalagem; *c)* tenham mantidas suas propriedades nutricionais e a segurança sanitária, ainda que tenham sofrido dano parcial ou apresentem aspecto comercialmente indesejável, caso daqueles "amassados" ou deformados.

A norma se aplica a empresas, hospitais, supermercados, cooperativas, restaurantes, lanchonetes, bares e a todos os demais estabelecimentos que forneçam alimentos preparados prontos para o consumo de trabalhadores, de empregados, de colaboradores, de parceiros, de pacientes e de clientes em geral (art. 1.º, § 1.º, da Lei 14.016/2020). Essa doação poderá ser feita diretamente, em colaboração com o Poder Público, ou por meio de bancos de alimentos, de outras entidades beneficentes de assistência social, certificadas na forma da lei, ou de entidades religiosas, que geralmente atuam em programas dessa natureza (art. 1.º, § 2.º). Essa doação será realizada de modo totalmente gratuito, sem a incidência de qualquer encargo que a torne onerosa; tratando-se de uma *liberalidade pura* (art. 1.º, § 3.º, da Lei 14.016/2020).

Quanto aos beneficiários das doações famélicas, ou seja, os seus donatários, serão pessoas, famílias ou grupos em situação de vulnerabilidade ou de risco alimentar ou nutricional. Essa regra consta do art. 2.º da nova lei, que ainda estabelece que não haverá uma relação de consumo em casos tais, o que tem o objetivo de afastar a incidência da responsabilidade objetiva prevista pela Lei 8.078/1990. De fato, a eventual aplicação da responsabilidade sem culpa aos doadores sempre foi vista como um desincentivo para esses atos de solidariedade. Assim sendo, o doador, mesmo sendo um restaurante, supermercado ou outro estabelecimento comercial, não pode ser tido como fornecedor nessas hipóteses abrangidas pela norma.

A propósito dessa responsabilização, estabelece o art. 3.º da Lei 14.016/2020 que o doador e o eventual intermediário das doações dos alimentos somente responderão nas esferas civil e administrativa por danos causados pelos alimentos doados se agirem com dolo, ou seja, com um ato intencional de lesar norma jurídica ou de causar prejuízo. Ainda conforme o mesmo comando, a responsabilidade do doador encerra-se no momento da primeira entrega do alimento ao intermediário ou, no caso de doação direta, ao beneficiário final (§ 1.º). Quanto ao eventual intermediário, caso de uma transportadora que colabora com os atos de liberalidade do doador, a sua responsabilidade encerra-se no momento da entrega do alimento ao beneficiário final (§ 2.º). Entende-se por primeira entrega o primeiro desfazimento do objeto doado pelo doador ao intermediário ou ao beneficiário final, ou pelo intermediário ao beneficiário final (art. 3.º, § 3.º, da Lei 14.016/2020).

Questão de debate a respeito da responsabilidade civil é saber se o doador também deve responder nos casos de culpa grave que, desde o Direito Romano, é equiparada ao dolo para os fins de imputação do dever de indenizar, diante da máxima *culpa lata dolus aequiparatur*. A minha resposta é positiva, podendo ser citado o exemplo das situações em que o doador não verifica as condições gerais de consumo dos alimentos, que constam do art. 1.º da própria lei. Como é notório, na culpa grave, há um descuido crasso do agente.

Como última regra que interessa para o Direito Civil – uma vez que o art. 4.º da norma emergente tem conteúdo penal –, está previsto na Lei 14.016/2020 que durante a vigência da emergência de saúde pública de importância internacional decorrente da pandemia da Covid-19, o Governo Federal procederá preferencialmente à aquisição de alimentos, pelo Programa de Aquisição de Alimentos (PAA), da parcela da produção de agricultores

CAP. 6 • CONTRATOS EM ESPÉCIE (CONTRATOS TÍPICOS DO CC/2002) | **815**

familiares e pescadores artesanais, comercializada de forma direta e frustrada em consequência da suspensão espontânea ou compulsória do funcionamento de feiras e de outros equipamentos de comercialização direta por conta das medidas de combate à pandemia (art. 5.º).

Está também previsto no parágrafo único do comando que tal regra não se aplica às situações nas quais os governos estaduais ou municipais já estejam adotando medidas semelhantes. O objetivo do comando, também com um caráter social importante, é de auxiliar esses pequenos produtores.

### 6.4.3 Da promessa de doação

Discute-se muito em sede doutrinária e jurisprudencial a viabilidade jurídica da promessa de doação, ou seja, a possibilidade de haver contrato preliminar unilateral que vise a uma liberalidade futura. Sintetizando, pela promessa de doação, uma das partes compromete-se a celebrar um contrato de doação futura, beneficiando o outro contratante.

Entendo que não há óbice em se aceitar tal promessa, uma vez que não há no ordenamento jurídico qualquer dispositivo que a vede, não contrariando esta figura negocial qualquer princípio de ordem pública, como, por exemplo, o da função social dos contratos e o da boa-fé objetiva. Muito ao contrário, o art. 466 do Código Civil em vigor, que trata da promessa unilateral de contrato, acaba dando sustentáculo a essa possibilidade. Em reforço, a promessa de doação está dentro do exercício da autonomia privada do contratante.

Adotando em parte tais premissas, na *VI Jornada de Direito Civil* (2013) foi aprovado o Enunciado n. 549, *in verbis*: "a promessa de doação no âmbito da transação constitui obrigação positiva e perde o caráter de liberalidade previsto no art. 538 do Código Civil". O enunciado é perfeito ao admitir a promessa de doação, havendo polêmica quanto à perda ou não do seu caráter de liberalidade.

Admitidas a validade e a eficácia desse negócio, dentro dos princípios gerais que regem o contrato preliminar, o futuro beneficiário é investido no direito de exigir o cumprimento da promessa de doação da coisa, pois a intenção de praticar a liberalidade manifestou-se no momento da sua celebração.

Quanto ao cumprimento da promessa de doação, esta era possível pela redação do art. 466-B do CPC/1973, introduzido pela Lei 11.232/2005 e que revogou o art. 639 do mesmo Estatuto Processual anterior. Previa a norma: "se aquele que se comprometeu a concluir um contrato não cumprir a obrigação, a outra parte, sendo isso possível e não excluído pelo título, poderá obter uma sentença que produza o mesmo efeito do contrato a ser firmado".

Todavia, infelizmente, esse dispositivo processual, de grande efetividade para os contratos, não foi reproduzido pelo CPC/2015. Espera-se que esse silêncio não prejudique a possibilidade de tutela para cumprimento da promessa de doação no futuro.

A encerrar, lembre-se de que o próprio STJ já reconheceu a validade e a eficácia da promessa de doação, em caso envolvendo a dissolução da sociedade conjugal:

> "Doação. Promessa de doação. Dissolução da sociedade conjugal. Eficácia. Exigibilidade. Ação cominatória. O acordo celebrado quando do desquite amigável, homologado por sentença, que contém promessa de doação de bens do casal aos filhos, é exigível em ação cominatória. Embargos de divergência rejeitados" (Superior Tribunal de Justiça, EREsp 125.859/RJ, 2.ª Seção, Rel. Min. Ruy Rosado de Aguiar, j. 26.06.2002, *DJ* 24.03.2003, p. 136).

**816** | MANUAL DE DIREITO CIVIL • VOLUME ÚNICO – *Flávio Tartuce*

Mais recentemente, confirmando tal posição, ao admitir a validade e a eficácia de promessa de doação firmadas em pacto antenupcial:

"Hipótese dos autos em que a liberalidade não animou o pacto firmado pelas partes, mas sim as vantagens recíprocas e simultâneas que buscaram alcançar a aquiescência de ambos ao matrimônio e ao regime de separação total de bens, estabelecendo o compromisso de doação de um determinado bem à esposa para o acertamento do patrimônio do casal. Aplicação analógica da tese pacificada pela Segunda Seção no sentido da validade e eficácia do compromisso de transferência de bens assumidos pelos cônjuges na separação judicial, pois, nestes casos, não se trataria de mera promessa de liberalidade, mas de promessa de um fato futuro que entrou na composição do acordo de partilha dos bens do casal (EREsp n.º 125859/RJ, Rel. Ministro Ruy Rosado de Aguiar, Segunda Seção, *DJ* 24/03/2003)" (STJ, REsp 1.355.007/SP, 3.ª Turma, Rel. Min. Paulo de Tarso Sanseverino, j. 27.06.2017, *DJe* 10.08.2017).

Porém, a questão é demais controvertida, havendo decisão do próprio STJ em sentido oposto (nesse sentido, ver: STJ, REsp 730.626/SP, 4.ª Turma, Rel. Min. Jorge Scartezzini, j. 17.10.2006, *DJ* 04.12.2006, p. 322). De todo modo, como consta do julgado, parece prevalecer, na Corte Superior, a resposta afirmativa quanto à possibilidade de se exigir o cumprimento da promessa de doação.

## 6.4.4 Da revogação da doação

Na presente obra foi exposto que a revogação é forma de resilição unilateral, de extinção de um contrato por meio de pedido formulado por um dos contratantes em virtude da quebra de confiança entre eles. O instituto está tratado entre os arts. 555 e 564 do atual CC e é reconhecido como um *direito potestativo a favor do doador*. A revogação pode se dar por dois motivos: por ingratidão do donatário ou por inexecução do encargo ou modo (art. 555 do CC).

De início, quanto à ingratidão, esta envolve matéria de ordem pública. Tanto isso é verdade, que o art. 556 do CC em vigor proíbe a renúncia prévia ao direito de revogar a doação por ingratidão. Se houver cláusula nesse sentido, tal disposição será nula, mantendo-se o restante do contrato (princípio da conservação contratual). De qualquer modo, mesmo sendo nula a cláusula de renúncia, o doador pode abrir mão desse direito, não o exercendo no prazo fixado em lei, eis que se trata de um direito potestativo.

O art. 557 do CC traz um rol de situações que podem motivar a revogação por ingratidão, a saber:

- Se o donatário atentou contra a vida do doador ou cometeu crime de homicídio doloso contra ele.
- Se cometeu contra ele ofensa física.
- Se o injuriou gravemente ou o caluniou.
- Se, podendo ministrá-los, recusou ao doador os alimentos de que este necessitava (desamparo quanto aos alimentos).

O debate a respeito desse dispositivo refere-se à natureza taxativa ou exemplificativa desse rol. A matéria é de ordem pública, o que justificaria o argumento de que o rol é *numerus clausus* ou taxativo. Porém, prescreve o Enunciado n. 33 do CJF/STJ, aprovado na *I Jornada de Direito Civil*, que "o Código Civil vigente estabeleceu um novo sistema para a revogação

CAP. 6 • CONTRATOS EM ESPÉCIE (CONTRATOS TÍPICOS DO CC/2002) | **817**

da doação por ingratidão, pois o rol legal do art. 557 deixou de ser taxativo, admitindo outras hipóteses". O enunciado, que consubstancia o entendimento doutrinário majoritário, segue a tendência de entendimento pelo qual as relações tratadas pelo Código Civil são meramente exemplificativas, e não taxativas. Conclui-se, portanto, que qualquer atentado à dignidade do doador por parte do donatário pode acarretar a revogação da doação por ingratidão, cabendo análise caso a caso. Em suma, o rol é exemplificativo (*numerus apertus*).

Concluindo da mesma forma, adotando a minha posição doutrinária e o constante do citado Enunciado n. 33, recente aresto do Tribunal da Cidadania pontifica que "o conceito jurídico de ingratidão constante do artigo 557 do Código Civil de 2002 é aberto, não se encerrando em molduras tipificadas previamente em lei". Ao final o acórdão deduziu que a injúria a que se refere o dispositivo envolve também o campo da moral, podendo ser "revelada por meio de tratamento inadequado, tais como o descaso, a indiferença e a omissão de socorro às necessidades elementares do doador, situações suficientemente aptas a provocar a revogação do ato unilateral em virtude da ingratidão dos donatários" (STJ, REsp 1.593.857/MG, 3.ª Turma, Rel. Min. Ricardo Villas Bôas Cueva, j. 14.06.2016, *DJe* 28.06.2016).

De toda sorte, mesmo sendo o rol ilustrativo, deve o ato de ingratidão ser de especial gravidade, a fundamentar a revogação e consequente ineficácia da doação. Na linha de aresto relatado pelo Ministro Sidnei Benetti no Superior Tribunal de Justiça:

> "Para a revogação da doação por ingratidão, exige-se que os atos praticados, além de graves, revistam-se objetivamente dessa característica. Atos tidos, no sentido pessoal comum da parte, como caracterizadores de ingratidão, não se revelam aptos a qualificar-se juridicamente como tais, seja por não serem unilaterais ante a funda dissensão recíproca, seja por não serem dotados da característica de especial gravidade injuriosa, exigida pelos termos expressos do Código Civil, que pressupõem que a ingratidão seja exteriorizada por atos marcadamente graves, como os enumerados nos incisos dos arts. 1.183 do Código Civil de 1916 e 557 do Código Civil de 2002" (STJ, REsp 1.350.464/SP, 3.ª Turma, Rel. Min. Sidnei Beneti, j. 26.02.2013, *DJe* 11.03.2013).

No atual Projeto de Reforma do Código Civil pretende-se corrigir alguns problemas do seu art. 557 e sanar as citadas omissões, hoje existentes. Assim, sugere a Comissão de Juristas que passe a prever o seguinte, com clareza quanto à presença de um rol exemplificativo: "entre outras hipóteses de especial gravidade, podem ser revogadas por ingratidão as doações, se o donatário: I – atentou contra a vida do doador ou cometeu crime de homicídio doloso contra ele; II – cometeu contra ele ofensa física ou contra algum membro de sua família; III – cometeu contra o doador crime contra a honra, inclusive em meio virtual; IV – podendo, recusou ao doador ajuda patrimonial em situação de necessidade; V – incorrer em uma das causas de deserdação prevista neste Código". A inclusão de crimes contra a honra praticados pela via virtual é imperiosa, na linha de se tratar de um *Direito Civil Digital*.

No sistema atual, também pode ocorrer a revogação por indignidade quando o ofendido for cônjuge, ascendente, descendente, ainda que adotivo, ou irmão do doador (art. 558 do CC). Havia proposta de alteração desse dispositivo com o objetivo de incluir neste rol o companheiro, equiparado em parte ao cônjuge pela Constituição Federal (PL 6.960/2002).

Mesmo sem a modificação legal, penso que o convivente deve ser incluído na norma, diante da proteção constitucional da união estável. O dispositivo em comento reforça a tese de que o rol do art. 557 do CC é aberto ou exemplificativo, pois o atentado a fundamentar a ingratidão não necessariamente ocorrerá em relação ao donatário, mas em relação a uma pessoa de sua família.

No Projeto de Reforma do Código Civil não há proposta de alteração desse art. 558, pois o *caput* do art. 557 passará a mencionar que o rol é *numerus apertus*, como visto, sendo dispensável a sua modificação.

Segundo o vigente art. 561 do CC/2002 a revogação por ingratidão no caso de homicídio doloso do doador caberá aos seus herdeiros, exceto se o doador tiver perdoado o donatário. Esse perdão, logicamente, poderá ser concedido no caso de declaração de última vontade provada por testemunhas idôneas.

A título de exemplo, o doador, antes de falecer e convalescendo em um hospital, declara verbalmente que perdoou o ato praticado pelo donatário, o que deve ser comprovado pelo interessado. Por óbvio que essa declaração não pode ser dada após a morte do doador, pois não se admite a *prova psicografada*. Não se olvide, contudo, que a redação do comando legal é, no mínimo, estranha, com difícil efetivação prática.

A revogação por ingratidão não prejudicará os direitos adquiridos por terceiros, nem obrigará o donatário a restituir os frutos percebidos antes da citação válida, pois nessa situação a sua condição de possuidor de boa-fé é presumida. No entanto, sujeita-o a pagar os frutos posteriores, e, quando não possa restituir em espécie as coisas doadas, a indenizá-la pelo meio-termo de seu valor (art. 563 do CC).

Nos termos da lei civil, em alguns casos não é admitida a revogação da doação por ingratidão (art. 564 do CC):

> a) Doações puramente remuneratórias, salvo na parte que exceder o valor do serviço prestado pelo donatário ao doador.
> b) Doações modais com encargo já cumprido, também diante do seu caráter oneroso.
> c) Doações relacionadas com cumprimento de obrigação natural ou incompleta, como, por exemplo, gorjetas.
> d) Doações *propter nuptias*, feitas em contemplação de determinado casamento.

No Projeto de Reforma do Código Civil são feitos reparos necessários no seu art. 564, revogando-se o seu inciso IV, pela retirada do sistema da doação *propter nuptias*. Também para deixar o comando mais claro e técnico, o seu inciso I passará a mencionar apenas as doações remuneratórias; o seu inciso II, as doações oneradas com encargo já cumprido, total ou parcialmente; e o seu inciso III, "as que se fizerem em cumprimento de obrigação natural, como nos casos de gorjetas ou remunerações graciosas".

Além disso, é incluído no comando um necessário parágrafo único, para prever que, "nas hipóteses dos incisos I e II deste artigo, a revogação é admitida apenas no excedente ao valor dos serviços remunerados ou ao encargo imposto". Conforme bem justificou a Subcomissão de Direito Contratual, este último preceito "tem o escopo de esclarecer a distinção entre doação remuneratória e a parte puramente remuneratória. Esta não se sujeita à ingratidão, diversamente daquilo que exceder esta parte". Como não poderia ser diferente, a sugestão teve o total apoio dos Relatores-Gerais e dos demais membros da Comissão de Juristas.

Retornando-se ao sistema hoje vigente, o prazo para a revogação da doação consta do art. 559 do CC, cuja redação merece transcrição, para os aprofundamentos necessários:

"Art. 559. A revogação por qualquer desses motivos deverá ser pleiteada dentro de um ano, a contar de quando chegue ao conhecimento do doador o fato que a autorizar, e de ter sido o donatário o seu autor".

CAP. 6 • CONTRATOS EM ESPÉCIE (CONTRATOS TÍPICOS DO CC/2002) | **819**

Pois bem, a grande dúvida que surge do dispositivo é a seguinte: o prazo decadencial previsto no art. 559 do CC aplica-se tanto à revogação por ingratidão quanto ao caso de inexecução do encargo? Opino que sim, pois o dispositivo, ao mencionar "qualquer desses motivos", está fazendo referência ao art. 555 do CC. Reforçando, a ação de revogação é de natureza constitutiva negativa, fundada em direito potestativo, o que justifica o prazo decadencial. Isso porque o encargo é um ônus, sendo o contrato unilateral imperfeito.

Mas há quem entenda, amparado em entendimento jurisprudencial, que o prazo para revogar a doação por inexecução do encargo é prescricional de 10 anos em virtude da aplicação do art. 205 do CC. A corrente sustenta que o encargo é dever, havendo um direito subjetivo de exigi-lo, já que o contrato é bilateral (nesse sentido, pela incidência do prazo geral de prescrição, ver: STJ, REsp 69.682/MS, 4.ª Turma, Rel. Min. Ruy Rosado de Aguiar, j. 13.11.1995, *DJ* 12.02.1996 p. 2.432).

Quando da *III Jornada de Direito Civil* do Conselho da Justiça Federal, foi elaborada proposta de enunciado pelo atual Ministro do STJ Paulo de Tarso Sanseverino, nos seguintes termos: "o prazo para revogação da doação por descumprimento do encargo é de dez (10) anos no novo Código Civil, não se aplicando o disposto no seu art. 559". O enunciado doutrinário não foi aprovado, pois não houve unanimidade sobre a natureza jurídica do direito do doador em casos tais (direito potestativo ou subjetivo).

Na *IV Jornada de Direito*, José Fernando Simão propôs enunciado doutrinário no mesmo sentido, por entender ser o contrato bilateral e o prazo prescricional geral. No último evento, por falta de tempo não se debateu o enunciado. De toda sorte, fica o esclarecimento de que se trata de uma das questões mais controvertidas para o Direito Civil Brasileiro.

Para sanar essa grande controvérsia, é necessário alterar o texto da lei, o que foi objeto de proposta pela Comissão de Juristas nomeada pelo Senado Federal para a Reforma do Código Civil. Nesse contexto, o seu art. 559, em boa hora, passará a prever que "a revogação da doação por ingratidão do donatário deverá ser pleiteada dentro do prazo decadencial de um ano, a contar de quando chegue ao conhecimento do doador o fato que a autorize". Adota-se, portanto, a solução de que o prazo decadencial de um ano somente será aplicável para os casos de ingratidão. Para os casos de revogação por inexecução do encargo, passará a ser aplicado o prazo geral de prescrição de cinco anos, do novo e projetado art. 205 do CC/2002.

Apesar de não ser essa a posição com a qual concordo atualmente, acabei me filiando à maioria dos membros da citada comissão, movido por um *espírito democrático*, pois um dos objetivos da reforma é trazer segurança jurídica para os grandes dilemas que surgiram nos mais de vinte anos de vigência da atual Lei Geral Privada.

Superado esse ponto, entende-se hoje que o art. 560 do atual Código Civil deverá ser aplicado para ambos os casos de revogação da doação. De acordo com esse dispositivo, o direito de revogar a doação não se transmite aos herdeiros do doador, nem prejudica os do donatário. Mas aqueles podem prosseguir na ação iniciada pelo doador, continuando-a contra os herdeiros do donatário, se este falecer depois de ajuizada a lide.

Especificamente a respeito da revogação da doação onerosa por inexecução do encargo, essa somente é possível se o donatário incorrer em mora. Não se pode confundir o legitimado para a revogação, que é somente o doador, com os legitimados para exigir a execução do encargo na doação, que podem ser o doador, o terceiro ou o MP caso o encargo seja de interesse geral. Não havendo prazo para o cumprimento, ou melhor, para a execução, o doador poderá notificar judicialmente o donatário, assinando-lhe prazo razoável para que cumpra a obrigação assumida, ou melhor, com o ônus assumido (art. 562 do CC).

# 820 | MANUAL DE DIREITO CIVIL • VOLUME ÚNICO – *Flávio Tartuce*

Apesar de a norma mencionar que a notificação é judicial, recente aresto do Superior Tribunal de Justiça, novamente em prol da extrajudicialização e da redução de burocracias, concluiu que é possível que essa constituição em mora seja feita de forma extrajudicial. Nos termos de trecho da ementa, que conta com meu apoio, apesar da literalidade da lei, "não previsto prazo determinado para o cumprimento da contraprestação, o doador, mediante notificação judicial ou extrajudicial, na forma do art. 397 do CCB, pode constituir em mora o donatário, fixando-lhe prazo para a execução do encargo, e, restando este inerte, ter-se-á por revogada a doação. Doutrina acerca do tema" (STJ, REsp 1.622.377/MG, 3.ª Turma, Rel. Min. Paulo de Tarso Sanseverino, j. 11.12.2018, *DJe* 14.12.2018). Após esse prazo fixado pelo doador é que se conta o prazo decadencial de um ano previsto no art. 559 do CC, para o ingresso da ação de revogação da doação.

## 6.5 DA LOCAÇÃO DE COISAS NO CC/2002 (ARTS. 565 A 578 DO CC)

### 6.5.1 Conceito, natureza jurídica e âmbito de aplicação

A locação de coisas pode ser conceituada como o contrato pelo qual uma das partes (locador ou senhorio) se obriga a ceder à outra (locatário ou inquilino), por tempo determinado ou não, o uso e gozo de coisa não fungível, mediante certa remuneração, denominada aluguel (art. 565 do CC).

Quanto à natureza jurídica do contrato de locação de coisas, esta possui as seguintes características:

- Contrato bilateral ou *sinalagmático*, uma vez que traz obrigações recíprocas.
- O contrato é oneroso, pela presença de remuneração (aluguel).
- Contrato comutativo, pois as partes já sabem quais são as prestações.
- Contrato consensual, eis que se aperfeiçoa com a manifestação de vontades.
- Contrato informal e não solene, pois não é necessária escritura pública ou forma escrita, como regra geral.
- Trata-se de típico contrato de execução continuada (ou de trato sucessivo), uma vez que o cumprimento se protrai no tempo na maioria das hipóteses fáticas.

O CC/2002 trata da locação de bens móveis e imóveis. Em relação aos últimos, a atual codificação rege as locações imobiliárias que não estão sujeitas à Lei 8.245/1991 (Lei de Locações). Esta lei trata da locação de imóveis urbanos, levando em conta a destinação do imóvel.

Desse modo, se o imóvel for destinado para a residência, indústria, comércio ou prestações de serviços, será regido pela lei especial. Se for destinado para outros fins, caso da agricultura, da pecuária e do extrativismo pode incidir o Estatuto da Terra (Lei 4.504/1964) ou o Código Civil. O art. 1.º da Lei de Locações exclui alguns imóveis do seu âmbito de aplicação, a saber:

a) *Imóveis públicos ou bens que integram o patrimônio público*: a esses bens devem ser aplicados o Decreto-lei 9.760/1946 e a Lei 8.666/1993 (Lei de Licitações).

b) *Vagas autônomas de garagem ou espaço destinados a veículos*: a locação desses bens deverá ser regida pelo Código Civil.

c) *Espaços publicitários*, ou *outdoors*: sobre eles incidem as regras do Código Civil.

d) *Locação de espaços em apart-hotéis, hotéis residência ou equiparados (flats)*: sobre esses bens aplicam-se as regras do Código Civil. Alguns defendem a aplicação

CAP. 6 • CONTRATOS EM ESPÉCIE (CONTRATOS TÍPICOS DO CC/2002) | **821**

do Código de Defesa do Consumidor, eis que há uma prestação de serviço, tese com a qual se concorda.

e) *Arrendamento Mercantil* ou *leasing*: deve ser aplicada a Lei 6.099/1974, para fins tributários, e resoluções do Banco Central do Brasil (BACEN).

Portanto, o que se percebe é que o Código Civil tem aplicação bem reduzida em relação aos imóveis. No que concerne à locação de bens móveis é que se percebe a sua normal incidência. A presente obra somente analisará a locação regida pela atual codificação, eis que a Lei 8.245/1991 foge desta proposta bibliográfica, que tem como cerne fundamental o Código Civil de 2002. Ressalte-se que a locação imobiliária regida por lei especial está tratada em outra obra, no Volume 3 da minha coleção *Direito Civil*, por este mesmo grupo editorial.

O que diferencia o contrato de locação do contrato de empréstimo, particularmente em relação ao comodato, é a presença de remuneração, o que não ocorre no último. Ademais, caso o contrato se referisse a bem fungível, a hipótese seria de mútuo. No entanto, em certas hipóteses, bens fungíveis poderão ser alugados, quando o seu uso e gozo for concedido *ad pompam vel ostentationem*, como no caso em que o locador cede ao locatário garrafas de vinho ou uma cesta de frutas para que sirvam de ornamentação em uma festa.

A forma do contrato de locação pode ser qualquer uma, inclusive a verbal, posto que é um contrato consensual e informal. O prazo da locação pode ser determinado ou indeterminado, dependendo do que se fixar no instrumento. No silêncio das partes, deve-se concluir que o prazo é indeterminado.

### 6.5.2 Efeitos da locação regida pelo Código Civil

De início, cumpre analisar os deveres das partes na locação. Como deveres que lhe são inerentes, o locador é obrigado a entregar ao locatário a coisa, com todas as suas pertenças e em condições de ser utilizada, manter o bem nesse estado na vigência da locação e garantir o seu uso pacífico, nos termos do pactuado (art. 566, I e II, do CC). Se houver desrespeito a tais deveres, o locatário poderá rescindir a locação, sem prejuízo das perdas e danos cabíveis.

Ocorrendo deterioração da coisa durante o prazo da locação e não havendo qualquer culpa do locatário, poderá este pleitear a redução do valor locatício ou resolver o contrato, caso a coisa não lhe sirva mais (art. 567 do CC). Isso porque, como se sabe, a coisa perece para o dono (*res perit domino*), regra que é retirada da teoria geral das obrigações. Aplicando bem a norma a uma locação de equipamentos, cumpre colacionar decisão do Tribunal de Minas Gerais:

> "Ação de anulação de título cambial c/c indenização por danos materiais e morais. Locação de bens móveis. Equipamento com defeito. Plano de contingência para conclusão dos serviços. Redução proporcional da locação. Danos materiais e Morais não provados. Diante do descumprimento parcial do contrato, em razão da locação do equipamento com defeito, em observância ao princípio geral de conservação dos contratos, mister se faz reduzir proporcionalmente as prestações, conforme autoriza o disposto no art. 567 do Código Civil. A ausência de comprovação da efetiva ocorrência dos danos materiais e morais não autoriza à concessão da respectiva indenização" (TJMG, Apelação Cível 1.0079.04.144899-8/0011, 16.ª Câmara Cível, Contagem, Rel. Des. Wagner Wilson, j. 11.02.2009, *DJEMG* 13.03.2009).

Como outro dever que lhe é inerente, o locador deve resguardar o locatário contra as turbações e os esbulhos cometidos por terceiros, tendo ambos legitimidade para promover as competentes ações possessórias, pois o locador é possuidor indireto e o locatário possuidor direto. Também responderá o locador por eventuais vícios e defeitos que acometem a coisa (art. 568 do CC). Os vícios referenciados são os redibitórios ou, eventualmente, os de produto, caso a relação jurídica seja caracterizada como de consumo, como é a situação de uma locação de veículo para um período de férias.

O art. 569 do CC/2002 traz as obrigações legais do locatário, comuns a todos que assumem essa condição, a saber:

- Servir-se da coisa alugada para os usos convencionados ou presumidos conforme a natureza dela, tratando a coisa como se sua fosse.

- Pagar pontualmente o aluguel nos prazos ajustados e na falta de ajuste, segundo os costumes do lugar, sob pena de caracterização do inadimplemento contratual.

- Levar ao conhecimento do locador as turbações de terceiro, que se pretendam fundadas de direito.

- Restituir a coisa, finda a locação, no estado em que a recebeu, salvo as deteriorações naturais do uso.

Em casos tais, se o locatário desrespeitar um dos seus deveres, caberá a rescisão do contrato, por parte do locador, sem prejuízo das perdas e danos (resolução por inexecução voluntária).

Eventualmente, empregando o locatário a coisa em uso diverso do que consta do instrumento ou mesmo tendo em vista a destinação normal da coisa e vindo esta a se deteriorar, mais uma vez poderá o locador pleitear a rescisão do contrato por resolução, sem prejuízo de eventuais perdas e danos (art. 570 do CC).

Superado esse ponto, duas regras importantes que constam do art. 571 do CC devem ser estudadas. A primeira é que se a locação for estipulada com prazo fixo, antes do seu vencimento não poderá o locador reaver a coisa alugada, a não ser que indenize o locatário pelas perdas e danos resultantes dessa quebra do contrato, gozando o locatário de direito de retenção do imóvel até o seu pagamento. Como segunda regra, dispõe o comando legal que o locatário somente poderá devolver a coisa pagando a multa prevista no contrato, proporcionalmente ao tempo que restar para o seu término.

Em complemento, o art. 572 do CC, em total sintonia com a redução da cláusula penal (art. 413 do CC) e com o princípio da função social do contrato, enuncia que se a multa ou a obrigação de pagar aluguel pelo tempo que restar para o término do contrato constituir uma indenização excessiva, será facultado ao juiz reduzi-la em bases razoáveis. Isso, se o contrato prever tal pagamento como forma de multa ou cláusula penal.

Sendo esse último artigo norma de ordem pública, não cabe sua renúncia, por força do instrumento contratual. Entretanto, há um grande problema no art. 572 do CC. Isso porque o dispositivo menciona que "será facultado ao juiz fixá-lo em bases razoáveis", enquanto o art. 413 do CC enuncia que a "penalidade deve ser reduzida equitativamente pelo juiz". Pelo primeiro comando, há uma *faculdade*, pelo segundo, um *dever*, o que inclui a redução da multa de ofício pelo juiz.

Na verdade, como o art. 572 do CC é norma especial, deve ser aplicado para a locação de coisas que segue a codificação privada. Para os demais casos deve ser aplicado o art. 413 do CC, particularmente para aqueles envolvendo a locação de imóvel urbano, complementando a regra do art. 4.º da Lei de Locação. Nesse sentido, estabelece o Enunciado n. 357 do CJF/STJ, da *IV Jornada de Direito Civil*: "o art. 413 do Código Civil é o que complementa o art. 4.º da Lei 8.245/1991. Revogado o Enunciado n. 179 da *III Jornada*".

## CAP. 6 • CONTRATOS EM ESPÉCIE (CONTRATOS TÍPICOS DO CC/2002) | 823

Superado esse ponto, sendo por prazo determinado, a locação cessará de pleno direito com o término do prazo estipulado e independentemente de qualquer notificação ou aviso. Percebe-se, portanto, que a codificação adota, como regra, a possibilidade de *denúncia vazia*, ou seja, aquela sem fundamento sem qualquer motivo (art. 573 do CC). A hipótese é de resilição unilateral, pois a lei reconhece esse direito potestativo de extinguir o contrato à parte contratual (art. 473, *caput*, do CC).

Findo o prazo da locação, se o locatário continuar na posse da coisa alugada, sem oposição do locador, presumir-se-á prorrogada a avença sem prazo determinado, com o mesmo aluguel (art. 574 do CC). Em circunstâncias tais, a qualquer tempo e desde que vencido o prazo do contrato, poderá ainda o locador notificar o locatário para restituir a coisa (*denúncia vazia*) – resilição unilateral.

Não sendo a coisa devolvida, pagará o locatário, enquanto estiver na sua posse, o aluguel que o locador arbitrar na notificação, respondendo também por eventuais danos que a coisa venha a sofrer, mesmo em decorrência de caso fortuito (evento totalmente imprevisível) – art. 575 do CC.

De acordo com o art. 575, parágrafo único, do CC, se o aluguel arbitrado pelo locador quando da notificação for excessivo, poderá o juiz reduzi-lo, mas tendo como parâmetro o seu intuito de penalidade. Em suma, a fixação do aluguel pelo locador deve ser pautada pela boa-fé. Mais uma vez, percebe-se a possibilidade de controle da multa pelo magistrado, havendo um *poder* e não um *dever*, ao contrário do que consta do art. 413 do CC. Entretanto, repise-se, trata-se de norma especial que deve ser aplicada para os casos em questão, envolvendo a locação de coisas do Código Civil.

Sendo alienada a coisa, o novo proprietário não será obrigado a respeitar o contrato. Isso, a não ser que o contrato esteja em sua vigência, por prazo determinado, e contenha cláusula de sua vigência no caso de alienação, a constar do Registro de Imóveis ou do Cartório de Títulos e Documentos (art. 576, *caput* e § 1.º, do CC). A nova redação do dispositivo confirma o teor da Súmula 442 do STF, segundo a qual: "a inscrição do contrato no registro de imóveis, para a validade da cláusula de vigência contra o adquirente do imóvel, ou perante terceiros, dispensa a transcrição no registro de títulos e documentos".

Para os casos envolvendo imóvel, e ainda no caso em que o locador não esteja obrigado a respeitar o contrato, não poderá ele despedir o locatário, senão observado o prazo de 90 (noventa) dias após a notificação, visando à desocupação do imóvel (art. 576, § 2.º, do CC).

Morrendo o locador ou o locatário, transfere-se a locação a seus herdeiros, o que comprova que o contrato não tem natureza personalíssima ou *intuitu personae* no que se refere à questão sucessória. Nesse âmbito, o contrato é considerado como impessoal (art. 577 do CC).

Por fim, quanto às benfeitorias, o locatário tem direito de retenção quanto às necessárias, em todos os casos. Em relação às benfeitorias úteis, o locatário só terá direito de retenção se forem autorizadas (art. 578 do CC). É pertinente verificar o teor da Súmula 158 do STF, do remoto ano de 1963, segundo a qual "salvo estipulação contratual averbada no registro imobiliário, não responde o adquirente pelas benfeitorias do locatário". Em 2007, o STJ editou a Súmula 335, também aplicável à locação de imóveis regida pelo Código Civil, a saber: "nos contratos de locação, é válida a cláusula de renúncia à indenização das benfeitorias e ao direito de retenção".

## 6.6 DO EMPRÉSTIMO. COMODATO E MÚTUO

### 6.6.1 Introdução. Conceitos básicos

O contrato de empréstimo pode ser conceituado como o negócio jurídico pelo qual uma pessoa entrega uma coisa a outra, de forma gratuita, obrigando-se esta a devolver a

# 824 | MANUAL DE DIREITO CIVIL • VOLUME ÚNICO – *Flávio Tartuce*

coisa emprestada ou outra de mesma espécie e quantidade. O negócio em questão é um exemplo claro de contrato unilateral e gratuito, abrangendo duas espécies:

> a) *Comodato* – empréstimo de bem infungível e inconsumível, em que a coisa emprestada deverá ser restituída findo o contrato (*empréstimo de uso*).
>
> b) *Mútuo* – empréstimo de bem fungível e consumível, em que a coisa é consumida e desaparece, devendo ser devolvida outra de mesma espécie e quantidade (*empréstimo de consumo*).

Os dois contratos de empréstimo, além de serem unilaterais e gratuitos (benéficos), em regra, são ainda negócios comutativos, informais e reais. A última característica decorre do fato de que esses contratos têm aperfeiçoamento com a entrega da coisa emprestada (tradição ou *traditio*). Isso desloca a tradição do plano da eficácia – terceiro degrau da *Escada Ponteana* – para o plano da validade – segundo degrau. Passa-se ao estudo de suas regras fundamentais.

## 6.6.2   Do comodato (arts. 579 a 585 do CC)

Como exposto, o comodato é um contrato unilateral, benéfico e gratuito em que alguém entrega a outra pessoa uma coisa infungível, para ser utilizada por um determinado tempo e devolvida findo o contrato. Por razões óbvias, o contrato pode ter como objeto bens móveis ou imóveis, pois ambos podem ser infungíveis (insubstituíveis).

A parte que empresta a coisa é denominada comodante, enquanto a que recebe é o comodatário. O contrato é *intuitu personae*, baseado na fidúcia, na confiança do comodante em relação ao comodatário. Não exige sequer forma escrita, sendo contrato não solene e informal.

Em regra, o comodato terá como objeto bens não fungíveis e não consumíveis. Entretanto, a doutrina aponta a possibilidade de o contrato ter como objeto bens fungíveis utilizados para enfeite ou ornamentação, sendo denominado comodato *ad pompam vel ostentationem*. Ilustrando, esse contrato está presente quando "se empresta uma cesta de frutas exóticas ou garrafas de uísque para ornamentação ou exibição numa exposição, hipóteses em que a convenção das partes tem o condão de transformar a coisa fungível por sua natureza em infungível, pois só dessa maneira será possível, findo o comodato, a restituição da mesma coisa que foi emprestada".[41]

O art. 579 do CC/2002 é claro ao determinar que o comodato perfaz-se com a tradição do objeto, com a sua entrega, o que denota a sua natureza real. Não há qualquer formalidade para a avença, que pode ser verbal, como é comum na prática. Nesse sentido, julgado do Tribunal de Justiça do Rio Grande do Sul considerou que "o comodato caracteriza-se como empréstimo gratuito da coisa móvel ou imóvel infungível. É o contrato pelo qual durante um tempo determinado uma pessoa empresta algo para ser utilizado por outro e depois devolvido. Não se exige a titularidade do bem, basta que as partes sejam capazes, como regra geral, e que o comodante tenha posse. É contrato não solene, não exigindo formalidade, conforme art. 579 do Código Civil, de forma que pode haver comodato verbal" (TJRS, Acórdão 0173360-10.2016.8.21.7000, 17.ª Câmara Cível, Lajeado, Rel. Des. Liege Puricelli Pires, j. 25.08.2016, *DJERS* 06.09.2016).

---

[41]   DINIZ, Maria Helena. *Curso de Direito Civil brasileiro*. Teoria das obrigações contratuais e extracontratuais. 25. ed. São Paulo: Saraiva, 2009. v. 3, p. 331-332.

CAP. 6 • CONTRATOS EM ESPÉCIE (CONTRATOS TÍPICOS DO CC/2002) | **825**

Quanto à possibilidade de celebração de promessa de comodato, é de se responder positivamente, como Marco Aurélio Bezerra de Melo, enquadrando a hipótese dentro dos contratos preliminares (arts. 462 a 466 do CC). Entende o doutrinador que não havendo a entrega da coisa, estará presente somente a promessa de empréstimo, figura negocial atípica.[42]

Limitando a sua celebração, o art. 580 do CC enuncia que os tutores, curadores em geral ou administradores de bens alheios, não poderão dar em comodato, sem autorização especial, os bens confiados à sua guarda. A exemplo do que ocorre com o art. 497 do CC, aplicável à compra e venda, trata-se de uma limitação à liberdade de contratar. Para que essa venda seja realizada, é preciso haver autorização do próprio dono ou autorização judicial, ouvido o Ministério Público se o negócio envolver interesses de incapaz.

O contrato de comodato é apontado como um negócio temporário, fixado com prazo determinado ou indeterminado. Se o contrato não tiver prazo convencional (prazo indeterminado), será presumido para o uso concedido. Nessa hipótese, não pode o comodante, salvo necessidade imprevista e urgente reconhecida pelo juiz, suspender o uso e gozo da coisa emprestada. A última regra também vale para o contrato celebrado com prazo determinado. Em outras palavras, antes de findo o prazo ou do uso concedido, não poderá o comodante reaver a coisa, em regra (art. 581 do CC). O desrespeito a esse dever gera o pagamento das perdas e danos que o caso concreto determinar.

Ainda do art. 581 do CC podem ser retiradas algumas conclusões práticas. De início, quanto ao comodato com prazo determinado, findo esse, será devida a devolução da coisa, sob pena de ingresso da ação de reintegração de posse e sem prejuízo de outras consequências previstas em lei. Em casos tais, encerrado o prazo, haverá mora automática do devedor (mora *ex re*), nos termos do art. 397, *caput*, do CC. Aplica-se a máxima *dies interpellat pro homine* (o dia do vencimento interpela a pessoa).

Aplicando a premissa, com citação do meu entendimento, ilustre-se com interessante julgado do Tribunal de Justiça de São Paulo, do ano de 2016, assim ementado:

"Ação monitória. Contrato de Comodato de 'Ipad', integrante de Contrato de Prestação de Serviços Educacionais, com prazo determinado. Cancelamento da Matrícula pela requerida embargante, sem a devolução do equipamento eletrônico disponibilizado a título de comodato. Previsão de cláusula penal para a hipótese. Sentença de improcedência dos Embargos Monitórios, com a constituição de pleno direito do título executivo judicial. Apelação da embargante, que visa à anulação da sentença, por ausência de fundamentação e por inépcia da petição inicial, pugnando no mérito pela reforma para o acolhimento dos Embargos, com pedido subsidiário de redução do valor atribuído ao bem objeto do contrato de comodato. Rejeição. Preliminares afastadas. Questões de fato e de direito que foram examinadas na sentença, 'ex vi' do artigo 458 do CPC de 1973. Inépcia da petição inicial não configurada, conforme disposto nos artigos 282 e 283 do CPC de 1973. Prática abusiva consubstanciada em 'venda casada' não demonstrada. Comodato que constitui contrato de empréstimo gratuito de coisa não fungível, que se perfaz com a tradição do objeto. Ausência de devolução do bem que pode dar causa ao ajuizamento de Ação Judicial para a retomada do bem, sem prejuízo de outras consequências, tais como o arbitramento de 'aluguel-pena' e a incidência de eventual cláusula penal prevista contratualmente. Ação Monitória ajuizada com base no contrato escrito firmado entre as partes, sem eficácia de título executivo, que estabeleceu cláusula penal para a hipótese de não entrega do bem, possibilitando a cobrança do valor do equipamento entregue à re-

---

[42] MELO, Marco Aurélio Bezerra de. *Novo Código Civil anotado*. Rio de Janeiro: Lumen Juris, 2004. v. III, t. I, p. 256.

querida embargante. Mora da comodatária que se configura automaticamente, conforme previsto nos artigos 394 e 397 do Código Civil (mora 'ex re'). Requerida embargante que sequer se propôs à devolução do bem. Título executivo que deve ser constituído pela quantia equivalente ao produto que foi entregue a ela, sem qualquer desconto (R$ 1.332,14), acrescida de correção monetária a contar de 12 de janeiro de 2015 (primeiro dia útil após o prazo para a devolução do produto), mais juros de mora a contar da citação, tendo em vista os critérios da proporcionalidade e da razoabilidade. Sentença mantida" (TJSP, Apelação 1008813-68.2015.8.26.0003, 27.ª Câmara de Direito Privado, São Paulo, Rel. Des. Daise Fajardo Nogueira Jacot, j. 27.07.2016).

Não havendo prazo fixado, a coisa será utilizada conforme a sua natureza. Finda a utilização, o comodante deverá notificar o comodatário para devolvê-la, constituindo-o em mora, nos termos do art. 397, parágrafo único, do CC (mora *ex persona*). Não sendo atendido o locador, caberá ação de reintegração de posse, sem prejuízo de outras penalidades. A jurisprudência do STJ tem divergido se a mera notificação, por si só, é motivo para a reintegração da posse. Entendendo que sim, cumpre transcrever:

"Civil. Ação de reintegração de posse. Comodato verbal. Pedido de desocupação. Notificação. Suficiência. CC anterior, art. 1.250. Dissídio jurisprudencial comprovado. Procedência. I. Dado em comodato o imóvel, mediante contrato verbal, onde, evidentemente, não há prazo assinalado, bastante à desocupação a notificação ao comodatário da pretensão do comodante, não se lhe exigindo prova de necessidade imprevista e urgente do bem. II. Pedido de perdas e danos indeferido. III. Precedentes do STJ. IV. Recurso especial conhecido e parcialmente provido. Ação de reintegração de posse julgada procedente em parte" (STJ, REsp 605.137/PR, 4.ª Turma, Rel. Min. Aldir Passarinho Junior, j. 18.05.2004, *DJ* 23.08.2004, p. 251).

Contudo, em sentido contrário, há julgado posterior, que também merece ser destacado:

"Civil. Comodato por prazo indeterminado. Retomada do imóvel. Se o comodato não tiver prazo convencional, presumir-se-lhe-á o necessário para o uso concedido, salvo necessidade imprevista e urgente do comodante (CC, art. 1.250). 2. Processo civil. Reintegração de posse. Medida liminar. A só notificação do comodatário de que já não interessa ao comodante o empréstimo do imóvel é insuficiente para que o juiz determine a imediata reintegração de posse; ainda que deferida a medida liminar, deve ser assegurado o prazo necessário ao uso concedido sem perder de vista o interesse do comodante, para não desestimular a benemerência. Recurso especial conhecido em parte e, nessa parte, provido" (STJ, REsp 571.453/MG, 3.ª Turma, Rel. Min. Ari Pargendler, j. 06.04.2006, *DJ* 29.05.2006, p. 230).

Em 2023, o tema foi retomado na Corte, com o surgimento de um novo acórdão da sua Quarta Turma, concluindo, por maioria, que, "no contrato de comodato por prazo indeterminado, após o transcurso do intervalo suficiente à utilização do bem, é devida a sua restituição, pelo comodatário, bastando para tanto a sua notificação". São citadas algumas especificidades do caso concreto e outro precedente superior, com mesma conclusão:

"A questão é que houve uma notificação extrajudicial para extinção do comodato, na linha da jurisprudência citada pelo eminente relator: não tendo prazo determinado, após o transcurso do intervalo suficiente à utilização do bem, pelo comodatário, conforme sua destinação, basta a notificação, concedendo um prazo razoável para a restituição da coisa (REsp 1.327.627/RS, 4.ª Turma, Rel. Min. Luis Felipe Salomão, j. 25.10.2016, *DJe* 1.º.12.2016).

Dessa forma, o direito potestativo de rescindir o contrato é do proprietário do bem, que, por ato de liberalidade, faz o comodato e pode, sem declinar nenhuma razão, realizar a denúncia vazia do comodato, requerendo a coisa de volta, desde que esta tenha ficado por um prazo razoável à disposição do comodatário" (STJ, Ag. Int. no REsp 1.641.241/SP, 4.ª Turma, Rel. Min. Antonio Carlos Ferreira, Rel. p/ Acórdão Min. Maria Isabel Gallotti, j. 07.02.2023, *DJe* 03.07.2023).

Na minha opinião doutrinária, em regra, a notificação é suficiente para a reintegração de posse, mas em algumas situações deve ser analisado o caso concreto. A título de exemplo, pode ser aplicado o art. 473, parágrafo único, do CC, sendo postergado o contrato nos casos em que o comodatário tiver realizado investimentos consideráveis no negócio.

De todo modo, em alguns casos, a notificação pode ser até dispensada, como naqueles em que o comodatário tem ciência inequívoca da intenção do comodante em retomar o bem emprestado. Exatamente nessa linha julgou o STJ o seguinte:

"No caso concreto, todavia, a despeito de o comodato ter se dado por tempo indeterminado e de não ter havido a prévia notificação dos comodatários, não se pode conceber que os mesmos detinham a posse legítima do bem. Isso porque o próprio ajuizamento de ação cautelar inominada por parte do espólio – que se deu anteriormente à propositura da própria ação possessória – já demonstrava esse intuito, mostrando-se a notificação premonitória uma mera formalidade, inócua aos fins propriamente pretendidos. Verificada a ciência inequívoca dos recorridos para que providenciassem a devolução do imóvel cuja posse detinham em função de comodato verbal com a falecida proprietária, configurado está o esbulho possessório, hábil a justificar a procedência da lide" (STJ, REsp 1.947.697/SC, 3.ª Turma, Rel. Min. Nancy Andrighi, j. 28.09.2021, *DJe* 1.º.10.2021).

Em outra hipótese fática a ser considerada, se houver desvio da finalidade do comodato antes ajustado, haverá motivo suficiente para a retomada imediata da coisa. Esse entendimento foi adotado em aresto superior, sobre situação peculiar, eis que, "à luz das conclusões perfilhadas pelas instâncias ordinárias – com base nas provas produzidas nos autos –, sobressai o fato de que o pastor/comodatário, abusando da confiança do comodante, procedeu ao uso do imóvel em flagrante dissonância com o propósito da celebração da avença, qual seja, a realização de cultos da Igreja do Evangelho Quadrangular. De fato, ao se desligar da igreja, logo após o pacto, e ministrar cultos em outra instituição religiosa, o pastor/comodatário incorreu em evidente quebra de confiança, o que atinge a boa-fé do negócio jurídico, configurando causa apta a fundamentar a resilição unilateral (denúncia) promovida pelo comodante".

Ao final, consta da ementa que "infere-se a regularidade da resilição unilateral do comodato operada mediante denúncia notificada extrajudicialmente ao comodatário (artigo 473 do Código Civil), pois o 'desvio' da finalidade encartada no ato de liberalidade constitui motivo suficiente para deflagrar seu vencimento antecipado e autorizar a incidência da norma disposta na primeira parte do artigo 581 do retrocitado Codex, sobressaindo, assim, a configuração do esbulho em razão da recusa na restituição da posse do bem a ensejar a procedência da ação de reintegração" (STJ, REsp 1.327.627/RS, 4.ª Turma, Rel. Min. Luis Felipe Salomão, j. 25.10.2016, *DJe* 1.º.12.2016).

A parte final do art. 582 do CC consagra outras penalidades nos casos em que o bem não é devolvido, pois "o comodatário constituído em mora, além de por ela responder, pagará, até restituí-la, o aluguel da coisa que for arbitrado pelo comodante". É notório que as consequências da mora do devedor estão previstas no art. 399 do CC, respondendo o comodatário no caso em questão por caso fortuito e força maior, a não ser que prove a ausência de culpa ou que a perda do objeto do contrato ocorreria mesmo se não estivesse em atraso.

Essas penalidades são bem delineadas pela jurisprudência, podendo ser transcrito importante acórdão do STJ do ano de 2022. O caso disse respeito a condomínio e comodato,

**828** | MANUAL DE DIREITO CIVIL • VOLUME ÚNICO – *Flávio Tartuce*

sendo a sua tese principal a seguinte: "o condômino privado da posse do imóvel tem direito ao recebimento de indenização equivalente aos aluguéis proporcionais ao seu quinhão, dos proprietários que permaneceram na posse exclusiva do bem, os quais, caso não notificados extrajudicialmente, podem ser constituídos em mora por meio da citação nos autos da ação de arbitramento dos aluguéis". Vejamos a sua ementa, que trata de hipótese de condomínio decorrente de casamento:

"Quanto ao dever de pagar aluguéis aos comodatários, a jurisprudência do STJ orienta que 'se houve prévia estipulação do prazo do comodato, o advento do termo previsto implica, de imediato, no dever do comodatário de proceder à restituição da coisa. Não o fazendo, incorrerá o comodatário automaticamente em mora (mora *ex re*). Sua posse sobre o bem, anteriormente justa em razão da relação jurídica obrigacional, converte-se em injusta e caracteriza esbulho possessório. (...) De outro turno, na ausência de ajuste acerca do prazo, o comodante, após o decurso de tempo razoável para a utilização da coisa, poderá promover a resilição unilateral do contrato e requerer a restituição do bem, constituindo o comodatário em mora mediante interpelação, judicial ou extrajudicial, na forma do art. 397, parágrafo único, do CC/02 (mora *ex persona*). O esbulho possessório se caracterizará se o comodatário, devidamente cientificado da vontade do comodante, não promover a restituição do bem emprestado. (...) O comodatário constituído em mora, seja de forma automática no vencimento ou mediante interpelação, está submetido a dupla sanção, conforme prevê o art. 582, segunda parte, do CC. Por um lado, recairá sobre ele a responsabilidade irrestrita pelos riscos da deterioração ou perecimento do bem emprestado, ainda que decorrente de caso fortuito ou de força maior. Por outro, deverá o comodatário pagar, até a data da efetiva restituição, aluguel pela posse injusta da coisa, conforme arbitrado pelo comodante' (REsp 1.662.045/RS, Relatora Ministra Nancy Andrighi, Terceira Turma, julgado em 12/09/2017, *DJe* 14/09/2017). (...). E ainda, 'o pagamento de aluguéis não envolve discussão acerca da licitude ou ilicitude da conduta do ocupante. O ressarcimento é devido por força da determinação legal segundo a qual a ninguém é dado enriquecer sem causa à custa de outrem, usufruindo de bem alheio sem contraprestação' (REsp 1.613.613/RJ, Relator Ministro Ricardo Villas Bôas Cueva, Terceira Turma, julgado em 12/06/2018, *DJe* 18/06/2018). Portanto, na linha dos precedentes antes citados, cessado o comodato, por meio de notificação judicial ou extrajudicial, o condômino privado da posse do imóvel tem direito ao recebimento de indenização equivalente aos aluguéis proporcionais ao seu quinhão, devida pelos proprietários e comodatários que permaneceram na posse exclusiva do bem, medida necessária para evitar o enriquecimento sem causa da parte que usufrui da coisa. Sobre a forma de constituição em mora do comodatário e quanto ao termo inicial de apuração do pagamento, o entendimento desta Corte Superior, em se tratando de 'comodato precário – isto é, sem termo certo – (...) a constituição do devedor em mora reclamará, no caso, a prévia notificação judicial ou extrajudicial (mora *ex persona*), com a estipulação de prazo razoável para a restituição da coisa, cuja inobservância implicará a caracterização do esbulho autorizador do interdito possessório' (REsp 1.327.627/RS, Relator Ministro Luis Felipe Salomão, Quarta Turma, julgado em 25/10/2016, *DJe* 1.º/12/2016). No entanto, 'nos termos da jurisprudência desta Corte, a citação pode ser admitida como sucedâneo da interpelação para fins de constituição do devedor em mora' (AgRg no AREsp 652.630/SC, Relator Ministro Moura Ribeiro, Terceira Turma, *DJe* 06/11/2015). Nesse contexto, em relação ao termo inicial do arbitramento dos aluguéis, no comodato precário, em regra, 'o marco temporal para o cômputo do período a ser indenizado (...) é a data da citação para a ação judicial de arbitramento de aluguéis, ocasião em que se configura a extinção do comodato gratuito que antes vigorava' (REsp 1.375.271/SP, Relatora Ministra Nancy Andrighi, Terceira Turma, julgado em 21/09/2017, DJe 02/10/2017)" (STJ, REsp 1.953.347/SP, 4.ª Turma, Rel. Min. Antonio Carlos Ferreira, por unanimidade, j. 09.08.2022).

Quanto ao aluguel fixado pelo comodante, geralmente quando da notificação, este tem caráter de penalidade, não sendo o caso de se falar em conversão do comodato em locação. Referente à fixação desse *aluguel-pena*, prevê o Enunciado n. 180 do CJF/STJ, aprovado na *III Jornada de Direito Civil*, que "a regra do parágrafo único do art. 575 do novo CC, que autoriza a limitação pelo juiz do aluguel arbitrado pelo locador, aplica-se também ao aluguel arbitrado pelo comodante, autorizado pelo art. 585, 2.ª parte, do novo CC". Pelo teor do enunciado, será *facultado* ao juiz reduzir o aluguel arbitrado pelo comodante se ele for excessivo, a exemplo do que ocorre com a locação regida pelo Código Civil.

Julgado do Superior Tribunal de Justiça, do ano de 2012, estabeleceu muito bem tal relação, deduzindo o seguinte:

"A natureza desse aluguel é de uma autêntica pena privada, e não de indenização pela ocupação indevida do imóvel emprestado. O objetivo central do aluguel não é transmudar o comodato em contrato de locação, mas sim coagir o comodatário a restituir o mais rapidamente possível a coisa emprestada, que indevidamente não foi devolvida no prazo legal. O arbitramento do aluguel-pena não pode ser feito de forma abusiva, devendo respeito aos princípios da boa-fé objetiva (art. 422/CC), da vedação ao enriquecimento sem causa e do repúdio ao abuso de direito (art. 187/CC). Havendo arbitramento em valor exagerado, poderá ser objeto de controle judicial, com eventual aplicação analógica da regra do parágrafo único do art. 575 do CC, que, no aluguel-pena fixado pelo locador, confere ao juiz a faculdade de redução quando o valor arbitrado se mostre manifestamente excessivo ou abusivo. Para não se caracterizar como abusivo, o montante do aluguel-pena não pode ser superior ao dobro da média do mercado, considerando que não deve servir de meio para o enriquecimento injustificado do comodante" (STJ, REsp 1.175.848/PR, Rel. Min. Paulo de Tarso Sanseverino, j. 18.09.2012, publicado no seu *Informativo* n. 504).

A primeira parte do art. 582 do CC traz a regra pela qual o comodatário deve conservar a coisa emprestada como se sua fosse. O comodatário não pode, ainda, usá-la em desacordo com o que prevê o contrato ou à própria natureza da coisa, sob pena de responder, de forma integral, pelas perdas e danos que o caso concreto indicar. O dispositivo impõe ao comodatário as obrigações de guardar e conservar a coisa (obrigação de fazer); bem como a obrigação de não desviar o uso da coisa (obrigação de não fazer).

Em continuidade de análise, desse dispositivo retira-se a conclusão segundo a qual o comodatário deve arcar com as despesas de conservação da coisa, caso dos impostos que sobre ela recaem e do IPTU relativo ao imóvel emprestado. Nessa linha, tem-se julgado, de forma correta, que "é dever do comodatário arcar com as despesas decorrentes do uso e gozo da coisa emprestada, assim como conservar o bem como se seu fosse, não implicando a referida responsabilidade em enriquecimento ilícito do comodante" (STJ, Ag. Int. no AREsp 1.657.468/SP, 4.ª Turma, Rel. Min. João Otávio de Noronha, j. 21.08.2023, *DJe* 23.08.2023).

O desrespeito a esses deveres, além de gerar a imputação das perdas e danos, poderá motivar a rescisão contratual por inexecução voluntária. A obrigação do comodatário é cumulativa ou conjuntiva, pois o desrespeito a qualquer um desses deveres é motivo suficiente para a resolução contratual.

Como se pode notar, muitas são as consequências jurídicas que constam do conteúdo do art. 582, havendo proposta no Projeto de Reforma do Código Civil para que ele fique mais bem organizado, com dois novos parágrafos.

Nesse contexto, de seu necessário aperfeiçoamento, o seu *caput* passará e prever que "o comodatário é obrigado a conservar, como se sua própria fora, a coisa emprestada, não podendo usá-la senão de acordo com o contrato ou a natureza dela, sob pena de responder

## 830 | MANUAL DE DIREITO CIVIL • VOLUME ÚNICO – *Flávio Tartuce*

por perdas e danos". A previsão a respeito da constituição em mora passará a integrar o § 1.º do preceito, mencionando-se expressamente o *"aluguel-pena"*: "o comodatário constituído em mora, além de por ela responder, pagará, até restituí-la, o aluguel-pena pelo uso da coisa que for arbitrado pelo comodante".

Por fim, o § 2.º do art. 582 preverá, em consonância com o Enunciado n. 180 da *III Jornada de Direito Civil* e em sua correta leitura, que, "se o aluguel-pena arbitrado unilateralmente pelo comodante for manifestamente excessivo, deverá o julgador reduzi--lo, tendo-se em vista a natureza e a finalidade do negócio, bem como o seu caráter de penalidade". Além da melhora de redação, coloca-se no texto da lei o entendimento hoje considerado majoritário, por doutrina e jurisprudência nacionais.

Seguindo-se como estudo do comodato e das normas hoje em vigor, o art. 583 do CC consagra consequência importante para o comodatário. Se, caindo em risco a coisa emprestada, o comodatário deixar de salvá-la para salvar coisa própria, responderá pelo dano ocorrido, ainda que em decorrência de caso fortuito (evento totalmente imprevisível) e força maior (evento previsível, mas inevitável).

Vejamos um exemplo para ilustrar o caso. Pablo empresta um cavalo puro sangue para Rodolfo, que o coloca em um estábulo junto com outro cavalo de sua propriedade, um pangaré. Um raio atinge o estábulo que começa a pegar fogo, colocando os animais em risco. Como tem um apreço muito grande pelo pangaré, Rodolfo resolve salvá-lo, deixando o puro--sangue arder nas chamas. A consequência do caso em questão é a responsabilidade integral do comodatário (Rodolfo) em relação ao comodante (Pablo). A norma acaba penalizando a conduta do comodatário, sendo caso de responsabilização por eventos imprevisíveis e inevitáveis. Constitui, portanto, exceção à regra de que a parte não responde por tais ocorrências.

Ressaltando o caráter gratuito do contrato, o comodatário não poderá, em hipótese alguma, recobrar do comodante as despesas feitas com o uso e o gozo da coisa emprestada (art. 584 do CC). Em relação a tal comando surge polêmica a respeito das benfeitorias.

Por ser o comodatário possuidor de boa-fé – diante da existência de um justo título (art. 1.201, parágrafo único, do CC) –, em regra, terá direito à indenização e direito de retenção pelas benfeitorias necessárias e úteis, conforme o art. 1.219 do CC. Além disso, poderá levantar as benfeitorias voluptuárias, se isso não danificar o bem. Contudo, podem as partes, em contrato paritário, prever o contrário, sendo perfeitamente válida a cláusula nesse sentido em tais contratos plenamente discutidos. De toda a sorte, há julgados que apontam que o comodatário não tem direito a ser indenizado por tais benfeitorias, pela norma do art. 584 do CC:

> "Reintegração de posse. Comodato verbal. Imóvel utilizado para exercício de atividade empresarial. Benfeitorias realizadas em proveito do comodatário, cuja finalidade era adequar o imóvel a atividade exercida. Inexistência do dever de indenizar. Desnecessidade de prova pericial. Inteligência do artigo 584 do Código Civil. Manutenção da sentença. Desprovimento do apelo" (TJRJ, Apelação 2009.001.16394, 1.ª Câmara Cível, Rel. Des. Vera Maria Soares Van Hombeeck, j. 14.04.2009, *DORJ* 27.04.2009, p. 116).

> "Contrato. Comodante. Imóvel. Pretensão a indenização por benfeitorias. Inadmissibilidade, mesmo em face da revelia dos réus, que apresentaram contestação e reconvenção intempestivas. Inteligência do disposto no art. 584 do Código Civil" (TJSP, Apelação Cível 7276634-2, Acórdão 3590228, 14.ª Câmara de Direito Privado, São Paulo, Rel. Des. José Tarcisio Beraldo, j. 25.03.2009, *DJESP* 02.06.2009).

A questão não é pacífica na própria jurisprudência, havendo julgados que reconhecem a possibilidade de indenização pelas benfeitorias necessárias e úteis no comodato (nesse

CAP. 6 • CONTRATOS EM ESPÉCIE (CONTRATOS TÍPICOS DO CC/2002) | **831**

sentido, ver: TJSP, Agravo de Instrumento 7301347-5, Acórdão 3628632, 20.ª Câmara de Direito Privado, Mogi-Mirim, Rel. Des. Cunha Garcia, j. 09.03.2009, *DJESP* 09.06.2009; TJMG, Apelação Cível 1.0514.07.024211-0/0011, 16.ª Câmara Cível, Pitangui, Rel. Des. Nicolau Masselli, j. 22.04.2009, *DJEMG* 05.06.2009). Filia-se aos últimos julgados, mais condizentes com a proteção do possuidor de boa-fé. Em suma, o art. 1.219 do Código Civil prevalece sobre o art. 584 da mesma codificação, diante da própria principiologia adotada pela norma geral privada.

Com o fim de se resolver mais um dilema prático, anoto que o Projeto de Reforma do Código Civil pretende inserir um parágrafo único no seu art. 584, adotando a última solução, com o seguinte texto: "o comodatário não tem direito a indenização por benfeitorias realizadas sem o expresso consentimento do comodante, salvo as que forem necessárias". Aguarda-se, portanto, a sua aprovação pelo Parlamento Brasileiro.

Por fim, como última regra a respeito do comodato, havendo pluralidade de comodatários, haverá responsabilidade solidária entre eles (art. 585 do CC). A hipótese é de solidariedade passiva de origem legal, no que se refere ao conteúdo do contrato. Anote-se que se a coisa se perder por culpa de um dos devedores, todos responderão pelo seu valor, mas pelas perdas e danos somente responde o comodatário culpado (art. 279 do CC).

### 6.6.3 Do mútuo (arts. 586 a 592 do CC)

O mútuo é o empréstimo de coisas fungíveis, sendo partes do contrato o mutuante (aquele que cede a coisa) e o mutuário (aquele que a recebe). Em regra, trata-se de contrato unilateral e gratuito, exceção feita para o mútuo oneroso. Além disso, o contrato é comutativo, real, temporário e informal. O exemplo típico envolve o empréstimo de dinheiro, uma vez que o mútuo somente terá como objeto bens móveis, pois somente esses podem ser fungíveis (art. 85 do CC).

Como a coisa é transferida a outrem e consumida, sendo devolvida outra de mesmo gênero, qualidade e quantidade, o contrato é *translativo* da propriedade, o que o aproxima da compra e venda somente neste ponto. Por transferir o domínio da coisa emprestada, por conta do mutuário correm todos os riscos da coisa desde a tradição (art. 587 do CC).

Com aplicação direta ao empréstimo de dinheiro, aduz o art. 590 do CC que o mutuante pode exigir do mutuário garantia real ou fidejussória, da restituição da coisa emprestada, se antes do vencimento do contrato o último sofrer notória mudança em sua situação econômica. Não sendo atendido o mutuante, ocorrerá o vencimento antecipado da dívida, segundo aponta a doutrina.[43] Anote-se que o dispositivo se relaciona ao art. 477 do CC, com redação muito parecida, e que trata da *exceptio non rite adimpleti contractus*, para os contratos bilaterais.

O mútuo feito a menor de 18 anos, tema clássico do Direito Civil, continua tratado pela atual codificação privada. Em regra, o mútuo feito a menor sem a autorização do seu representante, ou daquele sob cuja guarda estiver, não poderá ser reavido nem do mutuário, nem de seus fiadores (art. 588 do CC). Trata-se, portanto, de caso de ineficácia do negócio, pois a obrigação é natural ou incompleta: a dívida existe, mas não há a correspondente responsabilidade ("*Schuld* sem *Haftung*").

Ensina Teresa Ancona Lopez, citando Silvio Rodrigues e Washington de Barros Monteiro, que a regra contida no art. 588 do CC "tem sua origem no *senatus consultus*

---

[43] GONÇALVES, Carlos Roberto. *Direito Civil brasileiro*. Contratos e Atos Unilaterais. 7. ed. São Paulo: Saraiva, 2010. v. 3, p. 357.

*macedoniano*, que negava ao credor ação destinada a obter o pagamento de um dinheiro emprestado a um *filius familiae*". Relata a professora da USP que a incapacidade do filho para receber empréstimo surgiu em Roma quando certo menor, filho do Senador Macedo, assassinou o próprio pai, a fim de obter recursos para pagar credores. Desde então, essa proibição passou a ser a regra, constando ainda em codificações modernas.[44]

No CC/2002, a exemplo do CC/1916, a regra comporta exceções. Prevê o art. 589 do CC atual que não se aplica a regra do artigo anterior nos seguintes casos:

I – Se a pessoa, de cuja autorização necessitava o mutuário para contrair o empréstimo, ratificá-lo posteriormente.

II – Se o menor, estando ausente essa pessoa, se viu obrigado a contrair empréstimo para os seus alimentos habituais.

III – Se o menor tiver ganhos com o seu trabalho. Mas, em tal caso, a execução do credor não lhe poderá ultrapassar as forças.

IV – Se o empréstimo reverteu em benefício do menor.

V – Se o menor obteve o empréstimo maliciosamente.

Os incisos III, IV e V da norma merecem comentários, sendo os dois últimos novidades da codificação atual. O inciso III visa proteger a dignidade do menor (art. 1.º, III, da CF/1988), mantendo um *piso mínimo de direitos* (*Estatuto jurídico do patrimônio mínimo*). O inciso IV pretende afastar o enriquecimento sem causa, nos termos do que ordena o art. 884 do CC. Por fim, o inciso V mantém relação direta com a boa-fé objetiva, protegendo a parte que age de acordo com os ditames da ética e da tutela da confiança.

Anoto que no Projeto de Reforma do Código Civil almeja-se substituir o termo "menor", para que a menoridade deixe de ser uma condição jurídica. Nesse contexto, o seu art. 588 passará a prever que "o mútuo feito à criança ou ao adolescente que não tenha tido sua maioridade antecipada, sem prévia autorização daquele sob cuja autoridade estiver, não pode ser reavido nem do mutuário nem de seus fiadores ou outros garantidores". Ademais, será a nova redação do dispositivo seguinte: "cessa a disposição do artigo antecedente, se: I – a pessoa, de cuja autorização necessitava o mutuário para contrair o empréstimo, ratificá-lo posteriormente; II – a criança ou o adolescente, estando ausente seu representante, viram-se obrigados a contrair o empréstimo para a sua subsistência; III – a criança ou o adolescente tiverem bens ganhos com o seu trabalho, hipótese em que a execução do credor não lhes poderá ultrapassar a força do trabalho ou dos ganhos; IV – o empréstimo reverteu em benefício da criança ou do adolescente; V – a criança ou o adolescente obtiveram o empréstimo maliciosamente" (art. 589). As proposições são apenas terminológicas, sem mudanças no seu conteúdo.

Seguindo nos estudos, o mútuo oneroso, comum no empréstimo de dinheiro, também denominado *mútuo feneratício*, está tratado pelo art. 591 do CC/2002, na redação alterada pela Lei 14.905/2024:

"Art. 591. Destinando-se o mútuo a fins econômicos, presumem-se devidos juros. Parágrafo único. Se a taxa de juros não for pactuada, aplica-se a taxa legal prevista no art. 406 deste Código".

Pela leitura do dispositivo percebe-se que o mútuo oneroso de dinheiro envolve a cobrança de juros, que constituem remuneração devida pela utilização de capital alheio

---

[44] LOPEZ, Teresa Ancona. *Comentários ao novo Código Civil*. In: AZEVEDO, Antonio Junqueira de. São Paulo: Saraiva, 2003. v. 7, p. 154.

(frutos civis ou rendimentos). No que concerne a esse dispositivo, prevê o Enunciado n. 34 do CJF/STJ, aprovado na *I Jornada de Direito Civil*, que "no novo Código Civil, quaisquer contratos de mútuos destinados a fins econômicos presumem-se onerosos (art. 591), ficando a taxa de juros compensatórios limitada ao disposto no art. 406, com capitalização anual". A questão do limite dos juros já foi abordada no Capítulo 3 deste livro.

Sobre a Lei 14.905/2024, trouxe ao dispositivo uma melhor organização, pois todo o seu conteúdo estava previsto apenas em um *caput*. Não há mais menção à redução dos juros, bem como à permissão para a capitalização anual, até porque essa lei trouxe a diminuição da intervenção nos juros, pela não aplicação da Lei de Usura em determinadas situações, vistas a seguir (art. 3.º).

Vale lembrar, ademais, que, por força dessa nova lei, a taxa de juros do art. 406 do CC passou a ser a SELIC , subtraída dela a correção monetária, que, como regra geral, passou a ser o IPCA. Conforme a nova redação desse comando, em seu *caput*, "quando não forem convencionados, ou quando o forem sem taxa estipulada, ou quando provierem de determinação da lei, os juros serão fixados de acordo com a taxa legal".

Nos termos do seu § 1.º, que adota esse critério, "a taxa legal corresponderá à taxa referencial do Sistema Especial de Liquidação e de Custódia (Selic), deduzido o índice de atualização monetária de que trata o parágrafo único do art. 389 deste Código". A respeito do último comando, passou ele a expressar que, "na hipótese de o índice de atualização monetária não ter sido convencionado ou não estar previsto em lei específica, será aplicada a variação do Índice Nacional de Preços ao Consumidor Amplo (IPCA), apurado e divulgado pela Fundação Instituto Brasileiro de Geografia e Estatística (IBGE), ou do índice que vier a substituí-lo".

Por fim quanto a esse comando, os novos §§ 2.º e 3.º do art. 406 do Código Civil estabelecem que "a metodologia de cálculo da taxa legal e sua forma de aplicação serão definidas pelo Conselho Monetário Nacional e divulgadas pelo Banco Central do Brasil", e, "caso a taxa legal apresente resultado negativo, este será considerado igual a 0 (zero) para efeito de cálculo dos juros no período de referência".

Repise-se que, para a jurisprudência superior, as entidades bancárias não estão sujeitas à Lei de Usura (Decreto-lei 22.626/1933), norma que ainda veda a cobrança de juros abusivos, além do dobro da taxa legal. Esse entendimento consta da Súmula 596 do STF, confirmada pelo STJ e por Tribunais Inferiores, inclusive nos casos de mútuo oneroso. A tese foi confirmada por julgado publicado no *Informativo* n. *343* do STJ, de 16 de fevereiro de 2008, que afastou a incidência do art. 591 do CC/2002 aos contratos bancários.

Lembre-se, ainda, que o STJ editou três súmulas a respeito do tema. A primeira, de número 382, enuncia que "a estipulação de juros remuneratórios superiores a 12% ao ano, por si só, não indica abusividade". Assim sendo, as entidades bancárias estão permitidas a cobrar as famosas *taxas de mercado*, além do limite estabelecido no art. 591 do CC. Por outro lado, de acordo com a Súmula 379, também de 2009 como a anterior, "nos contratos bancários não regidos por legislação específica, os juros moratórios poderão ser convencionados até o limite de 1% ao mês". As sumulares ainda aludem à taxa de juros legais como sendo de 1% (um por cento) ao mês, ou 12% (doze por cento) ao ano, antes da Lei 14.905/2024.

O entendimento da última súmula tem sido aplicado a empréstimo de dinheiro feito por empresas de *factoring*. Nesse sentido, do ano de 2022 e citando outros acórdãos: "não há proibição legal para empréstimo de dinheiro (mútuo feneratício) entre particulares (pessoas físicas ou jurídicas não integrantes do Sistema Financeiro Nacional). Nessa hipótese, entretanto, devem ser observados os arts. 586 a 592 do CC/2002, além das disposições gerais, e eventuais juros devidos não podem ultrapassar a taxa de 12% ao ano, permitida apenas a capitalização anual (arts. 591 e 406 do CC/2002; 1º do Decreto nº 22.626/1933; e 161, § 1º, do CTN), sob pena de redução ao limite legal, conservando-se o negócio. Precedentes. Assim, embora não constitua instituição financeira, não é vedado à sociedade empresária de *factoring* celebrar contrato de mútuo feneratício, devendo apenas ser respeitadas as regras dessa espécie contratual aplicáveis aos particulares" (STJ, REsp 1.987.016/RS, 3.ª Turma, Rel. Min. Nancy Andrighi, j. 06.09.2022, *DJe* 13.09.2022).

Cabe, ainda, destacar a Súmula 530, do ano de 2015, segundo a qual, "nos contratos bancários, na impossibilidade de comprovar a taxa de juros efetivamente contratada – por ausência de pactuação ou pela falta de juntada do instrumento aos autos –, aplica-se a taxa média de mercado, divulgada pelo Bacen, praticada nas operações da mesma espécie, salvo se a taxa cobrada for mais vantajosa para o devedor".

Mesmo não concordando com as premissas dos julgamentos, é de se concluir que, para essa mesma jurisprudência, o art. 591 do CC não será aplicado aos contratos bancários, valendo as regras de mercado. Esse é o entendimento que deve ser considerado como majoritário, para os devidos fins práticos, o que foi confirmado pelo art. 3.º da Lei 14.905/2024.

Nos termos da última norma, não se aplicam as limitações da Lei de Usura às obrigações: *a)* contratadas entre pessoas jurídicas; *b)* representadas por títulos de crédito ou valores mobiliários; *c)* contraídas perante instituições financeiras e demais instituições autorizadas a funcionar pelo Banco Central do Brasil; fundos ou clubes de investimento; sociedades de arrendamento mercantil e empresas simples de crédito e organizações da sociedade civil de interesse público que se dedicam à concessão de crédito; ou *d)* realizadas nos mercados financeiro, de capitais ou de valores mobiliários.

Como já comentei neste livro, a nova norma, infelizmente, libera a usura no País, na cobrança de juros, retirando travas importantes para a concessão de créditos sem lastro. Reitero que me preocupa muito a primeira previsão, no sentido de que a Lei de Usura, com a sua trava do dobro da taxa legal, não se aplica a qualquer contrato celebrado entre pessoas jurídicas. Penso que o impacto dessa previsão será muito negativo, até incentivando e liberando a *agiotagem* no País.

A propósito dessas limitações, julgado de 2020 da Corte Superior concluiu que as lojas varejistas não podem cobrar juros acima desses limites, pois não são instituições financeiras. Conforme o *decisum*, que tem o meu total apoio doutrinário:

"A cobrança de juros remuneratórios superiores aos limites estabelecidos pelo Código Civil de 2002 é excepcional e deve ser interpretada restritivamente. Apenas às instituições financeiras, submetidas à regulação, controle e fiscalização do Conselho Monetário Nacional, é permitido cobrar juros acima do teto legal. Súmula 596/STF e precedente da 2ª Seção. A previsão do art. 2º da Lei 6.463/77 faz referência a um sistema obsoleto, em que a aquisição de mercadorias a prestação dependia da atuação do varejista como instituição financeira e no qual o controle dos juros estava sujeito ao escrutínio dos próprios consumidores e à regulação e fiscalização do Ministério da Fazenda. Após a Lei 4.595/64, o art. 2º da Lei 6.463/77 passou a não mais encontrar suporte fático apto a sua incidência, sendo, pois, ineficaz, não podendo ser interpretado extensivamente para permitir a equiparação dos varejistas a instituições financeiras e não autorizando a cobrança de encargos cuja exigibilidade a elas é restrita. Na hipótese concreta, o contrato é regido pelas disposições do Código Civil e não pelos regulamentos do CMN e do BACEN, haja vista a ora recorrente não ser uma instituição financeira. Assim, os juros remuneratórios devem observar os limites do art. 406 c/c art. 591 do CC/02" (STJ, REsp 1.720.656/MG, 3.ª Turma, Rel. Min. Nancy Andrighi, j. 28.04.2020, *DJe* 07.05.2020).

CAP. 6 • CONTRATOS EM ESPÉCIE (CONTRATOS TÍPICOS DO CC/2002) | **835**

A respeito da capitalização dos juros, a posição do STJ é que a sua cobrança é permitida, quando houver expressa pactuação entre as partes (REsp 1.388.972/SC, 2.ª Seção, Rel. Min. Marco Buzzi, por unanimidade, j. 08.02.2017, *DJe* 13.03.2017, publicado no seu *Informativo* n. 599). Conforme o trecho principal da publicação:

> "É inegável que a capitalização, seja em periodicidade anual ou ainda com incidência inferior à ânua – cuja necessidade de pactuação, aliás, é firme na jurisprudência desta Casa –, não pode ser cobrada sem que tenham as partes contratantes, de forma prévia e tomando por base os princípios basilares dos contratos em geral, assim acordado, pois a ninguém será dado negar o caráter essencial da vontade como elemento do negócio jurídico, ainda que nos contratos de adesão, uma vez que a ciência prévia dos encargos estipulados decorre da aplicação dos princípios afetos ao dirigismo contratual. De fato, sendo pacífico o entendimento de que a capitalização inferior à anual depende de pactuação, outra não pode ser a conclusão em relação àquela em periodicidade ânua, sob pena de ser a única modalidade (periodicidade) do encargo a incidir de maneira automática no sistema financeiro, embora inexistente qualquer determinação legal nesse sentido, pois o artigo 591 do Código Civil apenas permite a capitalização anual e não determina a sua aplicação automaticamente" (REsp 1.388.972/SC).

De forma sucessiva, em 2018, a Segunda Seção do Superior Tribunal de Justiça pacificou a impossibilidade de os mutuários obterem a repetição de indébito com a mesma taxa de juros que é cobrada pelos mutuantes instituições financeiras (STJ, REsp 1.552.434/GO, 2.ª Seção, Rel. Min. Paulo de Tarso Sanseverino, j. 13.06.2018, *DJe* 21.06.2018). Como exposto no Capítulo 3 deste livro, quando do estudo do enriquecimento sem causa, o julgamento debateu a possibilidade de se aplicar a tese do lucro da intervenção, que reconhece o direito de indenização levando-se em conta os ganhos auferidos pela outra parte. Porém, a premissa foi afastada, eis que proposta e acatada "uma tese menos abrangente, apenas para eliminar a possibilidade de se determinar a repetição com base nos mesmos encargos praticados pela instituição financeira, pois esses encargos, como já visto, não correspondem ao dano experimentado pela vítima, tampouco ao lucro auferido pelo ofensor".

Também merece destaque o recente debate que se deu no âmbito da Corte a respeito da possibilidade de retenção de salário ou outros proventos por instituição bancária, com o fim de pagamento de valores devidos por mútuo oneroso. Inicialmente, em fevereiro de 2018, foi editada a Súmula 603 do STJ, com a seguinte dicção: "é vedado ao banco mutuante reter, em qualquer extensão, os salários, vencimentos e/ou proventos de correntista para adimplir o mútuo (comum) contraído, ainda que haja cláusula contratual autorizativa, excluído o empréstimo garantido por margem salarial consignável, com desconto em folha de pagamento, que possui regramento legal específico e admite a retenção de percentual".

Porém, em agosto do mesmo ano, a referida sumular foi cancelada pela sua Segunda Seção. Vejamos o que constou do novo julgamento sobre o tema:

> "Na análise da licitude do desconto em conta-corrente de débitos advindos do mútuo fenerático, devem ser consideradas duas situações distintas: a primeira, objeto da Súmula, cuida de coibir ato ilícito, no qual a instituição financeira apropria-se, indevidamente, de quantias em conta-corrente para satisfazer crédito cujo montante fora por ela estabelecido unilateralmente e que, eventualmente, inclui tarifas bancárias, multas e outros encargos moratórios, não previstos no contrato; a segunda hipótese, vedada pela Súmula 603/STJ, trata de descontos realizados com a finalidade de amortização de dívida de mútuo, comum, constituída bilateralmente, como expressão da livre manifestação da vontade das partes. É lícito o desconto em conta-corrente

bancária comum, ainda que usada para recebimento de salário, das prestações de contrato de empréstimo bancário livremente pactuado, sem que o correntista, posteriormente, tenha revogado a ordem. Precedentes" (STJ, REsp 1.555.722/SP, 2.ª Seção, Rel. Min. Lázaro Guimarães (Desembargador convocado do TRF 5.ª Região), j. 22.08.2018, *DJe* 25.09.2018).

Com o devido respeito, filio-me ao voto vencido do Ministro Luis Felipe Salomão, para quem "da leitura do enunciado de Súmula fica clara a sua teleologia de prevenir que o banco administrador da conta-corrente, abusivamente, se valha dessa circunstância para submeter o correntista ao seu arbítrio, isto é, em patente harmonia com o estabelecido no supramencionado art. 3.º, parágrafos, da Resolução do CMN 3.695/2009, que estabelece que o banco não pode reter (*sponte propria*, isto é, sem a prévia ou atua anuência do cliente) valores para pagamento do débito, e que os descontos do crédito de mútuo só poderão perdurar enquanto for mantida a permissão por parte do correntista. Com efeito, evidentemente, não se tem por fim restringir a autonomia privada, visto que, como máxima de experiência, é comum que os mútuos tenham previsão dessa forma de pagamento, pois traz comodidade e tem o óbvio condão de reduzir o *spread* bancário, visto que diminui os custos de cobrança (*v.g.*, emissão de boleto), assim como, estatisticamente, o risco de mora" (REsp 1.555.722/SP). Porém, para os devidos fins práticos, passa a prevalecer a tese que consta do acórdão, no sentido de que é possível o desconto dos salários.

Encerrando o tratamento do mútuo, o art. 592 do CC trata dos prazos do contrato caso não haja previsão no instrumento, nos seguintes termos:

- Nos casos de mútuo de produtos agrícolas, tanto para consumo quanto para a semeadura, presume-se o prazo até a próxima colheita.

- Nos casos de empréstimo de dinheiro, o prazo será de trinta dias, contados da sua celebração. No Projeto de Reforma do Código Civil pretende-se deixar a norma mais clara, a respeito da eventual necessidade de notificação em mora do devedor após esse prazo: "de trinta dias, pelo menos, se for de dinheiro, observado que, após esse prazo, o credor deverá constituir o devedor em mora, nos termos do parágrafo único do art. 397 deste Código".

- Para os demais casos envolvendo coisa fungível, presume-se o prazo como o que declarar o mutuante de qualquer forma. Esse prazo será fixado por aquele que emprestou a coisa por meio de interpelação judicial feita pelo mutuário, o que não obsta que o magistrado venha a aumentá-lo se as circunstâncias fáticas trouxerem evidências de que o prazo estabelecido pelo mutuante é insuficiente.[45]

Acrescente-se, para findar este tópico, que, havendo valor de empréstimo fixado em instrumento particular ou público de forma líquida – certo quanto à existência e determinado quanto o valor –, o prazo prescricional para a pretensão de cobrança será de cinco anos, a contar do vencimento da obrigação, como preconiza o art. 206, § 5.º, inciso I, do Código Civil.

Porém, em se tratando de mútuo verbal, por ausência de previsão legal aplica-se o prazo geral de prescrição de dez anos, previsto no art. 205 da mesma codificação material. Essa posição foi firmada pelo Superior Tribunal de Justiça, em *decisum* do ano de 2017, segundo o qual:

---

45 Como entende: DINIZ, Maria Helena. *Código Civil anotado*. 15. ed. São Paulo: Saraiva, 2010. p. 458.

CAP. 6 • CONTRATOS EM ESPÉCIE (CONTRATOS TÍPICOS DO CC/2002) | **837**

"A pretensão de exigir o adimplemento do contrato verbal de mútuo não se equipara à de ressarcimento por dano contratual, circunstância que impede a aplicação do prazo prescricional de 3 (três) anos dedicado às reparações civis (art. 206, § 3.º, inc. V, do Código Civil). A contratação verbal não possui existência e objeto definidos documentalmente, sendo impossível classificá-la como dívida líquida constante em instrumento público ou particular, conforme art. 206, § 5.º, inc. I, do CC/02, especialmente porque as normas pertinentes à prescrição exigem interpretação restritiva. Não havendo prazo específico para manifestar a pretensão de cobrança de valor inadimplido em contrato de mútuo verbal, é aplicável o prazo ordinário de 10 (dez) anos, previsto no art. 205 do Código Civil" (STJ, REsp 1.510.619/SP, 3.ª Turma, Rel. Min. Ricardo Villas Bôas Cueva, j. 27.04.2017, *DJe* 19.06.2017).

Esse entendimento constante do acórdão tem o meu total apoio doutrinário, sendo tecnicamente perfeito.

## 6.7 DA PRESTAÇÃO DE SERVIÇO (ARTS. 593 A 609 DO CC)

### 6.7.1 Conceito e natureza jurídica

O contrato de prestação de serviços é o negócio jurídico pelo qual alguém – o prestador – compromete-se a realizar uma determinada atividade com conteúdo lícito, no interesse de outrem – o tomador –, mediante certa e determinada remuneração.

Trata-se de um contrato bilateral, pela presença do *sinalagma* obrigacional, eis que as partes são credoras e devedoras entre si. O tomador é ao mesmo tempo credor do serviço e devedor da remuneração. O prestador é credor da remuneração e devedor do serviço. O contrato é oneroso, pois envolve sacrifício patrimonial de ambas as partes, estando presente uma remuneração denominada *preço* ou *salário civil*. Trata-se de contrato consensual, que tem aperfeiçoamento com a mera manifestação de vontade das partes. Constitui um contrato comutativo, pois o tomador e o prestador sabem de antemão quais são as suas prestações, qual o objeto do negócio. Por fim, o contrato é informal ou não solene, não sendo exigida sequer forma escrita para sua formalização, muito menos escritura pública.

Na grande maioria das vezes incide à prestação de serviços a Lei 8.078/1990, sendo certo que o seu art. 3.º enuncia que *serviço de consumo* é qualquer atividade fornecida no mercado de consumo, mediante remuneração, inclusive as de natureza bancária, financeira, de crédito e securitária, salvo as decorrentes das relações de caráter trabalhista.

O art. 593 do CC/2002 consagra a aplicação da codificação privada somente em relação à prestação de serviço que não esteja sujeita às leis trabalhistas ou à lei especial. Desse modo, pelos exatos termos do que dispõe a codificação privada, havendo elementos da relação de emprego regida pela lei especial, tais como a continuidade, a dependência e a subordinação, merecerão aplicação as normas trabalhistas, particularmente aquelas previstas na CLT.

No meu entender, o art. 593 do CC não é totalmente excludente, no sentido de não se aplicar as normas previstas nesses estatutos jurídicos, de forma complementar. Em outras palavras, as regras do CC/2002 podem ser perfeitamente aplicáveis à relação de emprego ou de consumo, desde que não entrem em conflito com as normas especiais e os princípios básicos dessas áreas específicas e, ainda, desde que não coloquem o empregado ou o consumidor em situação desprivilegiada, o que é aplicação da *teoria do diálogo das fontes*. Em suma, é perfeitamente possível aplicar, com sentido de complementaridade, o CC/2002 e a CLT, ou o CC/2002 e o CDC a uma determinada prestação de serviço.

# 838 | MANUAL DE DIREITO CIVIL • VOLUME ÚNICO – *Flávio Tartuce*

Por fim, anote-se que a prestação de serviço não é mais tratada pelo Código Civil como espécie de locação, pois a atual codificação distancia a prestação de serviços da locação de coisas, tratando-a após o contrato de empréstimo (comodato e mútuo). Essa alteração estrutural demonstra uma mudança de paradigma em relação ao anterior enquadramento da matéria, uma vez que a locação de serviços era apontada como espécie do gênero locatício.

## 6.7.2 Regras da prestação de serviços no CC/2002

De início, o art. 594 do CC veda que o objeto do contrato de prestação de serviços seja ilícito, dispondo que "toda a espécie de serviço ou trabalho lícito, material ou imaterial, pode ser contratada mediante retribuição". A menção à retribuição demonstra que o contrato é sempre oneroso. Não havendo remuneração, haverá, na verdade, uma doação de serviço.

Em sentido contrário, na *VI Jornada de Direito Civil*, evento realizado em 2013, aprovou-se o polêmico Enunciado n. 541 do CJF/STJ, *in verbis*: "o contrato de prestação de serviço pode ser gratuito". As justificativas do enunciado doutrinário citam como defensores da onerosidade Roberto Senise Lisboa, Jones Figueirêdo Alves, Vera Helena Mello Franco e também a minha posição. Por outra via, sustentando ser possível a gratuidade, são invocados César Fiuza e Paulo Lôbo. Com o devido respeito, penso que a prestação até pode ser gratuita. Todavia, em casos tais, diante da atipicidade da prestação, devem ser aplicadas as regras previstas para a doação e não as relativas à categoria que ora se estuda.

Quanto à ilicitude, essa deve ser analisada em sentido amplo, nos termos dos arts. 186 e 187 do CC. Concretizando, a prestação de serviço não pode trazer contrariedade à função social ou econômica de um determinado instituto jurídico, bem como à boa-fé objetiva ou aos bons costumes, sob pena de nulidade absoluta da previsão (art. 187 c/c o art. 166, incs. II e VI, do CC). A título de exemplo, deve ser considerado como nulo o contrato de prestação de serviços que envolva a contratação de um matador de aluguel. Ou, ainda, conforme a jurisprudência trabalhista, "é nulo o contrato de trabalho celebrado para o desempenho de atividade inerente à prática do jogo do bicho, ante a ilicitude de seu objeto, o que subtrai o requisito de validade para a formação do ato jurídico" (Orientação Jurisprudencial 199 da SDI-1, do Tribunal Superior do Trabalho).

Como destacado, a prestação de serviços é contrato informal e não solene, o que pode ser retirado do seu art. 595, pelo qual, no negócio em questão, quando qualquer das partes não souber ler, nem escrever, o instrumento poderá ser assinado a rogo e subscrito por duas testemunhas. Na verdade, a norma pretende dar uma maior segurança ao negócio celebrado na situação descrita. É pertinente deixar claro que o Código Civil de 2002 diminuiu o número de testemunhas para provar o contrato, que era de quatro, conforme o art. 1.217 do Código Civil anterior. Não se trata, assim, de regra que diga respeito à validade do negócio, mas apenas questão relativa à sua prova, de sua eficácia perante terceiros.

De todo modo, é preciso fazer alguns ajustes no comando, o que está sendo proposto pelo Projeto de Reforma do Código Civil. De início, é preciso deixar o seu *caput* mais técnico e efetivo, para mencionar que a regra se aplica apenas às pessoas naturais: "no contrato de prestação de serviço entre pessoas naturais, quando qualquer das partes não souber ler nem escrever, o instrumento poderá ser assinado a rogo e subscrito por duas testemunhas, tendo que ser lido e explicado à pessoa analfabeta, antes da referida assinatura". Em prol do dever de informação inerente à boa-fé objetiva, como se nota, é pertinente incluir regra sobre o esclarecimento do conteúdo à pessoa analfabeta.

Além disso, sugere-se a introdução de um parágrafo único nesse art. 595 do Código Civil, tendo em vista a proteção da pessoa com deficiência e o que está previsto no seu

CAP. 6 • CONTRATOS EM ESPÉCIE (CONTRATOS TÍPICOS DO CC/2002) | **839**

estatuto próprio, a Lei 13.146/2015, a saber: "de forma semelhante, quando qualquer das partes for pessoa com deficiência, a outra deve encetar esforços para lhe informar o conteúdo do contrato". Como se pode perceber, as proposições são necessárias para a determinação do alcance das regras ora vigentes e a sua atualização diante das normas atuais, sobretudo do Estatuto da Pessoa com Deficiência.

Quanto ao preço ou salário civil, enuncia o art. 596 do CC que ele sempre deve estar presente, para a própria configuração do contrato. Isso porque, não tendo sido estipulada a remuneração e não havendo acordo entre as partes, a retribuição será fixada por arbitramento, segundo o costume do lugar, o tempo de serviço e sua qualidade. A jurisprudência tem aplicado o dispositivo aos honorários advocatícios (TJMG, Apelação Cível 1.0024.05.625831-2/0011, 15.ª Câmara Cível, Belo Horizonte, Rel. Des. Maurílio Gabriel, j. 22.01.2009, *DJEMG* 10.02.2009). Não se pode falar em prestação de serviços se não houver remuneração, o que é herança da antiga vedação do trabalho escravo.

A análise social da prestação de serviços do mesmo modo pode ser retirada do art. 597 do CC, pois "a retribuição pagar-se-á depois de prestado o serviço, se, por convenção, ou costume, não houver de ser adiantada, ou paga em prestações". Observe-se que o pagamento ao final da prestação é preceito de ordem privada podendo a remuneração ser adiantada, pelo próprio permissivo legal. Na verdade, o que ditará o conteúdo negocial é a confiança existente entre as partes, a boa-fé.

O Código Civil de 2002 continua limitando o prazo da prestação de serviços em quatro anos (art. 598), o que também é consagração da velha regra romana de que o negócio em questão não pode ser perpétuo (*nemo potest locare opus in perpetuum*). A norma tem justificativa social na proibição do trabalho escravo, cabendo a sua transcrição:

> "Art. 598. A prestação de serviço não se poderá convencionar por mais de quatro anos, embora o contrato tenha por causa o pagamento de dívida de quem o presta, ou se destine à execução de certa e determinada obra. Neste caso, decorridos quatro anos, dar-se-á por findo o contrato, ainda que não concluída a obra".

Doutrina e jurisprudência sempre se posicionaram no sentido de que, havendo fixação de prazo superior, o contrato deve ser reputado extinto em relação ao excesso, ocorrendo redução temporal.[46] Diante do princípio da conservação dos contratos, esse entendimento deve ainda ser aplicado, buscando a preservação da autonomia privada.

Há entendimento segundo o qual a norma não se aplica às pessoas jurídicas, eis que a hipótese foge dos fins sociais que justificaram a proibição. Nesse ínterim, vejamos julgados do Tribunal de Justiça de São Paulo:

> "Apelação. Ação Ordinária para Resolução Contratual. Parcial procedência. Recurso da autora. Art. 598 do Código Civil. Inaplicabilidade à prestação de serviços de pessoas jurídicas. Renovação automática. Possibilidade. Ferramenta que possibilita maior previsibilidade das contratações. Multa. Abusividade não constatada. Contratante que é empresa de grande porte, apta a entender os termos contratuais e a ponderar os fatores preço-prazo-multa, decidindo contratar quando verifica que tais lhe são favoráveis. Sentença mantida. Recurso não provido" (TJSP, Apelação 1013340-29.2016.8.26.0100, Acórdão 10614216, São Paulo, 38.ª Câmara de Direito Privado, Rel. Des. Spencer Almeida Ferreira, j. 20.07.2017, *DJESP* 25.07.2017, p. 1.666).

---

[46] Assim concluindo: Diniz, Maria Helena. *Código Civil anotado*. 15. ed. São Paulo: Saraiva, 2010. p. 461; LÔBO, Paulo Luiz Netto. *Código Civil anotado*. In: PEREIRA, Rodrigo da Cunha. Porto Alegre: Síntese, 2004. p. 365; VENOSA, Sílvio de Salvo. *Código Civil interpretado*. São Paulo: Atlas, 2010. p. 601.

"Prestação de serviços. Cominatória. Indenizatória. Cerceamento de defesa. Ausência. Contrato de prestação de serviços. Desinteresse na renovação. Prazo contratual desobedecido. Artigo 598, do Código Civil. Inaplicabilidade a contratantes pessoas jurídicas. Vigência e validade. Fornecimento de energia elétrica. Obrigação contratual. Multa devida. Procedência mantida. Assistência Judiciária Gratuita. Pessoa jurídica. Filantropia. Assistência social. Benefício concedido. Preliminar rejeitada. Recurso parcialmente provido" (TJSP, Apelação 9081895-20.2006.8.26.0000, Acórdão 5138991, 29.ª Câmara de Direito Privado, São José dos Campos, Rel. Des. Ferraz Felisardo, j. 18.05.2011, *DJESP* 07.06.2011).

Com o devido respeito, não me filio na atualidade ao posicionamento constante nos acórdãos, eis que a regra do art. 598 do CC é preceito de ordem pública, não podendo ser contrariado por convenção entre as partes, não importando quem elas sejam.

De toda sorte, reforçando essa corrente a qual não se filia, na *I Jornada de Direito Comercial*, evento promovido pelo Conselho da Justiça Federal em outubro de 2012, aprovou-se enunciado doutrinário segundo o qual nos contratos de prestação de serviços nos quais as partes contratantes forem empresários, e a função econômica do contrato estiver relacionada à exploração de atividade empresarial, as partes poderão pactuar prazo superior aos citados quatro anos. Em suma, a contratação de prazo diverso não constituiria violação à regra do art. 598 do Código Civil (Enunciado n. 32). Nota-se, assim, que a aplicação da norma civil vem sendo colocada em xeque em algumas situações concretas.

Seguindo-se a linha do necessário aperfeiçoamento da Lei Geral Civil, em prol de maior segurança jurídica e da estabilidade para os contratos civis e empresariais, a Comissão de Juristas nomeada para a Reforma do Código Civil sugere que o art. 598 apenas mencione os contratos em que o prestador for pessoa natural, aumentando-se, ainda, por *regras de tráfego* hoje consolidadas o prazo máximo para cinco anos.

Assim, o *caput* do comando passará a enunciar o seguinte: "quando o prestador for pessoa natural, a prestação de serviço não se poderá convencionar por mais de cinco anos, embora o contrato tenha por causa o pagamento de dívida de quem o presta, ou se destine à execução de certa e determinada obra; dar-se-á por ineficaz o contrato, decorridos cinco anos, ainda que não concluída a obra". Seguem-se, ainda, as premissas da Lei da Liberdade Econômica, de valorização da força obrigatória das convenções (*pacta sunt servanda*) e de uma menor intervenção estatal nos negócios jurídicos privados em geral.

Além disso, insere-se no art. 598 do Código Civil um parágrafo único, prevendo que, se os serviços prestados não foram suficientes para pagar a dívida ou para que a obra seja concluída, o tomador de serviços terá direito a cobrar o saldo da dívida ou a exigir perdas e danos pela inexecução da obra. O objetivo, assim, é deixar evidentes regras relativas ao inadimplemento do que foi contratado entre as partes, o que vem em boa hora.

Superadas essas regras básicas, insta estudar os preceitos relativos à extinção do contrato em questão, do modo como hoje estão em vigor e as propostas feitas paras as suas modificações.

De início, a primeira norma que trata da extinção do contrato de prestação de serviço é o art. 599 do CC/2002. Por esse comando legal, sendo o referido negócio celebrado sem prazo, não podendo o elemento temporal ser retirado da sua natureza ou do costume do lugar, poderá qualquer uma das partes, a seu arbítrio e mediante prévio aviso, resolver o contrato.

Desse modo, não havendo prazo especificado, a prestação de serviço deve ser considerada como celebrada por prazo indeterminado. Esclareça-se que não há qualquer conflito em relação ao art. 598 do CC. Desse modo, o prazo máximo a ser estipulado é de quatro

CAP. 6 • CONTRATOS EM ESPÉCIE (CONTRATOS TÍPICOS DO CC/2002) | **841**

anos. Não havendo prazo previsto pelas partes, reputa-se o negócio como de prazo inde-terminado, cabendo o citado direito à extinção.

A norma em questão menciona a possibilidade de *resolução*. Todavia, não se trata de resolução propriamente dita, mas de *resilição unilateral*. Isso porque a resolução é uma forma de extinção do contrato em virtude de descumprimento. Contudo, nota-se que o comando legal não trata de descumprimento, mas sim de um direito potestativo que a parte tem em relação à extinção, nos termos do art. 473, *caput*, do Código Civil em vigor. Pode-se falar, ainda, em *denúncia vazia*, de forma unilateral.

Em complemento, o parágrafo único do art. 599 da codificação material consagra prazos específicos confusos para a denúncia do contrato, ou seja, prazos para o *aviso prévio*, a saber:

- Com antecedência de oito dias, se a retribuição se houver fixado por tempo de um mês, ou mais.

- Com antecipação de quatro dias, se a retribuição se tiver ajustado por semana, ou quinzena.

- De véspera, quando se tenha contratado por menos de sete dias.

O que se nota é que o comando legal traz prazos para o exercício do dever de informar pela parte, um dos deveres anexos ou laterais relacionados à boa-fé objetiva. Aplicam-se tais prazos tanto ao prestador quanto ao tomador de serviços, diante da proporcionalidade das prestações que deve estar presente nas relações contratuais, visando ao seu equilíbrio. Não sendo respeitados os prazos para o aviso prévio, poderá a outra parte pleitear perdas e danos.

Cabe destacar, contudo, que, além do grave problema técnico no *caput* do art. 599, percebe-se que os incisos do seu parágrafo único têm redação confusa, distante dos comuns prazos que hoje são aplicados na prática contratual, de quinze ou trinta dias. Ademais, é evidente que a norma foi criada para a tutela dos serviços prestados por pessoas naturais, sendo urgente a sua reforma e atualização diante da realidade contemporânea de contratos de prestação de serviços firmados entre pessoas jurídicas e empresas.

Por todos esses problemas, a Comissão de Juristas encarregada da Reforma do Código Civil sugere que o comando passe a mencionar a resilição em seu *caput*, com a possibi-lidade de notificação judicial ou extrajudicial da parte contrária: "Art. 599. Não havendo prazo estipulado para o contrato nem se podendo inferi-lo da sua natureza ou dos usos e costumes do lugar, qualquer das partes, a seu arbítrio, mediante prévio aviso, pode resilir unilateralmente o contrato, mediante notificação judicial ou extrajudicial". Ademais, o § 1.º do preceito passará a mencionar um prazo único de quinze dias para o aviso prévio, com a possibilidade de se convencionar o contrário: "nos casos deste artigo, não havendo prazo fixado para o contrato, dar-se-á o aviso para a resilição unilateral com antecedência de quinze dias".

Além disso, inclui-se, em boa hora, um § 2.º no art. 599 do CC/2002, para que seja possível em contratos amplamente negociados entre as partes (paritários) a cláusula de resilição unilateral, mesmo quando o contrato seja fixado sem tempo determinado. Como é notório, há grande divergência doutrinária a respeito da validade dessa previsão, pois o art. 473 menciona a resilição unilateral apenas nos casos em que a lei expressa ou implicitamente a admita, sem qualquer previsão a respeito da viabilidade jurídica de a autonomia privada criar o direito potestativo à extinção. Como se pode notar, portanto, vários problemas e dilemas práticos são resolvidos com as proposições, cuja aprovação é urgente e necessária, pelo Congresso Nacional.

# 842 | MANUAL DE DIREITO CIVIL • VOLUME ÚNICO – *Flávio Tartuce*

Voltando-se ao sistema vigente, além da prestação de serviço sem prazo, é possível que o contrato tenha um prazo determinado. Nesse caso, o art. 600 do CC preconiza que não se conta no prazo do contrato o tempo em que o prestador de serviço, por culpa sua, deixou de servir. Quanto a esse dispositivo, tem razão Washington de Barros Monteiro quando comenta que "se o prestador deixa de servir por motivo estranho à sua vontade, ou sem culpa, como, por exemplo, enfermidade, convocação para o serviço militar, sorteio como jurado, requisição para trabalhos eleitorais, serviços públicos etc., o respectivo tempo é computado no prazo contratual; mas o tempo em que o prestador deixa de servir por sua culpa exclusiva, por exemplo, viagem de recreio, ausência deliberada ao trabalho, simulação de doença, não se conta no prazo contratual, que terá, destarte, de ser completado".[47]

Em complemento, não sendo o prestador de serviço contratado para certo e determinado trabalho, entender-se-á que se obrigou a todo e qualquer serviço compatível com as suas forças e condições (art. 601 do CC). Não sendo o caso, o contrato deverá ser reputado extinto a partir do momento em que o serviço for prestado a contento. A interpretação do que sejam "forças e condições" não pode perder de vista a dignidade humana, que goza de proteção constitucional (art. 1.º, III, da CF/1988).

Os arts. 602 e 603 do Código Civil trazem regras específicas a respeito da rescisão do contrato de prestação de serviço que merecem destaque:

→ O prestador de serviço contratado por tempo certo ou por obra determinada não pode se ausentar ou se despedir, sem justa causa, antes de preenchido o tempo, ou concluída a obra. Se o prestador se despedir sem justa causa, terá direito à retribuição vencida, mas deverá pagar perdas e danos ao tomador de serviços (art. 602 do CC). O mesmo vale se o prestador for despedido por justa causa.

→ Se o prestador de serviço for despedido sem justa causa, a outra parte será obrigada a pagar-lhe por inteiro a retribuição vencida, e por metade a que lhe tocaria de então até o termo legal do contrato (art. 603 do CC). O valor correspondente à metade da prestação de serviços serve como antecipação das perdas e danos materiais. No tocante aos danos morais, lembre-se que podem ser pleiteados independentemente do que consta do dispositivo, eis que os danos imateriais não admitem qualquer tipo de tarifação ou tabelamento. Na *I Jornada de Direito Comercial* do CJF/STJ, aprovou-se correta proposta doutrinária segundo a qual nos contratos de prestação de serviços entre empresários, é lícito às partes pactuarem, para a hipótese de denúncia imotivada do contrato, multas superiores àquela prevista no art. 603 do Código Civil (Enunciado n. 33). De toda sorte, se a multa for exagerada, entendo que caberá a redução preconizada pelo art. 413 do CC/2002.

Na linha do enunciado doutrinário aprovado, onde se lê nos dispositivos *justa causa*, pode-se entender denúncia motivada. A expressão atual constitui uma cláusula geral, a ser preenchida caso a caso pelo aplicador do direito. Ilustrando a aplicação do último dispositivo, colacionam-se julgados paulistas que subsumiram o comando a prestação de serviços artísticos e de paisagismo, respectivamente:

"Cessão de direitos artísticos e prestação de serviços profissionais – Pleito de rescisão contratual, formulado por artista, cumulado com indenização por danos materiais

---

[47] MONTEIRO, Washington de Barros. *Curso de Direito Civil. Direito das obrigações.* 2.ª Parte. 34. ed. atual. por Carlos Alberto Dabus Maluf e Regina Beatriz Tavares da Silva. São Paulo: Saraiva, 2003. v. 5, p. 219.

## CAP. 6 • CONTRATOS EM ESPÉCIE (CONTRATOS TÍPICOS DO CC/2002) | 843

e morais – Reconvenção com pedido de resolução da avença por culpa do autor – Pedido de atribuição de efeito suspensivo ao recurso – Não cabimento – Hipótese prevista no artigo 520, inciso IV, do Código de Processo Civil – Ausência dos requisitos do artigo 558, do mesmo diploma legal – Rescisão unilateral do contrato, por meio de notificação extrajudicial, fundada em aventado inadimplemento contratual do autor – Impossibilidade – Necessidade de prévia rescisão judicial – Violação de cláusulas contratuais por parte do corréu Juarez – Resolução do ajuste por culpa deste – Multa contratual devida – Valor reconhecido pelo próprio autor como excessivo – Cabimento em montante inferior ao estipulado na avença – Lucros cessantes – Ocorrência – Resolução do contrato antes do prazo final convencionado – Indenização calculada nos termos do art. 603 do CC – Indenização por dano moral igualmente cabível – Desídia do produtor no gerenciamento da carreira do artista – Honorários advocatícios em pleito reconvencional – Verba devida – Independência entre ação principal e reconvenção – Apelo dos réus desprovido, acolhido, em parte, o do autor" (TJSP, Apelação 00710155020058260100, 9.ª Câmara de Direito Privado, Rel. Galdino Toledo Júnior, j. 05.05.2015, data de publicação: 05.05.2015).

"Ação de prestação de serviços de manutenção de paisagismo. Rescisão unilateral pelo contratante após prorrogação por período determinado. Condenação do contratante ao pagamento de metade da remuneração do período de junho a dezembro de 2005. Aplicação do artigo 603 do novo Código Civil. Sentença mantida. Recurso não provido" (TJSP, Apelação Cível 992.07.031763-0, Acórdão 4405716, 33.ª Câmara de Direito Privado, São Paulo, Rel. Des. Eros Piceli, j. 29.03.2010, *DJESP* 23.04.2010).

Como é claro e evidente, há necessidade de reparar os arts. 602 e 603 do Código Civil, que trazem regras específicas a respeito da rescisão do contrato de prestação de serviço, mencionando a "justa causa", em previsões mais uma vez criadas para a proteção do prestador de serviços pessoa natural, muito distantes da realidade dos contratos entre pessoas jurídicas e entre empresas. Assim, urge alterar os comandos, como está sendo proposto no Projeto de Reforma do Código Civil, elaborado pela Comissão de Juristas nomeada no âmbito do Senado Federal.

Pela proposição, o art. 602 da codificação privada passará a prever o seguinte: "o prestador de serviço contratado por tempo certo ou para obra determinada, não se pode ausentar ou denunciar imotivadamente o contrato, antes de preenchido o tempo ou concluída a obra". E, nos termos do seu parágrafo único ora projetado, com uma melhor organização ao que hoje está previsto, de forma até confusa: "vigente o prazo do contrato, se o prestador denunciar imotivamente o contrato, terá direito à retribuição vencida, mas responderá por perdas e danos, ocorrendo o mesmo se denunciado motivadamente, pela outra parte".

Também pelo que está sendo sugerido pela Comissão de Juristas, o art. 603 do Código Civil passará a enunciar que, "se denunciado imotivadamente o contrato pelo tomador, este será obrigado a pagar ao prestador do serviço por inteiro a retribuição vencida, e por metade a que lhe tocaria ao termo legal do contrato". E mais, "em se tratando de contrato de prestação de serviços, paritário e simétrico, é lícito às partes pactuarem, para a hipótese de denúncia imotivada do contrato, penalidades superiores àquelas previstas no *caput*" (parágrafo único).

Como se pode notar, as propostas em nada inovam no sistema jurídico quanto à correta interpretação das normas civis, apenas atualizando os comandos para as necessidades do mundo contemporâneo, na linha da melhor doutrina. O Código Civil deve tratar em sentido genérico as citadas categorias jurídicas, a englobar também as contratações por pessoas jurídicas ou por empresas.

Ainda sobre a extinção da prestação de serviços, findo o negócio pelo seu termo final, o prestador de serviço tem o direito de exigir da outra parte a declaração de que o

**844** | MANUAL DE DIREITO CIVIL • VOLUME ÚNICO – *Flávio Tartuce*

contrato está extinto. Igual direito lhe cabe se for despedido sem justa causa, ou se tiver havido motivo justo para deixar o serviço (art. 604 do CC). O dispositivo está sintonizado com o direito à informação, anexo à boa-fé objetiva.

Anoto que no Projeto de Reforma do Código Civil há igualmente proposta de modificação do último preceito, passando o *caput* do art. 604 a enunciar que, "encerrado o contrato, o prestador de serviço tem direito a exigir da outra parte declaração que ateste o seu fim, salvo estipulação em contrário entre as partes paritárias e simétricas". Além disso, o seu parágrafo único preverá que "igual direito lhe cabe, se houver denúncia imotivada do contrato ou se tiver havido motivo justo para deixar o serviço". Mais uma vez, nota-se que o *alvo* das proposições é o contrato de prestação de serviços celebrado por empresas e pessoas jurídicas.

O art. 605 do Código Civil hoje em vigor determina que o tomador, ou aquele a quem os serviços são prestados, não poderá transferir a outrem o direito aos serviços ajustados. Por outra via, o prestador de serviços, sem a concordância da outra parte, não poderá substituir-se para a atuação contratada. O dispositivo veda a cessão de contrato, sem que haja autorização para tanto, uma vez que a prestação de serviços é personalíssima (*intuitu personae*).

Caso o serviço seja prestado por quem não possui título de habilitação, ou por quem não satisfaça outros requisitos estabelecidos em lei, não poderá quem os prestou cobrar a retribuição normalmente correspondente ao trabalho executado. Mas se do negócio assim celebrado resultar benefício para a outra parte, o juiz atribuirá a quem o prestou uma compensação razoável, desde que tenha agido com boa-fé (art. 606 do CC). A primeira parte do comando legal veda o enriquecimento sem causa, uma vez que a pessoa que não tem a habilidade exigida não terá direito à remuneração que caberia a um perito. Por outro lado, se a pessoa prestou o serviço a contento, e de boa-fé, caberá ao juiz, por equidade, fixar uma remuneração dentro dos limites do razoável. Essa segunda parte do dispositivo valoriza a boa-fé objetiva.

Ainda no que interessa a essa situação, o parágrafo único do art. 606 determina que não se aplica essa segunda parte do dispositivo na hipótese em que a proibição da prestação de serviço resultar de lei de ordem pública, como é o caso de serviços da área da saúde (médicos, dentistas, enfermeiros, auxiliares de enfermagem, entre outros). Não há dúvidas de que a norma em questão tem um sentido ético muito importante, pois veda o exercício irregular de profissão.[48]

Foi esclarecido que a prestação de serviços é um negócio jurídico personalíssimo. Sendo assim, o contrato de prestação de serviço encerra-se com a morte de qualquer uma das partes, o que somente vale para as pessoas naturais, obviamente (art. 607 do CC). O mesmo dispositivo prevê que a prestação de serviços termina, ainda:

- – pelo escoamento do prazo;
- – pela conclusão da obra;
- – pela rescisão do contrato mediante aviso prévio;
- – por inadimplemento de qualquer das partes; ou
- – pela impossibilidade da continuação do contrato, motivada por força maior.

Anoto mais uma vez que o Projeto de Reforma do Código Civil pretende melhorar a redação do preceito, para que esse art. 607 passe a prever, em boa hora e em seu *caput*,

---

[48] ALVES, Jones Figueirêdo; DELGADO, Mário Luiz. *Código Civil anotado*. São Paulo: Método, 2005. p. 291.

CAP. 6 • CONTRATOS EM ESPÉCIE (CONTRATOS TÍPICOS DO CC/2002) | **845**

que "o contrato de prestação de serviço, celebrado por pessoas naturais, termina com a morte de qualquer das partes, salvo estipulação em contrário". Além disso, projeta-se um parágrafo único, mais tecnicamente elaborado: "também se encerra o contrato de prestação de serviços, com o seu cumprimento, pelo escoamento do prazo, pela conclusão da obra, pela resilição unilateral do contrato mediante aviso prévio, por inadimplemento de qualquer das partes ou pela impossibilidade da continuação do contrato, motivada por caso fortuito ou por força maior". A troca do termo "rescisão" por "resilição" é salutar, além da equiparação legal do caso fortuito à força maior, evitando-se debates práticos desnecessários.

Voltando-se ao sistema vigente, enuncia o art. 608 do Código Civil em vigor que: "aquele que aliciar pessoas obrigadas em contrato escrito a prestar serviço a outrem pagará a este a importância que ao prestador de serviço, pelo ajuste desfeito, houvesse de caber durante dois anos". Esse dispositivo merece comentários importantes em virtude da relação indeclinável que guarda com os princípios sociais contratuais.

De início, o comando legal traz aquilo que se denomina *tutela externa do crédito*, reconhecida pelo Enunciado n. 21 do CJF/STJ como conceito relacionado com a função social do contrato. Pela *tutela externa do crédito* é possível responsabilizar um terceiro que desrespeita o contrato, que despreza a sua existência e a sua importante função social. O art. 608 do CC traz a prefixação da indenização pelos danos materiais, devida pelo terceiro à parte contratante. Relativamente aos danos morais, ressalte-se que não podem ser tarifados, diante do princípio da especialidade, segundo parte da isonomia constitucional e da *reparação integral dos danos*.

A relação do art. 608 do CC com a boa-fé objetiva também é flagrante, uma vez que o aliciador desrespeita esse princípio ao intervir no contrato mantido entre outras duas partes. Age, portanto, com abuso de direito, em sede de autonomia privada, sendo a sua responsabilidade de natureza objetiva.

A inovação do dispositivo é notável, pois o seu correspondente no CC/1916, o art. 1.235 previa que "aquele que aliciar pessoas obrigadas a outrem por locação de serviços agrícolas, haja ou não instrumento deste contrato, pagará em dobro ao locatário prejudicado a importância, que ao locador, pelo ajuste desfeito, houvesse de caber durante 4 (quatro) anos". A aplicação anterior era restrita aos contratos agrários de locação de serviços agrícolas. Agora não mais, tendo incidência em qualquer contrato de prestação de serviços, o que pode até abranger os contratos desportivos, celebrados com técnicos e jogadores de futebol.

Ademais, a aplicação direta desse comando legal pode ocorrer no famoso e notório caso do cantor Zeca Pagodinho, que foi aliciado por uma cervejaria enquanto mantinha contrato de publicidade com outra. A empresa aliciadora responderá perante a parte contratual por desprezar a existência do contrato (*função externa da função social dos contratos*). Esse exemplo é meramente didático, pronunciado para fins de magistério, para a compreensão da matéria. Não se pretende, assim, dar pareceres sobre o caso, que ainda corre perante o Poder Judiciário.

Vale lembrar e aprofundar, a propósito, que a Quinta Câmara de Direito Privado do Tribunal de Justiça de São Paulo julgou a situação descrita na Apelação 9112793-79.2007.8.26.000, conforme acórdão proferido em 12 de junho de 2013 e relatado pelo Desembargador Mônaco da Silva. Frise-se que o julgado está fundamentado na função social do contrato e no art. 209 da Lei 9.279/1996, que trata da concorrência desleal, e não no art. 608 do CC/2002. Essa não fundamentação no dispositivo do Código Civil não prejudica o seu conteúdo, no meu entendimento.

Conforme se extrai do voto prevalecente, "assim, resta evidente que a requerida, ao aliciar o cantor ainda na vigência do contrato e veicular a campanha publicitária com referência direta à campanha produzida anteriormente pela autora, causou-lhe prejuízos, porque, por óbvio, foram inutilizados todos os materiais já produzidos pela requerente com tal campanha e perdidos eventuais espaços publicitários já adquiridos e não utilizados. O art. 421 do Código Civil prevê o princípio da função social do contrato ao prescrever que 'A liberdade de contratar será exercida em razão e nos limites da função social do contrato'. Ora, tal princípio não observado pela requerida ao aliciar o cantor contratado pela requerente e ao se comprometer a pagar eventual indenização que Zeca Pagodinho viesse a ser condenado. Ademais, a cooptação exercida pela ré constituiu patente ato de concorrência desleal, vedada pelo direito pátrio, o que impõe a sua responsabilidade pelos danos causados à autora".

Complemente-se que o *decisum* revê o entendimento da sentença de primeiro grau, que afastava o direito de indenização por não existir qualquer relação contratual direta entre as cervejarias. De fato, o julgamento monocrático deveria ser mesmo afastado, por revelar completo desconhecimento quanto à amplitude do princípio da função social do contrato, especialmente em relação à sua eficácia externa.

Outro caso rumoroso de debate sobre a aplicação do art. 608 do Código Civil envolveu o apresentador e comediante Danilo Gentile, e as redes de televisão STB e Bandeirantes. No caso concreto, julgado em outubro de 2022, discutiu-se a incidência da norma – e da teoria do terceiro cúmplice ou ofensor –, pelo fato da primeira emissora ter assediado o apresentador quando ele tinha contrato com a segunda empresa. Ao final, o Superior Tribunal de Justiça não aplicou a norma, por entender que não estavam preenchidos os requisitos de sua incidência. Vejamos trecho da ementa do acórdão:

"A interpretação do art. 608 do Código Civil de 2002 deve levar em consideração o comportamento de mercado dos concorrentes envolvidos no ramo de atividade em questão. A doutrina brasileira e a jurisprudência desta Corte Superior admitem a responsabilização de terceiro pela quebra de contrato em virtude dos postulados da função social do contrato, dos deveres decorrentes da boa-fé objetiva, da prática de concorrência desleal e da responsabilidade por ato ilícito ou abusivo. Na hipótese, não restou demonstrada a violação de tais preceitos ou a prática de aliciamento para fins de incidência do disposto no art. 608 do Código Civil de 2002. Prejudicado o fundamento subsidiário de violação do art. 186 do Código Civil de 2002, nos casos de responsabilização com fundamento no art. 608 do referido Código, a lei dispensa a prova do prejuízo, prefixando a indenização no valor que a lesada pagaria ao prestador pelo período de 2 (dois) anos" (STJ, REsp 2.023.942/SP, relator Ministro Ricardo Villas Bôas Cueva, Terceira Turma, j. 25.10.2022, *DJe* 28.10.2022).

Com o devido respeito, não me filio a tal interpretação, mas ao voto vencido da Ministra Fátima Nancy Andrighi, que cita a posição do Desembargador Marco Aurélio Bezerra de Melo, constante de nosso *Código Civil Comentado*, publicado por esta mesma casa editorial. Segundo ela, "quanto ao conceito de 'aliciar', como visto, a partir interpretação histórica, teleológica, sistemática e até literal da norma, depreende-se que aliciar consiste em seduzir, angariar, convencer ou induzir e pode ser caracterizada mediante o oferecimento de uma nova proposta, por terceiro, ao prestador já obrigado por contrato escrito a prestar serviço a outrem, incidindo a sanção pecuniária prevista no dispositivo se resultar no desfazimento do contrato". E no caso concreto, como bem pontuado pela julgadora, "todos os requisitos previstos no art. 608 do CC/2002 foram preenchidos na hipótese em exame, porquanto (I) a emissora de TV recorrente ofereceu proposta de novo contrato ao artista; (II) enquanto vigorava contrato de prestação de serviços entre ele e a emissora recorrida; (III) com o conhecimento dessa situação; e (IV) em razão dessa proposta (aliciamento), o contrato foi desfeito" (REsp 2.023.942/SP, voto da Ministra Nancy Andrighi).

CAP. 6 • CONTRATOS EM ESPÉCIE (CONTRATOS TÍPICOS DO CC/2002) | **847**

Aguardemos novas posições da Corte Superior sobre a interpretação do art. 608 do Código Civil, servindo o caso descrito, e os votos vencedor e vencido, para o devido estudo da amplitude da eficácia externa da função social do contrato e da norma citada.

Encerrando o tratamento da prestação de serviços da Lei Geral Privada, preconiza o art. 609 do CC que a alienação do prédio agrícola, onde a prestação dos serviços se opera, não importa a rescisão do contrato, ressalvando-se ao prestador de serviço a opção entre continuá-lo com o adquirente da propriedade ou com o primitivo contratante. Com precisão, Marco Aurélio Bezerra de Melo aponta que o dispositivo consagra uma exceção ao princípio da relatividade dos efeitos contratuais "ao gerar uma obrigação com eficácia real para o adquirente do prédio agrícola caso o prestador de serviços rurais queira continuar executando a sua atividade no imóvel alienado. Registre-se que a lei defere ao prestador de serviços direito potestativo de optar entre continuar com o contrato anterior ou permanecer com seu trabalho no prédio agrícola".[49]

De todo modo, não há razão para o dispositivo mencionar apenas o prédio agrícola, sendo imperioso ampliar a regra para qualquer imóvel, em prol da continuidade e da conservação do contrato de prestação de serviços nele localizado. Assim sendo, a Comissão de Juristas encarregada da Reforma do Código Civil sugere que o comando passe a expressar o seguinte: "a alienação do prédio em que a prestação dos serviços se opera não importa a extinção do contrato, podendo o prestador optar entre continuá-lo com o adquirente da propriedade ou com o primitivo contratante". Como se pode notar, trata-se de uma proposta louvável, que necessita ser aprovada pelo Parlamento Brasileiro.

Para findar o estudo do tema, pontuo que a Comissão de Juristas, em boa hora, seguindo proposições da Professora Claudia Lima Marques, almeja inserir no Código Civil um tratamento típico sobre a prestação de serviços e de acesso a conteúdos digitais, o que é mais do que necessário no mundo contemporâneo (arts. 609-A a 609-F).

Na definição proposta pela jurista, e aceita amplamente na nossa Comissão, nos termos do primeiro comando a ser incluído na Norma Geral Privada, "a prestação digital de serviço ou de acesso a seus conteúdos digitais é composta por um conjunto de prestações de fazer, economicamente relevantes, que permitam ao usuário criar, tratar, armazenar ou ter acesso a dados em formato digital, assim como partilhar, efetivar mudanças ou qualquer outra interação com dados em formato digital e no ambiente virtual" (art. 609-A).

Em termos gerais, as novas regras propostas tratam: *a)* da atuação dos prestadores de serviços e de conteúdo digital, conforme a boa-fé objetiva e a transparência (art. 609-B); *b)* do seu dever de notificação dos usuários, em sistema de suporte claro e duradouro, sobre quaisquer propostas de alteração das suas cláusulas contratuais gerais, sendo nulas as cláusulas que imponham unilateralmente alterações aos contratos ou extensão de efeitos retroativos a cláusulas contratuais, exceto se mais benéficas para os usuários, mesmo que empresários (art. 609-C); *c)* da determinação de que contrato de prestação de serviço pode ser celebrado por tempo determinado e renovável, mantendo-se ao menos pelo tempo necessário para a compensação dos investimentos realizados pelas partes (art. 609-D); *d)* do dever de os prestadores de serviços digitais tomarem medidas para salvaguardar a segurança esperada e necessária para o meio digital e a natureza do contrato, em especial contra fraudes, contra programas informáticos maliciosos, contra violações de dados ou contra a criação de outros riscos em matéria de cibersegurança, sob pena de sua responsabilização civil (art. 609-E); *e)* da necessidade de que a utilização de inteligência artificial na prestação do serviço digital

---

[49] MELO, Marco Aurélio Bezerra de. *Novo Código Civil anotado*. Rio de Janeiro: Lumen Juris, 2004. v. III, t. I, p. 309.

# 848 | MANUAL DE DIREITO CIVIL • VOLUME ÚNICO – *Flávio Tartuce*

seja claramente identificada, seguindo-se os padrões éticos segundo os princípios da boa-fé e da função social do contrato (art. 609-F); e *f)* da possibilidade de aplicação de outras leis para o contrato em questão, como o Código de Defesa do Consumidor, bem como de princípios constantes de convenções de que País seja signatário, envolvendo, direta ou indiretamente, os serviços prestados no ambiente digital (art. 609-G).

A aprovação das propostas, em prol do *Direito Civil Digital*, um dos motes da Reforma, é mais do que necessária, é essencial, sobretudo para a esperada segurança jurídica nas relações privadas.

## 6.8 DA EMPREITADA (ARTS. 610 A 626 DO CC)

### 6.8.1 Conceito e natureza jurídica

O contrato de empreitada sempre foi visualizado como uma forma especial ou espécie de prestação de serviço.[50] Por meio desse negócio jurídico, uma das partes – empreiteiro ou prestador – obriga-se a fazer ou a mandar fazer determinada obra, mediante uma determinada remuneração, a favor de outrem – dono de obra ou tomador. Mesmo sendo espécie de prestação de serviço, com esse contrato a empreitada não se confunde, principalmente no tocante aos seus efeitos, conforme poderá ser percebido a partir de então.

A partir do que há de melhor na doutrina, três são as modalidades de empreitada, retiradas do art. 610 do CC:[51]

> a) *Empreitada sob administração*: é aquela em que o empreiteiro apenas administra as pessoas contratadas pelo dono da obra, que também fornece os materiais.
>
> b) *Empreitada de mão de obra* ou *de lavor*: é aquela em que o empreiteiro fornece a mão de obra, contratando as pessoas que irão executar a obra. Os materiais, contudo, são fornecidos pelo dono da obra.
>
> c) *Empreitada mista* ou *de lavor e materiais*: é aquela em que o empreiteiro fornece tanto a mão de obra quanto os materiais, comprometendo-se a executar a obra inteira. Nesse caso, o empreiteiro assume *obrigação de resultado* perante o dono da obra. Conforme § 1.º do art. 610 do CC, a obrigação de fornecer materiais não pode ser presumida, resultando da lei ou da vontade das partes.

A respeito da natureza jurídica do negócio em questão, trata-se de um contrato bilateral (*sinalagmático*), oneroso, comutativo, consensual e informal. Como se nota, as características são as mesmas da prestação de serviço, diante da grande similaridade entre os dois negócios jurídicos.

Não se pode confundir o contrato de empreitada com o de elaboração de um simples projeto de obra, assumido por um engenheiro ou arquiteto. Nesse sentido, dispõe o § 2.º

---

[50] Nesse sentido, ver: FRANÇA, Rubens Limongi. *Instituições de Direito Civil*. 4. ed. São Paulo: Saraiva, 1996. p. 786-795.

[51] Nessa linha: MONTEIRO, Washington de Barros. *Curso de Direito Civil. Direito das obrigações*. 2.ª Parte. 34. ed. atual. por Carlos Alberto Dabus Maluf e Regina Beatriz Tavares da Silva. São Paulo: Saraiva, 2003. v. 5, p. 224; Pereira, Caio Mário da Silva. *Instituições de Direito Civil*. 1. ed. atual. por Régis Fichtner. Rio de Janeiro: Forense, 2004. v. III, p. 316; DINIZ, Maria Helena. *Código Civil anotado*. 15. ed. São Paulo: Saraiva, 2010. p. 466-467.

# CAP. 6 • CONTRATOS EM ESPÉCIE (CONTRATOS TÍPICOS DO CC/2002) | 849

do art. 610 do CC que o contrato para elaboração de um projeto não implica a obrigação de executá-lo, ou de fiscalizar-lhe a execução. Na prática, portanto, a pessoa que elabora o projeto não é a mesma que desenvolve ou "toca a obra", em regra. Isso reforça a tese de que a própria empreitada não pode ser presumida. Nas hipóteses em que um profissional executa esse projeto, haverá uma prestação de serviço, que pode ou não ser caracterizada como relação de consumo ou relação de emprego.

Superada essa análise preliminar, passa-se ao estudo específico das regras relacionadas com a empreitada constantes do CC/2002. Antes, apenas esclareça-se que, na *I Jornada de Direito Comercial*, evento promovido pelo Conselho da Justiça Federal no ano de 2012, aprovou-se proposta segundo a qual com exceção da garantia contida no art. 618 do Código Civil, os demais artigos aplicáveis especialmente ao contrato de empreitada aplicar-se-ão somente de forma subsidiária às condições contratuais acordadas pelas partes de contratos complexos de engenharia e construção (Enunciado n. 34). Tais contratos são estudados pela disciplina Direito Comercial ou Empresarial.

## 6.8.2 Regras da empreitada no CC/2002

Expressa o art. 611 do CC/2002 que, na hipótese de o empreiteiro fornecer os materiais, correrão por sua conta os riscos até o momento da entrega da obra, a contento de quem a encomendou, se este não estiver em mora de receber. Mas se o dono da obra estiver em atraso no recebimento, por sua conta correrão os riscos. Complementando, enuncia o art. 612 do Código Civil que se o empreiteiro só forneceu mão de obra, todos os riscos em que não tiver culpa correrão por conta do dono.

Pela *soma* dos dois artigos, nota-se que a obrigação do empreiteiro é de resultado quando a empreitada for mista. Por outro lado, sendo a empreitada de lavor, a obrigação do empreiteiro será de meio ou de diligência. Isso faz com que a responsabilidade do empreiteiro, em face do dono da obra, seja objetiva, na empreitada mista; e subjetiva, ou dependente de culpa, na empreitada de mão de obra.

Na verdade, a responsabilidade do empreiteiro em face do dono da obra já é objetiva pelo que consta do Código de Defesa do Consumidor, que trata da responsabilidade pelo vício e pelo fato do produto e do serviço, nos seus arts. 18 e 14. Para a subsunção dessas regras, porém, é preciso estar configurada a relação de consumo, ou seja, que o empreiteiro seja profissional na sua atividade e o dono da obra destinatário final do serviço (ver: STJ, REsp 706.417/RJ, 3.ª Turma, Rel. Min. Nancy Andrighi, j. 13.02.2007, *DJ* 12.03.2007, p. 221).

Na ótica do CDC, se o serviço for prestado por um profissional liberal, a sua responsabilidade é subjetiva no caso de fato do serviço (art. 14, § 4.º, do CDC). Mas, exceção deve ser feita se o empreiteiro assumiu obrigação de resultado, sendo a empreitada mista. Essas conclusões foram retiradas da aplicação da tese do *diálogo das fontes* e da incidência da norma consumerista. A jurisprudência paulista já aplicou tais premissas, citando a aclamada teoria:

> "Responsabilidade civil. Defeito em construção. Contrato de empreitada mista. Responsabilidade objetiva do empreiteiro. Análise conjunta do CC e CDC. Diálogo das fontes. Sentença mantida. Recurso improvido" (TJSP, Apelação com Revisão 281.083.4/3, Acórdão 3196517, 8.ª Câmara de Direito Privado, Bauru, Rel. Des. Caetano Lagrasta, j. 21.08.2008, *DJESP* 09.09.2008).

Em complemento, ainda no que concerne às regras específicas da responsabilidade do empreiteiro em relação ao dono da obra, dispõe o art. 617 do Código Civil em vigor que

# 850 | MANUAL DE DIREITO CIVIL • VOLUME ÚNICO – *Flávio Tartuce*

o empreiteiro é obrigado a pagar os materiais que recebeu, se por imperícia ou negligência os inutilizou. O dispositivo traz hipótese de responsabilização mediante culpa, pela menção à imperícia e à negligência (responsabilidade subjetiva).

Também a respeito da responsabilidade do empreiteiro, sendo a empreitada unicamente de lavor, se a coisa perecer antes de ser entregue, sem mora do dono nem culpa do empreiteiro, este perderá a retribuição a que tem direito. No entanto, se o empreiteiro provar que a perda resultou de defeito dos materiais e que em tempo reclamou contra a sua quantidade ou qualidade, não perderá a retribuição (art. 613 do CC).

Uma regra que sempre é comentada quanto à responsabilidade do empreiteiro em relação ao dono da obra é a constante do art. 618 do atual Código Civil, a saber:

> "Art. 618. Nos contratos de empreitada de edifícios ou outras construções consideráveis, o empreiteiro de materiais e execução responderá, durante o prazo irredutível de cinco anos, pela solidez e segurança do trabalho, assim em razão dos materiais, como do solo. Parágrafo único. Decairá do direito assegurado neste artigo o dono da obra que não propuser a ação contra o empreiteiro, nos cento e oitenta dias seguintes ao aparecimento do vício ou defeito".

O dispositivo consagra dois prazos diferentes. No *caput* está previsto um prazo de garantia legal, específico para os casos de empreitada, a ser respeitado pelo empreiteiro. O prazo de cinco anos refere-se à estrutura do prédio, à sua solidez e à segurança do trabalho (prazo decadencial).

Em relação ao parágrafo único, filia-se à corrente que aponta que o prazo específico para a resolução (redibição) do negócio celebrado é de 180 dias, contados do aparecimento do problema, desde que o direito esteja fundado na presença do vício mencionado no *caput*, ou seja, um problema estrutural do prédio. Esse prazo é também decadencial, pois a ação redibitória é essencialmente constitutiva negativa.

Por outra via, para que o dono da obra pleiteie perdas e danos em decorrência de alguma conduta lesiva provocada pelo empreiteiro, deve ser aplicado o art. 206, § 3.º, inc. V, do CC (prazo prescricional de 3 anos), em caso de sua responsabilidade extracontratual; ou mesmo o art. 27 do CDC (prazo prescricional de 5 anos), havendo relação jurídica de consumo. Esse é o teor do Enunciado n. 181 do CJF/STJ, aprovado na *III Jornada de Direito Civil*: "o prazo referido no art. 618, parágrafo único, do CC refere-se unicamente à garantia prevista no *caput*, sem prejuízo de poder o dono da obra, com base no mau cumprimento do contrato de empreitada, demandar perdas e danos". Na minha opinião doutrinária, deve ser tida como superada a Súmula 194 do STJ, de 1997, que consagrava um prazo prescricional de 20 anos para se obter, do construtor, indenização por defeitos da obra.

No que concerne ao prazo para se pleitear indenização por descumprimento contratual que ocasiona prejuízos (responsabilidade civil contratual), estou filiado à posição do STJ que aplica o prazo geral de dez anos, do art. 205 do Código Civil de 2002. Nos termos de correta ementa do Tribunal da Cidadania:

> "Possibilidade de responsabilização do construtor pela fragilidade da obra, com fundamento tanto no art. 1.245 do CCB/1916 (art. 618 do CCB/2002), em que a sua responsabilidade é presumida, ou com fundamento no art. 1.056 do CCB/1916 (art. 389 CCB/2002), em que se faz necessária a comprovação do ilícito contratual, consistente na má-execução da obra. Enunciado 181 da *III Jornada de Direito Civil*. Na primeira hipótese, a prescrição era vintenária na vigência do CCB/1916 (cf. Sumula

CAP. 6 • CONTRATOS EM ESPÉCIE (CONTRATOS TÍPICOS DO CC/2002) | **851**

194/STJ), passando o prazo a ser decadencial de 180 dias por força do disposto no parágrafo único do art. 618 do CC/2002. Na segunda hipótese, a prescrição, que era vintenária na vigência do CCB/1916, passou a ser decenal na vigência do CCB/2002. Precedente desta Turma. O termo inicial da prescrição é a data do conhecimento das falhas construtivas, sendo que a ação fundada no art. 1.245 do CCB/1916 (art. 618 do CCB/2002) somente é cabível se o vício surgir no prazo de cinco anos da entrega da obra. Inocorrência de prescrição ou decadência no caso concreto" (STJ, REsp 1.290.383/SE, 3.ª Turma, Rel. Min. Paulo de Tarso Sanseverino, j. 11.02.2014, *DJe* 24.02.2014).

Na mesma linha, mais recentemente, merece colação em destaque outro acórdão superior, que traz interessante debate sobre a incidência de prazo decadencial previsto no Código de Defesa do Consumidor, no tratamento relativo aos vícios do produto:

"Direito civil e do consumidor. Recurso especial. Ação de indenização por danos materiais. Promessa de compra e venda de imóvel. Embargos de declaração. Omissão, contradição ou obscuridade. Ausência. Acórdão recorrido. Fundamentação adequada. Defeitos aparentes da obra. Metragem a menor. Prazo decadencial. Inaplicabilidade. Pretensão indenizatória. Sujeição à prescrição. Prazo decenal. Art. 205 do Código Civil. (...). É de 90 (noventa) dias o prazo para o consumidor reclamar por vícios aparentes ou de fácil constatação no imóvel por si adquirido, contado a partir da efetiva entrega do bem (art. 26, II e § 1.º, do CDC). No referido prazo decadencial, pode o consumidor exigir qualquer das alternativas previstas no art. 20 do CDC, a saber: a reexecução dos serviços, a restituição imediata da quantia paga ou o abatimento proporcional do preço. Cuida-se de verdadeiro direito potestativo do consumidor, cuja tutela se dá mediante as denominadas ações constitutivas, positivas ou negativas. Quando, porém, a pretensão do consumidor é de natureza indeniza-tória (isto é, de ser ressarcido pelo prejuízo decorrente dos vícios do imóvel) não há incidência de prazo decadencial. A ação, tipicamente condenatória, sujeita-se a prazo de prescrição. À falta de prazo específico no CDC que regule a pretensão de indenização por inadimplemento contratual, deve incidir o prazo geral decenal pre-visto no art. 205 do CC/2002, o qual corresponde ao prazo vintenário de que trata a Súmula 194/STJ, aprovada ainda na vigência do Código Civil de 1916 ('Prescreve em vinte anos a ação para obter, do construtor, indenização por defeitos na obra')" (STJ, REsp 1.534.831/DF, 3.ª Turma, Rel. Min. Ricardo Villas Bôas Cueva, Rel. p/ Acórdão Min. Nancy Andrighi, j. 20.02.2018, *DJe* 02.03.2018).

Como está evidente pelos meus comentários doutrinários e anotações quanto à juris-prudência, o art. 618 do Código Civil necessita de reparos urgentes, em prol da segurança jurídica. Por isso, a Comissão de Juristas encarregada da Reforma do Código Civil, e no-meada no âmbito do Senado Federal, sugere alterações no seu conteúdo.

Nesse contexto, propõe-se que o *caput* do comando passe a prever que, "nos contratos de empreitada de edifícios ou outras construções consideráveis, o empreiteiro de materiais e execução estará sujeito ao regime dos vícios ocultos, durante o prazo irredutível de cinco anos, respondendo pela solidez e segurança do trabalho, assim em razão dos materiais, como do solo". Sobre a decadência para a alegação desses vícios, o novo § 1.º preverá, com clareza, que "decairá do direito à garantia assegurada no caput dono de obra que não notificar o empreiteiro, judicial ou extrajudicialmente, no prazo decadencial de cento e oitenta dias, contados do aparecimento do vício".

Por fim, sobre o prazo prescricional eventualmente aplicável, que passará a ser de cinco anos (art. 205), o projetado § 2.º do art. 618 disporá o seguinte: "a decadência do direito à garantia legal prevista neste artigo não extingue a pretensão de reparação de danos em face do empreiteiro, sujeita ao prazo geral previsto neste Código". Espera-se, com isso, a superação de todas as divergências verificadas nos mais de vinte anos de vigência da atual Lei Geral Privada.

Superada essa questão, voltando-se ao sistema em vigor, concluída a obra de acordo com o ajuste, ou o costume do lugar, o dono é obrigado a recebê-la. Essa é a regra constante do art. 615 do Código Civil em vigor que prevê que o dono da obra poderá rejeitá-la, se o empreiteiro se afastou das instruções recebidas e dos planos dados, ou das regras técnicas em trabalhos de tal natureza. Nesses casos incidem as regras previstas para o inadimplemento da obrigação e da responsabilidade civil contratual (arts. 389 a 391 do CC).

Eventualmente, poderá o dono da obra requerer abatimento proporcional no preço, caso o serviço não tenha sido prestado a contento pelo empreiteiro (art. 616 do CC). A norma tem relação direta com a vedação do enriquecimento sem causa (art. 884 do CC). Aplicando-a, pode ser transcrito o seguinte julgado do Tribunal do Paraná:

> "Apelação cível. Cobrança de contrato de empreitada. As provas juntadas aos autos foram devidamente analisadas e valoradas pelo juiz sentenciante. Obra com defei-tos na estrutura e no acabamento, responsabilidade do apelante pela má execução da obra. Abatimento no preço. Incidência do art. 616, do Código Civil. Recurso desprovido. Sentença mantida" (TJPR, Apelação Cível 0483253-5, 7.ª Câmara Cível, Curitiba, Rel. Juiz Convocado Francisco Luiz Macedo Junior, *DJPR* 25.07.2008, p. 60).

Relativamente ao pagamento da remuneração, mais bem denominado como *preço*, expressa o art. 614 da codificação material que, "se a obra constar de partes distintas, ou for de natureza das que se determinam por medida, o empreiteiro terá direito a que também se verifique por medida, ou segundo as partes em que se dividir, podendo exigir o pagamento na proporção da obra executada". Essa é a empreitada por medida (*ad mensuram*) ou *marché sur devis*, em que a execução do serviço é pactuada pelo empreiteiro e pelo dono da obra em partes.

O preço da empreitada pode ser ainda estipulado para a obra inteira, ou seja, por *preço global*, não se levando em conta o fracionamento da atividade desenvolvida pelo empreiteiro ou o resultado dela. Em casos tais, está presente a empreitada *marché à forfait*.

Os dois parágrafos do art. 614 complementam o tratamento da matéria. O § 1.º enuncia que tudo o que se pagou presume-se verificado. De acordo com o § 2.º, o que se mediu presume-se verificado se, em trinta dias, a contar da medição, não forem denunciados os vícios ou defeitos pelo dono da obra ou por quem estiver incumbido da sua fiscalização. As presunções são relativas (*iuris tantum*), admitindo prova ou mesmo previsão em contrário.

O art. 619 do Código Civil em vigor trata da *empreitada com preço fixo absoluto* e da *empreitada com preço fixo relativo*.[52] Enuncia esse comando legal que, salvo estipulação em contrário, o empreiteiro que se incumbir de executar uma obra, segundo plano aceito por quem a encomendou, não terá direito a exigir acréscimo no preço (*empreitada com preço fixo absoluto*). Isso, mesmo que sejam introduzidas modificações no projeto, a não ser que estas resultem de instruções escritas do dono da obra (*empreitada com preço fixo relativo*). Aplicando a ideia de preço fixo absoluto em uma relação de consumo, cumpre transcrever:

> "Apelação cível. Ação de indenização. Danos materiais. Contrato de empreitada. Inexecução contratual. Dever de reparar os danos. Alteração do preço. Inadmissibi-lidade. Rescisão do contrato. Prova da inadimplência. Ônus da prova. Obriga-se a

---

[52] Ver: DINIZ, Maria Helena. *Código Civil anotado*. 15. ed. São Paulo: Saraiva, 2010. p. 470-471.

empreiteira, contratada por preço certo e que assumiu o custeio da mão de obra e do material de construção, a entregar a obra nos termos ajustados. Cabe à construtora realizar previsão de custo utilizando os seus conhecimentos específicos da área, bem como da prática no mercado, para dar segurança ao consumidor acerca das despesas demandadas, sendo vedada a alteração ulterior do preço sob o fundamento de necessidade de acréscimo à obra ou aumento do custo do material ou da mão de obra, pois essas oscilações devem ser ponderadas pela empreiteira no momento da formação do ajuste. Entendimento que decorre do art. 619 do Código Civil em vigor. Incumbe à empreiteira o ônus de comprovar o inadimplemento do contratante, como motivo justificador de sua negativa em concluir a obra. Demonstrado o ilícito contratual, o dano e o nexo de causalidade, cabe o dever de indenizar, podendo ser diferido para cálculo em liquidação por artigos o valor da prestação devida para compensar o autor pelo pagamento total da obra que foi realizada apenas em parte" (TJMG, Acórdão 1.0024.05.694640-3/001, 14.ª Câmara Cível, Belo Horizonte, Rel. Des. Heloisa Combat, j. 18.08.2006, *DJMG* 11.10.2006).

Eventualmente, ainda que não tenha havido autorização escrita, o dono da obra é obrigado a pagar ao empreiteiro todos os aumentos e acréscimos da obra, segundo o que for arbitrado, se, sempre presente à obra, por continuadas visitas, não podia ignorar o que se estava passando, e nunca protestou (parágrafo único do art. 619 do CC). O objetivo da norma é o de evitar a onerosidade excessiva, por meio da revisão contratual, o que representa aplicação da *teoria da quebra da base objetiva do negócio jurídico*, de Karl Larenz.

O último dispositivo não trata da cláusula *rebus sic stantibus* ou da teoria da imprevisão, a justificar a revisão do contrato. Isso porque o comando legal não faz menção a eventos imprevisíveis ou extraordinários a motivar a dita revisão. Em suma, o art. 619, parágrafo único, do CC está mais próximo do art. 6.º, inc. V, do CDC do que dos arts. 317 e 478 do próprio CC.

Caso ocorra uma diminuição no preço do material ou da mão de obra superior a um décimo do preço global convencionado, poderá este ser revisto, a pedido do dono da obra, para que se lhe assegure a diferença apurada (art. 620 do CC). Trata-se de importante inovação, mais uma vez visando equilibrar o negócio jurídico celebrado, mantendo a sua base estrutural, o *sinalagma obrigacional.*

No Projeto de Reforma do Código Civil pretende-se incluir neste último dispositivo um parágrafo único, estabelecendo, em boa hora, que, "em contrato simétrico e paritário que tratar de empreitada de edifícios, de construções consideráveis ou de obras complexas de engenharia, poderão as partes afastar o disposto no *caput*, contanto que o façam expressamente e por escrito". Segue-se, portanto, a linha de um aumento da liberdade para os grandes contratos, geralmente celebrados entre empresas de porte econômico considerável.

Retornando-se ao sistema ainda em vigor, diante da boa-fé objetiva, sem a anuência de seu autor, não pode o proprietário da obra introduzir modificações no projeto por ele aprovado, ainda que a execução seja confiada a terceiros. Exceção é feita diante da função social dos contratos e das obrigações, quando, por motivos supervenientes ou razões de ordem técnica, ficar comprovada a inconveniência ou a excessiva onerosidade de execução do projeto em sua forma originária (art. 621 do CC).

Em complemento, o parágrafo único do comando aduz que a proibição de modificações no projeto aprovado não abrange as alterações de pouca monta, ressalvada sempre a unidade estética da obra projetada. Para a conclusão do que seja alteração de pouca monta deve-se analisar caso a caso.

Como é notório, a execução da obra poderá ser transferida a terceiro. Isso ocorre, por exemplo, na empreitada de mão de obra ou de lavor, sendo denominada *subempreitada*,

## 854 | MANUAL DE DIREITO CIVIL • VOLUME ÚNICO – *Flávio Tartuce*

que pode ocorrer de forma total ou parcial. Porém, sendo a execução da obra confiada a terceiros, a responsabilidade do autor do projeto respectivo, desde que não assuma a direção ou fiscalização da obra, ficará limitada ao prazo de garantia de cinco anos pela solidez da obra (art. 622 do CC).

Observo que esse dispositivo hoje menciona os "danos resultantes dos defeitos previstos no art. 618 e seu parágrafo único"; e o Projeto de Reforma do Código Civil pretende alterá-lo para que, melhor tecnicamente, passe a mencionar os *vícios*, como realmente são: "Art. 622. Se a execução da obra for confiada a terceiros, a responsabilidade do autor do projeto respectivo, desde que não assuma a direção ou fiscalização daquela, ficará limitada aos danos resultantes de vícios previstos no art. 618 e seus parágrafos". Trata-se de mero ajuste redacional, que melhora a compreensão do dispositivo citado.

Mesmo após iniciada a construção, poderá o dono da obra suspendê-la, desde que pague ao empreiteiro as despesas e os lucros relativos aos serviços já feitos, mais o pagamento de uma indenização razoável, calculada em função do que ele teria ganho, se concluída a obra (art. 623 do CC). Esse dispositivo legal trata da *execução frustrada da obra por decisão do seu dono*, cumprindo-lhe indenizar o empreiteiro das despesas que teve, dos lucros relativos ao serviço executado e dos lucros cessantes em face da não conclusão da obra.

Dispõe o art. 624 do atual Código que, suspensa a execução da empreitada sem justa causa, responde o empreiteiro por perdas e danos. O dispositivo tem grande aplicação prática, eis que a situação é corriqueira no Brasil. Na verdade, conforme destaca Jones Figueirêdo Alves, a solução final não é a suspensão do contrato, mas a sua extinção por inadimplemento (resolução com perdas e danos).[53]

A suspensão da obra está autorizada no art. 625 do CC, nas seguintes hipóteses:

- Por culpa do dono, ou por motivo de força maior.
- Quando, no decorrer dos serviços, se manifestarem *dificuldades imprevisíveis* de execução, resultantes de causas geológicas ou hídricas, ou outras semelhantes, de modo que torne a empreitada excessivamente onerosa, e o dono da obra se opuser ao reajuste do preço inerente ao projeto por ele elaborado.
- Se as modificações exigidas pelo dono da obra, por seu vulto e natureza, forem desproporcionais ao projeto aprovado, ainda que o dono se disponha a arcar com o acréscimo de preço. Encerrando o estudo da matéria, destaque-se que, ao contrário do que ocorre com a prestação de serviços, o contrato de empreitada, em regra, não é personalíssimo, o que causa estranheza. Dispõe o art. 626 do CC que o contrato de empreitada não será extinto por morte de qualquer das partes, salvo se isso for ajustado, em consideração às qualidades pessoais do empreiteiro. A exceção é feita justamente para o caso de constar do contrato que o negócio é *intuitu personae*, ou seja, personalíssimo em relação ao empreiteiro. A estranheza é causada pelo fato de ser a prestação de serviço, gênero da empreitada, um contrato personalíssimo, sendo extinto pela morte de qualquer das partes (art. 607 do CC). Ora, a mesma solução deveria ocorrer na empreitada, que é espécie daquele contrato. Pela solução dada pelo art. 626 do CC, a presunção é que o filho do empreiteiro também se dedica à mesma atividade de seu pai, uma vez que, em caso de falecimento do último, deverá seguir a obra.

---

[53] ALVES, Jones Figueirêdo. *Código Civil comentado*. 6. ed. Coord. Ricardo Fiuza e Regina Beatriz Tavares da Silva. São Paulo: Saraiva, 2008. p. 571-572.

CAP. 6 • CONTRATOS EM ESPÉCIE (CONTRATOS TÍPICOS DO CC/2002) | **855**

## 6.9 DO DEPÓSITO (ARTS. 627 A 652 DO CC)

### 6.9.1 Conceito e natureza jurídica

Pelo contrato de depósito, o depositário recebe um objeto móvel e corpóreo, para guardar, até que o depositante o reclame. De acordo com a manifestação da vontade, o depósito pode ser classificado em *voluntário* ou *necessário* (ou obrigatório), subdividindo-se este último em *legal* e *miserável*.

O esquema a seguir demonstra o tratamento dado pela lei ao contrato em questão:

| | *Voluntário* (resulta da vontade das partes) | |
|---|---|---|
| **Depósito** | *Necessário* (ou obrigatório) | Legal (resulta da lei) |
| | | Miserável (calamidade pública) |

Em relação ao objeto, o depósito também pode ser classificado em *regular*, quando se tratar de coisa infungível; e *irregular*, quando se tratar de coisa fungível:

| | Regular | Coisa infungível |
|---|---|---|
| **Depósito** | Irregular | Coisa fungível |

O depósito é um contrato, em regra, unilateral e gratuito (art. 628 do CC). Entretanto, é possível o depósito bilateral e oneroso, diante de convenção das partes, atividade ou profissão do depositário. Há depósito oneroso naqueles contratos de guarda em cofres prestados por instituições bancárias, negócios esses que podem ser configurados como contratos de consumo, aplicando-lhes o CDC (nesse sentido, ver: TJSP, Apelação 7132284-2, Acórdão 2615160, 21.ª Câmara de Direito Privado, São Paulo, Rel. Des. Richard Paulo Pae Kim, j. 15.05.2008, *DJESP* 02.06.2008).

No último caso, anote-se que as empresas financeiras têm o costume de denominar o contrato como de locação, com o intuito de excluir sua responsabilidade, o que não pode prevalecer. Na linha de incidência da Norma Consumerista, os Tribunais vinham entendendo ser nula qualquer cláusula que limita ou afasta a responsabilidade da instituição bancária, aplicação direta dos arts. 25 e 51, inc. I, do Código de Defesa do Consumidor (STJ, REsp 1.133.111/PR, 3.ª Turma, Rel. Min. Sidnei Beneti, j. 06.10.2009, *DJe* 05.11.2009; e TJSP, Apelação 7218784-7, Acórdão 3437153, 21.ª Câmara de Direito Privado, Piracicaba, Rel. Des. Ademir de Carvalho Benedito, j. 03.12.2008, *DJESP* 05.02.2009).

Ato contínuo de estudo, o cliente-consumidor deveria apenas fazer a *prova mínima* a respeito do conteúdo do cofre, cabendo a inversão do ônus da prova preconizada pelo art. 6.º, inc. VIII, da Lei 8.078/1990. Em outras palavras, a partir de então o banco é quem deve provar que o conteúdo alegado não está no interior do cofre (nesse sentido: STJ, AgRg-REsp 888.680/DF, 4.ª Turma, Rel. Min. Luis Felipe Salomão, j. 04.08.2011, *DJe* 15.08.2011; e STJ, REsp 974.994/SP, 3.ª Turma, Rel. Min. Fátima Nancy Andrighi, j. 05.06.2008, *DJe* 03.11.2008).

De todo modo, na atual composição do STJ, surgiram julgados admitindo a limitação da responsabilidade do banco pelo cofre e tratando o contrato como de locação, e não como depósito, o que representa retrocesso e violação às citadas normas do CDC. Assim concluindo, por exemplo: "nos contratos de aluguel de cofre, não é abusiva a cláusula que impõe limite aos valores e objetos que podem ser armazenados, sobre os quais incidirá a obrigação de segurança e proteção. Precedentes" (STJ, Ag. Int no AREsp 772.822/SP, 4.ª Turma, Rel. Min. Maria Isabel Gallotti, j. 30.08.2018, *DJe* 11.09.2018).

Ou, ainda, reconhecendo a validade apenas da cláusula limitativa de indenização:

> "O contrato bancário de locação de cofre particular é espécie contratual mista que conjuga características tanto de um contrato de depósito quanto de um contrato de locação, qualificando-se, ainda, pela verdadeira prestação dos serviços de segurança e guarda oferecidos pela instituição financeira locadora, ficando o banco locador responsável pela guarda e vigilância do recipiente locado, respondendo por sua integridade e inviolabilidade. A prática de crimes por terceiros que importem no arrombamento do cofre locado (roubo/furto) constitui hipótese de fortuito interno, revelando grave defeito na prestação do serviço bancário contratado, provocando para a instituição financeira o dever de indenizar seus consumidores pelos prejuízos eventualmente suportados. Não se revela abusiva a cláusula meramente limitativa do uso do cofre locado, ou seja, aquela que apenas delimita quais são os objetos passíveis de serem depositados em seu interior pelo locatário e que, consequentemente, estariam resguardados pelas obrigações (indiretas) de guarda e proteção atribuídas ao banco locador. A não observância, pelo consumidor, de regra contratual limitativa que o impedia de, sem prévia comunicação e contratação de seguro específico, depositar no interior do cofre bens de valor superior ao expressamente fixado no contrato exime o banco locador do dever de reparação por prejuízos materiais diretos relativos à perda dos bens excedentes ali indevidamente armazenados. Precedente" (STJ, Ag. Int. nos EDcl. no AREsp 1.206.017/SP, 3.ª Turma, Rel. Min. Ricardo Villas Bôas Cueva, j. 25.11.2019, *DJe* 27.11.2019).

Mesmo a última conclusão parece entrar em conflito com os arts. 25 e 51, inc. I, do CDC, não podendo prevalecer na Corte, com o devido respeito.

Sendo o depósito oneroso ou sinalagmático, não constando da lei ou de convenção o valor da remuneração do depositário, será essa determinada pelos costumes do lugar e, na falta destes, por arbitramento (art. 628, parágrafo único, do CC).

O contrato em questão é comutativo e também personalíssimo (*intuitu personae*), fundado na confiança do depositante em relação ao depositário. Em tom didático, *o depositante deposita confiança no depositário*. É um contrato temporário, que pode ser fixado por prazo determinado ou indeterminado. Constitui contrato real, pois, a exemplo do comodato e do mútuo, tem aperfeiçoamento com a entrega da coisa a ser depositada (tradição).

Restam dúvidas se o contrato é formal ou informal pelo que consta do art. 646 do CC: "o depósito voluntário provar-se-á por escrito". Conclui-se que o contrato é informal e não solene. Isso porque o dispositivo trata da sua prova (*ad probationem*), o que está no plano da eficácia do negócio jurídico, e não no da sua validade.

Apesar da similaridade, o contrato não se confunde com o comodato. No depósito o depositário apenas guarda a coisa, tendo uma *obrigação de custódia*, sem poder usá-la. No comodato, a coisa é utilizada pelo comodatário. Apesar de serem institutos diferentes, ambos os negócios têm características próximas (contratos unilaterais e gratuitos, em regra, reais, temporários, informais ou não solenes). Não obstante isso, assim como ocorre com o comodato, o depósito tem como objeto coisas não fungíveis, em regra. Porém, repise-se que, quando o depósito tiver como objeto bens fungíveis, será denominado *depósito irregular*, aplicando-se as regras previstas para o mútuo (art. 645 do CC). Superada essa introdução, serão abordadas as regras específicas previstas para o contrato.

### 6.9.2 Regras quanto ao depósito voluntário ou convencional

O contrato de depósito é um contrato de guarda, sendo o depositário obrigado a ter na guarda e conservação da coisa depositada o cuidado e diligência que costuma ter com

# CAP. 6 • CONTRATOS EM ESPÉCIE (CONTRATOS TÍPICOS DO CC/2002) | 857

o que lhe pertence, bem como a restituí-la, com todos os frutos e acrescidos, quando o exija o depositante (art. 629 do CC).

Justamente por essa natureza do contrato é que a jurisprudência entende, há tempos e como exposto, que a cláusula de não indenizar não tem validade no contrato de depósito, particularmente no caso de depósito de joias e pedras preciosas em cofre de bancos, diante da citada aplicação do CDC (assim igualmente concluindo: 1.º TACSP, Processo 1224607-6, Apelação, Origem: São Paulo, 5.ª Câmara, j. 10.12.2003, Rel. Álvaro Torres Júnior, Revisor Manoel Mattos, Decisão: deram provimento em parte, v.u.).

Repise-se a respeito do conteúdo que estava dentro do cofre que, como há, na grande maioria das vezes, uma relação de consumo, a jurisprudência tem entendido que esse ônus cabe à instituição depositária, o que é aplicação da inversão do ônus da prova constante do art. 6.º, inc. VIII, da Lei 8.078/1990 (1.º TACSP, Processo 1150219-7/02, Recurso: Embargos Infringentes, Origem: São Paulo, 5.ª Câmara, j. 03.09.2003, Rel. Álvaro Torres Júnior, Revisor: Manoel Mattos. Apelação 1.150.219-7, no mesmo sentido). Porém, como visto, passou-se a admitir a validade da cláusula limitativa da indenização, o que é um retrocesso.

Destaco que, para resolver mais esse dilema, o atual Projeto de Reforma do Código Civil pretende incluir um parágrafo único no seu art. 629, a fim de possibilitar a cláusula de não indenizar e a limitativa da indenização apenas em contratos paritários e simétricos, seguindo-se a linha de outras projeções. Assim, nos termos da proposição, que vem em boa hora, "em contratos paritários e simétricos, é válida a cláusula de limitação ou de exclusão da responsabilidade do depositário, sendo nulas, de pleno direito, em contratos de adesão".

Se o depósito se entregou fechado, colado, selado, ou lacrado, nesse mesmo estado se manterá, devendo ser respeitado o seu sigilo (art. 630 do CC). Relembre-se a proteção do sigilo como um direito da personalidade e fundamental, sendo a vida privada da pessoa natural inviolável (art. 21 do CC e art. 5.º, inc. X, da CF/1988). Sendo descumprido esse dever por parte do depositário, o depositante poderá ingressar com ação de rescisão do contrato por resolução (inexecução voluntária), sem prejuízo da indenização cabível.

Seguindo no estudo do contrato, estatui o art. 631 do CC que, "salvo disposição em contrário, a restituição da coisa deve dar-se no lugar em que tiver de ser guardada. As despesas de restituição correm por conta do depositante". A norma não é cogente, mas dispositiva, podendo as partes dispor em contrário em relação ao local de entrega, o que é comum na prática.

Se a coisa houver sido depositada no interesse de terceiro, e o depositário tiver sido cientificado deste fato pelo depositante, não poderá o depositário exonerar-se, restituindo a coisa ao depositante, sem consentimento do terceiro (art. 632 do CC). O dispositivo constitui mais uma exceção ao princípio da relatividade dos efeitos contratuais, aproximando-se da estipulação em favor de terceiro (arts. 436 a 438 do CC). Desse modo, se o terceiro não foi cientificado, terá direito a ser indenizado.

Ainda que o contrato fixe prazo para a restituição, o depositário entregará a coisa depositada assim que esta seja exigida pelo depositante (art. 633 do CC), exceção feita aos seguintes casos:

- Se tiver o direito de retenção a que se refere o art. 644 do CC em vigor, em relação a despesas e prejuízos do depósito.
- Se o objeto for judicialmente embargado.
- Se sobre ele pender execução, notificada ao depositário.
- Se houver motivo razoável de suspeitar que a coisa foi dolosamente obtida. Havendo essa suspeita, desde que exposto o seu fundamento, o depositário requererá que se recolha a coisa ao Depósito Público, mediante pedido judicial (art. 634 do CC).

**858** | MANUAL DE DIREITO CIVIL • VOLUME ÚNICO – *Flávio Tartuce*

Salvo os casos listados, o depositário não poderá furtar-se à restituição do depósito, alegando não pertencer a coisa ao depositante ou sustentando haver a possibilidade de compensação, diante da existência de dívidas recíprocas. Isso, exceto se o depósito tiver origem em outro contrato de depósito estabelecido entre as partes (art. 638 do CC).

O art. 635 do CC faculta ao depositário converter o depósito convencional em judicial na hipótese em que, por motivo plausível, não puder guardar a coisa e o depositante não quiser recebê-la. Para esse caso de conversão, podem ser aplicadas as regras previstas tanto no CC/2002 (arts. 334 a 345) quanto no CPC/2015 (arts. 539 a 549) para a consignação. Para a jurisprudência superior, não há óbice para se aplicar o direito de retenção do art. 644 do Código Civil, que ainda será aqui abordado, também para o depósito judicial, o que parece correto (STJ, REsp 1.300.584/MT, Rel. Min. João Otávio de Noronha, j. 03.03.2016, *DJe* 09.03.2016).

O depositário que, por caso fortuito (evento imprevisível) ou força maior (evento previsível, mas inevitável), houver perdido a coisa depositada e recebido outra em seu lugar, é obrigado a entregar a segunda ao depositante. Além disso, o depositário deverá ceder ao depositante as ações que no caso tiver contra o terceiro responsável pela restituição da primeira (art. 636 do CC). Em outras palavras, deverá ser restituída a coisa sub-rogada, que substituiu a primeira, caso de sub-rogação real e legal. Isso, sem prejuízo da indenização que couber diante da referida substituição.

Como outrora apontado, o contrato de depósito é personalíssimo, sendo extinto com a morte do depositário. Com a extinção do contrato por cessação, resta aos herdeiros do depositário a obrigação de devolver a coisa. No entanto, quanto ao herdeiro do depositário que de boa-fé vendeu a coisa depositada, este será obrigado a *assistir* o depositante na reivindicação, e a restituir ao comprador o preço recebido (art. 637 do CC). Quando se utiliza o termo *assistir*, está se referindo à assistência processual, prevista entre os arts. 50 a 55 do CPC/1973, correspondentes aos atuais arts. 119 a 124 do CPC/2015.

O CC/2002 reconhece ainda a possibilidade de depósito voluntário conjunto, constando dois ou mais depositantes (art. 639). Sendo divisível a coisa, no ato da sua devolução, o depositário entregará a cada um dos depositantes a respectiva parte, salvo se houver entre eles solidariedade estabelecida por força de contrato (solidariedade ativa convencional). A presunção relativa é de divisão igualitária dos quinhões, aplicando-se a máxima *concursu partes fiunt* (art. 257 do CC).

O contrato de depósito, ao contrário do contrato de comodato, não traz a possibilidade de uso da coisa. Trata-se de mero contrato de guarda, conforme mencionado anteriormente. Justamente por isso, é motivo para a rescisão do contrato (resolução com perdas e danos) o fato de o depositário servir-se da coisa depositada ou alienar a coisa a outrem sem a expressa autorização do depositante (art. 640 do CC). Com essa conduta, o depositário quebra com a finalidade social do contrato, o que motiva a sua rescisão.

Porém, como exceção, havendo a autorização para uso da coisa, se o depositário, devidamente autorizado, confiar a coisa em depósito a terceiro, será responsável se tiver agido com culpa na escolha deste (art. 640, parágrafo único, do CC). Sem prejuízo dessa regra, entende-se que o depositário responde objetivamente, independentemente de culpa, perante o depositante, desde que comprovada a culpa do seu preposto, aplicando-se os arts. 932, inc. III, e 933 do CC. A aplicação é por analogia, pois esses dispositivos tratam da responsabilidade extracontratual, sendo o caso, ao contrário, de responsabilidade contratual.

Se, por algum motivo, o depositário se tornar absoluta ou relativamente incapaz (*incapacidade superveniente*), a pessoa que lhe assumir a administração dos bens diligenciará imediatamente para restituir a coisa depositada (art. 641 do CC). Em outras palavras, a hipótese legal é de rescisão do contrato por inexecução involuntária (resolução sem perdas e danos). Não querendo ou não podendo o depositante recebê-la, recolherá a coisa ao Depósito Público ou promoverá nomeação de outro depositário. Mais uma vez, o pedido de depósito é judicial, aplicando-se as regras da consignação em pagamento.

Por uma razão lógica, em regra, o depositário não responde por caso fortuito ou força maior (art. 642 do CC). Mas, para que lhe valham essas excludentes de responsabilidade, terá de prová-las. Ilustrando, se o depositário de um veículo alegar que esse foi destruído por forte tempestade, tendo tomado todas as medidas para evitar o evento, deverá prová--lo, sob pena de responsabilidade civil.

Por fim, a respeito dos efeitos do depósito voluntário, mesmo sendo o contrato gratuito, em regra, o depositante é obrigado a pagar ao depositário as despesas feitas com a coisa, e os prejuízos que do depósito provierem. Não ocorrendo esse pagamento, o depositário poderá reter o depósito (direito de retenção) até que se lhe pague a retribuição devida, o líquido valor das despesas ou de eventuais prejuízos, desde que devidamente comprovados (arts. 643 e 644 do CC).

Prevê o parágrafo único do art. 644 que se essas dívidas, despesas ou prejuízos não forem provados suficientemente, ou forem ilíquidos, o depositário poderá exigir caução idônea do depositante ou, na falta desta, a remoção da coisa para o Depósito Público, até que se liquidem.

### 6.9.3 Do depósito necessário

Segundo os ensinamentos de Maria Helena Diniz, "o depósito necessário é aquele que independe da vontade das partes, por resultar de fatos imprevistos e irremovíveis, que levam o depositante a efetuá-lo, entregando a guarda de um objeto à pessoa que desconhece, a fim de subtraí-lo de uma ruína imediata" (arts. 647 a 651 do CC).[54] Pelo que consta do CC/2002 e seguindo as lições da jurista, três são as espécies de depósito necessário:

a) *Depósito legal* – realizado no desempenho de obrigação decorrente de lei, como ocorre no caso previsto no art. 641 do CC (em caso de incapacidade superveniente, negando-se o depositante a receber a coisa).

b) *Depósito miserável* (*depositum miserabile*) – efetuado por ocasião de calamidades, como nos casos de inundação, incêndio, naufrágio ou saque. Em casos tais, o depositário é obrigado a se socorrer da primeira pessoa que aceitar o depósito salvador.

c) *Depósito do hospedeiro* – refere-se à bagagem dos viajantes ou hóspedes nas hospedarias onde eles estiverem (art. 649 do CC). Os hospedeiros responderão como depositários, assim como pelos furtos e roubos que perpetrarem as pessoas empregadas ou admitidas nos seus estabelecimentos, já que o contrato é de guarda (art. 649, parágrafo único, do CC). Cessa essa responsabilidade dos hospedeiros, se estes provarem que os fatos prejudiciais aos viajantes ou hóspedes não podiam ter sido evitados (art. 650 do CC). Esse contrato é também regido pelos arts. 932, inc. IV, 933 e 942 do CC, respondendo objetivamente o hospedeiro por ato culpado do seu hóspede, frente a terceiros. A responsabilidade de ambos é, ainda, solidária. Deve-se concluir que à relação entre hóspede e hospedeiro pode ser ainda aplicado o CDC, presentes os elementos descritos nos arts. 2.º e 3.º da Lei 8.078/1990 (*diálogo das fontes*).

---

[54] DINIZ, Maria Helena. *Código Civil anotado*. 15. ed. São Paulo: Saraiva, 2010. p. 482.

# 860 | MANUAL DE DIREITO CIVIL • VOLUME ÚNICO – *Flávio Tartuce*

No que se refere ao depósito legal, reger-se-á pela disposição da respectiva lei. No silêncio, ou sendo deficiente a norma, deverão ser aplicadas de forma residual as regras previstas para o depósito voluntário (art. 648 do CC). Aliás, no exemplo mencionado, de incidência do art. 641 do CC, isso ocorre. O mesmo vale para o depósito miserável, aplicando-se, eventualmente, as regras analisadas quanto ao depósito voluntário.

Em regra, o depósito necessário não se presume gratuito. No caso de depósito do hospedeiro, contrato oneroso, a remuneração pelo depósito está incluída no preço da hospedagem (art. 651 do CC).

## 6.9.4 Da prisão do depositário infiel

O art. 5.º, inc. LXVII, da CF/1988 possibilita expressamente a prisão civil por dívidas em dois casos: *inadimplemento voluntário e inescusável da obrigação alimentar* e *depositário infiel*. Questão que sempre levantou enorme polêmica refere-se à possibilidade de prisão do *depositário infiel* diante do descumprimento do contrato. Pois bem, vejamos a redação do art. 652 do CC, hoje superada, como se verá a seguir:

> "Art. 652. Seja o depósito voluntário ou necessário, o depositário que não o restituir quando exigido será compelido a fazê-lo mediante prisão não excedente a um ano, e ressarcir os prejuízos".

Pela literalidade da norma, o depositário que, injustificadamente, não restituir a coisa depositada ao final do contrato, ou quando solicitada, e desde que não esteja amparado pelas causas de exclusão da obrigação de restituir (arts. 633 e 634 do CC), passará a ser considerado depositário infiel e poderá ter decretada sua prisão, pelo prazo de até um ano, sem prejuízo de eventual indenização cabível. A prisão estaria justificada na quebra da confiança, da *fiducia* que o depositante tem em relação ao depositário. A norma tinha o escopo justamente de regulamentar o art. 5.º, inc. LXVII, da Constituição Federal de 1988.

Todavia, a jurisprudência superior acabou por abolir a prisão civil do depositário, em qualquer modalidade de depósito, o que inclui o dispositivo em comento.

Destaco que sempre estive filiado à tese da inconstitucionalidade da prisão civil do depositário, baseada no Pacto Internacional dos Direitos Civis e Políticos, aprovado na Convenção sobre Direitos Humanos de São José da Costa Rica (promulgada pelo Decreto 592/1992), que a proíbe expressamente.[55] Dispõe o art. 11 desse Tratado Internacional, do qual o nosso país é signatário, que "ninguém poderá ser preso apenas por não poder cumprir com uma obrigação contratual".

Na doutrina, também sempre existiram manifestações contrárias a tal prisão civil, visando prestigiar o Pacto de San José da Costa Rica. Antes mesmo da entrada em vigor do CC/2002, em tom profético, Valerio de Oliveira Mazzuoli sustentava a inconstitucionalidade do art. 652 do CC:

> "Sem embargo, entretanto, como vimos, a norma do art. 652 do novo Código Civil, será, desde a sua entrada em vigor (em janeiro de 2003), absolutamente inconstitucional, violadora que será do preceito do art. 5.º, LXVII, da Carta da República, modificada em sua segunda parte ('rectius': inaplicável a sua segunda parte) pelo Pacto de San José da Costa Rica, de modo que o Decreto-lei 911/1969, mesmo com o ingresso

---

[55] Caminho seguido desde a primeira edição do Volume 3 da nossa coleção de Direito Civil. Veja: TARTUCE, Flávio. *Direito Civil*. Teoria geral dos contratos. 6. ed. São Paulo: Método, 2011. v. 3.

CAP. 6 • CONTRATOS EM ESPÉCIE (CONTRATOS TÍPICOS DO CC/2002) | **861**

desse novo diploma civil em vigor, continuará equiparando o devedor do contrato de alienação fiduciária a algo que continua a não existir, perpetuando-se como uma norma eternamente vazia no que toca à imposição a esse devedor da medida coativa da prisão. Somente esta saída é que resta na resolução desse futuro problema que, brevemente, virá à tona. O problema, aqui, como se vê, deixa de ser mero conflito de leis no tempo, para dar lugar a verdadeiro conflito entre leis internas e a Constituição".[56]

A premissa teórica foi reforçada com a Emenda Constitucional 45/2004, que acrescentou um § 3.º ao art. 5.º do Texto Maior, *in verbis*: "os tratados e convenções internacionais sobre direitos humanos que forem aprovados, em cada Casa do Congresso Nacional, em dois turnos, por três quintos dos votos dos respectivos membros, serão equivalentes às emendas constitucionais".

Analisando a eficácia da norma, o STF acabou por concluir, ao final de 2008, ser inconstitucional a prisão do depositário no caso de alienação fiduciária em garantia de bens móveis, regida pelo Decreto-lei 911/1969 (nesse sentido, ver: STF, RE 466.343/SP). Concluiu-se que o Pacto de San José da Costa Rica tem *força supralegal*, estando em uma posição hierárquica intermediária entre a Constituição Federal e as leis ordinárias, a afastar a possibilidade de prisão civil por descumprimento contratual. A dedução foi estendida para qualquer hipótese de depósito, conforme se extrai do *Informativo* n. *531* do STF, tendo sido cancelada a Súmula 619 do próprio Tribunal ("A prisão do depositário judicial pode ser decretada no próprio processo em que se constituiu o encargo, independentemente da propositura de ação de depósito").

De data mais próxima, arrematando a possibilidade de qualquer debate a respeito da prisão do depositário, o Supremo editou a Súmula Vinculante 25, cuja redação é a seguinte: "é ilícita a prisão civil de depositário infiel, qualquer que seja a modalidade do depósito" (aprovada na Sessão Plenária de 16.12.2009).

Em suma, o art. 652 do CC não tem mais aplicação no sistema brasileiro. A conclusão merece aplausos, representando relevante avanço no modo de encarar o contrato, de forma consectária com o princípio da proteção da dignidade humana.

Encerrando o tópico, destaco que o Projeto de Reforma do Código Civil pretende resolver o problema hoje existente no seu art. 652, de superação de seu conteúdo pela jurisprudência superior, retirando-se a menção à prisão civil do depositário, e para que a norma tenha alguma aplicação quanto ao restante do seu conteúdo. Assim, nos termos da proposta, "seja o depósito voluntário ou necessário, o depositário que não o restituir quando exigido será interpelado a fazê-lo e a ressarcir os prejuízos". Como não poderia ser diferente, a proposta deve ser aprovada pelo parlamento brasileiro, pois traz conteúdo importante para a responsabilização do depositário.

## 6.10 DO MANDATO (ARTS. 653 A 692 DO CC)

### 6.10.1 Conceito e natureza jurídica

Trata-se do contrato pelo qual alguém (o mandante) transfere poderes a outrem (o mandatário) para que este, em seu nome, pratique atos ou administre interesses. O mandatário age sempre em nome do mandante, havendo um *negócio jurídico de representação*.

---

[56] MAZZUOLI, Valerio de Oliveira. *Prisão civil por dívida e o Pacto de San José da Costa Rica*. Rio de Janeiro: Forense, 2002. p. 180.

# 862 | MANUAL DE DIREITO CIVIL • VOLUME ÚNICO – *Flávio Tartuce*

Não se pode confundir o mandato com a procuração, uma vez que esta última não constitui um contrato, mas sim o meio pelo qual o negócio se instrumentaliza. De toda sorte, há quem veja outras diferenças entre os conceitos. Conforme leciona Cláudio Luiz Bueno de Godoy, a procuração "em tese é independente do mandato, na exata medida em que a representação o é. Mesmo na sua configuração essencial, distinguem-se os dois institutos. O mandato é contrato, portanto, negócio jurídico bilateral a regrar as relações internas entre mandante e mandatário, que pressupõe aceitação, o que não ocorre com a procuração, ato jurídico unilateral mediante o qual são atribuídos ao procurador poderes para agir em nome do outorgante (autorização representativa) e para conhecimento de terceiros".[57]

Enuncia o art. 654 do Código Civil em vigor que todas as pessoas capazes são aptas para dar procuração mediante instrumento particular, que terá validade desde que tenha a assinatura daquele que pretende outorgar poderes. O instrumento de procuração deverá conter (art. 654, § 1.º):

- A indicação do lugar onde foi passado.
- A qualificação do outorgante (mandante) e do outorgado (mandatário).
- A data da outorga.
- O objetivo da outorga.
- A designação e a extensão dos poderes outorgados.

Eventual terceiro poderá exigir, para que o negócio lhe gere efeitos, que a procuração tenha firma reconhecida (art. 654, § 2.º, do CC). Em outras palavras, esse reconhecimento de firma é requisito para que o mandato tenha efeitos contra todos (*erga omnes*). Ilustrando, o STJ já entendeu que o reconhecimento de firma é essencial para o exercício de poderes especiais no mandato *ad judicia* (STJ, REsp 616.435/PE, 5.ª Turma, Rel. Min. José Arnaldo da Fonseca, j. 04.08.2005, *DJ* 05.09.2005, p. 461). Todavia, da mesma Corte Superior, seguindo outro caminho, mais afeito à operabilidade ou facilitação do Direito Privado, um dos baluartes do Código Civil de 2002, e traduzindo o atual entendimento do Tribunal:

> "Civil e processual civil. Direito de família e sucessório no Código Civil de 1916. Omissão ou obscuridade no julgado. Inocorrência. Fundamentação sucinta, mas suficiente. Procuração sem observância de formalidade legal. Ausência de reconhecimento de firma da assinatura. Irrelevância. Autenticidade comprovada por prova pericial grafotécnica. Cessão de quotas de sociedade empresária entre sócios cônjuges casados sob o regime da comunhão universal de bens. Nulidade da doação. Comunicabilidade, copropriedade e composse incompatíveis com a doação entre os cônjuges. Sucessão hereditária. Ascendente vivo ao tempo do falecimento. Ordem da vocação hereditária. Exclusão do cônjuge, a quem se reserva a meação. Deferimento da outra parte ao herdeiro. Dissídio jurisprudencial prejudicado. (...). Os propósitos recursais consistem em definir: (i) se houve omissão ou obscuridade relevante no acórdão recorrido; (ii) se era exigível o reconhecimento de firma na procuração outorgada pela falecida que serviu de base à cessão de quotas que se pretende nulificar; (iii) se foi nula a doação de bens havida entre os cônjuges casados em regime de comunhão universal de bens, seja ao fundamento de impossibilidade do objeto, seja ao fundamento de desrespeito ao quinhão de herdeiro necessário. (...). A procuração outorgada pelo mandante sem que tenha sido reconhecida a firma de sua assinatura não invalida, por si só, o mandato, especialmente se a dúvida even-

---

[57] GODOY, Cláudio Luiz Bueno de. *Código Civil comentado*. 4. ed. Coord. Ministro Cezar Peluso, 2010. p. 669.

# CAP. 6 • CONTRATOS EM ESPÉCIE (CONTRATOS TÍPICOS DO CC/2002) | 863

tualmente existente acerca da autenticidade do documento vier a ser dirimida por prova suficiente, como a perícia grafotécnica" (STJ, REsp 1.787.027/RS, 3.ª Turma, Rel. Min. Nancy Andrighi, j. 04.02.2020, *DJe* 24.04.2020).

"Sindical. Ação rescisória. Alegação de afronta ao art. 38 do CPC, c/c o art. 1.289, § 3.º, do CC/1916. Não ocorrência. Desnecessidade de reconhecimento da firma de procuração outorgada a advogado, para postulação em juízo. Arts. 522, 538, § 4.º, e 539 da CLT. Administração interna das federações de sindicatos. Número de dirigentes. Composição do conselho de representantes: dois membros de cada delegação dos sindicatos filiados à federação. Dissídio jurisprudencial não configurado. 1. Após a reforma introduzida pela Lei n. 8.952/94 não se mostra necessário o reconhecimento da firma do outorgante nas procurações *ad judicia*, porquanto até os instrumentos com outorga de poderes especiais igualmente dispensam essa formalidade após a reforma da referida lei, se a outorga é utilizada exclusivamente perante o juízo da causa. (...)" (STJ, REsp 296.489/PB, 2.ª Turma, Rel. Min. Humberto Martins, j. 06.11.2007, *DJ* 19.11.2007, p. 215).

"Processual civil. Recurso especial em mandado de segurança. Legitimidade ativa *ad causam*. Necessidade de dilação probatória. Reexame do contexto fático-probatório. Súmula 7/STJ. Reconhecimento de firma em procuração com poderes especiais. Precedente da Corte Especial do STJ. (...). 2. A atual redação do art. 38 do Código de Processo Civil, com a redação dada pela Lei 8.952/94, passou a dispensar o reconhecimento de firma para as procurações *ad judicia et extra*, o que vale dizer que mesmo os instrumentos com poderes especiais estão acobertados pela dispensa legal. Revisão da jurisprudência da Segunda Turma a partir do precedente da Corte Especial (REsp 256.098, Ministro Sálvio de Figueiredo Teixeira, *DJ* de 07.12.2001). 3. Recurso especial parcialmente conhecido e, nessa parte, improvido" (STJ, REsp 716.824/AL, 2.ª Turma, Rel. Min. Eliana Calmon, j. 11.04.2006, *DJ* 22.05.2006, p. 185).

No que concerne à sua natureza jurídica, ensina Sílvio de Salvo Venosa que se trata de um contrato unilateral, em regra, "porque salvo disposição expressa em contrário, somente atribui obrigações ao mandatário. O mandante assume a posição de credor na relação obrigacional. A vontade das partes ou a natureza profissional do outorgado podem convertê-lo, contudo, em bilateral imperfeito. Presume-se gratuito o mandato civil (art. 658) e oneroso o mercantil, nos termos de nossa tradição, admitindo-se prova em contrário em ambas as hipóteses. A gratuidade do mandato civil não lhe é essencial, ainda porque, na prática, esse mandato é geralmente oneroso. A onerosidade do mandato provém, na maioria das vezes, da própria atividade profissional e usual do mandatário. Esse o sentido do parágrafo único do art. 658".[58]

Tem razão o jurista, no que concerne à natureza jurídica do contrato em questão, mesmo entendendo alguns doutrinadores que o contrato é bilateral, como o faz Maria Helena Diniz.[59] Lembre-se, contudo, que não há que se falar mais em mandato mercantil, pois a matéria foi unificada e consolidada pelo CC/2002. Resumindo, em regra, o mandato é unilateral e gratuito. Mas, na prática, prevalecem os contratos bilaterais e onerosos, o que faz que o mandato seja qualificado como um *contrato bilateral imperfeito*.

Em relação à remuneração do mandato oneroso, no caso de ofício ou de profissão (*v.g.*, advogados), caberá ao mandatário a retribuição prevista em lei ou no contrato. Sendo estes omissos, será a remuneração determinada pelos usos do lugar, ou, na falta destes, por

---

[58] VENOSA, Sílvio de Salvo. *Código Civil interpretado*. São Paulo: Atlas, 2010. p. 635-636.

[59] DINIZ, Maria Helena. *Curso de Direito Civil brasileiro*. Teoria das obrigações contratuais e extracontratuais. 25. ed. São Paulo: Saraiva, 2009. v. 3, p. 376.

arbitramento pelo juiz (art. 658, parágrafo único, do CC). A previsão de fixação, conforme os usos do lugar, está de acordo com o princípio da operabilidade, uma vez que o conceito constitui uma cláusula geral. A socialidade também se faz presente, eis que o contrato de mandato será analisado de acordo com o contexto da sociedade. Anote-se que, em casos envolvendo advogados, a jurisprudência, de forma correta, tem presumido a onerosidade do contrato (assim julgando: TJMG, Apelação Cível 1.0074.06.031787-7/0011, 14.ª Câmara Cível, Bom Despacho, Rel. Des. Renato Martins Jacob, j. 06.09.2007, *DJEMG* 1.º.10.2007).

Sobre a fixação da remuneração em favor de advogado e sob o enfoque da boa-fé objetiva, recente aresto superior considerou o seguinte:

> "Não é demasiado trazer à baila o tão decantado dever de observância ao princípio da boa-fé objetiva, exigido pelo art. 422 do CC/2002, por meio do qual se almeja estabelecer um padrão ético de conduta entre as partes nas relações obrigacionais, assim como o disposto no art. 423 do mesmo diploma legal, que assegura ao aderente a interpretação mais favorável das cláusulas ambíguas. Por influxo de tais normas, entende-se que o advogado não age com boa-fé ao impor, em contratos com cláusula *quota litis*, a formalização do pacto de prestação de serviços advocatícios no qual sua remuneração venha a ser calculada em percentual sobre o valor 'apurado em liquidação de sentença', e não sobre aquele efetivamente recebido pelo contratante, porquanto em desacordo com o estabelecido no Código de Ética e Disciplina erigido pela própria categoria. Ademais, tal cláusula se mostra ambígua, uma vez que o valor apurado em liquidação de sentença nem sempre representa a vantagem da parte vencedora no processo, sendo comum a não satisfação do crédito reconhecido na fase de conhecimento, mormente quando o devedor/condenado é insolvente ou se encontra em processo de falência, a exemplo do que ocorre na hipótese em anunciação. Desse modo, estando, na espécie, as condições fáticas descritas pelas instâncias ordinárias, deve a cláusula contratual que fixou a remuneração do advogado em percentual elevado (23%) sobre o valor da condenação ser aplicada de modo a que o referido percentual incida, ou seja, tenha como base de cálculo o benefício alcançado pela parte na demanda trabalhista. Deve-se considerar, portanto, o montante correspondente à cessão do crédito, sob pena de o causídico receber honorários em quantia maior que a vantagem obtida por seu cliente, uma vez que, dos R$ 10.782,85 recebidos por intermédio da cessão, terá que transferir ao advogado R$ 8.554,00 corrigidos monetariamente e acrescidos de juros, o que já ultrapassa o valor de R$ 13.000,00" (STJ, REsp 1.354.338/SP, 4.ª Turma, Rel. Min. Luis Felipe Salomão, Rel. p/ Acórdão Min. Raul Araújo, j. 19.03.2019, *DJe* 24.05.2019).

A conclusão final é precisa e correta, tendo o meu total apoio doutrinário, devendo assim ser analisado o contrato em questão.

O mandato é um contrato consensual, pois tem aperfeiçoamento com a mera manifestação de vontade das partes. Constitui contrato comutativo, pois as partes sabem, no momento da celebração do negócio, quais são as suas incumbências, deveres e direitos. Trata-se de um contrato preparatório, pelo fato de servir para a prática de outro ato ou negócio.

O mandato constitui contrato informal e não solene, pois o mandato pode ser expresso ou tácito, verbal ou por escrito (art. 656 do CC). Aliás, mesmo que o mandato seja outorgado por instrumento público, poderá haver substabelecimento mediante instrumento particular, o que confirma a liberdade das formas (art. 655 do CC). No que concerne ao último dispositivo, de forma acertada, prevê o Enunciado n. 182 do CJF/STJ, aprovado na *III Jornada de Direito Civil*, que "o mandato outorgado por instrumento público previsto no art. 655 do CC somente admite substabelecimento por instrumento particular quando a forma pública for facultativa e não integrar a substância do ato". A título de exemplo, se o mandato é para venda de imóvel com valor superior a trinta salários mínimos, tanto a procuração quanto o substabelecimento deverão ser celebrados por escritura pública. Lembro que, nos termos do anterior Provimento 100 do Conselho Nacional de Justiça, de maio de 2020, e do Código Nacional de Normas do CNJ, de 2023, a escritura pública pode ser feita pela via digital ou eletrônica (*e-notariado*).

Na verdade, o Enunciado n. 182 do CJF/STJ ainda mantém relação com o art. 657 do CC, pelo qual a outorga do mandato está sujeita à forma exigida por lei para o ato a ser praticado. O mandato verbal não é admitido para os casos em que o ato deva ser celebrado por escrito, caso, por exemplo, do mandato para prestar fiança (art. 819 do CC).

Anoto que, no Projeto de Reforma e Atualização do Código Civil, pretende-se, de forma correta e justificável, alterar o art. 655 do Código Civil, que passará a ter a seguinte redação: "ainda quando se outorgue mandato por instrumento público, pode substabelecer-se mediante instrumento particular, se a forma pública não era da substância do ato". Como se pode perceber, trata-se de proposição que traz para o texto da lei o citado Enunciado n. 182 da *III Jornada de Direito Civil*, em prol da segurança jurídica, e concretizando-se na norma a posição doutrinária amplamente majoritária.

Relativamente à aceitação por parte do mandatário, esta pode ser expressa ou tácita, nos termos da lei vigente (art. 659 do CC). Haverá aceitação tácita se resultar do começo de cumprimento do contrato. Em outras palavras, se o mandatário der início a atos de execução, presume que o beneficiado por tais atos (o mandante) aceitou o mandato. O simples silêncio não indica aceitação do mandato, pois *quem cala não consente* (art. 111 do CC).

O mandato, pela sua natureza, é um contrato personalíssimo (*intuitu personae*), fundado na confiança, na fidúcia que o mandante tem no mandatário e vice-versa.

Por fim, em relação à caracterização do contrato de mandato como de consumo, é possível a aplicação da Lei 8.078/1990 se estiverem presentes os requisitos previstos nos arts. 2.º e 3.º do CDC. Vale dizer, aliás, que o STJ já concluiu pela aplicação da Lei Consumerista às relações entre advogados e clientes, ou seja, ao mandato *ad judicia* (nesse sentido: REsp 651.278/RS (200400869500), j. 28.10.2004, 3.ª Turma, *DJ* 17.12.2004, p. 544, *REPDJ* 1.º.02.2005, p. 559). Todavia, a questão não é pacífica, havendo julgados no próprio STJ em sentido contrário, ou seja, pela não incidência do CDC em casos tais (REsp 914.105/GO, 4.ª Turma, Rel. Min. Fernando Gonçalves, j. 09.09.2008, *DJe* 22.09.2008).

Na verdade, conforme publicado na ferramenta *Jurisprudência em Teses*, do próprio STJ, em 2015, parece prevalecer naquela Corte, no momento, a posição de que "não se aplica o Código de Defesa do Consumidor à relação contratual entre advogados e clientes, a qual é regida pelo Estatuto da Advocacia e da OAB – Lei n. 8.906/94" (AgRg nos EDcl no REsp 1.474.886/PB, 4.ª Turma, Rel. Min. Antonio Carlos Ferreira, j. 18.06.2015, *DJe* 26.06.2015; REsp 1.134.709/MG, 4.ª Turma, Rel. Min. Maria Isabel Gallotti, j. 19.05.2015, *DJe* 03.06.2015; REsp 1.371.431/RJ, 3.ª Turma, Rel. Min. Ricardo Villas Bôas Cueva, j. 25.06.2013, *DJe* 08.08.2013; REsp 1.150.711/MG, 4.ª Turma, Rel. Min. Luis Felipe Salomão, j. 06.12.2011, *DJe* 15.03.2012; e REsp 1.123.422/PR, 4.ª Turma, Rel. Min. João Otávio de Noronha, j. 04.08.2011, *DJe* 15.08.2011). A assertiva, portanto, deve ser levada em conta para os devidos fins práticos.

## 6.10.2 Principais classificações do mandato

O mandato admite várias classificações doutrinárias. Utilizando as obras que servem de referência para o presente trabalho, principalmente as de Sílvio Venosa e Maria Helena Diniz, podem ser apontadas as seguintes classificações:

I) Quanto à origem:

a) *Mandato legal* – decorre de lei e dispensa a elaboração de qualquer instrumento. Exemplos: os existentes a favor dos pais, tutores e curadores para a administração dos bens dos filhos, tutelados e curatelados.

b) *Mandato judicial* – conferido em virtude de uma ação judicial, com a nomeação do mandatário pela autoridade judicial. Exemplos: inventariante que representa o espólio e administrador judicial que representa a massa falida.

c) *Mandato convencional* – decorre de contratos firmados entre as partes, sendo manifestação da autonomia privada. Esse mandato pode ser *ad judicia* ou judicial, para a representação da pessoa no campo judicial; ou *ad negotia* ou extrajudicial, para a administração em geral na esfera extrajudicial. De acordo com o art. 692 do CC em vigor, o mandato convencional judicial (*ad judicia*) fica subordinado às normas que lhe dizem respeito, constante da legislação processual, e, supletivamente, àquelas estabelecidas pelo CC/2002. O mandato *ad judicia* é privativo dos advogados inscritos na OAB, conforme regulamenta a Lei 8.906/1994 (Estatuto da Advocacia).

II) Quanto às relações entre mandante e mandatário:

a) *Mandato oneroso* – denominação dada ao contrato de mandato em que a atividade do mandatário é remunerada.

b) *Mandato gratuito* – expressão do mandato em que não há qualquer remuneração a ser paga ao mandatário, sendo a forma presumida pela lei.

III) Quanto à pessoa do mandatário ou procurador:

a) *Mandato singular* ou *simples* – existe apenas um mandatário.

b) *Mandato plural* – existem vários procuradores ou mandatários, podendo assumir as seguintes formas (art. 672 do CC):

– *Mandato conjunto* ou *simultâneo* – os poderes são outorgados aos mandatários para que estes atuem de forma conjunta. Ilustrando, se nomeados dois ou mais mandatários, nenhum deles poderá agir de forma separada, sem a intervenção dos outros (salvo se houver ratificação destes, cuja eficácia retroagirá à data do ato).

– *Mandato solidário* – os diversos mandatários nomeados podem agir de forma isolada, independentemente da ordem de nomeação, cada um atuando como se fosse um único mandatário (cláusula *in solidum*). Em regra, não havendo previsão no instrumento, presume-se que o mandato assumiu essa forma (art. 672, *caput*, do CC).

– *Mandato fracionário* – a ação de cada mandatário está delimitada no instrumento, devendo cada qual agir em seu setor.

– *Mandato sucessivo* ou *substitutivo* – um mandatário só poderá agir na falta do outro, sendo designado de acordo com a ordem prevista no contrato.

IV) Quanto ao modo de manifestação de vontade:

a) *Mandato expresso* – existe a elaboração de um instrumento de procuração que estipula os poderes do mandatário.

b) *Mandato tácito* – a aceitação do encargo decorre da prática de atos que presumem (*v.g.*, início da execução do ato).

V) Quanto à forma de celebração:

a) *Mandato verbal* – é permitido em todos os casos em que não se exige a forma escrita, podendo ser provado por testemunhas.

b) *Mandato escrito* – elaborado por meio de instrumento particular ou de instrumento público.

CAP. 6 • CONTRATOS EM ESPÉCIE (CONTRATOS TÍPICOS DO CC/2002) | **867**

VI) Quanto aos poderes conferidos:

a) *Mandato geral* – há outorga de todos os direitos que tem o mandante. Prevê o art. 661, *caput*, do CC que o mandato em termos gerais só confere poderes para a prática de atos de administração.

b) *Mandato especial* – engloba determinados direitos, estando, por isso, restrito aos atos ou negócios especificados expressamente no mandato. Para alienar, hipotecar, transigir ou praticar outros atos que exorbitem a administração ordinária, há necessidade de procuração com poderes especiais e expressos (art. 661, § 1.º, do CC). Quanto ao poder de transigir, este não implica o poder de firmar compromisso de arbitragem (art. 661, § 2.º, do CC). Preconiza o Enunciado 183 do CJF/STJ, da *III Jornada de Direito Civil*, que, "para os casos em que o parágrafo primeiro do art. 661 exige poderes especiais, a procuração deve conter a identificação do objeto". Ilustrando a aplicação do dispositivo e do enunciado doutrinário, no caso de doação, a jurisprudência do Superior Tribunal de Justiça entende que, "diante da solenidade que a doação impõe, em razão da disposição de patrimônio que acarreta, somente o mandatário munido de poderes especiais para o ato é que pode representar o titular do bem a ser doado. Assinale-se que a doutrina e a jurisprudência brasileiras têm admitido a doação por procuração, desde que o doador cuide de especificar o objeto da doação e o beneficiário do ato (donatário). A propósito, o STJ já exarou o entendimento de que o *animus donandi* materializa-se pela indicação expressa do bem e do beneficiário da liberalidade, razão por que é insuficiente a cláusula que confere poderes genéricos para a doação (REsp 503.675/SP, Terceira Turma, *DJ* 27/6/2005)" (STJ, REsp 1.575.048/SP, Rel. Min. Marco Buzzi, j. 23.02.2016, *DJe* 26.02.2016). Mais uma vez seguindo a posição doutrinária consolidada em *Jornadas de Direito Civil*, o projeto de Reforma do Código Civil pretende alterar o dispositivo em estudo, nos seus parágrafos. Assim, na linha do que está previsto no Enunciado n. 183 da *III Jornada*, o seu § 1.º passaria a prever, com menção expressa à autorização de firmar compromisso, que, "para alienar, hipotecar, transigir, firmar compromisso ou praticar quaisquer outros atos que exorbitem os de administração ordinária, o mandatário depende da investidura de poderes especiais e expressos, constantes claramente do instrumento de procuração". E mais, consoante o novo § 2.º, "para os casos do parágrafo anterior, em que se exigem poderes especiais, a procuração deve conter a identificação precisa sobre seu objeto". A proposta deixa as regras mais claras, valorizando o clausulado e visando trazer mais segurança jurídica e estabilidade para o contrato de mandato, aguardando-se a sua aprovação pelo Parlamento Brasileiro.

## 6.10.3 Principais regras do mandato no CC/2002

Primeiramente, quanto aos efeitos do contrato e aos atos praticados por quem não tenha mandato, ou o tenha sem poderes suficientes, são ineficazes em relação àquele em cujo nome foram praticados, salvo se este os ratificar (art. 662 do CC). Assim sendo, em regra, não terão eficácia os atos praticados sem que haja poderes para tanto, por parte do *falsus procurator*, sob pena de prestigiar o exercício arbitrário de direitos não conferidos. Trazendo interessante aplicação da norma, colaciona-se:

"Títulos de crédito. Duplicata mercantil. Título causal. Afirmação da suposta compradora de inexistência de causa subjacente. Alegação da vendedora de que o negócio foi realizado por interposta pessoa. Vendedora que não comprova que tal pessoa

**868** | MANUAL DE DIREITO CIVIL • VOLUME ÚNICO – *Flávio Tartuce*

teria poderes para agir em nome da suposta compradora. Ineficácia do ato (artigo 662 do Código Civil). Declaração de nulidade do título. Danos. Danos Materiais consubstanciados nos gastos com contratação de advogado. Dano moral inexistente porque baseado exclusivamente no suposto abalo de crédito, inexistente pela sustação do protesto. Sentença parcialmente reformada. Apelação parcialmente provida" (TJSP, Apelação 7238843-7, Acórdão 3388285, 13.ª Câmara de Direito Privado D, Fernandópolis, Rel. Des. Luís Eduardo Scarabelli, j. 28.11.2008, *DJESP* 08.01.2009).

Ressalve-se que a parte final do art. 662 privilegia o princípio da conservação do negócio jurídico ou do contrato ao expressar que o ato pode ser confirmado pelo mandante, principalmente nos casos em que a atuação daquele que agiu como mandatário lhe é benéfica. O que se percebe, é que interessa ao mandato a atuação em benefício do mandante. Essa ratificação ou confirmação há de ser expressa, ou resultar de ato inequívoco (confirmação tácita), e retroagirá à data do ato, tendo efeitos *ex tunc*.

Sempre que o mandatário realizar negócios expressamente em nome do mandante, será este o único responsável (art. 663 do CC). Haverá responsabilidade pessoal do mandatário se ele agir em seu próprio nome, ainda que o negócio seja por conta do mandante. No que interessa a esse dispositivo, comenta Araken de Assis, ilustrando a sua aplicação:

"Deste singular acontecimento resulta, em primeiro lugar, a consequência prevista no art. 663, segunda parte. Nenhuma relação jurídica se estabeleceu, eficazmente, entre o mandante e o terceiro, e vice-versa, ficando o mandatário pessoalmente obrigado, nada importando a natureza civil ou comercial do negócio. Por exemplo, a 3.ª Turma do STJ reconheceu que, no endosso-mandato, o endossatário age em nome do endossante, e, portanto, não lhe cabe figurar em demandas que visem à sustação do protesto ou à anulação do título. Em outra oportunidade, a mesma 3.ª Turma do STJ admitiu que, no substabelecimento da procuração em causa própria, há 'negócio celebrado pelo mandatário em seu próprio nome e o terceiro', motivo por que ao último toca 'exigir o cumprimento do contrato do substabelecente, com quem contratou, não do outorgante da procuração'".[60]

Como o mandatário é possuidor de boa-fé, diante do justo título que fundamenta o contrato, tem ele o direito de reter do objeto da operação que lhe foi cometida tudo quanto baste para pagamento do que lhe for devido em consequência do mandato (art. 664 do CC). Isso, desde que, logicamente, o mandato seja oneroso. Segundo o Enunciado n. 184 do CJF/STJ, esse dispositivo deve ser interpretado em conjunto com o art. 681 do mesmo Código Civil, *in verbis*:

"Art. 681. O mandatário tem sobre a coisa de que tenha a posse em virtude do mandato, direito de retenção, até se reembolsar do que no desempenho do encargo despendeu".

Na literalidade, determina o citado enunciado doutrinário que "da interpretação conjunta desses dispositivos, extrai-se que o mandatário tem o direito de reter, do objeto da operação que lhe foi cometida, tudo o que lhe for devido em virtude do mandato, incluindo-se a remuneração ajustada e o reembolso de despesas" (Enunciado n. 184 do CJF/STJ). A conclusão é que os dois comandos legais se complementam, elucidando quais são os valores devidos.

---

60 ASSIS, Araken de. *Contratos nominados*. Col. Biblioteca de Direito Civil. Estudos em homenagem ao Professor Miguel Reale. São Paulo: RT, 2005. p. 70.

CAP. 6 • CONTRATOS EM ESPÉCIE (CONTRATOS TÍPICOS DO CC/2002) | **869**

Ainda em relação ao art. 681 do CC, mais uma vez a Comissão de Juristas composta no Senado Federal procurou valorizar as posições consolidadas nas *Jornadas de Direito Civil*, no presente caso colocando na lei o Enunciado n. 184 da *III Jornada*, de 2004. De acordo com a proposição, o dispositivo passará a ter a seguinte redação no seu *caput*, com mesmo conteúdo, mas apenas com o intuito de deixar a norma mais clara e operável: "O mandatário tem direito de retenção sobre a coisa de que tenha a posse em virtude de mandato, até se reembolsar do que, no desempenho do encargo, despendeu". A inovação estaria no novo parágrafo único do comando, *in verbis*: "O mandatário tem o direito de reter, do objeto da operação que lhe foi cometida, tudo o que lhe for devido em virtude do mandato, incluindo-se a remuneração ajustada e o reembolso de despesas". Trata-se, portanto, da necessária interpretação conjunta dos arts. 681 e 664, tão defendida pela doutrina.

O mandatário que exceder os poderes outorgados, ou proceder contra eles, será considerado mero *gestor de negócios*. Tal presunção perdurará enquanto o mandante não ratificar ou confirmar o ato (art. 665 do CC). A ratificação pelo mandante a converter a gestão de negócio em mandato retroage ao dia do começo da gestão produzindo, portanto, efeitos *ex tunc* (art. 873 do CC).

Com relação ao menor relativamente incapaz (maior de dezesseis e menor de dezoito anos não emancipado), este pode ser mandante ou mandatário. Sendo mandante, na hipótese de mandato com procuração *ad negotia* – conferida para a prática e administração dos negócios em geral – ou *ad judicia* – conferida para a propositura de ações e para a prática de atos judiciais –, os poderes deverão ser outorgados por meio de instrumento público (art. 654 do CC), caso o negócio tenha por objeto a prática de atos da vida civil. Se a procuração tiver por objeto a atuação em juízo (procuração ou mandato judicial – regidos pelos arts. 105 do CPC/2015 e 38 do CPC/1973, conforme determina o art. 692 do CC), o menor púbere poderá outorgá-la, seja *ad judicia* ou *ad negotia*, por instrumento particular, desde que também esteja assistido por seu representante legal.

Sendo o menor relativamente incapaz mandatário, em caso de mandato extrajudicial, o mandante não terá ação contra este, senão em conformidade com as regras gerais aplicáveis às obrigações contraídas por menores. Essas regras gerais referenciadas, constantes do Código Civil, são as previstas nos arts. 180 e 181 do CC, já estudadas.

Quanto às obrigações do mandatário, estas estão relacionadas pelos arts. 667 a 674 do CC, a saber:

a)  O mandatário é obrigado a aplicar toda sua diligência habitual na execução do mandato e a indenizar qualquer prejuízo causado por culpa sua ou daquele a quem substabelecer, sem autorização, poderes que devia exercer pessoalmente. Assim sendo, como a obrigação do mandatário é de meio, a sua responsabilidade é subjetiva, em regra.

b)  O mandatário é obrigado a prestar contas de sua gerência ao mandante, transferindo-lhe as vantagens provenientes do mandato, por qualquer título que seja.

c)  O mandatário não pode compensar os prejuízos a que deu causa com os proveitos que, por outro lado, tenha granjeado ao seu constituinte (vedação de compensação).

d)  Pelas somas que devia entregar ao mandante ou recebeu para despesa, mas empregou em proveito seu, pagará o mandatário juros, desde o momento em que abusou. Os juros devidos podem ser convencionados pelo próprio contrato. Não havendo previsão, os juros serão os legais, nos termos do art. 406 do CC, que no nosso entender equivalem a 1% ao mês ou 12% ao ano.

# 870 | MANUAL DE DIREITO CIVIL • VOLUME ÚNICO – *Flávio Tartuce*

e) Se o mandatário, tendo fundos ou crédito do mandante, comprar, em nome próprio, algo que deveria comprar para o mandante, por ter sido expressamente designado no mandato, terá este último ação para obrigar o mandatário à entrega da coisa comprada. A ação cabível para haver a coisa para si é a ação reivindicatória, fundada no domínio sobre a coisa.

f) Quanto ao terceiro que, depois de conhecer os poderes do mandatário, com ele celebrar negócio jurídico exorbitante do mandato, este não terá ação contra o mandatário, salvo se este lhe prometeu ratificação do mandante ou se responsabilizou pessoalmente (art. 673 do CC). Esse dispositivo pretende punir o terceiro que agiu de má-fé, não tendo o último ação contra o mandatário se sabia da atuação em abuso de direito, eis que ninguém pode beneficiar-se da própria torpeza, o que é corolário da boa-fé. Mas se o mandatário fizer promessa da confirmação do negócio ou obrigar-se pessoalmente, haverá responsabilidade deste.

g) Embora ciente da morte, interdição ou mudança de estado do mandante, deverá o mandatário concluir o negócio já começado, se houver perigo na demora. Se o mandatário assim não agir, poderá ser responsabilizado por perdas e danos, tanto pelo mandante quanto pelos sucessores prejudicados.

Por outra via, os arts. 675 a 681 trazem as obrigações do mandante, a seguir elencadas:

a) O mandante é obrigado a satisfazer todas as obrigações contraídas pelo mandatário, na conformidade do mandato conferido. Além disso, deve adiantar as importâncias necessárias à execução do mandato, quando o mandatário lhe pedir, sob pena de rescisão do contrato por inexecução voluntária, a gerar a resolução com perdas e danos.

b) O mandante é obrigado a pagar ao mandatário a remuneração ajustada e as despesas da execução do mandato, ainda que o negócio não surta o esperado efeito, salvo se houver culpa do mandatário (responsabilidade contratual subjetiva).

c) As somas adiantadas pelo mandatário para a execução do mandato geram o pagamento de juros desde a data do desembolso. Não havendo estipulação de juros convencionais, aplicam-se os juros legais previstos no art. 406 do CC.

d) O mandante é obrigado a ressarcir ao mandatário as perdas que este sofrer com a execução do mandato, sempre que estas não resultarem de culpa sua ou de excesso de poderes.

e) Ainda que o mandatário contrarie as instruções do mandante, se não exceder os limites do mandato, ficará o mandante obrigado para com aqueles com quem o seu procurador contratou (art. 679 do CC). Mas, em casos tais, o mandante terá ação contra o mandatário, para pleitear as perdas e danos resultantes da inobservância das instruções dadas. A título de exemplo, se a outorga de poderes é para a venda de um imóvel por R$ 30.000,00, e o mandatário o vender por R$ 20.000,00, a venda será válida. Nesse caso, o mandante somente poderá pleitear as perdas e danos referentes aos R$ 10.000,00 do mandatário, não havendo qualquer direito em relação ao terceiro que adquiriu o bem.

f) Sendo o mandato outorgado por duas ou mais pessoas, e para negócio comum, cada uma ficará solidariamente responsável perante o mandatário por todos os compromissos e efeitos do mandato (art. 680 do CC). O dispositivo consagra o direito regressivo a favor do mandante que pagar quantias, contra os demais, pelas quotas correspondentes.

# CAP. 6 • CONTRATOS EM ESPÉCIE (CONTRATOS TÍPICOS DO CC/2002) | 871

Superado esse ponto, parte-se ao estudo do substabelecimento, instituto de grande importância para o contrato.

O substabelecimento constitui uma cessão parcial de contrato, em que o mandatário transmite os direitos que lhe foram conferidos pelo mandante a terceiro. O substabelecimento pode ser feito por instrumento particular, mesmo que o mandatário tenha recebido os poderes por procuração pública. No entanto, se a lei exigir que a procuração seja outorgada por instrumento público, o substabelecimento não poderá ser feito por instrumento particular.

Nesse negócio de cessão, o mandatário é denominado *substabelecente* e o terceiro *substabelecido*. Em relação às responsabilidades que surgem do negócio em questão, há regras previstas nos parágrafos do art. 667 do CC, a saber:

1.ª *Regra* – Se, não obstante a proibição do mandante, o mandatário se fizer substituir na execução do mandato, responderá ao seu constituinte pelos prejuízos ocorridos sob a gerência do substituto, embora provenientes de caso fortuito (evento totalmente imprevisível). No entanto, se provar que o caso fortuito teria sobrevindo ainda que não tivesse havido substabelecimento – ou seja, que o prejuízo ocorreria de qualquer forma –, o mandatário não será responsabilizado.

2.ª *Regra* – Em havendo poderes de substabelecer, só serão imputáveis ao mandatário os danos causados pelo substabelecido, se tiver agido com culpa na escolha deste ou nas instruções dadas a ele (responsabilidade subjetiva). Sobre esse comando, concluiu o Superior Tribunal de Justiça que "de seus termos ressai absolutamente claro que, em regra, na hipótese de haver autorização para substabelecer, o mandatário não responde pelos atos praticados pelo substabelecido que venham causar danos ao mandante, salvo se for comprovada a sua culpa *in eligendo*, que se dá no caso de o mandatário proceder a uma má escolha do substabelecido, recaindo sobre pessoa que não possui capacidade legal (geral ou específica), condição técnica ou idoneidade para desempenhar os poderes a ela transferidos. A *culpa in eligendo* resta configurada, ainda, se o substabelecente negligenciar orientações ou conferir instruções deficientes ao substabelecido, subtraindo-lhe as condições necessárias para o bom desempenho do mandato. De suma relevância anotar que, para o reconhecimento da *culpa in eligendo* do substabelecente, é indispensável que este, no momento da escolha, tenha inequívoca ciência a respeito da ausência de capacidade legal, de condição técnica ou de idoneidade do substabelecido para o exercício do mandato. Efetivamente, compreender que o mandatário incorre em culpa *in eligendo* pelo fato de o substabelecido ter, durante o exercício do mandato, por ato próprio, causado danos ao mandante, a revelar — somente nesse momento — sua inaptidão legal, técnica ou moral, equivaleria a reconhecer, sempre e indistintamente, a responsabilidade solidária entre eles, o que se afasta por completo dos ditames legais. Assim, a inaptidão do eleito para o exercício do mandato (em substabelecimento) deve ser uma circunstância contemporânea à escolha e, necessariamente, de conhecimento do mandatário, a configurar a sua *culpa in eligendo*" (STJ, REsp 1.742.246/ES, 3.ª Turma, Rel. Min. Marco Aurélio Bellizze, j. 19.03.2019, *DJe* 22.03.2019). O caso, portanto, é de culpa presumida na escolha ou na eleição (*culpa in eligendo*), que fica mantida no sistema jurídico brasileiro para essa hipótese de responsabilidade contratual. Sendo assim, conclui-se que, em regra, o substabelecente não responde pelos atos praticados pelo substabelecido.

3.ª *Regra* – Se a proibição de substabelecer constar da procuração, os atos praticados pelo substabelecido não obrigam o mandante, salvo ratificação expressa, que retroagirá à data do ato (efeitos *ex tunc*).

**4.ª Regra** – Sendo omissa a procuração quanto ao substabelecimento, o procurador será responsável se o substabelecido proceder culposamente. Entendemos que a responsabilidade do substabelecente é objetiva indireta, desde que comprovada a culpa do substabelecido (arts. 932 e 933).

Quanto à extensão, o substabelecimento pode ser assim classificado:

- *Substabelecimento sem reserva de poderes* – o substabelecente transfere os poderes ao substabelecido de forma definitiva, renunciando ao mandato que lhe foi outorgado. Deve ocorrer a notificação do mandante, pois se assim não proceder, o mandatário não ficará isento de responsabilidade pelas suas obrigações contratuais.
- *Substabelecimento com reserva de poderes* – o substabelecente outorga poderes ao substabelecido, sem perdê-los. Tanto o substabelecente quanto o substabelecido podem exercer os poderes conferidos pelo mandante.

A findar o estudo do mandato, insta analisar a extinção do contrato em questão, que tem regras próprias entre os arts. 682 e 691 do CC. O primeiro dispositivo enuncia que cessa o mandato:

I) Pela revogação, por parte do mandante; ou pela renúncia pelo mandatário.

II) Pela morte ou interdição de uma das partes (eis que o contrato é personalíssimo).

III) Pela mudança de estado que inabilite o mandante a conferir os poderes, ou o mandatário para exercê-los.

IV) Pelo término do prazo ou pela conclusão do negócio.

O próprio CC/2002 autoriza a cláusula de irrevogabilidade, que afasta o direito potestativo do mandante resilir unilateralmente o contrato (art. 683 do CC). Havendo esta cláusula e tendo sido o contrato revogado, arcará o mandante com as perdas e danos que o caso concreto determinar.

Sobre essa previsão, na *I Jornada de Direito Notarial e Registral*, promovida pelo Conselho da Justiça Federal e pelo Superior Tribunal de Justiça em agosto de 2022, aprovou-se enunciado segundo o qual "o ato notarial de revogação do mandato outorgado por instrumento público é admitido sem a presença do mandatário, ainda que haja cláusula de irrevogabilidade". Consoante as suas justificativas, que explicam o seu conteúdo, "o Código Civil prevê a possibilidade de revogação do mandato ainda que este tenha cláusula de irrevogabilidade, elencando como consequência jurídica o ônus de arcar com perdas e danos, se comprovados. Portanto, não há na legislação federal exigência do consentimento do outorgado para que o mandato seja revogado. Contudo, diversos estados da federação preveem em suas normas de serviço extrajudicial o comparecimento do outorgado como condição para revogação da procuração que contenha cláusula de irrevogabilidade, o que, por vezes, conduz à inviabilidade da prática do ato". São citadas normas dos Estados do Espírito Santo e da Bahia, que o enunciado procura afastar, visando a uma uniformização a respeito do tema, que pode surgir em breve.

Porém, quando a cláusula de irrevogabilidade for condição de um negócio bilateral, ou tiver sido estipulada no exclusivo interesse do mandatário, a revogação do mandato será ineficaz (art. 684 do CC). A parte final do dispositivo acaba por vedar a cláusula de irrevogabilidade no *mandato em causa própria*.

CAP. 6 • CONTRATOS EM ESPÉCIE (CONTRATOS TÍPICOS DO CC/2002) | **873**

Visando agilizar procedimentos e a evitar a judicialização desnecessária, na *IX Jornada de Direito Civil*, em 2002, aprovou-se o Enunciado n. 655, estabelecendo que, "nos casos do art. 684 do Código Civil, ocorrendo a morte do mandante, o mandatário poderá assinar escrituras de transmissão ou aquisição de bens para a conclusão de negócios jurídicos que tiveram a quitação enquanto vivo o mandante".

No atual Projeto de Reforma e Atualização do Código Civil, em relação ao tema, o objetivo, mais uma vez, é trazer para a lei os entendimentos doutrinários das *Jornadas de Direito Civil*, especialmente do Enunciado n. 655 da *IX Jornada*. Nesse contexto, propôs-se incluir um novo art. 684-A, prevendo que, "ocorrendo a morte do mandante, o mandatário com poderes para alienar e adquirir bens, poderá assinar escrituras de transmissão ou aquisição de bens para a conclusão de negócios jurídicos, perfeitos e acabados, que foram quitados enquanto vivo o mandante, salvo se houver sido por este resilido o mandato". Incluiu-se, para que não haja dúvidas, a expressão "perfeitos e acabados", em prol da proteção do ato jurídico perfeito e da circulação de negócios consolidados no mercado. A exceção relativa à resilição igualmente complementa o teor do enunciado, visando trazer mais segurança para as relações contratuais.

Em relação ao art. 684 original, há proposta apenas de deixar mais clara a norma, sem alteração de conteúdo, passando a ter a seguinte dicção e mencionando "outro negócio": "quando a cláusula de irrevogabilidade for condição de outro negócio bilateral ou tiver sido estipulada no exclusivo interesse do mandatário, a revogação do mandato será ineficaz".

O mandato em causa própria é ainda reconhecido, de forma especial e expressa, pelo art. 685 do CC. O dispositivo ainda veda a revogação do contrato em questão:

> "Art. 685. Conferido o mandato com a cláusula 'em causa própria', a sua revogação não terá eficácia, nem se extinguirá pela morte de qualquer das partes, ficando o mandatário dispensado de prestar contas, e podendo transferir para si os bens móveis ou imóveis objeto do mandato, obedecidas as formalidades legais".

Conforme antes foi exposto, no mandato em causa própria (com cláusula *in rem propriam* ou *in rem suam*), o mandante outorga poderes para que o mandatário atue em seu próprio nome. O art. 117 do CC do mesmo modo autoriza a sua previsão, como demonstrado. A título de exemplo, é de se lembrar a hipótese em que o mandante outorga poderes para que o mandatário venda um imóvel, constando autorização para que o último venda o imóvel para si mesmo. A vedação tanto da revogação quanto da cláusula de irrevogabilidade existe porque não há no contrato a confiança típica do contrato de mandato regular. No mandato em causa própria, o procurador também estará isento do dever de prestar contas, tendo em vista que o ato caracteriza uma cessão de direitos em proveito dele mesmo.

Como outra decorrência prática importante, a Quarta Turma do Superior Tribunal de Justiça julgou, em 2021, que a procuração relacionada ao mandato em causa própria não constitui título translativo de propriedade, por se tratar de negócio jurídico unilateral. Vejamos trecho de sua ementa:

> "A procuração em causa própria (*in rem suam*) é negócio jurídico unilateral que confere um poder de representação ao outorgado, que o exerce em seu próprio interesse, por sua própria conta, mas em nome do outorgante. Tal poder atuará como fator de eficácia de eventual negócio jurídico de disposição que vier a ser celebrado. Contudo, até que isso ocorra, o outorgante permanece sendo titular do direito (real ou pessoal) objeto da procuração, já o outorgado apenas titular do poder de dispor desse direito, sem constituir o instrumento, por si só, título translativo de

propriedade. Nesse caso, há uma situação excepcional: ao procurador é outorgado o poder irrevogável de dispor do direito objeto do negócio jurídico, exercendo-o em nome do outorgante (titular do direito), mas em seu próprio interesse e sem nem mesmo necessidade de prestação de contas. É contraditório que se reconheça ter sido outorgada procuração com essa natureza ao ex-marido da autora e se aluda, no tocante às alienações com uso do instrumento, a erro, dolo, simulação ou fraude. E não pode ser atribuída a esse negócio jurídico unilateral a função de substituir, a um só tempo, os negócios jurídicos obrigacionais (por exemplo, contrato de compra e venda, doação) e dispositivos (*v.g.*, acordo de transmissão) indispensáveis, em regra, à transmissão dos direitos subjetivos patrimoniais, notadamente do direito de propriedade, sob pena de abreviação de institutos consolidados e burla a regras jurídicas" (STJ, REsp 1.345.170/RS, 4.ª Turma, Rel. Min. Luis Felipe Salomão, j. 04.05.2021, *DJe* 17.06.2021).

Como ainda se retira do voto do Ministro Relator, "é de toda conveniência não confundir os institutos, notadamente por possuírem naturezas jurídicas diversas: a procuração é negócio jurídico unilateral; o mandato, contrato que é, apresenta-se como negócio jurídico geneticamente bilateral. De um lado, há uma única declaração jurídico-negocial; de outro, duas declarações jurídico-negociais que se conjugam por serem congruentes quanto aos meios e convergentes quanto aos fins" (REsp 1.345.170/RS).

Em outra decisão a ser destacada, do mesmo ano de 2021, igualmente da Quarta Turma, o Tribunal concluiu pela necessidade de o mandato com causa própria ser celebrado por escritura pública. Como se retira do *decisum*:

"É certo que a procuração (ou o mandato) em causa própria, por si só, não formaliza a transferência da propriedade, o que depende de contrato por meio de escritura pública e registro imobiliário. Mas também é certo que o mandato em causa própria opera a transmissão do direito formativo de dispor da propriedade. Dessa forma, a disposição da faculdade de dispor, inerente ao próprio conceito jurídico de propriedade, quando tem por objeto imóvel de valor superior ao teto legal, não prescinde da forma pública, sob pena de subverter o sistema legal de disciplina da transmissão da propriedade imobiliária, dando margem a fraudes, que a regra da atração da forma trazida pelo art. 657 do Código Civil de 2002 buscou prevenir" (STJ, REsp 1.894.758/DF, 4.ª Turma, Rel. Min. Luis Felipe Salomão, Rel. p/ Acórdão Min. Maria Isabel Gallotti, por maioria, j. 05.02.2021, *DJe* 10.02.2021).

Ocorrendo a revogação do mandato pelo mandante e a notificação somente do mandatário, a resilição unilateral não gera efeitos em relação a terceiros que, ignorando a revogação, de boa-fé, celebraram negócios com o mandatário (art. 686 do CC). A boa-fé referenciada é a subjetiva, aquela relacionada com o plano intencional, a um estado psicológico. Devem ser ressalvadas, em casos tais, eventuais ações, inclusive de indenização, que o mandante possa ter contra o mandatário pela celebração desses negócios com terceiros.

Também é irrevogável o mandato que contenha poderes de cumprimento ou confirmação de *negócios encetados* (aqueles já celebrados e efetivados pelo mandatário), aos quais se ache vinculado (art. 686, parágrafo único, do CC).

No que concerne aos meios ou formas, a revogação pode ser expressa ou tácita. Haverá revogação tácita, nos termos da lei, quando for comunicada ao mandatário a nomeação de outro procurador (art. 687 do CC).

Além da revogação, que constitui um direito potestativo do mandante, como *outro lado da moeda* há a renúncia por parte do mandatário. Essa será comunicada ao mandante, que, se for prejudicado pela resilição unilateral, por ser essa inoportuna ou pela falta de tempo para a substituição do procurador, será indenizado pelo mandatário por perdas e danos (art. 688 do CC). No entanto, se o mandatário provar que não podia continuar no mandato sem prejuízo considerável, e que não lhe era dado substabelecer, estará isento do dever de indenizar.

Na verdade, como a renúncia constitui um direito potestativo do mandatário, não há que incidir multa ou cláusula penal pelo seu exercício, eis que não se trata de inadimplemento do contrato. Exatamente nessa linha, destaque-se precisa decisão do Superior Tribunal de Justiça referente à contratação de advogado:

> "Em razão da relação de confiança entre advogado e cliente, por se tratar de contrato personalíssimo (*intuitu personae*), dispõe o Código de Ética, no tocante ao advogado, que 'a renúncia ao patrocínio deve ser feita sem menção do motivo que a determinou' (art. 16). Trata-se, portanto, de direito potestativo do advogado em renunciar ao mandato e, ao mesmo tempo, do cliente em revogá-lo, sendo anverso e reverso da mesma moeda, do qual não pode se opor nem mandante nem mandatário. Deveras, se é lícito ao advogado, por imperativo da norma, a qualquer momento e sem necessidade de declinar as razões, renunciar ao mandato que lhe foi conferido pela parte, respeitado o prazo de 10 dias seguintes, também é da essência do mandato a potestade do cliente de revogar o patrocínio *ad nutum*". Diante dessas deduções, concluiu o julgado pela impossibilidade de se estipular multa no contrato de honorários para as situações de renúncia ou revogação unilateral do mandato, independentemente de motivação para tanto, respeitado apenas o direito de recebimento dos honorários proporcionais ao serviço prestado (STJ, REsp 1.346.171/PR, 4.ª Turma, Rel. Min. Luis Felipe Salomão, j. 11.10.2016, *DJe* 07.11.2016).

Exatamente na mesma linha, há *decisum* da Terceira Turma da Corte, de 2020, segundo o qual "não é possível a estipulação de multa no contrato de honorários para as hipóteses de renúncia ou revogação unilateral do mandato do advogado, independentemente de motivação, respeitado o direito de recebimento dos honorários proporcionais ao serviço prestado" (STJ, REsp 1.882.117/MS, 3.ª Turma, Rel. Min. Nancy Andrighi, j. 27.10.2020, *DJe* 12.11.2020). Como se pode perceber, portanto, tal visão está consolidada na Segunda Seção do Tribunal.

Sendo o contrato de mandato um negócio personalíssimo ou *intuitu personae*, a morte de uma das partes gera a sua extinção, hipótese de *cessação contratual*. Nesse sentido, a prestação de contas que cabia ao mandatário não se transmite aos seus herdeiros, conforme o entendimento da jurisprudência (conclusão em: Tribunal de Alçada de Minas Gerais, Acórdão 0395717-3 Apelação Cível, ano: 2003, Processo principal 98.002703-8, 5.ª Câmara Cível, Caratinga, Rel. Juiz Mariné da Cunha, j. 11.09.2003, dados publ.: não publicado, decisão: unânime).

No caso de morte de uma das partes, são válidos, a respeito dos contratantes de boa-fé, os atos com estes ajustados em nome do mandante pelo mandatário, enquanto este ignorar a morte daquele ou a extinção do mandato, por qualquer outra causa (art. 689 do CC). A boa-fé referenciada, mais uma vez, é a boa-fé subjetiva, aquela que existe no plano intencional.

Porém, se falecer o mandatário, pendente o negócio a ele cometido, os herdeiros, tendo ciência do mandato, deverão avisar o mandante e tomarão as providências cabíveis para o resguardo dos interesses deste, de acordo com as circunstâncias do caso concreto (art. 690 do CC).

## 876 MANUAL DE DIREITO CIVIL • VOLUME ÚNICO – *Flávio Tartuce*

Nessas hipóteses, os herdeiros também não poderão abusar no exercício desse dever, tendo de limitar-se às medidas conservatórias, ou a continuar os negócios pendentes que não possam demorar sem perigo, regulando-se os seus serviços pelas mesmas normas a que o mandatário estiver sujeito (art. 691 do CC).

## 6.11 DA COMISSÃO (ARTS. 693 A 709 DO CC)

O contrato de comissão é aquele pelo qual o comissário realiza a compra ou venda de bens, mútuo ou outro negócio jurídico de crédito, em seu próprio nome, à conta do comitente." (art. 693 do CC, na redação dada pela Lei 14.690/2023). A última norma ampliou o objeto da comissão mencionando a possibilidade de o comissário também realizar contratos de mútuo, empréstimo de dinheiro, ou de outros negócios de crédito à conta do comitente. A diferença substancial em relação ao mandato está no fato de que o comissário age em seu próprio nome, enquanto o mandatário age em nome do mandante.

O contrato de comissão é bilateral, oneroso, consensual e comutativo. Constitui contrato não solene e informal, pois a lei não lhe exige escritura pública ou forma escrita. É contrato personalíssimo, fundado na confiança, na *fidúcia* que o comitente tem em relação ao comissário.

Justamente porque o comissário age em seu próprio nome, ele fica diretamente obrigado para com as pessoas com quem contratar, sem que estas tenham ação contra o comitente, nem este contra elas, salvo se o comissário ceder seus direitos a qualquer das partes (art. 694 do CC). Sustenta Gustavo Tepedino, ao comentar a norma, que "não se estabelecem, assim, relações diretas entre o terceiro e o comitente, mas somente entre o terceiro e o comissário. Desse modo, por não existir representação no contrato de comissão, o comissário não vincula diretamente na esfera jurídica do comitente nos contratos que celebrar à conta deste, sendo certo que, muitas vezes, o terceiro sequer tem conhecimento que existe o contrato de comissão".[61]

No Projeto de Reforma do Código Civil, a Subcomissão de Direito dos Contratos nomeada pelo Senado Federal – e formada pelos Professores Carlos Eduardo Elias de Oliveira, Angélica Carlini, Claudia Lima Marques e Carlos Pianovski – fez proposta de incluir um novo parágrafo único no art. 694 do Código Civil, sugestão acatada pela Relatoria-Geral: "o contrato de comissão tratado por este Código tem aplicação exclusiva para os negócios jurídicos que envolvam bens móveis".

Como bem justificaram, a doutrina civilista majoritária aponta a impossibilidade, teórica e prática, de o contrato em questão ser utilizado para negócios jurídicos relativos a bens imóveis. Isso porque, pelo sistema registral brasileiro, para agir em nome próprio, deveria o comissário adquirir o bem para si, para cumprir ou atingir os objetivos da comissão, o que é incompatível com a sua natureza jurídica aqui antes destacada. A esse propósito, as justificativas da Subcomissão foram baseadas no seguinte julgado superior, que aponta a descaracterização do contrato de comissão, se o comissário não age e não se obriga em nome próprio: STJ, Ag. 220.506/RJ, 4.ª Turma, Rel. Min. Ruy Rosado de Aguiar, j. 25.03.1999, *DJU* 13.04.1999). Segue-se, portanto, a posição consolidada na doutrina e a posição externada há tempos na jurisprudência do Superior Tribunal de Justiça, o que justifica a necessária alteração da lei.

---

[61] TEPEDINO, Gustavo. *Comentários ao novo Código Civil*. In: TEIXEIRA, Sálvio de Figueiredo. São Paulo: Forense, 2008. v. X, p. 228.

## CAP. 6 • CONTRATOS EM ESPÉCIE (CONTRATOS TÍPICOS DO CC/2002) | 877

Pois bem, nas lições de José Maria Trepat Cases, três são as espécies de comissão:[62]

> a) *Comissões imperativas* – são aquelas que não deixam margem de manobra para o comissário.
>
> b) *Comissões indicativas* – são aquelas em que o comissário tem alguma margem para atuação. Entretanto, o comissário deve, sempre que possível, comunicar--se com o comitente acerca de sua atuação, o que representa a aplicação do dever de informação, anexo à boa-fé objetiva.
>
> c) *Comissões facultativas* – são aquelas em que o comitente transmite ao comissário as razões de seu interesse no negócio, sem qualquer restrição ou observação especial para a atuação do último.

Mesmo havendo esta autonomia do comissário, ele é obrigado a agir conforme as ordens e instruções do comitente (art. 695, *caput*, do CC). Não havendo instruções e não sendo possível pedi-las a tempo, o comissário deverá agir conforme os usos e costumes do lugar da celebração do contrato.

Haverá presunção de que o comissário agiu bem, justificando-se a sua atuação, se dela houver resultado alguma vantagem ao comitente. A mesma regra vale para os casos em que, não admitindo demora a realização do negócio, o comissário agiu de acordo com os usos locais (art. 695, parágrafo único, do CC).

O comissário é obrigado, no desempenho das suas incumbências, a agir com cuidado e diligência, não só para evitar qualquer prejuízo ao comitente, mas ainda para lhe proporcionar o lucro que razoavelmente se podia esperar do negócio (art. 696 do CC).

A obrigação do comissário é, portanto, uma obrigação de meio ou diligência, estando ele sujeito à responsabilidade subjetiva ou culposa. Isso é confirmado pelo parágrafo único do comando legal em questão, pelo qual responderá o comissário, salvo motivo de força maior, por qualquer prejuízo que, por ação ou omissão, ocasionar ao comitente. Apesar da falta de menção, o caso fortuito (evento totalmente imprevisível) é excludente da responsabilidade do comissário. Primeiro, porque exclui o nexo de causalidade. Segundo, porque constitui um evento de maior amplitude do que a força maior (evento previsível, mas inevitável). Terceiro, porque há entendimento que considera caso fortuito e força maior expressões sinônimas.

Exatamente na linha dessas notas, no Projeto de Reforma e Atualização do Código Civil, almeja-se tornar o art. 696 do Código Civil ainda mais claro. Assim, no seu § 1.º, há pretensão de incluir também a menção ao caso fortuito – evento totalmente imprevisível –, na tentativa que a atualização traz na sua equiparação à força maior – evento previsível, mas inevitável. No mesmo preceito, a palavra "prejuízo" é trocada por "dano", também com o intuito de uma objetivação e clareza do texto, que passaria a prever o seguinte: "responderá o comissário, salvo motivo de caso fortuito ou força maior, por qualquer dano que, por ação ou omissão, ocasionar ao comitente".

Também há proposição de se incluir no comando um § 2.º, estabelecendo que, "salvo proibição expressa no contrato, o comissário poderá adquirir a coisa que lhe tenha sido entregue para venda, abatido do preço final o valor que lhe seria devido a título de comissão". A Subcomissão de Direito Contratual fundamentou a última sugestão na doutrina, pontuando que "o contrato de comissão tem tido sua utilização intensificada no ambiente digital (*on-line*) e essa realidade demanda atualizar a legislação civil para prevenir conflitos nas relações entre comitente e comissário".

---

[62] CASES, José Maria Trepat. *Código Civil comentado*. In: AZEVEDO, Álvaro Villaça de. São Paulo: Atlas, 2003. v. VIII, p. 24.

Assim sendo, o último parágrafo proposto, ao tratar da possibilidade de aquisição do bem pelo comissário, "estabelece duas condições objetivas: a previsão de possibilidade no contrato entre comitente e comissário; e que o pagamento da comissão será devido com abatimento do preço final a ser pago pelo adquirente da coisa, no caso, o comissário".

Voltando-se ao sistema em vigor, a responsabilidade contratual subjetiva do comissário ainda pode ser retirada do art. 697 do CC, pelo qual o comissário não responde pela insolvência das pessoas com quem tratar, exceto em caso de culpa.

Porém, se no contrato de comissão constar a cláusula *del credere*, responderá o comissário solidariamente com as pessoas com que houver tratado em nome do comitente, caso em que, salvo estipulação em contrário, o comissário terá direito a remuneração mais elevada, para compensar o ônus assumido (art. 698 do CC).

Interpretando o art. 1.736 do Código Civil Italiano, que influencia o dispositivo brasileiro, comentam Giorgio Cian e Alberto Trabucchi que a cláusula *del credere* é o pacto que gera a responsabilidade agravada e direta do comissário.[63] Anote-se que, no contrato de representação comercial autônoma, a cláusula *del credere* é vedada (art. 43 da Lei 4.886/1965). Além de ser considerada nula, a inserção da cláusula pode motivar a rescisão contratual (nesse sentido, ver: TJRS, Acórdão 70025966771, 15.ª Câmara Cível, São Leopoldo, Rel. Des. Paulo Roberto Félix, j. 17.06.2009, *DOERS* 02.07.2009, p. 117).

Em 2024, julgou o Superior Tribunal de Justiça que é também vedada a pactuação da cláusula *del credere* nos contratos de agência ou distribuição, *por aproximação*. Vejamos trecho da ementa do *decisum*:

> "(...). Pelo princípio da especialidade, a incompatibilidade normativa soluciona-se pela aplicação da norma que contém elementos especializantes, subtraindo da regulação do espectro normativo da norma geral em virtude de determinados critérios que são especiais. Pela mesma razão, que justifica a disciplina especial de determinada hipótese fática e a retira do âmbito de incidência da norma geral, no caso de conflito entre os critérios cronológico e de especialidade, a solução deve privilegiar a regulamentação particular. (...). Vedação de pactuação da *cláusula del credere* (pacto a ser inserido no contrato e pelo qual o colaborador assume a responsabilidade pela solvência da pessoa com quem contratar em nome do fornecedor, tornando-se solidariamente responsável) nos contratos de agência ou distribuição por aproximação, por força do disposto no art. 43 da Lei n. 4.886/1965. (...). Inaplicabilidade por analogia do art. 698 do Código Civil uma vez que o recurso à autointegração do sistema pela analogia pressupõe que estenda a uma hipótese não regulamentada a disciplina legalmente prevista para um caso semelhante. Esta forma de expansão regulatória, portanto, depende da similitude fática significativa entre o caso em referência e seu paradigma, o que não ocorre no caso em questão, porquanto existe previsão normativa expressa acerca da vedação da cláusula *del credere* aos contratos de que se trata e há dessemelhança entre os tipos contratuais" (STJ, REsp 1.784.914/SP, 4.ª Turma, Rel. Min. Antonio Carlos Ferreira, j. 23.04.2024, *DJe* 30.04.2024).

Ainda sobre a citada cláusula *del credere*, na *II Jornada de Direito Comercial*, promovida pelo Conselho da Justiça Federal em fevereiro de 2015, aprovou-se o Enunciado n. 68, prevendo que, no contrato de comissão com cláusula *del credere*, responderá solidariamente com o terceiro contratante também o comissário que tiver cedido seus direitos ao comitente, nos termos da parte final do art. 694 do Código Civil. Nos termos das suas justificativas:

---

[63] CIAN, Giorgio; TRABUCCHI, Alberto. *Commentario breve al Codice Civile*. Padova: Cedam, 1992. p. 1.406.

"O enunciado tem por objetivo conciliar os arts. 694 e 698 do Código Civil. A cláusula *del credere* afasta a irresponsabilidade presumida do comissário, prevista no art. 697 do Código Civil, tornando-o responsável perante o comitente do cumprimento da obrigação assumida e descumprida pelo terceiro. A princípio, não pode haver solidariedade entre o comissário e o terceiro que com ele contratou perante o comitente, porque o art. 694 do Código Civil dispõe que não haverá direito de ação do comitente em face das pessoas com quem o comissário contratar, mesmo que no interesse daquele. O *del credere* não pode vincular o terceiro ao contrato de comissão porque este dele não tem conhecimento e os efeitos não se estendem à compra e venda (princípio da relatividade dos contratos). Assim, o comissário somente se constituirá garante solidário ao terceiro por força do *del credere* se houver cedido seus direitos ao comitente, nos termos do que faculta a parte final do art. 694 do Código Civil".

Pontue-se que o enunciado foi aprovado com ampla maioria, traduzindo o pensamento majoritário dos doutrinadores presentes ao evento.

No Projeto de Reforma do Código Civil, a *Comissão de Juristas* propõe alterações para o seu art. 698, na linha da melhor doutrina e do entendimento constante do Enunciado n. 68 da *II Jornada de Direito Comercial*. Nesse contexto, o *caput* do comando passará a prever, consoante a última ementa doutrinária, que, "se do contrato de comissão constar a cláusula *del credere*, responderá o comissário solidariamente com as pessoas com que houver tratado em nome do comitente, se tiver cedido seus direitos ao comitente, nos termos da parte final do art. 694 deste Código".

Como exceção à regra da solidariedade, o que vem em boa hora, valorizando a convenção entre as partes, o novo § 1.º do preceito passa a prever que "a cláusula *del credere*, de que trata o *caput* deste artigo, poderá ser convencionada com previsão de responsabilidade parcial ou fracionada". Por fim, a previsão da parte final do atual *caput* seria deslocada para um novo § 2.º, para dar mais clareza e melhor organização ao texto, estatuindo que, "salvo disposição em contrário no contrato, o comissário terá direito a uma remuneração mais elevada, se do contrato de comissão constar a cláusula *del credere*".

Pois bem, no sistema ainda em vigor, a solidariedade decorrente da cláusula *del credere* acabou por ser mitigada por força da Lei 14.690, de 3 de outubro de 2023, que introduziu um parágrafo único no art. 698 do CC, com a seguinte redação: "a cláusula *del credere* de que trata o *caput* deste artigo poderá ser parcial". O objetivo é que a cláusula gere uma espécie de *solidariedade parcial*, por força da autonomia privada e do convencionado entre as partes, relativizando a regra geral do comando.

De todo modo, não havendo a responsabilidade integral do comissário, não se pode falar propriamente em solidariedade, que gera uma responsabilidade *in solidum* de todos os devedores, com opção de demanda em favor do credor. A hipótese, assim, seria de *responsabilidade fracionária*, por força do contrato.

Em regra, presume-se que o comissário é autorizado a conceder dilação do prazo para pagamento por terceiros, na conformidade dos usos do lugar onde se realizar o negócio, se não houver instruções diversas do comitente (art. 699 do CC). A presunção, por razões óbvias, é relativa (*iuris tantum*), admitindo previsão em contrário, ou seja, a proibição da concessão de prazo.

Mais uma vez para deixar a norma mais clara, com a valorização de usos, costumes e *regras de tráfego* consolidadas, que podem afastar a atual presunção relativa, pelo Projeto de Reforma do Código Civil, o *caput* do art. 699 passará a enunciar que, "salvo prova em contrário de usos e costumes do lugar, presume-se o comissário autorizado a conceder dilação do prazo para pagamento, se não houver instruções diversas do comitente".

E mais, o novo parágrafo único proposto para o comando, seguindo em parte o que estava previsto no art. 178 do revogado Código Comercial, estabelece que, "vencidos os prazos concedidos para o pagamento dos bens vendidos a prazo, o comissário é obrigado a efetivar a sua cobrança, sob pena de responder por perdas e danos supervenientes perante o comitente, em caso de omissão dolosa ou culposa". Como corretamente justificou a Subcomissão de Direito dos Contratos, "a ampliação da utilização dos contratos de comissão no comércio digital (*on-line*) e a desterritorialização das transações no ambiente digital impõem que o comissário seja incumbido da imediata cobrança, ainda que o fornecedor do bem esteja em outro país ou em localidade territorial distante daquela em que se encontra o comissário. A facilidade de transação comercial no ambiente digital não pode ser obstáculo para a cobrança dos valores devidos, no tempo certo e sem prejuízo para o comitente".

Feita essa nota, por outro lado, nos termos da norma em vigor, se houver instruções do comitente proibindo prorrogação de prazos para pagamento por terceiros, ou se a prorrogação não for conforme os usos locais, poderá o comitente exigir que o comissário pague imediatamente os valores devidos ou responda pelas consequências da dilação concedida (art. 700 do CC). A mesma regra deve ser aplicada se o comissário não der ciência ao comitente dos prazos concedidos e de quem é seu beneficiário.

Como exposto, o contrato de comissão é oneroso, devendo o comissário ser remunerado pela sua atuação. Lembra Araken de Assis que, "em geral, os parceiros fixam um percentual sobre o produto bruto do negócio, porque, do contrário, poder-se-ia chegar a uma contraprestação irrisória, e, portanto, desestimulante para o comissário. Admite-se a fixação de um valor fixo e invariável e, também, a participação nos lucros, com ou sem repartição das despesas, o que não desnatura a comissão".[64] Essa remuneração recebe o mesmo nome do contrato: *comissão*. Entretanto, se no contrato não estiver estipulada a remuneração devida ao comissário, será ela arbitrada segundo os usos correntes no lugar.

No atual Projeto de Reforma do Código Civil, a proposta da Comissão de Juristas é de um necessário aperfeiçoamento da redação, passando a prever como critério para a remuneração do comissário a complexidade do negócio realizado, o que vem em boa hora: "não sendo estipulada a remuneração devida ao comissário, será ela arbitrada segundo o grau de complexidade do negócio realizado e dos usos correntes do lugar da sua celebração".

Como constou das precisas justificativas da Subcomissão de Direito dos Contratos, "a referência a usos e costumes é controversa em uma sociedade que se desterritorializa continuamente em decorrência da utilização de sistemas digitais (*on-line*) cada vez mais frequentes, presentes em diferentes atividades e, em especial, nos contratos de comissão de agências de viagem, plataformas digitais de *e-commerce*, entre outras. A referência mais adequada nesse contexto é que a remuneração atenda ao grau de complexidade do negócio realizado pelo comissário no interesse do comitente. Quanto maior o grau de utilização de recursos profissionais que demandem conhecimento e/ou emprego de equipamentos e dispositivos tecnológicos de alta precisão para garantia da qualidade do negócio, maior deverá ser a remuneração nos casos em que não tiver sido previamente pactuada entre as partes". Nota-se, portanto, que a alteração proposta para o art. 701 do Código Civil é imperiosa, para adaptação do contrato de comissão aos novos tempos.

Voltando-se ao sistema em vigor, para se manter o *sinalagma obrigacional*, no caso de morte do comissário, ou, quando, por motivo de força maior, não puder ele concluir o negócio, será devida pelo comitente uma remuneração proporcional aos trabalhos realizados

---

[64] ASSIS, Araken de. *Contratos nominados*. Col. Biblioteca de Direito Civil. Estudos em homenagem ao Professor Miguel Reale. São Paulo: RT, 2005. p. 180.

(art. 702 do CC). Consigne-se que no caso de morte do comissário, como o contrato é personalíssimo, ocorrerá a sua extinção por *cessação contratual*.

Para evitar o enriquecimento sem causa, mesmo que o comissário tenha motivado a sua dispensa, terá ele direito a ser remunerado pelos serviços úteis prestados ao comitente, ressalvado a este o direito de exigir daquele os prejuízos sofridos (art. 703 do CC). O dispositivo não elucida quais sejam os *serviços úteis*. Acreditamos tratar-se de uma cláusula geral, um conceito legal indeterminado, a ser preenchido pelo aplicador do Direito caso a caso. Para esse preenchimento, entra em cena a análise do contrato de acordo com o contexto social (função social).

A Comissão de Juristas nomeada no Senado Federal sugere que a menção à *dispensa*, típica de contratos de trabalho e de relações de emprego, seja substituída pelo termo *resolução*, que é mais amplo e serve para denotar o inadimplemento em contratos civis e empresariais, celebrados por pessoas naturais e jurídicas, como se dá na comissão, em que não há vínculo empregatício. Assim, o art. 703 do Código Civil passará a prever o seguinte: "ainda que tenha dado motivo à resolução do contrato, terá o comissário direito a ser remunerado pelos serviços úteis prestados ao comitente, ressalvado a este o direito de exigir os prejuízos sofridos, ainda que exclusivamente imateriais". Também é corretamente incluída a plena possibilidade de reparação dos danos imateriais ou extrapatrimoniais, além dos danos materiais ou patrimoniais, no preceito, o que vem em boa hora.

Determina o hoje vigente art. 704 do CC que, em regra, pode o comitente, a qualquer tempo, alterar as instruções dadas ao comissário, entendendo-se por elas regidos também os negócios pendentes. No entanto, conforme consagra o próprio dispositivo, é possível previsão em contrário, ou seja, cláusula que não autoriza essa alteração unilateral. Isso evidencia que o comando legal é preceito de ordem privada, podendo ser contrariado por convenção entre as partes, pela autonomia privada.

Com os fins de tornar mais regrada a possibilidade de alteração das regras inicialmente pactuadas pelas partes e vedar o citado abuso de direito, a Comissão de Juristas encarregada da Reforma do Código Civil, sugere a inclusão de um novo parágrafo único no art. 704 do Código Civil, com os seguintes dizeres: "as alterações determinadas pelo comitente não poderão aumentar o grau de complexidade para a sua realização ou tornar o negócio inviável, hipóteses em que o comissário poderá pleitear a resolução do contrato cumulada com perdas e danos".

Consoante as justificativas da Subcomissão de Contratos, "a diferença de capacidade econômica entre comitente e comissário pode ser muito expressiva no ambiente de negócios digitais (*on-line*), como acontece, por exemplo, com marcas mundialmente conhecidas que não são fabricantes de produtos, mas contratam comissários para comprarem serviços de terceiros para produção. A mudança das instruções do comitente é legal por se tratar de preceito de ordem privada, no entanto, é relevante que o comitente seja compelido por lei a manter a boa-fé objetiva sem a qual poderá se caracterizar abuso de direito ou prática de má-fé, com as consequências legais aplicáveis". Como se percebe, as proposições estão mais do que justificadas.

Retornando-se à norma em vigor, sendo o comissário despedido sem justa causa, terá direito a ser remunerado pelos trabalhos prestados, bem como a ser ressarcido pelas perdas e danos resultantes de sua dispensa (art. 705 do CC). Deve-se considerar a expressão *justa causa* como uma cláusula geral, a ser preenchida pelo juiz caso a caso.

No Projeto de Reforma do Código Civil, novamente, seguindo-se a linha de outras propostas, como se dá com a prestação de serviços, objetiva-se a retirada da menção à *justa causa*, que é típica dos contratos de trabalho e das relações de emprego, e incompatível com os contratos civis e empresariais. Nesse contexto da correta menção categórica, o art. 705

MANUAL DE DIREITO CIVIL • VOLUME ÚNICO – *Flávio Tartuce*

do Código Civil preverá o seguinte: "se o contrato de comissão for denunciado imotiva-damente, o comissário terá direito a ser remunerado pelos trabalhos prestados, bem como a ser reparado pelos danos resultantes da resilição".

Além da precisa troca da *justa causa* por *denúncia imotivada*, passa-se a mencionar a *resilição*, que é extinção do contrato pelo exercício de um direito potestativo, como previsto no art. 473 da própria codificação privada.

Quanto aos deveres das partes, enuncia o vigente art. 706 do CC que tanto o comitente quanto o comissário são obrigados a pagar juros um ao outro. O comitente é obrigado a pagar pelo que o comissário houver adiantado para o cumprimento de suas ordens; enquanto que o comissário se encarrega das despesas decorrentes da mora na entrega dos fundos que pertencerem ao comitente. Esses juros podem ser convencionais, fixados pelas partes. Não havendo previsão, aplica-se o art. 406 do Código em vigor. A ação para cobrança desses juros prescreverá em três anos, conforme o art. 206, § 3.º, inc. III, do Código Civil em vigor.

Para encerrar o estudo da comissão, prevê o art. 709 do CC que devem ser aplicadas, no que couber, as regras previstas para o mandato. Apesar de serem institutos diversos, o dispositivo reconhece a aplicação residual das regras do mandato, conforme previa anteriormente o art. 190 do Código Comercial.

## 6.12 DA AGÊNCIA E DISTRIBUIÇÃO (ARTS. 710 A 721 DO CC)

Pelo contrato de *agência*, uma pessoa assume, em caráter não eventual e sem vínculos de dependência, a obrigação de promover, à conta de outrem e mediante retribuição, a realização de certos negócios, em zona determinada. Caracteriza-se a *distribuição* quando o agente tiver à sua disposição a coisa a ser negociada (art. 710 do CC).

Interpretando o que consta da lei, ensina José Maria Trepat Cases que "contrato de agência é contrato pelo qual uma pessoa obriga-se, mediante retribuição, sem relação de emprego, a praticar negócios jurídicos, à conta e ordem de outra pessoa, em caráter não eventual".[65] Leciona ainda o jurista que "o contrato de agência muito se assemelha ao contrato de representação comercial, mas tal semelhança não os iguala. Alguns dispositivos poderão ser comuns; outros, entretanto, serão específicos para cada uma das modalidades contratuais, que objetivam negócios diversos. Note-se que vários são os doutrinadores que adotam como semelhantes as denominações: agente ou representante comercial e, ainda, contrato de agência ou representação comercial". Essa similaridade pode ser percebida pelo parágrafo único do art. 710, segundo o qual "o proponente pode conferir poderes ao agente para que este o represente na conclusão dos contratos".

Pois bem, a doutrina critica o fato de o CC/2002 ter tratado a agência e a distribuição de forma unificada. Para o próprio José Maria Trepat Cases a diferenciação de ambos os contratos não é tão simples assim, especificamente como consta do art. 710 do CC, ou seja, somente pelo fato de o distribuidor ter à sua disposição a coisa a ser negociada. Ensina o jurista que:

> "A distribuição é modalidade contratual recente, de concepção estrutural da economia moderna. A distribuição é a contratação voltada para otimizar a produção e circulação de bens, aproximando o produtor do consumidor, por intermédio do distribuidor. A distribuição engloba de forma orgânica e coordenada a figura do colaborador-intermediário (distribuidor) e o produtor, numa integração vertical, segundo Roberto Baldi".[66]

---

[65] CASES, José Maria Trepat. *Código Civil comentado*. In: AZEVEDO, Álvaro Villaça de. São Paulo: Atlas, 2003. v. VIII, p. 53.

[66] CASES, José Maria Trepat. *Código Civil comentado*. In: AZEVEDO, Álvaro Villaça de. São Paulo: Atlas, 2003. v. VIII, p. 64.

CAP. 6 • CONTRATOS EM ESPÉCIE (CONTRATOS TÍPICOS DO CC/2002) | **883**

Tentando elucidar a questão, na *I Jornada de Direito Comercial*, evento promovido pelo Conselho da Justiça Federal em 2012, aprovou-se enunciado doutrinário estabelecendo que o contrato de distribuição previsto no art. 710 do Código Civil é, de fato, uma modalidade de agência. Isso porque o agente atua como mediador ou mandatário do preponente e faz *jus* à remuneração devida por este correspondente aos negócios concluídos em sua zona ou área de atuação. Ato contínuo, estabelece a proposta que no contrato de distribuição autêntico, o distribuidor comercializa diretamente o produto recebido do fabricante ou fornecedor e seu lucro resulta das vendas que faz por sua conta e risco (Enunciado n. 31). Destaque-se que o enunciado é de autoria do Professor Alexandre Ferreira de Assumpção Alves, da Universidade do Estado do Rio de Janeiro.

Como exemplo prático de hipótese fática em que há uma das figuras em estudo, importante julgado do STJ reconheceu a aplicação das regras da agência para o contrato de venda de consórcios, bem como a existência de um negócio colaborativo entre as partes. Como constou do acórdão:

"O vínculo entre as partes litigantes é típico contrato de agência, regulado pelos arts. 710 e seguintes do CC/2002, por meio do qual a promotora das vendas se obriga a disponibilizar ao consumidor a aquisição de quotas consorciais, mediante remuneração, recolhendo propostas e transmitindo-as à administradora do consórcio (contratante). O vínculo contratual colaborativo originado do contrato de agência importa na administração recíproca de interesses das partes contratantes, viabilizando a utilização da ação da prestação de contas e impondo a cada uma das partes o dever de prestar contas à outra. A remuneração devida à promotora é apurada, após a conclusão dos contratos de aquisição de quotas, podendo ser influenciada também em razão de desistências posteriores, como no caso concreto, de modo que não é possível o conhecimento de todas as parcelas que compõem a remuneração final, sem a efetiva participação da administradora" (STJ, REsp 1.676.623/SP, 3.ª Turma, Rel. Min. Marco Aurélio Bellizze, j. 23.10.2018, *DJe* 26.10.2018, p. 1.531).

Adotando-se justamente o teor do citado Enunciado n. 31 da *I Jornada de Direito Comercial*, a Comissão de Juristas constituída no Senado Federal para a Reforma da Código Civil sugere a seguinte redação para o art. 710, para os fins de afastar as comuns dúvidas relativas às diferenças entre a agência e a distribuição: "pelo contrato de agência, uma pessoa assume, em caráter não eventual e sem vínculos de dependência, a obrigação de promover, à conta de outra, mediante retribuição, a realização de certos negócios, em zona determinada". Como se verá a seguir, há também propostas de inclusão de regras específicas e separadas do contrato de distribuição empresarial, modalidade de agência, nos novos arts. 721-A a 721-I, seguindo textos de normas elaborados pela Professora Paula Andrea Forgioni, componente da citada comissão.

De volta ao sistema em vigor, quanto ao contrato de agência, trata-se de contrato bilateral, oneroso, consensual, comutativo, personalíssimo e informal. Constitui contrato de trato sucessivo, pois as obrigações devem ser cumpridas de forma periódica no tempo. O contrato de distribuição possui as mesmas características, ou seja, a mesma natureza jurídica.

Nos dois casos, são *contratos de exclusividade*, em regra, o que ressalta os seus intuitos personalíssimos ou *intuitu personae*. Nesse sentido, o art. 711 do CC enuncia que, salvo ajuste em contrário, o proponente, ou representado, não pode constituir, ao mesmo tempo, mais de um agente, na mesma zona, com idêntica incumbência. A norma tem relação direta com a boa-fé objetiva, conforme a jurisprudência (TJSP, Apelação 1164259-0, Acórdão 2635834, 19.ª Câmara de Direito Privado, São Paulo, Rel. Des. Ricardo Negrão, j. 29.04.2008, *DJESP* 24.06.2008).

MANUAL DE DIREITO CIVIL • VOLUME ÚNICO – *Flávio Tartuce*

Por outro lado, ressaltando a sua bilateralidade, não pode o agente assumir o encargo de nela tratar de negócios do mesmo gênero, à conta de outros proponentes.

Além disso, o agente, no desempenho que lhe foi cometido, deve agir com toda diligência, atendo-se às instruções recebidas do proponente ou representado (art. 712 do CC). Isso, sob pena de caracterização do descumprimento contratual, a gerar a sua resolução com perdas e danos. Em regra, todas as despesas com a agência ou distribuição correm a cargo do agente ou distribuidor, que age por conta própria, salvo estipulação em contrário (art. 713 do CC).

Na atual Reforma do Código Civil, para o último dispositivo, a Comissão de Juristas propõe apenas retirar a menção ao distribuidor, uma vez que a distribuição empresarial receberá um tratamento em separado, nas novas letras do art. 721. Assim, passará a prever o seguinte: "salvo estipulação diversa, todas as despesas com a agência ou distribuição correm a cargo do agente". Mesma sugestão é feita para o dispositivo seguinte.

O agente ou distribuidor terá direito à remuneração correspondente aos negócios concluídos dentro de sua zona, ainda que sem a sua interferência. Essa remuneração, prevista no art. 714 da codificação material, é denominada comissão.

A remuneração será devida ao agente também quando o negócio deixar de ser realizado por fato imputável ao proponente ou representado (art. 716 do CC). Esse fato imputável é motivo para a resolução do contrato por inexecução voluntária do representado ou proponente. O pagamento da remuneração não afasta a reparação das perdas e danos sofridos pelo agente.

Além disso, se o proponente, sem justa causa, cessar o atendimento das propostas e reduzir o atendimento a ponto de tornar antieconômica a continuação do contrato, o agente ou distribuidor terá direito à indenização (art. 715 do CC). O dispositivo trata de um caso de deslealdade do proponente, a gerar a resolução do negócio e a aplicação do princípio da reparação integral dos danos.

Assim como se dá com os dois dispositivos anteriores, no Projeto de Reforma do Código Civil, a Comissão de Juristas sugere a retirada da menção ao distribuidor, diante do tratamento específico que será visto mais à frente. Nesse contexto, o art. 715 preceituará o que segue: "o agente tem direito à indenização, se o proponente, sem justa motivação, cessar o atendimento das propostas ou reduzi-las tanto que se torne antieconômica a continuação do contrato".

Ademais, na linha do que foi comentado em dispositivos anteriores, e sobretudo no que diz respeito à prestação de serviços, retira-se a menção à *justa causa*, própria das relações de emprego e incompatível com os contratos civis e empresariais, substituída por *justa motivação*, que ainda é mais específica e própria do tipo de contratação da agência.

Ainda no que concerne ao descumprimento do contrato, duas regras deverão ser observadas, pelo sistema em vigor:

> 1.ª Regra – Mesmo quando dispensado por justa causa, terá o agente direito a ser remunerado pelos serviços úteis prestados ao proponente, sem embargo de haver este perdas e danos pelos prejuízos sofridos (art. 717 do CC).
>
> 2.ª Regra – Se a dispensa se der sem culpa do agente (sem justa causa), terá ele direito à remuneração até então devida, inclusive sobre os negócios pendentes, além das indenizações previstas em lei especial (art. 718 do CC). A norma refere-se àquelas constantes do art. 27 da Lei 4.886/1965, que trata da representação comercial. Assim, pode ser destacada, de início, a indenização devida ao representante, pela rescisão do contrato fora dos casos previstos no

art. 35, cujo montante não poderá ser inferior a 1/12 (um doze avos) do total da retribuição auferida durante o tempo em que exerceu a representação (letra *j*). Sobre essa previsão, o Enunciado n. 82, aprovado na *III Jornada de Direito Comercial*, em 2019, prevê que tal montante deve ser apurado com base nas comissões recebidas durante todo o período em que a parte exerceu a representação, afastando-se os efeitos de eventual pagamento a menor, decorrente de prática ilegal ou irregular da representada, reconhecida por decisão judicial ou arbitral transitada em julgado. A ementa doutrinária procura consolidar a ética contratual e a boa-fé, contando com o meu apoio. Além disso, em julgado do final do ano de 2019, o Superior Tribunal de Justiça acabou por concluir que não cabe a antecipação desses valores por cláusula contratual, pois tal previsão contraria o princípio da boa-fé objetiva e a própria natureza da indenização fixada pela lei: "essa forma de pagamento subverte o próprio conceito de indenização. Como é sabido, o dever de reparar somente se configura a partir da prática de um ato danoso. No particular, todavia, o evento que desencadeou tal dever não havia ocorrido – nem era possível saber se, de fato, viria a ocorrer – ao tempo em que efetuadas as antecipações mensais" (STJ, REsp 1.831.947/PR, 3.ª Turma, Rel. Min. Nancy Andrighi, j. 10.12.2019, *DJe* 13.12.2019). As conclusões do julgado têm o meu apoio doutrinário. Ademais, na hipótese de contrato a prazo certo, a indenização corresponderá à importância equivalente à média mensal da retribuição auferida até a data da rescisão, multiplicada pela metade dos meses resultantes do prazo contratual (§ 1.º do art. 27 da Lei 4.886/1965). Ainda sobre esse art. 718, a Comissão de Juristas nomeada no Senado Federal para a Reforma do Código Civil propõe uma melhora no *caput*, para que passe a mencionar a denúncia do contrato, sem culpa, e não mais a *dispensa*, que é própria das relações de emprego e dos contratos de trabalho, e não de contratos civis e empresariais: "se a denúncia do contrato se der sem culpa do agente, terá ele direito à remuneração até então devida, inclusive sobre os negócios pendentes, além das indenizações previstas em lei especial". Além disso, almeja-se positivar na norma o teor do Enunciado n. 82 da *III Jornada de Direito Comercial*, com a inclusão do seguinte parágrafo único, que vem em boa hora, de acordo com os comentários doutrinários antes desenvolvidos: "o montante da indenização deverá ser apurado com base nas comissões recebidas durante o período em que o agente exerceu sua atividade para o proponente".

Preconiza ainda o Código Civil de 2002 que se o agente não puder continuar o trabalho por motivo de força maior, terá direito à remuneração correspondente aos serviços realizados, cabendo esse direito aos herdeiros no caso de morte (art. 719 do CC).

O art. 720 do Código Privado em vigor trata da resilição unilateral para o contrato em questão, prevendo que "se o contrato for por tempo indeterminado, qualquer das partes poderá resolvê-lo, mediante aviso prévio de noventa dias, desde que transcorrido prazo compatível com a natureza e o vulto do investimento exigido do agente". Apesar de a lei falar em *resolução*, trata-se de um direito potestativo da parte, havendo *resilição*, nos termos do art. 473 do CC. Portanto, houve aqui um descuido do legislador, o que foi reconhecido por outros juristas contemporâneos.[67]

---

[67] Nesse sentido: TEPEDINO, Gustavo. *Comentários ao novo Código Civil*. In: TEIXEIRA, Sálvio de Figueiredo. São Paulo: Forense, 2008. v. X, p. 372; GAGLIANO, Pablo Stolze e PAMPLONA FILHO, Rodolfo. *Novo Curso de Direito Civil*. São Paulo: Saraiva, 2008. v. IV, t. II, p. 397; ALVES, Jones Figueirêdo; DELGADO, Mário Luiz. *Código Civil Anotado*. São Paulo: Método, 2005, p. 323.

Aliás, o art. 720 do CC deve ser entendido com íntima relação com o art. 473, parágrafo único, do CC, pelo qual a resilição unilateral pode ser afastada se uma parte tiver feito investimentos consideráveis no contrato, hipótese em que o contrato deve ser prorrogado de acordo com a natureza e o vulto dos investimentos. Ambos os dispositivos trazem como conteúdo o princípio da conservação do contrato, que mantém íntima relação com a função social (Enunciado n. 22 do CJF/STJ). Aplicando a ideia, da jurisprudência:

"Contrato de distribuição. Prazo de aviso-prévio. Dilação pelo Poder Judiciário. Possibilidade. Antecipação dos efeitos da tutela. Requisitos preenchidos. 1. Presentes os requisitos do art. 273 do CPC, cabível a antecipação dos efeitos da tutela, dilatando-se o prazo de aviso prévio do contrato de distribuição havido entre as partes. 2. Nos termos do parágrafo único do art. 720 do Código Civil de 2002, é lícito ao Poder Judiciário dilatar o prazo de aviso prévio do contrato de distribuição, de modo a compatibilizá-lo com a natureza e o vulto dos investimentos realizados para sua execução. 3. Provimento em parte do recurso" (TJRS, Agravo de Instrumento 70022003586, 5.ª Câmara Cível, Pelotas, Rel. Des. Paulo Sérgio Scarparo, j. 12.12.2007, *DOERS* 18.12.2007, p. 40).

No caso de prorrogação do contrato, havendo divergência entre as partes, quanto ao prazo de alongamento e ao valor da remuneração devida, o juiz decidirá com razoabilidade e equidade (art. 720, parágrafo único, do CC), o que constitui mais uma confirmação da conservação contratual.

Em relação ao art. 720, a Comissão de Juristas encarregada da Reforma do Código Civil propõe ajustes pontuais mais do que necessários, constituindo o primeiro deles de alterar a menção à *resolução* para *resilição* e *denúncia*, sendo a primeira expressão totalmente imprópria e representando um desvio de categoria jurídica, como antes pontuei. Nesse contexto, o *caput* do preceito enunciará o seguinte: "se o contrato for por tempo indeterminado, qualquer das partes poderá resili-lo ou denunciá-lo, mediante aviso prévio de pelo menos noventa dias, desde que transcorrido prazo compatível com a natureza e o vulto dos investimentos exigidos pelas partes". Ademais, para uma melhor expressão do caráter bilateral ou *sinalagmático* do avençado, substitui-se a menção final ao *agente* por *partes*. No parágrafo único, melhor a norma mencionar o julgador, que inclui juiz ou árbitro, do que apenas utilizar o primeiro termo: "no caso de divergência entre as partes, o julgador decidirá sobre o prazo e o valor devido".

Encerrando a abordagem do negócio em questão, a codificação privada enuncia que devem ser aplicadas ao contrato de agência e distribuição, no que couberem, as regras concernentes ao mandato e à comissão e as constantes de lei especial (art. 721 do CC). A aplicação residual, mais uma vez, justifica-se pela similaridade entre os contratos. Como lei especial, poderá incidir a Lei da Representação Comercial (Lei 4.886/1965, com as alterações introduzidas por leis posteriores).

Para findar o tópico, anoto que no Projeto de Reforma do Código Civil propõe-se um tratamento detalhado e separado do Contrato de Distribuição Empresarial, que passa a ser um novo contrato típico do Código Civil de 2002, com regras entre os arts. 721-A e 721-I (Capítulo XII-A do Título VI – "Das Várias Espécies de Contrato").

As propostas foram originalmente formuladas pela Professora Paula Andrea Forgioni, componente da comissão, aceitas pela Subcomissão de Direito dos Contratos e pela Relatoria-Geral, formada por mim e pela Professora Rosa Maria de Andrade Nery, sem modificações.

De início, o contrato é definido como aquele em que o concedente obriga-se à venda reiterada de bens ou de serviços ao distribuidor, para que este os revenda, tendo como

CAP. 6 • CONTRATOS EM ESPÉCIE (CONTRATOS TÍPICOS DO CC/2002) | **887**

proveito econômico a diferença entre o preço de aquisição e de revenda e assumindo obrigações voltadas à satisfação das exigências do sistema de distribuição do qual participa (art. 721-A, *caput*). O concedente e o distribuidor são considerados como empresas independentes, cabendo a cada qual os riscos, as despesas, os investimentos, as responsabilidades e os proveitos próprios de sua própria atividade, salvo os casos expressamente previstos em legislação específica (art. 721-A, parágrafo único).

Como ocorre em todos os contratos celebrados em regime de colaboração empresarial, o distribuidor deve empregar em seu negócio a diligência do empresário ativo e probo, de forma que não comprometa a reputação e a imagem do concedente (art. 721-B). Para a eficiência do sistema de distribuição, o contrato pode estabelecer, por cláusulas nele previstas, que o distribuidor siga as orientações e os padrões de atuação impostos pelo concedente (art. 721-C). Ademais, salvo ajuste das partes em sentido contrário e respeitada a legislação específica, ao distribuidor compete fixar os preços de revenda a seus clientes (art. 721-D).

Igualmente, salvo ajuste das partes em sentido contrário, o distribuidor poderá utilizar gratuitamente os sinais distintivos do concedente, desde que não comprometa a sua imagem, regra que tem grande importância na prática desse negócio empresarial (art. 721-E). Entretanto, o concedente não pode exercer seus direitos contratuais com o escopo exclusivo de prejudicar o distribuidor, sob pena de resolução do contrato com perdas e danos, norma ética que tem relação direta com a boa-fé objetiva (art. 721-F). Como não poderia ser diferente, o concedente não poderá alterar, abruptamente e sem justo motivo, as condições de fornecimento ao distribuidor, o que visa dar uma maior segurança jurídica e estabilidade para os negócios do último (art. 721-G). São consideradas como nulas de pleno direito, hipótese de nulidade absoluta, as cláusulas que estipulem a renúncia antecipada do distribuidor à indenização garantida por lei ou a direito resultante da natureza do negócio (art. 721-H), preceito que *dialoga* com o art. 424 do próprio Código Civil.

Por fim, está previsto no projetado art. 721-I que "aplica-se o art. 720 à denúncia imotivada do contrato de distribuição celebrado por tempo indeterminado", conclusão que não poderia ser diferente, pelo que vimos a respeito do último comando citado. Como se pode perceber, há proposição de um tratamento amplo e seguro para o contrato de distribuição empresarial, na linha da doutrina da autora do texto, a Professora Paula Forgioni, e das corretas aplicações jurisprudenciais a respeito do tema, muitas delas aqui antes estudadas.

## 6.13 DA CORRETAGEM (ARTS. 722 A 729 DO CC)

O Código Civil de 2002 conceitua o contrato de corretagem no seu art. 722, sendo este o negócio jurídico pelo qual uma pessoa (o corretor ou intermediário), não ligada a outra em virtude de mandato, de prestação de serviços ou por qualquer relação de dependência, obriga-se a obter para a segunda um ou mais negócios, conforme as instruções recebidas. A pessoa que busca o serviço do corretor é denominada comitente.

A atuação do corretor ou intermediário é comum na venda de imóveis, bem como na venda de mercadorias e ações na Bolsa de Valores, sendo regulamentada por normas específicas. Nesse sentido, a doutrina aponta duas grandes categorias de corretores: os oficiais e os livres.[68] Vejamos:

– Os corretores oficiais gozam de fé pública, havendo seis classes apontadas pela doutrinada citada: *a)* fundos públicos; *b)* mercadorias; *c)* navios; *d)* operações de câmbio; *e)* seguros; *f)* valores.

---

[68] COLTRO, Antonio Carlos Mathias. *Contrato de corretagem imobiliária*. 2. ed. São Paulo: Atlas, 2007. p. 37.

## 888 | MANUAL DE DIREITO CIVIL • VOLUME ÚNICO – *Flávio Tartuce*

– Os corretores livres não dependem de qualquer investidura oficial, "tendo como único pressuposto a capacidade civil, além da submissão à legislação corporativa, que regulamenta a profissão, através dos Conselhos Federais e Regionais, habilitando-os para o exercício profissional", conforme ensina Gustavo Tepedino.[69] É o caso do corretor de imóveis, cuja atividade é disciplinada pela Lei 6.530/1978, regulamentada pelo Decreto 81.871/1978.

Em algumas hipóteses fáticas debate-se a licitude do conteúdo da corretagem, como na corretagem matrimonial, em que há a aproximação de um casal efetuada por terceiro. Como bem aponta Sílvio de Salvo Venosa, "a tendência moderna nela é não ver ilicitude nessa atividade crescente, desde que conduzida dentro dos princípios éticos e morais. Desvios que tangenciam a ilicitude ou frontalmente transgridem o ordenamento podem ocorrer em qualquer atividade".[70] Essa também é a minha posição doutrinária.

Ainda quanto ao art. 722 da codificação privada, anoto que o Projeto de Reforma do Código Civil almeja incluir um parágrafo único no art. 722 prevendo que "não constitui contrato de corretagem o serviço de mera indicação de bens para aquisição, inclusive em ambiente virtual". O objetivo é diferenciar a corretagem – que envolve uma série de atos coordenados, com fim específico, uma atividade – da mera indicação de bens para venda ou locação – o que é feito por muitos funcionários de condomínios pelo País. Como é notório, essa indicação tem sido intermediada por empresas especializadas na *internet*, em um contrato atípico, que envolve apenas uma das fases da corretagem.

Quanto à sua natureza jurídica, o contrato de comissão é bilateral (*sinalagmático*), oneroso e consensual. O contrato é acessório, pois depende de um outro negócio para existir, qual seja, um contrato principal celebrado no interesse do comitente. É aleatório, pois envolve a álea, o risco, particularmente a celebração desse negócio principal.[71] O contrato é ainda informal, não sendo exigida sequer a forma escrita.

O art. 723 do CC/2002 foi alterado pela Lei 12.236/2010, vejamos a redação anterior e a atual:

| Redação anterior | Redação atual |
|---|---|
| Art. 723. O corretor é obrigado a executar a mediação com a diligência e prudência que o negócio requer, prestando ao cliente, espontaneamente, todas as informações sobre o andamento dos negócios; deve, ainda, sob pena de responder por perdas e danos, prestar ao cliente todos os esclarecimentos que estiverem ao seu alcance, acerca da segurança ou risco do negócio, das alterações de valores e do mais que possa influir nos resultados da incumbência. | Art. 723. O corretor é obrigado a executar a mediação com diligência e prudência, e a prestar ao cliente, espontaneamente, todas as informações sobre o andamento do negócio. Parágrafo único. Sob pena de responder por perdas e danos, o corretor prestará ao cliente todos os esclarecimentos acerca da segurança ou do risco do negócio, das alterações de valores e de outros fatores que possam influir nos resultados da incumbência. |

Como se pode notar, não houve alteração no conteúdo do texto, mas apenas uma adaptação à Lei Complementar 95/1998, que trata da elaboração de leis. Foi inseri-

---

[69] TEPEDINO, Gustavo. Questões controvertidas sobre o contrato de corretagem. *Temas de direito civil*. Rio de Janeiro: Renovar, 2004. p. 131.

[70] VENOSA, Sílvio de Salvo. *Código Civil Interpretado*. São Paulo: Atlas, 2010. p. 681.

[71] COLTRO, Antonio Carlos Mathias. *Contrato de corretagem imobiliária*. 2. ed. São Paulo: Atlas, 2007. p. 28.

CAP. 6 • CONTRATOS EM ESPÉCIE (CONTRATOS TÍPICOS DO CC/2002) | **889**

do um parágrafo único na redação para que a norma ficasse mais bem organizada e redigida. Em suma, a alteração não tem qualquer utilidade prática na minha opinião doutrinária, pois a responsabilidade civil do corretor já era ampliada pela incidência da boa-fé objetiva.

Na verdade, o que o texto consagra é a obrigação do corretor de executar o contrato com a diligência e prudência necessárias, prestando ao cliente, espontaneamente, todas as informações sobre o andamento dos negócios (obrigação de meio ou diligência).

O corretor deve, ainda, prestar ao cliente todos os esclarecimentos que estiverem ao seu alcance, acerca da segurança ou riscos do negócio, das alterações de valores e de tudo mais que possa influir nos resultados da incumbência, sob pena de responder por perdas e danos. Tal prestação deve se pautar pelo agir honestamente próprio da boa-fé objetiva. O desrespeito a tais deveres gera a resolução do contrato, com perdas e danos.

A remuneração a que faz *jus* o corretor é também denominada comissão, podendo esta ser fixa, variável ou mista, assim como ocorre com a representação comercial. Expressa o art. 724 do CC que, se esta remuneração não estiver fixada em lei, nem ajustada entre as partes, será arbitrada segundo a natureza do negócio e os usos locais.

A respeito de quem tem o dever de pagar essa remuneração, conforme se retira de julgamento publicado no *Informativo* n. *556* do STJ, com destaque:

"Depende, em muito, da situação fática contratual objeto da negociação, devendo ser considerado quem propõe ao corretor nela intervir. Independentemente dessas situações, existindo efetiva intermediação pelo corretor, as partes podem, livremente, pactuar como se dará o pagamento da comissão de corretagem. Há, porém, casos em que tanto o comprador quanto o vendedor se acham desobrigados desse encargo, pois entendem que ao outro compete fazê-lo. Há casos ainda em que essa pactuação nem sequer existe, porquanto nada acordam as partes a respeito, daí surgindo a interpretação que se ampara no art. 724 do CC. Em face dessas dúvidas ou omissões e em virtude da proposta dirigida inicialmente ao corretor, conforme acima exposto, é justo que a obrigação de pagar a comissão de corretagem seja de quem efetivamente contrata o corretor, isto é, do comitente, que busca o auxílio daquele, visando à aproximação com outrem cuja pretensão, naquele momento, está em conformidade com seus interesses, seja como comprador ou como vendedor. Ressalte-se ainda que, quando o comprador vai ao mercado, pode ocorrer que seu interesse se dê por bem que está sendo vendido já com a intervenção de corretor. Aí, inexistindo convenção das partes, não lhe compete nenhuma obrigação quanto à comissão de corretagem, pois o corretor já foi anteriormente contratado pelo vendedor. Diferente é a hipótese em que o comprador, visando à aquisição de bem, contrate o corretor para que, com base em seu conhecimento de mercado, busque bem que lhe interesse. Nessa situação, a tratativa inicial com o corretor foi do próprio comprador" (STJ, REsp 1.288.450/AM, Rel. Min. João Otávio de Noronha, j. 24.02.2015, *DJe* 27.02.2015).

Pontue-se que, na prática do mercado imobiliário, é comum fixar esse percentual entre 3 e 6% do valor da transação. Tema que foi amplamente debatido nos últimos anos diz respeito à cobrança de taxa de corretagem, com a aquisição de imóvel direto no *stand* de vendas, sem a intermediação ou atuação por corretor. Pois bem, sempre entendemos que tais valores não poderiam ser cobrados dos consumidores, fazendo que fosse cabível a sua devolução em dobro, incidindo plenamente a regra do parágrafo único do art. 42 do CDC.

Demonstrando toda a polêmica a respeito do assunto, vejamos aresto anterior do Tribunal de Justiça de São Paulo, que concluiu pela impossibilidade da devolução em dobro dos referidos valores, pela ausência da prova de má-fé:

"Verbas de assessoria imobiliária. Devolução dos valores. Possibilidade, segundo o Enunciado n.º 38.3 desta Câmara, exibindo as vendedoras legitimidade para a restituição: 'O adquirente que se dirige ao *stand* de vendas para a aquisição do imóvel não responde pelo pagamento das verbas de assessoria imobiliária (corretagem e taxa SATI). É da responsabilidade da vendedora o custeio das referidas verbas, exibindo legitimidade para eventual pedido de restituição'. Devolução em dobro, entretanto, afastada. Má-fé não demonstrada. Incidência do enunciado pela Súmula n.º 159 do STF. 5. Despesas de condomínio e taxas de IPTU exigidas antes da entrega das chaves. Impossibilidade, segundo o Superior Tribunal de Justiça: 'Para efeitos do art. 543-C do CPC, firmam-se as seguintes teses: A) O que define a responsabilidade pelo pagamento das obrigações condominiais não é o registro do compromisso de compra e venda, mas a relação jurídica material com o imóvel, representada pela imissão na posse pelo promissário comprador e pela ciência inequívoca do condomínio acerca da transação'. Devolução em dobro dos valores, entretanto, afastada. Ausência de má-fé na realização da cobrança. 6. Indenização por danos materiais. Arbitramento de lucros cessantes. Admissibilidade, segundo o entendimento do STJ, também adotado pela Câmara (Enunciado n.º 38.5). Necessidade, entretanto, de arbitramento da verba no equivalente ao aluguel do imóvel a contar da data de constituição das vendedoras em mora até a efetiva entrega das chaves. Apuração do valor devido em liquidação de sentença. 7. Indenização por danos morais. Acolhimento do pleito indenizatório. Frustração relacionada à aquisição do imóvel que importou em lesão extrapatrimonial" (TJSP, Apelação cível 0006490-36.2013.8.26.0114, Acórdão 8762314, 3.ª Câmara de Direito Privado, Campinas, Rel. Des. Donegá Morandini, j. 31.08.2015, *DJESP* 04.09.2015).

Como se observa, o último aresto reconheceu que a cobrança da taxa de corretagem em casos tais é abusiva, ao lado da taxa SATI (Serviço de Assessoria Técnica Imobiliária).

Em 2016, a Segunda Seção do Superior Tribunal de Justiça analisou a questão em sede de julgamento de incidente de recursos repetitivos, pacificando a matéria. Acabou por concluir que a taxa SATI é, sim, abusiva, cabendo sua devolução simples.

Quanto à taxa de corretagem, entendeu a Corte Superior que não haveria abusividade na sua cobrança, diante do esclarecimento prévio feito ao consumidor do seu pagamento, em consonância com o princípio da boa-fé objetiva. Vejamos as três ementas que firmaram as teses:

"Recurso especial repetitivo. Direito civil e do consumidor. Processual civil. Incorporação imobiliária. Venda de unidades autônomas em estande de vendas. Corretagem. Cláusula de transferência da obrigação ao consumidor. Alegação de abusividade. Teoria da asserção. Legitimidade passiva da incorporadora. Validade da cláusula. Serviço de Assessoria Técnico-Imobiliária (SATI). Cobrança. Descabimento. Abusividade. 1. Tese para os fins do art. 1.040 do CPC/2015: 1.1. Legitimidade passiva 'ad causam' da incorporadora, na condição de promitente-vendedora, para responder pela restituição ao consumidor dos valores pagos a título de comissão de corretagem e de taxa de assessoria técnico-imobiliária, nas demandas em que se alega prática abusiva na transferência desses encargos ao consumidor. 2. Caso concreto: 2.1. Aplicação da tese ao caso concreto, rejeitando-se a preliminar de ilegitimidade. 2.2. 'Validade da cláusula contratual que transfere ao promitente-comprador a obrigação de pagar a comissão de corretagem nos contratos de promessa de compra e venda de unidade autônoma em regime de incorporação imobiliária, desde que previamente informado o preço total da aquisição da unidade autônoma, com o destaque do valor da comissão de corretagem' (tese firmada no julgamento do REsp 1.599.511/SP). 2.3. 'Abusividade da cobrança pelo promitente-vendedor do serviço de assessoria técnico-imobiliária (SATI), ou atividade congênere, vinculado à celebração de promessa de compra e

CAP. 6 • CONTRATOS EM ESPÉCIE (CONTRATOS TÍPICOS DO CC/2002) | **891**

venda de imóvel' (tese firmada no julgamento do REsp 1.599.511/SP). 2.4. Improcedência do pedido de restituição da comissão de corretagem e procedência do pedido de restituição da SATI. 3. Recurso especial provido, em parte" (STJ, REsp 1.551.951/ SP, 2.ª Seção, Rel. Min. Paulo de Tarso Sanseverino, j. 24.08.2016, *DJe* 06.09.2016).

"Recurso especial repetitivo. Direito civil e do consumidor. Incorporação imobiliária. Venda de unidades autônomas em estande de vendas. Corretagem. Serviço de Assessoria Técnico-Imobiliária (SATI). Cláusula de transferência da obrigação ao consumidor. Prescrição trienal da pretensão. Enriquecimento sem causa. 1. Tese para os fins do art. 1.040 do CPC/2015: 1.1. Incidência da prescrição trienal sobre a pretensão de restituição dos valores pagos a título de comissão de corretagem ou de serviço de assistência técnico-imobiliária (SATI), ou atividade congênere (art. 206, § 3.º, IV, CC). 1.2. Aplicação do precedente da Segunda Seção no julgamento do Recurso Especial n. 1.360.969/RS, concluído na sessão de 10/08/2016, versando acerca de situação análoga. 2. Caso concreto: 2.1. Reconhecimento do implemento da prescrição trienal, tendo sido a demanda proposta mais de três anos depois da celebração do contrato. 2.2. Prejudicadas as demais alegações constantes do recurso especial. 3. Recurso especial provido" (STJ, REsp 1.551.956/SP, 2.ª Seção, Rel. Min. Paulo de Tarso Sanseverino, j. 24.08.2016, *DJe* 06.09.2016).

"Recurso especial repetitivo. Direito civil e do consumidor. Incorporação imobiliária. Venda de unidades autônomas em estande de vendas. Corretagem. Cláusula de transferência da obrigação ao consumidor. Validade. Preço total. Dever de informação. Serviço de Assessoria Técnico-Imobiliária (SATI). Abusividade da cobrança. I – Tese para os fins do art. 1.040 do CPC/2015: 1.1. Validade da cláusula contratual que transfere ao promitente-comprador a obrigação de pagar a comissão de corretagem nos contratos de promessa de compra e venda de unidade autônoma em regime de incorporação imobiliária, desde que previamente informado o preço total da aquisição da unidade autônoma, com o destaque do valor da comissão de corretagem. 1.2. Abusividade da cobrança pelo promitente-vendedor do serviço de assessoria técnico-imobiliária (SATI), ou atividade congênere, vinculado à celebração de promessa de compra e venda de imóvel. II – Caso concreto: 2.1. Improcedência do pedido de restituição da comissão de corretagem, tendo em vista a validade da cláusula prevista no contrato acerca da transferência desse encargo ao consumidor. Aplicação da tese 1.1. 2.2. Abusividade da cobrança por serviço de assessoria imobiliária, mantendo-se a procedência do pedido de restituição. Aplicação da tese 1.2. III – Recurso especial parcialmente provido" (STJ, REsp 1.599.511/SP, 2.ª Seção, Rel. Min. Paulo de Tarso Sanseverino, j. 24.08.2016, *DJe* 06.09.2016).

Como se pode perceber, a Corte Superior aplicou, ainda, o prazo prescricional de três anos para a repetição de indébito da taxa SATI, por subsunção do art. 206, § 3.º, inc. IV, do Código Civil, que trata da ação relativa ao enriquecimento sem causa.

Com o devido respeito, lamento profundamente o teor das decisões. Entendemos que ambas as taxas são claramente abusivas, conduzindo ao enriquecimento sem causa das construtoras e dos corretores. Nossa afirmação é mantida mesmo tendo a recente Lei 13.786/2018 previsto que o adquirente responde pela comissão do corretor, o que ainda será aqui analisado, no Capítulo 7 deste livro. Além disso, a repetição de indébito deveria ser em dobro, para os dois valores, aplicando-se o art. 42, parágrafo único, do CDC.

Por fim, concluiu-se que o prazo a ser aplicado é o de dez anos, previsto no art. 205 do Código Civil, por ser mais favorável ao consumidor, em consonância com a *teoria do diálogo das fontes*. Cite-se, a esse propósito, que o STJ tem até sumular estabelecendo que o consumidor tem esse prazo maior para repetir tarifas abusivas, como as de água e esgoto

(Súmula 412). Houve, assim, uma contradição do julgamento em relação a essa súmula, com o devido respeito.

Atualizando a obra, em 2018, o Superior Tribunal de Justiça ampliou o pensamento a respeito da possibilidade de cobrança da taxa de corretagem dos adquirentes nos contratos imobiliários vinculados ao programa social *Minha Casa, Minha Vida*, regido pela Lei 11.977/2009. Nos termos do aresto em trecho de destaque:

> "Ressalvada a denominada Faixa 1, em que não há intermediação imobiliária, é válida a cláusula contratual que transfere ao promitente-comprador a obrigação de pagar a comissão de corretagem nos contratos de promessa de compra e venda do Programa Minha Casa, Minha Vida, desde que previamente informado o preço total da aquisição da unidade autônoma, com o destaque do valor da comissão de corretagem. Solução do caso concreto: Considerando que as partes convencionaram que o valor correspondente à comissão de corretagem seria pago diretamente pelo proponente ao corretor, impõe-se julgar improcedente o pedido de repetição dos valores pagos a esse título" (STJ, REsp 1601149/RS, 2.ª Seção, Rel. Min. Paulo de Tarso Sanseverino, Rel. p/ Acórdão Min. Ricardo Villas Bôas Cueva, j. 13.06.2018, *DJe* 15.08.2018).

Em verdade, penso que esses julgamentos trarão um infeliz impacto social, uma vez que as pessoas não mais procurarão os negócios de financiamento da casa própria nos próximos anos, informados por situações anteriores, de pagamento de montantes extorsivos.

Exposta essa nossa divergência, segundo a correta interpretação dos dispositivos que tratam da corretagem, entende a jurisprudência superior que o pagamento da remuneração deve ser feito por aquele que busca os serviços do corretor. Nesse sentido, vejamos preciso e didático aresto publicado no *Informativo* n. 556 do Superior Tribunal de Justiça:

> "Inexistindo pactuação dispondo em sentido contrário, a obrigação de pagar a comissão de corretagem é daquele que efetivamente contrata o corretor. Na forma do art. 722 do CC, o contrato de corretagem é aquele por meio do qual alguém se obriga a obter para outro um ou mais negócios de acordo com as instruções recebidas. Essa relação não pode existir em virtude de mandato, de prestação de serviços ou de qualquer relação de dependência. A pessoa que contrata o serviço do corretor é denominada de comitente. Observe-se que, no mercado, há hipóteses em que é o proprietário (vendedor) do imóvel que busca alguém para comprá-lo. Em outras, o contrário ocorre, ou seja, é o comprador que busca a aquisição de imóvel. Em qualquer dos casos, a partir do momento em que o corretor é chamado para ingressar na relação entre comprador e devedor, passa a ser devida a sua comissão. O encargo, pois, do pagamento da remuneração desse trabalho depende, em muito, da situação fática contratual objeto da negociação, devendo ser considerado quem propõe ao corretor nela intervir. Independentemente dessas situações, existindo efetiva intermediação pelo corretor, as partes podem, livremente, pactuar como se dará o pagamento da comissão de corretagem. Há, porém, casos em que tanto o comprador quanto o vendedor se acham desobrigados desse encargo, pois entendem que ao outro compete fazê-lo. Há casos ainda em que essa pactuação nem sequer existe, porquanto nada acordam as partes a respeito, daí surgindo a interpretação que se ampara no art. 724 do CC. Em face dessas dúvidas ou omissões e em virtude da proposta dirigida inicialmente ao corretor, conforme acima exposto, é justo que a obrigação de pagar a comissão de corretagem seja de quem efetivamente contrata o corretor, isto é, do comitente, que busca o auxílio daquele, visando à aproximação com outrem cuja pretensão, naquele momento, está em conformidade com seus interesses, seja como comprador ou como vendedor. Ressalte-se ainda que, quando

CAP. 6 • CONTRATOS EM ESPÉCIE (CONTRATOS TÍPICOS DO CC/2002) | **893**

o comprador vai ao mercado, pode ocorrer que seu interesse se dê por bem que está sendo vendido já com a intervenção de corretor. Aí, inexistindo convenção das partes, não lhe compete nenhuma obrigação quanto à comissão de corretagem, pois o corretor já foi anteriormente contratado pelo vendedor. Diferente é a hipótese em que o comprador, visando à aquisição de bem, contrate o corretor para que, com base em seu conhecimento de mercado, busque bem que lhe interesse. Nessa situação, a tratativa inicial com o corretor foi do próprio comprador" (STJ, REsp 1.288.450/AM, Rel. Min. João Otávio de Noronha, j. 24.02.2015, *DJe* 27.02.2015).

O art. 725 do CC/2002 traz regra de relevância prática para o contrato em estudo. Prevê tal dispositivo que "a remuneração é devida ao corretor uma vez que tenha conseguido o resultado previsto no contrato de mediação, ou ainda que este não se efetive em virtude de arrependimento das partes". Sobre essa regra, posicionou-se por diversas vezes a nossa jurisprudência.

De início, é notório o julgado do STJ, pelo qual o corretor tem direito à remuneração mesmo tendo sido realizado o negócio por ele intermediado após o prazo do contrato de corretagem (REsp 29.286/RJ, 4.ª Turma, Rel. Min. Sálvio de Figueiredo Teixeira, j. 27.04.1993, *DJ* 31.05.1993, p. 10.672).

Outra ementa, do mesmo STJ, considerou devida a remuneração mesmo não havendo contrato escrito, o que confirma a tese pela qual o contrato é informal (REsp 8.216/MG, 4.ª Turma, Rel. Min. Barros Monteiro, j. 27.08.1991, *DJ* 30.09.1991, p. 13.490; *REVJUR* vol. 173, p. 31, *RT* vol. 680, p. 202). O julgado conclui que não interessa se o negócio será desfeito, posteriormente, pelas partes. O que se remunera é a *utilidade* da atuação do corretor ao aproximar as partes e o respeito aos deveres que lhe são inerentes. Nessa *utilidade* é que está a *finalidade* do negócio jurídico em questão.

Todavia, em outra decisão, entendeu o Superior Tribunal de Justiça pela inexistência de resultado útil, a afastar a remuneração do corretor, pelo fato de a parte ter *desistido* da compra de um imóvel. O acórdão demonstra que há divergência naquele Tribunal Superior quanto à diferenciação entre a desistência do contrato e o arrependimento pelas partes. Vejamos:

> "Civil. Recurso especial. Contrato de corretagem. Alienação de empresa. Proposta aceita pelo comprador. Desistência posterior. Resultado útil não configurado. Comissão indevida. Nos termos do entendimento do STJ, a comissão de corretagem só é devida se ocorre a conclusão efetiva do negócio e não há desistência por parte dos contratantes. É indevida a comissão de corretagem se, mesmo após a aceitação da proposta, o comprador se arrepende e desiste da compra. Recurso especial provido" (REsp 753.566/RJ, 3.ª Turma, Rel. Min. Nancy Andrighi, j. 17.10.2006, *DJ* 05.03.2007, p. 280).

Cabe, ainda, colacionar aresto da mesma Corte Superior, no sentido de que a remuneração é devida mesmo havendo inadimplemento posterior de uma das partes, pois o que é fundamental é o *resultado útil* de aproximação dos negociantes. Conforme a decisão:

> "Ainda que o negócio jurídico de compra e venda de imóvel não se concretize em razão do inadimplemento do comprador, é devida comissão de corretagem no caso em que o corretor tenha intermediado o referido negócio jurídico, as partes interessadas tenham firmado contrato de promessa de compra e venda e o promitente comprador tenha pagado o sinal. (...) A realização de um negócio jurídico de compra e venda de imóvel é um ato complexo, que se desmembra em diversas fases – incluindo, por exemplo, as fases de simples negociação, de celebração de

# 894 | MANUAL DE DIREITO CIVIL • VOLUME ÚNICO – *Flávio Tartuce*

contrato de promessa de compra e venda ou de pagamento de arras – até alcançar sua conclusão com a transmissão do imóvel, quando do registro civil do título imobiliário no respectivo Cartório de Registro, nos termos do art. 1.227 do CC/2002. Nesse contexto, somente com a análise, no caso concreto, de cada uma dessas fases, é possível aferir se a atuação do corretor foi capaz de produzir um resultado útil para a percepção da remuneração de que trata o art. 725 do CC/2002. Assim, para o efeito de tornar devida a remuneração a que faz jus o corretor, a mediação deve corresponder somente aos limites conclusivos do negócio jurídico, mediante acordo de vontade entre as partes, independentemente da execução do próprio negócio. A inadimplência das partes, após a conclusão deste, mesmo que acarrete a rescisão contratual, não repercute na pessoa do corretor" (STJ, REsp 1.339.642/RJ, Rel. Min. Nancy Andrighi, j. 12.03.2013, publicada no seu *Informativo* n. *518*).

Em outro importante precedente, o Tribunal da Cidadania considerou a necessidade de interpretar esse resultado útil para a parte que contrata o corretor, com os deveres do último, retirados do art. 723 do Código Civil. Vejamos o que constou do acórdão:

"A remuneração devida ao corretor – e preceituada no art. 725 do CC/02 como sendo cabível quando atingido o resultado útil da mediação, ainda que haja arrependimento dos contratantes – deve harmonizar-se com o disposto no art. 723 do mesmo diploma legal, que prevê que a sua atividade de mediação deve pautar-se na prudência e diligência de seus atos". No caso concreto, porém, foi afastado o dever de remunerar os corretores, pois verificou-se que "os ora recorrentes (corretores) não atuaram com prudência e diligência na mediação do negócio, porque lhes cabia conferir previamente sobre a existência de eventuais ações judiciais que pendiam em desfavor dos promitentes vendedores – ou das pessoas jurídicas de que são sócios –, a fim de proporcionar aos promissários compradores todas as informações necessárias à segura conclusão da avença. Assim, ainda que tenha havido a concreta aproximação das partes, com a assinatura da promessa de compra e venda e, inclusive, pagamento do sinal, o posterior arrependimento por parte dos promissários compradores deu-se por fato atribuível aos próprios corretores, sendo indevida, por este motivo, a comissão de corretagem" (STJ, REsp 1.810.652/SP, 3.ª Turma, Rel. Min. Nancy Andrighi, j. 04.06.2019, *DJe* 06.06.2019).

Como outra ilustração sobre o tema, haverá resultado útil da corretagem mesmo se o negócio for celebrado em condições diferentes do inicialmente pactuado, como no caso de um contrato de parceria imobiliária que acaba substituindo uma compra e venda. Nos termos de importante acórdão da mesma Terceira Turma do Superior Tribunal de Justiça, do ano de 2018:

"É devida a comissão de corretagem por intermediação imobiliária se o trabalho de aproximação realizado pelo corretor resultar, efetivamente, no consenso das partes quanto aos elementos essenciais do negócio. Precedentes. Conforme expressamente reconhecido pelas instâncias ordinárias, em razão da atuação do corretor, os recorridos celebraram com a empresa Realiza Loteadora, Incorporadora, Pavimentação e Obras Ltda. um 'contrato de compromisso de parceria para loteamento urbano'. Inegável o benefício patrimonial obtido pelos recorridos com a parceria realizada, pois a gleba de terra rural, sem uso e benfeitorias, foi transformada em um empreendimento imobiliário de grande porte. Deve ser remunerada a atuação do corretor que, no caso concreto, promoveu a aproximação dos seus contratantes com a interessada em assumir o loteamento, em razão do inegável resultado útil obtido. Diante das particularidades do caso concreto e para evitar o *bis in idem*, a comissão de corretagem deve observar o sugerido pelos próprios recorridos" (STJ, REsp 1.765.004/

SP, 3.ª Turma, Rel. Min. Ricardo Villas Bôas Cueva, Rel. p/ Acórdão Min. Paulo de Tarso Sanseverino, j. 27.11.2018, *DJe* 05.12.2018).

Por fim, como última concreção, em aresto de 2022 entendeu a Corte que é devida a remuneração do corretor mesmo havendo o inadimplemento do compromisso de compra e venda que foi intermediado. O aresto demonstra que, "no contato de corretagem, conforme a disciplina legal, a obrigação fundamental do comitente é a de pagar a comissão ao corretor assim que concretizado o resultado a que este se obrigou, qual seja, a aproximação das partes e a conclusão do negócio de compra e venda, ressalvada a previsão contratual em contrário". Assim, como trecho final, vejamos:

> "A relação jurídica estabelecida no contrato de corretagem é diversa daquela firmada entre o promitente comprador e o promitente vendedor do imóvel, de modo que a responsabilidade da corretora está limitada a eventual falha na prestação do serviço de corretagem. Não se verificando qualquer falha na prestação do serviço de corretagem nem se constatando o envolvimento da corretora no empreendimento imobiliário, não se mostra viável o reconhecimento da sua responsabilidade solidária em razão da sua inclusão na cadeia de fornecimento" (STJ, REsp 1.811.153/SP, 3.ª Turma, Rel. Min. Marco Aurélio Bellizze, j. 15.02.2022, *DJe* 21.02.2022).

Diante de todas essas interpretações e tentando elucidar o teor do art. 725 do CC, na *I Jornada de Direito Comercial*, evento promovido pelo Conselho da Justiça Federal no ano de 2012, aprovou-se interessante enunciado, proposto pelo Professor Alexandre Ferreira de Assumpção Alves (UERJ).

De acordo com a proposta doutrinária, o pagamento da comissão de corretagem entre empresários pode ser condicionado à celebração do negócio previsto no contrato ou à mediação útil ao cliente, conforme os entendimentos prévios entre as partes. Em complemento, estabelece o enunciado doutrinário que, na ausência de ajuste ou previsão contratual, o cabimento da comissão deve ser analisado no caso concreto, à luz do princípio da boa-fé objetiva e da vedação ao enriquecimento sem causa (Enunciado n. 36).

Com vistas a confirmar todo o entendimento doutrinário e jurisprudencial aqui exposto, a Comissão de Juristas encarregada da Reforma do Código Civil sugere alterações necessárias para o art. 725 do Código Civil. De início, o seu *caput* preverá que "a remuneração é devida ao corretor uma vez que tenha conseguido o resultado útil previsto no contrato, ou ainda que este não se efetive em virtude de arrependimento". Além da menção expressa ao *resultado útil*, como deve ser interpretada a norma, é retirado o termo *mediação*, com o fim de afastar confusões em relação à última figura, hoje tão debatida no âmbito do Processo Civil Brasileiro.

São também incluídos dois novos parágrafos no comando, na linha do que vêm entendendo a doutrina e a jurisprudência nacionais. Nesse contexto, consoante o novo § 1.º, "salvo disposição das partes em sentido contrário, em contrato paritário, a obrigação de pagar a comissão de corretagem é daquele que, comprovadamente, contratou o corretor". A regra do pagamento por aquele que contratou o corretor, portanto, somente pode ser afastada em contratos paritários amplamente negociados entre as partes. Conforme o novo § 2.º, novamente com vistas a afastar dúvidas e polêmicas sobre quem deve remunerar o corretor, "havendo dúvidas sobre quem contratou o corretor, há presunção relativa de ter sido contratado por aquele que ofertou o produto ou serviço".

De acordo com as justificativas da Subcomissão de Direito dos Contratos, as duas propostas estão fundadas em acórdão do Superior Tribunal de Justiça aqui antes destacado, do qual se retira o seguinte trecho, que deve ser relembrado: "é justo que a obrigação de pagar a comissão de corretagem seja de quem efetivamente contrata o corretor, isto é, do comitente, que busca o auxílio daquele, visando à aproximação com outrem cuja pretensão, naquele momento, está em conformidade com seus interesses, seja como comprador ou como vendedor" (STJ, REsp 1.288.450/AM, Rel. Min. João Otávio de Noronha, j. 24.02.2015, *DJe* 27.02.2015). Portanto, as proposições são imperiosas, devendo ser aprovadas pelo Congresso Nacional.

Pois bem, complementando a relevância da utilidade da atuação do corretor, dispõe atualmente o art. 726 do CC que, sendo iniciado e concluído o negócio diretamente entre as partes, sem a atuação do corretor, nenhuma remuneração será devida a este. No entanto, se por escrito tiver sido ajustada a corretagem com exclusividade – por meio do instrumento que se denomina *opção* –, terá o corretor direito à remuneração integral, ainda que realizado o negócio sem a sua mediação. Mas essa remuneração não será devida se comprovada a inércia ou ociosidade do corretor. *Inércia* e *ociosidade* são conceitos indeterminados que devem ser analisados de acordo com o caso concreto, constituindo, sem dúvida, duas cláusulas gerais com praticidade indiscutível. Obviamente, o ônus de sua prova cabe a quem as alega.

Quanto à Reforma do Código Civil e ao art. 726 da codificação privada, para seu *caput*, a Comissão de Juristas propõe novamente a retirada do termo *mediação*, para evitar confusões em relação a essa figura, hoje com maior aplicação no âmbito do Processo Civil Brasileiro. Nesse contexto, o dispositivo passará a expressar o seguinte: "iniciado e concluído o negócio diretamente entre as partes, nenhuma remuneração será devida ao corretor; mas se, por escrito, for ajustada a corretagem com exclusividade, terá o corretor direito à remuneração integral, ainda que realizado o negócio sem a sua atuação, salvo se comprovada sua inércia ou ociosidade".

O dispositivo também receberá dois parágrafos. Pelo § 1.º, ao tratar da exclusividade, ela "deverá ser prevista por escrito e por tempo determinado". Porém, "na falta de previsão expressa quanto ao tempo da exclusividade, esta será de cinco anos" (novo § 2.º do art. 726). Nas suas justificativas, a Subcomissão de Direito dos Contratos cita a doutrina de Sílvio de Salvo Venosa e Marco Aurélio Bezerra de Melo, no sentido de ser necessária a pactuação expressa e com prazo da exclusividade, a fim de trazer mais segurança jurídica para a corretagem.

Na hipótese em que, não havendo prazo determinado para a atuação do corretor, o dono do negócio o dispensar, realizando o negócio posteriormente como fruto da mediação, a corretagem será devida. Essa a justa regra constante do art. 727 do CC em vigor, visando mais uma vez à utilidade da atuação do corretor. Igual solução se adotará se o negócio se realizar após o decurso do prazo contratual, mas por efeito dos trabalhos do corretor. O dispositivo protege o corretor de boa-fé.

Em havendo corretagem conjunta, com mais de um corretor, a remuneração será paga a todos em partes iguais, salvo ajuste em contrário (art. 728 do CC). O dispositivo possibilita que as remunerações sejam distintas, de acordo com os atributos profissionais de cada corretor e as suas atuações no caso concreto.

Encerrando o estudo do tema, anote-se que os preceitos sobre corretagem constantes do CC/2002 não excluem a aplicação de outras normas da legislação especial, caso das normas que trazem da corretagem imobiliária (art. 729).

## 6.14 DO TRANSPORTE (ARTS. 730 A 756 DO CC)

### 6.14.1 Conceito e natureza jurídica

Trata-se do contrato pelo qual alguém (o transportador) se obriga, mediante uma determinada remuneração, a transportar, de um local para outro, pessoas ou coisas, por meio terrestre (rodoviário e ferroviário), aquático (marítimo, fluvial e lacustre) ou aéreo (art. 730 do CC). Aquele que realiza o transporte é o transportador, a pessoa transportada é o passageiro ou viajante, enquanto a pessoa que entrega a coisa a ser transportada é o expedidor. O que identifica o contrato é uma obrigação de resultado do transportador, diante da *cláusula de incolumidade* de levar a pessoa ou a coisa ao destino, com total segurança.

Ao contrato de transporte aplica-se o Código Civil e, havendo uma relação jurídica de consumo, como é comum, o CDC (Lei 8.078/1990). Desse modo, deve-se buscar um *diálogo das fontes* entre as duas leis no que tange a esse contrato, sobretudo o *diálogo de complementaridade*. Além disso, não se pode excluir a aplicação de leis específicas importantes, como é o caso do Código Brasileiro de Aeronáutica (Lei 7.565/1986).

Não se olvide, em complemento, que, em alguns casos, o contrato de transporte pode não ser de consumo, como ocorre no transporte de mercadorias ou de insumos para a atividade produtiva de uma empresa. Nessa esteira, recente aresto superior aduziu sobre "controvérsia acerca da aplicabilidade do Código de Defesa do Consumidor a um contrato internacional de transporte de insumos. Não caracterização de relação de consumo no contrato de compra e venda de insumos para a indústria de autopeças (teoria finalista). Impossibilidade de se desvincular o contrato de compra e venda de insumo do respectivo contrato de transporte. Inaplicabilidade do Código de Defesa do Consumidor à espécie, impondo-se o retorno dos autos ao Tribunal de origem" (STJ, REsp 1.442.674/PR, 3.ª Turma, Rel. Min. Paulo de Tarso Sanseverino, j. 07.03.2017, *DJe* 30.03.2017).

Quanto à sua natureza jurídica, o contrato de transporte é bilateral ou *sinalagmático*, pois gera direitos e deveres proporcionais para ambas as partes. Isso tanto para o transportador (que deverá conduzir a coisa ou pessoa de um lugar para outro) quanto para o passageiro ou expedidor (que terá a obrigação de pagar o preço convencionado pelas partes).

O contrato é consensual, pois tem aperfeiçoamento com a manifestação de vontades dos contraentes, independentemente da entrega da coisa ou do embarque do passageiro. O contrato é comutativo, pois as partes sabem de imediato quais são as suas prestações. A *álea* não é fator determinante do contrato de transporte, apesar de existente o risco.

Na grande maioria das vezes, o contrato constitui-se em um típico contrato de adesão, por não estar presente a plena discussão das suas cláusulas. O transportador acaba por impor o conteúdo do negócio, restando à outra parte duas opções: aceitar ou não os seus termos. Assumindo o contrato essa forma, deverão ser aplicadas as normas de proteção do aderente constantes do CC/2002 (arts. 423 e 424). Em alguns casos excepcionais, principalmente quando o expedidor de uma coisa for uma empresa, o contrato pode ser plenamente discutido, assumindo a forma paritária.

Por fim, como não há qualquer formalidade prevista para o contrato, ele é tido como negócio informal e não solene. Não se exige forma escrita, muito menos escritura pública.

### 6.14.2 Regras gerais do transporte no CC/2002

Iniciando a análise das regras gerais previstas para o contrato de transporte, enuncia o art. 731 do CC/2002 que "o transporte exercido em virtude de autorização, permissão ou concessão, rege-se pelas normas regulamentares e pelo que foi estabelecido naqueles atos, sem prejuízo do disposto neste Código". Dessa forma, haverá a aplicação concomitante das normas de Direito Administrativo, particularmente aquelas relacionadas à concessão do serviço público, com as normas previstas no CC/2002. Anote-se, ademais, que o serviço público também é considerado um serviço de consumo, nos termos do art. 22 do CDC. A título de exemplo, haverá relação de consumo entre passageiro e empresa privada prestadora do serviço público de transporte (nesse sentido, ver: STJ, REsp 226.286/RJ, 1999/0071157-2, *DJ* 24.09.2001, *RSTJ* 151/197).

Além dessa relação com o Direito Administrativo, o CC/2002 consagra uma relação com o Direito Internacional. Segundo o art. 732 do CC, serão aplicadas as normas previstas na legislação especial e em tratados e convenções internacionais ao contrato de transporte, desde que elas não contrariem o que consta da codificação vigente. Ilustrando, no caso de transporte aéreo, pode ser aplicado o Código Brasileiro de Aeronáutica (CBA – Lei 7.656/1986), desde que o mesmo não entre em conflito com o CC/2002.

Outra norma recente que deve ser aplicada ao transporte é o Estatuto da Pessoa com Deficiência (Lei 13.146/2018), que reconhece o direito das pessoas com deficiência à acessibilidade. Conforme o seu art. 3.º, inc. I, essa é conceituada como a "possibilidade e condição de alcance para utilização, com segurança e autonomia, de espaços, mobiliários, equipamentos urbanos, edificações, transportes, informação e comunicação, inclusive seus sistemas e tecnologias, bem como de outros serviços e instalações abertos ao público, de uso público ou privados de uso coletivo, tanto na zona urbana como na rural, por pessoa com deficiência ou com mobilidade reduzida". Em complemento, o art. 53 do EPD expressa que a acessibilidade visa garantir à pessoa o direito de viver de forma independente e exercer os seus direitos de cidadania e de participação social.

A título de exemplo de sua incidência, as normas emergentes foram aplicadas pelo Superior Tribunal de Justiça para responsabilizar empresa de transporte público diante dos atos de seus motoristas que não paravam os ônibus no ponto para transportar cadeirante, que tinha até que se esconder para conseguir o acesso ao veículo. Nos termos do acórdão, que demonstra outros problemas no transporte:

> "A acessibilidade no transporte coletivo é de nodal importância para a efetiva inclusão das pessoas com deficiência, pois lhes propicia o exercício da cidadania e dos direitos e liberdades individuais, interligando-as a locais de trabalho, lazer, saúde, entre outros. Sem o serviço adequado e em igualdade de oportunidades com os demais indivíduos, as pessoas com deficiência ficam de fora dos espaços urbanos e interações sociais, o que agrava ainda mais a segregação que historicamente lhes é imposta. (...). Consoante destacou o acórdão recorrido, houve sucessivas falhas na prestação do serviço, a exemplo do não funcionamento do elevador de acesso aos ônibus e do tratamento discriminatório dispensado ao usuário pelos prepostos da concessionária. A renitência da recorrente em fornecer o serviço ao recorrido é de tal monta que se chegou à inusitada situação de o usuário 'precisar se esconder e pedir a outra pessoa dar o sinal, pois o motorista do ônibus não pararia se o visse no ponto'. Nesse cenário, o dano moral, entendido como lesão à esfera dos direitos da personalidade do indivíduo, sobressai de forma patente. As barreiras físicas e atitudinais impostas pela recorrente e seus prepostos repercutiram na esfera da subjetividade do autor-recorrido, restringindo, ainda, seu direito à mobilidade" (STJ, REsp 1.733.468/MG, 3.ª Turma, Rel. Min. Nancy Andrighi, j. 19.06.2018, *DJe* 25.06.2018).

Pontue-se que a indenização imaterial em favor da vítima foi mantida em R$25.000,00 (vinte e cinco mil reais).

Voltando-se à essência do art. 732 do Código Civil, o dispositivo merece alguns comentários, diante da sua grande relevância prática.

A ilustrar a aplicação desse comando legal, lembre-se a questão envolvendo a Convenção de Varsóvia e a Convenção de Montreal, tratados internacionais dos quais nosso país é signatário e que preveem limitações de indenização em casos de perda ou atraso de voo e extravio de bagagem em viagens internacionais (transporte aéreo). A Convenção de

CAP. 6 • CONTRATOS EM ESPÉCIE (CONTRATOS TÍPICOS DO CC/2002) | **899**

Varsóvia, que sempre teve no Brasil força de lei ordinária, era – e continua sendo – utilizada pelas companhias aéreas como justificativa para a redução das indenizações pretendidas pelos passageiros. Anote-se que o Brasil é signatário ainda da Convenção de Montreal e esta entrou em vigor no país no ano de 2006, em substituição ao primeiro tratado.

Como é cediço, o art. 6.º, inc. VI, da Lei 8.078/1990 consagra o princípio da reparação integral de danos, pelo qual tem direito o consumidor ao ressarcimento integral pelos prejuízos materiais e imateriais causados pelo fornecimento de produtos, prestação de serviços ou má informação a eles relacionados. Assim, é vedado qualquer tipo de tarifação prevista, seja pelo entendimento jurisprudencial, seja por Convenção Internacional.

Seguindo essa linha, o Supremo Tribunal Federal e o Superior Tribunal de Justiça vinham concluindo que a Convenção de Varsóvia e a Convenção de Montreal não deveriam prevalecer sobre a Lei Consumerista (por todos: STF, RE 351.750-3/RJ, 1.ª Turma, Rel. Min. Carlos Britto, j. 17.03.2009, *DJE* 25.09.2009, p. 69; e STJ, REsp 740.968/RS, 4.ª Turma, Rel. Min. Aldir Passarinho Junior, j. 11.09.2007, *DJ* 12.11.2007, p. 221).

Porém, conforme desenvolvido no Capítulo 1 deste livro, a questão a respeito das Convenções de Varsóvia e de Montreal alterou-se no âmbito da jurisprudência superior nacional, uma vez que, em maio de 2017, o Pleno do Supremo Tribunal Federal acabou por concluir pelas suas prevalências sobre o CDC (Recurso Extraordinário 636.331 e Recurso Extraordinário no Agravo 766.618, publicado no seu *Informativo* n. 866).

Reitere-se que a solução pelos critérios da especialidade e cronológico é que conduziu à prevalência das duas Convenções sobre o CDC, infelizmente. Foram vencidos os Ministros Marco Aurélio e Celso de Mello, que entenderam de forma contrária, pois a Lei 8.078/1990 teria posição hierárquica superior, como outrora defendemos. Assim, todos os demais julgadores votaram seguindo os relatores das duas ações, Ministros Gilmar Mendes e Roberto Barroso.

Atualizando a obra, sucessivamente, surgiu decisão do Superior Tribunal de Justiça aplicando essa solução da Corte Constitucional Brasileira, com destaque para o seguinte trecho de sua ementa: "no julgamento do RE n. 636.331/RJ, o Supremo Tribunal Federal, reconhecendo a repercussão geral da matéria (Tema 210/STF), firmou a tese de que, 'nos termos do art. 178 da Constituição da República, as normas e os tratados internacionais limitadores da responsabilidade das transportadoras aéreas de passageiros, especialmente as Convenções de Varsóvia e Montreal, têm prevalência em relação ao Código de Defesa do Consumidor'" (STJ, REsp 673.048/RS, 3.ª Turma, Rel. Min. Marco Aurélio Bellizze, j. 08.05.2018, *DJe* 18.05.2018).

Reafirmo que essa nova posição constitui um enorme retrocesso quanto à tutela dos consumidores, pelos argumentos outrora expostos. Em complemento, cabe repisar que o CDC é *norma principiológica,* tendo posição hierárquica superior perante as demais leis ordinárias, caso das duas Convenções Internacionais citadas. Lamentavelmente, tal firme entendimento, muito comum entre os consumeristas, não foi adotado pela maioria dos julgadores.

De todo modo, é necessário esclarecer que o *decisum,* em uma leitura inicial, apenas disse respeito à limitação tabelada de danos materiais, não atingindo danos morais e outros danos extrapatrimoniais ou imateriais.

Porém, reitere-se que, em decisão monocrática prolatada em abril de 2018, no âmbito do Recurso Extraordinário 351.750, o Ministro Roberto Barroso determinou que um processo que envolvia pedido de indenização por danos morais em razão de atraso em voo internacional fosse novamente apreciado pela instância de origem, levando-se em consideração a citada decisão do Tribunal Pleno. Se tal posição prevalecesse, com o devido respeito, o retrocesso seria ainda maior, pois as Cortes Superiores Brasileiras não admitem o tabelamento do dano moral, por entenderem que isso contraria o princípio da isonomia constitucional (art. 5.º, *caput*, da CF/1998), especialmente no sentido de tratar de maneira desigual os desiguais. Felizmente, de forma correta, em 2020, surgiu aresto no âmbito do Superior Tribunal de Justiça limitando a conclusão a respeito da tarifação apenas aos danos materiais, não incidindo para os danos morais (STJ, REsp 1.842.066/RS, 3.ª Turma, Rel. Min. Moura Ribeiro, j. 09.06.2020, *DJe* 15.06.2020).

Encerrando esse debate, em 2023, o Tribunal Pleno do STF, novamente em repercussão geral, concluiu que o seu entendimento anterior não e aplicaria aos danos morais, o que inclui o prazo de prescrição, devendo incidir os cinco anos previstos no art. 27 do CDC em situações tais. Foi assim reformulada tese do seu Tema 210 de repercussão geral, passando a ter a seguinte afirmação: "nos termos do art. 178 da Constituição Federal, as normas e os tratados internacionais limitadores da responsabilidade das transportadoras aéreas de passageiros, especialmente as Convenções de Varsóvia e Montreal, têm prevalência em relação ao Código de Defesa do Consumidor, o presente entendimento não se aplica aos danos extra-patrimoniais" (STF, ARE 766.618, Tribunal Pleno, Rel. Min. Roberto Barroso, j. 30.11.2023, com unanimidade). Esse é o entendimento a ser considerado para os devidos fins práticos.

Importante ainda anotar que, no Projeto de Reforma do Código Civil, seguindo proposição formulada pela Professora Claudia Lima Marques, a Comissão de Juristas sugere a inclusão de um novo art. 732-A no Código Civil, com a seguinte redação: "as normas e tratados internacionais limitadores da responsabilidade das transportadoras aéreas de passageiros serão aplicados exclusivamente aos danos materiais decorrentes de transporte internacional de pessoas". Como se pode notar, pelo último debate exposto, a proposta segue a linha do entendimento da jurisprudência superior a respeito do tema, do Supremo Tribunal Federal e do Superior Tribunal de Justiça, visando à segurança jurídica.

Ainda pode surgir outra dúvida em relação ao art. 732: qual a relação entre o CDC e o Código Civil no que tange ao transporte, uma vez que o art. 732 do CC/2002 enuncia que os tratados não podem prevalecer em relação ao CC, o mesmo ocorrendo em relação às leis especiais?

Respondendo, essa relação decorre da aplicação da tese do *diálogo das fontes*, que busca uma complementaridade entre as duas leis, visando proteger o consumidor, a parte vulnerável da relação contratual. Em suma, o art. 732 do CC não prejudica a aplicação do CDC, havendo uma relação jurídica de consumo no contrato de transporte. Nesse sentido, na *IV Jornada de Direito Civil* foi aprovado o Enunciado n. 369 do CJF/STJ:

> "Diante do preceito constante no art. 732 do Código Civil, teleologicamente e em uma visão constitucional de unidade do sistema, quando o contrato de transporte constituir uma relação de consumo, aplicam-se as normas do Código de Defesa do Consumidor que forem mais benéficas a este".

Em complemento, para a ampla aplicação do CDC ao transporte aéreo, merece destaque a argumentação desenvolvida por Marco Fábio Morsello, em sua tese de doutorado defendida na Universidade de São Paulo, no sentido de que a norma consumerista sempre deve prevalecer, por seu caráter mais especial, tendo o que ele denomina como *segmentação horizontal*. De outra forma, sustenta que a matéria consumerista é agrupada pela função e não pelo objeto.[72] Por fim, para a prevalência do Código Consumerista, é interessante a sua

---

[72] MORSELLO, Marco Fábio. *Responsabilidade civil no transporte aéreo*. São Paulo: Atlas, 2006. p. 419.

CAP. 6 • CONTRATOS EM ESPÉCIE (CONTRATOS TÍPICOS DO CC/2002) | **901**

tese no sentido de que a proteção dos consumidores tem força normativa constitucional, pela previsão do art. 5.º, XXXII, da CF/1988.[73] Tudo isso reafirma a não prevalência da Convenção de Montreal sobre o CDC, ao contrário do que votaram os Ministros do STF retrocitados.

Esclarecida a prevalência do CDC, o art. 733 do CC trata do *transporte cumulativo*, ou seja, aquele em que vários transportadores se obrigam a cumprir o contrato por um determinado percurso. Em complemento, o art. 756 dispõe que no transporte cumulativo todos os transportadores respondem solidariamente. A regra deve ser aplicada tanto para o transporte de pessoas quanto de coisas. Em casos tais, havendo danos a pessoas ou a coisas, haverá responsabilidade objetiva, pois a obrigação de cada transportador é de resultado (*cláusula de incolumidade*).

Em havendo dano resultante do atraso ou da interrupção da viagem, este será determinado em razão da totalidade do percurso, diante da indivisibilidade da obrigação dos transportadores (art. 733, § 1.º, do CC). Ocorrendo a substituição de um transportador por outro nessa mesma forma de contratação, a responsabilidade solidária também será estendida ao substituto (art. 733, § 2.º, do CC). Nesse último caso, há o que a doutrina denomina como *contratação de subtransporte*.[74]

Para encerar o tópico, anoto que no Projeto de Reforma do Código Civil, a Comissão de Juristas nomeada no âmbito do Senado Federal sugere que o art. 733 faça menção expressa ao *transporte cumulativo unimodal* – utilizando um mesmo meio em todas as suas fases – e *multimodal* – com mais de um meio de transporte, como se dá, por exemplo, no uso de avião, trem e metrô, sucessivamente. Como é notório, esses termos são os mais utilizados na prática na contemporaneidade, passando o *caput* do comando a prever o seguinte: "nos contratos de transporte cumulativo unimodal ou multimodal, cada transportador se obriga a cumprir o contrato relativamente ao respectivo percurso, respondendo todos de forma solidária pelos danos causados a pessoas e coisas".

A menção expressa à responsabilidade solidária vem em boa hora, concretizando o que já é o entendimento amplamente majoritário. Na mesma linha há proposta de melhora do texto do § 2.º, para enunciar que, "se houver substituição de algum dos transportadores, no decorrer do percurso, a responsabilidade solidária estender-se-á ao substituto".

Como se pode notar, as proposições são necessárias, a fim de deixar o dispositivo mais efetivo tecnicamente.

### 6.14.3 Do transporte de pessoas

O transporte de pessoas é aquele pelo qual o transportador se obriga a levar uma pessoa e a sua bagagem até o destino, com total segurança, mantendo incólume os seus aspectos físicos e patrimoniais. São partes no contrato o *transportador*, que é aquele que se obriga a realizar o transporte, e o *passageiro*, aquele que contrata o transporte, ou seja, aquele que será transportado mediante o pagamento do preço, denominado *passagem*.

Repise-se que a obrigação assumida pelo transportador é sempre de resultado, justamente diante dessa *cláusula de incolumidade*, o que fundamenta a sua responsabilização independentemente de culpa, em caso de prejuízo (responsabilidade objetiva). Essa responsabilidade objetiva é evidenciada pelo art. 734 do CC, que preconiza que o transportador

---

[73] MORSELLO, Marco Fábio. *Responsabilidade civil no transporte aéreo*. São Paulo: Atlas, 2006. p. 419.

[74] ASSIS, Araken de. *Contratos nominados*. Col. Biblioteca de Direito Civil. Estudos em homenagem ao Professor Miguel Reale. São Paulo: RT, 2005. p. 317.

somente não responde nos casos de força maior (evento previsível, mas inevitável). O caso fortuito (evento totalmente imprevisível) do mesmo modo constitui excludente, até porque muitos doutrinadores e a própria jurisprudência consideram as duas expressões como sinônimas (ver: STJ, REsp 259.261/SP, 4.ª Turma, Rel. Min. Sálvio de Figueiredo Teixeira, j. 13.09.2000, *DJ* 16.10.2000, p. 316).

Ainda a respeito do art. 734, *caput*, do CC/2002, o dispositivo não admite como excludente de responsabilidade a *cláusula de não indenizar* (*cláusula excludente de responsabilidade* ou *cláusula de irresponsabilidade*), previsão contratual inserida no instrumento do negócio que afasta a responsabilidade da transportadora. Repise-se, conforme exposto no Capítulo 4 desta obra, que o comando apenas confirma o entendimento jurisprudencial anterior, consubstanciado na Súmula 161 do STF ("Em contrato de transporte é inoperante a cláusula de não indenizar"). A referida súmula pode até parecer desnecessária atualmente, mas não o é, podendo ser invocada para os casos de transporte de coisas, eis que o art. 734 do CC trata apenas do transporte de pessoas.

O parágrafo único do art. 734 do CC merece maiores digressões, *in verbis*: "é lícito ao transportador exigir a declaração do valor da bagagem a fim de fixar o limite da indenização". O dispositivo visa valorizar a boa-fé objetiva no contrato de transporte, particularmente quanto ao dever do passageiro de informar o conteúdo da sua bagagem para que o transportador possa prefixar eventual valor indenizatório.

Dúvida resta quanto à incompatibilidade desse dispositivo em relação ao CDC na hipótese de existir relação de consumo no contrato de transporte, eis que o art. 6.º, inc. VI, consagra o *princípio da reparação integral de danos*, o que afasta qualquer possibilidade de tarifação da indenização, inclusive por contrato.

Deve-se entender que o art. 734 do CC/2002 não torna obrigatória ao consumidor--passageiro a referida declaração. Na verdade, o dispositivo enuncia que é lícito exigir a declaração do valor da bagagem, visando facilitar a prova do prejuízo sofrido em eventual demanda. Não sendo feita a referida declaração, torna-se difícil comprovar o que está dentro da bagagem. Anote-se, todavia, que pode o consumidor utilizar-se da inversão do ônus da prova, prevista no art. 6.º, inc. VIII, do CDC (assim concluindo: STJ, REsp 696.408/MT, 4.ª Turma, Rel. Min. Jorge Scartezzini, j. 07.06.2005, *DJ* 29.05.2006, p. 254).

Como última nota a respeito do dispositivo, no Projeto de Reforma do Código Civil, uma das premissas seguidas pela Comissão de Juristas para a atualização e reforma do Código Civil foi a necessária equiparação do caso fortuito à força maior, e vice-versa, em todos os dispositivos da codificação privada, para que não pairem dúvidas práticas a respeito dos efeitos comuns dessas duas excludentes da responsabilidade civil. Seguindo essa ideia, o *caput* do art. 734 passará a expressar o seguinte: "o transportador responde pelos danos causados às pessoas transportadas e suas bagagens, salvo motivo de caso fortuito ou força maior, sendo nula de pleno direito qualquer cláusula excludente da responsabilidade". Também se incluiu o termo "de pleno direito", para que fique evidente ser a hipótese da cláusula excludente de responsabilidade civil de nulidade absoluta, nos termos do art. 166 do próprio Código Civil.

Em relação ao seu parágrafo único, sugere-se a superação do dilema exposto, sobretudo diante de um claro conflito com o Código de Defesa do Consumidor. Para que não exista mais a polêmica declaração do valor da bagagem, apenas será possível juridicamente em contratos paritários, amplamente negociados entre as partes, passando a norma a prever o seguinte: "em contratos paritários, é lícito ao transportador exigir a declaração do valor da bagagem, a fim de fixar o limite da indenização". Imagine-se, a título de exemplo, um contrato de transporte de passageiros celebrado entre empresas.

CAP. 6 • CONTRATOS EM ESPÉCIE (CONTRATOS TÍPICOS DO CC/2002) | **903**

Retornando-se ao sistema em vigor, estabelece o art. 735 da atual codificação material que "a responsabilidade contratual do transportador por acidente com o passageiro não é elidida por culpa de terceiro contra qual tem ação regressiva". Relembre-se, conforme consta do Capítulo 3 deste livro, que essa redação segue a Súmula 187 do STF, que tinha exatamente a mesma redação.

Ilustrando, o dispositivo e a súmula servem para responsabilizar as empresas aéreas por acidentes que causam a morte de passageiros. Mesmo havendo culpa exclusiva de terceiros, inclusive de agentes do Estado ou de pilotos de outras aeronaves, as empresas que exploram o serviço devem indenizar os familiares das vítimas, tendo ação regressiva contra os responsáveis. Assim, a aplicação do CC/2002 é até mais favorável aos consumidores do que o próprio CDC, eis que a Lei 8.078/1990 consagra a culpa exclusiva de terceiro como excludente de responsabilização na prestação de serviços (art. 14, § 3.º, inc. II).

Surge controvérsia sobre a admissão da culpa ou fato exclusivo de terceiro como excludente do dever de indenizar no transporte de coisas. A jurisprudência superior tem respondido positivamente, especialmente porque, pelo menos em regra, não há relação de consumo em tal modalidade de transporte. Por todos os arestos superiores, destaque-se o seguinte, relativo ao roubo de carga, não mais enquadrado como caso fortuito ou força maior, curiosamente: "consagrou-se na jurisprudência do Superior Tribunal de Justiça o entendimento de que o roubo de cargas, em regra, caracteriza-se como caso fortuito ou de força maior, excludente de responsabilidade do transportador" (STJ, Ag. Rg. no REsp 1.374.460/SP, 3.ª Turma, Rel. Min. Ricardo Villas Bôas Cueva, j. 02.06.2016, *DJe* 09.06.2016).

Observo novamente que no Projeto de Reforma do Código Civil, sugere-se a seguinte redação para o art. 735 da codificação privada: "a responsabilidade contratual do transportador por acidente com o passageiro não é afastada por culpa ou fato de terceiro, contra o qual tem ação regressiva". Dois são, portanto, os ajustes pontuais sugeridos. O primeiro é a troca de "elidida" por "afastada", para que o texto fique mais compreensível. O segundo é a menção também ao "fato de terceiro", conceito mais correto e mais bem adaptado ao modelo de responsabilidade objetiva ou sem culpa verificado em relação ao transportador, e na linha dos meus comentários.

Mais uma vez retomando tema já exposto no Capítulo 4 deste livro, relativamente ao transporte feito de forma gratuita, por amizade ou cortesia, popularmente denominado *carona*, não se subordina às normas do contrato de transporte (art. 736, *caput*, do CC). O dispositivo está sintonizado com a Súmula 145 do STJ, pela qual: "no transporte desinteressado, de simples cortesia, o transportador só será civilmente responsável por danos causados ao transportado quando incorrer em dolo ou culpa grave".

Reafirme-se que, na minha opinião, no transporte por cortesia, não há responsabilidade contratual objetiva daquele que dá a carona. A responsabilidade deste é extracontratual, subjetiva, dependendo da prova de culpa. Entendo, porém, que a parte final da referida súmula deve ser revista, pois a responsabilidade surge presente a culpa em qualquer grau. Na realidade, o dolo ou a culpa grave somente servem como parâmetros para a fixação da indenização. Consigne-se, contudo, que o STJ ainda vem aplicando a súmula em sua redação original (REsp 153.690/SP, 4.ª Turma, Rel. Min. Fernando Gonçalves, j. 15.06.2004, *DJ* 23.08.2004, p. 238).

Com tom suplementar, não se considera gratuito o transporte quando, embora feito sem remuneração, trouxer ao transportador *vantagens indiretas* (art. 736, parágrafo único, do CC). Nesses casos, a responsabilidade daquele que transportou outrem volta a ser contratual objetiva. Pode ser citado como *vantagens indiretas auferidas* o pagamento de combustível ou pedágio por aquele que é transportado. Cite-se em complemento, o transporte cedido pelo empregador aos seus empregados, sem remuneração direta, tendo ele vantagens indiretas pelo fato de levar os seus trabalhadores até o local de desempenho de suas funções. Nessa linha, concluindo pela responsabilidade objetiva do primeiro:

"Apelação cível. Acidente de trânsito no percurso para o trabalho. Transporte fornecido pelo empregador. Morte do empregado. Responsabilidade objetiva do empregador que somente pode ser afastada por culpa exclusiva da vítima, caso fortuito ou força maior. Excludentes não verificadas na hipótese. Culpa de terceiro insuficiente para excluir o dever de indenizar. Alegação de transporte gracioso. Insubsistência" (TJSP, Apelação Cível 00015364720098240047, 5.ª Câmara Cível, Rel. Cláudia Lambert de Faria, j. 11.07.2017).

"O transporte de empregado efetivado pelo empregador não pode ser considerado gratuito, já que há nítido interesse, ainda que indireto, por parte deste último, no que tange à prestação do serviço. Sendo assim, aplicam-se as regras do contrato de transporte, previstas no Código Civil, segundo as quais a responsabilidade do transportador só é elidida se verificados motivos de força maior, fortuito externo e culpa exclusiva da vítima, sendo certo que a culpa de terceiro não afasta o seu dever de indenizar" (TJMG, Apelação Cível 100430701247550021, Rel. Des. Eduardo Mariné da Cunha, j. 17.09.2009, data de publicação: 06.10.2009).

Ainda podem ser citados, com *encaixe perfeito* na norma, os programas de milhagem ou de pontuação em companhias aéreas. A concretizar tal forma de pensar, volta-se ao Enunciado n. 559 do CJF/STJ, da *VI Jornada de Direito Civil* (2013), segundo o qual "no transporte aéreo, nacional e internacional, a responsabilidade do transportador em relação aos passageiros gratuitos, que viajarem por cortesia, é objetiva, devendo atender à integral reparação de danos patrimoniais e extrapatrimoniais".

Acrescente-se que há julgados que aplicam o mesmo raciocínio para o transporte entre aeroportos ofertado pelas companhias áreas, presentes as citadas vantagens indiretas, ensejando a aplicação das regras do transporte e a consequente responsabilidade objetiva. Por todos, transcreve-se o seguinte trecho de acórdão, que reconheceu o direito à indenização pelos danos suportados pelos passageiros no trajeto:

"A companhia responde pelos danos ocorridos ao longo da cadeia de serviços, colocados à disposição dos consumidores, e não apenas pelo serviço típico de transporte aéreo. Ao eleger como base operacional o aeroporto de Viracopos, na região metropolitana de Campinas, a fim de atrair consumidores de outras localidades, a companhia aérea colocou à disposição serviço de ônibus para transporte terrestre de passageiros entre a Capital e aquele aeroporto. Ainda que não fosse remunerado direta e separadamente, o preço do serviço estava incluído no custo operacional da companhia. Destarte, existindo vantagens direta e indireta da companhia, não seria justificável tecnicamente a alegação de ausência de responsabilidade. Não é por outro motivo que o parágrafo único do artigo 736 do Código Civil estabelece não se considerar gratuito o transporte quando – embora efetuado sem remuneração – o transportador auferir vantagens indiretas" (TJSP, Apelação 00109086920128260011, 24.ª Câmara de Direito Privado, Rel. Des. Silvia Maria Facchina Esposito Martinez, j. 15.09.2016, data de publicação: 29.09.2016).

Como última nota sobre o art. 736 do CC, seguindo as premissas fundamentais da necessária Reforma e Atualização do Código Civil, a Comissão de Juristas propõe a adequação do texto ao entendimento doutrinário e jurisprudencial dominante. Assim, seguindo em parte o teor da citada Súmula 145 do Superior Tribunal de Justiça, mas não mencio-

CAP. 6 • CONTRATOS EM ESPÉCIE (CONTRATOS TÍPICOS DO CC/2002) | **905**

nando mais a culpa grave – como é o meu entendimento antes exposto –, o § 1.º passará a enunciar o seguinte: "nos casos do *caput*, a responsabilidade daquele que transportou outrem somente se dá nos casos de dolo ou culpa". E mais, confirmando também em parte o teor do Enunciado n. 559 da *VI Jornada de Direito Civil*, inclui-se um § 2.º no art. 736, *in verbis*: "não se considera gratuito o transporte quando, embora feito sem remuneração, o transportador auferir vantagens indiretas, como nos casos de programas de incentivo, realizados inclusive em meios virtuais". Os programas de incentivo são justamente os de pontuação ou milhagem das empresas aéreas e muitas vezes com venda de passagens decorrentes desses pontos, por empresas especializadas e pela *internet*.

Voltando-se ao sistema vigente, o transportador está sujeito aos horários e itinerários previstos, sob pena de responder por perdas e danos, salvo motivo de força maior (*dever de pontualidade*). Essa é a regra constante do art. 737 do CC, que fundamenta eventual indenização no caso de atraso do transportador, o que faz que o passageiro perca um compromisso remunerado que tinha no destino. O dispositivo reforça a tese pela qual o transportador assume obrigação de resultado, a gerar a sua responsabilidade objetiva.

Anoto, mais uma vez, que no Projeto de Reforma do Código Civil, a Comissão de Juristas propõe a necessária equiparação do caso fortuito à força maior, e vice-versa, para os fins de exclusão da responsabilidade civil, para que não pairem dúvidas práticas a respeito do tema. Nessa linha, o art. 737 passará a ter a seguinte redação: "o transportador está sujeito aos horários e itinerários previstos, sob pena de responder por perdas e danos, salvo motivo de caso fortuito ou força maior".

Complementando o dispositivo, os arts. 230 e 231 da Lei 7.565/1986 (Código Brasileiro de Aeronáutica – CBA) preveem que havendo atraso de partida de voo por mais de quatro horas, o transportador deverá providenciar o embarque do passageiro, em outro voo, que ofereça serviço equivalente para o mesmo destino, ou restituirá de imediato, se o passageiro preferir, o valor do bilhete de passagem (art. 229 da Lei 7.565/1986).

Além disso, todas as despesas correrão por conta do transportador, tanto no caso de atraso quanto no de suspensão do voo, tais como alimentação e hospedagem, sem prejuízo da indenização que couber, inclusive por danos morais. Os comandos têm grande aplicação em nosso país, que viveu nos últimos anos momentos de *apagão aéreo*. Ilustrando a sua aplicação:

> "Responsabilidade civil. Transporte aéreo. Danos morais e materiais. Apagão aéreo. Atraso no voo. Cliente que, para honrar compromisso, seguiu para o destino no seu próprio carro, depois de ficar muitas horas na sala de embarque, sem explicação ou atendimento adequados. Caso fortuito ou força maior. Não reconhecimento da excludente. 'Fortuito interno'. Falha na prestação de serviço por omissão. Incidência do CDC. Reparação moral fixada em R$ 3.800,00, valor equivalente a dez salários mínimos. Manutenção. Princípios da razoabilidade e proporcionalidade atendidos. Valores relativos aos danos patrimoniais que devem ser corrigidos da data do prejuízo. Súmula n.º 43 do Superior Tribunal de Justiça. Juros de mora. Termo inicial da citação. Honorários advocatícios mantidos. Respeito ao art. 20, § 3.º, do CPC. Recurso do autor parcialmente provido, não provido o da ré" (TJSP, Apelação 7256443-5, Acórdão 3462329, 24.ª Câmara de Direito Privado, São Paulo, Rel. Des. Antônio Ribeiro Pinto, j. 22.01.2009, *DJESP* 25.02.2009).

De todo modo, com a emergência da Lei 14.034/2020 – que surgiu para socorrer as empresas aéreas em tempos de pandemia da Covid-19 –, esse entendimento tende a ser alterado para os fatos que eventualmente ocorrerem no futuro, uma vez que foram incluídas novas excludentes de responsabilidade civil dessas empresas, caracterizadoras de caso fortuito ou força maior.

Nos termos do novo § 3.º do art. 256 do Código Brasileiro de Aeronáutica, incluído pelo diploma, constitui caso fortuito ou força maior, para fins de análise do atraso do voo, a ocorrência de um ou mais dos seguintes eventos, desde que supervenientes, imprevisíveis e inevitáveis: *a)* restrições ao pouso ou à decolagem decorrentes de condições meteoroló-gicas adversas impostas por órgão do sistema de controle do espaço aéreo; *b)* restrições ao pouso ou à decolagem decorrentes de indisponibilidade da infraestrutura aeroportuária, podendo aqui ser enquadrado o citado "apagão aéreo"; *c)* restrições ao voo, ao pouso ou à decolagem decorrentes de determinações da autoridade de aviação civil ou de qualquer outra autoridade ou órgão da Administração Pública, que será responsabilizada, podendo aqui também se enquadrar esse "apagão"; e *d)* a decretação de pandemia ou publicação de atos de Governo que dela decorram, com vistas a impedir ou a restringir o transporte aéreo ou as atividades aeroportuárias, hipótese essa sim, que tem relação com a crise decorrente da Covid-19, objeto da Lei 14.034/2020.

Reafirmo a minha impressão de que foram incluídas na lei excludentes que antes não eram admitidas, pois ingressavam no risco do empreendimento ou risco do negócio das empresas de transporte aéreo; o que representa um retrocesso na tutela e proteção dos passageiros-consumidores.

O art. 738 do Código Civil dispõe que "a pessoa transportada deve sujeitar-se às normas estabelecidas pelo transportador, constantes no bilhete ou afixadas à vista dos usuários, abstendo-se da prática de quaisquer atos que causem incômodo ou prejuízo aos passageiros, danifiquem o veículo, dificultem ou impeçam a execução normal de serviço". O comando legal em questão traz os deveres do passageiro. A título de exemplo, se os prepostos da transportadora perceberem que o passageiro pode oferecer riscos à viagem, haverá possibilidade de impedir a sua entrada no meio de transporte. É o caso de passa-geiros bêbados ou drogados que pretendem ingressar em voos nacionais ou internacionais.

Se o prejuízo sofrido por pessoa transportada for atribuível à transgressão de normas pelo próprio passageiro, o juiz reduzirá equitativamente a indenização, na medida em que a vítima houver concorrido para a ocorrência do dano (art. 738, parágrafo único, do CC). A norma em questão baseia-se nos arts. 944 e 945 do Código em vigor e na aplicação da teoria da causalidade adequada, pela qual a indenização deve ser adequada às condutas dos envolvidos (Enunciado n. 47 do CJF/STJ). Há a ideia de culpa ou fato concorrente da vítima, que também pode ser discutida em casos de responsabilidade objetiva, visan-do atenuar a responsabilidade do agente, diminuindo o valor do *quantum* indenizatório. Exemplificando, repise-se que a jurisprudência do STJ tem admitido a discussão de culpa concorrente da vítima no contrato de transporte, particularmente nos casos envolvendo o "pingente", aquele que viaja pendurado no trem ou no ônibus (nesse sentido, ver: STJ, REsp 226.348/SP, 3.ª Turma, Rel. Min. Castro Filho, j. 19.09.2006, *DJ* 23.10.2006, p. 294).

No Projeto de Reforma do Código Civil, com a importante finalidade prática de diferenciar a culpa ou o fato concorrente da vítima em relação à sua culpa ou ao seu fato exclusivo, a Comissão de Juristas propõe a inclusão de um § 2.º no art. 738, prevendo o seguinte: "se o prejuízo sofrido for atribuível, exclusivamente, à pessoa transportada, não caberá qualquer reparação de danos".

Como se pode notar, a proposta serve justamente para diferenciar a hipótese do *pin-gente de trem* – em que há culpa ou risco concorrente – da do *surfista ferroviário* – que age com culpa ou fato de risco exclusivo, a afastar totalmente a responsabilidade civil da empresa transportadora.

Em complemento, o transportador não pode recusar passageiros, salvo nos casos previstos nos regulamentos, ou se as condições de higiene ou de saúde do interessado

CAP. 6 • CONTRATOS EM ESPÉCIE (CONTRATOS TÍPICOS DO CC/2002) **907**

o justificarem (art. 739 do CC). Como há, na grande maioria das vezes, uma relação de consumo, recorde-se o teor do art. 39, inc. II, do CDC, que considera prática abusiva não atender às demandas dos consumidores. Porém, Zeno Veloso traz comentários interessantes em relação ao dispositivo civil:

> "Embora este artigo não mencione expressamente, devem ser incluídas outras situações, como a do passageiro que se encontre em trajes menores, indecentemente, ou o que está completamente embriagado ou drogado, ou que porta, na cintura, de modo ostensivo, arma branca ou de fogo. Isso para não falar no viajante que forçou a entrada em ônibus interurbano, na rodovia Transamazônica, trazendo uma serpente enrolada no braço, alegando que a cobra venenosa era seu animal de estimação e que tinha de viajar em sua companhia".[75]

O art. 740 do Código Civil trata da possibilidade de rescisão, ou mais especificamente, de resilição unilateral do contrato de transporte pelo passageiro. Esta será possível antes da viagem, desde que feita a comunicação ao transportador em tempo de a passagem poder ser renegociada. Anote-se que parte da doutrina, comentando o dispositivo, entende que se trata de um direito de arrependimento assegurado ao passageiro pela lei.[76] De qualquer forma, o comando deixa dúvidas, pois é utilizado o termo "rescindir", que mais tem relação com a resilição unilateral, nos moldes do *caput* do art. 473 do CC.

Mesmo depois de iniciada a viagem, ou seja, no meio do percurso, é facultado ao passageiro desistir do transporte, tendo direito à restituição do valor correspondente ao trecho não utilizado, desde que fique provado que outra pessoa haja sido transportada em seu lugar no percurso faltante (art. 740, § 1.º, do CC). Entretanto, se o usuário não embarcar, não terá direito, por regra, ao reembolso do valor da passagem, salvo se conseguir provar que uma outra pessoa foi transportada em seu lugar, caso em que lhe será restituído o valor do bilhete não utilizado (§ 2.º do art. 740 do CC).

Fica a ressalva, contudo, de que nas hipóteses de resilição unilateral o transportador terá direito à retenção de até cinco por cento (5%) da importância a ser restituída ao passageiro, a título de multa compensatória. Como se trata de cláusula penal, sendo esta exagerada – o que é difícil de ocorrer na prática –, pode-se aplicar a redução equitativa da multa (art. 413 do CC).

Preceitua o art. 741 do CC que, "interrompendo-se a viagem por qualquer motivo alheio à vontade do transportador, ainda que em consequência de evento imprevisível, fica ele obrigado a concluir o transporte contratado em outro veículo da mesma categoria, ou, com a anuência do passageiro, por modalidade diferente, à sua custa, correndo também por sua conta as despesas de estada e alimentação do usuário, durante a espera de novo transporte".

Ilustrando, se em uma viagem de São Paulo a Passos, Minas Gerais, o ônibus *quebra* por problemas no motor, a empresa transportadora será obrigada a disponibilizar aos passageiros um outro ônibus para concluir o transporte. Não sendo isso possível de imediato, deverá arcar com todas as despesas de estadia e alimentação que os passageiros tiverem.

Para terminar a análise do transporte de pessoas, o art. 742 do CC consagra, a favor do transportador, o direito de retenção sobre a bagagem de passageiro e outros objetos pessoais deste, para garantir-se do pagamento do valor da passagem que não tiver sido

---

[75] VELOSO, Zeno. *Código Civil comentado*. 6. ed. Coord. Ricardo Fiuza e Regina Beatriz Tavares da Silva. São Paulo: Saraiva, 2008. p. 671.

[76] GODOY, Cláudio Luiz Bueno de. *Código Civil interpretado*. Coord. Cezar Peluso. São Paulo: Manole, 2007.

feito no início ou durante o percurso. Sobre a natureza do instituto, não se trata de um penhor legal, mas somente de um direito pessoal colocado à disposição da parte contratual.[77]

De todo modo, a aplicação da norma pode representar ofensa à intimidade dos passageiros, razão pela qual no Projeto de Reforma do Código Civil a Comissão de Juristas propõe a alteração do comando, para que não mencione genericamente os seus objetos pessoais, e que traga necessárias exceções a respeito da retenção pelo transportador. Sugere-se, assim, que o art. 742 passe a prever o seguinte: "o transportador, uma vez executado o transporte, tem direito de retenção sobre a bagagem de passageiro para garantir-se do pagamento do valor da passagem que não tiver sido feito no início ou durante o percurso, exceção feita aos seus documentos, pertences de higiene pessoal, medicamentos e outros pertences necessários para garantia do bem-estar do passageiro inadimplente".

Por razões óbvias, a proposição é necessária e salutar, esperando-se a sua aprovação pelo Congresso Nacional, em prol de uma melhor técnica e uma maior efetividade para a sua aplicação na prática.

### 6.14.4 Do transporte de coisas

Pelo contrato de transporte de coisas, o expedidor ou remetente entrega bens corpóreos ou mercadorias ao transportador, para que o último os leve até um destinatário, com pontualidade e segurança. Ressalte-se, contudo, que o destinatário pode ser o próprio expedidor.

A remuneração devida ao transportador, nesse caso, é denominada *frete*. Como ocorre com o transporte de pessoas, o transportador de coisas assume uma obrigação de resultado, o que justifica a sua responsabilidade objetiva.

A coisa, entregue ao transportador, deve necessariamente estar caracterizada pela sua natureza, valor, peso e quantidade, e o que mais for necessário para que não se confunda com outras. Ademais, o destinatário deve ser indicado ao menos pelo nome e endereço (art. 743 do CC).

Existe a necessidade de se adaptar o dispositivo ao uso das novas tecnologias. Por isso, a Comissão de Juristas encarregada da Reforma do Código Civil propõe a inclusão de uma locução final no comando, a saber: "a coisa, entregue ao transportador, deve estar caracterizada pela sua natureza, valor, peso e quantidade, e o mais que for necessário para que não se confunda com outras, devendo o destinatário ser indicado pelo nome e endereço ou outro sistema definido entre as partes contratantes, inclusive na forma eletrônica". Como bem justificou a Subcomissão de Contratos, "os contratos de transporte de coisa têm sido fortemente facilitados pelo uso de inovações tecnológicas, entre elas o uso de sistema de identificação por QR Code, ou de aplicativos de uso viabilizado para as partes desde o início da transação". Assim, imperiosa e necessária é a mudança.

Dispõe o art. 744 do CC que "ao receber a coisa, o transportador emitirá conhecimento com a menção dos dados que a identifiquem, obedecido ao disposto em lei especial". Trata-se do *conhecimento de frete* ou *de carga*, que comprova o recebimento da coisa e a obrigação de transportá-la. Esse documento é um título de crédito atípico, inominado ou impróprio, devendo ser aplicadas a eles as normas previstas no CC/2002.

Ainda sobre o conhecimento de frete, o transportador poderá exigir que o remetente lhe entregue, devidamente assinada, a relação discriminada das coisas a serem transportadas, em duas vias – uma das quais, por ele devidamente autenticada, fará parte integrante do

---

[77] VENOSA, Sílvio de Salvo. *Código Civil interpretado*. São Paulo: Atlas, 2010. p. 697.

CAP. 6 • CONTRATOS EM ESPÉCIE (CONTRATOS TÍPICOS DO CC/2002) | **909**

conhecimento (art. 744, parágrafo único, do CC). Essa regra decorre do dever de informar relacionado com a boa-fé objetiva.

Com vistas a flexibilizar as exigências de elementos ou requisitos para o conhecimento de transporte, a Comissão de Juristas nomeada no Senado Federal para empreender a Reforma do Código Civil sugere alterações no art. 744, para incluir a sua viabilidade pelo meio digital. Assim, o *caput* do comando passará a estabelecer que, "ao receber a coisa, o transportador emitirá, físico ou digital, conhecimento de transporte, com a menção de dados que a identifiquem, obedecido o disposto em lei especial". Ademais, sugere-se um novo § 2.º prevendo a dispensa das formalidades do § 1.º "nos casos de conhecimento de transporte digital, cabendo apenas aquilo que as partes pactuaram como necessário para a sua comprovação".

O art. 745 do CC apresenta problema técnico, que precisa ser reparado por alteração legislativa, merecendo transcrição destacada:

> "Art. 745. Em caso de informação inexata ou falsa descrição no documento a que se refere o artigo antecedente, será o transportador indenizado pelo prejuízo que sofrer, devendo a ação respectiva ser ajuizada no prazo de cento e vinte dias, a contar daquele ato, sob pena de decadência".

Como se pode perceber, o dispositivo enuncia que o transportador terá um direito subjetivo de pleitear indenização por perdas e danos, se o contratante prestar falsa informação no conhecimento de frete. Para essa ação condenatória, o comando legal prevê prazo decadencial de 120 dias, contados da data em que foi prestada a informação inexata. O problema aqui é que o dispositivo entra em conflito com a tese de Agnelo Amorim Filho, adotada pela codificação sobre a prescrição e a decadência. Como se sabe, esse clássico jurista relacionou o prazo de prescrição a ações condenatórias e os prazos decadenciais a ações constitutivas positivas ou negativas (*RT* 300/7 e 744/725). Ora, a ação indenizatória referenciada no art. 745 do CC é condenatória, não se justificando o prazo decadencial que nele consta.

Trata-se de um descuido do legislador, um sério *cochilo*, eis que foi sua intenção concentrar todos os prazos de prescrição nos arts. 205 e 206 do Código Civil de 2002. Aqui, a regra é quebrada, infelizmente, e de forma *atécnica*. Desse modo, é de se concordar integralmente com Nelson Nery Jr. e Rosa Maria de Andrade Nery quando afirmam, com veemência, que, não obstante a lei referenciar que o prazo é decadencial, trata-se de prazo prescricional, diante da natureza condenatória da ação prevista na norma.[78]

Com o fim de se corrigir esse problema técnico e metodológico, a respeito de o prazo de prescrição estar colocado na Parte Especial do Código Civil, a Comissão de Juristas constituída no Senado Federal para a Reforma do Código Civil sugere retirar menção a ele, passando o art. 745 a prever somente o seguinte: "em caso de informação inexata ou falsa descrição no documento a que se refere o artigo antecedente, será o transportador indenizado pelo prejuízo que sofrer". Na verdade, o prazo que antes era de cento e vinte dias é deslocado para o art. 206, § 1.º, inc. VII, passando a ser de um ano. Por esse comando, prescreve nesse lapso temporal a pretensão "para o transportador indenizar-se pelos prejuízos que sofrer, em decorrência de informação inexata ou falsa descrição aposta no conhecimento de transporte, a contar de 60 (sessenta) dias após o desembarque".

---

[78] NERY JR., Nelson; NERY, Rosa Maria de Andrade. *Código Civil comentado*. 3. ed. São Paulo: RT, 2005. p. 496.

Dessa forma, sessenta dias após o desembarque das mercadorias, o expedidor terá o início do prazo prescricional de um ano para a correspondente ação e eventual ação reparatória de danos por problemas de descrição no comprovante de transporte. Além da necessária correção técnica da Lei Civil, há maior segurança jurídica na nova previsão do prazo.

Superado esse ponto, dispõe o art. 746 do CC que poderá o transportador recusar a coisa cuja embalagem for inadequada, bem como a que possa pôr em risco a saúde das pessoas envolvidas no transporte, danificar o veículo ou outros bens. Isso, inclusive, é motivo para a rescisão ou resolução do contrato celebrado. A norma é complementada por outra, pela qual o transportador deverá obrigatoriamente recusar a coisa cujo transporte ou a comercialização não sejam permitidos, ou que venha desacompanhada dos documentos exigidos por lei ou regulamento (art. 747 do CC). Trata-se de dever legal imposto ao transportador, exigindo-se a licitude das coisas a serem transportadas, sob pena de sua responsabilização nos âmbitos civil, criminal e administrativo.

No Projeto de Reforma do Código Civil, há importante proposição quanto ao seu art. 746, incluindo-se menção ao risco ao meio ambiente no seu *caput*, como fundamento para a recusa ao transporte, o que vem em boa hora, *in verbis*: "poderá o transportador recusar a coisa cuja embalagem seja inadequada, bem como a que possa pôr em risco a saúde das pessoas, o meio ambiente ou que possa danificar o veículo e outros bens". E mais, para proteger não só o transportador, como também os interesses do expedidor e de terceiros, caso dos consumidores dos produtos transportados, ao final, sugere-se um parágrafo único do comando, com os seguintes dizeres: "em nenhum caso, o transportador poderá aceitar o transporte de mercadoria com embalagem inadequada, se o conteúdo da coisa transportada colocar em risco a salubridade de pessoas ou o meio ambiente ou se o poder público fixar normas específicas de como devam ser transportadas".

A tutela da saúde e da segurança dos consumidores atende ao previsto no art. 10 do Código de Defesa do Consumidor (Lei 8.078/1990), segundo o qual o fornecedor não poderá colocar no mercado de consumo produto ou serviço que sabe ou deveria saber apresentar alto grau de nocividade ou periculosidade à saúde ou à segurança.

Da mesma forma como ocorre no transporte de pessoas, é facultado ao remetente, até a entrega da coisa, desistir do transporte e pedi-la de volta. Pode, ainda, ordenar que a coisa seja entregue a outro destinatário, pagando, em ambos os casos, os acréscimos de despesas decorrentes da contraordem, mais as perdas e danos que houver (art. 748 do CC).

Sobre esse preceito, no Projeto de Reforma do Código Civil, a Subcomissão de Direito dos Contratos fez propostas de alteração do art. 748, a fim de se atender ao dinamismo do setor de transporte e de logística. Como pontuaram, "não é difícil que o embarcador tenha interesse que a carga seja imediatamente desembarcada para ser destinada a outro objetivo, por vezes até com melhor resultado econômico. Essa previsão de desembarque imediato era prevista no Decreto 19.473, de 1930, artigo 7º, revogado pelo Decreto Sem Número de 25.04.1991, e, na atualidade, é uma possibilidade bastante útil para o proprietário da mercadoria transportada que, para usufruir deverá assumir os custos decorrentes da mudança do contrato".

Para atender a essa finalidade, propõe-se mudanças no texto do *caput* do preceito, que passará a prescrever o seguinte: "até a entrega da coisa, pode o remetente desistir do transporte e pedi-la de volta, inclusive com desembarque imediato ou ordenar seja entregue a outro destinatário, pagando, em todos os casos, os acréscimos de despesas decorrentes da contraordem, mais perdas e danos se houver". A Relatoria-Geral acrescentou parâmetros necessários para se efetivar desembarque imediato, com a inclusão de um parágrafo único na norma, prevendo que "as condições para desembarque imediato da coisa a ser

CAP. 6 • CONTRATOS EM ESPÉCIE (CONTRATOS TÍPICOS DO CC/2002) | **911**

transportada deve especificamente constar do conhecimento de transporte, fixando-se o prazo até quando a providência possa vir a ser reclamada pelo proprietário da mercadoria".

O transportador conduzirá a coisa ao seu destino, tomando todas as cautelas necessárias para mantê-la em bom estado e entregá-la no prazo ajustado ou previsto (749 do CC). Esse dispositivo traz a *cláusula de incolumidade* especificamente no transporte de coisas, a fundamentar a responsabilidade objetiva, exaustivamente citada. Repise-se que a *cláusula de não indenizar* é inoperante no transporte de mercadorias (Súmula 161 do STF).

A *cláusula de incolumidade* ainda é retirada do art. 750 do Código em vigor, pois a responsabilidade do transportador limita-se ao valor constante do conhecimento. Essa responsabilidade tem início no momento em que ele ou os seus prepostos recebem a coisa e somente termina quando é entregue ao destinatário ou depositada em juízo, se o destinatário não for encontrado. Aplicando muito bem o dispositivo do TJSP:

> "Responsabilidade civil. Transporte terrestre de mercadorias. Roubo. Alegação de que contrato foi concluído quando os bens chegaram ao destino. Impossibilidade. Materiais que não foram descarregados. Responsabilidade da transportadora que deve ser reconhecida, prevalecendo até a efetiva entrega. Art. 750, do Código Civil. Apólice que também estabelece esse o momento do fim da responsabilidade. Exame da prova e dos elementos objetivos deste caso, autorizando a confirmação da condenação. Necessidade da efetiva entrega com a conferência. Valor atualizado que deve prevalecer, para refletir corretamente a Inflação. Juros de mora que devem incidir da citação. Responsabilidade contratual. Art. 219 do CPC. Recurso parcialmente provido, prejudicado o agravo retido" (TJSP, Apelação com Revisão 1057564-3, Acórdão 4073086, 15.ª Câmara de Direito Privado, São Paulo, Rel. Des. Antônio Ribeiro Pinto, j. 15.09.2009, *DJESP* 29.09.2009).

No que diz respeito ao art. 750, o Projeto de Reforma do Código Civil traz necessárias sugestões de sua melhora técnica do texto legal. Como primeira proposta de aprimoramento do texto, sugere-se a menção ao depósito judicial ou extrajudicial da mercadoria no seu *caput*: "a responsabilidade do transportador, limitada ao valor constante do conhecimento, começa quando ele ou seus prepostos recebam a coisa; termina quando é entregue ao destinatário ou depositada, judicial ou extrajudicialmente, se aquele não for encontrado". Esse depósito extrajudicial poderá ser feito, no meu entender, em qualquer local seguro indicado pelo transportador. Além disso, a Subcomissão de Direito Contratual sugere um parágrafo único no comando, prevendo que, "se o conhecimento não estiver preenchido com o valor da carga transportada, caberá ao embarcador a prova do valor da mercadoria, para os fins de responsabilização civil do transportador".

De acordo com as suas justificativas, que contaram com o total apoio dos membros da Comissão de Juristas, "a emissão do conhecimento de transporte é de responsabilidade do transportador a partir dos dados fornecidos pelo embarcador da mercadoria. Assim, com fundamento no princípio da equidade, se o transportador emite o conhecimento sem fazer constar o valor da mercadoria porque não tinha a informação ou porque cometeu uma falha e, o embarcador aceita a omissão desse valor, caberá a ele provar quando necessário o valor da mercadoria para efeito de caracterizar o limite de responsabilidade do transportador". Pelas razões expostas, portanto, aguarda-se a sua aprovação pelo Parlamento Brasileiro.

A coisa depositada ou guardada nos armazéns do transportador, em virtude de contrato de transporte, rege-se, no que couber, pelas disposições relativas ao contrato de depósito (art. 751 do CC). Ato contínuo de estudo e análise, prevê o art. 752 do CC que, "desembarcadas as mercadorias, o transportador não é obrigado a dar aviso ao destinatário, se assim não foi convencionado, dependendo também de ajuste a entrega a domicílio, e devem constar do conhecimento de embarque as cláusulas de aviso ou de entrega a domicílio".

**912** | MANUAL DE DIREITO CIVIL • VOLUME ÚNICO – *Flávio Tartuce*

Apesar de a norma ser clara, o seu conteúdo é falho. Isso porque o comando legal entra em conflito com o princípio da boa-fé objetiva, particularmente com o dever anexo de informar, ao prever que, em regra, o transportador não é obrigado a avisar ao destinatário que o contrato foi cumprido. Ora, trata-se de um dever anexo, ínsito a qualquer negócio patrimonial, não havendo sequer a necessidade de previsão no instrumento.

Como se pode perceber, a atual previsão do art. 752 do CC é passível de críticas, por estar distante do dever de informação relacionado à boa-fé objetiva. Por isso, no Projeto de Reforma do Código Civil são propostas mudanças radicais no seu teor, em prol da eticidade – um dos fundamentos da atual codificação privada –, passando o seu *caput* a prever que "as partes deverão definir previamente o endereço e o prazo de entrega da mercadoria e qualquer alteração deverá ser informada pelos meios habituais de comunicação entre elas, inclusive digitais e virtuais".

Além disso, consoante o projetado parágrafo único do comando, "devem constar do conhecimento de embarque, ainda que por forma abreviada, conhecida e estabelecida pelos usos e costumes, as cláusulas relativas ao aviso de desembarque, ao local da entrega da coisa ou pessoa ou quanto à sua entrega em domicílio". Como corretamente justificaram os juristas que compuseram a Subcomissão de Direito dos Contratos, "as partes contratantes têm dever de boa-fé e, em consequência dele, dever de informar e de colaborar para que o contrato atenda plenamente os objetivos convencionados. Todos os dados relevantes para garantia do correto cumprimento do contrato deverão ser pactuados anteriormente ao transporte e o dever de informar será daquele que for detentor da informação, a quem caberá utilizar os meios normalmente utilizados pelas partes para contato, seja por telefone, mensagem eletrônica, mensagem de texto por aplicativo ou qualquer outro disponível".

Como não poderia ser diferente, as projeções estão bem fundamentadas, não tendo o texto atual qualquer argumento plausível para a sua manutenção.

Voltando-se ao sistema hoje vigente, se o transporte não puder ser feito ou sofrer longa interrupção, em razão de obstrução de vias, conflitos armados, manifestações populares, suspensão do tráfego diante de queda de barreira, entre outras causas, o transportador solicitará, de imediato, instruções do remetente sobre como agir. Ademais, zelará pela coisa, por cujo perecimento ou deterioração responderá, salvo caso fortuito e força maior (art. 753 do CC). Como se pode perceber, ao contrário do dispositivo anterior, este traz como conteúdo o dever anexo de informar.

Se esse impedimento perdurar, sem culpa do transportador, e o remetente não se manifestar, poderá o transportador depositar a coisa em juízo, ou posteriormente vendê-la, logicamente obedecidos os preceitos legais e regulamentares ou os costumes (art. 753, § 1.º, do CC). No entanto, se o impedimento decorrer de responsabilidade do transportador, este poderá depositar a coisa por sua conta e risco. Nesse último caso, a coisa somente poderá ser vendida se for perecível (art. 753, § 2.º, do CC).

Em ambos os casos, havendo culpa ou não do transportador, tem ele o dever de informar o remetente sobre a realização do depósito ou da eventual venda. Curiosamente e para o bem, o § 3.º do art. 753 volta a trazer o dever anexo de informar, contradizendo o criticado e malfadado art. 752 do CC.

Se o transportador mantiver a coisa depositada em seus próprios armazéns, continuará a responder pela sua guarda e conservação, sendo-lhe devida, porém, uma remuneração pela custódia. Essa remuneração pode ser ajustada por contrato ou será fixada pelos usos adotados em cada sistema de transporte (art. 753, § 4.º, do CC). Nesta hipótese, haverá uma coligação de contratos decorrente de lei (transporte + depósito), aplicando-se as regras de ambos.

Ao final do percurso, as mercadorias deverão ser entregues ao destinatário, ou a quem apresente o conhecimento de frete endossado. Essa pessoa tem o dever de conferi-las e apresentar

CAP. 6 • CONTRATOS EM ESPÉCIE (CONTRATOS TÍPICOS DO CC/2002) **913**

as reclamações que tiver, sob pena de decadência dos direitos (art. 754 do CC). O dispositivo traz o dever de vistoria por parte do destinatário, que pode ser o próprio emitente.

O parágrafo único desse art. 754 da Lei Geral Privada enuncia que, havendo avaria ou perda parcial da coisa transportada não perceptível à primeira vista, o destinatário conserva a sua ação contra o transportador, desde que denuncie o dano em dez dias, a contar da entrega. Conjugando-se os dois comandos, percebe-se, mais uma vez, um equívoco do legislador ao prever prazo de natureza decadencial para a ação indenizatória.

Como da vez anterior, filia-se a Nelson Nery Jr. e Rosa Maria de Andrade Nery, visto que, apesar de o *caput* falar em decadência, havendo ação indenizatória, o prazo é de prescrição.[79] Em virtude de o prazo previsto ser exíguo (dez dias), deve-se entender que o prazo será, em regra, prescricional de três anos, conforme o art. 206, § 3.º, inc. V, do CC. Havendo relação de consumo, utiliza-se o prazo prescricional de cinco anos (art. 27 do CDC).

Mais uma vez para se manter a técnica e a metodologia adotada pela vigente codificação privada, é necessário se retirar a menção ao prazo de dez dias do art. 754, que deve ser remetido para o art. 206 do Código Civil, diante da natureza reparatória da pretensão a ele relacionada. Isso é proposto pelo Projeto de Reforma do Código Civil.

Também não há qualquer razão para o *caput* mencionar decadência de direitos, uma vez que não se trata de uma ação constitutiva negativa, mas de demanda indenizatória. Por isso, a Comissão de Juristas propõe que o preceito passe a ter a seguinte redação: "as mercadorias devem ser entregues ao destinatário ou a quem apresentar o conhecimento endossado, devendo aquele que as receber conferi-las e apresentar as reclamações que tiver de imediato, tendo início a partir deste momento o prazo prescricional para reparação dos danos se constatados". Em complemento, o parágrafo único ficará assim mais bem escrito: "igual pretensão indenizatória tem o dono da mercadoria ou o destinatário delas, em caso de perda parcial ou de avaria da coisa transportada, não perceptíveis à primeira vista".

Desse modo, o prazo para a correspondente ação de reparação de danos passará a ser de um ano, sendo deslocado para o inc. VI do § 1.º do art. 206, segundo o qual prescreve nesse lapso "a pretensão para o dono da mercadoria postular indenização sobre perdas e avarias das coisas transportadas, a contar de 60 (sessenta) dias após o desembarque". Novamente, com vistas a trazer mais segurança jurídica, o prazo prescricional de um ano somente terá início depois de sessenta dias após o desembarque das mercadorias.

Por fim, havendo dúvida acerca de quem seja o destinatário da coisa, o transportador tem o dever de depositar a mercadoria em juízo, desde que não lhe seja possível obter informações do emissor ou remetente. Porém, se a demora do depósito puder provocar a deterioração da coisa, o transportador deverá vendê-la, depositando o valor obtido em juízo (art. 755 do CC). Como destaca Sílvio de Salvo Venosa, "a lei refere-se ao saldo, pois cabe ao transportador deduzir o valor das despesas de armazenagem e frete, se ainda não pago".[80]

## 6.15 DO SEGURO (ARTS. 757 A 802 DO CC)

### 6.15.1 Conceito e natureza jurídica

O conceito de contrato de seguro consta do art. 757 do atual Código Civil (art. 1.432 do CC/1916, parcialmente), que dispõe: "pelo contrato de seguro, o segurador se obriga,

---

[79] NERY JR., Nelson; NERY, Rosa Maria de Andrade. *Código Civil comentado*. 3. ed. São Paulo: RT, 2005. p. 498.
[80] VENOSA, Sílvio de Salvo. *Código Civil interpretado*. São Paulo: Atlas, 2010. p. 702.

mediante o pagamento do prêmio, a garantir interesse legítimo do segurado, relativo a pessoa ou a coisa, contra riscos predeterminados". Sem dúvida, trata-se de um dos contratos mais complexos e importantes do Direito Privado Brasileiro, uma vez que viver tornou-se algo arriscado.

Destaco que, como não poderia ser diferente, o Projeto de Reforma e Atualização do Código Civil, ora em tramitação no Congresso Nacional, pretendia fazer alterações a respeito desse contrato, em prol de um justo equilíbrio entre os interesses dos segurados e das seguradoras.

Esse trabalho foi empreendido mesmo com a anterior tramitação de um antigo projeto de lei específico para o tratamento do assunto, retirando-a da Lei Geral Privada, e inaugurando um microssistema próprio e geral a respeito do contrato de seguro.

De todo modo, em novembro de 2024, acabou por ser aprovada essa antiga projeção pelo Congresso Nacional, que teve mais de dezessete anos de tramitação, e foi capitaneada pelo Instituto Brasileiro de Direito do Seguro (IBDS), sob a presidência do advogado e grande especialista do setor de seguros Ernesto Tzirulnik.

Em 9 de dezembro de 2024 a norma foi promulgada, surgindo, assim e portanto, a *Nova Lei do Contrato de Seguro* (Lei n. 15.040/2024), com cento e trinta artigos, e que revoga expressamente os arts. 206 – sobre prescrição securitária –, e 757 a 802 da Lei Privada.

A nova lei tem uma *vacatio legis* de um ano e, até lá, permanecerão em vigor os dispositivos aqui estudados, do Código Civil até o início de dezembro de 2025, razão pela qual, para esta edição do livro, ainda serão todos analisados. Para as próximas edições deste livro, farei um estudo profundo da nova regulamentação, o que constará nesta obra nas suas edições sucessivas, a partir de 2026.

Penso que haverá muitos debates e discussões sobre o seu teor, especialmente porque já há uma doutrina e uma jurisprudência consolidada sobre os temas securitários no País, como se verificará a seguir.

Quanto à sua natureza jurídica, o contrato de seguro é um contrato bilateral, pois apresenta direitos e deveres proporcionais, de modo a estar presente o *sinalagma*. Constitui um contrato oneroso pela presença de remuneração, denominada *prêmio*, a ser pago pelo segurado ao segurador. O contrato é consensual, pois tem aperfeiçoamento com a manifestação de vontade das partes. Constitui um típico contrato aleatório, pois o *risco* é fator determinante do negócio em decorrência da possibilidade de ocorrência do *sinistro*, evento futuro e incerto com o qual o contrato mantém relação.

Vale dizer, de qualquer forma, que há corrente doutrinária que sustenta que o seguro é comutativo, pois o risco poderia ser determinado por cálculos atuariais. Como assinalam Ernesto Tzirulnik, Flávio de Queiroz B. Cavalcanti e Ayrton Pimentel, o contrato é comutativo por trazer a ideia de garantia:

> "A ideia de garantia ('o segurador se obriga (...) a *garantir* interesse legítimo do segurado'), embora não viesse explicitada no Código anterior, já era proclamada pela doutrina brasileira como elemento nuclear para a compreensão da natureza jurídica e efeitos do contrato de seguro. A positivação conjugada de garantia e interesse (objeto da garantia) e o abandono da ideia de indenização como elemento essencial do contrato esvaziam, no direito positivo brasileiro, a secular polêmica entre dualistas e os unilateralistas a respeito da função indenizatória (ou não) dos seguros de pessoas. (...). A comutatividade do contrato tem por base justamente o reconhecimento de que a prestação do segurador não se restringe ao pagamento de uma eventual indenização (ou capital), o que apenas se verifica no caso de sobrevir a lesão ao interesse garantido em virtude da realização do risco predeterminado. Tal prestação consiste, antes

CAP. 6 • CONTRATOS EM ESPÉCIE (CONTRATOS TÍPICOS DO CC/2002) | **915**

de tudo, no fornecimento de garantia e é devida durante toda a vigência material do contrato. A comutação ocorre entre prêmio (prestação) e garantia (contraprestação)".[81]

O tema tem despertado grandes discussões nos meios acadêmicos e práticos. Vários foram os enunciados propostos na *IV Jornada de Direito Civil*, alguns sugerindo a comutatividade; outros a aleatoriedade do negócio, sendo certo que nenhum deles foi aprovado. A mim me parece temerário afirmar que o seguro é contrato comutativo. A causa do contrato em questão continua sendo a álea, o risco, o receio ou o medo quanto à ocorrência do sinistro.

Além disso, o argumento da comutatividade pode servir a interesses escusos de seguradoras. Imagine-se, por exemplo, que a seguradora pode alegar que o contrato é comutativo para resolver ou rever o negócio que foi pago anos a fio pelo segurado, com base na imprevisibilidade e na onerosidade excessiva. Nesse contexto, a tese da comutatividade parece ser antifuncional, ou mesmo antissocial, em conflito com o art. 421 do CC. Em suma, a premissa pode ser alegada por empresas seguradoras para auferir vantagens excessivas frente aos consumidores, particularmente com o intuito de obter a rescisão unilateral do contrato. Para tal instrumentalização, a tese, em hipótese alguma, pode ser aceita e adotada.

Na grande maioria das vezes, o seguro constitui um contrato de adesão, pois o seu conteúdo é imposto por uma das partes, geralmente a seguradora. Assim sendo, prevê o Enunciado n. 370 do CJF/STJ, aprovado na *IV Jornada de Direito Civil*, que, "nos contratos de seguro por adesão, os riscos predeterminados indicados no art. 757, parte final, devem ser interpretados de acordo com os arts. 421, 422, 424, 759 e 799 do Código Civil e 1.º, III, da Constituição Federal". Em outras palavras, essa determinação dos riscos deve ser analisada à luz da função social dos contratos, da boa-fé objetiva e da proteção da dignidade humana, não podendo colocar o segurado aderente em situação de extrema desvantagem ou de onerosidade excessiva.

A título de exemplo atual dessa análise, aresto do Superior Tribunal de Justiça do ano de 2019 considerou que "as complicações decorrentes de gravidez, parto, aborto, perturbações e intoxicações alimentares, intercorrências ou complicações consequentes da realização de exames, tratamentos clínicos ou cirúrgicos constituem eventos imprevisíveis, fortuitos e inserem-se na modalidade de acidente pessoal e, qualquer cláusula excludente do conceito de acidente pessoal relacionada a elas é efetivamente abusiva, porque limita os direitos do consumidor" (STJ, REsp 1.635.238/SP, 3.ª Turma, Rel. Min. Nancy Andrighi, j. 11.12.2018, *DJe* 13.12.2018). Essa conclusão se deu no âmbito de uma ação civil pública.

De todo modo, pontue-se que o contrato de seguro também pode ser paritário ou negociado, como ocorre, por exemplo, em negócios celebrados com grandes empresas, que procuram proteger a sua máquina produtiva. Podem ser citados, ainda, os contratos de seguro de grandes riscos, presentes em obras consideráveis de infraestrutura, crescentes em nosso país.

Em casos tais, o contrato poderá também não ser regido pelo Código de Defesa do Consumidor, o que igualmente ocorre no caso de seguro empresarial que cobre danos suportados por terceiro. Nesse sentido, pronunciou-se a jurisprudência superior:

> "Há relação de consumo no seguro empresarial se a pessoa jurídica o firmar visando à proteção do próprio patrimônio (destinação pessoal), sem o integrar nos produtos

---

[81] TZIRULNIK, Ernesto; CAVALCANTI, Flávio de Queiroz B.; PIMENTEL, Ayrton. *O contrato de seguro*: de acordo com o novo Código Civil brasileiro. 2. ed. São Paulo: RT, 2003. p. 30.

ou serviços que oferece, mesmo que seja para resguardar insumos utilizados em sua atividade comercial, pois será a destinatária final dos serviços securitários. Situação diversa seria se o seguro empresarial fosse contratado para cobrir riscos dos clientes, ocasião em que faria parte dos serviços prestados pela pessoa jurídica, o que configuraria consumo intermediário, não protegido pelo CDC" (STJ, REsp 1.352.419/SP, 3.ª Turma, Rel. Min. Ricardo Villas Bôas Cueva, j. 19.08.2014, *DJe* 08.09.2014).

O seguro também constitui, em regra e com algumas exceções, como a pontuada anteriormente, um contrato de consumo, eis que o art. 3.º, § 2.º, da Lei 8.078/1990 inclui entre os serviços por ela abrangidos os de natureza securitária. Isso inclui o seguro de dano e o seguro de vida, tratados pelo CC/2002.

Também abrange o contrato de seguro-saúde, que tem como objeto a cobertura de serviços médico-hospitalares pela seguradora, mediante o pagamento de um prêmio pelo segurado, exclusão feita para os contratos de autogestão que são administrados pelos próprios segurados (Súmula 608 do STJ). Em relação aos planos de saúde, subsome-se ainda a Lei 9.656/1998, que é especial a respeito do tema.

## 6.15.2 Regras gerais do seguro no CC/2002

Somente pode ser parte, no contrato de seguro, como segurador, entidade legalmente autorizada para tal fim (art. 757, parágrafo único, do CC). A atividade de segurador deve ser exercida, no contexto da norma, por sociedades anônimas, mútuas ou cooperativas (estas terão por objeto somente os seguros agrícolas), mediante autorização do Governo Federal, estando a matéria disciplinada pela Lei 8.177/1991 e pelos Decretos-leis 73/1966 e 2.063/1940.

Tratando do tema, prevê o Enunciado n. 185 do CJF/STJ, aprovado na *III Jornada de Direito Civil*, que "a disciplina dos seguros do Código Civil e as normas de previdência privada que impõem a contratação exclusivamente por meio de entidades legalmente autorizadas não impedem a formação de grupos restritos de ajuda mútua, caracterizados pela autogestão". O enunciado refere-se ao *seguro-mútuo*, o que inclui a autogestão, cuja possibilidade ainda é reconhecida e cujo conceito consta do próprio enunciado. No entanto, é preciso ressaltar que as sociedades de seguros mútuos, reguladas pelo Decreto-lei 2.063/1940, não se confundem com as companhias seguradoras, pois naquelas os segurados não contribuem por meio do prêmio, mas sim por meio de quotas necessárias para se protegerem de determinados prejuízos por meio da dispersão do evento danoso entre os seus vários membros.

No que toca à prova do contrato em questão, esta se dá por meio da apólice ou bilhete do seguro (art. 758 do CC). Na falta deles, o contrato pode ser provado por documento comprobatório do pagamento do respectivo prêmio, ou seja, a forma é livre (art. 107 do CC).

Demonstrando a falta de exigência de forma específica para o contrato em questão, preciso julgado do Superior Tribunal de Justiça do ano de 2014 concluiu o seguinte:

"A seguradora de veículos não pode, sob a justificativa de não ter sido emitida a apólice de seguro, negar-se a indenizar sinistro ocorrido após a contratação do seguro junto à corretora de seguros se não houve recusa da proposta pela seguradora em um prazo razoável, mas apenas muito tempo depois e exclusivamente em razão do sinistro. Isso porque o seguro é contrato consensual e aperfeiçoa-se tão logo haja manifestação de vontade, independentemente da emissão da apólice, que é ato unilateral da seguradora, de sorte que a existência da relação contratual não poderia ficar à mercê exclusivamente da vontade de um dos contratantes, sob pena de se ter uma conduta puramente potestativa, o que é vedado pelo art. 122 do CC.

CAP. 6 • CONTRATOS EM ESPÉCIE (CONTRATOS TÍPICOS DO CC/2002) | **917**

Ademais, o art. 758 do CC não confere à emissão da apólice a condição de requisito de existência do contrato de seguro, tampouco eleva esse documento ao degrau de prova tarifada ou única capaz de atestar a celebração da avença. Além disso, é fato notório que o contrato de seguro é celebrado, na prática, entre corretora e segurado, de modo que a seguradora não manifesta expressamente sua aceitação quanto à proposta, apenas a recusa ou emite a apólice do seguro, enviando ao contratante juntamente com as chamadas condições gerais do seguro" (STJ, REsp 1.306.364/SP, Rel. Min. Luis Felipe Salomão, j. 20.03.2014, publicado no seu *Informativo* n. *537*).

A apólice é o instrumento do contrato de seguro, contendo as regras gerais do negócio celebrado e devendo a sua emissão ser precedida de proposta escrita com a declaração dos elementos essenciais do interesse a ser garantido e do risco (art. 759 do CC). Já o bilhete constitui um instrumento simplificado do negócio, pelo qual se pode contratar o seguro. Pelo art. 760 do Código Civil ainda em vigor, "a apólice ou o bilhete de seguro podem ser nominativos, à ordem ou ao portador, e mencionarão os riscos assumidos, o início e o fim de sua validade, o limite da garantia e o prêmio devido, e, quando for o caso, o nome do segurado e o do beneficiário". Vejamos as suas características:

a) *Apólice* ou *bilhete nominativo* – mencionam o nome do segurador, do segurado, de representante do último ou de terceiro beneficiário, sendo transmissíveis por meio de cessão civil ou mesmo por alienação.

b) *Apólice* ou *bilhete à ordem* – são transmissíveis por endosso em preto, datado e assinado pelo endossante e o endossatário, conforme art. 785, § 2.º, do CC.

c) *Apólice* ou *bilhete ao portador* – são transmissíveis por tradição simples ao detentor da apólice, não sendo admitidas em alguns casos, como no seguro de vida (art. 760, parágrafo único, do CC).

O art. 761 do CC trata do *cosseguro*, quando os riscos de um seguro direto são assumidos por várias seguradoras. Em casos tais, a apólice indicará a seguradora que administrará o contrato e representará os demais, para todos os seus efeitos (*seguradora líder*). O *cosseguro* não se confunde com o *resseguro*, hipótese em que uma seguradora contrata outra seguradora (*resseguradora*), temendo os riscos do contrato anterior, aplicando-se as mesmas regras previstas para o contrato regular.

O CC/2002 veda expressamente o *golpe do seguro*, ao prever que "nulo será o contrato para garantia de risco proveniente de ato doloso do segurado, do beneficiário, ou de representante de um ou de outro" (art. 762 do CC). O vício atinge a validade do contrato, sendo caso de *nulidade textual* (art. 166, inc. VI, do CC). Essa nulidade vicia todo o ato, não podendo ser invocado o princípio da conservação contratual em hipótese alguma. Em um Código que privilegia a boa-fé objetiva, não poderia ser diferente.

Existe polêmica se a norma do art. 762 do Código Civil, além do dolo, deve incluir a culpa grave, diante da antiga máxima *culpa lata dolus aequiparatur*, que equipara as duas figuras. A minha posição doutrinária é pela resposta positiva, sendo igualmente nulo o contrato de seguro para garantia de risco proveniente de ato praticado com culpa grave pelo segurado, pelo seu beneficiário, ou do representante de um ou de outro.

Ressalte-se, a esse propósito, a plena validade da cláusula contratual, sobretudo em grandes contratos empresariais, que prevê que a seguradora não responde em casos de dolo ou culpa grave do segurado, o que, em certo sentido, tem fundamento no comando e na regra que o amparam. Essa cláusula contratual é comum em praticamente todos os

## 918 | MANUAL DE DIREITO CIVIL • VOLUME ÚNICO – *Flávio Tartuce*

países, seja da *Common Law*, seja da *Civil Law*, já ingressando nas regras de tráfego dos grandes seguros brasileiros, nos termos da parte final do art. 113, *caput*, do Código Civil.

Pois bem, o próximo dispositivo apresenta, na minha opinião doutrinária, grave e sério problema, se confrontado com a proteção do consumidor e com os novos paradigmas contratuais:

> "Art. 763. Não terá direito a indenização o segurado que estiver em mora no pagamento do prêmio, se ocorrer o sinistro antes de sua purgação".

A norma, interpretada em sua literalidade, entra em conflito em conflito com a *tese do adimplemento substancial* (*substantial performance*), que vinha sendo normalmente aplicada pelos nossos Tribunais, inclusive pelo STJ, nos casos de pagamento quase integral do prêmio pelo segurado (ver: REsp 415.971/SP, 3.ª Turma, Rel. Min. Nancy Andrighi, j. 14.05.2002, *DJ* 24.06.2002, p. 302).

Desse modo, o art. 763 do CC deve ser interpretado de acordo com a citada teoria, conforme consta do Enunciado n. 371 do CJF/STJ: "a mora do segurado, sendo de escassa importância, não autoriza a resolução do contrato, por atentar ao princípio da boa-fé objetiva". Ilustrando, se o segurado pagar o contrato por cerca de dez anos e estando em mora em apenas uma parcela do contrato, se o sinistro vier a ocorrer, não deve ser excluído totalmente o direito à indenização. No máximo, admite-se um pequeno abatimento no capital segurado, pela prestação não paga.

Em relação ao art. 763, foi ainda aprovado na *IV Jornada de Direito Civil* o Enunciado n. 376, que prevê: "para efeito do art. 763 do Código Civil, a resolução do contrato depende de prévia interpelação", no caso, do segurado devedor. Em suma, não se pode aceitar a extinção automática do contrato de seguro, pela simples mora. Trazendo conclusão exatamente igual ao último enunciado doutrinário, que sempre contou com o nosso apoio, em maio de 2018 o Superior Tribunal de Justiça editou a Súmula 616: "a indenização securitária é devida quando ausente a comunicação prévia do segurado acerca do atraso no pagamento do prêmio, por constituir requisito essencial para a suspensão ou resolução do contrato de seguro".

Como importante precedente para a sumular, destaque-se: "é entendimento pacificado nesta Corte que o simples atraso não implica suspensão ou cancelamento automático do contrato de seguro, fazendo-se necessária, ao menos, a interpelação do segurado, comunicando-o do cancelamento dos efeitos do pacto" (STJ, Ag. Rg. no Ag. 773.533/RS, 3.ª Turma, Rel. Min. Paulo Furtado (Desembargador convocado do TJBA), j. 26.05.2009, *DJe* 09.06.2009). Ou, mais recentemente, destaco o seguinte:

> "O atraso no pagamento de prestações do prêmio do seguro não determina a resolução automática do contrato de seguro, exigindo-se a prévia constituição em mora do contratante pela seguradora, mostrando-se indevida a negativa de pagamento da indenização correspondente" (STJ, Ag. Rg. no Ag. 1.381.183/SP, 4.ª Turma, Rel. Min. Marco Buzzi, j. 03.10.2017, *DJe* 11.10.2017).

Como acórdão sucessivo a ser destacado, do ano de 2020, entendeu a Terceira Turma da Corte que "o contrato de seguro de vida tem expressiva relevância social, dado seu caráter previdenciário, justificando a aplicação da ideia de sociedade do risco. Portanto, a rescisão do contrato de seguro, fundada na inadimplência do segurado, deverá ser precedida de interpelação do segurado para sua constituição em mora, assim como ser observada a extensão da dívida e se esta é significativa diante das peculiaridades do caso concreto.

Inteligência da Súmula 616/STJ. Na hipótese dos autos, levando-se em consideração o longo período de regularidade contratual e a extensão do débito, não se mostra plausível a dispensa da notificação do segurado para a rescisão contratual em razão da inadimplência" (STJ, REsp 1.838.830/RS, 3.ª Turma, Rel. Min. Marco Aurélio Bellizze, j. 18.08.2020, *DJe* 26.08.2020). Superados esses aspectos, enuncia o art. 764 do CC que, "salvo disposição especial, o fato de não se ter verificado o risco, em previsão do qual se faz o seguro, não exime o segurado de pagar o prêmio". Esse dispositivo é o que demonstra que o contrato é aleatório, não importando a ocorrência ou não do sinistro, pois o prêmio, em qualquer caso, deve ser pago pelo segurado. Exemplificando, se alguém celebrar um contrato de seguro do automóvel por um ano e se não ocorrer qualquer acidente ou roubo, mesmo assim o prêmio deve ser pago.

A boa-fé objetiva deve estar presente em todas as fases do contrato de seguro (fase pré-contratual, fase contratual e fase pós-contratual). Há norma específica nesse sentido, o que evidencia a afirmação de Clóvis Beviláqua no sentido de ser o seguro *um contrato de boa-fé*. Nesse ponto, o contrato de seguro é privilegiado, pois não há norma semelhante, com esta especificidade, para os demais contratos:

> "Art. 765. O segurado e o segurador são obrigados a guardar na conclusão e na execução do contrato, a mais estrita boa-fé e veracidade, tanto a respeito do objeto como das circunstâncias e declarações a ele concernentes".

Consigne-se que o dispositivo consagra expressamente o dever anexo de informar, o que não afasta a aplicação dos demais deveres anexos, antes estudados. Tudo o que foi exposto quanto à boa-fé objetiva deve ser aplicado ao contrato em questão. A quebra dos deveres anexos no contrato de seguro gera a violação positiva do contrato e a responsabilização independentemente de culpa daquele que o descumpriu (Enunciado n. 24 do CJF/STJ). Ilustrando, entendeu o STJ que a empresa seguradora que nega o pagamento de indenização sem qualquer fundamento desrespeita a boa-fé objetiva, diante de uma expectativa gerada:

> "Direito do consumidor. Contrato de seguro de vida inserido em contrato de plano de saúde. Falecimento da segurada. Recebimento da quantia acordada. Operadora do plano de saúde. Legitimidade passiva para a causa. Princípio da boa-fé objetiva. Quebra de confiança. Os princípios da boa-fé e da confiança protegem as expectativas do consumidor a respeito do contrato de consumo. A operadora de plano de saúde, não obstante figurar como estipulante no contrato de seguro de vida inserido no contrato de plano de saúde, responde pelo pagamento da quantia acordada para a hipótese de falecimento do segurado, se criou, no segurado e nos beneficiários do seguro, a legítima expectativa de ela, operadora, ser responsável por esse pagamento" (STJ, REsp 590.336/SC, 3.ª Turma, Rel. Min. Fátima Nancy Andrighi, j. 07.12.2004, *DJ* 21.02.2005, p. 175).

Outro exemplo relativo à incidência da boa-fé objetiva no contrato de seguro envolve o Enunciado n. 543, da *VI Jornada de Direito Civil*, de 2013, que assim se expressa, com precisão: "constitui abuso do direito a modificação acentuada das condições do seguro de vida e de saúde pela seguradora quando da renovação do contrato". Vejamos as suas precisas justificativas:

> "Os contratos de seguro de vida e de saúde normalmente são pactuados por longo período de tempo. Nesses casos, verificam-se relações complexas em que, muitas vezes, os consumidores se tornam clientes cativos de determinado fornecedor. Tais situações não podem ser vistas de maneira isolada, mas de modo contextualizado com

a nova sistemática contratual e com os novos paradigmas principiológicos. Trata-se de consequência da massificação das relações interpessoais com especial importância nas relações de consumo. Parte-se da premissa de que a relação contratual deve responder a eventuais mudanças de seu substrato fático ao longo do período contratual. É uma aplicação do princípio da boa-fé objetiva, que prevê padrão de comportamento leal entre as partes. A contratação em geral ocorre quando o segurado é ainda jovem. A renovação anual pode ocorrer por anos, às vezes décadas. Se, em determinado ano, de forma abrupta e inesperada, a seguradora condicionar a renovação a uma repactuação excessivamente onerosa para o segurado, há desrespeito ao dever anexo de cooperação. Dessa forma, o direito de renovar ou não o contrato é exercido de maneira abusiva, em consonância com o disposto no art. 187 do Código Civil. Não se trata de impedimento ou bloqueio a reajustes, mas de definir um padrão justo de reequilíbrio em que os reajustes devam ocorrer de maneira suave e gradual".

Pontue-se que essas justificativas do enunciado citam que assim vem entendendo o Superior Tribunal de Justiça, com a menção aos seguintes julgados: AgRg nos EDcl no Ag 1.140.960/RS, 3.ª Turma, Rel. Min. Nancy Andrighi, j. 23.08.2011; REsp 1.073.595/MG, 2.ª Seção, Rel. Min. Nancy Andrighi, j. 23.03.2011. Entendo que a função social do contrato em sua eficácia interna igualmente serve para fundamentar o enunciado doutrinário em comento, tanto no sentido de tutelar a dignidade humana quanto com o fim de conservar ou manter o pacto.

De toda sorte, cabe esclarecer novamente que, mais recentemente, a jurisprudência superior posicionou-se no sentido de admitir o aumento do valor do plano de saúde por faixa etária, desde que a majoração seja previamente informada ao consumidor e não ocorra de forma drástica e repentina. Conforme a tese firmada em julgamento de incidente de recursos repetitivos, ao final de 2016, "o reajuste de mensalidade de plano de saúde individual ou familiar fundado na mudança de faixa etária do beneficiário é válido desde que (i) haja previsão contratual, (ii) sejam observadas as normas expedidas pelos órgãos governamentais reguladores e (iii) não sejam aplicados percentuais desarrazoados ou aleatórios que, concretamente e sem base atuarial idônea, onerem excessivamente o consumidor ou discriminem o idoso" (STJ, REsp 1.568.244/RJ, 2.ª Seção, Rel. Min. Ricardo Villas Bôas Cueva, j. 14.12.2016, *DJe* 19.12.2016).

Como outra ilustração importante, e são muito numerosos os julgados que relacionam a boa-fé objetiva ao contrato de seguro, a Terceira Turma do STJ concluiu, ao final de 2018, que a quitação do contrato de mútuo para aquisição de imóvel não extingue a obrigação da seguradora – em seguro habitacional – de indenizar os compradores por vícios de construção ocultos, que impliquem ameaça de desabamento. O *decisum* traz a notória afirmação de Beviláqua, no sentido de ser o seguro um contrato de boa-fé. A seguir, transcrevem-se termos de sua ementa:

"A par da regra geral do art. 422 do CC/02, o art. 765 do mesmo diploma legal prevê, especificamente, que o contrato de seguro, tanto na conclusão como na execução, está fundado na boa-fé dos contratantes, no comportamento de lealdade e confiança recíprocos, sendo qualificado pela doutrina como um verdadeiro 'contrato de boa-fé'. De um lado, a boa-fé objetiva impõe ao segurador, na fase pré-contratual, o dever, dentre outros, de dar informações claras e objetivas sobre o contrato para que o segurado compreenda, com exatidão, o alcance da garantia contratada; de outro, obriga-o, na fase de execução e também na pós-contratual, a evitar subterfúgios para tentar se eximir de sua responsabilidade com relação aos riscos previamente cobertos pela garantia. (...) O seguro habitacional tem conformação diferenciada, uma vez que integra a política nacional de habitação, destinada a facilitar a aquisição da casa

CAP. 6 • CONTRATOS EM ESPÉCIE (CONTRATOS TÍPICOS DO CC/2002) | **921**

própria, especialmente pelas classes de menor renda da população. Trata-se, pois, de contrato obrigatório que visa à proteção da família, em caso de morte ou invalidez do segurado, e à salvaguarda do imóvel que garante o respectivo financiamento, resguardando, assim, os recursos públicos direcionados à manutenção do sistema. À luz dos parâmetros da boa-fé objetiva e da proteção contratual do consumidor, conclui-se que os vícios estruturais de construção estão acobertados pelo seguro habitacional, cujos efeitos devem se prolongar no tempo, mesmo após a extinção do contrato, para acobertar o sinistro concomitante à vigência deste, ainda que só se revele depois de sua conclusão (vício oculto)" (STJ, REsp 1.622.608/RS, 3.ª Turma, Rel. Min. Nancy Andrighi, *DJe* 19.12.2018).

Como outra nota de relevo a respeito do art. 765 do Código Civil, na *IX Jornada de Direito Civil*, realizada em 2022, foram aprovados dois enunciados a respeito da sua incidência ao processo administrativo de regulação do sinistro, em que a seguradora analisa as causas e as circunstâncias do sinistro comunicado, para o fim de concluir se pagará ou não a indenização ao segurado. Nos termos do Enunciado n. 656, "do princípio da boa-fé objetiva, resulta o direito do segurado, ou do beneficiário, de acesso aos relatórios e laudos técnicos produzidos na regulação do sinistro". Ademais, consoante o Enunciado n. 657, "diante do princípio da boa-fé objetiva, o regulador do sinistro tem o dever de probidade, imparcialidade e celeridade, o que significa que deve atuar com correção no cumprimento de suas atividades".

As ementas doutrinárias são perfeitas e contaram com o meu total apoio quando da realização do evento. Na verdade, julgados já aplicam a boa-fé objetiva à regulação de sinistro, na mesma linha dos enunciados. A título de exemplo:

"Pedido de pagamento da indenização securitária, pelos beneficiários, na esfera administrativa. Inércia da seguradora, decorridos mais de 30 dias da protocolização do requerimento. Recusa informada somente na contestação, restrita à falta de documentos. Seguradora que não comprovou, ônus que lhe competia, a solicitação de documentação complementar aos interessados durante o processo de regulação do sinistro. Comportamento da seguradora que não se coaduna com a boa-fé exigível dos contratantes. Comprovação, por uma das autoras, de que a beneficiária renunciou em seu favor à sua quota-parte. Prova documental idônea e não impugnada pela seguradora. Demais autores que comprovaram o grau de parentesco com o beneficiário falecido (cônjuge e filhos). Direito ao recebimento da parte cabente ao beneficiário falecido, na proporção de 50% para o cônjuge e 25% para cada herdeiro filho. Inteligência do art. 792 do CC. Levantamento condicionado à apresentação de declaração de únicos herdeiros em fase de cumprimento de sentença" (TJSP, Apelação Cível 1006705-79.2019.8.26.0309, Acórdão 15531031, Jundiaí, 27.ª Câmara de Direito Privado, Rel. Des. Sergio Alfieri, j. 29.03.2022, *DJESP* 11.04.2022, p. 2166).

"Apelação cível. Direito do consumidor. Contrato de seguro de veículo. Ação objetivando o recebimento da indenização após a ocorrência do sinistro, bem como indenização por danos morais. Recusa da seguradora em efetuar o pagamento da indenização ao argumento de que foram prestadas informações inverídicas pela segurada. Sentença de parcial procedência. Recurso da ré. Falha na prestação de serviço configurada. Ré que não comprovou de forma inequívoca que a segurada teria prestado informações falsas quando da contratação do seguro, descumprindo o disposto no artigo 373, II, do CPC. Suposta sindicância realizada por ocasião da regulação do sinistro que sequer foi juntada aos autos. Recusa injustificada ao pagamento de indenização coberta pela apólice. Princípio da boa-fé nas relações securitárias. (...)" (TJRJ, Apelação 0035599-31.2019.8.19.0001, Rio de Janeiro, 11.ª Câmara Cível, Rel. Des. Luiz Henrique de Oliveira Marques, *DORJ* 16.06.2021, p. 362).

Sem prejuízo do art. 765 do Código Civil, os dispositivos a seguir comentados por igual mantêm relação com o princípio da boa-fé objetiva, trazendo deveres contratuais que decorrem desse regramento básico. Não há qualquer conflito com o CDC, mas, muito ao contrário, os comandos legais estão em sintonia com a boa-fé objetiva que deve existir na ótica consumerista (art. 4.º, inc. III, da Lei 8.078/1990).

De início, expressa o art. 766 do CC que "se o segurado, por si ou por seu representante, fizer declarações inexatas ou omitir circunstâncias que possam influir na aceitação da proposta ou na taxa do prêmio, perderá o direito à garantia, além de ficar obrigado ao prêmio vencido. Parágrafo único. Se a inexatidão ou omissão nas declarações não resultar de má-fé do segurado, o segurador terá direito a resolver o contrato, ou a cobrar, mesmo após o sinistro, a diferença do prêmio".

O diploma em questão equivale ao art. 1.444 do CC/1916, com corriqueira aplicação por nossos Tribunais. A título de exemplo, a jurisprudência entende que constitui violação a esse dever o fato de o segurado não informar uma doença preexistente e celebrar o contrato de seguro-saúde, para se ver coberto. Por lógico, há desrespeito ao dever anexo de informar e à boa-fé objetiva (nesse sentido, ver: TACMG, Apel. Cív. 0368162-1/2002, Comarca: Barbacena/Siscon, 2.ª Câmara Cível, Rel. Juiz Edgard Penna Amorim, j. 24.06.2003, dados publ.: não publicado, decisão: unânime).

Relativamente ao tema, foi aprovado, na *IV Jornada de Direito Civil* do Conselho da Justiça Federal e do Superior Tribunal de Justiça, o Enunciado n. 372, pelo qual, "em caso de negativa de cobertura securitária por doença preexistente, cabe à seguradora comprovar que o segurado tinha conhecimento inequívoco daquela". Isso porque a boa-fé objetiva do segurado consumidor é presumida. Assim sendo, não se pode concluir pela má-fé do segurado, o que vem sendo aplicado pela jurisprudência (por todos os julgados anteriores: STJ, AgRg no Ag 1.138.740/SC, 3.ª Turma, Rel. Min. Massami Uyeda, j. 09.06.2009, *DJe* 18.06.2009).

Pacificando a questão, em abril de 2018, a Corte Superior editou a sua Súmula 609, com o seguinte teor, que tem meu total apoio doutrinário: "a recusa de cobertura securitária, sob a alegação de doença preexistente, é ilícita se não houve a exigência de exames médicos prévios à contratação ou a demonstração de má-fé do segurado". A sumular representa uma grande vitória da boa-fé objetiva, tutelando os segurados consumidores.

No seguro à conta de outrem, o segurador pode opor ao segurado quaisquer defesas que tenha contra o estipulante, por descumprimento das normas de conclusão do contrato, ou de pagamento do prêmio (art. 767 do CC). Em outras palavras, havendo estipulação em favor de terceiro beneficiário (arts. 436 a 438), a seguradora poderá utilizar-se de qualquer defesa que tinha contra o segurado em face deste terceiro. A regra em questão constitui uma exceção ao princípio da relatividade dos efeitos contratuais, pois a seguradora poderá discutir o negócio jurídico com quem não é parte do contrato (efeitos externos).

A boa-fé objetiva é flagrante no art. 768 do CC, que traz regra pela qual "o segurado perderá o direito à garantia se agravar intencionalmente o risco objeto do contrato". Prevê o Enunciado n. 374 do CJF/STJ, da *IV Jornada de Direito Civil*, que "no contrato de seguro, o juiz deve proceder com equidade, atentando às circunstâncias reais, e não a probabilidades infundadas, quanto à agravação dos riscos".

A equidade representa o próprio senso de Justiça e constitui fonte do Direito Civil, em um Código baseado em cláusulas gerais. O que o enunciado doutrinário quer dizer é que não se pode presumir a má-fé do segurado, principalmente se o contrato for de consumo, pois, nesse caso, a boa-fé do consumidor é que deve ser presumida (art. 4.º, inc. III, do CDC). A título de exemplo, vigente um contrato de seguro de vida, não se pode presumir que o segurado falecido tenha agravado intencionalmente os riscos pelo fato de ter ido a uma festa em lugar perigoso onde acabou sendo vítima de um homicídio, o que supostamente afastaria o dever da seguradora de pagar a indenização.

Tema dos mais controversos se refere à embriaguez do segurado, havendo acidente de trânsito. A dúvida que surge é se essa embriaguez, por si só, afasta o dever da seguradora de pagar a indenização. Os julgados sempre se alternaram no Superior Tribunal de Justiça, com uma e outra posição, como se extrai dos seguintes julgados anteriores:

> – Entendendo pelo pagamento, ou seja, que a simples embriaguez não exclui a responsabilidade da seguradora: REsp 1.012.490/PR, 4.ª Turma, Rel. Min. Aldir Passarinho Junior, j. 25.03.2008, *DJe* 28.04.2008.
> – Em sentido contrário, do mesmo Tribunal Superior, afastando o pagamento da indenização diante da máxima "se beber, não dirija": REsp 973.725/SP, 3.ª Turma, Rel. Min. Ari Pargendler, j. 26.08.2008, *DJe* 15.09.2008.

Mais recentemente, entre 2016 e 2017, a Terceira Turma do Superior Tribunal de Justiça passou a fazer uma separação da análise da embriaguez do segurado, nos casos de seguro de automóvel e de seguro de vida. A posição firmada foi no sentido de ser a embriaguez fator de agravamento de risco no primeiro caso, a afastar o pagamento da indenização; dedução diversa na hipótese de seguro de vida. Nessa linha, conforme impactante ementa da Corte sobre o seguro de automóvel:

"A direção do veículo por um condutor alcoolizado já representa agravamento essencial do risco avençado, sendo lícita a cláusula do contrato de seguro de automóvel que preveja, nessa situação, a exclusão da cobertura securitária. A bebida alcoólica é capaz de alterar as condições físicas e psíquicas do motorista, que, combalido por sua influência, acaba por aumentar a probabilidade de produção de acidentes e danos no trânsito. Comprovação científica e estatística. O seguro de automóvel não pode servir de estímulo para a assunção de riscos imoderados que, muitas vezes, beiram o abuso de direito, a exemplo da embriaguez ao volante. A função social desse tipo contratual torna-o instrumento de valorização da segurança viária, colocando-o em posição de harmonia com as leis penais e administrativas que criaram ilícitos justamente para proteger a incolumidade pública no trânsito. O segurado deve se portar como se não houvesse seguro em relação ao interesse segurado (princípio do absenteísmo), isto é, deve abster-se de tudo o que possa incrementar, de forma desarrazoada, o risco contratual, sobretudo se confiar o automóvel a outrem, sob pena de haver, no Direito Securitário, salvo-conduto para terceiros que queiram dirigir embriagados, o que feriria a função social do contrato de seguro, por estimular comportamentos danosos à sociedade. Sob o prisma da boa-fé, é possível concluir que o segurado, quando ingere bebida alcoólica e assume a direção do veículo ou empresta-o a alguém desidioso, que irá, por exemplo, embriagar-se (culpa *in eligendo* ou *in vigilando*), frustra a justa expectativa das partes contratantes na execução do seguro, pois rompe-se com os deveres anexos do contrato, como os de fidelidade e de cooperação" (STJ, REsp 1.485.717/SP, 3.ª Turma, Rel. Min. Ricardo Villas Bôas Cueva, j. 22.11.2016, *DJe* 14.12.2016, publicado no seu *Informativo* n. *594*).

As razões do *decisum* são fortes, estando baseadas na função social do contrato de seguro e nos deveres anexos da boa-fé objetiva. Em complemento, a mesma Turma da Corte Superior tem concluído que eventual cláusula de exclusão de responsabilidade nos casos de embriaguez não pode prejudicar os terceiros, vítimas do acidente, o que seria uma afronta à citada função social do contrato de seguro. Vejamos, nesse sentido, acórdão do final de 2018:

"Deve ser dotada de ineficácia para terceiros (garantia de responsabilidade civil) a cláusula de exclusão da cobertura securitária na hipótese de o acidente de trânsito advir da embriaguez do segurado ou de a quem este confiou a direção do veículo, visto que solução contrária puniria não quem concorreu para a ocorrência do dano, mas as vítimas do sinistro, as quais não contribuíram para o agravamento do risco. A garantia de responsabilidade civil não visa apenas proteger o interesse econômico do segurado relacionado com seu patrimônio, mas, em igual medida, também preservar o interesse dos terceiros prejudicados à indenização. O seguro de responsabilidade civil se transmudou após a edição do Código Civil de 2002, de forma que deixou de ostentar apenas uma obrigação de reembolso de indenizações do segurado para abrigar também uma obrigação de garantia da vítima, prestigiando, assim, a sua função social. É inidônea a exclusão da cobertura de responsabilidade civil no seguro de automóvel quando o motorista dirige em estado de embriaguez, visto que somente prejudicaria a vítima já penalizada, o que esvaziaria a finalidade e a função social dessa garantia, de proteção dos interesses dos terceiros prejudicados à indenização, ao lado da proteção patrimonial do segurado" (STJ, REsp 1.738.247/SC, 3.ª Turma, Rel. Min. Ricardo Villas Bôas Cueva, j. 27.11.2018, *DJe* 10.12.2018).

Entretanto, no caso de seguro de vida, a solução deve ser diferente, segundo o Tribunal Superior, uma vez que, "no contrato de seguro de vida, ocorrendo o sinistro morte do segurado e inexistente a má-fé dele (a exemplo da sonegação de informações sobre eventual estado de saúde precário – doenças preexistentes – quando do preenchimento do questionário de risco) ou o suicídio no prazo de carência, a indenização securitária deve ser paga ao beneficiário, visto que a cobertura neste ramo é ampla. No seguro de vida, é vedada a exclusão de cobertura na hipótese de sinistros ou acidentes decorrentes de atos praticados pelo segurado em estado de insanidade mental, de alcoolismo ou sob efeito de substâncias tóxicas (Carta Circular SUSEP/DETEC/GAB n.º 08/2007). As cláusulas restritivas do dever de indenizar no contrato de seguro de vida são mais raras, visto que não podem esvaziar a finalidade do contrato, sendo da essência do seguro de vida um permanente e contínuo agravamento do risco segurado" (STJ, REsp 1.665.701/RS, 3.ª Turma, Rel. Min. Ricardo Villas Bôas Cueva, j. 09.05.2017, *DJe* 31.05.2017).

Pontue-se, em complemento, que em 2018 pacificou-se na Segunda Seção da Corte a conclusão pela nulidade absoluta da cláusula que afasta a indenização por embriaguez do segurado na condução de automóvel havendo seguro de vida. Vejamos a ementa desse importante acórdão:

"Embargos de divergência em recurso especial. Ação de cobrança de seguro de vida proposta por familiares beneficiários da cobertura. Acidente de trânsito. Morte do condutor segurado. Negativa de cobertura pela seguradora. Alegação de agravamento de risco. Ingestão de bebida alcoólica. Embriaguez do segurado. Relevância relativa. Orientação contida na Carta Circular SUSEP/DETEC/GAB n.º 08/2007. Precedentes. Embargos de divergência providos. 1. Sob a vigência do Código Civil de 1916, à época dos fatos, a jurisprudência desta Corte e a do egrégio Supremo Tribunal Federal foi consolidada no sentido de que o seguro de vida cobre até mesmo os casos de suicídio, desde que não tenha havido premeditação (Súmulas 61/STJ e 105/STF). 2. Já em consonância com o novel Código Civil, a jurisprudência do Superior Tribunal de Justiça consolidou seu entendimento para preconizar que 'o legislador estabeleceu critério objetivo para regular a matéria, tornando irrelevante a discussão a respeito da premeditação da morte' e que, assim, a seguradora não está obrigada a indenizar apenas o suicídio ocorrido dentro dos dois primeiros anos do contrato (AgRg nos EDcl nos EREsp 1.076.942/PR, Rel. p/ acórdão Ministro João Otávio de Noronha). 3. Com mais razão, a cobertura do contrato de seguro de vida deve

# CAP. 6 • CONTRATOS EM ESPÉCIE (CONTRATOS TÍPICOS DO CC/2002) | 925

abranger os casos de sinistros ou acidentes decorrentes de atos praticados pelo segurado em estado de insanidade mental, de alcoolismo ou sob efeito de substâncias tóxicas, ressalvado o suicídio ocorrido dentro dos dois primeiros anos do contrato. 4. Orientação da Superintendência de Seguros Privados na Carta Circular SUSEP/DETEC/GAB n.º 08/2007: '1) Nos Seguros de Pessoas e Seguro de Danos, é vedada a exclusão de cobertura na hipótese de 'sinistros ou acidentes decorrentes de atos praticados pelo segurado em estado de insanidade mental, de alcoolismo ou sob efeito de substâncias tóxicas'; 2) Excepcionalmente, nos Seguros de Danos cujo bem segurado seja um veículo, é admitida a exclusão de cobertura para 'danos ocorridos quando verificado que o veículo segurado foi conduzido por pessoa embriagada ou drogada, desde que a seguradora comprove que o sinistro ocorreu devido ao estado de embriaguez do condutor'. Precedentes: REsp 1.665.701/RS, Rel. Ministro Ricardo Villas Bôas Cueva, Terceira Turma; e AgInt no AREsp 1.081.746/SC, Rel. Ministro Raul Araújo, Quarta Turma'. 5. Embargos de divergência providos" (STJ, EREsp 973.725/SP, 2.ª Seção, Rel. Min. Lázaro Guimarães (Desembargador convocado do TRF 5.ª Região), j. 25.04.2018, *DJe* 02.05.2018).

Confirmando essa forma de julgar, no final de 2018 o Tribunal da Cidadania editou ementa estabelecendo que a embriaguez do segurado não exime a seguradora do pagamento da indenização prevista em contrato de seguro de vida (Súmula 620 do STJ).

Em 2022, a mesma Corte consolidou, em sua Segunda Seção, que nos seguros de pessoas, caso do seguro de vida, é vedada a exclusão de cobertura na hipótese de sinistros ou acidentes decorrentes de atos praticados pelo segurado em estado de insanidade mental, de alcoolismo ou sob efeito de substâncias tóxicas (STJ, REsp 1.999.624/PR, 2.ª Seção, Rel. Min. Luis Felipe Salomão, Rel. Ac. Min. Raul Araújo, por maioria, j. 28.09.2022).

De toda forma, apesar de o penúltimo julgado trazer em parte a solução mais recente da Terceira Turma, ao admitir a cláusula de exclusão da responsabilidade por embriaguez no seguro de automóvel, entendo que não se pode atribuir ao segurado, pelo simples fato da embriaguez, a intenção de agravar o risco, o que seria presumir de forma exagerada a má-fé, mesmo no seguro de automóvel.

Assim, o primeiro julgado aqui destacado – REsp 1.012.490/PR – consagra a melhor conclusão, até porque está sintonizado com a própria natureza do contrato de seguro, que visa cobrir riscos do cotidiano. No caso do seguro de vida, na linha dos mais recentes arestos, de fato, não se pode presumir que a simples ingestão de bebida alcoólica é fator de agravamento de risco para a morte do segurado.

Além disso, ilustrando sobre o agravamento do risco, anote-se que o STJ editou em 2010 a Súmula 465, prevendo que ressalvada a hipótese de efetivo agravamento do risco, a seguradora não se exime do dever de indenizar em razão da transferência do veículo sem a sua prévia comunicação.

Por fim, quanto às concretizações sobre o intenso debate do agravamento intencional do risco, cabe trazer a lume aresto do mesmo Tribunal da Cidadania, do ano de 2014, que tratou de direção de veículo segurado por empregado não habilitado. Vejamos parte do acórdão:

> "Caso a sociedade empresária segurada, de forma negligente, deixe de evitar que empregado não habilitado dirija o veículo objeto do seguro, ocorrerá a exclusão do dever de indenizar se demonstrado que a falta de habilitação importou em incremento do risco. Isso porque, à vista dos princípios da eticidade, da boa-fé e da proteção da confiança, o agravamento do risco decorrente da culpa *in vigilando* da sociedade empresária segurada, ao não evitar que empregado não habilitado se apossasse do

# 926 | MANUAL DE DIREITO CIVIL • VOLUME ÚNICO – *Flávio Tartuce*

veículo, tem como consequência a exclusão da cobertura (art. 768 do CC), haja vista que o apossamento proveio de culpa grave do segurado. O agravamento intencional do risco, por ser excludente do dever de indenizar do segurador, deve ser interpretado restritivamente, notadamente em face da presunção de que as partes comportam-se de boa-fé nos negócios jurídicos por elas celebrados. Por essa razão, entende-se que o agravamento do risco exige prova concreta de que o segurado contribuiu para sua consumação. Assim, é imprescindível a demonstração de que a falta de habilitação, de fato, importou em incremento do risco. Entretanto, o afastamento do direito à cobertura securitária deve derivar da conduta do próprio segurado, não podendo o direito à indenização ser ilidido por força de ação atribuída exclusivamente a terceiro. Desse modo, competia à empresa segurada velar para que o veículo fosse guiado tão somente por pessoa devidamente habilitada" (STJ, REsp 1.412.816/SC, Rel. Min. Nancy Andrighi, j. 15.05.2014, publicado no seu *Informativo* n. *542*).

Superados essa intrincada temática do agravamento do risco e os exemplos concretos de aplicação do instituto, o art. 769 do CC/2002 traz o dever de informar, relativo à boa--fé objetiva:

"Art. 769. O segurado é obrigado a comunicar ao segurador, logo que saiba, todo incidente suscetível de agravar consideravelmente o risco coberto, sob pena de perder o direito à garantia, se provar que silenciou de má-fé.

§ 1.º O segurador, desde que o faça nos quinze dias seguintes ao recebimento do aviso da agravação do risco sem culpa do segurado, poderá dar-lhe ciência, por escrito, de sua decisão de resolver o contrato.

§ 2.º A resolução só será eficaz trinta dias após a notificação, devendo ser restituída pelo segurador a diferença do prêmio".

Anote-se, contudo, que, havendo dúvidas, tais regras deverão ser interpretadas da maneira mais favorável ao consumidor (art. 47 do CDC) ou ao aderente (art. 423 do CC), na grande maioria das vezes o segurado. Adotando essa ideia, de interpretação favorável ao segurado, na *VII Jornada de Direito Civil*, em 2015, foi aprovada proposta no sentido de que se impõe o pagamento do seguro mesmo diante de condutas, omissões ou declarações ambíguas do segurado que não guardem relação com o sinistro (Enunciado n. 585).

Outro comentário importante que deve ser feito refere-se às previsões dos seus parágrafos. Isso porque a lei menciona as expressões *resolver* e *resolução*, quando o certo seria falar em *resilir* e *resilição*, no caso, uma resilição unilateral, nos termos do art. 473 do CC.[82]

Partindo-se para o estudo de outro dispositivo ora em vigor, salvo disposição em contrário, a diminuição do risco no curso do contrato não acarreta a redução do prêmio estipulado. Todavia, se a redução do risco for considerável, o segurado poderá exigir a revisão do prêmio, ou a resolução do contrato (art. 770 do CC). Esse dispositivo mantém relação direta com os efeitos internos da função social dos contratos, possibilitando a revisão ou a resolução do contrato por simples onerosidade excessiva ao segurado. Não é exigido um fato imprevisível ou extraordinário para essa revisão ou resolução, mas a simples desproporção negocial, nos moldes do art. 6.º, inc. V, do CDC.

Sob pena de perder o direito à indenização, o segurado informará o sinistro ao segurador logo que souber, e tomará as providências imediatas para minorar-lhe as consequências.

---

[82] CASES, José Maria Trepat. *Código Civil comentado.* In: AZEVEDO, Álvaro Villaça de. São Paulo: Atlas, 2003. v. VIII, p. 243.

Essa é a regra do art. 771 do CC que, ao mesmo tempo que traz o dever de informar do segurado, consagra o dever de mitigação da perda por parte do credor (*duty to mitigate the loss*), relacionado com a boa-fé objetiva. O próprio dispositivo impõe a consequência do desrespeito a esse dever, qual seja, a perda pelo segurado do direito à indenização devida, não importando se pagou o prêmio de forma integral.

Cumprindo o segurado com esse dever, correrão por conta do segurador, até o limite fixado no contrato, as despesas de salvamento consequentes ao sinistro (art. 771, parágrafo único, do CC). A título de exemplo, sendo gastos valores para apagar incêndio que atinge uma casa segurada, imediatamente avisado o sinistro pelo segurado, o segurador deve arcar com tais despesas.

Trazendo interessante análise da última norma, recente aresto do STJ afastou a incidência da penalidade nela prevista pelo fato de o segurado sofrer ameaças de criminoso que roubava o seu veículo, não tendo condições de atender ao conteúdo do preceito, comunicando o fato à seguradora. Nos termos do acórdão, "fatos relevantes impediram o segurado de promover a imediata comunicação de sinistro: temor real de represálias em razão de ameaças de morte feitas pelo criminoso quando da subtração do bem à mão armada no interior da residência da própria vítima. Assim, não poderia ser exigido comportamento diverso, que poderia lhe causar efeitos lesivos ou a outrem, o que afasta a aplicação da drástica pena de perda do direito à indenização, especialmente considerando a presença da boa-fé objetiva, princípio-chave que permeia todas as relações contratuais, incluídas as de natureza securitária" (STJ, REsp 1.546.178/SP, 3.ª Turma, Rel. Min. Ricardo Villas Bôas Cueva, j. 13.09.2016, *DJe* 19.09.2016). O julgamento também está fundado no art. 421 do Código Civil, que trata da função social do contrato.

Diante do dever de pontualidade que lhe impõe, havendo mora do segurador em pagar o sinistro, incidirá atualização monetária sobre a indenização devida, sem prejuízo dos juros moratórios (art. 772 do CC). Sem prejuízo disso, havendo mora, a seguradora passará a responder por caso fortuito e força maior, nos termos do art. 399 do CC. A mora do segurador também gera o dever de indenizar os danos sofridos, inclusive os danos morais (nesse sentido: STJ, REsp 821.506/RJ, 3.ª Turma, Rel. Min. Carlos Alberto Menezes Direito, j. 07.12.2006, *DJ* 26.02.2007, p. 588).

A Lei 14.905/2024 retirou do dispositivo a locução "segundo índices oficiais regularmente estabelecidos", pois o índice de correção monetária passou a ser, regra geral, o IPCA. Nesse contexto de afirmação, vejamos o novo art. 389, parágrafo único, igualmente inserido por essa norma: "na hipótese de o índice de atualização monetária não ter sido convencionado ou não estar previsto em lei específica, será aplicada a variação do Índice Nacional de Preços ao Consumidor Amplo (IPCA), apurado e divulgado pela Fundação Instituto Brasileiro de Geografia e Estatística (IBGE), ou do índice que vier a substituí-lo". Quanto aos juros, pela mesma norma emergente, o art. 406, § 1.º, do CC passou a enunciar que "a taxa legal corresponderá à taxa referencial do Sistema Especial de Liquidação e de Custódia (Selic), deduzido o índice de atualização monetária de que trata o parágrafo único do art. 389 deste Código".

Além desse caso de má-fé do segurador, que não paga a indenização, enuncia o art. 773 do Código Civil uma outra hipótese. Segundo esse dispositivo, o segurador que, ao tempo do contrato, sabia que estava superado o risco de que o segurado se pretendia cobrir, e, não obstante, expediu a apólice, pagará em dobro o prêmio estipulado.

Em suma, cessado o risco, não pode mais ser cobrado o prêmio, pois a álea é elemento essencial do contrato. O segurador que emite a apólice age com intuito de enriquecimento sem causa, o que justifica o pagamento do valor do prêmio em dobro. Como consequência, o contrato de seguro deve ser tido como nulo, nos termos do art. 166, VI, do CC, havendo fraude à lei imperativa. A título de exemplo, se está segurada uma determinada mercadoria, não sendo o caso do seu transporte para qualquer lugar e se uma seguradora emite a apólice contra a proprietária da coisa, estará configurado o ato proibido. A situação pode ser tipificada também como prática abusiva, nos termos do art. 39, inc. III, do CDC, ou seja, envio de produto ou serviço sem solicitação.

Quanto à cláusula de recondução tácita do contrato pelo mesmo prazo, ou seja, a previsão de seu prolongamento nas mesmas condições antes contratadas, essa não poderá operar mais de uma vez (art. 774 do CC). Comentam Jones Figueirêdo Alves e Mário Luiz Delgado, sobre tal inovação:

> "Trata-se de inovação de severo impacto nas relações securitárias, não mais se admitindo as renovações sucessivas e automáticas, em face de cláusula que assim disponha, salvante uma única renovação. Tal previsão está perfeitamente adequada ao previsto no Código de Defesa do Consumidor, que proíbe prática semelhante no seu artigo 39".[83]

Aplicando-se o princípio da conservação contratual ao contrato de consumo (art. 51, § 2.º, do CDC), deve-se considerar somente a cláusula como nula, aproveitando-se todo o restante do contrato. Detalhando, a nulidade deve atingir somente a renovação sucessiva, não a primeira renovação, cuja licitude é reconhecida pelo art. 774 do CC.

Outra novidade consta do art. 775 do CC, segundo o qual "os agentes autorizados do segurador presumem-se seus representantes para todos os atos relativos aos contratos que agenciarem". Pelo comando legal em questão, a conduta dos representantes, caso dos corretores, vincula o segurador, incidindo os princípios da boa-fé objetiva e da função social dos contratos. A título de exemplo, repise-se a hipótese de publicidade veiculada pela qual determinada empresa de seguro-saúde divulga que não há prazo de carência para internação ou que o serviço prestado traz *carência zero*. Essa informação prestada vincula o prestador de serviços, conforme vem entendendo a jurisprudência (TJSP, Apel. Cív. 104.633-4/SP, 3.ª Câmara de Direito Privado de julho de 2000, Rel. Juiz Carlos Stroppa, j. 1.º.08.2000, v.u.).

Concernente ao pagamento da indenização, este deverá ser feito em dinheiro, mas as partes poderão convencionar a reposição da coisa, por força da autonomia contratual (art. 776 do CC). Exemplificando, é possível convencionar, em um seguro de dano, que o veículo será reposto, se em um caso acidente ocorrer a perda total, por outro semelhante, de mesmo modelo, marca e ano. Entretanto, assinale-se que essa *cláusula de reposição* não pode trazer situação de injustiça ao aderente ou ao consumidor.

Ocorrendo o pagamento pela seguradora, é possível a sua ação regressiva em face do culpado pelo evento danoso. É o que consta da Súmula 188 do STF: o segurador tem ação regressiva contra o causador do dano, pelo que efetivamente pagou, até o limite previsto no contrato de seguro" (sub-rogação legal securitária, consoante o art. 786 do CC, que ainda será aqui estudado).

Encerrando as regras gerais relacionadas com o contrato de seguro, determina o art. 777 do Código Civil em vigor que: "o disposto no presente Capítulo aplica-se, no que couber, aos seguros regidos por leis próprias". Como exemplo de lei especial, cite-se a Lei 9.656/1998, que trata dos planos de saúde e seguros privados de assistência à saúde.

---

[83] ALVES, Jones Figueirêdo; DELGADO, Mário Luiz. *Código Civil anotado.* São Paulo: Método, 2005. p. 342.

### 6.15.3 Do seguro de dano

O CC/2002, a exemplo do CC/1916, traz tratamento especial para o seguro de dano, cujo conteúdo é indenizatório, restrita a indenização ao valor de interesse do segurado no momento do sinistro, relacionado a uma coisa.[84]

Nesse contrato de seguro de dano, a garantia prometida não pode ultrapassar o valor do interesse segurado no momento da conclusão do contrato, sob pena de perder o segurado a garantia e ter de pagar o prêmio (art. 778 do CC); sem prejuízo da imposição de medida penal cabível, por falsidade ideológica, por exemplo.

No que toca ao risco do seguro, este compreenderá todos os prejuízos resultantes ou consequentes, como, por exemplo, os estragos ocasionados para evitar o sinistro, minorar o dano ou salvar a coisa (art. 779 do CC). A norma deve ser considerada cogente, não admitindo previsão em contrário.

Em havendo contrato de seguro de coisas transportadas, a vigência da garantia começa no momento em que estas são recebidas pelo transportador, e cessa com a sua entrega ao destinatário (art. 780 do CC). A hipótese é de contratos coligados ou de contratos conexos (seguro + transporte), fazendo que a obrigação da seguradora seja de resultado, assim como ocorre no transporte de coisa (art. 750 do CC).

Relativamente à indenização a ser recebida pelo segurado, enuncia o art. 781 do CC que essa não pode ultrapassar o valor do interesse segurado no momento do sinistro, e, em hipótese alguma, o limite máximo da garantia fixado na apólice, salvo em caso de mora do segurador. Para exemplificar, alguém celebra um contrato de seguro para proteger um veículo contra roubo, furto e avaria. Quando da celebração do contrato, o veículo, novo, valia R$ 150.000,00. Dois anos após a celebração do contrato, quando o veículo vale R$ 80.000,00, é roubado (sinistro). Esse último será o valor devido pela seguradora, devendo ser observado o valor de mercado. Para tanto, é aplicada, na prática, a *Tabela Fipe*, adotada pelas seguradoras. Ressalte-se, contudo, a previsão final do art. 781 do CC, pela qual a única hipótese em que se admite o pagamento de indenização superior ao valor que consta da apólice é no caso de mora da seguradora.

Uma determinada coisa pode ser segurada mais de uma vez. Não há óbice legal quanto a isso, sendo possível a cumulação de seguros ou seguro duplo. Porém, o segurado que pretender obter novo seguro sobre o mesmo interesse e contra o mesmo risco junto à outra seguradora, deve previamente comunicar sua intenção por escrito à primeira, indicando a soma por que pretende segurar-se (art. 782 do CC). Isso para comprovar obediência à regra pela qual o valor do seguro não pode ser superior ao do interesse do segurado, sob pena de resolução contratual por descumprimento de dever obrigacional (arts. 778 e 766 do CC). As normas pretendem evitar que alguém utilize o contrato de seguro para enriquecer-se sem ter justa causa para tanto, o que é proibido pelo art. 884 do CC.

A ilustrar, se alguém tem um veículo que vale R$ 150.000,00 e quer segurá-lo contra riscos futuros, poderá até celebrar dois contratos de seguro, com seguradoras distintas (cumulação de seguros), desde que o valor das indenizações somadas não supere o valor do bem móvel em questão. Se presente uma cumulação exagerada, será caso de resolução do segundo contrato, cumulando-se as regras dos arts. 778 e 766 do CC. Somente o primeiro seguro continuará a ter eficácia nesse caso.

---

[84] CASES, José Maria Trepat. *Código Civil comentado*. In: AZEVEDO, Álvaro Villaça de. São Paulo: Atlas, 2003. v. VIII, p. 258.

Ao mesmo tempo que a lei admite a cumulação de seguros, nunca superior ao valor da coisa, o art. 783 do CC autoriza o seguro parcial, ou seja, o seguro de um interesse por menos do que ele valha. Nessa hipótese, ocorrendo o sinistro parcial, a indenização a ser paga também deverá ser reduzida proporcionalmente, por meio do que se denomina cláusula de rateio. Concretizando, alguém celebra um contrato de seguro contra incêndio que possa vir a atingir uma casa, um bem imóvel cujo valor é R$ 1.000.000,00. O valor da indenização pactuado é de R$ 500.000,00 (seguro parcial). Em uma noite qualquer, ocorre um incêndio, o sinistro, mas este é rapidamente contido, gerando um prejuízo ao segurado de R$ 10.000,00. Com a redução proporcional, o valor a ser pago pela seguradora é de R$ 5.000,00.

Entretanto, o próprio art. 783 do CC consagra, ao utilizar a expressão "salvo estipulação em contrário", que as partes podem convencionar o contrário. Essa estipulação pode ser feita tanto para determinar uma redução que lhes convier quanto para afastar a mesma. É de se discutir a validade dessas cláusulas se o contrato for de consumo ou de adesão, eis que a parte interessada acaba renunciando a um direito que lhe é inerente. Por isso essas cláusulas podem ser consideradas nulas por abusividade, nos termos do art. 51 do CDC (contratos de consumo) e do art. 424 do CC (contratos de adesão).

No tocante à garantia, esta não inclui o sinistro provocado por vício intrínseco da coisa segurada e não declarado pelo segurado quando da celebração do contrato. O vício intrínseco, denominado vício próprio ou vício corpóreo, é aquele defeito próprio da coisa, que não se encontra normalmente em outras da mesma espécie (art. 784 do CC). Para ilustrar, se um carro segurado apresenta sério problema de freio, vício de fabricação, fazendo que ocorra o acidente, não há que se falar em responsabilidade da seguradora. A responsabilidade, na verdade, é dos fornecedores do produto, nos termos do CDC.

Em regra, o contrato de seguro de dano não é personalíssimo, admitindo-se a transferência do contrato a terceiro com a alienação ou cessão do interesse segurado (art. 785). O segurado pode, assim, ceder o contrato a outrem, sem sequer a necessidade de autorização da seguradora. Porém, é possível a cláusula proibitiva de cessão. Como exemplo dessa transmissão, cite-se o caso de venda de um veículo segurado, transferindo-se o seguro ao novo proprietário (nesse sentido: TJMG, Acórdão 1.0145.05.278338-1/001, 12.ª Câmara Cível, Juiz de Fora, Rel. Des. Nilo Lacerda, j. 02.05.2007, *DJMG* 12.05.2007).

Sendo o instrumento contratual nominativo, a transferência só produz efeitos em relação ao segurador mediante aviso escrito assinado pelo cedente e pelo cessionário (art. 785, § 1.º, do CC). O efeito é similar à cessão de crédito, devendo ser notificado o cedido (segurador).

Por outro lado, conforme demonstrado, a apólice ou o bilhete à ordem só se transfere por endosso em preto, datado e assinado pelo endossante e pelo endossatário (art. 785, § 2.º, do CC). O endosso em preto ou nominativo é aquele em que há menção expressa pelo endossante de quem seja o endossatário.

Confirmando parcialmente a anterior Súmula 188 do STF, sendo paga a indenização, o segurador sub-roga-se, nos limites do valor respectivo, nos direitos e ações que competirem ao segurado contra o autor do dano. Essa é a regra constante do art. 786 do CC em vigor, que reproduziu em parte o teor da sumular e que traz a hipótese de *sub-rogação legal securitária*. Outra hipótese de sub-rogação consta do Enunciado n. 552 do CJF/STJ, da *VI Jornada de Direito Civil* (2013), segundo o qual constituem danos reflexos reparáveis as despesas suportadas pela operadora de plano de saúde decorrentes de complicações de procedimentos por ela não cobertos. O direito é exercido pela seguradora em face dos prestadores de serviços médico-hospitalares.

CAP. 6 • CONTRATOS EM ESPÉCIE (CONTRATOS TÍPICOS DO CC/2002) | **931**

De toda sorte, não se pode negar que o texto do art. 786 do Código Civil em vigor – ao tratar da *sub-rogação legal securitária* – foi além do teor do enunciado jurisprudencial anterior, dispondo que o segurador sub-roga-se nos direitos e nas ações que competirem ao segurado contra o autor do dano. Como é notório, o instituto da sub-rogação abrange o chamado direito de regresso, mas é categoria jurídica de extensão muito maior. Ao dispor sobre a eficácia da sub-rogação, o art. 349 do Código Civil expressa que "a sub-rogação transfere ao novo credor todos os direitos, ações, privilégios e garantias do primitivo em relação à dívida, contra o devedor principal e os fiadores".

Nesse contexto, por efeito da sub-rogação, o sub-rogado – novo credor – assume a posição jurídica que era ocupada pelo credor primitivo que, total ou parcialmente, foi satisfeito pelo pagamento da obrigação. A única ressalva que se pode fazer a tal preceito diz respeito às exceções ou às defesas de cunho pessoal ou personalíssimo (*intuitu personae*), caso da alegação de vícios da vontade ou do consentimento.

Sigo, portanto, a solução de que a adequada interpretação do art. 786 do Código Civil de 2002 é a que confere ao segurador sub-rogado o direito ou a pretensão de cobrar em regresso de todo aquele de quem o segurado poderia ter cobrado a indenização. E essa sub-rogação, no meu entender, inclui os acessórios materiais e processuais da obrigação principal.

A respeito dessa temática, merece destaque a tese de que sub-rogação dá direito à seguradora em alegar a aplicação do CDC em seu favor, em havendo relação de consumo na relação jurídica que passa a compor. Assim entendendo, do Superior Tribunal de Justiça, merece destaque:

> "(...). Incide o Código de Defesa do Consumidor na relação entre a seguradora – que se sub-rogou nos direitos da segurada –, e a sociedade empresária administradora de estacionamento, local do furto de veículo segurado. Precedentes do STJ. Revela-se indubitável o direito da seguradora de demandar o ressarcimento dos danos sofridos pelo segurado depois de realizada a cobertura do sinistro. Nesse caso, a seguradora sub-roga-se nos direitos anteriormente titularizados pelo segurado, nos exatos termos dos artigos 349 e 786 do Código Civil e da Súmula n. 188/STF. Precedentes do STJ: REsp 976.531/SP, Rel. Min. Nancy Andrighi, *DJe* de 08/03/2010; REsp 303.776/SP, Rel. Min. Aldir Passarinho Júnior, *DJe* de 25/06/2001; AGRG no REsp 1169418/RJ, Rel. Min. Ricardo Villas Bôas Cueva, *DJe* de 14/02/2014; AGRG no REsp 1121435/SP, Rel. Min. Sidnei Beneti, *DJe* de 29/03/2012; REsp 177.975/SP, Rel. Min. Carlos Alberto Menezes Direito, *DJ* de 13/12/1999; REsp 982492/SP, Rel. Min. Luis Felipe Salomão, *DJe* de 17/10/2011. Partindo-se da orientação preconizada na Súmula n. 130/STJ, segundo a qual 'a empresa responde, perante o cliente, pela reparação de dano ou furto de veículo ocorridos em seu estacionamento', conclui-se, pela logicidade do sistema jurídico, que a seguradora, após realizar o adimplemento do prêmio securitário pode, pela sub-rogação legal e contratual, pleitear, junto à empresa que explora o estacionamento, o ressarcimento das despesas do seguro" (STJ, REsp 1.085.178/SP, 4.ª Turma, Rel. Min. Marco Buzzi, *DJe* 30.09.2015).

Espero que essa solução seja estabilizada no âmbito da Corte Especial do Tribunal da Cidadania, onde pende o julgamento do tema. Isso se deu, em dezembro de 2023, no âmbito dos Recursos Especiais 2.092.311/SP, 2.092.308/SP, 2.092.313/SP e 2.092.310/SP com a seguinte delimitação para debate: "possibilidade de sub-rogação das prerrogativas processuais inerentes aos consumidores no contexto das relações de consumo e da consequente aplicação das normas processuais previstas no Código de Defesa do Consumidor". Aguardemos a posição a ser firmada na Corte, em sede de julgamento de recursos repetitivos, e com repercussão geral (Tema 1.282).

Como outro assunto de relevo, o Superior Tribunal de Justiça reafirmou, em 2022, que a sub-rogação legal securitária não atinge a cláusula de eleição de foro, pois a substituição somente se refere a aspectos materiais e não processuais, ao contrário do que afirmei: "o instituto da sub-rogação transmite apenas a titularidade do direito material, isto é, a qualidade de credor da dívida, de modo que a cláusula de eleição de foro firmada apenas pela autora do dano e o segurado (credor originário) não é oponível à seguradora sub-rogada" (STJ, REsp 1.962.113/RJ, 3.ª Turma, Rel. Min. Nancy Andrighi, j. 22.03.2022, *DJe* 25.03.2022).

Com o devido respeito, não estou filiado a tal forma de julgar, pois a sub-rogação deve ser considerada da forma mais ampla possível, abrangendo também aspectos materiais, caso da cláusula de eleição de foro e da cláusula compromissória de arbitragem.

Concordo, na verdade, com os julgados que têm entendido que a sub-rogação securitária deve incluir a cláusula compromissória, em especial se houver ciência prévia da seguradora, sobretudo em contratos paritários, caso dos seguintes e havendo sua ciência prévia:

"(...). A ciência prévia da seguradora a respeito de cláusula arbitral pactuada no contrato objeto de seguro garantia resulta na sua submissão à jurisdição arbitral, por integrar a unidade do risco objeto da própria apólice securitária, dado que elemento objetivo a ser considerado na avaliação de risco pela seguradora, nos termos do artigo 757 do Código Civil. (...). Hipótese em que o Tribunal de origem, soberano na análise do conteúdo fático e contratual, entendeu tratar-se de contrato paritário, em razão do significativo porte econômico da contratante do transporte internacional e do elevado valor do bem transportado, concluindo pela efetiva anuência à cláusula compromissória expressa no contrato" (STJ, REsp 1.988.894/SP, 4.ª Turma, Rel. Min. Maria Isabel Gallotti, j. 09.05.2023, *DJe* 15.05.2023).

"(...). O acórdão objeto do recurso especial concluiu ser da praxe de contratos de transporte internacional que conste a cláusula compromissória arbitral, fazendo parte, portanto, do risco calculado da seguradora, em casos deste jaez, sendo certo ainda que, na espécie, tinha a ora recorrente (seguradora) conhecimento de referida estipulação, o que legitima ser-lhe oponível aquela cláusula. (...). Ao assim decidir, coloca-se em consonância o Tribunal de Justiça com julgados das duas Turmas que compõem a Segunda Seção" (STJ, Ag. Int. no REsp 1.637.167/SP, 4.ª Turma, Rel. Min. Raul Araújo, j. 26.02.2024, *DJe* 29.02.2024).

Feitas essas observações, é importante ressaltar que essa regra da sub-rogação não se aplica ao seguro de pessoas por força do disposto no art. 800 do CC, que diz: "nos seguros de pessoas, o segurador não pode sub-rogar-se nos direitos e ações do segurado, ou do beneficiário, contra o causador do sinistro". Em relação ao seguro de coisas, merece destaque o disposto no art. 786, § 1.º, do CC, segundo o qual, "salvo dolo, a sub-rogação não tem lugar se o dano foi causado pelo cônjuge do segurado, seus descendentes ou ascendentes, consanguíneos ou afins".

Duas outras súmulas do STF também tratam da sub-rogação mencionada pelo art. 786 do CC. De acordo com a Súmula 151, "prescreve em um ano a ação do segurador sub-rogado para haver a indenização por extravio ou perda de carga transportada em navio". A Súmula 257, por sua vez, estabelece que "são cabíveis honorários de advogado na ação regressiva do segurador contra o causador do dano".

Como exceção à regra prevista no art. 786 do CC, o seu § 1.º determina que a sub-rogação não terá lugar se o dano tiver sido causado pelo cônjuge do segurado, seus descendentes ou ascendentes, consanguíneos ou afins. Porém, a sub-rogação terá eficácia se o evento foi causado de forma dolosa por essas pessoas.

CAP. 6 • CONTRATOS EM ESPÉCIE (CONTRATOS TÍPICOS DO CC/2002) | **933**

Ainda a respeito da sub-rogação, a lei aponta ser ineficaz qualquer ato do segurado que diminua ou extinga, em prejuízo do segurador, esse direito de regresso (art. 786, § 2.º, do CC). A título de exemplo, não terá eficácia qualquer contrato celebrado entre segurado e causador do dano, afastando a mencionada sub-rogação legal. Conforme se extrai de recente aresto superior, publicado no *Informativo* n. *591* do STJ, "dada a importância social do contrato de seguro, as normas insertas no art. 786, *caput* e § 2.º, do CC/2002, ao assegurarem a sub-rogação do segurador nos direitos que competirem ao segurado contra o autor do dano, independentemente da vontade daquele, revestem-se de caráter público, não havendo como um ato negocial do segurado excluir a prerrogativa outorgada por lei ao segurador" (REsp 1.533.886/DF, 3.ª Turma, Rel. Min. Nancy Andrighi, j. 15.09.2016, *DJe* 30.09.2016).

O *seguro de responsabilidade civil* é uma importante modalidade de seguro de dano (art. 787 do CC). Por meio desse contrato, a seguradora compromete-se a cobrir os danos causados por atos ilícitos cometidos pelo segurado a terceiro. Algumas regras devem ser observadas para o contrato em questão.

De início, diante do dever de informar decorrente da boa-fé objetiva, tão logo saiba o segurado das consequências de ato seu, suscetível de lhe acarretar a responsabilidade incluída na garantia, comunicará o fato ao segurador (art. 787, § 1.º, do CC). O desrespeito a esse dever é motivo para o não pagamento da indenização.

Além disso, o CC/2002 é expresso ao proibir ao segurado reconhecer sua responsabilidade ou confessar a ação, bem como transigir com o terceiro prejudicado, ou indenizá-lo diretamente, sem a anuência expressa do segurador (art. 787, § 2.º, do CC). Esse dispositivo tem redação bem complicada.

Primeiro, porque afasta a possibilidade de o segurado reconhecer a existência de culpa, o que é um direito personalíssimo, inafastável e intransmissível, nos termos do art. 11 do CC e do art. 1.º, inc. III, da CF/1988. Parece que foi mais um descuido do legislador, ao dispor que esse reconhecimento depende da seguradora. Outro problema refere-se ao poder de transigir, o que é um direito inerente ao segurado. Sendo o contrato de adesão ou de consumo, há como afastar essa regra, pois a parte contratual está renunciando a um direito que lhe é inerente, havendo infringência ao princípio da função social dos contratos em casos tais (art. 421 do CC).

A mesma tese vale para a indenização direta, paga pelo segurado ao ofendido. Trata-se, do mesmo modo, de um direito pessoal do segurado e que não pode ser afastado. Aliás, como fica o direito da outra parte, prejudicada pelo evento danoso e que tem o direito à indenização, diante do princípio da reparação integral de danos? A seguradora pode obstar o pagamento da vítima?

Entendo que as respostas são negativas. Em suma, o § 2.º do art. 787 do CC entra em conflito com outros preceitos do próprio CC e do CDC, a afastar a sua aplicação. Para diminuir o seu campo de aplicação, foi aprovado, na *IV Jornada de Direito Civil*, o Enunciado n. 373: "embora sejam defesos pelo § 2.º do art. 787 do Código Civil, o reconhecimento da responsabilidade, a confissão da ação ou a transação não retiram ao segurado o direito à garantia, sendo apenas ineficazes perante a seguradora". Em complemento da *VI Jornada de Direito Civil*, o Enunciado n. 546: "o § 2.º do art. 787 do Código Civil deve ser interpretado em consonância com o art. 422 do mesmo diploma legal, não obstando o direito à indenização e ao reembolso".

Essas minhas ressalvas foram consideradas por julgado de 2021 da Terceira Turma do Superior Tribunal de Justiça. Consoante o acórdão, que cita o meu entendimento:

> "Apesar do caráter protetor da norma, a sua inobservância, por si só, não implicará perda automática da garantia/reembolso para o segurado, porque, além de o

dispositivo legal em questão não prever, expressamente, a consequência jurídica ao segurado pelo descumprimento do que foi estabelecido, os contratos de seguro devem ser interpretados com base nos princípios da função social do contrato e da boa-fé objetiva. A vedação imposta ao segurado não será causa de perda automática do direito à garantia/reembolso para aquele que tiver agido com probidade e de boa-fé, sem causar prejuízo à seguradora, sendo os atos que tiver praticado apenas ineficazes perante esta, a qual, na hipótese de ser demandada, poderá discutir e alegar todas as matérias de defesa no sentido de excluir ou diminuir sua responsabilidade. Hipótese dos autos em que a segurada faz *jus* à restituição dos valores desembolsados para o pagamento de acordo celebrado com terceiro, em sede de cumprimento definitivo de sentença condenatória, mesmo sem a anuência da seguradora, por ausência de indícios de que tenha agido com má-fé ou de que o ato tenha causado prejuízo aos interesses da seguradora" (STJ, REsp 1.6040.48/RS, 3.ª Turma, Rel. Min. Nancy Andrighi, j. 25.05.2021, *DJe* 09.06.2021).

Trata-se de um correto e esperado precedente a respeito do art. 787, § 2.º, do Código Civil.

Ainda no caso de seguro de responsabilidade civil, intentada a ação contra o segurado, dará este ciência da lide ao segurador (art. 787, § 3.º, do CC). Esta ciência é feita por meio da denunciação da lide, nos termos do antigo art. 70, inc. III, do CPC/1973, conforme vinha entendendo o Superior Tribunal de Justiça (REsp 713.115/MG, 3.ª Turma, Rel. Min. Castro Filho, j. 21.11.2006, *DJ* 04.12.2006, p. 300). O fundamento para tal denunciação passa a ser o art. 125, II, do CPC/2015, sem qualquer alteração quanto à sua viabilidade.

Todavia, essa denunciação da lide era tida como não obrigatória, sendo reconhecido o direito de regresso contra a seguradora, por parte do segurado, por meio de ação específica (STJ, REsp 647.186/MG, 3.ª Turma, Rel. Min. Carlos Alberto Menezes Direito, j. 1.º.09.2005, *DJ* 14.11.2005, p. 313). Essa premissa deve ser mantida nos julgamentos exarados na vigência do CPC/2015, especialmente pelo fato de o novo art. 125 não fazer mais menção à sua obrigatoriedade.

Ademais, pontue-se que, em 2015, o Superior Tribunal de Justiça editou a Súmula 537, prevendo que, em ação de reparação de danos, a seguradora denunciada, se aceitar a denunciação ou contestar o pedido do autor, pode ser condenada, direta e solidariamente, com o segurado, ao pagamento da indenização devida à vítima, nos limites contratados na apólice. De toda sorte, cabe relembrar que o mesmo Tribunal da Cidadania afastou a possibilidade de ação proposta somente pela vítima diretamente contra a seguradora do culpado, conforme a sua também Súmula 529 do ano de 2015 ("No seguro de responsabilidade civil facultativo, não cabe o ajuizamento de ação pelo terceiro prejudicado direta e exclusivamente em face da seguradora do apontado causador do dano").

Ainda quanto ao dispositivo em estudo, a respeito do seguro de responsabilidade civil, subsistirá a responsabilidade do segurado perante o terceiro, se o segurador for insolvente (art. 787, § 4.º, do CC). Com isso, os riscos sobre o negócio, particularmente quanto à celebração do contrato de seguro, correm por conta do segurado. O que se procura aqui é reparar o dano sofrido pela vítima, não importando a insolvência da seguradora.

Pois bem, existem seguros de responsabilidade civil que são obrigatórios, caso, por exemplo, do antigo DPVAT (seguro obrigatório de danos pessoais causados por veículos automotores de via terrestre), atual SPVAT (Seguro Obrigatório para Proteção de Vítimas de Acidentes de Trânsito).

Nesses seguros de responsabilidade legalmente obrigatórios, a indenização por sinistro será paga pelo segurador diretamente ao terceiro prejudicado (art. 788 do CC). Prevê a Súmula 257 do STJ que a falta de pagamento do prêmio desse seguro obrigatório não é motivo para a recusa do pagamento da indenização por segurador privado. Por certo, os fatos geradores são totalmente distintos. Assim, não há como concordar, de forma alguma, com outra súmula do STJ, a de número 246, pela qual o valor do seguro obrigatório deve ser deduzido da indenização judicialmente fixada. Em tom crítico, pode-se dizer que as duas súmulas são contraditórias entre si.

Para findar o estudo do tema, demandado em ação direta pela vítima do dano, o segurador não poderá opor a exceção de contrato não cumprido pelo segurado, nos termos do art. 476 do CC, sem promover a citação deste para integrar o contraditório (art. 788, parágrafo único, do CC). Essa *citação* também é feita por meio da denunciação da lide (art. 125, inc. II, do CPC/2015 e art. 70, inc. III, do CPC/1973).

### 6.15.4 **Do seguro de pessoa**

Esse contrato de seguro visa à pessoa humana, protegendo-a contra riscos de morte, comprometimentos da sua saúde, incapacidades em geral e acidentes que podem atingi-la. De acordo com o art. 789 do CC, "nos seguros de pessoas, o capital segurado é livremente estipulado pelo proponente, que pode contratar mais de um seguro sobre o mesmo interesse, com o mesmo ou diversos seguradores". Por isso, é possível a celebração de vários seguros, sem limite, pois não há como mensurar o *preço* da vida de uma pessoa natural.

No seguro sobre a vida de outros, o proponente é obrigado a declarar, sob pena de falsidade, o seu interesse pela preservação da vida do segurado (art. 790 do CC). Entretanto, até prova em contrário, presume-se o interesse quando o segurado for cônjuge, ascendente ou descendente do proponente (parágrafo único do art. 790 do CC). Quanto a esse dispositivo, dispõe o Enunciado n. 186 do CJF/STJ, da *III Jornada de Direito Civil*, que: "o companheiro deve ser considerado implicitamente incluído no rol das pessoas tratadas no art. 790, parágrafo único, por possuir interesse legítimo o seguro da pessoa do outro companheiro".

Aplicando a norma, em 2024, correto julgado do Superior Tribunal de Justiça firmou a tese segundo a qual "o ato do indivíduo de contratar um seguro sobre a vida de outrem com a intenção de ceifar a vida do segurado impede o recebimento da indenização securitária por quaisquer dos beneficiários e gera nulidade do contrato" (STJ, REsp 2.106.786/PR, 3.ª Turma, Rel. Min. Nancy Andrighi, por unanimidade, j. 02.04.2024). Sem dúvidas que a contratação do seguro nesses moldes contraria a boa-fé objetiva e visa ao enriquecimento ilícito do contratante, sendo certo que, nos termos do *decisum*, "além de buscar a garantia de interesse ilegítimo, age, de forma deliberada, com a intenção de prejudicar outrem. A ausência de interesse na preservação da vida do segurado acarreta a nulidade do contrato de seguro por violação ao disposto nos arts. 757, 762 e 790 do CC/02. Ante a gravidade do vício de nulidade que contamina o contrato de seguro celebrado com a intenção de garantir ato doloso e sem interesse legítimo do contratante, ele não pode produzir qualquer efeito jurídico. Logo, ainda que haja outros beneficiários do seguro além do autor do ato ilícito, eles não receberão a indenização securitária" (STJ, REsp 2.106.786/PR, 3.ª Turma, Rel. Min. Nancy Andrighi, por unanimidade, j. 02.04.2024).

Feita essa nota, o contrato de seguro de pessoa pode instituir um terceiro beneficiário, que receberá a indenização, por exemplo, em caso de morte do segurado. Nesse caso, se o segurado não renunciar à faculdade, ou se o seguro não tiver como causa declarada a garantia de alguma obrigação, é lícita a substituição do beneficiário por ato entre vivos ou de última vontade (art. 791 do CC). Porém, o segurador deve ser cientificado dessa substituição. Não havendo esta informação o segurador desobrigar-se-á pagando o capital segurado ao antigo beneficiário.

Como outra norma importante, e que gera muitos debates, na falta de indicação da pessoa ou beneficiário, ou se por qualquer motivo não prevalecer a que for feita, o capital segurado será pago pela metade ao cônjuge não separado judicialmente, e o restante aos herdeiros do segurado, obedecida a ordem da vocação hereditária (art. 792 do CC). Na falta dessas pessoas indicadas, serão beneficiários os que provarem que a morte do segurado os privou dos meios necessários à subsistência, o que depende de análise caso a caso (art. 792, parágrafo único, do CC).

Como a norma é especial para o contrato de seguro, deve ser respeitada, não se aplicando a ordem de sucessão legítima. Em relação à menção ao separado judicialmente, deve ser lida com ressalvas, eis que sempre estive filiado à corrente segundo a qual a Emenda do Divórcio (EC 66/2010) retirou do sistema a sua possibilidade. Sempre reafirmei a minha posição, mesmo tendo o CPC de 2015 tratado da separação judicial. Em novembro de 2023, reitere-se, o STF seguiu essa posição, em julgamento com repercussão geral e efeito vinculativo, com a seguinte tese final: "após a promulgação da EC 66/10, a separação judicial não é mais requisito para o divórcio, nem subsiste como figura autônoma no ordenamento jurídico. Sem prejuízo, preserva-se o estado civil das pessoas que já estão separadas por decisão judicial ou escritura pública, por se tratar de ato jurídico perfeito" (STF, 1.167.478/RJ, Tribunal Pleno, Rel. Min. Luiz Fux, Tema 1.053, j. 08.11.2023).

Ademais, mesmo não constando menção à companheira no art. 792 do CC, deve ela ser considerada como legitimada a receber a indenização, equiparada ao cônjuge (nesse sentido: TJPR, Apelação Cível 1048734-6, 9.ª Câmara Cível, Curitiba, Rel. Des. D'Artagnan Serpa Sá, *DJPR* 20.09.2013, p. 200; TJRS, Recurso Cível 34713-25.2011.8.21.9000, Santana do Livramento, 2.ª Turma Recursal Cível, Rel. Des. Vivian Cristina Angonese Spengler, j. 27.02.2013, *DJERS* 05.03.2013; TJSP, Apelação 0004904-09.2011.8.26.0348, Acórdão 6689971, 27.ª Câmara de Direito Privado, Mauá, Rel. Des. Berenice Marcondes César, j. 16.04.2013, *DJESP* 07.05.2013; TJMS, Apelação Cível 0009457-42.2011.8.12.0008, 1.ª Câmara Cível, Rel. Des. Divoncir Schreiner Maran, *DJMS* 14.09.2012 e TJMG, Apelação Cível 0868948-58.2008.8.13.0481, 2.ª Câmara Cível, Patrocínio, Rel. Des. Roney Oliveira, j. 25.10.2011, *DJEMG* 11.11.2011).

Em 2015, o Superior Tribunal de Justiça aplicou essa ideia em sentido parcial, determinando a divisão do valor segurado entre a esposa separada de fato e a companheira. Com o devido respeito, não me filio ao acórdão, pois, no caso relatado, estando o segurado separado de fato, o valor deveria ser atribuído à sua companheira, com quem mantinha o relacionamento familiar. Vejamos a ementa do aresto:

"Recurso especial. Civil. Seguro de vida. Morte do segurado. Ausência de indicação de beneficiário. Pagamento administrativo à companheira e aos herdeiros. Pretensão judicial da ex-esposa. Separação de fato. Configuração. Art. 792 do CC. Interpretação sistemática e teleológica. Divisão igualitária entre o cônjuge não separado judicialmente e o convivente estável. Multa do art. 557, § 2.º, do CPC. Afastamento. Exaurimento da instância ordinária. Necessidade. Intuito protelatório. Não configuração. REsp 1.198.108/RJ (representativo de controvérsia). 1. Cinge-se a controvérsia a saber quem deve receber, além dos herdeiros, a indenização securitária advinda de contrato de seguro de vida quando o segurado estiver separado de fato na data do óbito e faltar, na apólice, a indicação de beneficiário: a companheira e/ou o cônjuge supérstite (não separado judicialmente). 2. O art. 792 do CC dispõe de forma lacunosa sobre o assunto, sendo a interpretação da norma mais consentânea com o ordenamento jurídico a sistemática e a teleológica (art. 5.º da LINDB), de modo que, no seguro de vida, na falta de indicação da pessoa ou beneficiário, o capital segurado deverá ser pago metade aos herdeiros do segurado, segundo a vocação hereditária,

## CAP. 6 • CONTRATOS EM ESPÉCIE (CONTRATOS TÍPICOS DO CC/2002) | 937

e a outra metade ao cônjuge não separado judicialmente e ao companheiro, desde que comprovada, nessa última hipótese, a união estável. 3. Exegese que privilegia a finalidade e a unidade do sistema, harmonizando os institutos do direito de família com o direito obrigacional, coadunando-se ao que já ocorre na previdência social e na do servidor público e militar para os casos de pensão por morte: rateio igualitário do benefício entre o ex-cônjuge e o companheiro, haja vista a presunção de dependência econômica e a ausência de ordem de preferência entre eles. 4. O segurado, ao contratar o seguro de vida, geralmente possui a intenção de amparar a própria família, os parentes ou as pessoas que lhe são mais afeitas, a fim de não deixá-los desprotegidos economicamente quando de seu óbito. 5. Revela-se incoerente com o sistema jurídico nacional o favorecimento do cônjuge separado de fato em detrimento do companheiro do segurado para fins de recebimento da indenização securitária na falta de indicação de beneficiário na apólice de seguro de vida, sobretudo considerando que a união estável é reconhecida constitucionalmente como entidade familiar. Ademais, o reconhecimento da qualidade de companheiro pressupõe a inexistência de cônjuge ou o término da sociedade conjugal (arts. 1.723 a 1.727 do CC). Realmente, a separação de fato se dá na hipótese de rompimento do laço de afetividade do casal, ou seja, ocorre quando esgotado o conteúdo material do casamento. 6. O intérprete não deve se apegar simplesmente à letra da lei, mas perseguir o espírito da norma a partir de outras, inserindo-a no sistema como um todo, extraindo, assim, o seu sentido mais harmônico e coerente com o ordenamento jurídico. Além disso, nunca se pode perder de vista a finalidade da lei, ou seja, a razão pela qual foi elaborada e o bem jurídico que visa proteger. 7. Recurso especial parcialmente provido" (STJ, REsp 1.401.538/RJ, 3.ª Turma, Rel. Min. Ricardo Villas Bôas Cueva, j. 04.08.2015, *DJe* 12.08.2015).

Dúvida que surge diz respeito ao fato de o segurado ter indicado como beneficiária sua amante ou concubina. Ocorrendo o sinistro, o valor deve ser destinado para aquela que consta do contrato ou seguir a ordem estabelecida no art. 792 do CC?

Respondendo a essa dúvida, o Superior Tribunal de Justiça tem entendido que "o seguro de vida não pode ser instituído por pessoa casada em benefício de parceiro em relação concubinária". Consoante parte da ementa do aresto, de 2022, e que aplica decisão do Supremo Tribunal Federal a respeito da impossibilidade de se reconhecerem relacionamentos familiares paralelos, "diante da orientação do STF, no mesmo precedente, no sentido de que 'subsistem em nosso ordenamento jurídico constitucional os ideais monogâmicos, para o reconhecimento do casamento e da união estável, sendo, inclusive, previsto como deveres aos cônjuges, com substrato no regime monogâmico, a exigência de fidelidade recíproca durante o pacto nupcial (art. 1.566, I, do Código Civil)', é inválida, à luz do disposto no art. 793 do Código Civil de 2002, a indicação de concubino como beneficiário de seguro de vida instituído por segurado casado e não separado de fato ou judicialmente na época do óbito. Não podendo prevalecer a indicação da primeira beneficiária, deve o capital segurado ser pago ao segundo beneficiário, indicado pelo segurado para a hipótese de impossibilidade de pagamento ao primeiro, em relação ao qual, a despeito de filho da concubina, não incide a restrição do art. 793 do Código Civil" (STJ, REsp 1.391.954/RJ, 4.ª Turma, Rel. Min. Maria Isabel Gallotti, j. 22.03.2022, *DJe* 27.04.2022). Esse é o entendimento hoje consolidado na Corte, decorrente do outro julgamento citado, do STF.

Também é válida a instituição do companheiro como beneficiário, se ao tempo do contrato o segurado era separado judicialmente, ou já se encontrava separado de fato (art. 793 do CC). O dispositivo, inovação do CC/2002, está em sintonia com a proteção constitucional da união estável, reconhecida como entidade familiar pela atual codificação (art. 1.723, § 1.º, do CC e art. 226, § 3.º, da CF/1988). Mais uma vez, repise-se, a menção à separação judicial deve ser lida com ressalvas.

Nos casos de seguro de vida ou de acidentes pessoais para o caso de morte, o capital estipulado não está sujeito às dívidas do segurado, nem se considera como herança para todos os efeitos de direito (art. 794 do CC). Isso porque o valor deverá ser revertido ao beneficiário, não aos herdeiros ou ao espólio do segurado falecido.

No contrato de seguro de pessoa, é considerada nula, por abusividade, qualquer transação para pagamento reduzido do capital segurado (art. 795 do CC). A norma tem enorme carga ética, mantendo relação direta com a boa-fé, protegendo também a pessoa humana.

No tocante ao prêmio a ser pago pelo segurado no seguro de vida, este será convencionado por prazo limitado ou por toda a vida do segurado, prevalecendo a autonomia privada das partes do contrato (art. 796 do CC). Todavia, tal previsão não afasta a necessidade de observância dos princípios sociais contratuais, notadamente a boa-fé objetiva e a função social do contrato.

Concretizando tais premissas, reafirme-se a aprovação, na *VI Jornada de Direito Civil*, de 2013, do Enunciado n. 542, segundo o qual a recusa de renovação das apólices de seguro de vida pelas seguradoras em razão da idade do segurado é discriminatória e atenta contra a função social do contrato. O enunciado doutrinário segue a linha de vários julgados do Superior Tribunal de Justiça, podendo ser transcritos os seguintes:

"Processo civil. Agravo regimental. Agravo em recurso especial. Civil. Seguro de vida. Violação do art. 535 do CPC. Não ocorrência. Não renovação. Fator de idade. Ofensa aos princípios da boa-fé objetiva, da cooperação, da confiança e da lealdade. Aumento. Equilíbrio contratual. Cientificação prévia do segurado. Dispositivos constitucionais. Impossibilidade de análise em recurso especial. (...). 2. Na hipótese em que o contrato de seguro de vida é renovado ano a ano, por longo período, não pode a seguradora modificar subitamente as condições da avença nem deixar de renová-la em razão do fator de idade, sem que ofenda os princípios da boa-fé objetiva, da cooperação, da confiança e da lealdade. 3. A alteração no contrato de seguro consistente na majoração das prestações para o equilíbrio contratual é viável desde que efetuada de maneira gradual e com a prévia cientificação do segurado. (...). 5. Agravo regimental desprovido" (STJ, AgRg no AREsp 125.753/SP, 3.ª Turma, Rel. Min. João Otávio de Noronha, j. 06.08.2013, *DJe* 22.08.2013).

"Agravo regimental. Agravo em recurso especial. Violação do artigo 535 do Código de Processo Civil. Inexistência. Contrato de seguro de vida renovado ininterruptamente por vários anos. Rescisão unilateral. Descabimento. Ressalva da possibilidade de sua modificação pela seguradora, mediante a apresentação prévia de extenso cronograma, no qual os aumentos sejam apresentados de maneira suave e escalonada. Decisão agravada mantida. Improvimento. (...). 2. Consoante a jurisprudência da Segunda Seção, em contratos de seguro de vida, cujo vínculo vem se renovando ao longo de anos, não pode a seguradora modificar subitamente as condições da avença nem deixar de renová-la em razão do fator de idade, sem ofender os princípios da boa-fé objetiva, da cooperação, da confiança e da lealdade que devem orientar a interpretação dos contratos que regulam as relações de consumo. 3. Admitem-se aumentos suaves e graduais necessários para reequilíbrio da carteira, mediante um cronograma extenso, do qual o segurado tem de ser cientificado previamente (STJ, REsp 1.073.595/MG, Rel. Min. Nancy Andrighi, *DJe* 29.4.11). 4. Agravo regimental improvido" (STJ, AgRg no AREsp 257.905/MG, 3.ª Turma, Rel. Min. Sidnei Beneti, j. 26.02.2013, *DJe* 19.03.2013).

Ressalve-se que, apesar de alguns arestos utilizarem como argumento principal a boa-fé objetiva, trata-se de clara aplicação da função social dos contratos em sua eficácia interna, na linha do que prega o louvável enunciado doutrinário aprovado na *VI Jornada de Direito Civil*.

Em qualquer uma das hipóteses em que estiver presente um seguro individual, o segurador não terá ação para cobrar o prêmio vencido, cuja falta de pagamento, nos prazos previstos, acarretará a resolução do contrato (art. 796, parágrafo único, do Código Civil). Com a extinção do contrato, deverá ser restituída a reserva já formada ou reduzido o capital garantido, proporcionalmente ao prêmio pago.

Interpretando-se a última norma, o Superior Tribunal de Justiça acabou por concluir, em acórdão prolatado em sua Segunda Seção no ano de 2018, que nos contratos de seguro de vida em grupo não há direito à renovação da apólice sem a concordância da seguradora ou à restituição dos prêmios pagos em contraprestação à cobertura do risco, no período delimitado no contrato. Em outras palavras, tal restituição somente se daria nos contratos de seguro individual. Como consta do acórdão, que não conta com o meu apoio, por gerar enriquecimento sem causa da seguradora:

"À exceção dos contratos de seguro de vida individuais, contratados em caráter vitalício ou plurianual, nos quais há a formação de reserva matemática de benefícios a conceder, as demais modalidades são geridas sob o regime financeiro de repartição simples, de modo que os prêmios arrecadados do grupo de segurados ao longo do período de vigência do contrato destinam-se ao pagamento dos sinistros ocorridos naquele período. Dessa forma, não há que se falar em reserva matemática vinculada a cada participante e, portanto, em direito à renovação da apólice sem a concordância da seguradora, tampouco à restituição dos prêmios pagos em contraprestação à cobertura do risco no período delimitado no contrato. A cláusula de não renovação do seguro de vida, quando faculdade conferida a ambas as partes do contrato, mediante prévia notificação, independe de comprovação do desequilíbrio atuarial-financeiro, constituindo verdadeiro direito potestativo" (STJ, REsp 1.569.627/RS, 2.ª Seção, Rel. Min. Maria Isabel Gallotti, j. 22.02.2018, *DJe* 02.04.2018).

No seguro de vida para o caso de morte, é lícito estipular-se um prazo de carência, durante o qual o segurador não responderá pela ocorrência do sinistro (art. 797 do CC). Nessas hipóteses, ocorrendo o sinistro, o segurador é obrigado a devolver ao beneficiário o montante da reserva técnica formada. Essa *reserva técnica* é constituída pelos valores pagos pelo segurado, para garantir eventual cumprimento do contrato pela seguradora diante do sinistro.

Em relação ao beneficiário, este não tem direito ao capital estipulado quando o segurado comete suicídio nos primeiros dois anos de vigência inicial do contrato, ou da sua recondução depois de suspenso, exceção feita para a reserva técnica já formada, que deverá ser devolvida (art. 798 do CC). Ressalvada esta hipótese, é nula a cláusula contratual que exclui o pagamento do capital por suicídio do segurado. A questão do suicídio do segurado já era tratada por duas súmulas de Tribunais Superiores, a primeira delas cancelada, como está explicado a seguir:

"Súmula 61 do STJ. O seguro de vida cobre o suicídio não premeditado".

"Súmula 105 do STF. Salvo se tiver havido premeditação, o suicídio do segurado no período contratual de carência não exime o segurador do pagamento do seguro".

Percebe-se que o legislador, nos termos exatos da lei, preferiu não tratar da questão da premeditação do suicídio, o que dependia de difícil prova. Desse modo, a codificação material em vigor traz um prazo de carência de dois anos, contados da celebração do contrato. Somente após esse período é que o beneficiário terá direito à indenização ocorrendo o suicídio do segurado, o que não exclui o seu direito à reserva técnica. Conforme ensina José Maria Trepat Cases, o CC/2002 criou uma nova modalidade de seguro, o *seguro de suicídio a prazo determinado*.[85]

Sobre o comando legal em questão, na *III Jornada de Direito Civil* foi aprovado o Enunciado n. 187 do CJF/STJ, com a seguinte redação: "no contrato de seguro de vida, presume-se, de forma relativa, ser premeditado o suicídio cometido nos dois primeiros anos de vigência da cobertura, ressalvado ao beneficiário o ônus de demonstrar a ocorrência do chamado 'suicídio involuntário'". A conclusão, correta, é a de que a norma encerraria uma presunção relativa e não absoluta, o que vinha sendo acompanhado pelo Superior Tribunal de Justiça (*vide* decisão publicada no *Informativo* n. 468 do STJ, de abril de 2011 – Ag. 1.244.022/RS). Em suma, entendia-se que a premeditação deveria ser analisada para a atribuição ou não do pagamento do capital segurado.

Todavia, em maio de 2015, o Superior Tribunal de Justiça mudou seu entendimento, posicionando-se agora no sentido de que cabe uma análise objetiva do prazo de dois anos, não se admitindo o pagamento da indenização se o fato ocorrer nesse lapso. Conforme a ementa da Segunda Seção do Tribunal da Cidadania, prolatada em sede de incidente de recursos repetitivos, "de acordo com a redação do art. 798 do Código Civil de 2002, a seguradora não está obrigada a indenizar o suicídio ocorrido dentro dos dois primeiros anos do contrato. O legislador estabeleceu critério objetivo para regular a matéria, tornando irrelevante a discussão a respeito da premeditação da morte, de modo a conferir maior segurança jurídica à relação havida entre os contratantes" (STJ, AgRg nos EDcl nos EREsp 1.076.942/PR, 2.ª Seção, Rel. Min. Nancy Andrighi, Rel. p/ Acórdão Min. João Otávio de Noronha, j. 27.05.2015, *DJe* 15.06.2015).

Em 2018, o mesmo Tribunal editou sumular exatamente nessa linha, prevendo que "o suicídio não é coberto nos dois primeiros anos de vigência do contrato de seguro de vida, ressalvado o direito do beneficiário à devolução do montante da reserva técnica formada" (Súmula 610 do STJ). Em complemento, foi cancelada a antiga Súmula 61 do próprio STJ, aqui antes transcrita.

O julgamento que gerou a sumular não foi unânime na Corte. Entendo que a mera análise objetiva do prazo de dois anos está apegada à rigidez legal, distanciando-se da efetiva proteção dos segurados consumidores. Assim, com o devido respeito, lamenta-se a mudança de posição do STJ.

O segurador não pode eximir-se do pagamento do seguro, ainda que da apólice conste a restrição, se a morte ou a incapacidade do segurado provier da utilização de meio de transporte mais arriscado, da prestação de serviço militar, da prática de esporte, ou de atos de humanidade em auxílio de outrem (art. 799 do CC). Ilustrando, José Fernando celebra um contrato de seguro de vida inteira, do qual consta sua esposa Cláudia como beneficiária. O segurado é lutador de capoeira, dedicando-se à prática do esporte três vezes por semana. Certo dia, por acidente, José Fernando recebe um chute na cabeça vindo a falecer. Mesmo nesse caso, haverá responsabilidade da seguradora pelo sinistro, devendo a indenização ser paga a Cláudia.

Além dessa importante regra, "nos seguros de pessoas, o segurador não pode sub-rogar-se nos direitos e ações do segurado, ou do beneficiário, contra o causador do

---

[85] CASES, José Maria Trepat. *Código Civil comentado*. In: AZEVEDO, Álvaro Villaça de. São Paulo: Atlas, 2003. v. VIII, p. 307.

CAP. 6 • CONTRATOS EM ESPÉCIE (CONTRATOS TÍPICOS DO CC/2002) **941**

sinistro". O art. 800 do CC, portanto, afasta a aplicação da Súmula 188 do STF para os casos de seguro de pessoas.

Esse seguro de pessoas pode ser estipulado por pessoa natural ou jurídica em proveito de grupo que a ela, de qualquer modo, se vincule. É o que se denomina *seguro de vida em grupo*. Nessa modalidade contratual, o estipulante não representa o segurador perante o grupo segurado, mas é o único responsável, para com o segurador, pelo cumprimento de todas as obrigações contratuais. A modificação da apólice em vigor dependerá da anuência expressa de segurados que representem três quartos do grupo formado. Todas essas regras constam do art. 801 do CC em vigor.

Em relação ao § 2.º do dispositivo, que trata do *quorum* de modificação da apólice, prevê o Enunciado n. 375 do CJF/STJ que: "no seguro em grupo de pessoas, exige-se o *quorum* qualificado de 3/4 do grupo, previsto no § 2.º do art. 801 do CC, apenas quando as modificações impuserem novos ônus aos participantes ou restringirem seus direitos na apólice em vigor".

Em 2023, a respeito do dispositivo em estudo, o Superior Tribunal de Justiça julgou o Tema 1.112, em sede de recursos repetitivos e repercussão geral, com as seguintes teses:

"(i) Na modalidade de contrato de seguro de vida coletivo, cabe exclusivamente ao estipulante, mandatário legal e único sujeito que tem vínculo anterior com os membros do grupo segurável (estipulação própria), a obrigação de prestar informações prévias aos potenciais segurados acerca das condições contratuais quando da formalização da adesão, incluídas as cláusulas limitativas e restritivas de direito previstas na apólice mestre, e (ii) não se incluem, no âmbito da matéria afetada, as causas originadas de estipulação imprópria e de falsos estipulantes, visto que as apólices coletivas nessas figuras devem ser consideradas apólices individuais, no que tange ao relacionamento dos segurados com a sociedade seguradora" (STJ, REsp 1.874.811/SC, 2.ª Seção, Rel. Min. Ricardo Villas Bôas Cueva, j. 02.03.2023, *DJe* 10.03.2023).

Como última regra a ser estudada, nos termos do ainda em vigor art. 802 do CC, não se aplicam as regras previstas para o seguro de pessoas tratadas no CC/2002 à garantia do reembolso de despesas hospitalares ou de tratamento médico, nem ao custeio das despesas de luto e de funeral do segurado, nos termos do art. 948, I, do CC. Esses valores, conforme aponta a doutrina, devem ser considerados como objeto de contrato de seguro de dano.[86]

Com esse dispositivo, encerra-se o estudo do contrato em questão, importantíssimo para a prática cível, para as provas de graduação e para os concursos públicos, lembrando-se que em dezembro de 2025 todos esses dispositivos do Código Civil serão tidos como revogados, entrando em vigor no País a nova *Lei do Contrato de Seguro* (Lei n. 15.040/2024).

## 6.16 DA CONSTITUIÇÃO DE RENDA (ARTS. 803 A 813 DO CC)

A constituição de renda, pelo CC/1916, era tratada tanto como contrato (arts. 1.424 a 1.431 do CC/1916) quanto como um direito real sobre coisa alheia, recebendo, no último caso, a denominação *rendas constituídas sobre imóvel* (arts. 749 a 754 do CC/1916). O CC/2002 trata o instituto tão somente como um contrato típico.

Por meio desse negócio jurídico, determinada pessoa, denominada *instituidor*, *censuísta* ou *censuente*, entrega determinada quantia em dinheiro, bem móvel ou imóvel ao *rendeiro*, *censuário* ou *censatário*, obrigando-se este último, se for o caso, a pagar ao primeiro, de

---

[86] DINIZ, Maria Helena. *Código Civil anotado*. 15. ed. São Paulo: Saraiva, 2010. p. 561.

forma temporária, certa renda periódica, que pode ser instituída a favor do próprio rendeiro ou de terceiro.

Em regra, essa transmissão ocorrerá de forma gratuita, não havendo qualquer contraprestação por parte do rendeiro (art. 803 do CC). Entretanto, nada impede que seja onerosa, conforme consta do art. 804 do CC. No último caso, o instituidor entrega bens móveis ou imóveis ao rendeiro, que se obriga a satisfazer as prestações, por meio de uma renda em favor do credor ou de terceiros. Sendo o contrato oneroso, pode o credor (instituidor ou censuísta), ao contratar, exigir que o rendeiro lhe preste garantia real ou fidejussória (art. 805 do CC).

A natureza jurídica do instituto, portanto, indica que se trata de um contrato unilateral (em regra), gratuito (em regra), comutativo (em regra, mas que pode assumir a forma aleatória), real (tem aperfeiçoamento com a entrega da coisa – art. 809 do CC), temporário e solene.

A necessidade de escritura pública para o contrato de constituição de renda consta do art. 807 do CC. Porém, no meu entendimento doutrinário, esse dispositivo somente será aplicado para os casos envolvendo bens imóveis com valor superior a 30 salários mínimos, diante do que consta do art. 108 do CC. Todavia, ciente deve estar o aplicador do direito de que a maioria da doutrina entende que o art. 807 do CC incide para todos os casos envolvendo o contrato em questão, não importando o seu conteúdo, inclusive nos casos envolvendo valores pecuniários e bens móveis.[87]

Porém, que fique claro que, em decorrência da relação do art. 108 do CC com o princípio da função social dos contratos, preceito de ordem pública e com fundamento constitucional (art. 2.035, parágrafo único, do CC, e art. 5.º, incs. XXII e XXIII, da CF/1988), entendemos que o contrato de constituição de renda pode ser solene (nos casos envolvendo bens imóveis com valor superior a 30 salários mínimos) ou não solene (nos casos envolvendo bens imóveis com valor igual ou inferior a 30 salários mínimos e bens móveis).

Isso porque a regra do art. 108 do CC é indeclinável e inafastável, para proteger a parte economicamente mais fraca, que geralmente possui imóvel de pequena monta cujo valor não supera os 30 salários mínimos citados. Reforçando este posicionamento, muitas vezes, a instituição da renda é feita em benefício de uma pessoa vulnerável, o que justifica a desnecessidade da escritura pública.

Com vistas justamente a resolver esse dilema, anoto que a Comissão de Juristas encarregada da Reforma do Código Civil sugere a seguinte redação para seu o art. 807: "o contrato de constituição de renda, quando relacionado a rendas sobre imóvel, requer escritura pública, na forma do art. 108 deste Código". O objetivo, portanto, é resolver mais uma discussão, teórica e prática, verificada nos mais de vinte anos de vigência do Código Civil.

A constituição de renda pode ser instituída por ato *inter vivos* ou *mortis causa*, inclusive por testamento, o que depende da autonomia privada do instituidor ou censuísta. Para a maioria da doutrina, a instituição por ato *mortis causa* somente é possível por meio de testamento público.[88] A constituição de renda também pode ser feita por meio de sentença judicial, como ocorre com o pagamento dos alimentos indenizatórios ou ressarcitórios, no caso de homicídio, às pessoas que do morto dependeriam (art. 948, inc. II, do CC). A causa está fundada em responsabilidade civil, em um direito subjetivo, não na autonomia privada.

---

[87] Assim entendendo: DINIZ, Maria Helena. *Código Civil anotado*. 15. ed. São Paulo: Saraiva, p. 563; VENOSA, Sílvio de Salvo. *Código Civil interpretado*. São Paulo: Atlas, 2010. p. 736.

[88] DINIZ, Maria Helena. *Código Civil anotado*. 15. ed. São Paulo: Saraiva, p. 563; VENOSA, Sílvio de Salvo. *Código Civil interpretado*. São Paulo: Atlas, 2010. p. 736.

CAP. 6 • CONTRATOS EM ESPÉCIE (CONTRATOS TÍPICOS DO CC/2002) | **943**

Sendo um contrato temporário, a constituição de renda será feita a prazo certo, ou por vida, podendo ultrapassar a vida do devedor (instituidor ou censuísta), mas não a do credor (rendeiro ou censuário), seja ele o contratante, seja terceiro (art. 806 do CC).

É nula a constituição de renda em favor de pessoa já falecida, ou que, nos trinta dias seguintes, vier a falecer de moléstia que já sofria, quando foi celebrado o contrato (art. 808 do CC). Porém, sendo a doença superveniente à estipulação, o contrato é perfeitamente válido.

Se o rendeiro, ou censuário, deixar de cumprir a obrigação estipulada, poderá o credor da renda acioná-lo, tanto para que lhe pague as prestações atrasadas como para que lhe dê garantias das futuras, sob pena de rescisão do contrato (art. 810 do CC). A hipótese tratada nesse dispositivo é a de resolução do contrato por inexecução voluntária, cabendo eventuais perdas e danos que o caso concreto ordenar. A doutrina ensina que o dispositivo traz uma cláusula resolutiva tácita a fundamentar essa rescisão.[89]

Como a renda constitui um fruto civil (rendimento), o credor adquire esse direito dia a dia, no término de cada período (art. 811 do CC). Isso, se a prestação não tiver que ser paga de forma adiantada, no começo de cada um dos períodos predeterminados, conforme instituição pelas partes. Como a norma é de ordem privada, é possível prever outra forma de periodicidade, bem como outra forma de recebimento da renda.

Quando a renda for constituída em benefício de duas ou mais pessoas, sem determinação da parte de cada uma, entende-se que os seus direitos são iguais, o que representa uma divisão igualitária (art. 812 do CC). Todavia, o contrato poderá trazer divisão diferente em relação às quotas dos beneficiários.

Assim sendo, salvo estipulação diversa, não adquirirão os sobrevivos direito à parte dos que morrerem. Em outras palavras, não há direito de acrescer entre os beneficiários. Falecendo um rendeiro, o outro continuará a receber exatamente o que recebia, sendo extinto o benefício daquele que faleceu, em regra (art. 806 do CC).

Como exceção, havendo constituição de renda gratuita, instituto similar à doação, será aplicado o art. 551, parágrafo único, do CC, que enuncia o direito de acrescer legal entre os cônjuges. Além desse caso, poderá o direito de acrescer entre os rendeiros ser instituído por força do contrato (direito de acrescer convencional).

Encerrando o tratamento do contrato em questão, prevê o art. 813 do CC em vigor que: "a renda constituída por título gratuito pode, por ato do instituidor, ficar isenta de todas as execuções pendentes e futuras. Parágrafo único. A isenção prevista neste artigo prevalece de pleno direito em favor dos montepios e pensões alimentícias". Desse modo, o instituidor da renda pode também determinar a impenhorabilidade desta. No caso de pensões de caráter alimentar, a impenhorabilidade é automática, por força do art. 833, inc. IV, do CPC/2015 (correspondente ao art. 649, inc. IV, do CPC/1973), não havendo necessidade de manifestação de vontade.

## 6.17 DO JOGO E DA APOSTA (ARTS. 814 A 817 DO CC)

Apesar do tratamento unificado, os dois contratos não se confundem. Na esteira das lições de Maria Helena Diniz, pelo contrato de jogo, "duas ou mais pessoas prometem, entre si, pagar certa soma àquela que conseguir um resultado favorável de um acontecimento

---

[89] DINIZ, Maria Helena. *Código Civil anotado*. 15. ed. São Paulo: Saraiva, p. 563-564; CASES, José Maria Trepat. *Código Civil comentado*. In: AZEVEDO, Álvaro Villaça de. São Paulo: Atlas, 2003. v. VIII, p. 349.

incerto".[90] Já pela aposta "duas ou mais pessoas de opiniões discordantes sobre qualquer assunto prometem, entre si, pagar certa quantia ou entregar determinado bem àquela cuja opinião prevalecer em virtude de um evento incerto".[91] Ambos os contratos são bilaterais, onerosos, consensuais, aleatórios por excelência e informais, não necessitando sequer de forma escrita. A existência da *álea* ou sorte como essência de ambos os negócios justifica o tratamento em conjunto. Sem tal elemento, os contratos não têm razão de ser.

Como se sabe, em regra, as dívidas de jogo e aposta constituem obrigações naturais ou incompletas, havendo um débito sem responsabilidade ("*debitum* sem *obligatio*" ou "*Schuld* sem *Haftung*"). Isso pode ser percebido pelo art. 814 do CC: "as dívidas de jogo ou de aposta não obrigam a pagamento; mas não se pode recobrar a quantia, que voluntariamente se pagou, salvo se foi ganha por dolo, ou se o perdente é menor ou interdito".

Por tal comando, em regra, a dívida não pode ser exigida judicialmente. Entretanto, pode ser paga, não cabendo repetição de indébito em casos tais (*actio in rem verso*). Pelo dispositivo legal, excepcionalmente, caberá esta ação de repetição de indébito em dois casos:

- se o jogo ou a aposta for ganha por dolo;
- se aquele que perdeu o jogo ou a aposta for menor ou interdito.

Além disso, os parágrafos do artigo trazem algumas regras importantes e que devem ser analisadas.

*Primeiro*, estende-se esta regra a qualquer contrato que encubra ou envolva reconhecimento, novação ou fiança de dívida de jogo; mas a nulidade resultante não pode ser oposta ao terceiro de boa-fé. Em regra, o jogo e a aposta são negócios que não admitem convalidação, apesar de poderem ser pagos e de não caber repetição de indébito, como regra.

*Segundo*, a regra tem aplicação ainda que se trate de jogo não proibido, só se excetuando os jogos e apostas legalmente permitidos. São jogos permitidos os de loterias oficiais (loteria esportiva, mega-sena, lotomania etc.), podendo a dívida ser exigida nessas hipóteses. Desse modo, em relação à álea envolvida vale salientar que o jogo pode ser classificado em *lícito*, aquele cujo resultado decorre da habilidade dos contendores, e *ilícito*, aquele cujo resultado depende exclusivamente do elemento *sorte*. Em regra, ambos os jogos constituem obrigação natural. Entretanto, se estiverem regulamentados pela lei geram obrigação civil, permitindo, por isso, a cobrança judicial do prêmio. Trazendo interessante conclusão a respeito da matéria, cumpre transcrever o seguinte julgado do Tribunal de Justiça de São Paulo:

"Cambial. Cheque. Alegação de dívida inexigível, porquanto fundada em jogo. Em sede de apelação, aduziu-se tratar de jogo em caça-níqueis, fato não indicado na inicial. Impossibilidade de modificação da causa de pedir após julgamento do feito. Recurso não provido. Cambial. Cheque. Alegação de dívida inexigível, porquanto fundada em jogo. Hipótese em que a autora não especifica qual jogo realizava, ou mesmo a data em que jogava no estabelecimento da ré. Bingo permitido legalmente durante certo período. Recurso não provido. Cambial. Cheque. Alegação de dívida inexigível, porquanto fundada em jogo. Pagamento voluntário. Ainda que a dívida de jogo não seja exigível, não se pode recobrar o que se pagou voluntariamente. Dívida natural. Art. 814, CC. Cheque que representa pagamento à vista. Recurso

---

[90] DINIZ, Maria Helena. *Código Civil anotado*. 15. ed. São Paulo: Saraiva, 2010. p. 566.
[91] DINIZ, Maria Helena. *Código Civil anotado*. 15. ed. São Paulo: Saraiva, 2010. p. 566.

CAP. 6 • CONTRATOS EM ESPÉCIE (CONTRATOS TÍPICOS DO CC/2002) | **945**

não provido" (Apelação Cível 7302924-6, Acórdão 3478089, 14.ª Câmara de Direito Privado, Santo André, Rel. Des. Melo Colombi, j. 04.02.2009, *DJESP* 09.03.2009).

Ainda no que diz respeito ao § 2.º do art. 814 do Código Civil, importante julgado do Superior Tribunal de Justiça, do ano de 2015, demonstra a classificação doutrinária dos jogos em *autorizados, proibidos* e *tolerados*. Nos termos de publicação constante do *Informativo* n. 566 do Tribunal da Cidadania, que traz importante consequência prática dessa divisão:

"A dívida de jogo contraída em casa de bingo é inexigível, ainda que seu funcionamento tenha sido autorizado pelo Poder Judiciário. De acordo com o art. 814, § 2.º, do CC, não basta que o jogo seja lícito (não proibido), para que as obrigações dele decorrentes venham a ser exigíveis, é necessário, também, que seja legalmente permitido. Nesse contexto, é importante enfatizar que existe posicionamento doutrinário, no sentido de que os jogos classificam-se em autorizados, proibidos ou tolerados. Os primeiros, como as loterias (Decreto-lei 204/1967) ou o turfe (Lei 7.294/1984), são lícitos e geram efeitos jurídicos normais, erigindo-se em obrigações perfeitas (art. 814, § 2.º, do CC). Os jogos ou apostas proibidos são, por exemplo, as loterias não autorizadas, como o jogo do bicho, ou os jogos de azar referidos pelo art. 50 da Lei das Contravenções Penais. Os jogos tolerados, por sua vez, são aqueles de menor reprovabilidade, em que o evento não depende exclusivamente do azar, mas igualmente da habilidade do participante, como alguns jogos de cartas. Inclusive, como uma diversão sem maior proveito, a legislação não os proíbe, mas também não lhes empresta a natureza de obrigação perfeita. No caso, por causa da existência de liminares concedidas pelo Poder Judiciário, sustenta-se a licitude de jogo praticado em caso de bingo. Porém, mais do que uma aparência de licitude, o legislador exige autorização legal para que a dívida de jogo obrigue o pagamento, até porque, como se sabe, decisões liminares têm caráter precário. Assim, não se tratando de jogo expressamente autorizado por lei, as obrigações dele decorrentes carecem de exigibilidade, sendo meras obrigações naturais" (STJ, REsp 1.406.487/SP, Rel. Min. Paulo de Tarso Sanseverino, j. 04.08.2015, *DJe* 13.08.2015).

*Terceiro*, excetuam-se, igualmente, os prêmios oferecidos ou prometidos para o vencedor em competição de natureza esportiva, intelectual ou artística, desde que os interessados se submetam às prescrições legais e regulamentares. Em casos tais, é possível receber o prêmio, havendo, em alguns casos, uma promessa de recompensa, ato unilateral de vontade que constitui fonte obrigacional (arts. 854 a 860 do CC).

Não se pode exigir reembolso do que se emprestou para jogo ou aposta, no ato de apostar ou jogar (art. 815 do CC). Isso porque, repise-se, a obrigação é natural, tendo o negócio o mesmo conteúdo de um contrato de mútuo celebrado com a mesma finalidade.

Contrariando totalmente o que constava no CC/1916, enuncia o CC/2002 que as regras previstas para os contratos de jogo e aposta não devem ser aplicadas para os contratos que versam sobre títulos de bolsa, mercadorias ou valores, em que se estipulem a liquidação exclusivamente pela diferença entre o preço ajustado e a cotação que eles tiverem no vencimento do ajuste (art. 816 do CC). Apesar de serem todos contratos aleatórios, os negócios jurídicos em questão não se confundem. Os contratos sobre títulos de bolsa, mercadorias e valores são conceituados como *contratos diferenciais*, não mais recebendo o mesmo tratamento do jogo e aposta, ao contrário do que fazia o art. 1.479 do CC/1916.

Também o sorteio para dirimir questões ou dividir coisas comuns não é considerado como jogo ou aposta, como fazia o art. 1.480 do CC/1916. Em casos tais, considera-se um sistema de partilha ou processo de transação, conforme o caso. O sorteio é previsto para o caso de promessa pública de recompensa (art. 859 do CC/2002).

Seguindo com o estudo do contrato, é interessante trazer à baila anterior julgado do Superior Tribunal de Justiça, que confirmou a possibilidade de cobrança de dívida de jogo, contraída por então deputado no estrangeiro. A conclusão foi a de que, como o jogo é lícito naquele país, é perfeitamente possível a sua satisfação obrigacional (STJ, REsp 307.104/DF, 4.ª Turma, Rel. Min. Fernando Gonçalves, j. 03.06.2004, *DJ* 23.08.2004, p. 239).

Acrescente-se que, em 2017, a Terceira Turma da mesma Corte confirmou a premissa, quando do julgamento do Recurso Especial 1.628.974/SP. Conforme o relator, Ministro Villas Bôas Cueva, citando a minha posição e afastando o argumento de que a cobrança no Brasil feriria a ordem pública interna (art. 17 da LINDB), "a matéria relativa à ofensa da ordem pública deve ser revisitada também sob as luzes dos princípios que regem as obrigações na ordem contemporânea, isto é, a boa-fé e a vedação do enriquecimento sem causa. Confira-se, a propósito, a lição de Flávio Tartuce: 'De acordo com o Código Civil Contemporâneo, concebido na pós-modernidade e de acordo com os ditames sociais e éticos, não se admite qualquer conduta baseada na especulação, no locupletamento sem razão. Desse modo, o enriquecimento sem causa constitui fonte obrigacional, ao mesmo tempo que a sua vedação decorre dos princípios da função social das obrigações e da boa-fé objetiva' (*Direito Civil*, v. 2: direito das obrigações e responsabilidade civil. 10. ed. Rio de Janeiro: Forense; São Paulo: Método, 2015, p. 33). Com efeito, aquele que visita país estrangeiro, usufrui de sua hospitalidade e contrai livremente obrigações lícitas não pode retornar a seu país de origem buscando a impunidade civil. A lesão à boa-fé de terceiro é patente, bem como o enriquecimento sem causa e os bons costumes". Como não poderia ser diferente, estou totalmente filiado ao acórdão.

Como último aspecto relativo à temática, é interessante tratar, mesmo que brevemente, das apostas esportivas efetivadas por meio eletrônico, pela *internet*, as chamadas *bets*, que tanto se proliferaram no País nos últimos anos, gerando gravíssimos problemas sociais, pelo vício desenfreado causado nas pessoas.

O tema foi tratado pela Lei 13.756/2018, que sofreu alterações posteriores, sobretudo pela Lei 14.790/2023 com vistas à regulamentação dessa atividade no território brasileiro, e não com base das empresas no exterior, como antes estava previsto, o que era totalmente incorreto e inconveniente.

Anoto que o Projeto de Reforma do Código Civil pretende remeter expressamente esse assunto à legislação especial, com a inclusão de um novo art. 817-A, nesse sentido: "os jogos e apostas efetuados em meio digital ou eletrônico estão sujeitos à legislação especial, aplicando-se o presente capítulo apenas naquilo em que essas normas forem omissas". A aplicação da Lei Geral Privada passará a ser, pelo texto da lei, apenas subsidiária, conclusão que já se aplica atualmente.

Pois bem, na atual redação do seu art. 29 da Lei 13.756/2018, criou-se a modalidade lotérica, sob a forma de serviço público, denominada *aposta de quota fixa*, cuja exploração comercial ocorrerá no território nacional. A modalidade lotérica de que trata o preceito consiste em sistema de apostas relativas a eventos reais ou virtuais de temática esportiva, em que é definido, no momento de efetivação da aposta, quanto o apostador pode ganhar em caso de acerto do prognóstico. A título de exemplos, podem ser citados justamente os *sites* de apostas esportivas relativos a jogos de competições de futebol, como o Campeonato Brasileiro. São essas mesmas empresas de apostas que patrocinam, atualmente, a grande maioria dos clubes de futebol brasileiro.

O mesmo comando ainda preceitua que a *loteria de aposta de quota fixa* será concedida, permitida ou autorizada, em caráter oneroso, pelo Ministério da Fazenda e será explorada, exclusivamente, em ambiente concorrencial, sem limite do número de autorizações com possibilidade de comercialização em quaisquer canais de distribuição comercial, físicos e

CAP. 6 • CONTRATOS EM ESPÉCIE (CONTRATOS TÍPICOS DO CC/2002) | **947**

em meios virtuais. Nesse contexto, deverá ser observada a regulamentação do Ministério da Fazenda, que tem essa atribuição. Todas essas regras estão no art. 29 da Lei 13.756/2018.

Sem prejuízo do que consta das previsões seguintes dessa lei específica, e de normas que a sucederam, espera-se que a regulamentação recente das apostas esportivas tenha a justa e correta aplicação prática, sem o infeliz incremento dos jogos de azar em nosso país, o que infelizmente já se verifica entre nós. Nesse contexto de afirmação, vejamos as precisas palavras de Rodrigo da Guia Silva:

> "A regulamentação estatal é premente, contudo, não apenas para a disciplina estritamente contratual, mas igualmente (quiçá, com ainda mais urgência) para toda uma miríade de questões relacionadas à exploração da atividade de apostas esportivas pelas plataformas.
>
> Destaco, por exemplo, questões como a necessidade de proteção a crianças e adolescentes, a necessidade de proteção à saúde mental dos apostadores, o crescente risco de superendividamento e a repressão à publicidade enganosa e/ou abusiva. Ademais, avulta a importância premente da regulação no contexto atual de difusão de suspeitas de manipulações de resultados desportivos em razão de interesses escusos no universo das apostas, o que agrava ainda mais a insegurança que infelizmente caracteriza o atual estado do setor em questão.
>
> Nesse cenário, oxalá possa a vindoura regulamentação contribuir para a construção de um arcabouço que propicie segurança jurídica ao mercado sem deixar de estabelecer salvaguardas tanto para a coletividade quanto para cada pessoa humana que eventualmente figure como apostadora. Enfim, a sorte está lançada".[92]

A sorte está lançada (*alea jacta est*), mas as palavras transcritas reforçam o que penso e espero a respeito do tratamento desse delicado tema em nosso país. Infelizmente, a realidade que já se vê no momento é profundamente lamentável, o que demanda um repensar a respeito da sua regulamentação em nosso país.

## 6.18 DA FIANÇA (ARTS. 818 A 839 DO CC)

### 6.18.1 Conceito e natureza jurídica

A fiança, também denominada *caução fidejussória*, é o contrato pelo qual alguém, o fiador, garante satisfazer ao credor uma obrigação assumida pelo devedor, caso este não a cumpra. O contrato é celebrado entre o fiador e o credor, assumindo o primeiro uma responsabilidade sem existir um débito propriamente dito (*"Haftung ohne Schuld"* ou, ainda, *"obligatio* sem *debitum"*). A fiança constitui uma garantia pessoal, em que todo o patrimônio do fiador responde pela dívida, não se confundindo com as garantias reais, caso do penhor, da hipoteca e da anticrese.

Anote-se que, apesar de serem formas de garantia pessoal, a fiança não se confunde com o aval. *Primeiro*, porque a fiança é um contrato acessório, enquanto o aval traz como conteúdo uma relação jurídica autônoma. *Segundo*, porque a fiança é um contrato, enquanto o aval traduz uma obrigação cambial. *Terceiro*, porque na fiança, em regra, há benefício de ordem a favor do fiador, enquanto no aval há solidariedade entre o avalista e o devedor principal.

---

[92] SILVA, Rodrigo da Guia. As dívidas oriundas de apostas esportivas online são juridicamente exigíveis? Disponível em: <https://www.migalhas.com.br/coluna/migalhas-contratuais/388099/dividas-oriundas-de--apostas-esportivas-sao-juridicamente-exigiveis>. Acesso em: 2 nov. 2023.

Voltando ao tratamento específico da fiança, notadamente no seu campo estrutural, esse contrato traz duas relações jurídicas: uma interna, entre fiador e credor; e outra externa, entre fiador e devedor. A primeira relação é considerada como essencial ao contrato. Tanto isso é verdade, que o art. 820 do CC enuncia que a fiança pode ser estipulada ainda que sem o consentimento do devedor, ou até mesmo contra a sua vontade.

A fiança é um contrato complexo, especial, *sui generis*. Isso diante da sua natureza jurídica especial, o que faz que a fiança tenha características próprias, não encontradas em qualquer outro negócio. Vejamos essas características.

De início, trata-se de um contrato unilateral, pois gera obrigação apenas para o fiador que se obriga em relação ao credor com quem mantém o contrato. Em regra, trata-se de um contrato gratuito, pois o fiador não recebe qualquer remuneração.

Entretanto, em alguns casos, a fiança é onerosa, recebendo o fiador uma remuneração em decorrência da prestação de garantia à dívida. Isso ocorre em fianças prestadas por instituições bancárias e seguradoras, que são remuneradas pelo devedor para garantirem dívidas frente a determinados credores. Para essas fianças prestadas por instituições bancárias, pode ser aplicado o CDC, se o interessando for destinatário final desse serviço de garantia.

No Projeto de Reforma do Código Civil, a Comissão de Juristas sugere, para os fins de aperfeiçoamento do seu art. 818, a inclusão de regra a respeito das fianças tidas como atípicas, caso do seguro-fiança e da fiança bancária, em que o contrato é celebrado entre o fiador e o devedor. Nesse contexto, o parágrafo único do dispositivo passará a prever o seguinte: "o contrato de seguro-fiança e a fiança bancária são celebrados entre o credor e o fiador, aplicando-se os dispositivos a seguir apenas no que couber".

O contrato de fiança exige a forma escrita, conforme enuncia o art. 819 do CC (contrato formal). Entretanto, o contrato é não solene, pois não se exige escritura pública. Não se admite a fiança verbal, ainda que provada com testemunhas, pois a fiança não se presume. Essa instrumentalização pode ser realizada no próprio corpo do contrato principal, ou em separado.

Pelo mesmo dispositivo, a fiança não admite interpretação extensiva, regra que tem importantes consequências práticas. Isso porque a fiança será interpretada restritivamente, uma vez que se trata de um contrato benéfico que não traz qualquer vantagem ao fiador, que responde por aquilo que expressamente constou do instrumento do negócio. Surgindo alguma dúvida, deve-se interpretar a questão favoravelmente ao fiador, parte vulnerável, em regra.

Ilustrando, se a fiança for concedida para garantir um contrato de locação, o seu alcance não se estenderá em relação aos danos causados no prédio em decorrência de um evento imprevisível. Como se extrai da premissa 1, publicada na Edição n. 101 da ferramenta *Jurisprudência em Teses* do STJ, dedicada a esse negócio e publicada no ano de 2018, "o contrato de fiança deve ser interpretado restritivamente, de modo que a responsabilidade dos fiadores se resume aos termos do pactuado no ajuste original, com o qual expressamente consentiram".

Em outra ilustração concreta, conforme reconheceu aresto do STJ, igualmente aplicando essa regra de interpretação, "por se tratar de contrato benéfico, as disposições relativas à fiança devem ser interpretadas de forma restritiva (CC, art. 819), ou seja, da maneira mais favorável ao fiador, razão pela qual, no caso, em que a dívida é oriunda de contrato de locação, tendo o recorrente outorgado fiança limitada até R$ 30.000,00 (trinta mil reais), forçoso reconhecer que a sua responsabilidade não pode ultrapassar esse valor" (STJ, REsp 1.482.565/SP, 3.ª Turma, Rel. Min. Marco Aurélio Bellizze, j. 06.12.2016, *DJe* 15.12.2016). Também diante do que consta do art. 819 do CC, a fiança não se estende além do perío-

CAP. 6 • CONTRATOS EM ESPÉCIE (CONTRATOS TÍPICOS DO CC/2002) | **949**

do de tempo convencionado. Para que a fiança seja prorrogada, é preciso a concordância expressa do fiador. Nesse sentido, prevê a Súmula 214 do STJ que "o fiador na locação não responde por obrigações resultantes de aditamento ao qual não anuiu".

No caso de fiança que garanta contrato de locação urbana, deve-se analisar a questão à parte, diante das alterações da Lei 8.245/1991 pela Lei 12.112/2009. Com a nova redação do art. 39 da Lei de Locação, salvo disposição contratual em contrário, qualquer das garantias da locação se estende até a efetiva devolução do imóvel, ainda que prorrogada a locação por prazo indeterminado. Assim, encerrou-se polêmica anterior sobre os limites de aplicação da súmula, ou seja, prorrogada a locação, prorroga-se automaticamente a fiança. Todavia, com a nova lei, passando a fiança a ser com prazo indeterminado, o fiador poderá exonerar-se, mediante notificação dirigida ao locador, garantindo a dívida por mais 120 dias após a notificação (art. 40, X, da Lei 8.245/1991).

Cumpre esclarecer que, em julho 2015, o Superior Tribunal de Justiça acabou por consolidar essa tese, estendendo-a também para a fiança prestada em contratos bancários. Nos termos do Recurso Especial 1.253.411/CE, proferido pela Segunda Seção do Tribunal da Cidadania:

> "A prorrogação do contrato principal, a par de ser circunstância prevista em cláusula contratual – previsível no panorama contratual –, comporta ser solucionada adotando-se a mesma diretriz conferida para fiança em contrato de locação – antes mesmo da nova redação do art. 39 da Lei do Inquilinato pela Lei n. 12.112/2009 –, pois é a mesma matéria disciplinada pelo Código Civil. A interpretação extensiva da fiança constitui em utilizar analogia para ampliar as obrigações do fiador ou a duração do contrato acessório, não o sendo a observância àquilo que foi expressamente pactuado, sendo certo que as causas específicas legais de extinção da fiança são taxativas. Com efeito, não há falar em nulidade da disposição contratual que prevê prorrogação da fiança, pois não admitir interpretação extensiva significa tão somente que o fiador responde, precisamente, por aquilo que declarou no instrumento da fiança".

O aresto teve como relator o Ministro Luis Felipe Salomão, trazendo farta citação doutrinária e jurisprudencial, como sempre.

Em 2022, no mesmo sentido, foi editada a Súmula 656 da Corte, prevendo que "é válida a cláusula de prorrogação automática de fiança na renovação do contrato principal. A exoneração do fiador depende da notificação prevista no artigo 835 do Código Civil". Sobre o último comando, será retomada a sua análise mais à frente, no presente capítulo.

Ainda sobre a natureza jurídica da fiança, trata-se de um contrato acessório, sendo certo que não existe a fiança sem um contrato principal, onde se encontra a obrigação que está sendo garantida. Desse modo, tudo o que ocorrer no contrato principal repercutirá na fiança. Sendo nulo o contrato principal, nula será a fiança (art. 824 do CC). Sendo anulável o contrato principal, anulável será a fiança (art. 184 do CC). Sendo novada a dívida principal sem a participação do fiador, extinta estará a fiança, exonerando-se este (art. 366 do CC).

Cabe anotar que, como consequência desse art. 366 da codificação privada, na *VI Jornada de Direito Civil* foi aprovado o Enunciado n. 547, segundo o qual, na hipótese de alteração da obrigação principal sem o consentimento do fiador, a exoneração deste é automática. Sendo assim, não é necessária a exoneração unilateral por notificação do fiador, nos termos do que consta do art. 835 do Código Civil, dispositivo que ainda será estudado no presente capítulo. Tudo isso decorre da regra pela qual o acessório segue o principal (*accessorium sequitur principale*) – *princípio da gravitação jurídica*.

No entanto, a recíproca não é verdadeira, de tal forma que o que ocorre na fiança não atinge o contrato principal. Além dessas regras importantes, é pertinente lembrar que a fiança abrange todos os acessórios da dívida principal, caso dos juros, da cláusula penal ou de outras despesas.

A fiança, contrato típico, pode assumir a forma paritária ou de adesão, sendo a última forma a mais comum no mercado imobiliário. Para ilustrar melhor essa situação, deve-se lembrar daqueles modelos de contratos de locação comercializados em papelarias e casas do ramo, constando neles a estipulação de fiança (contrato-tipo ou formulário). Sendo o contrato de adesão, serão aplicadas as normas protetivas dos arts. 423 e 424 do CC.

Como último tema introdutório a respeito do contrato de fiança, o art. 1.647, inc. III, do CC exige a outorga conjugal (marital – do marido; uxória – da mulher) para que a fiança seja prestada. Segundo o art. 1.649 do mesmo diploma legal, não havendo outorga conjugal, a fiança é anulável, desde que proposta a correspondente ação anulatória pelo cônjuge do fiador, no prazo decadencial de dois anos, contados da dissolução da sociedade conjugal. A ação também cabe aos herdeiros do fiador, em igual prazo (art. 1.650 do CC). Há possibilidade, contudo, de a outorga ser suprida por juiz (art. 1.648 do CC).

Sobre o tema, a Súmula 332 do Superior Tribunal de Justiça prevê que "a fiança prestada sem autorização de um dos cônjuges implica a ineficácia total da garantia". A ementa é passível de críticas, uma vez que faz referência à ineficácia total da garantia, e não à invalidade. Tecnicamente, o certo seria falar em invalidade e não em ineficácia, diante do tratamento do vigente Código Civil. Entretanto, pode-se sustentar ser melhor a expressão que consta na súmula.

Isso porque se a fiança foi prestada sem a outorga, na vigência do CC/1916, será nula (arts. 235, 242 e 252); se for prestada a fiança sem a outorga, na vigência do CC/2002, será anulável (arts. 1.647 e 1.649). Essa conclusão é aplicação direta do art. 2.035, *caput*, do CC/2002, analisado em outros trechos deste livro. Para afastar dúvidas a respeito da invalidade absoluta ou relativa da fiança, pode-se justificar o termo "ineficácia", eis que o ato inválido, em regra, não gera efeitos.

Em julgado do ano de 2020, a Corte Superior acabou por concluir que é necessária a outorga conjugal para fiança em favor de sociedade cooperativa (STJ, REsp 1.351.058/SP, 4.ª Turma, Rel. Min. Luis Felipe Salomão, j. 26.11.2019, *DJe* 04.02.2020, v.u.). Como se retira da publicação do acórdão, "em se tratando de dívida de sociedade cooperativa – a qual nem à luz do Código Comercial ou do Código Civil de 2002 ostenta a condição de comerciante ou de sociedade empresária –, não há falar em fiança mercantil, caindo por terra o fundamento exarado pelas instâncias ordinárias para afastar a exigência da outorga conjugal encartada nos artigos 235, inciso III, do Código Civil de 1916 e 1.647, inciso III, do Código Civil de 2002". Por isso, a conclusão foi pela incidência da citada sumular em casos tais.

Existe profundo debate se essa exigência para a fiança alcança também a união estável, ou seja, se há necessidade da autorização do companheiro ou convivente para que a parte seja fiadora. Sempre respondi negativamente, pois o art. 1.647 do CC/2002 é norma de exceção que, como tal, não admite analogia ou interpretação extensiva. Em 2014, importante julgado do Superior Tribunal de Justiça seguiu essa forma de pensar o Direito Civil, conforme acórdão publicado no seu *Informativo* n. 535:

> "Ainda que a união estável esteja formalizada por meio de escritura pública, é válida a fiança prestada por um dos conviventes sem a autorização do outro. Isso porque o entendimento de que a 'fiança prestada sem autorização de um dos cônjuges implica a ineficácia total da garantia' (Súmula 332 do STJ), conquanto seja aplicável ao casamento, não tem aplicabilidade em relação à união estável. De fato, o casamento

CAP. 6 • CONTRATOS EM ESPÉCIE (CONTRATOS TÍPICOS DO CC/2002) | **951**

representa, por um lado, uma entidade familiar protegida pela CF e, por outro lado, um ato jurídico formal e solene do qual decorre uma relação jurídica com efeitos tipificados pelo ordenamento jurídico. A união estável, por sua vez, embora também represente uma entidade familiar amparada pela CF – uma vez que não há, sob o atual regime constitucional, famílias estigmatizadas como de 'segunda classe' –, difere-se do casamento no tocante à concepção deste como um ato jurídico formal e solene. Aliás, nunca se afirmou a completa e inexorável coincidência entre os institutos da união estável e do casamento, mas apenas a inexistência de predileção constitucional ou de superioridade familiar do casamento em relação à outra espécie de entidade familiar. Sendo assim, apenas o casamento (e não a união estável) representa ato jurídico cartorário e solene que gera presunção de publicidade do estado civil dos contratantes, atributo que parece ser a forma de assegurar a terceiros interessados ciência quanto a regime de bens, estatuto pessoal, patrimônio sucessório etc. Nesse contexto, como a outorga uxória para a prestação de fiança demanda absoluta certeza por parte dos interessados quanto à disciplina dos bens vigente, e como essa segurança só é obtida por meio de ato solene e público (como no caso do casamento), deve-se concluir que o entendimento presente na Súmula 332 do STJ – segundo a qual a 'fiança prestada sem autorização de um dos cônjuges implica a ineficácia total da garantia' –, conquanto seja aplicável ao casamento, não tem aplicabilidade em relação à união estável. Além disso, essa conclusão não é afastada diante da celebração de escritura pública entre os consortes, haja vista que a escritura pública serve apenas como prova relativa de uma união fática, que não se sabe ao certo quando começa nem quando termina, não sendo ela própria o ato constitutivo da união estável. Ademais, por não alterar o estado civil dos conviventes, para que dele o contratante tivesse conhecimento, ele teria que percorrer todos os cartórios de notas do Brasil, o que seria inviável e inexigível" (STJ, REsp 1.299.866/DF, Rel. Min. Luis Felipe Salomão, j. 25.02.2014).

O *decisum* merece elogios, especialmente por analisar muito bem as diferenças existentes entre as duas entidades familiares e suas repercussões para o Direito Contratual, notadamente para a fiança. A mesma afirmação consta da Edição n. 101 da ferramenta *Jurisprudência em Teses* do STJ: "a fiança prestada por fiador convivente em união estável, sem a outorga uxória do outro companheiro, não é nula, nem anulável" (Tese 8).

De toda sorte, cabe pontuar que o CPC/2015 equiparou a união estável ao casamento para todos os fins processuais, inclusive para a necessidade de a companheira dar a outorga para as demandas reais imobiliárias, desde que a união seja comprovada nos autos (art. 73, § 3.º, do CPC/2015). Como é notório, essa regra processual de exigência, já constante do art. 10 do CPC/1973 para o casamento, equivale ao art. 1.647, inciso II, do Código Civil ("Ressalvado o disposto no art. 1.648, nenhum dos cônjuges pode, sem autorização do outro, exceto no regime da separação absoluta: (...). II – pleitear, como autor ou réu, acerca desses bens ou direitos"). Sendo assim, fica fortalecido o argumento de que haveria a necessidade de outorga convivencial para todos os incisos do art. 1.647 do Código Civil, servindo o CPC/2015 como alento de relevo para a tese de equiparação total das duas entidades familiares.

Apesar da emergência da norma processual, continuo a entender que os demais incisos da norma material não se aplicam por analogia à união estável, por ser norma restritiva da autonomia privada.

## 6.18.2 Efeitos e regras da fiança no CC/2002

Não só as dívidas atuais ou presentes como também as dívidas futuras podem ser objeto de fiança (art. 821 do CC). No caso de a fiança garantir uma obrigação futura, o fiador não será demandado senão depois que se fizer certa e líquida a dívida do devedor principal.

A fiança pode ser total ou parcial, inclusive de valor inferior ao da obrigação principal e contraída em condições menos onerosas do que as do contrato principal. No entanto, a fiança nunca poderá ser superior ao valor do débito principal, pois o acessório não pode ser maior do que o principal. Sendo mais onerosa do que a obrigação principal, a fiança deverá ser reduzida ao limite da dívida que foi afiançada (art. 823 do CC).

Em regra, a fiança será total, ilimitada ou indefinida, garantindo a dívida com todos os seus acessórios, incluindo juros, multa, cláusula penal, despesas judiciais desde a citação do fiador, entre outros (art. 822 do CC). Entretanto, como restou claro, é possível que a fiança seja parcial por força do contrato (autonomia privada), sendo denominada *fiança limitada*.

Aplicando esse art. 822, colaciona-se *decisum* do Superior Tribunal de Justiça, deduzindo que "as despesas judiciais só serão arcadas pelo fiador a partir de sua citação. Segundo dispõe o art. 822 do CC, não sendo limitada, a fiança compreenderá todos os acessórios da dívida principal, inclusive as despesas judiciais, desde a citação do fiador. Isso para que a lei não se afaste da fundamental equidade, impondo ao fiador uma responsabilidade excessivamente onerosa, sem antes verificar se ele deseja satisfazer a obrigação que afiançou" (STJ, REsp 1.264.820/RS, Rel. Min. Luis Felipe Salomão, j. 13.11.2012, publicado no seu *Informativo* n. *509*).

As obrigações eivadas de nulidade absoluta não são suscetíveis de fiança, exceto se a nulidade resultar apenas da incapacidade pessoal do devedor, hipótese que pode ser reputada válida e eficaz (art. 824 do CC). Essa exceção não atinge o mútuo feito a menor sem autorização do representante, conforme o art. 588 do CC, sendo certo que o valor não pode ser reavido nem do mutuário, nem de seus fiadores (art. 824, parágrafo único, do CC).

Seguindo-se uma premissa da Reforma, de não mais utilizar o termo "menor", projeta-se no novo § 1.º do art. 824 do Código Civil a seguinte redação: "a exceção estabelecida neste artigo não abrange o caso de mútuo feito a criança ou adolescente". Além disso, consoante o § 2.º ora proposto, "as obrigações oriundas da invalidação ou da declaração de ineficácia da obrigação podem ser objeto de fiança, desde que haja estipulação expressa que indique o valor máximo a ser garantido". A nova previsão se aplica, por exemplo, às obrigações atingidas pela nulidade relativa e pela prescrição (ineficazes), admitindo-se a fiança em casos tais.

Diante do princípio da boa-fé que também rege a fiança, o fiador deve ser pessoa idônea. Se assim não o for, o credor poderá rejeitá-lo (art. 825 do CC). Na prática, essa idoneidade é provada pela ausência de protestos, de inscrição em cadastro de inadimplentes, pela existência de bens móveis ou imóveis, pela inexistência de demandas em geral.

Pelo mesmo dispositivo, o credor também poderá rejeitar o fiador se este não for domiciliado no Município onde a fiança será prestada ou, ainda, se não possuir bens suficientes para cumprir a obrigação. Isso porque o legislador presumiu a ocorrência de dificuldades quanto à satisfação obrigacional da dívida afiançada nessas situações. Para evitar a existência de obstáculos para essa satisfação é que existe a norma. Todavia, a regra pode ser afastada por acordo entre as partes, eis que é de ordem privada. Aliás, ilustrando, pode até ser mais interessante ao credor que o imóvel do fiador esteja em outro local, onde ele, credor, tem a sua residência.

Anoto que a Comissão de Juristas encarregada da Reforma do Código Civil propõe a retirada da dura e hoje injustificada exigência de que o fiador tenha domicílio no mesmo Município onde se tenha que prestar a fiança, bastando que esteja no mesmo Território Nacional. Conforme as justificativas da Subcomissão de Direito Contratual, "com a digitalização dos processos e dos registros públicos, perdeu o sentido restringir a pessoas domiciliadas no município a aptidão de serem indicadas como fiadoras. O fato de o fiador estar em outro município não acarretará prejuízos tão significativos assim a ponto de inviabilizar eventual execução. Além do mais, nada impede que, no contrato, as partes estabeleçam outras regras objetivas de elegibilidade de fiadores. A lei aqui apenas estabelece o padrão".

Também são alterados os parâmetros para a ciência a respeito da existência de bens do fiador, passando a norma do art. 825 a expressar o seguinte: "quando alguém houver de oferecer fiador, o credor não pode ser obrigado a aceitá-lo, se não for pessoa idônea, domiciliada no território nacional em que tenha de prestar a fiança nem poderá aceitar a garantia dada por quem, comprovadamente, o credor sabia ou deveria saber, não possuía bens penhoráveis suficientes para cumprir a obrigação". A locução "deveria saber" traz como encargo uma maior responsabilidade dos credores, o que vem em boa hora.

Voltando-se ao sistema vigente, a mesma tese de facilitação do crédito serve para justificar o art. 826 do CC pelo qual, tornando-se insolvente ou incapaz o fiador, o credor poderá exigir a sua substituição. Essa não substituição do fiador pode gerar o vencimento antecipado de dívidas, conforme o art. 333, III, do CC em vigor.

O fiador não é devedor solidário, mas subsidiário, em regra. Isso porque tem a seu favor o chamado *benefício de ordem* ou *de excussão*, pelo qual será primeiro demandado o devedor principal. Prevê o art. 827 do CC/2002 que "o fiador demandado pelo pagamento da dívida tem direito a exigir, até a contestação da lide, que sejam primeiro executados os bens do devedor".

O fiador que alega o benefício de ordem deve nomear bens livres e desembargados do devedor principal que bastem para a satisfação da dívida, localizados no mesmo município onde corre a cobrança da dívida (parágrafo único do art. 827).

A Reforma do Código Civil propõe apenas uma melhora da redação do *caput* do seu art. 827, para deixá-lo mais claro, sem mudanças no seu conteúdo, *in verbis*: "o fiador demandado pelo pagamento da dívida tem direito a exigir, até a contestação da lide, que sejam primeiramente executados os bens do devedor". O termo "sejam primeiro" é assim substituído por "sejam primeiramente".

Como exceções à regra anterior, o art. 828 do CC em vigor consagra hipóteses em que o fiador não poderá alegar o benefício de ordem, a saber:

I) se ele o renunciou expressamente;

II) se se obrigou como principal pagador, ou devedor solidário;

III) se o devedor for insolvente, ou falido.

Como se pode aduzir, as hipóteses dos incisos I e II são casos em que o fiador abre mão, por força de previsão no contrato, do direito de alegar um benefício que a lei lhe faculta. Justamente porque o fiador está renunciando a um direito que lhe é inerente é que, na *IV Jornada de Direito Civil*, foi aprovado enunciado doutrinário prevendo que a renúncia ao benefício de ordem será nula quando inserida em contrato de adesão (Enunciado n. 364 do CJF/STJ).

Para esse art. 828 do Código Civil, a Comissão de Juristas encarregada da sua Reforma propõe a inclusão de um parágrafo único, trazendo para a norma o teor desse Enunciado n. 364 da *IV Jornada de Direito Civil*, destacado nos meus comentários, a saber: "em contratos de adesão, são nulas de pleno direito as cláusulas de renúncia ao benefício de ordem ou de imposição de solidariedade ao fiador". Com isso, resolve-se mais uma divergência prática verificada nos mais de vinte anos da atual Lei Geral Privada.

## 954 | MANUAL DE DIREITO CIVIL • VOLUME ÚNICO – *Flávio Tartuce*

Como se pode perceber da atual leitura dos arts. 827 e 828 do CC, não há solidariedade legal entre o fiador e o devedor principal. No máximo, poderá existir solidariedade convencional por força de contrato paritário. Entre fiador e devedor principal a regra é de responsabilidade subsidiária.

Porém, o art. 829 do CC traz como regra a solidariedade *entre fiadores*, dispondo que "a fiança conjuntamente prestada a um só débito por mais de uma pessoa importa o compromisso de solidariedade entre elas, se declaradamente não se reservarem o benefício de divisão". A parte final desse dispositivo traz uma exceção à regra, podendo as partes convencionar a divisão da dívida entre os fiadores (*benefício de divisão*). Sendo estipulado esse benefício, cada fiador responderá unicamente pela parte que, em proporção, lhe couber no pagamento (divisão *pro rata*) – art. 829, parágrafo único.

O art. 830 do CC complementa o teor do dispositivo anterior ao consagrar que cada fiador poderá fixar no contrato a parte da dívida que toma sob sua responsabilidade, caso em que não será por mais obrigado. A regra, portanto, é a da divisão igualitária, o que não obsta que o contrato preveja divisões da responsabilidade de forma diferenciada, em decorrência da autonomia privada das partes.

Nas hipóteses aqui discutidas, o fiador que pagar integralmente a dívida ficará sub-rogado nos direitos do credor; mas só poderá demandar a cada um dos outros fiadores pela respectiva quota (art. 831 do CC). Eventual parte de fiador insolvente deverá ser distribuída entre os outros. Como os fiadores são devedores de mesma classe, aquele que paga somente poderá cobrar dos demais as quotas respectivas.

A Comissão de Juristas, no Projeto de Reforma do Código Civil, sugere uma melhora no tratamento do tema da *sub-rogação legal* em favor do fiador e de seus efeitos no art. 831, com redações mais completas e claras quanto à eficácia desse pagamento feito pelo fiador e à consequente substituição na dívida. Assim, nos termos do *caput* e do § 1.º, que são mantidos, pelo menos parcialmente, "o fiador que pagar integralmente a dívida fica sub-rogado nos direitos do credor. (...) A parte do fiador insolvente distribuir-se-á pelos outros fiadores". Pelo novo § 2.º, que traz de forma separada os efeitos na relação interna entre os fiadores e o consequente fracionamento da dívida entre eles, "o fiador só poderá voltar-se contra cada um dos outros fiadores na proporção de suas respectivas quotas".

Porém, em se tratando do devedor principal, repetindo o que está no art. 285 do Código Civil, passa o § 3.º a expressar que, "no caso de a obrigação principal ser solidária, o fiador pode voltar-se contra cada um dos codevedores solidários pela dívida inteira". Por fim, o novo § 4.º do art. 831 enunciará que "o fiador que alegar o benefício de ordem, a que se refere este artigo, deve nomear bens do devedor, preferencialmente, situados no mesmo município, livres e desembaraçados, quantos bastem para solver o débito".

De volta ao sistema vigente, o devedor responderá perante o fiador por todas as perdas e danos que este pagar e pelos que sofrer em razão da fiança (art. 832 do CC). Por essa regra percebe-se que o fiador poderá, por força do contrato, responsabilizar-se por outros valores que não seja a dívida e os seus acessórios, como aqueles correspondentes às perdas e danos. É bem discutível a responsabilização do fiador por essas perdas e danos, quando a cláusula de responsabilidade constar em contrato de adesão. Isso porque, em regra, o fiador não responde por tais prejuízos, uma vez que a fiança não admite interpretação extensiva.

No caso de pagamento, o fiador tem direito aos juros do desembolso pela taxa estipulada na obrigação principal, e, não havendo taxa convencionada, aos juros legais da mora (art. 833 do CC). Como é notório, os juros legais de mora constantes do art. 406 do CC são de 1% ao mês ou 12% ao ano, segundo o entendimento doutrinário e jurisprudencial dominante.

CAP. 6 • CONTRATOS EM ESPÉCIE (CONTRATOS TÍPICOS DO CC/2002) | **955**

O art. 834 do CC traz um direito a favor do fiador. Quando o credor, sem justa causa, deixar de dar andamento à execução iniciada contra o devedor, poderá o fiador fazê-lo. Anote-se que, pelo art. 778, § 1.º, inc. IV, do CPC/2015 (correspondente ao art. 567, inc. III, do CPC/1973), também poderá promover a execução ou nela prosseguir o sub-rogado, nos casos de sub-rogação legal ou convencional. E, como se sabe, a hipótese do fiador que paga a dívida é justamente a de sub-rogação legal.

O art. 835 do CC/2002 é um dos mais comentados da atual codificação material, diante de sua grande repercussão prática, *in verbis*:

> "Art. 835. O fiador poderá exonerar-se da fiança que tiver assinado sem limitação de tempo, sempre que lhe convier, ficando obrigado por todos os efeitos da fiança, durante sessenta dias após a notificação do credor".

Trata-se de uma norma especial, aplicável para a fiança sem prazo determinado ou, em outras palavras, para a fiança celebrada com prazo indeterminado. Para esses casos, o fiador poderá exonerar-se a qualquer tempo, mediante notificação, judicial ou extrajudicial, dirigida ao credor com quem mantém o contrato. A garantia se estende até sessenta dias após a notificação, estando o fiador totalmente exonerado depois desse prazo. O caso é de resilição unilateral, eis que a lei expressamente assegura esse direito potestativo ao fiador. A Lei 12.112/2009 introduziu o mesmo sistema para a fiança locatícia, com a diferença que a garantia persiste por mais 120 dias após a notificação do credor (locador) – art. 40, inc. X, da Lei 8.245/1991.

Conforme reconheceu recente julgado do STJ, cabe ao fiador provar que a notificação foi efetivada, uma vez que "não se pode conceber a exoneração do fiador com o simples envio de notificação, pois só com a ciência pessoal do credor é que se inicia o prazo de 60 (sessenta) dias previsto no art. 835 do CC/02, razão pela qual caberá ao fiador, em situação de eventual litígio, o ônus de provar não só o envio, mas o recebimento da notificação pelo credor" (STJ, REsp 1.4282.71/MG, 3.ª Turma, Rel. Min. Nancy Andrighi, j. 28.03.2017, *DJe* 30.03.2017). Diante do dever de informação decorrente da boa-fé objetiva, estou totalmente filiado ao julgado.

No caso envolvendo a fiança locatícia, a propósito, em que o prazo de garantia é de 120 dias após a notificação, nos termos específicos que constam do art. 40, inc. X, da Lei de Locação, o Superior Tribunal de Justiça concluiu que essa previsão não significa a necessidade de que a notificação seja realizada apenas no período da indeterminação do contrato de locação, "podendo, assim, os fiadores, no curso da locação com prazo determinado, notificar o locador de sua intenção exoneratória, mas os seus efeitos somente poderão se projetar para o período de indeterminação do contrato. Notificado o locador ainda no período determinado da locação acerca da pretensão de exoneração dos fiadores, os efeitos desta exoneração somente serão produzidos após o prazo de 120 dias da data em que se tornou indeterminado o contrato de locação, e não da notificação" (STJ, REsp 1.798.924/RS, 3.ª Turma, Rel. Min. Paulo de Tarso Sanseverino, j. 14.05.2019, *DJe* 21.05.2019).

À primeira leitura, o acórdão causou-me perplexidade. Porém, trata-se de correta e justa mitigação do texto legal, ao possibilitar a exoneração do fiador ainda na vigência do contrato com prazo determinado, tutelando o dever de informar decorrente da boa-fé e com vistas à manutenção do contrato principal.

Questão de debate se refere à possibilidade de renúncia ao direito de exonerar-se, por expressa previsão no contrato de fiança. Filia-se ao entendimento segundo o qual se trata de norma de ordem pública, o que faz com que a renúncia convencional seja nula, para qualquer contrato. Entre tantos, essa é a opinião do Desembargador do TJSP, Cláudio Antônio Soares Levada.[93]

Para encerrar a temática, dois novos parágrafos são sugeridos pela Comissão de Juristas encarregada da Reforma do Código Civil a respeito do seu art. 835 e do *direito de exoneração unilateral* em favor do fiador. Pelo primeiro, há o reconhecimento de que a norma é cogente ou de ordem pública no tocante ao direito potestativo atribuído por lei, não podendo ser afastada ou renunciada: "§ 1º A renúncia pelo fiador do direito de que trata este artigo é nula de pleno direito". Por outro lado, reconhece-se que o prazo de sessenta dias pode ser dobrado, para cento e vinte dias, exatamente como está previsto no art. 40, inc. X, da Lei de Locação: "§ 2º Permite-se às partes estipularem prazo superior ao indicado no *caput* deste artigo, desde que não ultrapasse cento e vinte dias".

Sem prejuízo da exoneração por ato unilateral (art. 835 do CC), gera a extinção da fiança a morte do fiador, conforme o art. 836 do CC. Vale transcrevê-lo para que não haja interpretações equivocadas:

> "Art. 836. A obrigação do fiador passa aos herdeiros; mas a responsabilidade da fiança se limita ao tempo decorrido até a morte do fiador, e não pode ultrapassar as forças da herança".

Pode parecer que o dispositivo indica que a condição de fiador transmite-se aos herdeiros. Nada disso. O contrato de fiança é personalíssimo, *intuitu personae*, sendo extinto pela morte do fiador. Utilizando-se a feliz expressão de Orlando Gomes, há, na espécie, uma cessação contratual. Entretanto, as obrigações vencidas enquanto era vivo o fiador transmitem-se aos herdeiros, até os limites da herança.

Para ainda tratar dos efeitos da fiança, a Comissão de Juristas nomeada pelo Senado Federal para a Reforma do Código Civil sugere a inclusão do art. 836-A no Código Civil, relativo ao dever de informação ao fiador de circunstância fundamental a respeito do contrato principal, qual seja, o seu inadimplemento, sendo certo que, como visto, a fiança não admite interpretação extensiva. Pela norma projetada, no prazo máximo de noventa dias do inadimplemento da dívida ou de parcela desta, o credor é obrigado: I – a comunicar ao fiador o fato, admitido o uso de canal eletrônico de comunicação indicado no contrato de fiança; e II – a adotar medidas efetivas de cobrança forçada da dívida. Ademais, como está no seu proposto parágrafo único, "no caso de descumprimento ao disposto no *caput* deste artigo, o fiador ficará exonerado dos encargos acessórios incidentes após o transcurso do prazo". A proposta tem conteúdo ético indiscutível, consolidando na lei um dos mais importantes deveres anexos, relativos ao princípio da boa-fé objetiva.

Também há sugestão relevante de um novo art. 836-B, para tratar do direito do fiador em exigir o pagamento ou o cumprimento da obrigação principal, com um procedimento específico. Pelo texto construído pelos juristas da Subcomissão de Direito Contratual, "constitui direito do fiador agir em seu nome próprio mas no interesse do credor, na cobrança da dívida, desde que o credor não tenha iniciado nenhum procedimento contra o devedor, após noventa dias do inadimplemento da dívida". Os parágrafos do preceito tratam de regras procedimentais a respeito dessa cobrança, prevendo o seu § 1.º que "o credor será intimado, no início do procedimento de cobrança, antes da citação do devedor, sendo admitido que ingresse como parte ao lado do autor, ou se este consentir, em seu lugar independentemente do consentimento da parte contrária".

---

[93] LEVADA, Cláudio Antônio Soares. Fiança locatícia. In: CASCONI, Francisco Antonio; AMORIM, José Roberto Neves. *Locações*: aspectos relevantes. São Paulo: Método, 2004. p. 60.

CAP. 6 • CONTRATOS EM ESPÉCIE (CONTRATOS TÍPICOS DO CC/2002) | **957**

Além disso, "o fiador deverá levantar os valores obtidos no procedimento de cobrança, na hipótese de inércia do credor, situação em que se sub-rogará nos deveres do devedor, até o limite do valor levantado" (§ 2.º). Entende-se como procedimento de cobrança para os fins da proposta "qualquer medida que siga as vias judiciais ou extrajudiciais admitidas pelo ordenamento para a expropriação de bens do devedor, com finalidade de solver a dívida" (§ 3.º do novo art. 836-B). A proposição é louvável, com o fim de facilitar o recebimento do crédito e proteger o fiador, devendo ser aprovada pelo Congresso Nacional.

Feita essa nota de atualização e o estudo das propostas de futuro para a legislação brasileira, além da extinção da fiança em decorrência da morte do fiador e da resilição unilateral anteriormente estudada, os arts. 837 a 839 do CC trazem outras causas de extinção. Vejamos:

- Nos termos do art. 837 do CC, o fiador poderá opor ao credor as defesas ou exceções que lhe forem pessoais e que geram a extinção do contrato (*v.g.*, nulidade, anulabilidade, incapacidade). Poderá alegar também as defesas extintivas da obrigação que competem ao devedor principal (*v.g.*, pagamento direto ou indireto, prescrição).

- O fiador, ainda que solidário, ficará desobrigado se, sem o seu consentimento, o credor conceder moratória ao devedor (art. 838, I). O Superior Tribunal de Justiça entende que a regra também se aplica no caso de transação entre as partes, o que parece óbvio: "Conquanto a transação e a moratória sejam institutos jurídicos diversos, ambas têm o efeito comum de exoneração do fiador que não anuiu com o acordo firmado entre credor e devedor (art. 838, I, do CC)" (STJ, REsp 1.013.436/RS, Rel. Min. Luis Felipe Salomão, j. 11.09.2012, publicado no seu *Informativo* n. *504*).

- A fiança será extinta se, por fato do credor, for impossível a sub-rogação nos seus direitos e preferências. A título de exemplo, pode ser citado o caso em que o credor renuncia a eventual preferência sobre coisa que detinha, em decorrência de direito real de garantia, hipótese em que não interessará a sub-rogação ao fiador.

- A fiança ainda será extinta se o credor, em pagamento da dívida, aceitar amigavelmente do devedor objeto diverso do conteúdo da dívida obrigada, ainda que depois venha a perdê-lo em decorrência de evicção (dação em pagamento).

- O art. 839 do CC enuncia que se for invocado o benefício de ordem e o devedor, retardando-se a execução, cair em insolvência, ficará exonerado o fiador que invocou este benefício. Para tanto, deverá o fiador comprovar que os bens por ele indicados eram, ao tempo da penhora, suficientes para a solução da dívida afiançada. A norma tende a punir a inoperância do credor, a negligência do mesmo em receber a sua dívida.

Além do que consta nesses dispositivos, a extinção da fiança pode ocorrer também por ato amigável entre o fiador e o credor (distrato) ou por decisão judicial em *ação de exoneração de fiança*, que seguia o rito ordinário (CPC/1973), atual procedimento comum (CPC/2015). Nessa ação, caberá ao fiador alegar todas as causas aqui elencadas, seja em relação à fiança, seja em relação à dívida garantida.

Para encerrar o tópico, sobre a extinção da fiança, são propostos alguns aperfeiçoamentos no art. 838 do Código Civil e novas previsões legais, no Projeto de Reforma do Código Civil. Em relação ao inciso III, sugere-se a menção, com clareza, à dação em pagamento e à evicção judicial ou extrajudicial ("nos casos de dação em pagamento, ainda que a coisa dada depois venha a ser perdida por evicção judicial ou extrajudicial"). Para o proposto novo inciso IV, haverá a extinção da fiança "se o credor violar dever legal impositivo na oferta e na concessão do crédito". Também se insere a extinção da fiança "se houver alteração da obrigação principal sem consentimento do fiador", hipótese já consagrada em doutrina e jurisprudência, uma vez que a fiança não admite interpretação extensiva (art. 819 do CC).

Com vistas a trazer uma maior segurança jurídica, a Comissão de Juristas ainda propõe a inclusão de um parágrafo único no art. 838, enunciando que "a extinção da fiança nas hipóteses deste artigo é automática e prevalece sobre qualquer prazo legal ou contratual de sua subsistência após a resilição unilateral". Não se pode negar que todas as proposições trazem uma maior estabilidade para o contrato em estudo.

## 6.19 DA TRANSAÇÃO (ARTS. 840 A 850 DO CC)

A transação consiste no contrato pelo qual as partes pactuam a extinção de uma obrigação por meio de concessões mútuas ou recíprocas, o que também pode ocorrer de forma preventiva (art. 840 do CC). Interessante verificar, contudo, que se ambas as partes não cedem, não há que se falar em transação. Se não há essas concessões mútuas ou recíprocas, não está presente a transação, mas um mero acordo entre as partes.

As partes do contrato são denominadas *transigentes* ou *transatores*. Segundo a jurisprudência, a transação, mormente a judicial, gera efeitos como a coisa julgada (nesse sentido, ver: STJ, REsp 486.056/RJ, 3.ª Turma, Rel. Min. Nancy Andrighi, j. 18.11.2004, *DJ* 06.12.2004, p. 285).

Quanto à sua natureza jurídica, trata-se de um contrato bilateral, oneroso, consensual e comutativo, devendo ter como objeto apenas direitos obrigacionais de cunho patrimonial e de caráter privado (art. 841 do CC). Exemplificando, a transação não pode ter como objeto os direitos da personalidade ou aqueles relacionados a aspectos existenciais do Direito de Família – caso dos alimentos e das relações de parentesco, por exemplo.

Anote-se, contudo, que tem se admitido amplamente a transação quanto aos alimentos, por supostamente envolver direitos patrimoniais. Todavia, na minha opinião doutrinária, os alimentos estão mais para os direitos existenciais de personalidade do que para os direitos patrimoniais, sendo vedada a transação quanto à sua existência. Relativamente ao seu valor, é possível a transação, o que não afasta a possibilidade de discussão posterior, havendo necessidade.

As ações de estado também não podem ser objeto de transação por trazerem, na essência, os direitos da personalidade. Nessa linha, merece destaque julgado do mesmo Tribunal Superior, de 2018:

> "O formalismo ínsito às questões e ações de estado não é um fim em si mesmo, mas, ao revés, justifica-se pela fragilidade e relevância dos direitos da personalidade e da dignidade da pessoa humana, que devem ser integralmente tutelados pelo Estado".

Sendo assim, considerou-se como inadmissível a homologação de acordo extrajudicial de retificação de registro civil em juízo, "ainda que fundada no princípio da instrumentalidade das formas, devendo ser respeitados os requisitos e o procedimento legalmente instituídos para essa finalidade, que compreendem, dentre outros, a investigação acerca de erro ou falsidade do registro anterior, a concreta participação do Ministério Público, a realização de prova pericial consistente em exame de DNA em juízo e sob o crivo do mais amplo contraditório e a realização de estudos psicossociais que efetivamente apurem

## CAP. 6 • CONTRATOS EM ESPÉCIE (CONTRATOS TÍPICOS DO CC/2002) | 959

a existência de vínculos socioafetivos com o pai registral e com a sua família extensa" (STJ, REsp 1.698.717/MS, 3.ª Turma, Rel. Min. Nancy Andrighi, j. 05.06.2018, *DJe* 07.06.2018).

O contrato de transação é não solene, como regra geral. Mas, eventualmente, haverá a necessidade de escritura pública, se o contrato tiver por objeto um bem imóvel, podendo assumir a forma de contrato solene. Enuncia o art. 842 do CC que "A transação far-se-á por escritura pública, nas obrigações em que a lei o exige, ou por instrumento particular, nas em que ela o admite; se recair sobre direitos contestados em juízo, será feita por escritura pública, ou por termo nos autos, assinado pelos transigentes e homologado pelo juiz". Para os demais casos, exige-se, pelo menos, a forma escrita (contrato formal e não solene). Em resumo, o dispositivo traz as duas formas básicas que a transação pode assumir:

> a) *Transação judicial* ou *extintiva*: feita perante o juiz, havendo litígio em relação à determinada obrigação. A lei prevê a necessidade de escritura pública ou de termo nos autos, assinado pelas partes e homologado pelo juiz da causa.
>
> b) *Transação extrajudicial* ou *preventiva*: realizada com o intuito de prevenir eventual litígio judicial, não havendo maiores solenidades apontadas pela lei, exigindo-se apenas a forma escrita.

Nos dois casos, a transação deve ser interpretada de forma restritiva, nunca de forma extensiva. Isso porque o negócio é benéfico, de restrição de direitos obrigacionais das partes. O julgado a seguir traz importante aplicação dessa conclusão, particularmente ao contrato de trabalho:

> "Transação firmada na Justiça do Trabalho. Cláusula que estipula renúncia ao pedido de indenização na Justiça comum. Precedentes da Corte. 1. A transação deve ser interpretada restritivamente, como neste caso, quando firmada na Justiça do Trabalho com cláusula de renúncia ao pedido de indenização na Justiça comum, sem que haja sequer a especificação da verba acordada para pôr fim à reclamação trabalhista. 2. Recurso especial não conhecido" (STJ, REsp 565.257/RO, 3.ª Turma, Rel. Min. Carlos Alberto Menezes Direito, j. 14.06.2004, *DJ* 30.08.2004, p. 282).

Por meio da transação não se transmitem, mas apenas se declaram ou reconhecem direitos (art. 843 do CC). Mesmo com essas limitações, em alguns casos é possível transigir acerca do *quantum* a ser pago, como ocorre nas hipóteses de transação envolvendo indenização fundada na responsabilidade civil ou quanto ao valor dos alimentos. Justamente por isso é que a transação é tida como um contrato de natureza declaratória, pois gera a extinção de obrigações.

Diante da sua natureza contratual, a transação não aproveita nem prejudica terceiros, senão aos que nela intervierem, ainda que diga respeito a coisa indivisível, gerando efeitos *inter partes*, em regra (art. 844 do CC). Entretanto, o próprio dispositivo traz algumas exceções:

> 1.ª) Se a transação for concluída entre o credor e o devedor sem o conhecimento do fiador, este ficará desobrigado.
>
> 2.ª) Sendo efetuada entre um dos credores solidários e o devedor, extingue-se a obrigação deste para com os outros credores.
>
> 3.ª) Se realizada entre um dos devedores solidários e seu credor, extingue-se a dívida em relação aos codevedores.

Ainda no que concerne ao dispositivo em questão, na *V Jornada de Direito Civil*, evento de 2011, aprovou-se enunciado com interessante enfoque prático, estabelecendo que "a transação, sem a participação do advogado credor dos honorários, é ineficaz quanto aos honorários sucumbenciais definidos no julgado" (Enunciado n. 442 do CJF/STJ).

No Projeto de Reforma do Código Civil é feita apenas uma proposta pontual para esse art. 844, além de pequenos ajustes em sua redação. A proposição é de que o § 1.º passe a mencionar outras obrigações acessórias, além da fiança, da seguinte forma: "se for concluída entre o credor e o devedor, desobrigará o fiador e gerará a extinção de outras obrigações acessórias". Com isso, a norma passará a ser aplicada ao seguro-garantia, ilustrando um dos seus exemplos.

Retornando-se à norma vigente, ocorrendo a evicção da coisa renunciada por um dos transigentes, ou por ele transferida à outra parte, não reviverá a obrigação extinta pela transação; mas ao evicto cabe o direito de reclamar perdas e danos (art. 845 do CC). Insta confrontar o dispositivo com o art. 359 do CC, pelo qual, na dação em pagamento, ocorrendo a evicção da coisa dada, retornará a prestação primitiva, com todos os seus efeitos, salvo os direitos de terceiros. Como se pode perceber, isso não ocorre na transação, o que diferencia os dois institutos quanto aos efeitos.

De qualquer modo, a transação é instituto totalmente diverso da dação em pagamento, forma de pagamento indireto em que ocorre a mera substituição da prestação. A transação é um contrato típico que extingue obrigações por meio de mútuas concessões.

Aliás, a transação também não se confunde com a novação, pois ela não cria uma nova obrigação. Na transação, a obrigação é somente *diminuída* pelo acordo entre as partes; enquanto a novação não é um contrato, mas sim negócio jurídico bilateral (forma de pagamento indireto).

Ainda no que concerne ao art. 845 do CC, prescreve o seu parágrafo único que se um dos transigentes adquirir, depois da transação, novo direito sobre a coisa renunciada ou transferida, a transação feita não o inibirá de exercê-lo. Exemplificando, se o transigente tiver frutos a colher sobre o bem, poderá cobrá-los na forma da lei processual.

No que interessa à transação civil concernente a obrigações resultantes de delito, esta não extingue a ação penal pública (art. 846 do CC). Isso porque a responsabilidade civil independe da criminal, e vice-versa, nos termos do art. 935 do CC. Para Pablo Stolze Gagliano e Rodolfo Pamplona Filho, com razão, a regra é desnecessária, tendo em vista princípios de ordem pública e de preservação social.[94]

Diante do seu caráter declaratório, é admissível, na transação, a pena convencional, multa ou cláusula penal (art. 847 do CC). No que concerne à multa compensatória, deve-se observar o limite constante do art. 412 do CC (valor da obrigação principal), cabendo a redução por equidade constante do art. 413 do CC se a cláusula penal for exagerada. No caso de multa moratória deverão ser observados os limites que constam em leis específicas, como é o montante de 2% (dois por cento) do valor da dívida, para os casos de relação de consumo, conforme o art. 52, § 1.º, do CDC.

Em decorrência do princípio da indivisibilidade adotado pelo Código Civil no art. 848, sendo nula qualquer cláusula da transação, nula será toda ela. Aplicando esse dispositivo, o Superior Tribunal de Justiça aduziu, em aresto de 2017, que "o Código Civil de 2002, demonstrando maior apuro técnico que o Diploma civilista de 1916, incluiu a transação no título das 'várias espécies de contratos'". Assim sendo, são características desse contrato

---

[94] GAGLIANO, Pablo Stolze e PAMPLONA FILHO, Rodolfo. *Novo curso de Direito Civil*. São Paulo: Saraiva, 2008. v. IV, t. II, p. 227.

"a consensualidade, a bilateralidade, a onerosidade, a indivisibilidade e a formalidade. Se apenas um faz concessão, poderá haver renúncia ou reconhecimento, não uma transação. A dupla concessão é o elemento essencial da transação; é a sua diferença específica em relação a figuras jurídicas análogas".

Como consequência dessa afirmação, e aplicando o art. 848 do Código Civil, o julgado conclui que "o escólio doutrinário é uníssono no sentido de que a indivisibilidade é da própria essência da transação, que deve formar um todo unitário e indivisível. Com efeito, a nulidade de uma das cláusulas provoca a nulidade de toda obrigação para o retorno ao *statu quo ante*. Dessarte, como a migração ocorreu por meio de transação, conforme dispõe o art. 848 do CC, sendo nula qualquer das cláusulas da transação, independentemente da natureza constitucional ou infraconstitucional do fundamento invocado para o reconhecimento do vício, nula será esta – o que implicaria o retorno ao *statu quo ante*, o que nem sequer é cogitado pelos autores, ora recorridos, malgrado afirmem ter sido lesados". Cabe esclarecer que o *decisum* trata de transação e migração em contrato de previdência privada complementar (STJ, REsp 1.551.488/MS, 2.ª Seção, Rel. Min. Luis Felipe Salomão, j. 14.06.2017, *DJe* 1.º.08.2017).

O que se percebe é que, em regra, não se aplica o princípio da conservação contratual (Enunciado n. 22 do CJF/STJ), também diante do que consta do art. 843 do CC, pelo qual a transação não admite interpretação extensiva. Porém, a aplicação do princípio é possível em casos especiais, prevendo o parágrafo único do art. 848 do CC que, na hipótese em que a transação versar sobre diversos direitos contestados e independentes entre si, o fato de não prevalecer em relação a um não prejudicará os demais. Sintetizando, a nulidade de um direito não pode atingir outros, havendo independência entre eles.

O art. 849 do CC, outra norma especial, preconiza que "a transação só se anula por dolo, coação, ou erro essencial quanto à pessoa ou coisa controversa. Parágrafo único. A transação não se anula por erro de direito a respeito das questões que foram objeto de controvérsia entre as partes". Dúvidas surgem a respeito da redação do dispositivo: a transação não se anula pelos demais vícios do negócio jurídico? Não se anula por lesão, por estado de perigo ou por fraude contra credores? Haverá nulidade absoluta no caso de simulação? Seria um descuido do legislador atual a exemplo do que fez o legislador anterior? Vale lembrar que o art. 1.030 do CC/1916 tinha a seguinte redação: "a transação produz entre as partes o efeito de coisa julgada, e só se rescinde por dolo, violência, ou erro essencial quanto à pessoa ou coisa controversa".

Na doutrina o equívoco é percebido por vários doutrinadores. Pablo Stolze Gagliano e Rodolfo Pamplona Filho apontam que o dispositivo não afasta a nulidade relativa ou anulabilidade por estado de perigo, lesão e fraude contra credores, e, principalmente, a nulidade absoluta diante da simulação, particularmente porque o art. 167 do CC é norma de ordem pública.[95] A opinião é compartilhada por Sílvio de Salvo Venosa.[96] Como não poderia ser diferente, filia-se aos juristas, sendo certo que à transação deverá ser aplicada a teoria das nulidades tratada na Parte Geral do CC/2002. Conclui-se, nesse diapasão, que o rol do art. 849, *caput*, do CC é meramente exemplificativo (*numerus apertus*), e não taxativo (*numerus clausus*).

Justamente para resolver esses problemas, no atual Projeto de Reforma do Código Civil sugere-se a necessária alteração do art. 849 do Código Civil, passando o *caput* da

---

[95] GAGLIANO, Pablo Stolze e PAMPLONA FILHO, Rodolfo. *Novo curso de Direito Civil*. São Paulo: Saraiva, 2008. v. IV, t. II, p. 221.

[96] VENOSA, Sílvio de Salvo. *Código Civil interpretado*. São Paulo: Atlas, 2010. p. 764.

norma a prever que "a transação será anulada nas mesmas hipóteses de anulação do negócio jurídico, previstas no art. 171 deste Código". Amplia-se a anulação, portanto, a todos os casos de nulidade relativa ou anulabilidade, incluindo todo os vícios ou defeitos do negócio jurídico. Quanto ao parágrafo único, mantém-se a exceção do erro de direito, que continua não anulando a transação, com texto aprimorado: "como exceção à regra do *caput*, a transação não se anula por erro de direito a respeito das questões que foram objeto de controvérsia entre as partes". Mais uma vez, portanto, almeja-se resolver dilema percebido nos mais de vinte anos de vigência do Código Civil.

A encerrar o tratamento legislativo da transação, determina o art. 850 do CC que é nula a transação a respeito do litígio decidido por sentença passada em julgado, se dela não tinha ciência algum dos transatores, ou quando, por título ulteriormente descoberto, se verificar que nenhum deles tinha direito sobre o objeto da transação. A norma é de ordem pública, pois o caso é de *nulidade textual* (art. 166, inc. VII, do CC). O exemplo apresentado por Sílvio Venosa elucida bastante a amplitude da norma: "acordam, por exemplo, as partes em transigir acerca da posse ou da propriedade de um imóvel. Depois se verifica que a posse ou a propriedade é de um terceiro; falece de objeto a transação efetuada".[97]

Como última nota a respeito da transação, a jurisprudência do Superior Tribunal de Justiça tem entendido que, "em regra, é descabido o arrependimento e a rescisão unilateral da transação, ainda que antes da homologação judicial". O aresto que traz essa afirmação, do ano de 2022, cita outros precedentes importantes:

> "É pacífica a jurisprudência desta Corte no sentido de que, em regra, é descabido o arrependimento e a rescisão unilateral da transação, ainda que antes da homologação judicial (AgInt no REsp 1.926.701/MG, Rel. Ministro Raul Araújo, Quarta Turma, julgado em 20/9/2021, *DJe* 15/10/2021). No mesmo sentido: '1. A jurisprudência do STJ firmou-se no sentido de que não é possível a desistência unilateral da transação, ainda que antes de sua homologação. No caso, o acórdão recorrido está em conformidade com a orientação jurisprudencial do STJ. Incidência da Súmula 83/STJ. (...) (AgInt no AREsp 1.507.448/SP, Rel. Ministro Luis Felipe Salomão, Quarta Turma, julgado em 17/12/2019, *DJe* 4/2/2020)'. '1. É descabido o arrependimento e rescisão unilateral da transação, ainda que não homologada de imediato pelo Juízo. Uma vez concluída a transação as suas cláusulas ou condições obrigam definitivamente os contraentes, e sua rescisão só se torna possível 'por dolo, coação, ou erro essencial quanto à pessoa ou coisa controversa' (CC/2002, art. 849) (AgInt no REsp 1.793.194/PR, Rel. Ministro Marco Aurélio Bellizze, Terceira Turma, julgado em 2/12/2019, *DJe* 5/12/2019)'" (STJ, Ag. Int. no AREsp 1.952.184/SC, 4.ª Turma, Rel. Min. Maria Isabel Gallotti, por unanimidade, j. 22.08.2022, *DJe* 25.08.2022).

Essa posição, portanto, é consolidada para a prática, devendo ser levada em conta para os casos concretos.

## 6.20 DO COMPROMISSO (ARTS. 851 A 853 DO CC)

O compromisso é o acordo de vontades por meio do qual as partes, preferindo não se submeter à decisão judicial, confiam a árbitros a solução de seus conflitos de interesse, de cunho patrimonial. O compromisso, assim, é um dos meios jurídicos que pode conduzir à arbitragem.

Nos dizeres de Carlos Alberto Carmona a arbitragem constitui um "meio alternativo de solução de controvérsia através da intervenção de uma ou mais pessoas que recebem

---

[97] VENOSA, Sílvio de Salvo. *Código Civil interpretado*. São Paulo: Atlas, 2010. p. 764.

seus poderes de uma convenção privada, decidindo com base nela, sem intervenção estatal, sendo a decisão destinada a assumir a mesma eficácia da sentença judicial".[98] Para o jurista, a *arbitragem é jurisdição*, sendo essa a opção da Lei 9.307/1996.

Concluindo desse modo, a assertiva n. 9, publicada na Edição n. 122 da ferramenta *Jurisprudência em Teses*, do STJ dedicada à arbitragem (2019): "a atividade desenvolvida no âmbito da arbitragem possui natureza jurisdicional, o que torna possível a existência de conflito de competência entre os juízos estatal e arbitral, cabendo ao Superior Tribunal de Justiça – STJ o seu julgamento". São citados como alguns dos precedentes: CC 157.099/RJ, 2.ª Seção, Rel. Min. Marco Buzzi, Rel. p/ Acórdão Min. Nancy Andrighi, j. 10.10.2018, *DJe* 30.10.2018; CC 150.830/PA, 2.ª Seção, Rel. Min. Marco Aurélio Bellizze, j. 10.10.2018, *DJe* 16.10.2018; Ag. Int. no CC 156.133/BA, 1.ª Seção, Rel. Min. Gurgel de Faria, j. 22.08.2018, *DJe* 21.09.2018; e Ag.Int. no CC 153498/RJ, 2.ª Seção, Rel. Min. Moura Ribeiro, j. 23.05.2018, *DJe* 14.06.2018). Todavia, não se pode esquecer que "o árbitro não possui poder coercitivo direto, sendo-lhe vedada a prática de atos executivos, cabendo ao Poder Judiciário a execução forçada do direito reconhecido na sentença arbitral" (Tese 7, constante da mesma publicação).

Conforme assinala a doutrina civilista contemporânea, o conceito de compromisso é mais amplo do que o de arbitragem, pois, por meio do primeiro, as partes se remetem à segunda, para a solução de suas contendas.[99] Em suma, a partir das doutrinas aqui citadas, pode-se dizer que o compromisso é contrato, a arbitragem é jurisdição; o compromisso é um contrato que gera efeitos processuais. Sendo contrato, diante da mudança de tratamento dada pela codificação de 2002, o compromisso está regido pelo princípio da autonomia privada, que vem a ser o direito que a pessoa tem de regulamentar os próprios interesses. Pela proposta deste livro, somente serão comentadas as regras constantes do Código Civil (arts. 851 a 853).

Consoante prevê o art. 852 do CC, a arbitragem restringe-se somente a *direitos patrimoniais disponíveis*, não podendo atingir os direitos da personalidade ou inerentes à dignidade da pessoa humana. Também não podem ter como conteúdo a solução de questões de estado, de direito pessoal de família e de outras que não tenham caráter estritamente patrimonial.

Superando-se o debate que foi inaugurado na *I Jornada*, aprovou-se o Enunciado n. 96 na *II Jornada de Prevenção e Solução Extrajudicial de Litígios*, em agosto de 2021, *in verbis*: é "válida a inserção da cláusula compromissória em pacto antenupcial e em contrato de união estável". Apesar das minhas resistências doutrinárias – pelo fato de ser difícil a separação absoluta de interesses puramente patrimoniais nas disputas de família –, não se pode negar que o enunciado representa um passo adiante na concreção prática da arbitragem, para o Direito de Família. Em complemento, surgirão debates sobre a forma como a cláusula compromissória foi inserida em tais contratos, notadamente se houve ou não imposição de um dos consortes ao outro, sobretudo nas hipóteses fáticas em que há disparidade econômica entre eles. Também haverá resistências quanto à própria funcionalidade de arbitragem, pois podem surgir, em meio ao procedimento, debates de questões existenciais, muito além do patrimônio puro das partes.

Não se pode confundir a *arbitragem* com a *mediação*. Na arbitragem, os árbitros nomeados decidem questões relativas a uma obrigação de cunho patrimonial. Na media-

---

[98] CARMONA, Carlos Alberto. *Arbitragem e processo*. Um comentário à Lei 9.307/1996. 2. ed. São Paulo: Atlas, 2006. p. 51.

[99] GAGLIANO, Pablo Stolze e PAMPLONA FILHO, Rodolfo. *Novo curso de Direito Civil*. São Paulo: Saraiva, 2008. v. IV, t. II, p. 211.

ção, os mediadores buscam a facilitação do diálogo entre as partes para que elas mesmas se componham. A mediação pode estar relacionada com direitos personalíssimos, como aqueles decorrentes de Direito de Família, o que foi incentivado pelo CPC de 2015 em vários de seus dispositivos.

Aliás, o Código de Processo Civil de 2015 procurou especificar a atuação do mediador, diferenciando a mediação da conciliação. Nos termos do seu art. 165, os Tribunais criarão centros judiciários de solução consensual de conflitos, responsáveis pela realização de sessões e audiências de conciliação e mediação e pelo desenvolvimento de programas destinados a auxiliar, orientar e estimular a autocomposição. A composição e a organização dos centros serão definidas pelo respectivo tribunal, observadas as normas do Conselho Nacional de Justiça (art. 165, § 1.º, do CPC/2015).

Em relação ao conciliador, este atuará preferencialmente nos casos em que não houver vínculo anterior entre as partes, podendo sugerir soluções para o litígio, sendo vedada a utilização de qualquer tipo de constrangimento ou intimidação para que as partes conciliem (art. 165, § 2.º, do CPC/2015).

No que diz respeito ao mediador, ele atuará preferencialmente nos casos em que houver vínculo anterior entre as partes, auxiliando os interessados a compreender as questões e os interesses em conflito, de modo que eles possam, pelo restabelecimento da comunicação, identificar, por si próprios, soluções consensuais que gerem benefícios mútuos (art. 165, § 3.º, do CPC/2015). Como se nota, o que a atuação do mediador almeja não é o acordo diretamente, mas o diálogo e a interação entre os envolvidos com a contenda.

A propósito, em complemento ao CPC em vigor, pontue-se que entrou em vigor no Brasil a Lei da Mediação (Lei 13.140/2015), sendo grandes os desafios a respeito das interações dessa lei específica e o Estatuto Processual emergente.

Quanto ao *compromisso arbitral*, trata-se de um contrato bilateral, oneroso, consensual e comutativo. Como ocorre com a transação, o compromisso muito se aproxima das formas de extinção das obrigações por pagamento indireto, como, aliás, antes era tratado.

O art. 851 do CC admite duas formas de compromisso arbitral, o *judicial* e o *extrajudicial*. O compromisso judicial é aquele celebrado na pendência da lide (*endoprocessual*), por termo nos autos, o que faz cessar as funções do juiz togado. O compromisso extrajudicial está presente nas hipóteses em que ainda não foi ajuizada a ação (*extraprocessual*), podendo ser celebrado por escritura pública ou escrito particular a ser assinado pelas partes e por duas testemunhas.

O art. 853 do CC/2002 consagra a possibilidade da *cláusula compromissória*, para resolver divergências mediante juízo arbitral, na forma estabelecida pela Lei 9.307/1996. Nesse sentido, o seu art. 4.º dispõe que "a cláusula compromissória é a convenção através da qual as partes em um contrato comprometem-se a submeter à arbitragem os litígios que possam vir a surgir, relativamente a tal contrato".

Essa cláusula compromissória deve ser estipulada por escrito, podendo estar inserida no próprio contrato ou em documento apartado que a ele se refira. Em regra, a referida cláusula vincula as partes, sendo obrigatória, diante do princípio da força obrigatória dos contratos (*pacta sunt servanda*). Ratificando essa afirmação de vinculação, a assertiva n. 2 publicada na Edição n. 122 da ferramenta *Jurisprudência em Teses*, do STJ (2019): "uma vez expressada a vontade de estatuir, em contrato, cláusula compromissória ampla, a sua destituição deve vir através de igual declaração expressa das partes, não servindo, para tanto, mera alusão a atos ou a acordos que não tenham o condão de afastar a convenção das partes".

Entretanto, estatui o art. 51, inc. VII, do CDC que, nos contratos de consumo, será nula por abusividade a cláusula que impõe a utilização compulsória da arbitragem.

CAP. 6 • CONTRATOS EM ESPÉCIE (CONTRATOS TÍPICOS DO CC/2002) | **965**

Consigne-se que havia proposta de inclusão da possibilidade do uso da arbitragem para solução de contendas consumeristas, por meio do projeto convertido na Lei 13.129, de 2015. A projeção visava acrescentar um § 3.º no art. 4.º da Lei 9.307/1996, com a seguinte redação: "na relação de consumo estabelecida por meio de contrato de adesão, a cláusula compromissória só terá eficácia se o aderente tomar a iniciativa de instituir a arbitragem ou concordar expressamente com a sua instituição". Conforme as razões do veto, "da forma prevista, os dispositivos alterariam as regras para arbitragem em contrato de adesão. Com isso, autorizariam, de forma ampla, a arbitragem nas relações de consumo, sem deixar claro que a manifestação de vontade do consumidor deva se dar também no momento posterior ao surgimento de eventual controvérsia, e não apenas no momento inicial da assinatura do contrato. Em decorrência das garantias próprias do direito do consumidor, tal ampliação do espaço da arbitragem, sem os devidos recortes, poderia significar um retrocesso e ofensa ao princípio norteador de proteção do consumidor".

Estou filiado em parte ao teor do veto, pois, sem dúvida, a inclusão poderia representar um retrocesso na proteção dos consumidores perante o mercado, afastando a tutela efetiva consagrada pelo art. 6.º, inciso VIII, da Lei 8.078/1990. De toda sorte, penso que seria até viável admitir a arbitragem em matéria de consumo em se tratando de pessoa jurídica consumidora e sendo dela a iniciativa de instauração da arbitragem.

A propósito desse tema, cumpre anotar que, não obstante o veto à proposta de alteração legislativa, julgado do Superior Tribunal de Justiça, do ano de 2016, admitiu a instauração de arbitragem em conflito de consumo, sendo do consumidor a iniciativa de início do painel arbitral:

> "Não há incompatibilidade entre os arts. 51, VII, do CDC e 4.º, § 2.º, da Lei n. 9.307/96. Visando conciliar os normativos e garantir a maior proteção ao consumidor é que entende-se que a cláusula compromissória só virá a ter eficácia caso este aderente venha a tomar a iniciativa de instituir a arbitragem, ou concorde, expressamente, com a sua instituição, não havendo, por conseguinte, falar em compulsoriedade. Ademais, há situações em que, apesar de se tratar de consumidor, não há vulnerabilidade da parte a justificar sua proteção. (...). Assim, é possível a cláusula arbitral em contrato de adesão de consumo quando não se verificar presente a sua imposição pelo fornecedor ou a vulnerabilidade do consumidor, bem como quando a iniciativa da instauração ocorrer pelo consumidor ou, no caso de iniciativa do fornecedor, venha a concordar ou ratificar expressamente com a instituição" (STJ, REsp 1.189.050/SP, 4.ª Turma, Rel. Min. Luis Felipe Salomão, j. 1.º.03.2016).

Em 2018, surgiu outro julgado a ser destacado, que confirma essas afirmações, no sentido de que "o art. 51, VII, do CDC limita-se a vedar a adoção prévia e compulsória da arbitragem, no momento da celebração do contrato, mas não impede que, posteriormente, diante de eventual litígio, havendo consenso entre as partes (em especial a aquiescência do consumidor), seja instaurado o procedimento arbitral". Porém, na situação julgada, a arbitragem foi afastada, pois, "na hipótese sob julgamento, a atitude da recorrente (consumidora) de promover o ajuizamento da ação principal perante o juízo estatal evidencia, ainda que de forma implícita, a sua discordância em submeter-se ao procedimento arbitral, não podendo, pois, nos termos do art. 51, inc. VII, do CDC, prevalecer a cláusula que impõe a sua utilização, visto ter-se dado de forma compulsória" (STJ, REsp 1.628.819/MG, 3.ª Turma, Rel. Min. Nancy Andrighi, j. 27.02.2018, *DJe* 15.03.2018).

De 2019, na Edição n. 122 da ferramenta *Jurisprudência em Teses* da Corte, dedicada à arbitragem, publicou-se a afirmação n. 11, preceituando que "a legislação consumerista impede a adoção prévia e compulsória da arbitragem no momento da celebração do contrato, mas não proíbe que, posteriormente, em face de eventual litígio, havendo consenso entre as partes, seja instaurado o procedimento arbitral". Os dois acórdãos transcritos são citados como precedentes, ao lado de outros (STJ, Ag. Int. no AREsp 1.192.648/GO, 2.ª Turma, Rel. Min. Raul Araújo, j. 27.11.2018, *DJe* 04.12.2018; e Ag. Int. no AREsp 1.152.469/GO, 4.ª Turma, Rel. Min. Maria Isabel Gallotti, j. 08.05.2018, *DJe* 18.05.2018).

No âmbito da doutrina, na *II Jornada de Solução e Prevenção Extrajudicial dos Litígios*, promovida pelo Conselho da Justiça Federal em 2021, aprovou-se o Enunciado n. 103, segundo o qual "é admissível a implementação da arbitragem *on-line* na resolução dos conflitos de consumo, respeitada a vontade do consumidor e observada sua vulnerabilidade e compreensão dos termos do procedimento, como forma de promoção de acesso à justiça".

Com o devido respeito, penso não ser possível juridicamente a cláusula compromissória prévia vinculativa ao consumidor, o que entra em conflito com o CDC. Todavia, nos casos de ser o consumidor uma pessoa jurídica, mitigada a sua hipossuficiência, não haveria óbice para que fosse firmado um compromisso arbitral posterior, sendo possível a instauração de arbitragem havendo consenso entre as partes. Tanto isso é verdade que, no último evento, sugeri a substituição do termo "vulnerabilidade" por "hipossuficiência", o que acabou não sendo adotado na aprovação final do enunciado doutrinário. O termo que consta da ementa doutrinária deixa dúvidas práticas, uma vez que todo consumidor, sem exceção, é vulnerável.

Ainda a esse propósito, a Segunda Seção do Superior Tribunal de Justiça, em 2023, reafirmou não ser possível a arbitragem compulsória de consumo, devendo haver, sempre, a concordância expressa do consumidor para que ela seja possível. Conforme a tese exarada, "com o ajuizamento, pelo consumidor, de ação perante o Poder Judiciário, presume-se a discordância dele em submeter-se ao juízo arbitral, sendo nula a cláusula de contrato de consumo que determina a utilização compulsória da arbitragem" (STJ, EREsp 1.636.889-MG, 2.ª Seção, Rel. Min. Nancy Andrighi, j. 09.08.2023, *DJe* 14.08.2023, v.u.).

No que se refere aos contratos de adesão, a cláusula compromissória só terá eficácia se o aderente tomar a iniciativa de instituir a arbitragem ou concordar, expressamente, com a sua instituição, desde que por escrito em documento anexo ou em negrito, com assinatura ou visto especialmente para essa cláusula (art. 4.º, § 2.º, da Lei 9.307/1996).

Aplicando esse preceito, recente aresto do Superior Tribunal de Justiça considerou que a cláusula que não preenche tais requisitos deve ser tida como *patológica*, o que acarreta a sua nulidade absoluta, e não a mera ineficácia:

> "Recurso especial. Direito civil e processual civil. Contrato de franquia. Contrato de adesão. Arbitragem. Requisito de validade do art. 4.º, § 2.º, da Lei 9.307/96. Descumprimento. Reconhecimento *prima facie* de cláusula compromissória 'patológica'. Atuação do Poder Judiciário. Possibilidade. Nulidade reconhecida. Recurso provido. 1. Recurso especial interposto em 07/04/2015 e redistribuído a este gabinete em 25/08/2016. 2. O contrato de franquia, por sua natureza, não está sujeito às regras protetivas previstas no CDC, pois não há relação de consumo, mas de fomento econômico. 3. Todos os contratos de adesão, mesmo aqueles que não consubstanciam relações de consumo, como os contratos de franquia, devem observar o disposto no art. 4.º, § 2.º, da Lei 9.307/96. 4. O Poder Judiciário pode, nos casos em que *prima facie* é identificado um compromisso arbitral 'patológico', i.e., claramente ilegal, declarar a nulidade dessa cláusula, independentemente do estado em que se encontre o procedimento arbitral. 5. Recurso especial conhecido e provido" (STJ, REsp 1.602.076/SP, 3.ª Turma, Rel. Min. Nancy Andrighi, j. 15.09.2016, *DJe* 30.09.2016).

Além da precisa análise técnica, o aresto traz a correta diferenciação entre os contratos de consumo e de adesão, conforme desenvolvido no capítulo anterior desta obra. Pensamos que o enquadramento pela nulidade absoluta pode se dar pelo que consta do art. 424 do Código Civil, pelo qual, nos contratos de adesão, é nula a cláusula de renúncia a direito inerente ao negócio, no caso à jurisdição estatal.

Como outro assunto de relevo, básico e fundamental, a respeito da arbitragem, destaque-se que o Superior Tribunal de Justiça editou, no ano de 2012, a Súmula 485, enunciando que "a Lei de Arbitragem aplica-se aos contratos que contenham cláusula arbitral, ainda que celebrados antes da sua edição". Três argumentos podem ser utilizados para fundamentar a ementa. O primeiro é o de ser a norma de ordem pública, presente uma *retroatividade motivada*. O segundo argumento está relacionado à aplicação imediata das normas de cunho processual. A terceira premissa é a relativa ao reconhecimento anterior da arbitragem pela cultura jurídica nacional.

Para encerrar a temática, anoto que o Projeto de Reforma do Código Civil traz propostas para alinhar o seu texto à Lei de Arbitragem, na linha do entendimento hoje majoritário. Sugere-se, assim e de início, a adequação do seu art. 851 ao texto do art. 1.º da Lei de Arbitragem, com menção aos direitos patrimoniais disponíveis, e passando o dispositivo civil a prever que "é admitido compromisso, judicial ou extrajudicial, para dirimir litígios relativos a direitos patrimoniais disponíveis entre pessoas que podem contratar".

Com o mesmo propósito, sugere-se um *espelhamento* do art. 852 do Código Civil ao art. 1.º da Lei de Arbitragem, para que passe a mencionar os direitos patrimoniais indisponíveis, da seguinte forma: "são vedados compromisso e cláusula compromissória para solução de questões de estado, de direito pessoal de família e de outras que sejam relativas a direitos patrimoniais indisponíveis". Isso evita confusões entre a interpretação do que sejam questões que "não tenham caráter estritamente patrimonial" e os "direitos patrimoniais indisponíveis", uma vez que nem sempre há coincidência conceitual entre as duas definições.

Por fim, propõe-se que o art. 853 passe a mencionar também o compromisso, seja judicial, seja extrajudicial, da seguinte forma: "são admitidos, nos negócios jurídicos em geral, a cláusula compromissória e o compromisso arbitral, judicial ou extrajudicial, para resolver divergências mediante juízo arbitral, na forma estabelecida em lei especial". A adequação, portanto, se dá aqui em relação ao art. 3.º da Lei 9.307/1996, *in verbis*: "as partes interessadas podem submeter a solução de seus litígios ao juízo arbitral mediante convenção de arbitragem, assim entendida a cláusula compromissória e o compromisso arbitral".

Também há a substituição do termo "contratos" por "negócios jurídicos", pois a arbitragem pode envolver outras situações jurídicas que não sejam estritamente contratuais, como as que envolvem que envolvem direitos reais de gozo ou fruição, como a superfície, e direitos reais de garantia, como a hipoteca e a alienação fiduciária em garantia.

As aprovações dos textos propostos pelo Parlamento Brasileiro são, portanto, mais do que necessárias, são fundamentais para um *diálogo* perfeito entre a legislação hoje aplicável à arbitragem, em franco crescimento em nosso País.

## 6.21 DO CONTRATO DE ADMINISTRAÇÃO FIDUCIÁRIA DE GARANTIAS (ART. 853-A DO CC)

Após o tratamento da transação e do compromisso, o Código Civil de 2002 recebeu um novo art. 853-A pela Lei 14.711/2023 (novo *Marco Legal das Garantias*), para cuidar do contrato de administração fiduciária de garantias. Advirta-se, contudo, que, apesar de haver uma alínea no último comando que trata do compromisso, não há qualquer relação jurídica com esse outro contrato, cujo objeto principal é a arbitragem como forma de solução extrajudicial das controvérsias.

Consoante o *caput* do preceito emergente, qualquer garantia poderá ser constituída, levada a registro, gerida e ter a sua execução pleiteada por agente de garantia. O contrato, portanto, pode ter por objeto uma garantia pessoal – como é o caso da fiança –, ou real –, como no penhor, na hipoteca, na anticrese e na alienação fiduciária de garantia, de bens móveis ou imóveis. Não se criou qualquer "registro paralelo", como se almejava originalmente no PL 4.188/2021, com o "Sistema das IGGs", felizmente.

O agente de garantia tem, assim, amplos poderes sendo designado pelos credores da obrigação garantida para esse fim. Atuará ele com nome próprio e em benefício dos credores, inclusive em ações judiciais que envolvam discussões sobre a existência, a validade ou a eficácia do ato jurídico do crédito garantido.

Como se percebe, o contrato é firmado, substancialmente e tendo como relação jurídica principal, entre o agente de garantias e os credores, que deverão ser principalmente os bancos e as instituições financeiras. Fica a dúvida de quem constituirá tais agentes, se as próprias instituições bancárias ou outras pessoas que tenham *expertise* e prática na cobrança e recebimento de créditos, as conhecidas empresas de cobrança. Em certa medida, parece-me que um dos objetivos da nova lei é que os bancos possam terceirizar, com ampla efetividade, os seus setores de recebimento de créditos.

Como última regra do *caput* do art. 853-A do Código Civil, há a locução final "vedada qualquer cláusula que afaste essa regra em desfavor do devedor ou, se for o caso, do terceiro prestador da garantia". Entendo que essa previsão final se aplica a todas as afirmações anteriores do comando, seja quanto a gestão e execução da garantia pelo agente, em relação à sua atuação em nome próprio e em benefício dos credores, e no tocante às ações judiciais que envolvam discussões jurídicas sobre o ato jurídico do crédito garantido. Eventual cláusula de afastamento dessas regras, pelo menos *a priori*, deve ser considerada nula de pleno direito, por nulidade absoluta virtual ou implícita, pois a lei proíbe a prática do ato sem cominar sanção (art. 166, inc. VI, segunda parte, do Código Civil).

De todo modo, em uma primeira análise, entendo que está presente o mesmo problema quanto ao original projeto que gerou a Lei 14.711/2023 no tocante à legitimidade passiva e exclusiva das IGGs para responder em ações relativas à discussão da dívida, sobretudo em casos de abusividades nos contratos em que há a garantia. O texto vigente parece excluir a legitimidade dos credores originais, o que não pode ser admitido nas relações de consumo, pois o CDC consagra a responsabilidade solidária, como premissa geral, de todos os fornecedores e prestadores de serviço, inclusive de crédito. Nesse contexto de afirmação, podem ser citados como fundamentos os arts. 7.º, 14, 18 e 19 da Lei 8.078/1990.

Para a efetivação do recebimento do crédito, o agente poderá valer-se da execução extrajudicial da garantia, quando houver previsão na legislação especial aplicável à modalidade de garantia (art. 853-A, § 1.º, do CC). Assim, a título de ilustração, poderá fazer uso da execução extrajudicial prevista na Lei 9.514/1997, para a alienação fiduciária em garantia de bens imóveis. Ou, ainda, da execução extrajudicial dos créditos garantidos por hipoteca, que foi incluída pela própria Lei 14.711/2023 (art. 9.º).

O agente de garantia terá dever fiduciário em relação aos credores da obrigação garantida e responderá perante os credores por todos os seus atos (art. 853-A, § 2.º, do CC). Esse dever é aquele fundado na confiança de outra pessoa, devendo o agente de garantia agir na defesa dos interesses dos credores com quem mantém a relação contratual. Como explicam Carlos Eduardo Elias de Oliveira e João Costa-Neto, ao tratarem do *regime fiduciário*, "diz-se 'fiduciário', porque esse regime decorre de forte confiança (fidúcia) na pessoa incumbida da gestão de bens". E mais, o que serve para o novo contrato em espécie em estudo, "especialmente nas hipóteses em que os beneficiários do regime fiduciário ficam

CAP. 6 • CONTRATOS EM ESPÉCIE (CONTRATOS TÍPICOS DO CC/2002) | **969**

difusos, é conveniente a existência de um 'agente fiduciário', que é uma pessoa incumbida de fiscalizar o fiduciário no interesse dos beneficiários e que possui mandato legal para praticar atos em favor destes".[100]

De todo modo, o agente de garantia não exerce uma atribuição personalíssima ou *intuitu personae*, podendo ser substituído, a qualquer tempo, por decisão do credor único ou dos titulares que representarem a maioria simples dos créditos garantidos (art. 853-A, § 3.º, do CC). Nos casos de pluralidade de credores, a exclusão será definida em assembleia convocada para esse fim. Porém, consoante o mesmo preceito, a substituição do agente de garantia somente será eficaz após ter sido tornada pública, pela mesma forma por meio da qual tenha sido dada publicidade à garantia. Há, portanto, a exigência da mesma publicidade da efetivação da garantia para que a substituição do agente tenha eficácia *erga omnes*. Exemplificando, se a garantia exigiu algum registro imobiliário específico, assim também deve ser a substituição do agente.

Ainda no que diz respeito às assembleias dos credores, titulares dos créditos garantidos, está previsto no § 4.º do art. 853-A que os requisitos de sua convocação e instalação estarão previstos em ato de designação ou de contratação do agente de garantia. Observo que essa previsão não se aplica apenas ao procedimento de substituição do agente, mas a todas as assembleias de credores, para as tomadas de decisões pela coletividade.

Nota-se, contudo, apesar dessas regras de formalidade, que os agentes de garantia estarão "nas mãos" dos credores que o contratam, ou seja, "nas mãos dos bancos" e das instituições financeiras, o que talvez ocasione no futuro a realidade fática em que sejam todos os envolvidos na relação contratual principal do mesmo grupo econômico.

Como está expresso no § 5.º do art. 853-A do Código Civil, tendo sido "realizada a garantia", ou seja, efetivado o procedimento de excussão ou execução do bem em caso de inadimplemento da obrigação pelo devedor, como no caso de um leilão extrajudicial, o seu produto, enquanto não transferido para os credores garantidos, constitui patrimônio separado daquele do agente de garantia. Sendo assim, a lei prevê que não poderá responder por suas obrigações pelo período de até cento e oitenta dias, contado da data de recebimento desse montante.

A previsão como patrimônio em separado, ou patrimônio de afetação, objetiva proteger os credores, visando ao recebimento dos seus créditos. Resta saber se em casos de fraude, conluio entre credores e agentes e atos de má-fé em geral essa regra será mantida, mesmo que no prazo previsto em lei. Entendo que, no futuro, a resposta será negativa, não se podendo admitir "blindagens" absolutas de patrimônio, mesmo que chanceladas em lei. Em havendo conflito dessa previsão com outras normas, cogentes ou de ordem pública, ou mesmo com outros valores superiores no interesse da coletividade, penso que a regra poderá ser quebrada ou afastada.

Seja como for, após receber o valor do produto da realização da garantia, o agente de garantia disporá do prazo de dez dias úteis para efetuar o pagamento aos credores (art. 853-A, § 6.º, do Código Civil). Acredito que também essa previsão, com prazo curto e exíguo, poderá se quebrar no futuro, em casos excepcionais, como em situações de dificuldades econômicas dos agentes, devidamente justificadas.

Por fim, como última regra a respeito do contrato de administração fiduciária de garantias, o § 7.º do art. 853-A do Código Civil traz previsão curiosa e até desafiadora, admitindo que a parte contratada seja um "agente duplo". Nos seus termos, paralelamente ao

---

[100] OLIVEIRA, Carlos Eduardo Elias de; COSTA-NETO, João. *Manual de Direito Civil*. 2. ed. Rio de Janeiro: Forense, 2023. p. 1.144.

contrato de que trata a norma, o agente de garantia poderá manter contratos com o devedor para: *a)* pesquisa de ofertas de crédito mais vantajosas entre os diversos fornecedores; *b)* auxílio nos procedimentos necessários à formalização de contratos de operações de crédito e de garantias reais, caso da uma alienação fiduciária em garantia; *c)* intermediação na resolução de questões relativas aos contratos de operações de crédito ou às garantias reais, como a tomada de medidas que visem ao cumprimento da obrigação; e *d)* outros serviços não vedados em lei e que estejam relacionados ao contrato de concessão de crédito e às garantias, como pesquisa e informação ao devedor de valores devidos e do saldo devedor.

Nessas situações, portanto, o agente de garantias terá duas relações jurídicas, sendo um "agente duplo", como antes afirmei. A primeira delas, principal, com os credores do crédito garantido. A segunda, paralela à primeira, mas subsidiária, mantida com os devedores da mesma obrigação, visando tomar medidas que facilitem o pagamento da obrigação e o recebimento do crédito pelos primeiros.

Fica em dúvida nesse contexto, por regras de governança, de correição e de eticidade, a aplicação do § 8.º do art. 853-A, segundo o qual, nessa última hipótese, de atuação como "agente duplo", "deverá agir com estrita boa-fé perante o devedor". Como manter uma conduta proba, de acordo com a mais estrita veracidade e transparência, se o agente deve sempre agir na defesa dos interesses dos credores, visando ao recebimento do valor devido ou, eventualmente e em casos de inadimplemento, a realização da garantia?

Penso que o equilíbrio entre esses interesses por parte do "agente duplo" é de efetivação praticamente impossível, pela realidade fática do Direito Privado Brasileiro. Aguardemos as aplicações práticas que eventualmente surgirão desse último comando e do próprio contrato de administração fiduciária de garantias.

# 7

# DIREITO DAS COISAS

**Sumário:** 7.1 Introdução. Conceitos de direito das coisas e de direitos reais. Diferenças entre os institutos e suas características gerais – 7.2 Principais diferenças entre os direitos reais e os direitos pessoais patrimoniais. Revisão do quadro comparativo – 7.3 Da posse (arts. 1.196 a 1.224 do CC): 7.3.1 Conceito de posse e teorias justificadoras. A teoria da função social da posse; 7.3.2 Diferenças entre a posse e a detenção. Conversão dos institutos; 7.3.3 Principais classificações da posse; 7.3.4 Efeitos materiais e processuais da posse; 7.3.5 Formas de aquisição, transmissão e perda da posse; 7.3.6 Composse ou compossessão – 7.4 Da propriedade: 7.4.1 Conceitos fundamentais relativos à propriedade e seus atributos; 7.4.2 Principais características do direito de propriedade; 7.4.3 Disposições preliminares relativas à propriedade. A função social e socioambiental da propriedade; 7.4.4 A desapropriação judicial privada por posse-trabalho (art. 1.228, §§ 4.º e 5.º, do CC/2002); 7.4.5 Da propriedade resolúvel e da propriedade fiduciária; 7.4.6 Formas de aquisição da propriedade imóvel; 7.4.7 Formas de aquisição da propriedade móvel; 7.4.8 Da perda da propriedade imóvel e móvel; 7.4.9 Breve análise da Lei 13.465/2017 e suas principais repercussões para o direito de propriedade. A legitimação fundiária – 7.5 Dos fundos de investimento e a inclusão do seu tratamento no Código Civil pela Lei 13.874/2019 – 7.6 Direito de vizinhança (arts. 1.277 a 1.313 do CC): 7.6.1 Conceitos básicos; 7.6.2 Do uso anormal da propriedade; 7.6.3 Das árvores limítrofes; 7.6.4 Da passagem forçada e da passagem de cabos e tubulações; 7.6.5 Das águas; 7.6.6 Do direito de tapagem e dos limites entre prédios; 7.6.7 Do direito de construir – 7.7 Do condomínio: 7.7.1 Conceito, estrutura jurídica e modalidades; 7.7.2 Do condomínio voluntário ou convencional; 7.7.3 Do condomínio necessário; 7.7.4 Do condomínio edilício – 7.8 Do direito real de aquisição do promitente comprador (compromisso de compra e venda de imóvel registrado na matrícula) – 7.9 Dos direitos reais de gozo ou fruição: 7.9.1 Generalidades; 7.9.2 Da superfície; 7.9.3 Das servidões; 7.9.4 Do usufruto; 7.9.5 Do uso; 7.9.6 Da habitação; 7.9.7 Das concessões especiais para uso e moradia. Direitos reais de gozo ou fruição criados pela Lei 11.481/2007; 7.9.8 Do direito real de laje – 7.10 Dos direitos reais de garantia: 7.10.1 Princípios e regras gerais quanto aos direitos reais de garantia tratados pelo CC/2002; 7.10.2 Do penhor; 7.10.3 Da hipoteca; 7.10.4 Da anticrese; 7.10.5 Da alienação fiduciária em garantia.

## 7.1 INTRODUÇÃO. CONCEITOS DE DIREITO DAS COISAS E DE DIREITOS REAIS. DIFERENÇAS ENTRE OS INSTITUTOS E SUAS CARACTERÍSTICAS GERAIS

No âmbito do Direito Privado, é notória a classificação dos direitos patrimoniais em direitos pessoais e direitos reais, o que é confirmado por uma simples leitura do índice do CC/2002. Os direitos patrimoniais pessoais estão disciplinados no conteúdo do Direito das Obrigações (arts. 233 a 420 e arts. 854 a 965), do Direito Contratual (arts. 421 a 853-A) e do Direito de Empresa (arts. 966 a 1.195). Também há regras pessoais patrimoniais nos livros dedicados ao Direito de Família e ao Direito das Sucessões. Por outra via, os direitos patrimoniais de natureza real estão previstos entre os arts. 1.196 a 1.510-E, no livro denominado "Do Direito das Coisas" (Livro III).

A utilização dos termos *Direito das Coisas* e *Direitos Reais* sempre gerou dúvidas entre os estudantes e aplicadores do Direito. Para a cabível diferenciação, pode-se dizer:

> – *Direito das Coisas* – é o ramo do Direito Civil que tem como conteúdo relações jurídicas estabelecidas entre pessoas e coisas determinadas ou determináveis. Como *coisas*, pode-se entender tudo aquilo que não é humano, conforme exposto no Capítulo 2 desta obra, ou ainda os bens corpóreos, na linha da polêmica existente na doutrina. No âmbito do Direito das Coisas há uma relação de domínio exercida pela pessoa (sujeito ativo) sobre a coisa. Não há sujeito passivo determinado, sendo esse toda a coletividade. Segue-se a clássica conceituação de Clóvis Beviláqua citada, entre outros, por Carlos Roberto Gonçalves, para quem o Direito das Coisas representa um complexo de normas que regulamenta as relações dominiais existentes entre a pessoa humana e coisas apropriáveis.[1]
>
> – *Direitos Reais* – conjunto de categorias jurídicas relacionadas à propriedade, descritas inicialmente no art. 1.225 do CC. Os Direitos Reais formam o conteúdo principal do Direito das Coisas, mas não exclusivamente, eis que existem institutos que compõem a matéria e que não são Direitos Reais.

Anoto que, apesar de hoje a codificação privada tratar, como *coisas*, apenas os bens corpóreos ou materiais, no Projeto de Reforma e Atualização do Código Civil, elaborado pela Comissão de Juristas nomeada no âmbito do Senado Federal, pretende-se que a Lei Geral Privada também trate dos bens incorpóreos ou imateriais, até porque há proposta de incluir, no novo livro do *Direito Civil Digital*, regras a respeito do patrimônio digital.

Conforme sugestão elaborada pela Subcomissão de Direito das Coisas – formada pelos Desembargadores Marco Aurélio Bezerra de Melo e Marcelo Milagres e pelos Professores e Advogados Maria Cristina Santiago e Carlos Antônio Vieira Fernandes Filho –, insere-se a possibilidade de aplicação das regras relativas à posse e à propriedade aos bens imateriais. Nesse contexto, o *caput* do art. 1.196, em termos gerais, passará a prever que "considera-se possuidor todo aquele que tem, sobre coisa corpórea, o exercício de fato, pleno ou não, de algum dos poderes inerentes à propriedade". E o seu novo parágrafo único, a tratar especificamente do tema: "a regra do *caput* se aplica aos bens imateriais no que couber, ressalvado o disposto em legislação especial".

No que diz respeito à propriedade, a sugestão é de inclusão de um novo art. 1.228-A na Lei Geral Privada, estabelecendo que "é reconhecida a titularidade de direitos patrimoniais sobre bens imateriais". As duas propostas foram amplamente debatidas na Comissão de Juristas e prevaleceram pelo voto majoritário e democrático da maioria dos seus membros, após profundas discussões.

De fato, é preciso dar um passo adiante quanto ao tratamento da matéria, até porque, frise-se, a Subcomissão de Direito Digital – formada pelos Professores Laura Porto, Ricardo

---

[1] GONÇALVES, Carlos Roberto. *Direito civil brasileiro*. Direito das coisas. 5. ed. São Paulo: Saraiva, 2010. v. 5, p. 19.

CAP. 7 • DIREITO DAS COISAS | **973**

Campos e Dierle Nunes – propõe a inclusão de regras a respeito do patrimônio digital no novo livro que passará a constar da codificação privada. Como primeira e principal dela, passará a Lei Geral a prever, em dispositivo que ainda não tem numeração, que "considera-se patrimônio digital o conjunto de ativos intangíveis e imateriais, com conteúdo de valor econômico, pessoal ou cultural, pertencente a pessoa ou entidade, existentes em formato digital". E, consoante o projetado parágrafo único do preceito, "a previsão deste artigo inclui, mas não se limita a dados financeiros, senhas, contas de mídia social, ativos de criptomoedas, *tokens* não fungíveis ou similares, milhagens aéreas, contas de games ou jogos cibernéticos, conteúdos digitais como fotos, vídeos, textos, ou quaisquer outros ativos digitais, armazenados em ambiente virtual". Sem dúvidas que as proposições são essenciais, para que o Código Civil Brasileiro deixe de ser uma lei analógica e ingresse no mundo digital ou virtual, em prol da segurança jurídica e da necessária estabilidade das relações privadas.

Voltando-se ao sistema atual, a utilização dos dois termos destacados divide a doutrina. *Direitos Reais* é usado por Caio Mário da Silva Pereira, Orlando Gomes, Sílvio de Salvo Venosa, Marco Aurélio S. Viana, Cristiano Chaves de Farias e Nelson Rosenvald. Já a expressão *Direito das Coisas* consta das obras de Lafayette Rodrigues Pereira, Clóvis Beviláqua, Silvio Rodrigues, Washington de Barros Monteiro, Maria Helena Diniz, Arnaldo Rizzardo, Marco Aurélio Bezerra de Melo, Paulo Lôbo, Luciano de Camargo Penteado, Carlos Roberto Gonçalves e Álvaro Villaça Azevedo. Aliás, o último doutrinador, em obra lançada no ano de 2014, conceitua a expressão *Direito das Coisas* como "o conjunto de normas reguladoras das relações jurídicas, de caráter econômico, entre as pessoas, relativamente a coisas corpóreas, capazes de satisfazer às suas necessidades e suscetíveis de apropriação, dentro do critério da utilidade e da raridade".[2]

Prefiro a última expressão, por duas razões fundamentais. *Primeiro*, por explicar o ramo do Direito Civil que ora se estuda. *Segundo*, porque o CC/2002 a utiliza para denotar o livro correspondente em que são abordados a posse e os direitos reais.

A respeito dos direitos reais, da obra clássica de Orlando Gomes, devidamente atualizada por Luiz Edson Fachin, podem ser retiradas duas teorias justificadoras:[3]

> a) *Teoria personalista* – teoria pela qual os direitos reais são relações jurídicas estabelecidas entre pessoas, mas intermediadas por coisas. Segundo Orlando Gomes, "a diferença está no sujeito passivo. Enquanto no direito pessoal, esse sujeito passivo – o devedor – é pessoa certa e determinada, no direito real seria indeterminada, havendo nesse caso uma obrigação passiva universal, a de respeitar o direito – obrigação que se concretiza toda vez que alguém o viola".[4] Essa teoria nega realidade metodológica aos Direitos Reais e ao Direito das Coisas, entendidas as expressões como extensões de um campo metodológico.
>
> b) *Teoria realista ou clássica* – o direito real constitui um poder imediato que a pessoa exerce sobre a coisa, com eficácia contra todos (*erga omnes*). O direito real opõe-se ao direito pessoal, pois o último traz uma relação pessoa-pessoa, exigindo-se determinados comportamentos.

---

² AZEVEDO, Álvaro Villaça. *Curso de direito civil*. Direito das coisas. São Paulo: Atlas, 2014. p. 4.

³ GOMES, Orlando. *Direitos reais*. 19. ed. Atualizador: Luiz Edson Fachin. Rio de Janeiro: Forense, 2004. p. 10-17.

⁴ GOMES, Orlando. *Direitos reais*. 19. ed. Atualizador: Luiz Edson Fachin. Rio de Janeiro: Forense, 2004. p. 12.

MANUAL DE DIREITO CIVIL • VOLUME ÚNICO – *Flávio Tartuce*

A última teoria parece ser a que melhor explica o fenômeno. Como ensina o próprio Orlando Gomes, "o retorno à doutrina clássica está ocorrendo à luz de novos esclarecimentos provindos da análise mais aprofundada da estrutura dos direitos reais. Os partidários dessa doutrina preocupavam-se apenas com as manifestações externas desses direitos, particularmente com as consequências da oponibilidade *erga omnes*, objetivadas pela sequela. Voltam-se os autores modernos para a estrutura interna do direito real, salientando que o poder de utilização da coisa, sem intermediário, é o que caracteriza os direitos reais".[5]

Mesmo com a adesão à *teoria realista*, é preciso apontar que há forte tendência de *contratualização do Direito Privado*, uma vez que o contrato vem ganhando campos que antes não eram de sua abrangência. Por essa tendência, ousa-se afirmar que todos os institutos negociais de Direito Civil são contratos, pela forte influência exercida pelo princípio da autonomia privada. Diante dessa influência, o saudoso Luciano de Camargo Penteado discorria sobre a existência de *Contratos de Direito das Coisas*. São suas palavras:

> "Todo contrato gera obrigação para, ao menos, uma das partes contratantes. Entretanto, nem todo contrato rege-se, apenas, pelo direito das obrigações. Existem contratos de direito de empresa, contratos de direito obrigacional, contratos de direito das coisas, contratos de direito de família. No sistema brasileiro, não existem contratos de direito das sucessões, por conta da vedação do art. 426 do CC, o que significa que, *de lege ferenda*, não se possa introduzir, no direito positivo, a figura, doutrinariamente admitida e utilizada na praxe de alguns países, como é o caso da Alemanha. Interessante proposição teórica seria, em acréscimo, postular a existência de contratos da parte geral, como parece ser o caso do ato que origina a associação, no atual sistema do Código Civil".[6]

Ilustrando, institutos como o penhor, a hipoteca e o compromisso de compra e venda registrado na matrícula do imóvel deixam de ser direitos reais e passam a ser considerados contratos. De qualquer forma, ainda é cedo para confirmar essa tendência de contratualização, principalmente no Brasil, o que coloca em xeque toda a divisão metodológica que se propõe no Direito Brasileiro. Para o futuro, a contratualização do Direito Civil é a tendência, até pela valorização da autonomia privada percebida nos últimos anos.

Os direitos reais giram em torno do conceito de propriedade, e, como tal, apresentam caracteres próprios que os distinguem dos direitos pessoais de cunho patrimonial. A partir da doutrina contemporânea de Maria Helena Diniz, podem ser apontadas as seguintes características dos direitos reais:[7]

- Oponibilidade *erga omnes*, ou seja, contra todos os membros da coletividade.
- Existência de um direito de sequela, que segue a coisa.
- Previsão de um direito de preferência a favor do titular de um direito real.
- Possibilidade de abandono dos direitos reais, de renúncia a tais direitos.
- Viabilidade de incorporação da coisa por meio da posse.
- Previsão da usucapião como um dos meios de sua aquisição.

---

[5] GOMES, Orlando. *Direitos reais*. 19. ed. Atualizador: Luiz Edson Fachin. Rio de Janeiro: Forense, 2004. p. 15.

[6] PENTEADO, Luciano de Camargo. *Efeitos contratuais perante terceiros*. São Paulo: Quartier Latin, 2007. p. 89.

[7] DINIZ, Maria Helena. *Curso de Direito Civil brasileiro*. Direito das Coisas. 22. ed. São Paulo: Saraiva, 2007. v. 5, p. 20.

CAP. 7 • DIREITO DAS COISAS | **975**

> - Suposta obediência a um rol taxativo (*numerus clausus*) de institutos, previstos em lei, o que consagra o *princípio da tipicidade dos direitos reais*.
> - Regência pelo *princípio da publicidade dos atos*, o que se dá pela entrega da coisa ou tradição (no caso de bens móveis) e pelo registro (no caso de bens imóveis).

Analisadas, em termos gerais, tais características, é preciso aqui aprofundar o tema, diante da atual realidade do Direito Privado Brasileiro.

De início, é comum afirmar que os direitos reais são *absolutos*, no sentido de que trazem efeitos contra todos (*princípio do absolutismo*). Todavia, como fazem Cristiano Chaves de Farias e Nelson Rosenvald, é preciso esclarecer que esse absolutismo não significa dizer que os direitos reais geram um "poder ilimitado de seus titulares sobre os bens que se submetem a sua autoridade. Como qualquer outro direito fundamental, o ordenamento jurídico o submete a uma ponderação de valores, eis que, em um Estado Democrático de Direito marcado pela pluralidade, não há espaço para dogmas".[8]

Têm plena razão os doutrinadores, sendo o pluralismo um dos aspectos do Direito Civil Contemporâneo, da realidade pós-moderna. Em suma, em casos de colisão que envolvem os direitos fundamentais, caso do direito de propriedade, deve-se buscar a solução na técnica de ponderação, desenvolvida, entre outros por Robert Alexy; e incluída expressamente no Código de Processo Civil de 2015 (art. 489, § 2.º). Cite-se, por exemplo, o conflito entre o direito de propriedade e a proteção ambiental, ambos tutelados constitucionalmente. Como visto, há proposta de sua inclusão no art. 11, § 3.º, do Código Civil, pelo seu Projeto de Reforma e Atualização elaborado pela Comissão de Juristas nomeada no âmbito do Congresso Nacional, o que virá em boa hora.

No tocante à existência de um rol taxativo, ou *numerus clausus*, quanto aos direitos reais, também vem se insurgindo a civilística contemporânea. Para a análise da questão, é importante transcrever a atual redação do art. 1.225 do Código Civil em vigor:

"Art. 1.225. São direitos reais:

I – a propriedade;

II – a superfície;

III – as servidões;

IV – o usufruto;

V – o uso;

VI – a habitação;

VII – o direito do promitente comprador do imóvel;

VIII – o penhor;

IX – a hipoteca;

X – a anticrese;

XI – a concessão de uso especial para fins de moradia; (Incluído pela Lei 11.481/2007.)

XII – a concessão de direito real de uso; (Incluído pela Lei 11.481/2007); (Incluído pela Lei 13.465/2017)

XIII – a laje; (Incluído pela Lei 13.465/2017)

---

[8] FARIAS, Cristiano Chaves; ROSENVALD, Nelson. *Direito reais*. Rio de Janeiro: Lumen Juris, 2006. p. 3.

XIV – os direitos oriundos da imissão provisória na posse, quando concedida à União, aos Estados, ao Distrito Federal, aos Municípios ou às suas entidades delegadas e a respectiva cessão e promessa de cessão. (Incluído pela Lei 14.620, de 2023.)"

Observe-se, de início, que a Lei 11.481, de 31 de maio de 2007, introduziu duas categorias de direitos reais sobre coisa alheia: a concessão de uso especial para fins de moradia e a concessão de direito real de uso, que também podem ser objeto de hipoteca, conforme a nova redação que foi dada ao art. 1.473 do CC. Assim, já se percebe, de imediato, que a lei pode criar, sucessivamente, outros direitos reais. Tais direitos reais visam regularizar *áreas favelizadas*, as populares *comunidades*, muitas vezes áreas públicas que não podem ser objeto de usucapião.

Posteriormente, a Lei 13.465, de julho de 2017, acrescentou na norma civil o direito real de laje, alterando substancialmente o tratamento que havia sido dado pela Medida Provisória 759, de 2016, que lhe deu origem. Os arts. 1.510-A a 1.510-E do CC/2002, também incluídos pela nova norma, passaram a tratar do instituto, cujo objetivo, novamente, é a regularização de *áreas favelizadas*. De acordo com a primeira norma, o proprietário de uma construção-base poderá ceder a superfície superior ou inferior de sua construção a fim de que o titular da laje mantenha unidade distinta daquela originalmente construída sobre o solo. A categoria está tratada adiante, ainda neste capítulo da obra.

Por fim, em 2023, com a mudança de governo, a lei do novo e segundo programa *Minha Casa, Minha Vida* (Lei 14.620/2023) incluiu um novo direito real, relativo aos direitos oriundos da imissão provisória na posse, quando concedida à União, aos Estados, ao Distrito Federal, aos Municípios ou às suas entidades delegadas e a respectiva cessão e promessa de cessão. Foram também incluídas previsões no art. 1.473 do Código Civil e no art. 22, § 1.º, da Lei 9.514/1997, para que esse direito real seja objeto de hipoteca e de alienação fiduciária em garantia.

Na interpretação que está prevalecendo, trata-se de um direito real que já era consagrado pela legislação anterior, sobretudo pela norma que tratou do primeiro programa *Minha Casa, Minha Vida* (Lei 11.977/2009), com a inclusão do § 4.º ao art. 15 da Lei de Desapropriação por Interesse Público (Decreto-lei 3.365/1941). Essa posição é defendida, por exemplo, por Carlos Eduardo Elias de Oliveira, que vê no novo direito real uma atecnia, citando outras normas anteriores que trataram do instituto. Vejamos as suas palavras:

"Todo esse cenário normativo desenhado em torno dos direitos oriundos da imissão provisória na posse em favor do ente desapropriante foi, na verdade, impulsionado pelo interesse utilitarista de remover obstáculos registrais que eram opostos à formalização de desapropriações e de regularizações fundiárias.

Acontece que esse ímpeto finalístico acabou traçando um percurso tortuoso do ponto de vista da dogmática civilista, o que reclamará da doutrina e da jurisprudência certo esforço malabarista para repelir riscos jurídicos.

De fato, apesar de haver expresso texto legal, é atécnico afirmar que os direitos oriundos da imissão provisória são direitos reais.

É que, no caso de desapropriação, o momento da imissão na posse marca a aquisição originária da propriedade pelo ente desapropriante. Eventual registro posterior no Cartório de Imóveis não tem eficácia constitutiva, mas apenas declaratória. Trata-se de uma exceção ao princípio da inscrição (segundo o qual os direitos reais nascem com o registro na matrícula do imóvel, conforme arts. 1.227 e 1.245 do CC).

Não importa se essa imissão foi deferida em sede de tutela provisória, tal qual autorizado no rito da ação de desapropriação, especificamente no art. 15 do Decreto-Lei nº 3.365/1941. As etapas posteriores do procedimento de desapropriação são essencialmente para discutir se a indenização paga pelo ente desapropriante foi ou não quantificada corretamente.

Em suma, o ente desapropriante deposita em juízo o valor de indenização que reputa justo e, ato contínuo, já pode obter a imissão provisória na posse.

Ao ingressar na posse do bem, o ente desapropriante já se torna proprietário do bem. Já é titular, portanto, do direito real de propriedade. Não há necessidade de nenhum reconhecimento judicial posterior".[9]

E arremata a sua argumentação o jovem professor, afirmando que, "do ponto de vista técnico, o mais adequado teria sido que o legislador simplesmente houvesse esclarecido que a imissão provisória na posse pelo ente desapropriante implica a aquisição originária do direito real de propriedade e houvesse fixado as regras desburocratizantes de sua preferência". Por derradeiro, sobre as razões que geraram a criação de um novo direito real, relativo à imissão provisória da posse, conclui que "a resposta é uma postura utilitarista dos *players* públicos e privados que atuam na prática imobiliária. Diante de notas devolutivas de alguns cartórios de imóveis e ante as divergências de entendimento entre os registradores de imóveis, esses *players* acabaram movimentando o Poder Legislativo para editar normas muito textuais, ainda que em sacrilégio à dogmática civilística".[10]

De fato, tem total razão o coautor e jurista, sendo certo que a falta de técnica e de respeito à dogmática tem orientado a elaboração de várias normas na realidade legislativa brasileira, infelizmente. Em muitas situações, tem prevalecido ideologias e visões puramente utilitaristas, em uma tentativa de resolver problemas práticos, o que não se concretiza.

Atualizada a obra, questão que há muito tempo é debatida diz respeito ao fato de ser o rol do art. 1.225 do Código Civil *taxativo* (*numerus* clausus) ou exemplificativo (*numerus apertus*). Penso que a segunda visão é a mais correta, uma vez que leis extravagantes podem criar novos direitos reais, sem a sua descrição expressa no dispositivo civil.

Pode-se dizer, assim, que há uma *tipicidade legal* dos direitos reais, e não uma *taxatividade* do art. 1.225 do CC. O principal exemplo é a alienação fiduciária em garantia, tratada pelo Decreto-lei 911/1969 – em se tratando de bens móveis – e pela Lei 9.514/1997 – para os imóveis. A categoria, como se percebe, não está prevista expressamente no rol do art. 1.225 da codificação material, mas é tratada pela legislativa específica.

Como exemplo adicional que citava nesta obra até a sua edição de 2017, a Lei 11.977/2009, que dispunha sobre o *Programa Minha Casa Minha Vida*, tratava em seu art. 59 da *legitimação da posse* que, devidamente registrada no Cartório de Registro de Imóveis, constituiria *direito* em favor do detentor da posse direta para fins de moradia. Tal instituto seria concedido aos moradores cadastrados pelo poder público, desde que: *a)* não fossem concessionários, foreiros ou proprietários de outro imóvel urbano ou rural; e *b)* não fossem beneficiários de legitimação de posse concedida anteriormente. Reconhecido o instituto como um direito real, como realmente parecia ser, verificava-se que ele ampliava o rol do art. 1.225 do CC/2002.

Não se olvide de que a legitimação da posse já era estudada com relevo no âmbito do Direito Agrário, tendo sido criada pela Lei de Terras (Lei 601/1850) e regulamentada pela

---

[9]   OLIVEIRA, Carlos Eduardo Elias de. *Novo Direito Real com a Lei 14.620/23:* uma atecnia utilitarista diante da imissão provisória na posse. Disponível em: <https://www.migalhas.com.br/coluna/migalhas-notariais--e-registrais/390037/novo-direito-real-com-a-lei-14-620-23>. Acesso em: 12 out. 2023.

[10]  OLIVEIRA, Carlos Eduardo Elias de. *Novo Direito Real com a Lei 14.620/23:* uma atecnia utilitarista diante da imissão provisória na posse. Disponível em: <https://www.migalhas.com.br/coluna/migalhas-notariais--e-registrais/390037/novo-direito-real-com-a-lei-14-620-23>. Acesso em: 12 out. 2023.

Lei 6.383/1976 (art. 29). Nessa perspectiva, leciona o agrarista Benedito Ferreira Marques que "tem-se que se trata de instituto tipicamente brasileiro, cujos fundamentos jurídicos têm merecido, até aqui, a mais acurada análise dos estudiosos, posto que, a partir de sua criação, vem atravessando os tempos, chegando a merecer guarida nos próprios textos constitucionais republicanos e na legislação margeante. O seu conceito decorre do próprio dispositivo que o concebeu e consagrou, por isso que L. Lima Stefanini assim a definiu: 'é a exaração de ato administrativo, através do qual o Poder Público reconhece ao particular que trabalhava na terra a sua condição de legitimidade, outorgando, *ipso facto*, o formal domínio pleno'".[11] O jurista apresenta, nesse trecho da obra, posicionamento liderado por Getúlio Targino Lima entre os agraristas, no sentido de tratar-se de um direito real.

Reconhecendo a existência fática de título possessório antes da legitimação da posse pela Lei Minha Casa Minha Vida, na *VI Jornada de Direito Civil*, realizada no ano de 2013, aprovou-se o Enunciado n. 563, com a seguinte redação: "o reconhecimento da posse por parte do Poder Público competente anterior à sua legitimação nos termos da Lei n. 11.977/2009 constitui título possessório". Conforme as suas justificativas, "no âmbito do procedimento previsto na Lei n. 11.977/2009, verifica-se que o Poder Público municipal, ao efetuar cadastramento dos possuidores no momento da demarcação urbanística, emite documento público que atesta a situação possessória ali existente. Tal reconhecimento configura título possessório, ainda que anterior à legitimação da posse".

O enunciado foi fundamentado na função social da posse, a ser estudada a seguir, contando com o meu pleno apoio. Ainda sobre o tema, também visando a essa função social, na *VII Jornada de Direito Civil*, promovida em setembro de 2015 pelo Conselho da Justiça Federal, foi aprovada proposta no sentido de que é indispensável o procedimento de demarcação urbanística para a regularização fundiária social de áreas ainda não matriculadas no Cartório de Registro de Imóveis, como requisito à emissão de títulos de legitimação da posse e do domínio (Enunciado n. 593).

Os citados dispositivos da *Lei Minha Casa Minha Vida* foram revogados pela Lei 13.465/2017, que procurou afastar vários institutos da Lei 11.977/2009, substituindo a política dominial anterior por outra, especialmente pela Regularização Fundiária Urbana (REURB). A legitimação da posse passou a ser tratada de outra forma, sendo definida pelo art. 11, inciso VI, da novel legislação como o ato do poder público destinado a conferir *título*, por meio do qual fica reconhecida a posse de imóvel objeto da REURB, conversível em aquisição de direito real de propriedade na forma, com a identificação de seus ocupantes, do tempo da ocupação e da natureza da posse. A conversão em propriedade continua a ser efetivada por meio de usucapião administrativa, como ainda se verá nesta obra.

Em complemento, conforme o art. 25 da Lei 13.465/2017, a legitimação de posse, instrumento de uso exclusivo para fins de regularização fundiária, constitui ato do poder público destinado a conferir *título*, por meio do qual fica reconhecida a posse de imóvel objeto da REURB, com a identificação de seus ocupantes, do tempo da ocupação e da natureza da posse, o qual é conversível em direito real de propriedade, na forma da própria norma em estudo.

Como se percebe, não há mais previsão de que a legitimação de posse cria *direito ao possuidor*, mas apenas confere *título*, podendo até ser afastada a tese de que se trata de um direito real. Todavia, diante da posição doutrinária de que a legitimação de posse agrária é um direito real, a afirmação anterior, relativa à legitimação da posse urbana, pode ser mantida, penso eu.

---

[11] MARQUES, Benedito Ferreira. *Direito agrário brasileiro*. 9. ed. São Paulo: Saraiva, 2011. p. 87.

Acrescento, ademais, que o programa habitacional *Minha Casa Minha Vida* foi então substituído pelo programa *Casa Verde e Amarela,* tratado pela Lei 14.118/2021. Sobre a sua amplitude de aplicação, o art. 1.º do diploma previa que o novo programa teria a finalidade de promover o direito à moradia a famílias residentes em áreas urbanas com renda mensal de até R$ 7.000,00 (sete mil reais) e a famílias residentes em áreas rurais com renda anual de até R$ 84.000,00 (oitenta e quatro mil reais). A norma também estatuiu que o programa está associado ao desenvolvimento econômico, à geração de trabalho e de renda e à elevação dos padrões de habitabilidade e de qualidade de vida da população urbana e rural.

Como ressalva importante, o § 1.º do dispositivo inaugural enunciava que, na hipótese de contratação de operações de financiamento habitacional, a concessão de subvenções econômicas com recursos orçamentários da União fica limitada ao atendimento de famílias em áreas urbanas com renda mensal de até R$ 4.000,00 (quatro mil reais) e de agricultores e trabalhadores rurais em áreas rurais com renda anual de até R$ 48.000,00 (quarenta e oito mil reais). Destaco que não foram feitas modificações a respeito da legitimação da posse, continuando a ter aplicação o art. 25 da Lei 13.465/2017.

Sucessivamente, como antes pontuado, com a mudança de governo e de ideologia, surgiu a Lei 14.620/2023, conhecida como segunda lei do programa *Minha Casa, Minha Vida,* que revogou os arts. 1.º a 16 e 25 da Lei 14.118/2021, praticamente aniquilando o programa *Casa Verde e Amarela.*

Nesse contexto, sem prejuízo da interpretação antes exposta, a respeito do novo direito real incluído no inc. XIV do art. 1.225, parece-me ser possível nele enquadrar a legitimação da posse, mesmo não sendo esse o desejo explícito do legislador, sobretudo quando da elaboração da Lei 14.620/2023. Isso porque a legitimação da posse pode, sim, ser tida como um direito oriundo da imissão provisória na posse concedida pelo Poder Público, nos termos do que está expresso nesse inciso.

Esse enquadramento como direito real encerra um longo debate sobre a matéria, funcionalizado o instituto da legitimação da posse e concretizando uma interpretação extensiva e finalística do novo direito real. Vejamos qual será a interpretação que prevalecerá no futuro, sobretudo na jurisprudência brasileira.

Seja como for, como já alertava em edições anteriores deste livro, o que se confirmou, existe uma necessidade política constante de se criar, em cada governo, um programa habitacional próprio, com uma nomenclatura que agrade a determinado grupo ou ideologia que o apoie. Com isso, havendo modificações ou não no texto, alteram-se as regras burocráticas ou mantêm-se problemas técnicos e inconstitucionalidades nos diplomas. Confusões, dúvidas e incertezas são geradas, afastando a propriedade e o domínio de uma desejada perpetuidade, tão comum aos institutos relacionados ao Direito das Coisas.

Feitos tais esclarecimentos, sabe-se que autonomia privada, conceituada como o direito que a pessoa tem de regulamentar os próprios interesses, é tida como um dos principais regramentos do Direito Civil Contemporâneo. A influência da autonomia privada para o Direito das Coisas, do mesmo modo, pode trazer a conclusão de que o rol constante do art. 1.225 do CC/2002 não é taxativo, mas exemplificativo, eis que a vontade humana pode criar novos direitos reais.[12]

---

[12] Sobre esse aspecto, ver: GONDINHO, André Pinto da Rocha Osório. *Direitos reais e autonomia da vontade (o princípio da tipicidade dos direitos reais).* Rio de Janeiro: Renovar, 2001; NEVES, Gustavo Kloh Müller. O princípio da tipicidade dos direitos reais ou a regra do *numerus clausus.* In: MORAES, Maria Celina Bodin de (Coord.). *Princípios do Direito Civil Contemporâneo.* Rio de Janeiro: Renovar, 2006. p. 413.

# MANUAL DE DIREITO CIVIL • VOLUME ÚNICO – *Flávio Tartuce*

Isso está de acordo com o próprio *espírito* da atual codificação privada, que adota um sistema aberto, baseado em cláusulas gerais e conceitos legais indeterminados, o que fundamenta o princípio da operabilidade, na busca de um Direito Civil mais concreto e efetivo. Sintetizando todo esse pensamento, na doutrina contemporânea, lecionam o saudoso Cristiano Chaves de Farias e Nelson Rosenvald o seguinte:

> "Vale dizer, a rigidez na elaboração de tipos não é absoluta. Nada impede que o princípio da autonomia privada possa, no âmbito do conteúdo de cada direito real, ainda que em pequena escala, intervir para a afirmação de diferentes modelos jurídicos, com base nos espaços consentidos em lei. Desde que não exista lesão a normas de ordem pública, os privados podem atuar dentro dos tipos legais, utilizando a sua vontade criadora para inovar no território concedido pelo sistema jurídico, modificando o conteúdo dos direitos reais afirmados pela norma. Como exemplo, podemos citar a multipropriedade – tanto resultante da fusão da propriedade individual e coletiva nas convenções de condomínio, como aquela tratada na propriedade de *shopping center*, de *flat* ou *time sharing*".[13]

Merece destaque o que é mencionado quanto à ofensa à ordem pública. Por certo é que o surgimento dos novos direitos reais encontra limites em normas cogentes, caso daquelas que consagram a função social da propriedade (art. 5.º, incs. XXII e XXIII, da CF/1988 e art. 1.228, § 1.º, do CC). Em reforço ao que ilustram os doutrinadores citados, outro exemplo a ser repisado é o da alienação fiduciária em garantia, que, como modalidade de propriedade resolúvel, se enquadraria no inc. I do art. 1.225 do CC. Todavia, na literalidade da norma, a alienação fiduciária em garantia não consta do dispositivo, mas da legislação específica, como antes exposto.

Também tratando da existência de uma relação fechada, com apurada crítica, Anderson Schreiber pondera que "de acordo com o princípio da tipicidade dos direitos reais, também chamado princípio do *numerus clausus*, somente poderiam ser considerados direitos reais aqueles que o Código Civil assim define, no art. 1.225. A tipicidade dos direitos reais, que a maior parte da doutrina já sustentava ter sido acolhida no Código Civil de 1916, sofreu histórica resistência entre nós por parte de autores como Lacerda de Almeida, Carvalho Santos e Philadelpho Azevedo, para quem o rol devia ser considerado meramente exemplificativo. Tal posição vinha reforçada, sob a vigência da codificação anterior, pelo fato de que o advérbio 'somente' constante do projeto original de Clóvis Beviláqua foi suprimido em virtude de emenda legislativa. Independentemente da disputa histórica, a tipicidade vem sendo alvo de intensa revisão crítica na atualidade: a valorização da tipicidade como característica inerente aos direitos reais remete ao ideário do liberal-individualismo burguês, que pretendia restringir as amarras que podiam ser instituídas em relação aos próprios bens e impediam, por sua eficácia contra terceiros, a livre circulação da propriedade privada".[14] Assim, mais especificamente, leciona o jurista e com razão:

> "A tipicidade tinha por escopo, portanto, assegurar a liberdade de iniciativa e incentivar a circulação da riqueza. 'Abolidos os vínculos feudais e instaurada uma nova ordem dos direitos sobre as coisas, um sistema fechado serve à maravilha para perpetuar as conquistas obtidas; tudo o que se não adaptar ao esquema legislativo é rejeitado'. Na realidade atual, contudo, a tipicidade dos direitos reais tem se tornado autêntico obstáculo à livre iniciativa e ao empreendedorismo, na medida em

---

[13] FARIAS, Cristiano Chaves; ROSENVALD, Nelson. *Direitos reais*. Rio de Janeiro: Lumen Juris, 2006. p. 12.

[14] SCHREIBER, Anderson. *Manual de Direito Civil Contemporâneo*. São Paulo: Saraiva, 2018. p. 678-679.

CAP. 7 • DIREITO DAS COISAS | **981**

que novos institutos acabam tendo seu ingresso freado no Brasil pela ausência de prévio enquadramento no elenco normativo. É o que se vê, por exemplo, na multipropriedade imobiliária, que, à falta de previsão legislativa no rol de direitos reais, não foi considerada segura o suficiente para atrair investimentos e não obteve, por conseguinte, o mesmo desenvolvimento que se verifica em outros países nos quais seu caráter real foi reconhecido – a exemplo do que ocorre em Portugal, onde a matéria é disciplinada expressamente pelo legislador como direito real de habitação periódica".[15]

Em suma, na linha das lições contemporâneas transcritas, propomos uma quebra do *princípio da taxatividade*, desde que se trabalhe dentro dos limites da lei (tipicidade), que pode até criar novos direitos reais, além daqueles previstos no art. 1.225 do CC. Trata-se de uma importante revisão conceitual dos institutos de Direito das Coisas.[16]

No âmbito da jurisprudência, acórdão do Superior Tribunal de Justiça, do ano de 2016, reconheceu a possibilidade de ser tratado como direito real o *"time sharing"* o que não representaria ofensa à taxatividade dos direitos reais. Conforme a ementa do julgado, após divergência e citação da doutrina de Gustavo Tepedino e Frederico Viegas. Vejamos:

"O sistema *time-sharing* ou multipropriedade imobiliária, conforme ensina Gustavo Tepedino, é uma espécie de condomínio relativo a locais de lazer no qual se divide o aproveitamento econômico de bem imóvel (casa, chalé, apartamento) entre os cotitulares em unidades fixas de tempo, assegurando-se a cada um o uso exclusivo e perpétuo durante certo período do ano. Extremamente acobertada por princípios que encerram os direitos reais, a multipropriedade imobiliária, nada obstante ter feição obrigacional aferida por muitos, detém forte liame com o instituto da propriedade, se não for sua própria expressão, como já vem proclamando a doutrina contemporânea, inclusive num contexto de não se reprimir a autonomia da vontade nem a liberdade contratual diante da preponderância da tipicidade dos direitos reais e do sistema de *numerus clausus*" (REsp 1.546.165/SP).

E mais, conforme o voto do Ministro João Otávio de Noronha, que acabou prevalecendo:

"No contexto do Código Civil de 2002, não há óbice a se dotar o instituto da multipropriedade imobiliária de caráter real, especialmente sob a ótica da taxatividade e imutabilidade dos direitos reais inscritos no art. 1.225. O vigente diploma, seguindo os ditames do estatuto civil anterior, não traz nenhuma vedação nem faz referência à inviabilidade de consagrar novos direitos reais. Além disso, com os atributos dos direitos reais se harmoniza o novel instituto, que, circunscrito a um vínculo jurídico de aproveitamento econômico e de imediata aderência ao imóvel, detém as faculdades de uso, gozo e disposição sobre fração ideal do bem, ainda que objeto de compartilhamento pelos multiproprietários de espaço e turnos fixos de tempo. A multipropriedade imobiliária, mesmo não efetivamente codificada, possui natureza jurídica de direito real, harmonizando-se, portanto, com os institutos constantes do

---

[15] SCHREIBER, Anderson. *Manual de Direito Civil Contemporâneo*. São Paulo: Saraiva, 2018. p. 678-679.

[16] Anote-se, contudo, que vários juristas ainda se perfilham à visão clássica, de que o rol dos direitos reais é taxativo, o que ainda parece ser o entendimento majoritário: DINIZ, Maria Helena. *Código Civil anotado*. 15. ed. São Paulo: Saraiva, 2010. p. 841; GOMES, Orlando. *Direitos reais*. 19. ed. Rio de Janeiro: Forense, 2004. p. 21; VENOSA, Sílvio de Salvo. *Código Civil interpretado*. São Paulo: Atlas, 2010. p. 1.089; PEREIRA, Caio Mário da Silva. *Instituições de Direito Civil*. 18. ed. Atualizador: Carlos Edison do Rêgo Monteiro Filho. Rio de Janeiro: Forense, 2004. p. 8; AZEVEDO, Álvaro Villaça. *Curso de Direito Civil*. Direito das Coisas. São Paulo: Atlas, 2014. p. 12.

rol previsto no art. 1.225 do Código Civil; e o multiproprietário, no caso de penhora do imóvel objeto de compartilhamento espaço-temporal (*time-sharing*), tem, nos embargos de terceiro, o instrumento judicial protetivo de sua fração ideal do bem objeto de constrição" (STJ, REsp 1.546.165/SP, 3.ª Turma, Rel. Min. Ricardo Villas Bôas Cueva, Rel. p/ acórdão Min. João Otávio de Noronha, j. 26.04.2016, *DJe* 06.09.2016).

Com o devido respeito, apesar de o acórdão ter reconhecido, ao final, que a multipropriedade imobiliária é direito real, penso que essa conclusão se deve justamente ao fato de não ser o rol do art. 1.225 do CC taxativo ou *numerus clausus*, e não pelo caminho seguido pelos julgadores, que não enfrentaram diretamente o dilema aqui exposto, na tese que acabou prevalecendo.

Ao final de 2018, entrou em vigor no Brasil a Lei 13.777 regulamentando o instituto da multipropriedade de forma bem ampla entre os arts. 1.358-B a 1.358-U da codificação privada. O instituto passou a ser definido como o regime de condomínio em que cada um dos proprietários de um mesmo imóvel é titular de uma fração de tempo, à qual corresponde a faculdade de uso e gozo, com exclusividade, da totalidade do imóvel, a ser exercida pelos proprietários de forma alternada. Em termos gerais, a norma emergente traz como conteúdo: *a)* a aplicação das regras relativas ao condomínio edilício, as previstas na Lei 4.591/1964 e no CDC, no que couber e de forma subsidiária; *b)* preceitos relativos à sua instituição e quanto à convenção condominial, similares aos do condomínio edilício; *c)* direitos e deveres dos multiproprietários; *d)* previsão de transferência do direito de multipropriedade ("a transferência do direito de multipropriedade e a sua produção de efeitos perante terceiros dar-se-ão na forma da lei civil e não dependerão da anuência ou cientificação dos demais multiproprietários"); *e)* regras de administração; e *f)* disposições específicas relativas às unidades autônomas de condomínios edilícios. O tema será aprofundado ainda neste capítulo do livro, com análise crítica da lei e das propostas de sua alteração.

Para encerrar o presente tópico, anoto que no Projeto de Reforma do Código Civil, elaborado pela Comissão de Juristas nomeada no âmbito do Senado Federal, não prevaleceu a ideia de criação de novos direitos reais pela autonomia privada, superando-se a taxatividade.

Entretanto, em boa hora, propõe-se a inclusão expressa da propriedade fiduciária em garantia no art. 1.225 da Lei Geral Privada, como realmente deve ser. Além disso, sugere-se a renumeração dos incisos do comando, passando a laje a estar próxima dos demais direitos reais de gozo ou fruição e antes dos direitos reais de garantia, a saber: "VIII – a laje; IX – o penhor; X – a hipoteca; XI – a propriedade fiduciária em garantia; XII – a anticrese; XIII – a concessão de uso especial para fins de moradia; XIV – a concessão de direito real de uso; XV – os direitos oriundos da imissão provisória na posse, quando concedida à União, aos Estados, ao Distrito Federal, aos Municípios ou às suas entidades delegadas e a respectiva cessão e promessa de cessão".

Espera-se a sua aprovação pelo Parlamento Brasileiro, pois o dispositivo ficará mais bem organizado, no conteúdo e na forma.

## 7.2 PRINCIPAIS DIFERENÇAS ENTRE OS DIREITOS REAIS E OS DIREITOS PESSOAIS PATRIMONIAIS. REVISÃO DO QUADRO COMPARATIVO

Tema dos mais importantes a respeito da matéria Direito das Coisas, é a diferenciação entre os direitos reais e os direitos pessoais de cunho patrimonial. Vejamos, de forma pontual.

*1.ª Diferença* – Os direitos reais têm como conteúdo relações jurídicas estabelecidas entre pessoas e coisas, relações essas que podem ser diretas, sem qualquer intermediação por outra pessoa, como ocorre nas formas originárias de aquisição da propriedade, caso da usucapião. Portanto, o objeto da relação jurídica é a coisa em si. Nos direitos pessoais de cunho patrimonial, o conteúdo é a existência de relações jurídicas estabelecidas entre duas ou mais pessoas, sendo o conteúdo imediato a prestação. Nos direitos reais, há apenas um sujeito ativo determinado, sendo sujeito passivo toda a coletividade (ideia de *sujeito passivo universal*, desenvolvido, entre outros, por Orlando Gomes).[17] Nos direitos pessoais, há, em regra, um sujeito ativo, que tem um direito (credor); e um sujeito passivo, que tem um dever obrigacional (devedor).

*2.ª Diferença* – Refere-se ao primeiro princípio regulamentador. Os direitos reais sofrem a incidência fundamental do *princípio da publicidade*, diante da importância da tradição e do registro; os direitos pessoais patrimoniais são influenciados pelo *princípio da autonomia privada*, de onde surgem os contratos e as obrigações. Todavia, conforme aduzido, cresce a importância da autonomia privada para o Direito das Coisas, particularmente pela tendência de *contratualização do Direito Privado*.

*3.ª Diferença* – Os direitos reais têm eficácia *erga omnes*, contra todos (*princípio do absolutismo*). Por outra via, costuma-se afirmar que os direitos pessoais patrimoniais, caso dos contratos, têm efeitos *inter partes*, o que é consagração da antiga regra *res inter alios* e do princípio da relatividade dos efeitos contratuais. Todavia, essa diferenciação em relação aos efeitos tem sido relativizada pela doutrina e pela jurisprudência contemporâneas. De início, há forte tendência de se apontar a eficácia dos contratos perante terceiros e a tutela externa do crédito, como precursores da função social dos contratos. Ilustrando, repise-se o art. 608 do CC/2002, pelo qual aquele que aliciar pessoas obrigadas em contrato escrito a prestar serviços a outrem, pagará a este o correspondente a dois anos de prestação de serviços. O dispositivo consagra a *teoria do terceiro cúmplice*, atribuindo responsabilidade civil ao aliciador contratual. Por outro lado, os direitos reais têm sofrido restrições em relação aos seus efeitos. Como ponto contundente, repise-se a Súmula 308 do STJ, que enuncia: "a hipoteca firmada entre a construtora e o agente financeiro, anterior ou posterior à celebração da promessa de compra e venda, não tem eficácia perante os adquirentes do imóvel". Pelo teor da súmula, a boa-fé objetiva, caracterizada pela pontualidade contratual, vence a hipoteca, que somente gera efeitos entre a construtora e o agente financeiro. Esse ponto de aproximação *embaralha*, em relação aos efeitos, os direitos reais e os pessoais, representando forte mitigação das diferenças entre os institutos. Entendo que as premissas desenvolvidas para a geração da Súmula 308 do STJ podem sim incidir a qualquer negócio jurídico, em prol da eticidade e da socialidade, baluartes principiológicos da atual codificação privada. A propósito, penso que a ideia constante dessa sumular não só pode, como deve ser aplicada à alienação fiduciária em garantia, o que pende de julgamento definitivo pela Segunda Seção do Superior Tribunal de Justiça. Já adiantando tal possibilidade, em aresto do final de 2016, o Tribunal da Cidadania concluiu que a recusa do banco de substituir a garantia dada pela incorporadora em contrato de financiamento imobiliário, mesmo após a ciência de que a unidade habitacional se encontrava quitada, viola os deveres contratuais da informação e cooperação, tornando ineficaz o gravame perante o adquirente. Como fundamento para tal conclusão, são citados os princípios da boa-fé objetiva e da função social. Como consta da ementa, publicada no *Informativo* n. 594 da Corte, "existência de afetação ao rito dos recursos especiais repetitivos da controvérsia acerca do 'alcance da hipoteca constituída pela construtora em benefício do agente financeiro, como garantia do financiamento do empreendimento, precisamente se o gravame prevalece em relação aos adquirentes das unidades habitacionais' (Tema 573, *DJe* 04/09/2012). Inviabilidade de se analisar a aplicação da Súmula 308/STJ aos casos de alienação fiduciária, enquanto pendente de julgamento o recurso especial repetitivo. Particularidade do caso concreto, em que o gravame foi instituído após a quitação

---

[17] GOMES, Orlando. *Direitos reais*. 19. ed. Atualizador: Luiz Edson Fachin. Rio de Janeiro: Forense, 2004. p. 14.

do imóvel e sem a ciência do adquirente. Violação ao princípio da função social do contrato, aplicando-se a eficácia transubjetiva desse princípio. Doutrina sobre o tema. Contrariedade ao princípio da boa-fé objetiva, especificamente quanto aos deveres de lealdade e cooperação, tendo em vista a recusa do banco em substituir a garantia, após tomar ciência de que a unidade habitacional se encontrava quitada. Ineficácia do gravame em relação ao adquirente, autor da demanda" (STJ, REsp 1.478.814/DF, 3.ª Turma, Rel. Min. Paulo de Tarso Sanseverino, j. 06.12.2016, *DJe* 15.12.2016). Em 2019, surgiu acórdão no mesmo sentido, e com teor até mais amplo, estabelecendo a tese de que "a alienação fiduciária firmada entre a construtora e o agente financeiro não tem eficácia perante o adquirente do imóvel" (STJ, REsp 1.576.164/DF, 3.ª Turma, Rel. Min. Nancy Andrighi, j. 14.05.2019, *DJe* 23.05.2019). Espero, ao final, que o STJ reconheça, de forma consolidada e na sua Segunda Seção, a plena incidência da conclusão constante da sumular também para a alienação fiduciária em garantia.

*4.ª Diferença* – Enquanto nos direitos reais, o rol é taxativo (art. 1.225 do CC), de acordo com o entendimento ainda majoritário de aplicação do princípio da tipicidade; nos direitos pessoais patrimoniais, o rol é exemplificativo, o que pode ser retirado do art. 425 do CC, pela licitude de criação de contratos atípicos. Todavia, conforme ressaltado, parte da doutrina contemporânea, como é o meu caso, entende que o rol dos direitos reais é exemplificativo e não mais taxativo.

*5.ª Diferença* – Os direitos reais geram o *direito de sequela*, respondendo a coisa, onde quer que ela esteja. Os direitos pessoais geram a responsabilidade patrimonial dos bens do devedor pelo inadimplemento da obrigação (art. 391 do CC).

*6.ª Diferença* – Os direitos reais têm caráter permanente, enquanto os direitos pessoais de cunho patrimonial, um suposto caráter transitório. Porém, essa diferença do mesmo modo tem sido mitigada, eis que atualmente muitos contratos trazem uma relação de perpetuidade diante de seu prolongamento no tempo. São os *contratos cativos de longa duração*, verdadeiros *casamentos contratuais,* situação muitas vezes dos contratos de seguro-saúde e de seguro de vida, celebrados a longo prazo por consumidores.[18]

Como se pode perceber, muitas das diferenças apontadas tendem a desaparecer, diante da notória aproximação dos institutos reais e pessoais. Por essa aproximação, inclusive, é que se pode falar em *contratualização do Direito das Coisas.*

De qualquer maneira, o quadro diferenciador ainda deve ser apresentado, principalmente para atender aos fins desta obra, que se propõe como um *Manual de Direito Civil,* em volume único. Vejamos esse notório quadro comparativo, tratado em praticamente todos os livros e obras relativos ao Direito das Coisas:

| Direitos reais | Direitos pessoais patrimoniais |
|---|---|
| Relações jurídicas entre uma pessoa (sujeito ativo) e uma coisa. O sujeito passivo não é determinado, mas é toda a coletividade (sujeito passivo universal). | Relações jurídicas entre uma pessoa (sujeito ativo – credor) e outra (sujeito passivo – devedor). |
| Princípio da publicidade (tradição e registro). | Princípio da autonomia privada (liberdade). |
| Efeitos *erga omnes*. Os efeitos podem ser restringidos. | Efeitos *inter partes*. Há uma tendência de ampliação dos efeitos. |

---

[18] Anote-se que a expressão *contratos cativos de longa duração* foi criada e difundida no Brasil por Claudia Lima Marques (*Contratos no Código de Defesa do Consumidor.* 5. ed. São Paulo: RT, 2006. p. 92).

| Direitos reais | Direitos pessoais patrimoniais |
|---|---|
| Rol taxativo (*numerus clausus*), segundo a visão clássica – art. 1.225 do CC. Essa visão vem sendo contestada pela doutrina contemporânea, mas ainda tem prevalecido. | Rol exemplificativo (*numerus apertus*) – art. 425 do CC – criação dos contratos atípicos. |
| A coisa responde (direito de sequela). | Os bens do devedor respondem (princípio da responsabilidade patrimonial). |
| Caráter permanente. Instituto típico: propriedade. | Caráter transitório, em regra, o que vem sendo mitigado pelos contratos relacionais ou cativos de longa duração. Instituto típico: contrato. |

Também, ao colocar em dúvida esse tradicional quadro do Direito Civil, é importante salientar que existem *conceitos híbridos ou intermediários*, que se encontram em um *ponto intermediário do quadro demonstrado:*

- Posse – trata-se de um direito de natureza especial, que não se enquadra como direito real ou pessoal, como se verá adiante.

- Obrigações *propter rem* ou próprias da coisa – situam-se em uma zona intermediária entre os direitos reais e os direitos patrimoniais, sendo ainda denominadas obrigações *híbridas* ou *ambulatórias*, pois perseguem a coisa onde quer que ela esteja. Como exemplo, cite-se a obrigação do proprietário de um imóvel de pagar as despesas de condomínio. Isso pode ser retirado do art. 1.345 do CC, pelo qual o proprietário da unidade condominial em edifícios responde pelas dívidas anteriores que gravam a coisa. Como outra ilustração da criação jurisprudencial, em decisão do ano de 2020, o STJ considerou que "as despesas decorrentes do depósito de bem alienado fiduciariamente em pátio privado constituem obrigações *propter rem*, de maneira que independem da manifestação expressa ou tácita da vontade do devedor". Assim, como consequência, "o arrendante é o responsável final pelo pagamento das despesas com a estadia do automóvel junto a pátio privado, pois permanece na propriedade do bem alienado enquanto perdurar o pacto de arrendamento mercantil" (STJ, REsp 1.828.147/SP, 3.ª Turma, Rel. Min. Nancy Andrighi, j. 20.02.2020, *DJe* 26.02.2020). Por outra via, esclareça-se que, com razão, o STJ tem entendido que dívidas de consumo como água, esgoto e energia elétrica não constituem obrigações *propter rem*, mas dívidas pessoais do usuário do serviço. Nessa linha, quanto às dívidas de água e esgoto, colaciona-se: "é firme o entendimento no STJ de que o dever de pagar pelo serviço prestado pela agravante – fornecimento de água – é destituído da natureza jurídica de obrigação *propter rem*, pois não se vincula à titularidade do bem, mas ao sujeito que manifesta vontade de receber os serviços (AgRg no AREsp 2.9879/ RJ, Rel. Min. Herman Benjamin, *DJe* 22.05.2012)" (STJ, AgRg no AREsp 265.966/SP, 1.ª Turma, Rel. Min. Napoleão Nunes Maia Filho, j. 21.03.2013, *DJe* 10.04.2013). Em complemento: "o entendimento firmado neste Superior Tribunal é no sentido de que o débito, tanto de água como de energia elétrica, é de natureza pessoal, não se caracterizando como obrigação de natureza *propter rem*" (STJ, AgRg no REsp 1.258.866/ SP, 1.ª Turma, Rel. Min. Arnaldo Esteves Lima, j. 16.10.2012, *DJe* 22.10.2012).

- Abuso de direito no exercício de propriedade ou *ato emulativo* – retirado dos arts. 187 e 1.228, § 2.º, do CC. Trata-se de um instituto híbrido uma vez que o exercício de um direito real repercute no direito das obrigações, gerando o dever de indenizar.

# MANUAL DE DIREITO CIVIL • VOLUME ÚNICO – *Flávio Tartuce*

## 7.3 DA POSSE (ARTS. 1.196 A 1.224 DO CC)

### 7.3.1 Conceito de posse e teorias justificadoras. A teoria da função social da posse

O conceito de posse e sua estrutura sempre geraram dúvidas entre os cientistas do Direito. A primeira dúvida que surge em relação à categoria refere-se à sua natureza, ou seja, se se trata de um fato ou de um direito, questão muito bem explorada por Moreira Alves em obra clássica, escrita em dois volumes.[19] O jurista aponta duas grandes correntes, a que afirma se tratar de um mero *fato* e outra pela qual a posse, realmente, constitui um *direito*. A segunda corrente, que prega o entendimento de que a posse é um direito, é a que prevalece na doutrina. Sintetizando a questão da natureza da posse, cumpre transcrever as lições de Orlando Gomes:

> "Se a posse é um direito, como o reconhece, hoje, a maioria dos juristas, é preciso saber se tem natureza de um direito real ou pessoal. A circunstância de ceder a um direito superior, como o de propriedade, não significa que seja um direito pessoal. Trata-se de uma limitação que não é incompatível com o direito real. O que importa para caracterizar este é o fato de se exercer sem intermediário. Na posse, a sujeição da coisa à coisa é direta e imediata. Não há um sujeito passivo determinado. O direito do possuidor se exerce *erga omnes*. Todos são obrigados a respeitá-lo. Só os direitos reais têm essa virtude. Verdade é que os interditos se apresentam com certas qualidades de ação pessoal, mas nem por isso influem sobre a natureza real do *jus possessionis*".[20]

Estou filiado à corrente pela qual a posse é um direito de natureza especial, o que pode ser retirado da teoria tridimensional do Direito, de Miguel Reale. Isso porque a posse é o domínio fático que a pessoa exerce sobre a coisa. Ora, se o Direito é fato, valor e norma, logicamente a posse é um componente jurídico, ou seja, um direito.

Vale dizer que há entendimento doutrinário pelo qual a posse constitui um direito real propriamente dito, como desdobramento natural da propriedade, caso de Maria Helena Diniz.[21]

Pois bem, duas grandes escolas ou correntes clássicas procuraram justificar a posse como categoria jurídica. Vejamos:

> *1.ª – Teoria subjetiva ou subjetivista* – Seu principal idealizador foi Friedrich Carl von Savigny, entendendo a posse como o poder direto que a pessoa tem de dispor fisicamente de um bem com a intenção de tê-lo para si e de defendê-lo contra a intervenção ou agressão de quem quer que seja. A posse, para essa teoria, possui dois elementos: *a)* o *corpus* – elemento material ou objetivo da posse, constituído pelo poder físico ou de disponibilidade sobre a coisa; *b) animus domini*, elemento subjetivo, caracterizado pela intenção de ter a coisa para si, de exercer sobre ela o direito de propriedade. Diante do segundo elemento, para essa teoria, o locatário, o comodatário, o depositário, entre outros, não são possuidores, pois não há qualquer intenção de

---

[19] ALVES, José Carlos Moreira. *Posse. Estudo dogmático*. 2. ed. Rio de Janeiro: Forense, 1999.

[20] GOMES, Orlando. *Direitos reais*. 19. ed. Atualizador: Luiz Edson Fachin. Rio de Janeiro: Forense, 2004. p. 42-43.

[21] DINIZ, Maria Helena. *Curso de Direito Civil brasileiro*. Direito das Coisas. 22. ed. São Paulo: Saraiva, 2007. v. 5, p. 52.

tornarem-se proprietários. Em regra, essa teoria não foi adotada pelo CC/2002 até porque as pessoas elencadas por último são consideradas possuidores. A teoria subjetiva da posse somente ganha relevância na usucapião, como se verá adiante.

*2.ª – Teoria objetiva, objetivista* ou *simplificada* – Teve como principal expoente Rudolf von Ihering, sendo certo que para a constituição da posse basta que a pessoa disponha fisicamente da coisa, ou que tenha a mera possibilidade de exercer esse contato. Esta corrente dispensa a intenção de ser dono, tendo a posse apenas um elemento, o *corpus*, como elemento material e único fator visível e suscetível de comprovação. O *corpus* é formado pela atitude externa do possuidor em relação à coisa, agindo este com o intuito de explorá-la economicamente. Para esta teoria, dentro do conceito de *corpus* está uma intenção, não o *animus* de ser proprietário, mas de explorar a coisa com fins econômicos. A teoria de Ihering acabou por prevalecer sobre a de Savigny na Alemanha, estabelecendo o § 854 do BGB Alemão que a posse de uma coisa adquire-se mediante a obtenção do poder de fato sobre ela.

Entre as duas teorias, é forçoso concluir que o CC/2002, a exemplo do seu antecessor, adotou parcialmente a teoria objetivista de Ihering, pelo que consta do seu art. 1.196. Enuncia tal comando legal: "considera-se possuidor todo aquele que tem de fato o exercício, pleno ou não, de algum dos poderes inerentes à propriedade". Em suma, basta o exercício de um dos atributos do domínio para que a pessoa seja considerada possuidora. Ilustrando, o locatário, o usufrutuário, o depositário e o comodatário são possuidores, podendo fazer uso das ações possessórias. Pela atual codificação privada, pode-se dizer que *todo proprietário é possuidor, mas nem todo possuidor é proprietário*.

Percebe-se que pelo conceito objetivo adotado pelo comando legal e pelo art. 1.197 do CC, a posse pode ser *desdobrada* em direta e indireta. Em suma, não há necessariamente domínio material na posse, podendo esta decorrer de mero exercício de direito. Como primeira ilustração, no caso de contrato de locação, as duas partes envolvidas são possuidoras. O locatário é possuidor direto, tendo a coisa consigo; o locador proprietário é possuidor indireto, pelos direitos que decorrem do domínio.

Além das pessoas naturais e jurídicas, os entes despersonalizados podem ser considerados possuidores. Nesse sentido, o Enunciado n. 236 da *III Jornada de Direito Civil*, prevendo que se considera possuidor, para todos os efeitos legais, também a coletividade desprovida de personalidade jurídica. Assim, podem ser possuidores o espólio, a massa falida, a sociedade de fato e o condomínio, para aqueles que entendem ainda tratar-se de um ente despersonalizado.

Feitas tais ponderações, como, tema de grande relevo cumpre destacar que o CC/2002 perdeu a oportunidade de trazer expressamente uma teoria mais avançada quanto à posse, aquela que considera a sua função social, tese que tem como expoentes Raymond Saleilles, Silvio Perozzi e Antonio Hernandez Gil.

*De lege ferenda*, a adoção da função social da posse constava expressamente do Projeto 699/2011, o antigo Projeto Ricardo Fiuza, pelo qual o art. 1.196 passaria a ter a seguinte redação: "Art. 1.196. Considera-se possuidor todo aquele que tem poder fático de ingerência socioeconômica, absoluto ou relativo, direto ou indireto, sobre determinado bem da vida, que se manifesta através do exercício ou possibilidade de exercício inerente à propriedade ou outro direito real suscetível de posse".

Anote-se que tal proposição segue sugestão do jurista e Desembargador Aposentado do Tribunal de Justiça de Santa Catarina Joel Dias Figueira Jr. São suas palavras:

"Por tudo isso, perdeu-se o momento histórico de corrigir um importantíssimo dispositivo que vem causando confusão entre os jurisdicionados e, como decorrência de sua aplicação incorreta, inúmeras demandas. Ademais, o dispositivo mereceria um ajuste em face das teorias sociológicas, tendo-se em conta que foram elas, em sede possessória, que deram origem à função social da propriedade. Nesse sentido, vale registrar que foram as teorias sociológicas da posse, a partir do século XX, na Itália, com Silvio Perozzi; na França com Raymond Saleilles e, na Espanha, com Antonio Hernandez Gil, que não só colocaram por terra as célebres teorias objetiva e subjetiva de Ihering e Savigny, como também se tornaram responsáveis pelo novo conceito desses importantes institutos no mundo contemporâneo, notadamente a posse, como exteriorização da propriedade (sua verdadeira 'função social')".[22]

Anoto que no atual Projeto de Reforma do Código Civil, elaborado pela Comissão de Juristas nomeada no âmbito do Senado Federal, não foi feita proposta semelhante, para o art. 1.196, que ainda poderá ser inserida na sua tramitação no Congresso Nacional. Como ainda se verá, foi feita proposta de aperfeiçoamento quanto à função social da propriedade, no seu art. 1.228. E também se sugere a inclusão da posse da laje como direito autônomo, conforme está analisado a seguir.

Na doutrina contemporânea, vários autores discorrem sobre a função social da posse. Merecem destaque as palavras do ex-defensor público e atual Desembargador do TJRJ Marco Aurélio Bezerra de Melo, nosso coautor no *Código Civil Comentado*, publicado por esta mesma casa editorial:

"A densidade axiológica da posse, mormente em uma sociedade que oscila entre a pobreza e a miséria e que adota como modelo tradicional para a aquisição de bens a compra e venda e o direito hereditário, a posse deve ser respeitada pelos operadores do direito como uma situação jurídica eficaz a permitir o acesso à utilização dos bens de raiz, fato visceralmente ligado à dignidade da pessoa humana (art. 1.º, III, da CRFB) e ao direito constitucionalmente assegurado à moradia (art. 6.º da CRFB). Importa, por assim dizer, que ao lado do direito de propriedade, se reconheça a importância social e econômica do instituto".[23]

Ainda em sede doutrinária, a ideia de função social da posse consta de enunciado aprovado na *V Jornada de Direito Civil*, de 2011, com a seguinte redação: "a posse constitui direito autônomo em relação à propriedade e deve expressar o aproveitamento dos bens para o alcance de interesses existenciais, econômicos e sociais merecedores de tutela" (Enunciado n. 492). A título de exemplo, pode ser citado o *contrato de gaveta*, em que o possuidor tem um direito autônomo à propriedade, merecendo proteção pela utilidade positiva que dá à coisa.

O tema da *posse como um direito autônomo* foi objeto de dissertação de mestrado desenvolvida por Marcos Alberto Rocha Gonçalves e defendida na PUCSP. Conforme as conclusões finais do trabalho, às quais se filia, "a valorização da função social da posse representa o rompimento do formalismo individualista diante das demandas sociais. Compreende-se, a partir desse modelo, a construção de possíveis pontes entre as necessidades de uma sociedade multifacetada (e desigual) e o caminhar rumo a um efetivo Estado democraticamente organizado, afastando-se da dogmática estruturada na ficção da

---

[22] FIGUEIRA JR., Joel Dias. *Novo Código Civil comentado*. 2. ed. atual. Coord. Ricardo Fiuza. São Paulo: Saraiva, 2003. p. 1.095.

[23] MELO, Marco Aurélio Bezerra de. *Direito das Coisas*. Rio de Janeiro: Lumen Juris, 2007. p. 23-24.

CAP. 7 • DIREITO DAS COISAS | **989**

igualdade formal. Titularidades formais e fruição real das possibilidades emergentes de bens que atendam às necessidades é, ainda, um caminho a percorrer. Se historicamente o discurso jurídico aproximou propriedade e posse, é tempo, pois, de desvincular forçosa construção, pois, consoante há muito tempo anunciou José Saramago, 'ter não é possuir'".[24]

Também analisando tanto a função social da posse quanto o seu reconhecimento como *direito autônomo*, Ricardo Aronne pontuava que "o princípio da função social da propriedade é densificado pelo princípio da função social da posse, sem descuido da devida autonomia, mas sem desleixo da notável e classicamente reconhecida inter-relação".[25] Em complemento, lecionava com maestria o brilhante e saudoso jurista, que nos deixou de forma precoce no ano de 2017, que "a posse somente ganha trânsito jurídico quando se apresenta funcionalizada, quando é instrumento de funcionalização da propriedade. Dessa forma, tal qual a posse se apresenta autônoma em face da propriedade, há de se reconhecer a autonomia da função social da posse em relação à função social da propriedade, tal qual dignidade e igualdade se apresentam como noções autônomas".[26] E exemplificava que o bem pode não estar atendendo à função social da posse, apesar de satisfazer a função social da propriedade, como ocorre com as situações de subaproveitamento da terra.

Em complemento, conforme as precisas lições de Paulo Lôbo, "a autonomia da posse cada vez mais se afirma, tendo sido fortalecida pelas investigações iluminadas pelo direito civil constitucional. Os fundamentos da posse precisam ter em conta a promoção dos valores sociais constitucionalmente estabelecidos (Tepedino, 2011, p. 44) e sua relação com os direitos fundamentais".[27]

Seguindo esse caminho, no âmbito da jurisprudência superior, importante aresto do final de 2016 reconheceu que "a posse deve ser protegida como um fim em si mesma, exercendo o particular o poder fático sobre a *res* e garantindo sua função social, sendo que o critério para aferir se há posse ou detenção não é o estrutural, e sim o funcional. É a afetação do bem a uma finalidade pública que dirá se pode ou não ser objeto de atos possessórios por um particular". Assim, reconhece a Corte que, "à luz do texto constitucional e da inteligência do novo Código Civil, a função social é base normativa para a solução dos conflitos atinentes à posse, dando-se efetividade ao bem comum, com escopo nos princípios da igualdade e da dignidade da pessoa humana" (STJ, REsp 1.296.964/DF, 4.ª Turma, Rel. Min. Luis Felipe Salomão, j. 18.10.2016, *DJe* 07.12.2016).

Em 2020, o mesmo Superior Tribunal de Justiça utilizou a ideia de autonomia entre a posse e a propriedade para concluir que é possível a partilha, em sede de divórcio, de um imóvel em situação irregular. Nos termos da sua ementa, que tem o meu apoio:

> "Dada a autonomia existente entre o direito de propriedade e o direito possessório, a existência de expressão econômica do direito possessório como objeto de partilha e a existência de parcela significativa de bens que se encontram em situação de irregularidade por motivo distinto da má-fé dos possuidores, é possível a partilha de direitos possessórios sobre bem edificado em loteamento irregular, quando ausente a má-fé, resolvendo, em caráter particular, a questão que decorre da dissolução do

---

[24] GONÇALVES, Marcos Alberto Rocha. *A posse como direito autônomo*. Rio de Janeiro: Renovar, 2014. p. 269-270.

[25] ARONNE, Ricardo. *Propriedade e domínio*. A teoria da autonomia. 2. ed. Porto Alegre: Livraria do Advogado, 2014. p. 201.

[26] ARONNE, Ricardo. *Propriedade e domínio*. A teoria da autonomia. 2. ed. Porto Alegre: Livraria do Advogado, 2014. p. 206.

[27] LÔBO, Paulo. *Direito civil*. Coisas. São Paulo: Saraiva, 2015. p. 52.

990 | MANUAL DE DIREITO CIVIL • VOLUME ÚNICO – *Flávio Tartuce*

vínculo conjugal, e relegando a segundo momento a discussão acerca da regularidade e formalização da propriedade sobre o bem imóvel" (STJ, REsp 1.739.042/SP, 3.ª Turma, Rel. Min. Nancy Andrighi, j. 08.09.2020, *DJe* 16.09.2020).

Como última nota a respeito do tema, e como já adiantado, no Projeto de Reforma do Código Civil elaborado pela Comissão de Juristas nomeada no âmbito do Senado Federal, não se fez proposta de inclusão expressa da função social da posse no art. 1.196. Porém, adotando-se proposição elaborada por Marco Aurélio Bezerra de Melo, será incluído na Lei Geral Privada um tratamento da *posse da laje como direito autônomo*, no seu novo art. 1.510-F, segundo o qual "admite-se, além do direito real à laje, a autonomia da sua posse". Aprofundarei o estudo da proposição quando da análise desse importante direito real.

Voltando ao cerne do dispositivo legal hoje em vigor, de fato, não há dúvidas de que a redação da proposta legislativa é muito melhor do que o atual art. 1.196, comprovando o afastamento em relação às duas correntes clássicas. Porém, sem prejuízo dessa proposta de alteração, pode-se afirmar que o princípio da função social da posse é implícito ao Código Civil de 2002 pela valorização da *posse-trabalho*, constante dos seguintes dispositivos legais, que ainda serão devidamente aprofundados:

- Art. 1.238, parágrafo único, do CC – Reduz o prazo de usucapião extraordinária de quinze para dez anos se o possuidor tiver estabelecido sua moradia habitual, ou nele realizado obras ou serviços de caráter produtivo.
- Art. 1.242, parágrafo único, do CC – O prazo para a usucapião é reduzido de dez para cinco anos, se os possuidores tiverem estabelecido no imóvel sua moradia ou nele realizado investimentos de interesse social e econômico.
- Art. 1.228, §§ 4.º e 5.º, do CC – Consagra a *desapropriação judicial privada por posse-trabalho*.

Além dessas previsões legais, a função social da posse vem sendo aplicada pela melhor jurisprudência. Entre os vários julgados, transcreve-se o seguinte, do Tribunal Mineiro:

"Agravo de Instrumento. Imissão de Posse. Natureza Petitória. Não aplicação do art. 928 do CPC. Restrição aos Interditos Possessórios. Tutela Antecipada. Art. 273 do *Codex*. Possibilidade. Terceiro Possuidor. Comodato Verbal. Não Comprovação. Ausência de prova inequívoca. Direito de Moradia. Função Social da Posse. A Ação de imissão de posse possui natureza petitória, a partir da qual se tem como consequência a 'impossibilidade de concessão de liminar de posse, pois o referido provimento satisfativo é restrito aos interditos possessórios', sendo possível, todavia, a antecipação dos efeitos da tutela (art. 273 do CPC). – Ausente prova inequívoca conducente à verossimilhança das alegações, eis que omissa a comprovação da natureza jurídica do vínculo alegado entre as partes (vendedor e pretenso comodatário), sendo temerário acolher a afirmação contida na exordial de existência de comodato verbal, sem qualquer indício concreto a corroborá-lo, imperioso o indeferimento da medida liminar. – Omissa prova idônea acerca da existência de comodato verbal e correlata consumação da precariedade, torna-se impossível retirar o réu (colono rural) de sua moradia, direito social de relevante valor para o ordenamento jurídico pátrio, consagrado pelo art. 6.º da Carta Magna, o que acabaria por vilipendiar o devido processo legal, a função social da posse e a materialização da dignidade humana" (TJMG, Agravo de Instrumento 1.0112.08.080619-6/0011, 13.ª Câmara Cível, Campo Belo, Rel. Desig. Des. Cláudia Maia, j. 30.10.2008, *DJEMG* 1.º.12.2008).

Ou, de data mais próxima, julgou o Tribunal Paulista da seguinte forma, em aresto que merece destaque:

"Se preservada a função social da posse, é lícita a cessão de posse de imóvel financiado no contexto de programas habitacionais de moradias destinadas a pessoas em situação de vulnerabilidade econômica, em razão da relação jurídica de direito material com a coisa, isto é, a posse exercida a título de moradia, e em comum acordo entre os possuidores diretos do bem, ainda mais quando for reconhecida a cessão, direta ou tacitamente, pela própria sociedade de economia mista financiadora, sem prejuízo da busca, pelos interessados, como herdeiros do cedente, de eventual reparação, e se diverso o contexto fático. Descabimento da exigência de anuência dos herdeiros para a homologação do acordo. Atual possuidor que exerce posse desde o ano de 2005, com *animus domini*, ou seja, há 16 anos. Posse enquanto direito autônomo, inclusive em relação à propriedade. Inteligência do Enunciado n. 492 do Conselho da Justiça Federal. Função social da posse e teoria social da posse. A destinação social do bem, com a realização da função social da posse, a despeito da titulação ou das relações de cunho obrigacionais e contratuais, ainda que envolvendo direito real de aquisição (art. 1.225, VII, do CC/2002), passa a ser decisiva em uma sociedade com grande déficit habitacional e de acesso aos meios de produção rural, cujo modelo tradicional de utilização dos bens de raiz é a compra e venda e o direito hereditário, viabilizando-se, portanto, a realização dos objetivos fundamentais da República Federativa do Brasil (art. 3.º da CF/88), ou seja, a construção de uma sociedade livre, justa e solidária, com a erradicação da pobreza e a marginalização e com redução das desigualdades sociais e regionais. Segurança jurídica da posse enquanto requisito de uma moradia adequada. Seja pela configuração da usucapião, seja pela possível concessão de uso especial para fins de moradia, ou mesmo pela *suppressio*, o fato é que há óbice intransponível ao exercício de eventual pretensão possessória ou de direito real de aquisição dos herdeiros (art. 1.225, VII, do CC/2002), pelo não exercício da posse sobre o bem por mais de 16 anos. Exigência de anuência dos herdeiros descabida. Legalidade da homologação do acordo, ressalvada a possibilidade de questionamento futuro pelos herdeiros, se diverso o contexto fático" (TJSP, Agravo de Instrumento 2155642-97.2021.8.26.0000, Acórdão 14964208, Bragança Paulista, 27.ª Câmara de Direito Privado, Rel. Des. Alfredo Attié, j. 30.08.2021, *DJESP* 03.09.2021, p. 3.365).

Concluindo o tópico, tendo a propriedade uma função social reconhecida no Texto Maior, o mesmo deve ser dito em relação à posse. Desse modo, é mais correto afirmar que o CC/2002 não adota a tese de Ihering pura e simplesmente, mas sim a tese da *posse social*, sustentada por Perozzi, Saleilles e Hernandez Gil.

Como se verá neste capítulo, uma mudança de paradigma inegável atingiu o Direito das Coisas, razão pela qual pode ser afirmado que o debate entre Ihering e Savigny encontra-se superado.

## 7.3.2 Diferenças entre a posse e a detenção. Conversão dos institutos

Tema dos mais relevantes a respeito da matéria possessória se refere à diferença categórica entre a posse e a detenção. O detentor não pode ser confundido com o possuidor, pela inteligência do art. 1.198 do CC/2002:

"Art. 1.198. Considera-se detentor aquele que, achando-se em relação de dependência para com outro, conserva a posse em nome deste e em cumprimento de ordens ou instruções suas.
Parágrafo único. Aquele que começou a comportar-se do modo como prescreve este artigo, em relação ao bem e à outra pessoa, presume-se detentor, até que prove o contrário".

# 992 | MANUAL DE DIREITO CIVIL • VOLUME ÚNICO – Flávio Tartuce

Segundo Maria Helena Diniz, o detentor ou *fâmulo de posse*, denominado *gestor da posse*, *detentor dependente* ou *servidor da posse*, tem a coisa apenas em virtude de uma situação de dependência econômica ou de um vínculo de subordinação (ato de mera custódia). A lei ressalva não ser possuidor aquele que, achando-se em relação de dependência para com outro, conserva a posse em nome deste e em cumprimento de ordens e instruções suas.[28]

O detentor exerce sobre o bem não uma posse própria, mas uma posse em nome de outrem. Como não tem posse, não lhe assiste o direito de invocar, em nome próprio, as ações possessórias. Porém, é possível que o detentor defenda a posse alheia por meio da *autotutela*, tratada pelo art. 1.210, § 1.º, do CC, conforme reconhece o seguinte enunciado doutrinário da *V Jornada de Direito Civil*: "o detentor (art. 1.198 do Código Civil) pode, no interesse do possuidor, exercer a autodefesa do bem sob seu poder" (Enunciado n. 493). O art. 1.208, primeira parte, do CC acrescenta que não induzem posse os atos de mera permissão ou tolerância.

Vejamos alguns exemplos de detenção, para deixar bem claro que ela não se confunde com a posse.

Como primeiro exemplo, cite-se a hipótese de alguém que para o seu carro em um estacionamento, entregando-o a um manobrista. A empresa de estacionamento é possuidora, diante da existência de um contrato atípico, com elementos do depósito; já o manobrista é detentor, pois tem o veículo em nome da empresa, com quem tem relação de subordinação.

Partindo para as concretizações jurisprudenciais, o STJ vinha julgando reiteradamente que a ocupação irregular de área pública não induziria posse, mas ato de mera detenção (por todos: STJ, REsp 556.721/DF, 2.ª Turma, Rel. Min. Eliana Calmon, data da decisão: 15.09.2005). O objetivo dessa forma de julgar era o de afastar qualquer pretensão de usucapião de bens públicos, presente a citada ocupação irregular.

Com o devido respeito, sempre entendi que o caso seria não de detenção, mas de uma posse precária que, por ser injusta, não geraria a usucapião. Todavia, em havendo posse, o ocupante-invasor poderia propor ações possessórias contra terceiros. Em 2016, surgiu decisão do Superior Tribunal de Justiça nesse sentido, corrigindo aquele equívoco anterior. Conforme publicação constante do seu *Informativo* n. *579*, que merece destaque e leitura:

> "É cabível o ajuizamento de ações possessórias por parte de invasor de terra pública contra outros particulares. Inicialmente, salienta-se que não se desconhece a jurisprudência do STJ no sentido de que a ocupação de área pública sem autorização expressa e legítima do titular do domínio constitui mera detenção (REsp 998.409DF, Terceira Turma, *DJe* 03.11.2009). Contudo, vislumbra-se que, na verdade, isso revela questão relacionada à posse. Nessa ordem de ideias, ressalta-se o previsto no art. 1.198 do CC, *in verbis*: 'Considera-se detentor aquele que, achando-se em relação de dependência para com outro, conserva a posse em nome deste e em cumprimento de ordens ou instruções suas'. Como se vê, para que se possa admitir a relação de dependência, a posse deve ser exercida em nome de outrem que ostente o *jus possidendi* ou o *jus possessionis*. Ora, aquele que invade terras públicas e nela constrói sua moradia jamais exercerá a posse em nome alheio, de modo que não há entre ele e o ente público uma relação de dependência ou de subordinação e, por isso, não há que se falar em mera detenção. De fato, o *animus domni* é evidente, a despeito de ele ser juridicamente infrutífero. Inclusive, o fato de as terras serem públicas e, dessa maneira, não serem passíveis de aquisição por usucapião, não altera esse quadro. Com frequência, o invasor sequer conhece essa característica do imóvel. Portanto, os interditos possessórios são adequados à discussão da melhor posse entre

---

[28] DINIZ, Maria Helena. *Código Civil anotado*. 15. ed. São Paulo: Saraiva, 2010. p. 820-821.

particulares, ainda que ela esteja relacionada a terras públicas" (STJ, REsp 1.484.304/DF, Rel. Min. Moura Ribeiro, j. 10.03.2016, *DJe* 15.03.2016).

Porém, seguindo o primeiro entendimento e contrariando o último acórdão da Terceira Turma, a Corte Especial do STJ aprovou, em outubro de 2018, a Súmula 619, segundo a qual, "a ocupação indevida de bem público configura mera detenção, de natureza precária, insuscetível de retenção ou indenização por acessões e benfeitorias". Assim, a questão estabilizou-se no Tribunal Superior, sendo esse o entendimento a ser considerado, para os devidos fins teóricos e práticos.

Partindo para outro exemplo de detenção, do Tribunal de São Paulo entendeu-se não haver posse, mas mera detenção, em caso de entrega de veículo para o dono de uma empresa que estaria incumbido de vendê-lo:

> "Possessória. Reintegração de posse. Bem móvel. Veículo adquirido mediante financiamento. Entrega do bem ao réu, dono de garagem para ser vendido. Transferência, todavia, do mesmo a outrem para pagamento de dívida por ele contraída. Descabimento. Configuração como mera detenção, com simples custódia. Esbulho configurado. Ação procedente. Recurso desprovido" (TJSP, Apelação 0957508-2/00, 21.ª Câmara Direito Privado, Lins, Rel. Sorteado Antonio Marson, j. 04.05.2005).

Voltando-se à ilustração concreta do Superior Tribunal de Justiça, entendeu a Corte, em aresto de 2017, que a concessionária de veículos incumbida de fazer o reparo de um automóvel é mera detentora, e não possuidora do bem. Sendo assim, não é o caso de reconhecer o direito de retenção da coisa, diante da falta do pagamento de serviços que foram por ela prestadas, nos termos do que consta do art. 1.219 do Código Civil. Conforme trecho da ementa do acórdão, "na hipótese, o veículo foi deixado na concessionária pela proprietária somente para a realização de reparos, sem que isso conferisse à recorrente sua posse. A concessionária teve somente a detenção do bem, que ficou sob sua custódia por determinação e liberalidade da proprietária, em uma espécie de vínculo de subordinação. O direito de retenção, sob a justificativa de realização de benfeitoria no bem, não pode ser invocado por aquele que possui tão somente a detenção do bem" (STJ, REsp 1.628.385/ES, 3.ª Turma, Rel. Min. Ricardo Villas Bôas Cueva, j. 22.08.2017, *DJe* 29.08.2017).

O célebre caso de detenção refere-se à relação de trabalho ou de emprego, em que o empregador entrega bem de sua propriedade ao trabalhador, diante de uma relação de confiança decorrente do contrato. Cite-se a hipótese do motorista que detém o carro do seu patrão (STJ, AgRg no REsp 710.789/RS, 1.ª Turma, Rel. Min. Luiz Fux, j. 06.12.2005, *DJU* 20.02.2006, p. 223). Todavia, deve ficar claro, que se estiver presente um comodato ou uma locação da coisa, não haverá detenção, mas posse do empregado, conforme vem entendendo farta jurisprudência (por todos: STJ, CC 105.134/MG, 2.ª Seção, Rel. Min. Fernando Gonçalves, j. 14.10.2009, *DJE* 05.11.2009; TRT da 7.ª Região, RO 1171-30.2010.5.07.0031, 1.ª Turma, Rel. Des. José Antonio Parente da Silva, *DEJTCE* 08/07/2011, p. 31; e TJSP, Agravo de Instrumento 7304009-2, Acórdão 3926316, 20.ª Câmara de Direito Privado, Botucatu, Rel. Des. Álvaro Torres Junior, j. 22.06.2009, *DJESP* 23.07.2009).

Por fim quanto aos exemplos, cumpre colacionar as lições de Orlando Gomes, em obra atualizada por Luiz Edson Fachin, no sentido de que "são servidores da posse, dentre outras pessoas as seguintes: os empregados em geral, os diretores de empresa, os bibliotecários, os viajantes em relação aos mostruários, os menores mesmo quando usam coisas próprias, o soldado, o detento".[29]

---

[29] GOMES, Orlando. *Direitos reais*. Coordenador: Edvaldo Brito. Atualizador: Luiz Edson Fachin. 19. ed. Rio de Janeiro: Forense, 2004, p. 48.

# 994 | MANUAL DE DIREITO CIVIL • VOLUME ÚNICO – *Flávio Tartuce*

Consigne-se que é admitida juridicamente a conversão da detenção em posse. Nesse sentido, na *IV Jornada de Direito Civil*, promovida pelo Conselho da Justiça Federal em 2006, aprovou-se o Enunciado doutrinário n. 301, estabelecendo que "é possível a conversão da detenção em posse, desde que rompida a subordinação, na hipótese de exercício em nome próprio dos atos possessórios".

Exemplificando, se desaparecer o vínculo de dependência de um contrato de trabalho, sendo celebrado expressamente um contrato de locação entre ex-patrão e ex-empregado, não haverá mais mera detenção, mas posse, desdobrada em direta e indireta. A partir de então, o novo locatário poderá desfrutar de todos os efeitos materiais e processuais decorrentes do novo instituto que surge. Nessa linha, da jurisprudência paulista:

"Ação possessória. Indeferimento da Petição Inicial sob o fundamento de existência de mera detenção. Possibilidade de conversão da detenção em posse, com o rompimento da subordinação relativa àquela possibilidade da modificação do caráter originário da posse. Fatos afirmados com a inicial que merecem ser melhor examinados sob o crivo do contraditório. Impossibilidade, entretanto, de concessão de liminar. Recurso provido para ser anulada a decisão, a fim de se propiciar o processamento, sem liminar, da ação" (TJSP, Apelação 7170778-3, Acórdão 3468220, 17.ª Câmara de Direito Privado, Piratininga, Rel. Des. Paulo Pastore Filho, j. 28.01.2009, *DJESP* 09.03.2009).

Como outro ponto importante, destaque-se que a posse e a detenção não se confundem com a tença, sendo a última "uma mera situação material de apreensão física do bem, sem qualquer consequência jurídica protetiva".[30]

Para encerrar o tópico, anoto que no Projeto de Reforma do Código Civil, a Comissão de Juristas sugere ajustes necessários no seu art. 1.198, no tratamento relativo à detenção, consolidando-se na lei a posição hoje considerada majoritária, inclusive nos citados enunciados nas *Jornadas de Direito Civil*.

Conforme ainda a proposição de um § 1.º para o comando, "nos termos deste artigo, presume-se permanecer como detentor perante o proprietário, o possuidor e terceiros aquele que desde sempre se comportou como tal, até que ele demonstre, ou contra ele fique demonstrado, ter consigo a coisa em razão de outra causa". Adota-se o conteúdo do Enunciado n. 301 da *IV Jornada de Direito Civil*, com a possibilidade de conversão da detenção em posse pelo encerramento do vínculo de subordinação entre as partes.

Ademais, o art. 1.198 do CC/2002 receberá um § 2.º, estabelecendo que "o detentor pode, no interesse do possuidor, exercer a autodefesa do bem que esteja sob o seu poder", o que representa a inclusão na norma jurídica do Enunciado n. 493 da *V Jornada de Direito Civil*, vindo em boa hora em prol da defesa da posse e da própria propriedade como direito fundamental. Espera-se, portanto, a sua aprovação pelo Parlamento Brasileiro.

## 7.3.3 Principais classificações da posse

A posse admite diversas classificações, o que é fundamental para a compreensão do instituto e de seus efeitos jurídicos. Vejamos tais modalidades, de forma pontual.

---

[30] PENTEADO, Luciano de Camargo. *Direito das Coisas*. São Paulo: RT, 2008. p. 471.

*I) Quanto à relação pessoa-coisa ou quanto ao desdobramento da posse, levando-se em conta o seu paralelismo (art. 1.197 do CC):*

a) *Posse direta* ou *imediata* – aquela que é exercida por quem tem a coisa materialmente, havendo um poder físico imediato. Como possuidores diretos podem ser citados o locatário, o depositário, o comodatário e o usufrutuário.

b) *Posse indireta* ou *mediata* – exercida por meio de outra pessoa, havendo exercício de direito, geralmente decorrente da propriedade. Exemplos: locador, depositante, comodante e nu-proprietário.

> **Observação** – Enuncia o art. 1.197 do CC que "a posse direta, de pessoa que tem a coisa em seu poder, temporariamente, em virtude de direito pessoal, ou real, não anula a indireta, de quem aquela foi havida, podendo o possuidor direto defender a sua posse contra o indireto". No plano dos efeitos, prevê o Enunciado n. 76 da *I Jornada de Direito Civil*: "o possuidor direto tem direito de defender a sua posse contra o indireto, e este contra aquele (art. 1.197, *in fine*, do novo Código Civil)". O Projeto de Reforma do Código Civil, elaborado pela Comissão de Juristas nomeada no Congresso Nacional, pretende inserir regra nesse sentido no seu art. 1.197, suprindo lacuna hoje existente, na linha do citado enunciado doutrinário. A norma passará a prever que "a posse direta, de pessoa que tem a coisa em seu poder, temporariamente, em virtude de direito pessoal, ou real, não impede o exercício de posse indireta, de quem aquela foi havida, podendo um e outro defendê-la contra quem quer que ponha em risco suas qualidades de possuidor". Com isso, resolve-se uma das principais omissões legislativas verificada nos mais de vinte anos da codificação privada. Em suma, tanto o possuidor direto quanto o indireto podem invocar a proteção possessória um contra o outro, e também contra terceiros. Ilustrando, imagine-se um caso em que, vigente um contrato de locação de imóvel urbano, o locatário viaja e, quando volta, percebe que o imóvel foi invadido pelo próprio proprietário. Nesse caso, caberá uma ação de reintegração de posse do locatário (possuidor direto) em face do locador (possuidor indireto), eis que o contrato ainda estava em vigor e deveria ter sido respeitado. A afirmação é mantida integralmente com a emergência do CPC/2015, que pouco inovou no tratamento das ações possessórias. Em outra situação concreta, vigente um contrato de locação de imóvel urbano, o locatário não vem pagando regularmente os aluguéis. Diante dessa situação, o locador o procura e ambos fazem um acordo para desocupação voluntária do imóvel em seis meses. Findo esse prazo, o locatário ainda continua no imóvel. Pode parecer que, nesse caso, a ação cabível ao locador é a de reintegração de posse. A conclusão está errada, pois a ação cabível é a de despejo, nos termos do art. 5.º da Lei 8.245/1991 (nesse sentido: TJSP, Apelação Cível 772.237-0/1, 35.ª Câmara de Direito Privado, São Paulo, Rel. Mendes Gomes, 27.06.2005, v.u.). Como tem julgado o Superior Tribunal de Justiça, "a via processual adequada para a retomada, pelo proprietário, da posse direta de imóvel locado é a ação de despejo, na forma do art. 5º da Lei n. 8.245/1991, não servindo para esse propósito o ajuizamento de ação possessória" (STJ, REsp 1.812.987/RJ, 4.ª Turma, Rel. Min. Antonio Carlos Ferreira, j. 27.04.2023, *DJe* 04.05.2023). Essa é a correta conclusão técnica, a ser adotada para os devidos fins práticos.

*II) Quanto à presença de vícios objetivos (art. 1.200 do CC):*

a) *Posse justa* – é a que não apresenta os vícios da violência, da clandestinidade ou da precariedade, sendo uma *posse limpa*.

**996** | MANUAL DE DIREITO CIVIL • VOLUME ÚNICO – *Flávio Tartuce*

b) *Posse injusta* – apresenta os referidos vícios, pois foi adquirida por meio de ato de violência, ato clandestino ou de precariedade, nos seguintes termos:

- *Posse violenta* – é a obtida por meio de esbulho, for força física ou violência moral (*vis*). A doutrina tem o costume de associá-la ao crime de roubo. Exemplo: movimento popular invade violentamente, removendo e destruindo obstáculos, uma propriedade rural produtiva, que está sendo utilizada pelo proprietário, cumprindo a sua função social.

- *Posse clandestina* – é a obtida às escondidas, de forma oculta, à surdina, na *calada da noite* (*clam*). É assemelhada ao crime de furto. Exemplo: movimento popular invade, à noite e sem violência, uma propriedade rural que está sendo utilizada pelo proprietário, cumprindo a sua função social.

- *Posse precária* – é a obtida com abuso de confiança ou de direito (*precário*). Tem forma assemelhada ao crime de estelionato ou à apropriação indébita, sendo também denominada *esbulho pacífico*. Exemplo: locatário de um bem móvel que não devolve o veículo ao final do contrato. No Projeto de Reforma do Código Civil, há proposta de que o critério da precariedade seja substituído pelo abuso de confiança, mais técnico e efetivo. Nesse contexto, o seu art. 1.200 passará a expressar que "é injusta a posse violenta, clandestina ou com abuso de confiança". Segundo a Subcomissão de Direito das Coisas – formada por Marco Aurélio Bezerra de Melo, Marcelo Milagres, Maria Cristina Santiago e Carlos Vieira Fernandes Filho –, "na redação desse artigo, percebe-se o uso indevido da elipse, que é uma figura de linguagem caracterizada por omitir um termo linguístico (palavra ou expressão) no enunciado. Talvez, por uma maior clareza de seu conteúdo normativo, fosse necessária uma nova redação". Como bem destacaram, o critério do abuso de confiança, que melhor expressa a situação, já havia sido adotado no Esboço do Código Civil de Teixeira de Freitas, sendo melhor para a prática a proposição que formularam, segundo a Relatoria-Geral e os demais membros da Comissão de Juristas, após amplas discussões e votação entre todos.

> **Observação 1** – Basta a presença de apenas um dos critérios acima para que a posse seja caracterizada como injusta, não havendo exigência de cumulação.
>
> **Observação 2** – A posse, mesmo que injusta, ainda é posse e pode ser defendida por ações do juízo possessório, não contra aquele de quem se tirou a coisa, mas sim em face de terceiros. Isso porque a posse somente é viciada em relação a uma determinada pessoa (efeitos *inter partes*), não tendo o vício efeitos contra todos, ou seja, *erga omnes*.[31]
>
> **Observação 3** – Segundo a visão clássica, e pelo que consta do art. 1.208, segunda parte, do CC/2002, as posses injustas por violência ou clandestinidade podem ser convalidadas, o que não se aplicaria à posse injusta por precariedade ("não induzem posse os atos de mera permissão ou tolerância assim como não autorizam a sua aquisição os atos violentos, ou clandestinos, senão depois de cessar a violência ou a clandestinidade"). O dispositivo acaba quebrando a regra pela qual a posse mantém o mesmo caráter com que foi adquirida, conforme o art. 1.203 do CC, e que consagra o *princípio da continuidade do caráter da posse*. Ato contínuo, acaba reconhecendo que aqueles que têm posse violenta ou clandestina não têm *posse plena*, para fins jurídicos, sendo meros detentores. Diante dessa situação jurídica,

---

[31] Nesse sentido: VENOSA, Sílvio de Salvo. *Código Civil interpretado*. São Paulo: Atlas, 2010. p. 1.055.

sempre foi comum afirmar, conciliando-se o art. 1.208 do CC/2002 com o art. 924 do CPC/1973, que, após um ano e um dia do ato de violência ou de clandestinidade, a posse deixaria de ser injusta e passa a ser justa. Essa posição majoritária deve ser mantida com o CPC vigente, pois o art. 924 do CPC/1973 equivale, sem grandes alterações estruturais, ao art. 558 do CPC/2015. Apesar desse entendimento tido como clássico e consolidado, filia-se à corrente contemporânea que prega a análise dessa cessação caso a caso, de acordo com a finalidade social da posse (*função social da posse*).[32] Para essa mesma corrente, a posse precária também pode ser convalidada, havendo alteração substancial na sua causa, o que parece ser o melhor caminho, revendo aquela antiga conclusão teórica. Essa mudança de estado foi reconhecida na *III Jornada de Direito Civil*, com a aprovação do Enunciado n. 237, de autoria do último doutrinador citado, *in verbis*: "é cabível a modificação do título da posse – *interversio possessionis* – na hipótese em que o até então possuidor direto demonstrar ato exterior inequívoco de oposição ao antigo possuidor indireto, tendo por efeito a caracterização do *animus domini*". Mesmo tendo o CPC/2015 confirmado a divisão das ações de força nova e velha, acredita-se que seja o momento de rever a utilização do parâmetro objetivo processual para que a posse injusta passe a ser justa. Em apertada síntese, a alteração do caráter da posse deve ter como parâmetro a sua função social, e não um mero requisito temporal. No Projeto de Reforma do Código Civil, fiz proposta de alteração do art. 1.208 para que a norma passasse a mencionar apenas a posse injusta, mas a solução não foi adotada pela Comissão de Juristas. Entretanto, em boa hora, tende-se a resolver em parte o dilema, com a inclusão da *interversio possessionis* no parágrafo único do art. 1.203, acolhendo justamente proposição formulada pelo Desembargador Marco Aurélio Bezerra de Melo e incluindo-se na norma o Enunciado n. 237 da *III Jornada de Direito Civil*. De acordo com a proposição, "haverá modificação da causa da posse quando o então possuidor direto comprovar ato exterior e inequívoco de oposição ao antigo possuidor indireto". Em prol da segurança jurídica e da esperada estabilidade das relações civis, espera-se a sua aprovação pelo Parlamento Brasileiro.

**Observação 4** – Em relação aos seus efeitos, os vícios da violência, da clandestinidade ou da precariedade não influenciam na questão dos frutos, das benfeitorias e das responsabilidades. Para tais questões, leva-se em conta se a posse é de boa-fé ou má-fé, ou seja, critérios subjetivos, que serão analisados a seguir. Ainda, aquele que tem posse injusta não tem a *posse usucapível* (*ad usucapionem*), ou seja, não pode adquirir a coisa por usucapião.

*III) Quanto à boa-fé subjetiva ou intencional (art. 1.201 do CC):*

a) *Posse de boa-fé* – presente quando o possuidor ignora os vícios ou os obstáculos que lhe impedem a aquisição da coisa ou quando tem um justo título que fundamente a sua posse. Orlando Gomes a divide em *posse de boa-fé real* quando "a convicção do possuidor se apoia em elementos objetivos tão evidentes que nenhuma dúvida pode ser suscitada quanto à legitimidade de sua aquisição" e *posse de boa-fé presumida* "quando o possuidor tem o justo título".[33]

b) *Posse de má-fé* – situação em que alguém sabe do vício que acomete a coisa, mas mesmo assim pretende exercer o domínio fático sobre esta. Neste caso, o possuidor nunca possui um justo título. De qualquer modo, ainda que de má-fé,

---

[32] Assim deduzindo: MELO, Marco Aurélio Bezerra de. *Direito das Coisas*. Rio de Janeiro: Lumen Juris, 2007. p. 40-42.

[33] GOMES, Orlando. *Direitos reais*. 19. ed. Atualizador: Luiz Edson Fachin. Rio de Janeiro: Forense, 2004. p. 54.

esse possuidor não perde o direito de ajuizar a ação possessória competente para proteger-se de um ataque de terceiro.

**Observação 1** – No que concerne aos efeitos da classificação apontada, há consequências em relação aos frutos e às benfeitorias que ainda serão abordadas.

**Observação 2** – Quanto à posse de boa-fé fundada em justo título, cite-se um contrato que fundamenta a posse do locatário ou do comodatário. Ainda ilustrando o justo título, na *III Jornada de Direito Civil*, aprovou-se o Enunciado n. 302, prescrevendo que "pode ser considerado justo título para a posse de boa-fé o ato jurídico capaz de transmitir a posse *ad usucapionem*, observado o disposto no art. 113 do CC". O exemplo de título é o compromisso de compra e venda, registrado ou não na matrícula do imóvel, devendo ser observada a boa-fé objetiva, prevista no art. 113, *caput*, do CC. Ainda na *III Jornada de Direito Civil*, foi aprovado o Enunciado n. 303, pelo qual "considera-se justo título para presunção relativa da boa-fé do possuidor o justo motivo que lhe autoriza a aquisição derivada da posse, esteja ou não materializado em instrumento público ou particular. Compreensão na perspectiva da função social da posse". O último enunciado doutrinário está estabelecendo que a função social da posse, antes estudada, é fator fundamental para a determinação da posse de boa-fé e da caracterização do justo título. Sendo assim, a existência de instrumento, seja público ou particular, não é fator essencial. O tecnicismo e o formalismo exagerado são substituídos pela funcionalização do instituto da posse.

**Observação 3** – A presente classificação não se confunde com a última (quanto aos vícios objetivos). Isso porque na análise dos vícios previstos no art. 1.200 do CC são levados em conta os *critérios objetivos*. Ao contrário, na presente classificação, são considerados os *critérios subjetivos*, eis que a boa-fé que entra em cena é a *subjetiva*, que está no plano da intenção, da crença dos envolvidos. Esclarece Orlando Gomes que "não há coincidência necessária entre a posse justa e a posse de boa-fé. À primeira vista, toda posse justa deveria ser de boa-fé e toda posse de boa-fé deveria ser justa. Mas a transmissão dos vícios de aquisição permite que um possuidor de boa-fé tenha posse injusta, se a adquiriu de quem a obteve pela violência, pela clandestinidade ou pela precariedade, ignorante da ocorrência; *nemo sibi causam possessionis mutare potest*. Também é possível que alguém possua de má-fé, embora não tenha posse violenta, clandestina ou precária".[34] O exemplo clássico daquele que tem *posse injusta*, mas de *boa-fé*, ocorre no caso de compra de um bem roubado, sem que se saiba que o bem foi retirado de outrem com violência. Por outro lado, terá *posse justa*, mas de *má-fé*, o locatário que pretende adquirir o bem por usucapião, na vigência do contrato. Em relação aos efeitos, as posses confrontadas do mesmo modo não se confundem. A posse justa e a injusta geram efeitos quanto às ações possessórias e quanto à usucapião. A posse de boa e a de má-fé, como se verá, geram efeitos quanto aos frutos, às benfeitorias e às responsabilidades dos envolvidos, com a devida análise do caso concreto.

*IV) Quanto à presença de título:*

a) *Posse com título* – situação em que há uma *causa representativa* da transmissão da posse, caso de um documento escrito, como ocorre na vigência de um contrato de locação ou de comodato, por exemplo.

---

[34] GOMES, Orlando. *Direitos reais*. 19. ed. Atualizador: Luiz Edson Fachin. Rio de Janeiro: Forense, 2004. p. 55.

b) *Posse sem título* – situação em que não há uma *causa representativa*, pelo menos aparente, da transmissão do domínio fático. Exemplo: alguém acha um tesouro, depósito de coisas preciosas, sem a intenção de fazê-lo. Nesse caso, a posse é qualificada como um *ato-fato jurídico*, pois não há uma vontade juridicamente relevante para que exista um ato jurídico.

> **Observação** – Mantendo relação com a última classificação, surgem os conceitos de *ius possidendi* e *ius possessionis*. A partir das lições de Washington de Barros Monteiro, o *ius possidendi* é o direito à posse que decorre de propriedade; enquanto o *ius possessionis* é o direito que decorre exclusivamente da posse.[35] Fazendo o paralelo, pode-se dizer que no *ius possidendi* há uma posse com título, estribada na propriedade. No *ius possessionis*, há uma posse sem título, que existe por si só. Ainda, é pertinente apontar que alguns autores falam em *posse natural* no caso de posse sem título e *posse civil ou jurídica* se ela estiver estribada em título determinado.[36]

*V) Quanto ao tempo:*

a) *Posse nova* – é a que conta com menos de um ano e um dia, ou seja, é aquela com até um ano.

b) *Posse velha* – é a que conta *com pelo menos* um ano e um dia, ou seja, com um ano e um dia ou mais. Segue-se, nessa classificação, a doutrina de Maria Helena Diniz e Carlos Roberto Gonçalves, que entendem que a posse que tem um ano e um dia é velha.[37]

> **Observação** – A classificação da posse quanto ao tempo é fundamental para a questão processual relativa às ações possessórias. Enunciava o art. 924 do CPC/1973 que "regem o procedimento de manutenção e de reintegração de posse as normas da seção seguinte, quando intentado dentro de ano e dia da turbação ou do esbulho; passado esse prazo, será ordinário, não perdendo, contudo, o caráter possessório". Repise-se que, sem grandes alterações estruturais, o dispositivo foi repetido pelo art. 558 do CPC/2015, *in verbis*: "regem o procedimento de manutenção e de reintegração de posse as normas da Seção II deste Capítulo quando a ação for proposta dentro de ano e dia da turbação ou do esbulho afirmado na petição inicial. Parágrafo único. Passado o prazo referido no *caput*, será comum o procedimento, não perdendo, contudo, o caráter possessório". As decorrências processuais dessas consolidações serão aprofundadas mais à frente nesta obra.

*VI) Quanto aos efeitos:*

a) *Posse ad interdicta* – constituindo regra geral, é a posse que pode ser defendida pelas ações possessórias diretas ou interditos possessórios. Exemplificando, tanto o locador quanto o locatário podem defender a posse de uma turbação ou esbulho praticado por um terceiro. Essa posse não conduz à usucapião.

---

[35] MONTEIRO, Washington de Barros. *Curso de Direito Civil*. Direito das coisas. 37. ed. rev. e atual. São Paulo: Saraiva, 2003. v. 3, p. 32.

[36] GONÇALVES, Carlos Roberto. *Direito Civil*. Direito das Coisas. 5. ed. São Paulo: Saraiva, 2010. v. 5, p. 102-103.

[37] DINIZ, Maria Helena. *Código Civil anotado*. 15. ed. São Paulo: Saraiva, 2010. p. 828-829; GONÇALVES, Carlos Roberto. *Direito Civil*. Direito das Coisas. 5. ed. São Paulo: Saraiva, 2010. v. 5, p. 101.

# MANUAL DE DIREITO CIVIL • VOLUME ÚNICO – *Flávio Tartuce*

b)  *Posse ad usucapionem* – exceção à regra, é a que se prolonga por determinado lapso de tempo previsto na lei, admitindo-se a aquisição da propriedade pela usucapião, desde que obedecidos os parâmetros legais. Em outras palavras, é aquela posse com *olhos à usucapião (posse usucapível)*, pela presença dos seus elementos. A posse *ad usucapionem* deve ser mansa, pacífica, duradoura por lapso temporal previsto em lei, ininterrupta e com intenção de dono (*animus domini* – conceito de Savigny). Além disso, em regra, deve ter os requisitos do justo título e da boa-fé.

## 7.3.4  Efeitos materiais e processuais da posse

O Código Civil de 2002, entre os seus arts. 1.210 a 1.222, traz regras quanto aos efeitos da posse (Capítulo III, Título I, Livro III). Essas regras têm caráter material e processual e estão aqui abordadas de forma pontual. Vejamos.

### 7.3.4.1  *Efeitos da posse quanto aos frutos*

Como exposto no Capítulo 2 desta obra, os frutos são bens acessórios que saem do principal sem diminuir a sua quantidade. Em termos gerais, prevê o art. 95 do CC/2002 que, apesar de ainda não separados do bem principal, os frutos e produtos podem ser objeto de negócio jurídico. Repise-se que os frutos não se confundem com os produtos, pois enquanto os frutos não geram a diminuição do principal, isso não ocorre com os produtos.

Quanto aos efeitos da posse, para a análise do direito aos frutos é fundamental que a posse seja configurada como de boa ou má-fé.

De início, prevê o art. 1.214 do CC que "o possuidor de boa-fé tem direito, enquanto ela durar, aos frutos percebidos". Complementando, dispõe o parágrafo único desse comando legal que os frutos pendentes ao tempo em que cessar a boa-fé devem ser restituídos, depois de deduzidas as despesas da produção e custeio. Devem ser também restituídos os frutos colhidos com antecipação. Ilustrando, um locatário está em um imóvel urbano e, no fundo deste, há uma mangueira.

Enquanto vigente o contrato, o locatário, possuidor de boa-fé amparado pelo justo título, terá direito às mangas colhidas, ou seja, percebidas. Se o contrato for extinto quando as mangas ainda estiverem verdes (frutos pendentes), não poderão ser colhidas, pois são do locador proprietário. Se colhidas ainda verdes, devem ser devolvidas ao último, sem prejuízo de eventuais perdas e danos que couberem por este *mau colhimento*.

Determina o art. 1.215 do CC que os frutos naturais e industriais reputam-se colhidos e percebidos logo que são separados. Por outro turno, os frutos civis reputam-se percebidos dia por dia. Ilustrando, a manga é tida como colhida quando separada da mangueira; os juros são percebidos nos exatos vencimentos dos rendimentos, como é comum em cadernetas de poupança.

No que concerne ao possuidor de má-fé, nos termos do art. 1.216 do CC/2002, ele responde por todos os frutos colhidos e percebidos, bem como pelos que, por culpa sua, deixou de perceber, desde o momento em que se constituiu de má-fé. Todavia, esse possuidor tem direito às despesas de produção e de custeio. A ilustrar, se um invasor de um imóvel colhe as mangas da mangueira do terreno, deverá indenizá-las, mas será ressarcido pelas despesas realizadas com a colheita. Por outra via, se deixaram de ser colhidas e, em razão disso, vierem a apodrecer, o possuidor também será responsabilizado.

Surge questão controvertida relativa à aplicação desses efeitos para os produtos. Orlando Gomes responde negativamente, pois quanto aos produtos há um dever de restituição mesmo quanto ao possuidor de boa-fé. Ademais, se a restituição tornou-se impossível, o

CAP. 7 • DIREITO DAS COISAS | **1001**

possuidor deverá indenizar a outra parte por perdas e danos e, "por motivo de equidade, a indenização deve corresponder ao proveito real que o possuidor obteve com a alienação dos produtos da coisa".[38]

O jurista tem razão, uma vez que os produtos, quando retirados, desfalcam a substância do principal. Assim sendo, a aplicação do regime dos frutos para os produtos poderia gerar uma perda substancial da coisa possuída, o que não pode ser admitido. Em suma, os problemas envolvendo os produtos devem ser resolvidos com as regras que vedam o enriquecimento sem causa (arts. 884 a 886 do CC).

### 7.3.4.2 Efeitos da posse em relação às benfeitorias

Repise-se que as benfeitorias são bens acessórios introduzidos em um bem móvel ou imóvel, visando a sua conservação ou melhora da sua utilidade. Enquanto os frutos e produtos decorrem do bem principal, as benfeitorias são nele introduzidas. Repise-se que, nos termos do art. 96 do CC, as benfeitorias podem ser *necessárias* (as essenciais, pois visam à conservação da coisa principal), *úteis* (aumentam ou facilitam o uso da coisa principal) e *voluptuárias* (de mero luxo ou deleite, pois facilitam a utilidade da coisa principal).

Anote-se, para os fins possessórios, que as benfeitorias não se confundem com as acessões, que, nos termos do art. 97 do CC, são as incorporações introduzidas em outro bem, imóvel, sem a intervenção do proprietário, possuidor e detentor. Como *intervenção*, pode-se entender a transmissão do bem, por meio de contrato ou outro negócio jurídico.

Pois bem, é importante apontar a relação de efeitos entre a posse e o instituto das benfeitorias. De início, enuncia o art. 1.219 do CC/2002 que o possuidor de boa-fé tem direito à indenização das benfeitorias necessárias e úteis, bem como, quanto às voluptuárias, se não lhe forem pagas, a levantá-las, quando puder fazê-lo sem detrimento da coisa. Além disso, poderá exercer o direito de retenção pelo valor das benfeitorias necessárias e úteis. Vejamos as três consequências da norma, de forma pontual:

> 1.ª – O possuidor de boa-fé tem direito à indenização por benfeitorias necessárias e úteis. Ilustrando, vigente um comodato de um imóvel, o comodatário terá direito de indenização pela reforma do telhado (benfeitoria necessária) e pela grade da janela (benfeitoria útil).
>
> 2.ª – O possuidor de boa-fé não indenizado tem direito à retenção dessas benfeitorias (necessárias e úteis), o *ius retentionis*, que persiste até que receba o que lhe é devido.
>
> 3.ª – No tocante às benfeitorias voluptuárias, o possuidor de boa-fé tem direito ao seu levantamento, se não forem pagas, desde que isso não gere prejuízo à coisa (*direito de tolher*, ou *ius tollendi*). Exemplificando, vigente o empréstimo de um imóvel, se o comodatário introduziu um telhado na churrasqueira, que pode ser removido, não sendo essa benfeitoria paga, poderá levá-la embora, pois a retirada não desvaloriza o imóvel. O mesmo raciocínio não vale para uma piscina construída no imóvel, pois a sua retirada gerará um prejuízo ao principal. Somente as piscinas removíveis podem ser retiradas, como aquelas de plástico para brincadeira das crianças.

Cumpre destacar que, no tocante à locação de imóvel urbano, há regras específicas relativas às benfeitorias previstas nos arts. 35 e 36 da Lei 8.245/1991. De início, dispõe o

---

[38] GOMES, Orlando. *Direitos reais*. 19. ed. Atualizador: Luiz Edson Fachin. Rio de Janeiro: Forense, 2004. p. 82.

art. 35 da Lei de Locação que, salvo expressa disposição contratual em contrário, as benfeitorias necessárias introduzidas pelo locatário, ainda que não autorizadas pelo locador, bem como as úteis, estas desde que autorizadas, são indenizáveis e permitem o direito de retenção. As benfeitorias voluptuárias não são indenizáveis, podendo ser levantadas pelo locatário, finda a locação, desde que a sua retirada não afete a estrutura e a substância do imóvel (art. 36 da Lei 8.245/1991).

Percebe-se que a primeira regra quanto ao locatório é de ordem privada, pois tal disposição pode ser deliberada de modo diverso no contrato de locação, renunciando o locatário a tais benfeitorias, segundo previsão do próprio art. 35 da Lei 8.245/1991. No mesmo sentido, a Súmula 335 do STJ reconhece a possibilidade de renúncia a tais benfeitorias na locação.

Porém, repise-se que se a renúncia às benfeitorias necessárias constar em contrato de adesão, a cláusula de renúncia será nula, o que é aplicação do art. 424 do CC, dispositivo pelo qual, nos contratos de adesão, serão nulas de pleno direito as cláusulas que implicam a renúncia antecipada do aderente a um direito resultante da natureza do negócio (Enunciado n. 433 do CJF/STJ, da *V Jornada de Direito Civil*, de 2011).

De todo modo, cabe ressaltar que a tese aqui desenvolvida tem grande prestígio doutrinário, representado pelo enunciado aprovado em *Jornada de Direito Civil*, mas nenhuma adesão jurisprudencial, prevalecendo o teor da Súmula 335 do STJ e sem nenhuma ressalva. A demonstrar o amparo do entendimento contrário ao que defendemos, do Tribunal Gaúcho:

> "Presença de cláusula de renúncia ao direito de retenção ou indenização por benfeitorias no contrato de locação. Incidência do artigo 35, da Lei de locações e da Súmula n.º 335, do Superior Tribunal de Justiça. Alegação de contrato de adesão e renúncia antecipada de direito. Nulidade inocorrente. Apelação desprovida" (TJRS, Apelação Cível 0156604-57.2015.8.21.7000, 15.ª Câmara Cível, Gravataí, Rel. Des. Ana Beatriz Iser, j. 27.05.2015, *DJERS* 05.06.2015).

Na mesma linha, do Tribunal de Justiça de Minas Gerais, entre arestos mais antigos: "é admissível, na locação, ainda que instrumentalizada por contrato de adesão, a estipulação de renúncia ao direito de retenção do imóvel por benfeitorias, conforme inteligência do art. 35 da Lei n.º 8.245/91" (TJMG, Apelação 1.0145.06.295763-7/001, 13.ª Câmara Cível, Juiz de Fora, Rel. Des. Adilson Lamunier, j. 09.08.2007, *DJMG* 06.09.2007). Espera-se, assim, que tal panorama seja alterado na prática.

Anote-se que o Projeto de Reforma do Código Civil, elaborado pela Comissão de Juristas, pretende resolver mais esse dilema, além de melhorar a redação do art. 1.219. O comando receberá ainda um novo § 3.º, prevendo que "a cláusula de renúncia antecipada ao direito de indenização e retenção por benfeitorias necessárias pelo possuidor de boa-fé é nula quando inserida em contrato de adesão". Com isso, será adotada a posição majoritária da doutrina brasileira, aqui antes exposta e consubstanciada no Enunciado n. 433 da *V Jornada de Direito Civil*.

Ainda em relação ao possuidor de boa-fé, na *I Jornada de Direito Civil*, foi aprovado o Enunciado n. 81 do CJF/STJ, prevendo que o direito de retenção previsto no art. 1.219 do CC, decorrente da realização de benfeitorias necessárias e úteis, também se aplica às acessões (plantações e construções) nas mesmas circunstâncias.

Sendo assim, mesmo com a diferenciação antes apontada, entre os conceitos de benfeitorias e acessões, aqui, os efeitos jurídicos são os mesmos. O enunciado aprovado, na verdade, apenas confirma parte do entendimento jurisprudencial consolidado, inclusive quanto ao direito de indenização das acessões (nesse sentido, ver, por todos: TJSP,

Apelação Cível 287.115-5/8, 7.ª Câmara de Direito Público, Presidente Venceslau, Rel. Torres de Carvalho, j. 07.03.2005, v.u.; e TJSP, Apelação Cível 354.847-4/7-00, 3.ª Câmara de Direito Privado, São José dos Campos, Rel. Beretta da Silveira, j. 18.04.2006, v.u.).

No mesmo sentido concluiu a Terceira Turma do Superior Tribunal de Justiça, por maioria, aplicando o teor do Enunciado n. 81 da *I Jornada de Direito Civil*. Conforme constou da ementa do aresto:

> "A teor do artigo 1.219 do Código Civil, o possuidor de boa-fé tem direito de retenção pelo valor das benfeitorias necessárias e úteis e, por semelhança, das acessões, sob pena de enriquecimento ilícito, salvo se houver estipulação em contrário. No caso em apreço, há previsão contratual de que a comodatária abre mão do direito de ressarcimento ou retenção pela acessão e benfeitorias, não tendo as instâncias de cognição plena vislumbrado nenhum vício na vontade apto a afastar as cláusulas contratuais insertas na avença. A atribuição de encargo ao comodatário, consistente na construção de casa de alvenaria, a fim de evitar a 'favelização' do local, não desnatura o contrato de comodato modal" (STJ, REsp 1.316.895/SP, 3.ª Turma, Rel. Min. Nancy Andrighi, Rel. p/ Acórdão Min. Ricardo Villas Bôas Cueva, j. 11.06.2013, *DJe* 28.06.2013).

Mais uma vez com vistas a resolver polêmica debatida nos mais de vinte anos de vigência do Código Civil, a Comissão de Juristas encarregada do Projeto de Reforma pretende inserir no art. 1.219 um novo § 2.º, enunciando que "o direito de que trata o § 1.º deste artigo se aplica, nas mesmas circunstâncias, também às acessões". Como não poderia ser diferente, a inovação vem em boa hora, incluindo-se na norma jurídica a posição hoje majoritária da doutrina e da jurisprudência.

De todo modo, deve ficar claro que a questão exposta diz respeito à atribuição dos mesmos direitos ao possuidor de boa-fé relativos às benfeitorias e à abrangência das acessões, construções e plantações realizadas no bem principal. O entendimento a respeito da sua renúncia não deve ser, contudo, o mesmo, uma vez que esta somente admite interpretação restritiva, nos termos do art. 114 do Código Civil.

A esse propósito, corretamente decidiu o Superior Tribunal de Justiça, em 2023, que "a renúncia expressa à indenização por benfeitoria e adaptações realizadas no imóvel não pode ser interpretada extensivamente para a acessão. Aquele que edifica em terreno alheio perde, em proveito do proprietário, a construção, mas se procedeu de boa-fé, terá direito à indenização (art. 1.255 do CC). Na espécie, a boa-fé do locatário foi devidamente demonstrada" (STJ, REsp 1.931.087/SP, 3.ª Turma, Rel. Min. Marco Aurélio Bellizze, j. 24.10.2023, *DJe* 26.10.2023).

Por outra via, em relação às benfeitorias e o possuidor de má-fé é a regra do art. 1.220 do CC, segundo o qual "ao possuidor de má-fé serão ressarcidas somente as benfeitorias necessárias; não lhe assiste o direito de retenção pela importância destas, nem o de levantar as voluptuárias". Em suma, o possuidor de má-fé não tem qualquer direito de retenção ou de levantamento. Com relação à indenização, assiste-lhe somente direito quanto às benfeitorias necessárias.

A última premissa tem justo motivo. Imagine-se o caso do invasor de um imóvel. Percebendo que o telhado (benfeitoria necessária) está em péssimo estado de conservação, o que pode comprometer a própria estrutura do imóvel, esse possuidor de má-fé o troca. Ora, a sua posse é de má-fé quanto à origem, mas a conduta de troca do telhado é movida pela boa-fé, em sentido objetivo. Há, portanto, uma justaposição da boa-fé objetiva em relação à má-fé subjetiva, o que ampara o sentido do comando legal.

Finalizando a questão dos efeitos jurídicos relativos às benfeitorias, prevê o art. 1.222 do CC que o reivindicante da coisa, obrigado a indenizar as benfeitorias ao possuidor de má-fé, tem o direito de optar entre o seu valor atual e o seu custo. Já ao possuidor de boa-fé indenizará pelo valor atual da coisa.

# 1004 | MANUAL DE DIREITO CIVIL • VOLUME ÚNICO – *Flávio Tartuce*

A norma acaba dando tratamento diferenciado em relação aos possuidores de boa e má-fé, o que motivou críticas doutrinárias no passado, particularmente de Clóvis Bevilá-qua. De qualquer modo, o tratamento diferenciado deve ser observado e também tem a sua razão de ser.

Ilustrando, o proprietário que ingressou com a ação de reintegração de posse contra o comodatário (possuidor de boa-fé) indenizará este pelo valor atual das benfeitorias necessárias e úteis. Se a ação possessória foi proposta contra o invasor do imóvel (possuidor de má-fé), o autor poderá optar entre pagar o valor atual ou o de custo, aquilo que lhe for mais interessante.

Aplicando a norma para a última hipótese, entendeu o Superior Tribunal de Justiça que, "nos termos do art. 1.222 do Código Civil de 2002, ao reivindicante obrigado a indenizar as benfeitorias necessárias realizadas pelo possuidor de má-fé é conferido o direito potestativo de optar entre o valor atual da melhoria ou aquele custeado quando da realização da obra" (STJ, REsp 1.613.645/MG, 3.ª Turma, Rel. Min. Ricardo Villas Bôas Cueva, j. 08.08.2017, *DJe* 22.08.2017).

O caso dizia respeito à indenização pela construção de um muro de arrimo na propriedade do reivindicante, sendo o conteúdo perfeito tecnicamente, especialmente pela menção à existência de um direito potestativo a favor do proprietário.

### 7.3.4.3 *Posse e responsabilidades*

O Código Civil de 2002, a exemplo do seu antecessor, continua trazendo regras relativas às responsabilidades do possuidor, considerando-o como de boa ou de má-fé.

De início, preconiza o art. 1.217 do CC que o possuidor de boa-fé não responde pela perda ou deterioração da coisa, a que não der causa. Assim sendo, a responsabilidade do possuidor de boa-fé, quanto à coisa, depende da comprovação da culpa em sentido amplo (*responsabilidade subjetiva*).

Por outro lado, de acordo com o art. 1.218 da mesma norma codificada, "o possuidor de má-fé responde pela perda, ou deterioração da coisa, ainda que acidentais, salvo se provar que de igual modo se teriam dado, estando ela na posse do reivindicante". A responsabilidade do possuidor de má-fé é objetiva, independentemente de culpa, a não ser que prove que a coisa se perderia mesmo se estivesse com o reivindicante. o dispositivo acaba prevendo a responsabilidade do possuidor de má-fé mesmo por caso fortuito (evento totalmente imprevisível) ou força maior (evento previsível, mas inevitável).

Para ilustrar, na situação do comodatário (possuidor de boa-fé), este somente responderá pela perda da coisa havendo dolo ou culpa. Não pode responder, por exemplo, pelo assalto do veículo à mão armada, levando o criminoso o bem consigo. Já o criminoso que leva a coisa (possuidor de má-fé) responde por ela, se for atingida por um objeto em local onde não estaria o proprietário ou possuidor.

Observo que, no Projeto de Reforma do Código Civil, há proposta de aperfeiçoamento do comando, para que passe a mencionar a ausência de culpa, em boa hora: "o possuidor de má-fé responde pela perda, ou deterioração da coisa, ainda que acidentais e sem culpa, salvo se provar que de igual modo se teriam dado, estando ela na posse do reivindicante". Espera-se a sua aprovação pelo Parlamento Brasileiro, para deixar o preceito mais efetivo para a prática.

Por fim, ainda no que toca às responsabilidades, segundo o vigente art. 1.221 do CC, as benfeitorias compensam-se com os danos, e só obrigam ao ressarcimento se ao tempo da evicção ainda existirem. O comando possibilita, portanto, que as benfeitorias necessárias a que teria direito o possuidor de má-fé sejam compensadas com os danos sofridos pelo reivindicante, hipótese de *compensação legal*, pela reciprocidade de dívidas. Entretanto, se a benfeitoria não mais existia quando a coisa se perdeu, não há que se falar em compensação e muito menos em indenização. A norma está inspirada na vedação do enriquecimento sem causa.

Analisados esses efeitos da posse, vejamos uma tabela de resumo que demonstra as repercussões da classificação da posse em boa e má-fé para os frutos, as benfeitorias e as responsabilidades:

| Tipo de possuidor | Frutos (saem do principal) | Benfeitorias (entram no principal) | Responsabilidades (perda ou deterioração da coisa) |
|---|---|---|---|
| Possuidor de boa-fé. Ex.: locatário. | Sim. Tem direito aos frutos, com exceção dos pendentes. | Sim. Benfeitorias necessárias e úteis (indenização e retenção). Pode, ainda, levantar as voluptuárias, sem prejuízo da coisa principal. | Somente responde por dolo ou culpa. |
| Possuidor de má-fé. Ex.: invasor. | Não tem direito. Responde pelos frutos colhidos e pelos que deixou de colher. | Sim. Somente benfeitorias necessárias (indenização, retenção não). | Responde, ainda que por fato acidental. |

### 7.3.4.4 *Posse e usucapião. Primeira abordagem*

Como um dos principais efeitos decorrentes da posse, destaque-se a usucapião, que vem a ser a aquisição da propriedade por uma posse prolongada que preenche determinados requisitos legais.

O CC/2002, quanto à propriedade imóvel, consagra as seguintes modalidades de usucapião de bem imóvel: *a) usucapião ordinária* (art. 1.242 do CC); *b) usucapião extraordinária* (art. 1.238 do CC); *c) usucapião especial rural* (art. 1.239 do CC, já prevista anteriormente na Constituição Federal); e *d) usucapião especial urbana* (art. 1.240 do CC, do mesmo modo constante do Texto Maior), o que inclui a *usucapião especial urbana por abandono do lar*, introduzida pela Lei 12.424/2011.

Além dessas formas de usucapião, serão analisadas a *usucapião indígena* (Lei 6.001/1973 – Estatuto do Índio), a *usucapião coletiva* (Lei 10.257/2001 – Estatuto da Cidade) e a *usucapião administrativa decorrente da legitimação da posse* (atualmente com previsão na Lei 13.465/2017, arts. 25 a 27).

Quanto à última, adiante-se que o CPC/2015 passou a admitir a usucapião extrajudicial em qualquer uma das suas modalidades, pela inclusão do art. 216-A na Lei de Registros Públicos pelo Estatuto Processual emergente. Penso que essa inovação pode revolucionar o instituto da usucapião nos próximos anos, trazendo grandes desafios para os operadores do Direito, em prol da *desjudicialização*. Anote-se que tratamento relativo à usucapião extrajudicial foi aperfeiçoado pelas recentes Lei 13.465/2017 e Lei 14.382/2022, como se verá a seguir.

Em relação à propriedade móvel, o CC/2002 continua tratando das formas *ordinária* e *extraordinária*, nos arts. 1.260 e 1.261. A usucapião será aprofundada quando do estudo da propriedade.

# 1006 | MANUAL DE DIREITO CIVIL • VOLUME ÚNICO – *Flávio Tartuce*

## 7.3.4.5    *Posse e processo civil. A faculdade de invocar os interditos possessórios*

Os interditos possessórios são as *ações possessórias diretas*. O possuidor tem a faculdade de propor essas demandas para manter-se na posse ou para que esta lhe seja restituída. Para tanto, devem ser observadas as regras processuais previstas a partir do art. 554 do CPC/2015, equivalente ao art. 920 do CPC/1973.

Pois bem, três são as situações concretas que possibilitam a propositura de três ações correspondentes, apesar da falta de rigidez processual quanto às medidas judiciais cabíveis:

> – No caso de *ameaça* à posse (risco de atentado à posse) = caberá *ação de interdito proibitório*.
> – No caso de *turbação* (atentados fracionados à posse) = caberá *ação de manutenção de posse*.
> – No caso de *esbulho* (atentado consolidado à posse) = caberá *ação de reintegração de posse*.

As três medidas cabíveis são autorizadas pelo art. 1.210, *caput*, do CC/2002, pelo qual "o possuidor tem direito a ser mantido na posse em caso de turbação, restituído no de esbulho, e segurado de violência iminente, se tiver justo receio de ser molestado". Como se pode perceber, no caso de ameaça, a ação de interdito proibitório visa à proteção do possuidor de perigo iminente. No caso de turbação, a ação de manutenção de posse visa a sua preservação. Por fim, no caso de esbulho, a ação de reintegração de posse almeja a sua devolução.

Do ponto de vista prático, esclareça-se que, no caso de invasão parcial de um terreno, a ação cabível não é a de manutenção de posse, mas a de reintegração, conforme o correto entendimento jurisprudencial (nesse sentido, ver, por todos e de épocas distintas: TJSP, Apelação 0005623-60.2012.8.26.0443, Acórdão 9831044, 38.ª Câmara de Direito Privado, Piedade, Rel. Des. Fernando Sastre Redondo, j. 21.09.2016, *DJESP* 29.09.2016; TJSP, Apelação 0106318-03.2006.8.26.0000, Acórdão 5214877, 11.ª Câmara de Direito Público, Sorocaba, Rel. Des. Aroldo Viotti, j. 20.06.2011, *DJESP* 11.07.2011; TJMG, Agravo 1.0024.05.811922-3/001, 15.ª Câmara Cível, Belo Horizonte, Rel. Des. Guilherme Luciano Baeta Nunes, j. 20.07.2006, *DJMG* 05.09.2006; TJSP, Agravo de Instrumento 592.232-5/0, 10.ª Câmara de Direito Público, São Paulo, Rel. Teresa Ramos Marques, j. 06.11.2006, v.u., Voto 5.333).

De qualquer forma, as diferenças práticas em relação às três ações pouco interessam, uma vez que o art. 554 do CPC/2015 – na linha do art. 920 do CPC/1973 –, continua a consagrar a *fungibilidade total* entre as três medidas, nos seguintes termos: "a propositura de uma ação possessória em vez de outra não obstará a que o juiz conheça do pedido e outorgue a proteção legal correspondente àquela, cujos pressupostos estejam provados".

Pelo que consta do dispositivo instrumental vigente, uma ação possessória pode ser convertida em outra livremente, se for alterada a situação fática que a fundamenta, ou seja, há a possibilidade de transmudação de uma ação em outra. Essa conversão também é possível nos casos em que o autor da ação possessória se engana quanto à medida cabível, havendo um desapego ao rigor formal, o que é aplicação do *princípio da instrumentalidade das formas*.

Pois bem, é preciso relacionar as ações possessórias à classificação da posse quanto ao tempo:

> – Se a ameaça, a turbação e o esbulho forem *novos*, ou seja, tiverem menos de um ano e um dia, caberá a *ação de força nova*: o respectivo interdito possessório seguirá o rito especial, cabendo liminar nessa ação.

> – Se a ameaça, a turbação e o esbulho forem *velhos*, com pelo menos um ano e um dia, caberá *ação de força velha*, que segue o ora procedimento comum (rito ordinário, no CPC/1973), não cabendo a respectiva liminar. Todavia, será possível, no último caso, uma tutela de urgência ou de evidência, nos termos dos arts. 300 a 311 do CPC/2015. Tal enquadramento depende das circunstâncias do caso concreto.

Reafirme-se que essas conclusões são orientadas pela redação do art. 558 do CPC/2015 e do art. 924 do CPC/1973. Vejamos, na tabela comparativa a seguir, os dois preceitos, com o fito de demonstrar que poucas foram as modificações da regra anterior, apenas com alteração de redação e de estrutura do comando:

| Código de Processo Civil de 2015 | Código de Processo Civil de 1973 |
| --- | --- |
| Art. 558. Regem o procedimento de manutenção e de reintegração de posse as normas da Seção II deste Capítulo quando a ação for proposta dentro de ano e dia da turbação ou do esbulho afirmado na petição inicial. Parágrafo único. Passado o prazo referido no *caput*, será comum o procedimento, não perdendo, contudo, o caráter possessório. | Art. 924. Regem o procedimento de manutenção e de reintegração de posse as normas da seção seguinte, quando intentado dentro de ano e dia da turbação ou do esbulho; passado esse prazo, será ordinário, não perdendo, contudo, o caráter possessório. |

Em suma, a *ação de força nova* é aquela que segue as regras de procedimento especial previstas entre os arts. 554 a 568 do CPC/2015, equivalente aos arts. 920 a 933 do CPC/1973. Vejamos os principais aspectos processuais, devidamente atualizados com o Código de Processo Civil de 2015.

De início, o art. 921 do CPC/1973 consagrava a possibilidade de cumulação, ao pedido possessório, de: *a)* condenação em perdas e danos; *b)* cominação de pena para caso de nova turbação ou esbulho; e *c)* desfazimento de construção ou plantação feita em detrimento de sua posse. No CPC/2015, o art. 555 estabelece que é lícito ao autor cumular ao pedido possessório o de: *a)* condenação em perdas e danos; *b)* indenização dos frutos, sendo essa última previsão novidade na legislação processual, mas não na material, como vimos.

O parágrafo único do preceito ora vigente estabelece, em complemento, que pode o autor requerer, ainda, imposição de medida necessária e adequada para: *a)* evitar nova turbação ou esbulho; *b)* cumprir-se a tutela provisória ou final. Constata-se que não há mais menção expressa ao desfazimento de construção ou plantação, medidas que são retiradas do cumprimento da tutela provisória ou final.

Acredito que continuará tendo aplicação o entendimento jurisprudencial, segundo o qual, não sendo possível essa demolição ou desfazimento, o autor da ação poderá pleitear a conversão em perdas e danos (nessa linha, por todos: TJSP, Apelação Cível com Revisão 876.292-0/4, 34.ª Câmara de Direito Privado, São José dos Campos, Rel. Des. Irineu Pedrotti, j. 25.10.2006, v.u.). Essa conversão de indenização parece se situar no termo aberto que reconhece a viabilidade de medidas para cumprimento da tutela final.

Ademais, a cumulação com perdas e danos, em todos os casos, inclui, em regra, os danos emergentes (o que a pessoa efetivamente perdeu) e os lucros cessantes (o que a pessoa razoavelmente deixou de lucrar), nos termos dos arts. 402 a 404 do CC. Mas, além desses danos materiais ou patrimoniais, deve-se entender que cabe indenização por danos morais, se o possuidor que sofreu o atentado à posse, sofreu também uma lesão a direitos da personalidade.

**1008** | MANUAL DE DIREITO CIVIL • VOLUME ÚNICO – *Flávio Tartuce*

A ilustrar, entre arestos de data mais próxima, concluiu o Tribunal de Justiça de Minas Gerais pela presença de danos morais pelo fato de o esbulho de área ter causado desabastecimento de água. Como constou da ementa: "demonstrada a posse do autor sobre a servidão de águas e a perda da posse, por esbulho do proprietário do imóvel dominante, deve ser deferida a reintegração. Constatada a ilegalidade da conduta do requerido ao danificar o sistema de canalização e propulsão de águas do autor, deve indenizá-los pelos danos materiais decorrentes dos reparos realizados e pelos danos morais advindos da falta de abastecimento de água ao imóvel. Recurso não provido" (TJMG, Apelação Cível 1.0479.13.012042-7/001, Rel. Des. Cabral da Silva, j. 29.08.2017, *DJEMG* 08.09.2017).

Cite-se, ainda, o comum exemplo em que o veículo a ser retomado foi vendido a terceiros, o que ocasiona danos imateriais ao seu legítimo possuidor: "Venda, pela instituição financeira, de veículo que devia ter sido restituído à pessoa que o adquiriu em leilão extrajudicial. Danos morais caracterizados. Precedentes deste E. Tribunal de Justiça. *Quantum* indenizatório bem arbitrado em R$ 5.000,00 (cinco mil reais), não comportando reparo" (TJSP, Apelação 1019976-37.2014.8.26.0405, Acórdão 10685579, 27.ª Câmara de Direito Privado, Osasco, Rel. Des. Mourão Neto, j. 1.º.08.2017, *DJESP* 17.08.2017, p. 2.556).

Por fim, quanto às concreções, do final do ano de 2017, destaque-se julgado do Superior Tribunal de Justiça que, confirmando decisão do Tribunal de Justiça do Rio de Janeiro, determinou o pagamento de indenização por danos materiais e morais por descumprimento de contrato e esbulho possessório praticado por pretenso locador em face de ex-proprietário e locatário de um famoso botequim situado no centro da capital carioca. Nos termos da sua ementa, que merece destaque:

> "(...) Reconhecida a existência de um contrato de locação entre as partes, desdobrou-se a relação possessória, de tal forma que, enquanto locatário, o recorrente tinha a posse direta do imóvel, e o recorrido, locador, a posse direta (posses paralelas). Quando o recorrente, possuidor direto, permitiu, transitoriamente, que o recorrido, possuidor indireto, realizasse obras no imóvel, tinha este o dever de cessar a prática de atos materiais sobre o bem ao término da reforma. Entretanto, ao manter o recorrido, unilateralmente, o imóvel em seu poder, além do prazo convencionado para a devolução, passou a exercer a posse injusta, em razão do esbulho, causador da perda do ponto empresarial pelo recorrido. Se é verdade que a denúncia vazia não gera o dever de indenizar a perda do ponto empresarial, desde que realizada a devida notificação, também é verdade que não pode o locador, para retomar o imóvel, esbulhar a posse do locatário, sob pena de responder por perdas e danos. Nos termos do art. 402 do CC/02, a respectiva indenização abrange, além do valor correspondente às máquinas, equipamentos, móveis e utensílios que guarneciam o estabelecimento, o ponto empresarial que o recorrente efetivamente perdeu por conta do esbulho praticado pelo recorrido" (STJ, REsp 1.416.227/RJ, 3.ª Turma, Rel. Min. Nancy Andrighi, j. 12.12.2017, *DJe* 18.12.2017).

O corpo do voto condutor cita, ainda, o princípio da boa-fé objetiva, aduzindo com precisão que "o cenário descrito revela nítido comportamento contrário à boa-fé objetiva do recorrido (art. 422, Código Civil), na medida em que ele, antes mesmo de se tornar proprietário – e pretenso locador – do imóvel onde havia 42 anos estava instalado o Loide Bar, não se pautou pelo dever de lealdade, transparência e probidade quanto às suas reais intenções, frustrando a expectativa legítima do primeiro recorrente de que permaneceria à frente do seu negócio, como locatário do referido bem. O que se evidencia é que o recorrido, abusando da confiança do primeiro recorrente, fê-lo crer que manteria o contrato de locação entre eles, quando, decerto, não era esse o seu propósito, senão o de se beneficiar do ponto empresarial estabelecido por aquele. E tanto foi assim que o recorrido adquiriu a propriedade do imóvel, depois de ter o recorrente renunciado ao direito de preferência, e, em seguida, com a autorização deste, reformou o imóvel, recebendo os respectivos alugueres, mas nele instalou, ao final, outro negócio do mesmo ramo" (REsp 1.416.227/RJ).

Em relação ao cumprimento da tutela, seja ela provisória ou final, a efetivação se dá por meio da cominação de pena, especialmente em casos de nova turbação ou esbulho. Essa pena constitui a multa (*astreintes*), geralmente fixada nas ações possessórias e de forma diária. No interdito proibitório e na ação de manutenção de posse, essa multa tem um caráter fundamental, sendo para esse o fim da liminar a ser deferida pelo juiz. O caráter dessa multa é coercitivo, evitando-se a ocorrência de novos atentados à posse.

Ato contínuo de análise, o art. 922 do CPC/1973 enunciava que seria lícito ao réu, na contestação do interdito possessório, alegando que foi o ofendido em sua posse, demandar a proteção possessória e a indenização pelos prejuízos resultantes da turbação ou do esbulho cometido pelo autor. Sem qualquer modificação, a equivalência se dá com o art. 556 do CPC/2015.

Assim, pelo que consta desses dispositivos, as ações possessórias diretas têm *natureza dúplice*, cabendo pedido contraposto em favor do réu para que a sua posse seja protegida no caso concreto. Esse pedido contraposto pode ser de proibição, de manutenção ou mesmo de reintegração da posse em seu favor.

Além disso, como julgou o Superior Tribunal de Justiça a respeito do tema, "nas ações possessórias e considerando a natureza dúplice dessas, não é possível afastar a ocorrência de julgamento *extra petita* (fora do pedido) da indenização por benfeitorias, em benefício do réu revel, ante a não apresentação de contestação ou da ausência de formulação de pedido indenizatório em momento posterior. O deferimento do pleito de indenização por benfeitorias pressupõe a necessidade de comprovação da existência delas e da discriminação de forma correta" (STJ, REsp 1.836.846/PR, 3.ª Turma, Rel. Min. Nancy Andrighi, j. 22.09.2020, *DJe* 28.09.2020). Portanto, não é possível reconhecer o pagamento da indenização das benfeitorias de ofício, pelo juiz.

Superado esse ponto, previa o art. 923 do CPC/1973 que "na pendência do processo possessório é defeso, assim ao autor como ao réu, intentar a ação de reconhecimento do domínio". O art. 557 do CPC/2015, seu correspondente, expressa que "na pendência de ação possessória é vedado, tanto ao autor quanto ao réu, propor ação de reconhecimento do domínio, exceto se a pretensão for deduzida em face de terceira pessoa. Parágrafo único. Não obsta à manutenção ou à reintegração de posse a alegação de propriedade ou de outro direito sobre a coisa". Como se nota, foi introduzida expressamente a possibilidade de pleito petitório, relativo à propriedade, em ação possessória, desde que em face de terceiro.

Manteve-se, contudo, a regra geral de que não obsta à manutenção ou à reintegração de posse a alegação de propriedade ou de outro direito sobre a coisa, entre as partes, na linha do que consta do art. 1.210, § 2.º, do CC/2002. O novo dispositivo processual confirma, portanto, que a alegação de exceção de domínio (*exceptio proprietatis*) não basta para a improcedência da ação possessória.

Conservou-se também, nesse contexto, a inviabilidade da alegação de domínio, ou de propriedade, em sede de ação possessória, ou seja, há uma divisão entre os juízos possessório (em que se discute a posse) e petitório (em que se discute a propriedade). Cabe reafirmar, contudo, que, havendo pleitos em face de terceiros, caberá o debate relativo à propriedade dentro de uma ação possessória. A título de exemplo, pode ser mencionado o caso em que o imóvel objeto de uma reintegração de posse é invadido por um terceiro, podendo qualquer uma das partes dirigir um pedido petitório em face desse terceiro.

Nessa linha de raciocínio quanto à regra geral, o Enunciado n. 78, aprovado na *I Jornada de Direito Civil*, já estabelecia que, "tendo em vista a não recepção, pelo novo Código Civil, da *exceptio proprietatis* (art. 1.210, § 2.º) em caso de ausência de prova suficiente para embasar decisão liminar ou sentença final ancorada exclusivamente no *ius possessionis*, deverá o pedido ser indeferido e julgado improcedente, não obstante eventual alegação e demonstração de direito real sobre o bem litigioso".

Mais do que isso arrematava o Enunciado n. 79, da mesma *I Jornada*: "a *exceptio proprietatis*, como defesa oponível às ações possessórias típicas, foi abolida pelo Código Civil de 2002, que estabeleceu a absoluta separação entre os juízos possessório e petitório". Em outras palavras, a ação possessória é a via adequada para a discussão da posse, enquanto a ação petitória é a via adequada para a discussão da propriedade e do domínio, não sendo possível *embaralhar* as duas vias. Conforme as lições de Paulo Lôbo, "posse é posse. Propriedade é propriedade. A primeira é relação de fato, a segunda, relação de direito".[39]

Pode-se afirmar, em conclusão, que já se encontrava prejudicada, pelo menos em parte, a redação da Súmula 487 do STF, pela qual "será deferida a posse a quem, evidentemente, tiver o domínio, se com base neste for ela disputada". Ora, reafirme-se que não é possível debater a posse em ação de discussão do domínio.

De qualquer maneira, como se verá, essa separação não é tão absoluta assim, particularmente quando se estuda a *desapropriação judicial privada por posse-trabalho* (art. 1.228, §§ 4.º e 5.º, do CC). Ademais, acrescente-se a viabilidade atual, pelo CPC/2015, de debate de propriedade em ação possessória, desde que o pleito seja dirigido a terceira pessoa. No ano de 2018 surgiu importante precedente da Corte Especial do Superior Tribunal de Justiça mitigando parte dessas afirmações. Na dicção exata de sua ementa:

> "O art. 923 do CPC/73 (atual art. 557 do CPC/2015), ao proibir, na pendência de demanda possessória, a propositura de ação de reconhecimento do domínio, apenas pode ser compreendido como uma forma de se manter restrito o objeto da demanda possessória ao exame da posse, não permitindo que se amplie o objeto da possessória para o fim de se obter sentença declaratória a respeito de quem seja o titular do domínio. A vedação constante do art. 923 do CPC/73 (atual art. 557 do CPC/2015), contudo, não alcança a hipótese em que o proprietário alega a titularidade do domínio apenas como fundamento para pleitear a tutela possessória. Conclusão em sentido contrário importaria chancelar eventual fraude processual e negar tutela jurisdicional a direito fundamental. Titularizar o domínio, de qualquer sorte, não induz necessariamente êxito na demanda possessória. Art. 1.210, parágrafo 2.º, do CC/2002. A tutela possessória deverá ser deferida a quem ostente melhor posse, que poderá ser não o proprietário, mas o cessionário, arrendatário, locatário, depositário etc. A alegação de domínio, embora não garanta por si só a obtenção de tutela possessória, pode ser formulada incidentalmente com o fim de se obter tutela possessória" (STJ, EREsp 1.134.446/MT, Corte Especial, Rel. Min. Benedito Gonçalves, j. 21.03.2018, *DJe* 04.04.2018).

Com o devido respeito, não entendo que houve a superação total dos enunciados doutrinários antes citados por este julgado superior. Primeiro, porque o debate nele constante diz respeito a bem público em ação possessória entre particulares, sendo o argumento do domínio utilizado pelo ente estatal somente nesses casos.

---

[39] LÔBO, Paulo. *Direito civil*. Coisas. São Paulo: Saraiva, 2015. p. 80.

Aliás, restringindo a aplicação da tese para essas hipóteses, em novembro de 2019, o próprio STJ editou a sua Súmula 637, prevendo que "o ente público detém legitimidade e interesse para intervir incidentalmente na ação possessória entre particulares, podendo deduzir qualquer matéria defensiva inclusive, se for o caso, o domínio". Segundo, pelo fato de que o proprietário alegará o domínio para discutir a tutela possessória, como consta do conteúdo do acórdão. Terceiro, reafirme-se que a separação dos juízos possessório e petitório não é absoluta, o que é confirmado pelo aresto superior.

Seguindo no estudo do tema, o art. 925 do CPC/1973 tratava da caução a ser fixada no curso do interdito possessório. Expressava esse comando processual que, "se o réu provar, em qualquer tempo, que o autor provisoriamente mantido ou reintegrado na posse carece de idoneidade financeira para, no caso de decair da ação, responder por perdas e danos, o juiz assinar-lhe-á o prazo de 5 (cinco) dias para requerer caução sob pena de ser depositada a coisa litigiosa". Anote-se que essa caução poderia ser real ou pessoal (fidejussória), devendo ser idônea, cabendo análise pelo julgador caso a caso.

Esse último comando foi praticamente repetido pelo art. 559 do CPC/2015, com algumas mudanças. Primeiro, o CPC em vigor passou a expressar que essa caução pode ser real ou fidejussória, o que já era anotado pela doutrina e admitido pela jurisprudência. Segundo, em boa hora, dispensa-se a caução em casos envolvendo partes economicamente hipossuficientes, o que visa à tutela processual dos desprovidos de riquezas.

A possibilidade de concessão de liminar *inaudita altera parte* (sem ouvir a outra parte) nas ações possessórias diretas estava prevista no art. 928 do CPC/1973, dispositivo que foi repetido pelo art. 562 do CPC/2015, *in verbis*: "estando a petição inicial devidamente instruída, o juiz deferirá, sem ouvir o réu, a expedição do mandado liminar de manutenção ou de reintegração, no caso contrário, determinará que o autor justifique previamente o alegado, citando-se o réu para comparecer à audiência que for designada. Parágrafo único. Contra as pessoas jurídicas de direito público não será deferida a manutenção ou a reintegração liminar sem prévia audiência dos respectivos representantes judiciais". A audiência mencionada é a notória *audiência de justificação*, tão comum nas ações possessórias.

Com relação a essa audiência, dispõe o art. 563 do CPC/2015 que, considerada suficiente a justificação, o juiz fará logo expedir mandado de manutenção ou de reintegração de posse. Esse comando equivale ao antigo art. 929, substituindo-se apenas a expressão "julgada procedente a justificação" por "considerada suficiente a justificação", por ser mais técnica.

Em relação à *ação de força velha*, repise-se que essa segue o procedimento comum (pelo CPC/1973, rito ordinário), não cabendo liminar para os devidos fins. Todavia, segundo o entendimento majoritário da doutrina e da jurisprudência anteriores, caberia a tutela antecipada nessa demanda, conforme reconhecido pelo Enunciado n. 238 do CJF/STJ, da *III Jornada de Direito Civil*: "ainda que a ação possessória seja intentada além de 'ano e dia' da turbação ou esbulho, e, em razão disso, tenha seu trâmite regido pelo procedimento ordinário (CPC, art. 924), nada impede que o juiz conceda a tutela possessória liminarmente, mediante antecipação de tutela, desde que presentes os requisitos autorizadores do art. 273, I ou II, bem como aqueles previstos no art. 461-A e §§, todos do CPC". Não era diferente a conclusão da jurisprudência superior (STJ, REsp 555.027/MG, 3.ª Turma, Rel. Min. Carlos Alberto Menezes Direito, j. 27.04.2004, *DJ* 07.06.2004, p. 223).

Considero que esse entendimento deve ser mantido com a emergência do CPC/2015, especialmente quanto ao procedimento chamado de comum, que passa a ser a regra. Ademais, em vez da incidência da antiga tutela antecipada, repise-se que caberão as tutelas de urgência ou de evidência, de acordo com as circunstâncias do caso concreto (arts. 300 e seguintes do CPC em vigor).

Exatamente nessa linha, admitindo a tutela de evidência em casos tais, do Tribunal de Justiça do Espírito Santo: "a possibilidade de concessão de tutela antecipada em ação possessória de força velha com base no preenchimento dos pressupostos da tutela de evidência, e não de urgência, além de encontrar amparo nesta Corte de Justiça, tem sido defendida por parcela significante e expressiva da doutrina nacional" (TJES, Agravo de Instrumento 0013010-46.2019.8.08.0035, 3.ª Câmara Cível, Rel. Des. Eliana Junqueira Munhós Ferreira, j. 08.10.2019, *DJES* 17.10.2019). E, mencionando a tutela de urgência, sem prejuízo de muitos outros acórdãos estaduais no mesmo sentido: "embora escoado o prazo legal, tratando-se de ação de força velha, admissível a concessão da tutela de urgência fundada na probabilidade do direito dos autores e no perigo de dano ou o risco ao resultado útil do processo. Precedentes" (TJSP, Agravo de Instrumento 2225189-35.2018.8.26.0000, Acórdão 12195727, 20.ª Câmara de Direito Privado, Carapicuíba, Rel. Des. Álvaro Torres Júnior, j. 04.02.2019, *DJESP* 15.02.2019, p. 2.553).

Como se nota, poucas são as inovações engendradas pelo CPC/2015 quanto às ações possessórias. Em suma, o que merece mesmo destaque, como novidade, é o art. 565 do Estatuto Processual, que trata da audiência de mediação nos conflitos coletivos de terras.

Expressa o seu *caput* que no litígio coletivo pela posse de imóvel, quando o esbulho ou a turbação afirmada na petição inicial houver ocorrido há mais de ano e dia, o juiz, antes de apreciar o pedido de concessão da medida liminar, deverá designar audiência de mediação, a realizar-se em até trinta dias.

Anoto que no Projeto de Reforma do Código Civil também se almeja incluir regra a respeito de demandas coletivas possessórias no novo § 3.º do art. 1.210, segundo o qual "os direitos referidos no *caput* poderão ser exercidos coletivamente, em caso de imóvel de extensa área que for possuído por considerável número de pessoas".

Cabe lembrar que a mediação não visa o acordo entre as partes, mas apenas a sua aproximação dos envolvidos para o diálogo. Ademais, como se pode verificar do comando, criou-se uma possibilidade de liminar em uma ação de força velha, quando o esbulho ou a turbação estiver configurado há mais de um ano e um dia. O preceito causa perplexidade, quebrando uma antiga tradição anteriormente exposta. Com certeza, teremos grandes debates sobre o tema nos próximos anos, entre os civilistas e processualistas.

O Ministério Público será intimado para comparecer a essa audiência de mediação, o mesmo ocorrendo com a Defensoria Pública sempre que houver parte beneficiária de gratuidade da Justiça (art. 565, § 2.º, do CPC/2015). Para facilitar a compreensão do conflito, estabelece o § 3.º do mesmo diploma que o juiz poderá comparecer à área objeto do litígio quando sua presença se fizer necessária à efetivação da tutela jurisdicional. Essa última regra representa concretização do mandamento constitucional retirado do art. 126 do Texto Maior, segundo o qual "para dirimir conflitos fundiários, o Tribunal de Justiça proporá a criação de varas especializadas, com competência exclusiva para questões agrárias. Parágrafo único. Sempre que necessário à eficiente prestação jurisdicional, o juiz far-se-á presente no local do litígio".

Ainda no que diz respeito a essa audiência de mediação para os conflitos coletivos, preconiza o § 4.º do novo art. 565 do CPC/2015 que os órgãos responsáveis pela política agrária e pela política urbana da União, de Estado ou do Distrito Federal, e de Município onde se situe a área objeto do litígio, poderão ser intimados para o comparecimento, a fim de se manifestarem sobre seu interesse na causa e a existência de possibilidade de solução para o conflito possessório. Depois de concedida a liminar, se esta não for executada no prazo de um ano, a contar da data de distribuição, caberá ao juiz designar a citada audiência de mediação, para os fins de tentar aproximar as partes relativas ao conflito (art. 565, § 1.º, do CPC/2015).

Na *II Jornada de Prevenção e Solução Extrajudicial de Litígios*, promovida pelo Conselho da Justiça Federal em agosto de 2021, aprovou-se necessário enunciado, segundo o qual, "nos litígios coletivos com potencial de remover população de baixa renda, é dever do Estado buscar a resolução consensual do conflito, nos termos do art. 3.º, §§ 2.º e 3.º, do CPC/2015, aplicando-se o regime jurídico previsto no art. 565 do CPC" (Enunciado n. 220).

Todos esses procedimentos e afirmações são aplicáveis nos litígios que dizem respeito ao domínio ou propriedade, ou seja, também nos juízos petitórios (art. 565, § 5.º, do CPC/2015). A título de exemplo, adiante-se que todos esses procedimentos devem incidir para os casos de *desapropriação judicial privada por posse-trabalho*, expressão cunhada por Miguel Reale para designar a categoria tratada pelo Código Civil nos §§ 4.º e 5.º do art. 1.228, e que ainda será aqui estudada.

Como última nota relevante a respeito de demandas coletivas relativas à posse – e também quanto à propriedade –, a Lei 14.216/2021 trouxe ao sistema jurídico brasileiro medidas excepcionais em razão da "Emergência em Saúde Pública de Importância Nacional" (Espin), decorrente da pandemia da Covid-19.

Consoante o seu art. 2.º, estabeleceu-se a suspensão, até 31 de dezembro de 2021, dos efeitos de atos ou decisões judiciais, extrajudiciais ou administrativos, editados ou proferidos desde a vigência do estado de calamidade pública reconhecido pelo Decreto Legislativo 6, de 20 de março de 2020, até um ano após o seu término, que imponham a desocupação ou a remoção forçada coletiva de imóvel privado ou público, exclusivamente urbano, que sirva de moradia ou que represente área produtiva pelo trabalho individual ou familiar.

Tal suspensão abrangeu os seguintes atos: *a)* execução de decisão liminar e de sentença em ações de natureza possessória e petitória, inclusive mandado pendente de cumprimento; *b)* despejo coletivo promovido pelo Poder Judiciário; *c)* desocupação ou remoção promovida pelo poder público; *d)* medida extrajudicial; *e)* despejo administrativo em locação e arrendamento em assentamentos; e *f)* até a possibilidade de utilização da autotutela da posse (art. 2.º, § 1.º, VI). Ademais, as medidas decorrentes de atos ou decisões proferidos em data anterior à vigência do estado de calamidade pública não serão efetivadas até um ano após o seu término, ou seja, até 31 de dezembro de 2021 (art. 2.º, § 2.º, da Lei 14.216/2021).

Ainda se enunciou que durante o citado período não poderiam ser adotadas medidas preparatórias ou negociações com o fim de efetivar eventual remoção, e a autoridade administrativa ou judicial deverá manter sobrestados os processos em curso (art. 2.º, § 3.º, da Lei 14.216/2021). Superado esse prazo de suspensão, o Poder Judiciário deve realizar audiência de mediação entre as partes, com a participação do Ministério Público e da Defensoria Pública, nos processos de despejo, de remoção forçada e de reintegração de posse coletivos que estejam em tramitação, e realizar inspeção judicial nas áreas em litígio, exatamente como previsto no art. 565 do CPC (art. 2.º, § 4.º, da Lei 14.216/2021).

O art. 3.º da norma considera como desocupação ou remoção forçada coletiva a retirada definitiva ou temporária de indivíduos ou de famílias, promovida de forma coletiva e contra a sua vontade, de casas ou terras que ocupam, sem que estejam disponíveis ou acessíveis as formas adequadas de proteção de seus direitos, notadamente: *a)* garantia de habitação, sem nova ameaça de remoção, viabilizando o cumprimento do isolamento social; *b)* manutenção do acesso a serviços básicos de comunicação, de energia elétrica, de água potável, de saneamento e de coleta de lixo; *c)* proteção contra intempéries climáticas ou contra outras ameaças à saúde e à vida; *d)* acesso aos meios habituais de subsistência, inclusive acesso a terra, a seus frutos, a infraestrutura, a fontes de renda e a trabalho; e

e) privacidade, segurança e proteção contra a violência à pessoa e contra o dano ao seu patrimônio (Lei 14.216/2021). O diploma emergente, portanto, procurou amenizar as nefastas consequências sociais decorrentes da pandemia.

Como se pode perceber, a norma também abrangeu os despejos, que igualmente foram tratados pela Lei 14.126/2021, no seu art. 4.º. Como última previsão e com o intuito de evitar argumentos oportunistas, o art. 7.º da Lei 14.216/2021 estabelece que essas medidas de proteção não se aplicam a ocupações ocorridas após 31 de março de 2021 e também não alcançam as desocupações já perfectibilizadas na data da sua publicação.

Releve-se que o Supremo Tribunal Federal já havia decidido, em decisão publicada em 7 de junho de 2021, nos autos da medida cautelar na Arguição de Descumprimento de Preceito Fundamental (ADPF) 828, originária do Distrito Federal e com relatoria do Ministro Roberto Barroso, pela impossibilidade de se efetivar parte de tais medidas. Ficou definido o seguinte neste *decisum*:

> "i) Com relação a ocupações anteriores à pandemia: suspender pelo prazo de 6 (seis) meses, a contar da presente decisão, medidas administrativas ou judiciais que resultem em despejos, desocupações, remoções forçadas ou reintegrações de posse de natureza coletiva em imóveis que sirvam de moradia ou que representem área produtiva pelo trabalho individual ou familiar de populações vulneráveis, nos casos de ocupações anteriores a 20 de março de 2020, quando do início da vigência do estado de calamidade pública (Decreto Legislativo n.º 6/2020); ii) com relação a ocupações posteriores à pandemia: com relação às ocupações ocorridas após o marco temporal de 20 de março de 2020, referido acima, que sirvam de moradia para populações vulneráveis, o Poder Público poderá atuar a fim de evitar a sua consolidação, desde que as pessoas sejam levadas para abrigos públicos ou que de outra forma se assegure a elas moradia adequada; e iii) com relação ao despejo liminar: suspender pelo prazo de 6 (seis) meses, a contar da presente decisão, a possibilidade de concessão de despejo liminar sumário, sem a audiência da parte contrária (art. 59, § 1.º, da Lei n.º 8.425/1991), nos casos de locações residenciais em que o locatário seja pessoa vulnerável, mantida a possibilidade da ação de despejo por falta de pagamento, com observância do rito normal e contraditório".

Ao final de 2021, houve a proibição de tais medidas até 31 de março de 2022 e, sucessivamente, até 31 de outubro do mesmo ano. Em decisão liminar prolatada na última data e na mesma ação, foi restabelecida a possibilidade das citadas medidas de remoção, desde que observados alguns parâmetros pelas Cortes, com destaque para a realização de audiência de mediação, a saber:

> "1. Tribunais de Justiça e Tribunais Regionais Federais devem instalar, imediatamente, comissões de conflitos fundiários que sirvam de apoio aos juízes. De início, as comissões precisam elaborar estratégia para retomar decisões de reintegração de posse suspensas, de maneira gradual e escalonada;
>
> 2. As comissões de conflitos fundiários devem realizar inspeções judiciais e audiências de mediação antes de qualquer decisão para desocupação, mesmo em locais nos quais já haja decisões que determinem despejos. Ministério Público e Defensoria Pública devem participar;
>
> 3. Além de decisões judiciais, quaisquer medidas administrativas que resultem em remoções também devem ser avisadas previamente, e as comunidades afetadas devem ser ouvidas, com prazo razoável para a desocupação e com medidas para resguardo do direito à moradia, proibindo em qualquer situação a separação de integrantes de uma mesma família".

CAP. 7 • DIREITO DAS COISAS | **1015**

Superados esses aspectos processuais e também importantes atualizações em virtude da pandemia, dispõe o art. 1.211 do CC/2002 que "quando mais de uma pessoa se disser possuidora, manter-se-á provisoriamente a que tiver a coisa, se não estiver manifesto que a obteve de alguma das outras por modo vicioso". O dispositivo trata do *possuidor aparente*, que manterá a coisa enquanto se discute em sede de ação possessória ou petitória quem é o seu possuidor ou proprietário de direito. Porém, pelo próprio dispositivo, se for demonstrado que o possuidor aparente tem a coisa com um vício, seja objetivo ou subjetivo, poderá esta lhe ser retirada.

O art. 1.212 do CC/2002 preceitua que o possuidor pode intentar a ação de esbulho, ou a de indenização, contra o terceiro que recebeu a coisa esbulhada sabendo que o era. A norma civil abre a possibilidade de o possuidor que sofreu o atentado definitivo à posse ingressar com ação de reintegração de posse ou com ação de reparação de danos contra o terceiro que estiver com a coisa. Observo que no Projeto de Reforma do Código Civil, há sugestão de melhora da redação do comando, para que deixe de mencionar a "ação de esbulho" e passe a expressar, de forma mais técnica, a "ação de reintegração de posse". Espera-se, portanto, a sua aprovação pelo Parlamento Brasileiro.

Ainda a respeito da norma vigente, na *I Jornada de Direito Civil*, aprovou-se o Enunciado n. 80 do CJF/STJ, preceituando que "é inadmissível o direcionamento de demanda possessória ou ressarcitória contra terceiro possuidor de boa-fé, por ser parte passiva ilegítima, diante do disposto no art. 1.212 do novo Código Civil. Contra o terceiro de boa-fé cabe tão somente a propositura de demanda de natureza real". Assim sendo, como não se pode atribuir culpa a quem esteja de boa-fé, não caberão as medidas previstas no dispositivo, mas tão somente ação petitória, para reivindicação da propriedade.

Para findar o presente tópico, é interessante transcrever e analisar o Enunciado n. 239 do CJF/STJ, aprovado na *III Jornada de Direito Civil*, que em muito interessa para a discussão do mérito das ações possessórias diretas: "na falta de demonstração inequívoca de posse que atenda à função social, deve-se utilizar a noção de 'melhor posse', com base nos critérios previstos no parágrafo único do art. 507 do CC/1916".

O enunciado doutrinário começa muito bem e termina muito mal. Começa muito bem, pois aponta que para a caracterização do que seja melhor posse, em sede de ação possessória, deve-se levar em conta a sua função social. Justamente por isso já é forte a corrente doutrinária que aponta para a falta de legitimidade para a referida ação no caso de alguém que não vem atendendo a essa função social. Nessa linha, ensinam Cristiano Chaves de Farias e Nelson Rosenvald que:

> "O direito do possuidor de defender a sua posse contra terceiros – incluindo-se aí o proprietário – é uma consequência jurídica produzida pela necessidade geral de respeito a uma situação fática consolidada, na qual necessidades humanas fundamentais são satisfeitas. A densidade social da posse como modo revelador da necessidade básica do homem de apropriar-se de bens primários, justifica que não seja ela reduzida a mero complemento da tutela da propriedade, mas sim em instrumento concreto de busca pela igualdade material e justiça social".[40]

Vale dizer que a tese que relaciona a função social da posse e da propriedade como pressupostos para o ingresso de ação possessória e mesmo petitória já foi adotada pela jurisprudência do STJ no notório caso da *Favela Pullman*, que ainda será comentado e aprofundado (REsp 75.659/SP, j. 21.06.2005).

---

[40] FARIAS, Cristiano Chaves; ROSENVALD, Nelson. *Direitos reais*. Rio de Janeiro: Lumen Juris, 2006. p. 110.

# 1016 | MANUAL DE DIREITO CIVIL • VOLUME ÚNICO – *Flávio Tartuce*

O Enunciado n. 239 do CJF/STJ termina muito mal por fazer menção ao parágrafo único do art. 507 do CC/1916, que previa a seguinte ordem para a caracterização da melhor posse: "entende-se melhor a posse que se fundar em justo título; na falta de título, ou sendo os títulos iguais, a mais antiga; se da mesma data, a posse atual. Mas, se todas forem duvidosas, será sequestrada a coisa, enquanto se não apurar a quem toque". A crítica está justificada pelo fato de que a *melhor posse* deve levar em conta o atendimento da função social.

## 7.3.4.6 *A legítima defesa da posse e o desforço imediato*

As faculdades de utilização da legítima defesa da posse e do desforço imediato sempre geraram polêmicas e estão tratadas pelo art. 1.210, § 1.º, do CC: "o possuidor turbado, ou esbulhado, poderá manter-se ou restituir-se por sua própria força, contanto que o faça logo; os atos de defesa, ou de desforço, não podem ir além do indispensável à manutenção, ou restituição da posse".

A legítima defesa da posse e o desforço imediato constituem formas de autotutela, autodefesa ou de defesa direta, independentemente de ação judicial, cabíveis ao possuidor direto ou indireto contra as agressões de terceiro. Nos casos de ameaça e turbação, em que o atentado à posse não foi definitivo, cabe a legítima defesa. Em havendo esbulho, a medida cabível é o desforço imediato, visando à retomada do bem esbulhado.

Em todas as hipóteses, observe-se que esses institutos de autodefesa apresentam alguns requisitos, que devem ser respeitados, para que a atuação seja lícita:

> 1.º – A defesa deve ser imediata, ou seja, *incontinenti,* conclusão a ser retirada da análise do caso concreto. A título de exemplo e obviamente, uma defesa praticada após um ano e um dia não é imediata, não cabendo a utilização dos institutos de proteção própria. Ainda ilustrando, se o possuidor deixa que o esbulhador construa uma cerca divisória, pelo menos aparentemente, não tomou as medidas imediatas que lhe cabiam. Sobre tal requisito do imediatismo, foi aprovado enunciado na *V Jornada de Direito Civil,* em 2011, propondo uma interpretação restritiva do preceito: "no desforço possessório, a expressão 'contanto que o faça logo' deve ser entendida restritivamente, apenas como a reação imediata ao fato do esbulho ou da turbação, cabendo ao possuidor recorrer à via jurisdicional nas demais hipóteses" (Enunciado n. 495 do CJF/STJ).
>
> 2.º – O possuidor que toma as medidas de autotutela não pode ir além do indispensável para a recuperação de sua posse. Deve agir nos limites do exercício regular desse direito, servindo como parâmetro o art. 187 do CC, que prevê o abuso de direito como ato ilícito. Os parâmetros, portanto, são aqueles previstos no dispositivo da codificação: fim social, fim econômico, boa-fé objetiva e bons costumes. Devem ser evitados ao máximo os abusos cometidos, sob pena de sacrifício dos institutos, o que, aliás, ocorre nas violentas invasões de terra que são praticadas no Brasil e as violentas (mais ainda) reprimendas por parte dos proprietários e possuidores, o que tem tornado o meio rural brasileiro um verdadeiro campo de batalha, habitado por inúmeras milícias armadas.
>
> 3.º – A lei está a autorizar que o possuidor que faz uso da autotutela utilize o apoio de empregados ou prepostos. Isso porque o art. 1.210, § 1.º, do CC faz menção à *força própria,* que inclui o auxílio de terceiros, com quem mantém vínculos. Sendo reconhecida essa possibilidade, é importante concluir que se o preposto, empregado ou serviçal, na defesa dessa posse e seguindo as ordens do possuidor, causar danos a outrem, responderá o comitente, empregador ou senhorio, nos termos dos arts. 932 e 933 do CC. A responsabilidade do possuidor é objetiva (independentemente de culpa), desde que comprovada a culpa daquele por quem se é responsável, hipótese de responsabilidade objetiva indireta ou por atos de outrem.

CAP. 7 • DIREITO DAS COISAS | **1017**

## 7.3.5 Formas de aquisição, transmissão e perda da posse

O Código Civil Brasileiro de 2002, a exemplo do seu antecessor, continua elencando as formas e regras da aquisição, transmissão e perda da posse, aqui estudadas em mesmo tópico, para facilitação didática.

De início, quanto à aquisição da posse, preconiza o art. 1.204 do CC/2002 que "adquire- -se a posse desde o momento em que se torna possível o exercício, em nome próprio, de qualquer dos poderes inerentes à propriedade". Confrontado esse dispositivo com o art. 493 do CC/1916, percebe-se que o legislador preferiu não elencar as hipóteses de aquisição da posse, como constava da antiga codificação.

Substituiu-se, portanto, uma relação supostamente fechada ou taxativa (*numerus clausus*) por um conceito aberto, a ser preenchido caso a caso (*numerus apertus*). E não poderia ser diferente, pois a atual codificação, no *espírito realeano* (Miguel Reale), segue um sistema de princípios, de cláusulas gerais (janelas abertas deixadas na lei), de conceitos legais indeterminados.

No atual Projeto de Reforma do Código Civil, há proposta de se alterar o comando, passando esse art. 1.204 a prever que "adquire-se a posse desde o momento em que se torna possível o exercício, em nome próprio, de qualquer dos poderes inerentes à propriedade ou a qualquer outro direito real".

Consoante as justificativas da Subcomissão de Direito das Coisas:

> "A atual redação parece adequada apenas para determinar a aquisição da posse de coisas móveis, já que até mesmo o exercício fático do poder de disposição sobre elas – que se opera pela tradição – já pressuporia a submissão da coisa ao poder material do disponente. Por outro lado, segundo essa redação, o sujeito que tivesse, pelo registro do título no Cartório de Registro de Imóveis, adquirido a propriedade de um imóvel, embora nunca tivesse nele ingressado, ou por oposição do alienante ou de terceiros (*v.g.*, aquisição de imóvel esbulhado), seria possuidor, por estar em condições de exercer um dos poderes inerentes a propriedade, a saber, a disposição (alienação), a qual, para os imóveis, independe da posse. Nesses casos, porém, a jurisprudência não reconhece legitimidade ativa para ações possessórias, mas apenas para ações petitórias (ação de imissão na posse ou ação reivindicatória), do que se conclui que o proprietário, nessa situação, nunca adquiriu posse, ao contrário do que sugere o artigo. A orientação jurisprudencial encontraria melhor apoio numa redação mais restritiva: em vez de afirmar que a aquisição da posse depende do exercício fático de 'qualquer dos poderes inerentes à propriedade', seria preferível especificar que a posse terá sido adquirida quando o sujeito estiver em condições de exercer o uso ou a fruição da coisa".

De fato, têm total razão os juristas, tendo sido a proposição acolhida pelos demais membros da Comissão.

Pois bem, as formas de aquisição da posse que constavam da lei anterior servem somente como exemplo, a saber: *a)* apreensão da coisa; *b)* exercício de direito; *c)* fato de disposição da coisa; e *d)* qualquer outro modo geral de aquisição de direito.

Dessas formas de aquisição, deve-se lembrar que há *formas de aquisição originárias*, em que há um contato direto entre a pessoa e a coisa; e *formas de aquisição derivadas*, em que há uma intermediação pessoal.[41] Como forma originária, o exemplo típico se dá no ato de apreensão de bem móvel, quando a coisa não tem dono (*res nullius*) ou for abandonada (*res derelictae*). Como forma derivada, o caso mais importante envolve a tradição, que vem

---

[41] DINIZ, Maria Helena. *Curso de direito civil brasileiro*. Direito das coisas. 22. ed. São Paulo: Saraiva, 2007. v. 5, p. 67-69.

**1018** | MANUAL DE DIREITO CIVIL • VOLUME ÚNICO – *Flávio Tartuce*

a ser a entrega da coisa, principal forma de aquisição da propriedade móvel. A partir das construções de Washington de Barros Monteiro, classifica-se a tradição da seguinte forma:[42]

> a) *Tradição real* – dá-se pela entrega efetiva ou material da coisa, como ocorre na entrega do veículo pela concessionária em uma compra e venda.
>
> b) *Tradição simbólica* – há um ato representativo da transferência da coisa como, por exemplo, a entrega das chaves de um apartamento. É o que ocorre na *traditio longa manu*, em que a coisa a ser entregue é colocada à disposição da outra parte. Ilustrando, o CC/2002 passou a disciplinar, como cláusula especial da compra e venda, a *venda sobre documentos*, em que a entrega efetiva do bem móvel é substituída pela entrega de documento correspondente à propriedade (arts. 529 a 532 do CC).
>
> c) *Tradição ficta* – é aquela que se dá por presunção, como ocorre na *traditio brevi manu*, em que o possuidor possuía em nome alheio e agora passa a possuir em nome próprio (o exemplo típico é o do locatário que compra o imóvel, passando a ser o proprietário). Também há tradição ficta no *constituto possessório* ou *cláusula constituti*, em que o possuidor possuía em nome próprio e passa a possuir em nome alheio (o caso do proprietário que vende o imóvel e nele permanece como locatário).

O art. 1.205 do CC/2002 preconiza que a posse pode ser adquirida: *a)* pela própria pessoa que a pretende ou por seu representante; ou *b)* por terceiro sem mandato, dependendo de ratificação. Em outras palavras, a posse pode ser adquirida pelo próprio sujeito que a apreende, desde que capaz; por seu representante legal ou convencional (caso do herdeiro e do mandatário); ou até por terceiro que não tenha mandato, desde que haja confirmação posterior, com efeitos *ex tunc* ou retroativos. O dispositivo, quando confrontado com o art. 494 do CC/1916, seu correspondente, apresenta uma insuficiência, pela não menção ao *constituto possessório*.

Para completar, na *I Jornada de Direito Civil*, aprovou-se o Enunciado n. 77, prevendo que "a posse das coisas móveis e imóveis também pode ser transmitida pelo *constituto possessório*". Anoto que no Projeto de Reforma do Código Civil, sugere-se a inclusão expressa do *constituto possessório* como forma de perda da posse, no novo inc. III do seu art. 1.205, o que virá em boa hora, sanando-se outra lacuna legislativa existente nos mais de vinte anos de vigência da atual codificação privada.

De todo modo, mesmo no sistema em vigor, em havendo a aquisição ou transmissão da posse pelo *constituto possessório*, não restam dúvidas de que o novo possuidor poderá defender-se por meio das ações possessórias, como entende há tempos o STJ (REsp 173.183/TO, 4.ª Turma, Rel. Min. Ruy Rosado de Aguiar, j. 1.º.09.1998, *DJ* 19.10.1998, p. 110).

Superada a análise da aquisição, no tocante à transmissão da posse, prevê o art. 1.206 do Código Civil em vigor que "a posse transmite-se aos herdeiros ou legatários do possuidor com os mesmos caracteres". Trata-se de expressão do *princípio da continuidade do caráter da posse* que, em regra, mantém os mesmos atributos da sua aquisição. Esse importante regramento também é retirado do art. 1.203 do CC, pelo qual, salvo prova em contrário, entende-se manter a posse o mesmo caráter com que foi adquirida, consagração da regra de que ninguém pode, por si só, mudar a causa que fundamenta a posse (*neme si ipsi causam possessionis mutare potest*).

---

[42] MONTEIRO, Washington de Barros. *Curso de direito civil*. Direito das coisas. 37. ed. rev. e atual. São Paulo: Saraiva, 2003. v. 3, p. 201.

Especializando esse princípio da continuidade, determina o art. 1.207 que o *sucessor universal* continua de direito a posse do seu antecessor; e ao *sucessor singular* é facultado unir sua posse à do antecessor, para os efeitos legais. A lei diferencia dois tipos de sucessão: a universal (nos casos de herança legítima) e a singular (nos casos de compra e venda, doação ou legado).

No primeiro caso, a lei prevê a *continuidade*; no segundo, a *união* de posses (acessão). Como esclarece Orlando Gomes, "o que distingue a sucessão da união é o modo de transmissão da posse, sendo a título universal, há sucessão; sendo a título singular, há união. Não importa que a sucessão seja *inter vivos* ou *mortis causa*. Na sucessão *mortis causa* a título singular, a acessão se objetiva pela forma da união. A sucessão de posses é imperativa; a união, facultativa, enquanto na singular é facultado unir sua posse à precedente. Sendo, nesta última hipótese, uma faculdade, o possuidor atual só usará se lhe convier, limitando-se à sua posse quando do seu interesse".[43]

Sintetizando, quanto à defesa possessória, tanto o sucessor universal quanto o singular poderão defendê-la, em continuidade ou acessão à posse anterior.

Anote-se, ainda a respeito dos institutos, a aprovação do seguinte enunciado sobre a matéria, na *V Jornada de Direito Civil*, realizada em 2011: "a faculdade conferida ao sucessor singular de somar ou não o tempo da posse de seu antecessor não significa que, ao optar por nova contagem, estará livre do vício objetivo que maculava a posse anterior" (Enunciado n. 494). Desse modo, é possível que o vício que atingia a posse anterior seja transmitido ao sucessor singular em casos tais.

Obviamente, o *princípio da continuidade do caráter da posse* não é absoluto, podendo ser mitigado. Como salienta Maria Helena Diniz, há uma presunção relativa (*iuris tantum*) de que a posse mantém o seu caráter e não uma presunção absoluta ou *iure et de iure*.[44] Essa conclusão pode ser retirada do art. 1.208 do CC, cuja transcrição mais uma vez interessa: "não induzem posse os atos de mera permissão ou tolerância assim como não autorizam a sua aquisição os atos violentos, ou clandestinos, senão depois de cessar a violência ou a clandestinidade". Repise-se que, pela clássica conjugação desse dispositivo com o art. 924 do CPC/1973, a posse adquirida com injustiça pode passar a ser justa, após um ano e um dia, desde que violenta ou clandestina, segundo a corrente majoritária. Esse entendimento, cabe reafirmar, tende a ser mantido com o art. 558 do CPC/2015.

Esclareça-se que, pela redação do art. 1.208 da codificação, pode parecer que a posse injusta não constitui posse, mas detenção. Contudo, na *minha opinião*, não parece ser essa a melhor conclusão, pois a posse injusta é posse como se retira da sua própria nomenclatura, bem como do art. 1.200 do CC. A questão, contudo, não é pacífica na doutrina nacional, estando presente em tal aspecto uma das principais divergências a respeito da posse.

Ainda no que tange à transmissão da posse, prescreve o art. 1.209 do CC que a posse do imóvel faz presumir, até prova contrária, a das coisas móveis que nele estiverem. Em regra, havendo transmissão da posse de um imóvel (bem principal), também haverá a transmissão dos móveis que o guarnecem (bem acessório) – aplicação do princípio da gravitação jurídica, pelo qual o acessório segue o principal.

Quanto à perda da posse, o legislador civil mais uma vez preferiu utilizar expressões genéricas no seu art. 1.223: "perde-se a posse quando cessa, embora contra a vontade do possuidor, o poder sobre o bem, ao qual se refere o art. 1.196". Em suma, cessando os atributos relativos à propriedade, cessa a posse, que é perdida, extinta. O art. 520 do

---

[43] GOMES, Orlando. *Direitos reais*. 19. ed. Atualizador: Luiz Edson Fachin. Rio de Janeiro: Forense, 2004. p. 70.

[44] DINIZ, Maria Helena. *Código Civil anotado*. 15. ed. São Paulo: Saraiva, 2010. p. 824.

# 1020 | MANUAL DE DIREITO CIVIL • VOLUME ÚNICO – *Flávio Tartuce*

CC/1916, ao contrário, previa expressamente os casos de perda da posse, que nos servem como exemplos ilustrativos (rol *numerus apertus*):

- Pelo abandono da coisa (*derrelição*), fazendo surgir a coisa abandonada (*res derelictae*).
- Pela tradição, entrega da coisa, que pode ser real, simbólica ou ficta.
- Pela perda ou destruição da coisa possuída.
- Se a coisa for colocada fora do comércio, isto é, se for tratada como bem inalienável (*inconsutibilidade jurídica* – art. 86 do CC).
- Pela posse de outrem, ainda que contra a vontade do possuidor, se este não foi manutenido, ou reintegrado à posse, em tempo competente.
- Pelo constituto possessório ou cláusula *constituti*, hipótese em que a pessoa possuía o bem em nome próprio e passa a possuir em nome alheio (forma de aquisição e perda da posse, ao mesmo tempo).

Como última regra a ser estudada a respeito da temática, nos termos do art. 1.224 do CC, "só se considera perdida a posse para quem não presenciou o esbulho, quando, tendo notícia dele, se abstém de retornar a coisa, ou, tentando recuperá-la, é violentamente repelido". Em outras palavras, se o possuidor não presenciou o momento em que foi esbulhado, somente haverá a perda da posse se, informado do atentado à posse, não toma as devidas medidas necessárias ou se sofrer violência ao tentar fazê-lo, não procurando outros caminhos após essa violência.

A norma mantém relação com a boa-fé objetiva, particularmente com a perda de um direito ou de posição jurídica pelo seu não exercício no tempo (*supressio*). Isso porque o possuidor que não toma as medidas cabíveis ao ter conhecimento do esbulho não pode, após isso, insurgir-se contra o ato de terceiro. A lei acaba por presumir que a sua posse está perdida, admitindo-se, obviamente, prova em contrário.

Para encerrar o tópico, pontuo que no Projeto de Reforma do Código Civil sugere-se alteração do seu art. 1.224, para que passe a expressar o seguinte: "considera-se perdida a posse para quem não presenciou o esbulho, quando, tendo notícia dele, abstém-se de retomar a coisa, por meio de medida judicial, ou, tentando recuperá-la, não obtenha êxito nos atos de desforço, nos termos do art. 1.210, § 1º, deste Código".

Em prol da paz social, para limitar as medidas de retomada do bem para o campo judicial, pelo menos como regra geral, espera-se a sua aprovação pelo Parlamento Brasileiro.

## 7.3.6 Composse ou compossessão

A composse ou compossessão é a situação pela qual duas ou mais pessoas exercem, simultaneamente, poderes possessórios sobre a mesma coisa (*condomínio de posses*), o que pode ter origem *inter vivos* ou *mortis causa*. Cite-se a hipótese de doação conjuntiva, para dois donatários, que terão a posse de um imóvel.

Os compossuidores podem usar livremente a coisa, conforme seu destino, e sobre ela exercer seus direitos compatíveis com a situação de indivisão. Expressa o art. 1.199 do CC que "Se duas ou mais pessoas possuírem coisa indivisa, poderá cada uma exercer sobre ela atos possessórios, contanto que não excluam os dos outros compossuidores". Em suma, desde que não haja exclusão do direito alheio, qualquer um dos possuidores poderá fazer uso das ações possessórias, no caso de atentado praticado por terceiro. Além disso, caberá a utilização das medidas de autotutela (art. 1.210, § 1.º, do CC).

CAP. 7 • DIREITO DAS COISAS | **1021**

Em relação a terceiros, como se fossem um único sujeito, qualquer dos possuidores poderá usar os remédios possessórios que se fizerem necessários, tal como acontece no condomínio. Cite-se, a título de exemplo, a possibilidade de um cônjuge ou companheiro que permanece no imóvel promover ação possessória em face de terceiro (ver: STJ, REsp 10.521/PR, 4.ª Turma, Rel. Min. Barros Monteiro, j. 26.10.1992, *DJ* 04.04.1994, p. 6.684).

Também é possível que um compossuidor ingresse com ação possessória em face do outro compossuidor, o que depende da qualificação da posse existente na relação entre as partes envolvidas. Assim, o STJ admite a propositura de ação de reintegração de posse de um herdeiro compossuidor em face do outro. Vejamos a publicação no seu *Informativo* n. *431*:

"Princípio *saisine*. Reintegração. Composse. Cinge-se a questão em saber se o compossuidor que recebe a posse em razão do princípio *saisine* tem direito à proteção possessória contra outro compossuidor. Inicialmente, esclareceu o Min. Relator que, entre os modos de aquisição de posse, encontra-se o *ex lege*, visto que, não obstante a caracterização da posse como poder fático sobre a coisa, o ordenamento jurídico reconhece, também, a obtenção desse direito pela ocorrência de fato jurídico – a morte do autor da herança –, em virtude do princípio da *saisine,* que confere a transmissão da posse, ainda que indireta, aos herdeiros independentemente de qualquer outra circunstância. Desse modo, pelo mencionado princípio, verifica-se a transmissão da posse (seja ela direta ou indireta) aos autores e aos réus da demanda, caracterizando, assim, a titularidade do direito possessório a ambas as partes. No caso, há composse do bem em litígio, motivo pelo qual a posse de qualquer um deles pode ser defendida todas as vezes em que for molestada por estranhos à relação possessória ou, ainda, contra ataques advindos de outros compossuidores. *In casu*, a posse transmitida é a civil (art. 1.572 do CC/1916), e não a posse natural (art. 485 do CC/1916). Existindo composse sobre o bem litigioso em razão do *droit de saisine* é direito do compossuidor esbulhado o manejo de ação de reintegração de posse, uma vez que a proteção à posse molestada não exige o efetivo exercício do poder fático – requisito exigido pelo tribunal de origem. O exercício fático da posse não encontra amparo no ordenamento jurídico, pois é indubitável que o herdeiro tem posse (mesmo que indireta) dos bens da herança, independentemente da prática de qualquer outro ato, visto que a transmissão da posse dá-se *ope legis*, motivo pelo qual lhe assiste o direito à proteção possessória contra eventuais atos de turbação ou esbulho. Isso posto, a Turma deu provimento ao recurso para julgar procedente a ação de reintegração de posse, a fim de restituir aos autores da ação a composse da área recebida por herança. Precedente citado: REsp 136.922-TO, *DJ* 16.03.1998" (STJ, REsp 537.363/RS, Rel. Min. Vasco Della Giustina (Desembargador convocado do TJRS), j. 20.04.2010).

Para encerrar o estudo do instituto, em relação ao seu estado, a composse admite a classificação a seguir:

a) *Composse pro indiviso* ou *indivisível* – os compossuidores têm *fração ideal da posse*, pois não é possível determinar, no plano fático e corpóreo, qual a parte de cada um. Exemplo: dois irmãos têm a posse de uma fazenda e ambos exercem-na sobre todo o imóvel, retirando dele produção de hortaliças.

b) *Composse pro diviso* ou *divisível* – cada compossuidor sabe qual a sua parte, que é determinável no plano fático e corpóreo, havendo uma *fração real da posse*. Exemplo: dois irmãos têm a composse de uma fazenda, que é dividida ao meio por uma cerca. Em metade dela um irmão tem uma plantação de rabanetes; na outra metade, o outro irmão cultiva beterrabas.

# 7.4 DA PROPRIEDADE

## 7.4.1 Conceitos fundamentais relativos à propriedade e seus atributos

O conceito de propriedade sempre foi objeto de estudo dos civilistas das mais diversas gerações. Vejamos algumas construções para ilustrar:

- Clóvis Beviláqua conceitua a propriedade como sendo o poder assegurado pelo grupo social à utilização dos bens da vida física e moral.[45]
- Caio Mário da Silva Pereira leciona: "Direito real por excelência, direito subjetivo padrão, ou 'direito fundamental' (Pugliatti, Natoli, Plainol, Ripert e Boulanger), a propriedade mais se sente do que se define, à luz dos critérios informativos da civilização romano--cristã. A ideia de 'meu e teu', a noção do assenhoreamento de bens corpóreos e incorpóreos independe do grau de cumprimento ou do desenvolvimento intelectual. Não é apenas o homem do direito ou o *business man* que a percebe. Os menos cultivados, os espíritos mais rudes, e até crianças têm dela a noção inata, defendem a relação jurídica dominial, resistem ao desapossamento, combatem o ladrão. Todos 'sentem' o fenômeno propriedade". (...). "A propriedade é o direito de usar, gozar e dispor da coisa, e reivindicá-la de quem injustamente a detenha".[46]
- Para Orlando Gomes, a propriedade é um direito complexo, podendo ser conceituada a partir de três critérios: o sintético, o analítico e o descritivo. Sinteticamente, para o jurista baiano, a propriedade é a submissão de uma coisa, em todas as suas relações jurídicas, a uma pessoa. No sentido analítico, ensina o doutrinador que a propriedade está relacionada com os direitos de usar, fruir, dispor e alienar a coisa. Por fim, descritivamente, a propriedade é um direito complexo, absoluto, perpétuo e exclusivo, pelo qual uma coisa está submetida à vontade de uma pessoa, sob os limites da lei.[47]
- Maria Helena Diniz define a propriedade como sendo "o direito que a pessoa física ou jurídica tem, dentro dos limites normativos, de usar, gozar, dispor de um bem corpóreo ou incorpóreo, bem como de reivindicá-lo de quem injustamente o detenha".[48]
- Dando sentido amplo ao conceito, Álvaro Villaça Azevedo afirma que "a propriedade é, assim, o estado da coisa, que pertence, em caráter próprio e exclusive, a determinada pessoa, encontrando-se em seu patrimônio e à sua disposição. (...). O direito de propriedade é a sujeição do bem à vontade do proprietário, seu titular".[49]
- Conforme Paulo Lôbo, "o uso linguístico do termo 'propriedade' tanto serve para significar direito de propriedade tanto serve para significar direito de propriedade como a coisa objeto desse direito. Ela significa tanto um poder jurídico do indivíduo sobre a coisa (sentido subjetivo) quanto a coisa apropriada por ele (sentido objetivo). Assim ocorre na linguagem comum e na linguagem utilizada pelo legislador. Às vezes é utilizada como gênero, incluindo todos os modos de pertencimento da coisa, até mesmo a posse autônoma. Porém, a expressão 'direito de propriedade'

---

[45] BEVILÁQUA, Clóvis. *Direito das coisas*. Coleção História do Direito Brasileiro. Brasília: Senado Federal, 2003. v. 1, p. 127.

[46] PEREIRA, Caio Mário da Silva. *Instituições de Direito Civil*. 18. ed. Atualizador: Carlos Edison do Rêgo Monteiro Filho. Rio de Janeiro: Forense, 2004. p. 89-90.

[47] GOMES, Orlando. *Direitos reais*. 19. ed. Atualizador: Luiz Edson Fachin. Rio de Janeiro: Forense, 2004. p. 109.

[48] DINIZ, Maria Helena. *Código Civil anotado*. 15. ed. São Paulo: Saraiva, 2010. p. 848.

[49] AZEVEDO, Álvaro Villaça. *Curso de direito civil*. Direito das coisas. São Paulo: Atlas, 2014. p. 38-39.

deve ser restrita a quem detenha a titulação formal reconhecida pelo direito para a aquisição da coisa".[50]

– Segundo Cristiano Chaves de Farias e Nelson Rosenvald "a propriedade é um direito complexo, que se instrumentaliza pelo domínio, possibilitando ao seu titular o exercício de um feixe de atributos consubstanciados nas faculdades de usar, gozar, dispor e reivindicar a coisa que lhe serve de objeto (art. 1.228 do CC)".[51]

A partir de todas essas construções dos estudiosos, pode-se definir a propriedade como o direito que alguém possui em relação a um bem determinado. Trata-se de um direito fundamental, protegido no art. 5.º, inc. XXII, da Constituição Federal, mas que deve sempre atender a uma função social, em prol de toda a coletividade. A propriedade é preenchida a partir dos atributos que constam do Código Civil de 2002 (art. 1.228), sem perder de vista outros direitos, sobretudo aqueles com substrato constitucional.

Deve ficar claro que incrementei os meus estudos a respeito dos direitos intelectuais. Sendo assim, passou a seguir a linha defendida pela Professora Titular da USP Silmara Juny Chinellato, no sentido de terem os direitos de autor uma natureza separada da propriedade, tidos como verdadeiros direitos de personalidade. Vejamos as suas lições:

"A natureza jurídica híbrida, com predominância de direitos da personalidade, do direito de autor como direito especial, *suis generis*, terá como consequência não serem aplicáveis regras da propriedade quando a ele se referirem, nas múltiplas considerações das relações jurídicas".[52] Entre os aspectos destacados, demonstrando uma diferença de tratamento dos direitos de autor, mencionem-se: "a) distinção entre corpo mecânico e corpo místico, sendo apenas o primeiro suscetível de propriedade e posse; b) aquisição da titularidade do direito de autor; c) prazo de duração limitado para direitos patrimoniais e ilimitado para direitos morais; d) não cabe usucapião quanto a nenhum dos direitos morais, aplicando-se, em tese ao corpo mecânico; e) perda do direito patrimonial depois de certo prazo, quando a obra cai em domínio público; f) inalienabilidade de direitos morais; g) ubiquidade da criação intelectual; h) diferente tratamento no regime de bens no casamento, entre a propriedade e do direito de autor".[53]

Na mesma trilha, podem ser citadas as lições de Álvaro Villaça Azevedo, para quem o objeto do Direito das Coisas, e também da propriedade, "são os bens corpóreos com valor econômico (*res quae tangi possunt* – coisas que podem ser tocadas com a ponta dos dedos), sobre as quais pode ser exercido o poder do titular".[54] Essas lições demonstram o equívoco técnico hoje existente ao se tratar dos bens incorpóreos dentro do Código Civil, como fez a Lei da Liberdade Econômica (Lei 13.874/2019), quanto aos fundos de investimento, tema que será ainda abordado no presente capítulo do livro.

De todo modo, vale relembrar que, após intensas discussões, a Comissão de Juristas encarregada da Reforma do Código Civil pretende nele inserir um tratamento a respeito da

---

[50] LÔBO, Paulo. *Direito civil*. Coisas. São Paulo: Saraiva, 2015. p. 85.

[51] FARIAS, Cristiano Chaves; ROSENVALD, Nelson. *Direitos reais*. Rio de Janeiro: Lumen Juris, 2006. p. 178.

[52] CHINELLATO, Silmara Juny de Abreu. *Direito de autor e direitos da personalidade*: reflexões à luz do Código Civil. Tese para concurso de Professor Titular de Direito Civil da Faculdade de Direito da Universidade de São Paulo, 2008. p. 99.

[53] CHINELLATO, Silmara Juny de Abreu. *Direito de autor e direitos da personalidade: reflexões à luz do Código Civil*. Tese para concurso de Professor Titular de Direito Civil da Faculdade de Direito da Universidade de São Paulo, 2008. p. 99.

[54] AZEVEDO, Álvaro Villaça. *Curso de direito civil. Direito das coisas*. São Paulo: Atlas, 2014. p. 4.

# 1024 | MANUAL DE DIREITO CIVIL • VOLUME ÚNICO – *Flávio Tartuce*

propriedade ou titularidades sobre bens incorpóreos ou imateriais, até porque o novo livro sobre *Direito Civil Digital* tratará do patrimônio digital. Nos termos da projeção de um novo art. 1.228-A, "é reconhecida a titularidade de direitos patrimoniais sobre bens imateriais". Aguardemos como o Congresso Nacional analisará a proposta, que sempre foi polêmica entre os civilistas, como aqui se expôs, e que acabou prevalecendo pelo voto democrático da maioria dos membros da citada Comissão nomeada no âmbito do Senado Federal.

Feito tal esclarecimento e aprofundando, a propriedade está relacionada a *quatro atributos*, previstos no *caput* do art. 1.228 do CC/2002, cuja redação é a seguinte: "o proprietário tem a faculdade de usar, gozar e dispor da coisa, e o direito de reavê-la do poder de quem quer que injustamente a possua ou detenha".

O dispositivo apresenta diferenças substanciais em relação ao art. 524 do CC/1916, cujo *caput* previa que "a lei assegura ao proprietário o direito de usar, gozar e dispor de seus bens, e de reavê-los do poder de quem quer que injustamente os possua". Isso porque não há mais a previsão da existência de *direitos* relativos ao uso, fruição e disposição da coisa, mas sim de *faculdades jurídicas*, o que foi feito no sentido de abrandar o sentido do texto legal. Como afirmam Pablo Stolze Gagliano e Rodolfo Pamplona Filho, "nos dias de hoje, a propriedade não é mais considerada um direito ilimitado, como no passado".[55]

Cumpre destacar que a expressão *direito* somente foi mantida para a vindicação do bem, por meio da *ação petitória*. Pode-se afirmar que essa alteração conceitual demonstra, pelo menos em parte, o rompimento do caráter individualista da propriedade, que prevalecia na visão anterior, pois a supressão da expressão *direitos* faz alusão à substituição de algo que foi, supostamente, absoluto no passado, o que não mais ocorre atualmente.[56] Parte-se ao estudo pontual desses atributos.

> a) Faculdade de gozar ou fruir da coisa (antigo *ius fruendi*) – trata-se da faculdade de retirar os frutos da coisa, que podem ser naturais, industriais ou civis (os frutos civis são os *rendimentos*). Exemplificando, o proprietário de um imóvel urbano poderá locá-lo a quem bem entender, o que representa exercício direto da propriedade.
>
> b) Direito de reivindicar a coisa contra quem injustamente a possua ou a detenha (*ius vindicandi*) – esse direito será exercido por meio de ação petitória, fundada na propriedade, sendo a mais comum a *ação reivindicatória*, principal ação real fundada no domínio (*rei vindicatio*). Nessa demanda, o autor deve provar o seu domínio, oferecendo prova da propriedade, com o respectivo registro e descrevendo o imóvel com suas confrontações. A ação petitória não se confunde com as ações possessórias, sendo certo que nestas últimas não se discute a propriedade do bem, mas a sua posse. Prevalece o entendimento de imprescritibilidade dessa ação (por todos: STJ, REsp 216.117/RN, 3.ª Turma, Rel. Min. Carlos Alberto Menezes Direito, j. 03.12.1999, *DJ* 28.02.2000, p. 78). O *caput* do art. 1.228 do CC possibilita expressamente que a ação reivindicatória seja proposta contra quem injustamente possua ou *detenha* a coisa. O exemplo típico envolve a ação proposta contra um caseiro, que ocupa o imóvel em nome de um invasor (injusto possuidor).
>
> c) Faculdade de *usar* a coisa, de acordo com as normas que regem o ordenamento jurídico (antigo *ius utendi*) – esse atributo encontra limites na CF/1988,

---

[55] GAGLIANO, Pablo Stolze; PAMPLONA FILHO, Rodolfo. *Manual de direito civil*. São Paulo: Saraiva, 2017. volume único, p. 1.019.

[56] Nesse sentido: FARIAS, Cristiano Chaves; ROSENVALD, Nelson. *Direitos reais*. Rio de Janeiro: Lumen Juris, 2006. p. 183.

no CC/2002 (*v.g.*, regras quanto à vizinhança) e em leis específicas, caso do Estatuto da Cidade (Lei 10.257/2001).

d) Faculdade de dispor da coisa (antigo *ius disponendi*), seja por atos *inter vivos* ou *mortis causa* – como atos de disposição podem ser mencionados a compra e venda, a doação e o testamento.

Pois bem, levando-se em conta os seus atributos, didaticamente, a propriedade pode ser entendida como um recipiente cilíndrico, ou como uma garrafa, a ser preenchido por quatro camadas, que são os atributos de Gozar, Reaver, Usar, Dispor. São quatro atributos que estão *presos* ou *aderidos* à propriedade, o que justifica a utilização do acróstico **GRUD**. O desenho a seguir demonstra bem essa simbologia:

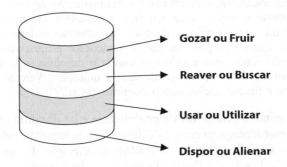

Nota-se pela simbologia que se determinada pessoa tiver todos os atributos relativos à propriedade, terá a *propriedade plena (G + R + U + D)*. Se tiver pelo menos um dos atributos, haverá posse. Obviamente, os referidos atributos podem ser distribuídos entre pessoas distintas, havendo a *propriedade restrita*. Justamente por isso, a propriedade admite a seguinte classificação:

• *Propriedade Plena* ou *Alodial* – o proprietário tem consigo os atributos de gozar, usar, reaver e dispor da coisa. Todos esses caracteres estão em suas mãos de forma unitária, sem que terceiros tenham qualquer direito sobre a coisa.

• *Propriedade Limitada* ou *Restrita* – recai sobre a propriedade algum ônus, caso da hipoteca, da servidão ou usufruto; ou quando a propriedade for resolúvel, dependente de condição ou termo (art. 1.359 do CC). Alguns dos atributos da propriedade passam a ser de outrem, constituindo-se em direito real sobre coisa alheia. No último caso, havendo a divisão entre os referidos atributos, o direito de propriedade é composto de duas partes destacáveis:

a) *Nua-propriedade* – corresponde à titularidade do domínio, ao fato de ser proprietário e de ter o bem em seu nome. Costuma-se dizer que a *nua-propriedade* é aquela *despida* dos atributos do uso e da fruição (atributos diretos ou imediatos);

b) *Domínio útil* – corresponde aos atributos de usar, gozar e dispor da coisa. Dependendo dos atributos que possui, a pessoa que o detém recebe uma denominação diferente: superficiário, usufrutuário, usuário, habitante, promitente comprador etc. Por tal divisão, uma pessoa pode ser o titular (o proprietário) tendo o bem registrado em seu nome ao mesmo tempo que outra pessoa possui os atributos de usar, gozar e até dispor daquele bem em virtude de um negócio jurídico, como ocorre no usufruto, na superfície, na servidão, no uso, no direito real de habitação, no direito do promitente comprador, no penhor, na hipoteca

# 1026 | MANUAL DE DIREITO CIVIL • VOLUME ÚNICO – *Flávio Tartuce*

e na anticrese. Ilustrando de forma mais profunda, no usufruto percebe-se uma divisão proporcional dos atributos da propriedade: o nu-proprietário mantém os atributos de dispor e reaver a coisa; enquanto que o usufrutuário tem os atributos de usar e fruir (gozar) da coisa.

Para findar o tópico, é fundamental verificar o conceito de domínio, que para muitos é sinônimo de propriedade, tese a que me filio. Todavia, há quem entenda de forma contrária, caso do saudoso Cristiano Chaves de Farias e Nelson Rosenvald, que lecionam:

> "O domínio é instrumentalizado pelo direito de propriedade. Ele consiste na titularidade do bem. Aquele se refere ao conteúdo interno da propriedade. O domínio, como vínculo real entre o titular e a coisa, é absoluto. Mas, a propriedade é relativa, posto ser intersubjetiva e orientada à funcionalização do bem pela imposição de deveres positivos e negativos de seu titular perante a coletividade. Um existe em decorrência do outro. Cuida-se de conceitos complementares e comunicantes que precisam ser apartados, pois em várias situações o proprietário – detentor da titularidade formal – não será aquele que exerce o domínio (*v.g.*, usucapião antes do registro; promessa de compra e venda após a quitação). Veremos adiante que a propriedade recebe função social, não o domínio em si".[57]

Como se pode notar, os conceitos de propriedade e de domínio são muito próximos, não se justificando, metodologicamente, as diferenciações expostas pelos juristas contemporâneos. E, como o Código Civil de 2002 adota o princípio da operabilidade, em um primeiro sentido de facilitação do Direito Privado, não há razões para a distinção.

## 7.4.2 Principais características do direito de propriedade

A propriedade, como direito real por excelência, tem características muito próximas dos direitos reais expostos no início do capítulo. Vejamos tais caracteres, à luz da melhor doutrina, clássica e contemporânea, consultada para a composição deste livro:

a) *Direito absoluto, em regra, mas que deve ser relativizado em algumas situações* – ficou claro que a propriedade é o mais completo dos direitos reais. Diante do seu caráter *erga omnes*, ou seja, *contra todos*, é comum afirmar que a propriedade é um direito absoluto. Também no sentido de certo absolutismo, o proprietário pode desfrutar da coisa como bem entender. Porém, existem claras limitações dispostas no interesse do coletivo, caso da *função social e socioambiental da propriedade* (art. 1.228, § 1.º, do CC). Além disso, não se pode esquecer a comum coexistência de um direito de propriedade frente aos outros direitos da mesma espécie, nos termos do art. 1.231 do CC, pelo qual se admite a prova em contrário da propriedade de determinada pessoa. A propriedade deve ser relativizada se encontrar pela frente um outro direito fundamental protegido pelo Texto Maior. Por isso é que se pode dizer que a propriedade é um direito absoluto, regra geral, mas que pode e deve ser relativizado em muitas situações.

b) *Direito exclusivo* – determinada coisa não pode pertencer a mais de uma pessoa, salvo os casos de condomínio ou copropriedade, hipótese que também não retira o seu caráter de exclusividade.[58] Isso justifica a presente característica, a ser reti-

---

[57] FARIAS, Cristiano Chaves; ROSENVALD, Nelson. *Direitos reais*. Rio de Janeiro: Lumen Juris, 2006. p. 179.

[58] DINIZ, Maria Helena. *Código Civil anotado*. 15. ed. São Paulo: Saraiva, 2010. p. 856.

CAP. 7 • DIREITO DAS COISAS | **1027**

rada do art. 1.231 do CC, pelo qual a propriedade presume-se plena e exclusiva, salvo prova ou previsão em contrário (presunção relativa ou *iuris tantum*). É correto afirmar que, apesar de ser um direito exclusivo, a propriedade envolve interesses indiretos de outras pessoas, e até de toda a sociedade, que almejam o atendimento à sua função social.

c) *Direito perpétuo* – o direito de propriedade permanece independentemente do seu exercício, enquanto não houver causa modificativa ou extintiva, sejam elas de origem legal ou convencional. A propriedade, por tal característica, pode ser comparada a um motor em constante funcionamento, que não para, em regra (*moto contínuo*), a não ser que surja um fato novo que interrompa o seu funcionamento.

d) *Direito elástico* – característica que é atribuída, na doutrina nacional, a Orlando Gomes, a propriedade pode ser distendida ou contraída quanto ao seu exercício, conforme sejam adicionados ou retirados os atributos que são destacáveis.[59] Na propriedade plena, o direito se encontra no grau máximo de elasticidade, havendo uma redução nos direitos reais de gozo ou fruição e nos direitos reais de garantia.

e) *Direito complexo* – por tudo o que está sendo exposto, a propriedade é um direito por demais complexo, particularmente pela relação com os quatro atributos constantes do *caput* do art. 1.228 do CC.

f) *Direito fundamental* – não se pode esquecer que a propriedade é um direito fundamental, pelo que consta do art. 5.º, incs. XXII e XXIII, da Constituição Federal. Esse caráter faz que a proteção do direito de propriedade e a correspondente função social sejam aplicados de forma imediata nas relações entre particulares, pelo que consta do art. 5.º, § 1.º, do Texto Maior (*eficácia horizontal dos direitos fundamentais*). Em reforço, o direito de propriedade pode ser ponderado frente a outros direitos tidos como fundamentais, caso da dignidade humana (art. 1.º, inc. III, da CF/1988), particularmente naqueles casos de difícil solução (*técnica de ponderação*). Reafirme-se que essa técnica foi adotada expressamente pelo art. 489, § 2.º, do Código de Processo Civil de 2015.

### 7.4.3 Disposições preliminares relativas à propriedade. A função social e socioambiental da propriedade

Como primeiro dispositivo preliminar a respeito da propriedade, repise-se que o *caput* do art. 1.228 traz os atributos, faculdades e direitos relativos ao domínio, tema já estudado. O seu § 1.º é um dos preceitos mais importantes da vigente lei civil, ao enunciar que "o direito de propriedade deve ser exercido em consonância com as suas finalidades econômicas e sociais e de modo que sejam preservados, de conformidade com o estabelecido em lei especial, a flora, a fauna, as belezas naturais, o equilíbrio ecológico e o patrimônio histórico e artístico, bem como evitada a poluição do ar e das águas". A norma civil codificada passou a consagrar expressamente a função social, em um sentido de finalidade, como princípio orientador da propriedade; além de representar a principal limitação a esse direito. No Código Civil de 1916 não havia previsão no mesmo sentido.

Como é notório, a função social da propriedade constante da Constituição Federal de 1988 e do Código Civil de 2002 sofreu forte influência da clássica doutrina de Leon Duguit, "para quem a propriedade já não é o direito subjetivo do indivíduo, mas uma

---

[59] GOMES, Orlando. *Direitos reais*. 19. ed. Atualizador: Luiz Edson Fachin. Rio de Janeiro: Forense, 2004. p. 110.

**1028** | MANUAL DE DIREITO CIVIL • VOLUME ÚNICO – *Flávio Tartuce*

função social a ser exercida pelo detentor da riqueza".[60] Assim, como observa o Professor Titular da USP Carlos Alberto Dabus Maluf, "ao antigo absolutismo do direito, consubstanciado no famoso *jus utendi et abutendi*, contrapõe-se, hoje, a socialização progressiva da propriedade – orientando-se pelo critério da utilidade social para maior e mais ampla proteção aos interesses e às necessidades comuns".[61]

Historicamente, pontual foi a contribuição da Constituição Alemã de Weimar, de 1919, que elevou a ideia de vinculação social da propriedade à categoria de princípio jurídico, estabelecendo o art. 14 da atual Norma Fundamental Alemã que a *propriedade obriga*, devendo o seu uso servir tanto ao proprietário como ao bem de toda a coletividade. O mesmo dispositivo coloca o direito à herança como direito fundamental, ao lado da propriedade.

Anote-se que o Projeto de Reforma e Atualização do Código Civil pretende inserir na Lei Geral Privada a mesma previsão, passando o § 1.º do seu art. 1.228 a enunciar, em boa hora, que "a propriedade atenderá à sua função social, e isto obriga o seu titular". Espera-se, portanto, a aprovação da mudança do texto legal pelo Congresso Nacional.

Ainda sobre o tema, preciosas são as palavras de Orlando Gomes, que ora merecem destaque:

> "Estabelecidas essas premissas, pode-se concluir que pela necessidade de abandonar a concepção romana da propriedade, para compatibilizá-la com as finalidades sociais da sociedade contemporânea, adotando-se, como preconiza André Piettre, uma concepção finalista, a cuja luz se definam as funções sociais desse direito. No mundo moderno, o direito individual sobre as coisas impõe deveres em proveito da sociedade e até mesmo no interesse de não proprietários. Quando tem por objeto bens de produção, sua finalidade social determina a modificação conceitual do próprio direito, que não se confunde com a política de limitações específicas ao seu uso. A despeito, porém, de ser um conceito geral, sua utilização varia conforme a vocação social do bem no qual recai o direito – conforme a intensidade do interesse geral que o delimita e conforme a sua natureza na principal *rerum divisio* tradicional. A propriedade deve ser entendida como função social tanto em relação aos bens imóveis como em relação aos bens móveis".[62]

Paulo Lôbo traz conclusões interessantes sobre a função social da propriedade em diversos trechos de seu precioso livro sobre o tema.[63] De início, afirma, com razão, que "a propriedade é o grande foco de tensão entre as correntes individualistas e solidaristas. O direito de propriedade, no Estado democrático e social de direito, como o da Constituição brasileira de 1988, termina por refletir esse conflito".[64] Esclareça-se, o que já deve estar claro, que estou filiado à corrente solidarista. Mais à frente, Paulo Lôbo assevera, com precisão: "na contemporaneidade, a função social afastou-se da concepção de limites externos, passando a integrar os próprios conteúdos da propriedade e da posse".[65] E alerta, com palavras que têm o meu total apoio:

> "A interpretação das normas infraconstitucionais não pode levar ao equívoco, ainda corrente, da confusão entre função social e aproveitamento econômico. Pode haver máximo

---

[60] MALUF, Carlos Alberto Dabus. *Limitações ao Direito de Propriedade*. 3. ed. São Paulo: RT, 2011, p. 73.
[61] MALUF, Carlos Alberto Dabus. *Limitações ao Direito de Propriedade*. 3. ed. São Paulo: RT, 2011, p. 73-74.
[62] GOMES, Orlando. *Direitos reais*. 19. ed. Atualizador: Luiz Edson Fachin. Rio de Janeiro: Forense, 2004. p. 129.
[63] LÔBO, Paulo. *Direito civil*. Coisas. São Paulo: Saraiva, 2015.
[64] LÔBO, Paulo. *Direito civil*. Coisas. São Paulo: Saraiva, 2015. p. 95.
[65] LÔBO, Paulo. *Direito civil*. Coisas. São Paulo: Saraiva, 2015. p. 111.

CAP. 7 • DIREITO DAS COISAS | **1029**

aproveitamento econômico e lesão à função social da propriedade ou da posse. Na situação concreta, não há função social quando, para a maximização dos fins econômicos, o titular de imóvel urbano não atende às exigências fundamentais de ordenação da cidade (CF, art. 182, § 2.º) ou o titular de imóvel rural não promove o aproveitamento racional e adequado da terra, ou não utiliza os recursos naturais disponíveis, ou não preserva o meio ambiente, ou não cumpre a legislação trabalhista, ou não promove o bem-estar dos trabalhadores (CF, 186). Não são, portanto, a produtividade ou os fins econômicos que orientam a aplicação da função social da propriedade ou da posse".[66]

Na esteira dessas lições, é possível dizer que a função social pode se confundir com o próprio conceito de propriedade, diante de um caráter inafastável de acompanhamento, na linha do preconizado por Duguit. Assim, a propriedade deve sempre atender aos interesses sociais, ao que almeja o bem comum, evidenciando-se uma *destinação positiva* que deve ser dada à coisa.

Partilhando dessa forma de pensar, enunciado aprovado na *V Jornada de Direito Civil*, promovida em 2011, com a seguinte redação a respeito da propriedade rural: "na aplicação do princípio da função social da propriedade imobiliária rural, deve ser observada a cláusula aberta do § 1.º do art. 1.228 do Código Civil, que, em consonância com o disposto no art. 5.º, inciso XXIII da Constituição de 1988, permite melhor objetivar a funcionalização mediante critérios de valoração centrados na primazia do trabalho" (Enunciado n. 507).

Defendo ser a função social componente não só da propriedade rural ou agrária, mas também da propriedade urbana. Em ambos os casos, deve-se compreender a função social da propriedade com dupla intervenção: limitadora e impulsionadora, como bem leciona José de Oliveira Ascensão. De acordo com o Professor Catedrático da Universidade de Lisboa:

"Como se deduz das próprias expressões, no primeiro caso, a lei pretenderia apenas manter cada titular dentro de limites que se não revelassem prejudiciais à comunidade, enquanto que no segundo interviria activamente, fomentaria, impulsionaria, de maneira a que de uma situação de direito real derivasse um resultado socialmente mais valioso. Esta distinção é útil para a compreensão do material legislativo. Nomeadamente, podemos verificar com facilidade que, enquanto no século passado a lei quase se limitava a certo número de intervenções de carácter restritivo, agora multiplicam-se as intervenções impulsionadoras, de modo a aumentar o proveito que socialmente se pode extrair do bem".[67]

As palavras do jurista português igualmente servem para explicar a realidade brasileira. A própria Constituição Federal de 1988 traz vários preceitos que seguem a linha de *intervenção impulsionadora*, como o seu art. 186, que traça caracteres para o correto preenchimento da função social da propriedade.

Pela literalidade desse comando do Texto Maior, os requisitos servem para a propriedade rural ou agrária. Todavia, reafirme-se que não há qualquer impedimento para que incidam à propriedade urbana, até porque o art. 182 da CF/1988, ao tratar da função social da propriedade urbana, não traz critérios tão claros e definidos. Os parâmetros são os seguintes, que devem estar presentes de forma simultânea:

> a) Aproveitamento racional e adequado da propriedade.
> b) Utilização adequada dos recursos naturais disponíveis e preservação do meio ambiente.

---

[66] LÔBO, Paulo. *Direito civil*. Coisas. São Paulo: Saraiva, 2015. p. 113-114.
[67] ASCENSÃO, José de Oliveira. *Direito civil*. Reais. Coimbra: Coimbra, 2000. p. 192.

# 1030 | MANUAL DE DIREITO CIVIL • VOLUME ÚNICO – *Flávio Tartuce*

c) Observância das disposições que regulam as relações de trabalho.
d) Exploração que favoreça o bem-estar dos proprietários e dos trabalhadores.

Nessa mesma perspectiva, de dupla intervenção do princípio, merece ser também citada a obra de Alexandre Barbosa da Silva, lançada em 2018 e fruto de sua tese de doutorado defendida na UFPR, em que se defende a possibilidade de propriedade sem registro, o que ele considera um "expediente unicamente formal, com finalidade primordialmente econômica".

Para chegar a tais conclusões o jurista cita como um dos fundamentos a função social da propriedade:

> "A perspectiva teleológica da propriedade contemporânea, constitucionalizada, assim, se realiza no cumprimento dos relevantes interesses (e necessidade) de proprietários e não proprietários, uma vez que coexistindo solidariamente, fomentarão o maior aproveitamento das utilidades dos bens, especialmente dos imóveis. Esqueça-se, tão somente, do aspecto das propriedades coletivas. Nelas a convivência, o respeito e interação são indiscutíveis. Fala-se da propriedade em sua mais pura acepção, ou seja, a titularidade dominial e a ligação da pessoa com o bem. Na medida em que o proprietário respeita o não proprietário, e vice-versa, cada qual cumprindo adequadamente com suas participações, nas atividades jurídicas a que se comprometeram, a função social se verificará por si e a liberdade pretendida se efetivará".[68]

As reflexões são interessantes, propondo-se uma nova perspectiva da função social.

Voltando à codificação privada, a norma geral civil brasileira foi além de tratar da função social, pois ainda consagra a *função socioambiental da propriedade*. Há tanto uma preocupação com o ambiente natural (fauna, flora, equilíbrio ecológico, belezas naturais, ar e águas), como com o ambiente cultural (patrimônio cultural e artístico).

Exemplificando, o proprietário de uma fazenda, no exercício do domínio, deve ter cuidado para não queimar uma floresta e também para não destruir um sítio arqueológico. Ainda ilustrando, o proprietário de um imóvel em Ouro Preto, Minas Gerais, deve ter a devida diligência para não causar danos a um prédio vizinho que seja tombado, sobre o qual há interesse de toda a humanidade.

O art. 1.228, § 1.º, do CC/2002 acabou por especializar na lei civil o que consta do art. 225 da Constituição Federal, dispositivo este que protege o meio ambiente como um bem difuso e que visa à sadia qualidade de vida das presentes e futuras gerações. Esse é o conceito de *Bem Ambiental,* que assegura a proteção de *direitos transgeracionais* ou *intergeracionais*, particularmente para os fins de responsabilidade civil, tratada na Lei 6.938/1981.

Vale destacar, a propósito dessa correlação, a aprovação de importante enunciado doutrinário na histórica *I Jornada Jurídica de Gerenciamento e Prevenção de Crises Ambientais*, realizada pelo Conselho da Justiça Federal em novembro de 2024. Nos seus termos, a respeito dos recursos hídricos, da água, "a interpretação da função social e socioambiental da propriedade, conforme art. 5º, XXIII; 182 *caput* e §2º; 186, I e II; e 225 da Constituição Federal, em face da tutela constitucional vinculada à gestão dos recursos hídricos, deve compreender todas as dimensões do direito ambiental constitucional". Tive a honra de participar desse evento e ter sido um dos defensores da sua aprovação.

Como concreto exemplo de aplicação da função socioambiental da propriedade, o Superior Tribunal de Justiça tem entendido que o novo proprietário de um imóvel é obrigado a fazer sua recuperação ambiental, mesmo não sendo o causador dos danos. Os julgados

---

[68] SILVA, Alexandre Barbosa da. *Propriedade sem registro.* Curitiba: Juruá, 2018. p. 186.

CAP. 7 • DIREITO DAS COISAS | **1031**

trazem uma interessante interação entre a proteção ambiental da propriedade e a responsabilidade objetiva que decorre em casos tais. Vejamos dois desses acórdãos, com destaque:

"Ação civil pública. Danos ambientais. Responsabilidade do adquirente. Terras rurais. Recomposição. Matas. Recurso especial. Incidência da Súmulas 7/STJ e 283/STF. I – Tendo o Tribunal *a quo*, para afastar a necessidade de regulamentação da Lei 7.803/1989, utilizado como alicerce a superveniência das Leis n. 7.857/1989 e n. 9.985/2000, bem assim o contido no art. 225 da Constituição Federal, e não tendo o recorrente enfrentado tais fundamentos, tem-se impositiva a aplicação da Súmula 283/STF. II – Para analisar a tese do recorrente no sentido de que a área tida como degradada era em verdade coberta por culturas agrícolas, seria necessário o reexame do conjunto probatório que serviu de supedâneo para que o Tribunal *a quo* erigisse convicção de que foi desmatada área ciliar. III – O adquirente do imóvel tem responsabilidade sobre o desmatamento, mesmo que o dano ambiental tenha sido provocado pelo antigo proprietário. Precedentes: REsp 745.363/PR, Rel. Min. Luiz Fux, *DJ* 18.10.2007; REsp 926.750/MG, Rel. Min. Castro Meira, *DJ* 04.10.2007; e REsp 195.274/PR, Rel. Min. João Otávio de Noronha, *DJ* 20.06.2005. IV – Agravo regimental improvido" (STJ, AgRg no REsp 471.864/SP, 1.ª Turma, Rel. Min. Francisco Falcão, j. 18.11.2008, *DJe* 1.º.12.2008).

"Administrativo e processual civil. Reserva florestal. Novo proprietário. Responsabilidade objetiva. 1. A responsabilidade por eventual dano ambiental ocorrido em reserva florestal legal é objetiva, devendo o proprietário das terras onde se situa tal faixa territorial, ao tempo em que conclamado para cumprir obrigação de reparação ambiental e restauração da cobertura vegetal, responder por ela. 2. A reserva legal que compõe parte de terras de domínio privado constitui verdadeira restrição do direito de propriedade. Assim, a aquisição da propriedade rural sem a delimitação da reserva legal não exime o novo adquirente da obrigação de recompor tal reserva. 3. Recurso especial conhecido e improvido" (STJ, REsp 263.383/PR, 2.ª Turma, Rel. Min. João Otávio de Noronha, j. 16.06.2005, *DJ* 22.08.2005, p. 187).

Insta verificar que alguns acórdãos de datas mais próximas consideram a obrigação de recuperação ambiental uma obrigação *propter rem* ou ambulatória, que segue a coisa onde quer que ela esteja (STJ, REsp 1.109.778/SC, 2.ª Turma, Rel. Min. Herman Benjamin, j. 10.11.2009, *DJe* 04.05.2011; e STJ, REsp 1.090.968/SP, 1.ª Turma, Rel. Min. Luiz Fux, j. 15.06.2010, *DJe* 03.08.2010). A construção é bem interessante, pois traz um novo dimensionamento de um conceito clássico do Direito Civil. Cumpre anotar que a ideia consta do art. 2.º, § 2.º, do Código Florestal, *in verbis*: "as obrigações previstas nesta Lei têm natureza real e são transmitidas ao sucessor, de qualquer natureza, no caso de transferência de domínio ou posse do imóvel rural" (Lei 12.651/2012).

No mesmo sentido, a Súmula 623 do próprio STJ, editada ao final de 2018: "as obrigações ambientais possuem natureza *propter rem*, sendo admissível cobrá-las do proprietário ou possuidor atual e/ou dos anteriores, à escolha do credor". Em 2023, porém, relembro que foi feita uma ressalva pela Corte, quando do julgamento do Tema 1.204 de repercussão geral. A Primeira Seção do Tribunal passou a considerar, assim, que "as obrigações ambientais possuem natureza *propter rem*, sendo possível exigi-las, à escolha do credor, do proprietário ou possuidor atual, de qualquer dos anteriores, ou de ambos, ficando isento de responsabilidade o alienante cujo direito real tenha cessado antes da causação do dano, desde que para ele não tenha concorrido, direta ou indiretamente" (STJ, REsp 1.953.359/SP e REsp 1.962.089/MS, 1.ª Seção, Rel. Min. Assusete Magalhães, j. 13.09.2023, v.u.).

Sobre a função social da propriedade, o julgado brasileiro que merece maiores destaques é o *caso da Favela Pullman*, do mesmo modo pronunciado pelo STJ, em que a citada *intervenção impulsionadora* da função social ficou clara.

# 1032 | MANUAL DE DIREITO CIVIL • VOLUME ÚNICO – Flávio Tartuce

A Favela Pullman localiza-se na zona sul da cidade de São Paulo, e nela vivem milhares de famílias. A favela tem origem em um antigo loteamento, de 1955, que não teve o devido destino, por muitos anos, por parte dos seus proprietários, sendo invadida e ocupada paulatinamente.

Após anos e a plena ocupação da área e a favelização, os proprietários de alguns terrenos ocupados ingressaram com ação reivindicatória, que foi julgada procedente em primeira instância. Consta dos autos que tais proprietários adquiriram a área entre 1978 e 1979 e que a ação reivindicatória foi proposta em 1985. A sentença repeliu a alegação de usucapião dos ocupantes e condenou os réus à desocupação da área, sem qualquer direito de retenção por benfeitorias e devendo pagar indenização pela ocupação desde o ajuizamento da demanda.

Os ocupantes apelaram então ao Tribunal de Justiça de São Paulo, pretendendo caracterizar a existência da usucapião especial urbana, pois incontestavelmente todos já viviam no local há mais de cinco anos, e ocupavam áreas inferiores a 250 m², não possuindo qualquer um deles outra propriedade imóvel. Alegaram, portanto, a aplicação do instituto previsto no art. 1.240 do CC/2002 e que constava do art. 183 da CF/1988, a *usucapião especial ou constitucional urbana*.

Ainda em sede de recurso, os ocupantes, subsidiariamente, pretenderam o reconhecimento da boa-fé e, consequentemente, do direito de retenção por benfeitorias. O TJSP deu provimento à apelação dos réus, para julgar improcedente a ação, invertidos os ônus sucumbenciais. Essa decisão revolucionária teve como relator o Desembargador José Osório de Azevedo Júnior. Destaque-se o seguinte trecho da decisão, com correto preenchimento da função social da propriedade:

> "O atual direito positivo brasileiro não comporta o pretendido alcance do poder de reivindicar atribuído ao proprietário pelo art. 524 do CC. A leitura de todos os textos do CC só pode se fazer à luz dos preceitos constitucionais vigentes. Não se concebe um direito de propriedade que tenha vida em confronto com a Constituição Federal, ou que se desenvolva paralelamente a ela. As regras legais, como se sabe, se arrumam de forma piramidal. Ao mesmo tempo em que manteve a propriedade privada, a CF/1988 a submeteu ao princípio da função social (arts. 5.º, XXII e XXIII; 170, II e III; 182, § 2.º; 184; 186 etc.). Esse princípio não significa apenas uma limitação a mais ao direito de propriedade, como, por exemplo, as restrições administrativas, que atuam por força externa àquele direito, em decorrência do poder de polícia da Administração. O princípio da função social atua no conteúdo do direito. Entre os poderes inerentes ao domínio, previstos no art. 524 do CC (usar, fruir, dispor e reivindicar), o princípio da função social introduz um outro interesse (social) que pode não coincidir com os interesses do proprietário. Veja-se, a esse propósito, José Afonso da Silva, *Direito constitucional positivo*, 5. ed., p. 249-250, com apoio em autores europeus. Assim, o referido princípio torna o direito de propriedade, de certa forma, conflitivo consigo próprio, cabendo ao Judiciário dar-lhe a necessária e serena eficácia nos litígios graves que lhe são submetidos. (...). 10 – No caso dos autos, o direito de propriedade foi exercitado, pelos autores e por seus antecessores, de forma antissocial. O loteamento – pelo menos no que diz respeito aos nove lotes reivindicados e suas imediações – ficou praticamente abandonado por mais de 20 (vinte) anos; não foram implantados equipamentos urbanos; em 1973, havia árvores até nas ruas; quando da aquisição dos lotes, em 1978/9, a favela já estava consolidada. Em cidade de franca expansão populacional, com problemas gravíssimos de habitação, não se pode prestigiar tal comportamento de proprietários".

Após essa excelente decisão de segundo grau, os autores da ação interpuseram recurso especial perante o Superior Tribunal de Justiça. Sustentaram que a ação reivindicatória foi promovida com base no art. 524 do CC/1916, postulando o reconhecimento de seu direito

CAP. 7 • DIREITO DAS COISAS | **1033**

de propriedade sobre vários lotes de terreno, requerendo fosse deferida, sobre eles, a sua posse. Sustentavam que os lotes foram invadidos pelos réus, ali construindo benfeitorias consistentes em barracos; alguns dos réus se defenderam alegando prescrição aquisitiva, por se acharem na área há mais de vinte e cinco anos e outros alegaram posse mansa e pacífica há mais de quinze; ainda outros afirmaram estar no local há oito anos, imaginando que o terreno era da municipalidade.

Quanto ao mérito, sustentaram os recorrentes que foi negada vigência ao art. 524 do Código Civil anterior, o qual assegurava aos titulares do domínio o pleno exercício das faculdades a eles inerentes, acentuando que a decisão do Tribunal de São Paulo importava em verdadeira expropriação de bens particulares.

Do ponto de vista processual, os recorrentes alegaram que o acórdão seria nulo, por violação ao então art. 2.º do CPC/1973, que consagrava o *princípio processual da inércia da jurisdição*, porque, embora negando a reivindicatória dos autores e a defesa dos réus sobre a prescrição aquisitiva, o acórdão deu provimento à apelação destes por fundamentos diversos, quais sejam o perecimento do direito de propriedade e a prevalência da função social da terra, temas não suscitados nos autos. Cabe pontuar que o *princípio processual da inércia da jurisdição* foi mantido no CPC/2015, também do seu art. 2.º, com modificação relevante de redação.

Salientaram, em reforço, que houve contrariedade ao art. 460 do CPC/1973, pois foi proferida decisão diversa da postulada ("É defeso ao juiz proferir sentença, a favor do autor, de natureza diversa da pedida, bem como condenar o réu em quantidade superior ou em objeto diverso do que lhe foi demandado. Parágrafo único. A sentença deve ser certa, ainda quando decida relação jurídica condicional").

Além disso, alegaram os recorrentes que foram infringidos os arts. 502, 512 e 515 do então CPC/1973, pois o Tribunal Paulista apreciou matéria não devolvida ao seu conhecimento. Acrescente-se que todos esses preceitos apresentam correspondentes no Estatuto Processual emergente, sendo viáveis os argumentos ventilados na vigência do CPC/2015. O Superior Tribunal de Justiça, em julgamento proferido no ano de 2005, confirmou a decisão do TJSP, extraindo-se a seguinte ementa:

> "Ação reivindicatória. Terrenos de loteamento situados em área favelizada. Perecimento do direito de propriedade. Abandono. CC, arts. 524, 589, 77 e 78. Matéria de fato. Reexame. Impossibilidade. Súmula 7-STJ. I. O direito de propriedade assegurado no art. 524 do CC anterior não é absoluto, ocorrendo a sua perda em face do abandono de terrenos de loteamento que não chegou a ser concretamente implantado, e que foi paulatinamente favelizado ao longo do tempo, com a desfiguração das frações e arruamento originariamente previstos, consolidada, no local, uma nova realidade social e urbanística, consubstanciando a hipótese prevista nos arts. 589 c/c os arts. 77 e 78, da mesma lei substantiva. II. 'A pretensão de simples reexame de prova não enseja recurso especial' – Súmula 7-STJ. III. Recurso especial não conhecido" (STJ, REsp 75.659/SP, 4.ª Turma, Rel. Min. Aldir Passarinho Junior, Recorrente: Aldo Bartholomeu e outros, Recorrido: Odair Pires de Paula e outros, data da decisão 21.06.2005).

O que se percebe do teor do julgamento no STJ é que foram reproduzidos os argumentos do Desembargador José Osório, ou seja, acabaram prevalecendo as suas lições sobre o conceito e o conteúdo da propriedade e a legitimidade para a ação reivindicatória. Acrescentou-se a tese de existência de abandono, prevista no art. 589, inc. III, do CC/1916, como forma de perda da propriedade imóvel. Foram os seus argumentos:

> "De efeito, consta que o loteamento, de 1955, jamais chegou a ser efetivado. Dez anos depois era um completo matagal, sem qualquer equipamento urbano, portanto intei-

**1034** | MANUAL DE DIREITO CIVIL • VOLUME ÚNICO – *Flávio Tartuce*

ramente indefinidos no plano concreto, os lotes dos autores. Iniciou-se, pouco tempo após, a ocupação e favelização do local, solidificada ao longo do tempo, montada uma outra estrutura urbana indiferente ao plano original, como sói acontecer com a ocupação indisciplinada do solo por invasões, obtendo, inclusive, a chancela do Poder Público, que lá instalou luz, água, calçamento e demais infraestruturas. Aliás, chama a atenção a circunstância de que até uma das ruas também fora desfigurada, jamais teve papel de via pública (cf. fl. 503). Assim, quando do ajuizamento da ação reivindicatória, impossível reconhecer, realmente, que os lotes ainda existiam em sua configuração original, resultado do abandono, aliás desde a criação do loteamento. Nesse prisma, perdida a identidade do bem, o seu valor econômico, a sua confusão com outro fracionamento imposto pela favelização, a impossibilidade de sua reinstalação como bem jurídico no contexto atual, tem-se, indubitavelmente, que o caso é, mesmo, de perecimento do direito de propriedade. É certo que o art. 589, § 2.º, prevê a 'arrecadação do bem vago, mas esse procedimento formal cede à realidade fática. Na prática, e o que interessa ao deslinde da questão, importa verificar se desapareceu ou não e, na espécie, a resposta é afirmativa, no que tange à propriedade dos autores-recorrentes'".

A decisão é revolucionária por introduzir a função social no próprio conceito de propriedade, na linha antes propugnada e seguida por mim. Concluiu-se que quem não cumpre com essa função social não tem o domínio, não havendo sequer legitimidade ativa para a ação reivindicatória. A função social ganha um sentido positivo, pois deve ser dada uma utilidade coletiva à coisa.

Superado esse ponto, o art. 1.228, § 2.º, do CC enuncia que "são defesos os atos que não trazem ao proprietário qualquer comodidade, ou utilidade, e sejam animados pela intenção de prejudicar outrem". Trata-se da vedação do exercício irregular do direito de propriedade, do abuso de propriedade ou do *ato emulativo civil* (*aemulatio*). O comando legal também acaba por limitar o exercício da propriedade, que não pode ser abusivo.

No que tange ao conteúdo do dispositivo, deve ser feita uma ressalva, pois a norma, em sua literalidade, apenas menciona o ato abusivo quando o proprietário emulador não obtiver vantagens ou utilidades. Deve-se entender que também pode estar configurado o ato emulativo se o proprietário tiver vantagens com o prejuízo alheio, mesmo que haja mera satisfação pessoal. Para exemplificar, o proprietário de um apartamento, todas as noites, faz festas em sua unidade, o que causa excesso de barulho, prejudicando os vizinhos. Não interessa se esse proprietário cobra ou não pelas festas, pois o *ato emulativo* pode sim estar configurado em ambos os casos.

Frise-se que existe uma aparente contradição entre o art. 187 do CC e o último dispositivo citado. Isso porque o art. 1.228, § 2.º, do CC faz referência ao dolo para a configuração do abuso de direito de propriedade, ao mencionar a intenção de prejudicar outrem.

Por outro lado, o art. 187 do CC, dispositivo que traça as linhas gerais do abuso de direito, não faz referência ao dolo ou mesmo à culpa ("também comete ato ilícito o titular de um direito que, ao exercê-lo, excede manifestamente os limites impostos pelo seu fim econômico ou social, pela boa-fé ou pelos bons costumes").

Sendo assim, em uma leitura literal, o art. 1.228, § 2.º, do CC estaria a exigir o dolo para a caracterização do *ato emulativo* no exercício da propriedade, o que conduziria à responsabilidade subjetiva. Por outra via, segundo o entendimento majoritário da doutrina, o art. 187 do CC consolida a responsabilidade objetiva (sem culpa), no caso de abuso de direito (nesse sentido o Enunciado n. 37 do CJF/STJ).

Sanando essa contradição, na *I Jornada de Direito Civil*, aprovou-se o Enunciado doutrinário n. 49, pelo qual "a regra do art. 1.228, § 2.º, do novo Código Civil interpreta--se restritivamente, em harmonia com o princípio da função social da propriedade e com

CAP. 7 • DIREITO DAS COISAS | **1035**

o disposto no art. 187". Portanto, deve prevalecer a regra do art. 187 do CC que serve como leme orientador para os efeitos jurídicos do ato emulativo, sendo a responsabilidade decorrente de natureza objetiva.

Anoto que o Projeto de Reforma do Código Civil, elaborado pela Comissão de Juristas, pretende corrigir esse problema, passando o novo § 3.º do preceito a enunciar que "são defesos os atos que não tragam ao proprietário qualquer comodidade ou utilidade, ou que sejam praticados com abuso de direito, nos termos do art. 187 deste Código". A norma passará a seguir, portanto, o modelo de responsabilidade objetiva do abuso de direito, retirado do último comando, resolvendo-se um dos principais dilemas verificados nos mais de vinte anos vigência da codificação privada de 2002.

Do mesmo modo, restringindo o exercício da propriedade, o atual § 3.º do art. 1.228 do CC trata da *desapropriação por necessidade ou utilidade pública* e da *desapropriação por interesse social*; e também do *ato de requisição, em caso de perigo público iminente* ("O proprietário pode ser privado da coisa, nos casos de desapropriação, por necessidade ou utilidade pública ou interesse social, bem como no de requisição, em caso de perigo público iminente"). A matéria relativa à desapropriação continua mais interessando ao Direito Administrativo do que ao Direito Privado, o que faz que o dispositivo seja tido como um *"estranho no ninho"* – está no local errado, disciplinando instituto de natureza distinta.

Mais uma vez observo que, no Projeto de Reforma do Código Civil, pretende-se manter o comando, incluindo-se outra regra, para que a codificação privada passe a tratar também do direito de preferência do proprietário em caso de desapropriação, matéria mais afeita ao Direito Privado. O tema será deslocado para o § 5.º do art. 1.228, com uma melhor organização do comando: "o proprietário também pode ser privado da coisa, nos casos de desapropriação, por necessidade ou utilidade pública ou interesse social, bem como no de requisição, em caso de perigo público iminente". Ademais, o seu novo § 9.º, a respeito do direito de *preempção legal*, preceituará que, "se a coisa expropriada para fins de necessidade ou utilidade pública, ou por interesse social, não tiver o destino para o qual foi desapropriada, ou não for utilizada em obras ou serviços públicos, caberá ao expropriado direito de preferência, pelo preço atual da coisa". De fato, as propostas tornam o comando mais bem sistematizado e mais efetivo.

Seguindo no estudo das regras preliminares relativas ao domínio, expressa o art. 1.229 do CC/2002 que "a propriedade do solo abrange a do espaço aéreo e subsolo correspondentes, em altura e profundidade úteis ao seu exercício, não podendo o proprietário opor-se a atividades que sejam realizadas, por terceiros, a uma altura ou profundidade tais, que não tenha ele interesse legítimo em impedi-las". Simbolicamente, pelo que consta do dispositivo, a propriedade *vai do céu ao inferno*, o que remonta ao Direito Romano, denominado como *extensão vertical da propriedade*.[69]

Aplicando esse último dispositivo, entendeu o Superior Tribunal de Justiça, em julgado publicado no seu *Informativo* n. 557, que, "no caso em que o subsolo de imóvel tenha sido invadido por tirantes (pinos de concreto) provenientes de obra de sustentação do imóvel vizinho, o proprietário do imóvel invadido não terá legítimo interesse para requerer, com base no art. 1.229 do CC, a remoção dos tirantes nem indenização por perdas e danos, desde que fique constatado que a invasão não acarretou prejuízos comprovados a ele, tampouco impossibilitou o perfeito uso, gozo e fruição do seu imóvel". Ainda nos termos da publicação do julgado, sobre o art. 1.229 do CC/2002:

---

[69] MALUF, Carlos Alberto Dabus. *Limitações ao Direito de Propriedade*. 3. ed. São Paulo: RT, 2011. p. 105.

"Ao regular o direito de propriedade, ampara-se especificamente no critério de utilidade da coisa por seu titular. Por essa razão, o direito à extensão das faculdades do proprietário é exercido contra terceiro tão somente em face de ocorrência de conduta invasora e lesiva que lhe traga dano ou incômodo ou que lhe proíba de utilizar normalmente o bem imóvel, considerando suas características físicas normais. Como se verifica, a pretensão de retirada dos tirantes não está amparada em possíveis prejuízos devidamente comprovados ou mesmo no fato de os tirantes terem impossibilitado, ou estarem impossibilitando, o perfeito uso, gozo ou fruição do imóvel. Também inexistem possíveis obstáculos a futuras obras que venham a ser idealizadas no local, até porque, caso e quando se queira, referidos tirantes podem ser removidos sem nenhum prejuízo para quaisquer dos imóveis vizinhos. De fato, ao proprietário compete a titularidade do imóvel, abrangendo solo, subsolo e o espaço aéreo correspondentes. Entretanto, referida titularidade não é plena, estando satisfeita e completa apenas em relação ao espaço físico sobre o qual emprega efetivo exercício sobre a coisa. Dessa forma, não tem o proprietário do imóvel o legítimo interesse em impedir a utilização do subsolo onde estão localizados os tirantes que se pretende remover, pois sobre o referido espaço não exerce ou demonstra quaisquer utilidades" (STJ, REsp 1.256.825/SP, Rel. Min. João Otávio de Noronha, j. 05.03.2015, *DJe* 16.03.2015).

Além da conclusão constante do acórdão superior, o proprietário deve suportar outras ingerências externas ao domínio, caso das passagens de água e de cabos que interessam ao bem comum. Em suma, a máxima *usque ad inferos, usque ad sidera* não é absoluta, o que é bem observado pela doutrina.[70]

Uma dessas ingerências resta clara pela leitura do art. 1.230 do CC, pelo qual a propriedade do solo não abrange as jazidas, minas e demais recursos minerais, os potenciais de energia hidráulica, os monumentos arqueológicos e outros bens referidos por leis especiais. O interesse social justifica o art. 176 da CF/1988, pelo qual as jazidas, em lavra ou não, e demais recursos minerais e os potenciais de energia hidráulica constituem propriedade distinta da do solo, para efeito de exploração ou aproveitamento, e pertencem à União, garantida ao concessionário a propriedade do produto da lavra.

De acordo com o parágrafo único do art. 1.230 do CC, o proprietário do solo tem o direito de explorar os recursos minerais de emprego imediato na construção civil, desde que não submetidos à transformação industrial, obedecido o disposto em lei especial. Ilustrando, o proprietário de um imóvel pode vender a areia que está em sua propriedade, para que ela seja empregada na construção civil. De qualquer forma, essa extração de areia não pode causar danos ambientais ou ecológicos, devendo ser respeitados os parâmetros que constam da legislação ambiental e do art. 1.228, § 1.º, do CC.

Seguindo na análise das disposições preliminares que constam da codificação, repise-se que o art. 1.231 do CC/2002 que a propriedade presume-se plena e exclusiva, até prova em contrário.

Por fim, dispõe o art. 1.232 que os frutos e produtos da coisa pertencem, ainda quando separados, ao seu proprietário, salvo se, por preceito jurídico especial, couberem a outrem. Pelo alcance da norma, o proprietário, em regra, tem direito aos acessórios da coisa, caso dos frutos (bens acessórios que saem do principal sem diminuir a sua quantidade) e dos produtos (bens acessórios que saem do principal diminuindo a sua quantidade). Ressalve-se que essa regra, consagradora do *princípio da gravitação jurídica*, comporta exceções, sendo possível que as partes envolvidas no negócio ou mesmo a lei a afaste.

---

[70] MALUF, Carlos Alberto Dabus. *Limitações ao Direito de Propriedade*. 3. ed. São Paulo: RT, 2011. p. 105-106.

CAP. 7 • DIREITO DAS COISAS | **1037**

### 7.4.4 A desapropriação judicial privada por posse-trabalho (art. 1.228, §§ 4.º e 5.º, do CC/2002)

O Código Civil Brasileiro de 2002 introduziu, nos §§ 4.º e 5.º do seu art. 1.228, instituto inédito e bastante comentado. Vejamos a redação dos comandos em destaque:

"Art. 1.228. (...).

§ 4.º O proprietário também pode ser privado da coisa se o imóvel reivindicado consistir em extensa área, na posse ininterrupta e de boa-fé, por mais de cinco anos, de considerável número de pessoas, e estas nela houverem realizado, em conjunto ou separadamente, obras e serviços considerados pelo juiz de interesse social e econômico relevante.

§ 5.º No caso do parágrafo antecedente, o juiz fixará a justa indenização devida ao proprietário; pago o preço, valerá a sentença como título para o registro do imóvel em nome dos possuidores".

A categoria constitui outra importante restrição ao direito de propriedade, trazendo como conteúdo a função social da posse e do domínio. Os dispositivos e o instituto, além de não encontrarem correspondentes na codificação anterior, também não estão previstos em qualquer outra codificação do Direito Comparado. Constitui, assim, uma criação brasileira. Como esclarece o próprio Miguel Reale, na Exposição de Motivos do então Anteprojeto do Código Civil de 2002, "trata-se, como se vê, de inovação do mais alto alcance, inspirada no sentido social do direito de propriedade, implicando não só novo conceito desta, mas também novo conceito de posse, que se poderia qualificar como sendo de posse-trabalho, expressão pela primeira vez por mim empregada, em 1943, em parecer sobre projeto de decreto-lei relativo às terras devolutas do Estado de São Paulo, quando membro do seu Conselho Consultivo".

As palavras de Reale justificam a terminologia *desapropriação judicial privada por posse-trabalho*, que deve ser considerada a melhor a ser empregada, pois de uso pelo criador do instituto.

Não há dúvidas de que o instituto aqui estudado constitui uma modalidade de desapropriação e não de usucapião, como pretende parte da doutrina.[71] Isso porque o § 5.º do art. 1.228 do CC consagra o pagamento de uma *justa indenização*, não admitindo o nosso sistema jurídico a usucapião onerosa. A propósito de distinção, Jones Figueirêdo Alves e Mário Luiz Delgado elencavam quatro diferenças fundamentais entre essa forma de desapropriação e a usucapião coletiva urbana, prevista no art. 10 do Estatuto da Cidade (Lei 10.257/2001). Pontue-se que a norma foi alterada pela Lei 13.465/2017, conforme anotações de atualização a seguir:

1.ª) Na usucapião coletiva urbana, os ocupantes deveriam ser de baixa renda; na desapropriação judicial privada, não há essa necessidade. Com a Lei 13.645/2017, a lei deixou de mencionar as famílias de baixa renda, passando a mencionar "núcleos urbanos informais existentes". Assim, houve a substituição de um *critério subjetivo* – levando-se em conta a situação econômica dos ocupantes –, por um *objetivo* – a situação da área.

---

[71] Nesse sentido: GAGLIANO, Pablo Stolze. Controvérsias constitucionais acerca do usucapião coletivo. *Jus Navigandi*, ano 10, n. 1.063, Teresina, 30 maio 2006. Disponível em: <http://jus2.uol.com.br/doutrina/texto.asp?id=8318>. Acesso em: 21 jul. 2010.

**1038** | MANUAL DE DIREITO CIVIL • VOLUME ÚNICO – *Flávio Tartuce*

2.ª) Na usucapião coletiva urbana, a área deveria ter, no mínimo, 250 m², exigência que não está presente na desapropriação judicial privada, bastando uma "extensa área". Com a alteração do Estatuto da Cidade pela Lei 13.465/2017, está previsto que a área total, dividida pelo número de possuidores, deve ser inferior a duzentos e cinquenta metros quadrados, para cada possuidor. Portanto, não há mais menção a uma área mínima total, considerando-se as áreas individualizadas. De todo modo, nota-se que a lei específica continua a adotar um critério métrico relativo à área, o que não ocorre com o instituto previsto no Código Civil.

3.ª) A usucapião coletiva somente se aplica aos imóveis urbanos, enquanto a desapropriação judicial privada pode ser aplicada aos imóveis urbanos ou rurais.

4.ª) Na usucapião, não há direito à indenização, ao contrário da desapropriação judicial privada.[72]

A forma de desapropriação que ora se estuda é *privada*, pois concretizada no interesse direto e particular daquelas pessoas que, em número considerável, ocuparam extensa área. Está fundada em uma posse qualificada, a *posse-trabalho*, conceituada por Maria Helena Diniz como sendo a posse sem interrupção e de boa-fé, por mais de cinco anos, "traduzida em trabalho criador, feito em conjunto ou separadamente, quer se concretize na realização de um serviço ou construção de uma morada, quer se manifeste em investimentos de caráter produtivo ou cultural. Essa posse qualificada é enriquecida pelo valor laborativo de um número considerável de pessoas (quantidade apurada com base na extensão da área produtiva), pela realização de obras, loteamentos, ou serviços produtivos e pela construção de uma residência, de prédio destinado ao ensino ou ao lazer, ou, até mesmo, de uma empresa".[73]

Seguindo a linha filosófica da atual codificação civil, pode-se dizer que a *posse-trabalho* constitui uma cláusula geral, um conceito aberto e indeterminado a ser preenchido caso a caso. Representa tal conceito a efetivação da função social da posse, pelo desempenho de uma atividade positiva no imóvel, dentro da ideia de *intervenção impulsionadora*, antes exposta.

Além desse, o § 4.º do art. 1.228 do CC traz outros conceitos que são legais e indeterminados e que devem ser analisados de acordo com a situação concreta (expressões "extensa área", "considerável número de pessoas", "boa-fé", e "interesse social e econômico relevante"). Diante da previsão dessas expressões, o instituto demanda da comunidade jurídica e do aplicador do direito um estudo aprofundado para a tentativa do seu preenchimento.

Tentando facilitar a compreensão do novo instituto, nas *Jornadas de Direito Civil* foram aprovados vários enunciados doutrinários, com conteúdo bem interessante, que constituem roteiro seguro e eficiente para o estudo da categoria. Vejamos, de forma pontual:

– O Enunciado n. 82 do CJF/STJ, da *I Jornada de Direito Civil*, prevê que "é constitucional a modalidade aquisitiva de propriedade imóvel prevista nos §§ 4.º e 5.º do art. 1.228 do novo Código Civil". O enunciado, à época, tinha interessante relevância prática, pois alguns doutrinadores defendiam, e ainda defendem, que a desapropriação judicial privada é inconstitucional, por incentivar a invasão de

---

[72] ALVES, Jones Figueirêdo; DELGADO, Mário Luiz. *Código Civil anotado*. São Paulo: Método, 2005. p. 608.

[73] DINIZ, Maria Helena. *Curso de Direito Civil brasileiro*. Direito das Coisas. 22. ed. São Paulo: Saraiva, 2007. v. 5, p. 195.

terras.[74] Não se filia ao entendimento da inconstitucionalidade, mas muito ao contrário, eis que o instituto tende a dar uma função social à propriedade em situações nas quais a posse já não vem atendendo a essa finalidade de interesse da coletividade.

– Na mesma *I Jornada* (2002), aprovou-se o Enunciado n. 83, pelo qual "nas ações reivindicatórias propostas pelo Poder Público, não são aplicáveis as disposições constantes dos §§ 4.º e 5.º do art. 1.228 do novo Código Civil". Em suma, o entendimento doutrinário é que desapropriação judicial privada não se aplica aos imóveis públicos, uma vez que tais bens não são usucapíveis, por força constitucional (arts. 183, § 3.º, e 191, parágrafo único, da CF/1988). Porém, fazendo uma ressalva, na *IV Jornada de Direito Civil* (2006), a Comissão de Direito das Coisas editou o Enunciado n. 304, prescrevendo que "são aplicáveis as disposições dos §§ 4.º e 5.º do art. 1.228 do CC às ações reivindicatórias relativas a bens públicos dominicais, mantido, parcialmente, o Enunciado n. 83 da *I Jornada de Direito Civil*, no que concerne às demais classificações dos bens públicos". Desse modo, passou-se a admitir a aplicação do instituto aos bens públicos dominicais, aqueles que constituem patrimônio das pessoas jurídicas de direito público, como objeto de direito pessoal, ou real, de cada uma dessas entidades (art. 99, inc. III, do CC, *v.g.*, os terrenos de marinha, as terras devolutas, as estradas de ferro, as ilhas formadas em rios navegáveis, os sítios arqueológicos, as jazidas de minerais com interesse público e o mar territorial). O último enunciado doutrinário está baseado na tese que defende a possibilidade de usucapião desses bens dominicais.[75] Destaque-se que esse último entendimento, apesar de bem plausível, é o minoritário.

– Ainda da *I Jornada de Direito Civil*, dispõe o importante Enunciado n. 84 que "a defesa fundada no direito de aquisição com base no interesse social (art. 1.228, §§ 4.º e 5.º, do novo Código Civil) deve ser arguida pelos réus da ação reivindicatória, eles próprios responsáveis pelo pagamento da indenização". De imediato, percebe-se que a desapropriação judicial privada é matéria de exceção, a ser alegada pelos réus da ação reivindicatória proposta pelo proprietário do imóvel. Ademais, em relação à indenização, o entendimento constante do enunciado acabou sendo o majoritário nos primeiros anos de vigência do CC/2002. Entretanto, na *IV Jornada de Direito Civil*, aprovou-se outro enunciado, que traz a alternativa de pagamento de indenização pelo Estado, e que teve como um dos seus proponentes Lucas Abreu Barroso.[76] Vejamos a redação do Enunciado n. 308 do CJF/STJ, que conta com o meu pleno apoio: "a justa indenização devida ao proprietário em caso de desapropriação judicial (art. 1.228, § 5.º) somente deverá ser suportada pela Administração Pública no contexto das políticas públicas de reforma urbana ou agrária, em se tratando de possuidores de baixa renda e desde que tenha havido intervenção daquela nos termos da lei processual. Não sendo os possuidores de baixa renda, aplica-se a orientação do Enunciado n. 84 da *I Jornada de Direito Civil*". Ora, o último entendimento doutrinário visa dar

---

[74] MALUF, Carlos Alberto Dabus. *Código Civil comentado*. 2. ed. Coord. Ricardo Fiuza. São Paulo: Saraiva, 2004. p. 1.133.

[75] Nesse sentido, entre os clássicos: RODRIGUES, Sílvio. *Direito Civil*. Parte geral. São Paulo: Saraiva, 2002. v. 1, p. 148.

[76] Conforme entendimento constante em artigo científico de sua autoria (BARROSO, Lucas Abreu. Hermenêutica e operabilidade do art. 1.228, §§ 4.º e 5.º do Código Civil. *Revista de Direito Privado* n. 21, jan.-mar. 2005).

**1040** | MANUAL DE DIREITO CIVIL • VOLUME ÚNICO – *Flávio Tartuce*

efetividade prática ao instituto da desapropriação privada, pois dificilmente os possuidores terão condições financeiras de arcar com a indenização. Em reforço, acaba por valorizar a função social da posse.

–   Da *III Jornada de Direito Civil* (2004), o Enunciado n. 240 do CJF/STJ aduz que "a justa indenização a que alude o § 5.º do art. 1.228 não tem como critério valorativo, necessariamente, a avaliação técnica lastreada no mercado imobiliário, sendo indevidos os juros compensatórios". O seu objetivo é afastar a incidência do art. 14 do Decreto-lei 3.365/1941, dispositivo aplicável à desapropriação tradicional, pelo qual o juiz deve nomear um perito de sua escolha para proceder à avaliação dos bens. Em reforço, declina o pagamento de juros compensatórios, como é comum na desapropriação tradicional, desassociando a desapropriação judicial privada das outras modalidades de desapropriação.

–   O segundo enunciado aprovado na *III Jornada*, de número 241, prevê que "o registro da sentença em ação reivindicatória, que opera a transferência da propriedade para o nome dos possuidores, com fundamento no interesse social (art. 1.228, § 5.º), é condicionada ao pagamento da respectiva indenização, cujo prazo será fixado pelo juiz". Em suma, até a sentença da ação reivindicatória o domínio ainda pertence ao autor da ação, apenas ocorrendo a transferência com a sentença de improcedência da ação proposta e o respectivo pagamento da indenização.

–   Nos termos do Enunciado n. 305 do CJF/STJ, da *IV Jornada de Direito Civil*, "tendo em vista as disposições dos §§ 3.º e 4.º do art. 1.228 do CC, o Ministério Público tem o poder-dever de atuação nas hipóteses de desapropriação, inclusive a indireta, que envolvam relevante interesse público, determinado pela natureza dos bens jurídicos envolvidos". Em havendo desapropriação privada de um imóvel que interessa à coletividade, caso dos bens públicos dominicais, o MP tem o dever de atuação, o que confirmava a redação do art. 82, inc. III, do CPC/1973 ("Compete ao Ministério Público intervir: (...). III – nas ações que envolvam litígios coletivos pela posse da terra rural e nas demais causas em que há interesse público evidenciado pela natureza da lide ou qualidade da parte"). A ideia é mantida com o CPC/2015, pois o seu art. 178, inciso III, determina a intervenção do Ministério Público nas demandas de litígios coletivos pela posse de terra rural ou urbana. Repise-se que, também com o CPC vigente, nas demandas petitórias coletivas será obrigatória a realização de uma audiência de mediação ou de conciliação antes da concessão de liminar, com a presença não só do Ministério Público, mas da Defensoria Pública, nos termos do seu antes comentado art. 565, § 5.º.

–   Prevê o Enunciado n. 306 do CJF/STJ, como dedução simples retirada do estudo da categoria, que a aplicação da desapropriação judicial privada, alegada como matéria de defesa pelos possuidores, enseja a improcedência do pedido reivindicatório.

–   Levando-se em conta a proteção constitucional do meio ambiente, constante do art. 225 da CF/1988, é a redação do Enunciado n. 307 do CJF/STJ: "na desapropriação judicial (art. 1.228, § 4.º), poderá o juiz determinar a intervenção dos órgãos públicos competentes para o licenciamento ambiental e urbanístico".

–   Em relação ao conceito de posse de boa-fé, constante no § 4.º do art. 1.228, de acordo com o Enunciado n. 309, este não é o mesmo de que trata o art. 1.201 do CC. Por tal conteúdo, a boa-fé da posse dos ocupantes na desapropriação privada não é a boa-fé subjetiva, aquela que existe no plano intencional; mas a

CAP. 7 • DIREITO DAS COISAS | **1041**

boa-fé objetiva, relacionada às condutas dos envolvidos. A partir desse entendimento, pode-se pensar que invasores do imóvel têm a seu favor a aplicação do instituto da desapropriação privada, o que não seria possível caso a boa-fé a ser considerada fosse a subjetiva. Em casos assim, devem ser confrontadas as posses dos envolvidos, prevalecendo a *melhor posse,* aquela que atenda à função social. Foi justamente o que ocorreu no outrora comentado *caso da Favela Pullman.*

– De acordo com o Enunciado n. 310, também da *IV Jornada,* "interpreta-se extensivamente a expressão 'imóvel reivindicado' (art. 1.228, § 4.º), abrangendo pretensões tanto no juízo petitório quanto no possessório". O enunciado é perfeito, uma vez que estende a aplicação do instituto para os casos de ação de reintegração de posse proposta pelo proprietário, visando também a sua efetividade prática. O que se percebe, relembre-se, é que não houve a absoluta e total separação dos juízos petitório e possessório, como propõe o antes comentado Enunciado n. 79 do CJF/STJ.

– Nos termos do Enunciado n. 311 do CJF/STJ, "caso não seja pago o preço fixado para a desapropriação judicial, e ultrapassado o prazo prescricional para se exigir o crédito correspondente, estará autorizada a expedição de mandado para registro da propriedade em favor dos possuidores". O entendimento doutrinário tende a proteger os possuidores, pois permanecendo inerte o proprietário na cobrança do valor da dívida, poderá ocorrer a consolidação do domínio a favor dos primeiros. Deve-se deduzir que o enunciado não tem aplicação nos casos de o pagamento estar a cargo da administração pública.

– Por fim, na *V Jornada de Direito Civil,* do ano de 2011, foi aprovado enunciado que amplia a construção, possibilitando que o instituto da desapropriação privada seja alegado em petição, inicial, ou seja, em ação autônoma (Enunciado n. 496). Assim, pela nova interpretação doutrinária que se tem feito, não é cabível apenas alegar a categoria como matéria de defesa.

Como se nota, os enunciados doutrinários expostos tentam resolver uma série de situações práticas que devem ser encaradas pela jurisprudência para a aplicação do novo instituto.

Destaco que a importância prática desses enunciados doutrinários é tão grande que, no Projeto de Reforma do Código Civil, elaborado pela Comissão de Juristas nomeada no Senado Federal, sugere-se a sua inclusão no texto do art. 1.228, além de se propor uma melhor organização e sistematização do dispositivo.

Com isso, o seu § 4.º preverá, nos moldes do que já é hoje, a respeito da *desapropriação privada por posse-trabalho,* que "o proprietário pode ser privado da coisa se o imóvel que se busca reivindicar ou reintegrar na posse consistir em extensa área, na posse ininterrupta e de boa-fé, por mais de cinco anos, de considerável número de pessoas, e estas nela houverem realizado, em conjunto ou separadamente, obras e serviços considerados pelo juiz de interesse social e econômico relevante". E, tratando de forma separada do pagamento da indenização, o seu novo § 6.º: "no caso do parágrafo § 4º, o juiz fixará a justa indenização devida ao proprietário pelos ocupantes; pago o preço, valerá a sentença como título para o registro do imóvel em nome dos possuidores".

Inserindo-se no texto de lei os Enunciados n. 308 e 84 das *Jornadas de Direito Civil,* o projetado § 7.º: "a justa indenização devida ao proprietário, nos termos do § 6º, somente deverá ser suportada pela Administração Pública em se tratando de possuidores de baixa renda e desde que tenha havido a sua intervenção no processo, nos termos da lei processual". E, por fim, com o teor do Enunciado n. 496, pelo menos parcialmente, o § 8.º: "preenchidos os requisitos do § 4º, os possuidores poderão se valer do direito de se manter na posse, mediante ação autônoma".

Em prol da efetividade do instituto, de sua operabilidade e concretude, para que seja melhor e mais aplicado na prática, espera-se que as proposições apontadas sejam aprovadas pelo Parlamento Brasileiro.

Voltando-se ao sistema hoje em vigor, por certo é que nos últimos anos surgiram alegações e debates da *desapropriação judicial privada por posse-trabalho* na realidade prática nacional. Em um primeiro julgado, o Tribunal Regional Federal da 4.ª Região entendeu pela não incidência da categoria, pela falta de seus requisitos:

"Civil. Ação de reintegração de posse de gleba invadida. Preliminares afastadas. Procedência da demanda. Discussão sobre domínio. Irrelevância. Posse inconteste e esbulho comprovado. Desapropriação judicial, indenização por benfeitorias e direito à retenção. Descabimento. 1. Devem ser afastadas as preliminares em hipótese na qual se mostra inexistente o cerceamento de defesa, quando irrelevante à apreciação do apelo a rejeição dos embargos declaratórios, e, ainda, diante do fato de que o Ministério Público Federal reputou regular o processamento do feito, por não ter se ocupado das questões preliminares ao embasar o seu parecer nesta instância. 2. Nas ações possessórias, a discussão acerca do domínio se mostra irrelevante. 3. O fato de a autora ser proprietária dos bens esbulhados em nada altera o deslinde do *jus possessionis*, de vez que sua posse é inconteste, embasada em licença para operação, expedida pelo órgão público competente, e por se ter como comprovado o esbulho. 4. Descabido o pedido de desapropriação judicial, por ausência de suporte fático para a regra do art. 1.228, §§ 4.º e 5.º, do CC/02, bem como o pedido de indenização por benfeitorias e de reconhecimento do direito à retenção, porquanto os invasores, por definição, não se reputam possuidores de boa-fé" (TRF da 4.ª Região, Acórdão 2006.72.16.002588-3, Santa Catarina, 4.ª Turma, Rel. Des. Fed. Valdemar Capeletti, j. 10.12.2008, *DEJF* 25.02.2009, p. 698).

Do mesmo modo, decisão do Tribunal de Justiça de Rondônia, pela ausência o requisito da boa-fé:

"Reintegração de posse. Valoração das provas. Atribuição do juiz. Desapropriação pela posse-trabalho. Ausência de boa-fé. Compete ao magistrado apreciar livremente as provas, desde que decida motivadamente. Configurada a suspeição das testemunhas trazidas pela parte requerida, age corretamente o juiz ao atribuir valor relativo aos seus depoimentos, confrontando-os com as demais provas existentes. Havendo circunstâncias nos autos que permitam a presunção de que o possuidor não ignora que ocupa indevidamente o imóvel, mostra-se incabível a desapropriação judicial (CC, art. 1.228, § 4.º)" (TJRO, Apelação 100.001.2006.018386-0, Rel. Des. Kiyochi Mori, *DJERO* 05.06.2009, p. 55).

Podem ser encontrados arestos que aplicam o instituto, caso do seguinte, do Tribunal de Justiça de Minas Gerais, em que se confirmou sentença de seu deferimento:

"Apelação cível. Desapropriação judicial. Possibilidade. Primazia da função social da propriedade. Requisitos. Presença. Recurso não provido. 1. A desapropriação judicial prevista no art. 1.228, §§ 4.º e 5.º, do Código Civil, é nova forma de limitação de ordem social a que toda propriedade deve observar como condição de sua própria existência. 2. Aludida desapropriação se concretiza, em favor dos posseiros, pela via judicial, mediante prévia e justa indenização ao proprietário. 3. Presentes os

CAP. 7 • DIREITO DAS COISAS | **1043**

requisitos exigidos para a expropriação judicial, a sentença valerá como título para a transcrição do imóvel em nome dos posseiros. 4. Recurso não provido" (TJMG, Apelação Cível 1.0284.08.009185-3/005, Rel. Des. Rogério Coutinho, j. 11.03.2015, *DJEMG* 20.03.2015).

O julgado merecia críticas, quando lido em sua íntegra, como fiz no *III Congresso Brasileiro de Direito Civil*, promovido pelo IBDCivil, em Recife (agosto de 2015). Isso porque foi aplicada a desapropriação judicial privada por posse-trabalho a um caso de demanda individual, não envolvendo um considerável número de pessoas. Assim, parece-me que houve um sério desvio no uso da categoria jurídica. Esperava-se que outros acórdãos surgissem aplicando melhor o instituto, para a sua efetiva incidência, concretizando-se a função social da posse e da propriedade. Faltava, na verdade, um importante precedente sobre o tema, especialmente no âmbito do Superior Tribunal de Justiça.

No ano de 2018, esse precedente surgiu, proferido pela sua Primeira Turma. O acórdão analisou disputa envolvendo uma extensa área ocupada no Estado do Acre por numerosas famílias, no âmbito de uma ação possessória e na linha do que possibilita o Enunciado n. 310 da *IV Jornada de Direito Civil*, aqui citado. Vejamos o trecho fundamental da longa ementa do julgado, que merece ser lida para os devidos aprofundamentos:

"Hipótese em que a parte autora, a despeito de ter conseguido ordem judicial de reintegração de posse desde 1991, encontra-se privada de suas terras até hoje, ou seja, há mais de 2 (duas) décadas, sem que tenha sido adotada qualquer medida concreta para obstar a constante invasão do seu imóvel, seja por ausência de força policial para o cumprimento do mandado reintegratório, seja em decorrência dos inúmeros incidentes processuais ocorridos nos autos ou em face da constante ocupação coletiva ocorrida na área, por milhares de famílias de baixa renda. Constatada, no caso concreto, a impossibilidade de devolução da posse à proprietária, o Juiz de primeiro grau converteu, de ofício, a ação reintegratória em indenizatória (desapropriação indireta), determinando a emenda da inicial, a fim de promover a citação do Estado e do Município para apresentar contestação e, em consequência, incluí-los no polo passivo da demanda. O Superior Tribunal de Justiça já se manifestou no sentido da possibilidade de conversão da ação possessória em indenizatória, em respeito aos princípios da celeridade e economia processuais, a fim de assegurar ao particular a obtenção de resultado prático correspondente à restituição do bem, quando situação fática consolidada no curso da ação exigir a devida proteção jurisdicional, com fulcro no art. 461, § 1.º, do CPC/1973. A conversão operada na espécie não configura julgamento *ultra petita* ou *extra petita*, ainda que não haja pedido explícito nesse sentido, diante da impossibilidade de devolução da posse à autora, sendo descabido o ajuizamento de outra ação quando uma parte do imóvel já foi afetada ao domínio público, mediante apossamento administrativo, sendo a outra restante ocupada de forma precária por inúmeras famílias de baixa renda com a intervenção do Município e do Estado, que implantaram toda a infraestrutura básica no local, tornando-se a área bairros urbanos. Não há se falar em violação ao princípio da congruência, devendo ser aplicada à espécie a teoria da substanciação, segundo a qual apenas os fatos vinculam o julgador, que poderá atribuir-lhes a qualificação jurídica que entender adequada ao acolhimento ou à rejeição do pedido, com fulcro nos brocardos *iura novit curia* e *mihi factum dabo tibi ius* e no art. 462 do CPC/1973. Caso em que, ao tempo do julgamento do primeiro grau, a lide foi analisada à luz do disposto no art. 1.228, §§ 4.º e 5.º, do CC/2002, que trata da desapropriação judicial, chamada também por alguns doutrinadores de desapropriação por posse-trabalho ou de desapropriação judicial indireta, cujo instituto autoriza o magistrado, sem intervenção prévia de outros Poderes, a declarar a perda do imóvel reivindicado pelo particular em favor de considerável número de pessoas que, na

**1044** | MANUAL DE DIREITO CIVIL • VOLUME ÚNICO – *Flávio Tartuce*

posse ininterrupta de extensa área, por mais de cinco anos, houverem realizado obras e serviços de interesse social e econômico relevante. Os conceitos abertos existentes no art. 1.228 do CC/2002 propiciam ao magistrado uma margem considerável de discricionariedade ao analisar os requisitos para a aplicação do referido instituto, de modo que a inversão do julgado, no ponto, demandaria o reexame do conjunto fático-probatório, providência vedada no âmbito do recurso especial, em face do óbice da Súmula 7 do STJ. Não se olvida a existência de julgados desta Corte de Justiça no sentido de que 'inexiste desapossamento por parte do ente público ao realizar obras de infraestrutura em imóvel cuja invasão já se consolidara, pois a simples invasão de propriedade urbana por terceiros, mesmo sem ser repelida pelo Poder Público, não constitui desapropriação indireta' (AgRg no REsp 1.367.002/MG, 2.ª Turma, Rel. Min. Mauro Campbell Marques, j. 20.06.2013, *DJe* 28.06.2013). 10. Situação em que tal orientação não se aplica ao caso estudado, pois, diante dos fatos delineados no acórdão recorrido, não há dúvida de que os danos causados à proprietária do imóvel decorreram de atos omissivos e comissivos da administração pública, tendo em conta que deixou de fornecer a força policial necessária para o cumprimento do mandado reintegratório, ainda na fase inicial da invasão, permanecendo omissa quanto ao surgimento de novas habitações irregulares, além de ter realizado obras de infraestrutura no local, com o objetivo de garantir a função social da propriedade, circunstâncias que ocasionaram o desenvolvimento urbano da área e a desapropriação direta de parte do bem. O Município de Rio Branco, juntamente com o Estado do Acre, constituem sujeitos passivos legítimos da indenização prevista no art. 1.228, § 5.º, do CC/2002, visto que os possuidores, por serem hipossuficientes, não podem arcar com o ressarcimento dos prejuízos sofridos pelo proprietário do imóvel (*ex vi* do Enunciado 308 do Conselho da Justiça Federal). A solução da controvérsia exige que sejam levados em consideração os princípios da proporcionalidade, da razoabilidade e da segurança jurídica, em face das situações jurídicas já consolidadas no tempo, de modo a não piorar uma situação em relação à qual se busca a pacificação social, visto que 'é fato público e notório que a área sob julgamento, atualmente, corresponde a pelo menos quatro bairros dessa cidade (Rio Branco), onde vivem milhares de famílias, as quais concedem função social às terras em litígio, exercendo seu direito fundamental social à moradia'. Os critérios para a apuração do valor da justa indenização serão analisados na fase de liquidação de sentença, não tendo sido examinados pelo juízo da primeira instância, de modo que não podem ser apreciados pelo Tribunal de origem, tampouco por esta Corte Superior, sob pena de supressão de instância. Recursos especiais parcialmente conhecidos e, nessa extensão, desprovidos" (STJ, REsp 1.442.440/AC, 1.ª Turma, Rel. Min. Gurgel de Faria, j. 07.12.2017, *DJe* 15.02.2018).

Como se pode perceber, o *decisum* está totalmente baseado em soluções dadas por enunciados aprovados nas *Jornadas de Direito Civil*, o que confirma a grande importância deste evento, como *ponte de diálogo* entre a doutrina e a jurisprudência. Além do já citado Enunciado n. 310, que admite o debate da desapropriação privada em ação possessória, reconheceu-se a possibilidade de pagamento da indenização pela administração pública – no caso, pelo Estado do Acre e pelo Município de Rio Branco –, conforme o Enunciado n. 308, também da *IV Jornada*. Foi também utilizado o Enunciado n. 240 da *III Jornada de Direito Civil*, segundo o qual a justa indenização não tem como critério valorativo, necessariamente, a avaliação técnica lastreada em mercado imobiliário.

Tendo surgido este único precedente superior em mais de quinze anos de vigência do Código Civil de 2002, evidenciam-se todos os desafios de aplicação gerados pelo instituto da desapropriação privada por posse-trabalho.

Como palavras finais, penso que os parâmetros constantes do julgado devem orientar outras conclusões sobre a categoria nos próximos anos, notadamente em primeira e segunda instâncias.

CAP. 7 • DIREITO DAS COISAS | **1045**

## 7.4.5 Da propriedade resolúvel e da propriedade fiduciária

A propriedade resolúvel constitui aquela que pode ser extinta quer pelo advento de condição (evento futuro e incerto) ou pelo termo (evento futuro e certo), quer pela superveniência de uma causa capaz de destruir a relação jurídica.[77] A categoria está inserida no capítulo que trata do Direito das Coisas, nos arts. 1.359 e 1.360 do CC, envolvendo muitas situações contratuais.

De início, cite-se a outrora estudada compra e venda com cláusula de retrovenda, em que o vendedor tem a possibilidade de reaver a coisa no prazo máximo de três anos (arts. 505 a 508 do CC). Até esse prazo, a propriedade do comprador é meramente resolúvel.

Ainda ilustrando, repise-se que há propriedade resolúvel na cláusula especial de venda com reserva de domínio (arts. 521 a 527 do CC). Por esse instituto, na venda de coisa móvel, pode o vendedor reservar para si a propriedade, até que o preço esteja integralmente pago. A transferência de propriedade ao comprador somente ocorrerá no momento em que o preço esteja integralmente pago. Até esse pagamento a propriedade do comprador é resolúvel.

Por fim, quanto às exemplificações, há propriedade resolúvel do donatário na doação com cláusula de reversão. Nos termos do art. 547 do CC, o doador pode estipular que os bens doados voltem ao seu patrimônio, se sobreviver ao donatário. Recebendo o donatário o bem e ocorrendo o seu falecimento, os bens retornarão ao doador que estiver vivo, o que denota a resolubilidade da propriedade do primeiro.

Partindo para as regras específicas do CC/2002, preconiza o seu art. 1.359 que resolvida a propriedade pelo implemento da condição ou pelo advento do termo, entendem-se também resolvidos os direitos reais concedidos na sua pendência. Em complemento, o proprietário, em cujo favor se opera a resolução, pode reivindicar a coisa do poder de quem a possua ou a detenha. Como há relação com a condição e o termo, a propriedade resolúvel envolve questões de *eficácia* e não de validade dos negócios jurídicos correspondentes.

Pelo que enuncia a norma, no caso da doação com cláusula de reversão, o doador poderá reivindicar a coisa de quem a detenha, se o bem tiver sido vendido pelo donatário, ocorrendo o seu pré-falecimento. O que se nota é que a resolução da propriedade traz efeitos retroativos ou *ex tunc*, atingindo todos os atos correlatos. Conforme anota Maria Helena Diniz, "romper-se-ão ainda, automaticamente, todos os vínculos reais de garantia que se constituíram em sua pendência, devido ao princípio resoluto *iuris dantis resolvitur ius accipientis*".[78]

Outrossim, se a propriedade se resolver por outra causa superveniente, o possuidor, que a tiver adquirido por título anterior à sua resolução, será considerado proprietário perfeito, restando à pessoa, em cujo benefício houve a resolução, ação contra aquele cuja propriedade se resolveu para haver a própria coisa ou o seu valor (art. 1.360 do CC). Aqui não há menção à condição e ao termo, mas a um fato novo, superveniente, que também gera a extinção. Os efeitos não são retroativos, mas *ex nunc* (a partir de então, da resolubilidade).

Ilustrando essa causa superveniente da resolução da propriedade, destaque-se a ingratidão do donatário, que gera a revogação do contrato (art. 555 do CC). Resumindo as lições expostas, na *V Jornada de Direito Civil* aprovou-se enunciado didático, com a seguinte redação: "a resolução da propriedade, quando determinada por causa originária, prevista no título, opera *ex tunc* e *erga omnes*; se decorrente de causa superveniente, atua *ex nunc* e *inter partes*" (Enunciado n. 509 do CJF/STJ).

Neste ponto, é importante trazer nota importante da doutrina contemporânea. Isso porque há quem entenda que o art. 1.360 do CC/2002 não traz modalidade de propriedade resolúvel,

---

[77] FRANÇA, Rubens Limongi. *Enciclopédia Saraiva de Direito*. São Paulo: Saraiva, 1977. t. 29, p. 224-225.

[78] DINIZ, Maria Helena. *Código Civil anotado*. 15. ed. São Paulo: Saraiva, 2010. p. 946.

mas a propriedade *ad tempus*. Isso porque, "ao contrário da propriedade resolúvel, aqui inexiste cláusula contratual de limitação temporal da eficácia do negócio jurídico. Na propriedade *ad tempus*, a extinção do direito de propriedade decorre de um evento superveniente. Portanto, não se trata exatamente de propriedade resolúvel, porém revogável em razão de um evento futuro".[79]

Esse entendimento acaba sendo o minoritário, pois, por opção legislativa, a propriedade é resolúvel diante de um fato que se enquadra no plano da eficácia. Isso ocorre com a condição e com o termo (art. 1.359 do CC), bem como diante do motivo superveniente mencionado no art. 1.360 do CC.

Superado o tratamento da propriedade resolúvel, o CC/2002 disciplina a propriedade fiduciária (arts. 1.361 a 1.368-B). A razão da proximidade legislativa está no fato de que na propriedade fiduciária há propriedade resolúvel. A atual codificação material restringe-se a tratar da propriedade fiduciária de bens móveis, prevendo no seu art. 1.361 que se considera fiduciária a propriedade resolúvel de coisa móvel infungível que o devedor, com escopo de garantia, transfere ao credor.

Há ainda tratamento relativo ao tema no Decreto-lei 911/1969. Em complemento, a Lei 9.514/1997 regula a alienação fiduciária em garantia de bens imóveis, prevendo o seu art. 1.º que "a alienação fiduciária regulada por esta Lei é o negócio jurídico pelo qual o devedor, ou fiduciante, com o escopo de garantia, contrata a transferência ao credor, ou fiduciário, da propriedade resolúvel de coisa imóvel".

Antecipo que o tema será aprofundado quando do estudo dos direitos reais de garantia, inclusive com o estudo das propostas de alteração do Projeto de Reforma do Código Civil, a respeito da propriedade fiduciária, elaboradas pela Comissão de Juristas nomeada no âmbito do Senado Federal.

### 7.4.6 Formas de aquisição da propriedade imóvel

Como ocorre na posse e também nos demais direitos, a propriedade admite formas de aquisição originárias e derivadas. Nas formas originárias, há um contato direto da pessoa com a coisa, sem qualquer intermediação pessoal. Nas formas derivadas, há intermediação subjetiva. De início, o esquema a seguir demonstra quais são as formas de aquisição originária e derivada da propriedade imóvel:

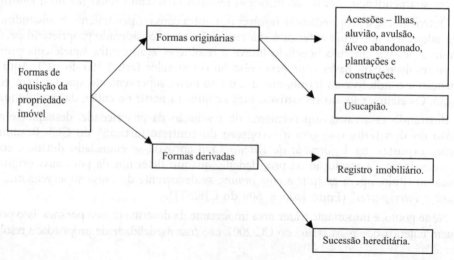

---

[79] FARIAS, Cristiano Chaves de; ROSENVALD, Nelson. *Direitos reais*. Rio de Janeiro: Lumen Juris, 2006. p. 354.

CAP. 7 • DIREITO DAS COISAS | **1047**

Na prática, a distinção entre as formas originárias e derivadas é importante. Isso porque nas formas originárias a pessoa que adquire a propriedade o faz sem que esta tenha as características anteriores, do anterior proprietário. De forma didática, afirma-se que *a propriedade começa do zero*, ou seja, é "resetada". É o que ocorre na usucapião, por exemplo. Por outra via, nas formas derivadas, há um sentido de continuidade da propriedade anterior, como ocorre na compra e venda.

Ilustrando, na questão tributária, se a propriedade é adquirida de forma originária, caso da usucapião, o novo proprietário não é responsável pelos tributos que recaiam sobre o imóvel, entendimento adotado pelo STF em histórico julgado, da lavra do então Ministro Djaci Falcão (RE 94.586-6/RS, de 30.08.1984). O mesmo raciocínio não serve para a aquisição derivada, pois na compra e venda o adquirente é responsável pelos tributos anteriores.

Outra concreção envolve a hipoteca. Se um imóvel gravado por este direito real de garantia for adquirido por usucapião, ela estará extinta, uma vez que a aquisição é originária. O mesmo não pode ser dito quanto à compra e venda, forma de aquisição derivada.

Como último destaque sobre a temática da extinção dos gravames reais no caso de usucapião, anote-se que a mesma conclusão é aplicada no âmbito do Superior Tribunal de Justiça, em sua atual composição. Conforme a assertiva n. 8, publicada na Edição n. 133 da sua ferramenta *Jurisprudência em Teses*, dedicada ao Direito das Coisas, "a usucapião é forma de aquisição originária da propriedade, de modo que não permanecem os ônus reais que gravavam o imóvel antes da sua declaração". A publicação é do ano de 2019, trazendo importantes precedentes. Como primeiro deles, destaque-se a extinção da penhora anterior do bem, realizada pela União Federal (STJ, REsp 1.545.457/SC, 1.ª Turma, Rel. Min. Regina Helena Costa, j. 27.02.2018, *DJe* 09.05.2018). Em complemento, reconhecendo a extinção da hipoteca diante dessa forma de aquisição originária, ver, por todos: STJ, Ag.Rg. no REsp 647.240/DF, 3.ª Turma, Rel. Min. Ricardo Villas Bôas Cueva, j. 07.02.2013, *DJe* 18.02.2013.

Feitas essas considerações iniciais, de forma detalhada, parte-se ao estudo das formas de aquisição originária da propriedade imóvel.

### 7.4.6.1 *Das acessões naturais e artificiais*

Nos termos do art. 1.248 do CC/2002, as acessões constituem o modo originário de aquisição da propriedade imóvel em virtude do qual passa a pertencer ao proprietário tudo aquilo que foi incorporado de forma natural ou artificial. Como acessões naturais estão previstas a *formação de ilhas*, a *aluvião*, a *avulsão* e o *abandono do álveo*. Como acessões artificiais, decorrentes da intervenção humana, o atual Código disciplina as *plantações* e as *construções*.

### *a) Da formação de ilhas*

Pelo senso comum e da geografia, a ilha é uma faixa de terra cercada de água por todos os lados. Juridicamente, conforme ensina Maria Helena Diniz, a ilha é um acúmulo paulatino de areia, cascalho e materiais levados pela correnteza, ou de rebaixamento de águas, deixando a descoberto e a seco uma parte do fundo ou do leito.[80] Anote-se que interessam ao Direito Civil somente ilhas formadas em rios não navegáveis ou particulares, por pertencerem ao domínio particular, conforme consta do Código de Águas (Decreto 24.643/1934). As ilhas fluviais e lacustres de zonas de fronteira, ilhas oceânicas ou costeiras pertencem à União, aos Municípios (art. 20, inc. IV, da CF/1988) ou aos Estados Federados (art. 26, incs. II e III, da CF/1988).

---

[80] DINIZ, Maria Helena. *Código Civil anotado*. 15. ed. São Paulo: Saraiva, 2010. p. 874.

De toda sorte, há quem pense de maneira contrária, sobretudo entre os doutrinadores do Direito Administrativo.[81] Isso porque, para tal corrente, não existiriam mais, sob a égide da CF/1988 e da Lei 9.433/1997, águas particulares e, portanto, rios particulares, o que impossibilitaria a concepção de ilhas particulares. Conforme se extrai da última norma, a água é concebida como um bem do domínio público (art. 1.º, inc. I).

Apesar dessa visão, os civilistas concluem pela permanência da classificação dos rios em navegáveis (públicos) e não navegáveis (privados), merecendo análise as regras previstas na codificação privada a respeito das ilhas.[82]

Feito tal esclarecimento, quanto às ilhas que se formaram em correntes comuns ou particulares, estas pertencem aos proprietários ribeirinhos fronteiros, devendo ser observadas as seguintes regras, nos termos do art. 1.249 do CC:

> 1.ª Regra. As ilhas que se formarem no meio do rio consideram-se acréscimos sobrevindos aos terrenos ribeirinhos fronteiros de ambas as margens, na proporção de suas testadas, até a linha que dividir o álveo em duas partes iguais.
>
> 2.ª Regra. As ilhas que se formarem entre a referida linha e uma das margens consideram-se acréscimos aos terrenos ribeirinhos fronteiros desse mesmo lado.
>
> 3.ª Regra. As ilhas que se formarem pelo desdobramento de um novo braço do rio continuam a pertencer aos proprietários dos terrenos à custa dos quais se constituírem.

No tocante à primeira regra, a mais importante de todas, imagine-se o caso em que dois proprietários, a seguir expostos, são donos de duas propriedades ribeirinhas, lindeiras a um rio.

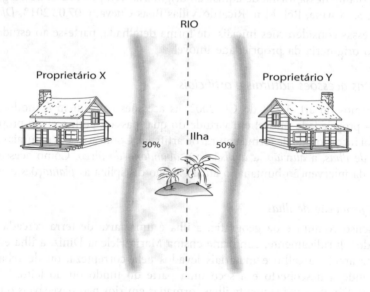

---
[81] Por todos: DI PIETRO, Maria Silvia Zanella. *Direito administrativo*. 25. ed. São Paulo: Atlas, 2012. p. 785.
[82] MALUF, Carlos Alberto Dabus. *Código Civil comentado*. 8. ed. Coord. Regina Beatriz Tavares da Silva. São Paulo: Saraiva, 2012. p. 1.359; DINIZ, Maria Helena. *Código Civil anotado*. 15. ed. São Paulo: Saraiva, 2010. p. 874; TEPEDINO, Gustavo; MORAES, Maria Celina Bodin de; BARBOZA, Heloísa Helena. *Código Civil interpretado*. Rio de Janeiro: Renovar, 2011; VENOSA, Sílvio de Salvo. *Código Civil interpretado*. São Paulo: Atlas, 2010. p. 1.126-1.127.

No desenho acima, nota-se que a ilha foi formada bem no meio do rio. Para tal constatação, foi traçado um *meridiano* no meio da formação de água ou álveo. Assim, a propriedade da ilha será metade de X e metade de Y.

Em continuidade de estudo, a segunda regra determina que se a ilha se formar do lado esquerdo do meridiano, será de propriedade de X. Se a ilha surgir do lado direito do meridiano, será de Y:

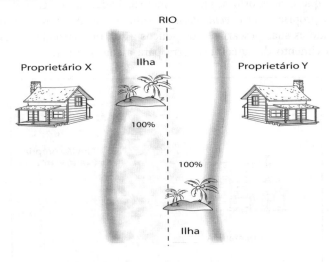

Por derradeiro, a ilha pode ser formada diante do desdobramento de um braço de rio, ou seja, diante de um novo curso de água que se abre. Diante da terceira regra, se isso ocorrer, a ilha pertencerá ao proprietário que margeia esse novo desdobramento, ou seja, será daquele que tem a propriedade do terreno à custa do qual o novo braço se constituiu:

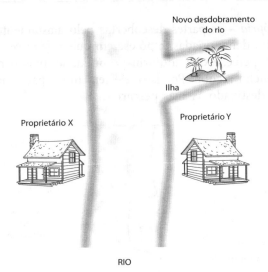

*b) Da aluvião*

Determina o *caput* do art. 1.250 do CC que "os acréscimos formados, sucessiva e imperceptivelmente, por depósitos e aterros naturais ao longo das margens das correntes, ou pelo desvio das águas destas, pertencem aos donos dos terrenos marginais, sem indenização". Enuncia o seu parágrafo único que "o terreno aluvial, que se formar em frente de prédios de proprietários diferentes, dividir-se-á entre eles, na proporção da testada de cada um sobre a antiga margem". Portanto, duas são as modalidades de aluvião tratadas:

→ *Aluvião própria* – é o acréscimo paulatino de terras às margens de um curso de água, de forma lenta e imperceptível; depósitos naturais ou desvios das águas. Esses acréscimos pertencem aos donos dos terrenos marginais, seguindo a regra de que o acessório segue o principal. Didaticamente, pode-se dizer que na aluvião própria a *terra vem*. Para ilustrar, A tem um rancho à beira de um rio, destinado às suas pescarias. Aos poucos a sua propriedade vai aumentando, pois um movimento de águas traz terra para a sua margem:

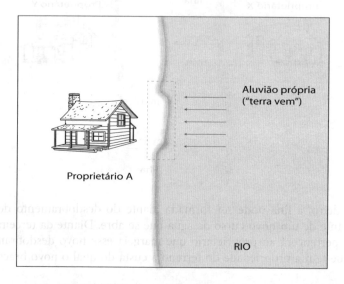

→ *Aluvião imprópria* – as partes descobertas pelo afastamento das águas de um curso são assim denominadas, hipótese em que a *água vai*, ou seja, *do rio que vai embora*. A percebe que adquiriu propriedade, pois o rio que fazia frente para o seu rancho recuou. Por isso, ele tem um espaço maior para construir um palanque destinado às suas pescarias:

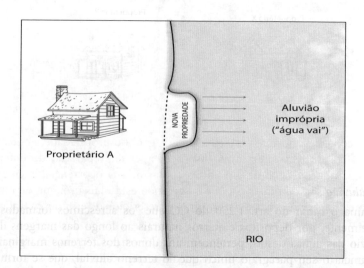

A encerrar o tópico, como interessante exemplo de debate sobre o instituto, o Tribunal de Justiça de São Paulo afastou a aplicação do art. 1.250 do Código Civil por entender que a faixa de terra objeto de reintegração de posse, pela presença de suposta aluvião, constituía área pantanosa, que seria novamente invadida pelas águas. Conforme constou da ementa do aresto, o "autor não comprovou a posse sobre a área em litígio, a qual, na verdade, tratava-se de terreno pantanoso e sujeito a enchentes, causando constantes modificações na disposição da cerca, somente posta em local correto após o assoreamento do trecho do córrego" (TJSP, Apelação 0001176-43.2007.8.26.0204, Acórdão 9717829, 13.ª Câmara de Direito Privado, General Salgado, Rel. Des. Francisco Giaquinto, j. 17.08.2016, *DJESP* 30.08.2016). Confirmou-se, assim, a sentença de primeiro grau, que havia negado a reintegração de posse.

*c) Avulsão*

Nos termos do art. 1.251, *caput*, do CC, quando, por força natural violenta, uma porção de terra se destacar de um prédio e se juntar a outro, o dono deste adquirirá a propriedade do acréscimo, se indenizar o dono do primeiro ou, sem indenização, se, em um ano, ninguém houver reclamado. O esquema a seguir expõe que a *avulsão* é uma faixa de terra *avulsa*, que se desloca de um terreno, por força natural de corrente, para se juntar a outro:

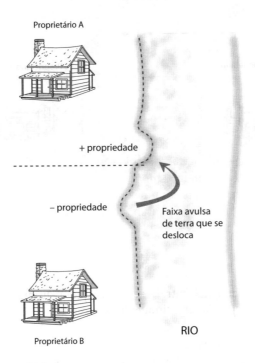

Pelo que consta da norma, verifica-se que *A* ganhou propriedade, enquanto *B* perdeu parte de sua faixa de terra ribeirinha. *B* poderá pleitear reparação de danos pela parte perdida, no prazo decadencial de um ano, a contar da sua ocorrência. Tecnicamente, é de se criticar essa previsão de prazo, eis que a demanda está mais próxima de uma pretensão, ou seja, de um direito subjetivo e de um prazo prescricional (critério científico de Agnelo Amorim Filho, *RT* 300/7 e 744/725).

Em complemento, dispõe o parágrafo único do art. 1.251 do CC que, se recusando ao pagamento de indenização, o dono do prédio a que se juntou a porção de terra deverá concordar que se remova a parte acrescida. Em suma, a regra é a indenização, e não sendo esta paga por quem a deve, caberá uma ação de obrigação de fazer, inclusive com as medidas de tutela específica, previstas no Código de Processo Civil, caso da multa ou *astreintes*.

*d) Álveo abandonado*

Conforme o art. 9.º do Código de Águas, o álveo é a superfície que as águas cobrem sem transbordar para o solo natural e ordinariamente enxuto. Assim sendo, o *álveo abandonado* é o rio ou a corrente de água que seca (*o rio que desaparece*). No que interessa à aquisição da propriedade, prevê o art. 1.252 do CC que o álveo abandonado de corrente pertence aos proprietários ribeirinhos das duas margens, sem que tenham indenização os donos dos terrenos por onde as águas abrirem novo curso, entendendo-se que os prédios marginais se estendem até o meio do álveo.

O raciocínio jurídico é o mesmo da formação de ilhas, pois é preciso traçar um meridiano no rio, verificando-se quais as distâncias das margens, estudo que interessa mais à engenharia do que ao Direito. Feito tal cálculo, será possível verificar quais as proporções ou percentuais das propriedades adquiridas:

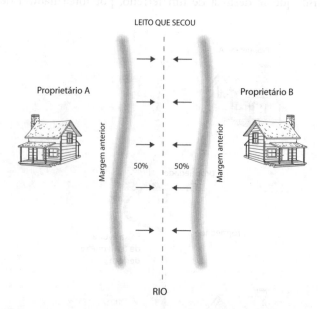

A distribuição deve ser igual entre *A* e *B*, eis que a distância de suas margens ao centro do rio é a mesma, ou seja, em cinquenta por cento.

*e) As plantações e as construções*

Além das acessões naturais, o CC/2002 trata, como formas de aquisição originária da propriedade imóvel, das acessões artificiais, relativas às plantações e às construções (arts. 1.253 a 1.259). Como regra fundamental, dispõe o art. 1.253 que toda construção ou plantação existente em um terreno presume-se relativamente feita pelo proprietário e à sua custa, até que se prove o contrário. Em suma, as construções e as plantações têm natureza acessória, uma vez que constituem bens imóveis por acessão física artificial, seguindo a sorte do principal.

De toda sorte, acórdão do STJ, do ano de 2022, concluiu que "a atribuição dinâmica do ônus probatório acerca da realização de acessões/benfeitorias em imóvel de proprie-

CAP. 7 • DIREITO DAS COISAS | **1053**

dade do cônjuge varão, objeto de eventual partilha em ação de divórcio, pode afastar a presunção do art. 1.253 do Código Civil de 2002". Sobre o caso concreto, julgou-se que "a participação do cônjuge varão como coproprietário do imóvel em cujas acessões/benfeitorias foram realizadas faz presumir também o esforço comum do cônjuge virago na sua realização (art. 1.660, I e IV, do CC/2002), além de que ocorreram interrupções no vínculo matrimonial, são peculiaridades que autorizam a dinamização do ônus probatório para o recorrente (art. 371, § 1º, do CPC/2015). Definir se elas foram realizadas na constância do vínculo conjugal ou não vai proporcionar ao magistrado a segurança jurídica necessária para deliberar se devem compor ou não o acervo patrimonial a ser partilhado na ação de divórcio" (STJ, REsp 1.888.242/PR, 3.ª Turma, Rel. Min. Ricardo Villas Bôas Cueva, j. 29.03.2022, *DJe* 31.03.2022). Como se observa, portanto, a ementa traz interessante análise concreta sobre o art. 1.253 do Código Civil.

Feita essa observação prática, vejamos as seis regras específicas relativas ao tema:

> *1.ª Regra: Aquele que semeia, planta ou edifica em terreno próprio com sementes, plantas ou materiais alheios, adquire a propriedade destes; mas fica obrigado a pagar-lhes o valor, além de responder por perdas e danos, se agiu de má-fé (art. 1.254 do CC).* Exemplo: alguém está guardando, por ato de amizade, cimento de um parente em sua fazenda. Certo dia, essa pessoa utiliza o cimento e constrói um galpão na propriedade. No caso em questão, o fazendeiro terá a propriedade do que foi construído, mas por óbvio terá que pagar ao amigo o cimento, sem prejuízo de outros danos, pois claramente agiu de má-fé. O fazendeiro sabia perfeitamente que o cimento não era seu, havendo desrespeito à boa-fé subjetiva, surgindo daí a responsabilidade civil, pois a má-fé induz à culpa.
>
> *2.ª Regra: Aquele que semeia, planta ou edifica em terreno alheio perde, em proveito do proprietário, as sementes, plantas e construções; se procedeu de boa-fé, terá direito a indenização. Se a construção ou a plantação exceder consideravelmente o valor do terreno, aquele que, de boa-fé, plantou ou edificou, adquirirá a propriedade do solo, mediante pagamento da indenização fixada judicialmente, se não houver acordo (art. 1.255 do CC, caput e parágrafo único).* Duas são as situações descritas. Primeiro, ilustrando, alguém está ocupando a casa de um parente que está viajando para o exterior por um ano. Aproveitando a ausência do familiar, essa pessoa constrói, com material próprio, uma piscina no fundo da casa. O ocupante não terá qualquer direito, pois agiu de má-fé, já que sabia que a propriedade não seria sua. Se agiu de boa-fé na construção, como no caso de algo que visava proteger o imóvel de uma destruição, terá direito à indenização. Como segunda situação, se realizada de boa-fé e a construção ou plantação tiver valor superior ao do imóvel, aquele que construiu ou plantou adquirirá a propriedade do último, tendo apenas que pagar uma indenização a ser fixada judicialmente, se não houver acordo entre as partes (art. 1.255, parágrafo único, do CC). Esse último dispositivo, novidade no atual Código Civil, acaba por considerar como principal a plantação ou a construção, fazendo com que o terreno o acompanhe, consagração do que se denomina como *acessão inversa ou invertida*, o que está de acordo com o princípio da função social da propriedade.[83]
>
> *3.ª Regra: Se de ambas as partes houve má-fé, adquirirá o proprietário as sementes, plantas e construções, devendo ressarcir o valor das acessões. Presume-se má-fé do proprietário quando o trabalho de construção, ou lavoura, se fez em sua presença e sem impugnação sua (art. 1.256 do CC, caput e parágrafo único).* Para concretizar, o proprietário de um imóvel deixa que alguém construa uma piscina com os seus

---

[83] MELO, Marco Aurélio Bezerra de. *Direito das Coisas*. Rio de Janeiro: Lumen Juris, 2007. p. 145-147.

materiais, nos fundos da casa, pensando o último que por isso poderá adquirir o domínio do bem principal. No caso descrito, há uma má-fé recíproca ou bilateral, pois ambos pretendem o enriquecimento sem causa. O proprietário da casa ficará com a piscina, mas deverá indenizar o outro pelos valores gastos com a sua construção. O parágrafo único do art. 1.256 do CC traz ainda uma presunção relativa de má-fé, quando a construção ou a plantação foi feita na presença do proprietário do imóvel e sem qualquer impugnação. Em complemento, conforme o art. 1.257 do Código Civil, o estabelecido no último dispositivo aplica-se ao caso de não pertencerem as sementes, plantas ou materiais a quem de boa-fé os empregou em solo alheio. Ademais, o parágrafo único do preceito determina que o proprietário das sementes, plantas ou materiais poderá cobrar do proprietário do solo a indenização devida, quando não puder havê-la do plantador ou construtor. A título de ilustração, aresto do Tribunal da Cidadania de 2016 aplicou tal direito de cobrança contra o proprietário do terreno a hipótese envolvendo empresa de engenharia que realizou construção em terreno da Mitra Diocesana de Brasília. Como o Instituto Bíblico local – que a havia contratado – não realizou os pagamentos devidos, foi reconhecido o direito de reaver os valores gastos na obra em relação à Mitra Diocesana, de forma precisa e correta (STJ, REsp 963.199/ DF, 4.ª Turma, Rel. Min. Raul Araújo, j. 11.10.2016, *DJe* 07.11.2016).

*4.ª Regra: Se a construção, feita parcialmente em solo próprio, invade solo alheio em proporção não superior à vigésima parte deste, adquire o construtor de boa-fé a propriedade da parte do solo invadido, se o valor da construção exceder o dessa parte, e responde por indenização que represente, também, o valor da área perdida e a desvalorização da área remanescente (art. 1.258, caput, do CC).* Exemplo: alguém que constrói em sua propriedade uma churrasqueira com cobertura, que vem a invadir o terreno alheio em percentual não superior a 5% deste. Se a construção foi feita de boa-fé, ou seja, se o construtor não sabe da invasão, poderá adquirir a parte invadida, desde que a construção exceda o que se invadiu. Todavia, o construtor deverá indenizar o vizinho pela área que o último perdeu e por eventual desvalorização do imóvel restante, se for o caso.

*5.ª Regra: Pagando em décuplo as perdas e danos previstos no art. 1.258, o construtor de má-fé adquire a propriedade da parte do solo que invadiu, se em proporção à vigésima parte deste e se o valor da construção exceder consideravelmente o dessa parte e não se puder demolir a porção invasora sem grave prejuízo para a construção (art. 1.258, parágrafo único, do CC).* O comando legal está a prever o pagamento de dez vezes as perdas e danos ao proprietário do imóvel invadido – que incluem o valor que a invasão acresceu à construção, a área perdida e o correspondente à desvalorização do remanescente –, por parte do invasor de má-fé. Isso se o percentual da invasão for de, pelo menos, 5% ou um vigésimo da área total invadida. Sendo indenizado aquele que perdeu parte do bem, o construtor adquire a propriedade do que se invadiu, desde que não seja possível a demolição da parte invasora e sem que haja prejuízo à construção. Na *IV Jornada de Direito Civil*, aprovou-se o Enunciado n. 318, prevendo que "o direito à aquisição da propriedade do solo em favor do construtor de má-fé (art. 1.258, parágrafo único) somente é viável quando, além dos requisitos explícitos previstos em lei, houver necessidade de proteger terceiros de boa-fé". No Projeto de Reforma do Código Civil almeja-se organizar melhor o dispositivo, dividindo-se em parágrafos distintos. Além disso, inclui-se um novo § 3.º, adotando-se a ideia constante do enunciado doutrinário, com a seguinte redação: "o direito à aquisição da propriedade do solo em favor do construtor de má-fé somente é será reconhecido quando, além do atendimento aos requisitos previstos em lei, houver a necessidade de proteger terceiros de boa-fé". Com isso, adota-se no texto de lei a posição hoje majoritária da doutrina.

> 6.ª Regra: Se o construtor estiver de boa-fé, e a invasão do solo alheio exceder a vigésima parte deste, adquire a propriedade da parte do solo invadido, e responde por perdas e danos que abranjam o valor que a invasão acrescer à construção, mais o da área perdida e o da desvalorização da área remanescente. Se o construtor estiver de má-fé, será obrigado a demolir o que nele construiu, pagando as perdas e danos apurados, que serão devidos em dobro (art. 1.259 do CC). A regra está relacionada com uma invasão por construtor superior a 5%, ou melhor, um vigésimo. Em uma primeira situação, se a invasão superior a um vigésimo for de boa-fé, o construtor invasor adquire a propriedade do que foi invadido, mas responde pelas perdas e danos correspondentes ao valor que a invasão acrescer à sua construção, ao valor da área perdida e ao correspondente à desvalorização da área remanescente. Em complemento, o dispositivo determina que se a invasão superior a um vigésimo ou 5% tiver sido de má-fé, o proprietário do imóvel invadido poderá requerer a sua demolição, sendo cabível, do ponto de vista processual, a ação demolitória. Além disso, poderá pedir as perdas e danos mencionados, em dobro.

## 7.4.6.2   Da usucapião de bens imóveis

### 7.4.6.2.1  Generalidades

Na esteira da melhor doutrina, *a usucapião* – grafada pelo CC/2002 no feminino – constitui uma situação de aquisição do domínio, ou mesmo de outro direito real (caso do usufruto ou da servidão), pela posse prolongada. Assim, permite a lei que uma determinada situação de fato alongada por certo intervalo de tempo se transforme em uma situação jurídica (a aquisição originária da propriedade[84]). A usucapião garante a estabilidade da propriedade, fixando um prazo, além do qual não se podem mais levantar dúvidas a respeito de ausência ou vícios do título de posse. De certo modo, a função social da propriedade acaba sendo atendida por meio da usucapião.

A *posse ad usucapionem* ou *usucapível*, apresenta características próprias que devem ser estudadas. Antes de expor tais qualidades, insta verificar que os atos de mera tolerância não induzem a essa posse. Por isso, não é possível alegar usucapião na vigência de um contrato em que a posse é transmitida, caso da locação e do comodato, por exemplo. Ademais, a questão da mera tolerância acaba por gerar polêmicas quanto à possibilidade de se usucapir um bem em condomínio, particularmente nos casos envolvendo herdeiros.

Em relação ao condomínio, várias são as decisões apontando que, havendo tolerância de uso por parte dos demais condôminos, não há que se falar em usucapião, mas somente nos casos de posse própria (por todos: STJ, REsp 10.978/RJ, 3.ª Turma, Rel. Min. Nilson Naves, j. 25.05.1993, *DJ* 09.08.1993, p. 15.228).

Porém, do ano de 1999, merece relevo uma decisão do mesmo Tribunal Superior, que teve como relator o então Ministro Ruy Rosado de Aguiar. Aplicando a boa-fé objetiva, particularmente a *supressio*, o julgado possibilitou, de forma indireta, a usucapião de uma área comum em um condomínio edilício – parte do corredor que dava acesso a alguns apartamentos –, ao reconhecer a perpetuação da posse em favor do condômino:

> "Condomínio. Área comum. Prescrição. Boa-fé. Área destinada a corredor, que perdeu sua finalidade com a alteração do projeto e veio a ser ocupada com exclusividade

---

[84]   RIBEIRO, Benedito Silvério. *Tratado de usucapião*. 4. ed. São Paulo: Saraiva, 2006. v. 1, p. 169-172.

por alguns condôminos, com a concordância dos demais. Consolidada a situação há mais de vinte anos sobre área não indispensável à existência do condomínio, é de ser mantido o *status quo*. Aplicação do princípio da boa-fé (*supressio*). Recurso conhecido e provido" (REsp 214.680/SP, 4.ª Turma, j. 10.08.1999, *DJ* 16.11.1999, p. 214).

Entendeu-se que o não exercício da propriedade por vinte anos afastou o direito de o condomínio pleitear a coisa de volta. Indiretamente, acabou-se por reconhecer a usucapião em favor daqueles que detinham o bem, pois a eles foi destinada a posse permanente dessa parte do corredor de acesso aos apartamentos. De toda sorte, o julgado não merece a minha adesão doutrinária, pois são os atos de mera tolerância que estão fundados na boa-fé objetiva, em regra.

Do ano de 2018, outro julgado do STJ admitiu a usucapião extraordinária na relação entre herdeiros, pois um deles exerce a posse sobre a coisa em nome próprio. Vejamos trecho da ementa:

"O condômino tem legitimidade para usucapir em nome próprio, desde que exerça a posse por si mesmo, ou seja, desde que comprovados os requisitos legais atinentes à usucapião, bem como tenha sido exercida posse exclusiva com efetivo *animus domini* pelo prazo determinado em lei, sem qualquer oposição dos demais proprietários. Sob essa ótica, tem-se, assim, que é possível à recorrente pleitear a declaração da prescrição aquisitiva em desfavor de seu irmão – o outro herdeiro/condômino –, desde que, obviamente, observados os requisitos para a configuração da usucapião extraordinária, previstos no art. 1.238 do CC/02, quais sejam, lapso temporal de 15 (quinze) anos cumulado com a posse exclusiva, ininterrupta e sem oposição do bem. A presente ação de usucapião ajuizada pela recorrente não deveria ter sido extinta, sem resolução do mérito, devendo os autos retornar à origem a fim de que a esta seja conferida a necessária dilação probatória para a comprovação da exclusividade de sua posse, bem como dos demais requisitos da usucapião extraordinária" (STJ, REsp 1.631.859/SP, 3.ª Turma, Rel. Min. Nancy Andrighi, j. 22.05.2018, *DJe* 29.05.2018).

Em 2024, a afirmação foi repetida na Quarta Turma do STJ, asseverando-se que "a jurisprudência desta Corte se firmou no sentido de que há possibilidade da usucapião de imóvel objeto de herança pelo herdeiro que tem sua posse exclusiva, ou seja, há legitimidade e interesse de o condômino usucapir em nome próprio, desde que exerça a posse por si mesmo, ou seja, desde que comprovados os requisitos legais atinentes à usucapião extraordinária. Precedentes" (STJ, Ag. Int. no AREsp 2.355.307/SP, 4.ª Turma, Rel. Min. Raul Araújo, j. 17.06.2024, *DJe* 27.06.2024). Assim, esse entendimento é hoje considerado como majoritário na jurisprudência superior em matéria de Direito Privado.

Também já se admite, no âmbito da Corte Superior, a usucapião entre cônjuges que igualmente são condôminos de bens comuns. Consoante aresto do ano de 2022, "a jurisprudência deste Tribunal Superior assenta-se no sentido de que, dissolvida a sociedade conjugal, o bem imóvel comum do casal rege-se pelas regras relativas ao condomínio, ainda que não realizada a partilha de bens, cessando o estado de mancomunhão anterior. Precedente". Assim, "possui legitimidade para usucapir em nome próprio o condômino que exerça a posse por si mesmo, sem nenhuma oposição dos demais coproprietários, tendo sido preenchidos os demais requisitos legais. Precedentes. Ademais, a posse de um condômino sobre bem imóvel exercida por si mesma, com ânimo de dono, ainda que na qualidade de possuidor indireto, sem nenhuma oposição dos demais coproprietários, nem reivindicação dos frutos e direitos que lhes são inerentes, confere à posse o caráter de *ad usucapionem*, a legitimar a procedência da usucapião em face dos demais condôminos que resignaram do seu direito sobre o bem, desde que preenchidos os demais requisitos legais". Sobre o caso concreto, concluiu-se o seguinte:

"Após o fim do matrimônio houve completo abandono, pelo recorrente, da fração ideal pertencente ao casal dos imóveis usucapidos pela ex-esposa, ora recorrida, sendo que esta não lhe repassou nenhum valor proveniente de aluguel nem o recorrente o exigiu, além de não ter prestado conta nenhuma por todo o período antecedente ao ajuizamento da referida ação. (...). Em face disso, revela-se descabida a presunção de ter havido administração dos bens pela recorrida. O que houve – e isso é cristalino – foi o exercício da posse pela ex-esposa do recorrente com efetivo ânimo de dona, a amparar a procedência do pedido de usucapião, segundo já foi acertadamente reconhecido na origem" (STJ, REsp 1.840.561/SP, 3.ª Turma, Rel. Min. Marco Aurélio Bellizze, j. 03.05.2022, *DJe* 17.05.2022).

Como se percebe, há uma tendência na Corte em admitir a usucapião em casos de condomínio comum decorrente de vínculos familiares.

Superada essa questão, vejamos quais são as principais características que deve ter a posse *ad usucapionem*:

a) *Posse com intenção de dono* (*animus domini*) – entra em cena o conceito de posse de Savigny, que tem como conteúdo o *corpus* (domínio fático) e o *animus domini* (intenção de dono). Essa intenção de dono não está presente, em regra, em casos envolvendo vigência de contratos, como nas hipóteses de locação, comodato e depósito. Todavia, é possível a alteração na causa da posse (*interversio possessionis*), admitindo-se a usucapião em casos excepcionais. Ilustre-se com a hipótese em que um locatário está no imóvel há cerca de trinta anos, não pagando os aluguéis há cerca de vinte anos, tendo o locador desaparecido. Anote-se que jurisprudência estadual tem reconhecido a usucapião em casos semelhantes (TJSP, Apelação com Revisão 337.693.4/9, Acórdão 3455115, 1.ª Câmara de Direito Privado, São Paulo, Rel. Des. Luiz Antonio de Godoy, j. 27.01.2009, *DJESP* 20.02.2009). Na mesma linha, cite-se importante julgado do STJ, segundo o qual, "nada impede que o caráter originário da posse se modifique, motivo pelo qual o fato de ter havido no início da posse da autora um vínculo locatício não é embaraço ao reconhecimento de que, a partir de um determinado momento, essa mesma mudou de natureza e assumiu a feição de posse em nome próprio, sem subordinação ao antigo dono e, por isso mesmo, com força *ad usucapionem*" (STJ, REsp 154.733/DF, 4.ª Turma, Rel. Min. Cesar Asfor Rocha, j. 05.12.2000, *DJ* 19.03.2001, p. 111). Como outro exemplo importante, em julgado recente, julgou a Corte Superior de forma precisa e correta tecnicamente que a posse com *animus domini* não se confunde com a detenção, "devendo ser verificada a condição subjetiva e abstrata que demonstra a intenção de ter a coisa como sua" (STJ, Ag. Int. no AREsp 2.306.673/SP, 4.ª Turma, Rel. Ministra Maria Isabel Gallotti, j. 02.09.2024, *DJe* 04.09.2024).

b) *Posse mansa e pacífica* – exercida sem qualquer manifestação em contrário de quem tenha legítimo interesse, ou seja, sem a oposição do proprietário do bem. Se em algum momento houver contestação dessa posse pelo proprietário, desaparece o requisito da mansidão.

c) *Posse contínua e duradoura, em regra, e com determinado lapso temporal* – posse sem intervalos, sem interrupção. Como exceção a ser estudada, o art. 1.243 do CC admite a *soma de posses sucessivas* ou *accessio possessionis*.

Quanto à duração, há prazos estabelecidos em lei, de acordo com a correspondente modalidade de usucapião. Cumpre destacar a aprovação de interessante enunciado na *V Jornada de Direito Civil*, realizada em 2011, com vistas à instrumentalidade processual, estabelecendo que "o prazo, na ação de usucapião, pode ser completado no curso do processo, ressalvadas as hipóteses de má-fé processual do autor" (Enunciado n. 497 do CJF/STJ). Em 2018 surgiu julgado no âmbito do Superior Tribunal de Justiça aplicando o enunciado doutrinário, com o seguinte teor em sua ementa: "o prazo, na ação de usucapião, pode ser completado no curso do processo, em conformidade com o disposto no art. 462 do CPC/1973 (correspondente ao art. 493 do CPC/2015). A contestação não tem a capacidade de exprimir a resistência do demandado à posse exercida pelo autor, mas apenas a sua discordância com a aquisição do imóvel pela usucapião. A interrupção do prazo da prescrição aquisitiva somente poderia ocorrer na hipótese em que o proprietário do imóvel usucapiendo conseguisse reaver a posse para si. Precedentes. Na hipótese, havendo o transcurso do lapso vintenário na data da prolação da sentença e sendo reconhecido pelo tribunal de origem que estão presentes todos os demais requisitos da usucapião, deve ser julgado procedente o pedido autoral" (STJ, REsp 1.361.226/MG, 3.ª Turma, Rel. Min. Ricardo Villas Bôas Cueva, j. 05.06.2018, *DJe* 09.08.2018). Por fim, sobre o início do prazo, julgado do Superior Tribunal de Justiça de 2023 traz a conclusão segundo a qual "o termo inicial da prescrição aquisitiva é o do exercício da posse *ad usucapionem*, e não da ciência do titular do imóvel quanto a eventual irregularidade da posse, devendo ser afastada a aplicação da teoria da *actio nata* em seu viés subjetivo" (STJ, REsp 1.837.425/PR, 3.ª Turma, Rel. Min. Marco Aurélio Bellizze, j. 13.06.2023, *DJe* 22.06.2023). Foi afastada, portanto, a teoria estudada no Capítulo 2 deste livro, aplicável à prescrição extintiva, segundo a qual o prazo teria início do conhecimento da lesão ao direito.

d) *Posse justa* – a *posse usucapível* deve se apresentar sem os vícios objetivos, ou seja, sem a violência, a clandestinidade ou a precariedade. Se a situação fática for adquirida por meio de atos violentos ou clandestinos, não induzirá posse, enquanto não cessar a violência ou a clandestinidade (art. 1.208, 2.ª parte, do CC). Também sou favorável ao convalescimento da posse precária. Cabe pontuar que a jurisprudência superior tem entendido que não é possível a usucapião de imóvel objeto de roubo, sendo o confisco do bem motivo para o desaparecimento da ação de usucapião, pois a posse será tida como injusta. Concluiu-se, em complemento, pela impossibilidade de o juízo cível apreciar as alegações de ineficácia da medida constritiva, de boa-fé do possuidor e de ausência de registro do confisco no Cartório de Imóveis, "pois essas questões são da competência exclusiva do juízo criminal prolator da constrição" (STJ, REsp 1.471.563/AL, 3.ª Turma, Rel. Min. Paulo de Tarso Sanseverino, j. 26.09.2017, *DJe* 10.10.2017).

e) *Posse de boa-fé e com justo título, em regra* – a usucapião ordinária, seja de bem imóvel ou móvel, exige a boa-fé e o justo título (arts. 1.242 e 1.260 do CC). Para outras modalidades de usucapião, tais requisitos são até dispensáveis, como se verá mais adiante, havendo uma presunção absoluta ou *iure et de iure* de sua presença.

Analisados esses requisitos básicos para a posse *ad usucapionem*, dispõe o art. 1.243 do atual Código Civil que o possuidor pode, para o fim de contar o tempo exigido pelos artigos antecedentes, acrescentar à sua posse a dos seus antecessores (art. 1.207), contanto que todas sejam contínuas, pacíficas e, nos casos do art. 1.242, com justo título e de boa-fé.

A primeira parte do dispositivo trata da *accessio possessionis*, que vem a ser a soma dos lapsos temporais entre os sucessores, sejam eles sucessores *inter vivos* ou *mortis causa* (*soma de posses*). Exemplificando, em caso de sucessão de empresas, uma pode somar a sua posse à da outra para usucapir um imóvel. Ainda a ilustrar, um herdeiro pode continuar a posse do *de cujus* para os fins de usucapião.

Sobre a categoria, na *IV Jornada de Direito* foi aprovado um enunciado sobre o instituto da soma de posses com os fins de usucapião, o de número 317, prevendo que "a *accessio possessionis*, de que trata o art. 1.243, primeira parte, do Código Civil, não encontra aplicabilidade relativamente aos arts. 1.239 e 1.240 do mesmo diploma legal, em face da normatividade do usucapião constitucional urbano e rural, arts. 183 e 191, respectivamente". A correta conclusão foi a de que o instituto não se aplica para os casos de usucapião especial urbana e rural, justamente diante do tratamento específico que consta da Constituição Federal de 1988. Quanto à usucapião especial urbana, há regra específica da *accessio possessionis*, prevista no art. 9.º, § 3.º, da Lei 10.257/2001 (Estatuto da Cidade).

Por fim, em relação às generalidades, enuncia o art. 1.244 do CC que se estende ao possuidor o disposto quanto ao devedor acerca das causas que obstam, suspendem ou interrompem a prescrição, as quais também se aplicam à usucapião. Lembre-se que, na obstação ou impedimento, o prazo sequer tem início; na suspensão, o prazo para e depois continua de onde parou; na interrupção, o prazo para e volta ao início, o que por regra somente pode ocorrer uma vez. Em suma, devem ser aplicadas à usucapião as hipóteses previstas nos arts. 197 a 202 do CC, a seguir elencadas e adaptadas:

- Não correrão os prazos de usucapião entre os cônjuges, na constância da sociedade conjugal. Atente-se ao fato de que a nova modalidade de usucapião urbana, para os casos de abandono do lar conjugal (art. 1.240-A do CC), constitui exceção a essa regra. Entendo, por equiparação constitucional entre as entidades familiares, que a mesma regra vale para os casos de união estável, não correndo o prazo de usucapião entre companheiros ou conviventes. A jurisprudência do STJ tem entendido que a separação de fato do casal, por longo período, é capaz de gerar a aplicação da regra, não só para os fins de prescrição extintiva, mas também para os fins de usucapião: "a constância da sociedade conjugal, exigida para a incidência da causa impeditiva da prescrição extintiva ou aquisitiva (art. 197, I, do CC/2002), cessará não apenas nas hipóteses de divórcio ou de separação judicial, mas também na hipótese de separação de fato por longo período, tendo em vista que igualmente não subsistem, nessa hipótese, as razões de ordem moral que justificam a existência da referida norma" (STJ, REsp 1.693.732/MG, 3.ª Turma, Rel. Min. Nancy Andrighi, j. 05.05.2020, *DJe* 11.05.2020).

- Não haverá usucapião entre ascendentes e descendentes, durante o poder familiar, em regra, até quando o menor completar dezoito anos.

- Não correrão também os prazos entre tutelados ou curatelados e seus tutores ou curadores, durante a tutela ou curatela.

- Os prazos de usucapião não correm contra os absolutamente incapazes, tratados no art. 3.º do CC, agora apenas os menores de 16 anos.

- Os prazos não são contados contra os ausentes do País em serviço público da União, dos Estados ou dos Municípios. Entendo que a mesma regra vale para os casos de ausência, hipótese de morte presumida da pessoa natural, tratada entre os arts. 22 e 29 do Código Civil.

- Os prazos de usucapião não contam contra os que se acharem servindo nas Forças Armadas, em tempo de guerra.

- Pendendo condição suspensiva, não se adquire um bem por usucapião. A título de exemplo, se a propriedade do bem estiver sendo discutida em sede de ação reivindicatória, não haverá início do prazo.

- Não se adquire por usucapião não estando vencido eventual prazo para a aquisição do direito.

- Não haverá contagem para o prazo de usucapião pendendo ação de evicção.

- Não se contam os prazos de usucapião quando a ação de usucapião se originar de fato que deva ser apurado no juízo criminal, não correndo a prescrição antes da respectiva sentença definitiva.

- Haverá interrupção do prazo de usucapião no caso de despacho do juiz que, mesmo incompetente, ordenar a citação, se o interessado a promover no prazo e na forma da lei processual, o que retroage à data da propositura da demanda (art. 240, § 1.º, do CPC/2015). Essa ação em que há a citação pode ser justamente aquela em que se discute o domínio da coisa. Todavia, para a jurisprudência superior, "a citação na ação possessória julgada improcedente não interrompe o prazo para aquisição da propriedade por usucapião" (assertiva n. 9 da Edição n. 133 da ferramenta *Jurisprudência em Teses* do STJ, dedicada ao Direito das Coisas e publicada em 2019). São seus precedentes: STJ, Ag.Rg. no REsp 1.010.665/MS, 4.ª Turma, Rel. Min. Antonio Carlos Ferreira, j. 16.10.2014, *DJe* 21.10.2014; Ag.Rg. no REsp 944.661/MG, 3.ª Turma, Rel. Min. Ricardo Villas Bôas Cueva, j. 13.08.2013, *DJe* 20.08.2013; e REsp 1.088.082/RJ, 4.ª Turma, Rel. Min. Luis Felipe Salomão, j. 02.03.2010, *DJe* 15.03.2010.

- O prazo prescricional para a usucapião se interrompe pelo protesto judicial ou até mesmo por eventual protesto cambial, se assim se pode imaginar.

- Interromperá o prazo prescricional para a usucapião a apresentação do título de crédito em juízo de inventário ou em concurso de credores.

- Qualquer ato judicial que constitua em mora o possuidor interrompe o prazo para a usucapião.

- Como derradeira hipótese, qualquer ato inequívoco, ainda que extrajudicial, que importe reconhecimento do direito alheio por parte do possuidor, tem o condão de interromper o prazo para a usucapião.

Como um último aspecto relativo ao tema, a Lei 14.010/2020, que instituiu Regime Jurídico Emergencial e Transitório das relações jurídicas de Direito Privado (RJET) no período da pandemia da Covid-19, trouxe regra específica e fundamental a respeito da suspensão dos prazos de usucapião em virtude das necessárias medidas de isolamento decorrentes dessa gravíssima crise.

Nos termos do seu art. 10, suspendem-se os prazos de aquisição para a propriedade imobiliária ou mobiliária, nas diversas espécies de usucapião, a partir da sua entrada em vigor – o que se deu em 12 de junho de 2020 –, até 30 de outubro do mesmo ano.

Por óbvio que a suspensão do prazo de usucapião visa não surpreender o proprietário, que não pode se defender ou se manifestar contra a posse *ad usucapionem* de outrem.

### 7.4.6.2.2 Modalidades de usucapião de bens imóveis

#### a) Da usucapião ordinária (art. 1.242 do CC)

Expressa o art. 1.242 do CC que "adquire também a propriedade do imóvel aquele que, contínua e incontestadamente, com justo título e boa-fé, o possuir por dez anos. Parágrafo único. Será de cinco anos o prazo previsto neste artigo se o imóvel houver sido

CAP. 7 • DIREITO DAS COISAS | **1061**

adquirido, onerosamente, com base no registro constante do respectivo cartório, cancelada posteriormente, desde que os possuidores nele tiverem estabelecido a sua moradia, ou realizado investimentos de interesse social e econômico". Como se nota, concentram-se no mesmo dispositivo duas modalidades de usucapião ordinária:

No *caput* do comando há previsão da *usucapião ordinária regular* ou *comum*, cujos requisitos são os seguintes:

> • Posse mansa, pacífica e ininterrupta com *animus domini* por 10 anos. O CC/2002 reduziu e unificou os prazos anteriormente previstos, que eram de 10 anos entre presentes e de 15 anos entre ausentes (art. 551 do CC/1916).
> • Justo título.
> • Boa-fé, no caso a boa-fé subjetiva, existente no campo intencional ou psicológico (art. 1.201 do CC).

No que toca ao justo título, é fundamental a citação novamente do Enunciado n. 86 do CJF/STJ, aprovado na *I Jornada de Direito Civil*, prevendo que a expressão abrange todo e qualquer ato jurídico hábil, em tese, a transferir a propriedade, independentemente de registro. Em outras palavras, deve ser considerado justo título para a usucapião ordinária o instrumento particular de compromisso de compra e venda, independentemente do seu registro ou não no Cartório de Registro de Imóveis (nesse sentido: STJ, REsp 171.204/ GO, 4.ª Turma, Rel. Min. Aldir Passarinho Junior, j. 26.06.2003, *DJ* 1.º.03.2004, p. 186).

Em 2018, o Tribunal Superior publicou a Edição n. 110 da ferramenta *Jurisprudência em Teses*, que trata do compromisso de compra e venda. Conforme a afirmação n. 10, a posse decorrente da promessa de compra e venda de imóvel não induz a usucapião, em regra. Porém, exceção deve ser feita nas hipóteses em que o possuidor passa a se comportar como se dono fosse, situação em que pode estar configurada a posse *ad usucapionem*. São citados como alguns dos precedentes da tese: Ag. Int. no REsp 1.232.821/RS, 4.ª Turma, Rel. Min. Raul Araújo, j. 21.09.2017, *DJe* 20.10.2017; Ag. Int. no AREsp 987.167/SP, 4.ª Turma, Rel. Min. Marco Buzzi, j. 16.05.2017, *DJe* 22.05.2017; Ag. Int. no REsp 1.520.297/ RS, 3.ª Turma, Rel. Min. Ricardo Villas Bôas Cueva, j. 23.08.2016, *DJe* 1.º.09.2016; e AgRg no AREsp 67.499/RS, 3.ª Turma, Rel. Min. Massami Uyeda, j. 12.06.2012, *DJe* 21.06.2012.

No ano de 2019, foi publicada a Edição n. 133 da mesma *Jurisprudência em Teses* – dedicada ao Direito das Coisas –, e a afirmação n. 6 estatui: "o contrato de promessa de compra e venda constitui justo título apto a ensejar a aquisição da propriedade por usucapião". Vislumbramos certa contradição entre essa afirmação e a anterior e, para que a jurisprudência se mantenha íntegra, estável e coerente – nos termos do art. 926 do CPC/2015 –, seria interessante retirar uma das premissas. No caso, ficamos com a última, que parece traduzir a posição majoritária da doutrina, extraída do Enunciado n. 86 da *I Jornada de Direito Civil*.

Além dessa forma de usucapião prevista no *caput* do comando legal, o seu parágrafo único trata da *usucapião ordinária por posse-trabalho*. Isso porque o prazo cai para cinco anos se o imóvel houver sido adquirido, onerosamente, com base no registro constante do respectivo cartório, cancelado posteriormente, desde que os possuidores nele tiverem estabelecido a sua moradia, ou realizado investimentos de interesse social e econômico. Em resumo, a usucapião é possível, com prazo reduzido, havendo a *posse qualificada* pelo cumprimento de uma função social.

A norma apresenta um sério problema. Isso porque traz um requisito ao lado da posse- -trabalho, qual seja, a existência de um documento hábil que foi registrado e cancelado posteriormente, caso de um compromisso de compra e venda. Tal requisito gera o que se convencionou denominar como *usucapião tabular*, especialmente entre os juristas da área de registros públicos.

Todavia, quanto ao uso do termo *tabular*, merecem ter destaque as palavras de Leonardo Brandelli, que contam com o meu total apoio, no seguinte sentido: "nem o parágrafo único do art. 1.242 do Código Civil, nem o § 5.º do art. 214, da LRP, estabelecem hipótese de usucapião decorrente tão só do fato do registro por tempo certo.

Em ambos os casos exige-se, além do registro, a posse, no mais das vezes qualificada, além de outros requisitos, a depender da espécie de prescrição aquisitiva, no caso do art. 214 da LRP. Dessa forma, em verdade, nenhuma das hipóteses é caso de usucapião tabular, o qual não existe em nosso direito. São, sim, casos de usucapião *secundum tabulas* – embora a hipótese do art. 1.242 nem sempre será, pois pode ter havido já o cancelamento do registro daquela que usucapiu – isto é, usucapião de acordo com o registrado, o que é coisa diversa da usucapião tabular, bem como da usucapião *contra tabulas*, que é admitida".[85]

Vale lembrar que, segundo o mesmo autor e com base em lições de juristas espanhóis, a *usucapião tabular* decorre somente do registro cancelado, enquanto a usucapião *secundum tabulas* necessita da presença de algum outro requisito, caso da posse efetiva, que é exigida em nosso ordenamento jurídico.

No que diz respeito ao documento que foi registrado e depois cancelado, pela literalidade da norma, parece que tal elemento é realmente imprescindível para a modalidade de usucapião que ora se estuda. Todavia, entendo de forma contrária, pois a *posse-trabalho* é que deve ser tida como elemento fundamental para a caracterização dessa forma de usucapião ordinária, fazendo que o prazo caia pela metade. Em suma, prevalece a função social da posse.

Destaco que no Projeto de Reforma do Código Civil seguiu-se esse caminho, com o fim de se retirar da norma esse requisito formal, após proposta formulada por mim para a Comissão de Juristas, nomeada no âmbito do Senado Federal. Com isso, o parágrafo único do art. 1.242 passará a prever, pura e simplesmente, que "será de cinco anos o prazo previsto neste artigo se os possuidores nele tiverem estabelecido a sua moradia, ou realizado investimentos de interesse social e econômico". Espera-se a sua aprovação pelo Parlamento Brasileiro, para que se efetive melhor a aplicação dessa modalidade de usucapião.

Por fim, pontue-se que, na *VI Jornada de Direito Civil*, evento realizado em 2013, foi aprovado o Enunciado n. 569, estabelecendo que "no caso do art. 1.242, parágrafo único, a usucapião, como matéria de defesa, prescinde do ajuizamento da ação de usucapião, visto que, nessa hipótese, o usucapiente já é o titular do imóvel no registro". De acordo com as suas justificativas, "a usucapião de que trata o art. 1.242, parágrafo único, constitui matéria de defesa a ser alegada no curso da ação de anulação do registro do título translativo de propriedade, sendo dispensável o posterior ajuizamento da ação de usucapião".

Como se nota, o enunciado doutrinário em questão confirma a necessidade daquele requisito formal para a incidência do dispositivo.

### b) Da usucapião extraordinária (art. 1.238 do CC)

Nos termos literais do *caput* do dispositivo, "aquele que, por quinze anos, sem interrupção, nem oposição, possuir como seu um imóvel, adquire-lhe a propriedade, independentemente de título e boa-fé; podendo requerer ao juiz que assim o declare por sentença,

---

[85] BRANDELLI, Leonardo. *Usucapião administrativa*. São Paulo: Saraiva, 2016. p. 66-67.

CAP. 7 • DIREITO DAS COISAS | **1063**

a qual servirá de título para o registro no Cartório de Registro de Imóveis". De acordo com o seu parágrafo único, o prazo estabelecido no dispositivo será reduzido para dez anos se o possuidor houver estabelecido no imóvel a sua moradia habitual, ou nele realizado obras ou serviços de caráter produtivo.

Na esteira do que ocorre com a usucapião ordinária, há a *usucapião extraordinária regular* ou *comum* (*caput*) e a *usucapião extraordinária por posse-trabalho* (parágrafo único). Em relação à primeira, o prazo foi reduzido para 15 anos, uma vez que o CC/1916 consagrava um prazo de 20 anos (art. 550 do CC/1916).

Ora, é requisito essencial da usucapião extraordinária a existência, em regra, de uma posse mansa e pacífica, ininterrupta, com *animus domini* e sem oposição por 15 anos. O prazo cai para 10 anos se o possuidor houver estabelecido no imóvel sua moradia habitual ou houver realizado obras ou serviços de caráter produtivo, ou seja, se a função social da posse estiver sendo cumprida pela presença da *posse-trabalho.*

O que se percebe é que nos dois casos não há necessidade de se provar a boa-fé ou o justo título, havendo uma presunção absoluta ou *iure et de iure* da presença desses elementos. O requisito, portanto, é único, isto é, a presença da posse que apresente os requisitos exigidos em lei.

Por fim, consigne-se que a nova modalidade de usucapião extraordinária, fundada na posse-trabalho, vem sendo objeto de numerosos julgados nacionais (por todos: STJ, REsp 1.088.082/RJ, 4.ª Turma, Rel. Min. Luis Felipe Salomão, j. 02.03.2010, *DJe* 15.03.2010; TJSC, Apelação Cível 0003848-56.2013.8.24.0014, 2.ª Câmara de Direito Público, Campos Novos, Rel. Des. Cid Goulart, *DJSC* 22.09.2017, p. 307; TJSP, Apelação 1006659-96.2013.8.26.0278, Acórdão 10786058, 1.ª Câmara de Direito Privado, Itaquaquecetuba, Rel. Des. Francisco Loureiro, j. 13.09.2017, *DJESP* 18.09.2017, p. 2541; TJSP, Apelação 994.09.273833-3, Acórdão 4552538, 6.ª Câmara de Direito Privado, Fernandópolis, Rel. Des. Roberto Solimene, j. 10.06.2010, *DJESP* 26.07.2010; TJMG, Apelação Cível 1.0317.05.048800-4/0011, 17.ª Câmara Cível, Itabira, Rel. Des. Eduardo Mariné da Cunha, j. 29.10.2009, *DJEMG* 18.11.2009).

De toda sorte, no Projeto de Reforma do Código Civil sugere-se uma melhor organização da norma, também para se incluir a menção à usucapião extrajudicial, hoje tratada na Lei de Registros Públicos (Lei 6.015/1973). Além de ajustes de redação, o novo *caput* do art. 1.238 preverá que "aquele que, por quinze anos, sem interrupção, nem oposição, possuir como seu um imóvel, adquire-lhe a propriedade, independentemente de título e boa-fé". O atual parágrafo único do comando passará a ser um § 1.º: "o prazo estabelecido neste artigo reduzir-se-á a dez anos se o possuidor houver estabelecido no imóvel a sua moradia habitual, ou nele realizado obras ou serviços de caráter produtivo".

Por fim, enunciará o seu novo § 2.º que "servirá de título para o registro no Cartório de Registro de Imóveis, tanto a sentença que declarar a aquisição por usucapião, como a nota fundamentada de deferimento extrajudicial de usucapião". A inclusão da usucapião extrajudicial na Lei Geral Privada visa a retomar o seu *protagonismo legislativo*, um dos *nortes* do Anteprojeto.

*c) Da usucapião constitucional ou especial rural – pró-labore (art. 191, caput, da CF/1988; art. 1.239 do CC e Lei 6.969/1981)*

Dispõe o *caput* do art. 191 da CF/1988 que "aquele que, não sendo proprietário de imóvel rural ou urbano, possua como seu, por cinco anos ininterruptos, sem oposição, área de terra, em zona rural, não superior a cinquenta hectares, tornando-a produtiva por seu trabalho ou de sua família, tendo nela sua moradia, adquirir-lhe-á a propriedade". A regra foi reproduzida, na literalidade, pelo art. 1.239 do CC/2002; estando o instituto da *usucapião constitucional* ou *especial rural* do mesmo modo regulamentado pela Lei 6.969/1981.

**1064** | MANUAL DE DIREITO CIVIL • VOLUME ÚNICO – *Flávio Tartuce*

Pontue-se que, entre os autores do Direito Agrário, a categoria é denominada como *usucapião agrário* ou *agrária*. Segundo Benedito Ferreira Marques, o termo especial deve ser utilizado apenas para a usucapião indígena, a seguir estudada, e não para o instituto objeto deste tópico.[86] De toda sorte, prefiro utilizar o termo "especial", majoritário na doutrina civilista nacional também para a usucapião constitucional urbana.

Em relação aos seus requisitos, podem ser destacados os seguintes:

- A área não pode ser superior a 50 hectares (50 ha), e deve estar localizada na zona rural.
- A posse deve ter cinco anos ininterruptos, sem oposição e com *animus domini*.
- O imóvel deve ser utilizado para subsistência ou trabalho (*pro labore*), podendo ser na agricultura, na pecuária, no extrativismo ou em atividade similar. O fator essencial é que a pessoa ou a família esteja tornando produtiva a terra, por força de seu trabalho.
- Aquele que pretende adquirir por usucapião não pode ser proprietário de outro imóvel, seja ele rural ou urbano.

Não há qualquer previsão quanto ao justo título e à boa-fé, pois tais elementos se presumem de forma absoluta (presunção *iure et de iure*) pela destinação que foi dada ao imóvel, atendendo à sua função social.

No atual Projeto de Reforma do Código Civil, sugere-se a inclusão de um parágrafo único no seu art. 1.239, para que preveja, em *espelhamento* com a usucapião especial urbana, que "o direito previsto no *caput* não será reconhecido ao mesmo possuidor mais de uma vez". De acordo com a Subcomissão de Direito das Coisas, a proposta de alteração "busca coerência com a restrição da usucapião especial urbana (art. 1.240)", tendo sido amplamente discutida na Comissão de Juristas e aprovada após a votação entre os seus membros, no Congresso Nacional. Entre os argumentos em seu favor está o combate à grilagem de terras no ambiente agrário, o que vem em boa hora.

Ainda em relação ao instituto da usucapião especial rural, interessante aqui comentar alguns enunciados aprovados nas *Jornadas de Direito Civil*, com conteúdo muito importante e que merecem o devido estudo.

O primeiro deles é o Enunciado n. 312 do CJF/STJ, da *IV Jornada de Direito Civil* (2006), pelo qual "observado o teto constitucional, a fixação da área máxima para fins de usucapião especial rural levará em consideração o módulo rural e a atividade agrária regionalizada". Para Paulo Henrique Cunha da Silva, autor do enunciado doutrinário: "trata-se de posse *pro labore* em conjunto com a família, daí não assistir razão para que a modalidade especial de aquisição seja para áreas superiores ou inferiores a um módulo. Ora, o inciso II, do art. 4.º, do Estatuto da Terra (Lei 4.504/1964), define como propriedade familiar o imóvel rural que, direta e pessoalmente explorado pelo agricultor e sua família, lhes absorva toda a força de trabalho, garantindo-lhes a subsistência e o progresso social e econômico, com área máxima fixada para cada região e tipo de exploração, e eventualmente, trabalhado com a ajuda de terceiros, sendo o módulo rural uma unidade de medida, expressa em hectares, que busca exprimir a interdependência entre a dimensão, a situação geográfica dos imóveis rurais e a forma e condições do seu aproveitamento econômico". O enunciado, assim, tem a sua razão de ser, buscando um diálogo importante com o Direito Agrário.

---

[86] MARQUES, Benedito Ferreira. *Direito agrário brasileiro*. São Paulo: Atlas, 2011. p. 98-99.

CAP. 7 • DIREITO DAS COISAS | **1065**

Aplicando esse enunciado doutrinário, acórdão do Superior Tribunal de Justiça de 2015 concluiu que é possível que a usucapião agrária incida sobre área inferior a um módulo rural, especialmente pelo fato de estar citada na ementa aprovada na *IV Jornada de Direito Civil* apenas a área máxima, e não a mínima. Vejamos o teor desse correto julgado, cujo conteúdo tem o meu total apoio:

> "A usucapião prevista no art. 191 da Constituição (e art. 1.239 do Código Civil), regulamentada pela Lei n. 6.969/1981, é caracterizada pelo elemento posse-trabalho. Serve a essa espécie tão somente a posse marcada pela exploração econômica e racional da terra, que é pressuposto à aquisição do domínio do imóvel rural, tendo em vista a intenção clara do legislador em prestigiar o possuidor que confere função social ao imóvel rural. O módulo rural previsto no Estatuto da Terra foi pensado a partir da delimitação da área mínima necessária ao aproveitamento econômico do imóvel rural para o sustento familiar, na perspectiva de implementação do princípio constitucional da função social da propriedade, importando sempre, e principalmente, que o imóvel sobre o qual se exerce a posse trabalhada possua área capaz de gerar subsistência e progresso social e econômico do agricultor e sua família, mediante exploração direta e pessoal – com a absorção de toda a força de trabalho, eventualmente com a ajuda de terceiros. Com efeito, a regulamentação da usucapião, por toda legislação que cuida da matéria, sempre delimitou apenas a área máxima passível de ser usucapida, não a área mínima, donde concluem os estudiosos do tema, que mais relevante que a área do imóvel é o requisito que precede a ele, ou seja, o trabalho realizado pelo possuidor e sua família, que torna a terra produtiva e lhe confere função social. Assim, a partir de uma interpretação teleológica da norma, que assegure a tutela do interesse para a qual foi criada, conclui-se que, assentando o legislador, no ordenamento jurídico, o instituto da usucapião rural, prescrevendo um limite máximo de área a ser usucapida, sem ressalva de um tamanho mínimo, estando presentes todos os requisitos exigidos pela legislação de regência, parece evidenciado não haver impedimento à aquisição usucapicional de imóvel que guarde medida inferior ao módulo previsto para a região em que se localize. A premissa aqui assentada vai ao encontro do que foi decidido pelo Plenário do Supremo Tribunal Federal, em conclusão de julgamento realizado em 29.04.2015, que proveu recurso extraordinário, em que se discutia a possibilidade de usucapião de imóvel urbano em município que estabelece lote mínimo para parcelamento do solo, para reconhecer aos recorrentes o domínio sobre o imóvel, dada a implementação da usucapião urbana prevista no art. 183 da CF" (STJ, REsp 1.040.296/ES, 4.ª Turma, Rel. Min. Marco Buzzi, Rel. p/ Acórdão Min. Luis Felipe Salomão, j. 02.06.2015, *DJe* 14.08.2015).

A propósito, pontue-se que, posteriormente ao acórdão, na *VII Jornada de Direito Civil*, realizada em setembro de 2015, foi aprovado um enunciado exatamente na linha do julgamento, deduzindo que "é possível adquirir a propriedade de área menor do que o módulo rural estabelecido para a região, por meio da usucapião especial rural" (Enunciado n. 594). Desse modo, o entendimento constante do seu teor goza de grande prestígio na atualidade, não só na jurisprudência, como também na doutrina.

O terceiro enunciado doutrinário a ser destacado é o de número 313 da *IV Jornada*, prevendo que, "quando a posse ocorre sobre área superior aos limites legais, não é possível a aquisição pela via da usucapião especial, ainda que o pedido restrinja a dimensão do que se quer usucapir". A ementa aprovada atinge não somente a usucapião especial rural, mas também a usucapião especial urbana (art. 1.240 do CC), e vem recebendo aplicação jurisprudencial (TJRS, Apelação Cível 70027024959, 19.ª Câmara Cível, Porto Alegre, Rel. Des. Carlos Rafael dos Santos Júnior, j. 07.04.2009, *DOERS* 19.05.2009, p. 60).

# 1066 | MANUAL DE DIREITO CIVIL • VOLUME ÚNICO – *Flávio Tartuce*

Com o devido respeito, não se filia ao seu teor, eis que, em casos excepcionais, pode-se deferir a usucapião mesmo sendo a área um pouco superior ao previsto em lei, desde que a função social da posse esteja sendo bem exercida. Em suma, o material deve prevalecer sobre o formal.

*d) Da usucapião constitucional ou especial urbana* – pro misero *(art. 183, caput, da CF/1988, art. 1.240 do CC e art. 9.º da Lei 10.257/2001). A inclusão da usucapião especial urbana por abandono do lar pela Lei 12.424/2011 (art. 1.240-A do CC)*

A *usucapião constitucional* ou *especial urbana* (pro misero) está tratada no *caput* do art. 183 da CF/1988: "aquele que possuir como sua área urbana de até duzentos e cinquenta metros quadrados, por cinco anos, ininterruptamente e sem oposição, utilizando-a para sua moradia ou de sua família, adquirir-lhe-á o domínio, desde que não seja proprietário de outro imóvel urbano ou rural". A norma está reproduzida no art. 1.240 do CC e no *caput* do art. 9.º da Lei 10.257/2001 (Estatuto da Cidade).

Nos termos do Estatuto da Cidade, o título de domínio será conferido ao homem ou à mulher, ou a ambos, independentemente do estado civil (art. 9.º, § 1.º, da Lei 10.257/2001). A previsão é reproduzida pelo § 1.º do art. 1.240 da Lei Civil: "o título de domínio e a concessão de uso serão conferidos ao homem ou à mulher, ou a ambos, independentemente do estado civil", cujo objetivo era justamente tutelar as pessoas que viviam em união estável, no passado.

Observo que no Projeto de Reforma do Código Civil almeja-se alterar a norma, com o seguinte texto: "§ 1º O título de propriedade e a concessão de uso serão conferidos à pessoa, independentemente de gênero, sexo, ou estado civil". Com isso, passará a ser possível a sua concessão em casos de união ou casamento homoafetivo, no texto expresso da norma civil, conclusão que já decorre da correta interpretação dos comandos legais.

Ademais, o direito à usucapião especial urbana não será reconhecido ao mesmo possuidor mais de uma vez, o que confirma a ideia de que a aquisição da propriedade atende ao direito mínimo de moradia – *pro misero* (art. 9.º, § 2.º, da Lei 10.257/2001).

De acordo com o § 3.º do art. 9.º da Lei 10.257/2001, para os efeitos dessa modalidade de usucapião, o herdeiro legítimo continua, de pleno direito, a posse de seu antecessor, desde que já resida no imóvel por ocasião da abertura da sucessão. Eis aqui o tratamento específico da *accessio possessionis* para a usucapião especial urbana, como outrora mencionado, não se aplicando, portanto, a regra geral prevista no art. 1.243 do CC. Resta claro, pela literalidade da norma, que a *soma das posses* para a usucapião especial urbana somente pode ser *mortis causa* e não *inter vivos*, como é na regra geral.

Pois bem, sintetizando, pelo que consta das normas, são os requisitos da usucapião constitucional ou especial urbana:

- Área urbana não superior a 250 m².
- Posse mansa e pacífica de cinco anos ininterruptos, sem oposição, com *animus domini*.
- O imóvel deve ser utilizado para a sua moradia ou de sua família, nos termos do que prevê o art. 6.º, *caput*, da CF/1988 (*pro misero*).
- Aquele que adquire o bem não pode ser proprietário de outro imóvel, rural ou urbano; não podendo a usucapião especial urbana ser deferida mais de uma vez. Sobre esse elemento, recente julgado do STJ considerou que "o fato de os possuidores serem proprietários de metade do imóvel usucapiendo não recai na vedação de não possuir 'outro imóvel' urbano, contida

> no artigo 1.240 do Código Civil". Ainda de acordo com o julgado, que traz o debate de outros temas relevantes, "é firme a jurisprudência desta Corte no sentido de ser admissível a usucapião de bem em condomínio, desde que o condômino exerça a posse do bem com exclusividade". E mais, "a posse exercida pelo locatário pode se transmudar em posse com *animus domini* na hipótese em que ocorrer substancial alteração da situação fática". No caso concreto, em que se admitiu a usucapião, "os possuidores (i) permaneceram no imóvel por mais de 30 (trinta) anos, sem contrato de locação regular e sem efetuar o pagamento de aluguel, (ii) realizaram benfeitorias, (iii) tornaram-se proprietários da metade do apartamento, e (iv) adimpliram todas as taxas e tributos, inclusive taxas extraordinárias de condomínio, comportando-se como proprietários exclusivos do bem" (STJ, REsp 1.909.276/RJ, 3.ª Turma, Rel. Min. Ricardo Villas Bôas Cueva, j. 27.09.2022, *DJe* 30.09.2022).

Observe-se que não há menção quanto ao justo título e à boa-fé pela presunção absoluta ou *iure et de iure* de suas presenças.

Em relação à usucapião especial urbana, existem três outros enunciados aprovados nas *Jornadas de Direito Civil*, sem prejuízo do Enunciado n. 313 da *IV Jornada* (2006), outrora exposto. O primeiro deles é o Enunciado n. 85 da *I Jornada de Direito Civil* (2002), pelo qual, "para efeitos do art. 1.240, *caput*, do novo Código Civil, entende-se por 'área urbana' o imóvel edificado ou não, inclusive unidades autônomas vinculadas a condomínios edilícios". Na esteira da jurisprudência estadual anterior, o entendimento doutrinário consubstanciado no enunciado está a possibilitar a usucapião especial urbana de apartamentos em condomínio edilício, tese com a qual concordo integralmente (ver: TJSP, Apelação 390.646-4/3-00, 3.ª Câmara de Direito Privado, Mococa, Rel. Des. Beretta da Silveira, j. 05.09.2006, v.u., Voto 11.567). A afirmação foi confirmada pelo Supremo Tribunal Federal, em agosto de 2020, em julgamento com repercussão geral, que confirma ser essa a posição a ser considerada e seguida, para os devidos fins práticos (STF, RE 305.416, Rel. Min. Marco Aurélio).

Em havendo usucapião de área em condomínio, dispõe o Enunciado n. 314 da *IV Jornada* que, "para os efeitos do art. 1.240, não se deve computar, para fins de limite de metragem máxima, a extensão compreendida pela fração ideal correspondente à área comum". Em suma, para o cômputo dos 250 m² que exige a lei, somente deve ser levada em conta a área autônoma ou individual e não a fração da área comum. E não se olvide que, conforme enunciado aprovado na *VII Jornada de Direito Civil*, em 2015, também o condomínio edilício pode adquirir área por usucapião (Enunciado n. 596), o que conta com o meu total apoio doutrinário, que reconhece a personalidade jurídica ao condomínio, conforme desenvolvido nesta obra.

Ademais, conforme visto anteriormente, o Superior Tribunal de Justiça considerou, em 2015, a possibilidade de usucapião agrária em área inferior a um módulo rural. Mantendo a coerência, em 2016, emergiu aresto aplicando a mesma premissa para o módulo urbano. Nos termos da publicação constante do *Informativo* n. 584 da Corte:

> "Não obsta o pedido declaratório de usucapião especial urbana o fato de a área do imóvel ser inferior à correspondente ao 'módulo urbano' (a área mínima a ser observada no parcelamento de solo urbano por determinação infraconstitucional). Isso porque o STF, após reconhecer a existência de repercussão geral da questão constitucional suscitada, fixou a tese de que, preenchidos os requisitos do artigo 183 da CF, cuja norma está reproduzida no art. 1.240 do CC, o reconhecimento do direito à usucapião especial urbana não pode ser obstado por legislação infra-constitucional que estabeleça módulos urbanos na respectiva área em que situado o

imóvel (dimensão do lote) (RE 422.349-RS, Tribunal Pleno, *DJe* 5/8/2015)" (STJ, REsp 1.360.017/RJ, Rel. Min. Ricardo Villas Bôas Cueva, j. 05.05.2016, *DJe* 27.05.2016).

Também a merecer destaque, o Superior Tribunal de Justiça concluiu, em 2020, que é possível a usucapião constitucional urbana se o imóvel tiver uma *utilização mista*, residencial e comercial, o que também conta com o meu apoio. Nos termos de trecho da ementa do acórdão, "o art. 1.240 do CC/2002 não direciona para a necessidade de destinação exclusiva residencial do bem a ser usucapido. Assim, o exercício simultâneo de pequena atividade comercial pela família domiciliada no imóvel objeto do pleito não inviabiliza a prescrição aquisitiva buscada" (STJ, REsp 1.777.404/TO, 3.ª Turma, Rel. Min. Nancy Andrighi, j. 05.05.2020, *DJe* 11.05.2020). O *decisum* confirma o caráter *pro misero* do instituto.

A Lei 12.424, de 16 de junho de 2011, inclui no sistema a *usucapião especial urbana por abandono do lar*. Vejamos a redação do novo comando, constante do art. 1.240-A do CC/2002:

> "Art. 1.240-A. Aquele que exercer, por 2 (dois) anos ininterruptamente e sem oposição, posse direta, com exclusividade, sobre imóvel urbano de até 250m² (duzentos e cinquenta metros quadrados) cuja propriedade divida com ex-cônjuge ou ex-companheiro que abandonou o lar, utilizando-o para sua moradia ou de sua família, adquirir-lhe-á o domínio integral, desde que não seja proprietário de outro imóvel urbano ou rural.
>
> § 1.º O direito previsto no *caput* não será reconhecido ao mesmo possuidor mais de uma vez".

O instituto traz algumas semelhanças em relação à usucapião especial urbana que já estava prevista, a qual pode ser denominada como *regular*.

De início, cite-se a metragem de 250 m², que é exatamente a mesma, procurando o legislador manter a uniformidade legislativa. Isso, apesar de que em alguns locais a área pode ser tida como excessiva, conduzindo a usucapião de imóveis de valores milionários. Ato contínuo, o novo instituto somente pode ser reconhecido uma vez, desde que o possuidor não tenha um outro imóvel urbano ou rural.

A principal novidade é a redução do prazo para exíguos dois anos, o que faz com que a nova categoria seja aquela com menor prazo previsto, entre todas as modalidades de usucapião, inclusive de bens móveis (o prazo menor era de três anos). Deve ficar claro que a tendência pós-moderna é justamente a de redução dos prazos legais, eis que o mundo contemporâneo possibilita a tomada de decisões com maior rapidez.

O abandono do lar é o fator preponderante para a incidência da norma, somado ao estabelecimento da moradia com posse direta. O comando pode atingir cônjuges ou companheiros, inclusive homoafetivos, diante do amplo reconhecimento da união homoafetiva como entidade familiar, equiparada à união estável.

Fica claro que o instituto tem incidência restrita entre os componentes da entidade familiar, sendo esse o seu âmbito inicial de aplicação. Nesse sentido, precioso enunciado aprovado na *V Jornada de Direito Civil*, do ano de 2011, a saber: "a modalidade de usucapião prevista no art. 1.240-A do Código Civil pressupõe a propriedade comum do casal e compreende todas as formas de família ou entidades familiares, inclusive homoafetivas" (Enunciado n. 500).

Consigne-se que em havendo disputa, judicial ou extrajudicial, relativa ao imóvel, não ficará caracterizada a posse *ad usucapionem*, não sendo o caso de subsunção do preceito. Eventualmente, o cônjuge ou companheiro que abandonou o lar pode notificar o ex-consorte anualmente, para demonstrar o impasse relativo ao bem, afastando o cômputo do prazo. Trazendo essa ideia, vejamos dois acórdãos estaduais:

"Acolhimento do pedido de reconhecimento de domínio pela usucapião que se mostra inviável. Instituto da usucapião familiar/conjugal, previsto no artigo 1.240-A que pressupõe que o imóvel que se pretende usucapir seja, por força do regime de bens, do casal, em comunhão, decorrente do regime de bens do casamento ou da união estável, ou em condomínio. Imóvel que, no caso em tela, pertence unicamente ao primeiro réu, o qual o recebeu em doação quando ainda era menor. Demais modalidades que imprescindem do *animus domini*, não demonstrado na hipótese em exame. Permanência da autora no imóvel, juntamente com os filhos do ex-casal, que indica somente a tolerância com a situação fática acarretada pelo rompimento do vínculo conjugal. Incidência do art. 1.208 do Código Civil. Notificação extrajudicial realizada que cumpriu a finalidade de denunciar o contrato e demonstrou o interesse da usufrutuária e do nu-proprietário em reaver o imóvel, perfectibilizando-se o esbulho. Incidência do artigo 582 do Código Civil" (TJRJ, Apelação 0390522-36.2016.8.19.0001, Rio de Janeiro, 5.ª Câmara Cível, Rel. Des. Heleno Ribeiro Pereira Nunes, *DORJ* 10.06.2021, p. 298).

"Embora o réu tenha constituído nova família, não restou configurado abandono. Réu que vem pagando pensão alimentícia e exercendo o direito de visitas à filha comum do casal. Mera ocupação autorizada do imóvel comum que restou continuada diante permissão do coproprietário. Ausente requisito do *animus domini* para o seu reconhecimento" (TJSP, Apelação Cível 1002348-40.2016.8.26.0704, Acórdão 14935725, São Paulo, 10.ª Câmara de Direito Privado, Rel. Des. Elcio Trujillo, j. 19.08.2021, *DJESP* 24.08.2021, p. 1.668).

Adotando-se em parte essas ideias, da *IX Jornada de Direito Civil*, promovida pelo Conselho da Justiça Federal e pelo Superior Tribunal de Justiça em maio de 2002, destaque-se o Enunciado n. 664, segundo o qual "o prazo da usucapião contemplada no art. 1.240-A só iniciará seu curso caso a composse tenha cessado de forma efetiva, não sendo suficiente, para tanto, apenas o fim do contato físico com o imóvel". Consoante as suas corretas justificativas, que contaram com o meu apoio naquele evento:

"Em que pese o referido dispositivo legal refira-se ao abandono do lar pelo ex--cônjuge ou ex-companheiro, por tratar-se de hipótese de composse (art. 1.199, CC/2002), somente quando esta efetivamente cessar, a usucapião familiar poderá consumar-se. Assim, ainda que não mais exerça a posse direta sobre o imóvel, o ex-cônjuge ou ex-companheiro não deixará de ser compossuidor caso siga arcando com despesas do imóvel, tais como cobranças de cota condominial ou IPTU. Em tal caso, haveria, na verdade, um desdobramento da posse entre direta e indireta, e não o fim da composse, passível de dar ensejo ao decurso do prazo de prescrição aquisitiva em favor do ex-cônjuge ou companheiro que segue residindo no imóvel".

Desse modo, o requisito do abandono do lar merece uma interpretação objetiva e cautelosa. Nessa esteira, vejamos um outro enunciado aprovado na *V Jornada de Direito Civil*, que analisava muito bem a temática:

"A aquisição da propriedade na modalidade de usucapião prevista no art. 1.240-A do Código Civil só pode ocorrer em virtude de implemento de seus pressupostos anteriormente ao divórcio. O requisito 'abandono do lar' deve ser interpretado de maneira cautelosa, mediante a verificação de que o afastamento do lar conjugal representa descumprimento simultâneo de outros deveres conjugais, tais como assistência material e dever de sustento do lar, onerando desigualmente aquele que se manteve na residência familiar e que se responsabiliza unilateralmente com as despesas oriundas da manutenção da família e do próprio imóvel, justificando a perda da propriedade e a alteração do regime de bens quanto ao imóvel objeto de usucapião" (Enunciado n. 499).

Como incidência concreta desse enunciado doutrinário anterior, não se pode admitir a aplicação da nova usucapião nos casos de atos de violência praticados por um cônjuge ou companheiro para retirar o outro do lar conjugal. Em suma, a expulsão do cônjuge ou companheiro não pode ser comparada ao abandono.

Outra aplicação da transcrita ementa doutrinária diz respeito ao afastamento de qualquer debate sobre a culpa, com o fim de influenciar a usucapião a favor de um ou outro consorte. Na verdade, existindo qualquer controvérsia a respeito do imóvel, não há que falar em posse *ad usucapionem* com a finalidade de gerar a aquisição do domínio.

De toda sorte, pontue-se que, na *VII Jornada de Direito Civil*, realizada em 2015, o Enunciado n. 499 CJF foi cancelado, substituído por outro com linguagem mais clara, que parece englobar as hipóteses aqui mencionadas. Nos termos da nova ementa doutrinária, "o requisito do 'abandono do lar' deve ser interpretado na ótica do instituto da usucapião familiar como abandono voluntário da posse do imóvel somando à ausência da tutela da família, não importando em averiguação da culpa pelo fim do casamento ou união estável. Revogado o Enunciado 499" (Enunciado n. 595). Com o devido respeito, penso que o último enunciado não inova, trazendo como conteúdo exatamente o que estava tratado no anterior, ora cancelado, apenas com o uso de termos mais objetivos.

No que concerne à questão de direito intertemporal, parece correto o entendimento defendido por Marcos Ehrhardt Jr., no sentido de que "o prazo para exercício desse novo direito deve ser contado por inteiro, a partir do início da vigência da alteração legislativa, afinal não se deve mudar as regras do jogo no meio de uma partida". A conclusão tem relação direta com a proteção do direito adquirido, retirada do art. 5.º, inc. XXXVI, da Constituição e do art. 6.º da Lei de Introdução.[87]

Do mesmo modo, a conclusão constante em outro enunciado da *V Jornada de Direito Civil:* "a fluência do prazo de 2 anos, previsto pelo art. 1.240-A para a nova modalidade de usucapião nele contemplada com a tem início em vigor da Lei n. 12.424/2011" (Enunciado n. 498). Adotando esse entendimento:

> "Usucapião. Ação de usucapião familiar. Autora separada de fato que pretende usucapir a parte do imóvel que pertencente ao ex-cônjuge. Artigo 1.240-A do Código Civil, inserido pela Lei 12.424/2011. Inaplicabilidade. Prazo de 2 anos necessário para aquisição na modalidade de 'usucapião familiar', que deve ser contado da data da vigência da Lei (16.06.2011). Ação distribuída em 25.08.2011. Lapso temporal não transcorrido. Sentença de indeferimento da inicial mantida. Recurso desprovido" (TJSP, APL 00406656920118260100, 3.ª Câmara Cível, Rel. Alexandre Marcondes, j. 25.02.2014).

Merece relevo outro enunciado aprovado na *V Jornada*, que conclui que não é requisito indispensável para a nova usucapião o divórcio ou a dissolução da união estável, bastando a mera separação de fato: "as expressões 'ex-cônjuge' e 'ex-companheiro', contidas no artigo 1.240-A do Código Civil, correspondem à situação fática da separação, independentemente de divórcio (Enunciado n. 501). Julgando dessa forma, somente para ilustrar: "o evento *a quo* para o início da contagem do prazo prescricional é a separação de fato do casal, com o abandono do lar por um dos cônjuges" (TJSP, Apelação 0023846-23.2012.8.26.0100,

---

[87] EHRHARDT JR. Marcos. Temos um novo tipo de usucapião criado pela Lei 12.424/2011. Problemas à vista. Disponível em: <http://www.marcosehrhardt.adv.br/index.php/blog>. Acesso em: 1.º jul. 2011.

Acórdão 7215564, São Paulo, 2.ª Câmara de Direito Privado, Rel. Des. José Carlos Ferreira Alves, j. 03.12.2013, *DJESP* 21.01.2014).

Do mesmo evento, conclui-se que "o conceito de posse direta do art. 1.240-A do Código Civil não coincide com a acepção empregada no art. 1.197 do mesmo Código" (Enunciado n. 502). Isso porque o imóvel pode ser ocupado por uma pessoa da família do ex-cônjuge ou ex-companheiro que pleiteia a usucapião, caso de seu filho, conforme consta do próprio dispositivo. Em casos tais, pelo teor do enunciado e a minha opinião doutrinária, a usucapião é viável juridicamente.

Pontue-se que existem arestos aplicando a categoria e os entendimentos aqui expostos, caso do seguinte, em que o casal já estava separado há mais de vinte anos, tendo sido respeitada a regra de Direito Intertemporal antes comentada:

> "Apelação cível. Ação de divórcio litigioso. Procedência decretação do divórcio do casal e determinação de partilha do único bem amealhado na constância do matrimônio. Irresignação acerca da partilha. Alegação de usucapião conjugal. Previsão no art. 1.240-A do Código Civil, com entrada em vigor da Lei n.º 12.424/2011. Requisitos preenchidos. Separação de fato há mais de 20 (vinte) anos. Abandono do lar pelo cônjuge varão. Imóvel que atende as exigências legais. Inexistência de outros bens. Recurso provido. Preenchidos os requisitos da usucapião conjugal previstos no art. 1.240-A do Código Civil, em decorrência do abandono do lar pelo cônjuge varão há mais de 20 (vinte) anos, em cujo imóvel permaneceu residindo a ora apelante, o qual atende as exigências legais, inclusive não sendo esta proprietária de outros bens, impõe-se a aplicação dessa figura jurídica" (TJMT, Apelação 63379/2014, Rondonópolis, Rel. Des. Marilsen Andrade Addário, *DJMT* 19.02.2015, p. 18).

Para encerrar o tema, destaco que no Projeto de Reforma do Código Civil são feitas sugestões de melhora substancial do texto do seu art. 1.240-A, com o fim de resolver muitas das polêmicas expostas e trazer para o texto legal alguns dos enunciados doutrinários aprovados nas *Jornadas de Direito Civil.*

Nesse contexto, a Comissão de Juristas propõe que o seu *caput* expresse que "aquele que exercer, por 2 (dois) anos ininterruptamente e sem oposição, posse com intenção de dono, com exclusividade, sobre imóvel urbano de até 250m² (duzentos e cinquenta metros quadrados) cuja propriedade divida com ex-cônjuge ou ex-convivente que abandonou o lar, utilizando-o para sua moradia ou de sua família, adquirir-lhe-á a propriedade integral, desde que não seja proprietário de outro imóvel urbano ou rural". Como se nota, é retirada a menção à posse direta, que é controversa, como antes se expôs.

Mantém-se o § 1.º do dispositivo, mas se inclui um novo § 2.º-A, com o fim de se deliminar o início do prazo da usucapião, em prol da segurança jurídica: "o prazo mencionado neste dispositivo, deve ser contado da data do fim da composse existente entre os ex-cônjuges ou os ex-conviventes". Em complemento, com o mesmo fim, o projetado § 3.º: "presume-se como cessada a composse quando, a partir do fim da posse com intenção de dono, em conjunto, o ex-cônjuge ou ex-convivente deixa de arcar com as despesas relativas ao imóvel". A menção à posse com *animus domini* trará, sem dúvidas, maior certeza na aplicação do instituto.

O mesmo se diga quanto aos propostos §§ 4.º e 5.º do art. 1.240-A, que projetam na lei os Enunciados n. 501 e 595 das *Jornadas*: "as expressões ex-cônjuge e ex-convivente, contidas neste dispositivo, correspondem à situação fática da separação, independentemente de divórcio ou de dissolução da união estável", e "o requisito do abandono do lar deve ser interpretado como abandono voluntário da posse do imóvel, não importando em averiguação da culpa pelo fim da sociedade conjugal, do casamento ou da união estável".

# 1072 | MANUAL DE DIREITO CIVIL • VOLUME ÚNICO – *Flávio Tartuce*

Penso que, com a aprovação das proposições, o instituto terá mais previsibilidade e certeza na sua aplicação, superando-se divergências práticas hoje existentes, sendo fundamental a sua aprovação pelo Parlamento Brasileiro, em prol da operabilidade e da segurança jurídica.

Expostas as principais questões controversas sobre essa nova modalidade de usucapião individual, passa-se ao estudo da usucapião coletiva.

### e) Da usucapião especial urbana coletiva (art. 10 da Lei 10.257/2001)

É a redação atual do art. 10 do Estatuto da Cidade (Lei 10.257/2001): "Os núcleos urbanos informais existentes sem oposição há mais de cinco anos e cuja área total dividida pelo número de possuidores seja inferior a duzentos e cinquenta metros quadrados por possuidor são suscetíveis de serem usucapidos coletivamente, desde que os possuidores não sejam proprietários de outro imóvel urbano ou rural". Consagra-se, assim, a *usucapião especial urbana coletiva*, ou, tão somente, *usucapião coletiva*, possível nos casos envolvendo imóveis localizados em zonas urbanas.

Como visto outrora, a norma foi alterada pela Lei 13.465/2017, tendo a seguinte redação anterior: "as áreas urbanas com mais de duzentos e cinquenta metros quadrados, ocupadas por população de baixa renda para sua moradia, por cinco anos, ininterruptamente e sem oposição, onde não for possível identificar os terrenos ocupados por cada possuidor, são susceptíveis de serem usucapidas coletivamente, desde que os possuidores não sejam proprietários de outro imóvel urbano ou rural".

A primeira modificação diz respeito à substituição de *um critério subjetivo* – a ocupação por famílias de baixa renda – por um *objetivo* – a existência de núcleos urbanos informais. A propósito, o art. 11, inciso I, da Lei 13.465/2017 conceitua *núcleo urbano* como o assentamento humano, com uso e características urbanas, constituído por unidades imobiliárias de área inferior à fração mínima de parcelamento de um módulo, independentemente da propriedade do solo, ainda que situado em área qualificada ou inscrita como rural.

Na sequência, a nova lei define o *núcleo urbano informal* como aquele clandestino, irregular ou no qual não foi possível realizar, por qualquer modo, a titulação de seus ocupantes, ainda que atendida a legislação vigente à época de sua implantação ou regularização (art. 11, inc. II).

Há também previsão quanto ao *núcleo urbano informal consolidado*, o de difícil reversão, considerados o tempo da ocupação, a natureza das edificações, a localização das vias de circulação e a presença de equipamentos públicos, entre outras circunstâncias a serem avaliadas pelo Município (art. 11, inc. III). Entendo que a modalidade de usucapião coletiva aplica-se também à última categoria.

Outra alteração diz respeito ao critério da área do imóvel objeto da usucapião coletiva. Antes, utilizava-se o parâmetro de área mínima de 250 m². Atualmente, a norma menciona que a área total dividida pelo número de possuidores deve ser inferior a 250 m² por possuidor. Desse modo, nota-se que o critério não é mínimo da área total, mas o máximo da área de cada usucapiente.

A terceira modificação é que não há mais menção ao destino da área para moradia, pelo menos expressamente, o que abre a possibilidade de usucapião coletiva caso o núcleo urbano informal tenha outro destino, como o estabelecimento de uma pequena atividade comercial.

A quarta e última alteração é que a lei também não menciona a impossibilidade de identificação de cada possuidor na área a ser usucapida, pois o fator predominante é a existência do citado núcleo informal. Em suma, são seus requisitos:

- Área urbana, sendo certo que a área total, dividida pelo número de possuidores, deve ser inferior a 250 m² por possuidor.
- Posse de cinco anos ininterruptos, sem oposição, com *animus domini*, não havendo exigência de que a posse seja de boa-fé.
- Existência no local de um núcleo urbano informal ou de um núcleo urbano informal consolidado.
- Aquele que adquire não pode ser proprietário de outro imóvel – rural ou urbano.

Os parágrafos do art. 10 do Estatuto da Cidade trazem importantes regras de cunho material e processual, não tendo ocorrido qualquer alteração pela Lei 13.465/2017. De início, prevê o § 1.º do art. 10 do Estatuto da Cidade que o possuidor pode, para o fim de contar o prazo exigido por esse artigo, acrescentar sua posse à de seu antecessor, contanto que ambas sejam contínuas. Em outra norma especial, está consagrada a possibilidade da *accessio possessionis*, ou seja, a possibilidade de o sucessor da posse somar, no aspecto temporal, a posse anterior para fins de usucapião coletiva.

No campo processual, a usucapião especial coletiva de imóvel urbano será declarada pelo juiz, mediante sentença, a qual servirá de título para registro no cartório de registro de imóveis (art. 10, § 2.º, da Lei 10.257/2001). Nessa sentença, o juiz atribuirá igual fração ideal de terreno a cada possuidor, independentemente da dimensão do terreno que cada um ocupe, salvo hipótese de acordo escrito entre os condôminos, estabelecendo frações ideais diferenciadas (art. 10, § 3.º, da Lei 10.257/2001).

A última norma consagra o estabelecimento de um condomínio a favor dos usucapientes, o que deve constar da sentença declaratória da propriedade. Esse condomínio especial constituído é indivisível, não sendo passível de extinção, salvo deliberação favorável tomada por, no mínimo, dois terços dos condôminos, no caso de execução de urbanização posterior à constituição do condomínio (art. 10, § 4.º, da Lei 10.257/2001). Por fim, as deliberações relativas à administração do condomínio especial serão tomadas por maioria de votos dos condôminos presentes, obrigando também os demais, discordantes ou ausentes (art. 10, § 5.º, da Lei 10.257/2001).

*f) Da usucapião especial indígena (art. 33 da Lei 6.001/1973)*

Encerrando o estudo das categorias de usucapião imobiliária, além das formas de usucapião previstas no Código Civil de 2002, na Constituição Federal, na Lei Agrária e no Estatuto da Cidade, é preciso apontar e estudar a *usucapião especial indígena*, tratada pelo Estatuto do Índio (Lei 6.001/1973). Enuncia o art. 33 dessa Lei especial que "o índio, integrado ou não, que ocupe como próprio, por dez anos consecutivos, trecho de terra inferior a cinquenta hectares, adquirir-lhe-á a propriedade plena".

Em resumo, pelo que consta da norma, são requisitos da usucapião indígena:

- Área de, no máximo, 50 ha.
- Posse mansa e pacífica por dez anos, exercida por indígena.

*g) Da usucapião imobiliária administrativa decorrente da legitimação da posse, anteriormente prevista no art. 60 da Lei 11.977/2009, e seu tratamento após a Lei 13.465/2017 (arts. 25 a 27)*

Além das modalidades judiciais expostas, a Lei 11.977/2009 – conhecida como *Lei Minha Casa Minha Vida* – instituiu modalidade de usucapião administrativa ou extrajudicial, decorrente da legitimação da posse, a ser efetivada no Cartório de Registro de Imóveis, dispensando demanda judicial. Como se verá a seguir, o Código de Processo Civil de 2015 ampliou a possibilidade da usucapião extrajudicial para todas as modalidades de usucapião imobiliária aqui estudadas, desde que seguidos os procedimentos consagrados no Estatuto Processual emergente.

A categoria recebeu modificações substanciais por força da Lei 13.465/2017, que revogou os dispositivos legais relativos ao tratamento anterior e incluiu novos. De acordo com a nova norma, como visto, a legitimação de posse passou a ser definida como o ato do poder público destinado a conferir título, por meio do qual fica reconhecida a posse de imóvel objeto da política de Regularização Fundiária Urbana (REURB), conversível em aquisição de direito real de propriedade, com a identificação de seus ocupantes, do tempo da ocupação e da natureza da posse (art. 11, inc. VI, da Lei 13.465/2017).

A norma revogada, art. 59 da Lei 11.977/2009, previa que o Poder Público poderia legitimar a posse de ocupantes de imóveis públicos ou particulares ("A legitimação de posse devidamente registrada constitui direito em favor do detentor da posse direta para fins de moradia"). Tal legitimação da posse seria concedida aos moradores cadastrados pelo Poder Público, desde que: *a)* não fossem concessionários, foreiros ou proprietários de outro imóvel urbano ou rural; e *b)* não fossem beneficiários de legitimação de posse concedida anteriormente. A legitimação de posse também seria concedida ao coproprietário da gleba, titular de cotas ou frações ideais, devidamente cadastrado pelo Poder Público, desde que exercesse seu direito de propriedade em um lote individualizado e identificado no parcelamento registrado.

Após concessão de tal direito, estabelecia o art. 60 da Lei 11.977/2009 que o detentor do título de legitimação de posse, após cinco anos de seu registro, poderia requerer ao oficial de registro de imóveis a conversão desse título em registro de propriedade, tendo em vista sua aquisição por usucapião, nos termos do art. 183 da Constituição Federal. Em outras palavras, convertia-se a mera legitimação da posse em propriedade, por meio da usucapião especial ou constitucional urbana individual.

Sempre ressalvei, em comentários à realidade jurídica anterior, que, no caso de bens públicos, não seria cabível tal conversão, diante da proibição que consta do § 3.º do art. 183 do Texto Maior e do art. 102 do CC/2002. Para requerer tal conversão, o adquirente deveria apresentar: I – certidões do cartório distribuidor demonstrando a inexistência de ações em andamento que versassem sobre a posse ou a propriedade do imóvel; II – declaração de que não possuía outro imóvel urbano ou rural; III – declaração de que o imóvel era utilizado para sua moradia ou de sua família; e IV – declaração de que não tinha reconhecido anteriormente o direito à usucapião de imóveis em áreas urbanas. Se a área fosse superior a 250 m², não seria possível adquirir a área pela modalidade da usucapião especial ou constitucional urbana, mas apenas por outra categoria, caso da usucapião ordinária ou da extraordinária (art. 60, § 3.º, da Lei 11.977/2009).

Por fim, o título de legitimação de posse poderia ser extinto pelo Poder Público emitente quando constatado que o beneficiário não estava na posse do imóvel e não houvesse registro de cessão de direitos. Após o procedimento para extinção do título, o Poder Público solicitaria ao oficial de registro de imóveis a averbação do seu cancelamento (art. 60-A da Lei 11.977/2009).

Como bem observavam Cristiano Chaves de Farias e Nelson Rosenvald, em comentários ao sistema anterior, tal modalidade de usucapião constituía uma ousada forma de concretização da proteção constitucional da moradia e da função social da propriedade, estando inserida na sadia ideia de *desjudicialização dos conflitos civis.*

Ou ainda, segundo as lições de Melhim Namen Chalhub, "o Capítulo III da Lei 11.977/2009 transpõe para o direito positivo o reconhecimento da eficácia jurídica da posse com função social, e, para maior celeridade de sua conversão em propriedade, admite seja processada extrajudicialmente a usucapião de imóveis localizados em favelas e assentamentos assemelhados. Por esse meio, a lei desata amarras que, no âmbito judicial, dificultam o acesso do possuidor ao título de propriedade. A extrajudicialidade do procedimento se justifica, dentre outros fundamentos, pela necessidade de simplificar e desburocratizar os meios de realização da função social da propriedade e das cidades, e contribui decisivamente para consecução dessas funções, não havendo afronta alguma aos requisitos da aquisição da propriedade por usucapião, nem às garantias constitucionais do direito de propriedade, desde que cumprida sua função social, e, ainda, aos requisitos do contraditório".[88] As palavras ditas quanto à extrajudicialidade também servem para justificar a categoria instituída pelo CPC/2015, e que será estudada a seguir.

A legitimação da posse e a consequente usucapião administrativa estão agora tratadas entre os arts. 25 a 27 da Lei 13.465/2017. Nos termos do primeiro comando, a legitimação de posse, instrumento de uso exclusivo para fins de regularização fundiária, constitui ato do poder público destinado a conferir *título*, por meio do qual fica reconhecida a posse de imóvel objeto da Regularização Fundiária Urbana. Nesse ato constará a identificação de seus ocupantes, o tempo da ocupação e a natureza da posse, o qual é conversível em direito real de propriedade.

Como se nota, não há mais a menção de que a legitimação da posse confere *direito registrável*, supostamente de natureza real, mas sim um *título*. Apesar dessa mudança, como antes destacado, penso, *a priori*, que legitimação da posse urbana continua tendo a natureza de direito real, diante do posicionamento doutrinário relativo à legitimação da posse agrária.[89]

Nos termos do art. 25, § 1.º, da Lei 13.465/2017, a legitimação de posse poderá ser transferida por *causa mortis* ou por ato *inter vivos*. Trata-se de uma expressão de novidade no tratamento do instituto, apesar de o art. 60-A da Lei 11.977/2009, ora revogado, abrir a possibilidade de sua cessão. Agora sem qualquer dúvida, é viável juridicamente a transmissão *inter vivos* da legitimação da posse ter natureza onerosa, o que pode trazer sérios problemas sociais, diante das notórias práticas de especulação imobiliária em nosso país.

Ademais, está previsto no § 2.º do art. 25 da Lei 13.465/2017 que a legitimação de posse não se aplica aos imóveis urbanos situados em área de titularidade do poder público. Assim, fecha-se qualquer possibilidade de usucapião administrativa sobre bens públicos, dúvida que poderia ser levantada no sistema anterior, por falta de previsão legal específica. De todo modo, reiteramos que essa já era a conclusão retirada do art. 183, § 3.º, do Texto Maior e do art. 102 do Código Civil, como antes destacado.

Conforme o art. 26 da Lei 13.465/2017, sem prejuízo dos direitos decorrentes do exercício da posse mansa e pacífica no tempo, aquele em cujo favor for expedido título de legitimação de posse, decorrido o prazo de cinco anos de seu registro, terá a conversão automática dele em título de propriedade, por meio da usucapião constitucional urbana individual, desde que atendidos os termos e as condições do art. 183 da Constituição Federal. Agora, por expressa previsão, tal conversão independe de prévia provocação ou prática de ato registral. Como se nota, ao contrário do que constava do art. 60 da Lei 11.977/2009,

---

[88] CHALHUB, Melhim Namen. Usucapião administrativa. Disponível em: <http://www.melhimchalhub.com.br/noticia/detalhe/20>. Acesso em: 24 set. 2012.

[89] MARQUES, Benedito Ferreira. Direito agrário brasileiro. 9. ed. São Paulo: Saraiva, 2011, p. 82.

em casos tais não haverá necessidade de qualquer manifestação do oficial do Cartório do Registro de Imóveis, sendo a citada conversão automática, ou seja, *pleno iure*.

Porém, caso não estejam preenchidos os requisitos para a usucapião constitucional urbana individual, o título de legitimação de posse poderá ser convertido em título de propriedade, desde que satisfeitos os requisitos de outras modalidades de usucapião estabelecidos na legislação em vigor, a requerimento do interessado, perante o Cartório de registro de imóveis competente, de local do imóvel (art. 26, § 1.º, da Lei 13.465/2017).

A título de ilustração, se a hipótese fática for de usucapião ordinária ou extraordinária, caberá sua conversão administrativa mediante pedido ao oficial do Cartório de Registro de Imóveis, que decidirá sobre o preenchimento dos seus requisitos ou não. Não há mais menção aos documentos que devem ser apresentados, o que depende de regularização administrativa pelas respectivas Corregedorias-Gerais de Justiça dos Estados, que regulamentam a atuação dos Cartórios. Caso isso não ocorra, a decisão de exigência cabe ao registrador de imóveis.

A legitimação de posse, após convertida em propriedade, constitui forma originária de aquisição de direito real. Diante dessa realidade jurídica, a unidade imobiliária com destinação urbana regularizada restará livre e desembaraçada de quaisquer ônus, direitos reais, gravames ou inscrições, eventualmente existentes em sua matrícula de origem, exceto quando disserem respeito ao próprio beneficiário (art. 26, § 2.º, da Lei 13.465/2017). A nova previsão ratifica a afirmação de que as formas originárias de aquisição da propriedade *zeram* o domínio jurídico, fazendo desparecer todos os gravames que recaiam sobre o bem, caso dos impostos, das despesas condominiais e das garantias reais, como a hipoteca.

A encerrar o estudo do tema, quanto ao cancelamento do título da legitimação de posse pelo Poder Público, esse poderá ocorrer quando constatado que as condições estipuladas na lei deixaram de ser satisfeitas, sem que seja devida qualquer indenização àquele que irregularmente se beneficiou do instrumento (art. 27 da Lei 13.465/2017).

Como visto, a *Lei Minha Casa Minha Vida* estabelecia que a legitimação da posse seria extinta pelo Poder Público quando constatado que o beneficiário não estava na posse do imóvel e não houvesse registro de cessão de direitos. Agora, a lei utiliza um parâmetro mais abrangente, estabelecendo que caberá sua extinção toda vez que o instituto não estiver sendo utilizado para os fins de Regularização Fundiária Urbana (REURB).

### 7.4.6.2.3 Usucapião imobiliária e direito intertemporal no Código Civil

O Código Civil de 2002 traz um capítulo final, com o título "Das Disposições Finais e Transitórias" (arts. 2.028 a 2.046), e que serve para solucionar os problemas decorrentes do conflito das normas no tempo.

De início, a respeito da usucapião, dispõe o art. 2.029 que "Até dois anos após a entrada em vigor deste Código, os prazos estabelecidos no parágrafo único do art. 1.238 e no parágrafo único do art. 1.242 serão acrescidos de dois anos, qualquer que seja o tempo transcorrido na vigência do anterior, Lei 3.071, de 1.º de janeiro de 1916". A norma é aplicada aos casos de usucapião extraordinária e ordinária em que os prazos são reduzidos para dez e cinco anos, respectivamente, diante da presença da posse-trabalho. Isso porque seria injusto que o antigo proprietário do bem, contra o qual corre o prazo de usucapião, fosse surpreendido por uma repentina redução de prazos decorrente da lei. Anote-se que, pela mesma justificativa, há norma semelhante para a *desapropriação judicial privada por posse-trabalho,* do mesmo modo com acréscimo de prazo de dois anos (art. 2.030).

CAP. 7 • DIREITO DAS COISAS | **1077**

O art. 2.029 do CC expressa que até dois anos da entrada em vigor do Código Civil de 2002, ou seja, até 11 de janeiro de 2005, para as usucapiões mencionadas, deverão ser aplicados os prazos de 12 e 7 anos, respectivamente. As adições de prazos são esclarecidas, na doutrina, por Maria Helena Diniz, nos seguintes termos:

"Até 11 de janeiro de 2005, os prazos, no caso em tela, serão de 12 e 7 anos. Consequentemente, aqueles prazos de 10 e 5 anos apenas se aplicarão após o transcurso do primeiro biênio de vigência do novel Código, àqueles possuidores cuja situação, que se enquadrariam nos arts. 1.238 e parágrafo único e 1.242 e parágrafo único, se iniciou após sua entrada em vigor. Isto é assim porque se configurou a *posse-trabalho* e para que se possa atender ao princípio da função social da propriedade, não se aplicando, durante o primeiro biênio da vigência do novo Código Civil, o disposto no art. 2.028, nas hipóteses dos arts. 1.238 e parágrafo único e 1.242 e parágrafo único. Se, p. ex., até dois anos da entrada em vigor do novo Código Civil, alguém já vinha possuindo, desde o império do Código Civil de 1916, com *animus domini*, imóvel por 9 anos sem justo título e boa-fé, tendo nele estabelecido sua morada e o tornado produtivo, não terá de aguardar mais 11 anos para pedir a usucapião extraordinária, como previa o art. 550 do CC de 1916, que, para tanto, exigia 20 anos de posse ininterrupta, nem se lhe aplicaria o disposto no art. 2.028, pois como reside no imóvel e nele realizou obras sociais e econômicas, ter-se-á a posse *ad laborem*, logo bastar-lhe-á, ante a patrimonialidade do prazo transcorrido, esperar mais três anos para pedir a propriedade, obtendo sentença declaratória de usucapião, pois pelo art. 1.238, parágrafo único, o prazo é de 10 anos, acrescido de mais dois anos por força do art. 2.029 do CC. Deverá, então, cumprir doze anos de posse-trabalho para obter, por meio de usucapião, a propriedade daquele imóvel".[90]

Cumpre anotar que este último entendimento foi aplicado pela jurisprudência superior:

"Direitos reais. Usucapião extraordinário. Posse parcialmente exercida na vigência do Código Civil de 1916. Aplicação imediata do art. 1.238, § único, do Código Civil de 2002. Inteligência da regra de transição específica conferida pelo art. 2.029. Recurso especial conhecido em parte e, na extensão, provido. 1. Ao usucapião extraordinário qualificado pela 'posse-trabalho', previsto no art. 1.238, § único, do Código Civil de 2002, a regra de transição aplicável não é a esculpida no art. 2.028 (regra geral), mas sim a do art. 2.029, que prevê forma específica de transição dos prazos do usucapião dessa natureza. 2. O art. 1.238, § único, do CC/02, tem aplicação imediata às posses *ad usucapionem* já iniciadas, 'qualquer que seja o tempo transcorrido' na vigência do Código anterior, devendo apenas ser respeitada a fórmula de transição, segundo a qual serão acrescidos dois anos ao novo prazo, nos dois anos após a entrada em vigor do Código de 2002. 3. A citação realizada em ação possessória, extinta sem resolução de mérito, não tem o condão de interromper o prazo da prescrição aquisitiva. Precedentes. 4. É plenamente possível o reconhecimento da usucapião quando o prazo exigido por lei se exauriu no curso do processo, por força do art. 462 do CPC, que privilegia o estado atual em que se encontram as coisas, evitando-se provimento judicial de procedência quando já pereceu o direito do autor ou de improcedência quando o direito pleiteado na inicial, delineado pela *causa petendi* narrada, é reforçado por fatos supervenientes. 5. Recurso especial parcialmente conhecido e, na extensão, provido" (STJ, REsp 1.088.082/RJ, Rel. Min. Luis Felipe Salomão, 4.ª Turma, j. 02.03.2010, *DJe* 15.03.2010).

Como se depreende da norma e das lições da jurista por último citada, o art. 2.029 somente tem incidência às duas modalidades especiais de usucapião, extraordinária ou

---

[90] DINIZ, Maria Helena. *Código Civil anotado*. 15. ed. São Paulo: Saraiva, 2010. p. 1.397-1.398.

## 1078 | MANUAL DE DIREITO CIVIL • VOLUME ÚNICO – *Flávio Tartuce*

ordinária, ou seja, nos casos em que houver posse-trabalho. Assim, para os demais casos de usucapião extraordinária e ordinária, em que houve redução dos prazos, terá incidência o art. 2.028 do CC, dispositivo que tenta resolver os problemas de direito intertemporal relativos à prescrição e cuja redação é a seguinte:

> "Art. 2.028. Serão os da lei anterior os prazos, quando reduzidos por este Código, e se, na data de sua entrada em vigor, já houver transcorrido mais da metade do tempo estabelecido na lei revogada".

No mesmo sentido, opina Mário Luiz Delgado, que traz a seguinte exemplificação, aplicando o art. 2.028 do CC: "no caso da usucapião extraordinária, se, em 11 de janeiro de 2003, já havia transcorrido mais da metade do prazo velho (por exemplo, onze anos), os possuidores ainda terão que aguardar nove anos para usucapir. Se só houvesse transcorrido dois anos quando da entrada em vigor do novo Código, aplicar-se-ia o prazo reduzido, porém contado da entrada em vigor do Código, o que equivale dizer que os possuidores teriam de esperar ainda quinze anos para adquirir a propriedade".[91] É notório o entendimento majoritário, tanto na doutrina quanto na jurisprudência, de que no caso de redução de prazos de prescrição, transcorrido metade ou menos da metade do prazo anterior, o prazo novo deve ser contado a partir da entrada em vigor do novo Código Civil (nesse sentido, ver: STJ, REsp 905.210/SP, 3.ª Turma, Rel. Min. Humberto Gomes de Barros, j. 15.05.2007, v.u.).

De toda sorte, na *VI Jornada de Direito Civil,* evento promovido pelo Conselho da Justiça Federal e Superior Tribunal de Justiça em 2013, aprovou-se enunciado doutrinário em sentido diverso, concluindo que o art. 2.028 do Código não se aplica às hipóteses tratadas no *caput* dos arts. 1.238 e 1.242. Conforme a dicção do Enunciado n. 564, "as normas relativas à usucapião extraordinária (art. 1.238, *caput,* CC) e à usucapião ordinária (art. 1.242, *caput,* CC), por estabelecerem redução de prazo em benefício do possuidor, têm aplicação imediata, não incidindo o disposto no art. 2.028 do Código Civil".

Conforme as justificativas da proposta doutrinária, "O Código Civil, quando estabeleceu regra de transição a respeito da usucapião (art. 2.029), ocupou-se apenas das hipóteses previstas nos parágrafos únicos dos arts. 1.238 e 1.242, afastando, assim, o disposto no art. 2.028. Desse modo, inexistindo norma de transição específica, os prazos estabelecidos no *caput* dos aludidos artigos incidem diretamente, em analogia ao entendimento consubstanciado no Enunciado n. 445 da Súmula do STF. O proprietário possuiria, desse modo, o prazo de *vacatio legis* do Código Civil para proceder à defesa de seus interesses".

Com o devido respeito, posiciona-se em sentido contrário, pois a regra de transição do art. 2.028 da codificação tem justa e correta aplicação às hipóteses citadas, uma vez que os prazos da usucapião ordinária e extraordinária foram reduzidos pela atual codificação frente à anterior. Ademais, não se pode surpreender o proprietário com a redução de prazo. Por isso, votei contra o enunciado quando da plenária da *VI Jornada de Direito Civil.*

A encerrar a análise das questões de direito intertemporal, o próprio Mário Luiz Delgado traz interessante indagação quanto ao art. 2.029 do CC: se, no caso de usucapião extraordinária por *posse-trabalho* (art. 1.238, parágrafo único, do CC), tiver transcorrido 15 anos da posse exercida, poderia já a parte requerer a usucapião, uma vez transcorrido os mencionados 12 anos que a norma intertemporal exige? O autor responde negativamente, pois "o acréscimo de dois anos tem a finalidade exatamente de evitar uma surpresa ao

---

[91] DELGADO, Mário Luiz. *Problemas de direito intertemporal no Código Civil.* São Paulo: Saraiva, 2004. p. 68.

CAP. 7 • DIREITO DAS COISAS | **1079**

proprietário".[92] Conclui o doutrinador, com correção, que o acréscimo de dois anos deve ocorrer de qualquer forma, contado a partir de 11 de janeiro de 2003.[93]

### 7.4.6.2.4 A questão da usucapião de bens públicos

Superada essa primeira questão controvertida, a segunda se refere à questão da usucapião dos bens públicos. Como outrora destacado, a CF/1988 proíbe expressamente a usucapião de imóveis públicos, sejam urbanos ou rurais (arts. 183, § 3.º, e 191, parágrafo único). O CC/2002 reproduziu a regra em seu art. 102, sendo esse o caminho seguido pela doutrina e pela jurisprudência majoritárias, inclusive nos Tribunais Superiores (por todos: STJ, REsp 864.449/RS, 2.ª Turma, Rel. Min. Eliana Calmon, j. 15.12.2009, *DJe* 08.02.2010).

Apesar da literalidade da norma, há juristas que defendem a possibilidade de usucapião de bens públicos. Entre os clássicos, Sílvio Rodrigues sustentava a sua viabilidade, desde que a usucapião atingisse os bens públicos dominicais, caso das terras devolutas.[94] O argumento utilizado era no sentido de que, sendo alienáveis, tais bens seriam prescritíveis e usucapíveis.

Entre os doutrinadores contemporâneos, a tese de usucapião dos bens públicos é amplamente defendida por Cristiano Chaves de Farias e Nelson Rosenvald, merecendo destaque as suas palavras:

> "A nosso viso, a absoluta impossibilidade de usucapião sobre bens públicos é equivocada, por ofensa ao princípio constitucional da função social da posse e, em última instância, ao próprio princípio da proporcionalidade. Os bens públicos poderiam ser divididos em materialmente e formalmente públicos. Estes seriam aqueles registrados em nome da pessoa jurídica de Direito Público, porém excluídos de qualquer forma de ocupação, seja para moradia ou exercício de atividade produtiva. Já os bens materialmente públicos seriam aqueles aptos a preencher critérios de legitimidade e merecimento, postos dotados de alguma função social.
>
> Porém, a Constituição Federal não atendeu a esta peculiaridade, olvidando-se de ponderar o direito fundamental difuso à função social com o necessário dimensionamento do bem público, de acordo com a sua conformação no caso concreto. Ou seja: se formalmente público, seria possível a usucapião, satisfeitos os demais requisitos; sendo materialmente públicos, haveria óbice à usucapião. Esta seria a forma mais adequada de tratar a matéria, se lembrarmos que, enquanto o bem privado 'tem' função social, o bem público 'é' função social".[95]

A tese da usucapião de bens públicos é sedutora, merecendo a minha adesão parcial. Para tanto, deve-se levar em conta o princípio da função social da propriedade, plenamente aplicável aos bens públicos, como bem defendeu Silvio Ferreira da Rocha, em sua tese de livre-docência perante a PUCSP.[96]

Clama-se pela alteração do Texto Maior, até porque, muitas vezes, o Estado não atende a tal regramento fundamental ao exercer o seu domínio. Como passo inicial para essa mudança de paradigmas, é importante flexibilizar o que consta da CF/1988. Anote-se

---

[92] DELGADO, Mário Luiz. *Problemas de direito intertemporal no Código Civil*. São Paulo: Saraiva, 2004. p. 68.

[93] DELGADO, Mário Luiz. *Problemas de direito intertemporal no Código Civil*. São Paulo: Saraiva, 2004. p. 68.

[94] RODRIGUES, Sílvio. *Direito Civil*. Parte geral. 32. ed. São Paulo: Saraiva, 2002. v. 1, p. 148.

[95] FARIAS, Cristiano Chaves; ROSENVALD, Nelson. *Direitos reais*. Rio de Janeiro: Lumen Juris, 2006. p. 267.

[96] ROCHA, Sílvio Luís Ferreira da. *Função social da propriedade pública*. São Paulo: Malheiros, 2005.

**1080** | MANUAL DE DIREITO CIVIL • VOLUME ÚNICO – *Flávio Tartuce*

que há julgados estaduais admitindo a usucapião das terras devolutas (ver: TJSP, Apelação 991.06.028414-0, Acórdão 4576364, 19.ª Câmara de Direito Privado, Presidente Epitácio, Rel. Des. Mário de Oliveira, j. 08.06.2010, *DJESP* 14.07.2010; e TJSP, Apelação 991.04.007975-9, Acórdão 4241892, 19.ª Câmara de Direito Privado, Presidente Venceslau, Rel. Des. Conti Machado, j. 24.11.2009, *DJESP* 29.01.2010).

Além disso, cabe pontuar que a jurisprudência superior tem entendido que "a inexistência de registro imobiliário de imóvel objeto de ação de usucapião não induz presunção de que o bem seja público (terras devolutas), cabendo ao Estado provar a titularidade do terreno como óbice ao reconhecimento da prescrição aquisitiva". Essa é a afirmação n. 7, publicada na Edição n. 133 da ferramenta *Jurisprudência em Teses* do STJ, do ano de 2019. Como um de seus precedentes, destaque-se: "esta Corte Superior possui entendimento de que a circunstância do imóvel objeto do litígio estar situado em área de fronteira não tem, por si só, o condão de torná-lo de domínio público. A ausência de transcrição no ofício imobiliário não conduz à presunção de que o imóvel se constitui em terra devoluta, cabendo ao Estado o encargo de provar a titularidade pública do bem. Precedentes" (STJ, Ag.Rg. no REsp 611.577/RS, 3.ª Turma, Rel. Min. Ricardo Villas Bôas Cueva, j. 20.11.2012, DJe 26.11.2012). Em certa medida, há também uma mitigação a respeito do tema que ora se estuda, pois não se pode presumir que o bem é público, para os fins de se vedar a usucapião.

Em suma, cabe à doutrina e à jurisprudência a tarefa de rever esse antigo paradigma, alterando-se a legislação superior. Olhando para o futuro, baseada na *funcionalização* dos institutos, essa parece ser a tendência. É o que se espera, pelo menos.

### 7.4.6.2.5 Da usucapião administrativa ou extrajudicial incluída pelo Código de Processo Civil de 2015. Análise com base nas alterações instituídas pela Lei 13.465/2017 e pela Lei 14.382/2022

A principal peça da *revolução* engendrada pelo Estatuto Processual de 2015 em matéria de usucapião imobiliária foi o amplo tratamento da *usucapião extrajudicial ou administrativa*. Em qualquer uma das modalidades de usucapião outrora expostas, o caminho extrajudicial passa a ser possível, o que está em sintonia com a principiologia do CPC/2015 e com a tendência de *desjudicialização das contendas*, de fuga do Judiciário. Acredito que a usucapião extrajudicial também possa atingir outros direitos reais, como a servidão, a superfície, a laje e o usufruto.

O art. 1.071 do Estatuto Processual de 2015 tratou da usucapião extrajudicial, por qualquer uma de suas modalidades, introduzindo o art. 216-A na Lei de Registros Públicos (Lei 6.015/1973). Diante de dificuldades práticas percebidas para a efetivação do instituto, a Lei 13.465/2017 trouxe algumas modificações substanciais no seu teor.

De acordo com o seu *caput*, sem prejuízo da via jurisdicional, é admitido o pedido de reconhecimento extrajudicial de usucapião, que será processado diretamente perante o Cartório do Registro de Imóveis da Comarca em que estiver situado o imóvel usucapiendo. Como se nota, a via extrajudicial é uma faculdade, e não uma obrigação peremptória, o que confirma a tese antes defendida de viabilidade de todas as ações de usucapião, agora pelo procedimento comum.

Corroborando essa minha afirmação, destaco importante precedente do STJ: "cinge-se a controvérsia a definir se o artigo 216-A da Lei n.º 6.015/1973, com a redação dada pelo artigo 1.071 do Código de Processo Civil de 2015, que criou a figura da usucapião extrajudicial, passou a exigir, como pré-requisito para a propositura da ação judicial, o esgotamento da via administrativa. O ajuizamento de ação de usucapião independe de pedido prévio na via extrajudicial. Precedente da Terceira Turma e exegese doutrinária" (STJ, REsp 1.796.394/RJ, 3.ª Turma, Rel. Min. Ricardo Villas Bôas Cueva, j. 24.05.2022, *DJe* 30.05.2022).

Nos termos do diploma citado, o pedido de usucapião deve ser feito pelo interessado, devidamente representado por advogado, o que é obrigatório. Lamenta-se a falta de menção ao defensor público para os mais necessitados. Todavia, a viabilidade de sua atuação, não havendo a possibilidade de o interessado arcar com os custos advocatícios, pode ser retirada do art. 185 do CPC/2015, *in verbis:* "A Defensoria Pública exercerá a orientação jurídica, a promoção dos direitos humanos e a defesa dos direitos individuais e coletivos dos necessitados, em todos os graus, de forma integral e gratuita".

O art. 216-A, *caput*, estabelece, ainda, que o pedido deve ser instruído com os seguintes documentos, no Cartório de Registro de Imóveis: *a)* ata notarial lavrada pelo tabelião, atestando o tempo de posse do requerente e seus antecessores, conforme o caso e suas circunstâncias, aplicando-se o disposto no art. 384 do CPC/2015; *b)* planta e memorial descritivo assinado por profissional legalmente habilitado, com prova de anotação de responsabilidade técnica no respectivo conselho de fiscalização profissional, e pelos titulares de direitos registrados ou averbados na matrícula do imóvel usucapiendo e na matrícula dos imóveis confinantes; *c)* certidões negativas dos distribuidores da comarca da situação do imóvel e do domicílio do requerente, para atestar que a posse é mansa e pacífica; *d)* justo título ou quaisquer outros documentos que demonstrem a origem, a continuidade, a natureza e o tempo da posse, tais como o pagamento dos impostos e das taxas que incidirem sobre o imóvel (requisitos para a posse *ad usucapionem*).

Vale dizer que o justo título somente deve ser tido como requisito essencial na modalidade de usucapião ordinária, pois as outras o dispensam, como visto neste estudo. Como exemplo de justo título, pode ser apontado um contrato anterior, não mais vigente e eficaz, que demonstre a cessão da posse direta. Pode ser citado, ainda, um compromisso de compra e venda do imóvel, seja ele registrado ou não na matrícula.

Ainda no que diz respeito aos requisitos, houve mudança na previsão relativa à ata notarial, por força da Lei 13.465/2017, que incluiu a menção ao art. 384 do CPC/2015, que trata do instituto. Nos termos da lei instrumental, "a existência e o modo de existir de algum fato podem ser atestados ou documentados, a requerimento do interessado, mediante ata lavrada por tabelião. Parágrafo único. Dados representados por imagem ou som gravados em arquivos eletrônicos poderão constar da ata notarial". O objetivo, sem dúvida, foi trazer mais certeza e segurança para o procedimento.

Também foi alterado o segundo requisito formal para a usucapião extrajudicial, pela mesma Lei 13.465/2017, eis que a norma não mais menciona somente os direitos reais registrados ou averbados. Isso porque é possível a presença de direitos pessoais patrimoniais, caso de contratos, que foram registrados ou averbados na matrícula, caso de uma locação imobiliária.

Conforme o § 1.º do novo art. 216-A da Lei de Registros Públicos, o pedido será autuado pelo registrador, prorrogando-se o prazo da prenotação até o acolhimento ou rejeição do pedido. Em suma, os efeitos do pedido dependem de uma confirmação posterior. Eventualmente, consoante o § 2.º da mesma norma, se a planta não contiver a assinatura de qualquer um dos titulares de direitos reais e de outros direitos registrados ou averbados na matrícula do imóvel usucapiendo e na matrícula dos imóveis confinantes, estes serão notificados pelo registrador competente para manifestarem seu consentimento expresso em 15 dias. Essa notificação pode ser realizada pelo registrador pessoalmente ou pelo correio, com aviso de recebimento (AR).

# 1082 | MANUAL DE DIREITO CIVIL • VOLUME ÚNICO – *Flávio Tartuce*

O último preceito previa, originalmente, que o silêncio desses titulares não representaria consentimento, mas discordância, o que era aplicação da regra geral do Direito Civil, segundo a qual o silêncio não representa anuência, retirada do art. 111 do Código Civil (*quem cala não consente*). Eis a grande dificuldade anterior para a concretização desse novo meio de usucapião, pois dificilmente haveria tal concordância expressa, o que não poderia ser suprido e colocaria o instituto em dúvida quanto à sua efetividade.

Com o intuito de efetivação do instituto, tornando-o possível juridicamente, a regra passou a ser a máxima *quem cala consente*. Por força da Lei 13.465/2017, o trecho final do § 2.º do art. 216-A da Lei de Registros Públicos passou a ser a locução "interpretando o silêncio como concordância". Essa é a principal mudança decorrente da nova norma que merece, em tal ponto, nosso apoio e elogios.

Seguindo, o § 3.º do art. 216-A da Lei de Registros Públicos prescreve que o oficial de registro de imóveis dará ciência à União, ao Estado, ao Distrito Federal e ao Município para que se manifestem, em 15 dias, sobre o pedido, o que já era previsto para algumas modalidades judiciais. Essa comunicação será feita pessoalmente, por intermédio do oficial de registro de títulos e documentos, ou, ainda, pelo correio, com aviso de recebimento, o que visa à plena ciência do Poder Público para que não existam prejuízos ao Erário ou para que não haja usucapião de um bem público.

Igualmente para os devidos fins de publicidade, o oficial de registro de imóveis promoverá a publicação de edital em jornal de grande circulação, onde houver, para a ciência de terceiros eventualmente interessados, que podem manifestar-se em 15 dias (art. 216-A, § 4.º, da Lei de Registros Públicos, incluído pelo CPC/2015).

Para a elucidação de qualquer ponto de dúvida, poderão ser solicitadas ou realizadas diligências pelo oficial de registro de imóveis (art. 216-A, § 5.º, da Lei de Registros Públicos). A título de exemplo, podem ser citadas as hipóteses em que há dúvidas de que o bem é público ou particular. Mencione-se ainda, a ilustrar, a divergência quanto ao preenchimento dos requisitos de uma ou outra modalidade de usucapião, entre todas as analisadas no presente capítulo.

Transcorrido o prazo de 15 dias para manifestação dos interessados, sem a pendência de qualquer diligência para solução de dúvidas, e achando-se em ordem a documentação, o oficial de registro de imóveis registrará a aquisição do imóvel com as descrições apresentadas, sendo permitida a abertura de matrícula, se for o caso (art. 216-A, § 6.º, da Lei de Registros Públicos). Novamente, aqui houve alteração da norma, por força da Lei 13.465/2017 que, mais uma vez, retirou a necessidade de concordância expressa dos titulares de direitos reais e de outros direitos registrados ou averbados na matrícula do imóvel usucapiendo, bem como da matrícula dos imóveis confinantes.

Em todas as hipóteses, é lícito ao interessado suscitar o procedimento de dúvida (art. 216-A, § 7.º, da Lei de Registros Públicos). A título de exemplo, imagine-se o caso de um proprietário que alegue a existência de um contrato de comodato, vigente, a afastar a posse com intenção de dono que gera a usucapião. Ao final das diligências, prevê o § 8.º do diploma que, se a documentação não estiver em ordem, o oficial de registro de imóveis rejeitará o pedido de usucapião extrajudicial. Em suma, passa ele a proceder como *juiz de fato e de direito* para a apreciação da usucapião, o que representa uma grande evolução na atuação dos Cartórios.

A rejeição do pedido extrajudicial não impede o ajuizamento de ação de usucapião, conforme o novo art. 216-A, § 9.º, da Lei de Registros Públicos, confirmação de que as vias judiciais e extrajudiciais são totalmente independentes e facultativas. Eventualmente, um pedido extrajudicial rejeitado em um primeiro momento pode ser aceito perante o Poder Judiciário. Ademais, de forma correta, o Enunciado n. 117, aprovado na *II Jornada de Prevenção e Solução Extrajudicial de Litígios*, promovida em 2021, prevê que "em caso de desistência ou suspensão do processo judicial de usucapião para utilização da via extrajudicial, poderão ser aproveitados os atos processuais já praticados na via judicial".

Em continuidade, preceitua o § 10 do diploma – alterado pela Lei do Sistema Eletrônico de Registros Públicos (SERP, Lei 14.382/2022) – que, em casos de impugnação justificada do pedido de reconhecimento extrajudicial de usucapião, o oficial de registro de imóveis remeterá os autos ao juízo competente da Comarca da situação do imóvel, cabendo ao requerente emendar a petição inicial para adequá-la ao procedimento comum. Eis uma interessante *conversão* da via extrajudicial para a judicial, seguindo a ação correspondente o rito comum. Em regra, a questão deve ser dirimida na Vara de Registros Públicos. Se não houver, a Vara Cível é a responsável pela contenda.

Porém, em casos de impugnação injustificada, esta não será admitida pelo registrador, cabendo ao interessado o eventual manejo da suscitação de dúvida nos moldes do art. 198 da própria Lei de Registros Públicos, igualmente alterado pela Lei do SERP, sendo possível tal procedimento pela via digital. Essa última inovação, introduzida pela Lei 14.382/2022, visou otimizar procedimento da usucapião extrajudicial, e veio em boa hora. Como ponderamos em obra escrita em coautoria com Carlos Eduardo Elias de Oliveira, "para viabilizar operacionalmente a suscitação de dúvida, está implícito no referido dispositivo que o registrador deverá emitir, por escrito – ainda que na forma eletrônica –, uma nota de inadmissão da impugnação e cientificar o impugnante pelo canal de comunicação pertinente – que pode ser até mesmo o *e-mail* dele".[97]

Sobre o que vem a ser uma impugnação injustificada, anotamos, no mesmo livro, que "cabe ao registrador – na qualificação de profissional do Direito (art. 3.º da Lei n. 8.935/1994) – fazer essa análise, levando em conta a presença ou não de uma robustez mínima da impugnação. Fundamentações manifestamente descabidas devem ser equiparadas a uma falta de justificação. Para ilustrar, suponha-se uma impugnação lacônica em que o impugnante tenha dito apenas: 'discordo do procedimento'. Não indicou ele nenhuma motivação de sua discordância. Logo, trata-se de uma impugnação injustificada, que não deve ser admitida pelo registrador".[98] A título de outro exemplo, na *I Jornada de Direito Notarial e Registral*, promovida pelo Conselho da Justiça Federal em agosto de 2022, aprovou-se enunciado doutrinário segundo o qual "a impugnação em usucapião extrajudicial fundada unicamente na presunção de que o imóvel constitui terra devoluta, ante a inexistência de registro da sua propriedade, deve ser considerada injustificada, nos termos do art. 216-A, § 10, da Lei n. 6.015/1973" (Enunciado n. 32).

Também para facilitar a efetivação do instituto, e para afastar eventuais polêmicas e dúvidas que existiam anteriormente, a Lei 13.465/2017 incluiu cinco parágrafos no art. 216-A na Lei de Registros Públicos.

Conforme o § 11, no caso de o imóvel usucapiendo ser unidade autônoma de condomínio edilício, fica dispensado o consentimento dos titulares de direitos reais e outros direitos registrados ou averbados na matrícula dos imóveis confinantes. Bastará, em casos tais, a notificação do síndico para se manifestar na forma do § 2.º do mesmo artigo, ou

---

[97] OLIVEIRA, Carlos E. Elias de; TARTUCE, Flávio. *Lei do Sistema Eletrônico de Registros Públicos.* Rio de Janeiro: Forense: 2023. p. 201.

[98] OLIVEIRA, Carlos E. Elias de; TARTUCE, Flávio. *Lei do Sistema Eletrônico de Registros Públicos.* Rio de Janeiro: Forense: 2023. p. 202.

seja, se não se manifestar no prazo de quinze dias após a notificação, o seu silêncio será interpretado como concordância.

A norma, sem dúvida, é facilitadora da usucapião imobiliária de unidades localizadas em condomínio edilício, tendo grande incidência para as modalidades ordinária, extraordinária e constitucional urbana individual. Em continuidade, nesses mesmos casos, se o imóvel confinante contiver um condomínio edilício, bastará, novamente, a notificação do síndico com os mesmos procedimentos, guiado pela máxima *quem cala consente* (art. 216-A, § 12, da Lei 6.015/1973, incluído pela Lei 13.465/2017).

Para efeito de facilitação dos procedimentos em todas as situações, o novo § 13 determina que, para os fins de notificação, caso não seja encontrado o notificando ou caso ele esteja em lugar incerto ou não sabido, tal fato será certificado pelo registrador imobiliário. Este, em continuidade, deverá promover a sua notificação por edital mediante publicação, por duas vezes, em jornal local de grande circulação, pelo prazo de quinze dias cada um, interpretado o silêncio do notificando como concordância.

Tal publicação poderá ser feita até por meio eletrônico, como no *site* do Tribunal local, caso o regulamento do órgão jurisdicional competente para a correição das serventias o autorize. Em tais hipóteses, fica dispensada a publicação por meio do jornal de grande circulação (art. 216-A, § 14, da Lei 6.015/1973, incluído pela Lei 13.465/2017).

No caso de ausência ou insuficiência dos documentos que demonstrem o preenchimento dos requisitos relativos à posse *ad usucapionem*, esta e os demais dados necessários poderão ser comprovados em procedimento de justificação administrativa perante a serventia extrajudicial, que obedecerá, no que couber, ao disposto no § 5.º do art. 381 do CPC/2015. Trata-se de procedimento para produção que prova, que segue o rito previsto nos arts. 382 e 383 do mesmo Estatuto Processual (art. 216-A, § 15, da Lei 6.015/1973, incluído pela Lei 13.465/2017).

O Provimento 65 do Conselho Nacional de Justiça (CNJ), de 14 de dezembro de 2017, procurou regulamentar administrativamente a usucapião extrajudicial, para a atuação dos Tabelionatos de Notas, dos Cartórios de Títulos e Documentos e dos Cartórios de Registros de Imóveis. Em 2023, esse provimento, como os demais, foi incorporado ao Código Nacional de Normas do CNJ (arts. 398 a 423). Vale a leitura do seu teor por aqueles que queiram aprofundar o estudo do tema, sendo certo que a norma administrativa em questão é cheia de detalhes quanto aos procedimentos, atribuindo certo poder decisório ao registrador de imóveis, o que vem em boa hora.

Também a merecer destaque, decisão do STJ do ano de 2020 traz a correta conclusão no sentido de o sistema jurídico não exigir o prévio pedido de usucapião extrajudicial para se demonstrar o interesse processual no ajuizamento de ação com o mesmo fim. O aresto cita a doutrina de Clayton Maranhão e Daniel Amorim Assumpção Neves, no sentido de ser a via extrajudicial uma opção da parte, afirmação que tem o meu total apoio, determinando o retorno do processo ao juízo de primeiro grau, para dar sequência à ação de usucapião (STJ, REsp 1.824.133/RJ, 3.ª Turma, Rel. Min. Paulo de Tarso Sanseverino, j. 11.02.2020, *DJe* 14.02.2020).

Para encerrar, acredito que essa modalidade de usucapião extrajudicial, pelo menos na teoria, veio em boa hora. As ações de usucapião sempre demoraram muito tempo, chegando a ser até inviáveis em algumas situações concretas. Se a categoria for bem aplicada, ainda mais com as alterações de facilitação decorrentes da Lei 13.465/2017, penso que trará benefícios à sociedade. Todavia, pode ocorrer o contrário, e, em casos de abusos praticados, as impugnações judiciais manterão os problemas no âmbito do Poder Judiciário, ou mesmo os intensificarão. Em suma, somente o tempo e a prática reiterada dessa usucapião poderão demonstrar se ela será boa ou ruim. Aguardemos.

### 7.4.6.3  *Do registro do título*

O registro do título aquisitivo é a principal forma derivada de aquisição da propriedade imóvel, regulamentada entre os arts. 1.245 a 1.247 do CC. Sendo forma derivada, o novo proprietário do bem é responsável pelas dívidas que recaem sobre a coisa, caso dos tributos. Quanto à compra e venda, uma das principais formas de transmissão *inter vivos*, há regra específica nesses termos, conforme o art. 502 do CC ("O vendedor, salvo convenção em contrário, responde por todos os débitos que gravem a coisa até o momento da tradição").

Nos termos do art. 108 do CC/2002, os contratos constitutivos ou translativos de direitos reais sobre imóveis devem ser feitos por escritura pública, se o imóvel tiver valor superior a trinta salários mínimos. A escritura pública é lavrada no Tabelionato de Notas, de qualquer local do País, não importando a localização do imóvel. Se o imóvel tiver valor igual ou inferior a trinta salários mínimos, está dispensada a escritura pública, podendo o contrato ser celebrado por instrumento particular, eis que em regra a forma é livre (art. 107 do CC).

Repise-se, como consta de outros trechos desta obra, que o então Provimento 100 do Conselho Nacional de Justiça, de maio de 2020, passou a possibilitar a escritura pública por meio digital ou eletrônico, desde que observados os seus requisitos de validade específicos. Em 2023, suas previsões foram incorporadas ao Código Nacional de Normas (CNN), do CNJ. Conforme essa normatização, são requisitos da prática desse ato notarial eletrônico: *a)* a videoconferência notarial para captação do consentimento das partes sobre os termos do ato jurídico; *b)* a concordância expressada pelas partes com os termos do ato notarial eletrônico; *c)* a assinatura digital pelas partes, exclusivamente através do *e-notariado*; *d)* a assinatura do Tabelião de Notas com a utilização de certificado digital ICP-Brasil; e *e)* o uso de formatos de documentos de longa duração com assinatura digital.

Sobre a gravação da videoconferência notarial, deverá conter ela, no mínimo: *a)* a identificação, a demonstração da capacidade e a livre manifestação das partes atestadas pelo tabelião de notas; *b)* o consentimento das partes e a concordância com a escritura pública; *c)* o objeto e o preço do negócio pactuado; *d)* a declaração da data e horário da prática do ato notarial; e *e)* a declaração acerca da indicação do livro, da página e do tabelionato onde será lavrado o ato notarial (art. 286 do Código Nacional de Normas). O desrespeito a qualquer um desses requisitos de validade gera a nulidade absoluta do negócio jurídico, nos termos dos antes citados incs. IV e V do art. 166 do Código Civil.

Como outra regra de validade importante, com o fim de evitar a concorrência predatória por serviços prestados remotamente que podem ofender a fé pública notarial, o antigo art. 6.º do Provimento 100 do CNJ e atual art. 289 do Código Nacional de Normas estabelece que "a competência para a prática dos atos regulados neste Provimento é absoluta e observará a circunscrição territorial em que o tabelião recebeu sua delegação, nos termos do art. 9º da Lei n. 8.935/1994". Assim, não há liberdade territorial para a elaboração das escrituras públicas digitais, como se dá em relação aos atos realizados com a presença física.

Esses esclarecimentos iniciais são úteis para apontar que a escritura pública não serve para a aquisição da propriedade imóvel, sendo apenas uma formalidade que está no plano da validade dos contratos de constituição ou transmissão de bens (art. 104, inc. III, do CC – menção à forma prescrita e não defesa em lei).

O registro imobiliário, que se situa no plano da eficácia do contrato, é que gera a aquisição da propriedade imóvel, e deve ocorrer no Cartório de Registro de Imóveis do local de situação da coisa (arts. 1.º, inc. IV, e 167 a 171 da Lei 6.015/1973 – Lei de Registros Públicos). Da mesma forma, estatui o art. 1.227 do CC/2002 que "os direitos reais sobre imóveis constituídos, ou transmitidos por atos entre vivos, só se adquirem com o

# 1086 | MANUAL DE DIREITO CIVIL • VOLUME ÚNICO – *Flávio Tartuce*

registro no Cartório de Registro de Imóveis dos referidos títulos (arts. 1.245 a 1.247), salvo os casos expressos neste Código".

No Projeto de Reforma e Atualização do Código Civil, elaborado pela Comissão de Juristas nomeada no Senado Federal, pretende-se completar o conteúdo do seu art. 1.227, para que conste da codificação privada uma teoria geral a respeito dos atos registrais imobiliários, retomando a Lei Geral Privada o seu *protagonismo legislativo*. Com isso, o comando receberá quatros novos parágrafos. Consoante o seu novo § 1.º, qualquer interessado pode ter acesso à certidão de inteiro teor da matrícula, para a comprovação da propriedade, dos direitos, dos ônus reais e das restrições sobre o imóvel, para o resguardo de seus direitos. Detectado qualquer fato que evidencie que o registro não representa a verdade dos fatos, os órgãos da corregedoria dos serviços registrários providenciarão a notificação dos interessados para as retificações necessárias (§ 2.º). Se a incorreção do registro não puder ser sanada, a pedido do interessado, ou de ofício, o juiz corregedor determinará a ciência daqueles que serão atingidos pela retificação, ou pelo cancelamento do registro (§ 3.º). Por fim, o art. 1.277 passará e enunciar, em seu novo § 4.º, que, cancelado o registro, poderá o proprietário reivindicar o imóvel, independentemente da boa-fé ou do título do terceiro adquirente.

Espera-se a sua aprovação, em prol da segurança jurídica e da estabilidade das relações privadas, cabendo a sua especial atenção pelo Parlamento Brasileiro.

Com tom suplementar ao que consta do art. 1.227, dispõe o vigente art. 1.245 do CC que se transfere entre vivos a propriedade mediante o *registro do título translativo* no Registro de Imóveis. O atual Código Civil substitui a antiga menção à *transcrição do título* pelo termo destacado (arts. 531 a 534 do CC/1916). Tal registro gera uma presunção relativa de propriedade, conforme reconhece enunciado aprovado na *V Jornada de Direito Civil* (Enunciado n. 503).

Enquanto não se registrar o título translativo, o alienante continua a ser havido como dono do imóvel (art. 1.245, § 1.º, do CC). Além disso, enquanto não se promover, por meio de ação própria, a decretação de invalidade do registro, e o respectivo cancelamento, o adquirente continua a ser havido como dono do imóvel, o que é consagração da *teoria da aparência* (art. 1.245, § 2.º, do CC). Complementando, na *I Jornada de Direito Civil*, aprovou-se o Enunciado n. 87 do CJF/STJ, prevendo que "considera-se também título translativo, para fins do art. 1.245 do novo Código Civil, a promessa de compra e venda devidamente quitada (arts. 1.417 e 1.418 do CC e § 6.º do art. 26 da Lei 6.766/1979)". O enunciado doutrinário ressalta a importância prática do compromisso de compra e venda, seja registrado ou não, para os fins de aquisição do domínio.

De acordo com o que consta do art. 1.246 do CC/2002, o registro é eficaz desde o momento em que se apresentar o título ao oficial do registro, e este o prenotar no protocolo. O dispositivo consagra o *princípio da prioridade*, também retirado da Lei de Registros Públicos, e que decorre da prenotação do título do protocolo do Cartório de Registro Imobiliário.

Em complemento, se o teor do registro não exprimir a verdade, poderá o interessado reclamar que se retifique ou anule (art. 1.247 do CC). Essa ação de *retificação* ou *anulação* demonstra que o registro pode ser alterado, havendo falsidade (art. 213 da Lei 6.015/1973). A ação de retificação corre perante a Vara de Registros Públicos, se houver, ou na Vara Cível.

Cancelado o registro, poderá o proprietário reivindicar o imóvel, independentemente da boa-fé ou do título do terceiro adquirente, pois o registro traz presunção do domínio (art. 1.247, parágrafo único, do CC). Conforme enunciado doutrinário aprovado na *VIII Jornada de Direito Civil*, promovida pelo Conselho da Justiça Federal em abril de 2018, "a anulação do registro, prevista no art. 1.247 do Código Civil, não autoriza a exclusão dos dados invalidados do teor da matrícula" (Enunciado n. 624).

Constata-se que, após longo debate no Direito Brasileiro, que confrontou Pontes de Miranda e Clóvis do Couto e Silva, o Código Civil Brasileiro de 2002 adotou nesse comando o sistema causal, defendido pelo último. Assim, é possível afastar o registro imobiliário, quando a sua causa não condiz com a realidade. Não se filiou, assim, ao sistema abstrato, pelo qual o registro se bastava por si só, conforme defendia Pontes de Miranda.

De toda sorte, o comando deveria fazer concessões à boa-fé de terceiros e à teoria da aparência, especialmente pelo fato de a atual codificação privada adotar a eticidade como um dos seus princípios. Sobre o tema, aliás, muito bem expôs Leonardo Brandelli em sua tese de doutorado defendida na Universidade Federal do Rio Grande do Sul.[99]

Exatamente nesse sentido, no Projeto de Reforma do Código Civil, elaborado pela Comissão de Juristas nomeada no Senado Federal, são feitas importantes propostas de alteração desse art. 1.247, para se tutelar a boa-fé. De início, sugere-se que o *caput* do comando, melhor tecnicamente, mencione o cancelamento do registro e não apenas a sua anulação ("se o teor do registro não exprimir a verdade, poderá o interessado postular que seja retificado ou cancelado").

Consoante o seu projetado § 1.º, "não se procederá ao cancelamento do registro de título aquisitivo irregular que possa atingir direitos reais adquiridos onerosamente por terceiros de boa-fé, sem que sejam ouvidos". Ademais, "não será considerado de boa-fé o terceiro que comprovadamente tinha ciência da irregularidade do título" (§ 2.º). Como última proposição, "a aquisição do terceiro de boa-fé não prevalecerá em face de direitos reais adquiridos, independentemente do registro; e nas situações expressamente previstas em lei" (novo § 3.º do art. 1.247 do CC).

Como bem justificaram os juristas que compuseram a Subcomissão de Direito das Coisas – Marco Aurélio Bezerra de Melo, Marcelo Milagres, Maria Cristina Santiago e Carlos Vieira Fernandes Filho –, "o direito brasileiro, em outros termos, não consagrava o princípio da fé pública registral, pois o terceiro, ainda que confiante nos dados constantes na matrícula, poderia sofrer evicção em decorrência de irregularidades no título aquisitivo de seu transmitente ou até mesmo de figurantes anteriores na cadeia sucessória do imóvel". E mais, "o art. 54 da heterogênea Lei Federal nº 13.097, promulgada em janeiro de 2015, implicaria uma mudança radical no que concerne à proteção do terceiro, uma vez que, pela leitura de seu parágrafo único (atualmente, § 1º), depreende-se a acolhida, segundo as prospecções de Clóvis Bevilaqua, do princípio da fé pública registral". Assim, sem dúvidas, é preciso atualizar o texto do Código Civil, exatamente como está sendo sugerido pelos especialistas, em prol da proteção da boa-fé e da necessária circulação dos atos e negócios jurídicos, protegendo-se o tráfego jurídico. Espera-se, portanto, a sua aprovação pelo Parlamento Brasileiro.

Como última observação a respeito da temática, e com grande relevância, assim como o originário Provimento 100 do CNJ – em 2023, incorporado ao Código Nacional de Normas –, a Lei 14.382/2022, originária da Medida Provisória 1.085/2021, instituiu o Sistema Eletrônico dos Registros Públicos (SERP), com a digitalização dos serviços de registros de imóveis. A nova norma modernizou e simplificou os procedimentos relativos aos registros públicos de atos e negócios jurídicos, previstos Lei 6.015/1973 (Lei de Registros Públicos), e também tratou de outros temas, alterando dispositivos do Código Civil.

---

[99] BRANDELLI, Leonardo. *Aplicação do princípio da tutela da aparência jurídica ao terceiro registral imobiliário de boa-fé*: aspectos jurídicos e econômicos. Porto Alegre: UFGRS, 2013.

Sobre esse registro público eletrônico, é essencial pontuar que, nos termos do art. 3.º da nova lei, são objetivos do novo sistema viabilizar: *a)* o registro público eletrônico dos atos e negócios jurídicos; *b)* a interconexão das serventias dos registros públicos; *c)* a interoperabilidade das bases de dados entre as serventias dos registros públicos e entre as serventias dos registros públicos e o SERP; *d)* o atendimento remoto aos usuários de todas as serventias dos registros públicos, por meio da internet; *e)* a recepção e o envio de documentos e títulos, a expedição de certidões e a prestação de informações, em formato eletrônico, inclusive de forma centralizada, para distribuição posterior às serventias dos registros públicos competentes; *f)* a visualização eletrônica dos atos transcritos, registrados ou averbados nas serventias dos registros públicos; *g)* o intercâmbio de documentos eletrônicos e de informações entre as serventias dos registros públicos, os entes públicos e os usuários em geral, inclusive as instituições financeiras e as demais instituições autorizadas a funcionar pelo Banco Central do Brasil e os tabeliães; *h)* o armazenamento de documentos eletrônicos para dar suporte aos atos registrais; *i)* a divulgação de índices e de indicadores estatísticos apurados a partir de dados fornecidos pelos oficiais dos registros públicos; *j)* a consulta às indisponibilidades de bens decretadas pelo Poder Judiciário ou por entes públicos; às restrições e aos gravames de origem legal, convencional ou processual incidentes sobre bens móveis e imóveis registrados ou averbados nos registros públicos; e aos atos em que a pessoa pesquisada conste como devedora de título protestado e não pago; garantidora real; cedente convencional de crédito; ou titular de direito sobre bem objeto de constrição processual ou administrativa; e *k)* outros serviços, nos termos estabelecidos pela Corregedoria Nacional de Justiça do Conselho Nacional de Justiça.

O mesmo art. 3.º da Lei do SERP prevê, no seu § 1.º, que os oficiais dos registros públicos de que trata a Lei 6.015/1973 integram o SERP. Além disso, está preceituado que a consulta a que se refere a norma será realizada com base em indicador pessoal ou, quando compreender bem especificamente identificável, mediante critérios relativos ao bem objeto de busca (art. 3.º, § 2.º, da Lei 14.382/2022).

Nesse contexto, o SERP deverá observar os padrões e os requisitos de documentos, de conexão e de funcionamento estabelecidos pela Corregedoria Nacional de Justiça do Conselho Nacional de Justiça e garantir a segurança da informação e a continuidade da prestação do serviço dos registros públicos (art. 3.º, § 2.º, da Lei 14.382/2022). Está enunciado no mesmo diploma, por fim, que o SERP terá um operador nacional, sob a forma de pessoa jurídica de Direito Privado, seja associação ou fundação, na modalidade de entidade civil sem fins lucrativos, nos termos estabelecidos pela Corregedoria Nacional de Justiça do Conselho Nacional de Justiça (art. 3.º, § 4.º, da Lei 14.382/2022).

Como está em obra escrita em coautoria com Carlos Eduardo Elias de Oliveira, "o chamariz da Lei n. 14.382/2022 é a criação do Sistema Eletrônico de Registros Públicos (SERP), e, por isso, é conhecida como Lei do SERP, denominação que será utilizada neste livro. O SERP pode ser entendido como uma espécie de central eletrônica nacional de todos os serviços notariais e registrais, que permite a prestação remota dos serviços. Quis o legislador disponibilizar um espaço único – como um *site* –, ao qual o cidadão poderia acorrer para buscar qualquer serviço notarial e registral de qualquer serventia do País. Objetivou também conectar operacionalmente todas as serventias extrajudiciais brasileiras para a prestação dos serviços de modo concentrado".[100]

O sistema está em implementação e regulamentação pelo Conselho Nacional de Justiça, o que deve ser incrementado nos próximos anos, modernizando e digitalizando os serviços extrajudiciais de registro.

---

[100] OLIVEIRA, Carlos Eduardo Elias de; TARTUCE, Flávio. *Lei do Sistema Eletrônico de Registros Públicos*. Rio de Janeiro: Forense, 2022. p. 3.

#### 7.4.6.4 Da sucessão hereditária de bens imóveis

O direito hereditário ou sucessão constitui a forma de transmissão derivada da propriedade que se dá por ato *mortis causa*, em que o herdeiro legítimo ou testamentário ocupa o lugar do *de cujus* em todos os seus direitos e deveres. Enuncia o art. 1.784 do CC que aberta a sucessão, a herança transmite-se, desde logo, aos herdeiros legítimos e testamentários. Houve alteração substancial quanto ao dispositivo, pois o art. 1.572 do CC/1916 mencionava a transmissão do domínio e da posse aos herdeiros. Agora a menção é à herança, em sentido mais amplo e mais correto tecnicamente.

Surge aqui razão de importância quanto ao momento da morte, pois ocorrendo esta e sendo aberta a sucessão, a herança transmite-se, desde logo, aos herdeiros legítimos e testamentários. Este é o princípio da *saisine*, um dos mais importantes do Direito Civil.

Observe-se que, com a mudança de redação do art. 1.784 do Código em vigor, não se faz necessária a transcrição no registro de imóveis para que se verifique a transmissão da propriedade, pois de acordo com o CC/2002 basta a morte para que a propriedade seja transmitida aos herdeiros.

### 7.4.7 Formas de aquisição da propriedade móvel

A aquisição da propriedade móvel representa a incorporação dos direitos de dono em um titular. Se de um lado uma pessoa adquire a propriedade de uma coisa móvel, por outro lado, outra a perde, concomitantemente. Em conclusão, no presente ponto da matéria, a aquisição e a perda da propriedade são analisadas em um só momento. Vejamos o esquema geral relativo ao tema e o estudo pontual das categorias:

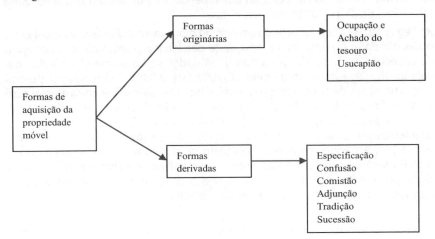

#### 7.4.7.1 Da ocupação e do achado do tesouro. O estudo da descoberta

Nos termos do art. 1.263 do CC, aquele que assenhorear de coisa sem dono para logo lhe adquire a propriedade, não sendo essa *ocupação* proibida em lei. Assim, a pessoa que adquire um bem que não pertence a qualquer pessoa (*res nullius*), o faz de forma originária, por meio da *ocupação*.

Ilustrando, a ocupação está presente nos casos envolvendo a caça e a pesca, nos termos do que prevê a Lei 5.197/1967 (proteção da fauna) e a Lei 11.959/2009 (que dispõe sobre a Política Nacional Sustentável da Aquicultura e Pesca). Sem prejuízo de todas as restrições constantes desses diplomas legislativos, não se pode esquecer que a ocupação desses bens não pode causar danos ambientais, nos termos do art. 225 da CF/1988 e da Lei 6.938/1981 (Lei da Política Nacional do Meio Ambiente).

**1090** | MANUAL DE DIREITO CIVIL • VOLUME ÚNICO – *Flávio Tartuce*

Ainda pode ser objeto de ocupação a coisa abandonada por alguém, em virtude da *derrelição* (*res derelictae*). A título de exemplo pode ser citado o caso de alguém que encontra um cão abandonado por outrem, adquirindo a sua propriedade. Ressalve-se que se o cão é perdido, a pessoa que o encontra não lhe adquire o domínio, até porque muitas vezes o dono o está procurando, com a estipulação de uma promessa de recompensa (arts. 854 a 860 do CC). Como esclarece Orlando Gomes, a *coisa abandonada* (*res derelictae*) não se confunde com a *coisa perdida* (*res perdita*), pois "Quem perde uma coisa não perde a sua propriedade; privado estará, enquanto não a encontrar, de exercer o domínio, mas, nem por isso, a coisa deixará de ter dono. Ocupação, portanto, só se realiza de coisa abandonada, nunca de coisa perdida. Haverá, neste caso, invenção".[101] Ao atualizar esse último conceito, a *invenção* do Código Civil de 1916 (arts. 603 a 606), no Código Civil de 2002, é tratada como *descoberta* (arts. 1.233 a 1.237).

Antes de estudar o instituto, é preciso verificar as regras do *achado do tesouro* em propriedade particular, do mesmo modo forma de aquisição originária da propriedade móvel. O art. 1.264, 1.ª parte, do CC conceitua o tesouro como sendo o depósito antigo de coisas preciosas, oculto e de cujo dono não haja memória. As suas regras fundamentais são as seguintes:

> *1.ª Regra: O tesouro será dividido por igual entre o proprietário do prédio e o que achá-lo casualmente, agindo de boa-fé* (art. 1.264, 2.ª parte, do CC) – "*achei no do outro de boa-fé: meio a meio*".
>
> *2.ª Regra: O tesouro pertencerá por inteiro ao proprietário do prédio privado, se for achado por ele, ou em pesquisa que ordenou, ou por terceiro não autorizado* (art. 1.265 do CC) – "*achei no meu, é meu*".
>
> *3.ª Regra: Se o tesouro for achado em terreno aforado, será dividido por igual entre o descobridor e o enfiteuta, ou será deste por inteiro quando ele mesmo seja o descobridor* (art. 1.266 do CC). Errou o legislador ao fazer menção à enfiteuse, cuja instituição está proibida pelo CC/2002 (art. 2.038).[102] O legislador perdeu a oportunidade de fazer menção a outros direitos reais sobre coisa alheia, caso da superfície, podendo-se entender pela aplicação da regra por analogia à última categoria. Anoto que no Projeto de Reforma do Código Civil todos esses problemas são sanados, com o novo texto que é proposto para o comando: "Art. 1.266. Achando-se em terreno objeto de direito real sobre coisa alheia, o tesouro será dividido por igual entre o descobridor e o proprietário, ou será deste por inteiro quando ele mesmo seja o descobridor". Espera-se, assim, a aprovação da proposta pelo Parlamento Brasileiro.

As regras destacadas subsomem-se aos casos em que o tesouro é encontrado em propriedade privada. Se for encontrado em terreno público, por óbvio, será do Estado.

A respeito da descoberta, enuncia o art. 1.233 do CC que quem quer que ache coisa alheia perdida (*res perdita*) deverá restituí-la ao dono ou legítimo possuidor, o que tem relação direta com a vedação do enriquecimento sem causa. Eventualmente, se o descobridor da coisa não conhecer o dono, deverá tomar todas as medidas para encontrá-lo, guiado pela boa-fé. Se não o encontrar, entregará a coisa achada à autoridade competente (parágrafo único do art. 1.233 do CC). Essa autoridade competente, nos termos do art. 746 do CPC/2015, correspondente ao art. 1.170 do CPC/1973, é a autoridade policial ou o juiz de direito.

---

[101] GOMES, Orlando. *Direitos reais*. 19. ed. Rio de Janeiro: Forense, 2004. p. 202.

[102] ALVES, Jones Figueirêdo; DELGADO, Mário Luiz. *Código Civil anotado*. São Paulo: Método, 2005. p. 630.

CAP. 7 • DIREITO DAS COISAS | **1091**

Tais comandos processuais, esclareça-se, tratam das *coisas vagas*, prevendo a nova norma processual que, recebendo do descobridor coisa alheia perdida, o juiz mandará lavrar o respectivo auto, do qual constarão a descrição do bem e as declarações do descobridor. Recebida a coisa por autoridade policial, esta a remeterá em seguida ao juízo competente.

Depositada a coisa, o juiz mandará publicar edital na rede mundial de computadores, no sítio do tribunal a que estiver vinculado e na plataforma de editais do Conselho Nacional de Justiça, ou, não havendo sítio, no órgão oficial e na imprensa da Comarca, para que o dono ou o legítimo possuidor a reclame. Isso, salvo se se tratar de coisa de pequeno valor e não for possível a publicação no sítio do Tribunal, caso em que o edital será apenas afixado no átrio do edifício do fórum. No mais, será observado o que está disposto em lei específica, caso do Código Civil (art. 746 do CPC/2015, incluindo os seus parágrafos).

Voltando-se ao Código Civil, a autoridade competente dará conhecimento da descoberta através da imprensa e de outros meios de informação, somente expedindo editais se o seu valor os comportar (art. 1.236 do CC). Esse dispositivo deve ser lido em consonância com o CPC/2015, inclusive quanto às novas formas de publicação, pela *internet*.

Não restam dúvidas, porém, de que é preciso atualizar a norma diante das novas tecnologias, havendo proposta nesse sentido no Projeto de Reforma do Código Civil elaborado pela Comissão de Juristas. Com isso, o seu art. 1.236 passará a prever, em boa hora, que "a autoridade competente dará conhecimento da descoberta através da imprensa e de outros meios de informação, como os digitais, somente expedindo editais se o seu valor os comportar". Com isso, busca-se uma maior efetividade ou concretude da norma, em prol de sua operabilidade.

Decorridos sessenta dias da divulgação da notícia pela imprensa, ou do edital, não se apresentando quem comprove a propriedade sobre a coisa, será esta vendida em hasta pública e, deduzidas do preço as despesas, mais a recompensa do descobridor, pertencerá o remanescente ao Município em cuja circunscrição se deparou o objeto perdido. Sendo de diminuto valor, poderá o Município abandonar a coisa em favor de quem a achou, hipótese em que o descobridor adquirirá a propriedade (art. 1.237 do CC).

Mais uma vez, é necessário atualizar a norma, para que mencione os meios digitais e eletrônicos de comunicação, o que está sendo sugerido pelo Projeto de Reforma do Código Civil, fazendo que o comando passe a prever, em seu *caput*, o seguinte: "decorridos sessenta dias da divulgação da notícia pela imprensa, por meio digital, ou por edital, não se apresentando quem comprove a propriedade sobre a coisa, será esta vendida em hasta pública e, deduzidas do preço as despesas, mais a recompensa do descobridor, pertencerá o remanescente ao Município em cuja circunscrição se deparou o objeto perdido".

O antigo Código de Processo Civil previa que, eventualmente, comparecendo o dono ou o legítimo possuidor dentro do prazo do edital e provando o seu direito, o juiz, ouvido o órgão do Ministério Público e o representante da Fazenda Pública, mandaria entregar-lhe a coisa (art. 1.172 do CPC/1973). Se a coisa não fosse reclamada, seria avaliada e alienada em hasta pública e, deduzidas do preço as despesas e a recompensa do descobridor, o saldo pertenceria, na forma da lei, à União, ao Estado ou ao Distrito Federal (art. 1.173 do CPC/1973).

Se o dono preferisse abandonar a coisa, ou seja, se a coisa perdida (*res perdita*) fosse convertida em abandonada (*res derelictae*), poderia o descobridor requerer que lhe seja adjudicada (art. 1.174 do CPC/1973).

# 1092 | MANUAL DE DIREITO CIVIL • VOLUME ÚNICO – Flávio Tartuce

Esses últimos dispositivos processuais não foram reproduzidos pelo Código de Processo Civil de 2015 e, aparentemente, e em uma primeira análise, tais procedimentos não têm mais aplicação, incidindo apenas as regras do novo art. 746, aqui antes expostas.

Voltando-se mais uma vez à norma material, aquele que restituir a coisa achada, terá direito a uma recompensa, que não pode ser inferior a cinco por cento (5%) do seu valor, e à indenização pelas despesas que houver feito com a conservação e transporte da coisa, se o dono não preferir abandoná-la (art. 1.234 do CC). Essa recompensa é denominada *achádego*, pois decorre do ato de *achar* coisa alheia. Em suma, não querendo o dono pagar a recompensa, poderá abandoná-la, hipótese em que o descobridor, como exceção, adquire a propriedade móvel.

Na determinação do montante do *achádego*, a lei civil dispõe que deve ser considerado o esforço desenvolvido pelo descobridor para encontrar o dono, ou o legítimo possuidor, as possibilidades que teria este de encontrar a coisa e a situação econômica de ambos (art. 1.234, parágrafo único, do CC). A recompensa deve ser fixada com equidade, cabendo análise caso a caso pelo juiz da causa onde ela será fixada.

Por fim, o art. 1.235 do CC determina que o descobridor responde pelos prejuízos causados ao proprietário ou possuidor legítimo quando tiver procedido com dolo. Em suma, o descobridor não responde por culpa, mas apenas pela clara intenção de prejudicar, o que deve ser provado pela outra parte, nos termos do art. 373, inc. I, do CPC/2015, correspondente ao antigo art. 333, inc. I, do CPC/1973.

## 7.4.7.2 Da usucapião de bens móveis

Existem duas formas de usucapião de bens móveis, a *ordinária* (art. 1.260 do CC) e a *extraordinária* (art. 1.261 do CC):

> – *Usucapião ordinária* – Aquele que possuir coisa móvel como sua, contínua e incontestadamente, durante três anos, com justo título e boa-fé, adquirir-lhe-á a propriedade. Portanto, são requisitos da *usucapião ordinária* de bens móveis a posse mansa, pacífica em com intenção de dono por três anos, o justo título e a boa-fé. Para a caracterização do que seja justo título, do mesmo modo pode ser aplicado o Enunciado n. 86, aprovado na *I Jornada de Direito Civil*, pelo qual a expressão justo título, contida nos arts. 1.242 e 1.260 do CC, abrange todo e qualquer ato jurídico hábil, em tese, a transferir a propriedade, independentemente de registro.
>
> – *Usucapião extraordinária* – Se a posse da coisa móvel se prolongar por cinco anos, produzirá usucapião extraordinária, independentemente de título ou boa-fé, que se presumem de forma absoluta.

Por razões óbvias, as formas constitucionais ou especiais de usucapião imobiliária não se aplicam aos bens móveis.

Partindo para a exemplificação, o exemplo típico de usucapião envolvia as linhas telefônicas, nos termos da Súmula 193 do STJ. Porém, as linhas telefônicas perderam o valor de mercado de outrora, não tendo, em realidade, valor algum. Na atualidade, as principais questões da usucapião mobiliária se referem aos veículos, principalmente aos alienados fiduciariamente e objeto de arrendamento mercantil ou "leasing". Ilustrando, do STJ:

"Direito civil. Usucapião. Bem móvel. Alienação fiduciária. Aquisição da posse por terceiro sem consentimento do credor. Impossibilidade. Ato de clandestinidade que não induz posse. Inteligência do art. 1.208 do CC de 2002. Recurso especial conhecido e provido. 1. A transferência a terceiro de veículo gravado como propriedade fiduciária, à revelia do proprietário (credor), constitui ato de clandestinidade, incapaz de induzir posse (art. 1.208 do Código Civil de 2002), sendo por isso mesmo impossível a aquisição do bem por usucapião. 2. De fato, em contratos com alienação fiduciária em garantia, sendo o desdobramento da posse e a possibilidade de busca e apreensão do bem inerentes ao próprio contrato, conclui-se que a transferência da posse direta a terceiros – porque modifica a essência do contrato, bem como a garantia do credor fiduciário – deve ser precedida de autorização. 3. Recurso Especial conhecido e provido" (REsp 881.270/RS, 4.ª Turma, Rel. Min. Luis Felipe Salomão, j. 02.03.2010, *DJe* 19.03.2010).

No que diz respeito ao arrendamento mercantil de veículo, o Superior Tribunal de Justiça admitiu a usucapião extraordinária mobiliária em hipótese fática em que a dívida correspectiva está prescrita. De início, reafirmou-se que "a existência de contrato de arrendamento mercantil do bem móvel impede a aquisição de sua propriedade pela usucapião, em vista da precariedade da posse exercida pelo devedor arrendatário". Porém, foi julgado o seguinte:

"Verificada a prescrição da dívida, inexiste óbice legal para prescrição aquisitiva. A pretensão de cobrança de dívida líquida constante de instrumento público ou particular, conforme o art. 206, § 5º, I, do Código Civil, prescreve em cinco anos. No caso, apesar do contrato de arrendamento que tornava possível o manejo da ação para a cobrança das prestações em atraso e ensejava, concomitantemente, a reintegração de posse, permaneceu inerte o credor arrendante. Após o transcurso do prazo de cinco anos, no qual se verificou a prescrição do direito do credor arrendante, a autora da ação de usucapião permaneceu com a posse do veículo, que adquirira do devedor arrendatário, por mais de cinco anos, fato que ensejou a ocorrência da prescrição aquisitiva" (STJ, REsp 1.528.626/RS, 4.ª Turma, Rel. Min. Luis Felipe Salomão, Rel. p/ Acórdão Min. Raul Araújo, j. 17.12.2019, *DJe* 16.03.2020).

Questão polêmica se refere à usucapião de veículo furtado, havendo entendimento do Superior Tribunal de Justiça pela sua impossibilidade em caso envolvendo a usucapião ordinária (REsp 247.345/MG, 3.ª Turma, Rel. Min. Nancy Andrighi, j. 04.12.2001, *DJ* 25.03.2002, p. 272). Entretanto, há quem entenda pela admissão da usucapião extraordinária, uma vez que cessa a violência no momento posterior à prática do ilícito, tendo início a partir daí a contagem do prazo legal.[103]

Adotando essa posição, a qual estou filiado, surgiu aresto no ano de 2019 na Corte, a merecer destaque:

"A apreensão física da coisa por meio de clandestinidade (furto) ou violência (roubo) somente induz a posse após cessado o vício (art. 1.208 do CC/2002), de maneira que o exercício ostensivo do bem é suficiente para caracterizar a posse mesmo que o objeto tenha sido proveniente de crime. As peculiaridades do caso concreto, em que houve exercício da posse ostensiva de bem adquirido por meio de financiamento bancário com emissão de registro perante o órgão público competente, ao longo de mais de 20 (vinte) anos, são suficientes para assegurar a aquisição do direito originário de propriedade, sendo irrelevante se perquirir se houve a inércia do anterior proprietário ou se o usucapiente conhecia a ação criminosa anterior à sua posse" (STJ, REsp 1.637.370/RJ, 3.ª Turma, Rel. Min. Marco Aurélio Bellizze, j. 10.09.2019, *DJe* 13.09.2019).

---

[103] FARIAS, Cristiano Chaves de; ROSENVALD, Nelson. *Direitos reais*. Rio de Janeiro: Lumen Juris, 2006. p. 344.

A encerrar a abordagem da usucapião de veículos, deduziu o STJ, no final de 2016, que, "apesar da regra geral de que o domínio de bens móveis se transfere pela tradição, em se tratando de veículo, a falta de transferência da propriedade no órgão de trânsito correspondente limita o exercício da propriedade plena, uma vez que torna impossível ao proprietário que não consta do registro tomar qualquer ato inerente ao seu direito de propriedade, como o de alienar ou de gravar o bem". Por tal conclusão, "possui interesse de agir para propor ação de usucapião extraordinária aquele que tem a propriedade de veículo registrado em nome de terceiros nos Departamentos Estaduais de Trânsito competentes" (STJ, REsp 1.582.177/RJ, 3.ª Turma, Rel. Min. Nancy Andrighi, j. 25.10.2016, *DJe* 09.11.2016).

Superados os exemplos práticos e encerrando o estudo da usucapião de bens móveis, dispõe o art. 1.262 do CC que devem ser aplicados à usucapião de bem móvel o constante dos arts. 1.243 e 1.244 do CC. Há, portanto, uma aplicação residual de duas regras relativas à usucapião de imóvel. A primeira delas consagra que o possuidor pode, para o fim de contar o tempo exigido pelos artigos antecedentes, acrescentar à sua posse a dos seus antecessores (art. 1.207), contanto que todas sejam contínuas, pacíficas e, no caso do art. 1.242, com justo título e de boa-fé (*accessio possessionis*). A segunda é aquela que determina que se estende ao possuidor o disposto quanto ao devedor acerca das causas que obstam, suspendem ou interrompem a prescrição.

### 7.4.7.3 Da especificação

Partindo para a abordagem das formas derivadas de aquisição da propriedade móvel – com intermediação pessoal –, a especificação consiste na transformação da coisa em uma espécie nova, diante do trabalho do especificador, não sendo mais possível o retorno à forma anterior (art. 1.269 do CC). Para ilustrar, há especificação nos casos da escultura em relação à pedra, da pintura em relação à tela, da poesia em relação ao papel. A modificação é substancial, pois surgiu espécie nova: a pedra agora é uma linda estátua, a tela é um belo quadro, o papel uma importante obra literária. Vejamos as regras fundamentais da categoria que têm relação direta com a vedação do enriquecimento sem causa:

> *1.ª Regra: A espécie nova surgida será de propriedade do especificador, se não for possível retornar à situação anterior* (art. 1.269 do CC). Trata-se da norma fundamental da especificação, que se justifica, pois há uma alteração substancial da coisa, o que faz que, por uma reação física, surja outra. O trabalho de alteração é considerado principal, enquanto que a matéria-prima é acessória, razão pela qual a atuação do especificador prevalece. Ressalve-se que, pelo que consta do art. 1.271 do CC, o especificador indenizará o valor da matéria-prima ao seu dono.
>
> *2.ª Regra: Se toda a matéria-prima for alheia e não se puder reduzir à forma precedente, será do especificador de boa-fé a espécie nova* (art. 1.270 do CC). A exemplificar, um escultor encontra uma pedra sabão em uma das ruas de Ouro Preto, elaborando uma linda escultura de um profeta de Aleijadinho. Após elaborar o trabalho, o escultor (especificador) vem a descobrir que a pedra é de terceiro. Nesse caso, a escultura será sua, pois agiu de boa-fé. Entretanto, o escultor deverá indenizar o dono da pedra pelo seu valor, o que veda o enriquecimento sem causa.
>
> *3.ª Regra: Sendo possível a redução ao estado anterior; ou quando impraticável, se a espécie nova se obteve de má-fé, pertencerá ao dono da matéria-prima* (art. 1.270, § 1.º, do CC). Como a má-fé induz à culpa, não poderá o especificador que age por ela guiado, adquirir a propriedade do produto da transformação.

Desse modo, o dono da coisa nova será o proprietário da matéria-prima. Em complemento, para o caso em que é impraticável a volta ao estado anterior, consagra o art. 1.271 do CC que o especificador de má-fé não terá direito sequer à indenização pelo trabalho.

*4.ª Regra: Em qualquer caso, inclusive no da pintura em relação à tela, da escultura, escritura e outro qualquer trabalho gráfico em relação à matéria-prima, a espécie nova será do especificador, se o seu valor exceder consideravelmente o da matéria-prima* (art. 1.270, § 2.º, do CC). Esse excesso considerável deve ser analisado caso a caso, levando-se em conta o valor de mercado da matéria-prima e a grandiosidade do trabalho efetuado. Também aqui, pelo que consta do art. 1.271 do CC, o especificador que adquire a coisa nova deverá indenizar o dono da matéria-prima pelo seu valor. Não se pode negar que é preciso incluir na norma a menção aos trabalhos imateriais, inclusive os efetivados pelo uso de novas tecnologias, especialmente no mundo virtual. Por isso, a Comissão de Juristas encarregada da Reforma do Código Civil sugere a seguinte redação para o dispositivo: "§ 2º Em qualquer caso, inclusive o da pintura em relação à tela, da escultura e de qualquer outro trabalho gráfico, material ou imaterial, em relação à matéria-prima, a espécie nova será do especificador, se o seu valor exceder consideravelmente o da matéria-prima". Espera-se a sua aprovação pelo Congresso Nacional, pois o texto atual é analógico e até superado.

### 7.4.7.4 *Da confusão, da comistão e da adjunção*

Antes de mais nada, interessante esclarecer que consta em muitos Códigos publicados a expressão *comissão*, quando o certo é *comistão* (Seção IV, Capítulo III, Título III, do Livro do Direito das Coisas, antes do art. 1.272 do CC). Na realidade, houve um erro gráfico na elaboração final do CC/2002, correção que era proposta pelo antigo Projeto de Lei Ricardo Fiuza, e que deve ser feito pelo Projeto de Reforma do Código Civil, elaborado pela Comissão de Juristas e ora em tramitação no Congresso Nacional.[104]

As três categorias que ora se estuda são formas derivadas de aquisição da propriedade móvel e estão presentes quando coisas pertencentes a pessoas diversas se misturam de tal forma que é impossível separá-las:

a) *Confusão* – mistura entre coisas líquidas (ou mesmo de gases), em que não é possível a separação. Pode ser definida *confusão real*, o que é importante para diferenciá-la da *confusão obrigacional*, forma de pagamento indireto em que se confundem, na mesma pessoa, as qualidades de credor e de devedor (arts. 382 a 384 do CC). Exemplos: misturas de água e vinho; de álcool e gasolina; de nitroglicerina (TNT).

b) *Comistão* – mistura de coisas sólidas ou secas, não sendo possível a separação. Exemplos: misturas de areia e cimento ou de cereais de safras diferentes, não sendo possível identificar a origem.

c) *Adjunção* – justaposição ou sobreposição de uma coisa sobre outra, sendo impossível a separação. Exemplos: tinta em relação à parede; selo valioso em álbum de colecionador.

---

[104] Cf. ALVES, Jones Figueirêdo; DELGADO, Mário Luiz. *Código Civil anotado*. São Paulo: Método, 2005. p. 633.

As regras fundamentais relativas aos institutos são as seguintes:

> *1.ª Regra: As coisas pertencentes a diversos donos, confundidas, misturadas ou adjuntadas sem o consentimento deles, continuam a pertencer-lhes, sendo possível separá-las sem deterioração* (art. 1.272, caput, do CC). Em suma, sendo possível retornar ao estado anterior (*status quo ante*), sem que isso desvalorize as coisas misturadas, esse é o caminho a ser percorrido.
>
> *2.ª Regra: Não sendo possível a separação das coisas, ou exigindo dispêndio excessivo, permanece o estado de indivisão, cabendo a cada um dos donos quinhão proporcional ao valor da coisa com que entrou para a mistura ou agregado* (art. 1.272, § 1.º, do CC). Cada um dos proprietários dos bens móveis terá direito ao valor que corresponder ao seu quinhão. Como não é possível determinar um quinhão real, procura-se um quinhão ideal. Nesses casos, se uma das coisas puder ser considerada como principal, o dono desse principal será o dono do todo, indenizando os demais pelos valores que corresponderem aos seus quinhões (art. 1.272, § 2.º, do CC). Exemplo: havendo mistura de areia com cimento e sendo impossível o retorno ao estado anterior, o dono da parte mais valiosa (do cimento), considerado como principal, ficará com o todo, devendo indenizar o dono do acessório (areia).
>
> *3.ª Regra: Se a confusão, comissão ou adjunção se operou de má-fé, à outra parte que estiver de boa-fé caberá escolher entre: a) adquirir a propriedade do todo, pagando o que não for seu, abatida a indenização que lhe for devida, ou b) renunciar ao que lhe pertencer, caso em que será indenizado de forma integral* (art. 1.273 do CC). A norma tem a sua razão de ser, punindo o proprietário que agiu de má-fé no ato de misturar, o que induz à sua culpa. Por isso é que são colocadas à disposição do proprietário de boa-fé duas opções, de acordo com a sua livre vontade.
>
> *4.ª Regra: "Se da união de matérias de natureza diversa se formar espécie nova, à confusão, comissão ou adjunção aplicam-se as normas dos arts. 1.272 e 1.273"* (art. 1.274 do CC). É o caso que da mistura de minerais surja um novo. Aqui, houve um erro de digitação na literalidade da norma, pois o dispositivo manda aplicar os arts. 1.272 e 1.273 do CC. Na verdade, como há o surgimento de uma espécie nova, o caso é de especificação, devendo ser aplicados os arts. 1.270 e 1.271 do CC, segundo a melhor doutrina.[105]

### 7.4.7.5  Da tradição

Consoante antes exposto, a tradição (*traditio rei*) é a entrega da coisa ao adquirente, com a intenção de lhe transferir a sua propriedade ou a posse. De acordo com o que determina o *caput* do art. 1.267 do CC/2002, "a propriedade das coisas não se transfere pelos negócios jurídicos antes da tradição". Assim, repise-se que contratos como a compra e venda e a doação, por si só, não têm o condão de gerar a aquisição da propriedade móvel, o que somente ocorre com a entrega da coisa.

Lembre-se de que a tradição pode ser *real*, *simbólica* ou *ficta*, o que foi exposto quando do estudo da posse. Tal classificação pode ser retirada do parágrafo único do art. 1.267 do CC, pelo qual se subentende a tradição:

– Quando o transmitente continua a possuir pelo constituto possessório (*tradição ficta*).

– Quando o transmitente cede ao adquirente o direito à restituição da coisa, que se encontra em poder de terceiro (tradição simbólica – *traditio longa manu*).

– Quando o adquirente já está na posse da coisa, por ocasião do negócio jurídico (tradição ficta – *tradição brevi manu*).

---

[105] ALVES, Jones Figueirêdo; DELGADO, Mário Luiz. *Código Civil anotado*. São Paulo: Método, 2005. p. 632.

CAP. 7 • DIREITO DAS COISAS | **1097**

Não se pode negar que a atual redação do art. 1.267 é confusa, e necessita de reparos metodológicos, o que está sendo proposto pelo Projeto de Reforma do Código Civil. De início, de forma mais completa, propõe-se que o seu *caput* expresse que "a propriedade das coisas móveis não se transfere pelos negócios jurídicos antes da tradição; a das coisas imóveis não se transfere antes do registro". E, quanto ao seu parágrafo único, de forma muito mais bem organizada: "presume-se relativamente a tradição nas seguintes hipóteses: I – quando o transmitente continua a possuir pelo constituto possessório; II – quando o transmitente cede ao adquirente o direito à restituição da coisa, que se encontra em poder de terceiro; ou III – quando o adquirente já está na posse da coisa, em virtude de um negócio jurídico".

Observa-se que não há alteração do texto na sua essência, mas apenas sugestões para a sua melhor compreensão, em prol da operabilidade, especialmente porque o seu parágrafo único é hoje confuso e truncado.

Voltando-se ao sistema em vigor, o art. 1.268 do CC trata da alienação *a non domino*, aquela realizada por quem não é o dono da coisa móvel. Nessas situações, a tradição não aliena a propriedade, exceto se a coisa, oferecida ao público, em leilão ou estabelecimento comercial, for transferida em circunstâncias tais que, ao adquirente de boa-fé, como a qualquer pessoa, o alienante se afigurar dono.

De início, o dispositivo deixa claro que o caso é de ineficácia da venda, atingindo o *terceiro degrau da Escada Ponteana*, no que diz respeito aos bens móveis. Não se pode dizer que o caso é de invalidade (segundo degrau), pois não há previsão de que o negócio seja nulo ou anulável, nos arts. 166, 167 ou 171 do CC. O próprio STJ assim já entendeu, ainda na vigência do CC/1916 (REsp 39.110/MG, 4.ª Turma, Rel. Min. Sálvio de Figueiredo Teixeira, j. 28.03.1994, *DJ* 25.04.1994, p. 9.260).

Sobre os bens imóveis, reafirme-se a existência de julgado anterior da Quarta Turma concluindo pela ineficácia da venda *a non domino* (STJ, REsp 1.473.437/GO, 4.ª Turma, Rel. Min. Luis Felipe Salomão, j. 07.06.2016, *DJe* 28.06.2016). Todavia, nos anos de 2018 e 2019, surgiram acórdãos entendendo que a consequência é a nulidade do ato:

"Polêmica em torno da existência, validade e eficácia de escritura pública de compra e venda do imóvel dos demandantes, lavrada em Tabelionato por terceiros que atuaram como vendedores com base em procuração pública também fraudada, constando, inclusive, dados errôneos na qualificação dos outorgantes, efetivos proprietários, como reconhecido pelas instâncias de origem. (...). Escritura de compra e venda realizada com base em procuração na qual constam nomes incorretos do casal proprietário, troca de numeração de documentos pessoais, utilização de número de identidade de outro Estado. Questões fático-probatórias. Insindicabilidade. Negligência do Tabelião que, ao confeccionar a escritura pública de compra e venda, não conferiu os dados dos supostos alienantes. Nulidade do registro mantida" (STJ, REsp 1.748.504/PE, 3.ª Turma, Rel. Min. Paulo de Tarso Sanseverino, j. 14.05.2019, *DJe* 21.05.2019).

"Agravo interno na ação rescisória. Acórdão rescindendo. Venda de imóvel *a non domino*. Nulidade absoluta. Impossibilidade de convalidação. Ausência de violação a literal disposição de lei. Improcedência da ação rescisória. Agravo desprovido. 1. O entendimento desta Corte preconiza que, no caso de venda por quem não tem o título de propriedade do bem alienado, venda *a non domino* não tem mera anulabilidade por vício de consentimento, mas sim nulidade absoluta, impossível de ser convalidada. 2. 'Inaplicabilidade do prazo prescricional previsto no art. 178, § 9.º, V, 'b', do Código Civil, se a hipótese cuidar, como no caso, de venda por quem não tinha o título de propriedade do bem alienado em garantia (venda a non domino), ou seja, venda nula, não se enquadrando, assim, nos casos de mera anulação do contrato por vício de consentimento' (REsp 185.605/RJ, Rel. Ministro Cesar Asfor Rocha). 3. O acolhimento da ação rescisória fundada no art. 485, V, do CPC exige que a interpretação dada pelo decisum rescindendo seja de tal modo discrepante que viole o dispositivo legal em sua literalidade, porque, se a decisão rescindenda elege uma dentre as interpretações cabíveis, a ação rescisória não merece prosperar. 4. Agravo interno a que se nega provimento" (STJ, Ag. Int. na AR 5.465/TO, 2.ª Seção, Rel. Min. Raul Araújo, j. 12.12.2018, DJe 18.12.2018).

As ementas recentes indicam, portanto, que a posição atual da Corte Superior é pela nulidade absoluta da venda *a non domino*, o que deve ser seguido, neste momento, para os devidos fins práticos.

Reafirmo, porém, a minha opinião doutrinária no sentido de ser a venda a *non domino ineficaz*, quanto aos bens móveis e imóveis, pela clara opção do legislador, adotada pelo art. 1.268 do Código Civil.

Anoto que no Projeto de Reforma do Código Civil pretende-se resolver definitivamente mais essa divergência, adotando-se a opção da ineficácia também em relação aos bens imóveis. Com essa finalidade, será introduzido na Lei Geral Privada um novo art. 1.247-A, prevendo que "a alienação de bem imóvel feita por aquele que não é o seu proprietário é considerada ineficaz e não se procederá ao seu registro". É fundamental a ressalva que constará em seu parágrafo único, em prol da proteção do tráfego jurídico, ou seja, da circulação dos atos e negócios jurídicos civis: "nos termos deste artigo, ressalvam-se os direitos adquiridos de boa-fé". Essa foi a proposição que prevaleceu na Comissão de Juristas, após intensos debates, e pelo *espírito democrático* que moveu o grupo de especialistas nomeado no âmbito do Senado Federal.

Ato contínuo de análise do art. 1.268 ora em vigor, se alguém adquiriu o bem de boa-fé, esta deve prevalecer sobre a ineficácia decorrente da venda *a non domino*. Trata-se da boa-fé objetiva, eis que reconhecida como preceito de ordem pública (Enunciado n. 363 do CJF/STJ), a prevalecer sobre a ineficácia. Em suma, em se tratando de bens móveis, a lei faz concessões à teoria da aparência e à eticidade, o que, infelizmente e como visto, não ocorre com os bens imóveis. Aplicando bem a ideia, colaciona-se julgado do Tribunal Gaúcho:

"Apelação cível. Posse e propriedade de bem móvel. Veículo automotor supostamente furtado, alienado ao autor por terceiro. Indícios de má-fé do réu, proprietário, supostamente vítima de furto (falsidade ideológica). Boa-fé do adquirente. Impossibilidade de averiguação da falsidade da situação pelo adquirente. Indícios de conluio do demandado revel. Evidências de compossibilidade de aplicação do art. 1.268 do Código Civil. Procedência da ação. Manutenção da sentença. Apelo desprovido" (TJRS, Apelação Cível 70026844548, 9.ª Câmara Cível, Porto Alegre, Rel. Des. Marilene Bonzanini Bernardi, j. 30.09.2009, *DJERS* 07.10.2009, p. 52).

Em continuidade de estudo, o § 1.º do art. 1.268 do CC/2002 constitui novidade parcial bem interessante, diante do Código Civil de 1916, enunciando que, se o adquirente estiver de boa-fé e o alienante adquirir depois a propriedade, considera-se realizada a transferência desde o momento em que ocorreu a tradição. O dispositivo está a prever que a venda *a non domino*, inicialmente ineficaz, passa a ter eficácia plena, diante da presença da boa-fé e da aquisição superveniente por parte do alienante.

A ilustrar, se alguém vende um veículo pensando que a propriedade já lhe pertence, o que é um engano, haverá uma venda *a non domino* e, portanto, um negócio ineficaz. Mas, se o veículo foi adquirido de boa-fé e havendo a transferência posterior, o ato se torna plenamente eficaz. Deve-se entender que essa eficácia superveniente tem efeitos *ex tunc*

CAP. 7 • DIREITO DAS COISAS | **1099**

(retroativos), até a data da celebração do negócio original, uma vez que há uma confirmação posterior. É pertinente esclarecer que a inovação do CC/2002 se refere à redação, pois o art. 622, *caput*, do CC/1916 referia-se à *revalidação do ato*. Repise-se que atualmente a questão não envolve o plano da validade, mas o plano da eficácia.

Determina, ainda, o § 2.º do art. 1.268 do CC que não transfere a propriedade a tradição, quando tiver por título um negócio jurídico nulo. Obviamente, se houver nulidade absoluta do título ou negócio que dá fundamento à tradição, não há que se falar em transmissão.

Para encerrar o tópico, pontuo que o Projeto de Reforma do Código Civil, elaborado pela Comissão de Juristas, pretende fazer alterações também no seu art. 1.268. Além de uma melhor organização dos comandos, pretende-se que o *caput* mencione expressamente a ineficácia do ato, afastando-se qualquer dúvida quanto à essa afirmação: "feita por quem não seja proprietário, a tradição não importa alienação da propriedade, presente a ineficácia do ato".

Em boa hora, o seu § 1º passará a prever, de forma separada e mencionando a possibilidade do leilão virtual, que hoje prevalece na prática em muitos locais que "excepciona-se a regra do *caput* se o bem, oferecido ao público, em leilão, praça ou estabelecimento empresarial físico ou virtual, for transferido em circunstâncias tais que, ao adquirente de boa-fé, como a qualquer pessoa, o alienante se afigurar titular".

Quanto à boa-fé fé, é mantida a previsão atual no seu § 2º, segundo o qual "se o adquirente estiver de boa-fé e o alienante adquirir depois a propriedade, considera-se realizada a transferência desde o momento em que ocorreu a tradição". Por fim, o novo § 3º do comando continuará prevendo que "não transfere a propriedade a tradição, quando tiver por título um negócio jurídico nulo."

Como se pode notar, as proposições são necessárias, sobretudo no que diz respeito à possibilidade jurídica do leilão virtual, que deve passar a constar da norma.

### 7.4.7.6 *Da sucessão hereditária de bens móveis*

Pelo que consta do art. 1.784 do CC, o direito sucessório pode gerar a aquisição derivada da propriedade móvel, seja a sucessão legítima ou testamentária em sentido genérico (testamento, legado ou codicilo). Valem os comentários que foram feitos anteriormente para a aquisição de bens imóveis.

### 7.4.8 **Da perda da propriedade imóvel e móvel**

Sem prejuízo dos casos antes expostos, em que ocorre de forma concomitante a aquisição e a perda da propriedade, seja imóvel ou móvel, o art. 1.275 elenca outras hipóteses de perda da propriedade:

> a) *Pela alienação* – consiste na transmissão do direito de propriedade de um patrimônio a outro, como ocorre nos contratos de compra e venda, de troca ou permuta e no de doação. Em casos envolvendo imóveis, há necessidade do registro no Cartório de Registro Imobiliário (CRI), eis que o contrato traz apenas efeitos pessoais ou obrigacionais. No que interessa aos bens móveis, é necessária a tradição (art. 1.267 do CC).
>
> b) *Pela renúncia* – constitui o ato unilateral pelo qual o proprietário declara, de forma expressa, a sua vontade de abrir mão de seu direito sobre a coisa.
>
> c) *Por abandono* – o proprietário deixa a coisa com a intenção de não mais tê-la consigo, surgindo o conceito de *res derelictae*, diante da *derrelição*. Surgindo a

> coisa abandonada, qualquer pessoa pode adquiri-la, seja por meio da ocupação (bem móvel), seja por meio da usucapião (bem móvel ou imóvel), sendo que ambas são formas de aquisição originária.
>
> d) *Por perecimento da coisa* – constitui a perda do objeto, como no caso em que uma pessoa que está em um navio deixa cair uma joia em alto-mar.
>
> e) *Por desapropriação* – o CC/2002 trata tanto da desapropriação para fins de necessidade e interesse público (art. 1.228, § 3.º), quanto daquela desapropriação no interesse privado, diante da posse-trabalho (art. 1.228, §§ 4.º e 5.º).

Aprofundando, é necessário discorrer a respeito do abandono do imóvel, merecendo destaque o art. 1.276 do CC:

"Art. 1.276. O imóvel urbano que o proprietário abandonar, com a intenção de não mais o conservar em seu patrimônio, e que, se não encontrar na posse de outrem, poderá ser arrecadado, como bem vago, e passar, três anos depois, à propriedade do Município ou à do Distrito Federal, se se achar nas respectivas circunscrições.

§ 1.º O imóvel situado na zona rural, abandonado nas mesmas circunstâncias, poderá ser arrecadado, como bem vago, e passar, três anos depois, à propriedade da União, onde quer que ele se localize.

§ 2.º Presumir-se-á de modo absoluto a intenção a que se refere este artigo, quando, cessados os atos de posse, deixar o proprietário de satisfazer os ônus fiscais".

Nota-se que o *caput* do dispositivo consagra o abandono do imóvel urbano, que pode ser arrecadado como vago e, após três anos, passará à propriedade do Município ou do Distrito Federal onde estiver situado. A inovação é substancial, pois o prazo antes previsto para o abandono de imóvel urbano era de dez anos (art. 589 do CC/1916). Na hipótese de imóvel rural, o prazo foi mantido, passando o bem à propriedade da União. Constate-se que o *critério da localização* é o norte fundamental para a destinação final do bem imóvel abandonado.

Constata-se, ademais, que *a cabeça* do comando afasta a possibilidade de arrecadação se o bem estiver na posse de outrem. Conforme enunciado aprovado na *VII Jornada de Direito Civil*, promovida em 2015, "a posse impeditiva da arrecadação prevista no art. 1.276 do Código Civil, é efetiva e qualificada por sua função social" (Enunciado n. 597). De fato, nos termos das suas corretas justificativas, que merecem destaque:

"A arrecadação é uma modalidade de aquisição da propriedade pelo Poder Público em razão de abandono do imóvel por seu titular, portanto, uma atuação em benefício da sociedade, com tom de punição ao proprietário moroso no cumprimento da função social da propriedade imobiliária. Presente, portanto, na arrecadação, o interesse público. No entanto, o legislador resolveu impedir a deflagração do procedimento de arrecadação na hipótese de o imóvel se encontrar na posse de outrem. Evidente que o legislador se refere a alguém que esteja dando efetiva utilização ao imóvel por meio da moradia, cultivo ou desenvolvimento de atividade de interesse social e econômico, e que por óbvio não tenha relação jurídica com o proprietário, posto que, se tiver, o imóvel não estará em estado de abandono. Essa posse de outrem não pode ser a posse simples, aquela resultante, por exemplo, da circunstância de ter cercado o imóvel, ter impedido que outros o invadissem, tamanha a importância dada pelo legislador de proteção daquele que a está exercendo. Certamente que se refere à posse-trabalho ou posse-moradia referida por Miguel Reale lastreada no princípio da socialidade, diversa da posse resultante dos 'critérios formalistas da

CAP. 7 • DIREITO DAS COISAS | **1101**

tradição romanista, a qual não distingue a posse simples, ou improdutiva, da posse acompanhada de obras e serviços realizados nos bens possuídos' (*O Projeto do Novo Código Civil*, 2. ed., SP, Saraiva, 1999, p. 33)".

Mas a principal inovação, tão criticada e comentada, consta do § 2.º do comando, ao consagrar a presunção absoluta do abandono de imóvel (*iure et de iure*), no caso de não pagamento dos ônus fiscais, caso do IPTU, a título de exemplo. Há quem veja flagrante inconstitucionalidade no último dispositivo, caso do Professor Titular da USP Carlos Alberto Dabus Maluf:

> "É de causar espécie a possibilidade de ser considerado abandonado o imóvel cujo proprietário não venha pagando os impostos sobre ele devidos, uma vez que a inadimplência pode ter como causa, inclusive, a discussão, administrativa ou judicial, dos valores lançados, ou mesmo motivos de força maior, sendo tal possibilidade um autêntico confisco, vedado pela CF/1988, que assegura, também, o direito de propriedade maculado por essa hipótese".[106]

Aponta o jurista que o antigo Projeto de Lei do Deputado Ricardo Fiuza pretendia extinguir a presunção absoluta referenciada pelo dispositivo, passando a constituir uma presunção relativa.[107] De fato, a menção à presunção relativa é mais interessante, cabendo análise casuística das hipóteses fáticas.

Pontue-se que alguns julgados estaduais aplicam o entendimento de que se trata de uma presunção relativa, e não absoluta. A título de ilustração, aresto do Tribunal Bandeirante, deduzindo que "consideração de que o fato de o imóvel litigioso encontrar-se desocupado não importa na presunção de abandono, nos termos do art. 1.276, § 2.º, do Novo Código Civil" (TJSP, Apelação Cível 0205033-69.2009.8.26.0002, Acórdão 7667252, 19.ª Câmara de Direito Privado, São Paulo, Rel. Des. João Camillo de Almeida Prado Costa, j. 30.06.2014, *DJESP* 22.07.2014). Mais adiante será demonstrado, em complemento, que a Lei 13.465/2017 traz uma solução no mesmo sentido, ao disciplinar a arrecadação dos bens vagos.

Ainda a respeito do comando, merecem destaque outros enunciados doutrinários aprovados nas *Jornadas de Direito Civil* a seguir expostos:

→ Enunciado n. 242 do CJF/STJ, da *III Jornada de Direito Civil* (2004): "a aplicação do art. 1.276 depende do devido processo legal, em que seja assegurado ao interessado demonstrar a não cessação da posse". Pelo teor da recomendação doutrinária, a caracterização do abandono de imóvel não pode ser automática, havendo a necessidade de um processo judicial para a sua declaração, assegurando-se o direito à ampla defesa e ao contraditório.

→ Enunciado n. 243 do CJF/STJ, também da *III Jornada* (2004): "a presunção de que trata o § 2.º do art. 1.276 não pode ser interpretada de modo a contrariar a norma-princípio do art. 150, IV, da Constituição da República". Nas palavras do seu proponente, o Desembargador do TJRJ Marco Aurélio Bezerra de Melo: "não se pode entender que o inadimplemento dos ônus fiscais já caracteriza o abandono, pois assim poder-se-ia entender que estaríamos diante de uma regra

---

[106] MALUF, Carlos Alberto Dabus. *Código Civil comentado*. 6. ed. Coord. Ricardo Fiuza e Regina Beatriz Tavares da Silva. São Paulo: Saraiva, 2008. p. 1.329.

[107] MALUF, Carlos Alberto Dabus. *Código Civil comentado*. 6. ed. Coord. Ricardo Fiuza e Regina Beatriz Tavares da Silva. São Paulo: Saraiva, 2008. p. 1.330.

inconstitucional por ofender o artigo 150, IV, da Constituição Federal que prevê entre as limitações ao poder de tributar a regra segundo a qual ao Estado é defeso 'utilizar tributo com efeito de confisco'. Para a correta aplicação, é fundamental que se entenda o abandono como um fato jurídico pelo qual a pessoa se despoja voluntariamente de um bem. Apenas após a ocorrência do referido fato é que surgirá mais um dado a confirmar o abandono, qual seja: o não recolhimento dos tributos que incidam sobre o imóvel".[108]

→ Enunciado n. 316 do CJF/STJ, da *IV Jornada de Direito Civil* (2006): "eventual ação judicial de abandono de imóvel, caso procedente, impede o sucesso de demanda petitória". Dessa forma, tendo sido julgada procedente a exigida ação judicial para o reconhecimento do abandono, não há que se falar na procedência da ação reivindicatória proposta pelo antigo proprietário, que quer a coisa. Isso porque, por razões óbvias, as ações são incompatíveis entre si. Porém, se a ação reivindicatória for proposta antes do prazo de três anos, a solução será outra, como se verá a seguir, pelo estudo da recente Lei 13.465/2017.

→ Enunciado n. 565 do CJF/STJ, da *VI Jornada de Direito Civil* (2013): "não ocorre a perda da propriedade por abandono de resíduos sólidos, que são considerados bens socioambientais, nos termos da Lei n. 12.305/2012". De acordo com as suas justificativas, "a Lei n. 12.305/2012, ao prever, no art. 6.º, VIII, que o resíduo sólido consiste em bem 'econômico e de valor social, gerador de trabalho e renda e promotor de cidadania', impõe deveres ao proprietário, vedando que dos resíduos disponha de forma inadequada. Assim, tendo em vista os valores incidentes na tutela dos bens socioambientais, afasta-se a possibilidade de abandono de resíduos sólidos, que devem ter a destinação final ambientalmente adequada, com disposição final em aterro". O enunciado é polêmico por proibir o abandono irregular de tais bens, forçando o proprietário a permanecer com eles. Por outra via, trata-se de importante aplicação do princípio da função socioambiental da propriedade, que merece a atenção de todos os estudiosos do Direito Privado.

No Projeto de Reforma do Código Civil, almeja-se incluir na norma o teor dos citados enunciados doutrinários aprovados nas *Jornadas de Direito Civil*, em prol da previsibilidade e da segurança jurídica, resolvendo-se lacunas e controvérsias hoje verificadas na aplicação do seu art. 1.276. De início, são mantidos o *caput* e o § 1.º do comando citado.

Entretanto, de forma correta e necessária, o seu § 2.º deixará de mencionar que a presunção é absoluta, passando a ser, pelo texto da lei, uma presunção relativa ou *iuris tantum*: "presumir-se-á a intenção a que se refere este artigo, quando, cessados os atos de posse, deixar o proprietário de satisfazer os ônus fiscais". Adota-se, portanto, a ideia do Enunciado n. 243 da *III Jornada de Direito Civil*.

Ademais, nos termos do Enunciado n. 316 da *IV Jornada*, com a inclusão também de eventual procedimento extrajudicial, em prol da *desjudicialização*, um dos *motes* e *nortes* do Projeto de Reforma, "na pendência de ação judicial ou de procedimento extrajudicial, objetivando o reconhecimento do abandono de imóvel, é vedada a proposição de ação para o reconhecimento da propriedade" (§ 3.º).

Trazendo para a lei o Enunciado n. 565 da *VI Jornada*, o projetado § 4.º do art. 1.276, para a tutela da função socioambiental da propriedade, de índole constitucional (art. 225 da CF/1988): "a perda da propriedade por abandono de resíduos sólidos não elimina a

---

[108] MELO, Marco Aurélio Bezerra de. *Direito das coisas*. Rio de Janeiro: Lumen Juris, 2007. p. 178.

CAP. 7 • DIREITO DAS COISAS | **1103**

responsabilidade do antigo proprietário, nos termos do que está previsto na Lei nº 12.305, de 2 de agosto de 2012".

Para encerrar o estudo do tema, cumpre destacar que a Lei 13.465/2017 trouxe regras de procedimentos para arrecadação de bens vagos, para o fim de tornar efetiva a aplicação do art. 1.276 do Código Civil. Assim, nos termos do seu art. 64, os imóveis urbanos privados abandonados, cujos proprietários não possuam a intenção de conservá-los em seu patrimônio, ficam sujeitos à arrecadação pelo Município ou pelo Distrito Federal na condição de bem vago.

Anoto novamente que no Projeto de Reforma do Código Civil também se almeja um § 5.º para o seu art. 1.276, em boa hora: "o procedimento de arrecadação de imóveis abandonados submete-se ao que está previsto no art. 64 da Lei nº 13.465, de 11 de julho de 2017".

A intenção de abandono será presumida quando o proprietário, cessados os atos de posse sobre o imóvel, não adimplir os ônus fiscais instituídos sobre a propriedade predial e territorial urbana, por cinco anos (art. 64, § 1.º, da Lei 13.465/2017). Aqui pode surgir certo conflito com o art. 1.276 do Código Civil, que menciona o prazo de três anos, como visto. Porém, é preciso conciliar as duas normas, não sendo o caso de se reconhecer qualquer antinomia. Nesse contexto, o não pagamento dos ônus fiscais por cinco anos induz à presunção relativa ou *iuris tantum* do abandono, como antes defendido, e, após três anos, o bem passa ao domínio estatal.

O procedimento administrativo de arrecadação de imóveis urbanos abandonados está tratado pelo art. 64, § 2.º, da Lei 13.465/2017. Deverá ele seguir ato do poder executivo municipal ou distrital e observará, no mínimo, as seguintes fases: *a)* abertura de processo administrativo para tratar da arrecadação; *b)* comprovação do tempo de abandono e de inadimplência fiscal; e *c)* notificação ao titular do domínio para, querendo, apresentar sua impugnação no prazo de trinta dias, contado da data de recebimento da notificação. Nota-se que o procedimento consagrado pela lei emergente é extrajudicial, perante o Poder Público, o que contraria o teor do Enunciado n. 242 da *III Jornada de Direito Civil,* que exige o procedimento judicial para tanto.

A ausência de manifestação do titular do domínio será interpretada como concordância com a arrecadação (art. 64, § 3.º, da Lei 13.465/2017). Novamente, aplica-se a máxima *quem cala consente,* exceção à regra do art. 111 do Código Civil, e que guiou a elaboração da nova lei, como ocorreu no novo tratamento da usucapião extrajudicial. Respeitado o procedimento de arrecadação, o Município poderá realizar, diretamente ou por meio de terceiros, os investimentos necessários para que o imóvel urbano arrecadado atinja prontamente os objetivos sociais a que se destina, ou seja, a sua função social (art. 64, § 4.º, da Lei 13.465/2017).

Eventualmente, na hipótese de o proprietário reivindicar a posse do imóvel declarado abandonado, no transcorrer do triênio a que alude o art. 1.276 do Código Civil, fica assegurado ao Poder Executivo municipal ou distrital o direito ao ressarcimento prévio, e em valor atualizado, de todas as despesas em que eventualmente houver incorrido, inclusive as tributárias, em razão do exercício da posse provisória (art. 64, § 5.º, da Lei 13.465/2017).

Essa última norma demonstra que, de fato, os prazos de cinco e três anos têm diferentes incidências, não havendo qualquer conflito entre eles, repise-se. O primeiro diz respeito à presunção relativa do abandono, enquanto o segundo é requisito para que o bem seja transmitido ao Poder Público, após transcorrido o primeiro. Resolve-se, assim e na minha opinião, o problema anterior relativo ao art. 1.276, § 2.º, do Código Civil, aqui demonstrado, pois a conclusão é de que presunção do abandono é relativa.

Por fim, o art. 65 da Lei 13.465/2017 enuncia que os imóveis arrecadados pelos Municípios ou pelo Distrito Federal poderão ser destinados aos programas habitacionais,

**1104** | MANUAL DE DIREITO CIVIL • VOLUME ÚNICO – *Flávio Tartuce*

à prestação de serviços públicos, ao fomento da *REURB-S* ou serão objeto de concessão de direito real de uso a entidades civis que comprovadamente tenham fins filantrópicos, assistenciais, educativos, esportivos ou outros, no interesse do Município ou do Distrito Federal. Acrescente-se que a *REURB-S* constitui um programa de Regularização Fundiária Urbana de interesse social, aplicável aos núcleos urbanos informais ocupados predominantemente por população de baixa renda, assim declarados em ato do Poder Executivo Municipal (art. 13, inc. I, da Lei 13.465/2017).

### 7.4.9 Breve análise da Lei 13.465/2017 e suas principais repercussões para o direito de propriedade. A legitimação fundiária

Como se pode perceber da leitura de vários trechos da presente obra, a recente Lei 13.465, de 11 de julho de 2017, trouxe grandes impactos para os institutos reais. Em resumo, podemos destacar como suas principais inovações, algumas delas com estudo em capítulos seguintes deste livro: *a)* introdução do direito real de laje no rol do art. 1.225 do Código Civil; *b)* regulamentação do direito real de laje, nos arts. 1.510-A a 1.510-E da codificação material e também na Lei de Registros Públicos (Lei 6.015/1973); *c)* alteração dos requisitos para a usucapião urbana coletiva, tratada pelo Estatuto da Cidade; *d)* modificações no tratamento da usucapião extrajudicial ou administrativa, tornando-a possível juridicamente e sanando algumas dúvidas (alterações no art. 216-A da Lei de Registros Públicos, incluído pelo CPC/2015); *e)* introdução de novas modalidades de condomínio: o condomínio de lotes e o condomínio urbano simples; *f)* regulamentação do sistema de arrecadação de bens vagos, para os casos de abandono (o art. 1.276 do Código Civil); *g)* revogação de todo o capítulo da *Lei Minha Casa Minha Vida* (Lei 11.977/2009) relativo à regularização fundiária, alterando-se substancialmente a legitimação da posse e a usucapião extrajudicial dela decorrente; *h)* alterações de procedimentos relativos à alienação fiduciária em garantia de bens imóveis, protegendo mais o mercado, como ainda se verá; *i)* modificações na Medida Provisória 2.220, que trata da concessão especial de uso; *j)* modificação da Lei 9.636/1998, que trata da alienação de bens imóveis da União, facilitando-se a extinção da enfiteuse sobre terras da Marinha, por meio da remição; *k)* introdução de políticas para Regularização Fundiária Urbana (REURB); e *l)* introdução do instituto da legitimação fundiária.

Como se pode perceber, estão listadas *doze mudanças* fundamentais, sendo certo que as dez primeiras foram ou serão abordadas em outros trechos deste livro. Neste tópico abordaremos as duas últimas, com especial relevo para o estudo do Direito das Coisas, notadamente para a propriedade, devendo compor o ensino da disciplina, em todos os níveis do ensino jurídico, desde a graduação até os estudos pós-graduados.

Antes dessa abordagem, cabe destacar que a Lei 13.465/2017 tem origem na Medida Provisória 759, de dezembro de 2016, representando uma conversão desta, tendo ambas, como conteúdo principal, a regularização fundiária, seja rural ou urbana. A norma emergente visa, mais uma vez, a resolver os graves problemas de distribuição da terra e do domínio que acometem o Brasil desde os primórdios de sua ocupação, após o seu "descobrimento" por Portugal. Tais problemas foram agravados pelo regime de sesmarias, pelo *caos dominial* decorrente do sistema de posse irregular e pela Lei de Terras (Lei 601/1850), entre outros fatores.

De todo modo, nota-se que a nova lei ampliou muito o conteúdo da sua MP embrionária, o que motivou, entre outras razões, o ingresso de ação declaratória de inconstitucionalidade por parte do Ministério Público Federal, no início de setembro de 2017 (ADI 5771). Argumenta o MPF, de início, que "61 entidades ligadas à defesa do ambiente, convencidas de que a Lei 13.465/2017 causa ampla privatização de terras públicas, florestas, águas e ilhas federais na Amazônia e na zona costeira do Brasil", solicitaram o ingresso da demanda.

Sustenta, ainda, que não havia urgência para a edição da Medida Provisória 759, eivada de vício formal na origem, uma vez que "os vastos e graves problemas de terras no Brasil remontam ao período colonial, com a implantação do regime de sesmarias", pois "a grilagem de terras e desmatamento atravessaram séculos até aqui, literalmente, sem soluções de todo satisfatórias", não sendo "concebível que, de um momento para o outro, se transformem em problemas de tamanha urgência que demandem uso do instrumento excepcional e urgente que é a medida provisória, com usurpação da função legislativa ordinária do Congresso Nacional" (petição inicial da ADI 5.771).

Para o MPF também não haveria urgência no tratamento da regularização fundiária urbana, porque "também há problema estrutural, vivenciado há décadas país afora, e, por isso, incapaz de configurar urgência". É feita também uma crítica ao fato de terem sido revogadas as regras de regularização previstas na Lei 11.977/2009, pois os Municípios, já adaptados à realidade da Lei *Minha Casa Minha Vida*, teriam que se readequar ao novo sistema, causando numerosas dúvidas e incertezas.

A petição inicial proposta também traz como conteúdo o fundamento de que a Medida Provisória não poderia tratar de matéria reservada à Lei Complementar, eis que revogou os arts. 14 e 15 da Lei Complementar 76/1993, tratando do procedimento de rito sumário na desapropriação agrária. Haveria também vício formal pelo fato de ter alterado inúmeras normas importantes, como as Leis 8.629/1993 e 13.001/2014 (sobre Reforma Agrária), a Lei 11.952/2009 (que trata da chamada *Amazônia Legal)*, a Lei 12.512/2011 (que trata do programa de apoio à conservação ambiental e o programa de fomento às atividades produtivas rurais), a Lei 6.015/1973 (Registros Públicos), a Lei 11.977/2009 (*Minha Casa Minha Vida*), entre outras. Mais uma vez, não haveria atendimento à essência do instituto pela MP "para alterar mais de uma dezena de leis aprovadas pelo parlamento, algumas delas com mais de uma década de vigência ou até com mais de quarenta anos de existência" (ADI 5.771).

Por fim, alegando que o fato de uma Medida Provisória ser convertida em lei não convalida seus vícios formais, conforme a jurisprudência do Supremo Tribunal Federal, pontua o Ministério Público Federal que "não é necessário analisar de forma destacada cada dispositivo da Lei 13.465/2017, porque, fundamentalmente, ela fere a Constituição ao tratar de seus temas centrais – regularização fundiária rural, regularização fundiária urbana e desmatamento – em descompasso com numerosas diretrizes que a ordem constitucional estipula" (Petição Inicial da ADI 5.771).

De fato, a norma emergente parece apresentar alguns dos problemas citados, notadamente o fato de não haver urgência na Medida Provisória de origem. Em complemento, notamos que muitos dos seus temas, com exceção, por exemplo, do tratamento da laje, não foram devidamente debatidos perante a sociedade brasileira, pegando muitos de surpresa.

Apesar de nossas resistências à nova lei, vejamos os dois pontos separados para estudo neste tópico, atinentes ao direito de propriedade.

De início, a Lei 13.465/2017 instituiu mecanismos visando à Regularização Fundiária Urbana (REURB), para uma melhor distribuição das propriedades nas cidades. Também foram incluídas ferramentas para a Regularização Fundiária Rural que, por mais que interessem à disciplina do Direito Agrário, não serão nesta obra analisadas.

Quanto à REURB, estabelece o art. 9.º da nova norma que ficam instituídos no território nacional normas gerais e procedimentos aplicáveis a essa forma de regularização, a qual abrange medidas jurídicas, urbanísticas, ambientais e sociais destinadas à incorporação dos núcleos urbanos informais ao ordenamento territorial urbano e à titulação de seus ocupantes. Um dos objetivos da nova política, como se percebe, é de regularização de áreas favelizadas, conhecidas como *comunidades*; que já era buscada pela Lei 11.977/2009, notadamente pelo instituto da legitimação da posse.

Nesse contexto de efetivação da função social da propriedade da posse urbana, os poderes públicos formularão e desenvolverão no espaço urbano as políticas de suas competências de acordo com os princípios de sustentabilidade econômica, social e ambiental e ordenação territorial, buscando a ocupação do solo de maneira eficiente, combinando seu uso de forma funcional (art. 9.º, § 1.º, da Lei 13.465/2017).

A Regularização Fundiária Urbana promovida mediante a legitimação fundiária, categoria nova que ainda será aqui estudada, somente poderá ser aplicada para os núcleos urbanos informais, comprovadamente existentes até 22 de dezembro de 2016 (art. 9.º, § 2.º, da Lei 13.465/2017). Não incide, portanto, a legitimação fundiária para os núcleos informais que surgirem depois.

Nos termos do art. 10 da nova norma, são objetivos da REURB, a serem observados por todas as esferas do Estado: *a)* identificar os núcleos urbanos informais que devam ser regularizados, organizá-los e assegurar a prestação de serviços públicos aos seus ocupantes, de modo a melhorar as condições urbanísticas e ambientais em relação à situação de ocupação informal anterior; *b)* criar unidades imobiliárias compatíveis com o ordenamento territorial urbano e constituir sobre elas direitos reais em favor dos seus ocupantes; *c)* ampliar o acesso à terra urbanizada pela população de baixa renda, de modo a priorizar a permanência dos ocupantes nos próprios núcleos urbanos informais regularizados; *d)* promover a integração social e a geração de emprego e renda; *e)* estimular a resolução extrajudicial de conflitos, entre os quais por meio da mediação e da conciliação, em reforço à consensualidade e à cooperação entre Estado e sociedade; *f)* garantir o direito social à moradia digna e às condições de vida adequadas, nos termos do art. 6.º da Constituição Federal; *g)* garantir a efetivação da função social da propriedade, atendendo ao que consta do art. 5.º, inciso XXIII, do Texto Maior; *h)* ordenar o pleno desenvolvimento das funções sociais da cidade e garantir o bem-estar de seus habitantes (art. 182 da CF/1988); *i)* concretizar o princípio constitucional da eficiência na ocupação e no uso do solo; *j)* prevenir e desestimular a formação de novos núcleos urbanos informais; *k)* conceder direitos reais, preferencialmente em nome da mulher, como já estava previsto na Lei 11.977/2009; *l)* franquear participação dos interessados nas etapas do processo de regularização fundiária, democratizando a distribuição da terra urbana.

A aprovação municipal da Regularização Fundiária Urbana tratada nesse último comando corresponde à aprovação urbanística do projeto de regularização fundiária, bem como à aprovação ambiental, se o Município tiver órgão ambiental capacitado (art. 12 da Lei 13.465/2017). Para tanto, considera-se órgão ambiental capacitado o órgão municipal que possua em seus quadros ou à sua disposição profissionais com atribuição técnica para a análise e a aprovação dos estudos de impacto ambiental, independentemente da existência de convênio com os Estados ou a União (§ 1.º). Tais estudos ambientais deverão ser elaborados por profissional legalmente habilitado, compatibilizar-se com o projeto de regularização fundiária (§ 2.º).

A norma estabelece, ainda, que os estudos de impacto ambiental aplicam-se somente às parcelas dos núcleos urbanos informais situados nas áreas de preservação permanente, nas unidades de conservação de uso sustentável ou nas áreas de proteção de mananciais. Poderão eles ser feitos em fases ou etapas, sendo que a parte do núcleo urbano informal não afetada por esses estudos poderá ter seu projeto aprovado e levado a registro separadamente (§ 3.º). Por fim, está previsto que tal aprovação ambiental da REURB poderá ser feita pelos Estados na hipótese de o Município não dispor de capacidade técnica para a aprovação dos estudos de impactos ambientais (§ 4.º da Lei 13.465/2017).

O art. 11 da Lei 13.465/2017 traz os conceitos fundamentais para o fim de implementação da REURB, a saber:

- *Núcleo urbano*: assentamento humano, com uso e características urbanas, constituído por unidades imobiliárias de área inferior a um módulo urbano, independentemente da propriedade do solo, ainda que situado em área qualificada ou inscrita como rural.

- *Núcleo urbano informal*: aquele clandestino, irregular ou no qual não foi possível realizar, por qualquer modo, a titulação de seus ocupantes, ainda que atendida a legislação vigente à época de sua implantação ou regularização.

- *Núcleo urbano informal consolidado*: aquele de difícil reversão, considerados o tempo da ocupação, a natureza das edificações, a localização das vias de circulação e a presença de equipamentos públicos, entre outras circunstâncias a serem avaliadas pelo Município.

- *Demarcação urbanística*: procedimento destinado a identificar os imóveis públicos e privados abrangidos pelo núcleo urbano informal e a obter a anuência dos respectivos titulares de direitos inscritos na matrícula dos imóveis ocupados, culminando com averbação na matrícula destes imóveis da viabilidade da regularização fundiária, a ser promovida a critério do Município.

- *Certidão de Regularização Fundiária (CRF)*: documento expedido pelo Município ao final do procedimento da REURB, constituído do projeto de regularização fundiária aprovado, do termo de compromisso relativo a sua execução e, no caso da legitimação fundiária e da legitimação de posse, da listagem dos ocupantes do núcleo urbano informal regularizado, da devida qualificação destes e dos direitos reais que lhes foram conferidos.

- *Legitimação de posse*: ato do poder público destinado a conferir título, por meio do qual fica reconhecida a posse qualificada de imóvel objeto da REURB, conversível em aquisição de direito real de propriedade, com a identificação de seus ocupantes, do tempo da ocupação e da natureza da posse. Como visto, tal título pode ser convertido em usucapião, com novo tratamento consagrado na lei.

- *Legitimação fundiária*: mecanismo de reconhecimento da aquisição originária do direito real de propriedade sobre unidade imobiliária objeto da REURB, e que será adiante estudada.

- *Ocupante*: aquele que mantém poder de fato sobre lote ou fração ideal de terras públicas ou privadas em núcleos urbanos informais. Pode ser um possuidor ou detentor.

Ainda trazendo conceitos fundamentais sobre a REURB, o art. 13 da Lei 13.465/2017 enuncia que essa compreende duas modalidades. A primeira delas é a *REURB de Interesse Social (REURB-S)*, definida como a regularização fundiária aplicável aos núcleos urbanos informais ocupados predominantemente por população de baixa renda, assim declarados em ato do Poder Executivo municipal.

Com o fim de tornar possível essa política social e proteger os possuidores desfavorecidos economicamente, tidos como hipossuficientes econômicos, o § 1.º do dispositivo estatui que serão isentos de custas e emolumentos, entre outros, os seguintes atos registrais relacionados à REURB-S: *a)* o primeiro registro da REURB-S, o qual confere direitos reais aos seus

**1108** | MANUAL DE DIREITO CIVIL • VOLUME ÚNICO – *Flávio Tartuce*

beneficiários; *b)* o registro da legitimação fundiária; *c)* o registro do título de legitimação de posse e a sua conversão em título de propriedade; *d)* o registro da Certidão de Regularização Fundiária e do projeto de regularização fundiária, com abertura de matrícula para cada unidade imobiliária urbana regularizada; *e)* a primeira averbação de construção residencial, desde que respeitado o limite de até setenta metros quadrados (60 m²); *f)* a aquisição do primeiro direito real sobre unidade imobiliária derivada da REURB-S, caso do domínio pleno sobre imóvel; *g)* o primeiro registro do direito real de laje e *h)* o fornecimento de certidões de registro para os atos previstos anteriormente. Os Cartórios que desobedeceram a essa regra estão submetidos a penas legais (art. 13, § 6.º, da Lei 13.465/2017).

A segunda modalidade é a *REURB de Interesse Específico (REURB-E)*, definida como a regularização fundiária aplicável aos núcleos urbanos informais ocupados por população não qualificada como de baixa renda. Em casos tais, não haverá a incidência dos benefícios acima referidos, relativos aos emolumentos e despesas. Porém, nas duas modalidades não há necessidade de demonstração do pagamento de tributos ou penalidades tributárias pelo interessado, sendo vedado ao oficial de registro de imóveis exigir sua comprovação para que execute o procedimento de regularização, sob as penas da lei (art. 13, §§ 2.º e 6.º, da Lei 13.465/2017).

Seguindo na exposição e breve análise do comando, o § 4.º do art. 13 da nova norma emergente preceitua que na política de Regularização Fundiária Urbana, em qualquer uma das duas modalidades, os Municípios e o Distrito Federal poderão admitir o uso misto de atividades como forma de promover a integração social e a geração de emprego e renda no núcleo urbano informal regularizado. Assim, não há a exigência de que o imóvel seja utilizado apenas para a moradia, sendo possível também a presença de uma pequena atividade comercial ou empresarial na área.

A classificação do interesse visa exclusivamente à identificação dos responsáveis pela implantação ou adequação das obras de infraestrutura essencial e ao reconhecimento do direito à gratuidade das custas e emolumentos notariais e registrais em favor daqueles a quem for atribuído o domínio das unidades imobiliárias regularizadas (art. 13, § 5.º, da Lei 13.465/2017).

O art. 14 da Lei 13.465/2017 elenca as entidades que podem requerer o projeto de REURB, em qualquer uma das suas modalidades. São elas: I) a União, os Estados, o Distrito Federal e os Municípios, diretamente ou por meio de entidades da administração pública indireta; II) os seus beneficiários, individual ou coletivamente, diretamente ou por meio de cooperativas habitacionais, associações de moradores, fundações, organizações sociais, organizações da sociedade civil de interesse público ou outras associações civis que tenham por finalidade atividades nas áreas de desenvolvimento urbano ou regularização fundiária urbana; III) os proprietários de imóveis ou de terrenos, loteadores ou incorporadores; IV) a Defensoria Pública, em nome dos beneficiários hipossuficientes; e V) o Ministério Público.

Outro dispositivo importante a respeito da REURB é o que estabelece o rol dos institutos jurídicos que podem ser empregados para a sua efetivação. Trata-se do art. 15 da Lei 13.465/2017 que traz claramente um rol exemplificativo ou *numerus apertus*, ao utilizar o termo "sem prejuízo de outros que se apresentem adequados, os seguintes institutos jurídicos". São eles:

a) a legitimação fundiária e a legitimação de posse;

b) a usucapião imobiliária, nas modalidades ordinária, extraordinária, constitucional urbana individual ou coletiva, incluindo a via extrajudicial;

c) a desapropriação judicial privada por posse-trabalho (art. 1.228, §§ 4.º e 5.º, do CC/2002);

CAP. 7 • DIREITO DAS COISAS | **1109**

d) a arrecadação de bens vagos, outrora estudada e prevista nos termos do art. 1.276 do Código Civil;

e) o consórcio imobiliário, previsto no Estatuto da Cidade, agora com modificações;

f) a desapropriação por interesse social;

g) o direito de preempção ou preferência para o Poder Público adquirir a área, previsto no art. 26, inciso I, do Estatuto da Cidade (Lei 10.257/2001);

h) a transferência do direito de construir, nos termos do art. 35, inciso III, do mesmo Estatuto da Cidade ("Lei municipal, baseada no plano diretor, poderá autorizar o proprietário de imóvel urbano, privado ou público, a exercer em outro local, ou alienar, mediante escritura pública, o direito de construir previsto no plano diretor ou em legislação urbanística dele decorrente, quando o referido imóvel for considerado necessário para fins de: (...). III – servir a programas de regularização fundiária, urbanização de áreas ocupadas por população de baixa renda e habitação de interesse social");

i) a requisição, em caso de perigo público iminente, nos termos do § 3.º do art. 1.228 do Código Civil;

j) a intervenção do poder público em parcelamento clandestino ou irregular (art. 40 da Lei 6.766/1979);

k) a alienação de imóvel pela administração pública diretamente para seu detentor;

l) a concessão de uso especial para fins de moradia;

m) a concessão de direito real de uso;

n) a doação; e

o) a compra e venda.

Expostas essas regras gerais sobre a REURB, vejamos o estudo do instituto da *legitimação fundiária*, constante dos arts. 23 e 24 da Lei 13.465/2017. A categoria parece ser algo totalmente inédito no Direito Civil Brasileiro.

Nos termos da primeira norma, a legitimação fundiária constitui forma originária de aquisição do direito real de propriedade conferido por ato do poder público, exclusivamente no âmbito da REURB. Tal direito é concedido àquele que detiver em área pública ou possuir em área privada, como sua, unidade imobiliária com destinação urbana, integrante de núcleo urbano informal consolidado existente em 22 de dezembro de 2016.

Conforme § 1.º do mesmo preceito, a legitimação fundiária somente será concedida no âmbito da REURB-S se preenchidos os seguintes requisitos: *a)* o beneficiário não pode ser concessionário, foreiro ou proprietário de imóvel urbano ou rural; *b)* o beneficiário não pode ter sido contemplado com legitimação de posse ou fundiária de imóvel urbano com a mesma finalidade, ainda que situado em núcleo urbano distinto; e *c)* em caso de imóvel urbano com finalidade não residencial, seja reconhecido pelo poder público o interesse público de sua ocupação.

Por meio da legitimação fundiária, em qualquer das modalidades da REURB, o ocupante adquire a unidade imobiliária com destinação urbana livre e desembaraçada de quaisquer ônus, direitos reais, gravames ou inscrições, eventualmente existentes em sua matrícula de origem, exceto quando disserem respeito ao próprio legitimado (art. 23, § 2.º, da Lei 13.465/2017). Mais uma vez, a nova lei confirma que a aquisição originária da propriedade *zera* o domínio jurídico, fazendo desaparecer tudo o que nele incide. Além disso, está previsto que deverão ser transportadas as inscrições, as indisponibilidades ou os gravames existentes no registro da área maior originária para as matrículas das unidades imobiliárias que não houverem sido adquiridas por legitimação fundiária (art. 23, § 3.º, da Lei 13.465/2017).

Pois bem, conforme me informou pessoalmente Carlos Eduardo Elias de Oliveira, assessor jurídico do Senado Federal e que participou da elaboração da lei, o objetivo do instituto, ao ser tratado como forma originária de aquisição da propriedade, é de plena regularização, por parte do Poder Público Municipal, de áreas populares ou *favelizadas*. Atribui-se as áreas a particulares, sem que exista a necessidade de pagamento de impostos, notadamente do ITCMD, que os Estados geralmente cobram quando o Município transmite a propriedade a ser regularizada. Nas suas palavras, o que gerou o instituto foi a existência de numerosas ocupações irregulares somadas às pretensões dos Municípios em sua regularização. Na minha opinião, trata-se de um instituto que se situa entre a legitimação da posse e a usucapião. Aguardemos o futuro, para a verificação de sua efetivação ou não, na prática do Direito Civil, caso a Lei 13.465/2017 não tenha a sua inconstitucionalidade reconhecida.

Esclareça-se, em palavras finais, que não vemos problema técnico quando a legitimação fundiária recair sobre bem público. Porém, em se tratado de bem particular, pode surgir forte argumento no sentido de ser o instituto inconstitucional, por atentar contra o direito fundamental de propriedade (art. 5.º, inc. XXII, da CF/1988).

## 7.5 DOS FUNDOS DE INVESTIMENTO E A INCLUSÃO DO SEU TRATAMENTO NO CÓDIGO CIVIL PELA LEI 13.874/2019

Diante de recentes mudanças legislativas, é preciso estudar os fundos de investimento, categoria cujo tratamento foi inserido no Código Civil pela *Lei da Liberdade Econômica* (Lei 13.874/2019), originária da MP 811, do mesmo ano. As novas previsões estão colocadas após o tratamento da propriedade fiduciária, no novo Capítulo X do título relativo à propriedade (arts. 1.368-C a 1.368-F do CC/2002).

Como já havia alertado, há um sério problema técnico a respeito dessa inserção no livro concernente ao Direito das Coisas, o que remonta a outros trechos desta obra. Isso porque a codificação privada está toda fundada na ideia de que "coisa" é bem corpóreo ou material, sendo os fundos de investimento formados por bens incorpóreos ou imateriais. Nesse contexto de afirmação, sustentei, nos debates de conversão da medida provisória em lei, que o instituto deveria ser tratado por lei especial, e não na codificação privada. No mesmo sentido, merecem destaque as palavras de Marco Aurélio Bezerra de Melo, que igualmente contestou a necessidade de urgência para a regulação da matéria por medida provisória:

> "Por fim e não menos importante é o estranhamento desta matéria tão relevante para o interesse do país ser tratada por Medida Provisória sem os requisitos constitucionais, isto é, carente da explícita relevância e urgência a que se refere o artigo 62 da Constituição Federal e encartada com a sua natureza condominial no artigo que trata da propriedade fiduciária de modo genérico.
>
> É verdade que o instituto possui traços de negócio fiduciário (*trust*) e a comunhão de investidores pode formar um condomínio, mas deveria ganhar corpo normativo por meio de uma lei especial, nos mesmos moldes da bem-sucedida lei do fundo de investimento imobiliário (Lei 8.868/93), tomando-se como base este regramento e também a citada Instrução Normativa 555/14 da Comissão de Valores Mobiliários com as correções e novas tomadas de rumo que se fizerem necessárias durante o processo legislativo que, por certo, não prescindirá da oitiva da academia e dos operadores do Direito que tenham experiência prática e afinidade doutrinária com o tema.

A ideia de tratar do fundo de investimento de um modo geral por lei federal especial e conferir maior segurança jurídica ao investidor e aos administradores e gestores pode ser promissora no sentido de incremento à economia, com a geração de bens, renda e, por conseguinte, de empregos, mas é preciso que o texto da futura lei seja o resultado de rápidas, mas atentas reflexões que, por certo, trarão luzes sobre pontos não abordados nessa tentativa tímida de regulamentação.

Enfim, muito ainda há a se discutir acerca dessa temática junto ao Congresso Nacional durante a tramitação da Medida Provisória, sendo estas apenas as nossas primeiras impressões restritas ao texto posto".[109]

Apesar da força das palavras transcritas a respeito de eventual inconstitucionalidade, fiz sugestão ao Senador Rodrigo Pacheco para que os fundos de investimento fossem regulados como letras do art. 49 da Lei de Fundo de Capitais (Lei 4.728/1965) – proposta de Emenda 172, na tramitação da MP 881 no Congresso Nacional. Todavia, essa proposição acabou por não ser acatada na conversão em lei, fazendo com que tenhamos essa grave *atecnia* no tratamento do instituto, sem prejuízo de outros problemas que serão demonstrados.

Não se olvide, contudo, que, caso aprovado o Projeto de Reforma do Código Civil, elaborado pela Comissão de Juristas nomeada no Senado Federal, com a inclusão na Lei Geral Privada de previsão de que é possível a existência de propriedade ou de titularidades quanto aos bens imateriais, no novo art. 1.228-A, essa atecnia acabará sendo sanada e totalmente superada.

Pois bem, conforme o novo art. 1.368-C do Código Civil, "o fundo de investimento é uma comunhão de recursos, constituído sob a forma de condomínio de natureza especial, destinado à aplicação em ativos financeiros, bens e direitos de qualquer natureza". Trata-se de reprodução do art. 3.º da Instrução 55/2014 da Comissão de Valores Imobiliários (CVM), que passa a ser dotado de estrita legalidade. Na sequência, o comando estabelece em seu § 1.º que não se aplicam ao fundo de investimento as disposições constantes dos arts. 1.314 ao 1.358-A da própria codificação material, ou seja, não incidem as regras relativas ao condomínio, em qualquer uma de suas modalidades.

Essa última norma não constava do texto original da MP 881 e revela outra grande falta de técnica. De início, porque prevê que os fundos de investimento constituem uma comunhão de recursos para depois afirmar que há um condomínio, sendo o último próprio e comum para os bens corpóreos, o que retoma o problema antes exposto. No entanto, a norma estabelece na sequência que não serão aplicadas as regras relativas ao condomínio, estabelecidas na codificação. Ora, como seria possível haver um condomínio sem a aplicação das suas regras? O texto ficou confuso – podendo gerar problemas práticos e categóricos – e sem a esperada efetividade, no meu entendimento.

Observo que o Projeto de Reforma do Código Civil, elaborado pela Comissão de Juristas, pretende resolver esse grave problema técnico, passando o art. 1.368-C a prever que "o fundo de investimento é uma comunhão de recursos, de natureza especial destinado aos investimentos em bens e direitos de qualquer natureza". Sem dúvidas, muito melhor a menção de se tratar de uma comunhão, e não de um condomínio.

O § 2.º do art. 1.368-C do Código Civil, esse sim com previsão anterior na Medida Provisória, preceitua que competirá à CVM disciplinar o disposto no preceito, o que já era feito pela sua citada Instrução 555/2014. Sobre a sua constituição e registro, dispõe o art. 6.º

---

[109] MELO, Marco Aurélio Bezerra de. Apreciação preliminar dos fundos de investimento na MP 881/19. Disponível em: <http://genjuridico.com.br/2019/05/03/apreciacao-preliminar-dos-fundos-de-investimento-na-mp-881-19/>. Acesso em: 3 maio 2019.

dessa normatização específica que o fundo será constituído por deliberação de um administrador a quem incumbe aprovar, no mesmo ato, o seu regulamento. Ademais, o art. 7.º da mesma norma administrativa prevê que o funcionamento do fundo depende do prévio registro na CVM, o qual será procedido por meio do envio, pelo administrador, dos documentos e informações previstos no art. 8.º do mesmo comando, por meio do Sistema de Envio de Documentos disponível na página da CVM na rede mundial de computadores, e considerar-se-á automaticamente concedido na data constante do respectivo protocolo de envio.

Esses documentos e informações para o registro são os seguintes: *a)* regulamento do fundo, elaborado de acordo com as disposições da instrução; *b)* declaração do administrador de que o regulamento do fundo está plenamente aderente à legislação vigente; *c)* declaração do seu administrador de que firmou os contratos necessários, se for o caso, e de que estes se encontram à disposição da CVM; *d)* nome do auditor independente, responsável pelo fundo; *e)* inscrição do fundo no CNPJ; e *f)* lâmina de informações essenciais, elaborada de acordo com o anexo previsto da própria instrução, no caso de fundo aberto que não seja destinado exclusivamente a investidores qualificados (art. 8.º da Instrução 555/2014 da CVM).

No Projeto de Reforma do Código Civil, almeja-se incluir no § 2.º do seu art. 1.368-C a menção quanto ao regulamento de cada fundo, uma vez que, segundo a Subcomissão de Direito das Coisas, "o fundo de investimento é regido pelo regulamento, tal como disciplina com rigor técnico, enunciado os diversos direitos e obrigações, o artigo 48 da novel Resolução 175 da Comissão de Valores Mobiliários. Esse esclarecimento é tão relevante para a previsibilidade, transparência e segurança jurídica dos fundos de investimento que merece referência expressa no Código Civil que com a entrada em vigor da Lei de Liberdade Econômica (Lei 13.874/19) andou bem em disciplinar o instituto, no que tange às suas regras gerais mais importantes". Nesse contexto, de melhor técnica, a norma enunciará que "o regulamento do fundo de investimento disporá sobre os direitos e de deveres conferidos às cotas, competindo à Comissão de Valores Mobiliários disciplinar o disposto no caput deste artigo".

Voltando-se ao Código Civil vigente, o § 3.º do art. 1.368-C, também sem precedentes na Medida Provisória anterior, enuncia que o registro dos regulamentos dos fundos de investimentos na CVM é condição suficiente para garantir a sua publicidade e a oponibilidade de efeitos em relação a terceiros, ou seja, para efeitos *erga omnes*. Sobre o regulamento do fundo de investimentos, o art. 1.368-D do Código Civil prevê que ele poderá estabelecer: *a)* a limitação da responsabilidade de cada investidor ao valor de suas cotas; *b)* a limitação da responsabilidade, bem como parâmetros de sua aferição, dos prestadores de serviços do fundo de investimento, perante o condomínio e entre si, ao cumprimento dos deveres particulares de cada um, sem solidariedade; e *c)* classes de cotas com direitos e obrigações distintos, com possibilidade de constituir patrimônio segregado não estando essa última previsão no texto originário da Medida Provisória que lhe deu origem. No Projeto de Reforma, mais uma vez há proposta importante de modificação da norma, para que conste também o registro das atas das assembleias posteriores, além dos regulamentos.

Sobre a limitação da responsabilidade, penso que o regulamento não pode afastar, por si só, a incidência da responsabilidade objetiva e solidária prevista no Código de Defesa do Consumidor, em havendo investidor que seja caracterizado como destinatário final fático e econômico do serviço financeiro oferecido, caso de uma pessoa natural que não desenvolva a atividade de investimentos de forma profissional, mas apenas para incremento de suas rendas e de seu patrimônio. Como é notório, o próprio art. 1.º da Lei 8.078/1990 expressa que o CDC é norma de ordem pública e de interesse social, não podendo ser afastado por convenção das partes.

CAP. 7 • DIREITO DAS COISAS | **1113**

Pontue-se que, nos debates de conversão do texto da MP 881 em lei, havia uma proposta de exclusão prévia da subsunção da Lei 8.078/1990 aos fundos de investimento, o que acabou não prosperando. A propósito, se tivesse sido convertida em lei essa proposição, caberia a declaração de sua inconstitucionalidade, por afastar a efetiva tutela do consumidor, nos termos do art. 5.º, inc. XXXIII, da CF/1988.

No âmbito da jurisprudência superior, merece destaque julgado que não afastou a incidência do CDC a determinado fundo de investimento, mas considerou que não deveria haver a responsabilização do administrador e do gestor do fundo perante o investidor, diante dos altos riscos naturais decorrentes do negócio firmado. Vejamos a ementa desse importante precedente:

"Recurso especial. Consumidor. Responsabilidade civil. Administrador e gestor de fundo de investimento derivativo. Desvalorização do real. Mudança da política cambial. Prejuízo do consumidor. Risco inerente ao produto. Recurso provido. 1. Em regra, descabe indenização por danos materiais ou morais a aplicador em fundos derivativos, pois o alto risco é condição inerente aos investimentos nessas aplicações. Tanto é assim que são classificados no mercado financeiro como voltados para investidores experientes, de perfil agressivo, podendo o consumidor ganhar ou perder, sem nenhuma garantia de retorno do capital. Como é da lógica do mercado financeiro, quanto maior a possibilidade de lucro e rentabilidade de produto oferecido, maiores também os riscos envolvidos no investimento. 2. No caso em exame, o consumidor buscou aplicar recursos em fundo agressivo, objetivando ganhos muito maiores do que os de investimentos conservadores, sendo razoável entender-se que conhecia plenamente os altos riscos envolvidos em tais negócios especulativos, mormente quando se sabe que o perfil médio do consumidor brasileiro é o de aplicação em caderneta de poupança, de menor rentabilidade e maior segurança. 3. Não fica caracterizado defeito na prestação do serviço por parte do gestor de negócios, o qual, não obstante remunerado pelo investidor para providenciar as aplicações mais rentáveis, não assumiu obrigação de resultado, vinculando-se a lucro certo, mas obrigação de meio, de bem gerir o investimento, visando à tentativa de máxima obtenção de lucro. Não pode ser considerado defeituoso serviço que não garante resultado (ganho) financeiro ao consumidor. 4. Recurso especial conhecido e provido" (STJ, REsp 799.241/RJ, 4.ª Turma, Rel. Min. Raul Araújo, j. 14.08.2012, *DJe* 26.02.2013).

Como se percebe, o acórdão destaca que o gestor de negócios presente nesses fundos de investimento assume obrigação de meio, e não de resultado. Com o devido respeito, penso que não cabe a automática exclusão de responsabilidades perante qualquer consumidor, sendo pertinente considerar a sua condição de discernimento quanto ao contratado, para que essa responsabilidade seja analisada de acordo com as circunstâncias do caso concreto. Com relação a pessoas que tenham menor entendimento do negócio celebrado, é possível que exista sim a responsabilização do gestor do fundo.

Em outro julgado importante sobre o tema, do ano de 2019, o Superior Tribunal de Justiça analisou toda a divergência a respeito da natureza dos fundos de investimentos. Vejamos o que consta do voto do Ministro Relator, a merecer destaque:

"A despeito do desencontro de teses no âmbito doutrinário, para os fins que aqui interessam, importa reconhecer que: a) as normas aplicáveis aos fundos de investimento dispõem expressamente que eles são constituídos sob a forma de condomínio; b) nem todos os dispositivos legais que disciplinam os condomínios são indistintamente aplicáveis aos fundos de investimento, sujeitos a regramento específico; c) embora destituídos de personalidade jurídica, aos fundos de investimento são imputados direitos e deveres, tanto em suas relações internas quanto externas, e d) não obstante exercerem suas atividades por intermédio de seu administrador/gestor, os fundos de investimento podem ser titular, em nome próprio, de direitos e obrigações" (STJ, REsp 1.834.003/SP, 3.ª Turma, Rel. Min. Ricardo Villas Bôas Cueva, j. 17.09.2019, *DJe* 20.09.2019).

Ao final, acabaram por concluir os julgadores pela legitimidade passiva do administrador de um fundo de investimento em demanda em se pretendia a reparação de supostos danos resultantes da inadequada liquidação da comunhão de recursos financeiros. Nos seus exatos termos, "a satisfação integral do passivo antes da partilha do patrimônio líquido entre os cotistas está, em regra, inserida entre as atribuições do administrador, sendo dele a responsabilidade, em tese, por eventuais prejuízos que guardem nexo de causalidade com a inobservância desse mister. Independentemente de previsão legal ou regulamentar específica, a realização do ativo, a satisfação do passivo e a partilha do acervo líquido entre os cotistas são atribuições dos liquidantes das massas patrimoniais em geral" (STJ, REsp 1.834.003/SP, 3.ª Turma, Rel. Min. Ricardo Villas Bôas Cueva, j. 17.09.2019, *DJe* 20.09.2019).

Ainda a respeito do tema, o novo § 1.º do art. 1.368-D, correspondente ao antigo art. 1.368-E, que constava da Medida Provisória, preceitua que a adoção da responsabilidade limitada por fundo de investimento constituído sem a limitação de responsabilidade somente abrangerá fatos ocorridos após a respectiva mudança em seu regulamento.

Além disso, a avaliação de responsabilidade dos prestadores de serviço dos fundos deverá levar sempre em consideração os riscos inerentes às aplicações nos mercados de atuação do fundo de investimento e a natureza de obrigação de meio de seus serviços, exatamente como se retira do último *decisum*, o que não exclui a incidência do CDC (§ 2.º). Por fim, esse mesmo comando prevê no seu último parágrafo que o patrimônio segregado ou separado só responderá por obrigações vinculadas à classe de investidor respectiva, de acordo com o regulamento. Assim, repise-se que é preciso analisar qual a qualificação em que se enquadra a pessoa que realizou os investimentos, conforme os termos assinados. Em havendo negócio jurídico de adesão, o que é comum, é sempre necessário interpretá-la da maneira mais favorável ao aderente (art. 423 do CC).

No Projeto de Reforma do Código Civil, esse art. 1.368-D recebe um novo § 4.º, para prever que "as regras de limitação e de exclusão de responsabilidades previstas neste dispositivo poderão ser desconsideradas em casos de fraude, dolo, má-fé e atos ilícitos, nos termos da lei". Com isso, abre-se a possibilidade de eventual responsabilização dos prestadores de serviços, com base no Código de Defesa do Consumidor, como expus há pouco.

Como penúltima regra inserida, o atual art. 1.368-E da codificação prescreve que os fundos de investimento respondem diretamente pelas obrigações legais e contratuais por eles assumidas, e os prestadores de serviço não respondem por essas obrigações. Entretanto, respondem os últimos pelos prejuízos que causarem quando procederem com dolo ou má-fé. Como a má-fé induz a culpa, pode-se dizer que a responsabilidade prevista na última locução é, ao menos, de natureza subjetiva. Também é possível sustentar a responsabilidade objetiva fundada no CDC, ou decorrente do abuso de direito, quando a boa-fé é desrespeitada, nos termos do art. 187 do Código Civil e do Enunciado n. 37 da *I Jornada de Direito Civil*. Mais uma vez, não acreditamos que essa norma tenha o condão de afastar a aplicação do CDC por si só, o que depende da análise das peculiaridades do caso concreto.

Eventualmente, se o fundo de investimento com limitação de responsabilidade não possuir patrimônio suficiente para responder por suas dívidas, aplicam-se as regras de insolvência previstas nos arts. 955 a 965 do Código Civil, que tratam das preferências e privilégios creditórios (art. 1.368-E, § 1.º, do CC). Essa declaração de insolvência pode ser requerida judicialmente por credores, por deliberação própria dos cotistas do fundo de investimento, nos termos de seu regulamento, ou pela CVM (art. 1.368-E, § 2.º, do CC).

Por óbvio, essa insolvência não afasta a possibilidade de aplicação da desconsideração da personalidade jurídica, prevista no art. 50 do Código Civil, quanto à teoria maior, ou no art. 28, § 5.º, do CDC, presente no último caso a teoria menor. Assim, é possível a eventual responsabilização pessoal dos gestores e administradores dos fundos.

A respeito dessa última afirmação, destaco importante aresto do Superior Tribunal de Justiça, do ano de 2022 e com grande repercussão prática, segundo o qual o fundo de investimento pode sofrer os efeitos da aplicação da desconsideração da personalidade jurídica. Vejamos trecho de sua ementa:

"As normas aplicáveis aos fundos de investimento dispõem expressamente que eles são constituídos sob a forma de condomínio, mas nem todos os dispositivos legais que disciplinam os condomínios são indistintamente aplicáveis aos fundos de investimento, sujeitos a regramento específico ditado pela Comissão de Valores Mobiliários (CVM). Embora destituídos de personalidade jurídica, aos fundos de investimento são imputados direitos e deveres, tanto em suas relações internas quanto externas, e, não obstante exercerem suas atividades por intermédio de seu administrador/gestor, os fundos de investimento podem ser titular, em nome próprio, de direitos e obrigações. O patrimônio gerido pelo Fundo de Investimento em Participações (FIP) pertence, em condomínio, a todos os investidores (cotistas), a impedir a responsabilização do fundo por dívida de um único cotista, de modo que, em tese, não poderia a constrição judicial recair sobre todo o patrimônio comum do fundo de investimento por dívidas de um só cotista, ressalvada a penhora da sua cota-parte. A impossibilidade de responsabilização do fundo por dívidas de um único cotista, de obrigatória observância em circunstâncias normais, deve ceder diante da comprovação inequívoca de que a própria constituição do fundo de investimento se deu de forma fraudulenta, como forma de encobrir ilegalidades e ocultar o patrimônio de empresas pertencentes a um mesmo grupo econômico. Comprovado o abuso de direito, caracterizado pelo desvio de finalidade (ato intencional dos sócios com intuito de fraudar terceiros), e/ou confusão patrimonial, é possível desconsiderar a personalidade jurídica de uma empresa para atingir o patrimônio de outras pertencentes ao mesmo grupo econômico" (STJ, REsp 1.965.982/SP, 3.ª Turma, Rel. Min. Ricardo Villas Bôas Cueva, j. 05.04.2022, *DJe* 08.04.2022).

Como não poderia ser diferente, estou totalmente alinhado às conclusões do *decisum*.

No Projeto de Reforma do Código Civil, esse entendimento é incluído na norma, além de regras relativas à falência dos fundos de investimento, afastada a aplicação da defesa da insolvência civil, com normas insuficientes. Como justificaram os juristas componentes da Subcomissão de Direito das Coisas, "propõe-se com a presente alteração que seja aplicado aos fundos de investimento com limitação de responsabilidade do cotista o regime de falência, atualmente previsto na lei 11.101/05, ao invés do regime da insolvência civil (arts. 955 a 965, CC), cujo procedimento é tratado de forma muito incipiente no Código Civil, o que resulta em lacunas procedimentais importantes e que poderiam resultar em grave insegurança jurídica para as partes envolvidas. Neste sentido, a lei 11.101/05 revela-se um regramento mais robusto e adequado para a atender às necessidades da complexidade e da própria empresarialidade dos fundos de investimento". Nesse contexto, o § 1.º do art. 1.368-E enunciará, de forma mais técnica e efetiva, que "os fundos de investimento, sujeitam-se às regras previstas na Lei nº 11.105, de 9 de fevereiro de 2005, no que couber e sem prejuízo do disposto nos parágrafos seguintes". E mais, "a falência dos fundos de investimentos pode ser requerida judicialmente por credores, por deliberação própria dos seus cotistas, nos termos do seu regulamento, ou pela Comissão de Valores Mobiliários" (§ 2.º).

Sobre a questão da responsabilização, o seu *caput* prescreverá que "os fundos de investimento respondem diretamente pelas obrigações legais e contratuais por eles assumidas, e os

**1116** | MANUAL DE DIREITO CIVIL • VOLUME ÚNICO – *Flávio Tartuce*

prestadores de serviço não respondem por essas obrigações, mas respondem pelos prejuízos que causarem quando procederem com fraude, dolo ou má-fé; ou quando praticarem algum ato ilícito". Competirá aos fundos de investimentos, mediante prévia deliberação da assembleia geral de cotistas, a ação de reparação de danos contra os prestadores de serviço, pelos prejuízos causados ao seu patrimônio (projetado § 3.º do art. 1.365-D).

Além disso, qualquer cotista poderá promover essa ação de reparação de danos, em nome próprio, se não for proposta no prazo de 3 (três) meses da deliberação da assembleia geral (§ 4.º). Se a assembleia geral dos cotistas decidir não promover a ação de reparação de danos, poderá ela ser proposta por cotistas que representem 5% (cinco por cento), pelo menos, do patrimônio do fundo (§ 5.º). Novamente segundo a Subcomissão de Direito das Coisas, essas propostas "dizem respeito a criação de uma disciplina que assegure a legitimidade ordinária do fundo para a propositura de ação indenizatória em face de seus prestadores de serviço, bem como a legitimidade processual aos cotistas, em caráter residual, caso a assembleia geral de cotistas desaprove a propositura da referida demanda. Uma vez que pode haver limitação de responsabilidade de cotistas e o que o fundo deverá, neste caso, fazer uso exclusivamente do seu patrimônio para fazer frente às suas obrigações, considerando ainda sua autonomia patrimonial e capacidade de contratar, é importante que se estabeleça uma disciplina de ressarcimento do fundo por prejuízos a ele causados e não dos cotistas de forma individualizada. Assim, se propõe a ação de responsabilidade de forma similar àquela prevista no artigo 159 da lei das Sociedades Anônimas".

Sobre a aplicação da desconsideração da personalidade jurídica, o § 6.º do art. 1.358-D do Código Civil expressará, sem deixar qualquer dúvida, que "a insolvência, falência ou a responsabilização dos fundos de investimento não afasta a possibilidade de aplicação da desconsideração da personalidade jurídica, prevista no art. 50 deste Código Civil, e na legislação específica, quando couber". Como se nota, em regra, incide a *teoria maior* da desconsideração, consagrada no citado comando da Lei Privada. Como exceção, poderá ainda ser aplicada a *teoria menor*, prevista no art. 28 do CDC, em se tratando de relação de consumo.

Por fim, também em boa hora, insere-se um § 7.º no art. 1.358-D, com uma necessária abertura normativa, assegurando que "a Comissão de Valores Mobiliários poderá disciplinar outros temas relativos à responsabilidade dos fundos de investimento". Todas as proposições visam a uma melhora no ambiente de negócios no Brasil, em prol da certeza, da segurança e da previsibilidade, com regras claras para trazer maiores investimentos para o País.

Voltando-se pela última vez ao texto vigente, com conteúdo até desnecessário, o novo art. 1.368-F do Código Civil, outra previsão que não constava originalmente da Medida Provisória, passou a estatuir que o fundo de investimento constituído por lei específica e regulamentado pela CVM deverá, no que couber, seguir as disposições da codificação. Tal conclusão já poderia ser retirada do novo art. 1.368-C, § 2.º, do Código Civil a respeito da regulamentação da CVM.

Sobre fundo de investimento tratado por lei especial, podem ser citados os de cunho imobiliário, regulados pela Lei 8.668/1993, especialmente quanto ao seu regime tributário, e sujeitos também às novas regras introduzidas pela *Lei da Liberdade Econômica*.

## 7.6 DIREITO DE VIZINHANÇA (ARTS. 1.277 A 1.313 DO CC)

### 7.6.1 Conceitos básicos

O Código Civil Brasileiro de 2002 (arts. 1.277 a 1.313), a exemplo do seu antecessor (arts. 554 a 587), continua regulando os direitos de vizinhança (Capítulo V do Livro que trata do Direito das Coisas), dividindo a matéria em sete seções:

CAP. 7 • DIREITO DAS COISAS | **1117**

- Do uso anormal da propriedade (Seção I, arts. 1.277 a 1.281 do CC).
- Das árvores limítrofes (Seção II, arts. 1.282 a 1.284 do CC).
- Da passagem forçada (Seção III, art. 1.285 do CC).
- Da passagem de cabos e tubulações (Seção IV, arts. 1.286 e 1.287), novidade introduzida pela codificação de 2002.
- Das águas (Seção V, arts. 1.288 a 1.296 do CC).
- Dos limites entre prédios e do direito de tapagem (Seção VI, arts. 1.297 e 1.298 do CC).
- Do direito de construir (Seção VII, arts. 1.299 a 1.313 do CC).

Vejamos alguns conceitos a respeito do instituto que ora se estuda:

– Washington de Barros Monteiro: "Os direitos de vizinhança constituem limitações impostas pela boa convivência social, que se inspira na lealdade e na boa-fé. A propriedade deve ser usada de tal maneira que torne possível a coexistência social. Se assim não se procedesse, se os proprietários pudessem invocar uns contra os outros seu direito absoluto e ilimitado, não poderiam praticar qualquer direito, pois as propriedades se aniquilariam no entrechoque de suas várias faculdades".[110]

– Orlando Gomes: "A vizinhança é um fato que, em Direito, possui o significado mais largo do que na linguagem comum. Consideram-se prédios vizinhos os que podem sofrer repercussão de atos propagados de prédios próximos ou que com estes possam ter vínculos jurídicos. São direitos de vizinhança os que a lei estatui por força desse fato".[111]

– Segundo Paulo Lôbo, "os direitos de vizinhança compreendem o conjunto de normas de convivência entre os titulares de direito de propriedade ou de posse de imóveis localizados próximos uns aos outros. (...). As normas de regência dos direitos de vizinhança são preferentemente cogentes, porque os conflitos nessa matéria tendem ao litígio e ao aguçamento de ânimos. Na dimensão positiva, vizinhos são os que devem viver harmonicamente no mesmo espaço, respeitando reciprocamente os direitos e deveres comuns".[112]

– Luciano de Camargo Penteado: "Usualmente, utiliza-se a expressão direitos de vizinhança para tratar de situações jurídicas vicinais, ou seja, do complexo de posições jurídicas de um sujeito, ativas ou passivas, que decorrem da relação intersubjetiva formada do fato de serem proprietários ou possuidores de prédios em proximidade tal que o exercício de atividade em um deles pode repercutir no aproveitamento que se faça do outro".[113]

– Marco Aurélio Bezerra de Melo: "Os chamados direitos de vizinhança são previsões legais que têm por objetivo regulamentar a relação social e jurídica que existe entre os titulares de direito real sobre imóveis, tendo em vista que a proximidade entre prédios ou apartamentos em edifícios (art. 19 da Lei 4.591/1964 e art. 1.336, IV, do CCB), não raro, gera animosidade e problemas de intrincada solução. Para atingir o desiderato de harmonização de relação entre vizinhos, a lei limita reciprocamente o exercício do direito de propriedade dos vizinhos, apontando para a preservação do interesse público e privado".[114]

---

[110] MONTEIRO, Washington de Barros. *Curso de Direito Civil*. Direito das coisas. 37. ed. rev. e atual. São Paulo: Saraiva, 2003. v. 3, p. 135.

[111] GOMES, Orlando. *Direitos reais*. 19. ed. Rio de Janeiro: Forense, 2004. p. 215.

[112] LÔBO, Paulo. *Direito civil*. Coisas. São Paulo: Saraiva, 2015. p. 177.

[113] PENTEADO, Luciano de Camargo. *Direito das Coisas*. São Paulo: RT, 2008. p. 321.

[114] MELO, Marco Aurélio Bezerra de. *Direito das Coisas*. Rio de Janeiro: Lumen Juris, 2007. p. 181.

**1118** | MANUAL DE DIREITO CIVIL • VOLUME ÚNICO – *Flávio Tartuce*

Pelos conceitos expostos, nota-se que a vizinhança não se confunde com a contiguidade, ou seja, prédios vizinhos podem não ser prédios contíguos, pois os primeiros são aqueles que repercutem juridicamente uns nos outros, enquanto os últimos são aqueles que estão um ao lado do outro.

No atual Projeto de Reforma do Código Civil, há proposta de se incluir essa afirmação em um novo parágrafo do art. 1.227, que virá em última hora, a saber: "consideram-se vizinhos os prédios dispostos de maneira a que o uso de um possa interferir no uso do outro, ainda que o prédio vizinho não seja necessariamente o contíguo". Espera-se a sua aprovação pelo Parlamento Brasileiro, em prol da segurança jurídica.

Na esteira da doutrina exposta, clássica e contemporânea, observa-se que as normas relativas aos direitos da vizinhança constituem claras limitações ao direito de propriedade, em prol do bem comum, da paz social. Continuando essa ideia, não se pode esquecer que as obrigações que surgem da matéria são ambulatórias ou *propter rem*, acompanhando a coisa onde quer que ela esteja. Tais limitações revelam-se, muitas vezes, de forma bem específica, como ocorre com as regras relativas às árvores limítrofes, repercutindo no aspecto material e processual, com a viabilidade de medidas instrumentais para a proteção da propriedade prejudicada.

A proteção constante do CC/2002 não exclui outras, constantes em leis especiais, caso do Estatuto da Cidade. Vejamos então as regras da atual codificação privada, de forma pontual.

### 7.6.2 Do uso anormal da propriedade

O dispositivo fundamental relativo ao tema é o art. 1.277 do Código Privado, prevendo o seu *caput* que "O proprietário ou o possuidor de um prédio tem o direito de fazer cessar as interferências prejudiciais à segurança, ao sossego e à saúde dos que o habitam, provocadas pela utilização de propriedade vizinha". De imediato, algumas conclusões podem ser retiradas do dispositivo:

> *1.ª Conclusão* – As normas de direito de vizinhança não protegem somente o proprietário, mas também o possuidor, uma vez que o último pode tomar as devidas medidas em casos de perturbações praticadas por terceiros.
>
> *2.ª Conclusão* – A norma consagra uma ampla proteção, relacionada com a segurança, o sossego e a saúde dos habitantes do imóvel ("regra dos 3 s"). Ilustrando, havendo excesso de barulho decorrente de um prédio vizinho, o possuidor ou proprietário pode tomar as medidas necessárias para a sua cessação. O art. 1.277 do CC traz, na sua essência, uma preocupação com a proteção ambiental, nos termos do que consta do art. 225 da Constituição Federal. Nesse sentido, prevê o Enunciado n. 319 do CJF/STJ, aprovado na *IV Jornada de Direito Civil*, do ano de 2006, que "a condução e a solução das causas envolvendo conflitos de vizinhança devem guardar estreita sintonia com os princípios constitucionais da intimidade, da inviolabilidade da vida privada e da proteção ao meio ambiente". A proteção engloba a vida privada, nos termos do art. 5.º, inc. X, da CF/1988 e do art. 21 do CC. Também a merecer destaque, na *II Jornada de Prevenção e Solução Extrajudicial dos Litígios*, promovida pelo Conselho da Justiça Federal em 2021, aprovou-se ementa doutrinária proposta por mim, segundo a qual "a mediação é meio eficiente e prioritário para resolver os conflitos de vizinhança, devendo sempre garantir a intimidade e a inviolabilidade da vida privada dos vizinhos, conforme estabelece o Enunciado n. 319 da *IV Jornada de Direito Civil*" (Enunciado n. 166). Trata-se de um conteúdo com grandes repercussões práticas, que incrementa a utilização da mediação, nos termos do art. 165 do CPC/2015.

> *3.ª Conclusão* – Várias medidas são colocadas à disposição daquele que está sendo perturbado, caso das medidas de tutela específica cabíveis nas obrigações de fazer e de não fazer, nos da legislação processual; a ação de dano infecto; a ação de nunciação de obra nova e mesmo a drástica medida da ação demolitória. Como não poderia ser diferente, do mesmo modo é possível a reparação de danos sofridos pelo vizinho, inclusive de natureza moral. A ilustrar, do Superior Tribunal de Justiça: "É devido o pagamento de indenização por dano moral pelo responsável por apartamento de que se origina infiltração não reparada por longo tempo por desídia, a qual provocou constante e intenso sofrimento psicológico ao vizinho, configurando mais do que mero transtorno ou aborrecimento. Salientou-se que a casa é, em princípio, lugar de sossego e descanso, não podendo, portanto, considerar de somenos importância os constrangimentos e aborrecimentos experimentados pela recorrente em razão do prolongado distúrbio da tranquilidade nesse ambiente – ainda mais quando foi claramente provocado por conduta culposa da recorrida e perpetuado por sua inércia e negligência em adotar providência simples, como a substituição do rejunte do piso de seu apartamento. (...). Precedentes citados: REsp 157.580/AM, *DJ* 21.02.2000, e REsp 168.073/RJ, *DJ* 25.10.1999" (STJ, REsp 1.313.641/RJ, Rel. Min. Sidnei Beneti, j. 26.06.2012, publicado no *Informativo* n. *500*).

Não se pode desassociar a regra do art. 1.277 do CC/2002 da vedação do abuso de direito, havendo uma relação umbilical entre os institutos. Nessa trilha, vale transcrever a fórmula proposta por Carlos Alberto Dabus Maluf: "aquele que não usa da sua propriedade de modo ordinário, segundo as condições normais da situação do imóvel, do tempo e do lugar, mas antes procede com abuso do seu direito, sem o respeito devido à esfera de ação e aos interesses dos vizinhos, sem proveito próprio sério e legítimo, com mero intuito malévolo, ou por espírito de chicana, bem assim aquele que cria risco novo, exercendo uma atividade legítima, mas nociva a terceiros, será responsável pelos danos que produzir a estes e às coisas destes".[115]

Nesse contexto de aplicação da vedação do abuso de direito, sabe-se que a responsabilidade civil que dele deriva é objetiva ou independente de culpa, como se retira do tão citado Enunciado n. 37, aprovado na *I Jornada de Direito Civil*, entendimento hoje considerado majoritário. Justamente por isso, no Projeto de Reforma e Atualização do Código Civil, a Comissão de Juristas sugere a inclusão de um novo art. 938-A na Lei Geral Privada, no título relativo à Responsabilidade Civil, prevendo que "quem ocupa imóvel, situado em logradouro público ou inserido como unidade de condomínio edilício, loteamento ou condomínio de lotes, responde pelos danos ao sossego, à segurança e à saúde da vizinhança". A conclusão, sem dúvidas, será que a norma consagra um modelo objetivo de imputação do dever de indenizar.

Em complemento a essa ampla proteção que consta do *caput* do atual art. 1.277 do CC, dispõe o seu parágrafo único que devem ser proibidas as interferências externas, considerando-se a natureza da utilização e a localização do prédio. Além disso, devem ser atendidas as normas que distribuem as edificações em zonas, e os limites ordinários de tolerância dos moradores da vizinhança. O comando traz critérios importantes para a determinação da existência ou não do uso anormal da propriedade, quais sejam a natureza da utilização e a localização do prédio. A concretizar, em uma área em uma localidade praiana destinada a bares noturnos (conforme normas regulamentares do próprio Município) deve existir uma tolerância maior ao barulho. O raciocínio não é o mesmo se a casa noturna ou o bar se localizar em uma região essencialmente residencial.

Em relação à divisão das edificações por zonas, no tocante às áreas urbanas, o Estatuto da Cidade trata do *plano diretor*, entre os seus arts. 39 a 42. Determina a citada norma que

---

[115] MALUF, Carlos Alberto Dabus. *Limitações ao direito de propriedade*. 3. ed. São Paulo: RT, 2011, p. 68.

a propriedade urbana cumpre sua função social quando atende às exigências fundamentais de ordenação da cidade expressas no plano diretor, assegurando o atendimento das necessidades dos cidadãos quanto à qualidade de vida, à justiça social e ao desenvolvimento das atividades econômicas (art. 39, *caput*, da Lei 10.257/2001).

O plano diretor, aprovado por lei municipal, é considerado o instrumento básico da política de desenvolvimento e expansão urbana (art. 40, *caput*, da Lei 10.257/2001), repercutindo nas questões de vizinhança, uma vez que acaba por determinar a existência ou não do uso anormal da propriedade.

O plano diretor, como mecanismo de organização dos municípios, é obrigatório nas cidades com mais de vinte mil habitantes; naquelas integrantes de regiões metropolitanas e aglomerações urbanas; nas cidades onde o Poder Público municipal pretenda utilizar os instrumentos previstos no § 4.º do art. 182 da CF/1988 (parcelamento ou edificação compulsórios, IPTU progressivo ou desapropriação mediante o pagamento de títulos da dívida pública); nas cidades integrantes de áreas de especial interesse turístico; e naquelas inseridas na área de influência de empreendimentos ou atividades com significativo impacto ambiental de âmbito regional ou nacional (art. 41 do Estatuto da Cidade).

Voltando ao Código Civil, nos termos do seu art. 1.278, o direito de alegar o uso anormal da propriedade não prevalece quando as interferências forem justificadas por interesse público, caso em que o proprietário, ou o possuidor causador delas, pagará ao vizinho indenização cabível. Entre tantos exemplos concretos, mencione-se a hipótese em que o proprietário deve tolerar a passagem de rede elétrica pelo seu terreno (cite-se: TJRS, Processo 70011730066, 18.ª Câmara Cível, Camaquã, Rel. Des. Mario Rocha Lopes Filho, j. 14.07.2005).

Sem prejuízo dessas regras, ainda que por decisão judicial devam ser toleradas as interferências, poderá o vizinho exigir a sua redução, ou eliminação, quando estas se tornarem possíveis (art. 1.279 do CC). Trazendo interessante aplicação do comando legal, colaciona-se:

> "Direito civil. Direito de vizinhança. Muro limítrofe. Ausência. Barulho. Vizinho. Incômodo. Redução. Possibilidade. Construção. Devida. Recurso improvido. Ainda que por decisão judicial devam ser toleradas as interferências, poderá o vizinho exigir a sua redução, ou eliminação, quando estas se tornarem possíveis – inteligência do artigo 1.279, do Código Civil. O que divide os terrenos, não é um muro limítrofe, mas, sim, a parede de um dos cômodos da casa dos apelados. Indene de qualquer questionamento o fato de que o barulho provocado pelo veículo dos apelantes é lesivo ao sossego dos apelados. Deve ser mantida a condenação dos apelantes na construção da parede a fim de que o preenchimento dos espaços existentes entre as vigas que dão sustentação à estrutura da garagem reduza o incômodo dos apelados" (TJMG, Apelação Cível 1.0313.06.202219-6/0011, 16.ª Câmara Cível, Ipatinga, Rel. Des. Sebastião Pereira de Souza, j. 26.03.2008, *DJEMG* 18.04.2008).

No Projeto de Reforma do Código Civil, em prol da *extrajudicialização*, um dos *nortes* que orientou a Comissão de Juristas, sugere-se a inclusão no seu art. 1.279 também das restrições administrativas, passando a norma a enunciá-las.

O proprietário ou o possuidor tem direito a exigir do dono do prédio vizinho a demolição, ou a reparação deste, quando ameace ruína, bem como que lhe preste caução pelo dano iminente (art. 1.280 do CC). Assim, para encerrar o tema, são possíveis as seguintes demandas judiciais fundadas no uso anormal do domínio:

> – *Ação de obrigação de fazer ou de não fazer* – nos moldes do art. 497 do CPC/2015, correspondente ao art. 461 do CPC/1973, com a possibilidade de fixação de multa ou *astreintes*.

CAP. 7 • DIREITO DAS COISAS | **1121**

– *Ação de reparação de danos* – deve-se entender que o uso anormal da propriedade constitui abuso de direito, nos termos do art. 187 do CC, a gerar a responsabilidade objetiva do vizinho (Enunciado n. 37 do CJF/STJ).

– *Ação demolitória* – seu objetivo, como o próprio nome aponta, é o de demolir uma obra construída. Diante da gravidade de suas consequências, deve ser a última medida a ser tomada pelo juiz, notadamente levando-se em conta a função social da propriedade e da posse. No Projeto de Reforma do Código Civil há proposta de se incluir norma nesse sentido, em um novo parágrafo único do seu art. 1.280, a saber: "em todos os casos, a demolição deve ser considerada medida excepcional". Espera-se a aprovação da proposta pelo Congresso Brasileiro, confirmando-se o entendimento hoje majoritário.

– *Ação de nunciação de obra nova* – almeja o *embargo* de uma obra, o seu não prosseguimento. Essa demanda tinha rito especial no Código de Processo Civil anterior (arts. 934 e 940). Porém, esses dispositivos não foram reproduzidos pelo Código de Processo Civil em vigor, o que traz a conclusão segundo a qual a demanda seguirá o procedimento comum. Confirmando a sua viabilidade jurídica no novo sistema, o art. 47 do CPC/2015 estabelece a competência do foro da situação da coisa para as ações fundadas em direitos reais sobre imóveis. No entanto, conforme o seu § 1.º, o autor pode optar pelo foro de domicílio do réu ou pelo foro de eleição se o litígio não recair sobre direito de propriedade, vizinhança, servidão, divisão e demarcação de terras e de *nunciação de obra nova*.

– *Ação de dano infecto* – tem por objetivo exigir do vizinho uma caução idônea, uma garantia concreta, havendo riscos à propriedade ou à posse, diante do uso anormal do domínio (art. 1.281 do CC). Essa garantia pode ser pessoal ou real, devendo ser fixada com razoabilidade, levando-se em conta as obras realizadas e os imóveis envolvidos.

Visualizadas tais demandas, que muito interessam para a prática do Direito de Vizinhança, parte-se à abordagem das árvores limítrofes.

### 7.6.3 Das árvores limítrofes

De acordo com o art. 1.282 do CC/2002, a *árvore limítrofe* é aquela cujo tronco está na linha divisória de dois prédios, presumindo-se de forma relativa pertencer em comum aos donos dos prédios confinantes (*presunção de condomínio*). Sem prejuízo desse direito, não se pode esquecer que as árvores compõem o Bem Ambiental, protegido constitucionalmente pelo art. 225 da CF/1988.

No plano das relações privadas, cabem as mesmas medidas judiciais previstas para o uso anormal da propriedade. Ilustrando, se o vizinho utiliza essa árvore com intuito nocivo, caberá ação de execução de obrigação de fazer ou de não fazer, com a possibilidade de fixação da multa ou *astreintes*, e sem prejuízo da reparação de danos.

As raízes e os ramos de árvore que ultrapassarem a estrema do prédio poderão ser cortados, até o plano vertical divisório, pelo proprietário do terreno invadido (art. 1.283 do CC). Em regra, a lei defere o *direito de corte* ao proprietário do imóvel que sofreu a invasão. De qualquer modo, esse direito não pode comprometer a vida da árvore limítrofe, diante da função socioambiental da propriedade. Trazendo aplicação do comando em demanda que visava a reparação de danos decorrentes do corte:

"Direito de vizinhança. Árvores limítrofes. Na forma do disposto no art. 1.283 do Código Civil, as raízes e os ramos de árvores que ultrapassarem a estrema do prédio, poderão ser cortados, até o plano vertical divisório, pelo proprietário do terreno invadido. Contudo, o fato de o autor não ter realizado a poda não implica ausência de responsabilidade do proprietário da árvore pelos danos causados pela coisa. Sentença improcedente. Recurso provido" (TJRS, Recurso Cível 71000507749, Novo Hamburgo, 1.ª Turma Recursal Cível, Rel. Des. Clóvis Moacyr Mattana Ramos, j. 03.06.2004).

Mais recentemente, o Tribunal Paulista reconheceu que a norma consagra um direito potestativo do vizinho ao corte, o que não impede o pedido judicial para que o vizinho proprietário da árvore invasora tome providências cabíveis para que o fato não volte a ocorrer (TJSP, Apelação 1008229-64.2015.8.26.0564, Acórdão 10201173, 25.ª Câmara de Direito Privado, São Bernardo do Campo, Rel. Des. Hugo Crepaldi, j. 23.02.2017, DJESP 09.03.2017).

Para terminar o tratamento das árvores limítrofes, dispõe o art. 1.284 que "os frutos caídos de árvore do terreno vizinho pertencem ao dono do solo onde caírem, se este for de propriedade particular". Eis aqui uma das poucas exceções à regra pela qual o acessório segue o principal (*gravitação jurídica*). A exemplificar, o dono das mangas não é o dono da mangueira, mas sim o dono do terreno onde as mangas caíram. Sobre a norma, conforme as lições de Marco Aurélio Bezerra de Melo, está ela justificada na máxima *quem traga as gostas más, que traga as boas*, de origem germânica, eis que "o fruto cai, suja, mancha, atrai insetos, apodrece; o dono da árvore não vai limpar o chão, ou o terraço, ou a calçada do vizinho – que justificativa teria para ir buscar ou exigir os frutos bons que caírem?".[116]

### 7.6.4 Da passagem forçada e da passagem de cabos e tubulações

O instituto da passagem forçada continua alocado na parte que trata do direito de vizinhança, como típico instituto relativo ao tema. Enuncia o *caput* do art. 1.285 do CC que "o dono do prédio que não tiver acesso a via pública, nascente ou porto, pode, mediante pagamento de indenização cabal, constranger o vizinho a lhe dar passagem, cujo rumo será judicialmente fixado, se necessário". Anote-se que o imóvel que não tem acesso ainda pode ser denominado *imóvel encravado*, conforme expressão que constava do art. 559 do CC/1916. A contribuir para a compreensão da categoria, vejamos no desenho a seguir uma situação típica de passagem forçada, com uma *visão aérea* ou *satelitária* dos imóveis envolvidos:

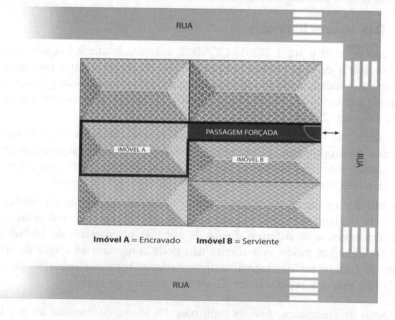

---
[116] MELO, Marco Aurélio Bezerra de. *Direito das coisas*. Rio de Janeiro: Lumen Juris, 2007. p. 195.

CAP. 7 • DIREITO DAS COISAS | **1123**

Como se pode notar do desenho, o imóvel *A* não tem saída para a rua, pois está cercado de casas por todos os lados. Sendo assim, haverá a necessidade de uma saída por *B*, para que o imóvel *A* tenha utilidade social. O imóvel *A* é denominado *imóvel encravado*, enquanto B é o *imóvel serviente*, uma vez que por ele haverá a passagem. A função social da propriedade é o fundamento do instituto, nos termos do art. 5.º, incs. XXII e XXIII, da CF/1988 e do art. 1.228, § 1.º, do CC. No caso descrito, se não houvesse a passagem, o imóvel encravado não teria qualquer finalidade social. Como adentrar no imóvel? Pulando de paraquedas?

A respeito da efetivação da passagem forçada, sofrerá o constrangimento o vizinho cujo imóvel mais natural e facilmente se prestar à passagem (art. 1.285, § 1.º, do CC). Segue-se a ideia que já constava da codificação anterior, no sentido de que a passagem forçada deve ser instituída da maneira menos gravosa ou onerosa aos prédios vizinhos (*princípio da menor onerosidade*).[117]

Se ocorrer eventual alienação parcial do prédio serviente, de modo que uma das partes perca o acesso à via pública, nascente ou porto, o proprietário da outra deve tolerar a passagem (art. 1.285, § 2.º, do CC). A obrigação de tolerar a passagem forçada deve acompanhar a coisa, constituindo uma obrigação ambulatória ou *propter rem*.

A regra de tolerância nos casos de alienação deve ser aplicada ainda quando, antes da alienação, existia passagem através de imóvel vizinho, não estando o proprietário deste constrangido, depois, a dar uma outra (art. 1.285, § 3.º, do CC). No Projeto de Reforma do Código Civil sugere-se a melhora da redação desse preceito, para que passe a ser mais compreensível. No texto proposto, "o alienante não será obrigado a conceder nova passagem, se antes da alienação já havia outra passagem através do imóvel vizinho, nos termos do parágrafo anterior".

Não se pode confundir a passagem forçada com as servidões, em especial com a servidão de passagem. Isso porque a primeira é instituto de direito de vizinhança, enquanto as segundas constituem um direito real de gozo ou fruição. Além dessa diferença, a passagem forçada é obrigatória, diante da função social da propriedade; as servidões são facultativas. Na passagem forçada há necessariamente o pagamento de uma indenização ao imóvel serviente, enquanto nas servidões a indenização somente será paga se houver acordo entre os proprietários dos imóveis envolvidos. Na passagem forçada, o imóvel não tem outra opção que não seja a passagem; o que não ocorre nas servidões. Por fim, quanto ao aspecto processual, de um lado há a ação de passagem forçada; do outro, a ação confessória, fundada em servidões. Pontue-se que as expressões que denominam as demandas são doutrinárias, o que deve ser mantido na emergência do CPC/2015. Vejamos o quadro comparativo entre os institutos:

| Passagem forçada | Servidão |
|---|---|
| Direito de vizinhança. | Direito real de gozo ou fruição. |
| Obrigatória. | Facultativa. |
| Pagamento de indenização obrigatório. | Pagamento de indenização somente se as partes acordarem. |
| Imóvel sem saída (não há outras opções). | Há outras opções. |
| Ação de passagem forçada. | Ação confessória. |

---

[117] ALVES, Jones Figueirêdo; DELGADO, Mário Luiz. *Código Civil anotado*. São Paulo: Método, 2005. p. 640.

# 1124 | MANUAL DE DIREITO CIVIL • VOLUME ÚNICO – *Flávio Tartuce*

Na esteira da melhor doutrina e jurisprudência, o conceito de imóvel encravado não deve ser visto de forma absoluta, sem qualquer flexibilidade. Nesse sentido, aprovou-se o Enunciado n. 88 do CJF/STJ, na *I Jornada de Direito Civil* (2004), com o seguinte teor: "o direito de passagem forçada, previsto no art. 1.285 do CC, também é garantido nos casos em que o acesso à via pública for insuficiente ou inadequado, consideradas, inclusive, as necessidades de exploração econômica". Em suma, não há necessidade de o imóvel ser absolutamente encravado, conforme concluiu o STJ, em importante precedente:

> "Civil. Direitos de vizinhança. Passagem forçada (art. 559 [do CC/1916]). Imóvel encravado. Numa era em que a técnica da engenharia dominou a natureza, a noção de imóvel encravado já não existe em termos absolutos e deve ser inspirada pela motivação do instituto da passagem forçada, que deita raízes na supremacia do interesse público; juridicamente, encravado é o imóvel cujo acesso por meios terrestres exige do respectivo proprietário despesas excessivas para que cumpra a função social sem inutilizar o terreno do vizinho, que em qualquer caso será indenizado pela só limitação do domínio. Recurso especial conhecido e provido em parte" (STJ, REsp 316.336/MS, 3.ª Turma, Rel. Min. Ari Pargendler, j. 18.08.2005, *DJ* 19.09.2005, p. 316).

Observo que no atual Projeto de Reforma do Código Civil, elaborado pela Comissão de Juristas, além de propostas de melhora da redação do art. 1.285, sugere-se a inclusão de um novo parágrafo, incorporando-se na norma o enunciado em questão. Pelo comando projetado, "o direito de passagem forçada também é garantido nos casos em que o acesso à via pública, à nascente ou ao porto for insuficiente ou inadequado, consideradas as necessidades de utilização social ou econômica de passagem" (§ 1.º). Adota-se, mais uma vez, a posição majoritária da doutrina e da jurisprudência brasileira, com o fim de resolver os problemas práticos que surgem no âmbito do Direito Privado.

Além da imposição da passagem forçada, o CC/2002 trata, de forma semelhante, da passagem de cabos e tubulações. Nos termos do seu art. 1.286, mediante recebimento de indenização que atenda, também, à desvalorização da área remanescente, o proprietário é obrigado a tolerar a passagem, por meio de seu imóvel, de cabos, tubulações e outros condutos subterrâneos de serviços de utilidade pública, em proveito de proprietários vizinhos, quando de outro modo for impossível ou excessivamente onerosa.

Tal passagem, do mesmo modo, está baseada na função social da propriedade, havendo um interesse público indireto, pois as passagens de cabos e tubulações atendem aos interesses de outras pessoas e da coletividade. Esse regime jurídico de obrigatoriedade é similar ao da passagem forçada, o que justifica a proximidade legislativa. Concluindo pelo regime obrigatório, colaciona-se, da melhor jurisprudência:

> "Direito de vizinhança. Passagem forçada de tubulação de esgoto. Nos termos do art. 1.286 do Código Civil, para que seja possível sujeitar o prédio vizinho à servidão de passagem forçada de tubulação, imprescindível se faz a comprovação da impossibilidade da adoção de formas alternativas de escoamento do esgoto ou, ainda, que as alternativas existentes são excessivamente dispendiosas ao postulante. Prova pericial requerida pelo réu para demonstrar a desnecessidade da passagem forçada. Julgamento no estado que configurou cerceamento de defesa. Ação julgada procedente. Sentença anulada. Apelação provida" (TJSP, Apelação 1006606-65.2016.8.26.0002, Acórdão 9692751, 25.ª Câmara de Direito Privado, São Paulo, Rel. Des. Edgard Rosa, j. 11.08.2016, *DJESP* 18.08.2016).

> "Apelação. Ação de passagem forçada. Tubulação subterrânea de esgoto sob terreno vizinho. Interrupção pela nova compradora. Refluxo cloacal. O proprietário é obrigado

a tolerar a passagem, através de seu imóvel, de cabos, tubulações e outros condutos subterrâneos de utilidade pública, em proveito de proprietários vizinhos, quando de outro modo for impossível ou excessivamente onerosa (art. 1.286 do Código Civil). Apelação desprovida" (TJRS, Apelação Cível 70024051872, 20.ª Câmara Cível, Ijuí, Rel. Des. Niwton Carpes da Silva, j. 06.08.2008, *DOERS* 22.08.2008, p. 97).

"Indenização por passagem de cabos e tubulações. Art. 1.286 do Código Civil. Prova. Nos termos do art. 1.286, do Código Civil, o proprietário é obrigado a tolerar a passagem, através de seu imóvel, de cabos, tubulações e outros condutos subterrâneos de serviços de utilidade pública, em proveito de proprietários vizinhos, mesmo contra sua vontade. A relação estabelecida é, frise-se, entre particulares, onde um, quando impossível ou excessivamente oneroso o meio, precisa que a instalação seja feita em detrimento do terreno de outrem, instituindo-se, por conseguinte, a servidão de passagem. Assim, ao teor do artigo mencionado, a colocação de cabos e tubulações enseja pagamento de indenização, desde que haja prova dos prejuízos resultantes. Apelo conhecido, mas improvido" (TJGO, Apelação Cível 91801-5/188, Processo 200501865092, 4.ª Câmara Cível, Itumbiara, Rel. Des. Almeida Branco, j. 22.12.2005, *DJGO* 09.02.2006).

Pelo teor dos julgados, confirma-se que a alteração foi substancial quanto à categorização jurídica, pois a passagem de cabos e tubulações, na órbita privada, era tratada como servidão predial. Agora não mais, pois o correto enquadramento do tema está no direito de vizinhança, com um sentido de obrigatoriedade.

No Projeto de Reforma do Código Civil, almeja-se incluir norma no mesmo sentido, prevendo um novo § 2.º do seu 1.286 que "aplicam-se às hipóteses deste artigo, no que couber, as regras do art. 1.285, relativas à passagem forçada".

A introdução original dessa regra no CC/2002 se deu, segundo a doutrina, diante da evolução tecnológica, pois não se imaginava, quando da elaboração do CC/1916, a existência constante de linhas de transmissão e energia elétrica, telefonia e processamento de dados ou de grandes adutoras subterrâneas.[118] O esquema a seguir demonstra um caso que envolve o instituto:

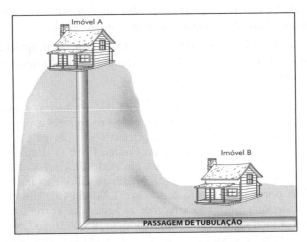

---

[118] Nesse sentido: MALUF, Carlos Alberto Dabus. *Código Civil comentado*. 6. ed. Coord. Ricardo Fiuza e Regina Beatriz Tavares da Silva. São Paulo: Saraiva, 2008. p. 1.343; ALVES, Jones Figueirêdo; DELGADO, Mário Luiz. *Código Civil anotado*. São Paulo: Método, 2005. p. 641.

# 1126 | MANUAL DE DIREITO CIVIL • VOLUME ÚNICO – *Flávio Tartuce*

Do desenho nota-se que o imóvel *A* não tem como escoar as águas de seu prédio. O imóvel *B*, serviente ou onerado, concederá a passagem das tubulações. Serve como argumento a conclusão de que não é do interesse da coletividade que o esgoto fique represado no outro imóvel, o que causará um prejuízo ambiental. No caso descrito, o proprietário de *B* pode requerer que a instalação dos tubos seja realizada da maneira menos onerosa ou gravosa, conforme consta do art. 1.286, parágrafo único, do CC (*princípio da menor onerosidade*).

Por derradeiro, a respeito da categoria, preconiza o art. 1.287 do CC que, se as instalações oferecerem grave risco, será facultado ao proprietário do prédio onerado exigir a realização de obras de segurança.

## 7.6.5 Das águas

Igualmente como ocorre com as árvores, as águas constituem partes integrantes do *Bem Ambiental* (art. 225 da CF/1988) e, sendo assim, merecem ampla proteção, para atender à função socioambiental da propriedade. Nesse sentido, vale lembrar o teor de enunciado doutrinário aprovado na histórica *I Jornada Jurídica de Gerenciamento e Prevenção de Crises Ambientais*, realizada pelo Conselho da Justiça Federal em novembro de 2024, e da qual tive a honra de participar. Nos seus termos, "a água, como bem ambiental de uso comum do povo e essencial à sadia qualidade de vida considerada pela jurisprudência do Supremo Tribunal Federal um bem jurídico autônomo, tem sua gestão estabelecida pela Constituição Federal, conforme indicado em seu art. 225, que deve ser necessariamente observado e aplicado regularmente por todos os órgãos investidos de poder e, particularmente, em face de crises hídricas no contexto das mudanças climáticas".

Inaugurando o tratamento do direito de vizinhança, determina o art. 1.288 do CC que o dono ou o possuidor do prédio inferior é obrigado a receber as águas que correm naturalmente do superior, não podendo realizar obras que embaracem o seu fluxo. A norma tem razões óbvias, eis que a "água corre para baixo", ou seja, desce, o que justifica a instituição da passagem obrigatória de tubulações. Enuncia ainda o comando que a condição natural e anterior do prédio inferior não pode ser agravada por obras feitas pelo dono ou possuidor do prédio superior. A exemplificar, a construção das tubulações não pode simplesmente aniquilar a funcionalidade do prédio inferior, uma vez que a passagem deve ser da maneira menos gravosa (*princípio da menor onerosidade*).

Como o art. 1.288 do CC assegura um direito a favor do proprietário do imóvel superior, em regra, não há que se falar em indenização a favor do dono do imóvel inferior, conforme tem concluído a jurisprudência:

> "Ação de reparação de danos materiais. Direito de vizinhança. Ausência de danos indenizáveis. Águas que fluem naturalmente de um terreno a outro, independentemente de qualquer atividade de seu proprietário, não obriga a reparar eventuais danos causados. Aplicação do art. 1.288 do Código Civil. O simples fato de o imóvel da autora sofrer periódicas inundações, em razão de chuvas abundantes, sendo que parte das águas flui naturalmente do prédio ao lado, não lhe assiste direito a indenização. Isso porque, de acordo com o art. 1.288 do CC, 'o dono ou o possuidor do prédio inferior é obrigado a receber as águas que correm naturalmente do superior'. Sentença mantida. Recurso desprovido" (TJRS, Recurso Cível 71001835628, Tramandaí, 3.ª Turma Recursal Cível, Rel. Des. Eugênio Facchini Neto, j. 19.02.2009, *DOERS* 02.03.2009, p. 90).

Ademais, caso o proprietário do imóvel inferior realize obras obstando o escoamento da água, caberá ação de obrigação de fazer por parte do proprietário superior, visando ao

CAP. 7 • DIREITO DAS COISAS | **1127**

cumprimento da norma, o que é aplicado pela melhor jurisprudência (TJMG, Apelação Cível 1.0024.04.501649-0/0011, 14.ª Câmara Cível, Belo Horizonte, Rel. Des. Evangelina Castilho Duarte, j. 03.07.2008, *DJEMG* 22.07.2008).

Não se pode negar, assim, que o preceito em estudo deve ser analisado pelo prisma da função social da propriedade, como reconheceu julgado do Superior Tribunal de Justiça de 2019: "o art. 1.288 do CC/02 há de ser interpretado à luz do princípio constitucional da função social, que qualifica a propriedade como uma relação jurídica complexa, em que se estabelecem direitos e deveres recíprocos, a partir da articulação entre o interesse do titular e a utilidade social". Ao final, entendeu-se, de forma correta que:

> "O prédio inferior é obrigado a tolerar o fluxo de águas pluviais apenas quando este decorrer da ação da natureza; do contrário, havendo atuação humana no prédio superior que, de qualquer forma, interfira no curso natural das águas pluviais, causando prejuízo ao proprietário ou possuidor do prédio inferior, a este será devida a respectiva indenização. Hipótese em que, embora os recorrentes não tenham realizado obras no imóvel, ficou comprovado que a atividade de pasto por eles exercida no prédio superior provocou o agravamento da condição natural e anterior do prédio inferior, surgindo, pois, o dever de indenizar" (STJ, REsp 1.589.352/PR, 3.ª Turma, Rel. Min. Nancy Andrighi, j. 02.04.2019, *DJe* 04.04.2019).

Em havendo escoamento artificial de águas, de um prédio superior para outro inferior, poderá o dono deste reclamar que se desviem, ou se lhe indenize o prejuízo que sofrer. Da indenização será deduzido o valor do benefício obtido (art. 1.289 do CC). O dispositivo vem recebendo críticas contundentes da doutrina contemporânea. Vejamos as palavras do Desembargador do Tribunal de Justiça do Rio de Janeiro Marco Aurélio Bezerra de Melo:

> "A norma transcrita representa um retrocesso à concepção individualista da propriedade quiritária, pois permite que o dono do prédio inferior exija o desvio das águas artificialmente canalizadas pelo dono do prédio superior. Isso pode inviabilizar, eventualmente, uma melhor exploração do prédio superior. Expliquemos melhor. Pode acontecer de o dono do prédio superior ter realizado com outra pessoa a canalização de águas, mediante a servidão predial de aqueduto (art. 1.378) a fim de plantar arroz e não encontre outra forma de escoar as águas que não seja para prédio inferior. Se este exigir o desvio das águas, tornará impossível o plantio da referida cultura".[119]

Em certo sentido, tem razão o magistrado, que propõe a aplicação do art. 92 do Código de Águas, segundo o qual, "mediante indenização, os donos dos prédios inferiores, de acordo com as normas da servidão legal de escoamento, são obrigados a receber as águas das nascentes artificiais". Outra solução viável é o enquadramento da hipótese no art. 1.286 do CC/2002, que trata da passagem de tubulações. Por esse caminho, a passagem pode ser tida como obrigatória, levando-se em conta a finalidade social dos imóveis envolvidos.

O art. 1.290 do CC/2002 trata das nascentes das águas e do escoamento das águas pluviais, prevendo que o proprietário de nascente, ou do solo onde caem águas pluviais, satisfeitas as necessidades de seu consumo, não pode impedir, ou desviar, o curso natural das águas remanescentes pelos prédios inferiores. As nascentes são as águas que surgem naturalmente, ou por indústria humana, e correm dentro de um só prédio particular, e

---

[119] MELO, Marco Aurélio Bezerra de. *Direito das coisas*. Rio de Janeiro: Lumen Juris, 2007. p. 199.

**1128** | MANUAL DE DIREITO CIVIL • VOLUME ÚNICO – *Flávio Tartuce*

ainda que o transponham, quando elas não tenham sido abandonadas pelo proprietário do mesmo (art. 89 do Código de Águas).

Nota-se que o proprietário do imóvel da nascente é obrigado a permitir o escoamento das águas pelos prédios inferiores, pois o curso de água que do seu imóvel surge tem importante finalidade social. Essa preocupação com a coletividade ainda inspira o art. 94 do Código de Águas, pelo qual o proprietário de uma nascente não pode desviar o seu curso quando desta se abasteça uma população.

O art. 1.291 do Código Civil é um dos mais criticados da atual codificação material, merecendo redação destacada:

> "Art. 1.291. O possuidor do imóvel superior não poderá poluir as águas indispensáveis às primeiras necessidades da vida dos possuidores dos imóveis inferiores; as demais, que poluir, deverá recuperar, ressarcindo os danos que estes sofrerem, se não for possível a recuperação ou o desvio do curso artificial das águas".

A crítica doutrinária refere-se à parte final do dispositivo, após o ponto e vírgula ("... as demais, que poluir, deverá recuperar, ressarcindo os danos que estes sofrerem, se não for possível a recuperação ou o desvio do curso artificial das águas"). Ora, a lei está admitindo, em sua literalidade, a possibilidade de poluição de águas, tidas como *não essenciais*, algo inadmissível em tempos atuais, diante da preocupação constitucional com o Bem Ambiental (art. 225 do CF/1988). Nesse contexto de crítica, merecem destaque as palavras do Ministro do STF Luiz Edson Fachin:

> "A mercantilização do dano ambiental que coroa a interpretação equivocada do princípio do 'poluidor-pagador' pode conduzir a conclusões como as que surgem da literalidade do art. 1.291: somente é proibida a poluição das águas indispensáveis à sobrevivência; quanto às demais, haveria uma pretensa 'faculdade', desde que com posterior reparação do prejuízo. Em uma sociedade na qual tudo teria valor de troca, poder-se-ia 'comprar' o 'direito' de poluir, com a *reificação* total do próprio meio ambiente. Essa hermenêutica – que pode decorrer da redação pouco elogiável do Código Civil – não é aceitável. A ilicitude da poluição se estende tanto ao possuidor que polui águas essenciais como àquele que polui águas não indispensáveis à vida dos possuidores dos prédios inferiores. Trata-se de um juízo que extrapola interesses individuais de natureza econômica, dizendo respeito à manutenção de um meio ambiente equilibrado".[120]

Espera-se, portanto, a alteração do art. 1.291 do CC, ou mesmo a declaração de sua inconstitucionalidade, por incompatibilidade com o art. 225 do Texto Maior. Anote-se que, doutrinariamente, tentando *salvar a norma*, na *III Jornada de Direito Civil*, foi aprovado o Enunciado n. 244 do CJF/STJ, de autoria de Marco Aurélio Bezerra de Melo: "o art. 1.291 deve ser interpretado conforme a Constituição, não sendo facultada a poluição das águas, quer sejam essenciais ou não às primeiras necessidades da vida".

Exatamente nesse sentido, de alteração do conteúdo da norma, no Projeto de Reforma do Código Civil, elaborado pela Comissão de Juristas nomeada no âmbito do Senado Federal, sugere-se que passe a prever o seguinte: "o possuidor do imóvel superior não

---

[120] FACHIN, Luiz Edson. Direitos de vizinhança e o novo Código Civil brasileiro: uma sucinta apreciação. In: DELGADO, Mário Luiz; ALVES, Jones Figueirêdo (Coord.). *Questões controvertidas no novo Código Civil*. São Paulo: Método, 2004. v. 2, p. 205.

poderá poluir as águas que correm, natural ou artificialmente, para os imóveis inferiores". Além dessa proibição peremptória, o seu novo parágrafo único passará a enunciar que, "em caso de poluição das águas que correm, deverá o possuidor promover a devida recuperação ambiental, sem prejuízo da indenização cabível e de eventuais sanções administrativas e criminais". Com isso, o comando passará a *dialogar* perfeitamente com a legislação ambiental e também com a Constituição Federal de 1988.

Superado esse aspecto, o proprietário tem o direito de construir barragens, açudes, ou outras obras para represamento de água em seu prédio. Se as águas represadas invadirem prédio alheio, será o seu proprietário indenizado pelo dano sofrido, deduzido o valor do benefício obtido (art. 1.292 do CC). Obviamente, o direito de construção ou represamento não pode gerar danos ao meio ambiente, havendo necessidade da fiscalização das atividades pelas autoridades administrativas.

O art. 1.293 do CC trata do direito à construção do *aqueduto,* canais de recebimento ou transporte das águas, prevendo as seguintes regras:

→ É permitido a quem quer que seja, mediante prévia indenização aos proprietários prejudicados, construir canais, através de prédios alheios, para receber as águas a que tenha direito, indispensáveis às primeiras necessidades da vida, e, desde que não cause prejuízo considerável à agricultura e à indústria, bem como para o escoamento de águas supérfluas ou acumuladas, ou a drenagem de terrenos. Pelo que consta do art. 1.294 do CC, observa-se o caráter obrigatório do aqueduto, no regime da passagem forçada de tubulações, o que está fundado na função social da propriedade. Conforme reconhece acórdão do Superior Tribunal de Justiça sobre o tema, "os direitos de vizinhança são manifestação da função social da propriedade, caracterizando limitações legais ao próprio exercício desse direito, com viés notadamente recíproco e comunitário. O que caracteriza um determinado direito como de vizinhança é a sua imprescindibilidade ao exercício do direito de propriedade em sua função social. O direito à água é um direito de vizinhança, um direito ao aproveitamento de uma riqueza natural pelos proprietários de imóveis que sejam ou não abastecidos pelo citado recurso hídrico, haja vista que, de acordo com a previsão do art. 1.º, I e IV, da Lei 9.433/97, a água é um bem de domínio público, e sua gestão deve sempre proporcionar o uso múltiplo das águas. Se não existem outros meios de passagem de água, o vizinho tem o direito de construir aqueduto no terreno alheio independentemente do consentimento de seu vizinho; trata-se de imposição legal que atende ao interesse social e na qual só se especifica uma indenização para evitar que seja sacrificada a propriedade individual" (STJ, REsp 1.616.038/RS, 3.ª Turma, Rel. Min. Nancy Andrighi, j. 27.09.2016, *DJe* 07.10.2016).

→ Prevê o Enunciado n. 245 do CJF/STJ que "muito embora omisso acerca da possibilidade de canalização forçada de águas por prédios alheios, para fins da agricultura ou indústria, o art. 1.293 não exclui a possibilidade da canalização forçada pelo vizinho, com prévia indenização dos proprietários prejudicados". Fica em dúvida o tratamento de *águas supérfluas,* pois todas as águas são essenciais ao ser humano e ao Planeta Terra.

→ Ao proprietário prejudicado, em tal caso, também assiste direito a ressarcimento pelos danos que de futuro lhe advenham da infiltração ou irrupção das águas, bem como da deterioração das obras destinadas a canalizá-las.

→ O proprietário prejudicado poderá exigir que seja subterrânea a canalização que atravessa áreas edificadas, pátios, hortas, jardins ou quintais.

**1130** | MANUAL DE DIREITO CIVIL • VOLUME ÚNICO – *Flávio Tartuce*

→ O aqueduto será construído de maneira que cause o menor prejuízo aos proprietários dos imóveis vizinhos (*princípio da menor onerosidade*), e a expensas do seu dono, a quem incumbe também as despesas de conservação.

Em complemento a essas regras, na *VII Jornada de Direito Civil,* realizada em 2015, foi aprovado enunciado segundo o qual, "na redação do art. 1.293, 'agricultura e indústria' não são apenas qualificadores do prejuízo que pode ser causado pelo aqueduto, mas também finalidades que podem justificar sua construção" (Enunciado n. 598). O objetivo do enunciado doutrinário é afastar um erro técnico redacional no comando, conforme se retira das suas justificativas.

Isso porque "houve um erro de revisão no art. 1.293 do Código Civil durante sua tramitação no Senado: onde se lê '...e, desde que não cause prejuízo considerável à agricultura e à indústria, bem como para o escoamento de águas...', deve-se ler '...e, desde que não cause prejuízo considerável, à agricultura e à indústria, bem como para o escoamento de águas...'. O art. 1.293, da maneira em que inicialmente aprovado pela Câmara dos Deputados, possuía uma vírgula depois da palavra 'considerável'. Assim, aquedutos poderiam ser instituídos para quatro finalidades: (a.) primeiras necessidades, (b.) agricultura e indústria, (c.) escoamento de águas e (d.) drenagem de terrenos. O parâmetro do 'prejuízo considerável' foi sugerido pelo Dep. Francisco Amaral (Emenda n. 675 da Câmara) como meio de impedir que, em todas essas quatro hipóteses, a construção de aquedutos pudesse causar lesões sérias ao direito de propriedade de terceiros. O Relator Especial da matéria aceitou essa emenda em parte: manteve o critério do 'prejuízo considerável' para as hipóteses (b.), (c.) e (d.), mas deliberadamente retirou a hipótese (a.) ('primeiras necessidades') de seu alcance. Com esse conteúdo, o texto foi aprovado pelos Deputados. O Sen. Josaphat Marinho, na revisão ortográfica geral que fez no Projeto de Código Civil (Emenda n. 332 do Senado), enganou-se ao ajustar o art. 1.293: pensando que a vírgula que estava entre 'considerável' e 'à agricultura' era redundante, ele retirou-a. Essa vírgula, contudo, não deveria ter sido suprimida: ela era crucial para que o texto do art. 1.293 tivesse o sentido que os demais parlamentares queriam atribuir a ele".

O atual Projeto de Reforma do Código Civil pretende corrigir esse equívoco, além de retirar do *caput* a menção às águas que sejam "indispensáveis às primeiras necessidades da vida", pois atualmente todas elas cumprem com esse requisito, tendo em vista a proteção do Bem Ambiental, de índole constitucional (art. 225 da CF/1988), que abrange os recursos hídricos.

Nesse contexto, o *caput* do seu art. 1.293 passará a prever que "é permitido a quem quer que seja, mediante o pagamento de prévia indenização aos proprietários prejudicados, construir canais, através de prédios alheios, para receber as águas a que tenha direito, bem como canais para o escoamento ou drenagem de águas excedentes". Na sequência, o seu § 1.º preverá que "ao proprietário prejudicado, em tais casos, assiste direito à reparação pelos danos que futuramente lhe advenham da infiltração ou irrupção das águas, bem como da deterioração das obras destinadas a canalizá-las". São mantidas as regras previstas nos §§ 2.º e 3.º do comando, a respeito da exigência de canalização subterrânea e da menor onerosidade. Por fim, nos termos do novo § 4.º, "sem prejuízo da indenização devida ao prejudicado, o aqueduto poderá ser ampliado para o melhor atendimento às necessidades da agricultura, da pecuária e da indústria, conforme as circunstâncias do caso". Com isso, são afastados os problemas atuais existentes na norma.

Ainda quanto ao aqueduto, dispõe o art. 1.295 do CC em vigor que ele não impedirá que os proprietários cerquem os imóveis e construam sobre ele, sem prejuízo para a sua segurança e conservação. Obviamente que tais obras, sendo necessárias para que o aqueduto cumpra sua função social, não podem ser impedidas. Desse modo, preconiza o mesmo

CAP. 7 • DIREITO DAS COISAS | **1131**

comando legal que os proprietários dos imóveis poderão usar das águas do aqueduto para as primeiras necessidades da vida.

Encerrando o estudo das águas, duvida-se da constitucionalidade do *caput* do art. 1.296 do CC pelo qual, em "havendo no aqueduto águas supérfluas, outros poderão canalizá-las, para os fins previstos no art. 1.293, mediante pagamento de indenização aos proprietários prejudicados e ao dono do aqueduto, de importância equivalente às despesas que então seriam necessárias para a condução das águas até o ponto de derivação". O parágrafo único do dispositivo prevê que terão preferência quanto a essas águas supérfluas os vizinhos que sejam proprietários dos imóveis atravessados pelo aqueduto.

As inconstitucionalidades das previsões estão justificadas pela inexistência de águas supérfluas, mais uma vez diante da proteção do Bem Ambiental, constante do art. 225 da CF/1988. Assim, é imperiosa a alteração do conteúdo da norma, para atualizá-la diante do Texto Maior.

No Projeto de Reforma do Código Civil adota-se esse caminho, sugerindo a Comissão de Juristas que o seu art. 1.296 passe a enunciar o seguinte: "havendo no aqueduto águas excedentes, outros poderão canalizá-las, para os fins previstos no art. 1.293, mediante o pagamento de indenização aos proprietários prejudicados e ao dono do aqueduto, de importância equivalente às despesas que então seriam necessárias para a condução das águas até o ponto de derivação".

Penso que a proposição é interessante, cabendo a sua apurada análise pelo Parlamento Brasileiro.

### 7.6.6 Do direito de tapagem e dos limites entre prédios

Nos termos do art. 1.297 do CC/2002, o direito de tapagem é o direito que o proprietário de um imóvel tem de cercar, murar, valar e tapar de qualquer modo o seu prédio urbano ou rural.

Ato contínuo, consagra a norma o direito do proprietário de constranger o seu confinante a proceder com ele à demarcação entre os dois prédios, a aviventar rumos apagados e a renovar marcos destruídos ou arruinados, repartindo-se proporcionalmente entre os interessados as respectivas despesas. Em suma, o artigo reconhece, em sua segunda parte, a possibilidade da ação demarcatória, assegurada ao proprietário, nos termos do art. 946, inc. I, do CPC/1973 e repetido pelo art. 569, inc. I, do CPC/2015: "para obrigar o seu confinante a estremar os respectivos prédios, fixando-se novos limites entre eles ou aviventando-se os já apagados".

A ação demarcatória continua a seguir o procedimento especial, na esteira das regras constantes entre os arts. 574 a 587 do CPC/2015, equivalentes, com alterações e supressões, aos arts. 950 a 966 do CPC/1973.

O § 1.º do art. 1.297 do CC estabelece a existência de um *condomínio necessário*, em presunção relativa ou *iuris tantum*, entre os proprietários confinantes, relativo aos intervalos, muros, cercas e os tapumes divisórios, sebes, vivas, cercas de arame ou de madeira, valas ou banquetas (*tapumes comuns* ou *ordinários*). Consoante a parte final do dispositivo, os condôminos são obrigados, em conformidade com os costumes da localidade, a concorrer, em partes iguais, para as despesas de sua construção e conservação.

Na trilha de aresto do Tribunal da Cidadania, do ano de 2013, "o caso concreto, a Corte de origem afastou a aplicação, no caso dos autos, do art. 1.297, § 1.º, do Código Civil, pois restou comprovado que o muro divisório dos imóveis dos litigantes, estava sob o cuidado dos recorrentes, consignando, ainda, que a regra insculpida em referido

# 1132 | MANUAL DE DIREITO CIVIL • VOLUME ÚNICO – *Flávio Tartuce*

dispositivo legal é meramente relativa, podendo ser ilidida por prova em contrário, como ocorreu na espécie" (STJ, AgRg no AREsp 399.367/ES, 3.ª Turma, Rel. Min. Sidnei Beneti, j. 21.11.2013, *DJe* 06.12.2013).

Entretanto, mais recentemente, em 2023, o mesmo Tribunal Superior concluiu pela imposição da divisão das despesas relativas ao muro divisório, uma vez que "o direito de tapagem disposto do art. 1.297 do Código Civil prevê o direito ao compartilhamento de gastos decorrentes da construção de muro comum aos proprietários lindeiros" (STJ, REsp 2.035.008/SP, 4.ª Turma, Rel. Min. Maria Isabel Gallotti, j. 02.05.2023, *DJe* 05.05.2023, v.u.). Foi afastada a necessidade de acordo prévio para a divisão dessas despesas, que pode ser imposta pelo julgador.

Como novidade frente à codificação privada de 1916, o § 2.º do art. 1.297 do CC dispõe que as sebes vivas, as árvores, ou plantas quaisquer, que servem de marco divisório, só podem ser cortadas, ou arrancadas, de comum acordo entre proprietários. Apesar desse reconhecimento legislativo, note-se que as sebes, as árvores e as plantas fazem parte da fauna, não sendo tolerável, em regra, a sua destruição, diante da proteção do Bem Ambiental (art. 225 da CF/1988).

O § 3.º do art. 1.297 do CC admite a construção de *tapumes especiais* para impedir a passagem de animais de pequeno porte, ou para outro fim. Essa construção pode ser exigida de quem provocou a necessidade deles, pelo proprietário, que não está obrigado a concorrer para as despesas. Podem ser citados os mata-burros e as cercas de arame que vedam a passagem de aves.[121]

Encerrando o tratamento do direito de tapagem, sendo confusos os limites entre as propriedades, em falta de outro meio, se determinarão de conformidade com a posse justa (art. 1.298 do CC). Pelo mesmo comando legal, não sendo essa posse justa provada, o terreno contestado se dividirá por partes iguais entre os prédios, ou, não sendo possível a divisão cômoda, se adjudicará a um deles, mediante indenização ao outro.

## 7.6.7 Do direito de construir

O Código Civil Brasileiro de 2002 reconhece ao proprietário, como regra geral, amplos direitos de construir, prevendo o seu art. 1.299 que o proprietário pode levantar em seu terreno as construções que lhe aprouver, salvo o direito dos vizinhos e os regulamentos administrativos. Como principais restrições em relação aos direitos de vizinhos podem ser mencionados os limites constantes do art. 1.228, § 2.º, do CC (configuração do abuso de direito ou *ato emulativo*) e do art. 1.277 do CC (uso anormal da propriedade). Quanto aos regulamentos administrativos, cite-se o plano diretor, que visa à organização das cidades, conforme dispõe o Estatuto da Cidade.

Tratando de restrição específica ao direito de construir, o art. 1.300 do CC determina que o proprietário construirá de maneira que o seu prédio não despeje águas, diretamente, sobre o prédio vizinho. O objetivo de ambas as normas é proteger contra o *estilicídio*, que vem a ser o despejo de água, principalmente da chuva, em outra propriedade.[122]

Protegendo-se o direito à privacidade, é proibido abrir janelas, ou fazer eirado, terraço ou varanda, a menos de metro e meio do terreno vizinho (art. 1.301 do CC). Para a Terceira Turma do Superior Tribunal de Justiça, trata-se de uma restrição que "possui

---

[121] DINIZ, Maria Helena. *Código Civil anotado*. 15. ed. São Paulo: Saraiva, 2010. p. 908.
[122] MELO, Marco Aurélio Bezerra de. *Direito das coisas*. Rio de Janeiro: Lumen Juris, 2007. p. 207.

CAP. 7 • DIREITO DAS COISAS | **1133**

caráter objetivo, traduzindo verdadeira presunção de devassamento, que não se limita à visão, englobando outras espécies de invasão (auditiva, olfativa e principalmente física)". Assim, "a aferição do descumprimento do disposto na referida regra legal independe da aferição de aspectos subjetivos relativos à eventual atenuação do devassamento visual, se direto ou oblíquo, se efetivo ou potencial" (STJ, Recurso Especial 1.531.094/SP, Rel. Min. Ricardo Villas Bôas Cueva, julgado em outubro de 2016).

A restrição é aplicada aos imóveis urbanos, pois, nos casos de imóveis rurais, a limitação é de três metros (art. 1.303 do CC). O desrespeito a tais comandos pode motivar até a ação demolitória, conforme reconhece a melhor jurisprudência (STJ, REsp 311.507/AL, 4.ª Turma, Rel. Min. Ruy Rosado de Aguiar, j. 11.09.2001, *DJ* 05.11.2001, p. 118; e TJRS, Recurso Cível 71001716653, Guaíba, 3.ª Turma Recursal Cível, Rel. Des. Eugênio Facchini Neto, j. 23.09.2008, *DOERS*, 1.º.10.2008, p. 175).

O prazo decadencial para a propositura da demanda demolitória é de um ano e dia, a contar da conclusão da obra (art. 1.302 do CC). Conforme julgado do Superior Tribunal de Justiça do ano de 2014, relativo ao comando equivalente no Código Civil de 1916, esse prazo decadencial para a propositura da ação demolitória não tem aplicação quando a construção controvertida – uma escada – tiver sido edificada integralmente em terreno alheio. Nos termos da publicação constante do *Informativo* n. *553* da Corte:

"Importante esclarecer que o prazo decadencial para propositura de ação demolitória previsto no art. 576 do CC/1916 tem incidência apenas nas situações em que a construção controvertida é erigida no imóvel contíguo e embaraça, de qualquer modo, a propriedade vizinha. A construção de uma escada integralmente em terreno alheio não se amolda ao comando do art. 576 do CC/1916, visto que não há, nesse caso, construção em terreno vizinho de forma suspensa que possa ser equiparada a uma janela, sacada, terraço ou goteira. Ademais, segundo a doutrina, o prazo decadencial previsto no art. 576 tem aplicação limitada às espécies nele mencionadas. Desse modo, em outros casos, que refogem àquelas espécies expressamente tratadas, é possível ajuizar utilmente a ação demolitória ainda que escoado o prazo de ano e dia da obra lesiva, aplicando-se os prazos prescricionais gerais" (STJ, REsp 1.218.605/PR, Rel. Min. Ricardo Villas Bôas Cueva, j. 02.12.2014, *DJe* 09.12.2014).

Ressalve-se que continua com plena aplicação a Súmula 120 do STF, pela qual "parede de tijolos de vidro translúcido pode ser levantada a menos de metro e meio do prédio vizinho, não importando a servidão sobre ele". Vidro translúcido é aquele que possibilita a visão do outro lado.

Ainda com o objetivo de proteção da intimidade, enuncia o § 1.º do art. 1.301 do CC, quanto aos imóveis urbanos, que as janelas cuja visão não incida sobre a linha divisória, bem como as perpendiculares, não poderão ser abertas a menos de setenta e cinco centímetros. Pela norma, o CC/2002 cancelou a Súmula 414 do STF, que previa: "não se distingue a visão direta da oblíqua na proibição de abrir janela, ou fazer terraço, eirado, ou varanda, a menos de metro e meio do prédio de outrem". Isso porque o atual Código passou a disciplinar, de forma distinta, a visão oblíqua, havendo previsão não a um metro e meio, mas a setenta e cinco centímetros.

Em continuidade de estudo, há distinção quanto às aberturas para luz ou ventilação, pois o § 2.º do art. 1.301 do CC prevê que as referidas proibições a elas não se aplicam, desde que as aberturas não sejam maiores de dez centímetros de largura sobre vinte de comprimento e construídas a mais de dois metros de altura de cada piso.

Nos termos do art. 1.304 do CC, nas cidades, vilas e povoados cuja edificação estiver adstrita a alinhamento, o dono de um terreno pode nele edificar, madeirando na parede

**1134** | MANUAL DE DIREITO CIVIL • VOLUME ÚNICO – *Flávio Tartuce*

divisória do prédio contíguo, se ela suportar a nova construção. Entretanto, nesse caso, o proprietário que assim o procedeu terá de embolsar ao vizinho metade do valor da parede e do chão correspondentes.

Trata-se do que se denomina como *direito de travejamento* ou *de madeiramento*, ou seja, de colocar uma trave, viga ou madeira no prédio vizinho nos casos em que há o referido alinhamento. Na doutrina clássica, vejamos os esclarecimentos de Washington de Barros Monteiro, em obra atualizada por Carlos Alberto Dabus Maluf:

> "No art. 1.304 o Código outorga ao proprietário o direito de madeiras na parede divisória do prédio contíguo, caso ela suporte a nova construção. Corresponde esse direito à servidão de meter trave (*de tigni immittendi*) e subordinado está a duas condições: a) que a nova construção se levante em cidade, vila ou povoado; b) que a edificação esteja obrigada a determinado alinhamento. Se não existe este, pode o proprietário edificar pouco mais à frente, ou pouco mais atrás, evitando assim o madeiramento no prédio contíguo, a ser usado apenas como último recurso. Desde que o proprietário venha, porém, a madeirar o prédio adjacente, terá de embolsar o vizinho meio valor da parede e do chão correspondente".[123]

O *direito de travejamento* ou *de madeiramento* consta ainda do art. 1.305, *caput*, do CC, no tocante à parede-meia, pois, segundo esse comando legal, o confinante que primeiro construir pode assentar a parede divisória até meia espessura no terreno contíguo. Isso, sem perder o direito a haver meio valor dela se o vizinho a travejar, caso em que o primeiro fixará a largura e a profundidade do alicerce. Aplicando a norma, do Tribunal Gaúcho: "Construção de muro. Parede-meia. Possibilidade. Sendo lícito ao confinante construir sobre parede divisória, se não ultrapassar a meia espessura, e se o fizer primeiro, improcede o pedido de demolição. Exegese do art. 1.305 do Código Civil. Negaram provimento. Unânime" (TJRS, Apelação Cível 496307-24.2012.8.21.7000, 18.ª Câmara Cível, Vacaria, Rel. Des. Pedro Celso Dal Prá, j. 28.02.2013, *DJERS* 06.03.2013).

Se a parede-meia ou parede divisória pertencer a um dos vizinhos e não tiver capacidade para ser travejada pelo outro, não poderá este último fazer-lhe alicerce ao pé sem prestar caução àquele, pelo risco a que expõe a construção anterior (art. 1.305, parágrafo único, do CC). Eventualmente, caberá a ação de dano infecto para se exigir a correspondente caução.

Em verdade, o que se percebe em relação à parede-meia ou parede divisória de dois imóveis é a existência de um condomínio necessário. Sendo dessa forma, o condômino da parede-meia pode utilizá-la até ao meio da espessura, não pondo em risco a segurança ou a separação dos dois prédios (art. 1.306 do CC). Segundo o mesmo dispositivo, um condômino deve sempre avisar previamente o outro das obras que ali pretende fazer. Além disso, não pode, sem consentimento do outro, fazer, na parede-meia, armários, ou obras semelhantes, correspondendo a outras, da mesma natureza, já feitas do lado oposto. Aplicando a norma, caso pretenda inserir na parede divisória uma cerca elétrica, o proprietário deverá comunicar o vizinho, sob pena de sua retirada (TJBA, Recurso 0020391-71.2007.805.0080-1, 3.ª Turma Recursal, Rel. Juíza Eloisa Matta da Silveira Lopes, *DJBA* 26.02.2010).

Como novidade no que concerne à parede-meia, o art. 1.307 do CC/2002 introduziu o direito de alteamento, que é o direito que tem o proprietário de aumentar a sua altura.[124] De acordo com o dispositivo, qualquer dos confinantes pode alterar a parede divisória, se

---

[123] MONTEIRO, Washington de Barros. *Curso de direito civil*. Direito das coisas. 37. ed. rev. e atual. por Carlos Alberto Dabus Maluf. São Paulo: Saraiva, 2003. v. 3, p. 165.
[124] MELO, Marco Aurélio Bezerra de. *Direito das coisas*. Rio de Janeiro: Lumen Juris, 2007. p. 211.

CAP. 7 • DIREITO DAS COISAS | **1135**

necessário reconstruindo-a, para suportar o alteamento. O confinante que realiza as obras arcará com todas as despesas, o que inclui as de conservação, ou com metade, se o vizinho adquirir meação também na parte aumentada.

A proteção da parede-meia veda que se encostem a ela chaminés, fogões, fornos ou quaisquer aparelhos ou depósitos suscetíveis de produzir infiltrações ou interferências prejudiciais ao vizinho (art. 1.308 do CC). A vedação permite ao proprietário lindeiro que demande a nunciação ou a demolição da obra. Há intuito de proteger a sua estrutura, uma vez que a parede-meia tem flagrante função social. Trata-se, em suma, de clara restrição aos direitos dos condôminos necessários. Como exceção, prevê o parágrafo único do dispositivo que a vedação não abrange as chaminés ordinárias e os fogões de cozinha.

Dispõe o art. 1.309 do CC que são proibidas construções capazes de poluir, ou inutilizar, para uso ordinário, a água do poço, ou nascente alheia, a elas preexistentes. A norma já constava do Código Civil de 1916 (art. 584) e ganhou reforço pela proteção constitucional do *Bem Ambiental* (art. 225 da CF/1988). No mesmo sentido, porém mais específico, o art. 1.310 do Código proíbe que o proprietário faça escavações ou quaisquer obras que tirem ao poço ou à nascente de outrem a água indispensável às suas necessidades normais.

O Código Civil de 2002 veda a realização de obras ou serviços suscetíveis de provocar desmoronamento ou deslocação de terra, ou que comprometa a segurança do prédio vizinho. Nos termos do art. 1.311, *caput*, tais obras somente são possíveis após haverem sido feitas as obras acautelatórias. Realizada a obra em desrespeito ao que dispõe o dispositivo, serão cabíveis a ação de nunciação de obra nova, de dano infecto ou mesmo a ação demolitória. Sem prejuízo disso, o proprietário do prédio vizinho tem direito a ressarcimento pelos prejuízos que sofrer, não obstante haverem sido realizadas as obras acautelatórias (art. 1.311, parágrafo único, do CC).

A responsabilidade civil, com a aplicação do *princípio da reparação integral dos danos*, é reconhecida como medida a favor do proprietário prejudicado, sem prejuízo da demolição das construções feitas (art. 1.312 do CC). Em suma, além da destruição das obras que infringem as normas civis, o prejudicado pode requerer a reparação dos danos materiais, nas categorias de danos emergentes (o que a pessoa efetivamente perdeu) e lucros cessantes (o que a pessoa razoavelmente deixou de lucrar); danos morais (lesão a direitos da personalidade) e danos estéticos (havendo algum dano físico no caso concreto). Admitindo essa ampla cumulação, da jurisprudência:

> "Apelação cível. Ação de indenização por danos materiais e morais. Construção de obra. Direito de vizinhança. Demonstração dos elementos geradores da responsabilidade civil. Aplicação do art. 333, I, do CPC e arts. 1.311 e 1.312 do Código Civil. Dano Moral pelos constrangimentos gerados à restrição do uso da propriedade imóvel. I. Comprovados nos autos os danos materiais provocados pela construção de edificação vizinha, principalmente através das fotografias colacionadas, impõe-se o seu ressarcimento, nos termos dos arts. 1.311 e 1.312 do Código Civil. II. Demonstrados os fatos que ensejaram a dor, o sofrimento, sentimentos íntimos que ensejam o dano moral, impõe-se a condenação do vizinho para recompor o abalo moral causado pela restrição indevida à utilização da propriedade imóvel, nos termos do art. 5.º, V e X, da Constituição Federal, e do art. 186 do Código Civil. Recurso conhecido e provido" (TJSE, Apelação Cível 2009210033, Acórdão 12.022/2009, 1.ª Câmara Cível, Rel. Des. Clara Leite de Rezende, *DJSE* 02.02.2010, p. 12).

Encerrando o estudo do direito de vizinhança, como última norma sobre o tema, o art. 1.313 do CC reconhece que o proprietário ou ocupante é obrigado a tolerar que

**1136** | MANUAL DE DIREITO CIVIL • VOLUME ÚNICO – *Flávio Tartuce*

o vizinho adentre no seu imóvel (*direito de penetração*), desde que haja prévio aviso, nas seguintes hipóteses:

> • Se o vizinho, temporariamente, dele for usar, quando indispensável à reparação, construção, reconstrução ou limpeza de sua casa ou do muro divisório. Exemplo: o proprietário deve tolerar a entrada do vizinho para reparos em paredes ou corte de galhos de árvores. Esse *direito de tolerância* é aplicado aos casos de limpeza ou reparação de esgotos, goteiras, aparelhos higiênicos, poços e nascentes e ao aparo de cerca viva (art. 1.313, § 1.º, do CC). Também a ilustrar, do Tribunal Bandeirante: "há previsão legal para que se autorize o vizinho a adentrar em imóvel com o fito de efetuar os necessários reparos na parede e/ou no muro (art. 1.313, I, do Código Civil). Não há prova no sentido de que a realização da pintura irá causar danos a quaisquer dos imóveis. São frágeis, a par disso, as alegações de que sua neta correria risco" (TJSP, Apelação 0001668-07.2011.8.26.0653, Acórdão 7629768, 9.ª Câmara Extraordinária de Direito Privado, Vargem Grande do Sul, Rel. Des. Adilson de Araújo, j. 10.06.2014, *DJESP* 24.06.2014).
>
> • Para o vizinho apoderar-se de coisas suas, inclusive animais que ali se encontrem casualmente. Exemplo: o vizinho entra no imóvel de outrem para pegar uma bola de futebol ou um gato perdido. Uma vez sendo entregue a coisa buscada pelo vizinho, o proprietário, por razões óbvias, pode impedir novas entradas no imóvel (art. 1.313, § 2.º, do CC).

Mesmo havendo essa tolerância prevista em lei, se do seu exercício provir dano ao proprietário, terá o prejudicado direito a indenização, aplicando-se o princípio da reparação integral dos danos (art. 1.313, § 3.º, do CC).

Ilustrando, imagine-se o caso em que as obras de reparos realizadas pelo vizinho fizeram desmoronar o telhado de uma casa, que veio a atingir os seus proprietários, causando-lhes danos físicos e patrimoniais. Serão reparados os danos materiais, morais e estéticos que decorrem do caso concreto.

Como derradeira nota sobre o comando, no Projeto de Reforma do Código Civil são feitas propostas de ajustes nesse art. 1.313, especialmente para que os animais não sejam mais tratados como coisas, premissa adotada na proposição de um novo art. 91-A da Lei Geral Privada. Nesse contexto, a norma passará a prever, de forma separada, que o proprietário ou ocupante do imóvel é obrigado a tolerar que o vizinho entre no prédio, mediante prévio aviso, para: "II – apoderar-se de coisas suas que aí se encontrem casualmente; ou III – resgatar animais de sua propriedade, posse ou detenção que tenham invadido o terreno alheio".

Além disso, o seu § 3.º passará a prever a reparação dos danos, e não o seu ressarcimento, expressão mais ampla que engloba os danos imateriais ou extrapatrimoniais: "se do exercício do direito assegurado neste artigo provir dano, terá o prejudicado direito à sua reparação".

Destaco que são feitas outras proposições no mesmo sentido a respeito da matéria do Direito de Vizinhança, o que vem em boa hora, para facilitar a compreensão do tema e a aplicação prática das normas correlatas.

## 7.7 DO CONDOMÍNIO

### 7.7.1 Conceito, estrutura jurídica e modalidades

Verifica-se a existência do condomínio quando mais de uma pessoa tem o exercício da propriedade sobre determinado bem. Serve como suporte didático o conceito de Li-

CAP. 7 • DIREITO DAS COISAS | **1137**

mongi França, segundo o qual o condomínio "é a espécie de propriedade em que dois ou mais sujeitos são titulares, em comum, de uma coisa indivisa (*pro indiviso*), atribuindo-se a cada condômino uma parte ou fração ideal da mesma coisa".[125] Na situação condominial vários são os sujeitos ativos em relação ao direito de propriedade que é único, o que justifica a utilização dos termos *copropriedade* e *compropriedade*. Didaticamente, pode-se dizer que no condomínio duas ou mais pessoas têm os atributos da propriedade (GRUD) ao mesmo tempo.

Nesse contexto de dedução, a respeito da estrutura jurídica do condomínio, entre os clássicos, leciona Washington de Barros Monteiro que o Direito Brasileiro adotou a *teoria da propriedade integral ou total*. Desse modo, há no condomínio uma propriedade "sobre toda a coisa, delimitada naturalmente pelos iguais direitos dos demais consortes; entre todos se distribui a utilidade econômica da coisa; o direito de cada condômino, em face de terceiros, abrange a totalidade dos poderes imanentes ao direito de propriedade; mas, entre os próprios condôminos, o direito de cada um é autolimitado pelo de outro, na medida de suas quotas, para que possível se torne sua coexistência".[126]

Como se pode perceber pela simples organização do presente capítulo, o condomínio tem natureza real, havendo um conjunto de coisas e não de pessoas. Desse modo, o condomínio não tem natureza contratual, sendo regido pelos princípios do Direito das Coisas. Apesar da falta de previsão literal, o condomínio pode ser enquadrado no inc. I do art. 1.225 pela menção que se faz à propriedade (copropriedade).

O condomínio admite algumas classificações, levando-se em conta três diferentes critérios, o que é ponto inicial para o estudo da categoria:

> *I) Quanto à origem:*
>
> a) *Condomínio voluntário* ou *convencional* – decorre do acordo de vontade dos condôminos, nasce de um negócio jurídico bilateral ou plurilateral, como exercício da autonomia privada. Ex.: Alguns amigos compram um imóvel para investimentos em comum. No silêncio do instrumento de sua instituição, presume-se que a propriedade estará dividida em partes iguais (*concursu partes fiunt*). Destaque-se que o condomínio edilício, via de regra, tem essa origem, mas com estudo e tratamento em separado.
>
> b) *Condomínio incidente* ou *eventual* – origina-se de motivos estranhos à vontade dos condôminos. Ex.: Duas pessoas recebem determinado bem como herança.
>
> c) *Condomínio necessário* ou *forçado* – decorre de determinação de lei, como consequência inevitável do estado de indivisão da coisa. Nasce dos direitos de vizinhança tal como na hipótese de paredes, muros, cercas e valas (art. 1.327 do CC).
>
> *II) Quanto ao objeto ou conteúdo:*
>
> a) *Condomínio universal* – compreende a totalidade do bem, inclusive os seus acessórios, caso de frutos e benfeitorias. Em regra, o condomínio tem essa natureza.
>
> b) *Condomínio particular* – compreende determinadas coisas ou efeitos, o que geralmente é delimitado no ato de instituição.

---

[125] LIMONGI FRANÇA, Rubens. *Instituições de direito civil*. 4. ed. São Paulo: Saraiva, 1996. p. 497.

[126] MONTEIRO, Washington de Barros. *Curso de direito civil brasileiro*. Direito das Coisas. 37. ed. atual. por Carlos Alberto Dabus Maluf. São Paulo: Saraiva, 2003. v. 3, p. 205-206.

## III) Quanto à forma ou divisão:

a) *Condomínio* pro diviso – aquele em que é possível determinar, no plano corpóreo e fático, qual o direito de propriedade de cada comunheiro. Há, portanto, uma *fração real* atribuível a cada condomínio. Ex.: parte autônoma em um condomínio edilício.

b) *Condomínio* pro indiviso – não é possível determinar de modo corpóreo qual o direito de cada um dos condôminos que têm uma fração ideal. Ex.: parte comum no condomínio edilício.

Superada essa classificação introdutória, vejamos o estudo da matéria, levando-se em conta a organização do CC/2002. Veremos, também e na sequência, as novas modalidades de condomínio que foram incluídas no sistema jurídico nacional, por força da Lei 13.465/2017 e da Lei 13.777/2018; a última relativa à multipropriedade ou *time sharing*.

### 7.7.2 Do condomínio voluntário ou convencional

Como ficou claro, o condomínio voluntário ou convencional é aquele que decorre do exercício da autonomia privada. Anote-se que o tratamento do CC/2002 a respeito dessa categoria exclui o condomínio em edificações ou edilício, que tem tratamento em separado. Ilustrando, como hipótese de condomínio voluntário, imagine-se a situação em que três amigos adquirem uma casa no litoral, para compartilharem o uso, a fruição e os gastos relativos ao imóvel. Eventualmente, como se verá, é possível que tal situação seja regrada pelas previsões relativas ao *time sharing*, previstas na Lei 13.777/2018.

O primeiro tópico a respeito do instituto refere-se aos direitos e deveres dos condôminos. Enuncia o art. 1.314 do CC que cada condômino pode usar da coisa conforme sua destinação, sobre ela exercer todos os direitos compatíveis com a indivisão, reivindicá-la de terceiro, defender a sua posse e alhear a respectiva parte ideal, ou gravá-la. Pela norma fica claro que cada condômino tem a propriedade plena e total sobre a coisa, o que é limitado pelos direitos dos demais. Sendo assim, não cabe reintegração de posse por um dos condôminos contra os demais, havendo composse. Para ilustrar, do Tribunal Paulista:

> "Coisa comum. Reintegração de posse. Autor que, na qualidade de coproprietário, pretende a reintegração na posse de bem utilizado pelos demais proprietários. Carência da ação corretamente decretada. Copossuidores que ostentam a mesma qualidade da posse, não havendo como deferir ao autor a reintegração pretendida. Esbulho não configurado. Eventual indenização pelo uso exclusivo do imóvel que poderá ser pleiteada em ação própria, mas não a escolhida. Além da composse, as partes são coproprietárias do bem, de sorte que prevalece a regra constante no art. 1.314 do Código Civil. Condômino que não pode afastar o outro da posse da coisa comum. Precedentes desta Câmara. Sentença mantida. Recurso improvido" (TJSP, Apelação 994.06.018116-3, Acórdão 4555957, 8.ª Câmara de Direito Privado, Socorro, Rel. Des. Salles Rossi, j. 16.06.2010, *DJESP* 07.07.2010).

Ato contínuo de estudo, prevê o parágrafo único do art. 1.314 que nenhum dos condôminos pode alterar a destinação da coisa comum, nem dar posse, uso ou gozo dela a estranhos, sem o consenso dos outros. Em casos de cessão sem autorização, por óbvio, caberá ação de reintegração de posse em face do terceiro.

O condômino é obrigado, na proporção de sua parte, a concorrer para as despesas de conservação ou divisão da coisa e a suportar os ônus a que estiver sujeito. Há uma

CAP. 7 • DIREITO DAS COISAS | **1139**

presunção relativa ou *iuris tantum* de igualdade das partes ideais dos condôminos (art. 1.315 do CC).

Eventualmente, pode o condômino eximir-se do pagamento das despesas e dívidas, renunciando à parte ideal (art. 1.316). Esse *direito de renúncia* constitui novidade introduzida pelo CC/2002. Nos termos do § 1.º do comando, se os demais condôminos assumirem as despesas e as dívidas, a renúncia lhes aproveita, adquirindo a parte ideal de quem renunciou, na proporção dos pagamentos que fizerem. Se não houver condômino que faça os pagamentos, a coisa comum será dividida de forma igualitária entre os condôminos restantes (§ 2.º).

Presente dívida contraída por todos os condôminos, sem se discriminar a parte de cada um na obrigação, nem se estipular solidariedade, entende-se que cada qual se obrigou proporcionalmente ao seu quinhão na coisa comum (art. 1.317 do CC). Além disso, as dívidas contraídas por um dos condôminos em proveito da comunhão, e durante ela, obrigam o contratante. Porém, este tem ação regressiva contra os demais (art. 1.318 do CC). A exemplificar, se naquele caso do imóvel litorâneo dos três amigos houver uma dívida trabalhista relativa ao bem em nome de um deles, responderá este, com direito de cobrança via regresso contra os demais, sempre na proporção de suas participações.

Ainda a respeito dos deveres e responsabilidades, enuncia o art. 1.319 do CC que cada condômino responde aos outros pelos frutos que percebeu da coisa e pelo dano que lhe causou. Aplicando a norma, do STJ, colaciona-se julgado que analisa problema relativo a bem em condomínio entre ex-cônjuges, determinando o pagamento de indenização, nos termos do último comando:

"Direito civil. Família. Recurso especial. Ação de cobrança de indenização entre ex-cônjuges, em decorrência do uso exclusivo de imóvel ainda não partilhado. Estado de condomínio. Indenização correspondente a metade do valor da renda de estimado aluguel, diante da fruição exclusiva do bem comum por um dos condôminos. Concorrência de ambos os condôminos nas despesas de conservação da coisa e nos ônus a que estiver sujeita. Possível dedução. Arts. 1.319 e 1.315 do CC/02. Com a separação do casal cessa a comunhão de bens, de modo que, embora ainda não operada a partilha do patrimônio comum do casal, é facultado a um dos ex--cônjuges exigir do outro, que estiver na posse e uso exclusivos de determinado imóvel, a título de indenização, parcela correspondente à metade da renda de um presumido aluguel, devida a partir da citação. Enquanto não dividido o imóvel, a propriedade do casal sobre o bem remanesce, sob as regras que regem o instituto do condomínio, notadamente aquela que estabelece que cada condômino responde aos outros pelos frutos que percebeu da coisa, nos termos do art. 1.319 do CC/02. Assim, se apenas um dos condôminos reside no imóvel, abre-se a via da indenização àquele que se encontra privado da fruição da coisa. Subsiste, em igual medida, a obrigação de ambos os condôminos, na proporção de cada parte, de concorrer para as despesas inerentes à manutenção da coisa, o que engloba os gastos resultantes da necessária regularização do imóvel junto aos órgãos competentes, dos impostos, taxas e encargos que, porventura, onerem o bem, além, é claro, da obrigação de promover a sua venda, para que se ultime a partilha, nos termos em que formulado o acordo entre as partes. Inteligência do art. 1.315 do CC/02. Recurso Especial parcialmente provido" (STJ, REsp 983.450/RS, 3.ª Turma, Rel. Min. Fátima Nancy Andrighi, j. 02.02.2010, *DJe* 10.02.2010).

Mais recentemente e na mesma linha, concluiu a Corte em pacificação realizada na sua Segunda Seção e com efeitos vinculativos para outros Tribunais, que "na separação e no divórcio, sob pena de gerar enriquecimento sem causa, o fato de certo bem comum

**1140** | MANUAL DE DIREITO CIVIL • VOLUME ÚNICO – *Flávio Tartuce*

ainda pertencer indistintamente aos ex-cônjuges, por não ter sido formalizada a partilha, não representa automático empecilho ao pagamento de indenização pelo uso exclusivo do bem por um deles, desde que a parte que toca a cada um tenha sido definida por qualquer meio inequívoco. Na hipótese dos autos, tornado certo pela sentença o quinhão que cabe a cada um dos ex-cônjuges, aquele que utiliza exclusivamente o bem comum deve indenizar o outro, proporcionalmente" (STJ, REsp 1.250.362/RS, 2.ª Seção, Rel. Min. Raul Araújo, j. 08.02.2017, *DJe* 20.02.2017).

Essa posição está, assim, consolidada na Corte. De toda sorte, como importante ressalva, o Tribunal da Cidadania julgou, em 2022, ser "incabível o arbitramento de aluguel em desfavor da coproprietária vítima de violência doméstica, que, em razão de medida protetiva de urgência decretada judicialmente, detém o uso e gozo exclusivo do imóvel de cotitularidade do agressor". Nos termos do voto do relator, que conta com o meu total apoio:

> "Impor à vítima de violência doméstica e familiar obrigação pecuniária consistente em locativo pelo uso exclusivo e integral do bem comum, na dicção do art. 1.319 do CC/2002, constituiria proteção insuficiente aos direitos constitucionais da dignidade humana e da igualdade, além de ir contra um dos objetivos fundamentais do Estado brasileiro de promoção do bem de todos sem preconceito de sexo, sobretudo porque serviria de desestímulo a que a mulher buscasse o amparo do Estado para rechaçar a violência contra ela praticada, como assegura a Constituição Federal em seu art. 226, § 8.º, a revelar a desproporcionalidade da pretensão indenizatória em tais casos. Ao ensejo, registre-se que a interpretação conforme a constituição de lei ou ato normativo, atribuindo ou excluindo determinado sentido entre as interpretações possíveis em alguns casos, não viola a cláusula de reserva de plenário, consoante já assentado pelo Supremo Tribunal Federal no RE 572.497 AgR/RS, Rel. Min. Eros Grau, *DJ* 11.11.2008, e no RE 460.971, Rel. Min. Sepúlveda Pertence, *DJ* 30.03.2007 (ambos reproduzindo o entendimento delineado no RE 184.093/SP, Rel. Moreira Alves, publicado em 29.04.1997)" (STJ, REsp 1.966.556/SP, 3.ª Turma, Rel. Min. Marco Aurélio Bellizze, por unanimidade, j. 08.02.2022).

A todo tempo será lícito ao condômino exigir a divisão da coisa comum, respondendo o quinhão de cada um pela sua parte nas despesas da divisão (art. 1.320 do CC). Não sendo atendido esse direito de forma amigável, caberá *ação de divisão*, que é imprescritível, como consagra a própria norma, pelo uso do termo "a todo tempo".[127]

Concluindo desse modo, da jurisprudência superior, merece destaque, por todos: "será lícito ao condômino, a qualquer tempo, exigir a divisão da coisa comum, sendo a respectiva ação de divisão, imprescritível. Interpretação do art. 1.320 do Código Civil. Correto o deferimento do pedido de alienação judicial do imóvel, pois a utilização exclusiva do bem por parte da requerida impossibilita a parte agravada de dispor do bem. Constitui, finalmente, direito potestativo do condômino de bem imóvel indivisível promover a extinção do condomínio mediante alienação judicial da coisa" (STJ, Ag. Int. no Ag. Int. no AREsp 2.215.613/SP, 4.ª Turma, Rel. Min. Maria Isabel Gallotti, j. 09.10.2023, *DJe* 16.10.2023).

Aplicam-se à divisão do condomínio, no que couber, as regras de partilha de herança (art. 1.321). Não sendo possível a divisão, cabe a *alienação judicial da coisa*, dividindo-se o valor recebido na proporção das quotas de cada uma.

Eventualmente, podem os condôminos acordar que fique indivisa a coisa comum por prazo não maior de cinco anos, suscetível de prorrogação ulterior (§ 1.º). Essa *indivisão convencional* não pode exceder o prazo de cinco anos nas hipóteses de doação e testamento

---

[127] Nesse sentido: DINIZ, Maria Helena. *Código Civil anotado*. 15. ed. São Paulo: Saraiva, 2010. p. 922.

CAP. 7 • DIREITO DAS COISAS | **1141**

(§ 2.º). Havendo requerimento de qualquer interessado e sendo *graves as razões* – o que constitui uma cláusula geral a ser preenchida caso a caso –, pode o juiz determinar a divisão da coisa comum antes do prazo (§ 3.º).

Se a coisa for indivisível, e os consortes não quiserem adjudicá-la a um só, indenizando os outros, será ela vendida e repartido o apurado. Prefere-se, na venda, em condições iguais de oferta, o condômino ao estranho, e entre os condôminos aquele que tiver na coisa benfeitorias mais valiosas, e, não as havendo, o de quinhão maior (art. 1.322 do CC). Esse direito de preferência está em sintonia com o *direito de preempção legal* existente a favor do condômino de coisa indivisível na compra e venda (art. 504 do CC).

Nos termos do parágrafo único do art. 1.322 do CC, se nenhum dos condôminos tem benfeitorias na coisa comum e participam todos do condomínio em partes iguais, será realizada uma licitação especial entre estranhos. Antes de adjudicada a coisa àquele que ofereceu maior lance, a licitação será procedida entre os condôminos, a fim de que a coisa seja adjudicada a quem afinal oferecer melhor lanço. Em casos tais, por razões óbvias, prefere-se, em condições iguais, o condômino ao estranho.

Superado o estudo dos direitos e deveres dos condôminos, preconiza o art. 1.323 do CC que, deliberando a maioria sobre a administração da coisa comum, escolherá o administrador, que poderá ser estranho ao condomínio. Esse administrador age com um mandato legal, representando todos os condôminos nos seus interesses. Do mesmo modo é a atuação do condômino que administra sem oposição dos outros, presumindo-se ser representante comum (art. 1.324).

Ainda no que concerne à administração e às decisões dos condôminos, a maioria será calculada pelo valor dos quinhões (art. 1.325 do CC). As deliberações dos condôminos têm força vinculativa obrigatória, sendo tomadas por maioria absoluta (§ 1.º). Não sendo possível alcançar maioria absoluta, decidirá o juiz, a requerimento de qualquer condômino, ouvidos os outros (§ 2.º). Havendo dúvida quanto ao valor do quinhão para as deliberações, será este avaliado judicialmente (§ 3.º). Aplicando os preceitos, para ilustrar, transcreve-se decisão do STJ:

> "Civil e processo civil. Ação possessória. Negativa de prestação jurisdicional. Ausência. Condomínio. Destinação da coisa comum. Prerrogativa da maioria. Inadequação da via eleita. I – Não se viabiliza o especial pela indicada ausência de prestação jurisdicional, porquanto verifica-se que a matéria em exame foi devidamente enfrentada, emitindo-se pronunciamento de forma fundamentada, ainda que em sentido contrário à pretensão dos recorrentes. A jurisprudência desta Casa é pacífica ao proclamar que, se os fundamentos adotados bastam para justificar o concluído na decisão, o julgador não está obrigado a rebater, um a um, os argumentos utilizados pela parte. II – O Tribunal de origem entendeu que a liminar na ação possessória não era cabível porque a situação dos autos se enquadrava na regra geral segundo a qual não é possível um condômino ajuizar ação possessória contra outro, pela simples razão de que, nessas hipóteses, a posse é exercida legítima e indistintamente por todos, não sendo possível estabelecer de antemão a extensão da posse de cada um. III – Os artigos 1.323 e 1.325, § 1.º, do Código Civil, que conferem à maioria dos condôminos, reunida, poder para definir a destinação do bem, espelham prerrogativa inerente à propriedade, não sendo suficientes para autorizar a persecução desse direito em sede de ação possessória. Incidência da Súmula n. 283 do Supremo Tribunal Federal. Agravo Regimental improvido" (STJ, AgRg no REsp 1.005.009/MG, 3.ª Turma, Rel. Min. Sidnei Beneti, j. 16.06.2009, *DJe* 24.06.2009).

Anoto, para encerrar o tópico, que no Projeto de Reforma do Código Civil, elaborado pela Comissão de Juristas nomeada no âmbito do Senado Federal, há proposta de se incluir

# 1142 | MANUAL DE DIREITO CIVIL • VOLUME ÚNICO – *Flávio Tartuce*

eventual atuação de árbitro no § 2.º do seu art. 1.325, o que virá em boa hora: "não sendo possível alcançar maioria absoluta, decidirá o juiz ou quem atuar como árbitro, a requerimento de qualquer condômino, ouvidos os outros". Seguiu-se a linha da *extrajudicialização*, um dos *motes* do Anteprojeto elaborado pelos especialistas.

Encerrando o estudo do condomínio voluntário, estabelece o art. 1.326 do CC que os frutos da coisa comum, não havendo previsão em contrário, serão partilhados na proporção dos quinhões. Assim, se o imóvel em condomínio for locado a terceiro, os aluguéis devem ser divididos na proporção de cada um.

## 7.7.3 Do condomínio necessário

As situações típicas de condomínio legal ou necessário envolvem o direito de vizinhança outrora estudado, a saber, as meações de paredes, cercas, muros e valas (art. 1.327 do CC). Como exemplo concreto, imagine-se que duas fazendas são limítrofes, havendo entre elas um mata-burro, vala colocada para impedir a passagem de animais. Em relação ao mata-burro há um condomínio necessário entre os proprietários das fazendas.

Desse modo, o proprietário que tem o direito de estremar um imóvel com paredes, cercas, muros, valas ou valados, possui do mesmo modo o direito de adquirir a meação na parede, muro, valado ou cerca do vizinho, embolsando a metade do que atualmente valer a obra e o terreno por ela ocupado (art. 1.328 do CC). Não havendo acordo entre os dois proprietários no preço da obra, será este arbitrado por peritos em ação judicial, a expensas de ambos os confinantes (art. 1.329 do CC). Cumpre destacar que essa *ação de fixação do preço da obra divisória* pode ser proposta por qualquer um dos proprietários.

Por fim, a respeito do tema, qualquer que seja o valor da meação, enquanto aquele que pretender a divisão não o pagar ou o depositar, nenhum uso poderá fazer da parede, muro, vala, cerca ou qualquer outra obra divisória (art. 1.330 do CC). Anote-se que essa vedação do uso da obra divisória mantém relação direta com a vedação do enriquecimento sem causa e com o caráter ético que inspira a atual codificação.

## 7.7.4 Do condomínio edilício

### 7.7.4.1 *Regras gerais básicas. Instituição e constituição. A questão da natureza jurídica do condomínio edilício*

O Código Civil Brasileiro de 2002 passou a disciplinar o condomínio edilício, o que é tido como uma feliz inovação, eis que o fenômeno real muito interessa à contemporaneidade, merecendo um tratamento específico na codificação privada. Conforme relatam Jones Figueirêdo Alves e Mário Luiz Delgado, doutrinadores que participaram no processo de elaboração da atual lei civil, o termo *condomínio edilício* foi introduzido por Miguel Reale, por se tratar de uma expressão nova de incontestável origem latina, muito utilizada, por exemplo, pelos italianos.[128] Ainda são usados os termos *condomínio em edificações* e *condomínio horizontal* (eis que as unidades estão horizontalmente uma para as outras).

O CC/2002 consolidou o tratamento que constava da primeira parte da Lei 4.591/1964 (arts. 1.º a 27). Sendo assim, filia-se à corrente que sustenta a revogação tácita de tais comandos, nos termos do art. 2.º, § 1.º, da Lei de Introdução, eis que a codificação regulou

---

[128] ALVES, Jones Figueirêdo; DELGADO, Mário Luiz. *Código Civil anotado*. São Paulo: Método, 2005. p. 660.

CAP. 7 • DIREITO DAS COISAS | **1143**

inteiramente a matéria. Daquela Lei específica, subsiste apenas o tratamento referente às incorporações imobiliárias.[129]

Cumpre destacar que se segue o entendimento doutrinário que prega a aplicação das regras do condomínio edilício para categorias similares. Nesse sentido, o Enunciado n. 89 do CJF/STJ, da *I Jornada de Direito Civil, in verbis*: "o disposto nos arts. 1.331 a 1.358 do novo Código Civil aplica-se, no que couber, aos condomínios assemelhados, tais como loteamentos fechados, multipropriedade imobiliária e clubes de campo". Sobre a multipropriedade, como se verá de forma mais aprofundada, o tema acabou por ser regulado pela Lei 13.777/2018.

De toda sorte, sobre outra modalidade, repise-se a existência de decisão anterior do Supremo Tribunal Federal que concluiu pela não incidência das regras relativas ao condomínio edilício no tocante à cobrança de taxas de administração para os condomínios fechados de casas, tratados como associações de moradores (condomínio de fato ou condomínio de lotes). A ementa do julgado foi assim publicada:

> "Associação de moradores. Mensalidade. Ausência de adesão. Por não se confundir a associação de moradores com o condomínio disciplinado pela Lei 4.591/1964, descabe, a pretexto de evitar vantagem sem causa, impor mensalidade a morador ou a proprietário de imóvel que a ela não tenha aderido. Considerações sobre o princípio da legalidade e da autonomia da manifestação de vontade – artigo 5.º, incisos II e XX, da Constituição Federal" (STF, RE 432106, 1.ª Turma, Rel. Min. Marco Aurélio, j. 20.09.2011).

Como antes se destacou, fez o mesmo o STJ, em julgamento de incidente de recursos repetitivos, praticamente pacificando a questão (REsp 1.280.871/SP e REsp 1.439.163/SP, 2.ª Seção, Rel. Min. Ricardo Villas Bôas Cueva, Rel. para acórdão Min. Marco Buzzi, j. 11.03.2015, *DJe* 22.05.2015, publicado no seu *Informativo* n. *562*). Como se pode perceber, a votação não foi unânime, apesar de a questão estar então pacificada, pela existência de decisões nas duas Cortes Superiores do País. Tanto isso é verdade que, em outubro de 2016, a última conclusão passou a compor a Edição n. 68 da ferramenta *Jurisprudência em Teses*, do Superior Tribunal de Justiça. Conforme a sua premissa de número 12, "as taxas de manutenção criadas por associações de moradores não obrigam os não associados ou que a elas não anuíram".

De toda sorte, como se verá de forma separada em tópico específico, mais adiante, tal entendimento foi superado, pelo menos em parte. Isso porque a Lei 13.465, de julho de 2017, introduziu tratamento relativo ao condomínio de lotes no Código Civil, passando o § 2.º do novo art. 1.358-A da codificação material a estabelecer que "aplica-se, no que couber, ao condomínio de lotes o disposto sobre condomínio edilício neste Capítulo, respeitada a legislação urbanística".

Como sustentava em edições anteriores desta obra, a afirmação valeria para os loteamentos fechados que fizerem a opção de conversão para o regime de condomínio de lotes; ou para os novos condomínios que surgirem com a adoção desse caminho de instituição. Para os loteamentos fechados anteriores em que não houver mudança a respeito de sua situação jurídica, seriam aplicados os precedentes da jurisprudência superior ora citados.

---

[129] Nesse sentido: MALUF, Carlos Alberto Dabus; MARQUES, Márcio Antero Motta Ramos. *Condomínio edilício*. 3. ed. São Paulo: Saraiva, 2009. p. 12; FARIAS, Cristiano Chaves; ROSENVALD, Nelson. *Direitos reais*. Rio de Janeiro: Lumen Juris, 2006. p. 509; VENOSA, Sílvio de Salvo. *Código Civil interpretado*. São Paulo: Saraiva, 2010. p. 1.198; MELO, Marco Aurélio Bezerra de. *Direito das coisas*. Rio de Janeiro: Lumen Juris, 2007. p. 231.

De todo modo, em novo julgamento proferido em sede de repercussão geral, em dezembro de 2020, o STF mudou a sua posição anterior, incluindo ressalvas a respeito da possibilidade de cobrança das taxas de associações de moradores, como ainda será revisto no presente capítulo (Recurso Extraordinário 695.911 – Tema 492).

Exposta tal controvérsia a respeito da estrutura interna do condomínio edilício, preconiza o art. 1.331 do CC que pode haver, em edificações, duas modalidades de *partes:*

- Partes que são propriedade exclusiva (*áreas autônomas* ou *exclusivas*) – caso dos apartamentos, dos escritórios, das salas, das lojas, das sobrelojas ou abrigos para veículos, com as respectivas frações ideais no solo e nas outras partes comuns. Como componentes da propriedade exclusiva – havendo uma *fração real* –, podem ser alienadas e gravadas livremente por seus proprietários, não havendo direito de preferência a favor dos outros condôminos. A norma – § 1.º do art. 1.331 – foi alterada pela Lei 12.607, de 4 de abril de 2012. Passou, assim, a prever que os abrigos de veículo não poderão ser alienados ou alugados a pessoas estranhas ao condomínio, salvo autorização expressa na convenção de condomínio. A alteração tem justificativa na proteção da segurança do condomínio, bem como na sua funcionalidade. Insta verificar que muitas convenções de condomínio já traziam tal proibição. De toda sorte, como se verá a seguir, mesmo quando constar tal autorização na convenção, deve ser feita a ressalva do direito de preferência para locação da vaga de garagem. Como consequência dessa norma, o Superior Tribunal de Justiça, em 2022, julgou que, "conforme lições doutrinárias e precedentes de outros Tribunais, a restrição relacionada à alienação de abrigo de veículos deve prevalecer inclusive para as alienações judiciais, hipótese em que a hasta pública ocorrerá no universo limitado dos demais condôminos. No caso, inexistindo autorização na convenção do Condomínio recorrente, o recurso especial deve ser parcialmente provido, de modo que a hasta pública do abrigo para veículo penhorado nos autos seja restrita aos seus condôminos" (STJ, REsp 2.008.627/RS, 2.ª Turma, Rel. Min. Assusete Magalhães, j. 13.09.2022, *DJe* 20.09.2022). Esta obra está citada no aresto. Assim, a última regra em estudo deve ser tida como uma exceção ao teor da Súmula 449 do Superior Tribunal de Justiça, segundo a qual "a vaga de garagem que possui matrícula própria no registro de imóveis não constitui bem de família para efeito de penhora". Essa foi a conclusão exata do próprio STJ em aresto de 2024, segundo o qual, "ao interpretar o art. 1.331, § 1º, do CC/2002, que veda a alienação das vagas de garagem a pessoas estranhas ao condomínio sem autorização expressa na convenção condominial, em conjunto com o entendimento consolidado na Súmula n. 449 do STJ, que autoriza a penhora de vaga de garagem com matrícula própria, é imperativo restringir a participação na hasta pública exclusivamente aos condôminos" (STJ, REsp 2.095.402/SC, 4.ª Turma, Rel. Min. Antonio Carlos Ferreira, por unanimidade, j. 06.08.2024, *DJe* 08.08.2024).

- Partes que são propriedade comum dos condôminos (*áreas comuns*) – o solo, a estrutura do prédio, o telhado, a rede geral de distribuição de água, esgoto, gás e eletricidade, a calefação e refrigeração centrais, e as demais partes comuns, inclusive o acesso ao logradouro público. Não podem ser alienados separadamente, ou divididos. Em relação a tais áreas, a cada unidade imobiliária caberá, como parte inseparável, uma *fração ideal no solo* e nas outras partes comuns, que será identificada em forma decimal ou ordinária no instrumento de instituição do condomínio. Nenhuma unidade imobiliária pode ser privada do acesso ao logradouro público. Anote-se que, pela lei, o terraço de cobertura é parte comum, salvo disposição contrária da escritura de

> constituição do condomínio. Além disso, segundo a doutrina, no condomínio edilício é possível a utilização exclusiva de área "comum" que, pelas próprias características da edificação, não se preste ao "uso comum" dos demais condôminos (Enunciado n. 247 do CJF/STJ). Como exemplos, mencionem-se as vigas e pilares existentes nos apartamentos. Para a jurisprudência do Superior Tribunal de Justiça, contando com o meu apoio doutrinário, não há óbice para que um condômino reforme ou utilize, de forma exclusiva, área comum do condomínio, desde que exista autorização da assembleia geral (premissa número 16 da Edição n. 68 da ferramenta *Jurisprudência em Teses*, de outubro de 2016). A título de exemplo, cite-se, nos prédios com um apartamento por andar, o uso do *hall* do elevador privativo da unidade.

Importante anotar que no Projeto de Reforma do Código Civil são feitas sugestões para esse art. 1.331, e, quanto às vagas de garagem, a ideia é que o próprio comando trate do direito de preferência na venda ou locação, revogando-se o seu art. 1.338. Segundo justificaram os membros da Subcomissão de Direito das Coisas, "a alteração feita pela Lei 12607/2012 resolveu a omissão legislativa tão criticada com relação a possibilidade de a convenção de condomínio ou assembleia de condôminos também poder vedar a venda e a locação de abrigo para veículos a pessoas estranhas ao condomínio (Enunciados 91 e 320 da *I* e *IV Jornada de Direito Civil*, respectivamente). A complementação sugerida leva a que se torne desnecessário o artigo 1338 do Código Civil, pois o dispositivo contará com a importante previsão do direito de preferência entre os condôminos e, subsidiariamente, entre possuidores".

Além disso, o proposto § 2.º do art. 1.331, no qual a hipótese passará a ser tratada, receberá redação mais clara e efetiva, prevendo que, "salvo autorização expressa na convenção condominial, os abrigos para veículos não poderão ser alienados ou alugados a pessoas estranhas ao condomínio, mas poderão ser alienados ou alugados a outros condôminos, livremente, ainda que a possibilidade não esteja prevista na convenção". Sobre o citado direito de preferência, de forma mais técnica, constará do seu § 3.º, a saber: "se a convenção condominial permitir a alienação de vagas de garagem, terão preferência os condôminos a estranhos tanto por tanto". De fato, as proposições melhoram substancialmente a redação do art. 1.331, esperando-se a sua aprovação pelo Parlamento Brasileiro.

Sobre o mesmo Projeto elaborado pela Comissão de Juristas nomeada no Senado Federal, pretende-se incluir um novo parágrafo no art. 1.331 que passará a prever que, nos casos envolvendo a propriedade comum, "a assembleia, especialmente convocada para tanto, pode ceder, por maioria dos votos dos condôminos, a um ou mais condôminos, em caráter precário, oneroso ou gratuito, o exercício exclusivo de posse sobre pequenos espaços comuns". Consoante justificaram os membros da Subcomissão de Direito das Coisas, que citam outras concreções, "a proposta apenas normatiza o que vem sendo uma prática comum nos condomínios edilícios com a cessão, gratuita ou onerosa, de espaços para exploração exclusiva como lojas, mercadinhos, dentre outras. A jurisprudência do Superior Tribunal de Justiça caminha nesse sentido, ao decidir que 'é possível a reforma ou a utilização exclusiva de No condomínio edilício é possível a utilização exclusiva de área 'comum' que, pelas próprias características da edificação, não se preste ao 'uso comum' dos demais condôminos' (AgRg nos EAREsp 467.865/RJ, Rel. Min. Ricardo Cueva, 3.T, *DJe* 8/10/2015)".

Também é citado por eles o Enunciado n. 247, antes mencionado, e, mais uma vez, almeja-se positivar na lei o entendimento hoje majoritário entre os civilistas, o que virá em boa hora, em prol da esperada segurança jurídica.

Como outrora foi anotado, há no condomínio, substancialmente, uma relação entre coisas e não entre pessoas. Sendo assim, conforme pacífica conclusão da jurisprudência, não há que se falar em relação jurídica de consumo entre os condôminos (por todos: STJ, REsp 239.578/SP, 5.ª Turma, Rel. Min. Felix Fischer, j. 08.02.2000, *DJU* 28.02.2000, p. 122; TJPR, Apelação Cível 0537835-0, 9.ª Câmara Cível, Curitiba, Rel. Des. Rosana Amaral Girardi Fachin, *DJPR* 08.05.2009, p. 309; TJMG, Apelação Cível 1.0701.03.047894-8/001, 17.ª Câmara Cível, Uberaba, Rel. Des. Lucas Pereira, j. 06.09.2006, *DJMG* 05.10.2006).

No mesmo sentido, a afirmação número 10 constante da Edição n. 68 da ferramenta *Jurisprudência em Teses*, do Superior Tribunal de Justiça: "nas relações jurídicas estabelecidas entre condomínio e condôminos não incide o Código de Defesa do Consumidor". Como os condôminos são componentes da relação entre as coisas, falta a alteridade própria das relações de consumo.

Pois bem, para essa estruturação são essenciais dois atos, quais sejam a *instituição* e a *constituição* do condomínio edilício.

Nos termos do art. 1.332 do CC, a instituição do condomínio edilício pode ser feita por ato entre vivos ou testamento, registrado no Cartório de Registro de Imóveis. Como notório e corriqueiro ato de instituição *inter vivos*, cite-se o negócio jurídico de incorporação imobiliária. Devem constar da instituição:

I)   A discriminação e individualização das unidades de propriedade exclusiva, estremadas uma das outras e das partes comuns, o que constitui um trabalho essencialmente de engenharia.

II)  A determinação da fração ideal atribuída a cada unidade, relativamente ao terreno e às partes comuns.

III) O fim a que as unidades se destinam, o que é fundamental para a funcionalização concreta do condomínio edilício.

No atual Projeto de Reforma do Código Civil, são feitas sugestões de dois novos parágrafos para o art. 1.332. O primeiro deles, como antes pontuado, preverá, em boa hora e resolvendo enorme divergência teórica e prática, que "ao condomínio edilício poderá ser atribuída personalidade jurídica, para a prática de atos de seu interesse".

Ademais, consoante a proposta do § 2.º, "são títulos hábeis para o registro da propriedade condominial no competente ofício de registro de imóveis, a escritura de instituição firmada pelo titular único de edificação composta por unidades autônomas e a convenção de condomínio, nos termos dos arts. 1.332 a 1.334 deste Código". Com isso, traz-se para a Lei Geral Privada o texto da Lei 4.591/1964, com vistas à retomada de seu *protagonismo legislativo*, aqui tão citado.

Como justificaram os membros da Subcomissão de Direito das Coisas – Desembargadores Marco Aurélio Bezerra de Melo e Marcelo Milagres, e Professores e Advogados Maria Cristina Santiago e Carlos Vieira Fernandes Filho –, o texto sugerido "retrata a literalidade do bem formulado enunciado 504 da *V Jornada de Direito Civil* e não discrepa do que possibilita o artigo 44 da Lei 4.591/64, o qual prescreve que após o 'habite-se' é que se permite a averbação da construção em correspondência às frações ideais discriminadas na matrícula do terreno. A constituição do condomínio edilício de direito é ato anterior e com a futura alienação das unidades autônomas passará a existir de fato. A alteração se mostra importante, pois equivocadamente, vez por outra, registradores de imóveis não procedem ao registro da escritura de instituição de condomínio pela equivocada fundamentação de inexistência de compropriedade, gerando insegurança jurídica na consecução do empreendimento".

CAP. 7 • DIREITO DAS COISAS | **1147**

Com a alteração do texto, portanto, são reduzidas burocracias e dificuldades na implementação dos empreendimentos imobiliários.

No que concerne à *convenção de condomínio*, essa constitui o *estatuto coletivo* que regula os interesses das partes, havendo um típico negócio jurídico decorrente do exercício da autonomia privada. Enuncia o art. 1.333 do CC que a convenção que constitui o condomínio edilício deve ser subscrita pelos titulares de, no mínimo, dois terços das frações ideais, tornando-se, desde logo, obrigatória para os titulares de direito sobre as unidades, ou para quantos sobre elas tenham posse ou detenção.

Para ser oponível contra terceiros (efeitos *erga omnes*), a convenção do condomínio deverá ser registrada no Cartório de Registro de Imóveis. Todavia, consigne-se que, conforme a Súmula 260 do STJ, a convenção de condomínio aprovada, ainda que sem registro, é eficaz para regular as relações entre os condôminos (efeitos *inter partes*).

No Projeto de Reforma e Atualização do Código Civil, pretende-se incluir o teor sumular como novo parágrafo único do art. 1.333, positivando-se o seu teor e trazendo-se segurança jurídica para as partes envolvidas. Nos termos da projeção, "a convenção de condomínio não registrada é eficaz para regular as relações entre os condôminos, mas para ser oponível a terceiros e a futuros adquirentes deverá ser registrada perante o oficial do Cartório de Registro de Imóveis".

Como se nota, a convenção é regida pelo princípio da força obrigatória da convenção (*pacta sunt servanda*). Porém, na realidade contemporânea, não se pode esquecer que tal preceito não é absoluto, encontrando fortes limitações nas normas de ordem pública, nos preceitos constitucionais e em princípios sociais, caso da boa-fé objetiva e da função social. Na teoria e na prática, a grande dificuldade está em saber os limites de licitude das estipulações da convenção condominial.

Para ilustrar, como primeira concreção, surge a polêmica referente à presença de animais nas dependências do condomínio. Três situações podem ser apontadas: *a)* a convenção de condomínio proíbe a estada de animais; *b)* a convenção é omissa sobre o assunto; *c)* a convenção permite os animais. Nos dois últimos casos, em regra, a permanência dos animais é livre, a não ser que o animal seja perturbador ou incompatível com o bem-estar e a boa convivência dos condôminos.

Ademais, mesmo nos casos em que há proibição na convenção de condomínio, a boa jurisprudência tem entendido que é permitida a permanência do animal de estimação, desde que ele não perturbe o sossego, a saúde e a segurança dos demais coproprietários:

"Condomínio. Ação declaratória c.c. obrigação de fazer. Parcial procedência. Condôminos que mantêm cachorro de pequeno porte (raça *Yorkshire*) em sua unidade condominial. Convenção condominial que proíbe a manutenção de qualquer espécie de animal nas dependências do condomínio. Abusividade, na hipótese. Inexistência de qualquer espécie de risco aos demais condôminos. Provas no sentido de que referido animal não causa qualquer transtorno aos moradores. Entendimento jurisprudencial que permite a permanência de animais de pequeno porte (hipótese dos autos) nas dependências do condomínio. Ausência de risco ao sossego e segurança dos condôminos (art. 10, III, Lei 4.591/1964). Sentença mantida. Recurso improvido" (TJSP, Apelação 994.05.049285-2, Acórdão 4383110, 8.ª Câmara de Direito Privado, Sorocaba, Rel. Des. Salles Rossi, j. 17.03.2010, *DJESP* 12.04.2010).

"Obrigação de fazer. Condomínio edilício. Ação objetivando a retirada de animais domésticos. Convenção condominial proibindo a permanência de qualquer animal nos apartamentos ou nas dependências internas do condomínio. Pedido julgado improcedente. Apelação. Mudança de um dos corréus. Falta de interesse recursal

# 1148 | MANUAL DE DIREITO CIVIL • VOLUME ÚNICO – *Flávio Tartuce*

superveniente. Inadmissibilidade do recurso em relação aos demais litisconsortes. Norma interna que não pode arredar o direito do condômino de usufruir de sua unidade autônoma, mantendo junto de si animal de pequeno ou de médio porte que não cause incômodo aos vizinhos nem ponha em risco a integridade física dos moradores. Recurso desprovido na parte conhecida" (TJSP, Apelação 994.03.096149-9, Acórdão 4271082, 5.ª Câmara de Direito Privado, Limeira, Rel. Des. J. L. Mônaco da Silva, j. 16.12.2009, *DJESP* 19.02.2010).

Releve-se, ainda, acórdão do Tribunal de Justiça de Pernambuco, da lavra do Desembargador Jones Figueirêdo Alves, concluindo que é possível permitir a permanência de animal de grande porte em condomínio edilício, desde que este não perturbe a paz e o sossego da coletividade. O *decisum* foi assim ementado, em resumo: "Ação de obrigação de fazer. Condomínio. Criação de animal de grande porte. Proibição. Norma interna e sua relativização. Interpretação teleológica. Congraçamento entre os direitos individuais e coletivos. Cão de conduta dócil. Sossego, salubridade e segurança preservados. Apelo provido" (TJPE, Apelação Cível 259.708-6, 4.ª Câmara de Direito Privado, Origem: 19.ª Vara Cível da Capital, decisão de 31 de outubro de 2012).

O julgado cita trecho da coleção de Direito Civil deste autor, ainda em coautoria com José Fernando Simão, deduzindo que, "com efeito, a permanência de um animal em um prédio só pode ser proibida se houver violação do sossego, da salubridade e da segurança dos condôminos (art. 1.336, IV, Código Civil). No ponto, invoca-se o clássico paradigma dos três 'S', para 'uma devida eficiência de análise do caso concreto ao desate meritório'. Bem a propósito, o magistério de Flávio Tartuce e José Fernando Simão sustenta: '... Sendo expressa a proibição de qualquer animal, não há que prevalecer a literalidade do texto que representa verdadeiro exagero na restrição do direito de uso da unidade autônoma, que é garantido por lei' (art. 1.335, I, do CC e art. 19 da Lei n.º 4.591/1964), valendo o entendimento pelo qual se deve afastar a literalidade da convenção para a análise do caso concreto". Em artigo publicado no site *Migalhas*, Jones Figueirêdo Alves comenta o acórdão e menciona o caso do domador de ursos, geralmente utilizado em aulas de Teoria Geral do Direito para ilustrar a concepção da equidade:

> "Antes de mais, retenha-se a alegoria do domador de ursos, citada por Luis Recasens Siches na sua consagrada obra Filosofía Del Derecho que a seu turno refere a Radbruch e aquele toma por premissa a hipótese de Petrasyski, onde se relata o caso: '(...) En el andén de una estación ferroviaria de Polonia había un letrero que transcribía un artículo del reglamento de ferrocarriles, cuyo texto rezaba: 'Se prohíbe el paso al andén con perros'. Sucedió una vez que alguien iba a penetrar en el andén acompañado de un oso. El empleado que vigilaba la puerta le impidió el acceso. Protestó la persona que iba acompañada del oso, diciendo que aquel artículo del reglamento prohibía solamente pasar al andén con perros, pero no con otra clase de animales; y de ese modo surgió un conflicto jurídico, que se centró en torno de la interpretación de aquel artículo del reglamento. No cabe la menor duda de que, si aplicamos estrictamente los instrumentos de la lógica tradicional, tendremos que reconocer que la persona que iba acompañada del oso tenía indiscutible derecho a entrar ella junto con el oso al andén. No hay modo de incluir a los osos dentro del concepto 'perros'. Pois bem: em ser assim, deverá haver na estimação da norma, a devida congruência entre meios e fins, para que sua eficácia exalte a sua própria razão de ser. Toda norma deve ser interpretada teleologicamente, ou seja, pela ideia-força que a construiu".[130]

---

[130] ALVES, Jones Figueirêdo. "Perros" e "Osos". Disponível em: <http://www.migalhas.com.br/dePeso/16,MI167049,21048-Perros+e+Osos>. Acesso em: 3 maio 2013.

Exatamente no mesmo sentido, no ano de 2019 surgiu acórdão no Superior Tribunal de Justiça firmando a tese de ser "ilegítima a restrição genérica contida em convenção condominial que proíbe a criação e guarda de animais de quaisquer espécies em unidades autônomas". Como consta de sua ementa, que tem o meu total apoio:

"Se a convenção não regular a matéria, o condômino pode criar animais em sua unidade autônoma, desde que não viole os deveres previstos nos arts. 1.336, IV, do CC/2002 e 19 da Lei n.º 4.591/1964. Se a convenção veda apenas a permanência de animais causadores de incômodos aos demais moradores, a norma condominial não apresenta, de plano, nenhuma ilegalidade. Se a convenção proíbe a criação e a guarda de animais de quaisquer espécies, a restrição pode se revelar desarrazoada, haja vista determinados animais não apresentarem risco à incolumidade e à tranquilidade dos demais moradores e dos frequentadores ocasionais do condomínio. Na hipótese, a restrição imposta ao condômino não se mostra legítima, visto que o condomínio não demonstrou nenhum fato concreto apto a comprovar que o animal (gato) provoque prejuízos à segurança, à higiene, à saúde e ao sossego dos demais moradores" (STJ, REsp 1.783.076/DF, 3.ª Turma, Rel. Min. Ricardo Villas Bôas Cueva, j. 14.05.2019, *DJe* 24.05.2019).

Os acórdãos e as lições expostas tornam a convenção letra morta, em prol de uma interpretação mais condizente com os valores coletivos e sociais (funcionalização social). Mesmo no caso do último julgado superior transcrito, nota-se que a convenção que veda a proibição de animais que causam incômodos somente confirma a regra dos 3s, prevista no art. 1.336, inc. IV, do Código Civil.

Na doutrina consolidada tem-se entendido de forma semelhante. Tanto isso é verdade que, na *VI Jornada de Direito Civil*, foi aprovado o Enunciado n. 566, de autoria do Professor Cesar Calo Peghini, estabelecendo que "a cláusula convencional que restringe a permanência de animais em unidades autônomas residenciais deve ser valorada à luz dos parâmetros legais de sossego, insalubridade e periculosidade". A justificativa do enunciado doutrinário menciona as "especificidades do caso concreto, como por exemplo, a utilização terapêutica de animais de maior porte. Evita-se, assim, a vedação abusiva na convenção".

Outra situação que tem sido debatida mais recentemente, no que concerne às restrições de direitos que eventualmente podem constar das convenções de condomínio, diz respeito à colocação dos imóveis para locação via aplicativos digitais, em sistema de economia de compartilhamento. O principal debate envolve o "Airbnb" que originalmente quer dizer "Cama de Ar e Café da Manhã" ("Air Bed and Breakfast"). Sucessivamente, já surgem discussões relativas a outros aplicativos, notadamente nas grandes cidades.

Diante de uma grande circulação de pessoas dos imóveis, a supostamente colocar em risco a segurança do condomínio, existem julgados estaduais que admitem restrições dessa natureza em convenções ou mesmo por decisão de assembleias condominiais extraordinárias. Utiliza-se, ainda, o argumento de desvirtuamento da destinação do imóvel, pela presença de um suposto serviço de hotelaria. Nesse sentido, do Tribunal Paulista:

"Agravo de Instrumento. Condomínio. Tutela de Urgência de Natureza Antecedente. Pretensão a que possa livremente locar seus imóveis por temporada e mediante uso de aplicativos, bem como para que seja afastada a restrição de uso das áreas comuns pelos inquilinos. Locação por uso de aplicativos ou páginas eletrônicas ('Airbnb' e afins) que possui finalidade característica de hotelaria ou hospedaria. Deliberações tomadas em Assembleia Geral Extraordinária, por medidas de segurança aos condôminos" (TJSP, Agravo de Instrumento 2013529-28.2018.8.26.0000, Rel. Bonilha Filho, j. 26.02.2018).

"Agravo de instrumento. Ação visando a anulação de deliberação condominial. Utilização do apartamento como hospedagem, por meio da plataforma eletrônica 'Air BNB'. Impossibilidade. Edifício de caráter residencial. Liminar revogada. Recurso provido" (TJSP, Agravo de Instrumento 2133212-93.2017.8.26.0000, 36.ª Câmara de Direito Privado, Foro Regional II, Santo Amaro, Rel. Des. Pedro Baccarat, j. 27.09.2017, data de registro 27.09.2017).

"Agravo de Instrumento. Interposição contra decisão que deferiu a tutela de urgência com determinação à ré a abstenção de locar ou ceder o imóvel com finalidade característica de hotelaria ou hospedaria, sob pena de multa diária de R$ 1.000,00. Possibilidade de se determinar a antecipação dos efeitos da tutela determinada, diante da presença de elementos que evidenciam a probabilidade do direito e o perigo de dano ou risco ao resultado útil do processo, nos termos dos artigos 294 e 300 do Código de Processo Civil de 2015. Observação com relação ao teto da incidência da multa *(astreintes)* em caso de eventual descumprimento da decisão. Decisão mantida, com observação" (TJSP, Agravo de Instrumento 2047686-61.2017.8.26.0000, 33.ª Câmara de Direito Privado, Rio Claro, Rel. Des. Mario A. Silveira, j. 29.05.2017, data de registro 08.06.2017).

Porém, não estou filiado a essa forma de julgar, pois trata-se de uma restrição anterior e exagerada ao direito de propriedade não prevista em lei, o que afronta ao direito fundamental previsto no art. 5.º, inc. XXII, da Constituição. Como tenho sustentado, não cabem proibições prévias como essa, devendo as questões restritivas serem analisadas sempre *a posteriori*, inclusive com a imposição das sanções previstas no Código Civil, se for o caso.

Seguindo em parte tal entendimento, quanto à impossibilidade de tal restrição ser decidida em assembleia extraordinária, do mesmo Tribunal Paulista:

"Agravo de instrumento. Ação de anulação de assembleia condominial. Obrigação de fazer. Tutela antecipada. Plataforma Airbnb. Decisão da assembleia condominial ineficaz. Art. 1.351 CC. Não há na Convenção do Condomínio regra expressa que vede a locação da unidade para temporada, tampouco de utilização da plataforma Airbnb, facilidade tecnológica recente. O artigo 1.351 do Código Civil prevê que a alteração da convenção do condomínio depende de aprovação de 2/3 (dois terços) dos votos dos condôminos. Por outro lado, a própria convenção prevê um quórum ainda mais qualificado, de ¾ (três quartos) dos votos para alteração da convenção. Decisão tomada por 17 das 59 unidades de proibir o uso da plataforma Airbnb no Condomínio não cumpre os requisitos legais. Decisão ineficaz, cujos efeitos devem ser suspensos até decisão final de mérito. Recurso improvido" (TJSP, Agravo de Instrumento 2118946-67.2018.8.26.0000, Acórdão 11695443, 30.ª Câmara de Direito Privado, São Paulo, Rel. Des. Maria Lúcia Pizzotti, j. 08.08.2018, *DJESP* 15.08.2018, p. 2.147).

Em outubro de 2019, o tema começou a ser debatido no âmbito da Quarta Turma do Superior Tribunal de Justiça, concluindo o primeiro julgador a votar que, pelas peculiaridades do caso concreto, não seria possível vedar a utilização do imóvel para locação em aplicativo digital (Recurso Especial 1.819.075/RS, Rel. Min. Luis Felipe Salomão).

De início, foi afastada a caracterização da atividade de locação como hospedagem comercial e, com isso, a alteração da destinação do imóvel. Como constou do voto do Ministro Relator, "a alegação de alta rotatividade de pessoas no imóvel, de ausência de vínculo entre os ocupantes e do suposto incremento patrimonial dos proprietários – no caso em exame, não demonstradas por provas adequadas –, mesmo assim não servem, a meu sentir, à configuração de atividade de exploração comercial dos imóveis, sob pena de desvirtuar a própria classificação legal da atividade, pressupondo a atividade de empresário". Entendeu-se, desse modo, haver uma figura próxima à locação por temporada, não sendo possível uma proibição genérica para essa destinação do imóvel.

Além disso, de forma correta, julgou o Ministro Salomão que a lei não estabelece qualquer limitação a esse exercício do direito de gozo do bem e, sendo assim, não é possível juridicamente, pelo menos *a priori*, limitá-lo. Novamente de acordo com o seu voto, "a jurisprudência do STJ é firme no sentido de que a solução deve partir da análise do caráter da norma restritiva, passando pelos critérios de legalidade, razoabilidade, legitimidade e proporcionalidade da medida de restrição frente ao direito de propriedade" (Recurso Especial 1.819.075/RS, 4.ª Turma, Rel. Min. Luis Felipe Salomão, julgado em outubro de 2019).

Assim, entendeu ele que, "de modo a analisar o caso em julgamento, não se propõe uma análise sobre a questão fática principal examinada nos julgados invocados, mas sim a tese jurídica que se pode transplantar para o deslinde desta questão, qual seja, o afastamento de desarrazoada proibição de uso e gozo da propriedade por convenção de condomínio". E considerou-se, ao final, como "ilícita a prática de privar o condômino do regular exercício do direito de propriedade, em sua vertente de exploração econômica. Como é sabido, por uma questão de hermenêutica jurídica, as normas que limitam direitos devem ser interpretadas restritivamente, não comportando exegese ampliativa" (Recurso Especial 1.819.075/RS).

Esclareça-se que o voto não fechava totalmente a possibilidade de a convenção estabelecer limitações ao uso de tais aplicativos, que devem ser confrontadas com o uso abusivo posterior da unidade e sua destinação natural, bem como o emprego de outras medidas, como o cadastramento dos hóspedes na portaria.

Em abril de 2021, a Quarta Turma do STJ encerrou esse julgamento e, por maioria, concluiu que "é vedado o uso de unidade condominial com destinação residencial para fins de hospedagem remunerada, com múltipla e concomitante locação de aposentos existentes nos apartamentos, a diferentes pessoas, por curta temporada". Conforme se retira da sua publicação, "tem-se um contrato atípico de hospedagem, que expressa uma nova modalidade, singela e inovadora de hospedagem de pessoas, sem vínculo entre si, em ambientes físicos de padrão residencial e de precário fracionamento para utilização privativa, de limitado conforto, exercida sem inerente profissionalismo por proprietário ou possuidor do imóvel, sendo a atividade comumente anunciada e contratada por meio de plataformas digitais variadas. Assim, esse contrato atípico de hospedagem configura atividade aparentemente lícita, desde que não contrarie a Lei de regência do contrato de hospedagem típico, regulado pela Lei n. 11.771/2008, como autoriza a norma do art. 425 do Código Civil" (STJ, REsp 1.819.075/RS, Rel. p/ acórdão Min. Raul Araújo, j. 20.04.2021, *DJe* 27.05.2021).

Em suma, prevaleceram as regras específicas do contrato de hospedagem sobre a análise das restrições condominiais. Com o devido respeito, mesmo tendo sido citado no voto do Ministro Raul Araújo, fico com as afirmações do Ministro Salomão, apesar da realidade do caso concreto, tendo havido a locação de vários cômodos do imóvel para a hospedagem.

Acrescento que no final do mesmo ano de 2021, no mês de novembro, a Terceira Turma concluiu do mesmo modo. Vejamos trecho do voto do Ministro Relator, Ricardo Villas Bôas Cueva:

> "O estado de ânimo daqueles que utilizam seus imóveis para fins residenciais não é o mesmo de quem se vale de um espaço para aproveitar suas férias, valendo lembrar que as residências são cada vez mais utilizadas para trabalho em regime de *home office*, para o qual se exige maior respeito ao silêncio, inclusive no período diurno". Além disso, de acordo com ele, há lacuna normativa a respeito do tema e "o legislador não deve se ater apenas às questões econômicas, tributárias e administrativas.

**1152** | MANUAL DE DIREITO CIVIL • VOLUME ÚNICO – *Flávio Tartuce*

Deve considerar, acima de tudo, interesses dos usuários e das pessoas que moram próximas aos imóveis passíveis de exploração econômicas. Justamente por serem novas, essas práticas ainda escondem inúmeras deficiências, a exemplo da falta de segurança dos próprios usuários" (STJ, REsp 1.884.483/PR, 3.ª Turma, Rel. Min. Ricardo Villas Bôas Cueva, j. 23.11.2021).

Como último julgado a ser mencionado, em 2023, essas conclusões foram repetidas em novo aresto da Quarta Turma do STJ, que merecem destaque:

"Agravo interno. Embargos de declaração. Recurso especial. Processual civil. Ação de obrigação de não fazer. Contrato de locação. Edifício residencial. Locação fracionada. Hospedagem atípica. Uso não residencial. Contrariedade à convenção de condomínio. Precedentes. Decisão mantida. Recurso não provido. 1. O direito de o proprietário condômino usar, gozar e dispor livremente do seu bem imóvel, nos termos dos arts. 1.228 e 1.335 do Código Civil de 2002 e 19 da Lei 4.591/64, deve harmonizar-se com os direitos relativos à segurança, ao sossego e à saúde das demais múltiplas propriedades abrangidas no Condomínio, de acordo com as razoáveis limitações aprovadas pela maioria de condôminos, pois são limitações concernentes à natureza da propriedade privada em regime de condomínio edilício. 2. Existindo na Convenção de Condomínio regra impondo destinação residencial, mostra-se indevido o uso das unidades particulares que, por sua natureza, implique o desvirtuamento daquela finalidade residencial (CC/2002, arts. 1.332, III, e 1.336, IV). 3. Nos termos da jurisprudência desta Corte, a exploração econômica de unidades autônomas mediante locação por curto ou curtíssimo prazo, caracterizadas pela eventualidade e pela transitoriedade, não se compatibiliza com a destinação exclusivamente residencial atribuída ao condomínio réu. Precedentes da Terceira e Quarta Turmas do STJ. 4. Agravo interno a que se nega provimento" (STJ, Ag. Int nos EDcl no REsp 1.933.270/RJ, 4.ª Turma, Rel. Min. Maria Isabel Gallotti, j. 06.03.2023, *DJe* 10.03.2023).

Reafirmo que não concordo com essa forma de julgar, sendo possíveis tais rígidas restrições ao direito de gozo somente por previsão legal. De toda sorte, essa posição constante dos julgados parece ser a consolidada na Segunda Seção do STJ, devendo ser considerada hoje como majoritária para os devidos fins práticos.

De todo modo, não se pode negar que é urgente a regulamentação da temática na legislação, o que está sendo proposto pelo atual Projeto de Reforma do Código Civil. Após intensos debates na Comissão de Juristas nomeada no âmbito do Senado Federal, acabou prevalecendo a proposição de se incluir um novo § 1.º no seu art. 1.336, estabelecendo que, "nos condomínios residenciais, o condômino ou aqueles que usam sua unidade, salvo autorização expressa na convenção ou por deliberação assemblear, não poderão utilizá-la para fins de hospedagem atípica, seja por intermédio de plataformas digitais, seja por quaisquer outras modalidades de oferta". Como justificaram os membros da Subcomissão de Direito das Coisas, "a proposta busca regulamentar as condições para locação do imóvel, no âmbito do condomínio residencial, em curtos intervalos de tempo, com destaque para a utilização das conhecidas plataformas digitais de hospedagem. Nesse sentido, destaque-se a decisão no Recurso Especial nº 1.819.075/RS, Rel. Min. Raul Araújo".

Como se pode notar, prevaleceu a conclusão na linha do que foi julgado pelo Superior Tribunal de Justiça, no sentido de que a locação por aplicativos de curtíssima temporada, em condomínios residenciais, somente será permitida se houver autorização expressa na convenção ou deliberação assemblear, por decisão em maioria simples, sendo essa, também na minha opinião, a melhor forma de se regular o tema em lei, até porque a maioria dos

CAP. 7 • DIREITO DAS COISAS | **1153**

imóveis residenciais no Brasil não tem vocação para esse tipo de locação, sobretudo para fins turísticos.

Foi vencido o sub-relator da Comissão de Direito das Coisas, Desembargador do Tribunal de Justiça do Rio de Janeiro, Marco Aurélio Bezerra de Melo, que pretendia ser regra geral a permissão para a locação por aplicativos, valorizando-se a liberdade e a autonomia privada. Essa sua visão não prevaleceu em seu grupo de trabalho e também entre os membros da Comissão de Juristas, apesar de razões fortes.

Em verdade, as duas correntes têm argumentos consideráveis, não se podendo mais admitir a falta de regulamentação do tema, que interessa à sociedade brasileira. Trata-se de um tema que clama por uma normatização imediata, em prol da segurança jurídica, da previsibilidade da estabilidade das relações privadas. Aguarde-se, assim, a sua profunda discussão no Parlamento Brasileiro, para que a temática seja positivada em nosso país.

Superados esses pontos, como conteúdo, a convenção deve determinar, basicamente, nos termos do art. 1.334 do CC/2002:

I) A quota proporcional e o modo de pagamento das contribuições dos condôminos para atender às despesas ordinárias e extraordinárias do condomínio. Em decisão importante sobre o comando, julgou o Superior Tribunal de Justiça, em acórdão que tem o meu total apoio doutrinário, que "a convenção outorgada pela construtora/incorporadora não pode estabelecer benefício de caráter subjetivo a seu favor com a finalidade de reduzir ou isentar do pagamento da taxa condominial. A taxa condominial é fixada de acordo com a previsão orçamentária de receitas e de despesas, bem como para constituir o fundo de reserva com a finalidade de cobrir eventuais gastos de emergência. A redução ou isenção da cota condominial a favor de um ou vários condôminos implica oneração dos demais, com evidente violação da regra da proporcionalidade prevista no inciso I do art. 1.334 do CC/2002" (STJ, REsp 1.816.039/MG, 3.ª Turma, Rel. Min. Ricardo Villas Bôas Cueva, j. 04.02.2020, *DJe* 06.02.2020).

II) A forma de administração do condomínio edilício.

III) A competência das assembleias, a forma de sua convocação e o *quorum* exigido para as deliberações.

IV) As sanções a que estão sujeitos os condôminos ou os possuidores.

V) O regimento interno, regulamento que traz as regras fundamentais a respeito do cotidiano do condomínio, tais como a utilização das áreas comuns, as restrições de uso, os horários de funcionamento e suas limitações, as proibições e permissões genéricas ou específicas, entre outros conteúdos possíveis. Prevê o Enunciado n. 248 do CJF/STJ que "o *quorum* para alteração do regimento interno do condomínio edilício pode ser livremente fixado na convenção".

Conforme enunciado aprovado na *V Jornada de Direito Civil*, de 2011, "a escritura declaratória de instituição e convenção firmada pelo titular único de edificação composta por unidades autônomas é título hábil para registro da propriedade horizontal no competente Registro de Imóveis, nos termos dos arts. 1.332 a 1.334 do Código Civil" (Enunciado n. 504). Assim, não há necessidade da presença obrigatória de mais de um proprietário do imóvel para a instituição e convenção, o que ocorre nos casos de incorporação imobiliária, geralmente. Como visto, há proposta de inclusão do teor desse enunciado doutrinário, com o novo § 2.º do art. 1.332, pelo Projeto de Reforma do Código Civil, elaborado pela Comissão de Juristas nomeada no Senado Federal, o que virá em boa hora.

A convenção do condômino poderá ser feita por escritura pública ou por instrumento particular, o que está de acordo com o princípio da operabilidade no sentido de simplicidade (art. 1.334, § 1.º, do CC).

# 1154 | MANUAL DE DIREITO CIVIL • VOLUME ÚNICO – *Flávio Tartuce*

Ademais, devem ser equiparados aos proprietários, para os fins de tratamento a respeito da convenção do condomínio, salvo disposição em contrário, os promitentes compradores e os cessionários de direitos relativos às unidades autônomas (art. 1.334, § 2.º, do CC). Em relação aos promitentes compradores, a equiparação abrange tanto o compromisso de compra e venda registrado como o não registrado na matrícula. Em relação aos cessionários, a norma é aplicada ao *gaveteiro*, parte do popular *contrato de gaveta*.

Para encerrar a temática, quanto ao Projeto de Reforma do Código Civil são feitas propostas de melhora da redação do art. 1.334, especialmente para nele incluir a necessidade de a convenção determinar, em um novo inciso III, "o modo de escolha do síndico, do subsíndico e do conselho consultivo, com a previsão das suas atribuições, além das já previstas em lei". Consoante as justificativas da Subcomissão de Direito das Coisas, "a modificação visa suprir uma omissão no atual Código Civil que não faz referência ao modo de escolha do síndico e do Conselho Consultivo, suas atribuições impostas pela convenção, além das legais, assim como de sua eventual remuneração, tal qual prevê expressamente o artigo 9º, § 3º, *e, f, e g*, da Lei 4591/64. A par da importância de tais previsões no corpo da convenção de condomínio, importa destacar que o entendimento majoritário e que se vê nas exigências cartorárias é a de inclusão das referidas previsões que passam a constar do rol de cláusulas obrigatórias da convenção de condomínio".

Além disso, sobre o regimento interno, o novo inciso VI do art. 1.334 enunciará como requisito da convenção: "o regimento interno cujo quórum de alteração pode ser definido livremente pela convenção". Mais uma vez segundo as justificativas dos especialistas nomeados no âmbito do Senado Federal, essa alteração "visa esclarecer que o quórum qualificado para fins de alteração da convenção de condomínio (⅔) não se aplica necessariamente para a alteração do regimento interno que é um ato jurídico de menor relevância e perenidade do que a convenção. Essa é a orientação da melhor doutrina sobre o tema e se vê consagrada no Enunciado 248 da *III Jornada de Direito Civil*".

Como se pode perceber, novamente, insere-se na norma jurídica a posição hoje considerada majoritária entre os civilistas, em prol da segurança jurídica e da estabilidade das relações privadas. Espera-se, assim, a sua aprovação pelo Parlamento Brasileiro.

Vistas a estrutura e a constituição do condomínio, cabe discorrer sobre a polêmica acerca da natureza jurídica do condomínio edilício.

Como é notório, a doutrina clássica do CC/1916 via o condomínio edilício como um *ente despersonalizado* ou *despersonificado*, tido como uma *quase pessoa jurídica*.[131] Como argumento, sustentava-se que o condomínio edilício não poderia ser tido como uma pessoa jurídica de Direito Privado, pois o seu rol, constante do art. 16 da codificação anterior, seria taxativo (*numerus clausus*).[132]

Apesar de esse entendimento ainda ser considerado o majoritário – e por isso seguido pela maioria dos julgados[133] –, destaque-se que há forte entendimento entre os doutrinadores contemporâneos no sentido de considerar o condomínio edilício como pessoa jurídica. Seguindo essa linha, na *I Jornada de Direito Civil* (2002), foi aprovado o Enunciado n. 90 do CJF/STJ,

---

[131] Nesse sentido, por todos: MONTEIRO, Washington de Barros. *Curso de Direito Civil Brasileiro*. Direito das Coisas. 37. ed. atual. por Carlos Alberto Dabus Maluf. São Paulo: Saraiva, 2003. v. 3, p. 2.224.

[132] Seguindo tal premissa: LOPES, João Batista. *Condomínio*. 10. ed. São Paulo: RT, 2008. p. 60-61.

[133] Para ilustrar: TJSP, Apelação 994.03.111583-5, Acórdão 4332653, 1.ª Câmara de Direito Privado, São Paulo, Rel. Des. Paulo Eduardo Razuk, j. 02.02.2010, *DJESP* 22.04.2010; TJMG, Agravo de Instrumento 1.0024.00.016519-1/0011, 16.ª Câmara Cível, Belo Horizonte, Rel. Des. Sebastião Pereira de Souza, j. 06.05.2009, *DJEMG* 10.07.2009.

CAP. 7 • DIREITO DAS COISAS | **1155**

pelo qual "Deve ser reconhecida personalidade jurídica ao condomínio edilício nas relações jurídicas inerentes às atividades de seu peculiar interesse". Na *III Jornada* (2004), por iniciativa dos juristas Gustavo Tepedino (UERJ) e Frederico Viegas de Lima (UnB), ampliou-se o sentido da ementa anterior, aprovando-se o Enunciado n. 246: "Fica alterado o Enunciado n. 90, com supressão da parte final: 'nas relações jurídicas inerentes às atividades de seu peculiar interesse'. Prevalece o texto: 'Deve ser reconhecida personalidade jurídica ao condomínio edilício'".

Depois de muito refletir, fui convencido da tese da personalidade jurídica do condomínio edilício por um dos seus principais expoentes, o Professor Frederico Henrique Viegas de Lima, por ocasião do *II Congresso de Direito Civil Torquato Castro*, realizado em Recife entre os dias 26 e 29 de setembro de 2007. Ressalte-se que esse jurista defendeu tese de pós-doutorado na Universidade de Genève (Suíça), tratando especificamente do assunto, estudo publicado no Brasil no segundo semestre do ano de 2010.[134]

Como amparo primaz dessa premissa, basta concluir que o rol das pessoas jurídicas de Direito Privado, constante do art. 44 do CC, é exemplificativo (*numerus apertus*).[135] Relembre-se que nesse sentido é o Enunciado n. 144 do CJF/STJ, da *III Jornada de Direito Civil*. A forma de pensar está de acordo com a sistemática filosófica do CC/2002 que adotou um sistema aberto e dinâmico, inspirado na *Teoria Tridimensional do Direito* de Miguel Reale, seu principal idealizador. A demonstrar a repercussão social da tese e o seu impacto para a comunidade, Frederico Viegas de Lima discorre que:

> "A personificação jurídica da comunidade de coproprietários em condôminos especiais em edificações é decorrente das necessidades econômicas e sociais da atualidade.
>
> (...)
>
> O direito brasileiro, buscando preencher o vazio legislativo, diante do reconhecimento de uma lacuna verdadeira, passou a admitir sua personificação jurídica, mediante o trabalho doutrinário. A jurisprudência, até o presente momento, não possui definição firme a respeito dela.
>
> (...)
>
> No Brasil, na atualidade, temos uma proliferação dos grandes condomínios – *il super-condominios*, na doutrina italiana. Compõe-se de um grande espaço de terreno onde se instalam não somente as edificações dos condomínios especiais em edificações, mas também uma série de equipamentos que facilitam a vida moderna, tais como vagas de garagem, piscinas, quadras poliesportivas e até mesmo campos de golfe. Isso sem falar em lojas e até mesmo em escolas. O principal fundamento para tanto é que no Brasil existem, até mesmo nas grandes cidades, grandes imóveis que permitem a instalação de grandes condomínios, cobrando importância crescente à admissão da personificação jurídica de comunidade de coproprietários em condomínios especiais em edificações".[136]

Desse modo, na linha das palavras do jurista, do ponto de vista prático, a personalidade jurídica do condomínio edilício traz algumas vantagens, podendo ser destacadas três como principais:

> *1.ª vantagem* – As reuniões de condomínio são *profissionalizadas* e facilitadas, delas participando apenas condôminos eleitos, com direito a voto, a exemplo do que ocorre com as associações.

---

[134] LIMA, Frederico Henrique Viegas de. *Condomínio em edificações*. São Paulo: Saraiva, 2010.

[135] Conforme aponta o próprio Frederico Viegas como um dos argumentos principais para a tese da personalidade jurídica do condomínio edilício (LIMA, Frederico Henrique Viegas de. *Condomínio em edificações*. São Paulo: Saraiva, 2010. p. 157).

[136] LIMA, Frederico Henrique Viegas de. *Condomínio em edificações*. São Paulo: Saraiva, 2010. p. 189-191.

> *2.ª vantagem* – Os condomínios edilícios pessoas jurídicas podem prestar serviços diversificados diretamente aos seus condôminos, como atividades de recreação e esportivas, bem como serviços de transporte. Conforme destacou Frederico Viegas em sua palestra, na realidade atual, condomínios das grandes cidades constituem associações para tais fins, o que passa a ser desnecessário com a tese que se propõe.
>
> *3.ª vantagem* – Os condomínios podem adquirir imóveis por adjudicação. Essa é a grande discussão jurídica que está por trás do debate a respeito da natureza jurídica do condomínio edilício, havendo julgados que afastam essa possibilidade justamente pela falta de personalidade jurídica (por todos: TJSP, Apelação Cível 100.185-0/2-00. Decisão do Conselho Superior da Magistratura, julgado em 04.09.2003). A propriedade é concretamente funcionalizada, transformando-se o condomínio em forma de investimento. Ilustrando na prática, o condomínio pode adquirir os imóveis dos condôminos inadimplentes, locando-os posteriormente a terceiros. Com isso, os condôminos restantes adquirem o domínio da unidade, além de usufruírem da locação, que reduz o valor da contribuição mensal. Pontue-se que essa possibilidade de adjudicação pelo condomínio edilício passou a ser expressamente admitida pela Lei 13.777/2018 quanto às unidades que estão em multipropriedade, em havendo débitos condominiais, nos termos do que consta do novo art. 1.358-S do Código Civil, o que reforça a tese por mim seguida, de reconhecimento da personalidade jurídica do condomínio edilício pelo menos para este fim. O tema ainda será devidamente aprofundado neste capítulo do livro.

Com estrutura e função, imagina-se que está totalmente justificada a tese da personalidade jurídica do condomínio edilício, devendo ser alterado o entendimento jurisprudencial até o presente momento consolidado. De todo modo, julgado da Terceira Turma do Superior Tribunal de Justiça afastou a possibilidade de um condomínio edilício ser indenizado por danos morais, justamente pela falta de sua personalidade jurídica. Conforme trecho da ementa, "no âmbito das Turmas que compõem a Segunda Seção do STJ, prevalece a corrente de que os condomínios são entes despersonalizados, pois não são titulares das unidades autônomas, tampouco das partes comuns, além de não haver, entre os condôminos, a *affectio societatis*, tendo em vista a ausência de intenção dos condôminos de estabelecerem, entre si, uma relação jurídica, sendo o vínculo entre eles decorrente do direito exercido sobre a coisa e que é necessário à administração da propriedade comum" (REsp 1.736.593/SP). Assim sendo, ainda nos termos do acórdão:

> "Caracterizado o condomínio como uma massa patrimonial, não há como reconhecer que seja ele próprio dotado de honra objetiva, senão admitir que qualquer ofensa ao conceito que possui perante a comunidade representa, em verdade, uma ofensa individualmente dirigida a cada um dos condôminos, pois quem goza de reputação são os condôminos e não o condomínio, ainda que o ato lesivo seja a este endereçado. Diferentemente do que ocorre com as pessoas jurídicas, qualquer repercussão econômica negativa será suportada, ao fim e ao cabo, pelos próprios condôminos, a quem incumbe contribuir para todas as despesas condominiais, e/ou pelos respectivos proprietários, no caso de eventual desvalorização dos imóveis no imobiliário. (...) Hipótese em que se afasta o dano moral do condomínio, ressaltando que, a par da possibilidade de cada interessado ajuizar ação para a reparação dos danos que eventualmente tenha suportado, o ordenamento jurídico autoriza o condomínio a impor sanções administrativas para o condômino nocivo e/ou antissocial, defendendo a doutrina, inclusive, a possibilidade de interdição temporária ou até definitiva do uso da unidade imobiliária" (STJ, REsp 1.736.593/SP, 3.ª Turma, Rel. Min. Nancy Andrighi, j. 11.02.2020, *DJe* 13.02.2020).

CAP. 7 • DIREITO DAS COISAS | **1157**

Fica evidenciado, portanto, que nas Turmas de Direito Privado da Corte Superior prevalece a visão clássica, que nega a personalidade jurídica do condomínio. O *decisum* demonstra toda a divergência doutrinária sobre o tema, expondo o meu entendimento sobre a temática.

E spera-se que a problemática seja estabilizada com a aprovação de um dos projetos de lei que visam à inclusão do condomínio edilício no rol das pessoas jurídicas de Direito Privado, que consta do art. 44 do Código Civil. Pode ser citado, com esse fim, o anterior Projeto de Lei 7.983/2014, do Deputado Arthur Oliveira Maia. Conforme as justificativas da proposição, às quais se filia: "ressalte-se que essa ausência de personalidade jurídica combinada com a capacidade de ser parte em juízo tem causado sérios problemas para os condomínios. Um deles consiste na impossibilidade de o condomínio registrar em cartório bens imóveis auferidos em ação de cobrança contra condômino inadimplente. Ou seja, o condomínio pode litigar, mas não pode adquirir alguns bens por não ter personalidade jurídica. Ora, essa é uma situação teratológica que não deve persistir em nosso ordenamento jurídico. Sendo assim, é de bom alvitre que essa lacuna seja suprimida. É por isso que a aprovação deste projeto de lei é de grande importância para os condomínios".

Destaco que no atual Projeto de Reforma e Atualização do Código Civil, elaborado pela Comissão de Juristas nomeada no âmbito do Senado Federal, segue-se o mesmo caminho, mas com a positivação do tema não na sua Parte Geral, mas no livro de Direito das Coisas, o que nos pareceu ser a melhor solução. Com isso, o art. 1.332 receberá um § 1.º, prevendo que "ao condomínio edilício poderá ser atribuída personalidade jurídica, para a prática de atos de seu interesse".

Espero que a última proposta legislativa seja aprovada o mais breve possível para que a situação do condomínio edilício se funcionalize, na linha do que aqui foi exposto.

### 7.7.4.2 *Direitos e deveres dos condôminos. Estudo das penalidades no condomínio edilício*

Como ocorre com o condomínio voluntário ou convencional, o CC/2002 traz regras importantes a respeito dos direitos e deveres dos condôminos, bem como das penalidades que surgem da violação dos últimos. De início, enuncia o art. 1.335 do CC que são direitos dos condôminos:

a) Usar, fruir e livremente dispor das suas unidades, faculdades que decorrem automaticamente do exercício da propriedade (GRUD). Como desdobramento desses deveres, recente acórdão do STJ deduziu que "a cláusula prevista em convenção de condomínio de *shopping center*, permitindo a alguns condôminos (lojistas) o uso, gozo e fruição de áreas comuns, não é, em regra, nula, pois aqueles exercem, apenas relativamente, os direitos assegurados em geral pelo art. 1.335 do Código Civil" (STJ, REsp 1.677.737/RJ, 3.ª Turma, Rel. Min. Paulo de Tarso Sanseverino, j. 19.06.2018, *DJe* 29.06.2018).

b) Usar das partes comuns, conforme a sua destinação, e contanto que não exclua a utilização dos demais compossuidores. Havendo exclusão do direito de outrem, caberá ao condomínio ou ao próprio condômino prejudicado ingressar com a ação cabível, que pode ser a ação de reintegração de posse ou de obrigação de fazer. Tratando da última demanda, por exemplo: "Condomínio. Ação de obrigação de não fazer, uso de box de garagem para fins de depósito de objetos. Destinação específica do espaço para o estacionamento de veículos, conforme a convenção condominial. Necessidade de respeito à destinação da área. Aplicação do disposto no art. 1.335, inciso II, do Código Civil. Eventual uso indevido do espaço por outros condôminos. Circunstância que não abona a conduta da ré, cabendo-lhe, no máximo, representar ao Síndico para que adote as medidas necessárias com vistas ao respeito da disposição contida na Convenção. Sentença mantida. Apelo improvido" (TJSP, Apelação com Revisão 520.521.4/4, Acórdão 3570512, 3.ª Câmara de Direito Privado, Santos, Rel. Des. Donegá Morandini, j. 11.11.2008, *DJESP* 15.05.2009).

c) Votar nas deliberações da assembleia e delas participar, estando quite, ou seja, em dia com suas obrigações condominiais. Eventual condômino que queira participar da assembleia deve quitar o débito, o que pode ser feito judicial ou extrajudicialmente (TJMG, Apelação Cível 1.0024.04.501945-2/001, 13.ª Câmara Cível, Belo Horizonte, Rel. Des. Eulina do Carmo Almeida, j. 23.11.2006, *DJMG* 19.01.2007). Anoto que no Projeto de Reforma do Código Civil pretende-se deixar essa previsão mais compreensível, prevendo que é direito dos condôminos "votar nas deliberações da assembleia, estando adimplente com as suas obrigações e os seus deveres perante o condomínio". A respeito do direito de voto do locatário, há quem entenda que ele não mais persiste, diante da revogação do art. 24, § 4.º, da Lei 4.591/1964.[137] Todavia, como a lei passou a ser omissa a respeito do tema, nos termos do art. 4.º da Lei de Introdução, a questão deve ser resolvida com a analogia, os costumes e os princípios gerais de direito. Ora, é costumeiro o direito de participação do locatário – o que, aliás, geralmente consta da convenção –, devendo ele ser preservado.

No que diz respeito à última previsão, o atual Projeto de Reforma do Código Civil pretende deixar mais claras as regras sobre a limitação de participação em assembleia, com a introdução de um novo art. 1.335-A na Lei Geral Privada. Nos termos dessa proposição, "a convenção poderá limitar o direito de participação e de voto nas assembleias de condôminos que: I – estiverem inadimplentes para com o dever de contribuir para as despesas, ordinárias ou extraordinárias, do condomínio ou de rateio extraordinário aprovado em assembleia, qualquer que seja a sua finalidade; II – estiverem inadimplentes quanto aos valores do reembolso de reparos ou de indenizações a que eles próprios tenham sido condenados a pagar; III – tiverem sido apenados na forma do art. 1.337 deste Código; IV – descumprirem quaisquer dos deveres elencados no art. 1.336 deste Código". A proposta resolverá a questão relativa ao locatário, pois a convenção poderá limitar a sua participação nos casos descritos na norma.

Também se almeja a limitação da participação em assembleias por procuração, havendo, de fato, muitos exageros no seu uso, na prática. Consoante a proposição, de um parágrafo único desse art. 1.335-A, "a convenção poderá, também, limitar a possibilidade de representação convencional dos condôminos nas assembleias". Nas justificativas apresentadas pela Subcomissão de Direito das Coisas, ela "visa evitar o abuso do poder de representação mediante instrumento de mandato (procuração). Tem sido prática 1 (um) único condômino com várias procurações para participar em assembleias. Busca-se incentivar deliberações mais participativas". De fato, têm total razão os juristas, esperando-se a sua aprovação pelo Parlamento Brasileiro.

Sem dúvidas, uma das matérias que mais interessa ao condomínio edilício é a relacionada aos deveres dos condôminos e às penalidades impostas pela lei ao inadimplente. Vejamos, então, os deveres preconizados pelo art. 1.336 do CC:

I) O condômino deve contribuir para as despesas do condomínio na proporção das suas frações ideais, salvo disposição em contrário na convenção. A possibilidade de

---

[137] LOPES, João Batista. *Condomínio*. 10. ed. São Paulo: Saraiva, 2008. p. 134.

previsão em contrário é novidade introduzida pela Lei 10.931/2004. Assim, em regra, o proprietário da cobertura que equivale a dois apartamentos deve pagar o dobro da verba condominial única. Porém, a convenção pode estipular que o pagamento daquele equivale a 1,5 da unidade comum.

II) O condômino tem o dever de não realizar obras que comprometam a segurança da edificação. Em casos tais, além das penalidades pecuniárias, caberá ação de nunciação de obra nova ou mesmo ação demolitória proposta pelo condomínio ou por qualquer condômino. A exemplificar, envolvendo também a próxima previsão: "Agravo de instrumento. Nunciação de obra nova. Pedido de liminar. Concessão. 1. Caso em que o exame da prova dos autos permite observar que a obra realizada pelos agravados na parte externa de seu imóvel (cobertura) contraria convenção de condomínio, estando em desacordo com determinação majoritária dos condôminos. Hipótese em que a obra implica alteração da fachada do edifício, sem que haja autorização unânime dos condôminos para tanto. 2. Situação, outrossim, em que o acúmulo de materiais põe em risco a segurança do prédio, conforme apurado em laudo pericial. Requisitos do art. 273, *caput* e inciso I, do CPC verificados. Liminar deferida. Recurso a que se dá provimento" (TJRS, Agravo de Instrumento 70028934248, 17.ª Câmara Cível, Taquara, Rel. Des. Luiz Renato Alves da Silva, j. 02.07.2009, *DOERS* 12.08.2009, p. 62).

III) Dever de não alterar a forma e a cor da fachada, das partes e esquadrias externas, o que visa manter a harmonia estética do condomínio. Imagine-se, por exemplo, se cada condômino resolvesse pintar a fachada de sua unidade com as cores do seu time do coração. Conforme recente julgado do Tribunal da Cidadania, publicado no seu *Informativo* n. 568, "o condômino não pode, sem a anuência de todos os condôminos, alterar a cor das esquadrias externas de seu apartamento para padrão distinto do empregado no restante da fachada do edifício, ainda que a modificação esteja posicionada em recuo, não acarrete prejuízo direto ao valor dos demais imóveis e não possa ser vista do térreo, mas apenas de andares correspondentes de prédios vizinhos. (...). De fato, fachada não é somente aquilo que pode ser visualizado do térreo. Assim, isoladamente, a alteração pode não afetar diretamente o preço dos demais imóveis do edifício, mas deve-se ponderar que, se cada proprietário de unidade superior promover sua personalização, empregando cores de esquadrias que entender mais adequadas ao seu gosto pessoal, a quebra da unidade arquitetônica seria drástica, com a inevitável desvalorização do condomínio. Registre-se, por fim, que não se ignoram as discussões doutrinárias e jurisprudenciais a respeito da alteração de fachada, mais especificamente acerca de fechamento de varandas com vidros incolores, instalação de redes de segurança e até substituição de esquadrias com material diverso do original quando este não se encontra mais disponível no mercado. Entretanto, na hipótese em apreço, foi utilizada esquadria de cor diversa do conjunto arquitetônico, alteração jamais admitida e em flagrante violação do texto legal" (STJ, REsp 1.483.733/RJ, Rel. Min. Ricardo Villas Bôas Cueva, j. 25.08.2015, *DJe* 1.º.09.2015). Conforme se retira do último acórdão, a questão do fechamento da fachada da varanda ou sacada por vidro translúcido gera controvérsia, havendo julgados que apontam tratar-se de alteração estética que deve ser autorizada pela convenção ou por unanimidade em assembleia (TJSP, Apelação com Revisão 498.770.4/6, Acórdão 3247485, 10.ª Câmara de Direito Privado, Santos, Rel. Des. César Augusto Fernandes, j. 27.08.2008, *DJESP* 10.10.2008). Estou filiado à corrente que prega a sua possibilidade, desde que não altere substancialmente a estética do prédio (TJMG, Apelação 1.0024.04.391299-7/001, 15.ª Câmara Cível, Rel. Viçoso Rodrigues, Data da publicação 08.08.2006).

IV) O condômino tem o dever de dar às suas partes a mesma destinação que tem a edificação, e não as utilizar de maneira prejudicial ao sossego, salubridade e segurança dos possuidores, ou aos bons costumes.

# 1160 | MANUAL DE DIREITO CIVIL • VOLUME ÚNICO – *Flávio Tartuce*

Em relação ao último dever, algumas questões merecem ser aprofundadas na prática. Primeiro, anote-se o problema da lei do silêncio e do excesso de barulho no apartamento, servindo para ilustrar, o seguinte acórdão do Tribunal Gaúcho:

"Uso nocivo da propriedade. Condomínio e vizinhança. Perturbação do sossego. Poluição sonora causada por utilização abusiva de aparelho de som (rádio e CD) em horário de repouso noturno. Descumprimento às normas atinentes ao convívio social. Manutenção da condenação à abstenção de tal prática. 1. Havendo a perturbação do sossego em face de utilização indevida de aparelho de som (com volume excessivo) pelo réu, mostra-se adequado o pedido de abstenção de tal prática quando comprovada a perturbação, em função do barulho, comprometedora do sossego familiar. 2. A obrigação de não fazer (abstenção de manter o aparelho de som em volume alto), respeitando o horário de descanso, 22h, imposta na sentença de primeiro grau, visa a garantir o convívio pacífico da vizinhança e está respaldada pelas normas que regulam as relações sociais previstas na Legislação Civil. Sentença mantida por seus próprios fundamentos. Recurso improvido" (TJRS, Recurso Cível 71001517911, Sapiranga, 1.ª Turma Recursal Cível, Rel. Des. Ricardo Torres Hermann, j. 27.03.2008, *DOERS* 02.04.2008, p. 114).

No que concerne à utilização da área conforme a destinação do condomínio, não se pode abster totalmente o condômino de trabalhar no imóvel, desde que isso não perturbe o sossego dos demais condôminos. A afirmação ganhou força diante do incremento do *home office* em tempos de pandemia e da sua persistência, superada a fase pandêmica, em muitas empresas, sobretudo nas grandes cidades.

A título de exemplo, o presente livro foi escrito em uma unidade de condomínio residencial, localizado na Vila Mariana, em São Paulo, Capital. Não se pode esquecer que o direito ao trabalho é um direito social e fundamental (art. 7.º da CF/1988) que deve ser preservado ao máximo, conforme se retira da ementa a seguir:

"Civil. Ação cominatória. Direito de vizinhança. Condômino que ministra aulas de educação física. Horário comercial. Não demonstração de violação dos limites ordinários de tolerância. Direito ao trabalho e à livre iniciativa. Honorários advocatícios. Nos termos do art. 1.277 do Código Civil, os limites ordinários de tolerância dos moradores devem ser analisados no caso concreto, a fim de se configurar, ou não, a violação aos direitos de vizinhança. Não há que se falar em violação dos direitos de vizinhança se o empreendimento comercial do condômino, consistente no ministério de aulas coletivas de educação física em sua residência, em horário comercial, além de não ser vedado pelo Estatuto do Condomínio, não produz barulho que supere os decibéis toleráveis para a legislação. Ademais, a circulação de alguns alunos em horário comercial não tem o condão de afetar, de maneira drástica, o sossego dos moradores do condomínio. O direito ao trabalho e à livre iniciativa, insculpidos no *caput* do art. 170 da Constituição Federal, apenas pode ser limitado mediante previsão legal ou quando em legítimo conflito com outro direito fundamental. Mantém-se o valor arbitrado a título de honorários advocatícios se em conformidade com os parâmetros fixados nas alíneas do § 3.º do art. 20 do CPC" (TJDF, Recurso 2006.08.1.004799-7, Acórdão 384.239, 4.ª Turma Cível, Rel. Desig. Des. Sérgio Bittencourt, *DJDFTE* 04.11.2009, p. 136).

Por fim, problema relativo aos bons costumes surge quando o condômino desenvolve atividade que por si só causa constrangimento aos demais moradores, caso da prostituição. Conforme se extrai da jurisprudência, até é possível fazer cessar a atividade, desde que isso seja devidamente comprovado por quem a alega:

"Ação cominatória. Obrigação de não fazer. Uso ilícito de unidade autônoma, a violar os bons costumes. Alegação de utilização de loja como ponto de prostituição. Ausência de prova de desvio de uso. Condomínio autor que protestou por julgamento antecipado da lide, sem a realização de audiência de conciliação ou mesmo de instrução. Insuficiência de provas, fundadas somente em abaixo-assinado vago em imputações e nas alegações da própria inicial. Ação improcedente. Sentença mantida. Recurso não provido" (TJSP, Apelação Cível 436.450.4/2, Acórdão 3174270, 4.ª Câmara de Direito Privado, São Paulo, Rel. Des. Francisco Eduardo Loureiro, j. 07.08.2008, *DJESP* 1.º.09.2008).

No que diz respeito ao Projeto de Reforma do Código Civil, anoto que a Comissão de Juristas sugere ajustes nos incisos do seu art. 1.336, para que passe a prever que são deveres dos condôminos: "III – não alterar a forma e a cor da fachada, das partes e das esquadrias externas nem pendurar, permanentemente, objetos nas janelas, a não ser que autorizados pela convenção a fazê-lo e desde que pelo lado interno de sua unidade; IV – dar às suas partes a mesma destinação que tem a edificação; V – não utilizar as unidades de maneira prejudicial ao sossego, salubridade e segurança dos possuidores; VI – não permitir a entrada de pessoas em sua unidade, que tenham sido apenadas na forma do art. 1.337 deste Código e seus parágrafos; VII – reembolsar o condomínio a propósito de danos que, por omissão ou ação sua, causar à estrutura do edifício ou às coisas comuns; VIII – noticiar o condomínio sobre ter alienado a unidade, sob pena de continuar a responder pelas despesas condominiais".

Como se pode notar, no novo inciso III é incluída a proibição a respeito ao ato de pendurar objetos, como roupas, nas janelas, bem como a possibilidade de a convenção de condomínio regular as proibições nele previstas. Os incisos IV e V representam apenas um desdobramento do atual inciso IV, mais bem organizados metodologicamente.

De todo modo, como previsão inédita, o inc. VI do art. 1.336 trará como dever o de não permitir a entrada de pessoas em sua unidade, que tenham sido apenadas com a pena de expulsão, que se almeja incluir na codificação privada, como ainda será aqui estudado. Além disso, intenta-se incluir o dever de reembolsar o condomínio a propósito de danos que, por omissão ou ação sua, causar à estrutura do edifício ou às coisas comuns, no novo inciso VII. Por fim, o projetado inciso VIII, em boa hora e em prol do dever de informação, preverá a obrigação de noticiar o condomínio sobre ter alienado a unidade, sob pena de continuar a responder pelas despesas condominiais.

Partindo-se para o estudo das penalidades ao condômino, enuncia o § 1.º do art. 1.336 do CC, em sua redação atualizada pela Lei 14.905/2024, que aquele que não pagar a sua contribuição ficará sujeito aos juros moratórios convencionados ou, não sendo previstos, aos juros estabelecidos no art. 406 da codificação privada, além de multa de até dois por cento sobre o débito.

Pela alteração de 2024, não há mais menção aos juros de 1% (um por cento) ao mês, mas, sim, à taxa do art. 406 da Lei Geral Privada, que passou a ser, como regra geral, a SELIC, descontado dela o valor da correção monetária, que passou a ser o IPCA, também como premissa geral, pela alteração do seu art. 395, parágrafo único. Substituiu-se, portanto, um índice objetivo e fixo dos juros, já consagrado para a realidade condominial, por um índice variável e confuso, que se distancia da desejada segurança jurídica. O tema está aprofundado no Capítulo 3 deste livro, com a sua necessária análise crítica.

Feita essa nota de atualização, eis aqui uma das principais inovações da codificação de 2002, em relação ao sistema que a ele era anterior, pois a multa foi reduzida de 20% sobre o débito (art. 12, § 3.º, da Lei 4.591/1964) para os citados dois por cento.

**1162** | MANUAL DE DIREITO CIVIL • VOLUME ÚNICO – *Flávio Tartuce*

Deve ficar claro que é nula qualquer estipulação que *disfarce* ou simule uma multa superior a 2%, eis que a norma é de ordem pública. Nesse contexto, é nulo o conhecido *desconto por pontualidade,* conforme reconhece enunciado doutrinário aprovado na *V Jornada de Direito Civil*: "é nula a estipulação que, dissimulando ou embutindo multa acima de 2%, confere suposto desconto de pontualidade no pagamento da taxa condominial, pois configura fraude à lei (Código Civil, art. 1.336, § 1.º) e não redução por merecimento" (Enunciado n. 505 do CJF/STJ).

Alguns arestos seguem essa correta conclusão: TJSC, Apelação Cível 2011.043381-8, 2.ª Câmara de Direito Civil, Capital, Rel. Des. José Trindade dos Santos, j. 17.04.2013, *DJSC* 26.04.2013, p. 285; TJSP, Apelação Cível 0005425-29.2010.8.26.0108, Acórdão 6658926, 31.ª Câmara de Direito Privado, Jundiaí, Rel. Des. Paulo Ayrosa, j. 16.04.2013, *DJESP* 24.04.2013; TJSP, Apelação 9136346-58.2007.8.26.0000, Acórdão 5370103, 34.ª Câmara de Direito Privado, São Paulo, Rel. Des. Cristina Zucchi, j. 29.08.2011, *DJESP* 30.09.2011; e TJDF, Recurso 2010.00.2.017915-4, Acórdão 469.110, 1.ª Turma Cível, Rel. Des. Flavio Rostirola, *DJDFTE* 15.12.2010, p. 68.

Tal posicionamento, contudo, não é pacífico, pois alguns julgadores entendem que o desconto de pontualidade tem natureza distinta da multa, tendo apenas a última caráter sancionatório. Diante dessa diferenciação, não haveria óbice para a cumulação (TJDF, Recurso 2012.01.1.058202-4, Acórdão 653.033, 1.ª Turma Cível, Rel. Des. Simone Lucindo, *DJDFTE* 22.02.2013, p. 10; TJRS, Apelação Cível 448049-17.2011.8.21.7000, 16.ª Câmara Cível, Sapiranga, Rel. Des. Paulo Sérgio Scarparo, j. 26.01.2012, *DJERS* 31.01.2012). Decisão anterior do Superior Tribunal de Justiça concluiu dessa forma, sendo a publicação da ementa:

> "Condomínio. Cobrança de cotas atrasadas. Desconto. 1. O desconto para o pagamento antecipado de cotas condominiais não é penalidade, representando estímulo correto em épocas de alta inflação, como no caso. 2. Recurso especial conhecido, mas improvido" (STJ, REsp 236.828/RJ, Rel. Min. Carlos Alberto Menezes Direito, 3.ª Turma, j. 31.08.2000, *DJ* 23.10.2000, p. 137). *Decisum* mais recente da Corte Superior confirmou tal dedução: STJ, AgRg no REsp 1.217.181/DF, 3.ª Turma, Rel. Min. Massami Uyeda, j. 04.10.2011, *DJe* 13.10.2011.

Com o devido respeito, tal confirmação não deveria ter ocorrido, eis que o País não convive mais com a realidade inflacionária, o que dava fundamento ao primeiro julgado da Corte Superior.

Como questão controvertida que surgiu nos primeiros anos da vigência do CC/2002 restou a dúvida se a inovação teria aplicação imediata, abrangendo os condomínios constituídos na vigência da legislação anterior. O STJ acabou por concluir que sim, conforme ementas a seguir destacadas, que influenciaram a jurisprudência de todo o País:

> "Condomínio. Multa. Aplicação do art. 1.336, § 1.º, do Código Civil de 2002. Precedentes da Corte. 1. Já assentou esta Terceira Turma que a 'natureza estatutária da convenção de condomínio autoriza a imediata aplicação do regime jurídico previsto no novo Código Civil, regendo-se a multa pelo disposto no respectivo art. 1.336, § 1.º' (REsp 722.904/RS, de minha relatoria, *DJ* 1.º.07.2005). 2. Recurso especial conhecido e provido" (STJ, REsp 663.436/SP, 3.ª Turma, Rel. Min. Carlos Alberto Menezes Direito, j. 16.03.2006, *DJ* 1.º.08.2006, p. 432).

> "Processual civil e civil. Condomínio. Taxas condominiais. Multa condominial de 20% prevista na convenção, com base no art. 12, § 3.º, da Lei 4.591/1964. Redução para 2% quanto à dívida vencida na vigência do novo Código Civil. Necessidade. Revogação pelo estatuto material de 2002 do teto anteriormente previsto por incompatibilidade.

CAP. 7 • DIREITO DAS COISAS | **1163**

Recurso provido. 1. *In casu*, a Convenção Condominial fixou a multa, por atraso no pagamento das cotas, no patamar máximo de 20%, o que, à evidência, vale para os atrasos ocorridos antes do advento do novo Código Civil. Isto porque, o novo Código trata, em capítulo específico, de novas regras para os condomínios. 2. Assim, por tratar-se de obrigação periódica, renovando-se todo mês, a multa deve ser aplicada em observância à nova situação jurídica constituída sob a égide da lei substantiva atual, prevista em seu art. 1.336, § 1.º, em observância ao art. 2.º, § 1.º, da LICC, porquanto há revogação, nesse particular, por incompatibilidade, do art. 12, § 3.º, da Lei 4.591/1964. Destarte, a regra convencional, perdendo o respaldo da legislação antiga, sofre, automaticamente, os efeitos da nova, à qual não se pode sobrepor. 3. Recurso conhecido e provido para restabelecer a sentença de primeiro grau" (STJ, REsp 762.297/RS, 4.ª Turma, Rel. Min. Jorge Scartezzini, j. 11.10.2005, *DJ* 07.11.2005, p. 307).

Os julgados representam aplicação do art. 2.035, *caput*, do CC e da *Escada Ponteana*, estudados no Capítulo 2 deste livro. Como a multa está no *plano da eficácia*, deve ser aplicada a norma do momento da produção dos seus efeitos. Como se extrai do último julgado, se o inadimplemento ocorrer na vigência do CC/2002, vale a norma nele prevista, mesmo que a convenção tenha previsto o contrário. A convenção não prevalece uma vez que a redução da multa é questão de ordem pública, relacionada com a função social da propriedade e dos contratos.[138]

De todo modo, vencida a minha posição doutrinária, destaco que no Projeto de Reforma do Código Civil almeja-se o aumento do percentual da multa moratória condominial, para 10% (dez por cento), passando o comando que trata do tema a prever que "o condômino que não pagar os valores do rateio ordinário ou extraordinário de despesas, ou aquele que não fizer o reembolso de valores a que foi condenado a pagar ao condomínio, a qualquer título, ficará sujeito aos juros moratórios convencionados ou, não sendo previstos, aos juros estabelecidos no art. 406 deste Código, bem como à multa de até dez por cento sobre o débito, sendo vedada a estipulação de cláusula de desconto em razão da antecipação de pagamento".

Como se pode notar, além desse aumento da multa, pretende-se introduzir na lei a nulidade de eventual abono por pontualidade, que disfarce multa superior ao limite legal, conforme o Enunciado n. 505 da *V Jornada de Direito Civil*, tema aqui já tratado. Vejamos, a esse propósito, as justificativas da Subcomissão de Direito das Coisas:

"A cláusula penal de dois por cento para uma obrigação relevante como a de pagar cota condominial que justifica até mesmo o afastamento da proteção do bem de família leva a que esta obrigação acessória não cumpra o seu papel coercitivo para o adimplemento. O fato é que houve uma confusão entre a estabilidade econômica que havia no ano dos últimos debates no Congresso Nacional e utilizaram o critério adotado no Código de Defesa do Consumidor. E há aí duas incorreções: a primeira é que cláusula penal nada tem a ver com atualização da obrigação. e a segunda, pois condômino não é contratante vulnerável como o consumidor à luz da lei e da Constituição Federal. Essa orientação, inclusive, justificou a aprovação do enunciado modificativo 96 (2002), o qual propunha cláusula penal de 10%. Há vinte anos que a comunidade jurídica e os outros atores que lidam com os condomínios aguardam essa modificação em razão do aumento da inadimplência. Com relação aos juros moratórios, o ideal é que sejam legais e não convencionados a fim de evitar fraude à lei com relação ao valor exato da sanção pecuniária em razão do inadimplemento.

---

[138] Nesse sentido; FARIAS, Cristiano Chaves; ROSENVALD, Nelson. *Direitos reais*. Rio de Janeiro: Lumen Juris, 2006. p. 528.

**1164** | MANUAL DE DIREITO CIVIL • VOLUME ÚNICO – *Flávio Tartuce*

A inclusão da vedação ao abono-pontualidade já foi registrada no enunciado 505 da V Jornada de Direito Civil, tendo em vista a sua potencialidade para fraudar a lei no tocante ao verdadeiro valor que deve pagar o condômino impontual".

Aguardemos qual será a posição do Parlamento Brasileiro a respeito dessas proposições, sendo a proibição do abono por pontualidade bem-vinda para a segurança e a previsibilidade das relações jurídicas condominiais.

Seguindo com os estudos, o § 2.º do art. 1.336 da codificação material preconiza que 2/3 dos condôminos restantes podem deliberar a imposição de multa no montante de até cinco vezes o valor da quota condominial para o condômino que: *a)* realizar obras que comprometam a segurança da edificação; *b)* alterar a forma e a cor da fachada, das partes e esquadrias externas; *c)* der destinação diferente à sua parte àquela prevista para a edificação; *d)* utilizar a sua parte de forma a prejudicar o sossego, a salubridade e a segurança dos demais possuidores ou em contrariedade aos bons costumes.

Como se pode notar, essa penalidade tem aplicação bem restrita, exigindo um *quorum* qualificado, que dificilmente será obtido na prática. Para *funcionalizar* o instituto, em prol do princípio da operabilidade, entendo ser possível alterar a convenção para prever outro *quorum*, pois a norma é de ordem privada.

Em verdade, é preciso alterar as normas a respeito dos quóruns, hoje muito exigentes e distantes do que se vê na prática, o que está sendo proposto pelo Projeto de Reforma do Código Civil. Nesse contexto, para a norma em exame, propõe-se a seguinte redação: "o condômino que não cumprir quaisquer dos deveres estabelecidos nos incisos I a VII, pagará a multa prevista no ato constitutivo ou na convenção condominial, não podendo ser superior a cinco vezes o valor de suas contribuições mensais, independentemente das perdas e danos que se apurarem; não havendo disposição expressa, caberá à assembleia geral, por dois terços no mínimo dos condôminos presentes na assembleia, deliberar sobre a cobrança da multa". Sem dúvidas que o quórum de dois terços dos presentes à assembleia atende melhor à realidade condominial contemporânea.

Merece ainda ser destacado que, em boa hora, a Comissão de Juristas sugere que seja incluído um novo art. 1.336-A na codificação privada, para que as regras relativas aos deveres e às sanções aos condôminos sejam estendidas a todos os moradores das unidades, inclusive locatários, usufrutuários, compromissários compradores e comodatários. Nos seus termos, "estão sujeitos às mesmas disposições do artigo antecedente todos os que, por ordem, por concessão ou autorização do proprietário ou por titularidade de direito real sobre coisa alheia, habitam, usam ou fruem a unidade, a qualquer título". Com isso, não restarão mais dúvidas quanto à imposição das obrigações estudadas, em prol de um bom convívio no ambiente condominial, compartilhado por todos.

Voltando-se à norma vigente, com tom mais amplo dispõe o art. 1.337, *caput,* do CC que o condômino que não cumprir reiteradamente com os seus deveres perante o condomínio poderá, por deliberação de 3/4 dos condôminos restantes, ser constrangido a pagar multa de até o quíntuplo (cinco vezes) do valor atribuído à quota condominial, conforme a gravidade das faltas e a reiteração, independentemente das perdas e danos.

Em complemento, de acordo com o parágrafo único desse dispositivo, o condômino ou o possuidor que, por seu reiterado comportamento antissocial, gerar incompatibilidade de convivência com os demais condôminos ou possuidores, poderá ser constrangido a pagar multa correspondente ao décuplo – dez vezes – do valor atribuído à contribuição para as despesas condominiais, até ulterior deliberação da assembleia.

Como se pode perceber, os *quoruns* qualificados exigidos são difíceis de ser alcançados na prática, razão pela qual a convenção pode trazer outra previsão. Repise-se, mais uma

CAP. 7 • DIREITO DAS COISAS | **1165**

vez, que as normas são de ordem privada nesse ponto. As duas penalidades são aplicadas ao chamado *condômino antissocial,* aquele que não se configura com a realidade social e coletiva do condomínio. Tal caracterização depende de análise caso a caso. De imediato, entende-se que as penalidades não só podem como devem ser aplicadas ao condômino que não cumpre reiteradamente com as obrigações pecuniárias condominiais:

"Despesas condominiais. Cumulação das multas previstas nos arts. 1.336, § 1.º, e 1.337, *caput,* do CC de 2002. Possibilidade. Não configuração de *bis in idem.* Inadimplemento reiterado conforme critério definido pelos próprios condôminos e que não esvazia a previsão do art. 1.336, § 1.º. Apelo não provido" (TJSP, Apelação com Revisão 916995008, 30.ª Câmara de Direito Privado, Rel. Juiz Luiz Felipe Nogueira, j. 29.11.2007).

"Processo civil e civil. Condomínio. Atrasos reiterados de pagamento das taxas condominiais. Aplicação de pena pecuniária. Art. 1.337 do Código Civil. Possibilidade. A multa moratória prevista no art. 1.336 do Código Civil diverge daquela prevista no art. 1.337 do aludido Codex. Nesse sentido, o art. 1.337 do CC é mais amplo do que o § 2.º do art. 1.336, porque abrange todos os deveres do condômino perante o condomínio, previstos na Lei, convenção ou regimento interno, inclusive o inadimplemento do pagamento da contribuição condominial do inciso I. Observa-se, portanto, que o parágrafo único do art. 1.337 regula a aplicação de pena agravada, quando a conduta ilícita, além de grave e reiterada, não só de caráter antissocial, gerar incompatibilidade de convivência com os demais condôminos. Realizada a assembleia geral, com o *quorum* específico e, uma vez aprovada a aplicação da penalidade prevista no citado art. 1.337 do CC, respeitados os parâmetros ali expostos, a inobservância do pagamento regular das taxas condominiais enseja a aplicação da citada penalidade, sem que isso configure qualquer irregularidade ou afronta ao ordenamento civil. Recurso conhecido e provido" (TJDF, Recurso 2007.01.1.114280-3, Acórdão 429.193, 6.ª Turma Cível, Rel. Des. Ana Maria Duarte Amarante Brito, *DJDFTE* 25.06.2010, p. 111).

Em data mais próxima, tal posição foi confirmada pela Quarta Turma do Superior Tribunal de Justiça, em acórdão que teve como relator o Ministro Luís Felipe Salomão (REsp 1.247.020/DF). Segundo o julgado, diante da reiterada inadimplência do condômino, "a conduta do recorrente se amolda ao preceito legal do *caput* do artigo 1.337 do CC/2002, pois se trata de evidente devedor contumaz de débitos condominiais, apto a ensejar a aplicação da penalidade pecuniária ali prevista". Ainda conforme o acórdão, "a multa prevista no § 1.º do art. 1.336 do CC/2002 detém natureza jurídica moratória, enquanto a penalidade pecuniária regulada pelo art. 1.337 tem caráter sancionatório, uma vez que, se for o caso, o condomínio pode exigir inclusive a apuração das perdas e danos" (STJ, REsp 1.247.020/ DF, 4.ª Turma, Rel. Min. Luis Felipe Salomão, j. 15.10.2015, *DJe* 11.11.2015). Como se verá a seguir, o Projeto de Reforma do Código Civil, elaborado pela Comissão de Juristas adota essa solução, resolvendo-se mais essa divergência, em prol da segurança jurídica e da esperada estabilidade das relações privadas.

Como outro exemplo, imagine-se o condômino que se excede constantemente quanto ao barulho, perturbando os demais consortes de forma reiterada por seu comportamento desrespeitoso e não se sujeitando às advertências e multas impostas (nessa linha de pensamento: TJSP, Apelação 992.09.071793-6, Acórdão 4239982, 36.ª Câmara de Direito Privado, Santos, Rel. Des. Arantes Theodoro, j. 10.12.2009, *DJESP* 02.03.2010). Trata-se do típico ser humano egoísta e não solidário, que não se preocupa com os outros e com a coletividade. Não se olvide que a conduta deve ser reiterada, não se impondo em casos de

**1166** | MANUAL DE DIREITO CIVIL • VOLUME ÚNICO – *Flávio Tartuce*

atos isolados, conforme reconhece nossa jurisprudência (TJSP, Apelação 994.05.073323-7, Acórdão 4455637, 9.ª Câmara de Direito Privado, São Paulo, Rel. Des. José Luiz Gavião de Almeida, j. 13.04.2010, *DJESP* 26.05.2010).

Na esteira da melhor doutrina e jurisprudência, deduz-se que as multas previstas no art. 1.337 do CC somente podem ser instituídas após a prévia comunicação ao infrator, assinalando-lhe prazo para justificar a sua conduta, exercendo o direito de defesa (Enunciado n. 92 do CJF/STJ, da *I Jornada de Direito Civil*, e TJSP, Apelação 992.07.020168-3, Acórdão 4579037, 35.ª Câmara de Direito Privado, São Paulo, Rel. Des. José Malerbi, j. 05.07.2010, *DJESP* 26.07.2010). Eventual previsão na convenção que afaste esse direito deve ser tida como nula, por ilicitude do objeto, uma vez que o direito à ampla defesa e ao contraditório é amparado constitucionalmente (art. 5.º, inc. LV, da CF/1988 e art. 166, inc. II, do CC).

No plano concreto, recente acórdão do Superior Tribunal de Justiça, mais uma vez de relatoria do Ministro Luís Felipe Salomão, aplicou muito bem esse controle, com citação ao meu trabalho e julgando do seguinte modo:

> "Por se tratar de punição imputada por conduta contrária ao direito, na esteira da visão civil-constitucional do sistema, deve-se reconhecer a aplicação imediata dos princípios que protegem a pessoa humana nas relações entre particulares, a reconhecida eficácia horizontal dos direitos fundamentais que, também, deve incidir nas relações condominiais, para assegurar, na medida do possível, a ampla defesa e o contraditório. Com efeito, buscando concretizar a dignidade da pessoa humana nas relações privadas, a Constituição Federal, como vértice axiológico de todo o ordenamento, irradiou a incidência dos direitos fundamentais também nas relações particulares, emprestando máximo efeito aos valores constitucionais. Precedentes do STF. Também foi a conclusão tirada das *Jornadas de Direito Civil do CJF*: En. 92: Art. 1.337: As sanções do art. 1.337 do novo Código Civil não podem ser aplicadas sem que se garanta direito de defesa ao condômino nocivo" (STJ, REsp 1.365.279/SP, 4.ª Turma, Rel. Min. Luis Felipe Salomão, j. 25.08.2015, *DJe* 29.09.2015).

Como se percebe, além de citar o aludido Enunciado 92 do CJF, leva-se em conta a ideia de constitucionalização do Direito Civil e a aplicação imediata das normas fundamentais nas relações privadas (*eficácia horizontal*).

O Código Civil de 2002 não traz expressamente a possibilidade de expulsão do *condômino antissocial*, tese defendida por parte da doutrina, caso de Álvaro Villaça Azevedo,[139] Cristiano Chaves de Farias e Nelson Rosenvald.[140] No mesmo trilhar, vejamos enunciado aprovado na *V Jornada de Direito Civil*: "verificando-se que a sanção pecuniária mostrou-se ineficaz, a garantia fundamental da função social da propriedade (arts. 5.º, XXIII, CF/1988 e 1.228, § 1.º, CC) e a vedação ao abuso do direito (arts. 187 e 1.228, § 2.º, CC) justificam a exclusão do condômino antissocial, desde que a ulterior assembleia prevista na parte final do parágrafo único do artigo 1.337 do Código Civil delibere a propositura de ação judicial com esse fim, asseguradas todas as garantias inerentes ao devido processo legal" (Enunciado n. 508 CJF/STJ).

Com o devido respeito, não me filio a tal corrente, por violar o princípio de proteção da dignidade da pessoa humana (art. 1.º, inc. III, da CF/1988) e a solidariedade social (art. 3.º, inc. I, da CF/1988), bem como a concreção da tutela da moradia (art. 6.º da

---

[139] AZEVEDO, Álvaro Villaça. *Curso de direito civil*. Direito das coisas. São Paulo: Atlas, 2014. p. 95.

[140] Nesse sentido: FARIAS, Cristiano Chaves; ROSENVALD, Nelson. *Direitos reais*. Rio de Janeiro: Lumen Juris, 2006. p. 532.

CF/1988). Em suma, a tese da expulsão do condômino antissocial viola preceitos máximos de ordem pública, sendo alternativas viáveis as duras sanções pecuniárias previstas no art. 1.337 do CC. Entendo que, para que essa exclusão ou expulsão seja possível, é necessário que conste da lei, com parâmetros mínimos, como está sendo proposto pelo Projeto de Reforma do Código Civil, como será exposto a seguir.

Nessa linha, afastando essa exclusão, do Tribunal Paulista, somente para ilustrar, o primeiro deles considerando os impactos sociais da pandemia de Covid-19:

> "Apelação. Condomínio. Ação de exclusão de ocupante antissocial. Sentença de impro-cedência. Ausência de previsão legal expressa no ordenamento jurídico que permita a expulsão de condômino por mau comportamento. Aplicação estrita do disposto no art. 1.337 do Código Civil de 2002. Ainda que o direito de propriedade esteja limitado em sua função social, devendo o condômino observar regras mínimas de bom comportamento e convívio, a medida de expulsão não encontra amparo legal. Hipótese em que o condomínio pode aplicar multas de elevado valor, como forma de compelir o proprietário a sair de sua zona de conforto e tomar providências quanto à sua locatária. Expulsão que se mostra ainda mais temerária quando se observa estarmos diante de situação emergencial em razão da pandemia da Covid-19, além de ser a Ré pessoa de extrema vulnerabilidade por ser pessoa idosa. Sentença mantida. Honorários majorados" (TJSP, Apelação 1029307-52.2018.8.26.0001, 34.ª Câmara Cível, Rel. Des. Costa Wagner, j. 26.01.2021).

> "Expulsão de condômino por comportamento antissocial. Impossibilidade. Ausência de previsão legal. O Código Civil permite no art. 1.337 a aplicação de multas que podem ser elevadas ao décuplo em caso de incompatibilidade de convivência com os demais condôminos. Multa mensal que tem como termo inicial a citação e o final a publicação da r. Sentença, a partir de quando somente será devida por fatos subsequentes que vierem a ocorrer e forem objeto de decisão em assembleia. Recur-sos parcialmente providos" (TJSP, Apelação Cível 668.403.4/6, Acórdão 4122049, 4.ª Câmara de Direito Privado, Barueri, Rel. Des. Maia da Cunha, j. 1.º.10.2009, *DJESP* 27.10.2009).

Todavia, esclareça-se que há divergência entre as Cortes Estaduais, assim como ocorre na doutrina. Do Tribunal Paranaense, acolhendo a tese da possibilidade de expulsão do condômino, em caso de extrema gravidade:

> "Apelação cível. Condomínio edilício vertical. Preliminar. Intempestividade. Inocor-rência. Apelo interposto antes da decisão dos embargos. Ratificação. Desnecessidade. Exclusão de condômino nocivo. Limitação do direito de uso/habitação, tão somente. Possibilidade, após esgotada a via administrativa. Assembleia geral realizada. Noti-ficações com oportunização do contraditório. *Quorum* mínimo respeitado (3/4 dos condôminos). Multa referente ao décuplo do valor do condomínio. Medida insufi-ciente. Conduta antissocial contumaz reiterada. Graves indícios de crimes contra a liberdade sexual, redução à condição análoga a de escravo. Condômino que aliciava candidatas a emprego de domésticas com salários acima do mercado, mantendo-as presas e incomunicáveis na unidade condominial. Alta rotatividade de funcionárias que, invariavelmente saiam do emprego noticiando maus-tratos, agressões físicas e verbais, além de assédios sexuais entre outras acusações. Retenção de documentos. Escândalos reiterados dentro e fora do condomínio. Práticas que evoluíram para investida em moradora menor do condomínio, conduta antissocial inadmissível que impõe provimento jurisdicional efetivo. Cabimento. Cláusula geral. Função social da propriedade. Mitigação do direito de uso/habitação. Dano moral. Não conhecimento. Matéria não deduzida e tampouco apreciada. Honorários sucumbenciais fixados em

R$ 6.000,00 (seis mil reais). Mantença" (TJPR, Apelação Cível 957.743-1, 10.ª Câmara Cível, Curitiba, Rel. Des. Arquelau Araujo Ribas, j. 13.12.2012).

Seguindo no estudo da matéria, do mesmo modo não se filia à tese de impedir a entrada de supostas *pessoas indesejadas* no condomínio (*expulsão antecipada*), muito menos de limitação do uso das áreas comuns para os condôminos antissociais, caso do estacionamento, do elevador, da piscina, do salão de festas, da área de lazer e da churrasqueira (*cláusula de restrição pessoal*). Nas duas hipóteses, fica notória a violação à dignidade da pessoa humana, conforme se tem julgado, inclusive com a condenação do condomínio por danos morais, diante de conduta vexatória. A ilustrar, da prática dos Tribunais Estaduais:

"Ação de indenização. Condomínio. Cobrança vexatória. Proibição ao uso de área comum com o nítido intuito de constranger a condômina inadimplente. Dano moral caracterizado. Ainda que seja confessa a inadimplência da autora, não pode, o requerido, proibir a utilização do estacionamento, como forma de buscar seu crédito. Exposição pública que se revela abusiva e configura verdadeira represália ao inadimplemento, atingindo a honra da demandante. Abalo moral sofrido que autoriza a indenização. Que, no caso, tem efeito reparador para atenuar o mal sofrido e servir como efeito pedagógico ao ofensor. Valor da indenização. Majoração. Descabimento. Condenação que bem atenta ao caráter punitivo-pedagógico. Redução do valor arbitrado em sentença para R$ 1.000,00 – um mil reais. Apelo da autora desprovido. Apelo do réu parcialmente provido" (TJRS, Apelação Cível 70021221452, 20.ª Câmara Cível, Porto Alegre, Rel. Des. José Aquino Flôres de Camargo, j. 28.11.2007, *DOERS* 31.01.2008, p. 44).

"Condomínio. Despesas condominiais. Indenização. Dano moral. Condômino impedido de utilizar a área comum sem motivo justificado. Inadimplência deste. Irrelevância. Cabimento. Impedido o condômino de utilização de área comum sem motivo justificado, porquanto a inadimplência não justifica tal penalidade, enseja a reparação em *quantum* adequado, fixado na sentença" (2.º TACSP, Apelação sem Revisão 659.976-00/6, 4.ª Câmara, Rel. Juiz Júlio Vidal, j. 1.º.04.2003).

Acrescente-se que, na mesma linha a respeito da *cláusula de restrição pessoal*, posicionou--se a Terceira Turma do Superior Tribunal de Justiça, com citação ao meu entendimento. Conforme acórdão publicado no *Informativo* n. 588 da Corte, de 2016:

"O condomínio, independentemente de previsão em regimento interno, não pode proibir, em razão de inadimplência, condômino e seus familiares de usar áreas comuns, ainda que destinadas apenas a lazer. Isso porque a adoção de tal medida, a um só tempo, desnatura o instituto do condomínio, a comprometer o direito de propriedade afeto à própria unidade imobiliária, refoge das consequências legais especificamente previstas para a hipótese de inadimplemento das despesas condominiais e, em última análise, impõe ilegítimo constrangimento ao condômino (em mora) e aos seus familiares, em manifesto descompasso com o princípio da dignidade da pessoa humana. O direito do condômino ao uso das partes comuns, seja qual for a destinação a elas atribuída, não decorre da situação (circunstancial) de adimplência das despesas condominiais, mas sim do fato de que, por lei, a unidade imobiliária abrange, como inseparável, uma fração ideal no solo (representado pela própria unidade) bem como nas outras partes comuns, que será identificada em forma decimal ou ordinária no instrumento de instituição do condomínio (§ 3.º do art. 1.331 do CC). (...) Aliás, é de se indagar qual seria o efeito prático da medida imposta (restrição de acesso às áreas comuns), senão o de expor o condômino inadimplente e seus familiares a uma situação vexatória perante o meio social em que residem. Além das penalidades pecuniárias, é de se destacar, também, que a lei adjetiva civil, atenta à essencialidade do cumprimento do dever de contribuir com as despesas condominiais, estabelece a favor do condomínio efetivas condições de obter a satisfação de seu crédito, inclusive por meio de procedimento que privilegia a celeridade" (STJ, REsp 1.564.030/MG, Rel. Min. Marco Aurélio Bellizze, j. 09.08.2016, *DJe* 19.08.2016).

Demonstrando certa pacificação do tema no âmbito da Corte Superior, em 2019 surgiu julgado da sua Quarta Turma, com mesma conclusão e novamente citando o nosso entendimento, afirmando que "é ilícita a disposição condominial que proíbe a utilização de áreas comuns do edifício por condômino inadimplente e seus familiares como medida coercitiva para obrigar o adimplemento das taxas condominiais" (REsp 1.699.022/SP). São utilizados outros argumentos, sendo o principal a existência de um rol taxativo de penalidades no Código Civil. Conforme está na sua ementa, que merece destaque:

"Em verdade, o próprio Código Civil estabeleceu meios legais específicos e rígidos para se alcançar tal desiderato, sem qualquer forma de constrangimento à dignidade do condômino e dos demais moradores. O legislador, quando quis restringir ou condicionar o direito do condômino, em razão da ausência de pagamento, o fez expressamente (CC, art. 1.335). Ademais, por questão de hermenêutica jurídica, as normas que restringem direitos devem ser interpretadas restritivamente, não comportando exegese ampliativa. O Código Civil estabeleceu meios legais específicos e rígidos para se alcançar tal desiderato, sem qualquer forma de constrangimento à dignidade do condômino inadimplente: a) ficará automaticamente sujeito aos juros moratórios convencionados ou, não sendo previstos, ao de um por cento ao mês e multa de até dois por cento sobre o débito (§ 1.º, art. 1.336); b) o direito de participação e voto nas decisões referentes aos interesses condominiais poderá ser restringido (art. 1.335, III); c) é possível incidir a sanção do art. 1.337, *caput*, do CC, sendo obrigado a pagar multa em até o quíntuplo do valor atribuído à contribuição para as despesas condominiais, conforme a gravidade da falta e a sua reiteração; d) poderá haver a perda do imóvel, por ser exceção expressa à impenhorabilidade do bem de família (Lei n.º 8.009/90, art. 3.º, IV)" (STJ, REsp 1.699.022/SP, 4.ª Turma, Rel. Min. Luis Felipe Salomão, j. 28.05.2019, *DJe* 1.º.07.2019).

Nas interpretações expostas, especialmente no julgado da Terceira Turma do STJ, analisa-se novamente o Direito Civil a partir da Constituição Federal de 1988 e dos princípios constitucionais, na esteira da *visão civil-constitucional do sistema* (Direito Civil Constitucional). Para tanto, é preciso reconhecer que os princípios constitucionais que protegem a pessoa humana têm aplicação imediata nas relações entre particulares (*eficácia horizontal*), inclusive nas relações entre condôminos e condomínio. Não se olvide que essa incidência está amparada no art. 5.º, § 1.º, da CF/1988, segundo o qual as normas que definem direitos fundamentais têm aplicação imediata. Em complemento, pode ser citado o art. 8.º do CPC/2015, segundo o qual, ao aplicar o ordenamento jurídico, o juiz deve resguardar o princípio da dignidade da pessoa humana.

Como se pode perceber, muitos são os dilemas que envolvem o art. 1.337 do Código Civil e as punições para o condômino antissocial. Para resolvê-los, o Projeto de Reforma do Código Civil, elaborado pela Comissão de Juristas nomeada no âmbito do Senado Federal, pretende inserir na norma os entendimentos hoje considerados como majoritários, pela doutrina e pela jurisprudência nacional.

De início, quanto ao seu *caput*, além de se incluir menção ao morador da unidade, pretende-se reduzir o quórum para dois terços, visando a uniformizá-lo com os demais, e porque o quórum atual de três quartos é muito difícil de ser alcançado na prática. Ademais, sugere-se que essa fração incida sobre os participantes da assembleia, o que melhor se coaduna com a prática condominial, na linha do que também é proposto para o dispositivo anterior. Nesse contexto, o comando passará a prever que "o condômino, o possuidor ou o morador que não cumprem reiteradamente seus deveres perante o condomínio poderá, por deliberação de dois terços dos condôminos presentes na assembleia, vir a ser constrangido a pagar multa correspondente a até cinco vezes o valor atribuído à contribuição para as despesas condominiais, conforme a gravidade e reiteração das faltas, independentemente das perdas e danos que se apurem".

O atual parágrafo único passará a ser o novo § 1.º do art. 1.337, com melhoras para a sua compreensão quanto ao montante da multa: "o condômino ou possuidor que, por seu reiterado comportamento antissocial, gerarem incompatibilidade de convivência com os demais condôminos ou possuidores, poderá ser constrangido a pagar multa correspondente a dez vezes o valor atribuído à contribuição para as despesas condominiais, sem prejuízo das perdas e danos". O comando receberá um § 2.º e, na linha da jurisprudência dominante, preverá, em boa hora, como antes exposto, que "as multas previstas neste dispositivo também se aplicam ao condômino que seja devedor contumaz".

A expulsão ou exclusão do condômino nocivo, tão pleiteada por muitos especialistas e pessoas que vivem a prática condominial, passará a constar dos §§ 3.º e 4.º do art. 1.337, na linha do Enunciado n. 508 da *V Jornada de Direito Civil*. Pela proposta, verificando-se que a sanção pecuniária se mostrou ineficaz, ulterior assembleia poderá deliberar, por 2/3 dos condôminos presentes, pela exclusão do condômino antissocial, a ser efetivada mediante decisão judicial, que proíba o seu acesso à unidade autônoma e às dependências do condomínio. Eventualmente, caso seja cessada a causa que deu ensejo à exclusão do condômino antissocial, poderá este requerer seja readmitido, mediante o mesmo quórum de condôminos, o que virá em boa hora, pois não se pode admitir uma *expulsão eterna*.

Também se propõe que todas as sanções do comando sejam fixadas "levando-se em consideração a gravidade das faltas cometidas e a sua reiteração, devendo ser garantido ao condômino o direito à ampla defesa perante a assembleia" (novo § 5.º do art. 1.337). Trata-se de inserção na norma do Enunciado n. 92 da *I Jornada de Direito Civil*, confirmado pela jurisprudência do STJ, como antes demonstrado.

Por fim, pelo novo § 6.º proposto para o art. 1.337, "se os atos antissociais forem praticados por um dos membros da família do proprietário ou do titular de outro direito real do imóvel ou se praticado por apenas um dos moradores da unidade, somente sobre este recairá a sanção de proibição de acesso à unidade". As sanções, assim, terão reconhecido o seu caráter personalíssimo ou *intuitu personae*, o que também virá em boa hora, em prol de uma maior segurança na imposição dessas graves penalidades, evitando-se injustiças.

Espera-se a aprovação das propostas pelo Congresso Nacional, pois o art. 1.337 apresenta hoje muitas lacunas, sendo urgente a necessidade de se regulamentar a exclusão do condômino nocivo, diante da realidade prática condominial em nosso país.

Superado o estudo das penalidades ao condômino e partindo para o estudo de outros direitos, o art. 1.338 do CC preconiza que resolvendo o condômino alugar área no abrigo para veículos, preferir-se-á, em condições iguais, qualquer dos condôminos a estranhos, e, entre todos, os possuidores. Trata-se de mais um *direito de preferência, preempção ou prelação legal* a favor do condômino. No caso de violação desse direito, entende-se que os condôminos preteridos podem constituir a locação em seu favor, em efeito semelhante ao que consta do art. 504 do CC.

Sobre a inovação, prevê o Enunciado n. 91 do CJF/STJ que "a convenção de condomínio, ou a assembleia geral, pode vedar a locação de área de garagem ou abrigo para veículos estranhos ao condomínio". Em suma, foi reconhecido na *I Jornada de Direito Civil* que a convenção de condomínio poderia proibir a venda ou locação a estranhos ao condomínio, na linha da alteração legislativa do art. 1.331, § 1.º, do CC.

Ademais, aprovou-se na *IV Jornada de Direito Civil*, evento de 2006, o Enunciado n. 320 do CJF/STJ: "o direito de preferência de que trata o art. 1.338 deve ser assegurado não apenas nos casos de locação, mas também na hipótese de venda da garagem". Na minha opinião, o enunciado doutrinário traz uma imprecisão, ao aplicar por analogia norma restritiva de direitos. Na verdade, somente há direito de preferência na venda no caso de condomínio de coisa indivisível (art. 504 do CC), o que pode não ser o caso da vaga de garagem (geralmente não o é).

Atente-se ao fato de que o debate exposto somente será relevante se houver na convenção de condomínio previsão expressa autorizando a locação ou a alienação de vaga de garagem a terceiros. Isso, diante da alteração do art. 1.331, § 1.º, do CC pela Lei 12.607/2012, fazendo tal exigência. Sendo assim, parece que o Enunciado n. 91 da *I Jornada de Direito Civil* restou prejudicado, eis que a lei acabou por confirmar, em parte, o seu conteúdo.

Vale lembrar, ainda, que o Projeto de Reforma do Código Civil pretende revogar expressamente o seu art. 1.338 e concentrar a temática nele prevista no art. 1.331, o que é melhor tecnicamente, como outrora demonstrado.

Superado esse ponto, determina o art. 1.339 do CC que os direitos de cada condômino às partes comuns são inseparáveis de sua propriedade exclusiva. São, do mesmo modo, inseparáveis das frações ideais correspondentes as unidades imobiliárias, com as suas partes acessórias. Nos casos deste artigo, é proibido alienar ou gravar os bens em separado, ou seja, alienar o uso das partes exclusivas sem alienar o das partes comuns (§ 1.º).

Todavia, é permitido ao condômino alienar *parte acessória* de sua unidade imobiliária a outro condômino, só podendo fazê-lo a terceiro se essa faculdade constar do ato constitutivo do condomínio, e se a ela não se opuser à respectiva assembleia geral (§ 2.º). Para a última hipótese, cite-se novamente a alienação da vaga de garagem, na linha da alteração do § 1.º do art. 1.331 pela Lei 12.607, de 4 de abril de 2012. Como antes pontuado, a codificação privada passou a estabelecer que os abrigos de veículo não poderão ser alienados ou alugados a pessoas estranhas ao condomínio, salvo autorização expressa na convenção de condomínio.

As despesas relativas a partes comuns de uso exclusivo de um condômino, ou de alguns deles, incumbem a quem delas se serve (art. 1.340 do CC). Como exemplo, pode ser mencionado, mais uma vez, o *hall* de elevador privativo, notadamente nos prédios em que há um apartamento por andar.

Também aplicando o conceito da norma, na hipótese de condomínio de lojas ou mistos, tem-se entendido pela impossibilidade de cobrança das cotas condominiais daqueles que não usufruem de determinados acessórios constantes do condomínio, caso dos elevadores e dos interfones. Acrescente-se, nessa linha, ementa publicada na Edição n. 68 da ferramenta *Jurisprudência em Teses*, do STJ, segundo a qual "a loja térrea, com acesso próprio à via pública, não concorre com gastos relacionados a serviços que não lhe sejam úteis, salvo disposição condominial em contrário" (tese de número 17).

Pelo mesmo raciocínio, ao proprietário do terraço de cobertura incumbem as despesas da sua conservação, de modo que não haja danos às unidades imobiliárias inferiores (art. 1.344 do CC). Ilustre-se com a conservação da piscina que se encontra na cobertura do prédio, compondo parte exclusiva.

Nunca se pode esquecer que as despesas condominiais constituem obrigações *propter rem* ou *próprias da coisa*, denominadas *obrigações ambulatórias*, pois seguem a coisa onde quer que ela se encontre. Isso pode ser retirado do art. 1.345 do CC, segundo o qual o adquirente de unidade responde pelos débitos do alienante, em relação ao condomínio, inclusive multas e juros moratórios. Como se nota, essa natureza híbrida (*direito pessoal + real*) abrange as penalidades, que são acessórios da dívida.

No âmbito da jurisprudência superior, concluindo pela existência de uma obrigação *propter rem* quanto às despesas de condomínio, destaque-se, por todos: STJ, AgRg no AREsp 148.547/SP, 4.ª Turma, Rel. Min. Maria Isabel Gallotti, j. 16.04.2013, *DJe* 23.04.2013; AgRg no REsp 1.299.228/RS, 4.ª Turma, Rel. Min. Marco Buzzi, j. 04.09.2012, *DJe* 14.09.2012; AgRg no REsp 947.460/RS, 4.ª Turma, Rel. Min. Maria Isabel Gallotti, j. 27.03.2012, *DJe* 10.04.2012). No mesmo sentido, cite-se a premissa número 3, da Edição n. 68 da ferramenta *Jurisprudência em Teses*, do mesmo Tribunal da Cidadania: "as cotas condominiais possuem natureza *propter rem*, razão pela qual os compradores de imóveis respondem pelos débitos anteriores à aquisição".

Interpretando esse dispositivo e aplicando a natureza *propter rem* dos débitos condominiais, a jurisprudência superior tem entendido que "o promitente vendedor que readquire a titularidade do direito real sobre o bem imóvel anteriormente alienado pode ser responsabilizado pelos débitos condominiais posteriores à alienação e contemporâneos à posse do promissário comprador, sem prejuízo de ulterior direito de regresso". Essa é a afirmação n. 5, publicada na Edição n. 133 da ferramenta *Jurisprudência em Teses* do STJ, do ano de 2019. Vejamos um dos precedentes da tese, que cita o julgado paradigmático a respeito do assunto:

"Agravo interno no recurso especial. Civil e processual civil. Ação de exoneração de dívida condominial. Compromisso de compra e venda. Rescisão. Reaquisição da titularidade do imóvel. Responsabilidade do promissário vendedor. Agravo improvido. 1. A jurisprudência do Superior Tribunal de Justiça firmou-se no sentido de que 'o promitente vendedor, sem prejuízo do seu direito de regresso, pode ser responsabilizado pelos débitos condominiais posteriores à alienação e contemporâneos à posse do promissário comprador, se readquirir a titularidade do direito real sobre o bem imóvel anteriormente alienado' (AgInt nos EDcl no REsp 1.407.443/PR, Rel. Ministro Luis Felipe Salomão, Quarta Turma, *DJe* de 17/9/2018). 2. Conforme reiteradamente decidido por esta Corte, 'Em regra, o promitente vendedor não pode ser responsabilizado pelos débitos condominiais posteriores à alienação, contemporâneos à posse do promissário comprador, pois, ao alienar o imóvel, tem a intenção de desvincular-se do direito real sobre o bem. Entretanto, quando o promitente vendedor obtém a retomada do bem anteriormente alienado, em virtude da reaquisição, sua condição de proprietário e/ou titular de direito real sobre a coisa não se rompe, razão porque o adquirente de imóvel em condomínio responde pelas cotas condominiais em atraso, ainda que anteriores à aquisição, ressalvado o seu direito de regresso contra o antigo proprietário/possuidor' (AgInt no REsp 1.229.639/PR, Rel. Ministro Marco Buzzi, Quarta Turma, *DJe* de 20/10/2016). 3. Agravo interno não provido" (STJ, Ag. Int. no REsp 1565327/PR, 4.ª Turma, Rel. Min. Raul Araújo, j. 21.03.2019, *DJe* 02.04.2019).

A propósito, quanto à possibilidade de cobrança dessas despesas no caso de compromisso de compra e venda, o Superior Tribunal de Justiça acabou por consolidar sua posição em 2015, conforme aresto publicado no seu *Informativo* n. 560. Em resumo, concluiu-se do seguinte modo:

"A respeito da legitimidade passiva em ação de cobrança de dívidas condominiais, firmaram-se as seguintes teses: a) o que define a responsabilidade pelo pagamento das obrigações condominiais não é o registro do compromisso de compra e venda, mas a relação jurídica material com o imóvel, representada pela imissão na posse pelo promissário comprador e pela ciência inequívoca do condomínio acerca da transação; b) havendo compromisso de compra e venda não levado a registro, a responsabilidade pelas despesas de condomínio pode recair tanto sobre o promitente vendedor quanto sobre o promissário comprador, dependendo das circunstâncias de cada caso concreto; e c) se ficar comprovado (i) que o promissário comprador se imitira na posse e (ii) o condomínio teve ciência inequívoca da transação, afasta-se a legitimidade passiva do promitente vendedor para responder por despesas condominiais relativas a período em que a posse foi exercida pelo promissário comprador" (STJ, REsp 1.345.331/RS, 2.ª Seção, Rel. Min. Luis Felipe Salomão, j. 08.04.2015, *DJe* 20.04.2015).

Consigne-se que estou filiado à solução do julgado, por ser perfeitamente lógica e em consonância com a boa-fé. Igualmente sobre esse tema, cabe pontuar que há premissa publicada na Edição n. 68 da ferramenta *Jurisprudência em Teses* da Corte, *in verbis*: "havendo compromisso de compra e venda não levado a registro, a responsabilidade pelas despesas de condomínio pode recair tanto sobre o promitente vendedor quanto sobre o promissário comprador, dependendo das circunstâncias de cada caso concreto" (tese 4).

Ademais, de forma correta, tem-se entendido que "o adquirente de imóvel deve pagar as taxas condominiais desde o recebimento das chaves ou, em caso de recusa ilegítima, a partir do momento no qual as chaves estavam à sua disposição". Isso porque, como se julgou de forma correta, "a recusa em receber as chaves constitui, em regra, comportamento contrário aos princípios contratuais, principalmente à boa-fé objetiva, desde que não esteja respaldado em fundamento legítimo" (STJ, REsp 1.847.734/SP, 3.ª Turma, Rel. Min. Ricardo Villas Bôas Cueva, j. 29.03.2022, *DJe* 31.03.2022).

Também interpretando o art. 1.345 do Código Civil, e como consequência da natureza *propter rem* da dívida condominial, a jurisprudência superior conclui que a ação de cobrança de débitos condominiais pode ser proposta também contra o arrendatário do imóvel. Nos termos de preciso aresto do Superior Tribunal de Justiça:

"As despesas condominiais, compreendidas como obrigações *propter rem*, são de responsabilidade daquele que detém a qualidade de proprietário da unidade imobiliária, ou ainda pelo titular de um dos aspectos da propriedade, tais como a posse, o gozo, a fruição, desde que esse tenha estabelecido relação jurídica direta com o condomínio. Na hipótese sob julgamento, a primeira recorrida, não obstante não seja a proprietária do ponto comercial, é arrendatária do mesmo, exercendo a posse direta sobre o imóvel. Inclusive, é quem usufrui dos serviços prestados pelo Condomínio, não sendo razoável que não possa ser demandada para o pagamento de despesas condominiais inadimplidas" (STJ, REsp 1.704.498/SP, 3.ª Turma, Rel. Min. Nancy Andrighi, j. 17.04.2018, *DJe* 24.04.2018).

Anoto que o atual Projeto de Reforma do Código Civil, elaborado pela Comissão de Juristas, pretende inserir essas conclusões jurisprudenciais no art. 1.345. Quanto ao compromisso de compra e venda, passará a constar de em um novo § 2.º, que preceituará o seguinte: "o comprador, promitente comprador ou cessionário, portadores de títulos que não estejam registrados no Registro de Imóveis, serão os únicos responsáveis pelo pagamento das cotas condominiais, se ficar comprovado que se imitiram na posse do bem ou que o condomínio teve ciência inequívoca dos negócios jurídicos celebrados, como, por exemplo, pela comunicação a que alude o inciso VIII do art. 1.336, deste Código". Com essa inclusão normativa, a temática encontrará a necessária estabilidade, de grande relevância para a prática condominial.

**1174** | MANUAL DE DIREITO CIVIL • VOLUME ÚNICO – *Flávio Tartuce*

Ademais, sugere-se incluir no *caput* menção ao art. 502 da Lei Geral Privada, que trata da compra e venda, e que tem a seguinte redação: "o vendedor, salvo convenção em contrário, responde por todos os débitos que gravem a coisa até o momento da tradição". Sem dúvidas, com esse acréscimo, a regra ficará mais clara e efetiva, passando o art. 1.345 a expressar o seguinte: "o adquirente de unidade responde pelos débitos do alienante, em relação ao condomínio, inclusive multas e juros moratórios, observado o disposto no art. 502 deste Código, em caso de alienação onerosa".

O comando receberá também um § 1.º, pelo qual "consideram-se adquirentes, para os fins de aplicação deste artigo, o devedor fiduciante e o arrendatário, nos casos de alienação fiduciária de bens imóveis e de arrendamento mercantil". Como visto, há entendimento da jurisprudência superior adotando essa solução e, como justificaram os membros da Sub-comissão de Direito das Coisas, "a alienação fiduciária em garantia de bens imóveis e o arrendamento mercantil imobiliário (*leasing* imobiliário) constituem negócios fiduciários nos quais o interesse econômico (adquirir o bem imóvel) se divorciam do que é feito juridica-mente, ou seja, com escopo de garantia, o bem imóvel é de propriedade do credor fiduciário e o arrendante são proprietários do bem, mas sobre ele não exercem poderes dominiais que não seja o de reaver em caso de inadimplemento. No caso da alienação fiduciária a proposta apenas ratifica o contido no artigo 23, § 2º da Lei Especial 9.51419/97 com a redação dada pela Lei Federal 14.620/2023, sendo importante trazer para o Código Civil a fim de tornar mais acessível essa importante disposição". Sem dúvidas que essa sugestão igualmente trará mais previsibilidade e segurança para as relações privadas condominiais.

No que diz respeito ao prazo para cobrança das quotas condominiais em aberto, o mesmo Tribunal da Cidadania acabou por consolidar a posição de incidência da prescrição de cinco anos, prevista no inciso I do § 5.º do art. 206 do CC/2002, presente uma obrigação assumida em instrumento público ou particular, a contar do dia seguinte ao vencimento da prestação (STJ, REsp 1.483.930/DF, 2.ª Seção Rel. Min. Luis Felipe Salomão, j. 23.11.2016, *DJe* 1.º.02.2017). O julgamento tem força vinculativa para outras decisões, nos termos de vários preceitos do CPC/2015.

Encerrando o estudo dos deveres, preconiza o art. 1.346 do CC que é obrigatório o seguro de toda a edificação contra o risco de incêndio ou destruição, total ou parcial. Como leciona Maria Helena Diniz, a seguradora a ser contratada será escolhida pelo síndico e ocorrendo o sinistro, a indenização será paga aos condôminos na proporção de seus quinhões.[141] Anote-se que a não contratação do seguro pode gerar a destituição do síndico por irresponsabilidade.

### 7.7.4.3 *Da administração do condomínio edilício*

São pessoas e órgãos relacionados com a administração do condomínio:

*a) O síndico*

A assembleia condominial deve escolher um síndico, que é o administrador-geral do condomínio, ou seja, o seu *presidente* ou *gerente*. Há, desse modo, um *mandato legal*. Conforme o art. 1.347 do CC, o síndico poderá não ser condômino, ou seja, admitem-se *síndicos profissionais*, devidamente remunerados para o exercício de suas atribuições.

O prazo de administração não pode ser superior a dois anos, mas poderá renovar-se. Eventualmente, a convenção pode dispor ao contrário quanto aos dois aspectos. O antigo

---

[141] DINIZ, Maria Helena. *Código Civil anotado*. 15. ed. São Paulo: Saraiva, 2010. p. 940.

CAP. 7 • DIREITO DAS COISAS | **1175**

Projeto de Lei Ricardo Fiuza pretendia alterar o dispositivo, passando a prever que a renovação somente pode ocorrer uma vez, o que visa evitar *ditaduras dos síndicos* por longos períodos.[142]

No atual Projeto de Reforma do Código Civil, elaborado pela Comissão de Juristas nomeada no âmbito do Senado Federal, almeja-se incluir regra no art. 1.347 sobre a possibilidade de remuneração dos síndicos, que poderá ser até pessoa jurídica, visando à sua profissionalização, que já ocorre em grandes centros. Além disso, passará ele a prever sobre a nomeação do subsíndico, muito comum na realidade condominial. Assim, nos termos do proposto *caput* da norma, "a assembleia escolherá um síndico que poderá não ser condômino, para administrar o condomínio, por prazo não superior a dois anos, cujo mandato poderá ser renovado". Em complemento, consoante o projetado § 1.º, "o síndico poderá ser remunerado ou não, admitindo-se que seja pessoa natural ou jurídica". Por fim, será facultada a "escolha de um subsíndico a quem caberá substituir o síndico em suas faltas ou impedimentos, sem prejuízo de outras competências que lhe sejam atribuídas na convenção" (§ 2.º).

Voltando-se ao sistema vigente, nos termos do art. 1.348 do CC vigente, compete ao síndico:

I) Convocar a assembleia dos condôminos, seja ela ordinária ou extraordinária.

II) Representar, ativa e passivamente, o condomínio, praticando, em juízo ou fora dele, os atos necessários à defesa dos interesses comuns. Não se pode esquecer que o condomínio edilício tem legitimidade ativa processual, notadamente para as ações de cobrança das quotas condominiais (art. 75, inc. XI, do CPC/2015).

III) Dar imediato conhecimento à assembleia da existência de procedimento judicial ou administrativo, de interesse do condomínio, caso de eventual penalidade imposta pelo Poder Público.

IV) Cumprir e fazer cumprir a convenção, o regimento interno e as determinações da assembleia, ou seja, os acordos e estatutos coletivos, em prol da função social da propriedade.

V) Diligenciar a conservação e a guarda das partes comuns e zelar pela prestação dos serviços que interessem aos possuidores.

VI) Elaborar o orçamento da receita e da despesa relativa a cada ano.

VII) Cobrar dos condôminos as suas contribuições, bem como impor e cobrar as multas devidas, o que inclui as penalidades por excesso de barulho e de uso incompatível das partes comuns ou exclusivas.

VIII) Prestar contas à assembleia, anualmente e quando exigidas. O desrespeito a esse dever pode ensejar ação de prestação de contas por qualquer condômino. De todo modo, a respeito desse comando, concluiu o Superior Tribunal de Justiça, em 2024, que o condômino, individualmente e de forma isolada, não possui legitimidade para propor ação de prestação de contas, pois a obrigação do síndico é de prestar contas à assembleia de condomínio (STJ, Ag. Int. no AREsp 2.408.594/SP, 4.ª Turma, Rel. Min. João Otávio de Noronha, j. 16.09.2024, *DJe* 18.09.2024).

IX) Realizar o seguro da edificação.

Eventualmente, poderá a assembleia investir outra pessoa, em lugar do síndico, em poderes de representação (art. 1.348, § 1.º, do CC). É o caso de uma administradora, que pode atuar em nome do condomínio edilício, o que é bem comum nas grandes cidades.

---

[142] Ver: ALVES, Jones Figueirêdo; DELGADO, Mário Luiz. *Código Civil anotado*. São Paulo: Método, 2005. p. 675-676.

**1176** | MANUAL DE DIREITO CIVIL • VOLUME ÚNICO – *Flávio Tartuce*

O síndico pode transferir a outrem, total ou parcialmente, os poderes de representação ou as funções administrativas, mediante aprovação da assembleia, salvo disposição em contrário da convenção (art. 1.348, § 2.º, do CC). Trata-se do subsíndico, que pode ser tido como o *vice-presidente* do condomínio edilício, geralmente quando o síndico não puder fazê-lo. Aplicam-se ao subsíndico os mesmos preceitos relativos ao síndico.

Por fim, em casos excepcionais, cabe a destituição do síndico por meio de assembleia, que exige maioria absoluta de seus membros. A destituição cabe se ele praticar irregularidades, não prestar contas, ou não administrar convenientemente o condomínio (art. 1.349). Para ilustrar, da jurisprudência, destaquem-se as hipóteses de confusão patrimonial e desorganização gerencial praticadas pelo administrador (TJDF, Recurso 2008.04.1.011460-3, Acórdão 439.063, 6.ª Turma Cível, Rel. Des. José Divino de Oliveira, *DJDFTE* 20.08.2010, p. 97).

Cabe pontuar que julgados interpretam o art. 1.349 do Código Civil no sentido de a maioria absoluta ali referida dizer respeito aos condôminos presentes na assembleia especialmente designada para tal fim, o que parece ser correto. Assim decidindo, por todos: "o quórum exigido no Código Civil para a destituição do cargo de síndico do condomínio é a maioria absoluta dos condôminos presentes na assembleia geral extraordinária. Interpretação literal e teleológica do artigo 1.349 do Código Civil" (STJ, REsp 1.266.016/DF, 3.ª Turma, Rel. Min. Paulo de Tarso Sanseverino, j. 18.12.2014, *DJe* 05.02.2015).

Como último tema a ser exposto a respeito das atribuições do síndico, em tempos de pandemia da Covid-19 tem-se debatido a possibilidade de o síndico limitar a utilização não só de áreas comuns como também de propriedade exclusiva, diante da necessidade de respeitar normas de distanciamento social determinadas pelo Poder Público.

O então Projeto de Lei 1.179, que originou a Lei 14.010/2020, criando um Regime Jurídico Emergencial Transitório de Direito Privado (RJET), diante dessa profunda crise sanitária, trouxe regra nesse sentido, aprovada inicialmente no Senado e na Câmara dos Deputados. Conforme o seu art. 11, em caráter emergencial, até 30 de outubro de 2020, além dos poderes conferidos pelo art. 1.348 do Código Civil, poderia o síndico restringir a utilização das áreas comuns para evitar a contaminação pelo coronavírus (Covid-19), respeitado o acesso à propriedade exclusiva dos condôminos. Poderia, ainda, o que gerou grande polêmica e motivou o veto, restringir ou proibir a realização de reuniões e festividades e o uso dos abrigos de veículos por terceiros, inclusive nas áreas de propriedade exclusiva dos condôminos, como medida provisoriamente necessária para evitar a propagação do coronavírus (Covid-19), vedada qualquer restrição ao uso exclusivo pelos condôminos e pelo possuidor direto de cada unidade.

A norma também previa, em seu parágrafo único, que não se aplicariam essas restrições e proibições para casos de atendimento médico, de obras de natureza estrutural ou para a realização de benfeitorias necessárias. Nesse contexto, as obras essenciais estariam autorizadas em tempos pandêmicos, outro tema que também gerou muitos debates, inclusive no âmbito do Poder Judiciário.

Mantendo a decisão que determinou a realização de obras, com o fim de evitar a propagação do vírus, do Tribunal do Rio de Janeiro:

> "Deve ser mantida a decisão que defere a tutela de urgência para suspender as obras realizadas em unidade imobiliária, a pedido do condomínio, se entendem os representantes do mesmo que há risco de disseminação da Covid-19. Inexistência de flexibilização de todas as atividades que não autoriza o retorno das obras emergenciais" (TJRJ, Agravo de Instrumento 0045433-27.2020.8.19.0000, 11.ª Câmara Cível, Rio de Janeiro, Rel. Des. Luiz Henrique de Oliveira Marques, *DORJ* 25.09.2020, p. 459).

Porém, em sentido contrário, do Tribunal Paulista, analisando a mudança da realidade pandêmica:

"Decisão de primeiro grau que deferiu a tutela de urgência para o fim de permitir à autora a realização de obras em sua unidade condominial. Inconformismo do requerido. Efeito suspensivo concedido inicialmente, para obstar a obra. Alteração das regras de flexibilização e distanciamento social, por conta da pandemia gerada pela Covid-19, após a interposição do recurso, com protocolo de abertura emitido pelo recorrente, permitindo a realização de obras não essenciais, caso do autos. Decisão mantida, com observação, no sentido de que se o município retornar para a fase vermelha o condomínio pode restringir o acesso para obras não essenciais" (TJSP, Agravo de Instrumento 2129707-89.2020.8.26.0000, Acórdão 13900545, 29.ª Câmara de Direito Privado, Campinas, Rel. Des. Jayme de Oliveira, j. 26.08.2020, *DJESP* 02.09.2020, p. 4.136).

A emergência da norma teria o escopo de evitar essa indesejada judicialização do tema. Entretanto, o comando foi inteiramente vetado pelo Sr. Presidente da República, por entender tratar-se de uma desmedida intervenção do Estado nas relações privadas. Conforme as razões do veto, "a propositura legislativa, ao conceder poderes excepcionais para os síndicos suspenderem o uso de áreas comuns e particulares, retira a autonomia e a necessidade das deliberações por assembleia, em conformidade com seus estatutos, limitando a vontade coletiva dos condôminos".

As próprias razões do veto demonstram ser possível que a assembleia dos condôminos, seja ela ordinária ou extraordinária e por aprovação de 2/3, aprove a possibilidade de limitações de uso, notadamente das áreas comuns, diante da pandemia.

Destaque-se a existência de julgado que considerou até ser possível a determinação unilateral do síndico dessas restrições, como estava no projeto de lei, afastando a possibilidade de sua destituição. Conforme o acórdão, do Tribunal Paulista:

"Pela análise dos elementos constantes nos autos, em juízo de cognição sumária, tem-se que a apreciação da tutela de suspensão da deliberação em assembleia extraordinária de destituição da síndica deve mesmo ser mantida visando maiores subsídios e observada a ampla defesa, pois não se vislumbra, dos elementos de prova, motivação justificada da deliberação assemblear, nos termos do art. 1.349 do Código Civil, bem como o argumento de vedação de uso de áreas comuns está na área de atribuição da síndica, no interesse da coletividade no momento de pandemia" (TJSP, Agravo de Instrumento 2168665-47.2020.8.26.0000, Acórdão 13915585, 32.ª Câmara de Direito Privado, São Paulo, Rel. Des. Kioitsi Chicuta, j. 31.08.2020, *DJESP* 04.09.2020, p. 3.034).

Também a respeito desse tema, a regra legal teria evitado a judicialização do assunto.

Sobre as áreas de propriedade exclusiva, penso que as restrições somente seriam possíveis caso fossem aprovadas em lei, o que acabou não ocorrendo, sendo essa a principal polêmica da norma emergencial. Trata-se da única regra que não foi restabelecida no Congresso Nacional, que derrubou todos os outros vetos presidenciais, por todas as divergências existentes no seu conteúdo.

A esse propósito, em aresto de 2022, o Superior Tribunal de Justiça acabou por concluir que o síndico não poderia ter impedido o acesso de condômino às áreas de sua propriedade exclusiva, quando ativa e aguda estava a pandemia de Covid-19. O aresto ponderou os direitos envolvidos, pontuando ser a propriedade um direito fundamental e demonstrando a existência de outras medidas que poderiam ter sido adotadas. Consoante o acórdão, que traz afirmações há pouco expostas e que merece destaque:

"O direito de propriedade confere ao seu detentor a faculdade de usar, gozar e dispor da coisa, e o direito de reavê-la do poder de quem quer que injustamente a possua ou detenha, sendo ele um direito fundamental (art. 1.228 do CC/2002 e art. 5.º, XXII, da CRFB). Considerando que o síndico é o administrador do condomínio, com a competência para praticar os atos necessários à defesa dos interesses comuns (arts. 1.347 e 1.348, II, do CC/2002 e 22, *caput* e § 1º, da Lei n.º 4.591/1964), cabe a ele adotar as medidas necessárias para proteger a saúde e a vida dos condôminos, ainda que isso implique em restrições a outros direitos, como o de propriedade, especialmente em situações excepcionais, como na pandemia da doença Covid-19, desde que tais restrições sejam proporcionais. Na hipótese de conflitos entre direitos fundamentais, para avaliar se é justificável uma determinada medida que restringe um direito para fomentar outro, deve-se valer da regra da proporcionalidade, a qual se divide em três sub-regras: adequação, necessidade e proporcionalidade em sentido estrito. A medida restritiva ao direito de propriedade, consistente em impedir, de forma absoluta, o proprietário de entrar em sua unidade condominial é adequada para atingir o objetivo pretendido, qual seja, evitar a disseminação da Covid-19, assegurando o direito à saúde e à vida dos condôminos. Entretanto, a medida não é necessária, tendo em vista a existência de outros meios menos gravosos e igualmente adequados, como a implementação, pelo síndico, de um cronograma para que os proprietários possam acessar suas respectivas unidades condominiais em horários predeterminados, mantendo vedado o acesso ao público externo. Hipótese em que se reconhece a indevida restrição ao direito de propriedade do recorrente pela medida adotada pelo síndico do condomínio recorrido de vedar totalmente o acesso do prédio aos proprietários; e, consequentemente, o direito de o recorrente adentrar em sua unidade condominial" (STJ, REsp 1.971.304/SP, 3.ª Turma, Rel. Min. Nancy Andrighi, j. 14.06.2022, *DJe* 21.06.2022).

Considerando-se as peculiaridades do caso concreto, concordo totalmente com a solução que foi dada pelos julgadores nessa hipótese fática.

### b) *As assembleias (ordinária e extraordinária)*. Quoruns *e deliberações*

De início há a *assembleia geral ordinária*, tratada pelo art. 1.350 do CC. Essa será convocada pelo síndico, anualmente e na forma prevista na convenção, a fim de aprovar o orçamento das despesas, as contribuições dos condôminos e a prestação de contas, e, eventualmente, eleger-lhe o substituto e alterar-lhe o regimento interno.

Se o síndico não convocar a *assembleia geral ordinária*, um quarto dos condôminos poderá fazê-lo (art. 1.350, § 1.º, do CC). Se a assembleia não se reunir, o juiz decidirá a respeito da questão, a requerimento de qualquer condômino (art. 1.350, § 2.º, do CC). O último dispositivo está na contramão da tendência atual, que é a de *desjudicialização* dos conflitos civis.

Não se olvide que é possível a convocação de uma *assembleia extraordinária*, para tratar de temas relevantes ou urgentes referentes ao condomínio. Essa poderá ser convocada pelo síndico ou por um quarto dos condôminos (art. 1.355 do CC).

A respeito das duas assembleias, devem ser observados os seguintes preceitos sobre os *quoruns* e votações:

- Depende da aprovação de 2/3 (dois terços) dos votos dos condôminos a alteração da convenção, bem como a mudança da destinação do edifício ou da unidade imobiliária (art. 1.351). O dispositivo foi inicialmente alterado pela Lei 10.931/2004, eis que a redação anterior falava em 2/3 dos condôminos e

CAP. 7 • DIREITO DAS COISAS | **1179**

não dos votos da assembleia, o que dificilmente seria atingido na prática. Em 2022, houve nova modificação, por meio da Lei 14.405, uma vez que estava antes previsto que a mudança da destinação do edifício, ou da unidade imobiliária, dependeria da aprovação pela unanimidade dos condôminos, passando-se a aplicar a regra dos 2/3. A modificação acaba por privilegiar os interesses do mercado, sobretudo de incorporadoras imobiliárias que pretendam adquirir prédios inteiros, e alterar a sua destinação. Como fez a Comissão de Direito Civil da OABSP, presidida pelo Professor Nestor Duarte, filiei-me contra a modificação, pois ela representa um grave atentado ao direito de propriedade, sendo a regra da unanimidade a mais correta, até porque já estava consolidada na realidade jurídica brasileira. De todo modo, a norma está em vigor e deve ser aplicada. Ainda sobre o mesmo art. 1.351 da codificação privada, merece ser comentado o Enunciado n. 665, aprovado na *IX Jornada de Direito Civil*, em maio de 2022, a saber: "a reconstrução de edifício realizada com o propósito de comercialização das unidades durante a obra sujeita-se ao regime da incorporação imobiliária e torna exigível o registro do Memorial de Incorporação". A ementa doutrinária, que contou com o meu apoio, almeja trazer mais segurança à obra realizada, constan-do de parte de suas justificativas que "é exigível o registro do Memorial de Incorporação, porque esse é o ato registral hábil para qualificar o direito de propriedade resultante da reconfiguração das frações ideais, unidades e partes comuns do futuro edifício. Além disso, é o meio legal de identificação do responsável pelo empreendimento, e exibição do projeto e dos documentos que comprovem sua aptidão legal e empresarial para transmitir a proprieda-de das unidades, celebrar contratos, promover a construção, por si ou por terceiros, e entregar as futuras unidades". Como última nota a respeito do art. 1.351, no Projeto de Reforma do Código Civil, elaborado pela Comissão de Juristas nomeada no âmbito do Senado Federal, pretende-se incluir um parágrafo único no comando, prevendo que, "nos casos em que as alterações previstas no *caput* forem pedidas pelo Poder Público, para os fins de aprovei-tamento de edificação subutilizada, será suficiente a aprovação por maioria simples dos condôminos". De fato, como bem justificaram os membros da Subcomissão de Direito das Coisas, a proposta se justifica, para concretizar a função social da propriedade.

– A realização de obras no condomínio depende: *a)* se voluptuárias, de voto de dois terços dos condôminos; *b)* se úteis, de voto da maioria dos condôminos (art. 1.341 do CC). As obras ou reparações necessárias podem ser realizadas, independentemente de autorização, pelo síndico, ou, em caso de omissão ou impedimento deste, por qualquer condômino (§ 1.º). Se as obras ou reparos necessários forem urgentes e importarem em despesas excessivas, determi-nada sua realização, o síndico ou o condômino que tomou a iniciativa delas dará ciência à assembleia, que deverá ser convocada imediatamente (§ 2.º). Não sendo urgentes, as obras ou reparos necessários, que importarem em despesas excessivas, somente poderão ser efetuadas após autorização da assembleia, especialmente convocada pelo síndico, ou, em caso de omissão ou impedimento deste, por qualquer dos condôminos (§ 3.º). O condômino que realizar obras ou reparos necessários será reembolsado das despesas que efetuar, não tendo direito à restituição das que fizer com obras ou reparos de outra natureza, embora de interesse comum (§ 4.º).

– A realização de obras, em partes comuns, em acréscimo às já existentes, a fim de lhes facilitar ou aumentar a utilização, depende da aprovação de dois terços dos votos dos condôminos. Ex.: ampliação da área de lazer. Não são permitidas construções, nas partes comuns, suscetíveis de prejudicar a utilização, por qualquer dos condôminos, das partes próprias, ou comuns (art. 1.342 do CC).

- A construção de outro pavimento, ou, no solo comum, de outro edifício, destinado a conter novas unidades imobiliárias, depende da aprovação da unanimidade dos condôminos (art. 1.343 do CC). Ex.: construção de um novo pavimento de garagem.

- A respeito das deliberações, salvo quando exigido *quorum* especial, serão tomadas, em primeira convocação, por maioria de votos dos condôminos presentes que representem pelo menos metade das frações ideais (art. 1.352 do CC). Os votos serão proporcionais às frações ideais no solo e nas outras partes comuns pertencentes a cada condômino, salvo disposição diversa da convenção de constituição do condomínio (art. 1.352, parágrafo único, do CC). Assim, a convenção pode estipular que todos os condôminos têm direitos iguais nos votos.

- Em segunda convocação, a assembleia poderá deliberar por maioria dos votos dos presentes, salvo quando exigido *quorum* especial (art. 1.353 do CC). Em prol da redução de burocracias e da efetividade das decisões assembleares, a Lei 14.309/2022 introduziu parágrafos no dispositivo, possibilitando a sessão permanente das assembleias condominiais. Nos termos do novo § 1.º do art. 1.353, quando a deliberação exigir quórum especial previsto em lei ou em convenção, e ele não for atingido, a assembleia poderá, por decisão da maioria dos presentes, autorizar o presidente a converter a reunião em sessão permanente, desde que cumulativamente: *a)* sejam indicadas a data e a hora da sessão em seguimento, que não poderá ultrapassar sessenta dias, e identificadas as deliberações pretendidas, em razão do quórum especial não atingido; *b)* fiquem expressamente convocados os presentes e sejam obrigatoriamente convocadas as unidades ausentes, na forma prevista em convenção; *c)* seja lavrada ata parcial, relativa ao segmento presencial da reunião da assembleia, da qual deverão constar as transcrições circunstanciadas de todos os argumentos até então apresentados relativos à ordem do dia, que deverá ser remetida aos condôminos ausentes; e *d)* seja dada continuidade às deliberações no dia e na hora designados, e seja a ata correspondente lavrada em seguimento à que estava parcialmente redigida, com a consolidação de todas as deliberações. Além disso, passou a norma a estabelecer que os votos consignados na primeira sessão ficarão registrados, sem necessidade de comparecimento dos condôminos para sua confirmação, os quais poderão, se estiverem presentes no encontro seguinte, requerer a alteração do seu voto até o desfecho da deliberação pretendida (§ 2.º do art. 1.353 do CC). Por fim, está enunciado no dispositivo que a sessão permanente poderá ser prorrogada tantas vezes quantas necessárias, desde que a assembleia seja concluída no prazo total de noventa dias, contado da data de sua abertura inicial (§ 3.º do art. 1.353 do CC). Todas as modificações incidem sem a necessidade de alteração da convenção condominial.

- A respeito da votação, a assembleia não poderá deliberar se todos os condôminos não forem convocados para a reunião (art. 1.354 do CC). Devem ser utilizados meios idôneos e amplos de publicidade. Na prática, é comum o envio de correspondência a todos os condôminos; bem como a colocação de um aviso na área comum.

Como nota importante sobre as assembleias condominiais, diante da pandemia da Covid-19, e do necessário distanciamento social, a assembleia geral ordinária e também a que visa à destituição do síndico passaram a poder ser realizadas pelo meio virtual ou à distância, por força do art. 12 da Lei 14.010/2020 (RJET). Conforme o seu teor, "a assembleia condominial, inclusive para os fins dos arts. 1.349 e 1.350 do Código Civil, e a respectiva votação poderão ocorrer, em caráter emergencial, até 30 de outubro de 2020, por meios virtuais, caso em que a manifestação de vontade de cada condômino será equiparada, para todos os efeitos jurídicos, à sua assinatura presencial".

A título de exemplo, passou a ser possível realizar a assembleia com plataformas digitais como o *Zoom* ou o *Teams*. Como se pode perceber, não há menção expressa à assembleia extraordinária, mas ela também poderia ser efetivada por esse meio, no meu entender, pela utilização do termo "inclusive" que dá um sentido exemplificativo à previsão legal.

As realizações dessas assembleias virtuais no ano de 2020 revelaram uma maior participação dos condôminos, e era imperiosa uma lei que trouxesse a possibilidade de sua realização definitiva. Enquanto isso não ocorria, entendia eu ser possível alterar a convenção de condomínio ou mesmo o seu regimento interno, para que a medida fosse efetivada. Trata-se de medida que veio para se tornar definitiva e não apenas transitória.

A Lei 14.309/2022 passou a possibilitar a realização de assembleias condominiais virtuais, na linha do que estava previsto no RJET, introduzindo no Código Civil o novo art. 1.354-A, com seis parágrafos tratando dos seus procedimentos. Consoante o seu *caput*, a convocação, a realização e a deliberação de quaisquer modalidades de assembleia poderão dar-se de forma eletrônica, desde que: *a)* tal possibilidade não seja vedada na convenção de condomínio, o que raramente ocorre na prática; e *b)* sejam preservados aos condôminos os direitos de voz, de debate e de voto, por meio das plataformas digitais, o que é essencial, por óbvio.

Do instrumento de convocação deverá constar que a assembleia será realizada por meio eletrônico, bem como as instruções sobre acesso (*v.g.*, como o envio do *link* e suas orientações), manifestação e forma de coleta de votos dos condôminos quando da reunião virtual (art. 1.354-A, § 1.º, do CC).

O novo diploma também afasta a responsabilização civil da administração do condomínio por problemas decorrentes dos equipamentos de informática, da conexão à *internet* dos condôminos ou de seus representantes, bem como por quaisquer outras situações que não estejam sob o seu controle (art. 1.354-A, § 2.º, do CC). Entre as últimas pode ser citada, por exemplo, eventual agressão verbal entre os condôminos, quando da reunião virtual, sendo certo que a administração do condomínio não pode responder civilmente por essa ocorrência.

Sobre os procedimentos, somente após o somatório de todos os votos e a sua divulgação será lavrada a respectiva ata, também eletrônica, e encerrada a assembleia geral (art. 1.354-A, § 3.º, do CC). Como não poderia ser diferente, a assembleia eletrônica deverá obedecer aos preceitos de instalação, de funcionamento e de encerramento previstos no edital de convocação e poderá ser realizada de forma híbrida (art. 1.354-A, § 4.º, do CC). Assim, é perfeitamente possível que alguns condôminos estejam presentes no Salão de Festas do prédio e outros acompanhando pela plataforma *Zoom*, o que tende a gerar um aumento de participação nas assembleias.

Eventualmente, normas complementares relativas às assembleias eletrônicas poderão ser previstas no regimento interno do condomínio e definidas mediante aprovação da maioria simples dos presentes em assembleia convocada para essa finalidade (art. 1.354-A, § 5.º, do CC). A título de ilustração, é possível estabelecer que os votos eletrônicos sejam secretos, feitos por meio da plataforma.

Por fim, o § 6.º do novo comando prevê que os documentos pertinentes à ordem do dia poderão ser disponibilizados de forma física ou eletrônica aos participantes, o que igualmente visa à digitalização dos procedimentos, tendência do Direito Civil Contemporâneo.

**1182** | MANUAL DE DIREITO CIVIL • VOLUME ÚNICO – *Flávio Tartuce*

Feitas essas importantes notas de atualização da obra, merece destaque, ainda, o parágrafo único do art. 12 do RJET, fruto de proposta formulada por mim, uma vez que não constava do original Projeto de Lei 1.179/2020, e que prorrogou os mandatos dos síndicos vencidos a partir de 20 de março de 2020 até 30 de outubro do mesmo ano, caso não fosse possível a realização de assembleias presenciais para tais fins, naquela época. Pontue-se que surgiram decisões judiciais determinando a prorrogação de mandatos de síndico, pelo que consta do preceito. A título de ilustração, do Tribunal do Rio de Janeiro:

> "Presença dos requisitos necessários ao deferimento de tutela antecipada. Prorrogação do mandato que, ante a impossibilidade da realização de assembleia por meios virtuais, é admitida pelo art. 12, parágrafo único, da Lei n.º 14.010/2020. Inviabilidade de se deixar o condomínio sem administração adequada. Irresignação com suposta má gestão do síndico que deve ser objeto de demanda própria" (TJRJ, Agravo de Instrumento 0034595-25.2020.8.19.0000, 2.ª Câmara Cível, Rio de Janeiro, Rel. Des. Alexandre Freitas Câmara, *DORJ* 02.09.2020, p. 302).

A última regra relativa ao condomínio edilício constante da Lei 14.010/2020 trata da obrigatoriedade de o síndico prestar contas dos seus atos de administração mesmo no período da pandemia, sob pena de sua destituição (art. 13). Como antes pontuei, o art. 11 do então projeto, que tratava da possibilidade de o síndico fazer uso de medidas restritivas durante a pandemia, foi vetado pelo Sr. Presidente da República.

### c) O conselho fiscal

Poderá haver no condomínio um conselho fiscal, órgão consultivo financeiro, composto de três membros, eleitos pela assembleia, conforme previsto na convenção (art. 1.356 do CC). Esse conselho não é obrigatório, mas facultativo. O prazo de atuação não pode ser superior a dois anos.

Compete ao conselho dar parecer sobre as contas do síndico, aprovando-as ou rejeitando-as. Como destacam Carlos Alberto Dabus Maluf e Márcio Antero Motta Ramos Marques, citando jurisprudência, tais decisões do conselho devem ser submetidas à assembleia, o que é a melhor solução, diante do regime democrático que deve imperar no condomínio edilício.[143]

### 7.7.4.4 Da extinção do condomínio edilício

Encerrando o estudo do condomínio edilício, esse poderá ser extinto nas seguintes hipóteses previstas na codificação privada, que, aliás, são raras na prática:

> – Se a edificação for total ou consideravelmente destruída, ou ameace ruína (art. 1.357 do CC). Os condôminos deliberarão em assembleia sobre a reconstrução ou venda, por votos que representem metade mais uma das frações ideais. Conforme os parágrafos do comando legal, deliberada a reconstrução, poderá o condômino eximir-se do pagamento das despesas respectivas, alienando os seus direitos a outros condôminos, mediante avaliação judicial. Realizada a venda, em que se preferirá, em condições iguais de oferta, o condômino ao estranho, será repartido o apurado entre os condôminos, proporcionalmente ao valor das suas unidades imobiliárias.

---

[143] MALUF, Carlos Alberto Dabus; MARQUES, Márcio Antero Motta Ramos. *Condomínio edilício*. 3. ed. São Paulo: Saraiva, 2009. p. 128.

CAP. 7 • DIREITO DAS COISAS | **1183**

> – *Em havendo desapropriação do imóvel.* Em casos tais, a indenização será repartida na proporção das quotas dos condôminos (art. 1.358 do CC).

### 7.7.4.5 *Novas modalidades de condomínios instituídas pela Lei 13.465/2017. Condomínio de lotes e condomínio urbano simples*

Com o intuito de melhorar a qualidade da distribuição da terra urbana, visando à formalização dominial de muitas áreas e com o objetivo de resolver alguns problemas e dilemas anteriores, a Lei 13.465/2017 introduziu novas modalidades de condomínio, que passam a ser estudadas nesta obra, por interessarem diretamente à disciplina do Direito das Coisas: *a)* o condomínio de lotes, incluindo a modalidade de acesso controlado; e *b)* o condomínio urbano simples.

Começando pelo *condomínio de lotes,* a norma emergente incluiu, por força do seu art. 58, uma seção no tratamento relativo ao condomínio na codificação material (art. 1.358-A do CC/2002). O objetivo foi alcançar os chamados loteamentos fechados, regulamentando--os e atribuindo-lhes formalidade. Como observa Marco Aurélio Bezerra de Melo, mesmo no sistema anterior já era possível a instituição de um *condomínio horizontal* ou *deitado,* "que não teria por fim reconhecer como unidade autônoma um apartamento, sala, casa, isto é, uma edificação, mas sim um lote de terreno apto à edificação, isto é, dotado de infraestrutura básica para tanto, segundo os ditames da Lei 4.591/1964 no que tange à incorporação imobiliária e da Lei 6.766/1979 que disciplina a divisão do solo urbano, além, à toda evidência, da observância das normas edilícias da localidade em atenção à competência constitucional delegada aos municípios (arts. 30, VIII, e 182, CF)".[144]

Conforme o *caput* do primeiro preceito que trata do instituto, pode haver, em terrenos, partes designadas de lotes que são propriedade exclusiva e partes que são propriedade comum dos condôminos. Como se nota, os loteamentos passam a seguir, sem qualquer dúvida, o mesmo regime do condomínio edilício, com a divisão em áreas comuns – de convivência de todos – e exclusivas – com posse direta exercida somente por cada um dos condomínios. Acrescente-se que o conceito de loteamento é retirado do art. 2.º, § 1.º, da Lei 6.766/1979, que trata do parcelamento do solo urbano. Nos seus termos, considera-se loteamento a subdivisão de gleba em lotes destinados a edificação, com abertura de novas vias de circulação, de logradouros públicos ou prolongamento, modificação ou ampliação das vias existentes.

Também segundo a lei especial, o lote é definido como o terreno servido de infraestrutura básica cujas dimensões atendam aos índices urbanísticos definidos pelo plano diretor ou lei municipal para a zona em que se situa (art. 2.º, § 4.º, da Lei 6.766/1979). Como mecanismos de infraestrutura, há previsão quanto aos equipamentos urbanos de escoamento das águas pluviais, iluminação pública, esgotamento sanitário, abastecimento de água potável, energia elétrica pública e domiciliar e vias de circulação (art. 2.º, § 5.º, da Lei 6.766/1979).

Expostos tais conceitos básicos, e retornando-se à visualização do novo tratamento constante do Código Civil, estabelece o seu § 1.º do art. 1.358-A que a fração ideal de cada condômino poderá ser proporcional à área do solo de cada unidade autônoma, ao respectivo potencial construtivo ou a outros critérios indicados no ato de instituição. Segue-se, mais uma vez, o modelo do condomínio edilício, notadamente o que consta do art. 1.331, § 3.º, da própria codificação material, segundo o qual "a cada unidade imobiliária caberá, como

---

[144] MELO, Marco Aurélio Bezerra de. *Direito Civil.* Coisas. 2. ed. Rio de Janeiro: Forense, 2018. p. 282.

parte inseparável, uma fração ideal no solo e nas outras partes comuns, que será identificada em forma decimal ou ordinária no instrumento de instituição do condomínio". Nos dois casos poderão as partes envolvidas dispor sobre a fração ideal de cada condomínio, o que representa importante e fundamental valorização da autonomia privada.

Em complemento, como visto, o que representa um notável avanço, preceitua o novo § 2.º do art. 1.358-A do CC/2002 que "aplica-se, no que couber, ao condomínio de lotes o disposto sobre condomínio edilício neste Capítulo, respeitada a legislação urbanística". Assim, resolve-se o problema anterior a respeito da obrigatoriedade do pagamento das contribuições no condomínio de lotes. Com a aplicação das regras gerais do condomínio edilício, cada condômino do loteamento estará sujeito aos deveres previstos no art. 1.336 do Código Civil, aqui antes estudados, e às penalidades ali consagradas, inclusive para os casos de condômino nocivo ou antissocial.

Supera-se, portanto e quanto ao condomínio de lotes, decisão anterior do Supremo Tribunal Federal que concluiu pela não incidência das regras relativas ao condomínio edilício no tocante à cobrança de taxas de administração para os loteamentos fechados de casas, tratados como associações de moradores (STF, RE 432106, 1.ª Turma, Rel. Min. Marco Aurélio, j. 20.09.2011). Igualmente, está superada a posição consolidada no Superior Tribunal de Justiça, em julgamento de incidente de recursos repetitivos, praticamente pacificando a questão (REsp 1.280.871/SP e REsp 1.439.163/SP, 2.ª Seção, Rel. Min. Ricardo Villas Bôas Cueva, Rel. para acórdão Min. Marco Buzzi, j. 11.03.2015, *DJe* 22.05.2015, publicado no seu *Informativo* n. 562).

O meu entendimento, repise-se, era no mesmo sentido do Enunciado n. 89 do CJF/STJ, da *I Jornada de Direito Civil, in verbis:* "O disposto nos arts. 1.331 a 1.358 do novo Código Civil aplica-se, no que couber, aos condomínios assemelhados, tais como loteamentos fechados, multipropriedade imobiliária e clubes de campo". O teor da proposta doutrinária, salvo melhor juízo, parece compor o novo art. 1.358-A, § 2.º, do Código Civil. Sendo assim, como antes pontuava neste livro, a jurisprudência superior deveria se posicionar de maneira diferente a partir da vigência da Lei 13.465/2017, determinando a obrigatoriedade do pagamento das contribuições nos condomínios de lotes, sob pena das sanções estabelecidas no art. 1.336 do Código Civil. A afirmação vale para os antigos loteamentos fechados que forem convertidos para o novo sistema, observadas as regras administrativas para tal conversão, e também para os novos condomínios de lotes, que forem constituídos. Para os loteamentos fechados que não se adaptarem à legislação emergente em comento, continua tendo incidência o entendimento jurisprudencial antes citado.

Adotando em parte essa minha posição doutrinária – citada no voto do Ministro Relator, Dias Toffoli, ao lado do Des. Marco Aurélio Bezerra de Melo –, o STF proferiu nova decisão em dezembro de 2020, com repercussão geral (Tema 492).

Assim reafirmou-se que, em regra, as associações de moradores de loteamentos urbanos não podem cobrar taxa de manutenção e conservação de proprietários não associados, antes da Lei 13.465/2017 ou de anterior lei local que discipline a questão. Todavia, foram incluídas ressalvas na linha do que sustentávamos, sendo a tese de repercussão geral fixada nos seguintes termos: "é inconstitucional a cobrança por parte de associação de taxa de manutenção e conservação de loteamento imobiliário urbano de proprietário não associado até o advento da Lei 13.465/2017, ou de anterior lei municipal que discipline a questão, a partir da qual se torna possível a cotização dos titulares de direitos sobre lotes em loteamentos de acesso controlado, que: (i) já possuindo lote, adiram ao ato constitutivo das entidades equiparadas a administradoras de imóveis ou (ii) sendo novos adquirentes de lotes, o ato constitutivo da obrigação esteja registrado no competente Registro de Imóveis".

Sucessivamente, surgiram julgados do STJ interpretando a tese do STF, destacando a relevância jurídica da anuência e ciência dos adquirentes dos imóveis para que a taxa de administração seja cobrada. Em um primeiro aresto, julgou-se que "é inválida a cobrança da taxa de manutenção de loteamento fechado – por administradora constituída sob a forma de associação, de proprietários de lote não associados ou que a ela não anuíram expressamente – às relações jurídicas constituídas antes da entrada em vigor da Lei n. 13.465/2017 ou de anterior lei municipal".

Nos termos do voto da Ministra Relatora, essa anuência expressa com o encargo "pode ser manifestada, por exemplo, mediante contrato, previsão na escritura pública de compra e venda do lote ou de estipulação em contrato-padrão depositado no registro imobiliário do loteamento. Após a entrada em vigor da Lei n.º 13.465/2017 ou de anterior lei municipal disciplinando a matéria, é possível a cobrança, por associação de moradores, de taxa de manutenção de titulares de direito sobre lotes localizados em loteamento de acesso controlado desde que, já possuindo lote, adiram ao ato constitutivo da associação ou sendo novos adquirentes de lotes, o ato constitutivo da obrigação esteja registrado no competente Registro de Imóveis. Tema 882/STJ e Tema 492/STF" (STJ, REsp 1.991.508/SP, 3.ª Turma, Rel. Min. Nancy Andrighi, por unanimidade, j. 09.08.2022, *DJe* 12.08.2022).

Por outra via, a Corte entendeu, no mesmo ano de 2022, que "é lícita a cobrança das taxas associativas por administradora de loteamento nos casos em que há previsão expressa no contrato-padrão de compra e venda registrado no respectivo cartório de imóveis ao qual anuiu o comprador, não sendo aplicável o entendimento firmado no julgamento do recurso especial repetitivo objeto do Tema n.º 882/STJ" (STJ, Ag. Int. no REsp 1.888.571/SP, 3.ª Turma, Rel. Min. Ricardo Villas Bôas Cueva, j. 08.08.2022, *DJe* 15.08.2022). Portanto, a ciência ou a concordância do comprador passou a ser essencial para a conclusão a respeito da cobrança do valor da taxa associativa.

Encerrando o tratamento na Lei Geral Privada, o § 3.º do novo art. 1.358-A prevê que, para fins de incorporação imobiliária, a implantação de toda a infraestrutura ficará a cargo do empreendedor. Segundo Carlos Eduardo Elias de Oliveira, assessor jurídico do Senado Federal, e que participou do processo de elaboração da Lei 13.465/2017 naquela Casa, o dispositivo é óbvio, mas pode criar potenciais problemas no futuro. Isso porque "é plenamente possível entender que, na realidade, ele se destina a proteger os adquirentes de 'lotes na planta' (incorporação é vender 'imóveis futuros' que serão incorporados ao solo), de maneira que eventual cláusula dos contratos de alienação feita pelo incorporador poderá ser tida por nula se deixar as obras de infraestrutura para serem executadas pelos compradores dos lotes".[145]

Na sequência de seu texto, o jurista propõe uma interpretação restritiva do comando, para se entender que "ele se destina apenas a proteger o interesse público de que o condomínio de lotes não crie uma área desértica e sem o suporte adequado. Daí decorre que esse dispositivo não impede o incorporador de repassar os custos ou a obrigação de fazer essas obras aos compradores dos lotes. Esse repasse, porém, não exonerará o incorporador de responder perante a Administração Pública por omissões na realização dessas obras, ressalvado – se for o caso – o direito de regresso contra os compradores dos lotes".[146] Essa também é a minha opinião doutrinária.

---

[145] OLIVEIRA, Carlos Eduardo Elias de. Novidades da Lei n. 13.465/2017: o condomínio de lotes, o condomínio urbano simples e o loteamento de acesso controlado. Disponível em: <www.flaviotartuce.adv.br/artigos_convidados>. Acesso em: 27 set. 2017.

[146] OLIVEIRA, Carlos Eduardo Elias de. Novidades da Lei n. 13.465/2017: o condomínio de lotes, o condomínio urbano simples e o loteamento de acesso controlado. Disponível em: <www.flaviotartuce.adv.br/artigos_convidados>. Acesso em: 27 set. 2017.

**1186** | MANUAL DE DIREITO CIVIL • VOLUME ÚNICO – *Flávio Tartuce*

Além da regra inserida no Código Civil, outras normas sobre o condomínio de lotes merecem comentários. De início, o art. 45 da Lei 13.465/2017 enuncia que, quando se tratar de imóvel sujeito a regime de condomínio geral a ser dividido em lotes com indicação, na matrícula, da área deferida a cada condômino, o Município poderá indicar, de forma individual ou coletiva, as unidades imobiliárias correspondentes às frações ideais registradas, sob sua exclusiva responsabilidade, para a especialização das áreas registradas em comum.

O seu objetivo, sem dúvida, é regularizar os loteamentos fechados, com o aval do Município, como antes exposto. Em complemento, se as informações referidas não constarem do projeto de regularização fundiária aprovado pelo Município, as novas matrículas das unidades imobiliárias serão abertas mediante requerimento de especialização, formulado pelos interessados, dispensada a outorga de escritura pública para indicação da quadra e do lote (parágrafo único desse art. 45 da Lei 13.465/2017).

Outras alterações importantes foram feitas na já citada Lei 6.766/1979. No seu art. 2.º, que traz conceitos fundamentais sobre o parcelamento do solo urbano, foi incluído o § 7.º, segundo o qual o lote poderá ser constituído sob a forma de imóvel autônomo ou de unidade imobiliária integrante de condomínio de lotes. Assim, podem ser visualizadas no artigo duas modalidades de loteamento. A primeira delas é o *loteamento tradicional*, em que os lotes são imóveis autônomos.

A segunda modalidade é o *loteamento condominial*, situação na qual os lotes constituem unidades autônomas de um condomínio. Para essa modalidade, estatui o novo art. 4.º, § 4.º, da Lei 6.766/1979 que poderão ser instituídas limitações administrativas e direitos reais sobre coisa alheia em benefício do poder público, da população em geral e da proteção da paisagem urbana, tais como servidões de passagem, usufrutos e restrições à construção de muros. Isso para tornar viável o convívio do loteamento condominial com a sociedade, atendendo à sua função social. Entre todas as restrições, a que mais ocorre na prática é a servidão de passagem. Eventualmente, se o loteamento encravar algum outro imóvel, é possível a presença do instituto da passagem forçada, estudado em tópico relativo ao Direito de Vizinhança.

Há ainda o *loteamento de acesso controlado*, tratado pelo novo § 8.º do art. 2.º da Lei 6.766/1979, cujo controle de acesso será regulamentado por ato do poder público Municipal. Em casos tais, é vedado o impedimento de acesso a pedestres ou a condutores de veículos, não residentes, devidamente identificados ou cadastrados, o que depende de regulamentação por cada Município, mais uma vez para atender à função social da propriedade.

O art. 36-A da Lei 6.766/1979, dispositivo que merece ser comentado para as devidas diferenciações categóricas e também incluído pela Lei 13.465/2017, prevê que as atividades desenvolvidas pelas associações de proprietários de imóveis, titulares de direitos ou moradores em loteamentos ou empreendimentos assemelhados, desde que não tenham fins lucrativos, bem como pelas entidades civis organizadas em função da solidariedade de interesses coletivos desse público com o objetivo de administração, conservação, manutenção, disciplina de utilização e convivência, visando à valorização dos imóveis que compõem o empreendimento, tendo em vista a sua natureza jurídica, vinculam-se, por critérios de afinidade, similitude e conexão, à atividade de administração de imóveis. Conforme o seu parágrafo único, a administração de imóveis existentes sob essa formação sujeita seus titulares à normatização e à disciplina constantes de seus atos constitutivos, cotizando-se na forma desses atos para suportar a consecução dos seus objetivos, inclusive quanto a contribuições para a sua administração.

Trata-se do que se denomina na prática de *condomínio de fato*, como se retira da obra de Marco Aurélio Bezerra de Melo, que inclui nele o *loteamento de acesso controla-*

*do*. Segundo o autor, em entendimento que conta com o meu apoio, "os atuais artigos 2.º, § 8.º, e 36-A, da Lei 6.766/1979, com redação dada pela Lei 13.465/2017, de 11 de julho de 2017, parecem não deixar dúvidas do retorno ao ordenamento jurídico do condomínio de fato com todas as suas implicações jurídicas, atingindo aqueles que participaram da sua formação, assim como outros adquirentes que adquiriram a sua unidade depois da instituição do condomínio de fato".[147]

O doutrinador levanta também a dúvida sobre o reconhecimento de inconstitucionalidade das normas, pelo Supremo Tribunal Federal, pelo fato de conduzirem à conclusão pela obrigatoriedade de pagamento das contribuições pelos seus moradores. A sua resposta, como a minha, era negativa, pois "não se está afirmando que a pessoa é obrigada a associar--se, mas sim que o interesse da coletividade no tocante à funcionalização da propriedade deve prevalecer e que não é lícito o enriquecimento sem causa (art. 884, CC) que se dará com o gozo das benesses condominiais sem a devida contraprestação. Eventuais abusos na cobrança como, por exemplo, inexistência de contraprestação, hão de ser identificadas pelos tribunais estaduais a quem compete aferir no mundo dos fatos a seriedade ou não dos condomínios de fato".[148] Como antes pontuado, a posição doutrinária do último autor conduziu à mudança de entendimento do STF a respeito do assunto, em julgamento proferido em sede de repercussão geral, em dezembro de 2020, admitindo a aplicação de leis locais a respeito da cobrança das taxas associativas (Tema 492).

Como último comentário sobre a categoria, sempre segui a posição doutrinária que entende ser o regime de instituição do condomínio de lotes o de incorporação imobiliária, nos termos dos arts. 28 e seguintes da Lei 4.591/1964, entendimento liderado por Rodrigo Toscano de Brito e pelo sempre citado Marco Aurélio Bezerra de Melo. Assim sendo, é possível a instituição de patrimônio de afetação em casos tais, conforme previsto na mesma legislação.

Adotando-se tais premissas, na *VIII Jornada de Direito Civil* (2018), aprovou-se o Enunciado n. 625, com a seguinte dicção: "a incorporação imobiliária que tenha por objeto o condomínio de lotes poderá ser submetida ao regime do patrimônio de afetação, na forma da lei especial". Anoto que o Projeto de Reforma do Código Civil pretende incluir no 1.358-B um novo § 4.º, prevendo que "a critério do incorporador, a incorporação imobiliária que tenha por objeto o condomínio de lotes, poderá ser submetida ao regime do patrimônio de afetação, na forma da lei especial". Com isso, mais uma vez, será inserida na lei a posição hoje considerada como majoritária na doutrina.

Voltando-se ao sistema vigente, a Medida Provisória 1.085, de 27 de dezembro de 2021, incluiu nova previsão no § 2.º do art. 1.358-A do Código Civil, estabelecendo que "o regime jurídico das incorporações imobiliárias de que trata o Capítulo I do Título II da Lei n.º 4.591, de 16 de dezembro de 1964, equiparando-se o empreendedor ao incorporador quanto aos aspectos civis e registrários" (inc. II). Nesse ponto, por consolidar a correta posição doutrinária, sou totalmente favorável à sua conversão em lei, o que acabou ocorrendo por força da Lei do SERP (Lei 14.382/2022).

Partindo-se para o estudo do condomínio urbano simples, prescreve o art. 61 da Lei 13.465/2017 que, quando um mesmo imóvel contiver construções de casas ou cômodos, poderá ser instituído, inclusive para fins de REURB, condomínio urbano simples. Nessa instituição devem ser respeitados os parâmetros urbanísticos locais. Devem também ser discriminadas, na matrícula, a parte do terreno ocupada pelas edificações, as partes de

---

[147] MELO, Marco Aurélio Bezerra de. *Direito Civil*. Coisas. 2. ed. Rio de Janeiro: Forense, 2018. p. 286.
[148] MELO, Marco Aurélio Bezerra de. *Direito Civil*. Coisas. 2. ed. Rio de Janeiro: Forense, 2018. p. 286.

**1188** | MANUAL DE DIREITO CIVIL • VOLUME ÚNICO – *Flávio Tartuce*

utilização exclusiva e as áreas que constituem passagem para as vias públicas ou para as unidades entre si. Em relação à categoria, aplica-se o disposto na própria lei que o instituiu e, em complemento e no que couber, o disposto entre os arts. 1.331 a 1.358 do Código Civil. Assim, novamente, reconhece-se a subsunção subsidiária das regras relativas ao condomínio edilício.

Mais uma vez, segundo pontua Carlos Eduardo Elias de Oliveira, embora a categoria tenha recebido nova nomenclatura, "trata-se, na realidade, de uma espécie de condomínio edilício que dispensa algumas formalidades em razão da sua pequena dimensão. Esse condomínio aplica-se a situações de terrenos onde haja mais de uma construção e em que o seu titular queira tornar cada uma dessas construções uma unidade autônoma de condomínio. Diante da sua simplicidade, o condomínio urbano simples dispensa a apresentação de convenção de condomínio".[149]

O assessor do Senado Federal esclarece, em continuidade, que a expressão "cômodos" foi mal-empregada, devendo ser entendida como um complemento à menção a "construções". De fato, em uma primeira leitura parece que a norma está tratando de condomínio dentro de um mesmo imóvel supostamente com habitação coletiva, o popular *cortiço*, também conhecido como *pensão de quartos*.

Todavia, esse não é o caso, ainda segundo Carlos Eduardo Elias, que pontua duas situações possíveis para o condomínio urbano simples. A primeira delas ocorre quando o terreno contiver várias edificações, como acontece na chamada "casa dos fundos". A segunda situação está presente quando o terreno contiver uma edificação na qual haja mais de um cômodo com acesso autônomo. E arremata, com razão e com o meu apoio: "não se pode admitir o condomínio urbano simples para cômodos que estejam funcional e espacialmente conectados, como no caso de quartos de um mesmo apartamento. É preciso haver autonomia funcional e de acesso no cômodo para ele constituir uma unidade autônoma de condomínio urbano simples".[150]

De todo modo, o condomínio urbano simples não se limita a imóveis residenciais, podendo a categoria ser aplicada a imóveis em que há atividade comercial, por exemplo. Nesse sentido é o Enunciado n. 26, aprovado na *I Jornada de Direito Notarial e Registral*, em agosto de 2022.

Seguindo no seu estudo, conforme o art. 62 da Lei 13.465/2017, a instituição do condomínio urbano simples será registrada na matrícula do respectivo imóvel. Nesse registro, assim como ocorre com o condomínio edilício, serão identificadas as partes comuns ao nível do solo, as partes comuns internas à edificação, se houver, e as respectivas unidades autônomas, dispensada a apresentação de convenção de condomínio, como antes exposto.

Após o registro da instituição do condomínio urbano simples, deverá ser aberta uma matrícula própria para cada unidade autônoma. A cada uma dessas matrículas caberá, como parte inseparável, uma fração ideal do solo e das outras partes comuns, se houver, representada na forma de percentual (art. 62, § 1.º, da Lei 13.465/2017). As unidades autônomas constituídas em matrícula própria poderão ser alienadas e gravadas livremente por seus titulares, como ocorre com o condomínio edilício (art. 62, § 2.º, da Lei 13.465/2017).

---

[149] OLIVEIRA, Carlos Eduardo Elias de. Novidades da Lei n. 13.465/2017: o condomínio de lotes, o condomínio urbano simples e o loteamento de acesso controlado. Disponível em: <www.flaviotartuce.adv.br/artigos_convidados>. Acesso em: 27 set. 2017.

[150] OLIVEIRA, Carlos Eduardo Elias de. Novidades da Lei n. 13.465/2017: o condomínio de lotes, o condomínio urbano simples e o loteamento de acesso controlado. Disponível em: <www.flaviotartuce.adv.br/artigos_convidados>. Acesso em: 27 set. 2017.

Na linha da posição doutrinária por último transcrita, a norma expressa que nenhuma unidade autônoma poderá ser privada de acesso ao logradouro público (art. 62, § 3.º, da Lei 13.465/2017). Afasta-se, assim e definitivamente, a impressão de que se trata de condomínio em habitação coletiva.

Quanto à gestão das partes comuns, esta será feita de comum acordo entre os condôminos, podendo ser formalizada por meio de instrumento particular (art. 62, § 3.º, da Lei 13.465/2017). Penso que há a plena possibilidade de os condôminos escolherem um administrador ou síndico, bem como compor um conselho fiscal, como ocorre com o condomínio edilício.

Por derradeiro, a novel legislação exprime que no caso da REURB-S – regularização fundiária aplicável aos núcleos urbanos informais ocupados predominantemente por população de baixa renda, assim declarados em ato do Poder Executivo municipal – a averbação das edificações poderá ser efetivada a partir de mera *notícia*, a requerimento do interessado (art. 63 da Lei 13.465/2017).

Dessa *notícia registral* constarão a área construída e o número da unidade imobiliária, dispensada a apresentação de *habite-se* e de certidões negativas de tributos e contribuições previdenciárias. A dispensa do *habite-se* merece críticas, pois muitas vezes a sua ausência diz respeito a problemas estruturais que acometem o imóvel. Ademais, temos sérias dúvidas sobre como os registradores de imóveis receberão, com bons olhos, a citada *notícia*.

Como palavras finais, aguardemos se essa nova categoria terá, de fato, a devida efetivação na realidade prática brasileira.

### 7.7.4.6 *A multipropriedade ou* time sharing. *Estudo da Lei 13.777/2018*

A Lei 13.777, de 20 de dezembro de 2018, incluiu no Código Civil de 2002 um capítulo referente à multipropriedade ou *time-sharing*, tratando sob o regime condominial, como nova espécie de condomínio. Em resumo, a nova legislação cuida dos seguintes aspectos relativos à categoria: *a)* disposições gerais; *b)* regras quanto à sua instituição; *c)* direitos e obrigações do multiproprietário; *d)* transferência da multipropriedade; *e)* previsões de preceitos a respeito da sua administração; e *f)* disposições específicas relativas às unidades autônomas de condomínios edilícios (arts. 1.358-B a 1.358-U). Também foram feitas inclusões na Lei 6.015/1973, que tratam dos registros públicos.

Como aqui antes pontuado, o Superior Tribunal de Justiça reconheceu a natureza real do *time sharing*, seguindo a definição do Professor Gustavo Tepedino, no sentido de que se trata de "uma espécie de condomínio relativo a locais de lazer no qual se divide o aproveitamento econômico de bem imóvel (casa, chalé, apartamento) entre os cotitulares em unidades fixas de tempo, assegurando-se a cada um o uso exclusivo e perpétuo durante certo período do ano" (STJ, REsp 1.546.165/SP, 3.ª Turma, Rel. Min. Ricardo Villas Bôas Cueva, Rel. p/ Acórdão Min. João Otávio de Noronha, j. 26.04.2016, *DJe* 06.09.2016).

Observe-se, de imediato, que a multipropriedade tratada atualmente no Código Civil apenas diz respeito a imóveis, não alcançando bens móveis como veículos automotores, aeronaves e embarcações em geral. O objetivo da lei foi de supostamente atrair investimentos para o setor de turismo no Brasil quanto a tais empreendimentos. Porém, parece-me que o legislador pecou por falta de técnica e a regulamentação legislativa traz muitas dúvidas e poucas soluções, o que deve repercutir diretamente na prática.

A título de exemplo de hipóteses concretas de imóveis em multipropriedade, podem ser aqui delineadas duas situações. Uma primeira, mais *amadora*, ocorre quando pessoas que mantêm alguma proximidade adquirem um mesmo imóvel e fracionam o seu uso do

# 1190 | MANUAL DE DIREITO CIVIL · VOLUME ÚNICO – *Flávio Tartuce*

tempo. Ilustrando, quatro amigos adquirem uma propriedade de lazer em área não urbana, como uma chácara ou um sítio, e fracionam no tempo o seu uso. Ou, ainda, a hipótese em que os mesmos quatro amigos compram uma casa na praia, no mesmo regime. No sistema anterior, seriam aplicadas a tais ilustrações as regras do condomínio comum, aqui antes analisadas. Atualmente, é possível a aplicação também das regras relativas à multipropriedade.

A segunda situação, mais *profissional*, envolve os empreendimentos hoteleiros, em sistema de *pool* e com uma empresa administradora central. Cite-se o caso em que os citados quatro amigos adquiriram um quarto de um hotel que foi lançado na praia da Barra da Tijuca, no Rio de Janeiro. O legislador parece ter mais pensado nessa última situação, criando regras específicas para ela, como se verá a seguir, em um estudo crítico.

Em verdade, a lei em vigor apresenta muitos problemas técnicos e práticos, o que se almeja alterar pelo Projeto de Reforma do Código Civil, elaborado pela Comissão de Juristas nomeada no âmbito do Congresso Nacional.

Iniciando-se pelas disposições gerais, sobre o conceito de multipropriedade, o art. 1.358-B do CC/2002 trata de outras leis incidentes, prevendo que "a multipropriedade reger-se-á pelo disposto neste Capítulo e, de forma supletiva e subsidiária, pelas demais disposições deste Código e pelas disposições das Leis n.ºs 4.591, de 16 de dezembro de 1964, e 8.078, de 11 de setembro de 1990 (Código de Defesa do Consumidor)". A primeira lei referenciada é a Lei de Condomínio em Edificações e de Incorporação Imobiliária que, no meu entendimento aqui antes exposto, somente continua em vigor quanto ao segundo instituto, a partir do seu art. 28. Assim, a título de exemplo, em havendo multipropriedade instituída dentro de uma incorporação, devem ser observados as obrigações e os direitos do incorporador (arts. 32 a 47 da Lei 4.591/1964).

No tocante à incidência do Código de Defesa do Consumidor, e de todo o seu manto protetivo, cite-se a existência de situação tida como mais profissional, de imóveis em regime de multipropriedade fracionada no tempo em hotéis ou *pool* hoteleiros, devendo o adquirente ser tratado como consumidor, notadamente diante da existência de um prestador de serviços profissional no outro polo da relação negocial. No plano prático, trazendo a aplicação do direito de arrependimento de sete dias do art. 49 do CDC a negócio de aquisição de imóvel no regime tratado pela nova lei, do Tribunal Paulista:

> "Multipropriedade. Sentença de procedência. Apelo da requerida. Inadmissibilidade, quanto ao pedido principal de reforma. Hipótese em que sequer foi celebrado compromisso de compra e venda. Simples proposta, assinada em circunstâncias de venda emocional e que não enseja retenção de arras. Exercício de direito de arrependimento assegurado ao consumidor, porquanto exercido nos termos do art. 49, do CDC. Admissibilidade, todavia, do pedido subsidiário, para que haja afastamento da repetição do indébito. Restituição que deve ocorrer na forma simples. Acertada, todavia, a estipulação de juros a partir da citação (art. 405, do CC). Sentença reformada em pequena parte, apenas para o fim de afastar a restituição em dobro" (TJSP, Apelação Cível 1014995-79.2016.8.26.0506, Acórdão 12301251, 5.ª Câmara de Direito Privado, Ribeirão Preto, Rel. Des. Fábio Podestá, j. 14.03.2019, *DJESP* 18.03.2019, p. 2.097).

Ainda a merecer citação, sobre a incidência do CDC, extrai-se de acórdão do Tribunal do Distrito Federal que "a relação jurídica existente entre as partes é tipicamente de consumo, porquanto o objeto da presente demanda é a promessa de compra e venda de unidade imobiliária no regime de multipropriedade (cotas imobiliárias) e tanto o promissário comprador quanto a promitente vendedora se enquadram na conceituação de consumidor e de fornecedor descritas, respectivamente, nos arts. 2.º e 3.º do Código de Defesa do Consumidor. Comprovados aos autos que a resolução do contrato se deu por culpa exclusiva da construtora, em razão da publicidade enganosa, a devolução dos valores deve ser integral, não se admitindo nenhum tipo de abatimento, sob pena de enriquecimento ilícito" (TJDF, Apelação Cível 2016.07.1.018473-6, Acórdão 113.9087, 2.ª Turma Cível, Rel. Des. César Loyola, j. 21.11.2018, *DJDFTE* 27.11.2018).

Sobre a definição legal do instituto, estabelece o novo art. 1.358-C do Código Civil que a "multipropriedade é o regime de condomínio em que cada um dos proprietários de um mesmo imóvel é titular de uma fração de tempo, à qual corresponde a faculdade de uso e gozo, com exclusividade, da totalidade do imóvel, a ser exercida pelos proprietários de forma alternada". Tentando elucidar a definição legal, Carlos Eduardo de Oliveira leciona que "a multipropriedade pode ser definida como um parcelamento temporal do bem em unidades autônomas periódicas. É pulverizar um bem físico no tempo por meio de uma ficção jurídica. Enxergar a multipropriedade como um condomínio fruto de um parcelamento temporal – e ficto! – do bem elucida bem o instituto".[151] Para ele, é *atécnico* afirmar que multipropriedade imobiliária é um direito real, havendo, na verdade, um *regime jurídico*.

Com o devido respeito, faltou técnica ao legislador na definição da categoria, especialmente ao prever que cada multiproprietário é titular de uma *fração de tempo*. Na verdade, há a titularidade da propriedade em condomínio, que corresponde ao uso fracionado no tempo, definição que está mais bem sintonizada com a conceituação antes exposta, do Professor Gustavo Tepedino. Diante dessa afirmação, entendo haver sim um direito real. Como se verá, a opção de construção do legislador pode gerar alguns problemas práticos, muito além da simples teoria. Por isso, prefiro utilizar o termo *domínio multiproprietário*.

O atual Projeto de Reforma do Código Civil pretende corrigir esse equívoco, passando o *caput* do art. 1.358-C a expressar que a multipropriedade é o regime de condomínio em que cada um dos proprietários tem, de forma fracionada no tempo, a exclusividade das faculdades de uso e gozo sobre a totalidade do imóvel, a serem exercidas pelos proprietários de forma alternada. Com isso, não se menciona mais o direito sobre uma fração de técnico, que é atécnico, como acabei de pontuar.

Voltando-se ao sistema vigente, conforme o parágrafo único do mesmo art. 1.358-C, a multipropriedade não se extinguirá automaticamente, se todas as frações de tempo forem do mesmo multiproprietário. O objetivo é manter o regime da multipropriedade visando à eventual alienação futura das propriedades fracionadas. Dito de outra forma, atende-se à função social da propriedade no sentido de sua manutenção.

As duas características gerais dos imóveis objeto da multipropriedade estão descritas no art. 1.358-D da atual codificação privada, sendo as seguintes: *a)* a indivisibilidade, não se sujeitando a ação de divisão ou de extinção de condomínio; *b)* a inclusão dos acessórios móveis que o guarnecem, diante do princípio da gravitação jurídica, segundo o qual o acessório segue o principal, caso das instalações em geral, dos equipamentos e do mobiliário destinados ao seu uso e o gozo. No último caso, imagine-se o caso de uma unidade imobiliária em um hotel, com todos os eletrodomésticos necessários para atender à sua destinação econômica.

A indivisibilidade também atinge cada uma das frações de tempo que diz respeito ao imóvel em multipropriedade (art. 1.358-E do CC/2002), sendo vedado o desdobro temporal. Como ensina mais uma vez Carlos Eduardo Elias de Oliveira, "o período de tempo de

---

[151] OLIVEIRA, Carlos Eduardo Elias de. Considerações sobre a recente Lei da Multipropriedade ou da *Time Sharing* (Lei n.º 13.777/2008): principais aspectos de Direito Civil, de Processo Civil e de Registros Públicos, p. 3 e 7. Disponível em: <www.flaviotartuce.adv.br>. Acesso em: 25 ago. 2019.

cada unidade periódica é indivisível, de modo que não pode o multiproprietário fazer um 'desdobro' de sua unidade, com o objetivo de desaglutiná-la em outras unidades periódicas menores. É vedado o que chamamos de 'desdobro temporal'. Ex.: quem tem uma unidade periódica no mês de janeiro não pode extinguir a própria unidade periódica para, em seu lugar, criar outras duas, a primeira vinculada aos dias 1.º ao 14 de janeiro e a segunda atrelada aos dias 15 a 31 de janeiro. Enfim, a fração de tempo estabelecida para cada unidade periódica é indivisível".[152]

A norma ainda estabelece que o período correspondente a cada fração de tempo será de, no mínimo, sete dias, seguidos ou intercalados, e poderá ser estabelecido de três modos: *a) fixo e determinado*, no mesmo período de cada ano; *b) flutuante*, caso em que a determinação do período será realizada de forma periódica, mediante procedimento objetivo que respeite, com relação a todos os multiproprietários, o princípio da isonomia, devendo ser previamente divulgado; ou *c) misto*, combinando os sistemas fixo e flutuante (§ 1.º).

Voltando ao exemplo dos quatro amigos, no primeiro caso, a utilização do imóvel é sempre fixa: de janeiro a março para o primeiro; de abril a junho ao segundo; de julho a setembro ao terceiro; e de outubro a dezembro para o último. Tal sistema, regra geral, tem sérios problemas práticos. Imagine se o imóvel estiver em uma cidade praiana. Nesse caso não haverá interesse de fruição econômica no inverno; o mesmo valendo para um imóvel na montanha, como em Campos do Jordão, em janeiro.

Pelo sistema flutuante, é possível estabelecer uma variação de uso do imóvel, como no caso de um proprietário que terá o direito entre janeiro a março em um ano e entre abril e junho em outro. Como ilustração de procedimento objetivo que deve e pode ser aplicado, cite-se o sorteio, devendo sempre ser aplicada a máxima da igualdade nessa variação entre os comunheiros. Esse é o sistema que melhor atende aos interesses dos multiproprietários e concretiza a função social da propriedade.

Por fim, pelo sistema misto, é possível conciliar os dois sistemas anteriores. Assim, em um ano, o uso fracionado é fixo, enquanto no outro é variável ou flutuante, estabelecendo-se um sistema de rodízio entre os multiproprietários. Esse sistema também pode ser interessante, apesar de ser preferível o anterior.

Como a lei menciona que o período de tempo de fruição mínimo é de sete dias, nota-se que é possível que até 52 pessoas diferentes sejam multiproprietárias de um mesmo imóvel. Diante da antiga afirmação de que o condomínio é a "mãe de todas as discórdias", não se pode negar que, quanto maior o número de multiproprietários, maior será o conflito entre eles.

Entendo, nesse contexto, que houve um exagero do legislador quanto ao número excessivo dessa possibilidade. De toda forma, Carlos Eduardo Elias de Oliveira pondera que, "para evitar a pulverização temporal dos imóveis, com criação de unidades periódicas imprestáveis à luz da função social (imagine uma unidade periódica de apenas 10 segundos), é vedado que o período de cada unidade periódica seja inferior a 7 dias, que poderão ser seguidos ou intercalados, respeitada, porém, a necessidade de todos os multiproprietários terem uma quantidade mínima de dias seguidos em pé de igualdade".[153]

---

[152] OLIVEIRA, Carlos Eduardo Elias de. Análise detalhada da multipropriedade no Brasil após a Lei n. 13.777/2018: pontos polêmicos e aspectos de Registros Públicos, p. 17. Disponível em: <www.flaviotartuce.adv.br>. Acesso em: 26 ago. 2019.

[153] OLIVEIRA, Carlos Eduardo Elias de. Análise detalhada da multipropriedade no Brasil após a Lei n. 13.777/2018, pontos polêmicos e aspectos de Registros Públicos, p. 17-18. Disponível em: <www.flaviotartuce.adv.br>. Acesso em: 26 ago. 2019.

Sem dúvida, uma pulverização de tempo ainda maior traria grandes prejuízos e numerosas dificuldades práticas. Ainda segundo o mesmo autor: "entendemos que não por força uma interpretação restritiva do § 1.º do art. 1.358-E do CC. A finalidade do período mínimo de 7 dias para a unidade periódica é, em nome da função social e da dignidade da pessoa humana, garantir ao multiproprietário uma utilização minimamente digna de seu direito real de propriedade periódico. Não está na finalidade do dispositivo considerar que 7 dias é o tempo mínimo para reparação do bem. Entender diferente é entregar o imóvel a um tempo de detestável ociosidade nos anos. Assim, o ato de instituição do condomínio multiproprietário tem liberdade para definir o período que lhe aprouver para a unidade periódica de conservação".[154]

Voltando-se ao art. 1.358-E, o seu § 2.º, concretizando a isonomia, preceitua que todos os multiproprietários terão direito a uma mesma quantidade mínima de dias seguidos durante o ano, podendo haver a aquisição de frações maiores que a mínima, com o correspondente direito ao uso por períodos também maiores.

A título de ilustração, é possível que naquele exemplo dos quatro amigos o primeiro tenha o direito de utilização por oito meses e os demais por dois meses, o que decorre do modo como cada um contribuiu para a aquisição do imóvel. Em suma, a regra é a divisão igualitária, diante da máxima *concursu partes fiunt*, o que encerra uma presunção relativa, que pode ser afastada por convenção dos proprietários.

Sobre a instituição da multipropriedade, o art. 1.358-F do Código Civil estabelece que esta se dá por ato entre vivos ou testamento, registrado no competente Cartório de Registro de Imóveis, do local onde se encontra o bem, devendo constar daquele ato a duração dos períodos correspondentes a cada fração de tempo. Sobre a instituição por ato *inter vivos* cite-se a possibilidade de uma incorporação imobiliária com a constituição de um condomínio, que pode se dar por escritura pública ou escrito particular. Enquanto não houver o registro imobiliário, a instituição terá apenas efeitos entre as partes, a exemplo do que ocorre com a convenção de condomínio não registrada, nos termos da Súmula 260 do Superior Tribunal de Justiça.

O art. 1.358-G do Código Civil elenca as cláusulas e previsões que podem constar na convenção de condomínio em multipropriedade. O rol é meramente exemplificativo ou *numerus apertus*, pois o próprio comando estabelece que os multiproprietários podem inserir outras previsões. Todavia, há uma obrigatoriedade dessas previsões, pois a norma utiliza a expressão "determinará":

a) Previsão sobre os poderes e deveres dos multiproprietários, especialmente em matéria de instalações, equipamentos e mobiliário do imóvel, de manutenção ordinária e extraordinária, de conservação e limpeza e de pagamento da contribuição condominial. A título de ilustração, as partes podem fracionar e eleger quem será o responsável pelos reparos e troca dos eletrodomésticos que guarnecem o imóvel em determinados períodos.

b) O número máximo de pessoas que podem ocupar simultaneamente o imóvel no período correspondente a cada fração de tempo. Nessa previsão, haverá debate sobre a existência de uma restrição pessoal inadmissível, que restringe prévia e indevidamente o exercício do direito de propriedade, notadamente o direito de uso. A título de exemplo se naquela ilustração do sítio fracionado entre os qua-

---

[154] OLIVEIRA, Carlos Eduardo Elias de. Análise detalhada da multipropriedade no Brasil após a Lei n. 13.777/2018: pontos polêmicos e aspectos de Registros Públicos, p. 17-18. Acesso em: 26 ago. 2019.

tro amigos, caso um deles queira passar as festas de fim de ano com cerca de 50 familiares, sem que isso traga qualquer prejuízo, a restrição de uso para 20 pessoas se justifica? Entendo, *a priori*, que não. Como antes exposto, a *regra dos 3s* – relativa à proteção do sossego, da segurança e da salubridade – é que deve guiar as regras relativas ao condomínio, e não meros entraves prévios, mesmo os determinados pelas partes interessadas.

c)  As regras de acesso do administrador condominial ao imóvel para cumprimento do dever de manutenção, conservação e limpeza, visando atender os interesses de todos. De todo modo, esse acesso não pode representar lesão à intimidade do multiproprietário e das pessoas que com ele convivem, como no caso de um administrador que pretende abusar do direito de acesso, pois alguém está supostamente destruindo algum equipamento que guarnece o imóvel.

d)  A criação de fundo de reserva para reposição e manutenção dos equipamentos, instalações e mobiliário, o que é fundamental para a operação da multipropriedade, notadamente para que o bem fique em condições de atender à sua finalidade de uso.

e)  O regime aplicável em caso de perda ou destruição parcial ou total do imóvel, inclusive para efeitos de participação no risco ou no valor do seguro, da indenização ou da parte restante.

f)  As multas aplicáveis ao multiproprietário nas hipóteses de descumprimento de deveres, sendo possível aplicar o teor do art. 1.337 do Código Civil quanto ao condomínio nocivo ou antissocial, como antes desenvolvemos.

Não obstante essas previsões mínimas, o art. 1.358-H da codificação privada enuncia que o instrumento de instituição da multipropriedade ou a convenção de condomínio em multipropriedade poderá definir o limite máximo de frações de tempo no mesmo imóvel, que poderão ser detidas pela mesma pessoa natural ou jurídica. Assim, é possível estabelecer que cada multiproprietário somente pode ter cinco quotas, o que visa impedir um "regime ditatorial" a ser exercido por um dos proprietários.

O comando ainda prevê, como exceção à regra geral, que, em caso de instituição da multipropriedade para posterior venda ou cessão onerosa das frações de tempo a terceiros, o atendimento a eventual limite de frações de tempo por titular determinado no instrumento de instituição será obrigatório somente após a venda das frações. A última regra visa afastar eventuais entraves econômicos causados pela cláusula de limitação quanto à titularidade das frações.

Mais uma vez, o Projeto de Reforma do Código Civil pretende retirar da norma menção à *fração de tempo*, pois o que se aliena é a quota em multipropriedade, e não o tempo em si. Com isso, o parágrafo único do art. 1.358-H, de forma mais correta tecnicamente, passará a prever que, "em caso de instituição da multipropriedade para posterior venda de suas frações a terceiros, o atendimento a eventual limite das frações de tempo por titular, estabelecido no instrumento de instituição, será obrigatório somente após a venda de todas as frações".

Seguindo o estudo da Lei 13.777/2018, a norma consagra os direitos e obrigações – ou deveres – do multiproprietário. Começando pelos direitos (art. 1.358-I), são eles, além daqueles previstos no instrumento de instituição e na convenção de condomínio em multipropriedade:

I) Direito de usar e gozar, durante o período correspondente à sua fração de tempo, do imóvel e de suas instalações, equipamentos e mobiliário, como os eletrodomésticos que se encontram no imóvel.

CAP. 7 • DIREITO DAS COISAS | **1195**

II) Direito de ceder ou transferir a fração de tempo em locação ou em comodato.

III) Direito de alienar a fração de tempo, por ato entre vivos ou por causa de morte, a título oneroso ou gratuito, ou onerá-la, devendo a alienação e a qualificação do sucessor, ou a oneração, ser informadas ao administrador. Como se observa, é possível quanto ao direito em multipropriedade a sua venda, doação, instituição de hipoteca, transferência por alienação fiduciária em garantia ou mesmo por testamento. Em todos os casos, diante do dever de informar decorrente da boa-fé objetiva, deve haver a comunicação do administrador da multipropriedade.

IV) Direito de participar e votar, pessoalmente ou por intermédio de representante ou procurador, desde que esteja quite com as obrigações condominiais, em: *a)* assembleia geral do condomínio em multipropriedade, e o voto do multiproprietário corresponderá à quota de sua fração de tempo no imóvel; *b)* assembleia geral do condomínio edilício, quando for o caso, e o voto do multiproprietário corresponderá à quota de sua fração de tempo em relação à quota de poder político atribuído à unidade autônoma na respectiva convenção de condomínio edilício. A previsão a respeito da necessidade de estar o coproprietário adimplente com suas obrigações, para que tenha o direito de voto, segue o exemplo do que já ocorre com o condomínio edilício (art. 1.335, inc. III, do CC).

Destaco que no atual Projeto de Reforma do Código Civil, mais uma vez, pretende-se retirar da norma todas as menções sobre a fração de tempo, passando a mencionar a propriedade fracionada no tempo, o que é mais correto tecnicamente, como antes exposto.

Por outra via, a lei elenca muitos mais deveres ou obrigações do multiproprietário, conforme o art. 1.358-J do Código Civil, sem prejuízo daqueles previstos no instrumento de instituição e na convenção de condomínio em multipropriedade, a saber:

I) Dever de pagar a contribuição condominial do condomínio em multipropriedade e, quando for o caso, do condomínio edilício, ainda que renuncie ao uso e gozo, total ou parcial, do imóvel, das áreas comuns ou das respectivas instalações, equipamentos e mobiliário. A previsão final do comando fere o direito de propriedade, pois não há justificativa plausível de persistência do dever de pagar as contribuições, caso haja renúncia à propriedade, podendo-se falar em sua inconstitucionalidade, diante do art. 5.º, incs. XXII e XXIII, da Constituição Federal, que tratam do direito fundamental à propriedade e sua correspondente função social. Por isso, o Projeto de Reforma do Código Civil pretende retirar da norma essa locução final, o que virá em boa hora. De todo modo, ressalte-se que essas contribuições têm natureza *propter rem*, assim como ocorre com a contribuição condominial no condomínio edilício (art. 1.345 do CC).

II) Dever de responder por danos causados ao imóvel, às instalações, aos equipamentos e ao mobiliário por si, por qualquer de seus acompanhantes, convidados ou prepostos ou por pessoas por ele autorizadas. A responsabilidade por ato de preposto ou convidado tem natureza objetiva ou independentemente de culpa, enquadrando-se nas previsões dos arts. 932, inc. III, e 933 do Código Civil.

III) Diante do dever de informar decorrente da boa-fé objetiva, dever de comunicar imediatamente ao administrador os defeitos, avarias e vícios no imóvel dos quais tiver ciência durante a utilização, sob pena de responder civilmente, especialmente se esses danos pudessem ser minorados, caso tivesse ocorrido a comunicação prévia.

IV) Dever de não modificar, alterar ou substituir o mobiliário, os equipamentos e as instalações do imóvel, mais uma vez sob pena de sua responsabilização civil, com destaque para os danos patrimoniais sofridos pelos demais multiproprietários.

V) Dever de manter o imóvel em estado de conservação e limpeza condizente com os fins a que se destina e com a natureza da respectiva construção, sob pena da

**1196** | MANUAL DE DIREITO CIVIL • VOLUME ÚNICO – *Flávio Tartuce*

imposição de uma obrigação de fazer a devida limpeza ou de responder civilmente pelo descumprimento desse dever.

VI) Dever de usar o imóvel, bem como suas instalações, equipamentos e mobiliário, conforme seu destino e natureza, atendendo-se também à regra dos 3 s, prevista no art. 1.335, inc. III, ou seja, atentando-se para os parâmetros da segurança, saúde e sossego.

VII) Dever de usar o imóvel exclusivamente durante o período correspondente à sua fração de tempo, sob pena de ter que pagar aos demais proprietários pelo uso excessivo, além do pactuado. Eventualmente, cabe uma ação de reintegração de posse por outros condôminos, caso o multiproprietário se negue a deixar o imóvel.

VIII) Dever de desocupar o imóvel, impreterivelmente, até o dia e hora fixados no instrumento de instituição ou na convenção de condomínio em multipropriedade, sob pena de multa diária ou *astreintes*, conforme convencionado no próprio instrumento pertinente ou fixado pelo juiz. Eventualmente, caso essa multa seja excessiva, caberá sua redução pelo Poder Judiciário, sendo certo que o próprio STJ já determinou parâmetros para a fixação das *astreintes*, a saber: "no tocante especificamente ao balizamento de seus valores, são dois os principais vetores de ponderação: a) efetividade da tutela prestada, para cuja realização as *astreintes* devem ser suficientemente persuasivas; e b) vedação ao enriquecimento sem causa do beneficiário, porquanto a multa não é, em si, um bem jurídico perseguido em juízo. O arbitramento da multa coercitiva e a definição de sua exigibilidade, bem como eventuais alterações do seu valor e/ou periodicidade, exigem do magistrado, sempre dependendo das circunstâncias do caso concreto, ter como norte alguns parâmetros: i) valor da obrigação e importância do bem jurídico tutelado; ii) tempo para cumprimento (prazo razoável e periodicidade); iii) capacidade econômica e de resistência do devedor; iv) possibilidade de adoção de outros meios pelo magistrado e dever do credor de mitigar o próprio prejuízo (*duty to mitigate de loss*)" (STJ, Ag. Int. no Ag. Rg. no AREsp 738.682/RJ, 4.ª Turma, Rel. Min. Maria Isabel Gallotti, Rel. p/ Acórdão Min. Luis Felipe Salomão, j. 17.11.2016, *DJe* 14.12.2016). Reitere-se, por oportuno, a possibilidade de ingresso de uma ação de reintegração de posse, caso não ocorra a devolução do bem pelo multiproprietário que desrespeita aquilo que foi pactuado.

IX) Por fim, a lei estabelece o dever de permitir a realização de obras ou reparos urgentes, não só os determinados pelo Poder Público, mas também os que a maioria entendeu como necessários para que o imóvel cumpra com a sua função.

Sobre as penalidades aos condôminos multiproprietários, o § 1.º do mesmo art. 1.358-J preceitua que, conforme previsão que deverá constar da respectiva convenção de condomínio em multipropriedade, o multiproprietário estará sujeito a: *a)* multa, no caso de descumprimento de qualquer de seus deveres; *b)* multa progressiva e perda temporária do direito de utilização do imóvel no período correspondente à sua fração de tempo, no caso de descumprimento reiterado de deveres. Como se pode perceber, a lei traz até a medida drástica de perda temporária do direito de uso, um dos atributos diretos da propriedade.

Como observação pertinente, tais penalidades não afastam a instituição de outras, como aquelas existentes quanto ao condômino nocivo ou antissocial, quando houver o descumprimento reiterado dos deveres, e que podem chegar até a dez vezes o valor da quota condominial (art. 1.337 do CC). De toda sorte, sendo exagerada a multa fixada na convenção, penso ser cabível a sua redução, com base no art. 413 do Código Civil. Sobre a possibilidade de perda temporária do direito de uso em caso de reiteração de descumprimento, entendo que ela colide com o direito fundamental de propriedade, nos termos do art. 5.º, inc. XXIII, da CF/1988, o que ainda merecerá maiores aprofundamentos.

CAP. 7 • DIREITO DAS COISAS | **1197**

O art. 1.358-J ainda prescreve, em seu § 2.º, que a responsabilidade pelas despesas referentes a reparos no imóvel, bem como suas instalações, equipamentos e mobiliário, será: *a)* de todos os multiproprietários, quando decorrentes do uso normal e do desgaste natural do imóvel, o que é proporcional e razoável: *b)* exclusivamente do multiproprietário responsável pelo uso anormal, sem prejuízo de multa, quando resultantes de uso anormal do imóvel.

Como parâmetros para a definição do uso anormal, serve mais uma vez de sustento a *regra dos 3 s*, retirada do sempre citado art. 1.277 do Código Civil: "o proprietário ou o possuidor de um prédio tem o direito de fazer cessar as interferências prejudiciais à segurança, ao sossego e à saúde dos que o habitam, provocadas pela utilização de propriedade vizinha". A título de exemplo, imagine-se a hipótese do proprietário que realizou uma interferência indevida no sítio em multipropriedade, construindo um *deck* para parar sua lancha. Além de responder por tal despesa, arcará com a multa fixada previamente pelas partes, sem prejuízo de sua eventual responsabilização civil perante terceiros.

Como última regra relativa aos direitos e deveres dos multiproprietários, mais uma vez a exemplo do que ocorre com o condomínio edilício (art. 1.334, § 2.º), o art. 1.358-K estatui que, para os efeitos do disposto a respeito do tema, são equiparados aos multiproprietários os promitentes compradores e os cessionários de direitos relativos a cada fração de tempo. Assim, aquilo que foi previamente determinado na instituição ou convenção da multipropriedade acaba por atingi-los, mesmo que tenham participado da deliberação do conteúdo, o que visa à efetivação prática da convenção.

Sobre a transferência da multipropriedade, o art. 1.358-L do Código Civil estabelece que a sua produção de efeitos perante terceiros, ou seja, os seus efeitos *erga omnes*, dar-se-ão nos termos da lei civil e não dependerão da anuência ou cientificação dos demais multiproprietários. Para que ocorra essa eficácia perante terceiros, portanto, basta o registro da transmissão no Cartório do Registro de Imóveis. A lei, de maneira equivocada, refere-se à transmissão da fração de tempo. Em verdade, o tempo ainda não é reconhecido como bem jurídico tutelado de forma consolidada no Direito Brasileiro. Assim, prefiro falar em transferência do direito de propriedade que se encontra fracionado entre pessoas diversas.

Conforme o § 1.º do art. 1.358-L, não haverá direito de preferência na alienação de fração de tempo, salvo se estabelecido no instrumento de instituição ou na convenção do condomínio em multipropriedade em favor dos demais multiproprietários ou do instituidor do condomínio em multipropriedade. Em suma, não se aplica o direito de preempção ou prelação legal existente no caso de condomínio de coisa indivisível, como enuncia o art. 504 do Código Civil, com o correspondente direito de adjudicação, caso o condomínio seja preterido em sua preferência. Na multipropriedade, essa preempção é exceção, e não regra, devendo estar convencionada, diante do atendimento de sua função social e econômica.

Sem prejuízo dessa regra, como pontua Marco Aurélio Bezerra de Melo, "contudo, se no âmbito do poder de disposição, resolver o interesse em alugar a fração de tempo, aplicar-se-á o art. 1.323 do Código Civil, no qual há a obrigatoriedade de o condômino dar preferência aos demais condôminos em idênticas condições ao que se estabeleceria para um estranho".[155] A dúvida relativa a essa posição doutrinária diz respeito à aplicação de norma restritiva por analogia. Mas, na verdade, tem-se um condomínio em ambos os casos, justificando-se a subsunção invocada.

---

[155] MELO, Marco Aurélio Bezerra. *Código Civil comentado*. Doutrina e jurisprudência. Rio de Janeiro: Forense, 2019. p. 983.

**1198** | MANUAL DE DIREITO CIVIL • VOLUME ÚNICO – *Flávio Tartuce*

Além disso, o art. 1.358-L, § 2.º, do CC/2002 prevê que "o adquirente será solidariamente responsável com o alienante pelas obrigações de que trata o § 5.º do art. 1.358-J (...) caso não obtenha a declaração de inexistência de débitos referente à fração de tempo no momento de sua aquisição". Mais uma vez com base na doutrina de Marco Aurélio Bezerra de Melo, que consta do nosso *Código Civil Comentado*, nota-se a existência de um erro técnico no dispositivo, diante da vedação do último preceito:

"O § 2.º deste artigo contém um erro material, pois o artigo se refere ao § 5.º do art. 1.358-J que fora vetado pelo Poder Executivo por receio de que houvesse o posicionamento de que não existiria solidariedade passiva em relação aos demais condôminos no tocante às obrigações tributárias inadimplidas eventualmente por algum multiproprietário com relação à sua quota de responsabilidade. (...). Feita essa observação, na realidade, a lei estabelece que a obrigação *propter rem* decorrente das despesas condominiais da multipropriedade e do condomínio edilício, se houver, serão transferidas para o adquirente, assemelhando-se ao que prevê o art. 1.345 do Código Civil, o qual estabelece que o adquirente de unidade responde pelos débitos do alienante, em relação ao condomínio, inclusive multas e juros moratórios, sendo essa a regra genérica para o condomínio, enquanto que na multipropriedade, como reproduzido acima, há a previsão de solidariedade entre o adquirente e o alienante".[156]

A hipótese, como se percebe, é de solidariedade passiva legal quanto aos débitos condominiais, o que visa manter a higidez econômica da administração da multipropriedade. O Projeto de Reforma do Código Civil pretende corrigir mais esse erro técnico, passando o § 2.º do art. 1.358-L a prever que "o adquirente será solidariamente responsável com o alienante pelos tributos, contribuições condominiais e outros encargos que já incidam sobre o imóvel, caso não obtenha a declaração de inexistência de débitos referente à fração de tempo no momento de sua aquisição". Espera-se, assim, a sua aprovação pelo Parlamento Brasileiro.

A propósito da efetivação da última, o art. 1.358-M prevê que a administração do imóvel e de suas instalações, equipamentos e mobiliário será de responsabilidade da pessoa indicada no instrumento de instituição ou na convenção de condomínio em multipropriedade, ou, na falta de indicação, de pessoa escolhida em assembleia geral dos condôminos. Esse administrador tem as mesmas atribuições do síndico, que atua no condomínio edilício. Não há qualquer óbice para que as partes convencionem também a presença de um subsíndico e um conselho fiscal.

Conforme o mesmo comando, no seu § 1.º, esse administrador exercerá, além daquelas previstas no instrumento de instituição e na convenção de condomínio em multipropriedade, as seguintes atribuições:

I) De coordenação da utilização do imóvel pelos multiproprietários durante o período correspondente a suas respectivas frações de tempo. A título de exemplo, o administrador poderá decidir sobre alguma questão da qual divergem os condôminos.

II) Determinação, no caso dos sistemas flutuante ou misto, dos períodos concretos de uso e gozo exclusivos de cada multiproprietário em cada ano. Ilustrando, em havendo fracionamento sobre períodos festivos, como carnaval, festas juninas, ou natal, as atribuições de uso fracionado serão decididas por ele.

III) Decidir e efetivar a manutenção, a conservação e a limpeza do imóvel, o que inclui a necessidade de sua reforma.

---

[156] MELO, Marco Aurélio Bezerra. *Código Civil comentado*. Doutrina e jurisprudência. Rio de Janeiro: Forense, 2019. p. 983-984.

CAP. 7 • DIREITO DAS COISAS | **1199**

IV) A troca ou substituição de instalações, equipamentos ou mobiliário, inclusive, caso dos eletrodomésticos como aparelho de televisão, de som, ar-condicionado, camas, armários e aparelhos de internet em *wi-fi*. Cabe ao administrador, nesse contexto, determinar o momento da troca ou da substituição; providenciar os orçamentos necessários para tanto e submeter os orçamentos à aprovação pela maioria simples dos condôminos em assembleia. Nos termos do § 2.º do próprio art. 1.358-M, a convenção de condomínio em multipropriedade poderá regrar de forma diversa, atribuindo-a, por exemplo, à decisão de um ou ao quórum qualificado dos condomínios.

V) Elaboração do orçamento anual, com previsão das receitas e despesas, visando ao atendimento da finalidade a que se destina.

VI) Realizar a cobrança das quotas de custeio de responsabilidade dos multiproprietários.

VII) Efetivar o pagamento, por conta do condomínio edilício ou voluntário, com os fundos comuns arrecadados, de todas as despesas comuns.

O instrumento de instituição do condomínio em multipropriedade poderá prever fração de tempo destinada à realização, no imóvel e em suas instalações, em seus equipamentos e em seu mobiliário, de reparos indispensáveis ao exercício normal do direito de multipropriedade (art. 1.358-N do CC). Concretizando, se o imóvel estiver localizado em cidade praiana, poderá ser determinado que a reforma será realizada no mês de julho, no inverno.

Essa fração de tempo relativa aos reparos ou reformas poderá ser atribuída: *a)* ao próprio instituidor da multipropriedade; ou *b)* aos multiproprietários, proporcionalmente às respectivas frações (art. 1.358-N, § 1.º, incs. I e II). Em caso de emergência, como na hipótese de ter imóvel destruído por fortes chuvas, esses reparos poderão ser feitos durante o período correspondente à fração de tempo de um dos multiproprietários, que posteriormente deve ser compensado pela obstação do uso (art. 1.358-N, § 2.º).

Após as regras relativas à administração, foram inseridas disposições específicas relacionadas à multipropriedade instituída em unidades autônomas de condomínios edilícios. Nesse tratamento é que a lei apresenta os maiores problemas técnicos, na minha opinião doutrinária.

Enuncia o art. 1.358-O do Código Civil que o condomínio edilício poderá adotar o regime de multipropriedade em parte ou na totalidade de suas unidades autônomas, mediante duas possibilidades. A primeira é a previsão no instrumento de instituição do condomínio edilício, o que complementa o que consta do antes estudado art. 1.332 da codificação. O parágrafo único do comando determina que, em casos tais, a iniciativa e a responsabilidade para a instituição do regime da multipropriedade serão atribuídas às mesmas pessoas e observarão os mesmos requisitos indicados nas alíneas *a, b* e *c* e no § 1.º do art. 31 da Lei 4.591, de 16 de dezembro de 1964, que trata da incorporação imobiliária. Essas pessoas e requisitos são: *a)* o proprietário do terreno, o promitente comprador, o cessionário deste ou promitente cessionário com título que apresente os documentos do art. 32 da mesma norma; *b)* o construtor; e *c)* o ente da Federação imitido na posse, a partir de decisão proferida em processo judicial de desapropriação em curso ou o cessionário deste, conforme comprovado mediante registro no Cartório de Imóveis competente.

A segunda possibilidade de inserção da multipropriedade em condomínio edilício se dá por deliberação da *maioria absoluta* dos condôminos. A expressão "maioria absoluta" gera dúvidas práticas. Equivale ela à metade dos votos mais um, como é comum nas decisões relativas às pessoas jurídicas? Ou maioria absoluta representa 2/3 dos votos, que é comum para alteração da convenção, como consta do art. 1.351 do CC? Entendo que o legislador deveria ter deixado clara tal previsão, o que pode causar certa confusão. Pela prática condominial, pelos usos comuns, nos termos do art. 113 do Código Civil, na falta de previsão a respeito dessa fração, deve-se aplicar o quórum de 2/3.

O Projeto de Reforma do Código Civil, elaborado pela Comissão de Juristas, pretende corrigir a norma, resolvendo mais esse dilema, e melhorando o seu conteúdo. Com isso, o art. 1.358-O do CC/2002 enunciará, em seu *caput*, que "o condomínio edilício já instituído poderá passar a adotar o regime de multipropriedade, quanto à parte ou quanto à totalidade de suas unidades autônomas, por deliberação tomada em instrumento público de retificação da instituição do condomínio, que será levada a registro". Em complemento, preverá o seu parágrafo único, "se não houver unanimidade dos condôminos quanto à transformação, será convocada assembleia para deliberar especificamente quanto a essa pretensão e a deliberação de dois terços da totalidade dos condôminos, tomada em ata registrada, será levada a registro em complemento à instituição do condomínio". Com isso, resolve-se mais um grave problema na regulamentação do instituto na Lei Civil, sendo imperiosa a sua aprovação pelo Parlamento Brasileiro.

Sobre a convenção de condomínio nesses imóveis em que há multipropriedade, o art. 1.358-P traz outros requisitos, além dos que constam dos arts. 1.332, 1.334 e, se for o caso, do art. 1.358-G do próprio Código Privado, a saber:

I) A identificação das unidades sujeitas ao regime da multipropriedade, no caso de empreendimentos mistos, em que existam imóveis em que há multipropriedade e outros não.

II) A indicação da duração das frações de tempo de cada unidade autônoma sujeita ao regime da multipropriedade.

III) A forma de rateio, entre os multiproprietários de uma mesma unidade autônoma, das contribuições condominiais relativas à unidade, que, salvo se disciplinada de maneira diversa no instrumento de instituição ou na convenção de condomínio em multipropriedade, será proporcional à fração de tempo de cada multiproprietário, do mesmo modo como consta a respeito do condomínio edilício (art. 1.336, inc. I, do CC).

IV) A especificação das despesas ordinárias de condomínio, cujo custeio será obrigatório, independentemente do uso e gozo do imóvel e das áreas comuns.

V) Os órgãos de administração da multipropriedade, que pode ter um síndico, um subsíndico e um conselho fiscal, como ocorre comumente no condomínio edilício.

VI) A indicação, se for o caso, de que o empreendimento conta com sistema de administração de intercâmbio, na forma prevista no § 2.º do art. 23 da Lei 11.771, de 17 de setembro de 2008, seja do período de fruição da fração de tempo, seja do local de fruição, caso em que a responsabilidade e as obrigações da companhia de intercâmbio limitam-se ao contido na documentação de sua contratação.

VII) A competência para a imposição de sanções e o respectivo procedimento, especialmente nos casos de mora no cumprimento das obrigações de custeio e nos de descumprimento da obrigação de desocupar o imóvel até o dia e hora previstos. Para a determinação dessas sanções deve-se sempre atentar para o direito à ampla defesa e ao contraditório, como consta do antes estudado Enunciado n. 92 da *I Jornada de Direito*, quanto ao condômino nocivo ou antissocial (art. 1.337 do CC). O Projeto de Reforma do Código Civil pretende alterar a norma, para incluir menção à ampla defesa do seguinte modo: "a competência para a imposição de sanções, sempre atendido o direito à ampla defesa, e o respectivo procedimento, especialmente nos casos de mora no cumprimento das obrigações de custeio e nos casos de descumprimento da obrigação de desocupar o imóvel até o dia e hora previstos".

VIII) O quórum exigido para a deliberação de adjudicação da fração de tempo na hipótese de inadimplemento do respectivo multiproprietário, o que ainda será aqui abordado.

IX) O quórum exigido para a deliberação de alienação, pelo condomínio edilício, da fração de tempo adjudicada em virtude do inadimplemento do respectivo multiproprietário.

CAP. 7 • DIREITO DAS COISAS | **1201**

A lei trata, ainda, sobre o regimento interno dos condomínios edilícios em que há imóveis em multipropriedade (art. 1.358-Q do CC). São cláusulas obrigatórias em casos tais, sobre o cotidiano condominial:

I) Os direitos dos multiproprietários sobre as partes comuns do condomínio edilício, com as respectivas frações.

II) Os direitos e obrigações do administrador, inclusive quanto ao acesso ao imóvel para cumprimento do dever de manutenção, conservação e limpeza, o que novamente não pode ferir a privacidade dos seus ocupantes.

III) As condições e regras para uso das áreas comuns, como a piscina, o salão de festas, a academia, a quadra esportiva etc.

IV) Os procedimentos a serem observados para uso e gozo dos imóveis e das instalações, equipamentos e mobiliário destinados ao regime da multipropriedade, caso dos eletrodomésticos do imóvel.

V) O número máximo de pessoas que podem ocupar simultaneamente o imóvel no período correspondente a cada fração de tempo, o que novamente não pode restringir previamente o direito de uso, como no exemplo anterior de uma numerosa família que pretende passar as festas de fim de ano no imóvel.

VI) As regras de convivência entre os multiproprietários e os ocupantes de unidades autônomas não sujeitas ao regime da multipropriedade, quando se tratar de empreendimentos mistos, com alguns imóveis em regime de multipropriedade e outros não. Nesta previsão, existirá debate intenso quanto à possibilidade de limitação de locação do imóvel em sistema de aplicativos, como antes pontuado quando do estudo do condomínio edilício, sendo certo que reitero a minha opinião doutrinária que é pela impossibilidade de vedação prévia.

VII) A forma de contribuição, destinação e gestão do fundo de reserva específico para cada imóvel, para reposição e manutenção dos equipamentos, instalações e mobiliário, sem prejuízo do fundo de reserva do próprio condomínio edilício.

VIII) A possibilidade de realização de assembleias não presenciais, inclusive por meio eletrônico, prática que não só pode, como deve atingir o condomínio edilício sem imóveis em regime de multipropriedade.

IX) Os mecanismos de participação e representação dos titulares dos bens em multipropriedade.

X) O funcionamento do sistema de reserva, os meios de confirmação e os requisitos a serem cumpridos pelo multiproprietário quando não exercer diretamente sua faculdade de uso.

XI) A descrição dos serviços adicionais, se existentes, e as regras para seu uso e custeio. A ilustrar, imagine-se os serviços de hotelaria que eventualmente possam ser oferecidos pelo condomínio.

Ademais, novamente como ocorre com o condomínio edilício, a norma estatui que o regimento interno poderá ser instituído por escritura pública ou por instrumento particular (art. 1.358-Q, parágrafo único).

Em flagrante inconstitucionalidade, ferindo a livre-iniciativa prevista no art. 170 do Texto Maior, expressa o novo art. 1.358-R do Código Civil que o condomínio edilício em que tenha sido instituído o regime de multipropriedade, em parte ou na totalidade de suas unidades autônomas, terá necessariamente um administrador profissional. Além do claro objetivo de reserva de mercado, fica a dúvida: quais os requisitos para o enquadramento como síndico profissional? O diploma estabelece apenas, no seu § 5.º, que ele pode ser ou não um prestador de serviços de hospedagem. Há necessidade de alguma certificação profissional? Veja-se o meu caso, pois já atuei como síndico e subsíndico, escrevo e leciono sobre o assunto. Posso eu ser enquadrado como tal?

Além dessas dúvidas que já existem no caso concreto, a verdade é que me parece que tal restrição não pode ser imposta, por colidir com a Constituição Federal de 1988. Por isso, no Projeto de Reforma do Código Civil pretende-se reparar o comando, para que não mencione mais o "administrador profissional" e passa a administrar que ele seja também uma pessoa jurídica: "o condomínio edilício em que tenha sido instituído o regime de multipropriedade em parte ou na totalidade de suas unidades autônomas, terá necessariamente um administrador, que pode ser pessoa natural ou jurídica". Com isso, resolve-se mais um sério problema técnico na regulamentação da multipropriedade.

Voltando-se à norma vigente, sobre o prazo de duração do contrato de administração, será livremente estabelecido, seja na convenção ou por assembleia dos condôminos (art. 1.358-R, § 1.º, do CC). Além disso, impõe-se que esse administrador do condomínio seja também o administrador de todos os condomínios em multipropriedade de suas unidades autônomas, o que mais uma vez parece ferir a livre-iniciativa (art. 1.358-R, § 2.º, do CC).

Esse administrador atua como mandatário legal de todos os multiproprietários, exclusivamente para a realização dos atos de gestão ordinária da multipropriedade, incluindo manutenção, conservação e limpeza do imóvel e de suas instalações, equipamentos e mobiliário (art. 1.358-R, § 3.º, do CC). O administrador poderá modificar o regimento interno quanto aos aspectos estritamente operacionais da gestão da multipropriedade no condomínio edilício (art. 1.358-R, § 4.º, do CC).

Como outra novidade de grande impacto, a Lei 13.777/2018 inclui a possibilidade de o condomínio edilício adjudicar a unidade multiproprietária inadimplente, resolvendo aquela polêmica antes aqui exposta, e que passa pelo debate de ser o condomínio edilício ou não uma pessoa jurídica. Prevê o novo art. 1.358-S do Código Civil que, "na hipótese de inadimplemento, por parte do multiproprietário, da obrigação de custeio das despesas ordinárias ou extraordinárias, é cabível, na forma da lei processual civil, a adjudicação ao condomínio edilício da fração de tempo correspondente".

A norma acabou por confirmar a visão contemporânea, por mim seguida, no sentido de ser, sim, o condomínio edilício uma pessoa jurídica de Direito Privado, conforme consta do antes citado Enunciado n. 90 da *I Jornada de Direito Civil*. Abre-se, portanto, a possibilidade jurídica plena para que o condomínio edilício adjudique todas as unidades inadimplentes, sejam de qualquer natureza, o que deve ser adotado amplamente pela jurisprudência.

Além disso, de acordo com o parágrafo único do art. 1.358-S, na hipótese de o imóvel objeto da multipropriedade ser parte integrante de empreendimento em que haja sistema de locação das frações de tempo no qual os titulares possam ou sejam obrigados a locar suas frações de tempo exclusivamente por meio de uma administração única, repartindo entre si as receitas das locações independentemente da efetiva ocupação de cada unidade autônoma, poderá a convenção do condomínio edilício regrar que, em caso de inadimplência: *a)* o inadimplente fique proibido de utilizar o imóvel até a integral quitação da dívida; e *b)* a fração de tempo do inadimplente passe a integrar o *pool* da administradora.

Eis outra inconstitucionalidade na Lei 13.777/2018, que fere o direito fundamental de propriedade (art. 5.º, inc. XXII, da CF/1988), pois restringe automaticamente o atributo de uso e gozo, sem ação judicial. Pode-se falar, ainda, em inconstitucionalidade, por desrespeito à ampla defesa e ao contraditório (art. 5.º, inc. LV, da CF/1988).

Espero que assim decida e conclua o Poder Judiciário nacional, ficando claro que o legislador procurou fazer com que razões e motivações econômicas prevalecessem so-

CAP. 7 • DIREITO DAS COISAS | **1203**

bre institutos categóricos clássicos, inclusive com proteção constitucional. Como leciona novamente Marco Aurélio Bezerra de Melo, Desembargador do Tribunal de Justiça do Rio de Janeiro, "essa cláusula, em qualquer outra situação de condomínio edilício, não resiste a uma análise séria frente à Constituição Federal, conforme já assinalamos por ocasião da análise dos limites normativos da convenção de condomínio (item 6.1. deste capítulo). Assim, de ordinário, a inadimplência, ainda que reiterada, não pode possibilitar a privação do uso da unidade autônoma em atenção à proteção constitucional da propriedade privada (arts. 5.º, XXII, e 170, II) e, não raro, do próprio direito fundamental social da moradia (art. 6.º)".[157]

A par dessas lições doutrinárias, o atual Projeto de Reforma do Código Civil propõe a revogação expressa desse art. 1.358-S, a englobar o seu *caput* e o parágrafo único, o que virá em boa hora, diante dessas flagrantes inconstitucionalidades e de outros sérios problemas que passo a expor.

Sem prejuízo disso, em havendo o citado inadimplemento, o mesmo art. 1.358-S do CC/2002 enuncia que a administradora do sistema de locação fica automaticamente munida de poderes e obrigada a, por conta e ordem do inadimplente, utilizar a integralidade dos valores líquidos a que o inadimplente tiver direito para amortizar suas dívidas condominiais, seja do condomínio edilício, seja do condomínio em multipropriedade, até sua integral quitação, devendo eventual saldo ser imediatamente repassado ao multiproprietário.

Houve, portanto, a instituição de uma *anticrese legal* em favor da administradora, que poderá locar as unidades e utilizar os aluguéis para amortizar o que lhe é devido. Como essa medida é decorrência das anteriores, também há inconstitucionalidade na sua previsão. Por isso, como antes pontuado, é melhor revogar o comando, o que está sendo proposto pelo Projeto de Reforma do Código Civil.

Também com sério problema a respeito de sua constitucionalidade, mais uma vez por haver uma restrição indevida ao direito de propriedade, o art. 1.358-T do Código Civil estabelece que o multiproprietário somente poderá renunciar de forma translativa a seu direito de multipropriedade em favor do condomínio edilício. A renúncia translativa ou *in favorem* é estudada no âmbito do Direito das Sucessões, sendo aquela que beneficia determinada pessoa, equivalendo a uma doação.

A inconstitucionalidade se faz presente pela restrição da renúncia, não sendo possível a pura ou simples, sem a atribuição a qualquer um que seja, ou a outra pessoa que não o condomínio, caso de outro condômino. Mais uma vez, o objetivo do legislador foi de propiciar uma melhor efetivação econômica da multipropriedade, retirando a possibilidade de intervenção do Estado, caso a multipropriedade fique sem dono. Porém, esbarrou-se no texto constitucional, razão pela qual a Comissão de Juristas encarregada da Reforma do Código Civil sugere a sua revogação expressa.

Ademais, a lei, em mais uma flagrante inconstitucionalidade, preceitua que essa renúncia translativa só é admitida, se o multiproprietário estiver em dia com as contribuições condominiais, com os tributos imobiliários e, se houver, com o foro ou a taxa de ocupação (art. 1.358-T, parágrafo único, do CC). Nota-se, mais uma vez, uma restrição indevida e incabível ao direito de propriedade, pelo simples fato de estar o multiproprietário inadimplente, havendo proposta de sua revogação expressa no tão citado Projeto de Reforma, em trâmite no Congresso Nacional.

---

[157] MELO, Marco Aurélio Bezerra de. *Código Civil comentado*. Doutrina e jurisprudência. Rio de Janeiro: Forense, 2019. p. 988.

Como última regra constante do Código Civil, o seu art. 1.358-U prescreve que as convenções dos condomínios edilícios, os memoriais de loteamentos e os instrumentos de venda dos lotes em loteamentos urbanos poderão limitar ou impedir a instituição da multipropriedade nos respectivos imóveis, vedação que somente poderá ser alterada no mínimo pela maioria absoluta dos condôminos. Mais uma vez existe polêmica sobre esse quórum, que deve ser entendido como de 2/3, pois essa é a prática condominial nos condomínios edilícios.

E, como não poderia ser diferente, o Projeto de Reforma do Código Civil pretende sanar esse dilema, passando a norma a enunciar expressamente qual é o quórum a ser aplicado, com a seguinte dicção: "Art. 1.358-U. As convenções dos condomínios edilícios, os memoriais de loteamentos e os instrumentos de venda dos lotes em loteamentos urbanos poderão limitar ou impedir a instituição da multipropriedade nos respectivos imóveis, vedação que somente poderá ser alterada no mínimo pela deliberação de dois terços dos condôminos".

Como outra temática importante, oportuno anotar que a Lei 13.777/2018 incluiu modificações na Lei de Registros Públicos (Lei 6.015/1973). A primeira delas é que passa a ser possível, nos termos do seu art. 176, § 1.º, inc. II, número 6, o registro no Cartório de Imóveis dos bens em regime de multipropriedade, sendo necessária uma matrícula para cada uma dessas frações, o que gerará grande problemas práticos. Sobre tal necessidade, vejamos mais uma vez as palavras de Carlos Eduardo Elias de Oliveira, que apresenta as justificativas desta exigência:

> "Há necessidade de abertura de matrícula para cada unidade periódica. Isso significa que cada unidade imobiliária é um imóvel autônomo, como sucede com as unidades no condomínio edifício. É o que reza o princípio da unitariedade matricial, segundo o qual cada imóvel tem de corresponder a uma matrícula. Também dá conta disso o fato de que uma mesma pessoa pode ser titular de todas as unidades periódicas relativas a um mesmo imóvel sem extinção do condomínio multiproprietário (art. 1.358-C, parágrafo único, CC).
>
> Portanto, a multipropriedade cria um direito de propriedade periódico a cada multiproprietário. Em outras palavras, o multiproprietário é titular de um direito real sobre coisa própria, porque titula um direito de propriedade com dimensão espaço-temporal. (...). Por curiosidade, destaque-se que Portugal não disciplinou a multiproprietário como um condomínio, mas como um direito real de habitação periódico. Preferiu, pois, disciplinar o instituto como um direito real sobre coisa alheia".[158]

Isso é confirmado pelo novo § 10 do seu art. 176, segundo o qual, quando o imóvel se destinar ao regime da multipropriedade, além da matrícula do imóvel, haverá uma matrícula para cada fração de tempo, na qual se registrarão e averbarão os atos referentes à respectiva fração de tempo. Ademais, cada fração de tempo poderá, em função de legislação tributária municipal, ser objeto de inscrição imobiliária individualizada (§ 11). Em havendo fração de tempo adicional destinada à realização de reparos, constará da matrícula referente à fração de tempo principal de cada multiproprietário e não será objeto de matrícula específica (§ 12).

Como último tema a ser pontuado neste tópico, o Código Civil nada trata hoje a respeito da multipropriedade mobiliária que tem se expandido na prática nos últimos anos,

---

[158] OLIVEIRA, Carlos Eduardo Elias de. Considerações sobre a recente Lei da Multipropriedade ou da *Time Sharing* (Lei n.º 13.777/2008): principais aspectos de Direito Civil, de Processo Civil e de Registros Públicos, p. 6-7. Disponível em: <www.flaviotartuce.adv.br>. Acesso em: 26 ago. 2019.

CAP. 7 • DIREITO DAS COISAS | **1205**

sobretudo em se tratando de aeronaves, veículos e embarcações, sendo imperiosa e urgente a sua inclusão na Lei Geral Privada, no meu entender.

Por isso, a Comissão de Juristas encarregada da Reforma do Código Civil, e constituída no âmbito do Senado Federal, sugere a inclusão de um novo art. 1.358-V na Lei Civil, com um tratamento legal mínimo para essa hipótese. De início, o seu *caput* preverá que "aplica-se, no que couber, o disposto sobre condomínio multiproprietário imobiliário para o condomínio multiproprietário mobiliário, observado o disposto neste Capítulo". Em continuidade, a instituição desse condomínio multiproprietário de móveis e a oponibilidade da convenção perante terceiros serão aperfeiçoadas pelo registro do instrumento de sua instituição no Cartório de Títulos e Documentos do domicílio de cada um dos condôminos ou, em se tratando de veículos ou de embarcações, na repartição competente para o licenciamento ou a inscrição respectiva, fazendo-se a anotação de todos os proprietários no certificado de registro (§ 1.º).

Feito esse registro, a coisa será tida como de propriedade de todos os multiproprietários que, solidariamente, respondem, com garantia real de penhor, pelos créditos de terceiros, derivados de: *a)* danos por fato da coisa; e *b)* obrigações decorrentes de reparos, guarda ou conservação da coisa, assumidas por qualquer titular da unidade mobiliária (§ 2.º do novo art. 1.358-V). A previsão do penhor é importante para a satisfação dessas obrigações em relação a terceiros, trazendo a eles a esperada segurança jurídica.

Se não for realizado esse registro, responderá o proprietário único, o possuidor ou o detentor, pelos danos relacionados à coisa, sem prejuízo de ficar demonstrado que havia multipropriedade de fato e existente corresponsabilidade solidária de todos os multiproprietários, nos casos e na forma do art. 942 do próprio Código Civil (§ 3.º do novo art. 1.358-V). Ficará assegurado aos condôminos multiproprietários o direito de regresso contra o titular da unidade mobiliária periódica em razão de cuja conduta surgiu o crédito, independentemente de sua culpa (§ 4.º).

Como exceção dessa responsabilização pelos danos causados ou decorrentes do bem móvel, o condômino multiproprietário não responderá por obrigações civis, tributárias e administrativas decorrentes das demais unidades mobiliárias periódicas ou do uso da coisa pelo respectivo condômino multiproprietário (§ 5.º). Nos casos de danos provocados a terceiros em razão do uso da coisa, é vedada a responsabilização dos condôminos multiproprietários cujo período de uso não coincida com a data do dano, respeitado, porém, o penhor legal previsto na norma anterior (projetado § 6.º do art. 1.358-V).

Também serão considerados como bem móvel a unidade mobiliária periódica, os direitos reais sobre ela e as respectivas ações relacionadas a esses bens, com todos os efeitos jurídicos correlatos (§ 7.º). Cite-se, como exemplo, o direito de nua-propriedade que se tenha sobre uma aeronave, em caso de instituição de seu usufruto.

Como última previsão proposta pela Comissão de Juristas, a averbação de eventual contrato de administração multiproprietária, na hipótese de condomínio multiproprietário mobiliário, também deve ser registrada na forma do que está no próprio comando (projetado § 8.º do art. 1.358-V do Código Civil). Em prol da segurança jurídica, da previsibilidade e da estabilidade das relações privadas, espera-se a sua aprovação pelo Parlamento Brasileiro.

Como se pode perceber, além das inconstitucionalidades, omissões e desvios categóricos citados e analisados, a Lei 13.777/2018 apresenta muitos problemas práticos e lacunas, que devem ser solucionados pela doutrina e pela jurisprudência, até que o Projeto de Reforma do Código Civil seja aprovado pelo Parlamento Brasileiro.

Na verdade, o prazo da *vacatio legis* da Lei da Multipropriedade deveria ter sido prorrogado para que a comunidade jurídica tivesse mais bem debatido o seu conteúdo.

# 1206 | MANUAL DE DIREITO CIVIL • VOLUME ÚNICO – *Flávio Tartuce*

Não tendo isso ocorrido, cabe aos nossos Tribunais fazer a correção das diversas falhas cometidas pelo legislador, até que a lei seja alterada, o que é urgente.

## 7.8 DO DIREITO REAL DE AQUISIÇÃO DO PROMITENTE COMPRADOR (COMPROMISSO DE COMPRA E VENDA DE IMÓVEL REGISTRADO NA MATRÍCULA)

Conforme foi exposto no Capítulo 5 desta obra – que trata da teoria geral dos contratos –, há uma conexão entre os direitos reais e o contrato preliminar quando se estuda o compromisso de compra e venda de imóvel como categoria jurídica. Isso porque, com exposto, duas são as figuras jurídicas possíveis, o que depende do registro ou não do instrumento negocial na matrícula de registro imobiliário. Revisa-se então essa matéria, que é fulcral para a compreensão dos institutos:

- *Compromisso de compra e venda de imóvel não registrado na matrícula do imóvel* – Nesse caso há um contrato preliminar com efeitos obrigacionais *inter partes,* gerando *obrigação de fazer* o contrato definitivo. Repise-se que não sendo celebrado o contrato definitivo, o compromissário comprador terá três opções:

  *1.ª Opção* – Ingressar com ação de obrigação de fazer, fixando o juiz um prazo razoável para que a outra parte celebre o contrato definitivo (art. 463 do CC).

  *2.ª Opção* – Esgotado o prazo para que a outra parte celebre o contrato definitivo, poderá o juiz suprir a vontade da parte inadimplente, conferindo caráter definitivo ao contrato preliminar (art. 464 do CC). Este efeito é similar ao da adjudicação compulsória, mas *inter partes.* Por isso, continua aplicável a Súmula 239 do STJ, segundo a qual o direito à adjudicação compulsória, quando exercido em face do promitente vendedor, não se condiciona ao registro do compromisso de compra e venda na matrícula do imóvel. O Enunciado n. 95 do CJF/STJ, da *I Jornada de Direito Civil,* prevê a continuidade prática da súmula. Vale lembrar que, conforme a Lei do SERP (Lei 14.382/202), a adjudicação compulsória pode ser efetivada pela via extrajudicial, perante o Cartório de Registro de Imóveis, nos termos do novo art. 216-B da Lei de Registros Públicos. O tema está analisado no Capítulo 3 deste livro, no seu item 3.1.3, com o estudo da normatização pelo Conselho Nacional de Justiça (CNJ), em 2023, por meio do seu Provimento 150, depois incorporado ao seu Código Nacional de Normas.

  *3.ª Opção* – Se o contrato e o seu objetivo não interessarem mais ao compromissário comprador, poderá ele requerer a conversão da obrigação de fazer em obrigação de dar perdas e danos (art. 465 do CC).

- *Compromisso de compra e venda de imóvel registrado na matrícula do imóvel.* Se ocorrer tal registro, estaremos diante de um direito real de aquisição a favor do comprador, reconhecido expressamente pelo art. 1.225, VII, do CC. Não se trata de um direito real de gozo ou fruição ou de um direito real de garantia, mas de uma categoria real intermediária. Tal categoria tem *efeitos reais erga omnes,* gerando uma *obrigação de dar* a coisa. Tanto isso é verdade que não sendo essa entregue, caberá *ação de adjudicação compulsória* por parte do compromissário comprador, em face do promitente vendedor ou de terceiro. Para que a coisa seja entregue, o preço da coisa deve ser depositado, de forma integral ou substancial. Sobre essa natureza jurídica do instituto, destaque-se, da jurisprudência superior: "o direito real de propriedade não

> se confunde com o direito real do promitente comprador, que se consubstancia em um direito à aquisição do imóvel condicionado ao cumprimento da obrigação de pagar a quantia contratualmente estabelecida" (STJ, REsp 1.501.549/RS, 3.ª Turma, Rel. Min. Nancy Andrighi, j. 08.05.2018, *DJe* 11.05.2018). Mais uma vez, vale lembrar que, conforme a Lei do SERP (Lei 14.382/202), a adjudicação compulsória pode ser efetivada pela via extrajudicial, perante o Cartório de Registro de Imóveis, consoante previsto no novo art. 216-B da Lei 6.015/1973 e no Provimento 150/2023 do Conselho Nacional de Justiça.

Consigne-se que o CC/2002 consolidou o tratamento da matéria nos seus arts. 1.417 e 1.418, sendo certo que havia previsão anterior nas seguintes leis específicas, que foram mantidas em relação aos seus efeitos e procedimentos. Destaque-se, também, o surgimento de novas normas, que passaram *a dialogar* com o Código Civil e com as leis anteriores. Vejamos:

> – *Decreto-lei 58/1937* e *Decreto 3.079/1938* – Dispõem e regulamentam a venda de imóveis loteados, prevendo o art. 5.º das duas normas que a averbação do compromisso de compra e venda na matrícula atribui ao compromissário comprador direito real oponível a terceiros, quanto à alienação ou oneração posterior. Nesses compromissos não é admitido o direito de arrependimento, conforme a antiga Súmula 166 do STF, que ainda tem aplicação.
>
> – *Lei 4.591/1964* – Regula as incorporações imobiliárias, prevendo o seu art. 32, § 2.º, que os contratos de compra e venda, promessa de venda, cessão ou promessa de cessão de unidades autônomas são irretratáveis e, uma vez registrados, conferem direito real oponível a terceiros, atribuindo direito à adjudicação compulsória perante o incorporador ou a quem o suceder, inclusive na hipótese de insolvência posterior ao término da obra.
>
> – *Lei 6.766/1979* – Trata do parcelamento do solo urbano, preconizando o seu art. 25 que são irretratáveis os compromissos de compra e venda, cessões e promessas de cessão que atribuem direito a adjudicação compulsória e, estando registrados, confiram direito real oponível a terceiros. Nos termos do art. 26 da norma, os compromissos de compra e venda, as cessões ou promessas de cessão poderão ser feitos por escritura pública ou por instrumento particular.
>
> – *Lei 13.786/2019* – Procurou tratar do inadimplemento dos contratos de aquisição de imóveis, diante da *crise imobiliária*, alterando as duas últimas leis. Em uma visão geral da norma, em casos de inadimplemento do promitente vendedor, as regras fundamentais são as seguintes: *a)* o atraso de até 180 dias para a entrega do imóvel vendido na planta não gerará qualquer ônus para a construtora, ou seja, passa a ser válida e eficaz a tão criticada *cláusula de tolerância*; *b)* se o atraso na entrega for superior aos citados 180 dias, o comprador poderá desfazer o negócio e terá o direito de receber de volta o que pagou, além da multa prevista no contrato, em até 60 dias, contados da resolução; *c)* o comprador pode optar por manter o contrato no caso de atraso, com direito a uma indenização correspondente a 1% do valor que foi pago; e *d)* fica vedada a cumulação da multa moratória com a compensatória, em benefício do comprador. Por outra via, em havendo inadimplemento do compromissário comprador, as regras passam a ser as seguintes: *a)* o inadimplente passa a dever uma multa compensatória de 25% do valor pago ou de até 50% se houver patrimônio de afetação; *b)* o comprador perderá integralmente os valores pagos a título de comissão de corretagem;

*c)* o comprador terá de arcar com despesas de fruição do imóvel, se este já estiver em sua posse; *d)* o comprador terá o prazo de sete dias do art. 49 do CDC, a partir da assinatura do contrato, para se arrepender do negócio, em havendo compra de imóveis em estandes, não sendo o compromisso irretratável até esse prazo, mas somente caso ele seja superado; e *e)* a rescisão do contrato permitirá que o comprador só recupere de volta o valor pago, decrescido dos encargos decorrentes da inadimplência, após 180 dias do distrato ou, se houver patrimônio de afetação, após 30 dias da obtenção do *habite-se* da construção. Como se pode notar, as novas regras amparam apenas os interesses dos vendedores, notadamente de construtoras e de incorporadoras, em detrimento da tutela dos consumidores adquirentes, entrando em conflito com vários dispositivos do CDC e do próprio Código Civil. Como já defendemos no Capítulo 3 deste livro, as excessivas penalidades previstas em lei estão sujeitas ao controle do art. 413 do Código Civil, cabendo a sua redução pelo julgador.

– *Lei 14.382/2022* – A Lei do Sistema Eletrônico dos Registros Públicos (SERP), como visto, admite o procedimento de adjudicação compulsória no Cartório de Registro de Imóveis, pela via extrajudicial. Nos termos do novo art. 216-B da Lei de Registros Públicos (Lei 6.015/1973), sem prejuízo da via jurisdicional, a adjudicação compulsória de imóvel objeto de promessa de venda ou de cessão poderá ser efetivada extrajudicialmente no serviço de registro de imóveis da situação do imóvel. Reafirmo que o procedimento é cabível tanto no caso de compromisso de compra e venda registrado quanto na hipótese de não constar da matrícula do imóvel. E pode ser efetivado pelo promitente vendedor como pelo compromissário comprador, como antes exposto nesta obra (Capítulo 3 da obra, item 3.1.3). Como igualmente foi estudado naquele tópico, a mesma Lei do SERP também incluiu no ordenamento jurídico, novamente na Lei de Registros Públicos, o cancelamento extrajudicial do registro do compromisso de compra e venda na matrícula do imóvel. Aqui, por óbvio, o procedimento não se aplica aos casos de compromisso não registrado e somente pode ser utilizado pelo promitente vendedor, e não pelo compromissário comprador (art. 251-A da Lei de Registros Públicos, Lei 6.015/1973).

Adianto que no atual Projeto de Reforma do Código Civil, elaborado pela Comissão de Juristas nomeada no Senado Federal, são feitas proposições de ajustes pontuais a respeito dos arts. 1.417 e 1.418 da Lei Civil. Um deles é justamente de preservar esse tratamento da legislação especial, prevendo o sugerido parágrafo único do primeiro dispositivo que "o tratamento do compromisso de compra e venda registrado na matrícula do imóvel, constante neste Código, não exclui o previsto em leis especiais".

Na prática, os *compromissos de compra e venda registrados* são, no geral, utilizados nas vendas financiadas a longo prazo. Por outra via, os compromissos não registrados são encontrados nas compras à vista ou com curto prazo de pagamento.

Determina o art. 1.417 do CC/2002 que mediante promessa de compra e venda, em que não se pactuou arrependimento, celebrada por instrumento público ou particular, e registrada no Cartório de Registro de Imóveis, adquire o promitente comprador direito real à aquisição do imóvel. Como ficou claro, esse direito real possibilita a reivindicação da coisa em face de qualquer terceiro que eventualmente a adquiriu indevidamente. Nesse sentido, é claro o Enunciado n. 253 do CJF/STJ: "o promitente comprador, titular de direito real (art. 1.417), tem a faculdade de reivindicar de terceiro o imóvel prometido à venda".

No Projeto de Reforma do Código Civil, além da inclusão de um parágrafo único neste último comando, para o fim de se preservar o tratamento constante da legislação processual, sugere-se que o *caput do* art. 1.417 passe a mencionar as expressões *promitente* e *compromissário comprador*, a saber: "mediante promessa ou compromisso de compra e venda, em que se não pactuou arrependimento, celebrada por instrumento público ou particular, e registrada no Cartório de Registro de Imóveis, adquire o compromissário ou promitente comprador direito real à aquisição do imóvel". Com isso, resolve-se qualquer debate que ainda possa existir, na teoria ou na prática, quanto à correta nomenclatura a ser utilizada.

De volta ao sistema em vigor, o promitente ou compromissário comprador, titular desse direito real, pode exigir do promitente vendedor, ou de terceiros, a quem os direitos deste forem cedidos, a outorga da escritura definitiva de compra e venda, conforme o disposto no instrumento preliminar; e, se houver recusa, requerer ao juiz a adjudicação do imóvel (art. 1.418 do CC). Pela previsão legal, fica claro que o fim a que almeja o instituto é a entrega da coisa, ou seja, uma *obrigação de dar*.

Importante lembrar, como está estudado no Capítulo 5 deste *Manual*, que a Lei do Sistema Eletrônico dos Registros Públicos (SERP – Lei 14.382/2022), seguindo a linha de extrajudicialização, passou a admitir o procedimento de adjudicação compulsória no Cartório de Registro de Imóveis. Assim, ao lado da anterior adjudicação compulsória judicial, passou a ser possível a opção extrajudicial. Consoante o novo art. 216-B da Lei de Registros Públicos (Lei 6.015/1973), sem prejuízo da via jurisdicional, a adjudicação compulsória de imóvel objeto de promessa de venda ou de cessão poderá ser efetivada extrajudicialmente no serviço de registro de imóveis da situação do imóvel.

No Projeto de Reforma do Código Civil há proposição de se incluir no seu art. 1.418 a possibilidade de que a adjudicação compulsória seja efetivada extrajudicialmente. A norma receberá um parágrafo único, com a seguinte redação: "se houver recusa do promitente vendedor ou de terceiros, o compromissário comprador poderá requerer ao juiz ou ao oficial do Cartório de Registro de Imóveis, a adjudicação compulsória judicial ou extrajudicial do imóvel, na forma da legislação especial". A proposição em nada inova no sistema, mas apenas retoma o *protagonismo legislativo* do Código Civil, em matéria de Direito Privado, atualizando-se o comando legal.

Por outra via, no sistema vigente, em havendo inadimplemento por parte do compromissário comprador, caberá por parte do promitente vendedor uma ação de rescisão do contrato, cumulada com a reintegração de posse do imóvel. Não se pode esquecer que, antes da propositura da ação, deve o credor interpelar judicial ou extrajudicialmente o devedor, constituindo-o em mora (mora *solvendi ex persona*).

A exigência foi instituída pelo Decreto-lei 745/1969, em sua redação original: "nos contratos a que se refere o artigo 22 do Decreto-lei 58, de 10 de dezembro de 1937, ainda que deles conste cláusula resolutiva expressa, a constituição em mora do promissário comprador depende de prévia interpelação, judicial ou por intermédio do cartório de Registro de Títulos e Documentos, com quinze (15) dias de antecedência".

Na mesma linha, prevê o art. 32 da Lei 6.766/1979 que vencida e não paga a prestação, o contrato será considerado rescindido 30 dias depois de constituído em mora o devedor. A jurisprudência superior vinha entendendo que a constituição em mora seria necessária mesmo havendo compromisso de compra e venda não registrado (Súmula 76 do STJ). Deve ficar claro que a existência de cláusula resolutiva expressa não afastaria a necessidade do ato anterior:

> "Processual civil. Ação de rescisão de promessa de compra e venda, cumulada com pedido de reintegração de posse. Cláusula resolutiva expressa. Ineficácia. Necessidade

de prévia interpelação para constituição do devedor em mora. Decreto-lei 745/1969, art. 1.º. Aplicação imediata. I – 'A falta de registro do compromisso de compra e venda de imóvel não dispensa a prévia interpelação para constituir em mora o devedor' (Súmula 76/STJ). II – A exigência de notificação prévia, instituída pelo art. 1.º do Decreto-lei 745/1969, para a constituição em mora do devedor, tem aplicação imediata, por se tratar de norma de direito processual. III – A falta de interpelação para constituição da mora acarreta a extinção do processo. IV – Recurso especial conhecido e provido" (STJ, REsp 45.845/SP, 3.ª Turma, Rel. Min. Antônio de Pádua Ribeiro, j. 06.08.2002, *DJ* 23.09.2002, p. 350).

Em suma, não se aplicaria para o compromisso de compra e venda, registrado ou não, o art. 474 do Código Civil em sua literalidade, segundo o qual, a cláusula resolutiva expressa opera de pleno direito, sem a necessidade de qualquer ato da parte interessada. A necessidade de notificação prévia do compromissário comprador seguia a linha do dever de informação, um dos deveres anexos que decorrem da boa-fé objetiva, sendo salutar tal exigência.

Porém, a Lei 13.097/2015 alterou esse panorama, pois foi incluída uma ressalva no parágrafo único do art. 22 do Decreto-lei 58/1937, passando este a estabelecer a dispensa da notificação prévia do compromissário comprador inadimplente, em havendo cláusula resolutiva expressa. Assim, o inadimplemento operará de pleno direito, desde que decorrido o prazo de quinze dias, sem a purgação da mora pelo devedor. A modificação foi instituída no Decreto-lei 745/1969, que agora tem a seguinte dicção:

> "Art. 1.º Nos contratos a que se refere o art. 22 do Decreto-lei 58, de 10 de dezembro de 1937, ainda que não tenham sido registrados junto ao Cartório de Registro de Imóveis competente, o inadimplemento absoluto do promissário comprador só se caracterizará se, interpelado por via judicial ou por intermédio de cartório de Registro de Títulos e Documentos, deixar de purgar a mora, no prazo de 15 (quinze) dias contados do recebimento da interpelação.
>
> Parágrafo único. Nos contratos nos quais conste cláusula resolutiva expressa, a resolução por inadimplemento do promissário comprador se operará de pleno direito (art. 474 do Código Civil), desde que decorrido o prazo previsto na interpelação referida no *caput*, sem purga da mora".

Apesar da expressa previsão legal, entendo que ela fica em dúvida quanto à eficácia, em havendo contrato de consumo, o que acaba sendo a regra nas aquisições de imóvel feitas por compromisso de compra e venda. Isso porque a nova previsão legal coloca o consumidor adquirente em situação flagrantemente desfavorável, o que viola vários preceitos do Código de Defesa do Consumidor, especialmente aqueles que consagram o princípio da boa-fé objetiva.

Sob o outro prisma, poderá o compromissário comprador desistir do negócio, o que equivale ao inadimplemento, pois não se admite, no compromisso de compra e venda registrado, a cláusula de arrependimento, aquela que dá às partes um direito potestativo à extinção. Prevê a Súmula 1 do Tribunal de Justiça de São Paulo que "o compromissário comprador de imóvel, mesmo inadimplente, pode pedir a rescisão do contrato e reaver as quantias pagas, admitida a compensação com gastos próprios de administração e propaganda feitos pelo compromissário vendedor, assim como com o valor que se arbitrar pelo tempo de ocupação do bem".

Ato contínuo de estudo, conforme a Súmula 3 do mesmo Tribunal Estadual, sendo reconhecido que o compromissário comprador tem direito à devolução das parcelas pagas por conta do preço, e que as partes deverão ser repostas ao estado anterior, independentemente

CAP. 7 • DIREITO DAS COISAS | **1211**

de reconvenção. Assim sendo, restituída parte do que foi pago ao comprador, com os abatimentos de administração contratual mencionados, o imóvel será devolvido ao promitente vendedor. Na mesma linha, deduz o Superior Tribunal de Justiça que "o juiz, ao decretar a resolução de contrato de promessa de compra e venda de imóvel, deve determinar ao promitente vendedor a restituição das parcelas do preço pagas pelo promitente comprador, ainda que não tenha havido pedido expresso nesse sentido" (STJ, REsp 1.286.144/MG, Rel. Min. Paulo de Tarso Sanseverino, j. 07.03.2013, publicado no seu *Informativo* n. *518*).

A questão se estabilizou de tal forma na jurisprudência que, em 2015, o mesmo STJ editou a sua Súmula 543, expressando que, "na hipótese de resolução de contrato de promessa de compra e venda de imóvel submetido ao Código de Defesa do Consumidor, deve ocorrer a imediata restituição das parcelas pagas pelo promitente comprador – integralmente, em caso de culpa exclusiva do promitente vendedor/construtor, ou parcialmente, caso tenha sido o comprador quem deu causa ao desfazimento".

Na esteira da jurisprudência do mesmo STJ, conclui-se pela nulidade da cláusula que prevê a perda de todas as parcelas pagas pelo compromissário comprador. Não se olvide que o compromisso de compra e venda registrado – em especial nas hipóteses de incorporação imobiliária – constitui um negócio de consumo, regido pela Lei 8.078/1990. Por isso, incide o art. 53 do CDC que consagra a nulidade da cláusula que determina a perda de todas as parcelas pagas nos financiamentos em geral (*cláusula de decaimento*). Essa é a posição que tem prevalecido no âmbito prático, concluindo a jurisprudência superior por uma retenção entre 10% e 25% por parte do promitente vendedor:

"Agravo interno no agravo em recurso especial. Processual civil. Contrato de promessa de compra e venda de imóvel. Resolução. Retenção. Percentual de 10%. Razoabilidade. Acórdão recorrido de acordo com a jurisprudência deste Tribunal Superior. Súmula 83 do STJ. Agravo não provido. 1. A jurisprudência desta Corte de Justiça, nas hipóteses de rescisão de contrato de promessa de compra e venda de imóvel por inadimplemento do comprador, tem admitido a flutuação do percentual de retenção pelo vendedor entre 10% e 25% do total da quantia paga. 2. Em se tratando de resolução pelo comprador de promessa de compra e venda de imóvel em construção, ainda não entregue no momento da formalização do distrato, bem como em se tratando de comprador adimplente ao longo de toda a vigência do contrato, entende-se razoável o percentual de 10% a título de retenção pela construtora dos valores pagos, não se distanciando do admitido por esta Corte Superior. 3. É abusiva a disposição contratual que estabelece, em caso de resolução do contrato de compromisso de compra e venda de imóvel pelo comprador, a restituição dos valores pagos de forma parcelada. 4. Agravo interno não provido" (STJ, AgRg no AREsp 807.880/DF, 4.ª Turma, Rel. Min. Raul Araújo, j. 19.04.2016, *DJe* 29.04.2016).

"Direito civil. Promessa de compra e venda. Desistência. Possibilidade. Devolução das parcelas pagas. Retenção de 25% a título de indenização. 1. O entendimento firmado no âmbito da Segunda Seção é no sentido de ser possível a resilição do compromisso de compra e venda, por parte do promitente comprador, quando se lhe afigurar economicamente insuportável o adimplemento contratual. 2. É direito do consumidor, nos termos da jurisprudência cristalizada da Corte, a restituição dos valores pagos ao promitente vendedor, sendo devida a retenção de percentual razoável a título de indenização, o qual ora se fixa em 25% do valor pago. 3. Recurso especial provido" (STJ, REsp 702.787/SC, 4.ª Turma, Rel. Min. Luis Felipe Salomão, j. 1.º.06.2010, *DJe* 08.06.2010).

"Agravo regimental. Agravo de instrumento. Civil. Promessa de compra e venda de imóvel. Rescisão contratual. Iniciativa do devedor. Devolução de quantias pagas.

Percentual de retenção. Sucumbência recíproca. Súmula 07/STJ. Perda do sinal. Impossibilidade. Arras confirmatórias. 1. A jurisprudência desta Corte Superior prega ser possível a resilição contratual do compromisso de compra e venda por iniciativa do devedor, quando ele não possuir mais condições econômicas para arcar com o pagamento das prestações pactuadas com a promitente-vendedora (construtora ou incorporadora), mormente se estas se tornarem excessivamente onerosas. 2. A resolução unilateral, nesses casos, enseja a restituição das parcelas pagas pelo promissário-comprador, mas não em sua totalidade, haja vista a incidência de parcela de retenção para fazer frente ao prejuízo causado com o desgaste da unidade imobiliária e as despesas com administração, corretagem, propaganda e outras congêneres suportadas pela empresa vendedora. 3. Se o Tribunal de origem fixou o percentual de retenção com base na razoabilidade, examinando, para tanto, o acervo fático e probatório dos autos, alterar tal entendimento encontra óbice na Súmula 07 do STJ. (...)" (STJ, AgRg no Ag 717.840/MG, 3.ª Turma, Rel. Min. Vasco Della Giustina (Desembargador Convocado do TJRS), j. 06.10.2009, *DJe* 21.10.2009).

Reitere-se que a Lei 13.786/2018 instituiu multas compensatórias superiores, de 25% a até 50%, do valor devido, contra o adquirente, o que é aplicável aos contratos celebrados após a sua entrada em vigor. Anote-se novamente que a tendência é a sua redução pelos julgadores nos montantes que vinham sendo aplicados pelo Superior Tribunal de Justiça, entre 10% e 25% do valor devido.

Nesse sentido, cite-se novamente a posição doutrinária de José Fernando Simão, em nosso *Código Civil Comentado:* "a cláusula penal de 50% imposta pela Lei n. 13.786/2018, que alterou o texto da Lei n. 4.591/1964, com a criação do art. 67-A no caso de desistência da aquisição pelo adquirente do imóvel sujeito ao regime do patrimônio de afetação, revela-se excessiva, *ab initio*. Primeiro, porque a multa nasce em um contrato por adesão em que o adquirente não pode debater seu conteúdo (natureza do negócio). Depois, porque trata de aquisição da casa própria (muitas vezes, finalidade do negócio). Por último, porque é superior a todas as demais multas previstas no ordenamento jurídico brasileiro".[159] De fato, penalidades extorsivas como essas não estão de acordo com a tradição do Direito Privado Brasileiro, sendo imperioso incidir a redução equitativa da cláusula penal, prevista no art. 413 do Código Civil.

Adotando a premissa dessa redução da multa com base no art. 413 do Código Civil, podem ser colacionados os seguintes acórdãos, do Tribunal Paulista:

"Compromisso de compra. Ação de rescisão contratual. Ação julgada parcialmente procedente. Resolução do contrato e devolução de 80% do valor pago. Insurgência da autora. Pretensão de retenção de 70% dos valores pagos, conforme previsão da cláusula penal ou, alternativamente, de 25% ou 50% conforme disposto na Lei n.º 13.786/2018. Descabimento. Resolução motivada pelo adquirente. Contrato celebrado antes da vigência da Lei n.º 13.786/2018 (Lei do distrato). E mesmo que assim não fosse, considerando a peculiaridade do caso concreto, no qual o contrato vigeu por pouco é excessivamente onerosa a aplicação das disposições contratuais nos moldes da Lei n.º 13.786/2018 deve prevalecer a Lei consumerista. Inteligência do art. 51, IV, do Código de Defesa do Consumidor e do art. 413 do Código Civil, que admitem a possibilidade de revisão das cláusulas contratuais nulas, abusivas ou excessivamente onerosas. Penalidades que implicariam em saldo negativo, ocasionando não só a perda total do investimento como dívida do consumidor com a vendedora, o que

---

[159] SIMÃO, José Fernando. *Código Civil comentado*. Doutrina e jurisprudência. Rio de Janeiro: Forense, 2019. p. 236.

é inadmissível nos termos do art. 53 do CDC e Súmulas n.ºs 1 do TJSP e 543 do STJ. Multa estipulada sobre o valor do contrato. Os. Retenção de 20% das parcelas pagas que é bastante a cobrir as despesas com publicidade e administração e casuais prejuízos da autora com a extinção do contrato. Precedentes. Sentença mantida. Recurso improvido" (TJSP, Apelação 1013431-89.2021.8.26.0506, Acórdão 15810069, Ribeirão Preto, 5.ª Câmara de Direito Privado, Rel. Des. Moreira Viegas, j. 30.06.2022, *DJESP* 04.07.2022, p. 1805).

"Compromisso de venda e compra. Rescisão. Restituição de quantias pagas. Impossibilidade econômica superveniente do adquirente em arcar com as prestações ajustadas. Ausência de demonstração de culpa da vendedora. Rescisão decretada. Contrato firmado sob a égide da Lei n.º 13.876/2018. Cláusulas contratuais em conformidade com a Lei do Distrato. Necessidade, entretanto, de redução equitativa da cláusula penal. Inteligência do artigo 413 do CC. Taxas e tributos incidentes sobre o imóvel no período da posse sob a responsabilidade dos adquirentes. Cabimento da taxa de fruição. Comissão de corretagem. Ausência de clara disposição contratual da atribuição da corretagem ao consumidor. Indevida a exclusão desses valores. Incidência de atualização monetária desde os respectivos desembolsos, por se tratar de mera reposição do valor da moeda. Sentença reformada. Recurso parcialmente provido" (TJSP, Apelação Cível 1011860-67.2021.8.26.0576, Acórdão 15217123, São José do Rio Preto, 5.ª Câmara de Direito Privado, Rel. Des. Moreira Viegas, j. 24.11.2021, *DJESP* 29.11.2021, p. 2062).

Não se olvide, contudo, que existem arestos estaduais que trazem a conclusão segundo a qual os parâmetros estabelecidos na Lei 13.786/2018 não são exagerados, caso do seguinte:

"Cláusula penal de retenção de 50% do valor adimplido que não se reputa abusiva no caso concreto, sendo também permitida pela Lei do distrato aplicável à espécie (art. 67-A, § 5.º, da Lei n.º 4.591/64, com a redação dada pela Lei n.º 13.786/18). Onerosidade excessiva e enriquecimento sem causa também não verificados. Redução equitativa da multa de que não se cogita" (TJSP, Apelação Cível 1005211-92.2020.8.26.0650, Acórdão 15799101, Valinhos, 1.ª Câmara de Direito Privado, Rel. Des. Luiz Antonio de Godoy, j. 28.06.2022, *DJESP* 06.07.2022, p. 1910).

Essa é uma questão que precisará ser pacificada no âmbito da jurisprudência, sobretudo pelo Superior Tribunal de Justiça, em sua Segunda Seção.

Feito tal esclarecimento de atualização, com o devido respeito, alguns julgados sobre o tema parecem confundir os termos *resolução* – que significa inadimplemento – e *resilição* – extinção do contrato diante de um direito potestativo, atribuído pela lei. Nos casos em que o compromissário comprador não consegue pagar o preço, a hipótese parece ser de resolução, e não de resilição.

Assim, não se filia, em hipótese alguma, ao uso de termo *distrato* para os casos tais, como se tornou comum na prática. O distrato se dá nas hipóteses em que as duas partes, de comum acordo, querem a extinção do contrato (art. 472 do CC). E, de fato, distrato não há em tais situações, mas descumprimento ou resolução contratual. A própria Lei 13.786/2018 utiliza tal expressão de forma atécnica em vários de seus comandos. Alguns a denominam como "Lei dos Distratos", sendo o termo infeliz, pois o seu conteúdo trata mais da resolução por inadimplemento das partes, e não do distrato propriamente dito.

Como última nota, a respeito dessa situação jurídica, nos termos da Súmula 2 do TJSP, a devolução das quantias pagas deve ser feita de uma vez só, não se sujeitando à mesma forma de parcelamento prevista para a aquisição do bem. Essa forma de julgar é confirmada pela Súmula 543 do STJ, editada em 2015, transcrita anteriormente. Novamente, em tom crítico, a Lei 13.786/2019 estabelece longos prazos para a devolução dos valores pagos pelos compradores, o que deve receber o devido controle pela jurisprudência, sendo esse um dos aspectos mais abusivos e desequilibrados da lei emergente.

Merece destaque, como pior de todas as previsões dessa norma específica, o § 5.º do novo art. 67-A da Lei 4.591/1964, segundo o qual, "quando a incorporação estiver submetida ao regime do patrimônio de afetação, de que tratam os arts. 31-A a 31-F desta Lei, o incorporador restituirá os valores pagos pelo adquirente, deduzidos os valores descritos neste artigo e atualizados com base no índice contratualmente estabelecido para a correção monetária das parcelas do preço do imóvel, no prazo máximo de 30 (trinta) dias após o habite-se ou documento equivalente expedido pelo órgão público municipal competente, admitindo-se, nessa hipótese, que a pena referida no inciso II do *caput* deste artigo seja estabelecida até o limite de 50% (cinquenta por cento) da quantia paga".

Dois são os *absurdos legislativos* que a norma traz, sob o argumento de se incentivar o incremento do uso do patrimônio de afetação, que traz supostamente uma maior segurança aos adquirentes, já que os valores pagos ficam vinculados à obra. O primeiro deles, já abordado, relaciona-se à multa compensatória de até 50% do valor devido, que clama a subsunção do art. 413 do Código Civil.

O segundo absurdo diz respeito à devolução dos valores pagos somente trinta dias após a expedição do *habite-se* ou do documento equivalente pelo órgão municipal, o que contraria a jurisprudência até então dominante e aqui citada, e coloca o adquirente em posição excessivamente onerosa. Em havendo relação de consumo, a norma viola o art. 39, inc. X, do CDC; sendo possível alegar a inconstitucionalidade da previsão, por desrespeito à efetiva tutela dos consumidores, constante do art. 5.º, inc. XIII, da CF/1988. Por esses argumentos, esperamos que a jurisprudência afaste esse conteúdo do dispositivo.

Ato contínuo de estudo, repise-se que o compromisso registrado *embaralha* os efeitos reais e pessoais, superando a clássica tabela que diferencia os direitos reais dos direitos pessoais patrimoniais (contratos). O tema é muito bem tratado por Luciano de Camargo Penteado, em sua tese de doutorado defendida na USP, trabalho que nos serviu de inspiração.[160]

De imediato, não se pode esquecer do teor da Súmula 308 do STJ, segundo a qual a hipoteca firmada entre a construtora e o agente financeiro, anterior ou posterior à celebração da promessa de compra e venda, não tem eficácia perante os adquirentes do imóvel. Pelo teor da ementa, relembre-se, a boa-fé objetiva, caracterizada pela pontualidade contratual, vence a hipoteca, que passa a ter efeitos *inter partes* (entre a construtora e o agente financeiro tão somente). Ademais, o compromisso de compra e venda, celebrado entre os adquirentes e a construtora gera efeitos perante o agente financeiro.

Anote-se que, como decorrência da súmula, a jurisprudência do STJ tem admitido ação proposta em face do agente financeiro para outorga da escritura definitiva e liberação da hipoteca, em litisconsórcio necessário com o promitente vendedor, o que parece correto:

> "Promessa de compra e venda. Imóvel dado em hipoteca pela construtora a agente financeiro. Quitação do preço pelo adquirente. Outorga de escritura definitiva. Liberação do ônus real. Demanda movida contra a incorporadora e o agente financiador. Litisconsórcio necessário. CPC, art. 47. Súmula 308-STJ. Danos materiais. Prova do prejuízo inexistente. Recurso especial. Súmula 7-STJ. Provimento parcial do segundo especial. (...). Deve o banco financiador, que detém a hipoteca, figurar no polo passivo

---

[160] PENTEADO, Luciano de Camargo. *Efeitos contratuais perante terceiros*. São Paulo: Quartier Latin, 2007.

CAP. 7 • DIREITO DAS COISAS | **1215**

da lide, na condição de litisconsorte necessário, sob pena de tornar-se inexequível o julgado, que determinou a liberação do gravame. III. 'A hipoteca firmada entre a construtora e o agente financeiro, anterior ou posterior à celebração da promessa de compra e venda, não tem eficácia perante os adquirentes do imóvel' – Súmula 308 – STJ. IV. Desacolhidos os danos materiais pelas instâncias ordinárias, por ausência de efetiva demonstração dos prejuízos, a controvérsia recai no reexame fático, vedado ao STJ por força da Súmula 7" (STJ, REsp 625.091/RJ, 4.ª Turma, Rel. Min. Aldir Passarinho Junior, j. 09.02.2010, *DJe* 08.03.2010).

Restringindo os efeitos do registro – assim como faz a Súmula 308 –, deduziu o STJ em decisão relativa à alienação em duplicidade que a boa-fé existente na perpetuação por anos da segunda alienação prevalece sobre o registro do primeiro compromisso de compra e venda. Vejamos a ementa desse polêmico e inovador julgado:

"Direito civil. Alienação em duplicidade. Promessa de compra e venda. Interpretação dos negócios jurídicos. Transmissão de propriedade imóvel. Código Civil de 1916. Transcrição. Segurança jurídica. Boa-fé. 1. Tem-se, na hipótese, alienação de imóvel em duplicidade. No caso dos autos, deve-se manter o acórdão que decidiu pela manutenção da segunda alienação porque o título correspondente está transcrito há mais de duas décadas, sendo que os primeiros adquirentes tinham apenas direito decorrente de compromisso de compra e venda que, embora com preço pago no ato e devidamente averbado, não teve seguimento providenciado pelos promitentes compradores. 2. Anote-se que nada impedia, aliás, ao contrário, tudo aconselhava, a imediata lavratura da escritura definitiva e respectivo registro, em região cheia de questões registrarias – contra as quais a prudência mandava acautelar-se. Recurso especial a que se nega provimento" (STJ, REsp 1.113.390/PR, 3.ª Turma, Rel. Min. Sidnei Beneti, j. 02.03.2010, *DJe* 15.03.2010).

Superado o estudo de situações em que são restringidos os efeitos do registro, veja-se que há hipóteses em que o raciocínio é o oposto, ou seja, amplia-se a eficácia do instituto de direito obrigacional. De início, não se pode esquecer o teor da Súmula 84 do STJ, pelo qual é admissível a oposição de embargos de terceiro fundados em alegação de posse advinda do compromisso de compra e venda não registrado. Não há dúvidas de que a súmula traz hipótese de efeitos contratuais perante terceiros, em clara *tutela externa do crédito*, conforme preconizado por Enunciado do CJF/STJ, que associa tal eficácia ao princípio da função social dos contratos (Enunciado n. 21 do CJF/STJ, art. 421 do CC).

A propósito, para demonstrar os efeitos ampliativos da sumular, julgado do Superior Tribunal de Justiça considerou que a legitimidade para a oposição dos embargos de terceiros também alcança a hipótese de doação não registrada na matrícula do imóvel. Conforme o seu teor, "a posse que permite a oposição desses embargos é tanto a direta quanto a indireta. As donatárias-recorridas receberam o imóvel de pessoa outra que não a parte com quem a recorrente litiga e, portanto, não é possível afastar a qualidade de 'terceiras' das recorridas, o que as legitima a opor os embargos em questão. Ao analisar os precedentes que permitiram a formação da mencionada Súmula 84/STJ, pode-se verificar que esta Corte Superior há muito tempo privilegia a defesa da posse, mesmo que seja em detrimento da averbação do ato em registro de imóveis" (STJ, REsp 1.709.128/RJ, 3.ª Turma, Rel. Min. Nancy Andrighi, j. 02.10.2018, *DJe* 04.10.2018).

Da mesma Corte Superior, do ano de 2020, merece relevo o acórdão que deduziu ser possível a oposição de embargos de terceiro em caso de compromisso de compra e venda não registrado na matrícula, mesmo quando não houver a entrega do imóvel ao compromissário comprador. Conforme o *decisum*, "na hipótese, o imóvel adquirido só não estava

# 1216 | MANUAL DE DIREITO CIVIL • VOLUME ÚNICO – *Flávio Tartuce*

na posse da recorrida em razão de ainda estar em fase de construção, razão pela qual o instrumento particular de compra e venda colacionado aos autos – ainda que desprovido de registro – deve ser considerado para fins de comprovação de sua posse, admitindo-se, via de consequência, a oposição dos embargos de terceiro. Ademais, o instrumento de compra e venda foi firmado em data anterior ao próprio ajuizamento da ação de execução em que foi determinada a penhora do bem, não havendo que se falar em fraude à execução ou má-fé da parte adquirente" (STJ, REsp 1.861.025/DF, 3.ª Turma, Rel. Min. Nancy Andrighi, j. 12.05.2020, *DJe* 18.05.2020).

Como outra situação concreta de ampliação dos efeitos contratuais, repise-se o entendimento anterior do STJ no sentido de admitir que o *contrato de gaveta* – comum nas hipóteses envolvendo o compromisso de compra e venda – gere efeitos perante o promitente vendedor. Dessa forma, se o compromissário comprador transmitisse o negócio para outrem (chamado de *gaveteiro*), mesmo sem autorização da outra parte e havendo pontualidade contratual, seria possível que o *gaveteiro* pretendesse direitos contratuais em face do vendedor, inclusive de revisão do negócio (STJ, AgRg no REsp 712.315/PR, 4.ª Turma, Rel. Min. Aldir Passarinho Junior, *DJ* 19.06.2006; REsp 710.805/RS, 2.ª Turma, Rel. Min. Francisco Peçanha Martins, *DJ* 13.02.2006; REsp 753.098/RS, Rel. Min. Fernando Gonçalves, *DJ* 03.10.2005). Existem decisões que apontam como argumento o fato de a Lei 10.150/2000 permitir a regularização da transferência do imóvel ao *gaveteiro* (STJ, EDcl no REsp 573.059/RS, 1.ª Turma, Rel. Min. Luiz Fux, *DJ* 30.05.2005; e REsp 189.350/SP, 4.ª Turma, Rel. Min. Asfor Rocha, *DJ* 14.10.2002).

Entendo que as melhores ementas são as que relacionavam todo o raciocínio com o princípio da função social do contrato, o que representa notável avanço para o *mundo contratual* (STJ, AgRg no REsp 838.127/DF, 1.ª Turma, Rel. Min. Luiz Fux, j. 17.02.2009, *DJe* 30.03.2009; e REsp 769.418/PR, 1.ª Turma, Rel. Min. Luiz Fux, j. 15.05.2007).

Todavia, infelizmente, como destacado no Capítulo 3 desta obra, houve uma reviravolta no entendimento superior nos últimos anos. O STJ passou a entender que, "tratando-se de contrato de mútuo para aquisição de imóvel garantido pelo FCVS, avençado até 25/10/96 e transferido sem a interveniência da instituição financeira, o cessionário possui legitimidade para discutir e demandar em juízo questões pertinentes às obrigações assumidas e aos direitos adquiridos. (...). No caso de cessão de direitos sobre imóvel financiado no âmbito do Sistema Financeiro da Habitação realizada após 25/10/1996, a anuência da instituição financeira mutuante é indispensável para que o cessionário adquira legitimidade ativa para requerer revisão das condições ajustadas, tanto para os contratos garantidos pelo FCVS como para aqueles sem referida cobertura" (STJ, REsp 1.150.429/CE, Corte Especial, Rel. Min. Ricardo Villas Bôas Cueva, j. 25.04.2013, *DJe* 10.05.2013, publicado no seu *Informativo* n. 520). Como outrora destacado, tal mudança representa, no meu entender, um total retrocesso.

## 7.9 DOS DIREITOS REAIS DE GOZO OU FRUIÇÃO

### 7.9.1 Generalidades

Os direitos reais de gozo ou fruição são situações reais em que há a divisão dos atributos relativos à propriedade ou domínio (*propriedade restrita ou limitada*). Como o próprio nome indica, transmite-se a outrem o atributo de gozar ou fruir a coisa, com maior ou menor amplitude. Como leciona Luciano de Camargo Penteado, tais direitos "visam conferir ao titular da situação jurídica a possibilidade de realizar algum tipo de função utilidade sobre o bem objeto de propriedade de outro sujeito de direito. A partir do momento em que se institui um direito desta natureza, passa a haver, no sistema jurídico, uma relação

CAP. 7 • DIREITO DAS COISAS | **1217**

jurídica entre o proprietário e o seu titular, relação jurídica esta que se denomina de relação jurídica real".[161] São direitos reais de gozo ou fruição tipificados pelo art. 1.225 do CC:

a) A superfície (inc. II).

b) As servidões (inc. III).

c) O usufruto (inc. IV).

d) O uso (inc. V).

e) A habitação (inc. VI).

f) A concessão de uso especial para fins de moradia (inc. XI, incluído pela Lei 11.481, de 2007).

g) A concessão de direito real de uso. (inc. XII, do mesmo modo incluído pela Lei 11.481, de 2007).

h) A laje (inc. XIII, incluída pela Lei 13.465/2017).

Vejamos, de forma pontual e detalhada.

## 7.9.2 Da superfície

Com origem no Direito Romano, o direito de superfície passou a ser regido pelo CC/2002 entre os seus arts. 1.369 a 1.377, sendo certo que já havia previsão no Estatuto da Cidade a respeito da categoria (arts. 21 a 24 da Lei 10.257/2001).

O direito real de superfície surgiu para substituir a enfiteuse, banida pela nova codificação, nos termos do art. 2.038 do CC/2002 ("Fica proibida a constituição de enfiteuses e subenfiteuses, subordinando-se as existentes, até sua extinção, às disposições do Código Civil, Lei 3.071, de 1.º de janeiro de 1916, e leis posteriores. § 1.º Nos aforamentos a que se refere este artigo é defeso: I – cobrar laudêmio ou prestação análoga nas transmissões de bem aforado, sobre o valor das construções ou plantações; II – constituir subenfiteuse. § 2.º A enfiteuse dos terrenos de marinha e acrescidos regula-se por lei especial"). Em suma, nota-se que estão mantidas apenas as enfiteuses anteriores, sendo vedada a estipulação de novas.

Quando do surgimento do instituto, apontava-se que a superfície seria bem mais vantajosa do que a enfiteuse, pelas diferenças marcantes entre os institutos. *Primeiro*, porque a superfície pode ser gratuita ou onerosa, enquanto a enfiteuse era sempre onerosa. *Segundo*, pois a superfície é temporária ou não, enquanto a enfiteuse é necessariamente perpétua, o que era uma grande desvantagem, pois a perpetuidade não é mais marca dos novos tempos. De toda sorte, até a presente data, passados mais de dez anos da vigência do CC/2002, a superfície não teve a concreção que se esperava.

A superfície é o instituto real pelo qual o proprietário concede a outrem, por tempo determinado ou indeterminado, gratuita ou onerosamente, o direito de construir ou plantar em seu terreno. Tal direito real de gozo ou fruição recai sempre sobre bens imóveis, mediante escritura pública, devidamente registrada no Cartório de Registro de Imóveis (art. 1.369 do CC).

Como define Ricardo Pereira Lira, grande estudioso do assunto, o direito de superfície é um "direito real autônomo, temporário ou perpétuo, de fazer e manter a construção ou plantação sobre ou sob terreno alheio, é a propriedade – separada do solo – dessa plantação

---

[161] PENTEADO, Luciano de Camargo. *Direito das coisas*. São Paulo: RT, 2008. p. 402.

# 1218 | MANUAL DE DIREITO CIVIL • VOLUME ÚNICO – *Flávio Tartuce*

ou construção, bem como é a propriedade decorrente da aquisição feita ao dono do solo de construção ou plantação nele já existente".[162] Ou, ainda, como quer Rodrigo Reis Mazzei: "o direito de superfície pode ser conceituado como direito real complexo e autônomo, de ter temporariamente construção e/ou plantação em imóvel alheio, conferindo ao titular os poderes de uso, gozo e disposição sobre os implantes".[163]

Trata-se do mais amplo dos direitos reais de gozo ou fruição, em que figuram como partes:

> a) O proprietário, também denominado fundieiro – aquele que cede o uso do bem imóvel para outrem;
>
> b) O superficiário – pessoa que recebe o imóvel, a fim de efetivar a construção ou plantação, tendo os atributos de uso e gozo.

Observa-se na superfície a divisão de dois patrimônios distintos entre as partes, sobre os quais recaem encargos e ônus autônomos. Nessa linha, o Enunciado 321 do CJF/STJ, da *IV Jornada de Direito Civil*, assim dispõe: "Os direitos e obrigações vinculados ao terreno e, bem assim, aqueles vinculados à construção ou à plantação formam patrimônios distintos e autônomos, respondendo cada um dos seus titulares exclusivamente por suas próprias dívidas e obrigações, ressalvadas as fiscais decorrentes do imóvel".

A propósito dessa estrutura, o Código de Processo Civil de 2015, por sugestão de Rodrigo Mazzei, passou a admitir a penhora fracionada sobre os direitos do proprietário--fundieiro e do superficiário. Conforme o seu art. 791, *caput*, se a execução tiver por objeto obrigação de que seja sujeito passivo o proprietário de terreno submetido ao regime do direito de superfície, ou o superficiário, responderá pela dívida, exclusivamente, o direito real do qual é titular o executado, recaindo a penhora ou outros atos de constrição exclusivamente sobre o terreno, no primeiro caso, ou sobre a construção ou a plantação, na segunda hipótese.

Também diante dessa divisão patrimonial, estabelece § 1.º do art. 791 do CPC/2015 que os atos de constrição sobre os patrimônios distintos na superfície serão averbados separadamente na matrícula do imóvel. Deve constar, para os devidos fins registrais, a identificação do executado, do valor do crédito e do objeto sobre o qual recai o gravame. Deve também o oficial do registro imobiliário destacar o bem que responde pela dívida – se o terreno, a construção ou a plantação –, de modo a assegurar a publicidade da responsabilidade patrimonial de cada um deles, pelas dívidas e obrigações que a eles estão vinculadas.

Nos termos do parágrafo único do art. 1.369 do CC, o direito de superfície não autoriza a realização de obras no subsolo, salvo se tal utilização for inerente à concessão. Sobre a previsão, comentam Cristiano Chaves de Farias e Nelson Rosenvald que sobre a superfície "excepcionalmente se viabilizará no subsolo ou no espaço aéreo. No subsolo, o direito de superfície precisa ultrapassar dois óbices: não podem existir recursos minerais, caso em que a União adquire a propriedade (art. 20, IX, da CF/1988); a utilização do espaço seja fundamental para o empreendimento (*v.g.*, construção de *shopping*, com necessidade de garagem no subterrâneo), na forma do parágrafo único do art. 1.369 do Código Civil.

Quanto ao espaço aéreo, a previsão é expressa no art. 21, § 1.º, da Lei 10.257/2001, sendo uma de suas aplicações práticas a aquisição por condomínios da superfície do terreno

---

[162] LIRA, Ricardo Pereira. *Elementos de direito urbanístico*. Rio de Janeiro: Renovar, 1997. p. 9.

[163] MAZZEI, Rodrigo Reis. *Direito de superfície*. Salvador: JusPodivm, 2013. p. 266.

CAP. 7 • DIREITO DAS COISAS | **1219**

vizinho, com o fim de impedir qualquer edificação no imóvel contíguo acima de limites que inviabilizem o sossego, privacidade e, mesmo, o campo visual das superfícies".[164]

Nota-se que, apesar da clareza do dispositivo do Código Civil, alguns estudiosos entendem que mesmo a superfície submetida a essa norma deve abranger o uso do solo e do subsolo. Nesse sentido, o Enunciado n. 568, aprovado quando da *VI Jornada de Direito Civil* (2013), *in verbis*: "o direito de superfície abrange o direito de utilizar o solo, o subsolo ou o espaço aéreo relativo ao terreno, na forma estabelecida no contrato, admitindo-se o direito de sobrelevação, atendida a legislação urbanística".

Assim, entendeu-se que é possível afastar, por força do contrato, a norma do parágrafo único do art. 1.369 do CC, considerada como preceito de ordem privada. Ademais, amparou-se doutrinariamente o direito de sobrelevação, conhecido como *direito de laje*, situação muito comum em áreas favelizadas. Com isso, criou-se a superfície de segundo grau, verdadeiro direito real, que não está tratado no rol do art. 1.225 do CC/2002. A hipótese parecia ser de criação de direito real por exercício da autonomia privada, o que representava um grande avanço quanto ao tema. A justificativa do enunciado expressava que "a norma estabelecida no Código Civil e no Estatuto da Cidade deve ser interpretada de modo a conferir máxima eficácia ao direito de superfície, que constitui importante instrumento de aproveitamento da propriedade imobiliária".

De todo modo, como se verá a seguir, a Lei 13.465/2017 inseriu um tratamento relativo à laje no Código Civil de 2002, além da previsão no rol do art. 1.225 da mesma codificação privada. Assim sendo, o direito de laje, como direito real, deixa de ter amparo na autonomia privada e passa a ter fundamento na lei.

Feita tal pontuação, prescreve o Enunciado n. 249 do CJF/STJ, da *III Jornada de Direito Civil* (2004), que "a propriedade superficiária pode ser autonomamente objeto de direitos reais de gozo e de garantia, cujo prazo não exceda a duração da concessão da superfície, não se lhe aplicando o art. 1.474". Ilustrando, é possível hipotecar o direito do superficiário pelo prazo de vigência do direito real. O enunciado doutrinário foi aprovado em momento anterior à alteração do art. 1.473 do CC pela Lei 11.481/2007, que introduziu expressamente a possibilidade de hipoteca sobre a propriedade superficiária (inc. X).

Pelo mesmo raciocínio, é perfeitamente possível adquirir por usucapião o direito à superfície, se houver interesse do usucapiente, assim como ocorre com outros direitos reais de gozo, caso das servidões. Esse, aliás, parece ser o entendimento majoritário da doutrina, que deve ser seguido.[165]

Ainda em sede doutrinária, conforme o Enunciado n. 250 do CJF/STJ, admite-se a *constituição do direito de superfície por cisão*. Conforme aponta a doutrina contemporânea, a hipótese está presente quando o proprietário aliena por superfície plantação ou construção já existente no terreno.[166]

---

[164] FARIAS, Cristiano Chaves de; ROSENVALD, Nelson. *Direitos reais*. Rio de Janeiro: Lumen Juris, 2006. p. 406.

[165] Nessa linha: DINIZ, Maria Helena. *Curso de direito civil brasileiro*. Direito das Coisas. 24. ed. São Paulo: Saraiva, 2009. v. 4, p. 476-477; ALVES, Jones Figueirêdo; DELGADO, Mário Luiz. *Código Civil anotado*. São Paulo: Método, 2005. p. 696; FIGUEIRA JR., Joel Dias. *Código Civil comentado*. 6. ed. Coord. Ricardo Fiuza e Regina Beatriz Tavares da Silva. São Paulo: Saraiva, 2008. p. 1.472; MELO, Marco Aurélio Bezerra de. *Direito das coisas*. Rio de Janeiro: Lumen Juris, 2007. p. 290; BARROS, Flávio Augusto Monteiro de. *Manual de direito civil*. Direito das Coisas e Responsabilidade Civil. São Paulo: Método, 2005. v. 3, p. 118; GONÇALVES, Carlos Roberto. *Direito civil brasileiro*. Direito das Coisas. 5. ed. São Paulo: Saraiva, 2010. v. 5, p. 447.

[166] Nesse sentido: FARIAS, Cristiano Chaves de; ROSENVALD, Nelson. *Direitos reais*. Rio de Janeiro: Lumen Juris, 2006. p. 404; MELO, Marco Aurélio Bezerra de. *Direito das coisas*. Rio de Janeiro: Lumen Juris, 2007. p. 292.

Destaco que no Projeto de Reforma do Código Civil elaborado pela Comissão de Juristas nomeada no Senado Federal, são inseridos novos parágrafos no seu art. 1.369, para resolver alguns problemas práticos relativos ao instituto, incluindo-se na norma alguns dos enunciados doutrinários expostos. Assim, nos termos do novo § 2.º, que traz para o texto o Enunciado n. 251 da *III Jornada de Direito Civil*, "o direito real de superfície pode ser constituído por cisão". Conforme o seu § 3.º, "o direito real de superfície por ser adquirido por usucapião". Como outra regra importante, que representa o Enunciado n. 321 da *IV Jornada*, "os direitos deveres vinculados ao terreno em superfície e os relativos à construção ou à plantação formam patrimônios distintos e autônomos, respondendo cada um de seus titulares exclusivamente por suas próprias dívidas e obrigações, ressalvadas as de natureza fiscal". Por fim, o § 5.º, "admite-se, na superfície, a cessão do direito de sobrelevação, desde que atendida a legislação específica", o que é o Enunciado n. 568 da *VI Jornada* e representará a sua criação pelo exercício da autonomia privada. Todas as propostas trazem ao instituto da superfície maior estabilidade e segurança jurídica, sendo imperiosas as suas aprovações pelo Parlamento Brasileiro.

Como restou claro, a superfície tratada pela codificação privada pode ser gratuita ou onerosa. Se a superfície for concedida onerosamente, as partes poderão convencionar se o pagamento da remuneração será feito de uma só vez ou de forma parcelada (art. 1.370 do CC). A remuneração presente na superfície onerosa é denominada *solarium* ou *cânon superficiário*.[167]

O superficiário deve zelar pelo imóvel como se fosse seu, respondendo pelos encargos e tributos que incidem sobre o bem (art. 1.371 do CC). Ensina Pablo Stolze Gagliano que tal previsão onera por demais o superficiário, que acabará arcando com os encargos e tributos de todo o imóvel, inclusive das áreas que não foram ocupadas, o que constituiria um absurdo.[168]

Por tal razão constava proposta de alteração desse dispositivo pelo antigo Projeto de Lei proposto pelo Deputado Ricardo Fiuza, que passaria a ter a seguinte redação: "o superficiário responderá integralmente pelos encargos e tributos que incidirem sobre a propriedade superficiária, arcando, ainda, proporcionalmente, à sua parcela de ocupação efetiva, com os encargos e tributos sobre a área objeto da concessão do direito de superfície, salvo estipulação em contrário".

Para abrandar a atual redação do comando, há possibilidade de divisão das despesas pelo teor do Enunciado n. 94 do CJF/STJ, da *I Jornada de Direito Civil*: "as partes têm plena liberdade para deliberar, no contrato respectivo, sobre o rateio dos encargos e tributos que incidirão sobre a área objeto da concessão do direito de superfície".

No atual Projeto de Reforma do Código Civil, ora em tramitação, sugere-se a inclusão desse enunciado doutrinário no texto da lei, o que virá em boa hora, passando a ser o parágrafo único do art. 1.371, a saber: "as partes têm plena liberdade para deliberar, sobre o rateio dos encargos e tributos que incidirão sobre a área objeto da concessão do direito de superfície". Valoriza-se a autonomia privada e resolve-se mais um dilema surgido com a codificação privada de 2002.

De acordo com o texto legal vigente, pode haver transferência da superfície a terceiros, bem como sua transmissão aos herdeiros do superficiário, com falecimento deste. Não se

---

[167] DINIZ, Maria Helena. *Código Civil anotado*. 15. ed. São Paulo: Saraiva, 2010. p. 953.

[168] GAGLIANO, Pablo Stolze. *Código Civil comentado*. Coord. Álvaro Villaça de Azevedo. São Paulo: Atlas, 2004. v. XIII, p. 32.

CAP. 7 • DIREITO DAS COISAS | **1221**

permitindo, porém, a estipulação de pagamento de qualquer quantia pela transferência, como ocorria com o laudêmio, na enfiteuse (art. 1.372 do CC).

Se ocorrer a alienação do imóvel ou do direito de superfície, o superficiário ou o proprietário terão, reciprocamente, direito de preferência em igualdade de condições (art. 1.373 do CC). Observa-se no comando uma *preempção ou prelação legal em mão dupla*, que atinge tanto o fundieiro quanto o superficiário. Porém, o grande problema do dispositivo é que ele não trata da consequência caso tal direito de preferência não seja respeitado. Quatro correntes podem ser apontadas a respeito do tema:

*1.ª Corrente* – O fundieiro ou superficiário preterido somente pode pleitear perdas e danos da outra parte, o que é aplicação da cláusula de preferência da compra e venda (arts. 513 a 520 do CC). Subsome-se o art. 518 do CC, pelo qual: "Responderá por perdas e danos o comprador, se alienar a coisa sem ter dado ao vendedor ciência do preço e das vantagens que por ele lhe oferecem. Responderá solidariamente o adquirente, se tiver procedido de má-fé". A essa corrente estão filiados Pablo Stolze Gagliano,[169] Sílvio de Salvo Venosa,[170] Jones Figueirêdo Alves e Mário Luiz Delgado.[171]

*2.ª Corrente* – Deve-se aplicar, por analogia, do art. 33 da Lei de Locação (Lei 8.245/1991), cabendo alienação da coisa mediante o depósito do preço ou perdas e danos. Essa corrente é liderada por Maria Helena Diniz[172] e Marco Aurélio Bezerra de Melo.[173]

*3.ª Corrente* – Aplica-se o art. 504 do CC, que trata do direito de preferência ou prelação legal a favor do condômino no condomínio de coisa indivisível. A aplicação por analogia está fundada na proximidade real entre os institutos, o que não ocorre nos caminhos percorridos pelas correntes anteriores. O prazo decadencial para a ação de adjudicação da coisa é de 180 dias, a contar da ciência da alienação realizada ao terceiro. Filia-se inicialmente a essa corrente, apesar de a quarta, a seguir exposta, ser também sedutora. Do mesmo modo entendem Rodrigo Reis Mazzei,[174] Gustavo Tepedino, Maria Celina Bodin de Moraes e Heloísa Helena Barboza,[175] Cristiano Chaves de Farias e Nelson Rosenvald.[176] Também compartilhando desse modo de pensar, vejamos enunciado aprovado na *V Jornada de Direito Civil*: "Ao superficiário que não foi previamente notificado pelo proprietário para exercer o direito de preferência previsto no art. 1.373 do CC, é assegurado o direito de, no prazo de seis meses, contado do registro da alienação, adjudicar para si o bem mediante depósito do preço" (Enunciado n. 510). A única ressalva a fazer ao enunciado é que ele deveria mencionar o prazo de 180 dias, e não seis meses.

*4.ª Corrente* – Com a emergência da Lei n. 13.465/2017, pode ser ventilada uma nova conclusão na mesma linha de se reconhecer o direito de adjudicação em favor daquele que foi preterido no seu direito de preferência na superfície, mas com a aplicação analógica do novo art. 1.510-D do Código Civil, que trata

---

[169] GAGLIANO, Pablo Stolze. *Código Civil comentado*. Coord. Álvaro Villaça de Azevedo. São Paulo: Atlas, 2004. v. XIII, p. 42.

[170] VENOSA, Sílvio de Salvo. *Código Civil interpretado*. São Paulo: Atlas, 2010. p. 1.238.

[171] ALVES, Jones Figueirêdo; DELGADO, Mário Luiz. *Código Civil anotado*. São Paulo: Método, 2005. p. 697.

[172] DINIZ, Maria Helena. *Código Civil anotado*. 15. ed. São Paulo: Saraiva, 2010. p. 954.

[173] MELO, Marco Aurélio Bezerra de. *Direito das coisas*. Rio de Janeiro: Lumen Juris, 2007. p. 294.

[174] MAZZEI, Rodrigo Reis. *Direito de superfície*. Salvador: JusPodivm, 2013. p. 190.

[175] TEPEDINO, Gustavo; BARBOZA, Heloísa Helena; MORAES, Maria Celina Bodin de. *Código Civil interpretado*. Rio de Janeiro: Renovar, 2011. v. III, p. 961.

[176] FARIAS, Cristiano Chaves de; ROSENVALD, Nelson. *Direitos reais*. Rio de Janeiro: Lumen Juris, 2006. p. 408.

> da preempção no direito de laje. Como ainda se verá, esse último dispositivo é completo a respeito das consequências da violação da norma de prelação legal e, diante de sua proximidade em relação à superfície, poderia ser a ela aplicada. Vejamos como a civilística nacional debaterá essa nova vertente, que aqui é proposta, nos próximos anos.

Eis outra polêmica que o Projeto de Reforma do Código Civil pretende resolver, a contento. Pela proposta de um novo art. 1.373, o seu *caput* passará a prever que, em caso de alienação do imóvel ou do direito de superfície, o superficiário ou o proprietário tem direito de preferência, em igualdade de condições, devendo ser cientificado por escrito para que se manifeste no prazo de trinta dias, salvo se o contrato dispuser de modo diverso. Nos termos do seu projetado § 1.º, o superficiário ou o proprietário a quem não se der conhecimento da alienação poderá, mediante depósito do respectivo preço, haver para si a parte alienada a terceiros, se o requerer no prazo decadencial de cento e oitenta dias, contado da data de alienação. Por fim, consoante o seu novo § 2.º, se houver mais de uma superfície, terá preferência, sucessivamente, o titular das ascendentes e o titular das descendentes, assegurada a prioridade para a superfície mais próxima à unidade sobreposta a ser alienada. O texto foi proposto por mim, como Relator-Geral da Comissão de Juristas, estando inspirado pelo conteúdo do art. 1.510-D da própria Lei Geral Privada, sendo imperiosa a aprovação do texto para se afastar mais essa divergência.

A superfície pode extinguir-se antes do termo final se o superficiário der ao terreno destinação diversa daquela para a qual lhe foi concedida (art. 1.374 do CC). A regra trata do inadimplemento do negócio superficiário, quando a parte desrespeita a lógica do ato de constituição.

No atual Projeto de Reforma do Código Civil, elaborado pela Comissão de Juristas, sugerem-se melhorias no dispositivo, que passará a ter a seguinte redação, em boa hora: "Art. 1.374. Antes do termo final, resolver-se-á a concessão se o superficiário der ao terreno destinação diversa daquela para que foi concedida ou pelo descumprimento das obrigações por ele assumidas". Almeja-se, ainda, em prol da segurança jurídica, que o parágrafo único mencione a possibilidade de resilição da superfície, por exercício de direito potestativo das partes e nos seguintes termos: "em se tratando de superfície fixada sem tempo determinado, cabe a sua extinção pela resilição unilateral, nos termos do art. 473 deste Código".

Com a extinção da superfície, o proprietário passa a ter a propriedade plena sobre o terreno, a construção, ou a plantação, as acessões e as benfeitorias, independentemente de indenização, se as partes não estipularem o contrário (art. 1.375 do CC). O comando é específico afastando as normas gerais aplicáveis ao possuidor de boa-fé, como é o caso do superficiário. Consigne-se que a grande vantagem da superfície para o proprietário ou fundieiro é justamente a de adquirir as construções ou plantações. Como ocorre com a sua constituição, diante do princípio da publicidade, a extinção da superfície deverá ser registrada no Cartório de Registro de Imóveis.

Determina o art. 1.376 do CC que, em caso de desapropriação do imóvel, a indenização cabe ao proprietário e ao superficiário no valor correspondente ao direito de cada um. A norma apresenta mais uma lacuna, ao não prever como deve ser a divisão da indenização. Tentando preencher o conteúdo da norma, foi aprovado o Enunciado n. 322 do CJF/STJ, na *IV Jornada de Direito Civil*, prevendo que "o momento da desapropriação e as condições da concessão superficiária serão considerados para fins da divisão do montante indenizatório (art. 1.376), constituindo-se litisconsórcio passivo necessário simples entre proprietário e superficiário".

Mais uma vez, a fim de trazer maior previsibilidade e segurança jurídica para a superfície, a Comissão de Juristas encarregada da Reforma do Código Civil, sugere a inclusão de um parágrafo único no seu art. 1.376, com o texto do Enunciado n. 322 da *IV Jornada*, e prevendo que "o momento da desapropriação e as condições da superfície serão considerados para fins da divisão do montante indenizatório". Espera-se, novamente, a sua aprovação pelo Parlamento Brasileiro.

Por fim, preconiza o art. 1.377 do CC/2002 que o direito de superfície, constituído por pessoa jurídica de direito público interno, rege-se pela codificação privada, no que não for diversamente disciplinado por lei especial. Desse modo, para a superfície assim instituída, deverá ser aplicado o Estatuto da Cidade (arts. 21 a 24 da Lei 10.257/2001).

Para encerrar o estudo do instituto, nota-se que há claras diferenças entre a superfície do CC/2002 e a do Estatuto da Cidade, sendo certo que a primeira norma não revogou a segunda nesse ponto. Nesse sentido, o Enunciado n. 93 do CJF/STJ, da *I Jornada de Direito Civil* (2002): "as normas previstas no Código Civil sobre o direito de superfície não revogam as normas relativas a direito de superfície constantes do Estatuto da Cidade (Lei 10.257/2001), por ser instrumento de política de desenvolvimento urbano". Vejamos a tabela comparativa entre as duas modalidades de superfície:

| Direito de superfície do CC/2002 | Direito de superfície do Estatuto da Cidade |
|---|---|
| Imóvel urbano ou rural. | Imóvel urbano. |
| Exploração mais restrita: construções e plantações. | Exploração mais ampla: qualquer utilização de acordo com a política urbana. |
| Em regra, não há autorização para utilização do subsolo e do espaço aéreo. | Em regra, é possível utilizar o subsolo ou o espaço aéreo. |
| Cessão somente por prazo determinado. | Cessão por prazo determinado ou indeterminado. |

A respeito da superfície relacionada a imóvel rural, de forma correta, o Enunciado n. 18, aprovado na *I Jornada de Direito Notarial e Registral*, em agosto de 2022, estabelece que é "registrável a constituição do direito real de superfície na matrícula de imóvel rural, independentemente de o art. 167, I, 39 e II, 20, da Lei n. 6.015/1973, referirem-se a imóveis urbanos".

Para afastar a tese de revogação, invoca-se o que consta do art. 2.043 do CC/2002, pelo qual, "até que por outra forma se disciplinem, continuam em vigor as disposições de natureza processual, administrativa ou penal, constantes de leis cujos preceitos de natureza civil hajam sido incorporados a este Código". Ora, os comandos do Estatuto da Cidade também têm natureza administrativa, o que justifica a sua manutenção.

Em reforço, uma norma especial anterior, como o Estatuto da Cidade, deve prevalecer sobre uma norma geral posterior, como o CC/2002, eis que o critério da especialidade é mais forte que o cronológico. Em suma, as duas formas de superfície coexistem no sistema privado nacional.

Para encerrar o tópico, anoto que no Projeto de Reforma do Código Civil, elaborado pela Comissão de Juristas nomeada no âmbito do Senado Federal, pretende-se resolver alguns dilemas relativos à superfície. Quanto ao último assunto, o art. 1.377 receberá um parágrafo único, com os seguintes dizeres: "as normas previstas neste Código sobre o direito real de superfície não revogam as constantes da Lei nº 10.257, de 10 de julho de 2001".

# 1224 | MANUAL DE DIREITO CIVIL • VOLUME ÚNICO – *Flávio Tartuce*

## 7.9.3 Das servidões

O Código Civil de 2002 utiliza o termo *servidões* (arts. 1.378 a 1.389), ao invés de *servidões prediais* que constava da codificação anterior (arts. 695 a 712). Entre os clássicos, como se extrai da obra de Washington de Barros Monteiro, atualizada por Carlos Alberto Dabus Maluf, a codificação anterior utilizava a locução *prediais* para distingui-las das *servidões pessoais* (usufruto, uso e habitação). Como a expressão constituía "resíduo inócuo da terminologia tradicional" acabou por ser retirada.[177] Ademais, o termo *servidões prediais* acaba por ser pleonástico, uma vez que a servidão, por razões óbvias, somente pode recair sobre imóveis ou prédios.

Por meio desse instituto real, um prédio proporciona utilidade a outro, gravando o último, que é do domínio de outra pessoa. O direito real de gozo ou fruição constitui-se mediante declaração expressa dos proprietários dos prédios, ou por testamento, e subsequente registro no Cartório de Registro de Imóveis (art. 1.378 do CC). Os prédios envolvidos na servidão são assim denominados, reconhecendo-se a *predialidade* do instituto:

> a) Prédio dominante – aquele que tem a servidão a seu favor.
> b) Prédio serviente – aquele que serve o outro, em detrimento do seu domínio.

Como se pode perceber, nas servidões os qualificativos se referem aos prédios e não às partes, como ocorre nos demais direitos reais de gozo. De forma didática, é possível afirmar que na servidão a concessão real diz respeito a uma espécie de *tapete* sobre a propriedade, o que é notado, principalmente, na servidão de passagem.

De todo modo, com o fim de deixar o texto do Código Civil mais claro e compreensível, há proposta no seu Projeto de Reforma elaborado pela Comissão de Juristas, para que o termo "prédio" seja substituído por "imóvel", o que atinge, por exemplo, os seus arts. 1.380 a 1.387. No caso do art. 1.386, também se sugere a retirada do termo "predial", pois toda a servidão tratada nesses comandos é predial.

Voltando-se ao sistema atual, não se olvide que a servidão não se presume, podendo ter as seguintes origens:

> – Negócio jurídico *inter vivos* ou *mortis causa* – institui-se o direito real por contrato ou testamento, conforme já exposto, devidamente registrado no CRI.
> – Usucapião – prevê *o caput* do art. 1.379 do CC que o exercício incontestado e contínuo de uma servidão aparente, por dez anos, nos termos do art. 1.242, autoriza o interessado a registrá-la em seu nome no Registro de Imóveis, valendo-lhe como título a sentença que julgar consumado a usucapião (*usucapião ordinária de servidão*). Porém, nos termos do seu parágrafo único, se o possuidor não tiver título, o prazo da usucapião será de 20 anos (*usucapião extraordinária de servidão*). Como se pode notar, o CC/2002 consagra um prazo de 20 anos para a usucapião extraordinária de servidão, maior do que o prazo para usucapião extraordinária da propriedade (15 anos). Diante desse contrassenso legal, parte da doutrina entende pela aplicação do prazo máximo de 15 anos. Nesse sentido, contando com o apoio meu apoio doutrinário, o Enunciado n. 251 do CJF/STJ, da *III Jornada de Direito Civil* (2004): "o

---

[177] MONTEIRO, Washington de Barros. *Curso de direito civil*. Direito das Coisas. 37. ed. atual. por Carlos Alberto Dabus Maluf. São Paulo: Saraiva, 2003. v. 3, p. 276.

> prazo máximo para o usucapião extraordinário de servidões deve ser de 15 anos, em conformidade com o sistema geral de usucapião previsto no Código Civil". Entendo que não só a servidão, mas também outros direitos reais de gozo ou fruição podem ser adquiridos por meio da usucapião administrativa, incluída pelo CPC em vigor. Anoto que no Projeto de Reforma do Código Civil, elaborado pela Comissão de Juristas nomeada no âmbito do Senado Federal, pretende-se que os prazos da usucapião da servidão sejam ajustados ao que já ocorre com o direito de propriedade. Assim, consoante o novo *caput* do art. 1.379, "o exercício incontestado e contínuo de uma servidão aparente, por dez anos, nos termos do art. 1.242 deste Código, autoriza o interessado a registrá-la em seu nome no Registro de Imóveis, valendo-lhe como título a sentença que julgar consumado a usucapião". E, conforme o parágrafo único do comando, "será de quinze anos o prazo previsto pelo *caput*, caso falte título à servidão aparente". As propostas são importantes para trazer segurança jurídica para o instituto.
>
> – Destinação do proprietário – "o proprietário, em caráter permanente (*perpetui usus causa*), reserva determinada serventia, de prédio seu, em favor de outro. Se, futuramente, os dois imóveis passam a pertencer a proprietários diversos, a serventia vem a constituir servidão".[178]
>
> – Sentença judicial – não havendo acordo entre os proprietários, entendendo o juiz que o direito real deve persistir em ação confessória.

Não se pode esquecer que a servidão não se confunde com a passagem forçada. A servidão é facultativa, não sendo obrigatório o pagamento de uma indenização. A passagem forçada é compulsória, assim como é o pagamento da indenização. A servidão é direito real de gozo ou fruição. A passagem forçada é instituto de direito de vizinhança, presente somente na situação em que o imóvel encravado não tem saída para a via pública (art. 1.285 do CC). Pode-se dizer que a passagem forçada constitui uma servidão legal e obrigatória; ao contrário da servidão propriamente dita, que é convencional. Concluindo desse modo, da jurisprudência superior, em acórdão que envolve ainda o abuso de direito:

"Direito civil. Servidões legais e convencionais. Distinção. Abuso de direito. Configuração. – Há de se distinguir as servidões prediais legais das convencionais. As primeiras correspondem aos direitos de vizinhança, tendo como fonte direta a própria lei, incidindo independentemente da vontade das partes. Nascem em função da localização dos prédios, para possibilitar a exploração integral do imóvel dominante ou evitar o surgimento de conflitos entre os respectivos proprietários. As servidões convencionais, por sua vez, não estão previstas em lei, decorrendo do consentimento das partes. – Na espécie, é incontroverso que, após o surgimento de conflito sobre a construção de muro lindeiro, as partes celebraram acordo, homologado judicialmente, por meio do qual foram fixadas condições a serem respeitadas pelos recorridos para preservação da vista da paisagem a partir do terreno dos recorrentes. Não obstante inexista informação nos autos acerca do registro da transação na matrícula do imóvel, essa composição equipara-se a uma servidão convencional, representando, no mínimo, obrigação a ser respeitada pelos signatários do acordo e seus herdeiros. – Nosso ordenamento coíbe o abuso de direito, ou seja, o desvio no exercício do direito, de modo a causar dano a outrem, nos termos do art. 187 do CC/02. Assim, considerando a obrigação assumida, de preservação da vista da paisagem a

---

[178] MONTEIRO, Washington de Barros. *Curso de direito civil. Direito das Coisas.* 37. ed. atual. por Carlos Alberto Dabus Maluf. São Paulo: Saraiva, 2003. v. 3, p. 282.

partir do terreno dos recorrentes, verifica-se que os recorridos exerceram de forma abusiva o seu direito ao plantio de árvores, descumprindo, ainda que indiretamente, o acordo firmado, na medida em que, por via transversa, sujeitaram os recorrentes aos mesmos transtornos causados pelo antigo muro de alvenaria, o qual foi substituído por verdadeiro 'muro verde', que, como antes, impede a vista panorâmica. Recurso especial conhecido e provido" (STJ, REsp 935.474/RJ, 3.ª Turma, Rel. Min. Ari Pargendler, Rel. p/ Acórdão Min. Nancy Andrighi, j. 19.08.2008, *DJe* 16.09.2008).

Ou ainda, mais recentemente, como se extrai de *decisum* de mesma relatoria do STJ, apontando tais diferenças e citando outro acórdão:

"Em primeiro lugar, contudo, deve-se repisar a distinção entre 'passagem forçada' e 'servidão de passagem' já estabelecida nos autos, mas ainda relevantes para o deslinde do julgamento. Apesar de ambas limitarem o uso pleno da propriedade, entre elas há uma diferença de origem e de finalidade. As servidões são criadas, via de regra, por ato voluntário de seus titulares e, por meio delas, não se procura atender uma necessidade imperativa, mas a concessão de uma facilidade maior ao prédio dominante. As passagens forçadas, por sua vez, decorrem diretamente lei e têm a finalidade de evitar um dano, nas circunstâncias em que o prédio se encontra encravado, isto é, sem acesso à via pública, o que impediria seu aproveitamento. Em outras palavras, 'trata-se de uma restrição legal ao direito de propriedade que se destina a propiciar saída para a via pública ou para outro local dotado de serventia e pressupõe, portanto, o isolamento ou a insuficiência de acesso do imóvel que pretende o direito à passagem forçada' (REsp 316.045/SP, Terceira Turma, *DJe* 29/10/2012). (...)" (STJ, REsp 1.642.994/SC, 3.ª Turma, Rel. Min. Nancy Andrighi, j. 14.05.2019, *DJe* 16.05.2019).

Na esteira da melhor doutrina, as servidões admitem as seguintes classificações:[179]

I) Quanto à natureza dos prédios envolvidos:

– Servidão rústica – em casos de prédios localizados fora de área urbana, ou seja, em terreno rural. Exemplos: servidão para tirar água, para condução de gado, de pastagem, para tirar areia ou pedras.

– Servidão urbana – se o imóvel estiver localizado em área urbana. Exemplos: servidão para escoar água da chuva, para não impedir a entrada de luz, para passagem de som, para usufruir de vista ou de janela.

II) Quanto às condutas das partes:

– Servidão positiva – exercida por ato positivo ou comissivo. Exemplo: servidão de passagem ou trânsito.

– Servidão negativa – decorre de ato omissivo ou abstenção. Exemplo: servidão de não construir edificação no terreno.

III) Quanto ao modo de exercício:

– Servidão contínua – exercida independentemente do ato humano. Exemplos: servidão de passagem de água, de som, de imagem, de energia.

---

[179] Conforme os seguintes autores, que nos serviram de inspiração: DINIZ, Maria Helena. *Curso de direito civil brasileiro*. Direito das Coisas. 24. ed. São Paulo: Saraiva, 2009. v. 4, p. 412-415; GONÇALVES, Carlos Roberto. *Direito civil brasileiro*. Direito das Coisas. 5. ed. São Paulo: Saraiva, 2010. v. 5, p. 457-459; MONTEIRO, Washington de Barros. *Curso de direito civil*. Direito das Coisas. 37. ed. atual. por Carlos Alberto Dabus Maluf. São Paulo: Saraiva, 2003. v. 3, p. 279-281.

> – Servidão descontínua – depende da atuação humana de forma sequencial. Exemplos: servidão de passagem ou trânsito de pessoas, de tirar água no terreno alheio, de pastagem.
>
> IV) Quanto à forma de exteriorização:
>
> – Servidão aparente – está evidenciada no plano real e concreto, havendo sinal exterior. Exemplos: servidão de passagem ou trânsito, servidão de imagem.
>
> – Servidão não aparente – não revelada no plano exterior. Exemplo: servidão de não construir.

> **Observação 1** – Perfeitamente possível conciliar de forma livre e variável as duas últimas classificações. Assim, as servidões contínua e descontínua podem ser aparentes ou não aparentes.

> **Observação 2** – Atente-se que ainda tem aplicação a Súmula 415 do STF: "servidão de trânsito, não titulada, mas tornada permanente pela natureza das obras, considera-se aparente, conferindo direito à proteção possessória". Alguns julgados a seguir reproduzidos aplicam o teor da súmula.

Quanto ao exercício das servidões, dispõe o art. 1.380 do CC que o dono de uma servidão pode fazer todas as obras necessárias à sua conservação e uso. Se a servidão pertencer a mais de um prédio (servidão conjunta), serão as despesas rateadas entre os respectivos donos, em regra, de forma igualitária e proporcional.

Em regra, tais obras devem ser feitas pelo dono do prédio dominante, se o contrário não dispuser expressamente o título (art. 1.381 do CC). Com razão, segundo Maria Helena Diniz, a norma está fundada na constatação pela qual é o dono do prédio dominante que se beneficia do ônus real.[180] O Projeto de Reforma do Código Civil, em boa hora, pretende incluir neste último comando menção ao acordo em sentido contrário das partes, em prol da autonomia privada, passando ele a prever que "as obras a que se refere o artigo antecedente devem ser feitas pelo dono do imóvel dominante, se o contrário não dispuser expressamente o título ou a convenção entre as partes".

Nos termos do art. 1.382 do CC, se a obrigação referente às obras incumbir ao dono do prédio serviente, por convenção entre as partes, este poderá exonerar-se, abandonando, total ou parcialmente, a propriedade ao dono do dominante (*abandono liberatório*). Em complemento, se o proprietário do prédio dominante se recusar a receber a propriedade do serviente, ou parte dela, caber-lhe-á custear as obras.

Ainda no que se refere ao exercício da servidão, o dono do prédio serviente não poderá embaraçá-lo, sob as penas da lei (art. 1.383 do CC). Em caso de incômodo no exercício, o dono do prédio dominante poderá fazer uso das ações possessórias, caso da ação de interdito proibitório e da ação de reintegração de posse. Com interessante conclusão a esse respeito, do Tribunal de Goiás:

"Apelação cível. Reintegração de posse. Servidão de passagem. Comprovação. Proteção possessória deferida ante o embaraço criado pelo dono do prédio serviente. I – Servidão que não é titulada, mas tornada aparente, e suscetível de proteção possessória. II – A existência de outra estrada vicinal de acesso ao imóvel dominante não inviabiliza a ação. III – Em matéria de servidão, uma vez comprovada a sua existência,

---

[180] DINIZ, Maria Helena. *Código Civil anotado.* 15. ed. São Paulo: Saraiva, 2010. p. 959.

onde ressai que a estrada em questão é aberta a passagem de proprietários rurais da região, injustificável o embaraço criado pelo proprietário do prédio serviente, de sorte que a proteção da posse se impõe à luz do disposto no art. 1.210 c/c o art. 1.383, ambos do novo Código Civil brasileiro. Apelo conhecido e improvido" (TJGO, Apelação Cível 96027-4/188, Processo 200600481730, 1.ª Câmara Cível, Santa Cruz de Goiás, Rel. Des. Luiz Eduardo de Sousa, j. 04.07.2006, *DJGO* 14.09.2006).

Preconiza o art. 1.384 do CC que a servidão pode ser removida, de um local para outro, pelo dono do prédio serviente e à sua custa, se em nada diminuir as vantagens do prédio dominante. Também pode ser removida pelo dono deste e à sua custa, se houver considerável incremento da utilidade e não prejudicar o prédio serviente. Nota-se, em suma, que a remoção da servidão somente é possível se mantida a função social do direito real de fruição. Concluindo por essa possibilidade:

"Servidão de passagem. Mudança do caminho atual, que corta a propriedade ao meio. Remoção da passagem para um dos lados, junto à divisa. Admissibilidade. Situação menos onerosa ao prédio serviente e que não trará prejuízo ao prédio dominante. Aplicação do disposto no art. 1.384 do Código Civil. Recurso parcialmente provido. Para uso da faculdade pelo dono do prédio serviente, basta demonstrar a vantagem na mudança, vantagem que consistirá na redução do ônus ao seu prédio, tornando-o mais produtivo e com menores embaraços ao aproveitamento, sem prejudicar o prédio dominante" (TJSP, Apelação 7351895-1, Acórdão 3685126, 11.ª Câmara de Direito Privado, Mirassol, Rel. Des. Gilberto dos Santos, j. 04.06.2009, *DJESP* 08.07.2009).

Por outra via, ilustrando hipótese em que a remoção da servidão acarretou prejuízos e perda de utilidade da coisa, de Minas Gerais:

"Direito civil. Processual civil. Reintegração de posse-servidão de passagem. Acordo de vontades. Manutenção das servidões preexistentes. Esbulho. Comprovação dos requisitos do art. 927 do CPC. Reforma da sentença. Recurso provido. Sendo a hipótese de servidão aparente de passagem, e não de passagem forçada, indene de dúvidas ser a mesma passível de proteção possessória, eis que sua utilização configura inarredavelmente exercício de alguns dos poderes da propriedade, amoldando-se então perfeitamente ao conceito de posse insculpido no art. 1.196 do Código Civil – Súmula 415 do Supremo Tribunal Federal. Precedentes. O direito real de servidão de trânsito, ao contrário do direito de vizinhança à passagem forçada, prescinde do encravamento do imóvel dominante, consistente na ausência de saída pela via pública, fonte ou porto. A obstrução arbitrária de uma servidão de trânsito, atenta contra direitos preexistentes e contra o acordo pactuado, podendo-se dizer que a estrada nova substituiu a estrada velha, causando maior gravame aos apelantes, sendo impossível sua remoção, conforme se depreende do art. 1.384 do Código Civil de 2002" (TJMG, Apelação Cível 1.0142.07.020073-8/0011, 16.ª Câmara Cível, Carmo do Cajuru, Rel. Des. Sebastião Pereira de Souza, j. 23.09.2009, *DJEMG* 06.11.2009).

A servidão é regida pelo *princípio de menor onerosidade ao imóvel serviente* ou pelo regramento do *civiliter modo*.[181] Prevê expressamente o art. 1.385 do CC o exercício da servidão será restringido às necessidades do prédio dominante, evitando-se, quanto possível, agravar o encargo ao prédio serviente. Para a efetivação dessas premissas, o dispositivo consagra os seguintes preceitos específicos:

---

[181] Nesse sentido: MALUF, Carlos Alberto Dabus. *Código Civil comentado*. 6. ed. Coord. Ricardo Fiuza e Regina Beatriz Tavares da Silva. São Paulo: Saraiva, 2008. p. 1.489; DINIZ, Maria Helena. *Código Civil anotado*. 15. ed. São Paulo: Saraiva, p. 961.

1.º – Constituída para certo fim, a servidão não se pode ampliar a outro. Exemplo: se a servidão é para pastagem de gado, não pode incluir a cultura agrícola no mesmo campo rural.

2.º – Nas servidões de trânsito, a de maior inclui a de menor ônus, e a menor exclui a mais onerosa. Exemplos: se a servidão é de passagem de carros, inclui a passagem de pessoas. Todavia, a recíproca não é verdadeira.

3.º – Se as necessidades da cultura, ou da indústria, do prédio dominante impuserem à servidão maior largueza, o dono do serviente é obrigado a sofrê-la; mas tem direito a ser indenizado pelo excesso.

O exercício da servidão é ainda regido pelo *princípio da indivisibilidade* (*servitutes dividi non possunt*), retirado do art. 1.386 do CC. Determina esse comando que as servidões prediais são indivisíveis, e subsistem, no caso de divisão dos imóveis, em benefício de cada uma das porções do prédio dominante, e continuam a gravar cada uma das partes do prédio serviente. Tudo isso, salvo se, por natureza, ou por destino, só se aplicarem a certa parte de um ou de outro. A encerrar o tratamento da servidão, o CC/2002 consagra as seguintes regras relativas à sua extinção:

- Salvo nas desapropriações, a servidão, uma vez registrada, só se extingue, com respeito a terceiros, quando cancelada no registro de imóveis (art. 1.387 do CC). Se o prédio dominante estiver hipotecado, e a servidão se mencionar no título hipotecário, será também preciso, para cancelá-la, o consentimento do credor.

- Conforme o art. 1.388 do CC, o dono do prédio serviente tem direito, pelos meios judiciais, ao cancelamento do registro, embora o dono do prédio dominante lhe impugne: *a)* quando o titular houver renunciado à sua servidão; *b)* quando tiver cessado, para o prédio dominante, a utilidade ou a comodidade, que determinou a constituição da servidão (fim do objeto da servidão); *c)* quando o dono do prédio serviente resgatar a servidão. Conforme leciona Maria Helena Diniz, esse "ato de resgate, equivalente a uma renúncia expressa, convencional e onerosa, consiste em escritura pública subscrita por ambos os interessados, constando o preço da liberação do ônus real, sua quitação e autorização para que se proceda ao cancelamento do seu assento".[182]

- Por derradeiro, enuncia o art. 1.389 que também se extingue a servidão, ficando ao dono do prédio serviente a faculdade de fazê-la cancelar, mediante a prova da extinção: *a)* pela reunião dos dois prédios no domínio da mesma pessoa (*confusão real*); *b)* pela supressão das respectivas obras por efeito de contrato, ou de outro título expresso; *c)* pelo não uso, durante dez anos contínuos (*desuso da servidão*, pois se presume pelo tempo a sua inutilidade).

Para encerrar o tópico relativo às servidões, importante pontuar que a Comissão de Juristas encarregada da Reforma do Código Civil pretende inserir no sistema a possibilidade de extinção ou cancelamento extrajudicial da servidão, mediante um procedimento perante o Cartório de Registro de Imóveis, seguindo-se a tendência de *extrajudicialização* do Direito Privado, um dos nortes do Projeto de Reforma. Nesse contexto, o art. 1.388 da Lei Civil passará a enunciar que "o dono do imóvel serviente tem direito, pelos meios judiciais ou extrajudiciais, ao cancelamento do registro: I – quando o titular houver renunciado à sua servidão; II – quando tiver cessado, para o imóvel dominante, a utilidade ou a

---

[182] DINIZ, Maria Helena. *Código Civil anotado.* 15. ed. São Paulo: Saraiva, 2010. p. 964.

comodidade, que determinou a constituição da servidão; III – quando o dono do imóvel serviente resilir contrato que funda a servidão". Como se pode perceber, no último inciso passa a ser mencionada a resilição, que é melhor tecnicamente.

Sobre o procedimento extrajudicial de extinção, o novo § 1.º desse art. 1.388 passará a prever que "o cancelamento do registro pelo meio extrajudicial se dará diretamente perante o Cartório de Registro de Imóveis, cabendo ao oficial analisar a presença dos requisitos previstos neste dispositivo, por prova estritamente documental, e a concordância do titular do direito de servidão". E mais, "em casos de existência de dúvidas pelo oficial de Registro de Imóveis, a parte interessada será remetida à via judicial" (§ 2.º).

Seguindo, são feitas ainda propostas de aperfeiçoamentos do seu art. 1.389, passando ele a prever que "também se extingue a servidão, pelos meios previstos no artigo antecedente, ficando ao dono do imóvel serviente a faculdade de fazê-la cancelar, mediante a prova da extinção: I – pela reunião dos dois imóveis no domínio da mesma pessoa; II – pela supressão das respectivas obras por efeito do pactuado entre as partes, ou de outro título expresso; III – pelo seu não uso, durante cinco anos contínuos, não se admitindo interrupções; IV – pela desapropriação dos imóveis envolvidos; V – pela destruição de um ou dos dois imóveis sobre os quais recaem a servidão; ou VI – pelo inadimplemento de obrigações assumidas pelas partes".

Como se pode notar, além da redução do prazo de não uso de dez para cinco anos, que segue outras proposições do projeto, é incluída expressamente no dispositivo a extinção da servidão pela desapropriação dos imóveis, pela sua destruição ou pelo inadimplemento de obrigações das partes, o que vem em boa hora, mais uma vez para trazer maior previsibilidade e segurança jurídica para o instituto.

### 7.9.4 Do usufruto

O usufruto pode ser apontado como o direito real de gozo ou fruição por excelência, pois há a divisão igualitária dos atributos da propriedade (GRUD) entre as partes envolvidas:

> a) Usufrutuário – como o próprio nome já diz, tem os atributos de usar (ou utilizar) e fruir (ou gozar) a coisa – GU. Repise-se que esses são os atributos diretos, que forma o *domínio útil*.
>
> b) Nu-proprietário – tem os atributos de reivindicar (ou buscar) e dispor (ou alienar) a coisa – RD. É assim chamado justamente por estar *despido* dos atributos diretos, que estão com o usufrutuário.

Do ponto de vista estrutural, o que se nota no usufruto é o fracionamento perfeito e uniforme dos atributos do domínio, conforme o esquema a seguir:

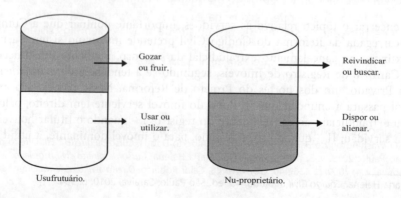

Da simbologia criada podem ser extraídas algumas perguntas, a seguir respondidas, fundamentais para a compreensão do instituto do usufruto:

- O nu-proprietário pode locar o imóvel objeto de usufruto? Não, somente o usufrutuário, que tem o atributo de gozar ou fruir.
- O nu-proprietário pode usar a coisa? Não, apenas o usufrutuário.
- O usufrutuário pode vender o bem? Não, somente o nu-proprietário, que tem o atributo de disposição.
- Quem pode ingressar com a ação reivindicatória da coisa em usufruto? Somente o nu-proprietário, pela estrutura demonstrada. Porém, ressalte-se que existem julgados superiores que reconhecem a legitimidade do usufrutuário para a ação petitória. Por todos, colaciona-se: "Cinge-se a controvérsia a definir se o usufrutuário tem legitimidade/interesse para propor ação petitória/reivindicatória para fazer prevalecer o seu direito de usufruto sobre o bem. O usufrutuário – na condição de possuidor direto do bem – pode valer-se das ações possessórias contra o possuidor indireto (nu-proprietário) e – na condição de titular de um direito real limitado (usufruto) – também tem legitimidade/interesse para a propositura de ações de caráter petitório, tal como a reivindicatória, contra o nu-proprietário ou contra terceiros" (STJ, REsp 1.202.843/PR, 3.ª Turma, Rel. Min. Ricardo Villas Bôas Cueva, j. 21.10.2014, *DJe* 28.10.2014). Com o devido respeito, não se filia a essa forma de julgar pois o atributo de reivindicar a coisa somente cabe ao nu-proprietário, conforme anteriormente exposto, mesmo havendo um usufruto vitalício, como na hipótese fática tratada pelo aresto.
- Quem pode ingressar com ação possessória relativa ao bem? Ambos, pois são possuidores: o usufrutuário é possuidor direto; o nu-proprietário indireto.

Nos termos do art. 1.390 do CC, o usufruto pode recair em um ou mais bens, móveis ou imóveis, em um patrimônio inteiro, ou parte deste, abrangendo-lhe, no todo ou em parte, os frutos e utilidades. O usufruto de imóveis, quando não resulte de usucapião, constituir-se-á mediante registro no Cartório de Registro de Imóveis (art. 1.391 do CC). De imediato, fica claro que o usufruto pode ter origem na convenção das partes ou em usucapião (o que é bem raro, diga-se de passagem). Na prática, a situação mais comum de usufruto envolve a doação, em que o doador transmite a propriedade mantendo para si a reserva de usufruto (chamado de *usufruto deducto*).

Conforme se retira da melhor doutrina, o usufruto admite as seguintes classificações:[183]

I) Quanto ao modo de instituição ou quanto à origem:
- Usufruto legal – que decorre da lei e não da vontade das partes, sendo desnecessário o seu registro no Registro de Imóveis. Exemplos: usufruto dos pais sobre os bens dos filhos menores (art. 1.689, inc. I, do CC), usufruto a favor do cônjuge, que estiver na posse dos bens particulares do outro (art. 1.652, inc. I, do CC).

---

[183] Por todos: LIMONGI FRANÇA, Rubens. *Instituições de direito civil*. 5. ed. São Paulo: Saraiva, 1999. p. 491-493; MONTEIRO, Washington de Barros; MALUF, Carlos Alberto Dabus. *Curso de direito civil*. Direito das coisas. 39. ed. São Paulo: 2013. v. 3, p. 348-350; DINIZ, Maria Helena. *Curso de direito civil brasileiro*. 24. ed. São Paulo: Saraiva. v. 4, 2009. p. 436-440; GONÇALVES, Calor Roberto. *Direito civil brasileiro*. Direito das coisas. 5. ed. São Paulo: Saraiva, 2010. v. 5, p. 484-486.

- Usufruto voluntário ou convencional – decorre do exercício da autonomia privada, podendo ter origem em testamento ou em contrato (exemplo: doação). O usufruto voluntário decorrente de contrato admite a seguinte subclassificação, apontada por Flávio Augusto Monteiro de Barros:

    * *Usufruto por alienação* – o proprietário concede o usufruto a terceiro e conserva a nua-propriedade.

    * *Usufruto por retenção ou deducto* – o proprietário reserva para si o usufruto e transfere a nua-propriedade a um terceiro.[184]

- Usufruto misto – é o que decorre da usucapião. Se houver justo-título e boa-fé, o prazo será de 10 anos (usucapião ordinária) e sem justo título ou boa-fé, o prazo é de 15 anos (usucapião extraordinária).[185] Aplicam-se as mesmas regras da usucapião de propriedade. No Projeto de Reforma do Código Civil, em boa hora, pretende-se inserir um parágrafo único nesse dispositivo exatamente nesse sentido, prevendo que "a usucapião de usufruto sujeita-se aos mesmos prazos e requisitos da usucapião da propriedade, no que couber".

- Usufruto judicial – estava tratado pelos arts. 716 a 724 do Código de Processo Civil de 1973, dispositivos que correspondem aos atuais arts. 867 a 869 do CPC/2015. No sistema anterior, o juiz poderia conceder ao exequente o usufruto de móvel ou imóvel, quando o reputasse menos gravoso ao executado e eficiente para o recebimento do crédito. Todavia, a nova legislação processual não trata mais de um usufruto judicial propriamente dito, mas da penhora de frutos e rendimentos de coisa móvel ou imóvel. De acordo com o art. 867 do CPC/2015, o juiz pode ordenar a penhora de frutos e rendimentos de coisa móvel ou imóvel quando a considerar mais eficiente para o recebimento do crédito e menos gravosa ao executado. Sendo ordenada essa penhora de frutos e rendimentos, o juiz nomeará administrador-depositário, que será investido de todos os poderes que concernem à administração do bem e à fruição de seus frutos e utilidades, perdendo o executado o direito de gozo do bem, até que o exequente seja pago do principal, dos juros, das custas e dos honorários advocatícios (art. 868 do CPC/2015). Portanto, em uma análise preliminar, constata-se que o usufruto judicial foi retirado do sistema legal brasileiro.

II) Quanto ao objeto em que recai:

- Usufruto próprio – recai sobre bens infungíveis e inconsumíveis. Ao final, o usufrutuário deve restituir os bens que recebeu.

- Usufruto impróprio ou quase usufruto – recai sobre bens fungíveis e consumíveis. O usufrutuário se torna proprietário da coisa, podendo aliená-la a terceiros ou consumi-la. Por razões óbvias, ao final do usufruto, deverá ser restituído o equivalente à coisa, aplicando-se as mesmas regras do mútuo (art. 1.392, § 1.º, do CC). Desse modo, não sendo possível devolver coisa do mesmo gênero, caberá a restituição em dinheiro.

III) Quanto à extensão:

- Usufruto total ou pleno – abrange todos os acessórios da coisa, o que constitui regra, salvo previsão em contrário (art. 1.392, *caput*, do CC).

---

[184] BARROS, Flávio Augusto Monteiro de. *Manual de direito civil*. Direito das Coisas e Responsabilidade Civil. São Paulo: Método, 2005. v. 3, p. 131.

[185] Nesse sentido: DINIZ, Maria Helena. *Curso de direito civil brasileiro*. Direito das Coisas. 24. ed. São Paulo: Saraiva, 2009. v. 4, p. 436-437.

> – Usufruto parcial ou restrito – tem seu conteúdo delimitado na instituição, podendo não abranger todos os acessórios da coisa objeto do instituto.
>
> IV) Quanto à duração:
>
> – Usufruto temporário ou a termo – quando da instituição já se estabelece seu prazo de duração (art. 1.410, inc. II, do CC). Se for usufrutuária a pessoa jurídica, seu termo máximo de duração será de 30 anos (art. 1.410, inc. III, do CC).
>
> – Usufruto vitalício – caso seja estipulado a favor de pessoa natural, sem previsão de prazo ou termo final, o usufruto é considerado vitalício e se extingue com a morte do usufrutuário (art. 1.411 do CC). Deve-se atentar ao fato de que a morte do nu-proprietário não é causa de extinção do usufruto, transmitindo-se tal qualidade aos seus herdeiros.

Superada a classificação do usufruto, prescreve o art. 1.393 do CC/2002, regra fundamental, que "não se pode transferir o usufruto por alienação; mas o seu exercício pode ceder-se por título gratuito ou oneroso". O dispositivo tem sentido bem diferente do art. 717 do CC/1916, seu equivalente na codificação anterior, que dispunha: "o usufruto só se pode transferir, por alienação, ao proprietário da coisa; mas o seu exercício pode ceder-se por título gratuito ou oneroso".

Em resumo, nota-se que a regra sempre foi a de intransmissibilidade do usufruto, exceção feita na lei anterior para a possibilidade de o usufrutuário ceder o domínio útil ao nu-proprietário, de forma gratuita ou onerosa. No tocante à cessão do exercício do usufruto, sempre foi ela permitida (exemplos: possibilidade de ceder o bem usufrutuário em comodato ou locação).

A propósito da inalienabilidade do usufruto, entende-se que ele é impenhorável (por todos: STJ, AgRg no Ag 851.994/PR, 1.ª Turma, Rel. Ministro José Delgado, j. 11.09.2007, *DJ* 1.º.10.2007, p. 225). Todavia, admite-se a penhora dos frutos que decorrem do instituto, conforme reconheceu o STJ em decisão publicada no seu *Informativo* n. *443*:

> "Penhora. Usufruto. Imóvel. Residência. O tribunal *a quo* reconheceu a possibilidade da penhora do direito ao exercício de usufruto vitalício da ora recorrente. Porém, o usufruto é um direito real transitório que concede a seu titular o gozo de bem pertencente a terceiro durante certo tempo, sob certa condição ou vitaliciamente. O nu-proprietário do imóvel, por sua vez, exerce o domínio limitado à substância da coisa. Na redação do art. 717 do CC/1916, vigente à época dos fatos, deduz-se que o direito de usufruto é inalienável, salvo quanto ao proprietário da coisa. Seu exercício, contudo, pode ser cedido a título oneroso ou gratuito. Resulta daí a jurisprudência admitir que os frutos decorrentes dessa cessão podem ser penhorados, desde que tenham expressão econômica imediata. No caso, o imóvel é ocupado pela própria devedora, que nele reside, não produzindo qualquer fruto que possa ser penhorado. Assim, não é cabível a penhora do exercício do direito ao usufruto do imóvel ocupado pelo recorrente, por ausência de amparo legal. Logo, a Turma deu provimento ao recurso. Precedentes citados: REsp 925.687/DF, *DJ* 17.09.2007; REsp 242.031/SP, *DJ* 29.03.2004, e AgRg no Ag 851.994/PR, *DJ* 1.º.10.2007" (STJ, REsp 883.085/SP, Rel. Min. Sidnei Beneti, j. 19.08.2010).

Pois bem, a questão controvertida que surge da atual redação do art. 1.393 do CC/2002 é a seguinte: é ainda possível que o usufrutuário ceda ao proprietário o domínio útil, ou seja, os direitos de usar e fruir, de forma gratuita ou onerosa? Duas correntes bem definidas surgem na doutrina:

> 1.ª *Corrente* – Está mantida a possibilidade de alienação do usufruto pelo usufrutuário ao nu-proprietário, hipótese de sua extinção por *consolidação*, nos termos do art. 1.410, I, do CC/2002. Essa é a opinião de Ricardo Aronne,[186] Carlos Alberto Dabus Maluf,[187] José Fernando Simão,[188] Carlos Roberto Gonçalves,[189] Flávio Augusto Monteiro de Barros[190] e Marco Aurélio S. Viana.[191]
>
> 2.ª *Corrente* – Não é permitida, de forma absoluta, a referida alienação, pois a intenção do legislador de 2002 foi a de retirar tal possibilidade do sistema. Em suma, não é possível que o usufrutuário transmita sua condição de forma onerosa mesmo ao nu-proprietário, eis que o usufruto tem clara natureza personalíssima (*intuito personae*). Essa é a opinião de Maria Helena Diniz,[192] Caio Mário da Silva Pereira,[193] Marco Aurélio Bezerra de Melo,[194] Jones Figueirêdo Alves e Mário Luiz Delgado,[195] estando eu a esse entendimento filiado.

Destaco que essa é outra polêmica que o atual Projeto de Reforma do Código Civil pretende resolver, adotando-se a primeira corrente, hoje majoritária na jurisprudência superior, e vencida a minha posição doutrinária. Com isso, o art. 1.393 receberá um parágrafo único, prevendo que "admite-se a alienação do usufruto ao nu-proprietário da coisa, desde que a avença não prive o usufrutuário do necessário à sua sobrevivência". A posição prevaleceu entre os membros da Comissão de Juristas e pelo *espírito democrático* que orientou os nossos trabalhos, visando a trazer segurança e a esperada estabilidade para o instituto, vencida a minha posição doutrinária.

Superada tal controvérsia, o Código Civil de 2002 consagra como *direitos do usufrutuário*:

– O usufrutuário tem direito à posse, uso, administração e percepção dos frutos (art. 1.394 do CC). Trata-se de direitos que decorrem diretamente da natureza do usufruto, conforme estruturação demonstrada no início do tópico.

– Quando o usufruto recai em títulos de crédito, o usufrutuário tem direito a perceber os frutos e a cobrar as respectivas dívidas, o que do mesmo modo decorre da própria natureza do instituto (art. 1.395, *caput*, do CC). Cobradas as dívidas, o usufrutuário aplicará, de imediato, a importância em títulos da mesma natureza, ou em títulos da dívida pública federal, com cláusula de atualização monetária segundo índices oficiais regularmente estabelecidos (art. 1.395, parágrafo único, do CC).

– Salvo direito adquirido por outrem, o usufrutuário tem direito aos frutos naturais, pendentes ao começar o usufruto, sem encargo de pagar as despesas de produção

---

[186] ARONNE, Ricardo. *Código Civil anotado*. Coord. Rodrigo da Cunha Pereira. Porto Alegre: Síntese, 2004. p. 997.

[187] MALUF, Carlos Alberto Dabus. *Código Civil comentado*. 6. ed. Coord. Ricardo Fiuza e Regina Beatriz Tavares da Silva. São Paulo: Saraiva, 2008. p. 1.500.

[188] TARTUCE, Flávio; SIMÃO, José Fernando. *Direito civil*. Direito das Coisas. 2. ed. São Paulo: Método, 2010. v. 4, p. 374.

[189] GONÇALVES, Carlos Roberto. *Direito civil brasileiro*. Direito das Coisas. 5. ed. São Paulo: Saraiva, 2010. v. 5, p. 479.

[190] BARROS, Flávio Augusto Monteiro de. *Direito civil*. Direito das Coisas e Responsabilidade Civil. São Paulo: Método, 2005. v. 3, p. 133.

[191] VIANA, Marco Aurélio S. Viana. *Comentários ao novo Código Civil*. Coord. Sálvio de Figueiredo Teixeira. Rio de Janeiro: Forense, 2003. v. XVI, p. 633.

[192] DINIZ, Maria Helena. *Código Civil anotado*. 15. ed. São Paulo: Saraiva, 2010. p. 969.

[193] PEREIRA, Caio Mário da Silva. *Instituições de direito civil*. Direitos Reais. 18. ed. Rio de Janeiro: Forense, 2004. v. IV, p. 298.

[194] MELO, Marco Aurélio Bezerra. *Direito das coisas*. Rio de Janeiro: Lumen Juris, 2007. p. 332-333.

[195] ALVES, Jones Figueirêdo; DELGADO, Mário Luiz. *Código Civil anotado*. São Paulo: Método, 2005. p. 706.

CAP. 7 · DIREITO DAS COISAS | **1235**

desses frutos (art. 1.396, *caput*, do CC). Ilustrando, iniciado o usufruto de uma fazenda repleta de laranjeiras com laranjas, o usufrutuário terá direito a recolhê--las. Porém, os frutos naturais, pendentes ao tempo em que cessa o usufruto, pertencem ao dono da coisa (nu-proprietário), também sem compensação das despesas (art. 1.396, parágrafo único, do CC). Percebe-se que o usufrutuário tem *bônus e ônus*, na mesma proporção.

– Norma aplicável à realidade rural ou agrária, enuncia o art. 1.397 do CC que as crias dos animais pertencem ao usufrutuário, déduzidas quantas bastem para inteirar as cabeças de gado existentes ao começar o usufruto (*hipótese de compensação legal*).

– Os frutos civis, vencidos na data inicial do usufruto, pertencem ao proprietário, e, ao usufrutuário, os vencidos na data em que cessa o usufruto (art. 1.398 do CC). Exemplo: se o imóvel é locado pelo usufrutuário os aluguéis colhidos durante o usufruto e os pendentes, por óbvio, lhe pertencem.

– Por fim, o usufrutuário pode usufruir em pessoa, ou mediante arrendamento, o prédio, mas não mudar-lhe a destinação econômica, sem expressa autorização do proprietário (art. 1.399 do CC). A ilustrar, se o imóvel tiver destinação residencial, para que passe a ter uma finalidade empresarial na locação de terceiro, há necessidade de autorização do nu-proprietário, sob pena de extinção do instituto.

Ato contínuo de estudo do tema, a atual codificação material privada prevê os deveres do usufrutuário, a saber:

– O usufrutuário, antes de assumir o usufruto, inventariará, à sua custa, os bens que receber, determinando o estado em que se acham, e dará a *caução usufrutuária*, pessoal ou real, se essa for exigir pelo dono da coisa. Tal caução visa garantir a conservação e a entrega da coisa ao final do usufruto (art. 1.400, *caput*, do CC). Essa caução é dispensada em relação ao doador que faz reserva de usufruto, em *usufruto deducto* (art. 1.400, parágrafo único, do CC).

– O usufrutuário que não quiser ou não puder dar caução suficiente perderá o direito de administrar o usufruto. Em casos tais, os bens serão administrados pelo proprietário, que ficará obrigado, mediante caução, a entregar ao usufrutuário o rendimento deles, deduzidas as despesas de administração, entre as quais se incluirá a quantia fixada pelo juiz como remuneração do administrador (art. 1.401 do CC).

– O usufrutuário não é obrigado a pagar as deteriorações resultantes do exercício regular do usufruto (art. 1.402 do CC). Desse modo, não deverá indenizar as deteriorações que decorrerem de caso fortuito (evento totalmente imprevisível) ou força maior (evento previsível, mas inevitável). Porém, havendo culpa ou exercício irregular de direito a causar a deterioração da coisa, o usufrutuário terá que indenizar o proprietário, o que pode ser retirado da parte final do art. 1.400; bem como dos arts. 186 e 187 do CC.

– Nos termos do art. 1.403 do CC, incumbem ao usufrutuário: *a)* as despesas ordinárias de conservação dos bens no estado em que os recebeu; *b)* as prestações e os tributos devidos pela posse ou rendimento da coisa usufruída. Tais despesas são naturais da posse direta e do uso da coisa, devendo caber, por óbvio, ao usufrutuário.

– Incumbem ao nu-proprietário as *reparações extraordinárias* da coisa (exemplo: referentes à sua estrutura), e as *reparações ordinárias não módicas* (art. 1.404 do CC). O mesmo comando ressalva que, em casos tais, o usufrutuário pagará ao nu-proprietário os juros do capital despendido com as reparações que forem

# MANUAL DE DIREITO CIVIL • VOLUME ÚNICO – *Flávio Tartuce*

necessárias à conservação, ou aumentarem o rendimento da coisa usufruída. São consideradas *reparações ordinárias não módicas* as despesas superiores a dois terços do líquido rendimento em um ano (§ 1.º). Por fim, se o dono não fizer as reparações a que está obrigado, e que são indispensáveis à conservação da coisa, o usufrutuário pode realizá-las, cobrando daquele a importância despendida (§ 2.º).

– Se o usufruto recair em patrimônio, ou parte deste, será o usufrutuário obrigado aos juros da dívida que onerar o patrimônio ou a parte dele (art. 1.405 do CC).

– Pelo dever de informação que decorre da boa-fé objetiva, o usufrutuário é obrigado a dar ciência ao dono de qualquer lesão produzida contra a posse da coisa, ou os direitos deste (art. 1.406 do CC).

– Se a coisa usufrutuária estiver segurada, incumbe ao usufrutuário pagar, durante o usufruto, as contribuições do seguro (prêmio), que é considerado como despesa que decorre do uso (art. 1.407, *caput*, do CC). Porém, feito o seguro pelo usufrutuário, caberá ao proprietário o direito dele resultante contra o segurador, ou seja, o direito de receber a indenização (§ 1.º). Em qualquer hipótese, o direito do usufrutuário fica sub-rogado no valor da indenização do seguro, hipótese de sub-rogação legal (§ 2.º).

– Se um imóvel sujeito a usufruto for destruído sem culpa do proprietário, não será este obrigado a reconstruí-lo. Além disso, o usufruto não será restabelecido se o proprietário reconstruir à sua custa o prédio. Porém, se a indenização do seguro for aplicada à reconstrução do prédio, haverá restabelecimento do usufruto (art. 1.408 do CC).

– Por fim, se a coisa objeto de usufruto for desapropriada, a indenização ficará sub-rogada no ônus do usufruto, em lugar do prédio, ou seja, tais valores serão do usufrutuário enquanto supostamente vigente o instituto. Pelo mesmo art. 1.409 do CC, havendo perda ou deterioração da coisa por ato de terceiro, terá direito o usufrutuário à indenização de acordo com o seu direito e o dano sofrido.

A encerrar o estudo do usufruto, é preciso visualizar as hipóteses de sua extinção, tratadas pelo art. 1.410 do CC. Em todas as situações a seguir listadas, há necessidade de cancelamento do registro no Cartório de Registro Imobiliário (CRI), quando se tratar de bem imóvel:

> » Extinção do usufruto pela renúncia do usufrutuário, o que deve ser feito por escritura pública quando se tratar de imóveis com valor superior a 30 salários mínimos (art. 108 do CC).
>
> » Extinção do usufruto por morte do usufrutuário, no caso de *usufruto vitalício*. A morte do nu-proprietário não gera a extinção do usufruto, seguindo o direito para os seus sucessores. Como importante aplicação da regra, julgou o Superior Tribunal de Justiça, em 2021, que "a morte da arrendadora/usufrutuária (causa de extinção do usufruto, nos termos do art. 1.410, I, do CC) durante a vigência do contrato de arrendamento rural, sem a respectiva restituição ou reivindicação possessória pelo proprietário, tornando precária e injusta a posse exercida pelos sucessores daquela, não constitui óbice ao exercício dos direitos provenientes do contrato de arrendamento rural, no interregno da efetiva posse, pelo espólio da usufrutuária perante o terceiro arrendatário, porquanto diversas e autônomas as relações jurídicas de direito material de usufruto e de arrendamento" (STJ, REsp 1.758.946/SP, 3.ª Turma, Rel. Min. Marco Aurélio Bellizze, j. 08.06.2021, *DJe* 11.06.2021).

## CAP. 7 • DIREITO DAS COISAS | 1237

» Extinção do usufruto pelo termo final de sua duração (*dies ad quem*), ou vencimento do prazo, em havendo *usufruto temporário*.

» Extinção da pessoa jurídica, em favor de quem o usufruto foi constituído, ou, se ela perdurar, pelo decurso de 30 anos da data em que se começou a exercer.

» Extinção do usufruto pela cessação do motivo de que se origina. Maria Helena Diniz cita o exemplo do usufruto a favor do pai sobre os bens do filho menor sob o poder familiar, havendo extinção do usufruto com a maioridade do filho, pois o direito real perde sua razão de ser.[196] Cite-se também a hipótese em que o usufruto é instituído para os fins de tutela da moradia de determinada pessoa, tendo desparecido essa necessidade, pelo fato de a pessoa ter recebido um imóvel em doação ou adquirido o bem por meio de contrato de compra e venda.

» Extinção do usufruto pela destruição da coisa.

» Extinção pela *consolidação*, presente quando na mesma pessoa se confundem as qualidades de usufrutuário e proprietário. Exemplo: pai doa imóvel ao filho com reserva de usufruto. Com o falecimento do pai, o filho, seu único sucessor, consolida a propriedade plena em seu nome.

» Extinção por culpa do usufrutuário, quando aliena, deteriora, ou deixa arruinar os bens, não lhes acudindo com os reparos de conservação, ou quando, no usufruto de títulos de crédito, não dá às importâncias recebidas a aplicação prevista no parágrafo único do art. 1.395 do CC.

» Extinção pelo não uso, ou não fruição, da coisa em que o usufruto recai (arts. 1.390 e 1.399). Sobre tal previsão, determina o Enunciado n. 252 do CJF/STJ, da *III Jornada de Direito Civil*, que "A extinção do usufruto pelo não uso, de que trata o art. 1.410, inc. VIII, independe do prazo previsto no art. 1.389, inc. III, operando-se imediatamente. Tem-se por desatendida, nesse caso, a função social do instituto". Concorda-se com o enunciado doutrinário, que representa aplicação do princípio da função social da posse, fazendo prevalecer o requisito qualitativo sobre o quantitativo.

Ainda sobre esse comando, anoto que no atual Projeto de Reforma do Código Civil, elaborado pela Comissão de Juristas, são feitas propostas e aprimoramento desse seu art. 1.410, do seguinte modo: *a)* o inciso II passará a usar a expressão "termo final" que é mais correta; *b)* o seu inciso III expressará a extinção "pela extinção da pessoa jurídica, em favor de quem o usufruto foi constituído, ou, se ela perdurar, pelo decurso de quinze anos da data em que se começou a exercer", reduzindo-se um prazo de trinta anos pela metade, que não mais se justifica na contemporaneidade; *c)* no inciso IV, expressa-se a cessação da causa de que se origina, termo que é melhor tecnicamente; e, *d)* no inciso VI, "pela consolidação da propriedade", o que igualmente nos pareceu mais preciso. Espera-se, para uma melhora técnica desse art. 1.410 da Lei Civil, a sua aprovação pelo Parlamento Brasileiro.

Voltando-se ao sistema vigente, em complemento, merece comentário o art. 1.411 do CC, segundo o qual constituído o usufruto em favor de duas ou mais pessoas (*usufruto simultâneo ou conjunto*), extinguir-se-á a parte em relação a cada uma das que falecerem. Isso, salvo se, por estipulação expressa, o quinhão desses couber ao sobrevivente. Pela norma, em regra, não há *direito de acrescer entre os usufrutuários*, ou seja, falecendo um deles, o seu direito é consolidado ao nu-proprietário.

---

[196] DINIZ, Maria Helena. *Código Civil anotado*. 15. ed. São Paulo: Saraiva, 2010. p. 979.

**1238** | MANUAL DE DIREITO CIVIL • VOLUME ÚNICO – *Flávio Tartuce*

Porém, no ato de instituição do usufruto, pode constar o *direito de acrescer convencional, o que constitui exceção no sistema civil*. Exemplificando, se há usufruto de um imóvel em favor de dois usufrutuários (A e B), falecendo um deles (A), a sua quota de usufruto (50%), em regra, consolida-se ao nu-proprietário (C). Todavia, é possível convencionar que falecendo um dos usufrutuários (A) o seu direito é transmitido ou acrescido ao do outro (B). Do mesmo modo, para ilustrar todas as deduções expostas, com conteúdo bem interessante, do TJSP:

"Prestação de contas. Ocorrência de doação de dois imóveis com instituição de usufruto vitalício em favor dos doadores. Morte de um dos usufrutuários. Hipótese de usufruto simultâneo, em que é possível que este sobreviva à morte de um dos usufrutuários. Inteligência do art. 740, do Código Civil de 1916 (a que corresponde o art. 1.411, do Código Civil de 2002). Direito de acrescer estipulado em relação a um dos imóveis, somando-se a parte ideal do falecido à parte da usufrutuária sobrevivente. Inocorrência de extinção do usufruto. Ausência, entretanto, de estipulação do direito de acrescer em relação ao outro imóvel. Extinção de 50% do usufruto verificada, consolidando-se nas mãos dos nus-proprietários. Plena legitimidade dos autores e interesse de agir deles em relação à quota parte do imóvel que foi consolidada nas mãos dos nus-proprietários. Extinção afastada nesta parte. Inteligência do art. 515, § 3.º, do Código de Processo Civil. Obrigação dos réus de prestar contas de valores recebidos e pagos aos autores evidenciada. Sucumbência recíproca caracterizada. Recurso parcialmente provido" (TJSP, Apelação com Revisão 324.701.4/7, Acórdão 4068740, 1.ª Câmara de Direito Privado, Guariba, Rel. Des. Luiz Antonio de Godoy, j. 15.09.2009, *DJESP* 1.º.10.2009).

### 7.9.5 Do uso

O direito real de uso pode ser constituído de forma gratuita ou onerosa, havendo a cessão apenas do atributo de utilizar a coisa, seja ela móvel ou imóvel (o U do GRUD). Por isso se justifica as nomenclaturas *usufruto anão, nanico* ou *reduzido*. São partes do direito real em comento:

a) Proprietário – faz a cessão real da coisa.
b) Usuário – tem o direito personalíssimo de uso ou utilização da coisa.

Recaindo sobre imóvel, o direito real de uso deve ser registrado no Cartório de Registro de Imóveis (art. 167, I, n. 7, da Lei 6.015/1973). Na prática, rara é a sua ocorrência. Para ilustrar, pode ser citada a cessão real de uso de jazigos em cemitérios, conforme o antigo julgado estadual a seguir:

"Civil. Ação de cobrança. Cessão de direito real de uso de jazigo perpétuo. Obrigação contratual do cessionário de pagar as taxas anuais de manutenção do cemitério. Exigência descabida da construção antecipada de jazigos. Ação procedente. Reconvenção improcedente. I – Não há cerceamento de defesa, se o fato é confessado pela parte adversa, sendo, porém, considerado irrelevante para o deslinde da causa. II – Tendo a cessionária pago durante muitos anos seguidos a taxa de manutenção, não pode agora recusá-la, dando ao contrato interpretação diversa, sob pena de comportamento contraditório. III – Não pode ser considerada inadimplida a obrigação ainda inexigível" (TJPR, Apelação Cível 0053038-1, Acórdão 16739, 2.ª Câmara Cível, Curitiba, Rel. Juiz Conv. Munir Karam, *DJPR* 29.11.1999).

Do Superior Tribunal de Justiça merece destaque acórdão que reconhece a presença do direito real nessa hipótese e determina, ainda, a incidência do Código de Defesa do Consumidor, em *diálogo das fontes*:

"Recurso especial. Ação civil pública. Ministério Público. Direito funerário e do consumidor. Cemitério particular. Contrato de cessão do uso de jazigos e prestação de outros serviços funerários. Aplicabilidade do CDC reconhecida. Limitação da multa moratória em 2%. Restituição simples da quantia indevidamente cobrada. I – Inexistência de violação ao art. 535 do CPC. II – Legitimidade do Ministério Público para o ajuizamento de ação civil pública visando à defesa de interesses e direitos individuais homogêneos pertencentes a consumidores, decorrentes, no caso, de contratos de promessa de cessão e concessão onerosa do uso de jazigos situados em cemitério particular. III – Inteligência do art. 81, par. único, III, do CDC. Precedente específico da Quarta Turma deste Superior Tribunal de Justiça. IV – Aplicabilidade do Código de Defesa e Proteção do Consumidor à relação travada entre os titulares do direito de uso dos jazigos situados em cemitério particular e a administradora ou proprietária deste, que comercializa os jazigos e disponibiliza a prestação de outros serviços funerários. V – Inteligência dos arts. 2.º e 3.º do CDC. Precedentes proferidos em casos similares. VI – Distinção do caso apreciado no Recurso Especial 747.871/RS, em que a Egrégia Quarta Turma deste Superior Tribunal de Justiça afirmou a inaplicabilidade do CDC diante do 'ato do Poder Público que permite o uso de cemitério municipal'. Doutrina. VII – Limitação, a partir da edição da Lei 9.298/96, que conferiu nova redação ao art. 52, § 1.º, do CDC, em 2% da multa de mora prevista nos contratos em vigor e nos a serem celebrados entre a recorrente e os consumidores de seus serviços. VIII – Doutrina. Precedente da Terceira Turma. IX – Restituição simples das quantias indevidamente cobradas, tendo a cobrança, nos termos do par. único do art. 42 do CDC, derivado de 'engano justificável'. X – Redistribuição do ônus relativo ao pagamento das custas processuais, prejudicada a apreciação da violação do art. 21 do CPC. XI – Recurso especial provido em parte" (STJ, REsp 1.090.044/SP, 3.ª Turma, Rel. Min. Paulo de Tarso Sanseverino, j. 21.06.2011, *DJe* 27.06.2011).

Como última ilustração a respeito da presença de um direito real de uso em casos de jazigos perpétuos, em aresto de 2024 entendeu o mesmo Tribunal Superior que a resolução do contrato ou do negócio jurídico que lhe dá fundamento implica "o retorno das partes ao estado anterior à avença, devendo a titularidade do direito real retornar ao mantenedor do cemitério, com a restituição do respectivo valor pago, admitindo-se a retenção de percentual suficiente para indenizar pelo tempo de privação de uso do jazigo" (STJ, REsp 2.107.107-SP, 3.ª Turma, Rel. Min. Nancy Andrighi, por unanimidade, j. 16.04.2024, *DJe* 19.04.2024).

A conclusão foi no sentido de se tratar de um direito real de uso com características especiais. Consoante o *decisum*, "na jurisprudência desta Corte, nos poucos precedentes sobre o tema, definiu-se que o *jus sepulchri* (direito de sepultura) em cemitérios públicos é regido pelo direito público, enquanto o *jus sepulchri* em cemitério particular é regido pelo direito privado, aplicando-se, inclusive, o Código de Defesa do Consumidor (REsp n. 747.871/RS, Segunda Turma, *DJe* 18/11/2008; e REsp n. 1.090.044/SP, Terceira Turma, *DJe* 27/6/2011)". E mais:

"A par das diversas classificações defendidas (enfiteuse, propriedade limitada ou resolúvel, servidão etc.), tem-se que o *jus sepulchri* mais se assemelha ao direito real de uso do jazigo, que pode ser cedido pelo cemitério particular ao interessado. Não se trata, todavia, de um comum direito real de uso, previsto no Código Civil. Dentre as suas diferenças, o Código prevê a sua extinção pela morte do usuário, por aplicação subsidiária do art. 1.410, enquanto a doutrina é pacífica no sentido de que uma das características essenciais do *jus sepulchri* é a sua transferência por ocasião do falecimento do titular, sendo admitida, ainda, a cessão onerosa entre vivos, quando se trata de jazigo vazio em cemitério particular. Como é cediço, no âmbito do direito privado, o contrato pode ser extinto antes de sua execução por causas supervenientes à sua formação, por meio da resolução ou resilição (ambas genericamente chamadas de rescisão contratual). Registra-se que a jurisprudência desta Corte reconhece a possibilidade de a própria parte inadimplente pleitear a resolução do contrato, diante da insuportabilidade das prestações (REsp n. 1.300.418/SC, Segunda Seção, *DJe* 10/12/2013)" (STJ, REsp 2.107.107-SP, 3.ª Turma, Rel. Min. Nancy Andrighi, por unanimidade, j. 16.04.2024, *DJe* 19.04.2024).

De fato, essas peculiaridades do direito real ao jazigo perpétuo devem ser consideradas no caso concreto, sobretudo com a possibilidade de resolução do negócio ou do contrato, nos termos do que foi firmado entre as partes.

Anoto, a propósito, que o atual Projeto de Reforma do Código Civil pretende incluir a previsão de um novo art. 1.412-A na codificação privada, segundo o qual "admite-se o direito real de uso nas concessões de jazigos em cemitérios". Por óbvio que, na futura interpretação da alteração legislativa, as citadas características especiais devem ser observadas, na linha do que está no último acórdão e que conta com o meu apoio doutrinário.

Conforme o art. 1.412 do CC, o usuário utilizará a coisa e perceberá os seus frutos, quanto o exigirem as necessidades suas e de sua família. Assim, a fruição somente é possível para atender às necessidades básicas da família, o que está em sintonia com a ideia de patrimônio mínimo. Levam-se em conta as necessidades pessoais do usuário conforme a sua condição social e o lugar onde viver (§ 1.º). Para tanto, a lei considera como componentes da família o cônjuge do usuário, os seus filhos solteiros e as pessoas do seu serviço doméstico (§ 2.º).

A última norma é totalmente superada pela ampliação do conceito de família, conforme se verá no próximo capítulo desta obra. Isso pode ser percebido, por exemplo, pela injustificada menção ao companheiro ou convivente, que goza de proteção constitucional (art. 226, § 3.º, da CF/1988).

Para resolver mais esse problema, o Projeto de Reforma do Código Civil, elaborado pela Comissão de Juristas nomeada no âmbito do Senado Federal, pretende dar ao comando um novo texto, prevendo que "as necessidades da família do usuário compreendem as de seu cônjuge ou convivente, de seus filhos com menos de dezoito anos de idade ou incapazes ou, devidamente comprovado, daqueles que formam a família parental do usufrutuário".

Com isso, penso que todos os problemas apontados serão superados, até porque o projeto adota a ideia de que o casamento e a união estável serão constituídos por duas pessoas, não importando o seu gênero.

Breve e derradeiro – como é o instituto –, determina o art. 1.413 do CC a aplicação ao uso, por analogia, das mesmas regras do usufruto, desde que não sejam com ele incompatíveis. Assim, incidem os mesmos casos de extinção por último estudados (art. 1.410 do CC).

### 7.9.6 Da habitação

O direito real de habitação constitui o mais restrito dos direitos reais de fruição, eis que apenas é cedida uma parte do atributo de usar, qual seja o direito de habitar o imóvel (fração do U do GRUD). São partes da habitação:

> a) Proprietário – transmite o direito.
> b) Habitante – tem o direito de habitar o imóvel a seu favor.

Tal direito real pode ser *legal* ou *convencional*, decorrendo o último de contrato ou testamento. O *direito real de habitação legal* será abordado no Capítulo 9 deste livro, pois

CAP. 7 • DIREITO DAS COISAS | **1241**

tem grande pertinência no estudo da sucessão legítima do companheiro e do cônjuge (art. 1.831 do CC). Recaindo sobre imóvel, o direito real de habitação convencional deve ser registrado no Cartório de Registro de Imóveis (art. 167, I, n. 7, da Lei 6.015/1973), norma que não se aplica ao direito de habitação legal que decorre do Direito das Sucessões.

O caráter gratuito da habitação é claro no art. 1.414 do CC, pelo qual o titular deste direito não a pode alugar, nem emprestar, mas simplesmente ocupá-la com sua família. Eventual desrespeito a essa norma acarreta a retomada do imóvel, por desvio de função.

Ademais, a norma deixa claro o caráter personalíssimo da categoria (*intuitu personae*), não sendo possível ceder o direito a terceiros, eis que o instituto visa à moradia específica do beneficiado. Dessa forma, não é viável juridicamente que o habitante institua um benefício semelhante em favor de terceiro, sendo proibido o *direito real de habitação de segundo grau*. Como a norma é de ordem pública, não cabe previsão em contrário no instrumento de instituição, sob pena de *nulidade virtual* (art. 166, inc. VII, segunda parte, do CC).

Ainda sobre esse art. 1.414, anoto que no Projeto de Reforma do Código Civil, elaborado pela Comissão de Juristas nomeada no âmbito do Senado Federal, pretende-se inserir na norma, em boa hora, a possibilidade de o imóvel ser ocupado pessoalmente pelo beneficiário do direito real. Nos seus termos, "quando o uso consistir no direito de habitar gratuitamente casa alheia, o titular deste direito não a pode alugar, nem emprestar, mas simplesmente ocupá-la, pessoalmente ou com sua família". Com isso, é suprida mais uma lacuna hoje existente na Lei Civil.

Em havendo *direito real de habitação simultâneo*, conferido a mais de uma pessoa, qualquer delas que sozinha habite a casa não terá de pagar aluguel à outra, ou às outras, o que ressalta o seu caráter gratuito (art. 1.415 do CC). Porém, esse habitante exclusivo não pode as inibir de exercerem, querendo, o direito, que também lhes compete, de habitá-la. Em suma, é possível o compartilhamento compulsório do imóvel.

Por fim, são aplicáveis à habitação, no que não for contrário à sua natureza, as disposições relativas ao usufruto (art. 1.416 do CC). Desse modo, como já ficou claro, cabem as formas de extinção previstas pelo art. 1.410 do CC.

### 7.9.7 Das concessões especiais para uso e moradia. Direitos reais de gozo ou fruição criados pela Lei 11.481/2007

Como visto, a Lei 11.481/2007 introduziu dois novos direitos reais de gozo ou fruição no art. 1.225 do CC: a concessão de uso especial para fins de moradia (inc. XI) e a concessão de direito real de uso (inc. XII). Tais direitos reais referem-se a áreas públicas, geralmente invadidas e *urbanizadas* por favelas. Houve um claro intuito de *regularização jurídica* das áreas favelizadas, dentro da política de reforma urbana, para que a situação de *antidireito* passe a ser tratada pelo Direito.

Anote-se que a concessão real de uso já constava dos arts. 7.º e 8.º do Decreto-lei 271/1967 com as alterações da Lei 11.481/2007. Enuncia a primeira norma que "é instituída a concessão de uso de terrenos públicos ou particulares remunerada ou gratuita, por tempo certo ou indeterminado, como direito real resolúvel, para fins específicos de regularização fundiária de interesse social, urbanização, industrialização, edificação, cultivo da terra, aproveitamento sustentável das várzeas, preservação das comunidades tradicionais e seus meios de subsistência ou outras modalidades de interesse social em áreas urbanas".

Por outra via, a concessão de uso para fins de moradia consta da Medida Provisória 2.220/2001, que ainda continua em tramitação. Dispõe a Medida Provisória em seu art. 1.º que "aquele que, até 22 de dezembro de 2016, possuir como seu, por cinco anos, ininterruptamente

## 1242 | MANUAL DE DIREITO CIVIL • VOLUME ÚNICO – *Flávio Tartuce*

e sem oposição, até duzentos e cinquenta metros quadrados de imóvel público situado em área urbana, utilizando-o para sua moradia ou de sua família, tem o direito à concessão de uso especial para fins de moradia em relação ao bem objeto da posse, desde que não seja proprietário ou concessionário, a qualquer título, de outro imóvel urbano ou rural". A Lei 13.465/2017 alterou o teor da norma, mencionando um novo lapso temporal, com o fim de ampliar a extensão do direito real. A norma anterior previa a data de 30 de junho de 2001, quando surgiu a MP.

Nos dois casos, deve ficar bem claro que os institutos constituem alternativas de regularização fundiária possível, eis que não se pode adquirir as citadas áreas públicas por usucapião (arts. 183, § 3.º, e 191, parágrafo único, da CF/1988). Espera-se, por questão de justiça e democrática distribuição das terras, que os institutos tenham a efetiva concreção prática, o que não ocorreu até a presente data.

### 7.9.8 Do direito real de laje

Como exposto em outros trechos desta obra, a Lei 13.465/2017 introduziu um tratamento relativo à laje, além de sua previsão no rol dos direitos reais, previsto no art. 1.225 do Código Civil (inc. XIII). O objetivo da introdução do instituto, mais uma vez, é de regularização de áreas favelizadas, conhecidas popularmente como *comunidades*. O tema já havia sido abordado por grandes juristas no âmbito do direito de superfície, com uso dessa expressão popular e de cunho social, que ganhou certo apego jurídico. Entre eles, podem ser citados os Professores Ricardo Pereira Lira, Rodrigo Reis Mazzei e Marco Aurélio Bezerra de Melo. Em muitas localidades brasileiras, como ocorre no Rio de Janeiro, as lajes são "vendidas", ou seja, transferidas onerosamente e de forma definitiva para terceiros. Também é comum a sua transmissão gratuita entre pessoas da mesma família.

A norma trouxe grandes avanços em face de sua Medida Provisória *embrionária*, a MP 759/2016, que foi alvo de muitas críticas doutrinárias. Da nossa parte, tivemos cautela em não incluir neste livro comentários à citada MP, pois sabíamos que ela passaria por profundas alterações estruturais, o que acabou ocorrendo.

Confrontando-se o texto da MP e a nova lei, constata-se que a primeira introduzia apenas um dispositivo no Código Civil, o art. 1.510-A, com oito parágrafos. A Lei 13.465/2017, muito mais abrangente, inclui os arts. 1.510-A a 1.510-E na codificação material, tendo o primeiro preceito a mesma quantidade de parágrafos. A principal crítica que se fazia à norma era o fato de conceituar o direito real de laje como "a possibilidade de coexistência de unidades imobiliárias autônomas de titularidades". Como pontuam Pablo Stolze Gagliano e Salomão Viana, "houve, aqui, manifesto aprimoramento, em relação ao texto da Medida Provisória n.º 759, de 22 de dezembro de 2016. Efetivamente, do texto anterior, que não era preciso, extraía-se a definição do direito de laje como uma 'possibilidade de coexistência'. Com efeito, não se afigura adequado conceituar um direito real como uma 'possibilidade'".[197]

Nesse contexto, são muito conhecidas as críticas anteriores formuladas por Otávio Luiz Rodrigues Júnior, que participou do processo de elaboração da nova norma. Segundo o jurista, "especificamente quanto ao Código Civil, o artigo 25 da MP 759, de 2016, alterou a redação do artigo 1.225 do código, ao incluir o inciso XIII, que institui a 'laje' como novo direito real. A laje é definida no novo artigo 1.510-A, de um modo extremamente atécnico. A laje é um direito real que 'consiste na possibilidade de coexistência de

---

[197] GAGLIANO, Pablo Stolze; VIANA, Salomão. Direito de laje. Finalmente a lei! Disponível em: <www.flaviotartuce.adv.br>. Acesso em: 28 set. 2017.

CAP. 7 • DIREITO DAS COISAS | **1243**

unidades imobiliárias autônomas de titularidades distintas situadas em uma mesma área, de maneira a permitir que o proprietário ceda a superfície de sua construção a fim de que terceiro edifique unidade distinta daquela originalmente construída sobre o solo'. Um direito que é uma possibilidade! Trata-se de uma nova categoria, a qual se recomenda ao estudo nos cursos de Filosofia".[198] Estou filiado às palavras transcritas, tendo a lei anterior um conteúdo muito melhor do que a sua MP originária.

Pois bem, o *caput* do art. 1.510-A do Código Civil estabelece que "o proprietário de uma construção-base poderá ceder a superfície superior ou inferior de sua construção a fim de que o titular da laje mantenha unidade distinta daquela originalmente construída sobre o solo". Resolveu-se o citado problema da *atecnia*, mas foi criado um outro, esse sim de natureza técnica profunda. A grande dúvida quanto ao novo tratamento legal diz respeito ao fato de ser a laje um direito real sobre coisa própria ou sobre coisa alheia. A forma de tratamento dada pelo Código Civil não ajuda a resolver tal dilema, uma vez que a laje foi inserida após o tratamento dos direitos reais de garantia sobre coisa alheia, fechando o livro do Direito das Coisas.

Realizando pesquisa em textos publicados na *internet* e consultando diretamente alguns colegas juristas, a questão, de fato, é tormentosa e divide a doutrina contemporânea. Assim, são adeptos da existência de um direito real sobre coisa própria: Marco Aurélio Bezerra de Mello, Nelson Rosenvald, Fernando Sartori, Fábio Azevedo, Carlos Eduardo Elias de Oliveira, Leonardo Brandelli, Vitor Kümpel e Bruno de Ávila Borgarelli.

Por outra via, entendendo existir um direito real sobre coisa alheia: José Fernando Simão, Pablo Stolze Gagliano, Rodolfo Pamplona Filho, Salomão Viana, Cristiano Chaves de Farias, Rodrigo Mazzei, Frederico Viegas de Lima, Maurício Bunazar, Cesar Calo Peghini, Eduardo Busatta, Alexandre Barbosa, Luciano Figueiredo, João Ricardo Brandão Aguirre, Pablo Malheiros da Cunha Frota e Rodrigo Toscano de Brito. Vejamos os argumentos de uma e outra corrente.

Entre os que entendem tratar-se de direito real sobre coisa própria, Carlos Eduardo Elias de Oliveira argumenta da seguinte forma:

"A natureza jurídica é esclarecida pela leitura dos arts. 1.510-A e seguintes do Código Civil e do novo § 9.º que foi acrescido ao art. 176 da Lei de Registros Públicos (conforme art. 56 da nova Lei). Na forma como foi redigido o Código Civil nesse ponto, o Direito Real de Laje é uma espécie de Direito Real de Propriedade sobre um espaço tridimensional que se expande a partir da laje de uma construção-base em direção ascendente ou a partir do solo dessa construção em direção subterrânea. Esse espaço tridimensional formará um poliedro, geralmente um paralelepípedo ou um cubo. A figura geométrica dependerá da formatação da sua base de partida e também dos limites impostos no ato de instituição desse direito real e das regras urbanísticas. Teoricamente, esse espaço poderá corresponder a um poliedro em forma de pirâmide ou de cone, se isso for imposto no ato de instituição ou em regras urbanísticas. Esse espaço pode ser suspenso no ar quando o direito real for instituído sobre a laje do prédio existente no terreno ou pode ser subterrâneo quando o direito real for instituído no subsolo. Enfim, o Direito de Laje é um Direito Real de Propriedade e faculta ao seu titular todos os poderes inerentes à propriedade (usar, gozar e dispor), conforme art. 1.510-A, § 3.º, do Código Civil".[199]

---

[198] RODRIGUES JR., Otávio Luiz. Um ano longo demais e os seus impactos no direito civil contemporâneo. Disponível em:< http://www.conjur.com.br/2016-dez-26/retrospectiva-2016-ano-longo-impactos-direito--civil-contemporaneo>. Acesso em: 28 set. 2017.

[199] OLIVEIRA, Carlos Eduardo Elias de. Direito real de laje à luz da Lei 13.465/2017: uma nova hermenêutica. Disponível em: <www.flaviotartuce.adv.br>. Acesso em: 28 set. 2017.

# 1244 | MANUAL DE DIREITO CIVIL • VOLUME ÚNICO – *Flávio Tartuce*

Como se nota da leitura do trecho transcrito, o assessor jurídico do Senado Federal, que também participou do processo de elaboração da nova lei, traz uma simbologia geométrica interessante para demonstrar a ideia de laje como direito real sobre coisa própria.

Como argumento suplementar, pontua o mesmo autor que se trata de um direito real sobre coisa própria pelo fato de existir a abertura de uma matrícula própria, após a sua transmissão, nos termos do art. 1.510-A, § 3.º, do CC/2002 e do novo art. 176, § 9.º, da Lei de Registros Públicos, também incluído pela Lei 13.465/2017. Conforme o último dispositivo, "a instituição do direito real de laje ocorrerá por meio da abertura de uma matrícula própria no registro de imóveis e por meio da averbação desse fato na matrícula da construção-base e nas matrículas de lajes anteriores, com remissão recíproca". Segundo ele, "se o Direito Real de Laje fosse um direito real sobre coisa alheia, ele – por esse princípio registral – não poderia gerar uma matrícula própria".[200]

No mesmo sentido, Vitor Frederico Kümpel e Bruno de Ávila Borgarelli seguem o entendimento de que se trata de um direito real sobre coisa própria. Segundo as suas lições, que aqui merecem destaque:

"Na realidade, prefere-se ver o direito de laje como direito real sobre coisa própria.

Recorde-se que o direito real sobre coisa própria é aquele em que há uma unidade de poder, toda ela circunscrita a um único titular, que é exatamente o caso da laje. Não há uma divisão de poder, como ocorre nos direitos reais sobre coisa alheia de fruição, garantia ou aquisição. Não há dois titulares; o titular do imóvel-base não guarda vínculo jurídico real com o titular da laje superior ou inferior. O que há entre eles são direitos e deveres, na medida em que existem áreas comuns, tal qual ocorre nos direitos de vizinhança (o que será visto na próxima coluna).

A relação jurídica estabelecida entre o titular da propriedade da construção-base e os titulares das lajes é grandemente informada pelo negócio jurídico constitutivo do direito em discussão. Derivam-se efeitos no plano obrigacional, ordinariamente. Não se está a negar que o negócio jurídico molde uma parte da relação jurídica real. Essa questão se relaciona à ampliação dos poderes negociais em termos de modulação das situações reais, fenômeno usualmente reconduzido ao contemporâneo enfraquecimento do princípio da tipicidade dos direitos reais (ou ao que quer que se entenda por essa chamativa rubrica).

Mas o eventual espaço para essa autorregulamentação não é capaz de influenciar decisivamente a qualificação do direito real (isto é, sua colocação junto a uma daquelas duas principais categorias dos direitos reais). Tanto menos no caso do direito real de laje. Uma vez edificada a construção sobreposta (ou subterrânea), aberta a matrícula e registrado o imóvel em nome do pretendente, consolida-se a situação jurídica marcada pelo exercício exclusivo de poderes sobre a unidade.

As regras do condomínio edilício, recorde-se, incidem excepcionalmente sobre a edificação em lajes; não levam a qualquer conclusão sobre o exercício de poderes jurídico-reais nesta última situação. Servem tão somente para regulamentar (de modo muito provavelmente falho, como se verá na próxima coluna) as múltiplas situações problemáticas que surgirão do arranjo. Aliás, mesmo no condomínio edilício há titularidade exclusiva sobre as unidades. Ver na laje um direito real sobre coisa alheia é inseri-la em uma categoria para a qual certamente não foi criada.

Em síntese: é o direito real de laje um direito real sobre coisa própria, limitado externamente por uma série de deveres que incidem em outras tantas situações jurídico-

---

[200] OLIVEIRA, Carlos Eduardo Elias de. Direito real de laje à luz da Lei 13.465/2017: uma nova hermenêutica. Disponível em: <www.flaviotartuce.adv.br>. Acesso em: 28 set. 2017.

-reais, e que em nenhuma destas situações têm o poder de neutralizar o caráter de verdadeiro proprietário atribuído ao titular".[201]

Em sentido contrário, muitos juristas sustentam que há uma grande proximidade do direito real de laje com a superfície, o que justifica o seu reconhecimento como direito real sobre coisa alheia, como direito real de gozo ou fruição, argumento que, *a priori*, convence-me. Ademais, parece-me, como bem pontuado por José Fernando Simão em debates sobre o tema, que o proprietário da construção-base, ora denominado cedente ou *lajeiro*, mantém o direito de reaver a estrutura da coisa, da construção-base, o que acaba por englobar também a laje. O cessionário, ou *lajeário*, possuindo um direito real sobre coisa alheia, um direito real de gozo ou fruição, não tem o direito de reivindicá-la contra terceiro, mas apenas de ingresso de demandas possessórias. Penso que a abertura de uma matrícula própria, aspecto formal e acessório, não tem a força de mudar a natureza jurídica da categoria, para direito real sobre coisa própria.

Nessa mesma linha posicionam-se Pablo Stolze Gagliano e Rodolfo Pamplona Filho, para quem, "diferentemente de outros direitos reais na coisa alheia, o direito de laje tem, em seu conteúdo, um singular *animus*, equiparável ao de domínio, embora não se caracterize pela sua estrutura peculiar, como direito real na coisa própria (propriedade), na medida em que, derivando de mera cessão de uso, gratuita ou onerosa, da superfície do imóvel que lhe é inferior, resulta na coexistência de unidades autônomas em uma mesma área. Em síntese, o sujeito a quem a laje se vincula não deve ser considerado 'proprietário' da unidade construída, mas sim titular do direito real de laje sobre ela, o que lhe concederá faculdades amplas, similares àquelas derivadas do domínio".[202] As lições transcritas foram citadas em recente julgado do Superior Tribunal de Justiça, publicado em setembro de 2017, que já aborda o novo tratamento legislativo e conclui pela presença de um direito real sobre coisa alheia (*Informativo* n. *610* da Corte).

Trata-se de demanda que investiga a presença de vícios redibitórios em área de suposta laje, concluindo-se, ao final, que, "apesar de realmente ter-se reconhecido um vício oculto inicial, a coisa acabou por não ficar nem imprópria para o consumo, nem teve o seu valor diminuído, justamente em razão do saneamento posterior, que permitiu a construção do gabarito nos termos em que contratado. Ademais, não houve a venda de área em extensão inferior à prometida, já que o direito de uso de dois pavimentos – inferior e cobertura –, acabou sendo efetivamente cumprido, perdendo fundamento o pedido estimatório inicial, notadamente por não ter a coisa perdido seu valor, já que recebida em sua totalidade" (STJ, REsp 1.478.254/RJ, 4.ª Turma, Rel. Min. Luis Felipe Salomão, j. 08.08.2017, *DJe* 04.09.2017).

Segundo o relator, Ministro Salomão, ao analisar as inclusões feitas pela Lei 13.465/2017, "o foco da norma foi o de regulamentar realidade social muito comum nas cidades brasileiras, conferindo, de alguma forma, dignidade à situação de inúmeras famílias carentes que vivem alijadas de uma proteção específica, dando maior concretude ao direito constitucional à moradia (CF, art. 6.º). Criou-se, assim, um direito real sobre coisa alheia (CC, art. 1.510-A), na qual se reconheceu a proteção sobre aquela extensão – superfície sobreposta ou pavimento inferior – da construção original, conferindo destinação socioeconômica à referida construção" (STJ, REsp 1.478.254/RJ, 4.ª Turma, j. 08.08.2017, *DJe* 04.09.2017).

---

[201] KÜMPEL, Vitor; BORGARELLI, Bruno de Ávila. Algumas reflexões sobre o Direito Real de Laje – Parte I. Disponível em: <www.migalhas.com.br>. Acesso em: 28 set. 2017.

[202] GAGLIANO, Pablo Stolze; PAMPLONA FILHO, Rodolfo. *Manual de direito civil*. São Paulo: Saraiva, 2017. volume único, p. 1116.

Advirta-se que, ao final, a decisão afasta a caracterização da situação como direito real de laje, nos termos do tratamento dado pela novel legislação. Conforme o voto do Ministro Relator: "no entanto, a presente hipótese, apesar de também ser conhecida como 'laje', não se tipifica ao novel instituto, já que se está, em verdade, diante de uma projeção de parte ideal do mesmo apartamento – o terraço cobertura (espécie de acessão/benfeitoria) – de titularidade única, com o mesmo número de matrícula, sem desdobramento da propriedade, não se tratando de unidade autônoma nem funcionalmente independente". O que merece ser destacado, nesse primeiro pronunciamento do STJ sobre o tema, é o reconhecimento da laje como direito real como coisa alheia, o que justifica o seu estudo no presente capítulo.

Além do problema relativo à natureza jurídica da laje, deve ser citada a crítica de Marco Aurélio Bezerra de Melo, no sentido de ser o tratamento legal do instituto exageradamente formalista, o que "pode não atingir com a eficiência esperada os fins da demanda por regularização fundiária das habitações construídas sobre imóveis alheios nos assentos humanos informais". Para o Desembargador do Tribunal Fluminense, a premissa adotada pela lei é de reconhecimento da propriedade formal da construção-base, "o que não ocorre na realidade das favelas". Ainda segundo ele, "a venda de lajes traz consigo um problema sério no tocante à segurança das comunidades, sobretudo de riscos de desabamento e outros acidentes, mas não há como negar que diante do crescente déficit de moradias diante da explosão demográfica mundial, aumento da expectativa de vida e, algumas vezes, a própria falta de comprometimento pública e da sociedade com essa questão, a verticalização das favelas foi a solução encontrada e, para tanto, aquele que é o dono do solo acaba por alienar definitivamente o direito de construir sobre a sua edificação".[203]

Nesse contexto social, a sugestão formulada pelo jurista é de inserção de dispositivos no Código Civil tratando da *posse da laje*, a ser reconhecida também como um direito real autônomo. A proposição é interessante, devendo ser debatida pelos juristas, notadamente se o instituto, tal como tratado na atual legislação, não atender à sua desejada funcionalidade.

Seguindo no estudo pontual do novo tratamento constante do Código Civil, o § 1.º do art. 1.510-A prescreve que o direito real de laje contempla o espaço aéreo ou o subsolo de terrenos públicos ou privados, tomados em projeção vertical, como unidade imobiliária autônoma. Porém, a laje não contempla as demais áreas edificadas ou não pertencentes ao proprietário da construção-base. Há, assim, grande proximidade com a superfície prevista no Estatuto da Cidade, uma vez que o art. 21, § 1.º, da Lei 10.257/2001 determina que "o direito de superfície abrange o direito de utilizar o solo, o subsolo ou o espaço aéreo relativo ao terreno, na forma estabelecida no contrato respectivo, atendida a legislação urbanística".

Também como ocorre com a superfície, o titular do direito real de laje – cessionário ou *lajeário* –, responderá pelos encargos e tributos que incidirem sobre a sua unidade (art. 1.510-A, § 2.º, do CC/2002). Mais uma vez, penso que a norma é de ordem privada, podendo haver disposição em sentido contrário, por acordo entre as partes, dividindo as despesas de forma proporcional, por exemplo.

Como visto, a cessão da laje autoriza a abertura de matrícula própria (art. 1.510-A, § 3.º, do CC). Os titulares ou cessionários da laje poderão dela usar, gozar e dispor. A norma não menciona o direito de reaver ou reivindicar por parte do *lajeário*, pois este permanece com o cedente ou proprietário da construção-base (*lajeiro*). Aqui há, claramente, um fundamento legal importante para a posição de que se trata de um direito real sobre coisa alheia, e não sobre coisa própria.

---

[203] MELO, Marco Aurélio Bezerra de. *Direito Civil*. Coisas. 2. ed. Rio de Janeiro: Forense, 2018. p. 375.

CAP. 7 • DIREITO DAS COISAS | **1247**

Também a conduzir a tal dedução, está expresso na lei que a instituição do direito real de laje não implica a atribuição de fração ideal de terreno ao titular da laje ou a participação proporcional em áreas já edificadas (art. 1.510-A, § 4.º, do CC). Não há, portanto, a existência de um condomínio entre as partes envolvidas, ou seja, internamente. Entretanto, as partes do direito real de laje, especialmente o cessionário, devem respeitar, externamente, as regras condominiais impostas ao imóvel, caso este se localize em edifício sob esse regime.

Nesse sentido, o novo art. 1.510-C do Código Civil é claro, ao dispor que, "sem prejuízo, no que couber, das normas aplicáveis aos condomínios edilícios, para fins do direito real de laje, as despesas necessárias à conservação e fruição das partes que sirvam a todo o edifício e ao pagamento de serviços de interesse comum serão partilhadas entre o proprietário da construção-base e o titular da laje, na proporção que venha a ser estipulada em contrato". Eis outra norma de ordem privada, que admite previsão em sentido contrário, entre as partes envolvidas com a laje. Quando a lei menciona o termo "contrato", entende-se negócio jurídico, pois não há um contrato no sentido categórico do tema, mas um direito real.

O mesmo dispositivo elenca quais são as partes estruturais que servem todo o edifício, o que guarda similaridade com as partes comuns do condomínio edilícios. Nos termos do § 1.º do art. 1.510-C da codificação privada, são elas: *a)* os alicerces, colunas, pilares, paredes mestras e todas as partes restantes que constituam a estrutura do prédio; *b)* o telhado ou os terraços de cobertura, ainda que destinados ao uso exclusivo do titular da laje; *c)* as instalações gerais de água, esgoto, eletricidade, aquecimento, ar-condicionado, gás, comunicações e semelhantes que sirvam a todo o edifício; e *d)* em geral, as coisas que sejam afetadas ao uso de todo o edifício, caso de escadas externas que dão acesso aos vários andares do prédio, inclusive às lajes.

Em qualquer caso, a lei assegura aos interessados o direito de promover reparações urgentes na construção na forma do parágrafo único do art. 249 da própria Norma Geral Privada (art. 1.510-C, § 2.º, do CC/2002). A norma mencionada no preceito diz respeito à *autotutela civil* das obrigações de fazer fungível, cabível nos casos de urgência, independentemente de autorização judicial. De acordo com o seu conteúdo, presente a necessidade de um reparo na laje, um dos interessados pode fazê-lo diretamente, cobrando em momento posterior o montante correspondente à outra parte. Em regra, reconhece-se a divisão igualitária das despesas, diante da máxima *concursu partes fiunt*. Porém, cedente e cessionário podem dispor internamente em sentido contrário. Não se pode esquecer que o exercício de tal direito de reparo não pode configurar abuso, servindo como parâmetro o art. 187 da própria codificação privada.

Voltando ao art. 1.510-A, prevê o seu § 5.º que os Municípios e o Distrito Federal poderão dispor sobre posturas edilícias e urbanísticas associadas ao direito real de laje. Valem as regras relativas ao plano diretor de cada cidade, visando a sua função social, nos termos do que consta do art. 2.º da Lei 10.257/2001 e do art. 182 da Constituição Federal de 1988. A título de exemplo, as normas municipais podem limitar o número de lajes, a altura das construções ou mesmo proibi-las em algumas localidades, por oferecerem riscos à população, como em áreas íngremes.

Acrescente-se que o Decreto 9.310/2018, que regulamenta a Lei 13.465/2017, exige, para fins de regularização fundiária urbana (REURB), que o direito real de laje tenha a comprovação de que a unidade imobiliária é estável, ou seja, sem o risco de ruína (art. 63). Nos termos da mesma norma, essa estabilidade da unidade imobiliária depende das condições da edificação para o uso a que se propõe, dentro da realidade em que se situa o imóvel. Em havendo direito de laje dentro da política de regularização fundiária urbana de interesse social (REURB-S), caberá ao Poder Público Municipal ou Distrital a comprovação dessa estabilidade. Por fim, consta da norma que para aprovação e registro do direito real de laje em unidades imobiliárias que compõem a REURB, fica dispensada a apresentação do *habite-se* e, na REURB-S, das certidões negativas de tributos e de contribuições previdenciárias.

Além disso, o titular da laje poderá ceder a superfície de sua construção para a instituição de um sucessivo direito real de laje. Tal cessão somente é possível desde que haja autorização expressa dos titulares da construção-base e das demais lajes, respeitadas, mais uma vez, as posturas edilícias e urbanísticas vigentes (art. 1.510-A, § 6.º, do Código Civil). Pontue-se que a MP 759/2016 vedava a possibilidade de lajes sucessivas ou *sobrelevação*, o que contrariava a posição doutrinária então existente, liderada por Ricardo Pereira Lira e Rodrigo Mazzei, no tratamento da superfície. A solução agora é outra, tendo o meu apoio, desde que as novas construções não tragam riscos não só para os envolvidos com o direito real, mas também para terceiros e para a sociedade como um todo. Como bem leciona Carlos Eduardo Elias de Souza sobre o último comando:

> "Daí decorre que, por meio das lajes sucessivas, poder-se-á ter várias unidades autônomas sobrepostas em linha ascendente (espaço aéreo) ou descendente (subsolo). A laje de primeiro grau é a que, em primeiro lugar, repousa sobre ou sob a construção-base. A de segundo grau é a que segue após a laje de primeiro grau. E assim sucessivamente. De qualquer forma, como a laje sucessiva pressupõe uma laje anterior (a de segundo grau presume, por exemplo, a laje de primeiro grau), é pressuposto inafastável que haja uma construção já realizada no caso de direitos reais de lajes no espaço aéreo. Em outras palavras, somente se poderá registrar um direito real de laje de segundo grau se, na matrícula da laje anterior, já tiver sido averbada alguma construção. Não se pode estabelecer direitos reais de lajes sucessivos no espaço aéreo sem a existência material e concreta de uma construção. A propósito, uma prova de que a existência concreta de construção é requisito para o direito real de laje no espaço aéreo é a previsão expressa de extinção da laje no caso de ruína do prédio sem posterior reedificação (art. 1.510-E, CC). É diferente do que sucede com as lajes subterrâneas, pois, como o subsolo possui existência concreta, não há necessidade de se exigir uma prévia averbação de uma construção na laje anterior. Veja que a ruína da construção não extingue os direitos de lajes subterrâneas exatamente em razão da intangibilidade desse espaço (art. 1.510-E, I, CC)".[204]

Na linha das palavras transcritas, podem coexistir, perfeitamente e em um mesmo edifício, lajes de *primeiro* e de *segundo grau*, sejam de forma *ascendente* – para o espaço aéreo –, ou *descendente* – para o subsolo.

Porém, em todos os casos, é expressamente vedado ao titular da laje prejudicar com obras novas ou com falta de reparação a segurança, a linha arquitetônica ou o arranjo estético do edifício, observadas as posturas previstas em legislação local, o que mais uma vez é repetição de norma prevista para o condomínio edilício (art. 1.510-C do Código Civil). O desrespeito a essa regra possibilita o ingresso de uma ação de obrigação de fazer ou de não fazer por parte daqueles que se sentirem prejudicados, caso do cedente ou dos proprietários de lajes anteriores. Vale lembrar que, nos termos do art. 497, parágrafo único,

---

[204] OLIVEIRA, Carlos Eduardo Elias de. Direito real de laje à luz da Lei 13.465/2017: uma nova hermenêutica. Disponível em: <www.flaviotartuce.adv.br>. Acesso em: 28 set. 2017.

do CPC/2015 presente eventual ilícito, a concessão de medidas de tutela específica em tais ações independe da prova de culpa, dolo ou dano.

Seguindo, como inovação salutar, a lei estabelece um *direito de preferência bilateral*, do cedente e do cessionário, em casos de alienação de qualquer uma das unidades sobrepostas (art. 1.510-D do Código Civil). Essa preferência é em igualdade de condições de terceiros, havendo uma ordem legal, no sentido de primeiro se atribuir a preferência aos titulares da construção-base (*lajeiros*) e depois aos titulares da laje (*lajeários*). O beneficiário da preferência deverá ser cientificado por escrito para que se manifeste no prazo decadencial de trinta dias, salvo se o negócio jurídico instituidor da laje dispuser de forma contrária.

No meu entendimento, o prazo previsto em lei é lapso temporal *mínimo*, podendo apenas ser aumentado, e não diminuído. Vale lembrar que os prazos de decadência podem ser alterados por convenção das partes (decadência convencional), o que não ocorre na prescrição. Quanto à cientificação ou notificação da outra parte, a sua forma é livre, desde que escrita, podendo ser feita judicialmente, por Cartório de Títulos e Documentos, por carta com aviso recebimento ou mesmo de modo eletrônico, desde que possa ser posteriormente comprovado.

Conforme o § 1.º do art. 1.510-D do Código Civil, o titular da construção-base ou da laje a quem não se der conhecimento da alienação poderá, mediante depósito do respectivo preço, haver para si a parte alienada a terceiros, se o requerer no prazo decadencial de cento e oitenta dias, contado da data de alienação. Ao contrário do que ocorreu com a superfície, na linha do que foi antes demonstrado, o legislador foi feliz ao estabelecer a consequência caso uma das partes seja preterida no seu direito de preferência, bem como ao estabelecer o início do prazo decadencial para o ingresso da ação adjudicatória. Sem qualquer dúvida no tocante à laje, seguiu-se a mesma solução existente na venda de coisa comum ou em condomínio, tratada pelo art. 504 do próprio Código Civil.

Entretanto, se houver mais de uma laje, terão preferência, sucessivamente, os titulares das lajes ascendentes e depois os titulares das lajes descendentes, assegurada a prioridade para a laje mais próxima à unidade sobreposta a ser alienada (art. 1.510-D, § 2.º, do CC/2002). De forma didática, sendo vários os preferentes, pode-se dizer que a preferência *sobe*, para depois *descer*. E que a laje mais próxima exclui a mais remota.

Como se pode notar, a norma é completa a respeito das consequências do desrespeito ao direito de preferência existente na laje, ao contrário do art. 1.373 do CC/2002 que, quanto à superfície, não trouxe essas decorrências de forma suficiente e com precisos detalhes. Reitere-se que é possível ventilar, com a sua emergência, a aplicação analógica das regras previstas nesse art. 1.510-D para a superfície, diante da notória e conhecida proximidade entre os institutos.

A última regra inserida no Código Civil é o seu art. 1.510-E, que trata da extinção do direito real de laje pela ruína da construção-base. A norma traz duas exceções para essa extinção. A primeira delas diz respeito à laje instituída sobre o subsolo o que, por motivos físicos, não gera a sua extinção.

Nos termos da lei, a segunda hipótese de exceção, nos termos originais da norma, seria "se a construção-base *não* for reconstruída no prazo de cinco anos". Como muitos perceberam, a expressão negativa destacada foi mal-empregada. Na verdade, a norma queria dizer que, se a construção-base fosse *reconstruída* no prazo decadencial de cinco anos, não haveria a extinção do direito real em questão. O Decreto 9.310/2018, que regulamenta a Lei 13.465/2017, corrigiu esse erro no seu art. 62. Fez o mesmo a Lei 14.382/2022 (Lei do SERP), que retirou a citada expressão negativa, dando sentido correto ao art. 1.510-E do Código Civil.

# 1250 | MANUAL DE DIREITO CIVIL • VOLUME ÚNICO – *Flávio Tartuce*

De todo modo, a última norma não afasta o direito a eventual reparação civil contra o culpado pela ruína (art. 1.510-E, parágrafo único, do CC/2002). Vale lembrar que, nos termos do art. 937 do Código Civil, o dono do prédio ou construção responde objetivamente por sua ruína. Além dessa responsabilidade sem culpa, é possível responsabilizar subjetivamente, mediante dolo ou culpa, aquele que foi o real responsável pelo evento danoso, na relação entre cedente e cessionário.

Vistas as regras estabelecidas no Código Civil, vale comentar dois dispositivos que foram incluídos no Código de Processo Civil pelo art. 57 da Lei 13.465/2017. Trata-se de dois incisos que foram acrescentados ao art. 799 do CPC/2015, que regulamenta incumbências de intimação pelo exequente na ação de execução. Nos termos do seu novo inciso X, cabe a ele requerer a intimação do titular da construção-base, bem como, se for o caso, do titular de lajes anteriores, quando a penhora recair sobre o direito real de laje. E como não poderia ser diferente, conforme o seu inciso XI, deve ele também requerer a intimação do titular das lajes, quando a penhora recair sobre a construção-base. Por coerência, segue-se o mesmo modelo previsto para a superfície, previsto nos incisos IV e X do mesmo art. 799.

Apesar da clareza dos comandos, Pablo Stolze Gagliano e Salomão Viana, em estudo interdisciplinar, demonstram um sério problema processual nas regras que foram inseridas, que merecem especial atenção. Vejamos suas palavras:

> "Sucede que o art. 799 do CPC integra, em verdade, um conjunto de dispositivos do qual se extrai um significativo complexo de normas voltadas para a proteção dos interesses de terceiros. Esse conjunto é integrado também pelos arts. 804 e 889 do próprio CPC e os elencos de terceiros constantes em tais dispositivos, malgrado amplo, não é exaustivo. Por meio do complexo normativo extraível dos mencionados dispositivos estabelece-se um quadro de cuidados a serem adotados quando a penhora recai sobre bens que, de algum modo, sofrem reflexos de uma eventual relação jurídica mantida entre um terceiro e o executado. Assim, por exemplo, se a penhora recair sobre um bem gravado por hipoteca, o credor hipotecário deve ser intimado da penhora (CPC, art. 799, I) e cientificado, com pelo menos cinco dias úteis de antecedência, a respeito da data marcada para início do leilão (CPC, art. 889, V), caso contrário o ato de alienação será ineficaz em relação a ele (CPC, art. 804, *caput*). Situação similar ocorre com todos os terceiros mencionados nos três dispositivos, o que conduz o intérprete à clara – e correta – conclusão de que o mesmo elenco de terceiros que devem ser intimados da ocorrência da penhora (CPC, art. 799) também deve ser cientificado a respeito da data designada para início do leilão (CPC, art. 889) e goza da proteção da norma segundo a qual, havendo alienação do bem sem que os mencionados atos de comunicação tenham sido praticados, a alienação será, quanto ao terceiro, ineficaz. É por isso que falhou o legislador: os acréscimos feitos no texto do art. 799 deveriam também ser realizados nos enunciados dos arts. 804 e 889. Não o foram, porém, o que é lamentável. À vista do equívoco cometido, deve o intérprete, portanto, ficar atento e, sempre que se deparar com situações fáticas decorrentes da existência de relação jurídica de direito material entre o executado e terceiro, com algum tipo de reflexo, mesmo indireto, sobre o bem penhorado, lembrar-se de que os elencos mencionados nos arts. 799, 804 e 889, além de não serem exaustivos, comunicam-se entre si".[205]

Essa também é a minha opinião doutrinária, devendo as mesmas regras ser incluídas nos dispositivos citados, sob pena de as inovações perderem sentido. Adotando tal entendi-

---

[205] GAGLIANO, Pablo Stolze; VIANA, Salomão. *Direito de laje. Finalmente a lei!* Disponível em: <www.flavio-tartuce.adv.br>. Acesso em: 28 set. 2017.

mento, na *II Jornada de Direito Processual Civil*, promovida pelo Conselho da Justiça Federal em setembro de 2018 aprovou-se o Enunciado n. 150, com o nosso total apoio e defesa na plenária do evento: "aplicam-se ao direito de laje os arts. 791, 804 e 889, III, do CPC".

Outra questão que merece relevo, pelas suas repercussões práticas, está no texto do Enunciado n. 669 da *IX Jornada de Direito Civil*, realizada em maio de 2022. Nos seus corretos termos, "é possível o registro do direito real de laje sobre construção edificada antes da vigência da lei, desde que respeitados os demais requisitos previstos tanto para a forma quanto para o conteúdo material da transmissão". Conforme as suas corretas justificativas, "não há qualquer restrição a que o titular da construção-base, objetivando regularizar situação previamente existente (laje edificada), venha a estabelecer novo registro, constituindo a laje, mesmo sem que com isso tenha de transmiti-la a terceiro. Ocorre que este fato, poderá implicar em redução do valor global do IPTU, conforme determina o art. 156, § 1º, I, o que não peca por qualquer inviabilidade legal. A constituição de uma nova laje, mesmo que em nome do titular da construção-base, não é fato presumidamente contrário ao direito, ou que se faça apenas para reduzir o tributo. Contudo, se provada a ausência de causa para a constituição, ou melhor, se demonstrada que a causa única da criação da laje é a redução da alíquota (para os casos em que isto se der) do imposto predial urbano, é compreensível possa o ente prejudicado afastar a dicotomia objetiva e reconhecer a aplicação de norma de incidência majorada".

Como outro tema de relevo, cabe expor sobre uma polêmica que já é debatida, qual seja a possibilidade de usucapião do direito real de laje. Como exposto em tópico anterior, a polêmica atingiu igualmente a superfície, no passado. Mais uma vez, estamos filiados à corrente que não vê qualquer óbice para a usucapião, assim como ocorre com os demais direitos reais sobre coisa alheia, caso da servidão. Nessa linha, a propósito, o Enunciado n. 627, aprovado na *VIII Jornada de Direito Civil*, realizada pelo Conselho da Justiça Federal em abril de 2018: "O direito real de laje é passível de usucapião".

Todavia, por falta de previsão legal expressa, penso que é possível a usucapião da laje em uma das modalidades de usucapião expostas neste livro, inclusive pela via extrajudicial, nos termos do que consta do art. 216-A da Lei de Registros Públicos, incluído pelo CPC/2015 e recentemente alterado pela mesma Lei 13.465/2017.

Para encerrar o tópico, o Projeto de Reforma do Código Civil pretende resolver algumas pendências e problemas relativos ao direito de laje, inclusive quanto à possibilidade de sua usucapião. Assim, inicialmente o seu art. 1.510-A receberá dois novos parágrafos, com as seguintes dicções: "§ 7º O direito real de laje poderá ser objeto de garantia real, independentemente da construção-base. § 8º O direito real de laje pode ser adquirido por usucapião".

Além disso, seguindo-se sugestão do Desembargador do Tribunal de Justiça do Rio de Janeiro Marco Aurélio Bezerra de Melo, pretende-se inserir no sistema a posse da laje como direito autônomo. Consoante as justificativas da Subcomissão de Direito das Coisas, "o direito real de laje na forma como veio positivado pela Lei 13.465/17 não tem o condão de atingir com a eficiência esperada os fins da demanda por regularização fundiária das habitações construídas sobre imóveis alheios nos assentamentos humanos informais. Essa frustração pode se verificar porque o denominado direito de laje surge de modo informal, em tais comunidades, a partir de ocupações irregulares que não possuem assento registral imobiliário, afastando-se da premissa trazida pelo artigo 1.510-A, do Código Civil. O citado dispositivo legal prevê que o direito real de laje se assentará a partir da existência de propriedade formal da construção-base, fato que, repise-se, não ocorre na realidade de tais comunidades".

Sendo assim, após alterações efetivadas pela Relatoria-Geral, sugere-se um novo art. 1.510-F na codificação privada, com seis parágrafos. Nos seus termos, admite-se, além do direito real à laje, a autonomia da sua posse. Essa posse como direito autônomo poderá ser cedida a título gratuito ou oneroso e transferível por ato entre vivos ou *causa mortis*. Os sucessores legítimos e testamentários não ficarão impedidos de exercer essa posse ainda que sejam proprietários de outro imóvel urbano ou rural. O possuidor da laje poderá, para o fim de contar o prazo exigido para a sua usucapião, acrescentar sua posse à de seu antecessor, contanto que ambas sejam contínuas, sendo reconhecida a *accessio possessionis*, para esses fins. A norma também estabelece que os direitos decorrentes dessa posse autônoma da laje poderão ser objeto de garantia real imobiliária, uma vez reconhecida a usucapião da laje.

Porém, dependerá essa posse autônoma da laje da comprovação de que unidade imobiliária atende a critérios de habitabilidade, entendendo-se como tal as condições da edificação ao uso a que se propõe dentro da realidade em que se situa o imóvel, não sendo necessária a expedição de *habite-se*. Por fim, a unidade imobiliária sobre a qual recai a posse da laje deverá ter saída própria, direta ou indiretamente, para via pública e possuir designação numérica ou alfabética para fins de identificação. Ambas as propostas visam a tornar o instituto efetivo e possível no campo fático.

Mais uma vez segundo as justificativas da Subcomissão de Direito das Coisas, "lamentavelmente, com a entrada em vigor do decreto federal regulamentador nº 9.310/18 (arts. 58 a 63) não houve qualquer avanço com relação ao reconhecimento formal da juridicidade da posse de lajes. Nesse ângulo de visada, a proposta possibilita o reconhecimento de usucapião especial pró-moradia, tendo objeto o espaço aéreo possuído por aquele que gratuita ou onerosamente adquiriu a posse da laje para nela edificar a sua moradia".

Espera-se, assim, a aprovação da proposta pelo Parlamento Brasileiro, com vistas a efetivar a função social da propriedade e da posse, buscada pela introdução do direito real de laje no sistema jurídico nacional.

## 7.10 DOS DIREITOS REAIS DE GARANTIA

### 7.10.1 Princípios e regras gerais quanto aos direitos reais de garantia tratados pelo CC/2002

Encerrando o livro do Direito das Coisas, a codificação material em vigor trata dos direitos reais de garantia sobre coisa alheia. Não se pode esquecer que os direitos reais de garantia não se confundem com as garantias pessoais ou fidejussórias, eis que no primeiro caso um bem garante a dívida por vínculo real (art. 1.419 do CC), enquanto no último a dívida é garantida por uma pessoa (exemplo: fiança). Como garantias que são, os institutos têm nítida natureza acessória, aplicando-se o princípio da gravitação jurídica (o acessório segue o principal).

São *direitos reais de garantia sobre coisa alheia* o penhor, a hipoteca e a anticrese, que têm regras gerais entre os arts. 1.419 e 1.430 do CC. Seguem, após *essa teoria geral dos direitos reais de garantia*, as suas regras específicas e detalhadas. Como forma de garantia real, há ainda a alienação fiduciária em garantia, que constitui um *direito real de garantia sobre coisa própria*, com tratamento em leis esparsas (DL 911/1969 e Lei 9.514/1997).

No Projeto de Reforma e Atualização do Código Civil, elaborado pela Comissão de Juristas, são propostas alterações consideráveis sobre as garantias reais, reduzindo-se burocracias e *destravando* a sua pactuação, em prol da facilitação da concessão do crédito em nosso país, atraindo investimentos para o âmbito privado.

Pois bem, a respeito das características básicas dos direitos reais de garantia sobre coisa alheia, pode-se montar mais um acróstico que indica os seus efeitos (PISE):

CAP. 7 • DIREITO DAS COISAS | **1253**

– *Preferência* – Conforme o art. 1.422 do CC, o credor hipotecário e o pignoratício têm preferência no pagamento a outros credores, observada, quanto à hipoteca, a prioridade no registro. Nos termos do seu parágrafo único, excetuam-se dessa regra as dívidas que, em virtude de outras leis, devam ser pagas precipuamente a quaisquer outros créditos. Para ilustrar, nos termos do art. 83 da Lei de Falências (Lei 11.101/2005), a classificação dos créditos na falência obedece à seguinte ordem: 1.º) os créditos derivados da legislação do trabalho, limitados a cento e cinquenta salários mínimos por credor, e os decorrentes de acidentes de trabalho; 2.º) créditos com garantia real até o limite do valor do bem gravado. Em suma, na falência, o crédito trabalhista prevalece na ordem sobre o crédito real de garantia. Além disso, editou o Superior Tribunal de Justiça súmula, prescrevendo que "na execução de crédito relativo a cotas condominiais, este tem preferência sobre o hipotecário" (Súmula 478 do STJ, de junho de 2012). Anote-se que tal pensamento já era adotado pela própria Corte Superior e por Tribunais Estaduais, estando amparado na ideia de função social da propriedade inerente à vida comunitária em condomínio. No atual Projeto de Reforma do Código Civil, elaborado pela Comissão de Juristas nomeada no Senado Federal, pretende-se incluir dois novos parágrafos no seu art. 1.422, novamente para *destravar* as garantias reais, reduzindo-se a intervenção legal. Consoante o novo § 2.º, que trará a possibilidade de garantia sobre obrigação futura ou condicionada: "o registro confere prioridade à totalidade da obrigação garantida prevista no título, ainda que futura ou condicionada". E, ainda, quanto à possibilidade de cessão do grau de prioridade, notadamente de forma onerosa, em contratos paritários e simétricos, em que há plena negociação entre as partes, "§ 3º Poderá o credor solvente, nos contratos paritários e simétricos, ceder seu grau de prioridade a outro credor garantido sobre o mesmo bem, por instrumento particular ou público escrito, devidamente registrado, sub-rogando-se na prioridade do cessionário". Como já destacado em outros volumes desta coleção, um dos *nortes* da reforma foi justamente o de aumentar a liberdade nesses contratos, sobretudo de feição empresarial e celebrados entre grandes agentes econômicos. Como outra proposição relevante, pelo novo art. 1.423-B também será possível que o proprietário, por instrumento público ou particular e registrado, nos termos da lei, reserve o grau de prioridade sobre bem de sua propriedade para a outorga futura de garantia real, observadas as normas cogentes e de ordem pública, que não podem ser contrariadas. Ademais, nos termos do projetado parágrafo único para esse comando, "a reserva de grau não obstará a execução sobre o bem, nem reservará qualquer valor sobre o produto da sua alienação, enquanto não houver sido constituída garantia sobre o grau reservado". Mais uma vez, o objetivo é facilitar o tráfego jurídico e atrair investimentos para o País, mas com limites, para que não haja fraude ou ilícitos civis nessas reservas de grau de prioridade.

– *Indivisibilidade* – O pagamento de uma ou mais prestações da dívida não importa exoneração correspondente da garantia, ainda que esta compreenda vários bens, salvo disposição expressa no título ou na quitação (art. 1.421 do CC). Sendo assim, mesmo sendo paga parcialmente a dívida, o direito real permanece incólume, em regra, salvo previsão em contrário na sua instituição ou quando do pagamento. Além disso, conforme decisão do STJ, "não pode a penhora, em execução movida a um dos coproprietários, recair sobre parte dele. Sendo indivisível o bem, importa indivisibilidade da garantia real" (STJ, REsp 282.478/SP, 3.ª Turma, Rel. Min. Carlos Alberto Menezes Direito, j. 18.04.2002, *DJ* 28.10.2002, p. 309).

– *Sequela* – Representada pela seguinte máxima: *para onde o bem vai, o direito real de garantia o acompanha*. Desse modo, se um bem garantido é vendido, o direito real de garantia permanece, servindo para exemplificar: "Compra de salas comerciais. Hipoteca. Direito à sequela. 1. Não se tratando de aquisição de casa própria pelo Sistema Financeiro da Habitação, que dispõe de legislação protetiva especial, não há como dispensar o direito do credor hipotecário à sequela, tal e qual estampado na legislação civil. 2. Recurso especial conhecido e provido" (STJ, REsp 651.323/GO, 3.ª Turma, Rel. Min. Carlos Alberto Menezes Direito, j. 07.06.2005, *DJ* 29.08.2005, p. 335).

– *Excussão* – O credor hipotecário e o pignoratício têm o direito de excutir a coisa hipotecada ou empenhada (art. 1.422 do CC). Desse modo, pode o referido credor ingressar com a ação de execução pignoratícia ou hipotecária para promover a alienação judicial da coisa garantida, visando receber o seu crédito que tem garantia. Consigne-se que o credor anticrético não tem tal direito, podendo apenas reter em seu poder o bem, enquanto a dívida não for paga (art. 1.423 do CC). Esse direito do credor anticrético é extinto decorridos quinze anos da data de sua constituição (*perempção da anticrese*). Enuncia o art. 1.428 do CC que é nula a cláusula que autoriza o credor pignoratício, anticrético ou hipotecário a ficar com o objeto da garantia, se a dívida não for paga no vencimento. Ademais, após o vencimento, poderá o devedor dar a coisa em pagamento da dívida (parágrafo único). O último comando consagra a nulidade absoluta do *pacto comissório real*, que vem a ser a cláusula que autoriza o credor de um direito real de garantia a ficar com o bem sem levá-lo a excussão. Destaque-se que para a jurisprudência superior a nulidade do pacto comissório prevalece sobre a nulidade da simulação: "Escritura de compra e venda. Coação. Empréstimo em dinheiro garantido por imóveis. Pacto comissório. Precedentes da Corte. (...). Antigo precedente da Corte assentou que existente pacto comissório, 'disfarçado por simulação, não se pode deixar de proclamar a nulidade, não pelo vício da simulação, mas em virtude de aquela avença não ser tolerada pelo direito' (REsp 21.681/SP, 3.ª Turma, Rel. Min. Eduardo Ribeiro, *DJ* 03.08.1992). 3. Recurso especial não conhecido" (STJ, REsp 784.273/GO, 3.ª Turma, Rel. Min. Carlos Alberto Menezes Direito, j. 12.12.2006, *DJ* 26.02.2007, p. 586). Como se verá a seguir, a excussão pode ser também extrajudicial, pois a Lei 14.711/2023, que introduziu um novo *Marco Legal das Garantias*, passou a possibilitar a execução extrajudicial de créditos garantidos por hipoteca e a execução extrajudicial de garantia imobiliária em concurso de credores.

No que concerne ao pacto comissório real, é preciso tecer alguns comentários a respeito do *pacto marciano*, expressão que é utilizada pelo fato de ter sido difundido, no Direito Romano, pelo jurisconsulto Marciano. Na *VIII Jornada de Direito Civil*, realizada em abril de 2018, aprovou-se enunciado doutrinário admitindo a figura para as relações amplamente negociadas ou paritárias. Conforme o seu teor, "não afronta o art. 1.428 do Código Civil, em relações paritárias, o pacto marciano, cláusula contratual que autoriza que o credor se torne proprietário da coisa objeto da garantia mediante aferição de seu justo valor e restituição do supérfluo (valor do bem em garantia que excede o da dívida)" (Enunciado n. 628). Existem também julgados estaduais que admitem a figura (por todos: TJSP, Apelação 9103689-29.2008.8.26.0000, 4.ª Câmara de Direito Privado, Mogi Mirim, Rel. Des. Enio Zuliani, j. 27.08.2009, data de registro: 10.09.2009).

De toda sorte, *de lege ferenda*, no Projeto de Reforma do Código Civil, elaborado pela Comissão de Juristas nomeada no âmbito do Senado Federal, propõe-se a sua regulamentação na lei, vencida a minha ressalva doutrinária, pela posição que prevaleceu entre os especialistas.

CAP. 7 • DIREITO DAS COISAS | **1255**

Nesse contexto, o art. 1.428 da Lei Civil terá cinco novos parágrafos. Nos termos do projetado § 1.º, que representará uma exceção importante quanto à vedação do pacto comissório real e regulamentando o pacto marciano, "não se aplica o disposto no *caput* nos negócios jurídicos paritários se houver cláusula que autoriza que o credor se torne proprietário da coisa objeto da garantia mediante aferição de seu justo valor e restituição do supérfluo". Com vistas a manter o controle quanto a eventuais abusividades, novamente em se tratando de negócios ou contratos amplamente negociados entre as partes, o novo § 2.º, relacionado à própria essência do pacto marciano: "é nula de pleno direito a cláusula que afaste a apuração do valor do bem ou a devolução do excedente".

Ademais, o atual parágrafo único do dispositivo passará a ser o seu § 3.º, passando a mencionar apenas os contratos negociados entre as partes, em sintonia com as outras proposições: "nos negócios jurídicos paritários e simétricos, após o vencimento da dívida, poderá também o devedor, com aquiescência do credor, dar o bem ou direito em pagamento da dívida, desde que não o faça em prejuízo dos demais credores". Em todos os casos, porém, essas regras não poderão violar normas cogentes ou de ordem pública, especialmente em relações de consumo (§ 4.º).

Como outra restrição que deve haver, o § 5.º do art. 1.428 preceituará que prevalece o disposto no *caput* do comando, a respeito da proibição do pacto comissório real, se o objeto da garantia se caracterizar como bem de família, na forma de lei especial, vedado o pacto em contrário, sempre em prol do direito fundamental à moradia, previsto no art. 6.º da CF/1988.

Mais uma vez, assim como outras, o objetivo da regulamentação dessas exceções ao pacto comissório real é de facilitar a concessão do crédito, reduzir entraves legais hoje existentes para grandes negócios e atrair investimentos para o País. E não se pode negar que as sugestões constantes da norma projetada trarão equilíbrio a essa regulamentação, em prol da segurança jurídica, hoje inexistente. Espera-se, portanto, a sua aprovação pelo Parlamento Brasileiro.

Feita essa importante nota sobre o *pacto marciano* e o Projeto de Reforma do Código Civil, voltando-se ao sistema vigente, somente aquele que pode alienar poderá empenhar, hipotecar ou dar em anticrese. Ademais, os bens que se podem alienar poderão ser dados em penhor, anticrese ou hipoteca (art. 1.420, *caput,* do CC). A norma consagra *requisitos subjetivo* e *objetivo* bem claros para os direitos reais de garantia.

Quanto ao *requisito subjetivo,* pode-se dizer que somente quem é proprietário poderá oferecer o bem em garantia real. Não se pode esquecer que se o proprietário for casado, haverá necessidade de outorga conjugal (*uxória* ou *marital*) – em regra e salvo no regime da separação absoluta de bens –, para que o seu imóvel seja hipotecado ou oferecido em anticrese (art. 1.647, I, do CC). Isso, sob pena de anulabilidade do ato de constrição (art. 1.649). Além disso, exige-se a capacidade genérica para os atos de alienação.

Ainda sobre o requisito subjetivo, relembre-se que estou filiado à corrente que sustenta que não há necessidade de autorização dos demais descendentes se o ascendente constitui direito real de garantia em favor de um dos seus descendentes (pai e filhos, por exemplo). Isso porque o art. 496 do CC/2002, que faz tal exigência na venda de ascendente para descendente, não se aplica por analogia aos direitos reais de garantia, caso da hipoteca. Como se trata de norma restritiva da autonomia privada, não admite analogia ou interpretação extensiva.[206] De outro modo, pode-se dizer que as situações são totalmente

---

[206] Conforme conclusões que constam então da obra escrita em coautoria com José Fernando Simão, que traz os entendimentos no mesmo sentido de Carlos Roberto Gonçalves e Sílvio de Salvo Venosa (TARTUCE, Flávio; SIMÃO, José Fernando. *Direito civil*. Direito das Coisas. 2. ed. São Paulo: Método, 2010. v. 4, p. 483). Os créditos de pesquisa são do coautor.

**1256** | MANUAL DE DIREITO CIVIL • VOLUME ÚNICO – *Flávio Tartuce*

distintas, conforme reconhecido na prática jurisprudencial (TJSP, Apelação 1208790-6, 22.ª Câmara de Direito Privado, São Joaquim da Barra, Rel. Des. Maia da Rocha, j. 17.01.2006).

Em complemento, determina o § 1.º do art. 1.420 do Código Civil que a propriedade superveniente torna eficaz, desde o registro, as garantias reais estabelecidas por quem não era dono. Sendo assim, se alguém que não era dono da coisa ofereceu-a em hipoteca, sendo consolidada posteriormente a propriedade em seu nome, torna-se válida e eficaz a garantia anterior (*convalidação por superveniência do domínio*).

Também com pertinência subjetiva, dispõe § 2.º do art. 1.420 que a coisa comum a dois ou mais proprietários – em condomínio –, não pode ser dada em garantia real, na sua totalidade, sem o consentimento de todos. Todavia, cada um dos proprietários pode, individualmente, dar em garantia real a parte que tiver. Sendo desrespeitada a primeira parte da norma, a constituição da hipoteca é nula, por nulidade virtual, pois a lei proíbe a prática do ato sem cominar sanção (art. 166, inc. VII, segunda parte, do CC).

No que concerne ao *requisito objetivo*, o bem oferecido em penhor, hipoteca ou anticrese deve ser alienável, ou seja, deve estar presente a *consuntibilidade jurídica*, nos termos da segunda parte do art. 86 do CC. Por isso, se um bem inalienável é oferecido em garantia haverá nulidade desta, por impossibilidade do objeto ou fraude à lei imperativa (art. 166, II ou VI, do CC). Para ilustrar, não pode ser objeto de hipoteca o *bem de família convencional*, previsto entre os arts. 1.711 a 1.722 do CC, por ser inalienável. Por outra via, o bem de família legal (Lei 8.009/1990) pode ser hipotecado, por ser apenas impenhorável.

No Projeto de Reforma do Código Civil, como antes pontuado, as propostas para os direitos reais de garantia visam à redução de burocracias, para *destravar* os institutos, e supostamente incrementar a concessão de créditos em nosso país. Em relação ao art. 1.420, sugere-se que o seu § 1.º preveja que "a propriedade superveniente torna eficazes, desde o registro do título aquisitivo ou a tradição, as garantias reais estabelecidas por quem não era dono, observado o art. 1.420-A". Este último comando citado possibilitará a hipoteca de bens futuros, da seguinte forma: "os bens futuros, inclusive os adquiridos futuramente, podem ser objeto de garantia real, que se torna eficaz na data de aquisição da propriedade pelo garantidor. Parágrafo único. Para fins de prioridade da garantia, prevalecerá a data do registro". Ademais, o § 2.º do art. 1.420 passará a prever expressamente a possibilidade de prestação e a manutenção da garantia na parte de um dos condôminos, mais uma vez reduzindo os entraves legais hoje existentes: "a garantia real prestada por condômino afetará apenas a sua quota do bem comum; se o bem for dividido, a garantia se conserva sobre o que couber ao garantidor".

Voltando-se ao sistema vigente, o art. 1.424 do CC consagra requisitos específicos para o negócio jurídico constitutivo de penhor, anticrese ou hipoteca visando a sua *especialização*. Tais elementos devem estar presentes, sob pena de ineficácia do negócio, a saber:

> I) O valor do crédito, sua estimação, ou seu valor máximo.
>
> II) O prazo fixado para pagamento da dívida garantida, sendo a última o negócio principal relacionado à garantia real. No Projeto de Reforma do Código Civil pretende-se reduzir a burocracia quanto a esse requisito, passando o inc. II do seu art. 1.424 a mencionar apenas "o prazo fixado para pagamento ou o período coberto pela garantia". O objetivo, mais uma vez, é de facilitar a concessão de créditos no País.
>
> III) A taxa dos juros, se houver (na grande maioria das vezes, há juros convencionais).

IV) O bem dado em garantia, móvel ou imóvel, com as suas especificações. Sobre essa previsão, duas foram as ementas doutrinárias aprovadas na *IX Jornada de Direito Civil*, em maio de 2022, com importante relevância prática. Consoante o Enunciado n. 666, "no penhor de créditos futuros, satisfaz o requisito da especificação, de que trata o art. 1.424, IV, do Código Civil, a definição, no ato constitutivo, de critérios ou procedimentos objetivos que permitam a determinação dos créditos alcançados pela garantia". E mais, nos termos do Enunciado n. 667, no penhor constituído sobre bens fungíveis ou substituíveis, satisfaz esse mesmo requisito "a definição, no ato constitutivo, da espécie, qualidade e quantidade dos bens dados em garantia". Deve ficar claro que a falta dos requisitos acima não gera a nulidade do direito real ou a sua ineficácia entre as partes contratantes, mas apenas a sua ineficácia perante terceiros:

"Requisitos do art. 761 do CC/1916 (art. 1.424 do CC/2002). Condições de eficácia do negócio jurídico perante terceiros. Existência e validade da avença entre as partes contratantes. Tradição simbólica. Possibilidade. Precedentes desta corte superior. Recurso parcialmente conhecido e, no ponto, provido. (...). Os requisitos elencados no art. 761 do Código revogado (art. 1.424 do CC/2002) não constituem elementos nucleares do penhor, sem os quais inexistiria o próprio contrato; sequer se ligam à validade mesma do acordo, que está a depender da capacidade do agente, da licitude do objeto e de forma prevista ou não defesa em Lei. Constituem, ao revés, verdadeiras condições de sua plena eficácia no mundo jurídico, isto é, da validade de sua oponibilidade a terceiros. Assim, devem ser mantidas, porque válidas, as disposições firmadas entre as partes originárias. (...)" (STJ, REsp 226.041/MG, 4.ª Turma, Rel. Min. Hélio Quaglia Barbosa, j. 12.06.2007, *DJU* 29.06.2007, p. 629).

Mais uma vez anotando a respeito da Reforma do Código Civil, almeja-se incluir no art. 1.424 um parágrafo único, possibilitando a constituição de direitos reais de garantia sobre universalidade de bens, ou seja, sobre bens que estão em conjunto faticamente, o que visa a reduzir as burocracias, sobretudo no penhor rural. Essa possibilidade, porém, ficará restrita a negócios em que há plena negociação entre as partes, não sendo possível a sua pactuação em contratos de consumo ou de adesão. Consoante a norma projetada: "admite-se, nos negócios jurídicos paritários e simétricos, a descrição que defina o objeto da garantia como uma universalidade de fato, com os seus elementos identificadores mínimos".

Pretende-se, ainda, a inclusão de outros dois novos comandos, para tratarem da constituição de novas garantias reais sucessivas sobre o mesmo bem. Conforme o novo art. 1.424-A da Lei Geral Privada, "o outorgante pode constituir novas garantias sobre o bem, em favor do mesmo credor ou de outro, as quais ficam sujeitas às normas que definem a prioridade". E, sobre essa prioridade entre garantias reais incidentes sobre o mesmo bem, o projetado art. 1424-B preverá que será regida pelo número de ordem do registro, seja ela qual for.

Vale também lembrar que a Comissão de Juristas propõe ainda um art. 1.423-A, segundo o qual as garantias reais constituem-se com o registro, seja a sua fonte legal, judicial, seja convencional, admitindo-se que os atos produzam efeitos entre as partes, desde a sua assinatura ou do momento da verificação da hipótese prevista em lei, não havendo esse registro (eficácia *inter partes*). O objetivo, mais uma vez e de todas as proposições, é de supostamente facilitar a concessão do crédito de atrair investimentos para o País, premissa

**1258** | MANUAL DE DIREITO CIVIL • VOLUME ÚNICO – *Flávio Tartuce*

que orientou a Comissão de Juristas, pelo voto da maioria e por emendas de consenso entre a Subcomissão de Direito das Coisas e a Relatoria Geral.

Dispositivo dos mais importantes para o penhor, a hipoteca e a anticrese é o que consagra no atual sistema as hipóteses em que a dívida garantida torna-se vencida (art. 1.425 do CC), a saber:

> I) Se, deteriorando-se, ou depreciando-se o bem dado em segurança, desfalcar a garantia, e o devedor, intimado, não a reforçar ou substituir. As previsões estão relacionadas com casos em que a garantia perde a sua finalidade essencial.
>
> II) Se o devedor cair em insolvência ou falir, decorrendo o vencimento antecipado da abertura de concursos de credores (art. 333, I, do CC).
>
> III) Se as prestações não forem pontualmente pagas, toda vez que deste modo se achar estipulado o pagamento (inadimplemento por parte do devedor). Neste caso, o recebimento posterior da prestação atrasada importa renúncia do credor ao seu direito de execução imediata.
>
> IV) Se perecer o bem dado em garantia, e esse não for substituído. Em situações tais, a coisa perdida se sub-rogará na eventual indenização do seguro, ou no ressarcimento do dano, em benefício do credor, a quem assistirá sobre ela preferência até seu completo reembolso (§ 1.º do art. 1.425).
>
> V) Se ocorrer a desapropriação do bem imóvel em garantia, hipótese na qual se depositará a parte do preço que for necessária para o pagamento integral do credor.

Para as duas últimas previsões, só se vencerá a hipoteca antes do prazo estipulado se o perecimento, ou a desapropriação, recair sobre o bem dado em garantia e se a hipoteca não abranger outros bens (§ 2.º do art. 1.425). Não sendo preenchidos tais requisitos, subsiste a dívida com a respectiva garantia sobre os demais bens, não desapropriados ou não destruídos.

Em todos os casos listados de vencimento antecipado da dívida, não se compreendem os juros correspondentes ao tempo ainda não decorrido (art. 1.426 do CC). Isso, por razões óbvias, não se pode admitir o enriquecimento sem causa.

Admite-se que terceiro preste garantia real por dívida alheia, como é o caso do pai que oferece um imóvel seu para garantir dívida de seu filho (art. 1.427 do CC). Conforme leciona Sílvio de Salvo Venosa, "trata-se da figura do interveniente hipotecante ou empenhante, utilizado com certa frequência".[207] Em situações tais, salvo cláusula expressa, o terceiro interveniente não fica obrigado a substituí-la, ou reforçá-la, quando, sem culpa sua, se perca, deteriore, ou desvalorize.

Efeito que decorre da indivisibilidade do direito real de garantia, não podem os sucessores do devedor remir – resgatar pelo pagamento –, parcialmente o penhor ou a hipoteca na proporção dos seus quinhões. Todavia é possível que os herdeiros remitam a dívida no todo (art. 1.429 do CC). Em casos dessa remição total, o herdeiro que pagou fica sub-rogado nos direitos do credor pelas quotas que houver satisfeito (art. 1.429, parágrafo único, do CC). De imediato, repise-se que, para o Direito Civil, a remição (resgate), não se confunde com a remissão (perdão). O alerta faz-se necessário, pois mais à frente se verá que o equívoco categórico é cometido pelo próprio legislador.

---

[207] VENOSA, Sílvio de Salvo. *Código Civil interpretado*. São Paulo: Atlas, 2010. p. 1.289.

CAP. 7 • DIREITO DAS COISAS | **1259**

A encerrar as regras relativas à teoria geral dos direitos de garantia, enuncia o art. 1.430 que quando excutido o penhor ou executada a hipoteca e o produto da venda não bastar para o pagamento da dívida e das despesas judiciais, continuará o devedor obrigado pessoalmente pelo restante. Em suma, desaparecendo o direito real de garantia, o credor hipotecário ou pignoratício (credor especial, detentor de preferência), passa a ser um credor quirografário ou comum pelo restante da dívida não paga.

Como última nota do presente tópico, no Projeto de Reforma do Código Civil, pretende-se incluir nesse artigo a menção à cobrança extrajudicial, que será igualmente inserida na Lei Civil, além de se aprimorar o texto, para que mencione a execução da garantia real, de forma mais técnica: "Art. 1.430. Quando, concluída a execução da garantia real, e o produto não bastar para pagamento da dívida e despesas havidas com a cobrança e a execução, seja ela judicial ou extrajudicial, continuará o devedor obrigado pessoalmente pelo restante da dívida".

Em prol da *extrajudicialização* do Direito Privado, espera-se a sua aprovação pelo Parlamento Brasileiro.

### 7.10.2 Do penhor

Como primeiro direito real de garantia sobre coisa alheia, o penhor é constituído sobre bens móveis (em regra), ocorrendo a transferência efetiva da posse do bem do devedor ao credor (também em regra). Diz-se duplamente *em regra*, pois, no penhor rural, industrial, mercantil e de veículos, as coisas empenhadas continuam em poder do devedor, que as deve guardar e conservar. Ademais, nem sempre o penhor recairá sobre coisa móvel, nos termos do que consta do art. 1.431 do CC, especialmente pelo seu parágrafo único.

São partes do penhor:

> a) Devedor pignoratício – aquele que dá a coisa em garantia, tendo a dívida em seu desfavor. Pode ser o próprio devedor ou terceiro.
> b) Credor pignoratício – tem o crédito e o direito real de garantia a seu favor.

Destaco que no Projeto de Reforma e Atualização do Código Civil são feitas sugestões para uma ampla revisão do instituto do penhor, com vistas a *destravar* o instituto e reduzir burocracias, supostamente facilitando a concessão de crédito no País, sobretudo em se tratando de penhor rural. Atende-se, assim, a antigos pleitos do agronegócio brasileiro, o que acabou prevalecendo na Comissão de Juristas nomeada no âmbito do Senado Federal.

Nesse contexto, o art. 1.431 da Lei Civil passará a prever, admitindo-se que recaia sobre coisas determináveis e futuras, que: "o penhor poderá ser constituído sobre uma ou várias coisas móveis, determinadas ou determináveis, presentes ou futuras, fungíveis ou infungíveis, desde que alienáveis a título oneroso". O atual parágrafo único passará a ser o seu § 1.º e, como novidade, o novo § 2.º preverá que, nos negócios simétricos e paritários em geral, também podem as partes convencionar que as coisas empenhadas continuam em poder do devedor, que as deve guardar e conservar. Mais uma vez amplia-se a liberdade das partes nos negócios amplamente negociados entre as partes, sobretudo nos grandes contratos de feição empresarial.

Segundo justificaram os juristas que compuseram a Subcomissão de Direito das Coisas – Marco Aurélio Bezerra de Melo, Marcelo Milagres, Maria Cristina Santiago e Carlos

Vieira Fernandes Filhos –, "nessa seção realizamos uma das alterações centrais do Projeto, eliminando a transmissão da posse como requisito constitutivo do penhor, que passa a constituir-se pelo registro, tal qual a hipoteca. A transmissão da posse passa a ser facultativa, podendo ser livremente convencionada. Além disso, especifica-se de forma abrangente os bens que podem ser objeto de penhor, aproveitando redação diretamente adaptada da Lei Modelo da ONU sobre garantias reais, de forma a atender os padrões internacionais. A mesma fonte instruiu as redações dos arts. 1.431-A a 1.431-C, adaptados dos arts. 10, 11 e 28 da Lei Modelo, mas que refletem, igualmente, outras disposições semelhantes já contidas na legislação especial brasileira, a exemplo dos Decretos-Lei 167/1967 e 413/1969". De fato, razões consideráveis acabaram por motivar o trabalho dos especialistas, cuja posição acabou prevalecendo na Comissão de Juristas.

No contexto dessas justificativas, como novidade para o penhor, o proposto art. 1.431-A preverá, na mesma linha de ampliação da liberdade, que, "salvo convenção em contrário, em contratos paritários e simétricos, a garantia estende-se automaticamente aos frutos dos bens onerados, civis ou naturais, com o mesmo grau de prioridade". Adota-se, portanto, a ideia de extensão da garantia hoje existente para a alienação fiduciária em garantia e para a hipoteca, inseridas pela Marco Legal das Garantias (Lei 14.711/2023).

Além disso, a proposta de um parágrafo único para esse novo art. 1.431-A enuncia que a garantia se conserva sobre os bens sub-rogados ao objeto da garantia, entendendo-se por bens sub-rogados: *a)* os bens que o substituírem, incluindo na forma de dinheiro ou créditos decorrentes da sua alienação; e *b)* os produtos da sua transformação.

A sub-rogação real, substituição de uma coisa por outra, também constará do novo art. 1.431-B, segundo o qual os credores pignoratícios conservam automaticamente os seus direitos, sem necessidade de nova publicidade, sobre os seguintes bens sub-rogados ao bem onerado: *a)* a indenização do seguro do bem objeto da garantia; *b)* a indenização devida pela pessoa responsável pela perda ou deterioração do bem; *c)* a indenização devida em caso de desapropriação do bem; *d)* o montante apurado na venda do bem, ainda que entregue ou depositado ao garantidor; *e)* outros bens adquiridos em substituição do bem dado em garantia, ressalvando-se que, se o novo bem não estiver abrangido pelo objeto original da garantia, deverá ser feita nova publicidade no prazo de até quinze dias após o surgimento do bem substituto.

Por fim quanto às sugestões de alteração do texto legal, com vistas a trazer segurança para a garantia real, caso seja demonstrado que um bem móvel corpóreo, objeto de penhor, tenha se integrado a um conjunto de bens do mesmo gênero, ou se transformado em um produto ou subproduto, da mesma titularidade, é conservada a garantia, no limite do valor original da coisa, sem que seja necessária nova publicidade (art. 1.431-C).

Voltando-se ao sistema em vigor, não se pode esquecer que a instituição do penhor será efetivada por instrumento, seja ele público ou particular. Sendo feito por instrumento particular deve ainda ser levado a registro, por qualquer dos contratantes, em regra, no Cartório de Títulos e Documentos (art. 1.432 do CC). O registro é elemento essencial para a constituição e eficácia real ou *erga omnes* do penhor. Não sendo preenchido tal requisito, o negócio jurídico assume feição contratual, com efeitos *inter partes* apenas.

Como exemplo típico de penhor, cite-se a hipótese de alguém que quer um financiamento junto à Caixa Econômica Federal e que oferece joias em garantia real. Tais bens são entregues pelo devedor ao credor, até que a dívida seja efetivamente paga. A propósito dessa hipótese, em novembro de 2019, o Superior Tribunal de Justiça aprovou a sua Súmula 638, prevendo que "é abusiva a cláusula contratual que restringe a responsabilidade de

CAP. 7 • DIREITO DAS COISAS | **1261**

instituição financeira pelos danos decorrentes de roubo, furto ou extravio de bem entregue em garantia no âmbito de contrato de penhor civil".

Filia-se ao teor da sumular, diante da presença de uma relação de consumo em casos tais, sendo nula a cláusula de não indenizar nessas hipóteses, por força dos arts. 25 e 51, inc. I, do CC. De toda sorte, a nova ementa entra em conflito com os recentes julgados do próprio STJ que admitem a validade dessa cláusula no depósito, vistos quando do estudo desse contrato em espécie e que devem ser repensados pelos julgadores da Corte.

Mais uma vez, na linha das justificativas antes transcritas, são feitas propostas consideráveis para esse art. 1.432 pelo Projeto de Reforma do Código Civil, para que o registro passe a ser preponderante para constituição do penhor, em um comando com sete parágrafos e muitos detalhamentos, em prol da segurança jurídica.

Nos termos da norma projetada, que especifica os elementos essenciais desse registro e menciona o registro eletrônico instituído pela Lei do SERP, o penhor será registrado perante o Oficial do Registro de Títulos e Documentos por sistema nacional centralizado, observada a atribuição da prática do serviço a registrador do domicílio do outorgante, ou em registro eletrônico distribuído, que atenda aos requisitos de segurança e de publicidade.

Conforme o seu novo § 1.º, serão válidas as garantias mobiliárias constituídas pelo registro em plataforma de registros distribuídos que adotem, de forma permanentemente auditável e interoperável com os serviços registrais e notariais, os seguintes requisitos: *a)* protocolos de validação consensuais; *b)* criptografia na identificação e autenticação de pessoas e operações; *c)* protocolos de armazenamento e de recuperação de dados; e *d)* governança, com testes de segurança, resiliência de rede e monitoramento contínuos. Essa proposição dialoga perfeitamente com o novo livro de *Direito Civil Digital*, que é sugerido pela Comissão de Juristas.

Novamente em prol da segurança jurídica, passarão a se submeter às regras de publicidade do penhor, para eficácia perante terceiros ou *erga omnes*: *a)* as penhoras sobre bens móveis; *b)* as cessões de crédito (art. 288); e *c)* os contratos de arrendamento mercantil financeiro, na forma da lei especial (art. 1.432, § 2.º). Na Subcomissão de Direito das Coisas, a proposta foi defendida pelos Desembargadores Marco Aurélio Bezerra de Melo, para a estabilidade dos julgamentos de casos concretos envolvendo esses institutos, muitas vezes de difícil solução.

Sobre as modalidades de penhores especiais, o dispositivo traz regras fundamentais para a sua constituição, nos parágrafos seguintes, a saber: *a)* o penhor sobre títulos de crédito cartulares constitui-se pelo endosso (§ 3.º); *b)* o penhor sobre valores mobiliários ou ativos financeiros sujeitos a registro ou depósito centralizado constitui-se exclusivamente pela anotação feita na entidade competente, na forma da lei especial, ou pelo registro em plataforma de registros distribuídos (§ 4.º); e *c)* o penhor sobre aeronaves e sobre embarcações, que passarão a ser possíveis, será realizado na forma da lei especial (§ 5.º).

A respeito do seu prazo máximo, o novo § 6.º do art. 1.432, em uniformidade para todas as modalidades de penhor, preverá que o registro do penhor extingue-se em cinco anos, contados da última data de vencimento constante no título ou, na sua ausência, contados da data da celebração do contrato. Porém, antes de findo esse prazo, o penhor poderá ser prorrogado mediante novo registro, mantida a precedência que lhe competia (§ 7.º).

Como se pode perceber, as mudanças são detalhadas, visando trazer maior clareza e efetividade para essa importante garantia real, funcionalizando-a para a ampliação de sua incidência na prática.

# 1262 | MANUAL DE DIREITO CIVIL • VOLUME ÚNICO – *Flávio Tartuce*

Esclareça-se, para os devidos fins categóricos, que não se pode confundir o *penhor* (*garantia real*), em que os bens são *empenhados*, com a *penhora* (*constrição judicial para garantia do processo*), em que os bens são *penhorados*.

Nos termos do vigente art. 1.433 do CC, o credor pignoratício tem os seguintes direitos:

I) Direito à posse da coisa empenhada, o que decorre da própria estrutura do instituto.

II) Direito à retenção da coisa, até que o indenizem das despesas devidamente justificadas, que tiver feito, não sendo ocasionadas por culpa sua.

III) Direito ao ressarcimento do prejuízo que houver sofrido por vício da coisa empenhada.

IV) Direito a promover a execução judicial, ou a venda amigável, se lhe permitir expressamente o ato de instituição, ou lhe autorizar o devedor mediante procuração.

V) Direito a apropriar-se dos frutos da coisa empenhada que se encontra em seu poder. Tal direito representa aplicação do *princípio da gravitação jurídica*, pelo qual o acessório segue o principal. Os frutos são bens acessórios que saem do principal sem diminuir a sua quantidade.

VI) Direito a promover a venda antecipada, mediante prévia autorização judicial, sempre que haja receio fundado de que a coisa empenhada se perca ou deteriore, devendo o preço ser depositado. O dono da coisa empenhada pode impedir a venda antecipada, substituindo-a, ou oferecendo outra garantia real idônea. Consigne-se que tal venda antecipada é sempre judicial pela impossibilidade de pacto comissório real (art. 1.428 do CC).

Em complemento, não pode o credor pignoratício ser constrangido a devolver a coisa empenhada, ou uma parte dela, antes de ser integralmente paga a dívida (art. 1.434 do CC). Eventualmente, pode o juiz, a requerimento do proprietário da coisa, determinar que seja vendida apenas uma das coisas, ou parte da coisa empenhada, suficiente para o pagamento do credor pignoratício.

Por outra via, são deveres do credor pignoratício (art. 1.435 do CC):

I) Manter a coisa sob sua custódia, como depositário, e a ressarcir ao dono a perda ou deterioração de que for culpado, podendo ser compensada na dívida, até a concorrente quantia, a importância referente à responsabilidade.

II) Defender a posse da coisa empenhada e a dar ciência, ao dono dela, das circunstâncias que tornarem necessário o exercício de ação possessória.

III) Imputar o valor dos frutos apropriados nas despesas de guarda e conservação, nos juros e no capital da obrigação garantida, sucessivamente.

IV) Restituir o bem empenhado com os respectivos frutos e acessões (incorporações), uma vez paga a dívida.

V) Entregar o que sobeje do preço, quando a dívida for paga. Assim, se a coisa for vendida por preço superior à dívida, o restante ou saldo deve ser devolvido ao devedor.

Mais uma vez sobre o Projeto de Reforma do Código Civil são propostas alterações nesse art. 1.435, novamente com vistas a *destravar* o penhor, reduzindo-se burocracias na sua constituição e funcionalizando-o para a prática. De início, é incluído um novo inciso

VI, instituindo-se o dever do credor pignoratício de "levar ao imediato conhecimento do garantidor qualquer risco de deterioração ou perecimento da coisa empenhada". A proposta é louvável, atendendo-se o dever de informação, anexo à boa-fé objetiva, até porque passará a ser possível o penhor sobre universalidade de bens.

Além disso, com vistas a proteger novamente o garantidor, nos termos do seu novo § 1.º, terá ele direito à restituição dos bens empenhados quando o credor descumprir as suas obrigações legais e aquelas decorrentes do instrumento, em relação à guarda, à defesa ou à conservação dos bens, ou quando houver fundado perigo que se percam ou deteriorem. Ademais, o garantidor ou qualquer outra pessoa com direitos sobre o bem objeto do penhor poderá solicitar ao credor informações atualizadas sobre a obrigação garantida e os bens dele integrantes, o que novamente atende à boa-fé (§ 2.º).

Também se projeta na norma um novo art. 1.435-A, prevendo que, enquanto não houver inadimplemento da obrigação principal, aquele que der em garantia um estoque de bens fungíveis conserva o direito de vendê-lo, no todo ou em parte, no curso normal do negócio, pagando ao credor de acordo com os termos do contrato. Há aqui outra regra ampliativa da possibilidade de penhor, pois determinadas atividades empresariais possuem estoque de gêneros alimentícios que podem ser dados em garantia. Nessa situação, nos termos do projetado parágrafo único do art. 1.435-A, o credor terá o direito de exigir a recomposição do estoque dos bens, ou da universalidade, sempre que se tornarem insuficientes, mesmo que a garantia seja prestada por terceiro.

O objetivo, mais uma vez, é o suposto incremento da concessão do crédito no País, trazendo regras claras a respeito de modalidades de penhor verificados no meio empresarial.

Pois bem, o que é intrincado na abordagem do penhor é o estudo de suas modalidades quanto à origem e aos efeitos, a seguir expostas de forma resumida, com análise de suas regras fundamentais:

I) *Do Penhor Legal* – Segundo o art. 1.467 do CC/2002, são credores pignoratícios, independentemente de convenção e por força automática da lei: *a)* os hospedeiros, ou fornecedores de pousada ou alimento, sobre as bagagens, móveis, joias ou dinheiro que os seus consumidores ou fregueses tiverem consigo nas respectivas casas ou estabelecimentos, pelas despesas ou consumo que aí tiverem feito; *b)* o dono do prédio rústico ou urbano, sobre os bens móveis que o rendeiro ou inquilino tiver guarnecendo o mesmo prédio, pelos aluguéis ou rendas. Na primeira hipótese, a conta das dívidas será extraída conforme a tabela impressa, prévia e ostensivamente exposta no hotel ou afim, dos preços de hospedagem, da pensão ou dos gêneros fornecidos, sob pena de nulidade do penhor (art. 1.468). Nas duas hipóteses, o credor poderá tomar em garantia um ou mais objetos até o valor da dívida (art. 1.469). Os credores podem ainda fazer efetivo o penhor, antes de recorrerem à autoridade judiciária, sempre que haja perigo na demora, dando aos devedores comprovantes dos bens de que se apossarem (art. 1.470). Tomado o penhor, requererá o credor, ato contínuo, a sua homologação judicial (art. 1.471). Pode o locatário impedir a constituição do penhor mediante caução idônea (art. 1.472). Com o devido respeito ao pensamento em contrário, entendo que as modalidades de penhor legal apontadas não se coadunam com a atual realidade jurídica brasileira. O penhor legal do hospedeiro parece violar o Código de Defesa do Consumidor, por exigir do hóspede uma vantagem excessivamente onerosa, inclusive de lesão aos seus bens íntimos, constituindo uma cobrança vexatória, nos termos do art. 42 da Lei 8.078/1990. Já o penhor legal a favor do locador representa lesão à Lei 8.009/1990, que considera como impenhoráveis os bens móveis essenciais que guarnecem a residência da família. Ora, se tais bens são absolutamente impenhoráveis, igualmente não podem ser objeto de garantia legal. Por tais razões, fiz sugestão de expressa revogação dos institutos estudados no Projeto de Reforma do Código Civil, elaborado pela Comissão de Juristas nomeada no Senado Federal, o que alcançaria não somente o art. 1.467, mas também os arts. 1.469 a 1.472 da Lei Privada. Porém, as minhas proposições acabaram não sendo acatadas pela Subcomissão de Direito das Coisas, infelizmente, assunto que ainda poderá ser debatido no âmbito do Parlamento Brasileiro. Feitas essas pontuações, além do penhor legal a favor do hospedeiro e do locador, o art. 31 da Lei 6.533/1978 consagra o penhor legal a favor do artista e do técnico de espetáculo sobre o equipamento e todo o material de propriedade do empregador, utilizado na realização do programa, espetáculo ou produção, pelo valor das obrigações não cumpridas pelo empregador.

II) *Do Penhor Convencional Comum* – Trata-se da forma ordinária de penhor, que tem por objeto bens móveis ocorrendo a transmissão da posse do devedor ao credor. Cite-se, novamente, o negócio de penhor de joias, celebrado com a Caixa Econômica Federal.

III) *Do Penhor Convencional Especial* – O CC/2002 consagra modalidades especiais de penhor convencional, que quebram com as regras básicas do penhor comum. Vejamos, de forma pontual, os seus preceitos:

a) *Do Penhor Rural* – Constitui-se sobre imóveis, mediante instrumento público ou particular, registrado no Cartório de Registro de Imóveis de situação da coisa (art. 1.438 do CC). Prometendo pagar em dinheiro a dívida que se garante com o penhor rural, o devedor poderá emitir, em favor do credor, cédula rural pignoratícia, na forma determinada em lei especial (art. 1.438, parágrafo único, do CC). Duas são as modalidades básicas de penhor rural: o penhor agrícola e o penhor pecuário. Em termos gerais, nas duas situações, os penhores não podem ser convencionados por prazos superiores aos das obrigações garantidas (art. 1.439 do CC). Ressalte-se que, originalmente, a norma estabelecia prazos máximos de três e quatro anos, respectivamente, prorrogáveis, uma só vez, até o limite igual de tempo. Houve alteração pela Medida Provisória 610/2013, convertida pela Lei 12.873, de outubro de 2013. A modificação se deu para tornar mais operável a garantia, que deve seguir limite de tempo da obrigação principal. Embora vencidos os prazos, permanece a garantia, enquanto subsistirem os bens que a constituem (art. 1.439, § 1.º). A prorrogação deve ser averbada à margem do registro respectivo, mediante requerimento do credor e do devedor (art. 1.439, § 2.º). Se o prédio já estiver hipotecado, o penhor rural poderá ser constituído independentemente da anuência do credor hipotecário, mas não lhe prejudica o direito de preferência, nem restringe a extensão da hipoteca, ao ser executada (art. 1.440). Diante da esperada boa-fé que decorre de qualquer negócio, tem o credor direito a verificar o estado das coisas empenhadas, inspecionando-as onde se acharem, por si ou por pessoa que credenciar (art. 1.441). Os bens não são entregues ao credor, o que também representa quebra de regra básica do penhor convencional ordinário.

a.1) *Do Penhor Agrícola* – Podem ter por objeto os seguintes bens, descritos no art. 1.442 do CC: I) máquinas e instrumentos de agricultura; II) colheitas pendentes, ou em via de formação; III) frutos acondicionados ou armazenados; IV) lenha cortada e carvão vegetal; V) animais do serviço ordinário de estabelecimento agrícola. Nota-se que os bens acima são imóveis, seja por acessão

CAP. 7 • DIREITO DAS COISAS | **1265**

física industrial seja por acessão física intelectual. No Projeto de Reforma do Código Civil, mais uma vez com vistas a *destravar* o instituto do penhor rural, facilitando concessões de crédito para o agronegócio e ampliando-se as suas possibilidades legais, é alterado o art. 1.442, para que passe a mencionar, no inciso I, máquinas e instrumentos da atividade agrária, em sentido amplo e não só na agricultura; no inciso III, frutos e produtos, acondicionados ou armazenados, ainda que destinados a beneficiamento ou transformação; e, no inciso IV, madeira preparada para corte, lenha cortada e carvão vegetal. Recaindo sobre colheita pendente, ou em via de formação, o penhor abrange a imediatamente seguinte, no caso de frustrar-se ou ser insuficiente a que se deu em garantia (art. 1.443, *caput*, do CC). Se o credor não financiar a nova safra, poderá o devedor constituir com outrem novo penhor, em quantia máxima equivalente à do primeiro. O segundo penhor terá preferência sobre o primeiro, abrangendo este apenas o excesso apurado na colheita seguinte (art. 1.443, parágrafo único, do CC).

a.2) *Do Penhor Pecuário* – Tem por objeto os animais que integram a atividade pastoril, agrícola ou de lacticínios, que podem ser tidos como imóveis por acessão intelectual (art. 1.444 do CC). Como decorrência lógica de sua instituição, o devedor pignoratício não poderá alienar os animais empenhados sem prévio consentimento, por escrito, do credor pignoratício (art. 1.445, *caput*, do CC). Quando o devedor pretende alienar o gado empenhado ou, por negligência, ameace prejudicar o credor, poderá este requerer que se depositem os animais sob a guarda de terceiro, ou exigir que se lhe pague a dívida de imediato (art. 1.445, parágrafo único). Os animais da mesma espécie, comprados para substituir os mortos, ficam sub-rogados no penhor. Presume-se tal substituição, mas não terá eficácia contra terceiros se não constar de menção adicional ao respectivo contrato, a qual deverá ser averbada (art. 1.446 do CC).

b) *Do Penhor Industrial e Mercantil* – Tem por conteúdo máquinas, aparelhos, materiais e instrumentos instalados e em funcionamento, com ou sem acessórios. Ainda pode ter como objeto animais utilizados na indústria, sal e bens destinados à exploração das salinas, produtos de suinocultura, animais destinados à industrialização de carnes e derivados, matérias-primas e produtos industrializados (art. 1.447, *caput*, do CC). Como se percebe, mais uma vez, o seu objeto são bens imóveis por acessão intelectual, ou seja, bens móveis incorporados a imóveis. Além disso, os bens permanecem com o devedor, não havendo a transmissão da sua posse ao credor. No atual Projeto de Reforma do Código Civil, almeja-se uma ampliação das hipóteses de penhor especial industrial, novamente com vistas a *destravar* o instituto. Nesse contexto, o art. 1.447 passará a prever, incluindo o penhor de estoques que "podem ser objeto de penhor, entre outros bens, máquinas, aparelhos, materiais, instrumentos, instalados e em funcionamento, com os acessórios ou sem eles; animais, utilizados na indústria; sal e bens destinados à exploração das salinas; produtos de suinocultura, animais destinados à industrialização de carnes e derivados; matérias-primas e produtos industrializados; estoques de bens móveis em geral destinados ao uso, à transformação ou à comercialização na indústria ou no comércio". Também se almeja um novo art. 1.447-A, prevendo, de forma clara e indubitável que o penhor industrial e mercantil se submete, no que couber, às mesmas regras do penhor comum. Regula-se pelas disposições relativas aos armazéns gerais o penhor das mercadorias neles depositadas (art. 1.447, parágrafo único, do CC). De volta ao sistema vigente, o penhor industrial ou o mercantil é constituído mediante instrumento público ou particular, registrado no Cartório de Registro de Imóveis da circunscrição onde estiverem situadas as coisas empenhadas (art. 1.448, *caput*, do CC). Prometendo pagar em dinheiro a dívida, que garante com penhor industrial ou mercantil, o devedor poderá emitir, em favor do credor, cédula do respectivo crédito, na forma e para os fins que a lei especial determinar (art. 1.448, parágrafo único, do CC). O devedor não pode, sem o consentimento por escrito do credor, alterar as coisas empenhadas ou mudar-lhes a situação, nem delas dispor. O devedor que, anuindo o credor, alienar as coisas empenhadas, deverá repor outros bens da mesma natureza, que ficarão sub-rogados no penhor (art. 1.449 do CC). Por questão de boa-fé e de integridade da garantia, tem o credor direito a verificar o estado das coisas empenhadas, inspecionando-as onde se acharem, por si ou por pessoa que credenciar (art. 1.450 do CC).

c) *Do Penhor de Direitos e Títulos de Crédito* – Conforme o art. 1.451 do CC, podem ser objeto de penhor direitos, suscetíveis de cessão, sobre coisas móveis. O penhor de direito é constituído mediante instrumento público ou particular, registrado no Registro de Títulos e Documentos. O titular de direito empenhado deverá entregar ao credor pignoratício os documentos comprobatórios desse direito, salvo se tiver interesse legítimo em conservá-los (art. 1.452). Assim, pode eventualmente o título não ser entregue ao credor, o que quebra com o caráter ordinário ou comum do penhor. O penhor de crédito não tem eficácia senão quando notificado ao devedor. Por notificado tem-se o devedor que, em instrumento público ou particular, declarar-se ciente da existência do penhor (art. 1.453). O credor pignoratício deve praticar os atos necessários à conservação e defesa do direito empenhado e cobrar os juros e mais prestações acessórias compreendidas na garantia (art. 1.454). Deverá o credor pignoratício cobrar o crédito empenhado, assim que se torne exigível. Se este consistir numa prestação pecuniária, depositará a importância recebida, de acordo com o devedor pignoratício, ou onde o juiz determinar. Se consistir na entrega da coisa, nesta se sub-rogará o penhor. Estando vencido o crédito pignoratício, tem o credor direito a reter, da quantia recebida, o que lhe é devido, restituindo o restante ao devedor; ou a excutir a coisa a ele entregue (art. 1.455 do CC). Se o mesmo crédito for objeto de vários penhores, só ao credor pignoratício, cujo direito prefira aos demais, o devedor deve pagar; responde por perdas e danos aos demais credores o credor preferente que, notificado por qualquer um deles, não promover oportunamente a cobrança (art. 1.456). O titular do crédito empenhado só pode receber o pagamento com a anuência, por escrito, do credor pignoratício, caso em que o penhor se extinguirá (art. 1.457 do CC). Anoto que no Projeto de Reforma do Código Civil, elaborado pela Comissão de Juristas, sugere-se um aperfeiçoamento do seu art. 1.457, para que trate dos procedimentos para o recebimento do crédito, inclusive com o uso de medidas extrajudiciais. Nos seus termos, sendo notificado o devedor, apenas ao credor pignoratício caberá receber os créditos empenhados, competindo-lhe: *a)* praticar os atos necessários à sua conservação e à sua defesa; *b)* cobrar os juros e mais prestações acessórias compreendidas na garantia; *c)* promover a intimação dos devedores inadimplentes; e *d)* usar dos meios judiciais e extrajudiciais para receber os créditos e exercer os demais direitos conferidos ao garantidor pignoratício no contrato original. Pela mesma proposição, o devedor do crédito

CAP. 7 • DIREITO DAS COISAS | **1267**

cedido poderá opor ao credor pignoratício as exceções de que dispunha na data da notificação. Entretanto, quando tiver anuído com o penhor sem qualquer reserva, não poderá opor as mesmas exceções posteriormente (§ 1.º). Se o penhor for fracionário em relação aos valores de cada pagamento devido, poderá o devedor do crédito cedido obter quitação pagando diretamente ao credor original, que o receberá na qualidade de depositário; se pagar ao credor pignoratício, a quitação é limitada à fração objeto do penhor (§ 2.º). A repactuação do crédito é ineficaz perante o credor pignoratício, exceto se este houver anuído (§ 3.º). Por fim, como última proposta, o inadimplemento obrigacional pelo garantidor não confere ao devedor do crédito cedido o direito a repetir ou pegar de volta contra o credor pignoratício qualquer valor que já tenha pagado (§ 4.º do art. 1.457 do CC). De fato, não se pode negar que as sugestões de alteração legislativa, com detalhamento dos procedimentos, tornam o recebimento do crédito mais efetivo, sendo a norma atual insuficiente, aguardando-se a sua aprovação pelo Parlamento Brasileiro. De volta ao sistema em vigor, o penhor que recai sobre título de crédito constitui-se mediante instrumento público ou particular ou endosso pignoratício, com a tradição do título ao credor (art. 1.458). Ao credor, em penhor de título de crédito, compete o direito de: conservar a posse do título e recuperá-la de quem quer que o detenha; usar dos meios judiciais convenientes para assegurar os seus direitos e os do credor do título empenhado; fazer intimar ao devedor do título que não pague ao seu credor, enquanto durar o penhor; receber a importância consubstanciada no título e os respectivos juros, se exigíveis, restituindo o título ao devedor, quando este solver a obrigação (art. 1.459 do CC).

d) *Do Penhor de Veículos* – Trata-se de inovação festejada do CC/2002 diante de sua suposta eficiência prática. Nos termos do art. 1.461 do CC podem ser objeto de penhor os veículos empregados em qualquer espécie de transporte ou condução. O penhor de veículos é constituído mediante instrumento público ou particular, registrado no Cartório de Títulos e Documentos do domicílio do devedor, e anotado no certificado de propriedade. Prometendo pagar em dinheiro a dívida garantida com o penhor, poderá o devedor emitir cédula de crédito, na forma e para os fins que a lei especial determinar (art. 1.462). Quebrando-se com a natureza geral do penhor convencional comum, o devedor pignoratício não entrega os veículos ao credor. O penhor de veículos não seria efetivado sem que estivessem previamente segurados contra furto, avaria, perecimento e danos causados a terceiros (art. 1.463). Todavia, o art. 1.463 do CC/2002 acabou por ser revogado expressamente pela Lei 14.179/2021, que tratou da facilitação de acesso a crédito e para mitigação dos impactos econômicos decorrentes da pandemia da Covid-19. O dispositivo foi revogado por ser o seguro uma suposta burocracia desnecessária para a efetivação da garantia. Com o devido respeito, discordo desse argumento, pois o seguro de veículos é algo comum e trivial no País, e trazia segurança ao negócio jurídico em questão. Como não detém a coisa, tem o credor direito a verificar o estado do veículo empenhado, inspecionando-o onde se achar, por si ou por pessoa que credenciar (art. 1.464). A alienação, ou a mudança, do veículo empenhado sem prévia comunicação ao credor importa no vencimento antecipado do crédito pignoratício (art. 1.465 do CC). O penhor de veículos só se pode convencionar pelo prazo máximo de dois anos, prorrogável até o limite de igual tempo, averbada a prorrogação à margem do registro respectivo (art. 1.466 do CC). No Projeto de Reforma do Código Civil, elaborado pela Comissão de Juristas

MANUAL DE DIREITO CIVIL • VOLUME ÚNICO – *Flávio Tartuce*

nomeada no Senado Federal, almeja-se que a norma passe a prever que "o penhor de veículos será convencionado pelo prazo da obrigação principal", o que é melhor tecnicamente, na linha de outras regulações do penhor.

A findar o tratamento do penhor, o Código Civil de 2002 enuncia no seu art. 1.436 as hipóteses de sua extinção, a saber:

I) Extinguindo-se a obrigação principal, o que gera a extinção da obrigação acessória, representando aplicação do princípio da gravitação jurídica. Mais uma vez destaco que no Projeto de Reforma do Código Civil pretende-se que o comando mencione a extinção do penhor "extinguindo-se todas as obrigações por ele garantidas", o que deixará a previsão mais clara e mais efetiva tecnicamente.

II) Perecendo a coisa objeto do penhor.

III) Renunciando o credor à garantia. Presume-se a renúncia do credor quando consentir na venda particular do penhor sem reserva de preço, quando restituir a sua posse ao devedor, ou quando anuir à sua substituição por outra garantia (§ 1.º do art. 1.436).

IV) Confundindo-se na mesma pessoa as qualidades de credor e de dono da coisa (confusão). Operando-se a confusão tão somente quanto à parte da dívida pignoratícia, subsistirá inteiro o penhor quanto ao resto (§ 1.º do art. 1.436).

V) Dando-se a adjudicação judicial, a remição (resgate pelo pagamento) ou a venda da coisa empenhada, feita pelo credor ou por ele autorizada. Anote-se que o dispositivo menciona a *remissão* (perdão), o que está errado tecnicamente. Por isso, o antigo Projeto de Lei Ricardo Fiuza pretendia alterar o texto para *remição*. No Projeto de Reforma do Código Civil, elaborado pela Comissão de Juristas nomeada no âmbito do Senado Federal, há proposta no mesmo sentido, para que esse inc. V do art. 1.436 passe a mencionar a extinção do penhor, "ocorrendo a sua excussão ou a remissão da dívida". Com isso, a norma fica mais compreensível e mais bem elaborada do ponto de vista técnico.

Em todos os casos, produz efeitos a extinção do penhor depois de averbado o cancelamento do registro (em regra no Cartório de Títulos e Documentos), à vista da respectiva prova (art. 1.437 do CC). Como anota Maria Helena Diniz, "enquanto não for cancelado o registro do penhor, ele terá eficácia *erga omnes*".[208]

Para encerrar o tópico e o estudo do penhor, no Projeto de Reforma do Código Civil, pretende-se incluir regra a respeito do penhor sobre universalidade de fato, sobre bens reunidos em conjunto, no novo art. 1.436-A. Nos seus termos, o penhor sobre uma universalidade não se extingue pela perda ou deterioração de todos os bens dela integrantes, quando posteriormente recompostos, no curso do termo original da garantia.

A título de exemplo, se todos os animais de um rebanho bovino falecerem eu uma enchente, não ocorrerá a extinção do penhor se eles forem oportunamente substituídos pelo devedor, em tempo hábil que ainda seja útil ao credor, o que visa a conservação da garantia.

### 7.10.3 Da hipoteca

A hipoteca é o direito real de garantia sobre coisa alheia com maior repercussão prática, recaindo sobre bens imóveis (em regra) e não havendo a transmissão da posse da coisa entre as partes. São partes da hipoteca:

---

[208] DINIZ, Maria Helena. *Código Civil anotado*. 15. ed. São Paulo: Saraiva, 2010. p. 1.002.

> a) Devedor hipotecante – aquele que dá a coisa em garantia, podendo ser o próprio devedor ou terceiro.
>
> b) Credor hipotecário – tem o benefício do crédito e do direito real.

Por razões óbvias, a hipoteca deve ser registrada no Cartório de Registro de Imóveis do local do imóvel, ou no de cada um deles, se o título se referir a mais de um bem (art. 1.492 do CC e art. 167, I, n. 2, da Lei 6.015/1973). Como leciona Maria Helena Diniz, "só com o registro da hipoteca no Livro n. 2 ter-se-á a publicidade do ato e a fixação da data do nascimento do direito real, com eficácia *erga omnes*, estabelecendo o direito de sequela e a ordem de preferência. Daí a célebre frase de Lacerda de Almeida: 'Hipoteca não registrada é hipoteca não existente".[209] Consigne-se que há ainda a possibilidade de um registro especial, como se verá.

Os registros e averbações seguirão a ordem em que forem requeridas (*princípio da anterioridade ou prioridade registral*), verificando-se ela pela da sua numeração sucessiva no protocolo de registro no Livro n. 1 (art. 1.493, *caput*, do CC). O número de ordem determina a prioridade, e esta a preferência entre as hipotecas (art. 1.493, parágrafo único, do CC).

Para manter tais direitos, enunciava o art. 1.494 do CC que não devem ser registradas no mesmo dia duas hipotecas, ou uma hipoteca e outro direito real, sobre o mesmo imóvel, em favor de pessoas diversas. Isso, salvo se as escrituras, do mesmo dia, indicarem a hora em que foram lavradas.

Sobre o último dispositivo, a Lei 14.382/2022 (Lei do SERP), originária da Medida Provisória 1.085, de 27 de dezembro de 2021, trouxe a sua revogação expressa (art. 20). A revogação, porém, em nada altera o tratamento da hipoteca, pois o ordenamento jurídico continua proibindo o registro, no mesmo dia, de títulos com direitos reais contraditórios, conforme o art. 191 da Lei 6.015/1973. O art. 192 da mesma lei especial segue trazendo a exceção nos casos de escrituras de mesma data que indiquem taxativamente a hora de sua lavratura. Não se pode dizer, ademais, que os dois últimos comandos foram revogados tacitamente pela Lei do SERP. Em suma, a revogação do art. 1.494 do Código Civil em nada inova o ordenamento jurídico brasileiro.

Se for apresentada ao oficial do registro uma segunda hipoteca, antes do registro da primeira, deve ele sobrestar a inscrição da hipoteca nova, apenas prenotando-a. O prazo de aguardo da inscrição da anterior é de 30 dias. Esgotado o prazo, sem que se requeira a inscrição desta, a hipoteca ulterior será registrada e obterá preferência (art. 1.495 do CC).

Em havendo dúvida sobre a legalidade do registro da hipoteca requerido, o oficial fará, ainda assim, a prenotação do pedido, informando o requerente sobre o problema ou a dúvida. Se a controvérsia registral, dentro em 90 dias, for julgada improcedente em demanda judicial, o registro efetuar-se-á com o mesmo número que teria na data da prenotação. Em caso contrário, cancelada a prenotação, receberá o registro o número correspondente à data em que se tornar a requerer (art. 1.496 do CC).

Por fim, no que tange ao registro, esse terá validade e eficácia enquanto a obrigação principal perdurar (art. 1.498 do CC). Fica claro o caráter acessório da hipoteca, que não pode existir por si só. De acordo com a segunda parte da norma, a especialização da hipoteca, em completando 20 anos, deve ser renovada. Entende-se que o último preceito somente se aplica à *hipoteca legal*, que não tem prazo máximo, eis que perdura enquanto

---

[209] DINIZ, Maria Helena. *Código Civil anotado*. 15. ed. São Paulo: Saraiva, 2010. p. 1.037.

# 1270 | MANUAL DE DIREITO CIVIL • VOLUME ÚNICO – *Flávio Tartuce*

vigente a situação descrita em lei. Em relação à hipoteca convencional, como se verá, o seu prazo máximo é de 30 anos (art. 1.485 do CC).[210]

Anoto que no Projeto de Reforma do Código Civil segue-se esse caminho por mim compartilhando, passando o seu art. 1.498 a expressar que: "vale o registro da hipoteca legal, enquanto a obrigação perdurar; mas a especialização, em completando vinte anos, deve ser renovada". Com isso, resolve-se polêmica verificada nos mais de vinte anos de vigência da Lei Civil de 2002, o que virá em boa hora.

Superado o estudo das questões primordiais a respeito do registro da hipoteca, de acordo com o vigente art. 1.473 do CC, podem ser objeto desse direito real de garantia:

I) Os bens imóveis e os acessórios dos imóveis conjuntamente com eles, caso dos frutos, das benfeitorias e das pertenças que estão incorporados ao principal. A hipoteca recai sobre o todo, o que é aplicação do *princípio da gravitação jurídica*. Nesse sentido, prescreve o art. 1.474 do CC que a hipoteca abrange todas as acessões (incorporações), melhoramentos ou construções do imóvel. Subsistem os ônus reais constituídos e registrados, anteriormente à hipoteca, sobre o mesmo imóvel. Aplicando a norma, entendeu o Superior Tribunal de Justiça, em 2016, que "a adjudicação de imóvel realizada no curso de execução extrajudicial de garantia hipotecária, com base no art. 32 do Decreto-lei n. 70/1966 c/c o art. 7.º da Lei n. 5.741/1971, transfere ao adjudicatário a propriedade do bem com todas as benfeitorias, por força do disposto no art. 1.474 do CC/2002. Desse modo, não há falar em direito de retenção ou indenização contra adjudicatário, pois benfeitorias são abarcadas por hipoteca. Esclareça-se, ainda, que não se vislumbra enriquecimento sem causa de credor hipotecário ou de terceiro adquirente, pois o preço de adjudicação é utilizado para extinguir saldo devedor (art. 7.º da Lei n. 5.741/1971), em benefício de ex-mutuário. Sob outra ótica, considerando as especificidades das normas do SFH, ex-mutuário também não faz jus ao direito de retenção, pois existe norma específica excluindo esse direito (art. 32, § 2.º, *in fine*, do Decreto-Lei n. 70/1966). Portanto, por esse fundamento, também se afasta a possibilidade de ex-mutuário exercer direito de retenção quanto a benfeitorias realizadas antes da adjudicação" (STJ, REsp 1.399.143/MS, Rel. Min. Paulo de Tarso Sanseverino, j. 07.06.2016, *DJe* 13.06.2016, publicado no seu *Informativo* n. 585). Como outra ilustração prática, tendo em vista a dicção desse art. 1.474 da codificação material, a mesma jurisprudência superior concluiu que o credor hipotecário tem interesse para propor ação em face do mutuário visando ao cumprimento de cláusula negocial que determina a observância dos padrões construtivos do loteamento. Como consta da publicação no *Informativo* n. 628 da Corte, "por um lado, à luz da causa de pedir da execução, não bastasse ressair nítido o interesse do credor hipotecário em não ver, ao arrepio do contrato, depreciado o bem que consubstancia a garantia real de seu crédito, o art. 1.474 do CC estabelece que a hipoteca abrange todas as acessões, melhoramentos ou construções do imóvel. Por outro lado, o art. 1.425, I, do CC estabelece que a dívida considera-se vencida se, deteriorando-se, ou depreciando-se o bem dado em segurança, desfalcar a garantia, e o devedor, intimado, não a reforçar ou substituir. Com efeito, em sendo imprevisível se a eventual venda do bem

---

[210] Conforme opinião constante em: TARTUCE, Flávio; SIMÃO, José Fernando. *Direito civil*. Direito das Coisas. 2. ed. São Paulo: Método, 2010. v. 4, p. 504-505. No mesmo sentido, conforme pesquisa constante daquela obra, realizada por José Fernando Simão: Marco Aurélio Bezerra de Melo, Maria Helena Diniz, Carlos Roberto Gonçalves, Cristiano Chaves de Farias e Nelson Rosenvald.

imóvel dado em garantia seria suficiente para o pagamento da dívida do executado, é patente o interesse de agir da exequente, visto que, mesmo com a subsistência do terreno, é mesmo possível a depreciação do bem dado em garantia em vista de ter sido erigida construção incompatível com os padrões estabelecidos para o loteamento" (STJ, REsp 1.400.607/RS, 4.ª Turma, Rel. Min. Luis Felipe Salomão, j. 17.05.2018, *DJe* 26.06.2018).

II) O domínio direto, caso do antigo direito do senhorio na enfiteuse, instituto que foi parcialmente banido pelo art. 2.038 do CC/2002. Há interesse apenas quanto às enfiteuses anteriores, que continuam tendo validade e eficácia.

III) O domínio útil, como ocorre em relação ao direito do usufrutuário, que pode ser hipotecado.

IV) As estradas de ferro, devendo as hipotecas incidentes ser registradas no Município da estação inicial da respectiva linha (art. 1.502 do CC). Com o intuito de tonar mais efetiva essa hipoteca, sobretudo para a concessão de créditos, o Projeto de Reforma do Código Civil pretende que esse art. 1.502 passe a mencionar que as hipotecas sobre as estradas de ferro serão registradas nas circunscrições imobiliárias do Município onde se situam os respectivos trechos da linha. Os credores hipotecários não podem embaraçar a exploração da linha, nem contrariar as modificações, que a administração deliberar, no leito da estrada, em suas dependências, ou no seu material (art. 1.503 do CC). A hipoteca será circunscrita à linha ou às linhas especificadas na escritura e ao respectivo material de exploração, no estado em que ao tempo da execução estiverem. Porém, os credores hipotecários podem opor-se à venda da estrada, à de suas linhas, de seus ramais ou de parte considerável do material de exploração. Igualmente podem se opor à fusão com outra empresa, sempre que com isso a garantia do débito enfraquecer (art. 1.504). Na execução da hipoteca de linhas férreas será intimado o representante da União ou do Estado, para, dentro em 15 dias, remir a estrada de ferro hipotecada, pagando o preço da arrematação ou da adjudicação (art. 1.505 do CC).

V) As jazidas, minas e demais recursos minerais, os potenciais de energia hidráulica e os monumentos arqueológicos (art. 1.230 do CC), independentemente do solo onde se acham.

VI) Os navios, que constituem bens móveis especiais ou *sui generis*, eis que podem ser hipotecados. A hipoteca dos navios é regulada pela Lei 7.652/1988 e pelo Decreto 2.256/1997. Nos termos do art. 12 da primeira norma, o registro de direitos reais e de outros ônus que gravem embarcações brasileiras deverá ser feito no Tribunal Marítimo, sob pena de não valer contra terceiros.

VII) As aeronaves, do mesmo modo móveis especiais, diante da hipoteca que lhe pode recair. A hipoteca das aeronaves é regulamentada pela Lei 7.565/1986, que preconiza no seu art. 141 que o direito real em questão será constituído pela inscrição do contrato no Registro Aeronáutico Brasileiro e com a averbação no respectivo certificado de matrícula.

VIII) O direito de uso especial para fins de moradia, o que foi incluído pela Lei 11.481/2007 que passou a admitir tal direito real de gozo ou fruição.

IX) O direito real de uso, igualmente incluído pela Lei 11.481/2007.

X) A propriedade superficiária, também incluído pela Lei 11.481/2007. Por razões óbvias, tal direito real de garantia somente persiste enquanto viger a superfície, no caso de negócio temporário (§ 2.º do art. 1.473).

XI) Os direitos oriundos da imissão provisória na posse, quando concedida à União, aos Estados, ao Distrito Federal, aos Municípios ou às suas entidades delegadas e a respectiva cessão e promessa de cessão. Essa última previsão foi incluída pela Lei 14.620/2023, conhecida como nova e segunda lei do projeto *Minha Casa, Minha Vida*. Como destacado no início deste capítulo, a inclusão representa uma *atecnia utilitarista* – na linha das afirmações de Carlos Eduardo Elias de Oliveira –, pois a imissão de posse não é propriamente um direito real, tendo sido mais adequado o legislador tratar o instituto como uma forma de aquisição originária da propriedade. Ademais, como sustentei, é possível uma interpretação extensiva e finalística da inclusão desse novo direito real, a fim de incluir na previsão a legitimação da posse, tratada pelo art. 25 da Lei 13.465/2017, consagrada agora como direito real, o que encerra um longo debate sobre o tema. Veremos qual será a posição jurisprudencial sobre a temática.

Destaco que no atual Projeto de Reforma do Código Civil, elaborado pela Comissão de Juristas nomeada no Senado Federal, pretende-se alterar o art. 1.473, para ampliar as possibilidades de hipoteca e também *destravar* o instituto, trazendo mais concessões de créditos e investimentos para o País. Assim, o seu inciso XII mencionará o direito real do promitente comprador; o seu inciso XIII, o direito aquisitivo oriundo da propriedade resolúvel; e o seu inciso XIV, o direito real de laje. Ademais, em prol da segurança jurídica, insere-se no preceito um § 3.º, prevendo que os direitos de garantia instituídos nas hipóteses dos incisos XII e XIII sub-rogam-se na propriedade plena, mediante sua eventual aquisição superveniente.

Também são incluídos na codificação privada, com vistas a essa nova regulamentação dos arts. 1.473-A e 1.473-B. Nos termos da primeira projeção, o credor hipotecário de direito real do promitente comprador tem legitimidade para obter o registro da própria hipoteca. E mais, poderá o credor exercer o direito à adjudicação compulsória, judicial ou extrajudicial, em favor do promitente comprador. Pendendo o pagamento do preço, poderá o credor, sobrevindo a mora do promitente comprador, promover a excussão da garantia hipotecária ou efetivar, em nome do adquirente, o pagamento ao vendedor. Se o credor efetuar o pagamento do preço, o valor pago, com todos os seus acessórios e eventuais penalidades, será adicionado à dívida garantida pela hipoteca, ressalvado ao credor o direito de executar desde logo o devedor e a garantia. Sem dúvidas, a ampliação da hipoteca para essas situações é mais do que necessária e a sua regulamentação trará segurança jurídica e previsibilidade para essas hipóteses.

Voltando-se ao sistema hoje em vigor, preceito que tem relação direta com a própria *função negocial* da hipoteca é o art. 1.475 do CC, segundo o qual é nula a cláusula que proíbe ao proprietário alienar imóvel hipotecado (*cláusula de inalienabilidade*). A hipótese é de *nulidade textual*, pois a norma prevê expressamente que a cláusula é nula (art. 166, inc. VII, primeira parte, do CC). Conforme já pronunciou o STJ, "o art. 1.475 do diploma civil vigente considera nula a cláusula que veda a alienação do imóvel hipotecado, admitindo, entretanto, que a referida transmissão importe no vencimento antecipado da dívida. Dispensa-se, assim, a anuência do credor para alienação do imóvel hipotecado em enunciação explícita de um princípio fundamental dos direitos reais" (STJ, AgRg no REsp 838.127/DF, 1.ª Turma, Rel. Min. Luiz Fux, j. 17.02.2009, *DJe* 30.03.2009).

Não se olvide de que sendo vendido ou doado o bem principal a hipoteca o acompanha, como decorrência lógica da sequela do direito real. Em complemento, conforme consta do julgado, é permitido que as partes convencionem que vencerá antecipadamente o crédito hipotecário, se o imóvel for alienado (art. 1.475, parágrafo único, do CC).

Admite-se, no Direito Civil Brasileiro, a *sub-hipoteca*, prevendo o art. 1.476 do CC que o dono do imóvel hipotecado pode constituir outra hipoteca sobre ele, mediante novo título, em favor dele ou de outro credor. Conforme outrora se destacou, o credor da primeira hipoteca tem prioridade e preferência. Nessa linha, determina o art. 1.477 do CC que salvo o caso de insolvência do devedor, o credor da segunda hipoteca, embora vencida, não poderá executar o imóvel antes de vencida a primeira. Não se considera insolvente o devedor por faltar ao pagamento das obrigações garantidas por hipotecas posteriores à primeira (§ 1.º).

A Lei 14.711/2023, ao tratar do novo *Marco Legal das Garantias*, incluiu um § 2.º ao art. 1.477 do Código Civil, preceituando que "o inadimplemento da obrigação garantida por hipoteca faculta ao credor declarar vencidas as demais obrigações de que for titular garantidas pelo mesmo imóvel". Esse vencimento antecipado em caso de sub-hipotecas visa a facilitar o recebimento de todos os créditos, com menos entraves e burocracias, um dos objetivos primordiais da nova legislação.

Como explica com precisão Carlos Eduardo Elias de Oliveira, trata-se da inclusão no sistema jurídico brasileiro da *cláusula cross default*. Segundo ele, em palavras que têm o meu total apoio, "apesar, porém, do silêncio legal, entendemos que, para ter eficácia contra o devedor, há necessidade de previsão expressa no contrato e de expressa manifestação de vontade do credor em ativá-la por meio de notificação no curso do procedimento executivo. Além disso, entendemos que a boa técnica registral recomenda a notícia da cláusula *cross default* na matrícula do imóvel".[211]

Ainda nas hipóteses de sub-hipoteca, previa o art. 1.478 do CC, originalmente, que se o devedor da obrigação garantida pela primeira hipoteca não se oferecesse, no vencimento, para pagá-la, o *credor da segunda* poderia promover-lhe a extinção, *consignando em juízo* a importância e citando o primeiro credor para recebê-la e o devedor para pagá-la. De acordo com a redação anterior do mesmo dispositivo, longo e confuso, se o devedor não pagasse a dívida, o segundo credor, efetuando o pagamento em juízo nos autos da ação de consignação em pagamento, se sub-rogaria nos direitos da hipoteca anterior, sem prejuízo dos que lhe competissem contra o devedor comum.

Ocorreria, dessa maneira, a *remição* ou o resgate da hipoteca pelo pagamento. Se o primeiro credor estivesse promovendo a execução da hipoteca, o credor da segunda depositaria a importância do débito e as despesas judiciais mais uma vez nos autos da ação de consignação em pagamento por ele proposta.

Esse dispositivo foi igualmente alterado pela Lei 14.711/2023, mais uma vez para facilitar a efetivação da garantia, em havendo remição ou resgate da hipoteca. Na sua dicção ora em vigor, "o credor hipotecário que efetuar o pagamento, a qualquer tempo, das dívidas garantidas pelas hipotecas anteriores sub-rogar-se-á nos seus direitos, sem prejuízo dos que lhe competirem contra o devedor comum". Percebe-se, portanto, que não há mais menção à consignação em pagamento, mas apenas da sub-rogação legal em favor do credor hipotecário, o que tornou o procedimento mais célere e direto.

De toda forma, parece-me que a consignação em pagamento continua sendo uma opção do credor, se assim o quiser. Novamente, segundo a opinião de Carlos Eduardo Elias de Oliveira, "a Lei das Garantias (Lei nº 14.711/2023) promoveu um ajuste redacional no § 2.º do art. 1.477 do CC para deixar claro que é irrelevante o procedimento utilizado

---

[211] OLIVEIRA, Carlos Eduardo Elias de. *Continuação da análise detalhada da Lei das Garantias (Lei 14.711/2023)*. Disponível em: <www.flaviotartuce.adv.br/artigos_convidados>. Acesso em: 6 nov. 2023.

pelo terceiro interessado nessa hipótese. Não importa se o fará extrajudicialmente ou por meio de uma ação judicial, como a de consignação em pagamento".[212]

De acordo com o parágrafo único do art. 1.478, que não sofreu modificações pela Lei 14.711/2023, se o primeiro credor estiver promovendo a execução da hipoteca, o credor da segunda depositará a importância do débito e as despesas judiciais mais uma vez nos autos da ação de consignação em pagamento por ele proposta, com o fim de remir a hipoteca.

Ato contínuo de estudo, o adquirente do imóvel hipotecado, desde que não se tenha obrigado pessoalmente a pagar as dívidas aos credores hipotecários, poderá exonerar-se da hipoteca, abandonando-lhes o imóvel (art. 1.479 do CC).

Nos termos do *caput* do art. 1.480, em situações tais, o adquirente do imóvel notificará o vendedor e os credores hipotecários, deferindo-lhes, conjuntamente, a posse do imóvel, ou o depositará em juízo. Poderá o adquirente exercer a faculdade de abandonar o imóvel hipotecado, até as 24 horas subsequentes à citação, com o que se inicia o procedimento executivo (art. 1.480, parágrafo único, do CC). No Projeto de Reforma do Código Civil, em boa hora, projeta-se um novo parágrafo no comando, prevendo que o proprietário responderá pela conservação do bem até a entrega efetiva da coisa, com a atribuição da posse direta.

Três hipóteses especiais de *remição* ou *resgate* da hipoteca merecem estudo. Essas três situações devem ser abordadas em atualização com o Código de Processo Civil de 2015, pois o seu art. 1.072 revogou expressamente os arts. 1.482 e 1.483 do Código Civil.

Pois bem, três eram as hipóteses especiais de remição ou resgate da hipoteca tratadas originalmente pelo Código Civil: *a)* remição da hipoteca pelo adquirente do imóvel; *b)* remição da hipoteca pelo próprio devedor ou por seus familiares; *c)* remição da hipoteca no caso de falência ou insolvência do devedor hipotecário. Como se verá a seguir, o vigente Código de Processo Civil retirou do sistema parte da segunda modalidade de remição supramencionada. Ademais, revogou o artigo do Código Civil que cuidava da terceira modalidade, passando esta a ser regulada pelo Estatuto Processual emergente.

A remição da hipoteca pelo adquirente do imóvel é regulamentada com detalhes pelo art. 1.481 do CC/2002, segundo o qual, dentro do prazo decadencial de 30 dias, contados do registro do título aquisitivo, tem o adquirente do imóvel hipotecado o direito de remi-lo, citando os credores hipotecários e propondo importância não inferior ao preço por que o adquiriu. Como bem pontua a doutrina, tal direito de remição pode ser exercido antes mesmo do vencimento da dívida.[213] Trata-se de um direito potestativo da parte, conforme bem reconhece a jurisprudência (STJ, REsp 164.609/ES, 3.ª Turma, Rel. Min. Carlos Alberto Menezes Direito, j. 24.06.1999, *DJ* 09.08.1999, p. 167; e TJMG, Agravo de Instrumento 0571127-84.2012.8.13.0000, Rel. Des. Leite Praça, j. 05.07.2012, *DJEMG* 17.07.2012).

A ação a ser proposta em casos envolvendo esse tipo remição é a de consignação em pagamento, visando liberar o direito real que recai sobre o bem. Os quatro parágrafos da norma material consagram detalhes a respeito dos procedimentos dessa demanda. De início, se o credor impugnar o preço da aquisição ou a importância oferecida, será realizada uma licitação, efetuando-se a venda judicial a quem oferecer maior preço, assegurada a preferência ao adquirente do imóvel (art. 1.481, § 1.º, do CC/2002).

Não sendo impugnado pelo credor o preço da aquisição ou o preço proposto pelo adquirente, haver-se-á por definitivamente fixado este para a remissão do imóvel, que fi-

---

[212] OLIVEIRA, Carlos Eduardo Elias de. *Continuação da análise detalhada da Lei das Garantias (Lei 14.711/2023)*. Disponível em: <www.flaviotartuce.adv.br/artigos_convidados>. Acesso em: 6 nov. 2023.

[213] LOUREIRO, Francisco Eduardo. *Código Civil comentado*. Coordenador: Ministro Cezar Peluso. São Paulo: Manole, 2007. p. 1.585.

cará livre de hipoteca, uma vez pago ou depositado o preço. Atente-se que não se trata de remissão (perdão), como está escrito no art. 1.481, § 2.º, da codificação material, mas de remição (resgate), havendo um sério equívoco do legislador, conforme avisado há pouco. Com o fim de corrigir o erro, o Projeto 699/2011, antigo *Projeto Ricardo Fiuza*, pretendia alterar a expressão, o que vem em boa hora, para não causar confusões àqueles que aplicam a norma sem maiores estudos dos temas correlatos.

Observo que no atual Projeto de Reforma do Código Civil, elaborado pela Comissão de Juristas e ora em tramitação, há a mesma proposta, passando o § 2.º do art. 1.481 a enunciar o seguinte: "não impugnado pelo credor, o preço da aquisição ou o preço proposto pelo adquirente, haver-se-á por definitivamente fixado para a remição ou resgate do imóvel, que ficará livre de hipoteca, uma vez pago ou depositado o preço". Espera-se a sua aprovação pelo Parlamento Brasileiro, corrigindo-se grave erro técnico.

Ato contínuo de estudo do sistema hoje em vigor, se o adquirente deixar de remir o imóvel, sujeitando-o à execução da hipoteca, ficará obrigado a ressarcir os credores hipotecários da desvalorização que, por sua culpa, este vier a sofrer, além das despesas judiciais da execução (art. 1.481, § 3.º, do CC/2002). Cabe destacar que a expressão *culpa* está em sentido amplo, englobando o dolo (intenção) e a culpa em sentido estrito (falta de cuidado por imprudência, negligência ou imperícia). Assim, há uma responsabilização subjetiva pela desvalorização do bem hipotecado.

Pelo quarto e último parágrafo do art. 1.481 do Código Civil, disporá de ação regressiva contra o vendedor o adquirente que ficar privado do imóvel em consequência de licitação ou penhora. Do mesmo modo, terão ação regressiva aquele que pagar a hipoteca e o adquirente que, por causa de adjudicação ou licitação, desembolsar com o pagamento da hipoteca importância excedente à da compra. Por fim, tem o mesmo direito o adquirente que suportar custas e despesas judiciais em decorrência da operação.

De volta ao sistema vigente, a segunda modalidade de remição da hipoteca era a realizada pelo executado e seus familiares. Conforme o ora revogado art. 1.482 do Código Civil, realizada a praça do imóvel hipotecado, o executado ou devedor hipotecário poderia, até a assinatura do auto de arrematação ou até que fosse publicada a sentença de adjudicação, remir o imóvel hipotecado, oferecendo preço igual ao da avaliação, se não tivesse havido licitantes, ou ao do maior lance oferecido. Mesmo direito caberia ao cônjuge, aos descendentes ou ascendentes do executado. Pela proteção constitucional da união estável (art. 226, § 3.º, da CF/1988), tal direito, por óbvio, deveria ter sido estendido ao companheiro. Também deveria ser reconhecido o direito de remição aos componentes de novas entidades familiares, como a união estável e o casamento homoafetivo, casamento e a união estável homoafetiva. Todas essas regras não estão mais em vigor.

Na verdade, já existia polêmica anterior a respeito da persistência da remição efetivada pelos familiares, diante de alterações efetuadas no Código de Processo Civil por força da Lei 11.382/2006. Isso porque o art. 787 do CPC/1973, que tratava justamente dessa hipótese, foi revogado pela última norma, que visou à reforma anterior do sistema processual brasileiro.

Podem ser encontrados julgados que concluíam pela revogação tácita também do art. 1.482 do Código Civil, tendo a remição sido substituída pela adjudicação, com direito de preferência a favor dos parentes (art. 685-A do CPC/1973). A título de exemplo:

> "Agravo de instrumento. Ação de execução por quantia certa contra devedor solvente. Requerimento de remição de bem imóvel arrematado nos autos feito pela genitora de um dos executados. Indeferimento pelo juízo *a quo*. Manutenção do *decisum* face à aplicação da Lei 11.382/2006. Inaplicabilidade do art. 1.482 do Código Civil. Recurso desprovido. Através da reforma efetuada pela Lei 11.382/2006, a figura da remição,

## 1276 | MANUAL DE DIREITO CIVIL • VOLUME ÚNICO – *Flávio Tartuce*

outrora prevista nos arts. 787 a 790 do Código de Processo Civil, não mais persiste em nosso ordenamento jurídico, cedendo lugar à adjudicação (art. 685-A do CPC). 'A aplicação analógica do direito de remição garantido ao devedor hipotecário (art. 1.482, CCB) não tem guarida, na medida em que importaria em desconsideração da revogação do instituto pela reforma processual promovida pela Lei 11.382/2006. Para imprimir maior eficiência e celeridade à execução, quis o legislador adotar como forma preferencial de expropriação para a satisfação do direito do credor a adjudicação (art. 647, I, CPC), pelo que não é dado ao intérprete contrariar o objetivo da norma, o que se daria no caso de admitir a postergação do seu exercício' (TJRS, Agravo de Instrumento 0117337-90.2011.8.13.0000, rel. Des. Luiz Carlos Gomes da Mata, j. 09.06.2011)" (TJSC, Agravo de Instrumento 2011.081072-8, 2.ª Câmara de Direito Comercial, Lages, Rel. Juiz Robson Luz Varella, j. 15.05.2012, *DJSC* 24.05.2012, p. 276).

"Processual civil. Adjudicação de bens penhorados. Direito da meeira preservado em embargos de terceiro. Ação ajuizada para desconstituir a adjudicação. Violação do direito de preferência do cônjuge. Art. 1.482 do Código Civil. Aplicação dos §§ 2.º e 3.º do art. 685-A do CPC. Não mais persiste na legislação processual o instituto da remição de bens, anteriormente previsto nos arts. 787 e seguintes do CPC. No entanto, possui o cônjuge o direito de preferência na adjudicação de bens penhorados, o qual deve ser exercido antes da sua transferência a terceiros, por meio do depósito do valor da avaliação em juízo. Exegese do art. 685-A, §§ 2.º e 3.º, do CPC. Recurso não provido" (TJMG, Apelação Cível 0041551-61.2011.8.13.0672, 12.ª Câmara Cível, Sete Lagoas, Rel. Des. Nilo Lacerda, j. 29.02.2012, *DJEMG* 12.03.2012).

Na minha opinião doutrinária, parecia não ser essa a melhor interpretação, pois o Código Civil de 2002 ainda vigeria, propiciando que a remição fosse feita tanto pelo devedor como por seus familiares. Aprofunde-se que a norma da codificação privada tinha natureza processual, podendo perfeitamente substituir a regra revogada no Estatuto Processual. Ademais, a remição efetivada pelos familiares concretizaria a proteção da família, retirada do art. 226 do Texto Maior. A propósito, concluindo ainda pela possibilidade de subsunção do art. 1.482 do CC/2002, da jurisprudência paulista:

"Agravo de instrumento. Execução. Arrematação e adjudicação pelo exequente. Reconhecido o direito de remição a descendente do executado, único pretendente, observados, assim, os termos dos arts. 1.482 do Código Civil cumulado com o art. 685-A, §§ 2.º e 3.º, do Código de Processo Civil. Afastada a determinação judicial da licitação. Decisão do Juízo *a quo* reformada. Agravo provido (Voto 8017)" (TJSP, Agravo de Instrumento 7274103-4, Acórdão 3308870, 19.ª Câmara de Direito Privado, Mirassol, Rel. Des. Sampaio Pontes, j. 13.10.2008, *DJESP* 03.11.2008).

Na doutrina, Francisco Eduardo Loureiro igualmente entendia pela aplicação do art. 1.482 do CC/2002, ao lecionar que, "embora controverso o tema, possível defender que persista ainda, regulada pelo artigo em estudo, a remição da hipoteca, instituto de nítida natureza material, que tem o objetivo não somente de extinguir a execução, mas liberar o patrimônio do ônus real. Nas execuções de crédito quirografário, o regime é o do CPC, de modo que a remição é facultada apenas ao devedor, devendo seus parentes utilizar-se da adjudicação. Já nas execuções hipotecárias ainda se admite a remição da hipoteca não somente pelo devedor, mas também pelos seus parentes".[214] Essa igualmente era a posição seguida pelo doutrinador em julgamentos em que atuava no Tribunal de Justiça de São Paulo.

---

[214] LOUREIRO, Francisco Eduardo. *Código Civil comentado*. Coordenador: Ministro Cezar Peluso. São Paulo: Manole, 2007. p. 1.587.

CAP. 7 • DIREITO DAS COISAS | **1277**

Todavia, o CPC de 2015, ora em vigor, não seguiu essa forma de pensar, mas a primeira, dos arestos antes transcritos, não sendo mais possível, definitivamente, a remição pelos familiares do executado, que têm apenas um direito de preferência para a compra do bem. Consigne-se que essa adjudicação, como direito de preferência a favor dos parentes, foi mantida pelo CPC/2015, por força do seu art. 876, § 5.º, *in verbis*: "Idêntico direito pode ser exercido por aqueles indicados no art. 889, incisos II a VIII, pelos credores concorrentes que hajam penhorado o mesmo bem, pelo cônjuge, pelo companheiro, pelos descendentes ou pelos ascendentes do executado". Em relação à remição realizada pelo próprio executado, esta persiste, mas apenas no sistema processual, como se verá a seguir.

Feitas tais considerações, e passando para a terceira e última modalidade de remição, também houve alteração no que diz respeito à remição da hipoteca no caso de falência ou insolvência do devedor hipotecário. Nos termos do Código Civil de 2002, esse direito seria deferido à massa, ou aos credores em concurso, não podendo o credor recusar o preço da avaliação do imóvel (art. 1.483 do CC). A propósito, nessas circunstâncias, poderia o credor hipotecário, para pagamento de seu crédito, requerer a adjudicação do imóvel avaliado em quantia inferior àquele, desde que dê quitação pela sua totalidade (art. 1.483, parágrafo único, do CC).

Na realidade, constata-se que tal instituto não foi totalmente retirado do sistema real, passando apenas a ser tratado pelo Novo Estatuto Processual. No capítulo relativo à adjudicação, estabelece o art. 877 do CPC/2015 que, transcorrido o prazo de cinco dias, contado da última intimação, e decididas eventuais questões, o juiz ordenará a lavratura do auto de adjudicação. Pelo mesmo comando, no seu § 1.º, considera-se perfeita e acabada a adjudicação com a lavratura e a assinatura do auto pelo juiz, pelo adjudicatário, pelo escrivão ou chefe de secretaria, e, se estiver presente, pelo executado, expedindo-se: *a)* se bem imóvel, a carta de adjudicação e o mandado de imissão na posse; *b)* se bem móvel, ordem de entrega ao adjudicatário.

A carta de adjudicação conterá a descrição do imóvel, com remissão – no sentido de menção, e não de perdão – à sua matrícula e aos registros, à cópia do auto de adjudicação e à prova de quitação do imposto de transmissão (art. 877, § 2.º, do CPC/2015). No caso de penhora de bem hipotecado, o executado poderá remir o bem até a assinatura do auto de adjudicação, oferecendo preço igual ao da avaliação, se não tiver havido licitantes, ou ao do maior lance oferecido (art. 877, § 3.º, do CPC/2015). Esse último preceito concretiza a remição realizada pelo executado, aqui antes exposta e confirmada pelo CPC de 2015.

Seguindo o estudo do comando, conforme o § 4.º do novo art. 877 do CPC/2015, na hipótese de falência ou de insolvência do devedor hipotecário, esse direito de remição será deferido à massa ou aos credores em concurso, não podendo o exequente recusar o preço da avaliação do imóvel. Trata-se da figura que antes estava prevista no art. 1.483 do Código Civil, totalmente transposta para o Estatuto Processual, não se sabe com qual função.

Nas hipóteses de remição que ainda restam, é lícito aos interessados fazer constar das escrituras de instituição da hipoteca o valor entre si ajustado dos imóveis hipotecados, o qual, devidamente atualizado, será a base para as arrematações, adjudicações e remições, dispensada a avaliação (art. 1.484 do CC/2002). Em suma, as partes podem, por exercício da autonomia privada, fixar o valor do bem, para os fins de sua transmissão, o que visa facilitar a efetivação prática da garantia. Esse dispositivo material não sofreu qualquer alteração pelo Estatuto Processual vigente.

De qualquer maneira, entendo que a última norma é excessivamente liberal e não está em sintonia com a atual principiologia do Direito Privado, em especial com a boa-fé objetiva e a função social. Imagine-se, por exemplo, uma cláusula que fixa o valor do bem em um terço do seu valor do mercado, traduzindo onerosidade excessiva. Ou, ainda,

## 1278 | MANUAL DE DIREITO CIVIL • VOLUME ÚNICO – *Flávio Tartuce*

a imposição de uma cláusula desproporcional em contrato de consumo ou de adesão. Em todos esses casos, há que se reconhecer a nulidade da cláusula, por ilicitude do objeto (art. 166, inc. II, do CC/2002). Serve de apoio o art. 187 da codificação material, que consagra o abuso de direito como ato ilícito.

Em reforço, podem ser utilizados os arts. 51 do CDC e 424 do CC/2002, que protegem o consumidor e o aderente, como partes vulneráveis da relação negocial, contra cláusulas consideradas abusivas, que são nulas de pleno direito. Com o reconhecimento dessa nulidade da cláusula que estabelece o valor da coisa, deve-se proceder a uma real avaliação da coisa, buscando o seu valor perante a sociedade, concretizando a função social da propriedade.

Cabe, por fim, a revisão do valor fixado previamente pelo magistrado, o que é reconhecido por alguns julgados. A título de ilustração, admitindo implicitamente a ideia:

> "Tendo os imóveis hipotecados sido previamente estimados na constituição da hipoteca, nos termos do art. 1.484 do Código Civil vigente, que manteve o comando instituído pelo art. 818 do Código Civil de 1916, e não havendo indício trazido pelas partes de majoração ou diminuição no valor a eles atribuído, mostra-se dispensável sua avaliação, incidindo tão só a atualização monetária, para que possam ser levados à hasta pública. Decisão reformada. Recurso provido" (TJSP, Agravo de Instrumento 991.09.012237-3, Acórdão 4385875, 17.ª Câmara de Direito Privado, Jundiaí, Rel. Des. Walter Fonseca, j. 24.02.2010, *DJESP* 09.04.2010).

Superado esse ponto a respeito da *remição,* a *perempção da hipoteca convencional* está tratada pelo art. 1.485 do CC, sendo essa a sua extinção por decurso de prazo máximo de 30 anos, a contar da data da instituição por negócio jurídico. A norma dispõe que a prorrogação máxima se dá mediante simples averbação, requerida por ambas as partes.

Anote-se que a Lei 10.931/2004 elevou o prazo que era de 20 anos, retornando ao modelo que constava do CC/1916. Prevê ainda o dispositivo vigente que desde que perfaça esse prazo, só poderá subsistir o contrato de hipoteca reconstituindo-se por novo título e novo registro. Em situações tais, será mantida a precedência da hipoteca. Conforme antes se estudou, *não se pode confundir a perempção com a preempção,* sendo a última o reconhecimento de um direito de preferência, como ocorre a favor do condômino no caso de venda da coisa comum (art. 504 do CC). Aplicando o art. 1.485 do CC, para ilustrar, do Tribunal Bandeirante:

> "Ação de execução por quantia certa contra devedor solvente. Penhora de bem com ônus hipotecário. Hipoteca datada de 20.12.1976. Pedido de baixa da hipoteca, pelo decurso do prazo previsto no art. 1.485 do Código Civil. Possibilidade. Agravo provido" (TJSP, Agravo de Instrumento 990.10.221853-8, Acórdão 4634062, 12.ª Câmara de Direito Privado, São Caetano do Sul, Rel. Des. Jacob Valente, j. 04.08.2010, *DJESP* 30.08.2010).

Da jurisprudência, é correta a conclusão pela qual, sendo a hipoteca fixada sem prazo determinado, deve ser aplicado o prazo do art. 1.485 do CC e o *princípio da conservação dos negócios*:

> "Direito civil. Hipoteca. Estipulação a prazo incerto. Validade. Relação continuativa. Ausência momentânea de crédito. Irrelevância. I – A hipoteca pode ser estipulada a termo incerto se constituída em garantia de dívida a prazo indeterminado. A ausência de previsão de prazo certo para sua vigência não a invalida, operando-se, *pleno jure,* a sua extinção, no caso de atingido o prazo legal máximo de 30 anos previsto nos arts. 817 do Código Civil de 1916 e 1.485 do Código Civil de 2002,

se antes não a convencionarem as partes. II – Tendo a hipoteca sido dada a fim de garantir todas as dívidas que vierem a ser originadas de relação continuativa havida entre as partes, a inexistência momentânea de crédito não é causa de sua extinção" (TJMG, Apelação Cível 1.0249.07.000953-8/0011, 13.ª Câmara Cível, Eugenópolis, Rel. Des. Adilson Lamunier, j. 14.08.2008, *DJEMG* 15.09.2008).

Admite-se a instituição convencional de hipoteca para *dívida futura* ou *condicional* (que depende de evento futuro e incerto). Isso somente é possível, nos termos do art. 1.487 do CC, se determinado o valor máximo do crédito a ser garantido. A execução da hipoteca dependerá de prévia e expressa concordância do devedor quanto à verificação da condição, ou ao montante da dívida (§ 1.º). Havendo divergência entre o credor e o devedor, caberá àquele fazer prova de seu crédito. Reconhecido este, o devedor responderá, inclusive, por perdas e danos, em razão da superveniente desvalorização do imóvel (§ 2.º).

A Lei 14.711/2023, ao tratar do novo *Marco Legal das Garantias*, incluiu um novo art. 1.487-A no Código Civil, tratando da extensão da hipoteca, para garantir novas obrigações em favor do mesmo credor. Nos termos do seu *caput*, "a hipoteca poderá, por requerimento do proprietário, ser posteriormente estendida para garantir novas obrigações em favor do mesmo credor, mantidos o registro e a publicidade originais, mas respeitada, em relação à extensão, a prioridade de direitos contraditórios ingressos na matrícula do imóvel". O objetivo da norma, sem dúvida, foi facilitar a concessão de créditos em nosso país, reduzindo-se entraves e burocracias. Temo, porém, que essa extensão da hipoteca gere, no futuro, uma realidade de créditos sem lastro ou fundamentos econômicos, como já ocorreu em outros países, em vários momentos da História.

Com vistas justamente a tentar evitar essa falta de lastro, o § 1.º do novo art. 1.487-A da codificação privada prevê que a extensão da hipoteca não poderá exceder ao prazo e ao valor máximo garantido constantes da especialização da garantia original. Assim, não pode superar o montante relativo à especialização da hipoteca.

Quanto à sua formalização registral e no que diz respeito à ordem de preferência dos créditos, está expresso no § 2.º desse comando que a extensão da hipoteca será objeto de averbação subsequente na matrícula do imóvel, assegurada a preferência creditória em favor da: *a)* obrigação inicial, a primeira constituída, em relação às obrigações alcançadas pela extensão da hipoteca; e *b)* obrigação mais antiga, considerando-se o tempo da averbação, no caso de mais de uma extensão de hipoteca.

Por fim, o § 3.º do art. 1.487-A do CC prescreve que na hipótese de superveniente multiplicidade de credores garantidos pela mesma hipoteca estendida, apenas o credor titular do crédito mais prioritário, conforme a ordem estabelecida no preceito anterior, poderá promover a execução judicial ou extrajudicial da garantia, exceto se for convencionado de modo diverso por todos os credores. Mais uma vez, nota-se regra que visa manter o lastro para o recebimento da dívida.

Pois bem, a mesma Lei 14.711/2023 ampliou a possibilidade da execução extrajudicial em casos de hipoteca, além do que estava previsto no anterior Decreto-Lei 70/1966. Foram incluídas, assim, duas modalidades de execução: a *execução extrajudicial dos créditos garantidos por hipoteca* e a *execução extrajudicial da garantia imobiliária em concurso de credores*.

A primeira delas, a *execução extrajudicial de créditos garantidos por hipoteca*, é efetivada perante o Cartório de Registro de Imóveis, nos mesmos moldes do que já estava previsto na Lei 9.514/1997, para a alienação fiduciária de bens imóveis. Consoante o art. 9.º, § 1.º, da Lei 14.711/2023, vencida e não paga a dívida hipotecária, no todo ou em parte, o devedor, e, se for o caso, o terceiro hipotecante ou seus representantes legais ou procuradores regularmente constituídos, será intimado pessoalmente, a requerimento do credor ou do seu cessionário, pelo oficial do registro de imóveis da situação do imóvel hipotecado, para purgação da mora no prazo de quinze dias, observado o disposto no art. 26 da Lei 9.514/1997, no que couber.

A não purgação da mora nesse prazo de quinze dias autoriza o início do procedimento de excussão extrajudicial da garantia hipotecária por meio de leilão público, e o fato será previamente averbado na matrícula do imóvel, a partir do pedido formulado pelo credor, nos quinze dias seguintes ao término do prazo estabelecido para a purgação da mora (art. 9.º, § 2.º, da Lei 14.711/2023).

Em continuidade quanto ao procedimento, no prazo de sessenta dias, contado da averbação, o credor promoverá leilão público do imóvel hipotecado, que poderá ser realizado por meio eletrônico (art. 9.º, § 3.º, da Lei 14.711/2023). Penso que caberá ao CNJ, de acordo com as atribuições dadas pela Lei do SERP (Lei 14.382/2023), fixar as regras a respeito desse leilão eletrônico. A lei apenas estabelece que as datas, os horários e os locais dos leilões serão comunicados ao devedor e, se for o caso, ao terceiro hipotecante, por meio de correspondência dirigida aos endereços constantes do contrato ou posteriormente fornecidos, inclusive ao endereço eletrônico (art. 9.º, § 4.º, da Lei 14.711/2023).

Assim como já era consagrado em parte quanto à alienação fiduciária de bens imóveis, na hipótese de o lance oferecido no primeiro leilão público não ser igual ou superior ao valor do imóvel estabelecido no contrato para fins de excussão ou ao valor de avaliação realizada pelo órgão público competente para cálculo do imposto sobre transmissão *inter vivos*, o que for maior, o segundo leilão será realizado nos quinze dias seguintes (art. 9.º, § 5.º, da Lei 14.711/2023).

Sucessivamente, no segundo leilão, será aceito o maior lance oferecido, desde que seja igual ou superior ao valor integral da dívida garantida pela hipoteca, das despesas, inclusive emolumentos cartorários, dos prêmios de seguro, dos encargos legais, inclusive tributos, e das contribuições condominiais. Caso não haja lance que alcance referido valor, poderá ser aceito pelo credor hipotecário, a seu exclusivo critério, lance que corresponda a, pelo menos, metade do valor de avaliação do bem (art. 9.º, § 6.º, da Lei 14.711/2023). Essa última previsão visa à alienação por preço vil, o que não afasta eventuais vendas por montante muito inferior ao valor efetivo do imóvel, o que passará por controle do Poder Judiciário, no meu entender.

Antes de o bem ser alienado em leilão, é assegurado ao devedor ou, se for o caso, ao prestador da garantia hipotecária o direito de remir a execução (*remição da hipoteca*), mediante o pagamento da totalidade da dívida, cujo valor será acrescido das despesas relativas ao procedimento de cobrança e dos leilões. Nessa situação, fica autorizado o oficial de registro de imóveis a receber e a transferir as quantias correspondentes ao credor no prazo de três dias (art. 9.º, § 7.º, da Lei 14.711/2023).

Eventualmente, se o lance para arrematação do imóvel superar o valor da totalidade da dívida, acrescida das despesas previstas em lei, a quantia excedente será entregue ao hipotecante, devedor ou terceiro, no prazo de quinze dias, contado da data da efetivação do pagamento do preço da arrematação (art. 9.º, § 8.º, da Lei 14.711/2023).

Entretanto, na hipótese de o lance oferecido no segundo leilão não ser igual ou superior ao *referencial mínimo* estabelecido para arrematação – metade do valor de avaliação do bem –, o credor terá *duas opções*, previstas no art. 9.º, § 9.º, da norma como *faculdades*, a seu critério.

A *primeira faculdade* é de se apropriar do imóvel em pagamento da dívida, a qualquer tempo, pelo valor correspondente ao referencial mínimo devidamente atualizado, mediante requerimento ao oficial do registro de imóveis competente, que registrará os autos dos leilões negativos com a anotação da transmissão dominial em ato registral único, dispensadas, nessa hipótese, a ata notarial de especialização e a devolução de eventual excedente.

A *segunda faculdade* é de realizar, no prazo de até cento e oitenta dias, contado do último leilão, a venda direta do imóvel a terceiro, por valor não inferior ao referencial mínimo, dispensado um novo leilão. Nessa hipótese, o credor hipotecário ficará investido de mandato irrevogável para representar o garantidor hipotecário, com poderes para transmitir domínio, direito, posse e ação, manifestar a responsabilidade do alienante pela evicção e imitir o adquirente na posse.

Mais uma vez entendo que caberá o controle de eventuais abusividades no exercício dessas faculdades, sobretudo quanto à segunda, pelo Poder Judiciário, sendo possíveis medidas para suspender o procedimento, se for o caso.

Ademais, nas operações de financiamento para a aquisição ou a construção de imóvel residencial do devedor, excetuadas aquelas compreendidas no sistema de consórcio, caso não seja suficiente o produto da excussão da garantia hipotecária para o pagamento da totalidade da dívida e das demais despesas previstas em lei, o devedor ficará exonerado da responsabilidade pelo saldo remanescente, hipótese em que não se aplica o disposto no art. 1.430 do Código Civil. Incide, portanto, a mesma premissa da alienação fiduciária em garantia de bens imóveis, não havendo mais a reponsabilidade pessoal patrimonial do devedor, com os seus bens. Tudo isso consta do art. 9.º, § 10, da Lei 14.711/2023, o que veio em boa hora, visando dar privilégio à execução extrajudicial.

Sendo concluído o procedimento de execução extrajudicial do crédito garantido por hipoteca, e havendo lance vencedor, os autos do leilão e o processo de execução extrajudicial da hipoteca serão distribuídos a Tabelião de Notas com circunscrição delegada que abranja o local do imóvel para lavratura da *ata notarial de arrematação*, que conterá os dados da intimação do devedor e do garantidor e dos autos do leilão e constituirá título hábil para a transmissão da propriedade ao arrematante a ser registrado na matrícula do imóvel (art. 9.º, § 11, da Lei 14.711/2023). Novamente, penso que caberá ao Conselho Nacional de Justiça disciplinar, no futuro, sobre essa ata notarial.

Em continuidade, a nova lei prevê que se aplicam à execução extrajudicial da hipoteca as disposições previstas para a execução extrajudicial da alienação fiduciária em garantia sobre imóveis, relativamente à desocupação do ocupante do imóvel excutido – mesmo se houver locação –, e à obrigação do fiduciante em arcar com taxa de ocupação e com as despesas vinculadas ao imóvel até a desocupação. Tudo isso conforme os §§ 7.º e 8.º do art. 27 e os arts. 30 e 37-A da Lei 9.514/1997, que ainda serão neste livro estudados, equiparada a data de consolidação da propriedade na execução da alienação fiduciária à data da expedição da ata notarial de arrematação ou, se for o caso, do registro da apropriação definitiva do bem pelo credor hipotecário no registro de imóveis (art. 9.º, § 12, da Lei 14.711/2023).

Foi, também, previsto que o instituto da execução extrajudicial da hipoteca não se aplica às operações de financiamento da atividade agropecuária, que têm tratamento específico (art. 9.º, § 13, da Lei 14.711/2023). A norma visa proteger os imóveis rurais, em que se desenvolve a atividade agrária, sendo possível apenas a execução judicial.

Em quaisquer das hipóteses de arrematação, venda privada ou adjudicação, deverá ser previamente apresentado ao registro imobiliário o comprovante de pagamento do imposto sobre transmissão *inter vivos* e, se for o caso, do laudêmio, em casos de bens sob enfiteuse (art. 9.º, § 14, da Lei 14.711/2023).

Por fim quanto a essa primeira modalidade de medida extrajudicial, está previsto no § 15 do art. 9.º do novo *Marco Legal das Garantias* que o título constitutivo da hipoteca deverá conter, sem prejuízo dos requisitos de forma ou solenidade do art. 108 do Código Civil – escritura pública no caso de imóvel com valor superior a trinta salários mínimos –, ou da lei especial, conforme o caso, como requisito de validade, expressa previsão do procedimento previsto neste artigo, com menção ao teor dos §§ 1.º a 10 do próprio preceito em estudo. Isso demandará grande número de informações a constar do título da hipoteca, atendendo-se ao dever de informação, decorrente da boa-fé objetiva. O não atendimento dessas regras gerará a nulidade do título constitutivo da hipoteca, por desrespeito à forma ou à solenidade, consoante o art. 166, incs. IV e V, do Código Civil.

Pois bem, além da *execução extrajudicial dos créditos garantidos por hipoteca*, o novo *Marco Legal das Garantias* incluiu no sistema jurídico nacional a *execução extrajudicial da garantia imobiliária em concurso de credores*, que se aplica não só à hipoteca, como também à alienação fiduciária em garantia de bens imóveis.

Nos termos do art. 10 da Lei 14.711/2023, quando houver mais de um crédito garantido pelo mesmo imóvel, realizadas as averbações de início da excussão extrajudicial da garantia hipotecária ou, se for o caso, de consolidação da propriedade em decorrência da execução extrajudicial da propriedade fiduciária, o oficial do registro de imóveis competente intimará simultaneamente todos os credores concorrentes para habilitarem os seus créditos, no prazo de quinze dias, contado da data de intimação.

Essa intimação de todos os credores pelo Cartório de Registros de Imóveis será efetivada por meio de requerimento que contenha: *a)* o cálculo do valor atualizado do crédito para excussão da garantia, incluídos os seus acessórios, caso de juros e penalidades; *b)* os documentos comprobatórios do desembolso e do saldo devedor, quando se tratar de crédito pecuniário futuro, condicionado ou rotativo; e *c)* a sentença judicial ou arbitral que tornar líquido e certo o montante devido, quando inicialmente ilíquida a obrigação garantida.

Decorrido o prazo de quinze dias, o oficial do registro de imóveis lavrará a certidão correspondente e intimará o garantidor e todos os credores em concurso quanto ao quadro atualizado de credores, que incluirá os créditos e os graus de prioridade sobre o produto da excussão da garantia, observada a antiguidade do crédito real como parâmetro na definição desses graus de prioridade (art. 10, § 1.º, da Lei 14.711/2023).

Por fim, o § 2.º da norma estabelece que a distribuição dos recursos obtidos a partir da excussão da garantia aos credores, com prioridade, ao fiduciante ou ao hipotecante, ficará a cargo do credor exequente. Esse deverá também observar os graus de prioridade estabelecidos no quadro de credores e os prazos legais para a entrega ao devedor da quantia remanescente após o pagamento dos credores nas hipóteses, conforme o caso, de execução extrajudicial da propriedade fiduciária ou de execução extrajudicial da garantia hipotecária.

Como se pode perceber, os dois institutos de execução extrajudicial visam a tornar mais fácil a concessão de crédito no País, com a redução dos juros, facilitando, também, os procedimentos e concretizando a tendência de prevenção e solução dos litígios fora do âmbito do Poder Judiciário (*desjudicialização*). Aguardemos a sua efetivação do futuro, a regulamentação de eventuais lacunas pelo Conselho Nacional de Justiça (CNJ) e os debates que surgirão a respeito das novas figuras.

A encerrar o estudo das regras básicas da hipoteca, o art. 1.488 do CC introduziu como novidade a possibilidade de *fracionamento da hipoteca* se o imóvel dado em garantia for loteado, desmembrado ou dividido, o que quebra com a antiga máxima pela qual a hipoteca seria um bem indivisível. É a sua redação:

"Art. 1.488. Se o imóvel, dado em garantia hipotecária, vier a ser loteado, ou se nele se constituir condomínio edilício, poderá o ônus ser dividido, gravando cada lote ou unidade autônoma, se o requererem ao juiz o credor, o devedor ou os donos, obedecida a proporção entre o valor de cada um deles e o crédito.

§ 1.º O credor só poderá se opor ao pedido de desmembramento do ônus, provando que o mesmo importa em diminuição de sua garantia.

§ 2.º Salvo convenção em contrário, todas as despesas judiciais ou extrajudiciais necessárias ao desmembramento do ônus correm por conta de quem o requerer.

§ 3.º O desmembramento do ônus não exonera o devedor originário da responsabilidade a que se refere o art. 1.430, salvo anuência do credor".

Decisão do Superior Tribunal de Justiça considerou a possibilidade de aplicar a inovação a negócios constituídos na vigência do CC/1916. Isso porque o dispositivo está no *plano da eficácia*, devendo incidir a norma no momento da produção dos efeitos, na esteira do que consta do art. 2.035, *caput*, do CC/2002. O julgado ainda cita o princípio da função social dos contratos como fundamento para a conclusão. Vejamos a ementa:

"Recurso especial. Antecipação de tutela. Impugnação exclusivamente aos dispositivos de direito material. Possibilidade. Fracionamento de hipoteca. Art. 1.488 do CC/2002. Aplicabilidade aos contratos em curso. Inteligência do art. 2.035 do CC/2002 – Aplicação do princípio da função social dos contratos. Se não há ofensa direta à legislação processual na decisão do Tribunal que revoga tutela antecipadamente concedida pelo Juízo de Primeiro Grau, é possível a interposição de Recurso Especial mencionando exclusivamente a violação dos dispositivos de direito material que deram fundamento à decisão. O art. 1.488 do CC/2002, que regula a possibilidade de fracionamento de hipoteca, consubstancia uma das hipóteses de materialização do princípio da função social dos contratos, aplicando-se, portanto, imediatamente às relações jurídicas em curso, nos termos do art. 2.035 do CC/2002. Não cabe aplicar a multa do art. 538, parágrafo único, do CPC, nas hipóteses em que há omissão no acórdão recorrido, ainda que tal omissão não implique a nulidade do aresto. Recurso especial parcialmente conhecido e, nessa parte, provido" (STJ, REsp 691.738/SC, 3.ª Turma, Rel. Min. Nancy Andrighi, j. 12.05.2005, *DJ* 26.09.2005, p. 372).

O julgado é louvável por reconhecer a constitucionalidade do art. 2.035 do CC, não havendo qualquer lesão à proteção do direito adquirido e do ato jurídico perfeito em sua redação, eis que as normas relativas aos efeitos negociais devem ter aplicação imediata. Todavia, a ementa da decisão pode ser criticada por dois pontos. O primeiro aspecto é que a hipoteca não constitui um contrato, no sentido jurídico do termo, pois se trata de um direito real de garantia (art. 1.225, inc. IX, do CC de 2002).

O segundo ponto de crítica é que o fracionamento da hipoteca está no plano da eficácia desse negócio jurídico. Assim, é com base no art. 2.035, *caput*, do atual Código que o fracionamento pode ocorrer, mesmo que o negócio tenha sido celebrado na vigência da lei anterior. A questão, portanto, não está relacionada com a validade do negócio, como faz crer a ementa, muito menos à função social do contrato, tratada pelo parágrafo único do art. 2.035.

Para encerrar o estudo da norma, anote-se que no Projeto de Reforma do Código Civil está sendo proposto um novo § 4.º para o seu art. 1.488, prevendo que, "se o lote ou a unidade autônoma forem alienados pelo empreendedor, a hipoteca abrangerá automaticamente os créditos decorrentes da alienação, sem a necessidade de novo registro". Segundo as justificativas da Subcomissão de Direito das Coisas, "trata-se de extensão automática da garantia real sobre os frutos da venda, na hipótese de financiamento à urbanização de loteamentos e de incorporação imobiliária". O objetivo, mais uma vez, é inserir importante proteção aos credores para o recebimento de garantias sobre os bens destinados à venda, com vistas a atrair maiores investimentos para o País.

Superada a abordagem dos efeitos concretos da hipoteca, vejamos a classificação exposta pela doutrina contemporânea, levando-se em conta a origem da hipoteca:[215]

I) *Hipoteca convencional* – criada pela autonomia privada, ou por convenção das partes, conforme preceitos e regras até o presente momento estudadas.

II) *Hipoteca legal* – decorre da norma jurídica, nas hipóteses do art. 1.489 do CC, a favor das seguintes pessoas: *a)* às pessoas de direito público interno (art. 41 do CC) sobre os imóveis pertencentes aos encarregados da cobrança, guarda ou administração dos respectivos fundos e rendas; *b)* aos filhos, sobre os imóveis do pai ou da mãe que passar a outras núpcias, antes de fazer o inventário do casal anterior (art. 1.523, inc. II, do CC), hipótese de causa suspensiva do casamento; *c)* ao ofendido, ou aos seus herdeiros, sobre os imóveis do delinquente, para satisfação do dano causado pelo delito e pagamento das despesas judiciais; *d)* ao coerdeiro, para garantia do seu quinhão ou torna da partilha, sobre o imóvel adjudicado ao herdeiro reponente; *e)* ao credor sobre o imóvel arrematado, para garantia do pagamento do restante do preço da arrematação. Anoto que no Projeto de Reforma do Código Civil a regra do inciso II é mantida, mesmo com a retirada das causas suspensivas do casamento do sistema, o que visa a proteger eventuais adquirentes do imóvel. De toda sorte, é sugerido um aperfeiçoamento, para que mencione a união estável, do seguinte modo: "II – aos filhos, sobre os imóveis do pai ou da mãe que passar a outras núpcias ou estabelecer união estável, antes de fazer o inventário do casal anterior". Para o inciso III, é feita uma melhora na redação, além de se incluírem os honorários contratuais do advogado, na linha de outras proposições: "ao ofendido, ou aos seus herdeiros, sobre os imóveis do agente causador do dano, para satisfação dos prejuízos causados pelo ato ilícito e pelo pagamento das despesas judiciais e honorários contratuais de advogado". O credor da hipoteca legal, ou quem o represente, poderá, provando a insuficiência dos imóveis especializados, exigir do devedor que seja reforçado com outros (art. 1.490 do CC). A hipoteca legal pode ser substituída por caução de títulos da dívida pública federal ou estadual, recebidos pelo valor de sua cotação mínima no ano corrente; ou por outra garantia, a critério do juiz, a requerimento do devedor (art. 1.491). As hipotecas legais, de qualquer natureza, deverão ser registradas e especializadas (art. 1.497 do CC). O registro e a especialização das hipotecas legais incumbem a quem está obrigado a prestar a garantia, mas os interessados podem promover a inscrição delas, ou solicitar ao Ministério Público que o faça (art. 1.497, § 1.º, do CC). As pessoas, às quais incumbir o registro e a especialização das hipotecas legais, estão sujeitas a perdas e danos pela omissão (art. 1.497, § 2.º, do CC). Não se pode esquecer que não há prazo máximo para a hipoteca legal, exigindo-se apenas que a especialização seja renovada a cada 20 anos (art. 1.498 do CC).

III) *Hipoteca cedular* – na linha do art. 1.486 do CC, podem o credor e o devedor, no ato constitutivo da hipoteca, autorizar a emissão da correspondente cédula

---

[215] Cf. FARIAS, Cristiano Chaves; ROSENVALD, Nelson. *Direitos reais*. Rio de Janeiro: Lumen Juris, 2006. p. 647-663; DINIZ, Maria Helena. *Curso de direito civil brasileiro*. Direito das Coisas. 24. ed. São Paulo: Saraiva, 2009. v. 5, p. 581-591; GONÇALVES, Carlos Roberto. *Direito civil brasileiro*. Direito das Coisas. 5. ed. São Paulo: Saraiva, 2010. v. 5, p. 608-613.

CAP. 7 • DIREITO DAS COISAS | **1285**

hipotecária, na forma e para os fins previstos em lei especial. Conforme apontam Cristiano Chaves de Farias e Nelson Rosenvald, "nas leis específicas, a constituição da hipoteca independe de contrato solene e específico, pois, na própria cédula, são inseridos o acordo de criação e reconhecimento da dívida pelo devedor-emitente, e a constituição da hipoteca. Especializando-se os bens dados em garantia, com registro da cédula no ofício imobiliário. O credor da cédula dispõe de segurança, em razão do vínculo real que resulta do registro da cédula no cartório imobiliário".[216] Como exemplo retirado da legislação especial pode ser citada a cédula rural hipotecária, tratada pelo Decreto-lei 167/1967.

IV) *Hipoteca judicial* – estava tratada pelo art. 466 do CPC, segundo o qual "a sentença que condenar o réu no pagamento de uma prestação, consistente em dinheiro ou em coisa, valerá como título constitutivo de hipoteca judiciária, cuja inscrição será ordenada pelo juiz na forma prescrita na Lei de Registros Públicos". Ainda nos termos do Estatuto Processual revogado, a sentença condenatória produziria a hipoteca judiciária: *a)* embora a condenação fosse genérica; *b)* pendente arresto de bens do devedor; *c)* ainda quando o credor pudesse promover a execução provisória da sentença. O CPC/2015 regulamenta o instituto no seu art. 495, com algumas modificações. De início, o seu *caput* dispõe que a decisão – expressão mais genérica – que condenar o réu ao pagamento de prestação consistente em dinheiro e a que determinar a conversão de prestação de fazer, de não fazer ou de dar coisa em prestação pecuniária valerão como título constitutivo de hipoteca judiciária. Ademais, também em tom mais genérico, o seu § 1.º preconiza que a decisão produz a hipoteca judiciária: *a)* embora a condenação seja genérica; e *b)* ainda que o credor possa promover o cumprimento provisório da sentença ou esteja pendente arresto sobre bem do devedor; e *c)* mesmo que impugnada por recurso dotado de efeito suspensivo. Essa última hipótese é novidade, tendo sido a terceira previsão anterior encaixada na segunda, sem grandes modificações estruturais.

Por derradeiro, o Código Privado trata da extinção da hipoteca, nas seguintes situações descritas pelo art. 1.499 do CC:

> I) Pela extinção da obrigação principal, pois se repise que a hipoteca não pode existir sozinha, diante do seu caráter acessório. Podem ser citados os casos de nulidade absoluta, pagamento direto ou indireto e de prescrição da obrigação principal (sobre a última hipótese, ver: STJ, REsp 1.408.861/RJ, Rel. Min. Paulo de Tarso Sanseverino, j. 20.10.2015, *DJe* 06.11.2015, publicado no seu *Informativo* n. 572).
>
> II) Pelo perecimento da coisa, o que gera a perda de sua finalidade.
>
> III) Pela resolução da propriedade do bem hipotecado.
>
> IV) Pela renúncia do credor.
>
> V) Pela remição ou resgate conforme estudado.
>
> VI) Pela arrematação ou adjudicação do bem hipotecado.

Extingue-se ainda a hipoteca com a averbação, no Registro de Imóveis, do cancelamento do registro, à vista da respectiva prova (art. 1.500 do CC). Com o cancelamento

---

[216] FARIAS, Cristiano Chaves; ROSENVALD, Nelson. *Direitos reais*. Rio de Janeiro: Lumens Juris, 2006. p. 663.

# 1286 | MANUAL DE DIREITO CIVIL • VOLUME ÚNICO – *Flávio Tartuce*

registral, o direito real deixa de ter efeitos *erga omnes*. Porém, não extinguirá a hipoteca, devidamente registrada, a arrematação ou adjudicação, sem que tenham sido notificados judicialmente os respectivos credores hipotecários, que não forem de qualquer modo partes na ação de execução hipotecária (art. 1.501). A norma tem sua razão de ser, pela clara interação com o princípio da boa-fé objetiva.

## 7.10.4 Da anticrese

A anticrese é um direito real de garantia pouco usual no Brasil, sendo certo que houve propostas de sua retirada quando da elaboração do CC/2002.[217] De fato, o instituto continua não tendo concreção na vigência da atual codificação, relevando-se uma categoria inútil e sem qualquer incidência prática. Como visto, a Lei 13.8777/2019 trouxe uma categoria especial de anticrese, no âmbito da multipropriedade (novo art. 1.358-S, parágrafo único, inciso III, do CC), buscando dar a ela certa efetividade prática. Aguardemos se isso ocorrerá nos próximos anos.

Por meio desse direito real de garantia, um imóvel é dado em garantia e transmitido do devedor, ou por terceiro, ao credor, podendo o último retirar da coisa os frutos para o pagamento da dívida. Como se percebe, a anticrese está *no meio do caminho* entre o penhor e hipoteca, tendo características de ambos. Com a hipoteca tem em comum o fato de recair sobre imóveis, como é corriqueiro. Do penhor, há a similaridade em relação à transmissão da posse. De diferente, a retirada dos frutos do bem. São partes da anticrese:

> a) Devedor anticrético – aquele que dá o imóvel em garantia, transferindo a sua posse ao credor.
>
> b) Credor anticrético – recebe o imóvel em garantia, ficando com a sua posse.

Essa estrutura da anticrese fica clara pelo art. 1.506 do CC, segundo o qual pode o devedor ou outrem por ele, com a entrega do imóvel ao credor, ceder-lhe o direito de perceber, em compensação da dívida, os frutos e rendimentos. A lei permite estipular que os frutos e rendimentos do imóvel sejam percebidos pelo credor à conta de juros. Contudo, se o seu valor ultrapassar a taxa máxima permitida em lei para as operações financeiras, o remanescente será imputado ao capital (art. 1.506, § 1.º, do CC).

Deve ficar claro que o imóvel dado em anticrese pode ser hipotecado pelo devedor ao credor anticrético, ou a terceiros, assim como o imóvel hipotecado poderá ser dado em anticrese (art. 1.506, § 2.º, do CC). Isso é perfeitamente possível uma vez que o imóvel pode ser objeto de várias hipotecas, não havendo qualquer problema em conjugar os direitos reais de garantia sobre ele.

Insta comentar o início da última norma que tem a seguinte redação, com destaque: *"quando a anticrese recair sobre bem imóvel*, este poderá ser hipotecado pelo devedor ao credor anticrético, ou a terceiros, assim como o imóvel hipotecado poderá ser dado em anticrese". Para Cristiano Chaves de Farias e Nelson Rosenvald, o legislador deixou em aberto a possibilidade de o instituto recair sobre bens móveis, como situação de *anticrese atípica*.[218]

Com o devido respeito, não se pode interpretar literalmente o preceito. Pela própria estrutura da categoria, tal direito real somente recai sobre bens imóveis, tendo sido infeliz o legislador na sua dicção.

---

[217] Cf. ALVES, Jones Figueirêdo; DELGADO, Mário Luiz. *Código Civil anotado*. São Paulo: Método, 2005. p. 755.

[218] FARIAS, Cristiano Chaves; ROSENVALD, Nelson. *Curso de Direito Civil*. Direitos Reais. 8. ed. Salvador: Jus-Podivm, 2012. p. 941.

A gerar o grande problema prático da anticrese, dispõe o art. 1.507 do CC que o credor anticrético pode administrar o imóvel dado em anticrese e fruir seus frutos e utilidades. Para tanto, deverá o credor administrador apresentar balanço anual, exato e fiel, de sua administração. Se o devedor anticrético não concordar com o que se contém no balanço, por ser inexato, ou ruinosa a administração, poderá impugná-lo, e, se o quiser, requerer a transformação em arrendamento, fixando o juiz o valor mensal do aluguel, o qual poderá ser corrigido anualmente (§ 1.º). O credor anticrético pode, salvo pacto em sentido contrário, arrendar os bens dados em anticrese a terceiro, mantendo, até ser pago, direito de retenção do imóvel, embora o aluguel desse arrendamento não seja vinculativo para o devedor (§ 2.º).

No Projeto de Reforma do Código Civil, elaborado pela Comissão de Juristas, pretende-se reduzir esses problemas, inserindo-se um § 3.º no seu art. 1.507, prevendo que as partes poderão convencionar a locação do bem ao proprietário, hipótese em que o credor será isento de suas obrigações de administração da anticrese. Ademais, nos termos do novo § 4.º do comando, sem prejuízo dessa regra, o credor poderá, a qualquer tempo, liberar-se das suas obrigações, renunciando à garantia. Consoante as justificativas da subcomissão de Direito das Coisas:

> "Um dos entraves que tornam a anticrese um direito real de garantia tão obsoleto e de raríssima utilização é o fato de o devedor ter que se despir da posse do bem em favor do credor que passa a administrá-lo e com seus frutos quita a obrigação. O recolhimento dos frutos pode ocorrer, ou parte dele, estando o bem em mãos do próprio devedor sob a fiscalização do credor. Em outro giro, o parágrafo quarto estabelece que o credor poderá renunciar a garantia, liberando-se das suas obrigações de guarda e administração do bem quando a anticrese for estabelecida no seu modelo clássico previsto no *caput* do presente dispositivo".

Espera-se, portanto, a sua aprovação pelo Parlamento Brasileiro, para se *destravar* também a anticrese, e para que ela passe a incidir na prática.

Também a acarretar problemas práticos, enuncia o CC/2002 vigente que o credor anticrético responde pelas deteriorações que, por culpa sua, o imóvel vier a sofrer, e pelos frutos e rendimentos que, por sua negligência, deixar de perceber (art. 1.508). Os problemas existem uma vez que, na prática, as relações entre as partes já não são favoráveis em sua origem, podendo a norma servir para *atos de chicana* ou de emulação entre elas.

O credor anticrético pode vindicar os seus direitos contra o adquirente dos bens, os credores quirografários e os hipotecários posteriores ao registro da anticrese, o que ressalta o caráter real do instituto (art. 1.509, *caput,* do CC). Se o credor anticrético executar os bens por falta de pagamento da dívida, ou permitir que outro credor o execute, sem opor o seu direito de retenção ao exequente, não terá preferência sobre o preço (art. 1.509, § 1.º, do CC). Além disso, a norma consagra que o credor anticrético não terá preferência sobre a indenização do seguro, quando o prédio seja destruído, nem, se forem desapropriados os bens, com relação à desapropriação, o que limita os seus direitos (art. 1.509, § 2.º, do CC).

Por fim, como inovação, admite-se a *remição* ou resgate da anticrese pelo adquirente do imóvel dado em anticrese, antes do vencimento da dívida. Isso é possível se o adquirente pagar a totalidade da dívida à data do pedido de remição, imitindo-se na posse do bem (art. 1.510 do CC).

### 7.10.5  Da alienação fiduciária em garantia

A alienação fiduciária em garantia constitui um direito real de garantia sobre coisa própria com tratamento no Código Civil em vigor (arts. 1.361 a 1.368-B, que dispõem sobre a propriedade fiduciária de bens móveis infungíveis, em termos gerais), no Decreto-lei 911/1969 (que trata especificamente da alienação fiduciária em garantia sobre bens móveis) e na Lei 9.514/1997 (alienação fiduciária em garantia sobre bens imóveis). A compreensão do instituto passa por uma interação necessária entre os citados comandos legais, a par da ideia de *diálogo das fontes*.

A respeito dessa integração legislativa, é claro o art. 1.368-A do CC, incluído pela Lei 10.931/2004, ao prever que as demais espécies de propriedade fiduciária ou de titularidade fiduciária não previstas pela codificação submetem-se à disciplina específica das respectivas leis especiais. Enuncia ainda o comando que somente se aplicam as disposições do CC/2002 naquilo que não for incompatível com a legislação especial. Em suma, a codificação privada tem caráter subsidiário em relação à tipologia do instituto.

Deve ficar claro, de início, que a alienação fiduciária em garantia não constitui um *contrato*, no sentido categórico e jurídico do termo, eis que o instituto se situa dentro do Direito das Coisas. É verdade que, no geral, a alienação fiduciária é instituída por *contrato*, no sentido de negócio ou instrumento negocial.

O art. 22 da Lei 9.514/1997 é o que melhor conceitua e explica a categoria, prevendo que a alienação fiduciária em garantia é "o negócio jurídico pelo qual o devedor, ou fiduciante, com o escopo de garantia, contrata a transferência ao credor, ou fiduciário, da propriedade resolúvel de coisa imóvel". Em sentido muito próximo, dispõe o art. 1.º do Decreto-lei 911/1969 que "a alienação fiduciária em garantia transfere ao credor o domínio resolúvel e a posse indireta da coisa móvel alienada, independentemente da tradição efetiva do bem, tornando-se o alienante ou devedor em possuidor direto e depositário com todas as responsabilidades e encargos que lhe incumbem de acordo com a lei civil e penal".

Nos termos da atual codificação privada, pode-se afirmar que o conteúdo da alienação em questão é a *propriedade fiduciária*, em que há uma *propriedade resolúvel* a favor do credor fiduciário, de um bem que o devedor fiduciante, em intuito de garantia transmitiu ao credor (art. 1.361 do CC). De toda sorte, não se pode esquecer que a posse direta do bem fica com o devedor fiduciante, tendo o credor fiduciário a mera posse indireta, que decorre do exercício do direito dominial.

Conforme exposto na obra específica escrita em coautoria com José Fernando Simão, fica nítido que o devedor fiduciante aliena o bem adquirido a um terceiro, o credor fiduciário, que paga o preço ao alienante originário da coisa. O credor fiduciário é o proprietário da coisa, tendo, ainda, um direito real de garantia sobre o bem que lhe é próprio. Com o pagamento de todos os valores devidos, o fiduciante adquire a propriedade, o que traz a conclusão pela qual a propriedade do credor é resolúvel. O esquema a seguir dividido em etapas sucessivas demonstra o conteúdo da categoria:

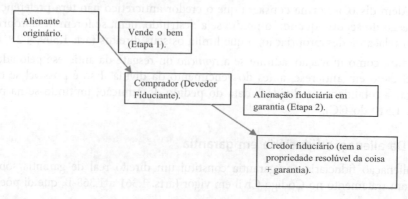

Repise-se que a relação negocial é assim, pois o credor fiduciário paga o preço diretamente ao alienante originário, o que justifica a alienação fiduciária a seu favor. Deve ainda ficar claro: a posse direta do bem móvel ou imóvel é mantida com o devedor fiduciante.

Anoto que no Projeto de Reforma do Código Civil, elaborado pela Comissão de Juristas nomeada no âmbito do Senado Federal, há propostas para que o Código Civil tenha um *papel normativo centralizador* a respeito da temática, retomando o *protagonismo legislativo* perdido nos últimos anos. Também se almeja a redução de burocracias, a extrajudicialização e a facilitação do recebimento do crédito pelo credor, o que foi incrementado nos últimos anos, pelas últimas leis citadas.

Entre as várias proposições, destaco inicialmente a nova redação dada ao art. 1.361 da Lei Civil, pelo qual "considera-se fiduciária a propriedade transmitida com a finalidade de garantia ou de cumprimento de determinada função". Segundo justificaram os juristas que participaram da Subcomissão de Direito das Coisas – Marco Aurélio Bezerra de Melo, Marcelo Milagres, Maria Cristina Santiago e Carlos Fernandes Vieira Filho –, o objetivo é que a codificação privada passe a regular a "propriedade fiduciária em sentido amplo, não apenas de garantia, tratando-se de regra geral que será esmiuçada nos artigos seguintes, trazendo para o ordenamento jurídico a propriedade fiduciária para fins de gestão ou administração (*trust* ou fidúcia), tema muito importante nos negócios jurídicos de investimento como, por exemplo, nos fundos de investimento imobiliário". O objetivo, sem dúvidas, é trazer investimentos para o País, na linha das outras proposições feitas para os direitos reais de garantia.

O novo art. 1.361 passará ainda a prever que a constituição da propriedade fiduciária não pode lesar terceiros, constituir fraude ou violar norma de ordem pública, o que representa importante controle para exercício da autonomia privada, como hoje já está previsto no art. 3.º, inc. VIII, da Lei da Liberdade Econômica (Lei 13.874/2014).

O seu § 2.º enunciará, com a citada ampliação, que a propriedade fiduciária constitui-se com o registro do contrato, que lhe serve de título: "I – no Registro de Imóveis, no caso de bem imóvel; II – no Registro de Títulos e Documentos, no caso de alienação ou cessão fiduciária de bem móvel, corpóreo ou incorpóreo, ressalvado o disposto nos demais incisos do caput e nos §§ 1.º e 2.º; III – na repartição competente para o licenciamento dos veículos automotores, fazendo-se a anotação no certificado de registro". Os seus novos §§ 3.º e 4.º tratarão do registro da alienação fiduciária de ativos financeiros, de valores mobiliários, de embarcações e de aeronaves, regidas pela legislação especial.

Ainda a respeito do tema, os parágrafos seguintes do art. 1.361 preverão, novamente com os fins de ampliação da incidência do instituto e de redução de burocracias hoje existentes, que: *a)* com a constituição da propriedade fiduciária em garantia, dá-se o desdobramento da posse, tornando-se o fiduciante possuidor direto da coisa (§ 5.º); *b)* a propriedade superveniente, adquirida pelo fiduciante, torna eficaz, desde a aquisição, a transferência da propriedade fiduciária (§ 6.º); *c)* a propriedade fiduciária pode ser atribuída por ato entre vivos ou testamento, tendo por objeto bens corpóreos ou incorpóreos, móveis ou imóveis, fungíveis ou infungíveis, determinados ou determináveis, presentes ou futuros, desde que alienáveis, e abrange os frutos e bens derivados dos bens sobre os quais recai (§ 7.º).

Merece também ser citada a proposição de um novo art. 1.361-A do Código Civil, segundo o qual os bens objeto da propriedade fiduciária constituem patrimônio separado, incomunicável com o patrimônio próprio do fiduciário, do fiduciante e dos beneficiários, e só respondem pelas obrigações vinculadas ao próprio bem, ao direito ou à função específica para a qual é atribuída a propriedade fiduciária. Mais uma vez, segundo justificaram os juristas componentes da Subcomissão de Direito das Coisas, "a segregação dos bens e direitos é inerente à atribuição fiduciária e sua alocação em um patrimônio separado visa preservar sua vinculação exclusiva ao cumprimento da função definida no ato constitutivo da fidúcia. O patrimônio separado em que são alocados é incomunicável e só responde pelas obrigações vinculadas à consecução do escopo específico para o qual foram afetados".

De toda sorte, nos termos de seu projetado parágrafo único, que representou uma preocupação da Relatoria-Geral da Comissão de Juristas, estatui-se que as regras de limitação e de exclusão de responsabilidades previstas nesse comando poderão ser desconsideradas em casos de fraude, dolo, má-fé e atos ilícitos, nos termos da lei.

Por fim, entre as propostas que pretendo comentar neste momento, o novo art. 1.367 da Lei Civil preverá, aprovada a Reforma, que "a propriedade fiduciária em garantia de bens móveis ou imóveis sujeita-se às disposições do Capítulo I do Título X do Livro III da Parte Especial deste Código e, no que for específico, à legislação especial pertinente, não se equiparando, para quaisquer efeitos, à propriedade plena de que trata o art. 1.231".

O objetivo, segundo a Subcomissão de Direito das Coisas, é que, "além das hipóteses de extinção inerentes à natureza da propriedade fiduciária, decorrentes da realização da função para a qual foi atribuída, isto é, advento do termo ou da condição, além de outras definidas no título, o dispositivo explicita que extinção opera a reversão dos bens ao fiduciante ou sua transmissão aos beneficiários, ou, quando se tratar de garantia fiduciária, reversão ao fiduciante, se adimplida a obrigação garantida, ou consolidação no patrimônio do fiduciário, se inadimplida, observados os requisitos definidos no Capítulo em que a propriedade fiduciária é disciplinada para os fins de garantia".

Não restam dúvidas, por todo o exposto, que, como principais objetivos das proposições, há o fomentar e o incremento dos investimentos econômicos no País, trazendo uma maior segurança jurídica para a temática, e concentrando as regras gerais a respeito da propriedade fiduciária na Lei Geral Privada. Aguardemos, portanto, o seu debate no Parlamento Brasileiro.

Demonstrado como funciona a alienação fiduciária, o que é de difícil visualização, bem como expostas as propostas de sua regulação ampliada pelo Projeto de Reforma do Código Civil, vejamos o estudo dos pontos principais da alienação fiduciária de bens móveis e imóveis.

*a) Da alienação fiduciária em garantia de bens móveis (arts. 1.361 a 1.368-B do CC e Decreto-lei 911/1969)*

A atual codificação privada, como novidade, passou a tratar da alienação fiduciária de bens móveis infungíveis, repetindo regras e preceitos que já constavam do art. 66 da Lei 4.728/1965 e do Decreto-lei 911/1969. Na prática, o que muito se viu e ainda se vê é a alienação fiduciária em garantia de veículos, que são considerados, notadamente para fins contratuais, bens infungíveis, diante do número de chassi que os identifica.

De início, o § 1.º do art. 1.361 do CC determina que se constitui a propriedade fiduciária com o registro do contrato, celebrado por instrumento público ou particular, que lhe serve de título, no Registro de Títulos e Documentos do domicílio do devedor, ou, em se tratando de veículos, na repartição competente para o licenciamento, fazendo-se a anotação no certificado de registro. Em certo sentido, essa já era a previsão do art. 1.º do Decreto-lei 911/1969.

Todavia, o dispositivo anterior mencionava que "alienação fiduciária somente se prova por escrito e seu instrumento, público ou particular, qualquer que seja o seu valor, será obrigatoriamente arquivado, por cópia ou microfilme, no Registro de Títulos e Documentos do domicílio do credor, sob pena de não valer contra terceiros, e conterá, além de outros dados, os seguintes". Como se nota, o Código Civil faz menção ao domicílio do devedor, e não ao credor, devendo prevalecer para os casos de sua incidência, por ser norma posterior que tratou inteiramente da matéria.

De toda sorte, pontue-se que o plenário do STF, em decisão de outubro de 2015, reconheceu não ser obrigatória a realização de registro público dos contratos de alienação fiduciária em garantia de veículos automotores pelas serventias extrajudiciais de registro de títulos e documentos. Nos termos do voto do relator, Ministro Marco Aurélio, o pacto firmado pelas partes "é perfeitamente existente, válido e eficaz", sem que seja necessário qualquer registro: "o qual constitui mera exigência de eficácia do título contra terceiros". Ainda: "como no pacto a tradição é ficta e a posse do bem continua com o devedor, uma política pública adequada recomenda a criação de meios conducentes a alertar eventuais compradores sobre o real proprietário do bem, evitando fraudes, de um lado, e assegurando o direito de oposição da garantia contra todos, de outro". Porém, entendeu o julgador que a exigência de registro em serventia extrajudicial acarretaria ônus e custos desnecessários ao consumidor, além de não conferir ao ato a publicidade adequada: "para o leigo, é mais fácil, intuitivo e célere verificar a existência de gravame no próprio certificado do veículo em vez de peregrinar por diferentes cartórios de títulos e documentos ou ir ao cartório de distribuição nos estados que contam com serviço integrado em busca de informações". A decisão foi prolatada no julgamento conjunto do Recurso Extraordinário 611.639 e das ADIns 4.227 e 4.333, devendo, assim, ser lido o art. 1.361, § 1.º, do Código Civil, para os devidos fins práticos.

Essa também é a posição do Superior Tribunal de Justiça, cabendo transcrever a conclusão do seguinte aresto, por todos e de 2024: "a anotação da alienação fiduciária no certificado de registro do veículo não constitui requisito para a propositura da ação de busca e apreensão, uma vez que o registro é condição de eficácia da garantia perante terceiros e não entre os contratantes" (STJ, REsp 2.095.740/DF, 3.ª Turma, Rel. Min. Nancy Andrighi, por unanimidade, j. 06.02.2024, *DJe* 09.02.2024).

Nos termos do art. 1.362 do CC e do mesmo art. 1.º do Decreto-lei 911/1969, o contrato – no sentido de instrumento –, que serve de título à propriedade fiduciária, deve conter os seguintes requisitos:

> I) O total da dívida, ou sua estimativa, se ela for determinável. Existe proposta no atual Projeto de Reforma do Código Civil, elaborado pela Comissão de Juristas nomeada no âmbito do Senado Federal, para que o comando expresse o seu valor máximo, com vistas à redução de burocracias.
>
> II) O prazo, ou a época do pagamento, o que é comum, pois geralmente se vê a alienação fiduciária em garantia utilizada como financiamento para aquisição de bens. No Projeto de Reforma do Código Civil, mais uma vez com vistas a diminuir burocracias, almeja-se que a norma passe a prever "o prazo do pagamento ou o período coberto pela garantia".
>
> III) A taxa de juros, se houver (geralmente há).
>
> IV) A descrição da coisa objeto da transferência, com os elementos indispensáveis à sua identificação.

Antes de vencida a dívida, o devedor, a suas expensas e risco, pode usar a coisa segundo sua destinação, sendo obrigado, como depositário: *a)* a empregar na guarda da coisa a diligência exigida por sua natureza; *b)* a entregá-la ao credor, se a dívida não for paga no vencimento (art. 1.363 do CC).

Anoto novamente que, no Projeto de Reforma do Código Civil, elaborado pela Comissão de Juristas, pretende-se ampliar regras hoje existentes para a alienação fiduciária em garantia de bens imóveis, para todos os casos de propriedade fiduciária, nos novos parágrafos do art. 1.363 do Código Civil. Nesse contexto, o seu novo § 1.º passará a prever que o fiduciante responde pelo pagamento dos impostos, taxas, contribuições condominiais e quaisquer outros encargos que recaiam ou venham a recair sobre os bens e direitos objeto da propriedade fiduciária. Entretanto, resolvendo-se dilema que ainda será por mim aqui exposto, o seu § 2.º preverá que, "caso o credor fiduciário não consolide a propriedade em até 120 dias após o inadimplemento, responderá pelas contribuições condominiais".

Voltando-se ao texto em vigor, o tratamento do devedor como depositário já constava do Decreto-lei. Todavia, não se pode esquecer que o Supremo Tribunal Federal baniu do sistema a possibilidade de prisão civil do depositário infiel, diante da *força supralegal* da Convenção Interamericana de Direitos Humanos (Pacto de San José da Costa Rica).

Sucessivamente, foi editada pelo Excelso Pretório a Súmula Vinculante 25, com o seguinte teor: "É ilícita a prisão civil de depositário infiel, qualquer que seja a modalidade do depósito". Fez o mesmo o STJ com a Súmula 419, *in verbis*: "Descabe a prisão civil do depositário judicial infiel". A conclusão vale para qualquer modalidade de depósito, o que inclui o depósito impróprio que decorre da alienação fiduciária.

De qualquer modo, havendo inadimplemento por parte do devedor, o credor tem a possibilidade de vender judicial ou extrajudicialmente a coisa a terceiros, a aplicar o preço no pagamento de seu crédito e das despesas de cobrança, e a entregar o saldo, se houver, ao devedor (art. 1.364 do CC). Essa adjudicação já constava do art. 2.º do Decreto-lei 911/1969, alterado pela Lei 13.043/2014, segundo o qual, "no caso de inadimplemento ou mora nas obrigações contratuais garantidas mediante alienação fiduciária, o proprietário fiduciário ou credor poderá vender a coisa a terceiros, independentemente de leilão, hasta pública, avaliação prévia ou qualquer outra medida judicial ou extrajudicial, salvo disposição expressa em contrário prevista no contrato, devendo aplicar o preço da venda no pagamento de seu crédito e das despesas decorrentes e entregar ao devedor o saldo apurado, se houver, com a devida prestação de contas".

Anote-se que a citada Lei 13.043, de novembro de 2014, acrescentou a necessidade de prestação de contas por parte do credor, o que vem em boa hora, em prol da boa-fé. Para o Superior Tribunal de Justiça, contudo, essa prestação de contas exige uma ação autônoma. Conforme a sua ementa:

> "As questões concernentes à venda extrajudicial do bem, imputação do valor alcançado no pagamento do débito e apuração acerca de eventual saldo remanescente em favor do devedor não podem ser discutidas, incidentalmente, no bojo da ação de busca e apreensão que, como se sabe, visa tão somente à consolidação da propriedade do bem no patrimônio do credor fiduciário. Assiste ao devedor fiduciário o direito à prestação de contas, dada a venda extrajudicial do bem, porém tal pretensão deve ser perquirida pela via adequada, qual seja, a ação de exigir/prestar contas" (STJ, REsp 1.866.230/SP, 3.ª Turma, Rel. Min. Nancy Andrighi, j. 22.09.2020, *DJe* 28.09.2020).

Trata-se de um direito do devedor fiduciante, conforme reconhecido na *II Jornada de Prevenção e Solução Extrajudicial dos Litígios*, promovida pelo Conselho da Justiça Federal em agosto de 2021. De acordo com o seu Enunciado n. 115, que admite a prestação de contas feita extrajudicialmente, "o credor fiduciário deve prestar contas, extrajudicialmente, ao devedor fiduciante, na forma adequada, sempre que requerido, em caso de venda do bem móvel dado em garantia mediante alienação fiduciária de que trata o Decreto-lei n. 911/1969".

CAP. 7 • DIREITO DAS COISAS | **1293**

Também foi incluída a aplicação dessas regras relativas à venda extrajudicial para os casos de *leasing* ou arrendamento mercantil, conforme o novo § 4.º do art. 2.º do Decreto-lei 911/1969.

Enuncia o § 2.º do art. 2.º do Decreto, também alterado pela Lei 13.043/2014, que a mora decorre do simples vencimento do prazo para pagamento, e poderá ser comprovada por carta registrada, com aviso de recebimento, não se exigindo que a assinatura constante do referido aviso seja a do próprio destinatário. Houve, também, uma mudança estrutural no preceito, pois a constituição em mora era realizada por meio de Cartório de Títulos e Documentos ou pelo protesto do título, a critério do credor.

A mora e o inadimplemento de obrigações contratuais garantidas por alienação fiduciária, ou a ocorrência legal ou convencional de algum dos casos de antecipação de vencimento da dívida, facultarão ao credor considerar, de pleno direito, vencidas todas as obrigações contratuais, independentemente de aviso ou de notificação judicial ou extrajudicial (art. 2.º, § 3.º, do Decreto-lei 911/1969).

Mesmo com a referida alteração legislativa, trata-se, portanto, de mora *ex re* ou *automática* do devedor, que decorre do simples inadimplemento e que independe de ato do credor de notificação específica do devedor. Nesse sentido, colaciona-se, citando a boa-fé objetiva como fundamento para a conclusão, ementas que apontam para a desnecessidade de comprovação da efetiva citação do devedor, bastando o envio da notificação por carta, com aviso de recebimento, para o endereço informado:

"Recurso especial. Ação de busca e apreensão. Alienação fiduciária em garantia. DL 911/69. Constituição em mora. Notificação extrajudicial. Aviso de recebimento (AR) com informação de que o devedor mudou-se. Comprovação do recebimento pessoal. Desnecessidade. Extinção do processo sem resolução de mérito. Indevida. 1. Ação de busca e apreensão da qual se extrai este recurso especial, interposto em 16/5/19 e concluso ao gabinete em 1.º/8/19. 2. O propósito recursal consiste em definir se é imprescindível a comprovação simultânea do encaminhamento de notificação ao endereço constante no contrato e do seu recebimento pessoal, para a constituição do devedor em mora nos contratos de alienação fiduciária. 3. O prévio encaminhamento de notificação ao endereço informado no contrato pelo Cartório de Títulos e Documentos é suficiente para a comprovação da mora, tornando-se desnecessário ao ajuizamento da ação de busca e apreensão que o credor fiduciário demonstre o efetivo recebimento da correspondência pela pessoa do devedor. 4. O retorno da carta com aviso de recebimento no qual consta que o devedor 'mudou-se' não constitui, por si só, fundamento para dizer que não foi constituído em mora. 5. A bem dos princípios da probidade e boa-fé, não é imputável ao credor fiduciário a desídia do devedor que deixou de informar a mudança do domicílio indicado no contrato, frustrando, assim, a comunicação entre as partes. 6. Na hipótese dos autos, o Tribunal de origem extinguiu o processo sem resolução de mérito, por ausência de comprovação da mora para o ajuizamento da ação de busca e apreensão, sob o fundamento de o AR constar a mudança do devedor. Esse entendimento não se alinha à jurisprudência do STJ. 7. Recurso especial conhecido e provido" (STJ, REsp 1.828.778/RS, 3.ª Turma, Rel. Min. Nancy Andrighi, j. 27.08.2019, *DJe* 29.08.2019).

"A boa-fé objetiva tem por escopo resguardar as expectativas legítimas de ambas as partes na relação contratual, por intermédio do cumprimento de um dever genérico de lealdade e crença, aplicando-se aos contratantes. Destarte, o ordenamento jurídico prevê deveres de conduta a serem observados por ambas as partes da relação obrigacional, os quais se traduzem na ordem genérica de cooperação, proteção e informação mútuos, tutelando-se a dignidade do devedor e o crédito do titular ativo, sem prejuízo da solidariedade que deve existir entre eles.

A moderna doutrina, ao adotar a concepção do vínculo obrigacional como relação dinâmica, revela o reconhecimento de deveres secundários, ou anexos, que incidem de forma direta nas relações obrigacionais, prescindindo da manifestação de vontade dos participantes e impondo ao devedor, até que ocorra a extinção da obrigação do contrato garantido por alienação fiduciária, o dever de manter seu endereço atualizado (...). A mora decorre do simples vencimento, devendo, por formalidade legal, para o ajuizamento da ação de busca e apreensão, ser apenas comprovada pelo credor mediante envio de notificação, por via postal, com aviso de recebimento, no endereço do devedor indicado no contrato. Tendo o recorrente optado por se valer do Cartório de Títulos e Documentos, deve instruir a ação de busca e apreensão com o documento que lhe é entregue pela serventia, após o cumprimento das formalidades legais" (STJ, REsp 1.592.422/RJ, 4.ª Turma, Rel. Min. Luis Felipe Salomão, j. 17.05.2016, *DJe* 22.06.2016).

Em 2023, a questão se consolidou na Corte, que julgou a matéria em sede de recursos repetitivos, com decisão vinculativa para a primeira e a segunda instâncias, nos termos do art. 927 do CPC. Nos termos da tese exarada, "para a comprovação da mora nos contratos garantidos por alienação fiduciária, é suficiente o envio de notificação extrajudicial ao devedor no endereço indicado no instrumento contratual, dispensando-se a prova do recebimento, quer seja pelo próprio destinatário, quer por terceiros" (STJ, REsp 1.951.662/RS, 2.ª Seção, Rel. Min. Marco Buzzi, Rel. p/ Acórdão Min. João Otávio de Noronha, j. 09.08.2023, m.v., e REsp 1.951.888/RS, 2.ª Seção, Rel. Min. Marco Buzzi, Rel. p/ Acórdão Min. João Otávio de Noronha, j. 09.08.2023, m.v. – Tema 1.132).

A publicação dos acórdãos esclarece, para os devidos fins práticos, que "essa conclusão abarca como consectário lógico situações outras igualmente submetidas à apreciação deste Tribunal, tais como quando a notificação enviada ao endereço do devedor retorna com aviso de 'ausente', de 'mudou-se', de 'insuficiência do endereço do devedor' ou de 'extravio do aviso de recebimento', reconhecendo-se que cumpre ao credor demonstrar tão somente o comprovante do envio da notificação com Aviso de Recebimento ao endereço do devedor indicado no contrato" (Tema 1.132 do STJ, j. 09.08.2023).

Acrescente-se que, em 2024, essa tese foi completada por novo aresto superior, que admitiu que essa notificação seja feita até mesmo por e-mail: "é suficiente a notificação extrajudicial do devedor fiduciante por e-mail, desde que seja encaminhada ao endereço eletrônico indicado no contrato de alienação fiduciária e comprovado seu efetivo recebimento" (STJ, REsp 2.087.485RS, 4.ª Turma, Rel. Min. Antonio Carlos Ferreira, por unanimidade, j. 23.04.2024, *DJe* 02.05.2024). A tendência é que surjam outros julgados, admitindo a utilização de outros meios tecnológicos para a notificação do devedor.

Todavia, de acordo com a mesma jurisprudência superior, o inadimplemento relativo deve ser provado pela documentação mencionada no comando para que a liminar seja concedida na ação de busca e apreensão, prevendo a Súmula 72 do STJ que a comprovação da mora é imprescindível para a busca e apreensão da coisa na alienação fiduciária em garantia. Esse entendimento deve ser mantido, mesmo com a modificação do texto legal, alterando-se apenas o modo de prova da constituição em mora. Não se pode esquecer, ainda, da Súmula 245 do STJ, pela qual "a notificação destinada a comprovar a mora nas dívidas garantidas por alienação fiduciária dispensa a indicação do valor do débito".

A ação de busca e apreensão na alienação fiduciária em garantia de bens móveis está tratada pelo art. 3.º do Decreto-lei 911/1969, dispositivo que sofreu alterações pela Lei 10.931/2004 e pela Lei 13.043/2014, conforme tabela a seguir:

| Redação anterior do DL 911/1969 | Atual redação do DL 911/1969, conforme a Lei 10.931/2004 e a Lei 13.043/2014 |
| --- | --- |
| Art. 3.º O Proprietário Fiduciário, ou credor, poderá requerer contra o devedor ou terceiro a busca e apreensão do bem alienado fiduciariamente, a qual será concedida liminarmente, desde que comprovada a mora ou o inadimplemento do devedor. | Art. 3.º O proprietário fiduciário ou credor poderá, desde que comprovada a mora, na forma estabelecida pelo § 2.º do art. 2.º, ou o inadimplemento, requerer contra o devedor ou terceiro a busca e apreensão do bem alienado fiduciariamente, a qual será concedida liminarmente, podendo ser apreciada em plantão judiciário. |
| § 1.º Despachada a inicial e executada a liminar, o réu será citado para, em três dias, apresentar contestação ou, se já tiver pago 40% (quarenta por cento) do preço financiado, requerer a purgação de mora. | § 1.º Cinco dias após executada a liminar mencionada no *caput*, consolidar-se-ão a propriedade e a posse plena e exclusiva do bem no patrimônio do credor fiduciário, cabendo às repartições competentes, quando for o caso, expedir novo certificado de registro de propriedade em nome do credor, ou de terceiro por ele indicado, livre do ônus da propriedade fiduciária. |
| § 2.º Na contestação só se poderá alegar o pagamento do débito vencido ou o cumprimento das obrigações contratuais. | § 2.º No prazo do § 1.º, o devedor fiduciante poderá pagar a integralidade da dívida pendente, segundo os valores apresentados pelo credor fiduciário na inicial, hipótese na qual o bem lhe será restituído livre do ônus. |
| § 3.º Requerida a purgação de mora, tempestivamente, o Juiz marcará data para o pagamento que deverá ser feito em prazo não superior a dez dias, remetendo, outrossim, os autos ao contador para cálculo do débito existente, na forma do art. 2.º e seu parágrafo primeiro. | § 3.º O devedor fiduciante apresentará resposta no prazo de quinze dias da execução da liminar. |
| § 4.º Contestado ou não o pedido e não purgada a mora, o Juiz dará sentença de plano em cinco dias, após o decurso do prazo de defesa, independentemente da avaliação do bem. | § 4.º A resposta poderá ser apresentada ainda que o devedor tenha se utilizado da faculdade do § 2.º, caso entenda ter havido pagamento a maior e desejar restituição. |
| § 5.º A sentença, de que cabe apelação, apenas, no efeito devolutivo não impedirá a venda extrajudicial do bem alienado fiduciariamente e consolidará a propriedade a posse plena e exclusiva nas mãos do proprietário fiduciário. Preferida pelo credor a venda judicial, aplicar-se-á o disposto nos arts. 1.113 a 1.119 do CPC. | § 5.º Da sentença cabe apelação apenas no efeito devolutivo. |
| § 6.º A busca e apreensão prevista no presente artigo constitui processo autônomo e independente de qualquer procedimento posterior. | § 6.º Na sentença que decretar a improcedência da ação de busca e apreensão, o juiz condenará o credor fiduciário ao pagamento de multa, em favor do devedor fiduciante, equivalente a cinquenta por cento do valor originalmente financiado, devidamente atualizado, caso o bem já tenha sido alienado. |

| Redação anterior do DL 911/1969 | Atual redação do DL 911/1969, conforme a Lei 10.931/2004 e a Lei 13.043/2014 |
|---|---|
| | § 7.º A multa mencionada no § 6.º não exclui a responsabilidade do credor fiduciário por perdas e danos.<br><br>§ 8.º A busca e apreensão prevista no presente artigo constitui processo autônomo e independente de qualquer procedimento posterior. |
| | § 9.º Ao decretar a busca e apreensão de veículo, o juiz, caso tenha acesso à base de dados do Registro Nacional de Veículos Automotores – Renavam, inserirá diretamente a restrição judicial na base de dados do Renavam, bem como retirará tal restrição após a apreensão.<br><br>§ 10. Caso o juiz não tenha acesso à base de dados prevista no § 9.º, deverá oficiar ao departamento de trânsito competente para que:<br><br>I – registre o gravame referente à decretação da busca e apreensão do veículo; e |
| | II – retire o gravame após a apreensão do veículo.<br><br>§ 11. O juiz também determinará a inserção do mandado a que se refere o § 9.º em banco próprio de mandados.<br><br>§ 12. A parte interessada poderá requerer diretamente ao juízo da comarca onde foi localizado o veículo com vistas à sua apreensão, sempre que o bem estiver em comarca distinta daquela da tramitação da ação, bastando que em tal requerimento conste a cópia da petição inicial da ação e, quando for o caso, a cópia do despacho que concedeu a busca e apreensão do veículo. |
| | § 13. A apreensão do veículo será imediatamente comunicada ao juízo, que intimará a instituição financeira para retirar o veículo do local depositado no prazo máximo de 48 (quarenta e oito) horas.<br><br>§ 14. O devedor, por ocasião do cumprimento do mandado de busca e apreensão, deverá entregar o bem e seus respectivos documentos.<br><br>§ 15. As disposições deste artigo aplicam-se no caso de reintegração de posse de veículos referente às operações de arrendamento mercantil previstas na Lei 6.099, de 12 de setembro de 1974. |

CAP. 7 • DIREITO DAS COISAS | **1297**

Quanto à purgação da mora, o STJ editou, em abril de 2004, antes da entrada em vigor da nova lei, a Súmula 284, prevendo que: "a purga da mora, nos contratos de alienação fiduciária, só é permitida quando já pagos pelo menos 40% (quarenta por cento) do valor financiado". Pelo teor da ementa e pela redação anterior da norma, a purgação da mora e a contestação não poderiam ser cumuladas, ou seja, o devedor deveria optar por uma das duas opções (art. 3.º, § 2.º, na redação anterior).

Ainda pela redação anterior, requerida a purgação de mora, tempestivamente, o juiz marcaria a data para o pagamento da dívida, o que deveria ser feito em prazo não superior a dez dias. Ato contínuo, o juiz remetia os autos ao contador para cálculo do débito existente (art. 3.º, § 3.º, na redação anterior). Contestado ou não o pedido e não purgada a mora, o juiz daria sentença em cinco dias, após o decurso do prazo de defesa, independentemente da avaliação do bem (art. 3.º, § 4.º, na redação anterior). A sentença, de que cabia apelação apenas no efeito devolutivo, não impediria a venda extrajudicial do bem alienado fiduciariamente e consolidaria a propriedade e a posse plena e exclusiva nas mãos do proprietário (art. 3.º, § 5.º, na redação anterior).

Com a entrada em vigor da Lei 10.931/2004, ocorreram mudanças substanciais, como se nota da tabela comparativa exposta. O *caput* do art. 3.º não foi originalmente alterado, o que somente ocorreu com a Lei 13.043/2014, mas mudanças significativas atingiram os seus parágrafos. Desse modo, pela norma atual, cinco dias após executada a liminar constante no *caput*, serão consolidadas a propriedade e a posse plena e exclusiva do bem no patrimônio do credor fiduciário, cabendo às repartições competentes, quando for o caso, expedir novo certificado de registro de propriedade em nome do credor, ou de terceiro por ele indicado, livre do ônus da propriedade fiduciária (art. 3.º, § 1.º, pela redação atual).

No prazo de cinco dias, o devedor fiduciante poderá pagar a integralidade da dívida pendente, segundo os valores apresentados pelo credor fiduciário na petição inicial da ação de busca e apreensão, hipótese na qual o bem lhe será restituído livre do ônus (art. 3.º, § 2.º, pela redação atual).

Segundo recente decisão do Superior Tribunal de Justiça, esse prazo tem natureza material, e não processual, contando-se em dias corridos e não em dias úteis, pois não se aplica a forma de contagem do art. 219 do CPC/2015. Vejamos trecho da sua ementa, que analisa a questão da natureza dos prazos e tem a minha concordância:

> "A doutrina processual civil oferece dois principais critérios para a definição da natureza material ou processual das normas jurídicas: i) um primeiro ligado às características fundamentais dos direitos regulamentados pelas normas; ii) o segundo, ligado à finalidade com que o ato deve ser praticado. Pelo princípio da instrumentalidade do processo, o direito processual é, a um só tempo, um ramo jurídico autônomo, mas também um instrumento específico de atuação a serviço do direito material, haja vista que seus institutos básicos (jurisdição, ação, exceção, processo) são concebidos e se justificam para garantir a efetividade do direito substancial ou material. O processo se compõe de dois elementos: a) a relação processual, composta pelas inúmeras posições jurídicas ativas e passivas que se sucedem do início ao fim do processo; e b) o procedimento, caracterizado pela progressão e sucessão de eventos que constituam, modifiquem ou extingam situações jurídicas processuais. Sob esse prisma, os prazos processuais destinam-se aos sujeitos envolvidos na relação jurídica correspondente, fixando faculdades e impondo-lhes, como consequência, ônus de atuação, cujo cumprimento ou descumprimento acarreta a sucessão das posições e fases processuais, em decorrência da preclusão temporal. A natureza processual de um determinado prazo é determinada pela ocorrência de consequências endoprocessuais do ato a ser praticado nos marcos temporais definidos, modificando a

posição da parte na relação jurídica processual e impulsionando o procedimento à fase seguinte. Como o pedido da ação de busca e apreensão é (i) reipersecutório e (ii) declaratório da consolidação da propriedade (seja pela procedência, seja pela perda de objeto), o pagamento da integralidade da dívida, previsto no art. 3º, § 2º, do Decreto-Lei 911/69 é ato jurídico não processual, pois não se relaciona a ato que deve ser praticado no, em razão do ou para o processo, haja vista não interferir na relação processual ou mesmo na sucessão de fases do procedimento da ação de busca e apreensão. O prazo para pagamento art. 3º, § 2º, do Decreto-Lei 911/69 deve ser considerado de direito material, não se sujeitando, assim, à contagem em dias úteis, prevista no art. 219, *caput*, do CPC/15" (STJ, REsp 1.770.863/PR, 3.ª Turma, Rel. Min. Nancy Andrighi, j. 09.06.2020, *DJe* 15.06.2020).

Voltando-se aos procedimentos, o devedor fiduciante apresentará resposta no prazo de quinze dias da execução da liminar (art. 3.º, § 3.º, pela redação atual). Sobre a norma, vejamos julgado publicado no *Informativo* n. *588* do Superior Tribunal de Justiça, do ano de 2016:

"Em ação de busca e apreensão de bem alienado fiduciariamente, o termo inicial para a contagem do prazo de 15 dias para o oferecimento de resposta pelo devedor fiduciante é a data de juntada aos autos do mandado de citação devidamente cumprido, e não a data da execução da medida liminar". Ainda nos termos do acórdão, "veja-se que o legislador elegeu a execução da liminar como termo inicial de contagem do prazo para a apresentação de resposta pelo réu. Em relação a esse aspecto, como bem acentuado por doutrina, 'a lei não fala em citação, e essa omissão suscita questionamento quanto ao termo inicial do prazo, seja para purgação da mora ou para resposta do réu'. De fato, conquanto a nova lei seja efetivamente omissa a respeito da citação, tal ato é imprescindível ao desenvolvimento válido e regular do processo, visto que somente a perfeita angularização da relação processual é capaz de garantir à parte demandada o pleno exercício do contraditório, sobretudo porque a ação de que ora se cuida, diversamente do procedimento cautelar previsto no art. 839 e seguintes do CPC/1973, 'constitui processo autônomo e independente de qualquer procedimento posterior' (art. 3.º, § 8.º, do DL n. 911/1969). Assim, concedida a liminar *inaudita altera parte*, cumpre ao magistrado determinar a expedição de mandados visando à busca e apreensão do bem alienado fiduciariamente e à citação do réu, assinalando-se, nesse último, o prazo de 15 (quinze) dias para resposta. No entanto, em se tratando de ato citatório, deve tal norma ser interpretada em conjunto com o disposto no art. 241, II, do CPC/1973, segundo o qual começa a correr o prazo, quando a citação for por oficial de justiça, da data de juntada aos autos do respectivo mandado devidamente cumprido" (STJ, REsp 1.321.052/MG, Rel. Min. Ricardo Villas Bôas Cueva, j. 16.08.2016, *DJe* 26.08.2016).

Como outro aspecto importante, a Segunda Seção da Corte julgou, em 2021 e por maioria, que a análise da contestação nessa ação de busca e apreensão somente deve ocorrer após a execução da medida liminar. Consoante o acórdão, "condicionar o cumprimento da medida liminar de busca e apreensão à apreciação da contestação, ainda que limitada a eventuais matérias cognoscíveis de ofício e que não demandem dilação probatória (considerada ainda a subjetividade na delimitação dessas matérias), causaria enorme insegurança jurídica e ameaça à efetividade do procedimento" (STJ, REsp 1.892.589/MG, 2.ª Seção, Rel. Min. Paulo de Tarso Sanseverino, Rel. p/ Acórdão Min. Ricardo Villas Bôas Cueva, j. 16.09.2021 – Tema 1.040).

Pois bem, como questão de grande debate e relevante impacto prático, nota-se que a norma não menciona mais a purgação da mora, mas apenas a contestação, o que gera dúvidas sobre a possibilidade de purgação nos termos da Súmula 284 do STJ.

CAP. 7 • DIREITO DAS COISAS | **1299**

Na minha opinião doutrinária, a purgação da mora está mantida, uma vez que a inovação introduzida pela Lei 10.931/2004 não é incompatível com a interpretação pela qual, sendo a alienação decorrente de uma relação de consumo, a purgação da mora continua cabível. O art. 54, § 2.º, do Código de Defesa do Consumidor admite que os contratos de adesão tenham cláusula resolutiva, desde que a escolha caiba ao consumidor. Pelo sistema de protecionismo a favor do consumidor, conclui-se que a nova norma somente conferiu mais uma faculdade ao consumidor, no caso o devedor fiduciante, que é a de obter a extinção do contrato com a restituição do bem alienado, livre de ônus, pelo cumprimento total das obrigações assumidas. Deduzindo dessa forma:

"Agravo de instrumento. Alienação fiduciária. Busca e apreensão. Pedido liminar que se deve deferir comprovada a mora do devedor. Art. 3.º, § 1.º, do Decreto-lei 911/1969. Pagamento da integralidade da dívida pendente, entendida esta como prestações já vencidas. Inteligência do art. 54, § 2.º, do CDC. Constituída propriedade fiduciária de bem móvel infungível, e apresentando-se a instituição financeira como credora fiduciária, imperativa a incidência do DL 911/1969, com as modificações introduzidas pela Lei 10.931/2004, seja para observância do direito material (Código Civil, art. 1.368-A), seja para aplicação do direito processual (DL 911/1969, art. 8.º-A). Comprovado o inadimplemento do devedor (conforme disciplina o art. 2.º, § 2.º, do DL 911/1969) e havendo pedido expresso por parte do credor fiduciário para concessão liminar de busca e apreensão do bem alienado, obrigatório o deferimento de tal pleito, sob pena de negativa de vigência de Lei Federal. O DL 911/1969, ao permitir que o devedor fiduciante pague somente a integralidade da dívida, afastando-se a purgação da mora, acaba por ensejar interpretação que afronta diametralmente o disposto pelo art. 54, § 2.º, do CDC, vez que admite a extinção antecipada do negócio jurídico, impondo-se, *ex vi legis*, a resolução contratual, à margem da orientação volitiva do consumidor. A purgação da mora deve ser considerada como expressão do diploma consumerista, vista como regra protetiva, e, portanto, dotada de *status* de norma constitucional, alçada a direito fundamental (art. 5.º, inciso XXXII, da Constituição da República) e erigida a princípio da ordem econômica (art. 170, inciso V)" (TJMG, Recurso 1.0702.08.431975-6/0011, 13.ª Câmara Cível, Uberlândia, Rel. Des. Cláudia Maia, j. 21.08.2008, *DJEMG* 15.09.2008).

"Alienação fiduciária bem móvel. Busca e apreensão. Purgação da mora. Direito não afastado pela nova redação do Decreto-lei 911/1969 pela Lei Federal 10.931/2004. Desnecessidade do pagamento de 40% do preço financiado. Inconstitucionalidade da previsão de consolidação da posse em mãos do credor fiduciário. Admissibilidade. Recurso provido" (TJSP, Agravo de Instrumento 1.008.659-0/9, 30.ª Câmara de Direito Privado, Santa Bárbara d'Oeste, Rel. Des. Luiz Felipe Nogueira Junior, j. 15.02.2006).

Outros julgados surgiram, sucessivamente, entendendo pela manutenção da Súmula 284 do STJ. A título de ilustração, podem ser citados: TJRS, Apelação Cível 256654-04.2009.8.21.7000, 14.ª Câmara Cível, Viamão, Rel. Des. Niwton Carpes da Silva, j. 31.03.2011, *DJERS* 14.04.2011; TJSP, Apelação 9201022-44.2009.8.26.0000, Acórdão 5101330, 35.ª Câmara de Direito Privado, São José do Rio Preto, Rel. Des. Clóvis Castelo, j. 02.05.2011, *DJESP* 17.05.2011; TJSP, Agravo de Instrumento 0466858-02.2010.8.26.0000, Acórdão 5094151, 28.ª Câmara de Direito Privado, Mirassol, Rel. Des. Eduardo Sá Pinto Sandeville, j. 26.04.2011, *DJESP* 17.05.2011; e TJMG, Agravo de Instrumento 0197982-05.2011.8.13.0000, 12.ª Câmara Cível, Uberaba, Rel. Des. José Flávio de Almeida, j. 27.04.2011, *DJEMG* 09.05.2011.

Todavia, a questão nunca foi pacífica, sendo certo que do Segundo Tribunal de Alçada de São Paulo já existiam decisões em sentido contrário, ou seja, pelo cancelamento da sumular. Por todos: "Alienação fiduciária. Busca e apreensão. Purgação da mora. Faculdade

# 1300 | MANUAL DE DIREITO CIVIL • VOLUME ÚNICO – *Flávio Tartuce*

excluída pelas inovações introduzidas no Decreto-lei 911/1969 pela Lei 10.931/2004. Inadmissibilidade. Não há se falar em purgação da mora nos contratos de alienação fiduciária em garantia, ante as modificações trazidas pela Lei 10.931/2004" (Segundo Tribunal de Alçada Civil de São Paulo, AI 873.712-00/6, 8.ª Câmara, Rel. Juiz Orlando Pistoresi, j. 02.12.2004).

Na mesma linha, outros tantos arestos trazem a mesma conclusão, de superação da citada súmula (ver: TJDF, Recurso 2010.00.2.006330-9, Acórdão 430.572, 3.ª Turma Cível, Rel. Des. Humberto Adjuto Ulhôa, *DJDFTE* 1.º.07.2010, p. 71; e TJMG, Agravo de Instrumento 0053691-09.2011.8.13.0000, 17.ª Câmara Cível, Montes Claros, Rel. Des. Márcia de Paoli Balbino, j. 03.03.2011, *DJEMG* 05.04.2011). Do próprio Superior Tribunal de Justiça, infelizmente, concluindo desse último modo:

> "Agravo regimental no recurso especial. Fundamentos insuficientes para reformar a decisão agravada. Contrato garantido com cláusula de alienação fiduciária. Ação de busca e apreensão. Purgação da mora após a vigência da Lei 10.931/2004. Impossibilidade. Necessidade de pagamento da integralidade da dívida. Súmula 83 do STJ. 1. O agravante não trouxe argumentos novos capazes de infirmar os fundamentos que alicerçaram a decisão agravada, razão que enseja a negativa de provimento ao agravo regimental. 2. Com a nova redação do artigo 3.º do Decreto-lei 911/1969, dada pela Lei 10.931/2004, não há mais se falar em purgação da mora nas ações de busca e apreensão de bem alienado fiduciariamente, devendo o devedor pagar a integralidade da dívida, no prazo de 5 dias após a execução da liminar, hipótese na qual o bem lhe será restituído livre de ônus. 3. A perfeita harmonia entre o acórdão recorrido e a jurisprudência dominante desta Corte Superior impõe a aplicação, à hipótese dos autos, do Enunciado 83 da Súmula do STJ. 4. Agravo regimental não provido" (STJ, AgRg no REsp 1.183.477/DF, 3.ª Turma, Rel. Min. Vasco Della Giustina (Desembargador convocado do TJ/RS), j. 03.05.2011, *DJe* 10.05.2011).

Em 2014, o Superior Tribunal de Justiça acabou consolidando essa última forma de pensar, em julgamento da sua Segunda Secção relativo a recursos repetitivos, assim publicado no seu *Informativo* n. *540*:

> "Direito civil. Impossibilidade de purgação da mora em contratos de alienação fiduciária firmados após a vigência da Lei 10.931/2004. Recurso repetitivo (art. 543-C do CPC e Res. 8/2008-STJ). Nos contratos firmados na vigência da Lei 10.931/2004, que alterou o art. 3.º, §§ 1.º e 2.º, do Decreto-lei 911/1969, compete ao devedor, no prazo de cinco dias após a execução da liminar na ação de busca e apreensão, pagar a integralidade da dívida – entendida esta como os valores apresentados e comprovados pelo credor na inicial –, sob pena de consolidação da propriedade do bem móvel objeto de alienação fiduciária. De início, convém esclarecer que a Súmula 284 do STJ, anterior à Lei 10.931/2004, orienta que a purgação da mora, nos contratos de alienação fiduciária, só é permitida quando já pagos pelo menos 40% (quarenta por cento) do valor financiado. A referida súmula espelha a redação primitiva do § 1.º do art. 3.º do Decreto-lei 911/1969, que tinha a seguinte redação: 'Despachada a inicial e executada a liminar, o réu será citado para, em três dias, apresentar contestação ou, se já houver pago 40% (quarenta por cento) do preço financiado, requerer a purgação de mora'. Contudo, do cotejo entre a redação originária e a atual – conferida pela Lei 10.931/2004 –, fica límpido que a lei não faculta mais ao devedor a purgação da mora, expressão inclusive suprimida das disposições atuais, não se extraindo do texto legal a interpretação de que é possível o pagamento apenas da dívida vencida. Ademais, a redação vigente do art. 3.º, §§ 1.º e 2.º, do Decreto-lei 911/1969 estabelece que o devedor fiduciante poderá pagar a integralidade da dívida pendente e, se assim o fizer, o bem lhe será restituído livre de ônus, não havendo, portanto, dúvida acerca de se tratar de pagamento de toda a dívida, isto

é, de extinção da obrigação. (...). Portanto, sob pena de se gerar insegurança jurídica e violar o princípio da tripartição dos Poderes, não cabe ao Poder Judiciário, a pretexto de interpretar a Lei 10.931/2004, criar hipótese de purgação da mora não contemplada pela lei. Com efeito, é regra basilar de hermenêutica a prevalência da regra excepcional, quando há confronto entre as regras específicas e as demais do ordenamento jurídico. Assim, como o CDC não regula contratos específicos, em casos de incompatibilidade entre a norma consumerista e a aludida norma específica, deve prevalecer essa última, pois a lei especial traz novo regramento a par dos já existentes. (...). De mais a mais, o STJ, em diversos precedentes, já afirmou que, após o advento da Lei 10.931/2004, que deu nova redação ao art. 3.º do Decreto-lei 911/1969, não há falar em purgação da mora, haja vista que, sob a nova sistemática, após o decurso do prazo de 5 (cinco) dias contados da execução da liminar, a propriedade do bem fica consolidada em favor do credor fiduciário, devendo o devedor efetuar o pagamento da integralidade do débito remanescente a fim de obter a restituição do bem livre de ônus. Precedentes citados: AgRg no REsp 1.398.434/MG, 4.ª Turma, *DJe* 11.02.2014; e AgRg no REsp 1.151.061/MS, 3.ª Turma, *DJe* 12.04.2013" (STJ, REsp 1.418.593/MS, Rel. Min. Luis Felipe Salomão, j. 14.05.2014).

Com o devido respeito, lamenta-se essa tomada de curso pelo Superior Tribunal de Justiça, que parece desconsiderar a correta efetivação dos direitos do devedor-fiduciante, na grande maioria das vezes enquadrado como consumidor. Em reforço, a impossibilidade de purgação da mora não está em sintonia com o princípio da conservação dos negócios jurídicos, segundo o qual a extinção dos pactos deve ser a última medida a ser tomada, mormente diante de sua inegável função social, preservando-se ao máximo a autonomia privada.

Como consequência desse julgamento, em março de 2017, a mesma Segunda Seção do STJ acabou por concluir, infelizmente, que a teoria do adimplemento substancial não se aplica mais às alienações fiduciárias em garantia de bens móveis. Isso porque, não sendo cabível a purgação de mora para afastar a busca e apreensão da coisa, a decorrência natural acaba sendo a não consideração do cumprimento relevante do devedor para afastar a medida de retomada do bem.

Conforme consta da ementa do julgado, que tem forma vinculativa para outras decisões inferiores:

"Além de o Decreto-lei n. 911/1969 não tecer qualquer restrição à utilização da ação de busca e apreensão em razão da extensão da mora ou da proporção do inadimplemento, é expresso em exigir a quitação integral do débito como condição imprescindível para que o bem alienado fiduciariamente seja remancipado. Em seus termos, para que o bem possa ser restituído ao devedor, livre de ônus, não basta que ele quite quase toda a dívida; é insuficiente que pague substancialmente o débito; é necessário, para esse efeito, que quite integralmente a dívida pendente. Afigura-se, pois, de todo incongruente inviabilizar a utilização da ação de busca e apreensão na hipótese em que o inadimplemento revela-se incontroverso – desimportando sua extensão, se de pouca monta ou se de expressão considerável –, quando a lei especial de regência expressamente condiciona a possibilidade de o bem ficar com o devedor fiduciário ao pagamento da integralidade da dívida pendente. Compreensão diversa desborda, a um só tempo, do diploma legal exclusivamente aplicável à questão em análise (Decreto-lei n. 911/1969), e, por via transversa, da própria orientação firmada pela Segunda Seção, por ocasião do julgamento do citado REsp n. 1.418.593/MS, representativo da controvérsia, segundo a qual a restituição do bem ao devedor fiduciante é condicionada ao pagamento, no prazo de cinco dias contados da execução da liminar de busca e apreensão, da integralidade da dívida pendente, assim compreendida como as parcelas vencidas e não pagas, as parcelas

# 1302 | MANUAL DE DIREITO CIVIL • VOLUME ÚNICO – *Flávio Tartuce*

vincendas e os encargos, segundo os valores apresentados pelo credor fiduciário na inicial. Impor-se ao credor a preterição da ação de busca e apreensão (prevista em lei, segundo a garantia fiduciária a ele conferida) por outra via judicial, evidentemente menos eficaz, denota absoluto descompasso com o sistema processual. Inadequado, pois, extinguir ou obstar a medida de busca e apreensão corretamente ajuizada, para que o credor, sem poder se valer de garantia fiduciária dada (a qual, diante do inadimplemento, conferia-lhe, na verdade, a condição de proprietário do bem), intente ação executiva ou de cobrança, para só então adentrar no patrimônio do devedor, por meio de constrição judicial que poderá, quem sabe (respeitada o ordem legal), recair sobre esse mesmo bem (naturalmente, se o devedor, até lá, não tiver dele se desfeito)" (STJ, REsp 1.622.555/MG, 2.ª Seção, Rel. Min. Marco Buzzi, Rel. p/ Acórdão Min. Marco Aurélio Bellizze, j. 22.02.2017, *DJe* 16.03.2017).

O Ministro Relator também apontou, o que acabou por prevalecer, que a teoria do adimplemento substancial objetiva impedir que o credor resolva a relação contratual em razão de inadimplemento de ínfima parcela da obrigação. Assim, nesse contexto, vejamos trecho da ementa:

"A via judicial para esse fim é a ação de resolução contratual. Diversamente, o credor fiduciário, quando promove ação de busca e apreensão, de modo algum pretende extinguir a relação contratual. Vale-se da ação de busca e apreensão com o propósito imediato de dar cumprimento aos termos do contrato, na medida em que se utiliza da garantia fiduciária ajustada para compelir o devedor fiduciante a dar cumprimento às obrigações faltantes, assumidas contratualmente (e agora, por ele, reputadas ínfimas). A consolidação da propriedade fiduciária nas mãos do credor apresenta-se como consequência da renitência do devedor fiduciante de honrar seu dever contratual, e não como objetivo imediato da ação. E, note-se que, mesmo nesse caso, a extinção do contrato dá-se pelo cumprimento da obrigação, ainda que de modo compulsório, por meio da garantia fiduciária ajustada. É questionável, se não inadequado, supor que a boa-fé contratual estaria ao lado de devedor fiduciante que deixa de pagar uma ou até algumas parcelas por ele reputadas ínfimas – mas certamente de expressão considerável, na ótica do credor, que já cumpriu integralmente a sua obrigação – e, instado extra e judicialmente para honrar o seu dever contratual, deixa de fazê-lo, a despeito de ter a mais absoluta ciência dos gravosos consectários legais advindos da propriedade fiduciária. A aplicação da teoria do adimplemento substancial, para obstar a utilização da ação de busca e apreensão, nesse contexto, é um incentivo ao inadimplemento das últimas parcelas contratuais, com o nítido propósito de desestimular o credor – numa avaliação de custo-benefício – de satisfazer seu crédito por outras vias judiciais, menos eficazes, o que, a toda evidência, aparta-se da boa-fé contratual propugnada" (REsp 1.622.555/MG).

Com o devido respeito, não estou filiado a tais conclusões e penso ser o *decisum* um grande retrocesso, pois numerosos eram os julgados da Corte que aplicavam o adimplemento substancial para a alienação fiduciária de móveis (por todos: STJ, REsp 272.739/MG, 4.ª Turma, Rel. Min. Ruy Rosado de Aguiar, j. 1.º.03.2001, *DJ* 02.04.2001, p. 299; e REsp 912.697/RO, 4.ª Turma, Rel. Min. Aldir Passarinho Junior, j. 07.10.2010, *DJe* 25.10.2010).

Primeiro, porque a boa-fé objetiva tem aplicação para todos os negócios jurídicos, inclusive para os negócios reais, não se sustentando o argumento de que os princípios do Código Civil não incidem para a alienação fiduciária. Segundo, porque a teoria do adimplemento substancial tem relação com a conservação do negócio jurídico e com a função social da obrigação. Terceiro, porque não nos parece que o adimplemento substancial incentiva o inadimplemento, até porque, no sistema atual, a boa-fé se presume enquanto a má-fé se prova. Quarto, fica em dúvida a utilidade da medida de busca e apreensão, pois os credores ficarão com uma grande quantidade de bens, sobretudo automóveis, estocados, o que acabará por gerar grandes custos.

Valem também os argumentos desenvolvidos por José Fernando Simão em crítico artigo sobre o citado julgamento. Conforme escreveu o jurista:

> "'O Ministro Marco Aurélio Bellizze abriu a divergência no julgamento ao acolher a tese recursal do banco Volkswagen, de que a teoria do adimplemento substancial não é prevista expressamente em lei e decorre de interpretação extensiva de dispositivos do Código Civil. Por isso, a tese não pode se sobrepor à lei especial que rege a alienação fiduciária, por violação à regra de que lei especial prevalece sobre lei geral'. O argumento é pueril e não é técnico. A construção do princípio da boa-fé pela doutrina alemã (desde Larenz), passando em Portugal pela obra de Menezes Cordeiro e no Brasil por Judith Martins-Costa, aponta em sentido oposto. O princípio permite nova leitura do texto de lei de maneira a promover sua adequação. Afirmar que a Lei Especial, por ser especial, não sofre os efeitos do princípio da boa-fé, é tese sem fundamento técnico. Lei geral e lei especial se submetem aos princípios dos contratos, ainda que estes não estivessem presentes no texto da lei geral. O princípio é a base do ordenamento e não se submete ao critério da especialidade. Se o argumento for expandido, a boa-fé não se aplica à Lei de Locação que é especial? A boa-fé não se aplica ao Estatuto da Terra que é lei especial? A alienação fiduciária não é menos contrato, nem mais. A decisão é tecnicamente constrangedora. Simples assim".[219]

Feitas tais considerações e seguindo no estudo das inovações legais, a resposta do devedor fiduciante poderá ser apresentada, ainda que ele tenha pagado a dívida apresentada pelo credor na petição inicial, desde que entenda ter havido pagamento a maior e desejar a devida restituição (art. 3.º, § 4.º, pela redação atual). Da sentença cabe apelação apenas no efeito devolutivo, como já era no sistema anterior (art. 3.º, § 5.º, pela redação atual).

Além disso, na sentença que decretar a improcedência da ação de busca e apreensão, o juiz condenará o credor fiduciário ao pagamento de multa, em favor do devedor fiduciante, equivalente a cinquenta por cento do valor originalmente financiado, devidamente atualizado, caso o bem já tenha sido alienado (art. 3.º, § 6.º, pela redação atual). Se a referida multa for exagerada cabe a redução equitativa prevista pelo art. 413 do CC/2002. A multa em questão não exclui a possibilidade de o credor fiduciário responder pelas perdas e danos que o caso concreto demonstrar (art. 3.º, § 7.º, redação atual). Por fim, a busca e apreensão prevista no art. 3.º constitui um processo autônomo e independente de qualquer procedimento posterior, tendo caráter totalmente satisfativo (art. 3.º, § 8.º, redação atual).

Não se pode esquecer, em complemento, que presente a relação de consumo na alienação fiduciária em garantia de bens móveis – como é bem comum –, merece aplicação o art. 53 da Lei 8.078/1990, que consagra a nulidade absoluta da *cláusula de decaimento*, de perda de todas as parcelas pagas pelo devedor nos casos de inadimplemento (nessa linha de conclusão: STJ, REsp 401.702/DF, 4.ª Turma, Rel. Min. Barros Monteiro, j. 07.06.2005, *DJ* 29.08.2005, p. 346).

Como visto, a jurisprudência superior vinha aplicando à alienação fiduciária de bens móveis a *teoria do adimplemento substancial* para afastar a busca e apreensão da coisa nos casos em que a mora do devedor é insignificante (por todos: STJ, REsp 469.577/SC, 4.ª Turma, Rel. Min. Ruy Rosado de Aguiar, j. 25.03.2003, *DJ* 05.05.2003, p. 310). Porém, como

---

[219] SIMÃO, José Fernando. Adimplemento substancial e a nova orientação do STJ – E o poder dos Bancos prevaleceu. Disponível em: <www.cartaforense.com.br>. Acesso em: 18 set. 2017.

**1304** | MANUAL DE DIREITO CIVIL • VOLUME ÚNICO – *Flávio Tartuce*

anotado, em polêmico julgado de março de 2017, houve uma reviravolta na posição do Tribunal, o que é lamentável. Assim sendo, a teoria não mais incide para os casos em questão, reitere-se.

Seguindo no estudo da matéria, é preciso também comentar as alterações que foram incluídas pela Lei 13.043, de novembro de 2014, ao art. 3.º do Decreto-Lei 911/1969. Especialmente quanto ao seu *caput*, a norma estabelece que a concessão de liminar poderá ser apreciada pelo plantão judiciário, o que visa facilitá-la. Ademais, como visto, foram incluídos sete novos parágrafos ao diploma, todos com o intuito de tornar ainda mais operável a busca e apreensão.

Nesse contexto, o novo § 9.º do art. 3.º estabelece que, ao decretar a busca e apreensão de veículo, o juiz, caso tenha acesso à base de dados do Registro Nacional de Veículos Automotores – Renavam, inserirá diretamente a restrição judicial na base de dados do Renavam, bem como retirará tal restrição após a apreensão. Por outra via, se o juiz não tiver acesso a essa base de dados, deverá oficiar ao departamento de trânsito competente para que: *a)* registre o gravame referente à decretação da busca e apreensão do veículo; e *b)* retire o gravame após a apreensão do veículo (§ 10). Também com o intuito de localizar a apreender o bem móvel, estabelece o novo § 11 do art. 3.º do Decreto-lei 911/1969 que o juiz determinará a inserção do mandado a que se refere tal restrição em banco próprio de mandados (central de mandados).

Igualmente, com o intuito de facilitar a apreensão da coisa, a parte interessada poderá requerer diretamente ao juízo da Comarca onde foi localizado o veículo com vistas à sua apreensão, sempre que o bem estiver em Comarca distinta daquela da tramitação da ação. Para tanto, basta que em tal requerimento conste a cópia da petição inicial da ação e, quando for o caso, a cópia do despacho que concedeu a busca e apreensão do veículo (art. 3.º, § 12, do Decreto-lei 911/1969). A apreensão do veículo será imediatamente comunicada ao juízo, que intimará a instituição financeira para retirá-lo do local depositado no prazo máximo de 48 horas (art. 3.º, § 13, do Decreto-lei 911/1969). Por fim, a respeito da apreensão, a nova norma estabelece que o devedor, por ocasião do cumprimento do mandado de busca e apreensão, deverá entregar o bem e seus respectivos documentos (art. 3.º, § 14, do Decreto-lei 911/1969).

Assim como ocorre com a venda extrajudicial do bem, todas as regras previstas no art. 3.º do Decreto-lei 911/1969 passam a ser aplicadas ao *leasing* ou ao arrendamento mercantil, por força do novo § 15, inserido nesse diploma. A propósito, já fazendo incidir a nova lei, concluiu o Superior Tribunal de Justiça, no ano de 2015:

> "Aplica-se aos contratos de arrendamento mercantil de bem móvel o entendimento firmado pela Segunda Seção desta Corte Superior, segundo o qual, 'nos contratos firmados na vigência da Lei n. 10.931/2004, compete ao devedor, no prazo de 5 (cinco) dias após a execução da liminar na ação de busca e apreensão [no caso concreto, de reintegração de posse do bem arrendado], pagar a integralidade da dívida – entendida esta como os valores apresentados e comprovados pelo credor na inicial –, sob pena de consolidação da propriedade do bem móvel objeto de alienação fiduciária' (REsp 1.418.593/MS, Rel. Min. Luis Felipe Salomão, *DJe* 27.05.2014, julgado sob o rito dos recursos repetitivos). Entendimento jurisprudencial que já vinha sendo acolhido por Ministros integrantes da Segunda Seção desta Corte Superior e que culminou com a edição da Lei n. 13.043/2014, a qual fez incluir o § 15 do art. 3.º do Decreto-lei 911/1969, autorizando expressamente a extensão das normas procedimentais previstas para a alienação fiduciária em garantia aos casos de reintegração de posse de veículos objetos de contrato de arrendamento mercantil (Lei 6.099/1974)" (STJ, REsp 1.507,239/SP, 3.ª Turma, Rel. Min. Marco Aurélio Bellizze, j. 05.03.2015, *DJe* 11.03.2015).

Em suma, nota-se que, diante da citada equiparação, a purgação da mora não é mais cabível em caso de ação de busca e apreensão fundada em contrato de arrendamento mercantil ou *leasing*.

Na linha do que ocorreu com a alienação fiduciária em garantia de bens móveis, infelizmente e diante dessa equiparação feita pela Lei 13.043/2014, o STJ tende a concluir pela não incidência da teoria do adimplemento substancial para o *leasing*, alterando a sua posição anterior. Não se deve repetir, assim, o que foi concluído no excelente julgado a seguir transcrito: "Ação de reintegração de posse de 135 carretas, objeto de contrato de 'leasing', após o pagamento de 30 das 36 parcelas ajustadas. Processo extinto pelo juízo de primeiro grau, sendo provida a apelação pelo Tribunal de Justiça, julgando procedente a demanda. (...). Correta a decisão do tribunal de origem, com aplicação da teoria do adimplemento substancial. Doutrina e jurisprudência acerca do tema" (STJ, REsp 1.200.105/AM, 3.ª Turma, Rel. Min. Paulo de Tarso Sanseverino, j. 19.06.2012, *DJe* 27.06.2012). Lamenta-se, mais uma vez, essa mudança de posição na Corte, o que representa, na minha opinião, um grave retrocesso.

Como se pode perceber, as alterações legislativas do Decreto-lei 911/1969 percebidas nos últimos anos visaram facilitar o recebimento de eventual valor devido pelo credor, colocando o devedor em situação em que o inadimplemento obrigacional lhe gera graves consequências, muitas vezes irreversíveis quanto à retomada do bem.

Em 2023, foi dado um passo ainda mais determinante para essa facilitação, com o surgimento da Lei 14.711/2023, que instituiu um novo *Marco Legal das Garantias*. O seu art. 6.º incluiu no Decreto-Lei 911/1969 os novos arts. 8.º-B, 8.º-C, 8.º-D e 8.º-E, tratando de medidas extrajudiciais para recebimento ou cobrança da dívida, em prol da desjudicialização.

Consoante o novo 8.º-B do Decreto-lei 911/1969, desde que haja previsão expressa no contrato, com cláusula em destaque, e após a comprovação da mora do devedor, é facultado ao credor promover a consolidação da propriedade relativa à alienação fiduciária em garantia de bens móveis perante o competente Cartório de Registro de Títulos e Documentos, no lugar do procedimento judicial aqui antes estudado.

Sobre a competência, o § 1.º desse novo preceito estabelece que "é competente o cartório de registro de títulos e documentos do domicílio do devedor ou da localização do bem da celebração do contrato"; o que cabe ao credor escolher.

Quanto ao procedimento em si, vencida e não paga a dívida, o oficial do Cartório de Registro de Títulos e Documentos, a requerimento do credor fiduciário e acompanhado da comprovação da mora ou inadimplemento obrigacional, notificará o devedor fiduciário para: *a)* pagar voluntariamente a dívida no prazo de vinte dias, sob pena de consolidação da propriedade; ou *b)* apresentar, se for o caso, documentos comprobatórios de que a cobrança é total ou parcialmente indevida (art. 8.º-B, § 2.º, do Decreto-lei 911/1969, incluído pela Lei 14.711/2023).

Na última hipótese, o oficial do Cartório avaliará os documentos apresentados pelo devedor e se constatar a existência de direito em seu favor, como a comprovação do pagamento da dívida ou a existência de prescrição da pretensão, deverá abster-se de prosseguir com o procedimento extrajudicial (art. 8.º-B, § 3.º, do Decreto-lei 911/1969). Entendo que o adimplemento substancial também é argumento a ser considerado pelo oficial, apesar do entendimento jurisprudencial antes exposto, a respeito do procedimento judicial. Nota-se, assim, que a nova norma dá certo poder decisório ao oficial do Cartório de Registro de Título e Documentos, o que é tendência da legislação mais recente, para todas as serventias extrajudiciais.

# 1306 | MANUAL DE DIREITO CIVIL · VOLUME ÚNICO – *Flávio Tartuce*

Seguindo no estudo do tema, na hipótese de o devedor alegar que a cobrança é parcialmente indevida, caber-lhe-á declarar o valor que entender correto e pagá-lo dentro do mesmo prazo de vinte dias (art. 8.º-B, § 4.º, do Decreto-lei 911/1969). Esse pagamento parcial do valor incontroverso servirá para comprovar a boa-fé do devedor e também poderá afastar o prosseguimento do procedimento extrajudicial.

Em qualquer caso e em a qualquer momento, a lei assegura ao credor optar pelo procedimento judicial para cobrar a dívida ou o saldo remanescente, na hipótese de frustração total ou parcial do procedimento extrajudicial (art. 8.º-B, § 4.º, do Decreto--lei 911/1969).

Sobre a notificação, está a cargo do oficial de registro de títulos e documentos e será feita preferencialmente por meio eletrônico, a ser enviada ao endereço eletrônico indicado no contrato pelo devedor fiduciário (art. 8.º-B, § 6.º, do Decreto-lei 911/1969). Em complemento, o § 10 do mesmo diploma estabelece que essa comunicação deverá ocorrer conforme convênio das serventias, ainda que por meio de suas entidades representativas – caso das associações de registradores –, com os competentes órgãos registrais.

Também quanto à notificação, o § 13 do novo art. 8-B do decreto-lei elenca os seus requisitos informacionais mínimos, sob pena de nulidade do ato, a saber: *a)* cópia do contrato referente à dívida; *b)* valor total da dívida de acordo com a possível data de pagamento; *c)* planilha com detalhamento da evolução da dívida; *d)* boleto bancário, dados bancários ou outra indicação de meio de pagamento, inclusive a faculdade de pagamento direto no competente Cartório de Registro de Títulos e Documentos; *e)* dados do credor, especialmente nome, número de inscrição no Cadastro de Pessoas Físicas (CPF) ou no Cadastro Nacional da Pessoa Jurídica (CNPJ), telefone e outros canais de contato; *f)* forma de entrega ou disponibilização voluntárias do bem no caso de inadimplemento; e *g)* advertências referentes a principais regras relativas ao procedimento extrajudicial e suas consequências.

Ainda sobre essa notificação, a ausência de confirmação do recebimento da notificação eletrônica em até três dias úteis, contados do recebimento, implicará a realização da notificação postal, com aviso de recebimento (A. R), mais uma vez a cargo do oficial que desempenha a atividade extrajudicial, ao endereço indicado em contrato pelo devedor fiduciário. Nessa última situação, não é exigido que a assinatura constante do aviso de recebimento seja a do próprio destinatário, desde que o endereço seja o indicado no cadastro, o que basta para se considerar como devidamente efetivada a notificação (art. 8.º-B, § 7.º, do Decreto-lei 911/1969).

Lamenta-se o teor da norma, que não leva em consideração a efetiva citação do devedor e o correto atendimento do dever de informação, bastando a mera indicação do endereço no contrato.

Eventualmente, se for paga a dívida, "ficará convalescido o contrato de alienação fiduciária em garantia", em expressão que consta do § 8.º do art. 8.º-B do Decreto-lei 911/1969. Assim como ocorre em outras legislações recentes, entendo que o termo utilizado pela norma não está de acordo com a melhor técnica, pois o convalescimento se dá em havendo invalidade da obrigação, o que não é o caso. Melhor seria a norma falar em retomada da eficácia do contrato, sendo sanado o inadimplemento pelo pagamento integral do valor devido pelo devedor.

Por outra via, não paga a dívida, o oficial averbará a consolidação da propriedade fiduciária ou, no caso de bens cuja alienação fiduciária tenha sido registrada apenas em outro órgão, como nos serviços de registro de veículos, o oficial comunicará a este para a devida averbação (art. 8.º-B, § 9.º, do Decreto-lei 911/1969).

Ainda na hipótese de não pagamento voluntário da dívida no prazo legal, é dever do devedor, no mesmo prazo e com a devida ciência do Cartório de Registro de Títulos e Documentos, entregar ou disponibilizar voluntariamente a coisa ao credor para a sua venda extrajudicial, sob pena de sujeitar-se a uma multa de cinco por cento do valor da dívida, respeitado o direito do devedor a recibo escrito por parte do credor (art. 8.º-B, § 11, do Decreto-lei 911/1969). No valor total da dívida, poderão ser incluídos também os valores dos emolumentos, das despesas postais e das despesas com remoção ou transporte da coisa na hipótese de o devedor tê-la disponibilizado em vez de tê-la entregado voluntariamente (art. 8.º-B, § 12, do Decreto-lei 911/1969).

Em havendo o citado inadimplemento da obrigação garantida pela alienação fiduciária, consolidada a propriedade, o credor poderá vender o bem de forma extrajudicial, como está no art. 2.º do Decreto-lei (art. 8.º-C, incluído pela Lei 14.711/2023).

Foram, inicialmente, vetados pelo Presidente da República todos os parágrafos desse artigo, que tratavam do procedimento extrajudicial de busca e apreensão, perante o Cartório de Registro de Títulos e Documentos e a pedido do credor. Assim, essa medida continuaria possível apenas no âmbito judicial, o que não deixava de ser um contrassenso pela coerência do trabalho legislativo que foi desenvolvido para o *Marco Legal das Garantias*.

Como fundamento principal dos vetos, considerou-se que "a proposição legislativa incorre em vício de inconstitucionalidade, visto que os dispositivos, ao criarem uma modalidade extrajudicial de busca e apreensão do bem móvel alienado fiduciariamente em garantia, acabaria por permitir a realização dessa medida coercitiva pelos tabelionatos de registro de títulos e documentos, sem que haja ordem judicial para tanto, o que violaria a cláusula de reserva de jurisdição e, ainda, poderia criar risco a direitos e garantias individuais, como os direitos ao devido processo legal e à inviolabilidade de domicílio, consagrados nos incisos XI e LIV do *caput* do art. 5.º da Constituição".

Porém, em dezembro de 2023 esses vetos foram derrubados pelo Congresso Nacional, pois o novo sistema ficaria desequilibrado, admitindo apenas parte das inovações de extrajudicialização, especialmente apenas a venda extrajudicial. Assim, nos termos do que acabou sendo incluído pela Lei 14.711/2023 no art. 8.º-C do Decreto-lei 911/1969, caso o bem não tenha sido entregue ou disponibilizado voluntariamente no prazo legal, o credor poderá requerer ao oficial do Cartório de Registro de Títulos e Documentos a sua busca e apreensão extrajudicial, com a apresentação do valor atualizado da dívida e da planilha com a sua evolução (§ 1.º).

Recebido esse requerimento, como forma de viabilizar a busca e apreensão extrajudicial, o oficial do Cartório adotará as seguintes providências: *a*) lançará, no caso de veículos, restrição de circulação e de transferência do bem no sistema do RENAVAN; *b*) comunicará, se for o caso, aos órgãos registrais competentes para a averbação da indisponibilidade do bem e da busca e apreensão extrajudicial; *c*) lançará a busca e apreensão extrajudicial na plataforma eletrônica mantida pelos Cartórios de Títulos e Documentos por meio de suas entidades representativas; e *d*) expedirá certidão de busca e apreensão extrajudicial da coisa, caso do veículo (§ 2.º do art. 8.º-C do Decreto-lei 911/1969, incluído pela Lei 14.711/2023).

Ademais, com vistas à realização das duas primeiras providências acima apontadas, os órgãos de trânsito – caso do DETRAN –, e outros órgãos de registro poderão manter convênios com os Cartórios de Títulos e Documentos, ainda que por meio das suas entidades representativas incumbidas de promover o sistema de registro eletrônico respectivo (§ 3.º do art. 8.º-C do Decreto-lei 911/1969, incluído pela Lei 14.711/2023).

O credor, por si ou por terceiros mandatários, poderá realizar diligências para a localização dos bens, desde que por medidas lícitas e de acordo com o boa-fé (§ 4.º do novo art. 8.º-C do Decreto-lei 911/1969). Esses terceiros poderão ser empresas especializadas na localização de bens, prática que há tempos já ocorre no mercado quanto às medidas judiciais (§ 5.º). Com vistas a regularizar e a tonar mais transparente as suas atuações, ato do Poder Executivo poderá definir os requisitos mínimos para o funcionamento dessas empresas (§ 6.º).

Sendo apreendido o bem pelo oficial da serventia, o credor poderá promover a sua venda extrajudicial, devendo comunicá-la ao oficial do Cartório de Títulos e Documentos, o qual adotará as seguintes providências: *a*) cancelará os lançamentos e as comunicações de restrição, de circulação, de transferência, de indisponibilidade e de busca e apreensão do bem; e *b*) averbará a venda no registro pertinente ou, no caso de bens cuja alienação fiduciária tenha sido registrada apenas em outro órgão, comunicará a este para a devida averbação (§ 7.º do art. 8.º-C do Decreto-lei 911/1969).

O credor fiduciário somente será obrigado por encargos tributários ou administrativos vinculados ao bem, caso de impostos relativos ao veículo que estejam em aberto, a partir da aquisição da posse plena, o que se dará com a apreensão do bem ou com a sua entrega voluntária (§ 8.º do art. 8.º-C do Decreto-lei 911/1969).

No prazo de cinco dias úteis após a apreensão do bem, o devedor fiduciante terá o direito de pagar a integralidade da dívida pendente, segundo os valores apresentados pelo credor fiduciário no seu requerimento, hipótese na qual será cancelada a consolidação da propriedade e restituída a posse plena do bem voluntária (§ 9.º do art. 8.º-C do Decreto--lei 911/1969).

A hipótese não é de purgação da mora, mas de pagamento de toda a dívida que esteja em aberto, o que está na linha das alterações recentes que foram feitas na legislação em estudo quanto às medidas judiciais. Para esse pagamento, no valor da dívida, o credor poderá incluir os valores com emolumentos e despesas com as providências do procedimento extrajudicial aqui estudado, além dos tributos e demais encargos pactuados no contrato (§ 10).

Como não poderia ser diferente, a última previsão a respeito da busca e apreensão extrajudicial, nesse comando, prevê que "o procedimento extrajudicial não impedirá o uso do processo judicial pelo devedor fiduciante" (§ 11 do art. 8.º-C do Decreto-lei 911/1969, incluído pela Lei 14.711/2023). Tornou-se consolidada a afirmação, em leis e regulamentos administrativos, segundo a qual a via extrajudicial é sempre facultativa, à escolha do interessado, e não obrigatória.

Como penúltima norma a respeito do procedimento extrajudicial, no caso de a cobrança extrajudicial ser considerada indevida, o credor fiduciário se sujeitará à mesma multa imposta ao devedor no procedimento judicial de busca e apreensão, de cinquenta por cento do valor originalmente financiado, devidamente atualizado, caso o bem já tenha sido alienado. O novo art. 8.º-D do Decreto-lei 911/1969 também impõe ao credor o mesmo dever de indenizar, o que visa afastar condutas de abuso de direito na utilização do procedimento e vem em boa hora.

Por fim, a novel legislação incluiu no Decreto-Lei 911/1969 um art. 8.º-E, prevendo que, quando se tratar de veículos automotores, é facultado ao credor, alternativamente, promover os procedimentos de execução extrajudicial também perante os órgãos executivos de trânsito dos Estados, em observância às competências previstas no § 1.º do art. 1.361 do Código Civil, ou seja, na repartição competente para o licenciamento. Somente o tempo e a prática demonstrarão qual será a principal opção dos credores, se os Cartórios ou tais repartições, além da própria efetivação do procedimento extrajudicial, no futuro.

CAP. 7 • DIREITO DAS COISAS | **1309**

Atualizada a obra, e superadas essas questões relativas ao inadimplemento por parte do devedor fiduciante, devidamente atualizadas, preconiza o art. 1.365 do CC a nulidade absoluta textual da cláusula que autoriza o proprietário fiduciário a ficar com a coisa alienada em garantia, se a dívida não for paga no vencimento (*pacto comissório real*). Entretanto, pode o devedor dar o seu direito em pagamento da dívida (*dação em pagamento*) após o seu vencimento (art. 1.365, parágrafo único, do CC). Entendo que as normas se aplicam a qualquer modalidade de alienação fiduciária, seja em relação a móveis ou imóveis. Assim, a minha posição é a de que é nulo o *pacto comissório real* em qualquer modalidade de alienação fiduciária em garantia.

No atual Projeto de Reforma do Código Civil, como visto, há proposta de inclusão do pacto marciano para os negócios jurídicos paritários, sugerindo-se ainda uma nova redação para o seu art. 1.365: "é nula a cláusula que autoriza o proprietário fiduciário a ficar com a coisa alienada em garantia, se a dívida não for paga no vencimento, exceto na hipótese do art. 1.428". A par dessa nova realidade jurídica que é proposta, propõe-se a revogação expressa do parágrafo único do art. 1.365.

Também com similaridade ao que ocorre com os direitos reais de garantia sobre coisa alheia, prevê o vigente art. 1.366 do CC que, se vendida a coisa e o produto não bastar para o pagamento da dívida e das despesas de cobrança, continuará o devedor obrigado pelo restante. Assim, o credor da dívida deixa de ser um credor com direito real e passa a ser um credor quirografário ou comum.

Consagrando tal paralelismo, o art. 1.367 do CC, originalmente, mandava aplicar à alienação fiduciária em garantia alguns dispositivos relativos à hipoteca, a seguir expostos:

- Art. 1.421 do CC – O pagamento parcial da dívida não representa a extinção da garantia (indivisibilidade do direito real de garantia).
- Arts. 1.425 e 1.426 do CC – Aplicação das hipóteses de vencimento antecipado da dívida e não inclusão dos juros.
- Art. 1.427 do CC – Previsão de que, salvo cláusula expressa, o terceiro que presta garantia real por dívida alheia não fica obrigado a substituí-la, ou reforçá-la, quando, sem culpa sua, se perca, deteriore, ou desvalorize.
- Art. 1.436 do CC – Aplicação das regras de extinção do penhor.

A norma, contudo, foi ampliada pela Lei 13.043, de novembro de 2014, que passou a estabelecer a aplicação de todas as regras gerais relativas aos direitos reais de garantia sobre coisa alheia (penhor, hipoteca e anticrese), previstas entre os arts. 1.419 a 1.430 da codificação material. Todavia, nota-se que não se aplicam mais as regras relativas à extinção do penhor, pois não há menção ao art. 1.436 do Código Civil no dispositivo modificado.

Enuncia o art. 1.368 da codificação privada que o terceiro, interessado ou não, que pagar a dívida se sub-rogará de pleno direito no crédito e na propriedade fiduciária. Nota--se que a norma se aplica tanto ao terceiro interessado quanto ao terceiro não interessado que, aqui, têm tratamentos iguais. O dispositivo representa exceção à regra da teoria geral das obrigações pela qual o terceiro não interessado que paga a dívida no seu próprio nome tem direito de reembolso, mas não se sub-roga nos direitos do credor (art. 305 do CC).

No Projeto de Reforma do Código Civil pretende-se incluir um parágrafo único no seu art. 1.368, uma vez que se objetiva tratar da possibilidade de alienação fiduciária de garantia sobre coisa futura, e com propriedade superveniente. Nos termos da proposta, "tem legítimo interesse para quitar a dívida garantida pela propriedade fiduciária o titular de direito real sobre a propriedade superveniente".

# 1310 | MANUAL DE DIREITO CIVIL • VOLUME ÚNICO – *Flávio Tartuce*

Muito pertinente para o estudo das regras previstas no Código Civil de 2002 vigente, mais uma vez, o comentado art. 1.368-A, introduzido pela Lei 10.931/2004, estabelece que as demais espécies de propriedade fiduciária ou de titularidade fiduciária submetem-se à disciplina específica das respectivas leis especiais. Eventualmente, as disposições do Código Civil serão aplicadas somente naquilo em que não forem incompatíveis com a legislação especial (aplicação residual). Como visto, o objetivo da Reforma do Código Civil é trazer todas essas modalidades especiais de propriedade fiduciária para um tratamento unificado no Código Civil.

Como outro aspecto técnico importante, acrescente-se que a Lei 13.043/2014 incluiu o art. 1.368-B ao Código Civil, com a seguinte redação: "A alienação fiduciária em garantia de bem móvel ou imóvel confere direito real de aquisição ao fiduciante, seu cessionário ou sucessor. Parágrafo único. O credor fiduciário que se tornar proprietário pleno do bem, por efeito de realização da garantia, mediante consolidação da propriedade, adjudicação, dação ou outra forma pela qual lhe tenha sido transmitida a propriedade plena, passa a responder pelo pagamento dos tributos sobre a propriedade e a posse, taxas, despesas condominiais e quaisquer outros encargos, tributários ou não, incidentes sobre o bem objeto da garantia, a partir da data em que vier a ser imitido na posse direta do bem".

O diploma de 2014 trouxe duas regras, como se percebe. O seu *caput* preceitua que, ao lado do direito real de garantia sobre coisa própria – a favor do credor fiduciário –, o devedor fiduciante, ou seu substituto, tem um direito real de aquisição sobre a coisa, assim como ocorre com o compromisso de compra e venda de imóvel registrado na sua matrícula.

Essa inovação fez com que a alienação fiduciária passasse a ter uma natureza mista, de dois direitos reais sobre coisa alheia. Na perspectiva do credor, a alienação fiduciária em garantia continua sendo um direito real de garantia sobre coisa própria. Porém, sob o ponto de vista do devedor, há um direito real de aquisição.

Além disso, o credor fiduciário que passa a ser o proprietário do bem em virtude do inadimplemento do devedor fiduciante, ou por outro motivo de consolidação do domínio, deve responder por todos os encargos relativos à coisa, caso das obrigações *propter rem* ou *próprias da coisa*. O preceito inclui expressamente os tributos e as despesas de condomínio.

Para encerrar o tópico, cumpre anotar a proposta de inclusão de um novo art. 1.361-B no Código Civil pelo Projeto de Reforma do Código Civil, para tratar das hipóteses de extinção da propriedade fiduciária, diante do seu almejado papel centralizador de tratamento do tema. Nos termos da projeção, essa extinção se dará: *a)* pelo advento do termo ou da condição do negócio fiduciário; *b)* pelo cumprimento da função para a qual foi transmitida; e *c)* pelas demais causas constantes do título.

Também se inclui no comando um § 1.º, segundo o qual, com a extinção do negócio fiduciário, os bens então existentes no patrimônio separado serão restituídos ao fiduciante ou transmitidos aos beneficiários na forma do título. Ademais, consoante o projetado § 2.º, opera-se a reversão da propriedade plena ao fiduciante, se e quando adimplida a obrigação, ou sua consolidação no patrimônio do fiduciário, se inadimplida. Mais uma vez, sem dúvidas, objetiva-se trazer ao País maiores investimentos, o que foi um dos nortes orientadores da Subcomissão de Direito das Coisas, na Comissão de Juristas.

### b) *Da alienação fiduciária em garantia de bens imóveis (Lei 9.514/1997)*

Como visto, o art. 22 da Lei 9.514/1997 conceitua a alienação fiduciária em garantia de bem imóvel, sendo claro ao consagrar que a propriedade do credor fiduciário é resolúvel, pois pago o preço, o devedor fiduciante consolida a propriedade em seu nome (art. 25 da Lei 9.514/1997).

Anote-se que já se entendia no âmbito da doutrina que não haveria qualquer óbice para que o imóvel alienado seja dado mais uma vez em garantia, pela mesma modalidade. Nesse sentido, aliás, enunciado aprovado na *V Jornada de Direito Civil*, em 2011 com a seguinte redação: "estando em curso contrato de alienação fiduciária, é possível a constituição concomitante de nova garantia fiduciária sobre o mesmo bem imóvel, que, entretanto, incidirá sobre a respectiva propriedade superveniente que o fiduciante vier a readquirir, quando do implemento da condição a que estiver subordinada a primeira garantia fiduciária; a nova garantia poderá ser registrada desde a data em que convencionada e será eficaz desde a data do registro, produzindo efeito *ex tunc*" (Enunciado n. 506).

Como se verá, o tema foi tratado pelo novo *Marco Legal das Garantias* (Lei 14.711/2023). Consigne-se que a Lei 11.481/2007 introduziu um § 1.º ao art. 22 prevendo que a alienação fiduciária poderá ser contratada por pessoa física ou jurídica, não sendo privativa das entidades que operam no Sistema de Financiamento Imobiliário. Ato contínuo, além da propriedade plena, podem ser objeto de alienação fiduciária em garantia, nos termos da atual redação do art. 22 da Lei 9.514/1997:

I) Os bens enfitêuticos, hipótese em que será exigível o pagamento do laudêmio, se houver a consolidação do domínio útil no fiduciário.

II) O direito de uso especial para fins de moradia.

III) O direito real de uso, desde que suscetível de alienação.

IV) A propriedade superficiária.

V) Os direitos oriundos da imissão provisória na posse, quando concedida à União, aos Estados, ao Distrito Federal, aos Municípios ou às suas entidades delegadas, e a respectiva cessão e promessa de cessão, o que foi incluído pela Lei 14.620/2023.

VI) Os bens que, não constituindo partes integrantes do imóvel, destinam-se, de modo duradouro, ao uso ou ao serviço deste, ou seja, as pertenças, tratadas pelos arts. 93 e 94 do Código Civil, também acrescentados pela Lei 14.620/2023.

Nos casos envolvendo o direito real de uso e a propriedade superficiária, o direito de garantia fica limitado à duração do direito real (art. 22, § 2.º, da Lei 9.514/1997, incluído pela Lei 11.481/2007).

Atualizando a obra, o novo *Marco Legal das Garantias* (Lei 14.711/2023) acrescentou novos parágrafos ao art. 22, com vistas a facilitar a efetivação da alienação fiduciária de bens imóveis e a concessão de crédito no País. De início, consoante o seu novo § 3.º, passar a ser possível a *alienação fiduciária sobre propriedade superveniente*, a ser adquirida pelo fiduciante no futuro, sendo suscetível de registro Cartório de Registro de imóveis desde a data de sua celebração.

Essa nova alienação torna-se eficaz somente a partir do cancelamento da propriedade fiduciária anteriormente constituída. Passa a ser possível, portanto, a alienação fiduciária em garantia sobre coisa futura, ou sob condição, o que gerará muitos desafios, sobretudo por conta da insegurança que pode causar e da eventual falta de lastro econômico.

O novo § 3.º do art. 22 trata, em continuidade, da viabilidade de alienações fiduciárias sucessivas da propriedade superveniente, que poderão ser de segundo, terceiro, quarto grau e sucessivas, outra previsão que pode gerar incertezas. Estabelece o comando que, em tais casos, as alienações anteriores terão prioridade em relação às posteriores na excussão ou execução da garantia. A norma ainda prevê que, no caso de excussão do imóvel pelo credor fiduciário anterior com alienação a terceiros, os direitos dos credores fiduciários posteriores sub-rogam-se no preço obtido, cancelando-se os registros das respectivas

1312 | MANUAL DE DIREITO CIVIL • VOLUME ÚNICO – *Flávio Tartuce*

alienações fiduciárias. A hipótese é de sub-rogação real e legal ou automática, que independe de qualquer ato da parte.

O credor fiduciário que pagar a dívida do devedor fiduciante comum ficará automaticamente sub-rogado no crédito e na propriedade fiduciária em garantia, nos termos do inc. I do *caput* do art. 346 do Código Civil, segundo o qual ocorre a sub-rogação legal ou automática em favor do credor que paga a dívida do devedor comum. Essa é a regra do novo § 5.º do art. 22 da Lei 9.514/1997.

Eventual inadimplemento de quaisquer das obrigações garantidas pela propriedade fiduciária faculta ao credor declarar como vencidas as demais obrigações de que for titular garantidas pelo mesmo imóvel, hipótese de vencimento antecipado da obrigação com vistas à facilitação do recebimento do crédito. Essa regra igualmente se aplica para as situações de alienações fiduciárias sucessivas, desde que haja cláusula prevista nesse sentido no instrumento constitutivo da alienação fiduciária (art. 22, §§ 6.º, 7.º e 8.º, da Lei 9.514/1997). Ademais, como última norma a ser comentada neste livro sobre o tema, na hipótese de o fiduciário optar por exercer a faculdade do vencimento antecipado deverá informá-lo quando da intimação do devedor (art. 22, § 9.º, da Lei 9.514/1997).

Como não poderia ser diferente, também na alienação fiduciária em garantia de bens imóveis o dever fiduciante é possuidor direto da coisa e o credor fiduciário possuidor indireto (art. 23, parágrafo único, da Lei 9.514/1997). O art. 23 da Lei 9.514/1997 enuncia que a propriedade fiduciária será constituída mediante registro do contrato que o institui no competente Registro de Imóveis. Conforme tem-se entendido no âmbito da jurisprudência superior, com razão, "o registro do contrato tem natureza constitutiva, sem o qual a propriedade fiduciária e a garantia dela decorrente não se perfazem". Sendo assim, "na ausência de registro do contrato que serve de título à propriedade fiduciária no competente Registro de Imóveis, como determina o art. 23 da Lei 9.514/97, não é exigível do adquirente que se submeta ao procedimento de venda extrajudicial do bem para só então receber eventuais diferenças do vendedor" (STJ, REsp 1.835.598/SP, 3.ª Turma, Rel. Min. Nancy Andrighi, j. 09.02.2021, *DJe* 17.02.2021).

Em complemento, em data mais próxima, afirmou-se que o registro é um fator de eficácia perante terceiros ou *erga omnes,* e não o havendo, o negócio jurídico firmado será válido e eficaz somente em relação às suas partes, não estando presente a eficácia real. Assim sendo, "a ausência de registro do contrato que serve de título à propriedade fiduciária no Registro de Imóveis não retira a validade do ajuste entre os contratantes, bem como não impede o credor fiduciário de, após a efetivação do registro, promover a alienação extrajudicial do bem" (STJ, EREsp 1.866.844/SP, 2.ª Seção, Rel. Min. Nancy Andrighi, Rel. p/ Acórdão Min. Ricardo Villas Bôas Cueva, j. 27.09.2023, m.v.).

A exemplo do que consta do CC/2002 e do Decreto-lei 911/1969, o art. 24 da Lei 9.514/1997, alterado pelo novo Marco Legal das Garantias, lista os requisitos do instrumento que serve de título ao negócio fiduciário, a saber:

a)   O valor da dívida, sua estimação ou seu valor máximo, tendo sido o inciso alterado pela Lei 14.711/2023, para constar a possibilidade de previsão do montante que não seja o exato.

b)   O prazo e as condições de reposição do empréstimo ou do crédito do fiduciário.

c)   A taxa de juros e os encargos incidentes.

d)   A cláusula de constituição da propriedade fiduciária, com a descrição do imóvel objeto da alienação fiduciária e a indicação do título e modo de aquisição.

CAP. 7 • DIREITO DAS COISAS | **1313**

e) A cláusula que assegure ao fiduciante a livre utilização, por sua conta e risco, do imóvel objeto da alienação fiduciária, exceto a hipótese de inadimplência, dispositivo que sofreu um ajuste redacional pela Lei 14.711/2023.

f) A indicação, para efeito de venda em público leilão, do valor do imóvel e dos critérios para a respectiva revisão.

g) A cláusula dispondo sobre todos os procedimentos em favor do credor, inclusive os extrajudiciais, norma que também sofreu simples modificação para se adaptar ao novo Marco Legal das Garantias (Lei 14.711/2023).

A Lei 13.465/2017 acrescentou um parágrafo único à norma, estabelecendo que, caso o valor do imóvel convencionado pelas partes no contrato seja inferior ao utilizado pelo órgão competente como base de cálculo para a apuração do imposto sobre transmissão *inter vivos*, exigível por força da consolidação da propriedade em nome do credor fiduciário, este último será o valor mínimo para efeito de venda do imóvel no primeiro leilão. O objetivo da introdução do preceito é evitar que o bem seja leiloado por valor bem inferior ao real, gerando enriquecimento sem causa e onerosidade excessiva ao devedor, tema que ainda será aqui abordado.

Com o pagamento integral da dívida e seus encargos, resolve-se, nos termos do art. 25, *caput*, da Lei, a propriedade fiduciária do imóvel. Nos termos do § 1.º do dispositivo, modificado pela Lei 14.711/2023, no prazo de trinta dias, contado da data de liquidação da dívida, o credor fiduciário fornecerá o termo de quitação ao devedor e, se for o caso, ao terceiro fiduciante. Ademais, consoante o novo § 1.º-A do preceito, o não fornecimento do termo de quitação nesse prazo de trinta dias acarretará multa ao credor fiduciário equivalente a 0,5% (meio por cento) ao mês, ou fração, sobre o valor do contrato, que se reverterá em favor daquele a quem o termo não tiver sido disponibilizado no referido prazo. Entendo que a última regra veio em boa hora, com vistas a evitar o abuso de direito por parte do credor, em consonância com a boa-fé objetiva.

Em continuidade, sendo apresentado esse termo de quitação, o oficial do competente Registro de Imóveis efetuará o cancelamento do registro da propriedade fiduciária (art. 25, § 2.º, da Lei 9.514/1997).

Como consta do art. 26 da Lei 9.514/1997, vencida e não paga, no todo ou em parte, a dívida e constituído em mora o devedor fiduciante ou o terceiro fiduciante, consolidar-se-á a propriedade do imóvel em nome do fiduciário. Os parágrafos do dispositivo regulamentam essa consolidação, tendo recebido nova disciplina pelas Leis 13.043/2014, 13.465/2017, visando facilitar os procedimentos para o credor, em prol da facilitação da concessão de crédito no Brasil e de uma possível e eventual redução de juros no futuro.

Em primeiro lugar, o devedor fiduciante e, se for o caso, o terceiro fiduciante garantidor – figura incluída pela nova lei de 2023 – serão intimados, a requerimento do credor fiduciário, pelo oficial do competente Cartório de Registro de Imóveis, para satisfazer, no prazo de quinze dias, a prestação vencida e aquelas que vencerem até a data do pagamento, os juros convencionais, as penalidades – caso das multas obrigacionais –, e os demais encargos contratuais, os encargos legais, inclusive os tributos, as contribuições condominiais imputáveis ao imóvel e as despesas de cobrança e de intimação (art. 26, § 1.º, da Lei 9.514/1997, na redação dada pela Lei 14.711/2023).

Nos termos de tese anterior firmada pela Segunda Seção do STJ, em julgamento de incidente de recursos repetitivos:

"1 – o tabelião, antes de intimar o devedor por edital, deve esgotar os meios de localização, notadamente por meio do envio de intimação por via postal, no endereço fornecido por aquele que procedeu ao apontamento do protesto; 2 – é possível, à escolha do credor, o protesto de cédula de crédito bancário garantida por alienação fiduciária, no tabelionato em que se situa a praça de pagamento indicada no título ou no domicílio do devedor" (STJ, REsp 1.398.356/MG, 2.ª Seção, Rel. Min. Paulo de Tarso Sanseverino, Rel. p/ acórdão Min. Luis Felipe Salomão, j. 24.02.2016, *DJe* 30.03.2016).

Vale lembrar que, com o CPC/2015, tal decisão tem força vinculativa para as decisões de primeira e segunda instância, conforme o seu art. 489, § 1.º, inc. VI, constituindo jurisprudência consolidada. Penso que tal entendimento deve ser mantido, mesmo com a alteração da norma em 2023. Ademais, a Lei 14.711/2023 incluiu no art. 26 um § 1.º-A, segundo o qual na hipótese de haver imóveis localizados em mais de uma circunscrição imobiliária em garantia da mesma dívida, a intimação para purgação da mora poderá ser requerida a qualquer um dos registradores competentes. Uma vez realizada essa notificação, importará em cumprimento do requisito de intimação em todos os procedimentos de excussão ou execução, desde que informe a totalidade da dívida e dos imóveis passíveis de consolidação de propriedade. Mais uma vez, como se nota, o objetivo do novo Marco Legal das Garantias foi facilitar os procedimentos.

Seguindo no estudo do instituto, está previsto em lei que o próprio instrumento do negócio poderá estabelecer o prazo de carência após o qual será expedida a intimação (art. 26, § 2.º, da Lei 9.514/1997, na redação dada pela Lei 14.711/2023). Quando não for estabelecido esse prazo de carência no contrato de alienação fiduciária, este será de quinze dias (novo § 2.º-A do art. 26 da Lei 9.514/1997).

Também como nova redação, o § 3.º do art. 26 preceitua que a intimação será feita pessoalmente ao devedor e, se for o caso, ao terceiro fiduciante, que por esse ato serão cientificados de que, se a mora não for purgada no prazo legal, a propriedade será consolidada no patrimônio do credor e o imóvel será levado a leilão. Nessa hipótese, a intimação poderá ser promovida por solicitação do oficial do registro de imóveis, por oficial de registro de títulos e documentos da Comarca da situação do imóvel ou do domicílio de quem deva recebê-la, ou pelo correio, com aviso de recebimento.

Quando o devedor ou, se for o caso, o terceiro fiduciante, o cessionário, o representante legal ou o procurador regularmente constituído encontrar-se em local ignorado, incerto ou inacessível, o fato será certificado pelo serventuário encarregado da diligência e informado ao oficial de registro de imóveis. À vista da certidão, promoverá a intimação por edital publicado pelo período mínimo de três dias em jornal de maior circulação local ou em jornal de Comarca de fácil acesso, se o local não dispuser de imprensa diária, contado o prazo para purgação da mora da data da última publicação do edital (art. 26, § 4.º, da Lei 9.5414/1997, também com nova redação dada pela Lei 14.711/2023).

Em continuidade de estudo, a nova norma estabelece que é responsabilidade do devedor fiduciário e, se for o caso, do terceiro fiduciante informar ao credor fiduciário sobre a alteração de seu domicílio (art. 26, § 4.º-A, da Lei 9.5414/1997). Presume-se que o devedor e, se for o caso, o terceiro fiduciante encontram-se em lugar ignorado quando não forem encontrados no local do imóvel dado em garantia nem no endereço que tenham fornecido por último, observado que, na hipótese de o devedor ter fornecido contato eletrônico no contrato, é imprescindível o envio da intimação por essa via com, no mínimo, quinze dias de antecedência da realização de intimação edilícia (art. 26, § 4.º-B, da Lei 9.5414/1997, incluído pela Lei 14.711/2023).

São considerados pela nova lei como lugar inacessível: *a)* aquele em que o funcionário responsável pelo recebimento de correspondência se recuse a atender a pessoa encarregada

CAP. 7 • DIREITO DAS COISAS | **1315**

pela intimação; ou *b)* aquele em que não haja funcionário responsável pelo recebimento de correspondência para atender a pessoa encarregada pela intimação (art. 26, § 4.º-B, da Lei 9.5414/1997, incluído pela Lei 14.711/2023).

De acordo com a correta decisão anterior do Superior Tribunal de Justiça, publicada no seu *Informativo* n. *580*: "em alienação fiduciária de bem imóvel (Lei n. 9.514/1997), é nula a intimação do devedor para oportunizar a purgação de mora realizada por meio de carta com aviso de recebimento quando esta for recebida por pessoa desconhecida e alheia à relação jurídica". Nos termos do aresto, mencionando o último preceito citado:

"Como se vê, o referido artigo é claro: a intimação do devedor deve ser pessoal. O dispositivo esclarece, ainda, que essa intimação pessoal pode ser realizada de três maneiras: a) por solicitação do oficial do Registro de Imóveis; b) por oficial de Registro de Títulos e Documentos da comarca da situação do imóvel ou do domicílio de quem deva recebê-la; ou c) pelo correio, com aviso de recebimento. Nesse contexto, verifica-se que o fato de a Lei n. 9.514/1997 ter atribuído ao credor a escolha da forma pela qual o devedor será constituído em mora não exclui a exigência de que a intimação seja pessoal. De fato, a necessidade de intimação pessoal decorre da previsão constitucional da propriedade como direito fundamental (art. 5.º, XXII, da CF), o que torna justificável a exigência de um tratamento rigoroso ao procedimento que visa desapossar alguém (devedor) desse direito essencial. Ressalta-se, inclusive, a existência de entendimento doutrinário no sentido de que a intimação deve, em regra, ser realizada nas duas primeiras modalidades deferidas pela lei e apenas excepcionalmente pelo correio, meio pelo qual, no entender dessa vertente doutrinária, reveste-se de menor segurança. Além disso, convém atentar para a jurisprudência do STJ que considera indispensável a intimação pessoal da parte da data designada para os leilões do imóvel em processo de execução (REsp 1.447.687/DF, Terceira Turma, *DJe* 8/9/2014; REsp 1.115.687/SP, Terceira Turma, *DJe* 2/2/2011; REsp 1.088.922/CE, Primeira Turma, *DJe* 4/6/2009). Ora, se a intimação para a data dos leilões, que é ato posterior, deve ser pessoal, com muito mais razão ser exigida a intimação pessoal no início do procedimento, quando há a oportunidade de purgação da mora e a consequente possibilidade de manutenção do contrato" (STJ, REsp 1.531.144/PB, Rel. Min. Moura Ribeiro, j. 15.03.2016, *DJe* 28.03.2016).

Penso que as recentes alterações legislativas não têm o condão de afastar esse entendimento jurisprudencial anterior, sendo a notificação pessoal do devedor – ou agora do terceiro fiduciante – a regra ou premissa geral na alienação fiduciária de bens imóveis.

Pontue-se que a Lei 13.465/2017 já havia acrescentado novos procedimentos para facilitar a intimação pessoal do devedor, com o fito de consolidar a propriedade em nome do credor. Desse modo, conforme o § 3.º-A do art. 26, quando, por duas vezes, o oficial de Registro de Imóveis ou de Registro de Títulos e Documentos ou o serventuário por eles credenciado houver procurado o intimando em seu domicílio ou residência sem o encontrar, deverá, havendo suspeita motivada de ocultação, intimar qualquer pessoa da família ou, em sua falta, qualquer vizinho de que, no dia útil imediato, retornará ao imóvel, a fim de efetuar a intimação, na hora que designar, aplicando-se subsidiariamente o disposto nos arts. 252, 253 e 254 do Código de Processo Civil em vigor. Abre-se, assim, a possibilidade de *citação por hora certa do devedor fiduciante,* o que não tinha previsão anterior.

Conforme o primeiro dispositivo instrumental mencionado, repetindo exatamente o texto da lei específica, "quando, por 2 (duas) vezes, o oficial de justiça houver procurado o citando em seu domicílio ou residência sem o encontrar, deverá, havendo suspeita de ocultação, intimar qualquer pessoa da família ou, em sua falta, qualquer vizinho de que, no dia útil imediato, voltará a fim de efetuar a citação, na hora que designar. Parágrafo único. Nos condomínios edilícios ou nos loteamentos com controle de acesso, será válida a intimação a que se refere o *caput* feita a funcionário da portaria responsável pelo recebimento de correspondência" (art. 252 do CPC/2015). O parágrafo único do comando processual foi igualmente incluído na Lei 9.514/1997, compondo o § 3.º-B do seu art. 26 mais uma vez com o objetivo de facilitação dos procedimentos.

Segundo o art. 253 do CPC/2015, aplicável subsidiariamente ao procedimento previsto para a alienação fiduciária de imóveis, no dia e na hora designados, o oficial de justiça, independentemente de novo despacho, comparecerá ao domicílio ou à residência do citando a fim de realizar a diligência. Se o citando não estiver presente, o oficial de justiça procurará informar-se das razões da ausência, dando por feita a citação, ainda que o citando se tenha ocultado em outra Comarca, Seção ou Subseção Judiciárias (§ 1.º). A citação com hora certa será efetivada mesmo que a pessoa da família ou o vizinho que houver sido intimado esteja ausente, ou se, embora presente, a pessoa da família ou o vizinho se recusar a receber o mandado (§ 2.º). Da certidão da ocorrência, o oficial de justiça deixará contrafé com qualquer pessoa da família ou vizinho, conforme o caso, declarando-lhe o nome (§ 3.º). O oficial de justiça fará constar do mandado a advertência de que será nomeado curador especial se houver revelia (§ 4.º).

Feita a citação com hora certa, o escrivão ou chefe de secretaria enviará ao réu, executado ou interessado, no prazo de dez dias, contado da data da juntada do mandado aos autos, carta, telegrama ou correspondência eletrônica, dando-lhe de tudo ciência. É o que estabelece o art. 254 do CPC/2015, aplicável ao procedimento previsto no art. 26 da Lei 9.514/1997.

Purgada a mora no Registro de Imóveis, volta a ter eficácia a alienação fiduciária, com todos os seus efeitos jurídicos (art. 26, § 5.º, da Lei 9.514/1997). A lei utiliza o termo *convalescerá* a alienação fiduciária. Porém, na minha *opinium*, a expressão destacada é mal-empregada, uma vez que, de acordo com a melhor técnica civilística, diz ela respeito ao retorno da validade do ato ou negócio pela não propositura da ação de invalidade no prazo previsto em lei. Na espécie, o que se tem não é o retorno da validade do negócio, mas de sua eficácia.

Seguindo, ocorrendo essa purgação da mora, nos moldes do art. 401, II, do CC, o oficial do Registro de Imóveis, nos três dias seguintes, entregará ao credor fiduciário as importâncias recebidas, deduzidas as despesas de cobrança e de intimação (art. 26, § 6.º, da Lei 9.514/1997).

Pontue-se que o Superior Tribunal de Justiça vinha entendendo pela possibilidade de purgação da mora mesmo que já consolidada a propriedade do imóvel dado em garantia em nome do credor fiduciário, até a assinatura do auto de arrematação, a purgação da mora. Conforme publicação constante do *Informativo* n. 552 da Corte:

> "No caso de inadimplemento da obrigação, o devedor terá quinze dias para purgar a mora. Caso não o faça, a propriedade do bem se consolida em nome do credor fiduciário, que pode, a partir daí, buscar a posse direta do bem e deve, em prazo determinado, aliená-lo nos termos dos arts. 26 e 27 da Lei 9.514/1997. No entanto, apesar de consolidada a propriedade, não se extingue de pleno direito o contrato de mútuo, uma vez que o credor fiduciário deve providenciar a venda do bem, mediante leilão, ou seja, a partir da consolidação da propriedade do bem em favor do agente fiduciário, inaugura-se uma nova fase do procedimento de execução contratual. Portanto, no âmbito da alienação fiduciária de imóveis em garantia, o contrato, que serve de base para a existência da garantia não se extingue por força da consolidação da

CAP. 7 • DIREITO DAS COISAS | **1317**

propriedade, mas, sim, pela alienação em leilão público do bem objeto da alienação fiduciária, a partir da lavratura do auto de arrematação. Feitas essas considerações, constata-se, ainda, que a Lei 9.514/1997, em seu art. 39, II, permite expressamente a aplicação subsidiária das disposições dos arts. 29 a 41 do Decreto-lei 70/1966 aos contratos de alienação fiduciária de bem imóvel. Nesse ponto, cumpre destacar que o art. 34 do Decreto-lei 70/1966 diz que 'É lícito ao devedor, a qualquer momento, até a assinatura do auto de arrematação, purgar o débito'. Desse modo, a purgação da mora até a arrematação não encontra nenhum entrave procedimental, tendo em vista que o credor fiduciário – nos termos do art. 27 da Lei 9.514/1997 – não incorpora o bem alienado em seu patrimônio, que o contrato de mútuo não se extingue com a consolidação da propriedade em nome do fiduciário e, por fim, que a principal finalidade da alienação fiduciária é o adimplemento da dívida e a ausência de prejuízo para o credor. Além disso, a purgação da mora até a data da arrematação atende a todas as expectativas do credor quanto ao contrato firmado, visto que o crédito é adimplido" (STJ, REsp 1.462.210/RS, Rel. Min. Ricardo Villas Bôas Cueva, j. 18.11.2014).

Porém, com a alteração que foi feita pela Lei 13.465/2017, o Superior Tribunal de Justiça passou a julgar de forma contrária. Nos termos de acórdão publicado no ano de 2020:

"Segundo o entendimento do STJ, a purgação da mora, nos contratos de mútuo imobiliário com garantia de alienação fiduciária, submetidos à disciplina da Lei 9.514/1997, é admitida no prazo de 15 (quinze) dias, conforme previsão do art. 26, § 1.º, da Lei de Regência, ou a qualquer tempo, até a assinatura do auto de arrematação, com base no art. 34 do Decreto-lei 70/1966, aplicado subsidiariamente às operações de financiamento imobiliário relativas à Lei 9.514/1997. Sobrevindo a Lei 13.465, de 11.07.2017, que introduziu no art. 27 da Lei 9.514/1997 o § 2.º-B, não se cogita mais da aplicação subsidiária do Decreto-lei 70/1966, uma vez que, consolidada a propriedade fiduciária em nome do credor fiduciário, descabe ao devedor fiduciante a purgação da mora, sendo-lhe garantido apenas o exercício do direito de preferência na aquisição do bem imóvel objeto de propriedade fiduciária. Desse modo: i) antes da entrada em vigor da Lei 13.465/2017, nas situações em que já consolidada a propriedade e purgada a mora nos termos do art. 34 do Decreto-Lei 70/1966 (ato jurídico perfeito), impõe-se o desfazimento do ato de consolidação, com a consequente retomada do contrato de financiamento imobiliário; ii) a partir da entrada em vigor da lei nova, nas situações em que consolidada a propriedade, mas não purgada a mora, é assegurado ao devedor fiduciante tão somente o exercício do direito de preferência previsto no § 2.º-B do art. 27 da Lei 9.514/1997" (STJ, REsp 1.649.595/RS, 3.ª Turma, Rel. Min. Marco Aurélio Bellizze, j. 13.10.2020, *DJe* 16.10.2020).

Esse é entendimento a ser adotado no momento, para os devidos fins práticos, estando também de acordo com o novo tratamento da Lei 14.711/2023, excessivamente protetiva do credor.

Seguindo, o § 7.º do art. 26 foi alterado pela Lei 10.931/2004. O dispositivo anterior previa que, decorrido o prazo de 15 dias, sem a purgação da mora, o oficial do competente Registro de Imóveis promoveria à vista da prova do pagamento do imposto de transmissão *inter vivos* pelo credor fiduciário, o registro, na matrícula do imóvel, da consolidação da propriedade em nome deste último. A nova redação fala em *averbação*, expressão que está de acordo com a melhor técnica registral. Além disso, faz menção ao pagamento de eventual laudêmio, valor percentual devido ao proprietário no caso de transmissão da enfiteuse. Espanta-nos essa última previsão, uma vez que o CC/2002 não só baniu a enfiteuse como proibiu a cobrança de laudêmio em qualquer caso (art. 2.038).

Finalizando os procedimentos quanto à consolidação da propriedade, determina o § 8.º do art. 26, também incluído pela Lei 10.931/2004, que o devedor fiduciante pode, com a anuência do credor fiduciário, dar seu direito eventual ao imóvel em pagamento da dívida, dispensados os procedimentos previstos no art. 27 desta Lei.

Cabe acrescentar que a Lei 13.465/2017 incluiu um art. 26-A na Lei 9.514/1997, prevendo que todos os procedimentos de cobrança, purgação de mora e consolidação da propriedade fiduciária relativos às operações de financiamento habitacional, inclusive as operações do *Programa Minha Casa Minha Vida*, com recursos advindos da integralização de cotas no Fundo de Arrendamento Residencial (FAR), sujeitariam-se às normas especiais estabelecidas no art. 26-A da norma específica.

Porém, houve modificação também desse comando em 2023, pelo novo *Marco Legal das Garantias*, passando a prever que "os procedimentos de cobrança, purgação de mora, consolidação da propriedade fiduciária e leilão decorrentes de financiamentos para aquisição ou construção de imóvel residencial do devedor, exceto as operações do sistema de consórcio de que trata a Lei nº 11.795, de 8 de outubro de 2008, estão sujeitos às normas especiais estabelecidas neste artigo". Com a modificação, os procedimentos em estudo passam a incidir também para os imóveis adquiridos pelo programa social *Minha Casa, Minha Vida*.

Feita essa nota, continua prevista a consolidação da propriedade em nome do credor fiduciário será averbada no registro de imóveis trinta dias após a expiração do prazo para purgação da mora (§ 1.º do art. 26-A da Lei 9.514/1997).

Ademais, até a data da averbação da consolidação da propriedade fiduciária, é assegurado ao devedor fiduciante pagar as parcelas da dívida vencidas e as despesas contratuais, hipótese em que convalescerá a alienação fiduciária (§ 2.º). Penso, mais uma vez, que o termo *convalescerá* foi mal-empregado pois, tecnicamente, ele diz respeito ao retorno da validade do ato ou negócio pela não proposição da ação de invalidade no prazo previsto em lei. Na espécie, o que se tem não é o retorno da validade do negócio, mas de sua eficácia.

A Lei 14.711/2023 incluiu três novos parágrafos no art. 26-A da Lei 9.514/1997, mais uma vez para facilitar os procedimentos para o credor, em casos de inadimplemento.

No segundo leilão, será aceito o maior lance oferecido, desde que seja igual ou superior ao valor integral da dívida garantida pela alienação fiduciária mais antiga vigente sobre o bem, das despesas, inclusive emolumentos cartorários, dos prêmios de seguro, dos encargos legais, inclusive tributos, e das contribuições condominiais (§ 3.º).

Entretanto, se no segundo leilão não houver lance que atenda a esse referencial mínimo para arrematação, a dívida será considerada extinta, com recíproca quitação, hipótese em que o credor ficará investido da livre disponibilidade do bem (§ 4.º). A extinção da dívida no excedente ao referencial mínimo para arrematação configura condição resolutiva inerente à dívida e, por isso, estende-se às hipóteses em que o credor tenha preferido o uso da via judicial para executar a dívida (§ 5.º).

Seguindo-se no estudo dos procedimentos, com regras cada vez mais intrincadas e em prol dos credores, uma vez consolidada a propriedade em seu nome, o credor fiduciário, no prazo de 30 dias, contados da data do registro da consolidação, promoverá leilão público para a alienação do imóvel (art. 27, *caput*, da Lei 9.514/1997). Vale destacar que a Lei 14.711/2023 aumentou esse prazo, que antes era de trintas dias.

Conforme enunciado doutrinário aprovado na *V Jornada de Direito Civil*, evento de 2011, "do leilão, mesmo que negativo, a que se refere o art. 27 da Lei n. 9.514/1997, será lavrada ata que, subscrita pelo leiloeiro, poderá ser averbada no Registro de Imóveis competente, sendo a transmissão da propriedade do imóvel levado a leilão formalizada mediante contrato de compra e venda" (Enunciado n. 511 do CJF/STJ). Penso que esse entendimento doutrinário será mantido, mesmo com as recentes alterações legislativas.

Em complemento, consoante o Enunciado n. 15 da *I Jornada de Direito Notarial e Registral* (2022), a respeito da frustração dos leilões, "no procedimento de execução extrajudicial de bens alienados fiduciariamente, ocorrendo dois leilões negativos, deve-se averbar esse fato na matrícula do imóvel". Trata-se de outra ementa doutrinária que tem importantes repercussões práticas, diante das restrições que passam a constar a respeito do imóvel.

Ademais, conforme enunciado aprovado na *VII Jornada de Direito Civil*, de setembro de 2015 e também mantido, a ação de reintegração de posse nos contratos de alienação fiduciária em garantia de coisa imóvel pode ser proposta a partir da consolidação da propriedade do imóvel em poder do credor fiduciário e não apenas após os leilões judiciais previstos no art. 27 da Lei 9.514/1997 (Enunciado n. 591). E não poderia ser diferente, pois a partir dessa consolidação do domínio passa o credor a ter a posse indireta que enseja a legitimidade para a citada demanda possessória.

Se, no primeiro leilão, o maior lance oferecido for inferior ao valor do imóvel, estipulado na forma do inciso VI e do parágrafo único do art. 24 da lei específica, será realizado o segundo leilão, nos 15 dias seguintes (art. 27, § 1.º, da Lei 9.514/1997). A norma foi alterada pela Lei 13.465/2017, mencionando agora o novo parágrafo único do art. 24, com o objetivo de evitar que o valor fixado seja muito abaixo do real, como se verá a seguir.

A Lei 14.711/2023 alterou as regras sobre o segundo leilão, para facilitá-lo, não só no § 2.º do art. 27, como também em suas alíneas. Tudo, mais uma vez, para facilitar o recebimento da dívida pelo credor, supostamente facilitando a concessão de crédito no País e reduzindo os juros no futuro.

Assim, no segundo leilão, será aceito o maior lance oferecido, desde que seja igual ou superior ao valor integral da dívida garantida pela alienação fiduciária, das despesas, inclusive emolumentos cartorários, dos prêmios de seguro, dos encargos legais, incluindo tributos, e das contribuições condominiais. Em casos tais, o credor fiduciário – caso não haja lance que alcance referido valor – poderá aceitar, a seu exclusivo critério, lance que corresponda a, pelo menos, metade do valor de avaliação do bem. Tudo isso está na nova redação do § 2.º do art. 27 da Lei 9.514/1197.

Entendo que essa menção à metade do valor da avaliação do bem, como *valor referencial*, é criticável e poderá ser debatida no futuro no âmbito do Poder Judiciário, pois poderá ocasionar situações de onerosidade excessiva, enriquecimento sem causa e de desproporção negocial.

As datas, os horários e os locais dos leilões serão comunicados ao devedor e, se for o caso, ao terceiro fiduciante, por meio de correspondência dirigida aos endereços constantes do contrato, inclusive ao endereço eletrônico (art. 27, § 2.º-A, da Lei 9.514/1997). Atende-se ao dever anexo de informação, relativo à boa-fé objetiva, admitindo-se, em boa hora, a intimação digital. Na minha opinião doutrinária, apesar de a lei não mencionar, a comunicação deve ser feita pelo credor fiduciário.

Ademais, após a averbação da consolidação da propriedade fiduciária no patrimônio do credor fiduciário e até a data da realização do segundo leilão, é assegurado ao devedor fiduciante o direito de preferência ou *preempção* para adquirir o imóvel.

Essa preferência ou prelação legal deverá abranger o preço correspondente ao valor da dívida, somado às despesas, aos prêmios de seguro, aos encargos legais, às contribuições condominiais, aos tributos, inclusive os valores correspondentes ao imposto sobre

# 1320 | MANUAL DE DIREITO CIVIL • VOLUME ÚNICO – *Flávio Tartuce*

transmissão *inter vivos* e ao laudêmio, se for o caso, pagos para efeito de consolidação da propriedade fiduciária no patrimônio do credor fiduciário, e às despesas inerentes aos procedimentos de cobrança e leilão. Nessa situação, incumbirá também ao devedor fiduciante o pagamento dos encargos tributários e das despesas exigíveis para a nova aquisição do imóvel, inclusive das custas e dos emolumentos (art. 27, § 2.º-B, da Lei 9.514/1997, na redação dada pela Lei 14.711/2023).

Apesar de as leis, anterior e atual, não mencionarem, o que já é um erro lamentável e que pode gerar confusão, a citada preferência é em igualdade de condições, como ocorre em outras situações previstas em lei.

Em continuidade, também lamentavelmente, a lei não prevê a consequência caso o devedor fiduciante seja preterido em tal direito de preferência, o que constitui outra séria falha. Penso que, em casos tais, aplica-se por analogia o art. 504 do Código Civil, podendo ele exigir a adjudicação da coisa, com o pagamento de todos esses valores. Isso porque a categoria do condomínio é a mais próxima da alienação fiduciária em garantia. O prazo para tanto é decadencial de 180 dias, a contar da ciência da venda a terceiro.

Parte da doutrina contemporânea sempre sustentou a inconstitucionalidade desse § 2.º do art. 27, mesmo em suas redações anteriores. Para Cristiano Chaves e Nelson Rosenvald, a inconstitucionalidade está presente, pois a norma, ao prever que no segundo leilão a coisa seja vendida pelo maior lance oferecido e desde que esse lance cubra o valor do débito, possibilita que o devedor perca a coisa, bem como tudo o que foi pago. Isso, sem ter condições de discutir judicialmente o fato de ser privado da propriedade. O exemplo dos destacados civilistas é bem didático:

> "Assim, se *A* pagou R$ 50.000,00 de um débito total de R$ 70.000,00, quando o seu imóvel for a leilão, nada impede que no segundo leilão seja a coisa vendida por apenas R$ 20.000,00. Neste caso *A* não só perderá o imóvel, como tudo o que pagou. Há ofensa ao devido processo legal, pois a pessoa será privada do direito de propriedade sem a garantia constitucional do processo e da presença do Estado-juiz. Sempre devemos lembrar que o trinômio vida/liberdade/propriedade é genericamente garantido pelo *due process of law*".[220]

A premissa legislativa ainda merecia críticas se for levada em conta a principiologia do CC/2002 e do CDC que valorizam a boa-fé e a função social do contrato, afastando o abuso de direito e o enriquecimento sem causa. Por isso, duvidava-se de sua validade e eficácia uma vez que o abuso de direito constitui ilícito, podendo acarretar a nulidade do ato ou negócio jurídico (arts. 187 e 166, inc. II, do CC).

Seguindo parcialmente essa linha, anote-se que, na *VI Jornada de Direito Civil*, promovida pelo Conselho da Justiça Federal e pelo Superior Tribunal de Justiça em 2013, foi aprovado o Enunciado n. 567, segundo o qual "a avaliação do imóvel para efeito do leilão previsto no § 1.º do art. 27 da Lei n. 9.514/1997 deve contemplar o maior valor entre a avaliação efetuada pelo município para cálculo do imposto de transmissão *inter vivos* (ITBI) devido para a consolidação da propriedade no patrimônio do credor fiduciário e o critério fixado contratualmente". Segundo as justificativas do enunciado doutrinário, "considerando que, em regra, os financiamentos imobiliários são de longo prazo, podendo ocorrer defasagem entre o valor indicado no contrato e o valor de mercado, no primeiro leilão a que se refere o art. 27, § 1.º, da Lei n. 9.514/1997, o imóvel pode vir a ser ofertado e arrematado por valor muito inferior ao de mercado. Considerando que o leilão deve ser realizado nos 30 dias que se seguirem

---

[220] FARIAS, Cristiano Chaves de; ROSENVALD, Nelson. *Direitos reais*. Rio de Janeiro: Lumen Juris, 2006. p. 387.

à consolidação da propriedade no patrimônio do credor e que a transmissão constitui fato gerador do ITBI, o valor cobrado pelo município para a transação pode mostrar-se o mais próximo da realidade do mercado por ocasião do leilão. Desse modo, caso esse valor seja superior ao valor estipulado contratualmente, poderá ser utilizado para a fixação do preço do imóvel para fins do primeiro leilão previsto na Lei n. 9.514/1997".

Pode até parecer que a Lei 13.465/2017 supostamente resolveu o problema atinente à onerosidade excessiva nos leilões. Isso porque o novo art. 24 da Lei 9.514/1997 passou a estabelecer que, caso o valor do imóvel convencionado pelas partes no instrumento da alienação fiduciária em garantia seja inferior ao utilizado pelo órgão competente como base de cálculo para a apuração do imposto sobre transmissão *inter vivos*, exigível por força da consolidação da propriedade em nome do credor fiduciário, este último será o valor mínimo para efeito de venda do imóvel no primeiro leilão (art. 27, § 1.º).

Ora, parece-me que a norma introduzida somente resolveu o problema de desequilíbrio do valor da coisa no primeiro leilão, e não no segundo. Isso porque não houve qualquer alteração no § 2.º do art. 27 da Lei 9.514/1997, mas apenas no seu § 1.º. Assim, o legislador perdeu a chance de resolver um grave problema. De todo modo, parece-me que o problema foi agravado com a emergência da Lei 14.711/2023. Isso porque, como visto, será possível o leilão extrajudicial do bem pelo valor referencial mínimo, que pode equivaler à metade do valor de avaliação do bem.

Ainda sobre o comando, sempre houve intenso debate sobre a aplicação do art. 53 do CDC, que veda a cláusula de decaimento para a alienação fiduciária em garantia de bem imóvel. Como se sabe, o comando consumerista reconhece como nula a cláusula de perda de todas as parcelas pagas, mencionando expressamente a alienação fiduciária em garantia.

Alguns autores, caso de Afrânio Carlos Camargo Dantezer e Melhim Chalhub, respondem negativamente quanto à subsunção da norma, argumentando que o referido preceito é incompatível com o art. 27 da Lei 9.514/1997, que deve prevalecer por ser mais específico. Esse já era o entendimento dominante na jurisprudência superior, infelizmente. Assim julgando, por todos:

"Recurso especial. Compromisso de compra e venda de imóvel com pacto adjeto de alienação fiduciária em garantia. Ação de rescisão contratual por desinteresse exclusivo do adquirente. Violação dos arts. 26 e 27 da Lei n.º 9.514/97. Norma especial que prevalece sobre o CDC. Precedentes. Recurso provido. 1. 'A Lei nº 9.514/1997, que instituiu a alienação fiduciária de bens imóveis, é norma especial e também posterior ao Código de Defesa do Consumidor – CDC. Em tais circunstâncias, o inadimplemento do devedor fiduciante enseja a aplicação da regra prevista nos arts. 26 e 27 da lei especial' (Ag. Int. no REsp 1.822.750/SP, Rel. Ministra Nancy Andrighi, 3ª Turma, j. 18.11.2019, *DJe* 20.11.2019). 2. Recurso especial provido" (STJ, REsp 1.839.190/SP, 4.ª Turma, Rel. Min. Luis Felipe Salomão, j. 25.08.2020).

"Direito civil. Ação de rescisão contratual cumulada com restituição de valores pagos e reparação de danos materiais. Prequestionamento. Ausência. Súmula 282/STF. Contrato de compra e venda de imóvel. Alienação fiduciária em garantia. Código de Defesa do Consumidor, art. 53. Não incidência. 1. Ação de rescisão contratual cumulada com restituição de valores pagos e reparação de danos materiais, em virtude de contrato de compra e venda de imóvel garantido por alienação fiduciária firmado entre as partes. 2. A ausência de decisão acerca dos argumentos invocados pelos recorrentes em suas razões recursais impede o conhecimento do recurso especial. 3. A Lei n.º 9.514/1997, que instituiu a alienação fiduciária de bens imóveis, é norma especial e posterior ao Código de Defesa do Consumidor – CDC. Em tais circunstâncias, o inadimplemento do devedor fiduciante enseja a aplicação da regra prevista nos arts. 26 e 27 da lei especial. 4. Recurso especial parcialmente conhecido e, nessa extensão, não provido, com majoração de honorários" (STJ, REsp 1.871.911/SP, 3.ª Turma, Rel. Min. Nancy Andrighi, j. 25.08.2020).

Em sentido contrário, citando os autores mencionados e combatendo tal argumento, Marco Aurélio Bezerra de Melo sustenta que tal solução conduz ao enriquecimento sem causa do credor fiduciário, em detrimento do devedor fiduciante. Além disso, com razão que tem o meu total apoio, argumenta que "a densidade axiológica da Lei 8.078/1990 é muito maior do que a da Lei 9.514/1997, pois seu fundamento de validade é a Carta Magna Federal, que inclui a vulnerabilidade e a necessidade de proteção especial do consumidor como garantia fundamental (art. 5.º, XXXII) e como princípio da ordem econômica (art. 170, V), repudiando, outrossim, o confisco e o enriquecimento em causa".[221]

Apesar desses fortes argumentos, em outubro de 2022, a Segunda Seção do Superior Tribunal de Justiça adotou o primeiro caminho, pela prevalência das regras específicas da Lei 9.514/1997 sobre o art. 53 do CDC. Conforme o enunciado da tese, em votação unânime, "em contrato de compra e venda de imóvel com garantia de alienação fiduciária devidamente registrada, a resolução do pacto na hipótese de inadimplemento do devedor, devidamente constituída em mora, deverá observar a forma prevista na Lei 9.514/1997, por se tratar de legislação específica, afastando-se, por conseguinte, a aplicação do Código de Defesa do Consumidor". Lamenta-se o teor do *decisum*, com o devido respeito, pois o CDC é *norma principiológica*, pela proteção constitucional dos consumidores, e que deveria prevalecer nesses casos.

Superado esse ponto, para fins desse leilão, a lei considera como *dívida* o saldo devedor da operação de alienação fiduciária, na data da sua realização, nele incluídos os juros convencionais, as penalidades e os demais encargos contratuais. Considera-se como *despesas* a soma das importâncias correspondentes aos encargos e às custas de intimação e daquelas necessárias à realização do leilão público, compreendidas as relativas aos anúncios e à comissão do leiloeiro. E como *encargos do imóvel*, os prêmios de seguro e os encargos legais, inclusive tributos e contribuições condominiais. É o que consta do § 3.º do art. 27 da Lei 9.514/1997, na redação dada pela Lei 14.711/2023, dispositivo de caráter esclarecedor e prático.

Ainda quanto ao leilão, nos cinco dias que se seguirem à venda do imóvel nesse ato extrajudicial, o credor entregará ao devedor fiduciante a importância que sobejar ou sobrar, nela compreendido o valor da indenização de benfeitorias, depois de deduzidos os valores da dívida, das despesas e dos encargos, o que importará em recíproca quitação. Nessa atual redação do comando, o seu trecho final prevê que não se aplica o disposto na parte final do art. 516 do Código Civil (art. 27, § 4.º, da Lei 9.514/1997, na redação da Lei 14.711/2023). Não incide, assim, a regra relativa à *preempção* ou *prelação convencional*, segundo a qual direito de preempção caducará, se a coisa for imóvel, não se exercendo nos sessenta dias subsequentes à data em que o comprador tiver notificado o vendedor. Causa estranheza a inclusão dessa previsão, uma vez que a *preempção* ou *preferência convencional* depende de previsão no instrumento negocial.

Entretanto, se no segundo leilão não houver lance que atenda ao referencial mínimo para arrematação estabelecido no § 2.º do mesmo comando – metade do valor da avaliação do bem –, o credor fiduciário ficará investido na livre disponibilidade do imóvel e

---

[221] MELO, Marco Aurélio Bezerra. *Direito civil. Coisas*. 2. ed. São Paulo: Atlas, 2018. p. 516.

exonerado da obrigação da devolução das quantias por último mencionadas (art. 27, § 5.º, da Lei 9.514/1997, na redação da Lei 14.711/2023). Mais uma vez entendo que a menção à metade do valor do bem pode traduzir onerosidade excessiva, enriquecimento sem causa e situações de injustiça para o devedor, tema que será objeto de intenso debate no futuro, sobretudo no âmbito do Poder Judiciário.

Foi, também, incluído um novo § 5.º-A na última regra, segundo o qual se o produto do leilão não for suficiente para o pagamento integral do montante da dívida, das despesas e dos encargos, o devedor fiduciante continuará obrigado pelo pagamento do saldo remanescente, que poderá ser cobrado por meio de ação de execução. Se for o caso, caberá também a excussão ou execução das demais garantias da dívida, ressalvada a hipótese de extinção do saldo devedor remanescente.

Segundo o STJ, a partir do momento em que ocorre a alienação do imóvel, estando a dívida extinta, é que se considera devida a taxa de ocupação, na hipótese em que frustrados os públicos leilões promovidos pelo fiduciário, para a alienação do bem objeto de alienação fiduciária no âmbito do Sistema Financeiro da Habitação (STJ, REsp 1.401.233/RS, Rel. Min. Paulo de Tarso Sanseverino, j. 17.11.2015, *DJe* 26.11.2015, publicado no seu *Informativo* n. 574). Reafirmando tal posição, em 2021 surgiu novo aresto, segundo o qual "o termo inicial da exigibilidade da taxa de ocupação de imóvel alienado fiduciariamente em garantia, conforme previsão da redação originária do art. 37-A da Lei 9.514/97, inicia-se após a data da alienação em leilão e, em casos excepcionais, a partir da data da consolidação da propriedade do imóvel pelo credor" (STJ, REsp 1.862.902/SC, 3.ª Turma, Rel. Min. Nancy Andrighi, Rel. p/ Acórdão Min. Paulo de Tarso Sanseverino, por maioria, j. 18.05.2021, *DJe* 11.06.2021).

As duas decisões citam como fundamento o dever do credor de mitigar o próprio prejuízo, decorrente da boa-fé objetiva (*duty to mitigate the loss*). Aguardemos se essa posição será mantida após a entrada em vigor da Lei 14.711/2023.

Nesse caso, previa o § 6.º do art. 27 da lei que o credor fiduciário, no prazo de cinco dias a contar da data do segundo leilão, dará ao devedor fiduciante quitação da dívida, mediante termo próprio). Essa regra foi revogada pela Lei 14.711/2023, o que é condenável, pois a quitação regular em prazo razoável é um direito do devedor que paga, nos termos do art. 319 do Código Civil. Foi incluído, em substituição, o § 6.º-A no preceito, segundo o qual na hipótese de não haver lance mínimo na arrematação, e para efeito de cálculo do saldo remanescente, será deduzido o valor correspondente ao referencial mínimo para arrematação do valor atualizado da dívida, conforme, incluídos os encargos e as despesas de cobrança. Nota-se, assim, mais uma norma que tutela e protege excessivamente o credor, colocando o devedor em má situação, fática e jurídica.

Vale lembrar que, nos termos do art. 37-A da norma em estudo – incluído pela Lei 13.465/2017 –, o valor da taxa de ocupação equivaleria a um por cento do valor atribuído ao imóvel para fins de leilão, por mês. E, novamente, segundo o STJ, esse valor não pode ser flexibilizado, pois é o preceito "é posterior ao art. 402 do Código Civil e, também, específico, cuidando exatamente da consequência jurídica aplicável às hipóteses de ocupação indevida de imóvel pelo devedor fiduciário" (STJ, REsp 1.999.485/DF, 3.ª Turma, Rel. Ministra Nancy Andrighi, Rel. p/ Acórdão Min. Ricardo Villas Bôas Cueva, j. 06.12.2022, *DJe* 16.12.2022, m.v.).

Em 2023, houve nova alteração do art. 37-A pela Lei 14.711/2023, passando a prever que "o fiduciante pagará ao credor fiduciário ou ao seu sucessor, a título de taxa de ocupação do imóvel, por mês ou fração, valor correspondente a 1% (um por cento) do valor de que trata o inciso VI do *caput* ou o parágrafo único do art. 24 desta Lei, computado e exigível desde a data da consolidação da propriedade fiduciária no patrimônio do credor

**1324** | MANUAL DE DIREITO CIVIL • VOLUME ÚNICO – *Flávio Tartuce*

fiduciário até a data em que este ou seu sucessor vier a ser imitido na posse do imóvel". A posição do STJ a respeito dessa taxa, por última transcrita, tende a ser mantida.

Na excepcionalidade de estar o imóvel locado, a locação poderá ser denunciada com o prazo de 30 dias para a desocupação, salvo se tiver havido concordância por escrito do credor fiduciário, devendo a denúncia, nesse último caso, ser realizada no prazo de 90 dias a contar da data da consolidação da propriedade a favor do último. Essa condição deve constar expressamente em cláusula contratual específica, destacando-se das demais por sua apresentação gráfica. Essa é a previsão do § 7.º do art. 27 da Lei 9.514/1997, incluída pela Lei 10.931/2004, e que traz como conteúdo o dever de informação, relacionado com a boa-fé objetiva, pela previsão de destaque da cláusula negocial. Aqui não houve qualquer modificação efetivada pela Lei 14.711/2023, o que também foi o caso dos três parágrafos seguintes. Prevê o § 8.º do art. 27 da Lei 9.514/1997 que responde o devedor fiduciante pelo pagamento dos impostos, taxas, contribuições condominiais e quaisquer outros encargos que recaiam ou venham a recair sobre o imóvel, cuja posse tenha sido transferida para o credor fiduciário, até a data em que o último vier a ser imitido na posse. Esse comando legal também foi incluído pela Lei 10.931/2004.

Aplicando o preceito, um primeiro julgado do Superior Tribunal de Justiça concluiu que a responsabilidade pelo pagamento das despesas condominiais recai sobre o devedor fiduciante enquanto estiver na posse direta do imóvel. Em complemento, o credor fiduciário somente responderá "pelas dívidas condominiais incidentes sobre o imóvel se consolidar a propriedade para si, tornando-se o possuidor direto do bem. Com a utilização da garantia, o credor fiduciário receberá o imóvel no estado em que se encontra, até mesmo com os débitos condominiais anteriores, pois são obrigações de caráter *propter rem* (por causa da coisa)" (STJ, REsp 1.696.038/SP, 3.ª Turma, Rel. Min. Ricardo Villas Bôas Cueva, j. 28.08.2018, *DJe* 03.09.2018).

No caso concreto foi afastada a responsabilidade do credor pelo pagamento de tais valores, por não estar com o bem em sua posse. No mesmo sentido, de data mais próxima, a seguinte ementa da mesma Corte Superior:

"O art. 27, § 8.º, da Lei 9.514/97 prevê expressamente que responde o fiduciante pelo pagamento dos impostos, taxas, contribuições condominiais e quaisquer outros encargos que recaiam ou venham a recair sobre o imóvel, cuja posse tenha sido transferida para o fiduciário, nos termos deste artigo, até a data em que o fiduciário vier a ser imitido na posse. Ademais, o art. 1.368-B do CC/02 veio, de forma harmônica, complementar o disposto no art. 27, § 8.º, da Lei 9.514/97, ao dispor que o credor fiduciário que se tornar proprietário pleno do bem, por efeito de realização da garantia, mediante consolidação da propriedade, adjudicação, dação ou outra forma pela qual lhe tenha sido transmitida a propriedade plena, passa a responder pelo pagamento dos tributos sobre a propriedade e a posse, taxas, despesas condominiais e quaisquer outros encargos, tributários ou não, incidentes sobre o bem objeto da garantia, a partir da data em que vier a ser imitido na posse direta do bem. Aparentemente, com a interpretação literal dos mencionados dispositivos legais, chega-se à conclusão de que o legislador procurou proteger os interesses do credor fiduciário, que tem a propriedade resolúvel como mero direito real de garantia voltado à satisfação de um crédito. Dessume-se que, de fato, a responsabilidade do credor fiduciário pelo pagamento das despesas condominiais dá-se quando da consolidação de sua propriedade plena quanto ao bem dado em garantia, ou seja, quando de sua imissão na posse do imóvel, nos termos do art. 27, § 8.º, da Lei 9.514/97 e do art. 1.368-B do CC/02. A sua legitimidade para figurar no polo passivo da ação resume-se, portanto, à condição de estar imitido na posse do bem. Na espécie, não reconhecida pelas instâncias de origem a consolidação da propriedade plena em favor do Itaú Unibanco S.A., não há que se falar em responsabilidade solidária deste com os devedores fiduciários quanto ao adimplemento das despesas condominiais em aberto" (STJ, REsp 1.731.735/SP, 3.ª Turma, Rel. Min. Nancy Andrighi, j. 13.11.2018, *DJe* 22.11.2018).

O debate se intensificou em 2023, surgindo divergência entre a Terceira e a Quarta Turma do Tribunal. De início confirmando o entendimento acima transcrito, julgou novamente a primeira composição da Corte que, "nos contratos de alienação fiduciária em garantia de bem imóvel, a responsabilidade pelo pagamento das despesas condominiais recai sobre o devedor fiduciante, enquanto estiver na posse direta do imóvel. Assim, como ainda não se adquiriu a propriedade plena, eventual penhora não poderá recair sobre o direito de propriedade – que pertence ao credor fiduciário –, mas sim sobre os direitos aquisitivos derivados da alienação fiduciária em garantia. Precedentes" (STJ, REsp 2.086.846/DF, 3.ª Turma, Rel. Min. Nancy Andrighi, j. 12.09.2023, *DJe* 15.09.2023).

Entretanto, gerando a divergência que dever ser sanada, a Quarta Turma do Tribunal da Cidadania concluiu da seguinte forma, com argumentos que têm o meu total apoio:

"Civil. Recurso especial. Ação de cobrança. Contribuições condominiais. Cumprimento de sentença. Natureza *propter rem* do débito. Alienação fiduciária em garantia. Penhora do imóvel. Possibilidade. Recurso especial provido. 1. As normas dos arts. 27, § 8º, da Lei nº 9.514/1997 e 1.368-B, parágrafo único, do CC/2002, reguladoras do contrato de alienação fiduciária de coisa imóvel, apenas disciplinam as relações jurídicas ente os contratantes, sem alcançar relações jurídicas diversas daquelas, nem se sobrepor a direitos de terceiros não contratantes, como é o caso da relação jurídica entre condomínio edilício e condôminos e do direito do condomínio credor de dívida condominial, a qual mantém sua natureza jurídica *propter rem*. 2. A natureza *propter rem* se vincula diretamente ao direito de propriedade sobre a coisa. Por isso, se sobreleva ao direito de qualquer proprietário, inclusive do credor fiduciário, pois este, na condição de proprietário sujeito à uma condição resolutiva, não pode ser detentor de maiores direitos que o proprietário pleno. 3. Em execução por dívida condominial movida pelo condomínio edilício é possível a penhora do próprio imóvel que dá origem ao débito, ainda que esteja alienado fiduciariamente, tendo em vista a natureza da dívida condominial, nos termos do art. 1.345 do Código Civil de 2002. 4. Para tanto, o condomínio exequente deve promover também a citação do credor fiduciário, além do devedor fiduciante, a fim de vir aquele integrar a execução para que se possa encontrar a adequada solução para o resgate dos créditos, a qual depende do reconhecimento do dever do proprietário, perante o condomínio, de quitar o débito, sob pena de ter o imóvel penhorado e levado à praceamento. Ao optar pela quitação da dívida, o credor fiduciário se sub-roga nos direitos do exequente e tem regresso contra o condômino executado, o devedor fiduciante. 5. Recurso especial provido" (STJ, REsp 2.059.278/SC, 4.ª Turma, Rel. Min. Marco Buzzi, Rel. p/ Acórdão Min. Raul Araújo, j. 23.05.2023, *DJe* 12.09.2023).

Em complemento aos corretos argumentos retirados do último *decisum*, reforço e acrescento que se houver demora na consolidação da propriedade por parte do credor fiduciário, com o claro intuito de não arcar com as dívidas condominiais, é possível atribuir a ele tal responsabilidade, como decorrência do princípio da boa-fé objetiva. Aplica-se, nesse contexto, o conceito parcial do dever de mitigar o próprio prejuízo (*duty to mitigate the loss*), retirado do Enunciado n. 169, aprovado na *III Jornada de Direito Civil*, segundo o qual a boa-fé objetiva impõe ao credor o dever de mitigar o próprio prejuízo.

Além disso, é possível sustentar essa responsabilização – mesmo que solidária, diante do claro abuso em não se consolidar a propriedade –, tendo em vista a função social da

# 1326 | MANUAL DE DIREITO CIVIL • VOLUME ÚNICO – *Flávio Tartuce*

propriedade relativa à vida em condomínio. É viável, assim, incidir por analogia, o conteúdo da Súmula 478 do próprio STJ, de 2012, segundo a qual, "na execução de crédito relativo a cotas condominiais, este tem preferência sobre o hipotecário".

O que fundamenta a ementa de resumo é justamente a citada função social da propriedade que ampara a vida condominial, que é seriamente atingida caso o crédito hipotecário tenha sempre a preferência sobre a dívida condominial, podendo comprometer a própria existência da coisa. Nesse sentido, como se retira de um dos precedentes que geraram o enunciado sumular, "o crédito condominial tem preferência sobre o crédito hipotecário, por consistir em obrigação *propter rem*, constituído em função da utilização do próprio imóvel ou para evitar-lhe o perecimento" (STJ, Ag. Rg. no Ag. 1.085.775/RS, 3.ª Turma, Rel. Min. Massami Uyeda, j. 19.05.2009, *DJe* 29.05.2009).

Ora, toda essa mesma argumentação *serve como luva* para alienação fiduciária em garantia. Não obstante a sua natureza jurídica como direito real de garantia sobre coisa própria, é forçoso reconhecer como possível que o crédito condominial tenha preferência sobre o crédito do credor fiduciário, sendo essa a melhor solução no atendimento dos interesses do condomínio e dos demais condôminos adimplentes com suas obrigações, para o fim de receber as dívidas condominiais geradas pelo inadimplemento do possuidor da unidade dada em garantia, ou seja, pelo devedor fiduciante. Vale lembrar que o proprietário da unidade é o credor fiduciário, e a princípio deveria ele responder pelas dívidas condominiais, como titular do domínio jurídico do bem imóvel.

Como consequência, não só o crédito do devedor fiduciante pode ser penhorado – o que é por vezes ineficiente na prática –, mas o próprio imóvel que está em garantia, pela sempre prevalência que deve ser dada ao crédito condominial. Pode-se falar, ainda, diante da estrutura da obrigação *propter rem*, que há indivisibilidade entre o devedor fiduciante e o credor fiduciário quanto ao pagamento das dívidas condominiais.

A hipótese seria de indivisibilidade por razão de ordem econômica, nos termos do que estabelece o art. 258 do Código Civil, *in verbis*: "a obrigação é indivisível quando a prestação tem por objeto uma coisa ou um fato não suscetíveis de divisão, por sua natureza, por motivo de ordem econômica, ou dada a razão determinante do negócio jurídico". Adota-se, assim, a mesma solução dada, na doutrina, por Maurício Bunazar, quanto à possibilidade de cobrança de dívidas condominiais de qualquer um dos condôminos de um mesmo imóvel situado em um condomínio edilício.[222]

Além da divergência instalada no Superior Tribunal de Justiça, *a questão é de grande divergência nas Cortes* brasileiras, notadamente nos Tribunais Estaduais, havendo acórdãos que falam em solidariedade da obrigação. De início, concluindo pela possibilidade de penhora sobre a unidade condominial dada em alienação fiduciária para a satisfação das dívidas condominiais, do Tribunal Paulista, por todos:

> "Penhora sobre a unidade condominial. Possibilidade. A alienação fiduciária do imóvel não impede a constrição, com vistas a saldar dívida condominial. Caráter *propter rem* que prevalece sobre o direito do credor fiduciário. Ciência à instituição financeira que se faz necessária. Decisão reformada. Recurso provido, com observação" (TJSP, Agravo de Instrumento 2267793-11.2018.8.26.0000, Acórdão 12292144, 25.ª Câmara de Direito Privado, São José dos Campos, Rel. Des. Claudio Hamilton, j. 11.03.2019, *DJESP* 19.03.2019, p. 2.344).

---

[222] BUNAZAR, Maurício. *Obrigação* propter rem: aspectos teóricos e práticos. São Paulo: Atlas, 2014. p. 138-143.

"Agravo de instrumento. Condomínio. Ação de execução de título extrajudicial. Existência de contrato de financiamento com garantia de alienação fiduciária sobre o bem imóvel. Pedido de penhora do imóvel gerador das dívidas condominiais. Possível a penhora do imóvel gerador do débito, dada a natureza *propter rem* da obrigação. Agravo provido" (TJSP, AI 2205109-84.2017.8.26.0000, Ac. 11308530, 33.ª Câmara de Direito Privado, Piracicaba, Rel. Des. Sá Moreira de Oliveira, j. 26.03.2018, *DJESP* 03.04.2018, p. 2.972).

Na mesma esteira, vejamos arestos do Tribunal de Justiça do Rio Grande do Sul, novamente por todos:

"A dívida de condomínio tem natureza jurídica *propter rem*, de modo que responde pelo débito o próprio imóvel, a própria unidade condominial, independentemente de quem seja o seu proprietário, ainda que esteja gravado em alienação fiduciária perante a Caixa Econômica Federal (credora fiduciária). Circunstância que é possível a penhora do bem e não somente sobre os direitos e ações dele decorrentes. Precedentes do TJRS e do STJ. Deram provimento ao agravo de instrumento" (TJRS, AI 180828-54.2018.8.21.7000, 19.ª Câmara Cível, Porto Alegre, Rel. Des. Eduardo João Lima Costa, j. 21.02.2019, *DJERS* 28.02.2019).

"Agravo de instrumento. Condomínio. Ação de cobrança. Crédito decorrente de despesas condominiais. Súmula n.º 478 do Superior Tribunal de Justiça. Prevalência sobre o crédito originário de alienação fiduciária de bem imóvel. Pacífico é o entendimento jurisprudencial de que o crédito condominial prefere ao hipotecário, pois consiste em obrigação *propter rem*, tendo sido constituído em função da utilização do próprio imóvel ou para evitar-lhe o perecimento. Possibilidade de realização da penhora do imóvel que originou a dívida. Deram provimento ao agravo de instrumento. Unânime" (TJRS, AI 0187336-16.2018.8.21.7000, 17.ª Câmara Cível, Porto Alegre, Rel. Des. Giovanni Conti, j. 27.09.2018, *DJERS* 03.10.2018).

"A obrigação decorrente do inadimplemento de cotas condominiais tem natureza jurídica *propter rem*, por isso o próprio imóvel responde pelo débito da unidade condominial, o que torna cabível a penhora do imóvel, ainda que objeto de alienação fiduciária, até porque o crédito condominial prefere ao crédito hipotecário. Inteligência da Súmula n.º 478 do Superior Tribunal de Justiça. Agravo de instrumento provido, com base no artigo 932, V e VIII, do CPC e artigo 206, XXXVI, do regimento interno desta corte" (TJRS, AI 0249006-55.2018.8.21.7000, 17.ª Câmara Cível, Caxias do Sul, Rel. Des. Liege Puricelli Pires, j. 24.08.2018, *DJERS* 30.08.2018).

Apesar de todos esses acórdãos estaduais, sem prejuízo de outros, não se pode negar que a tese que defendo esbarra na redação do art. 27, § 8.º, da Lei 9.514/1997, incluído pela Lei 10.931/2004, com o claro intuito de tutelar tão somente os interesses do credor fiduciário. Como se pode perceber da leitura do comando, as dívidas condominiais devem ser pagas, a priori e como regra geral, pelo devedor fiduciante, e não pelo credor fiduciário.

O último somente responderia após a consolidação da propriedade. As inclusões feitas pela Lei 14.711/2023 quanto às dívidas condominiais parecem também conduzir a esse caminho de conclusão, o que deve ser novamente analisado pela jurisprudência em um futuro próximo. Porém, como antes pontuado, a interpretação literal da norma anterior, e também das novas que foram incluídas, definitivamente, não é o melhor caminho para a tutela dos interesses dos condomínios edilícios e indiretamente dos próprios condôminos onde se situam as unidades, notadamente quando o credor fiduciário – geralmente uma instituição financeira – mantém-se inerte na consolidação da propriedade, o que infelizmente tem acontecido em muitas situações concretas.

**1328** | MANUAL DE DIREITO CIVIL • VOLUME ÚNICO – *Flávio Tartuce*

Assim, em casos como esse, é preciso rever a antiga posição superior, a fim de se chegar a uma solução que equilibre os interesses envolvidos, com a possibilidade de se atribuir a responsabilidade também ao banco que demora no ato de consolidação do domínio. Espera-se, por tudo isso, que a posição consolidada, no âmbito da sua Segunda Seção e no futuro, esteja na linha do que foi decidido pela Quarta Turma no julgamento do Recurso Especial 2.059.278/SC, em setembro de 2023.

Relembro que no atual Projeto de Reforma do Código Civil a questão é resolvida pelos novos parágrafos que são propostos para o art. 1.363 da codificação privada, em termos gerais, para qualquer situação envolvendo a propriedade fiduciária. Consoante o seu novo § 1.º, "o fiduciante responde pelo pagamento dos impostos, taxas, contribuições condominiais e quaisquer outros encargos que recaiam ou venham a recair sobre os bens e direitos objeto da propriedade fiduciária, observado o parágrafo único do art. 1.368-B". E, resolvendo-se a divergência, o seu § 2.º: "caso o credor fiduciário não consolide a propriedade em até 120 dias após o inadimplemento, responderá pelas contribuições condominiais". Espera-se, para que a questão seja resolvida, a sua aprovação pelo Congresso Nacional.

Como outro aspecto relevante relativo ao art. 27 da Lei 9.514/1997, julgou o Superior Tribunal de Justiça, em 2020, que inadimplemento previsto nesse preceito e também no art. 26 "não pode ser interpretado restritivamente à mera não realização do pagamento no tempo, modo e lugar convencionados (mora), devendo ser entendido, também, como o comportamento contrário à manutenção do contrato ou ao direito do credor fiduciário". Como consequência, deduziu-se o seguinte:

"O pedido de resolução do contrato de compra e venda com pacto de alienação fiduciária em garantia por desinteresse do adquirente, mesmo que ainda não tenha havido mora no pagamento das prestações, configura quebra antecipada do contrato ('anticipatory breach'), decorrendo daí a possibilidade de aplicação do disposto nos arts. 26 e 27 da Lei 9.514/97 para a satisfação da dívida garantida fiduciariamente e devolução do que sobejar ao adquirente" (STJ, REsp 1.867.209/SP, 3.ª Turma, Rel. Min. Paulo de Tarso Sanseverino, j. 08.09.2020, *DJe* 30.09.2020).

Como está explicado no Capítulo 5 deste livro, a quebra antecipada do contrato tem como fundamento o art. 477 do Código Civil. Assim, nos termos do Enunciado n. 437, aprovado na *V Jornada de Direito Civil*, "a resolução da relação jurídica contratual também pode decorrer do inadimplemento antecipado".

Ressalte-se, por fim, que entendo que o leilão extrajudicial previsto na lei em estudo, por si só, não é inconstitucional, por suposta lesão ao contraditório e à ampla defesa (art. 5.º, inc. LV, da CF/1988). Isso porque, em havendo abusos ou excessos no leilão – inclusive tendo em vista os novos tratamentos constantes da Lei 14.711/2023 –, o devedor fiduciante poderá questionar judicialmente o procedimento administrativo previsto na lei específica, assegurando-se o acesso à justiça e ao contraditório na demanda, conforme conclui a melhor jurisprudência (TJSP, Agravo de Instrumento 891.371-0/0, 25.ª Câmara de Direito Privado, Rel. Marcondes D'Angelo, j. 02.06.2005, v.u.; 2.º TACSP, Agravo de Instrumento 880.879-00/2, 5.ª Câmara, Rel. Des. Pereira Calças, j. 27.01.2005; 2.º TACSP, Agravo de Instrumento 843.474-00/2, 5.ª Câmara, Rel. Juiz Luis de Carvalho, j. 14.04.2004).

Anote-se que a questão foi debatida, em um primeiro momento, perante o Pleno do Supremo Tribunal Federal, especificamente no que concerne ao leilão extrajudicial previsto no art. 32 do Decreto-lei 70/1966, para os imóveis hipotecados com expedição de cédula hipotecária perante o sistema financeiro nacional. Destaque-se a existência de decisões anteriores do próprio Excelso Pretório, deduzindo pela constitucionalidade da norma (STF, RE 223.075/DF, 1.ª Turma, Rel. Min. Ilmar Galvão, j. 23.06.1998).

Em sede de Tribunal de Justiça de São Paulo, anote-se também a existência da Súmula 20, prescrevendo que "a execução extrajudicial, fundada no Decreto-lei n.º 70, de 21.11.1966, é constitucional". Outros acórdãos da Corte Estadual trazem a mesma conclusão para o leilão previsto para a alienação fiduciária em garantia, unificando a conclusão a respeito da constitucionalidade do leilão nos dois institutos (por todos: TJSP, Agravo de Instrumento 0216122-90.2012.8.26.0000, 6.ª Câmara de Direito Privado, Rel. Alexandre Lazzarini, São Paulo, j. 1.º.11.2012, data de registro: 06.11.2012; TJSP, Apelação 9275200-95.2008.8.26.0000, 29.ª Câmara de Direito Privado, Rel. S. Oscar Feltrin, São Paulo, j. 31.10.2012, data de registro: 1.º.11.2012).

Em 2021, a questão foi julgada pelo Pleno do Supremo Tribunal Federal, em repercussão geral. Consoante trecho da ementa do acórdão, "o procedimento de execução extrajudicial previsto pelo Decreto-lei n.º 70/66 não é realizado de forma aleatória, uma vez que se submete a efetivo controle judicial em ao menos uma de suas fases, pois o devedor é intimado a acompanhá-lo e pode lançar mão de recursos judiciais, se irregularidades vierem a ocorrer durante seu trâmite. Bem por isso, há muito a jurisprudência da Suprema Corte tem apontado que as normas constantes do Decreto-lei n.º 70/66, a disciplinar a execução extrajudicial, foram devidamente recepcionadas pela Constituição Federal de 1988" (STF, RE 556.520/SP, Tribunal Pleno, Red. Desig. Min. Dias Toffoli, j. 08.04.2021, *DJe* 14.06.2021, p. 31). Reafirmo que sempre segui a linha esposada em todos os acórdãos citados.

Em outubro de 2023, o Supremo Tribunal Federal encerrou definitivamente esse debate sobre a Lei 9.514/1997, julgando ser constitucional o leilão extrajudicial nela previsto. Por maioria de votos, foi fixada a seguinte tese, em sede de repercussão geral: "é constitucional o procedimento da Lei nº 9.514/1997 para a execução extrajudicial da cláusula de alienação fiduciária em garantia, haja vista sua compatibilidade com as garantias processuais previstas na Constituição Federal" (STJ, RE 860.631/SP, Tribunal Pleno, Rel. Min. Luiz Fux, Tema 982). Essa decisão, assim como a anterior, tem força vinculativa para os julgadores de primeira e segunda instâncias, nos termos dos arts. 489, 926, 927 e 985 do Código de Processo Civil. Assim, devem ser consideradas para os devidos fins práticos, para os contratos e negócios anteriores, celebrados antes das alterações efetivadas pela Lei 14.711/2023.

De toda sorte, penso que as alterações efetivadas pela Lei 14.711/2023, protegendo excessivamente o credor e trazendo valores de arrematação no leilão extrajudicial que podem traduzir preço vil, podem fazer com que a temática volte ao Supremo Tribunal Federal muito em breve, para análise de sua constitucionalidade ou não. Aguardemos.

Acrescente-se que o Superior Tribunal de Justiça, já em 2024, trouxe a observação no sentido de não se admitir o preço vil nas arrematações extrajudiciais. Nos termos de importante aresto, que traz comentários sobre a Lei 14.711/2023, "as normas que impedem a arrematação por preço vil são aplicáveis à execução extrajudicial de imóvel alienado fiduciariamente". E mais, "no caso, o leilão foi realizado antes da vigência da Lei n. 14.711/2023, o que não altera, contudo, a compreensão acerca da matéria. Com efeito, no âmbito doutrinário, há muito já se defendia a impossibilidade de alienação extrajudicial a preço vil, não só por invocação do art. 891 do CPC/2015, mas também de outras normas, tanto de direito processual quanto material, que i) desautorizam o exercício abusivo de um direito (art. 187 do Código Civil); ii) condenam o enriquecimento sem causa (art. 884 do Código Civil); iii) determinam a mitigação dos prejuízos do devedor (art. 422 do Código Civil) e iv) prelecionam que a execução deve ocorrer da forma menos gravosa para o executado (art. 805 do CPC/2015)" (STJ, REsp 2.096.465/SP, 3.ª Turma, Rel. Min. Ricardo Villas Bôas Cueva, por unanimidade, j. 14.05.2024, *DJe* 16.05.2024). Aguardemos novas posições das Cortes Superiores sobre a temática.

Como último tema do capítulo, cabe trazer palavras iniciais sobre o *recarregamento*, a *extensão* ou o *refil da alienação fiduciária em garantia*, outra inovação que veio com a Lei 14.711/2023, que instituiu o novo Marco Legal das Garantias. Mais uma vez, assim como ocorreu com a hipoteca, o instituto foi incluído para facilitar a concessão de crédito no País e supostamente reduzir os juros. Porém, poderá gerar créditos sem lastro confiável e instabilidade negocial, sendo esse um ponto passível de crítica.

Foram incluídos, assim, novos tratamentos na Lei 13.476/2017, que trata da disciplina à constituição de gravames e ônus sobre ativos financeiros e valores mobiliários objeto de registro ou de depósito centralizado

Consoante o novo art. 9.º dessa norma, se, após a excussão ou execução das garantias constituídas no instrumento de abertura de limite de crédito, o produto resultante não bastar para a quitação da dívida decorrente das operações financeiras derivadas, acrescida das despesas de cobrança, judicial e extrajudicial, o tomador e os prestadores de garantia pessoal continuarão obrigados pelo saldo devedor remanescente, exceto se houver disposição em sentido contrário na legislação especial aplicável. No caso da alienação fiduciária em garantia, continuo a entender o que o próprio instituto conduz à conclusão segundo a qual não é possível cobrar o devedor pelo valor que faltar.

De todo modo, especialmente em relação ao recarregamento ou refil, estabelece o art. 9.º-A da Lei 13.476/2017 que fica permitida a extensão da alienação fiduciária de coisa imóvel, pela qual a propriedade fiduciária já constituída possa ser utilizada como garantia de operações de crédito novas e autônomas, de qualquer natureza. Essa extensão somente é possível juridicamente, desde que: *a)* sejam contratadas as operações com o credor titular da propriedade fiduciária; e *b)* inexista obrigação contratada com credor diverso, garantida pelo mesmo imóvel, inclusive na forma prevista no § 3.º do art. 22 da Lei 9.514/1997, ou seja, havendo alienação fiduciária em garantia sobre propriedade superveniente, outra novidade da Lei 14.711/2023.

Essa extensão da alienação fiduciária somente poderá ser contratada, por pessoa física ou jurídica, no âmbito do Sistema Financeiro Nacional e nas operações com Empresas Simples de Crédito (§ 1.º do art. 9.º-A da Lei 13.476/2017, incluído pela Lei 14.711/2023).

Ademais, as operações de crédito garantidas pela mesma alienação fiduciária apenas poderão ser transferidas conjuntamente, a qualquer título, preservada a unicidade do credor (§ 2.º do art. 9.º-A da Lei 13.476/2017, incluído pela Lei 14.711/2023).

Também estão permitidas a extensão da alienação fiduciária e a transferência da operação ou do título de crédito para instituição financeira diversa, desde que a instituição credora da alienação fiduciária estendida ou adquirente do crédito, conforme o caso, seja: *a)* integrante do mesmo sistema de crédito cooperativo da instituição financeira credora da operação original; *b)* garantidora fidejussória ou pessoal da operação de crédito original, presente uma fiança (§ 3.º do art. 9.º-A da Lei 13.476/2017). A participação no mesmo sistema de crédito cooperativo e a existência dessa garantia fidejussória ou pessoal serão atestadas por meio de declaração no título de extensão da alienação fiduciária (§ 4.º do art. 9.º-A da Lei 13.476/2017).

Do ponto de vista registral, o novo art. 9.º-B da norma prevê que a extensão da alienação fiduciária de coisa imóvel deverá ser averbada no Cartório de Registro de imóveis competente, por meio da apresentação do título correspondente, ordenada em prioridade das obrigações garantidas, após a primeira, pelo tempo da averbação. Pelo mesmo comando, esse título registrável deverá conter como requisitos, sob pena do afastamento do registro imobiliário: *a)* o valor principal da nova operação de crédito; *b)* a taxa de juros e os encargos incidentes; *c)* o prazo e as condições de reposição do empréstimo ou do crédito do

CAP. 7 • DIREITO DAS COISAS | **1331**

credor fiduciário; *d)* a cláusula com a previsão de que o inadimplemento e a ausência de purgação da mora pelo devedor ou terceiro fiduciante, em relação a quaisquer das operações de crédito, faculta ao credor fiduciário considerar como vencidas antecipadamente as demais operações de crédito garantidas pela mesma alienação fiduciária, hipótese em que será exigível a totalidade da dívida para todos os efeitos legais; e *e)* os demais requisitos previstos no art. 24 da Lei 9.514/1997, aqui antes estudados.

No seu § 2.º, o novo art. 9.º-B da Lei 13.476/2017 estabelece que a extensão da alienação fiduciária poderá ser formalizada por instrumento público ou particular, admitida a apresentação em formato eletrônico. Fica dispensado o reconhecimento de firma no título de extensão da alienação fiduciária (§ 3.º). A extensão da alienação fiduciária não poderá exceder ao prazo final de pagamento e ao valor garantido constantes do título da garantia original, ou seja, não poderá ter existência autônoma (§ 4.º).

Celebrada a extensão da alienação fiduciária sobre coisa imóvel, o novo art. 9.º-C da norma prevê que a liquidação antecipada de quaisquer das operações de crédito não obriga o devedor a liquidar antecipadamente as demais operações vinculadas à mesma garantia, hipótese em que permanecerão vigentes as condições e os prazos nelas convencionados. Em complemento, está no seu parágrafo único que a liquidação de quaisquer das operações de crédito garantidas será averbada na matrícula do imóvel, à vista do termo de quitação específico emitido pelo credor, o que mais uma vez visa dar estabilidade registral e segurança ao ato.

Como último dispositivo sobre o tema, o art. 9.º-D da Lei 13.476/2017, incluído pela Lei 14.711/2023, tratada do inadimplemento pelo devedor fiduciante ou pelo terceiro. Nos seus termos, havendo o descumprimento da obrigação, e ausente a purgação da mora, o credor fiduciário poderá considerar vencidas antecipadamente as demais operações de crédito vinculadas à mesma garantia, hipótese em que será exigível a totalidade da dívida. Como se pode perceber, a faculdade do vencimento antecipado foi amplamente prevista no novo Marco Legal das Garantias, para colocar o credor em posição privilegiada.

Em complemento, nos termos do seu § 1.º, após esse vencimento antecipado de todas as operações de crédito, o credor fiduciário promoverá os demais procedimentos de consolidação da propriedade e de leilão, inclusive as medidas extrajudiciais aqui antes estudadas, com todas as modificações estabelecidas pela nova legislação. A informação sobre o exercício, pelo credor fiduciário, da faculdade de considerar vencidas todas as operações vinculadas à mesma garantia, deverá constar da intimação do devedor (§ 2.º do art. 9.º-C da Lei 13.476/2017, incluído pela Lei 14.711/2023). A dívida relativa ao inadimplemento corresponderá à soma dos saldos devedores de todas as operações de crédito vinculadas à mesma garantia (§ 3.º).

Na hipótese de quaisquer das operações de crédito vinculadas à mesma garantia qualificarem-se como financiamento para aquisição ou construção de imóvel residencial do devedor, aplica-se à excussão da garantia a consolidação e o leilão extrajudicial (§ 4.º).

Como última regra a ser comentada, está no § 5.º do art. 9.º B da Lei 13.476/2017 a aplicação do art. 54 da Lei 13.097/2015, que exige a averbação de atos constritivos na matrícula para a configuração da fraude à execução e para o afastamento da eficácia em relação a atos jurídicos precedentes. Ressalve-se, contudo, que ainda resta polêmica quanto à configuração da fraude à execução com a mera citação do devedor em ação executiva ou condenatória, tema tratado no Capítulo 2 deste livro, para o qual se remete aquele que queira fazer maiores aprofundamentos sobre a questão.

# 8

# DIREITO DE FAMÍLIA

**Sumário:** 8.1 Conceito de Direito de Família e seus princípios fundamentais: 8.1.1 Princípio de proteção da dignidade da pessoa humana (art. 1.º, III, da CF/1988); 8.1.2 Princípio da solidariedade familiar (art. 3.º, I, da CF/1988); 8.1.3 Princípio da igualdade entre filhos (art. 227, § 6.º, da CF/1988 e art. 1.596 do CC); 8.1.4 Princípio da igualdade entre cônjuges e companheiros (art. 226, § 5.º, da CF/1988 e art. 1.511 do CC); 8.1.5 Princípio da não intervenção ou da liberdade (art. 1.513 do CC); 8.1.6 Princípio do maior interesse da criança e do adolescente (art. 227, *caput*, da CF/1988 e arts. 1.583 e 1.584 do CC); 8.1.7 Princípio da afetividade; 8.1.8 Princípio da função social da família (art. 226, *caput*, da CF/1988); 8.1.9 Princípio da boa-fé objetiva – 8.2 Concepção constitucional de família e a reforma do Código Civil – 8.3 Do casamento (arts. 1.511 a 1.590 do CC): 8.3.1 Conceito, natureza jurídica e princípios; 8.3.2 Capacidade para o casamento, impedimentos matrimoniais e causas suspensivas do casamento; 8.3.3 Do processo de habilitação e da celebração do casamento. Alterações promovidas pela Lei do SERP (Lei 14.382/2022). Modalidades especiais de casamento quanto à sua celebração; 8.3.4 Da invalidade do casamento; 8.3.5 Provas do casamento; 8.3.6 Efeitos pessoais do casamento e seus deveres; 8.3.7 Efeitos patrimoniais do casamento. Regime de bens; 8.3.8 Dissolução da sociedade conjugal e do casamento. Separação e divórcio – 8.4 Da união estável: 8.4.1 Conceito de união estável e seus requisitos fundamentais. Diferenças entre união estável e concubinato; 8.4.2 Efeitos pessoais e patrimoniais da união estável; 8.4.3 A união homoafetiva e o seu enquadramento como união estável – 8.5 Relações de parentesco: 8.5.1 Conceito, modalidades e disposições gerais (arts. 1.591 a 1.595 do CC); 8.5.2 Filiação (arts. 1.596 a 1.606 do CC); 8.5.3 Reconhecimento de filhos (arts. 1.607 a 1.617 do CC); 8.5.4 Da adoção; 8.5.5 Do poder familiar (arts. 1.630 a 1.638 do CC). O problema da alienação parental – 8.6 Dos alimentos no Código Civil de 2002: 8.6.1 Conceito e pressupostos da obrigação alimentar; 8.6.2 Características da obrigação de alimentos; 8.6.3 Principais classificações dos alimentos; 8.6.4 Extinção da obrigação de alimentos – 8.7 Da tutela e da curatela: 8.7.1 Primeiras palavras; 8.7.2 Da tutela; 8.7.3 Da curatela.

## 8.1 CONCEITO DE DIREITO DE FAMÍLIA E SEUS PRINCÍPIOS FUNDAMENTAIS

Tendo como parâmetro os institutos tratados pelo CC/2002, o Direito de Família pode ser conceituado como sendo o ramo do Direito Civil que tem como conteúdo o estudo dos seguintes institutos: *a)* casamento; *b)* união estável; *c)* relações de parentesco; *d)* filiação; *e)* alimentos; *f)* bem de família; *g)* tutela, curatela e guarda. Além desse conteúdo, acrescente-se a investigação das novas manifestações familiares. O Direito de Família contemporâneo pode ser dividido em dois grandes livros, o que consta do CC/2002:

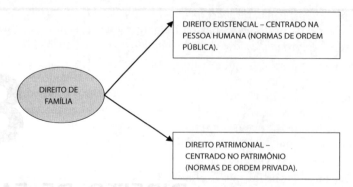

Pelo diagrama, o *Direito Existencial de Família* está baseado na pessoa humana, sendo as normas correlatas de ordem pública ou cogentes. Tais normas não podem ser contrariadas por convenção entre as partes, sob pena de nulidade absoluta da convenção, por fraude à lei imperativa (art. 166, inc. VI, do CC).

Por outra via, o *Direito Patrimonial de Família* tem o seu cerne principal no patrimônio, relacionado a normas de ordem privada ou dispositivas. Tais normas, por óbvio, admitem livremente previsão em contrário pelas partes.

Para ilustrar, é nulo o contrato de namoro nos casos em que existe entre as partes envolvidas uma união estável, eis que a parte renuncia por meio desse contrato e de forma indireta a alguns direitos essencialmente pessoais, como é o caso do direito a alimentos. Por outra via, é válido o contrato de convivência, aquele que consagra outro regime para a união estável que não seja o da comunhão parcial de bens (art. 1.725 do CC).

Destaque-se que a própria organização do CC/2002, no tocante à família, demonstra essa divisão. Primeiramente, os arts. 1.511 a 1.638 tratam do direito pessoal ou existencial. Por conseguinte, nos arts. 1.639 a 1.722, o código privado regulamenta o direito patrimonial e conceitos correlatos. É correto afirmar, na verdade, que essa divisão entre direito patrimonial e direito existencial atinge todo o Direito Privado. Tal organização ainda remete à tendência de *personalização do Direito Civil*, ao lado da sua *despatrimonialização*, uma vez que a pessoa é tratada antes do patrimônio. Perde o patrimônio o papel de ator principal e se torna mero coadjuvante.

O Direito de Família Brasileiro passou por profundas alterações estruturais e funcionais nos últimos anos. Essas transformações podem ser sentidas pelo estudo de seus princípios, muitos deles com previsão na CF/1988, tema que será abordado a partir deste momento.[1]

Anote-se, de início, que muitas das novas ideias expostas na presente obra são capitaneadas pelo Instituto Brasileiro de Direito de Família. O IBDFAM foi fundado em 1997 por um grupo de estudiosos brasileiros que acreditavam na busca de novas vertentes para o estudo e a compreensão da família brasileira. Como se verá por este capítulo, a contribuição do IBDFAM é marcante para todas as alterações pelas quais passaram os institutos familiares.

### 8.1.1 Princípio de proteção da dignidade da pessoa humana (art. 1.º, III, da CF/1988)

Prevê o art. 1.º, inc. III, da CF/1988, que o Estado Democrático de Direito brasileiro tem como fundamento a dignidade da pessoa humana. Trata-se do que se denomina *prin-*

---

[1] Servindo como inspiração para este estudo: PEREIRA, Rodrigo da Cunha. *Princípios fundamentais norteadores do direito de família*. Belo Horizonte: Del Rey, 2006.

CAP. 8 • DIREITO DE FAMÍLIA | **1335**

*cípio máximo*, ou *superprincípio*, ou *macroprincípio*, ou *princípio dos princípios*. Diante desse regramento inafastável de proteção da pessoa humana é que está em voga, atualmente, falar em *personalização, repersonalização* e *despatrimonialização* do Direito Privado.[2]

Vale relembrar, a propósito, que o Código de Processo Civil de 2015 traz norma valorizadora da dignidade humana como norte principiológico da aplicação do Direito pelo julgador. Conforme o seu notável art. 8.º, tão citado neste livro, ao aplicar o ordenamento jurídico, o juiz atenderá aos fins sociais e às exigências do bem comum, resguardando e promovendo a dignidade da pessoa humana e observando a proporcionalidade, a razoabilidade, a legalidade, a publicidade e a eficiência.

Ora, não há ramo do Direito Privado em que a dignidade da pessoa humana tem maior ingerência ou atuação do que o Direito de Família. Por certo que é difícil a conceituação exata do que seja o princípio da dignidade da pessoa humana, por tratar-se de uma cláusula geral, de um conceito legal indeterminado, com variantes de interpretações. Entre muitas construções, é interessante a desenvolvida pelos juristas portugueses Jorge Miranda e Rui de Medeiros:

> "A dignidade humana é da pessoa concreta, na sua vida real e quotidiana; não é de um ser ideal e abstracto. É o homem ou a mulher, tal como existe, que a ordem jurídica considera irredutível, insubsistente e irrepetível e cujos direitos fundamentais a Constituição enuncia e protege".[3]

Em suma, a dignidade humana deve ser analisada a partir da realidade do ser humano em seu contexto social. Ilustrando, pela vivência nacional, o direito à casa própria parece ter relação direta com a proteção da pessoa humana. Isso gera interpretações extensivas para o amparo da moradia. Cite-se o entendimento consolidado do STJ no sentido de que o imóvel em que reside pessoa solteira, separada ou viúva constitui bem de família, sendo, portanto, impenhorável (Súmula 364 do STJ). Firmou-se a premissa que o almejado pela Lei 8.009/1990 é a proteção da pessoa e não de um grupo de pessoas. Ampara-se a própria dignidade humana e o direito constitucional à moradia, direito social e fundamental (art. 6.º da CF/1988).

Como outro exemplo concreto de incidência da dignidade humana nas relações familiares, destaque-se a *tese do abandono paterno-filial* ou *abandono afetivo (teoria do desamor)*. Em mais de um julgado, a jurisprudência pátria condenou pais a pagarem indenização aos filhos, pelo abandono afetivo, por clara lesão à dignidade humana. O julgado mais notório é do extinto Tribunal de Alçada Civil de Minas Gerais, no caso Alexandre Fortes, cuja ementa é a seguir transcrita:

> "Indenização danos morais. Relação paterno-filial. Princípio da dignidade da pessoa humana. Princípio da afetividade. A dor sofrida pelo filho, em virtude do abandono paterno, que o privou do direito à convivência, ao amparo afetivo, moral e psíquico, deve ser indenizável, com fulcro no princípio da dignidade da pessoa humana" (TAMG, Apelação Cível 408.555-5, 7.ª Câmara de Direito Privado, decisão 1.º.04.2004, Rel. Unias Silva, v.u.).

Naquela ocasião, reformando a decisão de primeira instância, o pai foi condenado a pagar indenização de duzentos salários mínimos ao filho por tê-lo abandonado afeti-

---

[2]  Por todos, como *obra-prima* sobre o tema, ver: FACHIN, Luiz Edson. *Estatuto jurídico do patrimônio mínimo.* Rio de Janeiro: Renovar, 2001.

[3]  MIRANDA, Jorge; MEDEIROS, Rui. *Constituição Portuguesa anotada.* Coimbra: Coimbra, t. I, p. 53.

vamente. Isso porque, após a separação em relação à mãe do autor da ação, o seu novo casamento e o nascimento da filha advinda da nova união, o pai passou a privar o filho da sua convivência. Entretanto, o pai continuou arcando com os alimentos para sustento do filho, abandonando-o somente no plano do afeto, da convivência. Contudo, a decisão foi reformada pelo STJ, em 29 de novembro de 2005, que afastou a condenação por danos morais, nos seguintes termos:

> "Responsabilidade civil. Abandono moral. Reparação. Danos morais. Impossibilidade. 1. A indenização por dano moral pressupõe a prática de ato ilícito, não rendendo ensejo à aplicabilidade da norma do art. 159 do Código Civil de 1916 o abandono afetivo, incapaz de reparação pecuniária. 2. Recurso especial conhecido e provido" (STJ, REsp 757.411/MG, Rel. Min. Fernando Gonçalves, votou vencido o Min. Barros Monteiro, que dele não conhecia. Os Ministros Aldir Passarinho Junior, Jorge Scartezzini e Cesar Asfor Rocha votaram com o Ministro relator. Brasília, 29 de novembro de 2005 – data de julgamento).

Em suma, entendeu-se, neste primeiro julgado superior, que não se pode falar em dever de indenizar, pois o pai não está obrigado a conviver com o filho, não havendo ato ilícito no caso descrito. Essa decisão anterior gerou insatisfação em parte considerável da doutrina, caso de Giselda Maria Fernandes Novaes Hironaka, uma das precursoras da tese pela possibilidade da indenização.[4] Anote-se que a questão do abandono afetivo é uma das mais controvertidas do Direito de Família Contemporâneo.

Na minha opinião doutrinária, é perfeitamente possível a indenização, eis que o pai tem o dever de gerir a educação do filho, conforme o art. 229 da CF/1988 e o art. 1.634 do CC/2002. A violação desse dever pode gerar um ato ilícito, nos termos do art. 186 do CC, se provado o dano à integridade psíquica. Como destacado nas edições anteriores desta obra, já existiam outras decisões de Tribunais Estaduais que concluíam pela possibilidade de reparação civil em casos tais. Assim, já se colacionava acórdão do Tribunal Paulista, que condenou um pai a indenizar um filho pela abstenção de convivência:

> "Responsabilidade civil. Dano moral. Autor abandonado pelo pai desde a gravidez da sua genitora e reconhecido como filho somente após propositura de ação judicial. Discriminação em face dos irmãos. Abandono moral e material caracterizados. Abalo psíquico. Indenização devida. Sentença reformada. Recurso provido para este fim" (TJSP, 8.ª Câm. de Direito Privado, Apelação com Revisão 511.903-4/7-00-Marília--SP, Rel. Des. Caetano Lagrasta, j. 12.03.2008, v.u.).

Demonstrando evolução quanto ao assunto, surgiu, no ano de 2012, outra decisão do Superior Tribunal de Justiça em revisão ao acórdão anterior, ou seja, admitindo a reparação civil pelo abandono afetivo (caso Luciane Souza). A ementa foi assim publicada por aquele Tribunal Superior (*Informativo* n. 496 da Corte):

> "Civil e processual civil. Família. Abandono afetivo. Compensação por dano moral. Possibilidade. 1. Inexistem restrições legais à aplicação das regras concernentes à responsabilidade civil e o consequente dever de indenizar/compensar no Direito de Família. 2. O cuidado como valor jurídico objetivo está incorporado no ordenamento jurídico brasileiro não com essa expressão, mas com locuções e termos que

---

[4]  HIRONAKA, Giselda Maria Fernandes Novaes. *Os contornos jurídicos da responsabilidade afetiva nas relações entre pais e filhos* – Além da obrigação legal de caráter material. Disponível em: <www.flaviotartuce. adv.br>. Acesso em: 21 maio 2010.

CAP. 8 • DIREITO DE FAMÍLIA | **1337**

manifestam suas diversas desinências, como se observa do art. 227 da CF/1988. 3. Comprovar que a imposição legal de cuidar da prole foi descumprida implica em se reconhecer a ocorrência de ilicitude civil, sob a forma de omissão. Isso porque o *non facere*, que atinge um bem juridicamente tutelado, leia-se, o necessário dever de criação, educação e companhia – de cuidado – importa em vulneração da imposição legal, exsurgindo, daí, a possibilidade de se pleitear compensação por danos morais por abandono psicológico. 4. Apesar das inúmeras hipóteses que minimizam a possibilidade de pleno cuidado de um dos genitores em relação à sua prole, existe um núcleo mínimo de cuidados parentais que, para além do mero cumprimento da lei, garantam aos filhos, ao menos quanto à afetividade, condições para uma adequada formação psicológica e inserção social. 5. A caracterização do abandono afetivo, a existência de excludentes ou, ainda, fatores atenuantes – por demandarem revolvimento de matéria fática – não podem ser objeto de reavaliação na estreita via do recurso especial. 6. A alteração do valor fixado a título de compensação por danos morais é possível, em recurso especial, nas hipóteses em que a quantia estipulada pelo Tribunal de origem revela-se irrisória ou exagerada. 7. Recurso especial parcialmente provido" (STJ, REsp 1.159.242/SP, 3.ª Turma, Rel. Min. Nancy Andrighi, j. 24.04.2012, *DJe* 10.05.2012).

Em sua relatoria, a Ministra Nancy Andrighi ressalta, de início, ser admissível aplicar o conceito de dano moral nas relações familiares, sendo despiciendo qualquer tipo de discussão a esse respeito, pelos naturais diálogos entre livros diferentes do Código Civil de 2002. Para ela, tal dano moral estaria presente diante de uma obrigação inescapável dos pais em dar auxílio psicológico aos filhos.

Aplicando a ideia do cuidado como valor jurídico, Nancy Andrighi deduziu pela presença do ilícito e da culpa do pai pelo abandono afetivo, expondo frase que passou a ser repetida nos meios sociais e jurídicos: "amar é faculdade, cuidar é dever". Concluindo pelo nexo causal entre a conduta do pai que não reconheceu voluntariamente a paternidade de filha havida fora do casamento e o dano a ela causado pelo abandono, a magistrada entendeu por reduzir o *quantum* reparatório que foi fixado pelo Tribunal de Justiça de São Paulo, de R$ 415.000,00 (quatrocentos e quinze mil reais) para R$ 200.000,00 (duzentos mil reais).

O acórdão proferido pelo Superior Tribunal de Justiça representa correta concretização jurídica dos princípios da dignidade e da solidariedade; sem perder de vista a função pedagógica que deve ter a responsabilidade civil. Espera-se, assim, que esse último posicionamento prevaleça na nossa jurisprudência, visando evitar que outros pais abandonem os seus filhos. De acordo com entrevista dada ao Jornal *Folha de S.Paulo*, de 5 de maio de 2012, a autora da ação, Luciane Souza, pretendia apenas um mínimo de atenção de seu pai, o que nunca foi alcançado. Diante das perdas imateriais irreparáveis que sofreu, não restava outro caminho que não o da indenização civil.

Sobre esse caso concreto, merecem destaque as palavras de José Fernando Simão, para quem "a indenização muito representa para Luciane e para muitas outras pessoas abandonadas afetivamente. Para Luciane, compensa-se um vazio, já que os danos que sofreu são irreparáveis. O dinheiro não preenche o vazio, mas dá uma sensação de que a conduta lesiva não ficou impune. Para outros filhos abandonados, nasce a esperança de que poderão receber do Poder Judiciário uma decisão que puna os maus pais, já que o afeto não receberam e nunca receberão".[5]

---

[5] SIMÃO, José Fernando. *De Alexandre a Luciane* – da cumplicidade pelo abandono ao abandono punido! Disponível em: <http://www.cartaforense.com.br/Materia.aspx?id=8800>. Acesso em: 18 jun. 2012.

Na verdade, a jurisprudência do Superior Tribunal de Justiça, em sua atual composição, até tem entendido pela possibilidade de reparação dos danos morais por abandono afetivo, desde que comprovado o prejuízo imaterial suportado pela vítima. Conforme a afirmação n. 7, constante da Edição n. 125 da ferramenta *Jurisprudência em Teses* da Corte, publicada em 2019 e relativa ao dano moral, "o abandono afetivo de filho, em regra, não gera dano moral indenizável, podendo, em hipóteses excepcionais, se comprovada a ocorrência de ilícito civil que ultrapasse o mero dissabor, ser reconhecida a existência do dever de indenizar". Além disso, somente tem sido admitido o dano moral por abandono afetivo após o reconhecimento da paternidade, e não antes da sua ocorrência, como está na tese n. 8 da mesma publicação.

Outro *filtro* que tem sido utilizado pelo Tribunal Superior é a prescrição de três anos, prevista no art. 206, § 3.º, inc. V, do CC/2002, a contar da maioridade, como se extrai do seguinte acórdão, por todos: "hipótese em que a ação foi ajuizada mais de três anos após atingida a maioridade, de forma que prescrita a pretensão com relação aos atos e omissões narrados na inicial durante a menoridade. Improcedência da pretensão de indenização pelos atos configuradores de abandono afetivo, na ótica do autor, praticados no triênio anterior ao ajuizamento da ação" (STJ, REsp 1.579.021/RS, 4.ª Turma, Rel. Min. Maria Isabel Gallotti, j. 19.10.2017, *DJe* 29.11.2017). Com o devido respeito, não estou filiado a essa forma de julgar, pois os danos decorrentes do abandono afetivo são continuados, não sendo o caso de falar em prescrição, por ausência de um termo inicial para a contagem do prazo.

Em 2021, surgiu outro acórdão da Terceira Turma do STJ admitindo a sua reparação, novamente sob a relatoria da Ministra Nancy Andrighi. Consoante a sua ementa, que merece destaque:

> "É juridicamente possível a reparação de danos pleiteada pelo filho em face dos pais que tenha como fundamento o abandono afetivo, tendo em vista que não há restrição legal para que se apliquem as regras da responsabilidade civil no âmbito das relações familiares e que os arts. 186 e 927, ambos do CC/2002, tratam da matéria de forma ampla e irrestrita. Precedentes específicos da 3.ª Turma. A possibilidade de os pais serem condenados a reparar os danos morais causados pelo abandono afetivo do filho, ainda que em caráter excepcional, decorre do fato de essa espécie de condenação não ser afastada pela obrigação de prestar alimentos e nem tampouco pela perda do poder familiar, na medida em que essa reparação possui fundamento jurídico próprio, bem como causa específica e autônoma, que é o descumprimento, pelos pais, do dever jurídico de exercer a parentalidade de maneira responsável" (STJ, REsp 1.887.697/RJ, 3.ª Turma, Rel. Min. Nancy Andrighi, j. 21.09.2021, *DJe* 23.09.2021).

Como se percebe, a reparação foi confirmada, mesmo em havendo o cumprimento da obrigação de alimentos, tendo sido a indenização fixada, pelas peculiaridades do caso concreto, em R$ 30.000,00 (trinta mil reais).

Como último exemplo de aplicação da dignidade humana às relações familiares, cite-se o *direito à busca pela felicidade*, citado como paradigma contemporâneo na impactante decisão do Supremo Tribunal Federal que reconheceu a igualdade entre a paternidade socioafetiva e a biológica, bem como possibilidade de multiparentalidade, com vínculo concomitante (STF, RE 898.060/SC, Tribunal Pleno, Rel. Min. Luiz Fux, j. 21.09.2016, publicado no seu *Informativo* n. 840, Tema 622). Nos termos do voto do Ministro Relator:

> "A família, objeto do deslocamento do eixo central de seu regramento normativo para o plano constitucional, reclama a reformulação do tratamento jurídico dos vínculos

parentais à luz do sobreprincípio da dignidade humana (art. 1.º, III, da CRFB) e da busca da felicidade. A dignidade humana compreende o ser humano como um ser intelectual e moral, capaz de determinar-se e desenvolver-se em liberdade, de modo que a eleição individual dos próprios objetivos de vida tem preferência absoluta em relação a eventuais formulações legais definidoras de modelos preconcebidos, destinados a resultados eleitos *a priori* pelo legislador. Jurisprudência do Tribunal Constitucional alemão (BVerfGE 45, 187). A superação de óbices legais ao pleno desenvolvimento das famílias construídas pelas relações afetivas interpessoais dos próprios indivíduos é corolário do sobreprincípio da dignidade humana. O direito à busca da felicidade, implícito ao art. 1.º, III, da Constituição, ao tempo que eleva o indivíduo à centralidade do ordenamento jurídico-político, reconhece as suas capacidades de autodeterminação, autossuficiência e liberdade de escolha dos próprios objetivos, proibindo que o governo se imiscua nos meios eleitos pelos cidadãos para a persecução das vontades particulares. Precedentes da Suprema Corte dos Estados Unidos da América e deste Egrégio Supremo Tribunal Federal: RE 477.554-AgR, Rel. Min. Celso de Mello, *DJe* de 26/08/2011; ADPF 132, Rel. Min. Ayres Britto, *DJe* de 14/10/2011. O indivíduo jamais pode ser reduzido a mero instrumento de consecução das vontades dos governantes, por isso que o direito à busca da felicidade protege o ser humano em face de tentativas do Estado de enquadrar a sua realidade familiar em modelos pré-concebidos pela lei" (Tema 622 de repercussão geral).

Em repercussão geral, foi fixada a tese segundo a qual a paternidade socioafetiva declarada ou não em registro não impede o reconhecimento do vínculo de filiação concomitante, baseada na origem biológica, com os efeitos jurídicos próprios. O acórdão é revolucionário, trazendo uma nova forma de se pensar o Direito de Família e das Sucessões, como se verá em outros trechos desta obra.

## 8.1.2 Princípio da solidariedade familiar (art. 3.º, I, da CF/1988)

A solidariedade social é reconhecida como objetivo fundamental da República Federativa do Brasil pelo art. 3.º, inc. I, da CF/1988, no sentido de construir uma sociedade livre, justa e solidária. Por razões óbvias, esse princípio acaba repercutindo nas relações familiares, eis que a solidariedade deve existir nesses relacionamentos pessoais.

Ser solidário significa responder pelo outro, o que remonta à ideia de solidariedade do direito das obrigações. Quer dizer, ainda, preocupar-se com a outra pessoa. Desse modo, a solidariedade familiar deve ser tida em sentido amplo, tendo caráter afetivo, social, moral, patrimonial, espiritual e sexual.

No que concerne à solidariedade patrimonial, essa foi incrementada pelo CC/2002. Isso porque mesmo o cônjuge culpado pelo fim do relacionamento pode pleitear os *alimentos necessários* – indispensáveis à sobrevivência –, do cônjuge inocente (art. 1.694, § 2.º, do CC). Isso, desde que o cônjuge culpado não tenha condições para o trabalho, nem parentes em condições de prestar os alimentos (art. 1.704, parágrafo único, do CC).

Críticas à parte – por ter o atual Código Civil afastado um suposto "direito de vingança" –, as normas merecem elogios, ampliando as responsabilidades que decorrem da escolha do outro consorte. De toda sorte, anote-se que para muitos juristas tais dispositivos não teriam mais aplicação, diante da Emenda do Divórcio (EC 66/2010) que ao retirar a separação judicial do sistema jurídico também baniu a discussão da culpa em relação aos alimentos. Essa sempre foi a posição seguida por mim, que acabou sendo adotada pelo Supremo Tribunal Federal, em julgamento de 2023, com repercussão geral (STF, RE 1.167.478/RJ, Tribunal Pleno, Rel. Min. Luiz Fux, Tema 1.053, j. 08.11.2023). O tema ainda

# 1340 | MANUAL DE DIREITO CIVIL • VOLUME ÚNICO – *Flávio Tartuce*

será aprofundado no presente capítulo, especialmente tendo em vista o Código de Processo Civil de 2015 que, infelizmente, tratou do instituto da separação judicial.

### 8.1.3 Princípio da igualdade entre filhos (art. 227, § 6.º, da CF/1988 e art. 1.596 do CC)

Determina o art. 227, § 6.º, da CF/1988 que "os filhos, havidos ou não da relação de casamento, ou por adoção terão os mesmos direitos e qualificações, proibidas quaisquer designações discriminatórias relativas à filiação". Complementando, o art. 1.596 do CC tem a mesma redação, consagrando ambos os dispositivos o *princípio da igualdade entre filhos*. Esses comandos legais regulamentam especificamente na ordem familiar a isonomia constitucional, ou igualdade em sentido amplo, constante do art. 5.º, *caput*, da CF/1988, um dos princípios do Direito Civil Constitucional.

Está superada antiga discriminação de filhos que constava no art. 332 do CC/1916, cuja lamentável redação era a seguinte: "o parentesco é legítimo, ou ilegítimo, segundo procede, ou não de casamento; natural, ou civil, conforme resultar de consanguinidade, ou adoção". Esse dispositivo já havia sido revogado pela Lei 8.560/1992, que regulamentou a investigação de paternidade dos filhos havidos fora do casamento.

Em suma, juridicamente, todos os filhos são iguais perante a lei, havidos ou não durante o casamento. Essa igualdade abrange os filhos adotivos, os filhos socioafetivos e os havidos por inseminação artificial heteróloga (com material genético de terceiro). Diante disso, não se pode mais utilizar as odiosas expressões *filho adulterino, filho incestuoso, filho ilegítimo, filho espúrio* ou *filho bastardo*. Apenas para fins didáticos utiliza-se o termo *filho havido fora do casamento*, eis que, juridicamente, todos são iguais.

### 8.1.4 Princípio da igualdade entre cônjuges e companheiros (art. 226, § 5.º, da CF/1988 e art. 1.511 do CC)

Assim como há a igualdade entre filhos, como outra forma de especialização da isonomia constitucional a lei reconhece a igualdade entre homens e mulheres no que se refere à sociedade conjugal ou convivencial formada pelo casamento ou pela união estável (art. 226, § 3.º, e art. 5.º, inc. I, da CF/1988). Enuncia o art. 1.511 do CC/2002 que "o casamento estabelece comunhão plena de vida, com base na igualdade de direitos e deveres dos cônjuges". Por óbvio, essa igualdade deve estar presente na união estável, também reconhecida como entidade familiar pelo art. 226, § 3.º, da CF/1988.

Diante do reconhecimento dessa igualdade, como exemplo prático, o marido ou companheiro pode pleitear alimentos da mulher ou companheira, ou mesmo vice-versa. Além disso, um pode utilizar o nome do outro livremente, conforme convenção das partes (art. 1.565, § 1.º, do CC). Essa liberdade abrange a possibilidade de inclusão de um segundo nome do outro cônjuge, como decidiu o STJ no ano de 2019. Nos termos do acórdão:

> "O art. 1.565, § 1.º, do Código Civil de 2002 não impõe limitação temporal para a retificação do registro civil e o acréscimo de patronímico do outro cônjuge por retratar manifesto direito de personalidade. A inclusão do sobrenome do outro cônjuge pode decorrer da dinâmica familiar e do vínculo conjugal construído posteriormente à fase de habilitação dos nubentes. Incumbe ao Poder Judiciário apreciar, no caso concreto, a conveniência da alteração do patronímico à luz do princípio da segurança jurídica" (STJ, REsp 1.648.858/SP, 3.ª Turma, Rel. Min. Ricardo Villas Bôas Cueva, j. 20.08.2019, *DJe* 28.08.2019, publicado no seu *Informativo* n. 655).

Como outra decorrência do princípio da igualdade entre cônjuges e companheiros, surge a igualdade na chefia familiar, que pode ser exercida tanto pelo homem quanto pela

CAP. 8 • DIREITO DE FAMÍLIA | **1341**

mulher em um regime democrático de colaboração, podendo inclusive os filhos opinar (conceito de *família democrática*).

Substitui-se uma *hierarquia* por uma *diarquia*. Utiliza-se a expressão *despatriarcalização do Direito de Família*, eis que a figura paterna não exerce o poder de dominação do passado. O regime é de companheirismo, não de hierarquia, desaparecendo a ditatorial figura do *pai de família* (*paterfamilias*), não podendo sequer se utilizar a expressão *pátrio poder*, substituída por *poder familiar*.

No Código Civil de 2002, a igualdade de chefia pode ser notada pelo art. 1.631, ao enunciar que durante o casamento ou união estável compete o poder familiar aos pais. Na falta ou impedimento de um deles, o outro exercerá esse poder com exclusividade. Em caso de eventual divergência dos pais quanto ao exercício do poder familiar, é assegurado a qualquer um deles recorrer ao juiz para a solução do desacordo.

## 8.1.5 Princípio da não intervenção ou da liberdade (art. 1.513 do CC)

Dispõe o art. 1.513 do Código Civil Brasileiro que "é defeso a qualquer pessoa de direito público ou direito privado interferir na comunhão de vida instituída pela família". Trata-se de consagração do *princípio da liberdade ou da não intervenção* na ótica do Direito de Família. O princípio é reforçado pelo art. 1.565, § 2.º, da mesma codificação material, pelo qual o planejamento familiar é de livre decisão do casal, sendo vedada qualquer forma de coerção por parte de instituições privadas ou públicas em relação a esse direito. Segundo o Enunciado n. 99 do CJF/STJ, da *I Jornada de Direito Civil*, o último dispositivo deve ser aplicado às pessoas que vivem em união estável, o que é óbvio.

Por certo que o princípio em questão mantém relação direta com o princípio da autonomia privada, que deve existir no âmbito do Direito de Família. O fundamento constitucional da autonomia privada é a liberdade, um dos principais atributos do ser humano (art. 1.º, inc. III, da CF/1988).

A autonomia privada não existe apenas em sede contratual, mas também na ótica familiar. Quando se escolhe, na *escalada do afeto* (conceito de Euclides de Oliveira), com quem ficar, com quem namorar, com quem noivar, com quem ter uma união estável ou com quem casar, está-se falando em autonomia privada.[6] Quanto ao *ato de ficar*, este é o *primeiro degrau da escalada do afeto*, sendo certo que o STJ já entendeu que tal conduta pode influenciar na presunção de paternidade, principalmente se somada à recusa ao exame de DNA (STJ, REsp 557.365/RO, 3.ª Turma, Rel. Min. Nancy Andrighi, j. 07.04.2005, *DJ* 03.10.2005, p. 242).

Retornando à análise do art. 1.513 do CC deve-se ter muito cuidado na sua leitura. Isso porque o real sentido do texto legal é que o Estado ou mesmo um ente privado não pode intervir coativamente nas relações de família. Porém, o Estado poderá incentivar o controle da natalidade e o planejamento familiar por meio de políticas públicas. A CF/1988 consagra a paternidade responsável e o planejamento familiar, devendo o Estado propiciar recursos educacionais e científicos para o exercício desses direitos, vedada qualquer forma coercitiva por parte de instituições oficiais e privadas (art. 226, § 7.º, da CF/1988). Ademais, o Estado deve assegurar a assistência à família na pessoa de cada um dos que a integram, criando mecanismos para coibir a violência no âmbito de suas relações (art. 226, § 8.º, da CF/1988).

---

6 OLIVEIRA, Euclides de. A escalada do afeto no direito de família: ficar, namorar, conviver, casar. *Anais do V Congresso Brasileiro de Direito de Família do IBDFAM*. Rodrigo da Cunha Pereira (Coord.). São Paulo: IOB Thompson, 2006. p. 317.

# 1342 | MANUAL DE DIREITO CIVIL • VOLUME ÚNICO – *Flávio Tartuce*

Tudo isso consagra o *princípio da não intervenção*. Porém, é pertinente apontar que esse princípio deve ser lido e ponderado perante outros princípios, como no caso do *princípio do maior interesse da criança e do adolescente*, que se passa a analisar.

## 8.1.6 Princípio do maior interesse da criança e do adolescente (art. 227, *caput*, da CF/1988 e arts. 1.583 e 1.584 do CC)

Enuncia o art. 227, *caput*, da CF/1988, com redação dada pela Emenda Constitucional 65, de 13 de julho de 2010, que "é dever da família, da sociedade e do Estado assegurar à criança, ao adolescente e ao jovem, com absoluta prioridade, o direito à vida, à saúde, à alimentação, à educação, ao lazer, à profissionalização, à cultura, à dignidade, ao respeito, à liberdade e à convivência familiar e comunitária, além de colocá-los a salvo de toda forma de negligência, discriminação, exploração, violência, crueldade e opressão". Essa proteção é regulamentada pelo Estatuto da Criança e do Adolescente (Lei 8.069/1990), que considera criança a pessoa com idade entre zero e 12 anos incompletos, e adolescente aquele que tem entre 12 e 18 anos de idade. Quanto ao jovem, foi promulgada, depois de longa tramitação, a Lei 12.852/2013, conhecida como *Estatuto da Juventude*, e que reconhece amplos direitos às pessoas com idade entre 15 e 29 anos de idade, tidas como jovens.

Em reforço, o art. 3.º do próprio ECA determina que "a criança e o adolescente gozam de todos os direitos fundamentais inerentes à pessoa humana, sem prejuízo da *proteção integral*, assegurando-lhes, por lei ou por outros meios, todas as oportunidades e facilidades, a fim de lhes facultar o desenvolvimento físico, mental, moral, espiritual e social, em condições de liberdade e de dignidade".

Ainda complementando o que consta do Texto Maior, o art. 4.º do ECA preconiza que "é dever da família, da comunidade, da sociedade em geral e do poder público assegurar, com absoluta prioridade, a efetivação dos direitos referentes à vida, à saúde, à alimentação, à educação, ao esporte, ao lazer, à profissionalização, à cultura, à dignidade, ao respeito, à liberdade e à convivência familiar e comunitária".

Cite-se, em continuidade, e também com vistas à mencionada proteção, a recente Lei 13.257/2016, que trata das políticas públicas para a proteção da *primeira infância*. O art. 2.º dessa norma reconhece como primeira infância o período que abrange os primeiros 6 (seis) anos completos ou 72 (setenta e dois) meses de vida da criança. A lei estabelece, ainda, que a prioridade absoluta em assegurar os direitos da criança, do adolescente e do jovem, nos termos do art. 227 da Constituição Federal e do art. 4.º do ECA, implica o dever do Estado de estabelecer políticas, planos, programas e serviços para a primeira infância que atendam às especificidades dessa faixa etária, visando garantir seu desenvolvimento integral (art. 3.º).

As políticas públicas voltadas ao atendimento dos direitos da criança na primeira infância serão elaboradas e executadas de forma a: *a)* atender ao interesse superior da criança e à sua condição de sujeito de direitos e de cidadã; *b)* incluir a participação da criança na definição das ações que lhe digam respeito, em conformidade com suas características etárias e de desenvolvimento; *c)* respeitar a individualidade e os ritmos de desenvolvimento das crianças e valorizar a diversidade da infância brasileira, assim como as diferenças entre as crianças em seus contextos sociais e culturais; *d)* reduzir as desigualdades no acesso aos bens e serviços que atendam aos direitos da criança na primeira infância, priorizando o investimento público na promoção da justiça social, da equidade e da inclusão sem discriminação da criança; *e)* articular as dimensões ética, humanista e política da criança cidadã com as evidências científicas e a prática profissional no atendimento da primeira infância; *f)* adotar abordagem participativa, envolvendo a sociedade, por meio de suas organizações representativas, os profissionais, os pais e as crianças, no aprimoramento da qualidade das

CAP. 8 • DIREITO DE FAMÍLIA | **1343**

ações e na garantia da oferta dos serviços; *g)* articular as ações setoriais com vistas ao atendimento integral e integrado; *h)* descentralizar as ações entre os entes da Federação; e *i)* promover a formação da cultura de proteção e promoção da criança, com apoio dos meios de comunicação social (art. 4.º da Lei 13.257/2016).

Na ótica civil, essa proteção integral pode ser percebida pelo princípio de melhor ou maior interesse da criança, ou *best interest of the child*, conforme reconhecido pela Convenção Internacional de Haia, que trata da proteção dos interesses das crianças. O CC/2002, nos seus arts. 1.583 e 1.584, acaba por reconhecer tal princípio, ao regular a guarda durante o poder familiar. Esses dois dispositivos foram substancialmente alterados, inicialmente, pela Lei 11.698, de 13 de junho de 2008, que passou a determinar como regra a guarda compartilhada, a prevalecer sobre a guarda unilateral, aquela em que um genitor detém a guarda e o outro tem a regulamentação de vistas em seu favor. Ampliou-se o sistema de proteção anterior, visando atender ao melhor interesse da criança e do adolescente na fixação da guarda, o que era reconhecido pelos Enunciados n. 101 e 102 do CJF/STJ, aprovados na *I Jornada de Direito Civil*, em 2002.

Em 2014, tais dispositivos foram novamente modificados pela Lei 13.058, que ainda receberá a devida análise crítica neste capítulo do livro. Sucessivamente, em 2023, houve alteração do § 2.º do art. 1.584 pela Lei 14.713.

Esclareça-se, de imediato, que na *guarda compartilhada* ou *conjunta* o filho convive com ambos os genitores. De toda sorte, haverá um lar único, não se admitindo, *a priori*, a *guarda alternada* ou *fracionada*, em que o filho fica um tempo com um genitor e um tempo com o outro de forma sucessiva (*guarda da mochila*, pois a criança fica o tempo todo de um lado para outro). A nova lei parece confundir ambos os conceitos, como se verá.

Para a efetivação da guarda compartilhada, recomenda-se a medição interdisciplinar, uma vez que ela pressupõe certa harmonia mínima entre os genitores, muitas vezes distante na prática, o que não foi considerado pela Lei 13.058/2014. Pontue-se que a mediação foi incentivada pelo Código de Processo de 2015, em vários de seus preceitos. Merece ser destacado, entre os dispositivos inaugurais do Estatuto Processual emergente, o seu art. 3.º. De acordo com o *caput* do comando, não se excluirá da apreciação jurisdicional ameaça ou lesão a direito. Em complemento, o seu § 2.º estabelece que o Estado promoverá, sempre que possível, a solução consensual dos conflitos. Ademais, conforme o seu § 3.º, a conciliação, a mediação e outros métodos de solução consensual de conflitos deverão ser estimulados por juízes, advogados, defensores públicos e membros do Ministério Público, inclusive no curso dos processos judiciais.

## 8.1.7 Princípio da afetividade

O afeto talvez seja apontado, atualmente, como o principal fundamento das relações familiares. Mesmo não constando a expressão *afeto* do Texto Maior como sendo um direito fundamental, pode-se afirmar que ele decorre da valorização constante da dignidade humana e da solidariedade. Por isso é que, para fins didáticos, destaca-se o princípio em questão, como fazem Maria Berenice Dias[7] e Paulo Lôbo.[8]

Merecem também destaque as palavras da *juspsicanalista* Giselle Câmara Groeninga, para quem, "o papel dado à subjetividade e à afetividade tem sido crescente no Direito de Família, que não mais pode excluir de suas considerações a qualidade dos vínculos existentes entre os membros de uma família, de forma que possa buscar a necessária

---

[7]  DIAS, Maria Berenice. *Manual de Direito das Famílias*. 5. ed. São Paulo: RT, 2009. p. 69-71.

[8]  LÔBO, Paulo Luiz Netto. *Famílias*. São Paulo: Saraiva, 2008. p. 47-52.

objetividade na subjetividade inerente às relações. Cada vez mais se dá importância ao afeto nas considerações das relações familiares; aliás, um outro princípio do Direito de Família é o da afetividade".[9] Do mesmo modo, concluindo que o afeto tem valor jurídico, aponta a Ministra Nancy Andrighi, em brilhante julgado de sua lavra:

> "A quebra de paradigmas do Direito de Família tem como traço forte a valorização do afeto e das relações surgidas da sua livre manifestação, colocando à margem do sistema a antiga postura meramente patrimonialista ou ainda aquela voltada apenas ao intuito de procriação da entidade familiar. Hoje, muito mais visibilidade alcançam as relações afetivas, sejam entre pessoas de mesmo sexo, sejam entre o homem e a mulher, pela comunhão de vida e de interesses, pela reciprocidade zelosa entre os seus integrantes. Deve o juiz, nessa evolução de mentalidade, permanecer atento às manifestações de intolerância ou de repulsa que possam porventura se revelar em face das minorias, cabendo-lhe exercitar raciocínios de ponderação e apaziguamento de possíveis espíritos em conflito. A defesa dos direitos em sua plenitude deve assentar em ideais de fraternidade e solidariedade, não podendo o Poder Judiciário esquivar-se de ver e de dizer o novo, assim como já o fez, em tempos idos, quando emprestou normatividade aos relacionamentos entre pessoas não casadas, fazendo surgir, por consequência, o instituto da união estável. A temática ora em julgamento igualmente assenta sua premissa em vínculos lastreados em comprometimento amoroso" (STJ, REsp 1.026.981/RJ, 3.ª Turma, Rel. Min. Nancy Andrighi, j. 04.02.2010, *DJe* 23.02.2010).

Apesar de algumas críticas contundentes e de polêmicas levantadas por alguns juristas, não resta a menor dúvida de que a afetividade constitui um princípio jurídico aplicado ao âmbito familiar e com repercussões sucessórias. Conforme bem desenvolve Ricardo Lucas Calderon, em sua dissertação de mestrado defendida na UFPR, "parece possível sustentar que o Direito deve laborar com a afetividade e que sua atual consistência indica que se constitui em princípio no sistema jurídico brasileiro. A solidificação da afetividade nas relações sociais é forte indicativo de que a análise jurídica não pode restar alheia a este relevante aspecto dos relacionamentos. A afetividade é um dos princípios do direito de família brasileiro, implícito na Constituição, explícito e implícito no Código Civil e nas diversas outras regras do ordenamento. Oriundo da força construtiva dos fatos sociais, o princípio possui densidade legislativa, doutrinária e jurisprudencial que permite a sua atual sustentação *de lege lata*".[10]

Cabe anotar que o Professor Calderon teve destacada atuação, em nome do IBDFAM e como *amicus curiae*, no julgamento da repercussão geral da socioafetividade perante o STF. Entre outras questões, em tal julgamento, afirmou-se ser a afetividade um princípio do sistema civil-constitucional brasileiro (RE 898.060/SC, Tribunal Pleno, Rel. Min. Luiz Fux, j. 21.09.2016, publicado no *Informativo* n. 840 do STF, Tema 622 de repercussão geral).

A valorização prática do afeto como valor jurídico remonta ao brilhante trabalho do saudoso Professor João Baptista Villela, jurista de primeira grandeza, escrito em 1979, tratando da *desbiologização da paternidade*. Na essência, o trabalho procura dizer que o vínculo familiar constitui mais um vínculo de afeto do que um vínculo biológico. Assim surge uma nova forma de parentesco civil, a parentalidade socioafetiva, baseada na posse de estado de filho:

---

[9]  GROENINGA, Giselle Câmara. *Direito Civil.* Direito de Família. Orientação: Giselda M. F Novaes Hironaka. Coordenação: Aguida Arruda Barbosa e Cláudia Stein Vieira. São Paulo: RT, 2008. v. 7, p. 28.

[10]  CALDERON, Ricardo Lucas. *Princípio da afetividade no direito de família.* Rio de Janeiro: Renovar, 2013. p. 401. Em nova edição: CALDERON, Ricardo. *Princípio da afetividade no direito de família.* 2. ed. Rio de Janeiro: Forense, 2017.

CAP. 8 • DIREITO DE FAMÍLIA | **1345**

"A paternidade em si mesma não é um fato da natureza, mas um fato cultural. Embora a coabitação sexual, da qual pode resultar gravidez, seja fonte de responsabilidade civil, a paternidade, enquanto tal, só nasce de uma decisão espontânea. Tanto no registro histórico como no tendencial, a paternidade reside antes no serviço e no amor que na procriação. As transformações mais recentes por que passou a família, deixando de ser unidade de caráter econômico, social e religioso, para se afirmar fundamentalmente como grupo de afetividade e companheirismo, imprimiram considerável esforço ao esvaziamento biológico da paternidade. Na adoção, pelo seu caráter afetivo, tem-se a prefigura da paternidade do futuro, que radica essencialmente a ideia de liberdade".[11]

Anote-se que, para a caracterização da posse de estado de filhos, são utilizados os clássicos critérios relativos à posse de estado de casados, conceito que constava do art. 203 do Código Civil de 1916 e que está no art. 1.545 do Código Civil de 2002, como ainda será exposto. Da prova de estado de casados igualmente decorre a posse de estado de filhos, principalmente se não houver qualquer documento que possa atestar o vínculo anterior. Os critérios para tal configuração são três.

O primeiro deles é o tratamento (*tractatus* ou *tractatio*), relativo ao fato de que, entre si e perante a sociedade, as partes se relacionam como se fossem unidas pelo vínculo de filiação, ou seja, como pais e filhos.

A fama ou *reputatio*, segundo critério, constitui uma repercussão desse tratamento, constituindo o reconhecimento geral da situação que se concretiza socialmente. A entidade familiar é analisada de acordo com o meio social, como projeção natural da expressão "base da sociedade", conforme consta do art. 226, *caput*, da Constituição Federal de 1988.

Por fim, com tom complementar e acessório, há o nome (*nomen* ou *nominatio*), presente quando a situação fática revela que o declarado filho utiliza o sobrenome do seu suposto pai. Alerte-se que é levado em conta não somente o nome registral civil, mas também o nome social, especialmente nos casos em que o filho é conhecido pelo pai perante a comunidade onde vive, ou vice-versa. De toda sorte, frise-se que esse último elemento não é primordial para que a posse de estado de filhos e a consequente parentalidade socioafetiva estejam reconhecidas.

Aplicando a ideia, ilustrando, se um marido que reconhece como seu o filho de sua mulher, estabelecendo um vínculo de afeto por anos a fio, não poderá, depois de aperfeiçoada a *socioafetividade*, quebrar esse vínculo. Como se diz nos meios populares, "pai é aquele que cria". A situação descrita é denominada juridicamente como "adoção à brasileira".

A defesa de aplicação da *parentalidade socioafetiva*, atualmente, é muito comum entre os doutrinadores do Direito de Família. Prevê o Enunciado n. 103 da *I Jornada de Direito Civil* que: "o Código Civil reconhece, no art. 1.593, outras espécies de parentesco civil além daquele decorrente da adoção, acolhendo, assim, a noção de que há também parentesco civil no vínculo parental proveniente quer das técnicas de reprodução assistida heteróloga relativamente ao pai (ou mãe) que não contribuiu com seu material fecundante, quer da paternidade socioafetiva, fundada na posse do estado de filho". Da mesma *Jornada*, há o Enunciado n. 108 do CJF/STJ: "no fato jurídico do nascimento, mencionado no art. 1.603, compreende-se à luz do disposto no art. 1.593, a filiação consanguínea e também a socioafetiva". Em continuidade, da *III Jornada de Direito Civil (2004)*, o Enunciado n. 256: "a posse de estado de filho (parentalidade socioafetiva) constitui modalidade de parentesco civil".

---

[11] VILLELA, João Baptista. Desbiologização da paternidade. Separada da *Revista da Faculdade de Direito da Universidade Federal de Minas Gerais*, Belo Horizonte, ano XXVII, n. 21 (nova fase), maio 1979.

**1346** | MANUAL DE DIREITO CIVIL • VOLUME ÚNICO – *Flávio Tartuce*

Na *IV Jornada de Direito Civil*, de 2006, foram aprovados três enunciados doutrinários relativos ao tema. O primeiro, de número 339, prevê que "a paternidade socioafetiva, calcada na vontade livre, não pode ser rompida em detrimento do melhor interesse do filho". O segundo, de número 341, dispõe: "para os fins do art. 1.696, a relação socioafetiva pode ser elemento gerador de obrigação alimentar". Por fim, foi aprovado o Enunciado n. 336 do CJF/STJ: "o parágrafo único do art. 1.584 aplica-se também aos filhos advindos de qualquer forma de família".

Por igual, na jurisprudência, a adoção da parentalidade socioafetiva vem encontrando um crescente de decisões, o que inclui a jurisprudência do STJ (por todos: REsp 1.088.157/ PB, 3.ª Turma, Rel. Min. Massami Uyeda, j. 23.06.2009, *DJe* 04.08.2009; e REsp 234.833/ MG, 4.ª Turma, Rel. Min. Hélio Quaglia Barbosa, j. 25.09.2007, *DJ* 22.10.2007, p. 276). O tema ainda será aprofundado quando do estudo das relações de parentesco e da filiação, com a análise do já citado revolucionário julgado do STF, em repercussão geral, prolatado no ano de 2016, em que se firmou a tese de que a parentalidade socioafetiva é forma de parentesco civil (publicado no *Informativo* n. *840* da Corte). O que basta, neste momento, é trazer a conclusão de que a afetividade é princípio jurídico, gerando consequências concretas para o Direito Privado, ao contrário do que muitos podem pensar.

### 8.1.8 Princípio da função social da família (art. 226, *caput*, da CF/1988)

Há algum tempo se afirmava, nas antigas aulas de educação moral e cívica, que *a família é a "celula mater" da sociedade*. Apesar de as aulas serem herança do período militar ditatorial, a frase destacada ainda serve como luva no atual contexto, até porque o art. 226, *caput*, da CF/1988, dispõe que a família é a base da sociedade, tendo especial proteção do Estado.

Na doutrina contemporânea, lecionam Pablo Stolze Gagliano e Rodolfo Pamplona Filho que "a principal função da família e a sua característica de meio para a realização dos nossos anseios e pretensões. Não é mais a família um fim em sim mesmo, conforme já afirmamos, mas, sim, o meio social para a busca de nossa felicidade na relação com o outro".[12]

Desse modo, as relações familiares devem ser analisadas dentro do contexto social e diante das diferenças regionais de cada localidade. A socialidade deve ser aplicada aos institutos de Direito de Família, assim como ocorre com outros ramos do Direito Civil. A título de exemplo, a socialidade pode servir para fundamentar o parentesco civil decorrente da paternidade socioafetiva. Pode servir também para a conclusão de que há outras entidades familiares, caso da união homoafetiva. Isso tudo porque a sociedade muda, a família se altera e o Direito deve acompanhar essas transformações.

Em suma, não reconhecer função social à família e à interpretação do ramo jurídico que a estuda é como não reconhecer função social à própria sociedade, premissa que fecha o estudo dos princípios do Direito de Família Contemporâneo.

### 8.1.9 Princípio da boa-fé objetiva

Após muita reflexão e estudo do tema, resolvemos incluir nesta obra o princípio da boa-fé objetiva como um dos baluartes do Direito de Família brasileiro.

Como visto em capítulos anteriores deste livro, o Código Civil de 2002 foi construído a partir de três princípios fundamentais: a eticidade, a socialidade e a operabilidade.

---

[12] GAGLIANO, Pablo Stolze; PAMPLONA FILHO, Rodolfo. *Novo Curso de Direito Civil*. Direito de Família. São Paulo: Saraiva, 2011. v. 6, p. 98.

CAP. 8 · DIREITO DE FAMÍLIA | **1347**

A eticidade representa a valorização do comportamento ético-socializante, notadamente pela boa-fé objetiva. A socialidade tem relação direta com a função social dos institutos privados, caso da família, o que já foi estudado no tópico anterior. Por fim, a operabilidade tem dois sentidos. O primeiro é de facilitação ou simplicidade dos institutos civis, o que pode ser percebido de várias passagens da codificação. O segundo sentido é de efetividade, o que foi buscado pelo sistema de cláusulas gerais adotado pelo CC/2002, sendo essas *janelas ou molduras* abertas deixadas pelo legislador, para preenchimento pelo aplicador do Direito, caso a caso.[13]

Como é notório, o Código de Processo Civil de 2015 também valorizou a boa-fé em vários de seus comandos. Como determina o seu art. 5.º, aquele que de qualquer forma participa do processo deve comportar-se de acordo com a boa-fé. Além disso, todos os sujeitos do processo devem cooperar entre si para que se obtenha, em tempo razoável, decisão de mérito justa e efetiva (art. 6.º do CPC/2015). A boa-fé objetiva demonstrada pelas partes no curso do processo também passa a ser elemento integrador da sentença, pois, conforme o art. 489, § 3.º, do CPC/2015, a decisão judicial deve ser interpretada a partir da conjugação de todos os seus elementos e em conformidade com o princípio da boa-fé. Acreditamos que tais normas, especialmente a última, trarão grande impacto não só para o Direito Processual, mas também para o direito material brasileiro, nos próximos anos.

A boa-fé objetiva representa uma evolução do conceito de boa-fé, que saiu do plano da mera intenção – boa-fé subjetiva – para o plano da conduta de lealdade das partes. O Enunciado n. 26, aprovado na *I Jornada de Direito Civil*, define a boa-fé objetiva como a exigência de comportamento leal das partes. Como estudado no Capítulo 5 desta obra, diante de seu desenvolvimento no Direito Alemão, notadamente por autores como Karl Larenz, a boa-fé objetiva está relacionada com os deveres anexos ou laterais de conduta, que são ínsitos a qualquer negócio jurídico, não havendo sequer a necessidade de previsão no instrumento negocial.[14] Reafirme-se que são considerados deveres anexos, entre outros: o dever de cuidado e de respeito, o dever de informar, o dever de agir conforme a confiança depositada, o dever de lealdade e probidade, o dever de colaboração ou cooperação, o dever de agir com honestidade.

Repise-se, em complemento, que, como também desenvolvido no Direito Alemão por Staub, a quebra desses deveres anexos gera a violação positiva do contrato ou da obrigação, com responsabilização civil objetiva daquele que desrespeita a boa-fé objetiva. Nesse sentido, no Brasil, o Enunciado n. 24 da *I Jornada de Direito Civil, in verbis*: "em virtude do princípio da boa-fé, positivado no art. 422 do novo Código Civil, a violação dos deveres anexos constitui espécie de inadimplemento, independentemente de culpa". Essa responsabilização independentemente de culpa está amparada igualmente pelo teor do Enunciado n. 363 da *IV Jornada de Direito Civil*, segundo o qual: "os princípios da probidade e da confiança são de ordem pública, estando a parte lesada somente obrigada a demonstrar a existência da violação".

Pois bem, o que se pretende sustentar neste ponto da obra, é que a boa-fé objetiva tem plena aplicação ao Direito de Família, conforme vem entendendo doutrina e jurisprudência nacionais. Na doutrina, merecem destaque os trabalhos de Anderson Schreiber,[15] Jones

---

[13] Sobre o tema, ver: REALE, Miguel. *História do novo Código Civil*. São Paulo: RT, 2005. vol. 1, e BRANCO, Gerson Luiz Carlos; MARTINS-COSTA, Judith. *Diretrizes teóricas do novo Código Civil brasileiro*. São Paulo: Saraiva, 2002.

[14] MARTINS-COSTA, Judith. *A boa-fé no direito privado*. São Paulo: RT, 1999.

[15] SCHREIBER, Anderson. O princípio da boa-fé objetiva no Direito de Família. *Anais do V Congresso Brasileiro de Direito de Família*, 2006.

Figueirêdo Alves,[16] Fernanda Pessanha do Amaral Gurgel,[17] o saudoso Cristiano Chaves de Farias e Nelson Rosenvald.[18]

Da jurisprudência, extrai-se conclusão constante de ementa do Superior Tribunal de Justiça, da lavra da sempre citada Ministra Nancy Andrighi, que, "nas relações familiares, o princípio da boa-fé objetiva deve ser observado e visto sob suas funções integrativas e limitadoras, traduzidas pela figura do *venire contra factum proprium* (proibição de comportamento contraditório), que exige coerência comportamental daqueles que buscam a tutela jurisdicional para a solução de conflitos no âmbito do Direito de Família. Na hipótese, a evidente má-fé da genitora e a incúria do recorrido, que conscientemente deixou de agir para tornar pública sua condição de pai biológico e, quiçá, buscar a construção da necessária paternidade socioafetiva, toma-lhes o direito de se insurgirem contra os fatos consolidados. A omissão do recorrido, que contribuiu decisivamente para a perpetuação do engodo urdido pela mãe, atrai o entendimento de que a ninguém é dado alegrar a própria torpeza em seu proveito (*nemo auditur propriam turpitudinem allegans*) e faz fenecer a sua legitimidade para pleitear o direito de buscar a alteração no registro de nascimento de sua filha biológica" (STJ, REsp 1.087.163/RJ, 3.ª Turma, Rel. Min. Nancy Andrighi, j. 18.08.2011, *DJe* 31.08.2011). Como igualmente exposto no Capítulo 3 da obra, o *venire contra factum proprium* veda, no âmbito do Direito Privado, comportamentos tidos como contraditórios.

Como já se extrai do julgado e de toda a doutrina aqui citada, a boa-fé objetiva tem *três funções* no Código Civil de 2002, plenamente aplicáveis aos institutos familiares. Vejamos, mais uma vez, tais funções e como elas se concretizam no âmbito familiar.

A *primeira função* da boa-fé objetiva é a função de interpretação, retirada do art. 113, *caput*, do Código Civil, eis que os negócios jurídicos devem ser interpretados conforme a boa-fé e os usos do lugar da sua celebração. Nesse dispositivo, a boa-fé é consagrada como meio auxiliador do aplicador do direito para a interpretação dos negócios, da maneira mais favorável a quem esteja de boa-fé. Como os institutos familiares, caso do casamento, são negócios jurídicos, não haveria qualquer óbice de aplicação dessa função aos institutos em questão, até porque o dispositivo em comento está colocado na Parte Geral da codificação geral privada.

A *segunda função* é a de controle, retirada do art. 187 do CC/2002, uma vez que aquele que contraria a boa-fé objetiva no exercício de um direito comete abuso de direito. Como visto, segundo a doutrina brasileira, consolidada pelo Enunciado n. 37, aprovado na I *Jornada de Direito Civil*, a responsabilidade civil que decorre do abuso de direito é objetiva, isto é, não depende de culpa, uma vez que o art. 187 do CC adotou o critério objetivo-finalístico. Dessa forma, a quebra ou desrespeito à boa-fé objetiva conduz ao caminho sem volta da responsabilidade independentemente de culpa, seja pelo Enunciado n. 24 ou pelo Enunciado n. 37, ambos da I *Jornada de Direito Civil*. Pelas mesmas razões expostas anteriormente, não há qualquer óbice para aplicação desse comando aos institutos familiares. Muito ao contrário, tem-se afirmado que "a cláusula geral do art. 187 do Código Civil tem fundamento constitucional nos princípios da solidariedade, devido processo legal e proteção da confiança e aplica-se a todos os ramos do direito" (Enunciado n. 414 da V *Jornada de Direito Civil*).

---

[16] ALVES, Jones Figueiredo. Abuso de direito no Direito de Família. *Anais do V Congresso Brasileiro de Direito de Família*, 2006.

[17] GURGEL, Fernanda Pessanha de Amaral Gurgel. *Direito de Família e o princípio da boa-fé objetiva*. Curitiba: Juruá, 2009.

[18] FARIAS, Cristiano Chaves; ROSENVALD, Nelson. *Curso de Direito Civil*. Famílias. 4. ed. Salvador: JusPodivm, 2012.

CAP. 8 · DIREITO DE FAMÍLIA | **1349**

A *última função* da boa-fé objetiva é a de integração, abstraída do art. 422 do CC, segundo o qual "os contratantes são obrigados a guardar, assim na conclusão do contrato, como em sua execução, os princípios de probidade e boa-fé". Como visto, relativamente à aplicação da boa-fé em todas as fases negociais, foram aprovados dois enunciados doutrinários pelo Conselho da Justiça Federal e pelo Superior Tribunal de Justiça. De acordo com o Enunciado n. 25 do CJF/STJ, da *I Jornada*, "o art. 422 do Código Civil não inviabiliza a aplicação, pelo julgador, do princípio da boa-fé nas fases pré e pós-contratual". Nos termos do Enunciado n. 170 da *III Jornada*, "a boa-fé objetiva deve ser observada pelas partes na fase de negociações preliminares e após a execução do contrato, quando tal exigência decorrer da natureza do contrato".

Haveria um óbice formal para a aplicação dessa norma para os institutos familiares, eis que muitos acreditam não se tratar de institutos contratuais. A propósito do casamento, o tema ainda será exposto no presente capítulo. De qualquer forma, seria ilógico incidir as duas funções anteriores da boa-fé objetiva e não aplicar a presente finalidade, razão pela qual se conclui que o dispositivo deve ser lido com menção aos negociantes e não somente aos contratantes.

Dessa última função de integração é que decorrem os conceitos parcelares da boa-fé, antes estudados caso da *supressio*, da *surrectio*, da máxima *tu quoque*, da *exceptio doli* e do *venire contra factum proprium*, institutos todos abordados e aprofundados no Capítulo 4 deste livro.

Como visto, a *supressio* significa a supressão, por renúncia tácita, de um direito ou de uma posição jurídica, pelo seu não exercício com o passar dos tempos. Ao mesmo tempo que o credor perde um direito por essa supressão, surge um direito a favor do devedor, por meio da *surrectio*, direito este que não existia juridicamente até então, mas que decorre da efetividade social, de acordo com os costumes.

Em outras palavras, enquanto a *supressio* constitui a perda de um direito ou de uma posição jurídica pelo seu não exercício no tempo, a *surrectio* é o surgimento de um direito diante de práticas, usos e costumes. Ambos os conceitos constituem duas faces da mesma moeda, conforme afirma José Fernando Simão em suas exposições.

Julgados estaduais nacionais têm incidido a *supressio* e a *surrectio* aos alimentos pleiteados entre cônjuges e companheiros, concluindo por sua renúncia tácita em decorrência do seu não exercício pelo credor em momento oportuno. De início, do Tribunal de Justiça de São Paulo:

"Ação de alimentos. Pleito ajuizado por esposa separada de fato. Improcedência da ação. Cabimento. Inércia da autora por aproximadamente seis anos, no exercício do direito de pretender alimentos, acarretou verdadeira *supressio*. Autora, ademais, que admite haver sido auxiliada, neste período, por sua filha. Ausência de demonstração do binômio necessidade/possibilidade. Recurso improvido" (TJSP, Apelação 0004121-24.2008.8.26.0024, Acórdão 6030240, 7.ª Câmara de Direito Privado, Andradina, Rel. Des. Ramon Mateo Júnior, j. 04.07.2012, *DJESP* 30.07.2012).

Do Tribunal Gaúcho, podem ser extraídas as seguintes ementas, com grande relevância prática:

"Agravo de instrumento. Execução de alimentos. Prisão. Rito artigo 733. Ausência de relação obrigacional pelo comportamento continuado no tempo. Criação de direito subjetivo que contraria frontalmente a regra da boa-fé objetiva. *Supressio*. Em atenção à boa-fé objetiva, o credor de alimentos que não recebeu nada do devedor por mais de 12 anos permitiu com sua conduta a criação de uma legítima expectativa no devedor e na efetividade social de que não haveria mais pagamento e cobrança.

A inércia do credor em exercer seu direito subjetivo de crédito por tão longo tempo, e a consequente expectativa que esse comportamento gera no devedor, em interpretação conforme a boa-fé objetiva, leva ao desaparecimento do direito, com base no instituto da *supressio*. Precedentes doutrinários e jurisprudenciais. No caso, o filho deixou de exercer seu direito a alimentos, por mais de 12 anos, admitindo sua representante legal que a paternidade e auxílio econômico ao filho era exercido pelo seu novo esposo. Caso em que se mostra ilegal o Decreto prisional com base naquele vetusto título alimentar. Deram provimento. Unânime" (TJRS, Agravo de Instrumento 156211-74.2011.8.21.7000, 8.ª Câmara Cível, Canoas, Rel. Des. Rui Portanova, j. 18.08.2011, *DJERS* 24.08.2011).

"Apelação cível. Embargos à execução de alimentos. Ausência de relação obrigacional pelo comportamento continuado no tempo. Criação de direito subjetivo que contraria frontalmente a regra da boa-fé objetiva. *Supressio*. Extinção material do vínculo de mútua assistência. Os atos e negócios jurídicos devem ser efetivados e interpretados conforme a boa-fé objetiva, e também encontram limitação nela, se a contrariarem. Inteligência dos artigos 113, 187 e 422 do Código Civil. Em atenção à boa-fé objetiva, o credor de alimentos que não recebeu nada do devedor por mais de 20 anos permitiu com sua conduta a criação de uma legítima expectativa – no devedor e na efetividade social – de que não haveria mais pagamento e cobrança. A inércia do credor em exercer seu direito subjetivo de crédito por tão longo tempo, e a consequente expectativa que esse comportamento gera no devedor, em interpretação conforme a boa-fé objetiva, leva ao desaparecimento do direito, com base no instituto da *supressio*. Precedentes doutrinários e jurisprudenciais. No caso, a exequente/embargada – por longos 24 anos – não recebeu alimentos do seu falecido pai e sequer buscou cobrar o débito. Caso em que deve ser mantida a sentença que extinguiu a execução, em razão da perda da eficácia do título de alimentos executado. Negaram provimento" (TJRS, Apelação Cível 70033073628, 8.ª Câmara Cível, São Leopoldo, Rel. Des. Rui Portanova, j. 03.12.2009, *DJERS* 11.12.2009, p. 85).

O último julgado tem o mérito de demonstrar as três funções da boa-fé objetiva, relacionando-as aos institutos familiares e processuais, conforme aqui foi proposto. De toda sorte, há argumento de que os alimentos envolvem ordem pública, devendo prevalecer sobre a boa-fé objetiva. Em verdade, como outrora demonstrado, a boa-fé objetiva também é princípio de ordem pública (Enunciado n. 363 da *IV Jornada de Direito Civil*), concluindo os julgadores por sua prevalência nos casos expostos.

No ano de 2019, o tema chegou ao âmbito da Terceira Turma do STJ que, pelas peculiaridades do caso concreto e por maioria, concluiu pela não aplicação dos conceitos de *supressio e surrectio* para os alimentos (STJ, REsp 1.789.667/RJ, 3.ª Turma, Rel. Min. Paulo de Tarso Sanseverino, Rel. p/ Acórdão Min. Ricardo Villas Bôas Cueva, j. 13.08.2019, *DJe* 22.08.2019). Na hipótese fática, como se extrai do voto vencido, "o recorrente e a recorrida celebraram acordo, isso nos idos de 2001/2, segundo o qual se previu o dever de o recorrente prestar alimentos à recorrida pelo prazo de vinte e quatro meses, ou seja, até 2004. Findo o referido período, o devedor dos alimentos teria permanecido, voluntariamente, a prestá-los, isso até agosto de 2017, quando ajuizada a execução em relação a qual o presente recurso especial é interposto".

Os Ministros Paulo de Tarso Sanseverino e Nancy Andrighi votaram no sentido de ter havido renúncia tácita quanto ao não pagamento dos alimentos, eis que, conforme pontuou o primeiro, "diante da natureza jurídica da transação poderá, pois, dar azo à incidência reativa da boa-fé objetiva e, assim, virem a ser integradas, as obrigações nela previstas, pela *surrectio*".

Porém, seguindo o entendimento do Ministro Villas Bôas Cueva, votaram os Ministros Bellizze e Moura Ribeiro, afastando a sua incidência por duas razões. A primeira delas diz respeito à impossibilidade de incidência de tais institutos relativos à boa-fé objetiva sobre as relações familiares, argumento ao qual não se filia. Como segunda razão, entendeu-se pela ausência de burla à confiança, uma vez que "a boa intenção do recorrente perante a ex-mulher não pode ser interpretada a seu desfavor. Há que prevalecer a autonomia da vontade ante a espontânea solidariedade em análise, cujos motivos são de ordem pessoal e íntima, e, portanto, refogem do papel do Judiciário, que deve se imiscuir sempre com cautela, intervindo o mínimo possível na seara familiar. Assim, ausente o mencionado exercício anormal ou irregular de direito. A liberalidade em questão não ensejou direito subjetivo algum, pois a própria beneficiária já tinha ciência de que o direito pleiteado era inexistente. A improcedência da ação revisional proposta pela recorrida com o intuito de prorrogação do pagamento dos alimentos é, por si só, fundamento suficiente para o provimento do recurso especial" (REsp 1.789.667/RJ).

Foi destacada uma peculiaridade especial do caso concreto, uma vez que a obrigação alimentar havia sido extinta, mas foi mantida por longo período de tempo por mera liberalidade do alimentante, não sendo o caso de ser perpetuada com fundamento no instituto da *surrectio*.

De fato, esse argumento da liberalidade é forte juridicamente, e a situação julgada é diferente do que se analisou nos transcritos acórdãos estaduais. O que não se pode admitir, contudo, é a não incidência desses conceitos parcelares da boa-fé sobre os alimentos entre os cônjuges, pura e simplesmente, como consta do acórdão, o que não tem o meu apoio.

Em relação ao *venire contra factum proprium*, lembre-se, mais uma vez, que se trata da vedação do comportamento contraditório, conforme a dicção do Enunciado n. 362 da *IV Jornada de Direito Civil*: "a vedação do comportamento contraditório (*venire contra factum proprium*) funda-se na proteção da confiança, como se extrai dos arts. 187 e 422 do Código Civil". Como se extrai de acórdão do Superior Tribunal de Justiça antes transcrito, há plena inserção do conceito ao campo do Direito de Família, sem prejuízo de outras menções nos capítulos posteriores deste livro.

De toda sorte, do ano de 2017 merece destaque outro aresto superior, que afastou a possibilidade de um dos ex-companheiros rejeitar acordo que havia celebrado extrajudicialmente, a respeito da dissolução do primeiro período da união estável. Conforme a ementa, "houve acordo extrajudicial acerca da dissolução do primeiro período da união estável entabulada pelas partes, que vieram a retomar a relação em momento subsequente, no qual restaram estabelecidas todas as questões relativas àquela fase, inclusive sob o prisma patrimonial, sem a interposição de nenhum recurso ou ressalva". Desse modo, na linha do acórdão, "rediscutir questões concernentes ao acordo firmado revela manifesta violação do princípio da boa-fé objetiva tendo em vista a legítima expectativa de que a controvérsia já havia sido solucionada pelas partes quando da sua celebração" (STJ, REsp 1.620.710/GO, 3.ª Turma, Rel. Min. Ricardo Villas Bôas Cueva, j. 14.03.2017, *DJe* 21.03.2017). Apesar de não haver menção, o principal argumento parece ser a vedação do comportamento contraditório.

Também como desdobramento da boa-fé objetiva, o Superior Tribunal de Justiça debateu, no ano de 2018, a possibilidade de aplicação da *teoria do adimplemento substancial* para as verbas alimentares. Por essa teoria, amplamente aplicada aos contratos e estudada em outros capítulos deste livro, se a obrigação tiver sido quase toda cumprida, sendo a mora insignificante, não caberá a extinção do negócio jurídico, mas apenas outros efeitos, como a cobrança. O Enunciado n. 361 da *IV Jornada de Direito Civil* estabelece uma relação entre a ideia e os princípios da função social do contrato – no sentido de conservação negocial –, e da boa-fé objetiva.

**1352** | MANUAL DE DIREITO CIVIL • VOLUME ÚNICO – *Flávio Tartuce*

No caso analisado pelo STJ, discutiu-se a possibilidade de afastamento da prisão civil diante do adimplemento substancial da obrigação alimentar, em cerca de 95% do montante devido, representando a dívida módicos R$ 205,43. O Ministro Luis Felipe Salomão votou pela aplicação da teoria, citando todos os desdobramentos do princípio da boa-fé objetiva e da razoabilidade, tendo sido seguido pelo Desembargador Lázaro Guimarães (Desembargador convocado do TRF da 5.ª Região). Porém, prevaleceu o voto do Ministro Antonio Carlos Ferreira, seguido pelos Ministros Maria Isabel Gallotti e Marco Buzzi.

Como constou da ementa do aresto, "a Teoria do Adimplemento Substancial, de aplicação estrita no âmbito do direito contratual, somente nas hipóteses em que a parcela inadimplida revela-se de escassa importância, não tem incidência nos vínculos jurídicos familiares, revelando-se inadequada para solver controvérsias relacionadas a obrigações de natureza alimentar. O pagamento parcial da obrigação alimentar não afasta a possibilidade da prisão civil. Precedentes. O sistema jurídico tem mecanismos por meio dos quais o devedor pode justificar o eventual inadimplemento parcial da obrigação (CPC/2015, art. 528) e, outrossim, pleitear a revisão do valor da prestação alimentar (L. 5.478/1968, art. 15; CC/2002, art. 1.699)" (STJ, HC 439.973/MG, 4.ª Turma, Rel. Min. Luis Felipe Salomão, Rel. p/ Acórdão Min. Antonio Carlos Ferreira, j. 16.08.2018, *DJe* 04.09.2018).

Com o devido respeito, apesar dos louváveis argumentos em contrário, fico com os julgadores vencidos, uma vez que a prisão civil do devedor de alimentos deve ser a última medida a ser tomada, a *ultima ratio*. Como se retira do voto do Ministro Salomão, com a aplicação do adimplemento substancial, "impede-se o uso desequilibrado do direito – com a coerção pessoal – em prol da dignidade humana do alimentante que, de boa-fé, demonstra seu intento de saldar a obrigação, dando concretude ao finalismo ético buscado pelo ordenamento jurídico, impedindo o cerceamento da liberdade em razão de dívida insignificante" (HC 439.973/MG). Espera-se, assim, que o tema volte ao Tribunal da Cidadania, e que tenha solução diversa, especialmente na Terceira Turma da Corte Superior.

Todas essas aplicações demonstram que, realmente, a boa-fé objetiva é um dos pilares do Direito de Família Contemporâneo. Em outros trechos deste capítulo a conclusão do surgimento de mais um princípio a estruturar a matéria restará confirmada.

## 8.2 CONCEPÇÃO CONSTITUCIONAL DE FAMÍLIA E A REFORMA DO CÓDIGO CIVIL

A Constituição Federal de 1988 tem um capítulo próprio que trata da família, da criança, do adolescente, do jovem e do idoso (*Capítulo VII, do Título VIII – Da Ordem Social*). Interpretando-se um dos dispositivos constantes desse capítulo, o art. 226 do Texto Maior, pode-se dizer que a família é decorrente dos seguintes institutos:

> a) Casamento civil, sendo gratuita a sua celebração e tendo efeito civil o casamento religioso, nos termos da lei (art. 226, §§ 1.º e 2.º). Consoante o art. 1.512 do Código Civil, o casamento é civil e gratuita a sua celebração. Pelo mesmo comando, a habilitação para o casamento, o registro e a primeira certidão serão isentos de selos, emolumentos e custas, para as pessoas cuja pobreza for declarada, sob as penas da lei. De toda sorte, consoante ementa doutrinária aprovada na *I Jornada de Direito Notarial e Registral*, em 2022, "em caso de suspeita ou dúvida acerca da declaração de pobreza para fins de habilitação de casamento, o Oficial de Registro Civil das Pessoas Naturais poderá solicitar documentos comprobatórios acerca da hipossuficiência" (Enunciado n. 9).

CAP. 8 · DIREITO DE FAMÍLIA | **1353**

b) União estável entre homem e mulher, devendo a lei facilitar a sua conversão em casamento (art. 226, § 3.º).

c) Família monoparental, comunidade formada por qualquer dos pais e seus descendentes (art. 226, § 4.º).

Tem prevalecido, na doutrina e na jurisprudência, especialmente na superior (STF e STJ), o entendimento pelo qual o *rol constitucional familiar* é exemplificativo (*numerus apertus*) e não taxativo (*numerus clausus*).[19] Assim sendo, são admitidas outras manifestações familiares, caso das categorias a seguir:

d) Família anaparental, expressão criada por Sérgio Resende de Barros, que quer dizer *família sem pais*.[20] Ilustrando a aplicação do conceito, o STJ entendeu há tempos que o imóvel em que residem duas irmãs solteiras constitui bem de família, pelo fato delas formarem uma família (STJ, REsp 57.606/MG, 4.ª Turma, Rel. Min. Fontes de Alencar, j. 11.04.1995, *DJ* 15.05.1995, p. 13.410).

e) Família homoafetiva, constituída por pessoas do mesmo sexo, tendo sido a expressão *união homoafetiva* criada e difundida por Maria Berenice Dias.[21] Como é notório, decisão histórica do Supremo Tribunal Federal, do dia 5 de maio de 2011, reconheceu por unanimidade a união homoafetiva como entidade familiar, o que representou uma grande revolução no sistema jurídico nacional (ver publicação no *Informativo* n. *625*, julgamento da ADPF 132/RJ e ADI 4.277/DF). A decisão compara a união homoafetiva à união estável, para todos os fins jurídicos, tendo efeito vinculante e *erga omnes*. O tema ainda será aprofundado no presente capítulo da obra.

f) Família mosaico ou pluriparental, aquela decorrente de vários casamentos, uniões estáveis ou mesmo simples relacionamentos afetivos de seus membros. Utiliza-se o símbolo do *mosaico*, diante de suas várias cores, que representam as várias origens. Ilustrando, *A* já foi casado por três vezes, tendo um filho do primeiro casamento, dois do segundo e um do terceiro. *A*, dissolvida a última união, passa a viver em união estável com *B*, que tem cinco filhos: dois do primeiro casamento, um do segundo, um do terceiro e um de união estável também já dissolvida.

Essa ampliação faz que seja inconstitucional qualquer projeto de lei que procure restringir o conceito de família, caso do *Estatuto da Família*, no singular, em trâmite no Congresso Nacional. Por essa proposição, somente constituiriam famílias as entidades formadas por pessoas de sexos distintos que sejam casadas ou vivam em união estável e seus filhos.

Na esteira do entendimento de inclusão e alargamento de proteção, leis específicas trazem conceitos ampliados de família, havendo séria dúvida se tais construções devem ser utilizadas apenas nos limites das próprias legislações ou para todos os efeitos jurídicos. Vejamos:

---

[19] LÔBO, Paulo Luiz Netto. *Famílias*. São Paulo: Saraiva, 2008. p. 56-61; DIAS, Maria Berenice. *Manual de Direito das Famílias*. 5. ed. São Paulo: RT, 2009. p. 40-54; FARIAS, Cristiano Chaves; ROSENVALD, Nelson. *Direito das Famílias*. Rio de Janeiro: Lumen Juris, 2008. p. 34-37.

[20] BARROS, Sérgio Resende de. *Direitos humanos da família: principais e operacionais*. Disponível em: <http://www.srbarros.com.br/artigos.php?TextID=86>. Acesso em: 25 maio 2010.

[21] Ver, por todos os trabalhos da jurista: DIAS, Maria Berenice. *Manual de Direito das Famílias*. 5. ed. São Paulo: RT, 2009. p. 47.

# 1354 | MANUAL DE DIREITO CIVIL • VOLUME ÚNICO – *Flávio Tartuce*

> – A *Lei Maria da Penha* (Lei 11.340/2006) dispõe no seu art. 5.º, inc. II, que se deve entender como família a comunidade formada por indivíduos que são ou se consideram aparentados, unidos por laços naturais, por afinidade ou por vontade expressa.
>
> – A antes denominada *Nova Lei da Adoção* (Lei 12.010/2009) consagra o conceito de *família extensa ou ampliada*, que vem a ser aquela que se estende para além da unidade de pais e filhos ou da unidade do casal, formada por parentes próximos com os quais a criança ou adolescente convive e mantém vínculos de afinidade e afetividade (alteração do art. 25 do Estatuto da Criança e do Adolescente – Lei 8.069/1990).

Como se pode notar, as novas categorias legais valorizam o afeto, a interação existente entre as pessoas no âmbito familiar. Destaque-se que a tendência é a de que tais construções sejam utilizadas em todos os âmbitos, em um sentido de complementaridade com as outras leis. Ambos os conceitos legais podem servir perfeitamente para conceituar a família contemporânea.

Encerrando o tópico, importante trazer comentários iniciais a respeito do Projeto de Reforma e Atualização do Código Civil, sugerido por Comissão de Juristas nomeada no âmbito do Senado Federal, com propostas alinhadas para a ampliação do conceito de família na lei brasileira. A Subcomissão de Direito de Família foi formada pelos juristas Pablo Stolze Gagliano, Maria Berenice Dias, Rolf Madaleno e Ministro Marco Buzzi, com amplas, profundas e necessárias proposições para esse importante ramo do Direito Privado, visando a incluí-lo definitivamente no século XXI.

De fato, diante das profundas alterações anteriormente assinaladas, sendo o projeto original do vigente Código Civil de 1972, e contando com mais de cinquenta anos, justifica-se plenamente a sua reforma e atualização, pois ele já "nasceu velho". Esse discurso voltou à tona com toda a força, sendo utilizado com frequência pelos dois principais líderes do processo de reforma, o Presidente do Senado Federal, Rodrigo Pacheco, e o Ministro do Superior Tribunal de Justiça Luis Felipe Salomão.

Assim, além de alterações pontuais e específicas dos institutos de Direito de Família, é imperiosa uma mudança na estruturação no livro de Direito de Família, com vistas à proteção das entidades familiares, o que foi proposto pela Relatora-Geral, a Professora Rosa Maria de Andrade Nery, e acatado pela Comissão de Juristas, da seguinte forma:

"TÍTULO I. DO DIREITO PESSOAL. SUBTÍTULO I. DO DIREITO DE CONSTITUIR FAMÍLIA. CAPÍTULO I. DISPOSIÇÕES GERAIS. CAPÍTULO II. DAS PESSOAS NA FAMÍLIA. CAPÍTULO III. DO CASAMENTO. Seção I. Dos Impedimentos. Seção II. Do procedimento pré-nupcial e da celebração do casamento. Seção III. Das Formas Especiais de Celebração do Casamento. Seção IV. Das provas do Casamento. Seção V. Da Invalidade do Casamento. CAPÍTULO IV. DA UNIÃO ESTÁVEL. CAPÍTULO V. DA EFICÁCIA DO CASAMENTO E DA UNIÃO ESTÁVEL. CAPÍTULO VI. DA DISSOLUÇÃO DA SOCIEDADE E DO VÍNCULO CONJUGAIS. SUBTÍTULO II. DA FILIAÇÃO. CAPÍTULO I. DA CONVIVÊNCIA ENTRE PAIS E FILHOS E DO EXERCÍCIO DA AUTORIDADE PARENTAL. CAPÍTULO II. DO RECONHECIMENTO DOS FILHOS. CAPÍTULO III. DA SOCIOAFETIVIDADE. CAPÍTULO IV. DA ADOÇÃO. CAPÍTULO V. DA FILIAÇÃO DECORRENTE DE REPRODUÇÃO ASSISTIDA. Seção I. Disposições Gerais. Seção II. Doação de Gametas. Seção III. Da Cessão Temporária de Útero. Seção IV. Da Reprodução Assistida Post Mortem. Seção V. Do Consentimento Informado. Seção VI. Das Ações de Investigação de Vínculo Biológico e Negatória de Paternidade. CAPÍTULO VI. DA AUTORIDADE

CAP. 8 • DIREITO DE FAMÍLIA | **1355**

PARENTAL. Seção I. Disposições Gerais. Seção II. Do Exercício da autoridade parental. Seção III. Da Suspensão e Extinção da Autoridade Parental. TÍTULO II. DO DIREITO PATRIMONIAL. SUBTÍTULO I. DO REGIME DE BENS ENTRE OS CÔNJUGES. CAPÍTULO I. DISPOSIÇÕES GERAIS. CAPÍTULO II. DOS PACTOS CONJUGAL E CONVIVENCIAL. CAPÍTULO III. DO REGIME DE COMUNHÃO PARCIAL. CAPÍTULO IV. DO REGIME DE COMUNHÃO UNIVERSAL. CAPÍTULO V. DO REGIME DE SEPARAÇÃO DE BENS. SUBTÍTULO II. DO USUFRUTO E DA ADMINISTRAÇÃO DOS BENS DE FILHOS MENORES. SUBTÍTULO III. DOS ALIMENTOS. CAPÍTULO I. DAS DISPOSIÇÕES GERAIS. CAPÍTULO II. DOS ALIMENTOS DEVIDOS A NASCITURO E GESTANTE. CAPÍTULO III. DOS ALIMENTOS DEVIDOS ÀS FAMÍLIAS CONJUGAIS. CAPÍTULO IV. DOS ALIMENTOS COMPENSATÓRIOS. TÍTULO III. DA TUTELA, DA CURATELA E DA TOMADA DE DECISÃO APOIADA. CAPÍTULO I. DA TUTELA. Seção I. Dos Tutores. Seção II. Dos Incapazes de Exercer a Tutela. Seção III. Do Exercício da Tutela. Seção IV. Da Cessação da Tutela. Seção V. Dos Bens do Tutelado. CAPÍTULO II. DA CURATELA. Seção I. Das pessoas sujeitas à curatela. Seção I-A. Da Diretiva Antecipada de Curatela. Seção II. Da curatela de nascituro e de gestante. CAPÍTULO III. DA TOMADA DE DECISÃO APOIADA".

Além dessa reestruturação, a Comissão de Juristas chegou a votar a eventual alteração do nome do livro para o plural: *Direito das Famílias*, seguindo proposta sugerida por Maria Berenice Dias, tendo em vista justamente a inclusão das novas entidades familiares, aqui tratada.

Porém, por ampla maioria de votos e por razões diversas, manteve-se o termo como está: *Direito de Família*. Com o devido respeito, penso que a alteração do nome do livro em nada modificaria a efetiva inclusão de novas entidades familiares, que já consta de trechos da Reforma e conforme será visto na presente obra.

Adianto que a Comissão de Juristas sugere que o Código Civil comece o seu livro do Direito de Família tratando das entidades familiares em geral, com a inclusão de novos comandos, novas letras do seu art. 1.511.

Consoante o novo art. 1.511-A, *caput*, "o planejamento familiar é de livre decisão do casal, competindo ao Estado propiciar recursos educacionais e financeiros para o exercício deste direito, vedada qualquer forma de coerção, por parte de instituições privadas ou públicas", o que representa uma especificação civil da regra já prevista no art. 227, § 6.º, da Constituição Federal. O § 1.º do novo preceito tutela a proteção do nascituro e do embrião no seio da família, tratando-os como pessoas desde a concepção, e confirmando a adoção da *teoria concepcionista*: "a potencialidade da vida humana pré-uterina e a vida humana pré-uterina e uterina são expressões da dignidade humana e de paternidade e maternidade responsáveis". A menção à potencialidade humana pré-uterina diz respeito aos gametas, aos óvulos e aos espermatozoides, tratados como expressões da dignidade humana, com vistas a se vedar a sua venda ou comercialização.

A ampla e necessária proteção da gestante e, por via indireta, mais uma vez do nascituro passa a ser expressa na projeção de novo § 2.º ao art. 1.511, o que é salutar: "o cuidado físico e psíquico que se deva dar a gestante ou a quem pretende engravidar é tema concernente à intimidade da vida familiar com o suporte de assistência médica que o Estado deve prestar à família".

Sobre as famílias protegidas expressamente na legislação civil, o projetado art. 1.511-B do CC/2002 passará a prever que "são reconhecidas como famílias as constituídas pelo casamento, união estável, bem como a família parental". Sobre a última, o seu § 1.º estabelecerá que "a família parental é a composta por, pelo menos, um ascendente e seu descendente,

# 1356 | MANUAL DE DIREITO CIVIL • VOLUME ÚNICO – *Flávio Tartuce*

qualquer que seja a natureza da filiação, bem como a que resulta do convívio entre parentes colaterais que vivam sob o mesmo teto com compartilhamento de responsabilidades familiares pessoais e patrimoniais". Cite-se, de início e pelo que está no texto proposto, a *família monoparental*, constituída por um dos pais, *solo*, com os seus filhos. Há também a tutela da *família anaparental*, ou sem pais, formada, a título de ilustração, por irmãos ou primos que vivem sob o mesmo teto, compartilhando convivência, realidade cada vez mais comum em uma população que envelhece em nosso país, conforme antes pontuado.

Ainda de acordo com a sugestão da Comissão de Juristas, o art. 1.511-B receberá um § 2.º, segundo o qual, "para a preservação dos direitos atinentes à formação dessa família parental, é facultado a todos os seus membros declararem, em conjunto, por escritura pública, a assunção da corresponsabilidade pessoal e patrimonial entre seus membros e postularem a averbação dessa declaração nos respectivos assentos de nascimento, na forma do § 1º do art. 10 deste Código, sem que essa providência lhes altere o estado familiar".

Portanto, passará a ser facultada a formalização da família parental, para ser ampliada a proteção, inclusive em face de terceiros, elaborando-se uma escritura pública, perante o Tabelionato de Notas, e fazendo o seu registro no Cartório de Registro Civil das Pessoas Naturais, nos termos da projeção de § 1.º ao art. 10: "no assento de nascimento da pessoa natural, nos termos da Lei nº 6.015, de 31 de dezembro de 1973, será reservado espaço para averbações decorrentes de vontade expressa pelo interessado que permitam a identificação de fato peculiar de sua vida civil, sem que isto lhe altere o estado pessoal, familiar ou político". Por fim, a respeito dessa família parental, ela "cria obrigações comuns e recíprocas de suporte, de sobrevivência e de sustento dos que dividem fraternalmente a mesma morada" (art. 1.511-B, § 3.º).

O *princípio da não intervenção*, atualmente previsto no art. 1.513 do Código Civil – e somente quanto ao casamento –, passará a ser regra expressa para qualquer entidade familiar, o que já é realidade doutrinária e jurisprudencial, nos termos do projetado art. 1.511-C: "é defeso a qualquer pessoa, de direito público ou privado: I – interferir na comunhão de vida instituída pela família; II – obstar os direitos da família parental; III – negar a quem vive sozinho ou às famílias parentais a proteção pessoal que a lei destina às famílias conjugais e ao seu patrimônio mínimo; IV – privar a mulher gestante de tratamento digno durante a gestação e de parto seguro, em companhia de quem ela escolher".

Destaco a impossibilidade de intervenção para se impedir o exercício dos direitos da família parental ou mesmo para as pessoas solteiras, na proteção do seu patrimônio mínimo, caso do bem de família, o que confirma a interpretação extensiva que se tem dado à Lei 8.009/1990 para a tutela da moradia, mesmo que de pessoas solteiras, divorciadas ou viúvas (Súmula 364 do STJ). Verifica-se na última proposta, mais uma vez, a proteção da mulher gestante, atendendo-se ao *protocolo de gênero* e à tutela dos direitos das mulheres.

Como outra proposta, a Comissão de Juristas pretende confirmar a afirmação hoje majoritária, na doutrina e na jurisprudência, no sentido de ser o divórcio um direito potestativo, conclusão que é retirada da Emenda Constitucional 66 e virá em boa hora: "ninguém pode ser obrigado a permanecer casado porque o direito ao divórcio é incondicionado, constituindo direito potestativo da pessoa" (art. 1.511-D).

Também há a intenção de se prever a gratuidade, para aqueles que necessitarem, na efetivação de atos familiares que são registrados perante o Cartório de Registro das Pessoas Naturais, no novo art. 1.511-E: "o trâmite legal para a procedimento pré-nupcial, celebração do casamento e registro da conversão da união estável em casamento são gratuitos, nos termos da lei". Trata-se, em verdade, de um novo posicionamento legislativo da atual regra do art. 1.512 da codificação privada. De toda sorte, não se pode pensar haver uma

CAP. 8 • DIREITO DE FAMÍLIA | **1357**

gratuidade automática, mas apenas daqueles que se encontram em situação de vulnerabilidade ou hipossuficiência econômica, diante do trecho final "nos termos da lei". Caberá, eventualmente, a regulamentação do tema pelo Conselho Nacional de Justiça (CNJ).

Como outro assunto de enorme relevância, a Comissão de Juristas concluiu que a temática do estado civil da pessoa natural deve estar prevista e regulada na codificação geral privada, que deve voltar a ter um protagonismo legislativo perdido em relação a leis específicas, caso da Lei de Registros Públicos (Lei 6.015/1973). Nesse contexto, o novo art. 1.511-F preverá que "o estado civil pessoal comprova-se pelos assentos do registro civil das pessoas naturais, lançados nos termos deste Código e da legislação em vigor". E mais, "alterações lançadas no registro civil de pessoas naturais, por vontade manifestada pelos interessados, nos termos do § 1º do art. 10, deste Código, não prejudicam interesses de terceiros, nem alteram o estado civil do interessado" (art. 1.511-G ora projetado).

Como nota derradeira, o Projeto de Reforma e Atualização reconhece a família homoafetiva tanto decorrente do casamento como da união estável, afirmando que eles são constituídos por duas pessoas, não importando o gênero. Insere-se na lei civil, portanto, o casamento homoafetivo, e também a união estável homoafetiva, como será aprofundado a seguir.

## 8.3 DO CASAMENTO (ARTS. 1.511 A 1.590 DO CC)

### 8.3.1 Conceito, natureza jurídica e princípios

O casamento pode ser conceituado como a união de duas pessoas, reconhecida e regulamentada pelo Estado, formada com o objetivo de constituição de uma família e baseado em um vínculo de afeto. Vejamos outros três conceitos anteriores da doutrina contemporânea:

- Maria Helena Diniz – "O casamento é o vínculo jurídico entre o homem e a mulher, livres, que se unem, segundo as formalidades legais, para obter o auxílio mútuo e espiritual, de modo que haja uma integração fisiopsíquica, e a constituição de uma família".[22]

- Paulo Lôbo – "O casamento é um ato jurídico negocial, solene, público e complexo, mediante o qual um homem e uma mulher constituem família por livre manifestação de vontade e pelo reconhecimento do Estado".[23]

- Guilherme Calmon Nogueira da Gama – "união formal entre um homem e uma mulher desimpedidos, como vínculo formador e mantenedor de família, constituída mediante negócio jurídico solene e complexo, em conformidade com a ordem jurídica, estabelecendo comunhão plena de vida, além de efeitos pessoais e patrimoniais entre os cônjuges, com reflexos em outras pessoas".[24]

Apesar da menção aos sexos distintos, retirada do conceito clássico de casamento, o Brasil admite, na atualidade, o casamento entre pessoas do mesmo sexo. A propósito, em edições mais recentes de sua obra, o Professor Paulo Lôbo substitui a expressão "um homem e uma mulher" pela palavra "casal".[25]

---

22  DINIZ, Maria Helena. *Código Civil anotado*. 15. ed. São Paulo: Saraiva, 2010. p. 1.051.
23  LÔBO, Paulo Luiz Netto. *Famílias*. São Paulo: Saraiva, 2008. p. 76.
24  GAMA, Guilherme Calmon Nogueira da. *Direito Civil*. Família. São Paulo: Atlas, 2008. p. 5.
25  LÔBO, Paulo. *Direito Civil*. 9. ed. São Paulo: Saraiva, 2019. v. 5, p. 95.

# 1358 | MANUAL DE DIREITO CIVIL • VOLUME ÚNICO – *Flávio Tartuce*

Por isso, destaco que o Projeto de Reforma do Código Civil, elaborado pela Comissão de Juristas nomeada no âmbito do Senado Federal, pretende tirar as menções a essas expressões, usando apenas duas pessoas, sem qualquer qualificação do gênero.

Também no âmbito doutrinário, na *VII Jornada de Direito Civil*, realizada pelo Conselho da Justiça Federal em 2015, aprovou-se enunciado segundo o qual é existente e válido o casamento entre pessoas do mesmo sexo (Enunciado n. 601). Cabe pontuar que desse evento participaram juristas com as mais variadas visões sobre o Direito de Família e, mesmo assim, a proposta aprovada conseguiu ampla maioria, o que demonstra uma sedimentação doutrinária a respeito do tema no País.

Frise-se que não houve ainda qualquer alteração legislativa no sentido de admissão da nova entidade familiar, o que não deve ser considerado como óbice para o seu amplo reconhecimento, pois cabe à doutrina e à jurisprudência a tarefa de adequar a norma ao fato social, o que vem ocorrendo. Confirmada a premissa de inclusão, todas as regras pessoais e patrimoniais do casamento entre pessoas de sexos distintos incidem para o casamento entre pessoas do mesmo sexo. O tema ainda será aprofundado no presente capítulo.

Substancialmente três são as correntes que procuram apontar a natureza jurídica do casamento:

> – *Teoria institucionalista:* o casamento é uma *instituição*, tese sustentada, entre outros, por Maria Helena Diniz[26] e Rubens Limongi França.[27] Há nessa corrente uma forte carga moral e religiosa.
>
> – *Teoria contratualista:* o casamento é um contrato de natureza especial, e com regras próprias de formação, corrente encabeçada por Silvio Rodrigues.[28] Essa visão é adotada pelo Código Civil português, no seu art. 1.577. "Casamento é o contrato celebrado entre duas pessoas de sexo diferente que pretendem constituir família mediante uma plena comunhão de vida, nos termos das disposições deste Código".
>
> – *Teoria mista ou eclética:* o casamento é uma instituição quanto ao conteúdo e um contrato especial quanto à formação. Essa visão é seguida por doutrinadores como Eduardo de Oliveira Leite,[29] Guilherme Calmon Nogueira da Gama,[30] Flávio Augusto Monteiro de Barros[31] e Roberto Senise Lisboa.[32]

Das três vertentes expostas, filia-se à terceira delas. Na verdade, as duas últimas correntes até parecem se confundir, eis que há na segunda visão um *contrato especial*. O que não se pode admitir é a afirmação de existir no casamento um *contrato puro*, pois, como visto, a ideia de contrato que ainda prevalece o relaciona a um conteúdo patrimonial (vide o art. 1.321 do Código Civil Italiano). Como é cediço, não há no casamento

---

[26] DINIZ, Maria Helena. *Curso de Direito Civil brasileiro*. Direito de Família. São Paulo: Saraiva, 2005. v. 5, p. 44.

[27] FRANÇA, Rubens Limongi. *Instituições de Direito Civil*. 4. ed. São Paulo: Saraiva, 1996. p. 225.

[28] RODRIGUES, Silvio. *Direito civil*. Direito de família. 27. ed. atual. por Francisco Cahali. São Paulo: Saraiva, 2002. v. 6, p. 19.

[29] LEITE, Eduardo de Oliveira. *Direito civil aplicado*. São Paulo: RT, 2005. v. 5, p. 50.

[30] GAMA, Guilherme Calmon Nogueira da. *Direito Civil*. Família. São Paulo: Atlas, 2008. p. 10-11.

[31] BARROS, Flávio Augusto Monteiro de. *Manual de Direito Civil*. Direito de Família e das Sucessões. São Paulo: Método, 2005. v. 4, p. 25.

[32] LISBOA, Roberto Senise. *Manual de Direito Civil*. Direito de Família e das Sucessões. 3. ed. São Paulo: RT, 2004. v. 5, p. 82.

CAP. 8 • DIREITO DE FAMÍLIA | **1359**

a busca da *patrimonialidade*, mas, muito mais do que isso, de uma comunhão plena de vida (art. 1.511 do CC).

Por isso, é mais pertinente afirmar que o casamento constitui um *negócio jurídico especial*, com regras próprias de constituição e princípios específicos que, *a priori*, não existem no campo contratual:

> – *Princípio da monogamia* – pode ser retirado do art. 1.521, inc. VI, do CC, uma vez que não podem casar as pessoas casadas; o que constitui um impedimento matrimonial a gerar a nulidade absoluta do casamento (art. 1.548, inc. II, do CC). Entendo que tal princípio continua tendo aplicação para o âmbito do casamento. Sobre a sua incidência para a união estável, o tema ainda será aprofundado neste capítulo do livro.
>
> – *Princípio da liberdade de escolha, como exercício da autonomia privada* – salvo os impedimentos matrimoniais, há livre escolha da pessoa do outro cônjuge como manifestação da liberdade individual, princípio esse retirado do art. 1.513 do CC.
>
> – *Princípio da comunhão plena de vida, regido pela igualdade entre os cônjuges* – Retirado do art. 1.511 do CC/2002, segundo o qual "o casamento estabelece comunhão plena de vida, com base na igualdade de direitos e deveres dos cônjuges". Esse regramento pode ainda ser retirado do art. 1.565 do CC, ao enunciar que "pelo casamento, homem e mulher assumem mutuamente a condição de consortes, companheiros e responsáveis pelos encargos da família". Na Reforma do Código Civil, anoto que a Comissão de Juristas sugere revogar o dispositivo e deslocar o seu conteúdo para o art. 1.514-A, que ficaria mais bem posicionado, com a seguinte redação, a respeito do casamento: "o casamento estabelece comunhão plena de vida, com base na igualdade de direitos e deveres dos cônjuges". Não há, como se nota, qualquer alteração de conteúdo na norma.

Sendo negócio jurídico, é possível e viável juridicamente aplicar ao casamento as regras referentes à teoria geral do negócio jurídico previstas na Parte Geral do CC/2002. Isso, desde que não exista regra específica no seu tratamento na Parte Especial. Ilustrando, em relação à nulidade e anulabilidade do casamento, devem ser observadas as regras especiais relativas à sua invalidade (arts. 1.548 a 1.564 do CC). Em caso de ausência de norma sobre um caso específico de invalidade, é possível socorrer-se à Parte Geral.

A natureza especial do casamento como negócio jurídico também pode ser retirada do estudo da capacidade matrimonial e dos impedimentos, temas a seguir abordados.

### 8.3.2 Capacidade para o casamento, impedimentos matrimoniais e causas suspensivas do casamento

Como bem se afirma doutrinariamente, não se pode confundir a incapacidade para o casamento com os impedimentos matrimoniais.[33] Isso porque a incapacidade é geral, impedindo que a pessoa se case com qualquer um que seja. Já os impedimentos matrimoniais atingem determinadas pessoas, em situações específicas. Em outras palavras, os impedimentos envolvem a *legitimação*, que é a capacidade especial para celebrar determinado ato ou negócio jurídico.

---

[33] Por todos: VENOSA, Sílvio de Salvo. *Código Civil interpretado*. São Paulo: Atlas, 2010. p. 1.367-1.368.

**1360** | MANUAL DE DIREITO CIVIL • VOLUME ÚNICO – *Flávio Tartuce*

Aspecto que sempre mereceu críticas é o fato de o CC/2002 não trazer um rol específico a respeito das pessoas capazes (ou incapazes) de casar, tratando apenas da idade mínima para casar (art. 1.517). *De lege ferenda*, esse rol sequer consta do Projeto de Lei 470/2013, conhecido como Estatuto das Famílias do IBDFAM no plural, que pretende descodificar tal matéria, tratando-a em separado, em lei especial. Todavia, mostrando certa evolução, o texto do Estatuto das Famílias enuncia que os relativamente incapazes necessitam de autorização de ambos os pais ou de seus representantes legais.

No atual Projeto de Reforma do Código Civil, ora em tramitação, igualmente não há proposta de se incluir um rol dos incapazes para o casamento, apesar de que houve uma aproximação com tratamento da teoria das incapacidades da Parte Geral, como se verá. Quanto ao art. 1.517 do CC, a sugestão da Comissão de Juristas é que passe a mencionar duas pessoas, e não mais o homem e a mulher, na linha da sugestão feita a outros dispositivos do Código Civil e pelo fato de ser proposta a regulamentação do casamento homoafetivo na lei civil, pelo menos implicitamente, confirmando a posição consolidada pela jurisprudência brasileira, pelo Supremo Tribunal Federal, pelo Superior Tribunal de Justiça e pelo Conselho Nacional de Justiça. Assim, o comando passará a prever o seguinte: "a pessoa com dezesseis anos pode se casar, exigindo-se autorização de ambos os pais ou de seus representantes legais, enquanto não atingida a maioridade civil. Parágrafo único. Se houver divergência entre os pais, aplica-se o disposto no parágrafo único do art. 1.631".

De toda sorte, como não há regras específicas atualmente a respeito da capacidade para o casamento, sempre foi necessário socorrer-se à Parte Geral do CC/2002, em complemento ao que consta do seu art. 1.517. Todavia, como visto no Capítulo 2 deste livro, a teoria das incapacidades foi substancialmente alterada pela Lei 13.146, de julho de 2015, que instituiu o Estatuto da Pessoa com Deficiência.

A mudança estrutural que interessa em matéria de capacidade para o casamento diz respeito à revogação de todos os incisos do art. 3.º do Código Civil. No sistema anterior, eram tidos como absolutamente incapazes: *a)* os menores de dezesseis anos (menores impúberes); *b)* os enfermos e deficientes mentais sem o necessário discernimento para a prática dos atos da vida civil: e *c)* as pessoas que por causa transitória ou definitiva não pudessem exprimir sua vontade. Em edições anteriores deste livro, até a mudança legislativa, afirmava que esses sujeitos seriam os incapazes para o casamento.

Porém, o panorama legal mudou. Na nova redação do art. 3.º do Código Civil somente são absolutamente incapazes os menores de 16 anos, não havendo mais maiores que tenham tal condição. A antiga previsão do seu inciso II foi totalmente retirada do sistema. O seu anterior inciso III passou a compor o inciso III do art. 4.º, em substituição aos excepcionais com desenvolvimento completo. Em suma, as pessoas que por causa transitória ou definitiva não puderem exprimir vontade, caso do sujeito em coma, passaram a ser relativamente incapazes.

Assim, com as mudanças citadas, parece que o sistema finalmente encontrou uma coerência técnica, pois os incapazes para o casamento são apenas os menores de 16 anos, nos termos do art. 1.517 do Código Civil e do novo art. 3.º do Código Civil, devidamente atualizado com a Lei 13.146/2015. Como se verá a seguir, o Estatuto da Pessoa com Deficiência também retirou do sistema a possibilidade de nulidade absoluta do casamento da pessoa enferma mental, tendo sido revogado o art. 1.548, I, da codificação material. Isso também colaborou para a citada coerência técnica, no meu entendimento.

Vale lembrar, na linha do exposto no Capítulo 2 deste livro, que as pessoas com deficiência tiveram uma inclusão familiar plena pelo seu estatuto protetivo. Conforme o art. 6.º da Lei 13.146/2015, a deficiência não afeta a plena capacidade civil da pessoa, inclusive para:

CAP. 8 • DIREITO DE FAMÍLIA | **1361**

*a)* casar-se e constituir união estável; *b)* exercer direitos sexuais e reprodutivos; *c)* exercer o direito de decidir sobre o número de filhos e de ter acesso a informações adequadas sobre reprodução e planejamento familiar; *d)* conservar sua fertilidade, sendo vedada a esterilização compulsória; *e)* exercer o direito à família e à convivência familiar e comunitária; e *f)* exercer o direito à guarda, à tutela, à curatela e à adoção, como adotante ou adotando, em igualdade de oportunidades com as demais pessoas.

O Estatuto da Pessoa com Deficiência, como se vê, pretendeu igualar a pessoa com deficiência para os atos existenciais, o que representa um notável avanço, na minha *opinium*. Na tutela das pessoas com deficiência, substituiu-se a premissa da *dignidade-vulnerabilidade* pela da *dignidade-igualdade*. Todavia, alguns reparos devem ser feitos na lei, especialmente diante do CPC/2015. Por isso, somos favoráveis, em parte, à aprovação do Projeto de Lei 757/2015, em curso originário no Senado Federal, e que teve o meu parecer. Na tramitação na Câmara dos Deputados, o seu número é 11.091/2018. A análise do cerne da proposição será feita no presente Capítulo.

Feitas tais considerações e em complemento, nos termos do art. 1.517, *caput*, do Código Civil o homem e a mulher em idade núbil, com 16 anos completos, podem casar, exigindo-se autorização de ambos os pais, ou de seus representantes legais, enquanto não atingida a maioridade civil (18 anos). Em havendo divergência entre os pais, a questão será levada ao juiz, que decidirá de acordo com o caso concreto, sempre buscando a proteção integral do menor e da família (art. 1.517, parágrafo único, do CC). Conforme esclarecedor enunciado aprovado na *V Jornada de Direito Civil*, em 2011, "o artigo 1.517 do Código Civil, que exige autorização dos pais ou responsáveis para casamento, enquanto não atingida a maioridade civil, não se aplica ao emancipado" (Enunciado n. 512).

Previa originalmente o art. 1.518 do Código Civil que a autorização especial para o casamento poderia ser revogada pelos pais, tutores ou curadores até a celebração do casamento. Esse comando também foi alterado pela Lei 13.146/2015 (Estatuto da Pessoa com Deficiência), passando a enunciar que "até a celebração do casamento podem os pais ou tutores revogar a autorização". Como se percebe, não há mais menção aos curadores, uma vez que não se decreta mais a nulidade das pessoas que estavam mencionadas no art. 1.548, inc. I, do CC/2002, ora revogado pelo mesmo Estatuto, como antes destacado.

Se a denegação do consentimento for injusta, esta pode ser suprida pelo juiz, sempre em busca da proteção integral do menor e da família (art. 1.519 do CC). Anote-se que havendo a necessidade desse suprimento, o casamento será celebrado pelo regime da separação obrigatória de bens (art. 1.641, III, do CC).

O art. 1.520 do CC/2002 foi modificado pela Lei 13.811, de 12 de março de 2019, conforme a seguinte tabela, elaborada para os devidos fins de esclarecimento dos conteúdos das normas:

| Texto anterior | Texto atual |
| --- | --- |
| "Art. 1.520. Excepcionalmente, será permitido o casamento de quem ainda não alcançou a idade núbil (art. 1.517), para evitar imposição ou cumprimento de pena criminal ou em caso de gravidez." | "Art. 1.520. Não será permitido, em qualquer caso, o casamento de quem não atingiu a idade núbil, observado o disposto no art. 1.517 deste Código." |

Mesmo antes da entrada em vigor da norma, o texto modificativo já vinha recebendo elogios de uns e críticas de outros, sendo certo que com a sua emergência os debates se intensificaram. Vale destacar, de imediato, pois relevantes para as minhas conclusões, que

# 1362 | MANUAL DE DIREITO CIVIL • VOLUME ÚNICO – *Flávio Tartuce*

não houve alteração ou revogação expressa de qualquer outro comando do Código Civil em vigor.

Como primeiro aspecto a ser destacado, a norma anterior, que excepcionava a possibilidade do casamento do menor de 16 anos, recebia abrandamentos por três leis penais que surgiram sucessivamente à codificação material, a Lei 11.106/2005, a Lei 12.015/2009 e a Lei 13.718/2018.

A verdade é que o casamento do menor de 16 anos – denominado por parcela da doutrina como *casamento infantil* – já era proibido pelo nosso sistema jurídico, mesmo antes da mudança e como premissa geral, havendo apenas duas exceções previstas no anterior art. 1.520 do Código Civil que tinham sido sobremaneira mitigadas, a saber: *a)* para evitar a imposição e o cumprimento de pena criminal; e *b)* em caso de gravidez.

Tal afirmação é retirada da dicção do art. 1.517 da codificação material, que não sofreu modificação pela norma emergente, segundo o qual o homem e a mulher com dezesseis anos podem casar, exigindo-se autorização de ambos os pais, ou de seus representantes legais, enquanto não atingida a maioridade civil. Em suma, por este último preceito, a capacidade específica para o casamento é atingida aos 16 anos, sendo essa a idade núbil para todos os gêneros.

Reitere-se, pois relevante, que não se pode confundir a incapacidade para o casamento com os impedimentos matrimoniais. A primeira impede que alguém se case com qualquer pessoa, enquanto os impedimentos somente atingem determinadas pessoas em situações específicas, previstas no art. 1.521 do CC/2002. Em outras palavras, os impedimentos envolvem a *legitimação*, conceituada como uma capacidade ou condição especial para celebrar determinado ato ou negócio jurídico. Nesse contexto, não se pode dizer que a alteração do art. 1.520 do Código Civil tenha criado hipótese de impedimento matrimonial, estando no âmbito da incapacidade, que não foi alterada, pois não houve qualquer modificação do texto do art. 1.517.

A primeira norma penal que mitigou o conteúdo da redação anterior do art. 1.520 do Código Civil foi a Lei 11.106/2005, que afastou a extinção da punibilidade nos casos de estupro presumido (art. 107, incs. VII e VIII, do CP), ou seja, na hipótese de alguém manter uma relação sexual com uma criança ou adolescente com idade inferior a 14 anos, e depois se casar com ela. Como não se poderia falar mais em extinção da punibilidade com a novel legislação, muitos doutrinadores já passaram a entender que o art. 1.520 do CC estaria revogado na parte que tratava da extinção da pena criminal.[34]

Todavia, escrevendo em coautoria com José Fernando Simão e no sistema anterior, sustentávamos a não derrogação do dispositivo, pois a questão deveria ser analisada caso a caso. Isso porque a ação penal em casos tais era privada, podendo o casamento autorizado judicialmente funcionar como perdão tácito do crime, desde que a menor demonstrasse discernimento bastante para tanto. Entendíamos que, por tal caminho, o Direito de Família prevaleceria sobre o Direito Penal, incidindo o princípio da *função social da família*.[35]

A ilustrar, no caso de um rapaz de 18 anos que tivesse relação sexual com uma menina de 13 anos, sua anterior namorada desde os tempos em que era menor, vindo essa a engravidar, poderia o casamento ser autorizado. Com isso, evitar-se-ia a prisão do pai da

---

[34] Nesse sentido: CERQUEIRA, Thales Tácito de Pontes Luz de Pádua. *A Lei 11.106 de 2005 e polêmicas*. Disponível em: <http://www.ammp.com.br/headerCanal.php?IdCanal=MjM&id=Mg=>. Acesso em: 6 mar. 2006; DIAS, Maria Berenice. *Manual de Direito das Famílias*. 4. ed. São Paulo: RT, 2007. p. 98.

[35] TARTUCE, Flávio; SIMÃO, José Fernando. *Direito Civil*. Direito de Família. 3. ed. São Paulo: Método, 2008. v. 5, p. 58-60.

criança, prevalecendo o vínculo familiar. Por óbvio, em outras situações, tal casamento não poderia ser autorizado em hipótese alguma (*v.g.*, um homem de 60 anos que tem relação sexual com uma menina de 12 anos). Propondo essa análise casuística, na *IV Jornada de Direito Civil*, aprovou-se o Enunciado n. 329, *in verbis*: "a permissão para casamento fora da idade núbil merece interpretação orientada pela dimensão substancial do princípio da igualdade jurídica, ética e moral entre o homem e a mulher, evitando-se, sem prejuízo do respeito à diferença, tratamento discriminatório".

Em 7 de agosto de 2009, surge a Lei 12.015, encerrando esse debate anterior, pois não é mais possível o casamento da menor com aquele que cometeu o crime. Na espécie foi introduzido o tipo do *estupro de vulnerável* (art. 217-A do Código Penal), sendo a ação penal correspondente pública incondicionada (art. 225, parágrafo único, do CP). Desse modo, não sendo mais a ação penal privada, não pode o casamento funcionar como forma de perdão tácito do crime. Ademais, o conceito de vulnerabilidade é jurídico, encerrando uma presunção absoluta que não pode ser mitigada.

Nessa linha entendeu a Terceira Seção do Superior Tribunal de Justiça, em agosto de 2015, e em sede de incidente de recursos repetitivos, que, "para a caracterização do crime de estupro de vulnerável, previsto no artigo 217-A do Código Penal, basta que o agente tenha conjunção carnal ou pratique qualquer ato libidinoso com pessoa menor de 14 anos. O consentimento da vítima, sua eventual experiência sexual anterior ou a existência de relacionamento amoroso entre o agente e a vítima não afastam a ocorrência do crime" (Recurso Especial 1.480.881/PI). No mesmo sentido, posteriormente, a Súmula 593 da Corte, de outubro de 2017: "o crime de estupro de vulnerável se configura com a conjunção carnal ou prática de ato libidinoso com menor de 14 anos, sendo irrelevante eventual consentimento da vítima para a prática do ato, sua experiência sexual anterior ou existência de relacionamento amoroso com o agente".

Em suma, a nova lei penal colocou o Direito Penal em posição de prestígio em relação ao Direito de Família, o que poderia ser lamentável em algumas situações, segundo alguns juristas. Nesse propósito, Pablo Stolze Gagliano e Rodolfo Pamplona Filho sustentavam no sistema anterior que "as especificidades do caso concreto poderão determinar solução diversa. Verificando o juiz ter havido namoro sério, numa ambiência psicológica de maturidade inequívoca das partes envolvidas, especialmente a incapaz (e isso não é incomum nos dias de hoje) e concorrendo, ainda, a anuência dos pais, poder-se-ia, em tese reconhecer a atipicidade do fato criminoso, o que justificaria, por consequência, a autorização para casar. Faltaria, nessa linha de intelecção, justa causa para a própria ação penal passível, portanto de trancamento".[36]

Apesar dessa posição doutrinária, ressalve-se que o Superior Tribunal de Justiça concluiu que a ideia de vulnerabilidade não pode ser mitigada em casos tais, posição que deve ser adotada para os devidos fins práticos.

Em suma, por tudo o que foi exposto, parece-me que, de fato, o art. 1.520 do Código Civil encontrava-se já derrogado tacitamente em relação à hipótese fática de casamento envolvendo menor de 14 anos, somente sendo aplicado à pessoa entre essa idade e os 16 anos, o que passou a não ser mais permitido, de forma peremptória e inafastável.

Todas essas modificações comprovam a minha afirmação, no sentido de que o casamento do menor de 16 anos não seria possível juridicamente antes da alteração de 2019, ou seja, era algo condenado e proibido como regra pelo nosso sistema jurídico. E, como

---

[36] GAGLIANO, Pablo Stolze; PAMPLONA FILHO, Rodolfo. *Novo Curso de Direito Civil*. Direito de Família. São Paulo: Saraiva, 2011. v. 6, p. 167.

consequência, diante de um tratamento específico, apesar dessa proibição, a lei previa a solução da anulabilidade, pela dicção expressa do art. 1.550 do Código Civil, segundo o qual "é anulável o casamento: (...) I – de quem não completou a idade mínima para casar". Esse dispositivo não foi revogado, expressa ou tacitamente, pela Lei 13.811/2019, e, sendo assim, a solução da anulabilidade ou nulidade relativa do casamento infantil continua em vigor.

O mesmo se diga quanto à possibilidade de convalidação do casamento, hipótese em que o ato inválido passará a ser válido, caso tenha passado despercebida a proibição perante o Cartório de Registro Civil. Continua em vigor, nesse contexto, o art. 1.551 do Código Civil, segundo o qual não se anulará, por motivo de idade, o casamento de que resultou gravidez.

Afirmação idêntica deve ser feita com relação ao art. 1.553 da mesma codificação, que estabelece a possibilidade de convalidação do casamento do menor que não atingiu a idade núbil, caso este, depois de completá-la, confirme a sua intenção de casar, com a autorização de seus representantes legais, se for necessária, ou com suprimento judicial. A possibilidade de convalidação, por óbvio, dar-se-á muitas vezes após a idade núbil ou mesmo a maioridade ser atingida, preservando uma família que pode estar constituída e que merece proteção, conforme o art. 226 do Texto Maior.

Também não estão revogados, expressa ou tacitamente, os dispositivos que consagram regras específicas a respeito da ação anulatória, caso do art. 1.552 do Código Civil: "a anulação do casamento dos menores de dezesseis anos será requerida: I – pelo próprio cônjuge menor; II – por seus representantes legais; III – por seus ascendentes". O mesmo se afirma quanto ao prazo decadencial de 180 dias para a demanda, conforme o art. 1.560, § 1.º, da Lei Geral Privada: "extingue-se, em cento e oitenta dias, o direito de anular o casamento dos menores de dezesseis anos, contado o prazo para o menor do dia em que perfez essa idade; e da data do casamento, para seus representantes legais ou ascendentes". Todos esses comandos são específicos quanto à anulação do casamento, negócio jurídico especial, devendo prevalecer sobre as regras gerais sobre a teoria geral do negócio jurídico, previstas na Parte Geral da codificação privada.

Por tudo isso, não me convence a afirmação feita no âmbito doutrinário no sentido de ser o *casamento infantil* agora nulo de pleno direito, pois a lei proíbe a prática do ato sem cominar sanção, presente a chamada nulidade virtual, nos termos do art. 166, inc. VII, segunda parte, do Código Civil. Esse comando geral somente seria aplicado se não existissem todas essas disposições específicas, que, repise-se, não foram revogadas expressa ou tacitamente. Para afastar a alegação de revogação tácita, lembro e insisto: o casamento do menor de 16 anos já não era admitido pelo sistema jurídico nacional.

Como outra nota sobre o tema, não se pode dizer que a alteração do art. 1.520 tenha criado hipótese de impedimento matrimonial, na linha do que pontuei no início deste breve texto. Primeiro, porque não houve qualquer inclusão nesse sentido no art. 1.521 do CC, sendo certo que os impedimentos não podem ser presumidos ou subentendidos, uma vez que a norma é restritiva da autonomia privada. Segundo, pelo fato de se tratar de hipótese de incapacidade que já estava prevista no sistema, pelo art. 1.517 do Código Civil. Terceiro, porque os impedimentos são específicos, o que não é o caso.

De todo modo, como se verá, o Projeto de Reforma e Atualização do Código Civil pretende resolver esse dilema, revogando expressamente as previsões relativas à nulidade relativa do casamento da pessoa com menos de dezesseis anos, e incluindo previsão no sentido de ser ele nulo, presente a nulidade absoluta de forma peremptória nessas situações. Nos termos do seu projetado art. 1.548, inc. I-A, será nulo o casamento contraído por quem ainda não atingiu a idade núbil. Voltarei ao tema a seguir.

CAP. 8 · DIREITO DE FAMÍLIA | **1365**

Superada essa delicada questão e a atualização da lei, parte-se para a abordagem dos impedimentos matrimoniais propriamente ditos, sendo certo que o CC/2002 inovou substancialmente no tocante à matéria. Como é notório, o art. 183 do CC/1916 trazia em seus dezesseis incisos, de forma concentrada e confusa, todos os impedimentos.

Com tom didático, diante da operabilidade (simplicidade), a codificação civil trata apenas de *uma espécie* de impedimento e não mais de impedimentos absolutos, relativos e impedientes (*três espécies*). Vejamos o quadro comparativo a seguir:

| Código Civil de 1916 | Código Civil de 2002 |
| --- | --- |
| Impedimentos dirimentes públicos ou absolutos (art. 183, I a VIII) – gerava o casamento nulo. | Impedimentos matrimoniais (art. 1.521) – casamento nulo. |
| Impedimentos dirimentes privados ou relativos (art. 183, IX a XII) – gerava o casamento anulável. | Causas de anulabilidade (art. 1.550) – casamento anulável. |
| Impedimentos impedientes (art. 183, XIII a XVI) – gerava o casamento irregular. | Causas suspensivas (art. 1.523) – apenas impõem sanções aos cônjuges. |

Tendo como parâmetro o CC/2002, parte-se ao estudo dos impedimentos matrimoniais e das causas suspensivas do casamento, de forma sucessiva.

*a) Impedimentos matrimoniais (art. 1.521 do CC)*

O art. 1.521 do CC traz um rol taxativo de pessoas que não podem casar, em situações que envolvem a ordem pública. Assim, não podem casar:

→ *Os ascendentes com os descendentes até o infinito (impedimento decorrente de parentesco consanguíneo).* Ilustrando, o filho não pode casar com a mãe, o neto com a avó, o bisneto com a bisavó, o trineto com a trisavó e assim sucessivamente, até o infinito. Duas são as razões do impedimento: 1.º) *Razão moral* – evitar o *incesto* (relações sexuais entre pessoas da mesma família); 2.º) *Razão biológica* – evitar problemas congênitos à prole, comuns em casos tais.

→ *Os colaterais até terceiro grau, inclusive (impedimento decorrente de parentesco consanguíneo), pelas mesmas razões acima.* Não podem se casar os irmãos, que são colaterais de segundo grau, sejam bilaterais (mesmo pai *e* mesma mãe) ou unilaterais (mesmo pai *ou* mesma mãe). Também não podem casar os tios e sobrinhas, tias e sobrinhos (colaterais de terceiro grau). Porém, segundo o entendimento majoritário, continua em vigor o Decreto-lei 3.200/1941, que autoriza o casamento entre tios e sobrinhos se uma junta médica apontar que não há risco biológico (nesse sentido: Enunciado n. 98 do CJF/STJ). Esse casamento é denominado *avuncular*.[37] Como se verá a seguir, o Projeto de Reforma do Código Civil pretende retirar da norma essa previsão, como já fazia o anterior Projeto Ricardo Fiuza.

→ *Os afins em linha reta (impedimento decorrente de parentesco por afinidade).* Nos termos do art. 1.595 do CC, há parentesco por afinidade entre um cônjuge (ou companheiro) e os parentes do outro consorte (ou convivente). O impedimento, por razão moral, existe apenas na afinidade em linha reta até o infinito (sogra e genro, sogro e nora, padrasto e enteada, madrasta e enteado, e assim sucessi-

---

[37] TARTUCE, Flávio; SIMÃO, José Fernando. *Direito Civil*. Direito de Família. 4. ed. São Paulo: Método, 2010. v. 5, p. 69.

vamente). Os cunhados podem se casar, depois de terminado o casamento, pois são parentes afins colaterais. Destaque-se que o CC/2002 inovou ao reconhecer a afinidade em decorrência da união estável. Anote-se ainda que o vínculo por afinidade na linha reta é perpétuo, sendo mantido mesmo nos casos de dissolução do casamento ou da união estável (art. 1.595, § 2.º, do CC). Por isso, em tom jocoso, afirma-se que *sogra é para a vida inteira*. No que concerne ao parentesco por afinidade na linha reta descendente, merece destaque a consolidada valorização social da afetividade, na relação constituída entre padrastos, madrastas e enteados, tema que ainda será aprofundado. Confirmando tal valorização, a Lei 11.924/2009, de autoria do Deputado Clodovil Hernandes, passou a admitir que o enteado utilize o sobrenome do padrasto ou madrasta, introduzindo no art. 57 da Lei de Registros Públicos (Lei 6.015/1976) o § 8.º. Como visto no Capítulo 2 desta obra, a norma foi recentemente alterada pela Lei do SERP, possibilitando a inclusão extrajudicial do sobrenome. Diante dessa realidade, penso que se deve sustentar a impossibilidade de casamento entre irmãos socioafetivos, que foram criados juntos como tal desde a infância. Entendo que devem eles ser tratados como irmãos biológicos, incidindo o impedimento matrimonial previsto no art. 1.521, IV, do CC/2002. A afirmação ganha força com a decisão do Supremo Tribunal Federal, do ano de 2016, que equiparou a parentalidade socioafetiva à biológica (publicada no *Informativo* n. *840* da Corte). Em outubro de 2022, a Quarta Turma do Superior Tribunal de Justiça reconheceu vínculo socioafetivo entre irmãos, utilizando o termo "fraternidade socioafetiva". Nos termos da publicação constante do *Informativo* n. *453* da Corte, que teve como Relator o Ministro Marco Buzzi, "inexiste qualquer vedação legal ao reconhecimento da fraternidade/irmandade socioafetiva, ainda que *post mortem*, pois a declaração da existência de relação de parentesco de segundo grau na linha colateral é admissível no ordenamento jurídico pátrio, merecendo a apreciação do Poder Judiciário". O número do processo não foi divulgado por questão de segredo de justiça. Anoto que o Projeto de Reforma e Atualização do Código Civil pretende inserir impedimento matrimonial também nas situações envolvendo a parentalidade socioafetiva, suprindo a lacuna legislativa hoje existente.

→ *O adotante com quem foi cônjuge do adotado e o adotado com quem o foi do adotante; os ascendentes e descendentes em casos envolvendo a adoção; o adotado com o filho do adotante (impedimentos em decorrência do parentesco civil formado pela adoção).* Vale a máxima pela qual *a adoção imita a família consanguínea.* Sendo assim, até por ausência de previsão legal, o adotado pode se casar com a irmã do adotante, pois esta seria como se sua tia fosse. Como visto, não há esse impedimento na família natural se uma junta médica afastar os problemas congênitos à prole, que aqui não estarão presentes.

→ *As pessoas casadas (impedimento decorrente de vínculo matrimonial).* o atual Código continua consagrando o *princípio da monogamia* para o casamento. Mesmo sendo tratada como impedimento matrimonial – e assim deve ser visualizada como categoria jurídica criada pela lei –, a hipótese parece ser de incapacidade matrimonial. Isso porque a pessoa casada não pode contrair matrimônio com qualquer um que seja.[38]

---

[38] Nesse sentido: CARVALHO NETO, Inácio de. Incapacidade e impedimentos matrimoniais no novo Código Civil. In: DELGADO, Mário Luiz; ALVES, Jones Figueirêdo (Coord.). *Questões controvertidas no novo Código Civil*. São Paulo: Método, 2004. v. 2, p. 20.

CAP. 8 • DIREITO DE FAMÍLIA | **1367**

→   *O cônjuge sobrevivente com o condenado por homicídio ou tentativa de homicídio contra o seu consorte (impedimento decorrente de crime).* Tal impedimento
somente nos casos de crime doloso e havendo trânsito em julgado da sentença
penal condenatória.[39] Ilustrando, se o casamento ocorre no curso do processo
criminal, será reputado válido, pois quando da celebração não havia a limitação
à autonomia privada. Em reforço, incide o princípio da presunção da inocência.
O casamento permanece válido, mesmo no caso de sentença penal transitada
em julgado superveniente, ou seja, posterior ao matrimônio, o que demonstra a
reduzida aplicação prática da previsão.

Em relação aos efeitos, os impedimentos matrimoniais impossibilitam a celebração do
casamento mediante procedimento administrativo que corre perante o Cartório de Registro
das Pessoas Naturais (arts. 1.529 e 1.530 do CC). A sua oposição poderá ocorrer até o
momento da celebração, por qualquer pessoa capaz (art. 1.522 do CC). Caso o oficial do
registro ou qualquer juiz tenha conhecimento do impedimento, deverá reconhecê-lo de
ofício (*ex officio*). Caso o casamento seja celebrado, será ele nulo de pleno direito, havendo
nulidade absoluta (art. 1.548, inc. II, do CC).

No Projeto de Reforma e Atualização do Código Civil, elaborado por Comissão de
Juristas, são formuladas propostas de alteração necessária a respeito dos impedimentos
matrimoniais, exatamente na linha dos meus comentários doutrinários.

Como primeira proposição, no inciso IV do seu art. 1.521, sugere-se mencionar apenas
os irmãos, não importando a sua origem, uma vez que o parentesco civil gera os mesmos
efeitos do natural, a incluir a adoção, a parentalidade socioafetiva e a reprodução assistida.
A esse propósito, a proposta de novo art. 1.512-A, *caput* e § 2.º, igualmente formulada pela
Comissão de Juristas: "a relação de parentesco pode ter causa natural ou civil. (...). § 2º O
parentesco é civil, conforme resulte de socioafetividade, de adoção ou de reprodução assistida
em que há a utilização de material genético de doador". Assim, passará a haver impedimento
matrimonial também nos casos de parentalidade socioafetiva, como já defendi, nas hipóteses
envolvendo a reprodução assistida heteróloga, mantidos os impedimentos relativos à adoção.
Ainda se retira do comando a menção aos irmãos bilaterais e unilaterais, uma vez que o
impedimento matrimonial existe em qualquer hipótese de vínculo colateral de segundo grau.

Exclui-se, ainda, a expressão aos demais colaterais, até o terceiro grau, não havendo
mais o citado impedimento, na linha do que comentei a respeito do Decreto-lei 3.200/1941
que, aliás, se propõe seja revogado, nas disposições finais da Reforma. Portanto, passará
a ser possível juridicamente o *casamento avuncular,* entre tios e sobrinhos, o que já era
realidade em nosso país em sua admissão, apesar da raridade na prática.

Seguindo-se no estudo das propostas da Reforma, revoga-se o inciso V do art. 1.521,
que hoje menciona o adotado com o filho do adotante. De todo modo, a restrição se mantém, pelo inciso anterior, pois devem ser considerados irmãos adotivos. O mesmo valerá,
na minha interpretação, importante frisar, quanto aos irmãos socioafetivos, por força do
transcrito art. 1.512-A, § 2.º, ora proposto, não podendo eles se casar, por conclusão inevitável diante das alterações legislativas.

A Comissão de Juristas entendeu ser necessária uma melhor redação do inciso VII
do art. 1.521 do CC, passando a mencionar o viúvo ou a viúva com o condenado por

---

[39]   DINIZ, Maria Helena. *Código Civil anotado.* 15. ed. São Paulo: Saraiva, 2010. p. 1.060; VENOSA, Silvio de
Salvo. *Código Civil interpretado.* São Paulo: Atlas, 2010. p. 1.372; GAGLIANO, Pablo Stolze; PAMPLONA
FILHO, Rodolfo. *Novo Curso de Direito Civil.* Direito de Família. São Paulo: Saraiva, 2011. v. VI, p. 230.

# 1368 | MANUAL DE DIREITO CIVIL • VOLUME ÚNICO – *Flávio Tartuce*

homicídio contra o seu consorte. A vedação também passa a abranger o divorciado ou ex--convivente com quem foi condenado por tentativa de homicídio contra o seu ex-consorte ou ex-convivente, no novo inciso VIII, mantendo-se a coerência do sistema e a equiparação da união estável ao casamento para essa finalidade.

Por fim, a respeito do art. 1.521, pelo seu projetado inciso IX, não podem se casar "as pessoas que vivem na constância de união estável, ressalvada a hipótese de conversão da própria união estável em casamento". O objetivo é ampliar os impedimentos para a união estável, uma vez que o projeto seguiu a orientação do Supremo Tribunal Federal no sentido de que a monogamia se aplica tanto ao casamento quanto à união estável. Como foi julgado pela Corte quando da análise do Tema 529 de repercussão geral, "a preexistência de casamento ou de união estável de um dos conviventes, ressalvada a exceção do artigo 1.723, § 1º do Código Civil, impede o reconhecimento de novo vínculo referente ao mesmo período, inclusive para fins previdenciários, em virtude da consagração do dever de fidelidade e da monogamia pelo ordenamento jurídico-constitucional brasileiro". Vale lembrar que a questão foi julgada em 18 de dezembro de 2020, prevalecendo o entendimento do Ministro Relator, Alexandre de Moraes, com votação apertada, de 6 votos contra 5.

Para encerrar o assunto, no que diz respeito ao art. 1.522, diante de uma ampliação das pessoas que podem celebrar o casamento, em atendimento ao planejamento do casal para o ato matrimonial, o conhecimento do impedimento pode ser feito por qualquer um dos celebrantes, na proposta de alteração do comando, que passará a prever o seguinte, segundo a Comissão de Juristas: "se o celebrante ou o oficial de registro tiverem conhecimento da existência de algum impedimento, serão obrigados a declará-lo".

### b) *Causas suspensivas do casamento (art. 1.523 do CC)*

As causas suspensivas do casamento são situações de menor gravidade, relacionadas a questões patrimoniais e de ordem privada. Não geram a nulidade absoluta ou relativa do casamento, mas apenas impõem sanções patrimoniais aos cônjuges. A sanção principal é o regime da separação legal ou obrigatória de bens (art. 1.641, inc. I, do CC). O art. 1.523 do CC/2002 faz uma recomendação, prevendo que não devem casar:

→ *Viúvo ou viúva que tiver filho do cônjuge falecido enquanto não fizer o inventário dos bens do casal com a respectiva partilha, para evitar confusão patrimonial*. Além da imposição do regime da separação obrigatória de bens, essa causa suspensiva gera uma *segunda sanção*, qual seja a imposição de uma *hipoteca legal* a favor dos filhos sobre os bens imóveis dos pais que passarem a outras núpcias antes de fazerem o inventário do cônjuge falecido (art. 1.489, inc. II, do CC). Se o filho for apenas do cônjuge falecido, ou seja, não for filho do viúvo ou viúva que pretende se casar novamente, não se impõe a causa suspensiva ao cônjuge sobrevivente, pois se trata de limitação da autonomia privada que somente pode decorrer de lei, não admitindo interpretação extensiva ou analogia. O mesmo ocorre se o filho for apenas daquele que pretende se casar.

→ *Viúva ou mulher cujo casamento se desfez por nulidade absoluta ou relativa até dez meses depois do começo da viuvez ou da dissolução da sociedade conjugal*. O objetivo é evitar confusões sobre a paternidade do filho que nascer nesse espaço temporal (*turbatio* ou *confusio sanguinis*), Com os avanços da medicina, esta causa suspensiva tende a desaparecer, pois se busca cientificamente a realização de um exame que demonstre a parentalidade da criança via exame de DNA, sem que isso ofereça riscos à prole e à sua mãe.

CAP. 8 • DIREITO DE FAMÍLIA | **1369**

→ *O divorciado, enquanto não houver sido homologada ou decidida a partilha dos bens do casal, o que também visa evitar confusões quanto ao patrimônio.* Essa previsão foi incluída no CC/2002, uma vez que o divórcio pode ser concedido sem que haja prévia partilha de bens, o que abrange o divórcio extrajudicial (art. 1.581). Anote-se que a lei exige apenas a homologação ou decisão da partilha e não a sua efetivação em si.

→ *Tutor e curador e seus descendentes, ascendentes, irmãos, cunhados ou sobrinhos com a pessoa tutelada ou curatelada, enquanto não cessada a tutela ou curatela, ou não estiverem saldadas as respectivas contas prestadas.* A razão é moral, pois, supostamente, o tutor ou o curador poderia induzir o tutelado ou o curatelado a erro, diante de uma relação de confiança, o que geraria repercussões patrimoniais.

Em todas as hipóteses, enuncia o parágrafo único do art. 1.523 do Código Civil que desaparece a causa suspensiva se for provada a ausência de prejuízo aos envolvidos. Exemplificando, sendo demonstrada a ausência de gravidez ou o nascimento de filho no caso do inc. II, a causa suspensiva é afastada. Ainda, no caso do inc. I, sendo elaborado um *inventário negativo*, inclusive extrajudicialmente, apontando que aquele casal dissolvido não tinha bens, do mesmo modo cessa a causa suspensiva. Destaque-se que a Resolução 35/2007 do CNJ (Conselho Nacional de Justiça) enuncia em seu art. 28 a possibilidade do inventário negativo, por escritura pública.

Esse entendimento está mantido com o Código de Processo Civil de 2015, que reafirmou a possibilidade do inventário extrajudicial no seu art. 610. Reitere-se, ademais, que nos termos do anterior Provimento 100/2020 do Conselho Nacional de Justiça passou-se a admitir a escritura pública digital, o que se aplica ao inventário negativo, desde que observadas as regras específicas previstas nessa norma administrativa. Como já exaustivamente mencionado neste livro, em 2023 o conteúdo desse provimento, assim como de outros, foi incorporado ao Código Nacional de Normas do próprio CNJ.

Cumpre anotar ainda que o CC/2002 não faz menção ao impedimento impediente que constava do art. 183, inc. XVI, do CC/1916, qual seja, o que obstava o casamento do "juiz, ou escrivão e seus descendentes, ascendentes, irmãos, cunhados ou sobrinhos, com órfão ou viúva, da circunscrição territorial onde um ou outro tiver exercício, salvo licença especial da autoridade judiciária superior". A previsão anterior supostamente se justificava, pois o órfão ou a viúva poderia ter um sentimento de paixão avassaladora pelo juiz ou escrivão de forma a viciar a sua vontade ao casar. Não resta a menor dúvida que a norma perdeu totalmente o seu sentido.

A respeito da arguição das causas suspensivas, essa somente pode ser realizada por parentes em linha reta de um dos cônjuges, consanguíneos ou afins (pais, avós, sogros, pais dos sogros etc.) e pelos colaterais em segundo grau, consanguíneos ou afins (irmãos ou cunhados). Essa a regra do art. 1.524 do CC, que demonstra o interesse particular em relação à categoria. Como consequência, as causas suspensivas não podem ser conhecidas de ofício por eventual juiz ou pelo oficial do registro civil. Em complemento, pelo teor do Enunciado n. 330 da *IV Jornada de Direito Civil* (2006), o direito de alegar a causa suspensiva ainda deve atingir os parentes civis: "as causas suspensivas da celebração do casamento poderão ser arguidas inclusive pelos parentes em linha reta de um dos nubentes e pelos colaterais em segundo grau, por vínculo decorrente de parentesco civil".

Adiante-se que, desaparecendo o motivo de imposição da causa suspensiva, justifica-se a ação de alteração de regime de bens, a ser proposta por ambos os cônjuges (art. 1.639, § 2.º, do CC). Nesse sentido, o Enunciado n. 262 do CJF/STJ, da *III Jornada de Direito Civil*: "a obrigatoriedade da separação de bens, nas hipóteses previstas nos incs. I e III do art. 1.641 do Código Civil, não impede a alteração do regime, desde que superada a causa que o impôs". Essa premissa vem sendo muito bem aplicada, há tempos, pela jurisprudência nacional (por todos: STJ, REsp 821.807/PR, 3.ª Turma, Rel. Min. Fátima Nancy Andrighi, j. 19.10.2006, *DJU* 13.11.2006, p. 261; TJSP, Apelação sem Revisão 552.439.4/9, Acórdão 2630948, 3.ª Câmara de Direito Privado, São Vicente, Rel. Des. Beretta da Silveira, j. 27.05.2008, *DJESP* 28.07.2008).

Como ainda se verá neste livro, o Código de Processo Civil de 2015 procurou trazer regras regulamentares instrumentais para essa ação de alteração do regime de bens, tema que ainda será abordado no presente capítulo.

Para encerrar o tópico e a temática, no Projeto de Reforma do Código Civil, a Comissão de Juristas, após um intenso debate entre a Subcomissão de Direito de Família e a Relatoria-Geral, propõe retirar do sistema não só o regime da separação obrigatória, como também todas as causas suspensivas do casamento, revogando-se o art. 1.523 e todos os dispositivos que tratam dos institutos correlatos.

Como bem justificaram os juristas da Subcomissão – Pablo Stolze Gagliano, Maria Berenice Dias, Rolf Madaleno e Ministro Marco Buzzi –, "com a revogação, o instituto da separação obrigatória de bens em razão da idade ou da pseudoconfusão de bens por não haver sido feito a partilha ou o inventário de um relacionamento anterior, deixa de existir em nosso sistema. A normatização revogada discrimina as pessoas no tocante à sua capacidade de discernimento, apenas porque septuagenários, assim como é incoerente impor um regime obrigatório de separação de bens por supor que pudessem ser confundidos os bens da relação afetiva anterior com o novo relacionamento conjugal ou convivencial, sabido que toda classe de bens goza de fácil comprovação quanto à sua aquisição, quer se trate de imóveis, móveis, semoventes, automóveis, depósitos e aplicações financeiras, constituições de sociedades empresárias etc.".

De fato, essa fácil comprovação da origem do patrimônio e da sua titularidade, com o incremento de mecanismos das novas tecnologias e com a possibilidade de partilha ou divisão a qualquer momento, faz desaparecer totalmente a razão de ser dos incisos I, II e III do art. 1.521, no meu entender, sendo plenamente possível afastar a alegada confusão patrimonial que serve com razão para a existência das causas suspensivas e a imposição do regime da separação obrigatória, no art. 1.641, que igualmente se propõe seja totalmente revogado.

No tocante ao primeiro inciso, que diz respeito ao viúvo ou à viúva, foi mantida a hipoteca legal em favor dos filhos, sobre os imóveis dos pais, ampliando-se a restrição para os casos de união estável, no art. 1.489, inc. II, do CC que passará a ter a seguinte redação: "a lei confere hipoteca: (...) II – aos filhos, sobre os imóveis do pai ou da mãe que passar a outras núpcias ou estabelecer união estável, antes de fazer o inventário do casal anterior". Entendo que a manutenção dessa hipoteca legal ainda se justifica, para que haja certa restrição aos imóveis em casos pontuais, não se justificando, porém, a restrição à liberdade de todos os brasileiros na escolha do regime de bens, por conta de um suposto risco de fraude, que muitas vezes é meramente hipotético.

Em suma, em uma realidade em que a grande maioria da população não tem bens a partilhar, mas apenas dívidas e patrimônio passivo, não se justifica esse grave atentado à liberdade de escolher o regime do novo casamento ou da nova união estável. As hipóteses de fraude podem ser perfeitamente resolvidas por mecanismos da Teoria Geral do Direito Civil e do Processo Civil, como a simulação (art. 167 do CC), a fraude à lei (art. 166, inc. VI, do CC), a fraude contra credores (arts. 158 a 165 do CC) e a fraude à execução (art. 792 do CPC), sem prejuízo de outros institutos que podem ser alegados e aplicados.

CAP. 8 • DIREITO DE FAMÍLIA **1371**

Toda essa argumentação também serve para afastar a causa suspensiva relativa à tutela e à curatela, além de um rígido controle pelo juiz e pelos órgãos da Justiça que a fiscalizam, em procedimento judicial. Como já é no sistema atual, a própria imposição do regime da separação obrigatória pode ser flexibilizada, nos termos do parágrafo único do art. 1.523 e com a possibilidade de alteração do regime, sendo imperioso um passo a mais para retirar as anacrônicas e superadas causas suspensivas do regime civilístico.

Ademais, com a retirada, do sistema jurídico brasileiro, das causas suspensivas e do regime da separação obrigatória de bens, a Comissão de Juristas propõe a revogação do art. 1.524 do Código Civil, que trata da sua alegação e conhecimento. Também há proposta de alteração do dispositivo da Lei de Registros Públicos (Lei 6.015/1973) que trata da alegação das causas suspensivas, deixando o seu art. 67 de mencioná-las e passando a prever o seguinte: "Art. 67. O procedimento pré-nupcial seguirá os trâmites fixados pelo Código Civil, após o requerimento dos nubentes. Parágrafo único. Se houver impedimento ou outro obstáculo jurídico para o casamento, o oficial de registro dará ciência do fato aos nubentes, os quais poderão requerer a suscitação de dúvida na forma do art. 198 desta Lei, admitida a produção de provas adicionais". Sobre o novo *procedimento pré-nupcial*, tratarei a seguir.

Caberá ao Congresso Nacional, portanto, analisar as razões da nossa proposta, sendo o melhor caminho, sem dúvidas, retirar do sistema o regime da separação obrigatória de bens.

### 8.3.3 Do processo de habilitação e da celebração do casamento. Alterações promovidas pela Lei do SERP (Lei 14.382/2022). Modalidades especiais de casamento quanto à sua celebração

Como é notório, o casamento é um negócio jurídico formal e solene, relacionado com um procedimento de habilitação prévio cheio de detalhes e solenidades. Do mesmo modo, em relação à celebração, a norma jurídica impõe uma série de requisitos, que hoje são tidos como excessivamente formalistas e burocráticos, até desincentivando a celebração do casamento civil.

Por isso, o Projeto de Reforma do Código Civil, elaborado pela Comissão de Juristas nomeada no âmbito do Congresso Nacional, pretende facilitar os procedimentos, retirando--se do sistema o antiquado e superado procedimento de habilitação, com a publicação de proclamas, substituindo-o pelo *procedimento pré-nupcial*, que será totalmente informatizado e digitalizado, como se verá ao final deste tópico. Com isso, ganha-se tempo e reduzem-se custos hoje tidos como desnecessários, para a maioria da população brasileira.

Inicio o assunto lembrando que a Lei 14.382/2022, que instituiu o Sistema Eletrônico de Registros Públicos (SERP) trouxe várias alterações importantes quanto ao processo de habilitação de casamento, tema que está analisado no livro em coautoria com Carlos Eduardo Elias de Oliveira, e que será igualmente aqui estudado.[40] Como ali destacamos, a Lei do SERP, originária da Medida Provisória 1.085, promoveu diversas modificações de alta complexidade mediante um processo legislativo mais acelerado, o que deixou alguns pontos abertos ou dúbios a atrair a intervenção da doutrina, das normas infralegais e da jurisprudência.

As modificações foram feitas, substancialmente, na Lei de Registros Públicos (LRP, Lei 6.015/1973), sem a revogação expressa de qualquer dispositivo do Código Civil, o que deixou muitas dúvidas. De toda sorte, alguns comandos da codificação privada estão

---

[40] OLIVEIRA, Carlos Eduardo E. de; TARTUCE, Flávio. *Lei do Sistema Eletrônico de Registros Públicos*. Rio de Janeiro: Forense, 2023.

# 1372 | MANUAL DE DIREITO CIVIL • VOLUME ÚNICO – *Flávio Tartuce*

revogados tacitamente, pois a nova norma tratou de algumas matérias inteiramente, havendo incompatibilidades entre a lei posterior e a anterior, nos termos do art. 2.º, § 1.º, da LINDB (Lei de Introdução às Normas do Direito Brasileiro).

De início, o art. 1.525 do CC/2002 prescreve que o requerimento de habilitação para o casamento será firmado por ambos os nubentes, de próprio punho, ou, a seu pedido, por procurador, instruído com os seguintes documentos:

→ Certidão de nascimento ou documento equivalente;

→ Autorização por escrito das pessoas sob cuja dependência legal estiverem, ou ato judicial que a supra;

→ Declaração de duas testemunhas maiores, parentes ou não, que atestem conhecê-los e afirmem não existir impedimento que os iniba de casar;

→ Declaração do estado civil, do domicílio e da residência atual dos contraentes e de seus pais, se forem conhecidos;

→ Certidão de óbito do cônjuge falecido, de sentença declaratória de nulidade ou de anulação de casamento, transitada em julgado, ou do registro da sentença de divórcio.

Como primeira modificação de relevo introduzida pela Lei do SERP, prevê o novo art. 67, § 4.º-A, da Lei de Registros Públicos que os nubentes têm o direito de apresentar o requerimento de habilitação e a documentação pertinentes eletronicamente. Consoante está expresso nessa norma, "a identificação das partes e a apresentação dos documentos exigidos pela lei civil para fins de habilitação poderão ser realizadas eletronicamente mediante recepção e comprovação da autoria e da integridade dos documentos".

Nos termos da *redação original* do art. 1.526 do CC/2002, esse processo de habilitação seria realizado perante o oficial do Registro Civil e, após a audiência do Ministério Público, seria homologado pelo juiz. A norma foi alterada pela Lei 12.133/2009, passando a ter a seguinte redação:

"Art. 1.526. A habilitação será feita pessoalmente perante o oficial do Registro Civil, com a audiência do Ministério Público.

Parágrafo único. Caso haja impugnação do oficial, do Ministério Público ou de terceiro, a habilitação será submetida ao juiz".

A modificação do texto veio ao encontro aos *clamores doutrinários*, no sentido de dispensar, em regra, a atuação do juiz para tal habilitação. Nessa linha, destaque-se o Enunciado n. 120 do CJF/STJ, da *I Jornada de Direito Civil*, pelo qual "deverá ser suprimida a expressão 'será homologada pelo juiz' no art. 1.526, o qual passará a dispor: 'Art. 1.526. A habilitação de casamento será feita perante o oficial do Registro Civil e ouvido o Ministério Público'". Em suma, seguia-se já a tendência, confirmada pelo CPC/2015, de *desjudicialização*, de *fuga do Poder Judiciário* para se resolver algumas questões, inclusive formais. Sintetizando a norma então emergente, apontava Mário de Carvalho Camargo Neto:

"1. Apenas será necessária a homologação do juiz nas habilitações para casamento que forem impugnadas;

2. O objetivo desta alteração é a simplificação dos procedimentos, a *desjudicialização* e a desburocratização;

CAP. 8 • DIREITO DE FAMÍLIA | **1373**

3.   A simplificação atende à demanda social, viabilizando a formalização das uniões conjugais;

4.   A nova lei não altera o Ato n.º 289/2002 do PGJ/CGMP/CPJ do Estado de São Paulo, podendo ser dispensada a audiência do Ministério Público;

5.   A habilitação pode ser feita por meio de procurador, sendo esta a melhor interpretação do novo texto;

6.   A mudança reconhece a atividade do registrador civil como profissional do direito, dotado de fé pública e submetido ao princípio da legalidade, deixando a este a atribuição de verificar o atendimento à lei".[41]

De toda sorte, entendo que esse dispositivo do Código Civil foi revogado pela Lei do SERP. A revogação tácita do art. 1.526 do Código Civil se deu pelo fato de sua incompatibilidade com a Lei do SERP, que, além de revogar expressamente o § 1.º do art. 67 da Lei de Registros Públicos, restringiu a invocar a oitiva do Ministério Público se houver o incidente de impugnação.

Assim, houve a sua revogação tácita, nos termos do antes citado art. 2.º, § 1.º, da LINDB. Consoante o novo art. 67, § 1.º, da Lei 6.015/1973, "se estiver em ordem a documentação, o oficial de registro dará publicidade, em meio eletrônico, à habilitação e extrairá, no prazo de até 5 (cinco) dias, o certificado de habilitação, podendo os nubentes contrair matrimônio perante qualquer serventia de registro civil de pessoas naturais, de sua livre escolha, observado o prazo de eficácia do art. 1.532 da Lei n.º 10.406, de 10 de janeiro de 2002 (Código Civil)".

Superada essa questão, previa o *caput* do art. 1.527 do Código Civil que, estando a documentação em ordem, o oficial extrairá o edital, que se afixará durante 15 dias nas circunscrições do Registro Civil de ambos os nubentes, e, obrigatoriamente, se publicará na imprensa local, se houver. Esse dispositivo disciplinava a *publicação dos proclamas do casamento*, formalidade considerada em regra como essencial, mas que poderá ser dispensada pela autoridade competente pela homologação do casamento em casos de urgência (art. 1.527, parágrafo único, do CC). Nos termos do enunciado aprovado na *V Jornada de Direito Civil*, em 2011, "o juiz não pode dispensar, mesmo fundamentadamente, a publicação do edital de proclamas do casamento, mas sim o decurso do prazo" (Enunciado n. 513). Não se filiava ao teor do enunciado doutrinário, pois ele estaria distante do texto legal e do princípio da operabilidade, no sentido de facilitação dos institutos civis, um dos baluartes da atual codificação privada.

De todo modo, entendo que o *caput* do art. 1.527 do Código Civil também foi revogado tacitamente pela Lei do SERP. Isso porque, nos termos da nova legislação sobre o tema, os terceiros interessados terão quinze dias da publicação dos proclamas para apresentarem impugnação, o que representa aplicação analógica do art. 216-A, § 4.º, da Lei de Registros Públicos, diante de uma lacuna legal no art. 67, § 1.º, da mesma Lei 6.015/1973, aqui antes citada.

Como está desenvolvido na obra em coautoria com Carlos Eduardo Elias de Oliveira, foi abolida a obrigação de afixação do edital de proclamas na serventia, uma vez que a Lei do SERP revogou expressamente o § 3.º do art. 67 da Lei de Registros Públicos e, de modo tácito, parece ter revogado o *caput* do art. 1.527 do CC por incompatibilidade, nos termos

---

[41]   CAMARGO NETO, Mário de Carvalho. *Lei 12.133 de 17 de dezembro de 2009* – A Habilitação para o Casamento e o Registro Civil. Disponível em: <http://www.ibdfam.org.br/?artigos&artigo=570>. Acesso em: 12 fev. 2010.

do sempre invocado art. 2.º da Lei de Introdução à Normas do Direito Brasileiro.[42] Igualmente, está extinta a ultrapassada exigência de publicação de proclamas na imprensa local.

Sobre o parágrafo único do art. 1.527, parece-nos não ter sido revogado tacitamente, pois ele deve ser lido à luz do art. 69 da Lei de Registros Públicos, na redação dada pela Lei do SERP, que detalha o procedimento para o pedido de dispensa de publicação de edital de proclamas, quando houver urgência. Vejamos como se dão tais procedimentos, nos termos do último comando citado e como está no livro escrito com Carlos Eduardo Elias de Oliveira.

Em suma, cabe aos nubentes apresentar ao oficial do Registro Civil a petição de dispensa de publicação dos proclamas. Por conta do silêncio do art. 69 da LRP, entendemos que o momento de apresentação da petição pode ser qualquer um anterior à publicação do edital de proclamas. Assim, não há a exigência de que seja necessariamente no momento do requerimento inicial de habilitação. O silêncio do legislador foi intencional, com o objetivo de acudir, entre outras situações, a de a urgência sobrevir após o início do procedimento de habilitação.

Após a apresentação da petição de dispensa, os nubentes terão o prazo curto de vinte quatro horas para apresentar documentos comprobatórios, complementando a petição anterior. O registrador, então, decidirá no prazo de vinte e quatro horas, sendo ele a autoridade competente para decidir esse pedido. Não há necessidade de prévia consulta ao Ministério Público nem ao juiz nessa hipótese, no nosso entender.

Da decisão do registrador caberá recurso ao juiz corregedor. Aqui, não há a necessidade de oitiva prévia do Ministério Público, seja por falta de previsão legal no art. 69 da Lei de Registros Públicos, seja porque a situação de urgência que ronda o caso não acomoda a espera por um parecer do Ministério Público. Cabe ao juiz corregedor decidir o recurso no prazo mais breve possível.

A legitimidade para interpor o recurso da decisão do registrador é dos nubentes. Caso, porém, por qualquer motivo, o Ministério Público tenha tomado ciência da decisão – o que, na prática, será raro –, entendemos que ele terá legitimidade recursal também.

O art. 69 da LRP é omisso acerca do prazo recursal. À vista dessa lacuna legal, a nossa posição é pela aplicação, por analogia, do prazo recursal no procedimento de dúvida, na forma do art. 202 da LRP. Esse prazo é o mesmo do recurso de apelação previsto no Código de Processo Civil, ou seja, é de quinze dias da intimação, contados em dias úteis.[43]

Como última nota a respeito dos proclamas, importante pontuar que não há mais a obrigação de duplo registro e de dupla publicação do edital de proclamas, na hipótese de os nubentes residirem em diferentes distritos do Registro Civil das Pessoas Naturais. A esse propósito foi revogado o § 4.º do art. 67 da Lei de Registros Públicos e, atualmente, basta o registro dos proclamas no Cartório de Registro Civil escolhido pelos nubentes para o procedimento de habilitação. O Cartório necessariamente terá de ser o da residência de qualquer um dos nubentes, conforme estabelece o *caput* do art. 67 da Lei de Registros Públicos.

Realmente, a duplicidade de registro e de publicação do proclamas era desnecessária, especialmente pelo fato de os proclamas, na maior parte dos Estados brasileiros, serem publicados na *internet* com base em normas locais, o que confere um alcance que vai

---

[42] OLIVEIRA, Carlos Eduardo E. de; TARTUCE, Flávio. *Lei do Sistema Eletrônico de Registros Públicos*. Rio de Janeiro: Forense, 2023. p. 76.

[43] OLIVEIRA, Carlos Eduardo E. de; TARTUCE, Flávio. *Lei do Sistema Eletrônico de Registros Públicos*. Rio de Janeiro: Forense, 2023. p. 80.

muito além dos limites territoriais de uma serventia registral, sendo muito mais eficiente e menos onerosa do que a publicação em jornais físicos.

O oficial do Registro Civil tem o dever de esclarecer os nubentes a respeito dos fatos que podem ocasionar a invalidade do casamento, bem como sobre os diversos regimes de bens (art. 1.528 do CC). Ilustrando, deve o oficial informar a respeito dos impedimentos matrimoniais, sob pena de responsabilização civil.

Tanto os impedimentos quanto as causas suspensivas serão opostos em declaração escrita e assinada, instruída com as provas do fato alegado, ou com a indicação do lugar onde possam ser obtidas (art. 1.529 do CC). Opostos esses, o oficial do registro dará aos nubentes ou a seus representantes a nota da oposição, indicando os fundamentos, as provas e o nome de quem a ofereceu (art. 1.530 do CC).

O procedimento dessa oposição está previsto no art. 67, § 5.º, da Lei de Registros Públicos (Lei 6.015/1973), que foi igualmente foi modificado pela Lei 14.382/2022 (Lei do SERP). Se houver impugnações de terceiros ou se o próprio oficial oferecer nota de oposição indicando a existência de óbices ao casamento, cabe-lhe deflagrar o incidente a ser julgado pelo juiz, conforme esse dispositivo e os arts. 1.526 e 1.530 do CC.

Os nubentes serão cientificados pelo oficial para que, em vinte e quatro horas, indiquem a prova que pretendem produzir. Terão, sucessivamente, mais três dias para apresentar essas provas, assegurado o direito a prazo maior mediante pedido fundamentado na forma do art. 1.530 do CC. O Ministério Público e os interessados serão ouvidos no prazo de cinco dias e, por fim, o juiz decidirá pela procedência ou não da impugnação do terceiro ou da nota de oposição do registrador.

A Lei de Registros Públicos não é clara a respeito de quem promoverá o processamento desse incidente, realizando as intimações, recebendo as petições e tramitando os autos, sendo necessário conferir as normas das Corregedorias de cada Estado. Entendo que, embora o § 5.º do art. 67 da Lei de Registros Públicos implicitamente atribua esse processamento ao próprio órgão judicial, consideramos que, por questões operacionais e de respeito aos nubentes, cabe ao registrador cuidar do processamento até o recebimento da petição de indicação de provas pelos nubentes.[44]

Isso porque o prazo para a apresentação dessa petição é muito curto, sendo de apenas vinte e quatro horas, como visto. As partes teriam dificuldades operacionais em protocolar essa petição perante o órgão judiciário dentro desse curto prazo, pois não terão, com facilidade, acesso à identificação do juízo competente e do número de autuação do procedimento perante o Poder Judiciário. Opino, pois, que a tarefa do registrador é de cuidar dos atos iniciais do processamento do incidente, quais sejam de deflagrar o incidente, de intimar os nubentes para apresentar petição de indicação de provas e de receber essa petição. Em seguida, cabe ao registrador remeter os autos ao órgão judicial, perante o qual prosseguirá o processamento do incidente, com o recebimento da petição de produção de provas pelos nubentes, com a intimação do Ministério Público e dos interessados e com a decisão judicial.

Eventualmente, se o juiz rejeitar a impugnação do terceiro ou a nota de oposição do registrador ou caso o juiz reconheça a existência de causa suspensiva, os autos retornarão ao registrador para a última fase do procedimento, qual seja a fase do certificado de habilitação.

Se cumpridas as formalidades previstas em lei e verificada a inexistência de fato obstativo (*v.g.*, impedimento matrimonial), o oficial do registro extrairá o certificado de

---

[44] OLIVEIRA, Carlos Eduardo E. de; TARTUCE, Flávio. *Lei do Sistema Eletrônico de Registros Públicos*. Rio de Janeiro: Forense, 2023. p. 82.

**1376** | MANUAL DE DIREITO CIVIL • VOLUME ÚNICO – *Flávio Tartuce*

habilitação (art. 1.531). Essa habilitação terá eficácia de noventa dias, contados de quando for extraído o certificado (art. 1.532).

Dentro desse prazo, caberão aos nubentes agendar e realizar a celebração do casamento. Esse agendamento e celebração serão feitos perante a autoridade celebrante, a qual, no caso de casamento civil, costuma ser representada e designada pelo próprio registrador (art. 1.533 do CC e art. 67, § 7.º, da LRP). Nesse ponto, o § 7.º do art. 67 da LRP precisa ser interpretado sistematicamente com o art. 1.516 do CC, pois aquele dispositivo limita--se a tratar da hipótese de casamento civil, afirmando que o agendamento do casamento será feito perante o registrador.

Ocorre que, no caso de casamento religioso com efeitos civis, o agendamento dar-se-á diretamente com a autoridade religiosa celebrante, e não com o registrador. Após a celebração do casamento religioso, deverá ser promovido o registro do casamento no Cartório de Registro das Pessoas Naturais competente no prazo de 90 dias. Ultrapassado esse prazo, o registro dependerá de nova habilitação, conforme o art. 1.516 do CC.

Relativamente à celebração do casamento, está ocorrerá no dia, hora e lugar previamente designados pela autoridade que houver de presidir o ato, mediante petição dos contraentes, que se mostrem habilitados com a certidão de habilitação (art. 1.533 do CC). Sobre esse documento, na *I Jornada de Direito Notarial e Registral*, realizada em agosto de 2022 pelo Conselho da Justiça Federal e pelo Superior Tribunal de Justiça, aprovou-se ementa doutrinária segundo a qual "a certidão do registro civil necessária à habilitação para casamento deve ter sido emitida há menos de 90 (noventa) dias contados da data da apresentação dos documentos para habilitação" (Enunciado n. 11).

A autoridade para presidir o casamento, nos termos do Texto Maior, é o *juiz de paz*. Tem-se admitido, ainda, a atuação do preposto do oficial de registro civil como autoridade celebrante do casamento, notadamente naqueles locais em que não há juiz de paz atuando. Nesse sentido, o Enunciado n. 79, também da *I Jornada de Direito Notarial e Registral*: "o preposto do oficial de registro civil das pessoas naturais poderá, eventualmente, atuar como juiz de paz da respectiva circunscrição, mediante designação pela autoridade judiciária competente".

O art. 98, inc. II, da CF/1988, determina que a União, no Distrito Federal e nos Territórios, e os Estados criarão "justiça de paz, remunerada, composta de cidadãos eleitos pelo voto direto, universal e secreto, com mandato de quatro anos e competência para, na forma da lei, celebrar casamentos, verificar, de ofício ou em face de impugnação apresentada, o processo de habilitação e exercer atribuições conciliatórias, sem caráter jurisdicional, além de outras previstas na legislação". Porém, muitas unidades da federação ainda não regulamentaram a justiça de paz. Ilustrando, em São Paulo, quem celebra o casamento é o *juiz de casamento*, cuja atuação não é remunerada, sendo indicado pelo Secretário da Justiça.[45]

O ato solene relativo ao casamento será realizado na sede do cartório, com toda publicidade, a portas abertas, presentes pelo menos duas testemunhas, parentes ou não dos contraentes. Se as partes quiserem, e consentindo a autoridade celebrante, o casamento poderá ser celebrado em outro edifício, público ou particular (art. 1.534 do CC). No último caso, ficará o edifício particular de portas abertas durante o ato (art. 1.534, § 1.º, do CC). O número de testemunhas aumenta para quatro, o que igualmente se aplica se algum dos contraentes não souber ou não puder escrever (art. 1.534, § 2.º, do CC).

---

[45] Com informações a respeito do juiz de casamento em São Paulo, ver: <http://www.justica.sp.gov.br/Modulo.asp?Modulo=609&Cod=2>. Acesso em: 31 maio 2010.

Como outra novidade a respeito do procedimento do casamento, em complemento ao último dispositivo da codificação privada, a Lei do SERP incluiu na Lei de Registros Públicos a possibilidade de a celebração do casamento ocorrer por videoconferência, desde que sejam asseguradas ampla publicidade para terceiros acompanharem sincronamente e a manifestação de vontade dos nubentes, das testemunhas e da autoridade celebrante. Consoante o novo art. 67, § 8.º, da Lei 6.015/1973, "a celebração do casamento poderá ser realizada, a requerimento dos nubentes, em meio eletrônico, por sistema de videoconferência em que se possa verificar a livre manifestação da vontade dos contraentes".

Reafirmo que o último comando deve ser interpretado sistematicamente com o art. 1.534 do Código Civil, que exige que a celebração ocorra com "toda publicidade, a portas abertas, presentes, pelo menos, duas testemunhas" ou, no caso de qualquer dos nubentes não puder ou não souber escrever, quatro testemunhas. As portas devem permanecer abertas mesmo se o casamento for realizado em edifício particular, tendo em vista a necessidade de publicidade do ato.

Assim, entendemos que, no caso de celebração eletrônica do casamento, é forçoso garantir similar publicidade. Nesse contexto, é preciso disponibilizar publicamente o acesso de qualquer pessoa à cerimônia eletrônica. Essa disponibilidade poderá ser feita por diferentes formas, como pela transmissão ao vivo da cerimônia em plataformas abertas e gratuitas de transmissão de vídeos, como o *YouTube* ou uma *live* no *Instagram;* ou pela publicação, na internet, como no *site* do cartório da data, do horário e do *link* de acesso à sala virtual de videoconferência em que a cerimônia ocorrerá. Caberá às normas de serviço locais, de cada Estado, regulamentar esse aspecto, tendo em vista a preservação da ampla publicidade da cerimônia do casamento.[46]

Além disso, apesar do silêncio do art. 67, § 8.º, da LRP, a plataforma virtual de videoconferência da cerimônia do casamento deverá permitir a manifestação de vontade das testemunhas e da autoridade celebrante. Trata-se de decorrência lógica, pois eles são participantes diretos da cerimônia. Não há necessidade de se garantir o direito de voz aos demais presentes, como ao público. Isso porque não há previsão legal de apresentação de impugnação ao casamento por terceiros no momento da cerimônia de casamento. A insurgência de terceiros, no caso, deveria ter sido manifestada durante o procedimento de habilitação do casamento ou poderá vir a ser formulada posteriormente, se envolver algum vício ou questão de ordem pública, como no caso de uma ação declaratória de nulidade absoluta do casamento, nos termos do art. 1.548 do Código Civil.

Estando presentes os contraentes, pessoalmente ou por procurador especial (no caso de casamento por procuração), juntamente com as testemunhas e o oficial do registro, o presidente do ato, após ouvir dos nubentes a afirmação de que pretendem casar por livre e espontânea vontade, declarará efetuado o casamento, nos seguintes termos, o que será aplicado também ao casamento celebrado por videoconferência, nos termos da Lei do SERP:

> "De acordo com a vontade que ambos acabais de afirmar perante mim, de vos receberdes por marido e mulher, eu, em nome da lei, vos declaro casados" (art. 1.535 do CC).

A redação da oração que deve ser dita pela autoridade é confusa e arcaica, merecendo críticas, uma vez que o CC/2002 adotou o princípio da operabilidade, no sentido de simplicidade. Melhor seria se o texto fosse escrito de maneira simples, a ser compreendido

---

[46] OLIVEIRA, Carlos Eduardo E. de; TARTUCE, Flávio. *Lei do Sistema Eletrônico de Registros Públicos*. Rio de Janeiro: Forense, 2023. p. 74.

**1378** | MANUAL DE DIREITO CIVIL • VOLUME ÚNICO – *Flávio Tartuce*

pelo *brasileiro médio*. De toda sorte, entende-se que são possíveis variações na forma de expressão, desde que não se prejudique a sua essência.

Assim, por exemplo, no caso de casamento homoafetivo, as expressões *marido e mulher* podem ser substituídas por *cônjuges* ou por outras que os consortes preferirem. Também pode ser mitigada nos casos de casamentos coletivos, inclusive por videoconferência. Mais à frente será demonstrada a proposta de alteração desse dispositivo no Projeto de Reforma do Código Civil, em prol da simplicidade da operabilidade.

Após a celebração do casamento, será lavrado o assento no livro de registro (art. 1.536 do CC). No assento, assinado pelo presidente do ato, pelos cônjuges, pelas testemunhas e pelo oficial do registro, constarão:

→ Os prenomes, sobrenomes, datas de nascimento, profissão, domicílio e residência atual dos cônjuges;

→ Os prenomes, sobrenomes, datas de nascimento ou de morte, domicílio e residência atual dos pais;

→ O prenome e sobrenome do cônjuge precedente e a data da dissolução do casamento anterior;

→ A data da publicação dos proclamas e da celebração do casamento;

→ A relação dos documentos apresentados ao oficial do registro;

→ O prenome, sobrenome, profissão, domicílio e residência atual das testemunhas;

→ O regime do casamento, com a declaração da data e do cartório em cujas notas foi lavrada a escritura antenupcial, quando o regime não for o da comunhão parcial, ou o obrigatoriamente estabelecido.

Anote-se que nos casos de autorização para casar (*v.g.*, menores), o seu instrumento será transcrito integralmente na escritura antenupcial (art. 1.537 do CC).

Em relação ao momento de aperfeiçoamento do ato, enuncia o art. 1.514 do CC que o casamento se realiza no momento em que o homem e a mulher manifestam, perante o juiz, a sua vontade de estabelecer vínculo conjugal, e o juiz os declara casados. Como se pode notar, existem dois atos continuados que somados geram o aperfeiçoamento do negócio, no sentido de sua validade (manifestação dos nubentes + declaração do juiz).[47] O registro do ato está no plano da eficácia do casamento.

No Projeto de Reforma do Código Civil, com vistas a trazer maior clareza e diminuir o excesso formal e de burocracias na celebração do casamento, muito distante da realidade brasileira, sugere-se que o art. 1.514 passe a prever que "o casamento se realiza quando duas pessoas livres e desimpedidas manifestam, perante o celebrante, a sua vontade de estabelecer vínculo conjugal e o celebrante os declara casados". Confirma-se a ideia de que o celebrante do casamento poderá ser outra pessoa que não o juiz de paz, com o fim de deixar mais livre, e de acordo com o planejamento do casal, a celebração do matrimônio, até porque a Justiça de Paz não foi instalada na grande maioria das unidades da Federação. Insere-se ainda um parágrafo único no art. 1.514, enunciando que, "pelo casamento, os nubentes assumem mutuamente a condição de consortes e responsáveis pelos encargos da família", o que confirma o que está previsto no seu art. 1.565. Por fim, observo que a norma passará a mencionar que o casamento é celebrado entre "duas pessoas", e não mais homem e mulher, com a admissão do casamento homoafetivo, como já é na atualidade,

---

[47] LÔBO, Paulo Luiz Netto. *Famílias*. São Paulo: Saraiva, 2008. p. 78.

CAP. 8 • DIREITO DE FAMÍLIA | **1379**

desde a decisão do Supremo Tribunal Federal de 2010, na ADPF 132. Voltarei ao estudo do novo procedimento proposto, mais à frente.

Nos termos do art. 1.538 do CC, a celebração do casamento será imediatamente suspensa se algum dos contraentes: *a)* recusar a solene afirmação da sua vontade; *b)* declarar que esta não é livre e espontânea; *c)* manifestar-se arrependido. O nubente que der causa à suspensão do ato não poderá retratar-se no mesmo dia (art. 1.538, parágrafo único, do CC). Essa regra será aplicada mesmo se a manifestação tiver sido feita em tom jocoso (*animus jocandi*) ou de brincadeira.[48]

Não se pode negar que a norma é muito rígida e até distante da nossa realidade fática, havendo proposta de sua revogação expressa pelo Projeto de Reforma e Atualização do Código Civil.

Como outra observação importante a respeito da celebração do casamento, cabe observar a derradeira alteração trazida pela Lei do SERP, Lei 14.382/2022. Nos termos da Lei de Registros Públicos, a celebração do casamento deverá ser anotada nos autos do procedimento de habilitação.

Porém, se os atos ocorrerem perante serventias diferentes, caberá ao oficial da celebração do casamento comunicar eletronicamente o fato ao oficial da habilitação para que este promova a devida anotação nos autos do procedimento de habilitação, nos termos do novo art. 67, § 6.º, da Lei de Registros Públicos. Se os atos ocorrerem na mesma serventia, entendemos que a anotação da celebração do casamento no procedimento de habilitação é obrigatória, apesar do silêncio do último comando, pois esse dispositivo apenas trata da anotação quando a celebração acontecer em serventia diferente da do procedimento de habilitação.

Ocorre que a finalidade da anotação é permitir, por meio da consulta ao procedimento de habilitação, a fácil identificação de que o casamento foi celebrado. Por isso, a anotação deve dar-se mesmo se celebração for efetivada no mesmo Cartório de Registro Civil da habilitação, o que constitui uma interpretação teleológica do referido dispositivo.[49]

A propósito, o dever de comunicação da serventia anterior para a anotação da celebração nos autos do procedimento de habilitação do casamento já era previsto em normas locais, a exemplo do item 68 do Capítulo XVII das Normas da Corregedoria do Estado de São Paulo, sendo certo que a Lei do SERP apenas positivou em lei federal o que já estava em atos infralegais, prática comum adotada pelo legislador na norma emergente.

Sobre o Projeto de Reforma do Código Civil, como visto, propõe-se que a celebração do casamento seja precedida do chamado *procedimento pré-nupcial*, requerido pelos nubentes, que se identificarão por meio físico ou virtual, ao oficial do Cartório de Registro Civil (nova redação do art. 1.525 da codificação privada). O oficial então fará as buscas no sistema eletrônico de dados pessoais, acerca da idade núbil, do estado civil dos nubentes e de sua capacidade de exercício, em especial para verificar se há algum impedimento ou incapacidade para o casamento (art. 1.526).

Vale lembrar que já há um procedimento similar no caso da certificação eletrônica da união estável, previsto no novo art. 70-A da Lei de Registros Públicos (Lei 6.015/1973), incluído pela Lei do SERP (Lei 14.382/2022). A sua regulamentação consta do Provimento 141 do Conselho Nacional de Justiça, sucessivamente incorporado ao seu Código Nacional

---

[48] DINIZ, Maria Helena. *Código Civil anotado*. 15. ed. São Paulo: Saraiva, 2010. p. 1.073.

[49] OLIVEIRA, Carlos Eduardo E. de; TARTUCE, Flávio. *Lei do Sistema Eletrônico de Registros Públicos*. Rio de Janeiro: Forense, 2023. p. 75.

de Normas (CNN-CNJ). Nos termos do seu art. 553, esse procedimento de certificação eletrônica de união estável realizado perante oficial de registro civil autoriza a indicação das datas de início e, se for o caso, de fim da união estável no registro, tendo natureza facultativa. Os parágrafos da norma complementam as suas regras procedimentais.

Também a respeito da união estável, vale lembrar que a própria Lei do SERP possibilita o seu registro facultativo no Livro E do Cartório de Registro Civil das Pessoas Naturais (novo art. 94-A da Lei de Registros Públicos), consagrando o citado Código Nacional de Normas os procedimentos para tanto (arts. 537 a 546). Entre eles, merece destaque a previsão no sentido de ser vedada a lavratura de termo declaratório de união estável havendo um anterior lavrado com os mesmos companheiros, devendo o oficial consultar a Central de Informações de Registro Civil das Pessoas Naturais (CRC) previamente à lavratura e consignar o resultado no termo (art. 538, § 5.º, do Código Nacional de Normas do CNJ). Essa Central é que deverá ser consultada também no caso do procedimento pré-nupcial que pretendemos incluir no Código Civil de 2002.

Ademais, por sugestão da Relatora-Geral da Comissão de Juristas, Professora Rosa Nery, foi acrescentada no art. 1.527 do Código Civil a consulta ao Sistema Nacional de Produção de Embriões, uma vez que a Reforma pretende tratar na codificação privada a respeito das técnicas de reprodução assistida. Nesse contexto, de posse dos dados exigidos para o procedimento, o oficial registrador fará a verificação junto a esse sistema, sobre a existência de possível impedimento para o casamento. A norma visa a evitar, a título de ilustração, o casamento de irmãos, nos termos da vedação constante do art. 1.521, inc. IV, da Norma Geral Privada.

Com vistas a manter uma facilitação já consolidada a respeito da celebração do casamento, a nova redação do art. 1.528 do Código Civil preverá que qualquer dos nubentes, ou ambos, pode ser representado por procurador, devendo a procuração, que terá eficácia de noventa dias, ser outorgada por instrumento público e com poderes especiais. Nessas situações, se um dos nubentes ou os dois fizerem-se representar por procuradores, eles darão o assentimento e assinarão o termo de casamento (art. 1.535).

Nos casos das pessoas cuja autonomia estiver prejudicada por redução de discernimento – que não constitua deficiência e enquanto perdurar esse estado –, o novo art. 1.529 da Lei Geral Privada expressará que, quando o habilitando desejar ser auxiliado para o ato, o requerimento para o procedimento pré-nupcial deverá também ser firmado por dois apoiadores, que tenham contribuído para a sua tomada de decisão. Uma das ideias da Reforma do Código, por previsão de outros dispositivos, é que a tomada de decisão apoiada – judicial ou extrajudicial – seja utilizada também para atos existenciais, além dos atos negociais puramente patrimoniais, como se dá na atualidade.

Outra regra protetiva importante consta do novo art. 1.530 do Código Civil segundo a qual o requerimento pré-nupcial deverá ser firmado pelos representantes legais do nubente que seja maior de dezesseis e menor de dezoito anos.

Após a verificação de todos esses dados e informações – o que pode ser efetivado muito rapidamente, em minutos, com simples consultas nos sistemas, sobretudo com o novo *site* integrado do SERP –, o oficial do Cartório de Registro Civil das Pessoas Naturais certificará estarem os nubentes aptos para a celebração do casamento (projetado art. 1.531 do Código Civil). Essa certificação terá prazo de eficácia de trinta dias, e, se o casamento não for celebrado nesse prazo, o procedimento terá que ser reiniciado. Como se pode perceber, há uma grande simplificação, sem a presença das proclamas ou de editais com longos prazos, o que não mais se justifica.

Eventualmente, se for o caso, os impedimentos para o casamento, previstos no art. 1.521, passarão a ser opostos por meio físico ou virtual, em declaração escrita, assinada

CAP. 8 • DIREITO DE FAMÍLIA **1381**

e instruída com as provas do fato alegado ou com a indicação do lugar onde possam ser obtidas. Podem os nubentes fazer prova contrária dos fatos alegados relativos aos impedimentos e, verificada a inveracidade das alegações, promover as ações civis e criminais contra o oponente de má-fé. Tudo isso constará do novo art. 1.532 do Código Civil, mais uma vez com vistas a facilitar os procedimentos, inclusive com a utilização das novas tecnologias, um dos nortes da Reforma do Código Civil. Entendo que a situação será raríssima, tendo sido incluída a norma por precaução, para completar o sentido do novo parágrafo único do art. 67 da Lei de Registros Públicos.

O casamento será celebrado no dia, hora e lugar previamente designados, pela autoridade que houver de presidir o ato (art. 1.533). Não há mais a menção da presença de duas testemunhas nem que seja realizado na sede do Cartório, o que é totalmente dispensável. Nesses aspectos, seguimos as propostas e as justificativas da Subcomissão de Direito de Família, no sentido de que "dispensamos a exigência de testemunhas, que, nos tempos atuais, não significam nenhum ganho de segurança adicional e acabam sendo um obstáculo desnecessário, ainda mais se levarmos em conta que a união estável não exige qualquer testemunha para sua formalização". E mais, "como, porém, a diretriz dos trabalhos desta Comissão é prestigiar a autonomia privada dos inúmeros brasileiros, facultamos a quem interessar realizar um ato de celebração do casamento mais ritualístico, de acordo com suas preferências pessoais, inclusive religiosas. Deixamos livre para as partes escolherem o modo da celebração".

Seguindo, novamente com vistas a facilitar os procedimentos, até porque muitos Estados não regularizaram a Justiça de Paz, admite-se que o oficial de registro civil das pessoas naturais, ou seu preposto, seja investido das funções de juiz de paz, tomando a declaração mútua de vontade dos nubentes de contrair casamento, no ato da celebração, colhendo-lhes a assinatura no termo de celebração (art. 1.533, parágrafo único, do Código Civil).

Com a redução de formalidades ora proposta pela Comissão de Juristas, sugere-se a revogação do art. 1.534 do Código Civil, uma vez que a redação proposta para o dispositivo anterior atende ao seu conteúdo atual, sem todas as solenidades hoje exigidas, totalmente desnecessárias, na visão compartilhada pelos membros da Comissão de Juristas.

Por um lapso na tramitação das discussões, apesar de essa conclusão poder ser retirada de outros comandos, faltou a inclusão expressa da possibilidade de o casamento ser realizado pela forma eletrônica, por videoconferência, como está hoje no art. 67, § 8º, da Lei de Registros Públicos, incluído pela Lei do SERP. Sendo assim, talvez seja interessante incluir a sua previsão como novo parágrafo do art. 1.533, exatamente como foi sugerido pela Subcomissão de Direito de Família, com pequenas alterações, a saber: "todos os atos relativos ao procedimento pré-nupcial e à celebração do casamento poderão ser realizados, a requerimento dos nubentes, em meio eletrônico, por sistema de videoconferência em que se possa verificar a livre manifestação da vontade dos contraentes". Será necessário, portanto, incluir essa previsão na tramitação do projeto de lei perante o Parlamento Brasileiro.

Mais uma vez para a redução de formalidades, não há qualquer previsão de palavras a serem ditas pela autoridade celebrante, como está no atual e arcaico art. 1.535 da Lei Geral Privada, aqui antes estudado e criticado. A questão ficou em aberto, sendo de livre escolha dos nubentes e da própria autoridade. Mais uma vez como bem justificou a Subcomissão de Direito de Família, a quem segui novamente, "limitamos a exigir que haja um ato de celebração com a declaração de vontade dos nubentes, com a assinatura delas e da autoridade celebrante, constando as informações necessárias ao registro de casamento. Com isso, desburocratizamos a vida dos cidadãos, sem afastar o direito daqueles que preferem modos rituais mais pessoais de celebração de casamento".

# 1382 | MANUAL DE DIREITO CIVIL • VOLUME ÚNICO – *Flávio Tartuce*

Do casamento, logo depois de celebrado, lavrar-se-á o assento no livro de registro. Nesse assento, consoante a redação aperfeiçoada e simplificada do art. 1.536, assinado pelo presidente do ato e pelos cônjuges, serão exarados: *a)* os prenomes, sobrenomes, datas de nascimento, profissão, domicílio e residência atual dos cônjuges; *b)* os prenomes, sobrenomes, datas de nascimento ou de morte, domicílio e residência atual dos pais; *c)* o prenome e sobrenome do cônjuge precedente e a data da dissolução do casamento anterior; *d)* o resultado das informações obtidas das pesquisas levadas a efeito pelo Cartório; e *e)* o regime do casamento, com a declaração da data e do cartório em cujas notas foi lavrada a escritura antenupcial, quando o regime não for o da comunhão parcial ou o obrigatoriamente estabelecido por lei. Observo que há um pequeno lapso na última proposição, pois não há mais o regime da separação obrigatória de bens, devendo ser retirada a locução a ele referente, no último inciso proposto. Também é preciso corrigir o número do último inciso, de "VI" para "V".

Por fim, a Comissão de Juristas sugere a revogação expressa dos arts. 1.537 e 1.538 da Lei Geral Privada, por excesso de rigor formal e pela falta de compatibilidade com o novo procedimento pré-nupcial, ora proposto. O primeiro expressa que o instrumento da autorização para casar transcrever-se-á integralmente na escritura antenupcial. O segundo trata das hipóteses em que a celebração do casamento será imediatamente suspensa. No que diz respeito à última proposição, após uma divergência na Relatoria-Geral, acabou prevalecendo a visão segundo a qual todo o rigor que inspira a norma está distante da realidade da grande maioria dos brasileiros, muitas vezes motivados pela irreverência e pelo intuito de fazer brincadeiras.

Superado o estudo das formalidades preliminares do casamento, inclusive com as normas hoje projetadas para o tema, insta analisar as modalidades especiais de casamento, levando-se em conta a sua celebração.

## 8.3.3.1 *Casamento em caso de moléstia grave (art. 1.539 do CC)*

Se um dos nubentes estiver acometido por *moléstia grave*, o presidente do ato celebrará o casamento onde se encontrar a pessoa impedida, e sendo urgente ainda que à noite. O ato será celebrado perante duas testemunhas que saibam ler e escrever. Segundo a jurisprudência, a urgência dispensa o processo de habilitação anterior (TJRS, Apelação Cível 70013292107, 7.ª Câmara Cível, Carazinho, Rel. Des. Ricardo Raupp Ruschel, j. 11.01.2006).

Eventual falta ou impedimento da autoridade competente para presidir o casamento será suprida por qualquer dos seus substitutos legais, e a do oficial do Registro Civil por outro *ad hoc*, nomeado pelo presidente do ato (art. 1.539, § 1.º, do CC). O termo avulso, lavrado por esse oficial nomeado às pressas, será registrado no respectivo registro dentro em cinco dias, perante duas testemunhas, ficando arquivado (art. 1.539, § 2.º, do CC).

Pode-se discutir a viabilidade jurídica desse casamento, sendo certo que se estiver presente eventual simulação, o ato deve ser considerado nulo (art. 167 do CC). Aliás, deve ser feito o alerta de que muitas vezes tal casamento pode ser buscado com interesses escusos de enriquecer-se às custas da união.

Como última nota sobre essa modalidade, no Projeto de Reforma do Código Civil são também sugeridas alterações a respeito do instituto, mais uma vez com vistas à redução de formalidades e burocracias. De acordo com o novo § 1.º do art. 1.539, na linha de uma maior liberdade a respeito da autoridade celebrante, "o presidente do ato será o registrador civil das pessoas naturais ou seu preposto, o qual lavrará o termo da celebração do casamento e colherá a assinatura das duas testemunhas e dos nubentes que puderem ou souberem assinar". Ademais, nos termos com o projetado § 2.º,

CAP. 8 · DIREITO DE FAMÍLIA | **1383**

"o termo avulso será registrado no respectivo registro dentro em cinco dias, perante duas testemunhas, ficando arquivado".

Como se pode notar, mais uma vez, há a busca da facilitação dos procedimentos e redução de entraves jurídicos desnecessários, aguardando-se a sua aprovação pelo Parlamento Brasileiro.

### 8.3.3.2 Casamento nuncupativo (em viva voz) ou in extremis vitae momentis, ou in articulo mortis (art. 1.540 do CC)

A presente situação não pode ser confundida com a anterior, apesar de próxima. Nos termos do art. 1.540 do CC, "quando algum dos contraentes estiver em iminente risco de vida, não obtendo a presença da autoridade à qual incumba presidir o ato, nem a de seu substituto, poderá o casamento ser celebrado na presença de seis testemunhas, que com os nubentes não tenham parentesco em linha reta, ou, na colateral, até segundo grau". Como se pode notar, não há a presença da autoridade celebrante prevista em lei, ao contrário da modalidade prevista no art. 1.539 do CC.

Mais uma vez, consigne-se que essa forma de casamento não poderá ser utilizada com o intuito de enriquecimento sem causa, o que pode motivar a decretação da sua nulidade absoluta, por fraude à lei imperativa (art. 166, inc. VI, do CC). Igualmente não prevalecerá se decorrer de simulação absoluta, o que de igual modo gera a sua nulidade (art. 167 do CC).

Justamente para evitar fraudes é que o art. 1.541 do CC determina que, realizado esse casamento, devem as testemunhas comparecer perante a autoridade judicial mais próxima, dentro em dez dias, pedindo que lhes tome por termo a declaração de: *a)* que foram convocadas por parte do enfermo; *b)* que este parecia em perigo de vida, mas em seu juízo; *c)* que, em sua presença, declararam os contraentes, livre e espontaneamente, receber-se por marido e mulher. Instaura-se um procedimento de jurisdição voluntária, no qual deve intervir o Ministério Público. Autuado o pedido e tomadas as declarações, o juiz (da autoridade judicial mais próxima) procederá às diligências necessárias para verificar se os contraentes podiam ter se habilitado, na forma ordinária, ouvidos os interessados que o requererem, dentro em quinze dias (art. 1.541, § 1.º, do CC).

Verificada a idoneidade dos cônjuges para o ato, o casamento será tido como válido e assim o decidirá a autoridade competente, com recurso voluntário às partes (§ 2.º). Se da decisão ninguém tiver recorrido, ou se ela passar em julgado, apesar dos recursos interpostos, o juiz mandará registrá-la no livro do Registro dos Casamentos (§ 3.º). O assento lavrado desse modo retrotrairá os efeitos do casamento, quanto ao estado dos cônjuges, à data da celebração (§ 4.º do art. 1.541 do CC) – os efeitos são *ex tunc.*

Porém, serão dispensadas tais formalidades se o enfermo convalescer e puder ratificar o casamento na presença da autoridade competente e do oficial do registro (§ 5.º). Isso porque a confirmação posterior afasta a necessidade de todas as formalidades para se verificar a idoneidade da vontade.

A princípio, não sendo respeitados os requisitos constantes desses dispositivos, o casamento deve ser tido como ineficaz, não gerando efeitos. Também é possível concluir por sua nulidade, por desrespeito à forma e às solenidades (art. 166, incs. IV e V, do CC). Socorre-se, portanto e mais uma vez, da teoria geral do negócio jurídico da Parte Geral do CC/2002.

Todavia, alguns julgados têm afastado o rigor na análise desses requisitos legais. Da jurisprudência do Tribunal de Justiça de São Paulo pode ser extraída a seguinte ementa:

"Casamento nuncupativo. Presença dos requerimentos legais previstos para a validade do ato. Celebração efetiva do casamento *in extremis*. Declaração espontânea do desejo de se receberem por marido e mulher. Determinação de efetivação do registro previsto no artigo 76, § 5.º, da Lei 6.015/1973. Recurso provido" (TJSP, Apelação Cível 107.743-4, 7.ª Câmara de Direito Privado, Sorocaba, Rel. Des. Salles de Toledo, j. 1.º.09.1999).

Quanto ao prazo de dez dias, o Superior Tribunal de Justiça julgou, em 2022, que é possível flexibilizar a sua exigência. Consoante o julgado, que traz análise detalhada dos procedimentos, e que merece destaque:

"O casamento nuncupativo, também denominado de *in articulo mortis* ou *in extremis*, é uma figura de raríssima incidência prática, cuja particularidade é a postergação das formalidades legais indispensáveis à celebração do casamento em virtude da presença de circunstâncias muito excepcionais. Da análise dos dispositivos legais que disciplinam o instituto, vê-se que essa espécie de casamento pressupõe: (i) que um dos contraentes esteja em iminente risco de vida; (ii) que não seja possível obter a presença da autoridade responsável para presidir o ato; e (iii) que o casamento seja celebrado na presença de seis testemunhas que não possuam parentesco em linha reta ou colateral até segundo grau com os nubentes. Presentes esses requisitos, deverão as testemunhas comparecer a autoridade judicial em 10 dias, a quem caberá tomar a declaração de que: (i) foram convocadas por parte do enfermo; (ii) que o enfermo se encontrava em perigo de vida, mas com plena ciência do ato; e (iii) que, em sua presença, declararam os contraentes, por livre e espontânea vontade, o desejo de se casarem; ato contínuo, caberá ao juiz proceder às diligências necessárias para verificar, apenas *a posteriori*, se os contraentes poderiam ter se habilitado na forma ordinária, ouvir eventuais interessados e, se constatada a idoneidade dos cônjuges, registrar o casamento. É indispensável à substância do ato que tenha sido o casamento celebrado na presença de seis testemunhas que não tenham parentesco em linha reta ou, na colateral, até o segundo grau, com os contraentes e que declarem que aquela era mesmo a vontade dos nubentes, com o propósito de validar o consentimento externado e evitar a prática de fraude. Também é elemento essencial para o registro dessa espécie de casamento o fato de os contraentes serem capazes e não estarem impedidos ao tempo da celebração do matrimônio nuncupativo, pois, se não poderiam os nubentes casar pela modalidade ordinária, não poderiam casar, de igual modo, por essa modalidade excepcional. A observância do prazo de 10 dias para que as testemunhas compareçam à autoridade judicial, conquanto diga respeito à formalidade do ato, não trata de sua essência e de sua substância e, consequentemente, não está associado à sua existência, validade ou eficácia, razão pela qual se trata, em tese, de formalidade suscetível de flexibilização, especialmente quando constatada a ausência de má-fé. Hipótese em que as instâncias ordinárias recusaram o registro do casamento somente ao fundamento de inobservância do prazo legal, sem examinar, contudo, os demais elementos estruturais do ato jurídico, bem como deixaram de considerar, especificamente quanto ao prazo, a ausência de má-fé do contraente supérstite, o curto período entre o casamento e o falecimento da nubente, o período de luto do contraente sobrevivente, a dificuldade de cumprimento do prazo pelas testemunhas e o natural desconhecimento da tramitação e formalização dessa rara hipótese de celebração do matrimônio. Recurso especial conhecido e provido, a fim de, afastado o óbice da inobservância do prazo de 10 dias, determinar seja dado regular prosseguimento ao pedido, perquirindo-se sobre o cumprimento das demais formalidades legais" (STJ, REsp 1.978.121/RJ, 3.ª Turma, Rel. Min. Nancy Andrighi, j. 22.03.2022, *DJe* 25.03.2022).

Estou filiado integralmente às ementas, sobretudo à última, em prol da operabilidade, no sentido de facilitação dos institutos privados, um dos regramentos fundamentais do Código Civil de 2002.

CAP. 8 • DIREITO DE FAMÍLIA | **1385**

Para encerrar o tópico, no atual Projeto de Reforma do Código Civil, na linha de todas as propostas anteriores, almeja-se a redução das burocracias para o casamento nuncupativo, reduzindo-se o número de testemunhas à metade, de seis para três. Dessa forma, o seu art. 1.540 passará a estar assim escrito: "quando algum dos contraentes estiver em iminente risco de morte, não podendo contar com a presença da autoridade à qual incumba presidir o ato, nem a de seu substituto, poderá o casamento ser celebrado na presença de três testemunhas, que com os nubentes não tenham parentesco em linha reta ou colateral, até segundo grau".

No que diz respeito ao art. 1.541 da Lei Geral Privada, o seu *caput* e incisos enunciarão o seguinte: "realizado o casamento, devem as testemunhas e o cônjuge sobrevivente comparecer perante o oficial de Registro Civil das pessoas naturais do local onde celebrado o ato, em dez dias, pedindo que lhes tome por termo, em separado, a declaração de que: I – foram convocadas por parte do enfermo; II – este parecia em perigo de morte, mas em seu juízo; III – em sua presença, declararam os contraentes, livre e espontaneamente, a vontade de casar; IV – foi inviável a celebração eletrônica do casamento". Conforme se pode notar, a última regra admite expressamente a celebração eletrônica do casamento, como antes pontuado, o que é uma novidade no comando, além da menção restrita ao oficial do Registro Civil.

Autuado o pedido e tomadas as declarações, o oficial de Registro Civil das Pessoas Naturais, verificando não existir impedimentos ou vícios de vontade, procederá ao registro do casamento (§ 1.º). Não será mais necessária a realização de diligências nesse novo parágrafo sugerido para o art. 1.541, pois o procedimento foi simplificado, não havendo mais editais ou proclamas. Nos termos do § 2.º projetado para o art. 1.541, com maior clareza e simplificação, "verificada a idoneidade dos cônjuges para o casamento e a ausência de vícios da vontade, o oficial procederá ao registro, podendo ser suscitada a dúvida em caso de recusa". Revoga-se o § 3.º, pois a questão ficará sujeita à suscitação de dúvida perante o oficial do Registro Civil das Pessoas Naturais, não havendo mais justificativa para a sua previsão atual. Seguindo, mantém-se a redação do § 4.º, mencionando a eficácia do ato: "o assento assim lavrado retrotrairá os efeitos do casamento, quanto ao estado dos cônjuges, à data da celebração". Por fim, também é mantido o § 5.º do art. 1.541, com reparos necessários, mencionando apenas o oficial do registro civil e incluindo um prazo decadencial de dez dias, assim como está no *caput*, para trazer maior estabilidade e segurança jurídica: "serão dispensadas as formalidades deste e do artigo antecedente, se o enfermo convalescer e puder ratificar o casamento na presença do oficial do registro, no prazo do de dez dias".

Não se pode negar que a redução dessa formalidade para o casamento nuncupativo virá em boa hora, em relação a todas as propostas formuladas para a celebração do casamento.

### 8.3.3.3 *Casamento por procuração (art. 1.542 do CC)*

O casamento poderá ser celebrado por procuração, desde que haja instrumento público com poderes especiais para tanto. A eficácia do mandato não ultrapassará 90 dias da sua celebração (art. 1.542, § 3.º). Ilustrando, se o marido ou a mulher está trabalhando no exterior, poderá outorgar poderes para que sua mãe o represente quando da celebração. Como se pode notar, não se exige diversidade de sexos quando da celebração, eis que o mandatário age em nome do mandante.

Eventualmente, se o mandante quiser revogar o mandato, a revogação não necessita chegar ao conhecimento do mandatário (art. 1.542, § 1.º, do CC). Ressalte-se que somente é possível revogar o mandato para o casamento por meio de instrumento público (art. 1.542, § 4.º).

Celebrado o casamento sem que o mandatário ou o outro contraente tivessem ciência da revogação anterior, responderá o mandante por perdas e danos perante o

**1386** | MANUAL DE DIREITO CIVIL • VOLUME ÚNICO – *Flávio Tartuce*

eventual prejudicado, caso do outro nubente. Estão incluídas as despesas materiais com a celebração do casamento.

Ademais, no casamento *in extremis*, nada impede que o nubente que não esteja em iminente risco de vida seja representado nesse casamento nuncupativo (art. 1.542, § 2.º, do CC).

Encerrando o tema do casamento por procuração com o estudo do Projeto de Reforma do Código Civil, mais uma vez há propostas de redução de burocracias e de aperfeiçoamentos a respeito do instituto.

De início, para sanar dúvidas hoje existentes, o *caput* do seu art. 1.542 passará a expressar que "qualquer dos nubentes ou ambos podem ser representados na celebração por procurador investido de poderes especiais por instrumento público de procuração, este com eficácia máxima de noventa dias". Como se percebe, inclui-se a menção expressa à possibilidade de ambos os cônjuges optarem por essa forma especial de celebração, trazendo-se ao *caput* a atual regra do § 3.º, com melhor técnica.

Sobre a revogação do mandato, acrescenta-se no § 1.º do art. 1.542 regra clara, no sentido de que "só poderá ser feita por instrumento público e em data anterior à da celebração do casamento". Ademais, consoante o seu projetado § 2.º, com menção a respeito a quem são dirigidas as perdas e danos: "a revogação do mandato não necessita chegar ao conhecimento do mandatário, mas celebrado o casamento sem que o mandatário ou o outro contraente tivessem ciência da revogação, responderá o mandante por perdas e danos perante o mandatário e o outro nubente". Inclui-se previsão no sentido de não se considerar "como celebrado o casamento contraído em nome do mandante quando o mandatário já não mais esteja no exercício de poderes de representação" (§ 3.º), hipótese em que não será tido como aperfeiçoado o ato.

Por fim, o § 4.º do art. 1.542 do Código Civil passará a prever a possibilidade do casamento nuncupativo por procuração, com a limitação de que "o nubente que não estiver em iminente risco de vida poderá fazer-se representar no casamento nuncupativo". Trata-se de proposta de enorme interesse para a prática, esperando-se a sua aprovação pelo Parlamento Brasileiro.

### 8.3.3.4 *Casamento religioso com efeitos civis (arts. 1.515 e 1.516 do CC)*

O CC/2002 traz duas regras quanto aos efeitos jurídicos do casamento religioso, complementando a previsão do art. 226, § 2.º, da CF/1988 ("O casamento religioso tem efeito civil, nos termos da lei"). Entendo que, para ter efeitos civis, o casamento pode ser celebrado perante qualquer religião, uma vez que o Estado brasileiro é laico e pluralista. São acompanhadas as lições de Paulo Lôbo, para quem "o inc. VI do art. 5.º da Constituição brasileira assegura a liberdade de 'exercício de cultos religiosos', além da 'proteção aos locais de culto e a suas liturgias'. Dessa garantia depreende-se que não poderá haver restrição a qualquer tipo de crença religiosa, supondo organização mínima decorrente de seus locais de culto e de liturgia".[50] A esse propósito, Pablo Stolze Gagliano e Rodolfo Pamplona Filho discorrem sobre a possibilidade do casamento espírita, citando decisão paradigmática do Tribunal de Justiça da Bahia que concluiu por sua viabilidade.[51]

O art. 1.515 do CC prevê que "o casamento religioso, que atender às exigências da lei para a validade do casamento civil, equipara-se a este, desde que registrado no registro

---

[50] LÔBO, Paulo Luiz Netto. *Famílias*. São Paulo: Saraiva, 2008. p. 81.
[51] GAGLIANO, Pablo Stolze; PAMPLONA FILHO, Rodolfo. *Novo Curso de Direito Civil*. Direito de Família. São Paulo: Saraiva, 2011. v. 6, p. 129.

próprio, produzindo efeitos a partir da data de sua celebração". Em suma, o registro tem efeitos retroativos (*ex tunc*) até a celebração do ato.

Duas são as situações possíveis de casamento religioso com efeitos civis, nos termos do art. 1.516 do CC:

- Casamento religioso precedido por processo de habilitação – o ato deve ser registrado no prazo decadencial de 90 dias, contados de sua realização, mediante comunicação do celebrante ao ofício competente, ou por iniciativa de qualquer interessado. Após o referido prazo, o registro dependerá de nova habilitação.
- Casamento religioso não precedido por processo de habilitação – terá efeitos civis se, a requerimento do casal, for registrado, a qualquer tempo, no registro civil, mediante prévia habilitação perante a autoridade competente. Nesse caso, deve ser respeitado o prazo de 90 dias, contados de quando foi extraído o certificado para a eficácia dessa habilitação (art. 1.532 do CC). Sendo homologada a habilitação e certificada a inexistência de impedimento, o oficial fará o registro do casamento religioso, o que tem efeitos *ex tunc*, à celebração.

Diante do princípio da monogamia, pontue-se que "será nulo o registro civil do casamento religioso se, antes dele, qualquer dos consorciados houver contraído com outrem casamento civil" (art. 1.516, § 3.º). De fato, a afirmação legal não poderia ser diferente.

Findando o tópico, anoto que no Projeto de Reforma e Atualização do Código Civil pretende-se a revogação expressa desses arts. 1.515 e 1.516 da Lei Geral Privada, para que o casamento religioso seja tratado no tópico relativo às modalidades especiais de celebração do casamento, no novo art. 1.542-A. Nos termos do *caput* do dispositivo proposto, "o registro do casamento religioso submete-se aos mesmos requisitos exigidos para o casamento civil", o que é simples reprodução do texto atual. Consoante o seu projetado § 1.º, "o registro civil do casamento religioso deverá ser promovido dentro de noventa dias de sua realização, por comunicação do celebrante ao ofício competente, ou por iniciativa de qualquer interessado, dependendo o registro, esgotado o prazo, de novo procedimento pré-nupcial". Não haverá mais menção à habilitação do casamento, pois esta é substituída por um processo muito mais célere, o qual será integralmente digitalizado em nosso país: o procedimento pré-nupcial.

Igualmente com vistas a uma maior facilitação do ato, o § 2.º do art. 1.542-A passará a prever que "o casamento religioso, celebrado sem as formalidades exigidas neste Código, terá efeitos civis se, a requerimento do casal, for registrado, a qualquer tempo, no Cartório de Registro Civil das Pessoas Naturais, depois de cumprida a exigência do art. 1.531". O último comando citado passará a prever que o oficial do Cartório de Registro das Pessoas Naturais, após a verificação de todos os dados, certificará estarem os nubentes aptos para a celebração do casamento, não havendo mais a necessidade do burocrático certificado de habilitação.

Como última proposição, é mantida a regra de nulidade absoluta do duplo casamento, diante do princípio da monogamia, estatuindo o § 3.º do novo art. 1.542-A que "será nulo o registro civil do casamento religioso se, antes dele, qualquer dos consorciados houver contraído com outrem casamento civil".

Como se pode perceber, todas as propostas formuladas pela Comissão de Juristas melhoram a sistematização da temática, diminuem burocracias e facilitam os procedimentos, valorizando também a liberdade e o planejamento do casal. Espera-se, assim, a sua aprovação pelo Parlamento Brasileiro.

# 8.3.4 Da invalidade do casamento

## 8.3.4.1 Esclarecimentos necessários

Conforme exposto no Capítulo 2 desta obra, quando do estudo da teoria geral do negócio jurídico, o legislador civil fez a opção de não tratar da inexistência dos atos, mas apenas da nulidade absoluta e da nulidade relativa. Não foi diferente em relação ao casamento, eis que a lei apenas enuncia hipóteses do casamento nulo (art. 1.548 do CC) e do casamento anulável (art. 1.550 do CC).

Porém, como a teoria da inexistência goza de prestígio entre os civilistas, é preciso estudá-la, para não fugir do intuito deste *Manual*, que é fomentar a pesquisa e a compreensão das categorias do Direito Civil. É o que será feito, mesmo havendo resistências da minha parte, pois prefiro resolver as hipóteses descritas de inexistência com a nulidade absoluta.

De início, como já apontado, a teoria da inexistência do casamento surgiu na Alemanha no século XIX (1808) para contornar o problema da nulidade do casamento. Isso porque, de acordo com as regras do Código Civil francês de 1804, não há nulidade sem expressa previsão legal (*pás de nullité sans texte*), sendo certo que tal codificação não previa a nulidade, por exemplo, do casamento de pessoas do mesmo sexo. Para explicar esta e outras situações é que a teoria foi desenvolvida por Zachariae von Lingenthal, atingindo outros ordenamentos jurídicos, caso do brasileiro.[52]

De toda sorte, como se verá logo a seguir, tal exemplo de concretização da teoria da inexistência do negócio jurídico perdeu seu campo de aplicação no Brasil, diante do reconhecimento da união homoafetiva como entidade familiar, equiparada à união estável pelo Supremo Tribunal Federal para todos os fins, em decisão histórica do dia 5 de maio de 2011 (*Informativo* n. 625, julgamento da ADPF 132/RJ e ADI 4.277/DF). Vejamos, de forma pontual.

## 8.3.4.2 Do casamento inexistente

Três são as hipóteses geralmente apresentadas pela doutrina, entre aqueles que admitem a teoria da inexistência aplicada ao casamento:[53]

### a) Casamento entre pessoas do mesmo sexo

Esse casamento poderia ocorrer, por exemplo, havendo casamento celebrado entre dois homens (um deles travestido de mulher) e fraude no registro, considerado como um ato inexistente para o mundo jurídico.

Porém, o Supremo Tribunal Federal, em maio de 2011, reconheceu que a união homoafetiva deve ser equiparada à união estável para todos os efeitos, inclusive para a conversão em casamento, aplicando-se o art. 1.726 do CC. Sendo assim, logo em seguida a esse histórico julgamento já surgiram no Brasil decisões judiciais de conversão, admitindo-se o *casamento homoafetivo*, o que é tendência nos países ocidentais evoluídos.

A tese já era defendida há tempos por alguns juristas, caso de Maria Berenice Dias, a principal defensora dos direitos homoafetivos em nosso país.[54] Dando início a essa ver-

---

[52] TARTUCE, Flávio; SIMÃO, José Fernando. *Direito Civil*. Direito de Família. 4. ed. São Paulo: Método, 2010. v. 5, p. 86. Anote-se que o crédito da pesquisa inicial é do então coautor.

[53] Servindo como parâmetros, na doutrina contemporânea: VENOSA, Silvio de Salvo. *Código Civil interpretado*. São Paulo: Atlas, 2010. p. 1397-1399; GONÇALVES, Carlos Roberto. *Direito Civil brasileiro*. Direito de Família. 7. ed. São Paulo: Saraiva, 2010. v. 6, p. 140-147.

[54] DIAS, Maria Berenice. *Manual de Direito das Famílias*. 5. ed. São Paulo: RT, 2009. p. 252-253.

CAP. 8 · DIREITO DE FAMÍLIA | **1389**

dadeira revolução conceitual, a Quarta Turma do Superior Tribunal de Justiça, por maioria de votos (4 a 1), concluiu pela viabilidade jurídica do casamento entre pessoas do mesmo sexo (REsp 1.183.378/RS). Como se extrai do voto do Ministro Luis Felipe Salomão, proferido em outubro de 2011:

> "É bem de ver que, em 1988, não houve uma recepção constitucional do conceito histórico de casamento, sempre considerado como via única para a constituição de família e, por vezes, um ambiente de subversão dos ora consagrados princípios da igualdade e da dignidade da pessoa humana. Agora, a concepção constitucional do casamento – diferentemente do que ocorria com os diplomas superados –, deve ser necessariamente plural, porque plurais também são as famílias e, ademais, não é ele, o casamento, o destinatário final da proteção do Estado, mas apenas o intermediário de um propósito maior, que é a proteção da pessoa humana em sua inalienável dignidade. A fundamentação do casamento hoje não pode simplesmente emergir de seu traço histórico, mas deve ser extraída de sua função constitucional instrumentalizadora da dignidade da pessoa humana. Por isso não se pode examinar o casamento de hoje como exatamente o mesmo de dois séculos passados, cuja união entre Estado e Igreja engendrou um casamento civil sacramental, de núcleo essencial fincado na procriação, na indissolubilidade e na heterossexualidade" (REsp 1.183.378/RS).

Consigne-se que, na mesma linha, concluiu o Conselho Superior da Magistratura do Tribunal de São Paulo, em decisão publicada em 23 de outubro de 2012, com a seguinte ementa:

> "Registro civil das pessoas naturais. Recurso interposto contra sentença que indeferiu a habilitação para o casamento entre pessoas do mesmo sexo. Orientação emanada em caráter definitivo pelo Supremo Tribunal Federal (ADI 4277), seguida pelo Superior Tribunal de Justiça (REsp 1.183.378). Impossibilidade de a via administrativa alterar a tendência sacramentada na via jurisdicional. Recurso provido" (TJSP, Apelação Cível 0010043-42.2012.8.26.0562, da Comarca de Santos).

Conforme se extrai da precisa e técnica relatoria do Des. José Renato Nalini, que menciona as decisões dos Tribunais Superiores, "a partir da sinalização das Cortes Superiores, inúmeras as decisões amparadas e fundamentadas nesses julgados. Inclusive em São Paulo. Se, na via administrativa, fosse alterada essa tendência, o Judiciário se veria invocado a decidir, agora na esfera jurisdicional, matéria já sacramentada nos Tribunais com jurisdição para todo o território nacional. Como servos da Constituição – interpretada por aquele Colegiado que o pacto federativo encarregou guardá-la – os juízes e órgãos do Poder Judiciário não podem se afastar da orientação emanada em caráter definitivo pelo STF. É por isso que, doravante, os dispositivos legais e Constitucionais relativos ao casamento e à união estável não podem mais ser interpretados à revelia da nova acepção jurídica que lhes deram o Supremo Tribunal Federal e o Superior Tribunal de Justiça".

Ao final do ano de 2012, a Corregedoria do Tribunal de Justiça de São Paulo acabou por regulamentar a possibilidade do casamento homoafetivo diretamente nos Cartórios de Registro Civil, por meio do seu Provimento CG 41/2012, que disciplina "Aplicar-se-á ao casamento ou a conversão de união estável em casamento de pessoas do mesmo sexo as normas disciplinadas nesta Seção".

Fez o mesmo, em âmbito nacional, o Conselho Nacional de Justiça (CNJ), por meio da sua Resolução 175, de 2013, que veda às autoridades competentes, caso dos responsáveis pelos Cartórios de Registro Civil de todo o País, a recusa de habilitação, celebração de casamento civil ou de conversão de união estável em casamento entre pessoas de mesmo sexo.

Ora, de fato, se é possível a conversão da união estável em casamento, também o é o casamento homoafetivo celebrado diretamente, sem que haja união estável prévia. Pensar o contrário representaria um retrocesso, uma volta ao Direito Civil burocratizado dos séculos passados. Desse modo, penso que este exemplo de casamento inexistente desapareceu definitivamente do sistema civil brasileiro.

Tanto isso é verdade que, como visto, o atual Projeto de Reforma e Atualização do Código Civil, em várias de suas proposições, pretende alterar o texto de lei, para que não mencione mais o gênero quanto ao casamento civil, como "homem" e "mulher", mas apenas duas pessoas. A esse propósito, vale destacar o projetado art. 1.514 da Lei Geral Privada, a saber: "o casamento se realiza quando duas pessoas livres e desimpedidas manifestam, perante o celebrante, a sua vontade de estabelecer vínculo conjugal e o celebrante os declara casados". Espera-se, por toda a evolução doutrinária e jurisprudencial sobre o tema, a alteração da lei civil brasileira, exatamente nesse sentido.

Por fim, a situação do transexual que fez a cirurgia de adequação sexual e alterou o nome e o sexo no registro civil já merecia uma análise à parte. Como exposto no Capítulo 2 deste livro, a jurisprudência acabou por consolidar o entendimento anterior de *transmudação registral do sexo* em casos tais (*Informativos* n. 411 e 415 do STJ). Sendo assim, já era perfeitamente possível que a pessoa que alterou o sexo se casasse com outra, do sexo oposto.

Como também exposto no Capítulo 2 desta obra, nos últimos anos, a jurisprudência superior passou a admitir a alteração do nome e a adequação do sexo (ou gênero) no registro civil independentemente da cirurgia prévia, seguindo a tendência de *despatologização* da transexualidade. A primeira decisão nesse sentido foi prolatada pelo Superior Tribunal de Justiça, no ano de 2017, reconhecendo um direito ao gênero. Vejamos trecho da sua ementa, citando os arestos anteriores da própria Corte:

> "A citada jurisprudência deve evoluir para alcançar também os transexuais não operados, conferindo-se, assim, a máxima efetividade ao princípio constitucional da promoção da dignidade da pessoa humana, cláusula geral de tutela dos direitos existenciais inerentes à personalidade, a qual, hodiernamente, é concebida como valor fundamental do ordenamento jurídico, o que implica o dever inarredável de respeito às diferenças. Tal valor (e princípio normativo) supremo envolve um complexo de direitos e deveres fundamentais de todas as dimensões que protegem o indivíduo de qualquer tratamento degradante ou desumano, garantindo-lhe condições existenciais mínimas para uma vida digna e preservando-lhe a individualidade e a autonomia contra qualquer tipo de interferência estatal ou de terceiros (eficácias vertical e horizontal dos direitos fundamentais). Sob essa ótica, devem ser resguardados os direitos fundamentais das pessoas transexuais não operadas à identidade (tratamento social de acordo com sua identidade de gênero), à liberdade de desenvolvimento e de expressão da personalidade humana (sem indevida intromissão estatal), ao reconhecimento perante a lei (independentemente da realização de procedimentos médicos), à intimidade e à privacidade (proteção das escolhas de vida), à igualdade e à não discriminação (eliminação de desigualdades fáticas que venham a colocá-los em situação de inferioridade), à saúde (garantia do bem-estar biopsicofísico) e à felicidade (bem-estar geral)" (STJ, REsp 1.626.739/RS, 4.ª Turma, Rel. Min. Luis Felipe Salomão, j. 09.05.2017, *DJe* 1.º.08.2017).

Em 2018, surgiram dois acórdãos do Supremo Tribunal Federal, com repercussão geral, igualmente sobre essas alterações, diretamente no Cartório de Registro Civil. Como consta do *Informativo* n. 892 da Corte, o primeiro *decisum* "reconheceu aos transgêneros, independentemente da cirurgia de transgenitalização, ou da realização de tratamentos hormonais ou patologizantes, o direito à alteração de prenome e gênero diretamente no registro civil" (STF, ADI 4275/DF, Rel. orig. Min. Marco Aurélio, Red. p/ o Acórdão Min. Edson Fachin, j. 28.02 e 1.º.03.2018). No segundo acórdão foram fixadas as teses relativas à situação jurídica da pessoa trans, a saber:

"1. O transgênero tem direito fundamental subjetivo à alteração de seu prenome e de sua classificação de gênero no registro civil. Não se exige, para tanto, nada além da manifestação de vontade do indivíduo, o qual poderá exercer tal faculdade tanto pela via judicial quanto pela via administrativa. 2. Essa alteração deve ser averbada à margem do assento de nascimento, vedada a inclusão do termo 'transgênero'. 3. Nas certidões do registro não constará nenhuma observação sobre a origem do ato, vedada a expedição de certidão de inteiro teor, salvo a requerimento do próprio interessado ou por determinação judicial. 4. Efetuando-se o procedimento pela via judicial, caberá ao magistrado determinar, de ofício, ou a requerimento do interessado, a expedição de mandados específicos para a alteração dos demais registros dos órgãos públicos ou privados, os quais deverão preservar o sigilo sobre a origem dos atos" (STF, RE 670422/RS, Rel. Min. Dias Toffoli, j. 15.08.2018, publicado no seu *Informativo* n. *911*).

Diante dessa mudança na jurisprudência, e da afirmação de haver um *direito fundamental ao gênero*, fica em dúvidas a anteriormente aventada possibilidade de anulação do casamento celebrado com a pessoa trans, que não revela a sua situação anterior ao cônjuge, por erro essencial quanto à pessoa (art. 1.556 do CC). Essa possibilidade de anulação de casamento em casos tais pode até ser vista como hipótese de preconceito e discriminação, o que demanda maiores reflexões de todos.

### b) Ausência de vontade

Não havendo vontade do nubente, o casamento é considerado inexistente, eis que essa é elemento mínimo essencial para o ato.

Um exemplo de ausência de vontade apontado pela doutrina que aceita a teoria da inexistência é aquele envolvendo a coação física ou *vis absoluta* (pressão física que retira totalmente a vontade). Ilustre-se, com os casamentos celebrados por pessoa sedada ou hipnotizada. Os exemplos, como se nota, têm reduzida aplicação prática. O Tribunal do Rio de Janeiro já aplicou a ideia a situação em que o nubente se apresentava em situação de debilidade emocional quando da celebração do casamento (TJRJ, Acórdão 4091/1995, 6.ª Câmara Cível, Rel. Des. Pedro Ligiero, j. 24.09.1996). Todavia, com a entrada em vigor do Estatuto da Pessoa com Deficiência, essa última hipótese não é mais sequer de nulidade absoluta do casamento, como se verá a seguir.

### c) Casamento celebrado por autoridade totalmente incompetente (incompetência ratione materiae)

É considerado inexistente o casamento celebrado por autoridade totalmente incompetente (incompetência em relação à matéria ou *ratione materiae*). Como exemplos, são citados os casamentos celebrados por juiz de direito (nas hipóteses em que o juiz de paz ou o juiz de casamento for a autoridade competente), por promotor de justiça, por delegado de polícia ou por uma autoridade local (*v.g.*, um fazendeiro ou coronel, comuns no Brasil agrário do início do século XX).

Para findar o estudo do casamento inexistente, frise-se que o CC/2002 não traz qualquer regulamentação para a ação correspondente, o que em regra não é necessário, pois *o ato inexistente é um nada para o Direito*. Todavia, em algumas situações, será necessária ação específica para afastar efeitos deste ato que não existe (*v.g.*, havendo aquisição de bens).

**1392** | MANUAL DE DIREITO CIVIL • VOLUME ÚNICO – *Flávio Tartuce*

Conforme apontam os adeptos da teoria da inexistência, para essa ação aplicam-se as mesmas regras previstas para a ação de nulidade absoluta, tais como a inexistência de prazos para sua declaração (não sujeita à decadência), a possibilidade de sua propositura pelo Ministério Público e efeitos retroativos da sentença (*ex tunc*). Além disso, tem-se reconhecido na jurisprudência que a inexistência do casamento pode ser conhecida de ofício pelo juiz, como nas hipóteses de casamento celebrado por autoridade absolutamente incompetente, em razão da matéria (TJMG, Acórdão 1.0223.99.031856-8/001, 14.ª Câmara Cível, Divinópolis, Rel. Des. Dídimo Inocêncio de Paula, j. 14.06.2006, *DJMG* 11.07.2006).

Anoto, como palavras derradeiras, que no Projeto de Reforma do Código Civil não houve qualquer tentativa de se incluir tratamento legal a respeito da inexistência do casamento na Lei Civil. Em verdade, a temática sequer chegou a ser debatida, diante da sua reduzida aplicação prática na atualidade.

### 8.3.4.3 Do casamento nulo

O art. 1.548 do CC consagrava as hipóteses de nulidade absoluta do casamento. Advirta-se, contudo, que a primeira delas foi revogada pela Lei 13.146/2015 (Estatuto da Pessoa com Deficiência), restando apenas a segunda:

*a) Casamento contraído por enfermo mental sem o necessário discernimento para a prática dos atos da vida civil (revogado)*

Esta previsão de nulidade era exatamente a mesma constante do art. 3.º, II, do CC, também incluindo os doentes mentais sem discernimento, eis que *enfermidade* e *doença* eram tidas como expressões sinônimas.[55] Deveria apenas ser feita a ressalva de que não se exigia o processo de interdição prévio para o casamento ser considerado nulo.

No passado, o Enunciado n. 332 do CJF/STJ, aprovado na *IV Jornada de Direito Civil*, deu interpretação restritiva ao dispositivo, não admitindo anteriormente a nulidade absoluta do casamento das pessoas descritas no então art. 3.º, inc. III, do CC. Assim, conforme o seu teor: "a hipótese de nulidade prevista no inc. I do art. 1.548 do Código Civil se restringe ao casamento realizado por enfermo mental absolutamente incapaz, nos termos do inc. II do art. 3.º do Código Civil".

De toda sorte, com vistas à plena inclusão das pessoas com deficiência, esse dispositivo foi revogado expressamente pelo art. 114 da Lei 13.146/2015. Assim, as pessoas antes descritas no comando podem se casar livremente, não sendo mais consideradas como absolutamente incapazes no sistema civil brasileiro.

A inovação veio em boa hora, pois a lei presumia de forma absoluta que o casamento seria prejudicial aos então incapazes, o que não se sustentava social e juridicamente. Aliás, consoante se retira do art. 1.º da norma emergente, o Estatuto da Pessoa com Deficiência é destinado a assegurar e a promover, em condições de igualdade, o exercício dos direitos e das liberdades fundamentais por pessoa com deficiência, visando à sua inclusão social e cidadania. A possibilidade atual de casamento dessas pessoas parece tender a alcançar tais objetivos, nos termos do que consta do art. 6.º da mesma Lei 13.146/2015.

De qualquer modo, entendo que é preciso retomar uma antiga previsão constante originalmente no art. 3.º do Código Civil de 2002, no sentido de ser reconhecida como

---

[55] Nesse sentido a opinião anterior de: DINIZ, Maria Helena. *Código Civil anotado*. 15. ed. São Paulo: Saraiva, 2010. p. 1.081; ALVES, Jones Figueirêdo; DELGADO, Mário Luiz. *Código Civil anotado*. São Paulo: Método, 2005. p. 780.

absolutamente incapaz a pessoa que não tenha qualquer condição de exprimir vontade. Cite-se, como exemplos, a pessoa que se encontra em coma profundo ou com mal de Alzheimer. Nesse sentido, dei parecer ao Projeto de Lei 757/2015, em curso originário no Senado Federal, e que pretende alterar o Código Civil de 2002, o Código de Processo Civil de 2015 e o próprio Estatuto da Pessoa com Deficiência. Como antes pontuado, essa projeção está agora em curso na Câmara dos Deputados (PL 11.091/2018).

Todavia, repise-se que no parecer final originário do Senado Federal a proposta de retorno de regra a respeito de maiores absolutamente incapazes acabou por não prosperar, infelizmente. Conforme constou do relatório da então Senadora Lídice da Mata, "as tentativas presentes no PLS 757 de se retomar o critério da 'ausência ou insuficiência de discernimento' (previsto na redação original do Código Civil), em detrimento do critério da 'impossibilidade de manifestação de vontade' (eleito pelo EPD), representam um grave retrocesso no tocante ao direito de fazer as próprias escolhas. Sim, é possível que o discernimento de certas pessoas com deficiência seja bem diferente ou até questionável diante de padrões comuns, mas isto não significa que o discernimento não exista e que a vontade manifestada possa ser ignorada".

Na Câmara, fiz sugestão ao saudoso Deputado Luiz Flávio Gomes para que fosse inserida regra no art. 3.º a respeito dos maiores de idade que não tenham qualquer condição de exprimir vontade, o que foi proposto por meio de emenda. Acompanharei o trâmite desta projeção, sendo fundamental e necessário o retorno de alguma regra a respeito da incapacidade absoluta dessas pessoas.

No atual Projeto de Reforma e Atualização do Código Civil, elaborado pela Comissão de Juristas no âmbito do Senado Federal, há proposta de retorno parcial da antiga previsão do art. 3.º da Lei Geral Privada, prevendo que são absolutamente incapazes aqueles que por nenhum meio possam expressar sua vontade, em caráter temporário ou permanente. Ainda a merecer destaque a proposição do novo art. 4.º-A do Código Civil, segundo o qual a deficiência física ou psíquica da pessoa, por si só, não afeta sua capacidade civil. Também se insere, em boa hora, um novo inciso III no art. 1.548, prevendo ser nulo o casamento celebrado pelas "pessoas mencionadas no inciso II do art. 3º deste Código".

Urge, portanto, que o dispositivo revogado em matéria de nulidade de casamento volte parcialmente ao sistema jurídico, sem que exista qualquer relação com a pessoa com deficiência, assim como deve ocorrer com a reintrodução da regra do art. 3.º, inc. III, no CC/2002 e da previsão do art. 1.548. Caso isso não ocorra, uma solução possível para resolver o problema seria concluir que, nos casos em que não há vontade daquele que celebra o ato, o negócio jurídico deveria ser considerado inexistente, como propõe Zeno Veloso.[56]

Porém, o grande problema técnico é que a *teoria da inexistência* não foi adotada expressamente pela nossa legislação privada, que procurou resolver os problemas e vícios do negócio jurídico no plano da validade com o tratamento relativo ao negócio nulo (art. 166 do CC/2002) e ao negócio anulável (art. 171 do CC/2002).

Assim, opinei naquele projeto original no Senado que o caminho pela *teoria da inexistência* geraria muita instabilidade e incerteza, como sempre ocorreu na prática. Isso já justifica o retorno parcial do comando, com a ressalva de que ele não pode atingir a pessoa com deficiência, pelo menos em regra, pelo que consta do art. 6.º do EPD, como está sendo proposto pela Comissão de Juristas encarregada da Reforma do Código Civil.

---

[56] VELOSO, Zeno. *Estatuto da Pessoa com Deficiência*. Uma nota crítica. Disponível em: <http://flaviotartuce. jusbrasil.com.br/artigos/338456458/estatuto-da-pessoa-com-deficiencia-uma-nota-critica>. Acesso em: 20 maio 2015.

## 1394 | MANUAL DE DIREITO CIVIL • VOLUME ÚNICO – *Flávio Tartuce*

### b) Casamento celebrado com infringência a impedimento matrimonial

Tais impedimentos, outrora estudados, constam do art. 1.521 do CC (impedimentos decorrentes de parentesco consanguíneo, de parentesco por afinidade, de parentesco civil, de vínculo matrimonial e de crime). A grande maioria das situações práticas envolve duplicidade de casamento, em desrespeito ao art. 1.521, VI, do CC (nesse sentido, ver: TJSP, Apelação com Revisão 482.968.4/8, Acórdão 3207986, 7.ª Câmara de Direito Privado, São Paulo, Rel. Des. Élcio Trujillo, j. 27.08.2008, *DJESP* 20.10.2008). Aqui não houve qualquer modificação legislativa atual.

Superada a análise das hipóteses de nulidade do casamento, é preciso expor os *efeitos e procedimentos da ação declaratória de nulidade do casamento*, conforme tópicos a seguir:

- A ação declaratória é imprescritível, eis que a nulidade não convalesce pelo decurso do tempo (art. 169 do CC). A não sujeição à prescrição está justificada uma vez que a demanda envolve preceitos de ordem pública e de Direito de Família (TJMG, Acórdão 1.0106.06.020387-9/001, 8.ª Câmara Cível, Cambuí, Rel. Des. Teresa Cristina da Cunha Peixoto, j. 19.07.2007, *DJMG* 02.08.2007).

- A decretação de nulidade pode ser promovida mediante ação direta, por qualquer interessado ou mesmo pelo Ministério Público, do mesmo modo por envolver preceitos de ordem pública (art. 1.549 do CC). Aplicando a norma, e afastando prazo de cento e oitenta dias que foi ventilado pela parte: "Legitimidade ad causam do Ministério Público autor. Art. 1.549 do CCB. Preliminar rejeitada. Fundamentado o pedido em alegação de nulidade ipso facto do matrimônio, está o Ministério Público legitimado para a propositura da ação que questiona a validade do ato, nos termos do art. 1.549 do Código Civil. Direito de ação. Arguição de prescrição rejeitada. Ao pedido de declaração de nulidade absoluta do casamento não se aplica o prazo prescricional de 180 dias previsto no inciso I do art. 1.560 do Código Civil, que versa sobre a hipótese de anulabilidade do ato jurídico, por sua vez disposta no inciso IV do art. 1.550 do mesmo diploma legal" (TJRS, Agravo de Instrumento 0137120-22.2016.8.21.7000, 7.ª Câmara Cível, Caxias do Sul, Rel. Des. Sandra Brisolara Medeiros, j. 28.09.2016, *DJERS* 03.10.2016).

- Como aponta a doutrina quase que com unanimidade, diante do princípio da não intervenção, a nulidade do casamento não pode ser reconhecida de ofício, mas apenas o impedimento matrimonial, de acordo com o art. 1.522 do CC.[57] Afastando o conhecimento de ofício da nulidade do casamento, por todos e representando a posição majoritária: "a decretação de nulidades relacionadas ao casamento segue regramento específico e somente pode ser promovida por meio de ação própria, conforme determina o art. 1.549 do Código Civil" (TJDF, Apelação Cível 2016.11.1.002514-5, Acórdão 113.9002, 8.ª Turma Cível, Rel. Des. Diaulas Costa Ribeiro, j. 22.11.2018, *DJDFTE* 27.11.2018). Trata-se de aplicação do princípio da não intervenção ao casamento, como se retira do art. 1.513 do CC. Não se olvide a existência de certa polêmica quanto a essa posição, uma vez que, como a matéria de nulidade é de ordem pública, deveria ser conhecida de ofício pelo juiz, nos termos da regra do parágrafo único do art. 168 do CC/2002. Em suma, o último dispositivo deveria prevalecer em relação ao princípio da não intervenção, na posição que é seguida por mim, mas que é considerada minoritária, para os devidos fins práticos. O Projeto de Reforma do Código Civil pretende resolver esse dilema, como se verá a seguir.

---

[57] VENOSA, Silvio de Salvo. *Código Civil interpretado*. São Paulo: Atlas, 2010. p. 1.399.

> - A ação declaratória de nulidade, assim como a ação anulatória e as demais demandas que dissolvem a sociedade conjugal e o casamento, poderá ser precedida de medida judicial para a separação de corpos do casal, devendo o juiz conceder a medida com maior brevidade possível se for constatada a sua necessidade (art. 1.562 do CC). No sistema processual anterior, caberia a medida cautelar de separação de corpos, enquadrada no art. 888, inc. VI, do CPC/1973; dispositivo não reproduzido pelo Estatuto Processual emergente. Assim, no novo instrumental processual acreditamos que a medida está sujeita às regras da tutela de urgência ou de evidência, o que ainda dependerá do devido enquadramento na prática familiarista (arts. 300 e seguintes do CPC/2015).
> - Os efeitos da sentença da ação declaratória de nulidade são retroativos à celebração do casamento, conforme o art. 1.563 do CC (efeitos *ex tunc*). A parte final do dispositivo traz uma inovação importante, enunciando que essa sentença com efeitos retroativos não poderá "prejudicar a aquisição de direitos, a título oneroso, por terceiros de boa-fé, nem resultante de sentença transitada em julgado". Dois institutos são aqui protegidos: a boa-fé objetiva (daquele que adquiriu direitos com boa conduta – *v.g.*, adquirente de um imóvel que pagou o preço com total pontualidade) e a coisa julgada (conforme o art. 5.º, inc. XXXVI, da CF/1988, e art. 6.º da Lei de Introdução). Com essa proteção, a boa-fé objetiva, no que tange ao Direito de Família, é elevada ao posto de preceito de ordem pública. Primeiro, por estar ao lado da coisa julgada. Segundo, porque consegue *vencer* o ato nulo. Ilustrando, *A e B*, marido e mulher, vendem um imóvel a *C*, que o adquire de boa-fé. O casamento dos primeiros é declarado nulo por sentença judicial, pois *A* já era casado. Mesmo havendo essa nulidade, o que geraria eventual partilha do bem, a venda é válida, pois celebrada com boa-fé por *C*, que funciona como *um escudo contra a nulidade*.

Como outro ponto relevante, consigne-se que o Código de Processo Civil de 2015 traz um tópico próprio a respeito das ações de Direito de Família, atribuindo um procedimento especial a tais demandas (arts. 693 a 699-A do CPC/2015). Não há previsão expressa de aplicação dessas normas específicas às ações de invalidade do casamento (nulidade absoluta ou relativa). Nos termos do art. 693 do *Codex*, "as normas deste Capítulo aplicam-se aos processos contenciosos de divórcio, separação, reconhecimento e extinção de união estável, guarda, visitação e filiação".

Entendo que é possível entender que o rol previsto no artigo é meramente exemplificativo (*numerus apertus*), e não taxativo (*numerus clausus*). A tese foi encampada no X *Congresso Brasileiro* do IBDFAM, realizado em outubro de 2015, com a aprovação do seu Enunciado n. 19, com a seguinte redação "o rol do art. 693 do Novo CPC é meramente exemplificativo, e não taxativo". Fixada tal premissa, o procedimento especial pode ser perfeitamente aplicado à ação de nulidade do casamento.

Para encerrar o tópico, importante comentar outras proposições constantes do Projeto de Reforma do Código Civil a respeito do casamento nulo, conforme sugestões formuladas pela Comissão de Juristas. Como primeira delas, vale lembrar que é preciso resolver a polêmica hoje existente a respeito do denominado *casamento infantil*. Sugere-se, portanto, e como antes pontuado, um novo inciso I-A para o art. 1.548, prevendo ser nulo o casamento por quem ainda não atingiu a idade núbil, ou seja, em se tratando de pessoa com menos de dezesseis anos de idade. Como se verá a seguir, são revogadas todas as regras relativas à nulidade relativa do casamento daquele que não atingiu a idade núbil.

No que diz respeito ao art. 1.549 da Lei Geral Privada, a Comissão de Juristas propõe uma melhora na sua redação, substituindo-se o termo "promovida" por "postulada", *in verbis*: "a declaração de nulidade de casamento, pelos motivos previstos no artigo antecedente, pode ser postulada por ação direta, por qualquer interessado, ou pelo Ministério Público". Além disso, sugere-se a inclusão de um parágrafo único, para que, resolvendo a divergência por mim exposta, seja possível o conhecimento de ofício da nulidade absoluta do casamento: "em tendo conhecimento da nulidade do casamento o juiz deve declará-la de ofício".

De fato, prevaleceu o entendimento, no processo de elaboração do Anteprojeto, de que não há razão para que se conclua de forma contrária, porque a nulidade absoluta do casamento envolve matéria cogente ou de ordem pública, exatamente como está no art. 168 da própria codificação privada. Não restam dúvidas de que é preciso manter a coerência do sistema de invalidades, sobretudo com a Parte Geral, o que foi adotado em outras propostas de atualização pela Comissão de Juristas.

Por fim, quanto ao art. 1.562 do Código Civil, em atualizações fundamentais, retira-se inicialmente a menção à separação judicial, extinta pela Emenda Constitucional 66 conforme julgou o STF (Tema 1.053, de repercussão geral), e expressa-se o divórcio, sem qualquer classificação. Também será necessário incluir os efeitos concretos da separação de fato no sentido de colocar fim à sociedade conjugal e ao regime de bens, como foi adotado em outros dispositivos da Reforma.

Por isso, a atual Comissão de Juristas propõe que a norma passe a ter a seguinte redação: "antes de promover a ação de nulidade do casamento, a de anulação, a de divórcio ou a de dissolução de união estável, a parte poderá requerer, comprovando sua necessidade, a separação de corpos, que será concedida pelo juiz com a possível brevidade e implicará os efeitos previstos nos arts. 1.571 e 1.571-A deste Código". Sem dúvidas que é preciso atualizar o teor desse comando.

### 8.3.4.4 *Do casamento anulável*

São hipóteses previstas no art. 1.550 do CC:

*a) Casamento contraído por quem não completou a idade mínima para casar (16 anos, tanto para homem quanto para mulher)*

Como visto, o menor que tiver menos idade do que o limite mínimo para casar está agora totalmente impedido de contrair matrimônio, diante da nova redação do art. 1.520 do Código Civil, modificado em 2019, pela Lei 13.811.

Todavia, reitero a posição doutrinária no sentido de continuar sendo o casamento do menor de 16 anos anulável, não tendo sido revogado ou alterado qualquer outro dispositivo da codificação material a respeito da temática, inclusive esses que ora são estudados e aqui antes mencionados.

O prazo para a ação anulatória é decadencial de 180 dias, podendo ser proposta pelo próprio menor, por seus representantes legais ou por seus ascendentes (art. 1.552 do CC). Sobre o início da contagem do prazo, duas são as regras constantes do art. 1.560, § 1.º, do CC:

–   Se a ação for proposta pelo próprio menor, devidamente representado, o prazo será contado a partir do momento em que completar a idade núbil (16 anos).

–   Se a ação for proposta pelo representante legal ou ascendente, o prazo será contado a partir do momento em que o casamento foi celebrado.

CAP. 8 • DIREITO DE FAMÍLIA **1397**

Eventualmente o casamento poder ser convalidado em duas hipóteses:

> *1.ª Hipótese* – não se anula o casamento, por motivo de idade, se dele resultou gravidez, não sendo necessária sequer a autorização do seu representante legal (art. 1.551 do CC).
>
> *2.ª Hipótese* – o menor poderá, depois de completar a idade núbil, confirmar o seu casamento, com a autorização de seus representantes legais, se necessária, ou com suprimento judicial (art. 1.553 do CC).

Reitero o meu entendimento de que, mesmo com a alteração do art. 1.520 do Código Civil, o *casamento infantil* – do menor de 16 anos – continua sendo anulável, sendo possível a convalidação do ato em todas essas situações descritas na lei, que não foram revogadas ou alteradas expressamente pela Lei 13.811/2019.

Vale lembrar e acrescentar que o Projeto de Reforma do Código Civil pretende introduzir regra nesse sentido, pela nulidade absoluta, em um novo inc. I-A do art. 1.548, revogando-se expressamente, para os mesmos fins, os seus citados arts. 1.551, 1.552, 1.553 e 1.560, § 1.º. Como outro aspecto importante, a Comissão de Juristas sugere que a Lei Geral Privada não use mais o termo "menor", deixando a menoridade de ser uma condição jurídica, passando sempre a expressar a idade da pessoa, para o efeito jurídico correspondente.

*b) Casamento contraído por menor em idade núbil (entre 16 e 18 anos), não havendo autorização do seu representante legal*

O menor entre 16 e 18 anos não necessita de autorização judicial para se casar, mas de autorização especial de seus pais ou outros representantes, caso dos tutores (art. 1.517 do CC).

O prazo para propositura da ação anulatória é decadencial de 180 dias, com as seguintes regras de contagem (art. 1.555, *caput* e § 1.º, do CC):

–   Se a ação for proposta pelo menor, o prazo será contado a partir do momento em que completar 18 anos.

–   Se a ação for proposta pelo representante legal, o prazo será contado a partir da celebração do casamento.

–   Sendo proposta a ação por herdeiro necessário, o prazo será contado da data do óbito do menor.

Como hipótese de convalidação, não se anulará esse casamento quando à sua celebração tiverem assistido – no sentido de *presenciado* –, os representantes legais do menor, ou se esses representantes tiverem manifestado a sua aprovação (art. 1.555, § 2.º, do CC). O dispositivo está inspirado na máxima da boa-fé objetiva que veda o comportamento contraditório (*venire contra factum proprium non potest*).

Pelo Projeto de Reforma e Atualização do Código Civil, como antes pontuado, retira-se do texto da Lei Geral Privada a expressão "menor", para que a menoridade deixe de ser uma condição jurídica. Nesse contexto, o inc. I do art. 1.550 passará a expressar a anulabilidade do casamento "da pessoa com mais de dezesseis anos de idade, em idade núbil, quando não autorizado por seu representante legal".

Quanto ao art. 1.555, a Comissão de Juristas sugere alterações pontuais, para que passe a ser mais efetivo, e diante de outras modificações que são feitas na codificação privada. Nesse contexto, de início, o *caput* passará a prever, sem utilizar o termo "menor", que "o casamento da pessoa com dezesseis anos ou mais de idade, em idade núbil, quando não autorizado por seu representante legal, só poderá ser anulado se a ação for proposta em cento e oitenta dias,

# 1398 | MANUAL DE DIREITO CIVIL • VOLUME ÚNICO – *Flávio Tartuce*

por iniciativa do incapaz, ao deixar de sê-lo, de seus representantes legais ou de seus herdeiros necessários". Ademais, consoante o seu novo § 1.º, com maior clareza, "o prazo estabelecido neste artigo será contado do dia em que cessou a incapacidade, no primeiro caso; a partir do casamento, no segundo; e, no terceiro, da morte do incapaz, se ela ocorrer entre os seus 16 (dezesseis) e 18 (dezoito) anos". Como a situação do casamento da pessoa entre dezesseis e dezoito anos é de nulidade relativa, mantém-se a possibilidade de sua convalidação no § 2.º, com a seguinte dicção e maior clareza, sendo ela admitida se for demonstrado um comportamento concludente do representante legal do incapaz: "não se anulará o casamento quando à sua celebração houverem assistido os representantes legais do incapaz, ou tiverem, por qualquer modo, demonstrado aprovar a celebração".

Como se nota, não se exigirá apenas a manifestação expressa do representante, o que hoje traduz hoje um rigor formal inadmissível, sendo imperiosa a aprovação do Projeto de Reforma do Código Civil, para redução de burocracias e *destravar* a vida das pessoas.

*c) Casamento celebrado sob coação moral* (vis compulsiva)

A coação moral que anula o casamento tem conceito específico no art. 1.558 do CC/2002, pelo qual "é anulável o casamento em virtude de coação, quando o consentimento de um ou de ambos os cônjuges houver sido captado mediante fundado temor de mal considerável e iminente para a vida, a saúde e a honra, sua ou de seus familiares". Duas são as diferenças em relação à coação moral prevista para a teoria geral do negócio jurídico, uma vez que a última pode estar relacionada a bens e a pessoas que não sejam da família do coagido (art. 151 do CC).

De toda sorte, apesar dessa diferenciação na literalidade, penso que é possível que os dois comandos se comuniquem, para os devidos fins de anulabilidade. Em suma, é possível anular um casamento por coação relacionada ao patrimônio ou a pessoa que não seja da família do coato. Além dessa necessária interação entre livros distintos do Código Civil, outros comandos da Parte Geral relativos à coação merecem aplicação para o enfretamento da coação no casamento, caso do art. 152, que trata da análise *in concreto* das condições gerais do coato.

O prazo para anular o casamento celebrado sob coação é decadencial de quatro anos, contados da sua celebração (art. 1.560, inc. IV, do CC). A ação anulatória é personalíssima e somente poderá ser proposta pelo cônjuge que sofreu a coação. O ato poderá ser convalidado, havendo posterior coabitação entre os cônjuges e ciência do vício, pelo tempo que o juiz entender que é razoável (art. 1.559). O dispositivo, ao prever que a coabitação sana a invalidade, adota a vedação do comportamento contraditório (*venire contra factum proprium non potest*). Como última nota a respeito da temática, no Projeto de Reforma do Código Civil prevaleceu a proposta da Subcomissão de Direito de Família para se afastar todo esse tratamento específico relativo à coação para o casamento, passando o inciso III do seu art. 1.550 a expressar a anulabilidade do casamento "por erro, dolo ou coação, observado, no que couber, o disposto nos arts. 138 a 155 deste Código". É revogado expressamente o art. 1.558 da Lei Geral Privada, remetendo-se o tratamento do tema à Parte Geral.

De fato, não há mais motivo para se diferenciar a coação no casamento da coação presente em qualquer outro negócio jurídico, havendo instabilidade e insegurança nesse duplo tratamento legal. Porém, é mantida a regra específica no art. 1.559 com nova dicção: "somente o cônjuge que incidiu em erro essencial, sofreu coação ou foi vítima de dolo, pode demandar a anulação do casamento"; bem como os prazos decadenciais específicos do art. 1.560.

*d) Casamento celebrado havendo erro essencial quanto à pessoa do outro cônjuge* (error in persona)

Aqui também existem alterações engendradas pela Lei 13.146/2015, que institui o Estatuto da Pessoa com Deficiência, com vistas à sua inclusão para atos civis existenciais,

CAP. 8 • DIREITO DE FAMÍLIA | **1399**

possibilitando amplamente o seu casamento, com o afastamento do erro como causa de anulação.

O art. 1.557 da codificação material traz um rol de situações caracterizadoras do erro no casamento. A citada norma emergente alterou o seu inciso III e revogou o seu inciso IV. Senão, vejamos:

> *Inciso I* – No que diz respeito à identidade, honra e boa fama do outro cônjuge, sendo esta uma informação de conhecimento ulterior pelo nubente e que torne insuportável a vida em comum ao cônjuge enganado. Exemplos: casamento celebrado com homossexual, com bissexual, com transexual operado que não revelou sua situação anterior – situação de anulabilidade que pode ser revista, diante dos novos superiores julgados a respeito da pessoa trans, como antes se pontuou –, com viciado em tóxicos, com irmão gêmeo de uma pessoa, com pessoa violenta, com viciado em jogos de azar, com pessoa adepta de práticas sexuais não convencionais etc.[58]
>
> *Inciso II* – A ignorância de crime anterior ao casamento e que por sua natureza torne insuportável a vida conjugal. Não há necessidade do trânsito em julgado da sentença, bastando a repercussão social do crime e a insuportabilidade da vida em comum. Exemplo: casar-se com um grande traficante de drogas, sendo esse fato ignorado.
>
> *Inciso III* – A ignorância, anterior ao casamento, de defeito físico irremediável, *que não caracterize deficiência*, ou de moléstia grave e transmissível, pelo contágio ou pela herança, capaz de pôr em risco a saúde do outro cônjuge ou de sua descendência. Pontue-se que a Lei 13.146/2015 incluiu a exceção destacada, a respeito da pessoa com deficiência, não cabendo a anulação do casamento em casos tais. Exemplos anteriores de defeito físico irremediável, mantidos no sistema: hermafroditismo (duas manifestações sexuais); deformações genitais; ulcerações no pênis e impotência *coeundi* (para o ato sexual). É importante destacar que a impotência *generandi* ou *concipiendi* (para ter filhos) não gera a anulabilidade do casamento.[59] Exemplos de moléstia grave e transmissível: tuberculose, AIDS, hepatite e sífilis.[60] Em todos os casos, há presunção absoluta ou *iure et de iure* da insuportabilidade da vida em comum.

Atente que foi revogado pela Lei 13.146/2015 o antigo inciso IV do art. 1.557 da codificação material que mencionava a ignorância, anterior ao casamento, de doença mental grave que, por sua natureza, tornasse insuportável a vida em comum. Eram exemplos aqui antes referidos: a esquizofrenia, a psicopatia, a psicose, a paranoia, entre outros. Era apontada a desnecessidade de a pessoa estar interditada, no sistema anterior à revogação. Agora, reafirme-se, o casamento das pessoas citadas será válido, o que visa a sua plena inclusão social, especialmente para os atos existenciais familiares, objetivo primordial do Estatuto da Pessoa com Deficiência (art. 6.º).

Deve ser feito o destaque de que a lei civil já não consagrava mais como hipótese de erro quanto à pessoa o defloramento da mulher, ignorado pelo marido (art. 219, inc. IV, do CC/1916). Por óbvio que esse dispositivo perdeu a aplicação prática há tempos, antes mesmo do CC/2002.

---

[58] Alguns exemplos retirados de: DINIZ, Maria Helena. *Código Civil anotado*. 15. ed. São Paulo: Saraiva, 2010. p. 1.087.

[59] DINIZ, Maria Helena. *Código Civil anotado*. 15. ed. São Paulo: Saraiva, 2010. p. 1.088.

[60] DINIZ, Maria Helena. *Código Civil anotado*. 15. ed. São Paulo: Saraiva, 2010. p. 1.088.

No Projeto de Reforma e Atualização do Código Civil, como antes pontuado, a Comissão de Juristas sugere a revogação dos dispositivos que tratam dos vícios do erro e da coação no casamento, remetendo o seu tratamento à Parte Geral, naquilo que for possível, e mantendo-se a coerência do sistema. Sugere-se, portanto, seja revogado expressamente todo o art. 1.557 do Código Civil, até porque muitas das hipóteses de erro essencial quanto à pessoa nele previstas atualmente não se coadunam com a realidade, sobretudo com as mudanças nos costumes verificadas nos últimos tempos, podendo ser tidas até como discriminatórias. Muito mais fácil, ademais, o caminho do divórcio, tido como um direito potestativo dos cônjuges, na linha da proposta de inclusão do novo art. 1.511-D na codificação privada, e aqui antes comentado.

Voltando-se ao sistema atual, o prazo decadencial para a ação anulatória por erro é de três anos, contados da celebração do casamento (art. 1.560, inc. III, do CC). Essa ação somente cabe ao cônjuge que incidiu em erro, sendo uma ação personalíssima, conforme o art. 1.559 do CC.

A coabitação posterior, havendo ciência do vício, convalida o casamento, salvo nas hipóteses dos incisos III e IV do art. 1.557 (defeito físico irremediável, moléstia grave ou doença mental grave), pois as situações são de extrema gravidade. Advirta-se, contudo, que a última previsão foi retirada do sistema jurídico pelo EPD, como antes se viu. Admitindo a convalidação do ato por coabitação, em hipótese de erro, do Tribunal Paulista:

"Casamento. Anulação. Erro essencial quanto a pessoa do outro cônjuge. Confissão pelo marido, na semana seguinte ao ato de que era dependente de drogas. Aceitação das condições e consentida nova chance. Renovação da prática de uso de drogas. Pretendido reconhecimento da insuportabilidade da vida comum. Não acolhimento. Coabitação. Fator que afasta o pleito de anulação. Aplicação do artigo 1.559 do Código Civil. União válida. Extinção do feito confirmada. Recurso improvido" (TJSP, Acórdão 407.842-4/4-00, 3.ª Câmara de Direito Privado, São Vicente, Rel. Des. Élcio Trujillo, j. 23.05.2006).

O conteúdo do julgado é correto e tem o meu total apoio doutrinário.

*e) Do incapaz de consentir e de manifestar de forma inequívoca a sua vontade*

Essa previsão continua a englobar os ébrios habituais (alcoólatras) e os viciados em tóxicos (art. 4.º, II, do CC/2002, atualizado pela Lei 13.146/2015).

Todavia, o comando não incide mais para as pessoas com discernimento mental reduzido e aos excepcionais sem desenvolvimento completo, constantes do art. 4.º, incisos II e III, da codificação material, antes da alteração pela Lei 13.146/2015.

Essas pessoas podem se casar livremente, até porque foi incluído um § 2.º no art. 1.550 do CC/2002 pelo Estatuto da Pessoa com Deficiência. O preceito emergente passou a prever que a pessoa com deficiência mental ou intelectual em idade núbil poderá contrair matrimônio, expressando sua vontade diretamente ou por meio de seu responsável ou curador. Mais uma vez nota-se o objetivo de plena inclusão social da pessoa com deficiência, afastando-se a tese de que o casamento poderia ser-lhe prejudicial.

Pois bem, segundo o entendimento considerado majoritário anteriormente, nessa previsão do art. 1.550, IV, também se enquadrariam as pessoas que por causa transitória ou definitiva não pudessem exprimir vontade (antigo art. 3.º, inciso III, do CC).[61] Tal forma de pensar chegou a ser adotada pelo STJ, em remoto julgado, referente ao CC/1916 (STJ,

---

[61] Nesse sentido, a posição anterior: DINIZ, Maria Helena. *Código Civil anotado*. 15. ed. São Paulo: Saraiva, 2010. p. 1.083; LÔBO, Paulo Luiz Netto. *Famílias*. São Paulo: Saraiva, 2008. p. 104; FUJITA, Jorge Shiguemitsu. *Direito*

CAP. 8 • DIREITO DE FAMÍLIA | **1401**

EDcl no AgRg no Ag 24.836/MG, 4.ª Turma, Rel. Min. Sálvio de Figueiredo Teixeira, j. 18.10.1993, *DJ* 13.12.1993, p. 27.463).

Nunca concordei com o último posicionamento, pois em casos tais o casamento deveria ser considerado nulo, por equiparação ao que constava do art. 3.º, inc. II, do CC. Assim, parecia correta a premissa categórica de que o art. 1.550, inc. IV, do CC, somente se aplicaria aos relativamente incapazes descritos no art. 4.º.[62]

Todavia, o panorama mudou substancialmente, mais uma vez diante da Lei 13.146/2015, que incluiu o Estatuto da Pessoa com Deficiência. A antiga previsão do art. 3.º, inc. III, passou a compor o art. 4.º, inc. III, no rol dos relativamente incapazes. Sendo assim, a posição atual a ser considerada, agora seguida também por mim diante da mudança legislativa, é que o casamento das pessoas que por causa transitória ou definitiva não puderem exprimir vontade será anulável. Cite-se o caso da pessoa que se encontra em coma profundo. O prazo decadencial para a ação anulatória é de 180 dias, contados do casamento, nos termos do art. 1.560, *caput*, e § 1.º, do CC.

A respeito desse inc. IV do art. 1.550, o Projeto de Reforma do Código Civil pretende melhorar a sua redação, passando a expressar a anulabilidade do casamento "das pessoas referidas no inciso II do art. 4º deste Código que não obtiveram o auxílio de apoiadores, quando assim o tiverem desejado". Como se verá, passará a ser possível, por outra proposição, que a tomada de decisão apoiada seja utilizada também para os atos existenciais, como é o casamento. Sugere-se, ainda, que o § 2.º do art. 1.550 passe a prever que "a pessoa com deficiência, em idade núbil, poderá contrair matrimônio, expressando sua vontade, cabendo ao oficial do Registro Civil fornecer os recursos de acessibilidade e de tecnologia assistida disponíveis para que ela tenha garantido o direito de compreender o sentido do casamento e de livremente manifestar-se no momento da celebração".

A principal inovação está na disponibilização dos recursos de acessibilidade e de tecnologia assistida pelo oficial do Registro Civil, caso, por exemplo, do uso de lentes, lupas, método Braille, equipamentos com síntese de voz, grandes telas de impressão, sistemas de TV com aumento para leitura de documentos, impressoras de pontos e de relevo, entre outros.

Em resumo no que toca aos incapazes, e o tratamento constante do atual sistema civil, foi visto que os casos envolvendo os menores são de anulabilidade do casamento (art. 1.550, incs. I e II); que não mais existem maiores absolutamente incapazes, tendo sido revogado o art. 1.548, inc. I, do CC; e que as hipóteses concernentes aos demais incapazes são de anulabilidade (art. 1.550, inc. IV). Vale repisar, ademais, que as pessoas com deficiência podem se casar livremente, nos termos do novo § 2.º do art. 1.550 do Código Civil. Assim, em relação aos incapazes da Parte Geral do CC/2002, falta abordar a situação dos pródigos (art. 4.º, inc. IV).

Ora, o pródigo também pode se casar livremente, uma vez que a interdição é apenas relativa aos atos de disposição direta de bens, tais como vender, hipotecar e transigir, o que não atinge o casamento (art. 1.782 do CC). Anote-se que não sendo celebrado pacto antenupcial, o regime do seu casamento será o da comunhão parcial (*regime legal*), e não o da separação obrigatória de bens, uma vez que o pródigo não consta expressamente no art. 1.641 do CC.

---

*Civil*. Direito de Família. Orientação: Giselda M. F Novaes Hironaka. São Paulo: RT, 2008. v. 7, p. 63; CZAPSKI, Aurélia L. Barros. *Código Civil interpretado*. Silmara Juny Chinellato (Coord.). 3. ed. São Paulo: Manole, p. 1.245.

[62] Entendendo desse modo: SARTORI, Fernando. A invalidade do casamento. Casamento nulo e anulável. In: HIRONAKA, Giselda Maria Fernandes Novaes; TARTUCE, Flávio; SIMÃO, José Fernando (Coords.). *Direito de Família e das Sucessões*. Temas Atuais. São Paulo: Método, 2009; FARIAS, Cristiano Chaves; ROSENVALD, Nelson. *Direito das Famílias*. Rio de Janeiro: Lumen Juris, 2008. p. 159.

# 1402 | MANUAL DE DIREITO CIVIL • VOLUME ÚNICO – *Flávio Tartuce*

Filia-se à corrente doutrinária que afirma que, para fazer pacto antenupcial que altere o seu patrimônio, o pródigo necessita de assistência, sob pena de anulação do ato (art. 171, inc. I, do CC).[63]

Vista a situação do pródigo, é possível formular a seguinte tabela comparativa relativa *aos incapazes e o casamento*, devidamente atualizada perante o Estatuto da Pessoa com Deficiência:

| Absolutamente incapazes (art. 3.º do CC) | Relativamente incapazes (art. 4.º) |
|---|---|
| Passou a mencionar apenas os menores de 16 anos, sendo o seu casamento anulável. | I – Menores entre 16 e 18 anos – casamento anulável.<br><br>II – Ébrios habituais (alcoólatras) e viciados em tóxicos – casamento anulável.<br><br>III – Passou a mencionar as pessoas que por causa transitória ou definitiva não puderem exprimir vontade – casamento anulável.<br><br>IV – Pródigos – casamento válido. |

*f) Casamento celebrado por procuração, havendo revogação do mandato*

O casamento poderá ser anulado se realizado por mandatário, ocorrendo a revogação do mandato, sem que o representante e o outro cônjuge tenham conhecimento da extinção do contrato. Obviamente, essa revogação somente surtirá efeitos se realizada antes da celebração do casamento. Em caso contrário o ato encontra-se aperfeiçoado, não sendo o caso de sua invalidade.

O prazo para a propositura da ação anulatória é decadencial de 180 dias, a contar do momento em que chegue ao conhecimento do mandante a realização do casamento (art. 1.560, § 2.º, do CC). Por força da lei, equipara-se à revogação a invalidade do mandato reconhecida judicialmente, caso da sua nulidade absoluta ou relativa (art. 1.550, § 1.º, do CC). A anulação do casamento cabe somente ao mandante, que detém a titularidade dessa ação personalíssima. O ato será convalidado se houver coabitação entre os cônjuges (art. 1.550, inc. V, parte final). Quanto ao Projeto de Reforma do Código Civil, pretende-se simplificar a temática, revogando-se expressamente o inc. V do art. 1.550 e também o seu § 1.º, pois, no caso de revogação do mandato, o casamento deverá ser considerado como não celebrado. Como visto, inclui-se regra nesse sentido no art. 1.542, § 3.º, da Lei Geral Privada, prevendo que "não se considera como celebrado o casamento contraído em nome do mandante quando o mandatário já não mais esteja no exercício de poderes de representação".

Sem dúvidas que a proposta está em total sintonia com o princípio da operabilidade, na linha de simplificação do Direito Civil, até porque as hipóteses de revogação do mandato são raríssimas na prática.

*g) Casamento celebrado perante autoridade relativamente incompetente (art. 1.550, inc. VI, do CC)*

Entende-se que a hipótese trata da incompetência relativa em relação ao local (*ratione loci*).[64] Ilustrando, um juiz de paz de uma determinada localidade realiza o casamento em outra, fora de sua competência.

---

[63] GONÇALVES, Carlos Roberto. *Direito Civil. Direito de Família*. 7. ed. São Paulo: Saraiva, 2010. v. 7, p. 672.

[64] DINIZ, Maria Helena. *Código Civil anotado*. 15. ed. São Paulo: Saraiva, 2010. p. 1.083; GONÇALVES, Carlos Roberto. *Direito Civil brasileiro. Direito de Família*. 7. ed. São Paulo: Saraiva, 2010. v. 6, p. 178; VENOSA,

CAP. 8 • DIREITO DE FAMÍLIA | **1403**

O prazo para a propositura da ação anulatória é decadencial de 2 anos contado da data da celebração do casamento (art. 1.560, inc. II, do CC).

O art. 1.554 do CC trata de hipótese de convalidação de tal casamento, sanando a anulabilidade, ao enunciar que "subsiste o casamento celebrado por aquele que, sem possuir a competência exigida na lei, exercer publicamente as funções de juiz de casamentos e, nessa qualidade, tiver registrado o ato no Registro Civil". Há polêmica antiga, no sentido de a norma ser aplicada ou não para os casos de incompetência absoluta da autoridade celebrante.

Não se pode negar, assim, que a temática a respeito do desrespeito à forma e à solenidade para o casamento necessita de reparos. Além da redução de formalidades para o procedimento de sua celebração, como antes exposto, a Comissão de Juristas sugere a revogação expressa do inc. VI do art. 1.550, passando o seu inc. VII a expressar a anulabilidade do casamento, de forma mais técnica e efetiva, "quando celebrado em descumprimento da forma para o casamento, conforme prevista neste Código e na legislação sobre registros públicos". E, diante de toda a complexidade existente hoje na interpretação do art. 1.554, da busca pela redução de burocracias e de uma maior liberdade a respeito da autoridade celebrante, sendo a anulação do casamento por problema de forma admitida somente possível em casos excepcionais, a Comissão de Juristas recomenda a revogação expressa do art. 1.554 do Código Civil.

Encerradas as hipóteses legais, é preciso aqui estudar os *efeitos e procedimentos da ação anulatória de casamento*, de acordo com os tópicos a seguir.

- Essa ação anulatória é constitutiva negativa, o que justifica todos os prazos decadenciais previstos em lei, consoante tabela a seguir:

| |
|---|
| Coação – 4 anos. |
| Erro – 3 anos. |
| Incompetência relativa – 2 anos. |
| Demais situações – 180 dias. |

- Segue-se o entendimento pelo qual o MP não tem legitimidade para promover a referida ação que cabe, em regra, ao interessado, conforme as hipóteses estudadas. De acordo com as lições de Paulo Lôbo, "os legitimados a promover a anulação do casamento, considerando cada uma das hipóteses acima, são apenas os que o direito considera diretamente interessados, em virtude da relação de família, ou de parentesco, ou de representação legal de cônjuges incapazes".[65] Essa posição deve ser mantida com a emergência do CPC/2015.

- Como ocorre com a nulidade absoluta, a anulabilidade do casamento não pode ser reconhecida de ofício.

- A ação de anulação poderia ser precedida por medida cautelar de separação de corpos (art. 1.562 do CC). Valem os comentários anteriores, no sentido do cabimento da tutela de urgência ou de evidência, tratadas a partir do art. 300 do CPC/2015.

- Apesar daquela visão anterior – que tende a ser superada – no sentido de ter a sentença anulatória efeitos *ex nunc,* o que pode ser retirado do art. 177

---

Silvio de Salvo. *Código Civil interpretado.* São Paulo: Atlas, 2010. p. 1.402; FUJITA, Jorge Shiguemitsu. *Direito Civil.* Direito de Família. Orientação: Giselda M. F Novaes Hironaka. São Paulo: RT, 2008. v. 7, p. 63.

[65] LÔBO, Paulo Luiz Netto. *Famílias.* São Paulo: Saraiva, 2008. p. 105.

> do CC, filia-se à corrente que sustenta a existência de efeitos *ex tunc* na anulação do casamento. Tal conclusão é retirada do art. 182 do CC, pelo qual anulado o negócio jurídico, as partes voltam à situação anterior e, não sendo isso possível, caberá indenização. Ora, anulado o casamento, as partes voltam a ser solteiras.[66]

Como palavras finais, cabe relembrar que o Código de Processo Civil de 2015 traz um tópico próprio a respeito das ações de Direito de Família, atribuindo um procedimento especial a tais demandas (arts. 693 a 699-A do CPC/2015). Apesar de o primeiro dispositivo não mencionar as ações fundadas em nulidade absoluta ou relativa do casamento, entendo pela aplicação desse procedimento especial para as situações de invalidade, pelo fato de ser o rol das demandas descrito no art. 693 do CPC/2015 meramente exemplificativo (*numerus apertus*). No mesmo sentido, reafirme-se, o Enunciado n. 19 do IBDFAM, aprovado no seu *X Congresso Brasileiro*, em outubro de 2015.

### 8.3.4.5 *Do casamento putativo*

Do latim, *putare* significa crer, imaginar. Sendo assim, o casamento putativo é o *casamento da imaginação*. Trata-se do casamento que embora nulo ou anulável – nunca inexistente –, gera efeitos em relação ao cônjuge que esteja de boa-fé subjetiva (ignorando o motivo de nulidade ou anulação). A categoria está tratada no art. 1.561 do CC, com três regras fundamentais:

> *1.ª Regra* – Havendo boa-fé de ambos os cônjuges, o casamento gera efeitos em relação a estes e aos filhos, até o trânsito em julgado da sentença de nulidade ou anulação. Por isso, eventuais bens adquiridos no período devem ser partilhados entre os cônjuges de acordo com o regime de bens adotado. Em suma, o Direito de Família atinge ambos os cônjuges. Segue-se a corrente doutrinária e jurisprudencial que sustenta a permanência de efeitos pessoais mesmo após a sentença. Nesse sentido, Flávio Augusto Monteiro de Barros aponta três efeitos existenciais que persistem: *a)* o direito de usar o nome; *b)* a emancipação; *c)* a pensão alimentícia.[67] Preservando o uso do nome do cônjuge de boa-fé após a sentença, da jurisprudência: TJPR, Recurso 0117667-8, Acórdão, 360, 8.ª Câmara Cível, Faxinal, Rel. Des. Ivan Bortoleto, *DJPR* 24.06.2002.
>
> *2.ª Regra* – Havendo boa-fé de apenas um dos cônjuges, o casamento somente gera efeitos para este e para os filhos do casal. O art. 1.564 do CC atribui culpa ao cônjuge de má-fé, sofrendo as seguintes sanções: *a)* perda de todas as vantagens havidas do cônjuge inocente, caso da necessidade de devolver bens, dependendo do regime de bens adotado; *b)* dever de cumprir as promessas feitas no contrato antenupcial, como é o caso de doações antenupciais. Todavia, com a entrada em vigor da Emenda do Divórcio (EC 66/2010), a culpa foi banida do sistema de casamento, o que inclui a anulação do casamento, perdendo aplicação o dispositivo em comento.[68] Por isso, a Comissão de Juristas encarregada da Reforma do Código Civil, nomeada no âmbito do Senado Federal, sugere a revogação expressa

---

[66] Conforme exposto no Capítulo 2 da obra, a controvérsia é muito bem demonstrada por Zeno Veloso (*Invalidade do negócio jurídico*. 2. ed. Belo Horizonte: Del Rey, 2005. p. 331).

[67] BARROS, Flávio Augusto Monteiro de. *Manual de Direito Civil*. Direito de Família e das Sucessões. São Paulo: Método, 2005. v. 4, p. 51.

[68] DIAS, Maria Berenice. *Manual de Direito das Famílias*. 6. ed. São Paulo: RT, 2010. p. 385.

CAP. 8 • DIREITO DE FAMÍLIA | **1405**

do dispositivo. Ademais, as duas sanções previstas no art. 1.564 são hoje desatualizadas, tendo reduzidíssima aplicação prática, razão pela qual o dispositivo hoje praticamente não se aplica.

*3.ª Regra* – Havendo má-fé de ambos os cônjuges, o casamento somente gera efeitos para os filhos. Eventualmente, se bens forem adquiridos durante a união deverão ser partilhados de acordo com as regras obrigacionais que vedam o enriquecimento sem causa (arts. 884 a 886 do CC). Isso porque o Direito de Família não atinge os cônjuges.

### 8.3.5 Provas do casamento

Os arts. 1.543 a 1.547 do CC tratam da prova do casamento, havendo três tipos comprobatórios principais:

– *Prova direta* – Em regra, o casamento celebrado no Brasil é provado pela certidão do seu registro (art. 1.543 do CC). Em relação ao casamento de brasileiro celebrado no estrangeiro, perante as respectivas autoridades ou os cônsules brasileiros, este deverá ser registrado em 180 dias, a contar da volta de um ou de ambos os cônjuges ao Brasil. Esse registro deverá ocorrer no cartório do respectivo domicílio, ou, em sua falta, no 1.º Ofício da Capital do Estado em que passarem a residir (art. 1.544 do CC).

– *Provas diretas complementares ou supletórias* – justificada a falta ou perda do registro civil, é admissível qualquer outra espécie de prova (art. 1.543, parágrafo único, do CC). Exemplos: documentos em que consta a situação de casado, tais como a cédula de identidade, o passaporte e a certidão de proclamas.

– *Prova indireta* – fundada na *posse de estado de casados*, na demonstração efetiva da situação de casados. Conforme se extrai da doutrina de Eduardo de Oliveira Leite, três são os requisitos para a sua comprovação: *nomen* ou *nominatio* – um cônjuge utiliza o nome do outro; *tractatus* ou *tractatio* – as partes se tratam como se fossem casados; *fama* ou *reputatio* – a sociedade reconhece nas partes pessoas casadas (reconhecimento geral ou reputação social).[69] O art. 1.545 do CC determina que o casamento de pessoas que, na posse do estado de casadas, não possam manifestar vontade, ou tenham falecido, não se pode contestar em prejuízo da prole comum. Essa regra deverá ser aplicada salvo se existir certidão do Registro Civil que prove que já era casada alguma delas, quando contraiu o casamento impugnado. Se a prova da celebração legal do casamento resultar de eventual processo judicial, o registro da sentença no livro do Registro Civil produzirá, tanto no que toca aos cônjuges como no que diz respeito aos filhos, todos os efeitos civis desde a data do casamento (art. 1.546 do CC) – efeitos *ex tunc*. Nessa ação vale a regra hermenêutica *in dubio pro matrimonio*. Assim, entre as provas favoráveis e as provas contrárias, deve-se julgar pela existência do casamento, se os cônjuges, cujo casamento se impugna, viverem ou tiverem vivido na *posse do estado de casados* (art. 1.547 do CC). A máxima prestigia a família e a sua função social. Penso que as regras procedimentais previstas entre os arts. 693 a 699-A do CPC/2015 têm aplicação para a ação que visa provar o casamento. Frise-se que, não obstante a falta de menção a essa demanda no primeiro dispositivo do Estatuto Processual emergente, acredita-se que o rol ali descrito é meramente exemplificativo, e não taxativo (Enunciado n. 19 do IBDFAM).

---

[69] LEITE, Eduardo de Oliveira. *Direito Civil aplicado*. São Paulo: RT, 2005. v. 5, p. 92.

### 8.3.6 Efeitos pessoais do casamento e seus deveres

A respeito dos seus efeitos pessoais ou existenciais, de início, pelo casamento, tanto o homem quanto a mulher assumem mutuamente a condição de consortes, companheiros e responsáveis pelos encargos da família, constituindo-se a tão mencionada *comunhão plena de vida* (art. 1.565, *caput*, do CC). Como seu primeiro efeito concreto, qualquer dos nubentes poderá acrescer ao seu o sobrenome do outro (art. 1.565, § 1.º, do CC). Isso se aplica tanto à mulher quanto ao homem, diante da igualdade entre eles.

Para o Superior Tribunal de Justiça, tal acréscimo pode ocorrer mesmo após a celebração do casamento, desde que por ação judicial (STJ, REsp 910.094/SC, Rel. Raul Araújo, j. 04.09.2012, publicado no seu *Informativo* n. 503). Ademais, não há qualquer óbice para a inclusão de um segundo sobrenome do outro cônjuge, como antes se destacou (STJ, REsp 1.648.858/SP, 3.ª Turma, Rel. Min. Ricardo Villas Bôas Cueva, j. 20.08.2019, *DJe* 28.08.2019, publicado no seu *Informativo* n. 655). A Lei do SERP (Lei 14.382/2022), nas modificações que fez na Lei de Registros Públicos a respeito do nome, confirmou essas premissas, admitindo a sua alteração extrajudicialmente, ou seja, por pedido direto ao Cartório de Registro Civil.

Relativamente ao planejamento familiar, este é de livre decisão do casal, competindo ao Estado propiciar recursos educacionais e financeiros para o exercício desse direito (art. 1.565, § 2.º). Segundo o Enunciado n. 99 do CJF/STJ, aprovado na *I Jornada de Direito Civil*, o art. 1.565, § 2.º, também deve ser aplicado à união estável, diante do seu reconhecimento constitucional como entidade familiar.

Novamente com vistas à admissão do casamento homoafetivo, na linha da jurisprudência do STF e do STJ hoje consolidada, a Comissão de Juristas encarregada da Reforma do Código Civil propõe, inicialmente, que o *caput* do art. 1.565 do CC deixe de mencionar o homem e a mulher, passando a expressar os nubentes e conviventes, que vivem em união estável: "pelo casamento, os nubentes assumem mutuamente a condição de consortes e responsáveis pelos encargos da família".

Insere-se, ainda, no § 1.º uma regra de equiparação, quanto à eficácia ou aos efeitos, da união estável ao casamento: "igual responsabilidade assumem os conviventes de união estável". Passa o capítulo, portanto, a tratar da "Eficácia do Casamento e da União Estável". Cumpre destacar que, seguindo-se proposta da Relatora-Geral, Professora Rosa Nery, e na linha do que já constava da Lei 9.278/1996, propõe-se que a codificação privada passe a expressar as partes da união estável como conviventes, e não como companheiros. Além de ser mais técnica, e expressar melhor essa entidade familiar, a expressão é mais fácil de se utilizar, não sendo necessário o uso dos termos "companheiro" e "companheira". Ademais, amolda-se melhor à união estável homoafetiva, que igualmente passa a ser admitida expressamente na Lei Civil.

Sobre a inclusão do sobrenome de um consorte pelo outro, pelo que já está previsto na Lei do SERP (Lei 14.382/2022), o § 2.º do art. 1.565 passará a enunciar que "qualquer dos nubentes ou conviventes, querendo, poderão acrescer ao seu o sobrenome do outro". Como se vê, todas as propostas traduzem ajustes e atualizações necessárias diante de decisões superiores vinculativas e alterações legislativas recentes, orientadas por interpretações que já prevalecem na atualidade.

O art. 1.566 do CC/2002 ora vigente consagra os deveres de ambos os cônjuges no casamento, a saber:

I – *Dever de fidelidade recíproca*. Havendo infidelidade, no sistema anterior, estava presente motivo para a *separação-sanção*, fundada na culpa (art. 1.572, *caput*, do CC). Com a entrada em vigor da *Emenda do Divórcio* (Emenda Constitucional 66/2010), a

CAP. 8 • DIREITO DE FAMÍLIA | **1407**

questão da infidelidade deve ser vista com ressalvas. Como é notório, alterou-se o art. 226, § 6.º, da Constituição Federal de 1988, que passou a prever que "o casamento civil pode ser dissolvido pelo divórcio". Não há mais menção à separação judicial, havendo corrente doutrinária de peso que afirma a impossibilidade de discussão da culpa para a dissolução do casamento. Essa é a opinião de Rodrigo da Cunha Pereira, Maria Berenice Dias, Paulo Lôbo, Rolf Madaleno, Giselda Maria Fernandes Novaes Hironaka, José Fernando Simão, Pablo Stolze e Rodolfo Pamplona. Não se filia pura e simplesmente a tal corrente, eis que a culpa, em casos excepcionais, pode ser discutida para a dissolução do casamento. Isso porque a fidelidade continua sendo um *dever* do casamento e não uma mera *faculdade*. Assim, em algumas situações de sua não mitigação, a culpa pode ser discutida em sede de divórcio, em especial para a atribuição da responsabilidade civil e para a fixação de alimentos. Além da manutenção do dever de fidelidade como regra do casamento – sendo a culpa a sua violação –, conserva-se no sistema um modelo dualista, com e sem culpa. O tema será aprofundado oportunamente.

II – *Dever de vida em comum, no domicílio conjugal*, antigo *dever de coabitação*. Este dever que inclui o débito conjugal (dever de manter relações sexuais), de acordo com a doutrina tradicional.[70] Todavia, em visão contemporânea interessante, Maria Berenice Dias procura afastar a obrigatoriedade de se manter relação sexual, pois "essa interpretação infringe o princípio constitucional do respeito à dignidade da pessoa, o direito à liberdade e à privacidade, além de afrontar o direito à inviolabilidade do próprio corpo".[71] Em suma, o conceito de coabitação deve ser visualizado a partir da realidade social, de modo a admitir-se a *coabitação fracionada*, sem que haja quebra dos deveres do matrimônio. Como sustenta a própria jurista, "a vida no domicílio conjugal é outra imposição que não se justifica, pois compete a ambos os cônjuges determinar onde e como vão morar. Necessário respeitar a vontade dos dois, sendo de todo descabido impor um lar comum, até porque a família pode ter mais de um domicílio".[72] Nessa realidade, é possível que cônjuges mantenham-se distantes, em lares distintos, por boa parte do tempo, sem que haja o rompimento do afeto, do amor existente entre eles, vínculo mais forte a manter a união. É possível, ainda, que os cônjuges até durmam em camas separadas, sem que isso seja motivo para a separação do casal. Enuncia o art. 1.569 do CC, em tom democrático, que o domicílio conjugal será escolhido por ambos os cônjuges. O mesmo dispositivo admite que um dos cônjuges se ausente do domicílio conjugal para atender a encargos públicos, ao exercício de sua profissão, ou a interesses particulares relevantes.

III – *Dever de mútua assistência.* A assistência é moral, afetiva, patrimonial, sexual e espiritual. Quanto à assistência patrimonial, sempre debatida, o art. 1.568 do CC/2002 preconiza que cada cônjuge será obrigado a concorrer, na proporção dos seus bens e dos seus rendimentos, para o sustento da família e para a educação dos filhos, qualquer que seja o regime matrimonial adotado entre eles. A regra é geralmente utilizada para a fixação de alimentos, quando dissolvida a sociedade conjugal.

IV – *Dever de sustento, guarda e educação dos filhos.* A previsão tem relação com a solidariedade social, retirada do art. 3.º, inc. I, da CF/1988. Em complemento, prevê o art. 1.567 do CC que "a direção da sociedade conjugal será exercida, em colaboração, pelo marido e pela mulher, sempre no interesse do casal e dos filhos. Havendo divergência, qualquer dos cônjuges poderá recorrer ao juiz, que decidirá tendo em consideração aqueles interesses". Assim, cabe ao Poder Judiciário, suprir a vontade

---

[70] Por todos: RODRIGUES, Silvio. *Direito Civil*. Direito de Família. 29. ed. 3. tir. São Paulo: Saraiva, 2006. v. 6, p. 126.

[71] DIAS, Maria Berenice. *Manual de Direito das Famílias*. 5. ed. São Paulo: RT, 2009. p. 246.

[72] DIAS, Maria Berenice. *Manual de Direito das Famílias*. 5. ed. São Paulo: RT, 2009. p. 246.

**1408** | MANUAL DE DIREITO CIVIL • VOLUME ÚNICO – *Flávio Tartuce*

de um dos cônjuges, sempre no interesse da família. A norma foi elaborada em um momento que se incentivava o acesso à Justiça. Porém, a tendência atual é de *fuga do Judiciário*, na linha da *desjudicialização dos conflitos*. Em suma, a última previsão perdeu sua razão de ser.

V – *Dever de respeito e consideração mútuos*. Tais deveres, retirados da boa-fé objetiva, também tem aplicação ao casamento. Segundo Paulo Lôbo, tal dever "consulta mais a dignidade dos cônjuges, pois a lei a eles delega a responsabilidade de qualificá-los, segundo os valores que compartilhem, sem interferência do Estado-juiz na privacidade ou na intimidade, o que ocorre com o dever de fidelidade".[73] Como se nota, o jurista defende uma maior liberdade na análise dos deveres matrimoniais.

Sobre o Projeto de Reforma do Código Civil, seguindo a linha da imperiosa necessidade de Reforma do Direito de Família, diante das mudanças pelas quais passou a sociedade brasileira nos últimos vintes anos, a Comissão de Juristas sugere alterações relevantes para o art. 1.566 do Código Civil, que trata dos deveres do casamento, ampliando-o também para a união estável e passando o seu *caput* a enunciar que "são deveres de ambos os cônjuges ou conviventes". Também se pretende incluir a união estável em todos os comandos relativos aos deveres das partes, como no antes citado art. 1.569.

Na sequência, no art. 1.566, são mantidos os dois primeiros incisos do preceito, não prosperando a proposta formulada na Comissão de Juristas por Maria Berenice Dias no sentido de serem retirados os dois primeiros deveres, pois, segundo ela, "de todo injustificado imiscuir-se o estado na vida íntima do casal, a ponto de impor-lhes o dever de fidelidade. O adultério nem crime é e, para o divórcio ou a dissolução da união estável, não cabe justificar o pedido. Do mesmo modo, não há como ser imposta, por lei, a vida em comum em um único domicílio conjugal".

Mantidos os deveres de fidelidade, de vida em comum no domicílio conjugal – versão atual da antiga coabitação –, de mútua assistência e de respeito e consideração mútuos entre os cônjuges ou conviventes, sugere-se que o inciso IV seja alterado e, de forma mais clara e consentânea ao sistema já vigente, passe a impor aos consortes "de forma colaborativa assumirem os deveres de cuidado, sustento e educação dos filhos, dividindo os deveres familiares de forma compartilhada". Não se menciona mais, assim, a guarda, substituída pelo dever de cuidado, sempre de forma compartilhada. Nesse inciso foi, sim, adotada outra emenda de Maria Berenice Dias, uma vez que "não basta atribuir aos pais o dever de guarda, expressão, aliás, que nem mais é utilizada, pois filhos não são objetos que possam ser guardados. Ao depois, impositivo prever a obrigação de ambos de partilharem os encargos familiares e o exercício da parentalidade".

Seguindo no estudo das propostas da Comissão de Juristas, o § 1.º do art. 1.566 também deve ser alterado para que mencione que, "ainda que finda a sociedade conjugal ou convivencial, ex-cônjuges ou ex-conviventes devem compartilhar, de forma igualitária, o convívio com filhos e dependentes". Em suma, faz-se necessária uma regra segundo a qual o dever de compartilhamento do convívio entre pais e filhos permaneça após o fim da união.

Sobre os encargos relativos aos filhos, o novo § 2.º preverá que "igualmente devem os ex-cônjuges e ex-conviventes compartilhar as despesas destinadas à manutenção dos filhos e dos dependentes, bem como as despesas e encargos que derivem da manutenção do patrimônio comum". A premissa da colaboração, portanto, é sempre a igualdade, de acordo com as possibilidades de cada um dos cônjuges ou conviventes.

---

[73] LÔBO, Paulo Luiz Netto. *Famílias*. São Paulo: Saraiva, 2008. p. 121.

Como outra previsão, específica e separada – para que não exista confusão nos tratamentos legais –, o § 3.º enunciará que "os ex-cônjuges e ex-conviventes têm o direito de compartilhar a companhia e arcar com as despesas destinadas à manutenção dos animais de estimação, enquanto a eles pertencentes". Por óbvio que os animais de estimação não são filhos, sendo importante destacar que a Reforma do Código Civil não os trata como pessoas, mas como seres vivos sencientes, dotados de sensibilidade (projeto de art. 70-A).

Por isso, frise-se, não há que se confundir a sua situação jurídica com a dos filhos, como acabou prevalecendo na Comissão de Juristas. A proposta inicial da Subcomissão de Direito de Família era de que essa regra constasse no art. 1.703 do Código Civil, em previsão relativa aos alimentos, mas a Relatoria-Geral entendeu ser melhor deslocá-la para o art. 1.566, o que acabou prevalecendo, em consenso entre todos os membros da Comissão de Juristas e votação final. De todo modo, as justificativas da citada Subcomissão servem para fundamentar a proposição:

"A questão envolvendo os animais de estimação vem tomando cada vez mais espaço dentre a doutrina especializada, e nos próprios julgamentos dos Tribunais Superiores. Tal ocorre face à modernização da sociedade, em que os casais passaram a gerar menos filhos, ou mesmo passam a tê-los em etapas mais avançadas de suas vidas. Nesse ínterim, abre-se espaço para uma relação mais próxima com os animais de estimação, os quais são tratados como verdadeiros membros da família moderna. Embora jurisprudência recente (STJ, REsp 1.944.228) tenha ainda mantido a postura legalista de que os animais de estimação são uma espécie de coisas, e, por isso, suas despesas devem ser suportadas pelo dono, não se pode perder de vista que a realidade das famílias impõe um passo à frente por parte do legislador. Isso, no intuito de que se regulamente de forma mais adequada essa relação de afeto, cuidado e carinho havida entre os tutores e seus animais de estimação. Vale pontuar, nesse aspecto, que julgado da Quarta Turma (em segredo de justiça) reconhece, inclusive, que os animais, embora irracionais, são seres sencientes, ou seja, dotados da aptidão de sentir. Dentre várias propostas recebidas pela Subcomissão de Direito de Família, salienta-se a valorosa contribuição do Professor Vicente de Paula Ataide Junior, da UFPR, a qual serviu de base para a redação do artigo em tela, cujo teor determina que as despesas dos animais de estimação serão suportadas, proporcionalmente, pelos tutores. A fim de evitar maiores polêmicas, deixa-se expresso, por outro lado, ser vedada a prisão civil, de modo a não tornar equiparado o dever de contribuir com as despesas do animal com a pensão alimentícia".

De fato, a atuação do Professor e Magistrado Vicente de Paula Ataide Jr., como consultor da Comissão de Juristas, foi fundamental para os novos tratamentos legais a respeito dos animas, na legislação civil.

Destaque-se que não foi incluída a previsão expressa sobre a impossibilidade de prisão civil, pois não há mais proposta de seu tratamento na seção relativa a alimentos, mas como despesas gerais, o que afasta qualquer debate sobre a viabilidade da restrição à liberdade no caso do seu não pagamento. Sobre um dos julgados superiores citados, a conclusão foi no seguinte sentido:

"A solução de questões que envolvem a ruptura da entidade familiar e o seu animal de estimação não pode, de modo algum, desconsiderar o ordenamento jurídico posto – o qual, sem prejuízo de vindouro e oportuno aperfeiçoamento legislativo, não apresenta lacuna e dá respostas aceitáveis a tais demandas –, devendo, todavia, o julgador, ao aplicá-lo, tomar como indispensável balizamento o aspecto afetivo que envolve a relação das pessoas com o seu animal de estimação, bem como a proteção à incolumidade física e à segurança do pet, concebido como ser dotado de sensibilidade e protegido de qualquer forma de crueldade. (...). A relação entre o dono e o seu animal de estimação encontra-se inserida no direito de propriedade e no direito das coisas, com o correspondente reflexo nas normas que definem o regime de bens (no caso, o da união estável). A aplicação de tais regramentos, contudo, submete-se a um filtro de compatibilidade de seus termos com a natureza particular dos animais de estimação, seres que são dotados de sensibilidade, com ênfase na proteção do afeto humano para com os animais. (...). As despesas com o custeio da subsistência dos animais são obrigações inerentes à condição de dono, como se dá, naturalmente com os bens em geral e, com maior relevância, em relação aos animais de estimação, já que a sua subsistência depende do cuidado de seus donos, de forma muito particularizada. Enquanto vigente a união estável, é indiscutível que estas despesas podem e devem ser partilhadas entre os companheiros (*ut* art. 1.315 do Código Civil). Após a dissolução da união estável, esta obrigação pode ou não subsistir, a depender do que as partes voluntariamente estipularem, não se exigindo, para tanto, nenhuma formalidade, ainda que idealmente possa vir a constar do formal de partilha dos bens hauridos durante a união estável. Se, em razão do fim da união, as partes, ainda que verbalmente ou até implicitamente, convencionarem, de comum acordo, que o animal de estimação ficará com um deles, este passará a ser seu único dono, que terá o bônus – e a alegria, digo eu – de desfrutar de sua companhia, arcando, por outro lado, sozinho, com as correlatas despesas" (STJ, REsp 1.944.228/SP, 3.ª Turma, Rel. Min. Ricardo Villas Bôas Cueva, Rel. p/ Acórdão Min. Marco Aurélio Bellizze, j. 18.10.2022, *DJe* 07.11.2022).

Em muitos aspectos, não se pode negar, o que se propõe como Reforma para o Código Civil sobre o tema dos animais foi adotado nesse importante precedente.

Encerrando o estudo dos efeitos pessoais do casamento, de acordo com o art. 1.570 do CC, eventualmente, a administração da sociedade conjugal e a direção da família poderão ser exercidas exclusivamente por um dos cônjuges, estando o outro: *a)* em lugar remoto ou não sabido; *b)* encarcerado por mais de 180 dias; e *c)* interditado judicialmente ou privado, episodicamente, de consciência, em virtude de enfermidade ou de acidente. Ilustrando, a jurisprudência do Tribunal Fluminense já discutiu a incidência da norma no seguinte aresto:

"Requerimento de alvará para autorização judicial com vistas à gestão da administração do lar conjugal pela mulher. Caracterização de situação de episódica falta de discernimento pelo varão. Sentença de extinção do processo por apontada impossibilidade jurídica do pedido. Inconsistência do referido fundamento, de vez que inocorrente qualquer vedação do ordenamento jurídico à pretensão em tela. Amparo do pedido pelos arts. 1.567, parágrafo único, e 1.570 do novo Código Civil. Situação, além disso, respaldada pelo disposto no art. 1.109, CPC, que dispensa expressamente o órgão judicial de observância da legalidade estrita. Necessidade de dilação probatória. Anulação da sentença. Provimento do apelo" (TJRJ, Acórdão 2005.001.50995, 3.ª Câmara Cível, Rel. Des. Luiz Fernando de Carvalho, j. 25.04.2006).

A aplicação do comando pelo julgamento parece-me perfeita, não merecendo qualquer reparo técnico.

Encerro o tópico pontuando que, assim como as outras projeções do Projeto de Reforma do Código Civil, inclui-se no art. 1.570 a menção aos conviventes, para que passe a preceituar o seguinte, sem qualquer outra modificação na essência: "se qualquer dos cônjuges ou conviventes estiver em lugar remoto ou não sabido, encarcerado por mais de cento e oitenta dias, interditado judicialmente ou privado, episodicamente, de consciência, em virtude de enfermidade ou de acidente, o outro exercerá com exclusividade a direção da família, cabendo-lhe a administração dos bens".

CAP. 8 • DIREITO DE FAMÍLIA | **1411**

Aguarda-se, portanto, a aprovação de todas as propostas formuladas, na linha da necessária equiparação das duas entidades familiares, sempre que isso for possível.

## 8.3.7 Efeitos patrimoniais do casamento. Regime de bens

### 8.3.7.1 *Conceito de regime de bens e seus princípios. Da ação de alteração do regime de bens*

O regime matrimonial de bens pode ser conceituado como sendo o conjunto de regras de ordem privada relacionadas com interesses patrimoniais ou econômicos resultantes da entidade familiar. O CC/2002 traz, entre os seus arts. 1.639 a 1.688, regras relacionadas ao casamento, mas que também podem e devem ser aplicadas a outras entidades familiares, caso da união estável, seja homo, seja heteroafetiva.

Nesse sentido, a Comissão de Juristas nomeada no Senado Federal para a Reforma do Código Civil sugere que o título relativo ao regime de bens e ao direito patrimonial também se aplique à união estável, por força expressa da lei, passando a ser denominado "Do Regime de Bens entre os Cônjuges e Conviventes".

Pois bem, diante da aprovação da Emenda Constitucional 66/2010 (*Emenda do Divórcio*), que, segundo a corrente seguida por mim, baniu do sistema familiarista todas as formas de separação jurídica – incluindo a separação judicial e a extrajudicial –, um apontamento deve ser feito. Isso, diante de várias menções à *dissolução da sociedade conjugal* em regras relativas ao regime de bens. É notório que o divórcio põe fim ao casamento e também à sociedade conjugal, sendo certo que uma vez extinto o primeiro também estará finda a segunda categoria. Desse modo, onde se lê nos dispositivos *dissolução da sociedade conjugal*, pode-se entender *dissolução do casamento e da sociedade conjugal*. O esclarecimento de Paulo Lôbo segue tal raciocínio, merecendo destaque as suas palavras:

> "Agora, com o desaparecimento da tutela constitucional da separação judicial, cessaram a finalidade e a utilidade da dissolução da sociedade conjugal, porque esta está absorvida inteiramente pela dissolução do vínculo, não restando qualquer hipótese autônoma. Por tais razões, perdeu sentido o *caput* do art. 1.571 do Código Civil de 2002, que disciplina as hipóteses de dissolução da sociedade conjugal: morte, invalidade do casamento, separação judicial e divórcio. Excluindo-se a separação judicial, as demais hipóteses alcançam diretamente a dissolução do vínculo conjugal ou casamento; a morte, a invalidação e o divórcio dissolvem o casamento e *a fortiori* a sociedade conjugal".[74]

Acrescente-se que a minha posição doutrinária foi mantida mesmo tendo o CPC/2015 tratado da separação jurídica ou de direito em vários de seus preceitos. Em verdade, tais dispositivos instrumentais devem ser tidos como inconstitucionais perante a Emenda do Divórcio, tema que ainda será aqui aprofundado no presente capítulo da obra, com destaque para a decisão do STF que seguiu tal posição, com repercussão geral e prolatada em novembro de 2023 (STF, RE 1.167.478/RJ, Tribunal Pleno, Rel. Min. Luiz Fux, Tema 1.053, j. 08.11.2023).

Feito tal esclarecimento, o regime de bens é regido pelos seguintes princípios fundamentais:

---

[74] LÔBO, Paulo. *Divórcio*: alteração constitucional e suas consequências. Disponível em: <http://www.ibdfam. org.br/?artigos&artigo=570>. Acesso em: 12 fev. 2010.

a) *Princípio da autonomia privada.* Trata-se do direito dos cônjuges de regulamentar as questões patrimoniais, retirado do art. 1.639, *caput,* do CC, *in verbis:* "é lícito aos nubentes, antes de celebrado o casamento, estipular, quanto aos seus bens, o que lhes aprouver". O exercício da autonomia privada se dá pelo pacto antenupcial, em regra, que não pode contrariar os preceitos de ordem pública. Sendo assim, podem os cônjuges escolher outro regime que não seja o regime legal (comunhão parcial de bens); fazendo opção pela comunhão universal, pela participação final nos aquestos ou pela separação de bens. É possível, ainda, a criação de um *regime misto,* combinando as regras dos regimes previstos em lei. Nesse sentido, o Enunciado n. 331 do CJF/STJ, da *IV Jornada de Direito Civil:* "o estatuto patrimonial do casal pode ser definido por escolha de regime de bens distinto daqueles tipificados no Código Civil (art. 1.639 e parágrafo único do art. 1.640), e, para efeito de fiel observância do disposto no art. 1.528 do Código Civil, cumpre certificação a respeito, nos autos do processo de habilitação matrimonial". Na mesma linha, o Enunciado n. 80 da *I Jornada de Direito Notarial e Registral,* em agosto do ano de 2022: "podem os cônjuges ou companheiros escolher outro regime de bens além do rol previsto no Código Civil, combinando regras dos regimes existentes (regime misto)". Destaque-se que o *regime misto* tem sido a opção de muitos casais na atualidade, principalmente compostos por profissionais liberais que efetivamente trabalham fora de casa, e que pretendem afastar uma indesejada comunhão de todos os bens havidos durante a união. Ilustrando, é possível convencionar uma comunhão parcial de bens em relação a imóveis e uma separação de bens quanto aos móveis (caso do dinheiro). Em acréscimo a tal convenção, é possível acertar que somente haverá comunicação de valores que forem depositados em determinada conta bancária conjunta do casal. No atual Projeto de Reforma do Código Civil, como não poderia ser diferente, há proposta de se inserir essa opção expressa na Lei Geral Privada, na nova redação do seu art. 1.640, especialmente no seu projetado § 2.º: "é lícito aos cônjuges ou conviventes criar regime atípico ou misto, conjugando regras dos regimes previstos neste Código, desde que não haja contrariedade a normas cogentes ou de ordem pública". Aguarda-se, portanto, a sua aprovação pelo Parlamento Brasileiro, uma vez que só expressa o entendimento hoje considerado como majoritário.

b) *Princípio da indivisibilidade do regime de bens.* Apesar de ser possível juridicamente a criação de outros regimes que não estejam previstos em lei, não é lícito fracionar os regimes em relação aos cônjuges. Em outras palavras, o regime é único para ambos os consortes, diante da isonomia constitucional entre marido e mulher.

c) *Princípio da variedade de regime de bens.* O Código Civil de 2002 consagra quatro possibilidades de regimes de bens aos nubentes. No silêncio das partes, prevalecerá o regime da comunhão parcial, que é o *regime legal* ou *supletório* (art. 1.640, *caput,* do CC). O regime de bens adotado começa a vigorar desde a data do casamento (art. 1.639, § 1.º, do CC). De todo modo, diante de sua reduzidíssima aplicação prática, a Comissão de Juristas encarregada da Reforma do Código Civil sugere a retirada do regime da participação final nos aquestos do sistema privado. Também se almeja a exclusão da separação obrigatória, por representar uma excessiva e desmedida intervenção na vida das pessoas. Tratarei desses assuntos mais à frente.

d) *Princípio da mutabilidade justificada.* Ao contrário da codificação anterior, o art. 1.639, § 2.º, do CC/2002, possibilita a alteração do regime de bens, mediante autorização

CAP. 8 • DIREITO DE FAMÍLIA | **1413**

judicial, em pedido motivado de ambos os nubentes, apurada a procedência das razões invocadas e desde que ressalvados os direitos de terceiros.

O último princípio merece aprofundamentos, diante de sua grande aplicação prática. O tema deve ser atualizado perante o Código de Processo Civil de 2015 que, em seu art. 734, trata dos procedimentos especiais quanto a essa ação de alteração do regime de bens.

De início, cumpre destacar que a norma civil é clara, no sentido de somente admitir a alteração do regime mediante *pedido judicial* de ambos os cônjuges (*ação de alteração do regime de bens*, que segue jurisdição voluntária e corre na Vara da Família, se houver).

Em projeções legislativas, há tentativa de se criar a possibilidade de alteração administrativa do regime de bens, por meio de escritura pública, conforme o *Projeto de Estatuto das Famílias* e o *Projeto de Lei de Desburocratização*, que contaram com a minha atuação.

Também se propõe o mesmo pelo Projeto de Reforma do Código Civil, elaborado pela Comissão de Juristas nomeada no Senado Federal, e do qual fui um dos seus Relatores--Gerais. Segue-se novamente a linha da necessária *desjudicialização*, para *destravar a vida das pessoas*, expressão que tenho constantemente utilizado. Propõe-se, nesse contexto, que o § 2.º do seu art. 1.639 passe a prever que, "depois da celebração do casamento ou do estabelecimento da união estável, o regime de bens pode ser modificado por escritura pública e só produz efeitos a partir do ato de alteração, ressalvados os direitos de terceiros".

Atende-se, assim, ao antigo pleito doutrinário no sentido de que a alteração do regime de bens, especialmente no casamento, pode ser feita por escritura pública, perante o Tabelionato de Notas, sem a necessidade de ser judicializada a questão, como é na realidade atual, com um entrave desnecessário e injustificável para os dias de hoje. Ora, se o casamento é celebrado e dissolvido extrajudicialmente, não há razão plausível para que a mudança do regime de bens seja feita apenas no plano judicial.

O Código de Processo Civil de 2015 confirmou a necessidade de uma ação judicial para tanto, cabendo trazer a lume a regra do seu art. 734, *caput*: "a alteração do regime de bens do casamento, observados os requisitos legais, poderá ser requerida, motivadamente, em petição assinada por ambos os cônjuges, na qual serão expostas as razões que justificam a alteração, ressalvados os direitos de terceiros". Na verdade, a reafirmação da necessidade de uma demanda judicial no CPC/2015 já nasceu desatualizada diante de outras projeções mais avançadas e da posição da doutrina.

Nos termos do CC/2002 e do CPC/2015, a alteração somente é possível se for fundada em "pedido motivado" ou "motivadamente", desde que "apurada a procedência das razões invocadas". Esse *justo motivo* constitui uma cláusula geral, a ser preenchida pelo juiz caso a caso, à luz da operabilidade. Como primeiro exemplo, repise-se o desaparecimento de causa suspensiva do casamento, sendo possível alterar o regime da separação obrigatória de bens para outro (Enunciado n. 262 do CJF/STJ). Como segundo exemplo, a jurisprudência paulista já deferiu a alteração, diante de dificuldades contratuais encontradas por um dos consortes:

> "Regime de Bens. Pedido de alteração do regime de comunhão parcial de bens para o de separação total. Alegação de dificuldade de contratação de financiamento para aquisição de imóvel residencial, por força das dívidas contraídas pelo cônjuge varão. Preenchimento dos requisitos previstos no art. 1.639, § 2.º, do Código Civil verificado. Ausência de óbice à alteração do regime de bens do casamento. Medida que não acarretará prejuízo algum aos cônjuges ou aos filhos. Terceiros que não serão atingidos pela alteração, que gerará efeitos apenas '*ex nunc*'. Alteração determinada. Recurso provido" (TJSP, Apelação com Revisão 600.593.4/4, Acórdão 4048973,

1.ª Câmara de Direito Privado, São Paulo, Rel. Des. Luiz Antonio de Godoy, j. 08.09.2009, *DJESP* 06.11.2009).

Como terceira concreção de justo motivo para a alteração do regime de bens, entendeu o Superior Tribunal de Justiça que a existência de entraves empresariais enquadra-se na cláusula geral contida no art. 1.639, § 2.º, do CC/2002: "é possível a alteração do regime da comunhão parcial para o regime da separação convencional de bens sob a justificativa de que há divergência entre os cônjuges quanto à constituição, por um deles e por terceiro, de sociedade limitada, o que implicaria risco ao patrimônio do casal, ainda que não haja prova da existência de patrimônio comum entre os cônjuges e desde que sejam ressalvados os direitos de terceiros, inclusive dos entes públicos". Do *decisum* ainda se extrai a correta ponderação de que "a melhor interpretação que se deve conferir ao art. 1.639, § 2.º, do CC/2002 é a que não exige dos cônjuges justificativas exageradas ou provas concretas do prejuízo na manutenção do regime de bens originário, sob pena de esquadrinhar indevidamente a própria intimidade e a vida privada dos consortes" (STJ, REsp 1.119.462/MG, Rel. Min. Luis Felipe Salomão, j. 26.02.2013, publicada no seu *Informativo* n. *518*).

Do ano de 2021, destaco dois arestos da Terceira Turma da Corte, compartilhando essa forma de julgar. Vejamos o primeiro deles:

> "A melhor interpretação que se pode conferir ao referido artigo é aquela no sentido de não se exigir dos cônjuges justificativas ou provas exageradas, sobretudo diante do fato de a decisão que concede a modificação do regime de bens operar efeitos *ex nunc*. Isso porque, na sociedade conjugal contemporânea, estruturada de acordo com os ditames assentados na Constituição de 1988, devem ser observados – seja por particulares, seja pela coletividade, seja pelo Estado – os limites impostos para garantia da dignidade da pessoa humana, dos quais decorrem a proteção da vida privada e da intimidade, sob o risco de, em situações como a que ora se examina, tolher indevidamente a liberdade dos cônjuges no que concerne à faculdade de escolha da melhor forma de condução da vida em comum" (STJ, REsp 1.904.498/SP, 3.ª Turma, Rel. Min. Nancy Andrighi, j. 04.05.2021, *DJe* 06.05.2021).

O segundo acórdão repete exatamente a mesma fundamentação (STJ, REsp 1.947.749/SP, 3.ª Turma, Rel. Min. Nancy Andrighi, j. 14.09.2021, *DJe* 16.09.2021).

De toda sorte, tem-se entendido de forma majoritária pela desnecessidade de motivação para que o regime de bens seja alterado judicialmente, eis que se trata de uma exigência excessiva constante da lei. Em suma, há uma intervenção dispensável do Estado nas questões familiares, o que fere o princípio da não intervenção, previsto no art. 1.513 do CC/2002 e de outros regramentos do Direito de Família, afirmação que por mim é compartilhada doutrinariamente. Com esse sentir, decisão do pioneiro Tribunal Gaúcho, de relatoria do Des. Luiz Felipe Brasil Santos, que conta com o meu apoio doutrinário:

> "Apelação cível. Regime de bens. Modificação. Inteligência do art. 1.639, § 2.º, do Código Civil. Dispensa de consistente motivação. 1. Estando expressamente ressalvados os interesses de terceiros (art. 1.639, § 2.º, do CCB), em relação aos quais será ineficaz a alteração de regime, não vejo motivo para o Estado-Juiz negar a modificação pretendida. Trata-se de indevida e injustificada ingerência na autonomia de vontade das partes. Basta que os requerentes afirmem que o novo regime escolhido melhor atende seus anseios pessoais que se terá por preenchida a exigência legal, ressalvando-se, é claro, a suspeita de eventual má-fé de um dos cônjuges em relação ao outro. Três argumentos principais militam em prol dessa exegese liberalizante, a saber: 1) não há qualquer exigência de apontar motivos para a escolha original do

CAP. 8 · DIREITO DE FAMÍLIA | **1415**

regime de bens quando do casamento; 2) nada obstaria que os cônjuges, vendo negada sua pretensão, simulem um divórcio e contraiam novo casamento, com opção por regime de bens diverso; 3) sendo atualmente possível o desfazimento extrajudicial do próprio casamento, sem necessidade de submeter ao Poder Judiciário as causas para tal, é ilógica essa exigência quanto à singela alteração do regime de bens. 2. Não há qualquer óbice a que a modificação do regime de bens se dê com efeito retroativo à data do casamento, pois, como já dito, ressalvados estão os direitos de terceiros. E, sendo retroativos os efeitos, na medida em que os requerentes pretendem adotar o regime da separação total de bens, nada mais natural (e até exigível, pode-se dizer) que realizem a partilha do patrimônio comum de que são titulares. 3. Em se tratando de feito de jurisdição voluntária, invocável a regra do art. 1.109 do CPC, para afastar o critério de legalidade estrita, decidindo-se o processo de acordo com o que se repute mais conveniente ou oportuno (critério de equidade). Deram provimento. Unânime" (TJRS, Apelação Cível 172902-66.2011.8.21.7000, 8.ª Câmara Cível, Marcelino Ramos, Rel. Des. Luiz Felipe Brasil Santos, j. 28.07.2011, *DJERS* 04.08.2011).

Em suma, tem-se mitigado jurisprudencialmente a estrita exigência normativa do art. 1.639, § 2.º, do CC/2002, o que vem em boa hora, pois são os cônjuges aqueles que têm a melhor consciência sobre os embaraços que o regime de bens adotado pode gerar em sua vida cotidiana. A interpretação deve ser a mesma no que diz respeito ao Código de Processo Civil de 2015, que nasceu desatualizado também ao exigir o pedido motivado para a alteração do regime de bens.

O Projeto de Reforma do Código Civil, como visto, retira-se qualquer motivação para a alteração do regime de bens, que poderá ser feita no âmbito extrajudicial, perante o Tabelionato de Notas.

Igualmente nos termos do CC/2002 e do CPC/2015, a alteração do regime de bens não poderá prejudicar os direitos de terceiros, em uma intenção de proteger a boa-fé objetiva e desprestigiar a má-fé. Pelas dicções literais das normas, de forma alguma essa alteração do regime poderá ser utilizada com intuito de fraude, inclusive tributária. Alguns julgados têm exigido cabalmente a prova de ausência de prejuízos a terceiros (TJSP, Apelação 644.416.4/0, Acórdão 4168081, 4.ª Câmara de Direito Privado, Boituva, Rel. Des. Ênio Santarelli Zuliani, j. 29.10.2009, *DJESP* 10.12.2009). Na mesma linha, o Enunciado n. 113 do CJF/STJ, aprovado na *I Jornada de Direito Civil*: "é admissível a alteração do regime de bens entre os cônjuges, quando então o pedido, devidamente motivado e assinado por ambos os cônjuges, será objeto de autorização judicial, com ressalva dos direitos de terceiros, inclusive dos entes públicos, após perquirição de inexistência de dívida de qualquer natureza, exigida ampla publicidade".

De qualquer forma, destaque-se que, havendo prejuízo para terceiros de boa-fé, a alteração do regime deve ser reconhecida como meramente ineficaz em relação a estes, o que não prejudica a sua validade e eficácia entre as partes. Como bem explica a Desembargadora do Tribunal Paulista Débora Brandão, "o resguardo dos direitos de terceiros por si só não tem o condão de obstar a mutabilidade do regime de bens. Aponta-se como solução para ele a elaboração de um sistema registral eficiente, tanto do pacto antenupcial como de suas posteriores modificações, para devida publicidade nas relações entre os cônjuges a terceiros e a produção de efeitos, ou seja, a alteração só produziria efeitos em relação a terceiros após a devida publicidade da sentença, cuja natureza é constitutiva, restando inalterados todos os negócios posteriormente praticados. Respeita-se, dessa forma, o ato jurídico perfeito".[75]

---

[75] BRANDÃO, Débora Vanessa Caús. *Regime de Bens no Código Civil*. 2. ed. São Paulo: Saraiva, 2007. p. 103.

Concluindo nessa esteira, no âmbito jurisprudencial: "a alteração do regime de bens não tem efeito em relação aos credores de boa-fé, cujos créditos foram constituídos à época do regime de bens anterior" (TJRS, Agravo de Instrumento 70038227633, 8.ª Câmara Cível, Porto Alegre, Rel. Des. Rui Portanova, j. 24.08.2010, *DJERS* 30.08.2010). O acórdão julgou pela desnecessidade de prova, pelos cônjuges, da inexistência de ações judiciais ou de dívidas, pois isso não prejudica a eficácia da alteração do regime entre os cônjuges. Em síntese, não se seguiu a linha do citado Enunciado n. 113 do CJF/STJ, pois a perquirição da existência de dívidas ou demandas não seria uma exigência para a modificação do regime. Houve, nesse contexto, um abrandamento do texto do art. 1.639, § 2.º, do CC/2002, servindo a mesma conclusão para o art. 734, *caput*, do CPC/2015.

A questão, todavia, não é pacífica, uma vez que outras decisões exigem tal prova, para que a alteração patrimonial seja considerada idônea e, então, deferida pelo juiz da causa (ver, também: TJDF, Recurso 2006.01.1.036489-5, Acórdão 386.017, 6.ª Turma Cível, Rel. Des. Luis Gustavo B. de Oliveira, *DJDFTE* 12.11.2009, p. 121). A questão, como se percebe, é polêmica, devendo ser aprofundada com a emergência do novel Estatuto Processual.

Aliás, expressa o § 1.º do art. 734 do CPC/2015 que, ao receber a petição inicial da ação de alteração de regime de bens, o juiz determinará a intimação do Ministério Público e a publicação de edital que divulgue a pretendida modificação, somente podendo decidir o juiz depois de decorrido o prazo de 30 dias da publicação do edital. Como se vê, o Estatuto Processual aprofunda a preocupação com a possibilidade de fraudes, determinando a atuação do MP, mesmo não havendo interesses de incapazes. A preocupação é excessiva e desatualizada perante a doutrina e jurisprudência pronunciadas na vigência do Código Civil Brasileiro de 2002, especialmente pelo fato de que a alteração de regime de bens envolve interesses privados ou particulares.

Justamente por isso, a atuação do Ministério Público somente deve se dar em casos que envolvam interesses de incapazes, ou em que esteja presente alguma matéria cogente ou de ordem pública. Nesse sentido, na *III Jornada de Direito Processual Civil*, promovida pelo Conselho da Justiça Federal com o apoio do Superior Tribunal de Justiça em setembro de 2023, aprovou-se o Enunciado n. 177, prevendo que "no procedimento de alteração de regime de bens, a intimação do Ministério Público prevista no art. 734, § 1.º, do CPC somente se dará nos casos dos arts. 178 e 721 do CPC". Como não poderia ser diferente, fui um dos defensores da ementa doutrinária na plenária daquele evento.

Destaco que, no Projeto de Reforma e Atualização do Código Civil, o art. 734 do CPC também é substancialmente alterado, passando a prever, de forma objetiva e direta, que "a alteração do regime de bens do casamento ou da união estável, observados os requisitos legais, poderá ser requerida no âmbito judicial ou extrajudicial, perante o juiz ou o Tabelionato de Notas, desde que consensual, em pedido assinado por ambos os cônjuges ou conviventes, e desde que assistidos por advogado ou defensor público. § 1º Revogado. § 2º Revogado. § 3º Revogado. § 4º A alteração do regime de bens não terá eficácia retroativa".

De fato, além dos pontos antes desenvolvidos e em prol da simplificação, não há razão para se impor aos cônjuges a justificação para a mudança do regime de bens, não havendo também qualquer razão para se exigir a atuação do MP, por se tratar de questão estritamente patrimonial.

Voltando-se ao sistema atual, deve ficar claro que mesmo atualmente os efeitos da alteração do regime são *ex nunc*, a partir do trânsito em julgado da decisão, o que é óbvio, por uma questão de eficácia patrimonial (nesse sentido, além de ementa antes transcrita, do Tribunal Paulista: STJ, REsp 1.300.036/MT, 3.ª Turma, Rel. Min. Paulo de Tarso Sanseverino, j. 13.05.2014, *DJe* 20.05.2014; TJRS, Apelação Cível 374932-56.2012.8.21.7000,

7.ª Câmara Cível, Carazinho, Rel. Des. Sérgio Fernando de Vasconcellos Chaves, j. 24.10.2012, *DJERS* 30.10.2012; TJSP, Apelação 0013056-15.2007.8.26.0533, Acórdão 5065672, 9.ª Câmara de Direito Privado, Santa Bárbara d'Oeste, Rel. Des. Viviani Nicolau, j. 12.04.2011, *DJESP* 1.º.06.2011).

Esclareça-se que a natureza desses efeitos é capaz de afastar a necessidade de prova da ausência de prejuízos a terceiros pelos cônjuges, para que a alteração do regime de bens seja deferida. Ademais, eventuais efeitos *ex tunc* fariam que o regime de bens anterior não tivesse eficácia, atingindo um ato jurídico perfeito, constituído por vontade dos cônjuges.

Aprofunde-se, contudo, que, no caso de mudança do regime para a comunhão universal de bens, há comunicação dos bens anteriores ao casamento. Dessa maneira, a alteração atinge bens anteriores, o que não decorre da alteração do regime em si, mas dos efeitos próprios da comunhão universal e da comunicação total dos aquestos, a atingir os bens cuja aquisição têm causa anterior ao casamento. Assim decidiu o Superior Tribunal de Justiça, em aresto de 2023, que causou certa confusão e rumor entre os estudiosos, pela forma como foi publicada, mencionando efeitos *ex tunc* e com a seguinte ementa:

"Recurso especial. Civil e processual civil. Direito de família. Casamento. Alteração do regime de bens de separação total para comunhão universal. Retroação à data do matrimônio. Eficácia 'ex tunc'. Manifestação expressa de vontade das partes. Corolário lógico do novo regime. Recurso especial provido. 1. Nos termos do art. 1.639, § 2.º, do Código Civil de 2002, 'é admissível alteração do regime de bens, mediante autorização judicial em pedido motivado de ambos os cônjuges, apurada a procedência das razões invocadas e ressalvados os direitos de terceiros'. 2. A eficácia ordinária da modificação de regime de bens é 'ex nunc', valendo apenas para o futuro, permitindo-se a eficácia retroativa ('ex tunc'), a pedido dos interessados, se o novo regime adotado amplia as garantias patrimoniais, consolidando, ainda mais, a sociedade conjugal. 3. A retroatividade será corolário lógico do ato se o novo regime for o da comunhão universal, pois a comunicação de todos os bens dos cônjuges, presentes e futuros, é pressuposto da universalidade da comunhão, conforme determina o art. 1.667 do Código Civil de 2002. 4. A própria lei já ressalva os direitos de terceiros que eventualmente se considerem prejudicados, de modo que a modificação do regime de bens será considerada ineficaz em relação a eles (art. 1.639, § 2.º, parte final). 5. Recurso especial provido, para que a alteração do regime de bens de separação total para comunhão universal tenha efeitos desde a data da celebração do matrimônio ('ex tunc')" (STJ, REsp 1.671.422/SP, 4.ª Turma, Rel. Min. Raul Araújo, j. 25.04.2023, *DJe* 30.05.2023).

De todo modo, lendo o acórdão, a conclusão foi exatamente essa que acabei de expor: a suposta eficácia retroativa decorre dos efeitos do regime da comunhão universal e não simplesmente da alteração do regime.

No Projeto de Reforma do Código Civil, repise-se, a ideia adotada será pela impossibilidade de qualquer efeito retroativo para a alteração do regime, seja judicial, seja extrajudicial, pela proposta de alteração do art. 734 do CPC/2015.

Seguindo no estudo do tema, como importante questão de direito intertemporal, entende-se que é possível alterar o regime de bens de casamento celebrado na vigência do CC/1916. Trata-se de aplicação do art. 2.035, *caput*, do CC, e da *Escada Ponteana*. Nos termos desse comando legal, quanto ao plano da validade deve ser aplicada a norma do momento de celebração ou constituição do negócio. Em relação ao plano da eficácia – onde se situa o regime de bens –, incide a norma do momento da produção dos efeitos. Exemplificando, se o casamento foi celebrado em 1973, é possível alterar hoje o regime de bens, pois a localização categórica é no plano dos efeitos.

**1418** | MANUAL DE DIREITO CIVIL • VOLUME ÚNICO – *Flávio Tartuce*

Doutrinariamente, tal conclusão já constava do Enunciado n. 260 do CJF/STJ, da *III Jornada de Direito Civil*: "Arts. 1.639, § 2.º, e 2.039: A alteração do regime de bens prevista no § 2.º do art. 1.639 do Código Civil também é permitida nos casamentos realizados na vigência da legislação anterior". Em 2005 o STJ exarou importante precedente, atualmente acompanhado por outros Tribunais:

> "Civil. Regime matrimonial de bens. Alteração judicial. Casamento ocorrido sob a égide do CC/1916 (Lei 3.071). Possibilidade. Art. 2.039 do CC/2002 (Lei 10.406). Correntes doutrinárias. Art. 1.639, § 2.º, c/c art. 2.035 do CC/2002. Norma geral de aplicação imediata. 1 – Apresenta-se razoável, *in casu*, não considerar o art. 2.039 do CC/2002 como óbice à aplicação de norma geral, constante do art. 1.639, § 2.º, do CC/2002, concernente à alteração incidental de regime de bens nos casamentos ocorridos sob a égide do CC/1916, desde que ressalvados os direitos de terceiros e apuradas as razões invocadas pelos cônjuges para tal pedido, não havendo que se falar em retroatividade legal, vedada nos termos do art. 5.º, XXXVI, da CF/1988, mas, ao revés, nos termos do art. 2.035 do CC/2002, em aplicação de norma geral com efeitos imediatos. 2 – Recurso conhecido e provido pela alínea 'a' para, admitindo-se a possibilidade de alteração do regime de bens adotado por ocasião de matrimônio realizado sob o pálio do CC/1916, determinar o retorno dos autos às instâncias ordinárias a fim de que procedam à análise do pedido, nos termos do art. 1.639, § 2.º, do CC/2002" (STJ, REsp 730.546/MG, 4.ª Turma, Rel. Min. Jorge Scartezzini, j. 23.08.2005, *DJ* 03.10.2005, p. 279).

Esclareça-se o art. 2.039 do CC/2002, que poderia trazer conclusão em contrário e cuja redação é a seguinte: "o regime de bens nos casamentos celebrados na vigência do Código Civil anterior, Lei 3.071, de 1.º de janeiro de 1916, é o por ele estabelecido". Um dos primeiros juristas brasileiros a perceber a real intenção do legislador foi Euclides de Oliveira, ao explicar que esse dispositivo legal "apenas determina que, para os casamentos anteriores ao Código Civil de 2002, não poderão ser utilizadas as regras do novo Código Civil referentes às espécies de regime de bens, para efeito de partilha do patrimônio do casal. Ou seja, somente as regras específicas acerca de cada regime é que se aplicam em conformidade com a lei vigente à época da celebração do casamento, mas, quanto às disposições gerais, comuns a todos os regimes, aplica-se o novo Código Civil".[76]

Em síntese, como o art. 1.639, § 2.º, do CC/2002, é uma norma geral quanto ao regime de bens, pode ser aplicada a qualquer casamento (seja anterior ou posterior ao CC/2002), conclusão acatada pelo Tribunal Paulista em 2004 (TJSP, Apelação Cível 320.566-4/0, 10.ª Câmara de Direito Privado, São Paulo, Rel. Marcondes Machado, 08.06.2004, v.u.).

Voltando aos preceitos do CPC/2015, conforme o § 2.º do art. 734, os cônjuges, na petição inicial ou em petição avulsa, podem propor ao juiz meio alternativo de divulgação da alteração do regime de bens, a fim de resguardar direitos de terceiros. Assim, por exemplo, não obsta a divulgação da alteração em um jornal local ou em um sítio da internet. Mais uma vez, há, na minha opinião doutrinária, uma preocupação excessiva com a fraude, na contramão da doutrina e da jurisprudência construídas sob a égide do Código Civil de 2002.

Por fim, demonstrando a mesma preocupação, após o trânsito em julgado da sentença de alteração do regime de bens, serão expedidos mandados de averbação aos cartórios de registro civil e de imóveis. Nos termos do mesmo § 3.º do art. 734 do CPC/2015, caso

---

[76] OLIVEIRA, Euclides de. Alteração do regime de bens no casamento. In: DELGADO, Mário Luiz; ALVES, Jones Figueirêdo (Coords.). *Questões controvertidas no novo Código Civil*. São Paulo: Método, 2003. v. 1, p. 389.

CAP. 8 • DIREITO DE FAMÍLIA | **1419**

qualquer um dos cônjuges seja empresário, deve ser expedido também mandado de averbação ao registro público de empresas mercantis e atividades afins.

### 8.3.7.2 *Regras gerais quanto ao regime de bens*

Constam entre os arts. 1.639 a 1.652 do CC/2002, merecendo especial atenção. O primeiro dispositivo já foi estudado, trazendo os princípios do regime de bens. O art. 1.640 do CC/2002, do mesmo modo abordado, é o comando legal que determina que o regime legal de bens do casamento é o da comunhão parcial, notadamente nos casos de nulidade ou ineficácia da convenção entre os cônjuges, do pacto antenupcial.

A comunhão parcial é o regime legal desde a entrada em vigor da Lei do Divórcio, em 27 de dezembro de 1977 (Lei 6.515/1977). Antes da Lei do Divórcio, o regime legal era o da comunhão universal, sendo certo que muitas gerações se casaram por tal regime. No meu caso (nascido em 1976) e dos meus contemporâneos, é a situação dos nossos pais, avós, bisavós etc.

Complementando a previsão do art. 1.639 a respeito do princípio da autonomia privada, prevê o parágrafo único do art. 1.640 do CC que: "poderão os nubentes, no processo de habilitação, optar por qualquer dos regimes que este código regula. Quanto à forma, reduzir-se-á a termo a opção pela comunhão parcial, fazendo-se o pacto antenupcial por escritura pública, nas demais escolhas".

No Projeto de Reforma do Código Civil, de acordo com o novo *caput* do art. 1.640, sugerido pela Comissão de Juristas, "não havendo convenção, ou sendo ela nula ou ineficaz, vigorará, quanto aos bens entre os cônjuges ou conviventes, o regime da comunhão parcial". Como se pode perceber, mais uma vez há a unificação do tratamento de instituto de Direito de Família tanto em relação ao casamento quanto no que diz respeito à união estável, mantendo-se como regime legal ou *supletório* a comunhão parcial de bens, para ambos.

Ao contrário do que pensam alguns, esse regime deve ser mantido como premissa geral no ordenamento jurídico brasileiro, pois é hoje a opção natural da grande maioria dos brasileiros, que geralmente não procura afastá-lo por convenção por entender ser ele a solução justa e correta para reger as relações patrimoniais do seu casamento ou união estável. Não se verificou, portanto, qualquer justificativa plausível para que, como poucos sustentam, a separação convencional de bens passasse a ser o regime supletório.

Consoante o novo § 1.º do art. 1.640, "poderão os cônjuges ou conviventes optar por qualquer dos regimes que este Código regula e, quanto à forma desta manifestação, reduzir-se-á a termo a opção pela comunhão parcial, fazendo-se o pacto antenupcial por escritura pública, nas demais escolhas". Assim, no caso da união estável, a escolha por outro regime também exige a escritura pública, para o chamado pacto convivencial.

Além disso, como visto, a possibilidade de previsão de regime atípico, além do rol previsto na codificação privada e na linha dos meus comentários, está no novo § 2.º do art. 1.640, *in verbis*: "é lícito aos cônjuges ou conviventes criarem regime atípico ou misto, conjugando regras dos regimes previstos neste Código, desde que não haja contrariedade a normas cogentes ou de ordem pública". Reitere-se que geralmente o regime atípico traz em seu conteúdo a conjugação de outros regimes. Segue-se o modelo dos contratos atípicos, que no geral e igualmente conjugam elementos de outros negócios já existentes, por aplicação do art. 425 do Código Civil. Como outra ilustração além das antes expostas, se os cônjuges ou conviventes assim o quiserem, poderão estipular apenas algumas das regras da participação final nos aquestos, que serão revogadas.

Existe, assim, como foi uma das premissas gerais da Reforma, uma valorização considerável da autonomia privada, da vontade individual e da liberdade, o que guiou o trabalho

# 1420 | MANUAL DE DIREITO CIVIL • VOLUME ÚNICO – *Flávio Tartuce*

da Comissão de Juristas. Tudo isso, desde que não haja contrariedade a normas cogentes ou de ordem pública, o que foi reforçado no projetado art. 1.655 do Código Civil como já é na atualidade, pela menção à "disposição absoluta de lei". Na nova redação proposta para o último dispositivo, mais clara e completa, ficará ele com a seguinte dicção: "é nula de pleno direito a convenção ou cláusula do pacto antenupcial ou convivencial que contravenha disposição absoluta de lei, norma cogente ou de ordem pública, ou que limite a igualdade de direitos que deva corresponder a cada cônjuge ou convivente".

Feitas essas notas, o art. 1.641 do CC é o dispositivo que impõe o regime da separação legal ou obrigatória de bens, *in verbis:*

> I – Das pessoas que contraírem o casamento com inobservância das causas suspensivas do casamento (art. 1.523 do CC).
>
> II – Da pessoa maior de 70 anos. Destaque-se que a norma foi alterada pela Lei 12.344, de 9 de dezembro de 2010, uma vez que a idade antes prevista era de 60 anos.
>
> III – De todos os que dependerem de suprimento judicial para casar, caso dos menores entre 16 e 18 anos, como já exposto.

A norma era considerada de ordem pública para proteção de determinadas pessoas, entendimento que foi alterado com o julgamento do Supremo Tribunal Federal a respeito do assunto, em repercussão geral (Tema 1.236), em relação à sua segunda previsão.

Em relação ao seu inc. II, sempre foi forte a corrente doutrinária e jurisprudencial que sustentava a sua inconstitucionalidade, por trazer situação discriminatória ao idoso, tratando-o como incapaz para o casamento. Na verdade, tal previsão não protege o idoso, mas seus herdeiros, tendo feição estritamente patrimonialista, na contramão da tendência do Direito Privado contemporâneo, de proteger a pessoa humana (*personalização do Direito Civil*).

Reconhecendo doutrinariamente a inconstitucionalidade, o Enunciado n. 125 da *I Jornada de Direito Civil* propunha a revogação do comando. Constou de suas justificativas que: "a norma que torna obrigatório o regime da separação absoluta de bens em razão da idade dos nubentes (qualquer que seja ela) é manifestamente inconstitucional, malferindo o princípio da dignidade da pessoa humana, um dos fundamentos da República, inscrito no pórtico da Carta Magna (art. 1.º, inc. III, da CF/1988). Isso porque introduz um preconceito quanto às pessoas idosas que, somente pelo fato de ultrapassarem determinado patamar etário, passam a gozar da presunção absoluta de incapacidade para alguns atos, como contrair matrimônio pelo regime de bens que melhor consultar seus interesses". Na mesma esteira, são as palavras de Pablo Stolze Gagliano e Rodolfo Pamplona Filho: "o que notamos é uma violência escancarada ao princípio da isonomia, por conta do estabelecimento de uma velada forma de interdição parcial do idoso".[77]

Na jurisprudência, não era diferente a conclusão de alguns arestos, merecendo destaque dois julgados, um do Rio Grande do Sul e outro de São Paulo, pela eminência de sues relatores (TJRS, Apelação 70004348769, 7.ª Câmara Cível, Rel. Maria Berenice Dias, j. 27.03.2003; e TJSP, Apelação Cível 007.512-4/2-00, 2.ª Câmara de Direito Privado Rel. Des. Cézar Peluso, j. 18.08.1998). Na minha opinião doutrinária, o aumento da idade para os 70 anos, conforme a Lei 12.344/2010, não afastou o problema, mantendo-se a tese de inconstitucionalidade.

---

[77] GAGLIANO, Pablo Stolze; PAMPLONA FILHO, Rodolfo. *Novo Curso de Direito Civil*. Direito de Família. São Paulo: Saraiva, 2011. v. 6, p. 325.

Dois projetos de leis que já propunham a revogação do comando merecem destaque. O primeiro, na Câmara dos Deputados e no Senado Federal, era o *Estatuto das Famílias*, proposto pelo IBDFAM. O segundo, no Senado Federal, era o PL 209/2006, de autoria do Senador José Maranhão, estava amparado no parecer da Professora Silmara Juny Chinellato, Titular da USP. No mesmo sentido, o Projeto de Reforma do Código Civil, elaborado pela Comissão de Juristas nomeada pelo Senado Federal, como se verá mais à frente.

Em outubro 2022, o Supremo Tribunal Federal reconheceu repercussão geral a respeito da afirmação de inconstitucionalidade do art. 1.641, inc. II, do Código Civil. Isso se deu nos autos Agravo no Recurso Extraordinário 1.309.642/SP, com a Relatoria do Ministro Luís Roberto Barroso (Tema 1.236).

Em 1.º de fevereiro de 2024, logo na volta das atividades da Corte após o recesso, a questão acabou por ser julgada, concluindo o Tribunal, de forma unânime, que o regime da separação obrigatória de bens nos casamentos e uniões estáveis envolvendo pessoas com mais de setenta anos pode ser alterado pela vontade das partes, pelo exercício da autonomia privada, desde que seja feito por escritura pública, a ser lavrada no Tabelionato de Notas.

De forma totalmente surpreendente, portanto, em afirmação não defendida por qualquer doutrinador de que se tenha notícia ou por qualquer Tribunal Brasileiro, inclusive no Superior Tribunal de Justiça, o Supremo Tribunal Federal inaugurou a tese segundo a qual o art. 1.641, inc. II, do Código Civil é norma dispositiva ou de ordem privada – e não norma cogente ou de ordem pública, como antes se sustentava de forma unânime –, podendo ser afastada por convenção entre as partes.

Apesar da afirmação dos Ministros, quando do julgamento, no sentido de que manter essa obrigatoriedade da separação legal de bens desrespeitaria o direito de autodeterminação das pessoas idosas, a verdade é que não se declarou inconstitucional o preceito, como parte considerável da doutrina entendia, fazendo que a norma continue em plena vigência no ordenamento jurídico brasileiro.

Com o devido respeito – aos julgadores e aos que *cantaram vitória* com o *decisum*, em prol da liberdade –, entendo que, por continuar a ser a regra geral no nosso sistema civil, a vontade das pessoas idosas continua sendo aviltada. De todo modo, há possibilidade de se afastar a previsão extrajudicialmente pela escritura pública, lavrada em Tabelionato de Notas, o que está na contramão da tendência de redução das burocracias para os atos existenciais familiares, percebida, por exemplo, com a entrada em vigor da Lei 14.382/2022, conhecida como Lei do SERP (Sistema Eletrônico de Registros Públicos). Sem falar que, pelos seus custos, a escritura pública não é acessível para grande parte da população.

A Corte também entendeu que, além da opção da escritura pública, as pessoas acima dos setenta anos que sejam casadas ou vivam em união estável até a data do julgamento podem alterar o regime de bens por meio de uma ação judicial, nos termos do art. 1.639, § 2.º, do Código Civil e do art. 734 do Código de Processo Civil, o que já era admitido por alguns poucos julgados. E, em todos os casos, a alteração produzirá efeitos patrimoniais apenas para o futuro, ou seja, efeitos *ex nunc*, e não *ex tunc*. Nesse contexto, para os casamentos e uniões estáveis firmados antes do julgamento, as partes podem manifestar imediatamente – perante o juiz ou o Tabelião – a sua vontade de mudança para outro regime, caso da comunhão parcial, por exemplo, que é o adotado pela grande maioria da população brasileira.

Quanto à modulação dos efeitos da decisão, julgou-se que, em respeito à segurança jurídica, ela somente passa a valer para os casos futuros, sem afetar os processos de herança ou divisão de bens que já estejam em andamento. Foi incluída na decisão do Ministro

Relator a seguinte ressalva: "a presente decisão tem efeitos prospectivos, não afetando as situações jurídicas já definitivamente constituídas".

Ao final, a tese de repercussão geral fixada para o Tema 1.236, para os fins de atingir todos os processos judiciais em curso e os futuros, de todas as instâncias, e até eventual mudança da lei, foi a seguinte: "nos casamentos e uniões estáveis envolvendo pessoa maior de 70 anos, o regime de separação de bens previsto no artigo 1.641, II, do Código Civil, pode ser afastado por expressa manifestação de vontade das partes mediante escritura pública".

Como já adiantei, trata-se de uma conclusão inédita, não encontrada nas páginas da doutrina e em outros julgados, porque até aqui se afirmou que a separação do maior de setenta anos era *totalmente obrigatória*, sem a possibilidade de convenção em contrário, por ser o art. 1.641, inc. II, do Código Civil norma cogente ou de ordem pública. Como separação obrigatória entende-se algo peremptório, que não admite escolhas, que não oferece opções para as partes, que não aceita outros caminhos de planejamento ou convenção pelos consortes ou conviventes, excluindo totalmente o exercício da autonomia privada.

Entendo que o Supremo Tribunal Federal passou a dizer é que não se tem mais, no caso do art. 1.641, inc. II, do Código Civil, uma *separação realmente obrigatória*, pois, muito além da possibilidade de se alterar o regime de bens por meio de uma ação judicial, as partes podem afastar o regime e escolher outro por meio de uma escritura pública. Não se pode negar, portanto, que a separação de bens do maior de setenta anos deixou de ser uma *separação obrigatória*. Passou a ser uma *separação legal*, mas obrigatória não é mais, uma vez que as partes podem convencionar em sentido contrário, afastando a previsão.

Sendo assim, passa-se a haver no sistema civilístico duas separações legais: a *obrigatória* – prevista nos incisos I e III do art. 1.641 do Código Civil; e a *não obrigatória* – que está no inciso II do mesmo dispositivo, para os maiores de setenta anos. Além disso, existem agora *dois regimes legais* ou supletivos, na ausência de previsão em sentido contrário em pacto antenupcial ou contrato de convivência, e com a possibilidade de serem afastados por escritura pública. Para as pessoas em geral, esse regime é o da comunhão parcial de bens, como está no art. 1.640 do Código Civil – para o casamento – e no art. 1.725 do Código Civil – para a união estável. Para as pessoas maiores de setenta anos, o regime que vale como regra geral é a separação legal de bens, na linha do que foi definido pelo Supremo Tribunal Federal, em seu julgamento.

A existência de dois regimes legais confirma a minha afirmação de contínuo aviltamento à vontade dos maiores de setenta anos. Parece-me que a nova decisão, portanto, altera a nossa realidade jurídica a respeito do tema, devendo a matéria ser repensada pelas Cortes Brasileiras e pela doutrina, em dois aspectos principais que trago para debate, sem prejuízo de outros que poderão surgir no futuro.

O primeiro deles diz respeito à Súmula 377 do Supremo Tribunal Federal, que ainda será analisada, com os necessários aprofundamentos. Voltarei a ele mais à frente.

A outra questão de relevo diz respeito à sucessão hereditária, sobretudo quanto à concorrência dos descendentes com o cônjuge ou convivente do falecido. Como está previsto no art. 1.829 do Código Civil – na correta leitura após a decisão do Supremo Tribunal Federal que reconheceu a inconstitucionalidade do art. 1.790 do Código Civil (Temas 498 e 809) –, a sucessão legítima defere-se na ordem seguinte: aos descendentes, em concorrência com o cônjuge ou convivente sobrevivente, salvo se casado este ou se viver em união estável com o falecido, "no regime da comunhão universal, ou no da separação obrigatória de bens (art. 1.640, parágrafo único); ou se, no regime da comunhão parcial, o autor da herança não houver deixado bens particulares".

CAP. 8 • DIREITO DE FAMÍLIA | **1423**

Como se pode notar, é afastada a concorrência sucessória dos descendentes com o cônjuge ou convivente do *de cujus* no "regime da separação obrigatória de bens". Porém, como aqui defendi, não há mais uma autêntica separação obrigatória no caso do inciso II do art. 1.641, pois os cônjuges ou conviventes podem convencionar em sentido contrário, o que traz a conclusão pela concorrência em casos tais, assim como se dá na separação convencional de bens e como restou decidido pela Segunda Seção do Superior Tribunal de Justiça (STJ, REsp 1.382.170/SP, 2.ª Seção, Rel. Min. Moura Ribeiro, Rel. p/ Acórdão Min. João Otávio de Noronha, j. 22.04.2015, *DJe* 26.05.2015). Sendo assim, entendo que esse tema também deverá ser revisto pela jurisprudência do Superior Tribunal de Justiça, sobretudo porque não havia essa opção de convencionar ao contrário antes do novo julgamento do Supremo Tribunal Federal. Voltarei a esse tema no Capítulo 9 deste livro.

Não se pode negar que a nova decisão do Supremo Tribunal Federal intensifica as razões da proposta de Reforma do Código Civil sobre o tema, ora em discussão, que, como já aditando propõe a extinção do regime da separação obrigatória de bens, em todas as suas modalidades.

Desde o início dos debates, houve propostas nesse sentido das Subcomissões de Direito de Família, de Direito Contratual e de Direito das Sucessões nomeadas no âmbito do Senado Federal. Sem dúvidas que seria mais fácil para o nosso trabalho que a separação obrigatória do maior de setenta anos tivesse sido retirada do sistema por julgamento do STF, no seu Tema 1.236, assim como ocorreu com a separação judicial (Tema 1.053).

De todo modo, não tendo sido esse o caminho adotado pela Suprema Corte, a Relatoria-Geral, formada pela Professora Rosa Maria de Andrade Nery e por mim, levou para os debates finais duas propostas para votação pela Comissão de Juristas.

A primeira delas, adotada por mim e seguindo as citadas subcomissões, era de retirada da separação obrigatória do sistema, em todas as situações, fazendo que as questões relativas a eventuais fraudes sejam resolvidas pelos institutos da Teoria Geral do Direito Civil, e de acordo com as peculiaridades do caso concreto, sem sacrificar a vontade de todas as pessoas com idade superior a setenta anos. Dito de outro modo, não seria possível afastar a manifestação de vontade da sociedade brasileira, pelo argumento da fraude, problema que atinge a minoria da população brasileira. Como pontuado, na proposta que prevaleceu e para os fins de uma necessária proteção sem se restringir a autonomia privada, foi mantida e até ampliada, ademais, a hipoteca legal em favor dos filhos, sobre os imóveis do pai ou da mãe que passar a outras núpcias ou estabelecer união estável, antes de fazer o inventário do casal anterior (art. 1.489, inc. II, e atual art. 1.523, inc. I, do Código Civil).

A segunda proposta, da Professora Rosa Maria de Andrade Nery, era no sentido de retirar a imposição do regime da separação obrigatória de bens para a pessoa com idade superior aos setenta anos, mantendo-se apenas para as atuais previsões do art. 1.641, incs. I e III, presente uma causa suspensiva do casamento e no caso de pessoas que dependem de suprimento judicial para se casarem. Também se visava a um novo art. 1.641-A na codificação privada, prevendo que "é vedado o regime da comunhão universal de bens no casamento ou na união estável para os maiores de 80 anos, que tenham herdeiros necessários".

Entre as duas proposições, acabou prevalecendo, por voto da maioria dos membros da Comissão de Juristas, a primeira delas, mais simples e menos limitativa da liberdade, retirando-se do nosso sistema, definitivamente, o regime da separação obrigatória de bens, e revogando-se expressamente o art. 1.641 do CC/2002.

Caberá, agora, ao Parlamento Brasileiro, dentro do regime democrático, decidir entre o sistema atual e o caminho que por nós foi proposto – ou mesmo outro –, sendo certo que a temática representa um dos maiores desafios do Direito de Família e do Direito das

**1424** | MANUAL DE DIREITO CIVIL • VOLUME ÚNICO – *Flávio Tartuce*

Sucessões na atualidade, não tendo encontrado a necessária estabilidade nos mais de vinte anos de vigência do Código Civil de 2002.

Os meus comentários doutrinários e anotações jurisprudenciais evidenciam o verdadeiro *caos* existente sobre o tema em nosso país. E, ainda, para os fins de justificar a nossa proposta prevalecente e com o devido respeito a quem pensa de forma contrária, debates técnicos profundos, desnecessários em muitos casos, e com questões técnicas complicadas até para os mais experientes juristas, nunca se justificaram, ainda mais quando totalmente distantes da realidade e da compreensão pela sociedade. A grande maioria da população sequer entende o início dos debates que dizem respeito à separação obrigatória de bens, um dos assuntos mais complexos de todo o nosso sistema jurídico. Além disso, hoje, com a decisão do STF, aqueles que têm condições financeiras de arcar com uma escritura pública podem afastar o regime da separação obrigatória. Os que não têm, a grande maioria da população brasileira, não podem, o que é totalmente injusto.

Como bem justificou a Subcomissão de Direito de Família – formada por Pablo Stolze Gagliano, Maria Berenice Dias, Rolf Madaleno e pelo Ministro Marco Buzzi, grandes expoentes e especialistas no assunto do Direito Civil Brasileiro –, "o Estado precisava dar mais espaço à vontade de quem pretende autodeterminar o seu próprio destino. Suprimiu-se todo o confuso regramento do regime de participação final nos aquestos, bem como a injustificada, senão inconstitucional, separação obrigatória de bens". Ainda de acordo com eles, "foi proposta a revogação de todo o art. 1.641, com consequente ajuste redacional no art. 1.654. Com a revogação, o instituto da separação obrigatória de bens em razão da idade ou da pseudoconfusão de bens por não haver sido feita a partilha ou o inventário de um relacionamento anterior deixa de existir em nosso sistema. A normatização revogada discrimina as pessoas no tocante à sua capacidade de discernimento, apenas porque septuagenários, assim como é incoerente impor um regime obrigatório de separação de bens por supor que pudessem ser confundidos os bens da relação afetiva anterior com o novo relacionamento conjugal ou convivencial, sabido que toda classe de bens goza de fácil comprovação quanto à sua aquisição, quer se tratem de imóveis, móveis, semoventes, automóveis, depósitos e aplicações financeiras, constituições de sociedades empresárias etc.".

Faço minhas as palavras dos juristas, e espero que esse caminho, de revogação expressa do art. 1.641 do CC, seja o adotado pelo Congresso Nacional Brasileiro.

Superado esse ponto, retornando-se ao sistema vigente, os arts. 1.642 e 1.643 do CC consagram os atos que podem ser praticados por qualquer um dos cônjuges, sem autorização do outro, não importando o regime de bens adotado:

a) Praticar todos os atos de disposição e de administração necessários ao desempenho de sua profissão, com as devidas exceções legais (art. 1.642, inc. I, do CC). Partindo para os exemplos concretos do preceito, em caso envolvendo aval dado por um dos cônjuges, têm entendido as Cortes Estaduais, com razão, que "não há que se falar em nulidade do aval dado pelo marido sem a outorga uxória da esposa, quando referida garantia fidejussória for prestada em razão do exercício da profissão e para a consecução da atividade empresarial, nos termos do art. 1.642 do Código Civil" (TJMG, Apelação Cível 1.0349.15.001428-1/001, Rel. Des. Arnaldo Maciel, j. 06.11.2018, *DJEMG* 08.11.2018. Ver, no mesmo sentido: TJSP, Apelação 0001919-85.2015.8.26.0426, Acórdão 9691848, 38.ª Câmara de Direito Privado, Patrocínio Paulista, Rel. Des. Eduardo Siqueira, j. 10.08.2016, *DJESP* 18.08.2016). Em sentido próximo, também tratando do exercício de profissão e de contrato de mútuo: "Empréstimo para capital de giro. Sócio administrador que assina como devedor solidário. Outorga uxória. Desnecessidade. Aplicação dos ditames do art. 1.642, inciso I, do Código Civil" (TJRJ, Apelação 0024589-86.2013.8.19.0037, 18.ª Câmara Cível, Nova Friburgo, Rel. Des. Eduardo de Azevedo Paiva, *DORJ* 14.06.2018, p. 317). Por fim, tem-se entendido reiteradamente que "a fiança prestada por sócio e devedor solidário da empresa devedora, no exercício de sua atividade de empresário, em contrato bancário, independe da outorga uxória de seu cônjuge, conforme estabelece o art. 1.642, I, do Código Civil" (TJMG, Apelação Cível 1.0180.12.000652-3/001, Rel. Des. Evangelina Castilho Duarte, j. 18.05.2017, *DJEMG* 05.06.2017).

b) Administrar os bens próprios (art. 1.642, inc. II, do CC). Para o Superior Tribunal de Justiça, com razão, a norma alcança a celebração de contrato de arrendamento rural, que não exige a outorga do cônjuge, mesmo quando celebrado com prazo superior a dez anos (STJ, REsp 1.764.873/PR, 3.ª Turma, Rel. Min. Paulo de Tarso Sanseverino, j. 14.05.2019, *DJe* 21.05.2019).

c) Desobrigar ou reivindicar os imóveis que tenham sido gravados ou alienados sem o seu consentimento ou sem suprimento judicial (art. 1.642, inc. III, do CC). Apesar de a lei mencionar a *reivindicação*, o caso é de anulação do ato de alienação ou da instituição real, estando a ação anulatória sujeita a prazo decadencial de dois anos, contados do término do casamento e da sociedade conjugal (art. 1.647 c/c art. 1.649 do CC, atualizados com a EC 66/2010).

d) Demandar a rescisão dos contratos de fiança e doação, ou a invalidação do aval, realizados pelo outro cônjuge com infração do disposto nos incs. III e IV do art. 1.647, dispositivo que será estudado a seguir (art. 1.642, inc. IV, do CC). Novamente, apesar de a lei expressar a rescisão (que gera a extinção por motivo posterior à celebração), o caso é de anulação da fiança e do aval, o que gera a extinção dos mesmos por motivo anterior ou concomitante à celebração (art. 1.647 do CC) no prazo decadencial de dois anos, contados do fim do casamento e da sociedade conjugal (art. 1.649 do CC).

e) Reivindicar os bens comuns, móveis ou imóveis, doados ou transferidos pelo outro cônjuge ao concubino, desde que provado que os bens não foram adquiridos pelo esforço comum destes, se o casal estiver separado de fato por mais de cinco anos (art. 1.642, inc. V, do CC). Por óbvio que esse dispositivo não deve ser aplicado havendo uma união estável entre o doador e o donatário. Mais uma vez, não se trata de reivindicação, mas de anulação da doação, nos termos do art. 550 do CC, norma que trata da matéria com maior especialidade e que deve prevalecer. De toda sorte, conforme exposto no Capítulo 6 desta obra, o último dispositivo tem aplicação restrita às hipóteses de doação ao concubino, merecendo críticas.

f) Praticar todos os atos que não lhes forem vedados expressamente em lei, o que decorre da máxima pela qual, para o Direito Civil, o que não está proibido está permitido (art. 1.642, inc. VI, do CC).

g) Comprar, ainda a crédito, as coisas necessárias à economia doméstica (art. 1.643, inc. I, CC).

h) Obter, por empréstimo, as quantias que a aquisição dessas coisas possa exigir (art. 1.643, inc. II, do CC).

Quanto ao atual Projeto de Reforma do Código Civil, assim como outros dispositivos, a Comissão de Juristas propõe a inclusão da união estável no art. 1.642 do Código Civil, que passará a prever o seguinte: "qualquer que seja o regime de bens, os cônjuges ou os conviventes podem livremente: (...) IV – demandar a invalidação do negócio jurídico, nas hipóteses do art. 1.647; V – anular as doações da pessoa casada ou em união estável a terceiro, na forma do art. 550, e reivindicar os bens comuns, móveis ou imóveis, transferidos pelo outro cônjuge ou convivente a outra pessoa, na hipótese do art. 1.564-D". Como se pode perceber, e na linha dos meus comentários doutrinários, sugere-se resolver o problema do inc. IV, para que passe a mencionar a invalidação do negócio jurídico celebrado sem outorga conjugal ou convivencial, nas hipóteses previstas no art. 1.647.

Também como pontuado nas minhas notas *supra*, em relação ao inciso V, passa-se a mencionar a anulação e posterior reivindicação do bem doado nas situações descritas no art. 1.564 ora projetado, segundo o qual "a relação não eventual entre pessoas impedidas de casar não constitui família". A situação, portanto, é de doação da pessoa casada e não separada a um terceiro com quem mantenha um relacionamento, prevendo a nova redação proposta para o art. 550 da codificação privada o seguinte: "a doação de pessoa casada ou em união estável a terceiro com quem mantenha relação na forma do art. 1.564-D pode ser anulada pelo outro cônjuge ou convivente, ou por seus herdeiros necessários, até dois anos depois de dissolvida a sociedade conjugal ou a união estável".

No mesmo Projeto, também há proposta de se incluir o convivente em união estável no art. 1.643 prevendo, a respeito da administração das economias domésticas, que "podem os cônjuges ou os conviventes, independentemente de autorização um do outro: I – comprar, ainda que a crédito, as coisas necessárias à economia doméstica, à alimentação e às despesas destinadas à educação dos filhos comuns; II – obter, por empréstimo, as quantias que a aquisição ou o adimplemento dessas coisas e obrigações possam exigir". Também em boa hora foram incluídas menções à alimentação e à educação dos filhos, o que traz mais efetividade ao texto em vigor.

Voltando-se ao sistema em vigor, relativamente às últimas duas previsões e aos atos relacionados com as economias domésticas, dispõe o art. 1.644 do CC/2002 que haverá *solidariedade passiva legal* de ambos os cônjuges. Ilustrando, em relação aos gastos mensais de supermercado, contas de água, luz, telefone, gás e condomínio do imóvel do casal haverá a citada solidariedade.

Com relação às ações fundadas nos incs. III, IV e V do art. 1.642, essas competem ao cônjuge prejudicado e a seus herdeiros (art. 1.645). No caso dos incs. III e IV do art. 1.642, o terceiro, prejudicado com a sentença favorável ao autor, terá direito regressivo contra o cônjuge, que realizou o negócio jurídico, ou seus herdeiros (art. 1.646).

No que diz respeito à Reforma do Código Civil, a ideia é incluir a menção ao convivente em união estável em todos esses dispositivos, assim como todos os demais que tratam do regime de bens.

Mitigando a liberdade constante nos arts. 1.642 e 1.643 do CC, o art. 1.647 enuncia os atos e negócios que exigem *outorga conjugal*, restringindo a autonomia privada. Trata-se de um dos mais importantes dispositivos do livro de Direito de Família. De início, destaque-se que a outorga conjugal pode ser assim classificada:

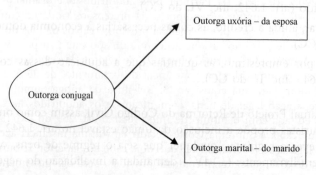

CAP. 8 • DIREITO DE FAMÍLIA | **1427**

A outorga conjugal envolve *legitimação*, estando no plano da validade dos atos e negócios ali previstos. Antes de se estudar quais são os atos que exigem outorga, insta verificar a exceção constante do *caput* do art. 1.647. Por esse comando, a outorga é dispensada se os cônjuges forem casados pelo regime da *separação absoluta*.

Que regime seria esse, afinal de contas o CC/2002 trata apenas da separação de bens, podendo essa ser legal (art. 1.641) ou convencional (arts. 1.687 e 1.688)? No tocante à separação convencional de bens, não existem maiores debates, havendo uma separação absoluta, pela redação do art. 1.687 do CC. A polêmica gira em torno da antiga Súmula 377 do STF, um dos temas mais conflituosos do Direito de Família brasileiro.

A súmula – de abril de 1964 –, enuncia que "no regime da separação legal comunicam-se os bens adquiridos na constância do casamento". Assim, no regime da separação obrigatória haveria algo próximo de uma comunhão parcial, comunicando-se os bens havidos durante a união, pelo esforço patrimonial dos cônjuges. Em suma, se ainda incidente a súmula, na separação legal não haveria uma separação absoluta, pois alguns bens se comunicam. Deve ficar claro que sempre segui o entendimento pela necessidade de prova do esforço comum para que surja o direito à participação do cônjuge na separação legal ou obrigatória de bens (nesse sentido: STJ, REsp 442.629/RJ, 4.ª Turma, Rel. Min. Fernando Gonçalves, j. 02.09.2003, *DJ* 15.09.2003, p. 324, *REPDJ* 17.11.2003, p. 332).

Todavia, a dedução nunca foi pacífica, diante da existência de entendimento jurisprudencial superior que dispensava a prova do citado esforço comum para a aplicação da súmula (STJ, REsp 1.171.820/PR, 3.ª Turma, Rel. Min. Sidnei Beneti, Rel. p/ Acórdão Min. Nancy Andrighi, j. 07.12.2010, *DJe* 27.04.2011; REsp 1.090.722/SP, 3.ª Turma, Rel. Min. Massami Uyeda, j. 02.03.2010, *DJe* 30.08.2010; REsp 736.627/PR, 3.ª Turma, Rel. Min. Carlos Alberto Menezes Direito, j. 11.04.2006, *DJ* 1.º.08.2006, p. 436). Como se nota, acórdãos superiores mais recentes dispensavam a prova do esforço comum, transformando a separação obrigatória de bens em comunhão parcial, uma vez que todos os bens havidos durante o casamento se comunicam. Essa era a premissa adotada para o casamento. Na união estável, como se verá mais à frente, a solução não era a mesma, no âmbito do Superior Tribunal de Justiça.

No ano de 2018, a visão por mim compartilhada foi adotada pela Segunda Seção do Superior Tribunal de Justiça, de forma surpreendente. Conforme concluiu a maioria dos Ministros do Tribunal da Cidadania, a correta interpretação da Súmula 377 do Supremo Tribunal Federal indica a necessidade de prova do esforço comum para que haja a comunicação de bens no casamento. A ementa do acórdão, que cita a nossa posição foi assim publicada:

"Embargos de divergência no recurso especial. Direito de família. União estável. Casamento contraído sob causa suspensiva. Separação obrigatória de bens (CC/1916, art. 258, II; CC/2002, art. 1.641, II). Partilha. Bens adquiridos onerosamente. Necessidade de prova do esforço comum. Pressuposto da pretensão. Moderna compreensão da Súmula 377/STF. Embargos de divergência providos. 1. Nos moldes do art. 1.641, II, do Código Civil de 2002, ao casamento contraído sob causa suspensiva, impõe-se o regime da separação obrigatória de bens. 2. No regime de separação legal de bens, comunicam-se os adquiridos na constância do casamento, desde que comprovado o esforço comum para sua aquisição. 3. Releitura da antiga Súmula 377/STF (No regime de separação legal de bens, comunicam-se os adquiridos na constância do casamento), editada com o intuito de interpretar o art. 259 do CC/1916, ainda na época em que cabia à Suprema Corte decidir em última instância acerca da interpretação da legislação federal, mister que hoje cabe ao Superior Tribunal de Justiça. 4. Embargos de divergência conhecidos e providos, para dar provimento ao recurso

# 1428 | MANUAL DE DIREITO CIVIL • VOLUME ÚNICO – *Flávio Tartuce*

especial" (STJ, EREsp 1.623.858/MG, 2.ª Seção, Rel. Min. Lázaro Guimarães (Desembargador convocado do TRF 5ª Região), j. 23.05.2018, *DJe* 30.05.2018).

Sendo assim, reconhecida a força vinculativa da decisão transcrita – pelo que consta dos arts. 489 e 927 do CPC/2015, entre outros –, os Tribunais devem seguir a afirmação de incidência da Súmula 377 do STF para os casos de casamentos celebrados pelo regime de separação obrigatória de bens, com a necessidade de prova do esforço comum para que haja a comunicação de bens.

Outra questão a ser respondida é se a Súmula 377 do STF ainda tem ou não aplicação, o que repercute diretamente na interpretação do art. 1.647, *caput*, do CC. Duas são as correntes que podem ser apontadas a respeito de tão intrincada questão.

> *1.ª Corrente* – A súmula está cancelada, pois o CC/2002 não repetiu o art. 259 do CC/1916 que supostamente lhe dava fundamento (Art. 259. "Embora o regime não seja o da comunhão de bens, prevalecerão, no silêncio do contrato, os princípios dela, quanto à comunicação dos adquiridos na constância do casamento"). Na doutrina, encabeçam esse entendimento Silvio Rodrigues,[78] Francisco Cahali[79] e José Fernando Simão.[80] Para essa corrente, haveria separação absoluta tanto na separação convencional quanto na separação legal de bens, pois nos dois regimes nada se comunica.
>
> *2.ª Corrente* – A súmula não está cancelada, diante da vedação do enriquecimento sem causa, retirada dos arts. 884 a 886. Assim, urge a comunicação dos bens havidos pelo esforço comum para se evitar o locupletamento sem razão. Essa corrente parece ser a prevalente, seguida por Nelson Nery Jr. e Rosa Nery,[81] Zeno Veloso,[82] Rodrigo Toscano de Brito,[83] Paulo Lôbo,[84] Maria Berenice Dias,[85] Maria Helena Diniz,[86] Sílvio Venosa,[87] Eduardo de Oliveira Leite,[88] Rolf Madaleno,[89] Cristiano Chaves de Farias e Nelson Rosenvald,[90] Pablo Stolze Gagliano e Rodolfo Pamplona Filho[91]. Destaque-se que alguns doutrinadores dispensam até a prova do esforço comum, caso de Paulo Lôbo e Maria Berenice Dias. Seguindo essa dedução somente há separação absoluta na separação convencional, eis que na separação legal haverá comunicação dos bens havidos pelo esforço comum, entendimento ao qual se filia.

---

[78] RODRIGUES, Silvio. *Direito Civil*. Direito de Família. 28. ed. 3. tir. São Paulo: Saraiva, 2003. p. 169-173. v. 6.

[79] CAHALI, Francisco José. A Súmula 377 e o novo Código Civil e a mutabilidade do regime de bens. *Revista do Advogado*. Homenagem ao professor Silvio Rodrigues. São Paulo, Associação dos Advogados de São Paulo, ano XXIV, n. 76, jun. 2004.

[80] TARTUCE, Flávio; SIMÃO, José Fernando. *Direito Civil*. Direito de Família. 4. ed. São Paulo: Método, 2010. v. 5, p. 169-173.

[81] NERY JR., Nelson; NERY, Rosa Maria de Andrade. *Código Civil anotado*. 2. ed. São Paulo: RT, 2003. p. 737.

[82] VELOSO, Zeno. *Direito hereditário do cônjuge e do companheiro*. São Paulo: Saraiva, 2010. p. 55.

[83] BRITO, Rodrigo Toscano de. Compromisso de compra e venda e as regras de equilíbrio contratual do CC/2002. In: DINIZ, Maria Helena (Coord.). *Atualidades jurídicas*. São Paulo: Saraiva, n. 5, 2004.

[84] LÔBO, Paulo Luiz Netto. *Famílias*. São Paulo: Saraiva, 2008. p. 300.

[85] DIAS, Maria Berenice. *Manual de Direito das Famílias*. 5. ed. São Paulo: RT, 2009. p. 205.

[86] DINIZ, Maria Helena. *Código Civil anotado*. 15. ed. São Paulo: Saraiva, 2010. p. 1.169.

[87] VENOSA, Silvio de Salvo. *Código Civil interpretado*. São Paulo: Atlas, 2010. p. 1.511-1.512.

[88] LEITE, Eduardo de Oliveira. *Direito Civil aplicado*. Direito de Família. São Paulo: RT, 2005. v. 5, p. 300.

[89] MADALENO, Rolf. *Curso de Direito de Família*. Rio de Janeiro: Forense, 2008. p. 46-47.

[90] FARIAS, Cristiano Chaves; ROSENVALD, Nelson. *Direito das Famílias*. Rio de Janeiro: Lumen Juris, 2008. p. 221.

[91] GAGLIANO, Pablo Stolze; PAMPLONA FILHO, Rodolfo. *Novo Curso de Direito Civil*. Direito de Família. São Paulo: Saraiva, 2011. v. 6, p. 316.

A segunda corrente prevalece hoje na doutrina e na jurisprudência nacionais. No passado, esse foi um dos temas mais divergentes no Direito de Família contemporâneo nacional. Todavia, mais recentemente, tal discussão, sobre a prevalência ou não da sumular, perdeu força nos últimos anos.

De todo modo, como antes pontuado, a decisão do Supremo Tribunal Federal a respeito da inconstitucionalidade do art. 1.641, inc. II, do Código Civil, no seu Tema 1.236 de repercussão geral, traz a necessidade de se rever a posição jurisprudencial hoje consolidada a respeito da Súmula 377.

Ora, o que sempre fundamentou a permanência da Súmula 377 do Supremo Tribunal Federal no sistema após a entrada em vigor do Código Civil de 2002 foi a conclusão de se tratar de uma separação obrigatória, peremptória, regida por norma cogente ou de ordem pública, sem a possibilidade de se estabelecer o contrário. Foi justamente por isso, e pela vedação do enriquecimento sem causa, que me alinhei aos doutrinadores que defenderam a permanência da sumular no nosso ordenamento jurídico, o que gerou as decisões posteriores do Tribunal da Cidadania.

Com a decisão do STF em estudo, esse pilar do sistema é alterado. Isso porque, se há a possibilidade de as partes com idade superior a setenta anos preverem ou convencionarem o contrário da separação de bens, escolhendo outro regime, ou alterarem o regime judicialmente, não há que se falar mais em aplicação sumular, pois ela era justificada pela falta de opções de outros caminhos de escolha aos cônjuges ou conviventes. Se essa posição não prevalecer na jurisprudência, é preciso, ao menos, que as Cortes Brasileiras, especialmente o STJ, debatam e digam se isso foi alterado ou não.

Em outras palavras, é preciso que o Tribunal da Cidadania analise se houve ou não a superação do seu entendimento anterior pacificado, o chamado *overruling* nos termos da parte final do art. 489, § 1.º, inc. VI, do Código de Processo Civil, segundo o qual "não se considera fundamentada qualquer decisão judicial, seja ela interlocutória, sentença ou acórdão, que: (...) deixar de seguir enunciado de súmula, jurisprudência ou precedente invocado pela parte, sem demonstrar a existência de distinção no caso em julgamento ou a superação do entendimento". Para tanto, a propósito, o próprio Tribunal poderá realizar audiências públicas com a oitiva de especialistas sobre a temática, como está no art. 927, § 2.º, do próprio Estatuto Processual: "a alteração de tese jurídica adotada em enunciado de súmula ou em julgamento de casos repetitivos poderá ser precedida de audiências públicas e da participação de pessoas, órgãos ou entidades que possam contribuir para a rediscussão da tese".

Ora, se o quadro fático e jurídico que criou e consolidou o sistema anterior de precedentes e a jurisprudência a respeito da temática foram alterados com a nova decisão da Corte Suprema com o que foi prolatado no Tema 1.236, é mais do que necessário rever as balizas anteriores e discutir novamente o assunto, a fim de se manter a jurisprudência estável, íntegra e coerente, como impõe o art. 926 do Código de Processo Civil. Assim, a jurisprudência brasileira, sobretudo do Superior Tribunal de Justiça, precisará dizer novamente se a Súmula 377 ainda é aplicável, mesmo com a possibilidade de afastamento do regime de separação por escritura pública ou por uma ação judicial de mudança do regime de bens.

Mais uma vez, nota-se como o regime da separação obrigatória cria enormes desafios, teóricos e práticos, sendo a melhor solução a sua total retirada do sistema jurídico nacional, revogando-se expressamente todo o art. 1.641 do Código Civil, exatamente como sugere a Comissão de Juristas encarregada da sua reforma e atualização, nomeada no âmbito do Congresso Nacional.

Outro debate mais recente que surgiu sobre a Súmula 377 do STF diz respeito à possibilidade de seu afastamento por cônjuges ou companheiros, por exercício da autonomia privada. A minha resposta é positiva, conforme texto desenvolvido em nossa coluna do informativo *Migalhas*, publicada no ano de 2016.[92]

Exatamente no mesmo sentido, na *VIII Jornada de Direito Civil*, promovida pelo Conselho da Justiça Federal em abril de 2018, aprovou-se o Enunciado n. 634, prevendo que "é lícito aos que se enquadrem no rol de pessoas sujeitas ao regime da separação obrigatória de bens (art. 1.641 do Código Civil) estipular, por pacto antenupcial ou contrato de convivência, o regime da separação de bens, a fim de assegurar os efeitos de tal regime e afastar a incidência da Súmula 377 do STF". Existem normas e decisões das Corregedorias-Gerais de Justiça dos Estados de Pernambuco e de São Paulo adotando a tese, com citação àquele nosso trabalho.

No final de 2021, surgiu importante precedente da Quarta Turma do Superior Tribunal de Justiça, na mesma linha, concluindo que, "no casamento ou na união estável regidos pelo regime da separação obrigatória de bens, é possível que os nubentes/companheiros, em exercício da autonomia privada, estipulando o que melhor lhes aprouver em relação aos bens futuros, pactuem cláusula mais protetiva ao regime legal, com o afastamento da Súmula n. 377 do STF, impedindo a comunhão dos aquestos" (STJ, REsp 1.922.347/PR, 4.ª Turma, Rel. Min. Luis Felipe Salomão, j. 07.12.2021, *DJe* 1.º.02.2022). Por fim, em agosto de 2022, foi aprovado enunciado doutrinário na *I Jornada de Direito Notarial e Registral* do Conselho da Justiça Federal, oriunda de proposta por mim formulada, com a seguinte redação: "podem os cônjuges, por meio de pacto antenupcial, optar pela não incidência da Súmula 377 do STF".

Espera-se, então, que outros Estados sigam os mesmos exemplos de Pernambuco e São Paulo, possibilitando esse correto e preciso exercício da autonomia privada, afastando-se o teor da Súmula 377 do STF por iniciativa dos cônjuges ou companheiros. Quem sabe, muito em breve, surgirá norma do Conselho Nacional de Justiça no mesmo sentido

Superada tal problemática, vejamos quais são os atos e negócios que exigem a outorga conjugal, nos termos do art. 1.647 do CC/2002:

a) Alienar ou gravar de ônus real os bens imóveis. Exemplos: vender, hipotecar ou celebrar compromisso de compra e venda de imóvel.

b) Pleitear, como autor ou réu, acerca desses bens ou direitos, norma de cunho processual.

c) Prestar fiança ou aval. A previsão do aval é novidade no CC/2002 criando divergência, como se verá a seguir.

d) Fazer doação, não sendo remuneratória, de bens comuns, ou dos que possam integrar futura meação. Em complemento, são consideradas válidas as doações nupciais feitas aos filhos quando casarem ou estabelecerem economia separada (art. 1.647, parágrafo único, do CC).

A falta da outorga conjugal pode ser suprida pelo juiz, quando um cônjuge não puder concedê-la ou a denegue de maneira injusta (art. 1.648 do CC). Para se verificar se a denegação é justa ou não, devem ser levados em conta os interesses da família, sobretudo dos filhos do casal.

---

[92] TARTUCE, Flávio. Da possibilidade de afastamento da súmula 377 do STF por pacto antenupcial. Disponível em: <https://www.migalhas.com.br/FamiliaeSucessoes>. Acesso em: 10 out. 2018.

CAP. 8 • DIREITO DE FAMÍLIA | **1431**

Tal ausência, não havendo suprimento, gera a anulação do negócio jurídico (nulidade relativa), estando a ação anulatória sujeita a prazo decadencial de dois anos, a contar da dissolução da sociedade conjugal (art. 1.649 do CC). Essa ação somente pode ser proposta pelo cônjuge preterido ou por seus herdeiros, considerados pela lei como legítimos interessados (art. 1.650). O prazo do herdeiro será contado da morte do sucedido, sendo certo que o seu falecimento também põe fim à sociedade conjugal e ao casamento (art. 1.571 do CC). Nesse sentido, julgado publicado no *Informativo* n. *581* do Tribunal da Cidadania, de 2016, com o seguinte resumo, relativo a caso de fiança: "o prazo decadencial para herdeiro do cônjuge prejudicado pleitear a anulação da fiança firmada sem a devida outorga conjugal é de dois anos, contado a partir do falecimento do consorte que não concordou com a referida garantia" (STJ, REsp 1.273.639/SP, Rel. Luis Felipe Salomão, j. 10.03.2016, *DJe* 18.04.2016).

Mesmo sendo expressa a lei a respeito da solução da anulabilidade, é antiga a polêmica em relação ao inciso III do art. 1.647 na menção ao aval. Isso porque sempre foi forte a conclusão no sentido de que o aval deve ser considerado apenas ineficaz em relação ao cônjuge que não assentiu e não anulável. Nesse sentido, o Enunciado n. 114 do CJF/STJ: "o aval não pode ser anulado por falta de vênia conjugal, de modo que o inc. III do art. 1.647 apenas caracteriza a inoponibilidade do título ao cônjuge que não assentiu". O enunciado é *contra legem*, mas acaba consubstanciando forte posicionamento dos juristas da área do Direito Empresarial, uma vez que a anulação do aval feriria o princípio da plena circulação dos títulos de crédito.[93]

Na jurisprudência, podem ser encontrados julgados anteriores que aplicavam o teor do enunciado doutrinário em comento (TJSC, Agravo de Instrumento 2008.043814-8, 2.ª Câmara de Direito Comercial, Rio do Oeste, Rel. Des. Jorge Henrique Schaefer Martins, *DJSC* 29.09.2009, p. 98; e TJMG, Apelação Cível 1.0134.07.084648-7/0011, 11.ª Câmara Cível, Caratinga, Rel. Des. Selma Marques, j. 21.01.2009, *DJEMG* 13.02.2009). Porém, a questão não era pacífica, pois há decisões em sentido contrário, fazendo incidir a literalidade do art. 1.649 do atual Código Civil, concluindo pela anulação do aval (TJSP, Apelação 7024903-5, Acórdão 3173435, 20.ª Câmara de Direito Privado, São Paulo, Rel. Des. Luis Carlos de Barros, j. 04.08.2008, *DJESP* 27.08.2008).

Pois bem, entre 2016 e 2017, o Superior Tribunal de Justiça restringiu consideravelmente a aplicação do art. 1.647, inciso III, do Código Civil, somente para os *títulos de crédito atípicos* ou *inominados*, aqueles não regulados em lei específica. Aplicou-se, na essência, o teor do art. 903 da própria codificação privada, segundo o qual, "salvo disposição diversa em lei especial, regem-se os títulos de crédito pelo disposto neste Código". Foram excluídos, entre outros, o cheque, a duplicata e a letra de câmbio, principais títulos de crédito existentes no Direito Brasileiro.

De acordo com o primeiro aresto, do final de 2016 e da Quarta Turma da Corte:

> "Imprescindível proceder-se à interpretação sistemática para a correta compreensão do art. 1.647, III, do CC/2002, de modo a harmonizar os dispositivos do Diploma civilista. Nesse passo, coerente com o espírito do Código Civil, em se tratando da disciplina dos títulos de crédito, o art. 903 estabelece que, 'salvo disposição diversa em lei especial, regem-se os títulos de crédito pelo disposto neste Código'. No

---

[93] No mesmo sentido: TREPAT CASES, José Maria. O aval: divergência entre o que estabelece o art. 1.647, inciso III, do Código Civil e as normas do direito cambiário. *Direito de Família no novo milênio*. Estudos em homenagem ao Professor Álvaro Villaça Azevedo. Chinellato, Simão, Fujita e Zucchi (Coords.). São Paulo: Atlas, 2010. p. 201.

# 1432 | MANUAL DE DIREITO CIVIL • VOLUME ÚNICO – *Flávio Tartuce*

tocante aos títulos de crédito nominados, o Código Civil deve ter uma aplicação apenas subsidiária, respeitando-se as disposições especiais, pois o objetivo básico da regulamentação dos títulos de crédito, no novel Diploma civilista, foi permitir a criação dos denominados títulos atípicos ou inominados, com a preocupação constante de diferençar os títulos atípicos dos títulos de crédito tradicionais, dando aos primeiros menos vantagens. A necessidade de outorga conjugal para o aval em títulos inominados – de livre criação – tem razão de ser no fato de que alguns deles não asseguram nem mesmo direitos creditícios, a par de que a possibilidade de circulação é, evidentemente, deveras mitigada. A negociabilidade dos títulos de crédito é decorrência do regime jurídico-cambial, que estabelece regras que dão à pessoa para quem o crédito é transferido maiores garantias do que as do regime civil" (STJ, REsp 1.633.399/SP, 4.ª Turma, Rel. Min. Luis Felipe Salomão, j. 10.11.2016, *DJe* 1.º.12.2016).

Em 2017, surgiu acórdão da Terceira Turma da Corte, seguindo a mesma linha do seu antecessor e o citando, o que parece representar uma pacificação sobre o tema no Tribunal da Cidadania. Vejamos trecho principal da sua ementa:

"O Código Civil de 2002 estatuiu, em seu art. 1.647, inciso III, como requisito de validade da fiança e do aval, institutos bastante diversos, em que pese ontologicamente constituam garantias pessoais, o consentimento por parte do cônjuge do garantidor. Essa norma exige uma interpretação razoável sob pena de descaracterização do aval como típico instituto cambiário. A interpretação mais adequada com o referido instituto cambiário, voltado a fomentar a garantia do pagamento dos títulos de crédito, à segurança do comércio jurídico e, assim, ao fomento da circulação de riquezas, é no sentido de limitar a incidência da regra do art. 1.647, inciso III, do CCB aos avais prestados aos títulos inominados regrados pelo Código Civil, excluindo-se os títulos nominados regidos por leis especiais. Precedente específico da Colenda 4.ª Turma. Alteração do entendimento deste relator e desta Terceira Turma" (STJ, REsp 1.526.560/MG, 3.ª Turma, Rel. Min. Paulo de Tarso Sanseverino, j. 16.03.2017, *DJe* 16.05.2017).

Em resumo, a incidência do inciso III do art. 1.647 do Código Civil ficou bem restrita, tendo sido retirada grande parte do seu campo de subsunção.

Anoto que o Projeto de Reforma do Código Civil pretende resolver mais essa polêmica, retirando-se a menção ao aval do inc. III do seu art. 1.647, e sugerindo-se a inclusão de um novo § 2.º na norma, prevendo que "a falta de outorga não invalidará o aval, mas configurará sua ineficácia parcial no tocante à meação do cônjuge ou convivente que não participaram do ato".

Superada mais essa controvérsia, é interessante fazer observação a respeito do direito intertemporal. Isso porque na vigência do CC/1916 prevalecia o entendimento de que a falta da outorga conjugal geraria nulidade absoluta do ato, conclusão retirada, entre outros, dos arts. 235, 242 e 252 da codificação anterior (concluindo assim: STJ, REsp 797.853/SP, 5.ª Turma, Rel. Min. Arnaldo Esteves Lima, j. 27.03.2008, *DJ* 28.04.2008, p. 1). Como visto, o CC/2002 consagra a consequência da anulabilidade em decorrência da falta da outorga.

Aplicando-se o art. 2.035, *caput*, do CC, e a aclamada *Escada Ponteana*, se o ato foi celebrado na vigência do CC/1916 sem outorga, será nulo, mesmo que a ação seja proposta na vigência do atual Código. Se praticado na vigência do CC/2002 sem outorga será anulável. Isso parece justificar o teor da Súmula 332 do STJ, pela qual a falta da outorga conjugal na fiança gera a *ineficácia total da garantia*. Como se pode perceber, a ementa não menciona se o contrato é nulo ou anulável, mas ineficaz. E, como se sabe, o que é inválido, em regra, não gera efeitos.

A propósito dessa afirmação, em 2022 surgiu acórdão da Quarta Turma da Corte Superior, concluindo pela nulidade relativa da fiança nesse caso, e não pela mera ineficácia: "a melhor exegese é aquela que mantém a exigência geral de outorga conjugal para prestar fiança, sendo indiferente o fato de o fiador prestá-la na condição de comerciante ou empresário, considerando a necessidade de proteção da segurança econômica familiar. A fiança prestada sem outorga conjugal conduz à nulidade do contrato. Incidência da Súmula n. 332 do STJ" (STJ, REsp 1.525.638/SP, 4.ª Turma, Rel. Min. Antonio Carlos Ferreira, j. 14.06.2022, *DJe* 21.06.2022).

Também a esclarecer essa questão de direito intertemporal e o teor do art. 2.039 do CC/2002, aqui antes mencionado, julgou o Superior Tribunal de Justiça, no ano de 2020, que:

> "Em se tratando de casamento celebrado na vigência do CC/1916 sob o regime da separação convencional de bens, somente aos negócios jurídicos celebrados na vigência da legislação revogada é que se poderá aplicar a regra do art. 235, I, do CC/1916, que previa a necessidade de autorização conjugal como condição de eficácia da hipoteca, independentemente do regime de bens. Contudo, aos negócios jurídicos celebrados após a entrada em vigor do CC/2002, deverá ser aplicada a regra do art. 1.647, I, do CC/2002, que prevê a dispensa de autorização conjugal como condição de eficácia da hipoteca quando o regime de bens for o da separação absoluta, ainda que se trate de casamento celebrado na vigência da legislação civil revogada" (STJ, REsp 1.797.027/PB, 3.ª Turma, Rel. Min. Nancy Andrighi, j. 15.09.2020, *DJe* 18.09.2020).

Esclareça-se, contudo e com o devido respeito, que apesar de o acórdão falar em condição de eficácia, os dispositivos citados tratam de requisitos de validade, o que justifica a incidência da norma do momento da celebração, nos termos do art. 2.035, *caput*, da atual codificação privada.

Em relação à administração dos bens do casamento, quando um dos cônjuges não puder exercê-la, segundo o regime de bens adotado, caberá ao outro: *a)* gerir os bens comuns e os do consorte; *b)* alienar os bens móveis comuns; *c)* alienar os imóveis comuns e os móveis ou imóveis do consorte, mediante autorização judicial (art. 1.651).

No Projeto de Reforma do Código Civil, almeja-se a inclusão nele da união estável, passando a prever o *caput* do dispositivo o seguinte: "Art. 1.651. Quando um dos cônjuges ou conviventes não puder exercer a administração dos bens que lhe incumbe, segundo o regime de bens, caberá ao outro: (...)". No inciso I, também se objetiva prever, sem modificação de conteúdo e apenas incluindo a união estável, a menção a "gerir os bens comuns e os do consorte ou convivente". Por sua vez, o inciso III passará a prever: "alienar os imóveis comuns e os móveis ou imóveis do consorte ou convivente, mediante autorização judicial".

A encerrar as regras gerais do regime de bens, o art. 1.652 do CC consagra a responsabilidade de cada cônjuge na administração de bens do casal, respondendo tanto em relação ao outro quanto aos seus herdeiros eventualmente prejudicados. O cônjuge é tratado como usufrutuário dos bens, havendo rendimentos comuns (*v.g.*, aluguéis de imóveis comuns). É também considerado procurador, havendo mandato expresso ou tácito para administração dos bens comuns.

Por fim, se o cônjuge guardar bens móveis do casal, será equiparado a depositário da coisa. No Projeto de Reforma e Atualização do Código Civil, assim como as proposições anteriores, almeja-se nele incluir o convivente que viva em união estável, conclusão que já serve para o comando na atualidade.

### 8.3.7.3 *Regras quanto ao pacto antenupcial*

O pacto antenupcial constitui um contrato formal e solene pelo qual as partes regulamentam as questões patrimoniais relativas ao casamento (arts. 1.653 a 1.657 do CC).

# 1434 | MANUAL DE DIREITO CIVIL • VOLUME ÚNICO – *Flávio Tartuce*

A natureza contratual do instituto é afirmada por juristas como Silvio Rodrigues,[94] Paulo Lôbo[95] e Maria Helena Diniz.[96]

Sendo um contrato, é perfeitamente possível aplicar ao pacto antenupcial os princípios da função social do contrato (art. 421 do CC) e da boa-fé objetiva (art. 422 do CC). Nessa linha, transcreve-se precisa e polêmica ementa da jurisprudência paulista:

> "Ação anulatória. Tutela antecipada que suspendeu os efeitos do pacto antenupcial firmado entre as partes. Manutenção. Como qualquer negócio jurídico, está sujeito a requisitos de validade e deve ser iluminado e controlado pelos princípios da boa--fé objetiva e da função social. Não se alega coação e nem vício de consentimento, mas nulidade por violação a princípios cogentes que regem os contratos. Pressupõe o regime da comunhão universal de bens a comunhão de vidas, a justificar a construção de patrimônio comum, afora as exceções legais. O litígio entre o casal, que desbordou para os autos do inventário da genitora da autora, e a significativa mutação patrimonial fundada em casamento de curtíssima duração, autorizam a suspensão dos efeitos do pacto antenupcial. Não há como nesta sede acatar os argumentos do recorrente acerca de violação a direito adquirido, ou a exercício regular de direito, pois o que por ora se discute é a validade do negócio nupcial, e sua aptidão a gerar efeitos patrimoniais. Decisão mantida. Recurso não provido" (TJSP, Agravo de Instrumento 569.461.4/8, Acórdão 2706323, 4.ª Câmara de Direito Privado, São Paulo, Rel. Des. Francisco Eduardo Loureiro, j. 10.07.2008, *DJESP* 29.07.2008).

Trazendo requisito formal e solene para o pacto antenupcial, enuncia o art. 1.653 do CC que o negócio deve ser feito por escritura pública no Cartório de Notas, sendo nulo se assim não o for e ineficaz se não ocorrer o casamento. Sendo desrespeitada tal formalidade, o pacto será nulo, por desrespeito à forma e à solenidade (art. 166, incs. IV e V, do CC). Todavia, diante do princípio da conservação dos negócios jurídicos, a nulidade do pacto não atinge o casamento, que será válido e regido pela comunhão parcial de bens.

Importante mais uma vez lembrar que conforme o antigo Provimento 100/2020 do Conselho Nacional de Justiça, a escritura pública, inclusive de pacto antenupcial, pode ser efetivada por meio digital ou eletrônico, desde que observados requisitos de validade específicos. Em 2023, o seu conteúdo foi incorporado pelo Código Nacional de Normas (CNN/CNJ). Segundo essa normatização, são requisitos da prática do ato notarial eletrônico: *a)* a videoconferência notarial para captação do consentimento das partes sobre os termos do ato jurídico; *b)* a concordância expressada pelas partes com os termos do ato notarial eletrônico; *c)* a assinatura digital pelas partes, exclusivamente através do *e-notariado*; *d)* a assinatura do Tabelião de Notas com a utilização de certificado digital ICP-Brasil; e *e)* o uso de formatos de documentos de longa duração com assinatura digital.

Sobre a gravação da videoconferência notarial, deverá conter ela, no mínimo: *a)* a identificação, a demonstração da capacidade e a livre manifestação das partes atestadas pelo tabelião de notas; *b)* o consentimento das partes e a concordância com a escritura pública; *c)* o objeto e o preço do negócio pactuado; *d)* a declaração da data e horário da prática do ato notarial; e *e)* a declaração acerca da indicação do livro, da página e do tabelionato onde será lavrado o ato notarial. O desrespeito a qualquer um desses requisitos de validade gera a nulidade absoluta do pacto antenupcial, nos termos dos incs. IV e V do art. 166 do Código Civil, que tratam da observância da forma e da solenidade.

---

[94] RODRIGUES, Silvio. *Direito Civil*. Direito de Família. 28. ed. 3. tir. São Paulo: Saraiva, 2006. v. 6, p. 137.
[95] LÔBO, Paulo Luiz Netto. *Famílias*. São Paulo: Saraiva, 2008. p. 307-308.
[96] DINIZ, Maria Helena. *Código Civil anotado*. 15. ed. São Paulo: Saraiva, 2010. p. 1.178.

Sem prejuízo de outras regras importantes, a norma prevê que os atos notariais eletrônicos reputam-se autênticos e detentores de fé pública, como regulado na legislação processual. Além disso, está previsto, como não poderia ser diferente, que os atos notariais celebrados por meio eletrônico produzirão os mesmos efeitos previstos no ordenamento jurídico quando observarem os requisitos necessários para a sua validade, estabelecidos em lei e no próprio provimento.

Com o intuito de evitar práticas de concorrência predatória, enuncia-se que "a competência para a prática dos atos regulados neste Provimento é absoluta e observará a circunscrição territorial em que o tabelião recebeu sua delegação, nos termos do art. 9º da Lei n. 8.935/1994". Para os atos notariais digitais, portanto, não há ausência de competência territorial, sendo essa a norma mais polêmica de todas, uma vez que tal questão seria restrita ao âmbito legislativo.

Não se pode negar a força do argumento da até inconstitucionalidade dessas previsões, que seriam de competência do Poder Legislativo da União, por força do art. 22, inc. I, da Constituição Federal, por se tratar de matéria relativa ao Direito Civil e às suas formalidades. Porém, o argumento da redução de burocracias e da necessária digitalização ganhou muita força nos últimos anos, razão pela qual dificilmente essa inconstitucionalidade será reconhecida.

De todo modo, para superar definitivamente qualquer debate sobre a inconstitucionalidade dessa regulação administrativa a respeito do tema, o Projeto de Reforma e Atualização do Código Civil pretende nele inserir todo o tratamento da escritura digital no novo livro do Direito Civil Digital, o que virá em boa hora.

Também a respeito do tema do pacto antenupcial, esse mesmo projeto traz alterações importantes, valorizando a autonomia privada dos cônjuges e dos conviventes, e o planejamento familiar do casal.

Como primeira nota sobre o tema, a Comissão de Juristas sugere um novo nome para o tópico em estudo, a saber: "Capítulo II. Dos Pactos Conjugal e Convivencial". Além da inclusão do tratamento da união estável, como se verá a seguir, os pactos relativos ao casamento ou à união estável podem ser celebrados após o estabelecimento do vínculo conjugal ou convivencial, não sendo apenas *antenupciais*.

Propõe-se ainda que o atual art. 1.653 do Código Civil seja revogado expressamente, para que os temas nele previstos sejam tratados, com ampliação para a união estável e aperfeiçoamentos necessários, nos novos arts. 1.653-A e 1.653-B. Assim, pela primeira previsão, "é nulo o pacto conjugal ou convivencial, se não for feito por escritura pública, e ineficaz se não lhe seguir o casamento".

Ademais, com vistas a proteger especialmente as esposas e as companheiras, e na linha da correta interpretação que vem prevalecendo na jurisprudência do Superior Tribunal de Justiça, o novo parágrafo único do art. 1.653-A passará a prever que "não se admitirá eficácia retroativa ao pacto conjugal ou convivencial que sobrevier ao casamento ou à constituição da união estável". Adotou-se, nesta última previsão, o *protocolo de gênero*, com vistas a proteger os interesses das mulheres, pois a eficácia retroativa ou *ex tunc* tem sido utilizada para a fraude de seus direitos.

Consoante o inovador art. 1.653-B, ora projetado, "admite-se convencionar no pacto antenupcial ou convivencial a alteração automática de regime de bens após o transcurso de um período de tempo prefixado, sem efeitos retroativos, ressalvados os direitos de terceiros". Trata-se da chamada *sunset clause* ou cláusula de caducidade – literalmente, "cláusula do pôr do sol" –, com origem no sistema da *Common Law*, tendo sido destacada pelo Professor Pablo Stolze Gagliano em vários momentos dos encontros da Comissão de Juristas.

Como constou do Relatório da Subcomissão de Direito de Família, da qual ele fez parte, sempre foi a sua intenção tratar da "regra inovadora (*sunset clause*), no sentido de permitir ao casal optar, após um lapso de tempo, pela alteração automática do regime de bens ('é admitido pactuar a alteração automática de regime de bens após o transcurso de um período de tempo prefixado')". A título de exemplo, os cônjuges e companheiros poderão convencionar que nos cinco anos iniciais do relacionamento o regime patrimonial será o da separação convencional de bens, convertendo-se em comunhão parcial depois desse período de experiência.

A previsão é essencialmente patrimonial, não havendo qualquer lesão a normas cogentes ou de ordem pública, o que foi uma preocupação constante da Reforma. Mais uma vez, segue-se a linha de redução de burocracias, de desjudicialização, de *destravar a vida das pessoas*, como tenho destacado de forma constante.

Superado esses importantes aspectos de atualização, se o pacto antenupcial preencher tais requisitos, mas não ocorrer o casamento, será válido, mas ineficaz. Trata-se de negócio celebrado sob condição suspensiva, uma vez que só começa a produzir efeitos com o casamento.

Em relação ao pacto antenupcial celebrado por menor, a sua eficácia fica condicionada à aprovação de seu representante legal, salvo as hipóteses do regime de separação obrigatória de bens (art. 1.654 do CC). Obviamente que os menores mencionados são aqueles entre a idade de 16 a 18 anos. Tal aprovação não se confunde com a autorização dos representantes legais exigida para o casamento dessas pessoas.

Anoto que no Projeto de Reforma do Código Civil, com a retirada do regime da separação obrigatória de bens do sistema jurídico, a ampliação da possibilidade dos pactos celebrados após a união, bem como a retirada da utilização do termo "menor" de toda a codificação privada, a norma precisa ser alterada para passar a prever o seguinte: "Art. 1.654. A eficácia do pacto realizado por adolescente em idade núbil fica condicionada à aprovação de seu representante legal ou, na falta desta, de autorização judicial".

Com relevante impacto prático, o atual art. 1.655 do CC dispõe que é nula a convenção ou cláusula que constar no pacto que conflite com disposição absoluta de lei, ou seja, que colida com *normas de ordem pública*. A norma limita a autonomia privada no pacto, assim como a função social do contrato o faz nos contratos em geral (art. 421 do CC). Vejamos três exemplos de aplicação do primeiro comando:

–  É nula a cláusula que exclui o direito à sucessão no regime da comunhão parcial de bens, afastando a concorrência sucessória do cônjuge com os ascendentes (STJ, REsp 954.567/PE, 3.ª Turma, Rel. Min. Massami Uyeda, j. 10.05.2011, *DJe* 18.05.2011).

–  Entendo ser totalmente nula a cláusula do pacto antenupcial que estabeleça renúncia prévia à herança, por constituir pacto sucessório ou *pacta corvina*, nos termos do art. 426 do Código Civil. A renúncia à herança somente pode ocorrer após o falecimento, e desde que preenchidos os requisitos dos arts. 1.806 e seguintes da própria codificação privada. Exatamente nessa linha julgou inicialmente o Conselho Superior da Magistratura do Estado de São Paulo, em decisão de setembro de 2023. Consoante o seu teor, que reconheceu a impossibilidade legal de registro imobiliário do contrato de convivência com essa previsão, "não se desconhece a controvérsia doutrinária sobre o tema, bem como a existência de alguns julgados em sentido contrário, mas o fato é que, no sistema dos registros públicos, impera o princípio da legalidade estrita, de sorte que, tal como se apresenta, o título não comporta registro" (TJSP, Apelação Cível 1007525-42.2022.8.26.0132, Apelantes:

Guilherme Rojas Fernandes e Rafaella Ghannage Pereira, Apelado: 1.º Oficial de Registro de Imóveis e Anexos da Comarca de Catanduva, Rel. Corregedor-Geral de Justiça Des. Fernando Torres de Garcia, j. 22.09.2023). Para o Estado de São Paulo, portanto, esse era o entendimento a ser considerado, para os devidos fins práticos, abrangendo o contrato de convivência e o pacto antenupcial. De toda sorte, gerando enorme insegurança jurídica, o próprio Conselho Superior da Magistratura do Tribunal Paulista reviu o seu entendimento anterior, outubro de 2024, passando a concluir que o ato de renúncia prévia à herança pode até ser registrado, o que não afasta a possibilidade de eventual discussão de sua invalidade posteriormente (TJSP, Apelação Cível 1000348-35.2024.8.26.0236, Apelantes: Maria Teresa Antonelli Caldas e João Anselmo Montanari da Cunha, Apelado: Oficial de Registro de Imóveis e Anexos da Comarca de Ibitinga, Rel. Corregedor-Geral de Justiça Des. Francisco Loureiro, j. 1.º.10.2003). Ao final, concluiu-se que "o registro não significa a chancela judicial à validade da cláusula, mas tão somente que não se deve negar eficácia perante terceiros ao pacto antenupcial, até que em momento e na esfera própria a questão da nulidade eventualmente seja arguida e decidida na esfera jurisdicional". Não se pode negar que essa variação de entendimentos gera dúvidas e incertezas na prática, sendo necessário alterar o tratamento do tema, sobretudo o conteúdo do art. 426 do Código Civil, o que está sendo proposto pelo Projeto de Reforma, elaborado pela Comissão de Juristas, que sugere que o comando passe a admitir a renúncia prévia à herança por cônjuges e conviventes.

– É nula a cláusula que estabeleça regras sucessórias dentro do pacto antenupcial, criando um regime denominado "separação total de bens, com efeitos sucessórios" (TJMT, Apelação 15809/2016, Capital, Rel. Des. Sebastião Barbosa Farias, j. 21.06.2016, *DJMT* 24.06.2016, p. 82). Na mesma linha, julgou o STJ mais recentemente que "é inviável a pretensão de estender o regime de bens do casamento, de separação total, para alcançar os direitos sucessórios dos cônjuges, obstando a comunicação dos bens do falecido com os do cônjuge supérstite. As regras sucessórias são de ordem pública, não admitindo, por isso, disposição em contrário pelas partes. (...). Conforme já decidido por esta Corte, 'O pacto antenupcial que estabelece o regime de separação total de bens somente dispõe acerca da incomunicabilidade de bens e o seu modo de administração no curso do casamento, não produzindo efeitos após a morte por inexistir no ordenamento pátrio previsão de ultratividade do regime patrimonial apta a emprestar eficácia póstuma ao regime matrimonial' (RESP 1.294.404/RS, Rel. Ministro Ricardo Villas Bôas Cueva, Terceira Turma, julgado em 20/10/2015, DJe de 29/10/2015)" (STJ, Ag. Int no REsp 1.622.459/MT, 4.ª Turma, Rel. Min. Raul Araújo, j. 03.12.2019, *DJE* 19.12.2019). Também há proposta de regulamentação do tema no Projeto de Reforma do Código Civil, alterando-se o art. 426 do CC, tema tratado no próximo capítulo deste livro.

– É nula a cláusula do pacto antenupcial que afasta a incidência do art. 1.647 do CC nos regimes da comunhão universal e da comunhão parcial de bens, por prejudicar a meação da esposa.

– É nula a cláusula que consagra a administração exclusiva dos bens do casal pelo marido, enunciando que a mulher é incompetente para tanto. A previsão é nula por estar distante da isonomia constitucional entre homens e mulheres.

– Antes se entendia como nula a cláusula que afastasse o regime da separação obrigatória de bens nas hipóteses descritas pelo art. 1.641 do CC (TJMG, Apelação Cível 0095286-21.2008.8.13.0023, 5.ª Câmara Cível, Alvinópolis, Rel. Des.

Manuel Bravo Saramago, j. 16.06.2011, *DJEMG* 11.07.2011; e TJRJ, Apelação Cível 9014/2004, 3.ª Câmara Cível, Rio de Janeiro, Rel. Des. Antonio Eduardo F. Duarte, j. 26.10.2004). Porém, como visto, o Supremo Tribunal Federal acabou por concluir de forma contrária quando do julgamento do Tema 1.236 de repercussão geral, sendo possível convencionar em sentido contrário, por escritura pública, o regime de separação obrigatória de bens, seja no casamento, seja na união estável.

Não há qualquer óbice jurídico para que o pacto antenupcial tenha por objeto um conteúdo existencial, como regras relativas à boa convivência do casal. Nessa linha, o teor do Enunciado n. 635 da *VIII Jornada de Direito Civil*, realizada em abril de 2018. Nos seus termos, que contaram com o nosso apoio, "o pacto antenupcial e o contrato de convivência podem conter cláusulas existenciais, desde que estas não violem os princípios da dignidade da pessoa humana, da igualdade entre os cônjuges e da solidariedade familiar". Consigne--se que a nulidade da cláusula do pacto antenupcial, em regra, não prejudica o restante do ato, aplicando-se o *princípio da conservação dos negócios jurídicos*. Reduz-se o negócio jurídico, retirando-se a cláusula nula e mantendo-se o restante do pacto (art. 184 do CC).

Pois bem, quanto ao Projeto de Reforma do Código Civil, na linha do que já desenvolvi, e com vistas a deixar mais clara a nulidade dos pactos conjugais ou convivenciais em casos de lesão a normas cogentes, a Comissão de Juristas propõe uma redação mais ampla para o seu art. 1.655, que passará a prever o seguinte: "é nula de pleno direito a convenção ou cláusula do pacto antenupcial ou convivencial que contravenha disposição absoluta de lei, norma cogente ou de ordem pública, ou que limite a igualdade de direitos que deva corresponder a cada cônjuge ou convivente".

A última inclusão atende ao *protocolo de gênero*, para proteger e tutelar os direitos das mulheres. A título de exemplo, será nula de pleno direito qualquer cláusula que gere uma situação de desequilíbrio econômico para a esposa ou para a convivente, ou mesmo que traduza violência patrimonial.

Além dessa previsão, insere-se no sistema um dispositivo possibilitando que os pactos tragam conteúdo extrapatrimonial ou existencial, como consta do Enunciado n. 635 da *VIII Jornada de Direito Civil*. Consoante a proposta de novo art. 1.655-A, "os pactos conjugais e convivenciais podem estipular cláusulas com solução para guarda e sustento de filhos, em caso de ruptura da vida comum, devendo o tabelião informar a cada um dos outorgantes, em separado, sobre o eventual alcance da limitação ou renúncia de direitos".

Nota-se, portanto, que será necessária, mais uma vez, a escritura pública, lavrada no Tabelionato de Notas, presente o necessário dever de informar o notário acerca do conteúdo do avençado que traga renúncia de direitos do cônjuge ou do convivente. Cite-se, a título de exemplo, uma cláusula que imponha o dever alimentar a apenas um dos cônjuges, em caso de divórcio do casal.

Por fim, propõe-se um parágrafo único no novo art. 1.655-A do CC, novamente para o controle do pactuado, segundo o qual "as cláusulas não terão eficácia se, no momento de seu cumprimento, mostrarem-se gravemente prejudiciais para um dos cônjuges ou conviventes e sua descendência, violando a proteção da família ou transgredindo o princípio da igualdade". Atende-se novamente à proteção das mulheres, vedando-se previsões que sejam desproporcionais, o que passará a formar, por interpretação conjunta do último dispositivo com o art. 421 da própria codificação privada, o conteúdo do princípio da função social do contrato.

De volta ao sistema em vigor, no que concerne ao pacto antenupcial que adotar o regime da participação final dos aquestos, é possível convencionar a livre disposição dos bens imóveis desde que particulares (art. 1.656 do CC). Isso é assim, pois, conforme será exposto, durante o casamento por tal regime há uma separação convencional de bens (art. 1.688). A norma mitiga a regra do art. 1.647, inc. I, do CC, dispensando a outorga conjugal se isso for convencionado.

No Projeto de Reforma do Código Civil, propõe-se a revogação expressa do art. 1.656 do Código Civil, diante da retirada do regime da participação final dos aquestos do sistema jurídico nacional, tendo em vista a sua não efetivação prática nos mais de vinte anos de vigência do Código Civil.

Inclui-se, porém, com outro conteúdo, o art. 1.656-A, segundo o qual "os pactos conjugais ou convivenciais poderão ser firmados antes ou depois de celebrado o matrimônio ou constituída união estável; e não terão efeitos retroativos". Além da reafirmação de que os pactos conjugais e convivenciais somente terão sempre eficácia *ex nunc*, e não *ex tunc*, abre-se a possibilidade de que os pactos sejam firmados depois da união, não sendo mais apenas *antenupciais,* mas também *pós-nupciais.*

Segundo a Subcomissão de Direito de Família, houve a intenção "de permitir que os pactos conjugais e/ou convivenciais possam ser estipulados tanto antes como depois do casamento ou da instituição da união estável, permitindo, destarte, que depois da celebração do casamento ou da constituição de uma união estável se faça possível a alteração do regime de bens, mediante escritura pública pós-conjugal ou convivencial, sem a intervenção judicial, mas cujos efeitos nunca serão retroativos (*ex tunc*), mas sempre *ex nunc*, sem retornar ao passado, mesmo no caso da mudança para o regime da comunhão universal, ressalvados sempre os direitos de terceiros". A inovação vem em boa hora, em prol do aumento da liberdade e da diminuição da intervenção na vida conjugal ou convivencial.

Por derradeiro sobre a categoria, para que tenha efeitos *erga omnes*, ou seja, contra terceiros, os pactos antenupciais deverão ser averbados em livro especial pelo oficial do Registro de Imóveis do domicílio dos cônjuges (art. 1.657 do CC). Na esteira da melhor doutrina, cumpre destacar que a eficácia perante terceiro do pacto decorre da escritura pública e do posterior regime do casamento.[97] Sendo assim, parece desnecessário o citado registro se o casal não tiver bens imóveis.

Como última nota, no Projeto de Reforma do Código Civil, a Comissão de Juristas propõe a sua revogação expressa. De acordo com a Subcomissão de Direito de Família, "visando, sobretudo, à desburocratização – uma das diretrizes desta Reforma – procedeu-se com sugestão no sentido do fim do registro do pacto antenupcial". Além do art. 1.657 do CC/2002, sugere-se a revogação expressa dos comandos da Lei de Registros Públicos que tratam desse registro (art. 167, inc. I, número 12, e art. 178, inc. V).

### 8.3.7.4   *Regime de bens. Regras especiais*

Como exposto, quatro são os regimes previstos pela atual Codificação Civil:

- Regime da comunhão parcial – arts. 1.658 a 1.666 do CC.
- Regime da comunhão universal de bens – arts. 1.667 a 1.671 do CC.
- Regime da participação final nos aquestos – arts. 1.672 a 1.686 do CC.
- Regime da separação de bens – arts. 1.687 e 1.688 do CC.

---

[97] LÔBO, Paulo Luiz Netto. *Código Civil comentado.* Álvaro Villaça Azevedo (Coord.). São Paulo: Atlas, 2003. v. XVI, p. 279.

Duas observações são pertinentes. Primeiro, foi extinto o *regime dotal*, conhecido como regime dos coronéis. Segundo, o rol não é taxativo (*numerus clausus*), mas exemplificativo (*numerus apertus*), sendo possível criar outro regime, inclusive combinando regras dos já existentes, o que está sendo proposto pelo Projeto de Reforma do Código Civil. Vale retomar o exemplo do pacto antenupcial que estabelece a existência de uma comunhão parcial quanto aos bens imóveis e de uma separação de bens em relação aos móveis. Vejamos quais são essas regras especiais, regime por regime.

a) *Regime da comunhão parcial de bens*

Trata-se do *regime legal ou supletório*, que valerá para o casamento se não houver pacto entre os cônjuges ou sendo este nulo ou ineficaz (art. 1.640, *caput*, do CC). A regra básica do regime da comunhão parcial é a seguinte: comunicam-se os bens havidos durante o casamento com exceção dos incomunicáveis (art. 1.658 do CC). Esquematizando:

**Regime da comunhão parcial de bens**

Do esquema acima, destaque-se que os bens comunicáveis formam os *aquestos*, sobre os quais o outro cônjuge tem direito à meação. Entretanto, há bens que não se comunicam nesse regime, descritos no art. 1.659 do CC:

I – *Os bens que cada cônjuge já possuía ao casar e aqueles havidos por doação ou sucessão, bem como os sub-rogados no seu lugar (sub-rogação real, substituição de uma coisa por outra)*. A norma trata dos bens particulares, que são os bens anteriores e os havidos por herança ou doados a um dos cônjuges. Aplicando bem o preceito, deduziu o STJ que, "no regime de comunhão parcial de bens, não integra a meação o valor recebido por doação na constância do casamento – ainda que inexistente cláusula de incomunicabilidade – e utilizado para a quitação de imóvel adquirido sem a contribuição do cônjuge não donatário" (STJ, REsp 1.318.599/SP, Rel. Min. Nancy Andrighi, j. 23.04.2013, publicado no seu *Informativo* n. 523). Ou, mais recentemente, subsumindo a premissa para a união estável: "o bem recebido individualmente por companheiro, através de doação pura e simples, ainda que o doador seja o outro companheiro, deve ser excluído do monte partilhável da união estável regida pelo estatuto supletivo, nos termos do art. 1.659, I, do CC/2002" (STJ, REsp 1.171.488/RS, 4.ª Turma, Rel. Min. Raul Araújo, j. 04.04.2017, *DJe* 11.05.2017).

II – *Os bens adquiridos com valores exclusivamente pertencentes a um dos cônjuges em sub-rogação dos bens particulares*. A previsão deve ser interpretada restritivamente,

CAP. 8 • DIREITO DE FAMÍLIA | **1441**

no sentido de que se o bem é adquirido também com esforço do outro cônjuge, de qualquer natureza, haverá comunicação.

III – *As obrigações anteriores ao casamento, caso das dívidas pessoais que cada cônjuge já possuía ao casar.*

IV – *As obrigações decorrentes de ato ilícito, salvo reversão em proveito do casal.* A título de exemplo, se os cônjuges possuem uma fazenda e o marido, na administração desta, causar um dano ambiental, haverá responsabilidade solidária do casal, respondendo todos os seus bens. Isso porque a atividade desenvolvida na fazenda era realizada em benefício do casal.

V – *Os bens de uso pessoal de cada um dos cônjuges* (*v.g.*, joias da família, roupas, escova de dentes, relógios, celulares, CDs, DVDs); *os livros* (*v.g.*, obras jurídicas, coleções raras etc.); *e os instrumentos de profissão* (bisturi, fita métrica, máquina de costura).

VI – *Os proventos do trabalho pessoal de cada cônjuge*, o que inclui o salário, as remunerações em sentido amplo e a aposentadoria. Há problema técnico em relação a tal comando, pois se interpretado na literalidade, nada ou quase nada se comunicará nesse regime. Desse modo, na esteira da melhor doutrina, a norma merece interpretação restritiva.[98] A correta interpretação deve ser no sentido de que se os proventos forem recebidos durante a união haverá comunicação, prevalecendo a norma do art. 1.688 do CC. Em suma, deve-se fazer uma interpretação restritiva da norma em estudo, como se extrai do seguinte aresto da Segunda Seção do Superior Tribunal de Justiça, citado por outra decisão mais recente: "Necessária a interpretação restritiva do art. 1.659, VI, do Código Civil, sob pena de se malferir a própria natureza do regime da comunhão parcial. 'O entendimento atual do Superior Tribunal de Justiça é o de que os proventos do trabalho recebidos, por um ou outro cônjuge, na vigência do casamento, compõem o patrimônio comum do casal, a ser partilhado na separação, tendo em vista a formação de sociedade de fato, configurada pelo esforço comum dos cônjuges, independentemente de ser financeira a contribuição de um dos consortes e do outro não' (REsp 1.399.199/RS, Rel. Ministra Maria Isabel Gallotti, Rel. p/ Acórdão Ministro Luis Felipe Salomão, Segunda Seção, julgado em 09/03/2016, *DJe* 22/04/2016)" (STJ, REsp 1.660.877/PB, Rel. Min. Paulo de Tarso Sanseverino, j. 07.02.2018, *DJe* 14.02.2018, p. 3.996). Ou, ainda, como se retira do corpo de *decisum* da Terceira Turma da Corte, "não se pode olvidar que o art. 1.659, VI, do CC/2002, é fruto de profunda discussão no âmbito doutrinário e jurisprudencial, especialmente porque, se fosse a regra interpretada literalmente, o resultado seria a incomunicabilidade quase integral dos bens adquiridos na constância da sociedade conjugal, desnaturando-se por completo o regime da comunhão parcial ou total de bens" (STJ, REsp 1.651.292/RS, 3.ª Turma, Rel. Min. Nancy Andrighi, j. 19.05.2020, *DJe* 25.05.2020). Diante desse problema, o PL 699/2011 (antigo PL 6.960/2002) pretende revogar a previsão, o que viria em boa hora. Sem prejuízo dessa proposta, cumpre anotar o entendimento de Silmara Juny de Abreu Chinellato, para quem não haveria comunicação, por essa norma, dos rendimentos de direitos patrimoniais do autor, tidos como proventos do seu trabalho.[99] Por uma questão de valorização da atuação intelectual do autor, gerador de verdadeiro direito de personalidade, filia-se a tal forma de pensar.

---

[98] RODRIGUES, Silvio. *Direito Civil*. Direito de Família. 28. ed. 3. tir. São Paulo: Saraiva, 2006. v. 6, p. 183-184; VENOSA, Silvio de Salvo. *Código Civil interpretado*. São Paulo: Atlas, 2010. p. 1.522; ASSUNÇÃO, Alexandre Guedes A. *Código Civil comentado*. In: FIUZA, Ricardo; SILVA, Regina Beatriz Tavares da (Coord.). 6. ed. São Paulo: Saraiva, 2008. p. 1.808; GAGLIANO, Pablo Stolze; PAMPLONA FILHO, Rodolfo. *Novo Curso de Direito Civil*. Direito de Família. São Paulo: Saraiva, 2011. v. 6, p. 344.

[99] CHINELLATO, Silmara Juny de Abreu. *Direito de autor e direitos da personalidade: reflexões à luz do Código Civil*. Tese para concurso de Professor Titular de Direito Civil da Faculdade de Direito da Universidade de São Paulo: 2008, p. 84.

# 1442 | MANUAL DE DIREITO CIVIL • VOLUME ÚNICO – *Flávio Tartuce*

VII – *As pensões* (quantias pagas de forma periódica em virtude de lei, decisão judicial, ato *inter vivos* ou *mortis causa*, visando a subsistência de alguém), *meios-soldos* (metade do valor que o Estado paga ao militar reformado) *e montepios* (pensão paga pelo Estado aos herdeiros de um funcionário público falecido), *bem como outras rendas semelhantes* e que têm caráter pessoal.[100] Mais uma vez deve-se interpretar restritivamente a previsão, pois se tais valores forem recebidos durante o casamento, haverá comunicação dos bens.

Merece destaque o fato de que no atual Projeto de Reforma do Código Civil almeja-se revogar os anacrônicos incisos VI e VII do art. 1.659, que colidem com o próprio *espírito* do regime da comunhão parcial de bens.

Além disso, a Comissão de Juristas sugere um reparo no inciso V, para que mencione também os instrumentos de qualquer ofício ou trabalho, sem que seja necessariamente uma profissão ("os bens de uso pessoal, os livros e instrumentos de profissão ou ofício").

Por fim, a Professora Rosa Nery sugeriu, o que foi acatado pela Comissão de Juristas, o afastamento da comunicação das "indenizações por danos causados à pessoa de um dos cônjuges ou conviventes ou a seus bens privativos, com exceção do valor do lucro cessante que teria sido auferido caso o dano não tivesse ocorrido". Assim, não se comunicarão as indenizações pessoais ou personalíssimas recebidas por cada um dos consortes, ou aquelas relativas aos seus bens particulares. Faz-se uma exceção relativa aos valores que o prejudicado deixou de receber caso não tivesse ocorrido o evento danoso, hipótese em que há que se reconhecer a comunicação desses lucros cessantes, se a causa se deu durante o casamento ou a união estável, por interpretação do art. 1.658 e da própria essência da comunhão parcial de bens.

Por outra via, o art. 1.660 da codificação material traz o rol dos bens comunicáveis no regime, a saber:

I – *Os bens adquiridos na constância do casamento a título oneroso, ainda que em nome de somente um dos cônjuges.* Essa previsão entra em conflito com o inciso VI do art. 1.659, devendo prevalecer, pois relacionada com o próprio *espírito do regime.* Para a comunicação não há necessidade de prova de esforço comum, havendo presunção de ingresso nos aquestos. A título de exemplo, se um imóvel é adquirido em nome de apenas um dos cônjuges durante o casamento, deverá ser dividido igualmente entre ambos. A solução é a mesma, seja qual for a contribuição patrimonial dos envolvidos. Assim, mesmo se um cônjuge colaborar com apenas 1% do total para a compra de um apartamento, a divisão entre marido e mulher deve ser em 50% para cada um deles. Como outra ilustração, as cotas de uma sociedade que foi constituída durante o casamento devem ser partilhadas com igualdade entre os cônjuges. Para o STJ, diante da vedação do enriquecimento sem causa, os valores das cotas devem ser fixados de acordo com o momento da partilha. Desse modo, "verifica-se a existência de mancomunhão sobre o patrimônio, ou parte dele, expresso, na hipótese, em cotas de sociedade, que somente se dissolverá com a partilha e consequente pagamento, ao cônjuge não sócio, da expressão econômica das cotas que lhe caberiam por força da anterior relação conjugal. Sob a égide dessa singular relação de propriedade, o valor das cotas de sociedade empresária deverá sempre refletir o momento efetivo da partilha" (STJ, REsp 1.537.107/PR, 3.ª Turma, Rel. Min. Nancy Andrighi, j. 17.11.2016, *DJe* 25.11.2016).

II – *Os bens adquiridos por fato eventual com ou sem colaboração do outro cônjuge.* Exemplos: valores recebidos em decorrência de jogos, apostas e loterias em geral.

---

[100] Conceitos retirados de: DINIZ, Maria Helena. *Código Civil anotado.* 15. ed. São Paulo: Saraiva, 2010. p. 1.182.

Aplicando tal norma a uma união estável, julgou o Tribunal da Cidadania que "o prêmio da lotomania, recebido pelo ex-companheiro, sexagenário, deve ser objeto de partilha, haja vista que: (i) se trata de bem comum que ingressa no patrimônio do casal, independentemente da aferição do esforço de cada um; (ii) foi o próprio legislador quem estabeleceu a referida comunicabilidade; (iii) como se trata de regime obrigatório imposto pela norma, permitir a comunhão dos aquestos acaba sendo a melhor forma de se realizar maior justiça social e tratamento igualitário, tendo em vista que o referido regime não adveio da vontade livre e expressa das partes; (iv) a partilha dos referidos ganhos com a loteria não ofenderia o desiderato da lei, já que o prêmio foi ganho durante a relação, não havendo falar em matrimônio realizado por interesse ou em união meramente especulativa" (STJ, REsp 1.689.152/SC, 4.ª Turma, Rel. Min. Luis Felipe Salomão, j. 24.10.2017, *DJe* 22.11.2017).

III – *Os bens adquiridos por doação, herança ou legado em favor de ambos os cônjuges.* Haverá comunicação eis que o benefício é dado a ambos.

IV – *As benfeitorias necessárias, úteis e voluptuárias em bens particulares de cada cônjuge.* As benfeitorias são bens acessórios, introduzidas de forma onerosa e que valorizam a coisa principal, havendo uma presunção de aquisição onerosa. A comunicação deve ser estendida às acessões, conforme propõe o PL 276/2007, a partir das lições da doutrina.[101]

V – *Os frutos civis (rendimentos) ou naturais decorrentes de bens comuns ou particulares de cada cônjuge percebidos na constância do casamento, ou pendentes quando cessar a união.* Devem ser incluídos, por analogia, os produtos. A título de primeira ilustração dessa regra, comunicam-se os aluguéis recebidos durante a união, mesmo que se refiram a imóvel pertencente a apenas um dos cônjuges. A respeito dessa afirmação, julgado do STJ de 2021 que, em caso relacionado à união estável, considerou que "o montante recebido a título de aluguéis de imóvel particular do *de cujus* não se comunica à companheira supérstite após a data da abertura da sucessão". Nos seus termos, "a comunicabilidade ou não dos frutos deve levar em conta a data da ocorrência do fato que dá ensejo à sua percepção, isto é, o momento em que o titular adquire o direito a seu recebimento. Precedente da Segunda Seção. A data da celebração do contrato de locação ou o termo final de sua vigência em nada influenciam no desate da questão, pois os aluguéis somente podem ser considerados pendentes se deveriam ter sido recebidos na constância da união e não o foram. A partir da data do falecimento do locador – momento em que houve a transmissão dos direitos e deveres decorrentes do contrato aos herdeiros, por força do art. 10 da Lei 8.245/91 –, todo e qualquer vínculo apto a autorizar a recorrente a partilhar dos aluguéis foi rompido" (STJ, REsp 1.795.215/PR, 3.ª Turma, Rel. Min. Nancy Andrighi, j. 23.03.2021, *DJe* 26.03.2021). Também devem ser incluídas na comunicação as verbas trabalhistas por um dos cônjuges durante a união, segundo o STJ, para quem "ao cônjuge casado pelo regime da comunhão parcial de bens é devida a meação das verbas trabalhistas pleiteadas judicialmente durante a constância do casamento. As verbas indenizatórias decorrentes da rescisão do contrato de trabalho só devem ser excluídas da comunhão quando o direito trabalhista tenha nascido ou tenha sido pleiteado após a separação do casal. Recurso especial conhecido e provido" (STJ, REsp 646.529/SP, 3.ª Turma, Rel. Min. Nancy Andrighi, j. 21.06.2005, *v.u.*, *BOLAASP* 2.480/3.969). Em 2016, essa conclusão foi completada pela Segunda Seção do mesmo Tribunal Superior, que deduziu pela não comunicação dos valores relativos ao FGTS recebidos anteriormente à união. Após profundos debates, a ementa constante do *Informativo* n. 581 foi assim publicada, em resumo: "diante do divórcio de cônjuges que viviam sob o regime da comunhão parcial de bens, não deve ser reconhecido o direito à meação dos valores que foram depositados em conta vinculada

---

[101] ALVES, Jones Figueirêdo; DELGADO, Mário Luiz. *Código Civil anotado.* São Paulo: Método, 2005. p. 849-850.

**1444** | MANUAL DE DIREITO CIVIL • VOLUME ÚNICO – *Flávio Tartuce*

ao FGTS em datas anteriores à constância do casamento e que tenham sido utilizados para aquisição de imóvel pelo casal durante a vigência da relação conjugal. Diverso é o entendimento em relação aos valores depositados em conta vinculada ao FGTS na constância do casamento sob o regime da comunhão parcial, os quais, ainda que não sejam sacados imediatamente à separação do casal, integram o patrimônio comum do casal, devendo a CEF ser comunicada para que providencie a reserva do montante referente à meação, a fim de que, num momento futuro, quando da realização de qualquer das hipóteses legais de saque, seja possível a retirada do numerário pelo ex-cônjuge" (STJ, REsp 1.399.199/RS, Rel. Min. Maria Isabel Gallotti, Rel. p/ acórdão Min. Luis Felipe Salomão, j. 09.03.2016, *DJe* 22.04.2016). Como se nota, acabou prevalecendo a posição do Ministro Luis Felipe Salomão, que é compartilhada por mim, levando-se em conta a essência dos fatos geradores das aquisições. A posição do STJ pode ser resumida na seguinte afirmação, constante da Edição n. 113 da ferramenta *Jurisprudência em Teses* da Corte, publicada em 2018: "as verbas de natureza trabalhista nascidas e pleiteadas na constância da união estável ou do casamento celebrado sob o regime da comunhão parcial ou universal de bens integram o patrimônio comum do casal e, portanto, devem ser objeto da partilha no momento da separação" (tese n. 3, sendo certo que a edição trata da dissolução do casamento e da união estável). E, mais ainda, sobre o FGTS: "deve ser reconhecido o direito à meação dos valores depositados em conta vinculada ao Fundo de Garantia de Tempo de Serviço – FGTS auferidos durante a constância da união estável ou do casamento celebrado sob o regime da comunhão parcial ou universal de bens, ainda que não sejam sacados imediatamente após a separação do casal ou que tenham sido utilizados para aquisição de imóvel pelo casal durante a vigência da relação" (tese n. 4, publicada na mesma ferramenta e edição).

No que diz respeito ao tema e à atual Reforma do Código Civil, a Comissão de Juristas propõe uma necessária reforma no art. 1.660 do CC, para a ampliação da comunicação de bens ou da meação na comunhão parcial, deixando também o tratamento da matéria mais claro e efetivo, tendo em vista os vários desafios práticos que surgiram sobre a temática nos mais de vinte anos de vigência da codificação privada de 2002, e que aqui foram expostos.

Uma das razões da ampliação é a retirada da concorrência sucessória do cônjuge e do convivente do sistema jurídico, sobretudo com os descendentes, no art. 1.829, inc. I, do CC, que tem a seguinte e confusa redação: "a sucessão legítima defere-se na ordem seguinte: I – aos descendentes, em concorrência com o cônjuge sobrevivente, salvo se casado este com o falecido no regime da comunhão universal, ou no da separação obrigatória de bens (art. 1.640, parágrafo único); ou se, no regime da comunhão parcial, o autor da herança não houver deixado bens particulares". Como se sabe, atualmente, essa concorrência do cônjuge ou convivente com os descendentes do *de cujus* está limitada aos bens particulares do falecido, aqueles que não se comunicam na comunhão parcial, o que foi pacificado na Segunda Seção do Superior Tribunal de Justiça (STJ, REsp 1.368.123/SP, 2.ª Seção, Rel. Min. Sidnei Beneti, Rel. p/ Acórdão Min. Raul Araújo, j. 22.04.2015, *DJe* 08.06.2015).

Pois bem, a Comissão de Juristas concluiu pela mais do que necessária extinção da concorrência sucessória do cônjuge ou convivente com os descendentes do falecido por entender ser ela confusa, anacrônica e distante de uma segura e justa solução prática das controvérsias. Os processos de inventários litigiosos são hoje infindáveis, e a concorrência sucessória não se coaduna com a solução extrajudicial e consensual das disputas, pois aumenta o conflito, não ocasionando a necessária pacificação social.

Com a retirada da concorrência sucessória do cônjuge ou convivente, com seus descendentes e ascendentes, no inciso II do art. 1.829, a ordem de sucessão legítima passará a ser simples, voltando-se a algo próximo do que era no sistema do Código Civil, a saber: "Art. 1.829. A sucessão legítima defere-se na ordem seguinte: I – aos descendentes; II –

CAP. 8 • DIREITO DE FAMÍLIA | **1445**

aos ascendentes; III – ao cônjuge ou ao convivente sobrevivente; IV – aos colaterais até o quarto grau".

De todo modo, a retirada da concorrência deve ser compensada com a atribuição de outros bens ao cônjuge ou convivente, em vida, o que é feito por uma ampliação considerável, como nunca se viu e sem precedentes, da meação de bens na comunhão parcial, que é o regime adotado pela grande maioria dos brasileiros.

Além dessas justificativas, algumas das proposições incluídas no art. 1.660 resolvem e suprem debates jurisprudenciais sobre os temas, assim como trazem em seu conteúdo o protocolo de gênero, para a tutela dos direitos das mulheres tanto nas hipóteses envolvendo o casamento quanto na união estável.

Atendendo a essas finalidades, nos termos do seu inciso I, haverá a comunicação dos "bens adquiridos por título oneroso na constância do casamento ou da união estável, ainda que só em nome de um dos cônjuges ou conviventes". Em relação a ele, houve a inclusão da união estável e clareza quanto à aquisição do bem ter se dado na constância do relacionamento havido entre as partes.

Como outra modificação, o inciso III do art. 1.660 passará a enunciar "os bens adquiridos por doação, herança ou legado, em favor de ambos os cônjuges ou conviventes", mais uma vez apenas com a inclusão da união estável no preceito.

No inciso IV, preceituam-se "as benfeitorias em bens particulares de cada cônjuge ou convivente, entendendo-se como valor a ser partilhado, sempre que possível, o da valorização do bem em razão das benfeitorias realizadas". A menção à valorização do bem particular em virtude de benfeitorias é salutar, para afastar disputas desnecessárias no âmbito do Poder Judiciário, pois, como esclareceu a Subcomissão de Direito de Família, a "presente proposta regula, com justiça, a valorização do bem no regime da comunhão parcial de bens. Trata-se de situação bastante comum no Brasil que, por certo, carece de disciplina mais detalhada, para evitar injustiça e enriquecimento sem causa de uma das partes. A proposta, portanto, justifica-se em firme base fática e social".

No inciso V do art. 1.660, a proposição da Comissão de Juristas apenas inclui novamente a união estável e diz respeito aos "frutos dos bens comuns, ou dos particulares de cada cônjuge ou convivente, percebidos na constância do casamento ou da união estável ou pendentes ao tempo de cessar a comunhão".

Porém, no novo inciso VI, há a antes citada ampliação considerável da comunicação de bens ou da meação na comunhão parcial, abrangendo, na linha dos meus comentários doutrinários e anotações jurisprudenciais, "as remunerações, salários, pensões, dividendos, fundo de garantia por tempo de serviço, previdências privadas abertas ou outra classe de recebimentos ou indenizações que ambos os cônjuges ou conviventes obtenham durante o casamento ou união estável, como provento do trabalho ou de aposentadoria". A previsão, portanto, completa as revogações dos incisos VI e VII do art. 1.659, que, atualmente, apenas causam confusão.

Nesse contexto, além da comunicação das rendas em geral, os seus frutos e as suas decorrências se comunicam, em prol do outro cônjuge ou convivente, o que vem em boa hora, com os fins de deixar mais clara a matéria e afastar disputas ainda não pacificadas que hoje ainda existem sobre os institutos previstos no novo inciso VI.

Também como nova previsão e na mesma linha de ampliação da comunicação de bens, o incluso inc. VII preverá a meação sobre "os direitos patrimoniais sobre as quotas ou ações societárias adquiridas na constância do casamento ou da união estável". Consoante as justificativas da Subcomissão de Direito de Família, "a presente proposta pretende a comunicabilidade, não das quotas ou ações societárias de per si, pois isso violaria a própria *affectio societatis*, além de agredir regras fundamentais de direito societário. O que se pretende, sim, visando a evitar indesejável enriquecimento sem causa, é a comunicabilidade dos 'direitos patrimoniais' sobre tais quotas ou ações, o que pode ser apurado mediante balanço contábil".

Ainda é incluída, no inciso VIII do art. 1.660, com as mesmas justificativas, "a valorização das quotas ou das participações societárias ocorrida na constância do casamento ou da união estável, ainda que a aquisição das quotas ou das ações tenha ocorrido anteriormente ao início da convivência do casal, até a data da separação de fato".

Por fim, insere-se previsão complementar, no novo inc. IX, da "valorização das quotas sociais ou ações societárias decorrentes dos lucros reinvestidos na sociedade na vigência do casamento ou união estável do sócio, ainda que a sua constituição seja anterior à convivência do casal, até a data da separação de fato". Não se olvide, quanto à valorização das quotas sociais, que o Superior Tribunal de Justiça tem entendimento diverso, pela sua não comunicação. Vejamos, entre os últimos arestos: "consoante a jurisprudência desta Corte, a valorização patrimonial das cotas sociais adquiridas antes do casamento ou da união estável não deve integrar o patrimônio comum a ser partilhado, por ser decorrência de um fenômeno econômico que dispensa a comunhão de esforços do casal" (STJ, Ag. Int. nos EDcl no AREsp 699.207/SP, 4.ª Turma, Rel. Min. Raul Araújo, j. 27.06.2022, *DJe* 29.06.2022).

Ou, entre os arestos mais antigos: "o regime de bens aplicável às uniões estáveis é o da comunhão parcial, comunicando-se, mesmo por presunção, os bens adquiridos pelo esforço comum dos companheiros. A valorização patrimonial das cotas sociais de sociedade limitada, adquiridas antes do início do período de convivência, decorrente de mero fenômeno econômico, e não do esforço comum dos companheiros, não se comunica" (STJ, REsp 1.173.931/RS, 3.ª Turma, Rel. Min. Paulo de Tarso Sanseverino, j. 22.10.2013, *DJe* 28.10.2013).

Na verdade, em relação ao último inciso incluído no art. 1.660, relativo à valorização das quotas sociais, prestigiou-se entendimento do Tribunal Paulista, caso do seguinte aresto com repetição em outros julgados de mesma Relatoria:

"Partilha de bens. Regime da comunhão parcial de bens. Saldo existente em aplicações financeiras partilhado em sentença. Insurgência em relação à forma de atualização dos valores a serem entregues à ex-esposa pelo ex-marido. Correção e incidência de juros que devem levar em conta os índices dos fundos de investimentos em que estavam aplicados os valores partilhados. Cotas sociais de pessoa jurídica adquiridas pelo ex-marido por doação de seu genitor constituem bens próprios. Aquisições posteriores a título oneroso e aumento do capital social. Comunicação dos frutos de bens particulares recebidos na constância do casamento, independentemente de esforço comum do cônjuge. Frutos que correspondem à parcela do aumento do capital social decorrente da incorporação de lucros que, caso distribuídos aos sócios, constituiriam aquestos. Parcela de aumento do capital social eventualmente decorrente de correção monetária do capital e reavaliação de outros ativos são incomunicáveis ao outro cônjuge. Comunicação da mais-valia, nos moldes acima estabelecidos, se dará somente até a data da separação de fato do casal. Sucesso ou infortúnio da pessoa jurídica após a separação de fato do casal não se comunica ao outro cônjuge, cessado o regime de bens. Esposa que não se torna sócia da pessoa jurídica, mas sim sua credora, com direito a receber seus haveres à conta da participação do marido. Apuração dos haveres será objeto de ação própria, pois envolve interesses de terceiros que não figuram como partes nesta demanda. Ação e reconvenção parcialmente procedentes. Recurso do autor parcialmente provido. Recurso da ré desprovido" (TJSP, Apelação Cível 1043882-52.2019.8.26.0576, Acórdão 15977273, São José do Rio Preto, 1.ª Câmara de Direito Privado, Rel. Des. Francisco Loureiro, j. 23.08.2022, rep. *DJESP* 29.08.2022, p. 1794).

O que se percebe, portanto, é que na Subcomissão de Direito de Família e na Relatoria-Geral foi adotada solução diversa ao entendimento do Superior Tribunal de Justiça, para se afastar o enriquecimento sem causa do cônjuge sócio, em detrimento do regime da comunhão parcial, e pelo fato de que houve, como antes pontuado, a retirada da concorrência sucessória do cônjuge ou convivente em relação aos descendentes, quanto aos bens particulares do falecido, sendo necessário ampliar a meação para compensar essa retirada.

A questão foi votada na Comissão de Juristas, formada inclusive por Ministros do STJ, nas reuniões da primeira semana de abril de 2024, tendo havido forte apoio à proposta também da Subcomissão de Direito de Empresa e de ampla maioria dos membros do grupo, vencendo na votação final.

Entre outros argumentos, prevaleceu a necessidade de proteção dos direitos das esposas e conviventes, efetivando-se *o protocolo de gênero*. Cabe agora, ao Congresso Nacional, analisar qual o melhor caminho para o tema, sendo necessário, em prol da segurança jurídica, que todas essas situações sejam positivadas na lei brasileira.

Além dessas previsões, do art. 1.660 do CC, a lei civil considera incomunicáveis os bens cuja aquisição tiver por título uma causa anterior ao casamento (art. 1.661 do CC). Exemplificando, é a hipótese de um rapaz solteiro que vende a crédito um terreno seu, cujo valor é recebido após a celebração do casamento sob o regime da comunhão parcial. Tal valor é incomunicável, pois a sua causa é anterior ao matrimônio.[102]

Sem qualquer inovação em relação ao seu conteúdo, a Comissão de Juristas encarregada da Reforma do Código Civil sugere apenas inclusão da união estável no seu art. 1.661, que passará a prever o seguinte: "são incomunicáveis os bens cuja aquisição tiver por título uma causa anterior ao casamento ou à constituição de união estável". São feitas proposições semelhantes para os demais dispositivos que consagram regras específicas para casamento de regime de bens, caso dos seguintes.

Relativamente aos bens móveis, o CC/2002 consagra a presunção de que foram adquiridos na constância da união, ou seja, haverá comunicação (art. 1.662 do CC). Conclui-se que essa presunção é relativa (*iuris tantum*), cabendo prova em contrário de quem alega que o bem é exclusivo e incomunicável (TJMG, Acórdão 1.0051.04.009518-7/001, 2.ª Câmara Cível, Bambuí, Rel. Des. Caetano Levi Lopes, j. 24.05.2005, *DJMG* 10.06.2005).

No que diz respeito ao Projeto de Reforma do Código Civil, além da inclusão da união estável no seu art. 1.662, sugere-se que a norma mencione apenas os bens móveis que guarnecem o domicílio comum, passando o dispositivo a prever o seguinte: "no regime da comunhão parcial, presumem-se adquiridos na constância do casamento ou da união estável os bens móveis que guarnecem o domicílio comum, quando não se provar que o foram em data anterior". Essa restrição deixa mais claro o texto da lei, como bem argumentou a Subcomissão de Direito de Família: "trata-se de ajuste redacional simples, com o escopo de esclarecer os bens que se presumem adquiridos na constância do casamento ou da união estável". Assim, no exemplo do veículo constante do acórdão por último citado, deverá haver a presunção relativa de meação da coisa.

A administração do patrimônio comum compete a qualquer um dos cônjuges, diante da isonomia constitucional e do sistema de colaboração presente nesse regime de bens (art. 1.663 do CC). As dívidas contraídas no exercício dessa administração obrigam os bens comuns e particulares do cônjuge que os administra, e os do outro cônjuge na razão do proveito que houver auferido (art. 1.663, § 1.º). Concretizando, o marido tem uma empresa, anterior ao casamento, e a administra sozinho. Por tal conduta de administração, a parte que a esposa tem nos bens comuns e os seus bens exclusivos não respondem por dívidas contraídas pelo marido na administração da empresa, uma vez que o bem é anterior.

---

[102] Exemplo de: DINIZ, Maria Helena. *Código Civil anotado*. 15. ed. São Paulo: Saraiva, 2010. p. 1.183.

A anuência de ambos os cônjuges é necessária para os atos que, a título gratuito, impliquem a cessão do uso ou gozo dos bens comuns, caso da instituição de um usufruto ou da celebração de um contrato de comodato de imóvel pertencente a ambos (art. 1.663, § 2.º, do CC). Em havendo prova de dilapidação do patrimônio ou do desvio de bens, o juiz poderá atribuir a administração a apenas um dos cônjuges, analisando as provas dessa má administração (art. 1.663, § 3.º, do CC).

Os bens da comunhão ainda respondem pelas obrigações contraídas pelo marido ou pela mulher para atender aos encargos da família, às despesas de administração e às decorrentes de imposição legal (art. 1.664 do CC). Para exemplificar, os bens da comunhão respondem pelas dívidas domésticas; pelas despesas de alimentação da família; pelas despesas de aluguel e condomínio do apartamento do casal e pelas contas de consumo mensal.

Anoto que no atual Projeto de Reforma, a Comissão de Juristas, em linha coerente com propostas anteriores, sugere que o dispositivo mencione também a união estável. Além disso, entendeu-se ser interessante incluir na norma previsão expressa quanto aos gastos de caráter urgente e extraordinários, para deixá-la mais clara, com a seguinte redação final proposta: "Art. 1.664. Os bens da comunhão respondem pelas obrigações contraídas pelos cônjuges ou conviventes para atender aos encargos da família, às despesas de administração e às decorrentes de imposição legal, mesmo quando se trate de gastos de caráter urgente e extraordinários". Também não se menciona o "homem" e a "mulher", mantendo-se coerência com a admissão da união estável e do casamento homoafetivo pelo Anteprojeto.

No tocante à administração e à disposição dos bens constitutivos do patrimônio particular, tais atos competem ao cônjuge proprietário, salvo convenção diversa em pacto antenupcial (art. 1.665). A norma constitui novidade e deve ser confrontada com o art. 1.647 do CC. A polêmica que surge interroga a necessidade da outorga conjugal para a venda de um bem imóvel anterior (bem particular) por um dos cônjuges na comunhão parcial.

A correta interpretação é que a outorga em casos tais é necessária, prevalecendo a regra do art. 1.647, I, do CC, sob pena de anulação do ato. Com essa dedução jurídica, o Enunciado n. 340 do CJF/STJ: "no regime da comunhão parcial de bens é sempre indispensável a autorização do cônjuge, ou seu suprimento judicial, para atos de disposição sobre bens imóveis". A conclusão tem o fito de proteger eventuais benfeitorias introduzidas nos bens particulares que, como antes exposto, são comunicáveis neste regime (art. 1.660, inc. IV, do CC).

No atual Projeto de Reforma do Código Civil, a Comissão de Juristas sugere a seguinte redação para o art. 1.655, com a inclusão da união estável e menção aos pactos conjugais e convivenciais em sentido amplo, e não mais apenas ao pacto antenupcial: "a administração e a disposição dos bens constitutivos do patrimônio particular competem ao cônjuge ou convivente proprietário, salvo convenção diversa em pacto conjugal ou convivencial". Na linha dos meus comentários, seria interessante, ainda, retirar a menção expressa à disposição de bens, na linha do Enunciado n. 340 da *IV Jornada de Direito*, o que acabou permanecendo na projeção, por um lapso. Assim, sugere-se que seja feito um aperfeiçoamento da proposta, no âmbito do Congresso Nacional.

Finalizando o tratamento da comunhão parcial, o art. 1.666 do CC determina que as dívidas contraídas por qualquer dos cônjuges na administração de seus bens particulares e em benefício destes não obrigam os bens comuns.

Em relação a esse comando, para o Projeto de Reforma do Código Civil, a Subcomissão de Direito de Família sugeriu a inclusão, no dispositivo, da viabilidade de compensação, na futura partilha, por dívidas pessoais pagas com bem comum, o que foi acatado pela Relatoria-Geral e pela Comissão de Juristas, como bem justificaram: "a proposta é inovadora e necessária por imperativo de justiça. Visa a prever a compensação na futura partilha, por dívidas pessoais pagas com bem comum. Prestigia-se, por um lado, a eficiência, e, por outro, o justo direito ao ressarcimento". Nesse contexto, o comando passará a prever o seguinte, em boa hora: "Art. 1.666. Se um dos consortes, na administração de bens particulares, vier a constituir dívidas cuja satisfação acarrete a excussão de bens comuns, terá o outro, caso não tenha anuído com o ato, o direito de reaver sua parte do valor subtraído do patrimônio comum, em eventual partilha".

A Subcomissão de especialistas ainda propôs a inclusão de norma relativa à fraude ao regime da comunhão parcial, praticada por cônjuge ou convivente, seguindo proposta elaborada por Rolf Madaleno. Trata-se do novo art. 1.666-A, com a seguinte dicção: "O ato de administração ou de disposição praticado por um só dos cônjuges ou conviventes em fraude ao patrimônio comum implicará sua responsabilização pelo valor atualizado do prejuízo. § 1º O cônjuge ou convivente que sonegar bens da partilha, buscando apropriar-se de bens comuns que esteja, em seu poder ou sob a sua administração e, assim, lesar economicamente a parte adversa, perderá o direito que sobre eles lhe caiba. § 2º Comprovada a prática de atos de sonegação, a sentença de partilha ou de sobrepartilha decretará a perda do direito de meação sobre o bem sonegado em favor do cônjuge ou convivente prejudicado". Como se nota, em boa hora, assim como ocorre em matéria sucessória, a fraude engendrada pelo cônjuge ou convivente implicará a imposição da pena de sonegados, com a perda do direito em relação ao bem, sendo importante a aprovação da proposição pelo Congresso Nacional, a fim de coibir e vetar os citados ilícitos civis.

*b) Regime da comunhão universal de bens*

Como se sabe, esse era o regime legal até a entrada em vigor da Lei do Divórcio, ou seja, até 25 de dezembro de 1977. Justamente por isso, na prática, muitos casais, atualmente, são casados por esse regime, notadamente das gerações anteriores. Desde a entrada em vigor da Lei 6.515/1977, a sua previsão depende de pacto antenupcial, o que é confirmado pelo Código Civil de 2002.

Essas premissas são mantidas pelo Projeto de Reforma do Código Civil, com a possibilidade de se estabelecer e convencionar o regime também em pactos celebrados após o casamento. Também se almeja, na linha de outras proposições, incluir menções ao convivente, o que não poderia ser diferente, o que já alcança o comando a seguir.

Regra básica do regime: comunicam-se tanto os bens anteriores, presentes e posteriores à celebração do casamento, ou seja, há uma *comunicação total ou plena nos aquestos*, o que inclui as dívidas passivas de ambos (art. 1.667 do CC). Vejamos o esquema gráfico:

**Regime da comunhão universal de bens**

**1450** | MANUAL DE DIREITO CIVIL • VOLUME ÚNICO – *Flávio Tartuce*

Assim, em regra, todos os bens adquiridos durante a união, por um ou ambos os cônjuges, são comunicáveis na comunhão universal. Também se comunicam os bens recebidos por um ou por ambos por herança ou doação durante o casamento.

Para uma primeira forma de julgar do Superior Tribunal de Justiça, também haveria comunicação das quotas de sociedade de advogados adquiridas por um dos cônjuges na vigência desse regime. Nos termos da parte final da longa ementa do Tribunal da Cidadania:

> "Afigura-se incontroverso que a aquisição das quotas sociais da sociedade de advogados pelo recorrido deu-se na constância do casamento, cujo regime de bens era o da comunhão universal. Desse modo, se a obtenção da participação societária decorreu naturalmente dos esforços e patrimônios comuns dos então consortes, sua divisão entre os cônjuges, por ocasião de sua separação, é medida de justiça e consonante com a lei de regência. Naturalmente, há que se preservar o caráter personalíssimo dessas sociedades, obstando-se a atribuição da qualidade de sócio a terceiros que, nessa condição, não detenham com os demais a denominada *affectio societatis*. Inexistindo, todavia, outro modo de se proceder à quitação do débito ou de implementar o direito à meação ou à sucessão, o direito destes terceiros (credor pessoal do sócio, ex-cônjuge e herdeiros) é efetivado por meio de mecanismos legais (dissolução da sociedade, participação nos lucros etc.) a fim de amealhar o valor correspondente à participação societária. (...). Recurso especial provido, para, reconhecendo, em tese, o direito da cônjuge, casada em comunhão universal de bens, à partilha do conteúdo econômico das quotas sociais da sociedade de advogados então pertencentes ao seu ex-marido (não se lhe conferindo, todavia, o direito à dissolução compulsória da sociedade), determinar que o Tribunal de origem prossiga no julgamento das questões remanescentes veiculadas no recurso de apelação" (STJ, REsp 1.531.288/RS, 3.ª Turma, Rel. Min. Marco Aurélio Bellizze, j. 24.11.2015, *DJe* 17.12.2015).

Porém, se a sociedade for anterior ao casamento (ou união estável) celebrado por comunhão parcial de bens não haverá comunicação da valorização das quotas, afirmação que igualmente vale para os casos de imóveis particulares, adquiridos anteriormente. Nos termos da afirmação n. 5 constante da Edição n. 113 da ferramenta *Jurisprudência em Teses* do STJ, "a valorização patrimonial dos imóveis ou das cotas sociais de sociedade limitada, adquiridos antes do casamento ou da união estável, não deve integrar o patrimônio comum a ser partilhado quando do término do relacionamento, visto que essa valorização é decorrência de um fenômeno econômico que dispensa a comunhão de esforços do casal". São citados como acórdãos paradigmas, entre outros: Ag. Int. no AREsp 297.242/RS, 4.ª Turma, Rel. Min. Lázaro Guimarães (Desembargador convocado do TRF 5.ª Região), j. 07.11.2017, *DJe* 13.11.2017; REsp 1.595.775/AP, 3.ª Turma, Rel. Min. Ricardo Villas Bôas Cueva, j. 09.08.2016, *DJe* 16.08.2016; REsp 1.349.788/RS, 3.ª Turma, Rel. Min. Nancy Andrighi, j. 26.08.2014, *DJe* 29.08.2014; e REsp 1.173.931/RS, 3.ª Turma, Rel. Min. Paulo de Tarso Sanseverino, j. 22.10.2013, *DJe* 28.10.2013.

Destaque-se que a comunicação de bens é plena, mas não absoluta, pois existem bens incomunicáveis descritos no art. 1.668 do CC:

> I – *Bens doados ou herdados com a cláusula de incomunicabilidade, e os correspondentes sub-rogados (sub-rogação real, substituição de uma coisa por outra).* Por essa cláusula, como o próprio nome já diz, afasta-se a comunhão em qualquer regime. Se instituída por testamento na legítima, enuncia o art. 1.848 do CC que esta cláusula deve ser justificada.

CAP. 8 • DIREITO DE FAMÍLIA | **1451**

II – *Bens gravados de fideicomisso e o direito do herdeiro fideicomissário, antes de realizada a condição suspensiva.* O fideicomisso é uma forma de substituição testamentária em que um primeiro herdeiro (fiduciário) pode ser substituído por outro (fideicomissário). Quando o bem estiver com o fiduciário (1.º herdeiro) haverá incomunicabilidade, pois a sua propriedade é resolúvel, protegendo-se o direito do fideicomissário (2.º herdeiro).

III – *As dívidas anteriores ao casamento, salvo se tiverem como origem dívidas relacionadas com o casamento, ou aquelas que se reverterem em proveito comum.* Desse modo, são *comunicáveis*, as dívidas relativas à aquisição do imóvel do casal, da mobília e do enxoval; bem como as despesas para a festa do casamento.

IV – *As doações antenupciais feitas por um dos cônjuges a outro, com cláusula de incomunicabilidade.*

V – *Os bens referidos nos incisos V a VII do art. 1.659 do CC (bens de uso pessoal, livros, instrumentos de profissão, proventos do trabalho de cada um e pensões em geral).* Como apontado no estudo da comunhão parcial de bens, as duas últimas previsões merecem interpretação restritiva. (destacamos)

Quanto a esse art. 1.668, no Projeto de Reforma do Código Civil, a Comissão de Juristas sugere a inclusão da união estável no inc. III do dispositivo, prevendo que não se comunicarão no regime da comunhão universal "as dívidas anteriores ao casamento ou ao estabelecimento da união estável, salvo se provierem de despesas com seus aprestos ou reverterem em proveito comum".

Revoga-se ainda o inciso IV, pela menção atual às doações antenupciais, uma vez que o pacto antenupcial, em sua literalidade, foi retirado do sistema. Ademais, o inciso V do art. 1.668 passará a mencionar apenas a não comunicação dos "bens referidos nos incisos V e VIII do art. 1.659", diante das propostas que foram formuladas para o último comando. Com isso serão supridas as críticas feitas em meus comentários doutrinários, em especial as que dizem respeito às atuais menções aos proventos do trabalho e às rendas em geral, problema também existente hoje na comunhão parcial de bens, como pontuei quando do estudo do art. 1.659 do CC/2002.

Quanto aos frutos, são eles comunicáveis, mesmo que sejam retirados de bens incomunicáveis, mas desde que vençam ou sejam percebidos na constância do casamento (art. 1.669 do CC). Para ilustrar, os aluguéis retirados por um dos cônjuges em relação a um imóvel recebido com cláusula de incomunicabilidade são comunicáveis.

O art. 1.670 do CC/2002 aduz que, quanto à administração dos bens na comunhão universal, devem ser aplicadas as mesmas regras vistas para a comunhão parcial. Desse modo, os arts. 1.663, 1.665 e 1.666 do CC subsomem-se à comunhão universal de bens.

Por derradeiro, sendo extinta a comunhão pela dissolução do casamento e sendo efetuada a divisão do ativo e do passivo entre as partes, cessará a responsabilidade de cada um para os credores do outro (art. 1.671 do CC). Obviamente, sobre uma eventual dívida que surja após o fim da união, mas cuja origem está no período da vida em comunhão, haverá responsabilidade do cônjuge. Faltou a norma mencionar a separação de fato que, segundo o entendimento majoritário da doutrina e da jurisprudência, põe fim à sociedade conjugal. Justamente por isso o Projeto de Reforma do Código Civil pretende alterar o seu art. 1.671, para que passe a mencionar que, "extinta a comunhão pela separação de fato, pelo divórcio ou dissolução da união estável e efetuada a divisão do ativo e do passivo, cessará a responsabilidade de cada um dos cônjuges ou conviventes para com os credores do outro". Como ainda se verá, uma das principais proposições da Comissão de Juristas é que a separação de fato gere a extinção da sociedade conjugal, entendimento que já é hoje o majoritário.

## 1452 | MANUAL DE DIREITO CIVIL • VOLUME ÚNICO – *Flávio Tartuce*

### c) *Regime da participação final nos aquestos*

Trata-se de um regime novo que veio a substituir o regime dotal. Conforme leciona Eduardo de Oliveira Leite, tal regime foi "importado dos países nórdicos, mais especificamente da Suécia, dali passando para a Alemanha (1957) e, depois para a França (1965)".[103] O jurista deixa clara a sua perplexidade pelo fato de um regime adotado por países ricos ser inserido no nosso sistema, estando distante da realidade brasileira. Soma-se a isso a constatação de Silmara Juny Chinellato de se tratar de um *regime contábil e complexo*, que desestimula a sua adoção no campo social.[104] Nessas mais de duas décadas de vigência do CC/2002, raríssimas são as notícias de opções por tal regime de bens, próprio para casal de empresários, como afirma Maria Helena Diniz.[105]

No Projeto de Reforma do Código Civil, como antes pontuado, retira-se expressamente do sistema civilístico o regime da participação final nos aquestos, diante de sua pouca efetividade prática e por não ter sido a opção dos brasileiros nos mais de vinte anos de vigência da codificação.

Sobre essa conclusão, justificou a Subcomissão de Direito de Família – formada pelos juristas Pablo Stolze Gagliano (sub-relator), Ministro Marco Buzzi, Maria Berenice Dias e Rolf Madaleno – que "suprimiu-se todo o confuso regramento do regime de participação final nos aquestos, atendendo a *clamor* da doutrina, e, sem dúvida, da própria sociedade: 'mas, como dissemos na abertura deste capítulo, esse regime não deverá cair no gosto da sociedade brasileira'".

A sugestão foi acatada pelos Relatores-Gerais e por todos os demais membros da Comissão de Juristas. Foram mantidos, além da comunhão parcial, os regimes da separação convencional e da comunhão universal de bens. Nesse contexto, há proposta de revogação expressa dos arts. 1.672 a 1.686 do vigente Código Civil. Muitos dos meus comentários a seguir desenvolvidos, além de demonstrarem a pouca efetividade prática do instituto, evidenciarão os vários problemas técnicos e anacronismos desse regime instituído com o Código Civil de 2002.

Como regra fundamental do regime, durante o casamento há uma separação convencional de bens, e, no caso de dissolução da sociedade conjugal, algo próximo de uma comunhão parcial de bens. Finda a união, cada cônjuge terá direito a uma participação daqueles bens para os quais colaborou para a aquisição, devendo provar o esforço patrimonial para tanto, eis que o art. 1.672 do CC preconiza que caberá direito à metade dos bens adquiridos a título oneroso durante a união.

Pelo esquema a seguir já se demonstra a complexidade do regime, pois devem ser levados em conta como momentos de comparação *durante o casamento* e *dissolvidos o casamento e sociedade conjugal*.

Isso porque se forem levados em conta como momentos *antes do casamento* e *depois do casamento* – como nos outros regimes –, nada muda, pois há uma separação convencional de bens durante a união. Vejamos:

---

[103] LEITE, Eduardo de Oliveira. *Direito Civil aplicado*. Direito de Família. São Paulo: RT, 2005. v. 5, p. 347.

[104] CHINELLATO, Silmara Juny. *Comentários ao Código Civil*. In: AZEVEDO, Antonio Junqueira de (Coord.). São Paulo: Saraiva, 2004. v. 18, p. 372.

[105] DINIZ, Maria Helena. *Curso de Direito Civil brasileiro*. Direito de Família. 22. ed. São Paulo: Saraiva, 2007. v. 5, p. 176.

## Regime da participação final nos aquestos

Deve ficar claro que os *bens de participação não se confundem com a meação*, pois a última independe da prova de esforço comum para a comunicação. Sendo assim, como aponta Silmara Juny Chinellato, há equívoco nos dispositivos que fazem uso do termo meação, caso dos arts. 1.676, 1.678 e 1.682.[106] Diante disso, onde se lê *meação*, deve-se entender *participação*.

Conforme o art. 1.673 do Código Civil, integram o patrimônio próprio ou particular os bens que cada cônjuge possuía ao casar e os por ele adquiridos, a qualquer título, na constância do casamento. A administração desses bens é exclusiva de cada cônjuge, que os poderá livremente alienar, se forem móveis, na constância da união. Nesse comando é que reside diferença fundamental em relação à comunhão parcial, pois no último caso os bens adquiridos durante a união, em regra, presumem-se de ambos.

Porém, ocorrendo a dissolução do casamento e da sociedade conjugal, deverá ser apurado o montante dos aquestos (parte comunicável), excluindo-se da soma dos patrimônios próprios, nos termos do art. 1.674 do CC:

- Os bens anteriores ao casamento e os que em seu lugar se sub-rogaram (substituição real ou objetiva).
- Os bens que sobrevieram a cada cônjuge por sucessão ou liberalidade.
- As dívidas relativas a esses bens.

Salvo prova em contrário, presumem-se adquiridos durante o casamento os bens móveis (art. 1.674, parágrafo único, do CC). Nesse último ponto, está presente proximidade a comunhão parcial, havendo uma presunção relativa (*iuris tantum*) de participação.

Ao se determinar o montante dos aquestos, será computado o valor das doações feitas por um dos cônjuges, sem a necessária autorização do outro (art. 1.675 do CC). Nesse caso, o bem poderá ser reivindicado pelo cônjuge prejudicado ou por seus herdeiros; ou declarado no monte partilhável por valor equivalente ao da época da dissolução. Mais uma

---

[106] CHINELLATO, Silmara Juny. *Comentários ao Código Civil*. In: AZEVEDO, Antonio Junqueira de (Coord.). São Paulo: Saraiva, 2004. v. 18, p. 380.

**1454** | MANUAL DE DIREITO CIVIL • VOLUME ÚNICO – *Flávio Tartuce*

vez, apesar da lei falar em *reivindicação*, anote-se que, realizada a doação sem a outorga conjugal, o ato é anulável, sujeita a ação anulatória a prazo decadencial de dois anos (arts. 1.647 e 1.649 do CC).

O valor dos bens alienados em detrimento da meação (ou melhor, da participação) deve ser incorporado ao monte partível, se não houver preferência do cônjuge lesado, ou de seus herdeiros, de reivindicá-los (art. 1.676 do CC). Como se pode notar, o regime é justo, pela valorização do trabalho, mas de difícil aplicação prática diante de sua complexidade.

No que tange às dívidas posteriores ao casamento, contraídas por um dos cônjuges, somente este responderá, salvo prova de terem revertido, parcial ou totalmente, em benefício do outro ou do casal (art. 1.677 do CC). Se um dos cônjuges solveu uma dívida do outro com bens do seu patrimônio, o valor do pagamento deve ser atualizado e imputado, na data da dissolução, à meação do outro cônjuge (art. 1.678 do CC). Isso deverá ser provado por quem alega o pagamento da dívida, como, por exemplo, por meio de recibos ou notas fiscais, que devem ser guardados por aquele que fez o desembolso. Para essa prova, é possível até que um cônjuge exija recibo do outro, o que demonstra a inviabilidade do regime, diante do espírito de conduta do brasileiro. Essa exigência, nos comuns relacionamentos de nosso país, até pode motivar a separação do casal.

Além dessas regras de divisão, "no caso de bens adquiridos pelo trabalho conjunto, terá cada um dos cônjuges uma quota igual no condomínio ou no crédito por aquele modo estabelecido" (art. 1.679 do CC). Em regra, vale a divisão igualitária, o que comporta prova em contrário no sentido de que houve uma colaboração superior à metade do valor do bem.

As coisas móveis, em face de terceiros, presumem-se do domínio do cônjuge devedor, salvo se o bem for de uso pessoal do outro (art. 1.680 do CC). Ilustre-se com a hipótese em que um dos cônjuges assina contrato de financiamento para aquisição de um veículo. Perante o credor, o bem é do cônjuge que constar do contrato.

Por outra via, os bens imóveis são de propriedade do cônjuge cujo nome constar no registro, salvo impugnação dessa titularidade, cabendo ao cônjuge proprietário o ônus de provar a aquisição regular dos bens de forma individual (art. 1.681 do CC).

Nota-se que no último caso o ônus de provar não é de quem alega o domínio, mas daquele cuja titularidade consta do registro, havendo uma inversão do ônus da prova. A regra é injusta, diante da dificuldade de prova, podendo-se falar em *prova diabólica*. Em suma, recomenda-se que, durante o regime, um cônjuge solicite ao outro uma declaração, de que o bem imóvel foi adquirido somente por seus recursos. Mais uma vez, essa exigência documental pode desestabilizar o relacionamento.

Nos termos literais do art. 1.682 do CC, o direito à meação nesse regime é irrenunciável, incessível e impenhorável. Mais uma vez, repise-se, na esteira da melhor doutrina, que onde se lê *meação*, deve-se entender *participação*.[107]

Em havendo dissolução do casamento, será verificado o montante dos aquestos à data em que cessou a convivência, o que objetiva evitar fraudes por aquele que detêm a titularidade ou a posse do bem partível (art. 1.683 do CC). Não sendo possível nem conveniente a divisão de todos os bens em natureza, calcular-se-á o valor de alguns ou de todos para a reposição em dinheiro ao cônjuge não proprietário.

Por fim, não sendo possível realizar a reposição em dinheiro, serão avaliados e, mediante autorização judicial, alienados tantos bens quantos bastarem para o pagamento das

---

[107] CHINELLATO, Silmara Juny. *Comentários ao Código Civil*. In: AZEVEDO, Antonio Junqueira de (Coord.). São Paulo: Saraiva, 2004. v. 18, p. 380.

respectivas quotas (art. 1.684 do CC). As mesmas premissas servem se o casamento for dissolvido por morte, com a ressalva de que a herança deve ser deferida na forma estabelecida no capítulo que regulamenta o Direito Sucessório (art. 1.685 do CC).

Como última regra a ser comentada, enuncia o art. 1.686 que as dívidas de um dos cônjuges, quando superiores à sua meação, não obrigam ao outro, ou a seus herdeiros, o que complementa as primeiras regras básicas quanto ao regime aqui comentadas. Em conclusão, percebe-se que o regime não é de fácil aplicação, do ponto de vista operacional, em razão das intrincadas questões que dele suscitam e dos conflitos que pode gerar aos cônjuges.

Diante de todas essas dificuldades, de fato, o regime acabou não se concretizando na prática brasileira, razão pela qual a Comissão de Juristas encarregada da Reforma do Código Civil sugere a sua retirada do sistema legal brasileiro. Poucos julgados são encontrados sobre essa modalidade. Vejamos dois deles.

De início, concluindo pela possibilidade de uma ação de modificação do regime de bens para o da participação final nos aquestos: "caso concreto em que deve ser deferido o pedido de alteração do regime de bens do casamento, da comunhão parcial de bens para participação final nos aquestos, com eficácia *ex nunc*. Sentença reformada. Apelação provida, por maioria" (TJRS, Apelação Cível 0258979-73.2014.8.21.7000, 8.ª Câmara Cível, Campo Bom, Rel. Des. Ricardo Moreira Lins Pastl, j. 16.10.2014, *DJERS* 21.10.2014). Por fim, afastando a possibilidade de penhora sobre bem excluído da meação ou participação, do Tribunal Paulista:

> "Execução por título extrajudicial. Deferimento de penhora de imóveis indicados pelo exequente. Alegada impossibilidade, em razão de os imóveis serem de propriedade exclusiva do cônjuge mulher. Acolhimento da arguição. Prova do casamento do devedor com a real proprietária dos imóveis sob o regime de participação final nos aquestos. Propriedade exclusiva do adquirente do bem que não se estende ao cônjuge, com o patrimônio pessoal deste não se comunicando. Artigos 1.672 e 1.673 do Código Civil. Impenhorabilidade reconhecida. Recurso provido" (TJSP, Agravo de Instrumento 2082707-06.2014.8.26.0000, Acórdão 9716298, 20.ª Câmara de Direito Privado, Franca, Rel. Des. Correia Lima, j. 15.08.2016, *DJESP* 24.08.2016).

As conclusões constantes do último julgado são perfeitas, tendo o meu total apoio doutrinário.

### d) Regime da separação de bens

Conforme outrora exposto, o regime da separação de bens pode ser *convencional* (origem em pacto antenupcial) ou *legal ou obrigatório* (art. 1.641 do CC).

De todo modo, como visto, a Comissão de Juristas sugere a retirada da separação obrigatória de bens do sistema legal brasileiro, revogando-se todo o seu art. 1.641. E também quanto à separação convencional são feitas propostas importantes, como será visto a seguir.

Como regra básica do regime, não haverá a comunicação de qualquer bem, seja posterior ou anterior à união, cabendo a administração desses bens de forma exclusiva a cada um dos cônjuges (art. 1.687 do CC). Justamente por isso, cada um dos cônjuges poderá alienar ou gravar com ônus real os seus bens mesmo sendo imóveis, nas hipóteses em que foi convencionada a separação de bens. Em relação à separação legal ou obrigatória, há comunicação de alguns bens, conforme se retira da Súmula 377 do STF.

Em relação a esse comando, não desperta qualquer polêmica, não havendo qualquer proposta de sua alteração no Projeto de Reforma do Código Civil elaborado pela Comissão de Juristas.

Esclareça-se que atualmente não se aplica à separação convencional de bens a Súmula 377 do STF, como bem se decidiu em julgado do Superior Tribunal de Justiça, que cita esta obra. Nos termos de trecho de sua ementa, que diz respeito à união estável, "o pacto realizado entre as partes, adotando o regime da separação de bens, possui efeito imediato aos negócios jurídicos a ele posteriores, havidos na relação patrimonial entre os conviventes, tal qual a aquisição do imóvel objeto do litígio, razão pela qual este não deve integrar a partilha. Inaplicabilidade, *in casu*, da Súmula 377 do STF, pois esta se refere à comunicabilidade dos bens no regime de separação legal de bens (prevista no art. 1.641, CC), que não é caso dos autos. O aludido verbete sumular não tem aplicação quando as partes livremente convencionam a separação absoluta dos bens, por meio de contrato antenupcial. Precedente" (STJ, REsp 1,481,888/SP, 4.ª Turma, Rel. Min. Marco Buzzi, j. 10.04.2018, *DJe* 17.04.2018). Como não poderia ser diferente, a afirmação vale igualmente para o casamento.

Esquematizando a separação de bens, notadamente a convencional, originária de pacto antenupcial:

**Regime da separação de bens**

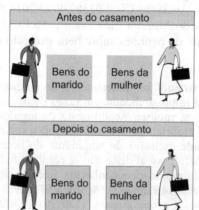

Como se nota, normalmente, nada muda no regime na questão patrimonial. Porém, seja na separação convencional ou na separação obrigatória de bens, ambos os cônjuges são obrigados a contribuir para as despesas do casal na proporção dos rendimentos do seu trabalho e de seus bens, salvo estipulação em contrário no pacto antenupcial (art. 1.688 do CC).

Mesmo sendo clara a norma, no sentido de que cabe regra em contrário no pacto, conclui-se que a convenção não pode trazer situação de enorme desproporção, no sentido de que o cônjuge em pior condição financeira terá que arcar com todas as despesas da união. Essa patente onerosidade excessiva gera a nulidade absoluta da cláusula constante da convenção antenupcial, pelo que consagra o art. 1.655 do CC.

Para encerrar o tema, a Comissão de Juristas encarregada da Reforma do Código Civil sugere necessária reforma do tratamento legal da separação convencional de bens, com a ampliação da participação patrimonial do cônjuge e do convivente nesse regime. Um dos objetivos, na minha visão como Relator-Geral do Anteprojeto, é de compensar a retirada da sua concorrência sucessória com os descendentes do falecido, diante da proposta de alteração do art. 1.829 do CC, que passará a prever o seguinte: "A sucessão legítima defere-se na ordem seguinte: I – aos descendentes; II – aos ascendentes; III – ao cônjuge ou ao convivente sobrevivente; IV – aos colaterais até o quarto grau".

Como é notório, hoje se reconhece a concorrência sucessória do cônjuge ou do convivente, com os descendentes do falecido, no regime da separação convencional de bens, conforme já estava previsto no Enunciado n. 270 da *III Jornada de Direito Civil*. Essa foi a posição consolidada no âmbito da Segunda Seção do Superior Tribunal de Justiça, no acórdão a seguir: "no regime de separação convencional de bens, o cônjuge sobrevivente concorre com os descendentes do falecido. A lei afasta a concorrência apenas quanto ao regime da separação legal de bens prevista no art. 1.641 do Código Civil. Interpretação do art. 1.829, I, do Código Civil" (STJ, REsp 1.382.170/SP, 2.ª Seção, Rel. Min. Moura Ribeiro, Rel. p/ Acórdão Min. João Otávio de Noronha, j. 22.04.2015, *DJe* 26.05.2015).

A solução causa perplexidade perante a sociedade, uma vez que, pelo senso comum e geral, a separação convencional também deveria afastar a herança e a sucessão, o que não é a nossa realidade jurídica, pois meação e herança não se confundem.

Por essa e outras razões é que a Comissão de Juristas sugeriu, vale lembrar novamente, a retirada da concorrência sucessória do sistema, especialmente em havendo casamento ou união estável pelo regime de separação convencional de bens. Reitero, ademais, que ela tornou os inventários litigiosos infindáveis e de difícil solução na prática, estando distanciada da pacífica solução das controvérsias. De todo modo, a retirada da concorrência sucessória do cônjuge deve ser compensada com a inclusão de outros direitos em seu favor, tutelando-o em vida, com a divisão ou compensação patrimonial mesmo na separação convencional de bens.

Nesse contexto, de início, o projeto almeja incluir menção expressa à união estável no *caput* do art. 1.688, a saber: "ambos os cônjuges ou conviventes são obrigados a contribuir para as despesas do casal na proporção dos rendimentos de seu trabalho e de seus bens, salvo estipulado em contrário no pacto antenupcial, ou em escritura pública de união estável". Por um lapso, a norma proposta menciona o "pacto antenupcial", devendo ser alterado o termo para "pacto conjugal e convivencial", na linha das outras proposições aqui comentadas.

Seguindo, o novo § 1.º do art. 1.668 trará a inclusão da divisão dos bens havidos pelo esforço comum dos cônjuges e conviventes na separação convencional, admitindo a presença de uma sociedade de fato no regime, e afastando o indesejado enriquecimento sem causa, na linha do que antes desenvolvi: "no regime da separação, admite-se a divisão de bens havidos por ambos os cônjuges ou conviventes com a contribuição econômica direta de ambos, respeitada a sua proporcionalidade". Corrige-se, portanto, a lacuna hoje existente sobre o tema, resolvendo-se profundo dilema a respeito dessa intrincada questão.

O objetivo, como se pode perceber, é trazer a ideia da Súmula 377 do STF para o regime da separação convencional, desde que comprovado o esforço comum dos cônjuges ou conviventes, afastando-se o indesejado enriquecimento sem causa de um dos consortes, em prol da justiça.

Além disso, há a inclusão de um novo § 2.º, *in verbis*: "o trabalho realizado na residência da família e os cuidados com a prole, quando houver, darão direito a obter uma compensação que o juiz fixará, na falta de acordo, ao tempo da extinção da entidade familiar". Segundo a Subcomissão de Direito de Família, trata-se da compensação por *economia de cuidado* no regime da separação convencional, o que protege o direito das mulheres, de acordo com o protocolo de gênero. Como bem justificaram, "no sistema normativo ora proposto, fora mantido o regime da separação de bens, criando-se, no parágrafo único do artigo 1.688, o direito a uma compensação econômica ao cônjuge que se dedicou aos cuidados do domicílio comum e aos cuidados da prole (tal dispositivo harmoniza-se com a proposta dos alimentos compensatórios humanitários)".

# 1458 | MANUAL DE DIREITO CIVIL • VOLUME ÚNICO – *Flávio Tartuce*

Após profundas discussões na Comissão de Juristas, nos debates da primeira semana de abril de 2024, as proposições foram aprovadas, por maioria de votos, cabendo agora a sua análise pelo Congresso Nacional Brasileiro, inclusive como alternativas para a retirada do sistema da concorrência sucessória do cônjuge ou convivente com os descendentes do falecido.

Com essas notas a respeito da necessária atualização do Código Civil quanto à temática, encerra-se o estudo dos vários regimes de bens previstos pelo Código Civil Brasileiro de 2002.

## 8.3.8 Dissolução da sociedade conjugal e do casamento. Separação e divórcio

### 8.3.8.1 *Conceitos iniciais. O sistema introduzido pelo Código Civil de 2002 e as alterações fundamentais instituídas pela Emenda do Divórcio (EC 66/2010). Estudo atualizado diante do Código de Processo Civil de 2015 e do julgamento do Tema 1.053 do STF, com repercussão geral*

O estudo do fim da sociedade conjugal e do casamento é um dos temas mais relevantes para a prática do Direito de Família. O presente capítulo recebeu um novo redimensionamento, diante das inúmeras questões práticas surgidas nos últimos anos e da promulgação da Emenda Constitucional 66/2010, conhecida como *Emenda do Divórcio* ou *PEC do Divórcio*.

Anote-se que a PEC 28/2009 recebeu no seu trâmite várias numerações, como PEC 413/2005 e PEC 33/2007, tendo sido a última proposta elaborada pelo Deputado Sérgio Barradas Carneiro, com o auxílio teórico e técnico dos juristas que compõem o Instituto Brasileiro de Direito de Família (IBDFAM).

A referida Emenda representa uma verdadeira *revolução* para o Direito de Família brasileiro, sendo necessário rever as categorias jurídicas relativas ao tema.[108] Também é necessário confrontar a Emenda do Divórcio com a emergência do Código de Processo Civil de 2015, que reafirmou a separação judicial e a extrajudicial em vários de seus dispositivos, infelizmente. De todo modo, como se verá, o STF, em 2023, no julgamento do seu Tema 1.053 de repercussão geral, concluiu que os institutos não persistem no ordenamento jurídico brasileiro.

Vejamos como era a redação original do art. 226, § 6.º, da Constituição Federal de 1988, e como ficou o comando legal com a aprovação da EC 66/2010, que entrou em vigor em 13 de julho de 2010:

| Art. 226, § 6.º, da CF/1988 – redação original | Art. 226, § 6.º, da CF/1988 – redação atual |
|---|---|
| "O casamento civil pode ser dissolvido pelo divórcio, após prévia separação judicial por mais de um ano nos casos expressos em lei, ou comprovada separação de fato por mais de dois anos". | "O casamento civil pode ser dissolvido pelo divórcio". |

---

[108] O termo *revolução* também é utilizado pelo coautor de outras obras José Fernando Simão: SIMÃO, José Fernando. A PEC do Divórcio: A Revolução do Século em Matéria de Direito de Família. Disponível em: <http://www.ibdfam.org.br/?artigos&artigo=652>. Acesso em: 19 nov. 2010.

CAP. 8 • DIREITO DE FAMÍLIA | **1459**

A mudança tem aplicação imediata, como norma constitucional autoexecutável. Desse modo, não há a necessidade de qualquer *ponte infraconstitucional* para a sua eficácia, o que está de acordo com a doutrina que reconhece a *força normativa da Constituição*. Nesse sentido, cumpre destacar as palavras de Paulo Lôbo, um dos "mentores intelectuais" da citada *Emenda* e em artigo científico sobre o tema:

"No direito brasileiro, há grande consenso doutrinário e jurisprudencial acerca da força normativa própria da Constituição. Sejam as normas constitucionais regras ou princípios não dependem de normas infraconstitucionais para estas prescreverem o que aquelas já prescreveram. O § 6.º do art. 226 da Constituição qualifica-se como norma-regra, pois seu suporte fático é precisamente determinado: o casamento pode ser dissolvido pelo divórcio, sem qualquer requisito prévio, por exclusivo ato de vontade dos cônjuges".[109]

Constata-se que apenas houve alteração no Texto Maior, sem qualquer modificação ou revogação de dispositivos do CC/2002 ou de leis específicas, cabendo à doutrina e à jurisprudência apontar quais construções jurídicas ainda persistem. Nota-se, a par dessa realidade, que grandes foram os desafios para a civilística nacional brasileira a respeito dessa temática.

Como primeiro impacto da *Emenda do Divórcio* a ser apontado, verifica-se que não é mais viável juridicamente a separação de direito, a englobar a separação judicial e a separação extrajudicial, banidas totalmente do sistema jurídico. A partir das lições de Paulo Lôbo, extraídas do texto por último citado, verifica-se que *os fins sociais da norma,* nos termos do art. 5.º da Lei de Introdução e do art. 8.º do CPC/2015, são de justamente colocar fim à categoria.

Pensar de forma contrária torna totalmente inútil o trabalho parlamentar de reforma da Constituição Federal. Vejamos trecho do estudo do jurista que merece especial destaque:

"No plano da interpretação teleológica, indaga-se quais os fins sociais da nova norma constitucional. Responde-se: permitir sem empeços e sem intervenção estatal na intimidade dos cônjuges, que estes possam exercer com liberdade seu direito de desconstituir a sociedade conjugal, a qualquer tempo e sem precisar declinar os motivos. Consequentemente, quais os fins sociais da suposta sobrevivência da separação judicial, considerando que não mais poderia ser convertida em divórcio? Ou ainda, que interesse juridicamente relevante subsistiria em buscar-se um caminho que não pode levar à dissolução do casamento, pois o divórcio é o único modo que passa a ser previsto na Constituição? O resultado da sobrevivência da separação judicial é de palmar inocuidade, além de aberto confronto com os valores que a Constituição passou a exprimir, expurgando os resíduos de *quantum* despótico: liberdade e autonomia sem interferência estatal.

Ainda que se admitisse a sobrevivência da sociedade conjugal, a nova redação da norma constitucional permite que os cônjuges alcancem suas finalidades, com muito mais vantagem. Por outro lado, entre duas interpretações possíveis, não poderia prevalecer a que consultasse apenas o interesse individual do cônjuge que desejasse instrumentalizar a separação para o fim de punir o outro, comprometendo a boa administração da justiça e a paz social. É da tradição de nosso direito o que estabelece o art. 5.º da Lei de Introdução ao Código Civil: na aplicação da lei, o juiz

---

[109] LÔBO, Paulo Luiz Netto. Divórcio: alteração constitucional e suas consequências. Disponível em: <http://www.ibdfam.org.br/?artigos&artigo=570>. Acesso em: 12 fev. 2010.

**1460** | MANUAL DE DIREITO CIVIL • VOLUME ÚNICO – *Flávio Tartuce*

atenderá aos fins sociais a que ela se dirige e às exigências do bem comum. O uso da justiça para punir o outro cônjuge não atende aos fins sociais nem ao bem comum, que devem iluminar a decisão judicial sobre os únicos pontos em litígio, quando os cônjuges sobre eles não transigem: a guarda e a proteção dos filhos menores, os alimentos que sejam devidos, a continuidade ou não do nome de casado e a partilha dos bens comuns".[110]

Não era diferente a conclusão do saudoso Zeno Veloso, que assim resume seu parecer: "numa interpretação histórica, sociológica, finalística, teleológica do texto constitucional, diante da nova redação do art. 226, § 6.º, da Carta Magna, sou levado a concluir que a separação judicial ou por escritura pública foi figura abolida em nosso direito, restando o divórcio que, ao mesmo tempo, rompe a sociedade conjugal e extingue o vínculo matrimonial. Alguns artigos do Código Civil que regulavam a matéria foram revogados pela superveniência da norma constitucional – que é de estatura máxima – e perderam a vigência por terem entrado em rota de colisão com o dispositivo constitucional superveniente".[111]

Na mesma linha, os ensinamentos de Pablo Stolze Gagliano e Rodolfo Pamplona Filho: "em síntese, com a nova disciplina normativa do divórcio, encetada pela Emenda Constitucional, perdem força jurídica as regras legais sobre separação judicial, instituto que passe a ser extinto no ordenamento jurídico, seja pela revogação tácita (entendimento consolidado no STF), seja pela inconstitucionalidade superveniente pela perda da norma validante (entendimento que abraçamos do ponto de vista teórico, embora os efeitos práticos sejam os mesmos)".[112]

Anote-se que esse também é o posicionamento de Rodrigo da Cunha Pereira[113] e Maria Berenice Dias,[114] dois dos maiores expoentes do IBDFAM. Do mesmo modo, Álvaro Villaça Azevedo conclui pelo fim da separação de direito, que para ele não teria mais justificativa teórica e prática. Vejamos suas palavras:

> "A grande maioria dos juristas tem entendido que, com a edição da PEC do divórcio, extinguiu-se a separação judicial. Este é o meu entendimento.
>
> Estaríamos, agora, como o sistema japonês que só admite o divórcio.
>
> Contudo, há quem entenda que a PEC existiu só para a extinção dos prazos constantes no § 6.º do art. 226 da Constituição Federal não tendo ela objetivado a extinção da separação, que não poderia ser extinta tacitamente. Todavia, a Emenda constitucional é claríssima ao assentar que 'O casamento civil pode ser dissolvido pelo divórcio'. Em verdade, a PEC existiu para instituir, no direito brasileiro, o divórcio direto.
>
> Cogita-se, entretanto, que podem os cônjuges preferir sua separação judicial, por exemplo, os católicos, à moda da separação temporal admitida pelo Código Canônico. Sim, porque, se o católico levar a sério suas crenças religiosas, não poderá pretender o divórcio. Não é o que geralmente acontece. Nesse caso, deve o religioso permanecer em separação de fato.

---

[110] LÔBO, Paulo Luiz Netto. *Divórcio: alteração constitucional e suas consequências*. Disponível em: <http://www.ibdfam.org.br/?artigos&artigo=570>. Acesso em: 12 fev. 2010.

[111] VELOSO, Zeno. *O novo divórcio e o que restou do passado*. Disponível em: <http://www.ibdfam.org.br/?artigos&artigo=661>. Acesso em: 14 ago. 2010.

[112] GAGLIANO, Pablo Stolze; PAMPLONA FILHO, Rodolfo. *Novo Curso de Direito Civil*. Direito de Família. São Paulo: Saraiva, 2011. v. 6, p. 547.

[113] PEREIRA, Rodrigo da Cunha. *Divórcio*. Teoria e Prática. Rio de Janeiro: GZ, 2010. p. 26-31.

[114] DIAS, Maria Berenice. *Manual de Direito das Famílias*. 6. ed. São Paulo: RT, 2010. p. 300-301.

CAP. 8 · DIREITO DE FAMÍLIA | **1461**

Todavia, para que exista, excepcionalmente, a separação de fato dos cônjuges, é preciso que ambos manifestem-se nesse sentido, pois um pretendendo o divórcio não poderá ser obstado pelo outro na realização desse direito potestativo".[115]

Da hermenêutica constitucional contemporânea, podem ser citados três princípios, apontados por J. J. Gomes Canotilho, que conduzem à mesma conclusão, pelo fim da separação jurídica, geralmente utilizados por mim em aulas e exposições sobre o tema:

> – *Princípio da máxima efetividade ou da máxima eficiência do Texto Constitucional* – "a uma norma constitucional deve ser atribuído o sentido que maior eficácia lhe dê. É um princípio operativo em relação a todas e quaisquer normas constitucionais, e embora a sua origem esteja ligada à tese da actualidade das normas programáticas (Thoma), é hoje sobretudo invocado no âmbito dos direitos fundamentais (no caso de dúvidas deve preferir-se a interpretação que reconheça maior eficácia aos direitos fundamentais)".[116] Manter a burocracia no fim do casamento, com o modelo bifásico (separação e divórcio), não traz essa eficácia pretendida.
>
> – *Princípio da força normativa da Constituição* – "na solução dos problemas jurídico-constitucionais deve dar-se prevalência aos pontos de vista que, tendo em conta os pressupostos da constituição (normativa), contribuem para uma eficácia óptima da lei fundamental. Consequentemente dever dar-se primazia às soluções hermenêuticas que, compreendendo a historicidade das estruturas constitucionais, possibilitam a 'actualização' normativa, garantindo, do mesmo pé, a sua eficácia e permanência".[117] A manutenção da separação de direito viola esse princípio, pois colide com a *otimização da emenda* e com a ideia de atualização do Texto Maior.
>
> – *Princípio da interpretação das leis em conformidade com a Constituição* – "no caso de normas polissémicas ou plurissignificativas deve dar-se preferência à interpretação que lhe dê um sentido em conformidade com a constituição".[118] Em conformidade com a CF/1988 não há mais sentido prático na manutenção da separação.

Em reforço, constata-se que como a finalidade da separação de direito sempre foi a de pôr fim ao casamento, não se justifica a manutenção da categoria se a Norma Superior traz como conteúdo apenas o divórcio, sem maiores burocracias. Não se sustenta mais a exigência de uma *primeira etapa* de dissolução, se o Texto Maior trata apenas de uma outrora *segunda etapa*. A tese da manutenção da separação de direito remete a um Direito Civil burocrático, distante da Constituição Federal, muito formal e pouco material; muito *teórico* e pouco efetivo.

Destaque-se a existência de julgados anteriores que aplicavam a premissa do fim da separação de direito, notadamente da separação judicial. De início, cumpre colacionar ementa do Tribunal de Justiça do Distrito Federal:

---

[115] AZEVEDO, Álvaro Villaça. *Emenda Constitucional do Divórcio*. Disponível em: <http://www.flaviotartuce.adv. br/secoes/artigosc/villaca_emenda.doc>. Acesso em: 10 jan. 2011.

[116] CANOTILHO, J. J. Gomes. *Direito Constitucional e Teoria da Constituição*. 7. ed. 3. reimpr. Coimbra: Almedina, p. 1.224.

[117] CANOTILHO, J. J. Gomes. *Direito Constitucional e Teoria da Constituição*. 7. ed. 3. reimpr. Coimbra: Almedina, p. 1.226.

[118] CANOTILHO, J. J. Gomes. *Direito Constitucional e Teoria da Constituição*. 7. ed. 3. reimpr. Coimbra: Almedina, p. 1.226.

MANUAL DE DIREITO CIVIL • VOLUME ÚNICO – *Flávio Tartuce*

"Civil. Divórcio litigioso. Extinção sem julgamento do mérito. Artigo 267, inciso VI, do Código de Processo Civil. Ausência de trânsito em julgado da separação judicial. EC 66/2010. Supressão do instituto da separação judicial. Aplicação imediata aos processos em curso. A aprovação da PEC 28 de 2009, que alterou a redação do artigo 226 da Constituição Federal, resultou em grande transformação no âmbito do direito de família ao extirpar do mundo jurídico a figura da separação judicial. A nova ordem constitucional introduzida pela EC 66/2010, além de suprimir o instituto da separação judicial, também eliminou a necessidade de se aguardar o decurso de prazo como requisito para a propositura de ação de divórcio. Tratando-se de norma constitucional de eficácia plena, as alterações introduzidas pela EC 66/2010 têm aplicação imediata, refletindo sobre os feitos de separação em curso. Apelo conhecido e provido" (TJDF, Recurso 2010.01.1.064251-3, Acórdão 452.761, 6.ª Turma Cível, Rel. Des. Ana Maria Duarte Amarante Brito, *DJDFTE* 08.10.2010, p. 221).

Além dessa decisão, merece relevo o acórdão da 8.ª Câmara de Direito Privado do Tribunal de Justiça de São Paulo, proferido no Agravo de Instrumento 990.10.357301-3, em 12 de novembro de 2010, e que teve como relator o Des. Caetano Lagrasta. O julgado foi assim ementado:

"Separação judicial. Pedido de conversão em divórcio. Emenda Constitucional n. 66/2010. Aplicação imediata e procedência do pedido. Determinação de regular andamento do feito em relação aos demais capítulos. Recurso provido". No corpo do seu voto, preleciona o magistrado relator que "com a promulgação da Emenda Constitucional n. 66/2010, e a nova redação do § 6.º do art. 226 da CF/1988, o instituto da separação judicial não foi recepcionado, mesmo porque não há direito adquirido a instituto jurídico. A referida norma é de aplicabilidade imediata e não impõe condições ao reconhecimento do pedido de divórcio, sejam de natureza subjetiva – relegadas para eventual fase posterior a discussão sobre culpa – ou objetivas – transcurso do tempo".

Com conclusão no mesmo sentido, do próprio Tribunal Paulista, de data mais próxima: TJSP, Apelação 0000527-41.2009.8.26.0032, Acórdão 5645955, 4.ª Câmara de Direito Privado, Araçatuba, Rel. Des. Fábio Quadros, j. 19.01.2012, *DJESP* 07.02.2012.

A propósito dessa notável decisão do Tribunal de Justiça de São Paulo, de relatoria do Desembargador Lagrasta, destaque-se que ela traz a precisa solução no sentido de se decidir parcialmente o mérito a respeito do divórcio, sendo certo que "discussões restantes: nome, alimentos, guarda e visitas aos filhos, bem como a patrimonial, devem ser resolvidas, segundo os ensinamentos de Cândido Rangel Dinamarco, em 'cisão da sentença em partes, ou capítulos, em vista da utilidade que o estudioso tenha em mente. É lícito: *a)* fazer somente a repartição dos preceitos contidos no decisório, referentes às diversas pretensões que compõem o mérito; *b)* separar, sempre no âmbito do decisório sentencial, capítulos referentes aos pressupostos de admissibilidade do julgamento do mérito e capítulos que contêm esse próprio julgamento; *c)* isolar capítulos segundo os diversos fundamentos da decisão' (*Capítulos de sentença*. 4. ed., São Paulo: Malheiros Editores, p. 12). Observa-se que solução diversa não preservaria a força normativa da Constituição e a carga axiológica decorrente da normatização dos princípios da dignidade humana e liberdade na busca do amor e da felicidade".

O CPC/2015, como feliz inovação, adotou tais ideias parcialmente, que têm grande incidência para o Direito de Família. Conforme o seu art. 356, passa a ser possível o julgamento antecipado parcial do mérito, quando um ou mais dos pedidos formulados ou parcela deles: *a)* mostrar-se incontroverso; *b)* estiver em condições de imediato julgamento, por não haver a necessidade de produção provas ou por ter ocorrido a revelia.

Cite-se justamente o caso em que o divórcio se mostra incontroverso, podendo a demanda seguir para o debate de outras questões. De acordo com o correto enunciado

CAP. 8 • DIREITO DE FAMÍLIA | **1463**

aprovado na *VII Jornada de Direito Civil*, de 2015, que adota essa ideia, "transitada em julgado a decisão concessiva do divórcio, a expedição de mandado de averbação independe do julgamento da ação originária em que persista a discussão dos aspectos decorrentes da dissolução do casamento" (Enunciado n. 602).

No mesmo sentido, o Enunciado n. 18 do IBDFAM, aprovado no seu *X Congresso Brasileiro*, em outubro do mesmo ano, na linha de proposta por mim formulada: "nas ações de divórcio e de dissolução da união estável, a regra deve ser o julgamento parcial do mérito (art. 356 do novo CPC), para que seja decretado o fim da conjugalidade, seguindo a demanda com a discussão de outros temas". Cumpre acrescentar que na *II Jornada de Direito Processual Civil*, promovida pelo Conselho da Justiça Federal em 2018, aprovou-se o Enunciado n. 117, estabelecendo que esse comando pode ser aplicado nos julgamentos dos Tribunais, o que alcança o divórcio, no meu entender.

Voltando-se ao tema principal do debate, também entendendo pelo fim da separação de direito, cumpre colacionar decisão do Tribunal de Justiça da Bahia, que assim julgou:

> "Com o advento da Emenda Constitucional n.º 66, de 13.07.2010, que alterou o art. 226, § 6.º, da Constituição Federal, houve uma verdadeira revolução no instituto do divórcio, que passou a ser considerado um verdadeiro direito, pondo fim à separação judicial e eliminando qualquer prazo para dissolução do vínculo matrimonial. A Emenda Constitucional n.º 66/2010, entrou imediatamente em vigor com a sua publicação, tornando-se impertinente e desnecessária quaisquer discussões acerca do requisito, outrora existente, de lapso temporal superior a dois anos para pleitear-se a dissolução do casamento civil, através do divórcio direto" (TJBA, Apelação Cível 0004074-23.2005.805.0256.0, Processo 0004074-2/2005, 5.ª Câmara Cível, Teixeira de Freitas, Rel. Emilio Salomão Pinto Reseda, j. 25.01.2011).

Anote-se que vários outros julgados estaduais concluem do mesmo modo, em praticamente todas as unidades da Federação, servindo os arestos transcritos como exemplos da correta interpretação a respeito da matéria.

No âmbito do Superior Tribunal de Justiça, de voto prolatado pelo Ministro Luis Felipe Salomão no Superior Tribunal de Justiça pode ser extraído trecho com a seguinte manifestação acidental: "assim, para a existência jurídica da união estável, extrai-se o requisito da exclusividade de relacionamento sólido da exegese do § 1.º do art. 1.723 do Código Civil de 2002, *fine*, dispositivo esse que deve ser relido em conformidade com a EC n.º 66 de 2010, a qual, em boa hora, aboliu a figura da separação judicial" (STJ, REsp 912.926/RS, 4.ª Turma, Rel. Min. Luis Felipe Salomão, j. 22.02.2011, *DJe* 07.06.2011).

Em outro julgado superior, seguiu a mesma trilha a Ministra Isabel Gallotti, em decisão monocrática anterior: "após a EC 66/10 não mais existe no ordenamento jurídico brasileiro o instituto da separação judicial. Não foi delegado ao legislador infraconstitucional poderes para estabelecer qualquer condição que restrinja direito à ruptura do vínculo conjugal" (STJ, Documento: 40398425, *DJE* 22.10.2014). Em suma, também naquela Corte Superior poderiam ser encontradas decisões que seguem a linha da defendida por mim.

Porém, infelizmente, em contestado aresto do ano de 2017, a Quarta Turma do Superior Tribunal de Justiça acabou por concluir que o instituto da separação judicial remanesce no ordenamento jurídico nacional. Vejamos trecho da ementa:

> "A separação é modalidade de extinção da sociedade conjugal, pondo fim aos deveres de coabitação e fidelidade, bem como ao regime de bens, podendo, todavia, ser revertida a qualquer momento pelos cônjuges (Código Civil, arts. 1.571, III, e 1.577). O divórcio, por outro lado, é forma de dissolução do vínculo conjugal e extingue o

casamento, permitindo que os ex-cônjuges celebrem novo matrimônio (Código Civil, arts. 1.571, IV, e 1.580). São institutos diversos, com consequências e regramentos jurídicos distintos. A Emenda Constitucional n.º 66/2010 não revogou os artigos do Código Civil que tratam da separação judicial" (STJ, REsp 1.247.098/MS, 4.ª Turma, Rel. Min. Maria Isabel Gallotti, j. 14.03.2017, *DJe* 16.05.2017).

Como não poderia ser diferente, filia-se ao voto vencido do Ministro Salomão, em especial pelas citações à nossa posição e de muitos outros juristas como Luiz Edson Fachin, Paulo Lôbo, Rolf Madaleno, Zeno Veloso, Álvaro Villaça Azevedo, Maria Berenice Dias, Cristiano Chaves, Nelson Rosenvald, Pablo Stolze Gagliano, Rodolfo Pamplona Filho e Daniel Amorim Assumpção Neves; este último com o forte argumento de que o CPC em vigor não poderia ter repristinado a separação de direito, como ainda será desenvolvido.

Cerca de cinco meses depois, mais uma vez lamentavelmente, fez o mesmo a Terceira Turma da Corte, ao julgar em votação unânime que:

"A dissolução da sociedade conjugal pela separação não se confunde com a dissolução definitiva do casamento pelo divórcio, pois versam acerca de institutos autônomos e distintos. A Emenda à Constituição n.º 66/2010 apenas excluiu os requisitos temporais para facilitar o divórcio. O constituinte derivado reformador não revogou, expressa ou tacitamente, a legislação ordinária que cuida da separação judicial, que remanesce incólume no ordenamento pátrio, conforme previsto pelo Código de Processo Civil de 2015 (arts. 693, 731, 732 e 733 da Lei n.º 13.105/2015). A opção pela separação faculta às partes uma futura reconciliação e permite discussões subjacentes e laterais ao rompimento da relação. A possibilidade de eventual arrependimento durante o período de separação preserva, indubitavelmente, a autonomia da vontade das partes, princípio basilar do direito privado. O atual sistema brasileiro se amolda ao sistema dualista opcional que não condiciona o divórcio à prévia separação judicial ou de fato" (STJ, REsp 1.431.370/SP, 3.ª Turma, Rel. Min. Ricardo Villas Bôas Cueva, j. 15.08.2017, *DJe* 22.08.2017).

Apesar do surgimento desses acórdãos, mantive a minha posição até então defendida, na linha do voto vencido do Ministro Luis Felipe Salomão, especialmente porque o tema pendia de análise pelo Supremo Tribunal Federal que, nos autos do Recurso Extraordinário 1.167.478/RJ, reconheceu a repercussão geral de questão constitucional, o que se deu em junho de 2019 – Rel. Min. Luiz Fux – Tema 1.053.

Pois bem, felizmente e depois de treze anos de intenso debate e muitas discussões doutrinárias e jurisprudenciais, o Pleno do Supremo Tribunal Federal finalmente examinou a questão do fim da separação judicial, em novembro de 2023. Por maioria de votos, sete votos contra três, concluiu que ela não persiste mais no sistema jurídico brasileiro, desde a Emenda Constitucional 66/2010.

Seguiram o voto do relator Luiz Fux, os Ministros Cristiano Zanin, Dias Toffoli, Edson Fachin – que sempre defendeu essa posição, como doutrinador –, Gilmar Mendes, Luís Roberto Barroso e Cármen Lúcia. Foram vencidos os Ministros Nunes Marques, André Mendonça e Alexandre de Moras, que, apesar de julgarem pela necessidade de uma separação judicial prévia para o divórcio – o que foi unânime –, ainda concluíam pela possibilidade da ação autônoma de separação judicial. A tese final foi assim ementada:

"Após a promulgação da EC 66/10, a separação judicial não é mais requisito para o divórcio, nem subsiste como figura autônoma no ordenamento jurídico. Sem prejuízo, preserva-se o estado civil das pessoas que já estão separadas por decisão judicial ou escritura pública, por se tratar de ato jurídico perfeito" (STF, RE 1.167.478/RJ, Tribunal Pleno, Rel. Min. Luiz Fux, Tema 1.053, j. 08.11.2023).

Apesar de a tese mencionar apenas a separação judicial, entendo que ela vale também para a separação extrajudicial. Assim, o instituto da separação de direito, a englobar as duas figuras, foi banido do ordenamento jurídico, sendo inconstitucionais os dispositivos do Código Civil, do Código de Processo Civil e da legislação específica que mencionam a categoria. Como se verá, em 2024, exatamente nesse sentido, o Conselho Nacional de Justiça alterou a sua Resolução 35, por meio da sua nova Resolução 571, para retirar da primeira todas as menções à separação extrajudicial, além de tratar de efeitos jurídicos para a escritura pública da separação de fato.

Como o julgamento foi prolatado em sede de repercussão geral, tem força vinculativa para novas decisões da primeira e da segunda instâncias, nos termos dos arts. 489, 926, 927 e 985 do Estatuto Processual. O Superior Tribunal de Justiça também precisará rever a sua posição, passando a prevalecer a posição anterior do Ministro Luis Felipe Salomão, alinhada à maioria dos Ministros do Supremo Tribunal Federal.

Espera-se, ainda, que a doutrina vencida se recolha quanto às discussões, uma vez que a decisão deve ser cumprida. Como tenho afirmado em minhas aulas e palestras, é *preciso saber perder*, em prol do respeito institucional, da certeza, da estabilidade e da segurança jurídica. Além disso, é preciso cumprir a lei, sobretudo a força vinculativa das decisões judiciais que são precedentes qualificados, como é o caso dessa decisão do STF.

Cabe adiantar que, no Projeto de Reforma e Atualização do Código Civil, a Comissão de Juristas sugere a revogação expressa de todos os seus dispositivos que tratam da separação de direito, caso dos seus arts. 1.572, 1.573, 1.574, 1.575, 1.576, 1.578 e 1.580, além de sua retirada do art. 1.571. Voltarei ao tema mais à frente.

Seguindo o estudo do tema, compartilhando-se da tese do fim da separação de direito, perdeu aplicabilidade a separação extrajudicial por escritura pública, pela via administrativa, estando revogada nessa parte a anterior Lei 11.441/2007, pois não recepcionada pelo novo Texto Constitucional.

De toda sorte, anote-se que o Conselho Nacional de Justiça, em um primeiro momento, não acatou o pedido do IBDFAM de alteração de pontos da sua Resolução 35, que regula os atos notariais decorrentes da Lei 11.441/2007. O Conselho Nacional de Justiça decidiu pela exclusão do art. 53 e conferiu nova redação ao art. 52. Rejeitou, contudo, a supressão dos artigos que tratavam da separação consensual, decidindo: "nem todas as questões encontram-se pacificadas na doutrina e sequer foram versadas na jurisprudência pátria"; "tem-se que, mesmo com o advento da Emenda n. 66, persistem diferenças entre o divórcio e a separação" (Pedido de Providências 00005060-32.2010.2.00.0000). Anote-se que tal decisão administrativa foi citada no julgamento da Terceira Turma do STJ, quando da análise do Recurso Especial 1.431.370/SP, em agosto de 2017, deduzindo pela manutenção da separação de direito.

Porém, sucessivamente, com a nova decisão do STF, essa posição foi revista pelo CNJ, com as modificações introduzidas pela Resolução 571, de agosto de 2024, e estudadas a seguir, não havendo mais qualquer menção à escritura pública de separação de direito, mas apenas quanto à separação de fato.

De fato, sempre existiram juristas favoráveis à manutenção da separação de direito no sistema, caso, entre outros, de Mário Luiz Delgado,[119] Luiz Felipe Brasil Santos,[120] João

---

[119] DELGADO, Mário Luiz. A nova redação do § 6.º do art. 226 da CF/1988: por que a separação de direito continua a vigorar no ordenamento jurídico brasileiro. *Separação, divórcio, partilha e inventários extrajudiciais*. Questionamentos sobre a Lei 11.441/2007. 2. ed. Coord. Antonio Carlos Mathias Coltor e Mário Luiz Delgado. São Paulo: Método, 2011. p. 25-48.

[120] SANTOS, Luiz Felipe Brasil. *Emenda do Divórcio*: cedo para comemorar. Disponível em: <http://www.ibdfam.org.br/?artigos&artigo=648>. Acesso em: 15 dez. 2010.

Baptista Villela[121], Regina Beatriz Tavares da Silva[122], Gustavo Tepedino, Maria Celina Bodin de Moraes e Heloísa Helena Barboza.[123]

Para essa corrente, a Emenda Constitucional 66/2010 não alterou a ordem infraconstitucional, havendo necessidade de normas para regulamentá-la. Com o devido respeito, a tese parece desprezar todo o trabalho de alteração constitucional, tornando-o inútil. Além disso, a dedução desconsidera a *força normativa da Constituição* e toda a evolução engendrada pelo Direito Civil Constitucional. Anote-se que, adotando tal ideia de manutenção do sistema anterior, há julgados do Tribunal Gaúcho, podendo ser transcrito o seguinte:

> "Separação judicial. Viabilidade do pedido. Não obrigatoriedade do divórcio para extinguir a sociedade conjugal. 1. A Emenda Constitucional n.º 66 limitou-se a admitir a possibilidade de concessão de divórcio direto para dissolver o casamento, afastando a exigência, no plano constitucional, da prévia separação judicial e do requisito temporal de separação fática. 2. Essa disposição constitucional evidentemente não retirou do ordenamento jurídico a legislação infraconstitucional que continua regulando tanto a dissolução do casamento como da sociedade conjugal e estabelecendo limites e condições, permanecendo em vigor todas as disposições legais que regulamentam a separação judicial, como sendo a única modalidade legal de extinção da sociedade conjugal, que não afeta o vínculo matrimonial. 3. Somente com a modificação da legislação infraconstitucional é que a exigência relativa aos prazos legais poderá ser afastada. Recurso provido" (TJRS, Agravo de Instrumento 70039285457, 7.ª Câmara Cível, Sapiranga, Rel. Des. Sérgio Fernando de Vasconcellos Chaves, j. 1.º.11.2010).

As decisões do Tribunal do Rio Grande do Sul causam estranheza, eis que a Corte é conhecida por adotar os novos conceitos e paradigmas do Direito de Família Brasileiro. Em suma, ao decidir que a separação de direito subsiste no sistema, a Corte parece retroceder. Outros acórdãos dos Tribunais Estaduais acabam concluindo do mesmo modo, ou seja, pela manutenção do instituto (a ilustrar: TJMG, Apelação Cível 1.0028.11.003549-1/001, Rel. Des. Afrânio Vilela, j. 05.03.2013, *DJEMG* 15.03.2013; TJDF, Recurso 2011.00.2.017591-2, Acórdão 580.194, 3.ª Turma Cível, Rel. Des. Mario-Zam Belmiro, *DJDFTE* 24.04.2012, p. 126; TJES, Apelação Cível 0010440-97.2009.8.08.0048, 3.ª Câmara Cível, Rel. Des. Dair José Bregunce de Oliveira, j. 06.11.2012, *DJES* 14.11.2012; TJGO, Apelação Cível 132885-56.2008.8.09.0006, Anápolis, Rel. Des. Norival Santome, *DJGO* 19.11.2012, p. 344; e TJSC, Apelação Cível 2011.052992-0, 2.ª Câmara de Direito Civil, Forquilhinha, Rel. Des. Luiz Carlos Freyesleben, j. 26.09.2011, *DJSC* 05.10.2011, p. 213).

Porém, como antes destacado, essa corrente restou vencida pela decisão do STF, que deve ser cumprida, sem maiores discussões sobre a temática.

Insta verificar que na *V Jornada de Direito Civil*, em 2011, foram aprovados enunciados doutrinários que concluíram pela manutenção da separação de direito no sistema jurídico nacional. Vejamos, de forma detalhada:

– "A Emenda Constitucional nº 66/2010 não extinguiu o instituto da separação judicial e extrajudicial" (Enunciado n. 514).

---

[121] Conforme entrevista dada ao *Jornal Carta Forense*, com o título: Emenda do Divórcio. Outras impressões. Disponível em: <http://www.cartaforense.com.br/Materia.aspx?id=6075>. Acesso em: 15 dez. 2010.

[122] TAVARES DA SILVA, Regina Beatriz. *A Emenda Constitucional do Divórcio*. São Paulo: Saraiva, 2011.

[123] TEPEDINO, Gustavo; BARBOZA, Heloísa Helena; MORAES, Maria Celina Bodin de. *Código Civil interpretado*. Rio de Janeiro: Renovar, 2014. v. IV. p. 129.

CAP. 8 • DIREITO DE FAMÍLIA | **1467**

– "Pela interpretação teleológica da Emenda Constitucional n.º 66/2010, não há prazo mínimo de casamento para a separação consensual" (Enunciado n. 515).

– "Na separação judicial por mútuo consentimento, o juiz só poderá intervir no limite da preservação do interesse dos incapazes ou de um dos cônjuges, permitida a cindibilidade dos pedidos, com a concordância das partes, aplicando-se esse entendimento também ao divórcio" (Enunciado n. 516).

– "A Emenda Constitucional n.º 66/2010 extinguiu os prazos previstos no art. 1.580 do Código Civil, mantido o divórcio por conversão" (Enunciado n. 517).

Esses enunciados doutrinários estão agora todos superados com a decisão do Tema 1.053 do STF.

Seguindo a linha da última corrente, infelizmente, o Código de Processo Civil de 2015 reafirmou a separação de direito, a englobar a separação judicial e a extrajudicial, em vários de tais comandos. Na minha opinião doutrinária, tratou-se de uma grande infelicidade, um total retrocesso. Muitos dispositivos da norma instrumental emergente continuaram a regular as categorias, o que não deveria ocorrer, em hipótese alguma. Todas essas normas, com a decisão do STF, deixam de ter aplicação, pois passaram a ser consideradas inconstitucionais, por incompatibilidade com a Emenda Constitucional 66, o que sempre sustentei doutrinariamente.

Não se olvide de que, quando da elaboração do parecer final sobre o atual CPC no Senado Federal, pelo Relator Senador Vital do Rêgo, foram apresentadas propostas de alteração por meio da Emenda 61 – do Senador Pedro Taques –, da Emenda 129 – do Senador João Durval – e Emendas 136, 137, 138, 139, 140, 141, 142 e 143 – do Senador Antonio Carlos Valadares –, visando à retirada do texto dos tratamentos relativos ao malfadado instituto da separação judicial do texto do Estatuto Processual emergente. Todavia, as emendas foram afastadas pelo Senador Vital do Rego, que assim argumentou, citando inclusive os enunciados da *V Jornada de Direito Civil*, supratranscritos:

"As emendas em pauta insurgem-se contra a referência à separação (em todas as suas modalidades) como forma de dissolução da sociedade conjugal ao longo do texto do SCD. Argumenta que, com a Emenda à Constituição 66, de 2010, esse instituto teria sido abolido do ordenamento jurídico.

Não vingam, porém, as emendas.

É pacífico que, após a Emenda à Constituição 66, de 2010, não há mais qualquer requisito prévio ao divórcio. A separação, portanto, que era uma etapa obrigatória de precedência ao divórcio, desvestiu-se dessa condição.

Todavia, não é remansoso o entendimento acerca da não subsistência da separação no âmbito da doutrina civilista.

Aliás, o Enunciado n. 514, das *Jornadas de Direito Civil* (que nasceu após debate pelos civilistas mais respeitados do País), dispõe o contrário, a saber: Enunciado n. 514. 'Art. 1.571: A Emenda Constitucional 66/2010 não extinguiu o instituto da separação judicial e extrajudicial'.

Afinal de contas, a Constituição Federal apenas afastou a exigência prévia de separação para o divórcio, mas não repeliu expressamente a previsão infraconstitucional da separação e do restabelecimento da sociedade conjugal. Há quem sustente que a separação continua em vigor como uma faculdade aos cônjuges que, querendo 'dar um tempo', preferem formalizar essa separação, sem romper o vínculo matrimonial. Eventual reatamento dos laços afetivos desses cônjuges separados não haverá de passar por novo casamento, com todas as suas formalidades, mas se aperfeiçoará pelo restabelecimento da sociedade conjugal, ato bem menos formal, que pode ocorrer por via judicial ou extrajudicial.

Sublinhe-se que nem mesmo os dispositivos do Código Civil que tratam de separação foram revogados. Ora, será uma intervenção indevida, uma invasão científica, utilizar uma norma processual para fazer prevalecer uma das várias correntes doutrinárias que incandescem na seara do Direito Civil.

Dessa forma, enquanto o Código Civil não for revogado expressamente no tocante à previsão da separação e do restabelecimento da sociedade conjugal, deve o Código de Processo Civil – norma que instrumentaliza a concretização dos direitos materiais – contemplar expressamente as vias processuais desses institutos cíveis.

No futuro, em outra ocasião, se assim entender mais adequado, poder-se-á, por via legislativa própria, modificar dispositivos do Código Civil e do Código de Processo Civil para proscrever a separação como um instituto de Direito de Família".

Na votação final dos destaques no Senado Federal, realizada no dia 17.12.2014, havia uma insurgência da Senadora Lídice da Mata a respeito dessa manutenção. Porém, a Ilustre Senadora acabou por ser convencida pela conservação da separação judicial no texto, retirando, ao final, o seu destaque.

Sendo assim, o Código de Processo Civil de 2015 nasceu com um *instituto morto* em vários de seus dispositivos. Como corretamente afirma Rolf Madaleno, trata-se de um *fantasma processual*.[124] E sua morte foi declarada agora, pelo STF, com o julgamento do Tema 1.053, em novembro de 2023. Vejamos esses preceitos.

De início, o art. 53, inc. I, do Estatuto Processual emergente fixa a competência do domicílio do guardião de filho incapaz, para a ação de divórcio, *separação*, anulação de casamento, reconhecimento ou dissolução de união estável. Sucessivamente, caso não haja filho incapaz, a competência será do foro de último domicílio do casal. Se nenhuma das partes residir no antigo domicílio do casal, será competente o foro de domicílio do réu. Além disso, como última regra, a Lei 13.894/2019 incluiu louvável previsão de que haverá competência do foro de domicílio da vítima de violência doméstica e familiar, nos termos da Lei Maria da Penha (Lei 11.340/2006). Nessa linha, aliás, o Enunciado n. 163, aprovado na *III Jornada de Direito Processual Civil*, em setembro de 2023: "o foro de domicílio da vítima de violência doméstica tem prioridade para a ação de divórcio, separação, anulação de casamento e reconhecimento ou dissolução de união estável".

Cabe abrir uma nota no sentido de que, apesar da infeliz menção à separação judicial, essa norma representa um avanço, por tutelar o incapaz, ao estabelecer o foro privilegiado para o seu guardião. Abandona-se, assim, a ideia de vulnerabilidade da mulher contida no antigo art. 100, inciso I, do Código de Processo Civil de 1973, com privilégio de foro em relação à sua residência para as ações de dissolução do casamento e da sociedade conjugal. Apesar do entendimento majoritário diverso, a norma era flagrantemente inconstitucional, representando um atentado à igualdade entre homens e mulheres, constante do art. 5.º, inciso I, da Constituição da República. A única hipótese de vulnerabilidade diz respeito à mulher sob violência doméstica.

A respeito do segredo de justiça, estatui o art. 189, inciso II, do CPC/2015 que tramitam, por esse modo não revelado, os processos que versam sobre casamento, separação de corpos, divórcio, *separação*, união estável, filiação, alimentos e guarda de crianças e adolescentes (com destaque). Como ressalva, os seus parágrafos estabelecem que o direito de consultar os autos de processo que tramita em segredo de justiça e de pedir certidões de seus atos é restrito às partes e aos seus procuradores. Porém, o terceiro que demonstrar

---

[124] MADALENO, Rolf. O fantasma processual da separação. In: TARTUCE, Fernanda; MAZZEI, Rodrigo; CARNEIRO, Sérgio Barradas (coord.). *Família e sucessões*. Salvador: JusPodivm, 2016. p. 419.

CAP. 8 • DIREITO DE FAMÍLIA | **1469**

interesse jurídico pode requerer ao juiz certidão do dispositivo da sentença, bem como de inventário e partilha resultante de divórcio ou *separação* (com destaque). Aqui, não houve grandes alterações, corresponde o dispositivo ao antigo art. 155 do Código de Processo Civil de 1973, que ainda mencionava o *desquite*; hoje, separação judicial.

Em termos gerais de incidência das regras atinentes às ações contenciosas de Direito de Família, o art. 693 do CPC/2015 enuncia que "as normas deste Capítulo aplicam-se aos processos contenciosos de divórcio, *separação*, reconhecimento e extinção de união estável, guarda, visitação e filiação" (destacamos). Na sequência, vêm as regras específicas "Do Divórcio e da Separação Consensuais, da Extinção Consensual de União Estável e da Alteração do Regime de Bens do Matrimônio".

Quanto ao divórcio e à separação judicial consensuais, como primeiro diploma especial, o art. 731 do CPC em vigor estabelece que as suas homologações, observados os requisitos legais, poderão ser requeridas em petição assinada por ambos os cônjuges, da qual constarão: *a)* as disposições relativas à descrição e à partilha dos bens comuns; *b)* as disposições concernentes à pensão alimentícia entre os cônjuges; *c)* o acordo atinente à guarda dos filhos incapazes e ao regime de visitas; e *d)* o valor da contribuição para criar e educar os filhos. Nos termos do seu parágrafo único, se os cônjuges não acordarem sobre a partilha dos bens, far-se-á esta depois de homologado o divórcio, conforme as normas relativas à partilha de bens, constantes dos arts. 647 a 658 do mesmo Estatuto Processual emergente. Todas essas disposições que dizem respeito ao processo de homologação judicial de divórcio ou de separação consensual aplicam-se, no que couber, ao processo de homologação da extinção consensual da união estável (art. 732 do CPC/2015).

O tratamento unificado para as duas ações – de separação e de divórcio – constitui novidade, pois os arts. 1.120 a 1.124 do anterior CPC tratavam apenas da separação judicial. Quanto aos requisitos, não houve modificação de relevo, lamentando-se o tratamento atual da separação de direito, mais uma vez.

Em complemento, o CPC/2015 traz regras especiais a respeito das ações de Direito de Família, entre os seus arts. 693 a 699-A, normas que têm plena incidência para as ações de dissolução do casamento, nos termos da lei. Os preceitos procuraram incentivar a mediação e a conciliação entre as partes, sendo certo que, "nas ações de família, todos os esforços serão empreendidos para a solução consensual da controvérsia, devendo o juiz dispor do auxílio de profissionais de outras áreas de conhecimento para a mediação e conciliação" (art. 694 do CPC/2015).

Com essa finalidade, estabelece o preceito posterior que, recebida a petição inicial e, se for o caso, tomadas as providências referentes à tutela provisória, o juiz ordenará a citação do réu para comparecer à audiência de mediação e conciliação (art. 695). Assim, parece claro, pelo dispositivo, que a audiência de mediação e de conciliação tornou-se obrigatória em tais demandas de Direito de Família.

Todavia, infelizmente, a grande maioria dos Tribunais de Justiça ainda não criou ou não investiu, de forma satisfatória, nos Centros Judiciários de Solução de Conflitos e Cidadania, o que tem afastado a efetivação dos institutos da mediação e da conciliação. Nos últimos anos, muitas foram as decisões judiciais que chegaram ao nosso conhecimento, declinando a mediação e a conciliação, por falta de estrutura, o que representa uma infeliz realidade. Espero que esse panorama se modifique, e que o Estado realmente invista no incremento de tais práticas, para que os institutos modifiquem a cultura hoje existente, aplicando-se a louvável regra do CPC de 2015.

Voltando-se ao estudo pontual das regras do Estatuto Processual, com o fim de tentar evitar o tom de conflito entre as partes, o mandado de citação conterá apenas os dados

**1470** | MANUAL DE DIREITO CIVIL • VOLUME ÚNICO – *Flávio Tartuce*

necessários à audiência e deverá estar desacompanhado de cópia da petição inicial, assegurado ao réu o direito de examinar seu conteúdo a qualquer tempo (art. 695, § 1.º, do CPC/2015). Em suma, objetivo do mandado desacompanhado da exordial, sem a contrafé, é não inflamar ainda mais os ânimos do réu, dentro da ideia de *cultura de paz*.

Entretanto, essa falta de comunicação pode aumentar o conflito, especialmente se o réu se sentir surpreendido pela ação judicial. Além disso, parece existir uma contrariedade ao dever de informação, corolário da boa-fé objetiva, que é um dos princípios do CPC/2015, retirado especialmente dos seus arts. 5.º e 6.º. Como fazer um acordo sem se ter uma noção mínima daquilo que está sendo pleiteado? Em suma, dúbia é a inovação e somente a prática irá demonstrar se ela veio em boa hora ou apenas para aprofundar a *cultura da guerra* geralmente notada nas ações de Direito de Família.

Com o intuito de agilização, a citação ocorrerá com antecedência mínima de 15 dias da data designada para a audiência (art. 695, § 2.º, do CPC/2015). Para que não pairem dúvidas de sua efetivação e diante da pessoalidade das demandas familiares, a citação será sempre feita na pessoa do réu, não se admitindo a intimação postal ou por edital (art. 695, § 3.º, do CPC/2015). Além disso, as partes deverão estar obrigatoriamente acompanhadas de seus advogados ou defensores públicos na audiência de mediação ou conciliação, para que esta seja bem conduzida e orientada (art. 695, § 4.º, do CPC/2015).

Conforme o art. 696 do CPC/2015, a audiência de mediação e conciliação poderá dividir-se em tantas sessões quantas forem necessárias para viabilizar a solução consensual. Isso, sem prejuízo de providências jurisdicionais para evitar o perecimento do direito. A título de exemplo, as sessões de mediação não prejudicam a expedição de uma liminar para pagamento de alimentos. Também não prejudicam a decretação de um divórcio consensual, pendentes outras questões na ação que podem ser solucionadas por acordo no futuro, como a guarda de filhos, a partilha de bens e o uso do nome por um dos cônjuges.

Sucessivamente, consoante o art. 697 do CPC/2015, sendo infrutífera a mediação ou a conciliação, ou seja, não realizado o acordo, passarão a incidir, a partir de então, as normas do procedimento comum ordinário. Consoante o mesmo preceito, deve ser observado o art. 335 do *Codex*, que trata da defesa do réu por meio da contestação.

Nesse contexto, o réu, segundo a interpretação do último comando e de outros próximos que nele estão citados, poderá oferecer contestação, por petição, no prazo de 15 dias, cujo termo inicial será a data: *a)* da audiência de conciliação ou de mediação, ou da última sessão de conciliação, quando qualquer parte não comparecer ou, comparecendo, não houver autocomposição; *b)* do protocolo do pedido de cancelamento da audiência de conciliação ou de mediação apresentado pelo réu, quando as partes manifestarem, em comum, o desinteresse pelo acordo; *c)* da juntada aos autos do aviso de recebimento, quando a citação ou a intimação for pelo correio; *d)* de juntada aos autos do mandado cumprido, quando a citação ou a intimação for por oficial de justiça; *e)* da sua ocorrência, quando a citação ou a intimação se der por ato do escrivão ou do chefe de secretaria; *f)* do dia útil seguinte ao fim da dilação assinada pelo juiz, quando a citação ou intimação for por edital; *g)* do dia útil seguinte à consulta ao seu teor ou ao término do prazo para que esta se dê, quando a citação ou a intimação for eletrônica; *h)* de juntada do comunicado da carta precatória, rogatória ou de ordem, ou, não havendo este, da juntada da carta aos autos de origem devidamente cumprida, quando a citação ou a intimação se realizar em cumprimento de carta; *i)* da publicação, quando a intimação se der pelo *Diário da Justiça* impresso ou eletrônico; e *j)* do dia da carga dos autos, quando a intimação se der por meio da retirada dos autos do cartório ou da secretaria.

No que diz respeito à intervenção do Ministério Público nas ações de Direito de Família, esta deve ocorrer quando houver interesse de incapaz, seja ele menor ou maior (art. 698, *caput*, do CPC/2015). Pelo mesmo dispositivo e nessas circunstâncias, o *Parquet* sempre deverá ser ouvido previamente à homologação de acordo. A Lei 13.894/2019 incluiu um novo parágrafo no preceito, estabelecendo que o Ministério Público também intervirá, quando não for parte, nas ações de família em que figure como parte vítima de violência doméstica e familiar, nos termos da Lei Maria da Penha, o que vem em boa hora.

A norma do *caput* segue a tendência prática de somente se exigir a intervenção do MP quando houver interesse de incapazes, o que já era aplicado para as ações de divórcio, por regulamentação interna de muitos Ministérios Públicos Estaduais, amplamente acatada pela jurisprudência local. A esse propósito, aliás, as conclusões de interessante texto do Promotor de Justiça de Minas Gerais Leonardo Barreto Moreira Alves, com as seguintes palavras:

> "Em face do novo conceito de família inaugurado pela Constituição Federal de 1988 (família plúrima e eudemonista), não se justifica mais a imposição de uma série de restrições à dissolução do matrimônio, como consta atualmente no Código Civil de 2002, afinal de contas, o ente familiar somente deve ser mantido enquanto cumprir a sua função constitucional de promoção da dignidade de cada um dos seus membros. Em não sendo mais verificada tal função no seio familiar, não há qualquer interesse público na manutenção inócua do mero vínculo jurídico que o casamento passa a ser, daí por que se defende a desnecessidade de intervenção do Ministério Público em ações de separação e divórcio (consensuais ou litigiosos), deixando as questões relacionadas a estes feitos a cargo da autonomia privada dos cônjuges (direito potestativo extintivo), exceto quando existir interesse de incapaz em jogo. Tal posicionamento vai ao encontro da atual tendência de racionalização dos trabalhos do *Parquet* na área cível, já consagrada na Carta de Ipojuca e em diversos Atos Normativos dos Ministérios Públicos do país, a exemplo do baiano, do paulista e do mineiro. Em sendo ela adotada, haverá benefícios práticos relevantes aos Promotores de Justiça, que terão mais tempo para atuar em defesa dos interesses sociais e individuais indisponíveis de maior relevância à coletividade, adequando-se esta atuação ao verdadeiro perfil ministerial traçado pela Carta Magna".[125]

Como se nota, a tendência defendida por alguns promotores de justiça acabou consolidada no Estatuto Processual Brasileiro de 2015. De todo modo, a Lei 13.894/2019 ampliou essa tendência de atuação também para os casos de violência doméstica, o que é plenamente justificável.

Seguindo no seu estudo, conforme o art. 699 do CPC/2015, quando o processo envolver a discussão sobre fato relacionado a abuso ou alienação parental, o juiz deverá estar acompanhado por especialista ao tomar o depoimento do incapaz. O especialista citado pode ser um psicólogo ou um assistente social, ou ambos. Vislumbrando as suas concretizações, o dispositivo tem aplicação para as hipóteses de abuso no exercício do poder familiar, tema que ainda será estudado nesta obra.

Ademais, a Lei 14.713/2023 incluiu no CPC/2015 um novo art. 699-A, prevendo que nas ações de guarda, antes de iniciada a audiência de mediação e conciliação, o juiz indagará às partes e ao Ministério Público se há risco de violência doméstica ou familiar, fixando o prazo de cinco dias para a apresentação de prova ou de indícios pertinentes.

---

[125] ALVES, Leonardo Barreto Moreira. O Ministério Público nas ações de separação e divórcio. *Revista DE JURE* – Ministério Público de Minas Gerais. Disponível em: <https://aplicacao.mpmg.mp.br/xmlui/bitstream/handle/123456789/242/ensaio%20sobre%20a%20efetividade_Diniz.pdf?sequence=1>. Acesso em: 23 dez. 2014.

**1472** | MANUAL DE DIREITO CIVIL • VOLUME ÚNICO – *Flávio Tartuce*

Feitas tais considerações pontuais sobre o CPC/2015, eventualmente, o divórcio e a extinção consensual de união estável, feitos consensualmente – não havendo nascituro, filhos incapazes e observados os requisitos legais –, poderão ser realizados por escritura pública, da qual constarão as disposições de que trata o art. 731 do próprio *Codex*. Assim, confirmando a evolução inaugurada pela Lei 11.441/2007 – que inseriu o art. 1.124-A no antigo CPC –, pelo art. 733 do Código de Processo em vigor, continua viável juridicamente o divórcio extrajudicial, por escritura pública.

A menção à dissolução da união estável por escritura pública é novidade já retirada implicitamente do sistema, pela possibilidade de se realizarem a constituição e a dissolução da união estável por escritura pública há tempos. Todavia, havendo nascituro ou filhos incapazes, não é mais viável a medida extrajudicial, como ocorria antes. Lamenta-se, novamente, que a separação extrajudicial esteja expressa no comando, menção que foi considerada como inconstitucional pelo STF (Tema 1.053). Pontue-se que o anterior *Projeto de Lei de Desburocratização*, que teve a nossa atuação, pretendia possibilitar a escritura pública de divórcio ou de dissolução de união estável mesmo havendo filhos incapazes ou nascituro, com a atuação do Ministério Público perante o Tabelionato de Notas, o que vem em boa hora, com o intuito de reduzir as formalidades e *desjudicializar* as contendas.

No mesmo sentido, há propostas no atual Projeto de Reforma do Código Civil, revogando-se os dispositivos do CPC, para que o tema fique nele concentrado. Nos termos do novo art. 1.582-B do CC, "o divórcio, a dissolução da união estável, a partilha de bens, a guarda de filhos com menos de dezoito anos de idade e os alimentos em favor dessas pessoas poderão ser formalizados por escritura pública, se houver consenso entre as partes". Amplia-se, portanto, e na Lei Civil, a extrajudicialização dessas medidas, mesmo havendo filhos menores, incapazes ou nascituros, com a necessidade de atuação do Ministério Público, perante o Tabelionato de Notas, em situações tais. Como se pode perceber, será também possível que os cônjuges ou conviventes acordem sobre a guarda, consoante o novo § 1.º do art. 1.582-B, "a escritura pública dependerá de prévia aprovação do Ministério Público se ocorrer uma das seguintes hipóteses: I – um dos cônjuges ou conviventes for incapaz; II – o casal aguarda o nascimento de filho ou tem filho com menos de dezoito anos de idade; III – o documento contempla cláusulas relativas a guarda ou alimentos dos filhos com menos de dezoito anos de idade". Para tanto, "o tabelião encaminhará a minuta de escritura pública ao Ministério Público, caso em que a manifestação ministerial será exarada no prazo de quinze dias úteis e limitar-se-á à fiscalização dos interesses do incapaz" (art. 1.582-B, § 2.º, do CC).

Em casos de discordância do Ministério Público, não serão admitidos o divórcio ou a dissolução da união estável pela via extrajudicial, sendo necessário às partes socorrer-se da via judicial (art. 1.582-B, § 3.º, do CC). As modificações são mais do que necessárias, para a redução de burocracias e a desjudicialização das contendas, em prol da operabilidade, um dos princípios originais do Código Civil de 2002. Como se verá a seguir, parte dessas propostas foi incorporada à Resolução 35 do CNJ, em 2024.

Tanto nos casos de divórcio quanto de dissolução de união estável, houve alteração anterior na Resolução 35 do Conselho Nacional de Justiça, que regulamenta a atuação dos Tabelionatos de Notas na lavratura dessas escrituras públicas. Com a modificação, de abril de 2016, passou a citada resolução do CNJ a estabelecer que, na condição de grávida, não é possível utilizar da escritura pública para formalização de divórcio e de dissolução de união estável em cartório, assim como já ocorria nas hipóteses de existência de filhos menores ou incapazes.

Esclareça-se que, quando dos debates dessa alteração, os conselheiros do CNJ firmaram o entendimento de que o estado de gravidez, caso não seja evidente, deve ser declarado pelos cônjuges. Assim, não cabe ao Tabelião investigar essa condição, o que exigiria um documento médico e burocratizaria o processo, além de poder representar desrespeito à intimidade das partes. Isso foi mantido com a recente alteração da sua Resolução 35, em 2024.

Voltando-se ao texto legal em vigor, nos termos do § 1.º do art. 733 do Código de Processo Civil de 2015, a escritura pública não depende de homologação judicial e constitui título hábil para qualquer ato de registro, bem assim para levantamento de importância depositada em instituições financeiras. A possibilidade expressa desse levantamento não estava no art. 1.124-A do CPC/1973. No mais, o dispositivo repete o tratamento anterior.

Ademais, o Tabelião somente lavrará a escritura se os interessados estiverem assistidos por advogado comum ou advogados de cada um deles ou por defensor público, cuja qualificação e assinatura devem estar no ato notarial (art. 733, § 2.º, do CPC/2015). O novo preceito repete o antigo art. 1.124-A, § 2.º, do CPC/1973.

Deve ser criticado o fato de não mais constar a gratuidade da escritura para os que se declaravam pobres, como estava no art. 1.124-A, § 3.º, da Norma Processual anterior. Nesse propósito, aliás, a Resolução 35 do Conselho Nacional de Justiça, que na atuação dos Tabelionatos e Cartórios quanto à Lei 11.441/2007, dispõe no seu art. 7.º que, para a obtenção desta, basta a simples declaração dos interessados de que não possuem condições de arcar com os emolumentos, ainda que as partes estejam assistidas por advogado constituído.

Nesse ínterim, pelos altos custos para a maioria da população brasileira, talvez às pessoas sem condições econômicas somente restaria o caminho do divórcio judicial. Entendo haver certa contradição entre essa retirada da norma de benefício aos pobres e o espírito da nova codificação processual, que adota a *agilização* e a *desjudicialização* como *motes principiológicos*. Em reforço, tal entendimento está distante de uma desejada tutela dos vulneráveis econômicos, em prol da *função social dos institutos jurídicos*.

De toda maneira, é viável sustentar que a norma constante do art. 1.124-A, § 3.º, do antigo Código de Processo Civil continua em vigor, mesmo tendo sido revogada expressamente a antiga norma processual, conforme o art. 1.046 do Código de Processo Civil de 2015, que assim dispõe: "ao entrar em vigor este Código, suas disposições se aplicarão desde logo aos processos pendentes, ficando revogada a Lei n.º 5.869, de 11 de janeiro de 1973". Como é notório, o dispositivo foi introduzido por uma lei especial, qual seja, a Lei 11.441/2007, estabelecendo o § 2.º do mesmo art. 1.046 do CPC/2015 que "permanecem em vigor as disposições especiais dos procedimentos regulados em outras leis, aos quais se aplicará supletivamente este Código".

Em complemento, não se pode esquecer que a gratuidade de justiça para os atos extrajudiciais tem fundamento na tutela da pessoa humana (art. 1.º, inciso III, da CF/1988) e na solidariedade social que deve imperar nas relações jurídicas (art. 3.º, inciso I, da CF/1988). Mais especificamente, há menção expressa à gratuidade no art. 5.º, inciso LXXIV, do mesmo Texto Maior: "o Estado prestará assistência jurídica integral e gratuita aos que comprovarem insuficiência de recursos". Vale lembrar, ainda, da *ponte constitucional* realizada pelo art. 1.º do CPC/2015, ao prever que "o processo civil será ordenado, disciplinado e interpretado conforme os valores e as normas fundamentais estabelecidos na Constituição da República Federativa do Brasil, observando-se as disposições deste Código".

Exatamente nesse sentido, e citando a minha posição doutrinária, destaque-se decisão prolatada no âmbito do Conselho Nacional de Justiça (CNJ), publicada em abril de 2018, no sentido de que "a consulta é respondida no sentido que a gratuidade de justiça deve ser estendida, para efeito de viabilizar o cumprimento da previsão constitucional de acesso à jurisdição e a prestação plena aos atos extrajudiciais de notários e de registradores. Essa orientação é a que melhor se ajusta ao conjunto de princípios e normas constitucionais voltados a garantir ao cidadão a possibilidade de requerer aos poderes públicos, além do

**1474** | MANUAL DE DIREITO CIVIL • VOLUME ÚNICO – *Flávio Tartuce*

reconhecimento, a indispensável efetividade dos seus direitos (art. 5.º, XXXIV, XXXV, LXXIV, LXXVI e LXXVII, da CF/88), restando, portanto, induvidosa a plena eficácia da Resolução n. 35 do CNJ, em especial seus artigos 6.º e 7.º" (CNJ, Consulta n. 0006042-02.2017.2.00.0000, requerente: Corregedoria-Geral da Justiça do Estado da Paraíba). Assim, a gratuidade das escrituras de divórcio está mantida em todo o território nacional.

Acrescento que o art. 6.º da Resolução 35 do CNJ, alterado pela sua Resolução 571, de agosto de 2024, estabelece que "a gratuidade prevista na norma adjetiva compreende as escrituras de inventário, partilha, divórcio, separação de fato e extinção da união estável consensuais". Sobre a possibilidade da escritura pública de separação de fato, voltarei a tratar ainda no presente capítulo.

Ainda sobre as escrituras públicas de dissolução do casamento e da união estável, frise-se que, com o antigo Provimento 100/2020 e o atual Código Nacional de Normas do Conselho Nacional de Justiça, podem ser realizadas pela via digital ou eletrônica (*e--notariado*), desde que preenchidos os requisitos de validade específicos.

Quanto à possibilidade de o divórcio ser efetivado mesmo havendo filhos menores ou incapazes, o novo art. 34 da Resolução 35 do CNJ, incluído pela sua Resolução 571, estabelece que "as partes devem declarar ao tabelião, no ato da lavratura da escritura, que não têm filhos comuns ou, havendo, indicar seus nomes, as datas de nascimento e se existem incapazes". Nos termos do seu § 1.º, as partes devem, ainda, declarar ao Tabelião, na mesma ocasião, que o cônjuge virago não se encontra em estado gravídico, ou, ao menos, que não tenha conhecimento sobre esta condição, o que obsta a lavratura da escritura.

Eventualmente, em havendo filhos comuns do casal menores ou incapazes, será permitida a lavratura da escritura pública de divórcio, desde que devidamente comprovada a prévia resolução judicial de todas as questões referentes à guarda, à visitação e aos alimentos deles, o que deverá ficar consignado no corpo da escritura (art. 34, § 2.º). Na dúvida quanto às questões de interesse do menor ou do incapaz, o Tabelião submeterá a questão à apreciação do juiz prolator da decisão (art. 34, § 3.º). Sem dúvidas, as propostas são louváveis, reduzindo burocracias e entraves desnecessários, em prol da efetividade do Direito Civil da necessária extrajudicialização de alguns temas.

Em complemento, o seu art. 35, enfim e em boa hora, agora estabelece que da escritura deve constar declaração das partes de que estão cientes das consequências do divórcio, firmes no propósito de pôr fim à sociedade conjugal ou ao vínculo matrimonial, respectivamente, sem hesitação, com recusa de reconciliação e concordância com a regulamentação da guarda, da convivência familiar e dos alimentos dos filhos menores ou incapazes realizada em juízo. Foram retiradas todas as menções que eram feitas na Resolução 35 quanto à separação extrajudicial, restando apenas o divórcio, o que teve como fundamento o julgamento do Tema 1.053 de repercussão geral do STF.

Voltando-se ao âmago da manutenção da anterior separação de direito pelo CPC/2015, cabe trazer a lume as palavras de Lenio Luiz Streck, um dos maiores juristas brasileiros da atualidade, que, antes mesmo da aprovação do texto final do CPC vigente no Senado Federal, já sustentava a inconstitucionalidade do que chamou de *repristinação da separação judicial*.[126] Lembro que a repristinação é a restauração de vigência de uma norma revogada, pela revogação, por uma terceira norma, de sua norma revogadora.

---

[126] STRECK, Lenio Luiz. Por que é inconstitucional "repristinar" a separação judicial no Brasil. Disponível em: <http://www.conjur.com.br/2014-nov-18/lenio-streck-inconstitucional-repristinar-separacao-judicial>. Acesso em: 21 dez. 2014.

CAP. 8 • DIREITO DE FAMÍLIA | **1475**

Introduzindo o tema, aduz o doutrinador, sobre a Emenda Constitucional 66/2010, que "não pode haver dúvida que, com a alteração do texto constitucional, desapareceu a separação judicial no sistema normativo brasileiro – e antes que me acusem de descuidado, não ignoro doutrina e jurisprudência que seguem rota oposta ao que defendo no texto, mas com elas discordo veementemente. Assim, perde o sentido distinguir-se término e dissolução de casamento. Isso é simples. Agora, sociedade conjugal e vínculo conjugal são dissolvidos mutuamente com o divórcio, afastada a necessidade de prévia separação judicial ou de fato do casal. Nada mais adequado a um Estado laico (e secularizado), que imputa inviolável a liberdade de consciência e de crença (CF/1988, art. 5.º, VI). Há, aliás, muitos civilistas renomados que defendem essa posição, entre eles Paulo Lôbo, Luís Edson Fachin e Rodrigo da Cunha. Pois bem. Toda essa introdução me servirá de base para reforçar meu posicionamento e elaborar crítica para um problema que verifiquei recentemente. E já adianto a questão central: fazendo uma leitura do Projeto do novo CPC, deparei-me com uma espécie de repristinação da separação judicial. Um dispositivo tipo-Lázaro. Um curioso retorno ao mundo dos vivos".[127] E arrematava, em palavras finais:

> "O legislador do novo CPC tem responsabilidade política (no sentido de que falo em Verdade e Consenso e Jurisdição Constitucional e Decisão Jurídica). Para tanto, deve contribuir e aceitar, também nesse particular, a evolução dos tempos eliminando do texto todas as expressões que dão a entender a permanência entre nós desse instituto cuja serventia já se foi e não mais voltará. Não fosse por nada – e peço desculpas pela ironia da palavra 'nada' –, devemos deixar a separação de fora do novo CPC em nome da Constituição. E isso por dois motivos: a um, por ela mesma, porque sacramenta a secularização do direito, impedindo o Estado de 'moralizar' as relações conjugais; a dois, pelo fato de o legislador constituinte derivado já ter resolvido esse assunto. Para o tema voltar ao 'mundo jurídico', só por alteração da Constituição. E, ainda assim, seria de duvidosa constitucionalidade. Mas aí eu argumentaria de outro modo. Portanto, sem chance de o novo CPC repristinar a separação judicial (nem por escritura pública, como consta no Projeto do CPC). É inconstitucional. Sob pena de, como disse Marshall em 1803, a Constituição não ser mais rígida, transformando-se em flexível. E isso seria o fim do constitucionalismo. Esta é, pois, a resposta adequada à Constituição. Espero que o legislador que aprovará o novo CPC se dê conta disso e evite um périplo de decisões judiciais no âmbito do controle difuso ou nos poupe de uma ação direta de inconstitucionalidade. O Supremo Tribunal Federal já tem trabalho suficiente".[128]

Infelizmente, o legislador não atentou a isso. O trabalho, após treze anos de debates, não foi só do Supremo Tribunal Federal, mas de toda a doutrina e jurisprudência nacionais, que vinham debatendo o tema de forma intensa. Agora é preciso seguir adiante, revogando-se todos os dispositivos do Código Civil que tratam do instituto, como está sendo proposto pelo Projeto de Reforma do Código Civil.

Em complemento, vale também citar a posição anterior de Paulo Lôbo, para quem todas as menções constantes do CPC/2015 dizem respeito à separação de fato, e não à

---

[127] STRECK, Lenio Luiz. Por que é inconstitucional "repristinar" a separação judicial no Brasil. Disponível em: <http://www.conjur.com.br/2014-nov-18/lenio-streck-inconstitucional-repristinar-separacao-judicial>. Acesso em: 21 dez. 2014.

[128] STRECK, Lenio Luiz. Por que é inconstitucional "repristinar" a separação judicial no Brasil. Disponível em: <http://www.conjur.com.br/2014-nov-18/lenio-streck-inconstitucional-repristinar-separacao-judicial>. Acesso em: 21 dez. 2014.

## 1476 | MANUAL DE DIREITO CIVIL • VOLUME ÚNICO – *Flávio Tartuce*

separação de direito.[129] Esse caminho doutrinário também parecia ser viável de ser aplicado no campo prático.

Assim, apesar das resistências doutrinárias e do texto do atual CPC, sempre entendi que não vige mais o *sistema bifásico*, de extinção da sociedade conjugal e do casamento. As ações em curso de separação judicial, sejam consensuais ou litigiosas, em regra, devem ser extintas sem julgamento do mérito, por falta de objeto jurídico viável ou de interesse processual, por falta de adequação, salvo se já houver sentença prolatada. No máximo, aplicando-se os princípios processuais da economia e da fungibilidade, pode o juiz da causa dar oportunidade para que as partes envolvidas adaptem o seu pedido, da separação judicial para o divórcio.

Foi exatamente isso que decidiu o Supremo Tribunal Federal, sobretudo na tese final que acabou sendo ementada, em seu trecho final: "após a promulgação da EC 66/10, a separação judicial não é mais requisito para o divórcio, nem subsiste como figura autônoma no ordenamento jurídico. Sem prejuízo, preserva-se o estado civil das pessoas que já estão separadas por decisão judicial ou escritura pública, por se tratar de ato jurídico perfeito" (STF, RE 1.167.478/RJ, Tribunal Pleno, Rel. Min. Luiz Fux, Tema 1.053, j. 08.11.2023).

No que concerne aos enunciados aprovados na *Jornada de Direito Civil*, apontava-se nas edições anteriores deste livro que não deveriam ter sido sequer votados, por encerrarem tema controverso, de grande debate na doutrina e na jurisprudência nacionais.

As *Jornadas de Direito Civil* têm o condão de demonstrar o pensamento consolidado da civilística nacional, o que não foi atendido pelas ementas transcritas. Fugiu-se, portanto, dos objetivos desse grande evento brasileiro, o mais importante da área do Direito Privado em nosso país. Por outro viés, argumentava-se no meio jurídico que esses enunciados, ao deduzirem pela manutenção da separação de direito, constituiriam um total retrocesso da doutrina que o aprovou, o que era por mim compartilhado. Em reforço, na *VI Jornada de Direito Civil*, em 2013, foi feita proposta em sentido contrário aos malfadados enunciados, que sequer entrou em pauta para discussão. O mesmo ocorreu em 2015 e 2018, quando da *VII e VIII Jornadas de Direito Civil*.

Como se expôs, infelizmente, a própria relatoria final no Senado Federal, para rebater os destaques existentes, utilizou daqueles enunciados para fundamentar sua conclusão, o que estava longe de ser o entendimento majoritário da doutrina familiarista brasileira, como bem demonstrou o julgamento do STF.

Ato contínuo de análise, na visão seguida por mim, não há mais que se falar em divórcio indireto ou por conversão, persistindo apenas o divórcio direto, que será denominado tão somente como *divórcio*, eis que não há necessidade de qualquer distinção categórica. Outro ponto a ser mencionado de imediato é que não há mais prazo para o casal se divorciar. O legislador constitucional não expressa mais o prazo de um ano da separação judicial, ou de dois anos de separação de fato para o divórcio, estando revogado o art. 1.580 do CC, eis que o fim social da norma superior prevalece sobre inferior. Casa-se em um dia e divorcia-se no outro; ou no próprio dia do casamento, o que apenas depende da vontade dos cônjuges. Repito que o Projeto de Reforma do Código Civil, em boa hora, propõe a revogação expressa desse comando.

Superado esse ponto, vejamos como a Emenda n. 66 atinge o art. 1.571 do CC/2002, dispositivo primordial para o estudo da dissolução da sociedade conjugal e do casamento:

---

[129] LÔBO, Paulo. *Novo CPC não recriou ou restaurou a separação judicial*. Disponível em: <http://www.conjur.com.br/2015-nov-08/processo-familiar-cpc-nao-recriou-ou-restaurou-separacao-judicial>. Acesso em: 9 nov. 2015.

"Art. 1.571. A sociedade conjugal termina:

I – pela morte de um dos cônjuges;

II – pela nulidade ou anulação do casamento;

III – pela separação judicial;

IV – pelo divórcio.

§ 1.º O casamento válido só se dissolve pela morte de um dos cônjuges ou pelo divórcio, aplicando-se a presunção estabelecida neste Código quanto ao ausente.

§ 2.º Dissolvido o casamento pelo divórcio direto ou por conversão, o cônjuge poderá manter o nome de casado; salvo, no segundo caso, dispondo em contrário a sentença de separação judicial".

De imediato, deve ser tido como revogado, por ser incompatível com o Texto Maior, o inciso III do comando legal, uma vez que, repise-se, todas as modalidades de separação de direito foram retiradas do sistema, a incluir a separação judicial. Concluindo desse modo, a sociedade conjugal termina com a morte de um dos cônjuges, pela nulidade e anulação do casamento e pelo divórcio. Já o casamento válido é dissolvido pelo divórcio e pela morte. Entende-se que o conceito de sociedade conjugal deve ser mantido para algumas finalidades, notadamente com repercussões contratuais.

Anoto que o Projeto de Reforma do Código Civil, elaborado pela Comissão de Juristas, pretende fazer essas alterações na norma, incluindo-se também nela e nos dispositivos seguintes regras relativas à dissolução da união estável. Desse modo, o comando passará a prever que a sociedade conjugal e a sociedade convivencial terminam pela morte de um dos cônjuges ou conviventes; pela nulidade ou anulação do casamento; pela separação de corpos ou pela separação de fato dos cônjuges ou conviventes; pelo divórcio ou pela dissolução da união estável. Em relação à sociedade conjugal, ao contrário do que sustentaram alguns, de forma totalmente equivocada e até maldosa, não se trata do reconhecimento de uma nova entidade familiar, mas apenas do conceito jurídico que equivale à sociedade conjugal, para a união estável. A dissolução dessas sociedades pela separação de fato representa um notável avanço, e sobre ela voltarei a tratar mais à frente.

Também não tem mais sentido o § 2.º da norma nas menções ao divórcio direto ou por conversão e à sentença de separação judicial. A última norma deve ser lida da seguinte maneira: "Dissolvido o casamento pelo divórcio, o cônjuge poderá manter o nome de casado".

No Projeto de Reforma do Código Civil, nesse sentido, propôs-se que passe a prever que, § "dissolvido o casamento pelo divórcio, o cônjuge poderá manter o nome de casado, estendendo-se a mesma possibilidade ao convivente em caso de dissolução de união estável".

Inclui-se, ainda, pelo citado projeto, um § 3.º no art. 1.571 do CC, enunciando que "de nenhuma forma a hipótese do inciso III pode ser condicionante do direito ao divórcio ou da dissolução da união estável". Isso porque, como visto, há proposição de se incluir na Lei Geral Privada uma previsão expressa de que o divórcio constitui um direito potestativo das partes (novo art. 1.511-D).

Como última proposta, inclui-se a possibilidade da dissolução da união estável e do *divórcio post mortem* no novo § 4.º do art. 1.571, *in verbis*: "o falecimento de um dos cônjuges ou de um dos conviventes, depois da propositura da ação de divórcio ou de dissolução da união estável, não enseja a extinção do processo, podendo os herdeiros prosseguir com a demanda, retroagindo os efeitos da sentença à data estabelecida na sentença como aquela do final do convívio". Justificou a Subcomissão de Direito de Família do seguinte modo:

"Por sugestão do Professor Rodrigo da Cunha Pereira, propõe-se, em respeito à vontade do autor/falecido, o divórcio 'post mortem': 'o falecimento de um dos cônjuges depois da propositura da ação de divórcio não enseja a extinção do processo, podendo os herdeiros prosseguir com a demanda' e 'os efeitos da sentença retroagem à data do óbito'. É digno de nota que, em justa linha de equiparação e equilíbrio, também fora sugerida a adoção da regra de dissolução da união estável 'post mortem': 'o falecimento de um dos companheiros depois da propositura da ação de dissolução da união estável, não enseja a extinção do processo, podendo os herdeiros prosseguir com a demanda'. Figure-se o exemplo de uma mulher, há anos vítima de violência doméstica, que decide se divorciar, falecendo em um acidente automobilístico dois meses após a propositura da demanda e antes da prolação da sentença. Caso o juiz não decrete o divórcio ('post mortem'), o cônjuge agressor torna-se viúvo, com prováveis direitos previdenciários e sucessórios".

Acrescento que, sobre o tema, no XII Congresso Brasileiro do IBDFAM, em 2021, aprovou-se enunciado doutrinário prevendo que "a ação de divórcio já ajuizada não deverá ser extinta sem resolução de mérito, em caso do falecimento de uma das partes" (Enunciado n. 45). Essa solução já foi admitida em julgado do Superior Tribunal de Justiça, em 2024, merecendo destaque trecho de sua ementa, sendo citado o Projeto de Reforma do Código Civil em seu teor:

"(...). A caracterização do divórcio como um direito potestativo ou formativo, compreendido como o direito a uma modificação jurídica, implica reconhecer que o seu exercício ocorre de maneira unilateral pela manifestação de vontade de um dos cônjuges, gerando um estado de sujeição do outro cônjuge. (...). Hipótese em que, após o ajuizamento da ação de divórcio o cônjuge requerido manifestou-se indubitavelmente no sentido de aquiescer ao pedido que fora formulado em seu desfavor e formulou pedido reconvencional, requerendo o julgamento antecipado e parcial do mérito quanto ao divórcio. (...). É possível o reconhecimento e validação da vontade do titular do direito mesmo após sua morte, conferindo especial atenção ao desejo de ver dissolvido o casamento, uma vez que houve manifestação de vontade indubitável no sentido do divórcio proclamada em vida e no bojo da ação de divórcio. Não se está a reconhecer a transmissibilidade do direito potestativo ao divórcio; o direito já foi exercido e cuida-se de preservar os efeitos que lhe foram atribuídos pela Lei e pela declaração de vontade do cônjuge falecido. (...). Legitimidade dos herdeiros do cônjuge falecido para prosseguirem no processo e buscarem a decretação do divórcio *post mortem*" (STJ, REsp 2.022.649/MA, 4.ª Turma, Rel. Min. Antonio Carlos Ferreira, j. 16.05.2024, *DJe* 21.05.2024).

Também podem ser encontrados dezenas de julgados estaduais no mesmo sentido, o que demonstra que o tema está maduro para ser debatido pelo Congresso Nacional e para ser incluído na lei civil. Somente para ilustrar, destaco os seguintes:

"Divórcio *post mortem*. Possibilidade de reconhecimento. Inequívoca manifestação de vontade do falecido por ocasião da distribuição de sua petição inicial. Idêntica manifestação de vontade da parte contrária, veiculada por meio da contestação que, de resto, insurgiu-se em face de outras questões de fundo patrimonial. Superveniência da morte da parte que. Frente à Emenda Constitucional nº 66. Não mais implica na mera extinção da ação. Necessidade de aferição do preenchimento do requisito exigido pela norma constitucional. Direito potestativo. Precedentes deste e de outros Tribunais de Justiça. Reconhecimento que retroage seus efeitos à data da propositura da ação. Recurso a que se dá provimento" (TJSP, Apelação Cível 1006921-76.2020.8.26.0609, Acórdão 16860008, Taboão da Serra,

9.ª Câmara de Direito Privado, Rel. Des. Wilson Lisboa Ribeiro, j. 20.06.2023, *DJESP* 23.06.2023, p. 2700).

"Apelação cível. Ação de divórcio litigioso. Óbito do autor no curso da ação. Manifestação inequívoca da vontade das partes. Presente. Decretação de divórcio *post mortem*. Possibilidade. O Código do Processo Civil, no artigo 200, dispõe que os atos das partes consistentes em declarações unilaterais ou bilaterais de vontade produzem imediatamente a constituição, modificação ou extinção de direitos processuais. Apesar do óbito do autor ocorrido no decorrer da ação, considerando a presença de manifestação inequívoca da vontade das partes sobre o desejo de divorciarem, tem-se viabilizada sua decretação *post-mortem*" (TJMG, Apelação Cível 5000077-84.2022.8.13.0172, 4.ª Câmara Cível Especializada, Rel. Des. Pedro Aleixo, j. 21.03.2024, *DJEMG* 25.03.2024).

Urge, portanto, a sua inclusão no texto do Código Civil, justamente porque, em muitos casos, sobretudo nas situações de violência doméstica ou de gênero, a melhor solução é decretar o fim da união pelo divórcio.

Feitas essas notas de atualização, ressalte-se que a nulidade e a anulação do casamento não foram impactadas pela inovação constitucional de 2010, permanecendo no sistema, a gerar a extinção do casamento por fatos anteriores a este. A nulidade e a anulação do casamento, como é notório, estão no plano da validade do negócio casamento. O divórcio está no plano da eficácia, no terceiro degrau da *Escada Ponteana*.

Como último tema deste tópico, quanto à presente introdução, é interessante discorrer sobre a dissolução do casamento por morte presumida em decorrência de ausência. Tal categoria de extinção do vínculo conjugal do mesmo não sofreu qualquer modificação com a vigência da EC 66/2010.

Como antes transcrito, enuncia o art. 1.571, § 1.º, do CC que o casamento do ausente se desfaz, estando o seu ex-cônjuge livre para se casar com terceiro. Pois bem, como fica a situação desse seu ex-consorte casado quando o desaparecido reaparece após todo esse prazo mencionado na codificação novel? Dois posicionamentos doutrinários podem ser tidos em relação à matéria:

> 1.º) Considerar válido o segundo casamento e dissolvido o primeiro, ressaltando a boa-fé dos nubentes, e desvalorizando a conduta, muitas vezes, de abandono do ausente.
>
> 2.º) Declarar nulo o segundo casamento, eis que não podem casar as pessoas casadas, nos termos do art. 1.521, VI, do CC. Com o reaparecimento, não se aplicaria, portanto, a regra do art. 1.571 da codificação privada.

Tendo em vista a valorização da boa-fé e da eticidade, um dos baluartes da atual codificação privada, sigo o primeiro posicionamento, encabeçado pelo jurista Zeno Veloso, que leciona:

"Começando a terminar, e sintetizando: vimos que o novo Código Civil brasileiro, art. 1.571, § 1.º, *in fine*, considera dissolvido o casamento do ausente cuja morte presumida é declarada (ver, também, os arts. 6.º, segunda parte, e 37). Está habilitado, portanto, o cônjuge presente a contrair novas núpcias, a celebrar outro casamento, reconstruir, enfim, a sua vida afetiva, buscar o seu direito (natural, constitucional) de ser feliz.

Mas tudo é possível, mesmo o que consideramos impossível, e o ausente pode reaparecer, como alguém que ressurge das sombras, como um ser que ressuscita. *Quid*

# 1480 | MANUAL DE DIREITO CIVIL • VOLUME ÚNICO – *Flávio Tartuce*

*juris?* O novo Código Civil não resolve o problema, e precisa fazê-lo, como muitas legislações estrangeiras, até em nome da segurança jurídica.

Assim, encerrando essas digressões, e não me limitando à crítica, venho sugerir que seja introduzido no Código Civil o art. 1.571-A, com a redação seguinte: 'Art. 1.571-A. Se o cônjuge do ausente contrair novo casamento, e o que se presumia morto retornar ou confirmar-se que estava vivo quando celebradas as novas núpcias, o casamento precedente permanece dissolvido".[130]

Concordando com as suas brilhantes palavras e a sua proposta, encerra-se a presente introdução sobre a temática do fim do casamento, cabendo, então, aprofundar as questões pontuais relativas às mudanças introduzidas pela *Emenda do Divórcio* (EC 66/2010).

## 8.3.8.2 Questões pontuais relativas ao tema da dissolução da sociedade conjugal e do casamento após a Emenda Constitucional 66/2010

### 8.3.8.2.1 O fim da separação de direito em todas as suas modalidades e a manutenção da separação de fato

No estudo da dissolução da sociedade conjugal, era comum a diferenciação entre a *separação jurídica ou de direito* – a englobar a separação judicial e a extrajudicial – e o *divórcio*. A separação jurídica colocava fim somente à sociedade conjugal, persistindo o casamento, enquanto o divórcio findaria o casamento e, consequentemente, a sociedade conjugal. Havia, portanto, um *sistema bifásico* de extinção dos institutos, o que foi banido com a *Emenda do Divórcio*, de acordo com a corrente doutrinária e jurisprudencial seguida por mim, e confirmado pelo STF quando do julgamento do Tema 1.053 em novembro de 2023, mesmo com o infeliz tratamento constante do CPC/2015, reafirme-se.

Em uma análise histórica legislativa, os temas da dissolução da sociedade conjugal e do casamento eram antes tratados em parte pela Lei do Divórcio (Lei 6.515/1977), que revogou os arts. 315 a 324 do CC/1916 que cuidavam do assunto, e pela Constituição Federal (art. 226). Em 2003, a matéria foi consolidada no vigente Código Civil, em complemento ao Texto Maior, surgindo dúvidas a respeito da revogação total ou parcial da Lei 6.515/1977.

Afirmava-se, antes da *Emenda do Divórcio*, que a Lei 6.515 estaria derrogada, ou seja, revogada parcialmente. A questão era esclarecida pelo art. 2.043 do CC/2002 *in verbis*: "até que por outra forma se disciplinem, continuam em vigor as disposições de natureza processual, administrativa ou penal, constantes de leis cujos preceitos de natureza civil hajam sido incorporados a este Código". Com a aprovação da EC 66/2010, a conclusão de revogação parcial da Lei do Divórcio não foi atingida, continuando em vigor os seus preceitos processuais, mas que diziam respeito apenas ao divórcio e não quanto à separação judicial.

Com a emergência do CPC/2015 persiste o debate sobre a permanência ou não de dispositivos da Lei do Divórcio no sistema, até porque não há qualquer previsão de revogação expressa de preceitos da Lei 6.515/1977.

Pois bem, aprofundando o tema, confirma-se o entendimento segundo o qual não existem mais os seguintes institutos de dissolução da sociedade conjugal:

> a) *Separação jurídica extrajudicial consensual*, introduzida pela Lei 11.441/2007, revogando-se o art. 1.124-A do CPC/1973 nas menções à separação. O mesmo

---

[130] VELOSO, Zeno. *Novo casamento do cônjuge do ausente*. Disponível em: <http://www.flaviotartuce.adv.br/secoes/artigosc.asp>. Acesso em: 11 ago. 2010.

> deve ser dito em relação ao art. 733 do CPC/2015, nas referências à separação extrajudicial, que já nasce revogado por incompatibilidade constitucional com o art. 226, § 6.º, do Texto Maior. Lembro que a Resolução 571 do CNJ, de agosto de 2024, retirou da sua Resolução 35 todas as menções à separação extrajudicial, passando a tratar, de forma inovadora e necessária, da escritura de separação de fato.
>
> b) *Separação jurídica judicial consensual*, revogando-se o art. 1.574 do CC/2002, incluindo o seu parágrafo único, por incompatibilidade com o Texto Maior. Os arts. 1.120 a 1.124 do CPC/1973, que tratavam da ação de separação consensual, também deveriam ser tidos como não vigentes, pois não recepcionados. A revogação também atinge os arts. 731 e 733 do CPC/2015, nas menções à separação judicial.
>
> c) *Separação jurídica judicial litigiosa*, não existindo qualquer uma das suas modalidades anteriores, a saber: a *separação-sanção,* com análise da culpa, por grave violação dos deveres do casamento e insuportabilidade da vida em comum (art. 1.572, *caput,* do CC); a *separação-falência,* diante da ruptura da vida em comum por mais de um ano e impossibilidade de sua reconstituição (art. 1.572, § 1.º, do CC); a *separação-remédio,* fundada em doença mental superveniente que acometesse um dos cônjuges, com duração de dois anos pelo menos, cura improvável e que tornasse impossível a vida em comum (art. 1.572, §§ 2.º e 3.º, do CC). Obviamente, como consequência de tais supressões, não tem mais validade e eficácia a norma do art. 1.573 do CC, que elencava motivos que poderia caracterizar a insuportabilidade da vida em comum na *separação-sanção.*

Frise-se que no Projeto de Reforma do Código Civil propõe-se a revogação expressa de todos esses dispositivos citados: arts. 1.572, 1.573, 1.574 e art. 733 do CPC, o que já é a realidade atual, diante do julgamento do Tema 1.053 de repercussão geral do STF.

Para as duas últimas hipóteses elencadas, perde eficácia, estando também revogado tacitamente, por ser inconstitucional, o art. 1.575 do CC/2002, pelo qual a sentença de separação judicial importaria em separação de corpos e partilha de bens. Como é notório, o dispositivo tinha incidência tanto na separação judicial consensual quanto na litigiosa. A Comissão de Juristas, como não poderia ser diferente, igualmente propõe a sua revogação expressa, pois deve persistir no sistema civilístico apenas o divórcio.

Além disso, em regra, não tem mais sentido a possibilidade de reconciliação dos casais separados juridicamente, constante do art. 1.577 do CC ("Seja qual for a causa da separação judicial e o modo como esta se faça, é lícito aos cônjuges restabelecer, a todo tempo, a sociedade conjugal, por ato regular em juízo. Parágrafo único. A reconciliação em nada prejudicará o direito de terceiros, adquirido antes e durante o estado de separado, seja qual for o regime de bens").

Desapareceu a razão da discussão a respeito da possibilidade da reconciliação do casal por meio de escritura pública, reconhecida pela Resolução 35/2007 do Conselho Nacional de Justiça ("Art. 48. O restabelecimento de sociedade conjugal pode ser feito por escritura pública, ainda que a separação tenha sido judicial. Neste caso, é necessária e suficiente a apresentação de certidão da sentença de separação ou da averbação da separação no assento de casamento").

Na verdade, a norma e o entendimento que consta da resolução até podem ser aplicados aos casais já separados antes da entrada em vigor da *Emenda do Divórcio* e que queiram se reconciliar. É preservada, então, a proteção do direito adquirido, constante do art. 5.º, inc. XXXVI, da CF/1988 e do art. 6.º da Lei de Introdução, como está na tese final do julgamento do Tema 1.053 pelo STF: "preserva-se o estado civil das pessoas que já estão separadas por decisão judicial ou escritura pública, por se tratar de ato jurídico perfeito" (STF, RE 1.167.478/RJ, Tribunal Pleno, Rel. Min. Luiz Fux, Tema 1.053, j. 08.11.2023). Em suma, o art. 1.577 do CC não deve ser tido como revogado tacitamente. Esse entendimento deve ser mantido na vigência do CPC/2015, que nada trouxe de novidade a respeito do tema.

Ainda sobre o art. 1.577, anoto que no Projeto de Reforma do Código Civil pretende-se que a norma passe a prever, incorporando nela o tratamento da união estável e a possibilidade de reconciliação extrajudicial, como já é hoje, que "seja qual for a causa da separação, é lícito aos cônjuges ou conviventes restabelecerem, a todo tempo, a sociedade conjugal ou convivencial, de forma judicial ou extrajudicial". E mais, nos termos do seu novo parágrafo único, com vistas a proteger o tráfego dos negócios jurídicos e a boa-fé: "a reconciliação em nada prejudicará os direitos de terceiros, adquiridos antes ou durante a separação, seja qual for o regime de bens adotado pelos cônjuges ou conviventes".

Encerrando o tópico, esclareça-se que, apesar do desaparecimento dos institutos da separação judicial e da extrajudicial e das citadas revogações por incompatibilidade com a nova redação do Texto Constitucional, a *separação de fato* está mantida no sistema. Aliás, a separação de fato está fortalecida com a aprovação da *Emenda do Divórcio*, pois tem o papel de substituir, em muitas hipóteses, a antiga separação de direito.

Tanto isso é verdade que foram incluídas no novo texto da Resolução 35 do CNJ, por meio da sua nova Resolução 571, de agosto de 2024, regras quanto à escritura pública de separação de fato, o que era mais do que necessário, sobretudo para a prática do Direito de Família.

Lembro que a separação de fato somente ocorre no plano físico ou afetivo, não havendo uma formalização do distanciamento dos cônjuges. A categoria não se confunde com a separação de direito ou jurídica, pois não gera os mesmos efeitos concretos.

Mesmo com a atual desnecessidade de dois anos de separação de fato para o divórcio direto, diante da nova redação do art. 226, § 6.º, da CF/1988, o instituto continua como parte de suas aplicações. Vejamos duas aplicações bem efetivas:

– O separado de fato, pelo atual Código Civil, pode constituir união estável (art. 1.723, § 1.º, do CC).
– Há forte corrente reconhecendo que a separação de fato por tempo considerável põe fim à sociedade conjugal, o que inclui o regime de bens (nesse sentido, entre os arestos mais antigos: STJ, REsp 555.771/SP, 4.ª Turma, Rel. Min. Luis Felipe Salomão, j. 05.05.2009, *DJe* 18.05.2009; e REsp 330.953/ES, 4.ª Turma, Rel. Min. Jorge Scartezzini, j. 05.10.2004, *DJ* 06.12.2004, p. 315). Ou de data mais próxima: "deve-se aplicar analogicamente a regra do art. 1.576 do CC à separação de fato, a fim de fazer cessar o regime de bens, o dever de fidelidade recíproca e o dever de coabitação. Em virtude disso, o raciocínio a ser empregado nas hipóteses em que encerrada a convivência *more uxorio*, mas ainda não decretado o divórcio, é o de que os bens adquiridos durante a separação de fato não são partilháveis com a decretação do divórcio" (STJ, REsp 1.760.281/TO, 3.ª Turma, Rel. Min. Marco Aurélio Bellizze, j. 24.05.2022, *DJe* 31.05.2022). O entendimento é justo, tendo como parâmetro a função social da família.

No Projeto de Reforma do Código Civil, há proposta de se revogar expressamente o seu art. 1.576, segundo o qual a separação judicial põe termo aos deveres de coabitação e fidelidade recíproca e ao regime de bens.

Além disso, almeja-se a inclusão de um novo art. 1.576-A na Lei Geral Privada, tratando justamente dos efeitos da separação de fato, além de outras proposições, cumprindo a função que antes era da separação de direito. Nos seus termos, "com a separação de fato cessam os deveres de fidelidade e vida em comum no domicílio conjugal, bem como os efeitos decorrentes do regime de bens, resguardado o direito aos alimentos na forma do art. 1.694 deste Código".

Merece ainda relevo a proposição de um novo art. 1.571-A para a codificação, com o mesmo sentido e com a possibilidade de sua comprovação por meios extrajudiciais: "com a separação de corpos ou a de fato cessam os deveres de fidelidade e vida em comum no domicílio conjugal, bem como os efeitos decorrentes do regime de bens, resguardado o direito aos alimentos na forma disciplinada por este Código. Parágrafo único. Faculta-se às partes comprovar a separação de corpos ou a de fato por todos os meios de prova, inclusive por declaração através de instrumento público ou particular".

Esperam-se as suas aprovações pelo Congresso Nacional, confirmando-se o entendimento que hoje é majoritário, até porque, como visto, o próprio Conselho Nacional de Justiça passou a tratar, em sua Resolução 35, sobre a possibilidade de uma escritura pública de separação de fato, desde a sua Resolução 471, de agosto de 2024. Tive a honra e a oportunidade de fazer sugestões para o seu texto ao então Corregedor-Geral de Justiça, o Ministro Luis Felipe Salomão.

Consoante o novo art. 52-A da Resolução 35 do CNJ, a escritura pública de declaração de separação de fato consensual deverá se ater exclusivamente ao fato de que cessou a comunhão plena de vida entre o casal. Para a sua lavratura, deverão ser apresentados perante o Tabelião: *a)* certidão de casamento; *b)* documento de identidade oficial e CPF/MF; *c)* manifestação de vontade espontânea e isenta de vícios de não mais manter a convivência marital e de desejar a separação de fato; *d)* pacto antenupcial, se houver; *e)* certidão de nascimento ou outro documento de identidade oficial dos filhos, se houver; *f)* certidão de propriedade de bens imóveis e direitos a eles relativos; *g)* documentos necessários à comprovação da titularidade dos bens móveis e direitos, se houver; e *h)* inexistência de gravidez do cônjuge virago ou desconhecimento acerca desta circunstância (art. 52-B).

Nos termos da mesma norma administrativa, o restabelecimento da comunhão plena de vida entre o casal também pode ser feito por escritura pública, ainda que a separação de fato tenha sido judicial (art. 52-C). Na escritura pública de restabelecimento da comunhão plena de vida entre o casal, o tabelião deve: *a)* anotar o restabelecimento à margem da escritura pública de separação de fato consensual, quando esta for de sua serventia, ou, quando de outra, comunicar o restabelecimento, para a anotação necessária na serventia competente; e *b)* comunicar o restabelecimento ao juízo da separação de fato judicial, se for o caso (art. 52-D). O retorno da comunhão plena de vida entre o casal não altera os termos da sociedade conjugal, que se reestabelece sem modificações (art. 52-E da Resolução 35 do CNJ, alterada em agosto de 2024).

As inovações da norma administrativa são salutares, em prol da possível extrajudicialização, devendo a escritura pública de separação de fato ter um incremento nos próximos anos, até para que casal possa *dar um tempo* no relacionamento, sem qualquer imposição de culpa. Essa é a sua grande vantagem sobre a antiga separação judicial, em prol da segurança e da estabilidade que se espera das relações privadas.

Encerrando o tópico, verifica-se que a persistência da separação de fato como instituto jurídico está devidamente justificada.

## 8.3.8.2.2 Manutenção do conceito de sociedade conjugal. A situação das pessoas separadas juridicamente antes da EC 66/2010

Dois outros problemas devem ser expostos e enfrentados diante da entrada em vigor da *Emenda do Divórcio*. O primeiro se refere à manutenção ou não do conceito de sociedade conjugal no sistema familiarista. O segundo é relativo à situação das pessoas que já se encontravam separadas juridicamente – judicial ou extrajudicialmente –, antes da mudança do Texto Constitucional.

A primeira questão de debate sobre a temática é saber se a categoria da sociedade conjugal ainda se justifica, uma vez que a separação de direito foi retirada do sistema, sendo a sua finalidade anterior a de pôr fim à sociedade mantida entre os cônjuges. Antes de analisá-la, cumpre demonstrar o conceito de sociedade conjugal, que constitui um ente despersonalizado formado pelo casamento e relacionado com os deveres de coabitação, fidelidade recíproca e com o regime de bens.

Isso poderia ser percebido pela leitura do hoje revogado art. 1.576 do CC/2002, que dispunha que a separação judicial colocava fim a tais deveres e às regras patrimoniais decorrentes da sociedade. Como se nota, foi utilizada a lógica simples para chegar à construção de sociedade conjugal.

Esquematizando, podem assim ser delimitados os conceitos de sociedade conjugal e casamento:

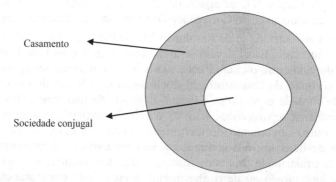

Pela figura, constata-se que a sociedade conjugal está inserida no conceito de casamento. Didaticamente, afirma-se que a sociedade conjugal *é o miolo do casamento*. Por óbvio, sendo dissolvido o casamento, também o será a sociedade conjugal. Entretanto, anteriormente não se poderia dizer o contrário. Dissolvida a sociedade conjugal pela separação de direito, mantinha-se o casamento e o vínculo dele decorrente.

No momento atual, como há no sistema apenas o divórcio como instituto que possibilita a extinção do casamento por fato posterior e pedido dos cônjuges; sendo este efetivado, desaparecem tanto o casamento como a sociedade conjugal. Desse modo, em uma primeira análise poderia ser tido como desnecessário e extinto o conceito jurídico da sociedade conjugal. Anote-se que, na doutrina, esse é o posicionamento de Paulo Lôbo, que leciona o seguinte:

> "Agora, com o desaparecimento da tutela constitucional da separação judicial, cessaram a finalidade e a utilidade da dissolução da sociedade conjugal, porque esta está absorvida inteiramente pela dissolução do vínculo, não restando qualquer hipótese autônoma. Por tais razões, perdeu sentido o *caput* do art. 1.571 do Código Civil de 2002, que disciplina as hipóteses de dissolução da sociedade conjugal: morte, invalidade do casamento, separação judicial e divórcio. Excluindo-se a separação judicial, as demais hipóteses alcançam diretamente a dissolução do vínculo conjugal ou casamento; a morte, a invalidação e o divórcio dissolvem o casamento e *a fortiori* a sociedade conjugal".[131]

---

[131] LÔBO, Paulo. *Divórcio*: alteração constitucional e suas consequências. Disponível em: <http://www.ibdfam.org.br/?artigos&artigo=570>. Acesso em: 12 fev. 2010.

CAP. 8 • DIREITO DE FAMÍLIA | **1485**

Com o devido respeito, tenho posicionamento contrário, justificando-se, do ponto de vista teórico e prático, a permanência do conceito de sociedade conjugal. De forma pontual:

> – Na questão teórica, a manutenção da sociedade conjugal está amparada na pertinência de sua verificação nas situações relativas ao regime de bens. Dessa forma, como antes se demonstrou, ganha relevo a tese de que a separação de fato põe fim à sociedade conjugal e ao correspondente regime patrimonial entre os cônjuges. Em reforço, conforme outrora exposto, tal sociedade compõe o elemento central do casamento. Veja-se, por exemplo, a regra do art. 1.567 do Código Civil, pela qual a direção da sociedade conjugal será exercida pelo marido e pela mulher, em um regime de colaboração, norma que ainda vige.
>
> – Do ponto de vista prático, justifica-se a sua permanência no sistema pelas diversas menções legais e concretas ao fim da sociedade conjugal, especialmente em questões que envolvem outros ramos do Direito Civil, caso do Direito das Obrigações e do Direito Contratual. De início, cite-se o art. 197, inc. I, do CC, pelo qual não corre a prescrição entre os cônjuges na constância da sociedade conjugal. Na seara contratual o art. 550 do CC enuncia a anulabilidade da doação do cônjuge ao seu concubino, tendo a ação anulatória prazo decadencial de dois anos a contar da dissolução da sociedade conjugal. Ato contínuo, não se olvide a importância do art. 1.649 do CC, ao consagrar prazo decadencial de dois anos, mais uma vez a contar da dissolução da sociedade conjugal, para a ação anulatória de negócio celebrado sem a outorga conjugal (art. 1.647 do CC).

Verificada a permanência do conceito de sociedade conjugal, insta analisar a situação dos cônjuges separados juridicamente – judicial ou extrajudicialmente –, antes da entrada em vigor da *Emenda do Divórcio*. A dúvida que surge se refere à indagação se tais pessoas passam a ser consideradas automaticamente como divorciadas. A resposta é negativa, apesar da vigência imediata da nova norma, como foi reconhecido pelo STF quando do julgamento do Tema 1.053 de repercussão geral e a tese aqui antes transcrita.

Isso porque se deve resguardar o direito adquirido de tais pessoas, nos termos do art. 5.º, inc. XXXVI, da CF/1988, e do art. 6.º da Lei de Introdução. Além disso, a separação jurídica pode ser tida como um ato jurídico perfeito, que goza da mesma proteção. Em reforço, não se pode admitir a modificação automática e categórica da situação jurídica, de separado juridicamente para divorciado. Para tanto, deveria existir uma norma de direito intertemporal nesse sentido.

Consigne-se que, historicamente, tal norma existia na Lei do Divórcio, enunciando o seu art. 42 que as sentenças já proferidas em causas de desquite seriam equiparadas às de separação judicial. Ademais, as causas de desquite em curso na data da vigência da lei passariam automaticamente a visar à separação judicial (art. 41 da Lei 6.515/1977). Até o presente momento não foi essa a opção do legislador nacional, não se podendo presumir tal *transmudação dos institutos jurídicos*. No mesmo sentido, transcreve-se a opinião de Pablo Stolze Gagliano:

> "Como ficariam, por exemplo, as relações jurídicas travadas com terceiros pela pessoa até então judicialmente separada? À vista do exposto, portanto, a alteração da norma constitucional não teria o condão de modificar uma situação jurídica perfeitamente consolidada segundo as regras vigentes ao tempo de sua constituição, sob pena de se gerar, como dito, perigosa e indesejável insegurança jurídica. Em outras palavras: a partir da entrada em vigor da Emenda Constitucional, as pessoas

**1486** | MANUAL DE DIREITO CIVIL • VOLUME ÚNICO – *Flávio Tartuce*

judicialmente separadas (por meio de sentença proferida ou escritura pública lavrada) não se tornariam imediatamente divorciadas, exigindo-se-lhes o necessário pedido de decretação do divórcio para o que, por óbvio, não haveria mais a necessidade de cômputo de qualquer prazo. Respeita-se, com isso, o próprio ato jurídico perfeito".[132]

Em síntese, as pessoas separadas juridicamente têm a opção de ingressar de imediato com a ação de divórcio, se assim o quiserem, não havendo mais a necessidade de atender ao prazo de um ano previsto para a antiga modalidade de divórcio indireto. Cabe o divórcio a qualquer tempo, pelo unificado tratamento da matéria. Também é possível a reconciliação do casal, pelas vias judicial ou extrajudicial, como antes se expôs.

Anote-se, por fim, que algumas normas ainda têm incidência para os casos das pessoas já separadas juridicamente, como as que expressam prazos decadenciais para ação anulatória de negócio jurídico, a contar da dissolução da sociedade conjugal (p. ex., art. 1.649 do CC). Também pode ser citada a hipótese do separado juridicamente antes da EC 66/2010, que constitui união estável, nos termos do art. 1.723, § 1.º, do CC, estando protegido pela sua situação anterior, subsumindo-se a regra.

Cumpre também repisar o direito de as pessoas separadas juridicamente reconciliarem-se pela forma judicial ou extrajudicial, nos termos do art. 1.577 do CC e da Resolução 35/2007 do Conselho Nacional de Justiça.

Como última nota importante, como antes pontuado, além de valorizar a ideia de sociedade conjugal, o atual Projeto de Reforma e Atualização do Código Civil pretende incluir na lei o conceito de *sociedade convivencial*, que a ela se equipara, mas para a união estável. Por isso, o art. 1.571 da Lei Civil passará a enunciar as hipóteses em que a sociedade conjugal e a sociedade convivencial terminam.

Cumpre observar novamente, diante de leituras totalmente equivocadas que surgiram a respeito do Anteprojeto, que a sociedade convivencial não representa o reconhecimento de novas entidades familiares, mas é apenas o ente criado pela união estável, relacionado aos deveres impostos aos conviventes e ao regime de bens, assim como ocorre com o casamento. Em outras palavras, a sociedade conjugal está para o casamento assim como a sociedade convivencial está para a união estável.

Concluindo, a persistência de sua situação jurídica e a possibilidade de sua ampliação para a união estável estão plenamente justificadas na categoria jurídica estudada, seja no plano teórico, seja para a prática do Direito de Família.

### 8.3.8.2.3 A existência de modalidade única de divórcio. Fim do divórcio indireto

Outrora foi exposto que o divórcio coloca fim ao casamento válido, encerrando também a sociedade conjugal. Tal sistemática não foi alterada com a *EC do Divórcio*, o que mantém a regra pela qual o divórcio não modifica os direitos e deveres dos pais em relação aos filhos (art. 1.579, *caput*, do CC). Além disso, havendo eventual novo casamento de qualquer dos pais, ou de ambos, esse novo enlace não pode importar em restrições aos direitos e deveres dos cônjuges em relação aos filhos (art. 1.579, parágrafo único, do CC).

Destaco que o Projeto de Reforma do Código Civil não pretende revogar esse dispositivo, como outros que mencionam a separação de direito, mas apenas atualizá-lo, para que

---

[132] GAGLIANO, Pablo Stolze. *A nova emenda do divórcio*: primeiras reflexões. Disponível em: <http://www.flaviotartuce.adv.br/secoes/artigosc/pablo_pecdiv.doc>. Acesso em: 13 jul. 2010.

passe a mencionar também a união estável. Assim, consoante o seu novo *caput*, "a dissolução da sociedade conjugal ou convivencial não modificará os direitos e deveres dos pais em relação aos filhos". E, nos termos do seu projetado parágrafo único, "novo casamento ou nova união de qualquer dos pais ou de ambos, não poderão importar restrições aos direitos e deveres previstos neste artigo". Segue-se, portanto, a linha de outras projeções sugeridas pela Comissão de Juristas.

Entretanto, houve modificação fundamental a respeito das modalidades do divórcio, pela alteração do art. 226, § 6.º, da CF/1988. O instituto do divórcio judicial era regulamentado pelo art. 1.580 do CC:

> "Art. 1.580. Decorrido um ano do trânsito em julgado da sentença que houver decretado a separação judicial, ou da decisão concessiva da medida cautelar de separação de corpos, qualquer das partes poderá requerer sua conversão em divórcio.
>
> § 1.º A conversão em divórcio da separação judicial dos cônjuges será decretada por sentença, da qual não constará referência à causa que a determinou.
>
> § 2.º O divórcio poderá ser requerido, por um ou por ambos os cônjuges, no caso de comprovada separação de fato por mais de dois anos".

Além do divórcio judicial, previsto nesse dispositivo, a Lei 11.441/2007 possibilitou o divórcio extrajudicial, por escritura pública, no Tabelionato de Notas, o que foi confirmado pelo art. 733 do CPC/2015, como antes se expôs. Em suma, o CC/2002, a exemplo do que constava da redação primitiva do art. 226, § 6.º, da CF/1988, reconhecia duas modalidades básicas de divórcio:

- Divórcio indireto ou por conversão – precedido por uma separação judicial ou extrajudicial, ou até mesmo por uma medida cautelar de separação de corpos com concessão de liminar (ver, sobre a conversão da antiga cautelar: STJ, REsp 726.870/MG, 3.ª Turma, Rel. Min. Humberto Gomes de Barros, j. 28.11.2006, *DJ* 18.12.2006, p. 371). Esse divórcio poderia ser judicial (consensual ou litigioso) ou extrajudicial (somente consensual).
- Divórcio direto – havendo separação de fato do casal por mais de dois anos, também assumindo as formas judicial (consensual ou litigioso) ou extrajudicial (somente consensual).

A *Emenda do Divórcio* aboliu essa divisão, subsistindo apenas o divórcio direto, sem prazo mínimo, que pode ser simplesmente denominado como *divórcio*, outro ponto fulcral da inovação constitucional. Interessante verificar que o CPC/2015 também parece não considerar as duas modalidades anteriores, por utilizar apenas o termo *divórcio*, especialmente nos seus arts. 731 e 733. Vale repisar que o Projeto de Reforma da Norma Privada pretende revogar expressamente esse dispositivo.

De toda sorte, o divórcio continua podendo ser efetivado pela via judicial ou extrajudicial, entendendo eu anteriormente pela manutenção da Lei 11.441/2007 e do art. 1.124-A do CPC/1973 nesse aspecto. A minha posição é mantida sob a égide do art. 733 do CPC/2015 e foi confirmada pelo julgamento do STF do Tema 1.053 de repercussão geral.

Também merecem estudo os pontos relativos ao divórcio que constam da Resolução 35/2007 do Conselho Nacional de Justiça, relativos à disciplina, conforme já concluiu o próprio CNJ (Pedido de Providências 00005060-32.2010.2.00.0000), atualizada com a sua recente Resolução 571/2024.

# 1488 | MANUAL DE DIREITO CIVIL • VOLUME ÚNICO – *Flávio Tartuce*

Cabe esclarecer que, nos termos da Lei 11.441/2007, adaptada à Emenda do Divórcio, o divórcio consensual, não havendo filhos menores ou incapazes do casal, poderia ser realizado por escritura pública.

Em relação à existência de filhos menores ou incapazes, na *VI Jornada de Direito Civil*, em 2013, foi aprovado o Enunciado n. 571, segundo o qual, se comprovada a resolução prévia e judicial de todas as questões referentes aos filhos menores ou incapazes, o tabelião de notas poderá lavrar escrituras públicas de dissolução conjugal. De acordo com as suas justificativas, "se há acordo quanto ao divórcio e se os interesses dos menores estão resguardados em lide judicial específica, não há por que objetar o procedimento simples, rápido, desjudicializado, que desafoga o Judiciário e dá resposta mais rápida às questões eminentemente pessoais. Ao Judiciário será requerido somente o que remanescer da lide, sem que haja acordo, como também aqueles que contenham direitos e interesses dos menores ou incapazes". Pontue-se, em complemento, que se tornou comum a emancipação de filhos menores, também por escritura pública, para que o divórcio extrajudicial torne-se viável juridicamente. As soluções apontadas contam com o meu total apoio doutrinário.

Esse entendimento deve ser conservado à luz do art. 733 do CPC/2015, que possibilita o divórcio extrajudicial consensual, por escritura pública, não havendo nascituro ou filhos incapazes. A menção ao nascituro é novidade no sistema processual, confirmando a teoria concepcionista, que o reconhece como pessoa humana, na minha opinião doutrinária.

Além desses debates, nos últimos anos ganhou força a afirmação de ser possível o divórcio extrajudicial mesmo havendo filhos incapazes, desde que as questões a eles atinentes sejam resolvidas em ação judicial específica e prévia; ou se o acordo de divórcio nada tratar desses temas. Nessa linha, *na I Jornada de Direito Notarial e Registral*, promovida pelo Conselho da Justiça Federal e pelo Superior Tribunal de Justiça em agosto de 2022, surgiram duas ementas doutrinárias sobre o tema. Consoante o Enunciado n. 52, "o divórcio consensual, a separação consensual e a extinção consensual de união estável, mesmo havendo filhos incapazes, poderão ser realizados por escritura pública, nas hipóteses em que as questões relativas à guarda, ao regime de convivência e aos alimentos dos filhos incapazes já estiverem previamente resolvidas na esfera judicial". E, nos termos do Enunciado n. 74, "o divórcio extrajudicial, por escritura pública, é cabível mesmo quando houver filhos menores, vedadas previsões relativas a guarda e a alimentos aos filhos".

Como já era adiantado em edições anteriores deste livro, a questão acabou sendo regulamentada pelo CNJ, por meio de sua Resolução 571, que contou com sugestões elaboradas por mim ao então Corregedor-Geral de Justiça, Ministro Luis Felipe Salomão.

Com as alterações promovidas pela Resolução 571/2024 do próprio CNJ, o art. 34 da Resolução 35 foi alterado, para possibilitar a escritura pública de divórcio, mesmo havendo filhos menores ou incapazes do casal. Nos termos do seu novo § 2.º, "havendo filhos comuns do casal menores ou incapazes, será permitida a lavratura da escritura pública de divórcio, desde que devidamente comprovada a prévia resolução judicial de todas as questões referentes à guarda, visitação e alimentos deles, o que deverá ficar consignado no corpo da escritura". Eventualmente, "na dúvida quanto às questões de interesse do menor ou do incapaz, o tabelião submeterá a questão à apreciação do juiz prolator da decisão" (§ 3.º do art. 34 da Resolução 35 do CNJ, incluído pela Resolução 571/2024).

Da escritura de divórcio, deve constar declaração das partes de que estão cientes das suas consequências, firmes no propósito de pôr fim à sociedade conjugal ou ao vínculo matrimonial, respectivamente, sem hesitação, com recusa de reconciliação e concordância com a regulamentação da guarda, da convivência familiar e dos alimentos dos filhos menores ou incapazes realizada em juízo. Essa é a nova redação do art. 35 da Resolução 35, dada pela Resolução 571/2024.

Repise-se que dessa escritura de divórcio constarão as disposições relativas à descrição e à partilha dos bens comuns e à pensão alimentícia entre os cônjuges, o acordo relativo à guarda dos filhos incapazes e ao regime de visitas e, ainda, o valor da contribuição para criar e educar os filhos. O CPC/2015 não faz mais menção sobre a manutenção ou retirada do sobrenome do outro cônjuge, que constava da parte final do art. 1.124-A do CPC/1973, introduzido pela Lei 11.441/2007. Todavia, mesmo havendo omissão quanto a tal aspecto, sempre acreditei ser ainda possível que tal disposição faça parte da escritura de divórcio.

A esse propósito, não deixa dúvidas o art. 41 da Resolução 35 do CNJ, que, em sua redação atual, prevê o seguinte: "havendo alteração do nome de algum cônjuge em razão de escritura de restabelecimento da sociedade conjugal ou do divórcio consensual, o Oficial de Registro Civil que averbar o ato no assento de casamento também anotará a alteração no respectivo assento de nascimento, se de sua unidade, ou, se de outra, comunicará ao Oficial competente para a necessária anotação".

De todo modo, como se verá, foi revogado expressamente o art. 45 da Resolução 35 do CNJ, pela nova Resolução 571, pois eventual retificação do uso poderá ser feita diretamente no Cartório de Registro Civil, nos termos da Lei do SERP, sem a necessidade de constar da escritura.

O referido documento público não depende de homologação judicial e constitui título hábil para o registro civil e o registro de imóveis. O CPC em vigor incluiu expressamente que a escritura pública de divórcio também é título hábil para levantamento de importância depositada em instituições financeiras (art. 733, § 1.º, do CPC/2015).

Ademais, o Tabelião somente lavrará a escritura se os interessados estiverem assistidos por advogado comum ou advogados de cada um deles, cuja qualificação e assinatura constarão do ato notarial (art. 733, § 2.º, do CPC/2015). Quanto à gratuidade, não mais expressa no Estatuto Processual vigente, penso ainda ser possível para aqueles que se declararem pobres, conforme desenvolvido em tópico anterior.

Como última nota a respeito do tema da escritura pública de divórcio, relembro a possibilidade de as escrituras públicas serem lavradas pela via digital ou eletrônica, por meio do *e-notariado*, diante do anterior Provimento 100/2020 do CNJ, que trouxe regras específicas de validade a serem observadas. Em 2023, essas previsões foram incorporadas ao Código Nacional de Normas do CNJ (CNN), estando tratadas a partir do seu art. 284, sem modificações.

Vale lembrar que, pelo art. 1.º da Resolução 35 do CNJ, alterado pelas Resoluções 326/2020 e 571/2024, "para a lavratura dos atos notariais relacionados a inventário, partilha, divórcio, declaração de separação de fato e extinção de união estável consensuais por via administrativa, é livre a escolha do tabelião de notas, não se aplicando as regras de competência do Código de Processo Civil". De todo modo, em se tratando de escritura pública celebrada pela via digital ou eletrônica, pelo e-notariado, há que se reconhecer a competência territorial, por força do atual art. 289 do Código Nacional de Normas do CNJ: "a competência para a prática dos atos regulados nesta Seção é absoluta e observará a circunscrição territorial em que o tabelião recebeu sua delegação, nos termos do art. 9.º da Lei n. 8.935/1994".

Voltando à análise da codificação material, em suma, o art. 1.580 do Código Civil está revogado tacitamente, pois não recepcionado pelo novo Texto Constitucional, havendo proposta de sua revogação expressa, por tal razão, pelo Projeto de Reforma do Código Civil, elaborado pela Comissão de Juristas. Perdeu sustento o § 1.º do comando, pelo

MANUAL DE DIREITO CIVIL • VOLUME ÚNICO – *Flávio Tartuce*

qual a conversão em divórcio seria concedida sem que houvesse menção à sua causa. Isso porque não existe mais no sistema a citada conversão, a não ser para o caso de pessoas já separadas juridicamente.

Sendo abolido o divórcio indireto, vários dispositivos da Lei do Divórcio relativos à categoria igualmente devem ser tidos como definitivamente revogados. De início, mencione-se o seu art. 35, que tratava da conversão da separação judicial em divórcio, com apensamento aos autos da separação. Outro comando que desapareceu é o seu art. 37, que preconizava fundamentalmente que o juiz conheceria diretamente do pedido de conversão, quando não houvesse contestação ou necessidade de se produzir provas em audiência, proferindo sentença, dentro de dez dias.

Igualmente deve ser tido como inconstitucional o art. 36 da citada norma, pelo qual: "do pedido referido no artigo anterior, será citado o outro cônjuge, em cuja resposta não caberá reconvenção. Parágrafo único. A contestação só pode fundar-se em: I – falta do decurso de 1 (um) ano da separação judicial; II – descumprimento das obrigações assumidas pelo requerente na separação". Cumpre lembrar que, a respeito do descumprimento das obrigações assumidas na separação, o STF havia entendido pela não recepção do texto pela CF/1988, que antes da *Emenda do Divórcio* já não trazia tal requisito para a conversão em divórcio (STF, RE 387.271, Rel. Min. Marco Aurélio, j. 08.08.2007, Tribunal Pleno).

No que concerne ao antigo *divórcio direto*, firme-se o desaparecimento do instituto, não havendo qualquer requisito temporal de separação de fato para que os cônjuges o pleiteiem. A ilustrar, o casal pode se casar em um dia e requerer o divórcio no dia seguinte (ou no mesmo dia).

Algumas regras que constavam da Lei do Divórcio estão do mesmo modo prejudicadas, caso do seu art. 40, *caput*, que enunciava os requisitos mínimos para a petição inicial da ação de divórcio. Antes do CPC/2015, afirmava-se que a referida exordial deveria apenas obedecer aos requisitos gerais do art. 282 do CPC/1973. No sistema em vigor, deverá seguir os elementos do art. 319 do CPC/2015, que trouxe apenas alguns acréscimos, como a necessidade de constar a existência de união estável, o número de inscrição no Cadastro das Pessoas Físicas ou Jurídicas e o endereço eletrônico.

Consigne-se que a doutrina e a jurisprudência nacionais vinham entendendo pela impossibilidade de se discutir culpa em qualquer modalidade de divórcio anterior, o que incluía o divórcio direto (nesse sentido: STJ, REsp 67.493/SC, 3.ª Turma, Rel. Min. Costa Leite, j. 30.10.1995, *DJ* 26.08.1996, p. 29.681). O grande debate concernente à EC 66/2010 ainda se refere à possibilidade atual de discussão da culpa para dissolver o casamento, agora em sede de divórcio. Em outras palavras, fica a dúvida se a culpa pode ser *exportada* da separação-sanção para a ação de divórcio, tema do próximo tópico.

Anoto que o Projeto de Reforma do Código Civil pretende encerrar mais esse dilema, inserindo-se na Lei Civil regra prevendo que ninguém pode ser obrigado a permanecer casado porque o direito ao divórcio é incondicionado, constituindo direito potestativo da pessoa (novo art. 1.511-D). Além disso, como se verá, serão revogados os comandos que associam a culpa aos alimentos, retirando-se qualquer efeito quanto a eles.

Para finalizar o estudo do divórcio, duas regras do CC/2002 devem ser tidas como mantidas e perfeitas, no sistema ainda em vigor, sem qualquer interferência da *Emenda do Divórcio*.

A primeira é a constante do seu art. 1.581, pelo qual "o divórcio pode ser concedido sem que haja prévia partilha de bens", o que confirma parcialmente o teor da Súmula 197 do STJ ("o divórcio direto pode ser concedido sem que haja prévia partilha de bens"). A ideia é que o vínculo matrimonial seja desfeito (direito existencial), deixando-se as questões patrimoniais para posterior momento. A partilha posterior dos bens pode ser efetivada por três caminhos: *a)* nos próprios autos da ação de divórcio, o que é melhor sob a perspectiva da economia processual; *b)* em ação autônoma de partilha de bens, que corre na Vara da Família; *c)* por meio de escritura pública de partilha extrajudicial, nos termos do art. 39 da Resolução 35/2007 do CNJ.

Entendo que esses três caminhos continuam perfeitamente viáveis sob a égide do Código de Processo Civil de 2015. Quanto ao caminho judicial, reafirme-se a possibilidade de cumulação da ação de divórcio com a partilha de bens e outros pedidos; sendo desejável o julgamento antecipado parcial do mérito a respeito do primeiro e seguindo a demanda na discussão dos outros pedidos (art. 356 do CPC/2015).

Como bem decidiu o Superior Tribunal de Justiça em 2018, em havendo a necessidade de ajustes na partilha entre os cônjuges, esses poderão ser feitos de forma consensual, nos âmbitos judicial ou extrajudicial, e sem a necessidade de uma ação anulatória para tanto. Vejamos trecho da ementa desse importante acórdão:

"(...). A coisa julgada material formada em virtude de acordo celebrado por partes maiores e capazes, versando sobre a partilha de bens imóveis privados e disponíveis e que fora homologado judicialmente por ocasião de divórcio consensual, não impede que haja um novo ajuste consensual sobre o destino dos referidos bens, assentado no princípio da autonomia da vontade e na possibilidade de dissolução do casamento até mesmo na esfera extrajudicial, especialmente diante da demonstrada dificulda-de do cumprimento do acordo na forma inicialmente pactuada. É desnecessária a remessa das partes a uma ação anulatória quando o requerimento de alteração do acordo não decorre de vício, de erro de consentimento ou quando não há litígio entre elas sobre o objeto da avença, sob pena de injustificável violação aos princípios da economia processual, da celeridade e da razoável duração do processo. A desju-dicialização dos conflitos e a promoção do sistema multiportas de acesso à justiça deve ser francamente incentivada, estimulando-se a adoção da solução consensual, dos métodos autocompositivos e do uso dos mecanismos adequados de solução das controvérsias, tendo como base a capacidade que possuem as partes de livremente convencionar e dispor sobre os seus bens, direitos e destinos" (STJ, REsp 1.623.475/PR, 3.ª Turma, Rel. Min. Nancy Andrighi, j. 17.04.2018, *DJe* 20.04.2018).

Como se pode perceber, foi utilizado o forte argumento da *desjudicialização* das contendas, que vem ganhando adeptos ano a ano.

Ainda quanto ao art. 1.581, pontuo que no atual Projeto de Reforma do Código Civil, na linha de outras propostas de equalização entre as entidades familiares, a Comissão de Juristas propõe a inclusão de menção à união estável, passando o preceito legal a prever o seguinte: "o divórcio ou a dissolução da união estável podem ser concedidos sem que haja prévia partilha de bens". Vale também anotar que, com vistas a proteger o cônjuge ou convivente em casos de partilha de bens ou não, a Comissão de Juristas sugere a inclusão na Lei Civil de um direito real de habitação *inter vivos* ou entre vivos, para tutelar quem se encontre em situação de vulnerabilidade ou hipossuficiência. Nesse contexto, em boa hora, é acrescentado um novo art. 1.582-C do Código Civil, prevendo-se que "é garan-tido ao cônjuge e ao convivente o direito de permanecer na residência conjugal, se com ele residirem filhos com menos de dezoito anos ou incapazes ou a quem se dedicou aos cuidados da família e não desempenha atividade remunerada".

Outro preceito da codificação material mantido pela Emenda do Divórcio, e que não deve ser revogado, mas aperfeiçoado, é o que determina que a ação de divórcio é perso-nalíssima, pois o seu pedido somente cabe aos cônjuges (art. 1.582 do CC). Todavia, no

# 1492 | MANUAL DE DIREITO CIVIL • VOLUME ÚNICO – *Flávio Tartuce*

caso de incapacidade do cônjuge para propor a ação (exemplo: cônjuge interditado), a lei consagra a legitimidade do curador, do ascendente ou do irmão.

Para o Superior Tribunal de Justiça, não haveria, como premissa geral, legitimidade do curador provisório para a ação de divórcio. Vejamos:

> "Em regra, a ação de dissolução de vínculo conjugal tem natureza personalíssima, de modo que o legitimado ativo para o seu ajuizamento é, por excelência, o próprio cônjuge, ressalvada a excepcional possibilidade de ajuizamento da referida ação por terceiros representando o cônjuge – curador, ascendente ou irmão – na hipótese de sua incapacidade civil. Justamente por ser excepcional o ajuizamento da ação de dissolução de vínculo conjugal por terceiro em representação do cônjuge, deve ser restritiva a interpretação da norma jurídica que indica os representantes processuais habilitados a fazê-lo, não se admitindo, em regra, o ajuizamento da referida ação por quem possui apenas a curatela provisória, cuja nomeação, que deve delimitar os atos que poderão ser praticados, melhor se amolda à hipótese de concessão de uma espécie de tutela provisória e que tem por finalidade específica permitir que alguém – o curador provisório – exerça atos de gestão e de administração patrimonial de bens e direitos do interditando e que deve possuir, em sua essência e como regra, a ampla e irrestrita possibilidade de reversão dos atos praticados. O ajuizamento de ação de dissolução de vínculo conjugal por curador provisório é admissível, em situações ainda mais excepcionais, quando houver prévia autorização judicial e oitiva do Ministério Público" (STJ, REsp 1.645.612/SP, 3.ª Turma, Rel. Min. Nancy Andrighi, j. 16.10.2018, *DJe* 12.11.2018).

Discute-se a legitimidade do MP em casos tais, eis que a lei não a prevê nesse dispositivo especial. Para afastar essa dúvida, o antigo Projeto de Lei do Deputado Ricardo Fiuza pretendia introduzir expressamente a legitimidade do Ministério Público, o que nos parece uma opção correta, que deve voltar a ser debatida no âmbito do Congresso Nacional.

Exatamente nesse sentido, no Projeto de Reforma do Código Civil, a Comissão de Juristas pretende fazer ajustes nesse dispositivo, incluindo a menção ao Ministério Público no parágrafo único do art. 1.582 e resolvendo essa divergência. Também há sugestão de que o *caput* trate da ação de dissolução da união estável, na linha de proposições anteriores, de equalização das entidades familiares quanto aos seus efeitos de dissolução: "o pedido de divórcio ou de dissolução de união estável somente competirá aos cônjuges ou conviventes. Parágrafo único. Se o cônjuge ou convivente for incapaz para propor a ação ou defender-se, poderá fazê-lo o Ministério Público, o curador, o ascendente, o descendente ou o irmão".

Aguarda-se, portanto, a sua aprovação pelo Parlamento Brasileiro, com o fim de se trazer uma maior segurança e estabilidade para as relações privadas de Direito de Família.

## 8.3.8.2.4 Da possibilidade de se discutir culpa para o divórcio do casal

Um dos maiores problemas surgidos com a promulgação da Emenda Constitucional 66/2010 refere-se à viabilidade jurídica de discussão da culpa para dissolver o casamento, em sede de ação de divórcio. Em pouco mais de um ano de sua entrada em vigor, a inovação gerou o surgimento de uma *Torre de Babel* doutrinária a respeito da problemática. Até o presente momento, prevalece, principalmente entre os juristas que compõem e dirigem o Instituto Brasileiro de Direito de Família (IBDFAM), a tese de impossibilidade de discussão da culpa em sede de ação de divórcio. Assim, se posicionam, por exemplo, Rodrigo da Cunha Pereira, Paulo Lôbo, Maria Berenice Dias, Rolf Madaleno, Giselda Maria Fernandes Novaes Hironaka, José Fernando Simão, Antonio Carlos Mathias Coltro, Pablo

CAP. 8 • DIREITO DE FAMÍLIA | **1493**

Stolze Gagliano, Rodolfo Pamplona Filho, Cristiano Chaves de Farias e Nelson Rosenvald, em trabalhos escritos e manifestações pessoais.

Para essa corrente, desaparecendo a separação judicial, com ela foi a culpa, não sendo possível a sua discussão em sede de ação de divórcio para dissolver o casamento. Argumenta--se que a culpa é algo que apenas gera uma injustificada demora processual em se colocar fim ao vínculo, violando o seu debate a dignidade da pessoa humana (art. 1.º, inc. III, da CF/1988). Ademais, passa a existir um direito potestativo com a extinção do casamento.

A minha posição doutrinária é intermediária, pois se deve admitir a discussão da culpa em casos excepcionais, de maior gravidade. Por essa forma de pensar estão mantidos os deveres do casamento (art. 1.566 do CC), pela sua aceitação pelo senso comum em geral. Conserva-se ainda um *modelo dualista*, com e sem culpa, como ocorre com outros ramos do Direito Civil, caso do direito contratual e da responsabilidade civil. Em reforço, a culpa gera consequências para a responsabilidade civil dos cônjuges e os alimentos, como ainda será devidamente aprofundado.

Por esse caminho de conclusão, o divórcio poderá ser *litigioso* – com pretensão de imputação de culpa – ou *consensual* – sem discussão de culpa. Deve ficar claro que entendo estar mantida a ideia de *mitigação da culpa* – na esteira da doutrina e da jurisprudência anterior –, em algumas situações, como nos casos de culpa recíproca dos cônjuges ou de sua difícil investigação, a tornar o processo tormentoso para as partes. Do mesmo modo, é possível a mitigação da culpa em situações de fim do amor ou de deterioração factual do casamento, decretando-se agora o divórcio por mera causa objetiva, conforme entendia a jurisprudência:

> "Separação judicial. Inexistência de amor. A inexistência de amor autoriza a separação, não a imputação de culpa pelos desentendimentos do casal" (TJSP, Apelação Cível 270.393-4/2-00, 4.ª Câmara de Direito Privado, Rel. Des. Carlos Stroppa, j. 04.09.2003).

> "Separação judicial. Casamento. Cônjuge. Deveres. Violação. Culpa. Deterioração factual. Em separação judicial, é reconhecida a responsabilidade de ambos os cônjuges pela 'deterioração factual' do casamento, quando não há prova que só um deles é o responsável pelo fracasso da relação, tornando insuportável a vida em comum. Nega-se provimento à apelação" (TJMG, Acórdão 1.0024.03.104852-3/001, 4.ª Câmara Cível, Belo Horizonte, Rel. Des. Almeida Melo, j. 07.04.2005, *DJMG* 03.05.2005).

Na mesma linha, interessante transcrever ementa de acórdão do Superior Tribunal de Justiça, que representa importante precedente, em que se decretou a separação por mera insuportabilidade da vida conjugal, havendo pedido de discussão da culpa e não sendo esta comprovada:

> "Direito civil. Direito de família. Separação por conduta desonrosa do marido. Prova não realizada. Irrelevância. Insuportabilidade da vida em comum manifestada por ambos os cônjuges. Possibilidade da decretação da separação. Nova orientação. Código Civil de 2002 (art. 1.573). Recurso desacolhido. Na linha de entendimento mais recente e em atenção às diretrizes do novo Código Civil, evidenciado o desejo de ambos os cônjuges em extinguir a sociedade conjugal, a separação deve ser decretada, mesmo que a pretensão posta em juízo tenha como causa de pedir a existência de conduta desonrosa" (STJ, REsp 433.206/DF, 4.ª Turma, Rel. Min. Sálvio de Figueiredo Teixeira, *DJ* 07.04.2003, j. 06.03.2003, p. 293; Veja: STJ, REsp 467.184/SP).

Consigne-se que essa tendência de afastamento da culpa como motivo da separação de igual modo foi observada pela aprovação de enunciado doutrinário na *III Jornada de*

# 1494 | MANUAL DE DIREITO CIVIL • VOLUME ÚNICO – *Flávio Tartuce*

*Direito Civil.* Conforme proposta do desembargador do TJRS e membro do IBDFAM, Luiz Felipe Brasil Santos, foi aprovado o Enunciado n. 254 do CJF/STJ:

> "Formulado o pedido de separação judicial com fundamento na culpa (art. 1.572 e/ou art. 1.573 e incisos), o juiz poderá decretar a separação do casal diante da constatação da insubsistência da comunhão plena de vida (art. 1.511) – que caracteriza hipótese de 'outros fatos que tornem evidente a impossibilidade da vida em comum' – sem atribuir culpa a nenhum dos cônjuges".

De fato, em muitas situações é difícil ou até impossível a prova de quem, realmente, foi o culpado pelo fim do casamento ou pela quebra da afetividade. Em casos tais, deve-se decretar o divórcio do casal, postergando para outras demandas o debate da culpa, se for o caso. Julga-se de forma antecipada e parcial o mérito, conforme está consagrado pelo art. 356 do CPC/2015. Seguindo a premissa, transcreve-se, mais uma vez, enunciado aprovado na *VII Jornada de Direito Civil*, de 2015, *in verbis:* "transitada em julgado a decisão concessiva do divórcio, a expedição de mandado de averbação independe do julgamento da ação originária em que persista a discussão dos aspectos decorrentes da dissolução do casamento" (Enunciado n. 602). E, ainda, o Enunciado n. 18 do IBDFAM, aprovado no seu *X Congresso Brasileiro*, em outubro do mesmo ano: "nas ações de divórcio e de dissolução da união estável, a regra deve ser o julgamento parcial do mérito (art. 356 do Novo CPC), para que seja decretado o fim da conjugalidade, seguindo a demanda com a discussão de outros temas".

Destaque-se que, na prática, alguns julgamentos já seguem a solução de subsumir o art. 356 do CPC/2015 às ações de divórcio. A título de exemplo, do Tribunal Gaúcho:

> "Situação em que o autor ingressou com ação de conversão de separação judicial em divórcio, requerendo, cumulativamente, a revisão de alimentos e regulamentação de visita, optando pelo procedimento comum. O provimento deste recurso limita-se à desconstituição da sentença no que diz com a extinção do feito relativamente às pretensões cumuladas (item 'a' do dispositivo sentencial). Resta, porém, subsistente o Decreto de divórcio (item 'b' do dispositivo sentencial). Tal solução é agora autorizada pelo art. 356, I, do CPC, na medida em que não há controvérsia quanto ao pedido de divórcio" (TJRS, Apelação Cível 0005725-67.2017.8.21.7000, 8.ª Câmara Cível, Canoas, Rel. Des. Luiz Felipe Brasil Santos, j. 23.03.2017, *DJERS* 30.03.2017).

Do Tribunal Catarinense, exatamente no mesmo caminho: "de acordo com o art. 356, inc. I, do CPC, se um dos pedidos for incontroverso, é possível o julgamento antecipado parcial de mérito. Tal disposição é aplicável às ações que envolvem direito de família, podendo, nesses termos, ser decretado o divórcio sem prejuízo do prosseguimento da ação para o debate das demais questões, tal como guarda dos filhos e alimentos" (TJSC, Agravo de Instrumento 4016783-97.2016.8.24.0000, 1.ª Câmara de Direito Civil, Criciúma, Rel. Des. Domingos Paludo, *DJSC* 23.03.2017, p. 83).

Para encerrar o tópico, pelas razões a seguir expostas, a culpa pode sim ser debatida em algumas situações complexas e excepcionais que envolvem o casamento, notadamente para os fins de atribuição de responsabilidade civil ao cônjuge e fixação dos alimentos. Vejamos os argumentos que utilizo para chegar à tal conclusão, de forma pontual:

→ A culpa é conceito inerente ao ser humano, que dela não se pode livrar. Giselle Câmara Groeninga expõe que "como mostra a compreensão psicanalítica, é impossível ignorar a culpa. Ela é inerente ao ser humano e à civilização, dado seu valor axiológico. O que se afigura nos dias atuais é a substituição do paradigma da culpa pelo paradigma da responsabilidade, resgatando-se o valor axiológico e epistemológico dos questionamentos relativos à culpa. Assim, o caminho não é o da simplificação, simplesmente negando-se a questão da culpa".[133] Desse modo, em uma visão interdisciplinar, a categoria não pode ser desprezada nas relações sociais, em particular nas interações jurídicas familiares, hipótese em que se enquadra o casamento.

→ Muitas vezes ambos os cônjuges querem a discussão da culpa no caso concreto, para *maturação* de seus problemas pessoais. Como ficará então a solução para essa vontade em um modelo *monista*, sem a viabilidade de verificação de culpa? Entender pelo afastamento da culpa, em casos tais, parece conduzir a um forte desrespeito à liberdade individual, que contraria a proteção constitucional da autonomia privada, retirada do art. 1.º, inc. III, da Constituição. Sem dúvida que, em algumas situações, justifica-se a intervenção e a mitigação da autonomia, mormente para a proteção de vulneráveis, ou de valores fundamentais. Não parece ser o caso da dissolução do casamento.

→ É preciso atentar para o próprio conceito de culpa, que deve ser concebida como o desrespeito a um dever preexistente, seja ele decorrente da lei, da convenção das partes, ou do senso comum. Há tempos que parte da doutrina, nacional ou estrangeira, aponta o abandono a elementos subjetivos da culpa, como a intenção de descumprimento a um dever, por imprudência, negligência ou imperícia.[134] Nota-se que o sistema do casamento ainda é mantido com deveres aos cônjuges, seja pela norma, ou pelo sentido coletivo que ainda persiste na sociedade brasileira (art. 1.566 do CC). Nessa linha, a culpa existente no casamento é justamente o desrespeito a um desses deveres, o que pode motivar, sim, a dissolução da união. Negar a culpa para dissolver o casamento é negar o dever de fidelidade (art. 1.566, inc. I, do CC), passando este a constituir mera faculdade jurídica.

→ Sem a análise da culpa, como ficaria a questão da responsabilidade civil decorrente do casamento, a qual gera o dever de indenizar dos cônjuges? Caio Mário da Silva Pereira é um dos juristas, dentre tantos, que afirma que a culpa constitui um *conceito unitário para o Direito.*[135] Sendo assim, se a categoria serve para atribuir o dever de indenizar, também deve ser utilizada para dissolver a união, até por uma questão de bom senso sistemático e de economia. Somente para ilustrar, parece ilógico não se atribuir culpa a um dos cônjuges nos casos de violência doméstica, de transmissão de graves doenças sexuais ao outro, ou de existência de famílias paralelas com sérias repercussões sociais. Se a culpa gera a indenização em casos tais, também dissolve o vínculo matrimonial. Não se pode pensar que, em tais casos, haverá uma *meia culpa*, somente para os fins de responsabilidade civil, sem repercussões familiares. A ação de divórcio pode ser cumulada com a reparação dos danos, correndo na própria Vara da Família. Isso não impede que o juiz da causa decrete o divórcio do casal, mediante pedido de ambos, e prossiga na análise da culpa para outros fins, especialmente para a responsabilização civil dos cônjuges. Repise-se que o CPC/2015 confirmou tal

---

[133] GROENINGA, Giselle Câmara. Sem mais desculpas – é tempo de responsabilidade. In: DIAS, Maria Berenice (Org.). *Direito das Famílias*. Contributo do IBDFAM em homenagem a Rodrigo da Cunha Pereira. São Paulo: IBDFAM-RT, 2010. p. 166.

[134] Por todos, na doutrina italiana: ALPA, Guido; BESSONE, Mario. *Trattato di Diritto Privato*. Obbligazione e contratti. Torino: UTET, Ristampa, 1987. p. 210-221.

[135] PEREIRA, Caio Mário da Silva. *Responsabilidade civil*. 5. ed. Rio de Janeiro: Forense, 1994. p. 80.

# 1496 | MANUAL DE DIREITO CIVIL • VOLUME ÚNICO – *Flávio Tartuce*

possibilidade com o tratamento expresso do julgamento antecipado parcial do mérito, constante do seu art. 356, antes exposto.

→ Juridicamente a culpa é conceito que persiste e que será mantido no Direito das Obrigações, no Direito Contratual e na Responsabilidade Civil. Desse modo, obviamente, a categoria deve ser preservada para extinguir os vínculos conjugais no Direito de Família. Entender o contrário fere o razoável e uma visão unitária do ordenamento jurídico privado. Eventuais argumentos históricos de *conquistas* não podem dar, ao Direito de Família, tal suposto *privilégio*. Aliás, fica a dúvida de que se afastar a culpa e conceber um modelo unitário é mesmo uma *vantagem*.

→ Por fim, a existência de um modelo *dual* ou *binário*, com e sem culpa, atende melhor aos múltiplos anseios da sociedade pós-moderna, identificada pelo pluralismo e pela hipercomplexidade.

Em verdade, o debate a respeito da culpa é ainda um dos pontos de profundo debate, teórico e prático, da temática do divórcio, o que se pretende resolver definitivamente com o Projeto de Reforma do Código Civil, proposto pela Comissão de Juristas ao Congresso Nacional, encerrando-se esse dilema.

Como visto, há proposição de se incluir na Lei Civil uma regra segundo a qual ninguém pode ser obrigado a permanecer casado porque o direito ao divórcio é incondicionado, constituindo direito potestativo da pessoa (art. 1.511-D). Com essa projeção, por si só, retira-se qualquer possibilidade de discussão da culpa no divórcio. Ademais, além da revogação expressa dos dispositivos relativos à culpa e à separação judicial, serão revogadas também as normas que as relacionam com os alimentos, como será exposto neste livro.

## 8.3.8.2.5 A questão do uso do nome pelo cônjuge após a EC 66/2010

O Código Civil de 2002 possibilita que um dos cônjuges utilize o sobrenome do outro, o que não deixa de ser um exercício livre da autonomia privada no Direito de Família (art. 1.565, § 1.º, do CC). Não se pode esquecer que o nome é o sinal que representa a pessoa perante o meio social, reconhecido como um direito da personalidade e fundamental, envolvendo normas de ordem pública e normas de ordem privada (arts. 16 a 19 do CC, art. 5.º, inc. X, da CF/1988, e Lei 6.015/1973).

De acordo com o art. 1.578 do Código Civil, em regra, o cônjuge declarado culpado na separação perde o direito de usar o sobrenome ou patronímico do inocente. Todavia, o CC/2002 excepciona essa regra, prevendo que mesmo o cônjuge culpado pode continuar a utilizar o sobrenome do inocente se a alteração lhe acarretar:

–   Evidente prejuízo para a sua identificação, como no caso de a esposa ficar conhecida no meio social pelo sobrenome do marido.

–   Manifesta distinção entre o seu nome de família e o dos filhos havidos da união dissolvida, nas hipóteses em que os filhos do casal são registrados apenas com o sobrenome do marido.

–   Dano grave reconhecido na decisão judicial.

Por outra via, o cônjuge inocente na ação de separação judicial poderá renunciar, a qualquer momento, ao direito de usar o sobrenome do outro (§ 1.º do art. 1.578). Nas demais situações, caberá a opção de preservar ou não o nome de casado, o que é exercício de um direito personalíssimo (§ 2.º do art. 1.578). Conforme o anterior Enunciado n. 124

do CJF/STJ, aprovado por unanimidade na *I Jornada de Direito Civil*, esses dois parágrafos deveriam ser tidos como revogados, pois desnecessários diante do exercício da autonomia privada do interessado e do reconhecimento de que o nome constitui um direito da personalidade daquele cônjuge que o incorporou.

Ora, com a aprovação da EC 66/2010, não há mais qualquer influência da culpa para a manutenção do nome de casado após o divórcio. Primeiro porque o art. 1.578 do CC deve ser tido como totalmente revogado, por incompatibilidade com o Texto Maior, uma vez que faz menção à separação judicial, retirada do sistema. Segundo, pois a norma é de exceção, não admitindo aplicação por analogia ao divórcio. Terceiro, porque o nome incorporado pelo cônjuge constitui um direito da personalidade e fundamental, que envolve a dignidade humana, havendo relação com a vida privada da pessoa natural (art. 5.º, inc. X, da CF/1988). Sendo assim, não se pode fazer interpretação jurídica a prejudicar direito fundamental.

Na esteira dessa proteção constitucional, o STJ tem entendido que a utilização do sobrenome pela mulher, ou a sua permanência após o divórcio, constitui uma faculdade desta. A decisão que merece destaque ainda expõe que o nome é incorporado à personalidade da pessoa, o que deve ser mantido com a *Emenda do Divórcio*:

> "Divórcio direto. Uso. Nome. Marido. Mulher. O Tribunal *a quo*, em embargos de declaração, decidiu que, no divórcio direto, a continuação do uso do nome de casada pela mulher constitui uma faculdade. Ademais, como assinalado na ementa do acórdão impugnado, a ora embargada foi casada durante 45 anos e, já com 70 anos de idade, o nome se incorporou à sua personalidade. Assim, o acórdão recorrido fundou-se nos elementos probatórios constantes dos autos, não cabendo a este Superior Tribunal revolvê-los a teor da Súm. n. 7-STJ. A Turma não conheceu do recurso" (STJ, REsp 241.200/RJ, Rel. Min. Aldir Passarinho Junior, j. 04.04.2006).

Aliás, em data mais próxima, posicionou-se o Tribunal da Cidadania na mesma linha, concluindo que "a utilização do sobrenome do ex-marido por mais de 30 trinta anos pela ex-mulher demonstra que há tempo ele está incorporado ao nome dela, de modo que não mais se pode distingui-lo, sem que cause evidente prejuízo para a sua identificação A lei autoriza que o cônjuge inocente na separação judicial renuncie, a qualquer momento, ao direito de usar o sobrenome do outro (§ 1.º do art. 1.578 do CC/02). Por isso, inviável que, por ocasião da separação, haja manifestação expressa quanto à manutenção ou não do nome de casada" (STJ, REsp 1.482.843/RJ, 3.ª Turma, Rel. Min. Moura Ribeiro, j. 02.06.2015, *DJe* 12.06.2015). Ou, como se retira de outro *decisum* superior:

> "A pretensão de alteração do nome civil para exclusão do patronímico adotado por cônjuge por ocasião do casamento, por envolver modificação substancial em um direito da personalidade, é inadmissível quando ausentes quaisquer circunstâncias que justifiquem a alteração, especialmente quando o sobrenome se encontra incorporado e consolidado em virtude do uso contínuo do patronímico pela ex-cônjuge por quase 35 anos" (STJ, REsp 1.732.807/RJ, 3.ª Turma, Rel. Min. Nancy Andrighi, j. 14.08.2018, *DJe* 17.08.2018).

Como se nota, a solução jurisprudencial superior está na linha do que defende neste tópico da obra. Ademais, reitero que a Lei do SERP (Lei 14.382/2022) confirmou todas essas premissas, permitindo a alteração extrajudicial do nome nessas hipóteses, diretamente no Cartório de Registro Civil, sem qualquer motivação. A temática está estudada no Capítulo 2 deste livro.

Ato contínuo, merece aplicação parcial o art. 1.571, § 2.º, do CC, lido da seguinte forma: dissolvido o casamento pelo divórcio, o cônjuge poderá manter o nome de casado.

Por todos os argumentos expostos, conclui-se que a questão do nome merece uma análise à parte, não havendo mesmo qualquer influência da culpa, por outros motivos. Em tal aspecto, consigne-se, parece não existir qualquer impacto do Código de Processo Civil de 2015.

Diante de sua relevância, devem ser comentados dois julgados do Superior Tribunal de Justiça sobre o uso do nome pelo ex-cônjuge, o que confirma tratar-se de um direito da personalidade daquele que o incorporou, influenciado pela autonomia privada do incorporador.

O primeiro deles considerou que há pleno direito da ex-esposa em retomar o nome de solteira após o falecimento de seu ex-marido. Como consta do seu corpo, "o direito ao nome é um dos elementos estruturantes dos direitos da personalidade e da dignidade da pessoa humana, pois diz respeito à própria identidade pessoal do indivíduo, não apenas em relação a si, como também em ambiente familiar e perante a sociedade". E mais, vejamos outro trecho do aresto:

> "Impedir a retomada do nome de solteiro na hipótese de falecimento do cônjuge implicaria em grave violação aos direitos da personalidade e à dignidade da pessoa humana após a viuvez, especialmente no momento em que a substituição do patronímico é cada vez menos relevante no âmbito social, quando a questão está, cada dia mais, no âmbito da autonomia da vontade e da liberdade e, ainda, quando a manutenção do nome pode, em tese, acarretar ao cônjuge sobrevivente abalo de natureza emocional, psicológica ou profissional, em descompasso, inclusive, com o que preveem as mais contemporâneas legislações civis" (STJ, REsp 1.724.718/MG, 3.ª Turma, Rel. Min. Nancy Andrighi, j. 22.05.2018, *DJe* 29.05.2018).

O segundo acórdão, pelas mesmas razões, considerou que a revelia na ação de divórcio na qual se pretendia a exclusão do patronímico adotado por ocasião do casamento não significa concordância tácita com a modificação do nome civil. Isso porque "a pretensão de alteração do nome civil para exclusão do patronímico adotado por cônjuge por ocasião do casamento, por envolver modificação substancial em um direito da personalidade, é inadmissível quando ausentes quaisquer circunstâncias que justifiquem a alteração, especialmente quando o sobrenome se encontra incorporado e consolidado em virtude do uso contínuo do patronímico pela ex-cônjuge por quase 35 anos" (STJ, REsp 1.732.807/RJ, 3.ª Turma, Rel. Min. Nancy Andrighi, j. 14.08.2018, *DJe* 17.08.2018).

Como não poderia ser diferente, estou totalmente filiado ao teor dos julgados, que confirmam a premissa de ser o nome um direito da personalidade do cônjuge que o adotou, o que igualmente foi adotado pela Lei do SERP, nas alterações que fez na Lei de Registro Públicos. O mesmo sentido é retirado do novo Provimento 153/2023 do Conselho Nacional de Justiça, que trata da alteração extrajudicial do nome, já incorporado ao Código Nacional de Normas do próprio CNJ (arts. 515-A a 515-V).

Aplicando essas ideias, antes da Lei do SERP, na *II Jornada de Prevenção e Solução Extrajudicial dos Litígios*, promovida pelo Conselho da Justiça Federal no ano de 2021, foram aprovados enunciados doutrinários que seguem a afirmação de ser o nome um direito da personalidade do cônjuge que o incorporou, sendo necessário valorizar medidas extrajudiciais para a sua tutela e proteção. O primeiro deles é o Enunciado n. 127, segundo o qual é "admissível o requerimento, pelo(a) interessado(a), ao Registro Civil de Pessoas Naturais para retorno ao nome de solteiro(a), após decretado o divórcio (art. 29,

§ 1.º, alínea *f*, Lei 6.015/1973), dispensando-se a intervenção judicial". Nos termos das suas justificativas, que merecem destaque:

"O Prov. 82/2019 do CNJ trouxe uma série de medidas voltadas a desformalizar o procedimento de alteração do sobrenome diretamente perante o Registro Civil de Pessoas Naturais (RCPN), em virtude de separação, divórcio e anulação de casamento, com a expressa dispensa de intervenção judicial. No § 3.º do art. 1.º, o aludido Provimento autoriza, ainda, que, após a dissolução do casamento em decorrência do óbito do(a) cônjuge, possa o(a) viúvo(a) requerer averbação para eventual retorno ao nome de solteiro(a) diretamente perante o RCPN. Sendo assim, a proposta ora apresentada almeja apenas, em consonância com o referido § 3.º do art. 1.º do Provimento e em homenagem à isonomia, reconhecer que, após dissolução do casamento em razão do divórcio, possa o ex-cônjuge requerer perante o RCPN o retorno ao sobrenome de solteiro, da mesma forma que é autorizado ao(à) viúvo(a), visto que essas são as duas hipóteses de dissolução do casamento, em caráter irreversível, igualmente previstas no § 1.º do art. 1.571, CC/2002".

A ementa doutrinária teve o meu total apoio quando da plenária desse evento, que trouxe passos adiantes em prol da extrajudicialização.

Ademais, o Enunciado n. 120, do mesmo evento, estabelece que: "Arts. 1.565, § 1.º, e 1.571, § 2.º, CC: são admissíveis a retomada do nome de solteiro e a inclusão do sobrenome do cônjuge de quem não o fez quando casou, a qualquer tempo, na constância da sociedade conjugal, por requerimento ao Registro Civil das Pessoas Naturais, independentemente de autorização judicial". As propostas de ementas tiveram o meu total apoio, quando daquele evento. O que constava dos dois enunciados acabou sendo confirmado pela Lei do SERP, que possibilita a alteração extrajudicial do nome em casos de dissolução do vínculo conjugal, sem a necessidade de qualquer motivação.

Para encerrar o tópico, sobre o atual Projeto de Reforma do Código Civil, como não poderia ser diferente, a par de todos os comentários doutrinários desenvolvidos, tendo em vista sobretudo as posições doutrinárias e jurisprudenciais, bem como as alterações promovidas pela Lei do SERP (Lei 14.382/2022) na Lei de Registros Públicos, a Comissão de Juristas sugere a revogação expressa do art. 1.578 do CC, por ainda relacionar o uso do nome à culpa discutida no âmbito da separação judicial, o que não é mais a realidade jurídica brasileira.

### 8.3.8.2.6 O problema da guarda na dissolução do casamento. Análise atualizada com a EC 66/2010 e com a Lei da Guarda Compartilhada Obrigatória (Lei 13.058/2014)

Após cuidar da separação judicial – agora retirada do sistema – e do divórcio, o Código Civil determina as regras referentes à "Proteção da Pessoa dos Filhos". Sobre esse tema, o Código Privado traz disposições importantes, nos arts. 1.583 e 1.584. Tais artigos foram profundamente modificados pela Lei 11.698, de 13 de junho de 2008, que entrou em vigor em 16 de agosto de 2008, ou seja, sessenta dias depois de sua publicação.

Sucessivamente, houve nova alteração por meio da Lei 13.058, de 22 de dezembro de 2014, originária do Projeto de Lei 117/2013, aqui denominada como *Lei da Guarda Compartilhada Obrigatória*.

Em outubro de 2023, como antes pontuado, houve nova alteração no tratamento da matéria, modificando-se o § 2.º do art. 1.584 do Código Civil pela Lei 14.713, tratando do afastamento da guarda compartilhada obrigatória em havendo probabilidade de risco de violência doméstica ou familiar.

**1500** | MANUAL DE DIREITO CIVIL • VOLUME ÚNICO – *Flávio Tartuce*

Pois bem, no presente tópico será feito um estudo da matéria relativa à guarda de filhos na esfera do poder familiar, desde a Lei do Divórcio, passando pelo Código Civil de 2002 e pela citada modificação de 2008, chegando até a aprovação da Emenda Constitucional 66/2010 e a essas últimas normas, de 2014 e 2023. Em relação ao CPC de 2015, há apenas um pequeno impacto, relativo à prestação de contas. Como se percebe, o tratamento legislativo sobre o tema ainda não encontrou a esperada estabilidade legislativa.

Iniciando-se pela Lei 6.515/1977, esta estabelecia a influência da culpa na fixação da guarda. De início, o art. 9.º da Lei do Divórcio prescrevia que, no caso de dissolução da sociedade conjugal pela separação judicial consensual, seria observado o que os cônjuges acordassem sobre a guarda dos filhos. No caso de separação judicial fundada na culpa, os filhos menores ficariam com o cônjuge que não tivesse dado causa à dissolução, ou seja, com o cônjuge inocente (art. 10, *caput*). Se pela separação judicial fossem responsáveis ambos os cônjuges, os filhos menores ficariam em poder da mãe, salvo se o juiz verificasse que tal solução pudesse gerar prejuízo de ordem moral aos filhos (art. 10, § 1.º). Verificado pelo juiz que os filhos não deveriam permanecer em poder da mãe nem do pai, seria possível deferir guarda a pessoa notoriamente idônea, da família de qualquer dos cônjuges (art. 10, § 2.º, da Lei do Divórcio).

No sistema da redação original do Código Civil de 2002, preceituava o seu art. 1.583 que, no caso de dissolução da sociedade conjugal, prevaleceria o que os cônjuges acordassem sobre a guarda de filhos, no caso de separação ou divórcio consensual. Na realidade, a regra completava a proteção integral da criança e do adolescente prevista no ECA (Lei 8.069/1990). Isso porque, quanto aos efeitos da guarda existente na vigência do poder familiar e que visam à proteção dos filhos, determina o art. 33, *caput*, daquele diploma que "a guarda obriga à prestação de assistência material, moral e educacional à criança ou adolescente, conferindo a seu detentor o direito de opor-se a terceiros, inclusive aos pais".

Não havendo acordo entre os cônjuges, nos termos da redação original do Código Civil, a guarda seria atribuída a quem revelasse as *melhores condições* para exercê-la (art. 1.584 do CC/2002). O parágrafo único deste comando legal enunciava que a guarda poderia ser atribuída a terceiro, se o pai ou a mãe não pudesse exercê-la, de preferência respeitadas a ordem de parentesco e a relação de afetividade com a criança ou o adolescente.

A título de exemplo de aplicação do último dispositivo, a guarda poderia ser atribuída à avó paterna ou materna, desde que ela revelasse condições para tanto. Nessa linha, concluiu o Superior Tribunal de Justiça, no ano de 2006, tendo em vista a redação original do Código Civil:

> "Trata-se de avó de oitenta anos que pede guarda da neta que se encontra em sua companhia desde o nascimento. Os pais não se opõem e poderiam, com dificuldade, criar a filha numa situação mais modesta, devido a seus baixos salários e ainda sustentam outro filho. O Ministério Público com isso não concorda, pois os pais poderiam criá-las e a avó encontra-se em idade avançada. A Turma, ao prosseguir o julgamento, por maioria, deu provimento ao recurso nos termos do voto do Min. Relator – que invocou a jurisprudência e o art. 33 do ECA no sentido de que prevalece o interesse da criança no ambiente que melhor assegure seu bem-estar, quer físico, quer moral, seja com os pais ou terceiros. Precedente citado: REsp 469.914-RS, *DJ* 05.05.2003" (STJ, REsp 686.709/PI, Rel. Min. Humberto Gomes de Barros, j. 28.06.2006).

Os enunciados doutrinários aprovados na *IV Jornada de Direito Civil*, evento realizado em outubro de 2006, acompanhavam a tendência civil-constitucional de se pensar sempre no melhor interesse da criança e do adolescente. Nessa esteira, o Enunciado n. 333 do CJF/STJ determinava que "o direito de visita pode ser estendido aos avós e pessoas com as quais a criança ou o adolescente mantenha vínculo afetivo, atendendo ao seu melhor interesse". Pontue-se, contudo, que o Enunciado n. 672 da *IX Jornada de Direito Civil* cancelou essa ementa anterior, preceituando que "o direito de convivência familiar pode ser estendido aos avós e pessoas com as quais a criança ou adolescente mantenha vínculo afetivo, atendendo ao seu melhor interesse".

Na verdade, a expressão "direito de visita" é utilizada também pelo art. 1.589, parágrafo único, do Código Civil, incluído pela Lei 12.398/2011: "o direito de visita estende-se a qualquer dos avós, a critério do juiz, observados os interesses da criança ou do adolescente". O enunciado doutrinário, assim, pode motivar a mudança legislativa, estando justificado pelo fato de que, "embora seja da tradição do Direito de Família nomear o direito do pai ou mãe, mesmo dos avós ou outros, que não detêm a guarda, como direito de visita, a expressão legal não corresponde ao direito de convivência familiar assegurado à criança, ao adolescente e ao jovem no art. 227, *caput*, da Constituição da República. O direito-dever de convivência familiar estende-se a todos aqueles que mantêm vínculo afetivo com a criança e adolescente".

Seja como for, note-se que a extensão do direito de convivência a terceiros, sejam eles parentes ou não da criança ou do adolescente, fica garantida por força da interpretação constitucional do Código Civil. Em razão do teor do enunciado doutrinário citado, o ex-marido da mãe da criança, o padrasto, que com ela criou laços afetivos, tem direito de visitas ou de convivência, sempre atendendo ao melhor interesse da criança e do adolescente. Também têm o direito de visitas ou convivência os irmãos do menor.

Frise-se que o Código Civil de 2002, em sua redação original, mudou o sistema anterior de guarda, uma vez que a culpa não mais influencia a determinação do cônjuge que a deterá, ao contrário do que constava do art. 10 da Lei do Divórcio, norma revogada tacitamente pela codificação privada, diante de incompatibilidade de tratamento. Assim, constata-se, de imediato, que não há qualquer impacto da Emenda do Divórcio sobre a guarda, eis que a culpa já não mais gerava qualquer consequência jurídica em relação a tal aspecto.

Buscando interpretar os arts. 1.583 e 1.584 do CC/2002, de acordo com sua redação original, foram aprovados outros enunciados doutrinários nas *Jornadas de Direito Civil* do Conselho da Justiça Federal e do Superior Tribunal de Justiça.

De início, preconiza o Enunciado n. 102 do CJF/STJ, aplicável ao art. 1.584, que "a expressão 'melhores condições' no exercício da guarda, na hipótese do art. 1.584, significa atender ao melhor interesse da criança", entendimento que está mantido, mesmo com a alteração dos arts. 1.583 e 1.584 em 2014.

Na *IV Jornada de Direito Civil*, em 2006, a questão da guarda voltou a ser debatida, surgindo o Enunciado n. 336 do CJF/STJ com a seguinte redação: "o parágrafo único do art. 1.584 aplica-se também aos filhos advindos de qualquer forma de família". Quando o enunciado doutrinário trata de qualquer forma de família, inclui a chamada *parentalidade socioafetiva*, tema abordado no presente capítulo desta obra. A situação de *parentalidade socioafetiva* se verifica, por exemplo, quando determinada pessoa aceita registrar o filho de terceiro como se biologicamente fosse seu (*adoção à brasileira*). Esse posicionamento doutrinário, por igual, deve ser tido como mantido no atual sistema, mesmo com as alterações pela Lei 13.058.

O Enunciado n. 334 do CJF/STJ, também da *IV Jornada*, dispõe que "a guarda de fato pode ser reputada como consolidada diante da estabilidade da convivência familiar entre a criança ou o adolescente e o terceiro guardião, desde que seja atendido o princípio do melhor interesse". Aplicando a ideia constante do enunciado doutrinário, colaciona-se julgado do Tribunal de Justiça de Minas Gerais:

> "Família. Menor. Convivência com a avó materna. Guarda de fato. Não devolução da criança após as férias escolares. Depoimento da infante. Validade. Mãe que trabalha na Capital. Liminar. Indeferimento. Manutenção. Mantém-se o indeferimento de liminar requerida pela mãe, em ação de busca e apreensão da filha menor em poder do pai e avô paterno, quando a criança declara sentir-se bem com os réus, não há notícia de maus-tratos e a pretensão da genitora é devolver-lhe ao convívio da avó materna" (TJMG, Agravo 1.0486.08.015720-0/0011, 1.ª Câmara Cível, Peçanha, Rel. Des. Alberto Vilas Boas, j. 02.09.2008, *DJEMG* 26.09.2008).

A expressão *melhores condições*, constante da redação originária do art. 1.584 do CC/2002, era tida como uma *cláusula geral*. E, para preenchê-la, os enunciados doutrinários citados propunham o atendimento do maior interesse da criança e do adolescente. Maria Helena Diniz, com base na doutrina francesa, sempre apontou três critérios, três referenciais de continuidade, que poderiam auxiliar o juiz na determinação da guarda, caso não tivesse sido possível um acordo entre os cônjuges:[136]

1.  *Continuum de afetividade:* o menor deve ficar com quem se sente melhor, sendo interessante ouvi-lo. Entendo que o menor pode ser ouvido a partir da idade de doze anos, aplicando-se, por analogia, a mesma regra da adoção (art. 28, § 2.º, do ECA, conforme a Lei 12.010/2009, que revogou o art. 1.621 do CC).

2.  *Continuum social:* o menor deve ficar onde se sente melhor, levando-se em conta o ambiente social, as pessoas que o cercam.

3.  *Continuum espacial:* deve ser preservado o espaço do menor, o "envoltório espacial de sua segurança", conforme ensina a Professora Titular da PUCSP.

Justamente por esses três critérios é que, geralmente, quem já exerce a guarda unilateral sempre teve maiores chances de mantê-la. Mas isso nem sempre ocorrerá, cabendo eventual ação judicial para dar nova regulamentação à guarda ou para buscar o menor contra quem não a exerce de forma satisfatória (*ação de busca e apreensão de menor*).

Com a edição da Lei 11.698, de 13 de junho de 2008, as redações dos arts. 1.583 e 1.584 do CC/2002 sofreram alterações relevantes. Alterações substanciais também ocorreram com a Lei 13.058/2014, merecendo ambas as modificações uma análise sincronizada.

De início, o art. 1.583, *caput*, passou a prenunciar, pela Lei 11.698/2008, que a guarda será unilateral ou compartilhada. Em suma, seguindo o clamor doutrinário, a lei passou a prever, expressamente, essa modalidade de guarda. Nos termos legais, a *guarda compartilhada* é entendida como aquela em que há a responsabilização conjunta e o exercício de direitos e deveres do pai e da mãe que não vivam sob o mesmo teto, concernentes ao poder familiar dos filhos comuns. O mesmo § 1.º do art. 1.583 define a *guarda unilateral* como sendo a atribuída a um só dos genitores ou a alguém que o substitua. Esses diplomas não sofreram qualquer alteração com a nova modificação legislativa, pela *Lei da Guarda Compartilhada Obrigatória* (Lei 13.058/2014).

Porém, determinava o § 2.º do art. 1.583 que a guarda unilateral seria atribuída ao genitor que revelasse as melhores condições para exercê-la, o que era repetição da anterior previsão do art. 1.584 do CC/2002. Todavia, o preceito foi além, ao estabelecer alguns

---

[136] DINIZ, Maria Helena. *Curso de direito civil brasileiro.* 19. ed. São Paulo: Saraiva, 2005. v. 7, p. 311.

CAP. 8 • DIREITO DE FAMÍLIA | **1503**

critérios objetivos para a fixação dessa modalidade de guarda, a saber: *a)* afeto nas relações com o genitor e com o grupo familiar; *b)* saúde e segurança; *c)* educação. Tais fatores estavam na linha dos parâmetros expostos por Maria Helena Diniz, na página anterior, o que demonstrava que a lei apenas confirmava o que antes era apontado pela doutrina nacional.

Com a *Lei da Guarda Compartilhada Obrigatória*, o dispositivo passou a estabelecer que "na guarda compartilhada, o tempo de convívio com os filhos deve ser dividido de forma equilibrada com a mãe e com o pai, sempre tendo em vista as condições fáticas e os interesses dos filhos". Em suma, nota-se que os critérios antes mencionados foram retirados, com a revogação dos três incisos do art. 1.583, § 2.º, da codificação privada.

Com o devido respeito ao pensamento contrário, entendo que a legislação traz dois principais problemas. De início, como *primeiro problema*, quando há menção a uma *custódia física dividida*, parece tratar de guarda alternada e não de guarda compartilhada, conforme classificação que ainda será exposta. Em complemento, os critérios que constavam da lei sem a alteração eram salutares, havendo um retrocesso na sua retirada, na minha opinião.

Seguindo no estudo do tema, prescrevia o § 3.º do art. 1.583, modificado pela Lei 11.698/2008, que a guarda unilateral obrigaria o pai ou a mãe que não a detivesse a supervisionar os interesses dos filhos (*direito de supervisão*). Implicitamente, havia previsão sobre o direito de visitas, comum a essa forma de guarda.

Com a Lei 13.058/2014 passou-se a estabelecer que "na guarda compartilhada, a cidade considerada base de moradia dos filhos será aquela que melhor atender aos interesses dos filhos". Mais uma vez a confusão entre guarda compartilhada e alternada fica clara, pois se reconhece a viabilidade de o filho residir em lares e cidades distintas, ao se considerar uma cidade como *base da moradia*.

O equívoco foi percebido pelo Professor José Fernando Simão, que participou da audiência pública no Senado Federal de debate do então Projeto de Lei 117/2013, que gerou a norma em estudo. Conforme artigo publicado ao final de 2014, pontua o jurista:

"Este dispositivo é absolutamente nefasto ao menor e ao adolescente. Preconiza ele a dupla residência do menor em contrariedade às orientações de todos os especialistas da área da psicanálise. Convívio com ambos os pais, algo saudável e necessário ao menor, não significa, como faz crer o dispositivo, que o menor passa a ter duas casas, dormindo às segundas e quartas na casa do pai e terças e quintas na casa da mãe. Essa orientação é de guarda alternada e não compartilhada. A criança sofre, nessa hipótese, o drama do duplo referencial criando desordem em sua vida. Não se pode imaginar que compartilhar a guarda significa que nas duas primeiras semanas do mês a criança dorme na casa paterna e nas duas últimas dorme na casa materna. Compartilhar a guarda significa exclusivamente que a criança terá convívio mais intenso com seu pai (que normalmente fica sem a guarda unilateral) e não apenas nas visitas ocorridas a cada 15 dias nos fins de semana. Assim, o pai deverá levar seu filho à escola durante a semana, poderá com ele almoçar ou jantar em dias específicos, poderá estar com ele em certas manhãs ou tardes para acompanhar seus deveres escolares. Note-se que há por traz da norma projetada uma grande confusão. Não é pelo fato de a guarda ser unilateral que as decisões referentes aos filhos passam a ser exclusivas daquele que detém a guarda. Decisão sobre escola em que estuda o filho, religião, tratamento médico entre outras já é sempre foi decisão conjunta, de ambos os pais, pois decorre do poder familiar. Não é a guarda compartilhada que resolve essa questão que, aliás, nenhuma relação tem com a posse física e companhia dos filhos".[137]

---

[137] SIMÃO, José Fernando. Guarda compartilhada obrigatória. Mito ou realidade? O que muda com a aprovação do PL 117/2013. Disponível em: <www.professorsimao.com.br>. Acesso em: 28 nov. 2014.

As conclusões do texto do jurista são as mesmas minhas, havendo muitas confusões práticas na interpretação da lei, no presente momento. Tentando resolver toda essa confusão causada pela lei emergente, para que seja aplicada a *verdadeira guarda compartilhada*, na *VII Jornada de Direito Civil*, realizada em 2015, foram aprovados enunciados doutrinários sobre o tema. O primeiro deles, de forma precisa e correta, estabelece que "a divisão, de forma equilibrada, do tempo de convívio dos filhos com a mãe e com o pai, imposta para a guarda compartilhada pelo § 2.º do art. 1.583 do Código Civil, não deve ser confundida com a imposição do tempo previsto pelo instituto da guarda alternada, pois esta não implica apenas a divisão do tempo de permanência dos filhos com os pais, mas também o exercício exclusivo da guarda pelo genitor que se encontra na companhia do filho" (Enunciado n. 604).

Ademais, entendeu-se naquele evento que a distribuição do tempo de convivência na guarda compartilhada deve atender precipuamente ao melhor interesse dos filhos, não devendo a divisão de forma equilibrada, a que alude o § 2.º do art. 1.583 do Código Civil, representar convivência livre ou, ao contrário, repartição de tempo matematicamente igualitário entre os pais (Enunciado n. 603 da *VII Jornada de Direito Civil*).

Em complemento, conforme outra ementa doutrinária, que igualmente visou afastar a confusão existente entre guarda compartilhada e a alternada, "o tempo de convívio com os filhos 'de forma equilibrada com a mãe e com o pai' deve ser entendido como divisão proporcional de tempo, da forma que cada genitor possa se ocupar dos cuidados pertinentes ao filho, em razão das peculiaridades da vida privada de cada um" (Enunciado n. 606). Por fim, aprovou-se proposta no sentido de que a guarda compartilhada não exclui a fixação do regime de convivência, com os mesmos fins de afastar a malfadada confusão com a guarda alternada (Enunciado n. 605).

Também a merecer destaque, na *IX Jornada de Direito Civil* aprovou-se o Enunciado n. 671, que analisa o art. 1.583, § 2.º, do Código Civil, prevendo que "a tenra idade da criança não impede a fixação de convivência equilibrada com ambos os pais". Como está em suas justificativas:

"A lei não faz menção ou restrição à idade da criança como limitador ao direito de convivência. Todavia, em fixação de convivência de bebês ou crianças de tenra idade, o que se vê é o estabelecimento de regimes restritíssimos, com a fixação de poucas horas mensais para o convívio. A situação é especificamente grave quanto à convivência fixada em favor dos pais homens, tendo em vista a questão sociológica enraizada que, equivocadamente, atribui apenas à mulher a capacidade para o cuidado. O bebê, que está começando a descobrir o mundo, tem condições psicoemocionais de criar laços de afinidade com seus familiares e demais pessoas que o cercam. É, portanto, na tenra idade que o petiz construirá os vínculos mais fortes e duradouros de sua vida. O tempo tem outra dimensão para as crianças pequenas. Cada dia perdido por um dos genitores é um momento de exploração, aprendizado e vinculação. O infante precisa de sua mãe e de seu pai para que seu desenvolvimento seja saudável".

A questão colocada pelo enunciado tem sido debatida em nossos Tribunais, o que foi intensificado nos últimos dois anos, sobretudo em virtude dos desafios decorrentes da pandemia para a convivência de pais e filhos. Em um primeiro aresto ilustrativo, o Tribunal Paulista ampliou a convivência do pai com filho de tenra idade no seguinte contexto fático:

"Mudança de contexto social e do quadro de saúde pública. Perícia psicológica e social determinada, mas ainda não realizada. Mais de 1 (um) ano sem contato físico entre pai e filho de tenra idade. Prejuízo ao vínculo afetivo e desenvolvimento psicológico da criança. Observância do melhor interesse do menor. Majoração das visitas presenciais para 1 vez por semana, aos sábados, por 6 horas" (TJSP, Agravo de Instrumento 2207243-45.2021.8.26.0000, Acórdão 15768665, São José dos Campos, 9.ª Câmara de Direito Privado, Rel. Des. Piva Rodrigues, j. 17.06.2022, *DJESP* 22.06.2022, p. 2265).

Também se tem entendido que a alteração no regime de guarda ou convivência em se tratando de criança de tenra idade somente se justifica em casos excepcionais, como se retira dos seguintes acórdãos:

"Agravo de instrumento. Ação de regulamentação de guarda e direito de visitas. Tutela provisória parcialmente deferida para fixar a guarda compartilhada com lar de referência materno e regulamentar o direito provisório de convivência do genitor. Insurgência do genitor. Pedido de fixação de guarda unilateral ou de inversão do lar de referência. Ausência de prova de situação de risco ou abuso ao infante na companhia materna. Art. 1.585, CC. Situação de fato. Criança de tenra idade (dois anos) sob os cuidados da genitora desde o nascimento. Modificação de situação fática somente em situações excepcionais de risco. Hipótese não configurada no caso. Inexistência de fatos que desabonem a conduta da genitora. Necessidade de prévia instrução probatória. Regime de convivência assegurado e ampliado por decisão ulterior. Recurso conhecido e desprovido" (TJPR, Recurso 0070590-49.2021.8.16.0000, Curitiba, 12.ª Câmara Cível, Rel. Des. Rosana Amara Girardi Fachin, j. 13.06.2022, *DJPR* 14.06.2022).

"Agravo de instrumento. Família. Ação de guarda, regulamentação de visitas e homologação de pensão alimentícia. Regulamentação de visitas paternas. Criança de tenra idade, em fase de aleitamento materno. Visitas sem pernoite. Cabimento. Manutenção da decisão. A fim de preservar a necessária convivência entre pai e filha, deve ser regularizada a visitação paterna, devendo ser mantida, nos termos em que fixada pelo juízo singular. Hipótese em que a convivência paterna foi estabelecida às terças e quintas-feiras, das 18h30min às 20h30, na residência da genitora, bem como aos sábados, das 16h às 18h, também na residência da genitora, não havendo motivos que ensejem a reanálise da questão, razão pela qual mantém-se a decisão, em seu inteiro teor. Ausentes elementos que evidenciem a ocorrência de risco ou maus-tratos à menor, devida a visitação do pai à filha, nos termos do pedido inicial, salientando-se que eventuais alterações, desde que devidamente comprovadas, em demonstrado prejuízo ao melhor interesse da criança, poderão ensejar a reanálise da questão. Inteligência do art. 1.589 do Código Civil. Precedentes do TJRS. Agravo de instrumento desprovido" (TJRS, Agravo de Instrumento 5112820-95.2022.8.21.7000, Uruguaiana, 7.ª Câmara Cível, Rel. Des. Carlos Eduardo Zietlow Duro, j. 08.06.2022, *DJERS* 08.06.2022).

Como se pode verificar, os arestos destacam a necessidade de se observar o princípio do melhor interesse da criança nas hipóteses descritas, podendo o enunciado trazer essa menção, como foi sugerido na plenária da *IX Jornada de Direito Civil*, mas não foi atendido. De todo modo, tal regramento deve sempre ser considerado, orientando a interpretação da ementa doutrinária e de outros temas relacionados à guarda de filhos.

Ainda no que diz respeito ao art. 1.583 do Código Civil, a Lei 13.058/2014 incluiu um § 5.º, enunciando que "a guarda unilateral obriga o pai ou a mãe que não a detenha a supervisionar os interesses dos filhos, e, para possibilitar tal supervisão, qualquer dos genitores sempre será parte legítima para solicitar informações e/ou prestação de contas, objetivas ou subjetivas, em assuntos ou situações que direta ou indiretamente afetem a

# 1506 | MANUAL DE DIREITO CIVIL • VOLUME ÚNICO – *Flávio Tartuce*

saúde física e psicológica e a educação de seus filhos". A menção à supervisão e à prestação de contas pode estar relacionada aos alimentos, tema que merece ser aqui aprofundado.

Esclareça-se, de imediato, que a fixação da guarda compartilhada (ou alternada) não gera, por si só, a extinção da obrigação alimentar em relação aos filhos, devendo a fixação dos alimentos sempre ser analisada de acordo com o binômio ou trinômio alimentar. O tema será retomado, mais à frente.

Em relação à ação de prestação de contas dos alimentos, vários julgados anteriores à norma entendiam por sua impossibilidade, por ilegitimidade ativa do alimentante e falta de interesse processual, entre outros argumentos (por todos: STJ, AgRg no REsp 1.378.928/PR, 3.ª Turma, Rel. Min. Sidnei Beneti, j. 13.08.2013, *DJe* 06.09.2013; TJDF, Recurso 2013.01.1.033648-0, Acórdão 766.021, 4.ª Turma Cível, Rel. Des. Arnoldo Camanho de Assis, *DJDFTE* 12.03.2014, p. 280; TJMG, Apelação Cível 1.0518.13.016606-0/001, Rel. Des. Washington Ferreira, j. 19.08.2014, *DJEMG* 22.08.2014; TJMG, Apelação Cível 1.0643.11.000295-0/001, Rel. Des. Áurea Brasil, j. 10.07.2014, *DJEMG* 22.07.2014; TJPR, Apelação Cível 1204895-0, 12.ª Câmara Cível, Palmas, Rel. Juiz Conv. Luciano Carrasco Falavinha Souza, *DJPR* 12.09.2014, p. 330). Esse era o entendimento majoritário, que foi substancialmente alterado pela nova lei material de 2014.

Desse modo, passa a ser plenamente possível, afastando-se os argumentos processuais anteriores em contrário, a ação de prestação de contas de alimentos. A exigência da prestação deve ser analisada mais objetiva do que subjetivamente, deixando-se de lado pequenas diferenças de valores e excesso de detalhes em tal medida, o que poderia torná-la inviável ou até aumentar o conflito entre as partes.

A viabilidade dessa ação foi reconhecida em acórdão da Terceira Turma do Superior Tribunal de Justiça em 2020, que cita a minha posição doutrinária. Vejamos o teor da ementa desse precedente, que traz argumentos relevantes:

> "Processual civil e civil. Recurso especial. Recurso interposto sob a égide do NCPC. Ação de prestação de contas. Pensão alimentícia. Art. 1.583, § 5º, do CC/02. Negativa de prestação jurisdicional. Inocorrência. Viabilidade jurídica da ação de exigir contas. Interesse jurídico e adequação do meio processual presentes. Recurso especial parcialmente provido. (...). 3. O cerne da controvérsia gira em torno da viabilidade jurídica da ação de prestar (exigir) contas ajuizada pelo alimentante contra a guardiã do menor/alimentado para obtenção de informações acerca da destinação da pensão paga mensalmente. 4. O ingresso no ordenamento jurídico da Lei n.º 13.058/2014 incluiu a polêmica norma contida no § 5.º do art. 1.583 do CC/02, versando sobre a legitimidade do genitor não guardião para exigir informações e/ou prestação de contas contra a guardiã unilateral, devendo a questão ser analisada, com especial ênfase, à luz dos princípios da proteção integral da criança e do adolescente, da isonomia e, principalmente, da dignidade da pessoa humana, que são consagrados pela ordem constitucional vigente. 5. Na perspectiva do princípio da proteção integral e do melhor interesse da criança e do adolescente e do legítimo exercício da autoridade parental, em determinadas hipóteses, é juridicamente viável a ação de exigir contas ajuizada por genitor(a) alimentante contra a(o) guardiã(o) e representante legal de alimentado incapaz, na medida em que tal pretensão, no mínimo, indiretamente, está relacionada com a saúde física e também psicológica do menor, lembrando que a lei não traz palavras inúteis. 6. Como os alimentos prestados são imprescindíveis para própria sobrevivência do alimentado, que no caso tem seríssimos problemas de saúde, eles devem ao menos assegurar uma existência digna a quem os recebe. Assim, a função supervisora, por quaisquer dos detentores do poder familiar, em relação ao modo pelo qual a verba alimentar fornecida é empregada, além de ser um dever imposto pelo legislador, é um mecanismo que dá concretude ao princí-

pio do melhor interesse e da proteção integral da criança ou do adolescente. 7. O poder familiar que detêm os genitores em relação aos filhos menores, a teor do art. 1.632 do CC/02, não se desfaz com o término do vínculo matrimonial ou da união estável deles, permanecendo intacto o poder-dever do não guardião de defender os interesses superiores do menor incapaz, ressaltando que a base que o legitima é o princípio já destacado. 8. Em determinadas situações, não se pode negar ao alimentante não guardião o direito de averiguar se os valores que paga a título de pensão alimentícia estão sendo realmente dirigidos ao beneficiário e voltados ao pagamento de suas despesas e ao atendimento dos seus interesses básicos fundamentais, sob pena de se impedir o exercício pleno do poder familiar. 9. Não há apenas interesse jurídico, mas também o dever legal, por força do § 5º do art. 1.583 do CC/02, do genitor alimentante de acompanhar os gastos com o filho alimentado que não se encontra sob a sua guarda, fiscalizando o atendimento integral de suas necessidades materiais e imateriais essenciais ao seu desenvolvimento físico e também psicológico, aferindo o real destino do emprego da verba alimentar que paga mensalmente, pois ela é voltada para esse fim. 9.1. O que justifica o legítimo interesse processual em ação dessa natureza é só e exclusivamente a finalidade protetiva da criança ou do adolescente beneficiário dos alimentos, diante da sua possível malversação, e não o eventual acertamento de contas, perseguições ou picuinhas com a(o) guardiã(o), devendo ela ser dosada, ficando vedada a possibilidade de apuração de créditos ou preparação de revisional pois os alimentos são irrepetíveis. 10. Recurso especial parcialmente provido" (STJ, REsp 1.814.639/RS, 3.ª Turma, Rel. Min. Paulo de Tarso Sanseverino, Rel. p/ Acórdão Min. Moura Ribeiro, j. 26.05.2020, *DJe* 09.06.2020).

No ano de 2021, surgiu julgado da Quarta Turma do STJ, a demonstrar que a viabilidade da ação de prestação de contas de alimentos está consolidada na sua Segunda Seção. Consoante a sua ementa, "a Lei n. 13.058/2014, que incluiu o § 5.º ao art. 1.583 do CC, positivou a viabilidade da propositura da ação de prestação de contas pelo alimentante com o intuito de supervisionar a aplicação dos valores da pensão alimentícia em prol das necessidades dos filhos". E mais, seguindo o meu entendimento de que a referida demanda não pode aumentar o conflito entre os genitores, apontou o Ministro Luis Felipe Salomão o seguinte:

"Na ação de prestação de contas de alimentos, o objetivo veiculado não é apurar um saldo devedor a ensejar eventual execução – haja vista a irrepetibilidade dos valores pagos a esse título –, mas investigar se a aplicação dos recursos destinados ao menor é a que mais atende ao seu interesse, com vistas à tutela da proteção de seus interesses e patrimônio, podendo dar azo, caso comprovada a má administração dos recursos alimentares, à alteração da guarda, à suspensão ou até mesmo à exoneração do poder familiar. A ação de exigir contas propicia que os valores alimentares sejam melhor conduzidos, bem como previne intenções maliciosas de desvio dessas importâncias para finalidades totalmente alheias àquelas da pessoa à qual devem ser destinadas, encartando também um caráter de educação do administrador para conduzir corretamente os negócios dos filhos menores, não se deixando o monopólio do poder de gerência desses valores nas mãos do ascendente guardião. O Juízo de piso exerce importante papel na condução da prestação de contas em sede de alimentos, pois, estando mais próximo das partes, pode proceder a um minucioso exame das condições peculiares do caso concreto, de forma a aferir a real pretensão de proteção dos interesses dos menores, repelindo o seu manejo como meio de imisão na vida alheia motivado pelo rancor afetivo que subjaz no íntimo do(a) alimentante" (STJ, REsp 1.911.030/PR, 4.ª Turma, Rel. Min. Luis Felipe Salomão, j. 1.º.06.2021, *DJe* 31.08.2021).

Em complemento, essa ação deve ser analisada diante do impacto trazido pelo CPC/2015. Isso porque os arts. 914 a 919 do CPC/1973 tratavam do rito especial da ação de prestação de contas, tanto em relação àquele que teria o direito de exigi-las quanto para o obrigado a prestá-las. No CPC/2015 o procedimento especial foi mantido somente no que concerne a quem tem o direito de exigi-las, nos termos dos seus arts. 550 a 553 (ação de exigir contas). Para aqueles que são obrigados à sua prestação, a ação deve seguir o procedimento comum, e não mais o especial.

Feitas tais considerações, e seguindo no estudo do tema da guarda, o *caput* do art. 1.584 do CC/2002, sem qualquer alteração legislativa em 2014, estabelece que a guarda, unilateral ou compartilhada, poderá ser efetivada por dois meios:

I) Requerida, por consenso, pelo pai e pela mãe, ou por qualquer deles, em ação autônoma de separação, de divórcio, de dissolução de união estável ou em medida cautelar. Essa primeira opção envolve o pleno acordo dos genitores a respeito da matéria. Quanto à menção à ação de separação, essa deve ser vista com ressalvas, diante de sua retirada do sistema pela Emenda do Divórcio, conforme antes desenvolvido e mesmo com a emergência do CPC/2015. Entendo ser perfeitamente possível cumular o pedido de divórcio com a regulamentação da guarda dos filhos.

II) Decretada pelo juiz, em atenção a necessidades específicas do filho, ou em razão da distribuição de tempo necessário ao convívio deste com o pai e com a mãe. No tocante a esse segundo meio, trata-se da guarda imposta pelo juiz na ação correspondente.

Na audiência de conciliação da ação em que se pleiteia a guarda, o juiz informará ao pai e à mãe o significado da guarda compartilhada, a sua importância, a similitude de deveres e direitos atribuídos aos genitores e as sanções pelo descumprimento de suas cláusulas (art. 1.584, § 1.º, do CC). Também não houve qualquer modificação em tal diploma.

Porém, estabelecia o § 2.º da norma que quando não houvesse acordo entre a mãe e o pai quanto à guarda do filho, seria aplicada, sempre que possível, a guarda compartilhada. Constata-se, portanto, que esta passou a ser a *prioridade*, diante da emergência da Lei 11.698/2008.

A Lei 13.058/2014 alterou o último comando, dispondo nessa primeira modificação que, "quando não houver acordo entre a mãe e o pai quanto à guarda do filho, encontrando-se ambos os genitores aptos a exercer o poder familiar, será aplicada a guarda compartilhada, salvo se um dos genitores declarar ao magistrado que não deseja a guarda do menor". Por essa norma é que a guarda compartilhada passou a ser *obrigatória* ou *compulsória*, o que justifica a nomenclatura dada neste livro a essa lei. A obrigatoriedade restou clara pelo fato de que o afastamento da guarda compartilhada – ou alternada – deve ser motivado, cabendo ao juiz da causa analisar a questão sempre sob a perspectiva do princípio do maior interesse da criança ou do adolescente. Esse é o *segundo grande problema* do último diploma.

Conforme era exposto nas edições anteriores desta obra, apesar da expressa previsão legal anterior de prioridade, dos esforços interdisciplinares contidos no outrora citado enunciado doutrinário e no entendimento jurisprudencial, acreditava-se na existência de certos entraves para a efetivação da guarda compartilhada. Isso porque, para que seja possível a concreção dessa modalidade de guarda, acredito ser necessária certa harmonia entre os cônjuges, uma convivência pacífica mínima, pois, caso contrário, será totalmente inviável a sua efetivação, inclusive pela existência de prejuízos à formação do filho, pelo *clima de guerra* existente entre os genitores. Nesse sentido já entendia o Tribunal de Justiça Gaúcho, antes mesmo da alteração legislativa de 2008:

CAP. 8 • DIREITO DE FAMÍLIA | **1509**

"Guarda compartilhada. Caso em que há divergência entre as partes quanto à guarda. A guarda compartilhada pressupõe harmonia e convivência pacífica entre os genitores" (TJRS, Processo 70008775827, 12.08.2004, 8.ª Câmara Cível, Porto Alegre, Rel. Juiz Rui Portanova).

De datas mais próximas, vejamos dois outros acórdãos estaduais, que trazem a mesma conclusão, pela necessidade de existência de uma convivência pacífica mínima:

"Agravo de instrumento. Dissolução de união estável litigiosa. Pedido de guarda compartilhada. Descabimento. Ausência de condições para decretação. A guarda compartilhada está prevista nos arts. 1.583 e 1.584 do Código Civil, com a redação dada pela Lei 11.698/2008, não podendo ser impositiva na ausência de condições cabalmente demonstradas nos autos sobre sua conveniência em prol dos interesses do menor. Exige harmonia entre o casal, mesmo na separação, condições favoráveis de atenção e apoio na formação da criança e, sobremaneira, real disposição dos pais em compartilhar a guarda como medida eficaz e necessária à formação do filho, com vista a sua adaptação à separação dos pais, com o mínimo de prejuízos ao filho. Ausente tal demonstração nos autos, inviável sua decretação pelo Juízo. Agravo de instrumento desprovido" (TJRS, Agravo de Instrumento 70025244955, 7.ª Câmara Cível, Camaquã, Rel. Des. André Luiz Planella Villarinho, j. 24.09.2008, *DOERS* 1.º.10.2008, p. 44).

"Guarda compartilhada. Adolescente. Situação familiar não propícia ao implemento da medida. Deferimento de guarda única à avó paterna. Direito de visitação da genitora. O melhor interesse da criança ou do adolescente prepondera na decisão sobre a guarda, independentemente dos eventuais direitos daqueles que requerem a guarda. O implemento da guarda compartilhada requer um ambiente familiar harmonioso e a convivência pacífica entre as partes que pretendem compartilhar a guarda do menor. O conjunto probatório dos autos revela que, lamentavelmente, não há qualquer comunicação, contato e muito menos consenso entre a autora (avó) e a ré (mãe) necessários ao estabelecimento da guarda compartilhada. Assim sendo, há que se instituir no caso concreto a tradicional modalidade da guarda única em favor da autora, legitimando-se a situação de fato. Também merece reparo o regime de visitação imposto na r. sentença, o qual passará a ser em fins de semana alternados e somente aos domingos, de 8 às 20 horas ou em qualquer outro dia da semana e horário que for acordado entre mãe e filho, medida necessária para que o adolescente restabeleça seu vínculo com a mãe até que atinja a maioridade civil. Precedente citado: TJRS, 70001021534/RS, Rel. Des. Maria Berenice Dias, j. 02.03.2005" (TJRJ, Acórdão 2007.001.35726, Capital, Rel. Des. Roberto de Souza Cortes, j. 27.11.2007, *DORJ* 14.02.2008, p. 312).

De toda sorte, cumpre destacar julgados anteriores do Superior Tribunal de Justiça, segundo os quais a guarda compartilhada pode ser imposta pelo magistrado, mesmo não havendo o consenso entre os genitores. Vejamos duas dessas ementas, que parecem confundir a guarda compartilhada com a alterada, como se retira dos seus conteúdos:

"Civil e processual civil. Recurso especial. Direito civil e processual civil. Família. Guarda compartilhada. Consenso. Necessidade. Alternância de residência do menor. Possibilidade. 1. A guarda compartilhada busca a plena proteção do melhor interesse dos filhos, pois reflete, com muito mais acuidade, a realidade da organização social atual que caminha para o fim das rígidas divisões de papéis sociais definidas pelo gênero dos pais. 2. A guarda compartilhada é o ideal a ser buscado no exercício do poder familiar entre pais separados, mesmo que demandem deles reestruturações, concessões e adequações diversas, para que seus filhos possam usufruir, durante sua formação, do ideal psicológico de duplo referencial. 3. Apesar de a separação ou do

**1510** | MANUAL DE DIREITO CIVIL • VOLUME ÚNICO – *Flávio Tartuce*

divórcio usualmente coincidirem com o ápice do distanciamento do antigo casal e com a maior evidenciação das diferenças existentes, o melhor interesse do menor, ainda assim, dita a aplicação da guarda compartilhada como regra, mesmo na hipótese de ausência de consenso. 4. A inviabilidade da guarda compartilhada, por ausência de consenso, faria prevalecer o exercício de uma potestade inexistente por um dos pais. E diz-se inexistente, porque contrária ao escopo do poder familiar que existe para a proteção da prole. 5. A imposição judicial das atribuições de cada um dos pais, e o período de convivência da criança sob guarda compartilhada, quando não houver consenso, é medida extrema, porém necessária à implementação dessa nova visão, para que não se faça do texto legal, letra morta. 6. A guarda compartilhada deve ser tida como regra, e a custódia física conjunta – sempre que possível – como sua efetiva expressão. 7. Recurso especial provido" (STJ, REsp 1.428.596, 3.ª Turma, Rel. Min. Nancy Andrighi, j. 03.06.2014).

"Guarda compartilhada. Alternância. Residência. Menor. A guarda compartilhada (art. 1.583, § 1.º, do CC/2002) busca a proteção plena do interesse dos filhos, sendo o ideal buscado no exercício do poder familiar entre pais separados, mesmo que demandem deles reestruturações, concessões e adequações diversas, para que seus filhos possam usufruir, durante sua formação, do ideal psicológico do duplo referencial. Mesmo na ausência de consenso do antigo casal, o melhor interesse do menor dita a aplicação da guarda compartilhada. Se assim não fosse, a ausência de consenso, que poderia inviabilizar a guarda compartilhada, faria prevalecer o exercício de uma potestade inexistente por um dos pais. E diz-se inexistente porque contraria a finalidade do poder familiar, que existe para proteção da prole. A drástica fórmula de imposição judicial das atribuições de cada um dos pais e do período de convivência da criança sob a guarda compartilhada, quando não houver consenso, é medida extrema, porém necessária à implementação dessa nova visão, para que não se faça do texto legal letra morta. A custódia física conjunta é o ideal buscado na fixação da guarda compartilhada porque sua implementação quebra a monoparentalidade na criação dos filhos, fato corriqueiro na guarda unilateral, que é substituída pela implementação de condições propícias à continuidade da existência das fontes bifrontais de exercício do poder familiar. A guarda compartilhada com o exercício conjunto da custódia física é processo integrativo, que dá à criança a possibilidade de conviver com ambos os pais, ao mesmo tempo em que preconiza a interação deles no processo de criação" (STJ, REsp 1.251.000/MG, Rel. Min. Nancy Andrighi, j. 23.08.2011, publicação no seu *Informativo* n. *481*).

Essas premissas foram reforçadas em aresto mais próximo da Corte e com mesma relatoria, pronunciada na vigência da nova lei. Como consta da sua ementa, foi ali fixada a controvérsia de se dizer em que hipóteses a guarda compartilhada poderá deixar de ser implementada, à luz da nova redação do art. 1.584 do Código Civil. Na sua dicção, "a nova redação do art. 1.584 do Código Civil irradia, com força vinculante, a peremptoriedade da guarda compartilhada. O termo 'será' não deixa margem a debates periféricos, fixando a presunção – *jure tantum* – de que, se houver interesse na guarda compartilhada por um dos ascendentes, será esse o sistema eleito, salvo se um dos genitores [ascendentes] declarar ao magistrado que não deseja a guarda do menor (art. 1.584, § 2.º, *in fine*, do CC). A guarda compartilhada somente deixará de ser aplicada, quando houver inaptidão de um dos ascendentes para o exercício do poder familiar, fato que deverá ser declarado prévia ou incidentalmente à ação de guarda, por meio de decisão judicial, no sentido da suspensão ou da perda do Poder Familiar" (STJ, REsp 1.629.994/RJ, 3.ª Turma, Rel. Min. Nancy Andrighi, j. 06.12.2016, *DJe* 15.12.2016).

No mesmo ano, contudo, surgiu outro *decisum* do Superior Tribunal de Justiça, mais flexível, na minha leitura. Conforme a nova decisão, a inexistência de consenso entre os cônjuges não impede a guarda compartilhada. Porém, "essa regra cede quando os desentendimentos dos pais ultrapassarem o mero dissenso, podendo resvalar, em razão da imaturidade de ambos e da atenção aos próprios interesses antes dos do menor, em prejuízo de sua formação e saudável desenvolvimento (art. 1.586 do CC/2002). Tratando o direito de família de aspectos que envolvem sentimentos profundos e muitas vezes desarmoniosos, deve-se cuidar da aplicação das teses ao caso concreto, pois não pode haver solução estanque já que as questões demandam flexibilidade e adequação à hipótese concreta apresentada para solução judicial" (STJ, REsp 1.417.868/MG, 3.ª Turma, Rel. Min. João Otávio de Noronha, j. 10.05.2016, *DJe* 10.06.2016).

Com o devido respeito, já criticava eu aquelas últimas decisões nos casos em que não há a citada harmonia mínima entre os guardiões, pois o compartilhamento em casos tais pode aumentar os conflitos e gerar situações de maiores prejuízos ao filho, inclusive em decorrência de alienações parentais praticadas por ambos os guardiões. O último aresto reconhece tal situação, representando um grande avanço na jurisprudência superior.

Por isso é que a mediação e a orientação psicológica são instrumentos fundamentais, devendo sempre entrar em cena para a aproximação dos genitores, ex-cônjuges ou ex-companheiros. Esclareça-se, na linha do exposto por Fernanda Tartuce, que a medição não visa pura e simplesmente ao acordo, mas sim a atingir os interesses e as necessidades das partes envolvidas, estimulando a aproximação e o diálogo entre as partes.[138] Em tais aspectos a mediação diferencia-se da conciliação, o que foi adotado pelo Código de Processo Civil de 2015.

Infelizmente, a Lei 13.058/2014 confirmou aquela anterior forma de julgar, *impositiva*, e acredito que somente trouxe mais problemas do que soluções, desde a sua entrada em vigor. Por outra via, José Fernando Simão sempre defendeu que, mesmo com a modificação legislativa, não haveria a citada obrigatoriedade, na linha do que foi reconhecido no último julgado aqui transcrito, do ano de 2016, e em muitos outros que se seguiram. Para o jurista, "no caso da guarda compartilhada, em situações de grande litigiosidade dos pais, assistiremos às seguintes decisões: 'em que pese a determinação do Código Civil de que a guarda deverá ser compartilhada, no caso concreto, a guarda que atende ao melhor interesse da criança é a unilateral e, portanto, fica afastada a regra do CC que cede diante do princípio constitucional'. A lei não é, por si, a solução do problema como parecem preconizar os defensores do PL 117/2003. A mudança real é que o Magistrado, a partir da nova redação de lei, precisará invocar o preceito constitucional para não segui-la. Nada mais".[139] Reafirme-se que essa parece ser a posição seguida pelo STJ no julgamento do Recurso Especial 1.417.868/MG, em 2016, e em muitos julgados. Assim, a *profecia* de José Fernando Simão acabou se concretizando nesse tema, como tem ocorrido em muitas situações.

Anote-se que alguns julgados estaduais, prolatados em 2015 e sob a égide da nova lei, já seguiam essa forma de pensar o Direito de Família, afastando a imposição da guarda compartilhada. Vejamos duas ementas:

"Agravo de instrumento. Ação de reversão da guarda. Tutela antecipada. Guarda compartilhada. Descabimento. Para a instituição da guarda compartilhada mostra-se necessária a existência de consenso entre os genitores. Ausência de elementos probatórios a justificar alteração na guarda. Agravo de instrumento desprovido" (TJRS,

---

[138] TARTUCE, Fernanda. *Processo civil aplicado ao direito de família*. São Paulo: Método, 2012. p. 29.

[139] SIMÃO, José Fernando. Guarda compartilhada obrigatória. Mito ou realidade? O que muda com a aprovação do PL 117/2013. Disponível em: <www.professorsimao.com.br>. Acesso em: 28 nov. 2014.

Agravo de Instrumento 0029847-18.2015.8.21.7000, 7.ª Câmara Cível, Porto Alegre, Rel. Des. Jorge Luís Dall'Agnol, j. 27.05.2015, *DJERS* 05.06.2015).

"Ação de guarda. Juízo da origem que concede a guarda da infante ao autor e fixa direito de visitas à ré. Insurgência da requerida. Genitora que entrega a infante ao pai de forma provisória para evitar maiores conflitos, até a audiência em processo de alimentos, sem desistir da guarda. Pai que não promove a devolução da criança e propõe a ação de guarda alegando que a mãe entregou-lhe a menina para constituir nova família. Ausência de provas das alegações do genitor. Estudo social que demonstra que ambos os genitores possuem condições de criar a filha e sugere a guarda compartilhada. Modalidade que é inviável na hipótese, diante da ausência de convergência de ideias entre os genitores. Elementos nos autos que demonstram a ausência de motivo para que o encargo de guardiã fosse retirado da mãe. Sentença reformada para conceder a guarda da menor à demandada, fixar direito de visitas ao réu e determinar que este promova o pagamento da pensão alimentícia já estipulada em ação própria, cuja sentença transitou em julgado. Sucumbência mantida conforme arbitrada na origem, dada a reciprocidade de êxito das partes, considerando a pluralidade de ações julgadas conjuntamente pelo togado *a quo*. Exigibilidade dessa verba suspensa quanto a ambas as partes, já que beneficiárias da gratuidade processual. Recurso conhecido e provido" (TJSC, Apelação Cível 2014.069447-7, 5.ª Câmara de Direito Civil, Gaspar, Rel. Des. Rosane Portella Wolff, j. 23.04.2015, *DJSC* 28.05.2015, p. 266).

Todavia, cabe esclarecer que existem outros acórdãos estaduais, igualmente prolatados na vigência da novel legislação, que trazem julgamento em contrário, pela obrigatoriedade da guarda compartilhada, seguindo a tendência anterior do STJ aqui demonstrada, ora confirmada pelo aresto mais recente, de 2016 (REsp 1.629.994/RJ). Assim: "considerando que o estudo social realizado na instrução constatou que ambos os genitores são aptos ao exercício da guarda, viável o estabelecimento de seu compartilhamento (objeto da reconvenção), arranjo que atende ao disposto no art. 1.584, § 2.º, do CC (nova redação dada pela Lei n.º 13.058/2014) e que se apresenta mais adequado à superação do litígio e ao atendimento dos superiores interesses do infante. A ausência de consenso entre os pais não pode servir, por si apenas, para obstar o compartilhamento da guarda, que, diante da alteração legislativa e em atenção aos superiores interesses dos filhos, deve ser tido como regra. Precedente do STJ" (TJRS, Apelação Cível 0103297-91.2015.8.21.7000, 8.ª Câmara Cível, Porto Alegre, Rel. Des. Ricardo Moreira Lins Pastl, j. 21.05.2015, *DJERS* 28.05.2015). Ou, ainda, a merecer destaque:

"O princípio constitucional do melhor interesse da criança surgiu com a primazia da dignidade humana perante todos os institutos jurídicos e em face da valorização da pessoa humana em seus mais diversos ambientes, inclusive no núcleo familiar. Fixada a guarda, esta somente deve ser alterada quando houver motivo suficiente que imponha tal medida, tendo em vista a relevância dos interesses envolvidos. Na guarda compartilhada, pai e mãe participam efetivamente da educação e formação de seus filhos. Considerando que, no caso em apreço, ambos os genitores são aptos a administrar a guarda das filhas, e que a divisão de decisões e tarefas entre eles possibilitará um melhor aporte de estrutura para a criação da criança, impõe-se como melhor solução não o deferimento de guarda unilateral, mas da guarda compartilhada" (TJMG, Apelação Cível 1.0647.13.002668-3/002, Rel. Des. Darcio Lopardi Mendes, j. 19.03.2015, *DJEMG* 25.03.2015).

Eis uma questão que ainda precisa ser pacificada nos próximos anos, com urgência, especialmente pela Segunda Seção do Superior Tribunal de Justiça. Assim, a Corte terá que dizer, de forma definitiva e sem hesitações, se a guarda compartilhada é peremptória, obrigatória, ou não. Reafirme-se, nesse contexto, a minha posição doutrinária, pela necessidade de uma convivência mínima entre os genitores, para que a guarda compartilhada seja efetivada.

Outro aspecto divergente na prática diz respeito à obrigatoriedade da guarda compartilhada quando os genitores residem em cidades distintas, ou em lares distantes. Mais uma vez com o intuito de afastar uma indesejável imposição, que pode trazer mais prejuízos do que benefícios ao filho, entendo que esta forma de guarda não será viável juridicamente quando houver dificuldades geográficas relativas aos genitores. Entendo que há, no meio jurídico, certa confusão entre a guarda física – efetivamente exercida – e a autoridade parental (ou poder familiar), quando se dá a resposta positiva nessas situações, especialmente com o argumento de que as atuais tecnologias propiciam o exercício da guarda a distância.

Ora, a efetiva guarda traz um *recheio* muito mais complexo do que a autoridade parental (ou poder familiar), preenchido pela educação e pela orientação contínua, que demandam *tempo*, *dedicação* e *ampla responsabilidade* dos detentores da guarda. E, com o devido respeito, o correto preenchimento desse *trinômio* não pode ser exercido a distância, mesmo com o uso das tecnologias mais variadas. A contínua presença física ainda é insubstituível para os principais componentes da profunda formação de um filho.

Em complemento, defender a viabilidade da guarda compartilhada a distância parece conduzir, mais uma vez, à infeliz confusão com a guarda alterada, como antes exposto. Na linha dessas afirmações, parece perfeita tecnicamente a conclusão do seguinte julgado do Superior Tribunal de Justiça, prolatado no ano de 2016:

"As peculiaridades do caso concreto inviabilizam a implementação da guarda compartilhada, tais como a dificuldade geográfica e a realização do princípio do melhor interesse dos menores, que obstaculizam, a princípio, sua efetivação. Às partes é concedida a possibilidade de demonstrar a existência de impedimento insuperável ao exercício da guarda compartilhada, como por exemplo, limites geográficos. Precedentes" (STJ, REsp 1.605.477/RS, 3.ª Turma, Rel. Min. Ricardo Villas Bôas Cueva, j. 21.06.2016, *DJe* 27.06.2016).

Essa posição também não é pacífica na Corte, devendo ser resolvida na sua Segunda Seção. Em aresto do ano de 2021, entendeu-se o seguinte e de forma contrária ao último acórdão:

"Imperioso concluir que a guarda compartilhada não demanda custódia física conjunta, tampouco tempo de convívio igualitário, sendo certo, ademais, que, dada sua flexibilidade, esta modalidade de guarda comporta as fórmulas mais diversas para sua implementação concreta, notadamente para o regime de convivência ou de visitas, a serem fixadas pelo juiz ou por acordo entre as partes em atenção às circunstâncias fáticas de cada família individualmente considerada. Portanto, não existe qualquer óbice à fixação da guarda compartilhada na hipótese em que os genitores residem em cidades, estados, ou, até mesmo, países diferentes, máxime tendo em vista que, com o avanço tecnológico, é plenamente possível que, à distância, os pais compartilhem a responsabilidade sobre a prole, participando ativamente das decisões acerca da vida dos filhos" (STJ, REsp 1.878.041/SP, 3.ª Turma, Rel. Min. Nancy Andrighi, por unanimidade, j. 25.05.2021, *DJe* 31.05.2021).

Reitero que fico com o entendimento anterior, com o devido respeito. De toda sorte, o panorama jurisprudencial demonstra que as alterações de 2014 somente instituíram o caos e a desordem no tema da guarda de filhos.

Atualizando a obra, em meio a esse verdadeiro *caos jurisprudencial* a respeito da efetivação da guarda compartilhada (ou alternada), em 2023, o art. 1.584, § 2.º, do Código Civil foi novamente alterado, por força da Lei 14.713, tratando do afastamento da guarda compartilhada em havendo potencial risco de violência doméstica. Em certa medida, confirmou-se a afirmação de que a guarda compartilhada não é mesmo obrigatória. Nos termos do novo comando, ora em vigor, "quando não houver acordo entre a mãe e o pai quanto à guarda do filho, encontrando-se ambos os genitores aptos a exercer o poder familiar, será aplicada a guarda compartilhada, salvo se um dos genitores declarar ao magistrado que não deseja a guarda da criança ou do adolescente ou quando houver elementos que evidenciem a probabilidade de risco de violência doméstica ou familiar".

No que diz respeito aos procedimentos, foi incluído um art. 699-A ao Código de Processo Civil, prevendo que nas ações de guarda, antes de iniciada a audiência de mediação e conciliação, o juiz indagará às partes e ao Ministério Público se há risco de violência doméstica ou familiar, fixando o prazo de cinco dias para a apresentação de prova ou de indícios pertinentes.

Em certa medida, as alterações legislativas confirmam parte do entendimento jurisprudencial, afastando-se a premissa de ser a guarda compartilhada obrigatória. A título de exemplo, analisando a questão e confirmando a fixação de guarda unilateral, do Superior Tribunal de Justiça, destaco:

> "(...). É direito da criança e do adolescente desenvolver-se em um ambiente familiar saudável e de respeito mútuo de todos os seus integrantes. A não observância desse direito, em tese, a coloca em risco, se não físico, psicológico, apto a comprometer, sensivelmente, seu desenvolvimento. Eventual exposição da criança à situação de violência doméstica perpetrada pelo pai contra a mãe é circunstância de suma importância que deve, necessariamente, ser levada em consideração para nortear as decisões que digam respeito aos interesses desse infante. No contexto de violência doméstica contra a mulher, é o juízo da correlata Vara Especializada que detém, inarredavelmente, os melhores subsídios cognitivos para preservar e garantir os prevalentes interesses da criança, em meio à relação conflituosa de seus pais. Na espécie, a pretensão da genitora de retornar ao seu país de origem, com o filho – que pressupõe suprimento judicial da autorização paterna e a concessão de guarda unilateral à genitora, segundo o Juízo *a quo* – deu-se em plena vigência de medida protetiva de urgência destinada a neutralizar a situação de violência a que a demandante encontrava-se submetida" (STJ, REsp 1.550.166/DF, 3.ª Turma, Rel. Min. Marco Aurélio Bellizze, j. 21.11.2017, *DJe* 18.12.2017).

De todo modo, penso que a expressão "probabilidade de risco de violência doméstica ou familiar" deve ser analisada com cautela pelo julgador. Isso porque o Direito Civil não fixou com clareza, até o presente momento e para os fins de vários institutos privados, a definição de risco. Muito maior será, portanto, o desafio em se dizer o que é a "probabilidade de risco" no âmbito do Direito de Família, cláusula geral que demandará tempo e esforço para ser devidamente preenchida pelos magistrados, de acordo com as circunstâncias do caso concreto. Portanto, já vislumbro grandes desafios para a aplicação do novo comando.

De todo modo, podem servir de apoio nesse preenchimento dois enunciados doutrinários do IBDFAM, aprovados no seu *XIV Congresso Brasileiro*, em outubro de 2023, poucos dias antes da entrada em vigor da nova lei.

O primeiro deles é o Enunciado n. 47, segundo o qual, "constatada a ocorrência de violência doméstica, a decisão que fixar o regime de convivência entre os pais e seus filhos deve considerar o impacto sobre a segurança, bem-estar e desenvolvimento saudável das

CAP. 8 • DIREITO DE FAMÍLIA | **1515**

crianças e adolescentes envolvidos, sopesando o risco de exposição destes a novas formas de violência". A ementa doutrinária traz parâmetros interessantes, que devem ser levados em conta pelo julgador para o eventual afastamento da guarda compartilhada.

Além dele, destaco o Enunciado n. 50 do IBDFAM, segundo o qual "a restrição ou limitação à convivência paterna ou materna em razão da violência doméstica contra a criança ou adolescente não deve ser indiscriminadamente extensiva aos demais familiares vinculados ao agressor, respeitado sempre o superior interesse e vontade da criança ou adolescente". De fato, penso que a "probabilidade de risco de violência doméstica ou familiar", pelo menos em regra, não pode dizer respeito a familiares dos pais, genitores ou detentores da guarda.

Atualizada a obra, e seguindo no estudo do tema, conforme o § 3.º do art. 1.584 do CC, modificado pela Lei 11.698/2008, para estabelecer as atribuições do pai e da mãe e os períodos de convivência sob guarda compartilhada, o juiz, de ofício ou a requerimento do Ministério Público, poder basear-se em orientação técnico-profissional ou de equipe interdisciplinar. A norma menciona a utilização da mediação familiar para o incremento da guarda compartilhada, mecanismo que foi incentivado pelo Código de Processo Civil de 2015, em vários de seus preceitos.

Sobre o tema, o Enunciado n. 335 do CJF/STJ, da *IV Jornada de Direito Civil*, já estabelecia que a guarda compartilhada era prioritária, devendo "ser estimulada, utilizando--se, sempre que possível, da mediação e da orientação de equipe interdisciplinar". Pela Lei 13.058/2014 foi incluída uma pequena alteração, passando a constar do final do diploma a locução "que deverá visar à divisão equilibrada do tempo com o pai e com a mãe". Mais uma vez, há claro equívoco em se confundir a guarda compartilhada com a alternada, com o uso do termo *divisão*.

Reafirme-se, contudo, que a mediação e a orientação psicológica são fundamentais para que essa guarda seja bem compreendida pelos pais e possa resultar em efetivos be-nefícios para crianças e adolescentes. Tratando indiretamente do tema, vejamos julgado do Superior Tribunal de Justiça, prolatado na vigência da alteração do art. 1.584 do CC pela Lei 11.698/2008:

"Embargos de declaração em agravo no agravo. Guarda de menor. Pedido de suprimento de omissões. Alegação de que, no acórdão embargado, tomou-se como verdadeiro o fato de que há ação penal em curso contra o pai da criança, desconsiderando-se o fato de que houve trancamento dessa ação. Solicitação para que, na definição da guarda do menor, seja levada em consideração a possibilidade de estabelecimento de guarda compartilhada. Omissões inexistentes. Embargos rejeitados. A circunstância de existir, contra o pai do menor, ação penal em curso, foi expressamente tratada como irrelevante para a definição da guarda do menor disputado, dadas as pecu-liaridades da espécie. Se ocorreu o trancamento dessa ação, portanto, esse fato não tem repercussão no julgado. O objeto do recurso julgado nesta sede era restabelecer a guarda do menor em favor da mãe, por isso esse foi o alcance do acórdão. Nada impede, todavia, que o juízo de 1.º grau, com base nos elementos do processo e valendo-se, conforme o caso, das orientações técnico-profissionais de que trata o art. 1.584, § 3.º, do CC/2002, determine, fundamentadamente, a guarda compartilhada da criança, se essa for, segundo o seu critério, a medida que melhor tutele os interesses do menor. Tal decisão estaria sujeita a controle pelos meios de impugnação previstos no CPC. Embargos de declaração rejeitados" (STJ, EDcl-AgRg-Ag 1.121.907/SP, 3.ª Turma, Rel. Min. Fátima Nancy Andrighi, j. 19.05.2009, *DJe* 03.06.2009).

A alteração não autorizada ou o descumprimento imotivado de cláusula de guarda, unilateral ou compartilhada, pode implicar a redução de prerrogativas atribuídas ao seu detentor (art. 1.584, § 4.º, do CC). A Lei 13.058/2014 excluiu a locação "inclusive quanto ao número de horas de convivência com o filho", o que poderia prejudicar o compartilhamento ou divisão da guarda.

Se o juiz verificar que o filho não deve permanecer sob a guarda do pai ou da mãe, deferirá a guarda à pessoa que revele compatibilidade com a natureza da medida, considerados, de preferência, o grau de parentesco e as relações de afinidade e afetividade (art. 1.584, § 5.º, do CC). Assim, a guarda pode ser atribuída aos avós, aos tios ou até a um companheiro homoafetivo do genitor, o que não foi alterado pela norma do final de 2014.

Entretanto, como novidade na Norma Geral Privada, foi incluída no Código Civil uma penalidade no caso de não prestação de informações por entidades públicas e privadas a qualquer dos genitores. De acordo com o novel art. 1.584, § 6.º, do CC, "qualquer estabelecimento público ou privado é obrigado a prestar informações a qualquer dos genitores sobre os filhos destes, sob pena de multa de R$ 200,00 (duzentos reais) a R$ 500,00 (quinhentos reais) por dia pelo não atendimento da solicitação". Imagine-se, por exemplo, o caso de uma escola que não quer prestar informações sobre o processo educativo do aluno a um dos pais, estando sujeita às citadas multas, o que me parece salutar, em uma primeira análise. Condena-se a menção dos valores em reais, sem qualquer índice de atualização, o que pode gerar a sua contínua desvalorização no tempo. Melhor seria se o comando tivesse utilizado como parâmetro o salário mínimo, como por vezes é comum na legislação brasileira.

Para esclarecer as mudanças da legislação e o tratamento da matéria, especialmente as críticas formuladas à chamada *Lei da Guarda Compartilhada (ou Alternada) Obrigatória*, necessária se faz uma explicação didática quanto às formas de guarda preconizadas pela doutrina e admitidas pela jurisprudência. Nesse contexto, podem ser apontadas quatro modalidades de guarda na esfera do poder familiar:

- *Guarda unilateral:* uma pessoa tem a guarda enquanto a outra tem, a seu favor, a regulamentação de visitas. Essa sempre foi a forma mais comum de guarda, trazendo o inconveniente de privar o menor da convivência contínua de um dos genitores. Em razão desse inconveniente é que se operaram as mudanças legislativas aqui exposta.

- *Guarda alternada:* o filho permanece um tempo com o pai e um tempo com a mãe, pernoitando certos dias da semana com o pai e outros com a mãe. A título de exemplo, o filho permanece de segunda a quarta-feira com o pai e de quinta-feira a domingo com a mãe. Essa forma de guarda não é recomendável, eis que pode trazer confusões psicológicas à criança. Com tom didático, pode-se dizer que essa é a *guarda pingue-pongue*, pois a criança permanece com cada um dos genitores por períodos interruptos. Alguns a denominam como a *guarda do mochileiro*, pois o filho sempre deve arrumar a sua mala ou mochila para ir à outra casa. Entendo que é altamente inconveniente, pois a criança perde seu referencial, eis que recebe tratamentos diferentes quando na casa paterna e na materna. Por isso, reafirme-se às críticas à nova *Lei da Guarda Compartilhada Obrigatória*, que parece confundir a guarda compartilhada com a presente modalidade. De toda sorte, há quem entenda que é possível a sua instituição em casos excepcionais, o que está na linha da tentativa de modificação das normas sobre a matéria. Nessa linha, enunciado aprovado na *V Jornada de Direito Civil*, nos seguintes termos: "A Lei n. 11.698/2008, que deu nova redação aos arts. 1.583 e 1.584, do Código Civil, não se restringe à guarda unilateral e à guarda compartilhada, podendo ser adotada aquela mais adequada à situação do filho,

CAP. 8 • DIREITO DE FAMÍLIA | **1517**

em atendimento ao princípio do melhor interesse da criança e do adolescente. A regra se aplica a qualquer modelo de família (atualizados os Enunciados n. 101 e 336, em razão de mudança legislativa, agora abrangidos por este Enunciado)" (Enunciado n. 518 do CJF/STJ).

– *Guarda compartilhada* ou *guarda conjunta:* hipótese em que pai e mãe dividem as atribuições relacionadas ao filho, que irá conviver com ambos, sendo essa sua grande vantagem. Ilustrando, o filho tem apenas um lar, convivendo sempre que possível com os seus pais, que estão sempre presentes na vida cotidiana do filho. Essa forma de guarda é a mais recomendável, e, exatamente por isso, quanto ao art. 1.583 do CC/2002 em sua redação original, que tratava da determinação da guarda por acordo entre os cônjuges, previa o Enunciado n. 101 CJF/STJ que essa guarda poderia ser tanto a unilateral quanto a compartilhada, desde que atendido o maior interesse da criança (*best interest of the child*). Frise-se que foi tal entendimento doutrinário que motivou a alteração legislativa em 2008, passando a guarda compartilhada a ser a prioridade. Com o devido respeito a quem pensa de forma contrária, a Lei 13.058/2014 parece não tratar de guarda compartilhada, ao reconhecer a possibilidade de dupla residência para o filho, utilizando também o termo *divisão equilibrada*. Assim, fica uma questão para reflexão: *seria uma lei sobre guarda compartilhada obrigatória ou uma lei sobre guarda alternada obrigatória?*

– *Guarda da nidação ou aninhamento:* conforme explicam Pablo Stolze Gagliano e Rodolfo Pamplona Filho, trata-se de modalidade comum em países europeus, presente quando os filhos permanecem no mesmo domicílio em que vivia o casal dissolvido, revezando os pais em sua companhia.[140] A expressão aninhamento tem relação com a figura do *ninho*, qual seja, o local de residência dos filhos. Além da falta de previsão legal, tal forma de guarda encontra resistências econômicas, eis que os pais manterão, além do *ninho*, as suas residências próprias.

Feitas tais considerações sobre a estrutura da guarda, em termos de dever de prestar alimentos, afirma Maria Berenice Dias que a guarda compartilhada não impede sua fixação, até porque nem sempre os genitores gozam das mesmas condições econômicas. Muitas vezes não há alternância da guarda física do filho e a não cooperação do outro pode onerar sobremaneira o genitor guardião.[141] No mesmo sentido, cite-se enunciado aprovado na *VII Jornada de Direito Civil*, de 2015, que sintetiza a posição majoritária da doutrina brasileira, *in verbis:* "a guarda compartilhada não implica ausência de pagamento de pensão alimentícia" (Enunciado n. 607).

Ademais, o que se compartilha em regra é a convivência e não as despesas com a manutenção dos filhos. Em suma, prevalece a fixação de acordo com o *binômio* ou *trinômio alimentar*, tese que permanece com a vigência da Lei 13.058/2014, não se podendo admitir julgados que adotam caminho diverso. Nessa linha de pensamento, transcreve-se ementa do Tribunal de Justiça de Minas Gerais:

> "Apelação cível. Ação de divórcio consensual. Alimentos para os filhos. Guarda compartilhada. Redução. A guarda compartilhada não exclui o pagamento de pensão

---

[140] GAGLIANO, Pablo Stolze; PAMPLONA FILHO, Rodolfo. *Novo curso de direito civil*. 2. ed. São Paulo: Saraiva, 2012. p. 609.

[141] DIAS, Maria Berenice. *Manual de direito das famílias. 4. ed.* Porto Alegre: Livraria do Advogado, 2007. p. 397.

# 1518 | MANUAL DE DIREITO CIVIL • VOLUME ÚNICO – *Flávio Tartuce*

alimentícia, pois o que se compartilha é apenas a responsabilidade pela formação, saúde, educação e bem-estar dos filhos, e não a posse dos mesmos. Não atendido o binômio necessidade. Possibilidade que trata o § 1.º do art. 1.694 do CCB/02, devem ser alterados os alimentos fixados em primeiro grau, cabendo a sua redução, quando o alimentante demonstrar a impossibilidade de prestá-los. Recurso conhecido e provido" (TJMG, Apelação Cível 1.0358.07.014534-9/0011, Jequitinhonha, 3.ª Câm. Cív., Rel. Des. Albergaria Costa, j. 20.08.2009, *DJEMG* 02.10.2009).

Seguindo, o art. 1.585 do Código Civil também foi alterado pela Lei 13.058/2014. Originalmente, previa o comando a aplicação dos arts. 1.583 e 1.584 para a guarda fixada em sede de cautelar de separação de corpos do casal. Agora a nova redação do comando é a seguinte: "em sede de medida cautelar de separação de corpos, em sede de medida cautelar de guarda ou em outra sede de fixação liminar de guarda, a decisão sobre guarda de filhos, mesmo que provisória, será proferida preferencialmente após a oitiva de ambas as partes perante o juiz, salvo se a proteção aos interesses dos filhos exigir a concessão de liminar sem a oitiva da outra parte, aplicando-se as disposições do art. 1.584". Em suma, ampliava-se o mesmo tratamento para outras cautelares possíveis na prática familiarista, recomendando-se a oitiva dos genitores, inclusive para que seja viável a guarda compartilhada (ou alternada).

Todavia, cumpre esclarecer, mais uma vez, que as cautelares específicas foram extintas pelo Código de Processo Civil de 2015. Assim, será necessário situar tais procedimentos entre as medidas de tutela provisória em sentido amplo, entre os arts. 300 a 311 do CPC/2015. Somente a prática e o tempo poderão demonstrar qual será o correto enquadramento no futuro.

Em casos excepcionais, havendo *motivos graves*, poderá o juiz, em qualquer caso, visando também esse melhor interesse, regular de maneira diferente as regras outrora analisadas (art. 1.586 do CC/2002). Todas essas normas devem ser aplicadas aos casos de invalidade do casamento, ou seja, de casamento inexistente, nulo e anulável (art. 1.587 do CC/2002). Aqui, nesses dois últimos comandos, não há qualquer mudança pela Lei 13.058/2015.

Se o pai ou a mãe contrair novas núpcias, não perderá o direito de ter consigo os filhos, que só lhe poderão ser retirados por mandado judicial, provado que não são tratados convenientemente (art. 1.588 do CC/2002). Como se constata, deve sempre prevalecer o melhor interesse do menor, nos termos do Enunciado n. 337 do CJF/STJ, também da *IV Jornada de Direito Civil*: "o fato de o pai ou a mãe constituírem nova união não repercute no direito de terem os filhos do leito anterior em sua companhia, salvo quando houver comprometimento da sadia formação e do integral desenvolvimento da personalidade destes". Também não houve qualquer mudança em tal dispositivo por leis anteriores ao Código Civil de 2002.

Determina o art. 1.589, *caput*, da atual codificação material, também sem alterações desde o seu surgimento, que o pai ou a mãe, em cuja guarda não estejam os filhos, poderá visitá-los e tê-los em sua companhia, segundo o que acordar com o outro cônjuge, ou for fixado pelo juiz, bem como fiscalizar sua manutenção e educação. Para ilustrar, trazendo aplicação do dispositivo a respeito da regulamentação de visitas a favor do pai, transcreve-se:

> "Regulamentação de direito de visitas. Preponderância dos interesses da criança. Convivência com o pai que é necessária para seu bom desenvolvimento psicológico e emocional. Direito natural do pai consagrado no art. 1.589 do Código Civil de 2002. Visita fora da casa materna, aos domingos, das 9 às 19 horas, que é razoável e se mostra benéfica à formação afetiva da criança. Inexistência de motivo concreto para restrição, devendo a autora adaptar sua rotina e da criança para que esta última

CAP. 8 • DIREITO DE FAMÍLIA | **1519**

possa estar na companhia do pai. Jurisprudência dominante neste TJSP e no STJ. Decisão parcialmente reformada. Recurso provido em parte" (TJSP, Apelação Cível 669.353.4/4, Acórdão 4220130, 4.ª Câmara de Direito Privado, Franca, Rel. Des. Maia da Cunha, j. 26.11.2009, *DJESP* 18.12.2009).

Em complemento, anote-se que a jurisprudência superior, seguindo a doutrina majoritária de Rolf Madaleno e Maria Berenice Dias, entende que a incidência de multa diária ou *astreintes* é juridicamente possível quando o genitor detentor da guarda da criança descumpre acordo homologado judicialmente sobre o regime de visitas. Conforme o aresto, em trecho que merece destaque:

"O direito de visitação tem por finalidade manter o relacionamento da filha com o genitor não guardião, que também compõe o seu núcleo familiar, interrompido pela separação judicial ou por outro motivo, tratando-se de uma manifestação do direito fundamental de convivência familiar garantido pela Constituição Federal. A cláusula geral do melhor interesse da criança e do adolescente, decorrente do princípio da dignidade da pessoa humana, recomenda que o Poder Judiciário cumpra o dever de protegê-las, valendo-se dos mecanismos processuais existentes, de modo a garantir e facilitar a convivência da filha com o visitante nos dias e na forma previamente ajustadas, e coibir a guardiã de criar obstáculos para o cumprimento do acordo firmado com a chancela judicial. (...). A aplicação das *astreintes* em hipótese de descumprimento do regime de visitas por parte do genitor, detentor da guarda da criança, se mostra um instrumento eficiente, e, também, menos drástico para o bom desenvolvimento da personalidade da criança, que merece proteção integral e sem limitações. Prevalência do direito de toda criança à convivência familiar" (STJ, REsp 1.481.531/SP, 3.ª Turma, Rel. Min. Moura Ribeiro, j. 16.02.2017, *DJe* 07.03.2017).

A Lei 12.398/2011 introduziu expressamente no art. 1.589 do CC/2002 o direito de visitas a favor dos avós, observado o princípio do melhor interesse da criança e do adolescente. Consigne-se que a jurisprudência já admitia tal direito, não havendo grande novidade na alteração legislativa (por todos: TJRS, AI 70035611953, 7.ª Câm., Rel. Des. André Luiz Planella Villarinho, j. 11.08.2010, *DJERS* 19.08.2010; e TJSP, AI 572.373.4/3, 3.ª Câm. Dir. Priv., Rel. Des. Beretta da Silveira, j. 28.04.2009, *DJESP* 19.06.2009). Na verdade, o que se espera é que o direito de visitas seja estendido a outras hipóteses, como no caso de padrastos e madrastas.

Da *IV Jornada de Direito Civil*, o último e importante enunciado a respeito da guarda de filhos é o de número 338, a saber: "a cláusula de não tratamento conveniente para a perda da guarda dirige-se a todos os que integrem, de modo direto ou reflexo, as novas relações familiares". De acordo com o teor do enunciado doutrinário, qualquer pessoa que detenha a guarda do menor, seja ela pai, mãe, avó, parente consanguíneo ou socioafetivo, poderá perdê-la ao não dar tratamento conveniente ao incapaz. O enunciado, com razão, estende a toda e qualquer pessoa os deveres de exercício da guarda de acordo com o maior interesse da criança e do adolescente. Tal premissa doutrinária deve ser plenamente mantida com a emergência da Lei 13.058/2014.

As disposições relativas à guarda e prestação de alimentos aos filhos menores estendem-se aos maiores incapazes, conforme determina o art. 1.590 do CC/2002, também sem alteração recente. Assim, a título de exemplo, a hipótese de fixação de guarda de um filho maior, que foi interditado relativamente por ser um ébrio habitual ou viciado em tóxicos.

Vale lembrar, a propósito, que a Lei 13.146/2015 – conhecida como Estatuto da Pessoa com Deficiência – alterou substancialmente a teoria das incapacidades, modifican-

# 1520 | MANUAL DE DIREITO CIVIL • VOLUME ÚNICO – *Flávio Tartuce*

do de forma substancial os arts. 3.º e 4.º do Código Civil. Na nova realidade legislativa brasileira não existem maiores que sejam absolutamente incapazes. Esclareça-se que a Lei 13.058/2014 também alterou o art. 1.634 do Código Civil, a ser abordado mais à frente, na presente obra.

Como outro assunto a ser analisado a respeito do tema da convivência familiar, sabe-se que um dos grandes desafios surgidos com a pandemia da Covid-19 diz respeito à guarda de filhos e ao exercício do direito de convivência em tempos de isolamento e distanciamento social. Muitos dilemas surgiram nos últimos tempos, chegando-se alguns juristas até a defender a guarda alternada nesse período.

Tentando amenizar os problemas práticos, fizemos sugestão de dispositivo legal, em conjunto com os Professores José Fernando Simão e Maurício Bunazar ao então Projeto de Lei 1.179, que originou a Lei 14.010/2020 e que criou um Regime Jurídico Emergencial Transitório em matéria de Direito Privado – RJET. A sugestão foi acatada pelo Senador Rodrigo Pacheco e debatida na sua tramitação inicial, no Senado Federal. O seu texto era o seguinte: "o regime de guarda e de visitas de menores fixado anteriormente à pandemia fica mantido, salvo se, comprovadamente, qualquer dos genitores for submetido a isolamento ou houver situação excepcional que não atenda ao melhor interesse do menor. Parágrafo único. Em relação aos pais e avós idosos, as visitas serão exercidas por meios virtuais".

A projeção visava a manter o sistema de guarda anterior, justificando-se a sua alteração apenas em casos excepcionais, devidamente justificados. Também almejava a proteção das pessoas idosas, pais e avós, mais suscetíveis a terem a doença em estado mais grave. A conservação da guarda anterior visava a afastar uma indesejada judicialização, o que infelizmente acabou ocorrendo, até porque se têm percebido muitas discrepâncias nas opiniões dos juristas, o que repercute nos julgados.

De todo modo, destaco que no *XIII Congresso Brasileiro* do IBDFAM, em outubro de 2021, e finalmente, a nossa proposta acabou por ser aprovada como ementa doutrinária, com o seguinte texto: "em tempos de pandemia, o regime de convivência que já tenha sido fixado em decisão judicial ou acordo deve ser mantido, salvo se, comprovadamente, qualquer dos pais for submetido a isolamento ou houver situação excepcional que não atenda ao melhor interesse da criança ou adolescente" (Enunciado n. 41).

Acrescento que nesse evento também se aprovou o Enunciado n. 38 do IBDFAM, também com grande relevo para as questões relativas à guarda e à convivência em tempos pandêmicos, prevendo que "a interação pela via digital, ainda que por videoconferência, sempre que possível, deve ser utilizada de forma complementar à convivência familiar, e não substitutiva".

Analisando alguns dos acórdãos que surgiram em meio à pandemia, verificou-se, de início, julgados que justamente afastaram a alteração do sistema de guarda ou de visitas anterior, pela ausência de motivos plausíveis para tanto, na linha da nossa proposta legislativa que acabou não sendo adotada. Assim concluindo, a ilustrar:

> "Agravo de instrumento. Guarda. Indeferimento de tutela de urgência (suspensão provisória das visitas paternas, com substituição por videochamadas, enquanto durar a pandemia da Covid-19). Não há nenhuma conduta concreta do agravado que demonstre negligência em relação às medidas de proteção estabelecidas pelo Governo Estadual. Ele é um pai responsável e não colocará a saúde do filho em risco. Há indício de que a agravante busca satisfação de interesse pessoal, não o melhor interesse da criança. Confirma-se decisão. Nega-se provimento ao recurso" (TJSP, Agravo de Instrumento 2062572-60.2020.8.26.0000, Acórdão13799730, 7.ª Câmara

de Direito Privado, São Bernardo do Campo, Rel. Des. Mary Grün, j. 28.07.2020, *DJESP* 31.07.2020, p. 2.799).

"Direito civil. Direito de família. Agravo de instrumento. Alegação de descumprimento de decisão judicial. Fundamentos não convincentes. Modificação das circunstâncias. Alteração da guarda compartilhada. Concessão de guarda unilateral ao genitor. Decisão mantida. 1. Segundo o ordenamento jurídico pátrio, a guarda deve observar o melhor interesse da criança. A alteração da guarda deve ocorrer se verificado que os genitores não se ajustam à modalidade compartilhada. 2. Em que pese a suspensão das visitas deferida em outro agravo de instrumento tenha se mostrado em um primeiro momento adequada segundo os argumentos apresentados pela genitora, as possibilidades de contágio da Covid-19 decorrentes do contato com o pai foram posteriormente afastadas. A alteração da guarda da filha por outros motivos que não o risco de contágio não constitui descumprimento deliberado e injustificado da decisão. 3. Agravo de Instrumento conhecido, mas não provido. Unânime" (TJDF, Recurso 07105.83-36.2020.8.07.0000, Acórdão 127.6060, 3.ª Turma Cível. Rel. Des. Fátima Rafael, j. 19.08.2020, *PJe* 31.08.2020).

De todo modo, existem acórdãos que ressaltam a necessidade de proteger os filhos em tempos de restrito isolamento social. Do Tribunal de Justiça de São Paulo, em decisão que afastou a concessão de tutela de urgência para a retida de filho em meio à pandemia: "Laços que podem ser cativados de formas alternativas, diante da situação excepcional vivenciada a nível mundial. Ausência dos elementos autorizadores para a concessão da tutela de urgência. Decisão mantida. Recurso não provido" (TJSP, Agravo de Instrumento 2209517-16.2020.8.26.0000, Acórdão 14004089, 5.ª Câmara de Direito Privado, São Paulo, Rel. Des. Erickson Gavazza Marques, j. 28.09.2020, *DJESP* 1.º.10.2020, p. 1.569). Ou, ainda, na mesma linha, diante da situação peculiar da filha:

"Decisão que deferiu o pedido formulado pelo genitor no sentido de que fossem mantidas as visitas paternas durante a pandemia do covid-19. Menor acometida de cardiopatia congênita operada. Atestado médico determinando seguisse as orientações de isolamento social. O afastamento em nada prejudicará os laços de afeto entre o agravado e a filha, já que poderão ser cativados e conquistados a qualquer momento, bastando a boa vontade e o interesse ora demonstrados. Preponderância do direito à saúde da criança sobre aquele de convivência com seus pais. Precedente. Agravo de instrumento provido para determinar que a infante permaneça no lar materno até o final da quarentena adotada no estado de São Paulo, nos termos do Decreto nº 64.881, de 22 de março de 2020, complementado pelo Decreto nº 64.946, de 23 de abril do mesmo ano, permitido o contato remoto entre pai e filha através dos meios digitais disponíveis" (TJSP, Agravo de Instrumento 2068292-08.2020.8.26.0000, Acórdão 13833851, 8.ª Câmara de Direito Privado, São Paulo, Rel. Des. Theodureto Camargo, j. 06.08.2020, *DJESP* 14.08.2020, p. 3.192).

Porém, em sentido totalmente contrário, por se tratar de momento de maior flexibilização das medidas de isolamento no Estado, demonstrando como os fatos e as fases pandêmicas são determinantes para o julgamento da questão:

"Reconhecimento e dissolução de união estável. Insurgência contra a decisão que suspendeu o direito de convivência do menor com o genitor até o fim da quarentena imposta ao combate à covid-19, bem como indeferiu o pleito de modificação da guarda. Ausência de previsão do fim da pandemia. Estado de São Paulo, todavia, que se encontra em plano de flexibilização. Distanciamento social imposto que não pode cercear totalmente a convivência paterna, sob pena de comprometimento do desenvolvimento do menor. Referencial paterno assim como o materno é indispensável à formação da criança. Visitas paternas restabelecidas. Pretensa alteração da guarda do menor pelo fato de a genitora se tratar de profissional de saúde. Inadmissibilidade. Retirar o filho da companhia da mãe seria puni-la em momento no qual já realiza grande sacrifício. Agravada que, certamente, tomará as cautelas necessárias para não contrair a doença e proteger o filho do vírus. Agravo provido em parte" (TJSP, Agravo de Instrumento 2070499-77.2020.8.26.0000, Acórdão 13968760, 4.ª Câmara de Direito Privado, Rio Claro, Rel. Des. Natan Zelinschi de Arruda, j. 16.09.2020, *DJESP* 29.09.2020, p. 1.639).

Essa variação nos julgamentos enfatizou a necessidade anterior de uma norma emergencial sobre o tema, sem negar todas as polêmicas que sempre se fazem presentes a respeito da guarda de filhos, analisadas neste tópico.

Como outro aspecto importante, não se podem admitir alguns argumentos discriminatórios que foram feitos em relação aos profissionais da área da saúde, no sentido de que deveriam não ter mais o direito à guarda ou às visitas, pelo risco de transmitirem a Covid-19 aos seus filhos ou netos. Afastando tal alegação, somente a ilustrar: "constatado nos autos a inexistência de risco para a filha e avós maternos, porquanto o pai, médico, não cuida de pacientes infectados pelo coronavírus, não há justa razão para impedir as visitas à menor" (TJDF, Recurso 97-33.2020.8.07.0000, Acórdão 127.6074, 3.ª Turma Cível, Rel. Des. Fátima Rafael, j. 19.08.2020, *PJe* 1.º.09.2020).

Mesmo em se tratando de profissional que atendeu diretamente os pacientes da Covid-19, não se pode admitir pré-julgamentos definitivos, até porque estavam sendo discriminados profissionais que eram essenciais em tempos de pandemia. Ademais, por vezes, os médicos, enfermeiros e técnicos de enfermagem tomam até mais cuidados preventivos do que o restante da população. Todas essas experiências vividas devem ser guardadas para os eventuais momentos de crise pandêmica que podem vir a surgir no futuro.

Para encerrar a temática da guarda dos filhos, a respeito do atual Projeto de Reforma do Código Civil, os meus comentários doutrinários e as anotações jurisprudenciais aqui desenvolvidas demonstram que o tema é um dos assuntos mais divergentes e polêmicos da atualidade do Direito de Família, sendo imperiosa a alteração da legislação.

Porém, na Comissão de Juristas nomeada no âmbito do Senado Federal, não se chegou a um consenso mínimo sequer sobre o termo a ser utilizado em casos tais: se "guarda", "convivência", "convívio", "custódia", "autoridade" ou outros. Muitas foram as alterações feitas pela Relatoria-Geral ao texto inicial enviado pela Subcomissão de Direito de Família e, sucessivamente, muitas emendas foram formuladas pelos juristas que compuseram a Comissão, a demonstrar que o tema não estava ainda maduro para a aprovação e sugestão de qualquer uma das propostas então formuladas.

O assunto sequer foi debatido nas quatro audiências públicas anteriores realizadas, e a Comissão de Juristas também recebeu várias notas técnicas, de diversos coletivos e grupos, com posições conflitantes. Ficou claro que será preciso aguardar o destino que será dado, pelo Parlamento Brasileiro, à Lei da Alienação Parental (Lei 12.318/2010), ou seja, se ela será revogada, alterada ou mantida nos próximos anos.

A par desse panorama fático, formulei sugestão, que acabou sendo acatada pela maioria dos juristas, de que não fossem feitas propostas de alterações dos dispositivos relativos à temática, remetendo-se o debate para o âmbito do Congresso Nacional, com a participação de vários grupos de interesses e também da própria Comissão de Juristas, no futuro.

Cabe destacar que esse foi o único tema, de todos os propostos pelas subcomissões temáticas, que acabou por não ser analisado e debatido, com a elaboração de propostas, o

CAP. 8 • DIREITO DE FAMÍLIA | **1523**

que evidencia todas as suas dificuldades atuais, pela impossibilidade sequer de um consenso mínimo sobre a temática. De todo modo, não se pode negar que os dispositivos a respeito da matéria necessitam de reparos e melhoramentos urgentes.

### 8.3.8.2.7 Alimentos na dissolução do casamento e a Emenda do Divórcio

Como se sabe, o impacto da culpa em relação aos alimentos já era menor com o CC/2002 do que no sistema anterior da Lei do Divórcio. Isso porque, em regra, pelo sistema anterior, o cônjuge culpado pelo fim da relação não podia pleitear alimentos do inocente, eis que o inocente poderia pleitear do culpado, dentro do binômio *possibilidade/necessidade* (arts. 19 a 23 da Lei 6.515/1977).

No tocante ao cônjuge inocente, o sistema foi mantido, prevendo o art. 1.702 do CC que "na separação judicial litigiosa, sendo um dos cônjuges inocente e desprovido de recursos, prestar-lhe-á o outro a pensão alimentícia que o juiz fixar, obedecidos os critérios estabelecidos no art. 1.694".

A atual codificação material privada alterou significativamente o tratamento em relação ao cônjuge declarado culpado na separação judicial que, em regra não pode pleitear alimentos do inocente (art. 1.704, *caput*, do CC). Todavia, como exceção, o culpado tem direito aos alimentos indispensáveis à sobrevivência (denominados *alimentos necessários* ou *naturais*), conforme preceitua o art. 1.694, § 2.º, do CC. Isso, se não tiver parentes em condições de prestá-los, nem aptidão para o trabalho (art. 1.704, parágrafo único, do CC).

Com a emergência da *Emenda do Divórcio*, fica em dúvida a manutenção de tais dispositivos no sistema de Direito de Família brasileiro, podendo ser apontadas três correntes doutrinárias.

- A *primeira*, a que estão filiados Paulo Lôbo, Rodrigo da Cunha Pereira, Rolf Madaleno e Maria Berenice Dias, entre outros, sustenta que, diante da impossibilidade total de discussão de culpa no casamento, tais dispositivos estão totalmente revogados. Sendo assim, os alimentos devem ser fixados de acordo com o binômio *necessidade/possibilidade*, ou com o trinômio *necessidade/possibilidade/razoabilidade*.[142]

- A *segunda corrente* admite a discussão do conteúdo de tais comandos legais, mas apenas em ação autônoma de alimentos. Assim, não houve revogação das normas do Código Civil de 2002 citadas. Esse é o entendimento de José Fernando Simão, conforme obra anterior escrita com este autor.[143]

- Por fim, a *terceira corrente* argumenta pela possibilidade de discussão da culpa na ação de divórcio, podendo a questão de alimentos ser definida na própria demanda ou em ação autônoma, a critério dos cônjuges. Do mesmo modo da corrente anterior, não houve revogação dos dispositivos destacados. Essa é a minha posição doutrinária.

---

[142] LÔBO, Paulo. Divórcio: alteração constitucional e suas consequências. Disponível em: <http://www.ibdfam.org.br/?artigos&artigo=570>. Acesso em: 12 fev. 2010; PEREIRA, Rodrigo da Cunha. *Divórcio*. Teoria e Prática. Rio de Janeiro: GZ, 2010. p. 120; DIAS, Maria Berenice. *Manual de Direito das Famílias*. 6. ed. São Paulo: RT, 2010. p. 518-519.

[143] TARTUCE, Flávio; SIMÃO, José Fernando. *Direito Civil*. Direito de Família. 5. ed. São Paulo: Método, 2010. v. 5, Capítulo 7.

# 1524 | MANUAL DE DIREITO CIVIL • VOLUME ÚNICO – *Flávio Tartuce*

Percebe-se, portanto, o surgimento de mais uma questão polêmica relativa à *Emenda do Divórcio*, cujo debate pela civilística nacional tem sido incrementado, especialmente tendo em vista o Código de Processo Civil de 2015.

De todo modo, tem prevalecido na jurisprudência a primeira corrente, que afasta a influência da culpa quanto aos alimentos. Nessa esteira, por todos:

"O Superior Tribunal de Justiça perfilha o entendimento de que, no divórcio, a verificação do cônjuge culpado é irrelevante para a concessão de alimentos, mormente porque sobreleva, para o direito, *ab ovo*, o amparo às necessidades prementes do cônjuge hipossuficiente, em virtude do princípio da solidariedade familiar. Ademais, mesmo que se falasse em ausência de culpa do recorrente, por ter sido absolvido do crime de ameaça, o fato é que ele não imputa à recorrida qualquer culpa na dissolução do vínculo conjugal, e, mesmo que imputasse, não há qualquer reconhecimento de culpa pela Corte de origem. Então, se ambos não fossem considerados culpados, ainda assim persistiria o dever de prestar alimentos, em virtude da caracterização do estado de necessidade econômica de um dos ex-cônjuges" (STJ, REsp 1.720.337/PR, 4.ª Turma, Rel. Min. Luis Felipe Salomão, j. 15.05.2018, *DJe* 29.05.2018, p. 6.774).

Essa é a posição a ser levada em conta, para os devidos fins práticos, tida como majoritária.

Vale ressaltar que o atual Projeto de Reforma do Código Civil, elaborado pela Comissão de Juristas nomeada no âmbito do Senado Federal, pretende resolver mais essa polêmica, retirando de forma definitiva qualquer influência da culpa a respeito dos alimentos. No novo tópico relativo aos "alimentos devidos às famílias conjugais e convivenciais", o *caput do* art. 1.702 passará a prever que, em "caso de dissolução do casamento, da sociedade conjugal ou convivencial, sendo um dos cônjuges desprovido de recursos, prestar-lhe-á o outro a pensão alimentícia que o juiz fixar, obedecidos os critérios estabelecidos no art. 1.694". De todo modo, os alimentos serão fixados de forma transitória ou a termo entre os cônjuges e conviventes, nos termos do seu projetado parágrafo único, "verificando-se que o credor reúne aptidão para obter, por seu próprio esforço, renda suficiente para a sua mantença, poderá o juiz fixar a pensão alimentícia com termo final, observado o lapso temporal necessário e razoável para que ele promova a sua inserção, recolocação ou progressão no mercado de trabalho".

São revogados expressamente os seus arts. 1.703, 1.705, 1.706 e 1.707, com alguns dos seus temas deslocados para outros comandos. E, sem qualquer menção à culpa, assim como a nova redação do art. 1.694, o art. 1.704 da Lei Geral Privada, de forma bem objetiva, passará a prever o seguinte: "o fim da sociedade conjugal ou convivencial do devedor com o credor de alimentos extingue o dever alimentar".

Como se pode notar, mais uma vez, prestigia-se a estabilidade e a segurança das relações privadas, sanando-se dilema existente nos mais de vinte anos de vigência do atual Código Civil.

## 8.4 DA UNIÃO ESTÁVEL

### 8.4.1 Conceito de união estável e seus requisitos fundamentais. Diferenças entre união estável e concubinato

Qualquer estudo da união estável deve ter como ponto de partida a CF/1988, que reconhece a união estável entre o homem e a mulher como entidade familiar, prevendo que a lei deve facilitar a sua conversão em casamento. Duas conclusões fundamentais po-

CAP. 8 • DIREITO DE FAMÍLIA | **1525**

deriam ser retiradas do Texto Maior. A *primeira* é que a união estável não seria igual ao casamento, eis que categorias iguais não podem ser convertidas uma na outra. A *segunda* é que não há hierarquia entre casamento e união estável. São apenas entidades familiares diferentes, que contam com a proteção constitucional.[144]

Todavia, a afirmação de que a união estável não é igual ao casamento ficou enfraquecida, a partir do ano de 2017. Isso porque o Supremo Tribunal Federal decidiu, por maioria, que deve haver uma equiparação sucessória entre o casamento e a união estável, reconhecendo-se a inconstitucionalidade do art. 1.790 do Código Civil (STF, Recurso Extraordinário 878.694/MG, Rel. Min. Luís Roberto Barroso, publicado no seu *Informativo* n. *864*). Nos termos do voto do relator, "não é legítimo desequiparar, para fins sucessórios, os cônjuges e os companheiros, isto é, a família formada pelo casamento e a formada por união estável. Tal hierarquização entre entidades familiares é incompatível com a Constituição". A tese firmada foi a seguinte: "No sistema constitucional vigente, é inconstitucional a distinção de regimes sucessórios entre cônjuges e companheiros, devendo ser aplicado, em ambos os casos, o regime estabelecido no art. 1.829 do CC/2002".

Desse modo, para a prática familiarista, passa a ser firme a premissa de equiparação da união estável ao casamento, igualmente adotada pelo CPC vigente, como se verá a seguir. A minha posição é que a equiparação feita pelo STF nesse julgamento disse respeito apenas ao Direito das Sucessões. Assim, por exemplo, o companheiro deve ser tratado como herdeiro necessário, incluído na relação do art. 1.845 do Código Civil. Entretanto, ainda persistem diferenças entre as duas entidades familiares, especialmente no âmbito do Direito de Família, como no caso dos elementos para a sua caracterização e das regras de formalidade ou solenidade. Não me convence, portanto, a afirmação de que a equiparação feita pelo STF também inclui os devidos fins familiares, sendo total.

Ora, apesar de ser um entendimento louvável – retirado notadamente do voto do Ministro Barroso –, penso que devemos *dar tempo ao tempo*, como tem pontuado Giselda Hironaka em suas exposições sobre o assunto. A propósito, há corrente respeitável, encabeçada por Anderson Schreiber e Ana Luiza Nevares, no sentido de haver equiparação somente para os fins de *normas de solidariedade*, caso das regras sucessórias, de alimentos e de regime de bens. Quanto às *normas de formalidade*, como as relativas à existência formal da união estável e do casamento, aos requisitos para a ação de alteração do regime de bens do casamento (art. 1.639, § 2.º, do CC e art. 734 do CPC) e às exigências de outorga conjugal, a equiparação não deve ser total, pelo menos em regra.

Esta última posição parece-me correta, tendo sido adotada pelo Enunciado n. 641 da *VIII Jornada de Direito Civil*, promovida pelo Conselho da Justiça Federal em abril de 2018. Conforme o seu teor, "a decisão do Supremo Tribunal Federal que declarou a inconstitucionalidade do art. 1.790 do Código Civil não importa equiparação absoluta entre o casamento e a união estável. Estendem-se à união estável apenas as regras aplicáveis ao casamento que tenham por fundamento a solidariedade familiar. Por outro lado, é constitucional a distinção entre os regimes, quando baseada na solenidade do ato jurídico que funda o casamento, ausente na união estável".

De todo modo, como se verá neste tópico, o tratamento da união estável constante da Lei do SERP (Lei 14.382/2022) e da regulamentação do Conselho Nacional de Justiça de 2023 – por meio dos Provimentos n. 141 e n. 146, depois incorporados ao Código

---

[144] Nesse sentido: LÔBO, Paulo. *Famílias*. São Paulo: Saraiva, 2008. p. 151; SIMÃO, José Fernando. *Efeitos patrimoniais da união estável*. Direito de Família no Novo Milênio. Estudos em homenagem ao Professor Álvaro Villaça Azevedo. Chinellato, Simão, Fujita e Zucchi (Coords.). São Paulo: Atlas, 2010. p. 351.

Nacional de Normas (CNN) – passaram a consagrar um novo dimensionamento jurídico à união estável, com a possibilidade do seu registro no Livro E do Cartório de Registro das Pessoas Naturais (RCPN). Com esse registro, cria-se, no meu entender uma *união estável superqualificada*, equiparada ao casamento para todos os efeitos, inclusive com a incidência das regras de formalidade ou solenidade. O Projeto de Reforma do Código Civil, elaborado pela Comissão de Juristas, igualmente segue esse caminho.

Pois bem, o CC/2002 traz um capítulo próprio relativo à união estável, entre os seus arts. 1.723 a 1.727. Além disso, o art. 1.694 do CC consagra direito a alimentos aos companheiros; enquanto o polêmico art. 1.790 previa o direito sucessório do companheiro. O reconhecimento da inconstitucionalidade do último comando pelo STF será estudado no próximo capítulo desta obra.

O atual Código Civil incorporou substancialmente o que estava tratado pela Lei 8.971/1994 e principalmente pela Lei 9.278/1996. Consigne-se que tanto a última lei quanto o CC/2002 tiveram como mentor intelectual e acadêmico o Professor Álvaro Villaça Azevedo, que participou de seus processos de elaboração.[145]

Como o citado jurista também foi meu *mentor intelectual*, o trabalho de estudo ficará facilitado. Das duas leis foram incorporados os requisitos da união estável, os seus deveres, a proteção patrimonial, o direito a alimentos e os direitos sucessórios (os últimos totalmente remodelados). Dois aspectos não foram tratados pela atual codificação material. O *primeiro* é a competência da Vara da Família para apreciar as questões relativas à união estável, norma processual que continua em vigor (art. 9.º da Lei 9.278/1996). O *segundo* é o direito real de habitação sobre o imóvel do casal como direito sucessório do companheiro, que segundo o entendimento majoritário, ainda é vigente (art. 7.º, parágrafo único, da Lei 9.278/1996). O último direito também será tratado no próximo capítulo desta obra.

Partindo-se para o conceito de união estável, repetindo o art. 1.º da Lei 9.278/1996, enuncia o art. 1.723, *caput*, do CC/2002, que é reconhecida como entidade familiar a união estável entre o homem e a mulher, configurada na convivência pública (no sentido de notória), contínua e duradoura e estabelecida com o objetivo de constituição de família (*animus familae*). Repise-se que o conceito foi construído a partir da doutrina de Álvaro Villaça Azevedo.

Em tom didático, Pablo Stolze Gagliano e Rodolfo Pamplona Filho apresentam elementos caracterizadores essenciais e elementos caracterizadores acidentais para a união estável. Entre os primeiros estão a publicidade, a continuidade, a estabilidade e o objetivo de constituição de família. Como elementos acidentais, destacam o tempo, a prole e a coabitação.[146]

Como se pode notar, as expressões *pública, contínua, duradoura* e *objetivo de constituição de família* são abertas e genéricas, de acordo com o sistema adotado pela atual codificação privada, demandando análise caso a caso. Por isso, pode-se afirmar que há uma verdadeira *cláusula geral* na constituição da união estável. Sobre a sua configuração, devem ser observados os seguintes aspectos:

- A lei não exige prazo mínimo para a sua constituição, devendo ser analisadas as circunstâncias do caso concreto (nesse sentido: TJSP, Apelação com Revisão 570.520.5/4, Acórdão 3543935, 9.ª Câmara de Direito Público, São Paulo, Rel. Des. Rebouças de Carvalho, j. 04.03.2009, *DJESP* 30.04.2009).

---

[145] Sobre o tema, ver: AZEVEDO, Álvaro Villaça. *Estatuto da Família de Fato*. São Paulo: Atlas, 2005.

[146] GAGLIANO, Pablo Stolze; PAMPLONA FILHO, Rodolfo. *Novo Curso de Direito Civil*. Direito de Família. São Paulo: Saraiva 2011. v. 6, p. 429-436.

CAP. 8 • DIREITO DE FAMÍLIA | **1527**

- Não há exigência de prole comum (por todos: TJMG, Acórdão 1.0024.02.652700-2/001, 1.ª Câmara Cível, Belo Horizonte, Rel. Des. Eduardo Guimarães Andrade, j. 16.08.2005, *DJMG* 26.08.2005).

- Não se exige que os companheiros ou conviventes vivam sob o mesmo teto, o que consta da remota Súmula 382 do STF, que trata do concubinato e que era aplicada à união estável. A jurisprudência atual continua aplicando essa súmula (por todos: STJ, REsp 275.839/SP, 3.ª Turma, Rel. Min. Ari Pargendler, Rel. p/ Acórdão Min. Nancy Andrighi, j. 02.10.2008, *DJe* 23.10.2008). No mesmo sentido, estabelece a premissa 2, publicada na Edição 50 da ferramenta *Jurisprudência em Teses*, que "a coabitação não é elemento indispensável à caracterização da união estável".

- Não há qualquer requisito formal obrigatório para que a união estável reste configurada, como a necessidade de elaboração de uma escritura pública entre as partes ou de uma decisão judicial de reconhecimento. A propósito, em importante precedente, entendeu o Ministro Luís Roberto Barroso, do STF, que "não constitui requisito legal para concessão de pensão por morte à companheira que a união estável seja declarada judicialmente, mesmo que vigente formalmente o casamento, de modo que não é dado à Administração Pública negar o benefício com base neste fundamento. (...). Embora uma decisão judicial pudesse conferir maior segurança jurídica, não se deve obrigar alguém a ir ao Judiciário desnecessariamente, por mera conveniência administrativa. O companheiro já enfrenta uma série de obstáculos decorrentes da informalidade de sua situação. Se ao final a prova produzida é idônea, não há como deixar de reconhecer a união estável e os direitos daí decorrentes" (Supremo Tribunal Federal, julgamento do Mandado de Segurança 330.008, originário do Distrito Federal, em 3 de maio de 2016).

- Os impedimentos matrimoniais previstos no art. 1.521 do CC também impedem a caracterização da união estável, havendo, na hipótese, concubinato (art. 1.727 do CC). Porém, o CC/2002 passou a admitir que a pessoa casada, desde que separada de fato ou judicialmente constitua união estável. Enuncia o art. 1.723, § 1.º, do CC, que "a união estável não se constituirá se ocorrerem os impedimentos do art. 1.521; não se aplicando a incidência do inciso VI no caso de a pessoa casada se achar separada de fato ou judicialmente". A norma deveria ser atualizada para incluir o separado extrajudicialmente, nos termos da anterior Lei 11.441/2007. Todavia, diante da entrada em vigor da EC 66/2010, que retirou do sistema a separação jurídica, o panorama mudou. Para os novos relacionamentos apenas tem relevância a premissa de que o separado de fato pode constituir uma união estável. A menção ao separado judicialmente e a situação do separado extrajudicialmente têm pertinência apenas para os relacionamentos anteriores, existentes da vigência do Código Civil de 2002 até a *Emenda do Divórcio* (até 13.07.2010), argumento a ser mantido mesmo com a emergência do CPC/2015, como antes se expôs e tendo em vista o julgamento do STF em seu Tema 1.053, de repercussão geral. Ilustrando, se alguém, separado judicialmente ou extrajudicialmente, constituiu uma convivência com outrem desde o ano de 2008, tal relacionamento pode ser tido como união estável.

- Podem ser encontradas muitas decisões aplicando a novidade do art. 1.723, § 1.º, do CC, especialmente quanto ao separado de fato (ilustrando: TJRS, Acórdão 70035099621, 8.ª Câmara Cível, Santo Augusto, Rel. Des. Claudir Fidelis Facenda, j. 10.06.2010, *DJERS* 21.06.2010; TJMG, Apelação Cível 1.0003.01.001630-5/0011, 1.ª Câmara Cível, Abre Campo, Rel. Des. Eduardo Guimarães Andrade, j. 09.02.2010, *DJEMG* 12.03.2010; TJSP, Apelação 994.07.013946-0, Acórdão

**1528** | MANUAL DE DIREITO CIVIL • VOLUME ÚNICO – *Flávio Tartuce*

4266183, 1.ª Câmara de Direito Privado, Sorocaba, Rel. Des. Paulo Eduardo Razuk, j. 15.12.2009, *DJESP* 08.03.2010). Sobre o sentido da norma, vale destacar a premissa 5, publicada na Edição 50 da ferramenta *Jurisprudência em Teses* do STJ, com citação de precedentes superiores: "a existência de casamento válido não obsta o reconhecimento da união estável, desde que haja separação de fato ou judicial entre os casados".

- Ainda no que concerne à caracterização da união estável, determina o art. 1.723, § 2.º, do CC, que as causas suspensivas do casamento do art. 1.523 do CC não impedem a caracterização da união estável. Como decorrência lógica dessa premissa legal, as causas suspensivas do casamento não impõem o regime da separação obrigatória de bens à união estável. Na verdade, entendo doutrinariamente que, como o art. 1.641 do CC é norma restritiva da liberdade e da autonomia privada, não admite analogia para a união estável, aplicando-se apenas ao casamento. Essa parece ser a melhor conclusão, na esteira da mais abalizada doutrina.[147] Todavia, a jurisprudência do STJ tem entendido pela aplicação do art. 1.641 do CC à união estável diante da suposta equiparação da união estável ao casamento (por todos: STJ, REsp 1.090.722, 3.ª Turma, Rel. Min. Massami Ueda, j. 02.03.2010; e REsp 646.259/RS, 4.ª Turma, Rel. Min. Luis Felipe Salomão, j. 22.06.2010). Para a mesma jurisprudência superior, incidindo o art. 1.641 para os casos de união estável, também tem aplicação a Súmula 377 do STF, com a comunicação dos bens havidos durante o casamento. Porém, para o Tribunal da Cidadania, em casos de união estável, tal comunicação exige a prova do esforço comum, o que há tempos é aplicado pela Corte. Nessa linha, cite-se a posição firmada pela Segunda Seção da Corte (EREsp 1.171.820/PR, 2.ª Seção, Rel. Min. Raul Araújo, j. 26.08.2015, *DJe* 21.09.2015); bem como a premissa 6 da Edição 50 da ferramenta *Jurisprudência em Teses* do STJ: "na união estável de pessoa maior de setenta anos (art. 1.641, II, do CC/02), impõe-se o regime da separação obrigatória, sendo possível a partilha de bens adquiridos na constância da relação, desde que comprovado o esforço comum". Em 2022, foi editada a Súmula 655 da Corte, no mesmo sentido e com a seguinte redação: "aplica-se à união estável contraída por septuagenário o regime da separação obrigatória de bens, comunicando-se os adquiridos na constância, quando comprovado o esforço comum". Essa última forma de pensar o Direito de Família deve ser considerada como majoritária, para os devidos fins práticos. Como visto anteriormente, a mesma solução passou a ser adotada para o casamento, com a pacificação do tema no âmbito da Segunda Seção da Corte, no ano de 2018 (EREsp 1.623.858/MG, 2.ª Seção, Rel. Min. Lázaro Guimarães (Desembargador convocado do TRF 5.ª Região), j. 23.05.2018, *DJe* 30.05.2018). Assim, percorreu-se o caminho *da união estável para o casamento*, e não o contrário, como parecia ser a tendência. Importante ainda lembrar que, em 2024, o Supremo Tribunal Federal analisou a constitucionalidade ou não do art. 1.641, inc. II, do Código Civil, concluindo, em tese de repercussão geral que, "nos casamentos e uniões estáveis envolvendo pessoa maior de 70 anos, o regime de separação de bens previsto no art. 1.641, II, do Código Civil pode ser afastado

---

[147] Concluindo desse modo, com total razão: VELOSO, Zeno. *Direito hereditário do cônjuge e do companheiro*. São Paulo: Saraiva, 2010. p. 171; LÔBO, Paulo. *Famílias*. São Paulo: Saraiva, 2008. p. 161; SIMÃO, José Fernando. *Efeitos patrimoniais da união estável*. Direito de Família no Novo Milênio. Estudos em homenagem ao Professor Álvaro Villaça Azevedo. Chinellato, Simão, Fujita e Zucchi (Coords.). São Paulo: Atlas, 2010. p. 360; DIAS, Maria Berenice. *Manual de Direito das Famílias*. 5. ed. São Paulo: RT, p. 170.

por expressa manifestação de vontade das partes, mediante escritura pública" (Tema 1.236). Assim, para aqueles conviventes que têm condições econômicas para arcar com os valores das escrituras, será possível afastar a imposição do regime por exercício da autonomia privada. Repise-se, ainda, que, em boa hora, a Comissão de Juristas nomeada no âmbito do Senado Federal para a Reforma do Código Civil pretende retirar do sistema o regime da separação obrigatória de bens e também as causas suspensivas, revogando-se expressamente os arts. 1.523 e 1.641 da atual Lei Geral Privada, e *destravando* a vida das pessoas.

Em complemento de estudo, não se pode confundir a união estável com um namoro longo, tido como um *namoro qualificado*, em expressão cunhada pelo saudoso Mestre Zeno Veloso. No último caso há um objetivo de família futura, enquanto na união estável a família já existe (*animus familiae*).

Para a configuração dessa intenção de família no futuro ou no presente, entram em cena o tratamento dos companheiros (*tractatus*), bem como o reconhecimento social de seu estado (*reputatio*). Nota-se, assim, a utilização dos clássicos critérios para a configuração da posse de estado de casados também para a união estável. No *XIII Congresso Brasileiro de Direito de Família e das Sucessões* do IBDFAM, em outubro de 2021, realizado em sua homenagem, aprovou-se ementa doutrinária sobre o tema. Consoante o Enunciado n. 42 do IBDFAM, "o namoro qualificado, diferentemente da união estável, não engloba todos os requisitos cumulativos presentes no art. 1.723 do Código Civil". Acrescento que esses critérios e o projeto presente ou futuro igualmente servem para diferenciar a união estável de um noivado.

Conforme bem decidiu o Superior Tribunal de Justiça, em aresto de 2015, "o propósito de constituir família, alçado pela lei de regência como requisito essencial à constituição da união estável – a distinguir, inclusive, esta entidade familiar do denominado 'namoro qualificado' –, não consubstancia mera proclamação, para o futuro, da intenção de constituir uma família. É mais abrangente. Esta deve se afigurar presente durante toda a convivência, a partir do efetivo compartilhamento de vidas, com irrestrito apoio moral e material entre os companheiros. É dizer: a família deve, de fato, restar constituída. Tampouco a coabitação, por si, evidencia a constituição de uma união estável (ainda que possa vir a constituir, no mais das vezes, um relevante indício), especialmente se considerada a particularidade dos autos, em que as partes, por contingências e interesses particulares (ele, a trabalho; ela, pelo estudo) foram, em momentos distintos, para o exterior, e, como namorados que eram, não hesitaram em residir conjuntamente. Este comportamento, é certo, revela-se absolutamente usual nos tempos atuais, impondo-se ao Direito, longe das críticas e dos estigmas, adequar-se à realidade social" (STJ, REsp 1.454.643/RJ 3.ª Turma, Rel. Min. Marco Aurélio Bellizze, j. 03.03.2015, *DJe* 10.03.2015).

Mencione-se, como última ilustração jurisprudencial e citando esta obra, acórdão de 2018 do STJ que afastou a existência de união estável quanto à data gravada nas alianças. A prova construída demonstrava divergência quanto ao início do relacionamento, tendo o Tribunal, afastado a primeira data e levado em conta o início da gravidez da companheira, pois a partir daí restou configurada a intenção de constituir família no feito. Nos seus exatos termos, que merecem destaque:

"Embora a identificação do momento preciso em que se configura a união estável, deve se examinar a presença cumulativa dos requisitos de convivência pública (união não oculta da sociedade), de continuidade (ausência de interrupções), de durabilidade e a presença do objetivo de estabelecer família, nas perspectivas subjetiva (tratamento familiar entre os próprios companheiros) e objetiva (reconhecimento social acerca da existência do ente familiar). (...) Na hipótese, deve ser afastada a data gravada nas alianças do casal – 25.08.2002 – como termo inicial da união estável, eis que ausente o requisito da convivência pública e diante da ausência de prova da específica simbologia representada pelas referidas alianças, como também deve ser afastada a data de nascimento do filho primogênito – 18.06.2004 – como termo inicial da convivência, eis que produzida prova suficiente de que os requisitos configuradores da união estável estavam presentes em momento anterior. Os elementos de prova colhidos nos graus de jurisdição, interpretados à luz das máximas de experiência e da observação do modo pelo qual os fatos normalmente se desenvolvem, somada a existência de coabitação entre as partes desde fevereiro de 2003, mantida ao tempo da descoberta da gravidez, ocorrida em 24.10.2003, do primeiro filho do casal, permitem estabelecer essa data como o momento temporal em que a união estável havida entre as partes ficou plenamente configurada" (STJ, REsp 1.678.437/RJ, 3.ª Turma, Rel. Min. Nancy Andrighi, j. 21.08.2018, *DJe* 24.08.2018).

Seguindo-se com o estudo dos requisitos da união estável é interessante analisar as proposições feitas para o art. 1.723 da Lei Geral Privada, pela Comissão de Juristas nomeada para a Reforma do Código Civil. Muitas delas resolvem os dilemas expostos no presente tópico. Importante destacar que a Comissão de Juristas, seguindo proposição da Relatora-Geral, Professora Rosa Maria de Andrade Nery, sugere que a união estável passe a ser tratada no Capítulo IV do livro de Direito de Família, denominado "Da União Estável". Com essa nova organização, são revogados expressamente os arts. 1.723 a 1.727 do CC e incluídos os novos arts. 1.564-A e 1.564-D. Também se propõe a revogação expressa das Leis 8.971/1994 e 9.278/1996 para que, finalmente, o tema esteja totalmente concentrado no Código Civil de 2002.

Como antes pontuado em outros trechos deste livro, a Comissão de Juristas preferiu o termo "conviventes" a "companheiros", por ser mais correto tecnicamente, tendo em vista a sua neutralidade em vários aspectos e a sua potencialidade em explicar melhor o fenômeno da união estável. Ademais, esse é o termo preferido do Professor Álvaro Villaça Azevedo e que constava da Lei 9.278/1996.

Nesse contexto de proposta de modificação do sistema vigente, o novo art. 1.564-A repete no seu *caput* os requisitos da união estável já consolidados no nosso país, apenas se retirando a menção a homem e mulher, substituída por "duas pessoas", para os fins de se reconhecer, na lei – finalmente –, a união estável homoafetiva: "é reconhecida como entidade familiar a união estável entre duas pessoas, mediante uma convivência pública, contínua e duradoura e estabelecida como família".

Foi adotado, portanto, o entendimento da jurisprudência superior consolidada, do Supremo Tribunal Federal e do Superior Tribunal de Justiça, uma das orientações metodológicas da Reforma. A menção a duas pessoas fecha qualquer possibilidade de reconhecimento de vínculos poliafetivos ou concomitantes, também na linha da mesma jurisprudência superior, o que ainda será aqui analisado.

Ainda na análise das proposições, no § 1.º do art. 1.723 ora projetado, "a união estável não se constituirá, se ocorrerem os impedimentos do art. 1.521, não se aplicando a incidência do inciso VI no caso de a pessoa casada ou o convivente se achar separado de fato ou judicialmente de seu anterior cônjuge ou convivente". É mantida, portanto, a possibilidade de a pessoa separada manter a união estável, bastando a separação de fato. Foi também mantida a separação judicial na norma para que seja aplicada a quem se encontra ainda nessa situação, como está na tese final do julgamento do Tema 1.053 do STF, na preservação do direito adquirido dessas pessoas ("após a promulgação da EC nº 66/2010, a separação judicial não é mais requisito para o divórcio nem subsiste como figura autônoma no ordenamento jurídico. Sem prejuízo, preserva-se o estado civil das pessoas que já estão separadas, por decisão judicial ou escritura pública, por se tratar de ato jurídico perfeito (art. 5º, XXXVI, da CF").

Por um lapso, faltou na proposta a menção à separação extrajudicial, por escritura pública, o que deve ser corrigido no âmbito do Congresso Nacional. Como se pode notar, mais uma vez, não será possível o reconhecimento de união concomitante se houver uma união estável prévia, aplicando-se a monogamia também a ela, nessa previsão.

Também é incluída, em boa hora, a vedação expressa para que pessoas com menos de dezesseis anos constituam união estável, em espelhamento com o casamento, sendo possível a sua configuração para as pessoas entre dezesseis e dezoito anos desde que emancipadas ("§ 2º As pessoas com menos de dezesseis anos de idade não podem constituir união estável e aquelas com idade entre dezesseis e dezoito anos podem constituir união estável, se emancipadas"). Com isso, resolvem-se profundos debates, teórico e prático, hoje ainda existentes.

Como última proposta, os elementos da união estável, no texto do novo § 3.º do art. 1.564-A: "é facultativo o registro da união estável, mas, se feito, altera o estado civil das partes para conviventes, devendo, a partir deste momento, ser declarado em todos os atos da vida civil". Como antes pontuado, a união estável, que é registrada no Livro E no Cartório de Registro Civil das Pessoas Naturais, passa a criar o estado civil de convivente, o que, na minha interpretação, já é a realidade jurídica advinda da Lei do SERP (Lei 14.382/2022). A projeção dá segurança jurídica ao instituto e confirma a realidade de uma *união estável superqualificada*, equiparada ao casamento para todos os fins, nas regras de solidariedade e de formalidade.

Como se pode perceber, não há qualquer menção no novo art. 1.564-A quanto às causas suspensivas e à união estável, diante da proposta de revogação expressa do art. 1.523 do CC, desparecendo do sistema ao lado da separação obrigatória de bens (art. 1.641), o que simplifica as coisas e *destrava* a vida das pessoas. Espera-se, portanto, a aprovação de todas as proposições pelo Parlamento Brasileiro.

Como ficou claro pelos tópicos desenvolvidos, não se pode confundir a união estável com o concubinato. Em relação ao último, dispõe o art. 1.727 do CC/2002 que as relações não eventuais constituídas entre o homem e a mulher impedidos de casar constituem concubinato. As diferenças entre os institutos constam da tabela a seguir:

| União estável | Concubinato |
|---|---|
| Constitui uma entidade familiar (art. 226, § 3.º, da CF/1988). | Não constitui entidade familiar, mas uma mera sociedade de fato. |
| Pode ser constituída por pessoas solteiras, viúvas, divorciadas ou separadas de fato, judicialmente e extrajudicialmente. | Será constituída entre pessoas casadas não separadas, ou havendo impedimento matrimonial decorrente de parentesco ou crime. |
| As partes são denominadas companheiros ou conviventes. | As partes são chamadas de concubinos. |
| Há direito à meação patrimonial (art. 1.725), direito a alimentos (art. 1.694) e direitos sucessórios (art. 1.790 do CC). | Não há direito à meação patrimonial, direito a alimentos ou direito sucessório. Na questão patrimonial, aplica-se a antiga Súmula 380 do STF, que consagra direito à participação patrimonial em relação aos bens adquiridos pelo esforço comum. A jurisprudência também tinha o costume de indenizar a concubina pelos serviços domésticos prestados. Porém, a tendência é afastar tal direito, conforme julgado publicado no *Informativo* n. *421* do STJ, de fevereiro de 2010. |

| União estável | Concubinato |
|---|---|
| Cabe eventual *ação de reconhecimento e dissolução da união estável*, que corre na Vara da Família. Não se pode denominar a demanda como de dissolução de uma sociedade de fato, erro comum na prática. O CPC/2015 trata dessa ação no seu art. 732, prevendo que as disposições relativas ao processo de homologação judicial de divórcio aplicam-se, no que couber, ao processo de homologação da extinção consensual de união estável. Para essa demanda também devem ser observadas as regras especiais relativas às ações de Direito de Família, consagradas pelos arts. 693 a 699-A do próprio CPC/2015. | Cabe *ação de reconhecimento e dissolução de sociedade de fato*, que corre na Vara Cível. |

Interessante anotar que, no passado, a expressão concubinato também era utilizada para denotar a existência de uma união estável. Álvaro Villaça Azevedo utilizava o termo *concubinato puro*. Todavia, no presente não se recomenda mais o uso de tal expressão para a entidade familiar, sendo certo que a companheira ou convivente não se confunde com a concubina. Recomenda-se, portanto, a utilização das diferenças que constam da tabela comparativa antes exposta.

O exemplo típico de concubinato envolve a amante de homem casado ou o amante de mulher casada, nas hipóteses em que os cônjuges não são separados, pelo menos de fato. Em casos tais, pela literalidade da norma, não há que se reconhecer a existência de uma entidade familiar. Todavia, parte da doutrina contemporânea quer elevar à condição de companheira a concubina. É o caso de Maria Berenice Dias, que leciona o seguinte:

"A palavra concubinato carrega consigo o estigma de relacionamento alvo do preconceito. Historicamente, sempre traduziu relação escusa e pecaminosa, quase uma depreciação moral. Pela primeira vez, este vocábulo consta de um texto legislativo (CC 1727), com a preocupação de diferenciar o concubinato da união estável. Mas não é feliz. Certamente, a intenção era estabelecer uma distinção entre união estável e família paralela, chamada doutrinariamente de concubinato adulterino, mas para isso faltou coragem ao legislador. A norma restou incoerente e contraditória. Simplesmente, parece dizer – mas não diz – que as relações paralelas não constituem união estável. Pelo jeito a pretensão é deixar as uniões 'espúrias' fora de qualquer reconhecimento e a descoberta de direitos. Não é feita qualquer remissão ao direito das obrigações, para que seja feita analogia com as sociedades de fato. Nitidamente punitiva a postura da lei, pois condena à indivisibilidade e nega proteção jurídicas às relações que desaprova, sem atentar que tal exclusão pode gerar severas injustiças, dando margem ao enriquecimento ilícito de um dos parceiros".[148]

Em sentido próximo, Pablo Stolze Gagliano e Rodolfo Pamplona Filho igualmente expõem tal tendência de reconhecer *direitos ao amante*, equiparando-se o concubinato à união estável, em algumas hipóteses.[149] O capítulo XX da obra conjunta escrita pelos doutrinadores é intitulada *Concubinato e direitos da(o) amante*.

---

[148] DIAS, Maria Berenice. *Manual de Direito das Famílias*. 5. ed. São Paulo: RT, 2009. p. 163.

[149] GAGLIANO, Pablo Stolze; PAMPLONA FILHO, Rodolfo. *Novo Curso de Direito Civil*. Direito de Família. São Paulo: Saraiva, 2011. v. 6, p. 457-469.

Na jurisprudência podem ser encontradas decisões que determinam a divisão igualitária de bens entre a esposa e a concubina, tratada como companheira. As principais ementas são do Tribunal do Rio Grande do Sul, onde a última doutrinadora atuava como Desembargadora. A primeira decisão transcrita é interessante, por utilizar o termo *triação*, expressando a divisão igualitária dos bens entre a esposa e a concubina:

"Apelação. União estável concomitante ao casamento. Possibilidade. Divisão de bem. 'Triação'. Viável o reconhecimento de união estável paralela ao casamento. Precedentes jurisprudenciais. Caso em que a prova dos autos é robusta em demonstrar que a apelante manteve união estável com o falecido, mesmo antes dele se separar de fato da esposa. Necessidade de dividir o único bem adquirido no período em que o casamento foi concomitante à união estável em três partes. 'Triação'. Precedentes jurisprudenciais. Deram provimento, por maioria" (TJRS, Acórdão 70024804015, 8.ª Câmara Cível, Guaíba, Rel. Des. Rui Portanova, j. 13.08.2009, *DJERS* 04.09.2009, p. 49).

"Apelação cível. União estável. Relacionamento Paralelo ao casamento. Se mesmo não estando separado de fato da esposa, vivia o falecido em união estável com a autora/companheira, entidade familiar perfeitamente caracterizada nos autos, deve ser reconhecida a sua existência, paralela ao casamento, com a consequente partilha de bens. Precedentes. Apelação parcialmente provida, por maioria" (TJRS, Acórdão 70021968433, 8.ª Câmara Cível, Canoas, Rel. Des. José Ataídes Siqueira Trindade, j. 06.12.2007, *DOERS* 07.01.2008, p. 35).

"Apelação. União dúplice. União estável. Possibilidade. A prova dos autos é robusta e firme a demonstrar a existência de união entre a autora e o o *de cujus* em período concomitante ao casamento de 'papel'. Reconhecimento de união dúplice. Precedentes jurisprudenciais. Os bens adquiridos na constância da união dúplice são partilhados entre a esposa, a companheira e o *de cujus*. Meação que se transmuda em 'triação', pela duplicidade de uniões. Deram provimento, por maioria, vencido o des. Relator" (TJRS, Apelação Cível 70019387455, 8.ª Câmara Cível, Rel. Rui Portanova, j. 24.05.2007).

Em 2014, gerou muita polêmica julgado do Tribunal de Justiça do Maranhão. O *decisum* reconheceu a simultaneidade familiar em hipótese de homem casado que tinha uma concubina, tratada como companheira, para os fins sucessórios. Vejamos a ementa desse julgamento:

"Direito de família. Apelação cível. Ação declaratória de união estável *post mortem*. Casamento e união estável simultâneos. Reconhecimento. Possibilidade. Provimento. 1. Ainda que de forma incipiente, doutrina e jurisprudência vêm reconhecendo a juridicidade das chamadas famílias paralelas, como aquelas que se formam concomitantemente ao casamento ou à união estável. 2. A força dos fatos surge como situações novas que reclamam acolhida jurídica para não ficarem no limbo da exclusão. Entre esses casos, estão exatamente as famílias paralelas, que vicejam ao lado das famílias matrimonializadas. 3. Para a familiarista Giselda Hironaka, a família paralela não é uma família inventada, nem é família imoral, amoral ou aética, nem ilícita. E continua, com esta lição: 'Na verdade, são famílias estigmatizadas, socialmente falando. O segundo núcleo ainda hoje é concebido como estritamente adulterino, e, por isso, de certa forma perigoso, moralmente reprovável e até maligno. A concepção é generalizada e cada caso não é considerado por si só, com suas peculiaridades próprias. É como se todas as situações de simultaneidade fossem iguais, malignas e inseridas num único e exclusivo contexto. O triângulo amoroso sub-reptício, demolidor do relacionamento número um, sólido e perfeito, é o quadro que sempre está à frente do pensamento geral, quando se refere a famílias paralelas. O preconceito, ainda que amenizado nos dias atuais, sem dúvida, ainda existe na roda social, o que também dificulta o seu reconhecimento na roda judicial'. 4. Havendo nos autos elementos suficientes ao reconhecimento da existência de união estável entre a apelante e o *de cujus*, o caso é de procedência do pedido formulado em ação declaratória. 5. Apelação cível provida" (TJMA, Recurso 19.048/2013, Acórdão 149.918/2014, 3.ª Câmara Cível, Rel. Des. Jamil de Miranda Gedeon Neto, j. 10.07.2014, *DJEMA* 17.07.2014).

De fato, pela literalidade da norma, não há que se reconhecer o paralelismo entre casamento e união estável. Porém, a questão não é tão simples assim, merecendo duas pontuações.

A *primeira pontuação* que deve ser feita é que se a união paralela durar muitos anos, sendo de conhecimento do outro cônjuge, parece forçoso concluir que o último aceita o relacionamento paralelo. Sendo assim, pode o fato merecer um outro tratamento, principalmente quanto à divisão de bens e aos alimentos, já que há aceitação da união, até por certo comodismo.

A *segunda pontuação* é que o cônjuge casado pode estar separado de fato da esposa, mesmo com ela residindo sob o mesmo teto. A separação de fato pode estar configurada pela quebra do afeto e da comunhão plena de vida descrita pelo art. 1.511 do CC. Ilustrando, tal quebra pode ser provada pela cessação das relações sexuais e pelo desaparecimento do tratamento das partes como se casados fossem em casos tais. Pode-se afirmar que, em casos tais, o casamento somente existe na aparência e não na essência. Tal conclusão abre a possibilidade de o concubino ser elevado à condição de companheiro, a depender das circunstâncias fáticas, eis que o cônjuge casado de fato pode constituir união estável.[150]

Destaque-se que o tema do paralelismo entre o casamento e o concubinato foi tratado inicialmente pelo Supremo Tribunal Federal em questão envolvendo o direito previdenciário. Um homem mantinha dois relacionamentos – um casamento e um concubinato –, e ambas as mulheres pleiteavam o benefício previdenciário com o seu falecimento. Em situação bem peculiar, o *de cujus* não era separado de fato da esposa, tendo com ela onze filhos. Com a concubina manteve relacionamento paralelo por 37 anos com a qual teve nove filhos.

A conclusão da relatoria e da maioria dos Ministros foi pela existência de um concubinato e não de uma união estável, devendo o benefício previdenciário ser atribuído unicamente à esposa (STF, RE 397.762-8/BA, Rel. Min. Marco Aurélio, j. 03.06.2008). Todavia, o Ministro Carlos Ayres Britto votou de forma divergente, concluindo que a concubina deveria ser tratada como companheira. Merece destaque o seguinte trecho do seu voto:

"Com efeito, à luz do Direito Constitucional brasileiro o que importa é a formação em si de um novo e duradouro núcleo doméstico. A concreta disposição do casal para construir um lar com um subjetivo ânimo de permanência que o tempo objetivamente confirma. Isto é família, pouco importando se um dos parceiros mantém uma concomitante relação sentimental *a dois*. No que *andou bem* a nossa Lei Maior, ajuízo, pois ao Direito não é dado sentir ciúmes pela parte supostamente traída, sabido que esse órgão chamado coração '*é terra que ninguém nunca pisou*'. Ele, coração humano, a se integrar num contexto empírico da mais entranhada privacidade, perante a qual o Ordenamento Jurídico somente pode atuar como ins-

---

[150] Conforme conclusão anterior, constante em artigo científico escrito por este autor: TARTUCE, Flávio. Separados pelo casamento. Um ensaio sobre o concubinato, a separação de fato e a união estável. *Revista Brasileira de Direito das Famílias e Sucessões*. Porto Alegre: Magister, n. 08, fev./mar. 2009, p. 58-67.

CAP. 8 • DIREITO DE FAMÍLIA | **1535**

tância protetiva. Não censora ou por qualquer modo embaraçante (...) 17. No caso dos presentes autos, o acórdão de que se recorre tem lastro factual comprobatório da estabilidade da relação de companheirismo que mantinha a parte recorrida com o *de cujus*, então segurado da previdência social. Relação amorosa de que resultou filiação e que fez da companheira uma dependente econômica do seu então parceiro, de modo a atrair para a resolução deste litígio o § 3.º do art. 226 da Constituição Federal. Pelo que, também desconsiderando a relação de casamento civil que o então segurado mantinha com outra mulher, perfilho o entendimento da Corte Estadual para desprover, como efetivamente desprovejo, o excepcional apelo. O que faço com as vênias de estilo ao relator do feito, ministro Marco Aurélio".

De fato, o Ministro Ayres Britto, na situação descrita, parece ter razão, pelas peculiaridades do casamento concreto. Certamente a esposa sabia do relacionamento paralelo, aceitando-o por anos a fio. Sendo assim, deve do mesmo modo aceitar a partilha dos direitos com a concubina, que deve ser tratada como companheira. Pode até ser invocada a aplicação do princípio da boa-fé objetiva ao Direito de Família, notadamente da máxima que veda o comportamento contraditório (*venire contra factum proprium non potest*).

De toda sorte, em 2021, o Pleno do STF reafirmou o seu entendimento anterior, em repercussão geral, com a seguinte tese final: "é incompatível com a Constituição Federal o reconhecimento de direitos previdenciários (pensão por morte) à pessoa que manteve, durante longo período e com aparência familiar, união com outra casada, porquanto o concubinato não se equipara, para fins de proteção estatal, às uniões afetivas resultantes do casamento e da união estável" (STF, RE 883.168/SC, Tribunal Pleno, Rel. Min. Dias Toffoli, j. 03.08.2021, *DJe* 07.10.2021, p. 36 – Tema 526).

A propósito, com certa contradição com esse entendimento, em julgado de 2015, o Superior Tribunal de Justiça reconheceu o direito de uma concubina idosa continuar a receber verbas alimentares, diante de justas expectativas geradas pelo concubino. O aresto cita como fundamentos, ainda, a proteção do Estatuto do Idoso e os princípios constitucionais da dignidade humana e da solidariedade familiar. Conforme a precisa relatoria do Ministro João Otávio de Noronha:

"A leitura do acórdão recorrido evidencia que o presente feito apresenta peculiaridades que tornam o caso excepcionalíssimo. Não se trata, aqui, de aplicação da letra pura e simples da lei, pois essas singularidades demonstram a incidência simultânea de mais de um princípio no caso concreto, o da preservação da família e os da dignidade e da solidariedade humanas, que devem ser avaliados para se verificar qual deve reger o caso concreto. Indago: que dano ou prejuízo uma relação extraconjugal desfeita depois de mais de quarenta anos pode acarretar à família do recorrente? Que família, a esta altura, tem-se a preservar? Por outro lado, se o recorrente, espontaneamente, proveu o sustento da recorrida, durante esse longo período de relacionamento amoroso, por que, agora, quando ela já é septuagenária, deve ficar desamparada e desassistida? (...). A resposta às indagações feitas surge claramente dos autos. Ficou evidenciada, com o decurso do tempo, a inexistência de risco à desestruturação da família do recorrente, bem como a possibilidade de exposição de pessoa já idosa a desamparo financeiro, tendo em vista que foi o próprio recorrente quem proveu o sustento, o que vale dizer, foi ele quem deu ensejo a essa situação e não pode, agora, beneficiar-se dos próprios atos. É evidente que, no caso específico, há uma convergência de princípios, de modo que é preciso conciliá-los para aplicar aqueles adequados a embasar a decisão, a saber, os princípios da solidariedade e da dignidade da pessoa humana, pelas razões já exaustivamente expostas" (STJ, REsp 1185337/RS, 3.ª Turma, Rel. Min. João Otávio de Noronha, j. 17.03.2015, *DJe* 31.03.2015).

**1536** | MANUAL DE DIREITO CIVIL • VOLUME ÚNICO – *Flávio Tartuce*

Como se pode notar, o acórdão reconheceu direitos adquiridos em decorrência de uma união paralela concubinária, resolvendo o problema também sob a perspectiva da boa-fé, na minha leitura, diante das expectativas que foram geradas no caso concreto.

De todo modo, o entendimento que dever se considerado hoje como majoritário, para os devidos fins práticos, é o constante do julgamento do Tema 526 de repercussão geral do STF, no sentido de não se admitirem os relacionamentos familiares paralelos ao casamento, diante do princípio da monogamia.

Outro problema relativo à presente temática envolve as *uniões estáveis plúrimas* ou *paralelas*, presente quando alguém vive vários relacionamentos que podem ser tidos como uniões estáveis ao mesmo tempo. Ilustrando, imagine-se a hipótese de um homem solteiro que tem quatro companheiras, em quatro cidades distintas no interior do Brasil, sem que uma saiba da existência da outra. Como resolver a questão? Três correntes doutrinárias poderiam ser encontradas a respeito da situação descrita:

> *1.ª Corrente* – Afirma que nenhum relacionamento constitui união estável, eis que a união deve ser exclusiva, aplicando-se o princípio da monogamia. Essa corrente é encabeçada por Maria Helena Diniz.[151] Para essa corrente, todos os relacionamentos descritos devem ser tratados como concubinatos.
>
> *2.ª Corrente* – O primeiro relacionamento existente deve ser tratado como união estável, enquanto os demais devem ser reconhecidos como uniões estáveis putativas, em havendo boa-fé do cônjuge. Em suma, aplica-se, por analogia, o art. 1.561 do CC, que trata do casamento putativo. Essa corrente é liderada por Euclides de Oliveira[152] e Rolf Madaleno.[153] A essa corrente me filio há tempos, inclusive em obra escrita com José Fernando Simão.[154] Anote-se que essa solução já foi dada pela jurisprudência estadual, em dois julgados que merecem destaque (TJRJ, Acórdão 15225/2005, 2.ª Câmara Cível, Rio de Janeiro, Rel. Des. Leila Maria Carrilo Cavalcante Ribeiro Mariano, j. 10.08.2005 e TJRS, Processo 70008648768, 02.06.2004, 7.ª Câmara Cível, Lajeado, Rel. Juiz José Carlos Teixeira Giorgis).
>
> *3.ª Corrente* – Todos os relacionamentos constituem uniões estáveis, pela valorização do afeto que deve guiar o Direito de Família, corrente encabeçada por Maria Berenice Dias.[155]

Das três correntes, no âmbito da jurisprudência superior, o STJ tem aplicado há tempos, de forma preponderante, a primeira, repudiando a ideia de *uniões plúrimas ou paralelas* (REsp 789.293/RJ, 3.ª Turma, Rel. Min. Carlos Alberto Menezes Direito, j. 16.02.2006, *DJ* 20.03.2006, p. 271). Os julgados aplicam o princípio da monogamia também à união estável.

Com o devido respeito, percebe-se que, na prática e com esse entendimento, o convivente de má-fé, que estabelece o paralelismo, acaba sendo beneficiado, já que não terá obrigações alimentares, pela ausência de vínculo familiar. De toda sorte, confirmando aquele julgado anterior, transcreve-se decisão publicada no *Informativo* n. *435* do STJ:

---

[151] DINIZ, Maria Helena. *Curso de Direito Civil brasileiro*. Direito de Família. 22. ed. São Paulo: Saraiva, 2007. v. 5, p. 364-365.

[152] OLIVEIRA, Euclides de. *União estável – Do concubinato ao casamento*. 6. ed. São Paulo: Método, 2003. p. 128.

[153] MADALENO, Rolf. *A união (ins)estável*. Relações paralelas. Disponível em: <http://www.flaviotartuce.adv.br/secoes/artigosc/Rolf_uniaoestavel.doc>. Acesso em: 21 jun. 2010.

[154] TARTUCE, Flávio; SIMÃO, José Fernando. *Direito Civil*. Direito de Família. 4. ed. São Paulo: Método, 2010. v. 5, p. 286.

[155] DIAS, Maria Berenice. *Manual de Direito das Famílias*. 5. ed. São Paulo: RT, 2010. p. 165-166.

CAP. 8 • DIREITO DE FAMÍLIA | **1537**

"Família. Uniões estáveis simultâneas. Pensão. *In casu*, o *de cujus* foi casado com a recorrida e, ao separar-se consensualmente dela, iniciou um relacionamento afetivo com a recorrente, o qual durou de 1994 até o óbito dele em 2003. Sucede que, com a decretação do divórcio em 1999, a recorrida e o falecido voltaram a se relacionar, e esse novo relacionamento também durou até sua morte. Diante disso, as duas buscaram, mediante ação judicial, o reconhecimento de união estável, consequentemente, o direito à pensão do falecido. O juiz de primeiro grau, entendendo haver elementos inconfundíveis caracterizadores de união estável existente entre o *de cujus* e as demandantes, julgou ambos os pedidos procedentes, reconhecendo as uniões estáveis simultâneas e, por conseguinte, determinou o pagamento da pensão em favor de ambas, na proporção de 50% para cada uma. Na apelação interposta pela ora recorrente, a sentença foi mantida. Assim, a questão está em saber, sob a perspectiva do Direito de Família, se há viabilidade jurídica a amparar o reconhecimento de uniões estáveis simultâneas. Nesta instância especial, ao apreciar o REsp, inicialmente se observou que a análise dos requisitos ínsitos à união estável deve centrar-se na conjunção de fatores presentes em cada hipótese, como a *affectio societatis* familiar, a participação de esforços, a posse do estado de casado, a continuidade da união, a fidelidade, entre outros. Desse modo, entendeu-se que, no caso, a despeito do reconhecimento, na dicção do acórdão recorrido, da união estável entre o falecido e sua ex-mulher em concomitância com união estável preexistente por ele mantida com a recorrente, é certo que o casamento válido entre os ex-cônjuges já fora dissolvido pelo divórcio nos termos do art. 1.571, § 1.º, do CC/2002, rompendo-se, definitivamente, os laços matrimoniais outrora existentes. Destarte, a continuidade da relação sob a roupagem de união estável não se enquadra nos moldes da norma civil vigente (art. 1.724 do CC/2002), porquanto esse relacionamento encontra obstáculo intransponível no dever de lealdade a ser observado entre os companheiros. Ressaltou-se que uma sociedade que apresenta como elemento estrutural a monogamia não pode atenuar o dever de fidelidade, que integra o conceito de lealdade, para o fim de inserir, no âmbito do Direito de Família, relações afetivas paralelas e, por consequência, desleais, sem descurar do fato de que o núcleo familiar contemporâneo tem como escopo a realização de seus integrantes, vale dizer, a busca da felicidade. Assinalou-se que, na espécie, a relação mantida entre o falecido e a recorrida (ex-esposa), despida dos requisitos caracterizadores da união estável, poderá ser reconhecida como sociedade de fato, caso deduzido pedido em processo diverso, para que o Poder Judiciário não deite em solo infértil relacionamentos que efetivamente existem no cenário dinâmico e fluido dessa nossa atual sociedade volátil. Assentou-se, também, que ignorar os desdobramentos familiares em suas infinitas incursões, em que núcleos afetivos justapõem-se, em relações paralelas, concomitantes e simultâneas, seria o mesmo que deixar de julgar com base na ausência de lei específica. Dessa forma, na hipótese de eventual interesse na partilha de bens deixados pelo falecido, deverá a recorrida fazer prova, em processo diverso, repita-se, de eventual esforço comum. Com essas considerações, entre outras, a Turma deu provimento ao recurso, para declarar o reconhecimento da união estável mantida entre o falecido e a recorrente e determinar, por conseguinte, o pagamento da pensão por morte em favor unicamente dela, companheira do falecido" (STJ, REsp 1.157.273/RN, Rel. Min. Nancy Andrighi, j. 18.05.2010).

Em 2016, confirmando essa forma de pensar o Direito de Família, foi publicada a seguinte premissa na Edição 50 da ferramenta *Jurisprudência em Teses* do Superior Tribunal de Justiça, que trata da união estável: "não é possível o reconhecimento de uniões estáveis simultâneas" (tese 4). Em conclusão, essa é a posição majoritária da jurisprudência superior, devendo ser assim considerada para os devidos fins práticos.

Porém, é preciso observar o surgimento de um novo julgado, prolatado pela Quarta Turma do STJ no final de 2018, que abre a possibilidade de debater a existência de uniões estáveis putativas (REsp 1.754.008/RJ). Conforme consta da ementa do voto do Ministro Salomão, "uma vez não demonstrada a boa-fé da concubina de forma irrefutável, não se revela cabida (nem oportuna) a discussão sobre a aplicação analógica da norma do casamento putativo à espécie". Dessa forma, apesar de a tese não ter sido admitida no caso concreto, retira-se de tal conclusão a eventual possibilidade de se aplicar, na linha da corrente que seguimos, o art. 1.561 do Código Civil à união estável. Seja como for, havia a possibilidade de um novo dimensionamento da questão, em julgamento que estava pendente no Supremo Tribunal Federal, para o âmbito do Direito Previdenciário e em repercussão geral (Tema 529), tendo sido encerrado em dezembro de 2020 e encerrando qualquer possibilidade de se reconhecerem efeitos jurídicos para uniões estáveis concomitantes.

Em setembro de 2019, iniciou-se a sua análise, em sede do Recurso Extraordinário 1.045.273/SE, que analisava concomitância de uma união estável homoafetiva com uma heteroafetiva.

O Ministro Luiz Edson Fachin votou exatamente na linha do que sustento, de que são possíveis efeitos previdenciários para atingir companheiros de boa-fé nas uniões estáveis plúrimas. No mesmo sentido julgaram os Ministros Marco Aurélio e Rosa Maria Weber. Os Ministros Barroso e Cármen Lúcia votaram também pelo reconhecimento desses efeitos, mas sem a necessidade da boa-fé, pois prevalece a equidade que deve guiar o Direito Previdenciário.

Por seu turno, os Ministros Alexandre de Moraes (Relator), Gilmar Mendes, Ricardo Lewandowski, Dias Toffoli, Luiz Fux e Nunes Marques entenderam pela impossibilidade de se reconhecerem quaisquer efeitos previdenciários nas uniões concomitantes, diante do princípio da monogamia, que se aplica plenamente à união estável.

Assim sendo, julgou-se que apenas o primeiro vínculo de união estável deve ser admitido. A tese final fixada, com votação apertada de 6 a 5, portanto, foi a seguinte: "a preexistência de casamento ou de união estável de um dos conviventes, ressalvada a exceção do artigo 1.723, parágrafo 1.º, do Código Civil, impede o reconhecimento de novo vínculo referente ao mesmo período, inclusive para fins previdenciários, em virtude da consagração do dever de fidelidade e da monogamia pelo ordenamento jurídico-constitucional brasileiro" (Tema 529 do STF).

Como se pode perceber, a única exceção admitida diz respeito à pessoa separada de fato. Parece-me que o julgamento fechou a possibilidade de se admitirem as uniões estáveis plúrimas, para os fins de gerarem efeitos para o Direito de Família e das Sucessões.

Deve ficar claro que não se analisou diretamente a concomitância de casamento e de concubinato (ou de união estável), apesar da tese final exarada – o que foi objeto de outro processo na Corte, também em repercussão geral (Recurso Extraordinário 883.168/SC – Tema 526) –, mas a existência de várias uniões estáveis ao mesmo tempo.

Como antes anotado, também no julgamento do Tema 526, em 2021, o STF não admitiu o reconhecimento jurídico de famílias paralelas, afirmando ser o princípio da monogamia regramento que rege tanto o casamento quanto a união estável. Essa é, portanto, a posição a ser considerada para os devidos fins práticos.

Consoante já pontuei, um dos *nortes* da Reforma do Código Civil foi de seguir o entendimento consolidado da jurisprudência superior, em prol da segurança jurídica. E segundo o entendimento hoje majoritário, aqui exposto, a monogamia é aplicada tanto ao casamento quanto à união estável e, por isso, não se inseriu nas propostas o tratamento de relações paralelas ou de casais formados por mais de duas pessoas, como os *trisais*.

De todo modo, desde a Subcomissão de Direito de Família, houve proposta de se retirar a expressão "concubinato", tida como discriminatória: "Art. 1.727. As relações não eventuais entre duas ou mais pessoas impedidas de casar não constituem união estável,

CAP. 8 • DIREITO DE FAMÍLIA | **1539**

ressalvada a hipótese do § 1.º do art. 1.723 deste Código". De acordo com as suas justificativas, "a proposta ajusta a regra que trata do concubinato, evitando o uso dessa expressão, que traz, em seu histórico, acentuada carga pejorativa".

Após intensos debates, alterações feitas pela Relatora-Geral, Rosa Maria de Andrade Nery, e contribuições do consultor Maurício Bunazar, acabou prevalecendo o seguinte texto do art. 1.564-D, revogando-se expressamente o art. 1.727: "a relação não eventual entre pessoas impedidas de casar não constitui família. Parágrafo único. As questões patrimoniais oriundas da relação prevista no caput serão reguladas pelas regras da proibição do enriquecimento sem causa previstas nos arts. 884 a 886". Assim, o condenado termo "concubinato" é retirado do sistema. Porém, muito além de não se mencionar a existência de uma união estável, a proposição que prevaleceu, por voto da maioria nas reuniões de abril de 2024, é de não haver sequer uma família entre os amantes ou pessoas impedidas de se casarem, como nas situações de incesto ou de impedimentos decorrentes de parentesco.

Todavia, poderá haver a geração de efeitos patrimoniais em tais hipóteses, nos termos da antiga Súmula 380 do STF, com a divisão dos bens havidos por esforço patrimonial comum, presente e efetivo, e desde que ele comprovado por quem o alega, tendo em vista a menção à vedação do enriquecimento sem causa no parágrafo único, nos termos dos comandos ali mencionados.

Essa foi a *situação intermediária* encontrada na Comissão de Juristas, que consolida a posição majoritária da jurisprudência superior e traz segurança jurídica e estabilidade para o tema. Não se pode negar que o tema é altamente controverso e desperta *paixões*, aguardando-se uma análise criteriosa pelo Parlamento Brasileiro.

## 8.4.2 Efeitos pessoais e patrimoniais da união estável

Como primeiro efeito pessoal da união estável, o art. 1.724 do CC/2002 enuncia os seus deveres, a saber:

> – Dever de lealdade.
> – Dever de respeito ao outro companheiro, em sentido genérico.
> – Dever de mútua assistência, moral, afetiva, patrimonial, sexual e espiritual.
> – Dever de guarda, sustento e educação dos filhos.

Duas diferenças podem ser observadas, confrontando-se o dispositivo com o art. 1.566 do CC/2002 que trata dos deveres do casamento:

> *1.ª Diferença* – O casamento exige expressamente a fidelidade; a união estável exige lealdade. Pelo *senso comum*, a lealdade engloba a fidelidade, mas não necessariamente. Isso demonstra que na união estável há uma liberdade maior aos companheiros do que no casamento, o que diferencia substancialmente os institutos, mormente se a conclusão for pela persistência do dever de fidelidade no último.
>
> *2.ª Diferença* – O casamento exige expressamente vida em comum no domicílio conjugal; a união estável não, por não exigir convivência sob o mesmo teto, conforme a remota Súmula 382 do STF.

Destaco que no atual Projeto de Reforma do Código Civil revoga-se expressamente o seu art. 1.724, e os deveres da união estável passarão a constar do art. 1.566, em equiparação total ao casamento, como antes pontuado ("Art. 1.566. São deveres de ambos os cônjuges ou conviventes: (...)"). Como visto, há no projeto uma equiparação das duas entidades familiares quanto à sua eficácia, no que for possível e com destaque para o tema do regime de bens.

No que diz respeito à fidelidade, passará a ser expressamente aplicável à união estável, fechando-se definitivamente qualquer possibilidade de admissão de relações poliafetivas ou relacionamentos paralelos, pelo Direito de Família Brasileiro, pois o Projeto, em várias de suas proposições, traz a aplicação da monogamia também à união estável. Essa foi a posição que prevaleceu de forma amplamente majoritária na Comissão de Juristas, até porque não se admitem nas projeções efeitos jurídicos para os relacionamentos paralelos e a poligamia, não admitidos pelas atuais gerações de juristas e de julgadores.

Sobre os direitos patrimoniais decorrentes da união estável, expressa o art. 1.725 do CC que "na união estável, salvo contrato escrito entre os companheiros, aplica-se às relações patrimoniais, no que couber, o regime da comunhão parcial de bens". Três observações devem ser feitas sobre o comando legal transcrito:

**1.ª Observação** – O contrato mencionado pelo dispositivo é denominado pela doutrina como *contrato de convivência*.[156] Tal contrato pode reconhecer a união estável e pactuar quanto ao regime de bens, optando-se por outro regime que não seja o da comunhão parcial de bens. Assim, podem as partes eleger o regime da separação de bens ou da comunhão universal. A respeito da escolha pelo último regime, reconheceu aresto do Superior Tribunal Justiça que "o pacto de convivência formulado em particular, pelo casal, na qual se opta pela adoção da regulação patrimonial da futura relação como símil ao regime de comunhão universal, é válido, desde que escrito" (STJ, REsp 1.459.597/SC, 3.ª Turma, Rel. Min. Nancy Andrighi, j. 1.º.12.2016, *DJe* 15.12.2016). Exatamente nesse sentido, o Enunciado n. 30, aprovado no *XII Congresso Brasileiro do IBDFAM*, em 2019: "nos casos de eleição de regime de bens diverso do legal na união estável, é necessário contrato escrito, a fim de assegurar eficácia perante terceiros". Podem os conviventes, ainda, escolher um regime misto, na linha do que antes aqui foi desenvolvido. Todavia, o negócio celebrado não pode afastar a existência de uma união estável quando ela estiver configurada – o que muitas vezes é denominado como contrato de namoro. Em casos de dúvidas, prevalecem a situação fática e a vontade dos envolvidos, guiadas pela máxima *in dubio pro familia*. É possível elaborá-lo por escritura pública, a ser lavrada no Tabelionato de Notas; ou por instrumento particular, registrado ou não no Cartório de Títulos e Documentos. Também é possível registrar a escritura pública no Cartório de Registro de Imóveis, assim como ocorre com o pacto antenupcial. Em casos tais, que se tornou comum nos últimos tempos, especialmente entre pessoas com melhores condições econômicas, em havendo a elaboração de escritura pública e até o mesmo registro no Cartório de Registro de Imóveis, pode-se falar na presença de uma *união estável superqualificada*, ou até mesmo de uma *superconvivência*. Vinha-se admitindo, a propósito, o registro da escritura pública ou mesmo de instrumento particular de reconhecimento de união estável no Livro E, no Cartório de Registro Civil das Pessoas Naturais, o que já fomentava o debate sobre a possibilidade de a união estável criar um estado civil. Nesse sentido, destaque-se ementa doutrinária aprovada na *II Jornada de Prevenção e Solução Extrajudicial dos Litígios*, em agosto de 2021, com a seguinte redação: "é admissível a formalização de união estável por meio do registro, no livro E do Registro Civil de Pessoas Naturais, de instrumento particular que preen-

---

[156] CAHALI, Francisco José. *Contrato de convivência*. São Paulo: Saraiva, 2003.

cha os requisitos do art. 1.723 do CC/2002". A Lei 14.382/2022, que instituiu o Sistema Eletrônico dos Registros Públicos (SERP), introduziu o art. 94-A na Lei de Registros Públicos (Lei 6.015/1973) admitindo expressamente essa possibilidade de registro das uniões estáveis no Livro E do Cartório de Registro Civil. Nos termos da nova norma, os registros das sentenças declaratórias de reconhecimento e dissolução da união estável, bem como dos termos declaratórios formalizados perante o oficial de registro civil e das escrituras públicas declaratórias e dos distratos que envolvam união estável, poderão ser feitos no Livro E do registro civil de pessoas naturais em que os companheiros têm ou tiveram sua última residência. Desse registro facultativo deverão constar: *a*) a data do registro; *b*) o nome, o estado civil, a data de nascimento, a profissão, o CPF e a residência dos companheiros; *c*) o nome dos pais dos companheiros; *d*) a data e o cartório em que foram registrados os nascimentos das partes, seus casamentos e uniões estáveis anteriores, bem como os óbitos de seus outros cônjuges ou companheiros, quando houver; *e*) a data da sentença, o trânsito em julgado da sentença, a vara e o nome do juiz que proferiu a eventual decisão de reconhecimento e dissolução da união estável; *f*) a data da escritura pública, mencionando o livro, a página e o tabelionato que lavrou o ato, se for o caso; *g*) o regime de bens dos companheiros; e *h*) o nome que os companheiros passam a ter em virtude da união estável. Como importante limitação, a mesma norma estabelece que não poderá ser promovido o registro, no Livro E, de união estável de pessoas casadas, ainda que separadas de fato, exceto se separadas judicialmente ou extrajudicialmente, ou se a declaração da união estável decorrer de sentença judicial transitada em julgado (novo art. 94-A, § 1.º, da Lei de Registros Públicos). Afasta-se, assim e em parte, a norma do art. 1.723, § 1.º, do Código Civil, não podendo a pessoa separada de fato ter essa *união estável superqualificada* pelo registro especial. Nos dois parágrafos seguintes, há tratamento sobre o registro da união estável reconhecida no estrangeiro (§§ 2.º e 3.º do novo art. 94-A da Lei 6.015/1973). Em 2023, a questão foi regulamentada pelo Conselho Nacional de Justiça, com a edição dos Provimentos n. 141 e n. 146, depois incorporados ao Código Nacional de Normas (CNN). Tratarei do assunto mais à frente, tendo composto o grupo de trabalho nomeado pelo Corregedor-Geral de Justiça, Ministro Luis Felipe Salomão, para a elaboração dessas normas.

**2.ª Observação** – Existem variações doutrinárias na interpretação da expressão *no que couber*. Para Álvaro Villaça Azevedo, criador da expressão, ela significa que a união estável institui verdadeiro condomínio entre os companheiros, conforme já previa o art. 5.º da Lei 9.278/1996.[157] Filia-se à corrente que afirma que tal expressão somente afasta a aplicação das regras incompatíveis da comunhão parcial de bens à união estável.[158] Ilustrando tal conclusão, não se aplica à união estável a exigência da outorga conjugal do art. 1.647 do CC. Some-se a isso o fato da norma ser restritiva da autonomia privada, não admitindo analogia. Todavia, consigne-se que o STJ já exigiu a outorga ou *vênia convivencial,* pela suposta equiparação da união estável ao casamento (STJ, REsp 755.830/SP, 2.ª Turma, Rel. Min. Eliana Calmon, j. 07.11.2006, *DJ* 1.º.12.2006, p. 291). Porém, em data mais próxima, concluiu a mesma Corte Superior, na linha que defendo, "ainda que a união estável esteja formalizada por meio de escritura pública, é válida a fiança prestada por um dos

---

[157] AZEVEDO, Álvaro Villaça. *Estatuto da Família de Fato*. São Paulo: Atlas, 2005. p. 447.

[158] OLIVEIRA, Euclides de; HIRONAKA, Giselda M. F. N. Distinção jurídica entre união estável e concubinato. In: DELGADO, Mário Luiz; ALVES, Jones Figueirêdo (Coord.). *Questões controvertidas no novo Código Civil.* São Paulo: Método, 2004. v. 3, p. 247.

convivente sem a autorização do outro. Isso porque o entendimento de que a 'fiança prestada sem autorização de um dos cônjuges implica a ineficácia total da garantia' (Súmula 332 do STJ), conquanto seja aplicável ao casamento, não tem aplicabilidade em relação à união estável. De fato, o casamento representa, por um lado, uma entidade familiar protegida pela CF e, por outro lado, um ato jurídico formal e solene do qual decorre uma relação jurídica com efeitos tipificados pelo ordenamento jurídico. A união estável, por sua vez, embora também represente uma entidade familiar amparada pela CF – uma vez que não há, sob o atual regime constitucional, famílias estigmatizadas como de 'segunda classe' –, difere-se do casamento no tocante à concepção deste como um ato jurídico formal e solene. Aliás, nunca se afirmou a completa e inexorável coincidência entre os institutos da união estável e do casamento, mas apenas a inexistência de predileção constitucional ou de superioridade familiar do casamento em relação a outra espécie de entidade familiar. Sendo assim, apenas o casamento (e não a união estável) representa ato jurídico cartorário e solene que gera presunção de publicidade do estado civil dos contratantes, atributo que parece ser a forma de assegurar a terceiros interessados ciência quanto a regime de bens, estatuto pessoal, patrimônio sucessório etc." (STJ, REsp 1.299.866/DF, Rel. Min. Luis Felipe Salomão, j. 25.02.2014). O atual CPC e a Lei do SERP incrementaram o debate a respeito do tema, como se verá ao final deste tópico, com a citação de outros julgados. No Projeto de Reforma do Código Civil, inclui-se a exigência da *outorga convivencial* para determinados atos e negócios jurídicos, somente se ela estiver registrada no Cartório de Registro Civil (projetado art. 1.647, *caput* e § 3º).

**3.ª Observação** – O CC/2002 encerra polêmica anterior prevendo expressamente que o regime legal da união estável é o da comunhão parcial de bens. Assim, não se cogita mais a prova de eventual esforço comum para a comunicação de bens. Nesse sentido, o Enunciado n. 115 do CJF/STJ, da *I Jornada de Direito Civil*, pelo qual há presunção de comunhão de aquestos na constância da união mantida entre os companheiros, sendo desnecessária a prova do esforço comum para se comunicarem os bens adquiridos a título oneroso durante esse período.

Ainda quanto ao art. 1.725 da Lei Geral Privada, almeja-se no atual Projeto de Reforma do Código Civil um texto mais objetivo, revogando-se expressamente a norma retirando-se a controversa locução "no que couber", que gera divergências desde o seu surgimento na codificação privada. Assim, o preceito passará a prever o seguinte, em novo comando: "Art. 1.564-B. Aplica-se à união estável, salvo se houver pacto convivencial ou contrato de convivência dispondo de modo diverso, o regime da comunhão parcial de bens". A regra, portanto, é a equiparação das duas entidades familiares no que diz respeito ao tratamento patrimonial e do regime de bens, o que é retirado dos comentários a vários dispositivos desenvolvidos neste livro. Entretanto, restarão diferenças nas regras de formalidades e solenidades, hipótese em que a equiparação total entre a união estável e o casamento somente estará presente se a união estável for registrada no Livro E perante o Cartório de Registro Civil das Pessoas Naturais. As propostas, portanto, são de simplificação e de busca da segurança jurídica e da estabilidade das relações privadas, afastando debates infindáveis a respeito da matéria.

Como pontuado há pouco, em 2023, o Conselho Nacional de Justiça regulamentou, por necessárias normas administrativas, o registro da união estável no Livro E do Cartório de Registro Civil e a sua conversão extrajudicial em casamento, matérias tratadas pela Lei do SERP, por meio dos Provimentos n. 141 e n. 146, que contaram com a minhas colaborações, em grupo de trabalho nomeado pelo Corregedor-Geral de Justiça, Ministro Luis Felipe Salomão. Posteriormente, as regras foram incorporadas ao Código Nacional de

CAP. 8 • DIREITO DE FAMÍLIA | **1543**

Normas (CNN), nos seu arts. 537 a 553. Vejamos as suas regras principais, especialmente porque tratam de temas afeitos aos efeitos pessoais a patrimoniais da união estável, tratados neste tópico.

De início, está previsto que é facultativo, e não obrigatório, o registro da união estável, mantida entre o homem e a mulher, ou entre duas pessoas do mesmo sexo, no Livro E do Cartório de Registro das Pessoas Naturais (art. 537 do CNN). Esse registro confere efeitos jurídicos à união estável perante terceiros, ou seja, eficácia *erga omnes*, o que sempre foi buscado e desejado por alguns. Com a Lei do SERP, em especial com o tratamento na Lei de Registros Públicos e essa previsão normativa, penso não haver mais dúvida quanto à criação de um estado civil de companheiro no caso desse registro da união estável.

O § 3.º do art. 537 do Código Nacional de Normas preceitua que os títulos admitidos para registro ou averbação podem ser: *a)* sentenças declaratórias do reconhecimento e de dissolução da união estável; *b)* escrituras públicas declaratórias de reconhecimento da união estável; *c)* escrituras públicas declaratórias de dissolução da união estável; e *d)* termos declaratórios de reconhecimento e de dissolução de união estável formalizados perante o oficial de registro civil das pessoas naturais, exigida a assistência de advogado ou de defensor público no caso de dissolução da união estável nos termos da aplicação analógica do art. 733 do CPC. Como é notório, a menção ao termo declaratória foi uma das inovações da Lei do SERP.

O registro de reconhecimento ou de dissolução da união estável somente poderá indicar as datas de início ou de fim da união estável se estas constarem de um dos seguintes meios: *a)* decisão judicial; *b)* procedimento de certificação eletrônica de união estável realizado perante oficial de registro civil; ou *c)* escrituras públicas ou termos declaratórios de reconhecimento ou de dissolução de união estável, desde que a data de início ou, se for o caso, do fim da união estável corresponda à data da lavratura do instrumento; e os companheiros declarem expressamente esse fato no próprio instrumento ou em declaração escrita feita perante o oficial de registro civil das pessoas naturais quando do requerimento do registro (§ 4.º do art. 537 do Código Nacional de Normas).

Como não poderia ser diferente, em havendo nascituro ou filhos incapazes do casal, a dissolução da união estável somente será possível por meio de sentença judicial (art. 537, § 6.º, do Código Nacional de Normas), exatamente como está previsto para o casamento, nos termos do art. 733 do Código de Processo Civil.

Sobre o *termo declaratório* de reconhecimento e dissolução da união estável, uma das principais inovações da Lei do SERP, o art. 538 do Código Nacional de Normas, estabelece que ele consistirá em declaração, por escrito, de ambos os companheiros perante o ofício de registro civil das pessoas naturais de sua livre escolha, com a indicação de todas as cláusulas admitidas nos demais títulos, inclusive a escolha de regime de bens e de inexistência de lavratura de termo declaratório anterior. A norma também estabelece que lavrado esse termo, o título ficará arquivado na serventia, preferencialmente de forma eletrônica, em classificador próprio, expedindo-se a certidão correspondente aos companheiros.

Esse comando também prevê que as informações de identificação dos termos deverão ser inseridas em ferramenta disponibilizada pela Central de Registro Civil. Por ser facultativo, o registro do termo declaratório dependerá de requerimento conjunto dos companheiros. Quando requerido, o oficial que formalizou o termo declaratório deverá encaminhar o título para registro ao ofício competente, por meio da Central de Registro Civil. É vedada a lavratura de termo declaratório de união estável havendo um anterior lavrado com os mesmos companheiros, devendo o oficial consultar a Central previamente à lavratura e consignar o resultado no termo.

No que diz respeito às despesas, o § 6.º do art. 538 do Código Nacional de Normas previu que enquanto não for editada legislação específica no âmbito dos estados e do Distrito Federal, o valor dos emolumentos para os termos declaratórios de reconhecimento ou de dissolução da união estável será de 50% do valor previsto para o procedimento de habilitação de casamento. Já para o procedimento de certificação eletrônica da união estável, que ainda será estudado, será de 50% do valor previsto para o procedimento de habilitação de casamento.

Muito se criticou, sobretudo entre os notários, essa regulamentação, sustentando-se que ela estava invadindo atribuições que seriam apenas dos Tabelionatos, principalmente quanto ao reconhecimento e à dissolução da união estável por escritura pública. Tradicionalmente, no âmbito extrajudicial, esses atos vinham sendo efetivados por esse meio.

Todavia, a divisão de atribuições, agora também para os registradores civis das pessoas naturais, não veio das normas do CNJ, mas da Lei do SERP, ao tratar do registro da união estável no Livro E e da possibilidade de sua dissolução, por meio do que se convencionou chamar de "distrato", nas serventias dos Cartórios de Registros das Pessoas Naturais (RCPN).

A verdade é que a realidade prática revela que a grande maioria dos brasileiros optam pela união estável para fugir dos gastos e das despesas com as solenidades do casamento, especialmente as decorrentes da sua celebração, que ainda é excessivamente burocrática. Passam, assim, a viver uma união estável informal e livre. Todavia, com o passar dos anos, e com a aquisição de bens comuns com o companheiro, surge a necessidade, por questão de segurança jurídica, de formalizar e regulamentar a convivência, do ponto de vista civil.

Nessa realidade, a formalização deve ser a mais acessível e a menos custosa possível e no Cartório que tenha mais proximidade e penetração no interior do Brasil, qual seja o Cartório de Registro das Pessoas Naturais. Foi essa a mentalidade que orientou a elaboração do Provimento 141 do CNJ e que me convenceu. As normas não devem ser elaboradas para atender apenas aos interesses de um determinado grupo, e em especial nas grandes metrópoles, mas, sim, para atender aos anseios de toda a sociedade desse imenso País.

De todo modo, uma das críticas mais contundentes que então se formulou ao Provimento 141 disse respeito à necessidade de elaboração de uma escritura pública, para a partilha de bens imóveis adquirido durante a união e com valor superior a trinta salários mínimos, nos termos do que está no art. 108 do Código Civil. Atendendo a esse clamor, foi editada pela Corregedoria-Geral de Justiça o Provimento 146 do CNJ, que incluiu no art. 538 um § 7.º, prevendo que a certidão relativa ao termo declaratório de união estável título é hábil à formalização da partilha de bens realizada no termo declaratório perante órgãos registrais, respeitada, porém, a obrigatoriedade de escritura pública nas hipóteses legais, como na do art. 108 do Código Civil.

Especificamente quanto ao registro dos títulos de declaração de reconhecimento ou de dissolução da união estável no Livro E, está tratado no art. 539 do Código de Nacional de Normas, devendo ser feito no Cartório de Registro das Pessoas Naturais em que os companheiros têm ou tiveram sua última residência, e dele deverão constar, no mínimo: *a)* as informações indicadas nos incs. I a VIII do art. 94-A da Lei de Registros Públicos, aqui antes estudados; *b)* a data do termo declaratório e serventia de registro civil das pessoas naturais em que formalizado, quando for o caso; *c)* caso se trate da hipótese de reconhecimento de união estável no exterior, a indicação do País em que foi lavrado o título estrangeiro envolvendo união estável com, ao menos, um brasileiro; e a indicação do país em que os companheiros tinham domicílio ao tempo do início da união estável e, no caso de serem diferentes, a indicação do primeiro domicílio convivencial; e *d)* data de início e de fim da união estável.

CAP. 8 • DIREITO DE FAMÍLIA | **1545**

Também nos termos do que está na Lei do SERP, no caso de união estável estrangeira, somente será admitido o registro, se o título expressamente referir-se à união estável regida pela legislação brasileira ou se houver sentença de juízo brasileiro reconhecendo a equivalência do instituto estrangeiro (art. 539, § 1.º, do CNN). Em havendo a inviabilidade do registro do título estrangeiro, é admitido que os companheiros registrem um título brasileiro de declaração de reconhecimento ou de dissolução de união estável, ainda que este consigne o histórico jurídico transnacional do convívio *more uxorio* (art. 539, § 2.º, do CNN). Não são afastadas, conforme o caso, a exigência do registro da tradução juramentada nem a prévia homologação da sentença estrangeira (art. 539, § 3.º, do CNN).

Por questão de segurança jurídica, e diante de uma notória aproximação entre essa união estável formalizada e o casamento, não poderá ser promovido o registro, no Livro E, de união estável de pessoas casadas, ainda que separadas de fato, exceto se separadas judicialmente ou extrajudicialmente, ou se a declaração da união estável decorrer de sentença judicial transitada em julgado. Na hipótese de pessoas indicadas como casadas no título, a comprovação da separação judicial ou extrajudicial poderá ser feita até a data da prenotação desse título, hipótese em que o registro deverá mencionar expressamente essa circunstância e o documento comprobatório apresentado (art. 545 do CNN).

Em todas as certidões relativas ao registro de união estável no Livro E, constará advertência expressa de que esse registro não produz os efeitos da conversão da união estável em casamento (art. 546 do CNN).

Pois bem, tendo em vista o fato de a Lei do SERP tratar tanto da declaração de reconhecimento quanto da extinção da união estável formalizada, por "distrato", o Conselho Nacional de Justiça, com correta motivação legal, passou a tratar da alteração extrajudicial do regime de bens na união estável. Nesse contexto, consoante o art. 547 do Código Nacional de Normas, é admissível o processamento do requerimento de ambos os companheiros para a alteração de regime de bens no registro de união estável, diretamente perante o Cartório de Registro Civil das Pessoas Naturais (RCPN), desde que o requerimento tenha sido formalizado pelos companheiros, pessoalmente perante o registrador ou por meio de procuração por instrumento público.

Em tais situações, o oficial do RCPN averbará a alteração do regime de bens à vista do requerimento, consignando expressamente o seguinte: "a alteração do regime de bens não prejudicará terceiros de boa-fé, inclusive os credores dos companheiros cujos créditos já existiam antes da alteração do regime" (art. 547, § 1.º, do Código Nacional de Normas). A previsão é louvável, visando à necessária proteção dos direitos de terceiros, assegurando a circulação de bens e negócios, o tráfego jurídico, sempre almejado pelo Direito Civil.

Na hipótese de a certidão de interdições ser positiva, a alteração de regime de bens deverá ocorrer por meio de processo judicial, o que igualmente visa proteger terceiros e os próprios conviventes (art. 547, § 2.º, do Código Nacional de Normas).

Ademais, novamente para atender ao clamor dos notários, oriundo do Provimento 146, foi incluída previsão segundo a qual quando no requerimento de alteração de regime de bens houver proposta de partilha de bens – respeitada a obrigatoriedade de escritura pública nas hipóteses legais, como na do art. 108 do Código Civil – ou quando as certidões dos distribuidores de feitos judiciais cíveis e de execução fiscal, da Justiça do Trabalho e dos tabelionatos de protestos forem positivas, os companheiros deverão estar assistidos por advogado ou defensor público, assinando com este o pedido (art. 547, § 3.º, do Código Nacional de Normas). A presença do advogado ou do defensor visa à proteção dos interesses das partes, sendo fundamental essa previsão.

Mais uma vez, assim como se dá no casamento, e na linha da jurisprudência do Superior Tribunal de Justiça aqui antes estudada, a alteração extrajudicial do regime de bens da união estável não pode ter efeitos *ex tunc*. Nesse contexto, como está expresso no § 4.º desse preceito, o novo regime de bens produzirá efeitos a contar da respectiva averbação no registro da união estável, não retroagindo aos bens adquiridos anteriormente em nenhuma hipótese, em virtude dessa alteração. A norma observa, contudo, que se o regime escolhido for o da comunhão universal de bens, os seus efeitos atingem todos os bens existentes no momento da alteração, ressalvados os direitos de terceiros. Todavia, como desenvolvi no Capítulo 3 deste livro, trata-se de efeito decorrente do regime da comunhão universal, e não da modificação do regime, que sempre tem efeitos *ex nunc*.

Em continuidade de estudo, o § 5.º do art. 547 do Código Nacional de Normas estatui que a averbação de alteração de regime de bens no registro da união estável informará o regime anterior, a data de averbação, o número do procedimento administrativo, o registro civil processante e, se houver, a realização da partilha; previsões que visam mais uma vez a atender à segurança jurídica.

Esse requerimento pode ser processado perante o ofício de registro civil das pessoas naturais de livre escolha dos companheiros, hipótese em que caberá ao oficial que recepcionou o pedido encaminhá-lo ao ofício competente por meio da Central de Registro Civil (art. 547, § 6.º, do CNN). Se for o caso, quando processado perante serventia diversa daquela em que consta o registro da união estável, deverá o procedimento ser encaminhado ao ofício competente, por meio da Central, para que se proceda à respectiva averbação (art. 547, § 8.º, do CNN).

Mais uma vez quanto às despesas, está no seu § 7.º que, enquanto não for editada legislação específica no âmbito dos estados e do Distrito Federal, o valor dos emolumentos para o processamento do requerimento de alteração de regime de bens no registro da união estável corresponderá ao valor previsto para o procedimento de habilitação de casamento.

Como última regra sobre a alteração extrajudicial do regime de bens na união estável, para a instrução do seu procedimento, o oficial exigirá a apresentação dos seguintes documentos: *a)* certidão do distribuidor cível e execução fiscal do local de residência dos últimos cinco anos; *b)* certidão dos Tabelionatos de Protestos do local de residência dos últimos cinco anos; *c)* certidão da Justiça do Trabalho do local de residência dos últimos cinco anos; *d)* certidão de interdições perante o 1.º ofício de registro civil das pessoas naturais do local da residência dos interessados dos últimos cinco anos; e *e)* conforme o caso, proposta de partilha de bens – respeitada a obrigatoriedade de escritura pública nas hipóteses legais, como na do art. 108 do Código Civil, previsão incluída pelo Provimento 146 do CNJ –, ou declaração de que por ora não desejam realizá-la ou, ainda, de que inexistem bens a partilhar.

Feitas essas notas a respeito do registro da união estável, o art. 1.726 do CC trata da conversão da união estável, exigindo uma ação judicial a ser proposta por ambos os cônjuges, *in verbis*: "a união estável poderá converter-se em casamento, mediante pedido dos companheiros ao juiz e assento no Registro Civil". A norma sempre foi criticada, por desobedecer ao mandamento constitucional de facilitar a citada conversão ao exigir a ação judicial, realidade jurídica que foi alterada pela Lei do SERP (Lei 14.382/2022).

Sintonizadas com o Texto Maior, já existiam normas das corregedorias dos Tribunais de Justiça que dispensam a demanda, podendo o pedido de conversão ser requerido perante o Oficial do Registro Civil. Cite-se, por exemplo, Provimento 25/2005 do Tribunal de Justiça de São Paulo, atualizado pelo Provimento 41/2012.

Pode-se dizer que as últimas normas *desobedeciam* ao Código Civil, mas obedeciam à Constituição Federal de 1988, devendo prevalecer. Em julgado de 2017, entendeu o Superior Tribunal de Justiça que "os arts. 1.726, do CC e 8.º, da Lei 9.278/96 não impõem a obrigatoriedade de que se formule pedido de conversão de união estável em casamento exclusivamente pela via administrativa. A interpretação sistemática dos dispositivos à luz do art. 226, § 3.º, da Constituição Federal confere a possibilidade de que as partes elejam a via mais conveniente para o pedido de conversão de união estável em casamento" (STJ, REsp 1.685.937/RJ, 3.ª Turma, Rel. Min. Nancy Andrighi, j. 17.08.2017, *DJe* 22.08.2017).

Como se nota, o acórdão superior reconhecia a possibilidade da via administrativa ou extrajudicial para a conversão da união estável em casamento, mas conclui não ser ela exclusiva. Na mesma esteira, o Enunciado n. 31 do IBDFAM, aprovado no *XII Congresso de Direito das Famílias e das Sucessões,* em outubro de 2019, que contou com o meu voto positivo: "a conversão da união estável em casamento é um procedimento consensual, administrativo ou judicial, cujos efeitos serão *ex tunc,* salvo nas hipóteses em que o casal optar pela alteração do regime de bens, o que será feito por meio de pacto antenupcial, ressalvados os direitos de terceiros".

Seguindo o que estava nas normas administrativas dos Estados e o clamor doutrinário, a Lei 14.382/2022 (Lei do SERP) tratou de forma correta e precisa da questão, sofrendo grande influência da norma paulista e praticamente reproduzindo os procedimentos nela previstos.

Conforme o novo art. 70-A da LRP, a conversão da união estável em casamento deverá ser requerida pelos companheiros perante o oficial de registro civil de pessoas naturais de sua residência. Dispensa-se, portanto, a ação judicial, para tanto seguindo-se, finalmente e por meio de norma jurídica, a ordem constitucional de sua facilitação.

Consoante o seu § 1.º, recebido o requerimento de conversão, será iniciado o processo de habilitação sob o mesmo rito previsto para o casamento e deverá constar dos proclamas que se trata de conversão de união estável em casamento. Além disso, em caso de requerimento de conversão de união estável por mandato, a procuração deverá ser por escritura pública e com prazo máximo de trinta dias (art. 70-A, § 2.º, da Lei de Registros Públicos).

Se estiver em termos o pedido, ou seja, sem qualquer problema de forma ou de essência, será lavrado o assento da conversão da união estável em casamento, independentemente de autorização judicial, prescindindo-se ou dispensando-se o ato da celebração do matrimônio (art. 70-A, § 3.º, da Lei de Registros Públicos). O assento da conversão da união estável em casamento será lavrado no Livro B, sem a indicação da data e das testemunhas da celebração, do nome do presidente do ato e das assinaturas dos companheiros e das testemunhas, anotando-se no respectivo termo que se trata de conversão de união estável em casamento (art. 70-A, § 4.º, da Lei de Registros Públicos).

Além disso, a conversão da união estável dependerá da superação dos impedimentos legais para o casamento, previstos no art. 1.521 do Código Civil, sujeitando-se à adoção do regime patrimonial de bens, na forma dos preceitos da lei civil (art. 70-A, § 4.º, da Lei de Registros Públicos). Assim, em regra, na citada conversão será adotado o regime da comunhão parcial de bens, que é o regime legal ou supletório do casamento (art. 1.640 do Código Civil). Como se verá à frente, houve detalhamento desse assunto por meio de provimentos do CNJ, do ano de 2023.

Questão interessante diz respeito à imposição do regime da separação legal ou obrigatória de bens, tratado no art. 1.641 do Código Civil, havendo a citada conversão, como na hipótese de ser um dos cônjuges ou ambos maiores de 70 anos. Sobre a dúvida, o Enunciado n. 261 da *III Jornada de Direito Civil* prevê que "a obrigatoriedade do regime da separação de bens não se aplica a pessoa maior de sessenta anos, quando o casamento for precedido de união estável iniciada antes dessa idade". Da jurisprudência superior,

# 1548 | MANUAL DE DIREITO CIVIL • VOLUME ÚNICO – *Flávio Tartuce*

aplicando a premissa constante da ementa doutrinária, do Superior Tribunal de Justiça, posição que deve ser mantida com o surgimento da Lei 14.382/2022:

> "O reconhecimento da existência de união estável anterior ao casamento é suficiente para afastar a norma, contida no CC/16, que ordenava a adoção do regime da separação obrigatória de bens nos casamentos em que o noivo contasse com mais de sessenta, ou a noiva com mais de cinquenta anos de idade, à época da celebração. As idades, nessa situação, são consideradas reportando-se ao início da união estável, não ao casamento" (STJ, REsp 918.643/RS, 3.ª Turma, Rel. Min. Massami Uyeda, j. 26.04.2011, *DJe* 13.05.2011).

Pontue-se que o acórdão menciona idades diversas do homem e da mulher, porque diz respeito a fatos que ocorreram na vigência do Código Civil de 1916, incidindo a última norma. Mais recentemente, do mesmo Tribunal Superior, entendeu-se que: "(...) afasta-se a obrigatoriedade do regime de separação de bens quando o matrimônio é precedido de longo relacionamento em união estável, iniciado quando os cônjuges não tinham restrição legal à escolha do regime de bens, visto que não há que se falar na necessidade de proteção do idoso em relação a relacionamentos fugazes por interesse exclusivamente econômico. Interpretação da legislação ordinária que melhor a compatibiliza com o sentido do art. 226, § 3.º, da CF, segundo o qual a lei deve facilitar a conversão da união estável em casamento" (STJ, REsp 1.318.281/PE, 4.ª Turma, Rel. Min. Maria Isabel Gallotti, j. 1.º.12.2016, *DJe* 07.12.2016). Reafirmo que essa conclusão tende a ser mantida com o novo tratamento legislativo, tendo sido adotada pela normatização do CNJ surgida em 2023, ainda a ser estudada.

Voltando-se ao art. 70-A da Lei de Registros Públicos, o seu § 6.º enuncia que "não constará do assento de casamento convertido a partir da união estável a data do início ou o período de duração desta, salvo no caso de prévio procedimento de certificação eletrônica de união estável realizado perante oficial de registro civil". Nessa previsão, como bem apontava Márcia Fidelis Lima, parece haver um erro material, ou "a sua redação não deixou clara a intenção do legislador". Interroga a autora: "o que seria o 'procedimento de certificação eletrônica'? Seria algo que apontasse o prévio procedimento de registro no Livro E? Seria algo parecido com um processo judicial de justificação? Não ficou clara essa redação, a menos que a linguagem seja específica e tecnicamente utilizada em sede de tecnologia da informação".[159] Em 2023, o Conselho Nacional de Justiça regulamentou esse instituto, como se verá a seguir.

Como última norma legal a respeito da conversão, o § 7.º do novo art. 70-A da Lei 6.015/1973 enuncia que, se estiver em termos o pedido, o falecimento da parte no curso do processo de habilitação não impedirá a lavratura do assento de conversão de união estável em casamento. Trata-se de norma que mais uma vez segue solução dada no Estado de São Paulo, por meio de decisão de sua Corregedoria-Geral de Justiça, no ano de 2005:

> "Registro Civil de Pessoas Naturais. Conversão de união estável em casamento. Requerimento conjunto dos conviventes. Falecimento do varão no curso do processo de habilitação que, apesar disso, foi concluído. Inexistência de impedimento para o casamento. Desnecessidade de celebração e de assinatura dos cônjuges no assento. Possibilidade de sua lavratura. Ato do Oficial. Necessidade, apenas, de ser

---

[159] LIMA, Márcia Fidelis. Lei n. 14.382/2002 – primeiras reflexões interdisciplinares do registro civil das pessoas naturais e o direito das famílias. *Revista IBDFAM – Famílias e Sucessões*, Belo Horizonte, n. 51, p. 35, maio/jun. 2022.

o requerimento submetido ao Juiz Corregedor Permanente. Antecedente desta E. Corregedoria-Geral da Justiça. Recurso provido para permitir a conversão pretendida" (Portaria de Decisão da Corregedoria-Geral da Justiça – Atos do Registro Civil – Conversão de união estável em casamento – Falecimento no curso de processo de habilitação, Proc. 834/2004 (328/2004-E), Recurso Administrativo, recorrente: Excelentíssimo Senhor Corregedor-Geral da Justiça: São Paulo, 30 de dezembro de 2004, José Marcelo Tossi Silva – Juiz Auxiliar da Corregedoria. Aprovo o parecer do MM. Juiz Auxiliar da Corregedoria e por seus fundamentos, que adoto, dou provimento ao recurso interposto. Publique-se. São Paulo, 04.01.2005. José Mário Antonio Cardinale – Corregedor-Geral da Justiça).

Pois bem, sobre o tratamento do Conselho Nacional de Justiça que surgiu no ano de 2023, por meio dos seus Provimentos n. 141 e n. 146, depois incorporados ao Código Nacional de Normas, o seu art. 549 trata do assento de conversão da união estável em casamento. Dele deverão constar, além dos requisitos tradicionais do assento do casamento (art. 70 da Lei de Registros Públicos), o nome do presidente do ato, as assinaturas dos companheiros e das testemunha, os seguintes dados: *a)* registro anterior da união estável, com especificação dos seus dados de identificação (data, livro, folha e ofício) e a individualização do título que lhe deu origem; *b)* o regime de bens que vigorava ao tempo da união estável na hipótese de ter havido alteração no momento da conversão em casamento, desde que o referido regime estivesse indicado em anterior registro de união estável ou em um dos títulos admitidos para registro ou averbação, aqui antes estudados; *c)* a data de início da união estável; e *d)* a seguinte advertência no caso de o regime de bens vigente durante a união estável ser diferente do adotado após a conversão desta em casamento, o que novamente visa à segurança jurídica: "este ato não prejudicará terceiros de boa-fé, inclusive os credores dos companheiros cujos créditos já existiam antes da alteração do regime".

Como outra regra importante para a proteção de direitos de terceiros, o art. 550 do Código Nacional de Normas estabelece que o regime de bens na conversão da união estável em casamento observará os preceitos da lei civil, inclusive quanto à forma exigida para a escolha de regime de bens diverso do legal, nos moldes do art. 1.640, parágrafo único, do Código Civil.

Assim, em regra, será aplicável regime legal ou supletório da união estável, qual seja o da comunhão parcial de bens (art. 1.725 do Código Civil). Todavia, podem os companheiros optarem, na conversão, por outro regime, como a separação convencional de bens.

Como premissa geral, a conversão da união estável em casamento implica a manutenção, para todos os efeitos, do regime de bens que existia no momento dessa conversão, salvo pacto antenupcial em sentido contrário (art. 550, § 1.º, do CNN). Quando na conversão for adotado novo regime, caso da separação convencional de bens, será exigida a apresentação de pacto antenupcial, salvo se o novo regime for o da comunhão parcial de bens, hipótese em que se exigirá apenas a declaração expressa e específica dos companheiros nesse sentido, quando da conversão (art. 550, § 2.º, do CNN). Assim, no último caso, não se exige a formalidade da escritura pública

Como antes sustentei, seguindo sugestão por mim elaborada, § 3.º do art. 550 prevê que não se aplica o regime da separação legal de bens do art. 1.641, inciso II, do Código Civil – da pessoa maior de setenta anos –, se inexistia essa obrigatoriedade na data a ser indicada como início da união estável no assento de conversão de união estável em casamento ou se houver decisão judicial em sentido contrário. Como antes pontuado, essa é a posição amplamente majoritária da doutrina e da jurisprudência, que foi incorporada à norma administrativa, o que é sempre salutar.

Além disso, a normatização administrativa, novamente de forma correta e seguindo a posição consolidada da doutrina e da jurisprudência, prevê, no § 4.º do art. 550 do Código Nacional de Normas, que não se impõe o regime de separação legal de bens, previsto no art. 1.641, inc. I, do Código Civil, se superada a causa suspensiva do casamento quando da conversão. Assim, a título de exemplo, caso um dos companheiros, viúvo ou viúva, não tenha feito a partilha dos bens do casamento anterior e essa divisão ocorra posteriormente, estando presente quando da conversão que ora se estuda, não se impõe o regime de separação obrigatória de bens, eis que superada a causa suspensiva que o impõe.

O regime de bens a ser indicado no assento de conversão de união estável em casamento deverá ser: *a)* o mesmo do consignado em um dos títulos admitidos para registro ou averbação, se houver; ou no pacto antenupcial ou na declaração dos companheiros; *b)* o regime da comunhão parcial de bens nas demais hipóteses, que é o regime legal ou supletório da união estável (art. 550, § 5.º, do CNN).

Para os fins de registro no Cartório de Registro de Imóveis e eficácia *erga omnes*, o § 6.º do art. 550 do CNN estabelece que, "para efeito do art. 1.657 do Código Civil, o título a ser registrado em livro especial no Registro de Imóveis do domicílio do cônjuge será o pacto antenupcial ou, se este não houver na forma do § 1.º deste artigo, será um dos títulos admitidos neste Código para registro ou averbação em conjunto com a certidão da conversão da união estável em casamento".

Completando a regra do novo art. 70-A, § 7.º, da Lei de Registros Públicos, incluído pela Lei do SERP, o art. 552 do Código de Normas prevê que o falecimento da parte no curso do procedimento de habilitação não impedirá a lavratura do assento de conversão de união estável em casamento, se estiver "em termos" o pedido, assim considerado quando houver pendências não essenciais, entendidas como aquelas que não elidam a firmeza da vontade dos companheiros quanto à conversão e que possam ser sanadas pelos herdeiros do falecido. Imagine-se, a título de exemplo, um caso concreto em que existem várias manifestações positivas dos companheiros, inclusive daquele que faleceu durante o procedimento, dos seus interesses e das vontades inquestionáveis em converter a união em casamento.

Como não poderia ser diferente, e na linha das notas doutrinárias antes expostas, a regulamentação administrativa do CNJ também tratou do *procedimento de certificação eletrônica da união estável*, que está expresso no novo art. 70-A, § 6.º, da Lei de Registros Públicos. Essa regulamentação era mais do que necessária e foi efetivada de forma abrangente, na linha do que foi inserido na legislação pela Lei do SERP, sobretudo diante dos tratamentos do registro da união estável no Livro E do Cartório de Registro Civil e da conversão extrajudicial da união estável em casamento.

A normatização do novo instituto está no art. 553 do Código Nacional de Normas, segundo o qual, o procedimento de certificação eletrônica de união estável realizado perante oficial de registro civil autoriza a indicação das datas de início e, se for o caso, de fim da união estável no registro; tendo natureza facultativa e não obrigatória. Advirta-se, porém, que na linha da jurisprudência do Superior Tribunal de Justiça aqui antes colacionada e ora mantida, na data de início da união estável não é possível juridicamente estabelecer a adoção de um regime de bens diverso da comunhão parcial com eficácia retroativa (por todos: STJ, REsp 1.383.624/MG, 3.ª Turma, Rel. Min. Moura Ribeiro, j. 02.06.2015, *DJe* 12.06.2015). Aguardemos se com a nova normatização a jurisprudência superior será alterada.

Sobre o procedimento em si, ele se inicia com pedido expresso dos companheiros para que conste do registro as datas de início ou de fim da união estável. Como está nesse § 1.º do art. 553, o pedido poderá ser eletrônico ou não, ou seja, a *certificação não será obrigatoriamente eletrônica*.

Para comprovar as datas de início ou, se for o caso, de fim da união estável, os companheiros valer-se-ão de todos os meios probatórios em direito admitidos (art. 553, § 2.º, do Código Nacional de Normas). O registrador entrevistará os companheiros e, se houver, as testemunhas para verificar a plausibilidade do pedido (art. 553, § 3.º). Essa entrevista deverá ser reduzida a termo e assinada pelo registrador e pelos entrevistados (art. 553, § 4.º). Em havendo suspeitas de falsidade da declaração ou de fraude, o registrador poderá exigir provas adicionais (art. 553, § 5.º).

Após essa tramitação do procedimento, caberá decisão fundamentada ao registrador civil que, nos termos da Lei do SERP e da regulamentação pelo CNJ (art. 553, § 6.º, do CNN), tem poder decisório, exercendo, no meu entender, jurisdição privada. Essa é, aliás, a tendência das normatizações recentes e das propostas legislativas que tramitam no Congresso Nacional, em prol da extrajudicialização e da redução de burocracias.

Eventualmente, no caso de indeferimento do pedido de certificação pelo registrador civil, os companheiros poderão requerer a ele a suscitação de dúvida dentro do prazo de 15 dias da ciência (art. 553, § 7.º). O registrador deverá sempre arquivar os autos do procedimento de certificação, sobretudo por trazer informações pessoais relevantes (art. 553, § 8.º).

Como última regra, está previsto ser dispensado o procedimento de certificação eletrônica de união estável nas hipóteses em que se admite a indicação das datas de início e de fim da união estável no registro de reconhecimento ou de dissolução da união estável, como nas situações em que ela tem origem em uma escritura pública ou em decisão judicial (art. 553, § 9.º, do Código Nacional de Normas).

Como se pode perceber, confirma-se, com todas essas previsões normativas, uma equiparação total entre a união estável formalizada perante o Cartório de Registro Civil das Pessoas Naturais e o casamento, passando a haver uma *união estável superqualificada*, com amplo tratamento legal e com a incidência de praticamente as mesmas normas.

Expostas as novas previsões legais e administrativas, observo que o art. 1.726 do Código Civil não foi revogado expressamente pela Lei 14.382/2022. Ademais, não me parece ter havido revogação tácita – nos termos do art. 2.º da LINDB –, pois a Lei de Registros Públicos trata apenas da conversão extrajudicial da união estável em casamento.

Sendo assim, já sustentava que ainda restaria aos companheiros a opção de efetivarem a conversão judicial, apesar de ser importante reconhecer que essa solução será esvaziada, na prática, pela via extrajudicial. Exatamente nesse sentido, segundo o art. 551 do Código Nacional de Normas, seguindo outra sugestão formulada por mim no grupo de trabalhos montado pelo Corregedor-Geral de Justiça, para tratar do assunto: "a conversão extrajudicial da união estável em casamento é facultativa e não obrigatória, cabendo sempre a via judicial, por exercício da autonomia privada das partes".

Anoto que, no atual Projeto de Reforma do Código Civil, confirmando-se o que está hoje na Lei do SERP, e a sua regulamentação pelo Conselho Nacional de Justiça, propõe-se a seguinte redação para o art. 1.564-C, em substituição ao art. 1.726 do CC, que é revogado expressamente: "a união estável poderá converter-se em casamento, por solicitação dos conviventes diretamente no Cartório de Registro Civil, das Pessoas Naturais, após o oficial certificar a ausência de impedimentos, na forma deste Código. Parágrafo único. Ter-se-á como data do início da união que se pretende converter em casamento a do registro e em caso de união estável de fato a data declarada pelos interessados ao oficial". De todo modo, apesar de a norma não mais mencionar a opção judicial, penso que ela ainda será possível, em casos em que houver dúvida do oficial do Cartório de Registro Civil quanto a sua viabilidade e possibilidade jurídica.

**1552** | MANUAL DE DIREITO CIVIL • VOLUME ÚNICO – *Flávio Tartuce*

Como outro assunto de relevo, no que concerne ao uso do nome do companheiro, a questão está regulamentada pelo art. 57, §§ 2.º a 6.º, da Lei de Registros Públicos, que foram igualmente modificados pela Lei do SERP (Lei 14.382/2022). Na sua redação original, a norma previa que a alteração posterior de nome somente por exceção e motivadamente, após a audiência do Ministério Público, seria permitida por sentença do juiz a que estivesse sujeito o registro.

Ademais, nos termos do seu § 2.º, "a mulher solteira, desquitada ou viúva, que viva com homem solteiro, desquitado ou viúvo, excepcionalmente e havendo motivo ponderável, poderá requerer ao juiz competente que, no registro de nascimento, seja averbado o patronímico de seu companheiro, sem prejuízo dos apelidos próprios, de família, desde que haja impedimento legal para o casamento, decorrente do estado civil de qualquer das partes ou de ambas". O juiz competente somente processaria o pedido, se tivesse a expressa concordância do companheiro, e se da vida em comum houverem decorrido, no mínimo, cinco anos ou existissem filhos dessa união (§ 3.º). O pedido de averbação só teria curso, quando desquitado o companheiro, se a ex-esposa houver sido condenada ou tiver renunciado ao uso dos apelidos do marido, ainda que dele receba pensão alimentícia (§ 4.º). O aditamento do nome seria cancelado a requerimento de uma das partes, ouvida a outra (§ 5.º).Por fim, estava previsto que tanto o aditamento quanto o cancelamento da averbação previstos no dispositivo seriam processados em segredo de justiça (art. 57, § 6.º, da Lei 6.015/1973, na redação anterior).

Existia dúvida sobre a aplicação desse comando, que apenas tratava do direito de a companheira utilizar o sobrenome do companheiro, em flagrante desrespeito à igualdade constitucional entre homens e mulheres (art. 5.º, inc. I, da CF/1988). Para Flávio Augusto Monteiro de Barros, a norma ainda se aplicaria, por ter caráter especial, regulamentando questão de registro público.[160] Todavia, filiava-se à corrente da inconstitucionalidade da norma, que ainda trazia o inconveniente de exigir um prazo mínimo para a união estável, mostrando total desatualização no atual sistema.[161]

Seguindo o último caminho, deveriam ser aplicadas à união estável as mesmas regras de uso do nome pelo cônjuge (arts. 1.565, § 1.º, e 1.578 do CC). Aplicando a última premissa, julgado publicado no *Informativo* n. *506* do STJ:

> "(...). É possível a alteração de assento registral de nascimento para a inclusão do patronímico do companheiro na constância de uma união estável, em aplicação analógica do art. 1.565, § 1.º, do CC, desde que seja feita prova documental da relação por instrumento público e nela haja anuência do companheiro cujo nome será adotado. O art. 57, § 2.º, da Lei 6.015/1973 outorgava, nas situações de concubinato, tão somente à mulher a possibilidade de averbação do patronímico do companheiro sem prejuízo dos apelidos próprios – entenda-se, sem a supressão de seu próprio sobrenome –, desde que houvesse impedimento legal para o casamento, não havendo específica regulação quanto à adoção de sobrenome pelo companheiro (união estável). A imprestabilidade desse dispositivo legal para balizar os pedidos de adoção de sobrenome dentro de uma união estável, situação completamente distinta daquela para a qual foi destinada a referida norma, reclama a aplicação analógica das disposições específicas do Código Civil relativas à adoção de sobrenome dentro do casamento, porquanto se

---

[160] BARROS, Flávio Augusto Monteiro de. *Manual de direito civil*. Direito de Família e das Sucessões. São Paulo: Método, 2005. v. 4, p. 100.

[161] Concluindo desse modo: RODRIGUES, Silvio. *Direito Civil*. Direito de Família. 25. ed. 3. tir. São Paulo: Saraiva, 2006. v. 6, p. 271. Trata-se de trecho atualizado por Francisco José Cahali. Para Maria Berenice Dias o dispositivo da Lei de Registros Públicos até pode ser aplicado desde que sejam afastadas todas as previsões que entram em confronto com o princípio da igualdade (DIAS, Maria Berenice. *Manual de Direito das Famílias*. 5. ed. São Paulo: RT, 2009. p. 166).

CAP. 8 · DIREITO DE FAMÍLIA | **1553**

mostra claro o elemento de identidade entre os institutos e a parelha *ratio legis* relativa à união estável com aquela que orientou o legislador na fixação dentro do casamento da possibilidade de acréscimo do sobrenome de um dos cônjuges ao do outro" (STJ, REsp 1.206.656/GO, Rel. Min. Nancy Andrighi, j. 16.10.2012).

A Lei do Sistema Eletrônico dos Registros Públicos (Lei 14.382/2022 – SERP) alterou todos esses comandos, passando a ser possível a inclusão extrajudicial de sobrenomes em virtude da união estável. Nos termos do novo § 2.º do art. 57 da Lei de Registros Públicos, "os conviventes em união estável devidamente registrada no registro civil de pessoas naturais poderão requerer a inclusão de sobrenome de seu companheiro, a qualquer tempo, bem como alterar seus sobrenomes nas mesmas hipóteses previstas para as pessoas casadas". Como se pode perceber, a inclusão do sobrenome diz respeito às uniões estáveis registradas e não se aplica às meras uniões de fato.

Assim, foi totalmente modificada a regulamentação do tema que existia anteriormente, e que não vinha sendo aplicada na prática, como se expôs. Houve revogação expressa do § 3.º do art. 57 da Lei de Registros Públicos, uma vez que, como exposto, dispositivo exigia requisitos hoje tidos como superados para a caracterização da união estável, não constantes do art. 1.723 do Código Civil. Também foram revogados os antigos §§ 4.º, 5.º e 6.º. Por fim, inseriu-se um novo § 3.º-A no comando, que segue a linha de ser o nome adotado pelo companheiro um direito da personalidade daquele que o incorporou, podendo ser mantido ou renunciado, assim como se tem reconhecido nos casos de casamento: "o retorno ao nome de solteiro ou de solteira do companheiro ou da companheira será realizado por meio da averbação da extinção de união estável em seu registro".

Destaco que no Projeto de Reforma do Código também se almeja a equiparação da união estável ao casamento para os fins do nome, incluindo-se previsão no seu art. 1.565, § 2.º, a afirmar que "qualquer dos nubentes ou conviventes, querendo, poderão acrescer ao seu o sobrenome do outro". Apenas há a confirmação, na Lei Geral Privada, do que hoje está consagrado pela Lei do SERP.

Superado esse ponto, repise-se que o art. 1.694 do CC/2002 assegura os alimentos entre os companheiros, como já previam as leis anteriores da união estável. Conforme será estudado, são aplicadas à união estável as mesmas regras previstas do casamento no que toca à verba alimentar. Em relação ao direito sucessório, o Código Civil de 2002 traz norma específica no seu art. 1.790, que será objeto de estudo do próximo capítulo desta obra.

Como outro tema de relevo, o Código de Processo Civil de 2015 teve a feliz opção de *equalizar* expressamente a união estável ao casamento em vários de seus preceitos, o que trará consequências para o modo como a comparação dessas entidades familiares é feita no âmbito do direito material, especialmente pelo fato de o Código Civil Brasileiro ter tratamento distinto entre o casamento e a união estável. O mesmo caminho é percorrido pelo Projeto de Reforma do Código Civil, no texto elaborado pela Comissão de Juristas nomeada no âmbito do Senado Federal.

Não se olvide de que, quando da elaboração do Estatuto Processual anterior, a união estável não era reconhecida expressamente como entidade familiar, o que somente ocorreu, concretamente e no plano legal, com a Constituição Federal de 1988, por força do seu art. 226, § 3.º. De qualquer forma, esclareça-se que a maioria das regras logo expostas já recebia a mesma interpretação pela doutrina e pela jurisprudência.

De início, o art. 144 do CPC/2015, em seus incisos III e IV, ampliou os impedimentos do juiz para os casos em que, no feito, for parte ou estiver postulando, como defensor público, advogado ou membro do Ministério Público, seu cônjuge ou companheiro, ou qualquer parente, consanguíneo ou afim, em linha reta ou colateral, até o terceiro grau, inclusive. Como é notório, o art. 134, incs. IV e V, do CPC/1973 somente fazia alusão ao cônjuge do juiz, e não ao seu companheiro. Quanto à citação, esta não será feita, salvo para evitar perecimento de direito ao cônjuge, ao companheiro ou a qualquer parente do morto, consanguíneo ou afim, em linha reta ou na linha colateral em segundo grau, no dia do falecimento e nos sete dias seguintes, visando à proteção do luto da família, verdadeiro direito da personalidade. Isso consta do art. 244, inc. II, do CPC/2015, sendo certo que a menção ao convivente não estava no art. 217, inc. II, do CPC/1973.

Em relação aos requisitos da petição inicial, na qualificação das partes, é necessário que conste viverem em união estável, se for o caso, entre os caracteres que formam a sua personalidade. Nos termos do art. 319, inc. II, do CPC/2015, "a petição inicial indicará: (...) II – os nomes, os prenomes, o estado civil, a existência de união estável, a profissão, o número de inscrição no Cadastro de Pessoas Físicas ou no Cadastro Nacional da Pessoa Jurídica, o endereço eletrônico, o domicílio e a residência do autor e do réu".

No que tange às provas, o companheiro não é obrigado a depor sobre fatos que gerem a desonra de seu consorte (art. 388, inc. III, do CPC/2015), quando é certo que não se mencionava o convivente no CPC anterior ou no Código Civil de 2002. Na mesma linha e ainda sobre a prova, nas ações que versarem sobre bens imóveis ou direitos reais sobre imóveis alheios, a confissão de cônjuge ou companheiro não valerá sem a do outro, salvo se o regime de casamento for o da separação absoluta de bens (art. 391, parágrafo único, do CPC/2015). No art. 350, parágrafo único, da norma processual anterior, não havia regra relativa à união estável, mais uma vez.

Quanto às testemunhas, ainda nessa seara probatória, são impedidos para tanto "o cônjuge, o companheiro, bem como o ascendente e o descendente em qualquer grau, ou o colateral, até o terceiro grau, de alguma das partes, por consanguinidade ou afinidade, salvo se o exigir o interesse público ou, tratando-se de causa relativa ao estado da pessoa, não se puder obter de outro modo a prova que o juiz repute necessária ao julgamento do mérito" (art. 447, § 2.º, inc. I, do CPC/2015, com destaque). A lei anterior, novamente, apenas expressava o cônjuge (art. 405, § 2.º, inc. I, do CPC/1973).

Em matéria de inventário, passou-se a reconhecer, na nova norma, a legitimidade do companheiro para a sua abertura e para ser nomeado como inventariante (arts. 617 e 618 do CPC/2015), o que não estava previsto no sistema anterior, apesar do reconhecimento dado por doutrina e jurisprudência.

O companheiro também é legitimado expressamente a opor embargos de terceiro para a tutela da sua meação pelo art. 674 do *Codex*, quando é certo que o art. 1.046 do CPC/1973 não o expressava. Seguiu-se, assim, o entendimento que era consolidado pela jurisprudência, especialmente pela superior (STJ, REsp 426.239/RS, 2.ª Turma, Rel. Min. Eliana Calmon, j. 04.05.2004, *DJ* 28.06.2004, p. 230).

Sem prejuízo de outros novéis comandos, o que parece gerar maiores repercussões para o direito material é o art. 73 do CPC/2015, a seguir confrontado com o art. 10 do Código de Processo anterior, para os devidos aprofundamentos:

| Código de Processo Civil de 2015 | Código de Processo Civil de 1973 |
| --- | --- |
| Art. 73. O cônjuge necessitará do consentimento do outro para propor ação que verse sobre direito real imobiliário, salvo quando casados sob o regime de separação absoluta de bens. | Art. 10. O cônjuge somente necessitará do consentimento do outro para propor ações que versem sobre direitos reais imobiliários. (*Redação dada pela Lei n.º 8.952, de 13.12.1994.*) |

| Código de Processo Civil de 2015 | Código de Processo Civil de 1973 |
|---|---|
| § 1.º Ambos os cônjuges serão necessariamente citados para a ação: | § 1.º Ambos os cônjuges serão necessariamente citados para as ações: (*Parágrafo único renumerado pela Lei n.º 8.952, de 13.12.1994.*) |
| I – que verse sobre direito real imobiliário, salvo quando casados sob o regime de separação absoluta de bens; | I – que versem sobre direitos reais imobiliários; (*Redação dada pela Lei n.º 8.952, de 13.12.1994.*) |
| II – resultante de fato que diga respeito a ambos os cônjuges ou de ato praticado por eles; | II – resultantes de fatos que digam respeito a ambos os cônjuges ou de atos praticados por eles; (*Redação dada pela Lei n.º 5.925, de 1.º.10.1973.*) |
| III – fundada em dívida contraída por um dos cônjuges a bem da família; | III – fundadas em dívidas contraídas pelo marido a bem da família, mas cuja execução tenha de recair sobre o produto do trabalho da mulher ou os seus bens reservados (*Redação dada pela Lei n. 5.925, de 1.º.10.1973*) |
| IV – que tenha por objeto o reconhecimento, constituição ou extinção de ônus sobre imóvel de um ou de ambos os cônjuges. | IV – que tenham por objeto o reconhecimento, a constituição ou a extinção de ônus sobre imóveis de um ou de ambos os cônjuges. (*Redação dada pela Lei n. 5.925, de 1.º.10.1973.*) |
| § 2.º Nas ações possessórias, a participação do cônjuge do autor ou do réu somente é indispensável nas hipóteses de compose ou de ato por ambos praticado. | § 2.º Nas ações possessórias, a participação do cônjuge do autor ou do réu somente é indispensável nos casos de composse ou de ato por ambos praticados. (*Incluído pela Lei n.º 8.952, de 13.12.1994.*) |
| § 3.º Aplica-se o disposto neste artigo à união estável comprovada nos autos. | |

Foi mantida a regra antecedente, agora no art. 74 do CPC/2015, no sentido de que tal consentimento para as ações reais sobre imóveis possa ser suprido judicialmente quando for negado por um dos cônjuges sem justo motivo, ou quando lhe seja impossível concedê-lo. Em complemento, a falta de consentimento invalida o processo quando necessário e não suprido pelo juiz. Essas eram as premissas expostas no art. 11 do CPC/1973, sem qualquer mudança mais substancial.

O novo dispositivo processual da tabela deve ser confrontado com o antes exposto art. 1.647, inc. II, do Código Civil, que faz a mesma exigência, de outorga conjugal, para as ações que dizem respeito a direitos reais imobiliários. E, diante da previsão do § 3.º do art. 73 do CPC/2015, essa exigência passa a ser presente nos casos de união estável comprovada nos autos (*outorga convivencial*).

A dúvida que se retoma é a seguinte: nas situações dos demais incisos do art. 1.647, que concernem a atos puramente materiais, como a venda ou outras alienações de imóvel, como ficam a fiança e a doação de bens comuns? Haverá a necessidade de outorga convivencial em tais hipóteses?

Já foi demonstrado que o tema divide tanto a doutrina quanto a jurisprudência nacionais, havendo correntes que respondem positiva e negativamente à pergunta formulada.

# 1556 MANUAL DE DIREITO CIVIL • VOLUME ÚNICO – *Flávio Tartuce*

Acrescente-se que, ao final de 2014, surgiu outra forma de julgar na Superior Instância, que parece indicar uma terceira via, respondendo *depende* para a necessidade da outorga convivencial nos casos descritos no art. 1.647 do Código Civil. Conforme acórdão publicado no *Informativo* n. *554* do Tribunal de Cidadania, de fevereiro de 2015, a invalidade da venda de imóvel comum, fundada na ausência de outorga do companheiro, depende da publicidade conferida à união estável. E essa publicidade se dá mediante a averbação de contrato de convivência ou da decisão declaratória da existência de união estável no Cartório de Registro de Imóveis em que cadastrados os bens comuns, ou da demonstração de má-fé do adquirente (STJ, REsp 1.424.275/MT, Rel. Min. Paulo de Tarso Sanseverino, j. 04.12.2014, *DJe* 16.12.2014).

Como destacava até a edição de 2018 desta obra, no plano jurisprudencial, a corrente pela resposta negativa para a outorga convivencial seria a tendência da jurisprudência superior do STJ, ou seja, seria correto afirmar que o art. 1.647 do Código Civil não tem incidência para a união estável. Contudo, advertíamos que o Código de Processo Civil de 2015 tenderia a aprofundar o debate a respeito dessa problemática, por mencionar a necessidade da outorga conjugal para a hipótese que está prevista no inciso II do art. 1.647 do Código Civil.

Ademais, a decisão do STF, que em 2017, equiparou a união estável ao casamento para os fins sucessórios, e com repercussão geral, fortaleceu a afirmação de incidência do art. 1.647 para os companheiros (STF, RE 878.694/MG, Rel. Min. Luís Roberto Barroso, *Informativo* n. *864* da Corte). Isso porque o último julgado está fundado na equalização das duas entidades familiares.

Como reforço substancial para esta posição, como está exposto neste capítulo, em havendo uma união estável formalizada com o registro no Livro E no Cartório de Registro Civil das Pessoas Naturais (RCPN) – nos termos do que foi tratado pela Lei do SERP (Lei 14.382/2022) e pela regulamentação administrativa do CNJ que surgiu em 2023 –, a tendência é afirmar a sua equiparação total ao casamento, inclusive com a aplicação das regras de formalidades e solenidades, incidindo em relação a essa *união estável superqualificada* o art. 1.647 do Código Civil. Esse último comando, assim, somente não seria aplicável à união estável informal, e àquelas em que não se efetivou esse registro especial.

A propósito, no final de 2017, surgiu novo julgado do STJ nessa linha de exigência de outorga do companheiro, concluindo o seguinte:

> "Revela-se indispensável a autorização de ambos os conviventes para alienação de bens imóveis adquiridos durante a constância da união estável, considerando o que preceitua o art. 5.º da Lei n. 9.278/1996, que estabelece que os referidos bens pertencem a ambos, em condomínio e em partes iguais, bem como em razão da aplicação das regras do regime de comunhão parcial de bens, dentre as quais se insere a da outorga conjugal, a teor do que dispõem os arts. 1.647, I, e 1.725, ambos do Código Civil, garantindo-se, assim, a proteção do patrimônio da respectiva entidade familiar. (...). Não obstante a necessidade de outorga convivencial, diante das peculiaridades próprias do instituto da união estável, deve-se observar a necessidade de proteção do terceiro de boa-fé, porquanto, ao contrário do que ocorre no regime jurídico do casamento, em que se tem um ato formal (cartorário) e solene, o qual confere ampla publicidade acerca do estado civil dos contratantes, na união estável há preponderantemente uma informalidade no vínculo entre os conviventes, que não exige qualquer documento, caracterizando-se apenas pela convivência pública, contínua e duradoura" (STJ, REsp 1.592.072/PR, 3.ª Turma, Rel. Min. Marco Aurélio Bellizze, j. 21.11.2017, *DJe* 18.12.2017).

Ao final, como não havia registro imobiliário quanto à existência da união estável ou qualquer prova de má-fé dos adquirentes dos bens, a venda foi reconhecida como válida e eficaz em relação aos terceiros (REsp 1.592.072/PR).

CAP. 8 • DIREITO DE FAMÍLIA | **1557**

Sem dúvidas, esse acórdão trouxe um novo tratamento sobre o tema, afirmando a necessidade da outorga convivencial como regra, já sob a ótica do art. 73 do CPC/2015 e citando o seu teor. Será necessário, portanto, aguardar eventual pacificação sobre o tema na Segunda Seção do Tribunal, pois ele começa a dar sinais de um novo rumo.

Da minha parte, continuo a entender que o art. 1.647 do Código Civil é norma restritiva prevista para o casamento e, como tal, não pode ser aplicada por analogia à união estável, em regra, em se tratando de uma união estável informal ou em que não houve o registro no Livro E do Cartório de Registro Civil das Pessoas Naturais. Todavia, em havendo tal registro, passará a haver uma *união estável superqualificada*, totalmente equiparada ao casamento, inclusive quanto às formalidades ou solenidades.

Como se pode perceber, há grande dilema a respeito da *outorga convivencial*, o que se pretende resolver com o atual Projeto de Reforma do Código Civil novamente em prol da segurança jurídica. A Comissão de Juristas, como visto, pretende incluir o convivente e a união estável em todas as regras relativas ao regime de bens, o que alcança o art. 1.647, especialmente o seu *caput*, que passará a prever que, "ressalvado o disposto no art. 1.648, nenhum dos cônjuges ou conviventes pode, sem autorização do outro, exceto no regime da separação de bens". Porém, essa outorga do convivente somente será necessária se a união estável for devidamente registrada, consoante o novo § 3.º do comando: "o disposto neste artigo aplica-se à união estável devidamente registrada no Registro Civil das Pessoas Naturais".

Com isso, o problema estará resolvido, aplicando-se as normas relativas ao instituto em estudo para todas as uniões estáveis que estejam devidamente registradas, conclusão que já pode ser retirada, atualmente, da Lei do SERP.

### 8.4.3 A união homoafetiva e o seu enquadramento como união estável

Tema que despertou um grande debate jurídico nos últimos anos é a união *homoafetiva* ou união entre pessoas do mesmo sexo. Destaque-se, de imediato, que o termo união *homoafetiva* é atribuído à Maria Berenice Dias, maior especialista brasileira no assunto.

Pois bem, sobre o seu enquadramento jurídico sempre existiram duas correntes doutrinárias e jurisprudenciais bem definidas:

> *1.ª Corrente* – Sustenta que a união entre pessoas do mesmo sexo não constitui uma entidade familiar, mas mera sociedade de fato. Isso porque, para a união estável a Constituição Federal exige diversidade de sexos. Sendo assim, não há direito a alimentos, direitos sucessórios ou direito à meação patrimonial com base nas regras de regime de bens. A questão patrimonial é resolvida com base na Súmula 380 do STF, havendo direito a uma participação quanto aos bens adquiridos pelo esforço comum. Essa corrente prevaleceu por tempos na doutrina e na jurisprudência, sendo certo que a maioria dos julgados encontrados, por óbvio, ainda segue essa forma de enquadramento, pelo fato de serem ampla maioria no passado (por todos: STJ, REsp 502.995/RN, j. 26.04.2005, 4.ª Turma, Rel. Min. Fernando Gonçalves, *DJ* 16.05.2005, p. 353, *REVJUR*, v. 332, p. 113). Na doutrina, a ela continua filiada a Professora Maria Helena Diniz.[162] De toda sorte, alguns juristas que assim pensavam tendem a mudar de opinião. Cite-se o Sílvio de Salvo Venosa, que em artigo publicado sustenta que "a Constituição de 1988 protege expressamente a entidade familiar constituída pelo homem

---

[162] DINIZ, Maria Helena. *Curso de Direito Civil brasileiro*. Direito de Família. 22. ed. São Paulo: Saraiva, 2007. v. 5, p. 355.

e a mulher. Tal não é mais, a nosso ver, um impedimento para o alargamento do conceito, quando o sistema social estiver pronto para significativa mudança. Destarte, enquanto não houver aceitação social majoritária dessas uniões, que se traduza em possibilidade legislativa, as repercussões serão majoritariamente patrimoniais, por analogia às sociedades de fato".[163] Cumpre anotar que o Professor Álvaro Villaça Azevedo era filiado ao presente entendimento. Todavia, conforme apontado em palestras e exposições, o *jurista das Arcadas* mudou de posição, filiando-se agora à segunda corrente.

*2.ª Corrente* – Afirma expressamente que a união homoafetiva é entidade familiar que deve ser equiparada à união estável. Desse modo, há direito a alimentos, direitos sucessórios e direito à meação, aplicando-se, por analogia as mesmas regras da união estável. Essa corrente é encabeçada pela jurista Maria Berenice Dias, que utiliza os seguintes argumentos fundamentais para a sua tese: *a)* o rol constitucional de família constante do art. 226 da CF/1988 não é exaustivo ou taxativo, mas meramente exemplificativo; *b)* A CF/1988, pelo seu caráter pluralista, consagra uma *cláusula geral de inclusão* e não de exclusão; *c)* o princípio norteador da Constituição é a dignidade humana, primado na igualdade e na liberdade, o que leva ao reconhecimento de direitos ao cidadão sem qualquer discriminação ou preconceito; *d)* desrespeitar o ser humano em função de sua orientação sexual significa dar um tratamento indigno à pessoa; *e)* o direito à sexualidade constitui um direito fundamental do ser humano.[164] Essa corrente é claramente a tendência consolidada entre os estudiosos do Direito de Família, prevalecendo de forma esmagadora entre os juristas que compõem o Instituto Brasileiro de Direito de Família (IBDFAM). Do mesmo modo, da jurisprudência mais recente, podem ser destacados os seguintes julgados de reconhecimento familiar da união homoafetiva:

→ STJ, REsp 820475/RJ, Rel. Min. Antônio de Pádua Ribeiro, Rel. p/ Acórdão Min. Luis Felipe Salomão, 4.ª Turma, j. 02.09.2008, *DJe* 06.10.2008. Por maioria de votos, o STJ concluiu, pela primeira vez, que a união homoafetiva deveria ser reconhecida como entidade familiar, aplicando-se, por analogia, as mesmas regras da união estável. A situação fática se referia a um pedido de permanência de um estrangeiro no Brasil baseado na existência da entidade familiar. O pedido foi julgado juridicamente impossível em primeira e segunda instâncias pelo Tribunal do Rio de Janeiro, pois proposta a demanda perante a Vara da Família. O Tribunal Superior reverteu o entendimento anterior, devolvendo o processo para julgado pela inferior instância.

→ STF, Petição 1.984/RS, Rel. Min. Marco Aurélio, *DJ* 20.02.2003, p. 24, j. 10.02.2003. A decisão reconheceu direitos previdenciários ao *companheiro homoafetivo*, assim tratado no corpo da decisão. O STJ do mesmo modo tutela tais direitos (por todos: STJ, REsp 395.904/RS, 6.ª Turma, Rel. Min. Hélio Quaglia Barbosa, j. 13.12.2005, *DJ* 06.02.2006, p. 365). Em data mais próxima, o STJ ampliou os direitos previdenciários decorrentes da união homoafetiva para a previdência privada, conforme decisão inédita publicada no seu *Informativo* n. *421*, de fevereiro de 2010 (REsp 1.026.981/RJ, 3.ª Turma, Rel. Min. Nancy Andrighi, j. 04.02.2010).

→ STJ, REsp 889.852/RS, 4.ª Turma, Rel. Min. Luis Felipe Salomão, j. 27.04.2010, publicado no seu *Informativo* n. *432*. Pela primeira vez o STJ admitiu a possibilidade da *adoção homoafetiva*, por casal de pessoas do mesmo sexo, com

---

[163] VENOSA, Silvio de Salvo. *Homoafetividade e o direito*. Direito de Família no novo Milênio. Estudos em homenagem ao Professor Álvaro Villaça Azevedo. São Paulo: Atlas, 2010. p. 388.

[164] DIAS, Maria Berenice. *Manual de Direito das Famílias*. 5. ed. São Paulo: RT, 2009. p. 187-190.

> base no princípio do melhor ou maior interesse da criança. O julgado destaca que estudos científicos comprovam que não há prejuízos sociopsíquicos à criança em hipóteses tais. Ademais, entendeu-se que o que deve prevalecer na análise da adoção é o vínculo de afeto que une os adotantes ao adotado e não o vínculo entre os primeiros isoladamente. A decisão representa notável avanço inclusive, de tutela efetiva da cidadania dos homossexuais.

Como se pode perceber, houve uma evolução considerável a respeito do tema no Brasil.

Na primeira edição desta obra, de 2010, ressaltava que ainda faltava a consolidação definitiva e ampla do reconhecimento da união homoafetiva como família, o que poderia ocorrer por dois caminhos.

O *primeiro caminho* seria o julgamento da Arguição de Descumprimento de Preceito Fundamental (ADPF) 132, proposta pelo Governador do Estado do Rio de Janeiro. A demanda pretendia que todo o tratamento legislativo previsto para a união estável fosse aplicado analogicamente à união homoafetiva, na esteira da doutrina aqui exposta. A ação foi proposta motivada pela interpretação discriminatória que o Tribunal do Rio de Janeiro vinha dando ao Decreto-lei 220/1975 não concedendo benefícios aos *companheiros homoafetivos* de servidores públicos. Na inicial da arguição foi alegada violação dos seguintes preceitos fundamentais: direito à igualdade (art. 5.º, *caput*), direito à liberdade (art. 5.º, II), dignidade da pessoa humana (art. 1.º, III) e segurança jurídica (art. 5.º, *caput*). Houve parecer favorável da Advocacia-Geral da União para a procedência da arguição, assinado pelo hoje Ministro do STF José Antonio Dias Toffoli.

O *segundo caminho* seria o dos projetos legislativos. Entre todos, merecia destaque o anterior PL 2.285/2007 (*Estatuto das Famílias do IBDFAM*), proposta pela qual a união homoafetiva passaria a ser disciplinada com equiparação à união estável nos seguintes termos: "Art. 68. É reconhecida como entidade familiar a união entre duas pessoas do mesmo sexo, que mantenham convivência pública, contínua, duradoura com o objetivo de constituição de família, aplicando-se, no que couber, as regras concernentes à união estável. Parágrafo único. Dentre os direitos assegurados incluem-se: I – guarda e convivência com os filhos; II – a adoção de filhos; III – direito previdenciário; IV – direito à herança".

Adotar-se-ia, portanto, a tese de Maria Berenice Dias. Todavia, o referido projeto foi aprovado na Câmara dos Deputados, em dezembro de 2010, retirando-se a menção a tal reconhecimento. Entre outras razões, isso motivou uma nova proposição do *Estatuto das Famílias*, em novo trâmite no Senado Federal sob o número 470/2013. Como se percebe, no plano legislativo, havia e ainda há fortes resistências ao reconhecimento da união homoafetiva como entidade familiar.

Como já prevíamos na primeira edição deste livro, a questão foi resolvida no plano do Poder Judiciário. No julgamento da ADPF 132/RJ e da ADI 4.277/DF, em 5 de maio de 2011, o STF entendeu pela aplicação, por analogia, de todas as regras da união estável heteroafetiva para a união estável homoafetiva. Vejamos os principais trechos da esclarecedora publicação no *Informativo* n. *625* daquele Tribunal Superior, cuja leitura é fundamental e obrigatória.

> "Relação homoafetiva e entidade familiar – 1. A norma constante do art. 1.723 do Código Civil – CC ('É reconhecida como entidade familiar a união estável entre o homem e a mulher, configurada na convivência pública, contínua e duradoura e estabelecida com o objetivo de constituição de família') não obsta que a união de pessoas do mesmo sexo possa ser reconhecida como entidade familiar apta a merecer proteção estatal. Essa a conclusão do Plenário ao julgar procedente pedido formulado em duas ações diretas de inconstitucionalidade ajuizadas, respectivamente,

pelo Procurador-Geral da República e pelo Governador do Estado do Rio de Janeiro. Preliminarmente, conheceu-se de arguição de preceito fundamental – ADPF, proposta pelo segundo requerente, como ação direta, tendo em vista a convergência de objetos entre ambas as ações, de forma que as postulações deduzidas naquela estariam inseridas nesta, a qual possui regime jurídico mais amplo. Ademais, na ADPF existiria pleito subsidiário nesse sentido. Em seguida, declarou-se o prejuízo de pretensão originariamente formulada na ADPF consistente no uso da técnica da interpretação conforme a Constituição relativamente aos artigos 19, II e V, e 33 do Estatuto dos Servidores Públicos Civis da aludida unidade federativa (Decreto-lei 220/75). Consignou-se que, desde 2007, a legislação fluminense (Lei 5.034/2007, art. 1.º) conferira aos companheiros homoafetivos o reconhecimento jurídico de sua união. (...). No mérito, prevaleceu o voto proferido pelo Min. Ayres Britto, relator, que dava interpretação conforme a Constituição ao art. 1.723 do CC para dele excluir qualquer significado que impeça o reconhecimento da união contínua, pública e duradoura entre pessoas do mesmo sexo como entidade familiar, entendida esta como sinônimo perfeito de família. Asseverou que esse reconhecimento deveria ser feito segundo as mesmas regras e com idênticas consequências da união estável heteroafetiva. De início, enfatizou que a Constituição proibiria, de modo expresso, o preconceito em razão do sexo ou da natural diferença entre a mulher e o homem. Além disso, apontou que fatores acidentais ou fortuitos, a exemplo da origem social, idade, cor da pele e outros, não se caracterizariam como causas de merecimento ou de desmerecimento intrínseco de quem quer que fosse. Assim, observou que isso também ocorreria quanto à possibilidade da concreta utilização da sexualidade. Afirmou, nessa perspectiva, haver um direito constitucional líquido e certo à isonomia entre homem e mulher: a) de não sofrer discriminação pelo fato em si da contraposta conformação anátomo-fisiológica; b) de fazer ou deixar de fazer uso da respectiva sexualidade; e c) de, nas situações de uso emparceirado da sexualidade, fazê-lo com pessoas adultas do mesmo sexo, ou não. (...). Em passo seguinte, assinalou que, no tocante ao tema do emprego da sexualidade humana, haveria liberdade do mais largo espectro ante silêncio intencional da Constituição. Apontou que essa total ausência de previsão normativo-constitucional referente à fruição da preferência sexual, em primeiro lugar, possibilitaria a incidência da regra de que 'tudo aquilo que não estiver juridicamente proibido, ou obrigado, está juridicamente permitido'. Em segundo lugar, o emprego da sexualidade humana diria respeito à intimidade e à vida privada, as quais seriam direito da personalidade e, por último, dever-se-ia considerar a âncora normativa do § 1.º do art. 5.º da CF/1988. Destacou, outrossim, que essa liberdade para dispor da própria sexualidade inserir-se-ia no rol dos direitos fundamentais do indivíduo, sendo direta emanação do princípio da dignidade da pessoa humana e até mesmo cláusula pétrea. Frisou que esse direito de exploração dos potenciais da própria sexualidade seria exercitável tanto no plano da intimidade (absenteísmo sexual e onanismo) quanto da privacidade (intercurso sexual). Asseverou, de outro lado, que o século XXI já se marcaria pela preponderância da afetividade sobre a biologicidade. Ao levar em conta todos esses aspectos, indagou se a Constituição sonegaria aos parceiros homoafetivos, em estado de prolongada ou estabilizada união – realidade há muito constatada empiricamente no plano dos fatos –, o mesmo regime jurídico protetivo conferido aos casais heteroafetivos em idêntica situação (...). Após mencionar que a família deveria servir de norte interpretativo para as figuras jurídicas do casamento civil, da união estável, do planejamento familiar e da adoção, o relator registrou que a diretriz da formação dessa instituição seria o não atrelamento a casais heteroafetivos ou a qualquer formalidade cartorária, celebração civil ou liturgia religiosa. Realçou que família seria, por natureza ou no plano dos fatos, vocacionalmente amorosa, parental e protetora dos respectivos membros, constituindo-se no espaço ideal das mais duradouras, afetivas, solidárias ou espiritualizadas relações humanas de índole privada, o que a credenciaria como base da sociedade (CF/1988, art. 226, *caput*). Desse modo, anotou que se deveria

CAP. 8 • DIREITO DE FAMÍLIA | **1561**

extrair do sistema a proposição de que a isonomia entre casais heteroafetivos e pares homoafetivos somente ganharia plenitude de sentido se desembocasse no igual direito subjetivo à formação de uma autonomizada família, constituída, em regra, com as mesmas notas factuais da visibilidade, continuidade e durabilidade (CF/1988, art. 226, § 3.º: 'Para efeito da proteção do Estado, é reconhecida a união estável entre o homem e a mulher como entidade familiar, devendo a lei facilitar sua conversão em casamento'). Mencionou, ainda, as espécies de família constitucionalmente previstas (art. 226, §§ 1.º a 4.º), a saber, a constituída pelo casamento e pela união estável, bem como a monoparental. Arrematou que a solução apresentada daria concreção aos princípios da dignidade da pessoa humana, da igualdade, da liberdade, da proteção das minorias, da não discriminação e outros (...)" (STF, ADI 4.277/DF e ADPF 132/RJ, Rel. Min. Ayres Britto, j. 04 e 05.05.2011).

Como a decisão tem efeito vinculante e *erga omnes*, não se pode admitir outra forma de interpretação que não seja o enquadramento da união homoafetiva como família, com a incidência dos mesmos dispositivos legais relativos à união estável, por analogia e aqui estudados. Nesse contexto, podem ser destacadas as seguintes aplicações legais para a união homoafetiva, sem qualquer ressalva:

> – Art. 1.723 do CC – A união homoafetiva deverá ser reconhecida quando se tratar de uma união pública, contínua e duradoura, estabelecida com objetivo de constituição de família. A menção à distinção de sexos do comando deve ser afastada, como consta da decisão do Supremo Tribunal Federal. Valem os mesmos parâmetros e exemplos apontados na presente obra, quando do estudo da união estável heterossexual.
>
> – Art. 1.724 do CC – Os deveres da união estável entre pessoas de sexos distintos servem para a união homoafetiva: lealdade, respeito, assistência, guarda, sustento e educação dos filhos. Como há deveres em relação aos filhos, não há qualquer vedação para a adoção homoafetiva.
>
> – Art. 1.725 do CC – A união homoafetiva, em regra, está submetida ao regime da comunhão parcial de bens, não havendo necessidade de prova do esforço comum para a aquisição dos bens havidos durante a união. Nos termos da premissa 13 da Edição 50 da ferramenta *Jurisprudência em Teses* do STJ, "comprovada a existência de união homoafetiva, é de se reconhecer o direito do companheiro sobrevivente à meação dos bens adquiridos a título oneroso ao longo do relacionamento". Os companheiros homoafetivos podem estabelecer, por força de contrato de convivência, um outro regime para a comunicação dos bens. É plenamente viável juridicamente que os companheiros homoafetivos reconheçam a união por meio de uma escritura pública de união estável.
>
> – Art. 1.726 do CC – É possível converter em casamento uma união homoafetiva, nos mesmos moldes da união estável entre pessoas de sexos distintos. Com a Lei do SERP, que introduziu na Lei de Registros Públicos o art. 70-A, a conversão também é possível pela via extrajudicial, diretamente no Cartório de Registro Civil. Se isso é possível, penso que não há vedação para que o casamento homoafetivo seja celebrado diretamente. Nesse sentido, vejamos o enunciado aprovado na *V Jornada de Direito Civil*, em 2011: "é possível a conversão de união estável entre pessoas do mesmo sexo em casamento, observados os requisitos exigidos para a respectiva habilitação" (Enunciado n. 526).

# 1562 | MANUAL DE DIREITO CIVIL • VOLUME ÚNICO – *Flávio Tartuce*

- Art. 1.727 do CC – Aplicam-se os mesmos parâmetros para a diferenciação da união estável e o concubinato, com a ressalva do § 1.º do art. 1.723, já estudados.

- Art. 1.694 a 1.710 do CC – Os companheiros homoafetivos podem pleitear alimentos uns dos outros, incidindo os mesmos preceitos previstos para a união estável heterossexual.

- CPC/2015 – Todas as menções processuais constantes da norma instrumental a respeito da união estável abrangem a união homoafetiva.

Além dos preceitos destacados, todas as menções doutrinárias feitas em relação a companheiros ou conviventes devem incluir, sem qualquer ressalva, os conviventes homoafetivos. Consigne-se a competência da Vara da Família para apreciar as questões pessoais e patrimoniais relativas à união homoafetiva, na esteira de enunciado aprovado na *V Jornada de Direito Civil:* "as demandas envolvendo união estável entre pessoas do mesmo sexo constituem matéria de Direito de Família" (Enunciado n. 524). Na mesma linha, julgado de 2013 do Superior Tribunal de Justiça, assim publicado:

> "A competência para processar e julgar ação destinada ao reconhecimento de união estável homoafetiva é da Vara de Família. A legislação atinente às relações estáveis heteroafetivas deve ser aplicada, por analogia, às relações estáveis homoafetivas, porquanto o STF, no julgamento da ADI 4.277/DF (*DJe* 5/5/2011), promoveu a *plena equiparação* das uniões estáveis homoafetivas às uniões estáveis heteroafetivas, sobretudo no que se refere à caracterização da relação estável homoafetiva como legítimo modelo de entidade familiar. Nesse contexto, o STJ concluiu pela aplicação imediata do arcabouço normativo imposto às uniões heteroafetivas (portanto dos respectivos direitos conferidos a elas) às uniões entre pessoas do mesmo sexo, razão pela qual a competência para a demanda deve ser da vara de família e não da vara cível. Precedente citado: REsp 827.962/RS, 4.ª Turma, *DJe*.08.08.2011" (STJ, REsp 964.489/RS, Rel. Min. Antonio Carlos Ferreira, j. 12.03.2013, publicado no seu *Informativo* n. *519*).

No mesmo sentido, pontue-se a premissa 3 publicada na Edição 50 da ferramenta *Jurisprudência em Teses* do STJ: "a vara de família é a competente para apreciar e julgar pedido de reconhecimento e dissolução de união estável homoafetiva". Como se constata, o debate a respeito do tema parece ter sido encerrado no Brasil, concretizando-se plenamente a proteção familiar da união homoafetiva. Por bem, adotou-se a premissa da inclusão, como manda o Texto Maior, afastando-se preconceitos e discriminações. A tutela da dignidade humana e o bom senso venceram.

Por fim, cabe esclarecer que não me parece que o Supremo Tribunal Federal tenha rompido suas esferas de atuação. Muito ao contrário, fez o Tribunal Constitucional o seu papel democrático, servindo, mais uma vez, como um contrapeso à inércia do Congresso Nacional Brasileiro.

Para encerrar o estudo do tema, relembro que no atual Projeto de Reforma do Código Civil, elaborado pela Comissão de Juristas nomeada no Senado Federal, há propostas de incluir na Lei Geral Privada previsões no sentido de que não só o casamento como a união estável serão constituídos por duas pessoas, sem se mencionar o seu gênero.

Entre todas as proposições, destaco mais uma vez a relativa ao *caput* do art. 1.564-A, que substituirá o seu atual art. 1.723: "é reconhecida como entidade familiar a união estável entre duas pessoas, mediante uma convivência pública, contínua e duradoura e estabelecida como família". Todas essas sugestões foram aprovadas de forma unânime no

CAP. 8 • DIREITO DE FAMÍLIA | **1563**

grupo de especialistas, congregando Ministros do Superior Tribunal de Justiça, Desembargadores, Juízes de Tribunais Nacionais e Internacionais, Professores, Membros do Ministério Público, Advogados e Doutrinadores, sem que houvesse qualquer posição contrária quanto a elas. Como se percebe, sempre houve fortes resistências no Congresso Nacional para a elaboração de uma lei que reconheça expressamente que a união homoafetiva constitui uma entidade familiar. Assim sendo, se não for aprovada qualquer alteração legislativa, a questão continuará a ser solucionada no âmbito do Poder Judiciário, no meu sentir.

Talvez a Reforma do Código Civil altere essa realidade, em prol da segurança jurídica, da circulação dos negócios jurídicos, da certeza e da estabilidade das relações privadas. É o que se espera, cumprindo-se o Parlamento Brasileiro com a sua principal função.

## 8.5 RELAÇÕES DE PARENTESCO

### 8.5.1 Conceito, modalidades e disposições gerais (arts. 1.591 a 1.595 do CC)

O parentesco pode ser conceituado como sendo o vínculo jurídico estabelecido entre pessoas que têm mesma origem biológica (mesmo *tronco comum*); entre um cônjuge ou companheiro e os parentes do outro; e entre as pessoas que têm entre si um vínculo civil. Portanto, três são as modalidades de parentesco admitidas pelo Direito Civil Brasileiro:

- *Parentesco consanguíneo ou natural* – aquele existente entre pessoas que mantêm entre si um vínculo biológico ou *de sangue*, por terem origem no mesmo *tronco comum*.

- *Parentesco por afinidade* – existente entre um cônjuge ou companheiro e os parentes do outro cônjuge ou companheiro. Deve ser atentado o fato de que marido e mulher e companheiros – inclusive homoafetivos –, não são parentes entre si, havendo outro tipo de vínculo, decorrente da conjugalidade ou da convivência. Como novidade, o CC/2002 reconhece o parentesco de afinidade decorrente da união estável (art. 1.595 do CC). O parentesco por afinidade limita-se aos ascendentes, aos descendentes e aos irmãos do cônjuge ou companheiro (art. 1.595, § 1.º). Desse modo, há parentesco por afinidade na linha reta ascendente em relação ao sogro, à sogra e seus ascendentes até o infinito. Na linha reta descendente, em relação ao enteado e à enteada e assim sucessivamente até o infinito. Na linha colateral, entre cunhados. Na linha reta, até o infinito, a afinidade não se extingue com a dissolução do casamento ou da união estável, havendo um *vínculo perpétuo* (art. 1.595, § 2.º, do CC). Nessas últimas relações há impedimento matrimonial, como visto (art. 1.521, inc. II, do CC).

- *Parentesco civil* – aquele decorrente de *outra origem*, que não seja a consanguinidade ou a afinidade, conforme consta do art. 1.593 do CC. Tradicionalmente, tem origem na adoção. Todavia, a doutrina e a jurisprudência admitem duas outras formas de parentesco civil. A *primeira* é decorrente da técnica de reprodução heteróloga, aquela efetivada com material genético de terceiro. A *segunda* tem fundamento na parentalidade socioafetiva, na posse de estado de filhos e no vínculo social de afeto. Nesse sentido, o Enunciado n. 103 do CJF/STJ, da *I Jornada de Direito Civil*: "o Código Civil reconhece, no art. 1.593, outras espécies de parentesco civil além daquele decorrente da adoção, acolhendo, assim, a noção de que há também parentesco civil no vínculo parental proveniente quer das técnicas de reprodução assistida heteróloga relativamente ao pai (ou mãe) que não contribuiu com seu material fecundante, quer da paternidade socioafetiva, fundada na posse do estado de filho".

> Em complemento, o Enunciado n. 256 do CJF/STJ, da *III Jornada de Direito Civil*: "a posse do estado de filho (parentalidade socioafetiva) constitui modalidade de parentesco civil". Na *V Jornada de Direito Civil*, de 2011, aprovou-se o seguinte enunciado sobre o tema: "O reconhecimento judicial do vínculo de parentesco em virtude de socioafetividade deve ocorrer a partir da relação entre pai (s) e filho (s), com base na posse do estado de filho, para que produza efeitos pessoais e patrimoniais" (Enunciado n. 519). *De lege ferenda,* anote-se que o PL 470/2013 (*Estatuto das Famílias,* no plural, do IBDFAM) pretende incluir expressamente na ordem legal brasileira a previsão de que o parentesco resulta da consanguinidade, da socioafetividade ou da afinidade. Com grande impacto para o reconhecimento de que a parentalidade socioafetiva é forma de parentesco civil, cite-se, mais uma vez, a decisão do Supremo Tribunal Federal do ano de 2016, em que se analisou repercussão geral sobre o tema. Conforme a tese firmada, "a paternidade socioafetiva declarada ou não em registro, não impede o reconhecimento do vínculo de filiação concomitante, baseada na origem biológica, com os efeitos jurídicos próprios" (Recurso Extraordinário 898.060, originário do Estado de Santa Catarina, com repercussão geral, Rel. Min. Luiz Fux, j. 21.09.2016, publicado no *Informativo* n. *840* do STF – Tema 622). Além de reconhecer a possibilidade de vínculos múltiplos parentais, uma das grandes contribuições do aresto foi de consolidar a posição de que a socioafetividade é forma de parentesco civil. Nesse sentido, destaque-se o seguinte trecho do voto do Ministro Relator: "a compreensão jurídica cosmopolita das famílias exige a ampliação da tutela normativa a todas as formas pelas quais a parentalidade pode se manifestar, a saber: (i) pela presunção decorrente do casamento ou outras hipóteses legais, (ii) pela descendência biológica ou (iii) pela afetividade. A evolução científica responsável pela popularização do exame de DNA conduziu ao reforço de importância do critério biológico, tanto para fins de filiação quanto para concretizar o direito fundamental à busca da identidade genética, como natural emanação do direito de personalidade de um ser. A afetividade enquanto critério, por sua vez, gozava de aplicação por doutrina e jurisprudência desde o Código Civil de 1916 para evitar situações de extrema injustiça, reconhecendo-se a posse do estado de filho, e consequentemente o vínculo parental, em favor daquele que utilizasse o nome da família (*nominatio*), fosse tratado como filho pelo pai (*tractatio*) e gozasse do reconhecimento da sua condição de descendente pela comunidade (*reputatio*)". Pensamos que essa decisão terá grandes impactos no futuro, inclusive no amplo reconhecimento da multiparentalidade, tema que será estudado a seguir.

Superada essa visão panorâmica, é preciso estudar as regras de contagem de graus de parentesco consanguíneo ou natural, o que é fundamental tanto para o Direito de Família quanto para o Direito das Sucessões, objeto do próximo capítulo da obra.

De início, destaque-se que o parentesco consanguíneo pode ser na linha reta ou na linha colateral (ou transversal).

Enuncia o art. 1.591 do CC que "são parentes em linha reta as pessoas que estão umas para com as outras na relação de ascendentes e descendentes". O parentesco na linha reta é contado de forma bem simples, na medida em que se sobe (linha reta ascendente) ou se desce (linha reta descendente) na *escada parental,* tem-se um grau de parentesco (art. 1.594 do CC: "Contam-se, na linha reta, os graus de parentesco pelo número de gerações").

Para facilitar a visualização da matéria é sempre interessante pensar em si mesmo – denominado, para fins didáticos, como *eu –,* nas relações que se mantém com os componentes da própria família. Vejamos, na linha reta ascendente:

CAP. 8 · DIREITO DE FAMÍLIA | **1565**

- O parentesco entre *eu* e meu pai é de primeiro grau na linha reta ascendente.
- O parentesco entre *eu* e meu avô é de segundo grau na linha reta ascendente.
- O parentesco entre *eu* e meu bisavô é de terceiro grau na linha reta ascendente.
- E assim sucessivamente até o infinito...

Na linha reta descendente:

- O parentesco entre *eu* e meu filho é de primeiro grau na linha reta descendente.
- O parentesco entre *eu* e meu neto é de segundo grau na linha reta descendente.
- O parentesco entre *eu* e meu bisneto é de terceiro grau na linha reta descendente.
- E assim sucessivamente até o infinito...

Como se pode perceber, nesse plano, a matéria é bem fácil, não havendo maiores dificuldades, que eventualmente podem estar presentes na contagem do parentesco colateral ou transversal. Preconiza o art. 1.592 do CC que: "são parentes em linha colateral ou transversal, até o quarto grau, as pessoas provenientes de um só tronco, sem descenderem uma da outra". A inovação desse dispositivo está na redução do limite do parentesco colateral que pelo CC/1916 era de sexto grau (art. 331). Pode ser feita a crítica de que o atual Código Civil restringiu as relações familiares, quando a tendência é justamente a oposta.

Para a devida contagem, enuncia a segunda parte do art. 1.594 do CC que se conta o número de graus de acordo com o número de gerações, subindo de um dos parentes até o ascendente comum, e descendo até encontrar o outro parente. Atente que a premissa fundamental é a seguinte: deve-se subir ao máximo, até o parente comum, para depois descer e encontrar o parente procurado. Em complemento, o parentesco colateral pode ser *igual* ou *desigual*. Será igual se a medida da subida for igual a da descida; será desigual em caso contrário. Vejamos, utilizando o *mim* como parâmetro:

- O parentesco entre *mim* e meu irmão é colateral de segundo grau igual. Sobe-se um até o pai e desce-se um até encontrar o irmão. Os irmãos podem ser bilaterais (mesmo pai *e* mesma mãe) ou unilaterais (mesmo pai *ou* mesma mãe). Sendo o pai o mesmo os irmãos são *unilaterais consanguíneos*; sendo mesma a mãe os irmãos são *unilaterais uterinos*.
- O parentesco entre *mim* e meu sobrinho é colateral de terceiro grau desigual. Sobe-se um até o pai, desce-se um até o irmão e mais um até encontrar o sobrinho.
- O parentesco entre *mim* e meu sobrinho-neto é colateral de quarto grau desigual. Sobe-se um até o pai, desce-se um até o irmão, mais um até o sobrinho e mais um até encontrar o sobrinho-neto.
- O parentesco entre *mim* e meu tio é colateral de terceiro grau desigual. Sobe-se um até o pai e mais um até o avô. Depois, desce-se um até encontrar o tio. Deve-se ter cuidado, pois o erro mais comum é subir apenas até o pai em casos tais. Ledo engano, pois o parente comum é o avô.
- O parentesco entre *mim* e meu primo é colateral de quarto grau igual. Sobe-se um até o pai e mais um até o avô. Depois, desce-se um até o tio e mais um até o primo. Esse é o chamado coloquialmente *de primeiro grau*, que na verdade é colateral de quarto grau.
- Por fim, o parentesco entre *mim* e meu tio-avô é colateral de quarto grau desigual. Lembre-se que o tio-avô é o irmão do avô. Sobe-se um até o pai, um até o avô e mais um até o bisavô (parente comum). Em seguida, desce-se um até o tio-avô.

## 1566 | MANUAL DE DIREITO CIVIL • VOLUME ÚNICO – *Flávio Tartuce*

Como se pode notar, o mínimo parentesco colateral é de segundo grau, diante da regra de *subir ao máximo*, até o tronco comum, para depois descer e encontrar o outro parente. Em suma, não há, portanto, parentesco colateral de primeiro grau.

Anoto que no Projeto de Reforma do Código Civil são mantidas as regras fundamentais a respeito do parentesco, incluindo-se expressamente no texto de lei tratamento legal a respeito da parentalidade socioafetiva e sobre a reprodução assistida, a última com dispositivos próprios, que ainda serão aqui retomados.

Porém, diante do seu caráter geral para o Direito de Família, como antes pontuado, a Comissão de Juristas encarregada sugere que o tema abra o livro respectivo, tratando "das pessoas na família", entre os novos arts. 1.512-A e 1.512-G. O primeiro dispositivo tratará das modalidades gerais de parentesco, como deve ser e na linha do que aqui foi desenvolvido, prevendo que "a relação de parentesco pode ter causa natural ou civil. § 1º O parentesco é natural se resultar de consanguinidade, ainda que o nascimento tenha sido propiciado por cessão temporária de útero. § 2º O parentesco é civil, conforme resulte de socioafetividade, de adoção ou de reprodução assistida em que há a utilização de material genético de doador" (art. 1.512-A).

O segundo deles, mais uma vez com um sentido genérico, tratará do parentesco na linha reta ou colateral: "qualquer que seja a causa, o parentesco pode se dar em linha reta ou colateral" (art. 1.512-B). Também com o mesmo sentido do que hoje está em vigor, o novo art. 1.512-C: "são parentes em linha reta as pessoas que estão umas para com as outras na relação de ascendente e descendente, seja o parentesco natural ou civil". E os arts. 1.512-D e 1.512-E definem o parentesco colateral e como ele deve ser contado, igualmente na linha do que hoje está consagrado na legislação civil: "são parentes em linha colateral ou transversal, até o quarto grau, as pessoas provenientes de um só tronco, natural ou civil, sem descenderem umas das outras" (art. 1.512-D), e "contam-se, na linha reta, os graus de parentesco pelo número de gerações e, na colateral, também pelo número delas, subindo de um dos parentes até o ascendente comum e descendo até encontrar o outro parente" (art. 1.512-E).

Ainda quanto ao Projeto de Reforma, a regulamentação do parentesco por afinidade é deslocada para o art. 1.512-F, no tópico que abrirá o livro de Direito de Família. Nesse contexto, com ajustes de redação para mencionar o convivente, e não mais o companheiro, bem como o divórcio, ao final, o comando preverá o seguinte: "Cada cônjuge ou convivente, no casamento ou na união estável, é aliado aos parentes do outro pelo vínculo da afinidade. § 1º A afinidade limita-se aos ascendentes, aos descendentes, qualquer que seja o grau, e aos irmãos do cônjuge ou convivente. § 2º Na linha reta, a afinidade não se extingue com o divórcio ou com a dissolução da união estável". Como se pode notar, no seu conteúdo e na sua efetividade prática, não há qualquer alteração da norma.

Como última regra do tópico relativo ao parentesco, também se propõe a inclusão de um novo e necessário art. 1.512-G, para expressar que "cônjuges e conviventes não são parentes, mas parceiros de comunhão de vida por decorrência de casamento ou de união estável, presente o vínculo conjugal ou convivencial". Conforme antes pontuado, o vínculo convivencial é aquele decorrente da união estável, e não de outra entidade familiar, como de forma totalmente equivocada alguns chegaram a interpretar.

Inclui-se ainda um parágrafo único no último preceito, enunciando que "os filhos provindos de outros relacionamentos do cônjuge ou do convivente são enteados e desse fato não decorre, por si só e necessariamente, vínculo de filiação socioafetiva". Prevaleceu na Comissão de Juristas essa afirmação, no sentido de não se poder presumir o vínculo socioafetivo da relação entre padrastos, madrastas e enteados, entendimento com o qual concordo totalmente. Sempre é preciso demonstrar, no caso concreto, a presença dos elementos da posse de estado de filhos: tratamento, reputação e nome.

Portanto, a última previsão legal proposta é mais do que necessária, diante de várias confusões verificadas na prática, entre padrasto, madrasta e pais socioafetivos.

Por derradeiro, esquematizando-se para facilitar a compreensão a matéria, todas as relações mencionadas constam do gráfico a seguir. Anote-se que na linha reta estão expostos apenas os parentes até o terceiro grau, sendo certo que nessa linha não há qualquer limite. Ademais, constam apenas os parentes colaterais admitidos pelo Direito Civil Brasileiro, ou seja, até o quarto grau. Mais uma vez, para que o trabalho didático fique facilitado, estão demonstrados apenas alguns parentes da linha masculina:

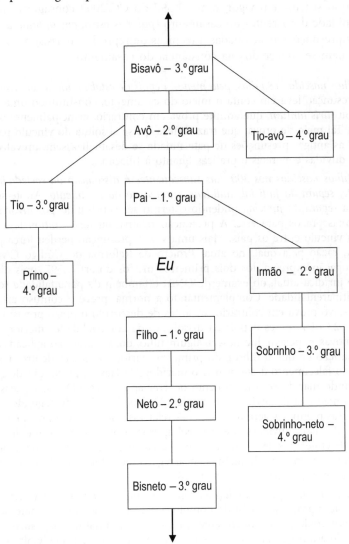

### 8.5.2 Filiação (arts. 1.596 a 1.606 do CC)

A filiação é a relação jurídica existente entre ascendentes e descendentes de primeiro grau, ou seja, entre pais e filhos. Tal relação é regida pelo princípio da igualdade entre os filhos (art. 227, § 6.º, da CF/1988, e art. 1.596 do CC).

Nos termos do vigente dispositivo da codificação material, "os filhos, havidos ou não da relação de casamento, ou por adoção, terão os mesmos direitos e qualificações, proibidas quaisquer designações discriminatórias relativas à filiação". Quanto a esse preceito, de forma mais técnica e abrangente, o atual Projeto de Reforma do Código Civil recomenda que passe a prever o seguinte, a respeito do princípio da igualdade entre os filhos: "os filhos, independentemente de sua origem, terão os mesmos direitos e qualificações, proibidas quaisquer designações discriminatórias relativas à filiação". Como já ficou evidente, em todo o Anteprojeto são evitadas qualificações quanto aos filhos, como a expressão "filho havido fora do casamento", o que concretiza de forma definitiva o princípio da isonomia ou da igualdade substancial, retirado do art. 5.º do Texto Maior.

De volta ao sistema em vigor, o art. 1.597 do CC/2002 consagra as antigas presunções de paternidade decorrentes do casamento (*pater is est quem nuptiae demonstrant*), ao lado de novas presunções relacionadas a técnicas de reprodução assistida. Pela exatidão da norma, presumem-se concebidos na constância do casamento:

I – *Os filhos nascidos 180 dias, pelo menos, depois de estabelecida a convivência conjugal.* A presunção leva em conta o início do casamento, constituindo uma presunção relativa ou *iuris tantum*, que admite prova em contrário, principalmente pelo exame de DNA. Tal meio de prova, que traz certeza quase absoluta do vínculo parental, fez com que as antigas presunções de paternidade se desatualizassem, prevalecendo nos casos de dúvidas concretas e práticas quanto à filiação.

II – *Os filhos nascidos nos 300 dias subsequentes à dissolução da sociedade conjugal, por morte, separação judicial, nulidade e anulação do casamento.* Anote-se que não há mais a *separação judicial*, podendo o termo ser substituído por *divórcio*, eis que não há mais prazos para este. A presunção relativa ou *iuris tantum* leva em conta o fim do vínculo entre os pais. Mais uma vez, a presunção perdeu força pela prova via DNA, razão pela qual, no atual Projeto de Reforma do Código Civil, sugere- -se a revogação expressa dos dois primeiros incisos do art. 1.597, pois distantes da realidade jurídica atual, do exame de DNA, e também da parentalidade socioafetiva e da multiparentalidade. Complementando a norma, prevê o confuso art. 1.598 do CC que, salvo prova em contrário, se, antes de decorrido o prazo previsto no inc. II do art. 1.523 (dez meses depois da dissolução da conjugalidade anterior), a mulher contrair novas núpcias e lhe nascer algum filho, duas regras são aplicadas: 1.º) Haverá presunção de que o filho é do primeiro marido, se nascer dentro dos 300 dias a contar do falecimento deste primeiro marido; 2.º) Haverá presunção de que o filho é do segundo marido se o nascimento ocorrer após esses 300 dias da dissolução da primeira união e já decorrido o prazo de 180 dias do início do segundo casamento. Tais confusas premissas geram presunções relativas que admitem prova em contrário, via DNA. Por isso, duvida-se de sua real aplicação prática, praticamente inexistente nos mais de vinte anos de vigência da codificação vigente. Por isso, como não poderia ser diferente, a Comissão de Juristas encarregada da Reforma do Código Civil sugere a revogação expressa desse seu art. 1.598.

III – *Os filhos havidos por fecundação artificial homóloga, mesmo que falecido o marido.* A técnica de reprodução assistida homóloga é aquela que envolve material genético dos próprios cônjuges. Há quem entenda que a parte final do dispositivo ao utilizar a locução "mesmo que falecido o marido" é inconstitucional, por violar o princípio da paternidade responsável retirado do art. 226, § 7.º, do Texto Maior.[165] Nessa linha de pensamento, pelo Enunciado n. 127 do CJF/STJ, da *I Jornada de Direito Civil*,

---

[165] Veja-se a crítica formulada por José de Oliveira Ascensão, para quem "Os interesses da mãe prevalecem assim sobre o interesse do ser que ela concebe" (ASCENSÃO, José de Oliveira. Procriação medicamente

CAP. 8 • DIREITO DE FAMÍLIA | **1569**

há proposta de alterar o inc. III do art. 1.597 para constar "havidos por fecundação artificial homóloga", retirando-se menção ao falecimento do marido. A questão é muito polêmica, pois do outro lado coloca-se o direito da mãe de ter e cuidar do filho sozinha, de seu marido já falecido. Em complemento, o Enunciado n. 106 do CJF/STJ determina que, "para que seja presumida a paternidade do marido falecido, será obrigatório que a mulher, ao se submeter a uma das técnicas de reprodução assistida com o material genético do falecido, esteja na condição de viúva, sendo obrigatório, ainda, que haja autorização escrita do marido para que utilize seu material genético após sua morte". Anote-se que a Resolução 1.957, de 15 de dezembro de 2010, do Conselho Federal de Medicina, já admitia a técnica em caso de falecimento, desde que houvesse prévia autorização do falecido. Em maio de 2013, a citada norma foi revogada pela Resolução 2.013, que estabeleceu a mesma premissa. Em setembro de 2015, a Resolução 2.121 do CFM substituiu a anterior, de 2013, também tratando da reprodução assistida *post mortem*. Sucessivamente, surgiu a Resolução 2.168, em novembro de 2017, que foi substituída pela Resolução 2.294, de maio de 2021 e, depois, pela Resolução 2.320/2022, atualmente em vigor e que trata da temática nos seguintes termos, assim como faziam as normas anteriores: "é permitida a reprodução assistida *post mortem* desde que haja autorização prévia específica do(a) falecido(a) para o uso do material biológico criopreservado, de acordo com a legislação vigente". Cumpre anotar que a principal inovação das duas últimas normas ético-médicas foi a de mitigar a limitação para a reprodução assistida por mulheres com idade superior a 50 anos, o que foi muito debatido nos últimos anos. Pontue-se que o anterior Provimento 63/2017 do CNJ, que substituiu o Provimento 52/2016 a respeito do tema igualmente admite a reprodução assistida *post mortem*, exigindo a autorização prévia específica do falecido ou falecida para o uso do seu material genético. Em 2023, as suas regras foram incorporadas ao Código Nacional de Normas do CNJ. Segundo o seu art. 513, § 2.º, "nas hipóteses de reprodução assistida *post mortem*, além dos documentos elencados nos incisos do *caput* deste artigo, conforme o caso, deverá ser apresentado termo de autorização prévia específica do falecido ou falecida para uso do material biológico preservado, lavrado por instrumento público ou particular com firma reconhecida". Houve uma redução de burocracias com a norma de 2017, pois o Provimento 52/2016 admitia apenas a escritura pública, lavrada em Tabelionato de Notas, para tais fins.

IV – *Os filhos havidos, a qualquer tempo, quando se tratar de embriões excedentários, decorrentes de concepção artificial homóloga*. Esses embriões são os decorrentes da manipulação genética, mas que não foram introduzidos no ventre materno, estando *crioconservados* em clínicas de reprodução assistida. A fecundação, em casos tais, ocorre *in vitro*, na proveta, por meio da técnica ZIFT, ou seja, a fecundação ocorre fora do corpo da mulher. Há ainda a técnica GIFT, que não é o caso, em que o gameta masculino é introduzido artificialmente no corpo da mulher, onde ocorre a fecundação.[166]

V – *Os filhos havidos por inseminação artificial heteróloga, desde que tenha prévia autorização do marido*. Trata-se da técnica de reprodução assistida efetivada com material genético de terceiro, geralmente sêmen doado por outro homem.

Várias questões controvertidas práticas envolvendo o biodireito surgem em decorrência dos últimos três incisos do art. 1.597 do CC. Vejamos as principais, nos tópicos a seguir:

→ Conforme a doutrina amplamente majoritária, as presunções dos incs. III, IV e V do art. 1.597 devem ser aplicadas à união estável.[167] Consolidando tal forma de

---

assistida e relação de paternidade. In: HIRONAKA, Giselda; TARTUCE, Flávio; SIMÃO, José Fernando (Coord.). *Direito de Família e das Sucessões*. Temas Atuais. São Paulo: Método, 2009. p. 356).

[166] Cf. ALVES, Jones Figueirêdo; DELGADO, Mário Luiz. *Código Civil anotado*. São Paulo: Método, 2005. p. 2.

[167] DINIZ, Maria Helena. *O estado atual do biodireito*. 2. ed. São Paulo: Saraiva, 2002. p. 479; DIAS, Maria Berenice. *Manual de Direito das Famílias*. 5. ed. São Paulo: RT, 2009. p. 328.

pensar, na *VI Jornada de Direito Civil* foi aprovado o Enunciado n. 570, *in verbis*: "o reconhecimento de filho havido em união estável fruto de técnica de reprodução assistida heteróloga 'a patre' consentida expressamente pelo companheiro representa a formalização do vínculo jurídico de paternidade-filiação, cuja constituição se deu no momento do início da gravidez da companheira". Em complemento, o STJ já concluiu que os incisos anteriores do art. 1.597 também se aplicam à união estável, deduzindo que "a presunção de concepção dos filhos na constância do casamento prevista no art. 1.597, II, do CC se estende à união estável. Para a identificação da união estável como entidade familiar, exige-se a convivência pública, contínua e duradoura estabelecida com o objetivo de constituição de família com atenção aos deveres de lealdade, respeito, assistência, de guarda, sustento e educação dos filhos em comum. O art. 1.597, inc. II, do CC dispõe que os filhos nascidos nos trezentos dias subsequentes à dissolução da sociedade conjugal presumem-se concebidos na constância do casamento. Assim, admitida pelo ordenamento jurídico pátrio (art. 1.723 do CC), inclusive pela CF (art. 226, § 3.º), a união estável e reconhecendo-se nela a existência de entidade familiar, aplicam-se as disposições contidas no art. 1.597, II, do CC ao regime de união estável" (STJ, REsp 1.194.059/SP, Rel. Min. Massami Uyeda, j. 06.11.2012, publicado no seu *Informativo n. 508*). No mesmo sentido, o recente Provimento 63/2017, do Conselho Nacional de Justiça, faz menção à união estável. Tal norma trata dos procedimentos que devem ser tomados pelos Cartórios de Registro Civil para o registro de nascimento e emissão de certidões dos filhos havidos por reprodução assistida. Essa realmente parece ser a melhor conclusão. *Primeiro*, porque não há vedação de aplicação da norma por analogia, pois não se trata de norma restritiva da autonomia privada. *Segundo*, a união estável é entidade familiar protegida no Texto Maior, o que deve abranger os filhos havidos dessa união. Nesse sentido, o PL 470/2013, conhecido como *Estatuto das Famílias* do IBDFAM, pretende introduzir previsão expressa a respeito da presunção na relação convivencial. Ainda sobre a questão e sobre essa prova, na *I Jornada de Direito Notarial e Registral*, em agosto de 2022, aprovou-se ementa doutrinária prevendo que "a presunção de paternidade, prevista no art. 1.597 do Código Civil, aplica-se aos conviventes em união estável, desde que esta esteja previamente registrada no Livro E do Registro Civil das Pessoas Naturais da Sede, ou, onde houver, no 1.º Subdistrito da Comarca, nos termos do Provimento CNJ n. 37/2014" (Enunciado n. 7). Apesar do enunciado, penso que outras provas podem ser utilizadas para que a norma seja aplicada à união estável. As normas do Conselho Federal de Medicina sobre reprodução assistida previam a possibilidade de companheiros, inclusive homoafetivos masculinos e femininos, fazerem uso de tais técnicas, desde a Resolução 2.013/2013 até a Resolução 2.294/2021. A atual Resolução 2.320/2022 do CFM não mais menciona essa possibilidade expressamente, o que, no meu entender, não afasta a sua viabilidade jurídica.

→ A doutrina debateu intensamente no passado a possibilidade jurídica da técnica de reprodução assistida heteróloga em casos de união homoafetiva. Seguindo o entendimento de que a união homoafetiva não é entidade familiar, a resposta seria negativa, conforme opina Maria Helena Diniz, que lidera tal corrente.[168] Em sentido contrário, Maria Berenice Dias sempre entendeu que isso não só é viável como vem efetivamente ocorrendo na prática.[169] O último entendimento segue a

---

[168] DINIZ, Maria Helena. *O estado atual do biodireito*. 2. ed. São Paulo: Saraiva, 2002. p. 482.
[169] DIAS, Maria Berenice. *Manual de Direito das Famílias*. 5. ed. São Paulo: RT, 2009. p. 340.

linha de pensamento de que a união homoafetiva constitui uma entidade familiar, o que está concretizado no Direito de Família brasileiro desde 5 de maio de 2011, com a decisão do Supremo Tribunal Federal nas ADPF 132/RJ e ADI 4.277/DF. Anote-se que a interpretação da Resolução CFM 1.957/2010 já conduzia a tal possibilidade, pois mencionava que qualquer pessoa capaz poderia fazer uso da técnica de reprodução assistida. A Resolução 2.294/2021 do CFM, em substituição às Resoluções 2.121/2015, 2.013/2013 e 2.168/2017, que já traziam tal possibilidade, era clara, afastando qualquer dúvida, ao expressar que "todas as pessoas capazes que tenham solicitado o procedimento e cuja indicação não se afaste dos limites desta resolução podem ser receptoras das técnicas de RA, desde que os participantes estejam de inteiro acordo e devidamente esclarecidos, conforme legislação vigente. É permitido o uso das técnicas de RA para heterossexuais, homoafetivos e transgêneros. É permitida a gestação compartilhada em união homoafetiva feminina. Considera-se gestação compartilhada a situação em que o embrião obtido a partir da fecundação do(s) oócito(s) de uma mulher é transferido para o útero de sua parceira". Destaco que a última frase, a respeito do casal homoafetivo feminino e da gestação compartilhada, não constava da anterior Resolução 2.121/2015, tendo sido incluída na norma de 2017. De todo modo, a vigente Resolução 2.320/2022 do Conselho Federal de Medicina não menciona mais as pessoas heterossexuais, homossexuais ou transexuais, o que parece ser um retrocesso. Como estava na norma de 2021: "é permitido o uso das técnicas de RA para heterossexuais, homoafetivos e transgêneros". De qualquer forma, diante do reconhecimento constitucional das uniões homoafetivas e da pluralidade das entidades familiares, não se pode afastar o direito de essas pessoas fazerem uso das técnicas de reprodução assistida. Observava-se que a principal novidade da regulamentação anterior, a Resolução 2.294/2021 do CFM, era a menção expressa aos transgêneros, o que veio em boa hora, mas acabou sendo retirado expressamente da norma ética de 2022. Confirmando tais premissas e afirmações defendidas a respeito dos casais homoafetivos, no âmbito da jurisprudência do Superior Tribunal de Justiça pode ser encontrado aresto que admitiu a adoção unilateral por companheira homoafetiva de mulher que havia se submetido a reprodução assistida heteróloga. Nos termos da publicação do acórdão, "a adoção unilateral prevista no art. 41, § 1.º, do ECA pode ser concedida à companheira da mãe biológica da adotanda, para que ambas as companheiras passem a ostentar a condição de mães, na hipótese em que a menor tenha sido fruto de inseminação artificial heteróloga, com doador desconhecido, previamente planejada pelo casal no âmbito de união estável homoafetiva, presente, ademais, a anuência da mãe biológica, desde que inexista prejuízo para a adotanda. O STF decidiu ser plena a equiparação das uniões estáveis homoafetivas às uniões estáveis heteroafetivas, o que trouxe, como consequência, a extensão automática das prerrogativas já outorgadas aos companheiros da união estável tradicional àqueles que vivenciem uma união estável homoafetiva. Assim, se a adoção unilateral de menor é possível ao extrato heterossexual da população, também o é à fração homossexual da sociedade. Deve-se advertir, contudo, que o pedido de adoção se submete à norma-princípio fixada no art. 43 do ECA, segundo a qual 'a adoção será deferida quando apresentar reais vantagens para o adotando'. Nesse contexto, estudos feitos no âmbito da Psicologia afirmam que pesquisas têm demonstrado que os filhos de pais ou mães homossexuais não apresentam comprometimento e problemas em seu desenvolvimento psicossocial quando comparados com filhos de pais e mães heterossexuais. Dessa forma, a referida adoção somente se mostra possível no caso de inexistir prejuízo para a adotanda" (STJ, REsp 1.281.093/SP, Rel. Min. Nancy Andrighi, j. 18.12.2012, publicado no seu *Informativo* n. *513*). No âmbito da doutrina, concluindo da mesma maneira, destaque-se enunciado aprovado na *VII Jornada de Direito Civil*, promovida em 2015, com a seguinte redação: "é possível o registro de nascimento dos filhos de pessoas do mesmo sexo originários de reprodução assistida, diretamente no Cartório de Registro Civil, sendo dispensável a propositura de ação judicial, nos termos da regulamentação da Corregedoria local" (Enunciado n. 608). No mesmo caminho, o Enunciado n. 12 do IBDFAM, aprovado no seu *X Congresso*, do mesmo ano: "é possível o registro de nascimento dos filhos de casais homoafetivos, havidos de reprodução assistida, diretamente no Cartório do Registro Civil". Sobre a incidência da presunção prevista no art. 1.597, inc. V, do Código Civil, no *XIV Congresso Brasileiro* do IBDFAM, em 2023, aprovou-se, de forma correta, o Enunciado n. 54, segundo o qual, "a presunção de filiação prevista no artigo 1.597, inciso V, do Código Civil, também se aplica aos casais homoafetivos". Como se nota, os enunciados possibilitam o registro dos filhos havidos de técnica de reprodução assistida engendrada por casais homoafetivos, sem ação judicial, o que é um passo decisivo para a saudável *desjudicialização* das contendas. No mesmo sentido, o anterior Provimento 63/2017 do CNJ, igualmente tratava e regulamentava o registro dos filhos havidos de técnica de reprodução assistida nas hipóteses de casais homoafetivos, o que já era admitido pelo Provimento 52/2016, do mesmo órgão. Em 2023, os provimentos do CNJ foram incorporados ao seu Código de Nacional de Normas (CNN), estando a matéria tratada entre os seus arts. 512 a 515. Nos termos do art. 512 da norma administrativa em vigor, "o assento de nascimento de filho havido por técnicas de reprodução assistida será inscrito no Livro A, independentemente de prévia autorização judicial e observada a legislação em vigor no que for pertinente, mediante o comparecimento de ambos os pais, munidos de documentação exigida por este provimento". Também está previsto que se os pais forem casados ou conviverem em união estável, poderá somente um deles comparecer ao ato de registro, desde que apresente a documentação exigida, comentada a seguir. No caso de filhos de casais homoafetivos, o assento de nascimento deverá ser adequado para que constem os nomes dos ascendentes, sem referência à distinção quanto à ascendência paterna ou materna. Quanto aos documentos exigidos para fins de registro e de emissão da certidão de nascimento, o art. 513 do Código Nacional de Normas elenca os seguintes: *a)* declaração de nascido vivo (DNV); *b)* declaração, com firma reconhecida, do diretor técnico da clínica, centro ou serviço de reprodução humana em que foi realizada a reprodução assistida, indicando que a criança foi gerada por reprodução assistida heteróloga, assim como o nome dos beneficiários; e *c)* certidão de casamento, certidão de conversão de união estável em casamento, escritura pública de união estável ou sentença em que foi reconhecida a união estável do casal. Veda-se taxativamente aos oficiais registradores a recusa ao registro de nascimento e à emissão da respectiva certidão de filhos havidos por técnica de reprodução assistida, o que inclui os casais hétero ou homoafetivos (art. 514 do CNN, antigo art. 18 do Provimento 63/2017 do CNJ). Tal recusa deverá ser comunicada ao juiz competente nos termos da legislação local, para as providências disciplinares cabíveis. Todos os documentos referidos na norma deverão permanecer arquivados no ofício em que foi lavrado o registro civil. Como última nota sobre o tema, em paradigmático julgado de 2024, o Superior Tribunal de Justiça admitiu a chamada reprodução assistida caseira, efetivada fora de clínica de reprodução assistida, em hipótese fática envolvendo um casal homoafetivo. O acórdão da Terceira Turma da Corte reconheceu a possibilidade de registro civil da criança nascida, aplicando a presunção prevista no inc. V do art. 1.597, a respeito da técnica de reprodução assistida heteróloga. Nos seus termos, "verificada a concepção de filho no curso de convivência pública, contínua e duradoura, com intenção de constituição de família, viável a aplicação análoga do disposto no art. 1.597, do Código Civil, às uniões estáveis hétero e homoafetivas, em atenção à equiparação promovida pelo julgamento conjunto da ADI 4.277 e ADPF 132 pelo Supremo Tribunal Federal". E mais, "conquanto o acompanhamento médico e de clínicas especializadas seja de extrema relevância para o planejamento da concepção por meio de técnicas de reprodução assistida, não há, no ordenamento jurídico brasileiro, vedação explícita ao registro de filiação realizada por meio de inseminação artificial 'caseira', também denominada 'autoinseminação'. Ao contrário, a interpretação do art. 1.597, V, do CC/2002, à luz dos princípios que norteiam o livre planejamento familiar e o melhor interesse da criança, indica que a inseminação artificial 'caseira' é protegida pelo ordenamento jurídico brasileiro" (STJ, REsp 2.137.415/SP, 3.ª Turma, Rel. Min. Nancy Andrighi, j. 15.10.2024, *DJe* 17.10.2024). Não restam dúvidas de que o acórdão representa verdadeira *revolução* a respeito da temática, demandando uma apurada reflexão pelos aplicadores e estudiosos do Direito em geral.

→ Em relação à técnica de reprodução assistida heteróloga, não caberá revogação da autorização por parte do marido ou companheiro após o emprego da técnica. Quatro são os argumentos jurídicos principais para tal conclusão: 1.º) Aplicação do princípio da igualdade entre filhos, o que atinge aqueles decorrentes da técnica de reprodução assistida (art. 227, § 6.º, da CF/1988 e art. 1.596 do CC); 2.º) Incidência do princípio do melhor interesse da criança (art. 227, *caput*, da CF/1988); 3.º) Havendo emprego da técnica a presunção passa a ser absoluta ou *iure et de iure*, conforme o Enunciado n. 258 do CJF/STJ ("não cabe a ação prevista no art. 1.601 do Código Civil se a filiação tiver origem em procriação assistida heteróloga, autorizada pelo marido nos termos do inc. V do art. 1.597, cuja paternidade configura presunção absoluta"); 4.º) Aplicação da máxima que veda o comportamento contraditório, relacionada à boa-fé objetiva, em proteção ao filho (*venire contra factum proprium*). Partindo para a prática, em 2017, surgiu sentença seguindo tais premissas, afastando a possibilidade de pai homoafetivo, que havia planejado e autorizado a técnica de reprodução assistida com seu companheiro, renunciar à paternidade. A decisão foi prolatada pelo juiz corregedor da 2.ª Vara de Registros Públicos da Comarca de São Paulo, Marcelo Benacchio, em 12 de abril de 2017 (Processo 1010250-76.2017.8.26.0100).

→ Nas hipóteses de técnica de reprodução assistida heteróloga, prevalece o entendimento de impossibilidade de quebra de sigilo do doador do material genético, mesmo nos casos de desamparo do filho. Nesse sentido, o Enunciado n. 111 do CJF/STJ, da *I Jornada de Direito Civil*, que prevê o fundamento para tal conclusão: "a adoção e a reprodução assistida heteróloga atribuem a condição de filho ao adotado e à criança resultante de técnica conceptiva heteróloga; porém, enquanto na adoção haverá o desligamento dos vínculos entre o adotado e seus parentes consanguíneos, na reprodução assistida heteróloga sequer será estabelecido o vínculo de parentesco entre a criança e o doador do material fecundante". Assim, não cabe eventual ação de investigação de paternidade contra o doador, inclusive para se pleitear alimentos ou direitos sucessórios do último. Anote-se que a Resolução 2.320/2022 do Conselho Federal de Medicina, confirmando o que estava nas Resoluções 2.294/2021, 2.168/2017, 2.121/2015 e 2.013/2013, do mesmo modo protege o sigilo do doador. É o atual texto da Resolução 2.320/2022 do CFM: "deve ser mantido, obrigatoriamente, sigilo sobre a identidade dos doadores de gametas e embriões, bem como dos receptores, com a ressalva do item 2 do Capítulo IV. Em situações especiais, informações sobre os doadores, por motivação médica, podem ser fornecidas exclusivamente aos médicos, resguardando a identidade civil do(a) doador(a)". Todavia, a questão está longe de ser pacífica. Em sentido contrário, destaque-se trabalho da Defensora Pública do Estado do Rio Grande do Sul Fernanda de Souza Moreira que, a partir do emprego da técnica de ponderação, conclui pela prevalência dos interesses dos filhos sobre o sigilo do doador do sêmen.[170] Como palavras finais para o tema, o Provimento 52 do CNJ, de março de 2016, acabou por quebrar o debatido sigilo, pois exigia a documentação relativa ao doador do material genético na reprodução assistida e também do seu cônjuge ou companheiro. Conforme o seu art. 2.º, § 1.º, nas hipóteses de doação voluntária de gametas ou de gestação por substituição, deveriam ser também apresentados: *a)* termo de consentimento prévio, por instrumento público, do doador ou doadora, autorizando, expressamente, que o registro de nascimento da criança a ser concebida se desse em nome de outrem; *b)* termo de aprovação prévia, por instrumento público, do cônjuge ou de quem convivesse em união estável com o doador ou doadora, autorizando, expressamente, a realização do procedimento de reprodução assistida; e *c)* termo de consentimento, por instrumento público, do cônjuge ou do companheiro da beneficiária ou receptora da reprodução assistida, autorizando expressamente a realização do procedimento. Como sustentava em edição anterior deste livro, essas previsões, sem prejuízo de outras no mesmo sentido, deveriam ser revistas, pois a quebra do sigilo passou a ser a regra, o que representaria um risco à proteção da intimidade e à eficiência da própria reprodução assistida. Essa preocupação era mantida, apesar de o art. 2.º, § 2.º, do dispositivo administrativo mencionar que, na hipótese de gestação por substituição, não constaria do registro o nome da parturiente, informado na declaração de nascido vivo; e de o art. 2.º, § 4.º, enunciar que o conhecimento da ascendência biológica não importaria no reconhecimento de vínculo de parentesco e dos respectivos efeitos jurídicos entre o doador ou a doadora e o ser gerado por meio da reprodução assistida. Em suma, afirmava este autor que tais previsões do Provimento 52 do Conselho da Justiça Federal deveriam ser repensadas. Ora, conjugando-se a tese do julgamento do STF sobre a parentalidade socioafetiva com o teor parcial anterior da norma administrativa que estava em vigor, os filhos havidos da técnica heteróloga poderiam eventualmente buscar o seu vínculo biológico com o doador do material genético e para todos os fins, o que representava sérios riscos para a efetividade futura da reprodução assistida. Entretanto, felizmente e na linha do que aqui era defendido, o Provimento 63/2017 do CNJ retirou todas essas menções à quebra do sigilo, o que veio em boa hora, tendo sido a norma administrativa anterior revogada expressamente; o que foi mantido pelo Código Nacional de Normas do

---

[170] MOREIRA, Fernanda de Souza. O direito a alimentos do nascido do banco de sêmen e a legitimação passiva do doador na inseminação artificial heteróloga: uma colisão de direitos fundamentais. *Revista Brasileira de Direito das Famílias e das Sucessões.* Porto Alegre: Magister, n. 15, ano XII, abril-maio 2010, p. 30-49.

CNJ, de 2023. Reitero que a tese do julgamento do STF não pode incidir para a reprodução assistida, sob pena de inviabilizá-la.

→ A respeito da autorização para o destino de embriões excedentários após a morte, em 2021 surgiu importante precedente do Superior Tribunal de Justiça. Em votação apertada, a sua Quarta Turma julgou que "a declaração posta em contrato-padrão de prestação de serviços de reprodução humana é instrumento absolutamente inadequado para legitimar a implantação *post mortem* de embriões excedentários, cuja autorização, expressa e específica, deve ser efetivada por testamento ou por documento análogo". Como justificativas principais do aresto, concluiu-se que "a decisão de autorizar a utilização de embriões consiste em disposição *post mortem*, que, para além dos efeitos patrimoniais, sucessórios, relaciona-se intrinsecamente à personalidade e dignidade dos seres humanos envolvidos, genitor e os que seriam concebidos, atraindo, portanto, a imperativa obediência à forma expressa e incontestável, alcançada por meio do testamento ou instrumento que o valha em formalidade e garantia" (STJ, REsp 1.918.421/SP, 4.ª Turma, Rel. Min. Marco Buzzi, Rel. p/ Acórdão Min. Luis Felipe Salomão, j. 08.06.2021, *DJe* 26.08.2021). O *decisum* cita várias posições doutrinárias, inclusive as minhas. De todo modo, parece-me que houve um excesso de rigor formal no julgamento final. Por isso, estou filiado ao voto vencido, do Ministro Marco Buzzi, até porque entendo que no caso concreto os embriões teriam o direito de ser implantados.

→ Sobre o tema da *gestação de substituição*, algumas ponderações devem ser feitas. De início, conforme o Enunciado n. 257 do CJF/STJ, da *III Jornada de Direito Civil*, as presunções constantes do art. 1.597, III, IV e V, do CC, devem ser interpretadas restritivamente, não abrangendo a utilização de óvulos doados e a gestação de substituição. *De lege ferenda*, o Enunciado n. 129 do CJF/STJ faz proposição para inclusão de um dispositivo, nos seguintes termos: "Art. 1.597-A. A maternidade será presumida pela gestação. Parágrafo único. Nos casos de utilização das técnicas de reprodução assistida, a maternidade será estabelecida em favor daquela que forneceu o material genético, ou que, tendo planejado a gestação, valeu-se da técnica de reprodução assistida heteróloga". Pela vigente Resolução 2.320/2022, do Conselho Federal de Medicina, admite-se no Brasil a gestação de substituição, somente a título gratuito, o que era confirmado pelo Provimento 63/2017 do CNJ e pelo sucessivo Código Nacional de Normas, de 2023. Assim, pode-se dizer, com tom didático, que não há uma *barriga de aluguel*, como se afirma nos meios populares; mas um *comodato de barriga* (empréstimo). Ainda nos termos da citada resolução médica, o empréstimo ou a doação temporária de útero apenas é admitido no âmbito familiar, em um parentesco até o quarto grau. Já por força das anteriores Resoluções 2.294/2021, 2.168/2017, 2.121/2015 e 2.013/2013, ora revogadas, houve uma ampliação do parentesco, que antes era até o segundo grau, em decorrência da revogada Resolução 1.957/2010, todas do CFM. Consoante a recente Resolução 2.320/2022, "a cedente temporária do útero deve: a) ter ao menos um filho vivo; b) pertencer à família de um dos parceiros em parentesco consanguíneo até o quarto grau (primeiro grau: pais e filhos; segundo grau: avós e irmãos; terceiro grau: tios e sobrinhos; quarto grau: primos); c) na impossibilidade de atender o item b, deverá ser solicitada autorização do Conselho Regional de Medicina (CRM). 2. A cessão temporária do útero não pode ter caráter lucrativo ou comercial e a clínica de reprodução não pode intermediar a escolha da cedente". Como novidade desde a norma de 2021 do CFM, há menção à exigência de que a cedente tenha pelo menos um filho vivo. A respeito de outro aspecto importante, a Resolução 2.168/2017 já havia mantido a regra a respeito do limite do parentesco, uma vez que as resoluções anteriores à de 2013 estabeleciam o limite de parentesco ao segundo grau, englobando apenas mães e filhas e irmãs. Em tal aspecto, a ampliação foi considerável, chegando até o parentesco de quarto grau, de qualquer um dos parceiros, o que foi mantido pela Resolução 2.320/2022. Todavia, não há mais menção expressa, nesse item e desde 2015, ao limite de 50 anos de idade para as mulheres que se submetem à reprodução assistida, sendo essa uma das principais novidades das três últimas resoluções do CFM. É verdade que a atual Resolução 2.320/2022 estabelece, na linha da norma anterior e que a antecedeu, como regra que a idade máxima das candidatas à gestação por técnicas de RA é de 50 anos. Porém, há uma ressalva logo em seguida com a seguinte dicção: "as exceções a esse limite são aceitas com base em critérios técnicos e científicos, fundamentados pelo médico responsável, sobre a ausência de comorbidades não relacionadas à infertilidade da mulher e após esclarecimento ao(s) candidato(s) sobre os riscos envolvidos para a paciente e para os descendentes eventualmente gerados a partir da intervenção, respeitando a autonomia da paciente e do médico". Como é notório, já existiam julgados que afastavam tal limite de idade para as mulheres, por ser atentatório aos seus direitos (decisão do Tribunal Regional Federal da 1.ª Região, no Agravo de Instrumento 0055717-41.2014.4.01.0000/MG, Rel. Des. Federal Maria do Carmo Cardoso, prolatada em dezembro de 2014). O *decisum* estava fundamentado no Enunciado n. 41, aprovado na *I Jornada de Direito da Saúde* do Conselho Nacional de Justiça (CNJ), realizada em 15 de dezembro de 2014, segundo o qual "o estabelecimento da idade máxima de 50 anos, para que mulheres possam submeter-se ao tratamento e à gestação por reprodução assistida, afronta o direito constitucional à liberdade de planejamento familiar". Ademais, a inclusão a respeito dos demais casos, além do parentesco, abre a possibilidade de gestação de substituição planejada por casais homoafetivos femininos, na linha de regra anterior aqui antes comentada, o que é plenamente possível, no âmbito ético-médico. No âmbito jurídico, a resposta também parece ser positiva, pois a tendência doutrinária e jurisprudencial continua sendo a de admitir a família homoafetiva para todos os fins civis, na linha da tão comentada decisão do Supremo Tribunal Federal, do ano de 2011. Seguindo, cabe lembrar que a doadora do material genético é a *genetrix*, enquanto a mulher que gera é a *gestatrix*.[171] Na linha do Enunciado n. 129 do CJF/STJ, que representa o entendimento da doutrina majoritária, deve-se concluir que a mãe será aquela que forneceu o material genético (*genetrix*). Discutia-se no Brasil a possibilidade de mulheres que não são parentes fazerem uso da gestação de substituição. Debatia-se, nesse contexto, se duas companheiras homoafetivas poderiam se submeter à técnica, cumulada com a inseminação heteróloga, utilizando material genético de terceiro. A tese da admissão acabou se concretizando com a citada decisão do STF de reconhecimento da união homoafetiva como entidade familiar equiparada à união estável (*Informativo* n. 625 do STF). Repise-se que do mesmo modo dispunha expressamente a Resolução 2.294/2021 do CFM, assim como já faziam as anteriores Resoluções 2.168/2017, 2.121/2015 e 2.013/2013 do mesmo Órgão. A atual Resolução 2.320/2022 do CFM também menciona os casais ho-

---

[171] DINIZ, Maria Helena. *Curso de Direito Civil brasileiro*. Direito de família. 22. ed. São Paulo: Saraiva, 2007. v. 5, p. 429.

moafetivos femininos, no seguinte item: "é permitida a gestação compartilhada em união homoafetiva feminina. Considera-se gestação compartilhada a situação em que o embrião obtido a partir da fecundação do(s) oócito(s) de uma mulher é transferido para o útero de sua parceira". De todo modo, reitero que foi retirada do texto da nova resolução a menção de que seria "permitido o uso das técnicas de RA para heterossexuais, homoafetivos e transgêneros", o que estava na Resolução 2021. Mais uma vez afirmo que essa retirada não afasta a viabilidade jurídica de sua utilização por essas pessoas, diante do reconhecimento constitucional da pluralidade das entidades familiares. Parte considerável da doutrina tem entendido pela possibilidade de emprego da gestação de substituição *post mortem*, desde que haja prévia autorização da esposa e companheira, o que conta com o nosso apoio. Nesse sentido, o Enunciado n. 633 da *VIII Jornada de Direito Civil* (2018): "é possível ao viúvo ou ao companheiro sobrevivente, o acesso à técnica de reprodução assistida póstuma – por meio da maternidade de substituição, desde que haja expresso consentimento manifestado em vida pela sua esposa ou companheira". Como último aspecto a ser pontuado sobre o tema, em importante precedente sobre a gestação de substituição, o Superior Tribunal de Justiça acabou por firmar a tese segundo a qual "é possível a inclusão de dupla paternidade em assento de nascimento de criança concebida mediante as técnicas de reprodução assistida heteróloga e com gestação por substituição, não configurando violação ao instituto da adoção unilateral". No caso, a técnica foi planejada por dois homens, que passaram a constar no registro civil, sem a inclusão da *gestatrix*, conclusão que nos parece correta tecnicamente. Citou-se, no conteúdo do acórdão, o antes mencionado Enunciado n. 111 da *I Jornada de Direito Civil*, que estabelece a diferença fundamental entre a reprodução assistida e a adoção. Conforme parte da ementa, "a doadora do material genético, no caso, não estabeleceu qualquer vínculo com a criança, tendo expressamente renunciado ao poder familiar. Inocorrência de hipótese de adoção, pois não se pretende o desligamento do vínculo com o pai biológico, que reconheceu a paternidade no registro civil de nascimento da criança. A reprodução assistida e a paternidade socioafetiva constituem nova base fática para incidência do preceito 'ou outra origem' do art. 1.593 do Código Civil" (STJ, REsp 1.6080.05/SC, 3.ª Turma, Rel. Min. Paulo de Tarso Sanseverino, j. 14.05.2019, *DJe* 21.05.2019).

Como não poderia ser diferente, no atual Projeto de Reforma e Atualização do Código Civil são propostas normas legais para a mínima regulamentação da reprodução assistida, em prol da segurança jurídica e da estabilidade. Nos debates do Anteprojeto, essas propostas surgiram na primeira audiência pública realizada na OABSP, em outubro de 2023, tendo sido entregues pela Professora Ana Cláudia Scalquette, que depois foi incorporada à Comissão de Juristas, como sua consultora. A jurista já havia atuado na elaboração do Estatuto da Reprodução Assistida, que ainda tramita na Câmara dos Deputados, sendo o seu número original o PL 4.892/2012.

De início, é incluído, em termos gerais, um art. 1.598-A, com a seguinte redação: "Presumem-se filhos dos cônjuges ou conviventes os havidos, a qualquer tempo, pela utilização de técnicas de reprodução humana assistida por eles expressamente autorizadas. Parágrafo único. A autorização para o uso, após a morte, do próprio material genético, em técnica de reprodução humana assistida, dar-se-á por manifestação inequívoca de vontade, por escritura pública ou testamento público, respeitado o disposto no art. 1.629-Q deste Código". Como se pode perceber, trata-se de regra de presunção que se aplica tanto ao

**1578** | MANUAL DE DIREITO CIVIL • VOLUME ÚNICO – *Flávio Tartuce*

casamento quanto à união estável, sendo admitida a reprodução assistida *post mortem*, como hoje se retira das normas administrativas do Conselho Federal de Medicina e do Conselho Nacional de Justiça.

Sobre a reprodução assistida, incluindo a gestação de substituição, almeja-se a sua regulamentação específica nos novos arts. 1.629 a 1.629-V. Pela projeção, o novo Capítulo V do livro de Direito de Família tratará da "filiação decorrente da reprodução assistida", com cinco seções tratando dos seguintes temas: disposições gerais, da doação de gametas, da cessão temporária de útero, da reprodução assistida *post mortem* e do consentimento informado. A análise de todas essas propostas foge à proposta deste *Manual*, estando analisadas no Volume 5 da minha coleção de Direito Civil, publicado por esta mesma casa editorial.

Superados esses pontos polêmicos, ato contínuo de análise e estudo da matéria, enuncia o ainda vigente art. 1.599 do CC que a prova de impotência do marido *para gerar*, à época da concepção, afasta a presunção de paternidade. O dispositivo traz exceção à presunção de paternidade e deve ser aplicado apenas à impotência *generandi*, conforme expressamente previsto.[172] Todavia, a conclusão não é pacífica, pois há quem entenda que a regra do mesmo modo subsome-se à impotência instrumental (*coeundi*), aquela para o ato sexual.[173] Filia-se à primeira corrente, até porque pelos avanços médicos e farmacêuticos a impotência sexual instrumental vem se transformando em um mito.

A verdade é que a norma está totalmente desatualizada, razão pela qual a Comissão de Juristas encarregada da Reforma do Código Civil sugere a sua revogação expressa. Como ponderaram os juristas que compuseram a Subcomissão de Direito de Família – Pablo Stolze Gagliano, Maria Berenice Dias, Rolf Madaleno e Marco Buzzi –, "dispensa maior digressão a revogação ora proposta, porquanto as referências normativas, a exemplo do adultério da mulher ou da impotência dos cônjuges, não se justificam".

As razões de revogação apresentadas também dizem respeito aos arts. 1.600, 1.601 e 1.602, estando as normas, de fato, alheias ao mundo contemporâneo, sobretudo tendo em vista realidades do exame de DNA, da parentalidade socioafetiva e da multiparentalidade. Além disso, acabam entrando em delicado debate sobre a integridade físico-psíquica e a privacidade das pessoas envolvidas.

De fato, causa enorme perplexidade a norma do art. 1.600 do CC, *in verbis*: "não basta o adultério da mulher, ainda que confessado, para ilidir a presunção legal da paternidade". O dispositivo está superado, uma vez que o adultério desapareceu do sistema diante da Lei 11.106/2005.

Complementando o comando, enuncia o art. 1.602 do CC que não basta a *confissão materna* para excluir a presunção de paternidade. Em suma, não basta a declaração da mãe de que o seu marido não é o pai da criança, pois outras provas e outros fatos devem ser considerados, como o exame de DNA.

De toda a sorte, a última norma cria sérios problemas práticos. Imagine-se a hipótese de uma mulher que está separada de fato do marido e que vive com outro homem. Nascido um filho do último, a sua declaração quando do registro do nascimento não teria o condão de afastar a presunção legal da paternidade do marido. Ora, melhor seria que a atual legislação trouxesse uma previsão sobre o afastamento da presunção em casos tais.

Por tudo isso, sem dúvidas, a melhor solução para os arts. 1.600 e 1.602 da Lei Privada é a sua revogação expressa, o que está sendo sugerido pela Comissão de Juristas nomeada

---

[172] Por todos: ALVES, Jones Figueirêdo; DELGADO, Mário Luiz. *Código Civil anotado*. São Paulo: Método, 2005. p. 814.

[173] DINIZ, Maria Helena. *Código Civil anotado*. 15. ed. São Paulo: Saraiva, 2010. p. 1.130.

CAP. 8 • DIREITO DE FAMÍLIA | **1579**

no âmbito do Senado Federal para a Reforma do Código Civil. Espera-se, portanto, que o Parlamento Brasileiro siga essa recomendação doutrinária.

O art. 1.601 é um dos dispositivos mais criticados do CC/2002 ao prever que "cabe ao marido o direito de contestar a paternidade dos filhos nascidos de sua mulher, sendo tal ação imprescritível. Parágrafo único. Contestada a filiação, os herdeiros do impugnante têm direito de prosseguir na ação".

A norma é duramente criticada porque, ao consagrar a imprescritibilidade da ação negatória de paternidade pelo marido, despreza a parentalidade socioafetiva, fundada na posse de estado de filhos.[174] Por isso, e outros problemas, no Projeto de Reforma do Código Civil pretende-se a revogação expressa também desse art. 1.601.

Sobre o tema, conforme o Enunciado n. 339 do CJF/STJ, aprovado na *IV Jornada de Direito Civil*, deve ser vedado o rompimento da paternidade socioafetiva em detrimento do melhor interesse do filho. No mesmo sentido, o seguinte enunciado da *V Jornada de Direito Civil*: "o conhecimento da ausência de vínculo biológico e a posse de estado de filho obstam a contestação da paternidade presumida" (Enunciado n. 520). Com conclusão nesse sentido, por todos os julgados, do Superior Tribunal de Justiça:

> "Reconhecimento de filiação. Ação declaratória de nulidade. Inexistência de relação sanguínea entre as partes. Irrelevância diante do vínculo socioafetivo. Merece reforma o acórdão que, ao julgar embargos de declaração, impõe multa com amparo no art. 538, par. único, CPC se o recurso não apresenta caráter modificativo e se foi interposto com expressa finalidade de prequestionar. Inteligência da Súmula 98, STJ. – O reconhecimento de paternidade é válido se reflete a existência duradoura do vínculo socioafetivo entre pais e filhos. A ausência de vínculo biológico é fato que por si só não revela a falsidade da declaração de vontade consubstanciada no ato do reconhecimento. A relação socioafetiva é fato que não pode ser, e não é, desconhecido pelo Direito. Inexistência de nulidade do assento lançado em registro civil. – O STJ vem dando prioridade ao critério biológico para o reconhecimento da filiação naquelas circunstâncias em que há dissenso familiar, onde a relação socioafetiva desapareceu ou nunca existiu. Não se pode impor os deveres de cuidado, de carinho e de sustento a alguém que, não sendo o pai biológico, também não deseja ser pai socioafetivo. *A contrario sensu*, se o afeto persiste de forma que pais e filhos constroem uma relação de mútuo auxílio, respeito e amparo, é acertado desconsiderar o vínculo meramente sanguíneo, para reconhecer a existência de filiação jurídica. Recurso conhecido e provido" (STJ, REsp 878.941/DF, 3.ª Turma, Rel. Min. Nancy Andrighi, j. 21.08.2007, *DJ* 17.09.2007 p. 267).

Ilustrando, se um marido reconhece o filho havido de sua mulher como seu, por meio da chamada "adoção à brasileira", criando-o por dez anos, não poderá desfazer o vínculo. No máximo, eventual demanda negatória ou de nulidade do registro pode ser julgada parcialmente procedente, apenas para declarar que o autor não é o pai biológico da criança. Porém, o vínculo de filiação deve ser mantido.

No que concerne ao tempo para a caracterização da parentalidade socioafetiva, leciona Leila Torraca de Brito, em sua tese de pós-doutorado defendida na Universidade Federal do Paraná, a existência de uma lei francesa (*Ordonnance 2005-759*) consagran-

---

[174] Com tom relevante de crítica, veja-se o trabalho de João Baptista Villela intitulado *Art. 1.601*, publicado com autorização de seu autor em: TARTUCE, Flávio. *Direito Civil*. Direito de Família. 16. ed. Rio de Janeiro: Forense, 2021. v. 5. O texto está no final do Capítulo 6 do livro (TARTUCE, Flávio; SIMÃO, José Fernando. *Direito Civil*. Direito de Família. 4. ed. São Paulo: Método, 2010. v. 5, p. 390-400).

do prazo de cinco anos de posse de estado de filhos, contados do nascimento ou do reconhecimento do filho, para que se impugne a parentalidade. Não havendo a posse de estado de filhos, o prazo para a impugnação é de dez anos.[175] A experiência francesa serve como simples parâmetro para a realidade brasileira, cabendo apenas a ressalva de que a caracterização do vínculo de afetividade não leva em conta apenas fatores quantitativos, mas também qualitativos.

A tão comentada decisão do STF sobre a repercussão geral da paternidade socioafetiva acaba por confirmar a impossibilidade de se quebrar o vínculo de filiação em casos tais. A repercussão geral era pertinente, pois existiam decisões que concluíam pela não prevalência da parentalidade socioafetiva sobre a biológica. Conforme a tese que foi ali fixada pela Corte Máxima Brasileira, "a paternidade socioafetiva declarada ou não em registro, não impede o reconhecimento do vínculo de filiação concomitante, baseada na origem biológica, com os efeitos jurídicos próprios" (Recurso Extraordinário 898.060, originário do Estado de Santa Catarina, com repercussão geral, Rel. Min. Luiz Fux, j. 21.09.2016, publicado no *Informativo* n. *840* da Corte – Tema 622). Como impactos iniciais, tal *decisum* traz três consequências que merecem destaque.

A primeira delas é o reconhecimento expresso, o que foi feito por vários Ministros, no sentido de ser a afetividade um valor jurídico e um princípio inerente à ordem civil--constitucional brasileira.

A segunda consequência, repise-se, é a afirmação de ser a paternidade socioafetiva uma forma de parentesco civil (nos termos do art. 1.593 do CC), em situação de igualdade com a paternidade biológica. Em outras palavras, não há hierarquia entre uma ou outra modalidade de filiação, o que representa um razoável equilíbrio.

A terceira consequência é a vitória da multiparentalidade, que passou a ser admitida pelo Direito Brasileiro, mesmo que contra a vontade do pai biológico. Ficou claro, pelo julgamento, que o reconhecimento do vínculo concomitante é para todos os fins, inclusive alimentares e sucessórios. Quanto aos efeitos sucessórios, na *VIII Jornada de Direito Civil*, promovida pelo Conselho da Justiça Federal em abril de 2018, aprovou-se o Enunciado n. 632, segundo o qual "nos casos de reconhecimento de multiparentalidade paterna ou materna, o filho terá direito à participação na herança de todos os ascendentes reconhecidos". Sem dúvidas, teremos grandes desafios com essas afirmações, mas é tarefa da doutrina, da jurisprudência e dos aplicadores do Direito resolver os problemas que surgem, de acordo com o caso concreto.

A respeito da possibilidade do vínculo concomitante, destaque-se que o Ministro Fux utilizou como paradigma um caso julgado nos Estados Unidos da América. Foram suas palavras: "a pluriparentalidade, no Direito Comparado, pode ser exemplificada pelo conceito de 'dupla paternidade' (*dual paternity*), construído pela Suprema Corte do Estado da Louisiana, EUA, desde a década de 1980 para atender, ao mesmo tempo, ao melhor interesse da criança e ao direito do genitor à declaração da paternidade. Doutrina. Os arranjos familiares alheios à regulação estatal, por omissão, não podem restar ao desabrigo da proteção a situações de pluriparentalidade, por isso que merecem tutela jurídica concomitante, para todos os fins de direito, os vínculos parentais de origem afetiva e biológica, a fim de prover a mais completa e adequada tutela aos sujeitos envolvidos, ante os princípios constitucionais da dignidade da pessoa humana (art. 1.º, III) e da paternidade responsável (art. 226, § 7.º)" (STF, RE 898.060/SC, Tribunal Pleno, Rel. Min. Luiz Fux, j. 21.09.2016 – Tema 622).

---

[175] BRITO, Leila Torraca. *Paternidades contestadas*. Belo Horizonte: Del Rey, 2008. p. 82.

CAP. 8 • DIREITO DE FAMÍLIA | **1581**

A tese firmada também acaba por possibilitar que os filhos demandem os pais biológicos para obter o vínculo de filiação com intuitos alimentares e sucessórios. Segue-se, assim, o caminho que já vinha sendo percorrido pelo STJ, e que era por nós criticado. Entre os julgados anteriores, veja-se acórdão publicado no *Informativo* n. *512* da Corte, com o seguinte trecho:

> "É possível o reconhecimento da paternidade biológica e a anulação do registro de nascimento na hipótese em que pleiteados pelo filho adotado conforme prática conhecida como 'adoção à brasileira'. A paternidade biológica traz em si responsabilidades que lhe são intrínsecas e que, somente em situações excepcionais, previstas em lei, podem ser afastadas. O direito da pessoa ao reconhecimento de sua ancestralidade e origem genética insere-se nos atributos da própria personalidade. A prática conhecida como 'adoção à brasileira', ao contrário da adoção legal, não tem a aptidão de romper os vínculos civis entre o filho e os pais biológicos, que devem ser restabelecidos sempre que o filho manifestar o seu desejo de desfazer o liame jurídico advindo do registro ilegalmente levado a efeito, restaurando-se, por conseguinte, todos os consectários legais da paternidade biológica, como os registrais, os patrimoniais e os hereditários. Dessa forma, a filiação socioafetiva desenvolvida com os pais registrais não afasta os direitos do filho resultantes da filiação biológica, não podendo, nesse sentido, haver equiparação entre a 'adoção à brasileira' e a adoção regular. Ademais, embora a 'adoção à brasileira', muitas vezes, não denote torpeza de quem a pratica, pode ela ser instrumental de diversos ilícitos, como os relacionados ao tráfico internacional de crianças, além de poder não refletir o melhor interesse do menor. Precedente citado: REsp 833.712/RS, *DJ* 04.06.2007" (STJ, REsp 1.167.993/ RS, Rel. Min. Luis Felipe Salomão, j. 18.12.2012).

Entendo que essa forma anterior de julgar representa um retrocesso, uma volta ao passado, desprezando a posse de estado de filhos fundada na reputação social (*reputatio*) e no tratamento dos envolvidos (*tractatus*).

Ademais, abre a possibilidade de um filho "escolher" o seu pai não pelo ato de afeto, mas por meros interesses patrimoniais, em uma clara *demanda frívola* que, na minha opinião doutrinária, deve ser repelida. De fato, a tese adotada pelo STF possibilita tal caminho, tendo sido utilizado como argumento o princípio constitucional da paternidade responsável. Nos termos do voto do Relator Ministro Luiz Fux, "a paternidade responsável, enunciada expressamente no art. 226, § 7.º, da Constituição, na perspectiva da dignidade humana e da busca pela felicidade, impõe o acolhimento, no espectro legal, tanto dos vínculos de filiação construídos pela relação afetiva entre os envolvidos, quanto daqueles originados da ascendência biológica, sem que seja necessário decidir entre um ou outro vínculo quando o melhor interesse do descendente for o reconhecimento jurídico de ambos" (RE 898.060/ SC, Tribunal Pleno, Rel. Min. Luiz Fux, j. 21.09.2016).

Ressalve-se, portanto, que deve ser mantido o vínculo com o pai socioafetivo, pelo que consta da tese ementada do julgamento. Em outras palavras, nota-se, mais uma vez, a possibilidade da multiparentalidade.

Igualmente a demonstrar a divergência anterior, existiam decisões superiores ainda mais recentes que afastavam a parentalidade socioafetiva em casos de engano quanto à prole. A ilustrar, vejamos julgado assim publicado no *Informativo* n. *555* do STJ:

> "Direito civil. Desconstituição de paternidade registral. Admitiu-se a desconstituição de paternidade registral no seguinte caso: (a) o pai registral, na fluência de união estável estabelecida com a genitora da criança, fez constar o seu nome como pai no registro de nascimento, por acreditar ser o pai biológico do infante; (b) estabeleceu-se vínculo

**1582** | MANUAL DE DIREITO CIVIL • VOLUME ÚNICO – *Flávio Tartuce*

de afetividade entre o pai registral e a criança durante os primeiros cinco anos de vida deste; (c) o pai registral solicitou, ao descobrir que fora traído, a realização de exame de DNA e, a partir do resultado negativo do exame, não mais teve qualquer contato com a criança, por mais de oito anos até a atualidade; e (d) o pedido de desconstituição foi formulado pelo próprio pai registral. De fato, a simples ausência de convergência entre a paternidade declarada no assento de nascimento e a paternidade biológica, por si só, não autoriza a invalidação do registro. Realmente, não se impõe ao declarante, por ocasião do registro, prova de que é o genitor da criança a ser registrada. O assento de nascimento traz, em si, essa presunção. Entretanto, caso o declarante demonstre ter incorrido, seriamente, em vício de consentimento, essa presunção poderá vir a ser ilidida por ele. Não se pode negar que a filiação socioafetiva detém integral respaldo do ordenamento jurídico nacional, a considerar a incumbência constitucional atribuída ao Estado de proteger toda e qualquer forma de entidade familiar, independentemente de sua origem (art. 227 da CF). Ocorre que o estabelecimento da filiação socioafetiva perpassa, necessariamente, pela vontade e, mesmo, pela voluntariedade do apontado pai, ao despender afeto, de ser reconhecido como tal. Em outras palavras, as manifestações de afeto e carinho por parte de pessoa próxima à criança somente terão o condão de convolarem-se numa relação de filiação se, além da caracterização do estado de posse de filho, houver, por parte do indivíduo que despende o afeto, a clara e inequívoca intenção de ser concebido juridicamente como pai ou mãe da criança. Portanto, a higidez da vontade e da voluntariedade de ser reconhecido juridicamente como pai consubstancia pressuposto à configuração de filiação socioafetiva no caso aqui analisado. Dessa forma, não se concebe a conformação dessa espécie de filiação quando o apontado pai incorre em qualquer dos vícios de consentimento. Ademais, sem proceder a qualquer consideração de ordem moral, não se pode obrigar o pai registral, induzido a erro substancial, a manter uma relação de afeto igualmente calcada no vício de consentimento originário, impondo-lhe os deveres daí advindos sem que voluntária e conscientemente o queira. Além disso, como a filiação socioafetiva pressupõe a vontade e a voluntariedade do apontado pai de ser assim reconhecido juridicamente, caberá somente a ele contestar a paternidade em apreço. Por fim, ressalte-se que é diversa a hipótese em que o indivíduo, ciente de que não é o genitor da criança, voluntária e expressamente declara o ser perante o Oficial de Registro das Pessoas Naturais ('adoção à brasileira'), estabelecendo com esta, a partir daí, vínculo da afetividade paterno-filial. Nesta hipótese – diversa do caso em análise –, o vínculo de afetividade se sobrepõe ao vício, encontrando-se inegavelmente consolidada a filiação socioafetiva (hipótese, aliás, que não comportaria posterior alteração). A consolidação dessa situação – em que pese antijurídica e, inclusive, tipificada no art. 242 do CP –, em atenção ao melhor e prioritário interesse da criança, não pode ser modificada pelo pai registral e socioafetivo, afigurando-se irrelevante, nesse caso, a verdade biológica. Trata-se de compreensão que converge com o posicionamento perfilhado pelo STJ (REsp 709.608/MS, 4.ª Turma, *DJe* 23.11.2009; e REsp 1.383.408/ RS, 3.ª Turma, *DJe* 30.05.2014)" (STJ, REsp 1.330.404/RS, Rel. Min. Marco Aurélio Bellizze, j. 05.02.2015, *DJe* 19.02.2015).

Como se nota, os casos de engano ou erro no registro também levantavam o questionamento sobre a prevalência da parentalidade socioafetiva. Todavia, sempre acreditei que deve prevalecer o melhor interesse da criança e do adolescente. Talvez, no caso citado, o melhor caminho seria afastar o vínculo pela não consolidação da posse de estado de filho, e não pura e simplesmente pela presença do engano.

De toda sorte, como o STF acabou por adotar o caminho da multiparentalidade, mesmo que contra a vontade das partes, o vínculo com o pai socioafetivo não poderá ser desfeito, sendo possível também demandar o pai biológico. Sendo assim, penso que o STJ

CAP. 8 • DIREITO DE FAMÍLIA | **1583**

não mais decidirá como fez na última ementa. Ao final, nota-se claramente que o julgamento do STF não estabeleceu a hierarquia entre a paternidade socioafetiva ou a biológica, devendo-se reconhecer a multiparentalidade como regra. Como sempre defendi, não cabe um modelo fechado, uma *monossolução*, para resolver os conflitos familiares.

A *multiparentalidade*, de fato, parece ser a tese vitoriosa que se retira do julgamento do Supremo Tribunal Federal, contando com o meu apoio doutrinário.[176] O que vinha prevalecendo na jurisprudência era uma *escolha de Sofia*, entre o vínculo biológico e o socioafetivo, o que não poderia mais prosperar. Como já interrogava a doutrina consultada, por que não seria possível a hipótese de ter a pessoa dois pais ou duas mães no registro civil, para todos os fins jurídicos, inclusive familiares e sucessórios? Como bem pontua Maurício Bunazar, "a partir do momento em que a sociedade passa a encarar como pais e/ou mães aqueles perante os quais se exerce a posse do estado de filho, juridiciza-se tal situação, gerando, de maneira inevitável, entre os participantes da relação filial direitos e deveres; obrigações e pretensões; ações e exceções, sem que haja nada que justifique a ruptura da relação filial primeva".[177]

Reconhecendo tais premissas, anote-se a então inédita sentença de 2012, prolatada pela magistrada Deisy Cristhian Lorena de Oliveira Ferraz, da Comarca de Ariquemes, Estado de Rondônia, determinando o duplo registro da criança, em nome do pai biológico e do pai socioafetivo, diante de pedido de ambos para que a multiparentalidade fosse reconhecida. A íntegra da decisão pode ser lida do *site* do autor da presente obra.[178]

O tema igualmente ganha relevo na questão relativa aos direitos e deveres dos padrastos e madrastas, com grande repercussão prática no meio social. Se a sociedade pós-moderna é pluralista, a família também o deve ser e para todos os fins, inclusive alimentares e sucessórios.

Assim, na linha do exposto, o igualmente inédito acórdão do Tribunal de Justiça do Estado de São Paulo, que determinou o registro de madrasta como *mãe civil* de enteado, mantendo-se a mãe biológica, que havia falecido quando do parto. A ementa da revolucionária decisão foi assim publicada:

> "Maternidade socioafetiva. Preservação da Maternidade Biológica. Respeito à memória da mãe biológica, falecida em decorrência do parto, e de sua família. Enteado criado como filho desde dois anos de idade. Filiação socioafetiva que tem amparo no art. 1.593 do Código Civil e decorre da posse do estado de filho, fruto de longa e estável convivência, aliado ao afeto e considerações mútuos, e sua manifestação pública, de forma a não deixar dúvida, a quem não conhece, de que se trata de parentes. A formação da família moderna não consanguínea tem sua base na afetividade e nos princípios da dignidade da pessoa humana e da solidariedade. Recurso provido" (TJSP, Apelação 0006422-26.2011.8.26.0286, 1.ª Câmara de Direito Privado, Itu, Rel. Des. Alcides Leopoldo e Silva Junior, j. 14.08.2012).

---

[176] Tratando sobre o tema: TEIXEIRA, Ana Carolina Brochado; RODRIGUES, Renata de Lima. Multiparentalidade como efeito da socioafetividade nas famílias recompostas. *O Direito das Famílias entre a norma e a realidade*. São Paulo: Atlas, 2010. p. 190-218; ALMEIDA, Renata Barbosa de; RODRIGUES JR., Walsir Edson. *Direito das Famílias*. Rio de Janeiro: Lumen Juris, 2010. p. 381-383; BUNAZAR, Maurício. Pelas portas de Villela: um ensaio sobre a pluriparentalidade como realidade sociojurídica. *Revista IOB de Direito de Família*, n. 59, abr./maio 2010. p. 63-73; PÓVOAS, Maurício Cavallazzi. *Multiparentalidade*. A possibilidade de múltipla filiação registral e seus efeitos. Florianópolis: Conceito Editorial, 2012; CASSETTARI, Christiano. *Multiparentalidade e parentalidade socioafetiva*. Efeitos jurídicos. São Paulo: Atlas, 2014.

[177] BUNAZAR, Maurício. Pelas portas de Villela: um ensaio sobre a pluriparentalidade como realidade sociojurídica. *Revista IOB de Direito de Família*, n. 59, abr./maio 2010, p. 73.

[178] Disponível em: <www.flaviotartuce.adv.br/jurisprudencias>. Acesso em: 23 abr. 2012.

**1584** | MANUAL DE DIREITO CIVIL • VOLUME ÚNICO – *Flávio Tartuce*

De 2014, outros três julgamentos de primeira instância merecem relevo. O primeiro foi pronunciado pela Vara da Família de Sobradinho, no Distrito Federal, atribuindo dupla paternidade, para todos os fins jurídicos, tanto para o pai biológico quanto para o socioafetivo (Processo 2013.06.1.001874-5, j. 06.06.2014). A segunda sentença é da 15.ª Vara da Família da Capital do Rio de Janeiro, prolatada pela magistrada e componente do IBDFAM Maria Aglae Vilardo, tendo reconhecido o direito de três irmãos terem duas mães, a biológica e a socioafetiva, em seus registros de nascimento (fevereiro de 2014). O último julgado é da 3.ª Vara Cível de Santana do Livramento, Rio Grande do Sul, decidindo a juíza Carine Labres que uma criança de cinco anos terá, na certidão de nascimento, o nome do pai biológico e do pai que a registrou e que com ela convive desde o nascimento (maio de 2014).

Do ano de 2015 merece relevo o acórdão prolatado pela 8.ª Câmara Cível do Tribunal de Justiça do Rio Grande do Sul, na Apelação Cível 70062692876. O julgado reconheceu a multiparentalidade entre duas mães – que viviam em união estável e posteriormente se casaram – e o pai biológico, amigo de ambas. Conforme se extrai de sua ementa, que merece colação em destaque:

> "A ausência de lei para regência de novos – e cada vez mais ocorrentes – fatos sociais decorrentes das instituições familiares não é indicador necessário de impossibilidade jurídica do pedido. É que, 'quando a lei for omissa, o juiz decidirá o caso de acordo com a analogia, os costumes e os princípios gerais de direito' (artigo 4.º da Lei de Introdução ao Código Civil). (...). Dito isso, a aplicação dos princípios da 'legalidade', 'tipicidade' e 'especialidade', que norteiam os 'Registros Públicos', com legislação originária pré-constitucional, deve ser relativizada, naquilo que não se compatibiliza com os princípios constitucionais vigentes, notadamente a promoção do bem de todos, sem preconceitos de sexo ou qualquer outra forma de discriminação (artigo 3.º, IV, da CF/1988), bem como a proibição de designações discriminatórias relativas à filiação (artigo 227, § 6.º, CF), 'objetivos e princípios fundamentais' decorrentes do princípio fundamental da dignidade da pessoa humana. Da mesma forma, há que se julgar a pretensão da parte, a partir da interpretação sistemática conjunta com demais princípios infraconstitucionais, tal como a doutrina da proteção integral o do princípio do melhor interesse do menor, informadores do Estatuto da Criança e do Adolescente (Lei 8.069/1990), bem como, e especialmente, em atenção do fenômeno da afetividade, como formador de relações familiares e objeto de proteção estatal, não sendo o caráter biológico o critério exclusivo na formação de vínculo familiar. Caso em que no plano fático é flagrante o ânimo de paternidade e maternidade, em conjunto, entre o casal formado pelas mães e do pai, em relação à menor, sendo de rigor o reconhecimento judicial da 'multiparentalidade', com a publicidade decorrente do registro público de nascimento" (Rel. Des. José Pedro de Oliveira Eckert, j. 12.02.2015).

Outras decisões jurisprudenciais vinham surgindo sucessivamente. Como destacava nas edições anteriores deste livro, a multiparentalidade seria um *caminho sem volta* do Direito de Família Contemporâneo, consolidando-se as novas teorias e os princípios constitucionais nesse campo do pensamento jurídico. A decisão do STF em repercussão geral é o *fim do caminho*. A regra passou a ser a multiparentalidade, nos casos de dilemas entre a parentalidade socioafetiva e a biológica. Uma não exclui a outra, devendo ambas conviver.

Como se nota, os julgados anteriores diziam respeito a situações em que havia consenso para o duplo registro. A grande dúvida era saber se o vínculo poderia ser imposto pelo magistrado, caso não houvesse tal acordo. Esse parecia ser o grande desafio que envolvia a matéria. Aliás, no final de 2015 o Superior Tribunal de Justiça enfrentou a questão, entendendo pela impossibilidade de se impor a multiparentalidade sem que exista a vontade expressa de todos os envolvidos. Vejamos o que constou da sua publicação:

"Cinge-se a controvérsia a verificar a possibilidade de registro de dupla paternidade, requerido unicamente pelo Ministério Público estadual, na certidão de nascimento do menor para assegurar direito futuro de escolha do infante. Esta Corte tem entendimento no sentido de ser possível o duplo registro na certidão de nascimento do filho nos casos de adoção por homoafetivos. Precedente. Infere-se dos autos que o pai socioafetivo não tem interesse em figurar também na certidão de nascimento da criança. Ele poderá, a qualquer tempo, dispor do seu patrimônio, na forma da lei, por testamento ou doação em favor do menor. Não se justifica o pedido do *Parquet* para registro de dupla paternidade quando não demonstrado prejuízo evidente ao interesse do menor" (STJ, REsp 1.333.086/RO, 3.ª Turma, Rel. Min. Ricardo Villas Bôas Cueva, j. 06.10.2015, *DJe* 15.10.2015).

Porém, como destacado em edições anteriores desta obra, essa posição anterior do STJ, pela necessidade do pleno acordo, está superada pelo julgamento do STF de setembro de 2016 no Recurso Especial 898.060/SC. Fica claro, pela tese da repercussão geral, que é possível reconhecer o duplo vínculo mesmo contra a vontade das partes envolvidas. Sem dúvidas, há um novo paradigma para a matéria, o que deve influenciar todas as decisões judiciais que surgirem no futuro.

A propósito, já sob a égide da nova posição do Supremo Tribunal Federal, a mesma Terceira Turma do STJ proferiu *decisum* em sentido oposto à última e com mesma relatoria, reconhecendo ser possível a multiparentalidade, mesmo que contra a vontade dos envolvidos:

"O Supremo Tribunal Federal, ao julgar o Recurso Extraordinário n.º 898.060, com repercussão geral reconhecida, admitiu a coexistência entre as paternidades biológica e a socioafetiva, afastando qualquer interpretação apta a ensejar a hierarquização dos vínculos. A existência de vínculo com o pai registral não é obstáculo ao exercício do direito de busca da origem genética ou de reconhecimento de paternidade biológica. Os direitos à ancestralidade, à origem genética e ao afeto são, portanto, compatíveis. O reconhecimento do estado de filiação configura direito personalíssimo, indisponível e imprescritível, que pode ser exercitado, portanto, sem nenhuma restrição, contra os pais ou seus herdeiros" (STJ, REsp 1.618.230/RS, 3.ª Turma, Rel. Min. Ricardo Villas Bôas Cueva, j. 28.03.2017, *DJe* 10.05.2017).

Em 2021, fez o mesmo a Quarta Turma do Tribunal, com destaque para o seguinte trecho de ementa:

"A possibilidade de cumulação da paternidade socioafetiva com a biológica contempla especialmente o princípio constitucional da igualdade dos filhos (art. 227, § 6.º, da CF). Isso porque conferir *status* diferenciado entre o genitor biológico e o socioafetivo é, por consequência, conceber um tratamento desigual entre os filhos. No caso dos autos, a instância de origem, apesar de reconhecer a multiparentalidade, em razão da ligação afetiva entre enteada e padrasto, determinou que, na certidão de nascimento, constasse o termo 'pai socioafetivo', e afastou a possibilidade de efeitos patrimoniais e sucessórios. Ao assim decidir, a Corte estadual conferiu à recorrente uma posição filial inferior em relação aos demais descendentes do 'genitor socioafetivo', violando o disposto nos arts. 1.596 do CC/2002 e 20 da Lei n. 8.069/1990. Recurso especial provido para reconhecer a equivalência de tratamento e dos efeitos jurídicos entre as paternidades biológica e socioafetiva na hipótese de multiparentalidade" (STJ, REsp 1.487.596/MG, 4.ª Turma, Rel. Min. Antonio Carlos Ferreira, j. 28.09.2021, *DJe* 1.º.10.2021).

**1586** | MANUAL DE DIREITO CIVIL • VOLUME ÚNICO – *Flávio Tartuce*

Acredito que essa posição deve se consolidar no âmbito da Segunda Seção do STJ muito em breve.

Como outra anotação a respeito da multiparentalidade e também sobre a parentalidade socioafetiva, em 14 de novembro de 2017, o Conselho Nacional de Justiça editou o Provimento 63, admitindo o seu reconhecimento no Cartório de Registro Civil, ao lado da própria parentalidade socioafetiva.

Essa norma administrativa recebeu alterações pelo Provimento 83, de agosto de 2019, do mesmo CNJ, especialmente a respeito desses temas. Não houve qualquer mudança a respeito do anterior tratamento da reprodução assistida. Em 2023, essas normas, então consolidadas, passaram a fazer parte do Código Nacional de Normas do CNJ, sem modificações, nos seus arts. 505 a 511.

O primeiro dispositivo que foi alterado em 2019 foi o art. 10 do Provimento 63, que passou a ter a seguinte redação: "o reconhecimento voluntário da paternidade ou da maternidade socioafetiva de pessoas acima de 12 anos será autorizado perante os oficiais de registro civil das pessoas naturais". Eis uma das principais modificações a ser destacada, pois a regra anterior não limitava o reconhecimento extrajudicial quanto ao critério etário, atingindo agora apenas os adolescentes, assim definidos pelo art. 1.º da Lei 8.069/1990 como as pessoas com idade entre 12 e 18 anos, e adultos. Atualmente, a regra consta do art. 505 do Código Nacional de Normas do CNJ.

Seguiu-se, assim, parcialmente o critério etário da adoção, que, como a parentalidade socioafetiva, constitui forma de parentesco civil. Diz-se *parcialmente*, pois, pelo art. 45, § 2.º, do mesmo Estatuto da Criança e do Adolescente, há necessidade apenas de ouvir a pessoa adotada que tenha essa idade ou mais, mas não há essa limitação de idade para a adoção, restrição que agora é aplicada à parentalidade socioafetiva extrajudicial.

Além dessa alteração no *caput,* o art. 10 do Provimento 63 do CNJ recebeu uma alínea *a,* outra novidade, passando a estabelecer critérios para a configuração da parentalidade socioafetiva, que deve ser estável e exteriorizada socialmente. Conforme o seu § 1.º, recomenda-se na norma que o registrador ateste a existência do vínculo socioafetivo mediante apuração objetiva, por intermédio da verificação de elementos concretos, a fim de demonstrar os três critérios da posse de estado de filhos citados no julgamento do STF: o tratamento (*tractatio*), a reputação (*reputatio*) e o nome (*nominatio*). Trata-se do atual art. 506 do Código Nacional de Normas (CNN).

O mesmo comando ainda expressa que o ônus da prova da afetividade cabe àquele que requer o registro extrajudicial, sendo viáveis todos os meios em Direito admitidos, especialmente por documentos, tais como elencados em rol meramente exemplificativo ou *numerus apertus*: *a)* apontamento escolar como responsável ou representante do aluno em qualquer nível de ensino; *b)* inscrição do pretenso filho em plano de saúde ou em órgão de previdência privada; *c)* registro oficial de que residem na mesma unidade domiciliar; *d)* vínculo de conjugalidade, por casamento ou união estável, com o ascendente biológico da pessoa que está sendo reconhecida; *e)* inscrição como dependente do requerente em entidades associativas, caso de clubes recreativos ou de futebol; *f)* fotografias em celebrações relevantes; e *g)* declaração de testemunhas com firma reconhecida (art. 10-A, § 2.º, do Provimento 83 do CNJ e atual art. 506, § 2.º, do CNN).

Além desses documentos, cite-se a possibilidade de prova por escritura pública de reconhecimento da parentalidade socioafetiva, que chegou a ser lavrada em alguns poucos Tabelionatos de Notas do País, de forma corajosa, e que confirma que a relação descrita no dispositivo não é taxativa ou *numerus clausus.*

A ausência desses documentos não impede o registro do vínculo socioafetivo, desde que justificada a impossibilidade. No entanto, o registrador deverá atestar como apurou o vínculo socioafetivo (novo art. 10-A, § 3.º, do Provimento 83 do CNJ e atual art. 506, § 3.º, do CNN). Percebe-se, desse modo, a existência de uma construção probatória extrajudicial e certo poder decisório atribuído ao Oficial de Registro Civil, o que representa passos avançados e importantes em prol da extrajudicialização, que contam com o meu total apoio. Todos esses documentos colhidos na apuração do vínculo socioafetivo deverão ser arquivados pelo registrador – em originais ou cópias –, com o requerimento (art. 10-A, § 4.º do Provimento 83 do CNJ e atual art. 506, § 4.º, do CNN).

O art. 11 do então Provimento 63 também recebeu modificações para se adequar a regulamentações anteriores. O dispositivo trata do processamento do reconhecimento extrajudicial, enunciando o seu *caput* que será feito perante o Oficial de Registro Civil das Pessoas Naturais, ainda que diverso daquele em que foi lavrado o assento, mediante a exibição de documento oficial de identificação com foto do requerente e da certidão de nascimento do filho, ambos em original e cópia, sem constar do traslado menção à origem da filiação. Atualmente, é o que prevê o art. 507 do CNN.

Na dicção do § 4.º desse art. 11, se o filho for menor de 18 anos, o reconhecimento da paternidade ou maternidade socioafetiva exigirá o seu consentimento. A previsão anterior do § 4.º era de que, "se o filho for maior de doze anos, o reconhecimento da paternidade ou maternidade socioafetiva exigirá seu consentimento". Como se percebe, o novo texto – reproduzido no § 4.º, do art. 507 do CNN –, está de acordo com a vedação de reconhecimento extrajudicial do menor de doze anos de idade.

Também foi incluído o § 9.º nesse art. 11 do Provimento 63, agora com menção expressa à atuação do Ministério Público, conforme justo pleito formulado pelas suas instituições representativas. De acordo com o novo comando, atendidos os requisitos para o reconhecimento da paternidade ou maternidade socioafetiva, o registrador encaminhará o expediente ao representante local do Ministério Público para que elabore um parecer jurídico (atualmente, a regra está prevista no art. 507, § 9.º, do CNN).

O registro da paternidade ou maternidade socioafetiva será realizado pelo registrador somente após o parecer favorável do Ministério Público. Eventualmente, se o parecer for desfavorável, o registrador civil não procederá ao registro da paternidade ou maternidade socioafetiva e comunicará o ocorrido ao requerente, arquivando o expediente. Ainda está expresso nessa norma administrativa que eventual dúvida referente ao registro deverá ser remetida ao juízo competente para dirimi-la, ou seja, não sendo viável o caminho da extrajudicialização, a solução está no Poder Judiciário.

Entendo que a atuação do Ministério Público nesse procedimento somente é necessária se a pessoa a ser reconhecida for menor de idade ou incapaz. Nesse sentido, prevê o Enunciado n. 121, aprovado na *II Jornada de Prevenção e Solução Extrajudicial de Litígios*, no ano de 2021, que "a manifestação do Ministério Público, nos autos do Procedimento Extrajudicial de Reconhecimento da Parentalidade Socioafetiva, é obrigatória quando a pessoa reconhecida contar com menos de 18 anos de idade na data do reconhecimento, ficando dispensada quando se tratar de pessoa reconhecida maior e capaz". No mesmo sentido, o Enunciado n. 43 do IBDFAM, aprovado no seu *XIII Congresso Brasileiro de Direito de Família e Sucessões*, em outubro do mesmo ano: "é desnecessária a manifestação do Ministério Público nos reconhecimentos extrajudiciais de filiação socioafetiva de pessoas maiores de dezoito anos".

Suspeitando de fraude, falsidade, má-fé, vício de vontade, simulação ou dúvida sobre a configuração do estado de posse de filho, o registrador fundamentará a recusa, não praticará o ato e encaminhará o pedido ao juiz competente nos termos da legislação local (art. 12 do Provimento 63 do CNJ, atual art. 508 do Código Nacional de Normas). Porém, nos termos do Enunciado n. 6 da *I Jornada de Direito Notarial e Registral*, de agosto de

2022, e ao qual me filio, "o procedimento de reconhecimento de filiação socioafetiva não deve ser encaminhado para a análise do Judiciário, quando a ausência de consentimento do genitor ocorrer em razão de seu falecimento prévio".

A discussão judicial sobre o reconhecimento da paternidade ou de procedimento de adoção obstará o reconhecimento da filiação pela sistemática estabelecida neste Provimento. O requerente deverá declarar o desconhecimento da existência de processo judicial em que se discuta a filiação do reconhecendo, sob pena de incorrer em ilícito civil e penal (art. 13 do anterior Provimento 63, atual art. 509 do Código Nacional de Normas).

Especificamente quanto ao reconhecimento extrajudicial da multiparentalidade, ela foi retirada do art. 14 do Provimento 63/2017 do CNJ, que também foi modificado pelo Provimento 83/2019. Trata-se do tema mais polêmico relativo a esse tratamento administrativo ou extrajudicial.

O preceito recebeu novos parágrafos a fim de tratar da multiparentalidade extrajudicial, na linha do que foi decidido pelo Supremo Tribunal Federal no julgamento da repercussão geral sobre o tema, aqui antes referido e citado expressamente nos "considerandos" dos dois provimentos. Foi mantido o *caput* do art. 14, *in verbis*: "o reconhecimento da paternidade ou maternidade socioafetiva somente poderá ser realizado de forma unilateral e não implicará o registro de mais de dois pais ou de duas mães no campo FILIAÇÃO no assento de nascimento".

A previsão vinha gerando muitas dúvidas e incertezas a respeito da possibilidade ou não de reconhecimento extrajudicial da multiparentalidade, e talvez poderia ser até aperfeiçoada, com mais clareza. Com o texto atual, acrescido dos dois novos parágrafos, a minha resposta continua sendo positiva quanto a essa polêmica, apesar de o *caput* não ter sido modificado.

Na dicção do então § 1.º do art. 14 do Provimento 63 do CNJ, "somente é permitida a inclusão de um ascendente socioafetivo, seja do lado paterno ou do materno". Além disso, se o caso envolver a inclusão de mais de um ascendente socioafetivo, deverá tramitar pela via judicial (§ 2.º). Penso que está evidenciado e se confirma, portanto, o registro da multiparentalidade diretamente no cartório, conclusão retirada do art. 510 do Código Nacional de Normas do CNJ, que incorporou esses comandos. Nesse sentido, de momento anterior, merece destaque o Enunciado n. 29, aprovado no *XII Congresso Brasileiro do IBDFAM*, em outubro de 2019: "em havendo o reconhecimento da multiparentalidade, é possível a cumulação da parentalidade socioafetiva e da biológica no registro civil".

Porém, tal reconhecimento fica limitado a apenas um pai ou mãe que tenha a posse de estado de filho. Se o caso for de inclusão de mais um ascendente, um segundo genitor baseado na afetividade, será necessário ingressar com ação específica de reconhecimento perante o Poder Judiciário. Nota-se, assim, a preocupação de evitar vínculos sucessivos, que, aliás, são difíceis de se concretizar na prática, pois geralmente a posse de estado de filhos demanda certo tempo de convivência.

De toda forma, pela redação mantida no *caput*, não é possível que alguém tenha mais de dois pais ou duas mães no registro, ou seja, três pais e duas mães ou até mais do que isso. Esclareceu-se o real sentido do termo "unilateral" que constava do *caput* do art. 14 do Provimento 63/2017, e que era objeto dos citados calorosos debates. Merece elogios o aperfeiçoamento do texto, que deve trazer mais certeza a respeito do tema.

Em suma, tentando atender a vários pleitos e pedidos que foram formulados por entidades distintas, o Provimento 83/2019 do CNJ aperfeiçoou o anterior, firmando o caminho sem volta da redução de burocracias e da extrajudicialização. Tudo isso, repise-se, acabou sendo confirmado pelo Código Nacional de Normas, de 2023. Em um momento de argumentos e teses radicais, parece trazer o bom senso e o consenso em seu conteúdo, ou seja, a afirmação de que muitas vezes *a solução está no meio do caminho*.

Como última regra, a norma administrativa estabelece que o reconhecimento espontâneo da paternidade ou maternidade socioafetiva não obstaculizará a discussão judicial sobre a verdade biológica, para os fins jurídicos próprios, inclusive familiares e sucessórios, na linha da tão comentada decisão do STF (art. 15 do Provimento 63 do CNJ e atual art. 511 do Código Nacional de Normas).

Superadas essas instigantes pontuações sobre a multiparentalidade e o seu reconhecimento extrajudicial, o art. 1.601 do CC não deve ser aplicado aos casos de inseminação artificial heteróloga autorizada pelo marido conforme outrora transcrito Enunciado n. 258 do CJF/STJ, uma vez que em casos tais a presunção é absoluta. Como se nota, o comando gera problemas em relação às duas novas formas de parentesco civil. Justamente por isso, há propostas de modificação do comando legal em comento.

O antigo *Projeto Ricardo Fiuza* pretendia alterá-lo no sentido de restringir a impugnação da paternidade, para que não caiba nos casos de inseminação heteróloga, registro do filho ou adoção. Pelo anterior PL 470/2013 (*Estatuto das Famílias* do IBDFAM, no plural), propunha-se ao art. 76 a seguinte redação: "Cabe ao marido, ao convivente ou à mulher o direito de impugnar a paternidade ou a maternidade que lhe for atribuída no registro civil. § 1.º Impugnada a filiação, se sobrevier a morte do autor os herdeiros podem prosseguir na ação. § 2.º Não cabe a impugnação da paternidade ou maternidade: I – em se tratando de inseminação artificial heteróloga, salvo alegação de dolo ou fraude; II – caso fique caracterizada a posse do estado de filho".

No atual Projeto de Reforma do Código Civil elaborado pela Comissão de Juristas nomeada no Senado Federal, a proposição é ainda mais profunda, pois, como visto, sugere-se a revogação expressa do seu art. 1.601, o que atualmente parece ser a melhor solução.

Também se almeja regulamentar no campo legislativo o tratamento da parentalidade socioafetiva e da multiparentalidade, encerrando-se qualquer debate que possa haver quanto à temática. Como visto, confirmando-se toda a evolução doutrinária e jurisprudencial exposta nos meus comentários e anotações, a Comissão de Juristas propõe que todas as modalidades de parentesco sejam colocadas em um artigo inicial, com um sentido de equalização, sem que se reconheça qualquer hierarquia entre elas, exatamente como restou decidido pelo Supremo Tribunal Federal, no julgado aqui tão citado.

Por isso se justifica o novo art. 1.512-A, prevendo o seu *caput* que "a relação de parentesco pode ter causa natural ou civil". Ademais, "o parentesco é natural se resultar de consanguinidade, ainda que o nascimento tenha sido propiciado por cessão temporária de útero" (§ 1.º). Igualmente na linha da posição consolidada em doutrina e jurisprudência, inclui-se o § 2.º no art. 1.512-A, prevendo que "o parentesco é civil, conforme resulte de socioafetividade, de adoção ou de reprodução assistida em que há a utilização de material genético de doador". Retira-se, portanto, o termo "outra origem", que é genérico, sendo necessária a definição do que seja o parentesco civil.

Ademais, além dessas regras gerais, são incluídas previsões específicas sobre a parentalidade socioafetiva, entre os novos arts. 1.617-A e 1.617-C. De acordo com o novo 1.617-A, e na linha do entendimento jurisprudencial antes exposto, "a inexistência de vínculo genético não exclui a filiação se comprovada a presença de vínculo de socioafetividade". Em outras palavras, admite-se a multiparentalidade, com a presença de vínculos concomitantes, consanguíneo e socioafetivo, o que confirma tese julgada pelo STF, em repercussão geral, bem como o entendimento majoritário da doutrina e da jurisprudência.

A respeito dos deveres parentais advindos da parentalidade socioafetiva, o novo art. 1.617-B da Lei Geral Privada passará a prever que "a socioafetividade não exclui nem limita a autoridade dos genitores naturais, sendo todos responsáveis pelo sustento, zelo e cuidado dos filhos em caso de multiparentalidade".

Prevaleceu na Comissão de Juristas o entendimento, contra o meu voto, de que somente é possível o reconhecimento extrajudicial da parentalidade socioafetiva no âmbito judicial, o que afasta toda a regulamentação pelo Conselho Nacional de Justiça anterior, aqui antes comentada. Consoante o novo art. 1.617-C, "o reconhecimento de filiação socioafetiva de crianças, de adolescentes, bem como de incapazes, será feito por via judicial". Porém, para pessoas capazes e maiores de dezoito anos, havendo a concordância dos pais naturais, dos pais socioafetivos e do filho, o reconhecimento poderá ser feito extrajudicialmente, cabendo ao oficial do Registro Civil reconhecer a existência do vínculo de filiação e levá-lo a registro (§ 1.º). Em casos de discordância de um ou de ambos os genitores naturais, o reconhecimento da multiparentalidade poderá ser buscado apenas judicialmente (§ 2.º).

Essas mudanças propostas, que acabaram prevalecendo pelo voto da maioria, no *espírito democrático* que imperou na Comissão de Juristas, farão que o Conselho Nacional de Justiça tenha que regulamentar novamente o tema.

Voltando-se ao sistema vigente, o art. 1.603 do CC/2002 dispõe que a filiação deve ser provada pela certidão do termo do nascimento registrada no Registro Civil. Também fazendo referência à parentalidade socioafetiva, determina o Enunciado n. 108 do CJF/STJ que: "No fato jurídico do nascimento, mencionado no art. 1.603, compreende-se, à luz do disposto no art. 1.593, a filiação consanguínea e também a socioafetiva". Aplicando a ideia, do Tribunal Paulista, em caso relacionado à sucessão legítima:

> "Partilha. Anulação de ato jurídico. Demanda ajuizada com fulcro no artigo 1.029 do CPC. Inocorrência de prescrição, diante da regra do art. 198, *i*, do Código Civil. Procedência. Inobservância da ordem hereditária (arts. 1.829 c.c. 1.845 do mesmo diploma legal). Autora única filha do *de cujus.* Inocorrência de cerceamento de defesa. Insurgência com relação ao registro de nascimento e escritura pública de reconhecimento de filiação deve ser objeto de ação própria. Incabível sua arguição através da contestação. Apelantes que pretendem transformar a defesa e recurso em verdadeira negatória de paternidade, o que não se admite. Pretensão exordial que encontra amparo na regra do artigo 1.603 do Código Civil. Sentença que ressalvou ainda para a questão de eventual paternidade socioafetiva, diante do conteúdo da escritura pública de reconhecimento de filiação (também encartada aos autos), que também confere os mesmos direitos hereditários à apelada. Inteligência do art. 1.593 do Código Civil. Enunciado n. 103 CJF. Sentença mantida. Recurso improvido" (TJSP, Apelação com Revisão 505.057.4/6, Acórdão 2543929, 8.ª Câmara de Direito Privado, Sorocaba, Rel. Des. Salles Rossi, j. 27.03.2008, *DJESP* 16.05.2008).

Como visto, com a decisão do STF de setembro de 2016, o parentesco socioafetivo passou a ter posição de igualdade diante do parentesco biológico ou natural (Recurso Extraordinário 898.060/SC – Tema 622), devendo, assim, ser lido o art. 1.603 do Código Civil.

No Projeto de Reforma do Código Civil, a Comissão de Juristas propõe que o seu art. 1.603 passe a ter a seguinte redação: "a filiação prova-se pelo registro de nascimento". Como bem esclareceu a Subcomissão de Direito de Família, "trata-se de mero ajuste redacional, sem perda da essência normativa. A prova da filiação, afinal, emana do próprio 'registro', e não da 'certidão do termo'". Quanto à parentalidade socioafetiva, pelo que está no Enunciado n. 108 da *III Jornada de Direito Civil*, não haverá mais necessidade de se incluir a ressalva no art. 1.603, pois ela já estará prevista em outras propostas de alteração do Código Civil.

Completando a norma, de acordo com o art. 1.604 do CC: "Ninguém pode vindicar estado contrário ao que resulta do registro do nascimento, salvo provando-se erro ou falsidade do registro". O dispositivo está a possibilitar a *ação vindicatória de filho* por terceiro, havendo erro ou falsidade registral. Ilustrando, um pai biológico pode ingressar com demanda contra aquele que registrou um filho como seu. Todavia, deve ficar claro que a parte final do dispositivo não exclui a socioafetividade. Entre os vários julgados do STJ que assim concluem sobre a norma, destaque-se:

> "Esta Corte consolidou orientação no sentido de que, para ser possível a anulação do registro de nascimento, é imprescindível a presença de dois requisitos, a saber: (i) prova robusta no sentido de que o pai foi de fato induzido a erro, ou, ainda, que tenha sido coagido a tanto e (ii) inexistência de relação socioafetiva entre pai e filho. Assim, a divergência entre a paternidade biológica e a declarada no registro de nascimento não é apta, por si só, para anular o registro. Precedentes. Na hipótese, o recorrente refletiu por tempo considerável e, findo esse período, procedeu à realização do registro de forma voluntária. Não há elementos capazes de demonstrar a existência de erro ou de outro vício de consentimento, circunstância que impede o desfazimento do ato registral. Não só, as provas examinadas pelo Tribunal local apontam para a existência de vínculo socioafetivo entre as partes, o que corrobora a necessidade de manutenção do registro tal qual realizado" (STJ, REsp 1.829.093/PR, 3.ª Turma, Rel. Min. Nancy Andrighi, j. 1.º.06.2021, *DJe* 10.06.2021).

Mais uma vez cabe pontuar que, com a decisão do STF, de análise da repercussão geral sobre a socioafetividade, a regra passou a ser o duplo vínculo ou multiparentalidade. Em suma, sendo proposta a ação pelo pai biológico para vindicar o filho, seria viável juridicamente manter o pai socioafetivo no registro e incluir o pai biológico.

Todavia, a minha posição é no sentido de que não é possível desfazer o vínculo socioafetivo em casos tais. Também não é viável incluir o pai biológico se houver a comprovação do outro vínculo, especialmente em se tratando de filho menor de idade, o que pode lhe trazer prejuízos imensuráveis, de cunho psicológico e social. A opção para incluir o pai biológico no registro, nessas situações, deve ser do filho, e não do pai. Ademais, reitere-se que devem ser afastados os pedidos de *demandas frívolas*, com claro intuito patrimonial.

Pode-se, então, assim resumir a matéria trazida pelo dispositivo em comento, devidamente atualizada com aquela revolucionária decisão superior:

> - *Regra*: não cabe a *quebra* do que consta do registro de nascimento.
> - *Exceção*: o registro pode ser *quebrado* nos casos de erro ou falsidade do registro.
> - *Exceção da exceção*: a *quebra* do registro não pode afastar a parentalidade socioafetiva. Restará o debate sobre a possibilidade de se incluir, também, o pai biológico no registro de nascimento do filho, para todos os fins jurídicos, inclusive sucessórios e alimentares (multiparentalidade). No meu entendimento, tal opção somente cabe ao filho, e não ao pai, mormente em se tratando de demandas movidas por puros interesses patrimoniais do pai biológico (*demandas frívolas*).

Aplicando tais premissas, pelo menos em parte, do Superior Tribunal de Justiça, mais um acórdão, com conteúdo bem interessante:

"Registro civil. Reconhecimento de paternidade via escritura pública. Intenção livre e consciente. Assento de nascimento de filho não biológico. Retificação pretendida por filha do *de cujus*. Art. 1.604 do Código Civil. Ausência de vícios de consentimento. Vínculo socioafetivo. Ato de registro da filiação. Revogação. Descabimento. Arts. 1.609 e 1.610 do Código Civil. 1. Estabelecendo o art. 1.604 do Código Civil que 'ninguém pode vindicar estado contrário ao que resulta do registro de nascimento, salvo provando-se erro ou falsidade de registro', a tipificação das exceções previstas no citado dispositivo verificar-se-ia somente se perfeitamente demonstrado qualquer dos vícios de consentimento, que, porventura, teria incorrido a pessoa na declaração do assento de nascimento, em especial quando induzido a engano ao proceder o registro da criança. 2. Não há que se falar em erro ou falsidade se o registro de nascimento de filho não biológico efetivou-se em decorrência do reconhecimento de paternidade, via escritura pública, de forma espontânea, quando inteirado o pretenso pai de que o menor não era seu filho; porém, materializa-se sua vontade, em condições normais de discernimento, movido pelo vínculo socioafetivo e sentimento de nobreza. 3. 'O reconhecimento de paternidade é válido se reflete a existência duradoura do vínculo socioafetivo entre pais e filhos. A ausência de vínculo biológico é fato que por si só não revela a falsidade da declaração de vontade consubstanciada no ato do reconhecimento. A relação socioafetiva é fato que não pode ser, e não é, desconhecido pelo Direito. Inexistência de nulidade do assento lançado em registro civil' (REsp 878.941/DF, 3.ª Turma, Rel. Min. Nancy Andrighi, *DJ* 17.09.2007). 4. O termo de nascimento fundado numa paternidade socioafetiva, sob autêntica posse de estado de filho, com proteção em recentes reformas do direito contemporâneo, por denotar uma verdadeira filiação registral – portanto, jurídica –, conquanto respaldada pela livre e consciente intenção do reconhecimento voluntário, não se mostra capaz de afetar o ato de registro da filiação, dar ensejo a sua revogação, por força do que dispõem os arts. 1.609 e 1.610 do Código Civil. 5. Recurso especial provido" (STJ, REsp 709.608/MS, 4.ª Turma, Rel. Min. João Otávio de Noronha, j. 05.11.2009, *DJe* 23.11.2009).

No atual Projeto de Reforma do Código Civil, tendo em vista todas as divergências existentes a respeito da ação vindicatória de filhos – eis que, quando incluída na lei, se desconsiderava a realidade posterior e vigente da parentalidade socioafetiva e da multiparentalidade –, a Comissão de Juristas sugere a revogação expressa do art. 1.604 do CC. Deixa-se, assim, a questão em aberto ao julgador, sem que se possa dar prioridade ao vínculo consanguíneo em detrimento do biológico, como acabou julgando o STF a respeito do tema e ao contrário do que parece induzir o dispositivo. Ademais, não se pode negar que o termo "vindicar" é impróprio para ser utilizado, pois geralmente é usado para ações relativas a coisas.

Na falta ou defeito do termo de nascimento, a filiação pode ser provada por qualquer forma admitida em direito (art. 1.605, *caput*, do CC). Complementando o referido dispositivo, os seus incisos preconizam que são admitidas como *provas supletivas da filiação*:

–   Prova por escrito, proveniente dos pais, de forma conjunta ou separada.

–   Existência de presunções relativas resultantes de fatos já certos, inclusive pela *posse de estado de filhos*, ou seja, pelo fato de o filho conviver a tempos com os supostos pai e mãe. Por esta previsão, há de se invocar, mais uma vez, a parentalidade socioafetiva.

Encerrando o tratamento da matéria, o art. 1.606 do CC impõe que a ação de prova de filiação compete ao filho, enquanto este viver (*ação personalíssima*). Essa ação, contudo, será transmitida aos herdeiros se o filho morrer menor ou incapaz (ação *post mortem*).

CAP. 8 • DIREITO DE FAMÍLIA | **1593**

Iniciada a ação pelo filho, os seus herdeiros poderão continuá-la, salvo se o processo for julgado extinto (art. 1.606, parágrafo único, do CC).

A completar o sentido do comando, cumpre destacar o seguinte enunciado aprovado, em 2011, na *V Jornada de Direito Civil*: "qualquer descendente possui legitimidade, por direito próprio, para propor o reconhecimento do vínculo de parentesco em face dos avós ou de qualquer ascendente de grau superior, ainda que o seu pai não tenha iniciado a ação de prova da filiação em vida" (Enunciado n. 521 CJF/STJ). O enunciado doutrinário possibilita a *ação avoenga*, do neto contra o avô, que ainda será estudada na presente obra.

Adiante-se, contudo, que no Projeto de Reforma do Código Civil, com a finalidade de se admitir expressamente a chamada *ação avoenga*, na linha da doutrina e da jurisprudência majoritárias, a Comissão de Juristas propõe alterar o art. 1.606 do Código Civil. Nesse sentido, em termos genéricos, e para qualquer ação fundada na filiação, o seu *caput* passará a prever que "a ação para constituir ou desconstituir a parentalidade em linha reta compete aos ascendentes e aos descendentes, sem limites de grau ou de linha". Mais, iniciada a ação e morto o seu autor, os herdeiros poderão continuá-la, salvo se julgado extinto o processo (§ 1.º).

Por fim, sobre a não sujeição da ação de filiação a qualquer prazo, seja prescricional, seja decadencial, insere-se o § 2.º, o que vem em boa hora, confirmando-se a posição da jurisprudência superior, sobretudo da Súmula 149 do STF: "a ação de que trata o *caput* deste artigo não se sujeita à prescrição ou à decadência". Voltarei a esses temas mais à frente.

### 8.5.3 Reconhecimento de filhos (arts. 1.607 a 1.617 do CC)

#### 8.5.3.1 *Primeiras palavras. Modalidades de reconhecimento de filhos*

O tema reconhecimento de filhos já era tratado pela Lei 8.560/1992 (Lei da Investigação da Paternidade), norma que continua parcialmente em vigor naqueles pontos que tratam da matéria processual. O reconhecimento de filhos no atual Código Civil consta dos seus arts. 1.607 a 1.617.

De acordo com o primeiro comando legal constante da codificação civil, o filho havido fora do casamento pode ser reconhecido pelos pais, de forma conjunta ou separada. O dispositivo não menciona mais o termo *filho ilegítimo*, como previa o famigerado art. 355 do CC/1916.

No Projeto de Reforma do Código Civil, a Subcomissão de Direito de Família orientou-se no sentido de revogação do dispositivo, com as seguintes justificativas: "a proposta pretende realizar a revogação de dispositivos que não se justificam mais, por implicar interpretação com viés discriminatório, e, ainda, proceder com atualização redacional". A Relatoria-Geral – constituída pela Professora Rosa Nery e por mim – e também a Comissão de Juristas concordaram com a proposta, com a retirada do texto do art. 1.607 do Código Civil, pois não mais se justifica na contemporaneidade.

Em relação à maternidade, quando esta constar do termo de nascimento, como é comum, a mãe só poderá contestá-la, provando a falsidade do termo, ou das declarações nele contidas (art. 1.608 do CC). É o caso, por exemplo, da troca de bebês em maternidade, fato que é até comum no Brasil. Tratando dessa hipótese, e reconhecendo o direito de indenização por danos morais aos pais e filho em decorrência desse fato, apenas para ilustrar: "no caso em exame, está configurada a responsabilidade objetiva do hospital recorrente pelos danos causados aos autores da demanda (pais e filho), em virtude da troca de bebês ocorrida em sua maternidade, pois trata-se de defeito na prestação de serviço

# MANUAL DE DIREITO CIVIL • VOLUME ÚNICO – *Flávio Tartuce*

diretamente vinculado à atividade exercida pela entidade hospitalar, nos termos do *caput* do art. 14 do Código de Defesa do Consumidor" (STJ, Ag. Int. no AREsp 1.097.590/MG, 4.ª Turma, Rel. Min. Raul Araújo, j. 11.04.2019, *DJe* 08.05.2019).

Na verdade, a norma é aplicável em casos excepcionais diante da velha regra pela qual *a maternidade é sempre certa (mater semper certa est)*. As grandes discussões relativas à filiação referem-se ao reconhecimento da paternidade, justamente porque esta não é certa.

Também no que diz respeito ao art. 1.608 da codificação privada, no Projeto de Reforma do Código Civil, assim como o dispositivo anterior, a Subcomissão de Direito de Família sugeriu a sua revogação expressa, que perdeu sua razão de ser diante da posse de estado de filhos, da parentalidade socioafetiva e da multiparentalidade, além de ser discriminatório. A posição externada foi adotada pela Relatoria-Geral e pela Comissão de Juristas. De fato, a norma não mais se justifica nos tempos atuais, devendo-se aproveitar a oportunidade de uma ampla reforma para a retirada da norma do nosso sistema jurídico.

Pois bem, o reconhecimento de filhos pode se dar por duas formas básicas:

> – *Reconhecimento voluntário ou perfilhação* – nas situações descritas no art. 1.609 do CC.
>
> – *Reconhecimento judicial* – nas hipóteses em que não há o reconhecimento voluntário, este devendo ocorrer de *forma coativa,* por meio da *ação investigatória.*

Vejamos a matéria de forma pontual.

## 8.5.3.2 *Reconhecimento voluntário ou perfilhação*

O art. 1.609 do CC, repetindo o que constava do art. 1.º da Lei 8.560/1992, consagra as seguintes hipóteses de reconhecimento voluntário de filhos:

I – No registro do nascimento.

II – Por escritura pública ou escrito particular, a ser arquivado no cartório de registro das pessoas naturais.

III – Por testamento, legado ou codicilo, ainda que a manifestação seja incidental.

IV – Por manifestação direta e expressa perante o juiz – investido no cargo –, ainda que o reconhecimento de filho não seja o objeto único e principal do ato que o contém. Ilustrando, cite-se a declaração de paternidade feita como testemunha em uma ação de despejo.

O reconhecimento de filhos pode preceder ao nascimento (reconhecimento de nascituro) ou ser posterior ao falecimento (reconhecimento *post mortem*), se o filho a ser reconhecido deixar descendentes (art. 1.609, parágrafo único, do CC). Ao admitir a possibilidade de reconhecimento de nascituro como filho, o dispositivo adota a *teoria concepcionista*, pela qual o nascituro é pessoa humana, corrente que parece ser a majoritária na doutrina contemporânea.[179]

No que diz respeito ao Projeto de Reforma do Código Civil, são propostos ajustes no art. 1.609, que, em seu *caput*, continuará a enunciar que "o reconhecimento voluntário da filiação natural ou civil é irrevogável e será feito". No inciso I, passa-se a prever:

---

[179] Conforme pesquisa realizada em artigo científico sobre o tema: TARTUCE, Flávio. A situação jurídica do nascituro: uma página a ser virada no Direito Brasileiro. In: DELGADO, Mário Luiz; ALVES, Jones Figueirêdo. *Questões controvertidas no novo Código Civil.* São Paulo: Método, 2007. v. 6.

"diretamente no Cartório do Registro Civil das Pessoas Naturais, ressalvado o disposto no § 2º do art. 9º deste Código". Faz-se a ressalva a respeito do reconhecimento de filiação socioafetiva de pessoa com menos de dezoito anos de idade, que será necessariamente feito por sentença judicial e levado a registro.

Portanto, pela proposta e na linha do que antes comentei, prevaleceu na Comissão de Juristas, por voto da maioria e com a minha posição vencida, o entendimento segundo o qual o reconhecimento de filiação socioafetiva de pessoa com menos de dezoito anos de idade somente poderá ser feito no âmbito judicial, não se admitindo o seu reconhecimento extrajudicial. Com essa nova realidade, todas as normas do Conselho Nacional de Justiça deverão ser revistas, somente se admitindo o reconhecimento extrajudicial da parentalidade socioafetiva para as pessoas com idade superior a dezoito anos.

Seguindo com as proposições, o novo inc. II do art. 1.609 passará a mencionar "por escritura pública ou documento particular, reconhecido por autenticidade, a ser arquivado no Cartório do Registro Civil das Pessoas Naturais". Passa-se, portanto, a se exigir a autenticidade nos casos de instrumento particular, aumentando a segurança jurídica.

O seu projetado inciso III, em termos gerais e na linha dos meus comentários, passará a prever expressamente o reconhecimento "por testamento, legado ou codicilo, ainda que incidentalmente manifestado". No inciso IV, novamente com os fins de deixar a norma mais clara, inclui-se a menção expressa ao Juiz de Direito: "por manifestação direta e expressa perante o Juiz de Direito, ainda que o reconhecimento não haja sido o objeto único e principal do ato que o contém".

Por fim, inclui-se uma nova previsão, um inciso V no art. 1.609 do CC, em atendimento à realidade das novas tecnologias e do incremento dos meios de comunicação, prevendo ser possível o reconhecimento de filhos, "por manifestação em veículos de comunicação, redes sociais ou outras espécies de mídia, inequivocamente documentada".

Em relação ao parágrafo único do dispositivo, é ele mantido, no sentido de que "o reconhecimento pode preceder o nascimento do filho ou ser posterior ao seu falecimento, se ele deixar descendentes". Vale lembrar, quanto ao nascituro, que vários dispositivos da Reforma do Código Civil adotam a teoria concepcionista, reconhecendo a sua personalidade jurídica para os fins civis.

De todo modo, a grande novidade sobre o tema diz respeito à inclusão de um novo art. 1.609-A, que traz para a codificação privada o tratamento do reconhecimento oficioso da paternidade, hoje previsto na Lei 8.560/1992, mas com regra importante e diversa, a respeito da inversão do ônus da prova. Vejamos as justificativas dos juristas da Subcomissão de Direito de Família:

> "Aqui, regramento diverso daquele previsto na Lei nº 8.560/92, para admitir diretamente o registro de nascimento em nome do pai, em caso de negativa injustificada de reconhecimento da paternidade, com a recusa ao exame de DNA. Em seguida, o expediente deverá ser encaminhado ao Ministério Público para a propositura de ação de alimentos e fixação do regime de convivência. Tal providência impede que mães aguardem anos ou meses o reconhecimento de um vínculo paterno-filial, frequentemente negado por mágoa, desconsideração ou capricho. Pelos dados Arpen, entre 2016 e 2021, 16 milhões de crianças foram registradas somente no nome da mãe (Fonte: https://www.correiobraziliense.com.br/brasil/2023/08/5116706-por-dia--quase-500-criancas-sao-registradas-sem-o-nome-do-pai-no-brasil.html#). Desse modo, diante da possibilidade de ser identificado o vínculo genético via exame de DNA, imperiosa a alteração legislativa".

Revoga-se expressamente, como consequência, toda a Lei 8.560/1992. Nos termos do *caput* do novo art. 1.609 do CC, "promovido o registro de nascimento pela mãe e indicado o genitor do seu filho, o oficial do Registro Civil deve notificá-lo pessoalmente para que faça o registro da criança ou realize o exame de DNA". Assegura-se, portanto, o contraditório e a ampla defesa com a notificação extrajudicial do suposto pai.

Seguindo, estabelecerá o § 1.º do projetado art. 1.609-A que, "em caso de negativa do indicado como genitor de reconhecer a paternidade, bem como de se submeter ao exame do DNA, o oficial deverá incluir o seu nome no registro, encaminhando a ele cópia da certidão". Como antes exposto, exatamente na linha das justificativas para a proposta, "após encaminhará o expediente ao Ministério Público ou à Defensoria Pública para propor ação de alimentos e a fixação do regime de convivência" (§ 2.º). Não sendo localizado o indicado como genitor, o expediente deverá ser encaminhado ao Ministério Público ou à Defensoria Pública para a propositura da ação declaratória de parentalidade, alimentos e regulamentação da convivência (§ 3.º).

Com vistas a manter novamente o contraditório e a ampla defesa, o § 4.º do novo art. 1.609-A preverá que "a qualquer tempo, o pai poderá buscar a exclusão do seu nome do registro, mediante a prova da ausência do vínculo genético ou socioafetivo". Por fim, como última previsão, "se o suposto genitor houver falecido ou não existir notícia de seu paradeiro, o juiz determinará, às expensas do autor da ação, a realização do exame de pareamento do código genético (DNA) em parentes consanguíneos, preferindo-se os de grau mais próximo aos de grau mais remoto, importando a respectiva recusa em presunção relativa de paternidade, a ser apreciada em conjunto com o contexto probatório" (§ 5.º do novo art. 1.609-A do Código Civil).

Todas essas importantes inovações foram amplamente debatidas na Comissão de Juristas, especialmente pelo fato de terem sido expostas nas audiências públicas pelo Professor Pablo Stolze Gagliano, relator da Subcomissão de Direito de Família. Foram feitos ajustes pela Relatora-Geral, Professora Rosa Nery, submetidos a consenso com a respectiva Subcomissão. Chegou-se, assim, ao texto final ora proposto, que foi aprovado de forma unânime perante todo o colegiado.

Trata-se, sem dúvidas, de projeção de norma muito importante, que, além de atender ao *protocolo de gênero*, tutelando-se os interesses e direitos das mulheres, visa a afastar a triste realidade brasileira de pessoas sem o nome do pai no registro. A par dessa realidade, penso que a proposta é fundamental para alterar esse infeliz panorama social, esperando-se a sua aprovação pelo Congresso Nacional.

Voltando-se ao sistema em vigor, regra fundamental sobre o tema, enuncia o art. 1.610 do CC que o reconhecimento de filho é sempre irrevogável, ainda que a manifestação conste em testamento. O testamento continua sendo revogável, mas isso não atinge a perfeição do ato de reconhecimento. A questão da irrevogabilidade do reconhecimento pode ser aplicada a hipótese envolvendo a paternidade socioafetiva, conforme reconheceu o Tribunal Paulista no julgado a seguir:

> "Negatória de paternidade. Filiação reconhecida voluntariamente pelo casamento do autor com a mãe da criança e que proporcionou sete anos de convivência fraterna, um estado que ganha vulto e importância [afetividade] para efeito de aplicar o art. 1609, do CC, com rigor, restringindo a hipótese de revogabilidade do reconhecimento para falsidade ou vícios de vontade. Inocorrência de tais motivos. Artigos 1.604 e 1.610 do CC/2002. Paternidade socioafetiva consolidada. Não provimento" (TJSP, Apelação com Revisão 592.910.4/1, Acórdão 3651709, 4.ª Câmara de Direito Privado, São Paulo, Rel. Des. Ênio Santarelli Zuliani, j. 14.05.2009, *DJESP* 06.07.2009).

O reconhecimento de filhos constitui um ato jurídico *stricto sensu*, ou em sentido estrito, justamente porque os seus efeitos são apenas aqueles decorrentes de lei (art. 185

do CC). Não há uma composição de vontades, a fazer com que o ato seja tido como um negócio jurídico.

Trata-se ainda de um ato unilateral e formal. Entretanto, sérias dúvidas surgem em relação à primeira parte do art. 1.614 do CC pelo qual "o filho maior não pode ser reconhecido sem o seu consentimento, e o menor pode impugnar o reconhecimento, nos quatro anos que se seguirem à maioridade, ou à emancipação". Como se nota, o reconhecimento de filho maior exige a sua concordância. Surge então a dúvida: o ato de reconhecimento passa a ser bilateral em casos tais? Segue-se a corrente doutrinária que responde negativamente, mantendo-se o caráter unilateral do ato.[180]

Isso porque o consentimento do maior é mero ato de proteção, predominando a iniciativa daquele que reconhece o filho. Essa questão foi debatida em recente julgado do Superior Tribunal de Justiça, que cita a minha posição e afasta a possibilidade de reconhecimento *post mortem* da maternidade socioafetiva de filho maior, justamente pelo fato de ter ocorrido o seu falecimento e faltar o consenso (STJ, REsp 1.688.470/RJ, 3.ª Turma, Rel. Min. Nancy Andrighi, j. 10.04.2018, *DJe* 13.04.2018).

Em relação à segunda parte do art. 1.614 do CC – que consagra prazo decadencial de quatro anos para o filho menor impugnar o seu reconhecimento, a contar da maioridade –, a previsão tem sido afastada pela jurisprudência. Isso porque o direito à impugnação envolve estado de pessoas e a dignidade humana, não estando sujeito a qualquer prazo (assim concluindo, por todos: STJ, AgRg no REsp 1.259.703/MS, 4.ª Turma, Rel. Min. Maria Isabel Gallotti, j. 24.02.2015, *DJe* 27.02.2015; e REsp 765.479/RJ, 3.ª Turma, Rel. Min. Humberto Gomes de Barros, j. 07.03.2006, *DJ* 24.04.2006, p. 397). A conclusão é perfeita, uma vez que o direito à verdade biológica e à filiação é um direito fundamental.

No atual Projeto de Reforma do Código Civil, elaborado pela Comissão de Juristas, acatando-se proposta da Professora Rosa Nery, em votação aberta e por maioria, a Comissão de Juristas sugere a inclusão de ressalva no art. 1.614 do Código Civil a respeito do reconhecimento de filho com dezoito anos ou mais, passando a prever que "o filho maior não pode ser reconhecido sem o seu consentimento, mas os genitores biológicos têm o direito de fazer a prova da parentalidade, caso tenham sido impedidos, por razões alheias à sua vontade de fazê-lo, se, logo de seu nascimento, o filho tenha sido arrebatado de seu convívio". A norma passará a admitir, portanto, e a título de exemplo, o reconhecimento do vínculo parental, em momento posterior, nas hipóteses de subtração ou de troca de bebês em maternidade.

Retira-se ainda a menção final ao reconhecimento do vínculo em relação ao filho menor de dezoito anos, que, como visto dos meus comentários e anotações jurisprudenciais, tem redação anacrônica e com vários problemas práticos. Essa proposta é essencial para uma maior estabilidade das relações jurídicas familiares, em prol da segurança jurídica.

Ademais, com tom mais genérico e efetivo, sugere-se a inclusão de um novo art. 1.614-A, preceituando que "o filho pode impugnar o reconhecimento de parentalidade a qualquer tempo". Assim, não haverá qualquer prazo para a impugnação do vínculo pelo filho, pois, nas justificativas da Subcomissão de Direito de Família, "exclui-se um prazo decadencial anacrônico. A regra, no âmbito das ações de filiação, é a imprescritibilidade, tendo em vista, em especial, o direito constitucional à busca da identidade e origem de cada indivíduo. A proposta, portanto, assenta-se em uma premissa simples: extirpar um prazo injustificável".

---

[180] DINIZ, Maria Helena. *Código Civil anotado*. 15. ed. São Paulo: Saraiva, 2010. p. 1.141; RODRIGUES, Silvio. *Direito Civil*. Direito de Família. 28. ed. São Paulo: Saraiva, 2006. v. 6, p. 320.

**1598** | MANUAL DE DIREITO CIVIL • VOLUME ÚNICO – *Flávio Tartuce*

Mais uma vez de volta ao sistema em vigor, o ato de reconhecimento de filhos é *incondicional*, não podendo ser submetido à condição (evento futuro e incerto) ou a termo (evento futuro e certo). Nos dois casos, são ineficazes a condição e o termo constantes do reconhecimento, aproveitando-se o restante do ato (art. 1.613 do CC) – aplicação do *princípio da conservação dos negócios jurídicos*. Ilustrando, imagine-se que alguém faz a seguinte declaração: "reconheço você como meu filho *quando* sua mãe morrer" (reconhecimento a termo). O termo é considerado não escrito, valendo plenamente o reconhecimento do filho.

No atual Projeto de Reforma do Código Civil, em relação ao seu art. 1.613, a Comissão de Juristas sugere a menção ao encargo no comando, único elemento acidental que o legislador se esqueceu de expressar, e que também deve ser tido como ineficaz quando inserido no ato ou negócio que traga o reconhecimento de filho. Também se inclui a expressão "quaisquer", para que qualquer um dos elementos acidentais não gere efeitos. Nesse contexto, a norma passará a ter a seguinte redação: "são ineficazes quaisquer condições, termo ou encargo apostos ao ato de reconhecimento do filho". De acordo com a Subcomissão de Direito de Família, de forma correta e precisa, "procedeu-se com atualização redacional, agregando-se a referência ao 'encargo', ao lado do 'termo' e da 'condição', o que completa a menção aos denominados elementos acidentais, segundo a Teoria Geral do Direito Civil".

Dispositivo com redação polêmica e altamente criticável, enuncia o art. 1.611 do CC/2002 que o filho havido fora do casamento e reconhecido por um dos cônjuges não poderá residir no lar conjugal sem o consentimento do outro cônjuge. O comando privilegia o casamento em detrimento do filho, trazendo resquício da odiosa discriminação do filho havido fora do casamento. Conforme leciona Guilherme Calmon Nogueira da Gama, a quem se filia, "o art. 1.611 do Código Civil está eivado do vício da inconstitucionalidade, eis que há flagrante violação ao princípio da igualdade entre os filhos em direitos e deveres (CF/1988, art. 227, § 6.º)".[181] Na verdade, seria melhor que o CC/2002 não trouxesse a previsão, deixando a análise da questão para o julgador, caso a caso.

Ademais, em casos de debates como esse, deve sempre prevalecer o princípio do maior interesse da criança e do adolescente, retirado do art. 1.612 do CC, pelo qual "o filho reconhecido, enquanto menor, ficará sob a guarda do genitor que o reconheceu, e, se ambos o reconhecerem e não houver acordo, sob a de quem melhor atender aos interesses do menor".

Tentando *salvar* o dispositivo anterior, ensina Paulo Lôbo que, "para que se possa interpretar e aplicar a norma em conformidade com a Constituição, impõe-se sua harmonização com as regras respeitantes à guarda do filho menor, que deve atender ao princípio do seu melhor interesse".[182] Em sentido próximo, lecionam Pablo Stolze Gagliano e Rodolfo Pamplona Filho que o art. 1.611 deve ser interpretado *"modus in rebus*, ou seja, em justa e ponderada medida, dentro dos parâmetros da razoabilidade".[183]

Como não poderia ser diferente, no Projeto de Reforma do Código Civil, a Comissão de Juristas entendeu que não seria possível *salvar* o conteúdo do art. 1.611 do Código Civil, por ser ele claramente discriminatório em relação aos filhos havidos fora do casamento, violando o princípio constitucional da igualdade entre os filhos, retirado do art. 227, § 6.º, da Constituição Federal. Assim, sugere-se a sua revogação expressa.

---

[181] GAMA, Guilherme Calmon Nogueira da. *Código das Famílias comentado*. Leonardo Barreto Moreira Alves (Coord.). Belo Horizonte: Del Rey/IBDFAM, 2010. p. 277.

[182] LÔBO, Paulo Luiz Netto. *Famílias*. São Paulo: Saraiva, 2008. p. 238.

[183] GAGLIANO, Pablo Stolze; PAMPLONA FILHO, Rodolfo. *Novo Curso de Direito Civil*. Direito de Família. São Paulo: Saraiva, 2011. v. 6, p. 619.

CAP. 8 • DIREITO DE FAMÍLIA | **1599**

A conclusão foi a mesma em relação ao art. 1.612 pois, como bem pontuaram os membros da Subcomissão de Direito de Família, "a proposta pretende realizar a revogação e ajuste de dispositivos que não se justificam mais, por implicar interpretação com viés discriminatório". De fato, a melhor solução é retirar as duas normas do sistema jurídico nacional.

Encerrando o estudo do reconhecimento voluntário, determina o art. 1.617 do CC que a filiação materna ou paterna pode resultar de casamento declarado nulo, ainda que este não seja reconhecido como putativo. A norma é óbvia, uma vez que a nulidade ou anulabilidade do casamento não pode interferir na questão da filiação. Mais uma vez, o dispositivo parece ser resquício de outra época, havendo novamente proposta de sua revogação expressa no Projeto de Reforma e Atualização do Código Civil elaborado pela Comissão de Juristas nomeada no âmbito do Senado Federal.

### 8.5.3.3 *Reconhecimento judicial. Aspectos principais da ação investigatória*

Como é notório, o reconhecimento forçado ou coativo de filho se dá por meio da ação investigatória de paternidade ou de maternidade, sendo a primeira mais comum na prática. Afirmava-se, no sistema processual anterior, que ambas as ações deveriam seguir o rito ordinário, que atualmente equivale ao procedimento comum (art. 318 do CPC/2015). Todavia, no sistema do CPC/2015, é perfeitamente possível sustentar a aplicação do procedimento especial relativo às ações contenciosas de família, constantes dos arts. 693 a 693 do Estatuto Processual em vigor. Isso porque o primeiro comando cita expressamente as demandas fundadas na filiação. Vejamos os aspectos principais dessa ação.

→ *Prazo*. Por sua natureza declaratória e por envolver estado de pessoas e dignidade humana, a ação não está sujeita a qualquer prazo, sendo imprescritível. Nesse sentido, prevê o art. 27 do Estatuto da Criança e do Adolescente (ECA, Lei 8.069/1990): "o reconhecimento do estado de filiação é direito personalíssimo, indisponível e imprescritível, podendo ser exercitado contra os pais ou seus herdeiros, sem qualquer restrição, observado o segredo de Justiça". Na mesma linha, a Súmula 149 do STF, pela qual "é imprescritível a ação de investigação de paternidade, mas não o é a da petição de herança". A ação de petição de herança será estudada no próximo capítulo desta obra.

→ *Foro competente para apreciar a ação investigatória*. Como a ação investigatória é uma ação pessoal, em regra, será competente o foro de domicílio do réu (art. 46 do CPC/2015, correspondente ao art. 94 do CPC/1973. Se a ação estiver cumulada com a de alimentos, "o foro de domicílio ou residência do alimentando é o competente para a ação de investigação de paternidade, quando cumulada com a de alimentos" (Súmula 1 do STJ). Se a ação estiver cumulada com petição de herança, será competente o mesmo juízo do inventário, antes da partilha; ou o foro de domicílio de qualquer herdeiro, após a partilha (ver: STJ, CC 28.535/PR, Rel. Min. Carlos Alberto Menezes Direito, 2.ª Seção, j. 08.11.2000, *DJ* 18.12.2000, p. 152). Porém, em havendo pendência do julgamento da investigação de paternidade, a ação de petição de herança deve correr na mesma Vara da Família em que segue tal demanda declaratória (STJ, CC 124.274/PR, 2.ª Seção, Rel. Min. Raul Araújo, j. 08.05.2013, publicado no seu *Informativo* n. *524*). Se a ação estiver cumulada com alimentos e petição de herança, será competente o foro de domicílio ou residência do alimentando (STJ, CC 51.061/GO, Rel. Min. Carlos Alberto Menezes Direito, j. 09.11.2005). Essas regras de competência devem ser mantidas na vigência do CPC/2015.

→ *Legitimidade ativa para a ação investigatória.* A ação investigatória é personalíssima do filho, em regra. Sendo menor, este deverá ser representado (menor de 16 anos) ou assistido (menor entre 16 e 18 anos), geralmente pela mãe. A ação também cabe ao filho maior de 18 anos, sem a necessidade de representação ou assistência. O MP também pode agir como substituto processual, tendo legitimação extraordinária, conforme a Lei 8.560/1992. Seguindo a *corrente concepcionista*, deve-se entender que a ação também cabe ao nascituro, que por si só pode promover a ação, devidamente representado (Nesse sentido: TJSP, Apelação Cível 340.115-4/0, 5.ª Câmara de Direito Privado, Avaré, Rel. Silvério Ribeiro, 10.11.2004, *v.u.*). Segundo o STJ, a investigatória também cabe do neto contra o avô, visando constituir o vínculo do último em relação ao pai do primeiro (*ação avoenga*). Por todos os arestos superiores, transcreve-se a seguinte ementa: "Ação dos netos para identificar a relação avoenga. Precedente da Terceira Turma. Precedente da Terceira Turma reconheceu a possibilidade da ação declaratória 'para que diga o Judiciário existir ou não a relação material de parentesco com o suposto avô' (REsp 269/RS, Rel. Min. Waldemar Zveiter, *DJ* 07.05.1990). Recursos especiais conhecidos e providos" (STJ, REsp 603.885/RS, 3.ª Turma, Rel. Min. Carlos Alberto Menezes Direito, j. 03.03.2005, *DJ* 11.04.2005, p. 291). Vale lembrar que no Projeto de Reforma do Código Civil há proposição de se incluir a viabilidade dessa demanda na nova redação do art. 1.606, acrescentando-se na norma jurídica o entendimento jurisprudencial hoje consolidado, em prol da segurança jurídica.

→ *Legitimidade passiva para a ação investigatória.* Em regra, a ação será proposta contra o suposto pai ou suposta mãe. Falecido este ou esta, a ação será proposta contra os herdeiros da pessoa investigada e não contra o espólio, diante de seu caráter pessoal e por não ter o espólio personalidade jurídica. Nessa linha, do STJ, citando o meu entendimento doutrinário: "por se tratar de ação de estado e de natureza pessoal, a ação de investigação de paternidade em que o pretenso genitor biológico é pré-morto deve ser ajuizada somente em face dos herdeiros do falecido e não de seu espólio, sendo irrelevante o fato de se tratar de rediscussão da matéria no âmbito de ação rescisória, para a qual igualmente são legitimados passivos os sucessores do pretenso genitor biológico, na medida em que são eles as pessoas aptas a suportar as pretensões rescindente e rescisória deduzidas pelos supostos filhos" (STJ, REsp 1.66.7576/PR, 3.ª Turma, Rel. Min. Nancy Andrighi, j. 10.09.2019, *DJe* 13.09.2019). Não havendo herdeiros e falecendo o suposto pai ou mãe, a ação será proposta contra o Estado (Município ou União), que receberá os bens vagos. Por fim, a ação também pode ser proposta contra o avô (*ação avoenga*).

→ *Prova.* Diante das avançadas técnicas de engenharia genética, a prova mais efetiva é a realização de exame de DNA dos envolvidos, o que traz certeza quase absoluta quanto ao vínculo biológico. Destaque-se que a jurisprudência do STJ tem entendido que o direito à verdade biológica é um direito fundamental, amparado na proteção da pessoa humana (Por todos: STJ, REsp 833.712/RS, Proc. 2006/0070609-4, 3.ª Turma, Rel. Min. Fátima Nancy Andrighi, j. 17.05.2007, *DJU* 04.06.2007, p. 347).

→ *Contestação da ação.* Dispõe o art. 1.615 do CC que qualquer pessoa que tenha justo interesse pode contestar a ação investigatória, dispositivo que não sofreu qualquer impacto com o CPC/2015. Como pessoas interessadas, podem ser citados o cônjuge ou companheiro do suposto genitor e os seus herdeiros

CAP. 8 • DIREITO DE FAMÍLIA | **1601**

(quanto aos herdeiros, reconhecendo a sua legitimidade: TJMG, Apelação Cível 1.0479.06.114117-8/0011, 1.ª Câmara Cível, Passos, Rel. Des. Armando Freire, j. 05.08.2008, *DJEMG* 12.09.2008). Sobre a legitimidade do cônjuge do suposto pai, julgou recentemente o STJ, em decisão publicada no seu *Informativo* n. *578*, do ano de 2016, que, "mesmo nas hipóteses em que não ostente a condição de herdeira, a viúva poderá impugnar ação de investigação de paternidade *post mortem*, devendo receber o processo no estado em que este se encontra". Ainda conforme a ementa, interpretando o art. 1.615 do Código Civil, "o interesse em contestar não é privativo dos litisconsortes necessários. Esclareça-se, a propósito, que a doutrina – seja sob a égide do Código de 1916, seja do atual – orienta-se no sentido de que o 'justo interesse' pode ser de ordem econômica ou moral. De igual modo já decidiu o STF, em julgado no qual foi reconhecida a legitimidade da viúva do alegado pai para contestar ação de investigação de paternidade em hipótese em que não havia petição de herança (RE 21.182/SE, Primeira Turma, julgado em 29/4/1954). Desta feita, o interesse puramente moral da viúva do suposto pai, tendo em conta os vínculos familiares e a defesa do casal que formou com o falecido, compreende-se no conceito de 'justo interesse' para contestar a ação de investigação de paternidade, nos termos do art. 365 do CC/1916 e do art. 1.615 do CC/2002. Não sendo herdeira, deve ela, todavia, receber o processo no estado em que este se encontrar, uma vez que não ostenta a condição de litisconsorte passiva necessária" (STJ, REsp 1.466.423/GO, Rel. Min. Maria Isabel Gallotti, j. 23.02.2016, *DJe* 02.03.2016). No Projeto de Reforma do Código Civil, sugere-se manter o art. 1.615, mas incluir dois novos preceitos, como seus desdobramentos, necessários diante da realidade da posse de estado de filho, da parentalidade socioafetiva e da multiparentalidade. Nos termos do novo art. 1.615-A, com vistas a conservar ao máximo o vínculo parental já constituído, "a contestação do vínculo de parentalidade depende da prova da ocorrência do vício de vontade, falsidade do termo ou das declarações nele contidas". E mais, "não basta prova da inocorrência de vínculo genético para excluir a filiação, se for comprovada a existência da posse do estado de filho, nem a prova do estado de filho impede o reconhecimento da filiação natural" (art. 1.612-B).

→ *Alimentos na ação investigatória.* Estatui a Súmula 277 do STJ que "julgada procedente a investigação de paternidade, os alimentos são devidos a partir da citação". Isso vale se os alimentos não forem fixados provisoriamente, por meio de tutela antecipada ou em cautelar de alimentos provisionais. O entendimento sumulado é aplicação do princípio da igualdade entre filhos (art. 227, § 6.º, da CF/1988 e art. 1.596 do CC), uma vez que se o filho reconhecido voluntariamente tem direito a alimentos provisórios desde a citação do réu na ação de alimentos, o filho reconhecido posteriormente por sentença também deve o ter. Trata-se, ainda, de incidência do art. 1.616 do CC pelo qual a sentença da ação investigatória deve ter os mesmos efeitos do reconhecimento voluntário. Mais uma vez, acredito que o CPC/2015 nada muda a respeito dessas conclusões. Anoto que, no Projeto de Reforma do Código Civil, a Comissão de Juristas propõe a retirada da locução final do comando – "mas poderá ordenar que o filho se crie e eduque fora da companhia dos pais ou daquele que lhe contestou essa qualidade" –, que não tem qualquer aplicação prática na atualidade, tendo em vista o princípio do maior interesse da criança e do adolescente – e podendo ser tida até como discriminatória. Assim, o art. 1.616 do Código Civil passará a prever, tão somente, que "a sentença que julgar procedente a ação de prova de parentalidade produzirá os mesmos efeitos do reconhecimento voluntário". Essa parte do comando tem grande importância, teórica e prática.

→ *A parentalidade socioafetiva na ação investigatória.* Tornou-se comum, como exaustivamente demonstrado, discutir a parentalidade socioafetiva, fundada na posse de estado de filhos, em sede de ação investigatória. Ilustrando, imagine--se que um casal tem um filho, que é devidamente registrado pelo marido, que pensa ser o seu filho. Trinta anos depois, após a morte do marido, a mulher conta ao seu filho que o seu pai não é aquele que faleceu, mas outra pessoa, com quem ela teve um relacionamento rápido quando era jovem. Ciente do fato, o filho resolve promover a ação contra o seu suposto pai verdadeiro. Realizado o exame de DNA no curso da ação, constata-se que o pai biológico do autor é o réu e não aquele que o criou durante trinta anos. No caso descrito, diante da *parentalidade socioafetiva*, não seria possível desconstituir o vínculo de filiação já estabelecido. Dever-se-ia concluir, como Maria Berenice Dias, que a ação somente declararia a existência do vínculo biológico, o que era reconhecido como um direito personalíssimo da parte. Porém, em relação ao vínculo de filiação com todas as suas consequências, este permaneceria em relação ao falecido.[184] Pontue--se que, no julgamento do Recurso Extraordinário 898.060/SC, assim votaram inicialmente os Ministros Luiz Edson Fachin e Teori Zavascki, que concluíram pela prevalência do vínculo socioafetivo. Porém, ao final, acabou por prevalecer a possibilidade de se demandar o pai biológico para todos os fins jurídicos, o que não afasta o vínculo socioafetivo. Em suma, repise-se que a regra, em casos tais, passou a ser a multiparentalidade, mesmo que contra e vontade das partes envolvidas.

→ *A obrigatoriedade do exame de DNA e a presunção de paternidade.* É notório que o exame de DNA constitui meio de prova dos mais eficazes, pois traz certeza quase absoluta quanto à existência ou não do vínculo biológico. O exame de DNA veio a substituir a fragilidade da prova testemunhal que antes era produzida, baseada principalmente no relacionamento sexual plúrimo da mãe do investigante com vários homens (*exceptio plurium concubentium*). Essa prova revelava-se como vexatória, por ser violadora da intimidade e da dignidade humana da mãe. A respeito da obrigatoriedade da realização do exame de DNA, com a condução coercitiva do investigado, o STF, em julgado histórico, acabou por entender por sua impossibilidade. A decisão, por maioria de votos, conclui que o direito à intimidade biológica do suposto pai prevalece sobre a busca da verdade biológica: "Investigação de paternidade. Exame DNA. Condução do réu 'debaixo de vara'. Discrepa, a mais não poder, de garantias constitucionais implícitas e explícitas – preservação da dignidade humana, da intimidade, da intangibilidade do corpo humano, do império da lei e da inexecução específica e direta de obrigação de fazer – provimento judicial que, em ação civil de investigação de paternidade, implique determinação no sentido de o réu ser conduzido ao laboratório, 'debaixo de vara', para coleta do material indispensável à feitura do exame DNA. A recusa resolve-se no plano jurídico-instrumental, consideradas a dogmática, a doutrina e a jurisprudência, no que voltadas ao deslinde das questões ligadas à prova dos fatos" (STF, HC 71.373/RS, Rel. Min. Francisco Rezek, Rel. Acórdão Min. Marco Aurélio, j. 10.11.1994, Tribunal Pleno, *DJ* 22.11.1996, p. 45.686). Apesar da de-

---

[184] DIAS, Maria Berenice. *Manual de Direito das Famílias.* 5. ed. São Paulo: RT, 2009. p. 354-355.

dução pela não obrigatoriedade do exame, o STF entendeu que a sua negativa conduz à presunção relativa de paternidade. Tal decisão acabou por influir na legislação e na jurisprudência posteriores. De início, cite-se a redação dos arts. 231 e 232 do Código Civil ("Art. 231. Aquele que se nega a submeter-se a exame médico necessário não poderá aproveitar-se de sua recusa" e "Art. 232. A recusa à perícia médica ordenada pelo juiz poderá suprir a prova que se pretendia obter com o exame"). No plano jurisprudencial foi editada a Súmula 301 do STJ, *in verbis*: "Em ação investigatória, a recusa do suposto pai a submeter-se ao exame de DNA induz presunção *juris tantum* de paternidade". Em data mais próxima, entrou em vigor no Brasil a Lei 12.004/2009, que introduziu na Lei 8.560/1992 norma expressa a respeito da presunção pela negativa ao exame: "Art. 2.º-A. Na ação de investigação de paternidade, todos os meios legais, bem como os moralmente legítimos, serão hábeis para provar a verdade dos fatos. Parágrafo único. A recusa do réu em se submeter ao exame de código genético – DNA – gerará a presunção da paternidade, a ser apreciada em conjunto com o contexto probatório". Em verdade, a última norma era tida até como desnecessária, pela existência dos dispositivos do CC/2002 e pela jurisprudência consolidada.

→ *A Lei 14.138/2021, que trata do exame de pareamento genético nos parentes do investigado.* Após uma longa tramitação no Congresso Nacional, foi promulgada e publicada a Lei 14.138/2021, que acrescenta um § 2.º ao art. 2.º-A da Lei 8.560/1992 para permitir, em sede de ação de investigação de paternidade, a realização do exame de pareamento do código genético (DNA) em parentes do suposto pai. Conforme expressa o novo comando legal, "se o suposto pai houver falecido ou não existir notícia de seu paradeiro, o juiz determinará, a expensas do autor da ação, a realização do exame de pareamento do código genético (DNA) em parentes consanguíneos, preferindo-se os de grau mais próximo aos mais distantes, importando a recusa em presunção da paternidade, a ser apreciada em conjunto com o contexto probatório". Parte da doutrina tratava da realização desse exame em relação aos parentes, sendo necessário destacar as palavras de Rolf Madaleno, especialmente quanto aos comentários ao projeto que gerou a Lei 14.138/2021: "A Súmula n. 301 do STJ é mais específica ainda, ao expor que 'em ação investigatória, a recusa do suposto pai em submeter-se ao exame de DNA, induz presunção *juris tantum* de paternidade', deixando evidente que apenas a recusa do indigitado pai induz à presunção, tanto que, por conta dessa omissão legal é que tramita pelo Congresso Nacional o Projeto de Lei do Senado de n. 415/2009, com o propósito de alterar o artigo 2.º da Lei n. 8.560/1992, e nele acrescentar o § 7.º, que tem a seguinte redação: '§ 7.º Se o suposto pai houver falecido, ou não exista notícia do seu paradeiro, o juiz determinará a realização do exame de código genético – DNA em parentes consanguíneos, preferindo os de grau mais próximo, importando a recusa desses em presunção da paternidade'. Como deflui desse Projeto de Lei 415/2009, em trâmite no Congresso Nacional, é justamente a ausência de lei regulando a presunção de paternidade diante da recusa dos parentes consanguíneos do investigado que infirma concluir seja inconstitucional presumir um elo de filiação, ou de confissão de negativa de paternidade, se o filho, ou os parentes do réu se negarem a realizar a perícia genética, sendo princípio constitucional intransponível, que ninguém está obrigado a fazer o que a lei não manda. A essa mesma conclusão chegou a Quarta Turma do Superior Tribunal de Justiça, no Recurso Especial n. 714.969/MS, ao afirmar que a presunção relativa gerada pela recusa em realizar o exame em DNA só deve incidir quando for originada pelo pretenso genitor, conforme a dicção da Súmula n. 301 do STJ, por se tratar de direito personalíssimo e indisponível, o que não impede, evidentemente, de o juiz apreciar a negativa como um indício, de acordo com o artigo 232 do Código Civil e as demais circunstâncias e provas. Existem posições divergentes nos tribunais estaduais, merecendo destaque o acórdão oriundo do Quarto Grupo Cível do TJ/RS, nos Embargos Infringentes n. 70.013.371.869, concluindo por ensejar a presunção de veracidade do vínculo de filiação pelo não comparecimento injustificado dos irmãos do falecido ao exame em DNA. Agora, em câmbio, não restam dúvidas de que os herdeiros do falecido e indigitado pai devem figurar no polo passivo da ação de investigação de paternidade, cumulada ou não, com petição de herança, pois como herdeiros universais respondem pessoalmente ao processo de investigação de paternidade (CPC, art. 43; CC, arts. 1.601, parágrafo único, e 1.606, parágrafo único)".[185] Além dos julgados mencionados, o doutrinador destacava, antes da alteração legislativa de 2021, que "o indício da omissão dos parentes, portanto, não se compara com a recusa do suposto pai, primeiro, porque as regras de presunção contidas na Lei n. 12.004/2009 e na Súmula n. 301 do STJ são endereçadas ao suposto pai renitente, e não para os seus parentes. Depois, diante do evento morte do indigitado genitor, o autor da ação dispõe de outras provas biológicas, que podem ser municiadas sobre os restos mortais do falecido com a exumação do cadáver, isso se o corpo não foi cremado, isto se não existir material biológico que ele tenha, ainda em vida, depositado em custódia em um laboratório ou banco genético, com a finalidade específica de esse material ser consultado pela autoridade competente e interferir positiva ou negativamente nos direitos constitucionais concernentes à identidade e origem genética de outras pessoas".[186] A Lei 14.138/2021 parece ter superado divergências anteriores, possibilitando de forma incontestável a realização do exame de DNA nos parentes do falecido investigado, gerando a sua recusa a presunção relativa ou *iuris tantum* do vínculo biológico, a ser analisada com outras provas. Assim, com o novo comando, passaram a ser úteis e necessárias as previsões anteriores do art. 2.º-A da Lei 8.560/1992, introduzidas em 2009, que são completadas pela nova norma. Anoto que julgados superiores já vinham entendendo dessa forma, pela presença de uma presunção relativa e aplicando o enunciado de súmula antes citado. Como se retira de acórdão da Quarta Turma do STJ, do ano de 2015 e de outros sucessivos, na mesma linha e com igual relator: "inexistindo a prova pericial capaz de propiciar certeza quase absoluta do vínculo de parentesco (exame de impressões do DNA), diante da recusa dos irmãos paternos do investigado em submeter-se ao referido exame, comprova-se a paternidade mediante a análise dos indícios e presunções existentes nos autos, observada a presunção *juris tantum*, nos termos da Súmula 301/STJ. Precedentes" (STJ, Ag.Rg. no AREsp 499.722/DF, 4.ª Turma, Rel. Min. Raul Araújo, j. 18.12.2014, *DJe* 06.02.2015). Como palavras finais sobre a nova norma, na linha das lições de Rolf Madaleno, pode-se concluir que a Lei 14.138/2021 fez com que a negativa dos parentes do investigado falecido ao exame de DNA deixasse de ser um mero indício do vínculo biológico, passando a gerar uma presunção. Sendo assim, não se pode negar que o impacto da negativa ao exame de pareamento genético pelo parente passa a gerar o mesmo efeito da negativa pelo próprio investigado.

---

[185] MADALENO, Rolf. *Curso de direito de família*. 4. ed. Rio de Janeiro: Forense, 2011. p. 549-550.
[186] MADALENO, Rolf. *Curso de direito de família*. 4. ed. Rio de Janeiro: Forense, 2011. p. 550-551.

CAP. 8 • DIREITO DE FAMÍLIA | **1605**

→ *A utilização das medidas do art. 139, inc. IV, do CPC/2015 na ação investigatória de paternidade.* O Superior Tribunal de Justiça passou a admiti-las, em casos de negativa de realização do exame de DNA. Conforme esse preceito legal, o juiz poderá "determinar todas as medidas indutivas, coercitivas, mandamentais ou sub-rogatórias necessárias para assegurar o cumprimento de ordem judicial, inclusive nas ações que tenham por objeto prestação pecuniária". O caso julgado em 2020 disse respeito a herdeiro que se negava a fazer o exame, tendo concluído a Corte que "a impossibilidade de condução do investigado 'debaixo de vara' para a coleta de material genético necessário ao exame de DNA não implica na impossibilidade de adoção das medidas indutivas, coercitivas e mandamentais autorizadas pelo art. 139, IV, do novo CPC, com o propósito de dobrar a sua renitência, que deverão ser adotadas, sobretudo, nas hipóteses em que não se possa desde logo aplicar a presunção contida na Súmula 301/STJ ou quando se observar a existência de postura anticooperativa de que resulte o *non liquet* instrutório em desfavor de quem adota postura cooperativa, pois, maior do que o direito de um filho de ter um pai, é o direito de um filho de saber quem é o seu pai". Assim, julgou-se que "aplicam-se aos terceiros que possam fornecer material genético para a realização do novo exame de DNA as mesmas diretrizes anteriormente formuladas, pois, a despeito de não serem legitimados passivos para responder à ação investigatória (legitimação *ad processum*), são eles legitimados para a prática de determinados e específicos atos processuais (legitimação *ad actum*), observando-se, por analogia, o procedimento em contraditório delineado nos art. 401 a 404, do novo CPC, que, inclusive, preveem a possibilidade de adoção de medidas indutivas, coercitivas, sub-rogatórias ou mandamentais ao terceiro que se encontra na posse de documento ou coisa que deva ser exibida" (STJ, Rcl 37.521/SP, 2.ª Seção, Rel. Min. Nancy Andrighi, j. 13.05.2020, *DJe* 05.06.2020). O acórdão destaca a possibilidade de se exigir a exibição de documento ou coisa que se encontre em poder do herdeiro, sob pena de sua busca e apreensão. Pelos interesses envolvidos, que dizem respeito à busca da verdade biológica, sou favorável à utilização de tais medidas nessas situações. Como outras medidas coercitivas podem ser citadas as apreensões do passaporte, da carteira de motorista e também de cartões bancários ou de crédito dos envolvidos.

→ *A relativização da coisa julgada na ação investigatória.* Como é notório, a jurisprudência superior tem relativizado a coisa julgada em casos de ações investigatórias julgadas improcedentes por ausência de provas, em momento em que não existia o exame de DNA. O principal precedente do STJ merece destaque, mais uma vez nesta obra: "Processo civil. Investigação de paternidade. Repetição de ação anteriormente ajuizada, que teve seu pedido julgado improcedente por falta de provas. Coisa julgada. Mitigação. Doutrina. Precedentes. Direito de família. Evolução. Recurso acolhido. I – Não excluída expressamente a paternidade do investigado na primitiva ação de investigação de paternidade, diante da precariedade da prova e da ausência de indícios suficientes a caracterizar tanto a paternidade como a sua negativa, e considerando que, quando do ajuizamento da primeira ação, o exame pelo DNA ainda não era disponível e nem havia notoriedade a seu respeito, admite-se o ajuizamento de ação investigatória, ainda que tenha sido aforada uma anterior com sentença julgando improcedente o pedido. II – Nos termos da orientação da Turma, 'sempre recomendável a realização de perícia para investigação genética (HLA e DNA), porque permite ao julgador um juízo de fortíssima probabilidade, senão de certeza' na composição do conflito. Ademais, o progresso da ciência jurídica, em matéria de prova, está na substituição da verdade

**1606** | MANUAL DE DIREITO CIVIL • VOLUME ÚNICO – *Flávio Tartuce*

ficta pela verdade real. III – A coisa julgada, em se tratando de ações de estado, como no caso de investigação de paternidade, deve ser interpretada *modus in rebus*. Nas palavras de respeitável e avançada doutrina, quando estudiosos hoje se aprofundam no reestudo do instituto, na busca, sobretudo, da realização do processo justo, 'a coisa julgada existe como criação necessária à segurança prática das relações jurídicas e as dificuldades que se opõem à sua ruptura se explicam pela mesmíssima razão. Não se pode olvidar, todavia, que numa sociedade de homens livres, a Justiça tem de estar acima da segurança, porque sem Justiça não há liberdade'. IV – Este Tribunal tem buscado, em sua jurisprudência, firmar posições que atendam aos fins sociais do processo e às exigências do bem comum" (STJ, REsp 226.436/PR, 4.ª Turma, Rel. Min. Sálvio de Figueiredo Teixeira, j. 28.06.2001, *DJ* 04.02.2002, p. 370). A decisão traz conclusão interessante no sentido de que a *justiça justa* deve prevalecer sobre a *justiça segura*. Por certo que o Século atual tem como prioridade a tutela de direitos e não a segurança por si só. Com mesma conclusão, no âmbito doutrinário, prevê o Enunciado n. 109 do CJF/STJ, da *I Jornada de Direito Civil*, que "a restrição da coisa julgada oriunda de demandas reputadas improcedentes por insuficiência de prova não deve prevalecer para inibir a busca da identidade genética pelo investigando". O que se nota é que, entre os civilistas, tal mitigação é bem-aceita, o mesmo não se podendo dizer quanto aos processualistas. Entendo que a relativização da coisa julgada, para as hipóteses descritas, justifica-se plenamente utilizando-se a técnica de ponderação, desenvolvida, entre outros, por Robert Alexy,[187] e consagrada pelo art. 489, § 2.º, do CPC/2015. Anote-se que, mais recentemente, decidiu o Supremo Tribunal Federal de maneira similar, conforme julgado publicado no seu *Informativo* n. 622, de abril de 2011. Em suma, em casos tais, deve-se realmente entender que a verdade biológica, com relação direta com a dignidade humana do suposto filho (art. 1.º, inc. III, da CF/1988), deve prevalecer sobre a proteção da coisa julgada (art. 5.º, inc. XXXVI, da CF/1988). Quanto ao uso da técnica da ponderação para as demandas relativas ao Direito de Família, destaque-se o Enunciado n. 17 do IBDFAM, aprovado no seu *X Congresso Brasileiro*, em outubro de 2015 e de acordo com a sugestão por fim formulada: "a técnica de ponderação, adotada expressamente pelo art. 489, § 2.º, do Novo CPC, é meio adequado para a solução de problemas práticos atinentes ao Direito das Famílias e das Sucessões".

### 8.5.4 Da adoção

Como visto, a adoção constitui forma tradicional de parentesco civil. Tentando consolidar o tratamento anterior relativo ao tema, o Código Civil de 2002 instituiu um capítulo próprio a respeito do instituto entre os seus arts. 1.618 a 1.629. Assim, com a codificação privada deixou-se de existir aquela antiga divisão da adoção em *adoção plena ou estatutária* (regida pelo Estatuto da Criança e do Adolescente, para menores) e *adoção simples ou restrita* (regida até então pelo CC/1916, para maiores).

Porém, frustrando essa tentativa de unificação legal, foi promulgada a Lei 12.010, em 3 de agosto de 2009, então conhecida como *Lei Nacional da Adoção ou Nova Lei da Adoção*. A nova norma revogou vários dispositivos do CC/2002 que tratavam da adoção (arts. 1.620 a 1.629), alterando, ainda, os arts. 1.618 e 1.619 da atual codificação.

---

[187] ALEXY, Robert. *Teoria dos direitos fundamentais*. Trad. Virgílio Afonso da Silva. São Paulo: Malheiros, 2008.

Atualmente, a matéria ficou consolidada no Estatuto da Criança e do Adolescente (ECA, Lei 8.069/1990), que do mesmo modo teve vários dos seus comandos alterados. Em 2017 surgiu a Lei 13.509/2017, que trouxe alterações substanciais a respeito do instituto, visando buscar uma maior efetividade prática. De acordo com os seus objetivos didáticos, esta obra apenas abordará as regras fundamentais da adoção. Eventuais aprofundamentos constam do Volume 5 da nossa coleção de Direito Civil, dedicado ao Direito de Família.

Na verdade, nota-se que não há mais dispositivos no CC/2002 regulamentando o instituto da adoção. O seu art. 1.618 do CC determina que a adoção de crianças e adolescentes será deferida na forma prevista pelo ECA. Ademais, o seu art. 1.619 modificado é claro ao enunciar que a adoção de maiores de 18 anos dependerá da assistência efetiva do Poder Público e de sentença constitutiva, aplicando-se, no que couber, as regras gerais da mesma Lei 8.069/1990. Em suma, o que se percebe é que a matéria de adoção, relativa a menores e a maiores, passou a ser consolidada no Estatuto da Criança e do Adolescente.[188]

Pois bem, feitas essas notas sobre a aplicação legislativa, vejamos três conceitos doutrinários de adoção:

- Maria Helena Diniz – "A adoção é o ato jurídico solene pelo qual, observados os requisitos legais, previstos na Lei 8.069/90, arts. 39 a 52-D, alguém estabelece, independentemente de qualquer relação de parentesco consanguíneo ou afim, vínculo fictício de filiação, trazendo para sua família, na condição de filho, pessoa que, geralmente, lhe é estranha".[189]

- Sílvio de Salvo Venosa – "A adoção é modalidade artificial de filiação que busca imitar a filiação natural. Daí ser também conhecida como filiação civil, pois não resulta de uma relação biológica, mas de manifestação de vontade, conforme o sistema do Código Civil de 1916, ou de sentença judicial, conforme o atual sistema".[190]

- Maria Berenice Dias – "A adoção é um ato jurídico em sentido estrito, cuja eficácia está condicionada à chancela judicial. Cria um vínculo fictício de paternidade-maternidade-filiação entre pessoas estranhas, análogo ao que resulta da filiação biológica.[191]

Como se pode perceber dos conceitos expostos, não se trata de um negócio jurídico, mas de um ato jurídico em sentido estrito, cujos efeitos são delimitados pela lei. Nesse sentido, Paulo Lôbo é enfático, ao afirmar que "a adoção é ato jurídico em sentido estrito, de natureza complexa, pois depende de decisão judicial para produzir seus efeitos. Não é negócio jurídico unilateral".[192]

Além de tudo isso, como ficou claro pelos conceitos, a adoção sempre depende de sentença judicial no atual sistema, seja relativa a maiores ou menores, devendo esta ser inscrita no registro civil mediante mandado (art. 47 do ECA). O processo de adoção corre na Vara da Infância e Juventude nos casos de menores e na Vara da Família em casos de maiores, sempre com a intervenção do Ministério Público, pois se trata de questão relativa a estado de pessoas e a ordem pública.

---

[188] Conforme apontado por: ROSSATO, Luciano Alves; LÉPORE, Paulo Eduardo. *Comentários à Lei Nacional da Adoção* – Lei 12.010, de 3 de agosto de 2009. São Paulo: RT, 2009. p. 43.

[189] DINIZ, Maria Helena. *Código Civil anotado*. 15. ed. São Paulo: Saraiva, 2010. p. 1.147-1.148.

[190] VENOSA, Silvio de Salvo. *Código Civil interpretado*. São Paulo: Atlas, 2010. p. 1.483.

[191] DIAS, Maria Berenice. *Manual de Direito das Famílias*. 5. ed. São Paulo: RT, 2009. p. 434.

[192] LÔBO, Paulo Luiz Netto. *Famílias*. São Paulo: Saraiva, 2008. p. 248.

**1608** | MANUAL DE DIREITO CIVIL • VOLUME ÚNICO – *Flávio Tartuce*

Anote-se que, antes da lei de 2009, na *IV Jornada de Direito Civil* foi aprovado o Enunciado n. 272 do CJF/STJ, dispondo que "não é admitida em nosso ordenamento jurídico a adoção por ato extrajudicial, sendo indispensável a atuação jurisdicional, inclusive para a adoção de maiores de dezoito anos". O enunciado doutrinário foi aprovado pela comissão da Parte Geral, esclarecendo o conteúdo do então art. 10, inc. III, do CC, pelo qual far-se-ia a averbação no registro público dos atos judiciais e extrajudiciais de adoção.

Ora, obviamente não há mais atos extrajudiciais de adoção, estando equivocado o comando legal. Esclareça-se que, do mesmo modo elucidando o conteúdo desse dispositivo da Parte Geral, foi aprovado o Enunciado n. 273 do CJF/STJ, com o seguinte sentido: "tanto na adoção bilateral quanto na unilateral, quando não se preserva o vínculo com qualquer dos genitores originários, deverá ser averbado o cancelamento do registro originário de nascimento do adotado, lavrando-se novo registro. Sendo unilateral a adoção, e sempre que se preserve o vínculo originário com um dos genitores, deverá ser averbada a substituição do nome do pai ou da mãe natural pelo nome do pai ou da mãe adotivos". Atente ao fato de que a Lei 12.010/2009 revogou expressamente o art. 10, inc. III, do Código Civil, sanado o equívoco.

A adoção passou a ser considerada pela lei de 2009 como uma medida excepcional e irrevogável, à qual se deve recorrer apenas quando esgotados os recursos de manutenção da criança ou adolescente na família natural ou extensa (art. 39, § 1.º, do ECA). Apesar da menção à sua irrevogabilidade, tem-se admitido a sua revogação em algumas situações especiais. Nesse sentido, vejamos um dos arestos superiores que a admite, da Terceira Turma do STJ:

> "A interpretação sistemática e teleológica do disposto no § 1.º do art. 39 do ECA conduz à conclusão de que a irrevogabilidade da adoção não é regra absoluta, podendo ser afastada sempre que, no caso concreto, verificar-se que a manutenção da medida não apresenta reais vantagens para o adotado, tampouco é apta a satisfazer os princípios da proteção integral e do melhor interesse da criança e do adolescente. (...). Passando ao largo de qualquer objetivo de estimular a revogabilidade das adoções, situações como a vivenciada pelos adotantes e pelo adotado demonstram que nem sempre as presunções estabelecidas dogmaticamente, suportam o crivo da realidade, razão pela qual, em caráter excepcional, é dado ao julgador demover entraves legais à plena aplicação do direito e à tutela da dignidade da pessoa humana. A hipótese dos autos representa situação *sui generis* na qual inexiste qualquer utilidade prática ou reais vantagens ao adotado na manutenção da adoção, medida que sequer atende ao seu melhor interesse. Ao revés, a manutenção dos laços de filiação com os recorrentes representaria, para o adotado, verdadeiro obstáculo ao pleno desenvolvimento de sua personalidade, notadamente porque impediria o evolver e o aprofundamento das relações estabelecidas com os atuais guardiões, representando interpretação do § 1.º do art. 39 do ECA descolada de sua finalidade protetiva" (STJ, REsp 1.892.782/PR, 3.ª Turma, Rel. Min. Nancy Andrighi, j. 06.04.2021, *DJe* 15.04.2021).

Nos termos do art. 25 da mesma norma, "entende-se por *família natural* a comunidade formada pelos pais ou qualquer deles e seus descendentes". Já a *família extensa* ou *ampliada* é "aquela que se estende para além da unidade pais e filhos ou da unidade do casal, formada por parentes próximos com os quais a criança ou adolescente convive e mantém vínculos de afinidade e afetividade". Em suma, a adoção deve ser encarada como a *ultima ratio*, sendo irrevogável assim como o reconhecimento de filhos.

Em relação à capacidade para adotar, o art. 42 do ECA em vigor dispõe que só a pessoa maior de 18 anos pode adotar, o que independe do estado civil. A norma foi

CAP. 8 · DIREITO DE FAMÍLIA | **1609**

alterada em 2009 na esteira do que já previa o antigo art. 1.618 do CC e da redução da maioridade civil de 21 para 18 anos.

Consigne-se que a adoção realizada por somente uma pessoa é denominada *adoção unilateral*. Entre as suas múltiplas possibilidades, aresto do Superior Tribunal de Justiça conclui que "a adoção unilateral, ou adoção por cônjuge, é espécie do gênero adoção, que se distingue das demais, principalmente pela ausência de ruptura total entre o adotado e os pais biológicos, porquanto um deles permanece exercendo o Poder Familiar sobre o menor, que será, após a adoção, compartilhado com o cônjuge adotante. Nesse tipo de adoção, que ocorre quando um dos ascendentes biológicos faleceu, foi destituído do Poder Familiar, ou é desconhecido, não há consulta ao grupo familiar estendido do ascendente ausente, cabendo tão só ao cônjuge supérstite decidir sobre a conveniência, ou não, da adoção do filho pelo seu novo cônjuge/companheiro" (STJ, REsp 1.545.959/SC, 3.ª Turma, Rel. Min. Ricardo Villas Bôas Cueva, Rel. p/ Acórdão Min. Nancy Andrighi, j. 06.06.2017, DJe 1.º.08.2017).

A antiga *adoção bilateral*, realizada por duas pessoas, passou a ser denominada como *adoção conjunta*, pelo art. 42, § 2.º, do ECA. Para essa adoção conjunta, é indispensável que os adotantes sejam casados civilmente ou mantenham união estável, comprovada a estabilidade da família.

Como novidade interessante, o § 4.º do art. 42 do ECA passou a prever desde 2009 que "os divorciados, os judicialmente separados e os ex-companheiros podem adotar conjuntamente, contanto que acordem sobre a guarda e o regime de visitas e desde que o estágio de convivência tenha sido iniciado na constância do período de convivência e que seja comprovada a existência de vínculos de afinidade e afetividade com aquele não detentor da guarda, que justifiquem a excepcionalidade da concessão". Anote-se que com a emergência da *Emenda do Divórcio* a menção aos separados somente se aplica aos que estiverem em tal condição na emergência da alteração constitucional.

Luciano Alves Rossato e Paulo Eduardo Lépore já viam com bons olhos a inovação, pois, "ainda que possa parecer ínfima, trata-se de alteração substancial empreendida no instituto da adoção e que abre espaço, por exemplo, para a adoção por casais homossexuais, uma vez que não exige mais a formalização de uma união pelo casamento ou pela união estável em curso, para que se possa reconhecer a possibilidade de adoção bilateral".[193] Conforme exposto anteriormente, o Superior Tribunal de Justiça admite a *adoção homoafetiva*, conforme decisão publicada no seu *Informativo* n. *432*.

Na esteira da doutrina transcrita, pode-se dizer que o dispositivo citado constitui fundamento jurídico para se admitir a adoção por casal entre pessoas do mesmo sexo. Em reforço, pode ser utilizado o art. 43 do ECA, pelo qual "a adoção será deferida quando apresentar reais vantagens para o adotando e fundar-se em motivos legítimos". A decisão histórica do Supremo Tribunal Federal, de 5 de maio de 2011, parece ter afastado definitivamente o debate sobre a adoção homoafetiva, diante da equiparação à união estável, sem qualquer ressalva.

Isso foi confirmado pelo próprio STF que, em março de 2015, manteve decisão que autorizou um casal homoafetivo a adotar uma criança, independentemente da sua idade. A situação fática foi levada a julgamento pelo Supremo Tribunal Federal após o Ministério Público do Paraná questionar o pedido de adoção feito pelo casal. O pedido era no sentido de limitar a adoção a uma criança com pelo menos doze anos de idade, para que

---

[193] ROSSATO, Luciano Alves; LÉPORE, Paulo Eduardo. *Comentários à Lei Nacional da Adoção* – Lei 12.010, de 3 de agosto de 2009. São Paulo: RT, 2009. p. 44.

**1610** | MANUAL DE DIREITO CIVIL • VOLUME ÚNICO – *Flávio Tartuce*

esta pudesse manifestar sua opinião sobre o pedido. A relatora, Ministra Carmen Lúcia, citou aquele precedente anterior, ressaltando o direito subjetivos dos casais homoafetivos em formarem uma autonomizada família, "entendida esta, no âmbito das duas tipologias de sujeitos jurídicos, como um núcleo doméstico independente de qualquer outro, e constituído, em regra, com as mesmas notas factuais da visibilidade, continuidade e durabilidade" (STF, Recurso Extraordinário 846.102, j. 05.03.2015).

Sobre eventuais prejuízos psicológicos e sociais que o filho pode sofrer em casos de adoção homoafetiva, afastando a tese dos danos, é interessante transcrever as lições científicas interdisciplinares de Roger Raupp Rios:

> "De fato, as pesquisas psicológicas revelam que casais homossexuais não diferem de casais heterossexuais no que diz respeito à criação de seus filhos, além de rejeitar as hipóteses de confusão de identidade de gênero, de tendência à homossexualidade e de dificuldade no desenvolvimento psíquico e nas relações sociais de crianças cuidadas por casais homossexuais (neste sentido, por exemplo, Patterson, *Lesbian and gay parents and their children: Summary of research findings*. In *Lesbian and gay parenting: A resource for psychologists*. Washington: American Psychological Association, 2004; Patterson, Gay fathers. In M. E. Lamb (Ed.), *The role of the father in child development*. New York: John Wiley, 2004; Perrin e Committee on Psychosocial Aspects of Child and Family Health, Technical Report: Coparent or second-parent adoption by same-sex parents. *Pediatrics*, 2002; Tasker, Children in lesbian-led families – A review. *Clinical Child Psychology and Psychiatry*, 4, 1999).
>
> Quanto à parentalidade, constata-se que Estudos como esses levaram a Associação Americana de Psicologia (APA) e a Associação Americana de Psicanálise a declararem apoio irrestrito às iniciativas de adoção por casais de pessoas do mesmo sexo, e a repudiar a negligência por parte das decisões legais às pesquisas a respeito de homoparentalidade. No Brasil, o Conselho Federal de Psicologia reforça que 'inexiste fundamento teórico, científico ou psicológico condicionando a orientação sexual como fator determinante para o exercício da parentalidade' (*Adoção: um direito de todos e todas*. Brasília: CFP, 2008).
>
> Dado que a finalidade da adoção é propiciar ao adotado as melhores condições de desenvolvimento humano e de realização pessoal, rejeitar esta possibilidade por casais homossexuais é restringir de modo injustificado o instituto da adoção. Esta diminuição das chances de encontrar ambiente familiar positivo viola frontalmente os deveres de cuidado e de proteção que a Constituição exige do Estado e da sociedade. Mais grave ainda: invoca-se a proteção da criança como pretexto para, em prejuízo dela mesma, fazer prevalecer mais uma das manifestações do preconceito heterossexista".[194]

Voltando à questão da adoção por casal divorciado ou separado antes da entrada em vigor da EC 66/2010, desde que demonstrado efetivo benefício ao adotando, será assegurada a guarda compartilhada, conforme previsto no art. 1.584 do Código Civil (art. 42, § 5.º, do ECA). Essa outra inovação vem em boa hora, uma vez que essa guarda passou a ser a regra do direito brasileiro.

Superado esse ponto, como requisito da adoção presente no art. 42, § 3.º, do ECA, "o adotante há de ser, pelo menos, dezesseis anos mais velho do que o adotando. A norma não foi alterada, eis que constava do art. 1.619 do Código Civil. Antes mesmo da nova

---

[194] RIOS, Roger Raupp. Adoção por casais homossexuais: admissibilidade. *Jornal Carta Forense*. São Paulo: junho de 2009. Matéria de capa. Disponível em: <http://www.cartaforense.com.br/Materia.aspx?id=4233>. Acesso em: 11 nov. 2009.

lei, surgia questão polêmica, levantada por Gustavo Ferraz de Campos Mônaco, em excelente artigo científico sobre a temática.[195] No caso de adoção por casal de cônjuges ou companheiros – inclusive homoafetivos –, qual idade deve ser utilizada como parâmetro para se aferir esse requisito mínimo de 16 anos de diferença? O próprio Gustavo Mônaco responde à questão, a quem se filia:

> "Em que pese posições divergentes, a maioria da doutrina nacional entende que a diferença de idade para se deferir a adoção há de ser verificada pela idade do *mais jovem* dos pretensos adotantes. Assim, se o cônjuge ou convivente mais jovem contar com 16 anos de idade, a única opção que lhes restará será a de adotar uma criança recém-nascida ou que conte com poucos meses (imaginando-se a adoção por alguém casado ou convivente e que tenha 16 anos e 4 meses, por exemplo, hipótese em que poderá adotar uma criança com até 4 meses de idade)".[196]

De todo modo, mitigando a estrita observância a essa regra, aresto da Terceira Turma do Superior Tribunal de Justiça, de outubro de 2019, considerou que seria possível a adoção faltando apenas três meses para se completar a citada diferença de 16 anos entre o adotante e o adotado. A relativização se deu pela presença de vínculo socioafetivo entre as partes, entendimento que me parece correto (STJ, REsp 1.785.754/RS, Rel. Min. Ricardo Villas Bôas Cueva, j. 08.10.2019).

No mesmo sentido, em 2021, surgiu outro acórdão, da Quarta Turma do STJ, segundo o qual "o dispositivo legal atinente à diferença mínima etária estabelecida no art. 42, § 3º do ECA, embora exigível e de interesse público, não ostenta natureza absoluta a inviabilizar sua flexibilização de acordo com as peculiaridades do caso concreto, pois, consoante disposto no artigo 6.º do ECA, na interpretação da lei deve-se levar em conta os fins sociais a que se dirige, as exigências do bem comum, os direitos e deveres individuais e coletivos, e a condição peculiar da criança e do adolescente como pessoas em desenvolvimento" (REsp 1.338.616/DF). Sobre o caso concreto, observou-se que "o adotante é casado, por vários anos, com a mãe do adotando, razão por que esse se encontra na convivência com aquele desde tenra idade; o adotando possui dois irmãos que são filhos de sua genitora com o adotante, motivo pelo qual pode a realidade dos fatos revelar efetiva relação de guarda e afeto já consolidada no tempo, merecendo destaque a peculiaridade de tratar-se, na hipótese, de adoção unilateral, circunstância que certamente deve importar para a análise de uma possível relativização da referência de diferença etária" (STJ, REsp 1.338.616/DF, 4.ª Turma, Rel. Min. Marco Buzzi, por unanimidade, j. 15.06.2021, *DJe* 25.06.2021). A relativização da regra da diferença de idades, portanto, é tendência na Segunda Seção da Corte Superior.

A adoção pode ser efetuada pelo tutor ou curador, que pode adotar o pupilo, tutelado ou curatelado. Mas, enquanto não der contas de sua administração e não se saldar o débito, essa adoção não poderá ocorrer (art. 44 do ECA). A premissa constava do art. 1.620 do Código Civil, agora revogado, tendo um senso ético indiscutível.

A consolidação do instituto, em regra, depende de consentimento dos pais ou dos representantes legais, de quem se deseja adotar, conforme o art. 45, *caput*, do ECA. Se o adotado contar com mais de 12 anos de idade, terá que concordar com o ato para que este seja válido e eficaz (art. 45, § 2.º, do ECA). Permanece a dúvida em relação à necessidade

---

[195] MÔNACO, Gustavo Ferraz de Campos. Adoção, esquadrinhando o instituto à luz do sistema vigente. Disponível em: <www.flaviotartuce.adv.br>. Acesso em: 1.º jul. 2010.

[196] MÔNACO, Gustavo Ferraz de Campos. Adoção, esquadrinhando o instituto à luz do sistema vigente. Disponível em: <www.flaviotartuce.adv.br>. Acesso em: 1.º jul. 2010.

**1612** | MANUAL DE DIREITO CIVIL • VOLUME ÚNICO – *Flávio Tartuce*

do consentimento dos pais nos casos de adoção de maiores, o que na minha opinião é dispensável, na esteira da melhor doutrina.[197] Por expressa previsão legal, o consentimento dos pais ou representantes da criança ou adolescente será dispensado se os seus pais forem desconhecidos ou tiverem sido destituídos do poder familiar (art. 45, § 1.º, do ECA).

O art. 41 do ECA determina que "a adoção atribui a condição de filho ao adotado, com os mesmos direitos e deveres, inclusive sucessórios, desligando-o de qualquer vínculo com pais e parentes, salvo os impedimentos matrimoniais" (aplicação do princípio da igualdade entre filhos, art. 227, § 6.º, da CF/1988). Como ficou claro pela leitura da presente obra, vige o princípio da igualdade entre filhos, o que inclui os filhos adotivos. Quanto a esse dispositivo, repise-se o Enunciado n. 111 do CJF/STJ, pelo qual, "a adoção e a reprodução assistida heteróloga atribuem a condição de filho ao adotado e à criança resultante da técnica conceptiva heteróloga; porém, enquanto na adoção haverá o desligamento dos vínculos entre o adotado e seus parentes consanguíneos, na reprodução assistida heteróloga sequer será estabelecido o vínculo de parentesco entre a criança e o doador do material fecundante".

De todo modo, com a tese firmada pelo STF no julgamento do Recurso Extraordinário 898.060/SC, ao possibilitar a ação judicial em face do pai biológico, para todos os fins, em havendo parentalidade socioafetiva, ficam em dúvida os limites jurídicos da regra prevista no art. 41 do ECA e a interpretação dada pelo citado enunciado doutrinário. Trata-se de tema que ainda demanda maiores reflexões da minha parte. *A priori*, opino que a premissa gerada naquele caso de repercussão geral não incide para a adoção.

Preconiza o § 1.º do comando em destaque que, se um dos cônjuges ou companheiro adota o filho do outro, mantêm-se os vínculos de filiação entre o adotado e o cônjuge ou companheiro do adotante e os respectivos parentes. Anote-se que a lei ainda fala em *concubinos*, devendo ser lido o termo como *companheiros*. Houve um *cochilo do legislador* de 2009, que deveria ter alterado os termos, atualizando-os. Diante da igualdade entre os filhos, é recíproco o direito sucessório entre o adotado, seus descendentes, o adotante, seus ascendentes, descendentes e colaterais até o quarto grau, observada a ordem de vocação hereditária (art. 41, § 2.º, do ECA).

Ainda no que concerne ao rompimento dos vínculos, a decisão que defere a adoção confere ao adotado o sobrenome do adotante, podendo determinar a modificação de seu prenome a pedido de qualquer um deles (art. 47, § 5.º, do ECA). Como novidade introduzida pela Lei 12.010/2009, caso a modificação de prenome seja requerida pelo adotante, é obrigatória a oitiva do adotando que tenha mais de 12 anos (art. 47, § 6.º, do ECA). Isso porque o nome constitui um direito da personalidade pelo CC/2002, havendo uma ampla proteção de ordem pública (arts. 16 a 19).

Relembre-se que, em todos os casos envolvendo a adoção, esta somente será admitida se constituir reais vantagens para o adotando e fundar-se em motivos legítimos (art. 43 do ECA). Essa regra de proteção deve ser atendida tanto pelo Poder Judiciário quanto pelo Ministério Público, que deve intervir no processo de adoção na qualidade de fiscal da lei. De qualquer forma, persiste o entendimento de que o MP não precisa atuar nos casos envolvendo maiores. Trazendo aplicação do art. 43 do ECA, transcreve-se interessante acórdão do Tribunal de Justiça de Minas Gerais:

> "Adoção. Família substituta. Possibilidade. Apelação. Direito de família. Adoção. Criança inserida no âmbito da família substituta. Interesse do menor. Possibilidade.

---

[197] LÔBO, Paulo Luiz Netto. *Famílias*. São Paulo: Saraiva, 2008. p. 255.

Inteligência do art. 43 do ECA. Princípio Constitucional da Máxima Proteção à Criança e da Dignidade da Pessoa Humana. Recurso desprovido. A falta de recursos materiais não constitui pressuposto para a destituição do poder familiar, medida extrema a ser apurada em procedimento judicial amplo e irrestrito. Todavia, conforme orientação jurisprudencial dos Tribunais pátrios, o mesmo não ocorre acerca da carência de amor, afeto, atenção, cuidado, responsabilidade, compromisso e proteção para com o menor, pois tais sentimentos são imprescindíveis para o seu pleno desenvolvimento, especialmente se este já se encontra inserido em outra família, sendo certo que a adoção deve ser deferida quando apresentar reais vantagens para o adotando e fundar-se em motivos legítimos (art. 43 do ECA), o que efetivamente é o caso dos autos" (TJMG, 6.ª Câmara Cível, ACi 1.0309.04.004465-8/001, Inhapim, Rel. Des. Edilson Fernandes, j. 17.07.2007, v.u.).

No que concerne aos efeitos da adoção, estes começam a partir do trânsito em julgado da sentença (art. 47, § 7.º, do ECA). Exceção deve ser feita se o adotante vier a falecer no curso do procedimento, caso em que terá força retroativa à data do óbito. Nesse sentido, enuncia o art. 42, § 6.º, do ECA, que a adoção poderá ser deferida ao adotante que, após inequívoca manifestação, vier a falecer no curso do processo, antes de prolatada a decisão. A última norma é aplicável à adoção *post mortem*, devendo os herdeiros do adotante dar seguimento ao processo. Em casos tais, as relações de parentesco se estabelecem não só entre o adotante e o adotado, como também entre aquele e os descendentes deste e entre o adotado e todos os parentes do adotante.

Vale deixar consignado, por oportuno, que a adoção de crianças e adolescentes com deficiência ou doença crônica tem prioridade de tramitação judicial, conforme o novo art. 47, § 9.º, do ECA, incluído pela Lei 12.955, de fevereiro de 2014, norma louvável e de relevante impacto social.

Com vistas à sua melhor efetividade, pontue-se que a Lei 13.509/2017 introduziu um § 10 nesse art. 47 do ECA, expressando que o prazo máximo para conclusão da ação de adoção será de cento e vinte dias, prorrogável uma única vez por igual período, mediante decisão fundamentada da autoridade judiciária. Essa é uma das principais novidades dessa norma emergente.

Ainda a respeito da adoção, o art. 39, § 2.º, do ECA, veda a adoção por procuração, justamente diante do seu caráter personalíssimo. Outra regra que continua em vigor é a vedação de adoção por ascendentes ou irmãos (art. 42, § 1.º, do ECA). De todo o modo, não há vedação de adoção de sobrinhos por tios ou por primos, pois a autonomia privada não se encontra limitada pela lei.

Apesar das restrições citadas, pontue-se que o Superior Tribunal de Justiça reconhece a possibilidade de adoção de descendentes por ascendentes, notadamente por avós (*adoção avoenga*), diante das peculiaridades do caso concreto. Vejamos trecho da publicação de um primeiro julgado, constante do *Informativo* n. 551 do Tribunal da Cidadania:

> "Admitiu-se, excepcionalmente, a adoção de neto por avós, tendo em vista as seguintes particularidades do caso analisado: os avós haviam adotado a mãe biológica de seu neto aos oito anos de idade, a qual já estava grávida do adotado em razão de abuso sexual; os avós já exerciam, com exclusividade, as funções de pai e mãe do neto desde o seu nascimento; havia filiação socioafetiva entre neto e avós; o adotado, mesmo sabendo de sua origem biológica, reconhece os adotantes como pais e trata a sua mãe biológica como irmã mais velha; tanto adotado quanto sua mãe biológica concordaram expressamente com a adoção; não há perigo de confusão mental e emocional a ser gerada no adotando; e não havia predominância de

interesse econômico na pretensão de adoção. De fato, a adoção de descendentes por ascendentes passou a ser censurada sob o fundamento de que, nessa modalidade, havia a predominância do interesse econômico, pois as referidas adoções visavam, principalmente, à possibilidade de se deixar uma pensão em caso de falecimento, até como ato de gratidão, quando se adotava quem havia prestado ajuda durante períodos difíceis. Ademais, fundamentou-se a inconveniência dessa modalidade de adoção no argumento de que haveria quebra da harmonia familiar e confusão entre os graus de parentesco, inobservando-se a ordem natural existente entre parentes. Atento a essas críticas, o legislador editou o § 1.º do art. 42 do ECA, segundo o qual 'Não podem adotar os ascendentes e os irmãos do adotando', visando evitar que o instituto fosse indevidamente utilizado com intuitos meramente patrimoniais ou assistenciais, bem como buscando proteger o adotando em relação a eventual confusão mental e patrimonial decorrente da transformação dos avós em pais e, ainda, com a justificativa de proteger, essencialmente, o interesse da criança e do adolescente, de modo que não fossem verificados apenas os fatores econômicos, mas principalmente o lado psicológico que tal modalidade geraria no adotado. No caso em análise, todavia, é inquestionável a possibilidade da mitigação do § 1.º do art. 42 do ECA, haja vista que esse dispositivo visa atingir situação distinta da aqui analisada. Diante da leitura do art. 1.º do ECA ('Esta Lei dispõe sobre a proteção integral à criança e ao adolescente') e do art. 6.º desse mesmo diploma legal ('Na interpretação desta Lei levar-se-ão em conta os fins sociais a que ela se dirige, as exigências do bem comum, os direitos e deveres individuais e coletivos, e a condição peculiar da criança e do adolescente como pessoas em desenvolvimento'), deve-se conferir prevalência aos princípios da proteção integral e da garantia do melhor interesse do menor. Ademais, o § 7.º do art. 226 da CF deu ênfase à família, como forma de garantir a dignidade da pessoa humana, de modo que o direito das famílias está ligado ao princípio da dignidade da pessoa humana de forma molecular. É também com base em tal princípio que se deve solucionar o caso analisado, tendo em vista se tratar de supraprincípio constitucional. (...)" (STJ, REsp 1.448.969/SC, Rel. Min. Moura Ribeiro, j. 21.10.2014).

Em 2020, a Quarta Turma da Corte Superior reafirmou tal possibilidade, trazendo outras exceções possíveis à vedação legal e concluindo o seguinte:

"É certo que o § 1º do artigo 42 do ECA estabeleceu, como regra, a impossibilidade da adoção dos netos pelos avós, a fim de evitar inversões e confusões (tumulto) nas relações familiares – em decorrência da alteração dos graus de parentesco –, bem como a utilização do instituto com finalidade meramente patrimonial. Nada obstante, sem descurar do relevante escopo social da norma proibitiva da chamada adoção avoenga, revela-se cabida sua mitigação excepcional quando: (i) o pretenso adotando seja menor de idade; (ii) os avós (pretensos adotantes) exerçam, com exclusividade, as funções de mãe e pai do neto desde o seu nascimento; (iii) a parentalidade socioafetiva tenha sido devidamente atestada por estudo psicossocial; (iv) o adotando reconheça os adotantes como seus genitores e seu pai (ou sua mãe) como irmão; (v) inexista conflito familiar a respeito da adoção; (vi) não se constate perigo de confusão mental e emocional a ser gerada no adotando; (vii) não se funde a pretensão de adoção em motivos ilegítimos, a exemplo da predominância de interesses econômicos; e (viii) a adoção apresente reais vantagens para o adotando" (STJ, REsp 1.587.477/SC, 4.ª Turma, Rel. Min. Luis Felipe Salomão, j. 10.03.2020, DJe 27.08.2020).

Em 2022, o entendimento foi confirmado novamente pela Terceira Turma, com as seguintes afirmações, a demonstrar que essa é posição consolidada na sua Segunda Seção:

"Conquanto a regra do art. 42, § 1.º, do ECA, vede expressamente a adoção dos netos pelos avós, o referido dispositivo legal tem sofrido flexibilizações nesta Corte, sempre excepcionais, por razões humanitárias e sociais, bem como para preservar situações de fato consolidadas. A partir do exame dos precedentes desta Corte a respeito da matéria, verifica-se que os elementos que justificam a vedação à adoção por ascendentes são: (i) a possível confusão na estrutura familiar; (ii) problemas decorrentes de questões hereditárias; (iii) fraudes previdenciárias; e (iv) a inocuidade da medida em termos de transferência de amor/afeto para o adotando. Dado que a vedação à adoção entre avós e netos não é absoluta, podendo ser flexibilizada a regra do art. 42, § 1.º, do ECA, em circunstâncias excepcionais, é imprescindível que haja exauriente instrução acerca da presença dos requisitos justificadores da destituição do poder familiar pelos genitores biológicos e da presença dos requisitos traçados pela jurisprudência desta Corte e que justificariam, excepcionalmente, a adoção entre avós e netos. Na hipótese, os fatos e as causas de pedir deduzidas na petição inicial apontam: (i) que a adotanda residiria com a avó desde tenra idade, uma vez que abandonada em definitivo pela mãe biológica alguns meses após o nascimento; (ii) que a paternidade biológica somente veio a ser reconhecida em ação investigatória *post mortem*; (iii) que a avó mantém a guarda da adolescente desde janeiro/2007, tudo a sugerir a possibilidade de, em princípio, existir um vínculo socioafetivo não apenas avoengo, mas materno-filial. Recurso especial conhecido e provido, a fim de, afastados os óbices da ilegitimidade ativa e da impossibilidade jurídica do pedido, anular a sentença e determinar que seja dado regular prosseguimento ao processo, com exauriente instrução acerca da matéria" (STJ, REsp 1.957.849/MG, 3.ª Turma, Rel. Min. Nancy Andrighi, j. 14.06.2022, *DJe* 21.06./2022).

De toda sorte, em 2024, outra situação fática foi analisada, em que se julgou na Corte que "o simples fato de o neto, concebido por inseminação artificial, coabitar residência com mãe e o avô materno e reconhecê-lo como pai, não é suficiente para afastar a proibição prevista no art. 42, § 1.º, do ECA, que veda a adoção por avó". Nos termos da sua ementa, "conquanto a regra do art. 42, § 1º, do ECA, vede expressamente a adoção dos netos pelos avós, fato é que o referido dispositivo legal tem sofrido flexibilizações nesta Corte, sempre excepcionais, por razões humanitárias e sociais, bem como para preservar situações de fato consolidadas. Nos termos da jurisprudência desta Corte, não é suficiente que a criança reconheça o avô como pai para superar o expresso óbice legal – em especial quando os demais requisitos para superação do art. 42, § 1º no ECA estão ausentes. No recurso sob julgamento, as particularidades da hipótese não admitem o contorno à expressa vedação legal de adoção de descendente por ascendente" (STJ, REsp 2.067.372/MT, 3.ª Turma, Rel. Min. Nancy Andrighi, j. 05.11.2024, *DJe* 07.11.2024). De fato, a possibilidade de se admitir a *adoção avoenga* traz enormes desafios para o aplicador do Direito, sendo a análise casuística fundamental.

Seguindo no estudo da matéria, o art. 46 do ECA trata do *estágio de convivência* prévio à adoção. Os parágrafos do dispositivo foram alterados pela Lei 12.010/2009 e, mais recentemente, pela Lei 13.509/2017, com vistas a tornar mais efetivo o instituto.

Anteriormente, o estágio de convivência poderia ser dispensado se o adotando não tivesse mais de um ano de idade ou se, qualquer que fosse a sua idade, já estivesse na companhia do adotante durante tempo suficiente para que se pudesse avaliar a conveniência da constituição do vínculo. Em caso de adoção por estrangeiro residente ou domiciliado fora do País, o estágio de convivência, cumprido no território nacional, seria de, no mínimo, quinze dias para crianças de até dois anos de idade, e de, no mínimo, trinta dias quando se tratasse de adotando acima de dois anos de idade.

Desde a norma de 2009, o estágio de convivência poderá ser dispensado se o adotando já estiver sob a tutela ou guarda legal do adotante durante tempo suficiente para que seja possível avaliar a conveniência da constituição do vínculo (art. 46, § 1.º, do ECA).

**1616** | MANUAL DE DIREITO CIVIL • VOLUME ÚNICO – *Flávio Tartuce*

Como se nota, o critério para a dispensa foi substancialmente alterado. Ademais, a simples guarda de fato não autoriza, por si só, a dispensa da realização do estágio de convivência (art. 46, § 2.º).

A norma de 2017 incluiu outras regras importantes. A primeira delas consta do *caput* do art. 46 do ECA, que passou a consagrar um prazo máximo para o estágio de convivência de noventa dias. Conforme a sua redação atual, "a adoção será precedida de estágio de convivência com a criança ou adolescente, pelo prazo máximo de 90 (noventa) dias, observadas a idade da criança ou adolescente e as peculiaridades do caso". Esse prazo pode ser prorrogado por até igual período, mediante decisão fundamentada da autoridade judiciária (§ 2.º-A do mesmo comando).

A respeito da adoção internacional, a norma de 2009 passou a enunciar que o prazo seria de trinta dias, no mínimo, sem qualquer ressalva. Com a Lei 13.509/2017 passou-se a preceituar que "em caso de adoção por pessoa ou casal residente ou domiciliado fora do País, o estágio de convivência será de, no mínimo, 30 (trinta) dias e, no máximo, 45 (quarenta e cinco) dias, prorrogável por até igual período, uma única vez, mediante decisão fundamentada da autoridade judiciária" (art. 46, § 3.º, do ECA). Ao final deste prazo, deverá ser apresentado laudo fundamentado por equipe multidisciplinar, que recomendará ou não o deferimento da adoção à autoridade judiciária (art. 46, § 3.º-A, do EC).

Como novidade multidisciplinar introduzida em 2009, o estágio de convivência será acompanhado por equipe interprofissional a serviço da Justiça da Infância e da Juventude, preferencialmente com apoio dos técnicos responsáveis pela execução da política de garantia do direito à convivência familiar, que apresentarão relatório minucioso acerca da conveniência do deferimento da medida (art. 46, § 4.º, do ECA).

Por fim quanto ao estágio de convivência, a norma de 2017 incluiu previsão no sentido de ser ele cumprido no território nacional, preferencialmente na Comarca de residência da criança ou adolescente, ou, a critério do juiz, em cidade limítrofe, respeitada, em qualquer hipótese, a competência do juízo da Comarca de residência da criança (novo art. 46, § 5.º, do ECA, acrescentado pela Lei 13.509). Tudo isso para atender ao melhor interesse da criança, notadamente para preservar a sua inserção social e os seus vínculos de convivência.

Também a respeito das regras básicas da adoção, enuncia a lei que "a autoridade judiciária manterá, em cada Comarca ou foro regional, um registro de crianças e adolescentes em condições de serem adotados e outro de pessoas interessadas na adoção". São as conhecidas *listas de adoção*, previstas no art. 50 da Lei 8.069/1990, dispositivo que também recebeu alterações pela Lei 12.010/2009 e pela Lei 13.509/2017. Os parágrafos do comando legal consagram regulamentações de procedimentos, cujo estudo foge do objeto do presente *Manual*, estando tratados no Volume 5 da minha coleção de Direito Civil, sem prejuízo de outras regras que estão ali estudadas.

Para encerrar o tópico, quanto ao Projeto de Reforma do Código Civil, sugere-se que a adoção de pessoas incapazes, mesmo que com idade superior a dezoito anos, também seja regulada pelo sistema protetivo do Estatuto da Criança e do Adolescente, passando o art. 1.618 a prever que "a adoção de crianças, de adolescentes e de pessoas incapazes será deferida na forma prevista pela Lei nº 8.069, de 13 de julho de 1990 (Estatuto da Criança e do Adolescente)". A proposta tem total razão de ser, na medida da necessária tutela de vulnerabilidades.

Ademais, a Subcomissão de Direito de Família fez proposta importante de *desjudicialização* da adoção de pessoas com idade superior a dezoito anos. Como bem justificaram os juristas que a compuseram, "a partir do momento em que se tornou possível o reconhecimento da filiação socioafetiva bem como o estabelecimento da multiparentalidade

CAP. 8 • DIREITO DE FAMÍLIA | **1617**

extrajudicialmente, não se justifica manter a adoção de pessoas maiores de idade na esfera judicial. A desjudicialização dos procedimentos que não demandem a apreciação de controvérsia ente as partes é uma tendência cada vez mais saliente, como forma de desafogar o Poder Judiciário. De outro lado, a qualificação dos profissionais que desempenham funções registrais, tem permitido delegar-lhes encargos certificatórios da ausência de fraude, falsidade, má-fé ou vício de vontade na manifestação das partes. Como se trata de procedimento que diz com o direito à identidade, a participação do Ministério Público garante a higidez do ato".

Nesse contexto, como primeira opção, a adoção extrajudicial das pessoas com mais de dezoito anos poderá se dar por escritura pública, perante o Tabelionato de Notas. Haverá, ainda e como segunda opção, um procedimento extrajudicial de adoção, que se processará perante o Cartório de Registro Civil das Pessoas Naturais, com regras próximas ao que há hoje nos casos de parentalidade socioafetiva, segundo a regulamentação ora vigente pelo Conselho Nacional de Justiça. Nos termos do projetado art. 1.619 do Código Civil, "a adoção de pessoas capazes e maiores de dezoito anos poderá ser feita extrajudicialmente, por escritura pública ou perante o oficial de Registro Civil de Pessoas Naturais da residência do adotando".

No caso do segundo procedimento, "o Oficial do Cartório de Registro Civil das Pessoas Naturais ouvirá as partes para identificar a legítima intenção de adoção e obterá a concordância dos genitores que constam do assento de nascimento do adotando, presencialmente ou formalizada por outro meio" (§ 1.º). Em caso de discordância de um ou de ambos os genitores naturais, o reconhecimento da adoção somente poderá ser efetivado no âmbito judicial, ou seja, somente será possível a via extrajudicial de forma consensual, havendo o pleno acordo entre todos os envolvidos (§ 2.º). Como não poderia ser diferente, a adoção extrajudicial não exclui, necessariamente, a multiparentalidade (§ 3.º).

Como última proposta, assim como se dá nos casos de reconhecimento extrajudicial da parentalidade socioafetiva pela normatização ora vigente, "suspeitando de fraude, falsidade, má-fé, vício de vontade, simulação ou havendo dúvida sobre a busca da adoção, o registrador encaminhará o pedido ao juízo competente, justificando a recusa" (§ 3.º do art. 1.619 do Código Civil).

As normas propostas são mais do que necessárias para o seguro caminho da extrajudicialização, um dos nortes da Reforma do Código Civil, não havendo qualquer razão para que a adoção da pessoa com mais de dezoito anos seja apenas efetivada no âmbito judicial.

### 8.5.5 Do poder familiar (arts. 1.630 a 1.638 do CC). O problema da alienação parental

O poder familiar é uma decorrência do vínculo jurídico de filiação, constituindo o poder exercido pelos pais em relação aos filhos, dentro da ideia de família democrática, do regime de colaboração familiar e de relações baseadas, sobretudo, no afeto.

Anote-se que parte da doutrina prefere o termo *autoridade parental*, constando proposta de alteração das expressões no anterior Estatuto das Famílias (PL 470/2013). Nessa linha, nas justificativas da proposição estava expresso que o termo *autoridade* se coaduna com o princípio de melhor interesse dos filhos, além de contemplar a solidariedade familiar. O art. 87 do projeto determinava que "a autoridade parental deve ser exercida no melhor interesse dos filhos".

Para encerrar o tópico, quanto ao Projeto de Reforma do Código Civil, sugere-se que a adoção de pessoas incapazes, mesmo que com idade superior a dezoito anos, também seja regulada pelo sistema protetivo do Estatuto da Criança e do Adolescente, passando o art. 1.618 a prever que "a adoção de crianças, de adolescentes e de pessoas incapazes será deferida na forma prevista pela Lei nº 8.069, de 13 de julho de 1990 (Estatuto da Criança e do Adolescente)". A proposta tem total razão de ser, na medida da necessária tutela de vulnerabilidades.

Ademais, a Subcomissão de Direito de Família fez proposta importante de *desjudicialização* da adoção de pessoas com idade superior a dezoito anos. Como bem justificaram os juristas que a compuseram, "a partir do momento em que se tornou possível o reconhecimento da filiação socioafetiva bem como o estabelecimento da multiparentalidade extrajudicialmente, não se justifica manter a adoção de pessoas maiores de idade na esfera judicial. A desjudicialização dos procedimentos que não demandem a apreciação de controvérsia ente as partes é uma tendência cada vez mais saliente, como forma de desafogar o Poder Judiciário. De outro lado, a qualificação dos profissionais que desempenham funções registrais, tem permitido delegar-lhes encargos certificatórios da ausência de fraude, falsidade, má-fé ou vício de vontade na manifestação das partes. Como se trata de procedimento que diz com o direito à identidade, a participação do Ministério Público garante a higidez do ato".

Nesse contexto, como primeira opção, a adoção extrajudicial das pessoas com mais de dezoito anos poderá se dar por escritura pública, perante o Tabelionato de Notas. Haverá, ainda e como segunda opção, um procedimento extrajudicial de adoção, que se processará perante o Cartório de Registro Civil das Pessoas Naturais, com regras próximas ao que há hoje nos casos de parentalidade socioafetiva, segundo a regulamentação ora vigente pelo Conselho Nacional de Justiça. Nos termos do projetado art. 1.619 do Código Civil, "a adoção de pessoas capazes e maiores de dezoito anos poderá ser feita extrajudicialmente, por escritura pública ou perante o oficial de Registro Civil de Pessoas Naturais da residência do adotando".

No caso do segundo procedimento, "o Oficial do Cartório de Registro Civil das Pessoas Naturais ouvirá as partes para identificar a legítima intenção de adoção e obterá a concordância dos genitores que constam do assento de nascimento do adotando, presencialmente ou formalizada por outro meio" (§ 1.º). Em caso de discordância de um ou de ambos os genitores naturais, o reconhecimento da adoção somente poderá ser efetivado no âmbito judicial, ou seja, somente será possível a via extrajudicial de forma consensual, havendo o pleno acordo entre todos os envolvidos (§ 2.º). Como não poderia ser diferente, a adoção extrajudicial não exclui, necessariamente, a multiparentalidade (§ 3.º).

Como última proposta, assim como se dá nos casos de reconhecimento extrajudicial da parentalidade socioafetiva pela normatização ora vigente, "suspeitando de fraude, falsidade, má-fé, vício de vontade, simulação ou havendo dúvida sobre a busca da adoção, o registrador encaminhará o pedido ao juízo competente, justificando a recusa" (§ 3.º do art. 1.619 do Código Civil).

As normas propostas são mais do que necessárias para o seguro caminho da extrajudicialização, um dos nortes da atual Reforma do Código Civil, não havendo qualquer razão para que a adoção da pessoa com mais de dezoito anos seja apenas efetivada no âmbito judicial.

O poder familiar será exercido pelo pai e pela mãe, não sendo mais o caso de se utilizar, em hipótese alguma, a expressão *pátrio poder*, totalmente superada pela *despatriarcalização do Direito de Família*, ou seja, pela perda do domínio exercido pela figura paterna no passado. Eventualmente, em casos de família homoafetiva, o poder familiar pode ser exercido por dois homens ou por duas mulheres, sem qualquer ressalva no tratamento da matéria.

Segundo o art. 1.630 do CC/2002, "os filhos estão sujeitos ao poder familiar, enquanto menores". Quanto a esse comando legal prevê o Enunciado n. 112 do CJF/STJ que: "em acordos celebrados antes do advento do novo Código, ainda que expressamente convencionado que os alimentos cessarão com a maioridade, o juiz deve ouvir os interessados, apreciar as circunstâncias do caso concreto e obedecer ao princípio *rebus sic stantibus*". O enunciado doutrinário pretende sanar eventual conflito de direito intertemporal. Com a redução da maioridade civil e com o fim do poder familiar aos 18 anos do filho, os alimentos também podem cessar antes do período fixado entre as partes. Para tanto, devem ser analisadas as circunstâncias fáticas que envolvem a lide.

Durante o casamento e a união estável, compete o poder familiar aos pais e na falta ou impedimento de um deles, o outro o exercerá com exclusividade (art. 1.631). Divergindo os pais no tocante ao exercício do poder familiar, é assegurado a qualquer deles recorrer ao juiz para a solução do desacordo (art. 1.631, parágrafo único, do CC). Mais uma vez, o Código Civil atribui a solução ao Poder Judiciário, criando mais uma ação: a de solução de divergência quanto ao poder familiar.

Destaco que no Projeto de Reforma do Código Civil, na linha de uma necessária *extrajudicialização* de alguns institutos, a Subcomissão de Direito de Família sugeriu a desvinculação da conjugalidade com a parentalidade na autoridade parental, a desjudicialização de conflitos e a abertura para a atuação de padrastos e madrastas. Assim, o seu art. 1.631 passará a ter a seguinte redação: "A autoridade parental compete a ambos aos pais, em igualdade de condições, quer eles vivam juntos ou tenham rompido a sociedade conjugal ou convivencial. Parágrafo único. Divergindo os pais quanto ao exercício da autoridade parental, devem eles, de preferência, buscar a mediação ou outras formas de soluções extrajudiciais, antes de recorrerem à via judicial". Como se pode perceber, a menção à mediação e aos meios extrajudiciais de controvérsias – como a negociação e a conciliação – é salutar e necessária, tendo prioridade em relação à via judicial, mas sem excluí-la.

Determina o art. 1.632 do CC/2002 que "a separação judicial, o divórcio e a dissolução da união estável não alteram as relações entre pais e filhos senão quanto ao direito, que aos primeiros cabe, de terem em sua companhia os segundos". O dispositivo acaba trazendo um direito à convivência familiar e, ao seu lado, um dever dos pais de terem os filhos sob sua companhia. Nessa norma reside fundamento jurídico substancial para a *responsabilidade civil por abandono afetivo*, eis que a companhia inclui o afeto, a interação entre pais e filhos. Anote-se, mais uma vez, que a menção à separação judicial deve ser vista com ressalvas, eis que a categoria foi extinta pela *Emenda do Divórcio* (Emenda Constitucional 66/2010), como decidiu o STF quando do julgamento do Tema 1.053 de repercussão geral, em novembro de 2023.

Acrescente-se que o Superior Tribunal de Justiça reconhece direito de indenização não somente nos casos de *abandono afetivo*, mas também em havendo *abandono material* do filho pelo pai. Conforme aresto prolatado em 2017, publicado no *Informativo* n. 609 da Corte, "o descumprimento da obrigação pelo pai, que, apesar de dispor de recursos, deixa de prestar assistência material ao filho, não proporcionando a este condições dignas de sobrevivência e causando danos à sua integridade física, moral, intelectual e psicológica, configura ilícito civil, nos termos do art. 186 do Código Civil de 2002. Estabelecida a correlação entre a omissão voluntária e injustificada do pai quanto ao amparo material e os danos morais ao filho dali decorrentes, é possível a condenação ao pagamento de reparação por danos morais, com fulcro também no princípio constitucional da dignidade da pessoa humana" (STJ, REsp 1.087.561/RS, 4.ª Turma, Rel. Min. Raul Araújo, j. 13.06.2017, *DJe* 18.08.2017).

Confirmou-se, ao final, a condenação do pai a pagar R$35.000,00 (trinta e cinco mil reais) a título de danos morais ao filho, sem prejuízo da imposição de condutas para a sua assistência econômica.

# 1620 | MANUAL DE DIREITO CIVIL • VOLUME ÚNICO – *Flávio Tartuce*

Encerrando as regras gerais quanto ao poder familiar, enuncia o art. 1.633 do CC que o filho, não reconhecido pelo pai, fica sob poder familiar exclusivo da mãe. Mas, se a mãe não for conhecida ou capaz de exercê-lo, o poder familiar será exercido por um tutor.

Não restam dúvidas que é preciso atualizar a norma, para que se retirem os resquícios da odiosa discriminação dos filhos havidos fora do casamento, o que é inconstitucional, por força do art. 227, § 6.º, da Constituição Federal. Nesse contexto, no Projeto de Reforma do Código Civil sugere-se a seguinte redação para o comando: "Art. 1.633. O filho reconhecido apenas pela mãe fica sob sua autoridade, mas caso a mãe não seja conhecida ou não seja capaz de exercer a autoridade parental, dar-se-á tutor à criança ou ao adolescente".

O exercício do poder familiar está tratado no art. 1.634 da codificação material privada, alterado pela Lei 13.058/2014, trazendo as atribuições desse exercício que compete aos pais, verdadeiros deveres legais, a saber:

a) Dirigir a criação e a educação dos filhos.

b) Exercer a guarda unilateral ou compartilhada, conforme alterado pela *Lei da Guarda Compartilhada (ou Alternada) Obrigatória*, tema tratado anteriormente nesta obra.

c) Conceder-lhes ou negar-lhes consentimento para casarem.

d) Conceder-lhes ou negar-lhes consentimento para viajarem ao exterior, o que também foi incluído pela Lei 13.058/2014.

e) Conceder-lhes ou negar-lhes consentimento para mudarem sua residência permanente para outro Município, outra inclusão legislativa, pela mesma norma por último citada.

f) Nomear-lhes tutor por testamento ou documento autêntico, se o outro dos pais não lhe sobreviver, ou o sobrevivo não puder exercer o poder familiar.

g) Representá-los, judicial ou extrajudicialmente até os 16 anos, nos atos da vida civil e assisti-los, após essa idade, nos atos em que forem partes, suprindo-lhes o consentimento. Aqui houve outra alteração pela Lei 13.058/2014, com a menção aos atos extrajudiciais.

h) Reclamá-los de quem ilegalmente os detenha.

i) Exigir que lhes prestem obediência, respeito e os serviços próprios de sua idade e condição.

Em relação à última atribuição, o preceito deve ser lido à luz da dignidade humana e da proteção integral da criança e do adolescente.

De início, porque a exigência de obediência não pode ser desmedida, sendo vedados maus-tratos e relação ditatorial. Havendo excessos nesse exercício, estará configurado o abuso de direito, o que pode repercutir, em casos de danos, na esfera da responsabilidade civil (arts. 187 e 927 do CC). Como consequência, além da suspensão ou destituição do poder familiar, o pai ou a mãe poderá ser condenado a pagar indenização por danos morais aos filhos se os maus-tratos estiverem presentes.

Sobre tal delicada situação, entrou em vigor no Brasil a Lei 13.010/2014, conhecida como *Lei da Palmada* ou *Lei Menino Bernardo*, em homenagem à criança vítima de violências praticadas pelo pai e pela madrasta. A nova norma alterou dispositivos do Estatuto da Criança e do Adolescente, passando a prever o seu art. 18-A que a criança e o adolescente têm o direito de ser educados e cuidados sem o uso de castigo físico ou de tratamento cruel ou degradante, como formas de correção, disciplina, educação ou qualquer outro

CAP. 8 • DIREITO DE FAMÍLIA | **1621**

pretexto, pelos pais, pelos integrantes da família ampliada, pelos responsáveis, pelos agentes públicos executores de medidas socioeducativas ou por qualquer pessoa encarregada de cuidar deles, tratá-los, educá-los ou protegê-los.

A lei define as práticas que são vedadas. Assim, considera-se castigo físico a ação de natureza disciplinar ou punitiva aplicada com o uso da força física sobre a criança ou o adolescente que resulte em sofrimento físico ou em lesão. O tratamento cruel ou degradante é conceituado pela norma como a conduta ou forma cruel de tratamento, em relação à criança ou ao adolescente que a humilhe, a ameace gravemente ou a ridicularize.

Em complemento, conforme o novo art. 18-B do ECA, os pais, os integrantes da família ampliada, os responsáveis, os agentes públicos executores de medidas socioeducativas ou qualquer pessoa encarregada de cuidar de crianças e de adolescentes, tratá-los, educá-los ou protegê-los que utilizarem castigo físico ou tratamento cruel ou degradante como formas de correção, disciplina, educação ou qualquer outro pretexto estarão sujeitos, sem prejuízo de outras sanções cabíveis, às seguintes medidas, que serão aplicadas de acordo com a gravidade do caso: *a)* encaminhamento a programa oficial ou comunitário de proteção à família; *b)* encaminhamento a tratamento psicológico ou psiquiátrico; *c)* encaminhamento a cursos ou programas de orientação; *d)* obrigação de encaminhar a criança a tratamento especializado; e *e)* advertência. Todas essas medidas serão aplicadas pelo Conselho Tutelar, sem prejuízo de outras providências legais, caso da responsabilização civil antes citada.

Seguindo no estudo do inciso VII do art. 1.634 da codificação material, os pais não podem explorar economicamente os filhos, exigindo-lhes trabalhos que não são próprios de sua idade ou formação. Como se sabe, a exploração do trabalho infantil é um mal que assola todo o País. Em casos de abuso, mais uma vez, o poder familiar pode ser suspenso ou extinto, cabendo também a aplicação das regras da responsabilidade civil (art. 187 c/c o art. 927 do CC).

Outra questão que tem sido muito debatida diz respeito à utilização da imagem dos filhos na *internet*, sobretudo em redes sociais, inclusive com fins econômicos. Sobre o tema, merece destaque o Enunciado n. 39 do IBDFAM, aprovado no seu *XIII Congresso Brasileiro*, em outubro de 2021. Consoante o seu teor, "a liberdade de expressão dos pais em relação à possibilidade de divulgação de dados e imagens dos filhos na internet deve ser funcionalizada ao melhor interesse da criança e do adolescente e ao respeito aos seus direitos fundamentais, observados os riscos associados à superexposição".

No Projeto de Reforma do Código Civil, segundo a Subcomissão de Direito de Família, é mais do que necessária a atualização do conteúdo do art. 1.634 do CC, no *caput* e em alguns de seus incisos. Assim, "cuidou-se de contemplar o princípio da igualdade, no exercício deste importante *munus*. Procedeu-se, pois, nessa linha, com a necessária atualização redacional". Dessa maneira, o dispositivo passará a prever, no inciso I, que compete a ambos os pais, qualquer que seja a situação conjugal, "prestar assistência material e afetiva aos filhos, acompanhando sua formação e desenvolvimento e assumindo os deveres de cuidado, criação e educação para com eles". A menção ao acompanhamento contínuo na formação e no desenvolvimento, a incluir a educação dos filhos, parece-me essencial, trazendo clareza à norma.

O inciso II desse art. 1.634 passará a prever como atributo da autoridade parental: "zelar pelos direitos estabelecidos nas leis especiais de proteção à criança e ao adolescente, compartilhando a convivência e as responsabilidades parentais de forma igualitária". Mais uma vez, em boa hora, haverá menção expressa ao compartilhamento da convivência e das responsabilidades parentais, como regra geral do sistema civilístico e com destaque para o que está já consagrado pelo ECA, como norma especial.

# 1622 | MANUAL DE DIREITO CIVIL • VOLUME ÚNICO – *Flávio Tartuce*

O seu inciso IV passará a prever a concessão e a negativa do consentimento para os filhos viajarem, em sentido amplo, a fim de incluir também as viagens nacionais, o que traz mais segurança para o tratamento do tema, em complemento ao que está no citado Estatuto. Como se sabe, na redação atual do art. 83 do ECA, dada pela Lei 13.182/2019, nenhuma criança ou adolescente menor de dezesseis anos poderá viajar para fora da Comarca onde reside desacompanhado dos pais ou dos responsáveis sem expressa autorização judicial. Essa regra é excepcionada em alguns casos: "a) tratar-se de comarca contígua à da residência da criança ou do adolescente menor de 16 (dezesseis) anos, se na mesma unidade da Federação, ou incluída na mesma região metropolitana; (Redação dada pela Lei nº 13.812, de 2019); b) a criança ou o adolescente menor de 16 (dezesseis) anos estiver acompanhado: (Redação dada pela Lei nº 13.812, de 2019); 1) de ascendente ou colateral maior, até o terceiro grau, comprovado documentalmente o parentesco; 2) de pessoa maior, expressamente autorizada pelo pai, mãe ou responsável. § 2º A autoridade judiciária poderá, a pedido dos pais ou responsável, conceder autorização válida por dois anos". Ora, não basta o Código Civil mencionar apenas as viagens para o exterior, sendo mais do que necessário atualizá-lo.

No que diz respeito ao inciso VI do art. 1.634, passará a preceituar como atributo dos pais: "nomear-lhes tutor por testamento ou documento autêntico, se o outro dos pais não lhe sobreviver ou se o sobrevivo não puder exercer a autoridade parental", substituindo-se a expressão "poder familiar" por "autoridade parental", na linha de outras propostas.

Na sequência, o inciso IX passará a ter um tom mais genérico, deixando as questões de dúvidas a critério de eventual julgador, e passando a mencionar que os pais, em relação aos filhos, poderão "exigir que lhes prestem obediência e respeito".

São incluídos dois novos incisos no comando, muito necessários na contemporaneidade, sobretudo tendo em vista o incremento das novas tecnologias e o seu uso muitas vezes desenfreado, excessivo e até explosivo por crianças e adolescentes, como acabei de destacar.

Assim, pelo novo inciso X do art. 1.634, os pais poderão "evitar a exposição de fotos e vídeos em redes sociais ou a exposição de informações, de modo a preservar a imagem, a segurança, a intimidade e a vida privada dos filhos". Adota-se, portanto, o teor do Enunciado n. 39 do IBDFAM, aprovado no seu *XIII Congresso Brasileiro de Direito de Família e das Sucessões*, e por mim comentado.

Por fim, e na mesma linha de se evitar um uso excessivo das novas tecnologias pelos filhos, sobretudo das redes sociais, poderão os pais "fiscalizar as atividades dos filhos no ambiente digital" (art. 1.634, inc. XI, do CC). Como se pode perceber, são mais do que necessários, são urgentes os dois últimos incisos propostos pela Comissão de Juristas, na linha do necessário e novo tratamento do direito digital.

Vale lembrar que há propostas de inclusão de regras para a proteção da criança e do adolescente no ambiente digital, no novo livro sobre o *Direito Civil Digital* – no seu Capítulo VI, sobre "A presença e a identidade de crianças e adolescentes no ambiente digital" –, tendo a principal delas a seguinte redação: "Art. É garantida a proteção integral de crianças e adolescentes no ambiente digital, observado o seu melhor e superior interesse, nos termos do estatuto que os protege e deste Código, estabelecendo-se, no ambiente digital, um espaço seguro e saudável para sua utilização".

Voltando-se ao texto vigente, ainda no que concerne aos efeitos do poder familiar, o pai e a mãe, enquanto no seu exercício, devem ser tratados como usufrutuários dos bens dos filhos (usufruto legal); e têm a administração dos bens dos filhos menores sob sua autoridade (art. 1.689 do CC). Esse usufruto legal visa à proteção dos interesses dos filhos menores, devendo ser analisado à luz do princípio do maior interesse. Diante dessas regras e afirmação, a jurisprudência superior entende que:

CAP. 8 • DIREITO DE FAMÍLIA | **1623**

"Partindo-se da premissa de que o poder dos pais, em relação ao usufruto e à administração dos bens de filhos menores, não é absoluto, deve-se permitir, em caráter excepcional, o ajuizamento de ação de prestação de contas pelo filho, sempre que a causa de pedir estiver fundada na suspeita de abuso de direito no exercício desse poder, como ocorrido na espécie. Com efeito, inviabilizar, de plano, o ajuizamento de ação de prestação de contas nesse tipo de situação, sob o fundamento de impossibilidade jurídica do pedido para toda e qualquer hipótese, acabaria por cercear o direito do filho de questionar judicialmente eventual abuso de direito de seus pais, no exercício dos encargos previstos no art. 1.689 do Código Civil, contrariando a própria finalidade da norma em comento (preservação dos interesses do menor)" (STJ, REsp 1.623.098/MG, 3.ª Turma, Rel. Min. Marco Aurélio Bellizze, j. 13.03.2018, *DJe* 23.03.2018).

Em continuidade, "compete aos pais e, na falta de um deles, ao outro, com exclusividade, representar os filhos menores de 16 anos, bem como assisti-los até completarem a maioridade ou serem emancipados" (art. 1.690 do CC). Os pais devem decidir em comum as questões relativas aos filhos e a seus bens. Havendo divergência quanto a essa administração, a lei consagra a possibilidade de qualquer um deles recorrer ao juiz para a solução necessária (art. 1.690, parágrafo único, do CC).

No plano dessa administração, os pais não podem alienar ou gravar de ônus real os imóveis dos filhos, nem contrair, em nome deles, obrigações que ultrapassem os limites da simples administração (art. 1.691 do CC). Isso, salvo por necessidade ou evidente interesse da prole, mediante prévia autorização do juiz. Se tais atos de alienação ou disposição forem realizados sem autorização, deverão ser tidos como nulos, havendo previsão de *nulidade textual* (art. 1.691, parágrafo único, do CC). A norma é de ordem pública, tutelando os vulneráveis. Nesse sentido, com interessante aplicação, transcreve-se, do Tribunal Paulista:

"Alvará judicial. Requerimento por menor visando o recebimento dos saldos do FGTS e PIS-PASEP deixados pelo pai falecido em acidente de trânsito. Pedido, também, de alvará para recebimento do seguro obrigatório (DPVAT). Alvarás deferidos e cumpridos, com depósito dos valores em conta judicial. Pretensão dos advogados que patrocinaram os interesses do menor a levantar a parcela correspondente aos valores dos honorários contratados por escrito pelo menor representado pela mãe. Contratos nulos, posto celebrados em desacordo com a regra de ordem pública do artigo 1.691 do Código Civil, que exige prévia autorização judicial para os atos que ultrapassem os limites de simples administração dos direitos dos incapazes. Autorização que certamente não seria concedida já que o menor e sua mãe são pessoas muito pobres e seriam encaminhadas ao patrocínio da Defensoria Pública. Recurso prejudicado e anulação de ofício dos aludidos contratos" (TJSP, Agravo de Instrumento 589.120.4/9, Acórdão 3352934, 2.ª Câmara de Direito Privado, São Paulo, Rel. Des. Morato de Andrade, j. 18.11.2008, *DJESP* 14.01.2009).

O próprio art. 1.691 do Código Civil consagra a legitimidade dos filhos, herdeiros e representante legal do menor para propor a ação declaratória de nulidade absoluta do ato. Como a norma é especial quanto à legitimidade, compreende-se que o Ministério Público não a tem, não sendo o caso de se aplicar o art. 168 do CC. Por outra via, "sempre que no exercício do poder familiar colidir o interesse dos pais com o do filho, a requerimento deste ou do Ministério Público, o juiz lhe dará curador especial". Aqui a legitimidade do MP é clara e especificada em lei (art. 1.692 do CC).

Devem ser excluídos do usufruto legal e da administração dos pais os bens adquiridos pelo filho havido fora do casamento, antes do reconhecimento pelo pai; os valores auferidos pelo filho maior de 16 anos, no exercício de atividade profissional e os bens com tais recursos adquiridos; os bens deixados ou doados ao filho, sob a condição de não serem usufruídos, ou administrados, pelos pais; os bens que aos filhos couberem na herança, quando os pais forem excluídos da sucessão (art. 1.693 do CC).

No Projeto de Reforma do Código Civil também são feitas propostas de aprimoramento quanto a esse usufruto legal. Com a retirada da menção ao termo "menor" do Código Civil, a Comissão de Juristas sugere um novo título para o tratamento da matéria, a saber: "Do Usufruto e da Administração dos Bens de Filhos com Menos de Dezoito Anos de Idade". Além disso, o art. 1.689 passará a prever o seguinte: "os pais, enquanto no exercício da autoridade parental: I – são usufrutuários dos bens dos filhos; II – têm a administração dos bens dos filhos crianças e adolescentes sob sua autoridade". Como se nota, a expressão "poder familiar" é trocada para "autoridade parental", termo que prevalece no Anteprojeto, por razões já apontadas. Além disso, no inciso II deixa-se novamente de se usar o termo "menor".

Em continuidade de estudo das propostas, a Subcomissão de Direito de Família sugeriu uma premente reforma do tratamento da gestão patrimonial dos bens dos filhos com menos de dezoito anos, por seus pais. Consoante as suas justificativas, na proposição: "o art. 1.691 proíbe os pais de renunciarem aos direitos de que seus filhos sejam titulares, alienarem, ou gravarem de ônus real os seus bens imóveis, sociedades empresárias, objetos preciosos e valores mobiliários, buscando evitar incidentes registrados na mídia de pais que se tornaram titulares das riquezas dos filhos mediante a articulação fraudatória de pessoas jurídicas. O juiz, por provocação do menor de idade ou do Ministério Público ou de qualquer parente do menor de idade, pode adotar providências que assegurem a preservação dos bens do menor de idade, podendo ser exigida caução ou fiança dos pais, ou ser nomeado um administrador judicial".

Nesse contexto, o *caput* do dispositivo passará a prever o seguinte, com regras mais claras e específicas quanto aos atos vedados: "não podem os pais renunciar aos direitos de que seus filhos sejam titulares nem alienar, ou gravar de ônus real os seus bens imóveis, sociedades empresárias, objetos preciosos e valores mobiliários nem contrair, em nome deles, obrigações que ultrapassem os limites da simples administração, salvo por necessidade ou evidente interesse da prole, mediante prévia autorização do juiz". No que diz respeito à legitimidade para a ação declaratória de nulidade absoluta desses atos e negócios, o § 1.º do art. 1.691 passará a prever, sem alteração de conteúdo, que "podem pleitear a declaração de nulidade dos atos previstos neste artigo: I – os filhos; II – os herdeiros; III – o representante legal". Inclui-se um novo § 2.º, para expressar, quanto aos procedimentos, que: "quando a administração dos pais puser em perigo o patrimônio do filho, o juiz, a pedido do próprio filho, do Ministério Público ou de qualquer parente, poderá adotar as providências que estime necessárias para a segurança e conservação dos seus bens".

Com outra proposição, "para a continuação da administração dos bens da criança e do adolescente, o juiz pode exigir caução ou fiança, inclusive nomear um administrador" (§ 3.º do art. 1.691). Por fim, para trazer maior segurança jurídica, é incluído um § 4.º no preceito, prevendo a respeito da exigência de prestação de contas pelo filho e que, "ao término da autoridade parental, os filhos podem, no prazo de dois anos, exigir de seus pais a prestação de contas da administração que exerceram sobre os seus bens, respondendo os pais por dolo ou culpa, pelos prejuízos que sofreram" (§ 4.º do art. 1.691 do CC).

No que diz respeito ao art. 1.693, com meros ajustes redacionais, a Comissão de Juristas sugere que passe a prever o seguinte: "Excluem-se da administração e do usufruto dos pais: I – os bens adquiridos pelo filho, antes de ser reconhecida a relação de parentalidade". Diante da igualdade entre filhos, deixa-se de mencionar no inciso I o filho havido fora do casamento, o que não tem hoje qualquer justificativa, teórica ou prática. No inciso III, a norma preverá "os bens deixados ou doados ao filho, sob a condição de não serem usufruídos ou administrados pelos pais", havendo apenas a retirada de uma vírgula, mal posicionada, antes do "ou". O mesmo foi feito quanto ao inciso IV: "os bens que aos filhos couberem na herança quando os pais forem excluídos da sucessão".

Como se pode notar, as propostas são louváveis e necessárias, para uma maior estabilidade do instituto do usufruto legal, funcionalizando-o em prol dos interesses dos filhos.

Em continuidade de estudo da norma vigente, o art. 1.635 do CC/2002 lista as hipóteses em que é extinto o poder familiar:

- Pela morte dos pais ou do filho, eis que o poder familiar tem caráter personalíssimo.
- Pela emancipação, nos termos do art. 5.º, parágrafo único, do CC; já que esta antecipa os efeitos da maioridade para fins civis. No Projeto de Reforma do Código Civil, diante da falta de análise do tema da guarda de filhos, restou apenas a proposta de atualização desse inciso II do art. 1.635, que passará a prever a extinção do poder familiar "pela emancipação, nos termos do inciso I do parágrafo único do art. 5º deste Código". Como já era antes, apenas com ajustes redacionais e com menção à autoridade parental, trata-se da extinção do poder familiar, "pela concessão de emancipação pelos que tenham a autoridade parental, por instrumento público, independentemente de homologação judicial".
- Pela maioridade, aos 18 anos, não havendo mais razão para o poder familiar, diante da independência obtida com a maioridade.
- Pela adoção, diante do rompimento de vínculo em relação à família anterior.
- Diante de decisão judicial, nos casos do art. 1.638 do CC.

Sobre essa norma e quanto à estudada a seguir, o Enunciado n. 673, aprovado na *IX Jornada de Direito Civil,* promovida em maio de 2022, prevê que, "na ação de destituição do poder familiar de criança ou adolescente que se encontre institucionalizado, promovida pelo Ministério Público, é recomendável que o juiz, a título de tutela antecipada, conceda a guarda provisória a quem esteja habilitado para adotá-lo, segundo o perfil eleito pelo candidato à adoção". A ementa doutrinária, assim, procura efetivar a adoção por meio da concessão de tutela de urgência, o que vem em boa hora.

Em relação ao art. 1.638 do CC, o comando legal trata dos fundamentos da destituição do poder familiar por sentença judicial. Esses motivos para a destituição, na redação original do comando são: *a)* o castigo imoderado do filho; *b)* o abandono do filho; *c)* a prática de atos contrários à moral e aos bons costumes; *d)* a incidência reiterada nas faltas previstas no art. 1.637 do CC; e *e)* a entrega, de forma irregular, do filho a terceiros para fins de adoção. A última previsão foi incluída pela Lei 13.509/2017, que trouxe alterações a respeito da adoção, como antes visto.

Como exemplo grave de incidência do dispositivo, o Superior Tribunal de Justiça concluiu que a negligência ou omissão dos genitores diante de grave abuso sexual praticado por terceiro configura hipótese excepcional de destituição do poder familiar. Sobre o caso concreto, restou demonstrado "o melhor interesse do menor está na destituição do poder familiar de seus genitores, tendo em vista que: a criança é acompanhada pelo Conselho Tutelar desde tenra idade, devido a conflitos familiares, havendo, inclusive, registro de procedimento para apuração de suposto abuso sexual praticado por um tio materno; os pais nunca exerceram de forma responsável o poder familiar, ante a negligência sistemática na criação do filho, a exposição frequente da criança a risco à sua integridade física e psíquica e a vulnerabilidade do menor, em razão de o pai estar cumprindo pena privativa de liberdade em regime fechado e a mãe fazer uso abusivo de drogas lícitas e ilícitas; o menor foi colocado em acolhimento institucional em 30/08/2017, iniciando-se a partir daí esforços constantes para a reintegração à família natural, os quais mostraram-se infrutíferos; os avós maternos e paternos desistiram de assumir a guarda, alegando dificuldade de cuidar da criança; o juiz da causa agiu com cautela, só autorizando a inscrição da criança no cadastro de adoção após um ano e meio de acolhimento institucional, por observar que não houve mudança de comportamento dos genitores ou a reaglutinação familiar; em 30/09/2019 foi deferida a guarda provisória aos interessados e iniciado o processo de adoção, já se encontrando o menor, desde tal data, inserido em família substituta que vai ao encontro dos seus interesses" (STJ, Ag. Int. no AREsp 2.023.403/DF, 4.ª Turma, Rel. Min. Raul Araújo, j. 25.04.2023, *DJe* 10.05.2023). Não restam dúvidas de que, em situações similares, a melhor solução é a destituição do poder familiar.

Como outro caso concreto, sobre a última previsão citada da norma, incluída em 2017, a jurisprudência do STJ acabou por firmar a tese de que, "na hipótese em que o reconhecimento de 'adoção à brasileira' foi fator preponderante para a destituição do poder familiar, à época em que a entrega de forma irregular do filho para fins de adoção não era hipótese legal de destituição do poder familiar, a realização da perícia se mostra imprescindível para aferição da presença de causa para a excepcional medida de destituição e para constatação de existência de uma situação de risco para a infante". Em suma, entendeu-se que a norma emergente não poderia pura e simplesmente retroagir, sendo necessário analisar as circunstâncias do caso concreto e a caracterização da adoção à brasileira (STJ, REsp 1.674.207/PR, 3.ª Turma, Rel. Min. Moura Ribeiro, j. 17.04.2018, *DJe* 24.04.2018).

Sucessivamente, no ano de 2018, o art. 1.638 do CC/2002 recebeu um parágrafo único, trazendo novas hipóteses de destituição do poder familiar, por força da Lei 13.715. Assim, perderá também por ato judicial o poder familiar aquele que praticar contra outrem igualmente titular do mesmo poder familiar: *a)* homicídio, feminicídio ou lesão corporal de natureza grave ou seguida de morte, quando se tratar de crime doloso envolvendo violência doméstica e familiar ou menosprezo ou discriminação à condição de mulher; *b)* estupro ou outro crime contra a dignidade sexual sujeito à pena de reclusão. Igualmente, também gera a destituição do poder familiar o ato de praticar contra o filho, a filha ou outro descendente, caso de um neto ou neta, esses mesmos crimes.

Enuncia o *caput* do art. 1.637 do CC/2002 que, "se o pai, ou a mãe, abusar de sua autoridade, faltando aos deveres a eles inerentes ou arruinando os bens dos filhos, cabe ao juiz, requerendo algum parente, ou o Ministério Público, adotar a medida que lhe pareça reclamada pela segurança do menor e seus haveres, até suspendendo o poder familiar, quando convenha". Ato contínuo, suspende-se igualmente o exercício do poder familiar ao pai ou à mãe condenados por sentença irrecorrível, em virtude de crime cuja pena exceda a dois anos de prisão (art. 1.637, parágrafo único, do CC).

A previsão a respeito das *faltas reiteradas* previstas no art. 1.637 é a grande novidade da redação original do dispositivo (art. 1.638, inc. IV). Segundo Jones Figueirêdo Alves e Mário Luiz Delgado, o novo dispositivo, não existente na codificação de 1916, veio alterar substancialmente o tratamento do tema, não havendo mais um rol taxativo (*numerus clausus*) a fundamentar a destituição do poder familiar.[198] Como se sabe, é nova tendência

---

[198] ALVES, Jones Figueirêdo; DELGADO, Mário Luiz. *Código Civil anotado*. São Paulo: Método, 2005. p. 834.

do Direito Privado atual entender que as relações constantes em lei não são taxativas, mas exemplificativas (*numerus apertus*).

Instituto correlato ao poder familiar muito explorado nos últimos anos pela doutrina e pela jurisprudência contemporâneas é *alienação parental ou implantação das falsas memórias*. Sobre o tema, são as lições de Maria Berenice Dias:

> "Esse tema começa a despertar a atenção, pois é prática que vem sendo utilizada de forma recorrente e irresponsável. Muitas vezes, quando da ruptura da vida conjugal, um dos cônjuges não consegue elaborar adequadamente o luto da separação e o sentimento de rejeição, de traição, faz surgir um desejo de vingança: desencadeia um processo de destruição, de desmoralização, de descrédito do ex-parceiro. Nada mais do que uma 'lavagem cerebral' feita pelo genitor alienador no filho, de modo a denegrir a imagem do outro genitor, narrando maliciosamente fatos que não ocorreram e não aconteceram conforme a descrição dada pelo alienador. Assim, o infante passa aos poucos a se convencer da versão que lhe foi implantada, gerando a nítida sensação de que essas lembranças de fato aconteceram. Isso gera contradição de sentimentos e destruição do vínculo entre o genitor e o filho. Restando órfão do genitor alienado, acaba se identificando com o genitor patológico, passando a aceitar como verdadeiro tudo que lhe é informado".[199]

No âmbito jurisprudencial, já se entendia que a alienação parental poderia levar à perda da guarda pelo genitor, bem como provocar discussão a respeito da destituição do poder familiar. Ilustrando, podem ser transcritas as seguintes ementas anteriores ao surgimento da lei específica sobre a temática:

> "Destituição do poder familiar. Abuso sexual. Síndrome da alienação parental. Estando as visitas do genitor à filha sendo realizadas junto a serviço especializado, não há justificativa para que se proceda a destituição do poder familiar. A denúncia de abuso sexual levada a efeito pela genitora não está evidenciada, havendo a possibilidade de se estar frente à hipótese da chamada síndrome da alienação parental. Negado provimento" (TJRS, Agravo de Instrumento 70015224140, 7.ª Câmara de Direito Privado, Rel. Maria Berenice Dias, decisão de 12.06.2006).

> "Regulamentação de visitas. Guarda da criança concedida ao pai. Visitas provisórias da mãe. Necessidade. Preservação do superior interesse da menor. Síndrome da alienação parental. Sentença de improcedência mantida. Recurso improvido, com determinação" (TJSP, Apelação com Revisão 552.528.4/5, Acórdão 2612430, 8.ª Câmara de Direito Privado, Guarulhos, Rel. Des. Caetano Lagrasta, j. 14.05.2008, *DJESP* 20.06.2008).

Acompanhando toda essa evolução da doutrina e da jurisprudência, foi promulgada a Lei 12.318, de 26 de agosto de 2010, conhecida como *Lei da Alienação Parental*. Nos termos do art. 2.º da norma, "considera-se alienação parental a interferência na formação psicológica da criança ou do adolescente promovida ou induzida por um dos genitores, pelos avós ou pelos que tenham a criança ou adolescente sob a sua autoridade, guarda ou vigilância para que repudie genitor ou que cause prejuízo ao estabelecimento ou à manutenção de vínculos com este".

Adiante-se que se trata de norma hoje considerada muito divergente, que acirrou as disputas familiares, havendo propostas de sua alteração ou mesmo de revogação, o que deve ser analisado pelo Congresso Nacional em breve.

---

[199] DIAS, Maria Berenice. *Manual de Direito das Famílias*. 5. ed. São Paulo: RT, 2009. p. 418.

O comando legal em vigor exemplifica algumas situações concretas de alienação parental, a saber:

a) Realizar campanha de desqualificação da conduta do genitor no exercício da paternidade ou maternidade.

b) Dificultar o exercício da autoridade parental.

c) Dificultar contato de criança ou adolescente com genitor.

d) Dificultar o exercício do direito regulamentado de convivência familiar.

e) Omitir deliberadamente a genitor informações pessoais relevantes sobre a criança ou adolescente, inclusive escolares, médicas e alterações de endereço.

f) Apresentar falsa denúncia contra genitor, contra familiares deste ou contra avós, para obstar ou dificultar a convivência deles com a criança ou adolescente.

g) Mudar o domicílio para local distante, sem justificativa, visando dificultar a convivência da criança ou adolescente com o outro genitor, com familiares deste ou com avós.

Enuncia-se, ainda, que "a prática de ato de alienação parental fere direito fundamental da criança ou do adolescente de convivência familiar saudável, prejudica a realização de afeto nas relações com genitor e com o grupo familiar, constitui abuso moral contra a criança ou o adolescente e descumprimento dos deveres inerentes à autoridade parental ou decorrentes de tutela ou guarda" (art. 3.º da Lei 12.318/2010). Desse modo, não há dúvida que, além das consequências para o poder familiar, a alienação parental pode gerar a responsabilidade civil do alienador, por abuso de direito (art. 187 do CC).

Declarado indício de ato de alienação parental, a requerimento ou de ofício, em qualquer momento processual, em ação autônoma ou incidentalmente, o processo terá tramitação prioritária, e o juiz determinará, com urgência, ouvido o Ministério Público, as medidas provisórias necessárias para preservação da integridade psicológica da criança ou do adolescente (art. 4.º da Lei 12.318/2010). Isso, inclusive para assegurar sua convivência com genitor ou viabilizar a efetiva reaproximação entre ambos, se for o caso.

Conforme decisão do Superior Tribunal de Justiça do ano de 2014, essa última norma gera a conclusão de incidência do Código de Processo Civil para os casos de alienação parental, o que deve ser mantido no que diz respeito ao CPC/2015. Nos termos da publicação constante do *Informativo* n. 538 do Tribunal da Cidadania:

"A Lei 12.318/2010 prevê que o reconhecimento da alienação parental pode se dar em ação autônoma ou incidentalmente, sem especificar, no entanto, o recurso cabível, impondo, neste aspecto, a aplicação das regras do CPC. A decisão que, de maneira incidente, enfrenta e resolve a existência de alienação parental antes de decidir sobre o mérito da principal não encerra a etapa cognitiva do processo na primeira instância. Portanto, esse ato judicial tem natureza de decisão interlocutória (art. 162, § 2.º, do CPC) e, por consequência, o recurso cabível, nessa hipótese, é o agravo (art. 522 do CPC). Cabe ressaltar que seria diferente se a questão fosse resolvida na própria sentença, ou se fosse objeto de ação autônoma, como prevê a Lei 12.318/2010, hipóteses em que o meio de impugnação idôneo seria a apelação, porque, nesses casos, a decisão poria fim à etapa cognitiva do processo em primeiro grau" (STJ, REsp 1.330.172/MS, Rel. Min. Nancy Andrighi, j. 11.03.2014).

Ainda nos termos da legislação, recentemente alterada pela Lei 14.340/2022, deve-se a assegurar à criança ou ao adolescente e ao genitor a garantia mínima de visitação assistida no Fórum em que tramita a ação ou em entidades conveniadas com o Poder Judiciário. Ficam ressalvados os casos em que há iminente risco de prejuízo à integridade física ou psicológica da criança ou do adolescente, atestado por profissional eventualmente designado pelo juiz para acompanhamento das visitas (art. 4.º, parágrafo único, da Lei 12.318/2010).

Em havendo indício da prática de ato de alienação parental, em ação autônoma ou incidental, o juiz, se necessário, determinará perícia psicológica ou biopsicossocial (art. 5.º, *caput*, da Lei 12.318/2010). O laudo pericial terá base em ampla avaliação psicológica ou biopsicossocial, conforme o caso, compreendendo, inclusive, entrevista pessoal com as partes, exame de documentos dos autos, histórico do relacionamento do casal e da separação, cronologia de incidentes, avaliação da personalidade dos envolvidos e exame da forma como a criança ou adolescente se manifesta acerca de eventual acusação contra genitor (§ 1.º).

A perícia será realizada por profissional ou equipe multidisciplinar habilitados, exigido, em qualquer caso, aptidão comprovada por histórico profissional ou acadêmico para diagnosticar atos de alienação parental (§ 2.º). O perito ou equipe multidisciplinar designada para verificar a ocorrência de alienação parental terá prazo de 90 dias para apresentação do laudo, prorrogável exclusivamente por autorização judicial baseada em justificativa circunstanciada (§ 3.º). Foi incluído um § 4.º no comando, pela Lei 14.340/2022, estabelecendo que na ausência ou insuficiência de serventuários responsáveis pela realização de estudo psicológico, biopsicossocial ou qualquer outra espécie de avaliação técnica exigida pela norma, ou por determinação judicial, a autoridade judiciária poderá proceder à nomeação de perito com qualificação e experiência pertinentes ao tema.

Essa norma específica é completada pelo art. 699 do CPC/2015, segundo o qual, quando o processo envolver discussão sobre fato relacionado a abuso ou a alienação parental, o juiz, ao tomar o depoimento do incapaz, deverá estar acompanhado por especialista. Merece destaque, ainda, o novo art. 8º-A da Lei 12.318/2010, incluído pela Lei 14.342/2022, prevendo que, sempre que necessário, o depoimento ou a oitiva de crianças e de adolescentes em casos de alienação parental será realizado, obrigatoriamente, pelos procedimentos de proteção previstos na Lei 13.431/2017.

Confirmando a importância dessa previsão, na *III Jornada de Direito Processual Civil* foi aprovado o Enunciado n. 182, preceituando que "quando o objeto do processo for relacionado a abuso ou alienação parental e for necessário o depoimento especial de criança ou adolescente em juízo, a escuta deverá ser realizada de acordo com o procedimento previsto na Lei n. 13.431/2017, sob pena de nulidade do ato". Nos termos dos arts. 7.º e 8.º da última norma devem ser priorizados, portanto, a *escuta especializada* e o *depoimento especial*. A *escuta especializada* é o procedimento de entrevista sobre a situação de violência com criança ou adolescente perante órgão da rede de proteção, limitado o relato estritamente ao necessário para o cumprimento de suas finalidades. Já o *depoimento especial* é o procedimento de oitiva de criança ou adolescente vítima ou testemunha de violência perante autoridade policial ou judiciária.

Tratando da efetividade dessas medidas, conforme o Enunciado n. 28 do IBDFAM, aprovado no seu *XII Congresso Brasileiro*, em outubro de 2019, "havendo indício de prática de ato de alienação parental, devem as partes ser encaminhadas ao acompanhamento diagnóstico, na forma da Lei, visando ao melhor interesse da criança. O Magistrado depende de avaliação técnica para avaliar a ocorrência ou não de alienação parental, não lhe sendo recomendado decidir a questão sem estudo prévio por profissional capacitado, na forma do § 2.º do art. 5.º da Lei 12.318/2010, salvo para decretar providências liminares urgentes". Do mesmo evento, também tratando do tema, destaque-se o Enunciado n. 27 do IBDFAM, segundo o qual "no caso de comunicação de atos de alienação parental nas ações de família, o seu reconhecimento poderá ocorrer na própria demanda, sendo desnecessária medida judicial específica para tanto".

No plano concreto, prevê o art. 6.º da lei específica que estando caracterizada a alienação parental ou qualquer conduta que dificulte a convivência de criança ou adolescente com genitor, em ação autônoma ou incidental, poderá o juiz, cumulativamente ou não, sem prejuízo da decorrente responsabilidade civil ou criminal e da ampla utilização de instrumentos processuais aptos a inibir ou atenuar seus efeitos, segundo a gravidade do caso:

I) Declarar a ocorrência de alienação parental e advertir o alienador.

II) Ampliar o regime de convivência familiar em favor do genitor alienado.

III) Estipular multa ao alienador.

IV) Determinar acompanhamento psicológico e/ou biopsicossocial.

V) Determinar a alteração da guarda para guarda compartilhada ou sua inversão.

VI) Determinar a fixação cautelar do domicílio da criança ou adolescente.

Anote-se que a Lei 14.340/2022 retirou da norma a sanção da suspensão da autoridade parental, prevista no inciso VII, do preceito, por considerá-la uma medida drástica a ser evitada e que somente aumentaria o conflito e os problemas advindos da alienação parental.

Caracterizada a mudança abusiva de endereço, a inviabilização ou a obstrução à convivência familiar, o juiz também poderá inverter a obrigação de levar para ou retirar a criança ou adolescente da residência do genitor, por ocasião das alternâncias dos períodos de convivência familiar (art. 6.º, § 1.º, da Lei 12.318/2010). Em continuidade de estudo, a Lei 14.340/2022 incluiu novo § 2.º nesse mesmo dispositivo, enunciado, visando um aperfeiçoamento das medidas, que o acompanhamento psicológico ou o biopsicossocial deve ser submetido a avaliações periódicas, com a emissão, pelo menos, de um laudo inicial, que contenha a avaliação do caso e o indicativo da metodologia a ser empregada, e de um laudo final, ao término do acompanhamento. Como se pode notar, as medidas são bem mais amplas do que vinha entendendo a jurisprudência anterior, o que representa notável avanço. Não havia previsão da destituição total do poder familiar, mas apenas de sua suspensão, o que acabou sendo retirado da norma pela alteração de 2022.

Apesar dos supostos avanços da nova lei, entendo, com base na minha experiência de atendimentos de casos concretos, que a imputação da alienação parental tornou as disputas judiciais sobre a guarda de filhos um ambiente ainda mais explosivo, diante de uma generalização de sua imputação. Talvez por isso a lei precise de alguns reparos para evitar esse verdadeiro *duelo*, em que aquele que primeiro *saca* o argumento acaba, muitas vezes, vencendo a disputa. Ressalto, porém, que não sou favorável à sua revogação, como tem sido proposto em alguns meios, jurídicos e não jurídicos; mas penso que a norma precisa de aprimoramentos urgentes. Depois dessas alterações, o tema da guarda de filhos, tratado no Código Civil, poderá ser alterado.

A respeito da atribuição ou alteração da guarda, deve-se dar preferência ao genitor que viabiliza a efetiva convivência da criança ou adolescente com o outro genitor nas hipóteses em que seja inviável a guarda compartilhada (art. 7.º). Desse modo, a solução passa a ser a *guarda unilateral*, quebrando-se a regra da guarda compartilhada constante dos arts. 1.583 e 1.584 do CC.

Por fim, enuncia-se processualmente que a alteração de domicílio da criança ou adolescente é irrelevante para a determinação da competência relacionada às ações fundadas em direito de convivência familiar, salvo se decorrente de consenso entre os genitores ou de decisão judicial (art. 8.º). Não se pode esquecer, no contexto processual, do teor da Súmula

CAP. 8 • DIREITO DE FAMÍLIA | **1631**

383 do STJ, pela qual a competência para processar e julgar as ações conexas de interesse de menor é, em princípio, do foro do domicílio do detentor de sua guarda. Consigne-se que esse entendimento deve ser mantido sob a égide do CPC/2015.

Superado o estudo da alienação parental, quanto à extinção do poder familiar, o pai ou a mãe que contrair novas núpcias, ou estabelecer união estável, não perde, quanto aos filhos do relacionamento anterior, os direitos ao poder familiar (art. 1.636 do CC). Em relação ao seu exercício, por razões óbvias, não haverá qualquer interferência do novo cônjuge ou companheiro. A mesma regra vale para o pai ou a mãe solteiros, que tiverem filhos sob poder familiar e que casarem ou estabelecerem união estável (art. 1.636, parágrafo único, do CC).

Cabe anotar, para encerrar o tópico, que no Projeto de Reforma do Código Civil, para que a norma fique mais clara e adaptada a outras propostas, passará a prever o seguinte: "Art. 1.636. Qualquer dos pais que vier a se casar ou estabelecer união estável não perde quanto aos filhos de relacionamentos anteriores, os direitos e deveres decorrentes da autoridade parental".

Sugere-se ainda a revogação expressa do parágrafo único do dispositivo, pois, além de ser óbvio, traz certa discriminação específica quanto aos pais solteiros, sendo necessário retirar o seu conteúdo do sistema jurídico.

## 8.6 DOS ALIMENTOS NO CÓDIGO CIVIL DE 2002

### 8.6.1 Conceito e pressupostos da obrigação alimentar

Com base nos ensinamentos de Orlando Gomes e Maria Helena Diniz, os alimentos podem ser conceituados como as prestações devidas para a satisfação das necessidades pessoais daquele que não pode provê-las pelo trabalho próprio.[200] Aquele que pleiteia os alimentos é o *alimentando* ou *credor*; o que os deve pagar é o *alimentante* ou *devedor*.

O pagamento desses alimentos visa à pacificação social, estando amparado nos princípios da dignidade da pessoa humana e da solidariedade familiar, ambos de índole constitucional. No plano conceitual e em sentido amplo, os alimentos devem compreender as necessidades vitais da pessoa, cujo objetivo é a manutenção da sua dignidade: a alimentação, a saúde, a moradia, o vestuário, o lazer, a educação, entre outros. Em suma, os alimentos devem ser concebidos dentro da ideia de *patrimônio mínimo*.[201]

Diante dessa proteção máxima da pessoa humana, precursora da *personalização do Direito Civil*, e em uma perspectiva civil-constitucional, o art. 6.º da CF/1988 *serve como uma luva* para preencher o conceito de alimentos. Esse dispositivo do Texto Maior traz como conteúdo os direitos sociais que devem ser oferecidos pelo Estado, a saber: a educação, a saúde, a alimentação, o trabalho, a moradia, o lazer, a segurança, a previdência social, a proteção à maternidade e à infância, e a assistência aos desamparados. Cumpre destacar que a menção à alimentação foi incluída pela Emenda Constitucional 64, de 4 de fevereiro de 2010, o que tem relação direta com o tema aqui estudado.

Nos termos dos arts. 1.694 e 1.695 do CC, os pressupostos para o dever de prestar alimentos são os seguintes:

---

[200] GOMES, Orlando. *Direito de família*. 3. ed. Rio de Janeiro: Forense, 1978. p. 455; DINIZ, Maria Helena. *Código Civil anotado*. 15. ed. São Paulo: Saraiva, 2010. p. 1.201.

[201] Sobre o tema, como obra definitiva: FACHIN, Luiz Edson. *Estatuto jurídico do patrimônio mínimo*. Rio de Janeiro: Renovar, 2001.

# 1632 | MANUAL DE DIREITO CIVIL • VOLUME ÚNICO – *Flávio Tartuce*

- Vínculo de parentesco, casamento ou união estável, inclusive homoafetiva. Em relação ao parentesco, deve ser incluída a parentalidade socioafetiva, conforme o Enunciado n. 341 do CJF/STJ ("Para os fins do art. 1.696, a relação socioafetiva pode ser elemento gerador de obrigação alimentar"). O tema será aprofundado mais à frente, com as primeiras reflexões sobre a impactante decisão do STF sobre o tema, em repercussão geral (*Informativo* n. *840* da Corte).

- Necessidade do alimentando ou credor.

- Possibilidade do alimentante ou devedor. Para a verificação dessa possibilidade, poderão ser analisados os sinais exteriores de riqueza do devedor, conforme reconhece o Enunciado n. 573 do CJF/STJ, da *VI Jornada de Direito Civil* (2013).

Como é notório, os dois últimos elementos constituem o famoso *binômio alimentar* (necessidade/possibilidade). Para o Superior Tribunal de Justiça, não é possível rever o valor alimentar antes fixado pelas instâncias inferiores, por se tratar de matéria de fato, como estabelece a sua Súmula 7. Nessa esteira, a premissa 18 da Edição 65 da ferramenta *Jurisprudência em Teses*, dedicada aos alimentos e publicada no ano de 2016. Conforme a afirmação: "a fixação da verba alimentar tem como parâmetro o binômio necessidade do alimentando e possibilidade do alimentante, insusceptível de análise em sede de recurso especial por óbice da Súmula 7/STJ". Foram citados como precedentes atuais: AgRg no AREsp 766.159/MS, 3.ª Turma, Rel. Min. Moura Ribeiro, j. 02.06.2016, *DJe* 09.06.2016; AgRg no AREsp 672.140/RJ, 4.ª Turma, Rel. Min. Marco Buzzi, j. 24.05.2016, *DJe* 31.05.2016; EDcl no REsp 1.516.739/RR, 4.ª Turma, Rel. Min. Luis Felipe Salomão, j. 23.02.2016, *DJe* 1.º.03.2016; e AgRg no AREsp 814.647/SP, 3.ª Turma, Rel. Min. Marco Aurélio Bellizze, j. 23.02.2016, *DJe* 07.03.2016.

Cumpre destacar que para alguns doutrinadores há que se falar em *trinômio alimentar*:

- Para Maria Berenice Dias, o trinômio é assim constituído: proporcionalidade/necessidade/possibilidade.[202]

- Para Paulo Lôbo, o trinômio é necessidade/possibilidade/razoabilidade.[203]

De fato, a razoabilidade ou proporcionalidade deve ser elevada à condição de requisito fundamental para se pleitear os alimentos. Sendo assim, é possível rever aquela antiga ideia de que os alimentos visam à manutenção do *status quo* da pessoa que os pleiteia. Concretamente, é irrazoável pensar que uma mulher jovem, que tem plena condição e formação para o trabalho, pode pleitear alimentos do ex-marido, mantendo-se exclusivamente pela condição de ex-cônjuge. A questão foi analisada em paradigmático julgado do STJ:

"No que toca à genérica disposição legal contida no art. 1.694, *caput*, do CC/2002, referente à compatibilidade dos alimentos prestados com a condição social do alimentado, é de todo inconcebível que ex-cônjuge, que pleiteie alimentos, exija-os com base no simplista cálculo aritmético que importe no rateio proporcional da renda integral da desfeita família; isto porque a condição social deve ser analisada à luz de padrões mais amplos, emergindo, mediante inevitável correlação com a divisão social em classes, critério que, conquanto impreciso, ao menos aponte norte ao jul-

---

[202] DIAS, Maria Berenice. *Manual de Direito das Famílias*. 5. ed. São Paulo: RT, 2009. p. 492.
[203] LÔBO, Paulo Luiz Netto. *Famílias*. São Paulo: Saraiva, 2008. p. 350.

# CAP. 8 • DIREITO DE FAMÍLIA | **1633**

gador que deverá, a partir desses valores e das particularidades de cada processo, reconhecer ou não a necessidade dos alimentos pleiteados e, se for o caso, arbitrá-los. Por restar fixado pelo Tribunal Estadual, de forma induvidosa, que a alimentanda não apenas apresenta plenas condições de inserção no mercado de trabalho como também efetivamente exerce atividade laboral, e mais, caracterizada essa atividade como potencialmente apta a mantê-la com o mesmo *status* social que anteriormente gozava, ou ainda alavancá-la a patamares superiores, deve ser julgado procedente o pedido de exoneração deduzido pelo alimentante em sede de reconvenção e, por consequência, improcedente o pedido de revisão de alimentos formulado pela então alimentada. Recurso especial conhecido e provido" (STJ, REsp 933.355/SP, 3.ª Turma, Rel. Min. Nancy Andrighi, j. 25.03.2008, *DJ* 11.04.2008, p. 1).

Tal decisão inaugurou, naquele Tribunal, a conclusão segundo a qual os alimentos entre os cônjuges têm caráter excepcional, pois aquele que tem condições laborais deve buscar o seu sustento pelo esforço próprio. Outras decisões da Corte e de Tribunais Estaduais passaram a seguir tal correto entendimento, consentâneo com a plena inserção da mulher no mercado de trabalho.

Também com base no *trinômio alimentar*, na nossa interpretação, recente acórdão do Superior Tribunal de Justiça considerou que os alimentos podem ser fixados de forma diferente em relação aos filhos, caso eles estejam em situação econômica discrepante, sem que isso represente violação ou desrespeito ao princípio da igualdade, previsto no Texto Maior e no art. 1.596 do CC/2002. Conforme consta dessa importante ementa:

"Do princípio da igualdade entre os filhos, previsto no art. 227, § 6.º, da Constituição Federal, deduz-se que não deverá haver, em regra, diferença no valor ou no percentual dos alimentos destinados a prole, pois se presume que, em tese, os filhos – indistintamente – possuem as mesmas demandas vitais, tenham as mesmas condições dignas de sobrevivência e igual acesso às necessidades mais elementares da pessoa humana. A igualdade entre os filhos, todavia, não tem natureza absoluta e inflexível, devendo, de acordo com a concepção aristotélica de isonomia e justiça, tratar-se igualmente os iguais e desigualmente os desiguais, na medida de suas desigualdades, de modo que é admissível a fixação de alimentos em valor ou percentual distinto entre os filhos se demonstrada a existência de necessidades diferenciadas entre eles ou, ainda, de capacidades contributivas diferenciadas dos genitores. Na hipótese, tendo sido apurado que havia maior capacidade contributiva de uma das genitoras em relação a outra, é justificável que se estabeleçam percentuais diferenciados de alimentos entre os filhos, especialmente porque é dever de ambos os cônjuges contribuir para a manutenção dos filhos na proporção de seus recursos" (STJ, REsp 1.624.050/MG, 3.ª Turma, Rel. Min. Nancy Andrighi, j. 19.06.2018, *DJe* 22.06.2018).

Ademais, realçando o quesito da proporcionalidade na relação de filiação, enuncia o art. 1.703 do CC que "para a manutenção dos filhos, os cônjuges separados judicialmente contribuirão na proporção de seus recursos". Mais uma vez o dispositivo deve ser visto com ressalvas diante da *Emenda do Divórcio*, que retirou do sistema a separação judicial, como julgou o STF quando da análise do Tema 1.053 de repercussão geral, em 8 de novembro de 2023. Assim, parece-me que a norma se aplica apenas às pessoas que se encontrem separadas na entrada em vigor da alteração do Texto.

Superado esse ponto, tornou-se comum, na jurisprudência, a fixação dos alimentos em um terço dos rendimentos do alimentante, proporção esta que não consta da lei, não sendo, portanto, obrigatória. Em casos envolvendo pessoas de baixa renda, aliás, essa fração, muitas vezes, constitui valor inalcançável. Imagine-se, por exemplo, a hipótese em que um pai tem quatro filhos de quatro relacionamentos distintos. Justamente por isso, conforme a nossa melhor jurisprudência, essa fração também deve ser analisada dentro da ideia do binômio (ou trinômio) alimentar (nesse sentido, ver: TJSP, Apelação Cível 279.689-4/9, 4.ª Câmara de Direito Privado, Caçapava, Rel. Carlos Stroppa, 11.12.2003, v.u.).

Como outro aspecto fundamental desta parte introdutória, é importante lembrar que, na fixação dos alimentos, é preciso primeiro um olhar para as necessidades do credor, para depois então analisar as possibilidades do devedor. Ainda nesse propósito, os montantes devem ser estabelecidos de acordo com os valores fixos efetivamente recebidos pelo último.

Concretizando tal forma de entender o Direito, como bem concluiu o Superior Tribunal de Justiça, eventuais participações de lucros do devedor não entram na base de cálculo da verba alimentar:

> "Os alimentos incidem sobre verbas pagas em caráter habitual, aquelas incluídas permanentemente no salário do empregado, ou seja, sobre vencimentos, salários ou proventos, valores auferidos pelo devedor no desempenho de sua função ou de suas atividades empregatícias, decorrentes dos rendimentos ordinários do devedor. A parcela denominada participação nos lucros (PLR) tem natureza indenizatória e está excluída do desconto para fins de pensão alimentícia, porquanto verba transitória e desvinculada da remuneração habitualmente recebida submetida ao cumprimento de metas e produtividade estabelecidas pelo empregador" (STJ, REsp 1.719.372/ SP, 3.ª Turma, Rel. Min. Ricardo Villas Bôas Cueva, j. 05.02.2019, *DJe* 1.º.03.2019).

O mesmo deve ser dito quanto às parcelas denominadas como "diárias" ou relativas a "tempo de espera indenizado", que "possuem natureza indenizatória, restando excluídas do desconto para fins de pensão alimentícia, porquanto verbas transitórias" (STJ, REsp 1.747.540/SC, 3.ª Turma, Rel. Min. Ricardo Villas Bôas Cueva, j. 10.03.2020, *DJe* 13.03.2020).

Sobre o Projeto de Reforma e Atualização do Código Civil, são feitas propostas importantes a respeito dos dispositivos iniciais relativos aos alimentos, sendo importante analisá-las.

De início, seguindo sugestão da Relatora-Geral, Professora Rosa Maria de Andrade Nery, a Comissão de Juristas propõe a divisão do tratamento dos alimentos nos seguintes capítulos: "Subtítulo III. Dos Alimentos. Capítulo I. Disposições Gerais. Capítulo II. Dos alimentos devidos ao nascituro e à gestante. Capítulo III. Dos Alimentos devidos às Famílias Conjugais e Convivenciais. Capítulo IV. Dos Alimentos Compensatórios".

No que diz respeito ao seu art. 1.694, há proposta de menção aos conviventes, e não mais aos companheiros, pela opção feita à primeira expressão no Anteprojeto, tida como mais técnica pelos membros da Comissão. Também se limitam os parentes que podem pleitear os alimentos: em linha reta até o infinito e os colaterais de segundo grau, ou seja, os irmãos. Nesse contexto, o dispositivo passará a prever o seguinte: "podem os parentes em linha reta, os cônjuges ou conviventes e os irmãos pedir uns aos outros os alimentos de que necessitem para viver de modo compatível com a sua condição social, inclusive para atender às necessidades de sua educação".

Como outra proposição, não se denominam mais as partes como credor e devedor, diante das peculiaridades da obrigação alimentar, diferente de todas as demais, e passando o seu § 1.º a ter a seguinte redação: "os alimentos devem ser fixados na proporção das necessidades do reclamante e dos recursos da pessoa obrigada". Na sequência, insere-se no art. 1.694 previsão necessária, no sentido de que pode haver a obrigação de alimentos em qualquer modalidade de parentesco, inclusive havendo vínculo socioafetivo ou multiparentalidade: "§ 2º A obrigação de prestar alimentos independe da natureza do parentesco e da existência de multiparentalidade".

Deve ficar claro, contudo, que, ao contrário do que foi afirmado de modo totalmente equivocado por alguns, não há vínculo alimentar entre padrastos, madrastas e enteados tão somente em virtude do parentesco por afinidade na linha reta, sendo necessária a comprovação dos elementos da posse de estado de filhos para que essa obrigação esteja presente.

Além da regra do *caput*, o binômio ou trinômio alimentar é mantido no § 3.º do art. 1.694, ao mencionar que, "para a manutenção dos filhos, os cônjuges ou conviventes contribuirão na proporção de seus recursos". Insere-se, ainda, regra relativa à possibilidade de o alimentante, aquele que paga os alimentos, solicitar esclarecimentos a respeito da utilização da verba alimentar, independentemente do pedido de prestação de contas: "§ 4º Havendo fundados indícios sobre a adequada utilização da verba alimentar, o alimentante pode solicitar esclarecimentos, que não exigem a apresentação de prestação de contas".

Por fim, no que diz respeito a esse comando, atendendo-se à sugestão da Defensora Pública Fernanda Fernandes, membro consultora da Comissão de Juristas nomeada no âmbito do Senado Federal, foi incluído no art. 1.694 um § 5.º, segundo o qual "a violência doméstica impede o surgimento da obrigação de alimentos em favor de quem praticou a agressão". A regra terá aplicação não somente em relação a cônjuges e conviventes, mas também quanto aos parentes do alimentante, obstando o surgimento da obrigação alimentar em relação a filhos, pais, irmãos e outros. Atende-se a mais uma vez ao protocolo de gênero, para a tutela e proteção dos direitos das mulheres, um dos motes do Anteprojeto.

Seguindo-se no estudo das propostas, a Comissão de Juristas sugere regras mais claras a respeito dos alimentos entre parentes, com destaque para a inclusão da parentalidade socioafetiva e da multiparentalidade, desde que presentes os requisitos da posse de estado de filhos: tratamento, reputação e nome. Assim, propõe-se a seguinte redação para o seu art. 1.696: "O direito à prestação de alimentos é recíproco entre pais e filhos, e extensivo a todos os ascendentes e descendentes, recaindo a obrigação nos mais próximos em grau, uns em falta de outros. Parágrafo único. A regra prevista no *caput* aplica-se aos casos de parentalidade socioafetiva e de multiparentalidade".

Por sugestão da Professora Rosa Nery, é também incluída uma regra relativa à igualdade econômica entre os filhos, devendo ser essa a premissa geral a ser considerada pelo julgador, a saber: "Art. 1.696-A. Os filhos, qualquer que seja a origem da filiação, têm direito de postular situação de igualdade econômica com seus irmãos ou com as pessoas que vivem às expensas do genitor ou da genitora com quem não mais convive ou nunca conviveu". Ficará em dúvida se essa igualdade será aplicada em casos de filhos que têm situação fática totalmente distinta, como aqueles que vivem em cidades distintas e com realidades econômicas diferentes, tendo decidido o Superior Tribunal de Justiça que em casos tais é possível fixar verbas alimentares com valores que não são iguais, como visto (STJ, REsp 1.624.050/MG, 3.ª Turma, Rel. Min. Nancy Andrighi, j. 19.06.2018, *DJe* 22.06.2018).

No meu entender, confirma-se com a proposição o princípio da igualdade entre filhos, havendo uma presunção relativa de igualdade da verba alimentar em relação aos filhos e até mesmo a outros alimentandos. Porém, essa presunção *iuris tantum* pode ser afastada em casos específicos, e pelas peculiaridades do caso concreto, como está no acórdão destacado.

Diante do princípio constitucional da igualdade, retirado do art. 5.º da Constituição Federal de 1988, a Comissão de Juristas propõe também a exclusão de qualquer qualificação dos irmãos da codificação privada, passando o dispositivo em estudo a prever o seguinte: "Art. 1.697. Na falta dos ascendentes cabe a obrigação aos descendentes, guardada a ordem de sucessão e, faltando estes, aos irmãos". Em relação ao conteúdo da norma, portanto, não há qualquer modificação, presente apenas um necessário ajuste redacional. Destaco que não houve a ampliação da obrigação alimentar para tios, sobrinhos e outros parentes, como proposto por Maria Berenice Dias, o que consolida a posição ora vigente na codificação privada, que deve ser mantida.

A Comissão de Juristas propõe, ainda, a inclusão de um novo art. 1.697-A, prevendo o seguinte: "cabe aos filhos e a outros descendentes, maiores e capazes, solidariamente, o dever familiar de ajudar, amparar, assistir e alimentar genitores e outros ascendentes que na velhice ou enfermidade ficarem sem condições de prover o próprio sustento". Como se percebe, inclui-se expressamente uma necessária regra de proteção das pessoas idosas, confirmando-se, na codificação privada, a obrigação solidária já prevista no art. 12 do Estatuto da Pessoa Idosa (Lei 10.741/2003).

Amplia-se a solidariedade também em favor dos genitores e ascendentes que sejam enfermos, mas não necessariamente idosos, o que vem em boa hora, efetivando-se a solidariedade social e familiar, prevista no art. 3.º, inc. I, do Texto Maior. A proposta, mais uma vez, foi da Relatora-Geral, Professora Rosa Maria de Andrade Nery, que revelou muitas preocupações com a tutela de vulnerabilidades, outra marca do Anteprojeto enviado ao Congresso Nacional, em várias de suas proposições.

Anoto que também são sugeridas regras a respeito dos chamados *alimentos compensatórios*, seguindo-se o entendimento majoritário da doutrina e da jurisprudência, com três dispositivos.

O primeiro deles, art. 1.709-A do CC, preverá, quanto à sua definição e ao seu conteúdo, que "o cônjuge ou convivente cuja dissolução do casamento ou da união estável produza um desequilíbrio econômico que importe em uma queda brusca do seu padrão de vida, terá direito aos alimentos compensatórios que poderão ser por prazo determinado ou não, pagos em uma prestação única, ou mediante a entrega de bens particulares do devedor". O segundo, art. 1.709-B, tratará dos *alimentos compensatórios patrimoniais*, seguindo-se a ideia de Rolf Madaleno: "o cônjuge ou convivente, cuja meação seja formada por bens que geram rendas, e que se encontrem sob a posse e a administração exclusiva do seu parceiro, poderá requerer que lhe sejam pagos mensalmente pelo outro consorte ou convivente, parte da renda líquida destes bens comuns, a título de alimentos compensatórios patrimoniais, e que serão devidos até a efetiva partilha dos bens comuns". Como terceira norma, na linha da jurisprudência hoje consolidada, assegura-se que a falta de pagamento dos alimentos compensatórios não enseja a prisão civil do seu devedor (art. 1.709-C).

Superado o estudo dos conceitos iniciais, parte-se à abordagem das principais características da obrigação alimentar.

## 8.6.2 Características da obrigação de alimentos

A obrigação alimentar e o correspondente direito aos alimentos têm características únicas, que os distinguem de todos os outros direitos e obrigações (obrigação *sui generis*). Tanto isso é verdade que o inadimplemento da obrigação de prestar alimentos fundados em vínculo de Direito de Família (*alimentos familiares*) possibilita a prisão do devedor (art. 5.º, inc. LXVII, da CF/1988).

Em reforço, a demonstrar tal qualidade especial, cabem meios excepcionais de execução para que o crédito seja satisfeito. A título de exemplo, cite-se o teor do Enunciado n. 572 do CJF/STJ, da *VI Jornada de Direito Civil* (2013), pelo qual, mediante ordem judicial, é admissível, para a satisfação do crédito alimentar atual, o levantamento do saldo de conta vinculada ao FGTS. Vejamos o teor das justificativas do enunciado doutrinário:

"Embora admitida a coerção pessoal, muitas vezes os alimentandos encontram dificuldades em receber o que lhes é de direito. Em algumas oportunidades, o próprio devedor resiste de boa-fé, por não possuir os recursos suficientes para adimplir a pensão. Em tal contexto, uma alternativa viável seria a retirada dos valores depositados na conta vinculada ao FGTS para a satisfação do crédito. Muitos princípios poderiam ser invocados em prol dessa solução. Inicialmente, ambas as partes terão a sua dignidade reconhecida, pois o credor receberá a pensão, enquanto o devedor se livrará do risco de prisão civil. A menor onerosidade da medida é nítida. A jurisprudência do STJ orienta-se pela admissão da orientação do enunciado: AgRg no RMS n. 34.708/SP, AgRg no RMS n. 35.010/SP e AgRg no RMS n. 34.440/SP".

Acrescente-se que no mesmo sentido está a premissa 12, publicada na Edição 77 da ferramenta *Jurisprudência em Teses* do STJ: "admite-se, na execução de alimentos, a penhora de valores decorrentes do Fundo de Garantia por Tempo de Serviço – FGTS, bem como do Programa de Integração Social – PIS" (Alimentos II, de março de 2017).

Não se pode esquecer, ademais, que tal obrigação está mais fundada em direitos existenciais de personalidade do que em direitos patrimoniais. Vejamos as suas características.

### a) *Obrigação que gera um direito personalíssimo*

No que tange ao credor ou alimentando, o direito aos alimentos é personalíssimo, uma vez que somente aquele que mantém relação de parentesco, casamento ou união estável com o devedor ou alimentante pode pleiteá-los (caráter *intuitu personae)*. Por isso, o direito a alimentos não se transmite aos herdeiros do *credor.*

### b) *Reciprocidade*

A obrigação de alimentos é recíproca entre cônjuges e companheiros (art. 1.694 do CC). A reciprocidade do mesmo modo existe entre pais e filhos, sendo extensivo a todos os ascendentes, recaindo a obrigação nos mais próximos em grau, uns na falta de outros (art. 1.696 do CC). Em complemento ao último dispositivo, na *IV Jornada de Direito Civil,* realizada em outubro de 2006, repise-se que foi aprovado o Enunciado n. 341 do CJF/STJ, prevendo que, "para os fins do art. 1.696, a relação socioafetiva pode ser elemento gerador de obrigação alimentar".

Como se percebe, trata-se de mais uma valorização da *parentalidade socioafetiva*, tema que foi a tônica naquele evento promovido pelo Superior Tribunal de Justiça. A jurisprudência mais avançada e atualizada vinha há tempos balizando esse entendimento doutrinário:

"Família. Negativa de paternidade. Retificação de assento de nascimento. Alimentos. Vício de consentimento não comprovado. Vínculo de parentalidade. Prevalência da realidade socioafetiva sobre a biológica. Reconhecimento voluntário da paternidade, declaração de vontade irretratável. Exegese do art. 1.609 do CCB/2002. Ação improcedente, sentença mantida. Apelação desprovida. (Segredo de Justiça)" (TJRS, Apelação Cível 70022450548, 8.ª Câmara Cível, Rel. Luiz Ari Azambuja Ramos, j. 24.01.2008).

Com a tão comentada decisão do Supremo Tribunal Federal, prolatada em 2016 e em sede de repercussão geral, não restam dúvidas quanto à plena possibilidade de o filho socioafetivo pleitear alimentos do seu ascendente "de criação", e vice-versa. Como visto, a tese firmada naquele julgamento foi a seguinte: "a paternidade socioafetiva declarada ou não em registro, não impede o reconhecimento do vínculo de filiação concomitante, baseada na origem biológica, com os efeitos jurídicos próprios" (Recurso Extraordinário

**1638** | MANUAL DE DIREITO CIVIL • VOLUME ÚNICO – *Flávio Tartuce*

898.060, originário do Estado de Santa Catarina, com repercussão geral, Rel. Min. Luiz Fux, j. 21.09.2016, *Informativo* n. *840*).

Assim, é possível também pleitear alimentos do pai biológico em conjunto com o pai socioafetivo, pois a multiparentalidade foi firmada para todos os fins jurídicos, inclusive alimentares e sucessórios. Como visto, o Projeto de Reforma do Código Civil pretende inserir regra nesse sentido, encerrando qualquer resistência que pode surgir a respeito do tema.

De qualquer forma, mesmo concordando com o julgamento, no que tange à obrigação decorrente de parentesco, o art. 1.696 do CC/2002 traz uma ordem lógica a ser seguida, em regra, quanto à sua satisfação. Assim, os parentes de grau mais próximo excluem os de grau mais remoto. Em outras palavras, os pais excluem os avós, que excluem os bisavós, e assim sucessivamente.

Em complemento, preconiza o art. 1.697 do CC que, na falta de ascendentes, cabe a obrigação aos descendentes, guardada a ordem sucessória. Na falta de descendentes e ascendentes, os alimentos poderão ser pleiteados aos irmãos, germanos ou bilaterais (mesmo pai e mesma mãe) e unilaterais (mesmo pai ou mesma mãe). Pode-se afirmar que ambos os dispositivos trazem ordem a ser seguida quando se pleiteia os alimentos decorrentes do parentesco:

> 1.º) Ascendente: o grau mais próximo exclui o mais remoto.
> 2.º) Descendentes: o grau mais próximo exclui o mais remoto.
> 3.º) Irmão: primeiro os bilaterais, depois os unilaterais.

Reafirme-se que, em todos os casos, há que se reconhecer a multiparentalidade, tanto quanto aos ascendentes como em relação aos descendentes.

Insta saber se os tios, tios-avós, sobrinhos, sobrinhos-netos e primos são obrigados a prestar alimentos, eis que são parentes colaterais. Pelo que consta literalmente da norma, não há que se falar em obrigação de prestar alimentos (nesse sentido: TJSP, Apelação Cível 362.878-4/1, 4.ª Câmara de Direito Privado, Ribeirão Preto, Rel. Natan Zelinschi de Arruda, 06.01.2005, v.u.).

Porém, a questão não é pacífica, pois há quem entenda de forma contrária, caso de Maria Berenice Dias. São suas palavras:

> "O silêncio não exclui os demais parentes do encargo alimentar. O silêncio não significa que tenham os demais sido excluídos do dever de pensionar. Os encargos alimentares seguem os preceitos gerais: na falta dos parentes mais próximos são chamados os mais remotos, começando pelos ascendentes, seguidos dos descendentes. Portanto, na falta de pais, avós e irmãos, a obrigação passa aos tios, tios-avós, depois aos sobrinhos, sobrinhos-netos e, finalmente, aos primos".[204]

Conforme já sustentado em obra escrita em coautoria com José Fernando Simão, sempre me pareceu que teria razão a doutrinadora gaúcha, pois, se esses colaterais são herdeiros, tendo direitos, também têm obrigações, caso de prestar alimentos. Em outras palavras, se têm bônus, também têm ônus.[205]

---

[204] DIAS, Maria Berenice. *Manual de Direito das Famílias*. 5. ed. São Paulo: RT, 2009. p. 485.
[205] TARTUCE, Flávio; SIMÃO, José Fernando. *Direito Civil*. Direito de Família. 4. ed. São Paulo: Método, 2010. v. 5, p. 416.

Porém, com os debates para o Projeto de Reforma do Código Civil, acabei me filiando à posição majoritária, mudando a minha posição anterior, sendo certo que a proposição que prevaleceu foi no sentido de limitar os alimentos aos irmãos, como já é atualmente, o que está consolidado no nosso sistema e não deve ser revisto. Ainda de acordo com a literalidade da norma, não há obrigação de alimentos entre os parentes afins (situação da sogra, do sogro, do genro e da nora; do padrasto, da madrasta, do enteado e da enteada).

Porém, a respeito da afinidade na linha reta descendente, há uma tendência há tempos de se reconhecerem alimentos, notadamente na relação entre padrasto ou madrasta e enteado ou enteada. Isso porque, como se sabe, entrou em vigor no Brasil a Lei 11.924/2009, que possibilita que a enteada ou o enteado utilize o sobrenome do padrasto ou madrasta, desde que exista justo motivo para tanto (art. 57, § 8.º, da Lei 6.015/1973). Parece limitado pensar que o vínculo estabelecido entre tais pessoas será apenas para os fins de uso do nome, principalmente em tempos de valorização da socioafetividade, presente muitas vezes nesses relacionamentos.

Penso que a decisão do STF, do ano de 2016, que reconheceu a possibilidade jurídica da multiparentalidade ou do duplo vínculo de filiação, dá amparo à tese do dever de prestar alimentos do padrasto ou madrasta, mas apenas se houver vínculo socioafetivo entre eles (Recurso Extraordinário 898.060, originário do Estado de Santa Catarina, Rel. Min. Luiz Fux, com repercussão geral, j. 21.09.2016). Conforme a tese firmada, que mais uma vez merece transcrição, pelos impactos que gera: "a paternidade socioafetiva declarada ou não em registro, não impede o reconhecimento do vínculo de filiação concomitante, baseada na origem biológica, com os efeitos jurídicos próprios". Lida ao contrário a afirmação, a existência da parentalidade biológica não afasta a parentalidade socioafetiva, para todos os fins, inclusive familiares.

Vale lembrar que o atual Projeto de Reforma do Código Civil, elaborado pela Comissão de Juristas, propõe incluir-se na lei a possibilidade de se pleitearem alimentos em havendo parentalidade socioafetiva ou multiparentalidade. Todavia, pela norma projetada, o vínculo por afinidade entre padrastos, madrastas e enteados, por si só, não gerará esse dever alimentar, sendo necessária a presença dos requisitos da posse de estado de filhos para que surja a obrigação.

Como última nota sobre o tema, instigante ementa doutrinária aprovada no *XII Congresso Brasileiro do IBDFAM*, realizado em Belo Horizonte em outubro de 2019, estabelece que "é possível a relativização do princípio da reciprocidade, acerca da obrigação de prestar alimentos entre pais e filhos, nos casos de abandono afetivo e material pelo genitor que pleiteia alimentos, fundada no princípio da solidariedade familiar, que o genitor nunca observou" (Enunciado n. 34). O tema merece ser mais bem debatido pela comunidade jurídica nacional, tendo o seu conteúdo o meu apoio.

### c) Irrenunciabilidade

O CC/2002 é expresso ao vedar a renúncia aos alimentos. Prevê o seu art. 1.707 que "pode o credor não exercer, porém lhe é vedado renunciar o direito a alimentos, sendo o respectivo crédito insuscetível de cessão, compensação ou penhora". Segue-se, em parte, o entendimento que constava da anterior Súmula 379 do STF, do remoto ano de 1964 ("No acordo de desquite, não se admite renúncia aos alimentos, que poderão ser pleiteados ulteriormente, verificados os pressupostos legais"). Mais uma vez repise-se que a separação judicial não mais existe no sistema jurídico nacional, diante da *Emenda do Divórcio* (EC 66/2010), o que foi confirmado pelo STF em novembro de 2023 (Tema 1.053 de repercussão geral.

MANUAL DE DIREITO CIVIL • VOLUME ÚNICO – *Flávio Tartuce*

Porém, apesar da literalidade da norma, destaque-se que a maioria da doutrina e da jurisprudência entende pela possibilidade de renúncia a alimentos quando da separação de direito, do divórcio e da dissolução da união estável. Sintetizando essa corrente, o Enunciado n. 263 do CJF/STJ, da *III Jornada de Direito Civil*: "o art. 1.707 do Código Civil não impede seja reconhecida válida e eficaz a renúncia manifestada por ocasião do divórcio (direto ou indireto) ou da dissolução da 'união estável'. A irrenunciabilidade do direito a alimentos somente é admitida enquanto subsista vínculo de Direito de Família". Cumpre mais uma vez ressaltar que as discussões relativas à separação judicial perdem relevo, diante de sua extinção pela *Emenda do Divórcio*.

De toda sorte, o debate é mantido em relação ao divórcio e à dissolução da união estável, bem como quanto às pessoas que já se encontravam separadas antes da EC 66/2010. No plano jurisprudencial, a respeito da renúncia aos alimentos, não é diferente a conclusão do STJ:

"Processual civil. Embargos Declaratórios. Recebimento como agravo regimental. Renúncia. Alimentos decorrentes do casamento. Validade. Partilha. Possibilidade de procrastinação na entrega de bens. Participação na renda obtida. Requerimento pela via própria. 1. Admitem-se como agravo regimental embargos de declaração opostos a decisão monocrática proferida pelo relator do feito no Tribunal, em nome dos princípios da economia processual e da fungibilidade. 2. A renúncia aos alimentos decorrentes do matrimônio é válida e eficaz, não sendo permitido que o ex-cônjuge volte a pleitear o encargo, uma vez que a prestação alimentícia assenta--se na obrigação de mútua assistência, encerrada com a separação ou o divórcio. 3. A fixação de prestação alimentícia não serve para coibir eventual possibilidade de procrastinação da entrega de bens, devendo a parte pleitear, pelos meios adequados, a participação na renda auferida com a exploração de seu patrimônio. 4. Embargos de declaração recebidos como agravo regimental, a que se nega provimento" (STJ, EDcl no REsp 832.902/RS, 4.ª Turma, Rel. Min. João Otávio de Noronha, j. 06.10.2009, *DJe* 19.10.2009).

"Direito civil e processual civil. Família. Recurso especial. Separação judicial. Acordo homologado. Cláusula de renúncia a alimentos. Posterior ajuizamento de ação de alimentos por ex-cônjuge. Carência de ação. Ilegitimidade ativa. A cláusula de renúncia a alimentos, constante em acordo de separação devidamente homologado, é válida e eficaz, não permitindo ao ex-cônjuge que renunciou, a pretensão de ser pensionado ou voltar a pleitear o encargo. Deve ser reconhecida a carência da ação, por ilegitimidade ativa do ex-cônjuge para postular em juízo o que anteriormente renunciara expressamente" (STJ, REsp 701.902/SP, 3.ª Turma, Rel. Min. Nancy Andrighi, j. 15.09.2005, *DJ* 03.10.2005, p. 249).

Do mesmo modo, admitindo implicitamente essa renúncia aos alimentos, a anterior Súmula 336 do STJ: "a mulher que renunciou aos alimentos na separação judicial tem direito à pensão previdenciária por morte do ex-marido, comprovada a necessidade econômica superveniente". Mais uma vez, diante da emergência da *Emenda do Divórcio,* a súmula perdeu em parte a sua eficácia. Isso porque não há mais no sistema a separação judicial e, no caso de divórcio, não há que se falar em benefício previdenciário. Na verdade, somente subsiste a súmula para o caso das pessoas separadas judicialmente antes da entrada em vigor da Emenda Constitucional 66/2010, havendo direito adquirido em relação ao citado benefício, exatamente como concluiu o STF quando da análise do Tema 1.053 de repercussão geral.

Pois bem, apesar do entendimento de admissibilidade da renúncia aos alimentos, conforme manifestação já constante de obra anteriormente escrita com José Fernando Simão, entendo que os alimentos são sempre irrenunciáveis.[206] Isso porque o art. 1.707 está em total sintonia com o art. 11 do CC pelo qual os direitos da personalidade são, em regra, irrenunciáveis. Como outrora exposto, os alimentos são inerentes à dignidade da pessoa humana, sendo o direito aos mesmos um verdadeiro direito da personalidade.

Adotando essa afirmação de se tratar de um direito da personalidade, de importante aresto do STJ, extrai-se o seguinte:

"Em conformidade com o direito civil constitucional – que preconiza uma releitura dos institutos reguladores das relações jurídicas privadas, a serem interpretados segundo a Constituição Federal, com esteio, basicamente, nos princípios da proteção da dignidade da pessoa humana, da solidariedade social e da isonomia material –, o direito aos alimentos deve ser concebido como um direito da personalidade do indivíduo. Trata-se, pois, de direito subjetivo inerente à condição de pessoa humana, imprescindível ao seu desenvolvimento, à sua integridade física, psíquica e intelectual e, mesmo, à sua subsistência. Os alimentos integram o patrimônio moral do alimentando, e não o seu patrimônio econômico, ainda que possam ser apreciáveis economicamente. Para efeito de caracterização da natureza jurídica do direito aos alimentos, a correlata expressão econômica afigura-se *in totum* irrelevante, apresentando-se de modo meramente reflexo, como ocorre com os direitos da personalidade" (STJ, REsp 1.771.258/SP, 3.ª Turma, Rel. Min. Marco Aurélio Bellizze, j. 06.08.2019, *DJe* 14.08.2019).

Ao final, firmou-se a tese segundo a qual, sendo extinta a obrigação alimentar pela exoneração do alimentante – no caso concreto, diante da alteração da guarda do menor em favor do executado –, a sua mãe não tem legitimidade para prosseguir na execução dos alimentos vencidos, em nome próprio, pois não há sub-rogação da obrigação, diante do citado caráter personalíssimo do direito aos alimentos (REsp 1.771.258/SP).

Da mesma Corte, em acórdão de 2020, julgou-se, ainda, que "é irrenunciável o direito aos alimentos presentes e futuros (art. 1.707 do Código Civil), mas pode o credor renunciar aos alimentos pretéritos devidos e não prestados, isso porque a irrenunciabilidade atinge o direito, e não o seu exercício" (STJ, REsp 1.529.532/DF, 3.ª Turma, Rel. Min. Ricardo Villas Bôas Cueva, j. 09.06.2020, *DJe* 16.06.2020).

Assim, a melhor conclusão parece ser que é possível abrir mão de forma temporária aos alimentos, mas nunca é possível renunciá-lo, conforme está expresso no art. 1.707 do CC/2002.

Pontue-se que aresto do Superior Tribunal de Justiça seguiu essa forma de pensar o Direito de Família. Conforme publicação constante do *Informativo* n. 553 daquela Corte:

"Tendo os conviventes estabelecido, no início da união estável, por escritura pública, a dispensa à assistência material mútua, a superveniência de moléstia grave na constância do relacionamento, reduzindo a capacidade laboral e comprometendo, ainda que temporariamente, a situação financeira de um deles, autoriza a fixação de alimentos após a dissolução da união. De início, cabe registrar que a presente situação é distinta daquelas tratadas em precedentes do STJ, nos quais a renúncia aos alimentos se deu ao término da relação conjugal. Naqueles casos, o entendimento aplicado foi no sentido de que, 'após a homologação do divórcio, não pode o ex-cônjuge pleitear alimentos se deles desistiu expressamente por ocasião do acordo de separação consensual' (AgRg no Ag 1.044.922/SP, 4.ª Turma, *DJe* 02.08.2010). No presente julgado, a hipótese é de prévia dispensa dos alimentos, firmada durante a

---

[206] TARTUCE, Flávio; SIMÃO, José Fernando. *Direito Civil*. Direito de Família. 4. ed. São Paulo: Método, 2010. v. 5, p. 418-419.

**1642** | MANUAL DE DIREITO CIVIL • VOLUME ÚNICO – *Flávio Tartuce*

união estável, ou seja, quando ainda existentes os laços conjugais que, por expressa previsão legal, impõem aos companheiros, reciprocamente, o dever de assistência. Observe-se que a assistência material mútua constitui tanto um direito como uma obrigação para os conviventes, conforme art. 2.º, II, da Lei 9.278/1996 e arts. 1.694 e 1.724 do CC. Essas disposições constituem normas de interesse público e, por isso, não admitem renúncia, nos termos do art. 1.707 do CC: 'Pode o credor não exercer, porém lhe é vedado renunciar o direito a alimentos, sendo o respectivo crédito insuscetível de cessão, compensação ou penhora'. Nesse contexto, e não obstante considere-se válida e eficaz a renúncia manifestada por ocasião de acordo de separação judicial ou de divórcio, nos termos da reiterada jurisprudência do STJ, não pode ela ser admitida na constância do vínculo familiar. Nesse sentido há entendimento doutrinário e, de igual, dispõe o Enunciado 263, aprovado na *III Jornada de Direito Civil*, segundo o qual: 'O art. 1.707 do Código Civil não impede seja reconhecida válida e eficaz a renúncia manifestada por ocasião do divórcio (direto ou indireto) ou da dissolução da 'união estável'. A irrenunciabilidade do direito a alimentos somente é admitida enquanto subsista vínculo de Direito de Família'. Com efeito, ante o princípio da irrenunciabilidade dos alimentos, decorrente do dever de mútua assistência expressamente previsto nos dispositivos legais citados, não se pode ter como válida disposição que implique renúncia aos alimentos na constância da união, pois esses, como dito, são irrenunciáveis" (STJ, REsp 1.178.233/RJ, Rel. Min. Raul Araújo, j. 18.11.2014, *DJe* 09.12.2014).

Como não poderia ser diferente, o *decisum* tem o meu apoio quanto à tese principal por reconhecer o pagamento da verba alimentar após o fim do relacionamento, com fulcro no princípio da solidariedade social, de índole constitucional.

Para encerrar o tópico, destaco que na Comissão de Juristas nomeada para a Reforma do Código Civil, acabou por prevalecer solução para afirmar a irrenunciabilidade absoluta dos alimentos. Sugere-se, de início, a revogação do dispositivo, deslocando-se o seu conteúdo para as regras gerais relativas aos alimentos, seguindo-se a nova sistemática proposta pela Comissão de Juristas.

Almeja-se, ainda, o aperfeiçoamento do texto, para afastar as polêmicas relativas ao preceito, havendo muitas contradições, anacronismos, falta de segurança jurídica e instabilidade a respeito do conteúdo do art. 1.707 do CC. Assim, o novo art. 1.700-C, de forma bem clara, objetiva e peremptória, vedará a renúncia, a repetição do indébito, a compensação, a alienação e a penhora dos alimentos da seguinte forma: "Os alimentos são absolutamente irrenunciáveis, mesmo nas hipóteses envolvendo cônjuges ou conviventes. § 1º Os alimentos são irrepetíveis e absolutamente incompensáveis, mesmo nos casos de pagamento de valores a mais pelo devedor. § 2º Os alimentos são inalienáveis e não podem ser objeto de cessão de crédito ou de assunção de dívida. § 3º Os alimentos são impenhoráveis, observado o previsto na legislação processual".

Como se pode concluir, as propostas de modificação são mais do que necessárias, tanto do ponto de vista teórico quanto prático, atingindo outras características que serão estudadas a seguir.

### d) *Obrigação divisível (regra) ou solidária (exceção)*

Pelo que consta do art. 1.698 do CC, nota-se que a obrigação de prestar alimentos, em regra, é divisível. Enuncia esse comando que "sendo várias as pessoas obrigadas a prestar alimentos, todas devem concorrer na proporção dos respectivos recursos". Ilustrando, se um pai não idoso necessita de alimentos e tem quatro filhos em condições de prestá-los

CAP. 8 • DIREITO DE FAMÍLIA | **1643**

e quer receber a integralidade do valor alimentar, a ação deverá ser proposta em face de todos (*litisconsórcio passivo necessário*).

Também a título de exemplo, com a vitória da multiparentalidade no julgamento do STF sobre a repercussão geral da parentalidade socioafetiva, o filho terá que promover a ação de alimentos contra o pai biológico e o pai socioafetivo, havendo vínculo com ambos e condições iguais em prestar os alimentos. Reitere-se que, de acordo com o voto do relator,

> "A pluriparentalidade, no Direito Comparado, pode ser exemplificada pelo conceito de 'dupla paternidade' (*dual paternity*), construído pela Suprema Corte do Estado da Louisiana, EUA, desde a década de 1980 para atender, ao mesmo tempo, ao melhor interesse da criança e ao direito do genitor à declaração da paternidade. Doutrina. Os arranjos familiares alheios à regulação estatal, por omissão, não podem restar ao desabrigo da proteção a situações de pluriparentalidade, por isso que merecem tutela jurídica concomitante, para todos os fins de direito, os vínculos parentais de origem afetiva e biológica, a fim de prover a mais completa e adequada tutela aos sujeitos envolvidos, ante os princípios constitucionais da dignidade da pessoa humana (art. 1.º, III) e da paternidade responsável (art. 226, § 7.º)" (STF, RE 898.060/ SC, Tribunal Pleno, Rel. Min. Luiz Fux, j. 21.09.2016, *Informativo* n. *840* da Corte).

Pelo teor transcrito e pela tese firmada, fica cristalina essa possibilidade de demanda alimentar contra os dois ou mais pais.

Caso a ação seja proposta em face de apenas um dos filhos ou de um dos pais (socioafetivo e biológico), caberá a aplicação da primeira parte do mesmo art. 1.698 do CC. Segue a sua transcrição integral, para os devidos aprofundamentos:

> "Art. 1.698. Se o parente, que deve alimentos em primeiro lugar, não estiver em condições de suportar totalmente o encargo, serão chamados a concorrer os de grau imediato; sendo várias as pessoas obrigadas a prestar alimentos, todas devem concorrer na proporção dos respectivos recursos, e, intentada ação contra uma delas, poderão as demais ser chamadas a integrar a lide".

Seguindo o entendimento de Rodrigo Mazzei, parece-me que a hipótese descrita na primeira parte do comando é de um litisconsórcio sucessivo-passivo.[207] Para o autor capixaba, argumento com o qual se concorda, o litisconsórcio é sucessivo-passivo, pois se trata de uma situação de *responsabilidade subsidiária especial*.

Ato contínuo, sustento há tempos, como parte da doutrina processualista, que as *convocações* dos demais parentes devedores para integrar serão formuladas pelo autor da ação, e não pelo réu.[208] A título de exemplo, um filho pede alimentos ao pai. Notando ele que o pai não tem condições de suportar totalmente o encargo, o próprio autor indicará os avós, que têm responsabilidade subsidiária.

A *convocação* pelo autor é mais indicada para a efetiva tutela dos seus direitos. No atual CPC essa posição ganha força com a redação do seu art. 238, segundo a qual a citação é o ato pelo qual são *convocados* o réu, o executado ou o interessado para integrar a relação processual. Consigne-se que o termo *convocados* não constava do art. 213 do CPC/1973, seu correspondente, que utilizava a expressão se *chama*.

---

[207] MAZZEI, Rodrigo Reis. Litisconsórcio sucessivo: breves considerações. In: DIDIER JR., Fredie; MAZZEI, Rodrigo (Org.). *Processo e direito material*. Salvador: JusPodivm, 2009. p. 223-246.

[208] DIDIER JR., Fredie. *Regras processuais no novo Código Civil*. São Paulo: Saraiva, 2004. p. 125.

Ademais, a legislação processual – seja a anterior ou a nova – não prevê qualquer forma de intervenção de terceiro que torne viável a convocação pelo réu. Não há que se falar em chamamento ao processo uma vez que, em regra, a obrigação não é solidária. Também não se pode falar em denunciação da lide, pois a hipótese não consta do art. 125 do CPC/2015 ou do art. 70 do CPC/1973. Anote-se, contudo, que o STJ vinha entendendo pelo chamamento ao processo em casos tais, em claro equívoco (REsp 658.139/RS, 4.ª Turma, Rel. Min. Fernando Gonçalves, j. 11.10.2005, *DJ* 13.03.2006, p. 326).

De toda sorte, destaco a aprovação de enunciado, na *V Jornada de Direito Civil*, visando facilitar a compreensão da matéria, possibilitando a citada *convocação* tanto pelo autor quanto pelo réu: "o chamamento dos codevedores para integrar a lide, na forma do art. 1.698 do Código Civil pode ser requerido por qualquer das partes, bem como pelo Ministério Público, quando legitimado" (Enunciado n. 523). A proposta é até louvável, por facilitar a ampla tutela do alimentando, vulnerável na relação jurídica.

No final de 2018, surgiu importante julgado superior, expondo todo o debate doutrinário – inclusive com a posição sustentada por mim –, e decidindo, pelo menos em parte, na linha desse Enunciado n. 523 da *V Jornada de Direito Civil*, que, "em ação de alimentos, quando se trata de credor com plena capacidade processual, cabe exclusivamente a ele provocar a integração posterior no polo passivo" (STJ, REsp 1.715.438/RS, 3.ª Turma, Rel. Min. Nancy Andrighi, j. 13.11.2018, *DJe* 21.11.2018).

Ainda nos termos do aresto, "nas hipóteses em que for necessária a representação processual do credor de alimentos incapaz, cabe também ao devedor provocar a integração posterior do polo passivo, a fim de que os demais coobrigados também componham a lide, inclusive aquele que atua como representante processual do credor dos alimentos, bem como cabe provocação do Ministério Público, quando a ausência de manifestação de quaisquer dos legitimados no sentido de chamar ao processo os demais coobrigados possa causar prejuízos aos interesses do incapaz" (STJ, REsp 1.715.438/RS, 3.ª Turma, Rel. Min. Nancy Andrighi, j. 13.11.2018, *DJe* 21.11.2018).

Em arremate final, julgou-se que: "no que tange ao momento processual adequado para a integração do polo passivo pelos coobrigados, cabe ao autor requerê-lo em sua réplica à contestação; ao réu, em sua contestação; e ao Ministério Público, após a prática dos referidos atos processuais pelas partes, respeitada, em todas as hipóteses, a impossibilidade de ampliação objetiva ou subjetiva da lide após o saneamento e organização do processo, em homenagem ao contraditório, à ampla defesa e à razoável duração do processo" (STJ, REsp 1.715.438/RS, 3.ª Turma, Rel. Min. Nancy Andrighi, j. 13.11.2018, *DJe* 21.11.2018).

Não se pode negar que esse último acórdão representa um notável avanço, por afastar a possibilidade de convocação exclusiva pelo réu, tutelando efetivamente o direito a alimentos. Espera-se, portanto, que a questão seja pacificada nesse sentido no âmbito da Segunda Seção da Corte, seguindo-se as premissas constantes do enunciado doutrinário ou a posição por mim sustentada, de que a convocação dos demais responsáveis pela obrigação alimentar seja feita pelo autor da ação.

No que concerne à responsabilidade subsidiária dos avós, transcreve-se o Enunciado n. 342 do CJF/STJ: "observadas as suas condições pessoais e sociais, os avós somente serão obrigados a prestar alimentos aos netos em caráter exclusivo, sucessivo, complementar e não solidário, quando os pais destes estiverem impossibilitados de fazê-lo, caso em que as necessidades básicas dos alimentandos serão aferidas, prioritariamente, segundo o nível econômico-financeiro dos seus genitores".

Do mesmo modo vem entendendo a jurisprudência do STJ (REsp 579.385/SP, 3.ª Turma, Rel. Min. Nancy Andrighi, j. 26.08.2004, *DJ* 04.10.2004, p. 291). Na mesma linha

CAP. 8 • DIREITO DE FAMÍLIA | **1645**

é a afirmação 15, constante da Edição 65 da ferramenta *Jurisprudência em Teses* da Corte Superior: "a responsabilidade dos avós de prestar alimentos aos netos apresenta natureza complementar e subsidiária, somente se configurando quando demonstrada a insuficiência de recursos do genitor" (Alimentos I, 2016). Exatamente no mesmo sentido da tese, a Súmula 596 da Corte, aprovada em novembro de 2017.

Porém, nos casos em que quem pleiteia os alimentos é pessoa idosa, com idade superior a 60 anos, a obrigação passa a ser solidária (art. 12 do Estatuto da Pessoa Idosa, Lei 10.741/2003). Para essas hipóteses, no exemplo exposto, se o pai que irá pleitear os alimentos dos filhos tiver essa idade, poderá fazê-lo contra qualquer um dos filhos e de forma integral, o que visa proteger o vulnerável, no caso, o idoso. Aqui, o chamamento ao processo, próprio da solidariedade, poderá ser utilizado pelos réus.

Justamente por isso é que se afirma que a obrigação alimentar é divisível em regra, mas solidária em se tratando de alimentando idoso, e, portanto, a natureza jurídica da obrigação alimentar dependerá de análise de quem está pleiteando os alimentos. Tal diferenciação causa perplexidade, pois a obrigação alimentar deveria ser solidária em qualquer hipótese, seja quem fosse o credor.

Diante dessa minha posição doutrinária, defendida há tempos, sugeri, para o Projeto de Reforma do Código Civil, que o dispositivo passasse a prever a solidariedade da obrigação alimentar quanto aos devedores com uma redação bem sintética e objetiva: "a obrigação de prestar alimentos é solidária em relação aos devedores".

Entretanto, infelizmente, acabou prevalecendo, na votação final de abril de 2024, a posição da Subcomissão de Direito de Família, com contribuições do Professor Fredie Didier Jr. e da Relatora Rosa Maria de Andrade Nery, para que a divisibilidade da obrigação de alimentos seja mantida, mas com aperfeiçoamentos necessários ao art. 1.698 do CC. Foram as justificativas da citada Subcomissão, que tinha outra proposta original:

> "Considerando que no artigo em questão existe multiplicidade de normas, para fins diversos, buscou-se fracionar estas normas incluindo-as em parágrafos, de sorte a melhorar a técnica legislativa. O *caput* e o § 1º são mero desdobramento da parte inicial do texto atualmente em vigor. O § 2º busca positivar a interpretação jurisprudencial a respeito da obrigação alimentar dos avós, hoje prevista na Súmula 596 do STJ, verbis: 'A obrigação alimentar dos avós tem natureza complementar e subsidiária, somente se configurando no caso de impossibilidade total ou parcial de seu cumprimento pelos pais'. Em relação aos §§ 3º e 4º, muito se discute na doutrina civilista e processualista sobre o conteúdo da parte final do artigo hoje em vigor: 'intentada ação contra uma delas, poderão as demais ser chamadas a integrar a lide'. Há interpretações em vários sentidos, inclusive a respeito da modalidade de intervenção de terceiros aí prevista. Atualmente, há precedentes do STJ entendendo que tal não se cuida de uma espécie de intervenção de terceiros, mas sim de um litisconsórcio ulterior facultativo. Portanto, tanto o § 3º quanto o 4º são sugeridos a fim de acolher a atual jurisprudência em torno do tema, visando a garantir maior segurança jurídica às lides que envolvem alimentos".

Ao final foram feitos reparos nas propostas iniciais da Subcomissão de Direito de Família e o dispositivo ora proposto pela Comissão de Juristas é o seguinte, vencida a minha posição: "Art. 1.698. Se o parente, que deve alimentos em primeiro lugar, não estiver em condições de suportar totalmente o encargo por incapacidade financeira total ou parcial, poderá o credor reclamá-los aos de grau imediato. § 1º Sendo várias as pessoas obrigadas a prestar alimentos, concorrerão na proporção dos respectivos recursos. § 2º É direito do alimentando demandar diretamente o obrigado sucessivo ou incluí-lo, a qualquer tempo,

# 1646 | MANUAL DE DIREITO CIVIL • VOLUME ÚNICO – *Flávio Tartuce*

no polo passivo no curso da ação proposta contra o obrigado antecedente, desde que esteja comprovada a incapacidade financeira deste último".

Com o devido respeito, penso que a proposta resolve alguns dos dilemas hoje existentes, atribuindo ao alimentando, e somente a ele, a prerrogativa de indicar os demais parentes que devem suportar o encargo alimentar, ou colocá-los no polo passivo, como verdadeiras opções que lhe são atribuídas.

Todavia, a proposição ainda oferece entraves materiais e processuais para o alimentando receber imediatamente o valor que lhe é devido. A existência de uma obrigação divisível, no meu entender, somente atrasa esse recebimento. De toda sorte, tendo prevalecido pelo voto da maioria, a proposição destacada é a que foi enviada para o Congresso Nacional, cabendo a ele analisá-la, dentro dos *ditames democráticos*, que guiaram a nossa Comissão de Juristas.

### e) Obrigação imprescritível

A pretensão aos alimentos é imprescritível, por envolver estado de pessoas e a dignidade humana. Porém, deve-se atentar ao fato de que a pretensão para a cobrança de alimentos fixados em sentença ou ato voluntário prescreve em dois anos, contados a partir da data em que se vencerem (art. 206, § 2.º, do CC).

Além disso, se o alimentando for absolutamente incapaz (menor de 16 anos), contra ele não corre a prescrição (art. 198, I, do CC). Desse modo, todos os alimentos fixados em sentença e vencidos só terão a prescrição iniciada quando o menor completar 16 anos.

Mais uma regra referente à prescrição da pretensão deve ser lembrada. Se o pai ou a mãe forem os devedores dos alimentos, a prescrição não começa a correr quando o filho se torna relativamente capaz (aos 16 anos), porque, por expressa disposição de lei, a prescrição não corre entre ascendentes e descendentes durante o poder familiar (art. 197, inc. II, do CC). Em suma, em casos tais, a prescrição de dois anos só se inicia, em regra, quando o menor se tornar capaz aos 18 anos, salvo as hipóteses de emancipação.

### f) Obrigação incessível e inalienável

O tão citado art. 1.707 do Código Civil expressa que a obrigação de alimentos não pode ser objeto de cessão gratuita ou onerosa. Ilustrando, os alimentos não podem ser objeto de cessão de crédito. Os alimentos, do mesmo modo, são inalienáveis, não podendo ser vendidos, doados, locados ou trocados.

### g) Obrigação incompensável

O mesmo art. 1.707 do Código Civil veda que a obrigação alimentar seja objeto de compensação. A mesma proibição consta do art. 373, inc. II, do CC. Mais uma vez, apesar da literalidade da lei, parte da doutrina e da jurisprudência entende pela possibilidade de compensação dos alimentos.

Da jurisprudência há decisões que compensam os alimentos pagos a mais pelo devedor, aplicando a vedação do enriquecimento sem causa constante dos arts. 884 a 886 do CC (TJSP, Agravo de Instrumento 394.691-4/7-00/SP, 5.ª Câmara de Direito Privado, Rel. Silvério Ribeiro, 06.07.2005, *v.u.*; e TJSP, Agravo de Instrumento 257.458-4/4/SP, 4.ª Câmara de Direito Privado, Rel. Armindo Freire Mármora, 06.02.2003, v.u.).

Na doutrina, Rolf Madaleno é um dos defensores da compensação, lecionando que "A proibição da compensação alimentar vem repetida no Código Civil de 2002, mostrando-se como um dos exemplos que reclamam uma profunda reformulação do direito familista, diante da evolução dos costumes e da libertação econômica dos cônjuges e conviventes, já apartados dos tradicionais papéis dedicados exclusivamente aos afazeres domésticos".[209]

---

[209] MADALENO, Rolf. *Curso de Direito de Família*. Rio de Janeiro: Forense, 2008. p. 668.

CAP. 8 • DIREITO DE FAMÍLIA **1647**

Porém, na jurisprudência superior parecia prevalecer a afirmação constante do art. 1.707 do Código Civil. Nessa linha é a premissa 16, publicada na Edição 65 da ferramenta *Jurisprudência em Teses* do Superior Tribunal de Justiça (2016): "não é possível a compensação dos alimentos fixados em pecúnia com parcelas pagas *in natura*". São citados os seguintes precedentes superiores: AgRg no AREsp 586.516/SP, 4.ª Turma, Rel. Min. Marco Buzzi, j. 17.03.2016, *DJe* 31.03.2016; AgRg no REsp 1.257.779/MG, 4.ª Turma, Rel. Min. Antonio Carlos Ferreira, j. 04.11.2014, *DJe* 12.11.2014; HC 297.951/SP, 4.ª Turma, Rel. Min. Maria Isabel Gallotti, j. 23.09.2014, *DJe* 29.09.2014; HC 109.416/RS, 3.ª Turma, Rel. Min. Massami Uyeda, j. 05.02.2009, *DJe* 18.02.2009).

Todavia, em março de 2017, surgiu uma contradição perante outra premissa, agora publicada na Edição 77 da *Jurisprudência em Teses* (Alimentos II). Conforme a afirmação número 13, os valores pagos a título de alimentos são insuscetíveis de compensação, salvo quando configurado o enriquecimento sem causa do alimentando. As teses parecem conflitantes, necessitando de uma pacificação, no meu entendimento.

Na verdade, a possibilidade de compensação de alimentos parece prevalecer na jurisprudência atual do STJ. A propósito, em 2018, a sua Quarta Turma prolatou decisão contrária à tese n. 65 acima aposta, com o seguinte teor:

"Controvérsia em torno da possibilidade, em sede de execução de alimentos, de serem deduzidas da pensão alimentícia fixada exclusivamente em pecúnia as despesas pagas 'in natura' referentes a aluguel, condomínio e IPTU do imóvel onde residia o exequente. Esta Corte Superior de Justiça, sob o prisma da vedação ao enriquecimento sem causa, vem admitindo, excepcionalmente, a mitigação do princípio da incompensabilidade dos alimentos. Precedentes. Tratando-se de custeio direto de despesas de natureza alimentar, comprovadamente feitas em prol do beneficiário, possível o seu abatimento no cálculo da dívida, sob pena de obrigar o executado ao duplo pagamento da pensão, gerando enriquecimento indevido do credor. No caso, o alimentante contribuiu por cerca de dois anos, de forma efetiva, para o atendimento de despesa incluída na finalidade da pensão alimentícia, viabilizando a continuidade da moradia do alimentado" (STJ, REsp 1.501.992/RJ, 3.ª Turma, Rel. Min. Paulo de Tarso Sanseverino, j. 20.03.2018, *DJe* 20.04.2018).

Existe a necessidade de pacificação do tema na Segunda Seção da Corte, para que a jurisprudência seja coerente, nos termos do que consta do art. 927 do CPC/2015.

Com o devido respeito, penso que deve prevalecer o texto legal, pelo fato de estarem os alimentos fundados na dignidade humana e em direitos da personalidade, justificando-se plenamente a forte intervenção legislativa. Como antes pontuado, trata-se de outro dilema que precisa ser resolvido por alteração legislativa, urgentemente. Por isso, no Projeto de Reforma do Código Civil elaborado pela Comissão de Juristas sugere-se a inclusão do § 1.º no novo art. 1.700-C da Lei Civil, prevendo que "os alimentos são irrepetíveis e absolutamente incompensáveis, mesmo nos casos de pagamento de valores a mais pelo devedor". Com isso, o debate exposto estará encerrado, em prol da certeza, da segurança e da estabilidade das relações civis.

### h) Obrigação impenhorável

Por ser personalíssima, incessível, inalienável, a obrigação de prestar alimentos é impenhorável (arts. 1.707 do CC/2002, 833, inc. IV, do CPC/2015 e 649, inc. IV, do CPC/1973).

### i) Obrigação irrepetível

A irrepetibilidade dos alimentos é construção antiga, relacionada ao fato de existir uma obrigação moral.[210] Em reforço, vale o argumento da existência de uma obrigação

---

[210] LÔBO, Paulo Luiz Netto. *Famílias*. São Paulo: Saraiva, 2008. p. 349.

**1648** | MANUAL DE DIREITO CIVIL • VOLUME ÚNICO – *Flávio Tartuce*

essencialmente satisfativa. Assim, não cabe ação de repetição de indébito para reaver o que foi pago (*actio in rem verso*).

Ilustrando, imagine-se que um homem foi enganado quanto à prole por uma mulher, que lhe disse que o filho era seu. Constatada a inexistência de vínculo biológico, via DNA, esse homem não poderá reaver os alimentos pagos, pois esses são irrepetíveis. Porém, poderá ele pleitear indenização por danos morais, diante do engano, como já entendeu o STJ:

> "Responsabilidade civil. Dano moral. Marido enganado. Alimentos. Restituição. A mulher não está obrigada a restituir ao marido os alimentos por ele pagos em favor da criança que, depois se soube, era filha de outro homem. A intervenção do Tribunal para rever o valor da indenização pelo dano moral somente ocorre quando evidente o equívoco, o que não acontece no caso dos autos. Recurso não conhecido" (STJ, REsp 412.684/SP, 4.ª Turma, Rel. Min. Ruy Rosado de Aguiar, j. 20.08.2002, publicado em 25.11.2002).

### j) Obrigação intransacionável e não sujeita à arbitragem

Por todas as características demonstradas incansavelmente, a obrigação alimentar não pode ser objeto de transação, ou seja, de um contrato pelo qual a dívida é extinta por concessões mútuas ou recíprocas (arts. 840 a 850 do CC).

Como é notório, apenas quanto a direitos patrimoniais de caráter privado se permite a transação (art. 841 do CC). Como outrora exposto, a natureza da obrigação de alimentos é especial, fundada na dignidade humana em direitos da personalidade.

Além de ser intransacionável, a obrigação alimentar não pode ser objeto de compromisso ou arbitragem. Enuncia o art. 852 do CC que está vedado o compromisso para solução de questões de estado e de direito pessoal de família, caso dos alimentos.

### k) Obrigação transmissível

É a expressão do art. 1.700 do CC/2002: "a obrigação de prestar alimentos transmite-se aos herdeiros do devedor, na forma do art. 1.694". Como se nota, há transmissibilidade da obrigação de alimentos em relação aos herdeiros do devedor. De todo modo, como se verá a seguir, a aplicação da norma foi esvaziada na prática, nos mais de vinte anos de vigência da atual Lei Geral Privada.

A grande polêmica está em saber quais são os limites dessa transmissão. Prevalece o entendimento de que essa ocorre nos limites da herança, conforme se extrai do Enunciado n. 343 do CJF/STJ, da *IV Jornada de Direito Civil*: "a transmissibilidade da obrigação alimentar é limitada às forças da herança". Essa também é a opinião de Maria Berenice Dias.[211] Há julgados que concluem desse modo (TJSP, Apelação com Revisão 566.878.4/9, Acórdão 3361037, 3.ª Câmara de Direito Privado, Itatiba, Rel. Des. Jesus de Nazareth Lofrano, j. 18.11.2008, *DJESP* 15.01.2009).

A questão, contudo, não é pacífica. Anotam Jones Figueirêdo Alves e Mário Luiz Delgado que os herdeiros não respondem somente até os limites das dívidas do alimentante vencidas enquanto este era vivo, havendo uma assunção da obrigação alimentar, de forma continuada, "figurando a remissão ao art. 1.694 no sentido de a obrigação ser assumida pelos herdeiros, em conformidade com os seus recursos pessoais, o que pode implicar em revisionamento da obrigação".[212] Estou filiado a essa corrente, pois o art. 1.700 do CC faz

---

[211] DIAS, Maria Berenice. *Manual de Direito das Famílias*. 5. ed. São Paulo: RT, 2009. p. 466.

[212] ALVES, Jones Figueirêdo; DELGADO, Mário Luiz. *Código Civil anotado*. São Paulo: Método, 2005. p. 868.

CAP. 8 • DIREITO DE FAMÍLIA **1649**

menção ao art. 1.694, e não ao art. 1.792, que trata da responsabilidade dos herdeiros até as forças da herança.

Anote-se que o STJ entende que, para que o espólio tenha responsabilidade pelos alimentos, há necessidade de condenação prévia do devedor falecido:

"Direito civil. Ação de alimentos. Espólio. Transmissão do dever jurídico de alimentar. Impossibilidade. 1. Inexistindo condenação prévia do autor da herança, não há por que falar em transmissão do dever jurídico de prestar alimentos, em razão do seu caráter personalíssimo e, portanto, intransmissível. 2. Recurso especial provido" (STJ, REsp 775.180/MT, 4.ª Turma, Rel. Min. João Otávio de Noronha, j. 15.12.2009, *DJe* 02.02.2010).

Mais recentemente, a premissa foi aplicada em caso envolvendo a ex-estudante de Direito Suzane von Richthofen, condenada a 38 anos de reclusão pelo envolvimento no homicídio dos pais, que pleiteava o pagamento de verbas alimentares ao espólio de seus genitores.

Consta da ementa desse julgamento que, "embora a jurisprudência desta Corte Superior admita, nos termos dos arts. 23 da Lei do Divórcio e 1.700 do Código Civil, que, caso exista obrigação alimentar preestabelecida por acordo ou sentença – por ocasião do falecimento do autor da herança –, possa ser ajuizada ação de alimentos em face do Espólio – de modo que o alimentando não fique à mercê do encerramento do inventário para que perceba as verbas alimentares –, não há cogitar em transmissão do dever jurídico de prestar alimentos, em razão de seu caráter personalíssimo e, portanto, intransmissível". Em complemento, deduziram os julgadores que "igualmente, ainda que não fosse a ação de alimentos ajuizada em face de espólio, foi manejada quando a autora já havia alcançado a maioridade e extinto o poder familiar. Assim, não há cogitar em concessão dos alimentos vindicados, pois não há presunção de dependência da recorrente, nos moldes dos precedentes desta Corte Superior" (REsp 1.337.862/SP).

Pontuou, ainda, o Ministro Relator que "o preso tem direito à alimentação suficiente, à assistência material, à saúde e ao vestuário, enquanto que a concessão de alimentos demanda a constatação ou presunção legal de necessidade daquele que os pleiteia; todavia, na exordial, em nenhum momento a autora afirma ter buscado trabalhar durante o período em que se encontra reclusa, não obstante a atribuição de trabalho e a sua remuneração sejam, conforme disposições da Lei de Execução Penal, simultaneamente um direito e um dever do preso" (STJ, REsp 1.337.862/SP, 4.ª Turma, Rel. Min. Luis Felipe Salomão, j. 11.02.2014, *DJe* 20.03.2014).

Destaco que a posição se consolidou de tal forma que passou a constituir a ferramenta *Jurisprudência em Teses* da Corte. Conforme a premissa 7, publicada na sua Edição 77 (Alimentos II), "a obrigação de prestar alimentos é personalíssima, intransmissível e extingue-se com o óbito do alimentante, cabendo ao espólio saldar, tão somente, os débitos alimentares preestabelecidos mediante acordo ou sentença não adimplidos pelo devedor em vida, ressalvados os casos em que o alimentado seja herdeiro, hipóteses nas quais a prestação perdurará ao longo do inventário" (março de 2017).

Para encerrar o estudo do tema, importante também pontuar que no Projeto de Reforma do Código Civil a Comissão de Juristas pretende resolver as polêmicas expostas nos meus comentários doutrinários, e seguindo a posição que hoje é majoritária na jurisprudência superior e constante de Enunciado n. 343 da *IV Jornada de Direito Civil*. Por esse caminho, o art. 1.700 do CC/2002 passará a prever que "a morte do devedor extingue a obrigação de prestar alimentos, transmitindo-se aos herdeiros a obrigação de pagar eventuais prestações vencidas, respeitada a força da herança".

# 1650 | MANUAL DE DIREITO CIVIL • VOLUME ÚNICO – *Flávio Tartuce*

Em tom complementar, com a finalidade de proteger o filho com menos de dezoito anos de idade, e para a tutela de vulnerabilidades, o novo art. 1.700-A enunciará o seguinte: "ocorrendo a morte do devedor e em caso de ser o alimentando também seu herdeiro com menos de dezoito anos de idade, terá o direito de obter, antes da partilha e a título de antecipação do seu quinhão hereditário, bens suficientes para prover a própria subsistência".

Com isso, todos os debates hoje existentes, na doutrina e jurisprudência, e a respeito da transmissão dos alimentos aos herdeiros do devedor estarão definitivamente encerrados, resolvendo-se os problemas práticos advindos da norma.

## 8.6.3 Principais classificações dos alimentos

I) *Quanto às fontes:*

a) *Alimentos legais*: decorrentes da norma jurídica, estando fundamentados no Direito de Família e decorrentes de casamento, união estável ou relações de parentesco (art. 1.694 do CC). Os citados alimentos igualmente podem ser definidos como *familiares*. Por força da Lei 11.804/2008 também são devidos os *alimentos gravídicos*, ao nascituro e à mulher gestante. O Projeto de Reforma do Código Civil pretende revogar essa lei e trazer o tema para a Lei Geral Privada, denominando esses alimentos como os devidos à gestante e ao nascituro, o que é mais correto tecnicamente. Na falta de pagamento desses alimentos legais, cabe a prisão civil do devedor (art. 5.º, inc. LXVII, da CF/1988). Nesse sentido, o enunciado aprovado na *V Jornada de Direito Civil*, proposto por Jones Figueirêdo Alves: "cabe prisão civil do devedor nos casos de não prestação de alimentos gravídicos estabelecidos com base na Lei n. 11.804/2008, inclusive deferidos em qualquer caso de tutela de urgência" (Enunciado n. 522). Igualmente a tratar do assunto, conforme o Enunciado n. 675 da *IX Jornada de Direito Civil*, "as despesas com doula e consultora de amamentação podem ser objeto de alimentos gravídicos, observado o trinômio da necessidade, possibilidade e proporcionalidade para sua fixação". A doula é uma profissional que acompanha a gestante durante todo o período de gravidez, o parto e o pós-parto, oferecendo suporte emocional nesses momentos. Na mesma linha, há a atuação da consultora de amamentação. As justificativas da proposta estão baseadas em recomendações da Organização Mundial da Saúde e do Ministério da Saúde, para a efetivação do que se denomina *parto humanizado*, havendo nesse ponto razões para que as despesas com sua contratação recaiam sobre os alimentos gravídicos.

b) *Alimentos convencionais*: fixados por força de contrato, testamento ou legado, ou seja, que decorrem da autonomia privada do instituidor. Não cabe prisão civil pela falta do seu pagamento, a não ser que sejam legais.

c) *Alimentos indenizatórios, ressarcitórios* ou *indenitários*: são aqueles devidos em virtude da prática de um ato ilícito, como, por exemplo, o homicídio, hipótese em que as pessoas que do morto dependiam podem pleiteá-los (art. 948, inc. II, do CC). Também não cabe prisão civil pela falta de pagamento desses alimentos (STJ, HC 92.100/DF, 3.ª Turma, Rel. Min. Ari Pargendler, j. 13.11.2007, *DJ* 1.º.02.2008, p. 1; STJ, REsp 93.948/SP, 3.ª Turma, Rel. Min. Eduardo Ribeiro, j. 02.04.1998, *DJ* 1.º.06.1998, p. 79). Essa premissa deve ser mantida com o CPC/2015, no meu entendimento. Como é notório, o art. 533 do Estatuto Processual em vigor trata do instituto, sem qualquer menção à prisão civil. Tal categoria é estudada no âmbito da responsabilidade civil.

CAP. 8 • DIREITO DE FAMÍLIA | **1651**

*II)  Quanto à extensão:*

a)  *Alimentos civis* ou *côngruos*: visam à manutenção do *status quo ante*, ou seja, a condição anterior da pessoa, tendo um conteúdo mais amplo (art. 1.694 do CC). Em regra, os alimentos são devidos dessa forma, incidindo sempre a razoabilidade.

b)  *Alimentos indispensáveis, naturais* ou *necessários*: visam somente ao indispensável à sobrevivência da pessoa, também com dignidade. Englobam alimentação, saúde, moradia e vestuário, sem exageros, dentro do princípio da razoabilidade. Eventualmente, também se pode incluir a educação de menores. Esse conceito ganhou importância com o Código Civil de 2002, pois o culpado pelo fim da união somente poderá pleitear esses alimentos do inocente (art. 1.694, § 2.º, do CC). Isso, desde que não tenha condições para trabalho ou parentes em condições de prestar os alimentos (art. 1.704, parágrafo único, do CC). Todavia, repise-se que há quem entenda, como Paulo Lôbo, que tal dispositivo está revogado pela alteração do art. 226, § 6.º, da CF/1988 pela *EC do Divórcio*, perdendo importância a presente categorização para parte da doutrina.²¹³ Esse entendimento também tem prevalecido no Superior Tribunal de Justiça, como antes exposto, o que deve ser levado em conta para os devidos fins práticos (por todos: STJ, REsp 1.720.337/PR, 4.ª Turma, Rel. Min. Luis Felipe Salomão, j. 15.05.2018, *DJe* 29.05.2018, p. 6774). Essa é a principal polêmica envolvendo a EC 66/2010 e os alimentos, mantida com a emergência do CPC/2015 e que o Projeto de Reforma do Código Civil pretende resolver, retirando todas as menções à culpa da Lei Geral Privada.

*III)  Quanto ao tempo:*

a)  *Alimentos pretéritos*: são os que ficaram no passado e que não podem mais ser pleiteados por regra, eis que o princípio que rege os alimentos é o da *atualidade*. Lembre-se que podem ser cobrados os alimentos já fixados por sentença ou acordo entre as partes, no prazo prescricional de dois anos, contados do seu vencimento (art. 206, § 2.º, do CC).

b)  *Alimentos presentes*: são aqueles do momento e que podem ser pleiteados.

c)  *Alimentos futuros*: são os alimentos pendentes, que poderão ser pleiteados oportunamente.

*IV)  Quanto à forma de pagamento:*

a)  *Alimentos próprios* ou in natura: pagos em espécie, por meio do fornecimento de alimentação, sustento e hospedagem, sem prejuízo do dever de prestar o necessário para a educação dos menores (art. 1.701, *caput*, do CC). Nos termos da premissa 7, publicada na Edição 65 da ferramenta *Jurisprudência em Teses* do STJ: "é possível a modificação da forma da prestação alimentar (em espécie ou *in natura*), desde que demonstrada a razão pela qual a modalidade anterior não mais atende à finalidade da obrigação, ainda que não haja alteração na condição financeira das partes nem pretensão de modificação do valor da pensão".

b)  *Alimentos impróprios*: pagos mediante pensão, o que é mais comum na prática. Cabe ao juiz da causa, de acordo com as circunstâncias do caso concreto, fixar qual a melhor forma de cumprimento da prestação (art. 1.701, parágrafo único, do CC). Geralmente são fixados em salários mínimos, sendo esses utilizados

---

²¹³ LÔBO, Paulo. *Divórcio*: alteração constitucional e suas consequências. Disponível em: <http://www.ibdfam. org.br/?artigos&artigo=570>. Acesso em: 12 fev. 2010.

como índice de correção monetária (dívida de valor). Esse critério, contudo, não é obrigatório. Nos termos do art. 1.710 do CC/2002 os alimentos fixados devem ser atualizados de acordo com índices oficiais. Para o Superior Tribunal de Justiça, esse índice é o INPC – Índice Nacional de Preços ao Consumidor. Como se retira de um de seus arestos, que tem o meu apoio doutrinário, "por ser a correção monetária mera recomposição do valor real da pensão alimentícia, é de rigor que conste, expressamente, da decisão concessiva de alimentos – sejam provisórios ou definitivos –, o índice de atualização monetária, conforme determina o art. 1.710 do Código Civil. Diante do lapso temporal transcorrido, deveria ter havido incidência da correção monetária sobre o valor dos alimentos provisórios, independentemente da iminência da prolação de sentença, na qual seria novamente analisado o binômio necessidade-possibilidade para determinação do valor definitivo da pensão. Na hipótese, para a correção monetária, faz-se mais adequada a utilização do INPC, em consonância com a jurisprudência do STJ, no sentido da utilização do referido índice para correção monetária dos débitos judiciais" (STJ, REsp 1.258.824/SP, 3.ª Turma, Rel. Min. Nancy Andrighi, j. 24.04.2014, *DJe* 30.05.2014).

V) *Classificação dos alimentos quanto à finalidade:*

a) *Alimentos definitivos* ou *regulares*: fixados definitivamente, por meio de acordo de vontades ou de sentença judicial já transitada em julgado. A Lei 11.441/2007 possibilitou que esses alimentos sejam fixados por escritura pública, quando da separação ou do divórcio extrajudiciais, o que foi mantido pelo atual CPC (art. 733). Apesar da denominação "definitivos", podem ser revistos se ocorrer alteração substancial no binômio ou trinômio alimentar, cabendo majoração, diminuição ou exoneração do encargo (art. 1.699 do CC). Tem-se entendido que a sentença de exoneração ou revisão do valor alimentar retroage à data da citação na ação correspondente. Nessa linha, a Súmula 621 do STJ, editada ao final de 2018: "os efeitos da sentença que reduz, majora ou exonera o alimentante do pagamento retroagem à data da citação, vedadas a compensação e a repetibilidade". Ademais, a simples alteração do binômio ou trinômio alimentar, por si só, não enseja a modificação do valor alimentar ou a sua atribuição posterior ao cônjuge. Nesse sentido, entende o STJ que "a concessão do pensionamento não está limitada somente à prova da alteração do binômio necessidade-possibilidade, devendo ser consideradas outras circunstâncias, tais como a capacidade potencial para o trabalho e o tempo decorrido entre o seu início e a data do pedido de desoneração" (STJ, REsp 1.829.295/SC, 3.ª Turma, Rel. Min. Paulo de Tarso Sanseverino, j. 10.03.2020, *DJe* 13.03.2020). Debateu-se muito intensamente, a respeito dessa alteração, os graves problemas econômicos advindos da pandemia da Covid-19. Com o fim de se evitar demandas oportunistas, o julgador esteve atento a tal alegação, sendo necessária a prova efetiva da alteração da possibilidade do potencial econômico do alimentante e também das necessidades do alimentados, diante das peculiaridades do caso concreto. Assim concluindo e afastando a revisão dos alimentos, somente a ilustrar: "Para o atendimento ao pleito de revisão de alimentos, incumbe ao autor da ação comprovar os requisitos do art. 1.699 do Código Civil, demonstrando a mudança da situação financeira do requerente ou das necessidades do alimentando. Embora a pandemia provocada pelo Coronavírus (Covid-19) tenha o potencial de comprometer as obrigações alimentares, haja vista a crise econômica decorrente, persiste a necessidade de comprovação da alteração no binômio possibilidade/necessidade. Ainda que de forma mais superficial, inabitual, haja vista a excepcionalidade da situação. A mera referência do alimentante, empresário, à pandemia enquanto fato novo, público e notório não constitui, por si, fundamento para a redução da verba alimentar, sendo pertinente, na falta de maiores elementos, a manutenção da decisão agravada até a análise definitiva da controvérsia" (TJDF, Recurso 07185.30-44.2020.8.07.0000, Acórdão 128.0587, 2.ª Turma Cível, Rel. Des. Sandoval Oliveira, j. 02.09.2020, *DJe* 17.09.2020). Porém, em sentido contrário, julgando pela possibilidade de revisão do *quantum* alimentar, pela prova construída no feito: "Mormente considerando a notória crise econômica de âmbito nacional, que mais se agrava no atual quadro de pandemia de COVID-19. Alimentos reduzidos de 30% para 22% do salário mínimo. Deram provimento. Unânime" (TJRS, Apelação 0025512-77.2020.8.21.7000, Processo 70083871533, 8.ª Câmara Cível, Veranópolis, Rel. Des. Luiz Felipe Brasil Santos, j. 28.05.2020, *DJERS* 15.09.2020). Os casos de revisão dos valores alimentares tiveram crescimento nesse período, diante do agravamento da crise decorrente da pandemia e da redução de ganhos, de gastos e de despesas, em muitas situações concretas.

b) *Alimentos provisórios*: fixados antes da sentença na ação de alimentos que segue o rito especial previsto na Lei 5.478/1968 (Lei de Alimentos). Exigem prova pré-constituída do parentesco (certidão de nascimento) ou do casamento (certidão de casamento). Têm natureza de antecipação dos efeitos da sentença (*tutela de urgência satisfativa*).[214] Pontue-se que a citada lei especial ainda tem aplicação em alguns de seus preceitos, tendo sido revogados pelo CPC de 2015 apenas os seus arts. 16 a 18 (art. 1.072, inc. V, do CPC/2015). Sendo assim, a presente classificação ainda tem repercussão prática.

c) *Alimentos provisionais*: estipulados em outras ações que não seguem o rito especial mencionado, visando manter a parte que os pleiteia no curso da lide (*ad litem*). São fixados por meio de antecipação de tutela ou em liminar concedida em medida cautelar de separação de corpos em ações em que não há a mencionada prova pré-constituída, caso da ação de investigação de paternidade ou da ação de reconhecimento e dissolução da união estável. Dispõe o art. 1.706 do atual Código Civil que "os alimentos provisionais serão fixados pelo juiz, nos termos da lei processual". Também têm natureza satisfativa, antecipando os efeitos da sentença definitiva.[215]

d) *Alimentos transitórios*: reconhecidos pela mais recente jurisprudência do STJ, são aqueles fixados por determinado período de tempo, a favor de ex-cônjuge ou ex-companheiro, fixando-se previamente o seu termo final. Conforme se extrai de ementa daquele Tribunal Superior, "a obrigação de prestar alimentos transitórios – a tempo certo – é cabível, em regra, quando o alimentando é pessoa com idade, condições e formação profissional compatíveis com uma provável inserção no mercado de trabalho, necessitando dos alimentos apenas até que atinja sua autonomia financeira, momento em que se emancipará da tutela do alimentante – outrora provedor do lar –, que será então liberado da obrigação, a qual se extinguirá automaticamente" (STJ, REsp 1.025.769/MG, 3.ª Turma, Rel. Min. Nancy Andrighi, j. 24.08.2010, *DJe* 1.º.09.2010, ver *Informativo* n. 444). Em 2016, a premissa passou a compor a Edição 65 da ferramenta *Jurisprudência em*

---

[214] ASSUMPÇÃO NEVES, Daniel Amorim. *Manual de Direito Processual Civil*. São Paulo: Método, 2009. p. 1.150.
[215] ASSUMPÇÃO NEVES, Daniel Amorim. *Manual de Direito Processual Civil*. São Paulo: Método, 2009. p. 1.150.

*Teses* do Tribunal da Cidadania, com uma ressalva importante. Nos termos da afirmação 14, "os alimentos devidos entre ex-cônjuges devem ter caráter excepcional, transitório e devem ser fixados por prazo determinado, exceto quando um dos cônjuges não possua mais condições de reinserção no mercado do trabalho ou de readquirir sua autonomia financeira". Anoto que no atual Projeto de Reforma do Código Civil, a Comissão de Juristas sugere a inclusão desses alimentos transitórios de forma expressa na norma. Assim, no novo capítulo relativo aos "alimentos devidos às famílias conjugais e convivenciais", o art. 1.702 da Lei Geral Privada preverá que, "em caso de dissolução do casamento, da sociedade conjugal ou convivencial, sendo um dos cônjuges desprovido de recursos, prestar-lhe-á o outro a pensão alimentícia que o juiz fixar, obedecidos os critérios estabelecidos no art. 1.694". E mais, nos termos do seu projetado parágrafo único, "verificando-se que o credor reúne aptidão para obter, por seu próprio esforço, renda suficiente para a sua mantença, poderá o juiz fixar a pensão alimentícia com termo final, observado o lapso temporal necessário e razoável para que ele promova a sua inserção, recolocação ou progressão no mercado de trabalho". Mais uma vez, a proposição é de se inserir na norma jurídica o entendimento hoje considerado como majoritário, em prol da segurança jurídica, retirando-se qualquer influência da culpa a respeito dos alimentos.

> **Observação 1** – A classificação dos alimentos em provisórios e provisionais sempre interessou diretamente à questão da prisão civil. Isso porque, nos termos literais da norma instrumental anterior, quanto aos alimentos provisionais, o prazo máximo de prisão seria de três meses (art. 733, § 1.º, do CPC/1973). Em relação aos definitivos e provisórios, a prisão não pode ultrapassar 60 dias (art. 19 da Lei 5.478/1968). De todo modo, sempre existiram julgados que aplicam o prazo menor (60 dias), em benefício do réu preso ou executado, unificando o seu tratamento (TJMG, HC 1.0000.09.490625-2/0001, 7.ª Câmara Cível, Belo Horizonte, Rel. Desig. Des. Heloisa Combat, j. 24.03.2009, *DJEMG* 22.05.2009; e TJSP, Agravo de Instrumento 582.353.4/0, Acórdão 3302923, 3.ª Câmara de Direito Privado, General Salgado, Rel. Des. Egidio Jorge Giacoia, j. 21.10.2008, *DJESP* 25.11.2008). O CPC de 2015 revogou o art. 733 do CPC/1973, mas não o art. 19 da Lei de Alimentos. Assim, nos termos da nova norma instrumental, se o executado não pagar ou se a justificativa apresentada não for aceita, o juiz, além de mandar protestar o pronunciamento judicial, decretar-lhe-á a prisão pelo prazo de um a três meses (art. 528, § 3.º, do CPC/2015). Dessa forma, a prisão civil, prevista no art. 5.º, inciso LXVII, da Constituição Federal de 1988, permanece consagrada no Estatuto Processual, ampliada para os casos de cumprimento de sentença. Pontue-se que uma das discussões que permearam o então projeto de CPC/2015 foi a sua retirada do sistema, na linha de alguns debates de convenções internacionais de direitos humanos, o que não acabou por prosperar. Muito ao contrário passou-se a estabelecer, com mais rigidez em certo sentido e menos rigidez em outro, que a prisão será cumprida em regime fechado, devendo o preso ficar separado dos presos comuns (art. 528, § 4.º, do CPC/2015). Confrontando essa prisão com a que consta do art. 19 da Lei de Alimentos, constata-se a permanência de dois prazos distintos de prisão civil, a exemplo do que ocorria no sistema anterior, diante da regra do antigo art. 733 do CPC/1973. Reafirme-se que a Lei 5.478/1968 impõe prazo de prisão de até sessenta dias; o Código de Processo Civil de 2015, entre um a três meses. Frise-se, mais uma vez, que anteriormente se entendia que o prazo do antigo art. 733 teria incidência apenas para os alimentos provisionais, fixados no curso da lide, nos casos de ausência de prova pré-constituída para a sua fixação, especialmente de uma certidão de casamento ou de nascimento. Por outra

CAP. 8 • DIREITO DE FAMÍLIA | **1655**

via, para os alimentos provisórios – com a citada prova pré-constituída –, ou definitivos, o prazo seria o da Lei de Alimentos. No novo sistema, o prazo de prisão civil do CPC/2015 – reafirme-se, de um a três meses –, passa a ser aplicado aos alimentos definitivos e provisórios, por expressa previsão do seu art. 531, *caput*. Em relação aos alimentos provisionais, não há qualquer disposição no Estatuto Processual emergente, o que pode levantar dúvida de sua retirada do sistema. Todavia, em muitos casos concretos, tais alimentos são utilizados para satisfazer os interesses de filhos não reconhecidos, que ainda não têm a prova pré-constituída da obrigação alimentar, ou seja, que ainda não têm a certidão de nascimento para a prova do vínculo de filiação. Ora, soaria inconstitucional a não possibilidade de prisão em casos tais, por infringência ao princípio da igualdade entre os filhos, constante do art. 227, § 6.º, da Constituição Federal. Sendo assim, parece-me que os alimentos provisionais continuam no sistema, aplicando-se para tais verbas a regra do art. 19 da Lei de Alimentos, especialmente pelo uso do termo para a instrução da causa. Em apurada síntese, a meu ver, para os alimentos provisionais a prisão deve ser de até 60 dias. De toda sorte, continuará forte a tese de unificação dos prazos para a prisão civil do devedor, incidindo o prazo menor, no caso de até sessenta dias, nos termos do ainda sobrevivente art. 19 da Lei de Alimentos.

**Observação 2** – Em todos os casos, já enunciava a Súmula 309 do STJ que "o débito alimentar que autoriza a prisão civil do alimentante é o que compreende as três prestações anteriores ao ajuizamento da execução e as que se vencerem no curso do processo". Nos termos do que estava nessa síntese do Superior Tribunal de Justiça, o § 7.º do art. 528 do CPC/2015 estatui que o débito alimentar que autoriza a prisão civil do alimentante é o que compreende até as três prestações anteriores ao ajuizamento da execução e as que se vencerem no curso do processo. Vale lembrar que a citada sumular teve sua redação original alterada pelo próprio Tribunal da Cidadania. A alteração da redação se deu porque a súmula falava em citação, e não em ajuizamento da execução. Isso gerou contundentes críticas da doutrina, como no caso de Maria Berenice Dias, pois seria comum ao devedor furtar-se à citação para afastar a possibilidade de prisão futura, o que realmente acabaria por acontecer. Nesse contexto, graças à consciência dos Ministros daquele Tribunal, a súmula foi por bem alterada, e teve o seu texto modificado confirmado pelo Código de Processo Civil de 2015. Para o próprio Superior Tribunal de Justiça, em decisão do ano de 2018, a norma tem aplicação imediata, inclusive para as execuções de alimentos iniciadas e processadas, em parte, na vigência do CPC/1973. Como consta do seu corpo, "a regra do art. 528, § 7.º, do CPC/15, apenas incorpora ao direito positivo o conteúdo da preexistente Súmula 309/STJ, editada na vigência do CPC/73, tratando-se, assim, de pseudonovidade normativa que não impede a aplicação imediata da nova legislação processual, como determinam os arts. 14 e 1.046 do CPC/15" (STJ, RHC 92.211/SP, 3.ª Turma, Rel. Min. Nancy Andrighi, j. 27.02.2018, *DJe* 02.03.2018). Destaque-se outro julgado superior, do mesmo ano, no sentido de que o teor da Súmula 309, e também do novo preceito processual, têm incidência a qualquer verba alimentar, inclusive em se tratando de alimentos fixados entre os cônjuges e com caráter transitório (STJ, HC 413.344/SP, 4.ª Turma, Rel. Min. Luis Felipe Salomão, j. 19.04.2018, *DJe* 07.06.2018). Obviamente, a súmula e a nova norma não encerram preceitos absolutos. Assim, não é necessário que o devedor complete os três meses para que a prisão seja deferida. Um mês de inadimplência pode gerar a prisão do devedor, sendo os três meses apenas um parâmetro para a execução por meio da prisão. Nessa linha, cite-se a premissa 6, publicada na recente Edição 65 da ferramenta *Jurisprudência em Teses* do STJ, no ano de 2016 (Alimentos I): "o atraso de uma só prestação alimentícia, compreendida entre as três últimas atuais devidas, já é hábil a autorizar o pedido de prisão do devedor, nos termos do artigo 528, § 3.º do NCPC (art. 733, § 1.º do CPC/73)". No mesmo sentido, o Enunciado n. 147, aprovado na *II Jornada de Direito Processual Civil* do Conselho da Justiça Federal, em setembro de 2018: "basta o inadimplemento de uma parcela, no todo ou em parte, para decretação da prisão civil prevista no art. 528, § 7.º, do CPC". Além disso, em casos de devedor contumaz, igualmente não há necessidade de se completar os três meses para o decreto da prisão civil.

**Observação 3** – No que diz respeito à possibilidade de prisão civil dos avós, quando da *VII Jornada de Direito Civil*, realizada em 2015, aprovou-se enunciado no sentido de se analisar a citada restrição de liberdade com parcimônia, diante da proteção constante do Estatuto do Idoso. Conforme a sua redação, "deve o magistrado, em sede de execução de alimentos avoengos, analisar as condições do(s) devedor(es), podendo aplicar medida coercitiva diversa do regime fechado (prisão em regime aberto ou prisão domiciliar), se o executado comprovar situações que contraindiquem o rigor na aplicação desse meio coercitivo e o torne atentatório à sua dignidade, como corolário do princípio de proteção aos idosos e garantia à vida" (Enunciado n. 599). No mesmo sentido, a premissa 4 publicada na Edição 77 da ferramenta *Jurisprudência em Teses* do STJ, de março de 2017 (Alimentos II): "o cumprimento da prisão civil em regime semiaberto ou em prisão domiciliar é excepcionalmente autorizado quando demonstrada a idade avançada do devedor de alimentos ou a fragilidade de sua saúde" (precedentes: HC 327.445/SP, 3.ª Turma, Rel. Min. Paulo de Tarso Sanseverino, j. 17.12.2015, *DJE* 03.02.2016; HC 320.216/RS, 3.ª Turma, Rel. Min. Moura Ribeiro, j. 18.06.2015, *DJe* 1.º.07.2015; e HC 312.800/SP, 4.ª Turma, Rel. Min. Raul Araújo, j. 02.06.2015, *DJE* 19.06.2015). Também do ano de 2017, seguindo a mesma forma de pensar o Direito, destaque-se julgado do próprio Tribunal da Cidadania afastando a prisão civil e concluindo que "havendo meios executivos mais adequados e igualmente eficazes para a satisfação da dívida alimentar dos avós, é admissível a conversão da execução para o rito da penhora e da expropriação, que, a um só tempo, respeita os princípios da menor onerosidade e da máxima utilidade da execução, sobretudo diante dos riscos causados pelo encarceramento de pessoas idosas que, além disso, previamente indicaram bem imóvel à penhora para a satisfação da dívida" (STJ, HC 416.886/SP, 3.ª Turma, Rel. Min. Nancy Andrighi, j. 12.12.2017, *DJe* 18.12.2017).

**Observação 4** – Outra ressalva importante a respeito da prisão civil surgiu em meio à pandemia da Covid-19, o que teve início no âmbito da jurisprudência, notadamente do Superior Tribunal de Justiça, que afastou a prisão civil do devedor de alimentos em regime fechado, possibilitando apenas a prisão domiciliar. A ilustrar, vejamos dois desses acórdãos, que seguem recomendação do Conselho Nacional de Justiça: "*Habeas corpus*. Prisão civil. Devedor de alimentos. Pedido de substituição da medida por prisão domiciliar. Superação do óbice previsto na Súmula n.º 691/STF. Recomendação n.º 62/2020 do CNJ. Pandemia do coronavírus (Covid-19). Situação excepcional a autorizar a concessão da ordem. Suspensão do cumprimento da prisão civil. 1. Controvérsia em torno da regularidade da prisão civil do devedor inadimplente de prestação alimentícia, bem como acerca da forma de seu cumprimento no momento da pandemia pelo coronavírus (Covid-19). 2. Possibilidade de superação do óbice previsto na Súmula n.º 691 do STF, em casos de flagrante ilegalidade ou quando indispensável para garantir a efetividade da prestação jurisdicional, o que não ocorre no caso dos autos. 3. Considerando a gravidade do atual momento, em face da pandemia provocada pelo coronavírus (Covid-19), a exigir medidas para contenção do contágio, foi deferida parcialmente a liminar para assegurar ao paciente o direito à prisão domiciliar, em atenção à Recomendação CNJ nº 62/2020. 4. Esta Terceira Turma do STJ, porém, recentemente, analisando pela primeira vez a questão em colegiado, concluiu que a melhor alternativa, no momento, é apenas a suspensão da execução das prisões civis por dívidas alimentares durante o período da pandemia, cujas condições serão estipuladas na origem pelos juízos da execução da prisão civil, inclusive com relação à duração, levando em conta as determinações do Governo Federal e dos Estados quanto à decretação do fim da pandemia (HC n.º 574.495/SP). 5. Ordem de *habeas corpus* concedida" (STJ, HC 580.261/MG, 3.ª Turma, Rel. Min. Paulo de Tarso Sanseverino, j. 02.06.2020, *DJe* 08.06.2020). "*Habeas corpus* substitutivo de recurso ordinário. Família. Alimentos. Filhos menores. Admissibilidade em hipóteses excepcionais. Prisão civil na execução de alimentos. Inadimplemento de obrigação alimentar atual (Súmula 309/STJ). Pandemia de Covid-19. Risco de contágio. Prisão domiciliar. Ordem parcialmente concedida. 1. O presente *habeas corpus* foi impetrado como substitutivo do recurso ordinário cabível, o que somente é admitido excepcionalmente pela jurisprudência desta Corte de Justiça e do egrégio Supremo Tribunal Federal quando constatada a existência de flagrante ilegalidade no ato judicial impugnado, podendo-se, em tais hipóteses, conceder-se a ordem de ofício. 2. O pagamento parcial do débito não afasta a regularidade da prisão civil, porquanto as quantias inadimplidas caracterizam-se como débito atual, que compreende as três prestações anteriores à citação e as que vencerem no curso do processo, nos termos da Súmula 309/STJ. 3. Diante do iminente risco de contágio pelo Covid-19, bem como em razão dos esforços expendidos pelas autoridades públicas em reduzir o avanço da pandemia, é recomendável o cumprimento da prisão civil por dívida alimentar em regime diverso do fechado. 4. Ordem de *habeas corpus* parcialmente concedida para que o paciente, devedor de alimentos, cumpra a prisão civil em regime domiciliar" (STJ, HC 561.257/SP, 4.ª Turma, Rel. Min. Raul Araújo, j. 05.05.2020, *DJe* 08.05.2020). Sucessivamente, veio a Lei n. 14.010/2020, que instituiu um regime transitório em matéria de Direito Privado em tempos de pandemia (RJET), e que teve a minha atuação em sua elaboração, sob a liderança do Professor Otávio Luiz Rodrigues. Conforme o seu art. 15, até 30 de outubro de 2020 – data considerada como de fim de abrangência da nova norma –, "a prisão civil por dívida alimentícia, prevista no art. 528, § 3º e seguintes da Lei nº 13.105, de 16 de março de 2015 (Código de Processo Civil), deverá ser cumprida exclusivamente sob a modalidade domiciliar, sem prejuízo da exigibilidade das respectivas obrigações". O conteúdo da norma teve o meu total apoio, desde o início da crise pandêmica, concretizando a proteção da vida, da saúde e da dignidade humana – com o fim de evitar a propagação do vírus. Além da viabilidade da prisão domiciliar, a norma não afastou a possibilidade de outras medidas para a efetivação do recebimento da dívida de alimentos, caso da penhora e do uso das medidas coercitivas do art. 139, inc. IV, do CPC/2015, como apreensão do passaporte, da carteira de motorista ou do cartão de crédito. Em 2021, infelizmente, tivemos a segunda onda da pandemia, muito pior do que a primeira, e o Superior Tribunal de Justiça voltou a se pronunciar, no sentido de afastar a prisão civil do devedor de alimentos em regime fechado mesmo após o fim de vigência do RJET, desde que presentes os efeitos sociais decorrentes da pandemia. Conforme preciso acórdão da sua Terceira Turma, que apontou a necessidade de verificar os momentos diferentes da crise, "a experiência acumulada no primeiro ano de pandemia revela a necessidade de afastar uma solução judicial apriorística e rígida para a questão, conferindo o protagonismo, quanto ao ponto, ao credor dos alimentos, que, em regra, reúne melhores condições de indicar, diante das inúmeras especificidades envolvidas e das características peculiares do devedor, se será potencialmente mais eficaz o cumprimento da prisão em regime domiciliar ou o diferimento para posterior cumprimento da prisão em regime fechado, ressalvada, em quaisquer hipóteses, a possibilidade de serem adotadas, inclusive cumulativa e combinadamente, as medidas indutivas, coercitivas, mandamentais ou sub-rogatórias, nos termos do art. 139, IV, do CPC, de ofício ou a requerimento do credor. Ordem parcialmente concedida, apenas para impedir, por ora, a prisão civil do devedor de alimentos sob o regime fechado, mas facultando ao credor indicar, no juízo da execução de alimentos, se pretende que a prisão civil seja cumprida no regime domiciliar ou se pretende diferir o seu cumprimento, sem prejuízo da adoção de outras medidas indutivas, coercitivas, mandamentais ou sub-rogatórias" (STJ, HC 645.640/SC, 3.ª Turma, Rel. Min. Nancy Andrighi, j. 23.03.2021, *DJe* 26.03.2021). No final de 2021, o próprio Superior Tribunal de Justiça publicou a Edição 178 da ferramenta *Jurisprudência em Teses*, com orientações jurisprudenciais sobre a Covid-19. De acordo com a tese n. 1, "durante a pandemia da Covid-19, faculta ao credor indicar, no juízo da execução de alimentos, se pretende que a prisão civil seja cumprida no regime domiciliar ou se prefere diferir o seu cumprimento". Consoante a tese n. 2, "é possível a penhora de bens do devedor de alimentos, sem que haja a conversão do rito da prisão para o da constrição patrimonial, enquanto durar a suspensão de todas as ordens de prisão civil, em decorrência da pandemia da Covid-19". Esses entendimentos devem ser considerados como majoritários, para os devidos fins práticos. Todavia, em novembro de 2021, o Conselho Nacional de Justiça voltou a recomendar a prisão civil do devedor de alimentos em regime fechado, fazendo com que a Terceira Turma do STJ se pronunciasse novamente. Vejamos este novo acórdão: "Civil. Processual civil. *Habeas corpus*. Execução de alimentos. Cabimento contra decisão denegatória de liminar na origem. Súmula 691/STF. Possibilidade de concessão da ordem de ofício. Excepcionalidade. Modificação de capacidade econômica do devedor. Pagamento parcial dos alimentos. Irrelevância. Ausência de impedimento absoluto que justifique a inadimplência. Impossibilidade de cumprimento da prisão civil do devedor de alimentos em regime fechado durante a pandemia causada pelo coronavírus. Evolução jurisprudencial desta corte. cumprimento em regime domiciliar, diferimento do cumprimento e escolha pelo credor da medida concretamente mais adequada. Revisitação do tema a partir do atual cenário da pandemia no Brasil. Necessidade. Retomada de atividades econômicas, comerciais, sociais, culturais e de lazer. Avanço substancial da vacinação em todo o país. Superação das circunstâncias que justificaram a impossibilidade de prisão civil do devedor de alimentos em regime fechado. Retomada da adoção dessa medida coercitiva. Possibilidade. 1. O propósito do habeas corpus é definir se, no atual momento da pandemia causada pelo coronavírus, é admissível a retomada da prisão civil do devedor de alimentos em regime fechado. 2. É incabível, por força da Súmula 691/STF, a impetração de habeas corpus contra decisão denegatória de liminar proferida pelo Relator no Tribunal de origem, sem que a questão tenha sido apreciada pelo órgão colegiado, ressalvada a excepcional superação desse entendimento diante da possibilidade de concessão da ordem de ofício. 3. A jurisprudência desta Corte se consolidou no sentido de que é inviável a apreciação de fatos e provas relacionadas à capacidade econômica ou financeira do devedor dos alimentos e de que o pagamento apenas parcial das parcelas vencidas ou vincendas no curso da execução é insuficiente, por si só, para impedir a prisão civil do alimentante. Precedentes. 4. Desde o início da pandemia causada pelo coronavírus, observa-se que a jurisprudência desta Corte oscilou entre a determinação de cumprimento da prisão civil do devedor de alimentos em regime domiciliar, a suspensão momentânea do cumprimento da prisão em regime fechado e a possibilidade de escolha, pelo credor, da medida mais adequada à hipótese, se diferir o cumprimento ou cumprir em regime domiciliar. Precedentes. 5. Passados oito meses desde a última modificação de posicionamento desta Corte a respeito do tema, é indispensável que se reexamine a questão à luz do quadro atual da pandemia no Brasil, especialmente em virtude da retomada das atividades econômicas, comerciais, sociais, culturais e de lazer e do avanço da vacinação em todo o território nacional. 6. Diante do cenário em que se estão em funcionamento, em níveis próximos ao período pré-pandemia, os bares, restaurantes, eventos, shows, boates e estádios, e no qual quase três quartos da população brasileira já tomou a primeira dose e quase um terço se encontra totalmente imunizada, não mais subsistem as razões de natureza humanitária e de saúde pública que justificaram a suspensão do cumprimento das prisões civis de devedores de alimentos em regime fechado. 7. Na hipótese, a devedora de alimentos é empresária, jovem e não informa possuir nenhuma espécie de problema de saúde ou comorbidade que impeça o cumprimento da prisão civil em regime fechado, devendo ser considerado, ademais, que nas localidades em que informa possuir domicílio, o percentual da população totalmente imunizada supera 80%. 8. *Habeas corpus* não conhecido. Ordem denegada de ofício" (STJ, HC 706.825/SP, 3.ª Turma, Rel. Min. Nancy Andrighi, j. 23.11.2021, *DJe* 25.11.2021). Assim, constata-se que, de fato, é preciso verificar qual a realidade pandêmica, para se concluir se a prisão civil do devedor de alimentos em regime fechado é viável ou não. Esse entendimento vale para outras crises que possam surgir.

**Observação 5** – Na linha dos últimos julgados, o que foi *acelerado* com a pandemia, a jurisprudência superior admite a utilização de medidas coercitivas atípicas, nos termos do art. 139, inc. IV, do CPC, como a apreensão de passaporte e da carteira de motorista do devedor, visando ao recebimento da dívida de alimentos. Em fevereiro de 2023, o Supremo Tribunal Federal julgou a constitucionalidade do art. 139, inc. IV, na ADI 5.941, em acórdão em que foi relator o Ministro Luiz Fux. Entendeu-se, assim, como possível, de acordo com a Constituição Federal de 1988, a apreensão do passaporte, da carteira de motorista e de outros documentos do devedor, inclusive em casos de dívidas de alimentos. Sucessivamente, no mesmo ano de 2023, já se pronunciou o Superior Tribunal de Justiça, em acórdão com o seguinte trecho: "O Supremo Tribunal Federal, por ocasião do julgamento da ADI 5.941, firmou posição no sentido de que restrições impostas ao devedor, como a apreensão do passaporte, são constitucionais, desde que respeitados os critérios e requisitos da fundamentação adequada, do contraditório, ainda que diferido, e da proporcionalidade. Hipótese em que a situação financeira privilegiada do devedor de alimentos foi demonstrada, bem como foram suficientemente evidenciados os indícios de ocultação de patrimônio, mostrando-se razoável e proporcional a medida, especialmente após o esgotamento das medidas executivas típicas" (STJ, Ag. Int. no HC 712.901/SP, 3.ª Turma, Rel. Min. Ministra Nancy Andrighi, j. 13.03.2023, *DJe* 15.03.2023). Portanto, os últimos julgados demonstram a plena viabilidade prática dessas medidas em se tratando de dívidas de alimentos.

## 8.6.4 Extinção da obrigação de alimentos

São hipóteses de extinção da obrigação de prestar alimentos:

– *Morte do credor.* Isso porque a obrigação é personalíssima em relação ao credor (*intuitu personae*).

– *Alteração substancial no binômio ou trinômio alimentar, ou desaparecimento de um dos seus requisitos (art. 1.699 do CC).* Com tom didático e exemplar, transcreve-se, do Tribunal Mineiro: "Exoneração de Pensão Alimentícia. Desconfiguração de requisito legal previsto no art. 1695 do Código Civil. Recurso a que se nega provimento. Demonstrado o desaparecimento de um dos pressupostos do art. 1695 do Código Civil, isto é, ou a alimentanda, não necessita mais dos alimentos, visto possuir condição econômica para manter a própria subsistência, ou o alimentante, não possui mais possibilidade econômica de prestar alimentos, já que tal obrigação causa-lhe desfalque do necessário ao seu próprio sustento e de sua família, por força do art. 1699 do Código Civil, possui o alimentante o direito de pleitear a exoneração do dever legal de prestar alimentos" (TJMG, Apelação Cível 1.0024.07.392591-9/0011, 5.ª Câmara Cível, Belo Horizonte, Rel. Des. Maria Elza de Campos Zettel, j. 18.03.2010, *DJEMG* 09.04.2010).

- *No caso de menores, a obrigação alimentar é extinta quando atingem a maioridade, em regra.* Entretanto, por questão de justiça, essa extinção não ocorre de forma automática, sendo necessária uma ação de exoneração para tanto. Prevê a Súmula 358 do STJ que "o cancelamento de pensão alimentícia de filho que atingiu a maioridade está sujeito à decisão judicial, mediante contraditório, ainda que nos próprios autos". Ato contínuo, o STJ tem entendimento consolidado de que a obrigação do genitor pode continuar tratando-se de filho universitário, até que este encerre os seus estudos (STJ, Ag. Rg. 655.104/SP, 3.ª Turma, Rel. Min. Humberto Gomes de Barros, j. 28.06.2005 e premissa 4 da Edição 65 da ferramenta *Jurisprudência em Teses*). Doutrinariamente, veja-se o Enunciado n. 344 do CJF/STJ: "a obrigação alimentar originada do poder familiar, especialmente para atender às necessidades educacionais, pode não cessar com a maioridade". Todavia, ressalve-se que o STJ entende que o pai não é obrigado a custear o ensino pós-universitário do filho, como no caso de curso de especialização, mestrado ou doutorado. Conforme se extrai de decisão publicada no *Informativo* n. *484* daquela Corte: "o estímulo à qualificação profissional dos filhos não pode ser imposto aos pais de forma perene, sob pena de subverter o instituto da obrigação alimentar oriunda das relações de parentesco, que objetiva preservar as condições mínimas de sobrevida do alimentado. Em rigor, a formação profissional completa-se com a graduação, que, de regra, permite ao bacharel o exercício da profissão para a qual se graduou, independentemente de posterior especialização, podendo assim, em tese, prover o próprio sustento, circunstância que afasta, por si só, a presunção *iuris tantum* de necessidade do filho estudante. Assim, considerando o princípio da razoabilidade e o momento socioeconômico do país, depreende-se que a missão de criar os filhos se prorroga mesmo após o término do poder familiar, porém finda com a conclusão, pelo alimentado, de curso de graduação. A partir daí persistem as relações de parentesco que ainda possibilitam a busca de alimentos, desde que presente a prova da efetiva necessidade. Com essas e outras considerações, a Turma deu provimento ao recurso para desonerar o recorrente da obrigação de prestar alimentos à sua filha" (STJ, REsp 1.218.510/SP, Rel. Min. Nancy Andrighi, j. 27.09.2011). Observo que no Projeto de Reforma do Código Civil, em prol da segurança, almeja-se incluir esses entendimentos como parágrafos do art. 1.699. De acordo com o proposto § 1.º, "nas hipóteses de alimentos pleiteados por crianças e adolescentes, cessa a obrigação alimentar com a maioridade, mas é do alimentante o ônus de pleitear a cessação do pagamento". Ademais, em boa hora e em prol da segurança jurídica, o projetado § 2.º do art. 1.699: "atingida a maioridade por pessoa apta ao trabalho, o direito de pleitear alimentos será prorrogado por tempo razoável para que encerre a sua formação educacional, compreendida como aquela necessária à conclusão de curso de ensino superior, técnico ou profissionalizante". Por outra via, se o filho atingir a maioridade, mas for diagnosticado com graves problemas mentais incapacitantes, a obrigação alimentar deve subsistir, conforme reconheceu julgado superior. Conforme a sua ementa, confirmando muitas das premissas aqui expostas, "o advento da maioridade não extingue, de forma automática, o direito à percepção de alimentos, mas esses deixam de ser devidos em face do Poder Familiar e passam a ter fundamento nas relações de parentesco, em que se exige a prova da necessidade do alimentado. No entanto, quando se trata de filho com doença mental incapacitante, a necessidade do alimentado se presume, e deve ser suprida nos mesmos moldes dos alimentos prestados em razão do Poder Familiar" (STJ, REsp 1.642.323/MG, 3.ª Turma, Rel. Min. Nancy Andrighi, j. 28.03.2017, *DJe* 30.03.2017). O acórdão está baseado no Estatuto da Pessoa com Deficiência, em especial pelo que consta do seu art. 8.º, segundo o qual é dever do Estado, da sociedade e da família assegurar à pessoa com deficiência, com prioridade, a efetivação dos direitos referentes à vida, à saúde, à sexualidade, à paternidade e à maternidade, à alimentação, entre outros.

– *Dissolução do casamento ou da união estável*. Todavia, o art. 1.709 do CC admite que a sentença de divórcio fixe alimentos (alimentos *pós-divórcio*). Em casos tais, em regra, o novo casamento do cônjuge devedor não extingue a obrigação constante da sentença de divórcio. Porém, ressalte-se que esse novo casamento – uma nova união estável do devedor –, pode gerar uma alteração substancial no binômio, extinguindo-se a obrigação por força do art. 1.699 do CC. O Projeto de Reforma do Código Civil pretende retirar do sistema essa possibilidade, prevendo o proposto art. 1.709 que "o casamento ou a constituição de união estável do alimentante não extingue, somente por isso, a obrigação alimentar". Por outra via, nos termos do *caput* do art. 1.708 do CC, o casamento, a união estável ou o concubinato do credor faz cessar o dever de prestar alimentos. Quanto ao concubinato, prevê o preciso Enunciado n. 265 do CJF/STJ que, "na hipótese de concubinato, haverá necessidade de demonstração de assistência material pelo concubino a quem o credor de alimentos se uniu".

– *Comportamento indigno do credor em relação ao devedor*. Dispõe o parágrafo único, do art. 1.708, do CC, interessante inovação, que "com relação ao credor cessa, também, o direito a alimentos, se tiver *procedimento indigno* em relação ao devedor" (destacado). A expressão em destaque constitui uma cláusula geral, a ser preenchida pelo aplicador do direito caso a caso. Doutrinariamente, na *III Jornada de Direito Civil* aprovou-se o Enunciado n. 264 do CJF/STJ, *in verbis*: "na interpretação do que seja procedimento indigno do credor, apto a fazer cessar o direito a alimentos, aplicam-se, por analogia, as hipóteses dos incisos I e II do art. 1.814 do Código Civil". Nesse contexto, em casos de crimes contra a vida ou contra a honra praticados pelo credor contra o devedor, justifica-se a extinção dos alimentos por indignidade. Com interessante enfoque prático, leciona Maria Berenice Dias o "conceito de indignidade deve ser buscado nas causas que dão ensejo à revogação da doação (557) ou à declaração de indignidade do herdeiro para afastar o direito à herança (1.814). O exercício da liberdade afetiva do credor não pode ser considerado postura indigna, a dar ensejo à exoneração da obrigação alimentar em favor do ex-cônjuge, mormente quando considerado que, com o término da relação, não mais persiste o dever de fidelidade".[216] Por fim, anote-se que na *IV Jornada de Direito Civil*, foi aprovado o Enunciado n. 345 do CJF/STJ, com a seguinte redação: "o 'procedimento indigno' do credor em relação ao devedor, previsto no parágrafo único do art. 1.708 do Código Civil, pode ensejar a exoneração ou apenas a redução do valor da pensão alimentícia para quantia indispensável à sobrevivência do credor".

---

[216] DIAS, Maria Berenice. *Manual de Direito das Famílias*. 5. ed. São Paulo: RT, 2009. p. 509.

Dessa forma, é possível que a indignidade gere a redução dos alimentos, principalmente nos casos de patente necessidade do devedor. Muito além de considerar a existência de qualquer relação fechada para o preenchimento dessa cláusula geral, o Tribunal de Justiça do Rio Grande Sul considerou haver comportamento indigno na credora na seguinte hipótese fática, que conta com o meu apoio: "O fato da alimentada ter induzido em erro o alimentante, ao dizer que estava grávida de um filho seu e, em razão disso, ensejado que ele contraísse casamento com ela, omitindo durante mais três décadas a verdadeira paternidade do filho mais velho, constitui comportamento indigno em relação ao alimentante, tendo violado o dever de lealdade e boa-fé, ferindo a dignidade (honra subjetiva) do varão, e configura, com todas as letras a hipótese de cessação do dever de prestar alimentos de que trata o art. 1.708, parágrafo único, do CCB" (TJRS, Agravo 0022288-73.2016.8.21.7000, 7.ª Câmara Cível, Santa Maria, Rel. Des. Sérgio Fernando de Vasconcellos Chaves, j. 16.03.2016, *DJERS* 29.03.2016). Com vistas a melhorar a aplicação do dispositivo, em prol da segurança jurídica, a Comissão de Juristas encarregada da Reforma do Código Civil sugere que o *caput* do art. 1.708 passe a prever, de forma mais direta e objetiva, que "o direito de receber alimentos poderá ser extinto ou reduzido, caso o credor tenha causado ou venha a causar ao devedor danos psíquicos ou grave constrangimento, incluindo as hipóteses de violência doméstica, perda da autoridade parental e abandono afetivo e material". E, adotando o sentido do Enunciado n. 345 da *IV Jornada de Direito Civil*, o seu projetado parágrafo único: "a extinção total ou parcial do direito aos alimentos dependerá da gravidade dos atos praticados". Espera-se, em prol da certeza e da estabilidade, a sua aprovação pelo Parlamento Brasileiro.

## 8.7 DA TUTELA E DA CURATELA

### 8.7.1 Primeiras palavras

A tutela e a curatela constituem institutos de *direito assistencial* para a defesa dos interesses dos incapazes, visando à realização de atos civis em seu nome. A diferença substancial entre as duas figuras é que a tutela resguarda os interesses de menores não emancipados, não sujeitos ao poder familiar, com o intuito de protegê-los. Por seu turno, a curatela é categoria assistencial para a defesa dos interesses de maiores incapazes, devidamente interditados.

Vejamos, no presente capítulo, as regras materiais fundamentais dos dois institutos e o necessário *diálogo* com o CPC de 2015, ao tratar da interdição. Ademais, o art. 1.072, inc. II, do CPC/2015 revogou expressamente os arts. 1.768 a 1.773 do Código Civil, que tratavam da curatela.

Curioso perceber que a recente Lei 13.146/2015, que instituiu o Estatuto da Pessoa com Deficiência, alterou artigos do Código Civil sobre a matéria. Todavia, alguns desses dispositivos foram revogados pelo Código Civil, em um verdadeiro *cochilo do legislador* que gerou o *atropelamento* de uma norma jurídica por outra.

Tais normas do citado Estatuto tiveram vigência por curto período de tempo, a partir da sua entrada em vigor, no início do mês de janeiro de 2016, até o dia 18 de março de 2016, quando passou a vigorar o CPC de 2015. Penso que é necessário um trabalho legislativo para sanar tal impasse, não pensado pelas autoridades competentes, do Legislativo e do Executivo. Nesse sentido, o Projeto de Lei 757/2015, em curso originário no Senado Federal, pretende adequar o CPC/2015 ao EPD, contando com o meu parecer e apoio parcial. Reitere-se que, na Câmara dos Deputados, o número desta projeção é PL 11.091/2018.

No Projeto de Reforma e Atualização do Código Civil, elaborado pela Comissão de Juristas nomeada no âmbito do Senado Federal, também são feitas propostas necessárias para os institutos, sobretudo para a sua *desjudicialização*.

Ademais, sem qualquer *atropelamento legislativo*, o citado Estatuto da Pessoa com Deficiência alterou de forma substancial o tratamento relativo aos absoluta e relativamente incapazes, previstos nos arts. 3.º e 4.º do Código Civil. O objetivo foi a plena inclusão social das pessoas que apresentem algum tipo de deficiência.

Reafirme-se, para fins didáticos, quanto aos absolutamente incapazes, passaram a ser apenas os menores de 16 anos, não havendo mais menção aos enfermos e deficientes mentais sem discernimento para a prática dos atos da vida civil (antigo inciso II do art. 3.º do Código Civil). Além disso, as pessoas que por causa transitória ou definitiva não puderem exprimir vontade deixaram de compor o inciso III do art. 3.º, e agora constam do art. 4.º, inc. III, como relativamente incapazes.

Em suma, não existem mais pessoas maiores que são incapazes, afirmação esta que tem sido seguida por vários julgados prolatados sob a vigência do EPD. Por todos, retome-se o aresto do Tribunal Paulista, com a citação ao meu trabalho doutrinário:

"Reforma legislativa, decorrente da Lei n.º 13.146/15 (EPD), que restringe a inca-pacidade absoluta aos menores impúberes. Reconhecimento de que o interdito é relativamente incapaz, abrangendo a curatela os atos relacionados aos direitos de natureza patrimonial e negocial. Artigo 4.º, inciso III, do Código Civil, e artigo 85 do Estatuto da Pessoa com Deficiência. Sentença reformada em parte. Apelo par-cialmente provido" (TJSP, Apelação Cível com Voto 36.737, 3ª Câmara de Direito Privado, Rel. Des. Donegá Morandini, j. 16.12.2016).

Pontue-se, mais uma vez, que o Projeto de Lei 757/2015 pretendia retomar a regra a respeito de pessoas absolutamente incapazes que não têm qualquer condição de exprimir vontade, sem que isso tenha relação com a deficiência, o que tem o apoio deste autor. Cite-se, a título de exemplo, a pessoa que se encontra em coma profundo. Entretanto, infelizmente e como antes destacado, a ideia não foi adotada no parecer final apresentado pela então Senadora Lídice da Mata. Na tramitação na Câmara dos Deputados, fiz sugestão exatamente nesse sentido ao Deputado Luiz Flávio Gomes, que apresentou proposta de emenda com tal objetivo no PL 11.091/2018. Acompanharei o deslinde dessa proposição.

Igualmente, o tão citado Projeto de Reforma e Atualização do Código Civil, elabo-rado pela Comissão de Juristas, almeja que o seu art. 3.º volte a mencionar como abso-lutamente incapazes as pessoas que não tenham qualquer condição de exprimir vontade. Nos termos do proposto art. 3.º, inc. III, devem ser considerados como absolutamente incapazes de exercer pessoalmente os atos da vida civil "aqueles que por nenhum meio possam expressar sua vontade, em caráter temporário ou permanente". Há ainda proposta de se desvincular a deficiência da situação de incapacidade, consoante o projetado art. 4º-A, o que virá em boa hora: "a deficiência física ou psíquica da pessoa, por si só, não afeta sua capacidade civil".

Ainda em relação às pessoas com deficiência, no sistema ora em vigor, reafirme-se que são plenamente capazes, especialmente para atos existenciais de natureza familiar. Conforme o art. 6.º da Lei 13.146/2015, a deficiência não afeta a plena capacidade civil da pessoa, inclusive para: *a)* casar-se e constituir união estável; *b)* exercer direitos sexuais e reproduti-vos; *c)* exercer o direito de decidir sobre o número de filhos e de ter acesso a informações adequadas sobre reprodução e planejamento familiar; *d)* conservar sua fertilidade, sendo vedada a esterilização compulsória; *e)* exercer o direito à família e à convivência familiar e

# 1664 | MANUAL DE DIREITO CIVIL • VOLUME ÚNICO – *Flávio Tartuce*

comunitária; e *f)* exercer o direito à guarda, à tutela, à curatela e à adoção, como adotante ou adotando, em igualdade de oportunidades com as demais pessoas.

Esse novo tratamento legislativo a respeito dos atos familiares, sem dúvida, é impactante. Entretanto, como afirmou a professora e magistrada uruguaia Mara del Carmen Díaz Sierra, quando do Congresso Euroamericano de Direito de Família, realizado em São Paulo em agosto de 2017, *não é a pessoa com deficiência que deve se adaptar à sociedade, mas vice-versa*.

Eventualmente, para negócios jurídicos mais complexos, de cunho patrimonial, a pessoa com deficiência poderá fazer uso da *tomada de decisão apoiada*, instituto que ainda será aqui estudado, igualmente incluído pela Lei 13.146/2015.

A nomeação de curador – ou a interdição – somente será possível em casos excepcionais. Nesse sentido, cabe trazer à colação alguns julgados, já prolatados sob a égide do Estatuto da Pessoa com Deficiência:

> "Ação de interdição. Pretensão do genitor em face da filha. Sentença de improcedência. Apela o autor sustentando haver laudo apresentando anomalia ou anormalidade psíquica da ré; não tem como gerir a sua vida e os atos da vida civil. Descabimento. Não caracterizada a incapacidade. Ausentes requisitos do artigo 84, § 3.º, do Estatuto da Pessoa com Deficiência e artigo 1.767 do Código Civil. A apelada se encontra apta a praticar os atos da vida civil e capacidade de administrar sua vida e seus bens. Recurso improvido" (TJSP, Apelação 0002366-75.2013.8.26.0642, Acórdão 9667362, 5.ª Câmara de Direito Privado, Ubatuba, Rel. Des. James Siano, j. 06.08.2016, *DJESP* 20.09.2016).

> "Civil e processo civil. Interdição. Curatela. Medida excepcional. Aplicação restrita. Atos relacionados aos direitos de natureza patrimonial e negocial. Novas diretrizes principiológicas. 1. A proteção à dignidade da pessoa humana se materializa na concessão de tratamento isonômico a todos os indivíduos, excepcionando-se esse padrão somente quando não restar outra alternativa para garantir a igualdade e a dignidade humana, de modo que somente se admite o rompimento da igualdade jurídico-formal quando se objetivar a garantia da igualdade material. 2. O Estatuto da Pessoa com Deficiência, Lei n.º 13.146/15, em seus artigos 84 e seguintes, disciplina a curatela e seu exercício, estabelecendo sua adoção como medida protetiva extraordinária e que afeta, tão somente, os atos relacionados aos direitos de natureza patrimonial e negocial. 3. Estando, pois, a r. Sentença de acordo com as novas diretrizes principiológicas adotadas pelo Código Civil e Estatuto da Pessoa com Deficiência, negou-se provimento ao recurso" (TJDF, Apelação 2015.06.1.010882-8, Acórdão 964.739, 3.ª Turma Cível, Rel. Des. Flavio Renato Jaquet Rostirola, j. 31.08.2016, *DJDFTE* 14.09.2016).

> "Agravo de instrumento. Curatela. Pedido de nomeação de curador provisório. Inexistência de prova inequívoca acerca da relevância e urgência da submissão do demandado à curatela provisória. Indeferimento do pleito. De acordo com o art. 87 da Lei n.º 13.146/2015 – o estatuto da pessoa com deficiência – e os arts. 749 e 750 do CPC/15, somente em casos de relevância e urgência, e a fim de proteger os interesses da pessoa com deficiência em situação de curatela, é cabível a nomeação de curador provisório, competindo à parte autora especificar os fatos que demonstram a necessidade de sujeição da parte requerida à curatela, bem como juntar laudo médico para fazer prova de suas alegações, ou mesmo informar a impossibilidade de fazê-lo. Não havendo prova inequívoca que respalde a pretensão de nomeação de curador provisório, porquanto o único documento que instrui a petição inicial apenas indica as enfermidades que acometem o requerido e refere a necessidade de tratamento com

CAP. 8 • DIREITO DE FAMÍLIA | **1665**

psicofármacos, é de rigor o indeferimento do pleito. Negaram provimento. Unânime" (TJRS, Agravo de Instrumento 0100740-97.2016.8.21.7000, 8.ª Câmara Cível, Canoas, Rel. Des. Luiz Felipe Brasil Santos, j. 11.08.2016, *DJERS* 17.08.2016).

No que diz respeito aos relativamente incapazes, repise-se que não houve alteração nos incisos I (menores entre 16 e 18 anos) e IV (pródigos) do art. 4.º do CC/2002. Porém, foi retirada a menção às pessoas com discernimento mental reduzido do seu inciso II. Agora somente estão expressos na norma os ébrios habituais (alcoólatras) e os viciados em tóxicos. Ademais, não há previsão quanto aos excepcionais sem desenvolvimento completo (inciso III do art. 4.º, o que tinha aplicação à pessoa com *Síndrome de Down*.

O preceito passou a mencionar as pessoas que por causa transitória ou definitiva não puderem exprimir sua vontade, conforme antes estava no art. 3.º, inc. III, da codificação material. Eventualmente, como qualquer outra pessoa, o deficiente poderá até se enquadrar em qualquer um desses incisos do art. 4.º da codificação material. Todavia, em regra, é considerado como plenamente capaz para os atos civis, reafirme-se.

Na linha dessa reafirmação da capacidade sobre premissa geral, sobre a pessoa de idade avançada, que sofreu acidente vascular cerebral, cabe trazer a lume outra decisão do Tribunal Paulista:

"Curatela. Interditanda idosa, deficiente física, com sequelas de AVC. Ausência de incapacidade permanente ou transitória que afete a manifestação da vontade. Laudo pericial que aponta pela habilidade de prática dos atos da vida civil. Caso em que não se verifica incapacidade relativa, o que desautoriza o estabelecimento de curatela. Limitação de direitos da pessoa sobre sua própria gestão que, com a introdução das alterações realizadas pelo Estatuto da Pessoa com Deficiência, se tornou medida excepcionalíssima. Hipótese em que outros meios jurídicos, como o mandato ou tomada de decisão apoiada, se mostram mais adequados à pretensão da filha sobre a genitora e gestão de seus negócios. Sentença mantida. Recurso improvido" (TJSP, Apelação 0006290-33.2013.8.26.0242, Acórdão 9478873, 6.ª Câmara de Direito Privado, Igarapava, Rel. Des. Eduardo Sá Pinto Sandeville, j. 02.06.2016, *DJESP* 02.08.2016).

E, ainda, sobre a pessoa cega, por conta de doença crônica, igualmente afastando o enquadramento como relativamente incapaz:

"Curatela. Interditando cego, em decorrência de diabete *mellitus*. Ausência de incapacidade permanente ou transitória que afete a manifestação da vontade. Laudo pericial que aponta pelo discernimento do periciando. Caso em que não se verifica incapacidade relativa, o que desautoriza o estabelecimento de curatela. Limitação de direitos da pessoa sobre sua própria gestão que, com a introdução das alterações realizadas pelo Estatuto da Pessoa com Deficiência, se tornou medida excepcionalíssima. Termo de curatela de beneficiário com deficiência que não mais pode ser exigido pelo INSS. Art. 110-A, da Lei n.º 8.213/91. Hipótese em que outros meios jurídicos, como o mandato ou tomada de decisão apoiada, se mostram mais adequados. Sentença mantida. Recurso improvido" (TJSP, Apelação 0056408-81.2012.8.26.0554, Acórdão 9479530, 6.ª Câmara de Direito Privado, Santo André, Rel. Des. Eduardo Sá Pinto Sandeville, j. 02.06.2016, *DJESP* 06.07.2016).

Em suma, houve uma verdadeira *revolução* na *teoria das incapacidades,* o que repercute diretamente para os institutos de direito assistencial, em especial para a curatela.

Percebe-se, pela leitura de textos publicados na internet no ano de 2015, assim que a nova lei surgiu, que duas correntes se formaram a respeito da norma.

**1666** | MANUAL DE DIREITO CIVIL • VOLUME ÚNICO – *Flávio Tartuce*

A primeira – à qual estão filiados José Fernando Simão e Vitor Kümpel – condena as modificações, pois a dignidade de tais pessoas deveria ser resguardada por meio de sua proteção como vulneráveis (dignidade-vulnerabilidade).

A segunda vertente – liderada por Joyceane Bezerra, Paulo Lôbo, Nelson Rosenvald, Jones Figueirêdo Alves, Rodrigo da Cunha Pereira e Pablo Stolze – aplaude a inovação, pela tutela da dignidade-liberdade das pessoas com deficiência, evidenciada pelos objetivos de sua inclusão.

Entre uma ou outra visão, *a priori*, estou alinhado aos segundos juristas citados. Porém, vejo sérios problemas no Estatuto, que devem ser resolvidos por alteração legislativa.

A propósito, cabe lembrar que o Estatuto da Pessoa com Deficiência regulamenta a Convenção de Nova York, tratado de direitos humanos do qual o Brasil é signatário, e que gera efeitos como emenda constitucional (art. 5.º, § 3.º, da CF/1988 e Decreto 6.949/2009). Assim sendo, não é possível sustentar que o EPD é inconstitucional, mas muito ao contrário. Nos termos do seu art. 1.º, o propósito da Convenção "é promover, proteger e assegurar o exercício pleno e equitativo de todos os direitos humanos e liberdades fundamentais por todas as pessoas com deficiência e promover o respeito pela sua dignidade inerente".

Todavia, ressalte-se que somente o tempo e a prática poderão demonstrar se o melhor caminho é mesmo a *dignidade-liberdade*, em vez da anterior *dignidade-vulnerabilidade*. Ademais, alguns reparos precisam ser feitos na lei, como propõe o citado Projeto de Lei 757/2015, aqui comentado em alguns de seus aspectos; e também o Projeto de Reforma do Código Civil, da Comissão de Juristas nomeada no âmbito do Senado Federal.

### 8.7.2  Da tutela

Começando o estudo dos institutos pela *tutela,* reafirme-se que o seu grande objetivo é a administração dos bens patrimoniais do menor. Enuncia o art. 1.728 do Código Civil que os filhos menores são postos sob tutela com o falecimento dos pais, ou sendo estes julgados ausentes ou em caso de os pais decaírem do poder familiar. Conforme leciona Maria Helena Diniz, há na tutela um *munus* público, ou seja, uma atribuição imposta pelo Estado para atender a interesses públicos e sociais.[217]

Sem prejuízo do que consta do CC/2002, o ECA (Lei 8.069/1990) consagra no seu art. 28 que a tutela é uma das formas de inserção da criança e do adolescente em família substituta. São partes da tutela: o *tutor,* aquele que exerce o *munus* público; e o *tutelado* ou *pupilo,* menor a favor de quem os bens e interesses são administrados.

Como é notório, não se pode confundir a tutela com a *representação* e a *assistência*. A tutela tem sentido genérico, sendo prevista para a administração geral dos interesses de menores, sejam eles absolutamente (menores de 16 anos, art. 3.º, inciso I, do CC) ou relativamente incapazes (menores entre 16 e 18 anos, art. 4.º, inciso I, do CC).

Por outra via, a *representação* é o instituto que busca atender aos interesses dos menores de 16 anos em situações específicas, para a prática de determinados atos da vida civil. Assim também o é a *assistência*, mas em relação aos menores entre 16 e 18 anos. Premissa fundamental que deve ser sempre reafirmada é a conclusão de que a tutela e o poder familiar não podem coexistir, eis que a tutela visa justamente a substituí-lo.

No Projeto de Reforma do Código Civil, sugere-se uma melhora na redação do art. 1.728 do Código Civil, que, de forma mais eficiente e objetiva, passará a prever que, no caso de

---

[217] DINIZ, Maria Helena. *Código Civil anotado*. 15. ed. São Paulo: Saraiva, 2010. p. 1.229.

CAP. 8 • DIREITO DE FAMÍLIA **1667**

falecimento, ausência ou quando os genitores forem desconhecidos, tiverem sido suspensos ou forem destituídos da autoridade parental, os filhos crianças ou adolescentes, que tenham menos de dezoito anos de idade, serão postos sob tutela ou outro regime de colocação familiar, previsto na legislação especial. No trecho final há alusão à guarda prevista no Estatuto da Criança e do Adolescente, o ECA.

Ademais, como já outrora exposto neste livro, pelo atual Projeto a menoridade é retirada do tratamento do Código, passando ele a mencionar as crianças e os adolescentes que tenham menos de dezoito anos.

Por proposição da Subcomissão de Direito de Família, é também incluído um novo art. 1.728-A, "artigo criado no intuito de reforçar a doutrina da proteção integral, colocando o interesse do menor acima de qualquer outro relacionado ao tema. Embora haja certa redundância na fixação da observância ao melhor interesse do menor, externando-se a necessidade de observar a existência de prévios vínculos de convivência, afinidade e afeto do tutelado em relação aos pretensos tutores, entende-se que se cuida de providência pertinente servindo para fins didáticos ao intérprete do texto. Cria-se ainda o parágrafo segundo, prevendo a possibilidade da instituição da tutela conjunta".

Assim sendo, nos termos do seu *caput*, "na atribuição da tutela o juiz deverá levar em consideração o princípio do melhor interesse da criança e do adolescente a existência de prévios vínculos de convivência, afinidade e afeto com o tutor". O seu § 1.º irá expressar que, "sempre que possível, a criança ou o adolescente será ouvido, levando-se em consideração sua manifestação de vontade". Como pontuado, o § 2.º do preceito preverá, em boa hora, que "é possível a instituição de dois ou mais tutores para exercício de tutela conjunta". Por fim, é incluído um § 3.º no art. 1.728, para expressar que, na tutela conjunta, "havendo divergência entre os tutores acerca de questões fundamentais ao exercício da tutela, o juiz decidirá".

Voltando-se ao sistema vigente, *quanto à origem*, a tutela é dividida em três categorias, que merecem análise pontual, inclusive com o estudo das propostas para a Reforma do Código Civil.

A primeira delas é *tutela testamentária*, instituída por ato de última vontade, por testamento, legado ou mesmo por codicilo (art. 1.729, parágrafo único, do CC/2002). Essa nomeação de tutor compete aos pais, em conjunto, devendo constar em testamento ou em qualquer outro documento autêntico. Há nulidade absoluta da tutela testamentária se feita por pai ou mãe que não tinha o poder familiar no momento da sua morte (art. 1.730 do CC).

Quanto ao art. 1.729, no Projeto de Reforma do Código Civil há outra proposta que veio da Subcomissão de Direito de Família – constituída por Pablo Stolze Gagliano, Maria Berenice Dias, Rolf Madaleno e Ministro Marco Buzzi –, e que almeja deixar o dispositivo mais eficiente e com redação condizente com os nossos tempos. Segundo eles, em suas justificativas, "cria-se parágrafo único, de sorte a compatibilizar o texto da lei civil ao quanto previsto no art. 37 do ECA. Ao fim, aglutina-se no *caput* do artigo o disposto no atual texto do parágrafo único do art. 1.729 do CC, por questão de melhor técnica legislativa". O art. 37 do ECA, como se sabe, tem a seguinte dicção: "o tutor nomeado por testamento ou qualquer documento autêntico, conforme previsto no parágrafo único do art. 1.729 da Lei 10.406, de 10 de janeiro de 2002 – Código Civil, deverá, no prazo de 30 (trinta) dias após a abertura da sucessão, ingressar com pedido destinado ao controle judicial do ato, observando o procedimento previsto nos arts. 165 a 170 desta Lei. Parágrafo único. Na apreciação do pedido, serão observados os requisitos previstos nos arts. 28 e 29 desta Lei, somente sendo deferida a tutela à pessoa indicada na disposição de última vontade, se restar comprovado que a medida é vantajosa ao tutelando e que não existe outra pessoa

**1668** | MANUAL DE DIREITO CIVIL • VOLUME ÚNICO – *Flávio Tartuce*

em melhores condições de assumi-la". A par dessas justificativas, a norma civil passará a prever o seguinte: "aos pais, em conjunto ou separadamente, é dado o direito de nomear tutor em testamento ou outro documento autêntico. Parágrafo único. A nomeação será confirmada pelo juiz quando comprovada ser a escolha a mais benéfica ao tutelado".

No que diz respeito ao art. 1.730, a proposta da Comissão de Juristas é de substituição do termo "poder familiar" por "autoridade parental", na linha de outras projeções de alteração do texto civil: "é nula a nomeação de tutor feita pelos pais que, ao tempo de sua morte, não exerciam a autoridade parental". Além disso, "pai" e "mãe" são alterados para "pais", a fim de a norma atender às realidades das famílias homoafetivas e pluriparentais, como se dá na multiparentalidade.

Como segunda categoria, a *tutela legítima* é a concretizada na falta de tutor nomeado pelos pais, nos termos do art. 1.731 do CC/2002; incumbe-a aos parentes consanguíneos do menor, por esta ordem: 1.º) aos ascendentes, preferindo o de grau mais próximo ao mais remoto; 2.º) aos colaterais até o terceiro grau (irmãos, tios e sobrinhos), preferindo os mais próximos aos mais remotos, e, no mesmo grau, os mais velhos aos mais moços. Em uma dessas situações, o juiz escolherá entre eles o mais apto a exercer a tutela em benefício do menor, tendo em vista o princípio do melhor ou maior interesse da criança. Não se trata, assim, de uma ordem obrigatória ou peremptória, a ser seguida pelo magistrado.

Quanto a esse art. 1.731 e à Reforma do Código Civil, nas palavras da Subcomissão de Direito de Família, "o texto atual do CC estabelece uma ordem hierárquica dentre os parentes consanguíneos do menor, a fim de que o juízo determine a quem recairá o encargo da tutoria. Tal normativa não mais se coaduna com a ordem constitucional, e em especial ao ECA. A proposta busca compatibilizar os textos reforçando a possibilidade, e a preferência, de que o menor seja tutelado por quem mantenha certa afinidade, guardando assim maior afinidade com uma estrutura familiar".

Como antes pontuado, não se trata de uma ordem peremptória, o que esvazia o texto da lei. Ademais, com toda a razão, a proposta da Subcomissão foi mantida, tendo a proposição o seguinte texto, revogando-se expressamente os incisos do dispositivo legal: "Art. 1.731. Na falta da nomeação pelos pais, a tutela deverá ser atribuída, prioritariamente, aos parentes que mantenham vínculos de convivência e afetividade com o tutelado. I – Revogado; II – Revogado".

Por fim, na classificação estudada, há a *tutela dativa*, presente na falta de tutela testamentária ou legítima, e preceituando o art. 1.732 do Código Civil que o juiz nomeará tutor idôneo e residente no domicílio do menor. Essa mesma forma de tutela é prevista para os casos de exclusão do tutor, escusa da tutela ou quando removidos os tutores legítimos ou testamentários por não serem idôneos.

No Projeto de Reforma do Código Civil, sugere-se a extinção da figura do tutor dativo, pouco aplicada na realidade jurídica nos mais de vinte anos do Código Civil. Nos termos das suas justificativas, cria-se a figura do *tutor patrimonial*, tendo havido "proposta de artigo em substituição ao atual 1.732 do CC, o qual previa a figura do tutor dativo para os casos em que não houvesse parentes ou tutores testamentários aptos a assunção da tutela. Busca-se adequar o texto do CC à sistemática de colocação do menor em família substituta previsto no ECA, aplicável, em simetria, nos casos em que é impossível a sua recolocação em família extensa. Por outro lado, objetivando resguardar o patrimônio do menor de idade, que esteja na condição de recolocação em família substituta, cria-se o parágrafo único, possibilitando que o juiz nomeie um tutor patrimonial, com poderes exclusivos de administração dos bens enquanto perdurar esta situação, cessando, portanto, assim que terminado o procedimento de recolocação. Essa nomenclatura, tutor patrimonial, tem em mira evidenciar que existem duas espécies de tutela, a 'existencial' e a 'patrimonial'. A primeira amoldada aos deveres de convivência e cuidado que recaem sobre o tutor para com o tutelado. A segunda com o desiderato de estabelecer um gestor ao patrimônio do menor".

Nesse contexto, nos termos do novo art. 1.732, *caput*, do CC, "na ausência de parentes em condições de assumirem a tutela, ou de pessoa que se disponha a aceitar a função de tutor, a criança ou o adolescente será incluído em programa de colocação familiar, na forma prevista na legislação específica". Sobre o tutor patrimonial, estará em seu parágrafo único que, "na hipótese de a criança ou o adolescente ser encaminhado ao programa de colocação familiar e sendo titular de patrimônio, poderá o juízo nomear tutor patrimonial, com poderes exclusivos de administração dos bens, enquanto não houver a colocação familiar definitiva". As mudanças são importantes, para tornar o texto da lei mais efetivo diante da realidade prática, tendo o meu total apoio, como Relator-Geral na Comissão de Juristas.

Em todas as situações expostas no sistema vigente, havendo irmãos órfãos, dar-se-á um só tutor comum (art. 1.733 do CC), o que representa a consolidação do *princípio da unicidade da tutela*. No entanto, se for nomeado mais de um tutor por disposição testamentária e sem indicação de precedência dos irmãos, entende-se que a tutela foi cometida ao primeiro que constar no testamento. Os demais lhe sucederão pela ordem de nomeação, se ocorrer morte, incapacidade, escusa do tutor ou qualquer outro impedimento (art. 1.733, § 1.º, do CC).

Além da instituição testamentária, é possível nomear o menor como herdeiro ou legatário, pelo próprio testamento ou legado de nomeação. Nesse diapasão, caberá ainda a nomeação de um *curador especial* para os bens deixados, ainda que o beneficiário se encontre sob o poder familiar, ou mesmo sob tutela (art. 1.733, § 2.º, do CC).

Sobre esse último preceito, julgou o Superior Tribunal de Justiça, em 2023, que "é válida a disposição testamentária que institui filha coerdeira como curadora especial dos bens deixados à irmã incapaz, relativamente aos bens integrantes da parcela disponível da herança, ainda que esta se encontre sob o poder familiar ou tutela" (STJ, REsp 2.069.181/ SP, 4.ª Turma, Rel. Min. Marco Buzzi, j. 10.10.2023, v.u.). O *decisum* reformou acórdão do Tribunal Paulista que havia considerado como ineficaz a previsão testamentária deduzindo, de forma correta na minha opinião, que "a circunstância de a descendente, ainda criança, manter a posição de herdeira legítima e testamentária, simultaneamente, não conduz ao afastamento da disposição relacionada à instituição de curadora especial para administrar os bens integrantes da parcela disponível da testadora, expressamente prevista em lei, sem que haja qualquer necessidade de aferir a inidoneidade do detentor do poder familiar ou tutor".

Quanto à Reforma do art. 1.733, assim como as proposições anteriores sobre a tutela, mais uma vez, a Subcomissão de Direito de Família orienta a adaptação do texto do Código Civil ao ECA, visando à funcionalização do instituto, em prol dos interesses do tutelado. Vejamos as suas corretas justificativas:

> "Primeiramente, procede-se, nessa proposta, à adaptação do *caput* do artigo ao disposto no Estatuto da Criança e do Adolescente, art. 28, § 4º. Assim, os grupos de irmãos serão colocados sob adoção, tutela ou guarda da mesma família substituta, ressalvada a comprovada existência de risco de abuso ou outra situação que justifique plenamente a excepcionalidade de solução diversa, procurando-se, em qualquer caso, evitar o rompimento definitivo dos vínculos fraternais. Por outro lado, promove-se adaptação da redação do § 1º à possibilidade da instituição da tutela conjunta, facultada no texto sugerido ao art. 1.728-A, § 2º. Por fim, altera-se a nomenclatura prevista no § 2º, de curador para 'tutor patrimonial'. Tal alteração

# 1670 | MANUAL DE DIREITO CIVIL • VOLUME ÚNICO – *Flávio Tartuce*

tem em mira evidenciar que existem duas espécies de tutela, a 'existencial' e a 'patrimonial'. A primeira amoldada aos deveres de convivência e cuidado que recaem sobre o tutor para com o tutelado. A segunda com o desiderato de estabelecer um gestor ao patrimônio do menor".

Por tudo isso, com vistas a uma necessária funcionalização da tutela, o art. 1.733 passará a prever o seguinte: "Os grupos de irmãos, preferencialmente, deverão ser mantidos juntos sob a mesma tutela existencial, salvo se comprovada situação que justifique a excepcionalidade de solução diversa, procurando-se, em qualquer caso, evitar o rompimento definitivo dos vínculos fraternais. § 1º No caso de ser nomeado mais de um tutor pelos pais, sem ordem de preferência, a tutela será prioritariamente conjunta. § 2º Quem institui pessoa com menos de dezoito anos de idade como herdeiro ou legatário, poderá nomear-lhe tutor patrimonial para os bens deixados, ainda que o beneficiário se encontre sob a autoridade parental ou tutela existencial". Mais uma vez penso que as mudanças propostas são mais do que necessárias, sendo até urgentes.

O art. 1.734 do CC/2002 tratava, na redação original, da *tutela do menor abandonado*, que teria *tutor dativo*, ou seja, nomeado pelo juiz. Sendo impossível a nomeação desse tutor dativo, o menor abandonado seria recolhido a estabelecimento público para esse fim destinado. Na falta desse estabelecimento, o menor ficaria sob a tutela das pessoas que, voluntária e gratuitamente, se encarregariam da sua criação, havendo uma inserção em família substituta.

O dispositivo foi alterado pela Lei 12.010, de 2009, então conhecida como *Nova Lei da Adoção*, passando a prescrever que as crianças e os adolescentes, cujos pais forem desconhecidos, falecidos ou que tiverem sido suspensos ou destituídos do poder familiar, terão tutores nomeados pelo Juiz ou serão incluídos em programa de colocação familiar, na forma prevista pela Lei 8.069, de 13.07.1990 (*família substituta*). Em suma, não se menciona mais o *menor abandonado*, substituindo-se a expressão por outras mais amplas e genéricas.

Destaco que, no Projeto de Reforma do Código Civil, propõe-se a revogação do dispositivo, para que o tema seja tratado no novo art. 1.728, aqui antes comentado.

Seguindo-se no estudo do tema, o Código Civil de 2002, assim como o seu antecessor, continua prevendo aqueles que são incapazes de exercer tutela (art. 1.735), bem como aqueles que podem escusá-la, ou seja, não aceitá-la ou pedir dispensa (art. 1.736).

Pelo primeiro dispositivo, não podem ser tutores e serão exonerados da tutela: *a)* aqueles que não tiverem a livre administração de seus bens, como no caso dos menores ou dos pródigos; *b)* aqueles que, no momento de lhes ser deferida a tutela, se acharem constituídos em obrigação para com o menor, ou tiverem que fazer valer direitos contra este, e aqueles cujos pais, filhos ou cônjuges tiverem demanda contra o menor; *c)* os inimigos do menor, ou de seus pais, ou aqueles que tiverem sido por estes expressamente excluídos da tutela; *d)* os condenados por crime de furto, roubo, estelionato, falsidade, contra a família ou os costumes, tenham ou não cumprido pena; *e)* as pessoas de mau procedimento, ou falhas em probidade, e as culpadas de abuso em tutorias anteriores, cabendo análise caso a caso; e *f)* aqueles que exercerem função pública incompatível com a boa administração da tutela, caso de um juiz, de um promotor de justiça ou de um delegado de polícia.

Sobre a previsão relativa aos condenados por crime, o Enunciado n. 636, aprovado na *VIII Jornada de Direito Civil* (2018), admite a sua mitigação, o que conta com o meu apoio. Nos seus termos, "o impedimento para o exercício da tutela do inc. IV do art. 1.735 do Código Civil pode ser mitigado para atender ao princípio do melhor interesse da criança".

As hipóteses expostas, como se pode perceber, são de *falta de legitimação* para o ato, para o exercício da tutela. Por outra via, as hipóteses de *escusa*, a seguir demonstradas,

CAP. 8 • DIREITO DE FAMÍLIA **1671**

são situações em que a dispensa pode ou não ocorrer, havendo um direito potestativo das pessoas elencadas. O procedimento de escusa corre perante a Vara da Infância e da Juventude, se houver. Não havendo esse juízo especializado, a competência será da Vara da Família ou da Vara Cível, pela ordem.

De acordo com o art. 1.736 do CC/2002, podem *escusar-se* da tutela, inicialmente, as mulheres casadas. Há proposta de revogação do dispositivo, conforme o Enunciado n. 136 do CJF/STJ, da *I Jornada de Direito Civil*. Isso porque "não há qualquer justificação de ordem legal para legitimar que mulheres casadas, apenas por essa condição, possam se escusar da tutela". Realmente, é de se concordar com a proposta, pois o dispositivo parece ser herança da perversa distinção entre homens e mulheres, que não mais existe. No mesmo sentido tramitam projetos de lei no Congresso Nacional para revogar essa nefasta previsão legislativa.

Também cabe a escusa da tutela aos maiores de 60 anos. Igualmente nesse ponto há que se discutir se a norma é ou não discriminatória, assim como acontece com o art. 1.641, inciso II, do CC/2002, que continua a discriminar o idoso, impondo-lhe o regime da separação obrigatória de bens, agora com 70 anos de idade.

Seguindo nos estudos, o inciso III do art. 1.736 do Código Civil estabelece que podem escusar-se da tutela aqueles que tiverem sob sua autoridade mais de três filhos. A ideia é que há um excesso de responsabilidades nessas hipóteses, o que pode fundamentar a declinação do *munus*. Por fim, existem outras situações que dizem respeito a motivos relevantes nos quatro últimos incisos do preceito material. Assim é o caso dos impossibilitados por enfermidade; daqueles que habitarem longe do lugar onde se haja de exercer a tutela; daqueles que já exercem uma tutela ou curatela e dos militares em serviço (art. 1.736, incisos IV a VII, do CC/2002).

Ainda no tocante à escusa, aquele que não for parente do menor não poderá ser obrigado a aceitar a tutela, se houver no lugar parente idôneo, consanguíneo ou afim, em condições de exercê-la (art. 1.737 do CC). Trata-se de mais uma situação de dispensa pessoal, o que a doutrina denomina como *recusa da tutela por estranho*.[218]

Em verdade, as regras relativas à incapacidade para a tutela e à sua escusa são tidas hoje por parte considerável da doutrina como desatualizadas e distantes das recentes mudanças que atingiram a família brasileira. Por isso, a Comissão de Juristas nomeada para a Reforma do Código Civil sugere mudanças consideráveis no atual sistema. Como pontuou a Subcomissão de Direito de Família, "o atual artigo 1.735 prevê uma série de situações que obstam a pessoa nelas enquadrada de exercer a tutela. São hipóteses atreladas, de regra, a conflitos de interesses entre o tutor e o tutelado, a comportamentos do tutor aptos a demonstrar sua incapacidade moral de exercer o múnus. Visando a modernizar o dispositivo, buscou-se criar cláusulas abertas, em detrimento das situações específicas antes previstas, permitindo que o juiz examine de forma mais adequada cada caso concreto, à luz do princípio da operabilidade ou concretude (Miguel Reale)". As proposições foram aceitas pela Relatoria-Geral e pelos demais membros da Comissão de Juristas.

Ao final, sugere-se a manutenção do inc. I, a alteração com abertura do texto dos incs. II e III e a revogação dos demais, passando o dispositivo a prever o seguinte: "Art. 1.735. Não podem ser tutores e serão exonerados da tutela, caso a exerçam: I – aqueles que não tiverem a livre administração de seus bens; II – mantiverem conflito de interesses com o tutelado; III – tenham comportamento contrário ao melhor interesse da pessoa com menos de dezoito anos de idade. IV – Revogado; V – Revogado; VI – Revogado". De fato,

---

[218] DINIZ, Maria Helena. *Código Civil anotado*. 15. ed. São Paulo: Saraiva, 2010. p. 1.235.

**1672** | MANUAL DE DIREITO CIVIL • VOLUME ÚNICO – *Flávio Tartuce*

as previsões hoje presentes no texto não mais se justificam, tendo sido mitigadas, como antes exposto.

No que diz respeito ao art. 1.736, como se retira dos meus comentários doutrinários, trata-se de norma que precisa ser reformada urgentemente, tendo tom hoje considerado discriminatório em algumas de suas previsões. De toda sorte, a Subcomissão de Direito de Família não propôs apenas a revogação de alguns dos incisos tidos como problemáticos, mas, sim, uma nova roupagem para a tutela e para a sua escusa, funcionalizando o instituto:

> "Com a nova roupagem da tutela, decorrente da instituição do Estatuto da Criança e do Adolescente, que prevê a doutrina da proteção integral e o resguardo ao melhor interesse da criança e do adolescente, não mais se justifica tratar o instituto como uma forma de obrigação imposta ao tutor, visando essencialmente a obrigação de administrar os bens do tutelado. Nesse panorama, impor a obrigação de que alguém sirva como tutor, independente de sua vontade, torna-se medida vetusta e que se afasta dos objetivos precípuos da mencionada doutrina da proteção integral, bem como dos próprios interesses mais imediatos da criança e do adolescente. Portanto, propõe-se a alteração legislativa para que a recusa à tutoria decorra de simples manifestação de vontade do tutor. Entende-se que, se o tutor não estiver disposto a exercer a tutoria, certamente os interesses do menor de idade ficarão comprometidos, porque sujeito ao convívio com pessoa que não está imbuída da intenção de bem cuidar".

Nesse contexto, com a revogação de todos os seus incisos, a norma passará a prever pura e simplesmente o seguinte: "Art. 1.736. O tutor pode escusar-se do exercício da tutela mediante declaração expressa e motivada". Essa simplificação, no meu entender, tornará o instituto da tutela mais funcionalizado e efetivo.

Em complemento, diante da alteração proposta do texto do art. 1.736 do CC, e tendo em vista as suas justificativas, o art. 1.737 perde a sua razão de ser, tendo sido recomendada a sua revogação expressa pela Subcomissão de Direito de Família, sugestão acatada pela Relatoria-Geral e por toda a Comissão de Juristas. Como se verá, é feita proposta de alteração também do texto do art. 1.765, e, segundo a citada Subcomissão, "diante dessa lógica, justifica-se a mudança de redação do art. 1.765, que previa hipóteses específicas que permitiam a recusa à tutela, contemplando agora a possibilidade de recusa por simples manifestação de vontade. Pela mesma linha de raciocínio, justifica-se também a revogação do art. 1.737 e, por fim, a revogação do art. 1.765 o qual estabelecia um prazo mínimo de dois anos para o exercício da tutela".

Voltando-se ao sistema atual, o art. 1.738 da codificação material de 2002 consagra prazo decadencial de dez dias, contados da sua designação, para a manifestação da escusa pelo tutor. Não havendo essa manifestação expressa, deve-se entender que a parte renunciou ao direito potestativo de alegar essa dispensa pessoal. No entanto, se o motivo escusatório ocorrer depois de aceita a tutela, os dez dias serão contados a partir do momento em que sobrevier esse motivo.

O prazo para a manifestação da escusa era de cinco dias, conforme o art. 1.192 do CPC/1973. Pelo mesmo dispositivo, contar-se-ia o prazo: *a)* antes de aceitar o encargo, da intimação para prestar compromisso; *b)* depois de entrar em exercício, do dia em que sobrevier o motivo da escusa. Não sendo requerida a escusa no prazo estabelecido neste artigo, reputar-se-ia renunciado o direito de alegá-la (art. 1.192, parágrafo único, do CPC/1973).

Como o CC/2002 regulamentou igual e inteiramente a matéria relativa ao prazo de escusa na tutela, sempre sustentei que prevaleceria o seu art. 1.738 em relação ao CPC de 1973. Todavia, a norma processual ainda teria prevalência no seguinte ponto, por não ter sido tratada pelo Código Civil: o juiz deveria decidir de plano esse pedido de escusa.

CAP. 8 • DIREITO DE FAMÍLIA | **1673**

Se não a admitisse, exerceria o nomeado a tutela ou curatela enquanto não fosse dispensado por sentença transitada em julgado (art. 1.193 do CPC/1973).

Pois bem, o Código de Processo Civil de 2015 tratou do tema no seu art. 760, estabelecendo que "o tutor ou o curador poderá eximir-se do encargo apresentando escusa ao juiz no prazo de 5 (cinco) dias contado: I – antes de aceitar o encargo, da intimação para prestar compromisso; II – depois de entrar em exercício, do dia em que sobrevier o motivo da escusa. § 1.º Não sendo requerida a escusa no prazo estabelecido neste artigo, considerar-se-á renunciado o direito de alegá-la. § 2.º O juiz decidirá de plano o pedido de escusa, e, não o admitindo, exercerá o nomeado a tutela ou a curatela enquanto não for dispensado por sentença transitada em julgado".

Como a norma é posterior e mais especial do que o Código Civil, sobre ela prevalece, havendo uma revogação tácita, nos termos do art. 2.º da Lei de Introdução, notadamente por tratar inteiramente da mesma matéria. Como aspecto de organização do dispositivo, sem modificação de conteúdo, o teor do antigo art. 1.193 do Estatuto Processual de 1973 passou a compor um parágrafo do novo preceito. No mais, os conteúdos foram mantidos, devendo agora prevalecer.

De todo modo, com o fim de se resolver essa antinomia ou conflito de normas de forma definitiva, no atual Projeto de Reforma do Código Civil propõe-se a revogação expressa do seu art. 1.738, pois de fato já houve a sua revogação tácita pelo Código de Processo Civil. Também é feita sugestão para alteração do art. 760 do CPC, na linha lógica das sugestões das anteriores e passando ele a prever o seguinte: "O tutor ou o curador poderá eximir-se do encargo no prazo de 5 (cinco) dias contado da intimação para prestar compromisso. I – Revogado. II – Revogado. § 1º Revogado. § 2º Revogado".

Nas justificativas da Subcomissão de Direito de Família, "propõe-se a mudança de redação do *caput* do art. 760 do CPC, para que a recusa (agora baseada apenas na manifestação de vontade do tutor) seja manifestada da intimação para prestar compromisso. Por consequência direta dessa mesma mudança, revogam-se os parágrafos e demais incisos do mesmo dispositivo, visto que estavam estruturados a partir da *mens legis* anterior, a qual contemplava os casos de recusa de forma específica". As propostas são louváveis e, assim como outras, funcionalizam a tutela, de acordo com o que está previsto no ECA e em prol do maior interesse do tutelado.

Como última nota a respeito da escusa, se o juiz não a admitir, o nomeado exercerá a tutela enquanto o recurso interposto não tiver provimento (art. 1.739 do CC/2002). Além disso, responderá desde logo pelas perdas e danos o tutor nomeado que não atua nesse lapso temporal, como determina a lei, em relação aos prejuízos que o menor venha a sofrer.

Mais uma vez, na Reforma do Código Civil, a Subcomissão de Direito de Família propõe a revogação expressa do art. 1.739, pois ele já estaria revogado tacitamente pelo art. 640 do CPC/2015. Com o devido respeito, não concordo com a tese da sua atual revogação tácita, pois o atual dispositivo processual não trata das perdas e danos mencionados na norma civil. De todo modo, com a alteração que é proposta para o art. 640 do Estatuto Processual, de fato, a norma terá que ser revogada expressamente, mas por outra razão. Em suma, concordei com a proposta de revogação, mas com motivação diversa, o que acabou prevalecendo na Relatoria-Geral e na Comissão de Juristas.

Voltando-se ao Código de Processo Civil ora em vigor, ele continua a estabelecer que o tutor ou curador será intimado a prestar compromisso no prazo de cinco dias contados: *a)* da nomeação feita na conformidade da lei civil; e *b)* da intimação do despacho que mandar cumprir o testamento ou o instrumento público que o houver instituído. Trata-se do novo art. 759 do CPC/2015, reprodução integral do art. 1.187 do CPC/1973.

**1674** | MANUAL DE DIREITO CIVIL • VOLUME ÚNICO – *Flávio Tartuce*

O Código de Processo Civil anterior cuidava da *hipoteca legal* quando da nomeação do tutor, categoria que foi extinta pelo CC/2002, o que trazia – e ainda traz – a dedução de que tais normas anteriores foram totalmente prejudicadas (arts. 1.188 a 1.191 do CPC/1973). O Código de Processo Civil de 2015 não cuidou dessa hipoteca imposta pela norma, o que não poderia ser diferente. Em verdade, a citada hipoteca legal foi substituída por uma *caução,* regulamentada pelo Código Civil, como ainda será exposto neste capítulo.

A hipoteca legal constava da mesma forma dos arts. 37 e 38 do ECA (Lei 8.069/1990). Todavia, tais dispositivos foram alterados pela Lei 12.010/2009, passando a tratar de procedimentos da tutela testamentária. É a redação atual do art. 37 do ECA:

> "Art. 37. O tutor nomeado por testamento ou qualquer documento autêntico, conforme previsto no parágrafo único do art. 1.729 da Lei 10.406, de 10 de janeiro de 2002 – Código Civil, deverá, no prazo de 30 dias após a abertura da sucessão, ingressar com pedido destinado ao controle judicial do ato, observando o procedimento previsto nos arts. 165 a 170 desta Lei. Parágrafo único. Na apreciação do pedido, serão observados os requisitos previstos nos arts. 28 e 29 desta Lei, somente sendo deferida a tutela à pessoa indicada na disposição de última vontade, se restar comprovado que a medida é vantajosa ao tutelando e que não existe outra pessoa em melhores condições de assumi-la".

Feitas tais considerações, nota-se que o Código Civil possui normas que disciplinam o exercício da tutela. A primeira delas é o art. 1.740, que traz as incumbências do tutor no exercício do seu *múnus* público, a saber: *a)* dirigir a educação do menor, defendê-lo e lhe prestar os alimentos, conforme os seus haveres e condição; *b)* reclamar do juiz que tome as providências necessárias para a correção do menor, caso essa seja necessária; e *c)* cumprir com os demais deveres que normalmente cabem aos pais, sempre ouvida a opinião do menor, se este já contar 12 anos de idade.

Sem prejuízos desses deveres, que serão exercidos sem a inspeção judicial, incumbe ao tutor, agora sob a referida intervenção do juiz, administrar os bens do tutelado, sempre em proveito deste, cumprindo seus deveres com zelo e boa-fé (art. 1.741 do CC/2002).

Tendo em vista a fiscalização dos atos do tutor, o CC/2002 admite a nomeação pelo juiz de um *protutor* (art. 1.742), que igualmente assumirá um *múnus* público, norteado pelas mesmas atribuições que tem o tutor, inclusive guiado pela boa-fé e pela eticidade. Anotam Jones Figueirêdo Alves e Mário Luiz Delgado que se trata de uma "forma de inspeção judicial delegada, no sentido de monitoramento da tutela, em sua função de proteger o menor tutelado".[219]

Aplicando o preceito, o Tribunal de Justiça do Distrito Federal admitiu a nomeação de padrasto como protutor, "no objetivo de resguardar o melhor interesse da criança, nomeia--se seu pai afetivo (ex-companheiro da sua mãe) protutor para ajudar na administração de seus bens" (TJDF, Recurso 2009.05.1.006057-5, Acórdão 586.569, 2.ª Turma Cível, Rel. Des. Sérgio Rocha, *DJDFTE* 17.05.2012, p. 89).

De acordo com o art. 1.743 da norma material geral, se os bens e os interesses administrativos exigirem conhecimentos técnicos, forem complexos, ou realizados em lugares distantes do domicílio do tutor, poderá este, mediante aprovação judicial, delegar a outras pessoas físicas ou jurídicas o exercício parcial da tutela. Como comenta Maria Helena Diniz, o poder do tutor é uno e *indivisível*, sendo o encargo pessoal. Entretanto, isso não obsta a cessão da tutela, uma concessão parcial do encargo, o que se denomina

---

[219] ALVES, Jones Figueirêdo; DELGADO, Mário Luiz. *Código Civil anotado.* São Paulo: Método, 2005. p. 894.

CAP. 8 • DIREITO DE FAMÍLIA **1675**

*tutela parcial* ou *cotutoria.*[220] Como se percebe, a última hipótese não se confunde com a atuação do *protutor,* pois aqui a tutela é exercida de forma concomitante, nos limites do que for determinado pelo juiz da Vara da Infância e da Juventude.

Como não poderia ser diferente, também quanto ao exercício da tutela, a Comissão de Juristas encarregada da reforma do Código Civil sugere modificações importantes quanto ao sistema em vigor. Iniciando-se pelo art. 1.740 da Lei Geral Privada, de acordo com a Subcomissão de Direito de Família, "coloca-se a expressão tutor no plural, a fim de melhor adequar o texto à possibilidade de instituição de tutela conjunta. Em segundo plano, revoga-se o inciso II, visto que não mais se revela consentânea a possibilidade de o juiz aplicar métodos de correção em relação ao menor. No lugar disso, cria-se o parágrafo único, dispondo que poderá o juiz valer-se de métodos adequados ou equipe interdisciplinar, voltados a providenciar a adequação do menor ao convívio no lar dos tutores. Por fim, revoga-se o inciso III, diante da criação do inciso IV, o qual moderniza a redação da norma, prevendo que caberá ao tutor assumir os deveres inerentes à autoridade parental, atentando à manifestação de vontade do tutelado".

Com todas essas necessárias alterações, o dispositivo passará a ter a seguinte redação: "incumbe aos tutores quanto à pessoa do tutelado: I – dirigir-lhe a educação, defendê-lo e prestar-lhe alimentos, conforme os seus haveres e condição; II – Revogado. III – Revogado. IV – assumir os deveres inerentes à autoridade parental, atentando, sempre que possível, à manifestação de vontade do tutelado. Parágrafo único. Poderá o juiz valer-se de equipe interdisciplinar ou outros métodos de apoio sempre que houver dificuldade de adaptação de convívio entre tutores e tutelados" (art. 1.740 do CC). Como não poderia ser diferente, as proposições formuladas pelos especialistas foram totalmente aceitas pela Relatoria-Geral e pela Comissão de Juristas.

Quanto ao art. 1.741, a Subcomissão de Direito de Família sugeriu que a fiscalização das tutelas – no plural, já que se insere no sistema a tutela conjunta – seja feita pelo Ministério Público, uma vez que, "seguindo a tendência do moderno direito de família, que busca a desjudicialização de várias situações litigiosas, tais como o divórcio, inventário e partilha, reconhecimento de filiação socioafetiva etc., retira-se do juízo e fixa-se com o Ministério Público a incumbência direta de fiscalizar as prestações de contas e demais atividades do tutor". Assim, "tal medida tem por objetivo tornar mais célere e menos burocrática a atuação do tutor, visto que bastará a aprovação do órgão ministerial para desincumbir o tutor de suas obrigações. Por outro lado, nos casos em que não houver a possibilidade de o Ministério Público resguardar integralmente os interesses do menor de idade, ficará aberta a via judicial, dado o princípio da inafastabilidade da jurisdição. Mas agora como via alternativa e excepcional".

Nesse contexto, seguindo a linha de *extrajudicialização* da Reforma, com o apoio unânime de todos os membros da Comissão de Juristas, o dispositivo será redigido do seguinte modo: "incumbe aos tutores, sob a inspeção do Ministério Público, administrar os bens do tutelado, em proveito deste, cumprindo seus deveres com zelo e boa-fé" (art. 1.741). Trata-se de mais uma modificação necessária, a fim de se retirar do juiz incumbência que pode ser perfeitamente exercida por outro integrante do sistema de Justiça, sem que haja qualquer prejuízo e até de forma mais eficiente.

Seguindo-se com a análise das proposições para a Reforma do Código Civil, propõe-se incluir no seu art. 1.742 a menção a uma remuneração módica do protutor, com os fins de deixar a norma mais clara, a saber: "para fiscalização dos atos dos tutores, pode o juiz nomear protutor e fixar-lhe remuneração módica". E, quanto ao dispositivo seguinte, seguindo-se as proposições feitas ao art. 1.741, retira-se do comando a incumbência que

---

[220] DINIZ, Maria Helena. *Código Civil anotado.* 15. ed. São Paulo: Saraiva, 2010. p. 1.238.

era do Poder Judiciário, atribuída agora ao Ministério Público, em prol da *desjudicialização* e da *extrajudicialização*, diretrizes que orientaram o Anteprojeto de Reforma.

Nesse contexto, o art. 1.743 do CC passará a ter a seguinte dicção: "se os bens e interesses administrativos do tutelado exigirem conhecimentos técnicos, forem complexos, ou realizados em lugares distantes do domicílio dos tutores, poderão estes, mediante aprovação do Ministério Público, delegar a outras pessoas físicas ou jurídicas o exercício parcial da tutela". A proposta, que veio da Subcomissão de Direito de Família, foi integralmente aceita pelos Relatores-Gerais e pelos demais membros da Comissão de Juristas, em prol de uma melhor funcionalização da tutela. Somente em casos excepcionais, a questão será levada ao Poder Judiciário.

Em complemento, é incluído no Código Civil um novo art. 1.743-A, prevendo que, "verificando que a criança ou o adolescente mantém vínculos de afinidade e afetividade com algum parente que não reúne condições de exercer a administração do patrimônio do tutelado, poderá o juiz nomeá-lo como tutor existencial e nomear outrem como tutor patrimonial para gestão dos seus bens". Nesse caso, para a nomeação do chamado tutor existencial, exige-se a atuação do Poder Judiciário. Vejamos o que ponderou e justificou a Subcomissão de Direito de Família a respeito dessa proposição:

> "Nem sempre a pessoa com a qual o menor já tem estabelecidos vínculos de afinidade ou afetividade será capacitada para gestão de um patrimônio mais complexo, situação reconhecida, inclusive, no atual texto do art. 1.743. Entende-se, todavia, que essa falta de conhecimento não pode impedir que se mantenha o menor em convívio com aquele que melhor lhe ofereça condições de aporte moral, familiar e espiritual. Cria-se, assim, a possibilidade de conservar os interesses do menor, mantendo a tutela com determinada pessoa (tutela existencial), mas desdobrando eventuais poderes de gestão, de parte, ou da totalidade, do patrimônio, para terceiro, o qual se denomina tutor patrimonial, em simetria com o art. 1.733, § 2º, do CC. Essa nomenclatura, tutor patrimonial, tem em mira evidenciar que existem duas espécies de tutela, a 'existencial' e a 'patrimonial'. A primeira amoldada aos deveres de convivência e cuidado que recaem sobre o tutor para com o tutelado. A segunda com o desiderato de estabelecer um gestor ao patrimônio do menor".

A proposta de criação das duas categorias é salutar, mais uma vez visando à funcionalização do instituto da tutela.

O Código Civil de 2002, a exemplo do anterior, continua trazendo a responsabilidade do juiz quanto à tutela havendo prejuízos ao tutelado, podendo essa responsabilidade ser direta ou subsidiária em relação ao tutor (art. 1.744 do CC). A responsabilidade do juiz será direta e pessoal quando não tiver nomeado o tutor ou não o houver feito oportunamente.

Por outra via, essa responsabilidade do magistrado será subsidiária quando não tiver exigido garantia legal do tutor, nem o removido, tanto que se tornou suspeito. Nos dois casos, exige-se apenas culpa do juiz, e não o dolo, que era regra geral contida no art. 133 do CPC/1973, repetida pelo art. 143 do CPC/2015.

Há quem entenda que a norma civil está prejudicada, tendo sido revogada tacitamente pelo último comando instrumental, uma vez que a responsabilidade civil do juiz é sempre subsidiária pelo Estatuto Processual em vigor. Nesse sentido, as palavras de Fernando Gajardoni, com especial destaque:

> "Seguindo a tendência jurisprudencial formada a partir da interpretação antes existente do art. 133 do CPC/1973, e do art. 49 e incisos da Lei Orgânica da Magistratura Nacional (art. 49 da LC 35/1979), o art. 143 do CPC/2015 explicita que a

CAP. 8 • DIREITO DE FAMÍLIA | **1677**

responsabilização do magistrado se dá, apenas, de modo regressivo (STF, 2ª T., RE 228.977-2/SP, Rel. Min. Néri da Silveira, j. 05.03.2002, *DJ* 12.04.2002). Trata-se de interpretação que objetiva, à luz das garantias constitucionais da magistratura (art. 95 da CF), proteger os juízes contra investidas temerárias das partes e advogados, eventualmente prejudicados por decisões proferidas. Exigindo-se que, primeiramente, a ação civil de responsabilização seja dirigida contra a União (magistrados federais e do Distrito Federal) e Estados (magistrados estaduais), na forma do art. 37, § 6.º, da CF/1988, tem-se um filtro que possibilita aos juízes julgarem com independência, cientes de que só serão responsabilizados civilmente caso o Poder Público tenha condições de afirmar que a conduta se enquadra nas duas situações do art. 143 do CPC/2015). Note-se, assim, que o art. 1.744 do CC (que responsabiliza o juiz, direta e pessoalmente, quando não houver nomeado tutor), está superado".[221]

Parece-me que, de fato, o objetivo do legislador foi de consagrar uma responsabilidade regressiva, subsidiária e excepcional do juiz. Entretanto, tal opção é altamente prejudicial aos direitos das vítimas, diante das comuns dificuldades em se demandar o Estado. Os casos de reconhecimento do dever de indenizar de magistrados são raríssimos, especialmente diante da adoção de um modelo fundado em atos dolosos dos julgadores. De todo modo, em relação ao art. 1.744 do Código Civil, entendo ainda em vigor, diante de seu caráter excepcional, aplicável à tutela.

Seja como for, no atual Projeto de Reforma do Código Civil, a Comissão de Juristas sugere a revogação expressa do art. 1.744 do Código Civil, para que o tema fique concentrado no Código de Processo Civil, na linha dos meus comentários doutrinários. Consoante justificaram os membros da Subcomissão de Direito de Família, "entende-se que o CPC, em seu art. 143, regulamenta genericamente a matéria, abarcando as hipóteses do artigo em questão, sendo despicienda a menção junto ao CC. Outrossim, a disposição legal conflita com a hodierna interpretação do STF em relação ao disposto no art. 37, § 6º, da CF. Assim, não se justifica a manutenção das hipóteses de responsabilização pessoal e direta do magistrado, nos casos de trato da tutela de menor de idade". De fato, a revogação expressa da norma afastará as dúvidas ainda existentes a respeito do conflito entre as duas normas, material e processual.

Ainda no que tange ao exercício do *munus*, os bens do menor serão entregues ao tutor mediante termo especificado desses bens e seus valores, mesmo que os pais o tenham dispensado, o que se denomina *inventário de bens* (art. 1.745 do CC). Entretanto, se o patrimônio do menor for de valor considerável, poderá o juiz condicionar o exercício da tutela à prestação de uma *caução* bastante para tanto, podendo dispensá-la se o tutor for de reconhecida idoneidade (art. 1.745, parágrafo único, do CC).

Para o art. 1.745 do CC, na Reforma do Código Civil sugere-se um mero ajuste redacional, substituindo a expressão "menor" por "tutelado", na linha de outras proposições do Anteprojeto. Assim, sem qualquer mudança de conteúdo, a norma passará a prever o seguinte: "os bens do tutelado serão entregues ao tutor mediante termo especificado deles e seus valores, ainda que os pais o tenham dispensado. Parágrafo único. Se o patrimônio do tutelado for de valor considerável, poderá o juiz condicionar o exercício da tutela à prestação de caução bastante, podendo dispensá-la se o tutor for de reconhecida idoneidade".

Como exposto anteriormente, essa caução substituiu a hipoteca legal que era conferida ao tutelado ou curatelado em razão dos bens imóveis do tutor ou curador, nos termos do

---

[221] GAJARDONI, Fernando de Fonseca. *Comentários ao Novo Código de Processo Civil*. Coord. Antonio do Passo Cabral e Ronaldo Cramer. Rio de Janeiro: Forense, 2015. p. 266.

art. 827, inc. IV, do CC/1916. Tanto isso é verdade que o art. 2.040 do CC/2002, norma de direito intertemporal, enuncia que: "a hipoteca legal dos bens do tutor ou curador, inscrita em conformidade com o inciso IV do art. 827 do Código Civil anterior, Lei 3.071, de 1.º de janeiro de 1916, poderá ser cancelada, obedecido o disposto no parágrafo único do art. 1.745 deste Código". Em suma, todas essas hipotecas legais devem ser substituídas pela caução, sob pena de não mais valerem, o que também pode atingir a validade da própria tutela.

Se o menor possuir bens, será sustentado e educado a expensas desses bens existentes, arbitrando o juiz, para tal fim, as quantias que lhe pareçam necessárias (art. 1.746 do CC). Por conseguinte, o juiz deve considerar o rendimento da fortuna do pupilo quando o seu pai ou a sua mãe não as houver fixado.

Também quanto a esse comando, na Reforma do Código Civil, há proposição de trocar o termo "menor" por "criança e adolescente", seguindo outras propostas da Comissão de Juristas para a Reforma do Código Civil, a saber: "Art. 1.746. Se a criança ou o adolescente possuir bens, será sustentado e educado a expensas deles, arbitrando o juiz para tal fim as quantias que lhe pareçam necessárias, considerado o rendimento da fortuna do pupilo quando o pai ou a mãe não as houver fixado". Por um lapso, faltou também trocar "pai" e "mãe" por "pais", diante do reconhecimento das famílias homoafetivas e multiparentais pelo Projeto, o que deve ser corrigido no âmbito do Congresso Nacional.

Além daquelas atribuições constantes do art. 1.740 da norma geral material, no seu art. 1.747, o Código Civil de 2002 traz outras funções do tutor que também independem de autorização judicial, a saber. A primeira delas é a de representar o menor, até os 16 anos, nos atos da vida civil, e assisti-lo, após essa idade, nos atos em que for parte.

Deve também o tutor receber as rendas e pensões do menor e as quantias a ele devidas, sempre guiado pela boa-fé nesse recebimento. O tutor tem, ainda, a atribuição de fazer as despesas de subsistência e educação em proveito do menor, bem como as de administração, conservação e melhoramentos de seus bens. Pode, também, alienar os bens do menor destinados à venda. Por fim, cabe ao tutor promover, mediante preço conveniente, o arrendamento de bens de raiz, ou seja, dos imóveis do menor que possam ser locados.

No Projeto de Reforma, novamente, sugere-se que a norma não use mais a expressão "menor", mas "criança e adolescente", nos seus incs. I, II e IV, sem alteração de conteúdo: "Art. 1.747. (...) I – representar a criança ou o adolescente, até os dezesseis anos, nos atos da vida civil, e assisti-lo, após essa idade, nos atos em que for parte; II – receber as rendas e pensões da criança ou do adolescente e as quantias a ele devidas; (...) IV – alienar os bens da criança ou do adolescente destinados a venda". Sugestões semelhantes são feitas aos preceitos seguintes, em todas as menções a "menor", pois a menoridade deixará de ser uma condição jurídica, mas sem alteração dos seus conteúdos.

De volta ao sistema em vigor, enquanto nos casos anteriormente listados a autorização judicial não se faz necessária, o art. 1.748 do CC/2002 consagra outras incumbências, que precisam da anuência do juiz. O primeiro inciso prevê a hipótese de pagamento das dívidas do menor, o que tem natureza onerosa, justificando essa fiscalização. Compete também ao tutor, com autorização do juiz, aceitar pelo menor as heranças, os legados ou as doações, ainda que com encargos (doações modais, de caráter oneroso).

A ele cabe, com chancela judicial, transigir, ou seja, celebrar contratos visando à extinção de dívidas. O mesmo se diga quanto ao ato de vender os bens móveis do menor, cuja conservação não convier, e os imóveis nos casos em que for permitido. Por fim, a última atribuição do tutor que necessita de autorização do juiz é a de propor em juízo as ações, ou nelas assistir o menor, e promover todas as diligências a bem deste, assim como defendê-lo nos pleitos contra ele movidos.

CAP. 8 • DIREITO DE FAMÍLIA | **1679**

As últimas hipóteses apontadas são de *outorga judicial*, e a falta desta gera a *ineficácia* do ato, até que ocorra a confirmação posterior (art. 1.748, parágrafo único, do CC). Anote-se que a opção legislativa, aqui, não foi pela invalidade do ato, como ocorre com a outorga conjugal, geradora de sua nulidade relativa (arts. 1.647 e 1.649 do CC/2002).

Sem prejuízo dessas situações, há atos que o tutor não pode praticar mesmo com autorização judicial, sob pena de sua nulidade absoluta, conforme disciplina o art. 1.749 do Código Civil. O primeiro deles é de adquirir por si, ou por interposta pessoa, mediante contrato particular, bens móveis ou imóveis pertencentes ao menor. A segunda vedação diz respeito a dispor dos bens do menor a título gratuito. Ao tutor, por fim, é vedado constituir-se cessionário de crédito ou de direito, contra o menor. Como os casos são de nulidade absoluta, cabe reconhecimento de ofício da nulidade e a ação correspondente é imprescritível (art. 169 do CC/2002), de acordo com a corrente seguida por mim.

Em relação aos bens imóveis dos menores sob tutela, estes podem ser vendidos quando houver manifesta vantagem ao menor, mediante prévia avaliação judicial e aprovação do juiz, por meio de alvará judicial (art. 1.750 do CC/2002).

Havendo a venda sem essa vantagem e aprovação do juiz, o negócio jurídico é nulo de pleno direito, pois a situação é de *nulidade virtual*, eis que a lei acaba proibindo o ato de forma inversa, sem, contudo, cominar sanção (art. 166, inciso VII, segunda parte, do CC/2002). A ilustrar, imagine-se uma hipótese em que o menor mudou sua residência, estando em local diverso daquele onde se encontra o imóvel de sua propriedade. Nessa outra cidade, vive ele de aluguel, havendo interesse plausível para a venda do seu imóvel, para que os seus representantes comprem outro naquele lugar onde agora mora o incapaz.

Antes de assumir a tutela, e diante do dever de informar anexo à boa-fé objetiva, o tutor declarará tudo o que o menor lhe deva, sob pena de não lhe poder cobrar, enquanto exerça a tutoria, salvo provando que não conhecia o débito quando a assumiu (art. 1.751 do CC/2002). Se o tutor não cumprir esse seu dever em momento oportuno, perderá um direito de cobrança, o que é aplicação do conceito de *supressio*, relacionado à boa-fé, constituindo esta a perda de um direito ou de uma posição jurídica pelo seu não exercício no tempo. Todavia, é importante ressaltar que esse último dispositivo é aplicado aos casos excepcionais em que o tutor é credor do tutelado, cabendo um aditivo ou adendo do inventário dos bens do menor, com a inclusão das dívidas em relação ao tutor.

Ainda a respeito do exercício da tutela, dispõe o art. 1.752 do Código Civil que o tutor responde pelos prejuízos que, por culpa, ou dolo, causar ao tutelado (responsabilidade civil subjetiva). Consigne-se, contudo, que pelo ato do tutelado a responsabilidade do tutor é objetiva, notadamente se houver prejuízo a terceiros, pelo que consta dos arts. 932, inciso II, e 933 do CC/2002. Há, assim, uma responsabilidade objetiva indireta ou impura, que depende da prova de culpa do tutelado. Por outra via, o tutor tem direito a ser pago pelo que despender no exercício do *munus*, o que é um direito de reembolso, salvo nos casos descritos no art. 1.734 do CC/2002, diante da sua flagrante atuação por liberalidade ou gentileza.

Além desse direito de reembolso, o art. 1.752 do Código de 2002 consagra a favor do tutor um montante pela sua atuação, proporcional ao valor dos bens administrados. Quanto ao *protutor*, o tutor do tutor, será arbitrada uma gratificação módica pela fiscalização efetuada (art. 1.752, § 1.º, do CC). Como alerta Maria Helena Diniz, e com razão, essa gratificação do tutor não é uma contraprestação pela sua atuação, mas sim uma espécie de indenização ou compensação diante da sua atuação.[222]

---

[222] DINIZ, Maria Helena. *Código Civil anotado*. 15. ed. São Paulo: Saraiva, 2010. p. 1.244.

**1680** | MANUAL DE DIREITO CIVIL • VOLUME ÚNICO – *Flávio Tartuce*

Em complemento, determina o § 2.º do art. 1.752 do CC/2002 que são solidariamente responsáveis pelos prejuízos as pessoas às quais competia fiscalizar a atividade do tutor e as que concorreram para o dano. Essa hipótese de solidariedade legal, a respeito dos danos de qualquer natureza – materiais e morais, nos termos da Súmula 37 do Superior Tribunal de Justiça –, atinge o protutor, o juiz ou qualquer pessoa que tenha concorrido culposamente para o prejuízo, o que é subsunção da regra do art. 942 do CC/2002.

Na Reforma do Código Civil, conforme propostas que vieram da Subcomissão de Direito de Família, é preciso modificar esse seu art. 1.752. Primeiro, como justificaram os juristas que a compuseram, "altera-se a remissão ao disposto no art. 1.734, visto que o artigo agora foi incorporado, na sugestão, ao artigo 1.728. Ademais, utiliza-se a expressão 'salvo no caso em que o menor não possuir patrimônio a ser gerido', uma vez que a tutela não poderá implicar a criação de crédito a ser exigido do menor após o encerramento do exercício da tutela, no caso de o menor não ser titular de patrimônio. Com efeito, a remuneração destinada ao tutor tem como pressuposto a administração do patrimônio do menor, não sendo ético exigi-la nos casos em que a atividade da tutela está baseada apenas no acolhimento da criança e adolescente ao lar dos tutores".

Além disso, "por fim, como foi incluída no art. 1.742 a previsão de que a remuneração devida ao protutor será módica, propõe-se, como consequência, a revogação do art. 1.752, § 1º, o qual prevê esta mesma norma". Com todas essas alterações, o dispositivo será assim redigido: "O tutor responde pelos prejuízos que, por culpa ou dolo, causar ao tutelado, mas tem direito de ser pago pelo que realmente despender no exercício da tutela e a perceber remuneração proporcional à importância dos bens administrados, salvo no caso em que o tutelado não possua patrimônio a ser gerido. 1º Revogado. § 2º São solidariamente responsáveis pelos prejuízos as pessoas às quais competia fiscalizar a atividade do tutor e as que concorreram para o dano". As propostas foram muito bem-aceitas pela Relatoria-Geral e pela Comissão de Juristas, com vistas a funcionalizar o instituto da tutela, em prol dos interesses do tutelado.

O Código Civil, ainda no que diz respeito à tutela, traz também regras quanto aos bens do tutelado e a prestação de contas pelo tutor. De início, em relação aos bens dos tutelados, os tutores não podem conservar em seu poder dinheiro dos tutelados além do necessário para as despesas ordinárias com o seu sustento, a sua educação e a administração de seus bens (art. 1.753). Em havendo necessidade, os objetos de ouro e prata, pedras preciosas e móveis serão avaliados por pessoa idônea e, após autorização judicial, alienados, e o seu produto convertido em títulos, obrigações e letras de responsabilidade direta ou indireta da União ou dos Estados (art. 1.753, § 1.º, do CC).

Nesses casos, deve-se atender preferencialmente à rentabilidade, e recolhidos ao estabelecimento bancário oficial ou aplicados na aquisição de imóveis, conforme for determinado pelo juiz. Esse mesmo destino terá o dinheiro proveniente de qualquer outra procedência, caso de bens recebidos pelo tutelado por herança (art. 1.753, § 2.º). A lei enuncia ainda que os tutores respondem pela demora na aplicação dos valores suprarreferidos, pagando os juros legais desde o dia em que deveriam dar esse destino, o que não os exime da obrigação, que o juiz fará efetiva, da referida aplicação (art. 1.753, § 3.º).

No que concerne aos valores existentes em estabelecimento bancário oficial, na forma do que estatui o art. 1.754 do CC/2002, estes não poderão ser retirados senão com autorização judicial e somente para as seguintes destinações: *a)* para as despesas com o sustento e educação do tutelado, ou a administração de seus bens; *b)* para a compra de bens imóveis e títulos, obrigações ou letras, nas condições previstas no § 1.º do art. 1.753; *c)* para o emprego em conformidade com o disposto por quem os houver doado, ou deixado, havendo, por exemplo, uma doação com encargo; e *d)* para a entrega a órfãos,

CAP. 8 • DIREITO DE FAMÍLIA | **1681**

quando emancipados, ou maiores, ou, mortos eles, aos seus herdeiros. O diploma material em questão trata do levantamento das quantias depositadas durante o exercício da tutela. O pedido de tal levantamento deve ser bem fundamentado, sendo certo que meras alegações genéricas, sem qualquer prova, não dão ensejo ao deferimento do requerido. Essa tem sido há tempos a melhor conclusão jurisprudencial (TJSP, Agravo de Instrumento 528.683.4/0, Acórdão 2606430, 10.ª Câmara de Direito Privado, São Paulo, Rel. Des. Ana de Lourdes, j. 08.04.2008, *DJESP* 06.06.2008).

No que tange à prestação de contas, trata-se de um dever decorrente da tutela, conforme reconhece o art. 1.755 do Código Civil, e que subsiste mesmo que haja uma disposição em contrário feita pelos pais, quando, por exemplo, da tutela testamentária. A prestação de contas visa justamente àquilo que busca o *munus*, qual seja, a proteção do tutelado ou pupilo. A lei exige nessa prestação de contas um balanço anual (art. 1.756 do CC), a ser apresentado pelo tutor ao juiz, que deverá aprová-lo, anexando aos autos do inventário dos bens do menor. Sem prejuízo disso, os tutores prestarão contas de dois em dois anos, e também quando, por qualquer motivo, deixarem o exercício da tutela ou toda vez que o juiz achar conveniente (art. 1.757 do CC).

Essas contas serão prestadas em juízo e julgadas depois da audiência dos interessados, recolhendo o tutor imediatamente a estabelecimento bancário oficial os saldos, ou adquirindo bens imóveis, ou títulos, obrigações ou letras, na forma daquele já comentado § 1.º do art. 1.753 do CC/2002. A prestação de contas será processada em juízo, nos próprios autos em que ocorreu a nomeação do tutor (Vara da Infância, da Família ou Cível, pela ordem, se houver). Há necessidade de intervenção do MP, diante do interesse de incapazes. Havia um procedimento especial para a ação de prestação de contas entre os arts. 914 a 919 do Código de Processo anterior. Como visto, o CPC/2015 trata apenas, entre os procedimentos especiais, da ação de se exigir contas, a favor daquele que pode pleiteá-las (arts. 550 a 553). Nas situações envolvendo o que tem obrigação de prestá-las, essa medida segue o procedimento comum, e não mais o especial.

Finda a tutela pela emancipação ou maioridade, a quitação do menor não produzirá efeito antes de aprovadas as contas pelo juiz, permanecendo integral, até então, a responsabilidade do tutor (art. 1.758 do CC/2002). Nos casos de morte, ausência, ou interdição do tutor, as contas serão prestadas por seus herdeiros ou representantes (art. 1.759 do CC/2002). Serão levadas a crédito do tutor todas as despesas justificadas e reconhecidamente proveitosas ao menor (art. 1.760 do CC/2002), devendo as despesas com a prestação das contas ser pagas pelo tutelado (art. 1.761 do CC/2002).

O art. 1.762 da Norma Geral Privada trata do *alcance do tutor*, que vem a ser "a diferença para menos verificada na prestação de contas do exercício da tutela".[223] Tanto esse *alcance* quanto o saldo contra o tutelado são considerados pelo dispositivo como dívidas de valor, vencendo juros legais e correção monetária pelo índice oficial desde o julgamento definitivo das contas.

Para encerrar o estudo da tutela, os arts. 1.763 a 1.766 do Código Civil em vigor tratam das situações de extinção da tutela.

A primeira delas é relacionada com a maioridade ou a emancipação do menor, uma vez que cessa a sua condição de incapaz. Essas hipóteses independem de intervenção judicial. A tutela é igualmente extinta ao cair o menor sob o poder familiar, na hipótese de reconhecimento de paternidade, maternidade ou adoção (parentesco civil), o que também

---

[223] ASSUNÇÃO, Alexandre Guedes Alcoforado. *Código Civil comentado*. Coordenação: Ricardo Fiuza e Regina Beatriz Tavares da Silva. 6. ed. São Paulo: Saraiva, 2008. p. 1.925.

**1682** | MANUAL DE DIREITO CIVIL • VOLUME ÚNICO – *Flávio Tartuce*

independe de atuação do juiz. A terceira hipótese é relativa ao termo final da tutela, em que era obrigado a servir o tutor, sem que haja ação judicial. Como quarta situação de extinção, a tutela é extinta havendo escusa legítima prevista nas situações previstas em lei, conforme decisão do juiz. Por derradeiro, ocorrerá o seu fim se houver a remoção do tutor pelo juiz, caso não exerça a tutoria como estatui a lei.

São feitas propostas de alteração do art. 1.763 do CC, que tratam de algumas dessas situações, pelo Projeto de Reforma do Código Civil. Retira-se a expressão "menor" e a menção ao "poder familiar", passando o dispositivo a prever o seguinte: "Art. 1.763. Cessa a condição de tutelado: I – com sua maioridade ou emancipação; II – no caso de reconhecimento ou adoção".

Voltando-se ao sistema vigente, quanto ao termo final, o prazo para a atuação do tutor é de dois anos, cabendo exoneração após esse lapso temporal (art. 1.765 do CC/2002). Entretanto, pode o tutor continuar no exercício da tutela, além desse prazo, desde que o queira e o juiz entenda que isso é conveniente ao menor, tendo como parâmetro os princípios do melhor interesse e da proteção integral do menor (art. 1.765, parágrafo único, do CC/2002).

Como se pontuou, e por outras propostas que vieram da Subcomissão de Direito de Família, não há mais razão de se manter no sistema o art. 1.765 do CC, propondo a Reforma do Código Civil a sua revogação expressa. Consoante as suas precisas justificativas, "se o tutor não estiver disposto a exercer a tutoria, certamente os interesses do menor de idade ficarão comprometidos, porque sujeito ao convívio com pessoa que não está imbuída da intenção de bem cuidar. Diante dessa lógica, justifica-se a mudança de redação do art. 1.735, que previa hipóteses específicas que permitiam a recusa à tutela, contemplando agora a possibilidade de recusa por simples manifestação de vontade. Pela mesma linha de raciocínio, justifica-se também a revogação do art. 1.737 e, por fim, a revogação do art. 1.765 o qual estabelecia um prazo mínimo de dois anos para o exercício da tutela". De fato, a melhor solução, com o novo sistema de funcionalização da tutela, em prol do tutelado, é a revogação expressa do art. 1.765 do Código Civil.

A remoção ou destituição do tutor cabe quando este for negligente, prevaricador ou incurso em incapacidade (art. 1.766 do CC/2002). Esse procedimento de remoção pode ter iniciativa do MP ou de quem tenha justo interesse. No Código de Processo Civil de 1973, tal procedimento específico constava entre os arts. 1.194 a 1.198. No CPC/2015, essas antigas regras correspondem aos arts. 761 a 763, com modificações, especialmente porque não há mais um tópico especial a respeito do processo.

Nos termos do art. 761 do vigente *Codex*, "incumbe ao Ministério Público ou a quem tenha legítimo interesse requerer, nos casos previstos em lei, a remoção do tutor ou do curador. Parágrafo único. O tutor ou o curador será citado para contestar a arguição no prazo de 5 (cinco) dias, findo o qual observar-se-á o procedimento comum". O prazo de cinco dias já estava no art. 1.195 do CPC/1973. O art. 1.196 do CPC/1973 estabelecia a incidência de regras relativas a cautelar ao final do prazo. Assim, a conversão ao procedimento comum é inovação.

Na linha do que enunciava o antigo art. 1.197 do CPC/1973, o art. 762 do CPC/2015 estatui que, em caso de extrema gravidade, o juiz poderá suspender o tutor ou o curador do exercício de suas funções, nomeando substituto interino. Igualmente sem qualquer novidade. Aqui não houve qualquer modificação substancial.

Por derradeiro, conforme o art. 763, *caput*, do CPC/2015, correspondente ao art. 1.198 do CPC antigo, cessando as funções do tutor ou do curador pelo decurso do prazo em que era obrigado a servir, ser-lhe-á lícito requerer a exoneração do encargo. Não o fazendo

CAP. 8 · DIREITO DE FAMÍLIA **1683**

dentro dos dez dias seguintes à expiração do termo, entender-se-á reconduzido, salvo se o juiz o dispensar (art. 763, § 1.º, do CPC/2015). A única inovação, que já era exigida na prática, consta do § 2.º do preceito, pelo qual, cessada a tutela ou curatela, é indispensável a prestação de contas pelo tutor ou curador, na forma da lei civil.

Encerrando o tópico e o estudo do instituto, e última nota sobre a Reforma do Código Civil, com a funcionalização da tutela proposta pela Subcomissão de Direito de Família, e a sua adaptação aos ditames do ECA, será preciso também alterar o art. 1.766 do CC. Como bem justificaram os membros desse grupo de especialistas, "com a nova roupagem da tutela, decorrente da instituição do Estatuto da Criança e do Adolescente, que prevê a doutrina da proteção integral e o resguardo ao melhor interesse da criança e do adolescente, não mais se justifica tratar o instituto como uma forma de obrigação imposta ao tutor, visando essencialmente a obrigação de administrar os bens do tutelado. A tutela, assim como as outras formas de colocação familiar, deve ter por objetivo criar um ambiente saudável entre o menor de idade e o tutor, propiciando a geração de laços de afinidade e afeto. Portanto, propõe-se a alteração do dispositivo, atrelando como causa de destituição da tutela a hipótese em que a convivência se torne prejudicial ao tutelado, privilegiando o princípio da proteção ao melhor interesse da criança e do adolescente".

Por tudo isso, de forma correta, o dispositivo terá outra redação, com um sentido mais aberto que conta com o meu total apoio, a saber: "Art. 1.766. Será destituído o tutor quando não mais reunir as condições necessárias ao exercício da função ou quando a convivência se tornar prejudicial ao tutelado. Parágrafo único. Para os fins deste artigo, sempre que possível, a vontade do tutelado será levada em conta pelo juiz". Destaco que a oitiva do tutelado, no meu sentir, vem em boa hora, em prol da tão citada funcionalização da tutela, e da proteção integral da criança e do adolescente. Por isso, e por outras razões, espera-se a sua aprovação pelo Congresso Nacional.

### 8.7.3   Da curatela

Vistas as regras a respeito da tutela, a curatela igualmente é instituto de direito assistencial, para a defesa dos interesses de maiores incapazes. Assim como ocorre com a tutela, há um *múnus* público, atribuído pela lei. São partes da curatela o *curador* e o *curatelado*.

Estão sujeitos à curatela os maiores incapazes. Como visto, não existem mais absolutamente incapazes maiores, por força das alterações que foram feitas no art. 3.º do Código Civil pelo Estatuto da Pessoa com Deficiência (Lei 13.146/2015). Sendo assim, a curatela somente incide para os maiores relativamente incapazes que, na nova redação do art. 4.º da codificação material, são os ébrios habituais (no sentido de alcoólatras), os viciados em tóxicos, as pessoas que por causa transitória ou definitiva não puderem exprimir vontade e os pródigos. Como visto, não há mais a menção às pessoas com discernimento mental reduzido e aos excepcionais, tidos agora como plenamente capazes pelo sistema.

Apesar dessas constatações, fica a dúvida se não seria interessante retomar alguma previsão a respeito de maiores absolutamente incapazes, especialmente para as pessoas que não têm qualquer condição de exprimir vontade e que não são necessariamente pessoas deficientes. Entendo que sim, havendo proposição nesse sentido no texto original do Projeto de Lei 757/2015, com o meu apoio e parecer.

Cite-se, a esse propósito e mais uma vez, a pessoa que se encontra em coma profundo, sem qualquer condição de exprimir o que pensa. No atual sistema, será enquadrada como relativamente incapaz, o que parece não ter sentido. Entretanto, reitere-se que tal proposição não foi adotada pelo relatório final elaborado pela então Senadora

**1684** | MANUAL DE DIREITO CIVIL • VOLUME ÚNICO – *Flávio Tartuce*

Lídice da Mata, para quem a proposta representaria um retrocesso. Acompanhemos o seu trâmite perante a Câmara dos Deputados, especialmente diante das sugestões que fiz ao PL 11.091/2018.

De igual modo, no atual Projeto de Reforma e Atualização do Código Civil, elaborado pela Comissão de Juristas, reitere-se há proposta no sentido de se voltar a previsão a respeito dos absolutamente incapazes que não tenham qualquer condição de exprimir vontade, no seu art. 3.º, inc. III, sendo mais do que necessária e fundamental a sua aprovação pelo Parlamento Brasileiro.

Feita essa anotação mais uma vez, reafirme-se, como dito quanto à tutela, que a curatela não se confunde com a representação e com a assistência por ser instituto geral de administração de interesses de outrem. A curatela também não se confunde com a tutela, pois a última visa à proteção de interesses de menores, enquanto a primeira, à proteção dos maiores.

Entretanto, pontue-se a existência de posição anterior, segundo a qual, ocorrendo a interdição de menor, em razão de certas doenças, por exemplo, este passaria a ser sujeito à curatela, o que seria melhor para a defesa dos interesses do vulnerável (nesse sentido, ver: TJRJ, Acórdão 6.043/1997, 4.ª Câmara Cível, Duque de Caxias, Rel. Des. Wilson Marques, j. 15.06.1999). Todavia, a questão já não era pacífica, pois existiam julgados que entendem serem melhores caminhos o poder familiar e a tutela para o menor interditado (TJMG, Acórdão 1.0000.00.304048-2/000, 8.ª Câmara Cível, Uberlândia, Rel. Des. Pedro Henriques, j. 27.12.2002, *DJMG* 30.05.2003). Trata-se, portanto, de questão polêmica. Anote-se que, na nova teoria das incapacidades, somente caberá tal discussão em caso de interdição relativa, pois os únicos absolutamente incapazes são os menores de 16 anos.

O art. 1.767 do CC/2002 traz o rol taxativo dos *interditos*, ou seja, daqueles que estão sujeitos à curatela. Como não poderia ser diferente, a norma foi modificada pelo Estatuto da Pessoa com Deficiência, diante da revolução que atingiu a teoria das incapacidades. Curioso perceber que a Lei 13.146/2015 traz a ideia não de interdição, mas de uma ação judicial em que haverá a nomeação de um curador. Por outra via, o CPC/2015 está todo baseado no processo de interdição. O Projeto de Lei 757/2015 pretende reparar esse conflito, introduzindo uma expressão única não só no CPC em vigor, mas em toda a legislação, que pode ser *ação de pedido de curatela*. A nomenclatura correta deve ser definida na tramitação da citada proposição legislativa, agora na Câmara dos Deputados.

Segundo o Projeto de Reforma do Código Civil elaborado pela Comissão de Juristas, de início, é preciso alterar a nomenclatura da Seção do Capítulo, para adaptá-la à Convenção de Nova Iorque: "Capítulo II. Da Curatela. Seção I. Das pessoas sujeitas à curatela". Vejamos, a esse propósito, as palavras dos juristas que compuseram a Subcomissão de Direito de Família – Professores Pablo Stolze Gagliano, Maria Berenice Dias, Rolf Madaleno e Ministro Marco Buzzi:

> "Modernamente, há forte tendência dos ordenamentos jurídicos ocidentais, no sentido de facilitar o exercício da capacidade civil. Tanto assim que o Brasil, signatário da Convenção de Nova York de 2007, introduziu-a em seu ordenamento jurídico, com força de Emenda Constitucional, por se tratar de texto garantidor de direitos fundamentais. Inspirando-se nela editou-se a Lei n 13.146/15, a qual, dentre outras providências, promoveu ampla reforma no que tange ao direito das pessoas com deficiência. Nesse sentido, propõe-se a alteração da expressão 'interdito' por 'pessoas sujeitas à curatela', uma vez que o uso dos termos incapaz e interdito exprimem um caráter pejorativo em relação às pessoas sujeitas ao regime de curatela, em descompasso com a Convenção de Nova York. Busca-se prestigiar o direito humano

à capacidade civil das pessoas com deficiência, em consonância com os princípios da não discriminação, da plena e efetiva participação e inclusão na sociedade, da igualdade de oportunidades, da autonomia, da independência e da dignidade humana, todos eles contemplados na Convenção de Nova York".

Ademais, com as modificações propostas para a teoria das incapacidades pela Reforma, o art. 1.767 do CC passará a prever o seguinte: "estão sujeitos a curatela as pessoas maiores de idade na hipótese dos arts. 3º e 4º deste Código". Por um lapso, faltou propor a alteração dos dispositivos do Código de Processo Civil que ainda tratam do processo de interdição, o que ainda poderá ser feito no âmbito do Congresso Nacional, inclusive apensando-se ao Anteprojeto o antigo PL 757/2021.

Seguindo-se com o estudo dos temas, constata-se que o citado Estatuto altera o art. 1.768 do Código Civil, deixando de mencionar que "a interdição será promovida", e passando a enunciar que "o processo que define os termos da curatela deve ser promovido". O grande problema é que esse dispositivo material foi revogado expressamente pelo art. 1.072, inciso II, do CPC/2015. Sendo assim, a norma ficou em vigor por pouco tempo, entre janeiro e março de 2016, quando o Estatuto Processual passou a ter vigência.

Penso que será necessária uma nova norma, no caso o anterior PL 757/2015, fazendo com que o dispositivo do EPD volte a vigorar, afastando-se esse primeiro *atropelamento legislativo*. Até que isso ocorra, uma alternativa viável para fazer prevalecer o *espírito* do Estatuto é a utilização das suas regras com alento doutrinário na Convenção de Nova York, tratado internacional de direitos humanos que tem força de Emenda à Constituição.

De qualquer modo, reafirme-se que só a edição de uma terceira norma apontando qual das duas deve prevalecer não basta, pois o atual CPC é inteiramente estruturado no processo de interdição, como se nota do tratamento constante entre os seus arts. 747 a 758. Sendo assim, parece-nos que será imperiosa uma reforma considerável do CPC/2015, deixando-se de lado a antiga possibilidade da interdição, substituindo-a pelos termos antes propostos. A propósito da superação desse tradicional modelo, pontua Paulo Lôbo que "não há que se falar mais de 'interdição', que, em nosso direito, sempre teve por finalidade vedar o exercício, pela pessoa com deficiência mental ou intelectual, de todos os atos da vida civil, impondo-se a mediação de seu curador. Cuidar-se-á, apenas, de curatela específica, para determinados atos".[224]

Feitas tais considerações fundamentais, e voltando-se ao art. 1.767 do Código Civil, o seu inciso I expressava aqueles que, por enfermidade ou deficiência mental, não tivessem o necessário discernimento para os atos da vida civil, tendo sido alterada, pois equivalia ao art. 3.º, inciso II, da própria norma material, ora revogado. Agora passou a mencionar as pessoas que por causa transitória ou definitiva não puderem exprimir vontade, tidas como relativamente incapazes no novo sistema. Como consequência, foi revogado o inciso II do art. 1.767, que aludia aos últimos. Continuam podendo ser citadas as situações dos surdos-mudos, que não têm qualquer condição de exprimir sua vontade, e das pessoas que se encontram em coma profundo.

Os ébrios habituais (alcoólatras viciados) e os toxicômanos (viciados em tóxicos) igualmente são interditados por força do art. 1.767, inc. III, do Código Civil, ora alterado, pois não há mais a previsão a respeito das pessoas com desenvolvimento reduzido.

---

[224] LÔBO, Paulo. *Com os avanços legais, pessoas com deficiência mental não são mais incapazes*. Disponível em: <http://www.conjur.com.br/2015-ago-16/processo-familiar-avancos-pessoas-deficiencia-mental-nao-sao-incapazes>. Acesso em: 21 ago. 2015.

Também não se interditam mais os excepcionais sem completo desenvolvimento mental, caso do acometido por síndrome de *Down,* tendo sido revogado o art. 1.767, inc. IV, do CC. Julgado anterior do Superior Tribunal de Justiça, do ano de 2014, entendeu que essa previsão englobaria o *sociopata,* que também poderia ser interditado. Vejamos:

> "(...) A possibilidade de interdição de sociopatas que já cometeram crimes violentos deve ser analisada sob o mesmo enfoque que a legislação dá à possibilidade de interdição – ainda que parcial – dos deficientes mentais, ébrios habituais e os viciados em tóxicos (art. 1.767, III, do CC/2002). Em todas essas situações o indivíduo tem sua capacidade civil crispada, de maneira súbita e incontrolável, com riscos para si, que extrapolam o universo da patrimonialidade, e que podem atingir até a sua própria integridade física, sendo também *ratio* não expressa, desse excerto legal, a segurança do grupo social, mormente na hipótese de reconhecida violência daqueles acometidos por uma das hipóteses anteriormente descritas, tanto assim que, não raras vezes, sucede à interdição, pedido de internação compulsória. Com igual motivação, a medida da capacidade civil, em hipóteses excepcionais, não pode ser ditada apenas pela mediana capacidade de realizar os atos da vida civil, mas, antes disso, deve ela ser aferida pelo risco existente nos estados crepusculares de qualquer natureza, do interditando, onde é possível se avaliar, com precisão, o potencial de autolesividade ou de agressão aos valores sociais que o indivíduo pode manifestar, para daí se extrair sua capacidade de gerir a própria vida, isto porque a mente psicótica não pendula entre sanidade e demência, mas há perenidade etiológica nas ações do sociopata" (STJ, REsp 1.306.687, 3.ª Turma, Rel. Min. Nancy Andrighi, j. 18.03.2014).

Todavia, com as mudanças ocorridas no sistema, esse entendimento parece ter caído por terra, devendo tais pessoas ser consideradas plenamente capazes para o Direito Civil, em especial para os atos existenciais familiares.

Aliás, aqui pode ser feita uma crítica em relação ao novo sistema de interdição inaugurado pelo Estatuto da Pessoa com Deficiência. Isso porque não só o sociopata, como também o psicopata, anteriormente enquadrados como absolutamente incapazes, deveriam continuar a ser interditados ou sujeitos à curatela. Por isso, opinamos no Projeto de Lei 757/2015 que é necessária a volta de dispositivo tratando como absolutamente incapazes as pessoas que não têm qualquer condição de exprimir vontade, o que acabou por não ser adotado.

Com a mudança engendrada pela Lei 13.146/2005, reafirme-se que somente são absolutamente incapazes os menores de 16 anos, não sendo possível enquadrar tais pessoas no rol dos relativamente incapazes do art. 4.º do CC/2002. Em suma, serão tais pessoas plenamente capazes, para os fins civis, o que não parece fazer sentido. Infelizmente, o legislador pensou apenas na pessoa com deficiência, deixando de lado outras situações concretas.

Em relação aos pródigos, pessoas que gastam de maneira destemperada o próprio patrimônio, o que pode levá-los à penúria, são os últimos interditos, expressos no art. 1.767, inc. V, do CC/2002. Em relação à sua interdição relativa, enuncia o art. 1.782 do próprio Código Civil que esta só privará de, sem curador, emprestar, transigir, dar quitação, alienar, hipotecar, demandar ou ser demandado, e praticar, em geral, os atos que não sejam de mera administração. Nesse contexto, o pródigo pode, livremente, casar-se – sem a imposição de qualquer regime legal ou obrigatório –, fazer testamento, reconhecer filhos e ser empregado.

Como última anotação sobre o art. 1.767 do CC, o polêmico Enunciado n. 637, aprovado na *VIII Jornada de Direito Civil,* realizada no ano de 2018, preceitua que "admite-se a possibilidade de outorga ao curador de poderes de representação para alguns atos da vida civil, inclusive de natureza existencial, a serem especificados na sentença, desde que comprovadamente necessários para proteção do curatelado em sua dignidade". A proposta doutrinária hoje causa perplexidade, uma vez que não existem mais restrições para atos existenciais familiares, como está previsto nos arts. 6.º e 83 do Estatuto da Pessoa com Deficiência. Assim, por entrar em colisão com o texto legal, votei contrariamente ao seu conteúdo quando daquele evento.

De todo modo, decisão do Superior Tribunal de Justiça seguiu o teor do que consta do enunciado doutrinário, a demonstrar uma contradição frente ao EPD e as dificuldades de sua aplicação concreta:

"A Lei nº 13.146/2015 alterou o Código Civil e, em seus arts. 3º e 4º, passou a dispor que aqueles que por causa transitória ou permanente não puderem exprimir sua vontade serão considerados relativamente incapazes. Na hipótese, foi reconhecida a incapacidade relativa da curatelada e, a partir do seu quadro de comprometimento global, decidiu-se, em caráter excepcional e de forma fundamentada, que os poderes conferidos ao curador deveriam ser estendidos para outros atos da vida civil que não apenas os de caráter patrimonial e negocial, o que não se confunde com a declaração de incapacidade absoluta. A interpretação conferida aos arts. 84 e 85 da Lei nº 13.146/2015 objetiva impedir distorções que a própria Lei buscou evitar. Na situação sob exame, reconhece-se que a curatela, embora constitua medida excepcional, tem por objetivo a proteção proporcional às necessidades do curatelado, observadas as peculiaridades do caso concreto" (STJ, REsp 1.998.492/MG, 3.ª Turma, Rel. Min. Ricardo Villas Bôas Cueva, j. 13.06.2023, *DJe* 19.06.2023).

Com o devido respeito, parece-me que a restrição para atos negociais e existenciais em muitas situações equivalerá, sim, à incapacidade absoluta do maior de idade, o que representa uma negação da essência do Estatuto da Pessoa com Deficiência, sobretudo à impossibilidade de ser reconhecer como absolutamente incapazes os maiores de idade, como se retira do art. 3.º do Código Civil.

Sabe-se que a incapacidade não se presume, havendo a necessidade do referido processo de interdição, para dele decorrer a curatela. Sendo assim, é fundamental o estudo das regras relativas a esse processo, constantes do Código de Processo Civil, confrontadas com a Lei 13.146/2015.

Iniciando-se pelos legitimados para a demanda, o art. 1.768 do Código Civil foi expressamente revogado pelo art. 1.072, inc. II, do Código de Processo Civil de 2015. Previa esse comando: "A interdição deve ser promovida: I – pelos pais ou tutores; II – pelo cônjuge, ou por qualquer parente; III – pelo Ministério Público". O motivo de revogação foi o de concentrar os legitimados para a ação de interdição no Estatuto Processual. Ademais, a expressão *deve* era criticada por ser peremptória, tendo sido substituída pelo termo *pode*.

Conforme o art. 747 do CPC/2015, que unificou o tratamento do tema, "a interdição pode ser promovida: I – pelo cônjuge ou companheiro; II – pelos parentes ou tutores; III – pelo representante da entidade em que se encontra abrigado o interditando; IV – pelo Ministério Público. Parágrafo único. A legitimidade deverá ser comprovada por documentação que acompanhe a petição inicial". Vejamos a confrontação desse comando com o antigo art. 1.177, seu correspondente na codificação instrumental anterior.

O inciso I do art. 747 do CPC/2015 menciona o cônjuge ou companheiro, enquanto o inciso II do art. 1.177 apenas expressava o cônjuge. Como visto, o CPC de 2015 procurou dar um tratamento uniforme ao casamento e à união estável, o que, em regra, veio em boa hora. Existia proposta no antigo projeto Ricardo Fiuza (PL 699/2011) de inclusão expressa da convivente, o que acabou prejudicado. A jurisprudência já vinha seguindo essa lógica (nessa linha: TJMG, Embargos de Declaração 1.0024.06.033131-1/0031, 2.ª Câmara Cível,

Belo Horizonte, Rel. Des. Brandão Teixeira, j. 23.09.2008, *DJEMG* 22.10.2008; e TJRJ, Acórdão 4.035/1993, 1.ª Câmara Cível, Rio de Janeiro, Rel. Des. Paulo Sergio Fabião, j. 20.09.1994).

O inciso II do art. 747 do CPC/2015 reconhece a legitimidade aos parentes e tutores. Existe, desse modo, correspondência ao art. 1.177, incisos I e II, que expressava o pai, a mãe, o tutor e algum parente próximo. Deve-se entender pela inclusão de todas as formas de parentesco, seja por consanguinidade (todos os ascendentes e descendentes, colaterais até quarto grau, inclusive), por afinidade (sogra, sogro, nora, genro, enteado, enteada, padrasto, madrasta) ou em decorrência de parentesco civil (adoção, inseminação heteróloga e parentalidade socioafetiva).

Ainda no que diz respeito ao art. 1.768 do Código Civil, consigne-se que ele foi alterado pela Lei 13.146/2015, com a inclusão da possibilidade de interdição pela própria pessoa com deficiência (*autointerdição* ou *autocuratela*). Ademais, o dispositivo não trata propriamente de um processo de interdição, mas de uma demanda em que se nomeia um curador. Como estou aqui demonstrando, o CPC de 2015, adotando outro caminho, está todo estruturado na ação de interdição, na contramão do Estatuto da Pessoa com Deficiência.

Todavia, pelo menos *a priori* e em interpretação literal do sistema, como o dispositivo foi revogado pelo CPC em vigor, somente teve aplicação a redação renovada da entrada em vigor do Estatuto da Pessoa com Deficiência (janeiro de 2016), até a vigência do CPC/2015 (18 de março).

Espero, assim, que esse problema de direito intertemporal seja solucionado com a emergência de uma nova norma, no caso originário do PL 757/2015, até porque vejo com bons olhos essa possibilidade de *autointerdição* ou *autocuratela*. Nesse sentido foi o meu parecer dado no Senado Federal quanto à última proposição, solução que acabou por ser acolhida. Em reforço, a nova norma será necessária para esclarecer se cabe a ação de interdição ou uma demanda com nomeação de um curador (*pedido de curatela*).

De toda sorte, mais uma vez, pensamos que, doutrinariamente, enquanto a nova norma processual não surge para resolver o dilema, pode-se sustentar que a autointerdição ou autocuratela é viável juridicamente, diante da força constitucional da Convenção de Nova York, e por estar de acordo com o *espírito* do EPD. Adotando tal caminho, na *I Jornada de Direito Processual Civil*, em agosto de 2017, aprovou-se o Enunciado n. 57, segundo o qual a própria pessoa a ser curatelada tem legitimidade para promover a medida. A proposta doutrinária contou com o meu total apoio doutrinário.

Em relação à legitimidade do Ministério Público, esse órgão somente promoveria a interdição em caso de doença mental grave, se não existisse ou não requeresse a interdição alguma das pessoas designadas pela lei ou, ainda, se existindo tais pessoas, fossem elas incapazes. Essa era a regra do art. 1.769 do CC/2002, revogada expressamente pelo vigente Código de Processo Civil (art. 1.072, inc. II, do CPC/2015).

Aperfeiçoando a redação do art. 1.178 do CPC/1973, o art. 748 do Novo *Codex* passou a estabelecer que o Ministério Público só promoverá interdição em caso de doença mental grave: *a)* se as pessoas designadas nos incisos I, II e III do art. 747 não existirem ou não promoverem a interdição; e *b)* se, existindo, forem incapazes as pessoas mencionadas nos incisos I e II do art. 747. O que se percebe é que a legitimidade do MP é somente *subsidiária* e *extraordinária*, funcionando como substituto processual. Pontue-se que matéria passou a ser concentrada somente no estatuto processual.

Mais uma vez nota-se um *atropelamento legislativo* do CPC de 2015 em relação ao Estatuto da Pessoa com Deficiência. Diante da Lei 13.146/2015, o art. 1.769 do Código Civil passou a prever que o Ministério Público somente promoverá o processo que define os termos da curatela: *a)* nos casos de deficiência mental ou intelectual; *b)* se não existir

# CAP. 8 • DIREITO DE FAMÍLIA | **1689**

ou não promover a interdição alguma das pessoas designadas nos incisos I e II do artigo 1.768; e *c)* se, existindo, forem incapazes as pessoas mencionadas no inciso antecedente. Novamente, será necessária uma norma emergente para apontar qual terá prevalência. Se isso não ocorrer, parece-nos que devem prevalecer as regras previstas no Estatuto Processual.

Estabelecia o art. 1.770 do Código Civil que, sendo a interdição promovida pelo MP, o juiz nomearia um defensor ao suposto incapaz, que era denominado *curador especial*. No mesmo sentido era a norma do art. 1.179 do CPC anterior. Todavia, o último preceito não foi reproduzido pelo Estatuto Processual emergente, que revogou também o dispositivo material (art. 1.072, inc. II, do CPC/2015).

Desse modo, está prejudicado o entendimento anterior, segundo o qual, nos demais casos, ou seja, sendo a interdição promovida pelas outras pessoas elencadas pela lei, o próprio MP seria o defensor do interdito. Isso porque o art. 752, § 1.º, do CPC/2015 passou a determinar que o Ministério Público intervirá como *fiscal da ordem jurídica* nas ações de interdição que não propõe.

No sistema anterior, alguns doutrinadores defendiam, pelo menos em parte, essa tese, pela desnecessidade de atuação do Ministério Público em casos tais. Nesse sentido, Euclides de Oliveira comentava decisão do Tribunal de Justiça de São Paulo, que assim concluiu:

> "Interdição. Pedido do Ministério Público para nomeação de curador especial para defesa dos interesses do interditando. Não possibilidade de a função ser exercida pelo MP, sob pena de conflito de interesses, se o caso. Agravo acolhido" (TJSP, Agravo de Instrumento 485.078-4/8, agravante o Ministério Público, agravada JGS, 4.ª Câmara de Direito Privado do TJSP, recurso provido por maioria, Rel. José Geraldo de Jacobina Rabello, j. 19.07.2007).

São as conclusões do jurista e doutrinador, demonstrando interessante contraponto ao entendimento que antes era majoritário:

> "Em suma, lembrando que o Ministério Público tem sua atuação pautada pela defesa de interesses indisponíveis do indivíduo e da sociedade, bem como ao zelo dos interesses sociais, coletivos ou difusos, resta imprópria sua investidura para tarefas de outra ordem, especialmente quando conflitantes com sua necessária intervenção como fiscal da lei. É o que sucede nos processos de interdição com objetivo de curatela de pessoa declarada incapaz para a regência de sua pessoa e para a administração de seus bens. Servirá outro, e não o Ministério Público, como curador especial do interditando, conforme bem reconhecido no acórdão da lavra do eminente Des. José Geraldo de Jacobina Rabello, que tem apoio na correta exegese do perfil institucional daquele órgão e da sua relevante atuação no encargo de fiscalizar o exato cumprimento da lei".[225]

Os argumentos são louváveis e me fizeram refletir profundamente sobre a questão no passado. Em certo sentido, parece ter sido essa a lógica adotada pelo CPC em vigor, em seu art. 752, § 1.º, e pela revogação do antigo art. 1.770 do Código Civil. A propósito dessa conclusão, em julgado do ano de 2017, o Superior Tribunal de Justiça acabou por concluir que, "diante da incompatibilidade entre o exercício concomitante das funções de *custos legis* e de curador especial, cabe à Defensoria Pública o exercício de curadoria especial nas ações de interdição" (STJ, REsp 1.651.165/SP, 3.ª Turma, Rel. Min. Nancy Andrighi, j. 19.09.2017).

---

[225] OLIVEIRA, Euclides de. Decisão Comentada. Ministério Público na Interdição. *Revista Brasileira de Direito das Famílias e das Sucessões*, Porto Alegre: IBDFAM-Magister, n. 00, p. 83, out.-nov. 2007.

De toda sorte, a atuação do Ministério Público como fiscal da lei é essencial para que o incapaz não sofra prejuízos. Nesse sentido, decisão da mesma Terceira Turma do STJ, do ano de 2022, concluiu pela nulidade do processo de interdição, justamente pela falta de intimação do Ministério Público, para o exercício dessa função. Consoante o acórdão, que merece destaque:

"A regra do art. 178, II, do CPC/15, ao prever a necessidade de intimação e intervenção do Ministério Público no processo que envolva interesse de incapaz, refere-se não apenas ao juridicamente incapaz, mas também ao comprovadamente incapaz de fato, ainda que não tenha havido prévia declaração judicial da incapacidade. Na hipótese, a indispensabilidade da intimação e da intervenção do Ministério Público se justifica pelo fato incontroverso de que a parte possui doença psíquica grave, aliado ao fato de que todos os legitimados ordinários à propositura de eventual ação de interdição (art. 747, I a III, do CPC/15) não existem ou possuem conflito de interesses com a parte enferma, de modo que a ausência de intimação e intervenção do *Parquet* teve, como consequência, prejuízo concreto à parte. Inaplicabilidade, na hipótese, do entendimento segundo o qual não há nulidade do processo em virtude da ausência de intimação e de intervenção do Ministério Público em 1.º grau de jurisdição quando houver a atuação ministerial em 2.º grau, uma vez que a ciência do *Parquet* acerca da ação e da situação da parte ainda em 1.º grau poderia, em tese, conduzir à ação a desfecho substancialmente diferente" (STJ, REsp 1.969.217/SP, 3.ª Turma, Rel. Min. Nancy Andrighi, j. 08.03.2022, *DJe* 11.03.2022).

Como se percebe, a ementa já foi prolatada em análise do conteúdo do CPC/2015, devendo essa posição ser a considerada para os devidos fins práticos.

No que concerne aos procedimentos de interdição, o art. 749 do CPC/2015 preceitua que incumbe ao autor, na petição inicial, especificar os fatos que demonstram a incapacidade do interditando para administrar seus bens e, se for o caso, para praticar atos da vida civil, bem como o momento em que a incapacidade se revelou. Não há mais necessidade de prova da legitimidade, conforme estava no art. 1.180 do CPC/1973, presumindo-se esta das condições pessoais descritas pelo novo art. 747 do CPC/2015.

Como inovação louvável, a Norma Instrumental passou a estabelecer que, justificada a urgência, o juiz pode nomear curador provisório ao interditando para a prática de determinados atos (art. 749, parágrafo único, do CPC/2015). Cite-se, por exemplo, a necessidade de um curador para gerir a empresa do interditando.

Além disso, no que concerne a uma prova inicial mínima, o art. 750 do CPC/2015 passou a determinar que o requerente deverá juntar laudo médico para fazer prova de suas alegações, ou, pelo menos, informar a impossibilidade de fazê-lo, dentro dos ditames de boa-fé e de colaboração processual, comentados no primeiro capítulo deste livro.

Seguindo nos procedimentos, o interditando será citado para, em dia designado, comparecer perante o juiz, que o entrevistará minuciosamente acerca de sua vida, negócios, bens, vontades, preferências e laços familiares e afetivos e sobre o que mais lhe parecer necessário para convencimento quanto à sua capacidade para praticar atos da vida civil. As perguntas e respostas devem ser reduzidas a termo (art. 751, *caput*, do CPC/2015). No mesmo sentido, previa o art. 1.771 do CC/2002 que, antes de pronunciar-se acerca da interdição, o juiz, assistido por especialistas, examinaria pessoalmente o arguido de incapacidade.

Todavia, esse último comando material também foi revogado expressamente pelo art. 1.072, inc. II, do CPC/2015, estando a matéria concentrada no estatuto processual. Pontue-se que o dispositivo processual emergente é mais minucioso do que o art. 1.181 do CPC/1973, seu correspondente, ao fazer menção às preferências, aos laços familiares e

CAP. 8 • DIREITO DE FAMÍLIA | **1691**

afetivos. Assim, mais uma vez, será necessário adaptar o atual CPC perante o Estatuto da Pessoa com Deficiência, que alterou o art. 1.771 do Código Civil, passando este a prever que, "antes de se pronunciar acerca dos termos da curatela, o juiz, que deverá ser assistido por equipe multidisciplinar, entrevistará pessoalmente o interditando".

Aliás, afastando a possibilidade dessa entrevista, justamente por conta da revogação pelo CPC, do Tribunal Paulista:

"Ação de interdição. Pretensão à realização de entrevista multidisciplinar com fundamento no art. 1.771 do Código Civil, reformado pelo Estatuto da Pessoa com Deficiência. Dispositivo expressamente revogado pelo inciso II do art. 1.072 do CPC/2015 (Lei posterior). Inexistência de determinação legal à realização de entrevista multidisciplinar. Recurso desprovido" (TJSP, Agravo de Instrumento 2087238-67.2016.8.26.0000, Acórdão 9667462, 1.ª Câmara de Direito Privado, Limeira, Rel. Des. Alcides Leopoldo e Silva Júnior, j. 07.08.2016, *DJESP* 12.08.2016).

De toda sorte, há julgado do STJ, de setembro de 2017, que considera que a entrevista – chamada no aresto de *interrogatório* –, é essencial para o processo de interdição, e a sua falta gera a nulidade do procedimento. Como consta da sua ementa:

"A questão que exsurge nesse recurso é julgar se a ausência de nomeação de curador à lide e de interrogatório do interditando dão ensejo à nulidade do processo de interdição. A participação do Ministério Público como *custos legis* em ação de interdição não supre a ausência de nomeação de curador à lide, devido à antinomia existente entre as funções de fiscal da lei e representante dos interesses do interditando. O interrogatório do interditando é medida que garante o contraditório e a ampla defesa de pessoa que se encontra em presumido estado de vulnerabilidade. São intangíveis as regras processuais que cuidam do direito de defesa do interditando, especialmente quando se trata de reconhecer a incapacidade e restringir direitos" (STJ, REsp 1.686.161/SP, 3.ª Turma, Rel. Min. Nancy Andrighi, j. 12.09.2017, *DJe* 15.09.2017).

Porém, o acórdão leva em conta a realidade legislativa antes do CPC/2015, na vigência dos arts. 1.181 do CPC/1973 e 1.771 do CC/2002, ora revogados.

Como outra inovação, prescreve o § 1.º do art. 751 do CPC vigente que, não podendo o interditando deslocar-se, o juiz o ouvirá no local onde estiver. Esse deslocamento já ocorria na prática, sendo costume no Poder Judiciário, inclusive em demanda do qual participei no passado, como advogado. Ademais, como outra nova previsão na lei instrumental, prevê o § 2.º do art. 751 do CPC/2015 que a entrevista poderá ser acompanhada por especialista. Essa última regra era retirada do art. 1.771 do CC/2002.

Outra novidade é que, durante a entrevista, é assegurado o emprego de recursos tecnológicos capazes de permitir ou auxiliar o interditando a expressar suas vontades e preferências e a responder às perguntas formuladas (art. 751, § 3.º, do CPC/2015). Imagine-se, por exemplo, o caso de um interditando que não consegue falar, mas sim digitar em um computador, podendo fazer uso deste.

Por fim, estabelece o art. 751 do CPC/2015, em seu § 4.º, que, a critério do juiz, poderá ser requisitada a oitiva de parentes e pessoas próximas, o que também era praxe, mas não estava expressamente regulamentado no preceito instrumental.

Após todos esses trâmites legais, dentro do prazo de 15 dias, contado da entrevista, o interditando poderá impugnar o pedido (art. 752, *caput*, do CPC/2015). Como antes visto, o Ministério Público intervirá como *fiscal da ordem jurídica* (art. 752, § 1.º, do CPC/2015).

Ademais, o interditando poderá constituir advogado para defender-se. Não tendo sido constituído advogado pelo interditando, nomear-se-á curador especial (art. 752, § 2.º, do CPC/2015). Caso o interditando não constitua advogado, o seu cônjuge, companheiro ou qualquer parente sucessível poderá intervir como assistente (art. 752, § 3.º, do CPC/2015).

Confrontando o novel artigo com o seu correspondente no Código de Processo Civil de 1973 (art. 1.182), algumas modificações podem ser observadas. O interditando seria representado nos autos pelo órgão do Ministério Público ou, quando este fosse o requerente, pelo curador especial especificamente designado. Agora, o MP passa a atuar como *fiscal da ordem jurídica*.

Sem prejuízo disso, o interditando poderia constituir advogado para formular a sua defesa, não havendo menção anterior ao curador especial. Ademais, qualquer parente sucessível poderia constituir-lhe advogado, com os poderes judiciais que o interditando teria transmitido, respondendo esse parente pelos correspondentes honorários advocatícios. No novel preceito apenas se menciona o cônjuge ou companheiro, atuando como assistentes.

Decorrido esse prazo de 15 dias do art. 752 do CPC/2015, estabelece a norma seguinte que o juiz determinará a produção de prova pericial para avaliação da capacidade do interditando para praticar atos da vida civil (*caput* do art. 753 do CPC/2015). A perícia pode ser realizada por equipe composta por expertos com formação multidisciplinar (§ 1.º). O laudo pericial indicará especificadamente, se for o caso, os atos para os quais haverá necessidade de curatela (§ 2.º).

Em alguns casos, contudo, visando a própria proteção da pessoa incapaz e a sua dignidade, a perícia pode ser dispensada. Nesse sentido, enunciado aprovado na *III Jornada de Direito Processual Civil*, em 2023: "em casos excepcionais, o juiz poderá dispensar a prova pericial nos processos de interdição ou curatela, na forma do art. 472 do CPC e ouvido o Ministério Público, quando as partes juntarem pareceres técnicos ou documentos elucidativos e houver entrevista do interditando" (Enunciado n. 178). Como não poderia ser diferente, fui um dos defensores da ementa doutrinária quando da plenária do evento.

Mais uma vez são notadas mudanças do art. 753 do CPC/2015 perante o art. 1.183 do CPC/1973. Essa norma previa que, decorrido o prazo de cinco dias mencionado no *caput* do art. 1.182 do antigo CPC, o juiz nomearia um perito, um especialista, para proceder ao exame do interditando. Apresentado o laudo, o juiz designaria a audiência de instrução e julgamento. Pelo parágrafo único do próprio art. 1.183, sendo decretada a interdição, o juiz constituiria *curador definitivo* ao interdito. Como se observa, os procedimentos foram aperfeiçoados para a devida cautela, que deve ser tomada na interdição.

A menção à formação interdisciplinar é louvável, apesar de já ocorrer na prática da interdição. Também deve ser elogiada a referência expressa aos limites da curatela constante do novo art. 753 do CPC/2015, especialmente no seu § 2.º, segundo o qual, "o laudo pericial indicará especificadamente, se for o caso, os atos para os quais haverá necessidade de curatela".

Isso porque, como se sabe, nos casos de interdição de relativamente incapazes, como a interdição é relativa, deve o juiz determinar os limites da curatela, ou seja, da *curatela parcial*. Essa era a regra retirada do art. 1.772 do CC/2002, também revogada pelo art. 1.072, inc. II, do CPC/2015. Todavia, o objetivo da revogação foi apenas de concentrar o tema no diploma instrumental, sendo esse o mesmo sentido do art. 753, § 2.º, do CPC/2015.

De novo, será imperioso compatibilizar o CPC em vigor perante o Estatuto da Pessoa com Deficiência, que alterou o art. 1.772 do CC/2002, passando este a enunciar que "o juiz determinará, segundo as potencialidades da pessoa, os limites da curatela, circunscritos às

CAP. 8 • DIREITO DE FAMÍLIA | **1693**

restrições constantes do art. 1.782, e indicará curador. Parágrafo único. Para a escolha do curador, o juiz levará em conta a vontade e as preferências do interditando, a ausência de conflito de interesses e de influência indevida, a proporcionalidade e a adequação às circunstâncias da pessoa".

A principal novidade diz respeito à inclusão do parágrafo único, o que vinha em boa hora, dando preferência à vontade da pessoa com deficiência. Assim, espera-se, como nos casos anteriores, que esse problema de direito intertemporal seja solucionado com a edição de uma nova norma, originária do Projeto de Lei 757/2015, oriundo do Senado Federal, agora em tramitação na Câmara dos Deputados sob o número 11.091/2018.

A propósito, conforme previa o excelente Enunciado n. 574 do CJF/STJ, aprovado na *VI Jornada de Direito Civil*, em 2013, a decisão judicial de interdição deverá fixar os limites da curatela para todas as pessoas a ela sujeitas, sem distinção, a fim de resguardar os direitos fundamentais e a dignidade do interdito. A proposta foi formulada pela Professora Célia Barbosa Abreu, da Universidade Federal Fluminense, sendo uma das premissas fundamentais defendidas em sua tese de doutorado.[226] As justificativas do enunciado doutrinário explicam muito bem o seu conteúdo, contando com o meu total apoio anterior, o que acabou sendo previsto no CPC/2015 e no Estatuto da Pessoa com Deficiência:

> "O CC/2002 restringiu a norma que determina a fixação dos limites da curatela para as pessoas referidas nos incisos III e IV do art. 1.767. É desarrazoado restringir a aplicação do art. 1.772 com base em critérios arbitrários. São diversos os transtornos mentais não contemplados no dispositivo que afetam parcialmente a capacidade e igualmente demandam tal proteção.
>
> Se há apenas o comprometimento para a prática de certos atos, só relativamente a estes cabe interdição, independentemente da hipótese legal específica. Com apoio na prova dos autos, o juiz deverá estabelecer os limites da curatela, que poderão ou não ser os definidos no art. 1.782.
>
> Sujeitar uma pessoa à interdição total quando é possível tutelá-la adequadamente pela interdição parcial é uma violência à sua dignidade e a seus direitos fundamentais. A curatela deve ser imposta no interesse do interdito, com efetiva demonstração de incapacidade. A designação de curador importa em intervenção direta na autonomia do curatelado.
>
> Necessário individualizar diferentes estatutos de proteção, estabelecer a graduação da incapacidade. A interdição deve fixar a extensão da incapacidade, o regime de proteção, conforme averiguação casuística da aptidão para atos patrimoniais/extrapatrimoniais".

Feita tal importante consideração quanto à ordem para nomeação do curador, dispõe o *caput* do art. 1.775 do Código Civil que o cônjuge ou companheiro, não separado judicialmente ou de fato, é, de direito, o curador do outro, quando interdito (*curador legal legítimo*). Sendo o curador o cônjuge e o regime de bens do casamento, o de comunhão universal, não será obrigado à prestação de contas, salvo determinação judicial (art. 1.783 do CC). A norma é especial e não se aplica aos demais casos de regime de bens e à união estável.

Ainda de acordo com o art. 1.775 do CC/2002, na falta do cônjuge ou do companheiro, será curador legítimo o pai ou a mãe. Na ausência destes, será nomeado como curador o descendente que se demonstrar mais apto. Entre os descendentes, os mais próximos precedem aos mais remotos. Finalmente, na falta das pessoas mencionadas neste

---

[226] ABREU, Célia Barbosa. *Curatela e interdição civil*. Rio de Janeiro: Lumen Juris, 2009.

# 1694 | MANUAL DE DIREITO CIVIL • VOLUME ÚNICO – *Flávio Tartuce*

artigo, compete ao juiz a escolha do *curador dativo*, que deve ser pessoa capaz e idônea para exercer a função.

Deve-se entender que a ordem descrita não é obrigatória, prevalecendo sempre o melhor interesse do curatelado. Nessa linha, concluiu julgado do Tribunal Gaúcho o seguinte:

> "Ex-cunhado e irmãos concorrendo para o exercício do múnus. Prevalência do melhor interesse do interditado. No que se refere à nomeação do curador, sabido é que esta deve recair na pessoa do cônjuge ou companheiro e, na falta desses, ascendentes ou descendentes (art. 1.775, §§ 1.º e 2.º, do Código Civil). Caberá ao juiz, ainda, a escolha de um terceiro como curador (art. 1.775, § 3.º, do Código Civil), quando da impossibilidade daqueles contidos nos parágrafos anteriores. Elementos de prova que indicam que o curador nomeado de forma provisória vem exercendo de forma responsável o encargo, desmerecendo qualquer alteração. Sentença reformada. Apelação cível provida" (TJRS, Apelação Cível 70059203711, 7.ª Câmara Cível, Rel. Jorge Luís Dall'Agnol, j. 28.05.2014).

Essas posições devem ser mantidas com a emergência do Código de Processo Civil de 2015, conforme consta do Enunciado n. 638, aprovado na *VIII Jornada de Direito Civil*, do ano de 2018: "a ordem de preferência de nomeação do curador do art. 1.775 do Código Civil deve ser observada quando atender ao melhor interesse do curatelado, considerando suas vontades e preferências, nos termos do art. 755, II, e § 1.º, do CPC".

No atual Projeto de Reforma do Código Civil, seguindo-se proposições da Subcomissão de Direito de Família e da Relatoria-Geral, formada pela Professora Rosa Maria de Andrade Nery e por mim, são sugeridas alterações importantes no art. 1.775 do Código Civil, para se manter a coerência sistemática com outras propostas e se chancelar a posição majoritária da doutrina e da jurisprudência.

De início, substitui-se o termo "companheiro" por "convivente", além de se mencionar o separado extrajudicialmente no *caput*: "o cônjuge ou convivente, não separado judicialmente, extrajudicialmente ou de fato, é, de direito, curador do outro, quando interdito". No mesmo sentido, de alteração do termo ora em vigor por expressão mais técnica a respeito da união estável, o novo § 1.º do art. 1.775 do CC: "na falta do cônjuge ou convivente, serão curadores legítimos os pais e, na falta destes, o descendente que se demonstrar mais apto".

Mantém-se a regra do § 3.º – "na falta das pessoas mencionadas neste artigo, compete ao juiz a escolha do curador" –, mas é incluído um novo § 4.º, consagrando a premissa de que a ordem e a própria nomeação não são obrigatórias, mas facultativas, como se retira do atual Enunciado n. 638 da *VIII Jornada de Direito Civil*: "poderá o juiz afastar a ordem prevista neste artigo e nomear como curador pessoa com quem o curatelado mantenha maior vínculo de convivência e afetividade, ainda que não seja parente".

Confirma-se, portanto, a jurisprudência consolidada, no sentido de sempre se atender ao princípio do melhor interesse do curatelado. Consoante as corretas justificativas da Subcomissão de Direito de Família, "a criação do parágrafo quarto objetiva tutelar situações concretas, nas quais o curatelado mantém laços de afinidade e afeto com pessoas com que, todavia, não guarda relação de parentesco. Trata-se de situação muitas vezes vivenciada na prática, razão pela qual propõe-se a permissão a que o juízo, observando que o curatelado será melhor cuidado por terceiros, afaste a ordem taxativa que determina a atribuição da curatela ao cônjuge, companheiros ou parentes mais próximos em grau. Tudo no intuito de conceber um sistema que melhor resguarde os seus interesses". A proposta, como não poderia ser diferente, teve apoio unânime na Comissão de Juristas nomeada no âmbito do Senado Federal.

CAP. 8 • DIREITO DE FAMÍLIA | **1695**

Voltando-se ao sistema em vigor, o Estatuto da Pessoa com Deficiência, agora sem qualquer atropelamento legislativo pelo CPC de 2015, incluiu o art. 1.775-A na codificação material, segundo o qual, na nomeação de curador para a pessoa com deficiência, o juiz poderá estabelecer *curatela compartilhada* a mais de uma pessoa.

A norma segue a linha de alguns julgados anteriores. Vejamos, a título de ilustração, o conteúdo de dois arestos, que viabilizam tal forma de curatela, visando atender aos interesses da pessoa com deficiência:

"Apelação cível. Curatela compartilhada. Interdição. Nomeação de curador. Interdito portador de Síndrome de *Down*. Pretensão dos genitores do interdito de exercer a curatela de forma compartilhada. Possibilidade. Medida que se coaduna com a finalidade precípua do instituto da curatela. Proteção dos interesses do incapaz. Precedentes. 1. A curatela, assim como a tutela, é um *munus* público a ser exercido na proteção dos interesses do curatelado e de seus bens, incumbindo aos curadores, por exemplo, o dever de defesa, sustento e representação do interdito. Assim, a designação de curador deve se pautar pela prevalência dos interesses do incapaz. 2. Nessa perspectiva, revela-se possível o exercício da curatela compartilhada, conforme postulado pelos autores, que são pais do interdito, considerando que, embora não haja regra expressa que a autorize, igualmente não há vedação à pretensão. Em situações como a dos autos, em que expressamente requerido o exercício da curatela compartilhada e que não há, sob qualquer perspectiva, conflito entre os postulantes, nada obsta que seja ela concedida, notadamente por se tornar, na espécie, uma verdadeira extensão do poder familiar e da guarda – que, como sabido, pode ser compartilhada. 3. Além de se mostrar plausível e conveniente, no caso, a curatela compartilhada bem atende à proteção do interdito, tratando-se de medida que vai ao encontro da finalidade precípua do instituto da curatela, que é o resguardo dos interesses do incapaz, razão pela qual é de ser deferido o pleito" (TJRS, Apelação Cível 70054313796, 8.ª Câmara Cível, Pelotas, Rel. Des. Luiz Felipe Brasil Santos, j. 1.º.08.2013).

"Curatela compartilhada. Interdição. Interdito portador de Síndrome de *Down*. Inexistência de bens. Para o desenvolvimento do portador da Síndrome de *Down*, e sua inserção na sociedade e no próprio mercado de trabalho, exige-se muito mais do que vencer o preconceito e a discriminação, mas a dedicação incansável de pais e irmãos na educação e estimulação, desde o nascimento, e o acompanhamento em cursos e atividade especiais, e os cuidados perenes, havendo atualmente sobrevida até os 50 anos, mas com uma série de problemas, como o Mal de Alzheimer, de forma, até a recomendar, no caso específico, que a curatela seja compartilhada entre os genitores, e, eventualmente, pelos irmãos. Divergências podem surgir, como, também, ocorrem no exercício do poder familiar e da guarda compartilhada, e se for necessário, caberá ao juiz dirimir a questão. Ausência de vedação legal, recomendando-a a experiência no caso concreto. Recurso parcialmente provido" (TJSP, Agravo de Instrumento 0089340-38.2012.8.26.0000, 1.ª Câmara de Direito Privado, Rel. Des. Alcides Leopoldo e Silva Júnior, j. 02.10.2012).

De toda sorte, cabe observar que os acórdãos dizem respeito a pessoas com Síndrome de *Down*, pessoas que não são mais relativamente incapazes pelo Código Civil, justamente pelas alterações feitas pelo citado Estatuto da Pessoa com Deficiência. Em complemento, já prolatado na vigência da nova legislação, do Tribunal Paulista, destaque-se:

"Agravo de instrumento. Interdição. Curatela provisória. Possibilidade de nomeação simultânea de mais de um curador. Precedentes. Art. 1.775-A do CC, incluído pelo Estatuto da Pessoa com Deficiência, que reforça a possibilidade de curatela compartilhada. Compartilhamento do encargo entre as duas irmãs que parece já ocorrer de

**1696** | MANUAL DE DIREITO CIVIL • VOLUME ÚNICO – *Flávio Tartuce*

fato, bem como, por ora, consta atender ao melhor interesse do interditando. Decisão reformada. Recurso provido" (TJSP, Agravo de Instrumento 2191636-02.2015.8.26.0000, Acórdão 9172666, 1.ª Câmara de Direito Privado, Barueri, Rel. Des. Claudio Godoy, j. 16.02.2016, *DJESP* 26.02.2016).

Regulamentando a decisão de interdição, houve revogação expressa, mais uma vez pelo art. 1.072, inciso II, do CPC/2015, do art. 1.773 do Código Civil, cuja redação era a seguinte: "a sentença que declara a interdição produz efeitos desde logo, embora sujeita a recurso".

Esse também era o sentido do art. 1.184 do CPC anterior, igualmente sem mais aplicação. A norma processual ainda estabelecia que essa sentença seria inscrita no Registro de Pessoas Naturais e publicada pela imprensa local e pelo órgão oficial por três vezes, com intervalo de dez dias, constando do edital os nomes do interdito e do curador, a causa da interdição e os limites da curatela.

Em verdade, o sistema relativo à sentença de interdição foi aperfeiçoado pelo Estatuto Processual em vigor, de 2015. De início, passou o seu art. 754, mais didaticamente, a enunciar que, apresentado o laudo, produzidas as demais provas e ouvidos os interessados, o juiz proferirá sentença. Nessa decisão, o juiz deve atender a alguns requisitos previstos no art. 755 do CPC/2015. Assim, deverá, inicialmente, nomear curador, que poderá ser o requerente da interdição. O magistrado também fixará os limites da curatela, segundo o estado e o desenvolvimento mental do interdito.

Em complemento, conforme o inciso II do comando, o julgador considerará as características pessoais do interdito, observando suas potencialidades, habilidades, vontades e preferências, o que serve para a determinação de uma *curatela parcial,* como antes se expôs. A curatela deve ser atribuída a quem melhor possa atender aos interesses do curatelado, o principal interessado, que merece a devida proteção (art. 755, § 1.º, do CPC/2015).

Eventualmente, havendo, ao tempo da interdição, pessoa incapaz sob a guarda e a responsabilidade do interdito, o juiz atribuirá a curatela a quem melhor puder atender aos interesses do interdito e do incapaz, ao mesmo tempo (art. 755, § 2.º, do CPC/2015). Na verdade, essa regra já era retirada, pelo menos parcialmente, do art. 1.778 do CC/2002, segundo o qual a autoridade do curador estende-se à pessoa e aos bens dos filhos do curatelado, observados os casos de emancipação.

O dispositivo foi repetido e ampliado pelo CPC de 2015, consoante o seu art. 757, que não constava na lei processual anterior, *in verbis*: "a autoridade do curador estende-se à pessoa e aos bens do incapaz que se encontrar sob a guarda e a responsabilidade do curatelado ao tempo da interdição, salvo se o juiz considerar outra solução como mais conveniente aos interesses do incapaz". Constata-se, dessa forma, uma *unicidade da curatela* nessas situações e como premissa geral, assim como ocorre com a tutela, por dicção do art. 1.733 do Código Civil. De qualquer modo, nota-se pelos comandos transcritos que essa regra pode ser quebrada para atender aos interesses do incapaz.

Na linha parcial do que estava na lei processual anterior, rege o § 3.º do art. 755 do CPC/2015 que a sentença de interdição será inscrita no registro de pessoas naturais e imediatamente publicada na rede mundial de computadores, no sítio do tribunal a que estiver vinculado o juízo e na plataforma de editais do Conselho Nacional de Justiça, onde permanecerá por seis meses.

Essas formas de comunicação do público são inovações que vêm em boa hora. A norma continua a mencionar, ainda, a publicação na imprensa local, uma vez, e no órgão oficial, por três vezes, com intervalo de dez dias, constando do edital os nomes do interdito

CAP. 8 • DIREITO DE FAMÍLIA | **1697**

e do curador, a causa da interdição, os limites da curatela e, não sendo total a interdição, os atos que o interdito poderá praticar autonomamente.

Como se percebe, tanto pelo dispositivo material revogado expressamente (art. 1.773 do CC/2002) quanto pelo processual anterior (art. 1.184 do CPC/1973), os efeitos da sentença de interdição, cuja natureza é predominantemente constitutiva, seriam *ex nunc*, o que não dependia de qualquer ato de publicidade. Isso porque as normas expressavam que a sentença de interdição produziria efeitos desde logo. Essas previsões sempre geraram muita polêmica, o que parece ter sido solucionado pelo CPC de 2015, silente a respeito desses efeitos, e deixando a sua determinação nas mãos do julgador.

No sistema anterior, existia uma séria dúvida quanto aos atos praticados pelo interditado antes da interdição, ou seja, se estes permaneciam válidos ou se deveriam ser tidos como nulos. Na doutrina, a questão quanto aos efeitos da sentença de interdição sempre foi muito bem explicada por Maria Helena Diniz:

> "Após sua prolatação, por confirmar a suposição da incapacidade, nulos ou anuláveis serão os atos praticados pelo interdito (*RT* 468:112) conforme a gradação da sua interdição, sendo que os atos anteriores àquela sentença serão apenas anuláveis se se comprovar, judicialmente, que sua incapacidade já existia no momento da realização do negócio (*RF* 81:213 e 152:176; *RT* 539:149 e 183, 537:74, 506:75, 503:93, 436:74, 280:252, 365:93, 415:358, 483:71, 489:75 e 505:82; *RTJ* 102:359), caso em que produz efeito *ex tunc*. Durante a pendência do recurso interposto válidos serão os atos praticados entre o curador e terceiros, mesmo que a sentença venha a ser reformada em instância superior".[227]

O entendimento constante dos julgados citados era tido como *clássico* e majoritário. Entretanto, levando-se em conta a eticidade e a valorização da boa-fé, marcos teóricos importantes do Direito Civil Contemporâneo, ficava a dúvida se os anteriores negócios celebrados pelo interditado com terceiros de boa-fé deveriam ou não permanecer válidos. Sempre considerei que, em regra, a boa-fé deve prevalecer, sendo tendência do CC/2002 – e agora do CPC/2015 – a proteção de terceiros guiados por uma boa conduta.

Cite-se, por oportuno e no sistema material, a previsão do art. 167, § 2.º, do CC, que consagra a *inoponibilidade do ato simulado perante terceiros de boa-fé*, bem como a não prevalência do casamento nulo perante negócios celebrados com boa-fé (art. 1.563 do CC). No campo processual, podem ser mencionadas as mudanças realizadas quanto à caracterização da fraude de execução, presumindo-se a boa-fé dos terceiros adquirentes. De fato, se terceiro que negociou com o incapaz antes de sua interdição não percebeu nem poderia perceber a incapacidade, o negócio deve ser tido como válido.

Continuo a entender, portanto, que aquele entendimento anterior tenderia a ser alterado, o que, parece-me, deverá ocorrer na vigência do CPC/2015. Adotando em parte a tese por mim seguida e defendida, o Superior Tribunal de Justiça postergou a decretação de nulidade, justamente para proteger terceiro que agiu de boa-fé na realização do negócio jurídico:

> "Nulidade de ato jurídico praticado por incapaz antes da sentença de interdição. Reconhecimento da incapacidade e da ausência de notoriedade. Proteção do adquirente de boa-fé. Precedentes da Corte. 1. A decretação da nulidade do ato jurídico praticado pelo incapaz não depende da sentença de interdição. Reconhecida pelas instâncias ordinárias a existência da incapacidade, impõe-se a decretação da nulidade,

---

[227] DINIZ, Maria Helena. *Código Civil anotado*. 15. ed. São Paulo: Saraiva, 2010. p. 1.258.

protegendo-se o adquirente de boa-fé com a retenção do imóvel até a devolução do preço pago, devidamente corrigido, e a indenização das benfeitorias, na forma de precedente da Corte. 2. Recurso especial conhecido e provido" (STJ, REsp 296.895/PR, 3.ª Turma, Rel. Min. Carlos Alberto Menezes Direito, j. 06.05.2004, *DJ* 21.06.2004, p. 214; Veja: Incapaz. Ato praticado antes da interdição. Prova: STJ, REsp 9.077/RS; Compra e venda. Incapaz. Boa-fé da outra parte: STJ, REsp 38.353/RJ – *LEXSTJ* 144/63).

Aguardemos qual será a posição jurisprudencial consolidada no futuro, havendo otimismo da minha parte, pois acredito ter sido muito boa a alteração engendrada pelo Estatuto Processual emergente em tal ponto da matéria.

Anoto, a esse propósito, que o Projeto de Reforma e Atualização do Código Civil pretende seguir o caminho por mim defendido, em prol da boa-fé e da plena circulação dos negócios jurídicos em geral, incluindo-se dois novos parágrafos no seu art. 171, que trata da nulidade relativa ou anulabilidade. Nos termos do seu projetado § 1.º, "ressalvados os direitos de terceiros de boa-fé, caso demonstrada a preexistência de incapacidade relativa, a anulabilidade pode ser arguida, mesmo que o ato tenha sido realizado antes da sentença de interdição ou da instituição de curatela parcial". Além disso, subsistirá "o negócio jurídico, se ficar demonstrado que não era razoável exigir que a outra parte soubesse do estado de incapacidade relativa daquele com quem contratava" (§ 2.º). Em prol da certeza, da segurança e da necessária estabilidade das relações civis, aguarde-se a aprovação das propostas, resolvendo-se um dilema prático que já se arrasta há anos.

Seguindo no estudo da temática, previa o art. 1.777 do CC/2002 que os enfermos, deficientes mentais, ébrios habituais, toxicômanos e excepcionais sem desenvolvimento completo, devidamente interditados, deveriam ser tratados em estabelecimento apropriado, desde que não fosse possível o seu convívio doméstico.

Esse dispositivo também foi alterado pela Lei 13.146/2015, passando a estabelecer que as pessoas referidas no inciso I do art. 1.767 – pessoas que por causa transitória ou definitiva não puderem exprimir vontade – receberão todo o apoio necessário para ter preservado o direito à convivência familiar e comunitária, sendo evitado o seu recolhimento em estabelecimento que os afaste desse convívio.

Como já defendiam alguns, e essa também era a nossa posição, a internação em estabelecimento especializado passou a ser claramente uma exceção, inclusive pela ordem nominada no novo comando. A esse propósito, aliás, cabe trazer a lume aresto do Superior Tribunal de Justiça, publicado no *Informativo* n. 533 do STJ, de 2013:

"É claro o caráter excepcional da medida, exigindo-se, portanto, para sua imposição, laudo médico circunstanciado que comprove a necessidade da medida diante da efetiva demonstração de insuficiência dos recursos extra-hospitalares. A internação compulsória deve, quando possível, ser evitada, de modo que a sua adoção apenas poderá ocorrer como última opção, em defesa do internado e, secundariamente, da própria sociedade. Nesse contexto, resguarda-se, por meio da interdição civil com internação compulsória, a vida do próprio interditando e, secundariamente, a segurança da sociedade. Além disso, deve-se ressaltar que não se pretende, com essa medida, aplicar sanção ao interditado seja na espécie de pena, seja na forma de medida de segurança, haja vista que a internação compulsória em ação de interdição não tem caráter penal, não devendo, portanto, ser comparada à medida de segurança ou à medida socioeducativa" (STJ, HC 169.172/SP, Rel. Min. Luis Felipe Salomão, j. 10.12.2013).

Essa mudança não sofreu qualquer *atropelamento legislativo* do CPC/2015, não havendo qualquer problema de direito intertemporal quanto a ela.

CAP. 8 • DIREITO DE FAMÍLIA | **1699**

De todo modo, no Projeto de Reforma do Código Civil, propõe-se que o dispositivo passe a mencionar a "institucionalização", termo que é melhor tecnicamente e atende melhor à cláusula geral de tutela da pessoa humana: "Art. 1.777. As pessoas sob curatela receberão todo o apoio necessário para ter preservado o direito à convivência familiar e comunitária, sendo evitada, sempre que possível, a sua institucionalização". Também foi incluída a expressão "sempre que possível" pois, segundo a Subcomissão de Direito de Família, ela "tem em mira resguardar situações concretas, em que a manutenção do curatelado fora de ambiente médico adequado possa causar risco direto ao próprio curatelado, aos seus familiares, ao titular da curatela ou a terceiros. Basta pensar em situação de grave estado psicótico do curatelado, no qual o convívio dele com terceiros possa representar risco de acidentes ou mesmo de vida, não só ao curatelado como aos demais. Assim, embora se entenda que a não institucionalização do incapaz deva ser a regra (o que fica claro pela redação do dispositivo), abre-se a possibilidade para o juiz, no prudente exame do caso concreto, determinar de forma excepcionalíssima essa institucionalização na hipótese em que evidenciado o já aludido risco ao curatelado ou a terceiros". Há, assim, uma proposta de uma funcionalização maior da curatela, em prol da máxima proteção do curatelado.

Por outra via, previa o art. 1.776 do CC/2002 que, havendo meios de recuperar o interdito, o curador promoveria o seu tratamento em estabelecimento apropriado. Esse dispositivo foi revogado expressamente pelo Estatuto da Pessoa com Deficiência.

Todavia, a lógica do seu conteúdo foi adotada pelo novo art. 758 do CPC/2015, preceito claramente material, segundo o qual o curador deverá buscar tratamento e apoio apropriados à conquista da autonomia pelo interdito. Esses tratamentos não podem perder de vista a dignidade da pessoa humana, ao contrário do que muito ocorre na prática. O tratamento também pode ser efetuado na própria residência do interditado, junto à sua família, o que é até preferível, não sendo a última regra obrigatória.[228]

Eis mais um problema de colisão de normas que deverá ser resolvido nos próximos anos, pois o Estatuto da Pessoa com Deficiência não alterou ou revogou qualquer comando do Estatuto Processual emergente.

Havendo a recuperação do interdito, ocorreria o *levantamento da interdição*, agora tratada como *levantamento da curatela*, uma vez que cessada a causa que a determinou. Existiram também alterações a respeito do tema, sendo interessante a confrontação dos seguintes comandos:

| Código de Processo Civil de 2015 | Código de Processo Civil de 1973 |
|---|---|
| "Art. 756. Levantar-se-á a curatela quando cessar a causa que a determinou. | "Art. 1.186. Levantar-se-á a interdição, cessando a causa que a determinou. |
| § 1.º O pedido de levantamento da curatela poderá ser feito pelo interdito, pelo curador ou pelo Ministério Público e será apensado aos autos da interdição. | § 1.º O pedido de levantamento poderá ser feito pelo interditado e será apensado aos autos da interdição. O juiz nomeará perito para proceder ao exame de sanidade no interditado e após a apresentação do laudo designará audiência de instrução e julgamento. |

---

[228] PEREIRA, Rodrigo da Cunha. *Comentários ao Novo Código Civil*. Coordenação: Sálvio de Figueiredo Teixeira. Rio de Janeiro: Forense, 2003. v. XX, p. 495.

| Código de Processo Civil de 2015 | Código de Processo Civil de 1973 |
|---|---|
| § 2.º O juiz nomeará perito ou equipe multidisciplinar para proceder ao exame do interdito e designará audiência de instrução e julgamento após a apresentação do laudo. | |
| § 3.º Acolhido o pedido, o juiz decretará o levantamento da interdição e determinará a publicação da sentença, após o trânsito em julgado, na forma do art. 755, § 3.º, ou, não sendo possível, na imprensa local e no órgão oficial, por 3 (três) vezes, com intervalo de 10 (dez) dias, seguindo-se a averbação no registro de pessoas naturais.<br><br>§ 4.º A interdição poderá ser levantada parcialmente quando demonstrada a capacidade do interdito para praticar alguns atos da vida civil." | § 2.º Acolhido o pedido, o juiz decretará o levantamento da interdição e mandará publicar a sentença, após o trânsito em julgado, pela imprensa local e órgão oficial por três vezes, com intervalo de 10 (dez) dias, seguindo-se a averbação no Registro de Pessoas Naturais." |

Confrontando-se as regras, além da alteração das denominações no *caput*, nota-se que o Ministério Público poderá requerer o citado levantamento, o que não estava antes previsto, apesar de teses que admitiam a hipótese. Conforme o Enunciado n. 57, aprovado na *I Jornada de Direito Processual Civil*, realizada em agosto de 2017 e aqui antes destacado, a pessoa sob curatela também tem o direito de fazer esse levantamento, apesar de não constar expressamente na lei.

Mais uma vez, repise-se, a afirmação está amparada no *espírito* do Estatuto da Pessoa com Deficiência e da Convenção de Nova Iorque, sendo um interessante caminho de solução prática. Importante decisão do Superior Tribunal de Justiça traz a conclusão segundo a qual o rol dos legitimados para tal levantamento da interdição não é realmente taxativo, mas exemplificativo. Conforme o aresto, que merece transcrição destacada:

"O art. 756, § 1.º, do CPC/15 ampliou o rol de legitimados para o ajuizamento da ação de levantamento da curatela previsto no art. 1.186, § 1.º, do CPC/73, a fim de expressamente permitir que, além do próprio interdito, também o curador e o Ministério Público sejam legitimados para o ajuizamento dessa ação, acompanhando a tendência doutrinária que se estabeleceu ao tempo do Código revogado. Além daqueles expressamente legitimados em lei, é admissível a propositura da ação por pessoas qualificáveis como terceiros juridicamente interessados em levantar ou modificar a curatela, especialmente àqueles que possuam relação jurídica com o interdito, devendo o art. 756, § 1.º, do CPC/15 ser interpretado como uma indicação do legislador, de natureza não exaustiva, acerca dos possíveis legitimados. Hipótese em que a parte foi condenada a reparar danos morais e pensionar vitaliciamente o interdito em virtude de acidente automobilístico do qual resultou a interdição e que informa que teria obtido provas supervenientes à condenação de que o interdito não possuiria a doença psíquica geradora da incapacidade – transtorno de estresse pós-traumático – ou, ao menos, que o seu quadro clínico teria evoluído significativamente de modo a não mais se justificar a interdição, legitimando-a a ajuizar a ação de levantamento da curatela" (STJ, REsp 1.735.668/MT, 3.ª Turma, Rel. Min. Nancy Andrighi, j. 11.12.2018, *DJe* 14.12.2018).

Além disso, ainda sobre o art. 756 do CPC/2015, atualmente há menção a uma equipe interdisciplinar para analisar o interdito, visando a torná-lo incapaz. Por fim, como passou

CAP. 8 • DIREITO DE FAMÍLIA **1701**

a ser possível a *curatela parcial,* admite-se, agora, o levantamento parcial da interdição, para determinados atos, o que demandará análise casuística.

E como fica a situação das pessoas que já se encontravam interditadas na entrada em vigor do Estatuto da Pessoa com Deficiência? Na doutrina, existem duas correntes sobre o tema, havendo uma grande estabilidade jurídica sobre o tema no momento.

Para a primeira corrente, tais pessoas, especialmente as pessoas com deficiência, passam a ser plenamente capazes com a emergência do EPD. Nessa esteira, opina José Fernando Simão: "todas as pessoas que foram interditadas em razão de enfermidade ou deficiência mental passam, com a entrada em vigor do Estatuto, a serem consideradas plenamente capazes. Trata-se de lei de estado. Ser capaz ou incapaz é parte do estado da pessoa natural. A lei de estado tem eficácia imediata e o levantamento da interdição é desnecessário. Ainda, não serão mais considerados incapazes, a partir da vigência da lei, nenhuma pessoa enferma, nem deficiente mental, nem excepcional (redação expressa do artigo 6.º do Estatuto)".[229]

De outra banda, pelo menos parcialmente e na minha leitura, posiciona-se Pablo Stolze Gagliano no sentido de ser necessária uma ação de levantamento da interdição com tais fins. De acordo com as suas palavras: "não sendo o caso de se intentar o levantamento da interdição ou se ingressar com novo pedido de tomada de decisão apoiada, os termos de curatela já lavrados e expedidos continuam válidos, embora a sua eficácia esteja limitada aos termos do Estatuto, ou seja, deverão ser interpretados em nova perspectiva, para justificar a legitimidade e autorizar o curador apenas quanto à prática de atos patrimoniais. Seria temerário, com sério risco à segurança jurídica e social, considerar, a partir do Estatuto, 'automaticamente' inválidos e ineficazes os milhares – ou milhões – de termos de curatela existentes no Brasil. Até porque, como já salientei, mesmo após o Estatuto, a curatela não deixa de existir".[230]

Entre uma corrente e outra, estou filiado àquela que sustenta a necessidade de uma ação de levantamento para as pessoas que se encontram interditadas quando da entrada em vigor do EPD, diante da proteção constitucional do ato jurídico perfeito (art. 5.º, inc. XXXVI, da CF/1988). Nessa linha, sugeri, em parecer dado ao Projeto de Lei 757/2015 e em curso original no Senado Federal, a inclusão de dispositivo no Código Civil com essa finalidade, o que acabou por ser adotado parcialmente pelo parecer final da projeção.

Na mesma linha, merece destaque enunciado doutrinário aprovado no XI Congresso Brasileiro de Direito das Famílias e das Sucessões do IBDFAM, no final de outubro de 2017, e seguindo sugestão formulada por mim: "Enunciado n. 25 – Depende de ação judicial o levantamento da curatela de pessoa interditada antes da vigência do Estatuto da Pessoa com Deficiência".

A propósito, analisando a necessidade do levantamento da interdição e ressaltando o caráter excepcional da medida, do Tribunal Gaúcho:

> "Apelação cível. Levantamento de interdição. Descabimento. Estatuto da Pessoa com Deficiência. Reconhecimento da incapacidade relativa, e não mais absoluta, do apelante. Limites da curatela. Diante das alterações feitas no Código Civil pelo Estatuto da Pessoa com Deficiência (Lei n.º 13.146/2015), o apelante não pode ser mais considerado absolutamente incapaz para os atos da vida civil. A sua patologia psiquiátrica – Cid 10 f20.0, esquizofrenia – configura hipótese de incapacidade

---

[229] SIMÃO, José Fernando. *Estatuto da Pessoa com Deficiência causa perplexidade* (Parte I). Disponível em: <http://www.conjur.com.br/2015-ago-6/jose-simao-estatuto-pessoa-deficiencia-causa-perplexidade>. Acesso em: 26 maio 2016.

[230] GAGLIANO, Pablo Stolze. *É o fim da interdição?* Disponível em: <http://flaviotartuce.jusbrasil. com.br/artigos/304255875/e-o-fim-da-interdicao-artigo-de-pablo-stolze-gagliano>. Acesso em: 26 maio 2016.

**1702** | MANUAL DE DIREITO CIVIL • VOLUME ÚNICO – *Flávio Tartuce*

relativa (art. 4.º, inciso III, e 1.767, inciso I do CC, com a nova redação dada pelo estatuto da pessoa com deficiência), não sendo caso de curatela ilimitada. Caso em que o recurso vai parcialmente provido, para reconhecer a incapacidade relativa do apelante, mantendo-lhe o mesmo curador e fixando-se a extensão da curatela, nos termos do artigo 755, inciso I, do CPC/15, à prática de atos de conteúdo patrimonial e negocial, bem como ao gerenciamento de seu tratamento de saúde. Deram parcial provimento" (TJRS, Apelação Cível 0181562-73.2016.8.21.7000, 8.ª Câmara Cível, Sapucaia do Sul, Rel. Des. Rui Portanova, j. 15.09.2016, *DJERS* 21.09.2016).

Seguindo no estudo da curatela, em situações de dúvidas, o Código Civil de 2002 continua determinando a aplicação residual à curatela das regras previstas para a tutela (art. 1.774 do CC), particularmente a respeito do seu exercício, com as devidas restrições (art. 1.781 do CC). A título de exemplo, pode-se dizer que o curador também é obrigado a prestar contas, salvo a já analisada hipótese do curador cônjuge casado pelo regime da comunhão universal com o interditado (art. 1.783 do CC).

Saliente-se que a grande novidade trazida pelo Código Civil de 2002 no tocante à curatela referia-se a novas formas de *curatela especial* previstas nos arts. 1.779 e 1.780 do CC. Não houve qualquer alteração provocada pelo vigente Código de Processo Civil a respeito dessas categorias. Todavia, o art. 1.780 do Código Civil acabou por ser revogado pela Lei 13.146/2015, que instituiu o Estatuto da Pessoa com Deficiência.

O primeiro dispositivo trata da *curatela do nascituro*, possível se o seu suposto pai falecer, e, estando grávida a mulher, esta não possui o poder familiar. Eventualmente, se a mulher estiver interditada, seu curador será também o do nascituro (art. 1.779, parágrafo único, do CC). O dispositivo reforça a teoria concepcionista, pelo qual o nascituro é pessoa, seguida por mim. Na verdade, ao admitir a curatela do nascituro, o Código Civil de 2002 dá a este o tratamento de uma pessoa absolutamente incapaz.

A outra forma de *curatela especial* era a deferida a favor do enfermo ou pessoa com deficiência física, mediante o seu expresso requerimento (art. 1.780 do CC). Não sendo possível esse requerimento, poderia ele ser formulado por qualquer pessoa elencada no art. 1.768 do CC, ou seja, pelos pais, pelos tutores, pelo cônjuge, por qualquer outro parente ou pelo Ministério Público. Porém, essa modalidade não é mais possível, substituída que foi pela *tomada de decisão apoiada*.

No passado, ilustrava-se essa curatela com o caso de uma pessoa com deficiência física que necessitava da nomeação de um curador visando administrar uma empresa de sua propriedade, que se encontrava em local de difícil acesso ao deficiente. Em casos tais, seria possível a nomeação de um curador, por seu próprio pedido.

Essa curatela era denominada por alguns julgadores de *curatela-mandato*, bastando a atribuição de poderes para a mera administração dos negócios e dos bens da curatelada. Também segundo algumas decisões, seria dispensável a "autorização para a transferência ou renúncia de direitos, o que continuará dependendo da expressa manifestação de vontade da curatelada" (TJMG, Apelação Cível 10024096395116001, 7.ª Câmara Cível, Rel. Peixoto Henriques, j. 15.10.2013). Reafirma-se que a figura desapareceu do sistema, diante da emergência do Estatuto da Pessoa com Deficiência.

Anoto que no atual Projeto de Reforma do Código Civil, seguindo-se proposta da Subcomissão de Direito de Família, "uma vez que o artigo 1.780, que tratava da curatela da pessoa com deficiência física, foi revogado pela Lei n 13.146/2015, não mais se justifica a respectiva menção ao título da Seção", que passará a ser assim denominado, após ajuste feito pela Relatora-Geral, Professora Rosa Maria de Andrade Nery: "Da curatela do nascituro e da gestante". Também se revoga a regra do *caput*, que não se justifica na

CAP. 8 • DIREITO DE FAMÍLIA | **1703**

atualidade, pois não há a necessidade de curatela do nascituro se a mãe, grávida, puder exercer o *munus*. Com isso, transporta-se o que está previsto no parágrafo único para o *caput*, e com ajustes redacionais diante de outras proposições, a saber: "Art. 1.779. Se a mulher grávida estiver sob curatela ou tiver menos de 16 (dezesseis) anos de idade, o seu curador ou representante será o do nascituro. Parágrafo único. Revogado". Prevaleceu na Comissão de Juristas, após intensos debates, a afirmação segundo a qual a regra proposta ainda se justifica, especialmente porque o Anteprojeto adota a teoria concepcionista, para os fins do Direito Civil, com o tratamento do nascituro como pessoa humana.

De volta ao sistema em vigor, além de todas as visualizadas alterações e confusas revogações, o art. 115 do Estatuto da Pessoa com Deficiência determinou que o Título IV do Livro IV da Parte Especial do Código Civil passe a vigorar com a seguinte redação: "Da Tutela, da Curatela e da Tomada de Decisão Apoiada".

Com isso foi acrescentado um art. 1.783-A no Código Civil, tratando dos procedimentos relativos a essa tomada de decisão apoiada. A categoria visa o auxílio da pessoa com deficiência para a celebração de atos mais complexos, caso dos contratos. Foi ela inspirada na *amministratore di sostegno*, da Itália; e na *Betreuung*, da Alemanha.

De início, conforme o *caput* da norma, a tomada de decisão apoiada é o processo judicial pelo qual a pessoa com deficiência elege pelo menos duas pessoas idôneas, com as quais mantenha vínculos e que gozem de sua confiança, para prestar-lhe apoio na tomada de decisão sobre atos da vida civil, fornecendo-lhes os elementos e informações necessários para que possa exercer sua capacidade. Parece-me que a tomada de decisão apoiada tem a função de trazer acréscimos ao antigo regime de incapacidades dos maiores, sustentado pela representação, pela assistência e pela curatela.

Esclareça-se que em havendo falta de discernimento da pessoa, não é possível a opção pela tomada da decisão apoiada. Nesse sentido, julgado do Tribunal do Paraná que afastou a sua possibilidade fática. Vejamos sua ementa:

"Tomada de decisão apoiada que só pode ser requerida por pessoa com plena capacidade e discernimento, porém vulnerável por alguma circunstância pessoal, física, psíquica ou intelectual. Agravada que sofre do Mal de Alzheimer e não comprovou, ao menos neste momento, que a doença não afetou seu discernimento. Necessidade de investigação mais aprofundada pela equipe multidisciplinar e por médicos psiquiatras. Decisão nomeando dois apoiadores revogada" (TJPR, Agravo de Instrumento 1688539-5, 11.ª Câmara Cível, Curitiba, Rel. Des. Sigurd Roberto Bengtsson, j. 28.02.2018, *DJPR* 15.03.2018, p. 118).

Na mesma linha, o Enunciado n. 640, aprovado na *VIII Jornada de Direito Civil*, realizada em 2018: "A tomada de decisão apoiada não é cabível, se a condição da pessoa exigir aplicação da curatela". A ementa doutrinária também traz em si a conclusão pela inviabilidade de cumulação da tomada de decisão apoiada e da curatela.

Nos termos do § 1.º do novo art. 1.783-A da codificação material, para formular pedido de tomada de decisão apoiada, a pessoa com deficiência e os apoiadores devem apresentar termo em que constem os limites do apoio a ser oferecido e os compromissos dos apoiadores. Desse termo devem constar ainda o prazo de vigência do acordo e o respeito à vontade, aos direitos e aos interesses da pessoa que devem apoiar.

O pedido de tomada de decisão apoiada será requerido pela pessoa a ser apoiada, com indicação expressa das pessoas aptas a prestarem (art. 1.783-A, § 2.º, do CC/2002). Essa iniciativa não pode ser atribuída a outrem, havendo legitimidade exclusiva apenas da própria pessoa com deficiência, conforme consta do Enunciado n. 639, também da *VIII*

*Jornada de Direito Civil*. Nos seus exatos termos, "a opção pela tomada de decisão apoiada é de legitimidade exclusiva da pessoa com deficiência". A ementa também admite que a pessoa que requer o apoio manifeste antecipadamente a sua vontade de que um ou ambos os apoiadores se tornem, em caso de curatela, seus curadores.

Há, claramente, um procedimento judicial para tanto, pois o preceito seguinte determina que, antes de se pronunciar sobre o pedido de tomada de decisão apoiada, o juiz, assistido por equipe multidisciplinar e após oitiva do Ministério Público, ouvirá pessoalmente o requerente e as pessoas que lhe prestarão apoio (art. 1.783-A, § 3.º, do CC/2002).

Como reconheceu acórdão do Tribunal de Justiça de Santa Catarina, a medida não pode ser instituída de ofício pelo julgador. Nos seus exatos termos:

"Tomada de decisão apoiada que não pode ser aplicada de ofício. Necessário que o pedido seja formulado pela própria pessoa a ser apoiada, com a nomeação daqueles que ela eleger. Inteligência do art. 1.783-A do CC. Ausência, no mais, de elementos capazes de convencer acerca da necessidade de interdição. Interditando que, segundo consta dos autos, tem plenas condições de exercer sozinho os atos da vida civil. Sentença reformada. Apelação do réu provida, prejudicado o recurso adesivo interposto pela autora" (TJSC, Apelação Cível 0001812-05.2004.8.24.0031, 3.ª Câmara de Direito Civil, Indaial, Rel. Des. Maria do Rocio Luz Santa Ritta, *DJSC* 25.05.2017, p. 72).

A decisão tomada por pessoa apoiada terá validade e efeitos sobre terceiros, sem restrições, desde que esteja inserida nos limites do apoio acordado (art. 1.783-A, § 4.º, do CC/2002). Assim, presente a categoria, desaparece toda aquela discussão aqui exposta a respeito da validade e eficácia dos atos praticados por incapazes, como vendas de imóveis, perante terceiros de boa-fé. Havendo uma *tomada de decisão apoiada*, não se cogitará mais sua nulidade absoluta, nulidade relativa ou ineficácia, o que vem em boa hora.

Em complemento, o terceiro com quem a pessoa apoiada mantenha relação negocial, pode solicitar que os apoiadores contra-assinem o contrato ou acordo, especificando, por escrito, sua função em relação ao apoiado (art. 1.783-A, § 5.º, do CC/2002). Isso para que não pairem dúvidas sobre a idoneidade jurídica do ato praticado, o que tem relação direta com o princípio da boa-fé objetiva.

Entretanto, em caso de negócio jurídico que possa trazer risco ou prejuízo relevante a qualquer uma das partes, havendo divergência de opiniões entre a pessoa apoiada e um dos apoiadores, deverá o juiz, ouvido o Ministério Público, decidir sobre a questão (art. 1.783-A, § 6.º, do CC/2002). Eventualmente, poderá ele suprir a vontade de uma parte discordante.

Além disso, se o apoiador agir com negligência, exercer pressão indevida ou não adimplir as obrigações assumidas, poderá a pessoa apoiada ou qualquer pessoa apresentar denúncia ao Ministério Público ou ao juiz, especialmente com o intuito de evitar a prática de algum negócio jurídico que possa lhe trazer prejuízo (art. 1.783-A, § 7.º, do CC/2002). Se o ato for praticado, é possível cogitar a sua invalidade.

Se procedente a denúncia, o juiz destituirá o apoiador e nomeará, ouvida a pessoa apoiada e se for de seu interesse, outra pessoa para prestação de apoio (art. 1.783-A, § 8.º, do CC/2002). A pessoa apoiada pode, a qualquer tempo, solicitar o término de acordo firmado em processo de tomada de decisão apoiada, inclusive para os fins de tomada de novas decisões, de acordo com a sua autonomia privada (art. 1.783-A, § 9.º, do CC/2002).

O apoiador pode solicitar ao juiz a exclusão de sua participação do processo de tomada de decisão apoiada, sendo seu desligamento condicionado à manifestação do juiz sobre a

CAP. 8 • DIREITO DE FAMÍLIA | **1705**

matéria (art. 1.783-A, § 10, do CC/2002). Por derradeiro, está previsto que se aplicam à tomada de decisão apoiada, no que couber, as disposições referentes à prestação de contas na curatela (art. 1.783-A, § 11, do CC/2002).

A norma é cheia de detalhes e desperta muitas dúvidas práticas nos aplicadores do Direito, notadamente quanto à sua efetividade. Como há um processo judicial de nomeação de apoiadores, com burocracias e entraves, fica em xeque a possibilidade fática de uma pessoa com deficiência percorrer tal caminho, havendo outros disponíveis, como uma procuração firmada em Cartório ou mesmo por instrumento particular. Justamente por isso, a Comissão de Juristas encarregada da Reforma do Código Civil sugere reparos no instituto, *desjudicializando* a sua aplicação.

Nos debates ocorridos perante a citada Comissão, sempre se afirmou a necessidade de sua *extrajudicialização*, para que passe a ser requerida também perante o oficial do Cartório de Registro Civil das Pessoas Naturais, que receberá mais uma atribuição. Nos termos das justificativas iniciais da Subcomissão de Direito de Família, ao tratar do instituto:

"Embora se cuide de um procedimento de jurisdição voluntária, observe-se que há forte burocracia para sua homologação, pois está prevista a participação do Ministério Público, de equipe interdisciplinar, oitiva do interessado e dos apoiadores por ele indicados etc. Bem por esse motivo, não se tem verificado maior repercussão prática do instituto, que, nos moldes vigentes, tem sido muito pouco utilizado, gerando críticas e sugestões da doutrina especializada e de parte da sociedade. Dentre estas sugestões, recebida inclusive pela Comissão de Reforma do Código Civil, está a possibilidade de o ato de tomada de decisão apoiada ser realizado na via extrajudicial, mediante registro direto no Registro Civil".

Ainda de acordo com os seus argumentos, "a boa-fé deve ser presumida, daí por que não se pode ter o preconceito de que os apoiadores terão sempre a predisposição de aproveitar-se da pessoa com deficiência, o que justificaria a impreterível intervenção judicial para homologação do ato de apoiamento. Por outro lado, como dito, há tendência de desjudicialização de vários institutos jurídicos, notadamente no Direito de Família, razão pela qual a consagração da tomada de decisão apoiada, no campo extrajudicial, atende a necessidade da sociedade moderna de garantir maior liberalidade aos sujeitos de direito e de simplificar os atos e negócios jurídicos".

Ainda segundo os juristas, a tomada de decisão extrajudicial (TDA) teria os seguintes moldes, conforme as suas propostas iniciais: "a) registro do ato de apoiamento perante o Cartório de Registro Civil – uma vez que diz com o estado da pessoa, após parecer favorável do Ministério Público; b) manutenção da possibilidade de a TDA ocorrer no âmbito judicial, a critério do interessado em obter o ato de apoiamento; ou, ainda, nos casos em que o Registrador se deparar com dúvida quanto à livre vontade do apoiado ou não houver aprovação do Ministério Público, hipótese na qual remeterá o pedido ao juízo competente para análise". Também foi sugerida a possibilidade de indicação de um ou mais apoiadores, "e, por fim, facilita-se o meio de encerramento da TDA, autorizando que, tanto o apoiado como o apoiador ou apoiadores, promovam-na mediante simples requerimento ao Cartório de Registro Civil de Pessoas Naturais, preservados, claro, os efeitos jurídicos já produzidos".

Todas essas proposições foram debatidas amplamente com os Relatores-Gerais, e, após aprimoramentos e mudanças nos textos, a Comissão de Juristas sugere que a tomada de decisão apoiada, judicial ou extrajudicial, passe a ser tratada em cinco comandos, de forma mais clara, objetiva e didática.

Nesse sentido, em termos gerais, o novo art. 1.783-A enunciará, em seu *caput* e em termos gerais, que "a tomada de decisão apoiada é o procedimento, judicial ou extrajudicial, pelo qual a pessoa capaz, mas deficiente ou com alguma limitação física, sensorial, ou psíquica, bem como as declaradas relativamente incapazes, na forma do inciso II do art. 4º, que tenham dificuldades para a prática pessoal de atos da vida civil, elegem uma ou mais pessoas idôneas com as quais mantenham vínculos e que gozem de sua confiança para prestar-lhes apoio na tomada de decisões sobre atos da vida civil". Vale lembrar que, pelo projeto, como relativamente incapazes, o art. 4.º, inc. II, elencará "aqueles cuja autonomia estiver prejudicada por redução de discernimento, que não constitua deficiência, enquanto perdurar esse estado".

Para a formalização do ato, o solicitante e os apoiadores devem apresentar requerimento em que constem os limites do apoio a ser oferecido e os compromissos dos apoiadores, inclusive o prazo de vigência do acordo e o respeito à vontade, aos direitos e aos interesses da pessoa que devam apoiar (proposta de § 1.º do art. 1.783-A). A decisão tomada por pessoa apoiada terá validade e efeitos quanto a terceiros, sem restrições, desde que esteja inserida nos limites do apoio acordado, premissa que traz a presunção de boa-fé, como propôs a Subcomissão (§ 2.º). No mesmo sentido de se proteger o tráfego negocial, o novo § 3.º do art. 1.783-A enunciará que "terceiros com quem a pessoa apoiada mantenha relação negocial ou pessoal podem solicitar que os apoiadores contra-assinem contratos ou acordos especificando, por escrito, sua função com relação ao apoiado".

De forma sucessiva, são revogados expressamente os §§ 4.º a 11 do atual art. 1.783, para que, reitere-se, o tratamento do instituto fique mais claro, didático e objetivo, prevendo-se parte de seu conteúdo, mas com melhoramentos e acréscimos necessários, nos dispositivos seguintes.

No que diz respeito à *tomada de decisão apoiada extrajudicial*, ela passará a ser tratada expressamente no novo art. 1.783-B, ao lado da judicial, em seus quatro parágrafos. Nesse contexto, "a tomada de decisão apoiada poderá ser requerida diretamente no Cartório de Registro Civil das Pessoas Naturais ou judicialmente" (*caput*). A via extrajudicial é, portanto, facultativa, e não obrigatória. Será ela pedida pela pessoa a ser apoiada, judicial ou extrajudicialmente, com a indicação expressa das pessoas aptas a prestarem o apoio (§ 1.º). Do procedimento extrajudicial ou judicial de tomada de decisão apoiada participará o Ministério Público, que verificará a adequação do pedido aos requisitos legais (§ 2.º). Antes de se pronunciar sobre o pedido de tomada de decisão apoiada, o juiz ou o registrador civil, assistido por equipe multidisciplinar e após oitiva do Ministério Público, ouvirá pessoalmente o requerente e as pessoas que lhe prestarão apoio (§ 3.º).

Como se percebe, o Anteprojeto, em várias de suas propostas, traz a atuação do Ministério Público nos Cartórios, assim como se dá em outros países, como em Portugal. Em caso de dúvidas sobre a viabilidade da tomada de decisão apoiada, o oficial do Cartório de Registro Civil poderá negar seguir com o procedimento extrajudicial, remetendo as partes para o âmbito judicial (§ 4.º do art. 1.783-B).

No que diz respeito à eventual má atuação do apoiador, nos termos do novel art. 1.783-C do CC, se ele "agir com negligência, exercer pressão indevida sobre o apoiado ou não adimplir as obrigações assumidas, poderá a pessoa apoiada ou qualquer interessado levar o fato ao Ministério Público ou ao juiz". Se comprovados os fatos narrados, o juiz destituirá o apoiador e nomeará outra pessoa para prestação de apoio, após ouvidos a pessoa apoiada e o Ministério Público (§ 1.º). Em caso de negócio jurídico que possa trazer à pessoa apoiada risco ou prejuízo relevante, havendo divergência de opiniões entre a pessoa apoiada e um dos apoiadores, deverá o juiz, ouvido o Ministério Público, decidir sobre a questão (§ 2.º).

CAP. 8 • DIREITO DE FAMÍLIA | **1707**

Sobre a revogação da tomada de decisão apoiada, de forma unilateral e sem motivação, o projetado art. 1.783-D preceitua que "a pessoa com deficiência pode, a qualquer tempo, revogar a tomada de decisão apoiada, independentemente do consentimento dos seus apoiadores, mediante simples requerimento ao Cartório de Registro Civil de Pessoas Naturais ou ao juiz, preservados os efeitos jurídicos já produzidos". Como *outro lado da moeda*, o parágrafo único desse comando preverá que "os apoiadores podem também, a qualquer tempo, renunciar à incumbência para a qual foram designados".

Seguindo no estudo das proposições, assim como se dá com a curatela, inclui-se proposta segundo a qual a tomada de decisão apoiada também pode estar relacionada a atos existenciais, além dos patrimoniais. Como se retira da proposta de novo art. 1.783-E, "o procedimento de tomada de decisão apoiada pode ser utilizado pelas pessoas relativamente incapazes, referidas no inciso II do art. 4º do Código Civil, quando ela tiver de decidir-se sobre os atos de cunho existencial de sua vida civil". A eleição de pessoas para tomada de decisão apoiada nesses casos não prejudica a atuação do curador para os atos de cunho patrimonial da vida civil do curatelado (§ 1.º).

Em suma, será possível a convivência e a concomitância dos dois institutos na mesma situação concreta: uma tomada de decisão apoiada para os atos existenciais e uma curatela – sempre com caráter excepcional, como visto – para os atos patrimoniais. Sem dúvidas, trata-se de proposta que igualmente funcionaliza os institutos, em prol da proteção e tutela da pessoa humana.

Como última sugestão formulada pela Comissão de Juristas a respeito desse instituto, o § 2.º do novo art. 1.783-E preverá, para trazer mais certeza quanto ao tema, que, "para a celebração de casamento das pessoas mencionadas no *caput* deste artigo, a tomada de decisão apoiada será realizada perante o Oficial de Registro Civil das Pessoas Naturais no procedimento anterior ao casamento, desde que o ato nupcial se inclua no termo em que constem os limites do apoio a ser oferecido".

Como se pode notar, todas as propostas são mais do que necessárias, para afastar dúvidas hoje existentes sobre o instituto, tornando-o muito mais viável na prática do Direito Civil. Espera-se, portanto, a sua aprovação integral pelo Congresso Nacional.

Como última observação a respeito da curatela e do Projeto de Reforma do Código Civil, a Comissão de Juristas propõe a inclusão de uma nova e necessária seção no Capítulo, a saber: "Seção I-A. Da Diretiva Antecipada de Curatela".

Segundo a Subcomissão de Direito de Família, a proposição chancela, mais uma vez, a necessidade de se facilitar o exercício da capacidade civil e da autonomia privada, na linha do previsto na Convenção de Nova Iorque, que, no Brasil, tem força de Emenda à Constituição. Vejamos as suas justificativas:

> "Propõe-se a criação da diretiva antecipada de curatela, que se trata de um 'testamento para a vida', em que o interessado delineia a forma como deseja ser tratado, no caso de perda de seu discernimento. O dispositivo, portanto, prestigia a autonomia privada da pessoa quanto a quem deve ser nomeado curador e quanto ao modo como deverá dar-se as gestões patrimonial e existencial em eventual perda de lucidez. É uma espécie de 'testamento' para essa hipótese. Trata-se de regra fundamental. Busca-se também prestigiar o direito humano à capacidade civil das pessoas com deficiência, em consonância com os princípios da não discriminação, da plena e efetiva participação e inclusão na sociedade, da igualdade de oportunidades, da autonomia, da independência e da dignidade humana, todos eles contemplados na Convenção de Nova York".

Nesse contexto, de acordo com o novo art. 1.778-A, "a vontade antecipada de curatela deverá ser formalizada por escritura pública ou por instrumento particular autêntico". Em complemento, nos termos do art. 1.778-B, "o juiz deverá conferir prioridade à diretiva antecipada de curatela relativamente: I – a quem deva ser nomeado como curador; II – ao modo como deva ocorrer a gestão patrimonial e pessoal pelo curador; III – a cláusulas de remuneração, de disposição gratuita de bens ou de outra natureza".

Ademais, conforme o parágrafo único, proposto para o último preceito, "não será observada a vontade antecipada do curatelado quando houver elementos concretos que, de modo inequívoco, indiquem a desatualização da vontade antecipada, inclusive considerando fatos supervenientes que demonstrem a quebra da relação de confiança do curatelado com a pessoa por ele indicada".

As propostas são louváveis, sendo há tempos pleiteadas por parte considerável da doutrina brasileira, inclusive pelos juristas que compuseram a Subcomissão de Direito de Família. Espera-se, portanto, a sua aprovação pelo Congresso Nacional, com o fim de resolver muitos dos problemas teóricos e práticos verificados a respeito dessa importante categoria.

# 9

# DIREITO DAS SUCESSÕES

**Sumário:** 9.1 Conceitos fundamentais do Direito das Sucessões – 9.2 Da herança e de sua administração – 9.3 Da herança jacente e da herança vacante – 9.4 Da vocação hereditária e os legitimados a suceder – 9.5 Da aceitação e renúncia da herança – 9.6 Dos excluídos da sucessão. Indignidade sucessória e deserdação. Semelhanças e diferenças – 9.7 Da ação de petição de herança – 9.8 Da sucessão legítima: 9.8.1 Panorama geral das inovações introduzidas pelo CC/2002. Anotações sobre a decisão do STF a respeito da inconstitucionalidade do art. 1.790 do Código Civil; 9.8.2 Da sucessão dos descendentes e a concorrência do cônjuge. Análise crítica, com a inclusão do companheiro na norma, diante da decisão do STF, de maio de 2017 (*Informativo* n. *864* da Corte); 9.8.3 Da sucessão dos ascendentes e a concorrência do cônjuge ou companheiro; 9.8.4 Da sucessão do cônjuge ou companheiro, isoladamente; 9.8.5 Da sucessão dos colaterais; 9.8.6 Da sucessão do companheiro. O polêmico art. 1.790 do CC e suas controvérsias principais até a declaração de inconstitucionalidade pelo Supremo Tribunal Federal. As primeiras decisões do Superior Tribunal de Justiça sobre o tema. Análise do direito real de habitação do companheiro; 9.8.7 Do direito de representação – 9.9 Da sucessão testamentária: 9.9.1 Conceito de testamento e suas características. Regras fundamentais sobre o instituto; 9.9.2 Das modalidades ordinárias de testamento; 9.9.3 Das modalidades especiais de testamento; 9.9.4 Do codicilo; 9.9.5 Das disposições testamentárias; 9.9.6 Dos legados; 9.9.7 Do direito de acrescer entre herdeiros e legatários; 9.9.8 Das substituições testamentárias; 9.9.9 Da redução das disposições testamentárias; 9.9.10 Da revogação do testamento. Diferenças fundamentais em relação à invalidade; 9.9.11 Do rompimento do testamento; 9.9.12 Do testamenteiro – 9.10 Do inventário e da partilha: 9.10.1 Do inventário. Conceito, modalidades e procedimentos; 9.10.2 Da pena de sonegados; 9.10.3 Do pagamento das dívidas; 9.10.4 Da colação ou conferência; 9.10.5 Da redução das doações inoficiosas; 9.10.6 Da partilha; 9.10.7 Da garantia dos quinhões hereditários. A responsabilidade pela evicção; 9.10.8 Da anulação, da rescisão e da nulidade da partilha.

## 9.1 CONCEITOS FUNDAMENTAIS DO DIREITO DAS SUCESSÕES

O livro referente ao Direito das Sucessões é o último do CC/2002, assim como ocorria com o Código de 1916, com o vigente Código Civil Português e o BGB Alemão (*Erbrecht*). E não poderia ser diferente, pois a morte deve fechar qualquer codificação que se diga valorizadora da vida civil da pessoa humana.

Nota-se, portanto, que o termo *sucessões*, para os fins do presente capítulo, deve ser lido apenas para incorporar a sucessão *mortis causa*, ou seja, que decorre da morte. Não se pode esquecer, todavia, que há a sucessão por ato *inter vivos*, que pode estar presente em várias situações, como naquela em que uma empresa sucede a outra por questões contratuais.

Como leciona José de Oliveira Ascensão, um dos fundamentos da sucessão *mortis causa* é a exigência da continuidade da pessoa humana, sendo pertinente transcrever suas lições:

"O Direito das Sucessões realiza a finalidade institucional de dar a continuidade possível ao descontínuo causado pela morte.

A continuidade a que tende o Direito das Sucessões manifesta-se por uma pluralidade de pontos de vista.

No plano individual, ele procura assegurar finalidades próprias do autor da sucessão, mesmo para além do desaparecimento deste. Basta pensar na relevância do testamento.

A continuidade deixa marca forte na figura do herdeiro. Veremos que este é concebido ainda hoje como um continuador pessoal do autor da herança, ou *de cujus*. Este aspecto tem a sua manifestação mais alta na figura do herdeiro legitimário.

Mas tão importante como estas é a continuidade na vida social. O falecido participou desta, fez contratos, contraiu dívidas... Não seria razoável que tudo se quebrasse com a morte, frustrando os contraentes. É necessário, para evitar sobressaltos na vida social, assegurar que os centros de interesses criados à volta do autor da sucessão prossigam quanto possível sem fracturas para além da morte deste".[1]

Giselda Maria Fernandes Novaes Hironaka apresenta como fundamento pertinente para o Direito das Sucessões a necessidade de alinhar o Direito de Família ao direito de propriedade, eis que "o fundamento da transmissão *causa mortis* estaria não apenas na continuidade patrimonial, ou seja, na manutenção pura e simples dos bens na família como forma de acumulação de capital que estimularia a poupança, o trabalho e a economia, mais ainda e principalmente no 'fator de proteção, coesão e de perpetuidade da família'".[2]

A partir das lições dos Mestres, conclui-se que o Direito Sucessório está baseado no direito de propriedade e na sua função social (art. 5.º, incs. XXII e XXIII, da CF/1988). Porém, mais do que isso, a sucessão *mortis causa* tem esteio na valorização constante da dignidade humana, seja do ponto de vista individual ou coletivo, conforme o art. 1.º, inc. III, e o art. 3.º, inc. I, da Constituição Federal de 1988.

Em termos gerais, duas são as modalidades básicas de sucessão *mortis causa*, o que pode ser retirado do art. 1.786 do CC:

> → Sucessão legítima – aquela que decorre da lei, que enuncia a ordem de vocação hereditária, presumindo a vontade do autor da herança. É também denominada *sucessão ab intestato* justamente por inexistir testamento.
>
> → Sucessão testamentária – tem origem em ato de última vontade do morto, por testamento, legado ou codicilo, mecanismos sucessórios para exercício da autonomia privada do autor da herança.

A completar essa divisão, preconiza o art. 1.788 do CC que, morrendo a pessoa sem deixar testamento, transmite a herança aos herdeiros legítimos. O mesmo ocorrerá quanto aos bens que não forem compreendidos no testamento. Ainda, vale e é eficaz a sucessão legítima se o testamento caducar ou for julgado nulo (nulidade absoluta). Em suma, a

---

[1] ASCENSÃO, José de Oliveira. *Direito Civil*. Sucessões. 5. ed. Coimbra: Coimbra Editora, 2000. p. 13.

[2] HIRONAKA, Giselda Maria Fernandes Novaes. Direito das Sucessões: introdução. In: HIRONAKA, Giselda Maria Fernandes Novaes; PEREIRA, Rodrigo da Cunha (coords.). *Direito das Sucessões*. 2. ed. Belo Horizonte: Del Rey, 2007. p. 5.

CAP. 9 • DIREITO DAS SUCESSÕES | **1711**

ordem de raciocínio a ser seguida na sucessão é primeiro de investigar a existência de disposição de última vontade que seja válida e eficaz. Não havendo tal disposição, vige a ordem de sucessão legítima estabelecida em lei.

Anoto que no Projeto de Reforma do Código Civil, elaborado pela Comissão de Juristas nomeada no âmbito do Senado Federa – tendo sido a Subcomissão de Direito das Sucessões formada por notórios *sucessionistas*, os Professores Mario Luiz Delgado, Giselda Hironaka e Gustavo Tepedino, e pelo Ministro Asfor Rocha –, há proposta de melhora no teor do comando. Com isso, de forma mais técnica, a norma passará a enunciar a invalidade e ineficácia do testamento: "Art. 1.788. Morrendo a pessoa sem testamento, transmite-se a herança aos herdeiros legítimos; o mesmo ocorrerá quanto aos bens que não forem compreendidos no testamento; e subsiste a sucessão legítima se o testamento for inválido ou ineficaz". Com essas importantes melhoras de redação, aguarda-se a sua aprovação pelo Parlamento Brasileiro.

Nas duas formas da sucessão, o regramento fundamental consta do art. 1.784 do CC, pelo qual aberta a sucessão – o que ocorre com a morte da pessoa –, a herança transmite-se, desde logo, aos herdeiros legítimos e testamentários. Trata-se da consagração da máxima *droit de saisine*. A expressão, segundo Jones Figueirêdo Alves e Mário Luiz Delgado, tem origem na expressão gaulesa *le mort saisit le vif*, pela qual "com a morte, a herança transmite-se imediatamente aos sucessores, independentemente de qualquer ato dos herdeiros. O ato de aceitação da herança, como veremos posteriormente, tem natureza confirmatória".[3]

Várias decorrências práticas surgem da regra, conforme se depreende da análise da jurisprudência superior. De início, para ilustrar, conforme decisão publicada no *Informativo* n. *315* do STJ, em março de 2007, conclui que, se o falecido deixar quotas de uma sociedade aos seus herdeiros, todos eles, em condomínio, são detentores das ações, possuindo legitimidade para postular a dissolução da sociedade familiar (STJ, REsp 650.821/AM, Rel. Min. César Asfor Rocha, j. 27.03.2007).

Julgado mais recente da Corte traz importante ressalva, reconhecendo a legitimidade ao espólio, antes da efetivação da partilha:

> "A legitimidade ativa, em decorrência do direito de *saisine* e do estado de indivisibilidade da herança, pode ser estendida aos coerdeiros, antes de efetivada a partilha. Essa ampliação excepcional da legitimidade, contudo, é ressalvada tão somente para a proteção do interesse do espólio. No caso dos autos, a ação foi proposta com intuito declarado de pretender para si, exclusivamente, as quotas pertencentes ao autor da herança, independentemente da propositura da correspondente ação de inventário ou de sua partilha. Desse modo, não detém o coerdeiro necessário a legitimidade ativa para propor a presente ação" (STJ, REsp 1.645.672/SP, 3.ª Turma, Rel. Min. Marco Aurélio Bellizze, j. 22.08.2017, *DJe* 29.08.2017).

Também com o intuito de concretizar a aplicação do direito de *saisine*, o mesmo Tribunal Superior concluiu que o compossuidor que recebe a posse da herança em razão de tal regramento tem direito à proteção possessória contra os outros compossuidores herdeiros, nos seguintes termos:

> "Existindo composse sobre o bem litigioso em razão do *droit de saisine* é direito do compossuidor esbulhado o manejo de ação de reintegração de posse, uma vez que a proteção à posse molestada não exige o efetivo exercício do poder fático – requisito exigido pelo tribunal de origem. O exercício fático da posse não encontra amparo no

---

[3] ALVES, Jones Figueirêdo; DELGADO, Mário Luiz. *Código Civil anotado*. São Paulo: Método, 2005. p. 907.

ordenamento jurídico, pois é indubitável que o herdeiro tem posse (mesmo que indireta) dos bens da herança, independentemente da prática de qualquer outro ato, visto que a transmissão da posse dá-se *ope legis*, motivo pelo qual lhe assiste o direito à proteção possessória contra eventuais atos de turbação ou esbulho. Isso posto, a Turma deu provimento ao recurso para julgar procedente a ação de reintegração de posse, a fim de restituir aos autores da ação a composse da área recebida por herança. Precedente citado: REsp 136.922/TO, *DJ* 16.03.1998" (STJ, REsp 537.363/RS, Rel. Min. Vasco Della Giustina (Des. convocado do TJRS), j. 20.04.2010, *Informativo* n. *431* do STJ).

Com interesse para a tutela de direitos reais, o Superior Tribunal de Justiça tem entendido que "os herdeiros possuem legitimidade ativa para atuarem diretamente em juízo em ações de direito real, enquanto não aberto o inventário, por aplicação do princípio de saisine". Trata-se da assertiva n. 3, publicada na Edição n. 133 da ferramenta *Jurisprudência em Teses* da Corte, que trata do Direito das Coisas. Como se retira de um de seus acórdãos precedentes:

"A ação reivindicatória, de natureza real e fundada no direito de sequela, é a ação própria à disposição do titular do domínio para requerer a restituição da coisa de quem injustamente a possua ou detenha (CC/1916, art. 524; CC/2002, art. 1.228). Portanto, só o proprietário pode reivindicar. O direito hereditário é forma de aquisição da propriedade imóvel (direito de Saisine). Aberta a sucessão, o domínio e a posse da herança transmitem-se incontinenti aos herdeiros, podendo qualquer um dos coerdeiros reclamar bem, integrante do acervo hereditário, de terceiro que indevidamente o possua (CC/1916, arts. 530, IV, 1.572 e 1.580, parágrafo único; CC/2002, arts. 1.784 e 1.791, parágrafo único). Legitimidade ativa de herdeiro na ação reivindicatória reconhecida" (STJ, REsp 1.117.018/GO, 4.ª Turma, Rel. Min. Raul Araújo, j. 18.05.2017, *DJe* 14.06.2017).

Por fim, os Tribunais Superiores entendem que, para os fins tributários de incidência do Imposto de Transmissão *Causa Mortis (ITCD)*, deve-se levar em conta o momento do falecimento do autor da herança, outra decorrência da máxima da *saisine* (Súmula 112 do STF). Apesar de a ementa ser do ano de 1963, a jurisprudência superior atual continua aplicando o seu teor (ver, por todos: REsp 1.142.872/RS, 2.ª Turma, Rel. Min. Humberto Martins, j. 20.10.2009, *DJe* 29.10.2009).

Como se pode notar, e isso consta da última decisão colacionada, o direito de *saisine* faz com que o inventário tenha mero intuito declaratório da morte anterior.

Superado esse conceito fundamental, enuncia o art. 1.785 do CC que a sucessão abre-se no lugar do último domicílio do falecido. O dispositivo era complementado pelo art. 96 do CPC/1973, pelo qual o foro do domicílio do autor da herança (falecido), no Brasil, seria o competente para o inventário, a partilha, a arrecadação, o cumprimento de disposições de última vontade e todas as ações em que o espólio fosse réu, ainda que o óbito tivesse ocorrido no estrangeiro. Ato contínuo, ainda pelo Estatuto Processual anterior, seria competente o foro:

I)   Da situação dos bens, se o autor da herança não possuísse domicílio certo. Exemplos: casos de nômades e circenses.

II)  Do lugar em que ocorreu o óbito se o autor da herança não tivesse domicílio certo e possuía bens em lugares diferentes.

O dispositivo recebeu algumas alterações pelo Código de Processo Civil de 2015, correspondendo, agora, ao art. 48 do Estatuto Processual em vigor. De início, o *caput* do novo comando dispõe que o foro de domicílio do autor da herança, no Brasil, é o competente para o inventário, a partilha, a arrecadação, o cumprimento de disposições de última vontade, a impugnação ou anulação de partilha extrajudicial e para todas as ações em que o espólio for réu, ainda que o óbito tenha ocorrido no estrangeiro. Em suma, foi mantida a regra geral anterior nesta primeira parte da norma.

Porém, o parágrafo único do novo art. 48 do CPC/2015 dispõe que, se o autor da herança não possuía domicílio certo, será competente:

I) o foro de situação dos bens imóveis. Como se nota, essa nova norma menciona apenas os bens imóveis e não os móveis, que eram englobados pela regra anterior;

II) havendo bens imóveis em foros diferentes, qualquer destes, o que é inovação legislativa;

III) não havendo bens imóveis, o foro do local de qualquer dos bens do espólio, o que passa a ser aplicado aos bens móveis.

Anote-se que a regra do foro de último domicílio do falecido vinha prevalecendo mesmo nas hipóteses de *complexidade patrimonial*. Para exemplificar, a Terceira Turma do STJ fez preponderar a regra em que o morto tinha 55 imóveis e 81 demandas em outra Comarca (CC 40.717/RS publicado no *Informativo* n. *208*, de maio de 2004, Rel. Min. Nancy Andrighi). Acredito que essa forma de julgar deve ser mantida na vigência do Código de Processo Civil de 2015.

Não se pode esquecer que nos casos de sucessão envolvendo estrangeiros ou bens no exterior, há regras específicas. De início, preconiza o art. 10 da Lei de Introdução às Normas do Direito Brasileiro que a sucessão por morte ou por ausência obedece à lei do país em que domiciliado o defunto ou o desaparecido, qualquer que seja a natureza e a situação dos bens. Em complemento, a sucessão de bens de estrangeiros situados no País será regulada pela lei brasileira em benefício do cônjuge ou dos filhos brasileiros, sempre que não lhes seja mais favorável a lei pessoal do *de cujus* (art. 5.º, inc. XXXI, da CF/1988 e art. 10, § 1.º, da Lei de Introdução). Além disso, a norma do domicílio do herdeiro ou legatário regula a sua capacidade para suceder (art. 10, § 2.º, da Lei de Introdução).

O Código de Processo Civil de 2015 acrescentou regras instrumentais a respeito do tema, ao tratar dos *limites da jurisdição nacional*. Conforme o art. 23, inc. II, do CPC/2015, compete à autoridade judiciária brasileira, com exclusão de qualquer outra, em matéria de sucessão hereditária, proceder à confirmação de testamento particular e ao inventário e à partilha de bens situados no Brasil, ainda que o autor da herança seja de nacionalidade estrangeira ou tenha domicílio fora do território nacional.

Houve a inclusão expressa quanto à confirmação do testamento particular, sendo certo que o art. 89, inc. II, do CPC/1973, seu correspondente, mencionava que a competência nacional dizia respeito apenas ao inventário e à partilha de bens situados no Brasil, ainda que o autor da herança fosse estrangeiro e tivesse residido fora do território nacional.

O Direito das Sucessões situa-se no plano da eficácia dos atos e negócios jurídicos em geral, o que justifica a regra do art. 1.787 do CC/2002, segundo a qual regula a sucessão e a legitimação para suceder a lei vigente ao tempo da abertura daquela. Quanto à capacidade de suceder, o STF já aplicou a regra comentada, ao concluir: "rege-se, a capacidade de suceder, pela lei da época da abertura da sucessão, não comportando, assim, eficácia retroativa, o disposto no art. 227, § 6.º, da Constituição" (STF, RE 162.350, 1.ª Turma, Rel. Min. Octavio Gallotti, j. 22.08.1995, *DJ* 22.09.1995).

# 1714 | MANUAL DE DIREITO CIVIL • VOLUME ÚNICO – *Flávio Tartuce*

Ainda no que concerne à aplicação da norma, mesmo que a pessoa tenha vivido a maior parte da sua existência na vigência do CC/1916, se o seu falecimento ocorrer na vigência do CC/2002, será regulada pelo último diploma. De outro modo, se o falecimento ocorreu antes de 11 de janeiro de 2003 – data da entrada em vigor do atual Código Civil, segundo o entendimento majoritário –, será regido pela codificação anterior. Nessa linha, não deixa dúvidas o art. 2.041 do CC/2002, importante norma de direito intertemporal: "As disposições deste Código relativas à ordem da vocação hereditária (arts. 1.829 a 1.844) não se aplicam à sucessão aberta antes de sua vigência, prevalecendo o disposto na lei anterior".

Duas são as modalidades de herdeiros previstas no Direito Brasileiro, o que do mesmo modo é primaz para a compreensão dos institutos sucessórios:

> → *Herdeiros necessários, forçados ou reservatários* – têm a seu favor a proteção da legítima, composta por metade do patrimônio do autor da herança (art. 1.846 do CC). Calcula-se a legítima sobre o valor dos bens existentes na abertura da sucessão, abatidas as dívidas e as despesas do funeral, adicionando-se, em seguida, o valor dos bens sujeitos à colação (art. 1.847). Para a concreta proteção da legítima, prevê o art. 1.789 do CC que, em havendo herdeiros necessários, o testador só poderá dispor da metade da herança. Faz o mesmo o art. 549 do CC no tocante à doação, ao dispor que nula é a doação quanto à parte que exceder à de que o doador, no momento da liberalidade, poderia dispor em testamento (nulidade parcial da doação inoficiosa). São reconhecidos como herdeiros necessários pelo CC/2002, expressamente, os descendentes (até o infinito), os ascendentes (também sem qualquer restrição) e o cônjuge (art. 1.845). A inclusão do cônjuge como herdeiro necessário é uma das grandes novidades do sistema sucessório em vigor em relação ao Código Civil de 1916 e gerou muitos problemas nos mais de vinte anos de sua aplicação. Por isso, no Projeto de Reforma do Código Civil propõe-se a sua retirada, como ainda será aqui analisado. Não se pode esquecer que o herdeiro necessário a quem o testador deixar a sua parte disponível, ou algum legado, não perde o direito à legítima (art. 1.849 do CC). Quanto à inclusão do companheiro como herdeiro necessário, a grande maioria da doutrina e da jurisprudência vinha respondendo negativamente. Porém, como exposto no capítulo anterior deste livro, em 2017, o Supremo Tribunal Federal decidiu, por maioria, que deve haver equiparação sucessória entre o casamento e a união estável, reconhecendo a inconstitucionalidade do art. 1.790 do Código Civil (STF, Recurso Extraordinário 878.694/MG, Rel. Min. Luís Roberto Barroso, j. 10.05.2017, publicado no *Informativo* n. 864 da Corte). Nos termos do voto do relator, "não é legítimo desequiparar, para fins sucessórios, os cônjuges e os companheiros, isto é, a família formada pelo casamento e a formada por união estável. Tal hierarquização entre entidades familiares é incompatível com a Constituição" (julgamento com repercussão geral). A tendência é que, diante desse julgamento, o companheiro seja equiparado ao cônjuge para todos os fins sucessórios, inclusive no reconhecimento como herdeiro necessário. A minha opinião doutrinária é justamente nesse sentido, ou seja, o convivente passou a ser considerado herdeiro necessário ou reservatário na realidade jurídica brasileira desde 2017, com o julgamento do STF. O tema ainda será aqui aprofundado, inclusive com a análise do que está sendo proposto pela Comissão de Juristas encarregada da Reforma do Código Civil.
>
> → *Herdeiros facultativos* – não têm a seu favor a proteção da legítima, podendo ser preteridos por força de testamento (art. 1.850 do CC). É o caso dos colaterais até quarto grau (irmão, tios, sobrinhos, primos, tios-avôs e sobrinhos-netos).

CAP. 9 • DIREITO DAS SUCESSÕES | **1715**

Para finalizar o estudo dos preceitos gerais e básicos relativos à sucessão *mortis causa*, deve-se atentar ao fato de ser o direito à herança garantido como um direito fundamental pelo art. 5.º, inc. XXX, da Constituição Federal de 1988. Vários são os exemplos de concreção da norma constitucional, em um sadio diálogo entre o Direito das Sucessões e o Direito Constitucional, na linha da escola do Direito Civil Constitucional.

Como primeiro, cite-se a conclusão do Tribunal Gaúcho no sentido de valer a norma para a interpretação da Lei 6.858/1980, que prescreve que os valores devidos pelos empregadores aos empregados e os montantes das contas individuais do Fundo de Garantia do Tempo de Serviço e do Fundo de Participação PIS-PASEP serão pagos, em quotas iguais, aos dependentes habilitados. Vejamos uma das ementas, que faz prevalecer a ordem de sucessão hereditária:

> "Apelação cível. Inventário. Levantamento de valores do FGTS, PIS/PASEP e verbas rescisórias. Filhos. Dependentes habilitados perante a previdência social. Os valores depositados em nome da *de cujus* junto a instituições bancárias, relativos ao FGTS, ao PIS/PASEP e verbas rescisórias, devem ser levantados igualmente por todos os filhos dela. Atenção ao princípio constitucional da isonomia. A Lei n.º 6.858/1980 não pode afastar direito fundamental constitucionalmente assegurado à herança (CR, art. 5.º, XXX). A referida Lei não alterou a ordem de vocação hereditária. Ao contrário, tem cunho mais processual do que material. Deram provimento" (TJRS, Acórdão Cível 70035087394, 8.ª Câmara Cível, Porto Alegre, Rel. Des. Rui Portanova, j. 10.06.2010, *DJERS* 18.06.2010).

Do mesmo modo, para ilustrar, fazendo incidir o art. 5.º, inc. XXX, da CF/1988, adianta-se que alguns julgados estaduais vinham reconhecendo a inconstitucionalidade do art. 1.790 do CC, que regulava a sucessão do companheiro, por estar distante da sucessão do cônjuge (nesse sentido, ver: TJSP, Agravo de Instrumento 567.929.4/0, Acórdão 3.248.774, 4.ª Câmara de Direito Privado, Jundiaí, Rel. Des. Francisco Eduardo Loureiro, j. 11.09.2008, *DJESP* 17.11.2008). O tema será abordado em momento oportuno, especialmente com a citada decisão do Supremo Tribunal Federal, de maio de 2017, entendendo pela inconstitucionalidade do art. 1.790 da codificação material (Recurso Extraordinário 878.694/MG, publicada no *Informativo* n. *864* da Corte Suprema). O assunto será analisado tendo em vista também a rejeição dos embargos de declaração postos pelo IBDFAM (Instituto Brasileiro de Direito de Família) pela Corte, em outubro de 2018.

Seguindo, tratando muito bem do direito fundamental à herança, julgou o Tribunal de Justiça de Santa Catarina, em caso de profunda divergência sucessória entre herdeiros:

> "Alegações feitas pelos herdeiros necessários em perfeita consonância com as teses jurídicas por eles defendidas. Inexistência de ofensa pessoal capaz de macular a honra ou causar dano anímico à madrasta. Questionamentos pertinentes à validade do contrato de convivência, do testamento e da venda das cotas sociais, negócios jurídicos realizados pelo sucedido pouco antes do seu passamento e após seu diagnóstico de metástase neoplásica. Defesa do direito fundamental à herança (CRFB de 1988) e da legítima (CC/2002). Garantia constitucional de acesso à justiça que não deve ser tolhida ou mesmo mitigada, notadamente quando exercida dentro dos limites da civilidade e da lealdade processual. Ausência de conduta ilícita e, por conseguinte, da perseguida obrigação ressarcitória" (TJSC, Apelação Cível 2013.050734-6, 6.ª Câmara de Direito Civil, Rio do Sul, Rel. Des. Ronei Danielli, j. 02.09.2014, *DJSC* 09.09.2014, p. 143).

Do Tribunal de Justiça do Rio de Janeiro pode ser destacado acórdão que expressa que, pelo fato de o direito à herança ser um direito fundamental, pode o juiz reconhecer a sua proteção de ofício, independentemente de alegação da parte:

"Direito Processual Civil. Embargos de declaração. Ponto omisso. Alegação de intempestividade da apelação. Rejeição. O direito à herança está previsto no artigo 5.º, XXX, da Constituição da República, no rol dos direitos fundamentais, sendo, portanto, matéria de ordem pública, cognoscível pelo magistrado de ofício, independente, até mesmo, de qualquer alegação das partes. Assim, seja como for, diante da remessa dos autos a essa instância superior, a cassação da sentença se impõe, a fim de se garantir a correta partilha dos bens a inventariar. Rejeição dos embargos" (TJRJ, Embargos de Declaração na Apelação Cível 2009.001.53173, 6.ª Câmara Cível, Rel. Des. Gilberto Rego, j. 27.01.2010, *DORJ* 12.02.2010, p. 188).

Por fim, em relação às concreções práticas do direito fundamental à herança, o Tribunal de Justiça de São Paulo, com razão, deduziu que há um entendimento consolidado segundo o qual, em havendo êxito em processo judicial proposto por trabalhador falecido, o valor que deveria ser-lhe pago faz parte da herança, devendo ser rateada entre os seus sucessores (TJSP, Agravo de Instrumento 797.896.5/4, Acórdão 3318551, 17.ª Câmara de Direito Público, São José dos Campos, Rel. Des. Antonio José Martins Moliterno, j. 21.10.2008, *DJESP* 04.12.2008).

## 9.2 DA HERANÇA E DE SUA ADMINISTRAÇÃO

A herança é o conjunto de bens formado com o falecimento do *de cujus* (autor da herança). Conforme o entendimento majoritário da doutrina, a herança forma o espólio, que constitui um ente despersonalizado ou despersonificado e não de uma pessoa jurídica, havendo uma *universalidade jurídica*, criada por ficção legal.[4] A norma processual reconhece legitimidade ativa ao espólio, devidamente representado pelo inventariante (art. 75, inc. VII, do CPC/2015, correspondente ao art. 12, inc. V, do CPC/1973). Não se pode esquecer que o direito à sucessão aberta e o direito à herança constituem bens imóveis por determinação legal, como consta do art. 80, inc. II, do CC/2002. Isso ocorre mesmo se a herança for composta apenas por bens móveis, caso de dinheiro e veículos.

Além de sua imobilidade, a herança é um bem indivisível antes da partilha. Nos termos do art. 1.791 do Código Civil, a herança defere-se como um todo unitário, ainda que vários sejam os herdeiros. Pelo mesmo comando legal, até a partilha, o direito dos coerdeiros, quanto à propriedade e posse da herança, será indivisível, e regular-se-á pelas normas relativas ao condomínio. Forma-se, então, um *condomínio eventual pro indiviso* em relação aos bens que integram a herança, até o momento da partilha entre os herdeiros.

Como consequência da existência desse condomínio, existem restrições ao direito do herdeiro em ceder o quinhão hereditário a outrem. Como é notório, o *caput* do art. 1.793 do CC consagra a possibilidade de o direito à sucessão aberta, bem como o quinhão de que disponha o coerdeiro, ser objeto de cessão por escritura pública.

Como primeira restrição, enuncia o § 2.º do art. 1.793 que é ineficaz a cessão, pelo coerdeiro, de seu direito hereditário sobre qualquer bem da herança considerado singularmente. Ilustrando, se um herdeiro vender um veículo que compõe a herança, isoladamente, tal alienação é ineficaz. Por opção do legislador a venda não é nula ou anulável, mas apenas não gera efeitos.

---

4   Assim concluindo: DINIZ, Maria Helena. *Código Civil anotado.* 15. ed. São Paulo: Saraiva, 2010. p. 1.270; VENOSA, Sílvio. *Código Civil interpretado.* São Paulo: Atlas, 2010. p. 1.624; GONÇALVES, Carlos Roberto. *Direito Civil brasileiro.* Direito das Sucessões. 4. ed. São Paulo: Saraiva, 2010. v. 7, p. 51.

Em suma, o problema não atinge o segundo degrau da *Escada Ponteana*, mas o terceiro. Exatamente nessa linha, julgou o Superior Tribunal de Justiça em 2020 que "a cessão de direitos hereditários sobre bem singular, desde que celebrada por escritura pública e não envolva o direito de incapazes, não é negócio jurídico nulo, tampouco inválido, ficando apenas a sua eficácia condicionada a evento futuro e incerto, consubstanciado na efetiva atribuição do bem ao herdeiro cedente por ocasião da partilha. Se o negócio não é nulo, mas tem apenas a sua eficácia suspensa, a cessão de direitos hereditários sobre bem singular viabiliza a transmissão da posse, que pode ser objeto de tutela específica na via dos embargos de terceiro" (STJ, REsp 1.809.548/SP, 3.ª Turma, Rel. Min. Ricardo Villas Bôas Cueva, j. 19.05.2020, *DJe* 27.05.2020).

Do mesmo modo, a lei considera como ineficaz a disposição por qualquer herdeiro, sem prévia autorização do juiz da sucessão, de bem componente do acervo hereditário, pendente a indivisibilidade (art. 1.793, § 3.º, do CC). Trazendo interessante aplicação desse último comando, colaciona-se, do Tribunal do Distrito Federal:

> "Agravo de Instrumento. Inventário. Direito de *saisine*. Transmissão da herança. Partilha. Indivisibilidade. Sub-rogação de bem. De acordo com o direito de *saisine*, previsto no artigo 1.784 do Código Civil, a transmissão dos bens aos herdeiros ocorre desde logo, com o falecimento de seu proprietário. Contudo, não obstante a imediata transferência da titularidade, a partilha somente ocorre em fase posterior, após a abertura do inventário e a arrecadação dos bens do falecido. Por sua vez, o artigo 1.791, *caput* e parágrafo único, do Código Civil, estabelece que, até a partilha, a herança é indivisível: 'Art. 1.791. A herança defere-se como um todo unitário, ainda que vários sejam os herdeiros. Parágrafo único. Até a partilha, o direito dos coerdeiros, quanto à propriedade e posse da herança, será indivisível, e regular-se--á pelas normas relativas ao condomínio'. O imóvel adquirido com os recursos da venda de um bem que já pertencia ao espólio passa a compor, em sub-rogação, o condomínio ainda indiviso dos herdeiros, guardadas as mesmas características do bem substituído. Não pode, portanto, ser vendido sem anuência dos demais herdeiros e autorização judicial, a teor do que dispõe o artigo 1.793, § 3.º, do Código Civil: '§ 3.º Ineficaz é a disposição, sem prévia autorização do juiz da sucessão, por qualquer herdeiro, de bem componente do acervo hereditário, pendente a indivisibilidade'. Agravo conhecido e não provido" (TJDF, Recurso 2009.00.2.003608-2, Acórdão 360.780, 6.ª Turma Cível, Rel.ª Des.ª Ana Maria Duarte Amarante Brito, *DJDFTE* 12.06.2009, p. 105).

Observo que no Projeto de Reforma do Código Civil, elaborado pela Comissão de Juristas nomeada no Senado Federal, são feitas propostas para destravar a cessão de direitos hereditários. A primeira proposição, para o *caput* do art. 1.793, é de que ele passe a possibilitar a cessão por autorização judicial: "o direito à sucessão aberta, bem como o quinhão de que disponha o coerdeiro, pode ser objeto de cessão por escritura pública ou termo judicial". Ademais, passará a ser permitida a cessão de bem que componha uma universalidade, conjunto de bens, desde que haja concordância de todos os herdeiros, no novo § 2.º: "é ineficaz a cessão, feita pelo coerdeiro, tendo por objeto bem ou direito destacados da universalidade e considerados singularmente, a não ser que todos os herdeiros sejam cessionários ou, não o sendo, tenham participado todos do instrumento de cessão, concordando com ela". Por fim, será também permitida pela lei a promessa de alienação de direitos hereditários, em um novo negócio ou contrato preliminar, positivado no seu § 3.º: "é válida a promessa de alienação, por qualquer herdeiro, de bem integrante do acervo hereditário, mesmo pendente a indivisibilidade, mas somente será eficaz se o bem vier a ser atribuído, por partilha, ao cedente".

# 1718 | MANUAL DE DIREITO CIVIL • VOLUME ÚNICO – *Flávio Tartuce*

Todas as proposições facilitam o tráfego jurídico, reduzindo burocracias, merecendo aprovação imediata pelo Parlamento Brasileiro.

Voltando-se ao sistema vigente, outra importante limitação à autonomia privada consta do art. 1.794 do CC, pelo qual o coerdeiro não poderá ceder a sua quota hereditária a pessoa estranha à sucessão, se outro coerdeiro a quiser, tanto por tanto. A norma consagra um *direito de preempção, preferência ou prelação legal* a favor do herdeiro condômino. Se o coerdeiro for preterido em tal direito, poderá, depositado o preço, haver para si a quota cedida a estranho (art. 1.795 do CC).

Nos termos da última norma, essa *ação de adjudicação* está sujeita ao prazo decadencial de 180 dias, a contar da transmissão do bem. Diante da valorização da boa-fé objetiva, defendo que o prazo deve ser contado da ciência da realização da alienação e não da alienação em si. Concluindo desse modo, da jurisprudência mineira:

> "Direito civil. Cessão de direitos hereditários. Direito de preferência. Inobservância. Demais herdeiros. Prazo decadencial para o exercício. A Cessão de direitos hereditários, sem a observância do direito de preferência dos demais herdeiros, encontra óbice no art. 1.795 do Código Civil/2002, que prescreve que 'o coerdeiro, a quem não se der conhecimento da cessão, poderá, depositado o preço, haver para si a quota cedida a estranho, se o requerer até 180 (cento e oitenta) dias após a transmissão'. O prazo decadencial imposto ao coerdeiro prejudicado conta-se a partir da transmissão, contudo, será contado apenas da sua ciência acerca do negócio jurídico quando não é seguida a formalidade legal imposta pelo art. 1.793 do CC e a transmissão não se dá por escritura pública" (TJMG, Apelação Cível 1.0251.07.021397-9/0011, 11.ª Câmara Cível, Extrema, Rel. Des. Fernando Caldeira Brant, j. 08.07.2009, *DJEMG* 20.07.2009).

Em complemento, sendo vários os coerdeiros a exercer a preferência legal, entre eles se distribuirá o quinhão cedido, na proporção das respectivas quotas hereditárias (art. 1.795, parágrafo único, do CC).

Observo que o Projeto de Reforma do Código Civil pretende deixar mais claro o início desse prazo decadencial do art. 1.795, retirando-se do sistema o atual parágrafo único e remetendo a situação de pluralidade dos condôminos à regra prevista no parágrafo único do art. 504, *equalizando* o tratamento da matéria. Assim, o *caput* do art. 1.795 preverá que "o coerdeiro, a quem não se der conhecimento da cessão, poderá, depositado o preço atualizado monetariamente, haver para si a quota cedida a estranho, se o requerer até cento e oitenta dias após a transmissão". E, nos termos do seu novo parágrafo único, "o prazo para o exercício do direito de preferência previsto no *caput* é decadencial de cento e oitenta dias, a contar do registro da cessão ou da sua ciência, o que ocorrer primeiro". Esse critério de início do prazo foi adotado em outras propostas da reforma, trazendo segurança para a sua aplicação concreta, aguardando-se a sua aprovação pelo Parlamento Brasileiro.

O art. 1.792 do CC consagra a máxima sucessória *intra vires hereditatis*, prevendo que o herdeiro não responde por encargos superiores às forças da herança. Ao herdeiro cabe o ônus de provar o excesso, salvo se houver inventário que a escuse, demonstrando o valor dos bens herdados. Várias concreções práticas da regra podem ser mencionadas, com destaque para as seguintes:

> – Os herdeiros respondem pelas dívidas do *de cujus* somente até os limites da herança e proporcionalmente às suas quotas. Exemplo: o falecido deixou dois herdeiros e um patrimônio de R$ 500.000,00. Deixou, ainda, uma dívida

- de R$ 1.000.000,00. Cada herdeiro somente responde nos limites das suas quotas na herança (R$ 250.000,00).
- Como os herdeiros respondem dentro das forças da herança, eventual penhora de bens não pode recair sobre a meação dos cônjuges dos herdeiros casados pela comunhão parcial de bens, eis que excluídos da comunhão os bens recebidos por herança (TJSP, Agravo de Instrumento 804.500.5/2, Acórdão 3.236.489, 8.ª Câmara de Direito Público, Itapeva, Rel. Des. Carvalho Viana, j. 03.09.2008, *DJESP* 15.10.2008).
- Nos contratos impessoais, a obrigação do falecido transmite-se aos herdeiros. É o caso, por exemplo, da empreitada, em regra (art. 626 do CC). O ônus que é transmitido aos herdeiros vai até os limites da herança (STJ, REsp 703.244/SP, 3.ª Turma, Rel. Min. Nancy Andrighi, j. 15.04.2008, *DJe* 29.04.2008).
- Nos contratos pessoais ou personalíssimos (*intuitu personae*), a obrigação do falecido não se transmite aos herdeiros, como ocorre na prestação de serviços (art. 607 do CC). O exemplo da fiança merece maiores digressões, eis que a condição de fiador não se transmite aos seus herdeiros. Porém, são transmitidas aos herdeiros as obrigações vencidas enquanto era vivo o fiador, até os limites da herança (art. 836 do CC).
- Se um dos devedores solidários falecer deixando herdeiros, cada um destes será obrigado a pagar a quota que corresponder ao seu quinhão hereditário, nos limites da herança (correta interpretação do art. 276 do CC).
- "O espólio sucede o *de cujus* nas suas relações fiscais e nos processos que os contemplam como objeto mediato do pedido. Consequentemente, o espólio responde pelos débitos até a abertura da sucessão, segundo a regra *intra vires hereditatis*" (STJ, REsp 499.147/PR, 1.ª Turma, Rel. Min. Luiz Fux, j. 20.11.2003, *DJ* 19.12.2003, p. 336).

O Código Civil Brasileiro de 2002 prevê um prazo de 30 dias, a contar da abertura da sucessão (o que se dá pela morte), para a abertura do inventário do patrimônio hereditário (art. 1.796 do CC). O art. 983 do CPC/1973, conforme redação que foi dada pela Lei 11.441/2007, previa um prazo de abertura do inventário de 60 dias, a contar do falecimento. Determinava, ainda, o Estatuto Processual que o inventário deveria ser encerrado nos 12 meses subsequentes à abertura, podendo o juiz prorrogar tais prazos, de ofício ou a requerimento de parte. A correta interpretação que se fazia, no sistema anterior, era no sentido de que o dispositivo processual revogou o preceito material, por ser norma posterior que tratava da matéria de forma integral.

O Código de Processo Civil de 2015 confirmou o sentido da norma instrumental anterior, com algumas pequenas alterações. Nos termos do seu art. 611, o processo de inventário e de partilha deve ser instaurado dentro de 2 meses, a contar da abertura da sucessão, ultimando-se nos 12 meses subsequentes, podendo o juiz prorrogar esses prazos, de ofício ou a requerimento de parte. Como se percebe, o prazo para a abertura foi alterado de 60 dias para 2 meses, o que não corresponde necessariamente ao mesmo número de dias. Em relação ao prazo de encerramento do inventário, este foi mantido em doze meses.

A respeito das consequências decorrentes do descumprimento dessas regras, precisas eram as palavras de Euclides de Oliveira e Sebastião Amorim, que devem ser mantidas com a emergência do CPC/2015, com as devidas adaptações:

"É comum haver atraso na abertura do inventário. Diversas as razões, como o trauma decorrente da perda de um ente familiar, dificuldades financeiras, problemas na con-

# 1720 | MANUAL DE DIREITO CIVIL • VOLUME ÚNICO – *Flávio Tartuce*

tratação de advogado ou necessidade de diligências para localização dos bens e sua documentação.

A inércia do responsável poderá ensejar a atuação de outro interessado na herança, que tenha legitimidade concorrente (art. 988 do CPC), ou providência *ex officio* (art. 989 do CPC).

Requerimento fora do prazo não implica indeferimento de abertura do inventário pelo juiz, mesmo porque se trata de procedimento obrigatório, não sujeito a prazo fatal.

Mas o atraso na abertura do processo de inventário, quando superior a 60 (sessenta) dias, acarretará acréscimo dos encargos fiscais, pela incidência de multa de 10% sobre o importe a recolher, além dos juros de mora. Se o atraso for superior a 180 (cento e oitenta) dias a multa será de 20% (previsão da lei paulista 9.591/1966, art. 27, repisada pela Lei 10.705/2000, artigo 21, inciso I)".[5]

No que diz respeito à última penalidade, ressalte-se que os juristas citam a legislação paulista, ainda em vigor, o que não vale para outras Unidades da Federação, que têm normas próprias. De todo modo, em suma, o atraso na abertura do inventário gera consequências fiscais para os herdeiros, premissa a ser mantida na vigência do Estatuto Processual de 2015. A Lei 14.010/2020, que instituiu o Regime Jurídico Emergencial e Transitório das relações jurídicas de Direito Privado (RJET) no período da primeira onda da pandemia do coronavírus (Covid-19), trouxe importante ressalva a respeito do art. 611 do CPC/2015, que será oportunamente estudada.

No Projeto de Reforma e Atualização do Código Civil, elaborado pela Comissão de Juristas nomeada pelo Senado Federal, pretendem-se aprimoramentos necessários nesse art. 1.796 da Lei Privada. De início, no seu *caput*, não haverá mais menção a qualquer prazo, remetendo-se o seu tratamento à legislação processual: "no prazo fixado na lei processual, instaurar-se-á inventário do patrimônio hereditário, preferencialmente perante tabelionato de notas, para fins de liquidação e, quando for o caso, de partilha da herança". A preferência quanto ao inventário extrajudicial também vem em boa hora, sendo essa opção uma faculdade dos interessados.

Ademais, o comando receberá novos parágrafos, para facilitar a divisão dos bens da herança de pequena monta, trazendo o tratamento do tema para a codificação privada, visando à retomada do seu *protagonismo legislativo*, perdido nos últimos anos. Como bem justificaram os membros da Subcomissão de Direito das Sucessões, "propõe-se a extensão do procedimento já previsto na Lei nº 6.858, de 24 de novembro de 1980 para quaisquer bem móveis de pequeno valor, incluindo automóveis e valores depositados em conta corrente. Aliás, a jurisprudência já vinha admitindo a via do alvará para levantar pequenos valores depositados em conta, independentemente de inventário judicial ou extrajudicial (Apelação Cível 70079897146, Tribunal de Justiça do RS)".

Nesse contexto, nos termos do projetado § 1.º do art. 1.796, "os valores referentes a Fundo de Garantia do Tempo de Serviço, fundo de participação PIS/PASEP, verbas trabalhistas, e benefícios previdenciários em geral, não recebidos em vida pelo autor da herança, serão pagos, em partes iguais, aos dependentes habilitados perante a Previdência Social ou àqueles designados em testamento ou codicilo e, na sua falta, aos herdeiros legítimos nominados em alvará judicial, independentemente de inventário ou arrolamento". Consoante o seu § 2.º, "a transferência de titularidade de bens móveis cujo valor não ultrapasse a 100 (cem) salários-mínimos poderá ser efetivada por alvará judicial ou termo de autorização para alienação de bens, perante tabelionato de notas, independentemente de inventário ou arrolamento". Com isso, sem dúvidas, facilita-se o recebimento de créditos pelos herdeiros, nos termos da Lei Civil.

---

[5] OLIVEIRA, Euclides de; AMORIM, Sebastião. *Inventários e partilhas*. 22. ed. São Paulo: LEUD, 2009. p. 328-329.

CAP. 9 • DIREITO DAS SUCESSÕES **1721**

Ainda, nos termos do proposto § 3.º para o comando, "havendo herdeiro ou interessado incapaz, proceder-se-á ao inventário judicial e o Juiz mandará ouvir, desde logo, o Ministério Público". Por fim, a respeito do inventário extrajudicial, tema que será aqui retomado, o novo § 4.º desse art. 1.796, mais uma vez em prol de uma facilitação de divisão do patrimônio, preverá que, "se não houver oposição do curador do incapaz nem conflito com o cônjuge ou convivente supérstite, e esse for o desejo de todos os herdeiros, será expedido alvará para que o inventário se processe nos termos dos §§ 1º e 2º deste artigo, com a participação do Ministério Público".

Voltando-se ao sistema vigente, como é notório, a administração do inventário cabe ao inventariante, assunto que ainda será aprofundado nesta obra. Todavia, nos termos do art. 1.797 do CC, até o compromisso do inventariante, a administração da herança caberá a um *administrador provisório* ou *ad hoc*, de acordo com a seguinte ordem sucessiva:

> I) Ao cônjuge ou companheiro, se com o outro convivia ao tempo da abertura da sucessão.
>
> II) Ao herdeiro que estiver na posse e administração dos bens, e, se houver mais de um nessas condições, ao mais velho.
>
> III) Ao testamenteiro.
>
> IV) À pessoa de confiança do juiz, na falta ou escusa das indicadas nos incisos antecedentes, ou quando tiverem de ser afastadas por motivo grave levado ao conhecimento do juiz.

Deve-se reconhecer que o rol descrito é meramente exemplificativo (*numerus apertus*) e não taxativo (*numerus clausus*), o que está de acordo com o sistema aberto adotado pela codificação de 2002. Desse modo, pode ser tido como administrador provisório um companheiro homoafetivo do falecido ou filho socioafetivo não registrado que esteja na posse dos bens do *de cujus*.

Para encerrar o tópico, tem prevalecido a ideia de que a ordem prevista na norma não é obrigatória, havendo meras indicações de preferência pelo legislador. O Projeto de Reforma do Código Civil adota essa posição, hoje considerada como majoritária, passando o parágrafo único do art. 1.797 a prever que "a ordem estabelecida nos incisos I a IV deste artigo poderá ser alterada pelo juiz, de acordo com as circunstâncias". Com isso, resolve-se mais um dilema decorrente da codificação privada de 2002.

## 9.3 DA HERANÇA JACENTE E DA HERANÇA VACANTE

O objetivo do Direito das Sucessões é destinar os bens do falecido aos seus herdeiros. Entretanto, pode ocorrer que o *de cujus* não tenha deixado herdeiros, prevendo o art. 1.844 do CC que, não sobrevivendo cônjuge, ou companheiro, nem parente algum sucessível, ou tendo eles renunciado à herança, esta se devolve ao Município ou ao Distrito Federal, se localizada nas respectivas circunscrições, ou à União, quando situada em território federal.

Antes do destino final de tais *bens vagos*, que são devolvidos ao Estado, a lei consagra uma série de procedimentos, surgindo os conceitos de herança jacente e vacante que, do mesmo modo, constituem conjuntos de bens a formar um ente despersonalizado. Frise-se que, ao final do processo, o Estado não é herdeiro, mas um *sucessor irregular*, não estando sujeito ao *direito de saisine*.[6] Nesse sentido, da jurisprudência superior:

---

6    Essa é a opinião, por todos, de: DINIZ, Maria Helena. *Código Civil anotado*. 15. ed. São Paulo: Saraiva, 2010. p. 1.305.

**1722** | MANUAL DE DIREITO CIVIL • VOLUME ÚNICO – *Flávio Tartuce*

"Agravo Regimental no Recurso Especial. Civil. Sucessão. Herança jacente. Estado/ Município. Princípio da *saisine* ao ente público. Inaplicabilidade. Momento da vacância que não se confunde com o da abertura da sucessão ou da morte do *de cujus*. Declaração de vacância após a vigência da Lei 8.049/1990. Legitimidade para suceder do Município. Recurso improvido. 1. O agravante não trouxe qualquer subsídio capaz de afastar os fundamentos da decisão agravada. 2. Não se aplica o princípio da *saisine* ao ente público para a sucessão do bem jacente, pois o momento da vacância não se confunde com o da abertura da sucessão ou da morte do *de cujus*. 3. O Município é o sucessor dos bens jacentes, pois a declaração judicial da vacância ocorreu após a vigência da Lei 8.049/1990. 4. Agravo regimental improvido" (STJ, AgRg no REsp 1.099.256/RJ, 3.ª Turma, Rel. Min. Massami Uyeda, j. 17.03.2009, *DJe* 27.03.2009).

Falecendo alguém sem deixar testamento nem herdeiro legítimo notoriamente conhecido, os bens da herança, depois de arrecadados, ficarão sob a guarda e administração de um curador, até a sua entrega ao sucessor devidamente habilitado ou à declaração de sua vacância. Trata-se da perpetuação da herança jacente, prevista no art. 1.819 do CC, que tem clara feição provisória, pois objetiva ao final a vacância da herança. Os procedimentos para o reconhecimento da herança jacente e vacante constam do Código de Processo Civil, sendo pertinente verificar os principais impactos da nova legislação instrumental, em vigor a partir de março de 2016.

Enunciava o art. 1.142 do CPC/1973 que, nos casos em que a lei civil considerasse jacente a herança, o juiz, em cuja Comarca tivesse domicílio o falecido, procederia sem perda de tempo à arrecadação de todos os seus bens. O art. 738 do CPC/2015 praticamente reproduziu a regra, fazendo apenas uma pequena substituição de termo no seu trecho final. Assim, de acordo com o novel comando, "nos casos em que a lei considere jacente a herança, o juiz em cuja comarca tiver domicílio o falecido procederá imediatamente à arrecadação dos respectivos bens".

A herança jacente ficará sob a guarda, a conservação e a administração de um curador até a respectiva entrega ao sucessor legalmente habilitado, ou até a declaração de vacância (art. 739 do CPC/2015, correspondente ao art. 1.143 do CPC/1973). Pontue-se que foi retirada apenas a menção à incorporação ao domínio da União, Estado ou Distrito Federal, o que nem sempre pode ocorrer. Na esteira da jurisprudência, não se aplicaria a norma relativa ao administrador provisório, pela existência de preceitos próprios relacionados ao curador (nesse sentido: STJ, AgRg no Ag 475.911/SP, 3.ª Turma, Rel. Min. Ari Pargendler, j. 16.10.2003, *DJ* 19.12.2003, p. 454). Essa posição deve ser mantida com a emergência do CPC/2015.

Ainda conforme o art. 739, § 1.º, do CPC/2015, incumbe a esse curador: *a)* representar a herança em juízo ou fora dele, com a intervenção do órgão do Ministério Público; *b)* ter em boa guarda e conservação os bens arrecadados e promover a arrecadação de outros porventura existentes; *c)* executar as medidas conservatórias dos direitos da herança; *d)* apresentar mensalmente ao juiz um balancete da receita e da despesa; *e)* prestar contas ao final de sua gestão. O comando é repetição do antigo art. 1.144 do CPC/1973.

Previa o art. 1.145, *caput*, do CPC/1973 que, comparecendo à residência do morto, acompanhado do escrivão do curador, o juiz mandaria arrolar os bens e descrevê-los em auto circunstanciado. Não estando ainda nomeado o curador, o juiz designaria um depositário e lhe entregaria os bens, mediante simples termo nos autos, depois de compromissado (§ 1.º). O órgão do Ministério Público e o representante da Fazenda Pública seriam intimados a assistir à arrecadação, que se realizaria, porém, estivessem estes presentes ou não (§ 2.º).

Em tal diligência, o juiz examinaria reservadamente os papéis, as cartas missivas e os livros domésticos. Verificando que não apresentassem interesse, mandaria empacotá-los

CAP. 9 • DIREITO DAS SUCESSÕES | **1723**

e lacrá-los para serem assim entregues aos sucessores do falecido, ou queimados quando os bens fossem declarados vacantes (art. 1.147 do CPC/1973). Não podendo comparecer imediatamente, por motivo justo ou por estarem os bens em lugar muito distante, o juiz requisitaria à autoridade policial que procedesse à arrecadação e ao arrolamento dos bens (art. 1.148 do CPC/1973).

Se constatasse ao juiz a existência de bens em outra Comarca, mandaria ele expedir carta precatória a fim de serem arrecadados (art. 1.149 do CPC/1973). Durante a arrecadação dos bens, o juiz inquiriria os moradores da casa e da vizinhança sobre a qualificação do falecido, o paradeiro de seus sucessores e a existência de outros bens, lavrando-se de tudo um auto de inquirição e informação (art. 1.150 do CPC/1973).

Todos esses procedimentos foram alterados pelo Código de Processo Civil de 2015, com o intuito de facilitação, estando unificados em um único dispositivo, o seu art. 740. Desse modo, conforme o seu *caput*, o juiz ordenará que o oficial de justiça, acompanhado do escrivão ou do chefe de secretaria e do curador, arrole os bens e descreva-os em auto circunstanciado. Em suma, não ocorrerá mais o seu comparecimento pessoal que, apesar de estar previsto expressamente na legislação instrumental anterior, não se concretizava muitas vezes na prática.

Eventualmente, não podendo comparecer ao local por meio de seus prepostos indicados, o juiz requisitará à autoridade policial que proceda à arrecadação e ao arrolamento dos bens, com duas testemunhas, que assistirão às diligências (art. 740, § 1.º, do CPC/2015). Diante do antigo art. 1.148 do CPC/1973, seu correspondente, não há mais menção ao motivo justo e ao fato de estarem os bens em lugar muito distante. O não comparecimento merece agora uma análise casuística, pelo tom mais genérico do comando, o que até pode englobar essas hipóteses anteriores.

Seguindo nos estudos, de acordo com o § 2.º do art. 740 do CPC/2015, não estando ainda nomeado o curador, o juiz designará depositário e lhe entregará os bens, mediante simples termo nos autos, depois de compromissado. Aqui não houve qualquer alteração de relevo perante o § 1.º do art. 1.145 do CPC/1973. Porém, não se menciona mais a intimação do órgão do Ministério Público e do representante da Fazenda Pública para assistir à arrecadação, o que foi considerado como desnecessário pelo legislador. Em suma, o antigo § 2.º do art. 1.145 do CPC/1973 não foi reproduzido pelo CPC/2015, tendo sido retirada a regra do sistema jurídico.

Durante a arrecadação, o juiz ou a autoridade policial inquirirá os moradores da casa e da vizinhança sobre a qualificação do falecido, o paradeiro de seus sucessores e a existência de outros bens, lavrando-se de tudo auto de inquirição e informação (art. 740, § 3.º, do CPC/2015). Aqui a novidade, diante do antigo art. 1.149 do CPC/1973, é apenas a menção à autoridade policial, com os fins de tornar mais efetivo e fácil o procedimento.

O juiz examinará reservadamente os papéis, as cartas missivas e os livros domésticos. Verificando que não apresentam interesse, mandará empacotá-los e lacrá-los para serem assim entregues aos sucessores do falecido ou queimados quando os bens forem declarados vacantes (art. 740, § 4.º, do CPC/2015). Mais uma vez, trata-se de reprodução integral do art. 1.147 do Estatuto Processual anterior.

O mesmo deve ser dito quanto ao art. 740, § 5.º, do CPC/2015, correspondente ao art. 1.149 do CPC/1973, *in verbis*: "se constar ao juiz a existência de bens em outra comarca, mandará expedir carta precatória a fim de serem arrecadados".

Por derradeiro sobre esse preceito, o § 6.º do art. 740 do CPC/2015 estatui que não se fará a arrecadação, ou essa será suspensa, quando, iniciada, apresentarem-se para reclamar os bens o cônjuge ou companheiro, o herdeiro ou o testamenteiro notoriamente reconhecido

# 1724 | MANUAL DE DIREITO CIVIL • VOLUME ÚNICO – *Flávio Tartuce*

e não houver oposição motivada do curador, de qualquer interessado, do Ministério Público ou do representante da Fazenda Pública. Perante o art. 1.151 do CPC/1973, a novidade é a inclusão expressa do companheiro, sendo certo que o CPC/2015 trouxe a equalização da união estável ao casamento em vários de seus artigos, o que veio em boa hora.

Ato contínuo, praticadas as diligências de arrecadação e ultimado o inventário, serão expedidos editais na forma da lei processual. Nos termos do art. 1.152, *caput*, do CPC/1973 os editais seriam estampados três vezes, com intervalo de 30 dias para cada um, no órgão oficial e na imprensa da comarca, para que viessem a habilitar-se os sucessores do finado no prazo de seis meses contados da primeira publicação. Verificada a existência de sucessor ou testamenteiro em lugar certo, far-se-ia a sua citação, sem prejuízo do edital (art. 1.152, § 1.º, do CPC/1973). Quando o finado fosse estrangeiro, seria também comunicado o fato à autoridade consular (art. 1.152, § 2.º, do CPC/1973).

O art. 741 do CPC/2015, correspondente ao último preceito, traz algumas inovações. De início, conforme o seu *caput*, "ultimada a arrecadação, o juiz mandará expedir edital, que será publicado na rede mundial de computadores, no sítio do tribunal a que estiver vinculado o juízo e na plataforma de editais do Conselho Nacional de Justiça, onde permanecerá por 3 (três) meses, ou, não havendo sítio, no órgão oficial e na imprensa da comarca, por 3 (três) vezes com intervalos de 1 (um) mês, para que os sucessores do falecido venham a habilitar-se no prazo de 6 (seis) meses contado da primeira publicação". A publicação na internet constitui a principal novidade da regra, na linha de outros dispositivos do próprio Novo Código de Processo Civil, que visam à facilitação dos procedimentos.

Se verificada a existência de sucessor ou de testamenteiro em lugar certo, far-se-á a sua citação, sem prejuízo do edital, o que não representa qualquer alteração (art. 741, § 1.º, do CPC/2015). Igualmente na linha do seu antecessor, estabelece o Estatuto Processual emergente que, quando o falecido for estrangeiro, será também comunicado o fato à autoridade consular (art. 741, § 2.º, do CPC/2015).

Sendo julgada a habilitação do herdeiro, reconhecida a qualidade do testamenteiro ou provada a identidade do cônjuge ou companheiro, a arrecadação converter-se-á em inventário. É o que enuncia o art. 741, § 3.º, do CPC/2015, trazendo a novidade de inclusão do companheiro, que não constava no equivalente art. 1.153 do CPC/1973.

Além disso, continua a estar previsto – conforme constava do art. 1.154 do CPC/1973 – que os credores da herança poderão habilitar-se como nos inventários ou propor a ação de cobrança (art. 741, § 4.º, do CPC/2015).

Decorrido um ano de sua primeira publicação, sem que haja herdeiro habilitado ou pendente a habilitação, será a herança declarada vacante, o que tem caráter definitivo para a destinação dos bens (arts. 743 do CPC/2015, 1.157 do CPC/1973 e 1.820 do CC/2002).

Transitada em julgado a sentença que declarou a vacância, o cônjuge, o companheiro, os herdeiros e os credores só poderão reclamar o seu direito por ação direta (art. 743, § 2.º, do CPC/2015, que corresponde ao art. 1.158 do CPC/1973, com a inovação de inclusão do companheiro). Não se olvide que "é entendimento consolidado neste Superior Tribunal de Justiça que os bens jacentes são transferidos ao ente público no momento da declaração da vacância, não se aplicando, desta forma, o princípio da *saisine*" (STJ, AgRg no Ag 851.228/RJ, Rel. Min. Sidnei Beneti, 3.ª Turma, j. 23.09.2008, *DJe* 13.10.2008). Além disso, a jurisprudência deduz que antes dessa declaração é possível a discussão referente à usucapião dos bens supostamente vagos. Para ilustrar:

> "Civil. Usucapião. Herança jacente. O Estado não adquire a propriedade dos bens que integram a herança jacente, até que seja declarada a vacância, de modo que, nesse

CAP. 9 • DIREITO DAS SUCESSÕES | **1725**

interregno, estão sujeitos à usucapião. Recurso especial não conhecido" (STJ, REsp 36.959/SP, Rel. Min. Ari Pargendler, 3.ª Turma, j. 24.04.2001, *DJ* 11.06.2001, p. 196).

"Usucapião. Herança jacente. O bem integrante de herança jacente só é devolvido ao Estado com a sentença de declaração da vacância, podendo, até ali, ser possuído *ad usucapionem*. Precedentes. Recursos não conhecidos" (STJ, REsp 253.719/RJ, Rel. Min. Ruy Rosado de Aguiar, 4.ª Turma, j. 26.09.2000, *DJ* 27.11.2000, p. 169).

Sendo declarada a vacância definitiva, é assegurado aos credores o direito de pedir o pagamento das dívidas reconhecidas, nos limites das forças da herança (art. 1.821 do CC). Ademais, a declaração de vacância da herança não prejudica os herdeiros que legalmente se habilitarem. Todavia, decorridos cinco anos da abertura da sucessão, os bens arrecadados passarão ao domínio definitivo do Município ou do Distrito Federal, se localizados nas respectivas circunscrições, incorporando-se ao domínio da União quando situados em território federal (art. 1.822, *caput*, do CC). Não se habilitando até a declaração de vacância, os colaterais ficarão excluídos da sucessão (art. 1.822, parágrafo único, do CC). Nota-se que com a declaração da vacância o Estado tem apenas a propriedade resolúvel dos bens. A propriedade passa a ser definitiva apenas cinco anos após a abertura da sucessão.

No Projeto de Reforma do Código Civil, a Comissão de Juristas sugere melhoras quanto a esse procedimento. Com esse objetivo, a lei passará a expressar que a declaração de vacância da herança não prejudicará os herdeiros que legalmente se habilitarem; mas, decorridos cinco anos da publicação do primeiro edital, e não mais da abertura da sucessão, os bens arrecadados passarão ao domínio do Município ou do Distrito Federal, se localizados nas respectivas circunscrições, incorporando-se ao domínio da União quando situados em território federal.

Almeja-se ainda a inclusão de dois novos parágrafos, para tratar do destino dos bens arrecadados, o que virá em boa hora, em prol da moralidade pública. Nos termos do primeiro deles, após a declaração de vacância, os bens deverão ser destinados à prestação de serviços públicos de saúde, de educação ou de assistência social ou serão objeto de concessão de direito real de uso a entidades civis que comprovadamente tenham fins filantrópicos, assistenciais ou educativos, no interesse do Município, do Distrito Federal ou da União. E, consoante o segundo parágrafo ora proposto, representando um grande avanço, na hipótese de venda dos bens arrecadados, os valores deverão ser revertidos em favor da infraestrutura dos serviços públicos de saúde, de educação ou de assistência social, vedada a utilização dos recursos para pagamento de folha de pessoal. Pelo seu teor ético indiscutível, aguarda-se a sua aprovação pelo Parlamento Brasileiro.

Voltando-se mais uma vez à legislação em vigor, quando todos os chamados a suceder renunciarem à herança, será esta desde logo declarada vacante (art. 1.823 do CC). A renúncia da herança ainda será estudada, oportunidade em que o sentido da norma será mais bem compreendido.

Por fim, para encerrar o estudo da herança jacente e da herança vacante é interessante reproduzir o quadro montado por Giselda Maria Fernandes Novaes Hironaka, com a demonstração de todos os prazos (termos iniciais e finais) relativos aos seus procedimentos:[7]

---

[7]   HIRONAKA, Giselda Maria Fernandes Novaes. *Comentários ao Código Civil*. 2. ed. In: AZEVEDO, Antonio Junqueira de (Coord.). São Paulo: Saraiva, 2007. v. 20, p. 190.

| FENÔMENO | Dies a quo (termo inicial) | Dies ad quem (termo final) |
|---|---|---|
| Jacência | Abertura da sucessão sem herdeiros conhecidos | Aparecimento de herdeiro, habilitação procedente de herdeiro ou declaração de vacância |
| Prazo para publicação do primeiro edital | Término da arrecadação e do inventário | Não há |
| Prazo para publicação do segundo edital | Publicação do primeiro edital | 30 dias |
| Prazo para publicação do terceiro edital | Publicação do segundo edital | 30 dias |
| Prazo para publicação do quarto edital | Publicação do terceiro edital | 30 dias |
| Prazo para habilitação | Publicação do primeiro edital | 6 meses |
| Declaração de vacância | 1 ano da publicação do primeiro edital | 5 anos da abertura da sucessão |
| Aquisição da propriedade resolúvel pelo Estado | Declaração de vacância | 5 anos da abertura da sucessão |
| Aquisição da propriedade definitiva pelo Estado | 5 anos da abertura da sucessão, desde que não estejam pendentes ações diretas de reconhecimento da condição de sucessor | Não há |

Ressalta-se, todavia, que a Professora Titular da USP menciona a publicação de quatro editais, quando o Código de Processo Civil parece indicar a publicação de somente três, sendo essa última visão a majoritária.

## 9.4 DA VOCAÇÃO HEREDITÁRIA E OS LEGITIMADOS A SUCEDER

Assunto dos mais relevantes tem relação com as pessoas que são legitimadas a suceder ou herdar. No presente ponto, o conceito central é a *legitimação*, que vem a ser uma capacidade especial para determinado ato jurídico (no caso, o ato é a sucessão).

Dispõe o art. 1.798 do CC/2002 que são legitimados a suceder as pessoas nascidas ou *já concebidas* no momento da abertura da sucessão. O dispositivo, sem correspondente no CC/1916, inova de forma substancial, ao reconhecer legitimação sucessória para o nascituro, aquele que foi concebido e ainda não nasceu. Sobre o sentido da norma, relevantes as lições do saudoso Mestre Zeno Veloso, que merecem destaque:

"A lei põe a salvo, desde a concepção, os direitos do nascituro (art. 2.º, segunda parte). Assim sendo, o *conceptus* (nascituro) é chamado à sucessão, mas o direito sucessório só estará definido e consolidado se nascer com vida, quando adquire personalidade civil ou capacidade de direito (art. 2.º, primeira parte). O nascituro é um ente em formação (*spes hominis*), um ser humano que ainda não nasceu. Se o concebido nascer morto, a sucessão é ineficaz".[8]

Não é diferente a conclusão de Maria Helena Diniz, para quem a capacidade sucessória do nascituro é excepcional, somente sucedendo se nascer com vida, "havendo um estado de pendência da transmissão hereditária, recolhendo seu representante legal a herança sob condição resolutiva. O já concebido no momento da abertura da sucessão e chamado a suceder adquire desde logo o domínio e a posse da herança como se já fosse nascido, porém, em estado potencial, como lhe falta personalidade jurídica material, nomeia-se um curador de ventre. Se nascer morto, será tido como se nunca tivesse existido, logo, a sucessão é ineficaz. Se nascer com vida, terá capacidade ou legitimação para suceder".[9]

No passado, estava eu filiado aos ensinamentos da Professora Titular da PUCSP. Ressalvava, assim, que o nascituro é pessoa humana, tendo a personalidade jurídica formal, relativa aos direitos da personalidade (*teoria concepcionista*). Faltar-lhe-ia, porém, a personalidade jurídica material, relacionada aos direitos patrimoniais, caso do direito à herança.

Todavia, após muito refletir, mudei a minha opinião doutrinária sobre o tema. Isso porque, a partir da leitura dos trabalhos de Diogo Leite de Campos e Silmara Chinellato, passei a entender que ao nascituro devem ser reconhecidos direitos sucessórios desde a concepção, o que representa a atribuição de uma personalidade civil plena a tal sujeito de direito.[10]

Na mesma esteira, pondera Luiz Paulo Vieira de Carvalho que, "temos para nós que, se o nascituro nascer com vida, apenas confirma o direito sucessório preexistente, não sendo o nascimento com vida condição legal para que a personalidade exista, mas sim para que esta se consolide".[11] Cabe esclarecer, a propósito, que, apesar da transcrição anterior das palavras do saudoso Zeno Veloso, o jurista também parecia tender a mudar de posicionamento, conforme palestra proferida no *I Congresso Jurídico do Instituto Brasileiro de Direito Civil* (IBDCivil), em agosto de 2013, na cidade do Rio de Janeiro, sem prejuízo de outros eventos que foram compartilhados nos últimos tempos comigo, antes do seu falecimento, que se deu em 2021.

De fato, pensar o contrário representa um resquício da teoria natalista, que nega personalidade ao nascituro. De qualquer modo, pontue-se que o entendimento majoritário continua sendo no sentido de que o nascituro somente terá direitos sucessórios se nascer com vida, pendendo uma condição para tal reconhecimento.

Outro aspecto tormentoso tem relação com a extensão da regra sucessória aos embriões havidos das técnicas de reprodução assistida. Respondendo positivamente, o Enunciado n. 267 do CJF/STJ, da *III Jornada de Direito Civil*, de autoria do jurista Guilherme Calmon Nogueira da Gama: "a regra do art. 1.798 do Código Civil deve ser estendida aos embriões formados mediante o uso de técnicas de reprodução assistida, abrangendo, assim, a vocação

---

8  VELOSO, Zeno. *Código Civil comentado*. 6. ed. Coord. Ricardo Fiuza e Regina Beatriz Tavares da Silva. São Paulo: Saraiva, 2008. p. 1.971-1.972.

9  DINIZ, Maria Helena. *Código Civil anotado*. 15. ed. São Paulo: Saraiva, 2010. p. 1.276.

10  CAMPOS, Diogo Leite de; CHINELLATO, Silmara Juny de Abreu. *Pessoa humana e direito*. Coimbra: Almedina, 2009. A obra é coordenada pelos dois juristas, destacando os artigos de ambos. De Diogo Leite de Campos, o texto intitulado "A capacidade sucessória do nascituro (ou a crise do positivismo legalista)". De Silmara Chinellato, ver: "Estatuto jurídico nascituro. A evolução do direito do Direito Brasileiro".

11  CARVALHO, Luiz Paulo Vieira de. *Direito das sucessões*. São Paulo: Atlas, 2014. p. 165.

# 1728 | MANUAL DE DIREITO CIVIL • VOLUME ÚNICO – *Flávio Tartuce*

hereditária da pessoa humana a nascer cujos efeitos patrimoniais se submetem às regras previstas para a petição da herança".

O enunciado doutrinário não conta com o apoio de vários juristas, que entendem que o embrião está em situação jurídica diferente em relação ao nascituro, não merecendo tratamento equânime. Essa é a opinião, por exemplo, de Francisco José Cahali,[12] Jones Figueirêdo Alves e Mário Luiz Delgado.[13]

Compartilhava eu da última corrente, tida até como majoritária, conforme constava da obra escrita em coautoria com José Fernando Simão.[14] Isso porque acreditava que o embrião, a exemplo do nascituro, apesar de ter personalidade formal (direitos da personalidade), não teria a personalidade jurídica material (direitos patrimoniais), e só seria herdeiro por força de disposição testamentária, como se verá logo a seguir. Todavia, também aqui há uma tendência de mudança de minha opinião, pois ao embrião igualmente deve ser reconhecida uma personalidade civil plena, inclusive no tocante à tutela sucessória, assim como ocorre com o nascituro.

Reafirma-se que Zeno Veloso também parecia que tendia a mudar sua posição anterior, aqui antes citada, conforme palestras ministradas em vários eventos no ano de 2013 e nos anos posteriores.

No atual Projeto de Reforma e Atualização do Código Civil, elaborado pela Comissão de Juristas nomeada no âmbito do Senado Federal, são feitas amplas propostas de regulamentação do tema, o que virá em boa hora, pois não há segurança jurídica a respeito desse tema na atualidade.

Conforme a nova redação proposta para o art. 1.798, *caput*, "legitimam-se a suceder as pessoas nascidas ou já concebidas no momento da abertura da sucessão, bem como os filhos do autor da herança gerados por técnica de reprodução humana assistida *post mortem*, nos termos e nas condições previstos nos parágrafos seguintes". Como estudado no Volume 5 desta coleção, a reprodução assistida também passará a ser amplamente tratada na Lei Privada, em prol da necessária segurança jurídica para essa importante temática.

Segundo justificaram os membros da Subcomissão de Direito das Sucessões, "a proposta de alteração do art. 1.798 tenta superar as discussões que grassam em torno da legitimidade sucessória dos embriões extracorpóreos. A doutrina majoritária já havia se firmado no sentido de que a 'regra do art. 1.798 do Código Civil deve ser estendida aos embriões formados mediante o uso de técnicas de reprodução assistida, abrangendo, assim, a vocação hereditária da pessoa humana a nascer'. A restrição da legitimidade sucessória apenas ao 'já concebidos' na data da abertura da sucessão, tal como consignado na redação atual, é incompatível com os avanços da medicina reprodutiva, notadamente no que tange à possibilidade de criopreservação de gametas e embriões, passíveis de utilização muitos anos após a abertura da sucessão. No entanto, para os filhos concebidos ou gerados por meio de técnica de procriação assistida *post mortem*, é necessário que se estabeleça termo e condição para a atribuição de direitos sucessórios". De fato, já se passou o tempo de que essas ideias passem a contar da nossa Lei Geral Privada, tendo total razão os juristas que a compuseram.

Seguindo com o estudo das proposições, nos termos do seu novo § 1.º, aos filhos gerados após a abertura da sucessão, se nascidos no prazo de até cinco anos a contar dessa

---

[12] CAHALI, Francisco José. *Direito das Sucessões*. 3. ed. São Paulo: RT, 2007. p. 104.

[13] ALVES, Jones Figueirêdo; DELGADO, Mário Luiz. *Código Civil anotado*. São Paulo: Método, 2005. p. 918.

[14] TARTUCE, Flávio; SIMÃO, José Fernando. *Direito Civil*. Direito das Sucessões. 3. ed. São Paulo: Método, 2010. v. 6, p. 45.

CAP. 9 • DIREITO DAS SUCESSÕES | **1729**

data, é reconhecido direito sucessório, lapso temporal que trará certeza para o instituto. Ademais, consoante o projetado § 2.º, o direito à sucessão legítima dos filhos concebidos ou gerados por técnica de reprodução humana assistida, concluída após a morte, quer seja por meio do uso de gameta de pessoa falecida, quer seja por transferência embrionária em genitor supérstite, quer seja, ainda, por meio de gestação por substituição, depende da autorização expressa e inequívoca do autor da herança para o uso de seu material criopreservado, dada por escritura pública ou por testamento público.

Após intensos debates na Comissão de Juristas, a opção pela escritura pública prevaleceu pelo voto da maioria dos especialistas e pelo *espírito democrático* que nos orientou. Apesar dessa exigência formal, a autorização é plenamente revogável a qualquer tempo, conforme a proposta de um novo § 3.º para esse art. 1.798.

O juiz poderá nomear um curador ao concepturo, em caso de ausência de genitor supérstite ou conflito de interesses com o inventariante ou com os demais herdeiros, para resguardar os interesses sucessórios do futuro herdeiro, até o seu nascimento com vida (§ 4.º). O curador ou o genitor sobrevivente podem requerer a reserva do quinhão hereditário pelo período citado de cinco anos (§ 5.º); sendo certo que esse limite temporal não repercute nos vínculos de filiação e de parentesco (§ 6.º).

A conclusão derivada de todas as propostas é que, após o prazo de cinco anos, não será mais possível a petição de herança pelo filho havido pela técnica de reprodução assistida, afastados após esse período os efeitos patrimoniais sucessórios, apesar de mantido o vínculo de parentesco, com a possibilidade de utilização do nome e outros efeitos existenciais dele decorrentes.

Como se pode notar, as propostas trazem plena segurança jurídica para a sucessão decorrente do uso das técnicas de reprodução assistida, sendo fundamental a sua aprovação pelo Parlamento Brasileiro.

Pois bem, voltando-se ao sistema em vigor, o art. 1.799 do CC de 2002 preconiza que na *sucessão testamentária* podem ainda ser chamados a suceder:

*I) Os filhos, ainda não concebidos de pessoas indicadas pelo testador (prole eventual), desde que vivas estas ao abrir-se a sucessão*. Em casos tais, os bens da herança serão confiados, após a liquidação ou partilha, a curador nomeado pelo juiz (art. 1.800, *caput*, do CC). Salvo disposição testamentária em contrário, a curatela caberá à pessoa cujo filho o testador esperava ter por herdeiro, e, sucessivamente, às pessoas indicadas no art. 1.775 do CC (art. 1.800, § 1.º, do CC). Os poderes, deveres e responsabilidades do curador, assim nomeado, regem-se pelas disposições concernentes à curatela dos incapazes, no que couber (art. 1.800, § 2.º, do CC). Nascendo com vida o herdeiro esperado, ser-lhe-á deferida a sucessão, com os frutos e rendimentos relativos à deixa, a partir da morte do testador (art. 1.800, § 3.º, do CC). Se, decorridos dois anos após a abertura da sucessão, não for concebido o herdeiro esperado, os bens reservados, salvo disposição em contrário do testador, caberão aos herdeiros legítimos (art. 1.800, § 4.º, do CC). Todos esses comandos podem ser aplicados, por analogia, para o embrião beneficiado por testamento. Conforme o Enunciado n. 268 do CJF/STJ, "nos termos do inc. I do art. 1.799, pode o testador beneficiar filhos de determinada origem, não devendo ser interpretada extensivamente a cláusula testamentária respectiva". Entendo ser perfeitamente possível beneficiar o embrião por testamento. Todavia, ele não está na mesma situação da prole eventual, pois deve ser considerado pessoa humana desde a concepção. Diante dessa realidade, seus direitos devem ser reconhecidos a partir desse momento, havendo a possibilidade de sua inclusão posterior na sucessão por meio da petição de herança. Em suma, o meu entendimento é pela não aplicação do prazo de espera de dois anos para o embrião. Por fim, como bem pontua a doutrina, se a pessoa que teria o filho premorrer ao testador, a disposição de última vontade será ineficaz.[15] Destaco que no Projeto de Reforma do Código Civil elaborado pela Comissão de Juristas há proposta para que a norma passe a enunciar a legitimação sucessória testamentária da prole eventual, ainda não concebida ou ainda não assumida, pela pessoa ou pelas pessoas indicadas pelo testador, desde que vivas estas ao abrir-se a sucessão, ou desde que iniciado o processo de reprodução humana assistida antes de abrir-se a sucessão. A menção à reprodução assistida é salutar, na linha de sua regulamentação dentro da Lei Civil. Além disso, o § 1.º do art. 1.800 preceituará que, "salvo disposição testamentária em contrário, a curatela caberá, sucessivamente, à pessoa cujo filho ainda não concebido o testador esperava ter por herdeiro, aos avós e tios do herdeiro eventual e, na falta de todos esses, à pessoa indicada pelo juiz". Com isso, supera-se o dilema técnico existente a respeito das pessoas que exercerão a curatela, sendo muito melhor nominá-las, exatamente como se propõe. Ainda quanto ao art. 1.800, almeja-se trazer uma maior segurança jurídica para a temática, resolvendo-se divergências hoje nele existentes, inclusive quanto à adoção e à parentalidade socioafetiva. Nesse contexto, conforme o novo § 3.º do art. 1.800, "nascendo com vida o herdeiro esperado, efetivando-se sua adoção ou reconhecendo-se o correspondente vínculo de socioafetividade, ser-lhe-á deferida a sucessão, com os frutos e rendimentos relativos à deixa, a partir da morte do testador". E, nos termos da nova redação do seu § 4.º, "se, decorridos dois anos da abertura da sucessão, não for concebido o herdeiro esperado, ou estabelecida a filiação, os bens reservados, salvo disposição em contrário do testador, caberão aos herdeiros legítimos".

*II) As pessoas jurídicas, que podem herdar por sucessão testamentária e não por sucessão legítima.* Exemplo: testamento que beneficia uma associação já existente ao momento da morte. No Projeto de Reforma do Código Civil pretende-se uma maior segurança para esse benefício às pessoas jurídicas, incluindo-se um parágrafo único no art. 1.799, prevendo, em boa hora, que, "nos casos do inciso II, não estando ainda as pessoas jurídicas devidamente constituídas, com seus atos constitutivos registrados, a deixa testamentária será ineficaz". De fato, não há razão para que pessoas jurídicas irregulares sejam beneficiadas pela disposição de última vontade.

*III) As pessoas jurídicas, cuja organização for determinada pelo testador sob a forma de fundação.* Exemplo: no testamento o autor da herança determina a criação de uma fundação, que irá receber os bens determinados (art. 62 do CC).

Por outra via, o CC/2002 determina no seu art. 1.801 que não podem ser nomeados herdeiros ou legatários, *não tendo legitimação sucessória:*

*I) A pessoa que, a rogo (a pedido), escreveu o testamento, nem o seu cônjuge ou companheiro, ou os seus ascendentes e irmãos.* A previsão tem um caráter ético indiscutível, tendendo a proteger a legitimidade do testamento como exercício da autonomia plena da liberdade individual. No Projeto de Reforma do Código Civil, com inclusão das modalidades de testamento por vídeo, propõe-se que esse inciso I passe a prever que não pode ser nomeado como herdeiro nem como legatário "a pessoa que, a rogo, escreveu ou realizou a gravação do testamento, nem o seu cônjuge ou convivente, ou os seus ascendentes e irmãos".

*II) As testemunhas do testamento,* proibição que tem o mesmo fundamento da anterior, uma vez que não podem ter qualquer interesse direto no negócio jurídico em questão.

*III) O concubino do testador casado, salvo se este, sem culpa sua, estiver separado de fato do cônjuge há mais de cinco anos.* A norma quer proteger o cônjuge, afastando qualquer direito do concubino ou amante. Como aponta Zeno Veloso, a proibição

---

[15] VELOSO, Zeno. *Código Civil Comentado.* 10. ed. São Paulo: Saraiva, 2016. p. 1.901.

CAP. 9 · DIREITO DAS SUCESSÕES | **1731**

não abrange a disposição feita pelo testador solteiro, separado judicialmente ou extrajudicialmente, divorciado ou viúvo.[16] Ademais, conforme destaca o jurista, na linha da melhor jurisprudência, a proibição não se impõe se o testador já viver em união estável com o antigo concubino. Não se pode esquecer que o CC/2002 admite no seu art. 1.723, § 1.º, que o separado de fato tenha uma união estável sem a exigência de qualquer prazo para tanto. Nessa linha, o Enunciado n. 269 do CJF/STJ, da *III Jornada de Direito Civil*: "a vedação do art. 1.801, inc. III, do Código Civil não se aplica à união estável, independentemente do período de separação de fato (art. 1.723, § 1.º)". No Projeto de Reforma do Código Civil propõe-se que esse inciso III seja revogado expressamente, pois a Comissão de Juristas entendeu que não há mais razão para a sua permanência no nosso sistema, sobretudo porque o próprio concubinato é retirado do Código Civil. A situação ficará em aberto, não cabendo ao legislador fazer julgamentos prévios sobre ela, podendo ainda ensejar a nulidade do ato, pela teoria das nulidades previstas na Parte Geral da codificação privada.

*IV) O tabelião, civil ou militar, ou o comandante ou escrivão, perante quem se fizer, assim como o que fizer ou aprovar o testamento.* Mais uma vez, na esteira dos dois primeiros incisos, o dispositivo tende a proteger a integridade ética do ato testamentário. Como outra anotação importante a respeito da Reforma do Código Civil, a respeito desse inciso IV, de forma mais técnica quanto à atividade extrajudicial, e sem mais mencionar as autoridades relativas às formas de testamento especiais, que são revogadas, expressará "o delegatário perante quem se fizer lavrar ou aprovar o testamento". Ademais, são incluídos dois novos comandos nesse art. 1.801, preceituando o seu novo inciso V o caso dos pais que, no exercício da autoridade parental, instituam, por testamento público, herdeiros ou legatários aos filhos absolutamente incapazes, para o caso de eles falecerem nesse estado, ficando sem efeito a disposição logo que cesse a incapacidade. Trata-se de vedação que decorre da regulação do *testamento pupilar* e do *quase pupilar*, sobre os quais voltarei a tratar. Por fim a respeito do projeto, também não poderá ser nomeado como herdeiro ou legatário, nos termos do novo inciso VI, "o apoiador do testador, de que trata o art. 1.783-A deste Código". Essa inovação se justifica, pois passará a ser possível a tomada de decisão apoiada, para as pessoas com deficiência, expressamente para o testamento, o que virá em boa hora.

Em qualquer uma das situações legais descritas, são nulas – no sentido de nulidade absoluta textual – as disposições testamentárias em favor de pessoas não legitimadas a suceder, ainda quando simuladas sob a forma de contrato oneroso, ou feitas mediante interposta pessoa (art. 1.802 do CC). Presumem-se pessoas interpostas os ascendentes, os descendentes, os irmãos e o cônjuge ou companheiro do não legitimado a suceder (art. 1.802, parágrafo único, do CC). Na esteira da melhor doutrina, a presunção é absoluta (*iure et de iure*), não se admitindo prova em contrário, uma vez que fica claro o intuito de fraude em casos tais.[17]

A encerrar o presente tópico, prescreve o art. 1.803 do CC/2002 que é lícita a deixa ao filho do concubino ou amante, quando também o for do testador. A inovação, não existente no CC/1916, segue a esteira do entendimento jurisprudencial, pois a antiga

---

[16] VELOSO, Zeno. *Código Civil comentado*. 6. ed. Coord. Ricardo Fiuza e Regina Beatriz Tavares da Silva. São Paulo: Saraiva, 2008. p. 1.979.

[17] DINIZ, Maria Helena. *Código Civil anotado*. 15. ed. São Paulo: Saraiva, 2010. p. 1.280; VENOSA, Silvio de Salvo. *Código Civil interpretado*. São Paulo: Atlas, 2010. p. 1.635; VELOSO, Zeno. *Código Civil comentado*. 6. ed. Coord. Ricardo Fiuza e Regina Beatriz Tavares da Silva. São Paulo: Saraiva, 2008. p. 1.979; ALMEIDA, José Luiz Gavião de. *Código Civil comentado*. Coord. Álvaro Villaça Azevedo. São Paulo: Atlas, 2003. v. XVIII, p. 120.

**1732** | MANUAL DE DIREITO CIVIL • VOLUME ÚNICO – *Flávio Tartuce*

Súmula 447 do STF já previa que "é válida a disposição testamentária em favor do filho adulterino do testador com a sua concubina". Trata-se de aplicação inafastável do *princípio da igualdade entre os filhos*, retirado do art. 227, § 6.º, da CF/1988 e do art. 1.596 do CC. Como é notório, todos os filhos são iguais, havidos ou não da relação de casamento, não cabendo mais qualquer expressão discriminatória, como a que consta da antiga súmula.

De todo modo, com a retirada do concubinato do Código Civil, como aqui já foi exposto, a Comissão de Juristas encarregada da Reforma do Código Civil sugere a revogação expressa também desse preceito, não havendo mais qualquer justificativa para essa previsão, sobretudo diante do princípio da igualdade entre filhos.

## 9.5 DA ACEITAÇÃO E RENÚNCIA DA HERANÇA

A aceitação da herança é o ato do herdeiro que *confirma* a transmissão da herança. Não se trata do ato que gera a transmissão da herança em si, o que ocorre, por força do art. 1.784 do CC/2002 e da *saisine*, com abertura da sucessão, que se dá pela morte do falecido. Como aponta Zeno Veloso, "a aceitação é necessária porque ninguém pode ser herdeiro contra a sua vontade, conforme o antigo brocardo: *invito non datur beneficium* (ao constrangido, ou a quem não quer, não se dá o benefício".[18] Segundo o art. 1.804, *caput*, do CC, aceita a herança, torna-se definitiva a sua transmissão ao herdeiro, desde a abertura da sucessão. Por outra via, a transmissão tem-se por não verificada quando o herdeiro renuncia à herança (art. 1.804, parágrafo único, do CC).

Três são as formas de aceitação da herança que podem ser retiradas dos arts. 1.805 e 1.807 do CC:

a) Aceitação expressa – feita por declaração escrita do herdeiro, por meio de instrumento público ou particular.

b) Aceitação tácita – resultante tão somente de atos próprios da qualidade de herdeiro. Como exemplo, cite-se a hipótese em que o herdeiro toma posse de um bem e começa a administrá-lo e a geri-lo como se fosse seu. Ou, ainda, do Superior Tribunal de Justiça: "o pedido de abertura de inventário e o arrolamento de bens, com a regularização processual por meio de nomeação de advogado, implicam a aceitação tácita da herança" (STJ, REsp 1.622.331/SP, 3.ª Turma, Rel. Min. Ricardo Villas Bôas Cueva, j. 08.11.2016, *DJe* 14.11.2016). Nos termos da lei, não exprimem aceitação de herança os atos oficiosos, como o funeral do finado, os meramente conservatórios, ou os de administração e guarda provisória de bens (art. 1.805, § 1.º, do CC). Ademais, não importa igualmente em aceitação a cessão gratuita, pura e simples, da herança, aos demais coerdeiros (art. 1.805, § 2.º, do CC).

c) Aceitação presumida – tratada pelo art. 1.807 do CC, segundo o qual o interessado em que o herdeiro declare se aceita ou não a herança, poderá, vinte dias após aberta a sucessão, requerer ao juiz prazo razoável, não maior de 30 dias, para, nele, se pronunciar o herdeiro. Isso, sob pena de se haver a herança por aceita. Nota-se que a parte final do dispositivo consagra exceção à regra da teoria geral do Direito Civil pela qual *quem cala não consente*, retirada do art. 111 do CC.

---

[18] VELOSO, Zeno. *Código Civil comentado*. 6. ed. Coord. Ricardo Fiuza e Regina Beatriz Tavares da Silva. São Paulo: Saraiva, 2008. p. 1.982-1.983.

CAP. 9 • DIREITO DAS SUCESSÕES | **1733**

Observo que no Projeto de Reforma do Código Civil, são feitas propostas relevantes para aprimorar o instituto da aceitação da herança e melhorar o texto da lei, que passará a ser mais claro e compreensível. Assim, de forma mais técnica, o *caput* do seu art. 1.805 enunciará que "a aceitação da herança pode ser expressa ou tácita". Sobre a primeira delas, o seu § 1.º preverá, de forma detalhada e com inclusão do meio digital e em boa hora, que "a aceitação é havida como expressa quando em documento escrito, em formato físico ou digital, o herdeiro declara aceitar a herança ou assume o título ou a condição de herdeiro".

No que diz respeito à aceitação tácita, enunciando hipóteses em que ela não se configura, em prol da segurança jurídica, o novo § 2.º do art. 1.805 preverá que, no requerimento de abertura do inventário, a simples manifestação nos autos e os atos de mera administração ou conservação dos bens hereditários, incluindo a ocupação, a habitação e proposição de medidas judiciais em defesa do patrimônio, praticados pelo eventual herdeiro, não implicam aceitação tácita da herança. Também não importará igualmente aceitação tácita a cessão da herança, quando feita gratuitamente em benefício de todos aqueles a quem ela caberia se o cedente a repudiasse (§ 3.º).

Por fim, novamente com vistas a deixar clara a sua configuração, o § 4.º do art. 1.805 preverá que haverá aceitação tácita da herança nos casos de a cessão ou alienação da herança em favor de apenas algum ou alguns dos coerdeiros. Como justificaram os membros da Subcomissão de Direito das Sucessões, "a alteração distingue, portanto, as hipóteses de aceitação expressa e tácita, mencionando as *fattispecie* de cada uma, ao mesmo tempo em que exclui da aceitação da herança, para fins de incidência tributária, a conduta do herdeiro de cedê-la, gratuitamente, a todos os demais coerdeiros que integrem a mesma classe dos sucessíveis, Com isso, espanca-se, em definitivo, a referência a esse tipo de cessão como 'renúncia translativa'. De fato, esse parece ser a melhor solução". De fato, essa parece ser a melhor solução.

Destaco, por fim, que a aceitação presumida da herança é integralmente mantida no art. 1.807 da Lei, sem qualquer modificação proposta pela Comissão de Juristas encarregada da Reforma do Código Civil.

Voltando-se ao sistema vigente, falecendo o herdeiro antes de declarar se aceita a herança, o poder de aceitar é transmitido aos seus herdeiros, a menos que se trate de vocação adstrita a uma condição suspensiva, ainda não verificada (art. 1.809, *caput*, do CC). Os chamados à sucessão do herdeiro falecido antes da aceitação, desde que concordem em receber a segunda herança, poderão aceitar ou renunciar à primeira (art. 1.809, parágrafo único, do CC). Os preceitos têm redação confusa, devendo ser explicados a partir de exemplificações concretas.

A ilustração de Giselda Maria Fernandes Novaes Hironaka é interessante para a compreensão da matéria: "Morto um avô, A, viúvo, sucedem-no seus filhos, B e C. B, pai de D e unido maritalmente a F, falece posteriormente a seu pai, A, sem que tenha deliberado a respeito do acervo de seu pai. D, então, resolve repudiar a herança de seu pai, B, herança esta que é devolvida inteiramente a F, perdendo D o direito a deliberar quanto à herança de seu avô, A, que a lei entende pertencer ao patrimônio de B. F, por sua vez, aceita o patrimônio de B, podendo, então, deliberar a respeito da herança de A, aceitando-a ou renunciando a ela".[19] Vejamos, de forma esquematizada:

---

[19] HIRONAKA, Giselda Maria Fernandes Novaes. *Comentários ao Código Civil*. 2. ed. Coord. Antonio Junqueira de Azevedo. São Paulo: Saraiva, 2007. v. 20, p. 138-139.

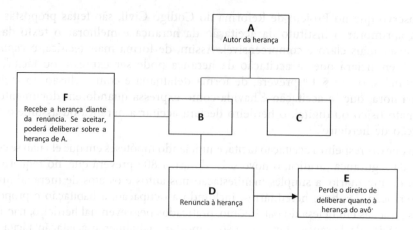

Em relação à renúncia da herança, esta sempre deve ser expressa, constando de instrumento público ou termo judicial (art. 1.806 do CC). Assim, não se admite a renúncia tácita, presumida ou verbal. O desrespeito a essa regra importa em nulidade absoluta do ato, por desrespeito à forma e à solenidade (art. 166, incs. IV e V, do CC). Conforme a jurisprudência, tal renúncia pode se dar por intermédio de advogado, desde que regularmente constituído para tais fins:

"Agravo de Instrumento Arrolamento. Renúncia à herança tomada por termo judicial. Validade. Renunciantes representados por advogado constituído mediante instrumento particular, com poderes específicos para o ato. Desnecessidade que o mandato seja outorgado mediante instrumento público, sendo suficiente a forma particular. Inteligência dos artigos 661, § 1.º, e 1.806 do Código Civil e 38 do Código de Processo Civil. Vícios de consentimento que deverão ser comprovados e postulados em ação própria. Decisão reformada. Recurso provido" (TJSP, Agravo de Instrumento 994.09.278493-4, Acórdão 4333984, 8.ª Câmara de Direito Privado, Piracicaba, Rel. Des. Salles Rossi, j. 24.02.2010, *DJESP* 26.03.2010).

Entende a jurisprudência superior que, quando a renúncia à herança é realizada por meio de procurador, este não pode ser constituído mediante instrumento particular. Em outras palavras, há necessidade de que a outorga da procuração seja feita por instrumento público ou termo judicial. Conforme *decisum* do Superior Tribunal de Justiça, no REsp 1.236.671/SP, "a exigência do instrumento público ou termo judicial, que também se caracteriza como instrumento público, constante do art. 1.806 do Cód. Civil/2001, é corolário necessário do disposto nos arts. 80, II, do mesmo Código, que considera bem imóvel a sucessão aberta, e do art. 108, ainda do mesmo Código, que exige a escritura pública como essencial à validade dos negócios jurídicos que visem 'à constituição, transferência, modificação ou renúncia de direitos reais sobre imóveis' – abrindo exceção apenas para imóveis de valor inferior a trinta vezes o maior salário mínimo vigente no país, o que, aqui, não vem ao caso. Ora, se o art. 1806 estabelece que a renúncia deve constar expressamente de instrumento público ou termo judicial, daí se segue que a outorga de poderes para essa renúncia também tem de se realizar por instrumento público ou termo judicial. Ineficaz, portanto, a transmissão de poderes sem a instrumentalização por intermédio de instrumento público ou termo judicial" (REsp 1.236.671, acórdão da 3.ª Turma, Rel. Min. Sidnei Beneti, j. 09.10.2012).

Além disso, também não se admite a renúncia prévia da herança, pois ela deve atender aos rígidos requisitos legais, sendo sempre posterior à morte. A renúncia prévia à herança constitui um pacto sucessório, que é vedado pelo art. 426 do Código Civil, norma cogente ou de ordem pública. A consequência é a nulidade absoluta do ato, por nulidade virtual, pois a lei proíbe a prática do ato sem cominar sanção (art. 166, inc. VII, segunda parte, do CC). Eventual admissão jurídica da renúncia prévia da herança passa, necessariamente, por alteração legislativa do art. 426 da codificação privada, que veda os pactos sucessórios, com a inclusão de exceções na norma, o que seria saudável no atual momento, e está sendo proposto pelo Projeto de Reforma do Código Civil.

Exatamente nesse sentido julgou inicialmente o Conselho Superior da Magistratura do Estado de São Paulo, em decisão de setembro de 2023. Consoante o seu teor, que reconhece a impossibilidade legal de registro imobiliário do contrato de convivência com essa previsão, "não se desconhece a controvérsia doutrinária sobre o tema, bem como a existência de alguns julgados em sentido contrário, mas o fato é que, no sistema dos registros públicos, impera o princípio da legalidade estrita, de sorte que, tal como se apresenta, o título não comporta registro" (TJSP, Apelação Cível 1007525-42.2022.8.26.0132, Apelantes: Guilherme Rojas Fernandes e Rafaella Ghannage Pereira, Apelado: 1.º Oficial de Registro de Imóveis e Anexos da Comarca de Catanduva, Rel. Corregedor-Geral de Justiça Des. Fernando Torres de Garcia, j. 22.09.2023). Para o Estado de São Paulo, portanto, esse é o entendimento a ser considerado, para os devidos fins práticos.

De toda sorte, em 2024, o mesmo Conselho Superior da Magistratura do Tribunal Paulista afastou esse entendimento anterior, concluindo ser possível o registro das renúncias à herança por exercício da autonomia privada, a incluir a do ora estudado direito real de habitação (TJSP, Apelação Cível 1000348-35.2024.8.26.0236, Apelantes: Maria Teresa Antonelli Caldas e João Anselmo Montanari da Cunha, Apelado: Oficial de Registro de Imóveis e Anexos da Comarca de Ibitinga, Rel. Corregedor-Geral de Justiça Des. Francisco Loureiro, j. 1.º.10.2024). Ao final, concluiu-se que "o registro não significa a chancela judicial à validade da cláusula, mas tão somente que não se deve negar eficácia perante terceiros ao pacto antenupcial, até que em momento e na esfera própria a questão da nulidade eventualmente seja arguida e decidida na esfera jurisdicional". Com o devido respeito, penso que essa nova forma de julgar trouxe um aumento da insegurança jurídica para a questão, a justificar mais ainda a necessidade de Reforma do Código Civil a respeito do tema, sobre o qual voltarei a tratar.

Feitos tais esclarecimentos técnicos, conforme se extrai da melhor doutrina, duas são as modalidades de renúncia à herança:[20]

> a) Renúncia abdicativa – o herdeiro diz simplesmente que não quer a herança, havendo cessão pura e simples a todos os coerdeiros, o que equivale à renúncia. Em casos tais, não há incidência de *Imposto de Transmissão Inter Vivos* contra o renunciante.
>
> b) Renúncia translativa – quando o herdeiro cede os seus direitos a favor de determinada pessoa (*in favorem*). Como há um negócio jurídico de transmissão, incide o *Imposto de Transmissão Inter Vivos*, conforme entende a jurisprudência (TJSP, Agravo de Instrumento 218.709-4, 1.ª Câmara de Direito Privado, São Paulo, Rel. Des. Elliot Akel, j. 25.09.2001; TJSP, Agravo de Instrumento 208.959-1, São Paulo, Rel. Des. Márcio Martins Bonilha, j. 14.10.1993).

Regra importante de legitimação que serve para as duas categorias em estudo, estabelece o art. 1.808, *caput*, do CC que não se pode aceitar ou renunciar à herança em partes (de forma fracionada), sob condição (evento futuro e incerto) ou a termo (evento futuro e certo).

---

[20] DINIZ, Maria Helena. *Código Civil anotado*. 15. ed. São Paulo: Saraiva, 2010. p. 1.382; CAHALI, Francisco. *Direito das Sucessões*. 3. ed. São Paulo: RT, 2007. p. 78; GONÇALVES, Carlos Roberto. *Direito Civil brasileiro*. Direito das Sucessões. 4. ed. São Paulo: Saraiva, 2010. v. 7, p. 104-105.

De acordo com as lições de Giselda Maria Fernandes Novaes Hironaka, "a herança se apresenta, por determinação legal, como um bem único e indivisível, dissolvendo-se essa condição apenas no momento da partilha. Bem por isso, a herança deverá ser aceita pelo herdeiro, ou este a ela renunciará, *in totum*. Ou seja: a lei veda que se renuncie ou aceite a herança em parte, sempre que deferida ao sucessor por um mesmo e único título. Assim, não poderá aceitar a herança relativamente a um imóvel quitado e renunciar à mesma herança no que se refere a um imóvel com saldo a pagar. Também será vedada a renúncia ou aceitação que busque ver alcançada uma condição ou aquelas feitas com a previsão de valerem a partir de determinada data".[21]

Também no que diz respeito a essas características, como se retira de julgado superior, "a renúncia e a aceitação à herança são atos jurídicos puros não sujeitos a elementos acidentais. Essa a regra estabelecida no *caput* do art. 1.808 do Código Civil, segundo o qual não se pode aceitar ou renunciar a herança em partes, sob condição (evento futuro incerto) ou termo (evento futuro e certo)". Ao final, contudo, concluiu-se que "no caso dos autos, a renúncia operada pelos recorrentes realizou-se nos termos da legislação de regência, produzindo todos os seus efeitos: a) ocorreu após a abertura da sucessão, antes que os herdeiros aceitassem a herança, mesmo que presumidamente, nos termos do art. 1.807, do CC/2002; b) observou-se a forma por escritura pública, c) por agentes capazes, havendo de se considerar que os efeitos advindos do ato se verificaram" (STJ, REsp 1.433.650/GO, 4.ª Turma, Rel. Min. Luis Felipe Salomão, j. 19.11.2019, *DJe* 04.02.2020).

Porém, como primeira exceção à regra geral, enuncia o § 1.º do art. 1.808 do Código Civil que o herdeiro, a quem se testarem legados, pode aceitá-los, renunciando à herança; ou, aceitando-a, repudiá-los. Além disso, como outra exceção, o herdeiro, chamado, na mesma sucessão, a mais de um quinhão hereditário, sob títulos sucessórios diversos, pode livremente deliberar quanto aos quinhões que aceita e aos que renuncia (art. 1.808, § 2.º, do CC). Para concretizar, se determinado herdeiro for também sucessor testamentário, poderá ele renunciar à sucessão legítima e aceitar os bens transmitidos por ato de última vontade.

No Projeto de Reforma do Código Civil são feitos aprimoramentos a respeito desse art. 1.808. No seu § 3.º, a proposta é de melhora no texto, para explicar o seu conteúdo e deixá-lo mais compreensível, a saber: "o herdeiro, chamado, na mesma sucessão, a mais de um quinhão hereditário, sob títulos sucessórios diversos, pode livremente deliberar quanto aos quinhões que aceita e aos que renuncia. Se chamado a suceder em direitos sucessórios diversos, ainda que sob o mesmo título, pode aceitar uns e repudiar outros".

Ainda sobre a reforma, pontuo que se pretende elucidar, no seu novo § 4.º, que o herdeiro necessário que também é chamado à sucessão por testamento pode renunciar quanto à quota disponível e aceitar quanto à legítima, ou vice-versa.

Será considerada ineficaz a renúncia de todos os direitos sucessórios, quando o renunciante, na data de abertura da sucessão, não possuir outros bens ou renda suficiente para a própria subsistência, o que visa a manter o seu patrimônio mínimo (§ 5.º). Passará a ser expressamente vedada, portanto, a *renúncia universal*, a exemplo do que já ocorre com a doação universal (art. 548 do CC). Essa foi uma das principais preocupações da outra Relatora--Geral do projeto, a Professora Rosa Nery, prevendo o proposto § 6.º desse art. 1.808 que, "na hipótese do parágrafo anterior, o renunciante interessado, no prazo de 180 dias, pedirá ao juiz que fixe os limites e a extensão da renúncia, de modo a assegurar a sua subsistência".

Voltando-se ao sistema vigente, do mesmo modo com aplicação à aceitação e à renúncia, considera a lei que ambos os atos são totalmente irrevogáveis (art. 1.812 do CC). Trata-se de inovação na norma material, uma vez que o art. 1.590 do CC/1916 admitia a retratação da renúncia, quando fosse proveniente de violência, erro ou dolo.

---

[21] HIRONAKA, Giselda Maria Fernandes Novaes. *Comentários ao Código Civil*. 2. ed. Coord. Antonio Junqueira de Azevedo. São Paulo: Saraiva, 2007. v. 20, p. 131-132.

Do mesmo modo, no sistema anterior cabia a ampla retratação da aceitação, desde que não houvesse prejuízos a terceiros. No sistema atual, ainda são viáveis as alegações de erro, dolo e dos demais vícios do ato ou negócio jurídico, mas não para a retratação do ato, e sim para a sua invalidade, conforme a teoria geral das nulidades, tratada na Parte Geral do Código Civil em vigor.[22] Anote-se que a nova previsão de irrevogabilidade já vem recebendo o devido tratamento pela jurisprudência:

> "Herança. Renúncia. Pretensão do recorrente de que, com a renúncia de sua mãe à herança, os bens lhe sejam transmitidos, na qualidade de filho, nos termos do artigo 1.810 do Código Civil. Descabimento. Hipótese em que não houve renúncia abdicativa, mas translativa em favor de pessoa certa, a saber, a mãe da herdeira Iscilla. Irrevogabilidade da aceitação da herança (art. 1.812 do CC). Recurso desprovido" (TJSP, Agravo de Instrumento 567.864.4/2, Acórdão 3292047, 10.ª Câmara de Direito Privado, Olímpia, Rel. Des. Ana de Lourdes, j. 23.09.2008, *DJESP* 16.12.2008).

> "Inventário. Renúncia à herança. Indeferimento. Acerto. Prática de atos compatíveis com aceitação e incompatíveis com renúncia. Irrevogabilidade do ato de aceitação. Art. 1.812 do Código Civil. Recurso não provido" (TJSP, Agravo de Instrumento 579.000.4/3, Acórdão 3165420, 7.ª Câmara de Direito Privado, Presidente Prudente, Rel. Des. Souza Lima, j. 06.08.2008, *DJESP* 22.08.2008).

De todo modo, no atual Projeto de Reforma do Código Civil, elaborado pela Comissão de Juristas, sugere-se a retirada da aceitação do art. 1.812, passando ela a expressar somente que "é irrevogável o ato de renúncia da herança". Como explica José Fernando Simão, "tal medida visa a uma correção terminológica, já que o ato de renúncia da herança deve ser expresso e seguir solenidade de forma, conforme o art. 1.806, já comentado, e a aceitação da herança pode ser feita de forma tácita – vide art. 1.805. Em outras palavras, a aceitação da herança pode se dar por ato-fato jurídico, ao passo que a renúncia é sempre ato jurídico irrevogável".[23] De fato, essa parece ser a melhor solução, do ponto de vista técnico, aguardando-se a sua aprovação pelo Parlamento Brasileiro.

Como principal efeito da renúncia à herança, determina o vigente art. 1.810 do CC/2002 que, na sucessão legítima, a parte do renunciante acresce à dos outros herdeiros da mesma classe e, sendo ele o único desta, devolve-se aos da subsequente.

Esclarecendo o teor do comando, na *VI Jornada de Direito Civil* (2013) aprovou-se o Enunciado n. 575, *in verbis*: "concorrendo herdeiros de classes diversas, a renúncia de qualquer deles devolve sua parte aos que integram a mesma ordem dos chamados a suceder". O enunciado visa esclarecer a hipótese de coexistência sucessória de filhos – um deles renunciante –, com cônjuge ou companheiro. Conforme as suas justificativas, "com o advento do Código Civil de 2002, a ordem de vocação hereditária passou a compreender herdeiros de classes diferentes na mesma ordem, em concorrência sucessória. Alguns dispositivos do Código Civil, entretanto, permaneceram inalterados em comparação com a legislação anterior. É o caso do art. 1.810, que prevê, na hipótese de renúncia, que a parte do herdeiro renunciante seja devolvida aos herdeiros da mesma classe. Em interpretação literal, *v.g.*, concorrendo à sucessão cônjuge e filhos, em caso de renúncia de um dos filhos, sua parte seria redistribuída apenas aos filhos remanescentes, não ao cônjuge, que pertence a classe diversa. Tal interpretação, entretanto, não se coaduna com a melhor doutrina, visto que a distribuição do quinhão dos herdeiros legítimos (arts. 1.790, 1.832, 1.837) não comporta exceção, devendo ser mantida mesmo no caso de renúncia".

---

[22] Assim entendendo: ALVES, Jones Figueirêdo; DELGADO, Mário Luiz. *Código Civil anotado*. São Paulo: Método, 2005. p. 928.

[23] SIMÃO, José Fernando. *Código Civil comentado*. 6. ed. Rio de Janeiro: Forense, 2025. p. 1.840.

Pontue-se que o enunciado é de 2013, o que justifica a menção ao art. 1.790 do Código Civil, ora reconhecido como inconstitucional pelo Supremo Tribunal Federal e pela jurisprudência posterior do Superior Tribunal de Justiça.

Feita essa pontuação, esclareça-se que ninguém pode suceder, representando o herdeiro renunciante. Se, porém, ele (o renunciante) for o único legítimo da sua classe, ou se todos os outros da mesma classe renunciarem à herança, poderão os filhos vir à sucessão, por direito próprio e por cabeça (art. 1.811 do CC). A respeito dos dois preceitos, conforme explica Zeno Veloso, "o herdeiro que renuncia é considerado como se não tivesse chamado, como se nunca tivesse sido herdeiro".[24] Assim, a renúncia gera um tratamento ao renunciante como se ele nunca tivesse existido como pessoa, o que atinge o direito de representação de outros herdeiros.

Vejamos alguns exemplos práticos de aplicação dessas importantes regras. Como primeira concreção, A, falecido, tem três filhos, B, C e D, que, em regra, recebem 1/3 da herança cada um. Se B renuncia à herança, a sua parte é acrescida aos herdeiros C e D, que são da mesma classe, recebendo cada um deles metade da herança:

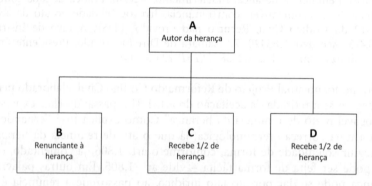

Ato contínuo de estudo, aproveitando a mesma ilustração, se B, renunciante, tiver dois filhos, E e F, os últimos nada receberão por direito de representação, tema que ainda será abordado, isso porque a renúncia de seu pai afasta qualquer direito à herança dos filhos.

Como outro exemplo, A falece deixando dois filhos (B e C) e um neto (E), filho de D. Caso E renuncie à herança, a sua quota será destinada para B e C, que serão herdeiros de classe anterior. Vejamos o esquema:

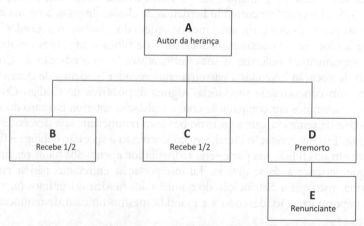

---

[24] VELOSO, Zeno. *Código Civil comentado*. 6. ed. Coord. Ricardo Fiuza e Regina Beatriz Tavares da Silva. São Paulo: Saraiva, 2008. p. 1.988.

De igual modo, merece abordagem a regra da parte final do art. 1.811 do CC, pela qual se o renunciante for o único legítimo da sua classe, ou se todos os outros da mesma classe renunciarem à herança, poderão os seus filhos vir à sucessão, por direito próprio (por cabeça) e não por direito de representação. Exemplo: se o falecido (A) tiver um único filho (B) renunciante, os seus três filhos (C, D e E) terão direitos sucessórios por cabeça, conforme esquema a seguir, dividindo-se a herança em três partes:

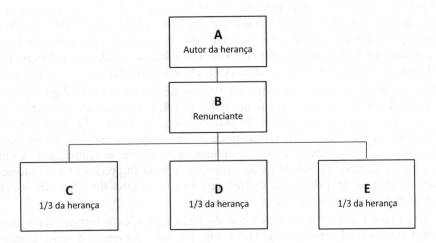

Ainda vale a seguinte ilustração: A tem três filhos (B, C e D), cada um com dois filhos, netos de A (E e F, G e H, e I e J). Se B, C e D, herdeiros da mesma classe, renunciarem à herança, os netos recebem por cabeça, em quotas iguais (1/6 cada um). Concretizando:

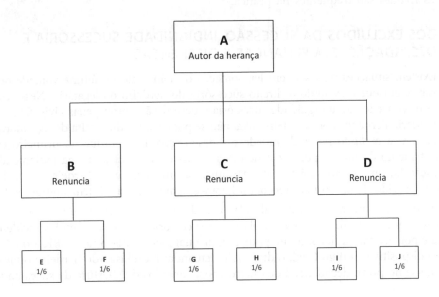

Por derradeiro sobre as regras da renúncia, quando o herdeiro prejudicar os seus credores, renunciando à herança, poderão eles, com autorização do juiz, aceitá-la em nome do renunciante (art. 1.813 do CC). A habilitação judicial dos credores no inventário se fará no prazo decadencial de 30 dias, a contar do conhecimento da renúncia (§ 1.º). Pagas as

**1740** MANUAL DE DIREITO CIVIL • VOLUME ÚNICO – *Flávio Tartuce*

dívidas do renunciante, prevalece a renúncia quanto ao remanescente, que será devolvido aos demais herdeiros (§ 2.º).

Para parte da doutrina, a aceitação da herança por parte dos credores é hipótese que se aproxima da *ação pauliana*, que decorre da fraude contra credores.[25] Todavia, as figuras jurídicas são distintas, eis que a fraude contra credores gera a invalidade (anulabilidade) dos negócios praticados (art. 171 do CC). Nesse contexto de conclusão, na esteira da melhor jurisprudência, a incidência do art. 1.813 do CC dispensa a prova do conluio fraudulento (ver: TJSP, Agravo de Instrumento 990.10.173632-2, Acórdão 4512767, 6.ª Câmara de Direito Privado, Suzano, Rel. Des. Paulo Alcides, j. 20.05.2010, *DJESP* 30.07.2010). Também já se entendeu que o instituto em análise também não se confunde com a fraude à execução (TJRS, Agravo de Instrumento 70031111958, 11.ª Câmara Cível, Porto Alegre, Rel. Des. Bayard Ney de Freitas Barcellos, j. 12.05.2010, *DJERS* 20.05.2010).

Para encerrar o tema, anoto que no Projeto de Reforma do Código Civil, em boa hora, pretende-se aprimorar o texto do seu art. 1.813. Quanto ao seu *caput*, inclui-se regra expressa a respeito da habilitação dos credores: "quando o herdeiro prejudicar os seus credores, renunciando à herança, poderão eles requerer habilitação no inventário, para satisfação de seu crédito à conta do quinhão que caberia ao renunciante". Como bem justificaram os juristas da Subcomissão, "corrigiu-se uma imprecisão terminológica, uma vez que não se trata, propriamente, de transmissão aos credores do direito de aceitar, mas, sim, de ineficácia da renúncia em relação àqueles".

Além disso, é imperioso o acréscimo de regra específica a respeito da renúncia em inventário extrajudicial, omissão legislativa hoje presente, prevendo o novo e projetado § 3.º do comando que, "ratando-se de inventário extrajudicial, a renúncia será ineficaz em relação aos credores do renunciante, que poderão dirigir o seu crédito contra os coerdeiros beneficiados pelo repúdio".

Espera-se a aprovação das propostas pelo Congresso Nacional, até porque, no último caso, as fraudes são frequentes na prática.

## 9.6 DOS EXCLUÍDOS DA SUCESSÃO. INDIGNIDADE SUCESSÓRIA E DESERDAÇÃO. SEMELHANÇAS E DIFERENÇAS

Existem situações previstas em lei, somadas ou não a ato de última vontade do autor da herança, em que é excluído o direito sucessório do herdeiro ou legatário. Nesse contexto surgem os conceitos de indignidade sucessória e deserdação como penas civis. Como alerta Giselda Maria Fernandes Novaes Hironaka, não se pode confundir a falta de *legitimação* para suceder com a *exclusão* por indignidade e a deserdação. Isso porque no primeiro caso há um afastamento do direito por razão de ordem objetiva. Por outra via, na indignidade e na deserdação há uma razão subjetiva de afastamento, uma vez que o herdeiro é considerado como desprovido de moral para receber a herança, diante de uma infeliz atitude praticada.[26]

A diferença inicial fundamental entre a exclusão por indignidade sucessória e a deserdação é que no primeiro caso o isolamento sucessório se dá por simples incidência da norma e por decisão judicial, o que pode atingir qualquer herdeiro (art. 1.815 do CC). Pelo mesmo dispositivo Código Civil, o direito de demandar a exclusão do herdeiro ou legatário extingue-se no prazo decadencial de quatro anos, contados da abertura da sucessão (§ 1.º).

---

[25] VELOSO, Zeno. *Código Civil comentado.* 6. ed. Coord. Ricardo Fiuza e Regina Beatriz Tavares da Silva. São Paulo: Saraiva, 2008. p. 1.990.

[26] HIRONAKA, Giselda Maria Fernandes. *Comentários ao Código Civil.* 2. ed. Coord. Antonio Junqueira de Azevedo. São Paulo: Saraiva, 2007. v. 20, p. 148-149.

Em agosto de 2023, em boa hora e em prol da economia processual, surgiu a Lei 14.661, que incluiu o novo art. 1.815-A no Código Civil, determinando que, em havendo indignidade, o trânsito em julgado da sentença penal condenatória prévia acarretará a exclusão imediata do herdeiro ou legatário considerado indigno. Vejamos a redação do comando emergente:

"Art. 1.815-A. Em qualquer dos casos de indignidade previstos no art. 1.814, o trânsito em julgado da sentença penal condenatória acarretará a imediata exclusão do herdeiro ou legatário indigno, independentemente da sentença prevista no *caput* do art. 1.815 deste Código".

Dessa forma, perde função, pelo menos em parte, a regra que estabelece o prazo decadencial de quatro anos para o ingresso da ação de indignidade, uma vez que, em muitas situações concretas, a sentença penal condenatória gerará, de forma automática e imediata, o reconhecimento da indignidade e a exclusão da herança. Desaparece, assim, a necessidade de duas ações para tanto.

Feita essa nota, pontuo que doutrinariamente, já se reconhecia que a ação de indignidade poderia ser proposta pelo interessado ou pelo Ministério Público, o último quando houver questão de interesse público, conforme o Enunciado n. 116 do CJF/STJ, da *I Jornada de Direito Civil*, do ano de 2002: "o Ministério Público, por força do art. 1.815 do novo Código Civil, desde que presente o interesse público, tem legitimidade para promover ação visando à declaração da indignidade de herdeiro ou legatário".

A Lei 13.532, de 7 de dezembro de 2017, introduziu um § 2.º neste art. 1.815, prevendo expressamente que o Ministério Público tem legitimidade para promover a ação de indignidade, quando houver crime de homicídio doloso ou sua tentativa praticada pelo herdeiro contra o falecido ou seus familiares (hipóteses do art. 1.814, inc. I).

Apesar da fundamentação no interesse público, existem críticas ao novo comando e até alegações de sua suposta inconstitucionalidade, por afronta ao art. 127 do Texto Maior. Isso porque a atuação do MP estaria adstrita a questões relativas a direitos indisponíveis, o que não ocorre com a herança, que constitui um direito patrimonial disponível.

Com o devido respeito, não me filio a tal entendimento e às críticas, uma vez que o Ministério Público deve atuar nas questões atinentes ao interesse público, entendido este como relacionado à defesa da ordem jurídica e dos interesses sociais, expressos no citado art. 127 da Constituição Federal. Além disso, vale lembrar que a herança é direito fundamental, por força do art. 5.º, inc. XXX, da mesma Carta, não tendo um caráter patrimonial puro.

No Projeto de Reforma do Código Civil, a respeito do tema, além dessa manutenção do prazo de quatro anos, no projetado § 4.º do art. 1.815, são sugeridas melhoras no texto e a inclusão de regras procedimentais para a ação de indignidade. Nesse contexto, de forma mais completa, o seu *caput* enunciará que "a exclusão do herdeiro ou legatário, em qualquer desses casos de indignidade, será declarada por sentença, em ação proposta por qualquer herdeiro sucessível do autor da herança ou pelo Ministério Público, nos crimes de ação penal pública incondicionada".

Ainda nos termos da projeção, sendo a ação proposta pelo Ministério Público, os demais herdeiros devem ser cientificados da demanda para que declarem se concordam ou não com a propositura da ação (§ 1.º do art. 1.815). Caso discordem os demais herdeiros e a ação seja julgada procedente, o quinhão do indigno, não havendo direito de representação (art. 1.816), será apenas dos herdeiros que com ela concordaram (§ 2.º). Se todos discordarem, a quota do renunciante será revertida em favor de estabelecimento local de beneficência, a critério do juiz (§ 3.º). A não manifestação no prazo decadencial de 30 dias implica concordância (§ 4.º). Sem dúvidas que essas regras trazem maior segurança jurídica para o procedimento de exclusão e para o destino dos bens, esperando-se a sua aprovação pelo Congresso Nacional.

Feitas tais considerações, e voltando-se à comparação entre os institutos, sabe-se que na deserdação, por outro lado, há um ato de última vontade que afasta herdeiro necessário, sendo imprescindível a confirmação por sentença. Por isso é que a deserdação é tratada pelo CC/2002 no capítulo próprio da sucessão testamentária (arts. 1.961 a 1.965 do CC).

As hipóteses de indignidade e de deserdação estão unificadas em parte, e não totalmente, pela atual codificação privada. Assim, são considerados herdeiros indignos, nos termos do art. 1.814 do CC:

> I) Os herdeiros que tiverem sido autores, coautores ou partícipes de homicídio doloso, ou tentativa deste, contra a pessoa de cuja sucessão se tratar, seu cônjuge, companheiro, ascendente ou descendente.
>
> II) Os herdeiros que houverem acusado caluniosamente em juízo o autor da herança ou incorrerem em crime contra a sua honra, ou de seu cônjuge ou companheiro. No que diz respeito a esses crimes contra a honra, a jurisprudência superior, de forma correta, tem exigido a condenação criminal prévia do sucessor, citando a minha posição doutrinária, constante do Volume 6 da coleção de *Direito Civil* (STJ, REsp 2.023.098/DF, 3.ª Turma, Rel. Min. Nancy Andrighi, j. 07.03.2023, *DJe* 10.03.2023). De todo modo, com a nova Lei 14.661/2023, a sentença penal condenatória por crime contra a honra passa a gerar a exclusão imediata e automática do indigno, não sendo mais necessária a duplicidade das ações, a partir da sua entrada em vigor.
>
> III) Os herdeiros que, por violência ou meios fraudulentos, inibirem ou obstarem o autor da herança de dispor livremente de seus bens por ato de última vontade.

Expostas as hipóteses de indignidade, surge a seguinte dúvida, tão comum na realidade do Direito Civil contemporâneo: o rol do art. 1.814 do Código Civil é taxativo (*numerus clausus*) ou exemplificativo (*numerus apertus*)? Existem argumentos consideráveis – geralmente utilizados para defender minhas teses – para as duas correntes.

Para a afirmação de que o rol é taxativo, pode-se dizer que a norma é de exceção e restritiva de direitos e, como tal, não admite interpretação extensiva. Para a premissa da relação aberta, volta-se ao argumento de que o Código Civil de 2002 adotou um sistema aberto, baseado em cláusulas gerais e conceitos indeterminados, na linha da *teoria tridimensional do Direito* e da *ontognoseologia* de Miguel Reale.

Entre as duas argumentações, para o presente ponto da matéria, fico com a primeira. Excluir um herdeiro é algo extremamente grave, somente admitido em casos em que a lei expõe, até porque se trata de um direito fundamental, reconhecido pelo art. 5.º, inc. XXX, da Constituição Federal. Pelo rol taxativo, julgou o Superior Tribunal de Justiça, em 2010, seguindo a posição considerada majoritária que "a indignidade tem como finalidade impedir que aquele que atente contra os princípios basilares de justiça e da moral, nas hipóteses taxativamente previstas em lei, venha receber determinado acervo patrimonial, circunstâncias não verificadas na espécie" (STJ, REsp 1.102.360/RJ, 3.ª Turma, Rel. Min. Massami Uyeda, j. 09.02.2010, *DJe* 01.07.2010).

De todo modo, em 2022 surgiu acórdão muito debatido nos meios civilistas, no âmbito da Terceira Turma do Superior Tribunal de Justiça que, apesar reafirmar o rol taxativo do art. 1.814 do Código Civil, admitiu por interpretação teleológica e sociológica do seu inciso I que a indignidade sucessória também abrangesse ato infracional análogo a homicídio, praticado por menor de idade. Vejamos trecho de sua longa ementa, em destaque, para as necessárias reflexões:

"Na esteira da majoritária doutrina, o rol do art. 1.814 do CC/2002, que prevê as hipóteses autorizadoras de exclusão de herdeiros ou legatários da sucessão, é taxativo, razão pela qual se conclui não ser admissível a criação de hipóteses não previstas no dispositivo legal por intermédio da analogia ou da interpretação extensiva. (...). O fato de o rol do art. 1.814 do CC/2002 ser taxativo não induz à necessidade de interpretação literal de seu conteúdo e alcance, uma vez que a taxatividade do rol é compatível com as interpretações lógica, histórico-evolutiva, sistemática, teleológica e sociológica das hipóteses taxativamente listadas. (...). A regra do art. 1.814, I, do CC/2002, se interpretada literalmente, *prima facie*, de forma irreflexiva, não contextual e adstrita ao aspecto semântico ou sintático da língua, induziria ao resultado de que o uso da palavra homicídio possuiria um sentido único, técnico e importado diretamente da legislação penal para a civil, razão pela qual o ato infracional análogo ao homicídio praticado pelo filho contra os pais não poderia acarretar a exclusão da sucessão, pois, tecnicamente, homicídio não houve. (...). A exclusão do herdeiro que atenta contra a vida dos pais, cláusula geral com raiz ética, moral e jurídica existente desde o direito romano, está presente na maioria dos ordenamentos jurídicos contemporâneos e, no Brasil, possui, como núcleo essencial, a exigência de que a conduta ilícita do herdeiro seja dolosa, ainda que meramente tentada, sendo irrelevante investigar se a motivação foi ou não o recolhimento da herança. (...). A finalidade da regra que exclui da sucessão o herdeiro que atenta contra a vida dos pais é, a um só tempo, prevenir a ocorrência do ato ilícito, tutelando bem jurídico mais valioso do ordenamento jurídico, e reprimir o ato ilícito porventura praticado, estabelecendo sanção civil consubstanciada na perda do quinhão por quem praticá-lo. (...). Se o enunciado normativo do art. 1.814, I, do CC/2002, na perspectiva teleológica-finalística, é de que não terá direito à herança quem atentar, propositalmente, contra a vida de seus pais, ainda que a conduta não se consume, independentemente do motivo, a diferença técnico-jurídica entre o homicídio doloso e o ato análogo ao homicídio doloso, conquanto relevante para o âmbito penal diante das substanciais diferenças nas consequências e nas repercussões jurídicas do ato ilícito, não se reveste da mesma relevância no âmbito civil, sob pena de ofensa aos valores e às finalidades que nortearam a criação da norma e de completo esvaziamento de seu conteúdo. (...). Hipótese em que é incontroverso o fato de que o recorrente, que à época dos fatos possuía 17 anos e 06 meses, ceifou propositalmente a vida de seu pai e de sua mãe, motivo pelo qual é correta a interpretação segundo a qual a regra do art. 1.814, I, do CC/2002 contempla também o ato análogo ao homicídio, devendo ser mantida a exclusão do recorrente da sucessão de seus pais" (STJ, REsp 1.943.848/PR, 3.ª Turma, Rel. Min. Nancy Andrighi, j. 15.02.2022, *DJe* 18.02.2022).

Tenho a honra de ser citado no voto da Ministra Relatora, como um dos defensores da relação fechada e não entendo que se trata de conclusão pelo rol exemplificativo, pela analogia ou pela interpretação extensiva. A solução dada parece-me estar no campo da busca da finalidade da norma, exatamente como está no trecho destacado.

O mesmo – pela relação fechada – deve ser considerado quanto à deserdação, até com maior contundência, pelo fato de se excluir herdeiro necessário, protegido pela legítima.

Conforme os arts. 1.962 e 1.963 do CC, além das causas mencionadas no art. 1.814, autorizam a deserdação dos descendentes por seus ascendentes e vice-versa:

I) A prática de ofensa física entre tais pessoas.

II) A injúria grave entre elas.

**III)** As relações ilícitas com a madrasta ou com o padrasto; bem como as relações ilícitas com a mulher ou companheira do(a) filho(a) ou a do(a) neto(a). Como relações ilícitas, a doutrina entende a prática de atos sexuais e envolvimentos afetivos entre as pessoas elencadas, tidos como adúlteros, de infidelidade ou incestuosos.[27]

**IV)** O desamparo praticado entre essas pessoas, havendo alienação mental ou grave enfermidade do prejudicado.

Cabe destacar que no Projeto de Reforma do Código Civil, elaborado pela Comissão de Juristas nomeada no Senado Federal, pretende-se ampliar as hipóteses de indignidade e de deserdação, sendo a principal delas, *de lege ferenda*, o abandono afetivo. Nesse contexto, o inciso I do art. 1.814 passará a mencionar que são excluídos da sucessão os herdeiros ou legatários que tiverem sido autores, coautores ou partícipes de crime doloso, ato infracional, ou tentativa destes, contra a pessoa de cuja sucessão se tratar, seu cônjuge, convivente, ascendente ou descendente. No inciso II, passarão a ser mencionados aqueles que tiverem sido destituídos da autoridade parental da pessoa de cuja sucessão se tratar. E, por fim, no inciso IV, os que tiverem deixado de prestar assistência material ou incorrido em abandono afetivo voluntário e injustificado contra o autor da herança.

A respeito da deserdação, o art. 1.962 passará a mencionar, também com o texto ampliado, no seu inciso I, a ofensa à integridade física ou psicológica; e, no seu inciso III, o desamparo material e abandono afetivo voluntário e injustificado do ascendente pelo descendente. Revoga-se o inciso IV do comando, que trata das antes mencionadas relações ilícitas, hoje superadas, como pontuei há pouco. Em *espelhamento* necessário, essas mudanças são efetivadas no art. 1.963, incluindo-se no seu inciso IV o desamparo material e abandono afetivo voluntário e injustificado do filho ou neto.

Penso que essa ampliação é hoje mais do que necessária, atendendo-se ao *clamor doutrinário*, sobretudo na inclusão do abandono afetivo, hoje inexistente na norma, e que não pode fundamentar atualmente a indignidade ou a deserdação, por ser a herança um direito fundamental protegido no Texto Maior.

Também se almeja alterar o art. 92 do Código Penal, para se prever que são efeitos da condenação criminal, de forma automática, no seu novo inciso VI, "a indignidade sucessória, quando o autor, coautor ou partícipe de crime doloso, tentado ou consumado: a) for herdeiro legítimo, herdeiro testamentário ou legatário da vítima; b) praticar o crime com interesse na destinação do patrimônio hereditário, mesmo que não possua vínculo". Essa proposição também é salutar, sendo há tempos pleiteada pelos *sucessionistas brasileiros*, como é o meu caso, de Mario Delgado e de Giselda Hironaka, que integraram a Subcomissão de Direito das Sucessões.

Voltando-se ao sistema vigente, estou filiado ao entendimento que admite a deserdação do cônjuge, por se tratar de herdeiro necessário. Todavia, as hipóteses acima listadas a ele não se aplicam, pois normas restritivas de direitos não admitem analogia. Em suma, ao cônjuge somente incidem as hipóteses tratadas pelo art. 1.814 do CC.[28]

---

[27] Assim pensando: DINIZ, Maria Helena. *Código Civil anotado*. 15. ed. São Paulo: Saraiva, 2010. p. 1.362; VELOSO, Zeno. *Código Civil comentado*. 6. ed. São Paulo: Saraiva, 2008. p. 2.140-2.141; VENOSA, Silvio de Salvo. *Código Civil interpretado*. São Paulo: Atlas, 2010. p. 1.766.

[28] TARTUCE, Flávio; SIMÃO, José Fernando. *Direito Civil*. Direito das Sucessões. São Paulo: Método, 2006. v. 6, p. 91; ALVES, Jones Figueirêdo; DELGADO, Mário Luiz. *Código Civil anotado*. São Paulo: Método, 2005. p. 996-997.

CAP. 9 • DIREITO DAS SUCESSÕES | **1745**

Quanto à possibilidade de deserdação do companheiro ou convivente, prevalecia a premissa de seu afastamento, por não estar tratado, expressamente, como herdeiro necessário, no art. 1.845 do Código Civil. Porém, como visto, o Supremo Tribunal Federal entendeu, por maioria, pela inconstitucionalidade do art. 1.790 do CC e pela necessidade de equiparação sucessória da união estável ao casamento (Recurso Extraordinário 878.694/ MG, Rel. Min. Luís Roberto Barroso, julgado em maio de 2017, com repercussão geral, publicado no *Informativo* n. *864* da Corte).

A minha posição doutrinária é que a decisão repercute apenas no plano do Direito das Sucessões, o que faz que seja imperioso tratar o companheiro como herdeiro necessário. Assim sendo, o companheiro pode ser deserdado, a partir desse impactante julgado superior.

De toda sorte, o Projeto de Reforma do Código Civil ora em discussão no Congresso Nacional pretende resolver mais esse dilema retirando tanto o cônjuge como o convivente do rol dos herdeiros necessários, simplificando o sistema sucessório brasileiro.

Ainda quanto ao último instituto, somente com expressa declaração das causas expostas pode ser ordenada em testamento (art. 1.964 do CC). Isso, sob pena de nulidade absoluta, por desrespeito à forma e à solenidade (art. 166, incs. IV e V, do CC). Ao herdeiro instituído, ou àquele a quem aproveite a deserdação, incumbe o ônus de provar a veracidade da causa alegada pelo testador na ação de confirmação da deserdação (art. 1.965, *caput*, do CC). O direito de provar a causa da deserdação extingue-se no prazo decadencial de quatro anos, a contar da data da abertura do testamento (art. 1.965, parágrafo único, do CC).

Partindo-se para a abordagem de indignidade, enuncia o art. 1.816 do CC que são pessoais os efeitos da exclusão. Assim, os descendentes do herdeiro excluído sucedem, como se ele morto fosse antes da abertura da sucessão. Como se nota, a indignidade não atinge o direito de representação dos herdeiros do indigno, como ocorre na renúncia à herança. Ato contínuo de estudo, o excluído da sucessão não terá direito ao usufruto ou à administração dos bens que a seus sucessores couberem na herança (ex.: filhos menores), nem à sucessão eventual desses bens (art. 1.816, parágrafo único, do CC).

Conforme opinião já exarada em obra escrita anteriormente com José Fernando Simão, o efeito da indignidade constante do art. 1.816 do CC do mesmo modo se aplica à deserdação, em uma tentativa de unificação dos institutos.[29] Anote-se que o antigo Projeto de Lei Ricardo Fiuza pretendia incluir um § 2.º no art. 1.965 do CC nesse sentido ("São pessoas os efeitos da deserdação: os descendentes do herdeiro deserdado sucedem, como se ele morto fosse antes da abertura da sucessão. Mas o deserdado não terá direito ao usufruto ou à administração dos bens que a seus sucessores couberem na herança, nem à sucessão eventual desses bens").

No Projeto de Reforma do Código Civil elaborado pela tão citada Comissão de Juristas do Senado, entre 2023 e 2024, segue-se o mesmo caminho, incluindo-se um § 2.º no art. 1.965 para que preveja o seguinte: "são pessoais os efeitos da deserdação, sucedendo os descendentes do herdeiro deserdado por representação". De todo modo, mantém-se no sistema o prazo de quatro anos, que passa a ser contado do registro do testamento, conforme a nova redação do seu § 1.º.

No *caput*, passa-se também a prever que "ao herdeiro deserdado é permitido impugnar a causa alegada pelo testador", pois, segundo os membros da Subcomissão de Direito das Sucessões, propõe-se "a inversão da lógica da ação de deserdação, cuja legitimidade ativa é transferida ao deserdado, a quem caberá impugnar a causa da deserdação, retirando esse

---

[29] TARTUCE, Flávio; SIMÃO, José Fernando. *Direito Civil*. Direito das Sucessões. 3. ed. São Paulo: Método, 2010. v. 6, p. 83.

# 1746 | MANUAL DE DIREITO CIVIL • VOLUME ÚNICO – *Flávio Tartuce*

ônus dos demais herdeiros, em fortalecimento e valorização do princípio da prevalência da vontade do testador".

Por fim, também se inclui um novo § 3.º nesse art. 1.965 prevendo que o deserdado não terá direito ao usufruto ou à administração dos bens que a seus sucessores couberem na herança, nem à sucessão eventual desses bens, proposta que hoje é necessária, havendo lacuna a respeito desses efeitos.

Retornando-se ao sistema ainda em vigor, são válidas as alienações onerosas de bens hereditários a terceiros de boa-fé, e os atos de administração legalmente praticados pelo herdeiro, antes da sentença de exclusão (art. 1.817, *caput*, do CC). Porém, aos herdeiros que obtêm a sentença de indignidade subsiste, quando prejudicados, o direito de demandar-lhe perdas e danos. O excluído da sucessão é obrigado a restituir os frutos e rendimentos que dos bens da herança houver percebido, mas tem direito a ser indenizado das despesas com a conservação deles (art. 1.817, parágrafo único, do CC).

Como se nota, em havendo indignidade, o herdeiro declarado indigno posteriormente tem direito a receber a posse e o domínio da herança, ficando com ela até a declaração por sentença.

Admite-se a *reabilitação do indigno* por força de testamento ou outro ato autêntico, caso de uma escritura pública (*reabilitação expressa*). O art. 1.818 do CC, que trata dessa possibilidade, prevê ainda a *reabilitação tácita*, presente quando o autor da herança contempla o indigno por testamento, quando já conhecia a causa da indignidade.

Para encerrar o estudo da indignidade e da deserdação é interessante, do ponto de vista didático e metodológico, montar uma tabela comparativa com as quatro principais diferenças entre os institutos:

| Indignidade sucessória | Deserdação |
| --- | --- |
| Matéria de sucessão legítima e testamentária. | Matéria de sucessão testamentária. |
| Alcança qualquer classe de herdeiro. | Somente atinge os herdeiros necessários (ascendentes, descendentes e cônjuge, na literalidade da norma). Todavia, com o julgamento do STF do Recurso Extraordinário 878.694/MG, a tendência parece ser a equiparação sucessória total da união estável ao casamento, o que inclui o convivente no art. 1.845 do CC como herdeiro necessário. Assim, na minha opinião doutrinária, com a decisão superior, o convivente pode ser deserdado, no atual sistema sucessório brasileiro. |
| As hipóteses de indignidade servem para a deserdação. | Existem hipóteses de deserdação que não alcançam a indignidade (arts. 1.962 e 1.963). |
| Há pedido de terceiros interessados ou do MP, com confirmação em sentença transitada em julgado. | Realizada por testamento, com declaração de causa e posterior confirmação por sentença. |

## 9.7 DA AÇÃO DE PETIÇÃO DE HERANÇA

Como inovação perante o CC/1916, o CC/2002 trata da ação de petição de herança (*petitio hereditatis*), que é a demanda que visa incluir um herdeiro na herança mesmo após a sua divisão. Conforme explicam Jones Figueirêdo Alves e Mário Luiz Delgado, trata-se

CAP. 9 • DIREITO DAS SUCESSÕES | **1747**

de uma *ação real*, eis que, por força do art. 80, inc. II, do CC, o direito à sucessão aberta constitui um imóvel por determinação legal.[30] Estabelece o art. 1.824 da codificação material privada que pode o herdeiro, em ação de petição de herança, demandar o reconhecimento de seu direito sucessório, para obter a restituição da herança, ou de parte dela, contra quem, na qualidade de herdeiro, ou mesmo sem título, a possua. É o caso de um filho não reconhecido que pretende o seu reconhecimento posterior e inclusão na herança.

A ação de petição de herança, ainda que exercida por um só dos herdeiros, poderá compreender todos os bens hereditários (art. 1.825 do CC). Isso porque a herança, antes da partilha, constitui um bem indivisível, por força do outrora estudado art. 1.791 da Lei Geral Privada. Em havendo a citada devolução, o possuidor da herança está obrigado à restituição dos bens do acervo, sendo fixada a sua responsabilidade segundo a sua posse, se de boa ou má-fé (art. 1.826, *caput*, do CC). A partir da citação na ação de petição de herança, a responsabilidade do herdeiro possuidor será aferida de acordo com as regras concernentes à posse de má-fé e à mora (art. 1.826, parágrafo único, do CC). Aplicando tais premissas, para exemplificar, colaciona-se decisão do Tribunal Fluminense:

> "Petição de herança. Reconhecimento de herdeira necessária. Retificação da partilha. Restituição dos frutos. Responsabilidade pelos prejuízos a partir da citação. O herdeiro excluído da sucessão pode demandar o reconhecimento do seu direito sucessório e obter em juízo a sua parte na herança, consoante art. 1.824 do Código Civil. Os herdeiros que exercem com exclusividade a posse dos bens do monte, excluindo herdeiro necessário, cuja existência é do seu conhecimento, agem de má-fé e respondem pelos prejuízos a partir da citação nesta ação, consoante o art. 1.826, parágrafo único, do Código Civil. Provimento do recurso" (TJRJ, Apelação 2009.001.07769, 7.ª Câmara Cível, Rel. Des. Ricardo Couto, j. 24.03.2009, *DORJ* 05.06.2009, p. 148).

Ato contínuo de estudo, pode o herdeiro demandar os bens da herança, mesmo em poder de terceiros, o que denota o caráter real da ação de petição de herança (art. 1.827 do CC). Isso, sem prejuízo da responsabilidade do possuidor originário pelo valor dos bens alienados. Porém, se a pessoa que detinha a posse da herança for considerada um herdeiro aparente, os atos por ela praticados, a título oneroso e a terceiros de boa-fé, são considerados válidos e eficazes (art. 1.827, parágrafo único, do CC).

Conforme explica Maria Helena Diniz, "herdeiro aparente é aquele que, por ser possuidor de bens hereditários, faz supor que seja o seu legítimo titular, quando, na verdade, não o é, pois a herança passará ao real herdeiro, porque foi declarado não legitimado para suceder, indigno ou deserdado, ou porque foi contemplado por testamento nulo ou anulável, caduco ou revogado".[31] Nota-se, assim, que a boa-fé do terceiro e a teoria da aparência têm a força de vencer a ação de petição de herança. Desse modo, só resta ao herdeiro reconhecido posteriormente pleitear perdas e danos do suposto herdeiro aparente, que realizou a alienação (TJSC, Agravo de Instrumento 2004.028002-6, 4.ª Câmara de Direito Civil, São João Batista, Rel. Des. José Trindade dos Santos, *DJSC* 28.01.2008, p. 191).

Ainda a ilustrar a aplicação do conceito de herdeiro aparente, concluiu o Superior Tribunal de Justiça que "as alienações feitas por herdeiro aparente a terceiros de boa-fé, a título oneroso, são juridicamente eficazes. Art. 1.827, parágrafo único, do CC/02. Na hipótese dos autos, o negócio jurídico foi aperfeiçoado antes do trânsito em julgado da sentença que decretou a nulidade da partilha e inexistiam, à época em que foi celebrado

---

[30] ALVES, Jones Figueirêdo; DELGADO, Mário Luiz. *Código Civil anotado*. São Paulo: Método, 2005. p. 936.
[31] DINIZ, Maria Helena. *Código Civil anotado*. 15. ed. São Paulo: Saraiva, 2010. p. 1.294.

**1748** | MANUAL DE DIREITO CIVIL • VOLUME ÚNICO – *Flávio Tartuce*

o contrato de compra e venda, quaisquer indícios de que o imóvel fosse objeto de disputa entre os herdeiros do espólio" (STJ, AgRg na MC 17.349/RJ, 3.ª Turma, Rel. Min. Nancy Andrighi, j. 28.06.2011, *DJe* 01.08.2011).

A encerrar o estudo da ação de petição de herança, cumpre tecer algumas palavras sobre o prazo para a sua propositura. Conforme a antiga Súmula 149 do STF, "é imprescritível a ação de investigação de paternidade, mas não o é a de petição de herança". O entendimento sumulado é considerado majoritário. Assim, na vigência do CC/1916, a ação de petição de herança estaria sujeita ao prazo geral de prescrição, que era de 20 anos, conforme o seu art. 177 (veja-se julgado do STJ, que se refere à codificação anterior: STJ, AgRg no Ag 1.247.622/SP, 3.ª Turma, Rel. Min. Sidnei Beneti, j. 05.08.2010, *DJe* 16.08.2010). Na vigência do CC/2002 incidiria o prazo geral de 10 anos, do art. 205 da atual codificação (TJSP, Agravo Regimental 618.546.4/7, Acórdão 3407245, 3.ª Câmara de Direito Privado, Osasco, Rel. Des. Egidio Jorge Giacoia, j. 16.12.2008, *DJESP* 06.02.2009).

Em ambas as hipóteses, entendia-se desde os tempos remotos que o prazo tem início da abertura da sucessão, que se dá pela morte, o que consubstancia uma *visão clássica* (STF, RE 741.00/SE, Tribunal Pleno, Rel. Min. Eloy da Rocha, j. 03.10.1973, *DJU* 02.01.1974).

Todavia, em 2016, surgiu julgamento do Superior Tribunal de Justiça considerando como termo inicial o trânsito em julgado da ação de reconhecimento de paternidade. Vejamos a sua publicação constante do *Informativo* n. 583 do Tribunal da Cidadania, que merece destaque, pela sua relevância:

> "Na hipótese em que ação de investigação de paternidade *post mortem* tenha sido ajuizada após o trânsito em julgado da decisão de partilha de bens deixados pelo *de cujus*, o termo inicial do prazo prescricional para o ajuizamento de ação de petição de herança é a data do trânsito em julgado da decisão que reconheceu a paternidade, e não o trânsito em julgado da sentença que julgou a ação de inventário. (...). Trata-se de ação fundamental para que um herdeiro preterido possa reivindicar a totalidade ou parte do acervo hereditário, sendo movida em desfavor do detentor da herança, de modo que seja promovida nova partilha dos bens. A teor do que dispõe o art. 189 do CC, a fluência do prazo prescricional, mais propriamente no tocante ao direito de ação, somente surge quando há violação do direito subjetivo alegado. Assim, conforme entendimento doutrinário, não há falar em petição de herança enquanto não se der a confirmação da paternidade. Dessa forma, conclui-se que o termo inicial para o ajuizamento da ação de petição de herança é a data do trânsito em julgado da ação de investigação de paternidade, quando, em síntese, confirma-se a condição de herdeiro" (STJ, REsp 1.475.759/DF, Rel. Min. João Otávio de Noronha, j. 17.05.2016, *DJe* 20.05.2016).

Ainda mais recentemente, seguindo essa ideia, de uma *visão contemporânea* e da Terceira Turma do Tribunal da Cidadania:

> "Recurso especial. Civil. Direito das sucessões. Ação de petição de herança. Filiação reconhecida e declarada após a morte do autor da herança. Termo inicial. Teoria da 'actio nata'. Data do trânsito em julgado da ação de investigação de paternidade. 1. Controvérsia doutrinária acerca da prescritibilidade da pretensão de petição de herança que restou superada na jurisprudência com a edição pelo STF da Súmula n.º 149: 'É imprescritível a ação de investigação de paternidade, mas não o é a de petição de herança'. 2. Ausência de previsão, tanto no Código Civil de 2002, como no Código Civil de 1916, de prazo prescricional específico para o ajuizamento da ação de petição de herança, sujeitando-se, portanto, ao prazo geral de prescrição previsto em cada codificação civil: vinte anos e dez anos, respectivamente,

conforme previsto no art. 177 do CC/16 e no art. 205 do CC/2002. 3. Nas hipóteses de reconhecimento 'post mortem' da paternidade, o prazo para o herdeiro preterido buscar a nulidade da partilha e reivindicar a sua parte na herança só se inicia a partir do trânsito em julgado da ação de investigação de paternidade, quando resta confirmada a sua condição de herdeiro. Precedentes específicos desta Terceira do STJ. 4. Superação do entendimento do Supremo Tribunal Federal, firmado quando ainda detinha competência para o julgamento de matérias infraconstitucionais, no sentido de que o prazo prescricional da ação de petição de herança corria da abertura da sucessão do pretendido pai, seguindo a exegese do art. 1.572 do Código Civil de 1916. 5. Aplicação da teoria da 'actio nata'. Precedentes. 6. Recurso especial desprovido" (STJ, REsp 1.368.677/MG, 3.ª Turma, Rel. Min. Paulo de Tarso Sanseverino, j. 05.12.2017, *DJe* 15.02.2018).

O último *decisum* está baseado na teoria da *actio nata subjetiva*, segundo a qual o início do prazo de prescrição se dá do conhecimento da lesão ao direito subjetivo, o que somente ocorreria com a ciência do vínculo parental.

No final de 2019, todavia, instaurou-se divergência na atual composição do Superior Tribunal de Justiça, pois surgiu outro acórdão, da sua Quarta Turma, voltando a aplicar a visão clássica anterior, de que o prazo prescricional deve ter início na abertura da sucessão. O julgamento se deu nos autos do Agravo Interno no Recurso Especial 479.648/MS, em dezembro de 2019. O Ministro Relator, Raul Araújo, seguiu os fundamentos apresentados pela Ministra Isabel Gallotti, na linha de que "o entendimento de que o trânsito em julgado da sentença de reconhecimento de paternidade marca o início do prazo prescricional para a petição de herança conduz, na prática, à imprescritibilidade desta ação, causando grave insegurança às relações sociais" (AgInt no AREsp 479.648/MS, 4.ª Turma, Rel. Min. Raul Araújo, j. 10.12.2019, *DJe* 06.03.2020).

Trata-se de profundo debate que envolve a segurança e a certeza – de um lado –, e a efetividade da herança como direito fundamental, previsto no art. 5.º, inc. XXX, da Constituição da República. Como se percebe, a questão pendia de pacificação no âmbito da Segunda Seção do STJ, o que parecia ter ocorrido em novembro de 2022, conforme o aresto a seguir transcrito:

"Processual civil. Embargos de divergência em agravo em recurso especial. 'Ação de reconhecimento de paternidade *post mortem* c/c pedido de herança'. Provas indiciárias do relacionamento. Exame de DNA. Recusa pelos réus. Súmula 301 do STJ. Dissídio jurisprudencial. Ausência. Petição de herança. Prescrição. Súmula n. 149 do STF. Termo inicial. Abertura da sucessão ou trânsito em julgado da ação investigatória de paternidade. Divergência caracterizada. 1. Embargos de divergência que não merecem ser conhecidos na parte em que os embargantes buscam afastar a aplicação da Súmula n. 301 do STJ, tendo em vista a efetiva ausência de teses conflitantes nos acórdãos confrontados. No acórdão indicado como paradigma, da Quarta Turma (REsp n. 1.068.836/RJ), foi decidido que a aplicação da Súmula n. 301 do STJ dependeria da existência de provas indiciárias quanto à paternidade, citando, inclusive precedente da Terceira Turma. No acórdão embargado, igualmente, a Terceira Turma aplicou a Súmula n. 301 do STJ, deixando claro, ainda, que haveria outros elementos que confirmariam, ao menos indiciariamente, a filiação. 2. O prazo prescricional para propor ação de petição de herança conta-se da abertura da sucessão, aplicada a corrente objetiva acerca do princípio da actio nata (arts. 177 do CC/1916 e 189 do CC/2002). 3. A ausência de prévia propositura de ação de investigação de paternidade, imprescritível, e de seu julgamento definitivo não constitui óbice para o ajuizamento de ação de petição de herança e para o início da contagem do prazo prescricional. A definição da paternidade e da afronta ao direito hereditário, na verdade, apenas interfere na procedência da ação de petição de herança. 4. Embargos de divergência parcialmente conhecidos e, nessa parte, providos, declarada a prescrição vintenária quanto à petição de herança" (STJ, EAREsp 1.260.418/MG, 2.ª Seção, Rel. Min. Antonio Carlos, j. 26.10.2022, *DJe* 24.11.2022).

Votaram com o Relator os Ministros Marco Buzzi, Luis Felipe Salomão, Raul Araújo, Maria Isabel Gallotti, Moura Ribeiro e Nancy Andrighi, os dois últimos alterando a sua posição anterior, da *visão contemporânea* para a *clássica*. Foram vencidos os Ministros Marco Aurélio Bellizze e saudoso Paulo de Tarso Sanseverino, que mantiveram seus entendimentos, quando dos julgamentos anteriores da Terceira Turma. O Ministro Villas Bôas Cueva, Presidente, não prolatou voto.

Além das afirmações já conhecidas a respeito da certeza e da segurança jurídica, acabou prevalecendo nesse aresto a incidência da teoria da *actio nata objetiva*, ou de viés objetivo, para tais situações, correndo o prazo de prescrição a partir da suposta lesão ao direito subjetivo, que se daria com a abertura da sucessão, ou seja, com a morte daquele a quem a petição de herança se refere. Aplicou-se, assim, o teor do Enunciado n. 14, aprovado na *I Jornada de Direito Civil*, que sintetiza a *actio nata objetiva*: "1) O início do prazo prescricional ocorre com o surgimento da pretensão, que decorre da exigibilidade do direito subjetivo; 2) o art. 189 diz respeito a casos em que a pretensão nasce imediatamente após a violação do direito absoluto ou da obrigação de não fazer".

Todavia, ao contrário do que pensava, a questão não restou consolidada no âmbito da Corte, uma vez que, em junho de 2023, a própria Segunda Seção reconheceu repercussão geral do assunto, com o fim de se pacificar, em forma definitiva, o tema (Tema 1.200). Consoante publicação constante do *Informativo* n. 778 do STJ, "a Segunda Seção acolheu a proposta de afetação dos REsps 2.029.809/MG e 2.34.650/SP ao rito dos recursos repetitivos, a fim de uniformizar o entendimento a respeito da seguinte controvérsia: 'definir o termo inicial do prazo prescricional da petição de herança proposta por filho cujo reconhecimento da paternidade tenha ocorrido após a morte'" (STJ, Pro. AfR. no REsp 2.029.809/MG, 2.ª Seção, Rel. Min. Marco Aurélio Bellizze, j. 31.05.2023 a 06.06.2023 – Tema 1200).

Em 2024 a questão foi julgada de forma definitiva pela Corte Superior, que firmou a seguinte tese de repercussão geral, a ser aplicada para os devidos fins práticos e com efeitos vinculativos para as decisões de inferior instância: "o prazo prescricional para propor ação de petição de herança conta-se da abertura da sucessão, cuja fluência não é impedida, suspensa ou interrompida pelo ajuizamento de ação de reconhecimento de filiação, independentemente do seu trânsito em julgado" (STJ, REsp 2.029.809/MG, 2.ª Seção, Rel. Min. Marco Aurélio Bellizze, j. 22.05.2024, *DJe* 28.05.2024).

Anoto que esse mesmo entendimento sobre a matéria consta do Projeto de Reforma do Código Civil, citado no último julgamento, tendo sido essa posição que prevaleceu na Comissão de Juristas, pelo voto da maioria, e com a derrota da posição que eu defendia, seguindo a *teoria contemporânea* aqui antes exposta.

Nesse contexto, propõe-se que o art. 1.824 do Código Civil receba dois novos parágrafos. Nos termos do § 1.º, "o prazo de prescrição da pretensão de petição de herança tem como termo inicial a abertura da sucessão". E, nos termos do novo § 2.º, "o prazo previsto no § 1º não se interrompe nem se suspende com a propositura de ação de investigação de paternidade, de declaração de paternidade socioafetiva ou com o nascimento do filho havido após aquela data com o emprego de técnica de procriação assistida". Como se pode perceber, o texto amplia a impossibilidade de interrupção do prazo mesmo nas hipóteses de parentesco civil decorrente da parentalidade socioafetiva e do emprego de técnica de reprodução assistida.

CAP. 9 • DIREITO DAS SUCESSÕES | **1751**

Entre vitórias e derrotas doutrinárias, tenho defendido ferrenhamente nos últimos anos a necessidade de manutenção e de respeito às decisões do Superior Tribunal de Justiça que consolidam a sua posição em matéria de Direito Privado, para que o Direito Civil mantenha a sua funcionalidade, em prol da certeza e da segurança esperada para as relações jurídicas. Que assim seja, mesmo não sendo a solução adotada e seguida por mim, dentre as duas que encartam a citada discussão. De forma definitiva, penso que essa mesma solução deve ser adotada pelo legislador, para encerrar o embate e trazer segurança jurídica para os inventários.

Da minha parte, de toda sorte, apesar de certa precisão dos julgados anteriores, no sentido de aplicar a teoria da *actio nata subjetiva*, entendo, doutrinariamente, que a ação de petição de herança deve ser reconhecida como imprescritível, na linha do que defende Giselda Maria Fernandes Novaes Hironaka:

> "A petição de herança não prescreve. A ação é imprescritível, podendo, por isso, ser intentada a qualquer tempo. Isso assim se passa porque a qualidade de herdeiro não se perde (*semei heres semper heres*), assim como o não exercício do direito de propriedade não lhe causa a extinção. A herança é transferida ao sucessor no momento mesmo da morte de seu autor, e, como se viu, isso assim se dá pela transmissão da propriedade do todo hereditário. Toda essa construção, coordenada, implica o reconhecimento da imprescritibilidade da ação, que pode ser intentada a todo tempo, como já se afirmou".[32]

Aos argumentos da *Mestra das Arcadas*, somam-se premissas estribadas no Direito Civil Constitucional. Ora, o direito à herança é um direito fundamental protegido na Constituição da República, que por envolver a própria existência digna da pessoa humana, para o sustento de um patrimônio mínimo, não estaria sujeito à prescrição ou à decadência.

A propósito, na mesma esteira, pondera Luiz Paulo Vieira de Carvalho que, "em nosso sentido, as ações de petição de herança são imprescritíveis, podendo o réu alegar em sede de defesa apenas a exceção de usucapião (Súmula 237 do STF), que atualmente tem como prazo máximo 15 anos (na usucapião extraordinária sem posse social, art. 1.238, *caput*, do CC)".[33] A propósito dessa tese, pontue-se que o Código Civil Italiano é expresso em reconhecer que a ação de petição de herança não se sujeita à prescrição (arts. 533 e 2.934), ressalvando-se a possibilidade de alegação de usucapião a respeito de bens singularizados. Essa opção legislativa também consta do art. 664 do Código Civil Peruano.

Sem falar que, na grande maioria das vezes, a ação de petição de herança está cumulada com investigação de paternidade, sendo decorrência natural do reconhecimento da verdade biológica e do vínculo parental. Em suma, parece-me que a justiça na concretização da petição de herança deve prevalecer sobre a certeza e a segurança. De todo modo, como antes pontuado, não foi essa a solução adotada na consolidação do tema na Segunda Seção do STJ, e que deve ser a adotada para os devidos fins práticos.

## 9.8 DA SUCESSÃO LEGÍTIMA

### 9.8.1 Panorama geral das inovações introduzidas pelo CC/2002. Anotações sobre a decisão do STF a respeito da inconstitucionalidade do art. 1.790 do Código Civil

Como é notório, a atual codificação privada alterou substancialmente o tratamento da sucessão legítima. Esse talvez seja, na atualidade, um dos aspectos mais comentados e

---

[32] HIRONAKA, Giselda Maria Fernandes. *Comentários ao Código Civil*. 2. ed. Coord. Antonio Junqueira de Azevedo. São Paulo: Saraiva, 2007. v. 20, p. 202.

[33] CARVALHO, Luiz Paulo Vieira de. *Direito das sucessões*. São Paulo: Atlas, 2014. p. 282-283.

**1752** | MANUAL DE DIREITO CIVIL • VOLUME ÚNICO – *Flávio Tartuce*

criticados do atual sistema civil brasileiro, havendo, no presente, uma verdadeira *Torre de Babel doutrinária e jurisprudencial* a respeito do tema, o que se almeja reparar pelo Projeto de Reforma do Código Civil, elaborado pela Comissão de Juristas nomeada no Senado Federal. Na verdade, dois pontos sempre geraram os principais dilemas.

*Primeiro*, a introdução do sistema de concorrência sucessória, envolvendo o cônjuge e o companheiro, em relação a descendentes, ascendentes e colaterais.

*Segundo*, o tratamento diferenciado sucessório entre o cônjuge e o companheiro, residindo neste último aspecto as principais controvérsias, incluindo as anteriores arguições de inconstitucionalidade por parte da doutrina. De todo modo, reafirme-se que em outra decisão superior de grande impacto, prolatada no ano de 2017, o Supremo Tribunal Federal acabou por concluir pela inconstitucionalidade do art. 1.790 do Código Civil, que tratava dos direitos sucessórios do companheiro. Por maioria de voto, entendeu-se pela equiparação sucessória total entre o casamento e a união estável, para os fins de repercussão geral (STF, Recurso Extraordinário 878.694/MG, Rel. Min. Luís Roberto Barroso – *Temas 489 e 809*).

No dia 31 de agosto de 2016, foram prolatados sete votos na linha do entendimento do Ministro Barroso (além do Relator, dos Ministros Luiz Edson Fachin, Teori Zavascki, Rosa Weber, Luiz Fux, Celso de Mello e Cármen Lúcia). O Ministro Dias Toffoli pediu vista dos autos, não encerrando o julgamento naquela ocasião, o que não nos impedia de afirmar, desde a 7.ª edição deste livro, que a posição estaria praticamente consolidada naquele Tribunal, tendo repercussão geral para outros casos. A tese fixada foi a seguinte: "no sistema constitucional vigente, é inconstitucional a distinção de regimes sucessórios entre cônjuges e companheiros, devendo ser aplicado, em ambos os casos, o regime estabelecido no art. 1.829 do CC/2002".

Após pedido de vistas do Ministro Dias Toffoli, o processo retomou seu destino em 2017, tendo esse último julgador concluído pela constitucionalidade da norma, pois haveria justificativa constitucional para o tratamento diferenciado entre o casamento e a união estável (voto prolatado em 30 de março de 2017). O Ministro Marco Aurélio pediu novas vistas, unindo também o julgamento do Recurso Extraordinário 646.721/RS, que tratava da sucessão de companheiro homoafetivo, do qual era relator, justamente o segundo processo (Tema 498).

Em maio de 2017, foram retomados os julgamentos das duas demandas, iniciando-se pela última. Para começar, o Ministro Marco Aurélio apontou não haver razão para a distinção entre a união estável homoafetiva e a união estável heteroafetiva, na linha do que fora decidido pela Corte quando do julgamento da ADPF 132/RJ, em 2011.

Porém, no que concerne ao tratamento diferenciado da união estável diante do casamento, asseverou não haver qualquer inconstitucionalidade, devendo ser preservado o teor do art. 1.790 do Código Civil, na linha do que consta do art. 226, § 3.º, do Texto Maior que, ao tratar da conversão da união estável em casamento, reconheceu uma hierarquia entre as duas entidades familiares.

Ao final, restou vencido, prevalecendo a posição dos Ministros Luís Roberto Barroso, Luiz Edson Fachin, Rosa Weber, Luiz Fux, Gilmar Mendes, Cármen Lúcia e Alexandre de Moraes. Frise-se que o último julgador não votou no processo anterior – pois ainda era magistrado o Ministro Teori Zavascki –, mas prolatou sua visão na demanda envolvendo a sucessão homoafetiva. Com o relator, apenas votou o Ministro Ricardo Lewandowski, que adotou a premissa *in dubio pro legislatore*.

Assim, o placar do julgamento do Tema 498 foi de 7 votos a 2, ausentes o Ministro Dias Toffoli e Celso de Mello. Mais uma vez, vejamos o que consta da publicação inserida no *Informativo* n. 864 da Corte:

"O Supremo Tribunal Federal (STF) afirmou que a Constituição prevê diferentes modalidades de família, além da que resulta do casamento. Entre essas modalidades, está a que deriva das uniões estáveis, seja a convencional, seja a homoafetiva. Frisou que, após a vigência da Constituição de 1988, duas leis ordinárias equipararam os regimes jurídicos sucessórios do casamento e da união estável (Lei 8.971/1994 e Lei 9.278/1996). O Código Civil, no entanto, desequiparou, para fins de sucessão, o casamento e as uniões estáveis. Dessa forma, promoveu retrocesso e hierarquização entre as famílias, o que não é admitido pela Constituição, que trata todas as famílias com o mesmo grau de valia, respeito e consideração. O art. 1.790 do mencionado Código é inconstitucional, porque viola os princípios constitucionais da igualdade, da dignidade da pessoa humana, da proporcionalidade na modalidade de proibição à proteção deficiente e da vedação ao retrocesso".

Quanto ao processo original, o que iniciou o julgamento da questão (RE 878.694/MG) apenas se confirmou o que estava consolidado desde 2016, entendendo pela constitucionalidade do art. 1.790 do Código Civil os Ministros Marco Aurélio e Ricardo Lewandowski, e mantendo-se a coerência de posições com a demanda anterior. Nesse primeiro processo, o placar foi de 7 a 3, ausente novamente o Ministro Gilmar Mendes (Tema 809).

Desse modo, encerrado finalmente esse histórico julgamento, para a prática do Direito das Sucessões, passou a ser firme e majoritária a premissa da equiparação sucessória da união estável ao casamento (*equalização sucessória*), igualdade também adotada pelo CPC/2015, como está exposto nesta obra em vários outros trechos. Quanto à modulação dos efeitos do *decisum*, de acordo também com o Ministro Relator, merece ser destacado o seguinte trecho:

"É importante observar que o tema possui enorme repercussão na sociedade, em virtude da multiplicidade de sucessões de companheiros ocorridas desde o advento do CC/2002. Assim, levando-se em consideração o fato de que as partilhas judiciais e extrajudiciais que versam sobre as referidas sucessões encontram-se em diferentes estágios de desenvolvimento (muitas já finalizadas sob as regras antigas), entendo ser recomendável modular os efeitos da aplicação do entendimento ora afirmado. Assim, com o intuito de reduzir a insegurança jurídica, entendo que a solução ora alcançada deve ser aplicada apenas aos processos judiciais em que ainda não tenha havido trânsito em julgado da sentença de partilha, assim como às partilhas extrajudiciais em que ainda não tenha sido lavrada escritura pública" (STF, Recurso Extraordinário 878.694/MG, Rel. Min. Luís Roberto Barroso).

Acrescente-se que o Superior Tribunal de Justiça já analisou, em 2021, a modulação concreta dos efeitos desse julgado emblemático do STF. Conforme julgado da sua Terceira Turma, a tese deve ser aplicada ao inventário em que a exclusão da concorrência entre herdeiros ocorreu em decisão anterior ao julgamento superior. Nos termos da ementa, com a qual concordo, "aplica-se a tese fixada no tema 809/STF às ações de inventário em que ainda não foi proferida a sentença de partilha, ainda que tenha havido, no curso do processo, a prolação de decisão que, aplicando o art. 1.790 do CC/2002, excluiu herdeiro da sucessão e que a ela deverá retornar após a declaração de inconstitucionalidade e a consequente aplicação do art. 1.829 do CC/2002". Ademais, "não são equiparáveis, para os fins da aplicação do tema 809/STF, as sentenças de partilha transitadas em julgado e as decisões que, incidentalmente, versam sobre bens pertencentes ao espólio, uma vez que a inconstitucionalidade de lei, enquanto questão de ordem pública, é matéria suscetível de arguição em impugnação ao cumprimento de sentença e que, com muito mais razão, pode ser examinada na fase de conhecimento" (STJ, REsp 1.904.374/DF, 3.ª Turma, Rel. Min. Nancy Andrighi, j. 13.04.2021, *DJe* 15.04.2021).

Em outro aresto de relevo, o mesmo Tribunal da Cidadania, de forma correta e novamente tratando da modulação dos efeitos do *decisum* do STF, entendeu que "é lícito ao juiz proferir nova decisão para ajustar questão sucessória, existente em inventário ainda não concluído, à orientação vinculante emanada do Supremo Tribunal Federal" (STJ, REsp 2.017.064/SP, 3.ª Turma, Rel. Min. Nancy Andrighi, j. 11.04.2023, v.u.).

Findo o julgamento pelo STF, trarei aqui as observações que podem ser feitas sobre o acórdão, sem prejuízo de aspectos que restaram em aberto, pois não enfrentados pelo *decisum*. Acrescente-se que, em outubro de 2018, a Corte julgou os embargos de declaração opostos pelo Instituto Brasileiro de Direito de Família (IBDFAM), com o fim de esclarecer tais aspectos. Porém, os embargos foram rejeitados, sob o argumento processual de não terem sido ventiladas tais questões na demanda original.

O primeiro dos pontos polêmicos, reafirme-se, diz respeito à inclusão ou não do companheiro como herdeiro necessário no art. 1.845 do Código Civil, outra tormentosa questão relativa ao Direito das Sucessões e que tem numerosas consequências. O julgamento original nada expressou a respeito da dúvida. Todavia, lendo os votos prevalecentes, especialmente o do relator, a conclusão parece ser positiva, sendo essa a minha posição, conforme destacado em outros trechos deste livro.

Como consequências, alguns efeitos podem ser destacados, a saber: *a)* incidência das regras previstas entre os arts. 1.846 e 1.849 do CC/2002 para o companheiro, o que gera restrições na doação e no testamento, uma vez que o convivente deve ter a sua legítima protegida, como herdeiro reservatário; *b)* o companheiro passa a ser incluído no art. 1.974 do Código Civil, para os fins de rompimento de testamento, caso ali também se inclua o cônjuge; *c)* o convivente tem o dever de colacionar os bens recebidos em antecipação (arts. 2.002 a 2.012 do CC), sob pena de sonegados (arts. 1.992 a 1.996), caso isso igualmente seja reconhecido ao cônjuge.

Sobre tal reconhecimento expresso pela Corte, quando do julgamento dos citados embargos de declaração, aduziu o Ministro Roberto Barroso, no que foi seguido de forma unânime, que "a embargante sustenta que o regime sucessório do cônjuge não se restringe ao art. 1.829 do Código Civil, de forma que o acórdão embargado teria se omitido com relação a diversos dispositivos que conformam esse regime jurídico, em particular o art. 1.845 do Código Civil. Requer que se esclareça o alcance da tese de repercussão geral, no sentido de mencionar as regras e dispositivos legais do regime sucessório ao cônjuge que devem se aplicar aos companheiros". Entretanto, ao enfrentar a questão, pontuou que "não há que se falar em omissão do acórdão embargado por ausência de manifestação com relação ao art. 1.845 ou qualquer outro dispositivo do Código Civil, pois o objeto da repercussão geral reconhecida não os abrangeu. Não houve discussão a respeito da integração do companheiro ao rol de herdeiros necessários, de forma que inexiste omissão a ser sanada".

A minha posição é no sentido de que essa rejeição dos embargos, ocorrida em outubro de 2018, não resolveu o dilema, devendo a doutrina e a jurisprudência – notadamente do STJ –, responder, em interpretação ao *decisum* anterior do STF, se o companheiro é ou não herdeiro necessário.

No que concerne ao direito real de habitação do companheiro, também não mencionado nos julgamentos originais, não resta dúvida da sua existência, na linha do que vinham reconhecendo a doutrina e a jurisprudência superior, e conforme será aqui desenvolvido. Mas qual a extensão desse direito real de habitação ao companheiro? Terá o direito porque subsiste no sistema o art. 7.º, parágrafo único, da Lei 9.278/1996, na linha do último julgado? Ou ser-lhe-á reconhecido esse direito real de forma equiparada ao cônjuge, por força do art. 1.831 do Código Civil?

Como será exposto, os dois dispositivos têm conteúdos distintos. O Supremo Tribunal Federal não enunciou expressamente essa questão, apesar de tender à última resposta, cabendo à doutrina e à própria jurisprudência ainda resolvê-la. Esse é outro aspecto que o Projeto de Reforma do Código Civil pretende resolver, unificando o seu tratamento em uma norma em comum.

Por derradeiro, a equiparação feita pelo STF também inclui os devidos fins familiares sendo, portanto, total? Há quem entenda que sim, caso de Mário Luiz Delgado, para os quais a união estável passaria a ser um *casamento forçado*. Aliás, o jurista é um dos poucos que defende não ser a companheira herdeira necessária. Lembro, como sempre pontuo, que o Código de Processo Civil de 2015 já fez essa equiparação para quase todos os fins processuais.

O meu entendimento, reafirme-se, não é nesse sentido, tendo a decisão apenas repercussões para o plano sucessório. A propósito, sigo a corrente encabeçada por Anderson Schreiber, Ana Luiza Nevares e outros, no sentido de haver equiparação das duas entidades familiares somente para os fins de *normas de solidariedade*, caso das regras sucessórias, de alimentos e de regime de bens. No que diz respeito às *normas de formalidade*, como as relativas à existência formal da união estável e do casamento, aos requisitos para a ação de alteração do regime de bens do casamento (art. 1.639, § 2.º, do CC e art. 734 do CPC) e às exigências de outorga conjugal, a equiparação não deve ser total. Confesso que essa última e novel posição tem me seduzido e a tenho seguido em minhas conclusões técnicas sobre o tema.

Adotando esse entendimento, por mim compartilhado, na *VIII Jornada de Direito Civil*, promovida pelo Conselho da Justiça Federal em abril de 2018, aprovou-se o Enunciado n. 641, com a seguinte dicção: "a decisão do Supremo Tribunal Federal que declarou a inconstitucionalidade do art. 1.790 do Código Civil não importa equiparação absoluta entre o casamento e a união estável. Estendem-se à união estável apenas as regras aplicáveis ao casamento que tenham por fundamento a solidariedade familiar. Por outro lado, é constitucional a distinção entre os regimes, quando baseada na solenidade do ato jurídico que funda o casamento, ausente na união estável".

Insta observar que já existem decisões do Superior Tribunal de Justiça, da sua Terceira e Quarta Turmas, prolatadas após o emblemático julgamento do STF, entre 2017 e 2018, e que aqui também serão devidamente estudadas, reconhecendo ser o convivente herdeiro necessário, de forma expressa e implícita.

Com o intuito didático, como a obra ainda está em transição, também será demonstrado todo o sistema sucessório anterior, até culminar com essa impactante decisão do Supremo Tribunal Federal.

Pois bem, consigne-se que, para demonstrar a grande variação doutrinária que sempre existiu sobre a temática, Francisco José Cahali elaborou tabela com o posicionamento de 23 doutrinadores brasileiros a respeito das principais divergências relativas ao nosso Direito das Sucessões.[34]

Assim, para iniciar tal estudo, é preciso verificar, em quadro comparativo, como era, basicamente, o sistema sucessório no sistema anterior, sob a égide do CC/1916; e como ele ficou com o CC/2002. Tal visão panorâmica facilitará sobremaneira a compreensão da matéria, estando a confrontação atualizada também com aquela decisão superior (STF, RE

---

[34] Ver em: CAHALI, Francisco José. *Direito das Sucessões*. 3. ed. São Paulo: RT, 2007. p. 189-192; HIRONAKA, Giselda Maria Fernandes. *Comentários ao Código Civil*. 2. ed. Coord. Antonio Junqueira de Azevedo. São Paulo: Saraiva, 2007. v. 20, p. 228-229; TARTUCE, Flávio; SIMÃO, José Fernando. *Direito Civil*. Direito das Sucessões. 3. ed. São Paulo: Método, 2010. v. 6, p. 285. A tabela traz os entendimentos de: Caio Mário da Silva Pereira, Christiano Cassettari, Eduardo de Oliveira Leite, Francisco Cahali, Giselda Hironaka, Guilherme Calmon Nogueira da Gama, Gustavo René Nicolau, Inácio de Carvalho Neto, Jorge Fujita, José Fernando Simão, Luiz Paulo Vieira de Carvalho, Maria Berenice Dias, Maria Helena Diniz, Maria Helena Braceiro Daneluzzi, Mário Delgado, Mário Roberto Carvalho de Faria, Rodrigo da Cunha Pereira, Rolf Madaleno, Sebastião Amorim, Euclides de Oliveira, Sílvio Venosa, Zeno Veloso, além do presente autor.

# 1756 | MANUAL DE DIREITO CIVIL • VOLUME ÚNICO – *Flávio Tartuce*

878.694/MG, Rel. Min. Roberto Barroso, j. 10.05.2017, publicado no seu *Informativo* n. *864*). Na sequência, serão expostas e analisadas também as propostas formuladas pela Comissão de Juristas nomeada no Senado Federal para a Reforma do Código Civil. Vejamos:

| Sucessão no sistema anterior | Sucessão no sistema atual |
|---|---|
| Não existia a concorrência sucessória envolvendo o cônjuge e o companheiro. | Foi introduzido o sistema de concorrência sucessória envolvendo o cônjuge (art. 1.829 do CC/2002) e o companheiro (1.790 do CC/2002). |
| A ordem de sucessão legítima estava prevista no art. 1.603 do CC/1916 ("A sucessão legítima defere-se na ordem seguinte: I – aos descendentes; II – aos ascendentes; III – ao cônjuge sobrevivente; IV – aos colaterais; V – aos Municípios, ao Distrito Federal ou à União"). Não havia maiores complicações na ordem, justamente diante da inexistência do instituto da concorrência. | A ordem relativa à sucessão legítima consta do art. 1.829 do CC/2002, com a introdução da complicada concorrência sucessória do cônjuge ("A sucessão legítima defere-se na ordem seguinte: I – aos descendentes, em concorrência com o cônjuge sobrevivente, salvo se casado este com o falecido no regime da comunhão universal, ou no da separação obrigatória de bens (art. 1.640, parágrafo único); ou se, no regime da comunhão parcial, o autor da herança não houver deixado bens particulares; II – aos ascendentes, em concorrência com o cônjuge; III – ao cônjuge sobrevivente; IV – aos colaterais". |
| Existia previsão de um *usufruto vidual* a favor do cônjuge do falecido no art. 1.611 do CC/1916 ("À falta de descendentes ou ascendentes será deferida a sucessão ao cônjuge sobrevivente, se, ao tempo da morte do outro, não estava dissolvida a sociedade conjugal. § 1.º O cônjuge viúvo, se o regime de bens do casamento não era o da comunhão universal, terá direito, enquanto durar a viuvez, ao usufruto da quarta parte dos bens do cônjuge falecido, se houver filhos, deste ou do casal, e à metade, se não houver filhos embora sobrevivam ascendentes do *de cujus*"). | Não há mais o *usufruto vidual* a favor do cônjuge, pois esse foi supostamente substituído pelo instituto da concorrência sucessória. |
| A sucessão do companheiro não constava do CC/1916, mas de duas leis que regulamentavam a união estável, a Lei 8.971/1994 e a Lei 9.278/1996. O art. 2.º da Lei 8.971/1994 tratada substancialmente dos direitos sucessórios decorrentes da união estável, nos seguintes termos: "As pessoas referidas no artigo anterior participarão da sucessão do(a) companheiro(a) nas seguintes condições: I – o(a) companheiro(a) sobrevivente terá direito enquanto não constituir nova união, ao usufruto de quarta parte dos bens do de cujos, se houver filhos ou comuns; II – o(a) companheiro(a) sobrevivente terá direito, enquanto não constituir nova união, ao usufruto da metade dos bens do de cujos, se não houver filhos, embora sobrevivam ascendentes; III – na falta de descendentes e de ascendentes, o(a) companheiro(a) sobrevivente terá direito à totalidade da herança". | O confuso e tão criticado art. 1.790 do CC/2002 tratava especificamente da sucessão do companheiro ou convivente nos seguintes termos: "A companheira ou o companheiro participará da sucessão do outro, quanto aos bens adquiridos onerosamente na vigência da união estável, nas condições seguintes: I – se concorrer com filhos comuns, terá direito a uma quota equivalente à que por lei for atribuída ao filho; II – se concorrer com descendentes só do autor da herança, tocar-lhe-á a metade do que couber a cada um daqueles; III – se concorrer com outros parentes sucessíveis, terá direito a um terço da herança; IV – não havendo parentes sucessíveis, terá direito à totalidade da herança". Não há mais o usufruto a favor do companheiro e convivente, mais uma vez supostamente substituído pela concorrência sucessória. |

| Sucessão no sistema anterior | Sucessão no sistema atual |
|---|---|
| | Muitos doutrinadores, caso de Giselda Hironaka e Zeno Veloso, e também julgadores, já reputavam como inconstitucional o tratamento diferenciado sucessório do companheiro em relação ao cônjuge, o que acabou sendo adotado pelo STF, por maioria, encerrado em maio de 2017 (Recurso Extraordinário 878.694/MG, Rel. Min. Luís Roberto Barroso, com repercussão geral). A tese firmada foi de inclusão do companheiro na ordem do art. 1.829 do Código Civil, equiparado ao cônjuge. |
| O CC/1916 reconhecia direito real de habitação sobre o imóvel do casal como direito sucessório, somente ao cônjuge casado pelo regime da comunhão universal de bens, conforme o seu art. 1.611 ("§ 2.º Ao cônjuge sobrevivente, casado sob regime de comunhão universal, enquanto viver e permanecer viúvo, será assegurado, sem prejuízo da participação que lhe caiba na herança, o direito real de habitação relativamente ao imóvel destinado à residência da família, desde que seja o único bem daquela natureza a inventariar. § 3.º Na falta do pai ou da mãe, estende-se o benefício previsto no § 2.º ao filho portador de deficiência que o impossibilite para o trabalho"). | O CC/2002 consagra o direito real de habitação como direito sucessório a favor do cônjuge casado por qualquer regime de bens ("Art. 1.831. Ao cônjuge sobrevivente, qualquer que seja o regime de bens, será assegurado, sem prejuízo da participação que lhe caiba na herança, o direito real de habitação relativamente ao imóvel destinado à residência da família, desde que seja o único daquela natureza a inventariar"). |
| O direito real de habitação como direito sucessório do companheiro constava expressamente do art. 7.º, parágrafo único, da Lei 9.278/1996 ("Dissolvida a união estável por morte de um dos conviventes, o sobrevivente terá direito real de habitação, enquanto viver ou não constituir nova união ou casamento, relativamente ao imóvel destinado à residência da família"). | O direito real de habitação como direito sucessório do convivente não é expresso no CC/2002. Todavia, como se verá, já prevalecia o entendimento pela sua manutenção. Com a tão comentada decisão do STF, de equiparação sucessória da união estável ao casamento, a afirmação ganha força. Veremos qual a extensão desse direito. |
| Eram reconhecidos como herdeiros necessários os descendentes e os ascendentes (art. 1.721 do CC/1916). | São herdeiros necessários, expressamente na lei, os descendentes, os ascendentes e o cônjuge (art. 1.845 do CC/2002). Mais uma vez, com a decisão do STF, deve-se concretizar a anterior tese de inclusão do companheiro no rol dos herdeiros necessários, o que já era defendido por parte da doutrina brasileira. |

Com essa visão panorâmica, já é possível perceber o impacto teórico e prático trazido pela codificação de 2002, que ainda deixa muitas dúvidas e margem a várias interpretações, o que será desenvolvido a partir de agora.

### 9.8.2 Da sucessão dos descendentes e a concorrência do cônjuge. Análise crítica, com a inclusão do companheiro na norma, diante da decisão do STF, de maio de 2017 (*Informativo* n. *864* da Corte)

Como visto no quadro exposto, o art. 1.829 do CC/2002 introduziu a concorrência do cônjuge do falecido com os descendentes na ordem de vocação hereditária. A importância do tema e os desafios surgidos são tão grandes que a concorrência ganhou especial cuidado de Giselda Maria Fernandes Novaes Hironaka em sua tese de titularidade defendida na Universidade de São Paulo ao final de 2010.[35] Repise-se, portanto, pela importância da redação do art. 1.829, inc. I, da atual codificação privada, para os devidos fins de aprofundamento:

> "Art. 1.829. A sucessão legítima defere-se na ordem seguinte:
>
> I – aos descendentes, em concorrência com o cônjuge sobrevivente, salvo se casado este com o falecido no regime da comunhão universal, ou no da separação obrigatória de bens (art. 1.640, parágrafo único); ou se, no regime da comunhão parcial, o autor da herança não houver deixado bens particulares".

Como antes pontuado, o dispositivo precisa ser necessariamente estudado com a inclusão do companheiro, o que acabou sendo adotado pelo Supremo Tribunal Federal naquela revolucionária decisão, em repercussão geral (Recurso Extraordinário 878.694/MG, Rel. Min. Luís Roberto Barroso, j. 10.05.2017, publicado no seu *Informativo* n. 864).

Nota-se que os descendentes e o cônjuge – e agora também o companheiro – são *herdeiros de primeira classe*, em um sistema de concorrência, presente ou não de acordo com o regime de bens adotado no casamento ou na união estável com o falecido, conforme tabela a seguir:

| Regimes em que o cônjuge ou o companheiro herda em concorrência | Regimes em que o cônjuge ou companheiro não herda em concorrência |
|---|---|
| Regime da comunhão parcial de bens, em havendo bens particulares do falecido. | Regime da comunhão parcial de bens, não havendo bens particulares do falecido. |
| Regime da participação final nos aquestos. | Regime da comunhão universal de bens. |
| Regime da separação convencional de bens. | Regime da separação legal ou obrigatória de bens. |

Algumas observações pontuais devem ser feitas, para melhor elucidar a matéria e esclarecê-la para os devidos finais práticos e metodológicos.

A *primeira observação* é que, como se nota, o objetivo do legislador foi separar claramente a meação da herança. Assim, pelo sistema instituído, quando o cônjuge – e agora também o companheiro – é meeiro não é herdeiro; quando é herdeiro não é meeiro. Nunca se pode esquecer *que a meação não se confunde com a herança*, sendo esta confusão muito comum entre os operadores do Direito. Meação é instituto de Direito de Família, que depende do regime de bens adotado. Herança é instituto de Direito das Sucessões, que decorre da morte do falecido. Conforme a tese 1, publicada na ferramenta *Jurisprudência em Teses* do STJ, que trata da união estável (Edição 50), "os princípios legais que regem a sucessão e a partilha não se confundem: a sucessão é disciplinada pela lei em vigor na data do óbito; a partilha deve observar o regime de bens e o ordenamento jurídico vigente ao tempo da aquisição de cada bem a partilhar". Cabe esclarecer que a premissa firmada se aplica integralmente à sucessão do cônjuge.

Como *segunda observação*, fica em xeque a hipótese em que o regime em relação ao falecido é o da comunhão parcial de bens, não deixando o *de cujus* bens particulares.

---

[35] HIRONAKA, Giselda Maria Fernandes Novaes. *Morrer e Suceder*. Passado e Presente da transmissão sucessória concorrente. São Paulo: RT, 2011.

CAP. 9 • DIREITO DAS SUCESSÕES | **1759**

Isso porque, como observa Zeno Veloso em suas palestras e exposições, é provável que o morto tenha deixado pelo menos a roupa do corpo, sendo esta um bem particular. Em suma, fica difícil imaginar a hipótese em que a pessoa casada pela comunhão parcial não tenha deixado bens particulares.

A *terceira observação* é que, no regime da comunhão parcial de bens, a concorrência sucessória somente se refere aos bens particulares. Nesse sentido o Enunciado n. 270 do CJF/STJ, da *III Jornada de Direito Civil*: "o art. 1.829, inc. I, só assegura ao cônjuge sobrevivente o direito de concorrência com os descendentes do autor da herança quando casados no regime da separação convencional de bens ou, se casados nos regimes da comunhão parcial ou participação final nos aquestos, o falecido possuísse bens particulares, hipóteses em que a concorrência se restringe a tais bens, devendo os bens comuns (meação) ser partilhados exclusivamente entre os descendentes".

Destaque-se que, na tabela de Francisco Cahali, esse também é o entendimento de Christiano Cassettari, Eduardo de Oliveira Leite, Giselda Hironaka, Gustavo Nicolau, Jorge Fujita, José Fernando Simão, Maria Helena Daneluzzi, Mário Delgado, Rodrigo da Cunha Pereira, Rolf Madaleno, Sebastião Amorim, Euclides de Oliveira e Zeno Veloso; além do presente autor. Cite-se que assim também entendem os Professores Pablo Stolze Gagliano e Rodolfo Pamplona Filho, com os seguintes dizeres: "de acordo com a lógica linha de raciocínio, a teor do critério escolhido pelo legislador – no sentido de que o cônjuge sobrevivente (que fora casado em regime de comunhão parcial) somente terá direito concorrencial quando o falecido houver deixado bens particulares –, é forçoso concluir que tal direito incidirá apenas sobre essa parcela de bens".[36-37]

Tal corrente, prevalecente na doutrina, é adotada há tempos por vários julgados estaduais (a título de exemplo: TJMG, Apelação Cível 1.0016.05.046273-4/0011, 5.ª Câmara Cível, Alfenas, Rel. Des. Barros Levenhagen, j. 17.12.2009, *DJEMG* 22.01.2010; TJRS, Agravo de Instrumento 70021504923, 8.ª Câmara Cível, Pelotas, Rel. Des. José Ataídes Siqueira Trindade, j. 11.12.2007, *DOERS* 28.12.2007, p. 20; TJSP, Agravo de Instrumento 635.958.4/1, Acórdão 3651464, 4.ª Câmara de Direito Privado, Araçatuba, Rel. Des. Ênio Santarelli Zuliani, j. 14.05.2009, *DJESP* 15.06.2009).

Todavia, o entendimento está longe de ser unânime, pois há quem entenda que a concorrência na comunhão parcial deve se dar tanto em relação aos bens particulares quanto aos comuns (Francisco Cahali, Guilherme Calmon Nogueira da Gama, Inácio de Carvalho Neto, Luiz Paulo Vieira de Carvalho, Maria Helena Diniz e Mário Roberto Carvalho de Faria).

Por fim, isoladamente, Maria Berenice Dias entende que a concorrência somente se refere aos bens comuns.[38]

De toda sorte, destaque-se que havia decisão do STJ que chegava a mencionar uma quarta corrente. Na verdade, trata-se de acórdão que aplica o entendimento de Maria Berenice Dias para a união estável. Vejamos:

---

[36] GAGLIANO, Pablo Stolze; PAMPLONA FILHO, Rodolfo. *Novo curso de direito civil.* Direito das sucessões. São Paulo: Saraiva, 2014. v. 7. p. 212.

[37] CAHALI, Francisco José. *Direito das Sucessões.* 3. ed. São Paulo: RT, 2007. p. 189-192; HIRONAKA, Giselda Maria Fernandes. *Comentários ao Código Civil.* 2. ed. Coord. Antonio Junqueira de Azevedo. São Paulo: Saraiva, 2007. v. 20, p. 228-229; TARTUCE, Flávio; SIMÃO, José Fernando. *Direito Civil.* Direito das Sucessões. 3. ed. São Paulo: Método, 2010. v. 6, p. 285.

[38] CAHALI, Francisco José. *Direito das Sucessões.* 3. ed. São Paulo: RT, 2007. p. 189-192; HIRONAKA, Giselda Maria Fernandes. *Comentários ao Código Civil.* 2. ed. Coord. Antonio Junqueira de Azevedo. São Paulo: Saraiva, 2007. v. 20, p. 228-229; TARTUCE, Flávio; SIMÃO, José Fernando. *Direito Civil.* Direito das Sucessões. 3. ed. São Paulo: Método, 2010. v. 6, p. 285.

# 1760 | MANUAL DE DIREITO CIVIL • VOLUME ÚNICO – *Flávio Tartuce*

"(...). A regra do art. 1.829, I, do CC/2002, que seria aplicável caso a companheira tivesse se casado com o 'de cujus' pelo regime da comunhão parcial de bens, tem interpretação muito controvertida na doutrina, identificando-se três correntes de pensamento sobre a matéria: (i) a primeira, baseada no Enunciado n. 270 das *Jornadas de Direito Civil*, estabelece que a sucessão do cônjuge, pela comunhão parcial, somente se dá na hipótese em que o falecido tenha deixado bens particulares, incidindo apenas sobre esses bens; (ii) a segunda, capitaneada por parte da doutrina, defende que a sucessão na comunhão parcial também ocorre apenas se o 'de cujus' tiver deixado bens particulares, mas incide sobre todo o patrimônio, sem distinção; (iii) a terceira defende que a sucessão do cônjuge, na comunhão parcial, só ocorre se o falecido não tiver deixado bens particulares. (...). É possível encontrar, paralelamente às três linhas de interpretação do art. 1.829, I, do CC/2002 defendidas pela doutrina, uma quarta linha de interpretação, que toma em consideração a vontade manifestada no momento da celebração do casamento, como norte para a interpretação das regras sucessórias. Impositiva a análise do art. 1.829, I, do CC/2002, dentro do contexto do sistema jurídico, interpretando o dispositivo em harmonia com os demais que enfeixam a temática, em atenta observância dos princípios e diretrizes teóricas que lhe dão forma, marcadamente, a dignidade da pessoa humana, que se espraia, no plano da livre manifestação da vontade humana, por meio da autonomia privada e da consequente autorresponsabilidade, bem como da confiança legítima, da qual brota a boa-fé; a eticidade, por fim, vem complementar o sustentáculo principiológico que deve delinear os contornos da norma jurídica. Até o advento da Lei n.º 6.515/1977 (Lei do Divórcio), vigeu no Direito brasileiro, como regime legal de bens, o da comunhão universal, no qual o cônjuge sobrevivente não concorre à herança, por já lhe ser conferida a meação sobre a totalidade do patrimônio do casal; a partir da vigência da Lei do Divórcio, contudo, o regime legal de bens no casamento passou a ser o da comunhão parcial, o que foi referendado pelo art. 1.640 do CC/2002. Preserva-se o regime da comunhão parcial de bens, de acordo com o postulado da autodeterminação, ao contemplar o cônjuge sobrevivente com o direito à meação, além da concorrência hereditária sobre os bens comuns, mesmo que haja bens particulares, os quais, em qualquer hipótese, são partilhados apenas entre os descendentes. Recurso especial improvido" (STJ, REsp 1.117.563/SP, 3.ª Turma, Rel. Min. Nancy Andrighi, j. 17.12.2009, *DJe* 06.04.2010).

Esse entendimento superior foi sucedido por outros, de mesma relatoria, instaurando grande polêmica na doutrina e na jurisprudência brasileiras. Seguindo esse caminho, cabe destacar:

"Cinge-se a controvérsia a definir se o cônjuge supérstite, casado com o falecido pelo regime da comunhão parcial de bens, concorre com os descendentes dele na partilha dos bens particulares. No regime da comunhão parcial, os bens exclusivos de um cônjuge não são partilhados com o outro no divórcio e, pela mesma razão, não o devem ser após a sua morte, sob pena de infringir o que ficou acordado entre os nubentes no momento em que decidiram se unir em matrimônio. Acaso a vontade deles seja a de compartilhar todo o seu patrimônio, a partir do casamento, assim devem instituir em pacto antenupcial. O fato de o cônjuge não concorrer com os descendentes na partilha dos bens particulares do *de cujus* não exclui a possibilidade de qualquer dos consortes, em vida, dispor desses bens por testamento, desde que respeitada a legítima, reservando-os ou parte deles ao sobrevivente, a fim de resguardá-lo acaso venha a antes dele falecer. Se o espírito das mudanças operadas no CC/2002 foi evitar que um cônjuge fique ao desamparo com a morte do outro, essa celeuma não se resolve simplesmente atribuindo-lhe participação na partilha apenas dos bens particulares, quando houver, porque podem eles ser insignificantes, se comparados aos bens comuns existentes e amealhados durante toda a vida conjugal.

CAP. 9 • DIREITO DAS SUCESSÕES | **1761**

Mais justo e consentâneo com a preocupação do legislador é permitir que o sobrevivente herde, em concorrência com os descendentes, a parte do patrimônio que ele próprio construiu com o falecido, não lhe tocando qualquer fração daqueles outros bens que, no exercício da autonomia da vontade, optou – seja por não ter elegido regime diverso do legal, seja pela celebração do pacto antenupcial – por manter incomunicáveis, excluindo-os expressamente da comunhão" (STJ, REsp 1.377.084/ MG, 3.ª Turma, Rel. Min. Nancy Andrighi, j. 08.10.2013, *DJe* 15.10.2013).

Todavia, a questão foi julgada pela Segunda Seção do Tribunal da Cidadania no ano de 2015, consolidando-se a posição majoritária da doutrina, no sentido de que a concorrência do cônjuge, no regime da comunhão parcial de bens, diz respeito aos bens particulares, aqueles que não fazem parte da meação. Vejamos a publicação da ementa:

"Recurso especial. Civil. Direito das sucessões. Cônjuge sobrevivente. Regime de comunhão parcial de bens. Herdeiro necessário. Existência de descendentes do cônjuge falecido. Concorrência. Acervo hereditário. Existência de bens particulares do *de cujus*. Interpretação do art. 1.829, I, do Código Civil. Violação ao art. 535 do CPC. Inexistência. (...). 2. Nos termos do art. 1.829, I, do Código Civil de 2002, o cônjuge sobrevivente, casado no regime de comunhão parcial de bens, concorrerá com os descendentes do cônjuge falecido somente quando este tiver deixado bens particulares. 3. A referida concorrência dar-se-á exclusivamente quanto aos bens particulares constantes do acervo hereditário do *de cujus*. 4. Recurso especial provido" (STJ, REsp 1.368.123/SP, 2.ª Seção, Rel. Min. Sidnei Beneti, Rel. p/ Acórdão Ministro Raul Araújo, j. 22.04.2015, *DJe* 08.06.2015).

Esta última decisão trouxe uma suposta estabilidade na análise do tema, sanando a grande divergência que se instaurou nos últimos anos a respeito desse assunto. Como é notório, as decisões prolatadas pelo Superior Tribunal de Justiça em sede de recursos repetitivos ou em pacificação de questões divergentes, notadamente pela sua Segunda Seção (em matéria de Direito Privado), têm força vinculativa para os advogados (art. 332, inc. III, do CPC/2015); e para os juízes de primeira e segunda instância (art. 489, § 1.º, inc. VI, do CPC/2015).

Pontuo que essa conclusão se aplica também ao companheiro ou convivente, hetero ou homoafetivo, diante da decisão do STF, de equiparação sucessória das duas entidades familiares e inclusão do convivente no inciso I do art. 1.829 do Código Civil. Vale lembrar, a propósito, que a comunhão parcial de bens é o regime legal também na união estável, por força do art. 1.725 da codificação privada.

Como *quarta observação*, há um claro erro na menção ao art. 1.640, parágrafo único, do CC, referente ao regime da *separação obrigatória de bens*. Isso porque o regime da separação legal ou obrigatória é aquele tratado pelo art. 1.641 do CC, envolvendo as pessoas que se casam em inobservância às causas suspensivas do casamento, os maiores de 70 anos (atualizado com a Lei 12.344/2010) e as pessoas que necessitam de suprimento judicial para casar. Eis outro grave erro do legislador, que somente causa confusão na prática, devendo ser reparado, como está sendo proposto pelo Projeto de Reforma do Código Civil, que sugere a retirada da concorrência sucessória do nosso sistema legislativo.

Da jurisprudência relativa ao sistema vigente, afastando a concorrência sucessória apenas na separação obrigatória de bens:

"Inventário. Viúva casada com o autor da herança no regime de separação convencional de bens. Direito à sucessão legítima em concorrência com a filha do falecido.

Inteligência do artigo 1.829, *i*, do Código Civil. Vedação que somente ocorre, entre outras causas, se o regime de casamento for o de separação obrigatória de bens. Recurso improvido" (TJSP, Agravo de Instrumento 313.414-4/1, 3.ª Câmara de Direito Privado, Barretos, Rel. Des. Flavio Pinheiro, j. 04.11.2003).

Acrescente-se, pois necessário afastar muitas dúvidas que surgem sobre o tema, que a aplicação do conteúdo da Súmula 377 do STF – que prevê a comunicação dos bens havidos durante o casamento (ou na união estável) –, não repercute na sucessão, pois pertinente apenas quanto ao regime de bens. A norma é clara em afastar a concorrência sucessória do cônjuge (ou companheiro) com os descendentes em casos tais.

Pois bem, no que diz respeito ao regime da separação convencional de bens, em decisão surpreendente, o Superior Tribunal de Justiça concluiu em um primeiro momento que:

"O regime da separação obrigatória de bens, previsto no art. 1.829, inc. I, do CC/02, é gênero que congrega duas espécies: (i) separação legal, (ii) separação convencional. Uma decorre da lei e outra da vontade das partes, e ambas obrigam os cônjuges, uma vez estipulado o regime da separação de bens, à sua observância. Não remanesce, para o cônjuge casado mediante separação de bens, direito à meação, tampouco à concorrência sucessória, respeitando-se o regime de bens estipulado, que obriga as partes na vida e na morte. Nos dois casos, portanto, o cônjuge não é herdeiro necessário" (STJ, REsp 992.749/MS, 3.ª Turma, Rel. Min. Nancy Andrighi, j. 01.12.2009, *DJe* 05.02.2010).

Na verdade, o julgado se referiu a uma situação peculiar, de um homem viúvo, com 51 anos de idade e graves problemas de saúde, que se casou com uma mulher de 21 anos de idade pelo regime da separação convencional de bens. Pela evidência, no caso, de um suposto *golpe do baú*, houve-se por bem desenvolver a tese exposta, a fim de afastar o direito sucessório da esposa.

O julgado sempre mereceu críticas como fez parte da doutrina, caso de José Fernando Simão,[39] Zeno Veloso,[40] Pablo Stolze Gagliano e Rodolfo Pamplona Filho.[41] A principal crítica se referia ao fato de o julgado ignorar preceito legal, bem como todo o tratamento doutrinário referente às categorias da separação legal e da separação convencional de bens. Ademais, somava-se a constatação pela qual o acórdão supostamente solucionou um caso concreto, mas criou outros tantos problemas pela incerteza categórica que gerou.

Em suma, como o saudoso Mestre Zeno Veloso, esperava-se que tal forma de conclusão permanecesse sozinha e isolada.[42] Merece relevo o fato de que os ensinamentos constantes desta obra foram adotados pela 2.ª Câmara de Direito Privado do Tribunal de Justiça do Estado de São Paulo, em decisão do final do ano de 2011, que afasta a concorrência sucessória do cônjuge no regime da separação convencional de bens. O acórdão foi assim ementado:

"Agravo de instrumento. Inventário. Decisão que declarou que o cônjuge supérstite não é herdeiro nem meeiro. Viúva que foi casada com o autor da herança pelo

---

[39] SIMÃO, José Fernando. Separação convencional, separação legal e separação obrigatória: reflexões a respeito da concorrência sucessória e o alcance do artigo 1.829, I, do CC – Recurso Especial n. 992.749/MS. *Revista Brasileira de Direito das Famílias e Sucessões*, Porto Alegre: Magister, n. 15, ano 12, abr.-maio 2010, p. 5-19.

[40] VELOSO, Zeno. *Direito hereditário do cônjuge e do companheiro*. São Paulo: Saraiva, 2010. p. 71-72.

[41] GAGLIANO, Pablo Stolze; PAMPLONA FILHO, Rodolfo. *Novo curso de direito civil*. Direito das sucessões. São Paulo: Saraiva, 2014. v. 7. p. 221.

[42] VELOSO, Zeno. *Direito hereditário do cônjuge e do companheiro*. São Paulo: Saraiva, 2010. p. 71-72.

CAP. 9 • DIREITO DAS SUCESSÕES | **1763**

regime da separação convencional. Decisão que contraria a lei, em especial os artigos 1.845 e 1829 do Código Civil. Decisão reformada. Agravo provido" (TJSP, Agravo de Instrumento 0007645-96.2011, Agravantes: Silvia Maria Aranha Matarazzo (inventariante) e outro, Agravada: Flavia Matarazzo, Comarca: São Paulo, Rel. Des. José Carlos Ferreira Alves, j. 04.10.2011).

Pontue-se que, sucessivamente, outros acórdãos da Corte Paulista seguiram tais premissas, na contramão do aresto do STJ (ver: TJSP, Agravo de Instrumento 0265463-22.2011.8.26.0000, 4.ª Câmara de Direito Privado, São Paulo, j. 15.03.2012, data de registro: 20.03.2012 e Agravo de Instrumento 0080738-58.2012.8.26.0000, 4.ª Câmara de Direito Privado, Limeira, j. 30.08.2012, data de registro: 01.09.2012. Ambos relatados pelo Des. Milton Paul de Carvalho Filho).

Ao final de 2014, a Terceira Turma do Superior Tribunal de Justiça seguiu essa mesma lógica, ao concluir pela concorrência sucessória do cônjuge casado pela separação convencional de bens. Para o Relator, Ministro Villas Bôas Cueva, a regra do art. 1.829, inciso I, do CC/2002 é norma de ordem pública, que não pode ser contrariada pelas partes, não tendo sido a separação convencional arrolada entre as exceções de não concorrência (STJ, Recurso Especial 1.472.945/RJ, j. 23.10.2014, publicado em 19.11.2014).

Em 2015, a Segunda Seção do Tribunal da Cidadania acabou por consolidar o seu entendimento pela presença da concorrência sucessória no regime da separação convencional de bens, estabilizando também essa divergência. Conforme aresto publicado no *Informativo* n. *562* da Corte, com citação ao nosso entendimento doutrinário, então em coautoria com José Fernando Simão:

"No regime de separação convencional de bens, o cônjuge sobrevivente concorre na sucessão *causa mortis* com os descendentes do autor da herança. Quem determina a ordem da vocação hereditária é o legislador, que pode construir um sistema para a separação em vida diverso do da separação por morte. E ele o fez, estabelecendo um sistema para a partilha dos bens por *causa mortis* e outro sistema para a separação em vida decorrente do divórcio. Se a mulher se separa, se divorcia, e o marido morre, ela não herda. Esse é o sistema de partilha em vida. Contudo, se ele vier a morrer durante a união, ela herda porque o Código a elevou à categoria de herdeira. São, como se vê, coisas diferentes. Ademais, se a lei fez algumas ressalvas quanto ao direito de herdar em razão do regime de casamento ser o de comunhão universal ou parcial, ou de separação obrigatória, não fez nenhuma quando o regime escolhido for o de separação de bens não obrigatório, de forma que, nesta hipótese, o cônjuge casado sob tal regime, bem como sob comunhão parcial na qual não haja bens comuns, é exatamente aquele que a lei buscou proteger, pois, em tese, ele ficaria sem quaisquer bens, sem amparo, já que, segundo a regra anterior, além de não herdar (em razão da presença de descendentes), ainda não haveria bens a partilhar. Essa, aliás, é a posição dominante hoje na doutrina nacional, embora não uníssona. No mesmo sentido, caminha o Enunciado 270 do CJF, aprovado na *III Jornada de Direito Civil*, ao dispor que: 'O art. 1.829, inc. I, só assegura ao cônjuge sobrevivente o direito de concorrência com os descendentes do autor da herança quando casados no regime da separação convencional de bens ou, se casados nos regimes da comunhão parcial ou participação final nos aquestos, o falecido possuísse bens particulares, hipóteses em que a concorrência se restringe a tais bens, devendo os bens comuns (meação) ser partilhados exclusivamente entre os descendentes'. Ressalta-se ainda que o art. 1.829, I, do CC, ao elencar os regimes de bens nos quais não há concorrência entre cônjuge supérstite e descendentes do falecido, menciona o da separação obrigatória e faz constar entre parênteses o art. 1.640, parágrafo único. Significa dizer que a separação obrigatória a que alude o dispositivo é aquela prevista no artigo mencionado entre parênteses. Como registrado na doutrina, a menção ao art. 1.640 constitui equívoco a ser sanado. Tal dispositivo legal não trata da questão. A referência correta é ao art. 1.641, que elenca os casos em que é obrigatória a adoção do regime de separação. Nessas circunstâncias, uma única conclusão é possível: quando o art. 1.829, I, do CC diz separação obrigatória, está referindo-se apenas à separação legal prevista no art. 1.641, cujo rol não inclui a separação convencional. Assim, de acordo com art. 1.829, I, do CC, a concorrência é afastada apenas quanto ao regime da separação legal de bens prevista no art. 1.641 do CC, uma vez que o cônjuge, qualquer que seja o regime de bens adotado pelo casal, é herdeiro necessário (art. 1.845 do CC). Precedentes citados: REsp 1.430.763/SP, 3.ª Turma, *DJe* 02.12.2014; e REsp 1.346.324/SP, 3.ª Turma, *DJe* 02.12.2014" (STJ, REsp 1.382.170/SP, Rel. Min. Moura Ribeiro, Rel. para acórdão Min. João Otávio de Noronha, j. 22.04.2015, *DJe* 26.05.2015).

Portanto, eis outra divergência que foi supostamente pacificada em sede da jurisprudência superior, seguindo os julgadores, por bem, a posição majoritária da doutrina brasileira. Reitere-se que, pelo CPC/2015, tal posição vincula os advogados (art. 332, inc. III) e os julgadores de primeira e segunda instância (art. 489, § 1.º, inc. VI). Novamente, diante do *decisum* do STF de equalização das entidades familiares, essa forma de pensar o Direito das Sucessões passa a incidir para os casos de união estável, se os companheiros fizerem a opção pelo regime da separação convencional por força de contrato de convivência.

Ainda sobre o regime da separação de bens, há outra questão que traz ainda mais argumentos para a mudança do sistema sucessório brasileiro, surgida em 2024, com o julgamento do Supremo Tribunal Federal a respeito da inconstitucionalidade do art. 1.641, inc. II, do Código Civil, que impõe ao maior de setenta anos o regime da separação obrigatória de bens. A temática foi analisada no capítulo anterior deste livro, mas deve ser retomada.

Como visto, em outubro de 2022, o Supremo Tribunal Federal reconheceu repercussão geral a respeito dessa afirmação de inconstitucionalidade do art. 1.641, inc. II, do Código Civil, o que se deu nos autos do Agravo no Recurso Extraordinário 1.309.642/SP, com a Relatoria do Ministro Luis Roberto Barroso (Tema 1.236).

Em 1.º de fevereiro de 2024, logo na volta das atividades da Corte após o recesso, a questão acabou por ser julgada, concluindo o Tribunal, de forma unânime, que o regime da separação obrigatória de bens nos casamentos e uniões estáveis envolvendo pessoas com mais de setenta anos pode ser alterado pela vontade das partes, pelo exercício da autonomia privada, desde que seja feito por escritura pública, a ser lavrada no Tabelionato de Notas.

De forma totalmente surpreendente, portanto, em afirmação não defendida por qualquer doutrinador de que se tenha notícia ou por qualquer Tribunal Brasileiro, inclusive no Superior Tribunal de Justiça, o Supremo Tribunal Federal inaugurou a tese segundo a qual o art. 1.641, inc. II, do Código Civil é norma dispositiva ou de ordem privada – e não norma cogente ou de ordem pública, como antes se sustentava de forma unânime –, podendo ser afastada por convenção entre as partes.

Reafirmo que, apesar da afirmação dos Ministros, quando do julgamento, no sentido de que manter essa obrigatoriedade da separação legal de bens desrespeitaria o direito de autodeterminação das pessoas idosas, a verdade é que não se declarou inconstitucional o preceito, como parte considerável da doutrina entendia, fazendo que a norma continue em plena vigência no ordenamento jurídico brasileiro.

Com o devido respeito - aos julgadores e aos que cantaram vitória com o *decisum*, em prol da liberdade -, repito que, por continuar a ser a regra geral no nosso sistema civil, a vontade das pessoas idosas continua sendo aviltada. De todo modo, há possibilidade de se afastar a previsão extrajudicialmente pela escritura pública, lavrada em Tabelionato de Notas, o que está na contramão da tendência de redução das burocracias para os atos existenciais familiares, percebida, por exemplo, com a entrada em vigor da Lei 14.382/2022, conhecida como Lei do SERP (Sistema Eletrônico de Registros Públicos). Sem falar que, pelos seus custos, a escritura pública não é acessível para grande parte da população.

A Corte também entendeu que, além da opção da escritura pública, as pessoas acima dos setenta anos que sejam casadas ou vivam em união estável até a data do julgamento podem alterar o regime de bens por meio de uma ação judicial, nos termos do art. 1.639, § 2.º, do Código Civil e do art. 734 do Código de Processo Civil, o que até já era admitido por alguns julgados anteriores.

Em todos os casos, a alteração produzirá efeitos patrimoniais apenas para o futuro, ou seja, efeitos *ex nunc*, e não *ex tunc*. Nesse contexto, para os casamentos e uniões estáveis firmados antes do julgamento, as partes podem manifestar imediatamente – perante o juiz ou o Tabelião – a sua vontade de mudança para outro regime, caso da comunhão parcial, por exemplo, que é o adotado pela grande maioria da população brasileira.

Quanto à modulação dos efeitos da decisão, julgou-se que, em respeito à segurança jurídica, ela somente passa a valer para os casos futuros, sem afetar os processos de herança ou divisão de bens que já estejam em andamento. Foi incluída na decisão do Ministro Relator a seguinte ressalva: "a presente decisão tem efeitos prospectivos, não afetando as situações jurídicas já definitivamente constituídas". Ao final, a tese de repercussão geral fixada para o Tema 1.236, para os fins de atingir todos os processos judiciais em curso e os futuros, de todas as instâncias, e até eventual mudança da lei, foi a seguinte: "nos casamentos e uniões estáveis envolvendo pessoa maior de 70 anos, o regime de separação de bens previsto no artigo 1.641, II, do Código Civil, pode ser afastado por expressa manifestação de vontade das partes mediante escritura pública".

Sem dúvidas, trata-se de uma conclusão inédita, não encontrada nas páginas da doutrina e em outros julgados, porque até aqui se afirmou que a separação do maior de setenta anos era totalmente obrigatória, sem a possibilidade de convenção em contrário, por ser o art. 1.641, inc. II, do Código Civil norma cogente ou de ordem pública. Como separação obrigatória entende-se algo *peremptório*, que não admite escolhas, que não oferece opções para as partes, que não aceita outros caminhos de planejamento ou convenção pelos consortes ou conviventes, excluindo totalmente o exercício da autonomia privada.

Entendo que o Supremo Tribunal Federal passou a dizer que não há mais, no caso do art. 1.641, inc. II, do Código Civil, uma separação realmente obrigatória, pois, muito além da possibilidade de se alterar o regime de bens por meio de uma ação judicial, as partes podem afastar o regime e escolher outro por escritura pública. Não se pode negar, portanto, que a separação de bens do maior de setenta anos *deixou de ser uma separação obrigatória*. Passou a ser uma separação legal, mas obrigatória não é mais, uma vez que as partes podem convencionar em sentido contrário, afastando a previsão.

Sendo assim, retiro a minha posição doutrinária no sentido de que passou-se a haver no sistema civilístico duas separações legais: a *obrigatória* – prevista nos incisos I e III do art. 1.641 do Código Civil; e a *não obrigatória* – que está no inciso II do mesmo dispositivo, para os maiores de setenta anos. Além disso, existem agora dois regimes legais ou supletivos, na ausência de previsão em sentido contrário em pacto antenupcial ou contrato de convivência, e com a possibilidade de serem afastados por escritura pública. Para as pessoas em geral, esse regime é o da comunhão parcial de bens, como está no art. 1.640 do Código Civil – para o casamento – e no art. 1.725 do Código Civil – para a união estável. Para as pessoas maiores de setenta anos, o regime que vale como regra geral é a

## 1766 MANUAL DE DIREITO CIVIL • VOLUME ÚNICO – *Flávio Tartuce*

separação legal de bens, na linha do que foi definido pelo Supremo Tribunal Federal, em seu julgamento.

A existência de dois regimes legais confirma o meu entendimento anterior de contínuo aviltamento à vontade dos maiores de setenta anos. A nova decisão, portanto, alterou a nossa realidade jurídica a respeito do tema, devendo a matéria ser repensada pelas Cortes Brasileiras e pela doutrina, em *dois aspectos principais* que trago para debate, sem prejuízo de outros que poderão surgir no futuro.

O *primeiro* deles diz respeito à Súmula 377 do Supremo Tribunal Federal, que já foi analisada no capítulo anterior desta obra, sendo importante lembrar que a jurisprudência superior terá que afirmar a sua persistência no sistema jurídico brasileiro.

A *segunda questão* de relevo, essa aqui fundamental para este capítulo, diz respeito à sucessão hereditária, sobretudo quanto à concorrência dos descendentes com o cônjuge ou convivente do falecido, nos termos da correta interpretação do art. 1.829, inc. I, do vigente Código Civil.

Como foi aqui exposto, é afastada a concorrência sucessória dos descendentes com o cônjuge ou convivente do *de cujus* no "regime da separação obrigatória de bens". Porém, como aqui defendi, com a decisão do STF não há mais uma autêntica separação obrigatória no caso do inciso II do art. 1.641, pois os cônjuges ou conviventes podem convencionar em sentido contrário, o que traz a conclusão pela concorrência em casos tais, assim como se dá na separação convencional de bens e como restou decidido pela Segunda Seção do Superior Tribunal de Justiça e aqui foi exposto (STJ, REsp 1.382.170/SP, 2.ª Seção, Rel. Min. Moura Ribeiro, Rel. p/ Acórdão Min. João Otávio de Noronha, j. 22.04.2015, *DJe* 26.05.2015).

Sendo assim, entendo que esse tema também deverá ser revisto pela jurisprudência do Superior Tribunal de Justiça, sobretudo porque não havia essa opção de convencionar ao contrário antes do novo julgamento do Supremo Tribunal Federal.

Por tudo o que foi exposto e desenvolvido, não se pode negar que a nova decisão do Supremo Tribunal Federal intensifica as razões da Reforma do Código Civil sobre o tema, ora em discussão, que, como visto no capítulo anterior desta obra, propõe a revogação do seu art. 1.641, retirando-se do sistema jurídico brasileiro o regime da separação obrigatória de bens, *destravando* a vida das pessoas.

Mas não é só, pois a Comissão de Juristas também sugere a retirada em definitivo da concorrência sucessória do cônjuge e do convivente em relação aos descendentes e ascendentes do falecido, estando ela muito distante de uma segura e justa pacificação das controvérsias familiares e sucessórias, tendo criado uma situação totalmente caótica para o Direito das Sucessões Brasileiro.

Como está desenvolvido no capítulo anterior desta obra, restou decidido entre os especialistas que muito melhor será a ampliação considerável da comunicação de bens na comunhão parcial (art. 1.660) e a participação patrimonial do cônjuge e do convivente na separação convencional (art. 1.668), que compensarão a retirada da hoje injustificada concorrência do cônjuge ou do convivente com os descendentes e ascendentes do falecido.

Por isso, sugere-se uma volta parcial ao sistema do Código Civil de 1916, muito mais efetivo, com a retirada da concorrência sucessória e passando o art. 1.829 do Código Civil a prever pura e simplesmente que "a sucessão legítima defere-se na ordem seguinte: I – aos descendentes; II – aos ascendentes; III – ao cônjuge ou ao convivente sobrevivente; IV – aos colaterais até o quarto grau".

Também se retirou o cônjuge – hoje expresso na lei –, e o convivente – por interpretação da decisão do STF aqui antes destacada –, do rol dos herdeiros necessários do art. 1.845 do Código Civil. A esse propósito, vejamos as justificativas apresentadas pela

CAP. 9 • DIREITO DAS SUCESSÕES | **1767**

Subcomissão de Direito das Sucessões – formada pelos Professores Mario Luiz Delgado, Gustavo Tepedino, Giselda Maria Fernandes Novaes Hironaka e pelo Ministro Asfor Rocha – ao texto do Anteprojeto:

"Uma das preocupações, na condução dos trabalhos, foi a de atender a determinadas demandas da sociedade civil, a exemplo da extinção do direito de concorrência sucessória de cônjuges e companheiros com descendentes e ascendentes, especialmente quando submetidos ao regime de separação convencional de bens, alvo de grande rejeição da sociedade em geral. O mesmo se diga em relação à ampliação do rol de herdeiros necessários, promovida pelo CCB/2002, a incluir o cônjuge sobrevivente no rol taxativo do art. 1.845. Diante da progressiva igualdade entre homens e mulheres na família e do ingresso da mulher no mercado de trabalho, bem como do fenômeno cada vez mais crescente das famílias recompostas, foi preciso repensar a posição do cônjuge e do companheiro na sucessão legítima, chegando-se à conclusão de que eles não deveriam mais figurar como herdeiros necessários, nem muito menos concorrer com os descendentes e ascendentes do autor da herança. Importante destacar que grande parte das sugestões recebidas nos canais disponibilizados pelo Senado Federal e por outras instituições tiveram por objeto afastar do cônjuge a condição de herdeiro necessário e de herdeiro concorrente. Dessa forma, estão sendo propostas alterações na ordem da vocação hereditária (art. 1.829), para que cônjuges e companheiros permaneçam como herdeiros legítimos da terceira classe, mas sem direito à concorrência sucessória; bem como no rol de herdeiros necessários (art. 1.845), restrito, *de lege ferenda*, a descendentes e ascendentes. A proposta volta sua atenção para as pessoas em situação de vulnerabilidade, preocupação que se concretizou com a ampliação do direito real de habitação, de modo a extrapolar a titularidade de cônjuges e companheiros, dando maior concretude ao seu caráter protetivo, passando a alcançar, também, outros herdeiros ou sucessores vulneráveis cujas moradias dependiam daquela do autor da herança por ocasião da abertura da sucessão, podendo o referido benefício ser exercido coletivamente, enquanto os titulares não adquirirem renda ou patrimônio suficiente para manter sua respectiva moradia, ou não casarem nem constituírem união estável".

De fato, a posição amplamente majoritária na doutrina tem sido no sentido de se criticar duramente a concorrência sucessória, propondo-se inclusive a sua extinção. O mesmo se diga quanto aos julgadores, diante das dificuldades em resolver os inventários pelo País. Essas críticas também foram ouvidas no âmbito da Comissão dos Juristas no Senado Federal.

Além do que está devidamente justificado, para a posição que ali prevaleceu não faria sentido retirar a concorrência sucessória do cônjuge e do convivente e mantê-los no rol dos herdeiros necessários, por haver uma relação de interdependência entre os dois tratamentos legais, presente um grave desvio técnico se houvesse uma regulação fracionada e diferenciada quanto a esses institutos. Dito de outro modo, para os técnicos e especialistas em Direito Civil, para os juristas, não faz qualquer sentido técnico a retirada da concorrência sucessória e a manutenção do cônjuge e do convivente como herdeiros necessários.

Nesse contexto, acreditamos e entendemos de forma conjunta que a retirada da concorrência sucessória foi compensada pela ampliação da meação e da participação patrimonial nos dois regimes citados em que ela hoje é reconhecida, como antes pontuado: o da comunhão parcial de bens – opção da grande maioria da população brasileira – e o da separação convencional de bens. Acrescente-se que no regime da comunhão universal não há a citada concorrência sucessória, diante do amplo reconhecimento da meação. E, no que diz respeito à separação obrigatória de bens, como visto, sugere-se a sua retirada do sistema jurídico brasileiro.

**1768** | MANUAL DE DIREITO CIVIL • VOLUME ÚNICO – *Flávio Tartuce*

Mas não é só, pois, com o intuito de se proteger o cônjuge ou convivente sobreviven-te, outros direitos, de cunho sucessório, foram-lhe atribuídos, o que merece uma especial atenção para a compreensão das propostas formuladas pela Comissão de Juristas.

De início, foi instituído um usufruto legal e judicial sucessório em favor do cônjuge ou convivente sobrevivente que esteja em situação de vulnerabilidade ou hipossuficiência, sobretudo econômica. Nos termos da nova redação do art. 1.850 do Código Civil, em seu *caput*, "para excluir da herança o cônjuge, o convivente, ou os herdeiros colaterais, basta que o testador o faça expressamente ou disponha de seu patrimônio sem os contemplar". De todo modo, enunciará o seu § 1.º que, "sem prejuízo do direito real de habitação, nos termos do art. 1.831 deste Código, o juiz instituirá usufruto sobre determinados bens da herança para garantir a subsistência do cônjuge ou convivente sobrevivente que comprovar insuficiência de recursos ou de patrimônio". Ademais, cessará o usufruto legal e judicial quando o usufrutuário tiver renda ou patrimônio suficiente para manter sua subsistência ou quando constituir nova família (novo § 2.º do art. 1.850 do CC/2002).

Deve ficar claro que esse usufruto legal e judicial sucessório será instituído no inven-tário não só nos casos em que houver a exclusão do cônjuge ou do convivente da sucessão por força de testamento, mas em todas as situações concretas em que ele se encontrar em dificuldades para a sua subsistência. Como se sabe, o usufruto é hoje a principal forma de planejamento sucessório efetivada nos inventários, sobretudo quando há a morte de um dos consortes, com a presença de bens imóveis do falecido ou de ambos. A nua-propriedade geralmente é instituída aos filhos enquanto o cônjuge ou convivente sobrevivente permanece com o usufruto dos bens, podendo locá-los, por exemplo. A proposta afasta totalmente as alegadas situações de desamparo do cônjuge ou convivente, presente um direito sucessório do viúvo ou da viúva em tal previsão. Assim, nota-se que o cônjuge não deixou de ser herdeiro, mas apenas herdeiro necessário.

O mesmo se diga em relação ao direito real de habitação, outro direito sucessório que foi mantido, em qualquer regime de bens, e ampliado textualmente para a união estável. Consoante a proposta que se faz ao art. 1.831 do Código Civil, em seu *caput*, "ao cônjuge ou ao convivente sobrevivente que residia com o autor da herança ao tempo de sua morte, será assegurado, qualquer que seja o regime de bens e sem prejuízo da participação que lhe caiba na herança, o direito real de habitação, relativamente ao imóvel que era destinado à moradia da família, desde que seja o único bem a inventariar". Ao contrário do que alguns afirmam, não passará a haver uma concorrência do direito real de habitação do consorte sobrevivente em relação aos filhos, como premissa geral. O texto é bem claro no sentido de ser esse direito do cônjuge ou convivente, como regra.

De todo modo, essa regra poderá ser quebrada em casos excepcionais e devidamen-te justificados, em prol da proteção de filhos ou outros descendentes que estejam em situações de vulnerabilidade ou hipossuficiência. Assim, "se ao tempo da morte, viviam juntamente com o casal descendentes incapazes ou com deficiência, bem como ascen-dentes vulneráveis ou, ainda, as pessoas referidas no art. 1.831-A *caput* e seus parágrafos deste Código, o direito de habitação há de ser compartilhado por todos" (§ 1.º do art. 1.831). Ademais, "cessa o direito quando qualquer um dos titulares do direito à habita-ção tiver renda ou patrimônio suficiente para manter sua respectiva moradia, ou quando constituir nova família", assim como ocorre com o usufruto, proposta que traz uma ideia de concretização da justiça de forma inquestionável (proposição do § 2.º do art. 1.831). Voltarei à temática em momento oportuno, inclusive com a análise da proposta de um art. 1.831-A para a codificação, que trata da possibilidade do direito real de habitação em favor da família parental, como nas situações de irmãos e outros membros da mesma família que vivem juntos.

CAP. 9 • DIREITO DAS SUCESSÕES | **1769**

Por fim, além da ampliação da meação na comunhão parcial, da instituição da participação de bens na separação de bens, da criação de um usufruto legal e judicial sucessório, da manutenção do direito real de habitação em qualquer regime de bens, cria-se no art. 1.832 do Código Civil a possibilidade de antecipação de bens da herança. Nos termos dessa norma projetada, "o herdeiro com quem comprovadamente o autor da herança conviveu, e que não mediu esforços para praticar atos de zelo e de cuidado em seu favor, durante os últimos tempos de sua vida, se concorrer à herança com outros herdeiros, com quem disputa o volume do acervo ou a forma de partilhá-lo: I – terá direito de ter imediatamente, antes da partilha, destacado do montemor e disponibilizado para sua posse e uso imediato, o valor correspondente a 10% (dez por cento) de sua quota hereditária; II – se forem mais de um os herdeiros nas condições previstas no caput deste artigo, igual direito lhes será garantido, nos termos do § 1º; III – se a herança não comportar as soluções previstas nos §§ 1º e 2º e ela consistir apenas em único imóvel de morada do autor da herança, terão as pessoas apontadas no caput deste artigo direito de ali manterem-se, com exclusividade, a título de direito real de habitação".

Ao contrário do que alguns têm também sustentado, penso que esta última norma não só poderá como deverá ser aplicada ao cônjuge ou convivente sobrevivente, nos casos em que estiver reconhecido o direito real de habitação – regra do sistema –, ou o direito de usufruto legal e judicial sucessório. Basta a presença de um dos dois institutos no caso concreto em favor do cônjuge ou convivente, para que essa antecipação da herança seja deferida.

Isso porque os dois institutos constituem, sim, direitos hereditários, ou seja, herança, e, sendo reconhecidos, haverá a sua concorrência com os descendentes em casos tais. Sendo assim, não restam dúvidas de que em situações como essa devem ser atribuídos os direitos hereditários em antecipação, caso o consorte preencha os requisitos da norma, com destaque para o fato de ter cuidado do falecido em seus últimos dias. A proposta tem um caráter ético e humanitário inquestionável, devendo ser aprovada, no meu entender.

Por tudo o que foi aqui desenvolvido, percebe-se que não se pode dizer que, com o Anteprojeto proposto pela Comissão de Juristas no âmbito do Senado Federal, "a viúva deixou de ser herdeira". Também não se pode afirmar que a norma projetada traz retrocessos, mas muito ao contrário, como está claro pelo que foi ora desenvolvido.

Penso haver graves equívocos técnicos nessas afirmações até porque, como regra geral, terá o cônjuge ou convivente reconhecido, como herança, ao menos o direito real de habitação sobre o imóvel do casal. Observe-se que nas hipóteses de sua hipossuficiência, vulnerabilidade e de cuidado com o falecido haverá a instituição não só do tão citado usufruto legal e judicial sucessório, como também da antecipação da herança do proposto art. 1.832 da codificação privada.

Na verdade, o que se propõe no texto é a retirada do tratamento do cônjuge ou convivente como herdeiro necessário do rol do art. 1.845, bem como da concorrência sucessória com os descendentes e ascendentes do art. 1.829 da codificação privada, pois a prática e a experiência demonstraram que esses tratamentos não foram eficientes nos vinte anos de vigência do Código Civil de 2002. Deixará ele de ser herdeiro necessário, mas não herdeiro!

Em resumo e arremate final para o tema, essas foram as propostas da Comissão de Juristas para tornar o Direito Sucessório Brasileiro mais efetivo na prática, sem se esquecer da tutela de vulnerabilidades e hipossuficiências, cabendo agora ao Congresso Nacional analisá-las, com três opções ou caminhos possíveis.

O primeiro deles é o de manter o sistema atual, que é lamentavelmente caótico, não sendo essa a melhor opção, no entender de todos os membros da Comissão de Juristas

# 1770 | MANUAL DE DIREITO CIVIL • VOLUME ÚNICO – *Flávio Tartuce*

nomeada no âmbito do Senado Federal. O segundo é a adoção dessa proposta elaborada para o Projeto, que nos pareceu a mais equilibrada e eficiente, por todas as razões expostas e por tudo o que se escreveu, pesquisou, estudou e julgou sobre Direito das Sucessões nos mais de vinte anos de vigência da codificação privada. O terceiro caminho é o da adoção de outra proposição que surgir entre os parlamentares, que fique entre o sistema hoje existente e as proposições que foram formuladas.

Caberá, assim, ao Parlamento Brasileiro uma profunda análise dessa temática, uma das mais importantes do Direito Privado Brasileiro, para se chegar a uma necessária conclusão.

Superadas tais observações e anotação sobre o atual Projeto de Reforma do Código Civil, retornando-se ao sistema vigente, outra regra importante consta do polêmico e também anacrônico art. 1.832 do CC, outra novidade introduzida no sistema, cuja redação merece destaque:

> "Art. 1.832. Em concorrência com os descendentes (art. 1.829, inciso I) caberá ao cônjuge quinhão igual ao dos que sucederem por cabeça, não podendo a sua quota ser inferior à quarta parte da herança, se for ascendente dos herdeiros com que concorrer".

Novamente, diante da equiparação sucessória feita pelo STF, em julgamento encerrado no ano de 2017 (*Informativo* n. *864* da Corte), o comando transcrito passa a ter incidência para a união estável, o que foi reconhecido em 2019 do STJ, em julgado que ainda será aqui mais bem explicado (STJ, REsp 1.617.501/RS, 3.ª Turma, Rel. Min. Paulo de Tarso Sanseverino, j. 11.06.2019, *DJe* 01.07.2019).

De início, a norma enuncia que o cônjuge – e agora o convivente – recebe o mesmo quinhão que receberem os descendentes. Ademais, o comando consagra a reserva de 1/4 da herança ao cônjuge (ou companheiro, atualmente), se ele for ascendente dos descendentes com quem concorrer. Assim, se o cônjuge ou companheiro concorrer somente com descendentes do falecido, não haverá a referida reserva. Na verdade, a questão somente ganha relevo se houver a concorrência com mais de três descendentes do falecido, situação em que a reserva da quarta parte ficaria em xeque.

Pois bem, o debate que o dispositivo desperta tem relação com a chamada *sucessão híbrida*, expressão de Giselda Hironaka, presente quando o cônjuge (ou convivente) concorre com descendentes comuns (de ambos) e com descendentes exclusivos do autor da herança.[43] Isso porque tal hipótese não foi prevista pelo legislador, presente uma lacuna normativa. Duas são as correntes fundamentais que surgem, conforme consta da tabela doutrinária elaborada por Francisco Cahali:

> *1.ª Corrente – Majoritária –* Havendo sucessão híbrida, não se deve fazer a reserva da quarta parte ao cônjuge (ou ao companheiro, na atualidade), tratando-se todos os descendentes como exclusivos do autor da herança. Assim entendem Caio Mário da Silva Pereira, Christiano Cassettari, Guilherme Calmon Nogueira da Gama, Gustavo René Nicolau, Inácio de Carvalho Neto, Jorge Fujita, Luiz Paulo Vieira de Carvalho, Maria Berenice Dais, Maria Helena Diniz, Maria Helena Braceiro Daneluzzi, Mário Delgado, Mário Roberto Carvalho de Faria, Rodrigo da Cunha Pereira, Rolf Madaleno, Sebastião Amorim, Euclides de Oliveira e Zeno Veloso; além do presente autor. Em sua obra lançada no ano de 2014,

---

[43] HIRONAKA, Giselda Maria Fernandes. *Comentários ao Código Civil*. 2. ed. Coord. Antonio Junqueira de Azevedo. São Paulo: Saraiva, 2007. v. 20, p. 235-236.

CAP. 9 • DIREITO DAS SUCESSÕES | **1771**

igualmente se posicionam Pablo Stolze Gagliano e Rodolfo Pamplona Filho.[44] O entendimento prestigia os filhos em detrimento do cônjuge, sendo essa a opção constitucional, na minha opinião doutrinária. Adotando a premissa, na *V Jornada de Direito Civil* aprovou-se o seguinte enunciado: "Na concorrência entre o cônjuge e os herdeiros do *de cujus*, não será reservada a quarta parte da herança para o sobrevivente no caso de filiação híbrida" (Enunciado n. 527). A destacada ementa doutrinária e todas essas afirmações têm incidência, agora, para a concorrência do companheiro com os descendentes, eis que foi ele incluído no art. 1.829 do Código Civil pela decisão do STF, de maio de 2017.

*2.ª Corrente – Minoritária* – Em havendo sucessão híbrida, deve ser feita a reserva da quarta parte ao cônjuge, tratando-se todos os descendentes como comuns. Assim pensam Francisco José Cahali, José Fernando Simão e Sílvio de Salvo Venosa.[45]

Sobre esse tema, em 2019 surgiu importante precedente no âmbito do Superior Tribunal de Justiça, aqui outrora destacado, mencionando a minha posição e seguindo o entendimento por mim compartilhado, de que não deve ocorrer a reserva da quarta parte, em havendo concorrência híbrida. Pontue-se que o caso dizia respeito a união estável, e não a casamento, fazendo incidir a equalização sucessória entre as entidades familiares, conforme a tão citada decisão do STF. Vejamos trecho do seu teor:

"A interpretação mais razoável do enunciado normativo do art. 1.832 do Código Civil é a de que a reserva de 1/4 da herança restringe-se à hipótese em que o cônjuge ou companheiro concorrem com os descendentes comuns. Enunciado 527 da *Jornada de Direito Civil*. A interpretação restritiva dessa disposição legal assegura a igualdade entre os filhos, que dimana do Código Civil (art. 1.834 do CCB) e da própria Constituição Federal (art. 227, § 6.º, da CF), bem como o direito de os descendentes exclusivos não verem seu patrimônio injustificadamente reduzido mediante interpretação extensiva de norma. Não haverá falar em reserva quando a concorrência se estabelece entre o cônjuge/companheiro e os descendentes apenas do autor da herança ou, ainda, na hipótese de concorrência híbrida, ou seja, quando concorrem descendentes comuns e exclusivos do falecido. Especificamente na hipótese de concorrência híbrida o quinhão hereditário do consorte há de ser igual ao dos descendentes" (STJ, REsp 1.617.501/RS, 3.ª Turma, Rel. Min. Paulo de Tarso Sanseverino, j. 11.06.2019, *DJe* 01.07.2019).

Sugere-se a leitura integral do acórdão, pois ele traz a solução de muitas das divergências sucessórias expostas nesta obra até aqui. Espera-se, assim, que outros julgados estaduais sigam esse mesmo entendimento superior, que traduz a mais correta interpretação do vigente sistema sucessório brasileiro, tentando dar segurança e certeza às disputas relativas ao tema.

Em verdade, tudo o que acabo de expor demonstra, mais uma vez, a necessidade de se alterar o sistema sucessório brasileiro, retirando-se a concorrência sucessória do cônjuge ou convivente do falecido com os descendentes do falecido, como está sendo proposto

---

[44] GAGLIANO, Pablo Stolze; PAMPLONA FILHO, Rodolfo. *Novo curso de direito civil*. Direito das sucessões. São Paulo: Saraiva, 2014. v. 7. p. 234.

[45] CAHALI, Francisco José. *Direito das Sucessões*. 3. ed. São Paulo: RT, 2007. p. 189-192; HIRONAKA, Giselda Maria Fernandes. *Comentários ao Código Civil*. 2. ed. Coord. Antonio Junqueira de Azevedo. São Paulo: Saraiva, 2007. v. 20, p. 228-229; TARTUCE, Flávio; SIMÃO, José Fernando. *Direito Civil*. Direito das Sucessões. 3. ed. São Paulo: Método, 2010. v. 6, p. 285.

# 1772 | MANUAL DE DIREITO CIVIL • VOLUME ÚNICO – *Flávio Tartuce*

pelo Projeto de Reforma do Código Civil, elaborado pela Comissão de Juristas nomeada no Senado Federal.

Nesse sentido, com a retirada dessa intricada e anacrônica concorrência sucessória, o seu art. 1.832 deixará de tratar da confusa reserva da quarta parte para o cônjuge ou convivente e passará a tratar do adiantamento da herança em favor do herdeiro com quem comprovadamente o autor da herança conviveu, e que não mediu esforços para praticar atos de zelo e de cuidado em seu favor, durante os últimos tempos de sua vida.

Por essa previsão, que, como visto, poderá ser perfeitamente aplicada ao cônjuge ou convivente sobrevivente, se esse herdeiro concorrer à herança com outros, com quem disputa o volume do acervo ou a forma de partilhá-lo: *a)* terá direito de ter imediatamente, antes da partilha, destacado do monte-mor e disponibilizado para sua posse e uso imediato, o valor correspondente a dez por cento de sua quota hereditária; *b)* se forem mais de um os herdeiros nas condições previstas na norma, igual direito lhes será garantido; e, *c)* se a herança não comportar essas duas soluções previstas e ela consistir apenas em único imóvel de morada do autor da herança, terão as pessoas apontadas no dispositivo o direito de ali manterem-se, com exclusividade, a título de direito real de habitação.

Por tudo o que foi desenvolvido no estudo de mais esse tema, espera-se a aprovação dessas mudanças pelo Congresso Nacional, tornando a sucessão legítima mais simples e efetiva, tutelando-se igualmente vulnerabilidades e hipossuficiências de acordo com as circunstâncias que o caso concreto exigir.

Superado o estudo da anacrônica concorrência do cônjuge ou companheiro com os descendentes, em relação ao direito sucessório dos últimos, os em grau mais próximo excluem os mais remotos, salvo o direito de representação, categoria que ainda será estudada (art. 1.833 do CC). Desse modo, ilustrando, se o falecido deixou dois filhos e quatro netos, filhos dos primeiros, a herança será atribuída aos primeiros. Se o falecido deixar apenas quatro netos e dois bisnetos, os últimos filhos dos primeiros, são os netos que herdam, e assim sucessivamente.

Em todos os casos apontados, os descendentes da mesma classe têm os mesmos direitos à sucessão de seus ascendentes (art. 1.834 do CC). Por razões óbvias, um filho não pode receber por sucessão legítima mais do que outro, o que representaria atentado ao princípio da igualdade entre os filhos, retirado do art. 227, § 6.º, da CF/1988.

Na linha descendente, os filhos sucedem *por cabeça*, e os outros descendentes, *por cabeça* ou *por estirpe*, conforme se achem ou não no mesmo grau (art. 1.835 do CC). Conforme leciona Giselda Maria Fernandes Novaes Hironaka, "diz-se por cabeça a sucessão em que a herança se reparte um a um, no sentido de cada parte vir a ser entregue a um sucessor direto".[46] Por outra via, "a sucessão, diz-se por estirpe quando a herança não se reparte um a um relativamente aos chamados a herdar, mas sim na proporção dos parentes de mesmo grau vivo ou que, sendo mortos, tenham deixado prole ainda viva".[47]

Dessa forma, sendo herdeiros dois filhos do falecido, que são irmãos, sucedem por cabeça, ou seja, por direito próprio. Sendo herdeiros um filho e um neto do falecido, o primeiro herda por cabeça e o último por estirpe, por direito de representação.

Anoto que no Projeto de Reforma do Código Civil pretende-se simplificar a dicção do seu art. 1.835, para que deixe de utilizar o termo "estirpe" e passe a expressar, de forma

---

[46] HIRONAKA, Giselda Maria Fernandes. *Comentários ao Código Civil*. 2. ed. Coord. Antonio Junqueira de Azevedo. São Paulo: Saraiva, 2007. v. 20, p. 243.

[47] HIRONAKA, Giselda Maria Fernandes. *Comentários ao Código Civil*. 2. ed. Coord. Antonio Junqueira de Azevedo. São Paulo: Saraiva, 2007. v. 20, p. 244.

CAP. 9 • DIREITO DAS SUCESSÕES | **1773**

mais compreensível, que, "na linha descendente, os filhos sucedem por direito próprio, e os outros descendentes, por direito próprio ou por representação, conforme se achem ou não no mesmo grau".

Para encerrar o tópico, a respeito da sucessão dos descendentes, é preciso aqui relembrar o teor da revolucionária decisão do Supremo Tribunal Federal, de setembro de 2016, na análise da repercussão geral sobre a parentalidade socioafetiva (publicada no seu *Informativo* n. *840* da Corte). Conforme exposto no capítulo anterior desta obra, a tese firmada por maioria foi a seguinte: "a paternidade socioafetiva declarada ou não em registro, não impede o reconhecimento do vínculo de filiação concomitante, baseada na origem biológica, com os efeitos jurídicos próprios" (Recurso Extraordinário 898.060/SC, com repercussão geral, Rel. Min. Luiz Fux – Tema 622).

Além de reconhecer a possibilidade de vínculos múltiplos parentais, a denominada *multiparentalidade*, uma das grandes contribuições do aresto foi de consolidar a posição de que a socioafetividade é forma de parentesco civil, em posição de igualdade diante do parentesco biológico. Nesse sentido, destaque-se o seguinte trecho do voto do Ministro Relator:

> "A compreensão jurídica cosmopolita das famílias exige a ampliação da tutela normativa a todas as formas pelas quais a parentalidade pode se manifestar, a saber: (i) pela presunção decorrente do casamento ou outras hipóteses legais, (ii) pela descendência biológica ou (iii) pela afetividade. A evolução científica responsável pela popularização do exame de DNA conduziu ao reforço de importância do critério biológico, tanto para fins de filiação quanto para concretizar o direito fundamental à busca da identidade genética, como natural emanação do direito de personalidade de um ser. A afetividade enquanto critério, por sua vez, gozava de aplicação por doutrina e jurisprudência desde o Código Civil de 1916 para evitar situações de extrema injustiça, reconhecendo-se a posse do estado de filho, e consequentemente o vínculo parental, em favor daquele que utilizasse o nome da família (*nominatio*), fosse tratado como filho pelo pai (*tractatio*) e gozasse do reconhecimento da sua condição de descendente pela comunidade (*reputatio*)".

Como ainda se extrai do julgamento, tal reconhecimento deve se dar para todos os fins jurídicos, inclusive alimentares e sucessórios. Nesse sentido, o Enunciado n. 632 da *VIII Jornada de Direito Civil*, promovida pelo Conselho da Justiça Federal em abril de 2018, estabelece que, "nos casos de reconhecimento de multiparentalidade paterna ou materna, o filho terá direito à participação na herança de todos os ascendentes reconhecidos".

Na mesma esteira, o Enunciado n. 33, do IBDFAM, aprovado no seu *XII Congresso Brasileiro*, realizado em outubro de 2019: "o reconhecimento da filiação socioafetiva ou da multiparentalidade gera efeitos jurídicos sucessórios, sendo certo que o filho faz *jus* às heranças, assim como os genitores, de forma recíproca, bem como dos respectivos ascendentes e parentes, tanto por direito próprio como por representação".

Destaco ainda o Enunciado n. 44 do IBDFAM, do seu *XIII Congresso Brasileiro*, do ano de 2021, segundo o qual, "existindo consenso sobre a filiação socioafetiva, esta poderá ser reconhecida no inventário judicial ou extrajudicial". Com a consolidação da tese, é possível que alguém herde de dois pais e uma mãe ou de um pai e duas mães, mais um grande desafio para ser analisado e refletido pelos estudiosos do Direito das Sucessões no Brasil.

Como se verá a seguir, dois pais – o biológico e o socioafetivo – também podem herdar concomitantemente de um mesmo filho, não tendo o nosso legislador previsto tal situação expressamente, o que gera mais uma dúvida a ser sanada pela doutrina e pela jurisprudência nos próximos anos.

**1774** | MANUAL DE DIREITO CIVIL • VOLUME ÚNICO – *Flávio Tartuce*

Para que não pairem dúvidas sobre essas afirmações, é preciso destacar outro trecho do voto do Ministro Fux:

"A pluriparentalidade, no Direito Comparado, pode ser exemplificada pelo conceito de 'dupla paternidade' (*dual paternity*), construído pela Suprema Corte do Estado da Louisiana, EUA, desde a década de 1980 para atender, ao mesmo tempo, ao melhor interesse da criança e ao direito do genitor à declaração da paternidade. Doutrina. Os arranjos familiares alheios à regulação estatal, por omissão, não podem restar ao desabrigo da proteção a situações de pluriparentalidade, por isso que merecem tutela jurídica concomitante, para todos os fins de direito, os vínculos parentais de origem afetiva e biológica, a fim de prover a mais completa e adequada tutela aos sujeitos envolvidos, ante os princípios constitucionais da dignidade da pessoa humana (art. 1.º, inc. III) e da paternidade responsável (art. 226, § 7.º)" (Tema 622 de repercussão geral do STF).

Como palavras finais deste tópico, reitere-se que a tese firmada também acaba por possibilitar que os filhos demandem os pais biológicos para obter o vínculo de filiação com intuitos alimentares e sucessórios, mesmo havendo filhos socioafetivos. Segue-se, assim, o caminho que já vinha sendo percorrido pelo Superior Tribunal de Justiça, e que era por nós criticado anteriormente.

Esse foi um dos pontos negativos da tese firmada, pois possibilita *demandas frívolas* promovidas pelos filhos, com claro intuito patrimonial, especialmente com vistas à herança de um pai mais rico. Assim, defendo que pedidos como esse devem ser evitados, sempre que possível, pelo Poder Judiciário brasileiro.

### 9.8.3 Da sucessão dos ascendentes e a concorrência do cônjuge ou companheiro

Nos termos dos arts. 1.829, inc. II, e 1.836 do CC, na falta de descendentes, são chamados à sucessão os ascendentes (*herdeiros de segunda classe*), do mesmo modo em concorrência com o cônjuge ou companheiro sobrevivente. Assim, se o falecido não deixou filhos, mas apenas pais e uma esposa ou companheira, o direito sucessório é reconhecido a favor dos três (pai + mãe + esposa ou convivente). Ou, ainda, um homem pode deixar uma mãe e uma esposa ou convivente, havendo concorrência sucessória entre as últimas (mãe + esposa ou companheira). Todas as menções à convivente, mais uma vez, se devem à decisão do STF, de equalização sucessória da união estável ao casamento, publicado no *Informativo* n. 864 da Corte (maio de 2017). Vale lembrar, ainda, que engloba igualmente a união estável e o casamento homoafetivo.

Com o reconhecimento da multiparentalidade, se o falecido deixar um pai biológico, um pai socioafetivo, uma mãe e uma esposa, os seus bens serão divididos entre os quatro, também em concorrência.

No que concerne à concorrência do cônjuge ou convivente com os ascendentes, não há qualquer influência do regime de bens. Nesse sentido, clara é a proposta aprovada na *VII Jornada de Direito Civil*, de 2015, *in verbis*: "o regime de bens no casamento somente interfere na concorrência sucessória do cônjuge com descendentes do falecido" (Enunciado n. 609).

Do mesmo modo como ocorre com a sucessão dos descendentes, na classe dos ascendentes o grau mais próximo exclui o mais remoto, sem distinção de linhas (art. 1.836, § 1.º, do CC). Não se pode esquecer – e o tema ainda será estudado – que não existe direito de representação em relação aos ascendentes. Exemplificando, se o falecido deixou pais e avós, os dois primeiros herdam na mesma proporção.

CAP. 9 • DIREITO DAS SUCESSÕES | **1775**

Além disso, havendo igualdade em grau e diversidade em linha, os ascendentes da linha paterna herdam a metade, cabendo a outra aos da linha materna (art. 1.836, § 2.º, do CC). Para ilustrar, se o falecido não deixou pais, mas apenas avós paternos e maternos, a herança é dividida inicialmente em duas partes, uma para cada linha. Depois a herança é dividida entre os avós em cada grupo, que recebem quotas iguais. Todavia, se o falecido deixou três avós, dois na linha paterna e um na linha materna, estão presentes a igualdade de graus e a diversidade de linhas. Assim, metade da herança é atribuída aos avós paternos e outra metade para a avó materna.[48]

Como a última norma fala em linha paterna e materna, é necessário fazer ajustes conceituais em virtude do reconhecimento das uniões homoafetivas e da multiparentalidade. Nessa linha, na *IX Jornada de Direito Civil*, promovida em maio de 2022, aprovou-se o Enunciado n. 676, prevendo que "a expressão diversidade em linha, constante do § 2.º do art. 1.836 do Código Civil, não deve mais ser restrita à linha paterna e à linha materna, devendo ser compreendidas como linhas ascendentes". O enunciado é perfeito tecnicamente e contou com o meu total apoio quando da plenária daquele evento.

Aqui surge a questão a ser resolvida justamente quanto à multiparentalidade, e que antes foi destacada. O problema foi levantado, na doutrina, por Anderson Schreiber. Segundo o jurista:

> "Se uma pessoa pode receber herança de dois pais, é preciso recordar que também pode ocorrer o contrário, pois a tese aprovada produz efeitos em ambas as direções: direito do filho em relação aos múltiplos pais ou mães, mas também direitos dos múltiplos pais ou mães em relação ao filho. Assim, o que ocorre caso o filho venha a falecer antes dos pais, sem deixar descendentes? A resposta da lei brasileira sempre foi a de que 'os ascendentes da linha paterna herdam a metade, cabendo a outra metade aos da linha materna' (Código Civil, art. 1.836). Em primeiro grau, isso significava que o pai recebia a metade dos bens, e a mãe, a outra metade. Agora, indaga-se como será feita a distribuição nessa hipótese: a mãe recebe metade e cada pai recebe um quarto da herança? Ou se divide a herança igualmente entre os três, para que a posição de pai não seja 'diminuída' em relação à posição de mãe (ou vice-versa)?".[49]

Aplicando-se os princípios da proporcionalidade e da razoabilidade, entendo que a herança deve ser dividida de forma igualitária entre todos os ascendentes, sejam biológicos ou socioafetivos. Exatamente nesse sentido, na *VIII Jornada de Direito Civil*, em 2018, aprovou-se o Enunciado n. 642, preceituando que "nas hipóteses de multiparentalidade, havendo o falecimento do descendente com o chamamento de seus ascendentes à sucessão legítima, se houver igualdade em grau e diversidade em linha entre os ascendentes convocados a herdar, a herança deverá ser dividida em tantas linhas quantos sejam os genitores".

Para sanar essas lacunas, mais uma vez, o Projeto de Reforma do Código Civil, elaborado pela Comissão de Juristas nomeada no âmbito do Senado Federal, propõe a incorporação desses enunciados doutrinários aprovados nas *Jornadas de Direito Civil*, expressamente no texto de lei. Assim, o *caput* do art. 1.836 passará a prever, sem mais mencionar o cônjuge, cuja concorrência é retirada da norma, que, "na falta de descendentes, são chamados à sucessão os ascendentes". Nos termos do seu § 1.º, que é mantido,

---

[48] Cf. VELOSO, Zeno. *Código Civil comentado*. 6. ed. Coord. Ricardo Fiuza e Regina Beatriz Tavares da Silva. São Paulo: 2008. p. 2.022.

[49] SCHREIBER, Anderson. *STF, Repercussão Geral 622: multiparentalidade e seus efeitos*. Disponível em: <http://flaviotartuce.jusbrasil.com.br/artigos>. Acesso em: 3 out. 2016.

"na classe dos ascendentes, o grau mais próximo exclui o mais remoto, sem distinção de linhas". Por fim, resolvendo-se as questões relativas ao gênero e à multiparentalidade, o projetado § 2.º do comando: "havendo igualdade em grau e diversidade em linha, a herança deverá ser dividida em tantas linhas quantos sejam os ascendentes chamados à sucessão". Em prol da estabilidade do Direito das Sucessões Brasileiro, espera-se a sua aprovação pelo Congresso Nacional.

Para encerrar o presente tópico, a respeito do montante a que tem direito o cônjuge ou companheiro quando concorre com os ascendentes, duas são as regras previstas pelo vigente art. 1.837 do CC:

> – Concorrendo o cônjuge ou companheiro com dois ascendentes de primeiro grau (pai ou mãe), terá direito a um terço da herança. Então, naquele primeiro exemplo, em que o falecido deixou os pais e a esposa ou convivente, os três terão direitos sucessórios na mesma proporção, ou seja, em 1/3 da herança.
> – Concorrendo o cônjuge ou companheiro somente com um ascendente de primeiro grau ou com outros ascendentes de graus diversos, terá direito a metade da herança. Primeiro exemplo: o falecido deixou a mãe e a esposa ou companheira. Cada uma recebe metade da herança. Segundo exemplo: o falecido deixou dois avós maternos e a esposa ou convivente. A esposa ou companheira recebe metade da herança. A outra metade é dividida entre as avós do falecido de forma igualitária.

Mais uma vez, a inclusão da convivente ou companheiro decorre da equiparação sucessória feita pelo STF, no emblemático julgamento de maio de 2017, que reconheceu a inconstitucionalidade do art. 1.790 do Código Civil.

Advirta-se, por fim, que outros problemas práticos podem surgir quanto à multiparentalidade, eis que é preciso saber qual será a quota do cônjuge concorrendo com mais de dois pais e quatro avós do falecido, agora incluindo os socioafetivos e os biológicos. Assim, por exemplo, o cônjuge pode concorrer com quatro pais; ou cinco, seis, sete ou até oito avós do *de cujus*.

*A priori*, respondia eu na edição de 2018 desta obra que deveria ser preservada a quota do cônjuge ou companheiro, dividindo-se o restante, de forma igualitária, entre todos os pais ou avós, biológicos e socioafetivos.

Porém, influenciado por artigo publicado pelo Professor José Fernando Simão, a minha primeira reflexão foi modificada. Isso porque o jurista propõe uma interpretação teleológica do art. 1.837 do Código Civil, buscando a sua finalidade. Nas suas palavras, "se o objetivo da lei foi igualar pai, mãe e cônjuge em matéria sucessória, no caso de multiparentalidade a divisão da herança se dará por cabeça, com grande facilitação do cálculo dos quinhões". Vale repetir a seguinte ilustração apresentada pelo doutrinador: "João morre e deixa sua mulher, Maria, seu pai Antonio, seu pai Pedro, sua mãe Eduarda e sua mãe Rita: 1/5 para Maria, 1/5 para Antonio, 1/5 para Pedro, 1/5 para Rita e 1/5 para Eduarda. Nesse exemplo, a herança se divide em partes iguais". E arremata, com total razão:

> "Essa é a solução a qual me filio porque também se filia Zeno Veloso. Em leitura histórica, o dispositivo não menciona 'partes iguais', mas, sim, 1/3, pois não se poderia conceber alguém com mais de um pai ou uma mãe. A multiparentalidade era algo inconcebível até bem pouco tempo. Se tivesse a Comissão Elaboradora do Anteprojeto do Código Civil imaginado que a multiparentalidade seria algo viável, certamente o artigo 1.837 teria a seguinte redação: 'Art. 1.837. Concorrendo com ascendentes em

# CAP. 9 • DIREITO DAS SUCESSÕES | **1777**

primeiro grau, ao cônjuge tocará quinhão igual ao que a eles couber; caber-lhe-á a metade da herança se houver um só ascendente, ou se maior for aquele grau".[50]

Reafirme-se, portanto, que essa outra recente decisão do STF, sobre a parentalidade socioafetiva, alterou as balizas não só do Direito de Família, mas também do Direito das Sucessões Brasileiro.

Anoto, a esse propósito e para mais uma vez resolver dilemas hoje existentes, que no Projeto de Reforma do Código Civil, com a retirada da concorrência sucessória do art. 1.829 também em relação aos ascendentes, todas essas intricadas e descritas situações não precisam ser mais analisadas, revogando-se expressamente o art. 1.837 da Lei Geral Privada. Mais uma vez são buscadas uma maior efetividade e simplicidade para o Direito das Sucessões, em prol do princípio da operabilidade, um dos fundamentos da codificação privada de 2002.

## 9.8.4 Da sucessão do cônjuge ou companheiro, isoladamente

Faltando descendentes e ascendentes, será deferida a sucessão por inteiro e isoladamente ao cônjuge sobrevivente, que está na *terceira classe de herdeiros* (arts. 1.829, inc. III, e 1.838 do CC). Como se pode notar, tal direito é reconhecido ao cônjuge independentemente do regime de bens adotado no casamento com o falecido. Com as recentes decisões do STF, publicadas no seu *Informativo* n. 864, deve-se incluir o convivente em todas essas regras, inclusive se houver uma relação homoafetiva.

Exatamente nessa linha, sobre a Reforma do Código Civil, almeja-se a alteração desse art. 1.838, passando ele a prever, incluindo-se o convivente, como deve ser, que, "em falta de descendentes e ascendentes, será deferida a sucessão por inteiro ao cônjuge ou ao convivente sobrevivente". Com isso, chancela-se esse julgamento do STF, aqui tão citado, propondo a Comissão de Juristas, ainda, a revogação expressa do art. 1.790 da codificação privada em vigor.

A respeito do direito hereditário do cônjuge – e agora também do companheiro –, é fundamental o estudo do polêmico e também anacrônico art. 1.830 do CC/2002, que tem aplicação tanto para os casos em que o cônjuge sucede isoladamente quanto em concorrência com os descendentes e ascendentes:

> "Art. 1.830. Somente é reconhecido direito sucessório ao cônjuge sobrevivente se, ao tempo da morte do outro, não estavam separados judicialmente, nem separados de fato há mais de dois anos, salvo prova, neste caso, de que essa convivência se tornara impossível sem culpa do sobrevivente".

O dispositivo, na atualidade, também incide para o companheiro, podendo haver grandes dificuldades práticas nessa subsunção, como se verá seguir. Vejamos, de início, a aplicação da norma ao casamento, para depois demonstrar a sua incidência para a união estável, equiparada sucessoriamente à primeira entidade familiar.

De acordo com a primeira parte do dispositivo, se o cônjuge sobrevivente estava separado judicialmente ao tempo da morte do outro, não terá direito sucessório reconhecido. Deve-se atentar ao fato de sempre segui a corrente que sustenta que a Emenda Constitu-

---

[50] SIMÃO, José Fernando. A concorrência dos pais e ou das mães com o cônjuge sobrevivente. Disponível em: <www.flaviotartuce.adv.br>. Acesso em: 17 out. 2018.

cional 66/2010 retirou do sistema a separação de direito – a incluir a separação judicial e a extrajudicial –, restando apenas o divórcio como forma de extinção do casamento. Por esse caminho, a primeira parte do comando somente se aplica às pessoas separadas judicialmente quando da entrada em vigor da Emenda Constitucional, perdendo em parte considerável a sua aplicação prática. Essa forma de pensar é mantida, repise-se, mesmo tendo o Código de Processo Civil de 2015 tratado da separação de direito, especialmente da separação judicial.

Esse meu entendimento foi mantido mesmo com o surgimento, em 2017, de acórdão da Quarta Turma do Superior Tribunal de Justiça no sentido de que separação judicial ainda é possível juridicamente (STJ, REsp 1.247.098/MS, 4.ª Turma, Rel. Min. Maria Isabel Gallotti, j. 14.03.2017, *DJe* 16.05.2017). Como não poderia ser diferente, sempre estive filiado ao voto vencido do Ministro Salomão, em especial pelas citações à nossa posição e de muitos outros juristas, como Luiz Edson Fachin, Paulo Lôbo, Rolf Madaleno, Zeno Veloso, Álvaro Villaça Azevedo, Maria Berenice Dias, Cristiano Chaves, Nelson Rosenvald, Pablo Stolze Gagliano, Rodolfo Pamplona Filho e Daniel Amorim Assumpção Neves; este último com o forte argumento de que o vigente CPC não poderia ter repristinado a separação de direito.

A propósito, cabe lembrar que, cerca de cinco meses depois e mais uma vez lamentavelmente, fez o mesmo a Terceira Turma da Corte, ao julgar, em votação unânime:

> "A dissolução da sociedade conjugal pela separação não se confunde com a dissolução definitiva do casamento pelo divórcio, pois versam acerca de institutos autônomos e distintos. A Emenda à Constituição n.º 66/2010 apenas excluiu os requisitos temporais para facilitar o divórcio. O constituinte derivado reformador não revogou, expressa ou tacitamente, a legislação ordinária que cuida da separação judicial, que remanesce incólume no ordenamento pátrio, conforme previsto pelo Código de Processo Civil de 2015 (arts. 693, 731, 732 e 733 da Lei n.º 13.105/2015). A opção pela separação faculta às partes uma futura reconciliação e permite discussões subjacentes e laterais ao rompimento da relação. A possibilidade de eventual arrependimento durante o período de separação preserva, indubitavelmente, a autonomia da vontade das partes, princípio basilar do direito privado. O atual sistema brasileiro se amolda ao sistema dualista opcional que não condiciona o divórcio à prévia separação judicial ou de fato" (STJ, REsp 1.431.370/SP, 3.ª Turma, Rel. Min. Ricardo Villas Bôas Cueva, j. 15.08.2017, *DJe* 22.08.2017).

Apesar do surgimento desses acórdãos superiores, reafirme-se que mantive a minha posição de que a separação de direito, a incluir tanto a separação judicial quanto a extrajudicial, não persiste mais no sistema jurídico brasileiro. Em maio de 2019, foi arguida repercussão geral a respeito do tema no âmbito do Supremo Tribunal Federal, que julgou a temática em novembro de 2023, encerrando treze anos de debates e dúvidas que existiam sobre o tema. Assim, felizmente, a posição que sempre segui e defendi foi adotada pelo STF no citado com repercussão geral e com a seguinte tese, que sempre teve o meu apoio doutrinário: "Após a promulgação da EC 66/10, a separação judicial não é mais requisito para o divórcio, nem subsiste como figura autônoma no ordenamento jurídico. Sem prejuízo, preserva-se o estado civil das pessoas que já estão separadas por decisão judicial ou escritura pública, por se tratar de ato jurídico perfeito" (STF, RE 1.167.478/RJ, Tribunal Pleno, Rel. Min. Luiz Fux, Tema 1.053, j. 08.11.2023). Essa passa a ser a conclusão a ser adotada com os devidos fins práticos, tendo força vinculativa para as decisões de primeira e segunda instância, e também para o próprio STJ, que deve rever sua posição anterior.

Voltando-se ao debate central deste tópico, a segunda parte do art. 1.830 do CC/2002 preconiza que o cônjuge separado de fato há mais de dois anos também não tem reconhecido o seu direito sucessório, salvo se provar que o fim do casamento não se deu por culpa sua.

CAP. 9 • DIREITO DAS SUCESSÕES | **1779**

A menção à culpa é amplamente criticada pelos doutrinadores brasileiros. Rolf Madaleno aponta e critica a existência de uma *culpa mortuária*, a conduzir a uma *prova diabólica*. Vejamos as suas lições:

"Contudo, se ainda é possível entender, sem mais concordar, que possam os cônjuges desafetos eternizar suas disputas no ventre de uma morosa e inútil separação judicial causal, qualquer sentido pode ser encontrado na possibilidade aberta pelo atual codificador ao permitir pelo atual art. 1.830 do Código Civil, que o cônjuge sobrevivente acione o Judiciário para discutir a culpa do esposo que já morreu. Abre a nova lei o exame da culpa funerária, ao prescrever que só conhece o direito sucessório do cônjuge sobrevivente se, ao tempo da morte do outro, não estavam separados judicialmente, nem separados de fato há mais de dois anos, salvo prova, neste caso, de que essa convivência se tornara impossível sem culpa do sobrevivente. É a pesquisa oficial da culpa mortuária passados até dois anos de fática separação, quando toda a construção doutrinária e jurisprudencial já vinha apontando para a extinção do regime de comunicação patrimonial com a física separação dos cônjuges, numa consequência de lógica coerência da separação objetiva, pela mera aferição do tempo, que por si mesmo sepulta qualquer antiga comunhão de vida".[51]

Na esteira de suas palavras, e conforme já manifestado em obra então escrita em coautoria com José Fernando Simão, entendo que a menção à culpa deve ser vista com ressalvas, prevalecendo na análise do intérprete apenas a separação de fato do casal.[52] De toda sorte, ainda podem ser encontrados dois outros posicionamentos antagônicos.

Para um *primeiro entendimento*, a culpa não pode ser mais debatida para fins de dissolução do casamento desde a entrada em vigor da *Emenda do Divórcio* (EC 66/2010). Sendo assim, também não pode ser discutida para fins sucessórios. Dessa forma pensam, por exemplo, Paulo Lôbo, Maria Berenice Dias, Rodrigo da Cunha Pereira, Pablo Stolze Gagliano e Rodolfo Pamplona Filho. Essa também é a minha opinião, devendo ser feita uma *leitura idealizada* do art. 1.830 do Código Civil, no seguinte sentido: somente é reconhecido direito sucessório ao cônjuge sobrevivente se, ao tempo da morte do outro, não estavam separados judicialmente, nem separados de fato. Desse modo, devem ser desconsideradas as menções ao prazo de dois anos e à *culpa mortuária*. Anoto que essa leitura idealizada é exatamente a proposta para a reforma do art. 1.830 pela Comissão de Juristas encarregada da Reforma do Código Civil.

Para um *segundo entendimento*, o art. 1.830 do CC permanece incólume, tendo ampla aplicação, pois em vigor, devendo a citada *culpa mortuária* ou *funerária* ser investigada. Alguns julgados estaduais fazem o comando incidir, sem qualquer restrição, inclusive com perquirição de culpa (a título de exemplo: TJMG, Apelação Cível 1.0431.05.022656-9/0011, 2.ª Câmara Cível, Monte Carmelo, Rel. Des. Caetano Levi Lopes, j. 02.06.2009, *DJEMG* 23.06.2009; TJMG, Apelação Cível 1.0479.05.094351-9/0011, 4.ª Câmara Cível, Passos, Rel. Des. Moreira Diniz, j. 05.02.2009, *DJEMG* 27.02.2009; TJSP, Agravo de Instrumento 582.605.4/1, Acórdão 3509289, 10.ª Câmara de Direito Privado, Batatais, Rel. Des. Octavio Helena, j. 03.03.2009, *DJESP* 09.06.2009).

Aresto do Superior Tribunal de Justiça de 2015 adotou o mesmo caminho, desconsiderando todas as manifestações doutrinárias no sentido de condenar a necessidade de

---

[51]  MADALENO, Rolf. Concorrência sucessória e o trânsito processual. Disponível em: <http://www.rolfmada­leno.com.br/rs/index2.php?option=com_content&do_pdf=1&id=42>. Acesso em: 28 set. 2010.

[52]  TARTUCE, Flávio; SIMÃO, José Fernando. *Direito Civil*. Direito das Sucessões. 3. ed. São Paulo: Método, 2010. v. 6, p. 167.

# 1780 | MANUAL DE DIREITO CIVIL • VOLUME ÚNICO – *Flávio Tartuce*

prova da *culpa mortuária*, inclusive citadas no acórdão. Conforme o aresto, que analisa o ônus da prova a respeito dessa culpa:

> "A sucessão do cônjuge separado de fato há mais de dois anos é exceção à regra geral, de modo que somente terá direito à sucessão se comprovar, nos termos do art. 1.830 do Código Civil, que a convivência se tornara impossível sem sua culpa. Na espécie, consignou o Tribunal de origem que a prova dos autos é inconclusiva no sentido de demonstrar que a convivência da ré com o ex-marido tornou-se impossível sem que culpa sua houvesse. Não tendo o cônjuge sobrevivente se desincumbido de seu ônus probatório, não ostenta a qualidade de herdeiro" (STJ, REsp 1.513.252/SP, 4.ª Turma, Rel. Min. Maria Isabel Gallotti, j. 03.11.2015, *DJe* 12.11.2015).

Entretanto, mesmo com todas essas decisões, os limites de subsunção do art. 1.830 do CC é tema ainda em aberto na doutrina e na jurisprudência nacionais, residindo na norma um dos grandes desafios da civilística sucessória brasileira, em mais um dispositivo que mais gerou polêmicas do que soluções nos seus mais de vinte anos de vigência.

Por isso, mais uma vez, é preciso reformar o conteúdo do dispositivo, o que foi recomendado pela Comissão de Juristas nomeada no âmbito do Senado Federal, para que o seu art. 1.830 passe a prever, pura e simplesmente, que "somente é reconhecido direito sucessório ao cônjuge ou ao convivente sobrevivente se, ao tempo da morte do outro, não estavam separados de fato, judicial ou extrajudicialmente". Como justificaram os membros da Subcomissão de Direito das Sucessões – Mario Luiz Delgado, Giselda Hironaka, Gustavo Tepedino e Ministro Asfor Rocha –, "os direitos sucessórios de cônjuges e companheiros passam a ser equalizados. A equalização, no entanto, fez surgir a necessidade de compatibilização sistêmica de casamento e união estável em vários outros dispositivos, que somente se referiam aos cônjuges, como é o caso do art. 1.830, em que se suprimiu o prazo de separação de fato como causa de afastamento dos direitos sucessórios de cônjuges e companheiros, que somente serão considerados herdeiros se estiverem convivendo com o outro na data de abertura da sucessão".

A esse propósito, como destacado no início do tópico, o art. 1.830 do Código Civil incide também para as hipóteses fáticas relativas à união estável, diante da recente decisão do Supremo Tribunal Federal, de equiparação sucessória das entidades familiares (*Informativo* n. 864 da Corte). Assim, deve-se considerar, em vez do divórcio ou da separação de direito, a dissolução da união estável, que pode ser feita de forma judicial ou extrajudicial, litigiosa ou consensual, conforme o tratamento que consta do Código de Processo Civil de 2015 (arts. 693 a 699; 731 a 733). Também nos casos de união estável deve-se considerar que a separação de fato do casal põe fim ao relacionamento e afasta o direito sucessório do companheiro, na mesma linha da *leitura idealizada* que aqui propus, seguindo farta doutrina e na linha do que está sendo proposto para a Reforma do Código Civil.

Reiterem-se, nesse contexto, as críticas antes formuladas, sobre a aplicação do comando sucessório sem qualquer ressalva, com as menções ao prazo de dois anos e à culpa mortuária, o que pode gerar grandes dificuldades também para a visualização dos direitos hereditários do convivente.

Sobre a sua aplicação para a união estável, entre os mais recentes julgados superiores, destaco, de 2021, o seguinte: "tendo o falecido deixado apenas bens particulares que sobrevieram na constância da união estável mantida no regime da comunhão parcial, é cabível a concorrência da companheira sobrevivente com os descendentes daquele. A teor do art. 1.830 do CC/02, deve ser reconhecido o direito sucessório ao cônjuge ou companheiro sobrevivente se, ao tempo da morte do outro, não estavam separados nem judicialmente e nem fato, havendo concurso quanto aos bens particulares" (STJ, REsp 1.844.229/MT, 3.ª

CAP. 9 • DIREITO DAS SUCESSÕES | **1781**

Turma, Rel. Min. Moura Ribeiro, j. 17.08.2021, *DJe* 20.08.2021). Ou, em complemento, de 2024: "para que o companheiro sobrevivente ostente a qualidade de herdeiro, a união estável deve subsistir até a morte do outro parceiro, não podendo haver entre eles a ruptura da vida em comum, existindo a convivência na posse do estado de casados. No caso, a recorrente postulou a dissolução da união estável, antes do óbito do seu companheiro" (STJ, REsp 1.990.792/RS, 3.ª Turma, Rel. Min. Moura Ribeiro, j. 20.08.2024, *DJe* 22.08.2024).

Ato contínuo de estudo, repise-se que o art. 1.831 do Código Civil reconhece ao cônjuge sobrevivente, seja qual for o regime de bens do casamento, o direito real de habitação relativamente ao imóvel destinado à residência da família, desde que seja o único daquela natureza a inventariar. Na esteira da melhor jurisprudência, não importa se o imóvel é comum ou exclusivo do falecido, reconhecendo-se o direito real em ambos os casos (STJ, REsp 826.838/RJ, 3.ª Turma, Rel. Min. Castro Filho, j. 25.09.2006, *DJU* 16.10.2006, p. 373).

A norma visa proteger o direito de moradia do cônjuge, direito fundamental reconhecido pelo art. 6.º da Constituição Federal. Em sintonia com o comando, pode ser citada a célebre tese do *patrimônio mínimo*, de Luiz Edson Fachin, segundo a qual se deve assegurar à pessoa um mínimo de direitos patrimoniais para a manutenção de sua dignidade.[53]

Leciona Zeno Veloso que tal direito real de habitação é personalíssimo, tendo como destinação específica a moradia do titular, que não poderá emprestar ou locar o imóvel a terceiro. Aponta ainda o jurista paraense não parecer justo manter tal direito se o cônjuge constituir nova família.[54]

Com o devido respeito às lições do saudoso Mestre, em casos excepcionais, entendo que as duas regras podem ser quebradas, aplicando-se a *ponderação* a favor da moradia. Vale lembrar, mais uma vez, que a técnica da ponderação está prevista no art. 489, § 2.º, do CPC/2015. E, conforme Enunciado n. 17 do IBDFAM, aprovado no seu *X Congresso Brasileiro*, em 2015, "a técnica de ponderação, adotada expressamente pelo art. 489, § 2.º, do CPC/2015, é meio adequado para a solução de problemas práticos atinentes ao Direito das Famílias e das Sucessões". No mesmo sentido, de data mais próxima, o Enunciado n. 56 do IBDFAM, aprovado no seu *XIV Congresso Brasileiro*, em outubro de 2023: "o direito real de habitação não deve ser interpretado de modo absoluto, devendo a decisão que o conceder sopesar os interesses do cônjuge ou companheiro com os interesses de herdeiros incapazes que sejam filhos apenas do falecido, em atenção aos princípios da prioridade absoluta e da supremacia do interesse da criança e do adolescente".

De início, imagine-se que o cônjuge loca esse imóvel por questão de necessidade mínima, utilizando o aluguel do imóvel para a locação de outro, destinado para a sua moradia. Em casos tais, entendo que o direito pode ser mantido, conforme já decidiu, analisando socialmente a questão o Tribunal Gaúcho:

"Agravo Interno. Agravo de Instrumento. Decisão monocrática. Inventário. Bem locado. Direito real de aquisição do cônjuge sobrevivente. Ainda que o cônjuge não resida no imóvel, sendo este o único bem, possui direito real de habitação. Estando o imóvel locado, e sendo o valor dos aluguéis utilizados na subsistência do cônjuge, o valor deve ser auferido integralmente pelo cônjuge. Deram Parcial Provimento" (TJRS, Agravo 70027892637, 8.ª Câmara Cível, Caxias do Sul, Rel. Des. Rui Portanova, j. 12.03.2009, *DOERS* 20.03.2009, p. 40).

---

[53] FACHIN, Luiz Edson. *Estatuto jurídico do patrimônio mínimo*. Rio de Janeiro: Renovar, 2001.

[54] VELOSO, Zeno. *Código Civil comentado*. 6. ed. Coord. Ricardo Fiuza e Regina Beatriz Tavares da Silva. São Paulo: Saraiva, 2008. p. 2.018.

Todavia, não obstante todas essas afirmações, recente julgado superior considerou que não se deve reconhecer o direito real de habitação quando o imóvel estiver locado ou cedido em comodato a terceiros. Conforme trecho da ementa, que analisa hipótese relativa a companheiro, "a interpretação sistemática do art. 7.º, parágrafo único, da Lei n. 9.278/96, em sintonia com as regras do CC/1916 que regem a concessão do direito real de habitação, conduzem à conclusão de que ao companheiro sobrevivente é igualmente vedada a celebração de contrato de locação ou de comodato, não havendo justificativa teórica para, nesse particular, estabelecer-se distinção em relação à disciplina do direito real de habitação a que faz jus o cônjuge sobrevivente, especialmente quando o acórdão recorrido, soberano no exame dos fatos, concluiu inexistir prova de que a titular do direito ainda reside no imóvel que serviu de moradia com o companheiro falecido" (STJ, REsp 1.654.060/RJ, 3.ª Turma, Rel. Min. Nancy Andrighi, j. 02.10.2018, *DJe* 04.10.2018).

O julgado também afastou a incidência das mesmas regras do bem de família para a categoria em questão, na linha do que defendemos no Volume 6 da nossa coleção de Direito Civil, pela falta de questionamento dessa matéria: "não se admite o recurso especial quando a questão que se pretende ver examinada – analogia do direito real de habitação em relação ao bem de família – não foi suscitada e decidida pelo acórdão recorrido, nem tampouco foi suscitada em embargos de declaração" (REsp 1.654.060/RJ). Aguardemos novos acórdãos do Tribunal da Cidadania, especialmente quanto ao último aspecto.

No que tange à constituição de nova família, vislumbra-se a hipótese em que o cônjuge habitante não tem boas condições financeiras, ao contrário dos outros herdeiros, descendentes, que são inclusive proprietários de outros imóveis. Seria justo desalojar o cônjuge pelo simples fato de constituir nova família? Entendo que não, ponderando-se a favor da moradia e da família.

A solução pela ponderação em favor do direito à moradia, previsto no art. 6.º, da CF/1988, foi adotada pelo Superior Tribunal de Justiça em julgado do ano de 2018, que analisou "se o reconhecimento do direito real de habitação, a que se refere o artigo 1.831 do Código Civil, pressupõe a inexistência de outros bens no patrimônio do cônjuge/companheiro sobrevivente". Como se afirmou no *decisum*, "os dispositivos legais relacionados com a matéria não impõem como requisito para o reconhecimento do direito real de habitação a inexistência de outros bens, seja de que natureza for, no patrimônio próprio do cônjuge/companheiro sobrevivente". Isso porque "o objetivo da lei é permitir que o cônjuge/companheiro sobrevivente permaneça no mesmo imóvel familiar que residia ao tempo da abertura da sucessão como forma, não apenas de concretizar o direito constitucional à moradia, mas também por razões de ordem humanitária e social, já que não se pode negar a existência de vínculo afetivo e psicológico estabelecido pelos cônjuges/companheiros com o imóvel em que, no transcurso de sua convivência, constituíram não somente residência, mas um lar" (STJ, REsp 1.582.178/RJ, 3.ª Turma, Rel. Min. Ricardo Villas Bôas Cueva, j. 11.09.2018, *DJe* 14.09.2018).

Nota-se um claro abrandamento do texto legal, com vistas a proteger um direito social e fundamental, o que é correto e preciso tecnicamente. Há, portanto, certa contradição entre esse último julgado e o anterior, que não admitiu o reconhecimento do direito real de habitação no caso de imóvel cedido a terceiro.

A verdade é que, mais recentemente, surgiu outro acórdão superior trazendo em seu conteúdo a *mitigação* das regras de proteção do direito real de habitação. A discussão disse respeito à possibilidade de se afastar a proteção constante do art. 1.831 do Código Civil em quadro fático que revelava a existência de um único imóvel a inventariar entre os descendentes, possuindo o convivente supérstite recursos financeiros suficientes para assegurar a sua subsistência e moradia dignas. Nos termos do aresto, que cita o último *decisum*:

CAP. 9 • DIREITO DAS SUCESSÕES **1783**

"Inobstante a sua no cenário nacional, o direito real de habitação não é absoluto e, em hipóteses específicas e excepcionais, quando não atender a finalidade social a que se propõe, poderá sofrer mitigação. Eventual relativização do direito real de habitação, somente excepcionalmente admitida, deverá ser examinada de modo casuístico, confrontando-se concretamente a necessidade de prevalência do direito dos herdeiros em face do direito do consorte. O art. 1.831 do Código Civil deve ser interpretado da seguinte maneira: (I) como regra geral, preenchidos os requisitos legais, é assegurado ao cônjuge ou companheiro supérstite o direito real de habitação relativamente ao imóvel destinado à residência da família; e (II) é possível relativizar o direito real de habitação em situações excepcionais, nas quais devidamente comprovado que a sua manutenção não apenas acarreta prejuízos insustentáveis aos herdeiros/proprietários do imóvel, mas também não se justifica em relação às qualidades e necessidades pessoais do convivente supérstite" (STJ, REsp 2.151.939/RJ, 3.ª Turma, Rel. Min. Nancy Andrighi, j. 24.09.2024, *DJe* 27.09.2024).

Ao final, portanto, afastou-se a aplicação do instituto para o convivente, de forma correta.

Também com especial relevo para o tema, o Superior Tribunal de Justiça tem entendido que a proteção do direito real de habitação não se justifica se houver uma copropriedade anterior ao falecimento. Nos termos da tese fixada na sua Segunda Seção, no ano de 2020:

"O direito real de habitação possui como finalidade precípua garantir o direito à moradia ao cônjuge/companheiro supérstite, preservando o imóvel que era destinado à residência do casal, restringindo temporariamente os direitos de propriedade originados da transmissão da herança em prol da solidariedade familiar". Como consequência, "a copropriedade anterior à abertura da sucessão impede o reconhecimento do direito real de habitação, visto que de titularidade comum a terceiros estranhos à relação sucessória que ampararia o pretendido direito" (STJ, EREsp 1.520.294/SP, 2.ª Seção, Rel. Min. Maria Isabel Gallotti, j. 26.08.2020, *DJe* 02.09.2020).

Como consequência dessa forma de julgar, a Corte Superior entendeu, em 2022, que é possível a cobrança de aluguéis do cônjuge sobrevivente quando o imóvel já havia sido atribuído, pelo menos em parte, à filha do falecido. Conforme trecho do *decisum*, "discute-se a oponibilidade do direito real de habitação da cônjuge supérstite à coproprietária do imóvel em que ela residia com o falecido. (...). Aplicabilidade das razões de decidir do precedente da 2ª Seção do STJ ao caso concreto, tendo em vista que o *de cujus* já não era mais proprietário exclusivo do imóvel residencial, em razão da anterior partilha do bem decorrente da sucessão da genitora da autora. Ausência de solidariedade familiar e de vínculo de parentalidade da autora em relação à cônjuge supérstite" (STJ, REsp 1.830.080/SP, 3.ª Turma, Rel. Min. Paulo de Tarso Sanseverino, j. 26.04.2022, *DJe* 29.04.2022).

Como não poderia ser diferente, estou totalmente filiado a essa forma de julgar. Como outra nota importante, merece críticas, mais uma vez pela proteção da moradia, o Enunciado n. 271 do CJF/STJ, da *III Jornada de Direito Civil*, pelo qual "o cônjuge pode renunciar ao direito real de habitação, nos autos do inventário ou por escritura pública, sem prejuízo de sua participação na herança". Na minha opinião doutrinária, o direito real de habitação é irrenunciável, por envolver a consagração do direito fundamental à moradia nas relações privadas (art. 6.º da CF/1988). Repise-se que, nessa linha, a jurisprudência do STJ entende que o Bem de Família, pela mesma razão, é irrenunciável (ver, por todos: STJ, AgRg-Ag 426.422/PR, 3.ª Turma, Rel. Des. Conv. Paulo Furtado, j. 27.10.2009, *DJe* 12.11.2009; e AgRg-Ag 1.114.259/RS, 3.ª Turma, Rel. Min. Sidnei Beneti, j. 26.05.2009, *DJe* 08.06.2009).

Seguindo a posição por mim compartilhada, reitere-se que a questão foi analisada inicialmente pelo Conselho Superior da Magistratura do Estado de São Paulo, em setembro de 2023, concluindo a Corte, naquela ocasião, não ser possível a renúncia prévia ao direito real de habitação em contrato de convivência, o que ocasionava a impossibilidade de seu registro imobiliário (TJSP, Apelação cível 1007525-42.2022.8.26.0132, Apelantes: Guilherme Rojas Fernandes e Rafaella Ghannage Pereira, Apelado: 1.º Oficial de Registro de Imóveis e Anexos da Comarca de Catanduva, Rel. Corregedor-Geral de Justiça Des. Fernando Torres de Garcia, j. 22.09.2023). Para o Estado de São Paulo, portanto, esse era o entendimento a ser considerado, para os devidos fins práticos.

De toda sorte, em 2024, o mesmo Conselho Superior da Magistratura do Tribunal Paulista afastou esse entendimento anterior, concluindo ser possível o registro das renúncias à herança por exercício da autonomia privada, a incluir a do ora estudado direito real de habitação (TJSP, Apelação Cível 1000348-35.2024.8.26.0236, Apelantes: Maria Teresa Antonelli Caldas e João Anselmo Montanari da Cunha, Apelado: Oficial de Registro de Imóveis e Anexos da Comarca de Ibitinga, Rel. Corregedor-Geral de Justiça Des. Francisco Loureiro, j. 1.º.10.2024). Ao final, concluiu-se que "o registro não significa a chancela judicial à validade da cláusula, mas tão somente que não se deve negar eficácia perante terceiros ao pacto antenupcial, até que em momento e na esfera própria a questão da nulidade eventualmente seja arguida e decidida na esfera jurisdicional". Com o devido respeito, penso que essa nova forma de julgar trouxe um aumento da insegurança jurídica para a questão, a justificar mais ainda a necessidade de Reforma do Código Civil a respeito do tema.

Feitas todas essas observações a respeito da temática, com enorme variação no entendimento jurisprudencial, destaco que no atual Projeto de Reforma do Código Civil, elaborado pela Comissão de Juristas nomeada no Senado Federal, pretende-se incluir essa possibilidade de renúncia ao direito real de habitação, como exceção à proibição do pacto sucessório do art. 426.

Insere-se nessa norma a possibilidade de renúncia prévia à herança pelo cônjuge ou convivente, nos seguintes novos parágrafos: "§ 2º Os nubentes podem, por meio de pacto antenupcial ou por escritura pública pós-nupcial, e os conviventes, por meio de escritura pública de união estável, renunciar reciprocamente à condição de herdeiro do outro cônjuge ou convivente. § 3º A renúncia pode ser condicionada, ainda, à sobrevivência ou não de parentes sucessíveis de qualquer classe, bem como de outras pessoas, nos termos do art. 1.829 deste Código, não sendo necessário que a condição seja recíproca". E, no que diz respeito ao direito real de habitação, o seu novo § 4.º: "a renúncia não implica perda do direito real de habitação previsto o no art. 1.831 deste Código, salvo expressa previsão dos cônjuges ou conviventes". De toda sorte, nos termos do projetado § 6.º para esse art. 426, "a renúncia será ineficaz se, no momento da morte do cônjuge ou convivente, o falecido não deixar parentes sucessíveis, segundo a ordem de vocação hereditária".

Com a aprovação das propostas, e a suas inserções no texto de lei, resolve-se mais um dilema verificado nos mais de vinte anos de vigência do Código Civil de 2002, com enorme variação no entendimento jurisprudencial a gerar grande insegurança e instabilidade, como aqui se expôs. Com a aprovação dos novos textos legais, não haverá mais polêmicas quanto à possibilidade de renúncia ao direito real de habitação, como válido e eficaz exercício da autonomia privada.

Como outra questão importante a ser pontuada, e como se verá a seguir de forma mais aprofundada, ao companheiro ou convivente sobrevivente também deve ser reconhecido o direito real de habitação. O assunto será abordado em tópico próprio, diante do debate de quais os limites desse reconhecimento, diante da recente decisão do Supremo Tribunal Federal, de equalização sucessória das entidades familiares (julgados publicados no *Informativo* n. 864 da Corte, de maio de 2017).

De todo modo, para encerrar o tópico, e o estudo sobre direito real de habitação do cônjuge, no sentido de *ponderar* os direitos envolvidos, penso ser fundamental a proposta formulada pelo Projeto de Reforma do Código Civil, elaborado pela Comissão de Juristas nomeada no Senado Federal, para que o seu art. 1.831 seja aplicado tanto para o casamento como para a união estável, unificando-se o tratamento do instituto, e prevendo-se algumas exceções para o reconhecimento desse direito real.

Pela proposição, aqui já adiantada, o comando passará a enunciar, em seu *caput*, que, "ao cônjuge ou ao convivente sobrevivente que residia com o autor da herança ao tempo de sua morte, será assegurado, qualquer que seja o regime de bens e sem prejuízo da participação que lhe caiba na herança, o direito real de habitação, relativamente ao imóvel que era destinado à moradia da família, desde que seja o único bem a inventariar". Valoriza-se, assim, a moradia anterior do cônjuge ou convivente, sendo a manutenção do seu direito real de habitação a regra do sistema legal proposto pela Comissão de Juristas.

De todo modo, como primeira exceção, hoje mais do que necessária, preverá o § 1.º do art. 1.831 que: "se, ao tempo da morte, viviam juntamente com o casal descendentes incapazes ou com deficiência, bem como ascendentes vulneráveis ou, ainda, as pessoas referidas no art. 1.831-A, *caput* e seus parágrafos, deste Código, o direito de habitação há de ser compartilhado por todos". A norma visa à tutela de vulnerabilidades e hipos-suficiências específicas, na linha de outras proposições formuladas pelos especialistas que atuaram no Senado Federal.

Também merece ser destacado, por trazer como conteúdo o correto senso de justiça, o projetado § 2.º do art. 1.831 para o Código Civil, segundo o qual cessará o direito real de habitação quando qualquer um dos titulares do direito à habitação tiver renda ou pa-trimônio suficiente para manter sua respectiva moradia, ou quando constituir nova família. Como se pode notar pela leitura deste tópico, vários julgados já aplicam essa ideia, em prol da efetiva proteção da moradia.

Além dessas necessárias exceções, como outra, também será reconhecido o direito real de habitação em favor da chamada família parental, desde que registrada no Cartório de Registro Civil, nos termos do novo art. 10, § 1.º, que é sugerido para a codificação privada pelo mesmo projeto. Assim, consoante o proposto art. 1.831-A da Lei Geral Privada, "terão direito de habitação sobre o imóvel de moradia do autor da herança, as pessoas remanes-centes da família parental, podendo habilitar-se para esse direito os que demonstrarem o convívio familiar comum por prova documental, conforme anotações feitas na forma do § 1º do art. 10 deste Código".

Vale lembrar que, nos termos do novo art. 1.511-B, em seu § 1.º, "a família parental é a composta por, pelo menos, um ascendente e seu descendente, qualquer que seja a natureza da filiação, bem como a que resulta do convívio entre parentes colaterais que vivam sob o mesmo teto com compartilhamento de responsabilidades familiares pessoais e patrimoniais". Nessa previsão, portanto, haverá a *família monoparental* – constituída por um dos ascendentes e seus descendentes, como no caso de um pai solteiro e seus filhos – e a *família anaparental*, ou sem pais – como nas situações que envolvem irmãos ou primos idosos que vivem juntos.

Como se pode perceber, também esta última previsão tem um conteúdo humanista incontestável, esperando-se a sua aprovação pelo Parlamento Brasileiro, assim como a anterior.

### 9.8.5 Da sucessão dos colaterais

Os colaterais são *herdeiros de quarta e última classe* na ordem de vocação hereditária (art. 1.829, inc. IV, do CC). Deve ficar claro, de imediato, que, em relação a tais parentes, o cônjuge – e agora o companheiro – não concorre. Estabelece o art. 1.839 do CC, em leitura atualizada com a decisão do STF de maio de 2017, que, se não houver cônjuge ou companheiro sobrevivente, nas condições estabelecidas no art. 1.830, serão chamados a suceder os colaterais até o quarto grau. Desse modo, são herdeiros os irmãos, os tios, os sobrinhos, os primos, os tios-avós e os sobrinhos netos. Além desses parentes, não há direitos sucessórios, tampouco relação de parentesco (art. 1.592 do CC).

Observo que o Projeto de Reforma do Código Civil pretende incluir na norma o entendimento constante dessa decisão, passando o seu art. 1.839 a prever que, "se não houver cônjuge ou convivente sobrevivente, nas condições estabelecidas no art. 1.830, serão chamados a suceder os colaterais até o quarto grau".

Sobre os irmãos, entendo que deve se estender a regra sucessória para os casos de vínculo socioafetivo entre eles. Exatamente nessa linha decidiu a Quarta Turma do Superior Tribunal de Justiça em outubro de 2022, utilizando a expressão "fraternidade socioafetiva".

Nos termos da publicação constante do *Informativo* n. 453 da Corte, que teve como Relator o Ministro Marco Buzzi:

"Inexiste qualquer vedação legal ao reconhecimento da fraternidade/irmandade socioafetiva, ainda que *post mortem*, pois a declaração da existência de relação de parentesco de segundo grau na linha colateral é admissível no ordenamento jurídico pátrio, merecendo a apreciação do Poder Judiciário. (...) Não há falar, portanto, em condição essencial à caracterização do parentesco colateral por afetividade, consistente em prévia declaração judicial de filiação (linha reta) socioafetiva, em demanda movida por pela *de cujus* em relação aos genitores dos requerentes. Desse modo, não se visualiza óbice, em tese, à pretensão autônoma deduzida, calcada na configuração da posse do estado de irmãos. Afigurou-se prematuro, portanto, o indeferimento da petição inicial, sem que pudessem os demandantes efetivamente demonstrar os requisitos necessários à caracterização do citado *status*. No âmbito das relações de parentesco, a ideia de posse de estado traduz-se em comportamentos reiterados, hábeis a constituírem situações jurídicas passíveis de tutela. Assim, além da própria aparência e reconhecimento social, o vínculo constituído qualifica a real dimensão da relação familiar/parentesco, erigida sobre a socioafetividade, a qual não pode ser ignorada pelo sistema jurídico. A partir desse pressuposto, infere-se que a citada relação/vínculo, identificada por meio da posse de estado, é passível de ser declarada judicialmente. Trata-se, com efeito, de objeto de declaração a existência de uma situação jurídica consolidada, da qual defluem efeitos jurídicos – pessoais e patrimoniais –, a exemplo do eventual direito sucessório alegado na exordial".

O número do processo não foi divulgado por questão de segredo de justiça, tendo essa forma de julgar o meu apoio doutrinário.

Como outro julgado importante a ser destacado sobre a temática, em novembro de 2024, a Terceira Turma admitiu o reconhecimento do vínculo socioafetivo entre avós e neto. Consoante esse importante *decisum*, "têm interesse de agir o neto e seus avós quando alegam ter desenvolvido relação de socioafetividade parental que excede a mera afetividade avoenga, e que demanda a declaração jurídica desse vínculo por meio da competente ação de reconhecimento, com efeitos diretos em seu registro civil". E mais, "é juridicamente possível o pedido de reconhecimento de filiação socioafetiva entre avós e neto, diante da possibilidade de reconhecimento de parentescos de outra origem, previstos no art. 1.593 do CC/2002, bem como tendo em vista não haver qualquer vedação legal expressa no ordenamento jurídico a esse respeito. Na espécie, é indevida a aplicação da vedação contida no § 1.º do artigo 42 do Estatuto da Criança e do Adolescente, considerando que não se trata de hipótese de adoção, mas de reconhecimento de filiação socioafetiva em multiparentalidade" (STJ, REsp

2.107.638/SP, 3.ª T., Rel. Min. Nancy Andrighi, j. 12.11.2024, *DJe* 14.11.2024). As conclusões do aresto me parecem perfeitas tecnicamente, contando com o meu apoio doutrinário.

Vale lembrar, como desenvolvido no capítulo anterior deste livro, que o Projeto de Reforma do Código Civil pretende incluir na Lei Privada amplos efeitos para a parentalidade socioafetiva e para a multiparentalidade, acarretando o reconhecimento expresso na lei vínculo socioafetivo também entre os irmãos, e encerrando qualquer debate que possa haver quanto à possibilidade jurídica da sucessão entre eles.

Pois bem, a sucessão dos colaterais não é simples, devendo ser expostas as regras, de forma pontual, para posterior ilustração. Vejamos:

*1.ª Regra* – Na classe dos colaterais, os mais próximos excluem os mais remotos, salvo o direito de representação concedido aos filhos de irmãos (art. 1.840 do CC). Assim sendo, os irmãos (colaterais de segundo grau) excluem os sobrinhos e tios (colaterais de terceiro grau). Ainda ilustrando, os sobrinhos e tios (colaterais de terceiro grau) excluem os primos, sobrinhos-netos e tios-avós (colaterais de quarto grau). Porém, conforme se verá, se o falecido deixou um irmão e um sobrinho, filho de outro irmão premorto, o último terá direito sucessório junto ao irmão do falecido vivo, por força do direito de representação.

*2.ª Regra* – Concorrendo à herança do falecido irmãos bilaterais com irmãos unilaterais, cada um destes herdará metade do que cada um daqueles herdar (art. 1.841 do CC). Os *irmãos bilaterais* ou *germanos* são aqueles com mesmo pai *e* mesma mãe. Os irmãos unilaterais ou meios-irmãos são aqueles com mesmo pai *ou* mesma mãe. Se a identidade for de pai, os irmãos são *unilaterais consanguíneos*; se de mãe, os irmãos são *unilaterais uterinos*. De acordo com a norma, se o falecido deixar um irmão bilateral e um unilateral, o primeiro recebe 66,66% da herança e o último, 33,33%. Defendo que não há, no atual sistema, qualquer inconstitucionalidade nessa previsão, por suposta discriminação. De início, destaque-se que a norma se refere a irmãos e não a filhos, não sendo o caso de invocar o art. 227, § 6.º, da CF/1988. Ademais, o dispositivo parece estar situado na segunda parte da isonomia constitucional (art. 5.º da CF/1988), na especialidade, eis que *a lei deve tratar de maneira igual os iguais e de maneira desigual os desiguais*. E, como bem aponta Zeno Veloso, "A solução deste artigo se justifica porque, como se diz, o irmão bilateral é irmão duas vezes; o vínculo parental que une os irmãos germanos é duplicado. Por esse fato, o irmão bilateral deve receber quota hereditária dobrada da que couber ao irmão unilateral".[55] De todo modo, com o fim de se resolver mais essa polêmica, a Comissão de Juristas encarregada da Reforma do Código Civil sugere que o art. 1.841 passe a prever, pura e simplesmente, que, "na falta de irmãos, herdarão os filhos destes e, não os havendo, os tios". Mais uma vez, busca-se uma maior simplicidade do sistema sucessório brasileiro, que hoje é confuso e caótico. Por isso, concordei totalmente com as justificativas e, como Relator-Geral da citada Comissão de Juristas, apoiei a proposição de mudança, que supera a divergência, apesar do meu entendimento atual de não haver qualquer inconstitucionalidade.

*3.ª Regra* – Não concorrendo à herança irmão bilateral, herdarão, em partes iguais, os irmãos unilaterais (art. 1.842 do CC). Exemplo: se o falecido deixar quatro irmãos, dois unilaterais uterinos e dois unilaterais consanguíneos, cada um destes receberá 25% da herança. Como não poderia ser diferente,

---

[55] VELOSO, Zeno. *Código Civil comentado*. 6. ed. Coord. Ricardo Fiuza e Regina Beatriz Tavares da Silva. São Paulo: Saraiva, 2008. p. 2.026.

# 1788 | MANUAL DE DIREITO CIVIL • VOLUME ÚNICO – *Flávio Tartuce*

> a Comissão de Juristas encarregada da Reforma do Código Civil também su-gere a alteração deste último comando, na linha das justificativas anteriores, passando a prever que, "se concorrerem à herança somente filhos de irmãos falecidos, herdarão por direito próprio" (art. 1.842 do CC).
>
> *4.ª Regra* – Conforme consta do art. 1.843, *caput*, do CC, na falta de irmãos, herdarão os filhos destes (sobrinhos). Na falta dos sobrinhos, herdarão os tios. Como se observa, os sobrinhos têm prioridade sobre os tios, por opção legis-lativa, apesar de serem parentes de mesmo grau (terceiro). Em complemento, se concorrerem à herança somente filhos de irmãos falecidos, herdarão por cabeça (art. 1.843, § 1.º, do CC). Se concorrem filhos de irmãos bilaterais com filhos de irmãos unilaterais, cada um destes herdará a metade do que herdar cada um daqueles, o que é decorrência daquela regra anterior (art. 1.843, § 2.º, do CC). Por fim, se todos forem filhos de irmãos bilaterais, ou todos de irmãos unilaterais, herdarão por igual (art. 1.843, § 3.º, do CC).

Insta observar que o CC/2002 não traz regras a respeito da sucessão dos colaterais de quarto grau (primos, sobrinhos-netos e tios-avós). Também não trata da situação de haver apenas sobrinhos-netos bilaterais e sobrinhos-netos unilaterais. Deve-se concluir, em relação a tais parentes, que herdam sempre por direito próprio.[56] Como conclusão, como são parentes de mesmo grau, um não exclui o direito do outro. Desse modo, se o falecido deixou somente um primo, um tio-avô e um sobrinho-neto, os três receberão a herança em quotas iguais. O mesmo deve ser dito nos casos de concorrência de sobrinhos-netos bilaterais com unilaterais.

Para encerrar o tópico, no Projeto de Reforma do Código Civil, mais uma vez, essa lacuna e divergência são resolvidas, simplificando-se o sistema sucessório brasileiro, como deve ser. Como visto, o seu art. 1.841 passará a prever que, na falta de irmãos, herdarão os filhos destes, os sobrinhos, e, não os havendo, os tios. Consoante o projetado art. 1.842, se concorrerem à herança somente filhos de irmãos falecidos, os sobrinhos, herdarão por direito próprio. Por fim, prevendo-se a regra da divisão igualitária entre os demais colate-rais, expressará o novo art. 1.843 da Lei Geral Privada que, "se concorrerem apenas os tios, herdarão por direito próprio e, na sua falta, de igual modo, os colaterais até o quarto grau".

Espera-se, em prol do princípio da operabilidade, com uma melhor efetividade das normas privadas, a sua aprovação pelo Parlamento Brasileiro.

## 9.8.6 Da sucessão do companheiro. O polêmico art. 1.790 do CC e suas controvérsias principais até a declaração de inconstitucionalidade pelo Supremo Tribunal Federal. As primeiras decisões do Superior Tribunal de Justiça sobre o tema. Análise do direito real de habitação do companheiro

Como antes destacado, um dos dispositivos mais criticados e comentados da atual codificação privada sempre foi relativo à sucessão do companheiro, merecendo destaque especial para os devidos aprofundamentos, em sua dicção original:

> "Art. 1.790. A companheira ou o companheiro participará da sucessão do outro, quanto aos bens adquiridos onerosamente na vigência da união estável, nas condi-ções seguintes:
>
> I – se concorrer com filhos comuns, terá direito a uma quota equivalente à que por lei for atribuída ao filho;

---

[56] TARTUCE, Flávio; SIMÃO, José Fernando. *Direito Civil*. Direito das Sucessões. 3. ed. São Paulo: Método, 2010. v. 6, p. 275.

CAP. 9 • DIREITO DAS SUCESSÕES | **1789**

II – se concorrer com descendentes só do autor da herança, tocarlhe-á a metade do que couber a cada um daqueles;

III – se concorrer com outros parentes sucessíveis, terá direito a um terço da herança;

IV – não havendo parentes sucessíveis, terá direito à totalidade da herança".

De início, sempre se afirmou que a norma estaria mal colocada, introduzida entre as disposições gerais do Direito das Sucessões. Isso se deu pelo fato de o tratamento relativo à união estável ter sido incluído no CC/2002 nos últimos momentos de sua elaboração. Pelo mesmo fato, o companheiro não consta da ordem de vocação hereditária, sendo tratado, antes da decisão do STF, como um *herdeiro especial.*

Deve ficar claro que o comando já tinha aplicação para os companheiros ou con-viventes homoafetivos, diante da histórica decisão de equiparação sucessória do Supremo Tribunal Federal, de 5 de maio de 2011 (*Informativo* n. *625* do STF). Sendo assim, todas as menções sucessórias aos companheiros deveriam abranger aqueles que vivem em união homoafetiva, sem qualquer distinção prática. Reitere-se que o STF entendeu dessa forma quando do julgamento de maio de 2017, agora de modo unificado como casamento. Ve-jamos o que consta do *Informativo* n. *864* da Corte:

> "O Supremo Tribunal Federal (STF) afirmou que a Constituição prevê diferentes modalidades de família, além da que resulta do casamento. Entre essas modalidades, está a que deriva das uniões estáveis, seja a convencional, seja a homoafetiva. Frisou que, após a vigência da Constituição de 1988, duas leis ordinárias equipararam os regimes jurídicos sucessórios do casamento e da união estável (Lei 8.971/1994 e Lei 9.278/1996). O Código Civil, no entanto, desequiparou, para fins de sucessão, o casamento e as uniões estáveis. Dessa forma, promoveu retrocesso e hierarquização entre as famílias, o que não é admitido pela Constituição, que trata todas as famílias com o mesmo grau de valia, respeito e consideração. O art. 1.790 do mencionado Código é inconstitucional, porque viola os princípios constitucionais da igualdade, da dignidade da pessoa humana, da proporcionalidade na modalidade de proibição à proteção deficiente e da vedação ao retrocesso. Na espécie, a sucessão foi aberta antes de ser reconhecida, pelo STF, a equiparação da união homoafetiva à união estável e antes de o Conselho Nacional de Justiça ter regulamentado o casamento de pessoas do mesmo sexo. Tal situação impede a conversão da união estável em casamento, nos termos do art. 226, § 3.º, da CF. Diante disso, a desequiparação é ainda mais injusta".

Pois bem, como premissa fundamental para o reconhecimento do direito sucessório do companheiro ou companheira, o *caput* do comando enunciava, originalmente, que somente haveria direitos quanto aos bens adquiridos onerosamente durante a união. Desse modo, comunicavam-se os bens havidos pelo trabalho de um ou de ambos durante a existência da união estável, excluindo-se bens recebidos a título gratuito, por doação ou sucessão. Deve ficar claro que a norma não estaria tratando de meação, mas de sucessão ou herança, independentemente do regime de bens adotado.

Por isso, em regra, afirmava-se que o companheiro seria meeiro e herdeiro, como regra, eis que, no silêncio das partes, valeria para a união estável o regime da comunhão parcial de bens (art. 1.725 do CC). Cumpre destacar que tais premissas foram adotadas e citadas em acórdão do Superior Tribunal de Justiça, assim ementado:

> "Recurso especial. Direito das sucessões. Arts. 1.659, VI, e 1.790, II, ambos do Có-digo Civil. Distinção entre herança e participação na sociedade conjugal. Proporção do direito sucessório da companheira em relação ao do descendente exclusivo do autor da herança. 1. Os arts. 1.659, VI, e o art. 1.790, II, ambos do Código Civil,

referem-se a institutos diversos: o primeiro dirige-se ao regime de comunhão parcial de bens no casamento, enquanto o segundo direciona-se à regulação dos direitos sucessórios, ressoando inequívoca a distinção entre os institutos da herança e da participação na sociedade conjugal. 2. Tratando-se de direito sucessório, incide o mandamento insculpido no art. 1.790, II, do Código Civil, razão pela qual a companheira concorre com o descendente exclusivo do autor da herança, que deve ser calculada sobre todo o patrimônio adquirido pelo falecido durante a convivência, excetuando-se o recebido mediante doação ou herança. Por isso que lhe cabe a proporção de 1/3 do patrimônio (a metade da quota-parte destinada ao herdeiro). 3. Recurso especial parcialmente provido, acompanhando o voto do Relator" (STJ, REsp 887990/PE, 4.ª Turma, Rel. Min. Fernando Gonçalves, Rel. Min. Luis Felipe Salomão, j. 24.05.2011, *DJe* 23.11.2011).

Como antes pontuado, alguns doutrinadores brasileiros sempre sustentaram ser o dispositivo totalmente inconstitucional, pelo fato de seu *caput* limitar o direito sucessório do companheiro aos bens adquiridos onerosamente durante a união estável. Dois sempre se destacaram nessas afirmações, os Professores Zeno Veloso e Giselda Hironaka.

Segundo a *Mestra das Arcadas*, "o art. 1.790 do CC restringiu a possibilidade de incidência do direito sucessório do companheiro à parcela patrimonial do monte partível que houvesse sido adquirido na constância da união estável, não se estendendo, portanto, àquela outra quota patrimonial relativa aos bens particulares do falecido, amealhados antes da evolução da vida em comum. A nova lei limitou e restringiu, assim, a incidência do direito a suceder do companheiro apenas àquela parcela de bens que houvessem sido adquiridos na constância da união estável a título oneroso. Que discriminação flagrante perpetuou o legislador, diante da idêntica hipótese, se a relação entre o falecido e o sobrevivente fosse uma relação de casamento, e não de união estável!".[57]

Igualmente, o saudoso Zeno Veloso comentava que a restrição aos bens adquiridos onerosamente durante a união estável, prevista no art. 1.790 do CC/2002, não teria "nenhuma razão, quebra todo o sistema, podendo gerar consequências extremamente injustas: a companheira de muitos anos de um homem rico, que possuía vários bens na época que iniciou o relacionamento afetivo, não herdará coisa alguma do companheiro, se este não adquiriu (onerosamente!) outros bens durante o tempo de convivência. Ficará essa mulher – se for pobre – literalmente desamparada, a não ser que o falecido, vencendo as superstições que rodeiam o assunto, tivesse feito um testamento que a beneficiasse".[58] Em outra obra de sua autoria, o jurista demonstrava claramente seguir a tese da inconstitucionalidade do art. 1.790 do Código Civil, aduzindo que: "ao longo desta exposição, e diversas vezes, mencionei que a sucessão dos companheiros foi regulada de maneira lastimável, incidindo na eiva da inconstitucionalidade, violando princípios fundamentais, especialmente o da dignidade da pessoa humana, o da igualdade, o da não discriminação".[59]

Como visto, em 31 de agosto de 2016, o Supremo Tribunal Federal começou a julgar a controvérsia, em sede de repercussão geral. Sete votos já reconheciam a inconstitucionalidade do art. 1.790 do Código Civil e a necessidade de equiparação da união estável ao casamento para os fins sucessórios. O julgamento foi encerrado em 10 de maio de 2017, reunido com outra demanda, de debate sobre os direitos sucessórios advindos de união estável homoafetiva. Por maioria, foi firmada a seguinte tese, para os fins de repercussão geral: "no sistema constitucional vigente, é inconstitucional a distinção de regimes

---

[57] HIRONAKA, Giselda Maria Fernandes Novaes. *Morrer e suceder*. São Paulo: RT, 2011. p. 420.
[58] VELOSO, Zeno. *Código Civil comentado*. 8. ed. São Paulo: Saraiva, 2012. p. 2.010.
[59] VELOSO, Zeno. *Direito hereditário do cônjuge e do companheiro*. São Paulo: Saraiva, 2010. p. 185.

CAP. 9 • DIREITO DAS SUCESSÕES | **1791**

sucessórios entre cônjuges e companheiros, devendo ser aplicado, em ambos os casos, o regime estabelecido no art. 1.829 do CC/2002" (publicada no *Informativo* n. *864* do STF).

Reitere-se, ainda, que votaram pela inconstitucionalidade, além do Ministro Relator Luís Roberto Barroso, os Ministros Luiz Edson Fachin, Teori Zavascki (e Alexandre de Moraes, em substituição no segundo julgamento), Rosa Weber, Luiz Fux, Celso de Mello, Gilmar Mendes e Cármen Lúcia. Foram vencidos os Ministros Dias Toffoli, Ricardo Lewandowski e Marco Aurélio, que não viam inconstitucionalidade no art. 1.790 do Código Civil. Pois bem, a ementa do *decisum* foi assim elaborada pelo Ministro Relator:

> "Direito constitucional e civil. Recurso extraordinário. Repercussão geral. Inconstitucionalidade da distinção de regime sucessório entre cônjuges e companheiros. 1. A Constituição brasileira contempla diferentes formas de família legítima, além da que resulta do casamento. Nesse rol incluem-se as famílias formadas mediante união estável. 2. Não é legítimo desequiparar, para fins sucessórios, os cônjuges e os companheiros, isto é, a família formada pelo casamento e a formada por união estável. Tal hierarquização entre entidades familiares é incompatível com a Constituição. 3. Assim sendo, o art. 1.790 do Código Civil, ao revogar as Leis n.ºs 8.971/94 e 9.278/96 e discriminar a companheira (ou companheiro), dando-lhe direitos sucessórios bem inferiores aos conferidos à esposa (ou ao marido), entra em contraste com os princípios da igualdade, da dignidade humana, da proporcionalidade como vedação à proteção deficiente e da vedação do retrocesso. 4. Com a finalidade de preservar a segurança jurídica, o entendimento ora firmado é aplicável apenas aos inventários judiciais em que não tenha havido trânsito em julgado da sentença de partilha, e às partilhas extrajudiciais em que ainda não haja escritura pública. 5. Provimento do recurso extraordinário. Afirmação, em repercussão geral, da seguinte tese: 'No sistema constitucional vigente, é inconstitucional a distinção de regimes sucessórios entre cônjuges e companheiros, devendo ser aplicado, em ambos os casos, o regime estabelecido no art. 1.829 do CC/2002'" (STF, Recurso Extraordinário 878.694/MG, Tribunal Pleno, Rel. Min. Luís Roberto Barroso, j. 10.05.2017, com repercussão geral).

O voto inicia-se com a demonstração da grande divergência sobre o assunto, havendo julgamentos conflitantes entre os Tribunais Estaduais sobre a inconstitucionalidade da norma. Assim, "a título ilustrativo, os Tribunais de Justiça de São Paulo e do Rio de Janeiro chegaram a conclusões opostas sobre a questão, ambos em sede de arguição de inconstitucionalidade. O TJSP – a exemplo do TJMG – entendeu pela constitucionalidade do art. 1.790 do CC/2002, enquanto o TJ-RJ manifestou-se pela sua inconstitucionalidade.

No Superior Tribunal de Justiça, a controvérsia acerca da constitucionalidade do dispositivo do Código Civil chegou a ser afetada à Corte Especial. No entanto, ainda não houve decisão final de mérito. Por fim, vale observar que o Supremo Tribunal Federal, no RE 646.721, reconheceu repercussão geral a outro recurso que trata da validade do art. 1.790 do Código Civil de 2002, mas que tem como foco sua aplicação às uniões homoafetivas". A variação existente nos Tribunais Estaduais ainda será exposta nesta edição do livro, mais à frente, para eventuais estudos sobre a evolução histórico-jurisprudencial da controvérsia.

Na sequência, o voto do Ministro Relator demonstra, na linha do que foi exposto neste livro e citando a doutrina de Giselda Hironaka, que o fundamento do Direito das Sucessões "é a noção de continuidade patrimonial como fator de proteção, de coesão e de perpetuidade da família. O regime sucessório no país envolve a ideia de proteção em dois graus de intensidade. O grau fraco aplica-se à parte disponível da herança, em relação à qual o sucedido tem liberdade para dispor, desde que respeitados os requisitos legais para sua manifestação de vontade. Quanto a essa parte, a lei tem caráter supletivo, conferindo direito de herança aos herdeiros vocacionados somente no caso de inexistir testamento. Já o grau forte refere-se

# 1792 | MANUAL DE DIREITO CIVIL • VOLUME ÚNICO – *Flávio Tartuce*

à parte indisponível da herança (a chamada legítima), que corresponde à metade dos bens da herança que a lei impõe seja transferida a determinadas pessoas da família (os herdeiros necessários), que só deixarão de recebê-la em casos excepcionais também previstos em lei. Sobre essa parcela, o sucedido não tem liberdade de decisão, pois se trata de norma cogente".

Expõe-se, assim, a evolução do conceito de família, desde o casamento indissolúvel, passando pelos novos vínculos de filiação e chegando-se ao reconhecimento da união estável. Conforme o Ministro Barroso, "durante a segunda metade do século XX, porém, operou-se uma lenta e gradual evolução nesta concepção na sociedade brasileira, com o reconhecimento de múltiplos modelos de família. Nesse período, parcela significativa da população já integrava, de fato, núcleos familiares que, embora não constituídos pelo casamento, eram caracterizados pelo vínculo afetivo e pelo projeto de vida em comum. Era o caso de uniões estáveis, de uniões homoafetivas, e também de famílias monoparentais, pluriparentais ou anaparentais (sem pais, como a formada por irmãos ou primos). Na estrutura social, o pluralismo das relações familiares sobrepôs-se à rigidez conceitual da família matrimonial".

Também de acordo com o voto condutor do Ministro Roberto Barroso, a Constituição Federal reconheceu expressamente como entidades familiares o casamento, a união estável entre o homem e a mulher e a família monoparental. Afirma-se o pluralismo das entidades familiares, sendo o rol previsto no art. 226 do Texto Maior meramente exemplificativo ou *numerus apertus*. Destaca-se a visão civil-constitucional do ordenamento jurídico, com a valorização da dignidade da pessoa humana e da *repersonalização* do Direito Civil:

> "A consagração da dignidade da pessoa humana como valor central do ordenamento jurídico e como um dos fundamentos da República brasileira (art. 1.º, III, CF/1988) foi o vetor e o ponto de virada para essa gradativa ressignificação da família. A Carta de 1988 inspirou a repersonalização do Direito Civil, fazendo com que as normas civilistas passassem a ser lidas a partir da premissa de que a pessoa humana é o centro das preocupações do Direito, que é dotada de dignidade e que constitui um fim em si próprio. A família passou, então, a ser compreendida juridicamente de forma funcionalizada, ou seja, como um instrumento (provavelmente o principal) para o desenvolvimento dos indivíduos e para a realização de seus projetos exis-tenciais. Não é mais o indivíduo que deve servir à família, mas a família que deve servir ao indivíduo" (STF, Recurso Extraordinário 878.694/MG, Tribunal Pleno, Rel. Min. Luís Roberto Barroso, j. 10.05.2017, com repercussão geral).

Como um dos fundamentos para a tese de inconstitucionalidade do art. 1.790 do CC, o Ministro Relator argumenta que o sistema sucessório anterior ao Código Civil de 2002, construído sob a égide das Leis 8.971/1994 e 9.278/1996, era mais favorável ao companheiro do que o então vigente, tendo ocorrido, então, um verdadeiro *retrocesso social*.

Isso porque havia uma tendência de equiparar o casamento à união estável na sucessão, como antes se expôs, incluindo o companheiro no rol do art. 1.603 do Código Civil de 1916 ao lado do cônjuge. Por isso, houve *um passo atrás*, que não pode ser admitido no sistema constitucional brasileiro. Suas palavras, mais uma vez, merecem destaque:

> "Após a Constituição de 1988 e antes da edição do CC/2002, o regime jurídico da união estável foi objeto de duas leis específicas, as Leis n.º 8.971, de 29.12.1994 e n.º 9.278, de 10.02.1996. A primeira delas (Lei n.º 8.971/1994) praticamente reproduziu o regime sucessório estabelecido para os cônjuges no CC/1916, vigente à época. Desse modo, (i) estabeleceu que o companheiro seria o terceiro na ordem sucessória (atrás dos descendentes e dos ascendentes); (ii) concedeu-lhe direito de usufruto idêntico ao do cônjuge sobrevivente, e (iii) previu o direito do companheiro à meação quanto aos bens da herança adquiridos com sua colaboração. Embora esta Lei não tenha

CAP. 9 • DIREITO DAS SUCESSÕES | **1793**

tornado o companheiro um herdeiro necessário (era apenas herdeiro legítimo), tal regramento em nada diferia daquele previsto para o cônjuge, que também não era herdeiro necessário no CC/1916. A diferença entre os dois regimes sucessórios era basicamente a ausência de direito real de habitação para o companheiro. Tal direito era concedido somente aos cônjuges casados sob o regime da comunhão universal, apenas enquanto permanecessem viúvos, e, ainda assim, só incidia sobre o imóvel residencial da família que fosse o único daquela natureza a inventariar. Porém, logo essa diferença foi suprimida. A Lei n.º 9.278/1996, ao reforçar a proteção às uniões estáveis, concedeu direito real de habitação aos companheiros. E o fez sem exigir o regime de comunhão universal de bens, nem que o imóvel residencial fosse o único de tal natureza. Ou seja, a legislação existente até a entrada em vigor do Código Civil de 2002 previa um regime jurídico sucessório até mesmo mais favorável ao companheiro do que ao cônjuge. As leis relativas ao regime sucessório nas uniões estáveis foram, portanto, progressivamente concretizando aquilo que a CF/1988 já sinalizava: cônjuges e companheiros devem receber a mesma proteção quanto aos direitos sucessórios, pois, independentemente do tipo de entidade familiar, o objetivo estatal da sucessão é garantir ao parceiro remanescente meios para que viva uma vida digna. Conforme já adiantado, o Direito Sucessório brasileiro funda-se na noção de que a continuidade patrimonial é fator fundamental para a proteção, para a coesão e para a perpetuação da família" (STF, Recurso Extraordinário 878.694/MG, Tribunal Pleno, Rel. Min. Luís Roberto Barroso, j. 10.05.2017, com repercussão geral).

Tendo como norte a doutrina de Zeno Veloso e de Giselda Hironaka, o Ministro Barroso demonstra as então discrepâncias sucessórias existentes entre o casamento e a união estável, o que para ele não tem qualquer razão de ser no plano sucessório. Reconhece que, de fato, existem diferenças entre casamento e união estável, não se podendo falar em equiparação absoluta. Porém, não se pode admitir qualquer hierarquia entre as duas entidades familiares. Para tanto, o Relator utiliza alguns mecanismos de interpretação jurídica.

Iniciando-se pela *interpretação semântica* ou *literal*, firma a premissa segundo a qual a Constituição estabelece, de forma inequívoca, que a família tem especial proteção do Estado, sem que exista qualquer menção a um modelo de família que seja "mais ou menos merecedor desta proteção". Utilizando-se da *interpretação teleológica*, interroga quais seriam os fins sociais do art. 226 da Constituição Federal. Para o julgador, parece inequívoco que a finalidade da norma seria a de garantir a proteção das famílias como instrumento para a tutela dos seus membros, impedindo qualquer discriminação entre os indivíduos, unicamente como resultado do tipo de entidade familiar que constituírem.

Partindo para a *interpretação histórica*, o citado dispositivo da Constituição é inclusivo, e não exclusivo ou segregativo, não havendo qualquer intuito de divisão ou fracionamento das famílias em primeira e segunda classe. Por fim, pela *interpretação sistemática*, busca-se a unidade e a harmonia do sistema jurídico. Nesse contexto, pontua que "o legislador pode atribuir regimes jurídicos diversos ao casamento e à união estável. Todavia, como será detalhado adiante, a partir da interpretação conjunta de diversos dispositivos da Constituição de 1988, que trazem a noção de funcionalização da família, alcança-se uma segunda constatação importante: só será legítima a diferenciação de regimes entre casamento e união estável se não implicar hierarquização de uma entidade familiar em relação à outra, desigualando o nível de proteção estatal conferido aos indivíduos".

Quanto ao fato de o art. 226 da Constituição Federal mencionar a conversão da união estável em casamento, conclui o Ministro Barroso que isso não reflete qualquer preferência hierarquizada do casamento diante da união estável. O objetivo da previsão foi apenas de representar o desejo do Estado em garantir maior segurança jurídica às relações sociais. Nesse contexto, pondera que "seria mais seguro e conveniente para o sistema jurídico que todas as uniões fossem formalizadas pelo casamento. Mas uma coisa é ser mais seguro, e outra, totalmente diferente, é constituir condição para que os indivíduos sejam tratados com igual respeito e dignidade".

Partindo para o cerne fundamental de seu voto, para o Ministro Relator, haveria inconstitucionalidade no art. 1.790 do Código Civil pela violação a três princípios constitucionais: *a)* o da dignidade da pessoa humana; *b)* o da proporcionalidade como vedação à proteção deficiente; e *c)* o da vedação ao retrocesso.

No que concerne à *dignidade humana*, para o Ministro Barroso, esta deve ser entendida "como valor intrínseco que postula que todos os indivíduos têm igual valor e por isso merecem o mesmo respeito e consideração. Isso implica a proibição de discriminações ilegítimas devido à raça, cor, etnia, nacionalidade, sexo ou idade, e também devido à forma de constituição de família adotada. Se o Direito Sucessório brasileiro tem como fundamento a proteção da família, por meio da transferência de recursos para que os familiares mais próximos do falecido possam levar suas vidas adiante de forma digna, é incompatível com a ordem de valores consagrada pela Constituição de 1988 definir que cônjuges e companheiros podem receber maior ou menor proteção do Estado simplesmente porque adotaram um ou outro tipo familiar".

A violação da *proporcionalidade*, por seu turno, estaria presente diante da vedação à proteção estatal insuficiente de direitos e princípios constitucionalmente tutelados, o que ocorria em relação à união estável no plano sucessório:

> "O conjunto normativo resultante do art. 1.790 do Código Civil veicula uma proteção insuficiente ao princípio da dignidade da pessoa humana em relação aos casais que vivem em união estável. A depender das circunstâncias, tal regime jurídico sucessório pode privar o companheiro supérstite dos recursos necessários para seguir com sua vida de forma digna. Porém, a deficiência da atuação estatal em favor da dignidade humana dos companheiros não é justificada pela tutela de nenhum outro interesse constitucional contraposto. Conforme já analisado, não se pode defender uma preferência constitucional ao casamento para justificar a manutenção da norma do Código Civil menos protetiva da união estável em relação ao regime sucessório aplicável. À luz da Constituição de 1988, não há hierarquia entre as famílias e, por isso, não se pode desigualar o nível de proteção estatal a elas conferido".

No tocante ao *princípio da vedação do retrocesso social*, o julgador reafirma que o sistema anterior sucessório, das Leis 8.971/19994 e 9.278/1996, era substancialmente mais favorável ao companheiro do que o inaugurado pelo Código Civil de 2002, o que não se pode admitir. Nesse contexto, é fixada a tese final, no sentido de ser inconstitucional a distinção de regimes sucessórios entre cônjuges e companheiros, prevista no art. 1.790 do CC/2002, devendo ser aplicado, tanto nas hipóteses de casamento quanto nas de união estável, o regime do art. 1.829 do CC/2002. Em outras palavras, o companheiro deve ser incluído na ordem de sucessão legítima, nos incisos I, II e III do último comando, incidindo-se a ele todas as regras e controvérsias neste livro antes estudadas.

Segundo o voto do Ministro Relator, tal decisão não tem o condão de atingir as partilhas judiciais e extrajudiciais já realizadas, em prol da proteção do direito adquirido e da segurança jurídica. Nesse contexto, é pontuado que, "levando-se em consideração o fato de que as partilhas judiciais e extrajudiciais que versam sobre as referidas sucessões encontram-se em diferentes estágios de desenvolvimento (muitas já finalizadas sob as regras antigas), entendo ser recomendável modular os efeitos da aplicação do entendimento ora afirmado. Assim, com o intuito de reduzir a insegurança jurídica, entendo que a solução ora alcançada deve ser aplicada apenas aos processos judiciais em que ainda não tenha havido trânsito em julgado da sentença de partilha, assim como às partilhas extrajudiciais em que ainda não tenha sido lavrada escritura pública" (STF, Recurso Extraordinário 878.694/MG, Tribunal Pleno, Rel. Min. Luís Roberto Barroso, j. 10.05.2017, com repercussão geral).

Cabe relembrar que o julgamento, mesmo encerrado, deixou pendentes muitas questões sobre o tema, pois não as enfrentou diretamente. Em outubro de 2018, foram rejeitados os embargos de declaração opostos pelo IBDFAM, por razões processuais, nada acrescentando ao julgamento anterior, ou seja, não resolvendo tais dilemas. Sempre merecem ser destacados o tratamento do companheiro como herdeiro necessário e o relativo ao seu direito real de habitação. A minha posição, que merece ser mais uma vez esclarecida, é que o companheiro deve ser equiparado ao cônjuge para todos os fins sucessórios, sendo reconhecido como herdeiro necessário e com tratamento unificado quanto ao direito real de habitação, tema ainda a ser exposto e desenvolvido.

Eis aqui mais um profundo debate que hoje existe no *caótico* sistema sucessório brasileiro, e que tende a ser resolvido pela Reforma do Código Civil, que, para os fins de simplificação, em prol da operabilidade, pretende retirar o cônjuge do rol dos herdeiros necessários do art. 1.845, afastando-se com isso qualquer debate que possa existir quanto ao convivente.

A propósito, entre 2017 e 2018, surgiram decisões do Superior Tribunal de Justiça sobre a equiparação sucessória feita pelo Supremo Tribunal Federal. No primeiro deles, da Terceira Turma do Tribunal da Cidadania, restou ementado o seguinte:

> "Recurso especial. Civil. Processual civil. Direito de Família e das Sucessões. Distinção de regime sucessório entre cônjuges e companheiros. Impossibilidade. Art. 1.790 do Código Civil de 2002. Inconstitucionalidade. STF. Repercussão geral reconhecida. Art. 1.829 do Código Civil de 2002. Princípios da igualdade, dignidade humana, proporcionalidade e da razoabilidade. Incidência. Vedação ao retrocesso. Aplicabilidade. 1. No sistema constitucional vigente, é inconstitucional a distinção de regimes sucessórios entre cônjuges e companheiros, devendo ser aplicado em ambos os casos o regime estabelecido no art. 1.829 do CC/2002, conforme tese estabelecida pelo Supremo Tribunal Federal em julgamento sob o rito da repercussão geral (Recursos Extraordinários n.ºs 646.721 e 878.694). 2. O tratamento diferenciado acerca da participação na herança do companheiro ou cônjuge falecido conferido pelo art. 1.790 do Código Civil/2002 ofende frontalmente os princípios da igualdade, da dignidade humana, da proporcionalidade e da vedação ao retrocesso. 3. Ausência de razoabilidade do discrímen à falta de justo motivo no plano sucessório. 4. Recurso especial provido" (STJ, REsp 1.332.773/MS, 3.ª Turma, Rel. Min. Ricardo Villas Bôas Cueva, j. 27.06.2017, *DJe* 01.08.2017).

Na situação fática exposta, a Corte acabou por dar provimento a recurso superior, afastando a sucessão de colaterais do falecido e atribuindo todo o acervo hereditário ao companheiro, por aplicação analógica da mesma regra relativa ao cônjuge (art. 1.829 do CC).

O outro acórdão foi prolatado pela Quarta Turma do STJ, quando do julgamento do Recurso Especial 1.337.420/RS, na sessão plenária de 22 de agosto de 2017, tendo sido relator o Ministro Luis Felipe Salomão. No caso, irmãos e sobrinho de adotante falecido ajuizaram ação de anulação de adoção em face do adotado, sob o fundamento de que a adoção de menor não atendeu às exigências legais, principalmente no que dizia respeito à hígida manifestação de vontade do adotante. Os autores da ação afirmaram que o adotante-falecido nunca teve a real intenção de adotar a criança, argumentando que a sua capacidade mental estava prejudicada quando do processo de adoção, em virtude de acidente de carro anos atrás.

A controvérsia do processo consistiu em definir se os irmãos e sobrinhos do adotante seriam legitimados para a ação de anulação de adoção proposta após o falecimento do adotante, especialmente pelo fato de ter o falecido uma companheira sobrevivente. Como consta do voto do relator, sendo declarada a nulidade da adoção, "se acolhido o pedido dos autores, irmãos e sobrinhos do *de cujus*, não subsistiria a descendência, pois a filha adotiva perderia esse título, deixando, consequentemente, de ser herdeira, e, diante da inexistência de ascendentes, os irmãos e sobrinhos seriam chamados a suceder. Nessa esteira, os autores da anulatória de adoção afirmaram que, acolhida a demanda, a companheira sobrevivente não ocuparia a posição seguinte na ordem de vocação hereditária, nos termos do dispositivo invocado" (STJ, REsp 1.337.420/RS, 4.ª Turma, Rel. Min. Luis Felipe Salomão, j. 22.08.2017). Na sequência, como desenvolve o julgador:

> "O novo perfil da sociedade se tornou tão evidente e contrastante com o ordenamento então vigente, impondo-se a realidade à ficção jurídica, que se fez necessária uma revolução normativa, com reconhecimento expresso de outros arranjos familiares, rompendo-se, assim, com uma tradição secular de se considerar o casamento, civil ou religioso, com exclusividade, o instrumento por excelência vocacionado à formação de uma família. Seguindo esse rumo, uma nova fase do direito de família e, consequentemente, do casamento surgiu em 1988, baseada num explícito poliformismo familiar, cujos arranjos multifacetados foram reconhecidos como aptos a constituir esse núcleo doméstico chamado 'família', dignos da 'especial proteção do Estado', antes conferida unicamente àquela edificada a partir do casamento. Neste ponto, refiro-me ao art. 226 da Constituição Federal de 1988, que, de maneira eloquente, abandona de vez a antiga fórmula que vinculava, inexoravelmente, a família ao casamento, consagrada em todos os demais diplomas anteriores. Com efeito, quanto à forma de constituição dessa família, estabeleceu a Carta Cidadã, no *caput* do mencionado dispositivo, que 'a família, base da sociedade, tem especial proteção do Estado', sem ressalvas, sem reservas, sem 'poréns'" (REsp 1.337.420/RS).

Diante desses e de outros argumentos de inclusão de todas as entidades familiares, bem como da recente decisão do Supremo Tribunal Federal, o aresto reconheceu a inconstitucionalidade do art. 1.790 do Código Civil para dar procedência às razões recursais, concluindo pela ilegitimidade ativa dos colaterais do falecido para propor a ação de anulação da adoção. Ainda conforme as palavras do Ministro Salomão, sobre o último dispositivo, sua "aplicabilidade não se sustenta diante da nova ordem instaurada, mormente após o julgamento do STF havido em maio deste ano. Com efeito, tendo sido retirado do ordenamento jurídico as disposições previstas no art. 1.790 do Código Civil, o companheiro passa a figurar ao lado do cônjuge na ordem de sucessão legítima (art. 1.829)" (STJ, REsp 1.337.420/RS, 4.ª Turma, Rel. Min. Luis Felipe Salomão, j. 22.08.2017).

A minha posição doutrinária é honrosamente citada em vários trechos do voto do Ministro Relator, notadamente em quatro aspectos: *a)* necessidade de se colocar o companheiro sempre ao lado do cônjuge, no tratamento constante do art. 1.829 do Código Civil, como aqui antes desenvolvido; *b)* reconhecimento do convivente como herdeiro necessário, incluído no art. 1.845 do Código Civil; *c)* obrigatoriedade de o companheiro declarar os bens recebidos em antecipação, sob pena de serem considerados sonegados (arts. 1.992 a 1.996), caso isso igualmente seja reconhecido ao cônjuge; *d)* confirmação do direito real de habitação do companheiro, havendo uma tendência de uma unificação de tratamento, como ainda será aqui apontado. Essas diretrizes, portanto, são fundamentais para a compreensão prática da sucessão existente na união estável.

Em fevereiro de 2018 surgiu um outro acórdão superior, também com a afirmação implícita de que o companheiro é herdeiro necessário. Trata-se de mais um julgado da Quarta Turma do STJ, prolatado em sede do Recurso Especial 1.139.054/PR, tendo sido seu relator o Desembargador Lázaro Guimarães, convocado do TRF da 5.ª Região. Conforme consta do seguinte trecho da ementa, deve ocorrer a equiparação sucessória entre as duas entidades familiares: "o recurso especial deve ser provido apenas para negar o direito da recorrida ao usufruto vidual, mantendo-a habilitada nos autos do arrolamento/inventário, devendo ser observados e conferidos a ela os direitos assegurados pelo CC/2002 aos cônjuges sobreviventes, conforme o que for apurado nas instâncias ordinárias acerca de eventual direito real de habitação".

Seguindo o reconhecimento expresso de ser a companheira herdeira necessária se deu em outro julgado de 2018 da mesma Corte Superior, prolatado pela Terceira Turma e tendo como Relator o Ministro Villas Bôas Cueva. Como consta do trecho final do seu voto, após citar o meu entendimento sobre o conceito de herdeiros colaterais, "a companheira, ora recorrida, é de fato a herdeira necessária do seu ex-companheiro, devendo receber unilateralmente a herança do falecido, incluindo-se os bens particulares, ainda que adquiridos anteriormente ao início da união estável" (STJ, REsp 1.357.117/MG, 3.ª Turma, Rel. Min. Ricardo Villas Bôas Cueva, j. 13.03.2018, *DJe* 26.03.2018).

Como outro aresto a ser citado, em 2021, o Superior Tribunal de Justiça proveu recurso de uma companheira, que pretendia a sua inclusão na herança como herdeira necessária e com base no art. 1.845 do Código Civil. O voto do Ministro Moura Ribeiro reconheceu o direito da companheira de "concorrer com os também herdeiros necessários", na cota do seu companheiro falecido (STJ, REsp 1.844.229/MT, 3.ª Turma, Rel. Min. Moura Ribeiro, j. 17.08.2021, *DJe* 20.08.2021).

Por fim, destaco a decisão monocrática proferida pelo Ministro Luis Felipe Salomão, em 2022, que não deixa dúvidas, ao dizer que, "embora não tenha sido explicitamente incluída no rol do art. 1.845 do Código Civil, a figura do companheiro já é considerada como herdeiro necessário, em atendimento a equiparação ao cônjuge para fins sucessórios" (STJ, REsp 1.982.343/SC, 4.ª Turma, Rel. Min. Luis Felipe Salomão, data da publicação: 22.02.2022).

Pontue-se que tal entendimento ainda pende de pacificação, gerando insegurança e incerteza, o que deve ser feito na Segunda Seção do STJ, para trazer mais segurança e certeza a respeito do Direito Sucessório Brasileiro. O debate a respeito de ser o companheiro herdeiro necessário ou não, com todas as suas decorrências práticas, também pode ser resolvido no âmbito do STF, caso uma demanda com essa finalidade seja levada à sua apreciação, tendo em vista o teor da rejeição dos embargos de declaração opostos pelo IBDFAM.

Por fim a respeito da temática, merece especial destaque o Projeto de Reforma do Código Civil, que, de forma definitiva, parece ser a melhor solução para esse profundo dilema, propondo como herdeiros necessários, no art. 1.845, somente os descendentes e ascendentes, sem mencionar o cônjuge e o convivente.

Expostos os recentes arestos do STJ, de todo modo, ainda é necessário abordar e confrontar a nova realidade com todos os debates doutrinários e jurisprudenciais anteriores ao julgamento do STF, a fim de se fazer uma análise profunda do tema da sucessão do companheiro e compreender como era o sistema até o surgimento desse *decisum*.

Assim, como primeira polêmica anterior, havia problema referente aos bens adquiridos pelo companheiro a título gratuito (*v.g.*, doação). Se o companheiro falecido tiver apenas bens recebidos a esse título, não deixando descendentes, ascendentes ou colaterais, os bens devem ser destinados ao companheiro ou ao Estado?

Sempre estive filiado ao entendimento de transmissão ao companheiro, pela clareza do art. 1.844 do CC, pelo qual os bens somente seriam destinados ao Estado se o falecido não deixasse cônjuge, companheiro ou outro herdeiro. Na tabela doutrinária do Professor Francisco Cahali, esse parecia ser o entendimento majoritário, eis que exposta a dúvida em relação à possibilidade de o companheiro concorrer com o Estado em casos tais.

## 1798 | MANUAL DE DIREITO CIVIL • VOLUME ÚNICO – *Flávio Tartuce*

A maioria dos doutrinadores respondia negativamente para tal concorrência, caso de Caio Mário da Silva Pereira, Christiano Cassettari, Eduardo de Oliveira Leite, Guilherme Calmon Nogueira da Gama, Gustavo René Nicolau, Jorge Fujita, José Fernando Simão, Luiz Paulo Vieira de Carvalho, Maria Berenice Dias, Maria Helena Diniz, Mario Roberto de Faria, Rolf Madaleno, Sebastião Amorim, Euclides de Oliveira e Sílvio de Salvo Venosa; além do presente autor.

Por outra via, sustentando que o companheiro deveria concorrer com o Estado em casos tais: Francisco José Cahali, Giselda Hironaka, Inácio de Carvalho Neto, Maria Helena Daneluzzi, Mário Delgado, Rodrigo da Cunha Pereira e Zeno Veloso.[60] Ato contínuo de estudo, nota-se que o art. 1.790 do CC reconhecia direitos sucessórios ao convivente em concorrência com os descendentes do autor da herança.

Voltando ao âmago do art. 1.790 do CC/2002, vejamos outra polêmica anterior ao *decisum* do STF. Nos termos do seu inc. I, se o companheiro concorresse com filhos comuns (de ambos), teria direito a uma quota equivalente à que por lei for atribuída ao filho. Por outra via, se concorresse com descendentes só do autor da herança (descendentes exclusivos), tocar-lhe-ia a metade do que couber a cada um daqueles. O equívoco era claro na redação dos incisos, uma vez que o primeiro fazia menção aos filhos; enquanto que o segundo aos descendentes. Na esteira da melhor doutrina, era forçoso concluir que o inc. I também incidiria às hipóteses em que estivessem presentes outros descendentes do falecido. Nesse sentido, o Enunciado n. 266 do CJF/STJ, da *III Jornada de Direito Civil*: "aplica-se o inc. I do art. 1.790 também na hipótese de concorrência do companheiro sobrevivente com outros descendentes comuns, e não apenas na concorrência com filhos comuns".

Na *tabela doutrinária* de Francisco Cahali, tal conclusão sempre foi quase unânime, assim pensando Caio Mário da Silva Pereira, Christiano Cassettari, Francisco Cahali, Giselda Hironaka, Inácio de Carvalho Neto, Guilherme Calmon Nogueira da Gama, Gustavo René Nicolau, Jorge Fujita, José Fernando Simão, Luiz Paulo Vieira de Carvalho, Rolf Madaleno, Sebastião Amorim e Euclides de Oliveira; além do presente autor. Em sentido contrário, pela aplicação do inc. III do art. 1.790 do CC, em situações tais, apenas Maria Berenice Dias e Mário Roberto Carvalho de Faria.[61]

Mais uma vez, situação não descrita referia-se à *sucessão híbrida*, ou seja, caso em que o companheiro concorresse, ao mesmo tempo, com descendentes comuns e exclusivos do autor da herança. Novamente, a *Torre de Babel* aparecia, surgindo, sobre o problema, três correntes fundamentais bem definidas:

> *1.ª Corrente* – Em casos de sucessão híbrida, deveria ser aplicado o inciso I do art. 1.790, tratando-se todos os descendentes como se fossem comuns, já que filhos comuns estão presentes. Esse entendimento era o majoritário na tabela doutrinária de Cahali, seguido por: Caio Mário da Silva Pereira, Christiano Cassettari, Francisco Cahali, Inácio de Carvalho Neto, Jorge Fujita, José Fernando Simão, Luiz Paulo Vieira de Carvalho, Maria Berenice Dias, Maria Helena Daneluzzi, Mário Delgado, Rodrigo da Cunha Pereira, Rolf Madaleno e Silvio de Salvo Venosa.

---

[60] CAHALI, Francisco José. *Direito das Sucessões*. 3. ed. São Paulo: RT, 2007. p. 189-192; HIRONAKA, Giselda Maria Fernandes. *Comentários ao Código Civil*. 2. ed. Coord. Antonio Junqueira de Azevedo. São Paulo: Saraiva, 2007. v. 20, p. 228-229; TARTUCE, Flávio; SIMÃO, José Fernando. *Direito Civil*. Direito das Sucessões. 3. ed. São Paulo: Método, 2010. v. 6, p. 285.

[61] CAHALI, Francisco José. *Direito das Sucessões*. 3. ed. São Paulo: RT, 2007. p. 189-192; HIRONAKA, Giselda Maria Fernandes. *Comentários ao Código Civil*. 2. ed. Coord. Antonio Junqueira de Azevedo. São Paulo: Saraiva, 2007. v. 20, p. 228-229; TARTUCE, Flávio; SIMÃO, José Fernando. *Direito Civil*. Direito das Sucessões. 3. ed. São Paulo: Método, 2010. v. 6, p. 285.

*2.ª Corrente* – Presente a sucessão híbrida, teria subsunção o inciso II do art. 1.790, tratando-se todos os descendentes como se fossem exclusivos (só do autor da herança). Sempre estive filiado a tal corrente, assim como Gustavo René Nicolau, Maria Helena Diniz, Sebastião Amorim, Euclides de Oliveira e Zeno Veloso. Ora, como a sucessão seria do falecido, em havendo dúvida por omissão legislativa, os descendentes deveriam ser tratados como sendo *dele, do falecido*. Anote-se que julgado anterior do TJSP adotou essa corrente, concluindo que entender de forma contrária violaria a razoabilidade: "Inventário. Partilha judicial. Participação da companheira na sucessão do de *cujus* em relação aos bens adquiridos onerosamente na constância da união estável. Concorrência da companheira com descendentes comuns e exclusivos do falecido. Hipótese não prevista em lei. Atribuição de cotas iguais a todos. Descabimento. Critério que prejudica o direito hereditário dos descendentes exclusivos, afrontando a norma constitucional de igualdade entre os filhos (art. 227, § 6.º, da CF/1988). Aplicação, por analogia, do art. 1.790, II do Código Civil. Possibilidade. Solução mais razoável, que preserva a igualdade de quinhões entre os filhos, atribuindo à companheira, além de sua meação, a metade do que couber a cada um deles. Decisão reformada. Recurso provido (TJSP, Agravo de Instrumento 994.08.138700-0, Acórdão 4395653, 7.ª Câmara de Direito Privado, São Paulo, Rel. Des. Álvaro Passos, j. 24.03.2010, *DJESP* 15.04.2010). No mesmo sentido: TJSP, Agravo de Instrumento 652.505.4/0, Acórdão 4068323, 5.ª Câmara de Direito Privado, São Paulo, Rel. Des. Roberto Nussinkis Mac Cracken, j. 09.09.2009, *DJESP* 05.10.2009).

*3.ª Corrente* – Na sucessão híbrida, deveria ser aplicada fórmula matemática de ponderação para a sua solução. Dentre tantas fórmulas, destaca-se a Fórmula Tusa, elaborada por Gabriele Tusa, com o auxílio do economista Fernando Curi Peres.[62] A fórmula era a seguinte:

$$X = \frac{2(F + S)}{2(F + S)^2 + 2F + S} \cdot H$$

$$C = \frac{2F + S}{2(F+S)} \cdot X$$

**Legenda**

**X** = o quinhão hereditário que caberá a cada um dos filhos.

**C** = o quinhão hereditário que caberá ao companheiro sobrevivente.

**H** = o valor dos bens hereditários sobre os quais recairá a concorrência do companheiro sobrevivente.

**F** = número de descendentes comuns com os quais concorra o companheiro sobrevivente.

**S** = o número de descendentes exclusivos com os quais concorra o companheiro sobrevivente.

Cabe deixar bem claro que toda a discussão exposta encontra-se superada com a declaração de inconstitucionalidade do art. 1.790 do Código Civil pelo Supremo Tribunal Federal aqui tão comentado (STF, Recurso Extraordinário 878.694/MG, Tribunal Pleno,

---

[62] Ver em: HIRONAKA, Giselda Maria Fernandes. *Comentários ao Código Civil*. 2. ed. Coord. Antonio Junqueira de Azevedo. São Paulo: Saraiva, 2007. v. 20, p. 66-67; TARTUCE, Flávio; SIMÃO, José Fernando. *Direito Civil. Direito das Sucessões*. 3. ed. São Paulo: Método, 2010. v. 6, p. 237.

Rel. Min. Luís Roberto Barroso, j. 10.05.2017, com repercussão geral). Esse dispositivo não tem mais aplicação, sendo importante repisar que a Comissão de Juristas encarregada da Reforma do Código Civil sugere a sua revogação expressa, como deve ser.

Reitere-se, nesse contexto, que o convivente, com a decisão superior, deve ser incluído no rol do art. 1.829 do Código Civil, equiparado ao cônjuge, entrando em cena outros debates jurídicos, aqui antes expostos. Em verdade, o tema da concorrência do companheiro na *sucessão híbrida* nunca encontrou a devida estabilidade jurídica no ordenamento jurídico brasileiro, seja nos âmbitos da doutrina e da jurisprudência.

Tanto isso é verdade que, quando daquele julgamento superior, um pouco antes de pedir vistas, o Ministro Dias Toffoli argumentou que a norma não se sustentava matematicamente, citando a doutrina de Giselda Hironaka. Assim, entendo que foi louvável a decisão do STF por afastar todas essas divergências e fórmulas matemáticas, que têm pouca afeição pelos aplicadores do Direito. Percorreu-se, portanto, o caminho da simplificação do sistema sucessório brasileiro, exatamente como se propõe no Projeto de Reforma do Código Civil.

Superada a controvérsia a respeito da *sucessão híbrida*, seguindo na leitura e estudo literal do art. 1.790 do CC, ora tido como inconstitucional, enunciava o seu inciso III que, se o companheiro ou convivente concorresse com outros parentes sucessíveis, teria direito a um terço da herança. Como outros parentes sucessíveis, incluíam-se os ascendentes e os colaterais até quarto grau. Como se verá, já existiam julgados estaduais que reconheciam a inconstitucionalidade dessa previsão, por colocar o companheiro em posição desfavorável em relação a parentes longínquos, com os quais muitas vezes não se tem contato social. Ora, muitas vezes não se sabe sequer o nome de um tio-avô, de um sobrinho-neto ou mesmo de um primo.

Deve ficar claro que estava filiado à tese de inconstitucionalidade do comando, mas somente do inciso III do art. 1.790. Porém, agora, é necessário se curvar à decisão do Supremo Tribunal Federal e às antigas lições de Giselda Hironaka e Zeno Veloso, ora vitoriosas. Não se pode negar que essa equiparação do companheiro ao cônjuge resolveu um dos grandes dilemas jurídicos do nosso Direito Privado, e tornou o Direito das Sucessões Brasileiro mais certo e estável.

Por fim, consagrava o inc. IV do art. 1.790 do CC/2002 que, não havendo parentes sucessíveis – descendentes, ascendentes e colaterais até o quarto grau –, o companheiro teria direito à totalidade da herança.

Outra questão controvertida a respeito da sucessão do companheiro referia-se ao direito real de habitação sobre o imóvel do casal, eis que o CC/2002 não o consagra expressamente. Todavia, apesar do silêncio do legislador, prevalecia o entendimento pela manutenção de tal direito sucessório. Nesse sentido, o Enunciado n. 117 do CJF/STJ, da *I Jornada de Direito Civil*: "o direito real de habitação deve ser estendido ao companheiro, seja por não ter sido revogada a previsão da Lei n. 9.278/1996, seja em razão da interpretação analógica do art. 1.831, informado pelo art. 6.º, *caput*, da CF/1988".

Como se nota, dois são os argumentos que constam do enunciado doutrinário. O primeiro é que não houve a revogação expressa da Lei 9.278/1996, na parte que tratava do citado direito real de habitação (art. 7.º, parágrafo único). O segundo argumento, mais forte, é a prevalência do citado direito diante da proteção constitucional da moradia, retirada do art. 6.º da CF/1988, o que está em sintonia com o Direito Civil Constitucional. De fato, esse entendimento prevalecia amplamente na doutrina nacional. Na citada *tabela doutrinária*, assim deduzem Christiano Cassettari, Giselda Hironaka, Guilherme Calmon Nogueira da Gama, Gustavo René Nicolau, Jorge Fujita, José Fernando Simão, Luiz Paulo Vieira de Carvalho, Maria Berenice Dias, Maria Helena Diniz, Maria Helena Daneluzzi,

CAP. 9 • DIREITO DAS SUCESSÕES | **1801**

Rodrigo da Cunha Pereira, Rolf Madaleno, Sebastião Amorim, Euclides de Oliveira, Sílvio de Salvo Venosa e Zeno Veloso; além deste autor.[63]

Não é diferente a conclusão da jurisprudência, havendo inúmeros julgados anteriores que concluíam pela manutenção do direito real de habitação a favor do companheiro (por todos: STJ, REsp 821.660/DF, 3.ª Turma, Rel. Min. Sidnei Beneti, j. 14.06.2011, v.u.; TJSP, Agravo de Instrumento 990.10.007582-9, Acórdão 4569452, 1.ª Câmara de Direito Privado, Araçatuba, Rel. Des. De Santi Ribeiro, j. 29.06.2010, *DJESP* 28.07.2010; TJRS, Apelação Cível 70029616836, 7.ª Câmara Cível, Porto Alegre, Rel. Des. André Luiz Planella Villarinho, j. 16.12.2009, *DJERS* 06.01.2010, p. 35; TJDF, Recurso 2006.08.1.007959-5, Acórdão 355.521, 6.ª Turma Cível, Rel. Des. Ana Maria Duarte Amarante Brito, *DJDFTE* 13.05.2009, p. 145; TJSP, Apelação 573.553.4/2, Acórdão 4005883, 4.ª Câmara de Direito Privado, Guarulhos, Rel. Des. Ênio Santarelli Zuliani, j. 30.07.2009, *DJESP* 16.09.2009; TJSP, Apelação com Revisão 619.599.4/5, Acórdão 3692033, 6.ª Câmara de Direito Privado, São Paulo, Rel. Des. Percival Nogueira, j. 18.06.2009, *DJESP* 14.07.2009).

Acrescente-se, no mesmo sentido, a premissa 8, publicada na ferramenta *Jurisprudência em Teses* do STJ, que trata da união estável (Edição 50), com o seguinte teor: "o companheiro sobrevivente tem direito real de habitação sobre o imóvel no qual convivia com o falecido, ainda que silente o art. 1.831 do atual Código Civil". Ou, ainda, como se retira da afirmação n. 11, publicada na Edição n. 133 da ferramenta *Jurisprudência em Teses* da Corte, dedicada ao Direito das Coisas e publicada em 2019: "o direito real de habitação pode ser exercido tanto pelo cônjuge como pelo companheiro supérstites".

De todo modo, a conclusão não é unânime na doutrina, pois alguns poucos juristas entendiam e ainda entendem que tal direito não persistiria mais, tendo o legislador feito *silêncio eloquente*: Francisco José Cahali e Inácio de Carvalho Neto. No mesmo sentido podem ser encontrados alguns julgados (cite-se: TJSP, Apelação 991.06.028671-7, Acórdão 4621644, 22.ª Câmara de Direito Privado, São Paulo, Rel. Des. Campos Mello, j. 26.07.2010, *DJESP* 12.08.2010 e TJSP, Apelação com Revisão 473.746.4/4, Acórdão 4147571, 7.ª Câmara de Direito Privado B, Fernandópolis, Rel. Des. Daise Fajardo Nogueira Jacot, j. 27.10.2009, *DJESP* 10.11.2009).

Pois bem, a decisão do Supremo Tribunal Federal sobre a inconstitucionalidade do art. 1.790 do CC/2002 não fez qualquer referência quanto ao direito real de habitação do companheiro na sua tese final, para os fins de repercussão geral. Todavia, o voto do Ministro Barroso analisa a atribuição desse direito pela Lei 9.278/1996, e o tratamento dado pelo Código Civil:

> "O CC/2002 não previu direito real de habitação para o companheiro, embora o tenha feito para o cônjuge (art. 1.831, CC/2002). Passou-se, então, a debater se o companheiro ainda teria esse direito com base na Lei n.º 9.278/1996 ou se ele teria sido revogado pelo novo Código Civil. O mais curioso é que, relativamente ao direito real de habitação do cônjuge, o CC/2002 incorporou os requisitos mais brandos que a Lei n.º 9.278/96 previa para as uniões estáveis. Ou seja, melhorou a situação do cônjuge, dando a ele os direitos atribuídos ao companheiro, mas nada disse em relação a este último" (STF, Recurso Extraordinário 878.694/MG, Tribunal Pleno, Rel. Min. Luís Roberto Barroso, j. 10.05.2017, com repercussão geral, por maioria de votos).

---

[63] CAHALI, Francisco José. *Direito das Sucessões*. 3. ed. São Paulo: RT, 2007. p. 189-192; HIRONAKA, Giselda Maria Fernandes. *Comentários ao Código Civil*. 2. ed. Coord. Antonio Junqueira de Azevedo. São Paulo: Saraiva, 2007. v. 20, p. 228-229; TARTUCE, Flávio; SIMÃO, José Fernando. *Direito Civil*. Direito das Sucessões. 3. ed. São Paulo: Método, 2010. v. 6, p. 285.

# 1802 | MANUAL DE DIREITO CIVIL • VOLUME ÚNICO – *Flávio Tartuce*

Assim, pelo texto transcrito, pensamos que o que se pode extrair é que o companheiro deve ter o citado direito real reconhecido, na linha da posição anterior da doutrina e da jurisprudência. Esse, portanto, é o entendimento a ser considerado na nova realidade, sob a égide dessa impactante decisão. Ademais, com a decisão do Supremo Tribunal Federal, o direito real de habitação do companheiro tende a ser igualado ao do cônjuge, nos termos do art. 1.831 do Código Civil. Porém, será necessário aguardar novas posições doutrinárias e jurisprudenciais sobre o assunto.

Vale lembrar que, para os fins de se resolver mais essa divergência percebida nos mais de vinte anos de vigência da Lei Geral Privada, o Projeto de Reforma do Código Civil pretende incluir expressamente o direito real de habitação do convivente no seu art. 1.831, em um tratamento unificado, visando à *equalização sucessória* das duas entidades familiares.

Seguindo-se com o estudo da sucessão do companheiro, pende ainda um problema, que é aquele relacionado à possibilidade de concorrência sucessória entre o cônjuge e o companheiro. Ora, o Código Civil de 2002 admite que o cônjuge separado de fato tenha união estável (art. 1.723, § 1.º, do CC). Então, imagine-se a situação, bem comum em nosso país, de um homem separado de fato que vive em união estável com outra mulher. Em caso de sua morte, quem irá suceder os seus bens? A esposa, com quem ainda mantém vínculo matrimonial, ou a companheira, com quem vive? O CC/2002 não traz solução a respeito dessa hipótese, variando a doutrina nas suas propostas.

Eis aqui um tema que também não foi resolvido expressamente pela decisão do STF sobre a inconstitucionalidade do art. 1.790 do CC/2002. Vejamos algumas propostas interessantes, existentes antes desse julgamento:

- Euclides de Oliveira propunha que os bens fossem divididos de forma igualitária entre o cônjuge e o companheiro.[64]
- Conforme enunciado doutrinário aprovado na *V Jornada de Direito Civil*, de autoria de Guilherme Calmon Nogueira da Gama, "os arts. 1.723, § 1.º, 1.790, 1.829 e 1.830, do Código Civil, admitem a concorrência sucessória entre cônjuge e companheiro sobreviventes na sucessão legítima, quanto aos bens adquiridos onerosamente na união estável" (Enunciado n. 525).
- Para José Luiz Gavião de Almeida, o companheiro teria direito a um terço dos bens adquiridos onerosamente durante a união estável, o que era aplicação do inc. III do art. 1.790 do CC. O restante dos bens deveria ser destinado ao cônjuge.[65]
- Para Christiano Cassettari, a companheira deveria receber toda a herança, eis que prevalecia tal união quando da morte.[66]
- Conforme constava da obra escrita com José Fernando Simão, o meu entendimento, *a priori*, era o seguinte: considerando-se toda a orientação jurisprudencial no sentido de que a separação de fato põe fim ao regime de bens, o patrimônio do falecido deveria ser dividido em dois montes. O primeiro monte seria composto pelos bens adquiridos na constância fática do casamento. Sobre tais bens, somente o cônjuge teria direito de herança. A segunda massa de bens era constituída pelos bens adquiridos durante a união estável. Quanto aos bens adquiridos onerosamente durante a união, a companheira teria direito à herança. Em relação aos bens adquiridos

---

[64] OLIVEIRA, Euclides de. *Direito de herança*. São Paulo: Saraiva, 2005. p. 182.

[65] GAVIÃO DE ALMEIDA, José Luiz. *Código civil comentado*. Coord. Álvaro Villaça Azevedo. São Paulo: Atlas, 2003. v. XVIII, p. 217.

[66] CASSETTARI, Christiano. *Direito Civil*. Direito das Sucessões. Orientação: Giselda Maria Fernandes Novaes Hironaka. Coord. Christiano Cassettari e Márcia Maria Menin. São Paulo: RT, 2008. p. 104.

CAP. 9 • DIREITO DAS SUCESSÕES | **1803**

a outro título durante a união estável, o cônjuge teria direito à herança.[67] Deve ficar claro que a presente tese foi criada pelo então coautor, a quem se atribuem todos os créditos da criação. Tal entendimento deveria prevalecer se aplicado o art. 1.830 do CC em sua integralidade e redação original. Todavia, se seguida a nova interpretação proposta para o art. 1.830 do CC, segundo a qual o cônjuge somente teria direito sucessório se não separado de fato, somente o companheiro teria direitos sucessórios, na esteira do que entende corrente anterior.

Com a decisão do Supremo Tribunal Federal, como visto, o art. 1.790 do Código Civil desaparece totalmente do sistema, devendo o companheiro ser incluído no art. 1.829 do Código Civil (STF, Recurso Extraordinário 878.694/MG, Tribunal Pleno, Rel. Min. Luís Roberto Barroso, j. 10.05.2017, com repercussão geral e maioria de votos).

Sendo assim, aplicando-se a *literalidade* do art. 1.830 do Código Civil, a interpretação não se dá mais de forma conjugada com o art. 1.790 do CC. Posto isto, das correntes anteriores e com a interpretação literal da primeira norma, parece prevalecer a solução antes dada por Euclides de Oliveira, de modo a se dividir os bens, de forma igualitária, entre o cônjuge e o companheiro. Não se olvide, entretanto, de que tal divisão será fonte de grande conflito, no caso concreto.

Quanto à *leitura idealizada* do art. 1.830 do CC/2002, fica ela mantida, na essência, com a declaração de inconstitucionalidade do art. 1.790, com a atribuição de todos os bens ao companheiro. Todavia, passa ela a receber os bens na forma do que está descrito no art. 1.829, incs. I, II e III, da codificação material.

Pontue-se mais uma vez que julgados estaduais têm aplicado o art. 1.830 do CC para a união estável. Assim, por exemplo:

> "Pretensão ao reconhecimento da convivência declarada em escritura pública de união estável e à manutenção no imóvel de propriedade do falecido. Impossibilidade. Inteligência do artigo 1.830 do Código Civil e artigo 7.º, parágrafo único, da Lei 9.278/1996. Apelante que não convivia maritalmente com o de cujus à época do falecimento, mas exercia função de cuidadora. Circunstância comprovada nos autos" (TJSP, Apelação 0002405-12.2014.8.26.0101, Acórdão 11757841, 7.ª Câmara de Direito Privado, Caçapava, Rel. Des. José Rubens Queiroz Gomes, j. 28.08.2018, *DJESP* 23.10.2018).

Na mesma linha, destaco novamente o acórdão do Superior Tribunal de Justiça, do ano de 2021, segundo o qual, "tendo o falecido deixado apenas bens particulares que sobrevieram na constância da união estável mantida no regime da comunhão parcial, é cabível a concorrência da companheira sobrevivente com os descendentes daquele. A teor do art. 1.830 do CC/02, deve ser reconhecido o direito sucessório ao cônjuge ou companheiro sobrevivente se, ao tempo da morte do outro, não estavam separados nem judicialmente e nem fato, havendo concurso quanto aos bens particulares" (STJ, REsp 1.844.229/MT, 3.ª Turma, Rel. Min. Moura Ribeiro, j. 17.08.2021, *DJe* 20.08.2021).

Encerrando o assunto, como bem apontava o saudoso Zeno Veloso, "estamos longe de ter a completa elucidação do problema que, no momento presente, está impregnado de perplexidade, confusão. Só a jurisprudência, mansa e pacífica, dará a palavra final. E vale registrar a ponderação de Eduardo de Oliveira Leite (Comentários ao novo Código Civil; do

---

[67] TARTUCE, Flávio; SIMÃO, José Fernando. *Direito Civil*. Direito das Sucessões. 3. ed. São Paulo: Método, 2010. v. 6, p. 248-249.

# 1804 | MANUAL DE DIREITO CIVIL • VOLUME ÚNICO – *Flávio Tartuce*

direito das sucessões, cit., v. 21, p. 230) de que, nesta questão, não se pode cair no perigoso radicalismo dos excessos, do tipo 'tudo para o cônjuge, nada ao companheiro', ou vice-versa, evitando-se medidas extremas, quase sempre injustas".[68] Acompanharei novas posições sobre o assunto, especialmente do Superior Tribunal de Justiça e da jurisprudência estadual.

De todo modo, para resolver definitivamente mais esse dilema, basta que o Congresso Nacional aprove as propostas apresentadas pela Comissão de Juristas para a Reforma do Código Civil. Com isso, o art. 1.830 do Código Civil passará a prever, na *leitura idealizada* que já proponho atualmente para a norma, que "somente é reconhecido direito sucessório ao cônjuge ou ao convivente sobrevivente se, ao tempo da morte do outro, não estavam separados de fato, judicial ou extrajudicialmente".

Com a aprovação da proposta, terá direito sucessório aquele que tenha um *relacionamento familiar ativo* com o falecido e que, nas situações aqui descritas, será o convivente do *de cujus*. Em prol da segurança jurídica, da previsibilidade, espera-se a sua aprovação pelo Parlamento Brasileiro.

## 9.8.7 Do direito de representação

Conforme define a própria lei, dá-se o direito de representação quando a lei chama certos parentes do falecido a suceder em todos os direitos, em que ele sucederia, se vivo fosse (art. 1.851 do CC). Em suma, pelo direito de representação um herdeiro substitui outro por força de convocação da lei. Como se retira de preciso aresto superior, "a herança por representação tem clara finalidade de reparar o mal sofrido pelos filhos em razão da morte prematura de seus pais, viabilizando, por convocação exclusivamente legal, que os netos, em linha reta descendente, ou os sobrinhos, em linha colateral descendente – também denominada linha transversal – possam vir a participar da herança dos avós ou tios, conforme o caso" (STJ, REsp 1.627.110/GO, 3.ª Turma, Rel. Min. Marco Aurélio Bellizze, j. 12.09.2017, *DJe* 15.09.2017). A conclusão final do julgado é no sentido de que o patrimônio herdado por direito de representação não integra o patrimônio do descendente pré-morto. Sendo assim, não pode ser alcançado para pagamento de suas dívidas.

Pois bem, em duas situações específicas a norma jurídica consagra o direito de representação:

> – Representação na linha reta descendente (art. 1.852) – assim, para ilustrar, se o falecido deixar três filhos e dois netos, filhos de um outro filho premorto, os netos terão direito de representação. Deve ficar claro que *nunca há direito de representação na linha reta ascendente*. Por razões óbvias, também não há direito de representação entre cônjuges e companheiros, que sequer são parentes entre si.
>
> – Representação na linha colateral ou transversal (art. 1.853) – existente *somente* em favor dos filhos de irmãos do falecido, quando com irmãos deste concorrerem. Exemplificando, se o falecido deixar dois irmãos vivos e um sobrinho, filho de outro irmão premorto, o sobrinho tem direito de representação. Deve ficar claro que o direito de representação não se estende aos sobrinhos-netos do falecido, mas somente quanto aos sobrinhos. Nessa linha decidiu o Superior Tribunal de Justiça, em decisão publicada no seu *Informativo* n. 485 que "A Turma negou provimento ao recurso com o entendimento de que, embora fosse o pai da recorrente sobrinho da inventariada,

---

[68] VELOSO, Zeno. *Direito hereditário do cônjuge e do companheiro*. São Paulo: Saraiva, 2010. p. 97.

> ele já havia falecido, e o direito de representação, na sucessão colateral, por expressa disposição legal, limita-se aos filhos dos irmãos, não se estendendo aos sobrinhos-netos, como é o caso da recorrente" (STJ, REsp 1.064.363/SP, Rel. Min. Nancy Andrighi, j. 11.10.2011).

Em todas as hipóteses, os representantes só podem herdar, como tais, o que herdaria o representado, se vivo fosse (art. 1.854 do CC). Desse modo, fica clara a existência de uma *substituição sucessória* nos mesmos direitos.

Conforme correto enunciado aprovado na *VII Jornada de Direito Civil*, evento promovido pelo Conselho da Justiça Federal em 2015, também nos casos de comoriência entre ascendentes e descendentes, ou entre irmãos, reconhece-se o direito de representação aos descendentes e aos filhos dos irmãos (Enunciado n. 610). Como visto, a comoriência, retirada do art. 8.º do Código Civil, significa a presunção relativa de morte simultânea, presente quando não for possível verificar qual pessoa faleceu primeiro. Nos termos das esclarecedoras justificativas do enunciado citado:

"Parece claro que o direito de representação é concedido aos filhos de herdeiros premorto. Nasce, no entanto, a dúvida se o direito de representação deve ser concedido aos filhos do herdeiro que falece simultaneamente ao autor da herança, em casos de comoriência. Maioria da doutrina não tem admitido o direito de representação, mas a jurisprudência tem se mostrado no sentido de concedê-lo aos filhos de herdeiros mortos em comoriência. Da leitura do artigo 1.851 do Código Civil, vê-se a possibilidade de se reconhecer o direito de representação em casos de comoriência, uma vez que o artigo não faz menção à necessidade de pré-morte, estabelecendo apenas que os parentes do falecido podem suceder em todos os direitos em que ele sucederia se vivo fosse. Significa, então, que ele pode ter morrido conjuntamente com o autor da herança, não havendo necessidade de ter morrido antes. Não reconhecer o direito de representação aos filhos de herdeiro falecido em concomitância com o autor da herança gera uma situação de verdadeira injustiça".

Como se pode notar, a conclusão do enunciado é tecnicamente perfeita, contando com o meu apoio quando da plenária da *VII Jornada de Direito Civil*.

Aplicando o seu teor, merece ser destacado julgado do Superior Tribunal de Justiça, de 2024, que afirmou a tese segundo a qual, "mesmo em caso de comoriência, é cabível o direito de representação para fins de identificação dos beneficiários de seguro de vida, quando o contrato é omisso e os beneficiários são definidos pela ordem de vocação sucessória" (STJ, REsp 2.095.584/SP, 3.ª Turma, Rel. Min. Nancy Andrighi, por unanimidade, j. 10.09.2024, *DJe* 12.09.2024).

Conforme asseverou a Ministra Relatora, "em momento algum, a legislação brasileira determina que a situação de mortes simultâneas por presunção (comoriência) afasta o direito de representação (ou por estirpe). E não haveria razão de assim o prever. Pois, conferir tratamento jurídico diferente a pessoas que se encontram em situações fáticas semelhantes representaria afronta ao princípio da isonomia consagrado no art. 5º da CF". E mais, "é preciso interpretar o art. 1.851 e o art. 1.854 do CC de acordo com a finalidade do direito de representação, que se destina a resguardar o interesse daquele que perdeu precocemente seus genitores – seja antes ou simultaneamente à morte do autor da herança. Ainda mais quando os que pleiteiam o direito de representação são crianças e adolescentes – inseridos na condição peculiar de pessoas em desenvolvimento, conforme reconhecido pelo art. 6º do ECA, e cuja proteção deve ser garantida com absoluta prioridade pela família, pela sociedade e pelo Estado (art. 227 da CF)" (REsp 2.095.584/SP). Por tudo isso, o aresto corretamente aplicou o citado enunciado doutrinário.

Como regra fundamental a respeito da representação, o quinhão do representado deve ser partilhado de forma igualitária entre os representantes (art. 1.855 do CC). Exemplificando, se o falecido A deixar três filhos B, C e D e dois netos F e G, filhos de E (premorto), o quinhão do último deve ser dividido igualmente entre seus sucessores, que têm direito de representação. Vejamos o esquema gráfico:

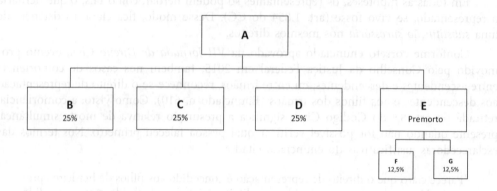

Por fim, trazendo interação entre a representação e a renúncia à herança, prescreve o art. 1.856 do CC/2002 que o renunciante à herança de uma pessoa poderá representá-la na sucessão de outra. Vale o exemplo de Maria Helena Diniz: "se um dos filhos do *auctor sucessionis* renunciar à herança, seus descendentes, netos do finado, não herdarão por representação, pois o renunciante é tido como estranho à herança. Entretanto, o renunciante poderá representar o *de cujus* (seu pai) na sucessão de terceira pessoa (seu avô, p. ex., CC, art. 1.851), pois o repúdio não se estende a outra herança. O filho, assim, herdará por direito de representação. Representará seu pai, na sucessão do avô, embora tenha repudiado a herança de seu genitor".[69]

## 9.9 DA SUCESSÃO TESTAMENTÁRIA

### 9.9.1 Conceito de testamento e suas características. Regras fundamentais sobre o instituto

O testamento representa, em sede de Direito das Sucessões, a principal forma de expressão e exercício da autonomia privada, como típico instituto *mortis causa*.[70] Além de constituir o cerne da modalidade *sucessão testamentária*, por ato de última vontade, o testamento também é a via adequada para outras manifestações da liberdade pessoal.

De toda sorte, a verdade é que no Brasil não há o costume de se elaborar testamentos, por vários fatores. De início, cite-se a falta de patrimônio para dispor, o que atinge muitos brasileiros. Ademais, há aquele tão conhecido medo da morte, o que faz com que as pessoas fujam dos mecanismos de planejamento sucessório. Sem falar que o brasileiro não é muito afeito a planejamentos, movido socialmente pelo popular "jeitinho" e deixando a resolução de seus problemas para a última hora. No caso da morte, cabe ressaltar, a

---

[69] DINIZ, Maria Helena. *Código Civil anotado*. 15. ed. São Paulo: Saraiva, 2010. p. 1.311.
[70] Como se extrai da obra clássica de Arthur Vasco Itabaiana de Oliveira, "a testamentificação é uma das faculdades resultantes do direito de propriedade" (*Tratado de direito das sucessões*. São Paulo: Max Limonad, 1952. v. II, p. 404).

última hora já passou. Por fim, muitos não fazem testamento por pensarem que a ordem de vocação hereditária prevista em lei é justa e correta.

Não se pode negar, contudo, que a pandemia da Covid-19, sobretudo a sua devastadora segunda onda, vivida em 2021, trouxe uma tendência de reversão desse quadro, uma vez que passamos a ver que a morte é real, e pode estar próxima, o que gerou um aumento considerável de testamentos do Brasil nos últimos tempos pandêmicos. Estudos do Colégio Notarial do Brasil, realizados em 2020 e 2021, trazem dados nesse sentido, cujas repercussões para o Direito das Sucessões ainda não podem ser dimensionadas.

No atual Projeto de Reforma do Código Civil, também há um incentivo para a celebração de testamentos, com a redução de burocracias, *digitalização* e normas que visam a incluir as pessoas com deficiência, como se verá. Em relação às últimas, vale destacar as excelentes proposições feitas à Comissão de Juristas pelo Professor e Promotor de Justiça do Estado da Bahia Fernando Gaburri, que participou da audiência pública em Salvador, no ano de 2023. Como não poderia ser diferente, foram elas acatadas integralmente, representando enormes avanços que estão sendo propostos para a codificação privada, hoje ausente e excludente quanto a esses temas.

O Código Civil de 2002, ao contrário do seu antecessor, não conceituou o testamento, o que era retirado do art. 1.626 do CC/1916: "Considera-se testamento o ato revogável pelo qual alguém, de conformidade com a lei, dispõe, no todo ou em parte, do seu patrimônio, para depois da sua morte". Esse conceito anterior recebia críticas contundentes da doutrina, por ser uma construção falha e incompleta. Ressalta-se, nesse sentido de crítica, a menção apenas ao conteúdo patrimonial do testamento.

Pois bem, à doutrina sempre coube o trabalho de conceituar o instituto testamento. Vejamos algumas construções:

- Pontes de Miranda: "testamento (diz-se) é o ato pelo qual a vontade de um morto cria, transmite ou extingue direitos. Porque 'vontade de um morto cria', e não 'vontade de um vivo, para depois da morte'? Quando o testador quis, vivia. Os efeitos, sim, como serem dependentes da morte, somente começam a partir dali. Tanto é certo que se trata de *querer* de vivo, que direitos há (excepcionalíssimos, é certo), que podem partir do ato testamentário e serem realizados desde esse momento. Digamos, pois, que o testamento é o ato pelo qual a vontade de alguém se declara para o caso de morte, com eficácia de reconhecer, criar, transmitir ou extinguir direitos".[71]

- Da *Enciclopédia Saraiva de Direito*, em verbete de Francisco Amaral: "Testamento é ato solene em que se dispõe dos direitos para depois da morte. Destina-se o patrimônio ou fazem outras declarações de natureza pessoal".[72]

- Maria Helena Diniz conceitua o testamento como sendo o ato personalíssimo e revogável pelo qual alguém, de conformidade com a lei, não só dispõe, para depois da sua morte, no todo ou em parte (CC, art. 1.857, *caput*), do seu patrimônio, mas também faz outras estipulações.[73]

- Zeno Veloso: "o testamento é um negócio jurídico principalmente patrimonial; tipicamente, no sentido tradicional e específico, é um ato de última vontade em

---

[71] PONTES DE MIRANDA, Francisco Cavalcanti. *Tratado de direito privado*. Rio de Janeiro: Borsoi, 1972. t. LVI, p. 59.

[72] *Enciclopédia Saraiva de Direito*. Coordenação do Professor Rubens Limongi França. São Paulo: Saraiva, 1977. v. 73, p. 32.

[73] DINIZ, Maria Helena. *Curso de direito civil brasileiro*. 21. ed. São Paulo: Saraiva, 2007. v. 6, p. 175.

que o testador faz disposições de bens, dá um destino ao seu patrimônio, nomeia herdeiros, institui legatários, e isso acontece, realmente, na grande maioria dos casos".[74]

A partir de todos esses ensinamentos, conceituo *o testamento como um negócio jurídico unilateral, personalíssimo e revogável pelo qual o testador faz disposições de caráter patrimonial ou extrapatrimonial, para depois de sua morte.* Trata-se do ato sucessório de exercício da autonomia privada por excelência.

Deve ficar claro que o testamento pode ter conteúdo não patrimonial, como se retira do art. 1.857, § 2.º, do CC/2002 ("São válidas as disposições testamentárias de caráter não patrimonial, ainda que o testador somente a elas se tenha limitado"). Ilustrando, por meio de um testamento é possível constituir uma fundação (art. 62 do CC) ou instituir bem de família convencional (art. 1.711 do CC).

Por meio do testamento, também é possível determinar a destinação de material genético para a reprodução assistida *post mortem,* surgindo a idade de *testamento genético,* conforme artigo de Jones Figueirêdo Alves publicado no site deste autor.[75] Como visto neste *Manual,* o Projeto de Reforma do Código Civil, elaborado pela Comissão de Juristas nomeada pelo Senado Federal, pretende regulamentar a reprodução assistida e a possibilidade dessa disposição.

Em texto mais recente, o jurista expõe sobre os *testamentos afetivos.* Para ele, "de efeito, a par da curadoria de dados dos usuários da internet, com a manutenção de perfis de pessoas falecidas, a serviço da memória digital, como já tem sido exercitada (Pierre Lévy, 2006), o instituto do testamento afetivo, notadamente no plano da curadoria de memórias da afeição, apresenta-se, agora, não apenas como uma outra inovação jurídica, pelo viés tecnológico. Mais precisamente, os testamentos afetivos poderão ser o instrumento, eloquente e romântico (um novo 'L'hymne à L'amour'), de pessoas, apesar de mortas, continuarem existindo pelo amor que elas possuíam e por ele também continuarem vivendo".[76]

Além do testamento afetivo, pode-se falar em *testamento digital,* com a atribuição dos bens adquiridos em vida no âmbito virtual, como contatos, postagens, manifestações e amigos adquiridos nas redes sociais. Exatamente nesse sentido, o Enunciado n. 687, aprovado na *IX Jornada de Direito Civil* (2022), estabelece que "o patrimônio digital pode integrar o espólio de bens na sucessão legítima do titular falecido, admitindo-se, ainda, sua disposição na forma testamentária ou por codicilo".

Não havendo previsão em testamento ou documento com vistas aos mesmos efeitos, há grande debate sobre a herança digital e a sucessão legítima, o que foi objeto de artigo de minha autoria, publicado em setembro de 2018.[77] No Projeto de Reforma do Código Civil também há amplas propostas para uma necessária regulamentação do tema da herança digital na Lei Civil, o que é urgente.

---

[74] VELOSO, Zeno. *Testamentos.* Noções gerais; formas ordinárias; codicilo; formas especiais. Disponível em: <http://www.flaviotartuce.adv.br/secoes/artigosc/zeno_testamento.doc>. Acesso em: 31 out. 2007.

[75] ALVES, Jones Figueirêdo. *Testamento genético.* Disponível em: <www.flaviotartuce.adv.br>. Acesso em: 9 mar. 2014.

[76] ALVES, Jones Figueirêdo. *A extensão existencial por testamentos afetivos.* Disponível em: <www.flaviotartuce. adv.br>. Acesso em: 31 jul. 2016.

[77] : TARTUCE, Flávio. Herança Digital e Sucessão Legítima – Primeiras Reflexões. Disponível em: <http://www. flaviotartuce.adv.br/artigos>. Acesso em: 29 out. 2018.

CAP. 9 • DIREITO DAS SUCESSÕES **1809**

Além dos membros das subcomissões de Direito das Sucessões e Direito Digital, fizeram sugestões para a temática os Professores Pablo Malheiros, João Aguirre, Ana Luiza Nevares, Simone Tassinari, entre outros. Insere-se, assim, um novo art. 1.791-A no Código Civil, prevendo que os bens digitais do falecido, de valor economicamente apreciável, integram a sua herança. Ainda conforme o comando, em seu projetado § 1.º, compreende-se como bens digitais o patrimônio intangível do falecido, abrangendo, entre outros, senhas, dados financeiros, perfis de redes sociais, contas, arquivos de conversas, vídeos e fotos, arquivos de outra natureza, pontuação em programas de recompensa ou incentivo e qualquer conteúdo de natureza econômica, armazenado ou acumulado em ambiente virtual, de titularidade do autor da herança. Procurou-se, portanto, ilustrar na norma o conteúdo da herança ou patrimônio digital, o que virá em boa hora, em prol da segurança jurídica.

O projetado § 2.º desse art. 1.791-A enuncia que os direitos da personalidade e a eficácia civil dos direitos que se projetam após a morte e não possuam conteúdo econômico, tais como a privacidade, a intimidade, a imagem, o nome, a honra, os dados pessoais, entre outros, observarão o disposto em lei especial e no Capítulo II do Título I do Livro I da Parte Geral do próprio Código Civil, bem como no novo livro do *Direito Civil Digital*. Sendo assim, em regra, não caberá a sua disposição voluntária.

Nesse novo livro são inseridos quatro dispositivos sobre a temática, que trazem importantes limitações para a proteção dos direitos da personalidade do morto. Os comandos ainda não receberam numeração, pois a Comissão de Juristas deixou para o Congresso Nacional a opção de inseri-los em qualquer posição da Lei Geral Privada.

De acordo com o primeiro deles, a transmissão hereditária dos dados e das informações contidas em qualquer aplicação de *internet*, bem como das senhas ou códigos de acesso, pode ser regulada em testamento. O compartilhamento de senhas ou de outras formas para acesso a contas pessoais será equiparado a disposições contratuais ou testamentárias expressas, para fins de acesso dos sucessores, desde que tais disposições estejam devidamente comprovadas. Integra também a herança o patrimônio digital de natureza econômica, seja pura, seja híbrida, conceituada a última como a que tenha relação com caracteres personalíssimos da pessoa natural ou jurídica. Os sucessores legais podem pleitear a exclusão da conta ou a sua conversão em *memorial*, diante da ausência de declaração de vontade do titular, o que já é realidade, como se verá a seguir.

Conforme o segundo artigo proposto pela Subcomissão de Direito Digital, salvo expressa disposição de última vontade e preservado o sigilo das comunicações, e a intimidade de terceiros, as mensagens privadas do autor da herança difundidas ou armazenadas em ambiente virtual não podem ser acessadas por seus herdeiros, em qualquer das categorias de bens patrimoniais digitais. Mediante autorização judicial e comprovada a sua necessidade, o herdeiro poderá ter acesso às mensagens privadas da conta do falecido, para os fins exclusivos autorizados pela sentença e resguardados os direitos à intimidade e à privacidade de terceiros. O tempo de guarda das mensagens privadas do falecido pelas plataformas deve seguir a legislação especial. Diante da ausência de declaração de vontade do titular, os sucessores ou representantes legais do falecido poderão pleitear a exclusão ou a manutenção da sua conta, bem como sua conversão em memorial, garantida a transparência de que a gestão da conta será realizada por terceiro. Serão excluídas as contas públicas de usuários brasileiros, quando, falecidos, não deixarem herdeiros ou representantes legais, contados cento e oitenta dias da comprovação do seu óbito.

A terceira proposição do novo livro de *Direito Civil Digital* considera como nulas de pleno direito, na forma do art. 166 do Código Civil, quaisquer cláusulas contratuais voltadas a restringir os poderes da pessoa, titular da conta, de dispor sobre os próprios dados e informações. No mesmo sentido, aliás, o proposto § 3.º do 1.791-A, no livro de Direito das

Sucessões: "são nulas de pleno direito quaisquer cláusulas contratuais voltadas a restringir os poderes da pessoa de dispor sobre os próprios dados, salvo aqueles que, por sua natureza, estrutura e função tiverem limites de uso, de fruição ou de disposição". As hipóteses, como se nota, são de nulidade absoluta, envolvendo matéria cogente ou de ordem pública.

O quarto dispositivo proposto para o livro de *Direito Civil Digital* preceitua que o titular de um patrimônio digital tem o direito à proteção plena de seus ativos digitais, incluindo a proteção contra acesso, uso ou transferência não autorizados. E, como quinta regra a ser destacada desse livro, os prestadores de serviços digitais devem garantir medidas adequadas de segurança para proteger o patrimônio digital dos usuários e fornecer meios eficazes para que os titulares gerenciem e transfiram esses ativos, com plena segurança, de acordo com a sua vontade. Essas duas previsões aplicam-se também aos sucessores do falecido.

Voltando-se ao livro de Direito das Sucessões, dialogando perfeitamente com as propostas do novo livro, o novo art. 1.791-B enunciará que, salvo expressa disposição de última vontade e preservado o sigilo das comunicações, as mensagens privadas do autor da herança difundidas ou armazenadas em ambiente virtual não podem ser acessadas por seus herdeiros. O compartilhamento de senhas, ou de outras formas para acesso a contas pessoais, será equiparado a disposições negociais ou de última vontade, para fins de acesso dos sucessores do autor da herança (§ 1.º). E, por autorização judicial, o herdeiro poderá ter acesso às mensagens privadas do autor da herança, quando demonstrar que, por seu conteúdo, tem interesse próprio, pessoal ou econômico de conhecê-las (§ 2.º). Há assim, um claro intuito de se proteger a intimidade da pessoa falecida, como realmente deve ser, tutelando-se o patrimonial digital personalíssimo.

A última regra a respeito do tema a ser comentada é o projetado art. 1.791-C da Lei Civil, segundo o qual caberá ao inventariante, ou a qualquer herdeiro, comunicar ao juízo do inventário, ou fazer constar da escritura de inventário extrajudicial, a existência de bens de titularidade digital do sucedido, informando, também, os elementos de identificação da entidade controladora da operação da plataforma. Sendo extrajudicial o inventário, não serão praticados atos de disposição dos bens digitais até a lavratura da escritura de partilha, permitindo-se ao inventariante nomeado o acesso às informações necessárias em poder da entidade controladora (§ 1.º). A escritura ou o formal de partilha constituem título hábil à regularização da titularidade dos bens digitais junto às respectivas entidades controladoras das plataformas (§ 2.º).

Como se pode notar, as propostas são detalhadas e suficientes para uma regulação mínima da temática, tendo sido a temática debatida amplamente não só com a Subcomissão de Direito Digital – formada pelos Professores Laura Porto, Ricardo Campos e Dierle Nunes –, e com a Relatoria-Geral, como também com todos os especialistas nomeados para a Comissão de Juristas.

Voltando-se ao sistema vigente e ao testamento, cite-se, ainda, a possibilidade de elaboração de um testamento com a transmissão de valores aos herdeiros, denominado *testamento ético*: "o 'Testamento Ético' se presta a transmitir aos familiares valores éticos, morais, espirituais, de condutas, conselhos e experiências que possam ser objeto de reflexão àqueles que se destinam. É um documento onde se dá mais relevância aos valores morais que aos patrimoniais".[78]

Como outra ilustração, como demonstrado no Capítulo 2 deste livro, em julgado de 2019 o Superior Tribunal de Justiça acabou por admitir o chamado *testamento criogênico*, com o destino do corpo para congelamento e eventual ressuscitação no futuro, em virtude da

---

[78] FARIA, Mário Roberto Carvalho de. Novas "Formas" de Testamento. *Revista IBDFAM* n. 10, abr. 2014, p. 14.

evolução e aprimoramento da medicina e de outras ciências, sem a necessidade de observância de qualquer formalidade quanto ao ato de última vontade. Conforme a tese fixada no *decisum*, "não há exigência de formalidade específica acerca da manifestação de última vontade do indivíduo sobre a destinação de seu corpo após a morte, sendo possível a submissão do cadáver ao procedimento de criogenia em atenção à vontade manifestada em vida" (STJ, REsp 1.693.718/RJ, 3.ª Turma, Rel. Min. Marco Aurélio Bellizze, j. 26.03.2019, *DJe* 04.04.2019).

Na linha de todo o exposto, observo que no Projeto de Reforma do Código Civil, além das propostas de regulamentação citadas, pretende-se ampliar a regra do art. 1.857, para que fique ainda mais clara e expressa a respeito do conteúdo extrapatrimonial. Nesse contexto, o seu § 2.º passará a prever que "são válidas as disposições testamentárias de caráter não patrimonial, inclusive as que tenham por objeto situações existenciais, ainda que o testador somente a elas se tenha limitado".

No que concerne ao conteúdo patrimonial, ressalte-se que, pelo § 1.º do vigente art. 1.857, os bens da legítima (bens legitimários), que equivalem a cinquenta por cento do patrimônio do testador ou autor da herança, não podem ser objeto de testamento.

Em rumoroso julgado de 2023, envolvendo a herança do apresentador Gugu Liberato, entendeu a Terceira Turma do Superior Tribunal de Justiça que o testamento até pode tratar de todo o patrimônio, desde que respeitada a parte dos herdeiros necessários. No caso concreto, o apresentador fez testamento em que dispôs sobre a totalidade de seu patrimônio, dividindo-o entre seus filhos e sobrinhos; ficando os primeiros com 75% da herança e os últimos com os 25% restantes. No inventário, com total razão no meu entendimento, duas filhas do falecido questionaram a inclusão da legítima dos herdeiros necessários na base de cálculo dessa divisão, sob a alegação de que o testamento deve compreender apenas a metade disponível do patrimônio. Porém, entendeu o Tribunal da Cidadania o seguinte:

> "A legítima dos herdeiros necessários poderá ser referida no testamento porque é lícito ao autor da herança, em vida e desde logo, organizar e estruturar a sucessão, desde que seja mencionada justamente para destinar a metade indisponível, ou mais, aos referidos herdeiros, sem que haja privação ou redução da parcela a que fazem jus por força de lei. Hipótese em que, examinando-se a disposição testamentária transcrita no acórdão recorrido, conclui-se que o testador pretendeu dispor de todo o seu patrimônio e não apenas da parcela disponível. Isso porque o testador se referiu, no ato de disposição, reiteradamente, à totalidade de seu patrimônio, inclusive quando promoveu a divisão dos percentuais entre os filhos, herdeiros necessários que tiveram a legítima respeitada, e os sobrinhos, herdeiros testamentários" (STJ, REsp 2.039.541/SP, 3.ª Turma, Rel. Min. Nancy Andrighi, j. 20.06.2023, *DJe* 23.06.2023).

Com o devido respeito, entendo que o aresto traz em seu conteúdo lesão à legítima, violando a clareza da norma peremptória do art. 1.857, § 1.º, do Código Civil, norma cogente que não pode ser contrariada, sob pena de caracterização da fraude à lei e à correspondente nulidade absoluta da disposição, nos termos do art. 166, inc. VI, do Código Civil.

Em verdade, é preciso reparar também o conteúdo dessa norma, para que se afaste mais essa divergência, o que está sendo proposto pelo Projeto de Reforma do Código Civil, a saber: "§ 1º O testador pode individualizar os bens da legítima dos herdeiros necessários, bem como partilhá-los entre eles, respeitado o limite e a proporção legal". A proposição, portanto, segue a mesma linha do julgado superior destacado, vencidas as minhas resistências doutrinárias nos debates da Comissão de Juristas.

Acrescento que no Projeto de Reforma do Código Civil pretende-se também incluir nesse art. 1.857 dois novos parágrafos, tratando-se das figuras do *testamento pupilar* e *quase*

**1812** | MANUAL DE DIREITO CIVIL • VOLUME ÚNICO – *Flávio Tartuce*

*pupilar*. Conforme o novo § 3.º, "os pais, no exercício da autoridade parental, podem instituir, por testamento público, herdeiros ou legatários aos filhos absolutamente incapazes, para o caso de eles falecerem nesse estado, ficando sem efeito a disposição logo que cesse a incapacidade". E, nos termos do § 4.º, essa norma tem aplicação "a todos os filhos, sem distinção de idade, que não estiverem em condições de expressar sua vontade de forma livre e consciente, no momento do ato, ficando sem efeito a disposição logo que cesse a limitação volitiva". Nas exatas justificativas da Subcomissão de Direito das Sucessões, as proposições têm "o objetivo de trazer de volta ao direito interno os testamentos pupilar e quase-pupilar, já bem conhecidos do direito romano e de diversos outros códigos civis da família romanista. O saudoso jurista Zeno Veloso já havia elaborado uma proposta semelhante, a partir de realidades que havia experimentado como tabelião". Foram prestadas, como se nota, justas homenagens ao Mestre do Pará, sendo os institutos muito interessantes para a prática.

Outra regra importante que se almeja incluir na Lei Civil estará no parágrafo único do seu art. 1.846, segundo o qual "o testador, se quiser, poderá destinar até um quarto da legítima a descendentes e ascendentes que sejam considerados vulneráveis ou hipossuficientes". Assim, mais uma vez, visa-se à tutela ou à proteção de vulnerabilidades e hipossuficiências específicas, além de se valorizar a autonomia privada e o planejamento sucessório com tais fins.

Feitas essas notas sobre a lei projetada, partindo-se para a análise de suas características, de início, nota-se que o testamento é um negócio jurídico por excelência. Ao lado do contrato, o instituto representa importante forma de manifestação da liberdade individual. Entretanto, a grande diferença entre os institutos está na natureza jurídica e na produção de efeitos, uma vez que o contrato é um ato jurídico *inter vivos*.

O testamento constitui um *negócio jurídico unilateral*, pois tem aperfeiçoamento com uma única manifestação de vontade: basta a vontade do declarante (testador) para que o negócio produza efeitos jurídicos. A aceitação ou renúncia dos bens deixados manifestada pelo beneficiário do testamento é irrelevante juridicamente. Discorre Pontes de Miranda sobre essa característica do testamento:

> "Trata-se de declaração *unilateral* de vontade, não receptícia (não existe qualquer aceitante ou recebedor da declaração de última vontade). Ninguém é comparte, ou destinatário. No testamento público ou no testamento cerrado, o tabelião recebe o que se lhe dita, sem participar do negócio jurídico em si: inscreve, quiçá escreva pelo testador. Mero instrumento, com funções acauteladoras. Tanto assim que poderia o disponente escrever o testamento particular: seria válido. A sombra que se vê, o outro polo da relação jurídica, é a mesma dos outros negócios jurídicos unilaterais, nos direitos reais, nas aquisições não consensuais da propriedade. A voz social, que obriga ao prometido, ou faculta a disposição, ou reconhece o nascer do direito de propriedade. Por isso mesmo, para ser válido o testamento, não é de mister que dele se saiba: opera os seus efeitos, à abertura da sucessão, ainda que os herdeiros e legatários nada saibam. Mas ainda: não é preciso, para sua perfeição, que faleça o testador, menos ainda que nas cláusulas consintam os beneficiados, o que importa é que o testador tenha capacidade para fazê-lo e o faça dentro da lei. Tanto ele independe da morte, ou de qualquer ato de outrem, que se lhe há de aplicar, e só se lhe pode exigir, a lei do tempo em que foi feito. Enlouqueça o testador, mude-se a legislação, nada importa: estava *perfeito* quando se fez".[79]

---

[79] PONTES DE MIRANDA, Francisco Cavalcanti. *Tratado de direito privado*. Rio de Janeiro: Borsoi, 1972. t. LVI, p. 72.

CAP. 9 • DIREITO DAS SUCESSÕES | **1813**

O testamento é *negócio jurídico gratuito* ou *benévolo*, pois não existe vantagem para o autor da herança, ou seja, não há o sacrifício bilateral que identifica os negócios jurídicos onerosos. Desse modo, não há qualquer remuneração ou contraprestação para a aquisição dos bens ou direitos decorrentes de um testamento.

Sendo *negócio jurídico benévolo*, aplica-se o art. 114 do CC/2002, com a notória interpretação restritiva. Portanto, *a contrario sensu*, o testamento não comporta interpretação extensiva. A ilustrar, conforme interessante acórdão do Tribunal de Minas Gerais, "as cláusulas testamentárias não comportam interpretação extensiva, mas, sim, restritiva, observando-se com fidelidade a vontade do testador. O fato de o testador consignar que a legítima seria partilhada em cotas iguais entre sua esposa e sua mãe, não implica na vontade conferir a esta última a parte disponível de seu patrimônio" (TJMG, Agravo de Instrumento 0053782-03.2006.8.13.0024, 1.ª Câmara Cível, Belo Horizonte, Rel. Des. Armando Freire, j. 18.05.2010, *DJEMG* 18.06.2010).

Trata-se de um negócio *mortis causa*, uma vez que somente produz efeitos após a morte do testador. Antes da morte, o testamento é ato ineficaz, o que não prejudica a sua validade, em regra. Constitui um negócio formal, pois a lei contém todas as formalidades necessárias à sua validade, particularmente quanto à modalidade assumida no caso concreto. Talvez o testamento, ao lado do casamento, seja o negócio jurídico que apresenta o maior número de formalidades, daqueles previstos na atual codificação privada. Faltando as formalidades ou havendo falhas, a sanção será a nulidade do testamento, nos termos do art. 166, incs. IV e V, do CC.

O testamento é ato revogável, nos termos do art. 1.858 do CC/2002, pois o testador pode revogá-lo ou modificá-lo a qualquer momento. Há, assim, o que Pontes de Miranda conceitua como *revogabilidade essencial*.[80] Qualquer cláusula prevendo a irrevogabilidade será considerada nula e não produzirá efeitos jurídicos. Em contrapartida, é importante repisar a regra prevista no art. 1.610 do CC/2002, pela qual o reconhecimento de filhos é sempre irrevogável, mesmo quando constante de testamento, que é, na essência, revogável.

Por fim, o testamento é ato personalíssimo por excelência. Isso porque ninguém poderá testar conjuntamente em um mesmo instrumento ou por procuração. Se mais de uma pessoa testar em um mesmo instrumento, o testamento é nulo, pela proibição expressa do *testamento conjuntivo*, prevista no art. 1.863 do CC.

Superadas as características fundamentais do testamento, enuncia o art. 1.857 do CC que toda pessoa capaz pode dispor, por testamento, da totalidade dos seus bens, ou de parte deles, para depois de sua morte. Desse modo, o testamento exige a capacidade geral prevista para os atos e negócios jurídicos, retirada a Parte Geral do CC/2002. Sendo assim, desrespeitadas as regras correspondentes, aplica-se a teoria das nulidades constante do livro inaugural da codificação privada.

Partindo para os requisitos específicos de capacidade testamentária ativa, enuncia o art. 1.860 do CC que além dos incapazes, tratados pelos arts. 3.º e 4.º do CC, não podem testar os que, no ato de fazê-lo, não tiverem pleno discernimento. Resumindo a matéria, Maria Helena Diniz citava como impedidos os menores de 16 anos e os desprovidos de discernimento, por estarem impedidos de emitir vontade livre (exemplos: pessoas com arteriosclerose, com mal de Alzheimer, com sonambulismo, com embriaguez completa e surdos-mudos que não puderem exprimir vontade, por não terem recebido a educação apropriada).[81] E arremata a

---

[80] PONTES DE MIRANDA, Francisco Cavalcanti. *Tratado de direito privado*. Rio de Janeiro: Borsoi, 1972. t. LVI, p. 72.

[81] DINIZ, Maria Helena. *Código Civil anotado*. 15. ed. São Paulo: Saraiva, 2010. p. 1.315.

# 1814 | MANUAL DE DIREITO CIVIL • VOLUME ÚNICO – *Flávio Tartuce*

jurista, lecionando que "idade avançada, falência, analfabetismo (CC, art. 1.865), surdez (CC, art. 1.866), cegueira (CC, art. 1.867) e enfermidade grave não inibem o indivíduo de testar (RT, 736:236; JTJ, 194:169), pois já se decidiu que a 'incapacidade mental do testador não pode ser deduzida de sua saúde física' (RT, 563:75)".[82]

Todavia, ressalve-se que essa posição deve ser revista, diante das modificações feitas nos arts. 3.º e 4.º do Código Civil pelo Estatuto da Pessoa com Deficiência (Lei 13.146, de julho de 2015).

Na minha opinião doutrinária, com as mudanças engendradas na teoria das incapacidades, somente devem ser considerados como absolutamente incapazes para o testamento os menores de 16 anos. Quanto aos maiores com alguma deficiência, em regra, são capazes, a não ser que demonstrem que, por causa transitória ou definitiva não podiam exprimir a vontade para o ato testamentário em si, hipótese em que se enquadram como relativamente incapazes no novo sistema (novo art. 4.º, inc. III, do CC). Ademais, são também relativamente incapazes para o testamento os ébrios habituais (alcoólatras) e os viciados em tóxicos, nos termos do art. 4.º, inc. II, do CC.

Como é notório, não há mais previsão de absolutamente incapazes maiores no art. 3.º do Código Civil. Além disso, foram retiradas as menções às pessoas com deficiência mental e aos excepcionais nos incs. II e III do art. 4.º da norma material.

Quanto ao pródigo – pessoa que gasta de maneira destemperada o patrimônio –, continua previsto como relativamente incapaz no art. 4.º, inc. IV, do CC/2002, sem qualquer mudança pela Lei 13.146/2015. Porém, sigo a corrente que afirma poder o pródigo testar livremente, pois a sua interdição somente diz respeito aos atos de disposição direta de bens, praticados em vida e capazes de reduzi-lo a um estado de penúria. Definitivamente, não é o caso do testamento.

Em relação aos maiores de 16 anos, menores púberes, a lei é expressa ao admitir que façam testamento (art. 1.860, parágrafo único, do CC). Isso, sem a necessidade de qualquer assistência para o ato. Confirma-se, assim, que o testamento é um negócio jurídico especial, com regras diferentes das verificadas na Parte Geral do Código Civil a respeito da incapacidade e da invalidade.

Ressalte-se que a incapacidade superveniente do testador, manifestada após a sua elaboração, não invalida o testamento (art. 1.861 do CC). Isso porque, quanto ao plano da validade, deve ser analisada a realidade existente quando da constituição do negócio. Além disso, pelo mesmo comando, o testamento do incapaz não se valida com a superveniência da capacidade. Nesse último caso, será necessário fazer um outro testamento.

Observo que no atual Projeto de Reforma do Código Civil, elaborado pela Comissão de Juristas nomeada no Senado Federal, segue-se a solução de análise específica da capacidade testamentária, de acordo com o caso concreto, passando o seu art. 1.860 a prever que, "além dos absolutamente incapazes, não podem testar os que não estiverem em condições de expressar sua vontade de forma livre e consciente, no momento do ato". E, consoante o proposto parágrafo único para o comando, que visa propiciar que a pessoa com deficiência elabore seus atos de última vontade, na linha do que restou consagrado pelo Estatuto da Pessoa com Deficiência, "à pessoa com deficiência, que assim a solicitar, será assegurada a utilização de tecnologia assistiva de sua escolha para manifestar sua última vontade, por testamento ou codicilo". Sem dúvidas que essa é a melhor saída, do ponto de vista técnico, para o comando.

A encerrar o estudo das regras fundamentais do testamento, cabe o estudo do polêmico art. 1.859 do CC ora em vigor, pelo qual "extingue-se em cinco anos o direito de impugnar

---

[82] DINIZ, Maria Helena. *Código Civil anotado*. 15. ed. São Paulo: Saraiva, 2010. p. 1.315.

CAP. 9 • DIREITO DAS SUCESSÕES | **1815**

a validade do testamento, contado o prazo da data do seu registro". Não há dúvidas de que a norma se aplica aos casos de nulidade relativa ou anulabilidade do testamento, sendo regra especial que prevalece sobre os preceitos gerais de prazos para anulação do negócio jurídico, constantes da Parte Geral do CC/2002 (arts. 177 e 178).

Resta saber se tal prazo decadencial de cinco anos também se aplica à nulidade absoluta ou à nulidade. O saudoso Mestre Zeno Veloso sempre liderou a doutrina majoritária, que responde positivamente: "como a lei não distingue, não cabe ao intérprete distinguir: o prazo de caducidade se aplica tanto ao caso de nulidade quanto de anulabilidade. A invalidade é gênero, que comporta duas espécies (arts. 166 e 171), e não deve ser confundida com a revogação (arts. 1.969 a 1.972), a caducidade (art. 1.971) e o rompimento do testamento (art. 1.973 a 1.975)".[83]

Porém, com o devido respeito, sempre entendi que, nos casos de nulidade absoluta, deve ser aplicado o art. 169 do CC/2002, pelo qual a nulidade não convalesce pelo decurso do tempo. Assim sendo, como decorrência lógica, a ação de nulidade do testamento não estaria sujeita à prescrição ou à decadência, conforme já concluiu a jurisprudência do Tribunal do Paraná:

> "Apelação cível. Ação de nulidade de ato jurídico. Testamento forjado. Falsidade da assinatura do testador e do tabelião. Nulidade inextinguível pela prescrição (CC/1916, art. 1.632). Provas suficientes. Fatos impeditivos e modificativos não demonstrados (CPC, art. 333, II). Apelo não acolhido. É absolutamente nulo e por isso imprescritível o testamento público no qual o testador não participou do ato, nem tampouco o tabelião que o teria lavrado. Sendo forjado, segundo a prova dos autos, não produz qualquer efeito (CC/1916, art. 1.632), pois a nulidade decorre de ofensa à predeterminação legal e configura sanção que, na ordem prática, priva o ato irregular de sua eficácia" (TJPR, Apelação Cível 0385159-8, 12.ª Câmara Cível, São José dos Pinhais, Rel. Des. Ivan Bortoleto, *DJPR* 26.09.2008, p. 169).

Na mesma linha, vale citar que essa última é a posição de Cristiano Chaves de Farias e Nelson Rosenvald, para quem, "por conta do elevado grau de comprometimento, o testamento nulo, como sói ocorrer com qualquer outra figura jurídica inválida absolutamente, não se submete a prazo decadencial, podendo sofrer ataque a qualquer tempo. Com isso, o prazo referido no multicitado dispositivo estaria a aludir, tão só, às hipóteses de anulabilidade".[84] Assim, o entendimento por mim defendido, antes praticamente isolado, começou a ganhar adeptos de relevo na doutrina contemporânea.

De toda sorte, ressalvada e vencida a minha posição doutrinária, após intensos debates na Comissão de Juristas nomeada no Senado Federal, aprovou-se a mesma solução para o Projeto de Reforma do Código Civil, o que resolve mais uma grande divergência, doutrinária e jurisprudencial, verificada nos mais de vinte anos de vigência da codificação privada de 2002. Como isso, o seu art. 1.859 passará a prever que "extingue-se em cinco anos o direito de requerer a invalidade, por nulidade ou anulabilidade, do testamento ou de disposição testamentária, contado o prazo da data do seu registro". Além disso, com vistas à facilitação e à operabilidade, no dispositivo citado estarão concentradas todas as

---

[83] VELOSO, Zeno. *Código Civil comentado*. 6. ed. Coord. Ricardo Fiuza e Regina Beatriz Tavares da Silva. São Paulo: Saraiva, 2008. p. 2.046. No mesmo sentido, por todos: DINIZ, Maria Helena. *Código Civil anotado*. 15. ed. São Paulo: Saraiva, 2010. p. 1.314.

[84] FARIAS, Cristiano Chaves; ROSENVALD, Nelson. *Curso de direito civil*. Direito das sucessões. São Paulo: Atlas, 2015. v. 7, p. 338.

**1816** | MANUAL DE DIREITO CIVIL • VOLUME ÚNICO – *Flávio Tartuce*

hipóteses de invalidade, a englobar a nulidade absoluta e a relativa, revogando-se expressamente todo o art. 1.909 da Lei Privada.

Nas intensas discussões, pelo *espírito democrático* que guiou a nossa Comissão, prevaleceram as razões expostas por Mario Luiz Delgado e José Fernando Simão, entre outros. Aguardemos como o Congresso Nacional analisará essa proposição, que, sem dúvida, traz uma maior segurança jurídica para o tema.

### 9.9.2 Das modalidades ordinárias de testamento

O testamento admite formas ordinárias e especiais, conforme o tratamento da atual codificação privada. De acordo com o art. 1.862, são testamentos ordinários:

> I) O testamento público.
>
> II) O testamento cerrado.
>
> III) O testamento particular.

Com vistas as antes citada simplificação e inclusão das pessoas com deficiência para os atos testamentários, a Comissão de Juristas, como se verá ainda de forma mais detalhada, propõe a utilização de novas tecnologias para a elaboração dos atos de última vontade. A esse propósito, em boa hora, o art. 1.862 receberá um parágrafo único, estabelecendo que "os testamentos ordinários podem ser escritos, digitados, filmados ou gravados, em língua nacional ou estrangeira, em Braille ou Linguagem Brasileira de Sinais (LIBRAS), pelo próprio testador, ou por outrem, a seu rogo". Destaco novamente que para todas as proposições nesse sentido houve a efetiva contribuição do Professor e Promotor de Justiça no Estado da Bahia Fernando Gaburri.

Em todas as hipóteses a lei proíbe o *testamento comum ou conjuntivo*, seja ele *simultâneo*, *recíproco* ou *correspectivo*. Isso, sob pena de *nulidade virtual*, pois a norma proíbe a prática do ato sem cominar sanção (arts. 1.863 e 166, inc. VII, do CC). Vejamos tais conceitos:

> – Testamento comum, conjuntivo ou de mão comum – constitui gênero, sendo aquele celebrado por duas ou mais pessoas, que fazem um único testamento.
>
> – Testamento simultâneo – dois testadores, no mesmo negócio, beneficiam terceira pessoa.
>
> – Testamento recíproco – realizado por duas pessoas que se beneficiam reciprocamente, no mesmo ato.
>
> – Testamento correspectivo – os testadores fazem em um mesmo instrumento disposições de retribuição um ao outro, na mesma proporção.

Da prática jurisprudencial podem ser encontrados acórdãos que aplicam muito bem as citadas proibições, cabendo trazer à colação os seguintes, para ilustrar:

"Apelações cíveis e recurso adesivo. Ação de nulidade de testamento particular. Manifestação de vontade. Dispensa da colação das ações nominativas anteriormente doadas. Testamento conjuntivo. Vedação legal. Exegese do art. 1.863 do Código Civil. Nulidade reconhecida. Sentença reformada. Recurso da autora provido e prejudicados os demais. O testamento é negócio jurídico solene. Só pode ser escrito e seguir espécies e

CAP. 9 • DIREITO DAS SUCESSÕES | **1817**

formalidades previstas em Lei. E personalíssimo, a ser utilizado por alguém que queira dispor de seu patrimônio para depois da morte. Só é válida a dispensa da colação quando efetivada pelo doador no título constitutivo da liberalidade ou por meio de testamento. É nulo o testamento elaborado por mais de uma pessoa, porquanto a legislação em vigor proíbe expressamente o testamento conjuntivo" (TJSC, Apelação Cível 2008.060086-6, 3.ª Câmara Cível, Mafra, Rel. Desig. Des. Fernando Carioni, j. 28.02.2011, *DJSC* 15.03.2011, p. 308).

"Inventário. Testamento particular firmado com afronta à norma do art. 1.863 do Código Civil (testamento conjuntivo). Pretensão no sentido de que a partilha de bens seja realizada nos termos do referido instrumento particular considerado não como testamento, e sim 'declaração de última vontade'. Inadmissibilidade. Nulidade absoluta e incontornável do ato. Sucessão que, na ausência de testamento válido, deve ser regida pelas normas dos artigos 1.829 e seguintes do Código Civil, que tratam da sucessão legítima. Recurso desprovido" (TJSP, Agravo de Instrumento 565.649.4/7, Acórdão 2725131, 2.ª Câmara Cível, São Paulo, Rel. Des. Morato de Andrade, j. 29.07.2008, *DJESP* 22.08.2008).

Por outra via, também para facilitar o trabalho de compreensão das proibições, *decisum* do Superior Tribunal de Justiça afastou a configuração de um testamento conjuntivo em situação em que o *de cujus* deixou cotas de sua empresa para sua ex-sócia e concubina, tendo esta efetuado outro ato testamentário, mas no mesmo momento e por mesmo tabelião. Julgou-se pela presença de dois negócios jurídicos *mortis causa* distintos, em que cada um dos envolvidos compareceu individualmente para expressar o seu *desejo sucessório*, o que manteve o caráter unilateral e personalíssimo dos atos respectivos (STJ, REsp 88.388/SP, 4.ª Turma, Rel. Min. Aldir Passarinho Junior, j. 05.10.2000, *DJ* 27.11.2000, p. 164).

Essa a conclusão que deve imperar na interpretação do art. 1.863 do Código Civil, prestigiando-se sempre a vontade dos testadores dos atos que não se confundem, pois não fundidos. Na mesma esteira, pode ser encontrada ementa ainda mais remota do Supremo Tribunal Federal, com conteúdo bem interessante. Foram celebrados dois atos distintos, porém constituídos pelo mesmo tabelião, perante as mesmas testemunhas, no mesmo momento e com estipulações recíprocas para as partes, marido e mulher. Deduziu-se pela inaplicabilidade das vedações em análise, pois elas dizem respeito ao conteúdo no mesmo negócio, o que não ocorreu no feito. A transcrição da ementa é pertinente para os devidos fins de estudo:

"Recurso extraordinário. Testamentos públicos, em instrumentos distintos e sucessivos, feitos por marido e mulher, na mesma data, no mesmo local e perante as mesmas testemunhas e tabelião. 2. Testadores casados pelo regime de comunhão universal de bens sem descendentes, que legaram, nos testamentos aludidos, um ao outro, a respectiva meação disponível. Cada qual, na cédula testamentária própria, estipulou que, por falta do legatário instituído, a parte disponível se destinaria aos irmãos e sobrinhos por consanguinidade. 3. Ação declaratória de nulidade dos referidos testamentos, alegando-se infringência ao art. 1.630 do Código Civil, que proíbe o testamento conjunto, seja simultâneo, recíproco ou correspectivo. 4. Recurso extraordinário, por negativa de vigência do art. 1.630 do Código Civil. 5. Não ocorreu, no caso, testamento conjuntivo, 'uno contextu', ou de mão comum, mas foram feitos dois testamentos em separado, relativamente aos quais o tabelião, com sua fé, certificou, sem qualquer elemento de prova em contrário, a plena capacidade dos testadores e a livre manifestação de sua vontade. 6. Não incidem na proibição do art. 1.630 do Código Civil os testamentos de duas pessoas, feitos na mesma data, no mesmo tabelião e em termos semelhantes, deixando os bens um para o outro, pois, cada um deles, isoladamente, conserva a própria autonomia e unipessoalidade. Cada testador pode livremente modificar ou revogar o seu testamento. A eventual reciprocidade, resultante de atos distintos, unilateralmente revogáveis, não sacrifica a revogabilidade, que é da essência do testamento. Não cabe, também, falar em pacto sucessório, em se tratando de testamentos distintos. 6. Exame da doutrina e da jurisprudência sobre a compreensão do art. 1.630 do Código Civil. Precedentes. 7. O fato de marido e mulher fazerem, cada qual, o seu testamento, na mesma data, local e perante as mesmas testemunhas e tabelião, legando um ao outro a respectiva parte disponível, não importa em se tolherem, mutuamente, a liberdade, desde que o façam em testamentos distintos. Cada um conserva a liberdade de revogar ou modificar o seu testamento. 8. No caso concreto, o acórdão, ao anular dois testamentos feitos em 1936, com atenção às formalidades da Lei, fazendo incidir o art. 1.630 do Código Civil, relativamente à hipótese não compreendida em sua proibição, negou-lhe vigência. 9. Recurso extraordinário conhecido, por negativa de vigência do art. 1.630 do Código Civil, e provido, para julgar improcedente a ação declaratória de nulidade dos referidos testamentos" (STF, RE 93603/GO, 1.ª Turma, Rel. Min. Néri da Silveira, j. 31.05.1994, *DJU* 04.08.1995, p. 22.643).

Como alertam Gustavo Tepedino, Heloísa Helena Barboza e Maria Celina Bodin de Moraes, citando outros doutrinadores de escol e em comentários ao art. 1.863 da codificação material, "tal proibição não impede que duas pessoas combinem o modo de dispor dos seus bens, desde que o façam em atos separados, conservando cada testador a sua plena liberdade de ação (Carlos Maximiliano, *Direito das sucessões*, vol. I, p. 415). No mesmo sentido é a opinião de Caio Mário da Silva Pereira (*Instituições*, VI, p. 217). Isso porque essencial é assegurar a autonomia do ato, sendo vedada qualquer espécie de pacto sucessório".[85] Os juristas mencionam o último aresto e, com razão, a ele se filiam plenamente, como correta incidência do princípio da conservação dos negócios jurídicos.

Na mesma esteira, as lições de Pablo Stolze Gagliano e Rodolfo Pamplona Filho, para quem "nada impede que duas pessoas, em testamentos separados (ainda que realizados na mesma data e no mesmo local), façam disposições de seu patrimônio, elegendo um ao outro como destinatário de sua herança".[86] Reafirme-se que essa é a minha posição doutrinária, sem qualquer ressalva.

No atual Projeto de Reforma do Código Civil, novamente para se resolver mais um dilema, teórico e prático, trazendo segurança e previsibilidade para o sistema civil, a Comissão de Juristas sugere a inclusão de um novo parágrafo único no art. 1.863, com a seguinte redação: "admite-se o testamento conjuntivo recíproco entre cônjuges e conviventes, qualquer que seja o regime de bens, sem perda da sua revogabilidade por qualquer dos testadores, nos limites de sua disposição".

Por todas as razões doutrinárias e entendimentos jurisprudenciais expostos, espera-se a sua aprovação pelo Parlamento Brasileiro, em prol da esperada segurança jurídica e da estabilidade das relações privadas.

Vistas tais proibições e algumas de suas aplicações concretas, passa-se à abordagem específica das modalidades ordinárias e especiais de testamento, de forma sucessiva e pontual.

---

[85] TEPEDINO, Gustavo; BARBOZA, Heloísa Helena; MORAES, Maria Celina Bodin de. *Código Civil interpretado*. Rio de Janeiro: Renovar, 2014. v. IV, p. 683.

[86] GAGLIANO, Pablo Stolze; PAMPLONA FILHO, Rodolfo. *Novo curso de direito civil*. Direito das sucessões. São Paulo: Saraiva, 2014. v. 7, p. 290.

CAP. 9 • DIREITO DAS SUCESSÕES | **1819**

### 9.9.2.1 *Do testamento público*

O testamento público é aquele que traz maior segurança para as partes envolvidas, pois lavrado pelo tabelião de notas ou por seu substituto, que recebe as declarações do testador ou autor da herança. Nos termos do art. 1.864 do CC, são seus requisitos essenciais, sob pena de nulidade:

> I) Ser o testamento escrito por tabelião ou por seu substituto legal em seu livro de notas, de acordo com as declarações do testador, podendo este servir-se de minuta, notas ou apontamentos.
>
> II) Ser lavrado o instrumento, ser lido em voz alta pelo tabelião ao testador e *a duas testemunhas*, a um só tempo; ou pelo testador, se o quiser, na presença destas e do oficial.
>
> III) Ser o instrumento, em seguida à leitura, assinado pelo testador, pelas testemunhas e pelo tabelião.

Todos esses atos formais, sucessivos e simultâneos, engendram o que se denomina como *princípio da unidade* ou *unicidade do ato testamentário*.

Em complemento, dispõe o parágrafo único do dispositivo que testamento público pode ser escrito manualmente ou mecanicamente (*v.g.*, por máquina de escrever ou por computador), bem como ser feito pela inserção da declaração de vontade em partes impressas de livro de notas, desde que rubricadas todas as páginas pelo testador, se mais de uma.

Vale lembrar que, nos termos do antigo Provimento 100 do Conselho Nacional de Justiça (CNJ), de maio de 2020 – depois incorporado ao Código Nacional de Normas –, é possível realizar a escritura pública do testamento pela via digital ou eletrônica, desde que observados os requisitos de validade previstos na norma, com os seguintes atos: *a)* a realização de videoconferência notarial para captação do consentimento das partes sobre os termos do ato jurídico; *b)* a concordância expressada pelas partes com os termos do ato notarial eletrônico; *c)* a assinatura digital pelas partes, exclusivamente através do *e-notariado*; *d)* a assinatura do Tabelião de Notas com a utilização de certificado digital ICP-Brasil; e *e)* o uso de formatos de documentos de longa duração com assinatura digital.

Sobre a gravação da videoconferência notarial, deverá conter ela, no mínimo: *a)* a identificação, a demonstração da capacidade e a livre manifestação das partes atestadas pelo tabelião de notas; *b)* o consentimento das partes e a concordância com a escritura pública; *c)* o objeto e o preço do negócio pactuado; *d)* a declaração da data e horário da prática do ato notarial; e *e)* a declaração acerca da indicação do livro, da página e do tabelionato onde será lavrado o ato notarial. O desrespeito a qualquer um desses requisitos de validade, previstos atualmente no art. 286, parágrafo único, do Código Nacional de Normas (CNN do CNJ), gera a nulidade absoluta do negócio jurídico, nos termos dos sempre citados incs. IV e V do art. 166 do Código Civil.

O mesmo se diga quanto à necessidade de se observar a regra de competência do antigo art. 6.º do Provimento 100 e atual art. 289 do CNN, o que visa afastar práticas predatórias de mercado. Conforme esse comando, "a competência para a prática dos atos regulados neste Provimento é absoluta e observará a circunscrição territorial em que o tabelião recebeu sua delegação, nos termos do art. 9º da Lei n. 8.935/1994".

Mais uma vez, reafirme-se que há crítica profunda quanto ao tratamento desse tema por força de norma administrativa do Conselho Nacional de Justiça, pois a competência para legislar sobre o tema seria do Poder Legislativo da União, por se tratar de tema de Direito Civil, afeito à forma e à solenidade dos atos e negócios jurídicos, nos termos do

**1820** | MANUAL DE DIREITO CIVIL • VOLUME ÚNICO – *Flávio Tartuce*

art. 22, inc. I, da Constituição Federal. A crítica procede, no meu entender, e é preciso aguardar, ainda, se a busca da redução de formalidades e de burocracias vencerá esse argumento de inconstitucionalidade, a ser eventualmente debatida no âmbito do Supremo Tribunal Federal.

De todo modo, para resolver esse problema, o Projeto de Reforma do Código Civil pretende inserir todo esse tratamento a respeito das escrituras digitais, que está no Código Nacional de Normas, no novo livro de *Direito Civil Digital*, a ser adicionado à codificação privada de 2002, o que virá em boa hora.

Anote-se, contudo, que a jurisprudência superior tem mitigado a observância dos requisitos formais do testamento público. Ilustrando, vejamos julgado publicado no *Informativo* n. *435 do STJ*, que se refere a fatos ocorridos na vigência do CC/1916, o que justifica a menção a cinco e não a duas testemunhas:

> "Busca-se, no recurso, a nulidade de testamento, aduzindo o ora recorrente que a escritura não foi lavrada pelo oficial de cartório, mas por terceiro, bem como que as cinco testemunhas não acompanharam integralmente o ato. O tribunal *a quo* afirmou que não foi o tabelião que lavrou o testamento, mas isso foi feito sob sua supervisão, pois ali se encontrava, tendo, inclusive, lido e subscrito o ato na presença das cinco testemunhas. Ressaltou, ainda, que, diante da realidade dos tabelionatos, não se pode exigir que o próprio titular, em todos os casos, escreva, datilografe ou digite as palavras ditadas ou declaradas pelo testador. Daí, não há que declarar nulo o testamento que não foi lavrado pelo titular da serventia, mas possui os requisitos mínimos de segurança, de autenticidade e de fidelidade. Quanto à questão de as cinco testemunhas não terem acompanhado integralmente a lavratura de testamento, o TJ afirmou que quatro se faziam presentes e cinco ouviram a leitura integral dos últimos desejos da testadora, feita pelo titular da serventia. Assim, a Turma não conheceu do recurso por entender que o vício formal somente invalidará o ato quando comprometer sua essência, qual seja, a livre manifestação da vontade da testadora, sob pena de prestigiar a literalidade em detrimento da outorga legal à disponibilização patrimonial pelo seu titular. Não havendo fraude ou incoerência nas disposições de última vontade e não evidenciada incapacidade mental da testadora, não há falar em nulidade no caso. Precedente citado: REsp 302.767/PR, *DJ* 24.09.2001" (STJ, REsp 600.746/PR, Rel. Min. Aldir Passarinho Junior, j. 20.05.2010).

O julgado é louvável, pois a tendência contemporânea é que o material prevaleça sobre o formal; que o concreto prevaleça sobre as ficções jurídicas. Tal constatação tem relação direta com o *princípio da operabilidade*, adotado pela codificação de 2002, que busca um Direito Privado real e efetivo (a *concretude realeana*).

Ainda mais recentemente, do ano de 2017, em caso envolvendo testamento público celebrado por pessoa cega e citando o meu entendimento doutrinário, deduziu o mesmo Tribunal da Cidadania:

> "Atendidos os pressupostos básicos da sucessão testamentária – i) capacidade do testador; ii) atendimento aos limites do que pode dispor; e iii) lídima declaração de vontade –, a ausência de umas das formalidades exigidas por lei pode e deve ser colmatada para a preservação da vontade do testador, pois as regulações atinentes ao testamento têm por escopo único a preservação da vontade do testador". Sendo assim, "evidenciada tanto a capacidade cognitiva do testador quanto o fato de que testamento, lido pelo tabelião, correspondia exatamente à manifestação de vontade do *de cujus*, não cabe, então, reputar como nulo o testamento, por terem sido preteridas solenidades fixadas em lei, porquanto o fim dessas – assegurar a higidez

da manifestação do *de cujus* –, foi completamente satisfeito com os procedimentos adotados" (STJ, REsp 1.677.931/MG, 3.ª Turma, Rel. Min. Nancy Andrighi, j. 15.08.2017, *DJe* 22.08.2017).

Sobre a possibilidade de quebra do *princípio da unicidade do ato testamentário*, releve-se tese da Segunda Seção da Corte, em *decisum* de 2023, segundo o qual se afirmou que "é válido o testamento público que, a despeito da existência de vício formal, reflete a real vontade emanada livre e conscientemente do testador, aferível diante das circunstâncias do caso concreto, e a mácula decorre de conduta atribuível exclusivamente ao notário responsável pela prática do ato" (STJ, AR 6.052/SP, 2.ª Seção, Rel. Min. Marco Aurélio Bellizze, j. 08.02.2023, *DJe* 14.02.2023, v.u.).

De toda sorte, vale a advertência de que não se pode admitir um testamento público celebrado sem qualquer uma das formalidades previstas em lei, pois nesse caso o instituto se distanciaria da sua principal finalidade, qual seja a atestar a vontade do morto. No último caso julgado, com o devido respeito, esses parâmetros parecem ter sido desrespeitados. Assim, existem limites para a incidência do princípio da conservação do negócio jurídico no âmbito das disposições de última vontade. A mitigação das formalidades não significa o seu total desaparecimento no sistema jurídico nacional.

Superado tal aspecto, se o testador não souber, ou não puder assinar, o tabelião ou seu substituto legal assim o declarará, assinando, neste caso, pelo testador, e, a seu rogo (pedido), uma das testemunhas instrumentárias (art. 1.865 do CC). Assim, confirma-se a tese pela qual a pessoa analfabeta pode testar. Mas não é só, pois nos termos do art. 1.866 do CC o indivíduo inteiramente surdo, sabendo ler, poderá testar. Em casos tais, lerá o seu testamento, e, se não o souber, designará quem o leia em seu lugar, presentes as testemunhas.

Também ao cego só se permite o testamento público (art. 1.867 do CC). O testamento lhe será lido, em voz alta, duas vezes, uma pelo tabelião ou por seu substituto legal, e a outra por uma das testemunhas, designada pelo testador, fazendo-se de tudo circunstanciada menção no testamento.

No atual Projeto de Reforma do Código Civil, como já aditando, almeja-se uma funcionalização do instituto, reduzindo-se burocracias, incluindo-se as pessoas com deficiência e permitindo o uso de novas tecnologias, especialmente para esse fim.

Com esse propósito, o art. 1.864 da Lei Civil passará a prever, como requisitos do testamento público: *a)* ser escrito e, também, gravado em sistema digital de som e imagem por tabelião ou por seu substituto legal, de acordo com as declarações do testador, podendo este servir-se de minuta, notas ou apontamentos, ao tempo da manifestação da vontade; *b)* o testamento escrito, depois de lavrado o instrumento, deve ser lido em voz alta pelo tabelião ao testador ou pelo testador ao oficial. Em seguida à leitura, o instrumento será assinado pelo testador e pelo tabelião que deverá, obrigatoriamente, realizar a gravação do ato em sistema digital de som e imagem; e *c)* a gravação em sistema digital de som e imagem será exibida pelo tabelião ao testador que confirmará, por escrito, o teor das declarações. Pela mesma proposição, em seu § 1.º, a certidão do testamento público, enquanto vivo o testador, só poderá ser fornecida a requerimento deste ou por ordem judicial. Ademais, conforme o projetado § 2.º, caberá ao tabelião fornecer todos os recursos de acessibilidade e de tecnologia assistida disponíveis para que a pessoa com deficiência tenha garantido o direito de testar, o que visa à sua inclusão na linha do que está assegurado no Estatuto da Pessoa com Deficiência.

Como outra proposta de caráter social indiscutível, o novo art. 1.864-A do Código Civil passará a enunciar que os hospitais, as clínicas, os asilos, as casas de repouso ou os donos da residência em que esteja pessoa que não possa se movimentar, ambular ou deslocar-se não podem impedir o ingresso de oficiais que venham praticar atos notariais em suas dependências, cabendo ao tabelião, quando solicitado, identificar-se perante o estabelecimento, ou perante os donos da casa, declarando com precisão quem os contatou e solicitou sua presença. O estabelecimento fará constar por escrito, no prontuário do paciente, a ocorrência e dará ao oficial declaração, subscrita por médico, quanto à solicitação do tabelião e quanto a eventual causa de proibição de o paciente receber visitas. Eventualmente, se entender necessário, o tabelião solicitará a presença do médico que atende o declarante ou, na sua falta, trará médico de sua própria confiança para acompanhá-lo. Se a gravação para o testamento público, a juízo do tabelião, expuser o declarante à especial constrangimento, será feita apenas para captar sua voz. A gravação de som e imagem será realizada se o declarante, informado pelo tabelião, expressamente a consentir ou tratar-se de caso em que a gravação completa não possa ser dispensada.

O mesmo projetado art. 1864-A da codificação privada preverá que, ao lavrar o ato notarial solicitado, o tabelião declinará na escritura todos os dados que permitam identificar quem o contatou e solicitou os seus serviços, o momento, o lugar e a forma como a manifestação de vontade foi colhida e a impressão que lhe causou o paciente, bem como alguma observação que o médico assistente tenha feito, a respeito do estado de saúde mental e da lucidez do declarante, bem como as razões pelas quais a gravação de imagem foi ou não realizada. Como último dos seis parágrafos propostos para o comando, se o tabelião notar alguma irregularidade que faça supor estar a pessoa idosa ou o paciente em condições de subjugação moral ou física, por parte de familiares, de cuidadores ou dos administradores do lugar onde se encontram internados, dará notícias desse fato às autoridades competentes. Espera-se a aprovação da nova norma, a respeito desse testamento que atenderá pessoas vulneráveis, especialmente as pessoas idosas, tendo sido formulado pela Professora Rosa Maria de Andrade Nery.

O *testamento em vídeo* também passará a ser opção para a pessoa analfabeta, passando o art. 1.865 da Lei Privada a prever que, se o testador não souber ler ou assinar, o testamento público será obrigatoriamente realizado mediante gravação em sistema digital de som e imagem e a assinatura será lançada na escritura pública pelo sistema digital.

No que diz respeito à pessoa com deficiência, é urgente adaptar a atualizar o Código Civil diante do Estatuto da Pessoa com Deficiência e da Convenção de Nova Iorque. Nesse contexto, novo art. 1.866: "O testamento público da pessoa surda ou com deficiência auditiva, total ou parcial, será obrigatoriamente gravado em sistema digital de som e imagem. § 1º Se souber ler, lerá o seu testamento, diante do tabelião. Não sabendo ou não podendo se expressar, designará quem o leia em seu lugar, podendo indicar um intérprete da Língua Brasileira de Sinais (LIBRAS), para simultaneamente lhe dar conhecimento do conteúdo. § 2º O tabelião deverá, obrigatoriamente, realizar a gravação do ato em sistema digital de som e imagem". E, ainda, o projetado art. 1.867: "A pessoa com deficiência visual poderá testar por qualquer forma, com a gravação obrigatória do ato em sistema digital de som e imagem. Parágrafo único. Em se tratando de testamento público, o testador com deficiência visual pode solicitar cópia do seu testamento em formato acessível, incluindo Braille, áudio, fonte ampliada e arquivo digital acessível".

Espera-se a sua imediata aprovação pelo Parlamento Brasileiro, tendo contribuído para as sugestões o Professor e Promotor de Justiça Fernando Gaburri, que participou da audiência pública de debates do Projeto na cidade de Salvador, no ano de 2023.

Retornando-se ao sistema vigente, a respeito da abertura e cumprimento do testamento público, o Código de Processo Civil traz regras instrumentais, que devem ser analisadas em atualização com o atual CPC. Em verdade, o Estatuto Processual emergente insistiu na abertura e no cumprimento judiciais, perdendo a chance de dar um passo determinante para a *desjudicialização*, pois seria interessante que tivesse admitido pelo menos que a abertura fosse processada perante o Tabelionato de Notas.

Ocorrendo o falecimento do testador, enunciava o art. 1.128 do CPC/1973 que, quando o testamento fosse público, qualquer interessado, exibindo-lhe o traslado ou certidão, poderia requerer ao juiz que ordenasse o seu cumprimento. No CPC/2015 o seu correspondente é o art. 736, segundo o qual, "qualquer interessado, exibindo o traslado ou a certidão de testamento público, poderá requerer ao juiz que ordene o seu cumprimento, observando-se, no que couber, o disposto nos parágrafos do art. 735". A menção ao art. 735 diz respeito ao processamento conforme o testamento cerrado, o que já estava previsto no sistema anterior, e ainda será estudado neste livro. Aqui, não houve qualquer alteração de relevo.

Todavia, dispunha o art. 1.129 do CPC/1973 que o juiz, de ofício ou a requerimento de qualquer interessado, ordenaria ao detentor de testamento que o exibisse em juízo para os fins legais, se ele, após a morte do testador, não tivesse se antecipado em fazê-lo. Em complemento, não sendo cumprida a ordem, caberia uma ação de busca e apreensão do testamento público.

Esse último comando não tem correspondente na novel legislação instrumental e, em uma primeira análise, pode-se afirmar que tais medidas não são mais cabíveis, o que inclui a citada ação de busca e apreensão. Entendeu-se que tais drásticos instrumentos não se coadunariam com o caráter particular ou privado do testamento, mesmo que pela forma pública. Ademais, como o testamento público tem, via de regra, uma via arquivada no Cartório, não se justificaria a citada demanda de busca e apreensão na grande maioria dos casos concretos.

No Projeto de Reforma do Código Civil, inclui-se a possibilidade de a abertura de todos os testamentos serem abertos ou cumpridos extrajudicialmente, conforme o seu novo art. 1.990-A, o que passará a ser uma faculdade das partes, se assim o quiserem. Nos termos da proposição, se todos os herdeiros e legatários concordarem, a abertura do testamento cerrado ou a apresentação dos testamentos público e particular, bem como o seu registro e cumprimento, a nomeação de testamenteiro e a prestação de contas poderão ser feitas por escritura pública, cuja eficácia dependerá de anuência do Ministério Público.

A proposta traz três parágrafos a respeito dos procedimentos extrajudiciais para tanto, que poderão ser eletrônicos ou digitais, o que vem em boa hora, concretizando os motes da *extrajudicialização* e da *digitalização*, que orientaram os trabalhos da Comissão de Juristas. Nesse contexto, a abertura do testamento cerrado ou a apresentação do testamento público deverá ocorrer perante o tabelião de notas, na forma física ou virtual, que lavrará escritura pública específica, atestando os fatos e indicando se há, ou não, vício externo que torne o testamento eivado de nulidade ou suspeito de falsidade; havendo qualquer vício, o tabelião não lavrará a escritura pública. Não havendo vício, o tabelião de notas submeterá a cédula à anuência do Ministério Público; e com a discordância do último, o tabelião não lavrará a escritura. A aprovação das propostas representa um pleito antigo, sobretudo da doutrina especializada do Direito das Sucessões Brasileiro.

Finalizando o estudo da matéria, deve ficar claro, como já destacado em obra anteriormente escrita com José Fernando Simão, que apesar do nome *público*, tal testamento não deveria ser deixado à disposição de todos para consulta, uma vez que somente produz efeitos após a morte do testador. Conforme ali se mencionou, o conceito de publicidade não significa amplo acesso a toda e qualquer pessoa.[87]

---

[87] TARTUCE, Flávio; SIMÃO, José Fernando. *Direito Civil*. Direito das Sucessões. 3. ed. São Paulo: Método, 2010. v. 6, p. 306.

# MANUAL DE DIREITO CIVIL • VOLUME ÚNICO – *Flávio Tartuce*

Acrescentem-se as palavras do Mestre Zeno Veloso: "deve-se evitar que terceiros tenham acesso livre ao testamento, que se trata de um ato que, embora válido desde a data de sua confecção, só terá eficácia após a morte do testador. Não é razoável, pois, só porque é chamado de 'público', que fique aberto, exposto, permitindo-se que qualquer pessoa tenha prévio conhecimento".[88] Seguindo proposta do último jurista, anote-se que, pelo antigo Projeto Ricardo Fiuza, havia proposta de se incluir um § 2.º no art. 1.864 do CC, com a seguinte redação: "A certidão do testamento público, enquanto vivo o testador, só poderá ser fornecida a requerimento deste ou por ordem judicial".

No Projeto de Reforma do Código Civil, elaborado pela Comissão de Juristas, como visto, adota-se essa mesma solução, prevendo o novo § 1.º do seu art. 1.874 que "a certidão do testamento público, enquanto vivo o testador, só poderá ser fornecida a requerimento deste ou por ordem judicial".

Espera-se, assim, que o texto sugerido seja aprovado, resolvendo-se mais um debate doutrinário travado nos mais de vinte anos de vigência da Lei Geral Privada de 2002.

## 9.9.2.2 *Do testamento cerrado*

Denominado como *testamento místico*, pois não se sabe qual o seu conteúdo, que permanece em segredo até a morte do testador. Trata-se de instituto sem grande aplicação no presente, tendo pouca operabilidade na prática sucessionista. O fato de não se saber o conteúdo gera vantagens e desvantagens. Como desvantagem, se a integralidade do documento for atingida de alguma forma (ex.: por uma enchente ou água de chuva), o testamento pode não gerar efeitos.

Na elaboração do Projeto de Reforma do Código Civil, pela Comissão de Juristas nomeada no Senado Federal, chegou-se a cogitar a sua retirada da Lei Privada, prevalecendo a tese pela sua manutenção, mas com ajustes necessários para a mitigação de solenidades, para a *extrajudicialização* e a digitalização, que serão ainda analisadas no presente tópico.

Nos termos do art. 1.868 do CC/2002, o testamento cerrado escrito pelo testador, ou por outra pessoa, a seu rogo (pedido), e por aquele assinado, será válido se aprovado pelo tabelião ou seu substituto legal, observadas as seguintes formalidades:

"I) Que o testador o entregue ao tabelião em presença de duas testemunhas.

II) Que o testador declare que aquele é o seu testamento e quer que seja aprovado.

III) Que o tabelião lavre, desde logo, o auto de aprovação, na presença de duas testemunhas, e o leia, em seguida, ao testador e testemunhas.

IV) Que o auto de aprovação seja assinado pelo tabelião, pelas testemunhas e pelo testador".

Ato contínuo de estudo, prescreve o parágrafo único do dispositivo que o testamento cerrado pode ser escrito mecanicamente, desde que seu subscritor numere e autentique, com a sua assinatura, todas as páginas.

O Tabelião deve começar o auto de aprovação imediatamente depois da última palavra do testador, declarando, sob sua fé, que o testador lhe entregou para ser aprovado na presença das testemunhas. Após isso, o tabelião passa a cerrar e a coser o instrumento aprovado, com cinco pontos de retrós, como é costume, sendo o testamento lacrado nos

---

[88] VELOSO, Zeno. *Código Civil comentado*. 6. ed. Coord. Ricardo Fiuza e Regina Beatriz Tavares da Silva. São Paulo: Saraiva, 2008. p. 2.054.

CAP. 9 • DIREITO DAS SUCESSÕES | **1825**

pontos de costura (art. 1.869, *caput*, do CC). Se não houver espaço na última folha do testamento, para início da aprovação, o tabelião colocará nele o seu sinal público, mencionando a circunstância no auto (art. 1.869, parágrafo único, do CC).

Consigne-se que assim como ocorre com o testamento público, a jurisprudência superior tem mitigado algumas das exigências formais para o testamento cerrado. Nessa linha, entre os primeiros precedentes superiores:

"Testamento cerrado. Auto de aprovação. Falta de assinatura do testador. Inexistindo qualquer impugnação à manifestação da vontade, com a efetiva entrega do documento ao oficial, tudo confirmado na presença das testemunhas numerárias, a falta de assinatura do testador no auto de aprovação é irregularidade insuficiente para, na espécie, causar a invalidade do ato. Art. 1.638 do CCivil. Recurso não conhecido" (STJ, REsp 223.799/SP, 4.ª Turma, Rel. Min. Ruy Rosado de Aguiar, j. 18.11.1999, *DJ* 17.12.1999, p. 379).

Ademais, no que concerne a aspectos formais, concluiu a jurisprudência do STJ que é válido o testamento cerrado elaborado por testadora com grave deficiência visual. A conclusão foi no sentido de que deve prevalecer respeito à vontade real do testador. Vejamos a ementa da decisão:

"Ação de anulação de testamento cerrado. Inobservância de formalidades legais. Incapacidade da autora. Quebra do sigilo. Captação da vontade. Presença simultânea das testemunhas. Reexame de prova. Súmula 7/STJ. 1. Em matéria testamentária, a interpretação deve ser voltada no sentido da prevalência da manifestação de vontade do testador, orientando, inclusive, o magistrado quanto à aplicação do sistema de nulidades, que apenas não poderá ser mitigado, diante da existência de fato concreto, passível de colocar em dúvida a própria faculdade que tem o testador de livremente dispor acerca de seus bens, o que não se faz presente nos autos. 2. O acórdão recorrido, forte na análise do acervo fático-probatório dos autos, afastou as alegações da incapacidade física e mental da testadora; de captação de sua vontade; de quebra do sigilo do testamento, e da não simultaneidade das testemunhas ao ato de assinatura do termo de encerramento. 3. A questão da nulidade do testamento pela não observância dos requisitos legais à sua validade, no caso, não prescinde do reexame do acervo fático-probatório carreado ao processo, o que é vedado em âmbito de especial, em consonância com o enunciado 7 da Súmula desta Corte. 4. Recurso especial a que se nega provimento" (STJ, REsp 1.001.674/SC, 3.ª Turma, Rel. Min. Paulo de Tarso Sanseverino, j. 05.10.2010, *DJe* 15.10.2010).

Se o tabelião tiver escrito o testamento a pedido do testador, poderá, não obstante, aprová-lo (art. 1.870 do CC). O testamento cerrado pode ser escrito em língua nacional ou estrangeira, pelo próprio testador, ou por outrem, a seu pedido (art. 1.871 do CC).

Por razões óbvias, não pode dispor de seus bens em testamento cerrado quem não saiba ou não possa ler, caso do analfabeto (art. 1.872 do CC). Porém, pode fazer testamento cerrado o surdo-mudo, contanto que o escreva todo, e o assine de sua mão, e que, ao entregá-lo ao oficial público, ante as duas testemunhas, escreva, na face externa do papel ou do envoltório, que aquele é o seu testamento, cuja aprovação lhe pede (art. 1.873 do CC).

Depois de aprovado e cerrado, será o testamento entregue ao testador, e o tabelião lançará, no seu livro, nota do lugar, dia, mês e ano em que o testamento foi aprovado e entregue (art. 1.874 do CC). Ocorrendo o falecimento do testador ou autor da herança, o testamento cerrado será apresentado ao juiz, que o abrirá e o fará registrar, ordenando que seja cumprido, se não achar vício externo que o torne eivado de nulidade ou suspeito de falsidade (art. 1.875 do CC).

No atual Projeto de Reforma do Código Civil, como antes pontuado, há propostas que almejam a redução de burocracias, a extrajudicialização, a digitalização e a inclusão das pessoas para as disposições de última vontade, o que é necessário, pelas mudanças recentes pelas quais passou a sociedade brasileira.

Nesse contexto, o *caput* e o inciso I do seu art. 1.868 passarão a prever que "o testamento escrito ou gravado em sistema digital de som e imagem pelo testador, será válido se aprovado pelo tabelião ou seu substituto legal, observadas as seguintes formalidades: I – que o testador entregue a declaração escrita em documento físico ou o arquivo digital de som e imagem ao tabelião diante de pelo menos duas testemunhas". São mantidos na sequência os incisos II e III do preceito, passando o seu inciso IV a prever que o auto de aprovação seja assinado pelo tabelião, pela testemunha e pelo testador ou por outra pessoa, a seu rogo ou pedido, sendo esta última proposta incorporadora do atual art. 1.870, que será revogado expressamente. E, conforme o reformado parágrafo único que é proposto para a norma, quando digitado o testamento cerrado, o subscritor deve numerar e autenticar, com a sua assinatura, todas as páginas; quando gravado em sistema digital de som e imagem, deve o testador verbalizar, com a própria voz, antes de encerrar a gravação, ser aquele o seu testamento.

O art. 1.869 do Código Civil, como não poderia ser diferente, passará a mencionar que o tabelião deve começar o auto de aprovação declarando, sob sua fé, que o testador lhe entregou a declaração escrita em documento físico ou o arquivo digital de som e imagem para ser aprovado diante das testemunhas, passando a lacrar o invólucro em que inserido o arquivo digital. E também passará a ser permitido ao testador, pelo seu parágrafo único, o mesmo invólucro em que colocado o instrumento ou o arquivo digital do testamento, outros dispositivos eletrônicos que tenham sido dispostos em favor de herdeiros ou legatários, cabendo ao tabelião mencioná-los no auto de aprovação. Como se pode notar, portanto, existem amplas propostas de digitalização do testamento.

No mesmo sentido, o art. 1.871, que procura a inclusão da pessoa com deficiência para o testamento cerrado: "o testamento pode ser manuscrito, gravado ou digitado em língua nacional ou estrangeira, em Braille ou arquivo digital acessível, pelo próprio testador, ou por outrem, a seu rogo". Quanto à pessoa analfabeta, a nova redação do art. 1.872: "quem não saiba ou não possa ler e escrever, só pode dispor de seus bens em testamento cerrado gravado em arquivo digital de áudio visual". Por fim, com as mesmas premissas, o novel art. 1.873: "as pessoas com deficiência visual ou auditiva podem fazer testamento cerrado por escrito ou por gravação em sistema digital de som e imagem, sendo-lhes facultada a utilização de Língua Brasileira de Sinais (LIBRAS), braille ou qualquer tecnologia assistiva de sua escolha". Assim, com as propostas feitas para o testamento público, as proposições estão mais do que justificadas, sendo urgente a sua aprovação pelo Parlamento Brasileiro.

Voltando-se ao sistema vigente, a respeito da abertura e cumprimento judiciais do testamento cerrado, vejamos, mais uma vez, um estudo confrontado entre o CPC/2015 e o CPC/1973. Repise-se que tais procedimentos também se aplicam para o testamento público e que o Estatuto Processual emergente perdeu a oportunidade de trazer um procedimento *desjudicializado* para tanto, sendo certo que o Projeto de Reforma do Código Civil pretende resolver esse problema, com a proposta de um novo art. 1.990-A aqui analisado.

De início, preceituava o art. 1.125 do CPC/1973 que, ao receber o testamento cerrado, o juiz, após verificar se estaria intacto, o abriria e mandaria que o escrivão o lesse em presença de quem o entregou. Lavrar-se-ia, em seguida, o ato de abertura que, rubricado pelo juiz e assinado pelo apresentante, mencionaria: *a)* a data e o lugar em que o testa-

CAP. 9 • DIREITO DAS SUCESSÕES | **1827**

mento foi aberto; *b)* o nome do apresentante e como houve ele o testamento; *c)* a data e o lugar do falecimento do testador; *d)* qualquer circunstância digna de nota, encontrada no invólucro ou no interior do testamento.

No CPC/2015, art. 735, algumas modificações merecem ser destacadas. Conforme o seu *caput*, recebendo o testamento cerrado, o juiz, se não achar vício externo que o torne suspeito de nulidade ou falsidade, o abrirá e mandará que o escrivão o leia em presença do apresentante. Como se nota, não há menção apenas à sua integralidade, conforme a lei anterior, mas a qualquer vício externo que pode causar a sua nulidade ou a falsidade do ato.

Do termo de abertura constarão o nome do apresentante e como ele obteve o testamento, a data e o lugar do falecimento do testador, com as respectivas provas, e qualquer circunstância digna de nota. Esse é o § 1.º do art. 735 do CPC/2015, que praticamente repetiu o parágrafo único do art. 1.125 do CPC/1973. Pontue-se, todavia, que o sistema passa a exigir provas desses requisitos. Ademais, as circunstâncias dignas de nota não são apenas as que estão no invólucro ou no interior do testamento. Assim, por exemplo, o juiz pode fazer constar do termo de abertura eventual motivo de ineficácia ou invalidade do ato testamentário.

Depois de ouvido o Ministério Público, não havendo dúvidas a serem esclarecidas, o juiz mandará registrar, arquivar e cumprir o testamento (art. 735, § 2.º, do CPC/2015). A oitiva do Ministério Público já constava do art. 1.126 do CPC/1973, especialmente para os casos de sua nulidade ou falsidade. Fica em xeque a necessidade dessa oitiva pelo fato de o testamento, inclusive o cerrado, envolver interesse particular ou privado, como há pouco se expôs.

Consigne-se que esse mesmo art. 1.126 do CPC/1973 prescrevia, em seu parágrafo único, que o testamento seria registrado e arquivado no Cartório a que tocasse, dele remetendo o escrivão uma cópia, no prazo de oito dias, à repartição fiscal. Essa norma não tem correspondente na novel legislação processual e, sendo assim, parece que tal procedimento não é mais cabível.

Voltando à nova legislação processual, feito o registro, será intimado o testamenteiro para assinar o termo da testamentária (art. 735, § 3.º, do CPC/2015). Eventualmente, se não houver testamenteiro nomeado ou se ele estiver ausente ou não aceitar o encargo, o juiz nomeará testamenteiro dativo, observando-se a preferência legal (art. 735, § 3.º, do CPC/2015). Com pequenas alterações de redação, tais regras já eram retiradas do *caput* do art. 1.127 do CPC/1973.

Como notas procedimentais finais, constata-se que também não foi reproduzido o parágrafo único do art. 1.127 do CPC/1973, *in verbis*: "Assinado o termo de aceitação da testamentaria, o escrivão extrairá cópia autêntica do testamento para ser juntada aos autos de inventário ou de arrecadação da herança". Essa omissão demonstra que tal procedimento também passa a ser dispensado.

Por outro turno, incluiu-se um § 5.º no art. 735 do CPC/2015, prevendo que o testamenteiro deverá cumprir as disposições testamentárias e prestar contas em juízo do que recebeu e despendeu, observando-se o disposto em lei. Fica em dúvidas a necessidade dessa última regra, naturalmente retirada do encargo da testamentaria, especialmente do art. 1.980 do Código Civil, com a seguinte redação: "O testamenteiro é obrigado a cumprir as disposições testamentárias, no prazo marcado pelo testador, e a dar contas do que recebeu e despendeu, subsistindo sua responsabilidade enquanto durar a execução do testamento".

### 9.9.2.3 *Do testamento particular*

Chamado de *testamento hológrafo*, uma vez que escrito pelo próprio testador, sem maiores formalidades. De toda sorte, apesar de ser a forma mais fácil de ser concretizada, a modalidade particular não tem a mesma segurança do testamento público. De acordo com o art. 1.876, *caput*, do CC, o testamento particular pode ser escrito de próprio punho ou mediante processo mecânico (exemplos: máquina de escrever ou por computador). Se escrito de próprio punho, são requisitos essenciais à sua validade que seja lido e assinado por quem o escreveu, na presença de pelo menos três testemunhas, que o devem subscrever (§ 1.º). Se elaborado por processo mecânico, não pode conter rasuras ou espaços em branco, devendo ser assinado pelo testador, depois de tê-lo lido na presença de pelo menos três testemunhas, que o subscreverão (§ 2.º desse art. 1.876).

Sobre o § 1.º do art. 1.876 da codificação privada, julgados estaduais mantiveram a regra da confirmação mesmo com a pandemia de Covid-19, podendo ser colacionados os seguintes, apenas a título de ilustração:

"Apelação cível. Direito de sucessões. Testamento particular. Ação de confirmação e cumprimento. Art. 1.876, § 1º, do Código Civil. Formalidades legais. Ausência de testemunhas. Situação excepcional. Art. 1.879 do Código Civil. Não configuração. Nulidade confirmada. O art. 1.876, § 1.º, do Código Civil prevê os requisitos essenciais para a validade do testamento particular. Embora se reconheçam as dificuldades trazidas pela pandemia da Covid-19, com o fechamento de cartórios de registro público, como também diante da internação da autora por outra doença grave, não há como confirmar-se o testamento particular, que não observou os requisitos legais de art. 1.879, § 1.º, do Código Civil, na falta de declaração, no próprio instrumento, da excepcionalidade que justificasse a dispensa das testemunhas testamentárias e a condição mental da testadora, especialmente sem qualquer prova de que a testadora estivesse em completa situação de isolamento no hospital do SUS. Recurso não provido" (TJMG, Apelação Cível 5000637-85.2021.8.13.0002, 8.ª Câmara Cível Especializada, Rel. Juiz Conv. Paulo Rogério de Souza Abrantes, j. 05.08.2022, *DJEMG* 11.08.2022).

"Apelação. Procedimento de registro, abertura e cumprimento de testamento. Sentença de extinção sem julgamento de mérito. Alegação da apelante de que o documento apresentado estaria apto a demonstrar a vontade do testador, embora não tivesse sido finalizado em cartório, pois o falecido acabou sendo internado, sendo impedido, por sua filha, de formalizar o ato perante o Tabelião, no hospital, antes de seu falecimento. Testamento que é ato eminentemente solene, possuindo forma prescrita em Lei, em suas diversas modalidades. O artigo 1.864 do Código Civil/2002 estabelece como requisitos essenciais, que o testamento público seja lavrado por tabelião, ou seu substituto legal, de acordo com as declarações do testador, na presença de duas testemunhas. Ao que se infere dos autos, a apelante apresentou o documento de fls. 138/140 que, em verdade, se trata de uma minuta de testamento público, o qual, todavia, sequer foi firmado. Ainda que se considere a dificuldade em formalizar o testamento público em razão da pandemia, como alega a apelante, poderia o testador ter elaborado um testamento particular, na presença de, pelo menos, três testemunhas, conforme disposto no § 1º do artigo 1.876 do Código Civil, o que não fez. Desta forma, conclui-se que as circunstâncias dos autos não indicam, com o necessário grau de certeza, que aquele documento reflete a vontade do falecido. Sentença mantida. Recurso desprovido" (TJRJ, Apelação 0097013-93.2020.8.19.0001, Rio de Janeiro, 27.ª Câmara Cível, Rel. Des. Maria Luiza de Freitas Carvalho, *DORJ* 07.06.2021, p. 899).

Com o devido respeito, não estou filiado, *a priori*, aos julgados transcritos, pois penso que em tempos pandêmicos, e a depender das circunstâncias fáticas, a regra do art. 1.876, § 1.º, do Código Civil poderia ser mitigada, em prol da autonomia privada e da conservação do negócio jurídico testamentário.

Mais uma vez, não se olvide que a jurisprudência superior mitiga os requisitos formais do testamento particular sem, todavia, eliminar todos eles, o que reforça a minha última afirmação. Ilustrando, com três julgados, de tempos distintos da Corte:

"Civil. Processual civil. Procedimento de jurisdição voluntária de confirmação de testamento. Flexibilização das formalidades exigidas em testamento particular. Possibilidade. Critérios. Vícios menos graves, puramente formais e que não atingem a substância do ato de disposição. Leitura do testamento na presença de testemunhas em número inferior ao mínimo legal. Inexistência de vício grave apto a invalidar o testamento. Ausência, ademais, de dúvidas acerca da capacidade civil do testador ou de sua vontade de dispor. Flexibilização admissível. Divergência jurisprudencial. Ausência de cotejo analítico. (...). 3. A jurisprudência desta Corte se consolidou no sentido de que, para preservar a vontade do testador, são admissíveis determinadas flexibilizações nas formalidades legais exigidas para a validade do testamento particular, a depender da gravidade do vício de que padece o ato de disposição. Precedentes. 4. São suscetíveis de superação os vícios de menor gravidade, que podem ser denominados de puramente formais e que se relacionam essencialmente com aspectos externos do testamento particular, ao passo que vícios de maior gravidade, que podem ser chamados de formais-materiais porque transcendem a forma do ato e contaminam o seu próprio conteúdo, acarretam a invalidade do testamento lavrado sem a observância das formalidades que servem para conferir exatidão à vontade do testador. 5. Na hipótese, o vício que impediu a confirmação do testamento consiste apenas no fato de que a declaração de vontade da testadora não foi realizada na presença de três, mas, sim, de somente duas testemunhas, espécie de vício puramente formal incapaz de, por si só, invalidar o testamento, especialmente quando inexistentes dúvidas ou questionamentos relacionados à capacidade civil do testador, nem tampouco sobre a sua real vontade de dispor dos seus bens na forma constante no documento. (...)" (STJ, REsp 1.583.314/MG, 3.ª Turma, Rel. Min. Nancy Andrighi, j. 21.08.2018, *DJe* 23.08.2018).

"Civil e Processual Civil. Testamento particular. Assinado por quatro testemunhas e confirmado em audiência por três delas. Validade do ato. Interpretação consentânea com a doutrina e com o novo Código Civil, artigo 1.876, §§ 1.º e 2.º. Recurso especial conhecido e provido. 1. Testamento particular. Artigo 1.645, II do CPC. Interpretação: Ainda que seja imprescindível o cumprimento das formalidades legais a fim de preservar a segurança, a veracidade e legitimidade do ato praticado, deve se interpretar o texto legal com vistas à finalidade por ele colimada. Na hipótese vertente, o testamento particular foi digitado e assinado por quatro testemunhas, das quais três o confirmaram em audiência de instrução e julgamento. Não há, pois, motivo para tê-lo por inválido. 2. Interpretação consentânea com a doutrina e com o novo Código Civil, artigo 1.876, §§ 1.º e 2.º. A leitura dos preceitos insertos nos artigos 1.133 do CPC e 1.648 CC/1916 deve conduzir a uma exegese mais flexível do artigo 1.645 do CC/1916, confirmada inclusive, pelo novo Código Civil cujo artigo 1.876, §§ 1.º e 2.º, dispõe: 'o testamento, ato de disposição de última vontade, não pode ser invalidado sob alegativa de preterição de formalidade essencial, pois não pairam dúvidas que o documento foi firmado pela testadora de forma consciente e no uso pleno de sua capacidade mental'. Precedentes deste STJ. 3. Recurso especial conhecido e provido" (STJ, REsp 701.917/SP, 4.ª Turma, Rel. Min. Luis Felipe Salomão, j. 02.02.2010, *DJe* 1.º.03.2010).

"Recurso Especial. Testamento particular. Validade. Abrandamento do rigor formal. Reconhecimento pelas instâncias de origem da manifestação livre de vontade do testador e de sua capacidade mental. Reapreciação probatória. Inadmissibilidade. Súmula 7/STJ. I – A reapreciação das provas que nortearam o acórdão hostilizado é

# 1830 | MANUAL DE DIREITO CIVIL • VOLUME ÚNICO – *Flávio Tartuce*

vedada nesta Corte, à luz do enunciado 7 da Súmula do Superior Tribunal de Justiça. II – Não há falar em nulidade do ato de disposição de última vontade (testamento particular), apontando-se preterição de formalidade essencial (leitura do testamento perante as três testemunhas), quando as provas dos autos confirmam, de forma inequívoca, que o documento foi firmado pelo próprio testador, por livre e espontânea vontade, e por três testemunhas idôneas, não pairando qualquer dúvida quanto à capacidade mental do *de cujus*, no momento do ato. O rigor formal deve ceder ante a necessidade de se atender à finalidade do ato, regularmente praticado pelo testador. Recurso especial não conhecido, com ressalva quanto à terminologia" (STJ, REsp 828.616/MG, 3.ª Turma, Rel. Min. Castro Filho, j. 05.09.2006, *DJ* 23.10.2006, p. 313).

Em 2020, essa mitigação consolidou-se de tal forma no âmbito do Superior Tribunal de Justiça que a sua Segunda Seção passou a admitir a feitura de testamento particular com a assinatura digital do testador. Conforme parte da ementa do acórdão, "em se tratando de sucessão testamentária, o objetivo a ser alcançado é a preservação da manifestação de última vontade do falecido, devendo as formalidades previstas em lei serem examinadas à luz dessa diretriz máxima, sopesando-se, sempre casuisticamente, se a ausência de uma delas é suficiente para comprometer a validade do testamento em confronto com os demais elementos de prova produzidos, sob pena de ser frustrado o real desejo do testador. Conquanto a jurisprudência do Superior Tribunal de Justiça permita, sempre excepcionalmente, a relativização de apenas algumas das formalidades exigidas pelo Código Civil e somente em determinadas hipóteses, o critério segundo o qual se estipulam, previamente, quais vícios são sanáveis e quais vícios são insanáveis é nitidamente insuficiente, devendo a questão ser examinada sob diferente prisma, examinando-se se da ausência da formalidade exigida em lei efetivamente resulta alguma dúvida quanto à vontade do testador" (STJ, REsp 1.633.254/MG, 2.ª Seção, Rel. Min. Nancy Andrighi, j. 11.03.2020, *DJe* 18.03.2020).

Assim sendo, ainda conforme o julgado e analisando diretamente a questão, vejamos o seguinte trecho:

"Em uma sociedade que é comprovadamente menos formalista, na qual as pessoas não mais se individualizam por sua assinatura de próprio punho, mas, sim, pelos seus *tokens*, chaves, *logins* e senhas, ID's, certificações digitais, reconhecimentos faciais, digitais e oculares e, até mesmo, pelos seus hábitos profissionais, de consumo e de vida captados a partir da reiterada e diária coleta de seus dados pessoais, e na qual se admite a celebração de negócios jurídicos complexos e vultosos até mesmo por redes sociais ou por meros cliques, o papel e a caneta esferográfica perdem diariamente o seu valor e a sua relevância, devendo ser examinados em conjunto com os demais elementos que permitam aferir ser aquela a real vontade do contratante. A regra segundo a qual a assinatura de próprio punho é requisito de validade do testamento particular, pois, traz consigo a presunção de que aquela é a real vontade do testador, tratando-se, todavia, de uma presunção *juris tantum*, admitindo-se, ainda que excepcionalmente, a prova de que, se porventura ausente a assinatura nos moldes exigidos pela lei, ainda assim era aquela a real vontade do testador. Hipótese em que, a despeito da ausência de assinatura de próprio punho do testador e do testamento ter sido lavrado a rogo e apenas com a aposição de sua impressão digital, não havia dúvida acerca da manifestação de última vontade da testadora que, embora sofrendo com limitações físicas, não possuía nenhuma restrição cognitiva" (STJ, REsp 1.633.254/MG, 2.ª Seção, Rel. Min. Nancy Andrighi, j. 11.03.2020, *DJe* 18.03.2020).

Como não poderia ser diferente, estou filiado a essa forma de julgar, que prestigia a vontade material do autor do ato testamentário. Todavia, essa mitigação é afastada em

CAP. 9 · DIREITO DAS SUCESSÕES | **1831**

casos de maior gravidade, como na hipótese em que falta a própria assinatura do testador. Nos termos de aresto do mesmo STJ, publicado no seu *Informativo* n. *551*:

"Será inválido o testamento particular redigido de próprio punho quando não for assinado pelo testador. De fato, diante da falta de assinatura, não é possível concluir, de modo seguro, que o testamento escrito de próprio punho exprime a real vontade do testador. A propósito, a inafastabilidade da regra que estatui a assinatura do testador como requisito essencial do testamento particular (art. 1.645, I, do CC/1916 e art. 1.876, § 1.º, CC/2002) faz-se ainda mais evidente se considerada a inovação trazida pelos arts. 1.878 e 1.879 do CC/2002, que passaram a admitir a possibilidade excepcional de confirmação do testamento particular escrito de próprio punho nas hipóteses em que ausentes as testemunhas, desde que, frise-se, assinado pelo testador. Nota-se, nesse contexto, que a assinatura, além de requisito legal, é mais que mera formalidade, consistindo verdadeiro pressuposto de validade do ato, que não pode ser relativizado" (STJ, REsp 1.444.867/DF, Rel. Min. Ricardo Villas Bôas Cueva, j. 23.09.2014).

Repise-se, nesse contexto, a minha afirmação de que não é possível afastar todas as formalidades testamentárias, sob pena de se colocar em descrédito o nobre instituto.

Morto o testador, publicar-se-á em juízo o testamento particular, com citação dos herdeiros legítimos (art. 1.877 do CC). Lecionava o saudoso Zeno Veloso que, com tal publicação em juízo, tem início a fase de execução ou de eficácia do testamento hológrafo, presente uma confirmação judicial.[89]

No que diz respeito ao Projeto de Reforma do Código Civil, como não poderia ser diferente, almeja-se a redução de burocracias para o testamento particular, na mesma linha das proposições para as modalidades anteriores.

Assim, de início, projeta-se no art. 1.876 a possibilidade de o testamento particular ser escrito de próprio punho ou mediante processo mecânico, ou pode ser gravado em sistema digital de som e imagem. Mais uma vez, portanto, possibilita-se o *testamento por vídeo*, que já era pleiteado pela doutrina especializada há tempos. Nos termos do seu novo § 2.º, reduzindo-se as burocracias, e o seu número de testemunhas de três para duas, "se elaborado por processo mecânico, não pode conter rasuras ou espaços em branco, devendo ser assinado pelo testador, depois de o ter lido diante de pelo menos duas testemunhas, que o subscreverão". Eventualmente, consoante o § 3.º desse comando, se o testamento particular for realizado por sistema digital de som e imagem, deve haver nitidez e clareza na gravação das imagens e sons, bem como declarar a data da gravação, sendo esses os requisitos essenciais à sua validade, além da intervenção simultânea de duas testemunhas identificadas nas imagens.

Por fim, destaco a norma proposta em seu último e § 4.º, segundo a qual testamento particular deverá ser gravado em formato compatível com os programas computadorizados de leitura existentes na data da celebração do ato, contendo a declaração do testador de que no vídeo consta o seu testamento, bem como sua qualificação completa e a das testemunhas. Tudo isso para que possa efetivamente atestar a vontade do morto.

Ainda quanto ao instituto, no Projeto de Reforma sugere-se que o seu art. 1.878 também passe a mencionar o testamento por vídeo, da seguinte forma: "se as testemunhas forem contestes sobre o fato da disposição, e se reconhecerem as próprias assinaturas, ou

---

[89] VELOSO, Zeno. *Código Civil comentado*. 6. ed. Coord. Ricardo Fiuza e Regina Beatriz Tavares da Silva. São Paulo: Saraiva, 2008. p. 2.066-2.067.

quando, por programa de gravação, reconhecerem as suas imagens e falas, assim como as do testador, o testamento será confirmado". Se no caso concreto, nos termos do seu remodelado parágrafo único, faltarem as testemunhas, por morte ou ausência, o testamento poderá ser confirmado, se, a partir dos demais elementos de prova, não houver dúvida fundamentada sobre a autenticidade da assinatura, das imagens ou sobre a higidez das declarações manifestadas pelo testador. A aprovação das propostas é mais do que necessária, para a citada redução de burocracias.

No que diz respeito ao procedimento de confirmação do testamento particular, vejamos a confrontação entre as duas normas instrumentais, a anterior e a vigente a partir de março de 2016, sendo certo que o Projeto de Reforma do Código Civil traz proposta de *desjudicializar* as medidas, com a faculdade de o cumprimento ser feito perante o Tabelionato de Notas (novo art. 1.990-A do CC/2002).

De início, expressava o art. 1.130 do CPC/1973 que o herdeiro, o legatário ou o testamenteiro poderia requerer, depois da morte do testador, a publicação em juízo do testamento particular, inquirindo-se as testemunhas que lhe ouviram a leitura e, depois disso, o assinaram. A petição inicial seria instruída com a cédula do testamento particular, com o intuito dessa confirmação.

O CPC/2015 concentra essa regulamentação da publicação e confirmação do testamento particular no art. 737. Nos termos do seu *caput*, a publicação do testamento particular poderá ser requerida, depois da morte do testador, pelo herdeiro, pelo legatário ou pelo testamenteiro, bem como pelo terceiro detentor do testamento, se impossibilitado de entregá-lo a algum dos outros legitimados para requerê-la. Essa menção ao terceiro é uma inovação festejada pois, de fato, o portador do testamento pode ser alguém de confiança do autor da herança e que não seja beneficiado pelo ato.

Previa o art. 1.131 do CPC/1973, ainda, sobre o processo de confirmação judicial do testamento particular, que seriam intimados para a inquirição: *a)* aqueles a quem caberia a sucessão legítima; *b)* o testamenteiro, os herdeiros e os legatários que não tivessem requerido a publicação; *c)* o Ministério Público. Em todos os casos, as pessoas, que não fossem encontradas na Comarca, seriam intimadas por edital (parágrafo único do então art. 1.131).

Em sentido próximo, determina o § 1.º do art. 737 do CPC/2015 que serão intimados os herdeiros que não tiverem requerido a publicação do testamento, o que corresponde aos incisos I e II do dispositivo anterior. Todavia, não há mais alusão ao Ministério Público para essa inquirição inicial, mais uma vez porque o interesse, no caso, é privado. Todavia, como se verá a seguir, o Ministério Público continua sendo ouvido para a confirmação final da disposição de última vontade. Também se retirou a menção à intimação por edital das pessoas não encontradas da Comarca, procedimento que não é mais cabível.

Ademais, não se reproduziu o antigo art. 1.132 do CPC/1973, segundo o qual, se inquiridas as testemunhas, poderiam os interessados, no prazo comum de cinco dias, manifestar-se sobre o testamento. Mais uma vez, não cabe tal procedimento, em uma análise preliminar do Estatuto Processo emergente.

O art. 1.133 do CPC/1973 foi alterado substancialmente pelo art. 737, § 2.º, do CPC/2015. Consoante a regra anterior, "se pelo menos três testemunhas contestes reconhecerem que é autêntico o testamento, o juiz, ouvido o órgão do Ministério Público, o confirmará, observando-se quanto ao mais o disposto nos arts. 1.126 e 1.127". O art. 737, § 2.º, do CPC/2015 se resumiu a dizer que, verificando a presença dos requisitos da lei, ouvido o Ministério Público, o juiz confirmará o testamento.

De toda sorte, continua tendo aplicação o art. 1.878 do Código Civil, que traz um sentido muito próximo ao anterior art. 1.133 do anterior Código de Processo Civil. Conforme a norma material, "se as testemunhas forem contestes sobre o fato da disposição, ou, ao menos, sobre a sua leitura perante elas, e se reconhecerem as próprias assinaturas, assim como a do testador, o testamento será confirmado. Parágrafo único. Se faltarem testemunhas, por morte ou ausência, e se pelo menos uma delas o reconhecer, o testamento poderá ser confirmado, se, a critério do juiz, houver prova suficiente de sua veracidade".

Como se nota, não há menção ao MP na norma privada. Porém, a sua oitiva parece ser necessária, pela previsão do dispositivo instrumental. Na minha opinião, o CPC/2015 não deveria fazer tal referência, pois o interesse do testamento – ainda mais no caso de testamento particular – é puramente privado.

Ademais, fica em xeque a necessidade de procedimentos judiciais para se confirmar todas as formas de testamento. Se o vigente Estatuto Processual foi guiado pela *desjudicialização* em vários de seus artigos, não seria mais interessante estabelecer a abertura perante o Tabelionato de Notas? Entendo que sim, como é proposto pelo Projeto de Reforma do Código Civil.

Voltando-se ao Código Civil, em circunstâncias excepcionais declaradas na cédula testamentária, o testamento particular de próprio punho e assinado pelo testador, sem testemunhas, poderá ser confirmado, a critério do juiz (art. 1.879 do CC). Trata-se do chamado *testamento de emergência*, que constitui uma forma simplificada de testamento particular, conforme aponta Maria Helena Diniz, citando a jurista as seguintes hipóteses de sua viabilização jurídica: *a)* situação anormal: incêndio, sequestro, desastre, internação em UTI, revolução, calamidade pública; *b)* situação em que é impossível a intervenção de testemunhas para o ato.[90]

Como exemplo atual, cite-se o paciente que se encontrava na iminência de ser entubado, por ter contraído o coronavírus (Covid-19), e que queira fazer o *testamento de emergência ou hológrafo simplificado*. Pontue-se que tentamos a inclusão de regra a respeito dessa hipótese no então projeto de lei que deu origem à Lei 14.010/2020, que criou o regime emergencial em Direito Privado em tempos de pandemia, o que não foi aceito no âmbito do Congresso Nacional. Todavia, isso não obsta que tal situação se enquadre na figura em estudo.

Ainda sobre essa forma de testamento, na *VII Jornada de Direito Civil*, promovida pelo Conselho da Justiça Federal em setembro de 2015, aprovou-se a seguinte proposta: "o testamento hológrafo simplificado, previsto no art. 1.879 do Código Civil, perderá eficácia se, nos 90 dias subsequentes ao fim das circunstâncias excepcionais que autorizam a sua confecção, o disponente, podendo fazê-lo, não testar por uma das formas testamentárias ordinárias" (Enunciado n. 611).

O objetivo do enunciado aprovado é a aplicação das mesmas premissas previstas para as modalidades especiais de testamento para a categoria tratada no art. 1.879 do Código Civil, o que é correto tecnicamente. Conforme as suas justificativas, "o Código Civil permite que, em circunstâncias extraordinárias (que deverão ser declaradas na cédula), o disponente elabore testamento particular de próprio punho sem a presença de testemunhas. As formalidades são flexibilizadas em função da excepcionalidade da situação em que se encontra o testador, permitindo-se que este exerça sua manifestação de última vontade. Ocorre que, em se verificando o desaparecimento das mencionadas circunstâncias extraordinárias, não se justifica a subsistência do testamento elaborado com mitigação de solenidades. Destaque-se que esta é a regra aplicável para as formas especiais de testamento (marítimo, aeronáutico e militar), para as quais de modo geral se aplica um prazo de caducidade de 90 dias, contados a partir da data em que se faz possível testar pelas formas ordinárias. Por essa razão, conclui-se que, não havendo mais o contexto de excepcionalidade, o testamento hológrafo

---

[90] DINIZ, Maria Helena. *Código Civil anotado*. 15. ed. São Paulo: Saraiva, 2010. p. 1.324.

**1834** | MANUAL DE DIREITO CIVIL • VOLUME ÚNICO – *Flávio Tartuce*

simplificado perde sua razão de ser, devendo o testador se utilizar de uma das formas testamentárias revestidas das devidas e necessárias solenidades". Eis mais um enunciado aprovado na *VII Jornada de Direito Civil* que analisa muito bem o Direito das Sucessões.

No atual Projeto de Reforma do Código Civil pretende-se a inclusão do citado enunciado doutrinário no texto de lei, além da viabilidade do *testamento hológrafo simplificado digital ou por vídeo*. Nesse contexto, o seu art. 1.879 passará a prever que, "em circunstâncias excepcionais declaradas pelo testador, o testamento particular escrito e assinado de próprio punho ou em meio digital, ou gravado em qualquer programa ou dispositivo audiovisual pelo testador, sem testemunhas ou demais formalidades, poderá ser confirmado, se, a partir dos demais elementos de prova, não houver dúvida fundamentada sobre a autenticidade da assinatura, das imagens ou sobre a higidez das declarações manifestadas pelo testador". E, conforme o parágrafo único que é proposto pela Comissão de Juristas: "perde a eficácia o testamento particular excepcional, se o testador não morrer no prazo de noventa dias, contados da cessação das circunstâncias excepcionais declaradas na cédula ou no dispositivo eletrônico".

Mais uma vez, o objetivo é de se incluir na norma jurídica a posição doutrinária majoritária, resolvendo-se dilema verificado nos mais de vinte anos de vigência da codificação privada de 2002.

Encerrando o tratamento da matéria, o art. 1.880 do CC em vigor enuncia que o testamento particular pode ser escrito em língua estrangeira, contanto que as testemunhas a compreendam.

Para fechar o tópico, é preciso incluir na norma a possibilidade do testamento com o uso das tecnologias assistivas, em prol da proteção das pessoas com deficiência, fazendo que a norma passe a prever o seguinte: "Art. 1.880. O testamento particular pode ser escrito em língua estrangeira ou em Braille, contanto que as testemunhas o compreendam. Parágrafo único. O testamento particular em sistema digital de som e imagem poderá ser gravado em língua estrangeira ou em Língua Brasileira de Sinais (LIBRAS), compreensível das testemunhas".

Em prol da dignidade da pessoa humana, e do que está previsto no EPD e na Convenção de Nova Iorque, espera-se a aprovação da proposição, assim como as anteriores.

### 9.9.3 Das modalidades especiais de testamento

São modalidades de testamentos especiais (art. 1.886):

> I) O testamento marítimo.
> II) O testamento aeronáutico.
> III) O testamento militar.

Tal relação encerra rol taxativo (*numerus clausus*) e não exemplificativo (*numerus apertus*). Nesse sentido é claro o art. 1.887 do CC, pelo qual "não se admitem outros testamentos especiais além dos contemplados neste Código". Ademais, essas modalidades especiais de testamento estão submetidas às mesmas regras de publicação e confirmação do testamento particular (arts. 737, § 3.º, do CPC/2015 e 1.134 do CPC/1973).

Na verdade, tais formas especiais quase ou nenhuma aplicação prática têm, até porque encerram tipos bem específicos, de difícil concreção no mundo real, razão pela qual se sugere, no Projeto de Reforma do Código Civil, a sua retirada do sistema, revogando-se

CAP. 9 • DIREITO DAS SUCESSÕES | **1835**

expressamente os arts. 1.886 a 1.896. De todo modo, vejamos o estudo das suas regras ainda vigentes, de forma pontual.

### 9.9.3.1 Do testamento marítimo e do testamento aeronáutico

Ao tratar do *testamento marítimo*, preconiza o art. 1.888 do CC/2002 que aquele que estiver em viagem, a bordo de navio nacional, de guerra ou mercante, pode testar perante o comandante, em presença de duas testemunhas, por forma que corresponda ao testamento público ou ao cerrado. O registro do testamento será feito no diário de bordo.

Por outra via, o *testamento aeronáutico* consta do art. 1.889 do CC, pelo qual quem estiver em viagem, a bordo de aeronave militar ou comercial, pode testar perante pessoa designada pelo comandante, nos termos do artigo anterior, ou seja, perante duas testemunhas e por forma que corresponda ao testamento público ou cerrado. Do mesmo modo, o testamento aeronáutico deve ser registrado no diário de bordo.

Tanto o testamento marítimo quanto o aeronáutico ficarão sob a guarda do comandante, que o entregará às autoridades administrativas do primeiro porto ou aeroporto nacional, contra recibo averbado no diário de bordo (art. 1.890 do CC).

Caducará o testamento marítimo, ou aeronáutico, se o testador não morrer na viagem, nem nos 90 dias subsequentes ao seu desembarque em terra, onde possa fazer, na forma ordinária, outro testamento (art. 1.891 do CC).

Sobre a última norma, como bem apontava Zeno Veloso, as modalidades ordinárias de testamento não estão sujeitas à prescrição ou à decadência, ao contrário das modalidades especiais. Assim, leciona que os testamentos especiais podem perder a eficácia (caducam pela decadência) se o testador não morrer na circunstância que o justificou ou se decorrer certo tempo, quando supostamente poderia ser elaborado testamento pela modalidade ordinária.[91] Pela última justificativa é que o art. 1.892 do CC enuncia que não valerá o testamento marítimo, ainda que feito no curso de uma viagem, se, ao tempo em que se fez, o navio estava em porto onde o testador pudesse desembarcar e testar na forma ordinária.

### 9.9.3.2 Do testamento militar

O art. 1.893 do CC/2002 admite testamento feito por militares e demais pessoas a serviço das Forças Armadas em campanha, dentro do País ou fora dele, assim como em praça sitiada, ou que esteja de comunicações interrompidas. Tal *testamento militar* poderá ser feito, não havendo tabelião ou seu substituto legal, ante duas testemunhas. Se o testador não puder ou não souber assinar, o número de testemunhas aumenta para três, hipótese em que assinará pelo testador uma das testemunhas.

Nem se precisa dizer que tal forma não tem nenhuma aplicação concreta, pois são bem conhecidas nossas tradições militares para a guerra. Por isso, reitere-se, o Projeto de Reforma do Código Civil pretende retirar do sistema civil essa forma de testamento especial, assim como as demais, revogando-se expressamente todas as normas que tratam do tema.

De todo modo, consoante a norma em vigor, se o testador pertencer a corpo ou seção de corpo destacado, o testamento será escrito pelo respectivo comandante, ainda que de graduação ou posto inferior (art. 1.893, § 1.º, do CC). Se o testador estiver em tratamento em hospital, o testamento será escrito pelo respectivo oficial de saúde, ou pelo diretor do

---

[91] VELOSO, Zeno. *Código Civil comentado*. 6. ed. Coord. Ricardo Fiuza e Regina Beatriz Tavares da Silva. São Paulo: Saraiva, 2008. p. 2.077.

# 1836 | MANUAL DE DIREITO CIVIL • VOLUME ÚNICO – *Flávio Tartuce*

estabelecimento (art. 1.893, § 2.º, do CC). Se o testador for o oficial mais graduado, o testamento será escrito por aquele que o substituir (art. 1.893, § 3.º, do CC).

Se o testador souber escrever, poderá fazer o testamento de seu punho, contanto que o date e assine por extenso, e o apresente aberto ou cerrado, na presença de *duas testemunhas* ao auditor, ou ao oficial de patente, que lhe faça as vezes neste mister (art. 1.894, *caput*, do CC). O auditor, ou o oficial a quem o testamento se apresente, notará, em qualquer parte dele, lugar, dia, mês e ano, em que lhe for apresentado, nota esta que será assinada por ele e pelas testemunhas (art. 1.894, parágrafo único, do CC).

Assim como ocorre com as outras modalidades especiais, caduca o testamento militar, desde que, depois dele, o testador esteja, 90 dias seguidos, em lugar onde possa testar na forma ordinária. Isso, salvo se esse testamento apresentar as solenidades prescritas no parágrafo único do artigo antecedente (art. 1.895 do CC).

Os militares, estando empenhadas em combate, ou feridas, podem testar oralmente, confiando a sua última vontade a duas testemunhas (art. 1.896, *caput*, do CC). Trata-se do *testamento militar nuncupativo*, feito a viva voz. Não terá efeito tal modalidade de testamento se o testador não morrer na guerra ou convalescer do ferimento (art. 1.896, parágrafo único, do CC).

## 9.9.4 Do codicilo

O codicilo ou *pequeno escrito* constitui uma disposição testamentária de pequena monta ou extensão. Conforme constava de obra escrita em coautoria com José Fernando Simão, trata-se de ato de última vontade simplificado, para o qual a lei não exige tanta solenidade em razão de ser o seu objeto considerado de menor importância para o falecido e para os herdeiros.[92]

Dispõe o art. 1.881 do CC que toda pessoa capaz de testar poderá, mediante escrito particular seu, datado e assinado, fazer disposições especiais sobre o seu enterro, sobre esmolas de pouca monta a certas e determinadas pessoas, ou, indeterminadamente, aos pobres de certo lugar, assim como legar móveis, roupas ou joias, de pouco valor, de seu uso pessoal. Além desse conteúdo, é possível nomear ou substituir testamenteiros por meio de codicilo, conforme consta do art. 1.883 do CC. É possível ainda fazer disposição sobre sufrágios da alma, como para celebração de uma missa ou culto em nome do falecido (art. 1.998). Por fim, por meio de codicilo, é viável fazer o perdão do herdeiro indigno (art. 1.818 do CC).

O atual Projeto de Reforma do Código Civil, elaborado pela Comissão de Juristas nomeada no Senado Federal, visa a incluir no sistema legal brasileiro o *codicilo digital* e *por vídeo*, na linha da necessária redução de burocracias proposta na sua elaboração. Nesse contexto, o art. 1.881 da Lei Privada passará a prever que "toda pessoa capaz de testar poderá, mediante escrito particular seu, datado e assinado, em formato físico ou digital, ou ainda mediante gravação em programa audiovisual, fazer disposições especiais sobre o seu enterro, sobre esmolas de pouca monta a certas e determinadas pessoas, ou, indeterminadamente, aos pobres de certo lugar, assim como legar móveis, roupas ou joias, de pouco valor, de seu uso pessoal". Em prol da segurança jurídica, pretende-se incluir na norma um § 1.º, prevendo-se que deve ser considerada como de pouca monta ou de pouco valor a disposição que não exceder a 10% (dez por cento) do monte-mor partilhável. Voltarei ao tema mais à frente.

---

[92] TARTUCE, Flávio; SIMÃO, José Fernando. *Direito Civil*. Direito das Sucessões. 3. ed. São Paulo: Método, 2010. v. 6, p. 321.

CAP. 9 • DIREITO DAS SUCESSÕES | **1837**

Por fim, o comando receberá um necessário § 2.º, prevendo que, em se tratando de bens digitais, tais como vídeos, fotos, livros, senhas de redes sociais, e outros elementos armazenados exclusivamente na rede mundial de computadores, em nuvem, o codicilo em vídeo dispensa a assinatura para sua validade. Assim, e como não poderia ser diferente, por tudo o que está sendo proposto pela Comissão de Juristas, os bens digitais ou o patrimônio digital poderão ser objeto de codicilo.

Voltando-se ao sistema vigente, deve ficar claro que a análise do que sejam bens de pequeno valor no conteúdo codicilar deve ser feita caso a caso, de acordo com o montante dos bens do espólio. Em suma, os critérios não são absolutos, mas relativos. Nesse sentido, da jurisprudência mineira mais remota:

> "Codicilo. 'Donativo de pequeno valor'. Relatividade. Na falta de um critério legal para se aferir o 'pequeno valor' da doação, será este considerado em relação ao montante dos bens do espólio, além de dever-se respeitar a última vontade do doador, máxime não havendo herdeiro necessário" (TJMG, Apelação Cível 1.0000.00.160919-7/000, 1.ª Câmara Cível, Belo Horizonte, Rel. Des. Orlando Adão Carvalho, j. 14.12.1999, *DJMG* 17.12.1999).

Em prol da segurança jurídica, como visto, no Projeto de Reforma do Código Civil pretende-se incluir no seu art. 1.881 um § 1.º, prevendo-se que deve ser considerada como de pouca monta ou de pouco valor a disposição que não exceder a 10% (dez por cento) do monte-mor partilhável. Com isso, mais um dilema verificado nos mais de vinte anos de vigência do Código Civil será resolvido, o que se espera seja aprovado pelo Parlamento Brasileiro.

Os atos descritos, salvo direito de terceiro, valerão como codicilos, deixe ou não testamento o autor (art. 1.882 do CC). Assim, é perfeitamente possível a coexistência de um testamento e um codicilo, desde que os seus objetos não coincidam. Dessa forma concluindo:

> "Direito das sucessões. Testamento público e codicilo simultâneos. Possibilidade. Não inquina de nulidade o codicilo a superveniência de testamento, mormente se este dispõe sobre bens diversos daquele, que, por sua vez, limitou-se a dispor acerca de joias e dólares. Deram provimento. Unânime" (TJRS, Agravo de Instrumento 70008859803, 7.ª Câmara Cível, Porto Alegre, Rel. Des. Luiz Felipe Brasil Santos, j. 30.06.2004).

No codicilo a vontade do testador deve estar clara, sendo certo que meras anotações esparsas feitas em vida pelo falecido podem não gerar a interpretação que se deseja. Nesse sentido, serve para elucidar o seguinte julgado do Tribunal Paulista:

> "Codicilo. Escritos esparsos do *de cujus*, sem especificação de que seus bens passassem para a autora, não equivalem a codicilo. Neste, teria que ficar nítida, como no caso do veículo, a vontade de que certos e determinados bens de pequeno valor, seriam da autora, após seu óbito. Recurso não provido" (TJSP, Apelação Cível 253.609-4, 3.ª Câmara de Direito Privado, São Bernardo do Campo, Rel. Des. Alfredo Migliore, j. 26.11.2002).

Os atos praticados por meio de codicilo revogam-se por atos iguais, e consideram-se revogados, se, havendo testamento posterior, de qualquer natureza, este não confirmá-los ou modificá-los (art. 1.884 do CC). Em suma, a *revogabilidade essencial* do mesmo modo atinge o codicilo, pela sua natureza de *testamento menor*.

# 1838 | MANUAL DE DIREITO CIVIL • VOLUME ÚNICO – *Flávio Tartuce*

Determina o art. 1.885 do CC que se o codicilo estiver fechado, será aberto do mesmo modo que o testamento cerrado, inclusive quanto aos requisitos de abertura judicial, antes estudados.

Por derradeiro, a confirmação do codicilo deve ser efetuada pelo mesmo modo que ocorre com o testamento particular. É o que preceitua o art. 737, § 3.º, do CPC/2015, na linha do que constava do art. 1.134 do CPC/1973. Mais uma vez fica a crítica, pois tal confirmação poderia ser feita extrajudicialmente, até porque o codicilo é ato de menor complexidade. Todavia, o CPC de 2015 perdeu novamente a chance de trazer tal inovação.

## 9.9.5  Das disposições testamentárias

Como visto, o testamento constitui um negócio jurídico diferenciado, com regras específicas em livro próprio da codificação privada. Sendo assim, o testamento possui preceitos próprios a respeito do seu conteúdo e da sua interpretação no CC/2002. Vejamos tais regras, de forma destacada:

> *1.ª Regra* – A nomeação de herdeiro (a título universal) ou legatário (a título singular) pode fazer-se pura e simplesmente, sob condição, para certo fim ou modo, ou por certo motivo (art. 1.897 do CC). Dessa forma, o ato pode ser *puro* ou *simples*, sem qualquer elemento acidental. Pode ser *condicional*, com eficácia dependente de evento futuro e incerto. Pode ainda estar relacionado a modo ou encargo, que é um ônus introduzido no ato de liberalidade. Há ainda a possibilidade de relacionar o testamento a determinado motivo, que constitui uma razão de feição subjetiva (exemplo: "faço o testamento a favor de meu filho João por ser ele mais trabalhador do que os meus outros filhos"). Em relação à possibilidade de se inserir um termo (evento futuro e certo) no testamento, a proibição é clara no art. 1.898, pelo qual a designação do tempo em que deva começar ou cessar o direito do herdeiro, salvo nas disposições fideicomissárias, ter-se-á por não escrita. Em suma, nota-se que o termo é considerado ineficaz quando inserido no testamento.
>
> *2.ª Regra* – Como importante norte interpretativo, enuncia o art. 1.899 do CC que quando a cláusula testamentária for suscetível de interpretações diferentes, prevalecerá a que melhor assegure a observância da vontade do testador. A menção à vontade do testador guia a prevalência do aspecto subjetivista, como bem aponta Zeno Veloso, na esteira do que consta do art. 112 do CC ("Nas declarações de vontade se atenderá mais à intenção nelas consubstanciadas do que ao sentido literal da linguagem").[93] Trazendo aplicação da norma, exemplifica-se com decisão do Tribunal Mineiro: "Testamento. Quinhão. Vontade do testador. Na interpretação de cláusula testamentária, deve-se buscar a vontade do testador, a teor do art. 1.899, do NCC. Se o testador quis conferir ao legatário determinada parte de um imóvel rural, onde fica a sede da Fazenda, não importa tal benesse em lhe contemplar com todo o imóvel, ou com maior quinhão que os demais herdeiros" (TJMG, Agravo 1.0123.02.002867-6/001, 7.ª Câmara Cível, Capelinha, Rel. Des. Edivaldo George dos Santos, j. 17.02.2004, *DJMG* 1.º.04.2004).
>
> *3.ª Regra* – Norma proibitiva relevante é o art. 1.900 do CC que consagra a nulidade absoluta de determinadas disposições. De início, prevê que é nula a disposição que institua herdeiro ou legatário sob a *condição captatória* de que este disponha,

---

[93] VELOSO, Zeno. *Código Civil comentado*. 6. ed. Coord. Ricardo Fiuza e Regina Beatriz Tavares da Silva. São Paulo: Saraiva, 2008. p. 2.089.

CAP. 9 • DIREITO DAS SUCESSÕES | **1839**

também por testamento, em benefício do testador, ou de terceiro (art. 1.900, inc. I). Como consta de outra obra, escrita com José Fernando Simão e com citação de Clóvis Beviláqua, *condição captatória* é aquela em que a vontade do morto não é externada de forma livre, quer seja porque houve dolo quer porque houve pacto sucessório proibido pelo art. 426 do CC.[94] Também é nula a disposição testamentária que se refira a pessoa incerta, cuja identidade não se possa averiguar (art. 1.900, inc. II). É nula ainda a disposição testamentária que favoreça a pessoa incerta, atribuindo a determinação de sua identidade a terceiro (art. 1.900, inc. III). Ora, nos dois casos a proibição tem sua razão de ser, pois o beneficiado pela herança testada deve ser pessoa determinada ou determinável, não se admitindo a *absoluta indeterminação subjetiva*. Do mesmo modo, é nula a disposição que deixe a arbítrio do herdeiro, ou de outrem, fixar o valor do legado, atribuição que cabe ao testador (art. 1.900, inc. IV). Por fim, conforme o último inciso do dispositivo, é nula a disposição testamentária que favoreça as pessoas a que se referem os arts. 1.801 e 1.802 (a pessoa que, a rogo, escreveu o testamento, o seu cônjuge ou companheiro, ou os seus descendentes e irmãos; as testemunhas do testamento; o concubino do testador casado, salvo se este, sem culpa sua, estiver separado de fato do cônjuge há mais de cinco anos; o tabelião, civil ou militar, ou o comandante ou escrivão perante quem se fizer o testamento, assim como o que fizer ou aprovar o testamento; pessoas não legitimadas a suceder, ainda quando simuladas sob a forma de contrato oneroso, ou feitas mediante interposta pessoa). Na última previsão (art. 1.900, inc. V, do CC), visa-se a manter a idoneidade e a moralidade testamentária.

*4.ª Regra* – O art. 1.901 do CC é norma permissiva a respeito de disposições testamentárias. De início, é válida a disposição em favor de pessoa incerta que deva ser determinada por terceiro, dentre duas ou mais pessoas mencionadas pelo testador, ou pertencentes a uma família, ou a um corpo coletivo, ou a um estabelecimento por ele designado. Como se vê, é possível que o beneficiado pelo testamento seja determinável, desde que haja uma especificação inicial mínima. O que não se admite, como se viu, é a indeterminação subjetiva absoluta. Ato contínuo, é válida a disposição testamentária em remuneração de serviços prestados ao testador, por ocasião da moléstia de que faleceu, ainda que fique ao arbítrio do herdeiro ou de outrem determinar o valor do legado.

*5.ª Regra* – A disposição geral em favor dos pobres, dos estabelecimentos particulares de caridade, ou dos de assistência pública, entender-se-á relativa aos pobres do lugar do domicílio do testador ao tempo de sua morte, ou dos estabelecimentos ali situados. Isso, salvo se manifestamente constar do testamento que o testador que tinha em mente beneficiar entidades de outra localidade (art. 1.902, *caput*, do CC). Para os fins de tais disposições, as instituições particulares preferirão sempre às públicas (art. 1.902, parágrafo único, do CC).

*6.ª Regra* – Nos termos do art. 1.903 do CC, o erro na designação da pessoa do herdeiro, do legatário, ou da coisa legada anula a disposição, como ocorre com as demais modalidades de erro ou engano (art. 171, II, do CC). Isso, salvo se, pelo contexto do testamento, por outros documentos, ou por fatos inequívocos, se puder identificar a pessoa ou coisa a que o testador queria referir-se. A última exceção, que trata de *erro acidental*, segue a linha do que consta do art. 142 do CC, pelo qual "o erro de indicação da pessoa ou da coisa, a que se referir a declaração de vontade, não viciará o negócio quando, por seu contexto e pelas circunstâncias, se puder identificar a coisa ou a pessoa cogitada". Ilustrando, imagine-se que consta

---

[94] TARTUCE, Flávio; SIMÃO, José Fernando. *Direito Civil*. Direito das Sucessões. 3. ed. São Paulo: Método, 2010. v. 6, p. 332.

do testamento a seguinte cláusula: "deixo os meus carros para o meu motorista". Obviamente, os bens devem ser transmitidos ao motorista do falecido e não ao seu caseiro. Pelas circunstâncias é perfeitamente possível identificar quem é um e quem é o outro, não sendo justificável qualquer engano entre os dois.

*7.ª Regra* – Se o testamento nomear dois ou mais herdeiros, sem discriminar a parte de cada um, partilhar-se-á por igual, entre todos, a porção disponível do testador (art. 1.904 do CC). Em suma, aplica-se a máxima *concursu partes fiunt*, presumindo-se de forma relativa a divisão igualitária entre os herdeiros.

*8.ª Regra* – Se o testador nomear certos herdeiros individualmente e outros coletivamente, a herança será dividida em tantas quotas quantos forem os indivíduos e os grupos designados (art. 1.905 do CC). Vale transcrever as lições de Zeno Veloso, inclusive o seu exemplo: "A instituição é mista: certos herdeiros são nomeados individualmente; Lygia, Odette; e outros são nomeados coletivamente: os filhos de Elias. Para cumprir o disposto neste artigo, a herança no exemplo dado, é dividida em três partes iguais: uma para Lygia, outra para Odette, e a terceira parte para os filhos de Elias, herdando estes por estirpe".[95]

*9.ª Regra* – Se forem determinadas as quotas de cada herdeiro, e se tais quotas não absorverem toda a herança, o remanescente pertencerá aos herdeiros legítimos, segundo a ordem da vocação hereditária (art. 1.906 do CC). Ilustrando, se o autor da herança testar duas casas para um herdeiro e duas casas para outro, restando ainda três casas, as últimas seguirão à sucessão legítima, que tem caráter subsidiário.

*10.ª Regra* – Se forem determinados os quinhões de alguns herdeiros, mas não os de outros, o que restar da herança será distribuído por igual aos últimos, depois de completas as porções hereditárias dos primeiros (art. 1.907 do CC). Exemplo: o autor da herança deixa dois imóveis para um filho, três imóveis para outro. O testamento é feito também a favor de um terceiro filho, mas não se determina quais são os seus bens. Se ainda restarem duas casas, essas serão do terceiro filho, depois de asseguradas as quotas dos dois primeiros.

*11.ª Regra* – Dispondo o testador que não caiba ao herdeiro instituído certo e determinado objeto, dentre os da herança, tocará ele aos herdeiros legítimos (art. 1.908 do CC). Para exemplificar, o autor da herança institui cláusula negativa: "Meu filho Enzo ficará com os meus direitos autorais. Porém, meu imóvel localizado em Passos, Minas Gerais, não será transmitido ao meu filho Enzo". Então, o último bem deve ser partilhado entre os demais herdeiros do autor da herança.

*12.ª Regra* – Preceito específico a respeito do testamento, enuncia o art. 1.909 do CC que são anuláveis as disposições testamentárias inquinadas de erro, dolo ou coação. O prazo decadencial para a ação de anulação é de quatro anos, a contar de quando o interessado tiver conhecimento do vício (parágrafo único). Porém, no Projeto de Reforma do Código Civil, elaborado pela Comissão de Juristas, como visto, sugere-se a revogação desse comando, passando o art. 1.859 a concentrar o prazo de cinco anos para todas as hipóteses de invalidade do testamento, a incluir a nulidade absoluta ou relativa, o que me parece a melhor solução neste momento.

*13.ª Regra* – A ineficácia de uma disposição testamentária importa a das outras que, sem aquela, não teriam sido determinadas pelo testador (art. 1.910 do CC). Desse modo, se o conteúdo de uma cláusula tiver o condão de prejudicar outras, a ineficácia de uma cláusula contamina a outra. Trata-se de exceção à máxima pela qual a parte inútil do negócio, em regra, não prejudica a parte

---

[95] VELOSO, Zeno. *Código Civil comentado*. 6. ed. Coord. Ricardo Fiuza e Regina Beatriz Tavares da Silva. São Paulo: Saraiva, 2008. p. 2.094.

> útil (*utile per inutile non vitiatur*), retirada do art. 184 do CC, com relação direta
> com o *princípio da conservação dos negócios jurídicos*.

Pois bem, analisadas as régras fundamentais a respeito do conteúdo e da interpretação do testamento, cumpre estudar as cláusulas de inalienabilidade, de incomunicabilidade e de impenhorabilidade, tema importante para o Direito Privado.[96] Vejamos o conteúdo de cada uma dessas cláusulas:

- Cláusula de inalienabilidade – veda a alienação do bem clausulado, seja por venda, doação, dação em pagamento, transação, hipoteca, penhor, entre outros.
- Cláusula de incomunicabilidade – afasta a comunicação do bem, em qualquer regime adotado, mesmo na comunhão universal (art. 1.668, inc. I, do CC). Advirta-se que a cláusula de incomunicabilidade somente impede que a pessoa receba o bem em vida. Sendo assim, conforme pontuou corretamente recente aresto do STJ, "a cláusula de incomunicabilidade imposta a um bem não se relaciona com a vocação hereditária. Assim, se o indivíduo recebeu por doação ou testamento bem imóvel com a referida cláusula, sua morte não impede que seu herdeiro receba o mesmo bem" (STJ, REsp 1.552.553/RJ, 4.ª Turma Rel. Min. Maria Isabel Gallotti, j. 24.11.2015, *DJe* 11.02.2016).
- Cláusula de impenhorabilidade – impede que o bem seja penhorado, constrito para garantia de uma execução. De todo modo, a cláusula de impenhorabilidade não é óbice para que ocorra a alienação do bem, ou que ele seja dado em garantia. Consoante ementa doutrinária aprovada *na I Jornada de Direito Notarial e Registral*, em agosto de 2022, "a cláusula de impenhorabilidade, imposta em doação ou testamento, não obsta a alienação do bem imóvel, nem a outorga de garantia real convencional ou o oferecimento voluntário à penhora, pelo beneficiário" (Enunciado n. 27).

Tais cláusulas podem ser temporárias ou vitalícias. No último caso, entende-se que a morte do beneficiado extingue a eficácia da cláusula (nesse sentido: "Testamento. Inalienabilidade. Com a morte do herdeiro necessário (art. 1.721 do CC), que recebeu bens clausulados em testamento, os bens passam aos herdeiros deste, livres e desembaraçados. Art. 1.723 do Código Civil" (STJ, REsp 80.480/SP, 4.ª Turma, Rel. Min. Ruy Rosado de Aguiar, j. 13.05.1996, *DJ* 24.06.1996, p. 22.769). Ou, ainda, sucessivamente, da mesma Corte Superior: "a cláusula de inalienabilidade vitalícia tem vigência enquanto viver o beneficiário, passando livres e desembaraçados aos seus herdeiros os bens objeto da restrição" (STJ, REsp 1.101.702/RS, 3.ª Turma, Rel. Min. Nancy Andrighi, j. 22.09.2009, *DJe* 09.10.2009). No ano de 2016, a premissa foi confirmada pelo mesmo Tribunal da Cidadania. Conforme aresto publicado no seu *Informativo* n. 576, que merece destaque:

"A cláusula de incomunicabilidade imposta a um bem transferido por doação ou testamento só produz efeitos enquanto viver o beneficiário, sendo que, após a morte deste, o cônjuge sobrevivente poderá se habilitar como herdeiro do referido bem, observada a ordem de vocação hereditária. Isso porque a cláusula de incomunicabilidade imposta a um bem não se relaciona com a vocação hereditária. Assim, se o indivíduo recebeu por doação ou testamento bem imóvel com a referida cláusula,

---

[96] Sobre todo o assunto: MALUF, Carlos Alberto Dabus. *Cláusulas de inalienabilidade, incomunicabilidade e impenhorabilidade*. 4. ed. São Paulo: RT, 2006.

sua morte não impede que seu herdeiro receba o mesmo bem. São dois institutos distintos: cláusula de incomunicabilidade e vocação hereditária. Diferenciam-se, ainda: meação e herança". E completa: "a linha exegética segundo a qual a incomunicabilidade de bens inerente ao regime de bens do matrimônio teria o efeito de alterar a ordem de vocação hereditária prevista no CC/2002 não encontra apoio na jurisprudência atualmente consolidada na Segunda Seção (REsp 1.472.945/RJ, Terceira Turma, *DJe* 19/11/2014; REsp 1.382.170/SP, Segunda Seção, *DJe* 26/5/2015; AgRg nos EREsp 1.472.945/RJ, Segunda Seção, *DJe* 29/6/2015)" (STJ, REsp 1.552.553/RJ, Rel. Min. Maria Isabel Gallotti, j. 24.11.2015, *DJe* 11.02.2016).

Por fim, a merecer destaque, do ano de 2019 e no mesmo sentido: "conforme a doutrina e a jurisprudência do STJ, a cláusula de inalienabilidade vitalícia tem duração limitada à vida do beneficiário – herdeiro, legatário ou donatário –, não se admitindo o gravame perpétuo, transmitido sucessivamente por direito hereditário" (STJ, REsp 1.641.549/RJ, 4.ª Turma, Rel. Min. Antonio Carlos Ferreira, j. 13.08.2019, *DJe* 20.08.2019).

Dispositivo fundamental para as três cláusulas restritivas é o art. 1.848 do CC/2002, comando que merece redação destacada:

> "Art. 1.848. Salvo se houver justa causa, declarada no testamento, não pode o testador estabelecer cláusula de inalienabilidade, impenhorabilidade, e de incomunicabilidade, sobre os bens da legítima.
>
> § 1.º Não é permitido ao testador estabelecer a conversão dos bens da legítima em outros de espécie diversa.
>
> § 2.º Mediante autorização judicial e havendo justa causa, podem ser alienados os bens gravados, convertendo-se o produto em outros bens, que ficarão sub-rogados nos ônus dos primeiros".

De início, percebe-se que as referidas cláusulas devem ser justificadas quando inseridas sobre a legítima, quota dos herdeiros necessários. Fica em xeque a eficiência de tal exigência. Ora, imagine-se que um pai quer apostar as referidas cláusulas no testamento a um filho, pois duvida da idoneidade de sua nora, casada com ele pelo regime da comunhão universal. Como justificar sua intenção? Destaque-se, mais uma vez, o apontamento de Zeno Veloso: "Mas não é só isso! O Código exige que a causa seja 'justa', e a questão vai ser posta quando o estipulante já morreu, abrindo-se uma discussão interminável, exigindo uma prova diabólica, dado o subjetivismo do problema".[97]

Na prática, muitas vezes os julgados afastam a incidência das cláusulas justamente por entender que não há a citada justa causa (cite-se: TJSP, Agravo de Instrumento 991.09.097732-8, Acórdão 4233664, 21.ª Câmara de Direito Privado, São Paulo, Rel. Des. Silveira Paulilo, j. 02.12.2009, *DJESP* 12.01.2010). No Projeto de Reforma do Código Civil, elaborado pela Comissão de Juristas, sugere-se a retirada da justa causa nas três modalidades. Assim, o *caput* do art. 1.848 passará a prever que "pode o testador estabelecer cláusula de inalienabilidade, impenhorabilidade e de incomunicabilidade, sobre os bens da legítima". Essa me parece ser, sem dúvidas, a melhor proposição para o tema.

Discussão interessante reside em saber se o art. 1.848 do CC, particularmente no tocante à exigência da *justa causa*, também se aplica à doação com as referidas cláusulas. Muitos julgados respondem positivamente, caso dos seguintes, do Tribunal Paulista:

---

[97] VELOSO, Zeno. *Código Civil comentado*. 6. ed. Coord. Ricardo Fiuza e Regina Beatriz Tavares da Silva. São Paulo: Saraiva, 2008. p. 2.034.

"Arrolamento. Doação. Imposição de cláusula de impenhorabilidade. Retificação da doação, a fim de constar a justa causa da restrição a ser imposta. Necessidade. Não aceitação de cláusula genérica de justificação. Aplicação do art. 1.848 do Código Civil. Decisão mantida. Recurso desprovido" (TJSP, Agravo de Instrumento 990.10.001924-4, Acórdão 528084, 5.ª Câmara de Direito Privado, Limeira, Rel. Des. Silvério Ribeiro, j. 02.06.2010, *DJESP* 25.06.2010).

"Doação. Cancelamento do gravame de inalienabilidade do imóvel. Art. 1.676, do Código Civil de 1916 que deve ser interpretado com temperamento. Doação que se tornou demasiado onerosa. Art. 1.848, *caput*, do Código Civil de 2002 que exige justa causa para previsão dessa cláusula. Aplicabilidade na hipótese. Inteligência do art. 2.042, do novo Código Civil. Restrição insubsistente. Recurso desprovido" (TJSP, Apelação com Revisão 613.184.4/8, Acórdão 3499722, 1.ª Câmara de Direito Privado, Presidente Venceslau, Rel. Des. Luiz Antonio de Godoy, j. 03.03.2009, *DJESP* 08.05.2009).

Com o devido respeito, penso de forma contrária. Isso porque o art. 1.848 do CC é norma restritiva da autonomia privada e, como tal, não admite interpretação extensiva ou analogia para outras hipóteses ou tipos. Em suma, o seu campo de incidência é apenas o testamento e não a doação.

Em complemento, como sustenta Marcelo Truzzi Otero, a exigência de justa causa para a doação pode gerar disputas familiares infindáveis: "partindo dessa premissa, a exigência de justa causa para as doações, mesmo aquelas feitas em antecipação da legítima, afronta ao princípio da proteção da família, posto, não raro, representar um relevante fator de desarmonia e desunião familiar".[98] De fato, se a Constituição Federal de 1988 protege especialmente a família, em seu art. 226, não se podem incentivar as práticas jurídicas que motivam ou intensificam os conflitos familiares. Vale dizer que o Colégio Notarial do Brasil aprovou enunciado em seu *XIX Congresso Brasileiro*, realizado em 2014, prescrevendo que, "nas escrituras públicas de doação, não é necessário justificar a imposição de cláusulas restritivas sobre a legítima. A necessidade de indicação de justa causa (CC, art. 1.848) limita-se ao testamento, não se estendendo às doações".

Observo que no Projeto de Reforma do Código Civil, elaborado pela Comissão de Juristas nomeada no Senado Federal, faltou tratar do tema, o que ainda poderá ser feito no âmbito do Congresso Nacional, para que se resolva mais essa polêmica verificada nos mais de vinte anos de vigência da codificação privada de 2002.

Sobre a vigente proibição da conversão de bens, prevista no § 1.º do art. 1.848, José Fernando Simão traz exemplo interessante, a fim de explicar o conteúdo da norma: "a conversão significa que o testador determina em seu ato de última vontade a venda de bens deixados que devem ser trocados por outros. Exemplo disso se verificaria se fosse determinado à herdeira que, após a morte do testador, a venda da fazenda para a aquisição de títulos da dívida pública".[99]

Observo que no Projeto de Reforma do Código Civil pretende-se incluir uma exceção na norma em vigor, admitindo que a conversão seja feita em dinheiro, e passando o § 2.º do art. 1.848 a prever que "não é permitido ao testador estabelecer a conversão dos bens da legítima em outros de espécie diversa, salvo se a conversão for determinada em dinheiro". Penso que a solução é equilibrada, chegando a um bom termo para a temática.

---

[98] OTERO, Marcelo Truzzi. *Justa causa testamentária*. Porto Alegre: Livraria do Advogado, 2012. p. 84.

[99] SIMÃO, José Fernando. Código Civil Comentado. Doutrina e Jurisprudência. Rio de Janeiro: Forense, 2019, p. 1.478.

**1844** | MANUAL DE DIREITO CIVIL • VOLUME ÚNICO – *Flávio Tartuce*

Voltando-se à norma em vigor, como se pode perceber da leitura do § 2.º do art. 1.848, por meio de autorização judicial e em havendo justa causa (mais uma vez), é possível a alienação dos bens clausulados. Em casos tais, o produto da venda deve ser destinado para a aquisição de outros bens, em substituição (sub-rogação), que permanecerão com as cláusulas dos primeiros. Ilustrando a aplicação do comando, com interessante aplicação dessa autorização para alienação, do Tribunal de São Paulo:

> "Cancelamento de cláusulas abrangendo inalienabilidade, impenhorabilidade e incomunicabilidade incidentes sobre imóvel urbano. Morte dos doadores e instituidores da cláusula restritiva há mais de quatorze anos. Manutenção do imóvel, difícil e custosa. Inexistência de razão para a permanência da restrição, que provoca prejuízo aos donatários maiores e capazes. Acolhimento do pedido de cancelamento do vínculo. Recurso provido" (TJSP, Apelação 994.09.319607-4, Acórdão 4647619, 4.ª Câmara de Direito Privado, Rio Claro, Rel. Des. Natan Zelinschi de Arruda, j. 05.08.2010, *DJESP* 31.08.2010).

O julgado considera como fato determinante para o cancelamento o atendimento do princípio da função social da propriedade, trazendo uma análise mais branda da norma. Não tem sido diferente a forma de julgar do Superior Tribunal de Justiça, eis que, "se a alienação do imóvel gravado permite uma melhor adequação do patrimônio à sua função social e possibilita ao herdeiro sua sobrevivência e bem-estar, a comercialização do bem vai ao encontro do propósito do testador, que era, em princípio, o de amparar adequadamente o beneficiário das cláusulas de inalienabilidade, impenhorabilidade e incomunicabilidade" (STJ, REsp 1.158.679/MG, 3.ª Turma, Rel. Min. Nancy Andrighi, j. 07.04.2011, *DJe* 15.04.2011).

De data mais recente, concluiu o mesmo Tribunal Superior, de forma correta pela: "possibilidade de cancelamento da cláusula de inalienabilidade após a morte dos doadores, passadas quase duas décadas do ato de liberalidade, em face da ausência de justa causa para a sua manutenção. Interpretação do art. 1.848 do Código Civil à luz do princípio da função social da propriedade" (STJ, REsp 1.631.278/PR, 3.ª Turma, Rel. Min. Paulo de Tarso Sanseverino, j. 19.03.2019, *DJe* 29.03.2019). A título de ilustração, imagine-se o caso de um imóvel rural que se encontra improdutivo porque a cláusula de inalienabilidade obsta que se obtenha um financiamento para o desenvolvimento da atividade agrária. Entendo que essa situação já basta para o cancelamento da cláusula, não havendo a necessidade de se debater qualquer outro requisito para tanto.

Em 2022, surgiu outro aresto do Tribunal da Cidadania, que leva em conta as regras do Estatuto do Idoso para o cancelamento da restrição, trazendo, ainda, critérios que devem ser considerados pelo julgador:

> "Cinge-se a controvérsia a definir se o cancelamento das cláusulas de inalienabilidade e impenhorabilidade melhor promoveria os direitos fundamentais dos recorrentes, pessoas idosas, e se existente ou não justa causa para o levantamento dos gravames no imóvel rural dos recorrentes. No caso, a alegação de afronta aos arts. 2.º, 3.º e 37 do Estatuto da Pessoa Idosa deve ser analisada em conjunto com a arguição de violação do art. 1.848 do CC/2002, por meio de interpretação sistemática e teleológica. A possibilidade de cancelamento das cláusulas de inalienabilidade e impenhorabilidade instituída pelos doadores depende da observação de critérios jurisprudenciais: (i) inexistência de risco evidente de diminuição patrimonial dos proprietários ou de seus herdeiros (em especial, risco de prodigalidade ou de dilapidação do patrimônio); (ii) manutenção do patrimônio gravado que, por causa das circunstâncias, tenha se tornado origem de um ônus financeiro maior do que os benefícios trazidos; (iii) existência de real interesse das pessoas cuja própria cláusula visa a proteger, trazendo-

CAP. 9 • DIREITO DAS SUCESSÕES | **1845**

-lhes melhor aproveitamento de seu patrimônio e, consequentemente, um mais alto nível de bem-estar, como é de se presumir que os instituidores das cláusulas teriam querido nessas circunstâncias; (iv) ocorrência de longa passagem de tempo; e, por fim, nos casos de doação, (v) se já sejam falecidos os doadores. Na hipótese, todos os critérios jurisprudenciais estão presentes" (STJ, REsp 2.022.860/MG, 3.ª Turma, Rel. Min. Ricardo Villas Bôas Cueva, j. 27.09.2022, *DJe* 30.09.2022).

Essa tem sido a forma de julgar o tema na Corte, sobretudo na sua Terceira Turma, sendo relevante o julgado pela menção aos critérios para o cancelamento das cláusulas restritivas.

Anoto que no Projeto de Reforma do Código Civil pretende-se facilitar o levantamento dos gravames e a alienação dos bens, o que segue a linha de se *destravar* a vida das pessoas, adotada pela Comissão de Juristas nomeada no Senado Federal. Assim, o § 1.º do art. 1.848, com menor rigidez, passará a prever que, "com autorização judicial e havendo justa causa, podem ser alienados os bens gravados, mediante sub-rogação, ou levantados os gravames". Como se nota, não haverá mais menção quanto à sub-rogação das cláusulas em outros bens, o que representa indesejada intervenção na propriedade. Além disso, sugere-se a inclusão de um § 3.º no mesmo comando, prevendo que pode o testador nomear curador especial aos bens da legítima dos filhos com menos de dezoito anos de idade. Espera-se a sua aprovação pelo Congresso Nacional.

Voltando-se à normatização vigente, nos termos do art. 1.911 do CC/2002, a cláusula de inalienabilidade, imposta aos bens por ato de liberalidade, implica automaticamente em impenhorabilidade e incomunicabilidade do bem. O dispositivo é reprodução parcial da antiga Súmula 49 do STF, pela qual "a cláusula de inalienabilidade inclui a incomunicabilidade dos bens". Deve ficar claro, entretanto, que a cláusula de incomunicabilidade não gera a inalienabilidade e a impenhorabilidade, como a última não gera as duas anteriores. Exatamente nesse sentido, explicando o teor do comando, recente julgado do STJ aduziu as seguintes afirmações:

"a) Há possibilidade de imposição autônoma das cláusulas de inalienabilidade, impenhorabilidade e incomunicabilidade, a critério do doador/instituidor; b) uma vez aposto o gravame da inalienabilidade, pressupõe-se, *ex vi lege*, automaticamente, a impenhorabilidade e a incomunicabilidade; c) a inserção exclusiva da proibição de não penhorar e/ou não comunicar não gera a presunção do ônus da inalienabilidade; e d) a instituição autônoma da impenhorabilidade, por si só, não pressupõe a incomunicabilidade e vice-versa" (STJ, REsp 1.155.547/MG, 4.ª Turma, Rel. Min. Marco Buzzi, j. 06.11.2018, *DJe* 09.11.2018).

Seguindo nos estudos, prevê o parágrafo único do art. 1.911 que no caso de desapropriação de bens clausulados, ou de sua alienação, por conveniência econômica do donatário ou do herdeiro, mediante autorização judicial, o produto da venda converter-se-á em outros bens, sobre os quais incidirão as restrições apostas aos primeiros. Mais uma vez, o CC/2002 prevê a sub-rogação dos bens clausulados, mantendo-se as restrições.

Para terminar o estudo da matéria, cabe comentar o art. 2.042 do CC/2002, norma de direito intertemporal que trata do assunto. De acordo com a norma, aplica-se o art. 1.848 quando aberta a sucessão no prazo de um ano após a entrada em vigor do atual Código (até 11.01.2004). Isso, ainda que o testamento tenha sido feito na vigência do CC/1916. Assim, se nesse prazo de um ano o testador não aditar o testamento para declarar a justa causa de cláusula aposta na legítima, não subsistirá a restrição.

# 1846 | MANUAL DE DIREITO CIVIL • VOLUME ÚNICO – *Flávio Tartuce*

Conforme anota Maria Helena Diniz, a finalidade da lei foi a de conceder um tempo razoável ao testador para viabilizar as restrições impostas na vigência da lei anterior.[100] Da jurisprudência podem ser encontrados vários julgados aplicando a questão intertemporal. Dentre todos, colaciona-se e destaca-se lúcida ementa do STJ:

> "Direito Civil e Processual Civil. Sucessões. Recurso especial. Arrolamento de bens. Testamento feito sob a vigência do CC/1916. Cláusulas restritivas apostas à legítima. Inalienabilidade, impenhorabilidade e incomunicabilidade. Prazo de um ano após a entrada em vigor do CC/2002 para declarar a justa causa da restrição imposta. Abertura da sucessão antes de findo o prazo. Subsistência do gravame. Questão processual. Fundamento do acórdão não impugnado. Conforme dicção do art. 2.042 c/c o *caput* do art. 1.848 do CC/2002, deve o testador declarar no testamento a justa causa da cláusula restritiva aposta à legítima, no prazo de um ano após a entrada em vigor do CC/2002; na hipótese de o testamento ter sido feito sob a vigência do CC/1916 e aberta a sucessão no referido prazo, e não tendo até então o testador justificado, não subsistirá a restrição. – Ao testador são asseguradas medidas conservativas para salvaguardar a legítima dos herdeiros necessários, sendo que na interpretação das cláusulas testamentárias deve-se preferir a inteligência que faz valer o ato, àquela que o reduz à insubsistência; por isso, deve-se interpretar o testamento, de preferência, em toda a sua plenitude, desvendando a vontade do testador, libertando-o da prisão das palavras, para atender sempre a sua real intenção. – Contudo, a presente lide não cobra juízo interpretativo para desvendar a intenção da testadora; o julgamento é objetivo, seja concernente à época em que dispôs da sua herança, seja relativo ao momento em que deveria aditar o testamento, isto porque veio a óbito ainda dentro do prazo legal para cumprir a determinação legal do art. 2.042 do CC/2002, o que não ocorreu, e, por isso, não há como esquadrinhar a sua intenção nos 3 meses que remanesciam para cumprir a dicção legal. – Não houve descompasso, tampouco descumprimento, por parte da testadora, com o art. 2.042 do CC/2002, conjugado com o art. 1.848 do mesmo Código, isto porque foi colhida por fato jurídico – morte – que lhe impediu de cumprir imposição legal, que só a ela cabia, em prazo que ainda não se findara. – O testamento é a expressão da liberdade no direito civil, cuja força é o testemunho mais solene e mais grave da vontade íntima do ser humano. – A existência de fundamento do acórdão recorrido não impugnado, quando suficiente para a manutenção de suas conclusões em questão processual, impede a apreciação do Recurso Especial no particular. Recurso Especial provido" (STJ, REsp 1.049.354/ SP, 3.ª Turma, Rel. Min. Fátima Nancy Andrighi, j. 18.08.2009, *DJE* 08.09.2009).

Com essa decisão e o conteúdo do polêmico art. 2.042 do Código Civil, encerra-se o estudo da matéria, passando-se à abordagem dos legados.

## 9.9.6 Dos legados

### 9.9.6.1 *Conceito e espécies*

O legado constitui uma disposição específica sucessória, realizada a título singular. Como bem leciona Giselda Maria Fernandes Novaes Hironaka, "entende-se o legado – segundo o direito brasileiro – como a atribuição de certo ou certos bens a outrem por meio de testamento e a título singular. Envolve, assim, uma sucessão *causa mortis* que produzirá efeitos apenas com o falecimento do testador. Consiste, sem dúvida, numa liberalidade deste para com o legatário, o que não exige dizer que se deva sempre traduzir em benefício para

---

[100] DINIZ, Maria Helena. *Código Civil anotado*. 15. ed. São Paulo: Saraiva, 2010. p. 1.428.

CAP. 9 · DIREITO DAS SUCESSÕES **1847**

este último, já que pode ocorrer a vir a ser o legado pelos encargos que o acompanham ou mesmo vir a se converter num ônus pesado demais para quem o recebe".[101]

Deve ficar claro que a lei admite o *sublegado*, tratado pelo art. 1.913 do CC. Determina tal comando que se o testador ordenar que o herdeiro ou legatário entregue coisa de sua propriedade a outrem (o sublegatário), ele não o cumprindo, entender-se-á que renunciou à herança ou ao legado.

Em relação ao conteúdo, o legado admite várias espécies ou formas. Vejamos as principais:

a) Legado de coisa alheia – tratado pelo art. 1.912 do CC, pelo qual é ineficaz o legado de coisa certa que não pertença ao testador no momento da liberalidade.

b) Legado de coisa comum – se a coisa legada pertencer somente em parte ao testador, só quanto a essa parte valerá o legado em benefício do legatário (art. 1.914 do CC).

c) Legado de coisa genérica – se o legado for de coisa que se determine pelo gênero, será o mesmo cumprido, ainda que tal coisa não exista entre os bens deixados pelo testador (art. 1.915 do CC).

d) Legado de coisa singular – se o testador legar coisa sua, singularizando-a, só terá eficácia o legado se, ao tempo do seu falecimento, ela se achava entre os bens da herança (art. 1.916 do CC). Se a coisa legada existir entre os bens do testador, mas em quantidade inferior à do legado, este será eficaz apenas quanto à existente.

e) Legado de coisa localizada – o legado de coisa que deva encontrar-se em determinado lugar só terá eficácia se nele for achada, salvo se removida a título transitório (art. 1.917 do CC).

f) Legado de crédito e de quitação de dívida – enuncia o art. 1.918 do CC que o legado de crédito, ou de quitação de dívida, terá eficácia somente até a importância desta, ou daquele, ao tempo da morte do testador. Cumpre-se o legado, entregando o herdeiro ao legatário o título respectivo (§ 1.º). Este legado não compreende as dívidas posteriores à data do testamento (§ 2.º).

g) Legado de alimentos – conforme o art. 1.920 do CC, abrange o sustento, a cura, o vestuário e a casa, enquanto o legatário viver, além da educação, se ele for menor. Com aplicação do instituto, colaciona-se: "Legado de alimentos. Disposição testamentária que beneficia herdeira. Valores provenientes de renda de imóvel locado, pertencente ao espólio. Decisão agravada que, em inventário, determina o levantamento das quantias depositadas em juízo em favor da legatária, bem como ordena à inquilina que faça o pagamento da quantia correspondente ao legado de alimentos diretamente à beneficiária da quantia. Correção. Disposição testamentária plena e eficaz. Legado de alimentos devidos desde a morte da testadora (artigo 1.926 CC/2002). Decisão mantida. Recurso desprovido, na parte conhecida" (TJSP, Agravo de Instrumento 994.09.272937-0, Acórdão 4371741, 1.ª Câmara de Direito Privado, São Paulo, Rel. Des. De Santi Ribeiro, j. 16.03.2010, *DJESP* 22.04.2010).

h) Legado de usufruto – sendo realizado pelo testador sem fixação de tempo, entende-se como vitalício, ou seja, deixado para toda a vida do legatário (art. 1.921 do CC).

---

[101] HIRONAKA, Giselda Maria Fernandes Novaes. *Direito das Sucessões*. 3. ed. São Paulo: RT, 2007. p. 322-323.

> i) Legado de imóvel – se aquele que legar um imóvel lhe ajuntar depois novas aquisições, estas, ainda que contíguas, não se compreendem no legado, salvo expressa declaração em contrário do testador (art. 1.922, *caput*, do CC). Tal premissa não se aplica às benfeitorias necessárias, úteis ou voluptuárias feitas no prédio legado, que devem ser tidas como incorporadas ao legado (parágrafo único).
>
> j) Legado de dinheiro – tratado pelo art. 1.925 do CC, vencendo os juros desde o dia em que se constituir em mora a pessoa obrigada a prestá-los.
>
> k) Legado alternativo – conceito similar à obrigação alternativa (art. 252 do CC), sendo aquele em que o legatário tem a opção de escolher entre alguns bens descritos pelo autor da herança (art. 1.932 do CC).

Entre as várias propostas formuladas para a Reforma do Código Civil a respeito da temática, destaco a pretensão de se incluir no art. 1.912 regra a respeito da possibilidade de legado sobre bens incorpóreos ou imateriais, que poderá abranger o patrimônio e a herança digital do falecido, na linha de outras proposições feitas pela Comissão de Juristas nomeada pelo Senado Federal. Assim, nos termos do projetado parágrafo único para esse comando, poderão ser objeto de legado bens corpóreos e incorpóreos, inclusive aqueles de natureza existencial.

Em complemento, será incluído um necessário art. 1.918-A na codificação privada, prevendo que o legado de bens digitais pode abranger dados de acesso a qualquer aplicação da internet de natureza econômica, perfis de redes sociais, canais de transmissão de vídeos, bem como dados pessoais expressamente mencionados pelo testador no instrumento ou arquivo do testamento. Será possível, pela mesma norma, a nomeação de administrador aos bens digitais, sob a forma de administrador digital, por decisão judicial, negócio jurídico entre vivos, testamento ou codicilo. Nesses casos de nomeação do administrador digital pelo autor da herança por decisão judicial, ficarão os bens digitais submetidos à sua administração imediata até que se ultime a partilha, com a obrigação de prestação de contas.

Diante da necessidade de regulamentação das situações jurídicas digitais, trazendo o Código Civil para o Século XXI, é fundamental a aprovação das propostas pelo Congresso Nacional, o que se espera em curto espaço de tempo.

Superada essa visualização, parte-se ao estudo dos efeitos do legado e do seu pagamento.

### 9.9.6.2 *Dos efeitos do legado e do seu pagamento*

Como primeiro efeito do legado, desde a abertura da sucessão, o que se dá com a morte do autor da herança, pertence ao legatário a coisa certa, existente no acervo. Isso, salvo se o legado estiver sob condição suspensiva, o que é juridicamente possível, assim como o legado a termo (art. 1.923, *caput*, do CC). Como se pode notar, o *droit de saisine* do mesmo modo se aplica aos legados. Porém, como restrição a tal direito, enuncia o § 1.º da norma que não se defere de imediato a posse direta da coisa, nem nela pode o legatário entrar por autoridade própria.

Outro preceito importante é o § 2.º do art. 1.923 da codificação material, segundo o qual o legado de coisa certa existente na herança transfere também ao legatário os frutos que produzir, desde a morte do testador, exceto se dependente de condição suspensiva, ou de termo inicial. Assim, ilustrando, se o imóvel objeto de legado estiver locado, o legatário terá direito aos aluguéis desde a morte do testador. Assim concluindo:

CAP. 9 • DIREITO DAS SUCESSÕES | **1849**

"Agravo de Instrumento. Inventário. Imóvel legado. Levantamento de valores, atinente a aluguel. É cabível o levantamento de valores depositados em juízo, atinente a aluguéis oriundos de imóvel legado à recorrente pela falecida, conforme o disposto no art. 1.923, § 2.º, do CC/2002, se não há mais discussão a respeito da validade do testamento. Agravo de instrumento provido" (TJRS, Agravo de Instrumento 70031854169, 8.ª Câmara Cível, Porto Alegre, Rel. Des. José Ataídes Siqueira Trindade, j. 29.09.2009, *DJERS* 07.10.2009, p. 49).

"Inventário. Decisão pela qual se indeferiu pedido da legatária, ora agravante, para expedição de alvará a fim de que ela celebrasse contrato de locação ou a respectiva renovação, bem como, por outro lado, se determinou houvesse depósito em Juízo pela locatária em relação a aluguéis. Inadmissibilidade. Hipótese na qual o legatário, como titular do domínio, tem direito a receber os frutos da coisa, em conformidade ao artigo 1.923, § 2.º, do Código Civil. Inventariante que concorda com o recebimento direto pela agravante em relação aos aluguéis pagos pela locatária, a cujo respeito prestará contas. Recurso provido" (TJSP, Agravo de Instrumento 561.274.4/6, Acórdão 2642861, 6.ª Câmara de Direito Privado, Valinhos, Rel. Des. Encinas Manfré, j. 29.05.2008, *DJESP* 26.06.2008).

O direito de pedir o legado não se exercerá, enquanto se litigue sobre a validade do testamento. A premissa, do mesmo modo, vale para os *legados condicionais* (sujeitos a condição) e para os *legados a prazo* (sujeitos a termo), enquanto esteja pendente a condição ou o prazo não se vença (art. 1.924 do CC). Como bem conclui a jurisprudência, tais pendências não impedem que o legatário continue intervindo no processo de inventário (TJSP, Agravo de Instrumento 266.852-4/3, 3.ª Câmara de Direito Privado, São Paulo, Rel. Des. Waldemar Nogueira Filho, j. 25.02.2003).

Em havendo legado de renda vitalícia ou pensão periódica, como nos casos de legado de alimentos, a renda ou pensão correrá da morte do testador (art. 1.926 do CC). Por outra via, se o legado for composto de quantidades certas, em prestações periódicas, datará da morte do testador o primeiro período, e o legatário terá direito a cada prestação, uma vez encetado cada um dos períodos sucessivos, ainda que venha a falecer antes do termo dele (art. 1.927 do CC).

Sendo periódicas as prestações, só no termo de cada período poderão ser exigidas (art. 1.928, *caput*, do CC). Todavia, se as prestações forem deixadas a título de alimentos, pagar-se-ão no começo de cada período, sempre que outra coisa não tenha disposto o testador (art. 1.928, parágrafo único).

No legado de coisa genérica, ao herdeiro tocará escolhê-la, guardando o meio-termo entre as congêneres da melhor e pior qualidade (art. 1.929 do CC). A norma tem sua razão de ser, eis que a escolha no gênero intermediário tende a afastar o enriquecimento sem causa, estando presente, por exemplo, na escolha que ocorre na obrigação de dar coisa incerta (art. 244 do CC). A premissa também vale para os casos em que a escolha é deixada ao arbítrio de terceiro e se este não quiser ou não puder efetivar a escolha. A escolha deve ser efetivada pelo juiz da causa a quem a questão é levada, tendo como parâmetros as regras expostas (art. 1.930 do CC).

Ainda no legado de coisa genérica, se a opção de escolha foi deixada ao legatário, este poderá escolher, do gênero determinado, a melhor coisa que houver na herança (art. 1.931 do CC). Porém, se na herança não existir coisa de tal gênero, dar-lhe-á de outra congênere o herdeiro, observadas as disposições expostas a respeito do gênero intermediário.

Em relação ao legado alternativo, aquele em que o legatário tem a opção entre vários bens da herança, presume-se relativamente deixada ao herdeiro tal opção (art. 1.932 do CC).

# 1850 | MANUAL DE DIREITO CIVIL • VOLUME ÚNICO – *Flávio Tartuce*

Por razões óbvias, o testador pode instituir de forma contrária. Eventualmente, se o herdeiro ou legatário a quem couber a opção falecer antes de exercê-la, passará este poder aos seus herdeiros (art. 1.933).

A respeito do cumprimento do legado, no silêncio do testamento, este incumbe aos herdeiros e, não os havendo, aos legatários, na proporção do que herdaram (art. 1.934, *caput*, do CC). Tal encargo, não havendo disposição testamentária em contrário, caberá ao herdeiro ou legatário incumbido pelo testador da execução do legado. Quando indicados mais de um, os onerados dividirão entre si o ônus, na proporção do que recebam da herança (art. 1.934, parágrafo único, do CC).

Se algum sublegado consistir em coisa pertencente a herdeiro ou legatário, só a ele incumbirá cumpri-lo, com regresso contra os coerdeiros, pela quota de cada um, salvo se o contrário expressamente dispôs o testador (art. 1.935 do CC). As despesas e os riscos da entrega do legado correm à conta do legatário, se não dispuser diversamente o testador (art. 1.936 do CC).

Ainda a respeito da execução do legado, a coisa legada deve ser entregue, com seus acessórios, no lugar e estado em que se achava ao falecer o testador, passando ao legatário com todos os encargos que a onerarem (art. 1.937 do CC).

Por fim, como não poderia ser diferente, a lei admite o legado com encargo ou modo (legado modal). Em casos tais, o art. 1.938 do CC determina a aplicação das mesmas regras da doação modal ou com encargo. Assim, ilustrando, cabe a revogação do legado, caso o encargo não seja executado pelo legatário (art. 555 do CC). Anote-se que tal premissa foi aplicada pela jurisprudência paulista (TJSP, Apelação com Revisão 339.905.4/2, Acórdão 2587650, 5.ª Câmara de Direito Privado, Jundiaí, Rel. Des. Carlos Giarusso Santos, j. 02.04.2008, *DJESP* 30.05.2008).

## 9.9.6.3 *Da caducidade dos legados*

Como bem alertava o saudoso Mestre Zeno Veloso, que nos deixou no ano de 2020, a caducidade não se confunde com a invalidade do legado. A caducidade envolve o plano da eficácia do negócio, ou seja, o terceiro degrau da *Escada Ponteana*. Ademais, como se nota da análise das suas hipóteses, a caducidade tem origem em causas supervenientes, surgidas após o legado. A invalidade, como é notório, envolve o plano da validade (segundo degrau), presente, em regra, um vício de formação.[102] Nos termos do art. 1.939 do CC, caducará o legado:

> a) Se, depois do testamento, o testador modificar a coisa legada, ao ponto de já não ter a forma nem lhe caber a denominação que possuía.
>
> b) Se o testador, por qualquer título, alienar no todo ou em parte a coisa legada. Em casos tais, caducará até onde a coisa alienada deixou de pertencer ao testador.
>
> c) Se a coisa perecer ou for evicta, vivo ou morto o testador, sem culpa do herdeiro ou legatário incumbido do seu cumprimento.
>
> d) Se o legatário for excluído da sucessão por indignidade.
>
> e) Se o legatário falecer antes do testador.

---

[102] VELOSO, Zeno. *Código Civil comentado*. 6. ed. Coord. Ricardo Fiuza e Regina Beatriz Tavares da Silva. São Paulo: Saraiva, 2008. p. 2.116.

CAP. 9 • DIREITO DAS SUCESSÕES | **1851**

Por fim, enuncia o art. 1.940 do CC que, no caso de legado alternativo com duas ou mais coisas, se algumas delas perecerem, subsistirá quanto às restantes. Perecendo parte de uma, valerá, quanto ao seu remanescente, o legado. Se todas as coisas perecerem, por razões óbvias, o legado caducará, por força do inc. III do art. 1.939.

### 9.9.7 Do direito de acrescer entre herdeiros e legatários

Nos dizeres de Giselda Maria Fernandes Novaes Hironaka, o direito de acrescer "consiste no direito de o herdeiro ou legatário também receber, respeitada a proporção do número de contemplados no testamento, a parte que caberia a um outro herdeiro ou legatário que não pôde ou não quis receber sua herança ou legado".[103] Nessa linha conceitual, dispõe o art. 1.941 do CC que quando vários herdeiros, pela mesma disposição testamentária, forem conjuntamente chamados à herança em quinhões não determinados, e qualquer deles não puder ou não quiser aceitá-la, a sua parte acrescerá à dos coerdeiros, salvo o direito do substituto. Exemplificando, se o testador beneficiar três herdeiros e se um deles falecer antes do testador, a sua parte será acrescida à dos demais, que são vivos. Ainda ilustrando, cabe transcrever julgado do STJ que aplica a ideia:

> "Recurso especial. Civil e processo civil. Herdeiro neto. Sucessão por representação. Testamento. Ruptura. Art. 1.973 do CC/2002. Não ocorrência. Legado. Direito de acrescer possibilidade. Recurso não conhecido. 1. Não se conhece do recurso quanto à alegada divergência, na medida em que se olvidou o recorrente do necessário cotejo analítico entre os julgados tidos por confrontantes, deixando, com isso, de demonstrar a necessária similitude fática entre os arrestos, conforme exigência contida no parágrafo único do artigo 541 do Código de Processo Civil e § 2.º do artigo 255 do RISTJ. 2. Não se há falar em ofensa ao artigo 535, incisos I e II, do Código de Processo Civil, porquanto ausente qualquer omissão, obscuridade ou contradição no acórdão guerreado. 3. 'Com efeito, quando a lei fala em superveniência de descendente sucessível, como causa determinante da caducidade do testamento, leva em consideração o fato de que seu surgimento altera, por completo, a questão relativa às legítimas. Aqui, tal não ocorreu, já que resguardou-se a legítima do filho e, consequentemente, do neto'. 4. Não havendo determinação dos quinhões, subsiste o direito de acrescer ao colegatário, nos termos do artigo 1.712 do Código de 1916. 5. Recurso não conhecido" (STJ, REsp 594.535/SP, 4.ª Turma, Rel. Min. Hélio Quaglia Barbosa, j. 19.04.2007, *DJ* 28.05.2007, p. 344).

Como se retira de outro acórdão do STJ, prolatado em 2018, "o direito de acrescer previsto no art. 1.941 do Código Civil de 2002 representa uma forma de vocação sucessória indireta e pressupõe (i) a nomeação dos herdeiros na mesma cláusula testamentária; (ii) que o patrimônio compreenda os mesmos bens ou a mesma porção de bens; e (iii) a inexistência de quotas hereditárias predeterminadas". O julgado afastou o direito de acrescer diante pela existência de quinhões determinados, concluindo que, "se o herdeiro testamentário pleiteado com quota fixa falecer antes da abertura da sucessão, sem previsão de substituto, aquela parcela deve retornar ao monte e ser objeto de partilha com todos os herdeiros legítimos. No caso, o valor da quota-parte remanescente deve ser redistribuído consoante a ordem legal de preferência estabelecida na sucessão hereditária entre os colaterais (art. 1.829 do CC/2002), não havendo impedimento legal para que herdeiros testamentários participem também como legítimos na mesma sucessão hereditária (art. 1.808, § 2º, do

---

[103] HIRONAKA, Giselda Maria Fernandes Novaes. *Direito das Sucessões*. 3. ed. São Paulo: RT, 2007. p. 335.

CC/2002)" (STJ, REsp 1.674.162/MG, 3.ª Turma, Rel. Min. Ricardo Villas Bôas Cueva, j. 16.10.2018, *DJe* 26.10.2018).

A partir das lições da doutrina clássica e da contemporânea, três conjunções fundamentais podem ser retiradas do art. 1.941 da lei privada em vigor, dispositivo que equivale ao art. 1.710 do Código Civil de 1916. Tais conjunções remontam ao Direito Romano, conforme ensinam os civilistas de ontem e de hoje.[104] Assim, três seriam as possibilidades de previsões no legado que repercutem no direito de acrescer, a saber:

a) Conjunção *res tantum* – que diz respeito à coisa (conjunção real). Explica Zeno Veloso, com base em Orosimbo Nonato, que tal conjunção está presente quando a mesma coisa é legada a mais de uma pessoa, mas pela via de frases distintas ou de cláusulas distintas.[105]

b) Conjunção *verbis tantum* – significa uma disposição somente por palavras (conjunção verbal). O testador afirma, por exemplo, que deixa metade de seus bens para um herdeiro e a outra metade para dois outros herdeiros. Nesse caso, o direito de acrescer só existe entre os dois últimos, e não entre os grupos nomeados. A ilustrar, conforme foi decidido em instância superior, "quando o testador fixa a cota ou o objeto de cada sucessor, não há direito de acrescer entre os demais herdeiros ou legatários. Ocorre a conjunção *verbis tantum* quando são utilizadas as expressões partes iguais, partes equivalentes, ou outras que denotem o mesmo significado, o que exclui o direito de acrescer" (STJ, REsp 565.097/RS, 3.ª Turma, Rel. Min. Castro Filho, j. 09.03.2004, *DJ* 19.04.2004, p. 197).

c) Conjunção *res et verbis* – o que quer dizer na coisa e por palavras (conjunção mista). Pode ser citado o caso em que o testador nomeia diretamente dois herdeiros como beneficiários de determinada proporção de seus bens, sem fixar a parte de cada um. Vindo um deles a falecer, há direito de acrescer diretamente entre os envolvidos.

No que concerne aos colegatários, o direito de acrescer competirá quando nomeados conjuntamente a respeito de uma só coisa, determinada e certa (*re et verbis*), ou quando o objeto do legado não puder ser dividido sem risco de desvalorização (art. 1.942 do CC). Em complemento, se um dos coerdeiros ou colegatários, em tais condições, morrer antes do testador; se renunciar a herança ou legado, ou destes for excluído, e, se a condição sob a qual foi instituído não se verificar, acrescerá o seu quinhão, salvo o direito do substituto, à parte dos coerdeiros ou colegatários conjuntos (art. 1.943 do CC). Para exemplificar, se o autor da herança deixar um imóvel para dois legatários, falecendo um deles, a metade do imóvel do legatário morto é transmitida ao colegatário.

Não sendo o caso de se aplicar o direito de acrescer entre herdeiros e legatário, transmite-se aos herdeiros legítimos a quota vaga do nomeado (art. 1.944, *caput*, do CC). Como efeito

---

[104] Ver, por todos: BEVILÁQUA, Clóvis. *Código Civil dos Estados Unidos do Brasil*. Rio de Janeiro: Rio, 1977. v. VI. Edição Histórica. p. 902-903; ITABAIANA DE OLIVEIRA, Arthur Vasco. *Tratado de direito das sucessões*. São Paulo: Max Limonad, 1952. v. II, p. 504-507; MAXIMILIANO, Carlos. *Direito das sucessões*. 2. ed. Rio de Janeiro: Freitas Bastos, 1943. v. II. p. 502-507; NONATO, Orosimbo. *Estudos sobre a sucessão testamentária*. Rio de Janeiro: Forense, 1957. p. 217-244; PEREIRA, Caio Mário da Silva. *Instituições de direito civil*. 19. ed. Rio de Janeiro: Forense, 2012. v. VI. Direito das Sucessões. p. 302-304; VELOSO, Zeno. *Código Civil comentado*. 8. ed. São Paulo: Saraiva, 2012. p. 2.156; TARTUCE, Flávio; SIMÃO, José Fernando. *Direito Civil*. 6. ed. São Paulo: Método, 2013. v. 6. Direito das Sucessões. p. 376-380.

[105] VELOSO, Zeno. *Código Civil comentado*. 8. ed. São Paulo: Saraiva, 2012. p. 2.155.

CAP. 9 • DIREITO DAS SUCESSÕES | **1853**

concreto da não incidência do direito de acrescer, a quota do que faltar acresce ao herdeiro ou ao legatário incumbido de satisfazer esse legado, ou a todos os herdeiros, na proporção dos seus quinhões, se o legado se deduziu da herança (art. 1.944, parágrafo único, do CC).

Pois bem, não pode o beneficiário do direito de acrescer repudiá-lo separadamente da herança ou legado que lhe caiba. Isso, salvo se o acréscimo comportar encargos especiais impostos pelo testador. Nesse caso, uma vez repudiado, reverte o acréscimo para a pessoa a favor de quem os encargos foram instituídos (art. 1.945 do CC).

Em havendo legado de um só usufruto conjuntamente a duas ou mais pessoas, a parte da que faltar acresce aos colegatários (art. 1.946, *caput*, do CC). Para ilustrar, o autor da herança lega um usufruto para B, C e D, sem qualquer outra estipulação. Assim, em regra, se D falece antes do testador, a sua parte do usufruto é transmitida para B e C.

Porém, se não houver conjunção entre os colegatários, ou se, apesar de conjuntos, só lhes foi legada certa parte do usufruto (conjunção *verbis tantum*), consolidar-se-ão na propriedade as quotas dos que faltarem, à medida que eles forem faltando (art. 1.946, parágrafo único, do CC). Exemplificando, se a estipulação é feita no sentido de se estabelecer 50% do usufruto para B e 50% do usufruto para C, se B falece, a sua quota não vai para C, mas para o nu-proprietário, consolidando-se a propriedade.

Encerro o tópico para pontuar que no Projeto de Reforma do Código Civil pretende-se alterar esse art. 1.946, para que o legado também possa abranger a totalidade da herança, desde que preservada a legítima na quota de cada herdeiro, assim como se propõe para o art. 1.857 da Lei Civil, em prol da valorização da autonomia privada para os atos de disposição de última vontade. Também se almeja uma melhor organização do comando, com divisão em parágrafos. Assim, a norma passará ter a seguinte redação: "Art. 1.946. O legado de usufruto pode abranger a totalidade dos bens hereditários. § 1º Legado um só usufruto conjuntamente a duas ou mais pessoas, a parte da que faltar acresce aos colegatários. § 2º Se não houver conjunção entre os colegatários, ou se, apesar de conjuntos, só lhes foi legada certa parte do usufruto, consolidar-se-ão na propriedade as quotas dos que faltarem, à medida que eles forem faltando".

De fato, com a proposição a norma ficará mais bem sistematizada, aguardando-se a sua aprovação pelo Parlamento Brasileiro.

### 9.9.8 Das substituições testamentárias

Conforme as lições de Maria Helena Diniz, "a substituição é a disposição testamentária na qual o testador chama uma pessoa para receber, no todo ou em parte, a herança ou o legado, na falta ou após o herdeiro ou legatário nomeado em primeiro lugar, ou seja, quando a vocação deste ou daquele cessar por qualquer causa".[106] Dessa forma, na substituição já consta do testamento quem será o herdeiro a ser chamado em segundo lugar. Quebra-se, pela nomeação testamentária, a ordem de vocação hereditária prevista em lei. Como efeito a ser destacado da substituição, o substituto fica sujeito à condição ou encargo imposto ao substituído, quando não for diversa a intenção manifestada pelo testador, ou não resultar outra coisa da natureza da condição ou do encargo (art. 1.949 do CC).

São modalidades de substituições tratadas pelo Código Civil de 2002:

> I) *Substituição vulgar ou ordinária* – o testador substitui diretamente outra pessoa ao herdeiro ou ao legatário nomeado, para o caso de um ou outro não

---

[106] DINIZ, Maria Helena. *Código Civil anotado*. 15. ed. São Paulo: Saraiva, 2010. p. 1.355.

querer ou não poder aceitar a herança ou o legado. Em casos tais, enuncia o art. 1.947 do CC, presume-se que a substituição foi determinada para as duas alternativas, ainda que o testador só a uma se refira.

II) *Substituição recíproca* – um herdeiro substitui o outro e vice-versa (art. 1.948 do CC). Pelo que consta de tal comando, a substituição recíproca pode ser assim subclassificada, na esteira de melhor doutrina:[107]

a) Substituição recíproca geral – todos substituem o herdeiro ou legatário que não suceder.

b) Substituição recíproca particular – somente determinados herdeiros ou legatários são apontados como substitutos recíprocos.

c) Substituição coletiva – vários herdeiros são nomeados como substitutos para o herdeiro ou legatário que não sucede.

d) Substituição singular – somente um herdeiro é nomeado como substituto do herdeiro ou legatário que não sucede. Em complemento, dispõe o art. 1.950 do CC que se, entre muitos coerdeiros ou legatários de partes desiguais, for estabelecida substituição recíproca, a proporção dos quinhões fixada na primeira disposição entender-se-á mantida na segunda (na substituição). Se, com as outras pessoas anteriormente nomeadas, for incluída mais alguma pessoa na substituição, o quinhão vago pertencerá em partes iguais aos substitutos. Desse modo, por razões óbvias, o novo substituto deve ser incluído na divisão.

III) *Substituição fideicomissária* – pode o testador instituir herdeiros ou legatários, estabelecendo que, por ocasião de sua morte, a herança ou o legado se transmita ao fiduciário, resolvendo-se o direito deste, por sua morte, a certo tempo ou sob certa condição, em favor de outrem, que se qualifica de fideicomissário (art. 1.951 do CC). Esclarecendo, de forma sucessiva, o fideicomitente (testador ou autor da herança) faz uma disposição do patrimônio para o fiduciário (1.º herdeiro) e para o fideicomissário (2.º herdeiro). Ocorrendo o termo ou a condição fixada, o bem é transmitido para o fideicomissário. Esquematizando:

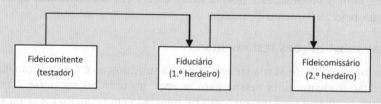

Aprofundando o estudo do fideicomisso, aponta Sílvio de Salvo Venosa que o instituto tem origem em Roma, eis que "como muitas pessoas estavam impedidas de concorrer à herança, o testador burlava eventuais proibições pedindo a um herdeiro que se encarregasse de entregar seus bens ao terceiro que o testador queria verdadeiramente beneficiar. O disponente confiava na boa-fé do herdeiro (*fidei tua committo*), de onde proveio a palavra fideicomisso (*fideicomissium*). O testador 'cometia' (entregava) a herança a alguém sob confiança de sua boa-fé (*fidei tua*)".[108]

---

[107] Como inspiração: VELOSO, Zeno. *Código Civil comentado*. 6. ed. Coord. Ricardo Fiuza e Regina Beatriz Tavares da Silva. São Paulo: Saraiva, 2008. p. 2.126-2.127; DINIZ, Maria Helena. *Código Civil anotado*. 15. ed. São Paulo: Saraiva, 2010. p. 1.356.

[108] VENOSA, Sílvio de Salvo. *Código Civil interpretado*. São Paulo: Atlas, 2010. p. 1.755.

CAP. 9 • DIREITO DAS SUCESSÕES | **1855**

Como é óbvio, o fideicomisso não pode ser instituído por contrato, sob pena de infringir a proibição do pacto sucessório, constante do art. 426 do CC. Nessa linha, na *V Jornada de Direito Civil* aprovou-se o seguinte enunciado doutrinário: "O fideicomisso, previsto no art. 1.951 do Código Civil, somente pode ser instituído por testamento" (Enunciado n. 529).

De toda sorte, no Projeto de Reforma do Código Civil almeja-se *destravar* a regra do art. 426 do Código Civil, inserindo nele exceções à vedação do pacto sucessório, como a possibilidade de renúncia prévia à herança por cônjuges e conviventes. O mesmo caminho é percorrido em relação ao fideicomisso, como ainda será aprofundado neste capítulo, criando-se também a possibilidade, no texto da lei, do fideicomisso entre vivos ou de feição contratual. Assim, a Lei Geral Privada receberá um novo art. 426-A, prevendo que "é admitido o fideicomisso por ato entre vivos, desde que não viole normas cogentes ou de ordem pública". Segundo as justificativas da Subcomissão de Direito das Sucessões – constituída por Mario Luiz Delgado, Giselda Hironaka, Gustavo Tepedino e Cesar Asfor Rocha –, "outra proposta importante refere-se à reintrodução do instituto da substituição fideicomissária como livre opção do testador, o que pode ser muito útil nas operações de planejamento sucessório". Voltarei ao tema mais à frente.

A verdade é que o fideicomisso sempre teve reduzida ou nenhuma aplicação entre nós e o Código Civil de 2002 se encarregou de diminuir ainda mais a sua incidência prática. Isso porque, nos termos do art. 1.952 do CC, a substituição fideicomissária somente se permite em favor dos não concebidos ao tempo da morte do testador. Em suma, somente é possível fideicomisso para beneficiar como fideicomissário a prole eventual, o que torna sem sentido atual toda a jurisprudência anterior sobre o tema. Essa realidade tende a ser alterada com a aprovação da Reforma do Código Civil, com a aprovação das regras relativas ao que a Subcomissão de Direito das Sucessões denominou como "novo fideicomisso".

Em verdade, no sistema ora vigente, não é mais viável juridicamente o fideicomisso em benefício de pessoa já nascida ou concebida (nascituro). No último caso, prevê o parágrafo único do art. 1.952 que se, ao tempo da morte do testador, já houver nascido o fideicomissário, adquirirá este a propriedade dos bens fideicometidos, convertendo-se em usufruto o direito do fiduciário.

Analisando os efeitos do fideicomisso, determina o art. 1.953 do CC, a respeito de sua estrutura, que o fiduciário tem a propriedade restrita e resolúvel da herança ou legado. Isso porque o bem permanece inicialmente com o fiduciário. Entretanto, ocorrendo o termo ou a condição, a propriedade é transmitida ao fideicomissário. Ato contínuo, o fiduciário é obrigado a proceder ao inventário dos bens gravados, e a prestar caução de restituí-los se o exigir o fideicomissário.

Por outra via, também em decorrência dessa sua estrutura, caduca ou decai o fideicomisso se o fideicomissário morrer antes do fiduciário (*premoniência*), ou antes de realizar-se a condição resolutória do direito deste último. Em casos tais, dispõe o art. 1.958 do CC que a propriedade plena será consolidada em nome do fiduciário.

Em havendo renúncia à herança ou legado pelo fiduciário, salvo disposição em contrário do testador, defere-se ao fideicomissário o poder de aceitar (art. 1.954 do CC). Em casos tais, o fideicomissário pode renunciar à herança ou ao legado, e, neste caso, o fideicomisso caduca, deixando de ser resolúvel a propriedade do fiduciário, se não houver disposição contrária do testador (art. 1.955 do CC).

Seguindo-se com os estudos, se o fideicomissário aceitar a herança ou o legado, terá direito à parte que, ao fiduciário, em qualquer tempo acrescer (art. 1.956 do CC). A respeito de suas responsabilidades, ocorrendo a sucessão, o fideicomissário responde pelos encargos da herança que ainda restarem (art. 1.957 do CC).

Enuncia a lei que são nulos os fideicomissos além do segundo grau (art. 1.959 do CC). Desse modo, não se pode nomear um segundo fideicomissário por expressa proibição

# 1856 | MANUAL DE DIREITO CIVIL • VOLUME ÚNICO – *Flávio Tartuce*

legal (nulidade textual). Em casos tais, a nulidade da substituição ilegal não prejudica a instituição, que valerá sem o encargo resolutório (art. 1.960 do CC). Em suma, é válido o fideicomisso até a instituição do primeiro fideicomissário, aplicação direta do princípio da conservação dos negócios jurídicos.

Ainda sobre o sistema em vigor, cumpre esclarecer o sentido da expressão *substituição compendiosa*, conforme consta da obra anterior escrita com José Fernando Simão, em pesquisa realizada pelo então coautor, a quem se dá mais uma vez os créditos. Para Sílvio Rodrigues e Itabaiana de Oliveira, substituição compendiosa é sinônimo de substituição fideicomissária.

Todavia, para Washington de Barros Monteiro, Maria Helena Diniz e Sílvio de Salvo Venosa, a substituição compendiosa seria um misto de substituição vulgar com substituição fideicomissária.[109] Exemplo citado, para a última corrente doutrinária, que é a que prevalece na contemporaneidade: "Deixo meus bens para João, que transmitirá ao primeiro filho de José. Caso João não queira ou não possa receber, os bens ficarão com José, que deverá transmiti-los ao seu primeiro filho".[110]

Para encerrar o tópico, importante comentar as ousadas e interessantes propostas que são feitas para o instituto do fideicomisso pelo Projeto de Reforma do Código Civil, para que ele passe a ter aplicação efetiva, em prol da operabilidade, como importante forma de planejamento sucessório. Como pontuaram Mario Luiz Delgado, Giselda Hironaka, Gustavo Tepedino e Cesar Asfor Rocha, integrantes da Subcomissão de Direito das Sucessões, na comissão constituída no âmbito do Senado Federal, "o novo fideicomisso, ora proposto, guarda alguma semelhança com o trust anglo saxão, no sentido de operação socioeconômica voltada ao planejamento sucessório, mas sem a pretensão de simplesmente internalizar um instituto do direito alienígena, não obstante a Lei nº 14.754, de 12 de dezembro de 2023, que dispõe sobre a tributação da renda auferida por pessoas físicas em *trusts* no exterior, já tenha trazido ao direito interno, ao menos, os conceitos do instituto e de seus personagens".

Como primeira proposta, ampliando-se o fideicomisso para além do concepturo, visando à sua utilização prática, o novo art. 1.952 passará a defini-lo como o negócio jurídico por meio do qual o testador, na qualidade de instituidor, ou fideicomitente, transfere, fiduciariamente, bens ou direitos, sob condição resolutiva, a um ou mais fiduciários, que assumirão os deveres de gestão, conservação e ampliação desses bens, nos termos previstos no ato de instituição e com o propósito específico de transmiti-los, sob condição ou termo, a um ou mais beneficiários finais que se qualificam fideicomissários.

Portanto, pelas proposições, qualquer pessoa viva poderá ser beneficiada pela categoria, o que, na minha opinião, vem em boa hora. E, dialogando com o novo livro de *Direito Civil Digital* e com outras propostas da Comissão de Juristas, o novo art. 1.952-A da Lei Privada propiciará que podem ser objeto do fideicomisso quaisquer bens e direitos, incluindo bens digitais.

Como seus requisitos mínimos, o projetado art. 1.952-B passará a prever que a disposição testamentária que institui esse novo fideicomisso deve conter os seguintes elementos: *a)* a qualificação precisa do fiduciário e do fideicomissário ou os elementos que permitam a determinação dos beneficiários finais, caso não se encontrem perfeitamente identificados pelo testador; *b)* o prazo de vigência, podendo ser vitalício, se o fiduciário ou qualquer

---

[109] TARTUCE, Flávio; SIMÃO, José Fernando. *Direito Civil*. Direito das Sucessões. 3. ed. São Paulo: Método, 2010. v. 6, p. 383.

[110] TARTUCE, Flávio; SIMÃO, José Fernando. *Direito Civil*. Direito das Sucessões. 3. ed. São Paulo: Método, 2010. v. 6, p. 383.

CAP. 9 • DIREITO DAS SUCESSÕES | **1857**

dos fideicomissários for pessoa natural, ou por até vinte anos, se todos os fideicomissários e o fiduciário forem pessoas jurídicas com prazo indeterminado de existência; *c)* o propósito a que se destina o patrimônio objeto do fideicomisso; *d)* as condições ou termos a que estiver sujeito o fideicomisso; *e)* a identificação dos bens e direitos componentes do patrimônio objeto do fideicomisso, bem como a indicação do modo como outros bens e direitos poderão ser incorporados; *f)* a extensão dos poderes e deveres do fiduciário na gestão do fideicomisso, em especial especificando se há ou não autorização para alienar bens do acervo em fideicomisso, gravar ou onerar os bens do patrimônio correspondente, comprar novos ativos e realizar investimentos, em todos os casos especificando as situações em que esses atos são permitidos e o modo como devem ser conduzidos; *g)* os critérios de remuneração do fiduciário, se houver; *h)* a destinação dos frutos e rendimentos do patrimônio em fideicomisso; *i)* as hipóteses e as formas de substituição do fiduciário; *j)* as hipóteses de sua extinção, antes de cumprida a sua finalidade ou do advento do termo ou do implemento da condição a que estiver sujeito; e *k)* a previsão sobre a possibilidade de o fiduciário contratar, por sua conta e risco, terceiros para exercer a gestão do patrimônio objeto do fideicomisso, inalteradas as suas responsabilidades legais e contratuais. Essas regras de amplos requisitos para a instituição do fideicomisso visam a trazer segurança jurídica e previsibilidade para o instituto.

Como já se pode perceber, caberá ao fiduciário fazer a conservação e a administração dos bens em fideicomisso, o que é retirado da proposta de um novo art. 1.952-C. Deve ele também exercer todas as ações atinentes à defesa dos bens e direitos objeto do fideicomisso, inclusive em face do fideicomissário (proposta de um art. 1.952-D). Se for o caso, o fiduciário será pessoalmente responsável pelos prejuízos que, por dolo ou culpa, der causa; respondendo também pelos prejuízos causados por atos que violem as cláusulas previstas no ato de instituição do fideicomisso (art. 1.952-E). Terá, assim, uma responsabilidade civil subjetiva pelos danos de qualquer natureza causados pela má administração ou conservação dos bens em fideicomisso.

Se for o caso, prevê o proposto art. 1.952-F para a codificação privada que o fiduciário poderá ser substituído, por decisão judicial: *a)* quando houver conflito de interesses com relação aos interesses do fideicomissário ou com os propósitos estabelecidos pelo testador no instrumento de instituição de fideicomisso; *b)* quando por dolo ou culpa, causar prejuízo ao patrimônio fideicometido por sua administração; e *c)* por morte ou incapacidade superveniente ou quando se tornar impedido de administrar o fideicomisso ou descumprir as obrigações impostas pelo contrato ou pela lei na administração do patrimônio fideicometido.

Nos termos do proposto § 1.º para a última norma, a ação de destituição de fiduciário poderá ser intentada pelo fideicomissário, seus sucessores ou qualquer interessado. Não mencionando o testador quem deva substituir o fiduciário, designará o juiz um substituto (§ 2.º do art. 1.952-E).

Como não poderia ser diferente, sugere-se a alteração também do art. 1.953 da Lei Civil, passando a prever que o fiduciário tem a propriedade resolúvel da herança ou do legado, nos limites previstos no ato de instituição do fideicomisso, não se mencionando mais a existência de uma propriedade restrita, diante da inserção das regras anteriores. E, conforme o seu parágrafo único, com a possibilidade de previsão em contrário no ato de última vontade: salvo disposição em contrário no testamento, o fiduciário é obrigado a proceder ao inventário dos bens gravados e a prestar caução de restituí-los se o exigir o fideicomissário.

Como outra inovação no sistema civil, inclui-se o art. 1.953-A, assegurando-se que pode ser fideicomissário qualquer sujeito de direito, ente jurídico despersonalizado ou pessoa determinável, ainda que não concebida no momento da instituição do fideicomisso. Mantém-se a possibilidade de ser beneficiário o conceptura, pessoa sequer concebida, mas também o nasci-

**1858** | MANUAL DE DIREITO CIVIL • VOLUME ÚNICO – *Flávio Tartuce*

turo, pessoas naturais já nascidas, pessoas jurídicas e mesmo entes despersonalizados como o espólio e a massa falida, o que vem em boa hora, como antes pontuado. A mesma norma, em seu parágrafo único, também considerará como fideicomissário tanto a pessoa beneficiária da administração dos bens como aquela destinatária dos bens ao final do fideicomisso.

Por fim, como última previsão alterada pelo atual Projeto de Reforma do Código Civil, o seu art. 1.958 passará a prever, de forma mais técnica e sem mais utilizar o termo "caduca", que será ineficaz o fideicomisso se o fideicomissário, a quem o testador não houver designado substituto, morrer antes do fiduciário, ou antes de realizar-se o termo ou a condição resolutória do direito deste último. E, conforme o seu novo parágrafo único, de forma mais bem organizada, "nos casos previstos no caput, a propriedade consolida-se em nome do fiduciário, nos termos do art. 1.955".

Encerro novamente com as palavras dos juristas que compuseram a Subcomissão de Direito das Sucessões – Mario Luiz Delgado, Giselda Hironaka, Gustavo Tepedino e Cesar Asfor Rocha –, para quem "aguarda-se, assim, que o fideicomisso remodelado se torne realmente útil e sirva aos interesses brasileiros, realizando dois objetivos primordiais: (i) possibilitar, na prática, novos arranjos sucessórios que hoje não são possíveis em razão das restrições atualmente incidentes sobre o fideicomisso; (ii) possibilitar a instrumentalização, no Brasil, de operações que, no exterior, são veiculadas por meio do *trust*".

Vencidas as minhas resistências doutrinárias iniciais, pelo voto da maioria dos membros da Comissão de Juristas, havendo inclusive proposta para a regulamentação do *trust* pela Comissão de Direito das Coisas, espera-se uma apurada análise dessas importantes proposições para a prática pelo Parlamento Brasileiro.

### 9.9.9 Da redução das disposições testamentárias

Assim como ocorre com a doação inoficiosa (art. 549 do CC), já estudada, pode ser necessária a redução das disposições testamentária, a fim de não se prejudicar a legítima, quota dos herdeiros necessários (50% do patrimônio do autor da herança). Insta verificar que o Código Civil em vigor traz regras diferenciadas em relação ao testamento e à doação, tratada a última no próximo item, referente ao inventário e à partilha.

Como primeira regra a respeito da redução testamentária, se o testador fizer disposição que rompa a proteção da legítima, a disposição somente será válida nos limites de sua metade. O remanescente pertencerá aos herdeiros legítimos, respeitada a ordem de vocação hereditária (art. 1.966 do CC).

Ilustrando, se alguém faz por testamento a disposição de 70% do seu patrimônio, a disposição é válida apenas em 50%. Em relação aos outros 20%, os bens devem ser destinados aos herdeiros legítimos, ocorrendo em tal proporção a redução testamentária. Deve ficar bem claro que "o fato de o testador ter extrapolado os limites da legítima não enseja a nulidade do testamento, impondo-se tão somente a redução das disposições testamentárias" (TJRS, Acórdão 70026646075, 8.ª Câmara Cível, Erechim, Rel. Des. Claudir Fidelis Faccenda, j. 19.03.2009, *DOERS* 26.03.2009, p. 43). Sintetizando, a redução não atinge o plano da validade do testamento, mas a sua eficácia. Isso serve para diferenciar a redução do testamento – que gera a ineficácia parcial do ato de última vontade – da redução da doação –, que gera a sua invalidade parcial.

As disposições que excederem a parte disponível reduzir-se-ão aos limites dela, de conformidade com as seguintes regras previstas pelo art. 1.967 do CC:

> a) Em se verificando excederem as disposições testamentárias a porção disponível, serão proporcionalmente reduzidas as quotas do herdeiro ou herdeiros

CAP. 9 • DIREITO DAS SUCESSÕES | **1859**

instituídos, até onde baste, e, não bastando, também os legados, na proporção do seu valor. Como ensina Zeno Veloso, "Se o testador cometeu excesso, isto é, fez ato de liberalidade que foram além da metade disponível, não fica sem efeito todo o testamento, mas o excesso é decotado".[111] Ilustrando, se alguém que tem dois filhos faz uma disposição a favor de terceiro de 60% do patrimônio, a redução ocorre em 10%, sendo a quota do excesso distribuída de forma igualitária entre os herdeiros necessários. A respeito de tal previsão, na *I Jornada de Direito Civil*, aprovou-se o Enunciado n. 118, pelo qual "o testamento anterior à vigência do novo Código Civil se submeterá à redução prevista no § 1.º do art. 1.967 naquilo que atingir a porção reservada ao cônjuge sobrevivente, elevado que foi à condição de herdeiro necessário".

b) Se o testador, prevenindo o caso de redução, dispuser que se inteirem, de preferência, certos herdeiros e legatários, a redução far-se-á nos outros quinhões ou legados, observando-se a seu respeito a ordem estabelecida na regra anterior. Isso demonstra que a regra anterior não é de ordem pública, pois cabe previsão em contrário pelo próprio testador, que pode estipular como deve ser feita a redução. Vejamos o exemplo que consta de obra escrita com José Fernando Simão: "se o testador, tendo filho, deixa todo o seu patrimônio distribuído em testamento da seguinte forma: seus bens a seu amigo João (conta bancária de R$ 20.000,00) e suas ações legadas em favor do sobrinho José (que valem R$ 50.000,00). Contudo, determina no testamento que a redução se faça primeiramente no legado. Considerando-se que o total de seu patrimônio é de R$ 70.000,00, a redução será feita assim: caberá a entrega ao filho do testador da importância de R$ 35.000,00 correspondentes às ações legadas que pertenceriam a José, que então receberá apenas R$ 15.000,00. Já com relação ao herdeiro João, como a redução do legado atingiu o valor necessário, a herança lhe será entregue integralmente".[112]

O Código Civil de 2002 traz ainda regras específicas sobre a redução testamentária quando houver bem imóvel. Nesse contexto de aplicação, prevê o art. 1.968, *caput*, que, quando consistir em prédio divisível o legado sujeito à redução testamentária, far-se-á esta dividindo-o proporcionalmente.

Porém, se não for possível a divisão, e o excesso do legado montar a mais de um quarto do valor do prédio, o legatário deixará inteiro na herança o imóvel legado. Em casos tais, o legatário fica com o direito de pedir aos herdeiros o valor que couber na parte disponível. Se o excesso não for de mais de um quarto, aos herdeiros fará tornar em dinheiro o legatário, que ficará com o prédio (art. 1.968, § 1.º, do CC).

Por outra via e para encerrar, se o legatário for ao mesmo tempo herdeiro necessário, poderá inteirar sua legítima no mesmo imóvel, de preferência aos outros, sempre que ela e a parte subsistente do legado lhe absorverem o valor (art. 1.968, § 2.º, do CC).

### 9.9.10 Da revogação do testamento. Diferenças fundamentais em relação à invalidade

A revogação constitui um ato unilateral de vontade de extinção de um determinado negócio jurídico. Trata-se, portanto, do exercício de um direito potestativo, assegurado pela

---

[111] VELOSO, Zeno. *Código Civil comentado*. 6. ed. Coord. Ricardo Fiuza e Regina Beatriz Tavares da Silva. São Paulo: Saraiva, 2008. p. 2.146.

[112] TARTUCE, Flávio; SIMÃO, José Fernando. *Direito Civil*. Direito das Sucessões. 3. ed. São Paulo: Método, 2010. v. 6, p. 406.

# 1860 | MANUAL DE DIREITO CIVIL • VOLUME ÚNICO – *Flávio Tartuce*

lei, que se contrapõe a um estado de sujeição. Não se pode esquecer que a revogação do testamento situa-se no plano da sua eficácia (terceiro degrau da *Escada Ponteana*).

Deve ficar claro que a revogação não se confunde com nulidade absoluta ou relativa do testamento, que se situam no seu plano da validade (segundo degrau da *Escada Ponteana*). Além dos casos de nulidade absoluta previstas entre os arts. 166 e 167 do CC, o testamento será nulo nas hipóteses tratadas pelo art. 1.900 da codificação, antes estudadas. Em relação à nulidade relativa, o testamento será anulável em havendo erro, dolo e coação (art. 1.909 do CC).

Dispõe o art. 1.969 do CC que o testamento pode ser revogado expressamente pelo mesmo modo e forma como pode ser feito. É possível revogar um testamento público ou cerrado por outro testamento particular, e vice-versa, com ampla variação e liberdade de forma na revogação. Conforme leciona Zeno Veloso, a quem se filia, "não é necessário que se utilize a mesma forma seguida para o testamento anterior".[113] Concluindo desse modo, do Tribunal Paulista, aplicando a vedação do comportamento contraditório (*venire contra factum proprium*):

> "Partilha. Nulidade de partilha cumulada com petição de herança. Herdeiros testamentários que não foram parte no inventário e nem foram contemplados na partilha. Homologação da partilha em desrespeito à disposição testamentária firmada pelo *de cujus*, o que não implica, de modo algum, caducidade do ato jurídico. Possibilidade de revogação do testamento apenas por outro testamento, embora elaborado não necessariamente da mesma forma. Herdeiro legítimo que assume comportamento contraditório ('venire contra factum proprium') ao reconhecer a necessidade de retificação do formal de partilha, e posteriormente se opor ao pedido de anulação. Ação procedente. Recurso improvido" (TJSP, Apelação Cível 584.506.4/4, Acórdão 3272433, 4.ª Câmara de Direito Privado, Santo André, Rel. Des. Francisco Eduardo Loureiro, j. 25.09.2008, *DJESP* 17.10.2008).

Quanto ao modo, a revogação do testamento pode ser *expressa*, quando há uma clara declaração de vontade; ou *tácita*, quando houve um novo testamento em claro conflito com o anterior (sobre a última, ver: STJ, REsp 830.791/MG, 3.ª Turma, Rel. Min. Castro Filho, j. 10.04.2007, *DJ* 07.05.2007, p. 320).

Em relação à extensão, a revogação do testamento pode ser *total* ou *parcial* (art. 1.970, *caput*, do CC). Em havendo revogação parcial ou se o testamento posterior não contiver cláusula revogatória expressa, o anterior subsiste em tudo que não for contrário ao posterior. Como se retira de aresto superior, "embora admissível, a revogação parcial do testamento não se presume, dependendo, obrigatoriamente, da existência de declaração de que o testamento posterior é apenas parcial ou da inexistência de cláusula revogatória expressa, que não se pode inferir pelo simples exame de compatibilidade entre o conteúdo do testamento anterior e o posterior, sobretudo se existente longo lapso temporal entre ambos" (STJ, REsp 1.694.394/DF, 3.ª Turma, Rel. Min. Nancy Andrighi, j. 22.03.2018, *DJe* 26.03.2018). Admite-se, assim, a revogação parcial tácita, mas não pode haver dúvidas quanto à sua existência, ou seja, deve haver claro conflito entre a nova disposição de última vontade e a anterior.

A revogação produzirá seus efeitos, ainda quando o testamento, que a encerra, vier a caducar por exclusão, incapacidade ou renúncia do herdeiro nele nomeado (art. 1.971 do

---

[113] VELOSO, Zeno. *Código Civil comentado*. 6. ed. Coord. Ricardo Fiuza e Regina Beatriz Tavares da Silva. São Paulo: Saraiva, 2008. p. 2.149.

CAP. 9 • DIREITO DAS SUCESSÕES | **1861**

CC). Porém, não valerá a revogação se o testamento revogatório for anulado por omissão ou infração de solenidades essenciais ou por vícios intrínsecos.

Por fim, a respeito da revogação, o testamento cerrado que o testador abrir ou dilacerar, ou for aberto ou dilacerado com seu consentimento, será tido como revogado (art. 1.972 do CC). Em suma, a lei trata as hipóteses de abertura ou estrago do conteúdo do testamento cerrado como sendo de revogação.

### 9.9.11 Do rompimento do testamento

De acordo com os ensinamentos de Zeno Veloso, "a ruptura, rupção ou rompimento do testamento é também chamada de revogação presumida, ficta ou legal. (...). Basicamente, o testamento fica roto, cai completamente, não terá efeito algum, quando o testador não tem descendente e lhe sobrevém um descendente sucessível, ou quando o testador tem descendente, mas não sabia que tinha, e o descendente aparece. A rupção é denominada revogação ficta porque seu fundamento é a presunção de que o testador não teria disposto de seus bens, ou, pelo menos não teria decidido daquele modo, se tivesse descendente, ou se não ignorasse a existência do que tinha".[114] Como se nota, trata-se de mais um instituto que se situa no plano da eficácia do instituto, e não no seu plano da validade.

As suas consequências dizem respeito apenas ao conteúdo patrimonial do testamento, não atingindo questões existenciais ou *extrapatrimoniais*. Nesse sentido, o Enunciado n. 643, aprovado na *VIII Jornada de Direito Civil* (2018): "o rompimento do testamento (art. 1.973 do Código Civil) se refere exclusivamente às disposições de caráter patrimonial, mantendo-se válidas e eficazes as de caráter extrapatrimonial, como o reconhecimento de filho e o perdão ao indigno".

Nesse sentido, dispõe o art. 1.973 do CC que, "sobrevindo descendente sucessível ao testador, que não o tinha ou não o conhecia quando testou, rompe-se o testamento em todas as suas disposições, se esse descendente sobreviver ao testador". Deve ficar claro que se o testador já sabia da existência do filho, a norma não se subsome. Assim concluindo, da jurisprudência:

> "Rompimento de testamento. Parte disponível deixada à viúva. Testador que já tinha outros descendentes. Posterior sentença proferida em ação de investigação de paternidade que não provoca a revogação presumida do testamento. Testador que tinha conhecimento prévio da existência do filho, pois contestou a ação antes da lavratura do testamento. Não incidência de revogação presumida do artigo 1.973 do Código Civil. Decisão que determinou o registro e o cumprimento do testamento que se mantém. Recurso não provido" (TJSP, Apelação Cível 449.894.4/8, Acórdão 3297466, 4.ª Câmara de Direito Privado, Campinas, Rel. Des. Francisco Eduardo Loureiro, j. 09.10.2008, *DJESP* 02.12.2008).

Na mesma trilha, do Superior Tribunal de Justiça, cabe destacar julgado do ano de 2013, deduzindo do seguinte modo:

> "O art. 1.973 somente tem incidência se, à época da disposição testamentária, o falecido não tivesse prole ou não a conhecesse, mostrando-se inaplicável na hipótese de o falecido já possuir descendente e sobrevier outro(s) depois da lavratura

---

[114] VELOSO, Zeno. *Código Civil comentado*. 6. ed. Coord. Ricardo Fiuza e Regina Beatriz Tavares da Silva. São Paulo: Saraiva, 2008. p. 2.153.

do testamento. Precedentes desta Corte Superior. Com efeito, a disposição da lei visa a preservar a vontade do testador e, a um só tempo, os interesses de herdeiro superveniente ao testamento que, em razão de uma presunção legal, poderia ser contemplado com uma parcela maior da herança, seja por disposição testamentária, seja por reminiscência de patrimônio não comprometido pelo testamento. Por outro lado, no caso concreto, o descendente superveniente – filho havido fora do casamento – nasceu um ano antes da morte do testador, sendo certo que, se fosse de sua vontade, teria alterado o testamento para contemplar o novo herdeiro, seja apontando-o diretamente como sucessor testamentário, seja deixando mais bens livres para a sucessão hereditária. Ademais, justifica-se o tratamento diferenciado conferido pelo morto aos filhos já existentes – que também não eram decorrentes do casamento com a então inventariante –, porque depois do reconhecimento do filho biológico pelo marido, a viúva pleiteou sua adoção unilateral, o que lhe foi deferido. Assim, era mesmo de supor que os filhos já existentes pudessem receber, em testamento, quinhão que não recebería o filho superveniente, haja vista que se tornou filho (por adoção) da viúva-meeira e também herdeira testamentária" (STJ, REsp 1.169.639/MG, 4.ª Turma, Rel. Min. Luis Felipe Salomão, j. 11.12.2012, *DJe* 04.02.2013).

Outro aresto da Corte, agora com conteúdo bem polêmico, considerou que o testamento não deveria ser rompido no caso de adoção *post mortem* realizado pelo testador. Vejamos trecho da ementa:

"No caso concreto, o novo herdeiro, que sobreveio, por adoção *post mortem*, já era conhecido do testador que expressamente o contemplou no testamento e ali consignou, também, a sua intenção de adotá-lo. A pretendida incidência absoluta do art. 1.750 do Código Civil de 1916 (art. 1.793 do Código Civil de 2002) em vez de preservar a vontade esclarecida do testador, implicaria a sua frustração. A aplicação do texto da lei não deve violar a razão de ser da norma jurídica que encerra, mas é de se recusar, no caso concreto, a incidência absoluta do dispositivo legal, a fim de se preservar a *mens legis* que justamente inspirou a sua criação" (STJ, REsp 985.093/RJ, 3.ª Turma, Rel. Min. Humberto Gomes de Barros, Rel. p/ Acórdão Min. Sidnei Beneti, j. 05.08.2010, *DJe* 24.09.2010).

Ademais, a jurisprudência superior já entendeu que o art. 1.973 do CC/2002 não deve ser aplicado quando há o resguardo da legítima de herdeiro:

"Recurso Especial. Civil e processo civil. Herdeiro neto. Sucessão por representação. Testamento. Ruptura. Art. 1.973 do CC/2002. Não ocorrência. Legado. Direito de acrescer possibilidade. Recurso não conhecido. (...). Com efeito, quando a Lei fala em superveniência de descendente sucessível, como causa determinante da caducidade do testamento, leva em consideração o fato de que seu surgimento altera, por completo, a questão relativa às legítimas. Aqui, tal não ocorreu, já que resguardou-se a legítima do filho e, consequentemente, do neto. 4. Não havendo determinação dos quinhões, subsiste o direito de acrescer ao colegatário, nos termos do artigo 1.712 do Código de 1916. 5. Recurso não conhecido" (STJ, REsp 594.535/SP, 4.ª Turma, Rel. Min. Hélio Quaglia Barbosa, j. 19.04.2007, *DJU* 28.05.2007, p. 344).

Também no âmbito superior, entendeu o Tribunal da Cidadania, com razão, que o rompimento do testamento somente se admite em casos excepcionais, preservando-se ao máximo a vontade manifestada no ato de última vontade. Nos termos do acórdão:

"O cumprimento da vontade do testador tem sido a tônica que gerencia a interpretação dos testamentos, se não por outras motivações, ao menos para dar credibilidade ao instituto e a certeza àquele que redige um testamento, de que, ressalvadas nulidades, erros evidentes, ou raríssimas presunções que podem desconstituir o testamento, sua manifestação de vontade será integralmente cumprida. Buscando-se a consecução desse objetivo primário, sempre que houver necessidade de se interpretar um testamento, deve-se buscar a real expressão da vontade do *de cujus*, perscrutando no seu cotidiano, no seu ambiente, nas relações sociais por ele instituídas, como, efetivamente, queria ou deveria querer dispor de seu patrimônio (...) o rompimento de um testamento, com a sua consequente invalidade geral, é medida extrema que somente é tomada diante da singular revelação de que o testador não tinha conhecimento da existência de descendente sucessível" (STJ, REsp 1.615.054/MG, 3.ª Turma, Rel. Min. Nancy Andrighi, julgado em agosto de 2017).

Lamenta-se apenas o fato de o julgado falar em invalidade, pois o rompimento gera a ineficácia do ato testamentário. Em suma, houve confusão sobre dois planos distintos do negócio jurídico.

Por igual, rompe-se o testamento feito na ignorância de existirem outros herdeiros necessários, é o caso, por exemplo, de um neto (art. 1.974 do CC). Existe polêmica a respeito da inclusão do cônjuge nessa última regra, uma vez que passou a ser herdeiro necessário pelo Código Civil de 2002.

De início, Zeno Veloso responde positivamente, aduzindo que "deve-se compreender o art. 1.974 como complemento do art. 1.973. Este tratou dos descendentes, e esgotou o assunto. Os outros herdeiros necessários, mencionados no art. 1.974, são, por óbvio, os ascendentes e o cônjuge (art. 1.845). O testamento se rompe se o testador distribuiu os seus bens e não sabia que tinha tais herdeiros, obrigatórios ou forçados, imaginando, p. ex., que eles já tivessem morrido".[115]

Por outra via, José Fernando Simão defende, em obra anteriormente escrita em coautoria, que a resposta seria negativa. Para amparar suas conclusões, cita mensagem eletrônica enviada por Euclides de Oliveira, a respeito de situação fática que aprofunda o assunto:

"Parece-me que a hipótese não é de rompimento, mas de simples redução testamentária. O rompimento a que alude o art. 1.974 do Código Civil diz com o desconhecimento da existência de pessoa sucessível. Aplica-se, por exemplo, quando o testador supõe que o pai, desaparecido, esteja morto, quando em verdade permanece vivo. Da mesma forma, se o cônjuge ausente reaparece, então o testamento que omitisse seus direitos como herdeiro necessário estaria rompido, por força da lei, na suposição de que, se o testador soubesse, não teria disposto em benefício de outrem. Ainda que depois, pela mudança do Código, o cônjuge tenha passado a ser herdeiro necessário, tal fato não atinge por inteiro a prévia disposição de última vontade. A solução, portanto, será simplesmente a de reduzir o testamento à parte disponível, nos termos do art. 1.967 do CC, de modo a garantir a legítima que a lei agora manda atribuir ao cônjuge sobrevivo".

De fato, essa segunda corrente parece ser mais a correta, até porque há a alternativa da redução testamentária. Em complemento, entendemos que a afirmação também vale para o companheiro.

Como se pode perceber, o art. 1.974 gera muitas polêmicas e divergências doutrinárias e jurisprudenciais, razão pela qual a Comissão de Juristas nomeada no âmbito do Senado Federal para a Reforma do Código Civil propõe a sua revogação expressa. Além disso, sugere-se uma

---

[115] VELOSO, Zeno. *Código Civil comentado*. 8. ed. Coord. Regina Beatriz Tavares da Silva. São Paulo: Saraiva, 2012. p. 2.184.

# 1864 | MANUAL DE DIREITO CIVIL • VOLUME ÚNICO – *Flávio Tartuce*

melhora na redação do art. 1.973, para que tenha maior efetividade, passando a prever que, "sobrevindo descendente sucessível ao testador que não tinha outros descendentes ou não os conhecia quando testou, rompe-se o testamento em todas as suas disposições patrimoniais, se esse descendente sobreviver ao testador". Além disso, como se pode perceber, inclui-se no texto de lei o teor do Enunciado n. 643 da *VIII Jornada de Direito Civil*, para que o rompimento do testamento se refira expressamente apenas às disposições de caráter patrimonial.

A encerrar o estudo do instituto do rompimento do testamento, conforme o art. 1.975 do CC não se rompe o testamento se o testador dispuser da sua metade, não contemplando os herdeiros necessários de cuja existência saiba, ou quando os exclua dessa parte. Preserva-se a vontade do testador que não quis beneficiar determinado herdeiro necessário, é o caso, por exemplo, de um filho. Aplicando a norma, da jurisprudência:

> "Rompimento de cédula testamentária inadmissível na espécie. Hipótese em que há fortes dados confirmando que o *de cujus* tinha inequívoca ciência da prole, ainda se afirmasse solteiro ao testar. Incidência da norma do artigo 1.975, do Código Civil. Recurso improvido" (TJSP, Agravo de Instrumento 528.596.4/3, Acórdão 3255976, 6.ª Câmara de Direito Privado, São Paulo, Rel. Des. Isabela Gama de Magalhães, j. 25.09.2008, *DJESP* 29.10.2008).

Ganha força jurídica a premissa de inclusão do companheiro nas mesmas regras relativas aos cônjuges, diante da recente decisão do STF que reconheceu a inconstitucionalidade do art. 1.790 do CC e equiparou a união estável ao casamento para todos os fins sucessórios (STF, Recurso Extraordinário 878.694/MG, Rel. Min. Luís Roberto Barroso, j. 10.05.2017, publicado no seu *Informativo* n. 864). Penso que a afirmação de igualdade sucessória entre o cônjuge e o companheiro será confirmada e essa posição se consolidará nos próximos anos, devendo o companheiro ser tratado como herdeiro necessário no atual sistema, até que a lei seja eventualmente alterada.

## 9.9.12 Do testamenteiro

Para findar a abordagem da sucessão testamentária, cumpre estudar o tema da testamentaria, atribuição exercida pelo testamenteiro. Conforme aponta José de Oliveira Ascensão, "A testamentaria é uma instituição que pode surgir quando a vocação opera por força de testamento. O autor da sucessão pode nomear uma ou mais pessoas que fiquem encarregadas de vigiar o cumprimento do seu testamento ou de o executar, no todo ou em parte".[116] Nesse sentido, é o art. 1.976 do CC/2002, *in verbis*: "o testador pode nomear um ou mais testamenteiros, conjuntos ou separados, para lhe darem cumprimento às disposições de última vontade". Trata-se, portanto, de um *múnus privado*, exercido no interesse dos herdeiros.

A respeito de suas atribuições, preconizava o art. 1.137 do CPC/1973 que incumbiria ao testamenteiro: *a)* cumprir as obrigações do testamento; *b)* propugnar a validade do testamento; *c)* defender a posse dos bens da herança; *d)* requerer ao juiz que lhe concedesse os meios necessários para cumprir as disposições testamentárias. Esse dispositivo não foi reproduzido pelo CPC vigente, sendo clara a preferência do legislador processual em concentrar a matéria no Código Civil. Nesse contexto, tais atribuições ou deveres são retirados dos arts. 1.980, 1.981 e 1.982 do Código Civil de 2002, a seguir estudados.

Em complemento, nota-se que outros comandos processuais que tratavam de questões materiais também não encontram correspondentes no Estatuto Processual emergente, caso dos

---

[116] ASCENSÃO, José de Oliveira. *Direito Civil*. Sucessões. 5. ed. Coimbra: Coimbra, 2000. p. 491.

CAP. 9 • DIREITO DAS SUCESSÕES | **1865**

arts. 1.138, 1.139, 1.140 e 1.141 do CPC/1973. Mais uma vez, a não reprodução demonstra o objetivo de se concentrar o tratamento material do assunto na codificação substantiva de 2002.

Pois bem, conforme a doutrina, quanto à extensão de sua atuação, duas são as modalidades de testamenteiro:[117]

> → *Testamenteiro universal* – que é aquele que tem a posse e a administração da herança, ou de parte dela, não havendo cônjuge ou herdeiros necessários (art. 1.977 do CC). Em casos tais, qualquer herdeiro pode requerer partilha imediata, ou devolução da herança, habilitando o testamenteiro com os meios necessários para o cumprimento dos legados, ou dando caução de prestá-los. Além disso, presente essa testamentaria universal e plena, incumbe ao testamentário requerer inventário e cumprir o testamento (art. 1.978 do CC). No Projeto de Reforma do Código Civil há proposta de alteração do seu art. 1.977, para que passe a prever que "o testador pode conceder ao testamenteiro a posse e a administração da herança, ou de parte dela, não havendo cônjuge ou convivente em regime de comunhão universal ou parcial de bens, ou herdeiros necessários". Como se pode perceber, há a inclusão do convivente na norma, para os casos de união estável; restringindo-a também para os dois regimes mencionados, o que se justifica diante da presença neles de comunicação de bens. De fato, não há razão para que a norma se aplique na separação convencional de bens.
>
> → *Testamenteiro particular* – quando a sua atuação restringe-se à mera fiscalização da execução testamentária.

Em qualquer uma das hipóteses, o testamenteiro nomeado, ou qualquer parte interessada, pode requerer, assim como o juiz pode ordenar, de ofício, ao detentor do testamento, que o leve a registro (art. 1.979 do CC). Tal registro, segundo Zeno Veloso, "constitui a formalidade preliminar para que as disposições mortuárias sejam cumpridas ou executadas".[118]

No que concerne aos seus deveres, prevê o art. 1.980 do CC que o testamenteiro é obrigado a cumprir as disposições testamentárias, no prazo marcado pelo testador, e a prestar contas do que recebeu e despendeu, subsistindo sua responsabilidade enquanto durar a execução do testamento. Tal responsabilidade do testamenteiro depende da prova de culpa, sendo uma responsabilidade subjetiva, uma vez que ele assume uma obrigação de meio ou diligência.

Ademais, reafirme-se que compete ao testamenteiro, com ou sem o concurso do inventariante e dos herdeiros instituídos, defender a validade do testamento (art. 1.981 do CC). Sendo assim, deve ele sempre afastar as alegações de nulidade absoluta do ato de última vontade, preservando ao máximo a autonomia privada do falecido.

Além dessas duas atribuições exaradas, terá o testamenteiro as que lhe conferir o testador, nos limites da lei (art. 1.982 do CC). A título de ilustração, pode ser citado um encargo imposto pelo autor da herança.

Não concedendo o testador prazo maior, o testamenteiro deve cumprir o testamento e prestar contas no prazo de 180 dias, contados da aceitação da testamentaria (art. 1.983, *caput*, do CC). Essa regra estava no art. 1.135 do CPC/1973, não reproduzido pelo CPC/2015, pelas razões antes expostas. Tal prazo pode ser prorrogado se houver motivo suficiente para tanto, o que deve ser analisado caso a caso pelo juiz (art. 1.983, parágrafo único, do CC).

---

[117] Ver: DINIZ, Maria Helena. *Código Civil anotado*. 15. ed. São Paulo: Saraiva, 2010. p. 1.369-1.370.
[118] VELOSO, Zeno. *Código Civil comentado*. 6. ed. Coord. Ricardo Fiuza e Regina Beatriz Tavares da Silva. São Paulo: Saraiva, 2008. p. 2.157.

# 1866 | MANUAL DE DIREITO CIVIL • VOLUME ÚNICO – *Flávio Tartuce*

Admite-se a nomeação de um *testamenteiro dativo*, eis que, na falta de testamenteiro nomeado pelo testador, a execução testamentária compete a um dos cônjuges, e, em falta destes, ao herdeiro nomeado pelo juiz (art. 1.984 do CC). Na esteira da melhor doutrina, deve ser incluído no dispositivo o companheiro com quem o falecido vivia em união estável.[119] Isso, diante da proteção constitucional da união estável (art. 226, § 3.º, da CF/1988).

Vale lembrar que a opção do Código de Processo Civil em vigor foi justamente a de equalização do companheiro ao cônjuge, para todos os fins instrumentais. Como não poderia ser diferente, o Projeto de Reforma do Código Civil pretende fazer o mesmo, o que virá em boa hora, passando a norma a ter a seguinte redação: "Art. 1.984. Na falta de testamenteiro nomeado pelo testador, a execução testamentária compete ao cônjuge, ou convivente sobrevivente e, na falta deste, a um herdeiro nomeado pelo juiz".

O exercício da testamentaria é considerado personalíssimo ou *intuito personae*. Por isso, tal encargo não se transmite aos herdeiros do testamenteiro, nem é delegável (art. 1.985 do CC). Porém, o testamenteiro pode fazer-se representar em juízo e fora dele, mediante mandatário com poderes especiais, havendo uma representação convencional.

Também é possível juridicamente a pluralidade de testamenteiros que tenham aceitado o cargo (*testamentaria plural*). Em casos tais, nos termos do art. 1.986 do CC, poderá cada qual exercer o ato, um em falta dos outros (atuação sucessiva). Porém, todos ficam solidariamente obrigados a dar conta dos bens que lhes forem confiados. Isso, salvo se cada um tiver, pelo testamento, funções distintas, e a elas se limitar (atuação fracionária).

Como retribuição pelo encargo exercido, salvo disposição testamentária em contrário, o testamenteiro, que não seja herdeiro ou legatário, terá direito a um prêmio. Tal prêmio, denominado como *vintena*, não sendo fixado pelo testador, será de um a cinco por cento, arbitrado pelo juiz, sobre a herança líquida, conforme a importância dela e maior ou menor dificuldade na execução do testamento (art. 1.987, *caput*, do CC). Tal regra também era retirada do art. 1.138 do CPC/1973, sem repetição no CPC/2015, que preferiu concentrar tal tratamento na lei material.

A denominação *vintena* se justifica pelo fato de corresponder, no máximo, à vigésima parte da herança. Tal prêmio arbitrado será pago à conta da parte disponível, quando houver herdeiro necessário (art. 1.987, parágrafo único, do CC). Eventualmente, na prática, o valor fixado pelo testador pode ser aumentado até o limite fixado em lei, de acordo com a atuação do testamenteiro:

> "Agravo de Instrumento. Decisão que fixou a vintena devida ao testamenteiro. Pretendida majoração da verba pelo agravante. Hipótese em que se deve observar o disposto no artigo 1.987 do Código Civil. Majoração parcialmente concedida. Agravo Provido em Parte" (TJSP, Agravo de Instrumento 994.09.271581-0, Acórdão 4447247, 6.ª Câmara de Direito Privado, São Paulo, Rel. Des. Sebastião Carlos Garcia, j. 15.04.2010, *DJESP* 19.05.2010).

Do mesmo modo, ao testamenteiro poderá ser pago um valor menor ao previsto, se a sua atuação for irregular e insuficiente, conforme já concluiu o STJ:

> "Civil. Sucessões. Testamento. Vintena. Irregular e negligente execução do testamento. – Se é lícito ao Juiz remover o testamenteiro ou determinar a perda do prêmio por não cumprir as disposições testamentárias (CPC, art. 1.140), é-lhe possível arbitrar

---

[119] VELOSO, Zeno. *Código Civil comentado*. 6. ed. Coord. Ricardo Fiuza e Regina Beatriz Tavares da Silva. São Paulo: Saraiva, 2008. p. 2.159.

CAP. 9 • DIREITO DAS SUCESSÕES | **1867**

um valor compatível para remunerar o trabalho irregular e negligente na execução do testamento" (STJ, REsp 418.931/PR, 3.ª Turma, Rel. Min. Humberto Gomes de Barros, j. 25.04.2006, *DJ* 01.08.2006, p. 430).

Destaque-se que, conforme o dispositivo processual citado no último julgado (art. 1.140 do CPC/1973), o testamenteiro seria removido e perderia o prêmio se: *a)* lhe fossem glosadas as despesas por ilegais ou em discordância com o testamento; *b)* não cumprisse as disposições testamentárias. Esse dispositivo também não foi reproduzido pelo CPC/2015. Ademais, não há regra, no Código Civil, estabelecendo a sua destituição. De toda sorte, não se pode dizer que o testamenteiro nunca será removido, mas muito pelo contrário. Isso porque o Código Civil continua a estabelecer que "reverterá à herança o prêmio que o testamenteiro perder, por ser removido ou por não ter cumprido o testamento" (art. 1.989 do CC/2002).

Sendo assim, acredito que os casos de remoção do testamenteiro merecem análise caso a caso, de acordo com as circunstâncias do caso concreto, tendo sido substituído um modelo supostamente fechado por um modelo aberto. Para este autor, os antigos casos que estavam previstos no art. 1.140 do CPC/1973 até servem como exemplos de enquadramento, pela prática jurisprudencial anterior existente sobre o tema.

Ainda quanto ao prêmio, o herdeiro ou o legatário nomeado como testamenteiro poderá preferir o prêmio à herança ou ao legado, o que decorre do exercício de sua autonomia privada (art. 1.988 do CC). O art. 1.139 do CPC/1973 previa que somente se efetuaria o pagamento da vintena mediante adjudicação de bens se o testamenteiro fosse seu meeiro, caso do cônjuge. Novamente, tal preceito não foi reproduzido pelo CPC/2015. Como não existe mais essa restrição, pensamos que o pagamento mediante adjudicação de bens será cabível em qualquer hipótese, sendo quem for o testamenteiro. De toda sorte, é prudente aguardar como a doutrina e a jurisprudência resolverão esse dilema no futuro.

Por derradeiro, enunciava o art. 1.141 do CPC/1973 que o testamenteiro, que quisesse demitir-se do encargo, poderia requerer ao juiz a escusa, alegando causa legítima. Ouvidos os interessados e o órgão do Ministério Público, o juiz decidiria de acordo com as circunstâncias do caso concreto. Esse dispositivo também não tem correspondente no atual CPC. Todavia, não se tratando de restrição, acreditamos que a demissão por parte do testamenteiro ainda é possível, pois ninguém pode ser obrigado a cumprir algo contra a sua vontade.

Em relação aos procedimentos, opino que seja seguido o mesmo caminho expresso na lei anterior, por costume judiciário. Ressalve-se apenas a atuação do Ministério Público, que parece desnecessária, com exceção dos casos que envolvam incapazes.

## 9.10 DO INVENTÁRIO E DA PARTILHA

### 9.10.1 Do inventário. Conceito, modalidades e procedimentos

Para encerrar o presente Capítulo e esta obra, cumpre estudar a instrumentalização concreta do Direito Sucessório, que se dá pelo inventário, pela partilha e por temas correlatos, tratando tanto pela lei privada quanto pela lei processual. Como não poderia ser diferente, o tema merece ser atualizado diante da emergência do Código de Processo Civil de 2015.

Sobre o conceito de inventário, lecionam Euclides de Oliveira e Sebastião Amorim que "quando morre uma pessoa deixando bens, abre-se a sucessão e procede-se o inventário, para regular apuração dos bens deixados, com a finalidade de que passem a pertencer legalmente aos seus sucessores. O inventário é o procedimento obrigatório para a atribuição legal dos

**1868** | MANUAL DE DIREITO CIVIL • VOLUME ÚNICO – *Flávio Tartuce*

bens aos sucessores do falecido, mesmo em caso de partilha extrajudicial".[120] Em sentido próximo, esclarece Francisco José Cahali que "o inventário é o meio pelo qual se promove a efetiva transferência da herança e os respectivos herdeiros, embora, no plano jurídico (e fictício, como visto), a transmissão do acervo se opere no exato instante do falecimento".[121]

A respeito da matéria, há um dispositivo inicial no CC/2002, o art. 1.991, segundo o qual: "desde a assinatura do compromisso até a homologação da partilha, a administração da herança será exercida pelo inventariante". O inventariante é o administrador do *espólio*, conjunto de bens formado com a morte de alguém, que constitui um ente despersonalizado, como visto. Age o inventariante com um *mandato legal*, após a devida nomeação pelo juiz.

Os principais procedimentos quanto ao inventário estão previstos no Estatuto Processual, como realmente deve ser. No Código de Processo Civil anterior estavam entre os seus arts. 982 a 1.021. No Código de Processo Civil de 2015, ora em vigor, a regulamentação do inventário consta dos arts. 610 a 646.

Conforme julgado do Superior Tribunal de Justiça, demonstrando essa faceta de atuação processual, "o inventariante nada mais é do que, substancialmente, auxiliar do juízo (art. 139 do CC/2002), não podendo ser civilmente preso pelo descumprimento de seus deveres, mas sim destituído por um dos motivos do art. 995 do CC/2002" (STJ, HC 256.793/RN, Rel. Min. Luis Felipe Salomão, j. 1.º.10.2013, publicado no seu *Informativo* n. *531*).

Não se olvide de que o art. 982 do CPC/1973 foi alterado pela Lei 11.441, de 4 de janeiro de 2007, norma que revolucionou a matéria. Em sua redação original, determinava a norma que se procederia ao inventário judicial, ainda que todas as partes fossem capazes. Nesse contexto, o procedimento judicial de inventário era tido como necessário e obrigatório para a partilha de bens do falecido, mesmo havendo plena capacidade e acordo entre os seus herdeiros.

Com a entrada em vigor da nova lei, o panorama legal alterou-se, de forma contundente e substancial. A modificada redação do art. 982 do CPC/1973 era a seguinte:

"Art. 982. Havendo testamento ou interessado incapaz, proceder-se-á ao inventário judicial; se todos forem capazes e concordes, poderá fazer-se o inventário e a partilha por escritura pública, a qual constituirá título hábil para o registro imobiliário.

§ 1.º O tabelião somente lavrará a escritura pública se todas as partes interessadas estiverem assistidas por advogado comum ou advogados de cada uma delas ou por defensor público, cuja qualificação e assinatura constarão do ato notarial.

§ 2.º A escritura e demais atos notariais serão gratuitos àqueles que se declararem pobres sob as penas da lei".

Desse modo, sendo as partes capazes e inexistindo testamento, poderiam os herdeiros optar pelo inventário extrajudicial, que constitui um caminho facultativo e não obrigatório.

O Código de Processo Civil de 2015 praticamente repetiu o preceito, no seu art. 610, *in verbis*:

"Art. 610. Havendo testamento ou interessado incapaz, proceder-se-á ao inventário judicial.

---

[120] OLIVEIRA, Euclides de; AMORIM, Sebastião. *Inventários e partilhas*. 22. ed. São Paulo: LEUD, 2009. p. 299.
[121] CAHALI, Francisco José. *Direito das Sucessões*. 3. ed. São Paulo: RT, 2007. p. 357.

§ 1.º Se todos forem capazes e concordes, o inventário e a partilha poderão ser feitos por escritura pública, a qual constituirá documento hábil para qualquer ato de registro, bem como para levantamento de importância depositada em instituições financeiras.

§ 2.º O tabelião somente lavrará a escritura pública se todas as partes interessadas estiverem assistidas por advogado ou por defensor público, cuja qualificação e assinatura constarão do ato notarial".

Como se pode perceber, a única diferença substancial diz respeito à falta de menção à gratuidade do ato para os que se declararem pobres, assim como ocorreu com a separação e o divórcio extrajudiciais. De todo modo, vale o argumento no sentido de que a gratuidade permanece por estar prevista em lei especial anterior, qual seja a Lei 11.441/2007. Em complemento, a gratuidade tem índole constitucional, pela tutela da pessoa humana (art. 1.º, inciso III, da CF/1988) e pelo espírito de solidariedade que guia o Texto Maior (art. 3.º, inciso I, da CF/1988). Mais especificamente, há referência expressa à gratuidade no art. 5.º, inciso LXXIV, da Norma Fundamental: "o Estado prestará assistência jurídica integral e gratuita aos que comprovarem insuficiência de recursos". Como bem escreveu Fernanda Tartuce, o acesso efetivo à justiça dispensa que haja previsão textual expressa em lei de gratuidade para determinado ato, devendo as relações legais de atos gratuitos ser lidas como meramente exemplificativas (*numerus apertus*), e não como taxativas (*numerus clausus*).[122]

Como outro argumento substancial, cite-se o que consta no art. 1.º desse Código de Processo Civil de 2015, comando que aproxima as normas processuais da Constituição Federal de 1988, *constitucionalizando* a matéria: "o processo civil será ordenado, disciplinado e interpretado conforme os valores e as normas fundamentais estabelecidos na Constituição da República Federativa do Brasil, observando-se as disposições deste Código".

Exatamente nessa linha, e citando o meu entendimento doutrinário, merece destaque decisão prolatada no âmbito do Conselho Nacional de Justiça (CNJ), publicada em abril de 2018, no sentido de que "a consulta é respondida no sentido que a gratuidade de justiça deve ser estendida, para efeito de viabilizar o cumprimento da previsão constitucional de acesso à jurisdição e a prestação plena aos atos extrajudiciais de notários e de registradores. Essa orientação é a que melhor se ajusta ao conjunto de princípios e normas constitucionais voltados a garantir ao cidadão a possibilidade de requerer aos poderes públicos, além do reconhecimento, a indispensável efetividade dos seus direitos (art. 5.º, XXXIV, XXXV, LXXIV, LXXVI e LXXVII, da CF/88), restando, portanto, induvidosa a plena eficácia da Resolução n. 35 do CNJ, em especial seus artigos 6.º e 7.º" (CNJ, Consulta 0006042-02.2017.2.00.0000, requerente: Corregedoria-Geral da Justiça do Estado da Paraíba). Assim, a gratuidade das escrituras de inventário está mantida em todo o território nacional, na linha desse importante julgado do CNJ, que teve como relator o Conselheiro Arnaldo Hossepian. No mesmo sentido é o texto do art. 6.º da Resolução 35 do CNJ, na redação dada pela sua nova Resolução 571/2024: "a gratuidade prevista na norma adjetiva compreende as escrituras de inventário, partilha, divórcio, separação de fato e extinção da união estável consensuais".

Ainda com o intuito de introdução do tema do inventário e da partilha, cumpre expor o Provimento 56 do Conselho Nacional de Justiça, de julho de 2016, incorporado em parte ao Código Nacional de Normas do CNJ, elaborado pelo CNJ em 2023 (art. 442). A

---

[122] TARTUCE, Fernanda. Gratuidade em divórcio e inventário extrajudiciais. In: DELGADO, Mário Luiz; COLTRO, Antonio Carlos Mathias (Org.). *Separação, divórcio, partilhas e inventários extrajudiciais*. 2. ed. Rio de Janeiro: Forense, 2010. v. 1, p. 127.

norma exige a consulta ao Registro Central de Testamentos *on-line* para que se processe os inventários e as partilhas judiciais ou extrajudiciais. Assim, é preciso verificar a existência de testamentos como requisito essencial prévio para os procedimentos de inventário judicial ou extrajudicial.

Penso ser a norma administrativa louvável, com o claro intuito de preservar a última vontade do falecido, a sua autonomia privada manifestada em testamento. Nesse contexto, nos termos do que está expresso atualmente no art. 441 do Código Nacional de Normas, em se tratando da lavratura dos atos notariais relacionados a inventário, partilha, separação consensual, divórcio consensual e extinção consensual de união estável por via administrativa, observar-se-á, sem prejuízo de outros atos normativos vigentes: *a)* a Resolução 35/2007 do CNJ; e *b)* a obrigatoriedade de consulta ao Registro Central de Testamentos On-Line (RCTO), módulo de informação da Central Notarial de Serviços Compartilhados (CENSEC), na forma do Provimento 56/2016, que foi preservado.

Assim, consoante o art. 1.º do Provimento 56 do CNJ, "os Juízes de Direito, para o processamento dos inventários e partilhas judiciais, e os Tabeliães de Notas, para a lavratura das escrituras públicas de inventário extrajudicial, deverão acessar o Registro Central de Testamentos *On-Line* (RCTO), módulo de informação da CENSEC – Central Notarial de Serviços Compartilhados, para buscar a existência de testamentos públicos e instrumentos de aprovação de testamentos cerrados".

A norma administrativa, em complemento, considera obrigatória, para o processamento dos inventários e partilhas judiciais, bem como para lavrar escrituras públicas de inventário extrajudicial, a juntada de certidão acerca da inexistência de testamento deixado pelo autor da herança, expedida pela CENSEC (art. 2.º do Provimento 56 do CNJ).

O diploma não afasta as normas editadas pelas correspondentes Corregedorias-Gerais da Justiça, pelos Juízes Corregedores e pelos Juízes competentes na forma da organização de cada Estado (art. 3.º do Provimento 56 do CNJ). Por fim, está previsto que as Corregedorias-Gerais da Justiça deverão dar ciência do seu teor obrigatório aos responsáveis pelas unidades do serviço extrajudicial (art. 4.º).

Também é importante relembrar que, nos termos do antigo Provimento 100/2020 do mesmo CNJ, também incorporado ao Código Nacional de Normas, o inventário extrajudicial, assim como outros atos e negócios jurídicos que exigem a escritura pública lavrada por Tabelionato de Notas, pode ser efetivado pelo meio digital ou eletrônico, desde que observadas as suas regras de validade, sobretudo as previstas nos arts. 286 e 289 do CNN, do CNJ.

Feitas tais considerações, observa-se que, no sistema vigente, são modalidades de inventário admitidas pelo Direito Brasileiro:

### 9.10.1.1 *Do inventário judicial*

Conforme se extrai da obra de Euclides de Oliveira e Sebastião Amorim devidamente atualizada, três são as espécies de inventário judicial:

> – *Inventário judicial pelo rito ou procedimento tradicional (inventário comum)* – tratado nos arts. 610 a 658 do CPC/2015, que correspondem aos arts. 982 a 1.030 do CPC/1973.
>
> – *Inventário judicial pelo rito do arrolamento sumário* – previsto no art. 659 do CPC/2015 (art. 1.031 do CPC/1973), sendo cabível quando todos os interessados forem maiores e capazes, abrangendo bens de quaisquer valores.

> – *Inventário judicial pelo rito do arrolamento comum* – constante do art. 664 do CPC/2015, que corresponde ao art. 1.036 do CPC/1973, sendo cabível quando os bens do espólio forem de até determinado valor.[123] Como se verá a seguir, houve aqui uma mudança substancial a respeito desse montante.

Vejamos de forma pontual.

## 9.10.1.1.1 Inventário judicial pelo rito ou procedimento tradicional (inventário comum)

Iniciando-se o estudo do inventário pelo rito tradicional, o art. 983 do CPC/1973 enunciava que o inventário e a partilha deveriam ser requeridos dentro de 60 (sessenta) dias a contar da abertura da sucessão, ultimando-se nos 12 (doze) meses subsequentes. Deve-se ressaltar que o parágrafo único desse dispositivo, que previa a possibilidade de o juiz da causa dilatar o último prazo havendo motivo justo, foi revogado pela Lei 11.441/2007. Com a modificação, determinava o art. 983 do antigo CPC que o magistrado poderia prorrogar o prazo, de ofício ou a requerimento das partes.

O Código de Processo Civil de 2015 alterou a menção aos sessenta dias para abertura do inventário para dois meses, mantendo-se o que é previsto quanto ao seu encerramento (art. 611). Também foi preservada a possibilidade de prorrogação, por pedido do interessado ou de ofício pelo juiz.

A crítica que se fazia ao dispositivo anterior, e que deve permanecer com o Estatuto Processual emergente, é que ele não consagrava expressamente sanção em caso de descumprimento do mencionado prazo. No entanto, a ausência de previsão não impedia – e não impedirá – que cada Estado da Federação institua uma multa pelo retardamento do início ou da ultimação do inventário, não havendo qualquer inconstitucionalidade nessa instituição, conforme consta da Súmula 542 do Supremo Tribunal Federal.

Geralmente é isso o que se impõe nos casos de desobediência a esses prazos, como bem comentam Euclides de Oliveira e Sebastião Amorim, tendo como parâmetro o sistema processual anterior, o que ainda é realidade jurídica:

> "É comum haver atraso na abertura do inventário. Diversas as razões, como o trauma decorrente da perda de um ente familiar, dificuldades financeiras, problemas na contratação de advogado ou necessidade de diligências para localização dos bens e sua documentação. A inércia do responsável poderá ensejar a atuação de outro interessado na herança, que tenha legitimidade concorrente (art. 988 do CPC), ou providência *ex officio* (art. 989 do CPC). Requerimento fora do prazo não implica indeferimento de abertura do inventário pelo juiz, mesmo porque se trata de procedimento obrigatório, não sujeito a prazo fatal. Mas o atraso na abertura do processo de inventário, quando superior a 60 (sessenta) dias, acarretará acréscimo dos encargos fiscais, pela incidência de multa de 10% sobre o importe a recolher, além dos juros de mora. Se o atraso for superior a 180 (cento e oitenta) dias a multa será de 20% (previsão da Lei paulista 9.591/1966, art. 27, repisada pela Lei 10.705/2000, artigo 21, inciso I)".[124]

Também sobre o art. 611 do CPC/2015 é preciso comentar e aprofundar sobre o teor da Lei 14.010/2020, que criou um Regime Jurídico Emergencial e Transitório das relações

---

[123] OLIVEIRA, Euclides de; AMORIM, Sebastião. *Inventário e partilha*. 24. ed. São Paulo: Saraiva, 2016. p. 320.

[124] AMORIM, Sebastião; OLIVEIRA, Euclides. *Inventários e partilhas*. 22. ed. São Paulo: Leud, 2009. p. 328-329.

jurídicas de Direito Privado no período da pandemia do coronavírus. Sobre o Direito das Sucessões, o art. 16 da Lei 14.010/2020 trata da suspensão dos prazos para a instauração e o encerramento dos processos de inventário e de partilha, previstos no art. 611 do CPC/2015.

Para as sucessões abertas a partir de 1.º de fevereiro de 2020, o termo inicial para a instauração será o dia 30 de outubro de 2020, e não mais dois meses da abertura da sucessão, como consta da norma processual. Além disso, está previsto no comando que o prazo de doze meses para que seja ultimado o processo de inventário e de partilha, caso iniciado antes de 1.º de fevereiro de 2020, ficará suspenso a partir da entrada em vigor da lei – 12 de junho de 2020, quando foi publicada –, até a citada data de 30 de outubro.

Como antes pontuado, as sanções para o descumprimento dessa norma processual dizem respeito à possibilidade de cada Estado da Federação ou o Distrito Federal instituir uma multa pelo retardamento do início ou da ultimação do inventário. No caso de São Paulo, por exemplo, o tema está tratado pela Lei Estadual 10.705/2000, no seu art. 21, inc. I, que prevê uma multa de 10% a 20%, calculada sobre o ITCMD; a última, se houver um atraso superior a 180 dias no seu requerimento. No Rio de Janeiro, o art. 37, inc. V, da Lei Estadual 7.174/2015 também prevê uma multa de 10% sobre o imposto, cobrada em dobro quando constatada a infração no curso de um procedimento fiscal. Outras unidades da Federação, como Santa Catarina e o Distrito Federal, preveem multas fixas de 20% sobre o ITCMD, nas Leis 13.136/2004 e 5.452/2015, respectivamente.

Rodrigo Reis Mazzei e Deborah Azevedo Freire entendem que todas essas multas fiscais foram afastadas pelo artigo da nova lei emergencial, eis que "como é a lei federal que trata do prazo de instauração do inventário *causa mortis*, os diplomas estaduais e o distrital estão atrelados a tal comando, somente podendo aplicar a multa se não for descumprido o preceito que emana da legislação produzida pela União Federal, em respeito ao art. 22, I, da CF/88. Em suma, somente a União Federal pode regular Direito Civil e Direito Processual Civil, sendo o prazo para a instauração do inventário *causa mortis* assunto íntimo à competência prevista no art. 22, I, do Diploma Constitucional. O fato faz com que, inclusive, não seja incomum que a legislação local traga menção à aplicação de legislação federal em relação ao prazo para a instauração do inventário *causa mortis*".[125]

Sendo assim, concluem que a suspensão dos prazos do art. 611 do CPC/2015 pela Lei 14.010/2020 afasta essas multas fiscais: "isso, porque como os ditames do citado dispositivo do CPC estão afetados pelo art. 19 do RJET, caso se obedeça à normatização transitória não há conduta contrária à legislação que permita a imposição de qualquer multa, inclusive de natureza fiscal".[126] Anote-se que os autores comentaram o art. 19 do então Projeto 1.179/2020, que hoje equivale ao art. 16 da Lei 14.010/2020. Todavia, a questão não é pacífica. José Fernando Simão – em artigo escrito em coautoria comigo e com Maurício Bunazar –, sustenta que essa conclusão não vale para o Estado de São Paulo, citando os últimos autores e rebatendo os seus argumentos. Vejamos as suas palavras:

---

[125] MAZZEI, Rodrigo Reis; FREIRE, Deborah Azevedo. A instauração do inventário *causa mortis*. Breves (mas não óbvias) anotações a partir do regime jurídico emergencial e transitório das relações jurídicas de Direito Privado (RJET) no período da pandemia do coronavírus (Covid-19). *Revista Nacional de Direito de Família e das Sucessões*, Porto Alegre, n. 35, p. 23, mar./abr. 2020.

[126] MAZZEI, Rodrigo Reis; FREIRE, Deborah Azevedo. A instauração do inventário *causa mortis*. Breves (mas não óbvias) anotações a partir do regime jurídico emergencial e transitório das relações jurídicas de Direito Privado (RJET) no período da pandemia do coronavírus (Covid-19). *Revista Nacional de Direito de Família e das Sucessões*, Porto Alegre, n. 35, p. 23, mar./abr. 2020.

"Curiosa é a conclusão, em meu sentir, equivocada, sobre a legislação tributária do Estado de São Paulo. Afirmam os autores que: 'Em São Paulo, por exemplo, o art. 21, I, da Lei nº 10.705/2000, prevê que se o inventário (ou arrolamento) não for requerido dentro do prazo fixado pela legislação federal, o ITCMD será calculado com acréscimo de multa equivalente a 10% (dez por cento) do valor do imposto, mas se o atraso exceder a 180 (cento e oitenta) dias, a multa será de 20% (vinte por cento).

Com a devida vênia, a lei estadual de São Paulo não diz isso. O artigo 21 deve ser lido conjuntamente com o artigo 17. Seguindo máxima de Jean Portalis, um dos autores do Code Napoléon, uma lei não se interpreta por leitura de um artigo isoladamente, mas sim, um artigo pelo outro. E o artigo 17 da Lei 10.705 de 2000 assim determina:

'Artigo 17 – Na transmissão *causa mortis*, o imposto será pago até o prazo de 30 (trinta) dias após a decisão homologatória do cálculo ou do despacho que determinar seu pagamento, observado o disposto no artigo 15 desta lei. § 1º – O prazo de recolhimento do imposto não poderá ser superior a 180 (cento e oitenta) dias da abertura da sucessão, sob pena de sujeitar-se o débito à taxa de juros prevista no artigo 20, acrescido das penalidades cabíveis, ressalvado, por motivo justo, o caso de dilação desse prazo pela autoridade judicial'.

Há prazo limite para recolhimento do tributo expresso e que, como se sabe, o prazo da lei especial (para recolhimento do tributo), ao não mencionar a abertura do inventário, não se suspende pela lei especial. Aliás, a interpretação em sentido contrário ignora um fato: o tributo pode ser recolhido, mesmo se inventário não houver. Uma tabela ajuda na compreensão da questão. (...).

Em conclusão, a data da abertura do inventário, para fins da lei paulista, é irrelevante, pois o ITCMD deve ser recolhido em 180 dias da abertura da sucessão, da morte, sem qualquer relação com o prazo de 2 meses do artigo 611 agora 'dilatado' pelo RJET.

Para o caso de São Paulo, o RJET é inócuo caso o recolhimento do ITCMD não ocorra no prazo máximo de 180 dias contados da morte: haverá multa de 20%. Vamos agora explicar, então, o texto do artigo 21, I da lei paulista, compilado por Rodrigo Mazzei e Deborah Azevedo Freire:

'I – no inventário e arrolamento que não for requerido dentro do prazo de 60 (sessenta) dias da abertura da sucessão, o imposto será calculado com acréscimo de multa equivalente a 10% (dez por cento) do valor do imposto; se o atraso exceder a 180 (cento e oitenta) dias, a multa será de 20% (vinte por cento)'.

Se o inventário não for requerido em 60 dias da abertura da sucessão (o que não corresponde aos dois meses do art. 611 do CPC, pois prazo que se conta em dia difere de prazo que se conta em meses), mas o tributo for recolhido nesse prazo, multa não há. Se o inventário for requerido nesse prazo e o tributo não for recolhido, multa haverá de 10%, salvo dilação desse prazo pela autoridade judicial (art. 17 da lei 10.705/2000). Essa é a interpretação sistemática da lei paulista. Não por fatias, mas um artigo lido pelo outro. O artigo 17 é a chave de interpretação do artigo 21".[127]

De fato, essa é uma questão ainda tormentosa, havendo fortes argumentos nas duas teses levantadas. *A priori*, estou filiado às primeiras lições, diante da competência da União Federal para tratar de temas atinentes ao Direito das Sucessões, correlato ao Direito Civil e Processual Civil.

---

[127] TARTUCE, Flávio; SIMÃO, José Fernando; BUNAZAR, Maurício. Comentários à Lei 14.010/2020, que cria um sistema emergencial de direito privado em tempos de pandemia de Covid-19. *Revista de Direito Civil Contemporâneo*, São Paulo, ano 8, v. 26, p. 115-152, jan.-mar. 2021.

Ademais, a lei emergencial de 2020 parece ser mais específica do que as normas estaduais, como o seu próprio nome demonstra. Além disso, vale lembrar que o fim social da norma emergencial – nos termos do art. 5.º da LINDB –, foi justamente o de suspender esses prazos processuais e, como consequência, as multas fiscais. Sendo assim, concluir o contrário esvaziaria sobremaneira a nova regra.

De toda sorte, reitero a minha percepção de que o debate exposto existirá no futuro, com interesses conflitantes de contribuintes e do Fisco Estadual. Veremos como a jurisprudência brasileira se comportará e decidirá a questão, se casos concretos a respeito do tema surgirem.

Exposto esse importante e emergencial tema, a legitimidade para requerer a abertura do inventário e a respectiva partilha constam do art. 615 do CPC/2015, que repete o art. 987 do Estatuto Processual revogado, a favor de quem estiver na posse e na administração do espólio. Sem qualquer novidade, estabelece o parágrafo único do novo preceito que esse requerimento será instruído com a certidão de óbito do autor da herança.

A legitimidade concorrente para a abertura do inventário está no art. 616 do CPC/2015, equivalente ao art. 988 do CPC/1973, sendo pertinente a seguinte tabela comparativa:

| Código de Processo Civil de 2015 | Código de Processo Civil de 1973 |
|---|---|
| "Art. 616. Têm, contudo, legitimidade concorrente: | "Art. 988. Tem, contudo, legitimidade concorrente: |
| I – o cônjuge ou companheiro supérstite; | I – o cônjuge supérstite; |
| II – o herdeiro; | II – o herdeiro; |
| III – o legatário; | III – o legatário; |
| IV – o testamenteiro; | IV – o testamenteiro; |
| V – o cessionário do herdeiro ou do legatário; | V – o cessionário do herdeiro ou do legatário; |
| VI – o credor do herdeiro, do legatário ou do autor da herança; | VI – o credor do herdeiro, do legatário ou do autor da herança; |
| VII – o Ministério Público, havendo herdeiros incapazes; | VII – o síndico da falência do herdeiro, do legatário, do autor da herança ou do cônjuge supérstite; |
| VIII – a Fazenda Pública, quando tiver interesse; | VIII – o Ministério Público, havendo herdeiros incapazes; |
| IX – o administrador judicial da falência do herdeiro, do legatário, do autor da herança ou do cônjuge ou companheiro supérstite." | IX – a Fazenda Pública, quando tiver interesse." |

Partindo-se para a análise comparada dos comandos, nota-se a inclusão expressa do companheiro como legitimado, o que já era reconhecido pela doutrina e pela jurisprudência antes do CPC de 2015. Como está desenvolvido em outro capítulo desta obra, essa equiparação entre casamento e união estável guiou a elaboração deste *Codex*. Entre os arestos anteriores, seguindo essa trilha e a título de ilustração:

"Descabe extinguir o processo de inventário, sem exame do mérito, por ilegitimidade ativa, quando o pedido de abertura foi feito pela sedizente companheira, que, apesar de não ter requerido o reconhecimento da união estável em ação própria, está com a posse dos bens do espólio, não tendo sido sequer citados os herdeiros nominados. A legitimidade para promover a abertura do inventário é tanto de quem estiver na posse e administração dos bens do espólio como também das demais pessoas a quem o legislador conferiu legitimação concorrente. Inteligência dos art. 987 e 988 do CPC. Recurso parcialmente provido" (TJRS, Apelação Cível 459012-50.2012.8.21.7000, 7.ª Câmara Cível, Canoas, Rel. Des. Sérgio Fernando de Vasconcellos Chaves, j. 21.11.2012, *DJERS* 27.11.2012).

O aresto transcrito já evidencia que a relação constante do antigo art. 988 do Código de Processo Civil de 1973 era exemplificativa (*numerus apertus*), e não taxativa (*numerus clausus*), premissa que deve prosperar com a vigente Lei Processual Privada. A propósito, debatia-se no passado, e com grande intensidade, se o companheiro homoafetivo também teria a referida legitimidade. Com a decisão do Supremo Tribunal Federal, de maio de 2011, não resta a menor dúvida quanto à equiparação total da união homoafetiva à união estável entre pessoas de sexos distintos, o que engloba as regras relativas ao inventário (ver *Informativo* n. *625* do STF). Ademais, a partir da decisão do STF de 2016, que reconheceu amplos efeitos para a parentalidade socioafetiva e a viabilidade jurídica da multiparentalidade, pode-se defender a plena inclusão do herdeiro socioafetivo no rol transcrito, sem prejuízo ao herdeiro biológico (ver *Informativo* n. *840* do STF).

Outra alteração a ser pontuada no atual art. 616 do Código de Processo Civil diz respeito à substituição da expressão *síndico da falência* por *administrador judicial da falência*, na linha das mudanças engendradas pela Lei de Falências hoje em vigor (Lei 11.101/2005). Em complemento, deve ser mantida a posição jurisprudencial segundo a qual, se o herdeiro não faz a abertura, poderá fazê-lo qualquer credor, justamente pela legitimidade concorrente prevista nesse dispositivo processual. Nesse sentido, por todos:

"Inventário. Abertura. Legitimidade do credor, mas que apenas pode requerer a abertura do inventário após decorrido o prazo de 60 dias previsto no art. 983 do CPC *in albis* para aquele que estiver na posse e administração do espólio (arts. 983, 987 e 988 do CPC). (...)" (TJSP, Agravo de Instrumento 0116275-81.2013.8.26.0000, Acórdão 7210901, 10.ª Câmara de Direito Privado, Taubaté, Rel. Des. João Carlos Saletti, j. 25.06.2013, *DJESP* 07.01.2014).

"Inventário. Reclamação. Art. 1.000, inc. II, CPC. Pedido de abertura do processo de inventário e exercício da inventariança. Legitimidade do credor. Existência de herdeiros necessários. Ordem legal. 1. Decorrido *in albis* o prazo para a abertura do inventário de que trata o art. 983 do CPC, tem legitimidade concorrente qualquer interessado, inclusive o credor do herdeiro. Inteligência do art. 988, inc. VI, CPC. 2. No entanto, essa legitimidade para abrir o inventário não afeta a legitimação para o exercício da inventariança, devendo ser nomeado para tal múnus o herdeiro necessário que estiver na posse dos bens e administração do espólio, já que não há cônjuge supérstite. Inteligência do art. 990, II, do CPC. Recurso provido, por maioria" (TJRS, Processo 70010615953, 7.ª Câmara Cível, Caxias do Sul, Rel. Juiz Sérgio Fernando de Vasconcellos Chaves, j. 23.02.2005).

Não há mais menção à possibilidade de abertura do inventário de ofício pelo juiz como constava do art. 989 do CPC/1973. O fundamento para tal retirada é o fato de que o inventário envolve interesses substancialmente patrimoniais, de determinados interessados,

**1876** | MANUAL DE DIREITO CIVIL • VOLUME ÚNICO – *Flávio Tartuce*

e não a ordem pública. Ademais, essa impossibilidade atual segue o *princípio da inércia da jurisdição.*

Feitas tais considerações de comparação, reafirme-se que o administrador do inventário é denominado inventariante. Entre os clássicos, explica Itabaiana de Oliveira que o termo "nada mais significava senão a pessoa incumbida de inventariar os bens, independentemente da qualidade de cônjuge meeiro ou de herdeiro, qualidade esta essencial no cabeça do casal, propriamente dito".[128] Entre os contemporâneos, leciona Maria Helena Diniz que "a inventariança é encargo pessoal, pois gera responsabilidade própria daquela que a exerce, e da investidura isolada, não podendo ser exercida conjuntamente por duas ou mais pessoas, mesmo que no inventário se tenha mais de um espólio".[129]

Até que o inventariante preste o compromisso, continuará o espólio na posse do administrador provisório nomeado pelo juiz. Trata-se do conteúdo do art. 613 do CPC/2015, correspondente ao art. 985 do CPC/1973, sem qualquer mudança. Esse administrador *provisório* ou *ad hoc* representa ativa e passivamente o espólio, sendo obrigado a trazer ao acervo os frutos que desde a abertura da sucessão percebeu. Tem ele direito ao reembolso das despesas necessárias e úteis que fez.

Por fim, responde esse administrador pelo dano a que, por dolo ou culpa, der causa, clara hipótese de responsabilidade subjetiva. Todos esses efeitos estão no art. 614 do CPC/2015, reprodução literal do antigo art. 986 do revogado Estatuto Processual. O direito de reembolso e a existência de uma responsabilidade subjetiva têm fundamento no fato de ser o administrador um possuidor de boa-fé e com justo título, investido por um mandato legal.

Ainda no que diz respeito ao administrador provisório, o art. 1.797 do CC/2002, como visto, prevê o seguinte para a sua nomeação:

I) Ao cônjuge ou companheiro, se com o outro convivia ao tempo da abertura da sucessão.

II) Ao herdeiro que estiver na posse e administração dos bens, e, se houver mais de um nessas condições, ao mais velho.

III) Ao testamenteiro, pessoa responsável pela administração do testamento.

IV) À pessoa de confiança do juiz, na falta ou escusa das indicadas nos incisos antecedentes, ou quando tiverem de ser afastadas por motivo grave levado ao conhecimento do magistrado.

Aprofundando o tema, pelos exatos termos do dispositivo legal, pode parecer que a ordem deve ser rigorosamente obedecida, pois se utiliza a expressão *sucessivamente.* Todavia, o Código Civil Brasileiro de 2002 adota um *sistema aberto*, baseado em cláusulas gerais e conceitos legais indeterminados, com esteio na *teoria tridimensional do Direito* – segundo a qual Direito é fato, valor e norma –, e na *ontognoseologia* de seu principal idealizador, o jurista Miguel Reale. Dessa forma, filosoficamente, é inconcebível ter as relações que constam da codificação material privada, em regra, como relações fechadas e rígidas. Reafirme-se que me parece que o Código de Processo Civil em vigor segue a mesma linha, aberta e principiológica, conforme desenvolvido no primeiro capítulo deste livro. Nesse contexto, melhor concluir, como fazem Euclides de Oliveira e Sebastião Amorim, que a ordem de

---

[128] ITABAIANA DE OLIVEIRA, Arthur Vasco. *Tratado de direito das sucessões.* São Paulo: Max Limonad, 1952. v. III, p. 793.

[129] DINIZ, Maria Helena. *Curso de direito civil brasileiro.* Direito das sucessões. 27. ed. São Paulo: Saraiva, 2013. v. 6, p. 415.

CAP. 9 • DIREITO DAS SUCESSÕES | **1877**

nomeação do administrador provisório é apenas uma ordem de preferência, devendo o juiz analisar, de acordo com as circunstâncias do caso concreto, quem tem melhores condições de exercer o encargo.[130] Adotando tal premissa, vejamos aresto do Superior Tribunal de Justiça, assim publicado no *Informativo* n. *432* da Corte:

> "Representação judicial. Administrador provisório. Espólio. A Turma reiterou o entendimento de que, enquanto não nomeado inventariante e prestado o compromisso (arts. 985 e 986 do CPC), a representação ativa e passiva do espólio caberá ao administrador provisório, o qual, usualmente, é o cônjuge supérstite, uma vez que detém a posse direta e a administração dos bens hereditários (art. 1.579 do CC/1916, derrogado pelo art. 990, I a IV, do CPC e art. 1.797 do CC/2002). Assim, apesar de a herança ser transmitida ao tempo da morte do *de cujus* (princípio *saisine*), os herdeiros ficarão apenas com a posse indireta dos bens, pois a administração da massa hereditária será, inicialmente, do administrador provisório, que representará o espólio judicial e extrajudicialmente, até ser aberto o inventário com a nomeação do inventariante, a quem incumbirá representar definitivamente o espólio (art. 12, V, do CPC). Precedentes citados: REsp 81.173/GO, *DJ* 02.09.1996, e REsp 4.386/MA, *DJ* 29.10.1990" (STJ, REsp 777.566/RS, Rel. Min. Vasco Della Giustina (Desembargador convocado do TJRS), j. 27.04.2010).

Como se depreende da leitura da ementa, o julgado, implicitamente, admite a tese de que cabe ao juiz estabelecer quem deve assumir o encargo, pois afirma que, *usualmente* e *não obrigatoriamente*, o administrador provisório será o cônjuge do falecido. Sintetizando, traz a conclusão de que a ordem de nomeação não é obrigatória, nem rígida.

Todavia, a questão não é pacífica, pois há quem entenda pela necessidade de observação da ordem descrita no art. 1.797 da Norma Geral Privada. Nesse sentido, afirma Zeno Veloso que "o art. 1.797 indica quem deve ser o administrador provisório da herança. A ordem é sucessiva".[131] Na mesma linha, essa parece ser a conclusão de Paulo Lôbo, para quem "a ordem é obrigatória e o investido legalmente na administração da herança apenas pode dela se eximir, justificadamente, por decisão judicial".[132] Também na jurisprudência nacional são encontradas ementas estaduais que seguem tal forma de pensar (a título de exemplo: TJSP, Agravo de Instrumento 0048281-36.2013.8.26.0000, Acórdão 6693448, 6.ª Câmara de Direito Privado, São Paulo, Rel. Des. Paulo Alcides, j. 25.04.2013, *DJESP* 10.05.2013; e TJPR, Agravo de Instrumento 351099-2, Acórdão 3340, 16.ª Câmara Cível, Curitiba, Rel. Juiz Convocado Joatan Marcos de Carvalho, j. 19.07.2006, *DJPR* 04.08.2006).

Com o devido respeito aos professores por último citados, verdadeiros *ícones doutrinários* para mim, melhor deduzir pela existência de mera ordem de preferência, o que está mais bem adaptado aos valores do Direito Contemporâneo, material e processual. Observo que o Projeto de Reforma do Código Civil adota a posição hoje considerada como majoritária, passando o parágrafo único do art. 1.797 a prever que "a ordem estabelecida nos incisos I a IV deste artigo poderá ser alterada pelo juiz, de acordo com as circunstâncias".

O art. 617 do CPC vigente equivale ao art. 990 da norma anterior, o Código de Processo Civil de 1973, enunciando as pessoas que podem ser nomeadas pelo juiz como

---

[130] AMORIM, Sebastião; OLIVEIRA, Euclides. *Inventários e partilhas*. 22. ed. São Paulo: Leud, 2009. p. 344-345. Mais recentemente, dos mesmos autores: AMORIM, Sebastião; OLIVEIRA, Euclides de. *Inventário e partilha*. Teoria e prática. 24. ed. São Paulo: Saraiva, 2016. p. 326-327.

[131] VELOSO, Zeno. *Código Civil comentado*. Coordenação de Ricardo Fiuza e Regina Beatriz Tavares da Silva. 8. ed. São Paulo: Saraiva, 2012. p. 2.023.

[132] LÔBO, Paulo. *Direito civil*. Sucessões. São Paulo: Saraiva, 2013. p. 63.

inventariante. Mais uma vez faz-se necessária uma análise confrontada dos dois preceitos, pela importância dessas regras:

| Código de Processo Civil de 2015 | Código de Processo Civil de 1973 |
|---|---|
| "Art. 617. O juiz nomeará inventariante na seguinte ordem: | "Art. 990. O juiz nomeará inventariante: |
| I – o cônjuge ou companheiro sobrevivente, desde que estivesse convivendo com o outro ao tempo da morte deste; | I – o cônjuge ou companheiro sobrevivente, desde que estivesse convivendo com o outro ao tempo da morte deste; (Redação dada pela Lei n.º 12.195, de 2010).. |
| II – o herdeiro que se achar na posse e na administração do espólio, se não houver cônjuge ou companheiro sobrevivente ou se estes não puderem ser nomeados; | II – o herdeiro que se achar na posse e administração do espólio, se não houver cônjuge ou companheiro sobrevivente ou estes não puderem ser nomeados; (Redação dada pela Lei n.º 12.195, de 2010.) |
| III – qualquer herdeiro, quando nenhum deles estiver na posse e na administração do espólio; | III – qualquer herdeiro, nenhum estando na posse e administração do espólio; |
| IV – o herdeiro menor, por seu representante legal; | IV – o testamenteiro, se lhe foi confiada a administração do espólio ou toda a herança estiver distribuída em legados; |
| V – o testamenteiro, se lhe tiver sido confiada a administração do espólio ou se toda a herança estiver distribuída em legados; | V – o inventariante judicial, se houver; |
| VI – o cessionário do herdeiro ou do legatário; | VI – pessoa estranha idônea, onde não houver inventariante judicial. |
| VII – o inventariante judicial, se houver; | |
| VIII – pessoa estranha idônea, quando não houver inventariante judicial. | |
| Parágrafo único. O inventariante, intimado da nomeação, prestará, dentro de 5 (cinco) dias, o compromisso de bem e fielmente desempenhar a função." | Parágrafo único. O inventariante, intimado da nomeação, prestará, dentro de 5 (cinco) dias, o compromisso de bem e fielmente desempenhar o cargo." |

Anote-se que o dispositivo anterior, do Código de Processo Civil de 1973, já havia sido alterado pela Lei 12.195, de 2010, que trouxe duas interessantes mudanças.

A *primeira* é aquela que extirpou do Código de Processo Civil anterior a regra pela qual apenas seria nomeado inventariante o cônjuge casado pelo regime da comunhão de bens. A mudança tinha sua razão de ser, pois, pelas regras sucessórias em vigor, ainda que o cônjuge seja casado pelo regime da separação convencional de bens, e inexista meação, poderá ser herdeiro em concorrência com os descendentes, nos termos literais do art. 1.829, inc. I, do Código Civil. Ressalve-se que essa dedução pela concorrência na separação convencional de bens é seguida pela maioria da doutrina, apesar de toda a polêmica existente no âmbito jurisprudencial, aqui antes estudada. Por isso, não se menciona apenas a comunhão universal de bens. O CPC de 2015, como se nota, reproduziu essa alteração, em boa hora.

CAP. 9 • DIREITO DAS SUCESSÕES | **1879**

A *segunda alteração* engendrada pela Lei 12.195/2010 foi a inclusão do companheiro ou convivente no rol de possíveis inventariantes. Cabe pontuar que, mesmo antes da alteração legal de 2010, em razão da proteção constitucional da união estável constante do art. 226, § 3.º, da CF/1988, era garantido, ao convivente, tal direito. Por óbvio que a norma do Estatuto Processual anterior estava desatualizada, uma vez que foi elaborada originalmente em período anterior ao reconhecimento da união estável como entidade familiar. A propósito, antes da reforma geral processual, entendendo pela possibilidade de o companheiro ser inventariante, cabe trazer à colação, com destaque especial para o primeiro acórdão:

"Inventariante. Nomeação de companheira, esposa eclesiástica. Não contraria o artigo 990 do Código de Processo Civil, que não se reveste de caráter absoluto. A decisão que mantém como inventariante a pessoa que, casada pelo religioso com o extinto, com ele viveu, em união familiar estável, durante longos anos, tendo o casal numerosos filhos. Improcedência da impugnação manifestada por alguns dos filhos do leito anterior. Interpretação a mais razoável da lei federal. Recurso não conhecido" (STJ, REsp 520/CE, 4.ª Turma, Rel. Min. Athos Carneiro, j. 12.09.1989, *DJ* 04.12.1989, p. 17.885).

"Inventário. Companheira do *de cujus* que pretende nomeação como inventariante. Inteligência do art. 990, inciso I, do CPC. Observados o § 3.º do art. 226 da CF e arts. 1.790 e 1.797 do Código Civil. Recurso provido" (TJSP, Agravo de Instrumento 378.513-4/9, 5.ª Câmara de Direito Privado, São Paulo, Rel. Francisco Casconi, j. 27.07.2005, v.u.).

O CPC/2015 também repetiu a previsão, sendo pertinente reforçar que a união estável é entidade familiar constitucionalmente protegida, não havendo qualquer razão para não se admitir o companheiro do falecido como inventariante. A afirmação ganha amparo relevante com a recente decisão do STF, que reconheceu a inconstitucionalidade do art. 1.790 do Código Civil (Recurso Extraordinário 878.694/MG). No tocante ao tema, alguns Tribunais Estaduais vinham admitindo, inclusive, a legitimidade do companheiro homoafetivo, cabendo transcrever as seguintes ementas, por todas, com entendimento a ser seguido na vigência do Estatuto Processual de 2015:

"Arrolamento de bens. União homoafetiva. Companheiro que quer ser nomeado inventariante. Cabimento. Inexistência de ascendentes, descendentes ou herdeiros conhecidos até o 4.º grau. Farta prova documental carreada, inclusive com declaração de convivência de longa data. Presunção legal de que melhor inventariante é aquele que tem a posse e administra os bens, conhecendo mais profundamente o estado do patrimônio. Agravo a que se dá provimento" (TJSP, Agravo de Instrumento 586.511.4/1, Acórdão 3244598, 6.ª Câmara de Direito Privado, São Paulo, Rel. Des. Albano Nogueira, j. 18.09.2008, *DJESP* 08.10.2008).

"Sucessões. Inventário. Agravo de instrumento. União homoafetiva. Nomeação do sedizente companheiro como inventariante. Possibilidade no caso concreto. Ainda que a alegada união homoafetiva mantida entre o recorrente e o *de cujus* dependa do reconhecimento na via própria, ante a discordância da herdeira ascendente, o sedizente companheiro pode ser nomeado inventariante por se encontrar na posse e administração consentida dos bens inventariados, além de gozar de boa reputação e confiança entre os diretamente interessados na sucessão. Deve-se ter presente que inventariante é a pessoa física a quem é atribuído o múnus de representar o espólio, zelar pelos bens que o compõem, administrá-lo e praticar todos os atos processuais necessários para que o inventário se ultime, em atenção também ao interesse público.

Tarefa que, pelos indícios colhidos, será mais eficientemente exercida pelo recorrente. Consagrado o entendimento segundo o qual a ordem legal de nomeação do inventariante (art. 990, CPC) pode ser relativizada quando assim o exigir o caso concreto. Ausência de risco de dilapidação do patrimônio inventariado. Recurso provido (art. 557, § 1.º-A, CPC)" (TJRS, Agravo de Instrumento 70022651475, 7.ª Câmara de Direito Privado, Rel. Maria Berenice Dias, j. 19.12.2007).

Reafirme-se que com a decisão do Supremo Tribunal Federal, de maio de 2011, não resta a menor dúvida sobre a legitimidade do companheiro homoafetivo para o inventário, pois as regras relativas à união estável aplicam-se, por analogia, à união homoafetiva (*Informativo* n. *625* do STF), interpretação que deve permanecer com a emergência do CPC vigente. A conclusão também deve atingir os casos de casamentos homoafetivos, plenamente possíveis no Brasil, também por força da decisão do Supremo Tribunal Federal e de outros Tribunais que passaram a seguir tal entendimento. Vale lembrar, mais uma vez, que o Conselho Nacional de Justiça, por meio da sua Resolução 175, de 2013, determinou que os Cartórios de Registros de Pessoas Naturais têm o dever de celebrar os casamentos homoafetivos. Relembro que no Projeto de Reforma do Código Civil pretende-se incluir expressamente que o casamento e a união estável serão constituídos entre duas pessoas, não importando o seu gênero, o que resolverá definitivamente essa questão no plano legislativo, o que se espera.

Seguindo no estudo dos dois preceitos, tratam eles do *inventariante judicial* (art. 617, inciso VII, do CPC/2015 e art. 990, inciso V, do CPC/1973), presente "quando exercida pelos órgãos auxiliares do juiz, onde houver, que assume a representação legal do espólio. Somente funcionará se não for possível nomear o legal".[133] Entre os sucessionistas nacionais, Sebastião Amorim e Euclides de Oliveira sempre apontaram tratar-se de uma figura que estaria em desuso entre nós, o que continuam afirmando.[134] Todavia, apesar da anotação dos últimos juristas, alguns acórdãos podem ser encontrados sobre a figura em apreço, reafirmada pelo CPC em vigor, diante de uma suposta utilidade.

De início, cite-se acórdão do Tribunal de Justiça de Santa Catarina, que determinou a nomeação do inventariante judicial diante do grande conflito existente entre os herdeiros:

"Patente a situação conflituosa entre os herdeiros, é recomendável a nomeação de um inventariante judicial, consubstanciado na pessoa de um terceiro, que não possua interesse direto na destinação do patrimônio a ser administrado, e que esteja distante dos contornos do conflito familiar inerente ao inventário. A respeito da ordem de nomeação do inventariante, esposada no art. 990 do CPC, é certo que não constitui um mandamento absoluto, podendo ser relativizado se as circunstâncias do caso assim o exigirem. Havendo desavenças entre os sucessores, é forçoso observar que a nomeação de um deles para o encargo da inventariança pode gerar outros pontos de discordância, postergando ainda mais a conclusão do feito" (TJSC, Agravo de Instrumento 2002.024992-6, 3.ª Câmara de Direito Civil, Florianópolis, Rel. Des. José Volpato de Souza, j. 04.04.2003).

Ainda, merece ser citado *decisum* do Tribunal Paulista, que afastou o arquivamento do inventário pelo fato de que nenhum dos herdeiros quis assumir a inventariança. A conclusão

---

[133] CARVALHO, Dimas Messias; CARVALHO, Dimas Daniel. *Direito das sucessões*: inventário e partilha. 3. ed. Belo Horizonte: Del Rey, 2012. v. VIII, p. 220.

[134] AMORIM, Sebastião; OLIVEIRA, Euclides. *Inventários e partilhas*. 18. ed. São Paulo: Leud, 2004. p. 344. Mais recentemente: AMORIM, Sebastião; OLIVEIRA, Euclides de. *Inventário e partilha*. Teoria e prática. 26. ed. São Paulo: Saraiva, 2016. p. 325-326.

CAP. 9 • DIREITO DAS SUCESSÕES | **1881**

final é pela necessidade de nomeação de um inventariante judicial (TJSP, Agravo de Instrumento 612.133.4/9, Acórdão 3630478, 1.ª Câmara de Direito Privado, São Paulo, Rel. Des. De Santi Ribeiro, j. 12.05.2009, *DJESP* 18.06.2009).

Por fim, cabe trazer à colação outros julgamentos, igualmente ilustrando a aplicação da categoria do inventariante judicial, que não está tão em desuso assim, tanto que foi confirmada pelo novel Estatuto Processual:

"Agravo interno em agravo de instrumento. Inventário. Falecimento da viúva e dos filhos do falecido. Nomeação de inventariante judicial. Inconformismo. Não se pode dizer teratológica a decisão que obedece à ordem estabelecida no art. 990 do Código de Processo Civil. Decisão que não causou à agravante qualquer ofensa de natureza processual. Recurso a que se nega provimento" (TJRJ, Agravo de Instrumento 0024964-72.2011.8.19.0000, 16.ª Câmara Cível, Rel. Des. Carlos José Martins Gomes, j. 17.01.2012, *DORJ* 27.01.2012, p. 213).

"Agravo de instrumento. Inventário. Impossibilidade de administração dos bens do espólio por um dos herdeiros. Manifestas desavenças. Nomeação de inventariante judicial. Indispensabilidade. A teor do art. 990, V, do CPC, cabe ao juiz nomear inventariante judicial, na condição de auxiliar do juízo, quando manifestas as desavenças existentes entre os herdeiros do *de cujus*, primitivamente nomeados para tal *munus*, em nome de regular e célere andamento do inventário. Agravo conhecido e desprovido" (TJGO, Agravo de Instrumento 416664-69.2010.8.09.0000, Aparecida de Goiânia, Rel. Des. Eudelcio Machado Fagundes, *DJGO* 15.07.2011, p. 192).

Sobre a figura do *inventariante dativo* – pessoa estranha idônea, quando não houver inventariante judicial (art. 617, inc. VIII, do CPC/2015 e art. 990, inc. VI, do CPC/1973) –, cabe lembrar que este "assume os direitos e deveres da inventariança, mas não é o representante legal do espólio em juízo, uma vez que, em tal hipótese, todos os herdeiros e sucessores do falecido serão autores ou réus nas ações em que o espólio for parte (art. 12, § 1.º, do CPC/1973). O artigo 75, § 1.º, do CPC de 2015, contém determinação similar, de que, sendo o inventariante dativo, os sucessores do falecido serão intimados no processo no qual o espólio seja parte. Mas não serão apenas os sucessores do falecido a serem intimados, pois também são interessados o cônjuge e o companheiro sobreviventes, em vista do possível direito de meação sobre os bens deixados pelo autor da herança".[135]

Aplicando essa forma de pensar, do Superior Tribunal de Justiça, cabe colacionar: "no caso de inventariante dativo, o legislador entendeu que não haveria legitimidade para representação plena do espólio, razão pela qual todos os herdeiros e sucessores são chamados a compor a lide. Recurso especial não provido" (STJ, REsp 1053806/MG, 2.ª Turma, Rel. Min. Herman Benjamin, j. 14.04.2009, *DJe* 06.05.2009).

Conforme anotam Dimas Messias de Carvalho e Dimas Daniel de Carvalho, a jurisprudência dominante tem exigido que o *inventariante dativo* seja domiciliado na Comarca onde corre o inventário, o que facilita o seu processamento.[136] Na prática, assim como ocorre com a figura do inventariante judicial, o dativo tem nomeação nos casos em que existem grandes conflitos entre os herdeiros, ou seja, alta litigiosidade ou beligerância. Nessa linha, igualmente da jurisprudência:

---

[135] AMORIM, Sebastião; OLIVEIRA, Euclides de. *Inventário e partilha*. Teoria e prática. 26. ed. São Paulo: Saraiva, 2016. p. 326.

[136] CARVALHO, Dimas Messias; CARVALHO, Dimas Daniel. *Direito das Sucessões*: Inventário e Partilha. 3. ed. Belo Horizonte: Del Rey, 2012. v. VIII, p. 220.

# 1882 | MANUAL DE DIREITO CIVIL • VOLUME ÚNICO – *Flávio Tartuce*

"Civil e processual. Inventariança. Remoção. Nomeação de inventariante dativo. Beligerância entre as partes. Possibilidade de inviabilização do processo. Súmula 7-STJ. Controvérsia afeta em parte a competência do Supremo Tribunal Federal. Recurso extraordinário não interposto. Súmula 126-STJ. I. A remoção do inventariante, substituindo-o por outro, dativo, pode ocorrer quando constatada a inviabilização do inventário pela animosidade manifestada pelas partes. II. 'A pretensão de simples reexame de prova não enseja recurso especial' – Súmula 7-STJ. III. Pretensão de reforma do julgado que ademais se sustenta na violação de dispositivos constitucionais sem que tenha sido interposto o recurso competente. IV. Recurso especial não conhecido" (STJ, REsp 988.527/RS, 4.ª Turma, Rel. Min. Aldir Passarinho Junior, j. 24.03.2009, *DJe* 11.05.2009).

"Inventariante. Remoção. Nomeação de dativo. Código de Processo Civil, arts. 995 e 990. A ordem de nomeação não é absoluta. O fato de não se observar a ordem não implica ofensa ao art. 990. Precedente do STJ: REsp 520, *DJ* 04.12.1989. Caso em que a nomeação do inventariante dativo se deveu 'a necessidade de eliminar as discórdias atuais e prevenir outras'. Recurso especial não conhecido" (STJ, REsp 88.296/SP, 3.ª Turma, Rel. Min. Nilson Naves, j. 03.11.1998, *DJ* 08.02.1999, p. 275).

Voltando à essência do quadro de confronto dos dois dispositivos processuais, são percebidas duas inclusões no art. 617 do CPC/2015, notadamente nos seus incisos IV e VI.

O inciso IV do novo comando estabelece a viabilidade jurídica da nomeação, como inventariante, de herdeiro menor, por seu representante legal, caso dos pais ou tutores. Afasta-se, assim, o entendimento jurisprudencial em contrário, que não admitia essa possibilidade. Assim, por exemplo, do Superior Tribunal de Justiça, agora superado pela novel legislação instrumental:

"Herdeiro menor ou incapaz não pode ser nomeado inventariante, pois é impossibilitado de praticar ou receber diretamente atos processuais; sendo que para os quais não é possível o suprimento da incapacidade, uma vez que a função de inventariante é personalíssima. Os herdeiros testamentários, maiores e capazes, preferem ao testamenteiro na ordem para nomeação de inventariante. Existindo herdeiros maiores e capazes, viola o inciso III, do art. 990, do CPC, a nomeação de testamenteiro como inventariante" (STJ, REsp 658.831/RS, 3.ª Turma, Rel. Min. Nancy Andrighi, j. 15.12.2005, *DJ* 01.02.2006, p. 537).

A inovação segue a linha de redução de burocracias e de facilitação dos procedimentos, adotada pela novel legislação, merecendo elogios. Eventualmente, caso os interesses dos menores sejam violados, caberá a intervenção do Ministério Público, conforme os arts. 176 a 178 do *Codex*.

Seguindo-se nos estudos, o inciso VI do art. 617 do CPC/2015 reconhece a legitimidade do cessionário do herdeiro ou do legatário para figurar como inventariante, o que vem em boa hora, diante da possibilidade de cessão de direitos hereditários, admitida pelo art. 1.793 do Código Civil de 2002. De acordo com o *caput* do diploma material, o direito à sucessão aberta, bem como o quinhão de que disponha o coerdeiro, pode ser objeto de cessão por escritura pública. Aqui, a novidade segue a linha da anterior jurisprudência do Superior Tribunal de Justiça, e não a contraria como no caso do inciso anterior, cabendo trazer à colação o seguinte aresto:

"Inventário. Nomeação de inventariante. Alegação de ofensa ao art. 990 do Código de Processo Civil. Impugnação formulada por um dos herdeiros do *de cujus* à pessoa nomeada, cessionário de direitos hereditários e dela credor por vultosa soma. Matéria fático-probatória. Recurso especial inadmissível. A ordem prevista no art. 990 do CPC não é absoluta, podendo ser alterada em situação de fato excepcional. Em sede de recurso especial não se reexamina matéria fático-probatória. Incidência da Súmula n. 7/STJ. Recurso especial não conhecido" (STJ, REsp 402.891/RJ, 4.ª Turma, Rel. Min. Barros Monteiro, j. 1.º.03.2005, *DJ* 02.05.2005, p. 353).

Consigne-se que alguns arestos estaduais seguiam essa mesma forma de julgar, podendo ser colacionado o seguinte, a ilustrar, do Tribunal Paulista: "Cessionário que também era inventariante. Inexistência de impedimento legal. Alegação de incapacidade da cedente que não restou comprovada. Hipóteses de erro ou dolo igualmente não verificadas. Sentença mantida. Recurso desprovido" (TJSP, Apelação 0217534-23.2007.8.26.0100, Acórdão 7395033, 6.ª Câmara de Direito Privado, São Paulo, Rel. Des. Eduardo Sá Pinto Sandeville, j. 27.02.2014, *DJESP* 06.05.2014).

Expostas as duas inovações do art. 617 do CPC/2015, cabe pontuar que o entendimento majoritário da doutrina sempre foi no sentido de que o art. 990 do CPC/1973 traria uma ordem que deveria ser respeitada pelo magistrado, o que é reafirmado em relação ao CPC/2015.[137] Assim sendo, para essa corrente não caberia uma nomeação aleatória pelo juiz da causa, pois a lei presume que as pessoas constantes do dispositivo são, pela ordem, as mais indicadas para assumir a incumbência. Entretanto, dessa constatação surgem algumas dúvidas práticas.

A primeira delas refere-se, a saber, se essa ordem é absoluta. O Superior Tribunal de Justiça já entendeu que não, conforme se retira do último aresto aqui colacionado, que reconheceu a legitimidade do cessionário do herdeiro, antes mesmo do CPC/2015 (REsp 402.891/RJ). Destaque-se que a premissa foi confirmada em julgado de 2008, assim publicado no *Informativo* n. 373 do STJ, em caso envolvendo a nomeação de inventariante dativo:

"Nomeação. Inventariante dativo. Noticiam os autos que a justificativa para a nomeação de inventariante dativo foi a animosidade entre as partes: de um lado a viúva, casada sob regime de comunhão universal de bens e a, até então, única filha conhecida do falecido; do outro, o recém-descoberto filho menor, possível herdeiro, representado pela mãe. Apontam que tal animosidade é compreensível e até mesmo esperada, assim como o questionamento quanto à filiação do menor, uma vez que a esposa e a filha só souberam da existência do filho a partir de observação na certidão de óbito lançada em função da apresentação da certidão de nascimento do menor, em que o ora falecido anteriormente o reconhecera como filho. Questiona o REsp se houve violação à ordem legal de nomeação de inventariante conforme prevista no art. 990 do CPC. Isso posto, a Ministra Relatora observa que este Tribunal já definiu não ter caráter absoluto aquela ordem para nomeação de inventariante, podendo ser alterada em situação de fato excepcional, quando o juiz tiver fundadas razões para tanto, como no caso de existência de litigiosidade entre partes. Diante do exposto, a Turma não conheceu do recurso, pois a firme convicção do juízo formada a partir dos elementos fáticos do processo veda o reexame em REsp (Súm. 7/STJ). Precedentes citados: REsp 402.891/RJ, *DJ* 02.05.2005; REsp 283.994/SP, *DJ* 07.05.2001, e

---

[137] Por todos, podem ser citados: NERY JR., Nelson: NERY, Rosa Maria de Andrade. *Comentários ao Código de Processo Civil*. São Paulo: RT, 2015. p. 1444. No sistema anterior: NERY JR., Nelson; NERY, Rosa Maria de Andrade. *Código de Processo Civil comentado e legislação extravagante*. 9. ed. São Paulo: RT, 2006. p. 1017; DINIZ, Maria Helena. *Curso de direito civil brasileiro*. Direito das sucessões. São Paulo: Saraiva, 2005. v. 6, p. 371.

REsp 88.296/SP, *DJ* 08.02.1999" (STJ, REsp 1.055.633/SP, Rel. Min. Nancy Andrighi, j. 21.10.2008).

De datas mais próximas, destaque-se a clara posição, no sentido de que "a jurisprudência desta Corte compreende que 'a ordem legal de preferência para nomeação do inventariante não é absoluta, podendo ser relativizada para atender às necessidades do caso concreto' (Ag. Int. no AREsp n. 1.397.282/GO, Relator Ministro Marco Buzzi, Quarta Turma, julgado em 2/4/2019, DJe de 5/4/2019), o que ocorreu nos presentes autos" (STJ, Ag. Int. no AREsp 1.935.361/AM, 4.ª Turma, Rel. Min. Antonio Carlos Ferreira, j. 08.05.2023, *DJe* 12.05.2023).

A segunda dúvida é saber se a ordem do dispositivo pode ser quebrada por força de testamento que nomeia o inventariante. Entendo que a previsão de cláusula que nomeia inventariante não obsta que o juiz siga a ordem estabelecida nas leis instrumentais, pois esta deve ser analisada de acordo com o caso concreto. Pode-se até defender que os dispositivos processuais, o antigo e o novo, constituem preceitos cogentes, de ordem pública, que não podem ser contrariados pela última disposição de vontade do morto. De qualquer forma, como contraponto, vale repetir que a ordem não é absoluta, mesmo sendo as normas cogentes.

Como outra última questão controversa, reafirmo que sigo a premissa de que o rol de nomeação do inventariante não é taxativo, mas exemplificativo. Nessa linha, vale re-lembrar os julgados do Superior Tribunal de Justiça que incluíam o companheiro como inventariante, antes da alteração legislativa realizada no CPC/1973 pela Lei 12.195/2010.

Ainda quanto à confrontação dos dois preceitos, estabelece o parágrafo único do art. 617 do CPC/2015 que o inventariante, intimado da nomeação, prestará, dentro de cinco dias, o compromisso de bem e fielmente desempenhar *a função*. Neste ponto houve a substituição da palavra *cargo* pelo termo destacado, o que vem em boa hora, pois a expressão anterior poderia dar a impressão de uma atuação remunerada, o que não ocorre no exercício da inventariança (art. 990, parágrafo único, do CPC/1973).

Para encerrar a análise dessa norma processual, destaco que no Projeto de Reforma do Código Civil, a Comissão de Juristas fez uma série de propostas para esse art. 617 do CPC/2015. A primeira delas é a alteração da ordem do comando, passando a constar do seu inciso I o testamenteiro ou a pessoa indicada pelo testador, o que visa prestigiar a autonomia privada, um dos *nortes* do Anteprojeto. Além disso, as expressões "companheiro" e "menor" são substituídas por "convivente" e "criança e adolescente", que são mais técnicas e na linha de outras proposições.

Vale também citar que, pelo mesmo projeto, mas alterando-se o Código Civil, também passa a ser possível a nomeação como inventariante a pessoa jurídica, o que visa à *profissionalização da inventariança*, e o art. 1.991 receberá novos parágrafos. Enunciará o seu § 1.º que "tem preferência legal sobre os demais legitimados ao exercício da inventariança, a pessoa natural ou jurídica designada pelo testador em testamento". E mais, "a pessoa jurídica nomeada inventariante deverá declarar, no termo de compromisso, o nome de profissional responsável pela condução do inventário, que não poderá ser substituído sem autorização do juiz" (proposta de um § 2.º do novo art. 1.991 do CC).

A citada norma civil ainda receberá dois parágrafos para tratar, em boa hora, sobre o conflito de interesses entre os herdeiros, o que vem em boa hora. Nos termos do seu novo § 3.º, "sem prejuízo das causas de remoção previstas na legislação processual, não será nomeado inventariante, e, se nomeado, será removido, o herdeiro que possuir conflito de interesses com os demais herdeiros". Consoante o projetado § 4.º do art. 1.991 do CC/2002, "se a maioria dos herdeiros divergir da nomeação do inventariante, na ausência

CAP. 9 • DIREITO DAS SUCESSÕES | **1885**

de previsão em contrário em testamento, será designado inventariante dativo". De fato, há lacuna a respeito desse tema, que precisa ser incluído na legislação.

Por fim quanto às proposições de mudança, retira-se o exíguo prazo de cinco dias, hoje previsto no parágrafo único do art. 617 do CPC, para que o inventariante preste compromisso, deixando-se esse lapso temporal a critério do julgador, pelas peculiaridades do caso concreto. Todas as propostas são excelentes, contando com o meu total apoio, desde os seus debates na Comissão de Juristas.

Voltando-se ao sistema em vigor, no tocante às atribuições do inventariante, dispunha o art. 12, inc. V, do CPC/1973 que ele deve representar ativa e passivamente o espólio, o que foi totalmente mantido pelo art. 75, inc. VII, do CPC/2015. Também foi repetida a regra do antigo art. 991 do CPC/1973 pelo novo art. 618 do CPC/2015, tratando das incumbências do inventariante.

A primeira atribuição é a de representar o espólio ativa e passivamente, em juízo ou fora dele, observando-se, quanto ao inventariante dativo, o disposto no art. 75, § 1.º, do CPC/2015, ou seja, no que concerne à necessidade de intimação dos herdeiros. O inventariante deve, como segunda incumbência, administrar o espólio, velando-lhe os bens com a mesma diligência como se seus fossem. Na visão atual do Direito Privado, pode-se associar a sua conduta à lealdade decorrente da boa-fé objetiva. O seu terceiro dever é o de prestar as primeiras e últimas declarações pessoalmente ou por procurador com poderes especiais. Deve ele, ainda, exibir em cartório, a qualquer tempo, para exame das partes, os documentos relativos ao espólio. Incumbe também ao inventariante o dever de juntar aos autos certidão do testamento, se houver. A sexta atribuição é a de trazer à colação no inventário os bens recebidos pelo herdeiro ausente, renunciante ou excluído. O sétimo dever é o de prestar contas de sua gestão ao deixar o cargo ou sempre que o juiz lhe determinar. Por fim, como oitava atribuição, incumbe ao administrador do inventário requerer a declaração de insolvência do falecido, se for o caso.

O art. 619 do CPC/2015 lista outras de suas incumbências, que necessitam, no entanto, de autorização do juiz da causa e da oitiva dos interessados, como fazia o art. 992 do CPC/1973, sob pena de nulidade absoluta do ato, como sustentado pela doutrina.[138] Esses atos continuam sendo: *a)* a alienação de bens de qualquer espécie; *b)* a transação em juízo ou fora dele; *c)* o pagamento de dívidas do espólio; *d)* o pagamento das despesas necessárias para a conservação e o melhoramento dos bens do espólio.

Em suma, os dois comandos – arts. 618 e 619 do CPC/2015, correspondentes aos arts. 991 e 992 do CPC/1973 – consagram a ideia de que o inventariante deve gerir o patrimônio deixado pelo falecido. Porém, como concluiu a Terceira Turma do STJ, em julgamento realizado em junho de 2017, "não há como entender que o voto do inventariante para modificar a natureza das ações e a própria estrutura de poder da sociedade anônima esteja dentro dos limites estabelecidos pelo artigo 991, II, do CPC/1973" (REsp 1.627.286/GO, 3.ª Turma, Rel. Min. Ricardo Villas Bôas Cueva, j. 20.06.2017, *DJe* 03.10.2017). Conforme pontuado pelo Ministro Cueva nesse julgamento, nos termos dos dispositivos aludidos, deve o inventariante conservar o patrimônio que integra o espólio, com a possibilidade de realização de atos como o pagamento de tributos e de aluguéis, a fim de que, ao final da divisão, os bens tenham o seu valor mantido. Entretanto, ponderou que, se realizada a alteração societária da empresa do falecido, os herdeiros detentores de ações preferenciais,

---

[138] NERY JR., Nelson; NERY, Rosa Maria de Andrade. *Comentários ao Código de Processo Civil*. São Paulo: RT, 2015. p. 1.448; ASSUMPÇÃO NEVES, Daniel Amorim. *Novo CPC comentado*. Salvador: JusPodivm, 2016. p. 1.033.

que não têm direito a voto, passariam a ter esse direito, com a consequente possibilidade de modificação do controle acionário da companhia. Por isso, foi afastada a possibilidade de modificação societária da empresa da qual o falecido era sócio.

Seguindo na análise dos procedimentos relacionados com o inventário judicial, o Estatuto Processual continua a prever que dentro de vinte dias, contados da data em que prestou o compromisso, fará o inventariante as primeiras declarações, das quais se lavrará termo circunstanciado (art. 620 do CPC/2015, equivalente ao art. 993 do CPC/1973, sem modificação). O dispositivo determina, ainda, que no termo, assinado pelo juiz, escrivão e inventariante, serão exarados alguns dados.

No primeiro inciso há menção ao nome, ao estado, à idade e ao domicílio do autor da herança, dia e lugar em que faleceu o *de cujus,* bem ainda a expressão se deixou testamento. A segunda previsão diz respeito ao nome, ao estado, à idade e à residência dos herdeiros e, havendo cônjuge supérstite ou companheiro, ao regime de bens do casamento ou da união estável. Pontue-se que a referência à última entidade familiar é inovação do comando, na linha de equalização adotada pelo CPC de 2015. Devem constar também a qualidade dos herdeiros e o grau de parentesco com o inventariado (art. 620, inc. III, do CPC/2015).

Quanto aos bens do espólio, inclusive aqueles que devem ser conferidos à colação, e dos bens alheios que nele forem encontrados, deve estar incluída relação completa, nos termos do inciso IV do art. 620 do CPC/2015 A norma estabelece a necessidade de descrição dos seguintes bens: *a)* os imóveis, com as suas especificações, nomeadamente local em que se encontram, extensão da área, limites, confrontações, benfeitorias, origem dos títulos, números das transcrições aquisitivas e ônus que os gravam; *b)* os móveis, com os sinais característicos; *c)* os semoventes, caso dos animais, seu número, espécies, marcas e sinais distintivos; *d)* o dinheiro, as joias, os objetos de ouro e prata, e as pedras preciosas, declarando-se-lhes especificadamente a qualidade, o peso e a importância; *e)* os títulos da dívida pública, bem como as ações, quotas e títulos de sociedade, mencionando-se-lhes o número, o valor e a data; *f)* as dívidas ativas e passivas, indicando-se-lhes as datas, títulos, origem da obrigação, bem como os nomes dos credores e dos devedores; *g)* direitos e ações; *h)* o valor corrente de cada um dos bens do espólio. Como se pode perceber, a relação, sem qualquer mudança perante a norma anterior, é bem detalhada pela lei, e deve ser respeitada para que o processamento do inventário tenha correto seguimento, sem qualquer nulidade processual.

Em relação aos bens imóveis, julgado do Superior Tribunal de Justiça, prolatado ainda sob a égide do art. 993 do CPC/1973, considerou que é correta a decisão judicial que determina a averbação, no Cartório de Registro de Imóveis, das modificações realizadas em bens imóveis submetidos à partilha, como condição de procedibilidade da ação de inventário. Nos exatos termos do aresto, "a regra contida na Lei de Registros Públicos que determina a obrigatoriedade de averbar as edificações efetivadas em bens imóveis autoriza a suspensão da ação de inventário até que haja a regularização dos referidos bens no respectivo registro, inclusive porque se trata de medida indispensável a adequada formação do conteúdo do monte partível e posterior destinação do quinhão hereditário" (STJ, REsp 1.637.359/RS, 3.ª Turma, Rel. Min. Nancy Andrighi, j. 08.05.2018, *DJe* 11.05.2018). Resta saber se tal interpretação prevalecerá sob a incidência do CPC/2015. Como não houve alteração a respeito do tema no seu art. 620, a resposta parece ser positiva.

O § 1.º do art. 620 do CPC/2015 estabelece que nesse procedimento o juiz determinará que se proceda: *a)* ao balanço do estabelecimento, se o autor da herança era empresário individual; e *b)* à apuração de haveres, se o autor da herança era sócio de sociedade que não anônima. Houve uma mudança de nomenclatura em confronto com o § 1.º do art. 993 do

CPC/1973, que mencionava o *comerciante em nome individual*. A alteração se deu tendo em vista a superação do Direito Comercial pelo Direito Empresarial. A título de exemplo de subsunção da última norma do preceito anterior, que não foi alterada, cabe trazer à nota aresto do Tribunal de Justiça de São Paulo, com entendimento que vale para o novel diploma:

"Inventário. Impugnação de herdeiro ora agravado. Nas primeiras declarações, devem ser incluídos todos os bens do espólio e as dívidas ativas e passivas (CPC, art. 993, IV). Cotas da Padaria e Confeitaria devem ser incluídas, para que sejam partilhadas entre os herdeiros, na proporção da meação do autor da herança, a fim de que se proceda à apuração de haveres, mediante arbitramento por perito (CPC, art. 993, parágrafo único, inc. II). Dívidas passivas do espólio ressentem-se de demonstração convincente quanto à sua existência, devendo ser excluídas das primeiras declarações. Recurso provido em parte" (TJSP, Agravo de Instrumento 0090761-29.2013.8.26.0000, Acórdão 7111550, 1.ª Câmara de Direito Privado, São Paulo, Rel. Des. Paulo Eduardo Razuk, j. 15.10.2013, *DJESP* 08.11.2013).

Como novidade, o § 2.º do art. 620 do CPC/2015 passou a enunciar expressamente que as primeiras declarações podem ser prestadas mediante petição, firmada por procurador com poderes especiais, à qual o termo se reportará. A nova regra segue a ideia de redução de burocracias e agilização, adotada pelo *Novo Codex*, na linha do que ocorria na prática sucessionista.

Dando sequência ao estudo da matéria, o Código de Processo Civil de 2015, na esteira do seu antecessor, continua a elencar algumas penalidades contra o inventariante. De início, no que concerne à pena de sonegados, expressa que só é possível argui-la ao inventariante depois de encerrada a descrição dos bens, com a declaração, por ele feita, de não existirem outros por inventariar (art. 621 do CPC/2015 e art. 994 do CPC/1973, sem alteração).

Vale lembrar que a pena de sonegados é imposta ao herdeiro que deixa de informar o inventário sobre a existência de um bem a ser partilhado, caso daqueles recebidos em doação, sem a dispensa de colação. A penalidade é a perda do direito em relação a tal bem, como determina o art. 1.992 do Código Civil. Como se sabe, quando for citado, nos termos do art. 626 do CPC/2015 e art. 999 do CPC/1973, o inventariante herdeiro terá a oportunidade de informar e descrever quais os bens do falecido que estão na sua posse. Se assim não o fizer, estará sujeito a essa e a outras sanções legais.

A remoção do inventariante consta do art. 622 do Estatuto Processual vigente, equivalente ao art. 995 do CPC anterior. A primeira hipótese de remoção ocorre se não prestar, no prazo legal, as primeiras e as últimas declarações. A segunda se efetiva se não der ao inventário andamento regular, se suscitar dúvidas infundadas ou se praticar atos meramente protelatórios. O terceiro caso de remoção ocorre se, por culpa sua, se deteriorarem, forem dilapidados ou sofrerem danos os bens do espólio, hipótese de responsabilidade subjetiva. Também será removido o inventariante que não defender o espólio nas ações em que for citado, deixar de cobrar dívidas ativas ou não promover as medidas necessárias para evitar o perecimento de direitos. O quinto caso de remoção está presente quando o inventariante não presta contas ou se aquelas que prestar não forem julgadas boas. Por fim, haverá remoção do inventariante se ele sonegar, ocultar ou desviar bens do espólio.

Não houve alteração no tocante às hipóteses de remoção. No entanto, como novidade o Código de Processo Civil de 2015 passa a admitir a remoção do inventariante de ofício, como fazia a jurisprudência superior, por exemplo, no caso da seguinte ementa:

"Remoção de inventariante. Ausência de cerceamento de defesa. 1. Não se configura o cerceamento de defesa no caso de remoção de inventariante quando está presente

# 1888 | MANUAL DE DIREITO CIVIL • VOLUME ÚNICO – *Flávio Tartuce*

o contraditório, e pode o Juiz, constatado qualquer dos vícios do art. 995 do Código de Processo Civil, promover de ofício a remoção. 2. Recurso especial não conhecido" (STJ, REsp 539.898/MA (200300644088), 616051 Recurso Especial, 3.ª Turma, Rel. Min. Carlos Alberto Menezes Direito, j. 29.03.2005, *DJ* 06.06.2005, p. 318).

Os procedimentos para essa remoção, antes previstos nos arts. 996 a 998 do CPC/1973, foram repetidos pelos arts. 623 a 625 do *Codex* em vigor. Primeiramente, requerida a remoção com fundamento em quaisquer dos motivos elencados, o inventariante será intimado para, no prazo de cinco dias, defender-se e produzir provas. O incidente da remoção correrá em apenso aos autos do inventário.

Decorrido o prazo, com ou sem a defesa do inventariante, o juiz decidirá. Se remover o inventariante, o juiz nomeará outro, observada a ordem antes analisada. Como não poderia ser diferente, o contraditório deve ser instituído no processo de remoção do inventariante. Até aqui (arts. 623 a 624 do CPC/2015), houve apenas uma pequena alteração perante o sistema anterior, qual seja o aumento do prazo para defesa do inventariante em caso de remoção, que era de cinco e agora é de quinze dias (confrontação entre o art. 623 do CPC/2015 e o art. 996 do CPC/1973).

Decidindo-se pela remoção, o inventariante entregará imediatamente ao substituto os bens do espólio. No entanto, se deixar de fazê-lo, será compelido mediante mandado de busca e apreensão, no caso de bens móveis, ou de imissão na posse, no caso de bens imóveis (art. 625 do CPC/2015, equivalente ao art. 998 do CPC/1973). O novo preceito traz um aditivo que não existia no sistema anterior, qual seja a aplicação de uma multa em caso de não devolução dos bens, a ser fixada pelo juiz, em montante não superior a três por cento do valor dos bens inventariados.

Opino que multa pode eventualmente ser reduzida em casos de excessos, mesmo sendo fixada judicialmente, aplicando-se o art. 413 do Código Civil de 2002, que trata do controle equitativo da cláusula penal. É a redação desse importante diploma material: "A penalidade deve ser reduzida equitativamente pelo juiz se a obrigação principal tiver sido cumprida em parte, ou se o montante da penalidade for manifestamente excessivo, tendo-se em vista a natureza e a finalidade do negócio".

Dando continuidade ao estudo do procedimento de inventário judicial, apresentadas as primeiras declarações, o juiz mandará citar, para os termos do inventário e partilha, o cônjuge, o companheiro, os herdeiros, os legatários, a Fazenda Pública, o Ministério Público, se houver herdeiro incapaz ou ausente, e o testamenteiro, se o finado deixou testamento (art. 626, *caput*, do CPC/2015). A inclusão do companheiro constitui novidade considerando o que estava no art. 999, *caput*, do CPC/1973, o que vem em boa hora, pela tutela constitucional da união estável, conforme exaustivamente pontuado nesta obra.

A citação do cônjuge, do companheiro, do herdeiro ou do legatário, pelo novo sistema, dar-se-á pelo correio (art. 626, § 1.º, do CPC/2015). Assim, não ocorrerá mais a citação por oficial de justiça, nos casos de pessoas domiciliadas na Comarca por onde corria o inventário ou que aí fossem encontradas, e por edital, com prazo de 20 e 60 dias, para todas as demais, residentes no Brasil ou no estrangeiro (art. 999, § 1.º, do CPC/1973). Sem dúvida que a mudança visa à agilização dos procedimentos, demorados em muitas situações concretas, o que até já entrou para o *folclore* da prática sucessionista. Visando a ampla publicidade dos atos de inventariança, o novo sistema determina que em todas as hipóteses do procedimento sejam publicados editais.

Consigne-se que em todas as situações concretas em que não há a manifestação do herdeiro, sem que se possa concluir pela aceitação ou recusa, a jurisprudência tem admitido a nomeação de um curador especial e provisório, o que deve ser mantido com a nova legislação. Assim, concluindo, por todos:

CAP. 9 • DIREITO DAS SUCESSÕES | **1889**

"Citação. Edital. Inventário. Ausência de manifestação das legatárias. Comunicação havida entre as duas legatárias e a advogada do antigo testamento que não permite concluir pela aceitação ou recusa do legado por não aceitação do encargo. Necessidade de nomeação de curador especial que deve ser estendida na espécie. Art. 9.º, II, do Código de Processo Civil. Recurso provido em parte, dispensada a expedição de carta rogatória, devendo ser nomeado curador especial às legatárias citadas por edital" (TJSP, Agravo de Instrumento 315.142-4/4, 1.ª Câmara de Direito Privado, São Paulo, Rel. Elliot Akel, j. 02.03.2004, v.u.).

Cumpre destacar que o Supremo Tribunal Federal debateu a constitucionalidade da norma anterior (art. 999, § 1.º, do CPC/1973), especialmente pela discrepância de tratamento de herdeiro, assim concluindo, conforme o seu *Informativo* n. *523*:

"O Tribunal, por maioria, desproveu recurso extraordinário interposto contra acórdão do Tribunal de Justiça do Estado do Rio Grande do Norte, e declarou a constitucionalidade do art. 999, § 1.º, do CPC ["Art. 999. Feitas as primeiras declarações, o juiz mandará citar, para os termos do inventário e partilha, o cônjuge, os herdeiros, os legatários, a Fazenda Pública, o Ministério Público, se houver herdeiro incapaz ou ausente, e o testamenteiro, se o finado deixou testamento. § 1.º Citar-se-ão, conforme o disposto nos arts. 224 a 230, somente as pessoas domiciliadas na comarca por onde corre o inventário ou que aí foram encontradas; e por edital, com o prazo de 20 (vinte) a 60 (sessenta) dias, todas as demais, residentes, assim no Brasil como no estrangeiro."]. O acórdão recorrido reputara válida a citação, por edital, de herdeiro e de seu cônjuge domiciliados em comarca diversa daquela em que processado o inventário. Os recorrentes alegavam que não deveriam ter sido citados por esse modo, haja vista possuírem endereço certo, e sustentavam ofensa aos princípios da isonomia, da ampla defesa, do contraditório e do devido processo legal no reconhecimento da constitucionalidade do referido dispositivo – v. *Informativo* n. *521*. Salientando tratar-se de dispositivo vetusto, que já constava do Código de Processo Civil anterior, entendeu-se que a citação por edital em processo de inventário seria perfeitamente factível, até mesmo para se acelerar a prestação jurisdicional. Ressaltou-se, também, que qualquer irregularidade poderia ser enfrentada nas instâncias ordinárias. Vencido o Min. Marco Aurélio, que dava provimento ao recurso e assentava a inconstitucionalidade do art. 999, § 1.º, do CPC, ao fundamento de que o inventário se processa sob o ângulo da jurisdição voluntária, mas, a partir do momento em que a legislação indica o necessário conhecimento de herdeiros, sabendo-se quem eles são e onde estão, a ciência não poderia ser ficta, e sim realizada por meio de carta precatória, sob pena de se colocar em segundo plano a regra segundo a qual se deve, tanto quanto possível, promover a ciência de fato quanto ao curso do processo de inventário. Vencido, também, o Min. Celso de Mello, que acompanhava a divergência, e afirmava que a citação ficta, mediante edital, teria caráter excepcional e não viabilizaria o exercício pleno do direito ao contraditório" (STF, RE 552.598/RN, Rel. Min. Menezes Direito, 08.10.2008).

Como se nota, houve divergência no julgamento na Corte Suprema Brasileira e, talvez por isso, a mudança veio em boa hora, sem qualquer diferenciação quanto à forma de citação dos interessados no inventário.

Ainda no que interessa aos procedimentos de citação, preceitua o § 2.º do art. 626 do CPC/2015 que das primeiras declarações extrair-se-ão tantas cópias quantas forem as partes, na linha exata do que estava no mesmo parágrafo do antigo art. 999. Houve alteração no parágrafo seguinte, pois a citação por oficial de justiça não é mais a regra. Antes, mencionava-se que o oficial de justiça, ao proceder à citação, entregaria um exemplar a cada parte (art. 999, § 3.º, do CPC/1973). Agora apenas se expressa que a citação por carta será acompanhada de cópia das primeiras declarações, o que igualmente facilitou o procedimento (§ 3.º do art. 626 do CPC/2015).

No que tange à Fazenda Pública, ao Ministério Público e eventual testamenteiro, incumbe ao escrivão remeter cópias dos autos (art. 626, § 4.º do CPC/2015, equivalente ao art. 999, § 4.º, do CPC/1973). A última regra do mesmo modo vale para o advogado da parte que já estiver representada nos autos, visando dar mais agilidade ao processamento do inventário.

Concluídas as citações, abrir-se-á vista às partes, em cartório e pelo prazo comum de quinze dias, para se manifestarem sobre as primeiras declarações (art. 627, *caput*, do CPC/2015). O prazo foi aumentado dos dez dias anteriores, como estava na cabeça do art. 1.000 do CPC/1973. Sem qualquer alteração, conforme os incisos dos dois comandos, em casos tais, cabe à parte do processo de inventário arguir erros e omissões, reclamar contra a nomeação do inventariante e contestar a qualidade de quem foi incluído no título de herdeiro.

Em havendo impugnação quanto a erros e omissões, e julgada esta procedente, o juiz mandará retificar as primeiras declarações (art. 627, § 1.º, do CPC/2015, correspondente ao art. 1.000, parágrafo único, do CPC/1973). Se o juiz acolher o pedido de reclamação da nomeação do inventariante, nomeará outro, observada a preferência legal (art. 627, § 2.º, do CPC/2015, também correspondente ao art. 1.000, parágrafo único, do CPC/1973).

Por fim, verificando o magistrado que a disputa sobre a qualidade de herdeiro demanda produção de provas que não a documental, o juiz remeterá a parte para as vias ordinárias e sobrestará, até o julgamento da ação, a entrega do quinhão que na partilha couber ao herdeiro admitido (art. 627, § 3.º, do CPC/2015). Aqui houve uma alteração relevante perante a parte final do antigo parágrafo único do art. 1.000 do CPC/1973, que fazia menção à *matéria de alta indagação*, expressão substituída pelo termo anteriormente destacado.

Em suma, um conceito legal indeterminado, com alto grau de subjetividade, foi substituído por uma construção mais objetiva, baseada na produção de prova documental. Penso que a substituição pode trazer mais certeza e segurança para o procedimento do inventário, cabendo elogios em tal aspecto. Entretanto, por outra via, um termo mais fechado retira a possibilidade de o juiz considerar novas situações no futuro, como é comum quando se utilizam conceitos legais indeterminados e cláusulas gerais. Em tal ponto, a mudança pode ser desfavorável. Somente a prática consolidada por anos poderá demonstrar se a alteração foi boa ou ruim, tendo este autor dúvidas neste momento.

De qualquer maneira, uma situação que encontrará maior estabilidade com a mudança apontada diz respeito ao reconhecimento da união estável e à inclusão da companheira ou convivente como herdeira no inventário. Nesse contexto, pontue-se que muitos arestos das Cortes Estaduais vinham entendendo que a existência dessa união livre e informal seria uma questão de alta indagação, que deveria ser resolvida no âmbito próprio, nas citadas vias ordinárias. Por todos, cabe colacionar:

> "Inventário. O caso encerra típica hipótese de questão de alta indagação, a qual deve ser solucionada em ação própria, tal como decorre do artigo 984 do CPC. O fato de a agravante receber benefício previdenciário na qualidade de companheira do falecido é insuficiente para habilitá-la como herdeira nos autos do inventário, seja porque a união estável é objeto de impugnação consistente, seja pela necessidade de se definirem os termos inicial e final da convivência, o que é dado relevante para a partilha dos bens do autor da herança. Recurso provido em parte" (TJSP, Agravo de Instrumento 0157144-23.2012.8.26.0000, Acórdão 6847896, 9.ª Câmara de Direito Privado, São Paulo, Rel. Des. Piva Rodrigues, j. 25.06.2013, *DJESP* 18.07.2013).

"Agravo de instrumento. Ação de inventário. Reconhecimento incidental de união estável. Impossibilidade, no caso. Questão de alta indagação. Matéria remetida às vias ordinárias. Recurso conhecido e desprovido" (TJPR, Agravo de Instrumento 0695525-1, 11.ª Câmara Cível, Londrina, Rel. Juiz Conv. Antonio Domingos Ramina Junior, *DJPR* 16.12.2010, p. 389).

"Inventário. Alegação de união estável. Necessidade de ação própria. Matéria de alta indagação. Recurso improvido" (TJSP, Agravo de Instrumento 990.10.137818-3, Acórdão 4648928, 8.ª Câmara de Direito Privado, Guarulhos, Rel. Des. Caetano Lagrasta, j. 18.08.2010, *DJESP* 07.10.2010).

Em regra, sempre me filiei a essa forma de julgar, pois os elementos caracterizadores da união estável previstos pelo art. 1.723 do CC/2002 podem levantar dúvidas concretas, sendo necessária uma ação específica para o seu reconhecimento e posterior dissolução. Em reforço, muitas vezes existem dificuldades para se determinarem o início e o fim da união estável, o que é fundamental para a questão sucessória.

Como é notório, esse comando civil dispõe que são requisitos essenciais da união estável a existência de um relacionamento público, contínuo e duradouro, estabelecido com o objetivo de constituição de família. Os conceitos, como se notam, são abertos, havendo grande variação de interpretação na doutrina e na jurisprudência nacionais, conforme aprofundado no capítulo anterior desta obra.

Todavia, sempre entendi que, se a união estável estivesse devidamente provada no feito, tal forma de julgar ficaria em xeque. A concretizar, podem ser citadas as hipóteses de existência de uma escritura pública de união estável, não contestada por qualquer herdeiro. Com a redação do CPC/2015 não restam dúvidas de que a inclusão da companheira deve ser imediata em situações tais, sem a necessidade de debate nas vias ordinárias. Seguindo esse entendimento, da jurisprudência anterior:

"Agravo de instrumento. Inventário. Decisão que remete as partes às vias ordinárias para alcançar o reconhecimento de união estável havida com o *de cujus*. Inadequação. Farta prova documental da convivência e ausência de contrariedade dos herdeiros. Questão que não se configura como de alta indagação. Inteligência do art. 984 do Código de Processo Civil. Decisão reformada. Recurso provido" (TJPR, Agravo de Instrumento 0790238-5, 12.ª Câmara Cível, Londrina, Rel. Des. Clayton Camargo, *DJPR* 06.10.2011, p. 524).

"Agravo de instrumento. Inventário. Insurgência da agravante contra a decisão que houve por alta indagação os pedidos por ela formulados, de meação, participação na herança e direito real de habitação. União estável é fato e como tal satisfatoriamente comprovado nos autos, por escritura pública outorgada pelo falecido, pela sociedade igualitária na compra de imóvel, igualmente constante de escritura pública e pela declaração de óbito feita pela agravante junto ao cartório civil. Necessidade de interpretar a dicção alta indagação com o sentido voltado para os princípios jurídicos e a realidade da vida. Questões decorrentes, como meação, direito sucessório e direito real de moradia, devem, à evidência, ser resolvidas pelo juiz do inventário, por serem exclusivamente de direito. Agravo provido em parte para afastar a existência de questão de alta indagação e devolver a solução das questões jurídicas suscitadas ao juiz do inventário" (TJSP, Agravo de Instrumento 0124334-63.2010.8.26.0000, Acórdão 4938338, 9.ª Câmara de Direito Privado, São Paulo, Rel. Des. João Carlos Garcia, j. 24.08.2010, *DJESP* 1.º.03.2011).

Adotando tal premissa, merece destaque julgado do Superior Tribunal de Justiça do ano de 2017, segundo o qual, "o reconhecimento de união estável em sede de inventário é possível quando esta puder ser comprovada por documentos incontestes juntados aos autos do processo. Em sede de inventário, a falta de determinação do marco inicial da união estável só importa na anulação de seu reconhecimento se houver demonstração concreta de que a partilha será prejudicada pela indefinição da duração do relacionamento marital" (STJ, REsp 1.685.935/AM, 3.ª Turma, Rel. Min. Nancy Andrighi, j. 17.08.2017, *DJe* 21.08.2017). Além da existência de escritura pública de união estável, a convivência foi provada por cópia do *Diário Oficial da União* que continha o ato que concedeu pensão vitalícia à recorrida em virtude da morte de seu companheiro. Apesar de prolatado na vigência do atual Código de Processo Civil, os fatos ocorreram na vigência do Estatuto Processual anterior. De todo modo, a conclusão deve ser a mesma para os casos julgados sob a subsunção do CPC/2015.

Destaco, a propósito, que existem muitos julgados estaduais, prolatados recentemente, que seguem a mesma conclusão. Somente a ilustrar, do Tribunal de Justiça de Minas Gerais:

> "Considerando que a escritura pública declaratória de união estável é dotada de fé pública e goza de presunção *iuris tantum* de veracidade, que sequer foi desconstituída pelo agravante; e considerando, ainda, que não compete ao juízo sucessório processar e julgar matéria de alta indagação no bojo do processo de inventário, remetendo-se para as vias ordinárias as questões que dependem de outras provas, a teor do art. 612 do CPC, impõe-se a manutenção da decisão agravada que nomeou o companheiro do *de cujus* como inventariante, em observância à ordem de preferência prevista pelo art. 617 do CPC/2015" (TJMG, Agravo de Instrumento 0204772-53.2021.8.13.0000, 6.ª Câmara Cível, Rel. Des. Yeda Athias, j. 19.10.2021, *DJEMG* 26.10.2021).

Ainda, do Tribunal Paulista: "existência de escritura pública contendo a declaração de vontade das partes. Documento que possui fé pública. Questão, ademais, cuja validade não pode ser discutida no bojo do arrolamento. Decisão mantida" (TJSP, Agravo de Instrumento 2226756-96.2021.8.26.0000, Acórdão 15094636, Itanhaém, 5.ª Câmara de Direito Privado, Rel. Des. Erickson Gavazza Marques, j. 09.10.2021, *DJESP* 18.10.2021, p. 2.250).

Por fim, a respeito desse tema, como marco importante para a tese que se defende, em 2023 foi aprovado enunciado doutrinário a respeito do tema na *III Jornada de Direito Processual Civil*, conforme proposta por mim formulada. Consoante o Enunciado n. 179, "nos termos do art. 627, § 3.º, do CPC, é possível o reconhecimento incidental da união estável em inventário, quando comprovada documentalmente". Espero, assim, que a ementa doutrinária sirva como impulso para o surgimento de outros acórdãos com idêntica solução, em prol da instrumentalidade e da redução de entraves burocráticos, inclusive nos processos judiciais.

Em outro exemplo que pode ser citado, para a devida confrontação prática entre o CPC/2015 e o CPC/1973, o Tribunal de Justiça do Rio Grande do Sul entendeu que era questão de alta indagação a discussão a respeito da existência de dívidas com empregada do casal envolvido. Vejamos a ementa do julgado:

> "A dívida com a empregada não é do espólio, sendo que a cessão de crédito e as dívidas representadas por notas promissórias, bem como as decorrentes do fornecimento de alimentação, constituem questões de alta indagação, devendo tal discussão ter lugar nas vias ordinárias. Recurso provido em parte" (TJRS, Processo 70011748951, 7.ª Câmara Cível, Lagoa Vermelha, Juiz Rel. Sérgio Fernando de Vasconcellos Chaves, j. 10.08.2005).

Pela mudança do texto processual, nos casos expostos, basta a existência de uma dívida líquida – certa quanto à existência e determinada quanto ao valor –, que está vencida e provada documentalmente para que haja a inclusão como herdeiro ou interessado nos autos do inventário. A propósito, pontue-se que os dois últimos casos, como se pode perceber, envolvem habilitação de crédito no inventário, realizada por terceiro, o que é plenamente possível, sendo o caso típico o relacionado com o credor que deseja receber o que lhe é devido. Partindo para outra concreção, como se extrai de aresto do Superior Tribunal de Justiça:

"As questões de fato e de direito atinentes à herança devem ser resolvidas pelo juízo do inventário, salvo as exceções previstas em lei, como as matérias de 'alta indagação' referidas no art. 984, CPC, e as ações reais imobiliárias ou as em que o espólio for autor. Com essas ressalvas, o foro sucessório assume caráter universal, tal como o juízo falimentar, devendo, nele, ser solucionadas as pendências entre os herdeiros. O ajuizamento de ação de rito ordinário, por um herdeiro contra o outro, cobrando o aluguel pelo tempo de ocupação de um dos bens deixados em testamento pelo falecido, contraria o princípio da universalidade do juízo do inventário, afirmada no art. 984 do Código de Processo Civil, uma vez não se tratar de questão a demandar 'alta indagação' ou a depender de 'outras provas', mas de matéria típica do inventário, que, como cediço, é o procedimento apropriado para proceder-se à relação, descrição e avaliação dos bens deixados pelo falecido. Eventual crédito da herdeira pelo uso privativo da propriedade comum deve ser aventado nos autos do inventário, para compensar-se na posterior partilha do patrimônio líquido do espólio. O ajuizamento de ação autônoma para esse fim não tem necessidade para o autor, que se vê, assim, sem interesse de agir, uma das condições da ação, que se perfaz com a conjugação da utilidade e da necessidade" (STJ, REsp 190.436/SP, 4.ª Turma, Rel. Min. Sálvio de Figueiredo Teixeira, j. 21.06.2001, *DJ* 10.09.2001, p. 392).

Em todos os casos citados no *decisum*, agora, havendo prova documental, é plenamente possível a inclusão do interesse na inventariança.

A aludida habilitação de crédito daquele que foi preterido na herança consta do art. 628 do CPC/2015, dispositivo que deve ser confrontado com o art. 1.001 do CPC/1973, seu correspondente, conforme tabela a seguir:

| Código de Processo Civil de 2015 | Código de Processo Civil de 1973 |
| --- | --- |
| "Art. 628. Aquele que se julgar preterido poderá demandar sua admissão no inventário, requerendo-a antes da partilha. | "Art. 1.001. Aquele que se julgar preterido poderá demandar a sua admissão no inventário, requerendo-o antes da partilha. |
| § 1.º Ouvidas as partes no prazo de 15 (quinze) dias, o juiz decidirá. | Ouvidas as partes no prazo de 10 (dez) dias, o juiz decidirá. Se não acolher o pedido, remeterá o requerente para os meios ordinários, mandando reservar, em poder do inventariante, o quinhão do herdeiro excluído até que se decida o litígio." |
| § 2.º Se para solução da questão for necessária a produção de provas que não a documental, o juiz remeterá o requerente às vias ordinárias, mandando reservar, em poder do inventariante, o quinhão do herdeiro excluído até que se decida o litígio." | |

De início, nota-se que o comando ora em vigor é mais bem organizado, com dois parágrafos bem separados, e não mais com todas as regras concentradas em um mesmo preceito. Além disso, o prazo para a manifestação dos interessados sobre a habilitação de crédito, seguindo a linha de outros diplomas do próprio Código de Processo Civil, foi aumentado de dez para quinze dias.

Ademais, anteriormente estabelecia a norma processual que, se o pedido de inclusão não fosse acolhido – e esse acolhimento ou não era atribuído aos herdeiros –, a questão

# 1894 | MANUAL DE DIREITO CIVIL • VOLUME ÚNICO – *Flávio Tartuce*

seria remetida para as vias ordinárias. Agora esse poder de impugnação foi praticamente retirado do sistema, prevendo a nova norma que, se para solução da questão for necessária a produção de provas que não a documental, o juiz remeterá o requerente para as vias ordinárias.

Sem qualquer alteração, em casos tais continua sendo possível que o juiz mande reservar, em poder do inventariante, o quinhão do herdeiro excluído até que se decida o litígio remetido para as vias comuns. Essa reserva, contudo, não permite que o magistrado converta o pedido de habilitação em ação de cobrança. Nos termos de recente aresto superior, "é ônus do credor não admitido no inventário o ajuizamento da ação de conhecimento, não competindo ao juiz a conversão do pedido de habilitação de crédito em ação de cobrança, em substituição às partes" (STJ, REsp 2.045.640/GO, 3.ª Turma, Rel. Min. Marco Aurélio Bellizze, j. 25.04.2023, *DJe* 28.04.2023, v.u.).

Entendo que o dispositivo continuará a ser aplicado para a companheira que não foi incluída no inventário, conforme apontava a doutrina especializada.[139] Consigne-se que esse também era o entendimento jurisprudencial, a ser mantido com o CPC/2015 (ver, por todos: STJ, REsp 310.904/SP, 4.ª Turma, Rel. Min. Jorge Tadeo Flaquer Scartezzini, j. 22.02.2005, *DJU* 28.03.2005, p. 258; TJRS, Agravo de Instrumento 501239-55.2012.8.21.7000, 8.ª Câmara Cível, Porto Alegre, Rel. Des. Ricardo Moreira Lins Pastl, j. 28.02.2013, *DJERS* 06.03.2013; TJMG, Agravo de Instrumento 1.0024.10.149948-1/001, Rel. Des. Sandra Fonseca, j. 31.07.2012, *DJEMG* 10/08/2012; e TJSP, Agravo de Instrumento 599.873.4/2, Acórdão 3364476, 8.ª Câmara de Direito Privado, Socorro, Rel. Des. Salles Rossi, j. 19.11.2008, *DJESP* 12.12.2008).

Com a tão comentada decisão do STF, que equiparou a sucessão do companheiro ao cônjuge, tal afirmação ganha ainda mais força (Recurso Extraordinário 878.694/MG, julgada em maio de 2017, por maioria). O que muda é a análise da impugnação para a remessa às vias ordinárias. Havendo prova documental que ateste a existência da união estável, a habilitação deve ser deferida imediatamente.

Nesse ponto, cabe fazer mais uma confrontação entre o art. 612 do CPC/2015 e o art. 984 do CPC/1973, para verificar como deve ser guiado o juiz no processo de inventário, presente outra alteração significativa:

| Código de Processo Civil de 2015 | Código de Processo Civil de 1973 |
|---|---|
| "Art. 612. O juiz decidirá todas as questões de direito desde que os fatos relevantes estejam provados por documento, só remetendo para as vias ordinárias as questões que dependerem de outras provas." | "Art. 984. O juiz decidirá todas as questões de direito e também as questões de fato, quando este se achar provado por documento, só remetendo para os meios ordinários as que demandarem alta indagação ou dependerem de outras provas." |

Como primeira mudança, constata-se que o texto inicial ficou mais claro, pois são mencionadas as *questões de direito com fatos relevantes que estejam provados por documentos*, e não mais *questões de direito e de fato provadas por documentos*, totalmente desconectadas. Em relação à remessa às vias ordinárias, agora isso somente ocorrerá se houver dependência de outras provas, que não a documental, caso da oitiva de testemunhas. Não há mais previsão quanto às questões de alta indagação, termo indeterminado que foi retirado

---

[139] AMORIM, Sebastião; OLIVEIRA, Euclides. *Inventários e partilhas*. 20. ed. São Paulo: Leud, 2006. p. 366.

## CAP. 9 • DIREITO DAS SUCESSÕES | **1895**

do sistema processual. Reitere-se que somente a prática terá condão de demonstrar se a mudança foi boa ou não.

Encerrando essa fase, enuncia o art. 629 do Código de Processo vigente que a Fazenda Pública, no prazo de quinze dias, após a vista para a manifestação quanto às primeiras declarações, informará ao juízo, de acordo com os dados que constam de seu cadastro imobiliário, o valor dos bens de raiz descritos nas primeiras declarações. A única modificação, perante o art. 1.002 do CPC/1973, é a redução do prazo de vinte para quinze dias, em uniformidade com outros preceitos relativos ao processo de inventário.

Depois dessa previsão, o Estatuto Processual em vigor continua a seguir o exemplo do anterior, trazendo regras quanto à avaliação dos bens e ao cálculo do imposto (arts. 630 a 638 do CPC/2015, equivalente aos arts. 1.003 a 1.013 do CPC/1973).

A primeira delas estatui que, findo o prazo de quinze dias para a manifestação quanto às primeiras declarações – prazo que era de dez dias no sistema anterior, repise-se –, e não havendo qualquer impugnação ou já decidida a que tiver sido oposta, o juiz nomeará um perito para avaliar os bens do espólio se não houver na comarca avaliador judicial (art. 630, *caput*, do CPC/2015, corresponde ao art. 1.003, *caput,* do CPC/1973). Continuam anotando Nelson Nery Jr. e Rosa Maria de Andrade Nery, com razão, que essa avaliação seria dispensada, do ponto de vista fiscal, "quando já há prova do valor dos bens cadastrados pelo poder público municipal para fim de cobrança de IPTU".[140] Esse entendimento deve ser mantido com o CPC/2015, que procurou agilizar os procedimentos judiciais.

Determina a norma, ainda, que, nos casos envolvendo estabelecimento empresarial, o juiz nomeará um perito para avaliação das quotas e apuração de haveres (art. 630, parágrafo único, do CPC/2015). Não há mais menção ao contador, como estava no parágrafo único do antigo art. 1.003, pois o *expert* pode até ser de outra área do conhecimento. Melhor tecnicamente, fala-se em *avaliação das quotas*, e não mais em *levantamento do balanço*.

No que diz respeito aos procedimentos da avaliação, o perito deve seguir, no que forem aplicáveis, as regras previstas nos atuais arts. 872 e 873 do CPC/2015. É o que determina o art. 631 do Estatuto Processual em vigor, equivalente ao antigo art. 1.004 do antigo CPC, com referência aos seus arts. 681 a 683. Vejamos as regras mencionadas nesse último dispositivo processual, devidamente confrontadas com a norma anterior.

Conforme o novel art. 872, a avaliação realizada pelo oficial de justiça constará de vistoria e de laudo anexados ao auto de penhora ou, em caso de perícia efetuada por avaliador, de laudo apresentado no prazo fixado pelo juiz, devendo-se, em qualquer hipótese, especificar: *a)* os bens, com as suas características, e o estado em que se encontram; *b)* o valor dos bens. Insta verificar que a norma atual manda aplicar a regra relativa à avaliação feita por oficial de justiça, o que não ocorria no passado, pois esta estava prevista no antigo art. 680, que não era mencionado pelo anterior art. 1.004. Quanto aos requisitos do laudo, são os mesmos já dispostos no art. 681, *caput*, do CPC anterior.

O § 1.º do art. 872 do CPC/2015 estabelece que, quando o imóvel for suscetível de cômoda divisão, a avaliação, tendo em conta o crédito reclamado, será realizada em partes, sugerindo-se, com a apresentação de memorial descritivo, os possíveis desmembramentos para alienação. A única mudança perante o art. 681, parágrafo único, do CPC/1973 é a expressão do memorial descritivo, que já era considerado anteriormente, na prática sucessionista. Efetivada a avaliação e, sendo o caso, apresentada a proposta de desmembramento,

---

[140] NERY JR., Nelson; NERY, Rosa Maria de Andrade. *Comentários ao Código de Processo Civil.* São Paulo: RT, 2015. p. 1.457.

as partes serão ouvidas no prazo de cinco dias (art. 872, § 2.º, do CPC/2015). A inclusão desse curto lapso é novidade no sistema, com os bons fins de agilizar o procedimento, mais uma vez.

Outra mudança a ser pontuada é que foi retirada a menção aos títulos da dívida pública, de ações de sociedades e de títulos de crédito negociáveis em bolsa. Previa o antigo art. 682 do CPC/1973 que o valor a ser fixado seria o da cotação oficial do dia, provada por certidão ou publicação no órgão oficial. Essa regra não se aplica mais ao inventário. Ademais, muito ao contrário, diante de dúvidas quanto ao seu valor real e para todos os casos, o Estatuto Processual emergente passou a dispor, em seu art. 871, inciso II, que não se procederá à avaliação quando se tratar de títulos ou de mercadorias que tenham cotação em bolsa, comprovada por certidão ou publicação no órgão oficial.

Como o perito-avaliador é dotado de fé pública, a regra é a não repetição da avaliação. Entretanto, essa premissa comporta exceções, pois o art. 873 do CPC/2015, equivalente ao art. 683 do CPC anterior, trata da possibilidade de reiteração do estudo quando: *a)* se provar erro ou dolo do avaliador; *b)* se verificar, posteriormente à avaliação, que houve majoração ou diminuição do valor dos bens; *c)* houver fundada dúvida sobre o valor atribuído ao bem. Em sentido quase semelhante, aliás, era o art. 1.010 do CPC/1973, quanto ao inventário, norma que não foi repetida, por desnecessidade.

Também não foi reproduzida a premissa fixada no art. 1.005 do CPC/1973, segundo o qual o herdeiro que requeresse, durante a avaliação, a presença do juiz e do escrivão, pagaria as despesas da diligência. Pela retirada da regra em questão, parece que não será mais possível ao herdeiro fazer essa exigência, o que, aliás, nunca foi usual.

Não se expedirá carta precatória para a avaliação de bens situados fora da Comarca por onde corre o inventário, se eles forem de pequeno valor ou perfeitamente conhecidos do perito nomeado (art. 632 do CPC/2015, repetição do art. 1.006 do CPC/1973). A norma tem a sua razão de ser, visando a uma maior agilidade ao processo de inventário, eis que, na grande maioria das vezes, as partes ou herdeiros estão muito ansiosos pelo seu fim. Em razão do pequeno valor, a demorada expedição da precatória traria mais ônus que benefícios aos interessados. A análise do que seja bem de pequeno valor deve ser feita caso a caso, considerando também o patrimônio objeto da sucessão.

Visando à facilitação e à agilidade do procedimento, preconiza o art. 633 do CPC/2015 – sem mudanças quanto ao art. 1.007 do CPC/1973 – que, sendo capazes todas as partes, não se procederá à avaliação se a Fazenda Pública concordar expressamente com o valor atribuído, nas primeiras declarações, aos bens do espólio. Se os herdeiros concordarem com o valor dos bens declarados pela Fazenda Pública, a avaliação cingir-se-á aos demais, no caso, aos bens móveis (art. 634 do CPC/2015, reprodução literal do art. 1.008 do CPC/1973).

Entregue o laudo de avaliação, o juiz mandará que sobre ele se manifestem as partes no prazo de quinze dias, que correrá em cartório (art. 635, *caput,* do CPC/2015). Mais uma vez, o prazo foi aumentado, sendo de dez dias na *cabeça* do antigo art. 1.009 do CPC/1973. Consigne-se que é bem comum que as partes envolvidas com o inventário requeiram esclarecimentos ao perito avaliador. Os parágrafos do comando legal continuam a trazer outros detalhamentos importantes.

Em primeiro lugar, havendo impugnação quanto ao valor atribuído aos bens pelo perito, o juiz a decidirá de plano, à vista do que constar dos autos (art. 635, § 1.º, do CPC/2015 e art. 1.009, § 1.º, do CPC/1973). Julgando procedente a impugnação, determinará o juiz que o perito retifique a avaliação, observando os fundamentos da decisão (art. 635, § 2.º, do CPC/2015 e art. 1.009, § 2.º, do CPC/1973). Em tais diplomas, também não houve qualquer mudança.

CAP. 9 • DIREITO DAS SUCESSÕES | **1897**

O mesmo deve ser dito quanto ao art. 636 do Estatuto Processual em vigor, segundo o qual, sendo aceito o laudo pelas partes, ou sendo resolvidas as impugnações suscitadas a seu respeito, lavrar-se-á em seguida o termo de últimas declarações, no qual o inventariante poderá emendar, aditar ou completar as primeiras. O comando equivale ao art. 1.011 do CPC/1973, igualmente sem alterações.

Ouvidas as partes sobre as últimas declarações no prazo comum de quinze dias, proceder-se-á ao cálculo do tributo, que varia de acordo com a legislação específica de cada Estado (art. 637 do CPC/2015). Duas foram as modificações, perante o art. 1.012 do CPC/1973. Primeiro, o prazo foi aumentado de dez para quinze dias. Segundo, substituiu-se a expressão *imposto* por *tributo,* melhor tecnicamente empregado, na nossa opinião.

Não se pode esquecer, o que ainda terá aplicação e na linha da Súmula 112 do Supremo Tribunal Federal, que o imposto de transmissão *causa mortis* é devido pela alíquota vigente ao tempo da abertura da sucessão, ou seja, da morte do *de cujus.* Trata-se de decorrência natural do *droit de saisine,* regra segundo a qual, com a abertura da sucessão, transmitem-se os bens para os herdeiros do falecido.

A encerrar essa fase, feito o cálculo, sobre ele serão ouvidas todas as partes no prazo comum de cinco dias, que correrá em cartório e, em seguida, a Fazenda Pública (art. 638 do CPC/2015 e art. 1.013 do CPC/1973). Se houver impugnação julgada procedente, ordenará o juiz novamente a remessa dos autos ao contabilista ou contador, determinando as alterações que devam ser feitas no cálculo. Cumprido o despacho, o juiz julgará o cálculo do imposto. Após, seguem o recolhimento de imposto e das custas e a partilha, que ainda será estudada neste capítulo. Em relação aos dois comandos, não houve qualquer alteração, inclusive quanto ao prazo de cinco dias.

Para terminar o estudo do inventário judicial pelo rito comum, note-se que, em razão de lei especial (art. 1.º da Lei 6.858/1980, e art. 1.º, parágrafo único, inciso I, do Decreto 85.845/1981), o pagamento dos valores devidos ao empregado é feito aos sucessores independentemente de inventário ou arrolamento. Em suma, tratando-se de verbas trabalhistas, os valores podem ser partilhados entre os herdeiros diretamente pelo Juízo do Trabalho, independentemente do inventário na esfera cível. Não houve qualquer mudança quanto a tal regra em face do atual CPC, continuando ela a ter plena subsunção.

### 9.10.1.1.2 Inventário judicial pelo rito sumário

Quanto ao *arrolamento sumário,* é primaz a confrontação entre o art. 659 do CPC/2015 e o art. 1.031 do CPC/1973, o último com a nova redação dada pela anterior Lei 11.441/2007. Vejamos a tabela comparativa:

| Código de Processo Civil de 2015 | Código de Processo Civil de 1973 |
|---|---|
| "Art. 659. A partilha amigável, celebrada entre partes capazes, nos termos da lei, será homologada de plano pelo juiz, com observância dos arts. 660 a 663. | "Art. 1.031. A partilha amigável, celebrada entre partes capazes, nos termos do art. 2.015 da Lei n.º 10.406, de 10 de janeiro de 2002 – Código Civil, será homologada de plano pelo juiz, mediante a prova da quitação dos tributos relativos aos bens do espólio e às suas rendas, com observância dos arts. 1.032 a 1.035 desta Lei. |
| § 1.º O disposto neste artigo aplica-se, também, ao pedido de adjudicação, quando houver herdeiro único. | § 1.º O disposto neste artigo aplica-se, também, ao pedido de adjudicação, quando houver herdeiro único. |

| Código de Processo Civil de 2015 | Código de Processo Civil de 1973 |
|---|---|
| § 2.º Transitada em julgado a sentença de homologação de partilha ou de adjudicação, será lavrado o formal de partilha ou elaborada a carta de adjudicação e, em seguida, serão expedidos os alvarás referentes aos bens e às rendas por ele abrangidos, intimando-se o fisco para lançamento administrativo do imposto de transmissão e de outros tributos porventura incidentes, conforme dispuser a legislação tributária, nos termos do § 2.º do art. 662." | § 2.º Transitada em julgado a sentença de homologação de partilha ou adjudicação, o respectivo formal, bem como os alvarás referentes aos bens por ele abrangidos, só serão expedidos e entregues às partes após a comprovação, verificada pela Fazenda Pública, do pagamento de todos os tributos." |

Começando pelo dispositivo anterior, como o art. 1.031 fazia remissão ao art. 1.773 do Código Civil de 1916, a Lei 11.441, de 4 de janeiro de 2007, apenas alterou sua redação para que se mencionasse o artigo correspondente, qual seja, o art. 2.015 do Código Civil de 2002. Frise-se que não houve mudança no conteúdo da norma, mas simples adequação ao atual Código Civil. Estabelece o art. 2.015 do CC/2002 que "se os herdeiros forem capazes, poderão fazer partilha amigável, por escritura pública, termo nos autos do inventário, ou escrito particular, homologado pelo juiz". No entanto, o CPC/2015 não faz mais menção a esse dispositivo civil, o que não prejudica a sua incidência. No mais, os arts. 660 a 663 agora referidos, que tratam especificamente do arrolamento sumário, equivalem aos antigos arts. 1.032 a 1.035.

Como bem ensinam Euclides de Oliveira e Sebastião Amorim, o *arrolamento sumário* é uma forma abreviada de inventário e partilha de bens, havendo concordância de todos os herdeiros, desde que maiores e capazes. Observam os juristas que, aqui, não importam os valores dos bens a serem partilhados.[141] Ainda em sede doutrinária, de acordo com Dimas Messias de Carvalho e Dimas Daniel de Carvalho, trata-se de "um procedimento judicial simplificado de inventário e partilha e ocorre quando as partes são capazes e podem transigir, estiverem representadas e acordarem sobre a partilha dos bens, qualquer que seja o valor (arts. 1.031/1.035 do CPC). Os herdeiros apresentam o plano de partilha ao juiz que somente o homologa, em um procedimento de jurisdição voluntária, portanto não decide".[142] Em suma, pode-se dizer que o seu fator predominante é justamente o acordo entre as partes envolvidas e a sua capacidade plena.

Para encerrar a confrontação constante da última tabela, podem ser percebidas algumas alterações no § 2.º do novo comando instrumental. O antigo art. 1.031 do CPC/1973 estabelecia que, transitada em julgado a sentença de homologação de partilha ou adjudicação, o respectivo formal, bem como os alvarás referentes aos bens por ele abrangidos, só seriam expedidos e entregues às partes após a comprovação, constatada pela Fazenda Pública, do pagamento de todos os tributos. Pelo novel diploma, transitada em julgado a sentença de homologação de partilha ou adjudicação, será lavrado o formal de partilha ou elaborada a carta de adjudicação.

Em seguida, serão expedidos os alvarás referentes aos bens e rendas por ele abrangidos, intimando-se o fisco para lançamento administrativo do imposto de transmissão

---

[141] AMORIM, Sebastião; OLIVEIRA, Euclides de. *Inventário e partilha*. Teoria e prática. 24. ed. São Paulo: Saraiva, 2016. p. 431.

[142] CARVALHO, Dimas Messias; CARVALHO, Dimas Daniel. *Direito das sucessões*: inventário e partilha. 3. ed. Belo Horizonte: Del Rey, 2012. v. VIII, p. 225.

e de outros tributos porventura incidentes, conforme dispuser a legislação tributária. Em suma, parece-nos que pela nova norma os documentos mencionados são expedidos antes mesmo da verificação pelo Fisco, cabendo a sua entrega se tudo estiver pago conforme a legislação tributária.

Entretanto, recente decisão do STJ acabou por mitigar a amplitude dessa última regra. Como consta do seu teor, "o CPC/1973, em seu art. 1.031, em conformidade com o art. 192 do CTN, exigia a prova de quitação dos tributos relativos aos bens do espólio e às suas rendas como condição para a homologação da partilha (*caput*) e o pagamento de todos os tributos devidos, aí incluído o imposto de transmissão, para a ultimação do processo, com a expedição e a entrega dos formais de partilha (§ 2.º). O novo Código de Processo Civil, em seu art. 659, § 2.º, traz uma significativa mudança normativa no tocante ao procedimento de arrolamento sumário, ao deixar de condicionar a entrega dos formais de partilha ou da carta de adjudicação à prévia quitação dos tributos concernentes à transmissão patrimonial aos sucessores".

Porém, concluiu-se que "essa inovação normativa, todavia, em nada altera a condição estabelecida no art. 192 do CTN, de modo que, no arrolamento sumário, o magistrado deve exigir a comprovação de quitação dos tributos relativos aos bens do espólio e às suas rendas para homologar a partilha e, na sequência, com o trânsito em julgado, expedir os títulos de transferência de domínio e encerrar o processo, independentemente do pagamento do imposto de transmissão" (STJ, REsp 1.704.359/DF, 1.ª Turma, Rel. Min. Gurgel de Faria, j. 28.08.2018, *DJe* 02.10.2018). Foi vencido o Ministro Napoleão Maia, para quem o "intuito do Código Fux, como todos sabemos, foi celerizar as operações à vida econômica, dinamizar os negócios, as transações e tudo o que diz respeito à modernização jurídica dos procedimentos sociais, econômicos e financeiros", posicionando-se pela dispensa dessas quitações.

Contudo, sucessivamente e no mesmo ano de 2018, surgiu novo entendimento na Segunda Turma da Corte, no sentido de que "a homologação da partilha no procedimento do arrolamento sumário não pressupõe o atendimento das obrigações tributárias principais e tampouco acessórias relativas ao imposto sobre transmissão *causa mortis*. Consoante o novo Código de Processo Civil, os artigos 659, § 2.º, cumulado com o 662, § 2.º, com foco na celeridade processual, permitem que a partilha amigável seja homologada anteriormente ao recolhimento do imposto de transmissão *causa mortis*, e somente após a expedição do formal de partilha ou da carta de adjudicação é que a Fazenda Pública será intimada para providenciar o lançamento administrativo do imposto, supostamente devido" (STJ, REsp 1.751.332/DF, 2.ª Turma, Rel. Min. Mauro Campbell Marques, j. 25.09.2018, *DJe* 03.10.2018). Fico com este último entendimento, de acordo com o que consta do Estatuto Processual emergente, havendo a necessidade anterior de o tema ser pacificado no âmbito do Tribunal da Cidadania.

Em 2022, essa pacificação ocorreu no âmbito da Corte Especial do Tribunal, que seguiu a segunda orientação, com a afirmação da seguinte tese: "no arrolamento sumário, a homologação da partilha ou da adjudicação, bem como a expedição do formal de partilha e da carta de adjudicação, não se condicionam ao prévio recolhimento do imposto de transmissão *causa mortis*, devendo ser comprovado, todavia, o pagamento dos tributos relativos aos bens do espólio e às suas rendas, a teor dos arts. 659, § 2.º, do CPC/2015 e 192 do CTN". Vejamos a sua ementa, que resolve a divergência, na linha do que está previsto expressamente no CPC de 2015:

> "Recurso especial repetitivo. Código de Processo Civil de 2015. Aplicabilidade. Processual civil e tributário. Imposto sobre Transmissão *Causa Mortis* e Doação de Quaisquer Bens e Direitos – ITCMD. Arrolamento sumário. Art. 659, *Caput*, e § 2.º

do CPC/2015. Homologação da partilha ou da adjudicação. Expedição dos títulos translativos de domínio. Recolhimento prévio da exação. Desnecessidade. Pagamento antecipado dos tributos relativos aos bens e às rendas do espólio. Obrigatoriedade. Art. 192 do CTN. I – Consoante o decidido pelo Plenário desta Corte na sessão realizada em 09.03.2016, o regime recursal será determinado pela data da publicação do provimento jurisdicional impugnado. Aplica-se, no caso, o Estatuto Processual Civil de 2015. II – O CPC/2015, ao disciplinar o arrolamento sumário, transferiu para a esfera administrativa as questões atinentes ao imposto de transmissão causa mortis, evidenciando que a opção legislativa atual prioriza a agilidade da partilha amigável, ao focar, teleologicamente, na simplificação e na flexibilização dos procedimentos envolvendo o tributo, alinhada com a celeridade e a efetividade, e em harmonia com o princípio constitucional da razoável duração do processo. III – O art. 659, § 2.º, do CPC/2015, com o escopo de resgatar a essência simplificada do arrolamento sumário, remeteu para fora da partilha amigável as questões relativas ao ITCMD, cometendo à esfera administrativa fiscal o lançamento e a cobrança do tributo IV – Tal proceder nada diz com a incidência do imposto, porquanto não se trata de isenção, mas apenas de postergar a apuração e o seu lançamento para depois do encerramento do processo judicial, acautelando-se, todavia, os interesses fazendários – e, por conseguinte, do crédito tributário –, considerando que o Fisco deverá ser devidamente intimado pelo juízo para tais providências, além de lhe assistir o direito de discordar dos valores atribuídos aos bens do espólio pelos herdeiros. V – Permanece válida, contudo, a obrigatoriedade de se comprovar o pagamento dos tributos que recaem especificamente sobre os bens e rendas do espólio como condição para homologar a partilha ou a adjudicação, conforme determina o art. 192 do CTN. VI – Acórdão submetido ao rito do art. 1.036 e seguintes do CPC/2015, fixando-se, nos termos no art. 256-Q, do RISTJ, a seguinte tese repetitiva: No arrolamento sumário, a homologação da partilha ou da adjudicação, bem como a expedição do formal de partilha e da carta de adjudicação, não se condicionam ao prévio recolhimento do imposto de transmissão causa mortis, devendo ser comprovado, todavia, o pagamento dos tributos relativos aos bens do espólio e às suas rendas, a teor dos arts. 659, § 2.º, do CPC/2015 e 192 do CTN. VII – Recurso especial do Distrito Federal parcialmente provido" (STJ, REsp 1.896.526/DF, 1.ª Seção, Rel. Min. Regina Helena Costa, j. 26.10.2022, *DJe* 28.10.2022).

Assim, por bem, a questão se estabilizou no âmbito da Corte Superior, servindo o julgado transcrito como referencial para a primeira e a segunda instância, nos termos do art. 927 do próprio CPC. Na doutrina, destaque-se, a tese também tem amplo apoio, tendo sido aprovada ementa doutrinária na *III Jornada de Direito Processual Civil*, em 2023: "no arrolamento comum, o prévio recolhimento do imposto de transmissão *causa mortis* não é condicionante para a expedição do formal de partilha e da carta de adjudicação, mantendo-se a exigência da comprovação do pagamento dos tributos relativos aos bens do espólio e às suas rendas, a teor dos arts. 659, § 2.º, 664, § 4.º, e 662 do CPC e 192 do CTN" (Enunciado n. 175). Espera-se, assim, que a questão seja estabilizada nos nossos foros e Cortes, adotando-se essa solução.

Feita essa importante observação, e voltando ao estudo do instituto, o procedimento, como o próprio nome já diz, é *sumário,* visando a uma maior celeridade na partilha de bens. Entendo que a nomenclatura deve ser mantida com o CPC/2015, mesmo tendo sido abolido o procedimento sumário pela nova legislação instrumental. Tanto isso é verdade que o seu art. 660 utiliza a expressão destacada. Nos termos desse preceito, a demonstrar esse intuito célere, os herdeiros, na inicial: *a)* requererão ao juiz a nomeação do inventariante que designarem; *b)* declararão os títulos dos herdeiros e os bens do espólio; *c)* atribuirão o valor dos bens do espólio, para fins de partilha. Não houve qualquer mudança perante o art. 1.032 do *Codex* anterior, seu correspondente.

CAP. 9 • DIREITO DAS SUCESSÕES | **1901**

Em regra, o arrolamento sumário não comporta a avaliação de bens do espólio para qualquer finalidade (art. 661 do CPC/2015 e art. 1.033 do CPC/1973). A única ressalva feita pelos dispositivos refere-se à avaliação da reserva de bens (art. 663 do CPC/2015 e art. 1.035 do CPC/1973). Aqui, novamente, tudo sem mudanças.

Também visando a uma maior simplicidade ou facilitação, no arrolamento sumário não serão conhecidas ou apreciadas questões relativas ao lançamento, ao pagamento ou à quitação de taxas judiciárias e de tributos incidentes sobre a transmissão da propriedade dos bens do espólio, o que é incompatível com a agilidade buscada pelo rito (art. 662, *caput,* do CPC/2015 e art. 1.034, *caput,* do CPC/1973).

A taxa judiciária, se devida, será calculada com base no valor atribuído pelos herdeiros, cabendo ao Fisco, se apurar em processo administrativo valor diverso do estimado, exigir a eventual diferença pelos meios adequados ao lançamento de créditos tributários em geral (art. 662, § 1.º, do CPC/2015; art. 1.034, § 1.º, do CPC/1973). O imposto de transmissão será objeto de lançamento administrativo, conforme dispuser a legislação tributária, não ficando as autoridades fazendárias adstritas aos valores dos bens do espólio atribuídos pelos herdeiros (art. 662, § 2.º, do CPC/2015 e art. 1.034, § 2.º, do CPC/1973).

Por fim, encerrando os procedimentos, determina o art. 663 do Novo Estatuto Processual que a existência de credores do espólio não impedirá a homologação da partilha ou da adjudicação, se forem reservados bens suficientes para o pagamento da dívida. Essa reserva de bens será realizada pelo valor estimado pelas partes, salvo se o credor, regularmente notificado, impugnar a estimativa. Nesse último caso, é que deverá ser executada a única forma de avaliação admitida no arrolamento sumário. A exemplo de todas as outras regras, não houve qualquer mudança perante o antigo art. 1.035 do antigo Código de Processo Civil.

## 9.10.1.1.3 Inventário judicial pelo rito do arrolamento comum

Assim como fizemos com o estudo da modalidade anterior de arrolamento, para a presente categoria é fundamental confrontar os arts. 664 do CPC/2015 e 1.036 do CPC/1973:

| Código de Processo Civil de 2015 | Código de Processo Civil de 1973 |
|---|---|
| "Art. 664. Quando o valor dos bens do espólio for igual ou inferior a 1.000 (mil) salários mínimos, o inventário processar-se-á na forma de arrolamento, cabendo ao inventariante nomeado, independentemente de assinatura de termo de compromisso, apresentar, com suas declarações, a atribuição de valor aos bens do espólio e o plano da partilha. | "Art. 1.036. Quando o valor dos bens do espólio for igual ou inferior a 2.000 (duas mil) Obrigações do Tesouro Nacional – OTN, o inventário processar-se-á na forma de arrolamento, cabendo ao inventariante nomeado, independentemente da assinatura de termo de compromisso, apresentar, com suas declarações, a atribuição do valor dos bens do espólio e o plano da partilha. (Redação dada pela Lei n.º 7.019, de 31.08.1982.) |
| § 1.º Se qualquer das partes ou o Ministério Público impugnar a estimativa, o juiz nomeará avaliador, que oferecerá laudo em 10 (dez) dias. | § 1.º Se qualquer das partes ou o Ministério Público impugnar a estimativa, o juiz nomeará um avaliador que oferecerá laudo em 10 (dez) dias. (Incluído pela Lei n.º 7.019, de 31.08.1982.) |
| § 2.º Apresentado o laudo, o juiz, em audiência que designar, deliberará sobre a partilha, decidindo de plano todas as reclamações e mandando pagar as dívidas não impugnadas. | § 2.º Apresentado o laudo, o juiz, em audiência que designar, deliberará sobre a partilha, decidindo de plano todas as reclamações e mandando pagar as dívidas não impugnadas. (Incluído pela Lei n.º 7.019, de 31.08.1982). |

| Código de Processo Civil de 2015 | Código de Processo Civil de 1973 |
|---|---|
| § 3.º Lavrar-se-á de tudo um só termo, assinado pelo juiz, pelo inventariante e pelas partes presentes ou por seus advogados. | § 3.º Lavrar-se-á de tudo um só termo, assinado pelo juiz e pelas partes presentes. (Incluído pela Lei n.º 7.019, de 31.08.1982.) |
| § 4.º Aplicam-se a essa espécie de arrolamento, no que couber, as disposições do art. 672, relativamente ao lançamento, ao pagamento e à quitação da taxa judiciária e do imposto sobre a transmissão da propriedade dos bens do espólio. | § 4.º Aplicam-se a esta espécie de arrolamento, no que couberem, as disposições do art. 1.034 e seus parágrafos, relativamente ao lançamento, ao pagamento e à quitação da taxa judiciária e do imposto sobre a transmissão da propriedade dos bens do espólio. (Incluído pela Lei n.º 7.019, de 31.08.1982.) |
| § 5.º Provada a quitação dos tributos relativos aos bens do espólio e às suas rendas, o juiz julgará a partilha." | § 5.º Provada a quitação dos tributos relativos aos bens do espólio e às suas rendas, o juiz julgará a partilha. (Incluído pela Lei n.º 7.019, de 31.08.1982.) |

Em relação ao parâmetro de valor dos bens para o *arrolamento comum*, reafirme-se que o Código de Processo Civil de 2015 constitui um notável avanço. Isso porque a lei anterior utilizava o montante correspondente a 2.000 Obrigações do Tesouro Nacional (OTN). Cabia e continua cabendo ao inventariante nomeado, independentemente da assinatura de termo de compromisso, apresentar, com suas declarações, a atribuição do valor dos bens do espólio e o plano da partilha. Como se pode perceber, essa forma de arrolamento não leva em conta eventual acordo entre as partes interessadas capazes, como é no arrolamento sumário, mas sim o valor dos bens inventariados.

Sobre o malfadado valor de 2.000 OTN (Obrigações do Tesouro Nacional), tendo em vista a extinção do indexador pela Lei 7.730/1989, sua quantificação em moeda nacional corrente sempre foi conturbada. O índice anterior sempre se revelou inadequado e defasado, sendo praticamente impossível saber o valor exato, como pontuavam Euclides de Oliveira e Sebastião Amorim, já propondo, anteriormente, a mudança desse parâmetro para 500 salários mínimos.[143] Para os juristas citados, no ano de 2009, se seguida a Tabela de atualização do Tribunal de Justiça de São Paulo, o valor de 2.000 OTN corresponderia a cerca de R$ 38.826,41 (trinta e oito mil, oitocentos e vinte e seis reais e quarenta e um centavos).[144]

Com o fim de demonstrar a divergência anterior sobre tal intricado cálculo, Dimas Messias de Carvalho e Dimas Daniel de Carvalho chegavam a outros montantes. Levando em conta as informações constantes do *site* do Tribunal de Justiça de Minas Gerais, ponderavam que, "por simples operação aritmética, uma OTN, com inclusão dos expurgos, possui o valor de 35,305. Sem expurgos, valor 11,2314. Logo, 2.000 OTNs (que substituem as ORTNs) com inclusão dos expurgos inflacionários totalizam R$ 70.610,00 (setenta mil, seiscentos e dez reais), valores que devem ser considerados para autorizar o inventário na forma de arrolamento sumário, por melhor se aproximar da inflação real do período e dos valores que corresponderiam a duzentos salários mínimos, fixados antes das modificações promovidas pela Lei 7.019, de 31 de agosto de 1982. Considerando-se a OTN sem os ex-

---

[143] AMORIM, Sebastião; OLIVEIRA, Euclides. *Inventários e partilhas*. 22. ed. São Paulo: Leud, 2009. p. 523-524.
[144] AMORIM, Sebastião; OLIVEIRA, Euclides. *Inventários e partilhas*. 22. ed. São Paulo: Leud, 2009. p. 523-524.

purgos inflacionários, o valor de 2.000 OTNs seria reduzido sensivelmente a R$ 22.462,80; valor insignificante para fins de direitos sucessórios".[145]

Diante das enormes dificuldades dos cálculos, em boa hora, o Código de Processo Civil de 2015 corrigiu tal forma de cálculo, adotando o parâmetro de mil salários mínimos, conforme se depreende da tabela exposta. Como comentam Euclides de Oliveira e Sebastião Amorim em versão mais recente de sua *clássica obra*, "a disposição relativa ao valor, que gerava tantas dúvidas em vista da extinção daquele título governamental usado para fins de correção, é modificada no CPC 2015, art. 664, com adoção de parâmetro mais adequado, com base no valor do salário mínimo".[146] Diante desse grande avanço, espera-se que o arrolamento sumário atinja a efetividade prática não alcançada na prática do Direito das Sucessões no Brasil.

Aprofundando-se os procedimentos, se qualquer das partes ou o Ministério Público impugnar a estimativa anteriormente realizada pelo inventariante, o juiz nomeará avaliador que oferecerá laudo em dez dias (art. 664, § 1.º, do CPC/2015 e art. 1.036, § 1.º, do CPC/1973). O que se percebe é que a elaboração desse laudo diferencia o arrolamento comum do arrolamento sumário.

Apresentado o laudo, o juiz, em audiência que designar, deliberará sobre a partilha, decidindo de plano todas as reclamações e mandando pagar as dívidas não impugnadas (art. 664, § 2.º, do CPC/2015 e art. 1.036, § 2.º, do CPC/1973). Lavrar-se-á de tudo um só termo, assinado pelo juiz, pelo inventariante e pelas partes presentes (art. 664, § 3.º, do CPC/2015). A menção à assinatura do inventariante é novidade, pois não constava do art. 1.036, § 2.º, do CPC/1973; formalidade que deve ser observada a partir da vigência do CPC de 2015.

O art. 664, § 4.º, do CPC/2015, equivalente ao art. 1.036, § 4.º, do CPC/1973, estabelece a aplicação das regras previstas no art. 672 do CPC/2015, relativamente ao lançamento, ao pagamento e à quitação da taxa judiciária e do imposto sobre a transmissão da propriedade dos bens do espólio. Porém, houve um erro material na primeira norma processual citada, pois o art. 672 não trata das citadas questões de taxas e tributos, mas da cumulação de inventários.

Assim, a referência deve ser lida em relação ao art. 662 do CPC/2015. Nesse sentido, o Enunciado n. 131, aprovado *na II Jornada de Direito Processual Civil*, promovida pelo Conselho da Justiça Federal em setembro de 2018, com a seguinte dicção: "A remissão ao art. 672, feita no art. 664, § 4.º, do CPC, consiste em erro material decorrente da renumeração de artigos durante a tramitação legislativa. A referência deve ser compreendida como sendo ao art. 662, norma que possui conteúdo integrativo adequado ao comando expresso e finalístico do art. 664, § 4.º". Como não poderia ser diferente, a proposta doutrinária contou com o nosso total apoio naquele evento.

Por fim, quanto aos procedimentos, provada a quitação dos tributos relativos aos bens do espólio e às suas rendas, o juiz julgará a partilha (art. 664, § 5.º, do CPC/2015 e art. 1.036, § 5.º, do CPC/1973). Como outra novidade a ser pontuada, o atual CPC passa a dispor, em seu art. 665, que será possível o caminho do arrolamento comum para o inventário, ainda que haja incapaz, desde que concordem todas as partes e o Ministério Público. O comando parece introduzir alternativa para um procedimento abreviado para

---

[145] CARVALHO, Dimas Messias; CARVALHO, Dimas Daniel. *Direito das sucessões*: inventário e partilha. 3. ed. Belo Horizonte: Del Rey, 2012. v. VIII, p. 233-234.

[146] AMORIM, Sebastião; OLIVEIRA, Euclides de. *Inventário e partilha*. Teoria e prática. 24. ed. São Paulo: Saraiva, 2016. p. 445.

# 1904 | MANUAL DE DIREITO CIVIL • VOLUME ÚNICO – *Flávio Tartuce*

casos de menores, caso seja seguida a literalidade de vedação para o inventário extrajudicial, tema que passa a ser analisado.

## 9.10.1.2 *Do inventário extrajudicial, pela via administrativa ou por escritura pública*

Conforme ressaltado no início do presente capítulo, com a edição da Lei 11.441/2007, o art. 982 da antiga Norma Processual recebeu nova redação, atualizada posteriormente com a Lei 11.965/2009, com a introdução do inventário extrajudicial. O antigo comando foi repetido pelo art. 610 do CPC/2015, cuja transcrição é primaz, mais uma vez, para os devidos fins didáticos e de aprofundamento:

"Art. 610. Havendo testamento ou interessado incapaz, proceder-se-á ao inventário judicial;

§ 1.º Se todos forem capazes e concordes, o inventário e a partilha poderão ser feitos por escritura pública, a qual constituirá documento hábil para qualquer ato de registro, bem como para levantamento de importância depositada em instituições financeiras.

§ 2.º O tabelião somente lavrará a escritura pública se todas as partes interessadas estiverem assistidas por advogado ou por defensor público, cuja qualificação e assinatura constarão do ato notarial".

Infelizmente, não há mais menção à possibilidade de gratuidade para o inventário no texto da lei, como estava no antigo § 2.º do art. 982 do CPC/1973. Entretanto, reafirme-se a sua viabilidade, pelos argumentos aqui antes aduzidos e pelo que está hoje previsto nos arts. 6.º e 7.º da Resolução 35 do Conselho Nacional de Justiça.

Pois bem, os principais objetivos da Lei 11.441/2007 – reafirmados pelo CPC/2015 – foram as reduções de burocracias e de formalidades para os atos de transmissão hereditária, bem como a celeridade, na linha da tendência atual de *desjudicialização* das contendas e dos pleitos. Assim como ocorreu com o divórcio extrajudicial, a lei de 2007 foi concisa e trouxe muito pouco a respeito do assunto, cabendo à doutrina e à jurisprudência sanar as dúvidas decorrentes desses institutos.

Pelos dois textos instrumentais, o anterior e o atual, constata-se que, sendo as partes capazes e inexistindo testamento, poderão os herdeiros optar pelo inventário extrajudicial. O requisito da inexistência do testamento já vinha sendo contestado por muitos no meio jurídico, existindo decisões de primeira instância que afastam tal elemento essencial, quando todos os herdeiros forem maiores, capazes e concordantes com a via extrajudicial.

A questão foi anteriormente julgada pela 2.ª Vara de Registros Públicos da Comarca de Capital de São Paulo, tendo sido prolatada a decisão pelo magistrado Marcelo Benacchio, em abril de 2014. A dúvida havia sido levantada pelo 7.º Tabelião de Notas da Comarca da Capital, com pareceres favoráveis à dispensa do citado requisito de representante do Ministério Público e do Colégio Notarial do Brasil – Seção São Paulo; este último apoiado em entendimento do Instituto Brasileiro de Direito de Família (IBDFAM).

Ponderou o julgador, naquela ocasião, que as posições que admitem o inventário extrajudicial havendo testamento "são entendimentos respeitáveis voltados à eficiente prestação do imprescindível serviço público destinado à atribuição do patrimônio do falecido aos herdeiros e legatários. Ideologicamente não poderíamos deixar de ser favoráveis a essa construção na crença da necessidade da renovação do Direito no sentido de facilitar sua aplicação e produção de efeitos na realidade social, econômica e jurídica". No entanto, seguindo outro caminho, deduziu o magistrado em trechos principais de sua sentença o seguinte:

"Não obstante, é necessário adequar a compreensão ao ordenamento jurídico conforme nossos estudos e ditames da ciência jurídica, pena da ausência de legitimidade de sua concreção no meio social. Não estamos aqui a defender um retorno ao positivismo, tampouco uma interpretação limitada em conformidade à célebre assertiva de Montesquieu: o juiz é a boca que pronuncia as sentenças da lei. (...). Diante disso, a construção e interpretação dos fundamentos da presente decisão administrativa passarão pelo equilíbrio e comunicação do Direito com suas finalidades, todavia, sempre preso ao dado legislativo como emanação das opções estatais pelo fio condutor da soberania estatal. (...). Mesmo assim, modestamente, no momento, pensamos não ser possível a lavratura de inventário extrajudicial diante da presença de testamento válido. Há diversidade entre a sucessão legítima e testamentária no campo da estrutura e função de cada qual, para tanto, conforme Norberto Bobbio (*Da estrutura à função*. Barueri: Manole, 2007, p. 53), devemos indagar não apenas a estrutura ('como o direito é feito'), mas também a função ('para que o direito serve') e, nesse pensamento, vamos concluir pela diversidade estrutural e funcional das espécies de sucessão. Somente na sucessão testamentária existe um negócio jurídico a ser cumprido, o que, por si só, implica a diversidade dos procedimentos previstos em lei para atribuição dos bens do falecido. (...). Enfim, o ordenamento jurídico aproxima, determina e impõe o processamento da sucessão testamentária em unidade judicial como se depreende dos regramentos atualmente incidentes e dos institutos que cercam a sucessão testamentária; daí a razão da parte inicial do art. 982 *caput*, do Código de Processo Civil iniciar excepcionando expressamente a possibilidade de inventário extrajudicial no caso da existência de testamento independentemente da existência de capacidade e concordância de todos interessados na sucessão; porquanto há necessidade de se aferir e cumprir (conforme os limites impostos à autonomia privada na espécie) a vontade do testador, o que não pode ser afastado mesmo concordes os herdeiros e legatários".

Com o devido respeito, os diplomas legais que exigem a inexistência de testamento para que a via administrativa do inventário seja possível devem ser mitigados, especialmente nos casos em que os herdeiros são maiores, capazes e concordam com esse caminho facilitado. Nos termos do art. 5.º da Lei de Introdução, o fim social da Lei 11.441/2009 foi a redução de formalidades, devendo essa sua finalidade sempre guiar o intérprete do Direito. O mesmo deve ser dito quanto ao CPC/2015, inspirado pelas máximas de *desjudicialização* e de celeridade.

Consigne-se, a propósito do debate, que o IBDFAM, com entidades representativas dos cartórios, protocolou, em 16 de julho de 2014, pedido de providências junto ao Conselho Nacional de Justiça (CNJ) para que o inventário extrajudicial seja possível mesmo quando houver testamento. O próprio Colégio Notarial do Brasil aprovou enunciado em seu *XIX Congresso Brasileiro*, realizado entre 14 e 18 de maio do mesmo ano, estabelecendo que "é possível o inventário extrajudicial ainda que haja testamento, desde que previamente registrado em Juízo ou homologado posteriormente perante o Juízo competente". Como reforço para a tese que sigo, na *VII Jornada de Direito Civil*, de 2015, foi aprovado enunciado prevendo que, após registrado judicialmente o testamento e sendo todos os interessados capazes e concordes com os seus termos, não havendo conflito de interesses, é possível que se faça o inventário extrajudicial (Enunciado n. 600). Na mesma linha, o Enunciado n. 16 do IBDFAM, aprovado no seu *X Congresso Brasileiro*, realizado em outubro de 2015: "mesmo quando houver testamento, sendo todos os interessados capazes e concordes com os seus termos, não havendo conflito de interesses, é possível que se faça o inventário extrajudicial".

No contexto dessas afirmações, aguardávamos que novas decisões judiciais surgissem, sob a égide do Código de Processo Civil de 2015, pensando o Direito das Sucessões de outro modo, mais concreto e efetivo socialmente; e com menos burocracias.

# 1906 | MANUAL DE DIREITO CIVIL • VOLUME ÚNICO – *Flávio Tartuce*

Foi justamente o que aconteceu em 2016, pois o Provimento 37 da Corregedoria-Geral do Tribunal de Justiça de São Paulo passou a aplicar exatamente o teor do Enunciado n. 600 da *VII Jornada de Direito Civil*. Conforme decisão do Desembargador-Corregedor Manoel de Queiroz Pereira Calças, "diante da expressa autorização do juízo sucessório competente, nos autos do procedimento de abertura e cumprimento de testamento, sendo todos os interessados capazes e concordes, poderão ser feitos o inventário e a partilha por escritura pública, que constituirá título hábil para o registro imobiliário. Poderão ser feitos o inventário e a partilha por escritura pública, também, nos casos de testamento revoga-do ou caduco, ou quando houver decisão judicial, com trânsito em julgado, declarando a invalidade do testamento, observadas a capacidade e a concordância dos herdeiros. Nas hipóteses do subitem 129.1, o Tabelião de Notas solicitará, previamente, a certidão do testamento e, constatada a existência de disposição reconhecendo filho ou qualquer outra declaração irrevogável, a lavratura de escritura pública de inventário e partilha ficará ve-dada, e o inventário far-se-á judicialmente". Em suma, por bem, a posição aqui defendida acabou por ser a vencedora no Tribunal Paulista.

Ainda em 2016, no mês de agosto, o mesmo Conselho da Justiça Federal promoveu a *I Jornada sobre Solução Extrajudicial de Conflitos*, sob a coordenação do Ministro Luís Felipe Salomão, também com a aprovação de enunciados sobre a *extrajudicialização do direito*. Uma das propostas aprovadas amplia o sentido do Enunciado n. 600 da *VII Jornada de Direito Civil*, possibilitando o inventário extrajudicial em havendo testamento também nos casos de autorização do juiz do inventário. Nos termos do Enunciado n. 77, "havendo registro ou autorização do juízo sucessório competente, nos autos do procedimento de abertura e cumprimento de testamento, sendo todos os interessados capazes e concordes, o inventário e partilha poderão ser feitos por escritura pública, mediante acordo dos interessados, como forma de pôr fim ao procedimento judicial".

Em agosto de 2017, dando ainda mais susto doutrinário a tal posição, foi aprovado outro enunciado e com o mesmo teor do último, quando da realização da *I Jornada de Direito Processual Civil*, promovida pelo mesmo Conselho da Justiça Federal, o que contou com o pleno apoio e defesa deste autor (Enunciado n. 51). Em suma, nota-se que há uma saudável tendência de quebra da regra que afasta o inventário administrativo presente uma disposição de última vontade.

Pontue-se que, em 2017, o Tribunal de Justiça do Rio de Janeiro seguiu o exemplo paulista e passou a admitir que, se todos os interessados forem maiores de idade, lúcidos e não discordarem entre si, o inventário e a partilha de bens poderão ser feitos por escritura pública, mediante acordo, se isso for autorizado pelo juiz da Vara de Órfãos e Sucessões, onde o testamento foi aberto. Citando os enunciados doutrinários aqui destacados, houve alteração do art. 297 da Consolidação Normativa da Corregedoria-Geral da Justiça da Corte, por meio do Provimento 21/2017, que passou a ter a seguinte redação:

"Art. 297. A escritura pública de inventário e partilha conterá a qualificação completa do autor da herança; o regime de bens do casamento; pacto antenupcial e seu re-gistro imobiliário se houver; dia e lugar em que faleceu o autor da herança; data da expedição da certidão de óbito; livro, folha, número do termo e unidade de serviço em que consta o registro do óbito, além da menção ou declaração dos herdeiros de que o autor da herança não deixou testamento e outros herdeiros, sob as penas da lei. § 1.º Diante da expressa autorização do juízo sucessório competente nos autos da apresentação e cumprimento de testamento, sendo todos os interessados capazes e concordes, poderá fazer-se o inventário e a partilha por escritura pública, a qual constituirá título hábil para o registro. § 2.º Será permitida a lavratura de escritura de inventário e partilha nos casos de testamento revogado ou caduco, ou quando houver decisão judicial, com trânsito em julgado, declarando a invalidade do testamento".

Sucessivamente, outros Estados seguiram o mesmo exemplo, caso do Paraná e da Paraíba, por meio de normas administrativas. Espera-se que outras unidades da Federação sigam esse sadio caminho da *desjudicialização*, ou que a questão seja definitivamente regulamentada pelo Conselho Nacional da Justiça, valendo para todo o País.

Essa possibilidade de regulamentação pelo CNJ ganhou força pelo fato de que, em 2019, a Quarta Turma do Superior Tribunal de Justiça acabou por admitir a realização de inventário extrajudicial, mesmo havendo testamento, desde que a sua abertura seja feita anteriormente, no âmbito judicial. O acórdão cita todos os enunciados doutrinários aqui referenciados e também a posição deste autor, representando um passo importante para a sadia desburocratização (STJ, Recurso Especial 1.808.767/RJ, Relator Ministro Luis Felipe Salomão, julgado em 15 de agosto de 2019).

Em 2022, surgiu outro precedente, no âmbito da Terceira Turma do mesmo STJ, a demonstrar que a questão se consolidou na Segunda Seção da Corte. Assim, fica mais imperiosa a necessidade da norma do CNJ, admitindo tal possibilidade, em âmbito nacional. Vejamos trecho da ementa do acórdão, que cita a minha posição e do último *decisum*:

"A primeira interpretação, literal do *caput* do art. 610 do CPC/15, tornaria absolutamente desnecessário e praticamente sem efeito a primeira parte do § 1.º do mesmo dispositivo, na medida em que a vedação ao inventário judicial na hipótese de interessado incapaz já está textualmente enunciada no *caput*. Entretanto, em uma interpretação teleológica decorrente da análise da exposição de motivos da Lei n.º 11.441/2007, que promoveu, ainda na vigência do CPC/73, a modificação legislativa que autorizou a realização de inventários extrajudiciais no Brasil, verifica-se que o propósito do legislador tencionou impedir a partilha extrajudicial quando existente o inventário diante da alegada potencialidade de geração de conflitos que tornaria necessariamente litigioso o objeto do inventário. A partir desse cenário, verifica-se que, em verdade, a exposição de motivos reforça a tese de que haverá a necessidade de inventário judicial sempre que houver testamento, salvo quando os herdeiros sejam capazes e concordes, justamente porque a capacidade para transigir e a inexistência de conflito entre os herdeiros derruem inteiramente as razões expostas pelo legislador. Anote-se ainda que as legislações contemporâneas têm estimulado a autonomia da vontade, a desjudicialização dos conflitos e a adoção de métodos adequados de resolução das controvérsias, de modo que a via judicial deve ser reservada somente à hipótese em que houver litígio entre os herdeiros sobre o testamento que influencie na resolução do inventário. Finalmente, uma interpretação sistemática do art. 610, *caput* e § 1.º, do CPC/15, especialmente à luz dos arts. 2.015 e 2.016, ambos do CC/2002, igualmente demonstra ser acertada a conclusão de que, sendo os herdeiros capazes e concordes, não há óbice ao inventário extrajudicial, ainda que haja testamento, nos termos, inclusive, de precedente da 4.ª Turma desta Corte" (STJ, REsp 1.951.456/RS, 3.ª Turma, Rel. Min. Fátima Nancy Andrighi, j. 23.08.2022).

Como essa posição acabou se consolidando, esperava-se que a Corregedoria-Geral de Justiça do Conselho Nacional de Justiça editasse uma normatização permitindo que os Tabelionatos de Notas realizem os inventários, mesmo havendo testamento e nas condições pontuadas pelos julgados, o que acabou ocorrendo em agosto de 2024, por meio da sua nova Resolução 571, que alterou o seu anterior Provimento 35, analisado a seguir.

Parece-me que também será uma solução a reforma legislativa do art. 610 do CPC/2015, admitindo-se o inventário extrajudicial mesmo com a existência de testamento – desde que todos os herdeiros concordem –, e de filhos incapazes do *de cujus*.

Tais alterações eram almejadas pelo grande *Projeto de Lei de Desburocratização*, originário de comissão mista formada no Senado Federal, e que acatou algumas sugestões formuladas por mim. Pelo PL 217/2018, que é específico sobre o preceito em comento, passaria ele a ter a seguinte dicção: "Havendo testamento, proceder-se-á ao inventário judicial. § 1.º Se todos forem concordes, o inventário e a partilha poderão ser feitos por escritura pública, a qual constituirá documento hábil para qualquer ato de registro, bem como para levantamento de importância depositada em instituições financeiras. § 2.º O tabelião somente lavrará a escritura pública se todas as partes interessadas estiverem assistidas por advogado ou por defensor público, cuja qualificação e assinatura constarão do ato notarial. § 3.º Havendo interessado incapaz, o Ministério Público deverá se manifestar no procedimento, para fiscalizar a conformidade com a ordem jurídica do inventário e da partilha feitos por escritura pública. § 4.º Na hipótese do § 3.º, caso o tabelião se recuse a lavrar a escritura nos termos propostos pelas partes, ou caso o Ministério Público ou terceiro a impugnem, o procedimento deverá ser submetido à apreciação do juiz".

Por essa projeção anterior, nota-se que o MP passa a atuar nos inventários extrajudiciais, o que já ocorre em outros países, como Portugal. Aguarda-se que a proposição seja aprovada pelo Congresso Nacional, reduzindo-se entraves burocráticos e efetivando-se a saudável desjudicialização.

No Projeto de Reforma do Código Civil, elaborado pela Comissão de Juristas nomeada no Senado Federal, almeja-se revogar expressamente o art. 610 do Código de Processo Civil, para que o tema seja tratado na Lei Geral Privada, visando à retomada do seu *protagonismo legislativo*, um dos *nortes* do Anteprojeto. Assim, consoante a nova redação que será dada ao art. 2.016 da codificação privada, "serão sempre submetidos à jurisdição o inventário e a partilha, se os herdeiros ou legatários divergirem".

Conforme o seu § 1.º, que encerrará qualquer resistência a respeito dos aspectos aqui aduzidos, "se todos os herdeiros e os legatários forem concordes, o inventário e a partilha poderão ser feitos por escritura pública, a qual constituirá documento hábil para qualquer ato de registro, bem como para levantamento de importância depositada em instituições financeiras". Também será incluída previsão no sentido de que "o tabelião somente lavrará a escritura pública se todas as partes interessadas estiverem assistidas por advogado ou por defensor público, cuja qualificação e assinatura constarão do ato notarial" (§ 2.º). Como já está hoje na normatização do CNJ e do CNMP, "se houver herdeiro incapaz ou testamento, a eficácia da escritura pública dependerá de anuência do Ministério Público" (§ 3.º). Por fim, como última proposição, "com a discordância do Ministério Público, o tabelião de notas não lavrará a escritura" (§ 4.º do art. 2.016 do CC/2002). Por tudo o que acabo de expor e desenvolver, espera-se a sua imediata aprovação pelo Parlamento Brasileiro, sendo o seu tratamento no Código Civil o melhor caminho para a regulamentação legal desse importante e necessário mecanismo para a *extrajudicialização do Direito Privado*.

Sobre o inventário extrajudicial, mesmo havendo filhos incapazes, quase se aprovou enunciado doutrinário admitindo-o, na *I Jornada de Direito Notarial e Registral* do CJF, realizada em agosto de 2022. Consoante a proposta que não foi aprovada na plenária do evento, "o inventário extrajudicial é admissível quando houver pessoa incapaz, mediante homologação judicial, com a participação do Ministério Público". E já existiam decisões judiciais reconhecendo essa possibilidade, caso da proferida pela 2.ª Vara de Família e Sucessões da Comarca de Taubaté, Estado de São Paulo, nos autos 1016082-28.2021.8.26.0625, pelo magistrado Érico Di Prospero Gentil Leite e em dezembro de 2021, entre outras do mesmo Tribunal Paulista. Penso que a tendência é a sua admissão; na linha da ementa doutrinária não foi aprovada, seguindo-se o mesmo caminho e as mesmas razões a respeito do inventário extrajudicial com testamento.

Diante de todas essas afirmações doutrinárias e jurisprudenciais, em agosto de 2024, surgiu a nova Resolução 571 do Conselho Nacional de Justiça, que, entre outras modificações, passou a admitir o inventário extrajudicial mesmo havendo testamento, e também filhos menores ou incapazes, o que passa a ser aplicado para a prática sucessória. Tive a honra de atuar na sua elaboração, fazendo sugestões de texto ao então Corregedor-Geral de Justiça do CNJ, Ministro Luis Felipe Salomão e sua assessoria.

Assim, nos termos do seu novo art. 12-A, o inventário poderá ser realizado por escritura pública, ainda que inclua interessado menor ou incapaz, desde que o pagamento do seu quinhão hereditário ou de sua meação ocorra em parte ideal em cada um dos bens inventariados e haja manifestação favorável do Ministério Público, que atuará perante o Tabelionato de Notas.

O § 1.º dessa mesma norma enuncia que, nessa hipótese, é vedada a prática de atos de disposição relativos aos bens ou direitos do interessado menor ou incapaz, o que visa à sua proteção. E, consoante o seu § 2.º, havendo nascituro do autor da herança, para a lavratura da escritura, aguardar-se-á o registro de seu nascimento com a indicação da parentalidade, ou a comprovação de não ter nascido com vida.

Ademais, a eficácia da escritura pública do inventário com interessado menor ou incapaz dependerá da manifestação favorável do Ministério Público, devendo o tabelião de notas encaminhar o expediente ao respectivo representante (novo art. 12-A, § 3.º, da Resolução 35 do CNJ). Em caso de impugnação pelo Ministério Público ou terceiro interessado, o procedimento deverá ser submetido à apreciação do juízo competente, ou seja, a análise da questão deve ser levada ao Poder Judiciário, como é comum prever as normas administrativas do CNJ (§ 4.º da mesma norma administrativa).

Sobre a atuação do Ministério Público, acrescente-se que, em novembro de 2024, o Conselho Nacional do Ministério Público (CNMP) publicou a sua nova Resolução 301/2024, que regula justamente a atuação do MP nesses inventários e partilhas quando envolvem o interesse de crianças, adolescentes e incapazes. Consoante o seu art. 2.º, confirma-se a atuação do MP nesses procedimentos administrativos, devendo ser eles encaminhados na íntegra. O membro do Ministério Público terá o prazo de quinze dias para solicitar a apresentação de documentação complementar, manifestar-se favoravelmente à lavratura do ato ou impugná-lo (art. 3.º). Esse procedimento será denominado como "extrajudicial Classificador" e a comunicação entre as serventias extrajudiciais e as unidades do Ministério Público será realizada por meio eletrônico, através de interoperabilidade entre os sistemas (art. 4.º).

Voltando-se à normatização do Conselho Nacional de Justiça, com o estudo das modificações engendradas pela sua nova Resolução 571/2024, o seu novo art. 12-B preceitua, exatamente na linha da posição majoritária da doutrina e da jurisprudência, que é autorizado o inventário e a partilha consensuais promovidos extrajudicialmente por escritura pública, ainda que o autor da herança tenha deixado testamento, desde que obedecidos os seguintes requisitos: *a)* os interessados estejam todos representados por advogado devidamente habilitado; *b)* exista expressa autorização do juízo sucessório competente em ação de abertura e cumprimento de testamento válido e eficaz, em sentença transitada em julgado; *c)* todos os interessados sejam capazes e concordes; *d)* no caso de haver interessados menores ou incapazes, sejam também observadas as exigências do art. 12-A da própria Resolução, aqui antes analisadas; e *e)* nos casos de testamento invalidado, revogado, rompido ou caduco, a invalidade ou ineficácia tenha sido reconhecida por sentença judicial transitada em julgado na ação de abertura e cumprimento de testamento.

O mesmo comando estabelece, a respeito do inventário extrajudicial com testamento, que, formulado o pedido de escritura pública, deve ser apresentada, junto com o pedido, a certidão do testamento, e, constatada a existência de disposição reconhecendo filho ou qualquer outra declaração irrevogável, a lavratura de escritura pública de inventário e partilha

**1910** | MANUAL DE DIREITO CIVIL • VOLUME ÚNICO – *Flávio Tartuce*

ficará vedada e o inventário deverá ser feito obrigatoriamente pela via judicial (art. 12-B, § 1.º, da Resolução 35 do CNJ, incluído pela sua Resolução 571/2024). Ademais, sempre que o tabelião tiver dúvidas quanto ao cabimento da escritura de inventário e partilha consensual, deverá suscitá-la ao juízo competente em matéria de registros públicos, norma que, como visto, sempre consta das regulamentações do CNJ (§ 2.º). Nesse contexto, sempre que houver alguma dúvida no âmbito extrajudicial, a questão será remetida para o judicial.

Sem dúvidas que todas essas alterações são louváveis, para a efetivação da extrajudicia-lização do Direito Privado, resolvendo-se com maior celeridade os problemas das pessoas, reduzindo-se burocracias e visando à circulação patrimonial, algo tão caro ao Direito Civil. Voltarei ao estudo de outras regras previstas nessas normas mais à frente.

Feita essa importante atualização da obra, sabe-se que o inventário extrajudicial não é forma obrigatória, e sim facultativa, como ainda será devidamente aprofundado. Caso as partes prefiram o inventário judicial ao extrajudicial, poderão os herdeiros dele se utilizar, seguindo todas as normas do Estatuto Processual Civil, que serão comentadas no presente capítulo. Essa forma de apreciação persiste com a emergência do Código Processual de 2015.

No sistema anterior, mantido com o Código de Processo Civil de 2015, *Novo Codex*, com o intuito de facilitar a prática dos inventários extrajudiciais, a Resolução 35/2007 do Conselho Nacional de Justiça (CNJ) revelou-se de grande importância para a compreensão desse novo instituto. Essa resolução foi preservada pelo Código Nacional de Normas do próprio CNJ, de 2023, tendo sido alterada, como visto pela sua nova Resolução 571, de 2024. Vejamos os seus aspectos principais, de forma detalhada e com as suas principais alterações.

De início, é livre a escolha do tabelião para lavrar a escritura de inventário, não ha-vendo competência territorial para tanto (art. 1.º da Resolução 35 do CNJ). E não poderia ser diferente, pelo fato de não existir a citada competência territorial para a lavratura de escrituras públicas no País. Esse entendimento, sem dúvida, deve ser mantido com o atual CPC, tendo sido confirmado pela Resolução 571 do CNJ, de agosto de 2024, incluindo--se menção à escritura pública de separação de fato: "para a lavratura dos atos notariais relacionados a inventário, partilha, divórcio, declaração de separação de fato e extinção de união estável consensuais por via administrativa, é livre a escolha do tabelião de notas, não se aplicando as regras de competência do Código de Processo Civil".

O inventário extrajudicial não é obrigatório, mas facultativo. Pode ser solicitada, a qualquer momento, a suspensão, pelo prazo de trinta dias, ou a desistência da via judicial, para promoção da via extrajudicial (art. 2.º da Resolução 35 do CNJ). Concluindo pela não obrigatoriedade do inventário extrajudicial, cabe trazer à colação, da jurisprudência, na linha principiológica adotada pelo Estatuto Processual em vigor:

> "Apelação cível. Abertura de inventário. Presença do interesse de agir. Herdeiros necessários, capazes e concordes. Determinação do uso da via extrajudicial com ex-tinção do processo por falta de interesse de agir. Faculdade dos interessados. Art. 1.º da Lei 11.441/2007 do CPC. Sentença anulada. Recurso provido. A Lei 11.441/2007, que alterou o art. 982 do CPC, tão somente facultou a utilização do procedimento extrajudicial para o inventário, não tornando obrigatório o uso daquela via para o inventário quando todos forem capazes e concordes. A via administrativa é uma opção e uma faculdade dos interessados, não uma obrigação. Assim, não há falar em falta de interesse de agir quando todos os herdeiros, de comum acordo, optam pela via judicial para processamento do inventário, devendo o feito ter seu curso natural perante o juízo *a quo*. Recurso conhecido e provido para tornar insubsisten-te a sentença e determinar o prosseguimento do processo" (TJMS, Apelação Cível

2011.019812-7/0000-00, Paranaíba, 4.ª Turma Cível, Rel. Des. Dorival Renato Pavan, *DJEMS* 21.07.2011, p. 31).

"Apelação cível. Inventário cumulado com adjudicação. Extinção do feito, por carência de ação. Lei 11.441/2007. Opção das partes, mediante requisitos, para realização do inventário na via judicial ou fora dele. A Lei 11.441, de 2007, que deu nova redação ao art. 982 do CPC, confere faculdade às partes de promoverem o inventário na via judicial ou por escritura pública, se não houver testamento e interessado incapaz, estando todos herdeiros e interessados concordes e representados por advogado. Assim, não pode o juízo extinguir a ação proposta para determinar às partes a realização do inventário extrajudicial. Sentença desconstituída para prosseguimento do inventário. Apelação parcialmente provida" (TJRS, Apelação Cível 242983-40.2011.8.21.7000, 7.ª Câmara Cível, Candelária, Rel. Des. André Luiz Planella Villarinho, j. 19.10.2011, *DJERS* 26.10.2011).

Seguindo no estudo da Resolução 35 do CNJ, as escrituras públicas de inventário e de partilha consensuais não dependem de homologação judicial e são títulos hábeis para o registro civil e o registro imobiliário, para a transferência de bens e direitos, bem como para promoção de todos os atos necessários à materialização das transferências de bens e levantamento de valores no DETRAN, na Junta Comercial, no Registro Civil das Pessoas Jurídicas, em instituições financeiras, nas companhias telefônicas, entre outros, como está no seu art. 3.º, na sua redação ampliada quanto aos atos que podem ser efetivados, consoante a nova Resolução 571. Nesse contexto, com a escritura pública é possível realizar a transferência dos imóveis do falecido, bem como de ações nominais, valores depositados em contas bancárias e veículos de sua propriedade.

Sobre os bens móveis, o Colégio Notarial do Brasil aprovou claro enunciado em seu *XIX Congresso Brasileiro*, realizado em 2014, estabelecendo que "os arts. 982 do CPC e 3.º da Resolução 35 do CNJ referem-se inclusive aos bens móveis, de forma que as instituições financeiras devem acatar as escrituras públicas para fins de levantamento de valores, bem como a solicitação dos tabeliães de notas para expedir extrato de contas correntes de titularidade do *de cujus*" (Enunciado n. 4). Esse enunciado doutrinário ainda tem aplicação, diante do novo texto da citada resolução administrativa. Confirmando a desnecessidade de qualquer homologação judicial, aresto do Tribunal de Minas Gerais aduziu que, "com o advento da Lei Federal 11.441/2007, que alterou dispositivos do CPC, passou-se a admitir a realização de inventário e partilha por via administrativa, sede em que se prescinde da homologação judicial" (TJMG, Agravo de Instrumento 1.0708.11.002240-5/001, Rel. Des. Corrêa Junior, j. 20.08.2013, *DJEMG* 30/08/2013). Ainda a título de exemplo, tratando da possibilidade de levantamento de quantias apenas com a escritura pública de inventário:

"Redação da Lei 11.441/2007. Título hábil para levantamento de valores. Resolução CNJ 35/2007, art. 3.º. Outorga de poderes a herdeiro para esse fim. Formação de litisconsórcio com os restantes sucessores, concordes no pedido de levantamento de saldo existente em conta-corrente bancária. Retenção indevida" (TJSP, Apelação 0013594-34.2012.8.26.0011, Acórdão 6718257, 22.ª Câmara de Direito Privado, São Paulo, Rel. Des. Matheus Fontes, j. 25.04.2013, *DJESP* 21.05.2013).

Conforme já adiantado, a Resolução 35 também reconhece a gratuidade prevista para o inventário extrajudicial. Para a obtenção de tal benefício, sempre bastou a simples declaração dos interessados de que não possuíam condições de arcar com os emolumentos, ainda que as partes estivessem assistidas por advogado constituído (arts. 6.º e 7.º da Resolução 35 do CNJ). Em suma, não há maiores formalidades para tal declaração. Reafirme-se a minha posição doutrinária de manutenção dessa gratuidade, na linha da norma do Conselho Nacional de Justiça, mesmo não havendo menção expressa no CPC/2015.

Nos termos da norma anterior e da nova – e também da resolução –, é sempre necessária a presença de advogado, dispensada a procuração, ou de defensor público na lavratura de escritura pública de inventário extrajudicial (art. 8.º da Resolução 35 do CNJ).

Em todos os casos, norma que precisa ser cumprida, é vedada ao tabelião a indicação de advogado às partes, que deverão comparecer para o ato notarial acompanhadas de profissional de sua confiança. Eventualmente se as partes não dispuserem de condições econômicas para contratar advogado, o tabelião deverá recomendar-lhes a Defensoria Pública, onde houver, ou, na sua falta, a Seccional da Ordem dos Advogados do Brasil (art. 9.º da Resolução 35 do CNJ).

Ato contínuo de estudo, é também obrigatória a nomeação de interessado, na escritura pública de inventário e partilha, para representar o espólio, com poderes de inventariante, no cumprimento de obrigações ativas ou passivas pendentes, sem necessidade de seguir a ordem prevista no CPC (art. 11 da Resolução 35 do CNJ).

Em 2022, a Resolução 452 do CNJ acrescentou três parágrafos a respeito da atuação desse inventariante, todas com vistas a uma maior funcionalidade de sua atuação, o que veio em boa hora. Conforme o primeiro deles, o meeiro e os herdeiros poderão, em escritura pública anterior à partilha ou à adjudicação de bens, nomear o inventariante. Além disso, passou-se a estabelecer que esse inventariante nomeado poderá representar o espólio na busca de informações bancárias e fiscais necessárias à conclusão de negócios essenciais para a realização do inventário, bem como no levantamento de quantias para pagamento do imposto devido e dos emolumentos do inventário. O novo § 3.º da norma administrativa prescreve que a nomeação de inventariante será considerada o termo inicial do procedimento de inventário extrajudicial.

Também quanto a esse inventariante nomeado pelas partes, importante e louvável ementa doutrinária aprovada na *I Jornada de Direito Notarial e Registral*, promovida em agosto de 2022, pelo Conselho da Justiça Federal e com o apoio do STJ, preceitua que "o inventariante nomeado pelos interessados poderá, desde que autorizado expressamente na escritura de nomeação, formalizar obrigações pendentes do falecido, a exemplo das escrituras de rerratificação, estremação e, especialmente, transmissão e aquisição de bens móveis e imóveis contratados e quitados em vida, mediante prova ao tabelião" (Enunciado n. 48).

Destaco que em 2024 a Resolução 35 recebeu, por meio de sua Resolução 571, o acréscimo de um art. 11-A, que passou a admitir, em boa hora, que o inventariante seja autorizado, mediante escritura pública lavrada no Tabelionato de Notas, a alienar móveis e imóveis de propriedade do espólio, independentemente de autorização judicial, observado o seguinte: *a)* discriminação das despesas do inventário com o pagamento dos impostos de transmissão, honorários advocatícios, emolumentos notariais e registrais e outros tributos e despesas devidos pela lavratura da escritura de inventário; *b)* vinculação de parte ou todo o preço ao pagamento de todas essas despesas; *c)* não constar indisponibilidade de bens de quaisquer dos herdeiros ou do cônjuge ou convivente sobrevivente; *d)* a menção de que as guias de todos os impostos de transmissão foram apresentadas e o seus respectivos valores; *e)* a consignação no texto da escritura pública dos valores dos emolumentos notariais e registrais estimados e a indicação das serventias extrajudiciais que expedirem os respectivos orçamentos; e *f)* prestação de garantia, real ou fidejussória, pelo inventariante quanto à destinação do produto da venda para o pagamento das despesas ora mencionadas na primeira previsão.

Pela mesma norma do CNJ, em seus parágrafos, o prazo para o pagamento das despesas do inventário não poderá ser superior a um ano a contar da venda do bem, autorizada a estipulação de prazo inferior pelas partes (§ 1.º). Cumprida a obrigação do inventariante de pagar as despesas discriminadas, fica extinta a garantia por ele prestada (§ 2.º). O bem alienado será relacionado no acervo hereditário para fins de apuração dos emolumentos do inventário, cálculo dos quinhões hereditários, apuração do imposto de transmissão *causa mortis*, mas não será objeto de partilha, consignando-se a sua venda prévia na escritura do inventário (§ 3.º).

Ademais, admitem-se o inventário e a partilha extrajudiciais com viúvo, viúva ou herdeiros capazes, inclusive por emancipação, representados por procuração formalizada por instrumento público com poderes especiais (art. 12 da Resolução 35, alterado pela Resolução 179/2013, do mesmo CNJ). A possibilidade de emancipação de menores para os fins de possibilitar a lavratura da escritura pública tornou a categoria mais eficaz no plano prático. Seguindo-se esse entendimento, que sempre contou com o meu apoiou doutrinário, perdeu um pouco de eficácia prática a regra do art. 665 do CPC/2015, segundo o qual será possível o caminho do arrolamento comum para o inventário, ainda que haja incapaz, desde que concordem todas as partes e o Ministério Público.

De toda sorte, como já adiantado, a principal inovação sucessória da nova Resolução 571 do Conselho Nacional de Justiça, de agosto de 2024, é a admissão do inventário extrajudicial mesmo havendo testamento, e também filhos menores ou incapazes, o que passou a valer para a prática sucessória, atendendo-se a um antigo clamor doutrinário, nos termos dos seus novos arts. 12-A e 12-B. As novas regras já foram aqui estudadas, não sendo necessário retomá-las.

Feita novamente essa importante nota de atualização, a escritura pública de inventário pode ser retificada desde que haja o consentimento de todos os interessados. Os erros materiais poderão ser corrigidos, de ofício ou mediante requerimento de qualquer das partes, ou de seu procurador, por averbação à margem do ato notarial ou, não havendo espaço, por escrituração própria lançada no livro das escrituras públicas e anotação remissiva (art. 13 da Resolução 35 do CNJ). Quanto ao recolhimento dos tributos incidentes, este deve anteceder à lavratura da escritura de inventário (art. 15 da Resolução 35 do CNJ).

Além disso, é possível a promoção de inventário extrajudicial por cessionário de direitos hereditários, mesmo na hipótese de cessão de parte do acervo. Isso, desde que todos os herdeiros estejam presentes e concordes (art. 16 da Resolução 35 do CNJ). Esse entendimento ganhou reforço com o CPC/2015 que, como visto, admite que o cessionário do herdeiro ou legatário seja inventariante. Aplicando essa norma da resolução, em caso de dúvida levantada por tabelião, do Tribunal de Justiça do Paraná, cabe trazer para a devida exemplificação:

"Apelação cível. Suscitação de dúvida. Registro de escritura pública de adjudicação. Cessão de parte do acervo hereditário. Parte ideal de imóvel. Resolução 35 do Conselho Nacional de Justiça. Ausência da presença e concordância dos herdeiros. Impossibilidade de registro como unidade autônoma. 1. Havendo condomínio decorrente de sucessão hereditária e considerando que a herança transmitida é indivisível até a efetiva partilha dos bens entre os herdeiros, a fração ideal não pode ser registrada como unidade autônoma. 2. A Resolução 35 do Conselho Nacional de Justiça autoriza a promoção de inventário extrajudicial, por cessionário de direitos hereditários na hipótese de cessão de parte do acervo, desde que todos os herdeiros estejam presentes e concordes. Recurso desprovido" (TJPR, Apelação Cível 0698224-1, 11.ª Câmara Cível, Clevelândia, Rel. Des. Vilma Régia Ramos de Rezende, *DJPR* 16.12.2010, p. 390).

Os cônjuges dos herdeiros deverão comparecer ao ato de lavratura da escritura pública de inventário e partilha quando houver renúncia ou algum tipo de partilha que importe em transmissão, exceto se o casamento se der sob o regime da separação absoluta de bens, entendida como a separação convencional (art. 17 da Resolução 35 do CNJ).

Como não poderia ser diferente, diante da proteção constitucional da união estável, a norma antes previa que o companheiro ou a companheira que tivesse direito à sucessão seria parte para a escritura de inventário, observada a necessidade de ação judicial, se o autor da herança não deixar outro sucessor ou não houver consenso de todos os herdeiros, inclusive quanto ao reconhecimento da união estável (art. 18 da Resolução 35 do CNJ).

A norma foi melhorada e tornou-se mais efetiva com o novo texto dado pela Resolução 571/2024, passando a expressar que, no inventário extrajudicial, o convivente sobrevivente é herdeiro quando reconhecida a união estável pelos demais sucessores, ou quando for o único sucessor e a união estável estiver previamente reconhecida por sentença judicial, escritura pública ou termo declaratório, desde que devidamente registrados. Assim, havendo a necessidade de um prévio reconhecimento extrajudicial, não há mais necessidade de uma ação judicial, o que visa à operabilidade da norma.

Em casos tais, a menção do convivente pode ser reconhecida na escritura pública, desde que todos os herdeiros e interessados na herança, absolutamente capazes, estejam de acordo ou, havendo menor ou incapaz, estejam cumpridos os requisitos do novo art. 12-A. (art. 19 da Resolução 35 do CNJ na redação dada pela Resolução 571, de 26 de agosto de 2024). Diante da equalização da união estável ao casamento realizada pelo CPC/2015 – e também com a decisão do STF de equiparação sucessória das duas entidades familiares –, essas normas são perfeitas, devendo ser efetivamente aplicadas.

As partes e os respectivos cônjuges ou conviventes devem estar, na escritura pública de inventário ou partilha, nomeados e qualificados, constando: nacionalidade, profissão, idade, estado civil, regime de bens, data do casamento, pacto antenupcial e seu registro imobiliário, número do documento de identidade, número de inscrição no CPF/MF, domicílio e residência (art. 20 da Resolução 35 do CNJ). A escritura pública de inventário e partilha conterá a qualificação completa do autor da herança; o regime de bens do casamento; pacto antenupcial e seu registro imobiliário, se houver; dia e lugar em que faleceu o autor da herança; data da expedição da certidão de óbito; livro, folha, número do termo e unidade de serviço em que consta o registro do óbito; e a menção ou declaração dos herdeiros de que o autor da herança não deixou testamento e outros herdeiros, sob as penas da lei (art. 21 da Resolução 35 do CNJ).

Para que o ato seja plenamente válido e eficaz, na lavratura da escritura deverão ser apresentados os seguintes documentos: *a)* certidão de óbito do autor da herança; *b)* documento de identidade oficial e CPF das partes e do autor da herança; *c)* certidão comprobatória do vínculo de parentesco dos herdeiros; *d)* certidão de casamento do cônjuge sobrevivente e dos herdeiros casados e pacto antenupcial, se houver; *e)* certidão de propriedade de bens imóveis e direitos a eles relativos; *f)* documentos necessários à comprovação da titularidade dos bens móveis e direitos, se houver; *g)* certidão negativa de tributos; e *h)* certificado de Cadastro de Imóvel Rural (CCIR), se houver imóvel rural a ser partilhado (art. 22 da Resolução 35 do CNJ). Acredito que todas essas exigências formais devem ser conservadas com a égide do CPC/2015.

O mesmo se diga quanto a outras determinações. Os documentos apresentados no ato da lavratura da escritura devem ser originais ou em cópias autenticadas, salvo os de identidade das partes, que sempre serão originais (art. 23 da Resolução 35 do CNJ). A escritura pública deverá fazer menção a tais documentos apresentados (art. 24 da Resolução 35 do

CNJ). Seguindo, é admissível a sobrepartilha por escritura pública, ainda que referente a inventário e partilha judiciais já findos, mesmo que o herdeiro, hoje maior e capaz, fosse menor ou incapaz ao tempo do óbito ou do processo judicial (art. 25 da Resolução 35 do CNJ).

Em havendo um só herdeiro com direito à totalidade da herança, não haverá partilha, lavrando-se a escritura de inventário e adjudicação dos bens, respeitadas as disposições do art. 12-A quando se tratar de herdeiro menor ou incapaz. Essa é a regra do art. 36 da Resolução 35 do CNJ, também alterada pela sua Resolução 571, na sua locução final.

Sobre este último aspecto, surgiu polêmica no Tribunal de Justiça de São Paulo no ano de 2019 sobre a necessidade de se aplicar o art. 663 do CPC/2015 ao inventário extrajudicial, que impõe a necessidade de reserva de bens em havendo credores do falecido, no arrolamento de bens judicial. Nos termos desse comando, "a existência de credores do espólio não impedirá a homologação da partilha ou da adjudicação, se forem reservados bens suficientes para o pagamento da dívida. Parágrafo único. A reserva de bens será realizada pelo valor estimado pelas partes, salvo se o credor, regularmente notificado, impugnar a estimativa, caso em que se promoverá a avaliação dos bens a serem reservados".

O entendimento do Tribunal Paulista foi pela necessidade dessa reserva, no seguinte sentido:

"É possível concluir pela possibilidade da realização de sobrepartilha de bens com o reconhecimento pela meeira e herdeiros das dívidas do espólio, ainda que os credores não tenham participado do ato, por meio de escritura pública. Não obstante, como é expresso o artigo 663 do Código de Processo Civil, deve ser realizada a reserva de bens para o pagamento das dívidas, cuja exigibilidade é incontroversa. Essa previsão é correlata ao disposto no artigo 1.997 do Código Civil a fixar a responsabilidade da herança pelo pagamento das dívidas do falecido e, realizada a partilha, responderem os herdeiros, cada qual em proporção da parte que na herança lhe coube. A natureza extrajudicial da sobrepartilha não exclui a incidência dos dispositivos legais referidos que têm aplicação no âmbito judicial ou extrajudicial ante sua natureza cogente. Nestes termos foi correta a recusa ante a necessidade do aditamento para constar a reserva de bens e, igualmente, o valor das dívidas reconhecidas pela meeira e herdeiros" (TJSP, Conselho Superior de Magistratura, Apelação 1005161-58.2016.8.26.0019, Apelante: Alexandre de Almeida Zogbi, Apelado: Oficial de Registro de Imóveis e Anexos da Comarca de Americana, Voto 37.706, j. 14.03.2019).

Apesar do argumento do caráter cogente da norma, nota-se a aplicação por analogia de uma regra processual restritiva, que acaba burocratizando de forma excessiva o inventário extrajudicial. Por isso, em uma primeira análise, não nos filiamos ao *decisum*, devendo o tema ser examinado no âmbito do Superior Tribunal de Justiça ou do Conselho Nacional de Justiça.

O inventário negativo pode ser efetuado por escritura pública (art. 28 da Resolução 35 do CNJ). Cabe lembrar que o inventário negativo é feito para mostrar que o falecido e o cônjuge supérstite não tinham bens a partilhar, visando afastar a imposição do regime da separação obrigatória de bens, diante da existência de causa suspensiva do casamento (arts. 1.523, inc. I, e 1.641, inc. I, do CC).

Diante da existência de uma norma de direito material e processual interno, é vedada a lavratura de escritura pública de inventário e partilha referente a bens localizados no exterior (art. 29 da Resolução 35 do CNJ). A Lei 11.441/2007 pode ser aplicada aos casos de óbitos ocorridos antes de sua vigência, lavrando-se escrituras de inventário para as pessoas falecidas antes da lei (art. 30 da Resolução 35 do CNJ). Isso porque a sucessão está no plano da eficácia dos atos e negócios jurídicos, aplicando-se a norma do momento da produção dos efeitos, ou seja, a lei em vigor. Essa posição é reafirmada perante o CPC de 2015.

## 1916 | MANUAL DE DIREITO CIVIL • VOLUME ÚNICO – *Flávio Tartuce*

A escritura pública de inventário e partilha pode ser lavrada a qualquer tempo, cabendo ao tabelião fiscalizar o recolhimento de eventual multa, conforme previsão em legislação tributária estadual e distrital específicas (art. 31 da Resolução 35 do CNJ). Eis outro preceito administrativo que não deve ser alterado no futuro.

Por fim a respeito do estudo da presente temática, o art. 32 da Resolução 35 do CNJ foi substancialmente alterado pela recente e tão comentada Resolução 571, de 2024. Nos seus termos anteriores, o tabelião poderia se negar a lavrar a escritura de inventário ou partilha se houvesse fundados indícios de fraude ou em caso de dúvidas sobre a declaração de vontade de algum dos herdeiros, fundamentando a recusa por escrito.

Conforme a nova regulamentação administrativa, muito mais clara e detalhada, o *caput* desse art. 32 da Resolução 35 passou a expressar que é de responsabilidade do inventariante declarar o valor dos bens do espólio para que constem da escritura pública de inventário e partilha. O seu novo § 1.º passou a prever que, em caso de discordância manifestada pela Fazenda Pública, o tabelião tem legitimidade para efetuar a cobrança do valor adicional devido pelos serviços prestados. Por fim, como já estava expresso e conforme o § 2.º da norma, "o tabelião poderá se negar a lavrar a escritura de inventário ou partilha se houver fundados indícios de fraude, simulação ou em caso de dúvidas sobre a declaração de vontade de algum dos herdeiros e/ou inventariante, fundamentando a recusa por escrito".

Sem dúvidas que a norma ficou mais bem organizada e, na linha das mudanças anteriores, representa grandes avanços para que se efetive a *extrajudicialização do Direito Privado*, resolvendo-se os problemas das pessoas em menor tempo e com mais efetividade.

### 9.10.2 Da pena de sonegados

De acordo com o art. 1.992 do CC/2002, impõe-se a pena de sonegados ao herdeiro: *a)* que sonegar bens da herança, não os descrevendo no inventário quando estejam em seu poder, ou, com o seu conhecimento, estejam no poder de outrem; *b)* que os omitir na colação, a que os deva levar, ou ainda que deixar de restituí-los. Como consequência direta, o herdeiro sonegador perde o direito existente sobre tais bens.

Desse modo, *sonegados* são os bens que deveriam ter sido inventariados ou trazidos à colação, mas não o foram, pois ocultados pelo inventariante ou por herdeiro. Como consequência, a *pena de sonegados* constitui uma sanção ou penalidade civil imposta para os casos de ocultação de bens da herança, gerando a perda do direito sobre os bens ocultados.

Na esteira da melhor doutrina, para a imposição de tal penalidade, exige-se a presença de dois elementos: um *objetivo* – a ocultação dos bens em si – e outro *subjetivo* – o ato malicioso do ocultador, o seu dolo, a sua intenção de prejudicar.[147] O Código de Processo Civil determina, que os bens sonegados ficarão sujeitos à sobrepartilha (art. 669, inc. I, do CPC/2015, correspondente ao art. 1.040, inc. I, do CPC/1973). Aplicando tais requisitos, da jurisprudência paulista:

> "Ação de sonegados. Sobrinha e irmão da *de cujus*. Ação improcedente. Ocultação dolosa de contas-poupança no arrolamento de bens. Ocultação dolosa caracterizada. Preenchimento dos requisitos objetivo e subjetivo da sonegação. Imposição da pena de sonegados. Devolução dos valores ao espólio. Ressarcimento das despesas com a *de cujus* que serão apreciadas na sobrepartilha. Eventuais despesas com a *de cujus* que não excluem a obrigação do inventariante de declarar todos os bens do espólio.

---

[147] HIRONAKA, Giselda Maria Fernandes Novaes. *Direito das Sucessões*. 3. ed. São Paulo: RT, 2007. p. 399.

Sentença reformada. Ônus da sucumbência. Recurso provido" (TJSP, Apelação com Revisão 564.366.4/8, Acórdão 2592786, 2.ª Câmara de Direito Privado, Presidente Bernardes, Rel. Des. Ariovaldo Santini Teodoro, j. 06.05.2008, *DJESP* 13.06.2008).

Destaque-se que prevalece na jurisprudência o entendimento pela necessidade de prova do elemento subjetivo, ou seja, do dolo do ocultador (nessa linha de entendimento: STJ, REsp 1.567.276/CE, 4.ª Turma, Rel. Min. Lázaro Guimarães (Desembargador Convocado do TRF 5.ª Região), Rel. p/ Acórdão Min. Maria Isabel Gallotti, j. 11.06.2019, *DJe* 1.º.07.2019; STJ, REsp 163.195/SP, 4.ª Turma, Rel. Min. Ruy Rosado de Aguiar Júnior, j. 12.05.1998, *DJU* 29.06.1998, p. 217; TJSP, Apelação com Revisão 201.564.4/3, Acórdão 3511173, 9.ª Câmara de Direito Privado, Assis, Rel. Des. Grava Brasil, j. 03.03.2009, *DJESP* 07.04.2009 e TJMG, Apelação Cível 1.0145.04.185902-9/004, 2.ª Câmara Cível, Juiz de Fora, Rel. Des. Caetano Levi Lopes, j. 30.01.2007, *DJMG* 16.02.2007). O dolo deve ser provado pela parte que o alega, por razões óbvias, com a necessidade de, pelo menos em regra, haver a interpelação pessoal do herdeiro e sua posterior manifestação, para que pena possa ser imposta.

Alerte-se que em alguns casos a interpelação pessoal do herdeiro tem sido até dispensada. Como decidiu a Quarta Turma do STJ em novembro de 2022, "é possível aplicar a pena de perdimento da herança aos herdeiros, ainda que estes não tenham sido interpelados pessoalmente, quando comprovados o conhecimento acerca da ocultação de bens da herança e o dolo existente na conduta de sonegação desses bens" (EDcl no REsp 1.567.276/CE, Rel. Min. Maria Isabel Gallotti, Rel. p/ acórdão Raul Araújo, por maioria, j. 22.11.2022).

Observe-se, contudo e ainda nos termos do aresto, que o elemento doloso pode ser comprovado de outra maneira. Sobre as peculiaridades fáticas, tratou-se de hipótese em que, "já após alcançarem a maioridade, os mesmos coerdeiros tornaram censurável a prática, reiterando a mesma postura sonegadora dos bens adotada quando representados e assistidos pela genitora, ao contestarem a presente ação de sonegados contra si manejada. Com isso, associaram-se ao dolo da inventariante, quando os representara e assistira por ocasião da interpelação, em evidente prejuízo às irmãs unilaterais". E mais, como ressaltado pelo Ministro Luis Felipe Salomão, "'configurar-se-á o dolo, revelando-se descabido exigir do herdeiro preterido (ou do credor do espólio) uma prova diabólica – impossível ou excessivamente difícil de ser produzida'. Sob essa ótica, é inaceitável impor o refazimento de um ato processual já providenciado há muito tempo, exigindo-se uma nova, pessoal e específica interpelação àquele herdeiro silente e renitente em cumprir um dever que é só dele, pois incumbe a quem foi beneficiado com o adiantamento da legítima trazer o patrimônio ao monte do inventário" (EDcl no REsp 1.567.276/CE).

Além da perda patrimonial como pena civil, se o sonegador for o próprio inventariante, será ele removido da inventariança (art. 1.993 do CC). Para tanto, deve-se provar a sonegação ou que ele negou a existência de bens indicados. O ônus dessa prova, por óbvio, cabe a quem alega, nos termos da norma processual. Em suma, percebe-se que, no caso de inventariante, a pena de sonegados é dupla.

Relativamente aos procedimentos, Euclides de Oliveira e Sebastião Amorim ensinam que a sonegação deve ser arguida nos próprios autos do inventário e, "havendo apresentação do bem, serão aditadas as declarações, para o regular seguimento do processo. Mas se persistir a recusa, a controvérsia haverá de ser resolvida em vias próprias, por meio da *ação de sonegados*".[148] Como na grande maioria dos casos há uma questão de alta indagação, justifica-se a ação própria.

---

[148] OLIVEIRA, Euclides de; AMORIM, Sebastião. *Inventário e partilha*. 24. ed. São Paulo: Saraiva, 2016. p. 343.

**1918** | MANUAL DE DIREITO CIVIL • VOLUME ÚNICO – *Flávio Tartuce*

A ação de sonegados somente pode ser promovida pelos herdeiros ou pelos credores da herança, correndo no mesmo foro do inventário (art. 1.994 do CC). Quanto ao prazo prescricional para a sua propositura, a jurisprudência do STJ vinha aplicando o prazo de 20 anos, constante do art. 177 do CC/1916, que deve ser contado da prática de cada ato irregular (STJ, REsp 279.177/SP, 3.ª Turma, Rel. Min. Humberto Gomes de Barros, j. 04.04.2006, *DJ* 14.08.2006, p. 276). De acordo com o CC/2002, o prazo é de dez anos, pelo que consta do seu art. 205, que consagra esse prazo geral de prescrição. Lembro que no Projeto de Reforma do Código Civil pretende-se reduzir esse prazo geral para cinco anos, pois o lapso temporal vigente é considerado muito longo na atual realidade.

Existem acórdãos que entendem que o prazo de prescrição para a ação de sonegados tem início a partir do encerramento do inventário, o que parece ser bem plausível, pois a partir daí é possível saber a extensão do prejuízo patrimonial suportado. Nesse sentido, já aplicando o prazo de dez anos do art. 205 do CC/2002: "a prescrição da ação de sonegados, de dez anos, conta-se a partir do encerramento do inventário, pois, até essa data, podem ocorrer novas declarações, trazendo-se bens a inventariar" (STJ, REsp 1.196.946/RS, 3.ª Turma, Rel. Min. Sidnei Beneti, Rel. p/ Acórdão Min. João Otávio de Noronha, j. 19.08.2014, *DJe* 05.09.2014). Ou, ainda, de data mais recente: "a prescrição da ação de sonegados conta-se a partir do encerramento do inventário, o que não ocorreu no presente caso" (STJ, Ag.Int. nos EDcl no REsp 1.723.801/DF, 3.ª Turma, Rel. Min. Moura Ribeiro, j. 18.02.2019, *DJe* 20.02.2019).

No que concerne à sentença que for proferida na ação de sonegados, aproveitará aos demais interessados (art. 1.994, parágrafo único, do CC). Isso faz com que os bens sonegados voltem ao monte para serem sobrepartilhados. Em casos excepcionais, não sendo possível a restituição dos bens sonegados pelo sonegador, tendo em vista que já não os tem em seu poder, este pagará a importância correspondente aos valores que ocultou mais as perdas e os danos (art. 1.995 do CC).

Para encerrar o tratamento da pena civil de sonegados, prevê o art. 1.996 do CC quais são os momentos oportunos para arguir a sonegação, ou seja, para ingressar com a ação de sonegados. Vejamos:

> 1.º) Quanto à sonegação praticada pelo inventariante, a alegação somente poderá ser feita depois de encerrada a descrição dos bens, com a declaração, por ele feita, de não existirem outros bens por inventariar (em regra, após as últimas declarações).
>
> 2.º) Em relação ao herdeiro, somente cabe a arguição de sonegados depois de ele declarar no inventário que não possui tais bens. Se a ação for proposta antes desses momentos, deverá ser extinta sem a resolução do mérito, por falta de interesse processual (art. 485, inc. VI, do CPC/2015, correspondente ao art. 267, inc. VI, do CPC/1973).

### 9.10.3 Do pagamento das dívidas

Tanto o CC/2002 quanto o CPC/2015 consagram preceitos sobre o pagamento das dívidas do falecido, e que interessam diretamente ao inventário e à partilha.

De início, dispõe o art. 1.997 do CC que a herança responde pelo pagamento das dívidas do falecido. No entanto, se a partilha já tiver sido feita, só respondem os herdeiros, cada qual em proporção da parte que na herança lhe coube. De qualquer forma, vale dizer que havia norma semelhante no art. 597 do CPC/1973, segundo o qual "o espólio

CAP. 9 • DIREITO DAS SUCESSÕES | **1919**

responde pelas dívidas do falecido; mas, feita a partilha, cada herdeiro responde por elas na proporção da parte que na herança lhe coube". O dispositivo foi reproduzido pelo art. 796 do CPC/2015, com pequena alteração de redação, que não prejudica seu conteúdo anterior: "O espólio responde pelas dívidas do falecido, mas, feita a partilha, cada herdeiro responde por elas dentro das forças da herança e na proporção da parte que lhe coube".

Por todos esses dispositivos, os herdeiros não podem responder além das forças da herança (*ultra vires hereditatis*). Não se pode esquecer, ato contínuo, que os herdeiros têm alguns bens protegidos, caso daqueles tidos pela lei processual como impenhoráveis e do bem de família, seja *legal* (Lei 8.009/1990) ou *convencional* (arts. 1.711 a 1 .722 do CC).

Enuncia o § 1.º do art. 1.997 do CC que quando, antes da partilha, for requerido no inventário o pagamento de dívidas constantes de documentos – desde que revestidos de formalidades legais, constituindo prova bastante da obrigação –, e houver impugnação, que não se funde na alegação de pagamento, acompanhada de prova valiosa, o juiz mandará reservar, em poder do inventariante, bens suficientes para a solução do débito, sobre os quais venha a recair oportunamente a execução.

Em casos tais, o credor será obrigado a iniciar a ação de cobrança no prazo de 30 dias, sob pena de tornar sem nenhum efeito a reserva dos bens (art. 1.997, § 2.º, do CC). O prazo constante do dispositivo é decadencial, de perda ou caducidade do direito. Vale dizer que o prazo não se refere à prescrição da pretensão de cobrança da dívida, cujo caráter é eminentemente patrimonial e relacionado com a ação condenatória, mas apenas quanto à reserva de bens (critério científico de Agnelo Amorim Filho).

No tocante às despesas funerárias do *de cujus*, haja ou não herdeiros legítimos, sairão do monte da herança (art. 1.998 do CC). Como exemplos, podem ser citadas as despesas com enterro, caixão, coroa de flores, velório e túmulo. Pelo mesmo comando, as despesas de sufrágios por alma do falecido só obrigarão a herança quando ordenadas em testamento ou codicilo. Como tais despesas entendem-se todas aquelas relacionadas com os valores gastos com missas em nome do falecido. Por essas despesas o monte só responde no caso de previsão decorrente da autonomia privada do morto.

No atual Projeto de Reforma do Código Civil, há proposta de se simplificar a norma e organizá-la melhor, passando o *caput* do seu art. 1.998 a prever que "as despesas funerárias, existindo ou não herdeiros, sairão do monte da herança". E, no seu novo parágrafo único, retira-se menção aos *sufrágios por alma* do falecido, hoje com aplicação reduzida, passando o preceito a prever que, "se, nos casos deste artigo, o falecido era insolvente ou verificar-se a hipótese de ser negativo o inventário, responderá o herdeiro contratante de tais despesas, com direito de exigir de cada um dos herdeiros a respectiva quota". De acordo com as justificativas da Subcomissão de Direito das Sucessões, "foi suprimida a referência às despesas com 'sufrágios por alma', desnecessária por não se tratar de despesa funerária, restrita às providências com sepultamento ou cremação, ao mesmo tempo em que esclareceu a responsabilidade subsidiária do contratante dessas despesas nos casos de insolvência do *de cujus* ou de inventário negativo". Sem dúvidas, a inovação introduzida tem muito maior utilidade prática.

Eventualmente, pode estar presente uma situação em que um herdeiro deve determinada quantia a outro, particularmente porque o herdeiro pagou dívida do espólio com quantia própria. Nesses casos, havendo ação regressiva de um herdeiro contra os outros, uma vez que pagou dívida comum, a parte do coerdeiro insolvente dividir-se-á proporcionalmente entre os demais (art. 1.999 do CC). Há previsão de rateio da quota do insolvente, porque o pagamento realizado por apenas um herdeiro beneficiou a todos os demais.

## 1920 | MANUAL DE DIREITO CIVIL • VOLUME ÚNICO – *Flávio Tartuce*

Ainda no tocante ao pagamento das dívidas, enuncia o art. 2.000 do CC que os legatários e os credores da herança podem exigir que do patrimônio do falecido se discrimine o do herdeiro e, em concurso com os credores do morto, serão preferidos no pagamento. Trata-se do que a doutrina denomina *separação de bens do herdeiro*, pois, como o herdeiro é titular da herança desde a abertura da sucessão, pode ocorrer dúvida quanto aos bens que compõem o seu patrimônio pessoal e aqueles que compunham o patrimônio do morto. A separação "tem o objetivo de evitar a confusão de patrimônios, e tornar discriminada a massa sobre a qual incidirá a execução dos credores e da qual sairá o pagamento dos legados. É a *separatio bonorum* do direito romano".[149]

A terminar o tratamento do pagamento das dívidas, expressa o art. 2.001 do CC que se o herdeiro for devedor ao espólio, sua dívida será partilhada igualmente entre todos. Isso, salvo se a maioria consentir que o débito seja imputado inteiramente no quinhão do devedor. O que se percebe é que a norma consagra uma espécie de compensação que, em regra, é proporcional a favor de cada um dos herdeiros restantes. Como exceção, a compensação ocorrerá somente em relação ao próprio crédito do herdeiro devedor.

No tocante aos procedimentos, é necessário confrontar as duas normas processuais, mais uma vez, para o devido enfoque prático de quem atua com o Direito das Sucessões.

O art. 642 do CPC/2015 praticamente repetiu os procedimentos que estavam no art. 1.017 do CPC/1973. Assim, na dicção do seu *caput,* antes da partilha, poderão os credores do espólio requerer ao juízo do inventário o pagamento das dívidas vencidas e exigíveis. Para a jurisprudência superior, a norma somente incide para os credores do espólio, não havendo a mesma legitimidade para os credores individuais de cada um dos herdeiros, que devem "buscar as vias ordinárias para a discussão de seu crédito ou quinhão cedido por instrumento particular pelo devedor" (STJ, REsp 1.985.045/MS, 3.ª Turma, Rel. Min. Ricardo Villas Bôas Cueva, j. 16.05.2023, *DJe* 19.05.2023).

A petição, acompanhada de prova literal da dívida, será distribuída por dependência e autuada em apenso aos autos do processo de inventário (art. 642, § 1.º, do CPC/2015). Trata-se do *pedido de habilitação de crédito*, muito comum na prática forense, que segue as regras de jurisdição voluntária.

Em complemento, concordando as partes com o pedido, o juiz, ao declarar habilitado o credor, mandará que se faça a separação de dinheiro ou, em sua falta, de bens suficientes para o pagamento (art. 642, § 2.º, do CPC/2015). Sendo separados os bens, tantos quantos forem necessários para o pagamento dos credores habilitados, o juiz mandará aliená-los, observando-se as disposições do próprio CPC relativas à expropriação (art. 642, § 3.º, do CPC/2015). Se o credor requerer que, em vez de dinheiro, lhe sejam adjudicados, para o seu pagamento, os bens já reservados, o juiz deferir-lhe-á o pedido, concordando todas as partes (art. 642, § 4.º, do CPC/2015). Reafirme-se que esses procedimentos já estavam no art. 1.017 do Estatuto Processual anterior.

Porém, como novidade, passou a nova norma instrumental a prever que os donatários serão chamados a pronunciar-se sobre a aprovação das dívidas, sempre que haja possibilidade de resultar delas a redução das liberalidades (art. 642, § 5.º, do CPC/2015). Como consta da parte final do comando, o objetivo é verificar se há a necessidade de redução da doação, por inoficiosidade.

Não havendo concordância de todas as partes sobre o pedido de pagamento feito pelo credor, será o pedido remetido às vias ordinárias. Em complemento, o juiz mandará,

---

[149] VELOSO, Zeno. *Código Civil comentado*. 6. ed. Coord. Ricardo Fiuza e Regina Beatriz Tavares da Silva. São Paulo: Saraiva, 2008. p. 2.170.

CAP. 9 • DIREITO DAS SUCESSÕES | **1921**

porém, reservar, em poder do inventariante, bens suficientes para pagar o credor quando a dívida constar de documento que comprove suficientemente a obrigação e a impugnação não se fundar em quitação. É o caso de uma *obrigação líquida* (certa quanto à existência, determinada quanto ao valor) e *vencida*. Essa é a regra do art. 643 do CPC/2015, que reproduziu o antigo art. 1.018 do CPC/1973. A interpretação correta dos dispositivos é que basta a discordância de um dos herdeiros para que surja a necessidade de uma ação específica para o pagamento da dívida.

Também sem novidades, o credor de dívida líquida e certa, ainda não vencida, pode requerer habilitação no inventário. Concordando as partes com esse pedido, o juiz, ao julgar habilitado o crédito, mandará que se faça separação de bens para o futuro pagamento (art. 644 do CPC/2015, correspondente ao art. 1.019 do CPC/1973). Nelson Nery Jr. e Rosa Maria de Andrade Nery continuam a demonstrar a diversidade dos procedimentos, particularmente quanto ao dispositivo anterior, pois "lá os bens são reservados para que se aguarde o pagamento, que os herdeiros não querem aceitar fazer; aqui os bens são reservados para que haja patrimônio para responder pela dívida que se irá vencer".[150] Esse comentário ainda é compatível com o sistema processual brasileiro.

Como já estava na norma anterior, o legatário é tido como parte legítima para manifestar-se sobre as dívidas do espólio: *a)* quando toda a herança for dividida em legados; *b)* quando o reconhecimento das dívidas importar redução dos legados (arts. 645 do CPC/2015 e 1.020 do CPC/1973). As normas se justificam plenamente pelo interesse direto do legatário nesses casos.

Por fim, quanto aos procedimentos, sem prejuízo das regras relativas à penhora de bens, é lícito aos herdeiros, ao separarem bens para o pagamento de dívidas, autorizar que o inventariante os indique à penhora no processo em que o espólio for executado. A regra consta do art. 646 do CPC/2015, praticamente uma repetição do art. 1.021 do Código de Processo Civil anterior.

### 9.10.4 Da colação ou conferência

A colação (*collatio*) é conceituada pela doutrina como sendo "uma conferência dos bens da herança com outros transferidos pelo *de cujus*, em vida, aos seus descendentes, promovendo o retorno ao monte das liberalidades feitas pelo autor da herança antes de falecer, para uma equitativa apuração das quotas hereditárias dos sucessores legitimários".[151] A matéria igualmente está tratada tanto no CC/2002 (arts. 2.002 a 2.012) quanto no Estatuto Processual (arts. 639 a 641 do CPC/2015, correspondentes aos arts. 1.014 a 1.016 do CPC/1973).

O conceito de colação ou conferência pode ser retirado do art. 2.002 do CC, segundo o qual: "os descendentes que concorrerem à sucessão do ascendente comum são obrigados, para igualar as legítimas, a conferir o valor das doações que dele em vida receberam, sob pena de sonegação". O próprio comando legal disciplina a sanção para o caso de o descendente não trazer o bem à colação: a pena civil de sonegados, antes estudada. Dispõe o seu parágrafo único que, para o cálculo da legítima, o valor dos bens conferidos será computado na parte indisponível, sem aumentar a disponível.

A colação está justificada na possibilidade de doação do ascendente ao descendente ou mesmo entre cônjuges, implicando estas em adiantamento da legítima, conforme outrora

---

[150] NERY JR., Nelson; NERY, Rosa Maria de Andrade. *Comentários ao Código de Processo Civil*. São Paulo: RT, 2015. p. 146.

[151] DINIZ, Maria Helena. *Código Civil anotado*. 15. ed. São Paulo: Saraiva, 2010. p. 1.380.

estudado no art. 544 do CC/2002. Porém, de acordo com a jurisprudência superior, não ingressam no dever de colação a ocupação e o uso de um imóvel e da respectiva garagem, cedidos em comodato. Nos termos da correta ementa, que estabelece a diferença entre tal contrato e a doação, somente no último caso "há transferência da propriedade, tendo o condão de provocar desequilíbrio entre as quotas-partes dos herdeiros necessários, importando, por isso, em regra, no adiantamento da legítima" (STJ, REsp 1.722.691/SP, 3.ª Turma, Rel. Min. Paulo de Tarso Sanseverino, j. 12.03.2019, *DJe* 15.03.2019).

Existe um profundo debate sobre a necessidade de se colacionarem os valores relacionados a plano de previdência complementar privada aberta, atribuídos a determinado herdeiro. Em 2021, a Terceira Turma do Superior Tribunal de Justiça respondeu positivamente, citando a minha posição no sentido de se tratar de aplicações financeiras. Vejamos trecho de sua publicação, que conta com o meu total apoio doutrinário:

"Os planos de previdência privada aberta, de que são exemplos o VGBL e o PGBL, não apresentam os mesmos entraves de natureza financeira e atuarial que são verificados nos planos de previdência fechada e que são óbices à partilha, pois, na previdência privada aberta, há ampla flexibilidade do investidor, que, repise-se, poderá escolher livremente como e quando receber, aumentar ou reduzir contribuições, realizar aportes adicionais, resgates antecipados ou parcelados a partir da data que porventura indicar. A natureza securitária e previdenciária complementar desses contratos é evidentemente marcante no momento em que o investidor passa a receber, a partir de determinada data futura e em prestações periódicas, os valores que acumulou ao longo da vida, como forma de complementação do valor recebido da previdência pública e com o propósito de manter um determinado padrão de vida. Entretanto, no período que antecede a percepção dos valores, ou seja, durante as contribuições e formação do patrimônio, com múltiplas possibilidades de depósitos, de aportes diferenciados e de retiradas, inclusive antecipadas, a natureza preponderante do contrato de previdência complementar aberta é de investimento, semelhantemente ao que ocorreria se os valores das contribuições e dos aportes fossem investidos em fundos de renda fixa ou na aquisição de ações e que seriam objeto de partilha por ocasião da dissolução do vínculo conjugal ou da sucessão. Na hipótese, tendo havido a comoriência entre o autor da herança, sua cônjuge e os descendentes, não havendo que se falar, pois, em sucessão entre eles, devem ser chamados à sucessão os seus respectivos herdeiros ascendentes. Assim, é induvidosa a conclusão de que o valor existente em previdência complementar privada aberta de titularidade do autor da herança compunha a meação da cônjuge igualmente falecida, razão pela qual a sua colação ao inventário é verdadeiramente indispensável, a fim de que se possa, ao final, adequadamente partilhar os bens comuns existentes ao tempo do falecimento simultâneo" (STJ, REsp 1.726.577/SP, 3.ª Turma, Rel. Min. Nancy Andrighi, j. 14.09.2021, *DJe* 1.º.10.2021).

A situação julgada é peculiar, envolvendo comoriência entre cônjuges e descendentes, nos termos do art. 8.º do Código Civil. A votação foi apertada, por 3 a 2, sendo certo que seguiram a Ministra Relatora os Ministros Bellizze e Sanseverino. Os Ministros Moura Ribeiro e Cueva foram vencidos, por concluírem pela natureza previdenciária pessoal de tais valores, a afastar a comunicação entre os cônjuges e o consequente dever de colacionar.

Feita essa importante nota prática, observa-se que a colação tem por fim igualar, na proporção estabelecida no próprio Código Civil, as legítimas dos descendentes e do cônjuge sobrevivente, obrigando também os donatários que, ao tempo do falecimento do doador, já não possuírem os bens doados (art. 2.003 do CC). A última norma coloca o cônjuge sobrevivente, ao lado dos descendentes, como pessoa obrigada a colacionar.

Quanto ao dever de colacionar do companheiro, prevalecia o seu afastamento, pois, como visto, doutrina e jurisprudência majoritárias não o consideravam como herdeiro necessário. De toda sorte, com a recente decisão do STF, que equiparou a união estável ao casamento para os fins sucessórios, ganha força a visão que impõe ao companheiro o dever de colacionar (Recurso Extraordinário 878.694/MG, j. 10.05.2017, por maioria).

A minha posição doutrinária de interpretação desse julgado, reafirme-se, é a equiparação sucessória total das entidades familiares, ou *equalização sucessória*, inclusive para que o convivente seja tratado como herdeiro necessário e incluído no rol do art. 1.845 do CC. Em complemento para a premissa, acrescente-se que o CPC/2015 equiparou o companheiro ao cônjuge para os fins processuais, especialmente quanto ao inventário e à partilha. Assim, penso que o companheiro ou o convivente tem o dever de trazer os bens recebidos por doação à colação, sob pena de imposição da pena de sonegados, anteriormente estudada.

De todo modo, com a Reforma do Código Civil, esse dilema desaparecerá, pois tanto o cônjuge como o convivente não estarão previstos no rol dos herdeiros necessários, resolvendo-se mais esse dilema, em prol da simplificação e de uma maior efetividade do Direito Sucessório Brasileiro.

Voltando-se ao sistema em vigor, deve ficar claro que os netos também têm o dever de colacionar, representando os seus pais, notadamente quando sucederem aos avós. Isso, ainda que não hajam herdado o que os pais teriam de conferir (art. 2.009 do CC). Em relação aos ascendentes e colaterais, estão dispensados da colação, uma vez que a lei não prevê tal dever.

O parágrafo único do art. 2.003 do CC expressa que, "se, computados os valores das doações feitas em adiantamento de legítima, não houver no acervo bens suficientes para igualar as legítimas dos descendentes e do cônjuge, os bens assim doados serão conferidos em espécie, ou, quando deles já não disponha o donatário, pelo seu valor ao tempo da liberalidade".

Interpretando o dispositivo, conforme ensina Maria Helena Diniz, nosso ordenamento jurídico adotou o sistema da *colação em substância*, pois "a mesma coisa doada em adiantamento da legítima ao descendente e ao cônjuge (arts. 544 e 2.003, parágrafo único, segunda parte, do Código Civil) deve ser trazida à colação. Se, ao tempo da abertura da sucessão por morte do doador, não houver no acervo hereditário bens suficientes para igualar a legítima, a coisa doada deverá ser conferida em espécie (TJSP, Ap. 530.150-4/9-00, Rel. Francisco Loureiro, j. 08.11.2007), e se os donatários (descendentes ou cônjuge) não mais a tiverem, deverão trazer à colação o seu valor correspondente, hipótese em que se terá a *colação ideal* (RT 697:154), ou por imputação. Tal valor é o que a coisa doada possuía ao tempo da liberalidade".[152]

No que concerne ao valor de colação dos bens doados, será aquele, certo ou estimativo, que lhes atribuir o ato de liberalidade, ou seja, quando da doação (art. 2.004, *caput*, do CC). Relativamente ao *valor estimativo*, o juiz do inventário pode nomear um perito para a sua determinação, se houver dificuldades na fixação do *quantum*. Havia certa contradição entre esse último comando legal e o art. 1.014 do CPC/1973, segundo o qual: "No prazo estabelecido no art. 1.000, o herdeiro obrigado à colação conferirá por termo nos autos os bens que recebeu ou, se já os não possuir, trar-lhes-á o valor. Parágrafo único. Os bens que devem ser conferidos na partilha, assim como as acessões e benfeitorias que o donatário fez, calcular-se-ão pelo valor que tiverem ao tempo da abertura da sucessão".

Incrivelmente, a contradição foi mantida em relação ao CPC de 2015, pois o seu art. 639 é praticamente uma repetição do seu correspondente anterior. Senão, vejamos:

---

[152] DINIZ, Maria Helena. *Código Civil anotado*. 15. ed. São Paulo: Saraiva, 2010. p. 1.382.

"No prazo estabelecido no art. 627, o herdeiro obrigado à colação conferirá por termo nos autos ou por petição à qual o termo se reportará os bens que recebeu ou, se já não os possuir, trar-lhes-á o valor. Parágrafo único. Os bens a serem conferidos na partilha, assim como as acessões e as benfeitorias que o donatário fez, calcular-se-ão pelo valor que tiverem ao tempo da abertura da sucessão".

A contradição estava e continua presente, pois o CC/2002 menciona o valor do bem ao tempo da doação, enquanto o CPC em vigor expressa o momento da abertura da sucessão. A solução para tal conflito era muito bem apontada por Zeno Veloso, que afirmava que o art. 2.004 do CC/2002 revogaria o art. 1.014 do CPC/1973.[153]

Trata-se de uma questão de direito intertemporal. Desse modo, este autor sempre entendeu que, se o falecimento ocorresse antes da entrada em vigor do CC/2002, seria aplicada a regra do CPC/1973. Se o falecimento ocorresse a partir de 11 de janeiro de 2003, o CC/2002 teria incidência. Como todas as normas estão no plano da eficácia, trata-se de aplicação do art. 2.035, *caput*, do CC/2002. Com a emergência do CPC de 2015, é forçoso concluir que o seu conteúdo passa a ter incidência para os falecimentos ocorridos após a entrada em vigor da nova legislação processual, a partir de março de 2016. Concluindo desse modo, colaciona-se, do STJ, a merecer destaque:

"Tendo sido aberta a sucessão na vigência do Código Civil de 2002, deve-se observar o critério estabelecido no art. 2.004 do referido diploma, que modificou o art. 1.014, parágrafo único, do Código de Processo Civil de 1973, pois a contradição presente nos diplomas legais, quanto ao valor dos bens doados a serem trazidos à colação, deve ser solucionada com observância do princípio de direito intertemporal *tempus regit actum*. O valor de colação dos bens deverá ser aquele atribuído ao tempo da liberalidade, corrigido monetariamente até a data da abertura da sucessão. Existindo divergência quanto ao valor atribuído aos bens no ato de liberalidade, poderá o julgador determinar a avaliação por perícia técnica para aferir o valor que efetivamente possuíam à época da doação" (STJ, REsp 1.166.568/SP, 4.ª Turma, Rel. Min. Lázaro Guimarães (Desembargador convocado do TRF 5.ª Região), j. 12.12.2017, *DJe* 15.12.2017).

No mesmo sentido, da Terceira Turma da Corte, de 2019, e citando a minha posição doutrinária:

"Civil. Processual civil. Ação de inventário. Coincidência de questões decididas em dois diferentes acórdãos. Matérias distintas. Inocorrência de preclusão. Colação de bens. Valor do bem ao tempo da liberalidade ou ao tempo da abertura da sucessão. Antinomia entre o Código Civil e o Código de Processo Civil. Indiscutibilidade acerca das sucessivas revogações promovidas pela legislação. Colação que é tema de direito material e de direito processual. Solução da antinomia exclusivamente pelo critério da temporalidade. Impossibilidade de aplicação do critério da especialidade. Autor da herança falecido antes da entrada em vigor do CC/2002. Aplicação do CPC/73. (...). É indiscutível a existência de antinomia entre as disposições do Código Civil (arts. 1.792, *caput*, do CC/1916 e 2.004, *caput*, do CC/2002), que determinam que a colação se dê pelo valor do bem ao tempo da liberalidade, e as disposições do Código de Processo Civil (arts. 1.014, parágrafo único, do CPC/73 e 639, parágrafo único, do CPC/15), que determinam que a colação se dê pelo valor do bem ao tempo da abertura da sucessão, de modo que, em se tratando de questão que se relaciona, com

---

[153] VELOSO, Zeno. *Código Civil comentado*. 6. ed. Coord. Ricardo Fiuza e Regina Beatriz Tavares da Silva. São Paulo: 2008. p. 2.176-2.177.

igual intensidade, com o direito material e com o direito processual, essa contradição normativa somente é resolúvel pelo critério da temporalidade, e não pelo critério de especialidade. Precedentes. Na hipótese, tendo o autor da herança falecido antes da entrada em vigor do CC/2002, aplica-se a regra do art. 1.014, parágrafo único, do CPC/73, devendo a colação se dê pelo valor do bem ao tempo da abertura da sucessão. 6. Recurso especial conhecido e desprovido" (STJ, REsp 1.698.638/RS, 3.ª Turma, Rel. Min. Nancy Andrighi, j. 14.05.2019, *DJe* 16.05.2019).

Porém, em sentido contrário, apresentando solução diferente para sanar essa suposta antinomia jurídica, prevê o Enunciado n. 119 do CJF/STJ, da *I Jornada de Direito Civil* (2003), que "para evitar o enriquecimento sem causa, a colação será efetuada com base no valor da época da doação, nos termos do *caput* do art. 2.004, exclusivamente na hipótese em que o bem doado não mais pertença ao patrimônio do donatário. Se, ao contrário, o bem ainda integrar seu patrimônio, a colação se fará com base no valor do bem na época da abertura da sucessão, nos termos do art. 1.014 do CPC, de modo a preservar a quantia que efetivamente integrará a legítima quando esta se constituiu, ou seja, na data do óbito (resultado da interpretação sistemática do art. 2.004 e seus parágrafos, juntamente com os arts. 1.832 e 884 do Código Civil)".

Em 2018, na *VIII Jornada de Direito Civil,* aprovou-se uma nova ementa doutrinária, em complemento a essa anterior e em atualização ao CPC/2015, segundo a qual "os arts. 2.003 e 2.004 do Código Civil e o art. 639 do CPC devem ser interpretados de modo a garantir a igualdade das legítimas e a coerência do ordenamento. O bem doado, em adiantamento de legítima, será colacionado de acordo com seu valor atual na data da abertura da sucessão, se ainda integrar o patrimônio do donatário. Se o donatário já não possuir o bem doado, este será colacionado pelo valor do tempo de sua alienação, atualizado monetariamente" (Enunciado n. 644). Trata-se de proposta formulada pelo Professor Gustavo Tepedino.[154]

Os enunciados doutrinários merecem críticas, pois estão em desacordo com o art. 2.035 do CC/2002, norma de direito intertemporal que serviria para solucionar o conflito. Todavia, não se pode negar que os argumentos da vedação do enriquecimento sem causa e da coerência do ordenamento jurídico que os fundamentam são sedutores, pela relação que mantêm com os princípios da eticidade e da socialidade, dois dos baluartes do Código Civil de 2002.

Porém, recomenda-se a análise casuística do problema, devendo prevalecer a solução de direito intertemporal, de aplicação da norma do momento da disposição, conforme antes desenvolvido e na linha do que vêm entendendo a Terceira e a Quarta Turmas do STJ, que tende a pacificar o tema no mesmo sentido do que defendo.

Ainda a respeito dessa temática, merece ser citada a posição da Professora Giselda Hironaka, para quem o sistema de *colação em substância* seria inconstitucional. Nas suas palavras:

"É altamente discutível se a *teoria da substância* não seria inconstitucional. Conforme exposto, esta teoria, que é a atualmente vigente, legitima o enriquecimento sem causa, notoriamente algo repudiado pelo ordenamento jurídico como um todo. E, deveras, a Constituição Federal de 1988 reconhece, no art. 1.º, inciso IV, o 'valor social do trabalho', como um fundamento da república, ao lado da dignidade da

---

[154] TEPEDINO, Gustavo. A disciplina da colação no Código Civil: proposta para um diálogo com o Código de Processo Civil. In: PEREIRA, Rodrigo da Cunha; DIAS, Maria Berenice (Coord.). *Família e Sucessões.* Polêmicas, tendências e inovações. Belo Horizonte: IBDFAM, 2018. p. 327-345.

# 1926 | MANUAL DE DIREITO CIVIL • VOLUME ÚNICO – *Flávio Tartuce*

pessoa humana (inc. III do mesmo artigo), sabidamente o *summun bonum* do direito contemporâneo. Ora, se a aplicação de uma norma legitima a apropriação indevida do trabalho alheio, é claro que existe, aí, uma violação ao valor social do trabalho, norma constitucionalmente tutelada".

Ao final, a jurista defende a aplicação da regra prevista no art. 2.004, do Código Civil, ou seja, a *teoria da estimação*, com fortes argumentos, a deixar o debate ainda mais intenso.[155]

Como se pode notar, apesar de prevalecer a solução dada pelo Superior Tribunal de Justiça, o tema é de enorme divergência doutrinária, razão pela qual a Comissão de Juristas encarregada da Reforma do Código Civil pretende resolvê-la definitivamente. A proposta é pela adoção da *teoria da estimação*, concentrando-se o tema no Código Civil e revogando-se expressamente o art. 639 do CPC, fazendo que a *teoria da substância* seja totalmente retirada do sistema privado brasileiro.

Assim, o art. 2.003 da Lei Privada passará a prever, com a retirada do cônjuge como herdeiro necessário, superando-se outra divergência, que "a colação tem por fim igualar, na proporção estabelecida neste Código, as legítimas dos descendentes e dos ascendentes obrigando também os donatários que, ao tempo do falecimento do doador, já não possuírem os bens doados". Em complemento, o seu parágrafo único estatuirá que, "se, computados os valores das doações feitas em adiantamento de legítima, não houver no acervo bens suficientes para igualar as legítimas dos descendentes e dos ascendentes, os bens assim doados serão conferidos em espécie, ou, quando deles já não disponha o donatário, pelo seu valor ao tempo da liberalidade".

Quanto ao seu art. 2.004, passará a prever, de forma mais técnica, mencionando a correção monetária do valor estimado, que "o valor de colação dos bens doados será o valor certo ou estimativo que lhes atribuir o ato de liberalidade, corrigido monetariamente até a data de abertura da sucessão". Nos termos do seu § 1.º, no mesmo sentido: "se do ato de doação não constar valor certo, nem houver estimação feita naquela época, os bens serão conferidos pelo que se calcular valessem ao tempo da liberalidade, corrigido monetaria-mente até a data da abertura da sucessão". Ainda, preverá o § 2.º deste último comando, mencionando-se quais são benfeitorias que são excluídas, mais uma vez de forma mais técnica, que "só o valor dos bens doados entrará em colação; excluindo-se as benfeitorias necessárias e úteis realizadas no bem e os acréscimos decorrentes do seu trabalho, os quais pertencerão ao herdeiro donatário". Por fim, como dito, é revogado expressamente o art. 639 do Estatuto Processual, sepultando-se de forma definitiva um debate que existe há tempos entre civilistas e processualistas.

Fica evidente, mais uma vez, que o Projeto elaborado pela Comissão de Juristas procurou resolver as principais polêmicas existentes nos mais de vinte anos de aplicação do Código Civil de 2002, trazendo uma maior previsibilidade, segurança jurídica e estabilidade para as relações privadas, sendo imperiosa a aprovação dessa proposta pelo Parlamento Brasileiro.

Exposta essa grande divergência, analisadas as proposições formuladas para a Reforma do Código Civil, e seguindo-se no estudo do tema da colação, se do ato de doação não constar valor certo, nem houver estimação feita naquela época, os bens serão conferidos na partilha de acordo com o seu valor ao tempo da liberalidade (art. 2.004, § 1.º, do CC). Só o valor dos bens doados entrará em colação (art. 2.004, § 2.º, do CC). Pelo último

---

[155] HIRONAKA, Giselda Maria Fernandes Novaes. Antecipação da legítima e colação no sistema brasileiro: estado da arte, depois de 2015. In: PEREIRA, Rodrigo da Cunha; DIAS, Maria Berenice (Coord.). *Família e Sucessões*. Polêmicas, tendências e inovações. Belo Horizonte: IBDFAM, 2018. p. 308-309.

dispositivo, não entram na colação os valores correspondentes às benfeitorias acrescidas, as quais pertencerão ao herdeiro donatário, correndo também à conta deste os rendimentos ou lucros (frutos civis), assim como as perdas e danos que os bens sofrerem, que deverão ser suportados pelo donatário. Como visto há pouco, há propostas de aprimoramentos dessas regras no Projeto de Reforma do Código Civil.

O art. 2.005 do CC/2002 trata da dispensa da colação das doações que saíram da parte disponível da herança. A dispensa é possível, desde que tais liberalidades não excedam essa parte disponível, ou seja, desde que não ingressem na parte da legítima, computado o seu valor ao tempo da doação. A lei presume imputada na parte disponível a liberalidade feita a descendente que, ao tempo do ato, não seria chamado à sucessão na qualidade de herdeiro necessário (art. 2.005, parágrafo único, do CC). A presunção é relativa ou *iuris tantum*, e o exemplo a ser citado é o de uma doação realizada a um neto, cujo pai, sucessor legítimo, está vivo.

Ainda no tocante à dispensa da colação, esta pode ser outorgada pelo doador em testamento, ou no próprio título de liberalidade (art. 2.006 do CC). Assim, a dispensa da colação também pode constar do próprio instrumento de doação, como decorrência da autonomia privada do doador. Para tanto, devem-se respeitar todos os requisitos de validade do negócio jurídico, extraídos do art. 104 do CC/2002.

No Projeto de Reforma do Código Civil pretende-se simplificar, dentro de suas possibilidades, a dispensa da colação, incluindo-se também a escritura pública efetivada posteriormente, perante o Tabelionato de Notas. Assim, o seu art. 2.006, em boa hora, passará a prever que "a dispensa da colação pode ser concedida pelo doador em testamento, no próprio título de liberalidade ou por simples declaração do doador, por escritura pública subsequente ao ato".

Não virão à colação os gastos ordinários do ascendente com o descendente, enquanto menor, em sua educação, estudos, sustento, vestuário, tratamento de enfermidades, enxoval, assim como as despesas de casamento, ou as feitas no interesse de sua defesa em processo-crime (art. 2.010 do CC).

Também com o intuito de se aprimorar a norma, no Projeto de Reforma do Código Civil pretende-se limitar os gastos até a idade de vinte e cinco anos do descendente, em que cessa a suposta dependência econômica. Nesse contexto, em boa hora, o seu art. 2.010 passará a prever que "não virão à colação os gastos ordinários do ascendente com o descendente, com menos de dezoito anos de idade, incapaz ou dependente econômico do autor da herança, até 25 anos, para sua educação, estudos, sustento, vestuário, tratamento nas enfermidades, enxoval, assim como as despesas de casamento, ou as feitas no interesse de sua defesa em processo-crime". Segue-se igualmente a linha de outras proposições, no sentido de se retirar o termo "menor", pois a menoridade deixará de ser uma condição jurídica.

Voltando-se ao sistema vigente, no mesmo sentido, as doações remuneratórias de serviços feitos ao ascendente também não estão sujeitas à colação (art. 2.011 do CC). As doações remuneratórias, nos termos do art. 540 do CC, não constituem ato de liberalidade, mas sim valores pagos por um serviço prestado. Se o serviço for feito pelo descendente no interesse do ascendente, não haverá necessidade de colacionar o bem doado. Ilustrando, cite-se o caso de um filho que salva a vida de seu pai que iria se afogar, e recebe uma doação por sua atitude heroica.

Encerrando o tratamento no Código Civil, enuncia o seu art. 2.012 que, sendo feita a doação por ambos os cônjuges, no inventário de cada um se conferirá por metade. No caso em questão, serão aplicadas, de forma concomitante, as regras de procedimento vistas anteriormente. Diante de sua proteção constitucional, a norma não só pode como deve ser

**1928** | MANUAL DE DIREITO CIVIL • VOLUME ÚNICO – *Flávio Tartuce*

aplicada à união estável, como defende Zeno Veloso.[156] O Projeto de Reforma do Código Civil, como não poderia ser diferente, pretende incluir na norma a pessoa que viva em união estável: "Art. 2.012. Sendo feita a doação por ambos os cônjuges ou conviventes, no inventário de cada um se conferirá por metade".

No campo prático e processual, mais uma vez vejamos o tratamento constante do CPC/2015, em comparação ao sistema anterior.

Conforme o seu art. 641, equivalente ao art. 1.016 do CPC/1973, se o herdeiro negar o recebimento dos bens ou a obrigação de os conferir, o juiz, ouvidas as partes no prazo comum de quinze dias, decidirá à vista das alegações e das provas produzidas. Pontue-se que, aqui, houve um aumento do prazo, de cinco para quinze dias.

O mesmo deve ser dito quanto ao § 1.º do art. 641 do CPC/2015, correspondente ao mesmo parágrafo do art. 1.016. Nos termos da novel legislação instrumental, declarada improcedente a oposição, se o herdeiro, no prazo improrrogável de quinze dias, não proceder à conferência, o juiz mandará sequestrar-lhe, para serem inventariados e partilhados, os bens sujeitos à colação ou imputar ao seu quinhão hereditário o valor deles, se já não os possuir.

Porém, se a matéria exigir dilação probatória diversa da documental, o juiz remeterá as partes às vias ordinárias, não podendo o herdeiro receber o seu quinhão hereditário, enquanto pender a demanda, sem prestar caução correspondente ao valor dos bens sobre os quais versar a conferência (art. 642, § 2.º, do CPC/2015). Aqui, na linha do que antes foi comentado, não se menciona mais a questão de *alta indagação* (art. 1.016, § 2.º, do CPC/1973), o que visa dar mais segurança jurídica à situação concreta.

## 9.10.5 Da redução das doações inoficiosas

A colação dos bens doados não se confunde com a redução da doação inoficiosa. Se for o caso de uma doação que exceda a parte que poderia ser disposta (inoficiosa), fica ela sujeita à redução, conforme o art. 2.007 do CC. O dispositivo em questão é decorrência do art. 549 do mesmo CC/2002, que considera nula a *doação inoficiosa* na parte que exceder o que o doador, no momento da liberalidade, poderia dispor em testamento. O instituto já foi estudado quando do Capítulo 6 deste livro. Como ele interessa ao Direito das Sucessões, é interessante repisá-lo com os devidos aprofundamentos, facilitando o trabalho do estudioso.

Repise-se que, no que concerne ao prazo para a ação de redução da doação inoficiosa, filio-me ao entendimento de sua imprescritibilidade. Isso porque o caso é de nulidade absoluta que, nos termos do art. 169 do CC, não se convalesce pelo decurso do tempo. Repise-se, ademais, que como a demanda pode ser proposta a qualquer tempo, não há necessidade de se aguardar o falecimento do doador para a propositura da ação de redução.

Porém, a respeito do prazo para a demanda, há forte entendimento jurisprudencial no sentido de que, por envolver direitos patrimoniais, estaria a ação de redução sujeita ao prazo geral de prescrição (nesse sentido, ver: STJ, REsp 1.755.379/RJ, 3.ª Turma, Rel. Min. Moura Ribeiro, Rel. p/ acórdão Min. Ricardo Villas Bôas Cueva, j. 24.09.2019, *DJe* 10.10.2019; REsp 254.894/SP, 3.ª Turma, Rel. Min. Castro Filho, j. 09.08.2005, *DJ* 12.09.2005, p. 314; e REsp 259.406/PR, 4.ª Turma, Rel. Min. Aldir Passarinho Junior, j. 17.02.2005, *DJ*

---

[156] VELOSO, Zeno. *Código Civil comentado*. 6. ed. Coord. Ricardo Fiuza e Regina Beatriz Tavares da Silva. São Paulo: 2008. p. 2.187.

04.04.2005, p. 314). Relembre-se que, na vigência do CC/1916, esse prazo era de 20 anos. Já na vigência do CC/2002, é de dez anos (art. 205).

No Projeto de Reforma do Código Civil, vale relembrar que a Comissão de Juristas sugere aperfeiçoamentos mais do que necessários para o seu art. 549. De início, para o *caput*, a proposta é de que a doação inoficiosa passe a gerar a ineficácia parcial do contrato, o que encerra polêmica doutrinária e jurisprudencial hoje existente e facilita ao tráfego jurídico: "salvo na hipótese do art. 544, é ineficaz a doação quanto à parte que exceder à de que o doador poderia dispor em testamento, no momento da liberalidade".

Também se almeja um § 1.º no dispositivo, para que fique claro, em termos gerais, o cálculo da parte a ser restituída pelo injusto beneficiário da liberalidade: "o cálculo da parte a ser restituída considerará o valor nominal do excesso ao tempo da liberalidade, corrigido monetariamente até a data da restituição, ainda que o objeto da doação não tenha sido dinheiro". Insere-se, ainda, uma imperiosa regra a respeito das doações sucessivas, ou realizadas em trato sucessivo: "§ 2º Em casos de doações realizadas de forma sucessiva, o excesso levará em conta todas as liberalidades efetuadas". Por fim, é urgente trazer regra a respeito do prazo a ser aplicado, prevendo o proposto § 3.º do art. 549 que, "não sendo proposta a ação de reconhecimento da ineficácia no prazo de cinco anos, a doação considerar-se-á eficaz desde a data em que foi realizada". Não se pode negar, portanto, que todas as proposições visam a alcançar a necessária segurança jurídica, resolvendo-se dilemas práticos hoje existentes.

Voltando-se ao sistema sucessório ora em vigor, os parágrafos do art. 2.007 do CC disciplinam essa redução no atual sistema jurídico. O excesso será apurado com base no valor que os bens doados tinham no momento da liberalidade (§ 1.º). A redução da liberalidade far-se-á pela restituição ao monte do excesso assim apurado (§ 2.º). De início, a restituição será em espécie. Se não mais existir o bem em poder do donatário, a redução será em dinheiro, segundo o seu valor ao tempo da abertura da sucessão. Em todos os casos, preconiza a lei que devem ser observadas, no que forem aplicáveis, as regras previstas na codificação para a redução das disposições testamentárias.

Também estará sujeita à redução a parte da doação feita a herdeiros necessários que exceder a legítima e mais a quota disponível (§ 3.º). Dessa forma, um herdeiro necessário que foi beneficiado além do que deveria também pode, por óbvio, ser atingido pela redução. Por fim, sendo várias as doações a herdeiros necessários, feitas em diferentes datas, serão elas reduzidas a partir da última, até a eliminação do excesso (§ 4.º do art. 2.007 da codificação material).

Enuncia o art. 2.008 do CC/2002 que aquele que renunciou à herança ou dela foi excluído deve, mesmo assim, conferir as doações recebidas, para o fim de repor o que exceder a parte disponível. Em suma, mesmo o renunciante à herança e o excluído por indignidade devem trazer à colação, no que tange à parte inoficiosa, os bens recebidos.

A doutrina majoritária entende que o dispositivo também deve incluir aquele que foi deserdado.[157] No mesmo sentido, aliás, determinava o art. 1.015 do CPC/1973 que "o herdeiro que renunciou à herança ou o que dela foi excluído não se exime, pelo fato da renúncia ou da exclusão, de conferir, para o efeito de repor a parte inoficiosa, as liberalidades que houve do doador". A norma foi reproduzida pelo art. 640 do CPC/2015, segundo o qual "o herdeiro que renunciou à herança ou o que dela foi excluído não se exime, pelo fato da renúncia ou da exclusão, de conferir, para o efeito de repor a parte inoficiosa, as liberalidades que obteve do doador".

---

[157] DINIZ, Maria Helena. *Código Civil anotado*. 15. ed. São Paulo: Saraiva, 2010. p. 1.385; VELOSO, Zeno. *Código Civil comentado*. 6. ed. Coord. Ricardo Fiuza e Regina Beatriz Tavares da Silva. São Paulo: 2008. p. 2.183.

# 1930 | MANUAL DE DIREITO CIVIL • VOLUME ÚNICO – *Flávio Tartuce*

Os parágrafos do art. 640 do CPC/2015 mantêm os procedimentos anteriores. Assim, conservou-se a licitude do ato do donatário ao escolher, dentre os bens doados, tantos quantos bastem para perfazer a legítima e a metade disponível, entrando na partilha o excedente para ser dividido entre os demais herdeiros. Em casos de exceção, se a parte inoficiosa da doação recair sobre bem imóvel, que não comporte divisão cômoda, o juiz determinará que sobre ela se proceda entre os herdeiros à licitação. Em situações tais, o donatário poderá concorrer na licitação e, em igualdade de condições, tendo preferência sobre os herdeiros (art. 640, §§ 2.º e 3.º). Como se pode perceber, os dispositivos processuais trazem aqui um direito de preferência a favor do donatário.

Por derradeiro, não se pode confundir a redução da doação inoficiosa com a redução das disposições testamentárias, que, conforme visto, trata das cláusulas previstas em testamento que invadem a legítima, as quais só produzirão efeitos após a morte do testador. A diferença é clara, uma vez que a doação inoficiosa sujeita à redução é realizada em vida pelo falecido.

## 9.10.6 Da partilha

Com é notório, a partilha é o instituto jurídico pelo qual cessam a indivisibilidade e a imobilidade da herança, uma vez que os bens são divididos entre os herdeiros do falecido. Trata-se do momento pelo qual os herdeiros aguardam ansiosamente, sendo certo que a partilha tem efeito declaratório e não constitutivo, como bem ensina Zeno Veloso.[158] Ou, ainda, é a "repartição ou distribuição dos bens do falecido. É o ponto culminante da liquidação da herança, pondo termo ao estado de indivisão, discriminando e especificando os quinhões hereditários. Fixa o momento em que o acervo deixa de ser uma coisa comum e se transforma em coisas particulares".[159]

Em relação à matéria, mais uma vez devem ser estudadas as regras previstas tanto no Código Civil (arts. 2.013 a 2.022) quanto no Código de Processo Civil. Na antiga norma instrumental, o tratamento estava entre os seus arts. 1.022 a 1.030. No CPC de 2015, sem grandes modificações perante a norma processual anterior, devem ser observados os arts. 647 a 658.

De início, determina o Código Civil que o herdeiro pode sempre requerer a partilha, ainda que o testador o proíba, cabendo igual faculdade aos seus cessionários e credores (art. 2.013 do CC/2002). Percebe-se que o direito à partilha constitui um direito do herdeiro, inafastável pela vontade do testador; até pelo reconhecimento de que o direito à herança é um direito fundamental (art. 5.º, inc. XXX, da CF/1988).

A partir dos ensinamentos da melhor doutrina, e pelo que consta do Código Civil, podem ser apontadas três espécies de partilha: a amigável (ou extrajudicial), a judicial e a partilha em vida.[160]

### 9.10.6.1 *Da partilha amigável ou extrajudicial*

Iniciando-se pela primeira categoria, a partilha será amigável na hipótese em que todos os herdeiros forem capazes, fazendo-se por escritura pública, por termo nos autos do

---

[158] VELOSO, Zeno. *Comentários ao Código Civil*. São Paulo: Saraiva, 2003. v. 21, p. 1.870.

[159] CARVALHO, Dimas Messias; CARVALHO, Dimas Daniel. *Direito das sucessões*: inventário e partilha. 3. ed. Belo Horizonte: Del Rey, 2012. v. VIII, p. 291.

[160] DINIZ, Maria Helena. *Curso de direito civil brasileiro*. Direito das sucessões. São Paulo: Saraiva, 2005. v. 6, p. 412.

CAP. 9 • DIREITO DAS SUCESSÕES | **1931**

inventário ou por escrito particular, homologado pelo juiz (arts. 2.015 do CC/2002, 657 do CPC/2015 e 1.029 do CPC/1973). Nesse caso, não há qualquer conflito entre os herdeiros.

Cabe consignar que a Lei 11.411, de 4 de janeiro de 2007, que instituiu o inventário extrajudicial, alterou a redação do art. 1.031 do então Código de Processo Civil, para os devidos fins de adequação da remissão legislativa. Isso porque o CPC anterior fazia remissão ao art. 1.773 do Código Civil de 1916 e, com a alteração, a menção que passou a ser feita foi ao art. 2.015 do Código Civil de 2002. Frise-se que não houve alteração de conteúdo e, assim, tal mudança não produziu qualquer efeito prático. O CPC de 2015 não repetiu a referência ao dispositivo material no seu art. 659, mas é ele que deve guiar a modalidade, na opinião deste autor.

Aliás, a partir dessa constatação, conforme mensagem eletrônica enviada por Euclides de Oliveira a José Fernando Simão, então nosso coautor, pode-se dizer que o inventário extrajudicial feito por escritura pública não necessita de posterior homologação judicial.[161] Explica Euclides de Oliveira, nessa mensagem enviada em 19 de janeiro de 2007, que, com efeito, o art. 1.º da Lei 11.441/2007, ao dar nova redação ao art. 982 do CPC/1973, "contém duas disposições separadas por ponto e vírgula: primeiro, mantém o inventário judicial, 'havendo testamento ou interessado incapaz'; depois, abre exceção para a hipótese de serem todos 'capazes e concordes', proclamando que poderão fazer o inventário e a partilha por escritura pública, 'a qual constituirá título hábil para o registro imobiliário'. Nada fala sobre homologação judicial. Sucede que o art. 2.º da nova lei, ao modificar o art. 1.031 do CPC, que cuida do arrolamento sumário, diz que a partilha amigável, celebrada por partes capazes, nos termos do art. 2.105 do CC, será 'homologada de plano pelo juiz'. Então, nesses termos, seria necessária a homologação de todas as partilhas amigáveis celebradas por pessoas capazes e concordes? Não. O art. 1.031 do CPC precisava ser reparado, e por isso a nova redação, mas apenas para substituir a antiga referência ao art. 1.773 do CC revogado, pondo, em seu lugar, o art. 2.015 do atual CC, que cuida da partilha amigável".

Vai além o jurista, pontuando que "o procedimento judicial, para tais casos, permanece, mas fica reservado aos casos de exigência dessa via, quando haja testamento, ou quando as partes optem pela abertura do inventário em Juízo. Por outras palavras, mantém-se o art. 1.031 do CPC, com arrolamento sumário pela via judicial, mas só para as hipóteses em que seja necessária essa forma procedimental ou que essa seja escolhida pelas partes. Nos outros casos, quando não haja testamento e as partes maiores e capazes optem pela via administrativa, será bastante a escritura pública, como título hábil para o registro imobiliário, nos precisos termos da nova redação dada pelo art. 1.º da nova lei ao art. 982 do CPC. Não fosse assim, teríamos retornado à estaca zero do sistema legal anterior que sempre admitiu partilhas amigáveis por escritura pública nos inventários e arrolamentos sob homologação judicial. E a lei, nessa absurda situação, somente teria inovado com relação aos processos de separação e divórcio consensuais, fazendo tábula rasa da extensão ao inventário e partilha, constante da própria ementa que explicita o objetivo da norma inovadora. Anoto que os notários já estão praticando escrituras de inventário e partilha com plenos efeitos, independente de homologação judicial, e sem maiores questionamentos a esse respeito".[162]

---

[161] TARTUCE, Flávio; SIMÃO, José Fernando. *Direito Civil*. Direito das Sucessões. 6. ed. São Paulo: GEN/Método, 2013. v. 6, p. 486.

[162] TARTUCE, Flávio; SIMÃO, José Fernando. *Direito civil*. Direito das sucessões. 6. ed. São Paulo: GEN/Método, 2013. v. 6, p. 486. Trecho de mensagem eletrônica enviada por Euclides de Oliveira.

**1932** | MANUAL DE DIREITO CIVIL • VOLUME ÚNICO – *Flávio Tartuce*

Como os principais objetivos da Lei 11.441/2007 foram a celeridade e a diminuição da burocracia, deve-se concordar plenamente com as palavras de Euclides de Oliveira, na linha da tendência atual de desjudicialização das contendas civis. Esse entendimento deve ser mantido integralmente com a vigência do atual CPC, mesmo não havendo mais menção ao art. 2.015 do CC/2002 no atual art. 659 do CPC/2015, equivalente ao antigo art. 1.031 do CPC/1973.

Para encerrar o tema, anoto que no Projeto de Reforma do Código Civil, além da regra a respeito do inventário extrajudicial, proposta para o seu art. 2.016, almeja-se alterar esse art. 2.015 a respeito da partilha amigável, para que passe a mencionar também o inventário negativo, aquele efetivado para demonstrar que o falecido não tinha bens. Pela proposição, que também inclui menção a advogado ou defensor público, o *caput* do comando passará a prever que, "se o inventário for negativo ou se todos os herdeiros forem concordes, poderão fazer o inventário ou a partilha amigável, por escritura pública, no tabelionato de notas, independente de homologação judicial e desde que as partes estejam assistidas por advogado ou defensor público, cuja qualificação e assinatura constarão do ato notarial".

Também aqui, e como a outra proposta, é preciso incluir previsões a respeito de haver herdeiro incapaz, o que é feito pelos seus novos parágrafos, a saber: "§ 1º Se houver herdeiro incapaz, a eficácia da escritura pública dependerá de anuência do Ministério Público", e, "§ 2º Com a discordância do Ministério Público, não se lavrará a escritura".

Espera-se a sua aprovação pelo Parlamento Brasileiro, assim como das proposições, em prol da sadia e cada vez mais necessária extrajudicialização do Direito Privado.

### 9.10.6.2 *Da partilha judicial*

No que diz respeito à partilha judicial, esta é obrigatória para os casos em que há divergência entre os herdeiros ou quando algum deles for incapaz (art. 2.016 do CC/2002). O Estatuto Processual continua a trazer procedimentos específicos a respeito do instituto.

De início, dispõe o art. 647 do CPC/2015, correspondente ao antigo art. 1.022 do CPC/1973, que, separados os bens para pagamento dos credores para a respectiva praça ou leilão, o juiz facultará às partes que, no prazo comum de quinze dias, formulem o pedido de quinhão.

Mais uma vez houve aumento de prazo, que antes era de dez dias. Pela mesma norma, em seguida o juiz proferirá a decisão de deliberação da partilha, resolvendo os pedidos das partes e designando os bens que devem constituir quinhão de cada herdeiro e legatário. No trecho final do diploma foram feitas duas alterações. Primeiro, não há mais menção ao prazo de dez dias para decisão do juiz, o que causa estranheza, pois o CPC/2015 procurou agilizar os procedimentos. Segundo, houve a substituição do termo *despacho* por *decisão* que, de fato, parece ser melhor tecnicamente.

O parágrafo único do art. 647 do CPC/2015 traz regra que não existia no sistema anterior, estabelecendo que o juiz poderá, em decisão fundamentada, deferir antecipadamente a qualquer dos herdeiros o exercício dos direitos de usar e fruir de determinado bem. Todavia, a norma estabelece a condição de que, ao término do inventário, tal bem integre a cota desse herdeiro.

Em continuidade, enuncia-se que, desde o deferimento do exercício dos direitos de usar e fruir do bem, cabem ao herdeiro beneficiado todos os ônus e bônus decorrentes do exercício daqueles direitos. Como se nota, o objetivo do novo preceito é que o herdeiro possa fruir plenamente do que tem direito, concretizando-se a herança como direito fundamental. Em suplemento, há a efetivação do *droit de saisine*, retirado do art. 1.784 do

Código Civil, pelo qual, aberta a sucessão, a herança transmite-se, desde logo, aos herdeiros legítimos e testamentários.

Sobre a natureza jurídica do instituto, Daniel Amorim Assumpção Neves expõe a existência de incertezas. De acordo com suas palavras, "não resta dúvida sobre a natureza de decisão interlocutória, recorrível por agravo de instrumento (art. 1.015 do Novo CPC), nesse caso, mas sobrem dúvidas a respeito de qual espécie de julgamento versa o dispositivo legal ora comentado. Não se trata de julgamento parcial de mérito, porque o herdeiro recebe apenas o exercício dos direitos de usar e usufruir do bem, e não a sua propriedade. Por outro lado, embora se assemelhe a tutela provisória (da evidência, porque a lei não prevê o *periculum in mora* como requisito para sua concessão), parte da certeza de que o bem integra a cota do herdeiro beneficiado pela concessão da tutela, o que contraria o juízo de mera probabilidade típico das tutelas provisórias".[163] Filia-se à sua posição, cabendo à doutrina especializada e à jurisprudência delinear o enquadramento da nova categoria.

Exatamente nessa linha, e cumprindo essa tarefa, na *III Jornada de Direito Processual Civil*, promovida pelo Conselho da Justiça Federal com o apoio do Superior Tribunal de Justiça em setembro de 2023, aprovou-se o Enunciado n. 184, estabelecendo que "o uso e a fruição antecipados de bens, previstos no parágrafo único do art. 647 do CPC, são deferidos por tutela provisória satisfativa, e não por julgamento antecipado do mérito, devendo o juiz analisar a probabilidade de o bem vir a integrar o quinhão do herdeiro ao término do inventário". Consoante as suas corretas justificativas, "confusões entre o julgamento antecipado do mérito e a tutela provisória têm atrapalhado a aplicação da norma, em razão da expressão 'condição' prevista no dispositivo, interpretada sob um viés de cognição exauriente. Trata-se de tutela provisória". Como não poderia ser diferente, a ementa doutrinária teve o meu total apoio quando da realização da plenária daquele evento.

Assim sendo, tratando a categoria como tutela de urgência, mas indeferindo a medida, da jurisprudência estadual:

> "Agravo de instrumento. Inventário. Recurso contra a decisão que indeferiu a tutela de urgência, pleiteada para autorizar a utilização e fruição antecipada do único bem do espólio. Irresignação da inventariante. Alegação de haver ameaça de dilapidação do bem por parte dos herdeiros que nele residem. Pedido para residir em uma das quatro construções existentes no terreno e assim possibilitar sua administração. Não preenchimento dos requisitos para antecipação da tutela. Indefinição completa acerca das circunstâncias do caso concreto. Impossibilidade de concessão da medida prevista no art. 647, parágrafo único, do CPC. Necessidade de oitiva dos demais herdeiros, especialmente daqueles que residem no imóvel. Existência, ao que tudo indica, de intensa animosidade entre as partes que, além de impor cautela no deferimento de qualquer medida antecipada, fulmina a probabilidade do direito invocado. Precedentes. Indeferimento que não inviabiliza seu dever de administrar o bem, em razão do cargo de inventariante. Decisão mantida. Agravo desprovido" (TJSP, Agravo de instrumento 2273603-25.2022.8.26.0000, Acórdão 16323149, São Vicente, Primeira Câmara de Direito Privado, Rel. Des. Alexandre Marcondes, j. 12.12.2022, rep. *DJESP* 15.12.2022, p. 1.968).

Fernanda Tartuce e Rodrigo Mazzei levantam polêmica sobre a incidência do comando para o legatário, pois a norma em questão utiliza o termo *herdeiros*. Ademais, pontuam que o legatário não tem a posse imediata da herança, que somente é concretizada com a partilha, mas apenas o domínio do bem, o que é retirado do art. 1.923 do Código Civil,

---

[163] ASSUMPÇÃO NEVES, Daniel Amorim. *Novo CPC comentado*. Salvador: JusPodivm, 2016. p. 1.058.

**1934** | MANUAL DE DIREITO CIVIL • VOLUME ÚNICO – *Flávio Tartuce*

especialmente do seu § 1.º. De acordo com esse preceito civil, "Desde a abertura da suces-são, pertence ao legatário a coisa certa, existente no acervo, salvo se o legado estiver sob condição suspensiva. § 1.º Não se defere de imediato a posse da coisa, nem nela pode o legatário entrar por autoridade própria".[164]

Sigo as mesmas conclusões dos juristas citados, constantes de enunciados aprovados no *Fórum Permanente de Processualistas Civis*, com números 182 e 181. Para eles, a norma em comento é aplicável aos legatários quando ficar evidenciado que os pagamentos do espólio não irão reduzir os legados. Em outras palavras, incide o direito de fruição sobre os bens ao legatário quando não houver prejuízo e herdeiros e credores. Como consequ-ência natural, o mesmo direito deve ser assegurado quando a herança for toda dividida em legados, o que gera a legitimidade para o legatário manifestar acerca das dívidas do espólio, segundo o mesmo Estatuto Processual.[165]

Feitas tais considerações, observa-se que o art. 648 do CPC/2015 inaugura, no sis-tema processual, regras de interpretação para a partilha, o que não constava da legislação instrumental anterior. Acredita-se que tais máximas representarão uma grande revolução no tratamento do tema, instituindo definitivamente a colaboração e a boa-fé processual e material no instituto em questão, na linha do que foi desenvolvido no Capítulo 1 deste livro.

A primeira regra a ser considerada é a de máxima igualdade possível na divisão, seja quanto ao valor, seja quanto à natureza e à qualidade dos bens. Na verdade, essa premissa já constava do art. 2.017 do Código Civil de 2002, segundo o qual, "no partilhar os bens, observar-se-á, quanto ao seu valor, natureza e qualidade, a maior igualdade possível".

Trata-se do *princípio da igualdade da partilha*, regramento importantíssimo para o instituto em estudo, aplicando no seguinte julgado, que serve como exemplo: "Observada a existência de omissão na sentença recorrida quanto a caderneta de poupança, a aplicação do art. 2.017 do Código Civil se impõe, para integrar aos quinhões partilhados o equivalente a 1/4 (um quarto) cada, do saldo existente em depósito junto a Caixa Econômica federal, também ressalvados erros, omissões e direitos de terceiros para uma eventual sobreparti-lha" (TJMT, Apelação 5455/2014, Capital, Rel. Des. Cleuci Terezinha Chagas, j. 15.10.2014, *DJMT* 23.10.2014, p. 44).

A propósito da confrontação entre os dispositivos, civil e processual civil, Fernanda Tartuce e Rodrigo Mazzei indagam se a novidade instrumental irá causar algum impacto no sistema. E concluem:

"A resposta parece positiva, na medida em que faz ressurgir discussão sobre o âmbito de aplicação da regra legal: é ela aplicável a qualquer tipo de partilha (amigável ou 'judicial') ou apenas quando o juiz tiver que decidir sobre a partilha ('judicial')? Pensamos que a regra legal – reafirmada pelo art. 663 do texto proposto – tem aplicação restrita às partilhas efetuadas de forma judicial em que não há consenso entre os herdeiros (e até meeiros) capazes e/ou quando tratar de partilha que envolva incapaz. Em outras palavras, tratando-se de partilha amigável entre pessoas capazes, os arts. 2.017 do Código Civil e 663 do Projeto de novo CPC devem ser recepcionados como *orientações* e não *imposições* aos interessados, tendo, em tal situação, *natureza*

---

[164] TARTUCE, Fernanda; MAZZEI, Rodrigo Reis. Inventário e partilha no projeto de Novo CPC: pontos de des-taque na relação entre os direitos material e processual. *Revista Nacional de Direito de Família e Sucessões*, Porto Alegre: Lex Magister, n. 1, p. 92-94, jul.-ago. 2014.

[165] TARTUCE, Fernanda; MAZZEI, Rodrigo Reis. Inventário e partilha no projeto de Novo CPC: pontos de des-taque na relação entre os direitos material e processual. *Revista Nacional de Direito de Família e Sucessões*, Porto Alegre: Lex Magister, n. 1, p. 94, jul.-ago. 2014.

*dispositiva* a permitir que a divisão não se dê de forma desenhada nos dispositivos, notadamente no que tange 'a maior igualdade possível' (seja quanto ao valor, seja quanto à natureza, seja quanto à qualidade dos bens). Embora a assertiva possa parecer óbvia para alguns, não há consenso geral quanto ao tema – tanto assim que o enunciado sobre o tema, apesar de aprovado de forma unânime no Grupo de Procedimentos Especiais, restou vetado quando da votação Plenária (que reúne todos os participantes do encontro) no III Fórum Permanente sobre o novo Código de Processo Civil (Rio de Janeiro, abril de 2014, IDP)".[166]

Salientam os doutrinadores que a proposta vetada tinha a seguinte redação: "Art. 663. As regras do art. 663 têm natureza dispositiva na partilha amigável celebrada entre as partes". Concordo com o seu teor e com as palavras transcritas, mais adequadas com um sistema aberto e dialogal adotado pela nova legislação processual, nos termos do que está desenvolvido no capítulo inaugural desta obra.

A segunda regra de interpretação da partilha, constante do inciso II do art. 648 do CPC/2015, é a de prevenção de litígios futuros, seguindo a linha de diminuição de conflitos adotada pela nova norma instrumental (*cultura de paz*). Em casos tais, a mediação e a conciliação sempre poderão ser utilizadas para os fins de facilitar a partilha.

Como terceira premissa para a interpretação de como se dá a partilha, fixa-se a máxima comodidade dos coerdeiros, do cônjuge ou do companheiro (art. 648, inc. III, do CPC/2015). A propósito dessa comodidade, estabelece o art. 649 da Norma Instrumental que os bens insuscetíveis de divisão cômoda que não couberem na parte do cônjuge ou companheiro supérstite ou no quinhão de um só herdeiro serão licitados entre os interessados ou vendidos judicialmente. Em casos tais, será partilhado o valor apurado, a não ser que haja acordo para serem adjudicados a todos. O objetivo da norma é o de afastar um indesejado condomínio comum entre herdeiros, especialmente aqueles que não têm uma boa convivência.

Em verdade, a solução já estava no art. 2.019 do Código Civil de 2002, *in verbis*: "Os bens insuscetíveis de divisão cômoda, que não couberem na meação do cônjuge sobrevivente ou no quinhão de um só herdeiro, serão vendidos judicialmente, partilhando-se o valor apurado, a não ser que haja acordo para serem adjudicados a todos. § 1.º Não se fará a venda judicial se o cônjuge sobrevivente ou um ou mais herdeiros requererem lhes seja adjudicado o bem, repondo aos outros, em dinheiro, a diferença, após avaliação atualizada. § 2.º Se a adjudicação for requerida por mais de um herdeiro, observar-se-á o processo da licitação". Como se pode perceber, o CPC atual avança ao incluir a menção ao companheiro, na linha de outros de seus preceitos.

Consigne-se que, como não houve revogação expressa, continuam tendo aplicação os parágrafos do art. 2.019 do Código Civil, que tratam de um direito de preferência em relação aos herdeiros. Ora, as regras não são incompatíveis com o CPC/2015, não se cogitando a revogação tácita, nos termos do art. 2.º da Lei de Introdução às Normas do Direito Brasileiro. Muito ao contrário, os parágrafos expostos complementam o sentido do art. 649 do vigente *Codex* Processual, em um sadio *diálogo entre as fontes*. De toda sorte, opinamos que também deve ser considerado o direito de preferência do companheiro no § 1.º do art. 2.019 do CC/2002, assim como está na última norma processual.

Para concretizar o que passa a constar expressamente do CPC/2015, vejamos alguns julgados aplicando o art. 2.019 do Código Civil, com os cabíveis fins práticos:

---

[166] TARTUCE, Fernanda; MAZZEI, Rodrigo Reis. Inventário e partilha no projeto de Novo CPC: pontos de destaque na relação entre os direitos material e processual. *Revista Nacional de Direito de Família e Sucessões*, Porto Alegre: Lex Magister, n. 1, p. 87, jul.-ago. 2014.

"Inventário. Pedido de alvará judicial para venda de imóvel pertencente ao espólio. Possibilidade. 1. O inventário é o processo judicial destinado a apurar o acervo hereditário e verificar as dívidas deixadas pelo *de cujus*, bem como as contraídas pelo espólio para, após o pagamento do passivo, estabelecer a divisão dos bens deixados entre os herdeiros, consistindo, assim, no procedimento destinado a entregar os bens herdados aos seus titulares, fazendo-os ingressar efetivamente no patrimônio individual dos herdeiros. 2. Tratando-se de um estado de administração patrimonial transitório, cabível liberar a venda do imóvel postulada, quando existem vários herdeiros e um único bem imóvel, que não comporta divisão cômoda, é cabível autorizar a sua alienação, mormente quando se trata de um imóvel antigo e que demanda gastos com sua conservação. Inteligência do art. 2.019 do Código Civil. 4. Para que o bem seja alienado é imprescindível que seja feita a avaliação judicial do bem, a fim de ser apurado o seu valor real e o valor deverá ser depositado em conta judicial, somente sendo admitida a liberação dos quinhões hereditários após a exibição das certidões negativas fiscais. Recurso provido" (TJRS, Agravo de Instrumento 287570-45.2014.8.21.7000, 7.ª Câmara Cível, Caxias do Sul, Rel. Des. Sérgio Fernando de Vasconcellos Chaves, j. 24.09.2014, *DJERS* 01.10.2014).

"Art. 2.019 do Código Civil. Alienação judicial no próprio inventário. Possibilidade. Reforma da decisão. Se para a instituição de condomínio das quotas-partes que caberão aos herdeiros, havendo mais de um bem imóvel, não concordarem os herdeiros comodamente com a divisão, haverá ofensa ao art. 2.019 do Código Civil, a determinação judicial que reconhece a impossibilidade de hasta pública no próprio inventário, mesmo que o magistrado possibilite a alienação através de hasta pública a ser providenciada pelos próprios herdeiros, com a extração de alvará para tal, devendo a venda ser judicial, no próprio inventário, não concordando os herdeiros com a venda extrajudicial" (TJMG, Agravo de Instrumento 1.0657.07.000953-2/001, Rel. Des. Vanessa Verdolim Hudson Andrade, j. 29.01.2013, *DJEMG* 07.02.2013).

Como não poderia ser diferente, com vistas à redução de burocracias, o atual Projeto de Reforma do Código Civil propõe aperfeiçoamentos a respeito da atual partilha judicial, extrajudicializando-a. Nesse contexto de mudança, o art. 2.019 passará a possibilitar que os bens insuscetíveis de divisão cômoda, que não couberem na meação do cônjuge ou convivente sobrevivente ou no quinhão de um só herdeiro, poderão ser vendidos judicial ou extrajudicialmente, partilhando-se o valor apurado, a não ser que haja acordo para serem adjudicados a todos. Também se inclui a via extrajudicial no seu novo § 1.º, pelo qual não se fará a venda judicial ou extrajudicial se o cônjuge ou convivente sobrevivente ou um ou mais herdeiros requererem lhes seja adjudicado o bem, repondo aos outros, em dinheiro, a diferença, após avaliação atualizada.

Mantém-se integralmente o § 2.º do preceito, no sentido de que, se a adjudicação for requerida por mais de um herdeiro, observar-se-á o processo da licitação. Conforme o seu novo § 3.º, a venda extrajudicial somente será possível em se tratando de bens imóveis, e será efetivada perante o Cartório de Registro de Imóveis, em procedimento próprio a ser regulamentado posteriormente pelo Conselho Nacional de Justiça. Por fim, insere-se no projetado § 4.º do preceito a possibilidade de alienação, judicial ou extrajudicial de bens digitais, o que dialoga com o novo livro de Direito Civil Digital que é proposto: "em se tratando de bens digitais, é possível a avaliação posterior para fins de composição da sobrepartilha".

Além dessas importantes mudanças, fazendo que o dispositivo trate da partilha judicial e da extrajudicial, o Código Civil receberá, em boa hora, um ovo art. 2.019-A, prevendo que qualquer herdeiro poderá requerer ao juiz que lhe seja antecipadamente adjudicado

CAP. 9 • DIREITO DAS SUCESSÕES | **1937**

bem determinado que couber no seu quinhão, ou repondo ao espólio, em dinheiro, eventual diferença, após avaliação atualizada. Em complemento, o seu parágrafo único preverá que, se a adjudicação for requerida por mais de um herdeiro, terá preferência aquele que aceitar o bem por maior valor.

Segundo os juristas que compuseram a Subcomissão de Direito das Sucessões, assim como a proposta do novo art. 2.014-A, a projeção exposta faz-se necessária para uma maior efetividade do art. 647 do CPC/2015, sobretudo do seu parágrafo único, de modo a antecipar, pelo menos em parte, o desfecho do inventário judicial com a partilha prévia de bens. Como não poderia ser diferente, todas as proposições tiveram o apoio da Relatoria--Geral e dos demais membros da Comissão de Juristas, sendo mais do que necessária a sua aprovação pelo Parlamento Brasileiro.

Voltando-se ao sistema em vigor, tutelando os direitos do nascituro, aquele que foi concebido e ainda não nasceu, o art. 650 do CPC/2015 estabelece que, se um dos interessados estiver nessa condição, o quinhão que lhe caberá será reservado em poder do inventariante até o seu nascimento. A norma, outra novidade, acaba especializando, no campo processual, o que consta do art. 1.798 do Código Civil, segundo o qual "legitimam--se a suceder as pessoas nascidas ou já concebidas no momento da abertura da sucessão". Como antes foi apontado neste capítulo, sigo a posição segundo a qual o nascituro deve ter o direito sucessório reconhecido a partir de sua concepção.

Continuando o estudo dos procedimentos, estabelece o novo art. 651 do CPC/2015, correspondente ao antigo art. 1.023 do CPC/1973, que o *partidor* – denominação dada ao agente do órgão do Poder Judiciário responsável pela organização da partilha – organizará o esboço da partilha de acordo com a decisão judicial, observando no pagamento a seguinte ordem: 1.º) dívidas atendidas; 2.º) meação do cônjuge; 3.º) meação disponível; 4.º) quinhões hereditários, a começar pelo coerdeiro mais velho. Feito o esboço, dirão sobre ele as partes no prazo comum de quinze dias.

Apesar de a norma não mencionar a meação do companheiro – o que aqui parece ter sido um *esquecimento legislativo* –, deve ser ela incluída, na linha de outros comandos instrumentais do CPC e da tão citada decisão do STF, em repercussão geral, que equiparou a sucessão do companheiro à do cônjuge (Recurso Extraordinário 878.694/MG, j. 10.05.2017). Nesse sentido, adotando proposta por mim formulada, o Enunciado n. 52, aprovado na I *Jornada de Direito Processual Civil*, promovida pelo Conselho da Justiça Federal em agosto de 2017: "na organização do esboço da partilha, tratada pelo art. 651 do CPC/2015, deve-se incluir a meação do companheiro".

Resolvidas as reclamações, será a partilha lançada nos autos (art. 652 do CPC/2015 e art. 1.024 do CPC/1973). Houve alteração no prazo comum para manifestação das partes, aumentado de cinco para 15 dias.

Enuncia o art. 653 do CPC/2015 que a partilha constará de: I) um auto de orçamento, que mencionará: *a)* os nomes do autor da herança, do inventariante, do cônjuge ou companheiro, dos herdeiros, dos legatários e dos credores admitidos; *b)* o ativo, o passivo e o líquido partível, com as necessárias especificações; *c)* o valor de cada quinhão; e II) de uma folha de pagamento para cada parte, declarando a quota a pagar-lhe, a razão do pagamento e a relação dos bens que lhe compõem o quinhão, as características que os individualizam e os ônus que os gravam. Os autos e cada uma das folhas serão assinados pelo juiz e pelo escrivão. A única alteração, diante do art. 1.025 do CPC anterior é a inclusão do companheiro ou convivente, na festejada linha de equalização adotada pela nova norma instrumental.

Pago o imposto de transmissão a título de morte e juntada aos autos a certidão ou a informação negativa de dívida para com a Fazenda Pública, o juiz julgará por sentença

**1938** | MANUAL DE DIREITO CIVIL • VOLUME ÚNICO – *Flávio Tartuce*

a partilha (art. 654, *caput*, do CPC/2015 e art. 1.026 do CPC/1973). Trata-se da sentença homologatória da partilha, que é passível de recurso de apelação. Consigne-se que, como novidade, o parágrafo único do novo art. 654 passou a estabelecer que a existência de dívida para com a Fazenda Pública não impedirá o julgamento da partilha, desde que o seu pagamento esteja devidamente garantido. Trata-se de mais uma norma que visa agilizar os procedimentos de inventário e partilha, mas que parece atribuir excesso de poder à Fazenda Pública.

A propósito, concordo totalmente com a posição segundo a qual, havendo herdeiros hipossuficientes, sem condições de pagar os impostos, a norma deve ser afastada, conforme consta do Enunciado n. 71 do *Fórum Permanente de Processualistas Civis*. Esse também é o pensamento de Fernanda Tartuce e Rodrigo Mazzei, que criticam duramente o novo diploma:

> "Contudo, ao ainda revelar preocupações com a garantia do pagamento, o legislador revela condicionar a resposta processual final à Fazenda de um modo servil e injustificável. Afinal, dúvida não há que a Fazenda tem plenas condições de executar o valor devido por meio do eficiente sistema executivo de que é titular. Como já terá ciência do processo de inventário, o que impedirá de executar o herdeiro que porventura deixou de pagar os tributos sucessórios?
>
> Nada justifica deixar o bem em nome do morto e causar graves prejuízos à eficiência do acesso à justiça, à segurança jurídica e à transparência nas relações jurídicas por uma pendência tributária cuja superação poderá ser buscada pela Fazenda posteriormente.
>
> É forçoso considerar que os litigantes hipossuficientes, não tendo condições econômicas, poderão deixar de conseguir a almejada partilha. Viola a isonomia considerar que, por não terem como garantir o feito, os litigantes marcados por precariedade econômica deixem de ter acesso à justiça com eficiência.
>
> Da mesma forma que o sistema prevê facilitações para aquele que pode apresentar em juízo valores significativos, cria óbices ilegítimos a quem, a despeito da pobreza, possa ter razão quanto ao direito material; é, pois, de suma importância que o juiz coteja a impossibilidade financeira e considere outros elementos para decidir".[167]

Transitada em julgado essa sentença, receberá o herdeiro os bens que lhe tocarem e um formal de partilha, que serve de prova da divisão dos bens, do qual constarão as seguintes peças: I) termo de inventariante e título de herdeiros; II) avaliação dos bens que constituíram o quinhão do herdeiro; III) pagamento do quinhão hereditário; IV) quitação dos impostos; V) sentença (art. 655 do CPC/2015, equivalente ao art. 1.027 do CPC/1973, sem modificações). Vale dizer que o formal de partilha é fundamental para o registro da aquisição da propriedade imóvel, visando prová-la.

Nos termos de enunciado aprovado na *I Jornada de Direito Notarial e Registral*, promovida pelo Conselho da Justiça Federal e do Superior Tribunal de Justiça em agosto de 2021, "para fins de ingresso no registro de imóveis, a carta de sentença ou formal de partilha pode ser aditada ou rerratificada por meio de escritura pública, com a participação de advogado e dos interessados" (Enunciado n. 21). A ideia é louvável, em vista da tendência de desjudicialização.

Se for o caso, o formal de partilha poderá ser substituído por certidão de pagamento do quinhão hereditário, quando este não exceder cinco vezes o salário mínimo. Nesse

---

[167] TARTUCE, Fernanda; MAZZEI, Rodrigo Reis. Inventário e partilha no projeto de Novo CPC: pontos de destaque na relação entre os direitos material e processual. *Revista Nacional de Direito de Família e Sucessões*, Porto Alegre: Lex Magister, n. 1, p. 91, jul.-ago. 2014.

CAP. 9 • DIREITO DAS SUCESSÕES | **1939**

caso, se transcreverá na certidão a sentença de partilha transitada em julgado. Esse é o parágrafo único do art. 655 do CPC vigente, reprodução do antigo art. 1.027, parágrafo único, do CPC revogado.

Por derradeiro, a partilha, mesmo depois de transitada em julgado a sentença, poderá ser emendada nos mesmos autos do inventário, convindo todas as partes, quando tenha havido erro de fato na descrição dos bens (art. 656 do CPC/2015, com pequenas alterações de redação, e não de conteúdo perante o art. 1.028 do CPC/1973). Sem prejuízo disso, preconiza o mesmo comando legal que o juiz, de ofício ou a requerimento da parte, poderá, a qualquer tempo, corrigir-lhe as inexatidões materiais.

### 9.10.6.3 *Da partilha em vida*

Abordadas as regras sobre a *partilha judicial*, a última modalidade a ser estudada é a *partilha em vida*, que somente tem tratamento no Código Civil, e não no Código de Processo Civil. Trata-se de importante mecanismo de planejamento sucessório, legitimado pelo nosso sistema jurídico.

Essa constitui a forma de partilha feita por ascendente a descendentes, por ato *inter vivos* ou de última vontade, abrangendo os seus bens de forma total ou parcial, desde que respeitados os parâmetros legais, caso da reserva da legítima (art. 2.018 do CC/2002). Cite-se, ainda, a tutela do mínimo para que o estipulante viva com dignidade, na linha da tese do estatuto jurídico do patrimônio mínimo, que pode ser retirada, por exemplo, do art. 548 do Código Civil, dispositivo que veda a doação universal, de todos os bens, sem a reserva do mínimo para a sobrevivência do doador.

Nesse sentido, também pode o testador indicar os bens e valores que devem compor os quinhões hereditários (art. 2.014 do CC). Mais especificamente, determina tal dispositivo que pode o testador deliberar o procedimento da partilha, que prevalecerá, salvo se o valor dos bens não corresponder às quotas estabelecidas. Segundo Maria Helena Diniz, essa forma de partilha facilita a fase de liquidação do inventário no processo de partilha, "homologando-se a vontade do testador que propôs uma divisão legal e razoável".[168]

Em complemento, como explica Zeno Veloso, a partilha em vida pode se realizar de duas maneiras. A primeira equivale a uma doação, e a divisão dos bens entre os herdeiros tem efeito imediato, antecipando o que estes iriam receber somente após a morte do ascendente (partilha-doação). A segunda é a partilha-testamento, feita no ato *mortis causa*, que só produz efeitos com a morte do ascendente e deve seguir a forma de testamento.[169] Tratando da primeira modalidade, a ilustrar, da jurisprudência superior:

> "Recurso especial. Sucessões. Inventário. Partilha em vida. Negócio formal. Doação. Adiantamento de legítima. Dever de colação. Irrelevância da condição dos herdeiros. Dispensa. Expressa manifestação do doador. Todo ato de liberalidade, inclusive doação, feito a descendente e/ou herdeiro necessário nada mais é que adiantamento de legítima, impondo, portanto, o dever de trazer à colação, sendo irrelevante a condição dos demais herdeiros: se supervenientes ao ato de liberalidade, se irmãos germanos ou unilaterais. É necessária a expressa aceitação de todos os herdeiros e a consideração de quinhão de herdeira necessária, de modo que a inexistência da formalidade, que o negócio jurídico exige, não o carac-

---

[168] DINIZ, Maria Helena. *Curso de direito civil brasileiro.* Direito das sucessões. São Paulo: Saraiva, 2005. v. 6, p. 415.

[169] VELOSO, Zeno. *Comentários ao Código Civil.* São Paulo: Saraiva, 2003. v. 21, p. 437.

# 1940 | MANUAL DE DIREITO CIVIL • VOLUME ÚNICO – *Flávio Tartuce*

teriza como partilha em vida. A dispensa do dever de colação só se opera por expressa e formal manifestação do doador, determinando que a doação ou ato de liberalidade recaia sobre a parcela disponível de seu patrimônio. Recurso especial não conhecido" (STJ, REsp 730.483/MG, 3.ª Turma, Rel. Min. Nancy Andrighi, j. 03.05.2005, *DJ* 20.06.2005, p. 287).

Como outro exemplo de *partilha em vida*, cite-se, ainda, a corriqueira forma de *planejamento sucessório*, em que um dos ascendentes – principalmente nos casos de falecimento de seu cônjuge – realiza a doação de todos os seus bens aos descendentes, mantendo-se a igualdade de quinhões e a proteção da legítima. É comum, em casos tais, a reserva para o doador do usufruto dos bens, que será extinto quando da sua morte, consolidando a propriedade plena em favor dos herdeiros antes beneficiados.

Destaco que no Projeto de Reforma do Código Civil pretende-se ampliar as possibilidades a respeito da partilha em vida, valorizando-se ainda mais o planejamento sucessório. De início, altera-se o art. 2.014. para que seja possível que a partilha em vida trate da legítima, quota dos herdeiros necessários, desde que se tutele a parte mínima de cada herdeiro, na linha da proposta que é formulada para o art. 1.857, § 1.º. Assim, o comando ora em estudo passará a prever que "pode o testador indicar os bens e valores que devem compor os quinhões hereditários, incluindo a legítima dos herdeiros necessários, deliberando ele próprio a partilha, que prevalecerá, salvo se o valor dos bens não corresponder às quotas estabelecidas".

Nas justificativas da Subcomissão de Direito das Sucessões, formada por Mario Delgado, Giselda Hironaka, Gustavo Tepedino e Cesar Asfor Rocha, "a proposta de alteração do art. 2.014 pretende deixar mais clara a possibilidade de o testador indicar, no testamento, quais os bens que integrarão o quinhão legitimário de cada herdeiro necessário. É o chamado preenchimento da legítima, que sempre foi admitido entre nós. No âmbito do Superior Tribunal de Justiça, já se decidiu que não existe 'óbice para que a parte indisponível destinada aos herdeiros necessários conste e seja referida na escritura pública de testamento pelo autor da herança, desde que isso, evidentemente, não implique em privação ou em redução dessa parcela que a própria lei destina a essa classe de herdeiros' (REsp n. 2.039.541/SP)". Como se pode notar, portanto, chancela-se entendimento jurisprudencial superior, trazendo-o para lei, em prol da segurança jurídica.

Como não poderia ser diferente, faz-se proposta semelhante para o art. 2.018, para que passe a preceituar que "toda pessoa capaz de dispor por testamento poderá fazer a partilha em vida da totalidade de seus bens ou de parte deles, contando que respeite a legítima dos herdeiros e não viole normas cogentes ou de ordem pública". Em verdade, como ainda se verá, essas mudanças se justificam também pela alteração do art. 426 da codificação privada, inserindo-se exceções para a vedação dos pactos sucessórios ou *pacta corvina*, destravando-se o sistema e ampliando-se as possibilidades de exercício da autonomia privada para o planejamento sucessório.

Ademais, como antes visto, é incluído o novo art. 2.014-A no Código Civil, que, a exemplo do projetado art. 2.019-A, possibilitará a atribuição preferencial de alguns bens a serem partilhados, nos termos do que está consagrado pelo art. 647, parágrafo único, do CPC. Assim, o novo comando enunciará que, não havendo disposição testamentária em contrário, o juiz poderá determinar, a pedido do interessado, a atribuição preferencial, na partilha: *a)* das participações societárias titularizadas pelo falecido ao herdeiro que já integre o quadro social ou exerça cargo de administração na sociedade, com a obrigação de pagamento do saldo aos demais herdeiros, se houver; e *b)* do imóvel utilizado como residência ou exercício da profissão pelo herdeiro.

CAP. 9 • DIREITO DAS SUCESSÕES | **1941**

A última proposta do Projeto de Reforma elaborado pela Comissão de Juristas a respeito do tema é de uma norma que traga a irrevogabilidade da partilha em vida e as possibilidades de sua invalidação, nos termos do que é consagrado na Parte Geral do Código Civil. Assim, o novo art. 2.018-A terá a seguinte dicção: "a partilha em vida é irrevogável e poderá ser invalidada nas mesmas hipóteses previstas nos arts. 166 e 171 deste Código".

Espera-se a aprovação de todas as propostas, em prol da valorização da autonomia privada e do contínuo planejamento familiar e sucessório dos interessados.

### 9.10.7 Da garantia dos quinhões hereditários. A responsabilidade pela evicção

Sendo julgada a partilha no processo de inventário, cada um dos herdeiros terá direito aos bens correspondentes ao seu quinhão (art. 2.023 do CC). A norma traz como conteúdo a cessação do caráter imóvel e indivisível da herança, bem como o notório caráter declaratório da partilha.

Como efeito dessa declaração, os coerdeiros são reciprocamente obrigados a indenizar-se no caso de *evicção* dos bens aquinhoados (art. 2.024 do CC). A garantia quanto à evicção é a única prevista em relação à partilha, não havendo tratamento quanto aos vícios redibitórios, como acontece com relação aos contratos comutativos.

Como visto no Capítulo 5 desta obra, a evicção constitui a perda de uma coisa em virtude de uma decisão judicial ou de ato administrativo que a atribui a terceiro (arts. 447 a 457 do CC). Assim, também quando da partilha há uma garantia legal em relação à evicção. A norma do art. 2.024 do CC se justifica, pois a regra da responsabilidade e dos efeitos referentes à evicção é contratual e, como se sabe, os institutos de direito sucessório não recebem o mesmo tratamento que os contratos.

Eventualmente, cessa essa obrigação mútua, havendo convenção em contrário (art. 2.025 do CC). Nesse sentido, conclui-se que são aplicáveis à partilha todas as regras referentes à evicção previstas na teoria geral dos contratos em seus arts. 447 a 457 do CC (Capítulo 5 deste livro).

Pelo mesmo dispositivo sucessório, cessa a garantia legal quanto à evicção e a responsabilidade dos demais herdeiros se a perda ocorrer por culpa do evicto, ou por fato posterior à partilha. Em resumo, como se pode perceber, três são os casos em que não haverá mais a responsabilidade recíproca pela evicção:

> a) Em havendo acordo entre as partes sobre exclusão dessa responsabilidade, nos termos dos arts. 448 e 449 do CC.
>
> b) Se a perda se der por culpa exclusiva de um dos herdeiros, não respondendo os demais.
>
> c) Se a perda da coisa se der por fato posterior à partilha, como é o caso de extravio da coisa ou usucapião.

Por fim, dispõe o art. 2.026 do CC que o evicto será indenizado pelos coerdeiros na proporção de suas quotas hereditárias. Mas, se algum dos herdeiros se achar insolvente, responderão os demais na mesma proporção pela sua parte, menos a quota que corresponderia ao indenizado.

### 9.10.8 Da anulação, da rescisão e da nulidade da partilha

Encerrando o livro do Direito das Sucessões, o CC/2002 trata da anulação da partilha em um único dispositivo (art. 2.027), cuja redação foi alterada pelo Código de Processo

# 1942 | MANUAL DE DIREITO CIVIL • VOLUME ÚNICO – *Flávio Tartuce*

Civil de 2015. Vejamos a modificação que foi realizada pelo art. 1.068 do CPC/2015 em relação a esse comando:

| Código Civil de 2002.<br>Redação dada pelo CPC/2015 | Código Civil de 2002.<br>Redação anterior |
|---|---|
| "Art. 2.027. A partilha é anulável pelos vícios e defeitos que invalidam, em geral, os negócios jurídicos. | "Art. 2.027. A partilha, uma vez feita e julgada, só é anulável pelos vícios e defeitos que invalidam, em geral, os negócios jurídicos. |
| Parágrafo único. Extingue-se em um ano o direito de anular a partilha." | Parágrafo único. Extingue-se em um ano o direito de anular a partilha." |

O regramento civil era completado pelo art. 1.029 do CPC anterior, que foi substituído pelo art. 657 do CPC emergente. Atente-se para os seus parágrafos únicos, que tratam dos vícios e defeitos do negócio jurídico com mais detalhes. Vejamos também em quadro de confrontação:

| Código de Processo Civil de 2015 | Código de Processo Civil de 1973 |
|---|---|
| "Art. 657. A partilha amigável, lavrada em instrumento público, reduzida a termo nos autos do inventário ou constante de escrito particular homologado pelo juiz, pode ser anulada por dolo, coação, erro essencial ou intervenção de incapaz, observado o disposto no § 4.º do art. 966. | "Art. 1.029. A partilha amigável, lavrada em instrumento público, reduzida a termo nos autos do inventário ou constante de escrito particular homologado pelo juiz, pode ser anulada, por dolo, coação, erro essencial ou intervenção de incapaz. (Redação dada pela Lei n.º 5.925, de 1.º.10.1973.) |
| Parágrafo único. O direito à anulação de partilha amigável extingue-se em 1 (um) ano, contado esse prazo: | Parágrafo único. O direito de propor ação anulatória de partilha amigável prescreve em 1 (um) ano, contado este prazo: (Redação dada pela Lei n.º 5.925, de 1.º.10.1973.) |
| I – no caso de coação, do dia em que ela cessou; | I – no caso de coação, do dia em que ela cessou; (Redação dada pela Lei n.º 5.925, de 1.º.10.1973.) |
| II – no caso de erro ou dolo, do dia em que se realizou o ato; | II – no de erro ou dolo, do dia em que se realizou o ato; (Redação dada pela Lei n.º 5.925, de 1.º.10.1973.) |
| III – quanto ao incapaz, do dia em que cessar a incapacidade." | III – quanto ao incapaz, do dia em que cessar a incapacidade. (Redação dada pela Lei n.º 5.925, de 1.º.10.1973.)" |

Na confrontação das normas processuais, nota-se que o CPC/2015 não menciona mais a existência de *prescrição*, pois os prazos são claramente decadenciais, tratando de anulação do negócio jurídico. De acordo com o Código Civil de 2002 e na linha dos critérios científicos de Agnelo Amorim Filho, tratando-se de ação desconstitutiva, ou constitutiva negativa de ato ou negócio, o prazo é de decadência. Os prazos prescricionais, por seu turno, são próprios das ações condenatórias, caso da cobrança e da reparação de danos. No mais, não houve alteração substancial nos preceitos adjetivos.

Consigne-se que, nos termos de enunciado doutrinário aprovado na *VII Jornada de Direito Civil*, esse prazo de um ano também deve ser aplicado para as partilhas amigáveis judiciais realizadas em demandas de dissolução de casamento ou união estável. Eis o teor da ementa doutrinária: "o prazo para exercer o direito de anular a partilha amigável judicial, decorrente de dissolução de sociedade conjugal ou de união estável, se extingue em 1 (um) ano da data do trânsito em julgado da sentença homologatória, consoante dispõem o art. 2.027, parágrafo único, do Código Civil de 2002 e o art. 1.029, parágrafo único, do Código de Processo Civil (art. 657, parágrafo único, do Novo CPC)" (Enunciado n. 612).

De toda sorte, julgado da Quarta Turma do Superior Tribunal de Justiça entendeu que, se houver coação ou outro vício da vontade no acordo realizado em vida, o prazo para anulação da partilha nas citadas demandas, na vigência do Código Civil de 2002, é decadencial de quatro anos. Isso porque deve ter aplicação o art. 178 do Código Civil, com encaixe perfeito à espécie, não sendo necessário fazer uso da analogia. Conforme o *decisum*, que para este autor é preciso e correto:

"É de quatro anos o prazo de decadência para anular partilha de bens em dissolução de união estável, por vício de consentimento (coação), nos termos do art. 178 do Código Civil. É inadequada a exegese extensiva de uma exceção à regra geral – arts. 2.027 do CC e 1.029 do CPC/73, ambos inseridos, respectivamente, no Livro 'Do Direito das Sucessões' e no capítulo intitulado 'Do Inventário e da Partilha' – por meio da analogia, quando o próprio ordenamento jurídico prevê normativo que se amolda à tipicidade do caso (CC, art. 178). Pela interpretação sistemática, verifica-se que a própria topografia dos dispositivos remonta ao entendimento de que o prazo decadencial ânuo deve se limitar à seara do sistema do direito das sucessões, submetida aos requisitos de validade e princípios específicos que o norteiam, tratando-se de opção do legislador a definição de escorreito prazo de caducidade para as relações de herança" (STJ, REsp 1.621.610/SP, 4.ª Turma, Rel. Min. Luis Felipe Salomão, j. 07.02.2017, *DJe* 20.03.2017).

Pelas próprias razões transcritas, fico com o conteúdo do julgado para as hipóteses de vícios da vontade ou do consentimento, e não com o enunciado doutrinário antes transcrito.

Feitas tais considerações, constata-se, ademais, que o CPC de 2015 alterou apenas o *caput* do dispositivo material, permanecendo o prazo decadencial de um ano para anular a partilha, constante do parágrafo único do art. 2.027 do CC/2002. O último dispositivo é completado pelo art. 657 do CPC/2015, no tocante aos inícios dos lapsos temporais.

Permanece viva uma polêmica instigante, pois o dispositivo civil menciona *todos* os vícios ou defeitos do negócio jurídico para se anular qualquer partilha, enquanto o Código de Processo Civil de 2015, apenas alguns para a anulação da partilha amigável, na linha do seu antecessor.

Em outras palavras, haverá anulação da partilha amigável nos casos de lesão, estado de perigo e fraude contra credores? Pontuava-se que o estado de perigo e a lesão não constavam do Código de Processo de 1973, pois a lei processual revogada era anterior ao Código Civil de 2002, que introduziu essas duas novas modalidades de vícios da vontade no negócio jurídico. De qualquer forma, sempre entendi ser possível anular a partilha pela presença desses defeitos, desde que estes ocorressem na vigência do atual Código Civil, o que é outra aplicação do art. 2.035, *caput*, do CC. Em relação à fraude contra credores, deve-se compreender que esta pode gerar a anulação da partilha que não seja amigável, por incidência do art. 2.027 do Código Civil.

A minha posição é mantida mesmo com a emergência do Código de Processo Civil de 2015, que teve a chance de resolver o dilema, mas, infelizmente, não o fez. Muito ao contrário, pode-se dizer que até aprofundou o debate, pois há o argumento de que o Código de Processo é posterior ao Código Civil e mais especial que o último por estar relacionado com a partilha amigável, sem a menção a respeito dos dois vícios do consentimento que não estavam na codificação de 1916. De todo modo, como se verá, o Projeto de Reforma do Código Civil pretende resolver mais essa controvérsia, em boa hora.

A respeito de se anular a partilha por estado de perigo ou lesão, as situações até podem ser raras, mas não são impossíveis. Quanto à possibilidade de lesão na partilha, adverte Sílvio de Salvo Venosa que "não resta a menor dúvida de que a partilha pode ser anulada por lesão, vício que foi reintroduzido no ordenamento".[170] Nesses casos, o aplicador do direito deve procurar socorro em uma regra analógica, ou seja, incidente em hipótese próxima. Nessa seara, utilizando-se o art. 657 do CPC/2015 (art. 1.029 do CPC/1973), o prazo a ser considerado é de natureza decadencial e é de um ano, contado da data em que se realizou o ato (partilha). Essa é igualmente a minha posição doutrinária. De todo modo, vejamos como a doutrina e a jurisprudência se posicionarão a respeito desse assunto no futuro.

Além dos casos de anulação da partilha analisados, o art. 658 do CPC/2015 repete o art. 1.030 do CPC/1973 e trata da rescisão da partilha julgada por sentença, por motivo posterior, a saber: *a)* nos casos de anulação, expressos no comando anterior: *b)* se a partilha for feita com preterição de formalidades legais; e *c)* se a partilha preteriu herdeiro ou incluiu quem não o seja. Aqui não houve alteração substancial. Relativamente ao prazo para essa rescisão, a doutrina apontava a aplicação do prazo decadencial de dois anos previsto para o ajuizamento de ação rescisória (art. 485 do CPC/1973), contados do trânsito em julgado da homologação da partilha.[171] Esse prazo foi mantido pelo art. 975 do CPC/2015 e continuará sendo aplicado, pelo menos em uma primeira análise.

Interessante perceber que a lei silencia quanto à nulidade absoluta da partilha. Por óbvio, aqui devem ser aplicadas as regras de nulidade do negócio jurídico, que envolvem ordem pública, previstas nos arts. 166 e 167 do Código Civil. Além do próprio Sílvio de Salvo Venosa, assim concluem Maria Helena Diniz,[172] Carlos Roberto Gonçalves[173] e Zeno Veloso,[174] que sintetizam a posição majoritária. Como os casos de nulidade absoluta não convalescem com o tempo (art. 169 do CC), mais uma vez, defendo que a ação de nulidade não está sujeita à prescrição ou decadência.

Em relação ao último doutrinador, é sempre citado o seu convencimento de que, independentemente da forma como foi feita a partilha, se amigável ou judicial, havendo exclusão do herdeiro, a hipótese é de nulidade absoluta, "e o herdeiro prejudicado não fica adstrito à ação de anulação nem à rescisória, e seus respectivos prazos de decadência, podendo utilizar da *querela nullitatis*, da ação de nulidade ou de petição de herança, existindo decisões do STF (RE 97.546-2) e do STJ (REsp 45.693-2) que afirmam estar sujeita a prazo de prescrição *longi temporis*, de vinte anos, devendo ser observado que, por este Código, o prazo máximo de prescrição é de dez anos (art. 205)".[175]

A única ressalva que deve ser feita é que o jurista, ao lado de outros e da posição largamente prevalecente, defende a aplicação da regra geral dos prazos de prescrição, que

---

[170] VENOSA, Silvio de Salvo. *Código Civil Interpretado*. 2. ed. São Paulo: Atlas, 2011. p. 2.087.

[171] Por todos, novamente: VENOSA, Sílvio de Salvo. *Código Civil interpretado*. 2. ed. São Paulo: Atlas, 2011. p. 2.087.

[172] DINIZ, Maria Helena. *Curso de direito civil brasileiro*. Direito das sucessões. 27. ed. São Paulo: Saraiva, 2013. v. 7, p. 479.

[173] GONÇALVES, Carlos Roberto. *Direito civil brasileiro*. Direito das sucessões. 8. ed. São Paulo: Saraiva, 2014. v. 7, p. 573-574.

[174] VELOSO, Zeno. *Código Civil comentado*. Coord. Ricardo Fiuza e Regina Beatriz Tavares da Silva. 8. ed. São Paulo: Saraiva, 2012. p. 2.226.

[175] VELOSO, Zeno. *Código Civil comentado*. Coord. Ricardo Fiuza e Regina Beatriz Tavares da Silva. 8. ed. São Paulo: Saraiva, 2012. p. 2.226.

antes era de vinte anos (art. 177 do CC/1916), e agora é de dez anos (art. 205 do CC/2002). Nessa linha, aliás, do Superior Tribunal de Justiça e por todos:

"Regimental. Inventário. Partilha. Anulação. Vintenário. Precedentes. Súmula 07. É de vinte anos o prazo para o herdeiro que não participou da partilha pedir sua anulação em juízo" (STJ, AgRg no Ag 719.924/RJ, 3.ª Turma, Rel. Min. Humberto Gomes de Barros, j. 20.04.2006, *DJ* 15.05.2006, p. 205).

Esse entendimento consolidou-se no âmbito da Segunda Seção da Corte no ano de 2020, ao julgar o seguinte:

"A inclusão no inventário de pessoa que não é herdeira torna a partilha nula de pleno direito, porquanto contrária à ordem hereditária prevista na norma jurídica, a cujo respeito as partes não podem transigir ou renunciar. A preterição de herdeiro ou a inclusão de terceiro estranho à sucessão merecem tratamento equânime, porquanto situações antagonicamente idênticas, submetendo-se à mesma regra prescricional prevista no art. 177 do Código Civil de 1916, qual seja, o prazo vintenário, vigente à época da abertura da sucessão para hipóteses de nulidade absoluta, que não convalescem" (STJ, EAREsp 226.991/SP, 2.ª Seção, Rel. Min. Ricardo Villas Bôas Cueva, j. 10.06.2020, *DJe* 01.07.2020).

Como antes sustentado, entendo que não há prazo para se requerer a nulidade absoluta da partilha, pela dicção do art. 169 da codificação material vigente e pelo fato de ser a matéria de ordem pública. Essa minha posição, a propósito, é citada no voto vencido do Ministro Paulo Dias Moura Ribeiro, no último acórdão.

Como se pode notar, muitas são as divergências que envolvem o art. 2.027 do Código Civil, que gera intensos debates doutrinários e jurisprudenciais e causa insegurança jurídica, o que não se pode mais admitir.

Para resolver essa situação de instabilidade, a Comissão de Juristas encarregada da Reforma do Código Civil sugere que o dispositivo, de forma bem direta, objetiva e simplificada, passe a prever que "a partilha sucessória é anulável pelos vícios e defeitos que invalidam, em geral, os negócios jurídicos, previstos no art. 171 deste Código". Assim, serão mencionadas apenas as hipóteses de nulidade relativa ou anulabilidade e, quanto ao prazo decadencial para essa ação anulatória, será "de um ano o direito de anular a partilha sucessória nos casos previstos no *caput*".

Por outra via, no que diz respeito à nulidade absoluta da partilha, continuará sujeita às hipóteses previstas no art. 166 da Lei Geral Privada, a incluir a simulação, podendo ser aplicado prazo prescricional para afastar os seus efeitos patrimoniais, nos termos do § 1.º que será inserido no art. 169, a saber: "prescrevem conforme as regras deste Código as pretensões fundadas em consequências patrimoniais danosas decorrentes do negócio jurídico nulo". No caso da nulidade absoluta da partilha, entendo que será eventualmente aplicado o novo prazo geral de prescrição, que, pelo Projeto, será de cinco anos, conforme a nova redação do seu art. 205.

Com isso, penso que todas as divergências aqui expostas a respeito da invalidade da partilha restarão totalmente superadas, sendo fundamental a aprovação também dessas propostas pelo Parlamento Brasileiro, na busca de um sistema sucessório mais justo, efetivo e simplificado.

# REFERÊNCIAS BIBLIOGRÁFICAS

ABREU, Célia Barbosa. *Curatela e interdição civil*. Rio de Janeiro: Lumen Juris, 2009.

AGRA, Walber de Moura. *Curso de direito constitucional*. 4. ed. Rio de Janeiro: Forense, 2008.

AGUIAR, Roger Silva. *Responsabilidade civil*. A culpa, o risco e o medo. São Paulo: Atlas, 2011.

AGUIAR JR., Ruy Rosado de. *Extinção dos contratos por incumprimento do devedor (Resolução)*. Rio de Janeiro: Aide, 1991.

AGUIAR JR., Ruy Rosado de. *Extinção dos contratos por incumprimento do devedor (Resolução)*. 2. ed. Rio de Janeiro: Aide, 2004.

ALEXY, Robert. *Teoria dos direitos fundamentais*. Trad. Virgílio Afonso da Silva. São Paulo: Malheiros, 2008.

ALMEIDA, José Luiz Gavião de. *Código Civil comentado*. Coord. Álvaro Villaça Azevedo. São Paulo: Atlas, 2003. v. XVIII.

ALMEIDA, Renata Barbosa de; RODRIGUES JR., Walsir Edson. *Direito das Famílias*. Rio de Janeiro: Lumen Juris, 2010.

ALPA, Guido; BESSONE, Mario. *Trattado di Diritto Privado*. Obbligazione e contratti. Torino: UTET, Ristampa, 1987.

ALVES, Jones Figueirêdo. A teoria do adimplemento substancial. In: DELGADO, Mário Luiz; ALVES, Jones Figueirêdo. *Questões controvertidas no novo Código Civil*. São Paulo: Método, 2005. v. 4.

ALVES, Jones Figueirêdo. Abuso de direito no Direito de Família. *Anais do V Congresso Brasileiro de Direito de Família*, 2006.

ALVES, Jones Figueirêdo. *Código Civil comentado*. In: FIÚZA, Ricardo; SILVA, Regina Beatriz Tavares da (Coord.). 6. ed. São Paulo: Saraiva, 2008.

ALVES, Jones Figueirêdo. *"Perros" e "Osos"*. Disponível em: <http://www.migalhas.com.br/dePeso/16,MI167049,21048-Perros+e+Osos>. Acesso em: 3 maio 2013.

ALVES, Jones Figueirêdo. *Testamento genético*. Disponível em: <www.flaviotartuce.adv.br>. Acesso em: 9 mar. 2014.

ALVES, Jones Figueirêdo; DELGADO, Mário Luiz. *Código Civil anotado*. São Paulo: Método, 2005.

ALVES, José Carlos Moreira. *Posse. Estudo dogmático*. 2. ed. Rio de Janeiro: Forense, 1999.

ALVES, Leonardo Barreto Moreira. O Ministério Público nas ações de separação e divórcio. *Revista DE JURE* – Ministério Público de Minas Gerais. Disponível em: <https://aplicacao.mpmg.mp.br/xmlui/bitstream/handle/123456789/242/ensaio%20 sobre%20a%20efetividade_Diniz.pdf?sequence=1>. Acesso em: 23 dez. 2014.

ALVIM, Agostinho *Da inexecução das obrigações e suas consequências*. São Paulo: Saraiva, 1949.

AMARAL, Francisco. *Direito civil*. Introdução. 5. ed. Rio de Janeiro: Renovar, 2003.

AMARAL, Francisco. Os atos ilícitos. *O novo Código Civil*. Estudos em Homenagem a Miguel Reale. São Paulo: LTr, 2003.

AMORIM, Sebastião; OLIVEIRA, Euclides. *Inventários e partilhas*. 18. ed. São Paulo: Leud, 2004.

AMORIM, Sebastião; OLIVEIRA, Euclides. *Inventários e partilhas*. 20. ed. São Paulo: Leud, 2006.

AMORIM, Sebastião; OLIVEIRA, Euclides. *Inventário e partilha. Teoria e prática*. 24. ed. São Paulo: Saraiva, 2016.

AMORIM FILHO, Agnelo. Critério científico para distinguir a prescrição da decadência e para identificar as ações imprescritíveis. *RT* 300/7 e 744/725.

ANDRADE, Darcy Bessone de Vieira. *Do contrato*. Rio de Janeiro: Forense, 1960.

ARONNE, Ricardo. *Propriedade e domínio*. A teoria da autonomia. 2. ed. Porto Alegre: Livraria do Advogado, 2014.

ASCENSÃO, José de Oliveira. *Direito civil. Reais*. Coimbra: Coimbra Editora, 2000.

ASCENSÃO, José de Oliveira *Direito civil*. Sucessões. 5. ed. Coimbra: Coimbra Editora, 2000.

ASCENSÃO, José de Oliveira. *Introdução à ciência do Direito*. 3. ed. Rio de Janeiro: Renovar, 2005.

ASCENSÃO, José de Oliveira. Procriação medicamente assistida e relação de paternida-de. In: HIRONAKA, Giselda; TARTUCE, Flávio; SIMÃO, José Fernando (Coord.). *Direito de família e das sucessões*. Temas atuais. São Paulo: Método, 2009.

ASSIS, Araken de. *Contratos nominados*. Col. Biblioteca de Direito Civil. Estudos em homenagem ao Professor Miguel Reale. São Paulo: RT, 2005.

ASSUMPÇÃO NEVES, Daniel Amorim. *Manual de direito processual civil*. São Paulo: Método, 2009.

ASSUMPÇÃO NEVES, Daniel Amorim. *Novo CPC comentado*. Salvador: JusPodivm, 2016.

ASSUMPÇÃO NEVES, Daniel Amorim. Pretensão do réu em manter o contrato com modificação de suas cláusulas diante de pedido do autor de resolução por onero-

REFERÊNCIAS BIBLIOGRÁFICAS **1949**

sidade excessiva – pedido contraposto previsto na lei material (art. 479, CC). In: DIDIER JR., Fredie; MAZZEI, Rodrigo. *Reflexos do novo Código Civil no direito processual.* Salvador: JusPodivm, 2005.

ASSUNÇÃO, Alexandre Guedes A. *Código Civil comentado.* In: FIÚZA, Ricardo; SILVA, Regina Beatriz Tavares da (Coord.). 6. ed. São Paulo: Saraiva, 2008.

ATAIDE JR., Vicente de Paula. Os animais no anteprojeto de reforma do Código Civil: nem coisas, nem pessoas. *Migalhas,* 30 jul. 2024. Disponível em: <https://www.migalhas.com.br/coluna/reforma-do-codigo-civil/412220/os-animais-no-anteprojeto--de-reforma-do-codigo-civil>. Acesso em: 26 set. 2024.

AZEVEDO, Álvaro Villaça. *Bem de família.* São Paulo: José Bushatsky, 1974.

AZEVEDO, Álvaro Villaça. *Comentários ao novo Código Civil.* In: TEIXEIRA, Sálvio de Figueiredo. Rio de Janeiro: Forense, 2005. v. VII.

AZEVEDO, Álvaro Villaça. *Curso de direito civil.* Direito das coisas. São Paulo: Atlas, 2014.

AZEVEDO, Álvaro Villaça. *Estatuto da família de fato.* São Paulo: Atlas, 2005.

AZEVEDO, Álvaro Villaça. O novo Código Civil brasileiro: tramitação; função social do contrato; boa-fé objetiva; teoria da imprevisão e, em especial, onerosidade excessiva – *laesio enormis.* In: DELGADO, Mário Luiz; ALVES, Jones Figueirêdo. *Questões controvertidas no novo Código Civil.* São Paulo: Método, 2004. v. II.

AZEVEDO, Álvaro Villaça. *Teoria geral das obrigações.* 8. ed. São Paulo: RT, 2000.

AZEVEDO, Álvaro Villaça. *Teoria geral do direito civil.* Parte Geral. São Paulo: Atlas, 2012.

AZEVEDO, Álvaro Villaça. *Teoria geral das obrigações. Responsabilidade civil.* 10. ed. São Paulo: Atlas, 2004.

AZEVEDO, Álvaro Villaça. *Teoria geral dos contratos típicos e atípicos.* São Paulo: Atlas, 2002.

AZEVEDO, Antônio Junqueira de. *Negócio jurídico.* Existência, validade e eficácia. 4. ed. São Paulo: Saraiva, 2002.

AZEVEDO, Antônio Junqueira de. Os princípios do atual direito contratual e a desregulação do mercado. Direito de exclusividade nas relações contratuais de fornecimento. Função social do contrato e responsabilidade aquiliana do terceiro que contribui para o inadimplemento contratual. *Estudos e pareceres de direito privado.* São Paulo: Saraiva, 2004.

AZEVEDO, Antônio Junqueira de. Por uma nova categoria de dano na responsabilidade civil: o dano social. In: FILOMENO, José Geraldo Brito; WAGNER JÚNIOR, Luiz Guilherme da Costa; GONÇALVES, Renato Afonso (Coord.). *O Código Civil e sua interdisciplinaridade.* Belo Horizonte: Del Rey, 2004.

AZEVEDO JR., José Osório de. *Compra e venda. Troca ou permuta.* Col. Biblioteca de Direito Civil. Estudos em homenagem ao Professor Miguel Reale. São Paulo: RT, 2005.

BARROS, Flávio Augusto Monteiro de. *Manual de direito civil*. Direito de família e das sucessões. São Paulo: Método, 2005. v. 4.

BARROS, Sérgio Resende de. *Contribuição dialética para o constitucionalismo*. Campinas: Millenium, 2008.

BARROS, Sérgio Resende de. *Direitos humanos da família: principais e operacionais*. Disponível em: <http://www.srbarros.com.br/artigos.php?TextID=86>. Acesso em: 25 maio 2010.

BARROSO, Lucas Abreu. Função ambiental do contrato. In: DELGADO, Mário Luiz; ALVES, Jones Figueirêdo. *Questões controvertidas no novo Código Civil*. São Paulo: Método, 2005. v. 4.

BARROSO, Lucas Abreu. Hermenêutica e operabilidade do art. 1.228, §§ 4.º e 5.º do Código Civil. *Revista de Direito Privado* n. 21, jan.-mar. 2005.

BARROSO, Luís Roberto. *Curso de direito constitucional contemporâneo*. Os conceitos fundamentais e a construção do novo modelo. São Paulo: Saraiva, 2009.

BESSA, Leonardo Roscoe. *Manual de direito do consumidor*. São Paulo: RT, 2008.

BEVILÁQUA, Clóvis. *Código Civil dos Estados Unidos do Brasil*. Ed. histórica. Rio de Janeiro: Ed. Rio, 1977. t. I.

BEVILÁQUA, Clóvis. *Código dos Estados Unidos do Brasil*. Rio de Janeiro: Editora Rio, 1940. v. 1.

BEVILÁQUA, Clóvis. *Código Civil dos Estados Unidos do Brasil*. Rio de Janeiro: Rio, 1977. v. VI. Edição Histórica.

BEVILÁQUA, Clóvis. *Direito das coisas*. Coleção História do Direito Brasileiro. Brasília: Senado Federal, 2003. v. 1.

BOBBIO, Norberto. *Teoria do ordenamento jurídico*. Trad. Maria Celeste Cordeiro Leite dos Santos. 7. ed. Brasília: UNB, 1996.

BONAVIDES, Paulo. *Curso de direito constitucional*. 17. ed. São Paulo: Malheiros, 2005.

BORGES, Roxana Cardoso. *Disponibilidade dos direitos de personalidade e autonomia privada*. São Paulo: Saraiva, 2005.

BOULOS, Daniel M. *Abuso do direito no novo Código Civil*. São Paulo: Método, 2006.

BRANCO, Gerson Luiz Carlos. O culturalismo de Miguel Reale e sua expressão no novo Código Civil. In: BRANCO, Gerson Luiz Carlos e MARTINS-COSTA, Judith. *Diretrizes teóricas do novo Código Civil brasileiro*. São Paulo: Saraiva, 2002.

BRANCO, Gerson Luiz Carlos; MARTINS-COSTA, Judith. *Diretrizes teóricas do novo Código Civil brasileiro*. São Paulo: Saraiva, 2002.

BRANDELLI, Leonardo. *Usucapião administrativa*. São Paulo: Saraiva, 2016.

BRANDELLI, Leonardo. *Aplicação do princípio da tutela da aparência jurídica ao terceiro registral imobiliário de boa-fé*: aspectos jurídicos e econômicos. Porto Alegre: UFGRS, 2013.

BRASILINO, Fabio Ricardo. A desconsideração da personalidade jurídica positiva. *Revista de Direito Empresarial: ReDE*, v. 2, n. 6, p. 91-105, nov./dez. 2014.

REFERÊNCIAS BIBLIOGRÁFICAS | **1951**

BRITO, Leila Torraca. *Paternidades contestadas*. Belo Horizonte: Del Rey, 2008.

BRITO, Rodrigo Toscano de. Compromisso de compra e venda e as regras de equilíbrio contratual do CC/2002. In: DINIZ, Maria Helena (Coord.). *Atualidades jurídicas*. São Paulo: Saraiva, n. 5, 2004.

BRITO, Rodrigo Toscano de. Estado de perigo e lesão: entre a previsão de nulidade e a necessidade de equilíbrio das relações contratuais. In: DELGADO, Mário Luiz; ALVES, Jones Figueirêdo. *Questões controvertidas no novo Código Civil*. São Paulo: Método, 2005. v. IV.

BUNAZAR, Maurício. Pelas portas de Villela: um ensaio sobre a pluriparentalidade como realidade sociojurídica. *Revista IOB de Direito de Família*, n. 59, abr.-mai. 2010.

BUNAZAR, Maurício. *Obrigação* propter rem: aspectos teóricos e práticos. São Paulo: Atlas, 2014.

BUSSATTA, Eduardo. *Resolução dos contratos e teoria do adimplemento substancial*. São Paulo: Saraiva, 2007.

CAHALI, Francisco José. A Súmula 377 e o novo Código Civil e a mutabilidade do regime de bens. *Revista do Advogado*. Homenagem ao professor Silvio Rodrigues. São Paulo, Associação dos Advogados de São Paulo, ano XXIV, n. 76, jun. 2004.

CAHALI, Francisco José. *Contrato de convivência*. São Paulo: Saraiva, 2003.

CAHALI, Francisco José. *Curso de arbitragem*. 5. ed. São Paulo: RT, 2015.

CAHALI, Francisco José. *Direito das sucessões*. 3. ed. São Paulo: RT, 2007.

CALDERON, Ricardo Lucas. *Princípio da afetividade no direito de família*. Rio de Janeiro: Renovar, 2013.

CALIXTO, Marcelo Junqueira. *A culpa na responsabilidade civil*. Rio de Janeiro: Renovar, 2008.

CÂMARA, Alexandre Freitas. Da evicção – aspectos materiais e processuais. *Direito contratual*. Temas atuais. In: HIRONAKA, Giselda Maria Fernandes Novaes e TARTUCE, Flávio. São Paulo: Método, 2008.

CÂMARA, Alexandre Freitas. *Lições de direito processual civil*. 9. ed. Rio de Janeiro: Lumen Juris, 2004. v. II.

CÂMARA LEAL, Antonio Luís da. *Da prescrição e da decadência*. Teoria geral do direito civil. 2. ed. Rio de Janeiro: Forense, 1959.

CAMARGO NETO, Mário de Carvalho. *Lei 12.133 de 17 de dezembro de 2009* – A Habilitação para o Casamento e o Registro Civil. Disponível em: <http://www.ibdfam.org.br/?artigos&artigo=570>. Acesso em: 12 fev. 2010.

CAMPOS, Diogo Leite de; CHINELLATO, Silmara Juny de Abreu. *Pessoa humana e Direito*. Coimbra: Almedina, 2009.

CANOTILHO, J. J. Gomes. *Direito Constitucional e Teoria da Constituição*. 7. ed. 3. reimpr. Coimbra: Almedina, 2003.

CANOTILHO, J. J. Gomes. *Estudos sobre direitos fundamentais*. Coimbra: Coimbra, 2004.

**1952** | MANUAL DE DIREITO CIVIL • VOLUME ÚNICO – *Flávio Tartuce*

CARMONA, Carlos Alberto. *Arbitragem e processo*. Um comentário à Lei 9.307/1996. 2. ed. São Paulo: Atlas, 2006.

CARNAÚBA, Daniel Amaral. *Responsabilidade civil pela perda de uma chance*. A álea e a técnica. São Paulo: Método, 2013.

CARVALHO, Dimas Messias; CARVALHO, Dimas Daniel. *Direito das sucessões*: inventário e partilha. 3. ed. Belo Horizonte: Del Rey, 2012. v. VIII.

CARVALHO, Luiz Paulo Vieira de. *Direito das sucessões*. São Paulo: Atlas, 2014.

CARVALHO FILHO, José dos Santos. *Manual de direito administrativo*. 17. ed. Rio de Janeiro: Lumen Juris, 2007.

CARVALHO NETO, Inácio de. *Curso de direito civil brasileiro*. Curitiba: Juruá, 2006. v. I.

CARVALHO NETO, Inácio de. Incapacidade e impedimentos matrimoniais no novo Código Civil. In: DELGADO, Mário Luiz; ALVES, Jones Figueirêdo (Coord.). *Questões controvertidas no novo Código Civil*. São Paulo: Método, 2004. v. 2.

CASES, José Maria Trepat. *Código Civil comentado*. In: AZEVEDO, Álvaro Villaça de. São Paulo: Atlas, 2003. v. VIII.

CASSETTARI, Christiano. *Direito civil*. Direito das sucessões. Orientação: Giselda Maria Fernandes Novaes Hironaka. Coord. Christiano Cassettari e Márcia Maria Menin. São Paulo: RT, 2008.

CASSETTARI, Christiano. *Multa contratual*. teoria e prática. São Paulo: RT, 2009.

CATALAN, Marcos Jorge. *Direito dos contratos*. Direito civil. Orientação: Giselda M. F. Novaes Hironaka. In: MORRIS, Amanda Zoe e BARROSO, Lucas Abreu. São Paulo: RT, 2008. v. 3.

CAVALIERI FILHO, Sérgio. *Programa de responsabilidade civil*. 7. ed. São Paulo: Atlas, 2007.

CERQUEIRA, Thales Tácito de Pontes Luz de Pádua. *A Lei 11.106 de 2005 e polêmicas*. Disponível em: <http://www.ammp.com.br/headerCanal.php?IdCanal=MjM&id=Mg=>. Acesso em: 6 mar. 2006.

CHINÈ, Giuseppe; FRATINI, Marco; ZOPPINI, Andrea. *Manuale di diritto civile*. 4. ed. Roma: Nel Diritto, 2013.

CHINELLATO, Silmara Juny. *Código Civil interpretado*. In: CHINELLATO, Silmara Juny (Coord.). Costa Machado (Org.). 3. ed. São Paulo: Manole, 2010.

CHINELLATO, Silmara Juny. *Comentários ao Código Civil*. In: AZEVEDO, Antonio Junqueira de (Coord.). São Paulo: Saraiva, 2004. v. 18.

CHINELLATO, Silmara Juny. *Direito de autor e direitos da personalidade*: reflexões à luz do Código Civil. Tese para concurso de Professor Titular de Direito Civil da Faculdade de Direito da Universidade de São Paulo, 2008.

CHINELLATO, Silmara Juny. *Tutela civil do nascituro*. São Paulo: Saraiva, 1999.

CHINELLATO, Silmara Juny. *Tutela civil do nascituro*. São Paulo: Saraiva, 2001.

CHIRONI, G. P. La colpa nel diritto civile odierno. *Colpa contratualle*. 2. ed. Torino: Fatelli Bocca, 1925.

CIAN, Giorgio; TRABUCHI, Alberto. *Commentario breve al Codice Civile.* Padova: Cedam, 1992.

COELHO, Fábio Ulhoa. *Curso de direito comercial.* 8. ed. São Paulo: Saraiva, 2005. v. 2.

COELHO, Fábio Ulhoa. *Curso de direito comercial.* 11. ed. São Paulo: Saraiva, 2008. v. 2.

COELHO, Fábio Ulhoa. *Curso de direito comercial.* 15. ed. São Paulo: Saraiva, 2011. v. 2.

COLTRO, Antonio Carlos Mathias. *Contrato de corretagem imobiliária.* 2. ed. São Paulo: Atlas, 2007.

COUTO E SILVA, Clóvis do. *A obrigação como processo.* São Paulo: José Bushatsky, 1976.

CRUZ, Gisela Sampaio da. *O problema do nexo de causalidade.* Rio de Janeiro: Renovar, 2005.

CUNHA, Wladimir Alcibíades Marinho Falcão. *Revisão judicial dos contratos.* Do CDC ao Código Civil de 2002. São Paulo: Método, 2007.

CZAPSKI, Aurélia L. Barros. *Código Civil interpretado.* Silmara Juny Chinellato (Coord.). 3. ed. São Paulo: Manole, s/d.

DE CUPIS, Adriano. *Os direitos da personalidade.* Tradução de Adriano Vera Jardim e Antonio Miguel Caeiro. Lisboa: Morais Editora, 1961.

DELGADO, José. *A ética e a boa-fé no novo Código Civil.* In: DELGADO, Mário Luiz e ALVES, Jones Figueirêdo. *Questões controvertidas do novo Código Civil.* São Paulo: Método, 2003.

DELGADO, Mário Luiz. A nova redação do § 6.º do art. 226 da CF/1988: por que a separação de direito continua a vigorar no ordenamento jurídico brasileiro. *Separação, divórcio, partilha e inventários extrajudiciais.* Questionamentos sobre a Lei 11.441/2007. 2. ed. Coord. Antonio Carlos Mathias Coltor e Mário Luiz Delgado. São Paulo: Método, 2011.

DELGADO, Mário Luiz. A sociedade simples não deve ser extinta: graves equívocos no projeto de conversão da MP 1.040/21. Disponível em: <https://www.migalhas.com.br/coluna/migalhas-contratuais/348353/a-sociedade-simples-nao-deve-ser-extinta>. Acesso em: 4 nov. 2021.

DELGADO, Mário Luiz. *Código Civil comentado.* Doutrina e jurisprudência. Rio de Janeiro: Forense, 2019.

DELGADO, Mário Luiz. Posfácio. *Introdução crítica ao Código Civil.* Org. Lucas Abreu Barroso. Rio de Janeiro: Forense, 2006.

DELGADO, Mário Luiz. *Problemas de direito intertemporal no Código Civil.* São Paulo: Saraiva, 2004.

DELGADO, Mário Luiz; ALVES, Jones Figueirêdo. *Código Civil anotado.* São Paulo: Método, 2005.

DI PIETRO, Maria Silvia Zanella. *Direito administrativo.* 25. ed. São Paulo: Atlas, 2012. p. 785.

DIAS, Maria Berenice. *Manual de direito das famílias.* 4. ed. Porto Alegre: Livraria do Advogado, 2007.

DIAS, Maria Berenice. *Manual de direito das famílias*. 5. ed. São Paulo: RT, 2009.

DIDIER JR., Fredie. *Regras processuais no novo Código Civil*. São Paulo: Saraiva, 2004.

DIDIER JR., Fredie; NOGUEIRA, Pedro Henrique Pedrosa. *Teoria dos Fatos Jurídicos Processuais*. 2. ed. Salvador: JusPodivm, 2013.

DIDIER JR., Fredie; OLIVEIRA, Rafael Alexandria de; BRAGA, Paula Sarno. *Curso de Direito Processual Civil*. 10. ed. Salvador: JusPodivm, 2015. v. 2.

DÍEZ-PICAZO, Luís Ponce De León. *La doctrina de los propios actos*. Barcelona: Editorial Bosch, 1963.

DÍEZ-PICAZO, Luís Ponce De León; GULLÓN, Antonio. *Sistema de derecho civil*. 11. ed. Madrid: Tecnos, 2003. v. 1.

DINAMARCO, Cândido Rangel. *Intervenção de terceiros*. São Paulo: Malheiros, 2006.

DINIZ, Maria Helena. *As lacunas no direito*. 7. ed. São Paulo: Saraiva, 2002.

DINIZ, Maria Helena. *Código Civil anotado*. 15. ed. São Paulo: Saraiva, 2010.

DINIZ, Maria Helena. *Conflito de normas*. São Paulo: Saraiva, 2003.

DINIZ, Maria Helena. *Curso de direito civil brasileiro*. 19. ed. São Paulo: Saraiva, 2005. v. 7.

DINIZ, Maria Helena. *Curso de direito civil brasileiro*. Direito das coisas. 24. ed. São Paulo: Saraiva, 2009. v. 4.

DINIZ, Maria Helena. *Curso de direito civil brasileiro*. Direito das sucessões. São Paulo: Saraiva, 2005. v. 6.

DINIZ, Maria Helena. *Curso de direito civil brasileiro*. Direito das sucessões. 27. ed. São Paulo: Saraiva, 2013. v. 6.

DINIZ, Maria Helena. *Curso de direito civil brasileiro*. Direito de família. 22. ed. São Paulo: Saraiva, 2007. v. 5.

DINIZ, Maria Helena. *Curso de direito civil brasileiro*. Teoria das obrigações contratuais e extracontratuais. 25. ed. São Paulo: Saraiva, 2009. v. 3.

DINIZ, Maria Helena. *Curso de direito civil brasileiro*. Teoria geral do direito civil. 24. ed. São Paulo: Saraiva, 2007. v. 1.

DINIZ, Maria Helena. *Dicionário jurídico*. São Paulo: Saraiva, 2005. t. I.

DINIZ, Maria Helena. *Lei de introdução ao Código Civil interpretada*. 8. ed. São Paulo: Saraiva, 2001.

DINIZ, Maria Helena. *O estado atual do biodireito*. 2. ed. São Paulo: Saraiva, 2002.

DUARTE, Nestor. *Código Civil comentado*. Coord. Ministro Cezar Peluso. São Paulo: Manole, 2007.

DUARTE, Ronnie Preuss. A cláusula geral da boa-fé no novo Código Civil brasileiro. In: DELGADO, Mário Luiz; ALVES, Jones Figueirêdo. *Questões controvertidas no novo Código Civil*. São Paulo: Método, 2004. v. 2.

EHRHARDT JR., Marcos. *Direito civil*. LICC e parte geral. Salvador: JusPodivm, 2009. v. 1.

REFERÊNCIAS BIBLIOGRÁFICAS | **1955**

EHRHARDT JR., Marcos. *Responsabilidade civil pelo inadimplemento da boa-fé*. Belo Horizonte: Fórum, 2014.

ENGISCH, Karl. *Introdução do pensamento jurídico*. 2. ed. Lisboa: Fundação Calouste Gulbenkian, 1964.

FACHIN, Luiz Edson. *Direito civil*. Sentidos, transformações e fim. Rio de Janeiro: Renovar, 2014.

FACHIN, Luiz Edson. *Estatuto jurídico do patrimônio mínimo*. Rio de Janeiro: Renovar, 2001.

FARIA, Mário Roberto Carvalho de. Novas "Formas" de Testamento. *Revista IBDFAM* n. 10, abr. 2014, p. 14.

FARIAS, Cristiano Chaves; ROSENVALD, Nelson. *Curso de direito civil*. Direito das sucessões. São Paulo: Atlas, 2015. v. 7.

FARIAS, Cristiano Chaves; ROSENVALD, Nelson. *Curso de direito civil*. Famílias. 4. ed. Salvador: JusPodivm, 2012.

FARIAS, Cristiano Chaves; ROSENVALD, Nelson. *Curso de direito civil*. Parte Geral e LINDB. São Paulo: Atlas, 13. ed. 2015. v. 1.

FARIAS, Cristiano Chaves; ROSENVALD, Nelson. *Curso de direito civil*. Parte geral e LINDB. 10. ed. Salvador: JusPodivm, 2012. v. 1.

FARIAS, Cristiano Chaves; ROSENVALD, Nelson. *Curso de direito civil*. Reais. 8. ed. Salvador: JusPodivm, 2012.

FARIAS, Cristiano Chaves; ROSENVALD, Nelson. *Direito civil*. Teoria geral. 4. ed. Rio de Janeiro: Lumen Juris, 2006.

FARIAS, Cristiano Chaves; ROSENVALD, Nelson. *Direito das obrigações*. 4. ed. Rio de Janeiro: Lumen Juris, 2009.

FARIAS, Cristiano Chaves; ROSENVALD, Nelson. *Direitos reais*. Rio de Janeiro: Lumen Juris, 2006.

FIGUEIRA JR., Joel Dias. *Novo Código Civil comentado*. 2. ed. atual. Coord. Ricardo Fiúza. São Paulo: Saraiva, 2003.

FIUZA, Ricardo. *O novo Código Civil e as propostas de aperfeiçoamento*. São Paulo: Saraiva, 2003.

FIUZA, Ricardo; TAVARES DA SILVA, Regina Beatriz. *Código Civil comentado*. 6. ed. São Paulo: Saraiva, 2008.

FRADERA, Vera Jacob. Pode o credor ser instado a diminuir o próprio prejuízo? *Revista Trimestral de Direito Civil*, Rio de Janeiro: Padma, v. 19, 2004.

FRANÇA, Rubens Limongi. *Enciclopédia Saraiva de Direito*. São Paulo: Saraiva, 1977. v. 60.

FRANÇA, Rubens Limongi. *Instituições de Direito Civil*. 4. ed. São Paulo: Saraiva, 1996.

FRANÇA, Rubens Limongi. *Instituições de Direito Civil*. 5. ed. São Paulo: Saraiva, 1999.

FRANÇA, Rubens Limongi. *Princípios gerais do Direito*. 2. ed. São Paulo: RT, 1971.

FRANTZ, Laura Coradini. Bases dogmáticas para interpretação dos artigos 317 e 478 do novo Código Civil brasileiro. In: DELGADO, Mário Luiz e ALVES, Jones Figueirêdo. *Questões controvertidas no novo Código Civil.* São Paulo: Método, 2005. v. 4.

FRITZ, Karina. *Tribunal de Stuttgart nega guarda compartilhada de animal.* Disponível em: <https://www.migalhas.com.br/GermanReport/ 133,MI307594,31047- -Tribunal+de+Stuttgart+nega+guarda+compartilhada+de+animal>. Acesso em: 4 ago. 2019.

FROTA, Pablo Malheiros Cunha. *Responsabilidade por danos.* Imputação e nexo de causalidade. Curitiba: Juruá, 2014.

FUJITA, Jorge Shiguemitsu. *Direito civil.* Direito de família. Orientação: Giselda M. F Novaes Hironaka. São Paulo: RT, 2008. v. 7.

GAGLIANO, Pablo Stolze. *A nova emenda do divórcio: primeiras reflexões.* Disponível em: <http://www.flaviotartuce.adv.br/secoes/artigosc/pablo_pecdiv.doc>. Acesso em: 13 jul. 2010.

GAGLIANO, Pablo Stolze. Controvérsias constitucionais acerca do usucapião coletivo. *Jus Navigandi,* ano 10, n. 1.063, Teresina, 30 maio 2006. Disponível em: <http:// jus2.uol.com.br/doutrina/texto.asp?id=8318>. Acesso em: 21 jul. 2010.

GAGLIANO, Pablo Stolze. *É o fim da interdição?* Disponível em: <http://flaviotartuce.jusbrasil. com.br/artigos/304255875/e-o-fim-da-interdicao-artigo-de-pablo- -stolze-gagliano>. Acesso em: 26 maio 2016.

GAGLIANO, Pablo Stolze; PAMPLONA FILHO, Rodolfo. *Manual de direito civil.* São Paulo: Saraiva, 2017. volume único.

GAGLIANO, Pablo Stolze; PAMPLONA FILHO, Rodolfo. *Novo curso de direito civil.* Parte Geral. 4. ed. São Paulo: Saraiva, 2003. v. I.

GAGLIANO, Pablo Stolze; PAMPLONA FILHO, Rodolfo. *Novo curso de direito civil.* Parte geral. 6. ed. São Paulo: Saraiva, 2005. v. I.

GAGLIANO, Pablo Stolze; PAMPLONA FILHO, Rodolfo. *Novo curso de direito civil.* Parte Geral. 14. ed. São Paulo: Saraiva, 2012. v. I.

GAGLIANO, Pablo Stolze; PAMPLONA FILHO, Rodolfo. *Novo curso de direito civil.* Parte geral. 6. ed. São Paulo: Saraiva, 2005. v. II.

GAGLIANO, Pablo Stolze; PAMPLONA FILHO, Rodolfo. *Novo curso de direito civil.* 8. ed. São Paulo: Saraiva, 2007. v. II.

GAGLIANO, Pablo Stolze; PAMPLONA FILHO, Rodolfo. *Novo curso de direito civil.* São Paulo: Saraiva, 2008. v. IV, t. II.

GAGLIANO, Pablo Stolze; PAMPLONA FILHO, Rodolfo. *Novo curso de direito civil.* Direito de Família. São Paulo: Saraiva, 2011. v. 6.

GAGLIANO, Pablo Stolze; PAMPLONA FILHO, Rodolfo. *Novo curso de direito civil.* Direito de Família. 2. ed. São Paulo: Saraiva, 2012. v. 6.

GAGLIANO, Pablo Stolze; PAMPLONA FILHO, Rodolfo. *Novo curso de direito civil.* Direito das sucessões. São Paulo: Saraiva, 2014. v. 7.

REFERÊNCIAS BIBLIOGRÁFICAS | **1957**

GAGLIANO, Pablo Stolze; VIANA, Salomão. A prescrição intercorrente e a nova MP n.º 1.040/21 (Medida Provisória de "Ambiente de Negócios". Disponível em: <https://direitocivilbrasileiro.jusbrasil.com.br/artigos/1186072938/a-prescricao-intercorrente--e-a-nova-mp-n-1040-21-medida-provisoria-de-ambiente-de-negocios>. Acesso em: 5 nov. 2021.

GAGLIANO, Pablo Stolze; VIANA, Salomão. *Direito de laje. Finalmente a lei!* Disponível em: <www.flaviotartuce.adv.br>. Acesso em: 28 set. 2017.

GAJARDONI, Fernando. *Teoria geral do processo. Comentários ao CPC de 2015.* Parte geral. São Paulo: Método, 2015.

GAJARDONI, Fernando. *Comentários ao Novo Código de Processo Civil.* Coord. Antonio do Passo Cabral e Ronaldo Cramer. Rio de Janeiro: Forense, 2015.

GAMA, Guilherme Calmon Nogueira da. *Código das Famílias comentado.* Leonardo Barreto Moreira Alves (Coord.). Belo Horizonte: Del Rey/IBDFAM, 2010.

GAMA, Guilherme Calmon Nogueira da. *Direito civil.* Família. São Paulo: Atlas, 2008.

GARCIA, Leonardo de Medeiros. *Direito do consumidor.* 3. ed. Niterói: Impetus, 2007.

GAVIÃO DE ALMEIDA, José Luiz. *Código civil comentado.* Coord. Álvaro Villaça Azevedo. São Paulo: Atlas, 2003. v. XVIII.

GODOY, Cláudio Luiz Bueno de. *Código Civil comentado.* 4. ed. Coord. Ministro Cezar Peluso, 2010.

GODOY, Cláudio Luiz Bueno de. *Código Civil comentado.* Coord. Ministro Cezar Peluso. São Paulo: Manole, 2007.

GODOY, Cláudio Luiz Bueno de. *Código Civil interpretado.* Coord. Cezar Peluso. São Paulo: Manole, 2007.

GODOY, Cláudio Luiz Bueno de. *Função social do contrato.* De acordo com o novo Código Civil. (Coleção Prof. Agostinho Alvim). São Paulo: Saraiva, 2004.

GODOY, Cláudio Luiz Bueno de. *Responsabilidade civil pelo risco da atividade.* São Paulo: Saraiva, 2009.

GOMES, Orlando. *Contratos.* 26. ed. Atualizadores: Antonio Junqueira de Azevedo e Francisco Paulo de Crescenzo Marino. In: BRITO, Edvaldo. Rio de Janeiro: Forense, 2007.

GOMES, Orlando. *Direito de família.* 3. ed. Rio de Janeiro: Forense, 1978.

GOMES, Orlando. *Direitos reais.* 19. ed. atual. por Luiz Edson Fachin. Rio de Janeiro: Forense, 2004.

GOMES, Orlando. *Obrigações.* 11. ed. Rio de Janeiro: Forense, 1997.

GOMES, Orlando. *Obrigações.* 16. ed. atual. por Edvaldo Brito. Rio de Janeiro: Forense, 2004.

GONÇALVES, Carlos Roberto. *Direito civil. Direito das coisas.* 5. ed. São Paulo: Saraiva, 2010. v. 5.

GONÇALVES, Carlos Roberto. *Direito civil brasileiro.* Contratos e atos unilaterais. 7. ed. São Paulo: Saraiva, 2010. v. 3.

GONÇALVES, Carlos Roberto. *Direito civil brasileiro*. Direito das sucessões. 4. ed. São Paulo: Saraiva, 2010. v. 7.

GONÇALVES, Carlos Roberto. *Direito civil brasileiro*. Direito das sucessões. 8. ed. São Paulo: Saraiva, 2014. v. 7.

GONÇALVES, Carlos Roberto. *Direito civil brasileiro*. Parte geral. 8. ed. São Paulo: Saraiva, 2010. v. 1.

GONÇALVES, Carlos Roberto. Prescrição: questões relevantes e polêmicas. In: DELGADO, Mário Luiz; ALVES, Jones Figueirêdo. *Questões controvertidas do novo Código Civil*. São Paulo: Método, 2003. v. I.

GONÇALVES, Carlos Roberto. *Responsabilidade civil*. 9. ed. São Paulo: Saraiva, 2005.

GONÇALVES, Marcos Alberto Rocha. *A posse como direito autônomo*. Rio de Janeiro: Renovar, 2014.

GONDINHO, André Pinto da Rocha Osório. *Direitos reais e autonomia da vontade (o princípio da tipicidade dos direitos reais)*. Rio de Janeiro: Renovar, 2001.

GROENINGA, Giselle Câmara. Sem mais desculpas – é tempo de responsabilidade. In: DIAS, Maria Berenice (Org.). *Direito das Famílias*. Contributo do IBDFAM em homenagem a Rodrigo da Cunha Pereira. São Paulo: IBDFAM-RT, 2010.

GROENINGA, Giselle Câmara. *Direito Civil*. Direito de Família. Orientação: Giselda M. F Novaes Hironaka. Coordenação: Aguida Arruda Barbosa e Cláudia Stein Vieira. São Paulo: RT, 2008. v. 7.

GUGLINSKI, Vitor Vilela. Danos morais pela perda do tempo útil: uma nova modalidade. *Jus Navigandi*, Teresina, ano 17, n. 3237, 12 maio 2012. Disponível em: <http://jus.com.br/revista/texto/21753>. Acesso em: 21 set. 2013.

GURGEL, Fernanda Pessanha de Amaral. *Direito de Família e o princípio da boa-fé objetiva*. Curitiba: Juruá, 2009.

HIRONAKA, Giselda Maria Fernandes Novaes. Antecipação da legítima e colação no sistema brasileiro: estado da arte, depois de 2015. In: PEREIRA, Rodrigo da Cunha; DIAS, Maria Berenice (Coord.). *Família e Sucessões*. Polêmicas, tendências e inovações. Belo Horizonte: IBDFAM, 2018.

HIRONAKA, Giselda Maria Fernandes Novaes. *Comentários ao Código Civil*. 2. ed. In: AZEVEDO, Antonio Junqueira de (Coord.). São Paulo: Saraiva, 2007. v. 20.

HIRONAKA, Giselda Maria Fernandes Novaes. *Contrato: estrutura milenar de fundação do direito privado*. Disponível em: <www.flaviotartuce.adv.br>. Artigos de convidados. Acesso em: 8 ago. 2005.

HIRONAKA, Giselda Maria Fernandes Novaes. Direito das sucessões: Introdução. In: HIRONAKA, Giselda Maria Fernandes Novaes; PEREIRA, Rodrigo da Cunha (Coord.). *Direito das sucessões*. 2. ed. Belo Horizonte: Del Rey, 2007.

HIRONAKA, Giselda Maria Fernandes Novaes. *Morrer e suceder*. Passado e presente da transmissão sucessória concorrente. São Paulo: Versão da Autora, 2010.

HIRONAKA, Giselda Maria Fernandes Novaes. *Morrer e suceder*. Passado e presente da transmissão sucessória concorrente. São Paulo: RT, 2011.

HIRONAKA, Giselda Maria Fernandes Novaes. *Os contornos jurídicos da responsabilidade afetiva nas relações entre pais e filhos* – Além da obrigação legal de caráter material. Disponível em: <www.flaviotartuce.adv.br>. Acesso em: 21 maio 2010.

HIRONAKA, Giselda Maria Fernandes Novaes. *Responsabilidade pressuposta.* Belo Horizonte: Del Rey, 2005.

HIRONAKA, Giselda Maria Fernandes Novaes; MORAES, Renato Duarte Franco de. *Direito das obrigações.* Direito civil. Orientação: Giselda M. F. Novaes Hironaka. São Paulo: RT, 2008. v. 2.

HIRONAKA, Giselda Maria Fernandes Novaes; TARTUCE, Flávio. O princípio da autonomia privada e o direito contratual brasileiro. *Direito contratual.* Temas atuais. São Paulo: Método, 2008.

HIRONAKA, Giselda Maria Fernandes Novaes; TARTUCE, Flávio; SIMÃO, José Fernando. O Código Civil de 2002 e a Constituição Federal: 5 anos e 20 anos. *Os 20 anos da Constituição da República Federativa do Brasil.* Alexandre de Moraes (Coord.). São Paulo: Atlas, 2009.

ITABAIANA DE OLIVEIRA, Arthur Vasco. *Tratado de direito das sucessões.* São Paulo: Max Limonad, 1952. v. III.

ITABAIANA DE OLIVEIRA, Arthur Vasco. *Tratado de direito das sucessões.* São Paulo: Max Limonad, 1952. v. II.

KHOURI, Paulo R. Roque. *A revisão judicial dos contratos no novo Código Civil, Código do Consumidor e Lei 8.666/1993.* São Paulo: Atlas, 2006.

KIRSTE, Stephan. *Introdução à filosofia do direito.* Trad. Paula Nasser. Belo Horizonte: Fórum, 2013.

KONDER, Carlos Nelson. *Contratos conexos.* Rio de Janeiro: Renovar, 2006.

KÜMPEL, Vitor; BORGARELLI, Bruno de Ávila. *Algumas reflexões sobre o Direito Real de Laje* – Parte I. Disponível em: <www.migalhas.com.br>. Acesso em: 28 set. 2017.

LARENZ, Karl. *Base del negocio jurídico y cumplimiento de los contratos.* Trad. Carlos Fernandéz Rodríguez. Granada: Comares, 2002.

LARENZ, Karl. *Derecho civil.* Parte general. Tradução e Notas de Miguel Izquierdo y Mácias-Picavea. Madrid: Editorial Revista de Derecho Privado, 1978.

LEITE, Eduardo de Oliveira. *Direito civil aplicado.* São Paulo: RT, 2005. v. 5.

LEVADA, Cláudio Antônio dos Santos. Fiança locatícia. In: CASCONI, Francisco Antonio e AMORIM, José Roberto Neves. *Locações:* aspectos relevantes. São Paulo: Método, 2004.

LIRA, Ricardo Pereira. *Elementos de direito urbanístico.* Rio de Janeiro: Renovar, 1997.

LISBOA, Roberto Senise. In: CAMILLO, Carlos Eduardo Nicoletti, TALAVERA, Glauber Moreno, FUJITA, Jorge Shiguemitsu e SCAVONE JR., Luiz Antonio. *Comentários ao Código Civil.* São Paulo: RT, 2006.

LISBOA, Roberto Senise. *Manual de direito civil.* Direito de família e das sucessões. 3. ed. São Paulo: RT, 2004. v. 5.

LÔBO, Paulo Luiz Netto. *Código Civil anotado*. In: PEREIRA, Rodrigo da Cunha. Porto Alegre: Síntese, 2004.

LÔBO, Paulo Luiz Netto. *Código Civil comentado*. In: AZEVEDO, Álvaro Villaça (Coord.). São Paulo: Atlas, 2003. v. XVI.

LÔBO, Paulo Luiz Netto. *Comentários ao Código Civil*. In: AZEVEDO, Antônio Junqueira de. São Paulo: Saraiva, 2003. v. 6.

LÔBO, Paulo Luiz Netto. *Direito civil*. Coisas. São Paulo: Saraiva, 2015.

LÔBO, Paulo Luiz Netto. *Direito civil*. Parte geral. São Paulo: Saraiva, 2009.

LÔBO, Paulo Luiz Netto. *Direito civil*. Sucessões. São Paulo: Saraiva, 2013.

LÔBO, Paulo Luiz Netto. *Divórcio: alteração constitucional e suas consequências*. Disponível em: <http://www.ibdfam.org.br/?artigos&artigo=570>. Acesso em: 12 fev. 2010.

LÔBO, Paulo Luiz Netto. *Do contrato estimatório e suas vicissitudes*. In: DELGADO, Mário Luiz; ALVES, Jones Figueirêdo. *Questões controvertidas no novo Código Civil*. São Paulo: Método, 2004. v. 2.

LÔBO, Paulo Luiz Netto. *Famílias*. São Paulo: Saraiva, 2008.

LÔBO, Paulo Luiz Netto. *Novo CPC não recriou ou restaurou a separação judicial*. Disponível em: <http://www.conjur.com.br/2015-nov-08/processo-familiar-cpc-nao--recriou-ou-restaurou-separacao-judicial>. Acesso em: 9 nov. 2015.

LÔBO, Paulo Luiz Netto. *Obrigações*. 2. ed. São Paulo: Saraiva, 2011.

LÔBO, Paulo Luiz Netto. *Teoria geral das obrigações*. São Paulo: Saraiva, 2005.

LOPES, Lucas Miotto. EU não quero saber! Uma defesa do direito de não saber como independente do direito à privacidade. *Revista Direito, Estado e Sociedade*, Pontifícia Universidade Católica do Rio de Janeiro, Departamento de Direito, Rio de Janeiro: PUCRJ, n. 45, p. 82-97, jul.-dez. 2014.

LOPES, Miguel Maria de Serpa. *Comentários à Lei de Introdução ao Código Civil*. Rio de Janeiro: Freitas Bastos, 1959. v. 1.

LOPEZ, Teresa Ancona. *Comentários ao novo Código Civil*. In: AZEVEDO, Antonio Junqueira de. São Paulo: Saraiva, 2003. v. 7.

LOPEZ, Teresa Ancona. *O dano estético*. São Paulo: RT, 1980.

LORENZETTI, Ricardo Luís. *Teoria da decisão judicial*. Trad. Bruno Miragem. Com notas e revisão de Claudia Lima Marques. São Paulo: RT, 2009.

LOTUFO, Renan. *Código Civil comentado*. São Paulo: Saraiva, 2002. v. I.

LOTUFO, Renan. *Código Civil comentado*. São Paulo: Saraiva, 2003. v. 2.

LOUREIRO, Francisco Eduardo. *Código Civil comentado*. Coordenador: Ministro Cezar Peluso. São Paulo: Manole, 2007.

LOUREIRO, Francisco Eduardo. *Código Civil comentado*. Coordenador: Ministro Cezar Peluso. 4. ed. São Paulo: Manole, 2010.

MADALENO, Rolf. *A união (ins) estável. Relações paralelas*. Disponível em: <http://www.flaviotartuce.adv.br/secoes/artigosc/Rolf_uniaoestavel.doc>. Acesso em: 21 jun. 2010.

REFERÊNCIAS BIBLIOGRÁFICAS | **1961**

MADALENO, Rolf. *Concorrência sucessória e o trânsito processual*. Disponível em: <http://www.rolfmadaleno.com.br/rs/index2.php?option=com_content&do_pdf=1&id=42>. Acesso em: 28 set. 2010.

MADALENO, Rolf. *Curso de direito de família*. Rio de Janeiro: Forense, 2008.

MADALENO, Rolf. *Curso de direito de família*. 4. ed. Rio de Janeiro: Forense, 2011.

MADALENO, Rolf. *Direito de família. Aspectos polêmicos*. 2. ed. Porto Alegre: Livraria do Advogado, 1999.

MADALENO, Rolf. O fantasma processual da separação. In: TARTUCE, Fernanda; MAZZEI, Rodrigo; CARNEIRO, Sérgio Barradas (coord.). *Família e sucessões*. Salvador: JusPodivm, 2016.

MALUF, Carlos Alberto Dabus. *Cláusulas de inalienabilidade, incomunicabilidade e impenhorabilidade*. 4. ed. São Paulo: RT, 2006.

MALUF, Carlos Alberto Dabus. *Código Civil comentado*. 2. ed. Coord. Ricardo Fiuza. São Paulo: Saraiva, 2004.

MALUF, Carlos Alberto Dabus. *Código Civil comentado*. 6. ed. Coord. Ricardo Fiúza e Regina Beatriz Tavares da Silva. São Paulo: Saraiva, 2008.

MALUF, Carlos Alberto Dabus. *Código Civil Comentado*. 8. ed. Coord. Regina Beatriz Tavares da Silva. São Paulo: Saraiva, 2012. p. 1.359.

MALUF, Carlos Alberto Dabus. *Limitações ao Direito da Propriedade*. 3. ed. São Paulo: RT, 2011.

MARQUES, Benedito Ferreira. *Direito agrário brasileiro*. 9. ed. São Paulo: Atlas, 2011.

MARQUES, Claudia Lima. *Comentários ao Código de Defesa do Consumidor*. 3. ed. São Paulo: RT, 2010.

MARQUES, Claudia Lima. *Contratos no Código de Defesa do Consumidor*. 5. ed. São Paulo: RT, 2006.

MARQUES, Claudia Lima. *Manual de Direito do Consumidor*. In: BENJAMIN, Antonio Herman V.; MARQUES, Claudia Lima; BESSA, Leonardo Roscoe. São Paulo: RT, 2007.

MARQUES, Claudia Lima; BENJAMIN, Antonio Herman V.; MIRAGEM, Bruno. *Comentários ao Código de Defesa do Consumidor*. São Paulo: RT, 2004.

MARTINS-COSTA, Judith. *A boa-fé no direito privado*. São Paulo: RT, 1999.

MARTINS-COSTA, Judith. *Comentários ao novo Código Civil*. Coord. Sálvio de Figueiredo Teixeira. Rio de Janeiro: Forense, 2003. v. V, t. I.

MARTINS-COSTA, Judith. O novo Código Civil brasileiro: em busca da "ética da situação". In: BRANCO, Gerson Luiz Carlos e MARTINS-COSTA, Judith. *Diretrizes teóricas do novo Código Civil brasileiro*. São Paulo: Saraiva, 2002.

MATOS, Enéas de Oliveira. *Dano moral e dano estético*. Rio de Janeiro: Renovar, 2011.

MAXIMILIANO, Carlos. *Direito das sucessões*. 2. ed. Rio de Janeiro: Freitas Bastos, 1943. v. II.

MAZZEI, Rodrigo Reis. A prescrição e a sua pronúncia de ofício. In: DELGADO, Mário Luiz; ALVES, Jones Figueirêdo. *Questões controvertidas no novo Código Civil*. São Paulo: Método, 2007. v. 6.

MAZZEI, Rodrigo Reis. Abuso de direito: contradição entre o § 2.º do art. 1.228 e o art. 187 do Código Civil. In: BARROSO, Lucas Abreu (Org.). *Introdução crítica ao Código Civil*. Rio de Janeiro: Forense, 2006.

MAZZEI, Rodrigo Reis. *Direito de superfície*. Salvador: JusPodivm, 2013.

MAZZEI, Rodrigo Reis. Litisconsórcio sucessivo: breves considerações. In: Fredie Didier Jr.; Rodrigo Mazzei (Org.). *Processo e direito material*. Salvador: JusPodivm, 2009.

MAZZEI, Rodrigo Reis; FREIRE, Deborah Azevedo. A instauração do inventário *causa mortis*. Breves (mas não óbvias) anotações a partir do regime jurídico emergencial e transitório das relações jurídicas de Direito Privado (RJET) no período da pandemia do coronavírus (Covid-19). *Revista Nacional de Direito de Família e das Sucessões*, Porto Alegre, n. 35, p. 23, mar./abr. 2020.

MAZZUOLI, Valerio de Oliveira. *Prisão civil por dívida e o Pacto de San José da Costa Rica*. Rio de Janeiro: Forense, 2002.

MEIRELES, Edilton. *Abuso do direito na relação de emprego*. São Paulo: LTr, 2005.

MELO, Marco Aurélio Bezerra de. *Apreciação preliminar dos fundos de investimento na MP 881/19*. Disponível em: <http://genjuridico.com.br/2019/05/03/apreciacao--preliminar-dos-fundos-de-investimento-na-mp-881-19/>. Acesso em: 3 maio 2019.

MELO, Marco Aurélio Bezerra de. *Código Civil comentado*. Doutrina e jurisprudência. Rio de Janeiro: Forense, 2019.

MELO, Marco Aurélio Bezerra de. *Direito Civil*. Coisas. 2. ed. Rio de Janeiro: Forense, 2018.

MELO, Marco Aurélio Bezerra de. *Curso de direito civil*. Direito dos contratos. Teoria geral dos contratos. São Paulo: Atlas, 2015. v. III, t. I.

MELO, Marco Aurélio Bezerra de. *Curso de direito civil*. Responsabilidade civil. São Paulo: Atlas, 2015. v. IV.

MELO, Marco Aurélio Bezerra de. *Direito das coisas*. Rio de Janeiro: Lumen Juris, 2007.

MELO, Marco Aurélio Bezerra de. *Novo Código Civil anotado*. Rio de Janeiro: Lumen Juris, 2004. v. III, t. I.

MELO, Marco Aurélio Bezerra de. Questões polêmicas sobre o condomínio edilício. In: TARTUCE, Flávio; SALOMÃO, Luis Felipe (Coord.). *Direito civil*. Diálogos entre a doutrina e a jurisprudência. São Paulo: Atlas, 2018.

MELLO, Marcos Bernardes de. *Teoria do fato jurídico*. Plano da existência. 7. ed. São Paulo: Saraiva, 1995.

MENDONÇA, Manuel Inácio Carvalho de. *Contratos no direito brasileiro*. 4. ed. Rio de Janeiro: Forense, 1957. t. I.

MENEZES CORDEIRO, António Manuel da Rocha e. *Da boa-fé no direito civil*. Coimbra: Almedina, 2001.

REFERÊNCIAS BIBLIOGRÁFICAS | **1963**

MENGER, Antonio. *El derecho civil y los pobres.* Trad. Adolfo Posada. Madrid: Libreria General de Victoriano Suárez, 1898.

MIRANDA, Jorge; MEDEIROS, Rui. *Constituição portuguesa anotada.* Coimbra: Coimbra, t. I.

MÔNACO, Gustavo Ferraz de Campos. *Adoção, esquadrinhando o instituto à luz do sistema vigente.* Disponível em: <www.flaviotartuce.adv.br>. Acesso em: 1.º jul. 2010.

MÔNACO, Gustavo Ferraz de Campos. *Código Civil interpretado.* Coord. Silmara Juny Chinellato. 3. ed. São Paulo: Manole, 2010.

MONTEIRO, Washington de Barros. *Curso de direito civil.* Direito das coisas. 37. ed. rev. e atual. São Paulo: Saraiva, 2003. v. 3.

MONTEIRO, Washington de Barros. *Curso de direito civil.* Direito das obrigações. 2.ª Parte. 9. ed. São Paulo: Saraiva, 1973.

MONTEIRO, Washington de Barros. *Curso de direito civil.* Direito das obrigações. 2.ª Parte. 34. ed. atual. por Carlos Alberto Dabus Maluf e Regina Beatriz Tavares da Silva. São Paulo: Saraiva, 2003. v. 5.

MONTEIRO, Washington de Barros. *Curso de direito civil brasileiro.* São Paulo: Saraiva, 1979. v. IV.

MONTEIRO, Washington de Barros; FRANÇA PINTO, Ana Cristina de Barros Monteiro. *Curso de direito civil.* Parte geral. 42. ed. São Paulo: Saraiva, 2009. v. 1.

MONTEIRO, Washington de Barros; MALUF, Carlos Alberto Dabus. *Curso de direito civil.* Direito das coisas. 39. ed. São Paulo: Saraiva, 2013. v. 3.

MONTEIRO DE BARROS, Flávio Augusto. *Manual de direito civil.* São Paulo: Método, 2005. v. 3.

MORAES, Maria Celina Bodin de. *Danos à pessoa humana.* Uma leitura civil-constitucional dos danos morais. 1. ed. 3. tir. Rio de Janeiro: Renovar, 2007.

MOREIRA, Eduardo Ribeiro. *Neoconstitucionalismo* – A invasão da Constituição. São Paulo: Método, 2008. v. 7 (Coleção Professor Gilmar Mendes).

MOREIRA, Fernanda de Souza. O direito a alimentos do nascido do banco de sêmen e a legitimação passiva do doador na inseminação artificial heteróloga: uma colisão de direitos fundamentais. *Revista Brasileira de Direito das Famílias e das Sucessões.* Porto Alegre: Magister, n. 15, ano XII, abril-maio 2010, p. 30-49.

MOREIRA, Fernanda de Souza. *A parte geral do Projeto de Código Civil brasileiro.* 2. ed. São Paulo: Saraiva, 2003.

MORSELLO, Marco Fábio. *Responsabilidade civil no transporte aéreo.* São Paulo: Atlas, 2006.

NALIN, Paulo. *Do contrato:* conceito pós-moderno. 5. tir. Curitiba: Juruá, 2005.

NALIN, Paulo; STEINER, Renata C. Atraso na obrigação de entrega e essencialidade do tempo do cumprimento na CISG. *Compra e venda internacional de mercadorias.* Curitiba: Juruá, 2014.

NEGRÃO, Theotônio; GOUVÊA, José Roberto F.; BONDIOLI, Luís Guilherme A. *Código de Processo Civil e legislação processual em vigor.* 43. ed. São Paulo: Saraiva, 2011.

NERY JR., Nelson. A base do negócio jurídico e a revisão do contrato. *Questões de direito civil e o novo Código.* São Paulo: Ministério Público. Procuradoria-Geral de Justiça: Imprensa Oficial do Estado de São Paulo, 2004.

NERY JR., Nelson. Compensação tributária e o Código Civil. *Direito tributário e o novo Código Civil.* São Paulo: Quartier Latin, 2004.

NERY JR., Nelson; NERY, Rosa Maria de Andrade. *Código Civil anotado.* 2. ed. São Paulo: RT, 2003.

NERY JR., Nelson; NERY, Rosa Maria de Andrade. *Código Civil comentado.* 3. ed. São Paulo: RT, 2005.

NERY JR., Nelson; NERY, Rosa Maria de Andrade. *Código de Processo Civil comentado.* 6. ed. São Paulo: RT, 2006.

NERY JR., Nelson; NERY, Rosa Maria de Andrade. *Código de Processo Civil comentado e legislação extravagante.* 9. ed. São Paulo: RT, 2006.

NERY JR., Nelson; NERY, Rosa Maria de Andrade. *Comentários ao Código de Processo Civil.* São Paulo: RT, 2015.

NEVES, Gustavo Kloh Müller. O princípio da tipicidade dos direitos reais ou a regra do *numerus clausus.* In: MORAES, Maria Celina Bodin de (Coord.). *Princípios do direito civil contemporâneo.* Rio de Janeiro: Renovar, 2006.

NICOLAU, Gustavo René. Desconsideração da personalidade jurídica. In: CANEZIN, Claudete Carvalho. *Arte jurídica.* Curitiba: Juruá, 2006. v. III.

NONATO, Orosimbo. *Estudos sobre a sucessão testamentária.* Rio de Janeiro: Forense, 1957.

NORONHA, Fernando. *Direito das obrigações.* São Paulo: Saraiva, 2003. v. I.

NORONHA, Fernando. *O direito dos contratos e seus princípios fundamentais*: autonomia privada, boa-fé, justiça contratual. São Paulo: Saraiva, 1994.

NUNES, Luiz Antônio Rizzatto. *Comentários ao Código de Defesa do Consumidor.* São Paulo: Saraiva, 2000.

OLIVEIRA, Carlos Eduardo Elias de; COSTA-NETO, João. *Manual de Direito Civil.* 2. ed. Rio de Janeiro: Forense, 2023.

OLIVEIRA, Carlos Eduardo Elias de. *Análise detalhada da multipropriedade no Brasil após a Lei n. 13.777/2018*: pontos polêmicos e aspectos de Registros Públicos, p. 17. Disponível em: <www.flaviotartuce.adv.br>. Acesso em: 26 ago. 2019.

OLIVEIRA, Carlos Eduardo Elias de. *Considerações sobre a recente Lei da Multipropriedade ou da* Time Sharing *(Lei n.º 13.777/2008): principais aspectos de Direito Civil, de Processo Civil e de Registros Públicos*, p. 3 e 7. Disponível em: <www.flaviotartuce.adv.br>. Acesso em: 25 ago. 2019.

OLIVEIRA, Carlos Eduardo Elias de. *Direito real de laje à luz da Lei 13.465/2017: uma nova hermenêutica.* Disponível em: <www.flaviotartuce.adv.br>. Acesso em: 28 set. 2017.

REFERÊNCIAS BIBLIOGRÁFICAS | **1965**

OLIVEIRA, Carlos Eduardo Elias de. *Novidades da Lei n. 13.465/2017: o condomínio de lotes, o condomínio urbano simples e o loteamento de acesso controlado*. Disponível em: <www.flaviotartuce.adv.br. Artigos de convidados>. Acesso em: 27 set. 2017.

OLIVEIRA, Carlos Eduardo Elias de; TARTUCE, Flávio. *Lei do Sistema Eletrônico de Registros Públicos*. Rio de Janeiro: Forense, 2023.

OLIVEIRA, Euclides de. A escalada do afeto no direito de família: ficar, namorar, conviver, casar. *Anais do V Congresso Brasileiro de Direito de Família do IBDFAM*. Rodrigo da Cunha Pereira (Coord.). São Paulo: IOB Thompson, 2006.

OLIVEIRA, Euclides de. Alteração do regime de bens no casamento. In: DELGADO, Mário Luiz; ALVES, Jones Figueirêdo (Coord.). *Questões controvertidas no novo Código* Civil. São Paulo: Método, 2003. v. 1.

OLIVEIRA, Euclides de. Decisão comentada. Ministério Público na Interdição. *Revista Brasileira de Direito das Famílias e das Sucessões*. Porto Alegre: IBDFAM-Magister, n. 00, out.-nov. 2007, p. 83.

OLIVEIRA, Euclides de. *Direito de herança*. São Paulo: Saraiva, 2005.

OLIVEIRA, Euclides de. *União estável* – Do concubinato ao casamento. 6. ed. São Paulo: Método, 2003.

OLIVEIRA, Euclides de; AMORIM, Sebastião. *Inventários e partilhas*. 22. ed. São Paulo: LEUD, 2009.

OLIVEIRA, Euclides de; AMORIM, Sebastião. *Inventário e partilha*. 24. ed. São Paulo: Saraiva, 2016.

OLIVEIRA, Euclides de; HIRONAKA, Giselda M. F. N. Distinção jurídica entre união estável e concubinato. In: DELGADO, Mário Luiz; ALVES, Jones Figueirêdo (Coord.). *Questões controvertidas no novo Código Civil*. São Paulo: Método, 2004. v. 3.

OLIVEIRA, Marco Aurélio Bellizze. Questões polêmicas sobre a prescrição. In: SALOMÃO, Luis Felipe; TARTUCE, Flávio (Coord.). *Direito civil*. Diálogos entre a doutrina e a jurisprudência. São Paulo: Atlas, 2018.

OTERO, Marcelo Truzzi. *Justa causa testamentária*. Porto Alegre: Livraria do Advogado, 2012.

PALANDT, Otto. *Bürgerliches Gesetzbuch*. München: C. H. Beck Verlag, 2017.

PENTEADO, Luciano de Camargo. *Direito das coisas*. São Paulo: RT, 2008.

PENTEADO, Luciano de Camargo. *Doação com encargo e causa contratual*. São Paulo: Millennium, 2004.

PENTEADO, Luciano de Camargo. *Efeitos contratuais perante terceiros*. São Paulo: Quartier Latin, 2007.

PEREIRA, Caio Mário da Silva. *Instituições de direito civil*. 20. ed. Rio de Janeiro: Forense, 2004. v. I.

PEREIRA, Caio Mário da Silva. *Instituições de direito civil*. Contratos. 16. ed. rev. e atual. por Regis Fichtner. Rio de Janeiro: Forense, 2012. v. III.

PEREIRA, Caio Mário da Silva. *Instituições de direito civil*. 19. ed. Rio de Janeiro: Forense, 2012. v. VI. Direito das Sucessões.

PEREIRA, Caio Mário da Silva. *Lesão nos contratos*. Rio de Janeiro: Forense, 1959.

PEREIRA, Caio Mário da Silva. *Responsabilidade civil*. De acordo com a Constituição de 1988. 5. ed. Rio de Janeiro: Forense, 1994.

PEREIRA, Rodrigo da Cunha. *Comentários ao novo Código Civil*. Sálvio de Figueiredo Teixeira (Coord.). Rio de Janeiro: Forense, 2003. v. XX.

PEREIRA, Rodrigo da Cunha. *Princípios fundamentais norteadores do direito de família*. Belo Horizonte: Del Rey, 2006.

PERES, Fábio Henrique. *Cláusulas contratuais excludentes e limitativas do dever de indenizar*. São Paulo: Quartier Latin, 2009.

PERLINGIERI, Pietro. *Perfis do direito civil*. Introdução ao direito civil constitucional. Trad. Maria Cristina De Cicco. 2. ed. Rio de Janeiro: Renovar, 2002.

PINHEIRO, Patrícia Peck. *Direito digital*. 2. ed. São Paulo: Saraiva, 2008.

PIVA, Rui Carvalho. *Bem ambiental*. São Paulo: Max Limonad, 2001.

PODESTÁ, Fábio. Notas sobre a revisão do contrato. In: TARTUCE, Flávio e CASTILHO, Ricardo. *Direito civil. Direito patrimonial. Direito existencial*. Estudos em homenagem à professora Giselda Maria Fernandes Novaes Hironaka. São Paulo: Método, 2006.

PONTES DE MIRANDA, Francisco Cavalcanti. *Tratado de direito privado*. Rio de Janeiro: Borsoi, 1972. t. LVI.

PONTES DE MIRANDA, Francisco Cavalcanti. *Tratado de direito privado*. 4. ed. São Paulo: RT, 1974. t. II.

PONTES DE MIRANDA, Francisco Cavalcanti. *Tratado de direito privado*. 4. ed. São Paulo: RT, 1974. t. III.

PONTES DE MIRANDA, Francisco Cavalcanti. *Tratado de direito privado*. 4. ed. São Paulo: RT, 1974. t. IV.

PONTES DE MIRANDA, Francisco Cavalcanti. *Tratado de direito privado*. 4. ed. São Paulo: RT, 1974. t. V.

PÓVOAS, Maurício Cavallazzi. *Multiparentalidade*. A possibilidade de múltipla filiação registral e seus efeitos. Florianópolis: Conceito Editorial, 2012.

RÁO, Vicente. *Ato jurídico*. São Paulo: RT, 1994.

REALE, Miguel. Exposição de motivos do anteprojeto do Código Civil. In: NERY JR, Nelson; NERY, Rosa Maria de Andrade. *Código Civil anotado*. 2. ed. São Paulo: RT, 2003.

REALE, Miguel. *História do Novo Código Civil*. Biblioteca de Direito Civil. Estudos em homenagem ao Professor Miguel Reale. São Paulo: RT, 2005. v. 1.

REALE, Miguel. *Lições preliminares de direito*. 21. ed. São Paulo: Saraiva, 1994.

REALE, Miguel. *Questões de direito privado*. São Paulo: Saraiva, 1997.

REALE, Miguel. *Teoria tridimensional do Direito*. Situação atual. 5. ed. 5. tir. São Paulo: Saraiva, 2003.

# REFERÊNCIAS BIBLIOGRÁFICAS | 1967

RENTERIA, Pablo. *Obrigações de meios e de resultado*. Visão crítica. São Paulo: GEN/Método, 2011.

REQUIÃO, Rubens. *Curso de direito comercial*. 23. ed. São Paulo: Saraiva, 1998. v. 1.

RIBEIRO, Benedito Silvério. *Tratado de usucapião*. 4. ed. São Paulo: Saraiva, 2006. v. 1.

RIBEIRO, Ney Rodrigo Lima. *Direitos da personalidade*. Coord. Jorge Miranda, Otávio Luiz Rodrigues Jr. e Gustavo Bonato Fruet. São Paulo: Atlas, 2012.

RIOS, Roger Raupp. Adoção por casais homossexuais: admissibilidade. *Jornal Carta Forense*. São Paulo: junho de 2009. Matéria de capa. Disponível em: <http://www.cartaforense.com.br/Materia.aspx?id=4233>. Acesso em: 11 nov. 2009.

ROCHA, Sílvio Luís Ferreira da. *Função social da propriedade pública*. São Paulo: Malheiros, 2005.

RODRIGUES JÚNIOR, Otávio Luiz. *A célebre lei do deputado Failliot e a teoria da imprevisão*. Disponível em: <https://www.conjur.com.br/2020-abr-02/direito-comparado-celebre-lei-deputado-failliot-teoria-imprevisao>. Acesso em: 15 out. 2020.

RODRIGUES JR., Otávio Luiz. *Um ano longo demais e os seus impactos no direito civil contemporâneo*. Disponível em:< http://www.conjur.com.br/2016-dez-26/retrospectiva-2016-ano-longo-impactos-direito-civil-contemporaneo>. Acesso em: 28 set. 2017.

RODRIGUES, Sílvio. *Direito civil*. 17. ed. São Paulo: Saraiva, 1987.

RODRIGUES, Sílvio. *Direito civil*. Parte geral. 24. ed. São Paulo: Saraiva, 1994. v. 1.

RODRIGUES, Sílvio. *Direito civil*. 29. ed. São Paulo: Saraiva, 2003. v. 3.

RODRIGUES, Sílvio. *Direito civil*. Parte Geral. 32. ed. São Paulo: Saraiva, 2002.

RODRIGUES, Sílvio. *Direito civil*. 33. ed. São Paulo: Saraiva, 2003. v. I.

RODRIGUES, Sílvio. *Direito civil*. Direito de família. 27. ed. atual. por Francisco Cahali. São Paulo: Saraiva, 2002. v. 6.

RODRIGUES, Sílvio. *Direito civil*. Parte geral. São Paulo: Saraiva, 2002. v. 1.

ROPPO, Enzo. *O contrato*. Coimbra: Almedina, 1988.

ROSÁRIA, Grácia Cristina Moreira do. *Perda da chance de cura na responsabilidade civil médica*. Rio de Janeiro: Lumen Juris, 2009.

ROSENVALD, Nelson. *Código Civil comentado*. In: PELUSO, Cezar (Ministro). São Paulo: Manole, 2007.

ROSENVALD, Nelson. *Dignidade humana e boa-fé*. São Paulo: Saraiva, 2005.

ROSSATO, Luciano Alves; LÉPORE, Paulo Eduardo. *Comentários à Lei Nacional da Adoção* – Lei 12.010, de 3 de agosto de 2009. São Paulo: RT, 2009.

SANSEVERINO, Paulo de Tarso. *Contratos nominados II*. Estudos em homenagem ao professor Miguel Reale. São Paulo: RT, 2006.

SANTOS, Luiz Felipe Brasil. *Emenda do Divórcio: cedo para comemorar*. Disponível em: <http://www.ibdfam.org.br/?artigos&artigo=648>. Acesso em: 15 dez. 2010.

SARMENTO, Daniel. *Direito adquirido, emenda constitucional, democracia e justiça social*. Livres e iguais. Rio de Janeiro: Lumen Juris, 2006.

SARMENTO, Daniel. *Direitos fundamentais e relações privadas*. Rio de Janeiro: Lumen Juris, 2004.

SARTORI, Fernando. *Direito de famílias e das sucessões*. Temas atuais. A invalidade do casamento. Casamento nulo e anulável. In: HIRONAKA, Giselda Maria Fernandes Novaes; TARTUCE, Flávio; SIMÃO, José Fernando (Coord.). São Paulo: Método, 2009.

SAVI, Sérgio. *Responsabilidade civil por perda de uma chance*. São Paulo: Atlas, 2006.

SCHREIBER, Anderson. *Manual de Direito Civil Contemporâneo*. São Paulo: Saraiva, 2018.

SCHREIBER, Anderson. A boa-fé objetiva e o adimplemento substancial. *Direito contratual*. Temas atuais. In: HIRONAKA, Giselda Maria Fernandes Novaes e TARTUCE, Flávio. São Paulo: Método, 2008.

SCHREIBER, Anderson. *A proibição do comportamento contraditório*. Tutela de confiança e *venire contra factum proprium*. Rio de Janeiro: Renovar, 2005.

SCHREIBER, Anderson. *Código Civil comentado*. Doutrina e jurisprudência. Rio de Janeiro: Forense, 2019.

SCHREIBER, Anderson. *Direitos da personalidade*. São Paulo: Atlas, 2011.

SCHREIBER, Anderson. *Novos paradigmas da responsabilidade civil*. São Paulo: Atlas, 2007.

SCHREIBER, Anderson. O princípio da boa-fé objetiva no Direito de Família. *Anais do V Congresso Brasileiro de Direito de Família*, 2006.

SCHREIBER, Anderson. *STF, Repercussão Geral 622: multiparentalidade e seus efeitos*. Disponível em: <http://flaviotartuce.jusbrasil.com.br/artigos>. Acesso em: 3 out. 2016.

SCHÜTZER DEL NERO, João Alberto. *Conversão substancial do negócio jurídico*. Rio de Janeiro: Renovar, 2001.

SILVA, Alexandre Barbosa da. *Propriedade sem registro*. Curitiba: Juruá, 2018.

SILVA, Jorge Cesa Ferreira da. *Inadimplemento das obrigações*. São Paulo: RT, 2006.

SILVA, Rafael Peteffi da. *Responsabilidade civil pela perda de uma chance*. São Paulo: Atlas, 2007.

SILVA, Rodrigo da Guia. As dívidas oriundas de apostas esportivas online são juridicamente exigíveis? Disponível em: <https://www.migalhas.com.br/coluna/migalhas--contratuais/388099/dividas-oriundas-de-apostas-esportivas-sao-juridicamente-exigiveis>. Acesso em: 2 nov. 2023.

SIMÃO, José Fernando. *A concorrência dos pais e ou das mães com o cônjuge sobrevivente*. Disponível em: <http://www.flaviotartuce.adv.br>. Acesso em: 17 out. 2018.

SIMÃO, José Fernando. *Adimplemento substancial e a nova orientação do STJ – E o poder dos Bancos prevaleceu*. Disponível em: <www.cartaforense.com.br>. Acesso em: 18 set. 2017.

REFERÊNCIAS BIBLIOGRÁFICAS | **1969**

SIMÃO, José Fernando. *Código Civil comentado*. Doutrina e jurisprudência. Rio de Janeiro: Forense, 2019.

SIMÃO, José Fernando. *Comentários ao que sobrou da Lei n. 14.010/2020, que cria um sistema emergencial de Direito Privado em tempos de pandemia*. Inédito.

SIMÃO, José Fernando. *De Alexandre a Luciane* – da cumplicidade pelo abandono ao abandono punido! Disponível em: <http://www.cartaforense.com.br/Materia. aspx?id=8800>. Acesso em: 18 jun. 2012.

SIMÃO, José Fernando. *Direito civil*. Contratos. (Série Leituras Jurídicas). 3. ed. São Paulo: Atlas, 2008.

SIMÃO, José Fernando. *Efeitos patrimoniais da união estável*. Direito de Família no Novo Milênio. Estudos em homenagem ao Professor Álvaro Villaça Azevedo. Chinellato, Simão, Fujita e Zucchi (Coord.). São Paulo: Atlas, 2010.

SIMÃO, José Fernando. *Estatuto da Pessoa com Deficiência causa perplexidade (Parte I)*. Disponível em: <http://www.conjur.com.br/2015-ago-6/jose-simao-estatuto-pessoa--deficiencia-causa-perplexidade>. Acesso em: 26 maio 2016.

SIMÃO, José Fernando. *Guarda compartilhada obrigatória. Mito ou realidade? O que muda com a aprovação do PL 117/2013*. Disponível em: <www.professorsimao. com.br>. Acesso em: 28 nov. 2014.

SIMÃO, José Fernando. Novo CPC e o direito civil – evicção – segunda parte. *Jornal Carta Forense*. Disponível em: <www.cartaforense.com.br>. Acesso em: 8 abr. 2015.

SIMÃO, José Fernando. O contrato nos tempos da Covid-19. Esqueçam a força maior e pensem na base do negócio. *Migalhas*, Ribeirão Preto, 3 abr. 2020. Coluna Migalhas Contratuais. Disponível em: <https://migalhas.uol.com.br/coluna/migalhas--contratuais/323599/o-contrato-nos-tempos-da-covid-19--esquecam-a-forca-maior--e-pensem-na-base-do-negocio>. Acesso em: 5 out. 2020.

SIMÃO, José Fernando. Prescrição e sua alegação – Lei 11.280 e a revogação do art. 194 do Código Civil. *Jornal Carta Forense*, São Paulo, n. 34, abr. 2006.

SIMÃO, José Fernando. *Quem tem medo de dar carona?* Disponível em: <www.flaviortartuce.adv.br>. Acesso em: 14 set. 2014.

SIMÃO, José Fernando. Requisitos do erro como vício do consentimento no Código Civil. In: DELGADO, Mário Luiz; ALVES, Jones Figueirêdo. *Questões controvertidas no novo Código Civil*. São Paulo: Método, 2007. v. 6.

SIMÃO, José Fernando. *Responsabilidade civil do incapaz*. São Paulo: Atlas, 2008.

SIMÃO, José Fernando. Separação convencional, separação legal e separação obrigatória: reflexões a respeito da concorrência sucessória e o alcance do artigo 1.829, I, do CC – Recurso Especial n. 992.749/MS. *Revista Brasileira de Direito das Famílias e Sucessões*, Porto Alegre: Magister, n. 15, ano 12, abr.-maio 2010, p. 5-19.

SIMÃO, José Fernando. *Tempo e direito civil*. Prescrição e decadência. 2011. Tese (Livre--docente em Direito Civil) – Faculdade de Direito da USP, São Paulo.

SIMÃO, José Fernando. *Tempo e direito civil*. Prescrição e decadência. São Paulo: USP, 2011.

SIMÃO, José Fernando. *Vícios do produto no novo Código Civil e no Código de Defesa do Consumidor.* São Paulo: Atlas, 2003.

SOUZA, Sérgio Iglesias Nunes de. O novo art. 285-B (Lei 12.810/13) do CPC (Lei 5.869/73) e os contratos de empréstimos habitacionais. Disponível em: <www.migalhas.com.br>. Acesso em: 4 set. 2013.

STRECK, Lenio Luiz. Por que é inconstitucional "repristinar" a separação judicial no Brasil. Disponível em: <http://www.conjur.com.br/2014-nov-18/lenio-streck--inconstitucional-repristinar-separacao-judicial>. Acesso em: 21 dez. 2014.

TARTUCE, Fernanda. *Processo civil aplicado ao direito de família.* São Paulo: Método, 2012. p. 29.

TARTUCE, Fernanda. Gratuidade em divórcio e inventário extrajudiciais. In: DELGADO, Mário Luiz; COLTRO, Antonio Carlos Mathias (Org.). *Separação, divórcio, partilhas e inventários extrajudiciais.* 2. ed. Rio de Janeiro: Forense, 2010. v. 1.

TARTUCE, Fernanda; MAZZEI, Rodrigo Reis. Inventário e partilha no projeto de Novo CPC: pontos de destaque na relação entre os direitos material e processual. *Revista Nacional de Direito de Família e Sucessões*, Porto Alegre: Lex Magister, n. 1, p. 92-94, jul.-ago. 2014.

TARTUCE, Flávio. *A MP 881/19 (liberdade econômica) e as alterações do Código Civil. Primeira parte.* Disponível em: <https://www.migalhas.com.br/dePeso/16,MI301612,41046-A+MP+88119+liberdade+economica+e+as+alteracoes+do+Codigo+Civil>. Acesso em: 1.º out. 2019.

TARTUCE, Flávio. *Herança Digital e Sucessão Legítima* – Primeiras Reflexões. Disponível em: <http://www.flaviotartuce.adv.br/artigos>. Acesso em: 29 out. 2018.

TARTUCE, Flávio. *Da possibilidade de afastamento da súmula 377 do STF por pacto antenupcial.* Disponível em: <https://www.migalhas.com.br/FamiliaeSucessoes>. Acesso em: 10 out. 2018.

TARTUCE, Flávio. *A situação jurídica do nascituro:* uma página a ser virada no Direito Brasileiro. In: DELGADO, Mário Luiz; ALVEZ, Jones Figueirêdo (Coord.). *Questões controvertidas do Código Civil. Parte Geral.* São Paulo: Método, 2007. v. 6.

TARTUCE, Flávio. *Código Civil comentado.* Doutrina e jurisprudência. 6. ed. Rio de Janeiro: Forense, 2026.

TARTUCE, Flávio. Considerações sobre o abuso de direito ou ato emulativo civil. In: DELGADO, Mário Luiz; ALVES, Jones Figueirêdo. *Questões controvertidas no novo Código Civil.* São Paulo: Método, 2004. v. 2.

TARTUCE, Flávio. *Direito civil.* Lei de introdução e parte geral. 21. ed. Rio de Janeiro: Forense, 2025. v. 1.

TARTUCE, Flávio. *Direito civil.* Direito das obrigações e responsabilidade civil. 20. ed. Rio de Janeiro: Forense, 2025. v. 2.

TARTUCE, Flávio. *Direito civil.* Teoria geral dos contratos. 20. ed. Rio de Janeiro: Forense, 2025. v. 3.

TARTUCE, Flávio. *Direito civil.* Direito das coisas. 17. ed. Rio de Janeiro: Forense, 2025. v. 4.

TARTUCE, Flávio. *Direito civil*. Direito de família. 20. ed. Rio de Janeiro: Forense, 2025. v. 5.

TARTUCE, Flávio. *Direito civil*. Direito das sucessões. 18. ed. Rio de Janeiro: Forense, 2025. v. 6.

TARTUCE, Flávio. *Função social dos contratos*. Do Código de Defesa do Consumidor ao Código Civil de 2002. 2. ed. São Paulo: Método, 2007.

TARTUCE, Flávio. *Responsabilidade civil*. 4. ed. São Paulo: Método, 2025.

TARTUCE, Flávio. O coronavírus e os contratos – Extinção, revisão e conservação – Boa-fé, bom senso e solidariedade. *Migalhas*, Ribeirão Preto, 27 mar. 2020. Coluna Migalhas Contratuais. Disponível em: <https://migalhas.uol.com.br/coluna/migalhas-contratuais/322919/o-coronavirus-e-os-contratos---extincao--revisao--e-conservacao---boa-fe--bom-senso-e-solidariedade>. Acesso em: 15 out. 2020.

TARTUCE, Flávio. *O Novo CPC e o direito civil*. Impactos, diálogos e interações. 2. ed. São Paulo: Método, 2016.

TARTUCE, Flávio. *Responsabilidade civil objetiva e risco*. A teoria do risco concorrente. São Paulo: Método, 2011.

TARTUCE, Flávio. Separados pelo casamento. Um ensaio sobre o concubinato, a separação de fato e a união estável. *Revista Brasileira de Direito das Famílias e Sucessões*, Porto Alegre: Magister, n. 08, fev./mar. 2009, p. 58-67.

TARTUCE, Flávio. *Teoria do risco concorrente na responsabilidade objetiva*. São Paulo: Método, 2011.

TARTUCE, Flávio; ASSUMPÇÃO NEVES, Daniel Amorim. *Manual de direito do consumidor*. 14. ed. São Paulo: Método, 2025. Volume único.

TARTUCE, Flávio; ASSUMPÇÃO NEVES, Daniel Amorim. *Manual do Direito do Consumidor*. 6. ed. São Paulo: Método, 2016.

TARTUCE, Flávio; ASSUMPÇÃO NEVES, Daniel Amorim. *Manual de Direito do Consumidor*. Direito material e processual. 3. ed. São Paulo: Método, 2014.

TARTUCE, Flávio; OLIVEIRA, Carlos E. Elias de. *Lei do Sistema Eletrônico de Registros Públicos*. Rio de Janeiro: Forense: 2023.

TARTUCE, Flávio; SALOMÃO, Luis Felipe (Coord.). *Direito civil*. Diálogos entre a doutrina e a jurisprudência. São Paulo: Atlas, 2018.

TARTUCE, Flávio; SIMÃO, José Fernando. *Direito civil*. Direito das coisas. 5. ed. São Paulo: Método, 2012. v. 4.

TARTUCE, Flávio; SIMÃO, José Fernando. *Direito civil*. Direito de família. 8. ed. São Paulo: Método, 2010. v. 5.

TARTUCE, Flávio; SIMÃO, José Fernando. *Direito civil*. Direito das sucessões. 6. ed. São Paulo: Método, 2010. v. 6.

TARTUCE, Flávio; SIMÃO, José Fernando. *Direito civil*. 6. ed. São Paulo: Método, 2013. v. 6.

TARTUCE, Flávio; SIMÃO, José Fernando; BUNAZAR, Maurício. Comentários à Lei 14.010/2020, que cria um sistema emergencial de direito privado em tempos de pandemia de Covid-19. *Revista de Direito Civil Contemporâneo*, São Paulo, ano 8, v. 26, p. 115-152, jan.-mar. 2021.

TARTUCE, Flávio; SIMÃO, José Fernando; BUNAZAR, Maurício. *Da necessidade de uma norma emergencial sobre locação imobiliária em tempos de pandemia.* Disponível em: <https://flaviotartuce.jusbrasil.com.br/artigos/844559552/da-ne-cessidade-de-uma-norma-emergencial-sobre-locacao-imobiliaria-em-tempos-de--pandemia?ref=feed#comments>. Acesso em: 15 out. 2020.

TAVARES DA SILVA, Regina Beatriz. *A Emenda Constitucional do Divórcio.* São Paulo: Saraiva, 2011.

TAVARES DA SILVA, Regina Beatriz. *Código Civil comentado.* Coord. Ricardo Fiúza e Regina Beatriz T. da Silva. 6. ed. São Paulo: Saraiva, 2008.

TEIXEIRA, Ana Carolina Brochado; RODRIGUES, Renata de Lima. Multiparentalidade como efeito da socioafetividade nas famílias recompostas. *O Direito das Famílias entra a norma e a realidade.* São Paulo: Atlas, 2010.

TELLES JR., Goffredo. *Direito quântico.* 7. ed. São Paulo: Juarez de Oliveira, 2003.

TEPEDINO, Gustavo. A disciplina da colação no Código Civil: proposta para um di-álogo com o Código de Processo Civil. In: PEREIRA, Rodrigo da Cunha; DIAS, Maria Berenice (Coord.). *Família e Sucessões.* Polêmicas, tendências e inovações. Belo Horizonte: IBDFAM, 2018.

TEPEDINO, Gustavo. A tutela da personalidade no ordenamento civil-constitucional brasileiro. *Temas de direito civil.* Rio de Janeiro: Renovar, 2004. t. I.

TEPEDINO, Gustavo. *Comentários ao novo Código Civil.* In: TEIXEIRA, Sálvio de Figueiredo. São Paulo: Forense, 2008. v. X.

TEPEDINO, Gustavo. Normas constitucionais e relações de direito civil na experiência brasileira. *Temas de direito civil.* Rio de Janeiro: Renovar, 2005. t. II.

TEPEDINO, Gustavo. Notas sobre a cláusula penal compensatória. *Temas de direito civil.* Rio de Janeiro: Renovar, 2006. t. II.

TEPEDINO, Gustavo. Notas sobre a cláusula penal compensatória. *Temas de direito civil.* Rio de Janeiro: Renovar, 2006. t. III.

TEPEDINO, Gustavo. Premissas metodológicas para a constitucionalização do direito civil. *Temas de direito civil.* Rio de Janeiro: Renovar, 2004.

TEPEDINO, Gustavo. Questões controvertidas sobre o contrato de corretagem. *Temas de direito civil.* Rio de Janeiro: Renovar, 2004.

TEPEDINO, Gustavo; BARBOZA, Heloísa Helena; MORAES, Maria Celina Bodin de. *Código Civil interpretado conforme a Constituição da República.* Rio de Janeiro: Renovar, 2004. v. I.

TEPEDINO, Gustavo; MORAES, Maria Celina Bodin de; BARBOZA, Heloísa Helena. *Código Civil interpretado.* Rio de Janeiro: Renovar, 2004. v. 1.

TEPEDINO, Gustavo; MORAES, Maria Celina Bodin de; BARBOZA, Heloísa Helena. *Código Civil interpretado.* Rio de Janeiro: Renovar, 2011. v. III.

TEPEDINO, Gustavo; MORAES, Maria Celina Bodin de; BARBOZA, Heloísa Helena. *Código Civil interpretado*. Rio de Janeiro: Renovar, 2014. v. IV.

TEPEDINO, Gustavo; SCHREIBER, Anderson. *Código Civil comentado*. Coord. Álvaro Villaça Azevedo. São Paulo: Atlas, 2008. v. IV.

TEPEDINO, Gustavo; SCHREIBER, Anderson. *Fundamentos de direito civil*. Rio de Janeiro: Forense, 2020. v. 2.

THEODORO JR., Humberto. *Comentários ao novo Código Civil*. Coord. Sálvio de Figueiredo Teixeira. Rio de Janeiro: Forense, 2003. t. I, v. III.

TOSCANO DE BRITO, Rodrigo. Função social dos contratos como princípio orientador na interpretação das arras. In: DELGADO, Mário Luiz; ALVES, Jones Figueirêdo. *Questões controvertidas no novo Código Civil*. São Paulo: Método, 2004. v. II.

TREPAT CASES, José Maria. O aval: divergência entre o que estabelece o art. 1.647, inciso III, do Código Civil e as normas do direito cambiário. *Direito de Família no novo milênio*. Estudos em homenagem ao Professor Álvaro Villaça Azevedo. Chinellato, Simão, Fujita e Zucchi (Coord.). São Paulo: Atlas, 2010.

TZIRULNIK, Ernesto; CAVALCANTI, Flávio de Queiroz B.; PIMENTEL, Ayrton. *O contrato de seguro*: de acordo com o novo Código Civil brasileiro. 2. ed. São Paulo: RT, 2003.

VELOSO, Zeno. *Código Civil Comentado*. 10. ed. São Paulo: Saraiva, 2016.

VELOSO, Zeno. *Código Civil comentado*. 6. ed. Coord. Ricardo Fiúza e Regina Beatriz Tavares da Silva. São Paulo: Saraiva, 2008.

VELOSO, Zeno. *Código Civil comentado*. 8. ed. Coord. Regina Beatriz Tavares da Silva. São Paulo: Saraiva, 2012.

VELOSO, Zeno. *Comentários à Lei de Introdução ao Código Civil*. 2. ed. Belém: Unama, 2006.

VELOSO, Zeno. *Comentários ao Código Civil*. São Paulo: Saraiva, 2003. v. 21.

VELOSO, Zeno. *Direito hereditário do cônjuge e do companheiro*. São Paulo: Saraiva, 2010.

VELOSO, Zeno. *Estatuto da Pessoa com Deficiência. Uma nota crítica*. Disponível em: <http://flaviotartuce.jusbrasil.com.br/artigos/338456458/estatuto-da-pessoa-com--deficiencia-uma-nota-critica>. Acesso em: 20 maio 2015.

VELOSO, Zeno. *Invalidade do negócio jurídico*. 2. ed. Belo Horizonte: Del Rey, 2005.

VELOSO, Zeno. *Novo casamento do cônjuge do ausente*. Disponível em: <http://www.flaviotartuce.adv.br/secoes/artigosc.asp>. Acesso em: 11 ago. 2010.

VELOSO, Zeno. *O novo divórcio e o que restou do passado*. Disponível em: <http://www.ibdfam.org.br/?artigos&artigo=661>. Acesso em: 14 ago. 2010.

VELOSO, Zeno. *Testamentos. Noções gerais; formas ordinárias; codicilo; formas especiais*. Disponível em: <http://www.flaviotartuce.adv.br/secoes/artigosc/zeno_testamento.doc>. Acesso em: 31 out. 2007.

VENOSA, Sílvio de Salvo. *Código Civil interpretado*. São Paulo: Atlas, 2010.

VENOSA, Sílvio de Salvo. *Código Civil interpretado*. 2. ed. São Paulo: Atlas, 2011.

VENOSA, Sílvio de Salvo. *Direito civil*. Contratos em espécie. 12. ed. São Paulo: Atlas, 2012. v. IV.

VENOSA, Sílvio de Salvo. *Direito civil*. Parte geral. 3. ed. São Paulo: Atlas, 2003. v. 1.

VENOSA, Sílvio de Salvo. *Direito civil*. Responsabilidade civil. 5. ed. São Paulo: 2005. v. IV.

VENOSA, Sílvio de Salvo. *Homoafetividade e o direito*. Direito de família no novo milênio. Estudos em homenagem ao Professor Álvaro Villaça Azevedo, 2010.

VILLELA, João Baptista. Desbiologização da paternidade. Separada da *Revista da Faculdade de Direito da Universidade Federal de Minas Gerais*, Belo Horizonte, ano XXVII, n. 21 (nova fase), maio 1979.

WALD, Arnoldo. *Curso de direito civil brasileiro*. Obrigações e contratos. São Paulo: RT, 1999.

YARSHELL, Flávio Luiz. A interrupção da prescrição pela citação: confronto entre o novo Código Civil e o Código de Processo Civil. *Síntese Jornal*, Porto Alegre: Síntese, n. 75, p. 13, maio 2003.

ZANETTI, Cristiano de Souza. *Responsabilidade pela ruptura das negociações*. São Paulo: Juarez de Oliveira, 2005.

ZANETTI, Cristiano de Souza; ROBERT, Bruno. A conclusão do contrato pelo silêncio. In: TARTUCE, Flávio e CASTILHO, Ricardo. *Direito civil. Direito patrimonial. Direito existencial*. Estudos em homenagem à professora Giselda Maria Fernandes Novaes Hironaka. São Paulo: Método, 2006.

ZULIANI, Ênio Santarelli. Resolução do contrato por onerosidade excessiva. *Revista Magister de Direito Civil e Processual Civil*. Porto Alegre: Magister, n. 40. jan.-fev./2011, p. 35.